KB042626

한국 고대사 관련 동아시아 사료의 연대기적 집성

上

번역문

B.C.2333년
~642년

정호섭 외 10인

한국 고대사 관련 동아시아 사료의 연대기적 집성
번역문 (上) B.C.2333년~642년

펴낸이 최병식
엮은이 정호섭 외
펴낸날 2018년 12월 28일
주류성출판사 www.juluesung.co.kr
06612 서울시 서초구 강남대로 435 주류성빌딩 15층
전 화 02-3481-1024
전 송 02-3482-0656
이메일 juluesung@daum.net

책 값 40,000원

ISBN 978-89-6246-382-8 94910
     978-89-6246-381-1 94910 (세트)

● 본 연구는 한국학중앙연구원의 한국학분야 토대연구지원사업 지원과제임
(과제번호 : AKS-2013-KFR-123000)

한국 고대사 관련 동아시아 사료의 연대기적 집성

上

번역문

B.C.2333년 ~642년

정호섭 외 10인

[범례 및 매뉴얼]

Ⅰ. 범례

1. 이 책은 한-중-일 동아시아 삼국의 한국고대사 관련 사료를 연대기적으로 집성한 것이다. 동일사건에 대한 연대가 자료마다 다른 경우도 전부 자료의 연대에 맞추어 배열하였다. 단, 『日本書紀』의 경우 神功紀~應神紀는 원사료의 해당 연대에 배치하였으나, 2주갑 인하한 연대에도 배치하였다.

2. 본 서에서 활용한 사료의 판본은 다음과 같다. 단, 금석문·목간 등의 경우 저본에 없는 것은 최초 보고기관의 최종 결과보고서에 따른다.

   『三國史記』: 中宗 壬申정덕본

   『三國遺事』: 中宗 壬申정덕본

   『東國李相國集』: 서울대 奎章閣本

   『帝王韻紀』: 동국대 소장본

   『三國史節要』: 규장각 장서본

   중국정사(『史記』~『宋史』까지): 중화서국본

   『日本書紀』·『續日本記』·『日本後紀』…: 국사대계본

   금석문: 금석문영상정보시스템(http://gsm.nricp.go.kr/)

   목간: 국사편찬위원회 한국고대목간자료(http://db.history.go.kr/item/level.do?itemId=mg)

3. 원문

   1) 판본에서 발견되는 오자/속자 또는 뒤바뀐 글자는 가능한 경우 원문대로 표기하였다. 오자 또는 뒤바뀐 글자의 경우는 주해에서 교감하였다.

   2) 원문은 띄어쓰기만 하고 표점을 하지 않았다.

   3) 원문 사료의 협주는 채택한 저본에 한정하여 [   ]로 본문에서 처리하였다. 단, 『사기』 삼가주처럼 후대에 추가된 것이라도 그 중요도에 따라 일부 주해하였다.

   4) 사료의 연대 중 원사료의 인용한 부분에는 나오지 않으나, 앞에 있어서 알 수 있는 경우에는 (   ) 안에 원문대로 넣었다.

   5) 문헌 또는 금석문 자료에 불분명하거나 탈각이 있는 경우 △로 표기하였다. 단, 기존 연구에서 이의가 없는 추독자는 <   > 안에 기입하였다.

   6) 금석문, 목간 등에 일부 깨진 부분이 있는 경우 '(上缺)' '(中缺)' '(下缺)' 등으로 표시한다.

   7) 탈각된 문자는 후대자료에서 보이는 사례가 있을 경우 그 내용을 각주로 주해한다.

4. 본 서는 서력 연대에 맞춰 한·중·일 사료를 연·월·일 순으로 배열하였다.

5. 동일 기사는 연대가 구체적인 것을 먼저 배치하는 것을 원칙으로 하되, 한-중-일, 정사류-금석문-목간-유사류-문집 순으로 배열하였다. 단, 『삼국유사』는 정사류로 취급하였다.

6. 각 사료의 표제국명은 한글로 표기하며 출전, 기사의 주체, 등장 국가(집단) 등을 기준으로 하였다. 표제국명은 고대 한국과 한군현에 한정하였다.

7. 개별 사료 끝에 그 출전을 밝혔다. 출전의 표기원칙은 사료마다 따로 정하였다.

8. 주해는 원 사료의 오탈자 수정과 편년 문제 등으로 제한하여 각주로 처리하였다.

9. 금석문 목간 등은 저본을 기준으로 삼되, 파편이나 면 분류 등은 최초 보고기관의 최종 결과보고서에 따라 배열하였다.

10. 번역은 한글 전용을 원칙으로 하였다.

Ⅱ. 매뉴얼[1]

1. 서기 연대와 간지

1) 연대는 서력기원을 기준으로 한다. 기원후는 별도의 표시를 하지 않고 기원전만 B.C.로 표시한다. 서력연도에 이어 (   )에 간지/한(신라/고구려/백제順)·중·일 왕명 재위년, 연호를 한자로 병기하되, 국내 왕조의 왕명만 한글로 기입한다. 단. 서력 기원 후부터는 '년'을 표기하지 않는다.

    예 1) B.C.E.1(庚申/신라 혁거세거서간 57/고구려 유리왕 19/백제 온조왕 18/前漢 元壽 2/倭 垂仁 29)

    예 2) 201(辛巳/신라 나해이사금 6/고구려 산상왕 5/백제 초고왕 36/後漢 建安 6/倭 神功 1)

    예 3) 240(庚申/신라 조분이사금 11/고구려 동천왕 14/백제 고이왕 7/魏 正始 1/倭 神功 40)

    예 4) 703(癸卯/신라 성덕왕 2/발해 고왕 6/唐 長安 3/日本 大寶 3)

2) 국내 연호의 경우 왕명 다음에 쉼표없이 기입하고, 중국과 일본의 왕명은 기입하지 않는다. 단, 사료에서 왕명이 편제목과 본문이 다를 경우 본문에 따른다.

    예 1) 538(戊午/신라 법흥왕 25: 建元 3/고구려 안원왕 8/백제 성왕 16/梁 大同 4/倭 宣化 3)

    예 2) 고구려 유리왕의 경우 편제목에서는 琉璃王이라 하였으나 본문에서는 琉璃明王이라 하였다. 이 경우 왕명은 琉璃明王을 따른다.

3) 즉위년 또는 연호가 한 해에 2개인 경우는 둘 다 표시하고 쉼표로 연결한다.

    예 1) 214(甲午/신라 나해이사금 19/고구려 산상왕 18/백제 초고왕 49, 구수왕 1/後漢 建安 19/倭 神功 14)

    예 2) 701(辛丑/신라 효소왕 10/발해 고왕 4/唐 大足 1, 長安 1/日本 大寶 1)

4) 해당 자료의 연대를 그대로 서력기원에 배치하는 것을 원칙으로 한다. 단, 분명한 연대오류는 수정편년하여 수정 연대에 기입하고 수정연대와 해당연대에서 그 착오사항을 주해로 밝힌다.

5) 한 해에 3회 이상 연호가 교체된 경우 수집된 사료에서 사용한 연호만을 연대 표기에 기록하고 나머지는 삭제한다. 단 삭제했을 경우 그 내용을 주해한다.

    예) 189년의 경우 현재까지의 사료 수집 상황으로는 中平 6년만 기록하고, 나머지 光熹 元年, 昭寧 元年, 永漢 元年은 삭제하고 주해로 기록한다.

2. 표제국명

1) 각 사료의 표제국명은 한글로 표기한다.
2) 표제국명의 표기는 고대 한국과 한군현에 한정한다.
3) 표제국명의 표기는 일반적으로 통용되는 명칭으로 통일한다.

    예) 高麗 →고구려/徐羅伐 斯盧 斯羅 →신라/駕洛國·任那·駕落→가야

4) 사료의 표제국명은 출전, 기사의 주체, 등장 국가(집단) 등 순으로 모두 표기한다.

    예 1) 240(庚申/신라 조분이사금 11/고구려 동천왕 14/백제 고이왕 7/魏 正始 1/倭 神功 40)

    신라 백제百濟侵西邊 (『三國史記』2 新羅本紀 2)

---

[1] 본 매뉴얼에 따른 연대기 작업은 '훈글 2010 함초롬바탕체'를 사용한다. 각종 기호는 '한국어 2벌식 표준자판'의 것을 사용한다. 단 자판상에 기호가 없을 경우 문자표 입력(ctrl+F10)의 '완성형(KS)문자표'에서 선택한다. 글자 크기는 9.5point(각주는 8.5point)로 한다.

　　　　百濟遣兵侵新羅西鄙(『三國史節要』3)

　예 2) 283년 기사

　　신라　　　冬十月 圍槐谷城 命一吉湌良質 領兵禦之 (『三國史記』2 신라본기 2)

　　신라　　　冬十月 至槐谷城 圍之新羅王命一吉湌良質 領兵禦之(『三國史節要』3)

　예 3) 276(丙申/신라 미추이사금 15/고구려 서천왕 7/백제 고이왕 43/晉 咸寧 2/倭 應神 7)

　　고구려 백제 가야 신라

　　　　　　　秋九月 高麗人 百濟人 任那人 新羅人 竝來朝 時命武內宿禰 領諸韓人等作池
　　　　　　　因以名池號韓人池 (『日本書紀』10 應神紀)

5) 사료의 표제국명은 원문을 기준으로 하되, 불분명하지만 내용상 그 실체를 알 수 있는 것은 ( ) 안에 넣는다.

3. 편년[2]

1) 편년은 서력 기원을 기준으로 한다.

2) 편년 기록은 서력 / 왕명 / 재위년 / 월 / 일 順으로 한다.

3) 즉위년은 재위 1년으로 기입한다. 즉위 월에 대한 기록이 없을 경우 전왕이 薨한 다음 월에 배치한다. 단 훙한 월이 없는 경우 앞뒤 기사를 참고하여 주해한다.

4) 동일기사가 출전에 따라 편년에 차이가 있는 경우 각각의 해당 편년에 배치 후 주해한다.

　예) 298년 봉상왕 7년 『삼국사절요』 기사

　　고구려　　冬十月 王增營宮室 頗極侈麗 民饑且困 羣臣驟諫 不從 (『三國史記』17 高句麗
　　　　　　　本紀 5)

　　고구려　　(冬十月) 高勾麗王增營宮室 頗極侈麗 民饑且困 羣臣驟諫 不從 (『三國史節要』
　　　　　　　4)

　　고구려　　十月 高勾麗王欲殺咄固之子乙弗索之 不得 (『三國史節要』4)[3]

　　신라　　　(十月) 新羅有印 (…) (『三國史節要』4)[4]

　　백제　　　冬十月 大赦 (『三國史記』24 百濟本紀 2)

　　백제　　　冬十月 百濟大赦 (『三國史節要』4)

　　고구려　　十一月 王使人索乙弗殺之 不得 (『三國史記』17 高句麗本紀 5)[5]

　　신라　　　冬十二月 王薨 (『三國史記』2 新羅本紀 2)

　　신라　　　冬十二月 新羅王儒禮薨 基臨立 基臨助賁王子乞馭之子也 (『三國史節要』4)

5) 편년기사와 무편년 기사가 동일기사일 경우, 무편년 기사라도 해당 연대에 배열하되 편년기사 뒤에 배치한다. 배치순서는 출간순서를 원칙으로 하고, 시간표시가 된 사료를 앞에 배열한다.

　예) 209년 물계자

　　신라 포상팔국 가야　　　秋七月 浦上八國 謀侵加羅 加羅王子來請救 王命太子于老
　　　　　　　　　　　　　與伊伐湌利音 將六部兵 往救之 擊殺八國將軍 奪所虜六千人 還之 (『三國史記』
　　　　　　　　　　　　　2 新羅本紀 2)[6]

　　신라 포상팔국 가야　　　秋七月 浦上八國 謀侵加羅 加羅王子請救於新羅 王命太子
　　　　　　　　　　　　　于老 與伊伐湌利音將六部兵 往救之 擊殺八國將軍 奪所虜六千人 還之 是役也
　　　　　　　　　　　　　勿稽子有大功 以見忌於利音 故不記其功 或謂曰 子之功 莫大而不見錄 怨乎 曰

---

2) 본 매뉴얼에서 편년은 연/월/일을 포함한다.

3) 『三國史記』에는 11월로 나온다. 『三國史節要』에는 10월 기사를 전후하여 동10월과 동12월 기사가 나온다. 때문에 본 기사는 11월에 해당하는 것으로 보이지만, 사료 배치의 원칙에 따라 10월에 그대로 두었다.

4) 『三國史記』에는 그 내용이 보이지 않는다. 이 기사 역시 『三國史節要』의 사료 배치상 11월에 해당하지만, 사료 배치의 원칙에 따라 10월에 그대로 두었다.

5) 『三國史節要』에는 10월로 기록되어 있다. 하지만 『三國史節要』의 사료 배치를 볼 때 『三國史記』의 11월로 보는 것이 타당하다.

6) 『三國遺事』5 避隱 8 勿稽子에는 동일내용이 212년의 일로 되어 있다.

何怨之有 或曰 盍聞之於王 曰 矜功求名 志士所不爲也 但當勵志 以待後時而已
勿稽子家世平微 爲人倜儻 有壯志 (『三國史節要』3)

신라 팔포상국(포상팔국) 가야　　　　勿稽子 奈解尼師今時人也 家世平微 爲人倜儻 少
有壯志 時 八浦上國同謀伐阿羅國 阿羅使來請救 尼師今使王孫㮫音 率近郡及六
部軍往救 遂敗八國兵 是役也 勿稽子有大功 以見憎於王孫 故不記其功 或謂勿
稽子曰 子之功莫大而不見錄 怨乎 曰 何怨之有 或曰 盍聞之於王 勿稽子曰 矜
功求名 志士所不爲也 但當勵志 以待後時而已 (『三國史記』48 列傳 8 勿稽子)

6) 연대확인이 어려운 사료의 경우 관련 연대기 자료에서 주해한다.
　　예) 670(庚午/신라 문무왕 10/唐 總章 3, 咸亨 1/倭 天智 9)
　　　　신라　　秋七月 遣沙湌須彌山 封安勝爲高句麗王 其冊曰 維咸亨元年歲次庚午秋八月一
　　　　　　日辛丑 新羅王致命高句麗嗣子安勝 (『三國史記』6 新羅本紀 6)7)

7) 여러 연대가 동시에 나오는 경우 해당 연대에 전부 배치한다.
　　예) 280년과 281년 『晉書』 마한 기사
　　　　마한　　武帝 太康元年二年 其主頻遣使入貢方物 (『晉書』97 列傳 67 四夷 東夷)

8) 날짜가 간지로만 되어 있는 경우 번역에서만 숫자로 된 일자를 밝힌다.
　　예) 669(己巳/신라 문무왕 9/唐 摠章 2/倭 天智 8)
　　　　신라　　九月丁丑朔丁亥 新羅遣沙湌督儒等進調 (『日本書紀』27 天智紀)
　　　　신라　　9월 정해일(11)에 신라가 沙湌 督儒 등을 파견하여 調를 진상하였다. (『日本書
　　　　　　紀』27 天智紀)

9) 동일사료의 전거와 관련하여 선후 관계에 대한 내용은 본문과 주해에는 기록하지 않는다.

4. 수정편년과 기간편년

1) 모든 편년기사는 원 사료의 연대를 그대로 따르되, 간지와 연대 오류가 있을 경우 수정 편년
하여 배치하며, 그 착오사항을 주해한다.
2) 원사료에는 편년이 없지만, 다른 사료의 동일 기사에 의해 편년이 되는 경우는 수정 편년한다.
3) 기간편년의 경우 해당 기간의 마지막 기사 다음에 배치한다.
　　예) 220(庚子/신라 나해이사금 25/고구려 산상왕 24/백제 구수왕 7/後漢 建安 25, 延康 1,
　　　　曹魏 黃初 1/倭 神功 20)
　　　　　　　　　　　　　　　~다른 기사~
　　　　삼한 대방 예
　　　　　　建安中 公孫康分屯有縣以南荒 地爲帶方郡 遣公孫模 張敞等收集遺民 興兵伐韓
　　　　　　濊 舊民稍出 是後倭韓遂屬帶方 (『三國志』30 魏書 30 烏丸鮮卑東夷傳 30 韓)

4) 간지가 2개 이상인 단일 기사는 기간편년한다.
5) 사료 중간에 간지가 나오면 기간편년으로 처리한다.
6) 생몰년만 확인되는 인물의 기록은 기간편년한다.
7) 왕 또는 연호만 나오는 경우 왕의 재위기간과 연호 사용기간으로 기간편년한다. 단 2개 이상
의 자료에서 연대가 정확히 나올 경우 그 연대를 따른다.
　　예) 武帝時(265~290), 咸寧中(275~279)
　　　　부여　　武帝時 頻來朝貢 (『晉書』97 列傳 67 四夷 東夷)
　　　　마한 삼한 백제 신라
　　　　　　晉武帝咸寧中 馬韓王來朝 自是無聞 三韓蓋爲百濟新羅所吞幷 (『通典』185 邊防
　　　　　　1 東夷 上)

---

7) 『三國遺事』2 紀異 2 文虎王法敏에 연대를 특정하지 않고 "又伐高麗 以其國王孫還國 置之眞骨位"라 하였
는데, 이 무렵의 일로 보인다.

8) 금석문과 목간 등에서 문장구성이 안되거나 낱글자로 된 것은 해당 자료의 편년에 따라 기간
   편년한다.

   단, 연대편년이 어려운 자료는 최초 보고기관의 최종 결과보고서를 따른다.

   또, 연대편년이 되지 않는 낱글자 자료는 민족지 자료처럼 별도로 일괄 정리한다.

   예) 최초 목간 관련 약보고서(보고논문)가 나온 뒤, 나중에 정식 보고서가 출간되었을 경우 정
   식 보고서를 기준으로 한다.

   문무왕릉비(편년/해석 가능) → 연대기

   흥덕왕비(기간편년/해석 불가) → 기간편년(흥덕왕 말년)

   능산리 목간(유적 성격 등 기간편년) → 기간편년(6세기 중반)

5. 사료 배치

1) 연·월·일이 동일한 사료는 한·중·일 순으로 배치하고, 국내 사료의 경우『삼국사기』본기 순서
   에 따른다.

2) 판본에서 발견되는 오자/속자 또는 뒤바뀐 글자는 가능한 경우 원문대로 표기하였다. 오자 또
   는 뒤바뀐 글자의 경우는 주해에서 교감하였다.

   예) 秋七月 慶雲見鶻嶺南 其罷8)靑赤 (『三國史記』13 高句麗本紀 1)

3) 같은 날의 기사라도 내용이 다른 기사는 분리하여 배치한다. (단 서로 연관성이 있는 경우 분
   리하지 않는다)

   예 1) 671(辛未/신라 문무왕 11/唐 咸亨 2/倭 天智 10)

   신라　　秋七月二十六日 大唐摠管薛仁貴使琳潤法師寄書曰 (…) (『三國史記』7 新
   　　　羅本紀 7)

   신라　　秋七月 唐摠管薛仁貴遣僧琳潤致書於王曰 (…) 今遣王所部僧琳潤賚書 佇布
   　　　一二 (『三國史節要』10)

   신라　　(秋七月二十六日) 大王報書云 (…) (『三國史記』7 新羅本紀 7)

   신라　　(秋七月) 王報書云 (『三國史節要』10)

   신라　　(秋七月二十六日) 置所夫里州 以阿飡眞王爲都督 (『三國史記』7 新羅本紀
   　　　7)

   신라　　(秋七月) 置所夫里州 以阿飡眞王爲都督 (『三國史節要』10)

   예 2) 200(庚辰/신라 나해이사금 5/고구려 산상왕 4/백제 초고왕 35/後漢 建安 5/倭
   　　仲哀 9)

   신라　　九月庚午朔 日有食之 (『三國史記』2 新羅本紀 2)

   신라　　九月庚午朔 新羅日有食之 (『三國史節要』3)

   신라　　(九月庚午朔) 大閱於閼川 (『三國史記』2 新羅本紀 2)

   신라　　(九月庚午朔) 新羅大閱於閼川 (『三國史節要』3)

4) 사론 등은 해당 기사 말미에 줄을 달리하여 기입한다.

5) 열전 등의 비연대기 기사는 기간편년하여 해당 인물의 몰년에 주해한다.

   몰년을 알 수 없을 경우 해당 인물의 마지막 사적에서 주해한다.

6) 전쟁 등 일련의 기사는 연/월/일 별로 해당 연대에 배치한다.

7) 민족지 기사나 碑文의 경우 (1) 연대기 기사 및 관련기사가 있는 기사의 해당 연대에 주해한
   다.

   (2) 편년이 불가능한 기사는 편제하지 않는다.

   (3) (2)의 연대기 기사는 (…) 표시 후 해당 연도에 배치하였음을 주해하거나 범례에서 일괄 처

---

8) 원문에서는 '罷'으로 되어 있으나, 내용상 '色'으로 수정하는 것이 옳다.

리한다.

8) 건국신화는 건국연대에서 일괄 처리한다. 단 부여관련 신화는 최초 등장 기사에서 주해한다.

9) 원 사료에 없는 연대(연호)는 (   )로 처리한다.

10) 사료에 나오는 춘·하·추·동은 각각 3월, 6월, 9월, 12월 뒤에 배치한다.

11) 각국 정사의 본기 등 편년사료에 나오는 연도는 모두 생략한다. 즉 월부터 표시한다.

  예) 편년사료 : 『資治通鑑』, 『前漢紀』, 『日本書紀』 등

  예 1) 200(庚辰/신라 나해이사금 5/고구려 산상왕 4/백제 초고왕 35/後漢 建安 5/倭 仲哀 9)

    春二月 (…) (『日本書紀』 9 神功紀)

  예 2) 238(戊午/신라 조분이사금 9/고구려 동천왕 12/백제 고이왕 5/曹魏 景初 2/倭 神功 38)

    春正月 (…) (『三國志』 3 魏書 3 明帝紀)

  단, 본기 이외(열전, 지 등), 금석문 등은 원사료대로 표시한다.

  예 1) 212(壬辰/신라 나해이사금 17/고구려 산상왕 16/백제 초고왕 47/後漢 建安 17/倭 神功 12)

    신라   第十奈解王卽位十七年壬辰 (…) (『三國遺事』 5 避隱 8 勿稽子)

  예 2) 238(戊午/신라 조분이사금 9/고구려 동천왕 12/백제 고이왕 5/曹魏 景初 2/倭 神功 38)

    고구려   (景初)二年春 (…) (『三國志』 8 魏書 8 公孫淵傳)

  예 3) 664(甲子/신라 문무왕 4/고구려 보장왕 23/唐 麟德 1/日本 天智 3)

    신라   春正月 下敎 婦人亦服中朝衣裳(『三國史記』 6 신라본기 6)

    신라   在位四年 又革婦人之服 自此已後 衣冠同於中國(『三國史記』 32 雜志 2 色服)

  예 4) 260(庚辰/신라 첨해이사금 14/고구려 중천왕 13/백제 고이왕 27/晉 景元 1/倭 神功 60)

    낙랑   景元元年 七月卄三日 (「景元 元年銘塼」 側銘)

12) 신이, 재해, 기상, 천문 등의 동일기사는 분리하지 않는다. 아래와 같이 기간편년은 최대한 길게 하되 필요한 경우[사건 발생 시점 등] 배치는 앞쪽으로 한다.

  예) "春 大旱 至夏 赤地"의 경우 : 1~6월로 기간편년 후 3월 뒤(春)에 배치

13) 碑片 등은 발견 순서에 따라 배열한다.

  예) 남산신성비, 흥덕왕 비편 등

14) 유민의 묘지명 등은 본국에서의 선대 계보나 사적(임관, 활동 등)이 있는 것은 편년 가능한 내용만 해당 연대에 배치하고, 편년이 불가능한 그 외의 내용은 편제하지 않는다. 다만 중국으로 건너간 이후의 사적은 본국에서의 마지막 사적 부분에 국내 사적과 연관된 경우 편년 가능한 내용만 주해하고 나머지는 가급적 생략한다.

15) 연대 추정이 불가능한 금석문의 배치는 지역별(신라→고구려→백제) 배치 후 재질별(비문→묘지명→목기명→토기명 등)로, 목간의 배치는 지역별(신라→고구려→백제) 배치 후 용도별(문서→하찰→습서 등)로 배열한다.

6. 記事

1) 즉위년 기사

(1) 훙거 기사와 즉위년 기사는 분리하며 『三國遺事』 왕력 기사는 주해하되, 본문과 세주를 구별하여 표기한다.

  예1) 286(丙午/신라 유례이사금 3/고구려 서천왕 17/백제 고이왕 53 책계왕 1/晉 太康 7/倭 應神 17)

백제	冬十一月 王薨 (『三國史記』24 百濟本紀 2)
백제	冬十一月 百濟王古尒薨 (『三國史節要』3)
백제	責稽王[或云靑稽] 古尒王子 身長大 志氣雄傑 古尒薨卽位 (『三國史記』24 百濟本紀 2)[9]
백제	(冬十一月) 子責稽立 身長大 志氣雄傑 (『三國史節要』3)
백제 고구려 대방	
	王徵發丁夫葺慰禮城 高句麗伐帶方 帶方請救於我 先是 王娶帶方王女寶菓爲夫人 故曰 帶方我舅甥之國 不可不副其請 遂出師救之 高句麗怨 王慮其侵寇 修阿旦城蛇城備之 (『三國史記』24 百濟本紀 2)
백제	(冬十一月) 百濟徵發丁夫葺慰禮城 高句麗伐帶方 帶方求救於百濟王曰 帶方我舅甥之國 不可不副其請 出師以救 高句麗怨之 百濟修阿旦城蛇城以備之 王之夫人卽帶方王之女 (『三國史節要』3)

(2) 즉위년 기사는 훙거한 달의 전체 기사 마지막에 배치한다. 단 훙거 기사와 즉위년 기사의 일괄적 분리가 어려운 경우 훙거기사와 같이 배열한다.

예) 661(甲子/신라 태종무열왕 8, 문무왕 1/고구려 보장왕 20/唐 顯慶 6, 龍朔 1/日本 齊明 7, 天智 즉위년)

신라	(六月) 王薨 諡曰武烈 葬永敬寺北 上號太宗 高宗聞訃 擧哀於洛城門 (『三國史記』5 新羅本紀 5)
신라	(六月) 新羅王金春秋薨 壽五十九 太子法敏立 上諡曰武烈 廟號太宗 葬永敬寺北 太宗統一三韓 時和歲豊 京城布一匹直 租三十碩 或五十碩 民謂之聖代 妃文明王后金氏 庾信之妹也 初 其姊寶姬 夢登西兄山頂 坐旋流徧國內 覺與文明言 文明戲曰 願買兄夢 因與錦裙爲直後 武烈與庾信蹴踘 庾信故踐武烈衣紐落之 庾信曰 吾家幸近 請往綴之 因與俱往置酒 從容喚寶姬來綴 寶姬辭曰 豈可以細事 輕近貴公子乎 文明乃進綴紐 妃美而艶 武烈悅之 仍請婚 遂生男曰法敏 次仁問 次文汪 次老且 次智境 次愷元 唐高宗聞新羅王訃 擧哀於洛城門 (『三國史節要』9)
신라	(六月) 新羅改都督爲摠管 (『三國史節要』9)
신라 고구려	六月 入唐宿衛仁問儒敦等至 告王 皇帝已遣蘇定方領水陸三十五道兵 伐高句麗 遂命王擧兵相應 雖在服 重違皇帝勅命 (『三國史記』6 新羅本紀 6)
신라 고구려	六月 唐高宗皇帝遣將軍蘇定方等 征高句麗 入唐宿衛金仁問受命來告兵期 兼諭出兵會伐 (『三國史記』42 列傳 2 金庾信中)
신라 고구려	六月 帝遣蘇定方領水陸三十五道兵 伐高句麗 又遣仁問儒敦等 還新羅 諭出兵會伐 帝謂仁問曰 朕旣滅百濟 除爾國患 今高句麗負固 與穢貊同惡 違事大之禮 棄善鄰之義 朕欲遣兵致討 爾歸告國王 出師同伐 以殲垂亡之虜 (『三國史節要』9)
신라 고구려	龍朔元年 高宗召謂曰 朕旣滅百濟 除爾國患 今高句麗負固 與穢貊同惡 違事大之禮 棄善鄰之義 朕欲遣兵致討 爾歸告國王 出師同伐 以殲垂亡之虜 仁問便歸國 以致帝命 國王使仁問與庾信等練兵以待 皇帝命邢國公蘇定方爲遼東道行軍大摠管 以六軍長驅萬里 迕麗人於浿江擊破之 遂圍平壤 麗人固守 故不能克 士馬多死傷 糧道不繼 仁問與留鎭劉仁願率兵 兼輸米四千石租二萬餘斛赴之 唐人得食 以大雪解圍還 羅人將歸 高句麗謀要擊於半塗 仁問與庾信詭謀夜遁 麗人翌日覺而追之 仁問等廻擊大敗之 斬首一萬餘級 獲人五千餘口而歸 (『三國史記』44 列傳 4 金仁問)[10]

---

9) 『三國遺事』1 王曆 1 "第九責稽王[古尒子 一作靑替誤 丙午立 治十二年]"이라 하였다. 여기에서 책계왕은 청계라고도 하였다. 그리고 『三國遺事』 왕력편에는 책계왕의 재위 기간은 12년으로 나오지만, 『三國史記』 백제본기에는 13년으로 나온다.

10) 이 기사에는 월이 표시되어 있지 않으나, 『三國史記』6 新羅本紀 6에 따라 6월로 편년하여 배치하였다.

신라　　文武王立　諱法敏　太宗王之元子　母金氏文明王后　蘇判舒玄之季女　庾信之妹也
其妹[姊]夢登西兄山頂　坐旋流徧國內　覺與季言夢　季戲曰　予願買兄此夢　因與錦
裙爲直　後數日　庾信與春秋公蹴鞠　因踐落春秋衣紐　庾信曰　吾家辛近　請往綴紐
因與俱往宅　置酒　從容喚寶姬　特針線來縫　其姊有故不進　其季進前縫綴　淡粧輕
服　光艶炤人　春秋見而悅之　乃請婚成禮　則有娠生男　是謂法敏　妃慈儀王后　波珍
湌善品之女也　法敏姿表英特　聰明多智略　永徽初如唐　高宗授以大府卿　太宗元年
以波珍湌爲兵部令　尋封爲太子　顯慶五年　太宗與唐將蘇定方平百濟　法敏從之　有
大功　至是卽位 (『三國史記』6 新羅本紀 6)[11]

(3) 훙거한 달과 즉위한 달이 명백히 달라 연도가 바뀔 경우 별도 배치한다.

　예) 미추이사금

261(辛巳/신라 첨해이사금 15/고구려 중천왕 14/백제 고이왕 28/魏 景元 2/倭 神功 61)

　　　신라　　冬十二月二十八日　王暴疾薨 (『三國史記』2 新羅本紀 2)

　　　신라　　冬十二月　新羅王沾解薨 (『三國史節要』3)

262(壬午/신라 미추이사금 1/고구려 중천왕 15/백제 고이왕 29/魏 景元 3/倭 神功 62)

　　　신라　　味鄒尼師今立[一云味照] 姓金　母朴氏　葛文王伊柒之女　妃昔氏　光明夫人　助賁王
之女　其先閼智　出於雞林　脫解王得之　養於宮中　後拜爲大輔　閼智生勢漢　勢漢生
阿道　阿道生首留　首留生郁甫郁甫生仇道　仇道則味鄒之考也　沾解無子　國人立味
鄒　此金氏有國之始也 (『三國史記』2 新羅本紀 2)[12]

　　　신라　　第十三未鄒尼叱今[一作未祖 又未古] 金閼智七世孫　赫世紫纓　仍有聖德　受禪于
理解　始登王位[今俗稱王之陵爲始祖堂　盖以金氏始登王　　位故　後代金氏諸王
皆以未鄒爲始祖宜矣] (『三國遺事』1 紀異2 味鄒王 竹葉軍)

　　　신라　　金味鄒立　初昔脫解得金閼智於雞林　養於宮中　後拜爲大輔　閼智生勢漢　勢漢生阿
道　阿道生首留　首留生郁甫郁甫生仇道　仇道生味鄒　助賁王以其女妻之　至是薨無
子　國人立以爲王(『三國史節要』3)

　　　신라　　春三月 龍見宮東池(『三國史記』2 新羅本紀 2)

2) 『三國史節要』 기사의 처리방식

(1) ○으로 표시된 사료는 달을 알 수 있을 경우 ( ) 안에 그 달을 표시한다.

　예) 227년 3월 백제 기사

　　　백제　　春三月 雨雹(『三國史記』24 百濟본기 2)

　　　백제　　(三月) 百濟雨雹 (『三國史節要』3)

(2) 달을 알 수 없는 경우는 표시하지 않고, 해당기사의 다른 원전사료 아래에 배치한다.

　예 1) 208년 백제 기사

　　　백제　　秋 蝗 旱 穀不順成 盜賊多起 王撫安之 (『三國史記』23 百濟本紀 1)

　　　백제　　百濟 蝗 旱 穀不登 盜賊多起 王撫安之 (『三國史節要』3)

　예 2) 212년 물계자

　　　신라 골포 칠포 고사포　　後三年 骨浦柒浦古史浦三國人 來攻竭火城 王率兵出救 大
敗三國之師 勿稽子斬獲數十餘級 及其論功 又無所得 乃語其婦曰 嘗聞爲臣之道
見危則致命 臨難則忘身 前日浦上竭火之役 可謂危且難矣 而不能以致命忘身聞
於人 將何面目以出市朝乎 遂被髮携琴 入師彘山 不反 (『三國史記』48, 列傳 8

---

11) 『三國遺事』 1 王曆 1 第三十文武王에 따르면 "名法敏 太宗之子也 母訓帝夫人 妃慈義 一作訥王后 善品
海干之女辛酉立 治二十年 陵在感恩寺東海中"으로 나온다.

12) 『三國遺事』 1 王曆 1 第十三未鄒尼叱今에 "一作味炤 又未祖 又未召 姓金氏 始立 父仇道葛文王 母生平
一作述禮夫人 伊非葛文王之女 朴氏 妃諸賁王之女光明娘 壬午立 理二十二年"이라 하였다. 한편 『三國史
記』 29 年表 上에 미추이사금 원년은 262년으로 나온다. 이로 볼 때 미추이사금은 전왕인 첨해이사금이
261년 12월 28일 죽었지만, 그 해에 즉위하지 않았음을 알 수 있다.

勿稽子)[13]

신라 골포 칠포 고포　　　骨浦柒浦古浦二國 攻新羅竭火城 王率兵救之 大破三國之師 勿稽子斬獲數十餘級 及其論功 又不見錄 乃語婦曰 嘗聞爲臣之道 見危則致命 臨難則忘身 忠也 前日浦上竭火之役 可謂危且難矣 而不能以致命忘身聞於人 不 忠也 旣以不忠而仕君 累及於先人 可謂孝乎 旣失忠孝將何面目以出市朝乎 遂被 髮携琴 入師彘山 不返 (『三國史節要』3)

3) 금석문/목간 자료의 처리 방식

 (1) 紀年銘은 모두 해당 연도에 배치한다.

　예 1) 泰始 10年銘塼

　274(甲午/신라 미추이사금 13 /고구려 서천왕 5/백제 고이왕 41/晉 泰始 10/倭 應神 5)

　　　　낙랑　　　泰始十年杜奴△ (「泰始 10年銘塼」側銘)

　　　　낙랑　　　晉△ (「泰始 10年銘塼」小口銘)

　예 2) 광개토왕비

　407(丁未/신라 실성이사금 6/고구려 광개토왕17 영락 17/백제 전지왕 3/晉 義熙 3/倭 反正 　　　2)

　　　고구려　　　(永樂)十七年 丁未 敎遣步騎五萬△△△△△△△△△師 △△合戰斬煞蕩盡所獲 　　　　　　　　鎧鉀一萬餘領 軍資器械不可稱數 △破沙溝城婁城△△城△△△△△△△△城 (「 　　　　　　　　광개토왕비」3면)

　예 3) 좌관대식기 목간

　618(戊寅/신라 진평왕 40/고구려 영양왕 29, 영류왕 1/백제 무왕 19/隋 義寧 2, 唐 武德 1/ 　　　倭 推古 26)

　백제　戊寅年六月中　固淳多三石　　　　　　　佃麻那二石 　　　　　　　　　上夫三石上四石　　　　　　比至二石上一石未二石 　　　　　　　　佐官貸食記　　佃目之二石上二石未一石　習利一石五斗上一石未一石 (제 1면)

　　　　　　　　素麻一石五斗上一石五斗未七斗半　佃首行一石三斗半上石未石甲　幷十九石得十 　　　一石 　　　　　　　　今沽一石三斗半上一石未一石甲　刀刀邑佐 三石与　　　　(제2면) (「佐官貸食記 　　　목간」)

 (2) 기년이 있으나 연대 확정이 어려운 경우에는 저본에 따르고 다른 설을 주해한다.

　저본에 없는 금석문, 목간은 최초보고기관의 최종보고서에 따르고 다른 설을 주해한다.

　저본에서 연대를 확정하지 않은 경우는 유력한 견해를 취한다.

　예) 충주고구려비, 중성리비, 집안고구려비 등

 (3) 기년은 없으나 기간편년이 가능한 경우에는 원칙대로 기간편년의 최종연도에 배치한다.

　　단, 기년은 없으나 연대 추정이 가능한 경우 해당 연도에 배치하고 주해한다.

　예) 흥덕왕비(기간편년/해석 불가) → 기간편년(흥덕왕 말년)

　　　능산리 목간(유적 성격 등 기간편년) → 기간편년(6세기 중반, 최종연도는 조사 후 결정)

　　　남산신성비 기년 없는 파편 : 다른 기년명과 똑같이 591년에 배치 후 주해

 (4) 편년이 불가능한 비문 잔편, 목간 등은 생략한다.

 (5) 유민 묘지명의 경우 원칙적으로 본국에서의 선대 계보나 사적(임관, 활동 등)이 밝혀져 있는 　　경우만 채록한다. 본국에서의 선대 계보나 사적이 전혀 없는 것은 채록 범주에서 제외한다.

　　예) 예소사 묘지명/예인수 묘지명 : 본국 본인 사적 없으나, 선대 계보는 있음

　　→ 선대 계보만 채록하되 선대 인물의 마지막 사적 연도에서 주해한다.

---

13) 『三國遺事』5 避隱 8 勿稽子에는 奈解尼師今 20년(215)의 일로 기록되어 있다.

(6) 유민 묘지명에서 중국으로 건너간 이후의 사적은 본국에서의 마지막 사적 부분에 편년 가능
한 내용만 주해한다.

(8) 생몰년 전후의 인물평과 음기는 해당 인물의 사적이 처음 나오는 연대에 주해한다.

(9) 확실한 연대가 확인되는 기사에 뒤이은 불분명한 시간대의 기록은 주해한다.

　예) 菩提寺大鏡大師塔碑

　　　880년

　　　신라　　　廣明元年 (大鏡大師)始具大戒 其於守夏草擊如囚[14]

(10) 연대가 확실한 기사 사이에 있는 것은 기간편년한다.

　　　909년

　　　신라　　　數換星霜 光啓三年冬 (廣宗)大師寂滅 其後不遠千里邐迤南行 至於靈覺山
　　　　　　　　中 虔謁深光和尙 是 大師師兄長老也[15] (…) 以此 傳大覺之心 佩雲居之印
　　　　　　　　重超」 鯀水 再至鯤岑 此時 天祐六年七月 達于武州之昇平

(11) 금석문, 목간 등의 판독/면 분류는 저본을 따르며 다른 판독은 주해한다.

　예) 저본은 금석문영상정보시스템 등 최근에 종합·집성된 것을 기준으로 한다. 다만 저본과 다
른 다수설이 있을 경우만 주해하여, 주해와 문자의 이동 표기를 최소화한다.

(12) 금석문, 목간 등에 일부 깨진 부분이 있는 경우 '(上缺)' '(中缺)' '(下缺)' 등으로 표시한다.

4) 탈각자/오각자의 처리방식

(1) 탈각자/오각자의 경우 원문대로 기입하거나 △로 표시한다.

(2) 수정 또는 보입 가능한 탈각자/오각자는 주해한다.

7. 기호 삽입

1) 각종 기호는 자판상의 기호를 사용하되, 없는 경우 ᄒᆞᆫ글(HNC) 문자표의 '전각기호'를 활용한
다.

2) 원문 사료에는 없으나, 연대기 배열상 빠진 연호는 (　)에 표기한다.

　예) (正始)六年 復征之 宮遂奔買溝 儉遣玄菟太守王頎追之(『三國志』 28 魏書 28 王毌丘諸葛
鄧鍾傳)

3) 사료에 '明年', '是年' 등 연대나 연호가 명시되어 있지 않은 경우에는 정확한 연대나 연호를
'(　)' 안에 한글로 넣는다.

　예) 278년 마한 『晉書』 기사

　　　마한　　　明年(함녕 4년) 又請內附 (『晉書』 97 列傳 67 四夷 東夷)

4) 사료의 연대 중 원사료의 인용한 부분에 나오지 않으나, 앞에 있어서 알 수 있는 경우에는 '(　
)' 안에 원문대로 넣는다.

　예) 233년 읍루 『자치통감』 기사

　　　읍루　　　(冬十二月) 尙書僕射薛綜上疏曰 (…) (『資治通鑑』 72 魏紀 4 烈祖明皇帝)

5) 문헌 또는 금석문 자료에 불분명하거나 탈각이 있는 경우 △로 표기한다.

---

14) 이하 "然而漸認敎宗 曾非眞實 傾心玄境 寓目寶林 此時西向望嵩嚴山 遠聞有善知識 忽携甁錫 潛往依焉
廣宗大師 始見初來 方聞所志 許爲入室"라 하였다. 이 부분은 廣明元年(880)에 뒤이어 나오는 기사로,
연대를 알 수 없다.

15) 이하 "早蘊摩尼 人中師子 以爲崇嚴之嗣 學者咸宗 然則秖李成蹊 其門如市 朝三暮四 虛往實歸」 大師 師
事殷勤 服膺數歲 由是 擲守株之念 抛緣木之心 挈甁下山 泓其西海 乘査之客 邂逅相逢 託足而西 遍凌巨寢
珍重夷洲之浪 直衝禹穴之煙」 此時 江表假秙 次於洪府 行行西上 禮見雲居 大師謂曰 戲 別匪遙 相逢於此
運斤之際 猶喜子來 吾師問義不休 爲仁由已 屢經星紀 寒苦」 彌堅 已抵驪困 得認探珠之契 仍登鳥徑 方諧
採玉之符 大師雖則觀空 豈△忘本 忽念歸歟之詠 潛含暮矣之愁 欲別禪尻 先陳血懇 大師謂曰」 飛鳴在彼
且莫因循 所冀 敷演眞宗 以光吾道 保持法要 知在汝曹 可謂龍躍天池 鶴歸日域 其於來往 不失其時"라 하
였다. 이 부분은 光啓 3년(887)에 뒤이어 나오는 기사로 연대를 알 수 없으나, 배치된 위치상 天祐 6년
(909) 7월 이전으로 파악된다.

예) 고구려　　　(正始)六年五月旋△16)　討寇將軍巍烏丸單于△　威寇將軍都亭侯△　行裨將軍領△

　　　　　　　　△　△裨將軍△△△△△ (魏毌丘儉紀功碑)

6) 「혼글」에서 지원되지 않는 한자는 그 한자의 본 글자 또는 통용자로 기입하고, 주해한다.

7) 금석문, 목간 등 자료의 저본에서 사용한 기호들은 본서에서 정한 기호로 통일한다. 단, 미독자의 수를 확인할 수 없는 경우, △ 표시 후 주해한다.

　　예) □(미독자 표시) : △

　　　　○(구멍 표시) : 표시하지 않음

　　　　×(결락 표시) : '(上缺)' '(中缺)' '(下缺)' 등

8) '고구려' 국호 처리문제 : '고구려'를 '고려'로 표기한 원사료를 번역할 경우 원 사료의 '고려'는 번역문에서만 '고(구)려'로 처리한다.

8. 주해

1) 원문 사료의 협주는 채택한 저본에 한정하여 [　]로 본문에서 처리한다. 단, 『사기』 삼가주처럼 후대에 추가된 것이라도 그 중요도에 따라 일부 주해한다.

　　예 1) 傳子至孫右渠[師古曰 孫名右渠] 眞番辰國 欲上書見天子 雍閼不通[師古曰 辰謂辰韓也]

　　　　(『三國遺事』 1 紀異 2 魏滿朝鮮)

　　예 2) 至今上卽位數歲 (…) 彭吳17) 賈滅朝鮮18) 置滄海之郡 則燕齊之閒靡然發動 (…) 東至滄海之郡 人徒之費擬於南夷 (『史記』 30 平準書 8)

　　예 3) 秋七月 遼東太守祭肜使偏何討赤山19)烏桓20) 大破之 斬其魁帥21) 塞外震讋22) 西自武威東盡玄菟23) 皆來內附 野無風塵 乃悉罷緣邊屯兵 (『資治通鑑』 44 漢紀 36 顯宗孝明皇帝上)

2) 주해는 각주 형태로 출전 뒤에 표시하고, 문장 형태로 작성한다. 단, 전거와 연호, 본문에 안 나오는 인명 이외에는 전부 한글로 표기한다.

3) 편년기사에 민족지적 자료가 참고될 경우 주해한다.

　　예 1) 260년 백제의 좌평 설치 기사와 관복제 기사

　　백제　　　春正月 置內臣佐平掌宣納事 內頭佐平掌庫藏事 內法佐平掌禮儀事衛士佐平掌宿衛兵事 朝廷佐平掌刑獄事 兵官佐平掌外兵馬事 又置達率恩率德率扞率奈率及將德施德固德季德對德文督武督佐軍振武克虞 六佐平並一品 達率二品 恩率三品德率四品 扞率五品 奈率六品 將德七品 施德八品 固德九品 季德十品 對德十一品 文督十二品 武督十三品 佐軍十四品 振武十五品 克虞十六品 (『三國史記』24 百濟本紀 2)24)

---

16) 일반적으로 '師'로 추독한다.

17) 索隱 人姓名

18) 索隱 彭吳始開其道而滅之也

19) 偏氏 高辛後 急就章有偏 呂 何

20) 烏桓傳 赤山 在遼東西北數千里 鮮卑傳云 偏何擊漁陽赤山烏桓欽〔歆-(『후한서』 오환선비열전에는 '歆'이라 하였다)〕志賁 蓋歆志賁本赤山種而居漁陽塞外也

21) 帥 所類翻

22) 讋 之涉翻

23) 郡國志 武威郡 在雒陽西三千五百里 玄菟郡 在雒陽東北四千里 菟 同都翻

24) 6좌평을 두고 16관등을 두었다는 기록은 『周書』 등 중국 역사책에도 보인다. 이를 제시하면 다음과 같다.

"官有十六品 左平五人 一品 達率三十人 二品 恩率三品 德率四品 杆率五品 奈率六品 已上冠飾銀華 將德七品 紫帶 施德八品 皁帶 固德九品 赤帶 季德十品 靑帶 對德十一品 文督十二品 皆黃帶 武督十三品 佐軍十四品 振武十五品 剋虞十六品 皆白帶 自恩率以下 官無常員"(『周書』 49 列傳 41 異域上 百濟)

"官有十六品 長曰左平 次大率 次恩率 次德率 次杆率 次奈率 次將德 服紫帶 次施德 皁帶 次固德 赤帶 次李德 靑帶 次對德以下 皆黃帶 次文督 次武督 次佐軍 次振武 次剋虞 皆用白帶 其冠制並同 唯奈率以上飾以銀花"(『隋書』 81 列傳 46 東夷 百濟)

"所置內官曰 內臣佐平 掌宣納事 內頭佐平 掌庫藏事 內法佐平 掌禮儀事 衛士佐平 掌宿衛兵事 朝廷佐平

백제　　　　二月 下令六品已上服紫 以銀花飾冠 十一品已上服緋 十六品已上服靑 (『三國史記』24 百濟本紀 2)[25]

예 2) 261년 백제 고이왕의 정장 모습

백제　　　　春正月 初吉 王服紫大袖袍 靑錦袴 金花飾烏羅冠 素皮帶烏韋履 坐南堂廳事 (『三國史記』24 百濟本紀 2)[26]

4) 해당 자료의 연대(월)를 그대로 배치하는 것을 원칙으로 하며, 그 사항을 각각의 기사에서 주해한다.

예 1) 212년 물계자

신라 보라 사물

第十奈解王卽位十七年壬辰 保羅國[今固城]史勿國[今泗州]等八國 倂力來侵邊境 王命太子㮈音 將軍一伐等 率兵拒之 八國皆降 時勿稽子軍功第一 然爲太子所嫌 不賞其功 或謂勿稽子 此戰之功 唯子而已 而賞不及子 太子之嫌君其怨乎 稽曰 國君在上 何怨人臣 或曰然則奏聞于王幸矣 稽曰 代功爭命 命揚己掩人 志士之所不爲也 勵之待時而已(『三國遺事』5 避隱 8 勿稽子)[27]

신라 골포 칠포 고사포

後三年 骨浦柒浦古史浦三國人 來攻竭火城 王率兵出救 大敗三國之師 勿稽子斬獲數十餘級 及其論功 又無所得 乃語其婦曰 嘗聞爲臣之道 見危則致命 臨難則忘身 前日浦上竭火之役 可謂危且難矣 而不能以致命忘身聞於人 將何面目以出市朝乎 遂被髮携琴 入師彘山 不反 (『三國史記』48 列傳 8 勿稽子)[28]

예 2) 215년 물계자

신라 골포(二)十年乙未[29] 骨浦國[今合浦也]等三國王 各率兵來攻竭火[疑屈弗也 今蔚州] 王親率禦之 三國皆敗 稽所獲數十級 而人不言稽之功 稽謂其妻曰 吾聞仕君之道 見危致命 臨難忘身 仗於節義 不顧死生之謂忠也 夫保羅[疑發羅 今羅州]竭火之役 誠是國之難 君之危 而吾未曾有忘身致命之勇 此乃不忠甚也 旣以不忠而仕君 累及於先人 可謂孝乎 旣失忠孝 何顔復遊朝市之中乎 乃被髮荷琴 入師彘山[未詳] 悲竹樹之性病 寄托作歌 擬溪澗之咽響 扣琴制曲 隱居不復現世 (『三國遺事』5 避隱 8 勿稽子)[30]

5) 동일연대에 동일 기사가 2개 이상인 경우 해당 연대의 편년 기준이 되는 사료에만 주해한다.

예) 209년 물계자

신라 포상팔국 가야

秋七月 浦上八國 謀侵加羅 加羅王子來請救 王命太子于老 與伊伐湌利音 將六

掌刑獄事 兵官佐平 掌在外兵馬事"(『舊唐書』199上 列傳 149上 東夷 百濟)

"官有內臣佐平者宣納號令 內頭佐平主帑聚 內法佐平主禮 衛士佐平典衛兵 朝廷佐平主獄 兵官佐平掌外兵"(『新唐書』220 列傳 145 東夷 百濟)

"官有十六品 左平一品 達率二品 恩率三品 德率四品 扞率五品 奈率六品 以上冠飾銀花 將德七品 紫帶 施德八品 皁帶 固德九品 赤帶 季德十品 靑帶 對德十一品 文督十二品 皆黃帶 武督十三品 佐軍十四品 振武十五品 克虞十六品 皆白帶"(『通典』185 邊防 1 東夷 上 百濟)

25) 紫·緋·靑色이 관복을 입었다는 기사와 관련해서 다음의 중국 기록도 참고된다.
"官人盡緋爲衣 銀花飾冠 庶人不得衣緋色"(『舊唐書』199上 列傳 149上 東夷 百濟)
"群臣絳衣 飾冠以銀蘤 禁民衣絳紫"(『新唐書』220 列傳 145 東夷 百濟)

26) 백제 왕의 正裝한 모습과 관련해서 다음 기록도 참고된다.
"其王服大袖紫布 靑錦袴 烏羅冠 金花爲飾 素皮帶 烏韋履"(『舊唐書』199上 列傳 149上 東夷 百濟)

27) 본 내용은 포상팔국의 가야 침공기사로 보이는 바, 『三國史記』2 新羅本紀 2 奈解尼師今 14년(209)에 해당된다.

28) 『三國遺事』5 避隱 8 勿稽子에는 동일기사가 奈解王 20년(215)으로 되어 있다.

29) 원문에는 "十年乙未"라고 되어 있으나, 연대와 간지가 맞지 않는 데다가 앞에는 "十七年壬辰"의 기록이 있어 "二十年乙未"의 오류라고 생각된다.

30) 『三國史記』48 列傳 8 勿稽子에는 奈解尼師今 14년(209)의 3년 뒤(212) 일로 기록되어 있고, 『三國史節要』3에도 연대가 명시되어 있지는 않으나 奈解尼師今 17년(212)에 배치되어 있다.

部兵 往救之 擊殺八國將軍 奪所虜六千人 還之 (『三國史記』 2 新羅本紀 2, 奈解尼師今)31)

신라 포상팔국 가야

秋七月 浦上八國 謀侵加羅 加羅王子請救於新羅 王命太子于老 與伊伐湌利音 將六部兵 往救之 擊殺八國將軍 奪所虜六千人 還之 是役也 勿稽子有大功 以見 忌於利音 故不記其功 或謂曰 子之功 莫大而不見錄 怨乎 曰 何怨之有 或曰 盍 聞之於王 曰 矜功求名 志士所不爲也 但當勵志 以待後時而已 勿稽子 家世平微 爲人倜儻 有壯志 (『三國史節要』 3)

신라 팔포상국(포상팔국) 가야

勿稽子 奈解尼師今時人也 家世平微 爲人倜儻 少有壯志 時 八浦上國同謀伐阿 羅國 阿羅使來請救 尼師今使王孫㮈音 率近郡及六部軍往救 遂敗八國兵 是役也 勿稽子有大功 以見憎於王孫 故不記其功 或謂勿稽子曰 子之功莫大而不見錄 怨 乎 曰 何怨之有 或曰 盍聞之於王 勿稽子曰 矜功求名 志士所不爲也 但當勵志 以待後時而已 (『三國史記』 48 列傳 8 勿稽子)

6) 편년기사와 무편년기사가 동일기사일 경우, 무편년 기사는 주해한다.

　　예) 미추이사금 즉위조

　　신라　　味鄒尼師今立[一云味照] 姓金 母朴氏 葛文王伊柒之女 妃昔氏 光明夫人 助賁王 之女 其先閼智 出於雞林 脫解王得之 養於宮中 後拜爲大輔 閼智生勢漢 勢漢生 阿道 阿道生首留 首留生郁甫 郁甫生仇道 仇道則味鄒之考也 沾解無子 國人立味 鄒 此金氏有國之始也 (『三國史記』 2 新羅本紀 2)32)

7) 연대가 다르거나 무편년 기사 중 다른 출전의 사료와 연관이 있는 것은 모두 주해하여 그 출전을 밝혀준다.

　　예) 봉상왕 2년

　　고구려　　九月 王謂其弟咄固有異心 賜死 國人以咄固無罪 哀慟之 咄固子乙弗 出避於野 (『三國史記』 17 高句麗本紀 5)33)

　　고구려　　九月 高句麗王以其弟咄固有異心 賜死 國人以咄固無罪 哀慟之 咄固子乙弗 出 避於野 (『三國史節要』 4)

8) 무편년 기사 중 연대가 확인 또는 추정되어 수정편년하는 경우 주해한다.

　　예) 296년 봉상왕 5

　　고구려　　秋八月 慕容廆來侵 至故國原 見西川王墓 使人發之 役者有暴死者亦聞壙內有樂 聲 恐有神乃引退 王謂羣臣曰 慕容氏兵馬精强 屢犯我疆場 爲之 奈何 相國倉助 利對曰 北部大兄高奴子賢且勇 大王若欲禦寇安民 非高奴子無可用者 王以高奴 子爲新城太守 善政有威聲 慕容廆不復來寇 (『三國史記』 17 高句麗本紀 5)

　　고구려　　時 慕容廆爲邊患 王謂群臣曰 慕容氏兵强 屢犯我疆場 爲之奈何 倉助利對曰 北 部大兄高奴子賢且勇 大王若欲禦寇安民 非高奴子無可用者 王以爲新城太守 慕 容廆不復來 (『三國史記』 49 列傳 9 倉助利)34)

9) 편자의 주가 필요할 경우 주해한다.

10) 주해에서 사료를 인용할 때에는 " "로 한다.

11) 금석문/목간 등에서 국적을 달리 보는 경우는 주해한다.

　　예) 계양산성 목간은 백제 목간으로 보고되었으나 대부분 신라 목간으로 분류함

---

31) 『三國遺事』 5 避隱 8 勿稽子에는 동일내용이 212년의 일로 되어 있다.
32) 본문의 "其先閼智 出於雞林 脫解王得之 養於宮中 後拜爲大輔"와 관련하여 『三國史記』 11 新羅本紀 1 탈해이사금 9년 3월 기사가 참고된다.
33) 이 기사와 관련해서 『삼국사기』 17 고구려본기 5 미천왕 즉위년도 참고된다.
34) 본문의 '時'는 고구려 봉상왕 5년 추8월이다.

운천동 사적비는 686년에 건립된 것으로 알려졌으나, 최근 고려 초기(후삼국 통일 직후)로 보는 설도 있음

9. 출전 표기는 다음과 같이 하되, 사료 원문 다음에 한 칸을 띄우고 '( )'안에 삽입한다.

　예) 『三國史記』2 新羅本紀 2
　　　『三國遺事』1 王曆 1 / 『三國遺事』2 紀異 2 文虎王法敏
　　　『三國史節要』3
　　　『三國志』3 魏書 3 明帝紀
　　　『三國志』30 魏書 30 烏丸鮮卑東夷傳 韓
　　　『晉書』97 列傳 67 四夷 東夷
　　　『舊唐書』4 本紀 4 高宗 上
　　　『日本書紀』9 神功紀
　　　「魏毌丘儉紀功碑」 / 「景元 元年銘塼」側銘

10. 기사 번역

1) 한글 전용을 원칙으로 하되, 중요 어휘와 중의 어휘 등은 한자를 병기한다.
2) 번역에 논란이 있는 경우 관련 논의와 그 번역을 주해한다.
3) 간지로 된 날짜 표기는 "~일(숫자)" 형태로 통일한다.

　예) 59(己未/신라 탈해이사금 3/고구려 태조왕 7/백제 다루왕 32/後漢 永平 2/倭 垂仁 88)
　예맥　봄 정월 신미일(19)에 명당(明堂)에서 조상으로서 광무황제(光武皇帝)를 제사하였다. (…) 예가 끝난 뒤 영대(靈臺)에 올라 상서령지절(尚書令持節)로 하여금 표기장군(驃騎將軍)과 3공(公)에게 알려 말하기를, " (…) 뭇 신료들이 잘 보좌하며, 종실의 자손들이 번성하고, 뭇 군(郡)이 상계(上計)를 하며, 많은 오랑캐들이 조공을 바치고 오환(烏桓)과 예맥(濊貊)이 모두 와서 제사를 돕고 선우(單于)가 시중을 들며, 골도후(骨都侯) 또한 모두 함께 자리에 배열하니 이는 진실로 성조(聖祖)의 공덕 덕택이다." 하였다. (『後漢書』2 帝紀 2 顯宗孝明帝)

4) 인명, 지명, 관직명 등 고유명사와 상투어는 번역하지 않고 각 해당 연도의 최초 기사에서만 한자를 병기한다.
5) 論曰의 경우 "논하여 말한다."로 통일하여 번역한다.
6) 사망과 관련된 표현은 '崩' '薨'은 "돌아가셨다"로, '卒' '死' 등은 "죽었다"로 통일하여 번역한다.
7) 인용문은 원칙적으로 문장을 달리 하지 않는다. 단, 복수의 문장이나 3줄 이상의 인용문 등 가독성을 고려할 필요가 있는 경우, 문장을 달리 한다. 인용문 내에 인용문이 있을 경우 첫번째는 ' ', 두 번째는 「 」로 표기한다.
8) 숫자는 가능한 아라비아 숫자로 통일한다.
9) 내용이 길어져서 가독성이 떨어질 경우, 원문에 단락 구분이 되어 있지 않더라도 번역에서 적절히 단락을 구분한다.
10) 한자에 2가지 발음이 있을 경우 『한국민족문화대백과사전』을 기준으로 통일하여 기재하고 최초 사례에 주해한다.

　예) 훼부/탁부 : 탁부, 현도/현토 : 현도, 관구검/무구검 : 관구검 등

[책을 내면서   ]

한국고대사 연구는 한·중·일 삼국에서 생성된 한국고대사 관련 자료를 두루 비교·검토해야 균형 잡힌 연구가 가능하다. 한국, 중국, 일본 등 동아시아 문헌 등에 기록된 한국고대사관련 사료는 다른 시대에 비해 내용도 매우 소략한 편이고, 기록 자체도 매우 부족한 것으로 여지지고 있다. 지금까지 여러 연구기관이나 연구자 등이 한국사서·중국사서·일본사서에 기록된 한국고대사 관계 기사를 발췌하여 사료집을 간행하기도 하였다. 한국사서, 중국사서와 일본사서들에 보이는 한국고대사 관련 사료집은 국가별 내지는 특정 시기 및 주제에 한정되어 간행된 것이 보통이다. 이처럼 한국고대사관련 사료가 개별적으로 많이 정리되고 간행된 바 있으나, 사료를 필요에 따라 취사선택함으로 말미암아 동아시아 속에서 한국고대사를 일목요연하게 보기에도 부족함이 있다고 느꼈고, 이들 사료를 연대별로 정리하여 종합화할 필요성이 있다고 생각했다. 한국고대사 전체를 시간적 범위로 하여 한·중·일 삼국의 한국고대사 관련 자료를 총망라하여 집성해보고 싶었다. 대학원에서 공부를 시작할 때부터 개인적으로 이러한 작업을 해볼 생각을 가지고 있었으나, 한 개인의 힘으로는 도저히 불가능한 일임을 자각한 바 있다. 이에 관련 연구자들이 공동으로 이 작업을 하는 것이 가능하지 않을까 하는 막연한 기대감에서 한국학 토대연구 사업의 일환으로 이 과제를 신청하여 11인이 공동으로 연구를 진행하게 되었다. 중국의 '자치통감'이나 조선의 '동국통감'처럼 한국고대사와 관련한 사료를 정리한 일종의 현대판 '한국고대사통감'을 만들어보고자 하는 욕심이었다고 할 수 있다. 물론 매우 과한 욕심이었다는 점은 인정하지만, 이러한 자료의 필요성만큼은 대부분 공감하리라 생각한다. 결국 이 작업은 한국고대사 관련 동아시아 사료를 연대기적으로 종합하고자 하는 것이 목적이었다. 이를 통해 한국고대사 관련 동아시아 사료에 대해 번역하고, 유기적이고 총체적으로 사료를 집성하며, 주해를 통한 한국고대사 관련 사료의 객관성 추구하고자 한 것이다. 이 과정에서 새로운 사료를 발굴하고, 사료를 유기적으로 결합시킬 수도 있을 것으로 기대했다. 이에 이 작업을 위해 주변에 있는 한국 고대사 전공자와 중국, 일본의 고중세사 전공자 11인으로 연구팀을 구성하였다. 한국고대사 관련 동아시아 사료의 연대기적 집성을 위해 자료조사 및 수집, 원문 교감 및 판본 확인, 사료배열, 번역 및 주해, 사료 종합의 5단계의 과정을 거쳐 작업을 진행하였다. 먼저 한국고대사관련 사료의 연대기적 집성에 맞는 원칙을 정하기 위해 많은 시행착오를 거쳐서 매뉴얼을 작성하였고, 그 매뉴얼에 따라 사료를 정리하였다. 이를 통해 연대기적으로 사료를 정리하였고, 상호비교를 통해 인용사료들의 출전과 전거를 확인할 수 있도록 함으로써 사료간의 관계와 상이점 등을 확인할 수 있도록 하였다. 아울러 연대와 월일이 불분명한 사료의 주해하여 사료의 객관화를 이루고자 하였고, 번역되어 있지 않은 중국 정사류와 유사류 등을 번역하여 사료에 접근이 용이하도록 하고자 하였다. 다만 편년이 불가능한 비연대기 사료들은 연대기 자료에 포함될 수 없는 부분이 많아서 여기에는 수록하지 않았다.

애초의 막연한 기대와는 달리 한국고대사관련 동아시아 사료를 연대기로 집성하는 작업이 쉽지 않은 것임을 금방 깨달았기 때문에 3년이라는 시간동안 모든 것을 잘 정리하고 마무리할 수 있을 것인지에 대해 많은 걱정을 했던 것도 사실이다. 처음 생각한 것보다 많은 노력이 필요했고, 연구팀이 같이 손발을 맞추는 것도 현실적으로 매우 어려웠다. 사료들을 종합하고자 하니 생각한 것보다 방대한 양이었고, 하나하나를 세심하게 검토하는 작업도 쉽지 않았다. 사료를 배열하고 번역하고 주해하는 과정에서 간혹 의도하지 않게 누락시키거나 혹은 번역이 다소 문제가 있거나 배치상 오류가 있는 부분도 적지 않으리라 생각된다. 다양한 학설이 존재하는 고대사 사료 가운데 논란이 되는 부분도 적지 않기에 그것을 일목요연하게 정리한다는 것 자체가 쉽지 않은 작업이었던 것 같다. 결과물이 많은 분들의 기대와 달리 매우 부족할 수도 있으리란 것을 연구팀 모두 잘 알고 있고, 결과물에 대해 다양한 비판을 받을 수도 있으리라 생각한다. 그럼에도 불구하고 굳이 작업을 결과물을 책으로 출간하여 세상에 내어놓는 이유는 연구비를 받고서 해야 할 의무였기도 하지만, 동아시아 사료를 연대기적으로 정리하여 한눈에 일목요연하게 확인해볼 수 있는 사료집이 있다는 측면만으로도 나름 의미가 있을 수도 있겠다는 생각에서이다. 특히 연구를 시작하면서 사료에 대한 접근이 쉽지 않을 수도 있는 학문 후속세대에게는 이러한 작업의 결과물이 공부에 도움이 될 수도 있을 것으로 기대한다. 아울러 사료에 접근할 때 그 사료가 어떤 전거에서 시작된 것인지, 그것이 어떻게 변형되어 수록되었는지를 확인할 수 있다는 점에서도 유용할 수 있을 것으로 기대한다.

한국고대사관련 동아시아 사료의 연대기적 집성이 더욱 좋은 자료로 활용되기 위해서는 지속적으로 수정, 보완의 필요성이 있음은 두말할 나위도 없다. 향후 이 책에서 부족한 부분을 더욱 정교하게 다듬고 수정하고 보충하여 보다 나은 사료집이 간행될 수 있기를 희망한다. 그러기 위해서는 한국고대사 연구자들의 아낌없는 질정과 아울러 이 사료집을 함께 보완해나가자는 제안도 드리는 바이다. 한국고대사 연구자들께서 주저하지 말고 많은 고견을 주시기를 바라며 이를 최대한 반영하여 추후 기회가 되면 증보할 수 있도록 노력해나갈 생각이다.

여러 면에서 부족한 연구책임자를 믿고 3년 동안 함께 작업을 하신 전임연구원 채미하, 박승범, 정동준 선생님과 공동연구원 박근칠, 이재석, 박현숙, 박찬흥, 김종복, 최재영, 박준형 선생님께 감사드린다. 아울러 함께 작업한 연구보조원들의 노고에도 감사드린다. 마지막으로 어려운 출판 여건에도 책이 간행되도록 물심양면으로 도와주신 주류성출판사의 최병식 사장님과 책의 간행에 직접적으로 수고해주신 담당자님께도 사의를 표하는 바이다.

연구팀을 대표하여 정 호 섭

한국 고대사 관련 동아시아 사료의 연대기적 집성
번역문 (上) B.C.2333년~642년

B.C.2333(戊辰)

조선 옥저 부여 예맥

처음에 누가 나라를 세우고 바람과 구름을 열었는가? 석제(釋帝)의 손자이고 단군이라 이름하네.[본기에서 말하였다. "상제 환인에게 서자가 있어 웅(雄)이라 한다. 상제가 웅에게 '아래로 삼위태백(三危太白)에 이르러 널리 세상을 이롭게 하지 않겠는가?'하였다. 그래서 웅은 천부인(天符印) 3개를 받아서 귀(鬼) 3천을 이끌고 태백산 정상의 신단수(神檀樹) 아래에 내려왔는데, 이것이 단웅천왕(檀雄天王)이다. 손녀로 하여금 약을 먹고 사람 몸이 되게 하여 단수신(檀樹神)과 혼인하고 사내아이를 낳게 하니, 단군이라고 이름한다. 조선 지역에 근거하여 왕이 되니 본래 시라(尸羅), 고례(高禮), 남·북옥저, 동·북부여, 예(穢)와 맥은 모두 단군이 오래 보존된 것이다. 1,038년을 다스리고 아사달산(阿斯達山)에 들어가 신이 되니, 죽지 않기 때문이다]제요(帝堯)와 함께 무진년에 나라를 세워, 순(舜)을35) 지나 하(夏)까지 왕위에 있었네. (…) "(『帝王韻紀』下 前朝鮮紀)

B.C.2311(庚寅)

조선

위서(魏書)에 전하였다. "지금으로부터 2천여 년 전에 단군왕검(壇君王儉)이 있어 아사달(阿斯達)에 도읍을 정하였다[경(經)에는 무엽산(無葉山)이라 하고, 또한 백악(白岳)이라고도 하니 백주(白州) 땅에 있다. 혹은 개성의 동쪽에 있다고 하니 지금의 백악궁이 그것이다]. 나라를 개창하여 조선이라 했으니 제요와 같은 시기이다."고기(古記)에 전하였다. "옛날에 환국(桓国)[제석(帝釋)을 말한다]의 서자인 환웅이 천하에 자주 뜻을 두어, 인간세상을 구하고자 하였다. 아버지가 아들의 뜻을 알고 삼위태백을 내려다보니 세상을 널리 이롭게 할 만한지라, 이에 천부인(天符印) 3개를 주며 가서 다스리게 하였다. 환웅이 무리 3천을 거느리고 태백산(太伯山) 정상[즉 태백은 지금의 묘향산이다]의 신단수(神壇樹) 아래에 내려와 신시(神市)라 하니 이에 환웅천왕이라 하였다. 풍백·우사·운사를 거느리고 곡식·수명·질병·형벌·선악 등 무릇 인간의 360여 가지 일을 주관하며 세상에 있으면서 다스리고 교화하였다. 이 때에 곰 한 마리와 호랑이 한 마리가 있어 같은 굴에 살면서 항상 신(神) 환웅에게 기도하되 화(化)하여 사람이 되기를 원했다. 그 때에 신 환웅은 신령스러운 쑥 한 타래와 마늘 20개를 주면서 말하기를 '너희들이 이것을 먹고 100일 동안 햇빛을 보지

---

35) 원문에는 '虞'라고 되어 있으나, 舜이 세운 나라 이름이므로 이해의 편의상 순으로 번역하였다.

않으면 곧 사람의 형체를 얻을 수 있으리라.'라고 하였다. 곰은 그것을 먹으면서 기(忌)한 지 21일만에 여자의 몸을 얻었으나, 범은 기하지 못하여 사람의 몸을 얻을 수 없었다. 웅녀는 혼인할 사람이 없었으므로 매양 단수(壇樹) 아래에서 임신하기를 빌었다. 환웅이 이에 잠시 사람으로 변하여 그녀와 혼인하였다. 웅녀가 임신하여 아들을 낳으니 단군왕검이라 하였다. 당(唐) 제요가 즉위한 지 50년인 **경인**으로,[당 제요 즉위 원년은 무진(戊辰: B.C.2333)인 즉 50년은 정사(丁巳: B.C.2284)요 경인이 아니다. 사실이 아닐까 의심스럽다] 평양성[지금의 서경이다]에 도읍하고 비로소 조선이라 하였다. 또 도읍을 백악산 아사달에 옮겼는데, 궁[혹은 방(方)이라고 한다]홀산(弓忽山)이라고도 하며 또는 금미달(今彌達)이라고도 한다. (…) "(『三國遺事』 1 紀異 1 古朝鮮 王儉朝鮮)

B.C.1226 또는 1166(乙未/殷 武丁 8)

조선   은 무정 8년 **을미**에 아사달산(阿斯達山)에 들어가 신이 되었는데,[지금의 구월산이다. 궁홀(弓忽)이라고도 한다. 또 삼위(三危)라고도 하는데, 사당이 여전히 있다] 1,028년 간 나라를 누리도록 아무런 변화 없이 환인에게 전하였네. 떠난 후 164년 만에 어진 사람이 부족하나마 군신관계를 다시 열었네[혹은 그 후 164년이라고도 한다. 비록 부자는 있으나 군신은 없다]. (『帝王韻紀』 下 前朝鮮紀)

B.C.1062(己卯)

조선   후조선의 시조는 기자라 하네. 주 무왕 원년 **기묘** 봄에 도망쳐 와서 여기에 이르러 스스로 나라를 세웠네. 주 무왕이 멀리 봉하여 조서를[36] 내리자 예로는 사례하지 않기가 어려워 이에 입근(入覲)하니, 홍범9주(洪範九疇)와 이륜(彛倫)을 물었네[상서소(尙書疏)에 전하였다. "무왕이 기자의 구금을 풀어주자 기자는 조선으로 달아나서 나라를 세웠다. 무왕이 그것을 듣고 인하여 여기에 책봉하였다. 기자는 책봉을 받고 신하의 예가 없을 수 없어서 사례하기 위하여 입근하였다. 무왕이 홍범9주를 물은 것은 주 13년이다." 이하 전(傳)에 나타난 것은 모두 주를 달지 않는다]. (『帝王韻紀』 下 後朝鮮紀)

조선 고구려   고기에 전하였다. " (…) 그 후 1,500년 동안 나라를 다스렸다. 주 무왕이 즉위한 **기묘**에 기자를 조선에 책봉하니 단군(壇君)은 곧 장당경(藏唐京)으로 옮겼다가 뒤에 아사달로 돌아와 은거(隱居)하다 산신이 되었으니 나이가 1,908세다."『신당서(新唐書)』 배구전(裵矩傳)에[37] 전하였다. "고구려는[38] 본래 고죽국(孤竹國)[지금의 해주이다]인데 주가 기자를 봉하고 조선이라 하였다."(『三國遺事』 1 紀異 1 古朝鮮 王儉朝鮮)

B.C.1046(乙未/周 武王 11)

조선   무왕이 미자(微子)를 송(宋)에 봉하고 기자를 조선에 봉하였다. (『潛夫論』 8 五德志 34)

조선   **무왕이 은(殷)에게 이기고** 나서 기자의 구금을 풀었다. 기자는 차마 주의 석방을 받을 수 없어서 조선으로 달아났다. 무왕이 그것을 듣고 인하여 조선을 그에게 봉하였다. 기자가. 이미 주의 책봉을 받고 신하의 예가 없을 수 없어서 **12년(B.C.1045)**에

---

36) '命綸'은 '綸命'으로 압운을 맞추기 위해 순서를 바꾼 것이다. '綸命'은 천자의 조서를 가리킨다.

37) 『隋書』 67 列傳 32 裵矩에는 "高麗之地 本孤竹國也 周代以之封于箕子", 『舊唐書』 63 列傳 13 裵矩에는 "高麗之地 本孤竹國也 周代以之封箕子"이라고 하고, 『新唐書』 100 列傳 25 裵矩에는 "高麗本孤竹國 周以封箕子"이라고 한다. 본문의 "高麗本孤竹國 周以封箕子爲朝鮮"은 『新唐書』의 문장에 "爲朝鮮"만 붙인 것이다.

38) 원문은 '高麗'이지만 내용상 고구려를 가리킨다.

내조하였다. (『尙書大傳』周傳 洪範)

구려 부여 맥

무왕이 상(商)에게 이기자, 해동(海東)의 제이(諸夷)인 구려(句麗)·부여(夫餘)·간(馯)·맥(貊)의 무리가 모두 길을 통하였다. (『尙書大傳』周官 孔氏傳)

조선　　기자가 조선에 살았다. (『博物志』9 雜說)

조선　　일찍이 주 무왕이 기자를 조선에 봉하였다. (『後漢書』85 東夷列傳 75 濊)

조선　　주초(周初)에 상 태사(太師)를 조선에 봉한 국(國)이다[태사는 주를 위하여 홍범을 진술하였다. 그 지역은 지금 안동도호부(安東都護府)의 동쪽인데, 모두 동이에게 점령당하였다]. (『通典』185 邊防 1 東夷 上 序略)

조선 낙랑　　조선[진(晉) 장화(張華)가 말하였다. "조선에는 천수(泉水)·열수(洌水)·산수(汕水)가 있고, 세 물이 합하여 열수가 된다. 낙랑의 조선이 여기에서 이름을 취한 것으로 의심된다." 산(汕)은 소안(所晏)의 반절이다]은 주가 은의 태사를 봉한 국이다. (『通典』185 邊防 1 東夷 上 朝鮮)

조선　　조선성은 곧 기자가 은을 계승하여 봉해진 지역이다. 지금 폐성(廢城)이 있다. (『太平寰宇記』70 河北道 19 平州 盧龍縣)

조선　　옛날에 주 무왕이 은 태사 기자를 조선에 봉하였다. (『太平寰宇記』172下 四夷 1 東夷 1 東夷總述)

조선 낙랑　　조선[진 장화가 말하였다. "조선에는 천수·열수·산수가 있고, 세 물이 합하여 열수가 된다. 낙랑의 조선이 여기에서 이름을 취한 것으로 의심된다." 산은 소안의 반절이다]은 주가 기자를 봉한 국이다. 옛날에 무왕이 기자의 구금을 풀자, 기자는 차마 주의 녹봉을 받아먹지 못하여 조선으로 달아났다. 무왕이 그것을 듣고 인하여 그를 조선에 봉하였다[상서대전(尙書大傳)을 보라]. (『太平寰宇記』172下 四夷 1 東夷 1 朝鮮)

조선 낙랑　　상서대전에 전한다. "무왕이 은에게 이기고 나서 공자(公子) 녹보에게 계승하게 하고[녹보는 주왕의 아들이다] 기자의 구금을 풀었다. 기자는 차마 상(商)이 망한 것을 받아들이지 못하고 조선으로 달아났다[조선은 지금의 낙랑군이다]. 무왕이 그것을 듣고 인하여 그를 조선에 봉하였다. 기자가 이미 주의 책봉을 받고 신하의 예가 없을 수 없어서 12년(B.C.1045)에 내조하였다." (『太平御覽』780 四夷部 1 東夷 1 朝鮮)

조선 낙랑　　사기에 전한다. "조선: 장안(張晏)이 주석하였다. '조선에는 습수(濕水)·열수·산수가 있고, 합하여 열수가 된다. 낙랑의 조선이 여기에서 이름을 취한 것으로 의심된다.'" (『太平御覽』780 四夷部 1 東夷 1 朝鮮)

조선　　조선은 주 무왕이 은에게 이기고 나서 기자의 구금을 풀고, 기자가 차마 주의 석방을 받을 수 없어서 조선으로 달아나자, 무왕이 그것을 듣고 인하여 조선을 그에게 봉한 것이다. (『冊府元龜』957 外臣部 2 國邑 1 東夷)

B.C.1044(丁酉/周 武王 13)

조선　　무왕이 은을 멸망시킨 이후, **기자를 방문하였다.** (…) 그리하여 무왕은 기자를 조선에 봉하여, 그를 신하의 신분으로 대하지 않았다. 그 이후 기자가 주왕을 배알하기 위하여 옛 은의 도읍지를 지나가다가, 궁실은 이미 파괴되어 거기에 곡식이 자라고 있는 것을 보고, 내심 슬픈 생각이 들어 소리내어 울고 싶었으나 망설여지는 바가 있었고, 울먹이자니 아녀자의 꼴이 되는 듯하여, '맥수(麥秀)'라는 시를 지어 그것을 노래하였다. 그 시는 다음과 같다. "보리는 잘 자라 그 끝이 뾰족하고, 벼와 기장은 싹이 올라 파릇하구나. 개구쟁이 어린애야! 나하고는 사이좋게 지냈더라면." 소위 개구쟁이 어린애는 바로 상(商)의 주왕을 가리킨다. 은 백성들이 그것을 듣고는 모

두가 눈물을 흘렸다. (『史記』 38 宋微子世家 8)

B.C.782(己未/周 宣王 46)

예 맥　　커다란 한(韓)의 성은 연(燕) 백성들이 완성시킨 것. 선조들이 받으신 명을 받들어
　　　　오랑캐들까지 다스리시어 천자님은 한 제후에게 추(追: 濊)·맥(貊)까지 맡기셨네. 북
　　　　쪽 나라들을 모두 맡아 그곳의 백(伯)이 되시니 성을 쌓고 해자를 파고 밭을 다스리
　　　　고 세금을 정하였으며 천자님께 비가죽과 붉은 표범 누런 말곰 가죽 바치시네. (『詩
　　　　經』 大雅 韓奕篇)

B.C.661(庚申/고조선/春秋時代)

한　　　(…) 그래서 그 대년신(大年神, 오오토시노카미)이 신활수비신(神活須毘神, 칸이쿠스
　　　　비노카미)의 딸 이노비매(伊怒比売, 니오히메)를 얻어서 낳은 자식은 대국어혼신(大
　　　　国御魂神, 오오쿠니미타마노카미). 다음에 한신(韓神, 가라노카미), 다음에 증부리신
　　　　(曾富理神, 소호리노카미). 다음에 백일신(白日神, 시라히노카미). 다음에 성신(聖神,
　　　　히지리노카미). [다섯명의 신] (…) (『古事記』 上 大年神系譜)

한국　　(…) 이때 니니기노미고토가 말하였다. "이곳은 한국(韓國)을 바라보고 있고, 입사(笠
　　　　沙, 카사사)의 앞곶과도 곧바로 통해 있으며, 아침 해가 바로 비치는 나라, 저녁 해
　　　　가 비치는 나라이다. 그런 까닭에, 이곳은 참으로 좋은 땅이다." 그 땅 밑 반석에
　　　　기둥을 굵게 세운 훌륭한 궁을 짓고, 고천원(高天原, 나카마가하라)에 용마루를 높이
　　　　세우고 사셨다. (…) (『古事記』 上 天孫降臨)

한　　　어떤 책(一書)에는[39] 다음과 같이 전하고 있다. 소전오존(素戔嗚尊, 스사노오노미고
　　　　토)이 기도전원(奇稲田媛, 구시이나다히메)을 비(妃)로 삼고자 하여 구혼하자, 각마
　　　　유(脚摩乳, 아시나즈치)와 수마유(手摩乳, 테나즈치)가 답하여 말하길 "부디 먼저 그
　　　　뱀(오로치)을 죽여주십시오. 그런 연후라면 결혼해도 좋습니다. 그런데 그 큰 뱀은
　　　　머리마다 각각 석송(石松)이 있고 또 양 옆구리에는 산이 있어서 매우 무섭습니다.
　　　　장차 어떻게 하여 죽이겠습니까."라고 하였다. 소전오존이 계략을 내어 독주를 빚어
　　　　마시게 하였다. 큰 뱀은 취해 잠들자 소전오존은 사한서검(蛇韓鋤劍, 오로치노카라
　　　　사이노쓰루기)[40]으로 머리와 배를 베었다. 그 꼬리부분을 벨 때 소전오존의 검의 칼
　　　　날이 조금 빠졌다. 그래서 꼬리를 잘라 열어보니 꼬리 속에서 따로 하나의 검이 나
　　　　왔다. 이를 이름 하여 초치검(草薙劍, 쿠사나기노쓰루기)이라고 한다. 이 검은 옛날
　　　　에는 소전오존의 곁에 있었는데 지금은 미장국(尾張國, 오와리노쿠니)에 있다. 소전
　　　　오존이 뱀을 자른 검은 지금 길비(吉備, 기비)의 신부(神部, 가무토모노오)가 있는
　　　　곳에 있다. 뱀을 자른 곳은 출운(出雲, 이즈모)의 파천(簸川) 상류에 있는 산이다.
　　　　(『日本書紀』 1 神代 上)

신라 한　어떤 책(一書)에는 다음과 같이 전하고 있다. 소전오존(素戔嗚尊, 스사노오노미고토)
　　　　은 그 행상이 난폭하기 그지없었다. 그러므로 여러 신들이 그 벌로서 많은 공물로서
　　　　속죄하게 하도록 하고 끝내는 쫓아내었다. 그래서 소전오존은 그 아들인 오십맹신
　　　　(五十猛神, 이타케루노카미)을 데리고 신라국에 내려와서 증시무리(曾尸茂梨, 소시모
　　　　리)라는 곳에 있었다. 그리고서 큰 소리로 외치길 "이 땅은 내가 있고 싶은 곳이 아
　　　　니다."라고 말하며 진흙으로 배를 만들어 타고 동쪽으로 항해하여 출운의 파천 상류
　　　　에 있는 조상봉(鳥上峯, 도리카미노타케)에 이르렀다. 그때 그곳에는 사람을 삼키는
　　　　큰 뱀이 있었다. 소전오존이 천승작검(天蠅斫劍, 아마노하하키리노쓰루기)[41]으로 그

---

39) 일본 신화를 전하고 있는 『日本書紀』의 神代紀에는 본문에 기재한 내용 이외의 별도의 전승을 대개 '一
　　書'라는 형태로 소개하고 있다.
40) 韓鋤는 한반도에서 전래된 호미(鋤)라는 의미

큰 뱀을 베었다. 그 뱀의 꼬리 부분을 벨 때 칼날의 이가 빠졌다. 그래서 꼬리를 갈라보니 그 속에 한 자루의 신검(神劍)이 있었다. 소전오존이 말하기를 "이는 내가 사사로이 사용할 물건이 아니다."라 하고 그의 5세손인 천지즙근신(天之葺根神, 아마노후키네노카미)을 보내어 천상에 바쳤다. 이것이 바로 지금의 초치검(草薙劒, 쿠사나기노쓰루기)이다. 처음에 오십맹신(五十猛神)이 하늘에서 내려왔을 때 많은 나무 종자를 가지고 왔다. 그러나 그것을 한지(韓地)에는 심지 않고 다 가지고 돌아와 마침내 축자(筑紫, 츠쿠시)를 비롯하여 모든 대팔주국(大八洲國, 오호야시마노쿠니) 안에 심어서 푸른 산이 되지 않는 곳이 없었다. 이 때문에 오십맹명(五十猛命, 이타케루노미고토)을 유공(有功)의 신이라고 칭하는 것이다. 기이국(紀伊國, 기이노쿠니)에 모셔져 있는 대신(大神)이 곧 이분이다. (『日本書紀』 1 神代 上)

한　어떤 책(一書)에는 다음과 같이 전하고 있다. 소전오존(素戔嗚尊, 스사노오노미고토)이 말하기를 "한향(韓鄕)의 섬에는 금은(金銀)이 있다. 만약 내 아들이 다스리는 나라에 배가42) 없다면 이것은 좋지 못하다."라고 하고 얼굴에 있는 수염을 뽑아 흩어지게 하니 곧 삼(杉) 나무가 되었다. 또 가슴의 털을 뽑아서 뿌렸더니 이것이 회(檜) 나무가 되었다. 엉덩이의 털은 피(柀) 나무가 되었다. 눈썹은 여장(櫲樟) 나무가 되었다. 그래서 이들 나무들의 용도를 각각 정하여 말하기를, "삼 및 여장 이 두 나무는 모두 배의 재료로 삼아라. 회는 서궁(瑞宮, 미쓰노미야)을 만드는 재료로 하라. 피는 백성들의 묘지의 관을 만드는 재료로 삼아라. 또한 먹을 수 있는 나무열매를 모두 많이 심어라."라고 하였다. 이 소전오존의 아들을 이름 하여 오십맹명(五十猛命, 이타케루노미고토)이라고 한다. 이 신의 누이로는 대옥진희명(大屋津姬命, 오오야쓰히메노미고토)과 조진희명(柧津姬命, 쓰마쓰히메노미고토)이 있다. 이 세 신도 또한 나무의 씨를 뿌렸다. 그래서 기이국(紀伊國, 키노쿠니)으로 건너왔다. 그 후 소전오존은 웅성봉(熊成峯, 구마나리노타케)에 머물다가 마침내 근국(根國, 네노쿠니)으로 들어갔다[기호(棄戶), 이를 스타헤(須多杯)라 한다. 피, 이를 마키(磨紀)라 한다]. (『日本書紀』 1 神代 上)

B.C.651(庚午/고조선/春秋時代/倭 神武 10)

예맥　**규구(葵丘)의 회맹(會盟)에서** 주(周)의 천자가 대부 재공(宰孔)을 파견하여 제(齊) 환공(桓公)에게 제사지낸 고기를 보내며 말하기를, "짐이 문왕과 무왕의 제사에 쓰인 고기를 재공에게 보내노라."라고 하였다. 또 나중에 명령이 있어 말하기를, "그대가 스스로 겸손하고 노고가 있으므로 진실로 그대를 백구(伯舅)라 하겠으니 당 아래에 내려와 절하지 말라."라고 하였다. 환공이 관중(管仲)을 불러 모의하자, 관중이 대답하기를, "임금이 되어 임금답지 않고, 신하가 되어 신하답지 않는 것이 어지러운 정치의 근본입니다."라고 하였다. 환공이 말하였다. "나는 승거(乘車)로 회맹한 것이 3번, 병거(兵車)로 회맹한 것이 6번이니, 9번 제후를 모아서 천하를 하나의 질서로 바로잡았소. 북쪽으로는 고죽(孤竹)·산융(山戎)·예맥(穢貉)에 이르고 진하(秦夏)의 왕을 잡았고, 서쪽으로는 유사(流沙)·서우(西虞)에 이르며, 남쪽으로는 오월(吳越)·파(巴)·장가(牂柯)·장(牂)·불유(不庾)·조제(雕題)·흑치(黑齒)에 이르렀소. 변방의 나라는 과인의 명령을 어기지 못하지만 중국이 나를 낮추어 보고 있소. 옛날 삼대에 천명을 받은 자와 내가 무엇이 다르겠소?"(『管子』 8 小匡 20)

B.C.645(丙子/고조선/春秋時代/倭 神武 16)

---

41) 『古語拾遺』에 "天十握劒, 그 이름은 天羽羽斬, 지금 石上神宮에 있으며 옛날에는 大蛇를 일러 하하(羽羽)라 한다."(주해에는 번역 없이 원문으로 제시) 라고 나온다.
42) 원문에는 '부보(浮寶)'라고 나온다.

발 조선　　환공(桓公)이 관자(管子)에 묻기를, "내가 듣건대 해내(海內)의 진귀한 물산으로 화
　　　　　폐를 만드는 데에는 7가지 방법이 있다고 하는데, 들어볼 수 있겠는가?"라고 하였
　　　　　다. 관자가 대답하였다. "음산(陰山)의 연민(礝磻)을 이용하는 것이 한 방법입니다.
　　　　　연(燕) 자산(紫山)의 백금을 이용하는 것이 한 방법입니다. 발(發)·조선의 문피(文皮)
　　　　　를 이용하는 것이 한 방법입니다. 여수(汝水)·한수(漢水) 우구(右衢)의 황금을 이용하
　　　　　는 것이 한 방법입니다. 강양(江陽)의 주(珠)를 이용하는 것이 한 방법입니다. 진(秦)
　　　　　명산(明山)의 증청(曾靑)을 이용하는 것이 한 방법입니다. 우씨(禺氏) 변산(邊山)의
　　　　　옥을 이용하는 것이 한 방법입니다. 이것은 희귀한 것을 이용하여 부유함을 통제하
　　　　　고 좁은 지역을 이용하여 넓은 지역을 통제하는 방법입니다. 천하의 재정정책은 모
　　　　　두 물가조절방법에 달려 있을 뿐입니다."(『管子』23 揆度 78)

발 조선　　환공이 말하였다. "사이가 복종하지 않고 천하에 거스르는 정책을 펼쳐 과인을 해칠
　　　　　까 두렵소. 과인이 정책을 행하려는데 방법이 있소?" 관자가 대답하였다. "오월(吳
　　　　　越)이 입조하지 않으면 거기서 나는 주·상아를 청하여 화폐를 만듭니다. 발·조선이
　　　　　입조하지 않으면 거기서 나는 문피·타복(䶎服)을 청하여 화폐를 만듭니다. 우씨가 입
　　　　　조하지 않으면 거기서 나는 백벽(白璧)을 청하여 화폐를 만듭니다. 곤륜 일대에서
　　　　　입조하지 않으면 거기서 나는 구림(璆琳)·낭간(琅玕)을 청하여 화폐를 만듭니다. 그
　　　　　러므로 무릇 손 안에 쥐어서 보이지 않고 입 안에 머금어서 보이지 않지만 천금보
　　　　　다 귀한 것이 주입니다. 그것을 화폐로 만든 후에 8천 리 떨어진 오월이 입조할 것
　　　　　입니다. 한 장의 표범의 가죽은 천금보다 귀합니다. 그것을 화폐로 만든 후에 8천
　　　　　리 떨어진 발조선이 입조할 것입니다. 가슴에 품어서 드러나지 않고 겨드랑이에 끼
　　　　　워서 드러나지 않지만 천금보다 귀한 것이 백벽입니다. 그것을 화폐로 만든 후에 8
　　　　　천 리 떨어진 우씨가 입조할 것입니다. 비녀나 귀걸이로 천금보다 귀한 것이 구림·
　　　　　낭간입니다. 그것을 화폐로 만든 후에 8천 리 떨어진 곤륜 일대가 입조할 것입니다.
　　　　　그러므로 이러한 보물을 주관하는 사람이 없고 이러한 경제활동을 연결하는 사람이
　　　　　없으며 멀고 가까운 나라가 서로 통하는 것이 없으면, 곧 사이는 입조하지 않을 것
　　　　　입니다."(『管子』23 輕重甲 80)

B.C.533(戊辰/고조선/春秋時代/倭 安寧 16)

숙신 박　　(전(傳): 9년 봄 2월 경신(庚申)에) 왕사(王使)가 도착하자 환백(桓伯)이 진(晉)을 꾸
　　　　　짖으며 말하였다. "나는 하대(夏代)에 후직(后稷)이 위(魏)·태(駘)·예(芮)·기(岐)·필(畢)
　　　　　을 받았으니, 내 서토(西土)이다. 무왕이 상(商)을 이기자, 포고(蒲姑)·상·엄(奄)을 얻
　　　　　었으니, 내 동토(東土)이다. 파(巴)·복(濮)·초(楚)·등(鄧)은 내 남토(南土)이다. 숙신·연
　　　　　(燕)·박(亳)은 내 북토(北土)이다. 내가 어찌 가까이 봉함이 있겠는가?"(『春秋左氏
　　　　　傳』45 昭公 5)

B.C.479(壬戌/고조선/春秋時代/倭 懿德 32)

발 식신(숙신)
　　　　　재아(宰我)가 말하기를, "제순(帝舜)에 대하여 묻기를 청합니다."라고 하였다. 공자
　　　　　(孔子)가 말하였다. "교우(蟜牛)의 손자이고 고수(瞽叟)의 아들이며 중화(重華)라고도
　　　　　한다. 학문을 좋아하고 효성과 우애가 있어 사해(四海)에 알려졌다. (…) 그 말은 미
　　　　　혹되지 않고 그 덕은 사특하지 않아서, 현자를 천거하여 천하가 태평하게 되었다.
　　　　　남쪽으로는 교지(交趾)·대교(大敎)를, 서쪽으로는 선지(鮮支)·거수(渠廋)·저(氐)·강(羌)
　　　　　을, 북쪽으로는 산융(山戎)·발(發)·식신(息愼)을, 동쪽으로는 장(長)·조이우민(鳥夷羽
　　　　　民)을 위무하였다."(『大戴禮記』7 五帝德)

숙신 발　　공(公)이 말하기를, "내가 선생(공자)의 말을 듣고, 비로소 가르침을 받고자 합니다."

라고 하였다. 선생(공자)이 말하였다. "군주로 말미암아 그곳에 거주하고 순수함에서 이루어지니, 호(胡)가 그 가르침을 받았습니다. 비록 옛날에 천하를 다스린다 하더라도 어찌 이주(異州)에서 태어났겠습니까? 옛날 우(虞)의 순(舜)은 천덕(天德)으로 요(堯)를 계승하였고, 공을 알리며 덕을 퍼뜨리고 예를 제정하여, 삭방(朔方)·유도(幽都)가 와서 복속하였고 남쪽으로 교지(交趾)를 위무하였습니다. 해와 달이 출입함도 지켜집니다. 서왕모(西王母)가 와서 그 백관(白琯)을 바치니, 낱알을 먹는 백성들이 昭然明視하였습니다. 백성들이 교화를 밝게 하자 사해에 통하여, 해외의 숙신(肅愼)·북발(北發)·거수(渠搜)·저·강이 와서 복속하였습니다. 순은 우(禹)가 있어 대신하여 흥하니, 우는 마침내 천명을 받고 도읍을 옮겨 진에서 성을 요로 삼았다. 만물을 일으킴에 하늘에 맞도록 하고 사신이 오도록 힘쓰며 백성들이 교화를 밝게 하자 사해에 통하여, 해외의 숙신·북발·거수·저·강이 와서 복속하였습니다. 우가 돌아가시자, 17세가 지나 마지막 후손 걸(桀)이 즉위하였습니다. (…) 성탕(成湯)은 마침내 천명을 받았습니다. (…) 해외의 숙신·북발·거수·저·강이 와서 복속하였습니다. 문왕(文王)은 마침내 천명을 받았습니다. (…) 해외의 숙신·북발·거수·저·강이 와서 복속하였습니다. (『大戴禮記』少閒)

B.C.334(丁亥/고조선/戰國時代/倭 孝安 59)

조선 요동   (주(周) 현왕(顯王) 35년에) 소진(蘇秦)이 장차 합종을 성사시킬 생각으로 북쪽으로 가 연(燕) 문후(文侯)에게 이같이 유세하였다. "연은 동쪽으로 조선·요동, 북쪽으로 임호(林胡)·누번(樓煩), 서쪽으로 운중(雲中)·구원(九原), 남쪽으로 호타하(呼沱河)·역수(易水)가 있습니다. 영토는 사방 2천여 리입니다. 갑옷 두른 보병은 수십만 명, 전차(戰車)는 700대, 군마는 6,000필이며, 군량은 10년을 지탱할 만합니다. 남쪽으로는 갈석(碣石)·안문(雁門)과 같은 비옥한 토지가 있고, 북쪽으로 대추와 밤이 풍성합니다. 백성들은 비록 전작(田作)을 하지 않아도 대추와 밤 열매는 백성들에게 먹이기에 충분합니다. 이것이 소위 천부(天府)인 것입니다. (『戰國策』29 燕策 1)

조선 요동   소진은 또다시 연으로 주유하였다. 1년여가 지나고 나서 연 문후를 만났다. 그는 연 문후에게 다음과 같이 유세하였다. "연은 동쪽으로 조선·요동, 북쪽으로 임호·누번, 서쪽으로 운중·구원, 남쪽으로 호타하·역수가 있습니다. 영토는 사방 2천여 리입니다. 갑옷 두른 보병은 수십만 명, 전차는 600대, 군마가 6,000필이며, 군량은 몇 년을 지탱할 만합니다. 남쪽으로는 갈석·안문과 같은 비옥한 토지가 있고, 북쪽으로 대추와 밤이 풍성합니다. 백성들은 비록 전작을 하지 않아도 대추와 밤만으로 능히 살 수 있습니다. 이것이 소위 천부인 것입니다." (『史記』69 蘇秦列傳 9)

조선 요동   사기에 소진이 연 문후에게 유세하기를, "연 동쪽에는 조선·요동이 있습니다."라고 하였다. (『太平御覽』162 州郡部 8 河北道 中 燕州)

B.C.323(戊戌/고조선/戰國時代/倭 孝安 70) 이후

조선   위략(魏略): 옛 기자의 후예인 조선후는 주(周)가 쇠약해지자 **연(燕)이 스스로 높여 왕이라 칭하고** 동쪽으로 침략하려는 것을 보고, 조선후도 역시 스스로 왕호를 칭하고 군사를 일으켜 연을 역격(逆擊)하여 주 왕실을 받들려 하였는데, 그의 대부 예(禮)가 간언하므로 중지하였다. 그리하여 예를 서쪽에 파견하여 연을 설득하게 하니, 연도 전쟁을 멈추고 조선을 침공하지 않았다. (『三國志』30 魏書 30 烏丸鮮卑東夷傳 韓 裴松之註)

조선   그 뒤 40여 대를 지나 조선후(朝鮮侯) 준(準)에 이르러 스스로 왕이라 칭하였다. (『後漢書』85 東夷列傳 75 濊)

조선   그 뒤 40여 대를 지나 조선후 준이 참람되게 왕이라 일컬었다. (『三國志』30 魏書

30 烏丸鮮卑東夷傳 濊)

조선   그 뒤 40여 대를 지나 전국시대에 이르러 조선의 준이 또한 참람되게 왕이라 일컬었다. (『通典』185 邊防 1 東夷 上 朝鮮)

조선   그 뒤 40여 대를 지나 전국시대에 이르러 조선후가 참람되게 왕이라 일컬었다. (『太平寰宇記』172下 四夷 1 東夷 1 朝鮮)

조선   (위지(魏志)에) "그 뒤 40여 대를 지나 조선후 준(准)이 참람되게 왕이라 일컬었다."라고 하였다. (『太平御覽』780 四夷部 1 東夷 1 獩貊)

B.C.289(壬申/고조선/戰國時代/倭 孝靈 2)

맥   백규(白圭)가 말하기를, "나는 20분의 1을 취하고자 하는데, 어떠합니까?"라고 하였다. 맹자(孟子)가 말하였다. "그대의 방법은 맥(貉)의 방식입니다. 1만 호(戶)의 나라에 한 사람이 그릇을 만들면 되겠습니까?" 백규가 대답하기를, "안 됩니다. 그릇이 쓰기에 부족합니다."라고 하였다. 맹자가 말하였다. "대체로 맥은 오곡이 자라지 않고, 오직 기장만 자라며, 성곽·궁실·종묘·제사의 예가 없고, 제후·폐백·빈객의 향연이 없으며, 백관(百官)·유사(有司)가 없습니다. 그러므로 20분의 1만 취해도 충분합니다. 지금 중국에 거처하면서 인륜을 없애고 군자가 없다면 어찌하면 좋겠습니까? 그릇 만드는 것이 부족해도 나라라고 할 수 없는데, 하물며 군자가 없음이겠습니까? 요순(堯舜)의 방식보다 가볍게 하고자 한 것이 대맥(大貉)·소맥(小貉)이고, 요순의 방식보다 무겁게 하고자 한 것이 대걸(大桀)·소걸(小桀)입니다." (『孟子』告子章 下)

B.C.282(己卯/고조선/戰國時代/倭 孝靈 9)

요동   그 뒤 연(燕)의 명장 진개(秦開)가 흉노(匈奴)에 인질로 가 있으면서 그들의 신뢰를 받았다. 그가 연으로 돌아온 후 **군대를 이끌고 동호(東胡)를 습격하여 패주시키니**, 동호는 천여 리나 물러났다. 형가(荊軻)와 함께 진왕(秦王) 정(政)을 죽이러 갔던 진무양(秦舞陽)은 진개의 손자이다. 연 또한 조양(造陽)에서 양평(襄平)에 이르는 장성을 쌓고 상곡(上谷), 어양(漁陽), 우북평(右北平), 요서, 요동의 여러 군을 두어 호(胡)를 방어하였다. (『史記』110 匈奴列傳 50)

요동   그 뒤 연의 명장 진개가 흉노에 인질로 가 있으면서 그들의 신뢰를 받았다. 그가 연으로 돌아온 후 군대를 이끌고 동호를 습격하여 깨뜨리니, 동호는 천여 리나 물러났다. 형가와 함께 진왕 정을 죽이러 갔던 진무양은 진개의 손자이다. 연 또한 조양에서 양평에 이르는 장성을 쌓고 상곡, 어양, 우북평, 요서, 요동의 여러 군을 두어 호를 방어하였다. (『漢書』94上 匈奴傳 64上)

조선   (위략(魏略):) 그 뒤에 자손이 점점 교만하고 포악해지자, 연은 장군 진개를 파견하여 조선의 서쪽 지방을 침공하고 2천여 리의 땅을 빼앗아 만번한(滿番汗)에 이르는 지역을 경계로 삼았다. 마침내 조선의 세력은 약화되었다. (『三國志』30 魏書 30 烏丸鮮卑東夷傳 韓 裴松之註)

주선   후에 연이 조선으로 쳐들어오자, 그들은 바다를 건너 선국(鮮國)을 세웠다. (『博物志』9 雜說)

조선 진번   전한서(前漢書) 조선전에 전한다. "처음 연 때부터 항상 진번·조선을 침략해 얻어, [안사고(顏師古)가 말하기를 "전국시대에 연이 이 땅을 처음으로 침략해 얻었다."라고 하였다] 관리를 두기 위해 **성을 쌓게 하였다.** (…) " (『三國遺事』1 紀異 1 魏滿朝鮮)

조선 진번   조선왕 만(滿)은 옛날 연인(燕人)이다. 처음 연의 전성기로부터 일찍이 진번과 조선을 침략하여 복속시키고, 관리를 두기 위해 성과 요새를 쌓았다. (『史記』115 朝鮮列

傳 55)

조선 진번	조선왕 만은 연인이다. 처음 연 때부터 일찍이 진번과 조선을 침략하여 복속시키고, 관리를 두기 위해 성을 쌓았다. (『漢書』 95 西南夷兩粤朝鮮傳 65 朝鮮)
조선	처음 연의 전성기부터 일찍이 진번과 조선을 침략하여 복속시키고, 관리를 두기 위해 성과 요새를 쌓았다. (『通典』 185 邊防 1 東夷 上 朝鮮)
조선	처음 연의 전성기부터 진번과 조선을 복속시키고, 관리를 두기 위해 성과 요새를 쌓았다. (『太平寰宇記』 172下 四夷 1 東夷 1 朝鮮)
조선 진번	(사기(史記)에)또 전한다. "조선왕 만은 연인이다. 처음 연 때부터 일찍이 진번과 조선을 침략하여 복속시키고, 관리를 두기 위해 성과 요새를 쌓았다." (『太平御覽』 780 四夷部 1 東夷 1 朝鮮)
조선 진번 요동	조선왕 위만(衛滿)은 옛날 연인이다. 처음 연의 전성기로부터 진번과 조선을 침략하여 복속시켰다[번(番)은 보한(普寒)의 반절로 발음하는데, 막(莫)이라고도 한다. 요동에 번한현(番汗縣)이 있는데, 전국시대에 연이 이 지역을 침략하여 얻었다]. (『冊府元龜』 956 外臣部 1 種族 朝鮮)
조선 진번 요동	주말(周末)에 연인 위만이 처음 연의 전성기로부터 일찍이 진번[막이라고도 한다. 요동에 번한현이 있다. 번은 보한의 반절로 발음한다]과 조선을 침략하여 복속시키고, 관리를 두기 위해 성과 요새를 쌓았다. (『冊府元龜』 957 外臣部 2 國邑 1 東夷)

B.C.237(甲子/고조선/秦 始皇 10/倭 孝靈 54)

| 예 | 비빈(非濱)의[43] 동쪽은 이(夷)와 예(穢)의 고장으로서 대해(大解)·능어(陵魚)·기(其)·녹야(鹿野)·요산(搖山)·양도(揚島)·대인(大人)의 거주지도 대부분 군주가 없다. 양주(揚州)·한수(漢水)의 남쪽은 백월(百越)의 경계로서 폐개제(敝凱諸)·부풍(夫風)·여미(餘靡) 지역과 박루(縛婁)·양우(陽禺)·환두(驩兜)의 나라들도 대부분 군주가 없다. 저(氐)·강(羌)·호당(呼唐)·이수(離水)의 서쪽으로 북인(僰人)·야인(野人)·편착(篇笮)의 하천 일대 및 주인(舟人)·송룡(送龍)·돌인(突人)의 고장도 대부분 군주가 없다. 안문(鴈門)의 북쪽으로 응준(鷹準)·소지(所鷙)·수규(須窺)의 나라들과 도철(饕餮)·궁기(窮奇) 지역, 숙역(叔逆)의 장소, 담이(儋耳)의 거주지도 대부분 군주가 없다. 이들은 사방에서 군주가 없는 것들이다. (『呂氏春秋』 20 恃君覽 8) |

B.C.222(己卯/고조선/秦 始皇 25/倭 孝靈 69)

| 낙랑 | (진시황)25년에 상군수(上郡守) △가 만들게 하여, 고노현(高奴縣) 공사(工師) 조(竈), 승(丞) 신(申), 공(工) △·신(薪) △가 제작하였다. (이상 背面)   낙도(洛都), 무(武), 상군고(上郡庫) 소장. (이상 表面) 「秦 25年銘 銅戈」 |

조선 요동	진이 연(燕)을 멸망시키자 진번·조선을 요동의 변방 지역에 소속시켰다. (『三國遺事』 1 紀異 1 魏滿朝鮮)
조선 요동	진이 연을 멸망시키자 진번·조선을 요동의 변방 지역에 소속시켰다. (『史記』115 朝鮮列傳 55)
조선 요동	진이 연을 멸망시키자 진번·조선을 요동의 변방 지역에 소속시켰다. (『漢書』 95 西南夷兩粤朝鮮傳 65 朝鮮)
조선 요동	진이 연을 멸망시키자 진번·조선을 요동의 변방 지역에 소속시켰다[진의 요동군이

---

43) 非濱은 北濱의 잘못이라고 하여 四海의 하나인 北海로 보는 견해가 있으나, 미상이다.

고, 지금 안동도호부(安東都護府)의 동쪽 지역이다]. (『通典』185 邊防 1 東夷 上 朝鮮)

조선 요동	진이 연을 멸망시키자 진번·조선을 요동의 변방 지역에 소속시켰다. 진의 요동군이고, 지금 안동도호부 지역이다. (『太平寰宇記』172下 四夷 1 東夷 1 朝鮮 四至)
조선 요동	진이 연을 멸망시키자 진번·조선을 요동의 변방 지역에 소속시켰다. (『太平御覽』780 四夷部 1 東夷 1 朝鮮)
조선 요동	진이 연을 멸망시키자 진번·조선을 요동의 변방 지역에 소속시켰다. (『冊府元龜』957 外臣部 2 國邑 1 東夷)

요동　진이 연을 멸망시키자, 그 지역을 어양(漁陽)·상곡(上谷)·우북평(右北平)·요서(遼西)·요동의 5개 군으로 삼았다. (『通典』178 州郡 8 幽州)

요동 험독 서안평

요동군은[진이 설치하였고, 유주(幽州)에 속한다] 55,972호(戶), 27만2,539구(口)이고 18현이다. 양평(襄平)[목사관(牧師官)이 있다. 왕망(王莽)은 창평(昌平)이라고 하였다] 신창(新昌) 무려(無慮)[서부도위(西部都尉)의 치소이다] 망평(望平)[대요수(大遼水)가 새외(塞外)에서 나와서 남쪽으로 안시(安市)에 이르러 바다에 들어가는데, 1,250리를 간다. 왕망은 장열(長說)이라고 하였다] 방(房) 후성(候城)[중부도위(中部都尉)의 치소이다] 요대(遼隊)[왕망은 순목(順睦)이라고 하였다] 요양(遼陽)[대량수(大梁水)는 서남쪽으로 요양에 이르러 요수(遼水)에 들어간다. 왕망은 요음(遼陰)이라고 하였다] 험독(險瀆) 거취(居就)[실위산(室僞山) 실위수(室僞水)가 나와서 북쪽으로 양평에 이르러 양수(梁水)에 들어간다] 고현(高顯) 안시 무차(武次)[동부도위(東部都尉)의 치소이다. 왕망은 환차(桓次)라고 하였다] 평곽(平郭)[철관(鐵官)·염관(鹽官)이 있다] 서안평(西安平)[왕망은 북안평(北安平)이라고 하였다] 문(文)[왕망은 문정(文亭)이라고 하였다] 번한(番汗)[패수(沛水)가 새외에서 나와 서남쪽으로 바다에 들어간다] 답씨(沓氏) (『漢書』28下 地理志 8下)

요동 낙랑 현도 대방

안동대도호부(安東大都護府): 순(舜)이 청주(靑州)를 나누어 영주(營州)라고 하고 목(牧)을 두었다. 마땅히 요수의 동쪽이다[이미 서편(序篇)에 주석을 갖추었다]. 춘추 및 전국시대에는 모두 연에 속하였다. 진과 전한(前漢)·후한(後漢)에서는 요동군이라고 하였는데, 동쪽으로 낙랑과 통한다[낙랑은 본래 조선국이다. 한(漢) 원봉(元封) 3년(B.C.108)에 조선인이 그 왕을 목베어 항복하자, 그 지역을 낙랑·현도 등의 군으로 삼았고, 나중에 또 대방군을 설치하였다. 모두 요수의 동쪽에 있다. 랑(浪)은 랑(郎)이라고 발음한다]. (『通典』180 州郡 10 安東府)

맥　진이 삼진(三晋: 韓·趙·魏), **연**, 대(代)를 병탄하자, 황하와 화산(華山) 이남은 중국이었다. 중국이 사해 안에 대해서는 동남쪽에 있어서 양(陽)이 되었다. 양은 해, 세성(歲星: 목성), 형혹(熒惑: 화성), 전성(塡星: 토성)이고, 가(街)의 남쪽을 차지하며, 필수(畢宿: 황소자리 머리부분)가 그것을 주관하였다. 그 서북쪽은 호맥(胡貉), 월시(月氏)로 모직물과 가죽옷을 입고 활을 당기는 백성이며 음(陰)이 되었다. 음은 달, 태백(太白: 금성), 진성(辰星: 수성)이고, 가의 북쪽을 차지하며, 묘수(昴宿: 황소자리 플레이아데스성단)가 그것을 주관하였다. 그러므로 중국의 산천은 동북으로 흐르고, 줄기는 머리가 농(隴)·촉(蜀)에 있고 꼬리가 발해(勃海)·갈석(碣石)으로 사라진다. 그런 까닭에 진(秦)·진(晋)은 용병(用兵)을 좋아하여 다시 태백을 차지한다. 태백은 중국을 주관하나, 호맥이 자주 침략하여 홀로 진성을 차지한다. 진성은 매우 빠르게 출입하여 항상 이적(夷狄)을 주관하니 그 큰 근본이다. (『漢書』26 天文志 6)

B.C.221(庚辰/고조선/秦 始皇 26/倭 孝靈 70)

조선 요동	영토가 동쪽으로는 동해, 조선에까지 이르고, 서쪽으로는 임조(臨洮), 강중(羌中)에까지 이르며, 남쪽으로는 북향호(北嚮戶)에까지 이르고, 북쪽으로는 황하를 근거로 하여 요새를 만들어 음산(陰山)을 끼고 요동에까지 이르게 되었다. (『史記』6 秦始皇本紀 6)
조선 요동	(사기(史記)에 전한다.) "26년에 진(秦)이 처음으로 천하를 병합하여 정위(廷尉) 이사(李斯) 등이 박사와 의논하여 말하였다. ' (…) 영토가 동쪽으로는 동해, 조선에까지 이르고, 서쪽으로는 임조, 강중에까지 이르며, 남쪽으로는 북향호(北向戶)에까지 이르고, 북쪽으로는 황하를 근거로 하여 요새를 만들어 음산을 끼고 요동에까지 이르게 되었다.'" (『太平御覽』86 皇王部 11 秦始皇帝)

B.C.214(丁亥/고조선 부왕/秦 始皇 33/倭 孝元 1)

조선	진시황이 녹도(錄圖)를 숨겨가지고 그 전(傳)을 보니, "진(秦)을 망하게 하는 것은 호(胡)다"라고 적혀 있었다. 그래서 군대 50만을 동원하여 몽염(蒙恬)과 양옹자(楊翁子)로 하여금 장차 장성을 쌓고 수리하게 하였다. 장성은 서쪽으로는 유사(流沙)에 닿고 북쪽으로는 요수(遼水)에 이르며 동쪽으로는 조선에 연결되었으니, 중국 내의 군들은 수레를 끌며 군량을 조달해야 했다. (『淮南子』18 人間訓)
요동 조선	(위략(魏略):) 진이 천하를 통일하자, 몽염을 시켜서 장성을 쌓게 하여 요동에까지 이르렀다. 이 때에 조선왕 부(否)가 즉위하였는데, 진의 습격을 두려워한 나머지 정략상 진에 복속하였으나 진에 조회하려고 하지는 않았다. (『三國志』30 魏書 30 烏丸鮮卑東夷傳 韓 裴松之註)

B.C.209(壬辰/고조선 준왕/秦 二世 1/倭 孝元 6)

조선	진승(陳勝) 등이 봉기하여 온 천하가 진을 배반하니, 연(燕)·제(齊)·조(趙)의 백성 수만 명이 조선으로 피난하였다. (『三國志』30 魏書 30 烏丸鮮卑東夷傳 濊)
조선	(위략(魏略):) 부(否)가 죽고 그 아들 준(準)이 즉위하였다. 그 뒤 20여 년이 지나 진승과 항우(項羽)가 봉기하여 천하가 어지러워지자, 연·제·조의 백성들이 괴로움을 견디다 못해 점차 준에게 망명하여 갔다. 준은 이들을 서쪽에 안치하였다. (『三國志』30 魏書 30 烏丸鮮卑東夷傳 韓 裴松之註)
조선	진승 등이 봉기하여 진을 침략하고 배반하니, 연·제·조의 백성 수만 명이 피난하여 동쪽으로 가서 조선으로 들어갔다. (『太平御覽』780 四夷部 1 東夷 1 濊貊)
조선	진이 어지러워지자, 중국인 수만 명이 조선으로 가서 피난하였다. (『通典』185 邊防 1 東夷 上 朝鮮)
조선	진이 어지러워지자, 중국인 수만 명이 혹은 조선으로 피난하였다. (『太平寰宇記』172下 四夷 1 東夷 1 朝鮮 四至)
진한 마한	진한은 그 노인들이 스스로 말하기를, "우리들은 진(秦)에서 망명한 사람들로서 고역을 피하여 한국에 오자, 마한이 그들의 동쪽 경계지역을 분할하여 우리에게 주었다"고 하였다. 그들은 나라를 방(邦)이라 부르고, 활은 고(孤)라 하며, 도적은 구(寇)라 하고, 술잔을 돌리는 것을 행상(行觴)이라 하며, 서로 부르는 것을 도(徒)라 하여, 진어(秦語)와 흡사하기 때문에 혹 진한(秦韓)이라고도 부른다. (『後漢書』85 東夷列傳 75 韓)
진한 마한	진한은 마한의 동쪽에 위치하고 있다. 진한의 노인들은 대대로 전하여 말하기를 "우리들은 옛날의 망명인으로 진의 고역을 피하여 한국으로 오자, 마한이 그들의 동쪽 경계지역을 분할하여 우리에게 주었다."고 하였다. 그곳에는 성책(城柵)이 있다. 그

	들의 말은 마한과 같지 않아서 나라를 방이라 부르고, 활은 호(弧)라 하며, 도적은 구라 하고, 술잔을 돌리는 것을 행상이라 하며, 서로 부르는 것을 모두 도라 하여 진인(秦人)과 흡사하니, 단지 연·제의 명칭만은 아니었다. (『三國志』30 魏書 30 烏丸鮮卑東夷傳 辰韓)
진한 마한	진한은 마한의 동쪽에 위치하고 있다. 진한 사람들은 스스로 말하기를, "우리들은 진에서 망명한 사람들로서 역을 피하여 한(韓)에 들어오자, 한이 동쪽 경계를 분할하여 그들을 살게 하였다"고 하였다. 그들은 성책(城柵)을 세웠다. 언어는 진인과 비슷함이 있어, 이로 말미암아 혹은 진한(秦韓)이라고도 부른다. (『晉書』97 四夷列傳 67 東夷 辰韓)
진한 마한	진한은 노인들이 스스로 말하기를, "우리들은 진에서 망명한 사람들로서 고역을 피하여 한국에 오자, 마한이 그들의 동쪽 경계지역을 분할하여 우리에게 주었다"고 하였다. 그곳에는 성책이 있다. 그 언어는 진인과 비슷함이 있어, 이로 말미암아 혹은 진한(秦韓)이라고도 부른다. (『通典』185 邊防 1 東夷 上 辰韓)
진한 마한	진한은 노인들이 스스로 말하기를, "우리들은 진에서 망명한 사람들로서 고역을 피하여 한에 오자, 한이 그들의 동쪽 경계지역을 분할하여 우리에게 주었다"고 하였다. 그곳에는 성책이 있다. 그 언어는 진인과 비슷함이 있어, 이로 말미암아 혹은 진한(秦韓)이라고도 부른다. (『太平寰宇記』172下 四夷 1 東夷 1 三韓國)
진한 한	후한서(後漢書)에 전한다. "진한은 그 노인들이 스스로 말하기를, '우리들은 진에서 망명한 사람들로서 고역을 피하여 한에 오자, 한이 그들의 동쪽 경계지역을 분할하여 우리에게 주었다'고 하였다. 그들은 나라를 방이라 부르고, 활은 고라 하며, 도적은 구라 하고, 술잔을 돌리는 것을 행상이라 하며, 서로 부르는 것을 모두 도라 하여, 진어와 흡사하기 때문에 혹 진한(秦韓)이라고도 부른다." (『太平御覽』780 四夷部 1 東夷 1 辰韓)
진한 마한	진한은 마한의 동쪽에 위치하고 있다. 진한의 노인들은 대대로 전하여 말하기를, "우리들은 진에서 망명한 사람들로서 고역을 피하여 한국에 오자, 마한이 그들의 동쪽 경계지역을 분할하여 우리에게 주었다"고 하였다. 그들은 나라를 방이라 부르고, 활은 호라 하며, 도적은 구라 하고, 술잔을 돌리는 것을 행상이라 하며, 서로 부르는 것을 모두 도라 하여 진어와 흡사하니, 혹 진한(秦韓)이라고도 부른다. (『冊府元龜』956 外臣部 1 種族 辰韓)
예맥 조선	(묵특[冒頓]이 이미 즉위하고 나서) 모든 좌방(左方)의 왕과 장(將)들은 동쪽에 살며 상곡군(上谷郡)과 마주보며 동쪽으로는 예맥(穢貉)과 조선에 접해 있었다. 우방(右方)의 왕과 장들은 서쪽에 살며 상군(上郡)과 마주보며 서쪽으로는 월지(月氏)와 저(氐), 강(羌)과 접해 있었다. 또 선우(單于)의 정(庭)은 대군(代郡), 운중군(雲中郡)과 마주 보고 있었다. (『史記』110 匈奴列傳 50)
예맥 조선	(묵특이 이미 즉위하고 나서) 모든 좌방의 왕과 장들은 동쪽에 살며 상곡군과 마주보며 동쪽으로는 예맥과 조선에 접해 있었다. 우방의 왕과 장들을 서쪽에 살며 상군과 마주보며 서쪽으로는 저, 강과 접해 있었다. 그리고 선우의 정은 대군, 운중군과 마주 보고 있었다. (『漢書』94上 匈奴列傳 64上)

B.C.203(戊戌/고조선 준왕/前漢 高祖 4/倭 孝元 12)

맥 삼한	(8월에) 북맥(北貉)·연인(燕人)이 효기(梟騎)를 가지고 와서 한을 도왔다.[44] (『漢書』

---

44) 應劭曰 北貉 國也 梟 健也 張晏曰 梟 勇也 若六博之梟也 師古曰 貉在東北方 三韓之屬皆貉類也 音莫客反

	1上 高帝紀 1上)
맥 삼한	8월에 북맥·연인이 효기를 가지고 와서 한을 도왔다.45) (『資治通鑑』 10 漢紀 2 太祖高皇帝)

B.C.202(己亥/고조선 준왕/前漢 高祖 5/倭 孝元 13)

맥 삼한	제기(帝紀) 고조 5년에 한 북쪽 연인(燕人)이 효기(梟騎)를 가지고 와서 한을 도왔다.46) (『玉海』 152 朝貢 外夷來朝 內附)
조선	(위략(魏略):) 한에 이르러 노관(盧綰)을 연왕(燕王)으로 삼으니, 조선과 연은 패수(浿水)를 경계로 하게 되었다. (『三國志』 30 魏書 30 烏丸鮮卑東夷傳 韓 裴松之註)

B.C.196(乙巳/고조선 준왕/前漢 高祖 11/倭 孝元 19)

조선 요동 낙랑	한이 일어나고 나서 그곳이 멀어서 지키기 어려우므로, 다시 요동의 옛 요새를 수리하고 패수(浿水)에 이르러 경계로 삼아[안사고(顏師古)가 말하기를 "패수는 낙랑군에 있다."라고 하였다] 연(燕)에 속하게 하였다. (『三國遺事』 1 紀異 1 魏滿朝鮮)
조선 요동	한이 일어나고 나서 그곳이 멀어서 지키기 어려우므로, 다시 요동의 옛 요새를 수리하고 패수에 이르러 경계로 삼아 연에 속하게 하였다. (『史記』 115 朝鮮列傳 55)
조선 요동	한이 일어나고 나서 그곳이 멀어서 지키기 어려우므로, 다시 요동의 옛 요새를 수리하고 패수에 이르러 경계로 삼아 연에 속하게 하였다. (『漢書』 95 西南夷兩粤朝鮮傳 65 朝鮮)
조선 요동	한이 일어나고 나서 그곳이 멀어서 지키기 어려우므로, 다시 요동의 옛 요새를 수리하고 패수에 이르러 경계로 삼았다[패(浿)는 방배(滂拜)의 반절로 발음한다]. (『通典』 185 邊防 1 東夷 上 朝鮮)
요동	요동의 옛 요새를 수리하고 패수에 이르러 경계로 삼아 연에 속하게 하였다. (『太平寰宇記』 172下 四夷 1 東夷 1 東夷總述)
조선 요동	한이 일어나고 나서 그곳이 멀어서 지키기 어려우므로, 다시 요동의 옛 요새를 수리하고 패수에 이르러 경계로 삼았다. (『太平寰宇記』 172下 四夷 1 東夷 1 朝鮮 四至)
조선 요동	한이 일어나고 나서 그곳이 멀어서 지키기 어려우므로, 다시 요동의 옛 요새를 수리하고 패수에 이르러 경계로 삼아 연에 속하게 하였다. (『太平御覽』 780 四夷部 1 東夷 1 朝鮮)
조선	한이 일어나고 나서 연에 속하게 하였다. (『冊府元龜』 956 外臣部 1 種族 朝鮮)
조선 요동	한이 일어나고 나서 그곳이 멀어서 지키기 어려우므로, 다시 요동의 옛 요새를 수리하고 패수에 이르러 경계로 삼아 연에 속하게 하였다. (『冊府元龜』 957 外臣部 2 國邑 1 東邑)

B.C.195(丙午/고조선 준왕, 위만왕 1/前漢 高祖 12/倭 孝元 20)

조선 진번 낙랑

연왕(燕王) 노관(盧綰)이 반란하여 흉노(匈奴)로 들어가자, 연인(燕人) 위만(魏滿)도 망명하여 천여 명의 무리를 모아서 동쪽으로 달아나 요동의 요새를 나가서, 패수(浿

---

45) 應劭曰 北貉 國也 梟 健也 張晏曰 梟 勇也 若六博之梟也 師古曰 貉在東北方 三韓之屬 皆貉類也 蓋貉人及燕皆來助漢 孔穎達曰 經傳說貊多是東夷 故職方掌九夷九貊 鄭志答趙商云 九貊 卽九夷也 又周官貊隸 註云征東北夷所獲 貉 讀與貊同

46) 注 貉在東北方 三韓之屬

水)를 건너 진(秦)의 옛 빈 땅인 상하장(上下鄣)에 살았다. 위만은 진번·조선의 만이(蠻夷)와 옛 연(燕)·제(齊)의 망명자들을 차츰 부리고 복속시켜서 왕이 되었고, 왕검(王儉)[이기(李奇)는 지명이라고 하였다. 신(臣) 찬(瓚)은 말하기를 "왕검성은 낙랑군 패수의 동쪽에 있다."라고 하였다]에 도읍하였다. 무력으로써 그 이웃 작은 읍락들을 침범하여 항복시키니, 진번·임둔이 모두 와서 복속하여 사방이 수천 리나 되었다. (『三國遺事』1 紀異 1 魏滿朝鮮)

조선 한(漢)의 장수 위만(衛滿)은 연에서 태어났네. 고제(高帝) 12년 병오에 와서 준(準)을 공격하여 쫓아내고 나라를 빼앗았네. (『帝王韻紀』下 衛滿朝鮮紀)

조선 진번 연왕 노관이 반란하여 흉노로 들어가자, 위만도 망명하여 천여 명의 무리를 모아 북상투에 만이의 복장을 하고 동쪽으로 달아나 요동의 요새를 나가서, 패수를 건너 진의 옛 빈 땅인 상하장에 살았다. 위만은 진번·조선의 만이와 옛 연·제의 망명자들을 차츰 부리고 복속시켜서 왕이 되었고, 왕험(王險)에 도읍하였다. (『史記』115 朝鮮列傳 55)

조선 진번 연왕 노관이 반란하여 흉노로 들어가자, 위만도 망명하여 천여 명의 무리를 모아 북상투에 만이의 복장을 하고 동쪽으로 달아나 요동의 요새를 나가서, 패수를 건너 진의 옛 빈 땅인 상하장에 살았다. 위만은 진번·조선의 만이와 옛 연·제의 망명자들을 차츰 부리고 복속시켜서 왕이 되었고, 왕험에 도읍하였다. (『漢書』95 西南夷兩粵朝鮮傳 65 朝鮮)

조선 연인 위만이 조선으로 피난하여 그 나라의 왕이 되었다. (『後漢書』85 東夷列傳 75 序)

옥저 조선 한 초기에 연의 망명객 위만이 조선의 왕이 되자, 옥저의 읍락들은 모두 조선에 복속하게 되었다. (『三國志』30 魏書 30 烏丸鮮卑東夷傳 東沃沮)

조선 연인 위만이 북상투에 이복(夷服)을 하고 조선에 와서 그 왕이 되었다. (『三國志』30 魏書 30 烏丸鮮卑東夷傳 濊)

조선 (위략(魏略):) 연왕 노관이 반란하여 흉노로 들어가자, 연인 위만도 망명하여 호복(胡服)을 하고 동쪽으로 패수를 건너 준에게 나아가 항복하였다. 위만은 서쪽 변방에 거주하도록 해 주면 중국의 망명자를 거두어 조선의 번병(藩屏)이 되겠다고 준에게 유세하였다. 준은 그를 믿고 총애하여 박사에 임명하고 규(圭)를 하사하며, 100리의 땅을 봉해 주어 서쪽 변경을 지키게 하였다. (『三國志』30 魏書 30 烏丸鮮卑東夷傳 韓 裴松之註)

조선 진번 연왕 노관이 반란하여 흉노로 들어가자, 연인 위만도 망명하여 천여 명의 무리를 모아 북상투에[퇴(魋)는 두회(杜回)의 반절이다] 만이의 복장을 하고 동쪽으로 달아나 요동의 요새를 나가서, 패수를 건너 조선왕(朝鮮王) 준을 격파하고 진의 옛 빈 땅인 상하장에 살았다. 위만은 진번(眞蕃)·조선의 제이(諸夷)와 옛 연·제의 망명자들을 차츰 부리고 복속시켜서 왕이 되었고, 왕험에 도읍하였다[패수의 동쪽에 있다]. (『通典』185 邊防 1 東夷 上 朝鮮)

조선 연왕 노관이 반란하자, 연인 위만도 망명하여 요동의 요새를 나가서, 패수를 건너 진의 빈 땅에 살았고, 그곳의 왕이 되었다. (『太平寰宇記』172下 四夷 1 東夷 1 東夷總述)

조선 진번 그 후에 연왕 노관이 반란하여 흉노로 들어가자, 연인 위만도 망명하여 천여 명의 무리를 모아 북상투에 만이의 복장을 하고 동쪽으로 달아나 요동의 요새를 나가서, 패수를 건너 조선왕 준을 격파하고 진의 옛 빈 땅인 상하장에 살았다. 위만은 진번·조선의 제이와 옛 연·제의 망명자들을 차츰 부리고 복속시켜서 왕이 되었고, 왕험에 도읍하였다[지명이다. 패수 동쪽에 있다]. (『太平寰宇記』172下 四夷 1 東夷 1 朝鮮)

조선 진번	연왕 노관이 바란하여 흉노로 들어가자, 위만두 망명하여 천여 명의 무리를 모아 북상투에 만이의 복장을 하고 동쪽으로 달아나 요동의 요새를 나가서, 패수를 건너 진의 옛 빈 땅인 상하장에 살았다. 위만은 진번·조선의 만이와 옛 연·제의 망명자들을 차츰 부리고 복속시켜서 왕이 되었고, 왕험에 도읍하였다[왕험은 지명이다]. (『太平御覽』 780 四夷部 1 東夷 1 朝鮮)
조선	연인 위만이 북상투에 이복을 하고 조선에 와서 그 왕이 되었다. (『太平御覽』 780 四夷部 1 東夷 1 獩貊)
옥저 조선	(위지(魏志)에 전한다.) "한 초기에 연의 망명객 위만이 조선의 왕이 되자, 옥저의 읍락들은 모두 조선에 복속하게 되었다." (『太平御覽』 784 四夷部 5 東夷 5 沃沮)
조선 진번 낙랑 예 옥저 구려	연왕 노관이 반란하여 흉노로 들어가자, 위만도 망명하여 천여 명의 무리를 모아 북상투에[추고(槌髻)라고 읽는다.] 만이의 복장을 하고 동쪽으로 달아나 요동의 요새와 패수를 나갔다. 위만은 진번[패수는 낙랑현에 있다. 보개(普盖)의 반절로 발음한다.]·조선의 만이와 옛 연·제의 망명자들을 차츰 부리고 복속시켜서 왕이 되었고,[연·제의 사람들은 망명하여 이 지역에 살았으니, 진번·조선의 만이에 이르러서는 모두 위만에게 속하였다] 왕험에 도읍하였다[지명이다. 신 흠약(欽若) 등이 후한서(後漢書)를 생각하건대 "예(濊) 및 옥기(沃玘)·구려(句驪)는 본래 모두 조선 지역입니다. 거수(渠帥)를 후왕(侯王)으로 삼으니, 원래 족(族)이 없습니다"라고 합니다]. (『冊府元龜』 956 外臣部 1 種族 朝鮮)
조선 진번	연왕 노관이 한을 배반하여 흉노로 들어가자, 위만도 망명하여 천여 명의 무리를 모아 북상투에 만이의 복장을 하고 동쪽으로 가서 요동의 요새를 나가서, 패수를 건너 진의 옛 빈 땅인 상하장에 살았다. 위만은 진번·조선의 만이와 옛 연·제의 망명자들을 차츰 부리고 복속시켜서 왕이 되었고, 왕험에 도읍하였다[창려(昌黎)에 험빈현(險濱縣)이 있다]. (『冊府元龜』 957 外臣部 2 國邑 1 東邑)
조선 진번	조선왕 위만은 처음에 천여 명의 망명자를 모아 동쪽으로 달아나 요동의 요새를 나가서, 패수를 건너 진번·조선의 만이를 복속시켰다. (『冊府元龜』 1000 外臣部 45 疆盛)
조선 마한	위지(魏志)에 전한다. "위만(魏滿)이 조선을 공격하자, 조선왕 준이 궁인과 좌우를 데리고 바다를 건너 남으로 한(韓) 지역에 이르렀다. 나라를 세우고 마한이라고 하였다." (『三國遺事』 1 紀異 1 馬韓)
조선	41대 손인 준은 남에게 나라 빼앗기고 백성마저 잃었네. 928년 간 오랜 세월 다스리니 기자의 유풍(遺風)은 찬연히 전하도다. 준은 이에 금마군(金馬郡)으로 옮겨 살았고, 도읍을 세워 다시 임금이 되었네. (『帝王韻紀』 下 後朝鮮紀)
조선	대체로 환숙(桓叔) 이후에 한씨(韓氏)·언씨(言氏)·영씨(嬰氏)·화여씨(禍餘氏)·공족씨(公族氏)·장씨(張氏)가 있어, 이는 모두 한후(韓侯)의 희성(姬姓)이다. 옛날에 주(周) 선왕(宣王) 또한 한후가 있어, 그 나라는 연에 가까웠다. 그래서 시경에 전하기를, "커다란 한(韓)의 성은 연(燕) 백성들이 완성시킨 것"이라고 하였다. 그 후 한의 서쪽 또한 성을 한이라고 하였는데, 위만(魏滿)에게 정벌당하여 해중(海中)으로 옮겨살았다. (『潛夫論』 志氏姓 35)
조선	한 초기의 대혼란기에 연·제·조인(趙人) 수만 명이 그 지역으로 가서 피난하였다. 연인 위만은 준을 공격하여 깨뜨리고, 스스로 조선의 왕이 되었다. (『後漢書』 85 東夷列傳 75 濊)
조선 마한	처음에 조선왕 준이 위만에게 패하여, 자신의 남은 무리 수천 명을 거느리고 바다로 두망하고, 마한을 공격하여 깨뜨리고 스스로 즉위하여 한왕(韓工)이 되었다. 준의 후

	손이 끊기자, 마한 사람이 다시 자립하여 진왕(辰王)이 되었다. (『後漢書』 85 東夷列傳 75 韓)
조선 한	조선후 준이 참람되이 왕이라 하다가, 연의 망명객 위만의 공격을 받아 나라를 빼앗겼다. 준왕은 좌우와 궁인을 거느리고 도망하여 바다를 경유하여 한 지역에 거주하면서 스스로 한왕이라 칭하였다. 그 뒤 준의 후손은 끊어졌다. (『三國志』 30 魏書 30 烏丸鮮卑東夷傳 韓)
조선	(위략) 위만이 중국의 망명자들을 유인하여 그 무리가 점점 많아지자, 사람을 준에게 파견하여 속여서 말하기를, "한의 군대가 열 군데로 쳐들어오니, 왕궁에 들어가 숙위하기를 청합니다."라고 하였다. 드디어 되돌아가서 준을 공격하였다. 준은 위만과 싸웠으나 상대가 되지 못하였다. (『三國志』 30 魏書 30 烏丸鮮卑東夷傳 韓 裴松之註)
조선	그 조선은 천여 년이 지나서, 한 고제(高帝) 때에 이르러 멸망하였다. (『通典』 185 邊防 1 東夷 上 序略)

변진 조선 마한
처음에 조선왕 준이 위만에게 패하여, 자신의 남은 무리 수천 명을 거느리고 바다로 도망하고, 마한을 공격하여 깨뜨리고 스스로 즉위하여 한왕이 되었다. 준의 후손이 끊기자, 마한 사람이 다시 자립하여 진왕이 되었다. (『通典』 185 邊防 1 東夷 上 弁辰)

삼한 조선 마한
처음에 조선왕 준이 위만에게 패하여, 무리의 남은 종족 수천 명을 거느리고 바다로 도망하고, 마한을 공격하여 깨뜨리고 스스로 즉위하여 한왕이 되었다. 준의 후손이 끊기자, 마한 사람이 다시 자립하여 진왕이 되었다. (『太平寰宇記』 172下 四夷 1 東夷 1 三韓國)

변한 조선 마한
(후한서(後漢書)에 전한다.) "처음에 조선왕 준(准)이 위만에게 패하여, 자신의 남은 종족 수천 명을 거느리고 바다로 도망하고, 마한을 공격하여 깨뜨리고 스스로 즉위하여 한왕이 되었다. 준의 후손이 끊기자, 마한 사람이 다시 자립하여 진왕이 되었다." (『太平御覽』 780 四夷部 1 東夷 1 弁韓)

요동	연왕 노관이 반란하자, 주발(周勃)은 상국(相國)으로 번쾌(樊噲)를 대신하여 군대를 거느리고 계현(薊縣)을 공격하여 함락시켰고, 노관의 대장 저(抵), 승상(丞相) 언(偃), 군수 형(陘), 태위(太尉) 약(弱), 어사대부(御史大夫) 시(施)를 생포하고 혼도(渾都)를 도륙하였다. 상란(上蘭)에서 노관의 군대를 대파하였고, 다시 저양(沮陽)에서 노관의 군대를 격파하여 장성까지 추격하였다. 상곡군(上谷郡)의 12개 현, 우북평군(右北平郡)의 16개 현, 요서·요동군의 29개 현, 어양군(漁陽郡)의 22개 현을 평정하였다. (『史記』 57 絳侯周勃世家 27)
요동	나중에 연왕 누관이 반란하여 그의 일당 수천 명을 거느리고 흉노에게 항복하였다. 노관은 상곡군 동쪽 지역에 출동하여 주민을 괴롭혔다. (『史記』 110 匈奴列傳 50)
진번 조선	연 태자 단(丹)의 군사가 진에 패하여 요동으로 흩어졌을 때, 위만은 도망하는 백성을 거두어 해동(海東)에 집결시키고, 진번(眞藩)을 병합하고 변방을 방위하여 한의 외신(外臣)이 되었다. 그래서 조선열전(朝鮮列傳) 제55를 지었다. (『史記』 130 太史公自序 70)

B.C.180(辛酉/고조선/前漢 呂后 8/倭 孝元 35)

조선 요동 진번 임둔

> 이때는 마침 혜제(惠帝)·고후(高后)의 시대로서 천하가 처음으로 안정되니, 요동태수는 곧 위만(衛滿)을 외신(外臣)으로 삼을 것을 약속하여, 국경 밖의 만이(蠻夷)를 지켜 변경을 노략질하지 못하게 하는 한편, 모든 만이의 군장이 중국에 들어와 천자를 알현하고자 하면 막지 않도록 하였다. 천자도 이를 듣고 허락하였다. 이로써 위만은 군사의 위세와 재물을 얻게 되어 그 주변의 소읍(小邑)들을 침략하여 항복시키니, 진번·임둔(臨屯)도 모두 와서 복속하여 그 영역이 사방 수천 리가 되었다. (『史記』 115 朝鮮列傳 55)

조선 요동 진번 임둔

> 이때는 마침 한의 혜제·고후의 시대로서 천하가 처음으로 안정되니, 요동태수는 곧 위만을 외신으로 삼을 것을 약속하여, 국경 밖의 만이를 지켜 변경을 노략질하지 못하게 하는 한편, 만이의 군장들이 중국에 들어와 천자를 알현하고자 하면 막지 않도록 하였다. 천자도 이를 듣고 허락하였다. 이로써 위만은 군사의 위세와 재물을 얻게 되어 그 주변의 소읍을 침략하여 항복시키니, 진번·임둔도 모두 와서 복속하여 그 영역이 사방 수천 리가 되었다. (『漢書』 95 西南夷兩粤朝鮮傳 65 朝鮮)

조선 요동 진번 임둔

> 이때는 마침 한의 혜제·고후의 시대로서 천하가 처음으로 안정되니, 요동태수는 곧 위만을 외신으로 삼을 것을 약속하여, 국경 밖을 지키게 하였다. 이로써 위만은 군사의 위세와 재물을 얻게 되어 그 주변의 소읍을 침략하여 항복시키니, 진번(眞蕃)·임둔도 모두 와서 복속하여 그 영역이 사방 수천 리가 되었다. (『通典』 185 邊防 1 東夷 上 朝鮮)

조선 요동 진번 임둔

> 이때는 마침 한의 혜제·고후의 시대로서 천하가 처음으로 안정되니, 요동태수는 곧 위만을 외신으로 삼을 것을 약속하여, 국경 밖의 만이를 지키게 하였다. 이런 까닭에 위만은 위세와 힘을 얻게 되어 그 주변의 소읍을 침략하니, 진번·임둔도 모두 와서 복속하여 그 영역이 사방 수천 리가 되었다. (『太平寰宇記』 172下 四夷 1 東夷 1 朝鮮)

조선 요동 진번 임둔

> 이때는 마침 한의 혜제·고후의 시대로서 천하가 처음으로 안정되니, 요동태수는 곧 위만을 외신으로 삼을 것을 약속하여, 국경 밖의 만이를 지켜 변경을 침략하고 노략질하지 못하게 하였다. 천자도 이를 듣고 허락하였다. 이로써 위만은 군사의 위세와 힘을 얻게 되어 그 주변의 소읍을 침략하니, 진번·임둔도 모두 와서 복속하여 그 영역이 사방 수천 리가 되었다. (『太平御覽』 780 四夷部 1 東夷 1 朝鮮)

조선 요동 진번 임둔

> 이때는 마침 한의 혜제·고후의 시대로서 천하가 처음으로 안정되니, 요동태수는 곧 위만을 외신으로 삼을 것을 약속하여, 국경 밖의 만이를 지켜 변경을 노략질하지 못하게 하는 한편, 모든 만이의 군장이 중국에 들어와 천자를 알현하고자 하면 막지 않도록 하였다. 황제도 이를 듣고 허락하였다. 이로써 위만은 군사의 위세와 힘을 얻게 되어 그 주변의 소읍을 침략하니, 진번·임둔도 모두 와서 복속하여 그 영역이 사방 수천 리가 되었다. (『冊府元龜』 957 外臣部 2 國邑 1 東夷)

조선 요동 진번 임둔

> 이때는 마침 한의 혜제·고후의 시대로서 천하가 처음으로 안정되니, 요동태수는 곧 위만을 외신으로 삼을 것을 약속하여, 국경 밖의 만이를 지켜 변경을 노략질하지 못하게 하는 한편, 모든 만이의 군장이 중국에 들어와 천자를 알현하고자 하면 막지 않도록 하였다. 황제도 이를 듣고 허락하였다. 이로써 위만은 군사의 위세와 힘을

얻게 되어 그 주변의 소읍을 침략하니, 진번·임둔도 모두 와서 복속하여 그 영역이 사방 수천 리가 되었다. (『冊府元龜』 1000 外臣部 45 疆盛)

조선 진번 임둔
　　　　위만은 군사의 위세와 힘을 얻게 되어 그 주변의 소읍을 침략하여 항복시키니, 진번·임둔도 모두 와서 복속하여 그 영역이 사방 수천 리가 되었다. (『三國遺事』 1 紀異 1 魏滿朝鮮)

조선　　　위만은 그 영역이 사방 수천 리가 되었다. (『太平寰宇記』 172下 四夷 1 東夷 1 東夷總述)

B.C.179(壬戌/고조선/前漢 文帝 前1/倭 孝元 36)

조선　　　문제(文帝)가 즉위하게 되자 장군 진무(陳武) 등이 의론을 올려 말하였다. "남월(南越)과 조선은 진(秦)의 전성기부터 신하로 복속하였습니다. 후에는 군대에 의존하고 험난한 요새를 방패삼아 꿈틀꿈틀 기회를 엿보면서 관망하고 있습니다. 고조께서 천하를 새로 평정하시고 백성들이 조금 안정되었으므로 다시 전쟁을 일으키기는 어려웠습니다. 지금 폐하께서는 인자함과 은혜로 백성들을 어루만지시고 은택을 해내(海內)에 더하셨으므로, 군민(軍民)이 기꺼이 명령을 따를 때이니 반역의 무리들을 토벌하고 변방의 강토를 통일하여야 합니다." (『史記』 25 律書 3)

B.C.144(丁酉/고조선/前漢 景帝 中6/倭 開化 14)

숙신 청구　　오유선생(烏有先生)이 말하였다. " (…) 또 제(齊)는 동쪽으로 큰 바다에 막히고 남쪽으로 낭야(琅邪)가 있습니다. 성산(成山)에 궁궐을 만들고 지부(之罘)에서 활쏘며 발해(勃澥)에서 배띄워서 맹저(孟諸)에서 떠다닙니다. 사(邪)와 숙신이 이웃이 되고 오른쪽에는 탕곡(湯谷)을 경계로 하며, 가을에는 청구에서 전렵하고 해외에서 방황합니다. 운몽(雲夢)처럼 삼키는 것이 십중 팔구여서, 가슴 속에 일찍이 작은 까닭으로 마음 졸인 적이 없었습니다. (…) "망시공(亡是公)이 빙그레 웃으면서 말하였다. "초(楚)는 잃을 것이나, 제 또한 얻지 못할 것이다. 무릇 제후로 하여금 조공을 바치게 하는 것은 재폐(財幣) 때문이 아니라 술직(述職) 때문이다. 강역을 경계짓는 것은 지키기 위함이 아니라 음란함을 금하기 때문이다. 지금 제는 동번(東蕃)을 줄세우고 밖으로 숙신과 사통하는데, 나라를 버리고 한계를 넘어서 바다를 건너서 전렵하고 있다. 그것은 의에 대하여 진실로 가하지 않다." (『漢書』 57上 司馬相如傳 27上)

B.C.139(壬寅/고조선/前漢 建元 2/倭 開化 19)

조선　　　동쪽의 끝은 갈석산(碣石山)에서 시작해 조선을 지나고 대인국(大人國)을 통과해, 동쪽으로 해가 떠오르는 곳 즉 부목(搏木)이 있는 땅 청구의 들판까지 이른다. 이곳은 태호(太皞)와 구망(句芒)이 다스리는 지역으로, 1만 2천 리가 된다. (『淮南子』 5 時則訓)

조선 동이　　회남자(淮南子)에 전하다. "동쪽의 끝은 갈석산에서 시작해[갈석산은 동북쪽 바다 가운데에 있다.] 조선을 지나고[조선은 동이(東夷)다.] 대인국을 통과해[동쪽에 대인국이 있다.], 동쪽으로 해가 떠오르는 곳 즉 부목(扶木)이 있는 땅 청구의 들판까지 이른다[모두 해가 뜨는 땅이다]. 이곳은 태호와 구망이 다스리는 지역으로, 1만 2천 리가 된다. (…) "(『太平御覽』 37 地部 2 地下)

B.C.134(丁未/고조선/前漢 元光 1~2/倭 開化 24)

숙신 발　　5월에 현량(賢良)들을 불러 이르기를, "짐이 듣건대 옛날 당우(唐虞) 때는 의관에 오형(五刑)을 상징하는 그림을 그리니 백성들이 법을 위반하지 않았고, 일월이 비추는 곳마다 순종하지 않음이 없었다. 주(周) 성왕(成王)과 강왕(康王) 때는 천하가 잘 다스려져 죄인이 없어졌으며, 덕이 날짐승과 들짐승에까지 미치고 교화가 사해(四海)에 통하여 해외의 숙신(肅眘)과 북발(北發)과 거수(渠搜), 저족(氏族)과 강족(羌族)이 와서 항복하였다. (…) "라고 하였다. (『漢書』 6 武帝紀 6)

예맥 조선   겨울 10월 비로소 공경(公卿)들에게 조서를 내려 흉노(匈奴) 정벌을 논의하였다. 흉노는 그 선조가 하우씨(夏后氏)의 후예로 (…) 좌현왕(左賢王)과 장(將)들은 동방에 거주하며 상곡의 동북을 담당하는데, 예맥(穢貊)·조선(朝鮮)과 접해 있다. 우현왕(右賢王)과 장들은 서방에 거주하며 상군(上郡)의 서쪽을 다스리는데 저족(氏族) 및 강족(羌族)과 접해 있다. (『前漢紀』 11 孝武皇帝紀 2)

예주   엄안(嚴安)이 상소를 올려 말하기를, " (…) 지금 남이를 귀순시켜 야랑이 조회하게 하고, 강족을 항복시키며, 예주(濊州)를 공략하고, 성읍을 세우며 흉노 땅에 깊이 들어가 그 농성(龍城)을 불태우려 하는 것을 의논하는 이들이 이를 아름답게 여깁니다." 라 하였다. (『史記』 112 平津侯主父列傳 52)

예주   엄안은 (…) 옛 승상사(丞相史)로서 상서하여 말하기를, " (…) 지금 남이(南夷)를 복종시켜 야랑(夜郎)을 조회하게 하고 강족을 항복시키며 예주(濊州)를 공략하고 성읍을 세우며 흉노 땅에 깊이 들어가 용성(龍城)을 불태우자 하는 것을 의논하는 이들이 아름답게 여깁니다."라고 하였다. (『漢書』 64下 嚴朱五丘主父徐嚴終王賈傳 34下 嚴安)

B.C.128(癸丑/고조선/前漢 元朔 1/倭 開化 30)

동이 예군 창해군
    한 무제 원삭 원년 3월 동이(東夷)의 예군(濊君) 남려(南閭) 등 28만 명이 항복하자 창해군(蒼海郡)으로 삼았다. (『册府元龜』 977 外臣部 22 降附)

동이 예군 창해군
    (가을) 동이의 예군(濊君) 남려 등 28만 명이 항복하자 창해군으로 삼았다. (『漢書』 6 武帝紀 6)

동이 예군 창해군 예맥 진한 고려 옥저 조선 부여 낙랑
    가을 동이의 예군 남려 등 모두 28만 명이 항복하자 창해군으로 삼았다. (『資治通鑑』 18 漢紀 10 世宗孝武皇帝)

동이 예맥군 창해군
    (가을) 동이의 예맥군(穢貊君) 남려 등 28만 명이 항복하자 창해군으로 삼았다. (『前漢紀』 12 孝武皇帝紀 3)

창해군 동이   【무기(武紀)】원삭 원년 가을 동이 예군(濊君) 남려 등 28만 명이 항복하자 창해군으로 삼았는데, (원삭) 3년 창해군을 혁파하였다. (『玉海』 17 地理 郡國 漢蒼海郡)

조선 창해군   지금 황제가 즉위한 지 여러 해가 지난 뒤 (…) 팽오(彭吳)가 조선(朝鮮)을 멸망시키려 창해군을 두었다. 그러자 연(燕)과 제(齊) 지역이 바람에 초목이 쓰러지듯 소동이 일어났다. (…) 동으로 창해군에 이르렀는데 사람들을 부리는 비용이 남이(南夷) 지역과 비슷하였다. (『史記』 30 平準書 8)

예맥 조선 창해군
    팽오가 예맥(穢貊)과 조선으로 가는 길을 뚫어 창해군을 두자 연과 제 지역이 큰 소동이 일어났다. (…) 동쪽에 창해군을 두었는데 사람들을 부리는 비용이 남이 지역과 비슷하였다. (『漢書』 24下 食貨志 4下)

예맥 조선 창해군

【식화지(食貨志)】팽오가 예맥(穢貊)과 조선(朝鮮)으로 가는 길을 뚫어 창해군을 두었다. 동쪽에 창해군을 두었는데 사람들을 부리는 비용이 남이 지역과 비슷하였다. (『玉海』17 地理 郡國 漢蒼海郡)

예 요동 창해군 조선 낙랑 임둔 진번 현도 고구려 옥저 예맥
　　　　　원삭 원년 예군(濊君) 남려 등이 우거(右渠)를 배반하여 28만 명을 이끌고 요동(遼東)을 찾아와 항복하였다. 무제(武帝)가 그 땅을 창해군으로 삼았다가 몇 년 후 파하였다. (『後漢書』85 東夷列傳 75 濊)

조선　　　그 후 동으로 조선을 멸하고 창해군을 두었는데, 사람들을 부리는 비용이 남이 지역과 비슷하였다.

B.C.126(乙卯/고조선/前漢 元朔 3/倭 開化 32)

창해군　　봄(1~2월) 창해군(蒼海郡)을 파했다.(『前漢紀』12 孝武皇帝紀 3)

창해군　　봄 창해군을 파했다 (『漢書』6 武帝紀 6)

창해군　　겨울 이때 서남이와 통하고 동으로 창해군을 설치하였으며 북으로 삭방군(朔方郡)을 세웠다. 공손홍(公孫弘)이 여러 차례 간언하기를, "중국을 피폐하게 하는 쓸모없는 땅을 받들게 하는 것이니 이를 파하기를 바랍니다."라고 하였다. 천자가 주매신(朱買臣) 등으로 하여금 삭방군을 설치함으로써 편리한 점 10가지로 꾸짖게 하니 공손홍이 한가지도 대답하지 못하였다. 공손홍이 이에 사과하며 말하기를, "산동 시골사람으로 그 편리함이 이같음을 알지 못하였습니다. 원컨대 서남이와 창해군은 폐하고 삭방군만을 받들게 하소서."라고 하니, 천자가 이를 허락하였다. 봄에 창해군을 파하였다. (『資治通鑑』18 漢紀 10 世宗孝武皇帝)

창해군　　원삭 3년 장구(張歐)를 면직하고 공손홍을 어사대부(御史大夫)로 삼았다. 이때 서남이와 통하고 동으로 창해군을 설치하고 북쪽으로 삭방의 군을 세웠다. 홍이 여러 차례 간언하기를, "중국을 피폐하게 하는 쓸모없는 땅을 받드는 것이니 파하기를 바랍니다."라고 하였다. 이에 천자가 주매신 등으로 하여금 삭방군을 두는 편리한 이유 10가지로 꾸짖게 하니 홍이 한가지도 대답하지 못하였다. 홍이 곧 사과하며 말하기를, "산동의 시골사람으로서 그 편리함이 이같음을 알지 못하였습니다. 원컨대 서남이와 창해는 파하고 삭방군만을 받들게 하소서."라고 하니 천자가 이를 허락하였다. (『史記』112 平津侯主父列傳 52)

창해군　　내사(內史)가 된 지 수년 뒤 어사대부로 옮겼다. 이때 또 동쪽에 창해군을 두고 북쪽에 삭방군을 세웠다. 공손홍이 여러 차례 간언하기를, "중국을 피폐하게 하는 쓸모없는 땅을 받들게 하니 파하기를 바랍니다."라고 하였다. 이에 천자가 주매신(朱買臣) 등으로 하여금 삭방군을 두는 편리한 이유 10가지로 꾸짖게 하니 홍이 한가지도 대답하지 못하였다. 홍이 곧 사과하여 말하기를, "산동의 시골사람으로서 그 편리함이 이같음을 알지 못하였습니다. 원컨대 서남이와 창해군은 파하고 삭방군만을 받들게 하소서."라고 하니 천자가 이를 허락하였다. (『漢書』58 公孫弘卜式兒寬傳 28 公孫弘)

창해군 동이　【무기(武紀)】(원삭) 3년 창해군을 혁파하였다. (『玉海』17 地理 郡國 漢蒼海郡)

창해군　　【公孫弘傳】공손홍이 어사대부가 되었는데, 이 때 동쪽에 창해군을 두고 북쪽에 삭방군을 두었다. 공손홍이 여러 차례 이들 군이 중국을 피폐하게 하는 쓸모없는 땅을 받들게 한다는 이유로 파하도록 간언하였다. 황제가 주매신 등으로 하여금 삭방군을 두는 편리한 이유 10가지로 꾸짖게 하니 공손홍이 한가지도 대답하지 못하고 그 편리함을 알지 못하였다고 말했다. (『玉海』17 地理 郡國 漢朔方五原郡)

B.C.117(甲子/고조선/前漢 元狩 6/倭 開化 41)

갈석 현도 낙랑   효무황제(孝武皇帝) 원수 6년에 이르러 태창(太倉)의 곡식이 붉게 부패하여 먹을 수 없었고, 도내의 돈꾸러미의 줄은 썩어 헤아릴 수 없었다. 이에 평성(平城)의 일을 참고하여 묵특(冒頓)이 자주 변경에 해가 됨을 기록하여 병사를 징집하고 말을 채찍질하였고 부민들로 인하여 묵특을 물리쳐 복속시켰다. 서쪽으로 안식(安息)에 이르기까지 여러 나라와 연하며, 동으로 갈석(碣石)을 지나 현도(玄菟)와 낙랑(樂浪)을 군(郡)으로 삼았으며, 북으로 흉노를 만리까지 물리쳐 다시 요새를 일으키고 운영하였고 남해(南海)를 제압하여 8군을 두었다. 이로써 천하에 옥사와 백성들의 부역이 많아져 소금과 철, 그리고 술을 전매하여 비용에 보탰으나 오히려 부족하였다. (『漢書』 64下 嚴朱吾丘主父徐嚴終王賈傳 34下 賈捐之)

B.C.112(己巳/고조선/前漢 元鼎 5/倭 開化 46)

조선   원정 5년 가을 승상이 죄가 있어 파직하고 어사(御史 : 만석군)에게 조서를 내리기를, "선제께서 만석군(萬石君)을 존중하셨고, 그의 자손들 또한 효성스럽다. 어사대부 석경(石慶)을 승상으로 삼고 목구후(牧丘侯)에 봉한다."고 하였다. 이 때 한은 남으로 양월(兩越)을 토벌하였고, 동으로 조선을 격파하였으며, 북으로는 흉노를 쫓아냈고, 서로 대완(大宛)을 정벌하니 중국에 많은 일들이 있었다. (『史記』 103 萬石張叔列傳 43 萬石君)

조선   원정 5년 승상 조주(趙周)가 주금(酎金 : 종묘 제사에 쓰기 위해 제후들이 바치던 금)에 연좌되어 파면되었다. 황제는 선제가 만석군을 존중하였고 그 자손이 지극히 효성스럽다고 하여 어사대부 경을 승상으로 삼고 목구후에 봉했다. 이 때 한은 남으로 양월을 토벌하고, 동으로 조선을 격파하였으며, 북으로는 흉노를 쫓아내고 서로 대완을 정벌하니 중국에 많은 일들이 있었다. 천자가 해내를 순수하고 옛 신사를 수리하였으며, 봉선(封禪)의 예를 시행하였고, 예악을 일으켰다. (『漢書』 46 萬石衛直周張傳 16)

조선   한나라가 양신(楊信)을 흉노에 사신으로 보냈다. 이때 한나라는 동으로 예맥(濊貉)과 조선(朝鮮)을 군으로 삼았고, 서쪽으로는 주천군(酒泉郡)을 설치해 흉노와 강(羌)이 통하는 길을 막았다. 한나라가 또 서쪽으로 (대)월지(月氏) 및 대하(大夏)와 교통하고 한나라 옹주를 오손왕(烏孫王)에게 시집보냈다. 이로써 흉노 서쪽의 흉노를 지원하는 여러 나라들을 떼어놓았다. 또 북쪽으로 농경지를 더 확장하여 현뢰(眩雷)까지 나아가 요새를 구축하였는데, 흉노가 끝내 감히 말을 하지 못했다. (『史記』 110 匈奴列傳 50)

예맥 조선   (오유 즉위 3년) 한나라가 양신을 흉노에 사신으로 보냈다. 이때 한나라는 동으로 예맥과 조선을 군으로 삼았고, 서쪽으로는 주천군을 설치해 흉노와 강이 통하는 길을 막았다. 또 서쪽으로 (대)월지 및 대하와 교통하고 한나라 옹주를 오손왕에게 시집보냈다. 이로써 흉노 서쪽의 흉노를 지원하는 여러 나라들을 떼어놓았다. 또 북쪽으로 농경지를 더 확장하여 현뢰까지 나아가 요새를 구축하였는데, 흉노가 끝내 감히 말을 하지 못했다. (『漢書』 94上 匈奴傳 64上)

B.C.111(庚午/고조선/前漢 元鼎 6/倭 開化 47)

조선   서남의 외이(外夷)들은 종족이 다르며 먼 지역이다. 남월(南越)의 위타(尉佗)는 스스로 반우(番禺)에서 왕노릇하니 외방의 민월(閩越)과 동구(東甌)는 멀어졌다. 저 조선은 연(燕)의 바깥에 있게 되었다. 한이 일어나 어루만져 주며 부절을 쪼개어 나누어 주었다. 그들 모두 지형이 험한 것만을 믿고 섬기는 듯하다가도 교만해지니 효무황제(孝武皇帝)가 군사를 보내어 바다 모퉁이의 나라들을 멸망시킴에 서남이양월조선전(南夷兩越朝鮮傳) 제65권을 지었다. (『漢書』 100下 敍傳 70下)

B.C.110(辛未/고조선 우거왕/前漢 元封 1/倭 開化 48)

조선 진번 진국 진한

아들에게 왕위를 전하고 손자인 우거(右渠)에 이르렀다[안사고(顔師古)가 말하길, 손자의 이름이 우거라고 하였다]. 진번(眞番)과 진국(辰國)이 글을 올려 천자를 뵙고자 하였으나, 우거가 길을 막아 통하지 못하게 하였다[안사고가 말하길 '진(辰)'은 진한(辰韓)을 말한다고 하였다]. (『三國遺事』 1 紀異 2 魏滿朝鮮)

조선 　　　　손자 우거 때에 이르러 그 방자함이 넘쳤다. (『帝王韻紀』 下 衛滿朝鮮紀)

조선 진번　아들을 거쳐 손자 우거에 이르러 꾀어들인 한의 도망친 백성들이 점차 많아졌다. 또 입조하여 황제를 뵙지도 않았다. 진번과 그 주변 나라들이 글을 올려 황제를 뵙고자 하면 길을 막고 통하지 못하게 하였다. (『史記』 115 朝鮮列傳 55)

조선 진번 진국

아들을 거쳐 손자 우거에 이르러 꾀어들인 한의 도망친 백성들이 점차 많아졌다. 또 입조하여 천자를 뵙지도 않았다. 진번과 진국이 글을 올려 천자를 뵙고자 하여도 길을 막고 통하지 못하게 하였다. (『漢書』 95 西南夷兩粤朝鮮傳 65 朝鮮)

조선 진국　아들을 거쳐 손자 우거에 이르러 꾀어들인 한의 도망친 백성들이 점차 많아졌다. 또 입조하여 천자를 뵙지도 않았다. 진국이 글을 올려 천자를 뵈려 하여도 길을 막고 통하지 못하게 하였다. (『資治通鑑』 21 漢紀 13 世宗孝武皇帝 下之上)

B.C.109(壬申/고조선 우거왕/前漢 元封 2/倭 開化 49)

조선 요동　여름 4월 조선왕(朝鮮王)이 요동도위(遼東都尉)를 공격하여 죽이니 이에 천하의 사형수들을 모아 조선을 공격하였다. (『漢書』 6 武帝紀 6)

조선 요동　여름 4월 조선왕이 반란을 일으켜 요동도위를 죽이니 천하의 사형수들을 모아 조선을 공격하였다. 조선은 본래 진 때 요동에 속해 있었는데 한이 흥하면서 그 땅이 멀어 지키기 어렵다고 하여 요수(遼水)를 요새로 삼았다. 노관(盧綰)이 반란을 일으키자 연인(燕人) 위만(衛滿)이 망명하여 무리 1,000여 명을 이끌고 요동에 있으면서 진의 옛 땅에 살았다. 점차 그 동쪽 작은 오랑캐를 침략하여 복속시키고 왕이 되었다. 영토는 사방 수천 리에 이르렀다. 요새 바깥을 지키며 신하가 되었다. 아들에게 왕위를 전하여 손자 우거(右渠) 때에 이르러 명을 거역하고 빈례를 하지 않았다. 이 때문에 조선을 정벌하였다. (『前漢紀』 14 孝武皇帝紀 5)

조선 요동　한 무제 원봉 2년 4월 조선왕이 요동도위를 공격하여 죽였다. 이에 천하의 사형수들을 모아 조선을 공격하였다. 이보다 앞서 조선왕 우거가 꾀어들인 한의 도망친 백성들이 점차 많아졌다. 또 입조하여 천자를 뵙지도 않았다. 한이 섭하(涉何)로 하여금 우거를 회유하게 하였으나, 끝내 조를 받지 않았다. 섭하가 경계에 이르러 패수가에 도착하였는데, 마부로 하여금 섭하를 배웅하였던 조선의 비왕(裨王) 장(長)을 죽이게 하고 바로 돌아와 천자에게 조선의 장수를 죽였다고 보고하였다. 황제가 그 이름을 아름답게 여겨 꾸짖지 않고 섭하를 요동동부도위(遼東東部都尉)에 임명하였다. 조선이 섭하를 원망하여 군대를 일으켜 기습해서 섭하를 죽이니 천자가 쇠수늘을 모아 조선을 공격하였다. (『册府元龜』 982 外臣部 27 征討 1)

조선 요동　원봉 2년에 한에서 섭하를 시켜 우거를 타일렀으나 끝내 천자의 명령 받들기를 거부하였다. 섭하가 떠나 국경까지 와서 패수에 이르자, 마부를 시켜 자기를 바래다 준 조선의 비왕(裨王) 장(長)[사고(師古)가 말하기를, "섭하를 바래다 준 자의 이름이다."라고 하였다]을 찔러 죽이게 하고는 곧 패수를 건너 요새 안으로 말을 달려 들어와 드디어 보고를 하였다. 천자는 섭하를 요동의 동부도위로 임명하였다. 조선은 섭하를 원망하여 습격하여 섭하를 죽였다. (『三國遺事』 1 紀異 2 魏滿朝鮮)

조선 요동	원봉 2년 한이 섭하(涉何)로 하여금 우거왕을 초유케 하였으나, 우거가 끝내 조서를 받지 않았다. 섭하가 조선을 떠나 지경에 이르러 패수(浿水)에 도착하자, 수레를 끄는 자로 하여금 섭하를 전송하는 조선 비왕(裨王) 장(長)을 죽이고 바로 강을 건너 요새로 달려왔다 바로 천자에게 조선의 장수를 죽였다고 보고하니 천자가 그 이름을 아름답게 여기고 꾸짖지는 않고 섭하를 요동동부도위로 삼았다. 조선이 섭하를 원망하여 군대를 보내 기습하여 섭하를 죽이니 천자가 사형수들을 모아 조선을 공격하였다. (『史記』 115 朝鮮列傳 55)
조선 요동	원봉 2년 한이 섭하로 하여금 우거를 회유하게 하였으나, 끝내 조를 받지 않았다. 섭하가 경계에 이르러 패수가에 도착하였는데, 마부로 하여금 섭하를 배웅하였던 조선의 비왕 장을 죽이게 하고 바로 패수를 건너 말을 달려 요새로 들어와 천자에게 조선의 장수를 죽였다고 보고하였다. 천자가 그 이름을 아름답게 여겨 꾸짖지 않고 섭하를 요동동부도위에 임명하였다. 조선이 섭하를 원망하여 군대를 일으켜 기습해서 섭하를 죽이니 천자가 죄수들을 모아 조선을 공격하였다. (『漢書』 95 西南夷兩粤朝鮮傳 65 朝鮮)
조선	여름에 영지가 궁전의 방안에서 자라났다. 천자가 황하의 터진 곳을 막고 통천대(通天臺)를 지으니 하늘에서 번쩍거리는 듯한 상서로운 구름이 나타났다. 이에 조서를 내려 말하기를, "감천궁(甘泉宮) 방 안에 아홉 포기의 영지가 자라났으니, 특별히 천하에 대사면을 실행하고 죄수들의 노역을 없애라."고 하였다. 그 이듬해 조선을 정벌하였다. (『史記』 12 孝武本紀 12)
조선	여름에 영지가 궁전의 방안에서 자라났다. 천자가 황하의 터진 곳을 막고 통천대를 지으니 하늘에서 번쩍거리는 듯한 상서로운 빛이 나타났다. 이에 조서를 내려 말하기를, "감천궁 방 안에 아홉 포기의 영지가 자라났으니, 특별히 천하에 대사면을 실행하고 죄수들의 노역을 없애라."고 하였다. 그 이듬해 조선을 정벌하였다." (『史記』 28 封禪書 6)
조선	여름 영지가 감천전의 방안에 피어났다. 천자가 황하의 터진 곳을 막고 통천대를 지으니 하늘에서 번쩍거리는 듯한 상서로운 빛이 나타났다. 이에 천하에 사면령을 내렸다. 그 이듬해 조선을 정벌하였다. (『漢書』 25下 郊祀志 5下)
요동 조선	원봉 2년 가을 누선장군(樓船將軍) 양복(楊僕)과 좌장군(左將軍) 순체(荀彘)가 요동으로 나와 조선을 공격하였다. (『史記』 22 漢興以來將相名臣年表 10)

	大事記	相位	將位		御史大夫位
(元封)二			秋 樓船將軍楊僕左將軍荀彘出遼東 擊朝鮮		

조선 요동	원봉 2년 가을 누선장군 양복을 파견하여 제에서 발해(渤海)에 배를 띄웠다. 군사가 5만여 명이었는데 좌장군 순체는 요동을 나와 우거를 토벌하게 하였다. 우거가 군사를 일으켜 험난한 곳을 의지하여 대항하였다. 좌장군의 졸정(卒正) 다(多)는 요동의 군사를 거느리고 먼저 적군을 공격하였으나 패하여 흩어졌다. 다는 돌아왔으나 법에 따라 참형을 당하였다. 누선장군은 제의 군사 7,000여 명을 이끌고 먼저 왕검에 도착하였다. 우거가 성을 지키고 있다가 누선의 군사가 적음을 염탐하여 알고, 바로 성을 나와 누선을 공격하니 누선군이 패하여 흩어져 달아났다. 장군 양복은 자신의 군대를 잃고 산 속으로 도망하여 10여 일 숨어 있다가 점차 흩어진 군사들을 다시 거두어 모았다. 좌장군은 조선의 패수 서쪽의 군대를 공격하였으나, 이를 깨뜨리고 전진할 수 없었다. 천자는 두 장군의 상황이 유리하지 않다고 여겨 위산(衛山)으로 하여금 가서 군사의 위세로써 우거를 타이르게 하였다. 우거가 사자를 보고 머리를

조아리며 사죄하기를, "항복하기를 원하였으나 두 장군이 신을 속여 죽이려할 것이 두려웠습니다. 이제 신절(信節)을 보았으니 항복하기를 청합니다."라고 하였다. 태자를 보내어 한에 들어가 사죄하게 하고 말 5,000필을 바치고 군량미를 보내게 하였다. 무리 만여 명이 무기를 지니고 패수를 건너려 할 때 사자와 좌장군은 그들이 변란을 일으킬까 의심하여 말하기를, "태자가 이미 항복하였으니 마땅히 사람들에게 무기를 지니지 않도록 명하시오."라고 하였다. 태자 역시 사자와 좌장군이 자신을 속이고 죽일까 의심하여 끝내 패수를 건너지 않고 다시 무리를 이끌고 되돌아갔다. 위산이 돌아가 천자에게 보고하니 천자가 위산을 죽였다. 좌장군이 패수가의 군대를 격파하고 바로 앞으로 나아가 성 아래에 이르러 그 서북쪽을 포위하였다. 누선 역시 가서 군사를 모아, 성의 남쪽에 머물렀다. 우거가 끝내 성을 굳게 지키니 몇 달이 되도록 함락시킬 수 없었다. 좌장군은 평소 황궁에서 황제를 받들어 모셔 총애를 받았는데, 그가 이끈 연(燕)과 대(代)의 군졸들은 사나우며 또 이미 승세를 타 대부분의 군사들이 교만해 있었다. 누선장군은 제(齊)의 군사들을 이끌고 바다에 들어가 이미 여러 차례 패하여 도망한 적이 있었다. 이전에 우거와 싸웠으나 곤욕을 당해서 군사를 잃었고, 또 군사들이 다 두려워하고 장군도 마음으로 부끄러워 하여 우거를 포위할 때 늘 화평을 유지하려 하였다. 좌장군이 급히 왕검성을 치려고 하자 조선의 대신들이 이에 몰래 사람을 시켜 사사로이 누선에게 항복을 약속하는 말을 전하려고 하였으나 아직 결정짓지 못하고 있었다. 좌장군은 여러 차례 누선과 더불어 싸울 것을 기약하였으나 누선은 급히 그 약속을 지키려고 하여 그를 만나지 않았다. 좌장군 역시 사람을 시켜 조선을 항복시킬 기회를 찾았으나, 조선은 받아들이지 않고 속으로는 누선을 따르려 하였다. 이런 까닭에 두 장군이 서로 사이가 좋지 못하였다. 좌장군은 마음속으로 누선이 전에 군사를 잃은 죄가 있고, 지금은 조선과 더불어 사사로이 친하며 조선도 또 항복하지 않으니, 그가 반란을 일으킬 계획이 있는가 하고 의심하였지만 감히 발설하지는 않았다. 천자가 말하기를, "장수들이 앞으로 나가 못하여 위산을 시켜 우거에게 항복하라고 타일렀다. 우거가 태자를 파견하였는데 위산이 사자로서 책임있게 처리하지 못하고, 좌장군과 더불어 잘못을 저질러 마침내 약속을 저버리고 말았다. 이제 두 장군이 성을 포위하였으나, 또 의견이 맞지 않는다. 그런 까닭에 오래도록 해결하지 못하고 있다."고 하였다. 제남태수(濟南太守) 공손수(公孫遂)를 시켜 가서 그 일을 바로 잡도록 하고, 상황에 따라 일을 처리하도록 하였다. 공손수가 도착하자 좌장군은 "조선은 오래전에 함락되었어야 했는데, 아직 함락되지 않은 것은 이유가 있습니다." 하고 계속해서 누선장군이 여러 차례 싸움을 기약했으나 모이지 않은 것을 말하고서, 평소 의심해온 일들을 전부 공손수에게 말하기를, "이제 이런 자를 잡지 않는다면 아마도 큰 해가 될 것이며, 누선장군 혼자뿐만 아니라 또 점차 조선과 함께 우리 군대를 무너뜨릴 것입니다."고 하였다. 공손수 역시 그렇다고 여기고, 좌장군의 병영에 들어와서 일을 의논하도록 부절을 사용하여 누선장군을 불렀다가 즉시 좌장군의 부하에게 명령하여 누선장군을 사로잡고, 그의 군대를 합쳤다. 이 사실을 천자에게 보고하니 천자는 공손수를 죽였다. 좌장군은 이미 두 군대를 합하여 즉시 급히 조선을 공격하였다. 조선상(朝鮮相) 노인(路人)과 상(相) 한음(韓陰), 이계상(尼谿相) 삼(參)과 장군 왕협(王唊)이 서로 모의하기를, "처음에 누선에게 항복하려고 하였으나 누선은 지금 붙잡혀 있고, 홀로 좌장군이 두 군대를 합하여 거느리고 있어 전세가 더욱 급하게 되었다. 아마도 그와 더불어 싸울 수는 없을 것이나, 우리의 왕 또한 항복하려고 하지 않을 것이다." 하고 한음, 왕협, 노인이 다 도망하여 한에 항복하였다. 노인은 도망하는 도중에 죽었다. (『史記』115 朝鮮列傳 55)

조선   가을 누선장군 양복과 좌장군 순체를 보내어 모은 죄인들을 이끌고 조선을 공격하

여다. (『漢書』6 武帝紀 6)

조선 요동 원봉 2년 가을 누선장군 양복을 파견하여 제에서 발해에 배를 띄웠다. 군사가 5만 여 명이었는데 좌장군 순체는 요동을 나와 우거를 토벌하게 하였다. 우거가 군사를 일으켜 험난한 곳을 의지하여 대항하였다. 좌장군의 졸다(卒多)는 요동의 군사를 거느리고 먼저 적군을 공격하였으나 패하여 흩어졌다. 다는 돌아왔으나 법에 따라 참형을 당하였다. 누선은 제의 군사 7,000여 명을 이끌고 먼저 왕검에 도착하였다. 우거가 성을 지키고 있다가 누선의 군사가 적음을 염탐하여 알고, 바로 나와 누선을 공격하니 누선군이 패하여 흩어져 달아났다. 장군 양복은 자신의 군대를 잃고 산 속으로 도망하여 10여 일 숨어 있다가 점차 흩어진 군사들을 다시 거두어 모았다. 좌장군은 조선의 패수 서쪽의 군대를 공격하였으나, 이를 깨뜨리지는 못하였다. 천자는 두 장군의 상황이 유리하지 않다고 여겨 위산으로 하여금 군사의 위세로써 가서 우거를 타이르게 하였다. 우거가 사자를 보고 머리를 조아리며 사죄하기를, "항복하기를 원하였으나 장군이 신을 속여 죽이려할 것이 두려웠습니다. 이제 신절(信節)을 보았으니 항복하기를 청합니다."고 하였다. 태자를 보내어 한에 들어가 사죄하게 하고 말 5,000필을 바치고 군량미를 보내게 하였다. 무리 만여 명이 무기를 지니고 패수를 건너려 할 때 사자와 좌장군은 그들이 변란을 일으킬까 의심하여 말하기를, "태자가 이미 항복하였으니 마땅히 사람들에게 무기를 지니지 않도록 명하시오."라고 하였다. 태자 역시 사자와 좌장군이 자신을 속일까 의심하여 끝내 패수를 건너지 않고 다시 무리를 이끌고 되돌아갔다. 위산이 보고하니 천자가 위산을 죽였다. 좌장군이 패수가의 군대를 격파하고 바로 앞으로 나아가 성 아래에 이르러 그 서북쪽을 포위하였다. 누선 역시 가서 군사를 모아, 성의 남쪽에 머물렀다. 우거가 끝내 굳게 지키니 몇 달이 되도록 함락시킬 수 없었다. 좌장군은 평소 황궁에서 황제를 받들어 모셔 총애를 받았는데, 그가 이끈 연과 대의 군졸들은 사나우며 또 이미 승세를 타 대부분의 군사들이 교만해 있었다. 누선장군은 제의 군사들을 이끌고 바다에 들어가 이미 여러 차례 패하여 도망한 적이 있었다. 이전에 우거와 싸웠으나 곤욕을 당해서 군사를 잃었고, 또 군사들이 다 두려워하고 장군도 마음으로 부끄러워 하여 우거를 포위할 때 늘 화평을 유지하려 하였다. 좌장군이 급히 왕검성을 치려고 하자 조선의 대신들이 이에 몰래 사람을 시켜 사사로이 누선에게 항복을 약속하는 말을 전하려고 하였으나 아직 결정짓지 못하고 있었다. 좌장군은 여러 차례 누선과 더불어 싸울 것을 기약하였으나 누선은 그 약속을 지키려고 하여 그를 만나지 않았다. 좌장군 역시 사람을 시켜 조선을 항복시킬 기회를 찾았으나, 조선은 받아들이지 않고 속으로는 누선을 따르려 하였다. 이런 까닭에 두 장군이 서로 사이가 좋지 못하였다. 좌장군은 마음속으로 누선이 전에 군사를 잃은 죄가 있고, 지금은 조선과 더불어 사사로이 친하며 조선도 또 항복하지 않으니, 그가 반란을 일으킬 계획이 있는가 하고 의심하였지만 감히 발설하지는 않았다. 천자가 말하기를, "장수들이 앞으로 나가 못하여 위산을 시켜 우거에게 항복하라고 타일렀다. 우거가 태자를 파견하였는데 위산이 사자로서 책임있게 처리하지 못하고, 좌장군과 더불어 잘못을 저질러 마침내 약속을 저버리고 말았다. 이제 두 장군이 성을 포위하였으나, 또 의견이 맞지 않는다. 그런 까닭에 오래도록 해결하지 못하고 있다."고 하였다. 전 제남태수 공손수를 시켜 가서 그 일을 바로 잡도록 하고, 상황에 따라 일을 처리하도록 하였다. 공손수가 도착하자 좌장군은 "조선은 오래전에 함락되었어야 했는데, 아직 함락되지 않은 것 누선이 여러 차례 싸움을 기약했으나 모이지 않았기 때문입니다."고 하면서, 평소 의심해온 일들을 전부 공손수에게 말하기를, "이제 이런 자를 잡지 않는다면 아마도 큰 해가 될 것이며, 누선장군 혼자 뿐만 아니라 또 점차 조선과 함께 우리 군대를 무너뜨릴 것입니다."고 하였다. 공손수 역시 그렇다고 여기고, 좌장군의 병영에 들어와서 일을 의논하도록 부절을 사용하여 누선장군을 불렀다가 즉시 좌장군의 부하에게 명령하여 누선장군을 사로잡고, 그의 군대를 합쳤다. 이 사실을 보고하니 천자가 공손수를 죽였다. 좌장군은 이미 두 군대를 합하여 즉시 급히 조선을 공격하였다. 조선상 노인과 상 한도(韓陶), 이계상 삼과 장군 왕협이 서로 모의하기를, "처음에 누선에게 항복하려고 하였으나 누선은 지금 붙잡혀 있고, 홀로 좌장군이 두 군대를 합하여 거느리고 있어 전세가 더욱 급하게 되었다. 아마도 그와 더불어 싸울 수는 없을 것이나, 우리의 왕 또한 항복하려고 하지 않을 것이다." 하고 한도, 왕협, 노인이 다 도망하여 한에 항복하였다. 노인은 도망하는 도중에 죽었다. (『漢書』 95 西南夷 兩粵朝鮮傳 65 朝鮮)

조선   아들에게 이어졌다가 손자 우거에 이르러 천자의 명에 저항하고 신복하지 않아 이에 조선을 벌하였다. 가을 태산(太山) 아래에 명당(明堂)을 세우고 누선장군 양복과 좌장군 순체를 보내어 죄인을 모아 조선을 공격하였다. (『前漢紀』 14 孝武皇帝紀 5)

요동 조선   가을 천자가 천하의 죄수들을 모아 군대를 구성하여 누선장군 양복을 보내어 제로부터 발해에서 배를 띄웠고, 좌장군 순체는 요동을 나와 조선을 토벌하였다. (『資治通鑑』 21 漢紀 13 世宗孝武皇帝)

조선 요동   그 해(원봉 2년) 가을 누선장군 양복을 보내어 제로부터 발해에서 배를 띄웠고, 병력 5만으로 좌장군 순체가 요동을 나와 우거를 주살하였다. (『册府元龜』 982 外臣部 27 征討 1)

조선   천자가 누선장군 양복을 보내어 제에서 발해를 건너게 하니 군사가 5만이었다. 좌장군(左將軍) 순체(荀彘)는 요동에서 나와 우거를 치니 우거는 군사를 풀어 험한 곳에서 막았다. 누선장군은 제의 7,000명을 이끌고 먼저 왕검에 도착하였다. 우거가 성을 지키고 있다가 누선군이 적음을 보고 곧 나가 누선군을 치니 패하여 달아났다. 양복은 무리를 잃어버리고 산중으로 도망하여 포로가 되는 것을 면하였다. 좌장군은 조선의 패수 서쪽의 군대를 공격하였으나 이를 깨뜨릴 수 없었다. 천자는 두 장군이 유리하지 않다고 여겨 곧 위산(衛山)을 시켜 군사의 위세로써 가서 우거를 타이르니, 우거가 항복을 청하고 태자를 보내어 말을 바치게 하였다. 무리 만여 명이 무기를 들고 패수를 건너려 할 때 사자와 좌장군은 그들이 변란을 일으킬까 의심하여 태자에게 이르기를, "태자가 이미 항복을 하였으니 마땅히 무기를 지니지 말라."고 하였다. 태자 역시 사자가 속일까 의심하여 끝내 패수를 건너지 않고 다시 무리를 이끌고 돌아왔다. 천자에게 보고하니 천자가 위산을 죽였다. 좌장군은 패수가의 군대를 격파하고 이에 나아가 성 아래에 이르러 그 서북쪽을 포위하였다. 누선장군도 역시 가서 군사를 모아 성의 남쪽에 머물렀다. 우거는 굳게 지키니 몇 달이 되도록 항복시킬 수 없었다. 천자가 오랫동안 싸움을 결판낼 수 없었기 때문에 전 제남태수 공손수를 시켜 가서 그 일을 바로 잡고 상황에 맞게 처리하도록 하였다. 공손수가 도착하여 누선장군을 체포하고 그의 군대를 합하여 좌장군과 함께 조선을 급히 쳤다. 조선상 노인, 상 한도, 이계상 삼, 장군 왕협[사고(師古)가 말하기를 "이계는 땅 이름이므로 네 사람이다."고 하였다.]이 서로 의논하고 항복하고자 하였으나 왕이 이를 거부하였다. 한도와 왕협, 노인은 모두 도망하여 한에 항복하였다. 노인은 도중에 죽었다. (『三國遺事』 1 紀異 2 魏滿朝鮮)

동옥저 조선 현도   한 초기에 연의 유망민 위만이 조선에서 왕이 되었는데 이때 옥저가 모두 조선에 속하게 되었다. 한날 무제 원봉 2년 조선을 정벌하여 위만의 손자 우거를 죽이고 그 땅을 나누어 4군으로 만들었고 옥저성을 현도군으로 하였다. (『三國志』 30 魏書

30 東夷傳 30 東沃沮)

요농 조선　무제 원봉 2년 누선장군 양복을 보내어 제에서 발해에 배를 띄웠고 5만 병력으로 좌장군 순체는 요동을 떠나 조선을 토벌하였다. (『太平寰宇記』 172 四夷 東夷 朝鮮)

진번 조선 요동 임둔 진국

일찍이 연의 전성기 때 진번과 조선을 경략하여 복속시키고 관리를 두고 요새를 쌓았다. 진(秦)이 연을 멸망시키고 요동의 외곽에 속하게 하였다. 한이 일어나 그곳이 멀고 지키기 어려워 요동의 옛 요새를 다시 수리하여 패수에 이르러 경계로 삼고 연에 소속시켰다. 연왕 노관이 반란을 일으켜 흉노로 들어갔고, 또 연인 위만은 망명하여 무리 1,000여 명을 모아서 상투를 틀고 만이의 복장을 하고서 동쪽으로 달아나 요새를 나가서 패수를 건너 진의 옛날 빈 땅인 상하장에 거주하고 점차로 진번과 조선에 사는 만이와 연에서 망명한 사람들을 부리고 복속시켜 왕이 되어 왕험에 도읍하였다. 효혜제(孝惠帝)와 고후(高后) 시절에 천하가 처음 안정되자, 요동태수가 위만과 외신이 되기로 약속하고 요새 밖에 사는 만이들을 보호하여 변경을 도적질함이 없도록 하였고, 여러 만이의 군장들이 들어와서 천자를 알현하고자 하면 이를 금할 수 없었다. 이러한 까닭에 위만은 군사적 위엄과 재물로 그 옆의 작은 읍들을 침략하여 항복시키니 진번과 임둔이 모두 와서 복속하였고 사방 수천 리였다. 아들에게 전하고 손자 우거에 이르러 그들이 유인한 한의 도망한 사람들이 매우 많았고, 일찍이 들어와서 알현하지도 않았는데, 진국이 편지를 올려 천자를 알현하고자 하였으나, 또한 막아서 통행하지 못하였다. 이해에 한의 사자인 섭하가 유인하는 유시를 하였으나, 우거는 끝내 조서를 받들지 않았다. 섭하가 떠나서 변경에 이르러 패수에 다다랐는데, 섭하를 호송하는 조선의 비왕 장을 찔러 죽이고 바로 강을 건너 말을 달려 요새로 들어왔다. 돌아와서 천자에게 조선의 장수를 죽였다고 고하니, 천자가 그를 아름답게 이름을 남겼다고 하고 꾸짖지 않고 벼슬을 주어 요동동부도위로 삼았다. 조선은 섭하에게 원한을 품고, 군사를 일으켜 섭하를 습격하여 죽였다. (『資治通鑑』 21 漢紀 13 世宗孝武皇帝 下之上)

동옥저 고구려 조선 현도 옥저

위지(魏志)에서 다음과 같이 말했다. "동옥저(東沃沮)는 고구려에 속해 있는데, 개마대산(蓋馬大山)의 동쪽 큰 바닷가에 살며 큰 군왕은 없고 대대로 읍장이 있다. 그 말은 고구려와 대체로 같으며 때때로 조금 다를 뿐이다. 한 초기에 연의 유망민 위만이 조선에서 왕이 되었는데 그 때 옥저(沃沮)가 모두 속하였다. 원봉 2년 조선을 정벌하고 그 땅을 4군으로 나누어 옥저를 현도군으로 삼았다." (『太平御覽』 784 四夷部 5 東夷 5 沃沮)

요동 부여 조선 진번

무릇 연 또한 발해와 갈석산(碣石山) 사이에 있는 큰 고을로 남쪽으로는 제·조(趙)와 통하고, 동북으로는 흉노와 인접해 있다. 상곡(上谷)에서 요동에 이르기까지 땅이 멀리 떨어져 있어 백성이 적었으며 자주 침입을 당하였다. 그 풍속은 조·대(代)와 비슷하며, 백성들은 독수리처럼 강인하나 사려가 깊지 못하다. 이곳에서는 생선·소금·대추·밤 등이 많이 난다. 북쪽으로는 오환·부여와 가까이 있고, 동쪽은 예맥·조선·진번과 교역한다. (『史記』 129 貨殖列傳 69)

요동 부여 진번

상곡에서 요동에 이르기까지 땅이 넓으나 백성들이 적고 자주 오랑캐들의 침략을 받는다. 풍속은 조·대와 같고 생선·소금·대추·밤 등이 많이 난다. 북쪽으로는 오환·부여와 통하고, 동으로 진번의 이익을 구한다. (『漢書』 28下 地理志 8下 燕地)

조선　위청이 선우를 포위한 지 14년이 되어 죽은 후부터 마침내 다시 흉노를 공격하지 않았는데 한의 말은 적고 또 바야흐로 남쪽으로 양월을 주살하고 동으로 조선을 정벌하며 강족과 서남이를 공격하였기 때문에 오래도록 흉노를 공격하지 못한 것이다. (『漢書』 55 衛靑霍去病傳 25 衛靑)

조선   양복은 후에 다시 좌장군 순체를 도와 함께 조선을 공격했다. 순체에게 포박된 것에 대해서는 조선전에 있다. (『漢書』 90 酷吏傳 60 楊僕)

예맥 조선   좌우현왕으로부터 그 이하 당호(當戶)에 이르기까지 큰 것은 만여 기(騎), 작은 것은 수천으로 무릇 24명의 장을 두고 이르기를 만기라 한다. 그 대신은 모두 대대로 이어온 관리로 연씨(衍氏)·난씨(蘭氏)로 불린다. 그 후 수복씨(須卜氏)가 있었는데 이 3성이 가장 귀하였다. 여러 좌왕과 장군들은 동방에 거하는데, 상곡 이동은 예맥·조선과 접하고 우왕과 장군은 서방에 거하는데, 상군의 서쪽은 저·강과 접한다. 선우정(單于庭)은 대(代)·운중(雲中)과 바로 마주하고 있는데 각각 땅을 나누어 물풀을 따라 옮기며 산다. (『漢書』 94上 匈奴傳 64上)

조선 요동   양복은 누선장군이 되었고, 순체는 좌장군이 되었다. 순체는 양복과 함께 조선왕 우거를 토벌하였는데, 우거가 군대를 내어 험한 곳에서 막았다. 좌장군의 졸다가 요동의 병사들을 이끌고 군대를 먼저 출전하였는데 패하여 흩어지고 도망해왔으나 법에 따라 참형을 당하였다. 누선은 제의 군사 7,000여 명을 이끌고 먼저 왕검에 도착하였다. 우거가 성을 지키고 있다가 누선의 병력이 적은 것을 살펴보고 곧 성을 나와 누선을 공격하니 누선군이 패하여 흩어져 달아났다. 장군 양복은 자신의 군대를 잃고 산 속으로 도망하여 10여 일 숨어 있다가 점차 흩어진 군사들을 다시 거두어 모았다. (『冊府元龜』 441 將帥部 102 敗衂 1)

조선   한의 순체는 좌장군이, 양복은 누선장군이 되어 조선을 공격하였다. 좌장군이 조선의 패수가의 군대를 공격하고 이에 앞으로 나아가 성 아래에 이르러 그 서북쪽을 포위하였다. 누선 역시 가서 군사를 모아, 성의 남쪽에 주둔하였다. 조선왕 우거가 끝내 성을 굳게 지키니 몇 달이 되도록 함락시킬 수 없었다. 좌장군은 평소 황궁에서 황제를 받들어 모셔 총애를 받았는데, 그가 이끈 연과 대의 군졸들은 사나우며 또 승세를 타 대부분의 군사들이 교만해 있었다. 누선장군은 제의 군사들을 이끌고 바다에 들어가 이미 여러 차례 패하여 도망한 적이 있었다. 이전에 우거와 싸웠으나 곤욕을 당해서 군사를 잃었고, 또 군사들이 다 두려워하고 장군도 마음으로 부끄러워하여 뒤에 우거를 포위할 때 항상 화평을 유지하려 하였다. 그런데 좌장군이 급히 왕검성을 치려고 하자 조선의 대신들이 이에 몰래 사람을 시켜 사사로이 누선에게 항복을 약속하는 말을 전하려고 하였으나 아직 결정짓지 못하고 있었다. 좌장군은 여러 차례 누선과 더불어 싸울 것을 기약하였으나 누선은 급히 그 약속을 지키려고 그를 만나지 않았다. 좌장군 역시 사람을 보내어 조선을 항복시킬 기회를 찾았으나, 조선은 받아들이지 않았고, 속으로는 누선을 따르려 하였다. 이런 까닭에 두 장군이 서로 사이가 좋지 못하였다. 좌장군은 마음속으로 누선이 전에 군사를 잃은 죄가 있고, 지금은 조선과 더불어 사사로이 친하며, 조선도 또 항복하지 않으니 그가 반란을 일으킬 계획이 있는가 하고 의심하였지만 감히 발설하지는 않았다. 천자는 "장수들이 앞으로 나아가지 못하여 위산을 시켜 우거에게 항복하라고 타일렀다. 이때 우거가 전적으로 처리하지 못하고, 좌장군과 서로 일을 그르쳐 마침내 약속이 깨어지고 말았다. 지금 두 장군이 성을 포위하였으나 또 의견이 맞지 않는다. 그런 까닭에 오래도록 해결하지 못하고 있다."고 하였다. 옛 제남 태수 공손수를 시켜 가서 이를 바로잡고 상황에 따라 처리하도록 하였다. 공손수가 도착하자 좌장군은 "조선은 벌써 함락되었어야 하지만, 함락되지 않은 것은 누선이 여러 차례 싸움을 기약하였지만 모이지 않았기 때문입니다." 하고 평소 의심해온 생각들을 낱낱이 공손수에게 말하기를, "이제 이런 자를 잡지 않는다면 아마도 큰 해가 될 것이며, 누선장군 혼자 뿐만 아니라 또 점차 조선과 함께 우리 군대를 무너뜨릴 것입니다."고 하였다. 공손수 역시 그렇다고 여기고, 좌장군의 병영에 들어와서 일을 의논하도록 부절을 사용하여 누선장군을 불러 즉시 좌장군의 부하에게 명령하여 누선장군을 사로잡게 하고, 그의 군대를 합쳐 조선에 보복하였다. 마침내 좌장군은 불러들여 공을 다투고 서로 시기하여 계략을 어긋나게 한 죄로 기시형(弃市刑)에 처하였다. 누선장군은 병사를 거느리고 열구(洌口)에 이르렀다면 마땅히 좌장군을 기다려야 했음에도 멋대로 먼저 군사를 풀어 많은 병력을 잃었으므로 주살함이 마땅하나 속전을 받고 서인으로 삼았다. (『册府元龜』456 將帥部 117 不和)

조선 요동	섭하는 원봉 연간에 무제가 조선왕 우거를 초유하게 하였는데, 끝내 조서를 받지 않았다. 섭하가 조선을 떠나 지경에 이르러 패수에 도착하자, 수레를 끄는 자로 하여금 섭하를 전송하는 조선 비왕 장을 죽이고 바로 강을 건너 요새로 달려왔다. 바로 천자에게 조선의 장수를 죽였다고 보고하니 천자가 그 이름을 아름답게 여기고 꾸짖지는 않고 섭하를 요동동부도위로 삼았다. (『府府元龜』657 奉使部 6 機變)
조선	한 때 조선은 그 왕이 만(滿)이었는데 연인이다. 아들을 거쳐 손자 우거에 이르러 한이 좌장군을 보내 조선을 공격하였다. (『册府元龜』1000 外臣部 45 亡滅)

B.C.108(癸酉/고조선 우거왕/前漢 元封 3/倭 開化 50)

조선	(정월) 한나라 군사가 조선 땅으로 들어갔다. 조선왕 우거(右渠)가 군사를 내어 험한 곳에서 막았다. 누선장군(樓船將軍)이 제(齊)나라의 병졸 7천명을 거느리고 먼저 왕험(王險)에 이르렀다. 우거가 성에서 지키다가 누선장군의 군대가 적은 것을 엿보고 바로 성을 나와 누선을 공격하니 누선군이 패하여 흩어져 산속으로 숨어 들어갔다. 10여일이 지나자 흩어졌던 군사들을 조금씩 찾아 거두어 다시 모았다. 좌장군이 조선의 패수(浿水) 서쪽의 군대를 공격하였으나 깨뜨리지 못하였다. 천자는 두 장군이 아직 유리하지 못하다고 하여 이에 위산(衛山)으로 하여금 군대의 위력으로 우거를 회유하게 하였다. 우거는 사자를 보고 머리를 조아리며 사죄하여 말하기를, "항복하기를 원하나 두 장군이 속이고 신을 죽일까 두려웠는데 지금 신절을 보았으니 다시 항복하기를 청합니다" 하였다. 태자를 보내어 들어가 사죄하도록 하고 말 5천필과 군량미를 보냈는데, 무리 1만 여명이 무기를 잡고 패수를 건너려 하였다. 사자와 좌장군은 그들이 변심할 것을 의심하여 태자에게 "이미 항복하였으니 마땅히 사람들로 하여금 무기를 지니지 못하게 하도록 하시오" 하였다. 태자 역시 사자와 좌장군이 그를 속이고 죽일 것이라 의심하여 마침내 패수를 건너지 않고 다시 그들을 이끌고 돌아갔다. 위산이 돌아가 그 사실을 천자에게 보고하니 천자가 위산을 죽였다. 좌장군이 패수에 있는 군대를 격파하고 마침내 앞으로 나아가 성 아래에 이르러 그 서북쪽을 포위하였다. 누선장군 또한 가서 만나 성 남쪽에 자리를 잡았다. 우거가 이에 성을 지키니 몇 달이 지나도 함락시킬 수 없었다. 좌장군이 이끄는 연과 대 지역의 병사들은 대부분 강하고 사나웠지만 누선장군이 이끄는 제 지역의 병사들은 이미 일찍이 패전하여 곤욕을 치러 병사들 모두 두려워하였고, 장군(교)들 역시 수치스러워 하였다. 그들이 우거를 포위하면서 항상 화의할 뜻이 있었다. 좌장군이 급히 이들을 공격하니 조선의 대신들이 이에 몰래 사람을 시켜 사사로이 누선장군에게 항복하기로 약속하였다. 가고 오는 말들이 있었으나 결정은 이뤄지지 않았다. 좌장군이 자주 누선과 전투하기로 약속하였으나, 누선장군은 약속을 지키려 함께 하지 않았다. 좌장군도 또한 몰래 사람을 시켜 틈을 찾아 조선에게 항복하라고 하였다. 그러나 조선은 이를 반기지 않고, 마음은 누선장군에게 귀부하려 한 까닭에 두 장수가 서로 용납할 수 없었다. 좌장군은 속으로 누선장군이 전에 군사를 잃은 죄가 있음을 염두에 두고 이번에 조선과 사사로이 친하게 지내고 또 항복하지 않이 그가

반란할 계획을 갖고 있으면서 아직 감히 이를 실행하지 않은 것으로 의심하였다. 천자가 두 장군이 성을 포위하면서 어긋나 있고 군대도 오래도록 결정을 짓지 못하고 있어 제남태수(濟南太守) 공손수(公孫遂)로 하여금 가서 이를 바로잡고 상황에 맞춰 편의대로 처리토록 하였다. 공손수가 도착하자 좌장군이 말하기를, "조선이 마땅히 항복해야 함에도 오래도록 항복하지 않은 것은 누선이 자주 약속하면서도 지키지 않아서 입니다."하고 평소에 생각하던 것을 보고하고 말하기를, "지금 이같은 자를 잡지 않으면 커다란 해가 될까 두렵습니다" 하였다. 공손수 역시 그렇다고 여기고 마침내 부절을 갖고 좌장군의 진영에 와서 일을 의논하자고 하여 누선장군을 오게 하였고 바로 좌장군 휘하 병사들로 하여금 누선장군을 체포하고 그 군대를 합치도록 명을 내리고 천자에게 보고하였더니 천자가 공손수를 주살하였다. 좌장군은 이미 두 군대를 합하여 즉시 조선을 급습하여 공격하였다. 조선상(朝鮮相) 노인(路人)과 한음(韓陰) 니계상(尼谿相) 삼(叅), 장군 왕협(王唊)이 서로 모의하여 말하길, "처음 누선장군에게 항복하려고 하였는데, 누선이 지금 잡혀 있고 좌장군이 홀로 군대를 아울러 지휘하니 전세가 급하고 더불어 싸울 수가 없을까 두려운데 왕은 항복하려 하지 않는다." 음과 협과 노인은 모두 망명하여 한에 항복하였는데, 노인은 오는 도중에 죽었다. (『資治通鑑』 21 漢紀 13 世宗孝武皇帝)

조선　기후 장격(幾侯張降). 조선왕의 아들로 한나라 군대가 조선을 포위하자 항복하여 후가 되었다. 현손은 하동(河東)이다. (『漢書』 17 景武昭宣元成功臣年表 5)

號諡姓名	功狀戶數	始封	子孫	曾孫	玄孫
기후 장격	以朝鮮王子 漢兵圍朝鮮 降侯	3년(3월의 오기) 계미에 봉해졌다. 6년에 조선으로 하여금 모반을 일으키다가 맞아 죽었다.			河東

조선　열양강후 최(涅陽康侯最). 아비가 조선의 재상 노인으로 한라가 군대가 이르자 먼저 항복하였는데 중도에 죽어서 아들이 후가 되었다. 현손은 제(齊)이다. (『漢書』 17 景武昭宣元成功臣年表 5)

號諡姓名	功狀戶數	始封	子孫	曾孫	玄孫
열양강후 최	以父朝鮮相路人 漢兵至 首先降 道死 子侯	3월 임인에 봉해져 5년간 지속되었다. 태초원년 죽었는데 후사가 없었다.			齊

조선　평주(平州). 조선의 장군으로서 漢의 병사가 도착하자 항복하여 후(侯)가 되었다. (『史記』 20 建元以來侯者年表 8)

國名	侯功	元光	元朔	元狩	元鼎	元封	太初以後
平州	以朝鮮將漢兵至降侯					3년 4월 정묘일 후(侯) 협(唊)의 원년이다. 4년 협이 죽었는데, 후사가 없어 나라를 없앴다.	

조선　적저(荻苴). 조선의 재상으로서 漢의 병사가 포위하자 항복하여 제후가 되었다. (『史記』 20 建元以來侯者年表 8)

國名侯功		元光	元朔	元狩	元鼎	元封	人初以後
荻苴	以朝鮮相漢兵至圍之降侯					3년 4월은 제후 조선 상 한음 원년이다.	

조선　　　　평주후 왕협(平州侯王唊). 조선의 장수로 한나라 군대가 이르자 항복하여 후가 되었
　　　　　　는데, 1,480호이다. 현손은 양부(梁父)이다. (『漢書』17 景武昭宣元成功臣表 5)

號諡姓名	功狀戶數	始封	子	孫	曾孫	玄孫
平州侯王唊	以朝鮮將 漢兵至降侯 千四百八十戶	(원봉)3년 4월 정묘일(13)에 봉해졌다.				梁父

조선　　　　적의후 한도(荻直侯韓陶). 조선의 장수로 한나라 군대가 이르자 항복하여 후가 되었
　　　　　　는데, 540호였다. 현손은 발해이다. (『漢書』17 景武昭宣元成功臣表 5)

號諡姓名	功狀戶數	始封	子	孫	曾孫	玄孫
荻直侯韓陶	以朝鮮相將 漢兵圍之 降侯 五百四十戶	(元封三年)4월 정묘일에 봉해졌다. 19년간 있었다.				勃海

조선　　　　홰청(澅淸). 조선의 이계상이 사람을 시켜 그 왕 우거를 죽이고 와서 항복하여 후가
　　　　　　되었다. (『史記』20 建元以來侯者年表 8)

國名侯功		元光	元朔	元狩	元鼎	元封	太初以後
澅淸	以朝鮮尼谿相使人殺其王右渠　　來降侯					3년 6월 병진(3)에 봉해졌다	

조선　　　　홰청후(澅淸侯) 참(參). 조선의 이계상이 사람을 시켜 그 왕 우거를 죽이고 와서 항
　　　　　　복하여 후가 되었다. 천호(千戶)이다. 현손은 제이다. (『漢書』17 景武昭宣元成功臣
　　　　　　表 5)

號諡姓名	功狀戶數	始封	子	孫	曾孫	玄孫
澅淸侯參	以朝鮮尼谿相 使人殺其王右渠 降侯千戶	(3년)6월 병진(3)에 봉해졌다. 11년째인 천한(天漢) 2년 조선 포로를 숨겨준 죄로 옥에 갇혔다가 병들어 죽었다.				齊

조선 진번 임둔 낙랑 현도

　　　　　　원봉 3년 여름 이계상 삼이 사람을 시켜 왕 우거를 죽이고 와서 항복하였으나, 왕
　　　　　　검성은 아직 함락되지 않았다. 우거의 대신 성사(成巳)가 또 반란을 일으켜 좌장군
　　　　　　이 우거의 아들 장과 노인의 아들 최(最)로 하여금 그 백성들을 고유하여 성사를 죽
　　　　　　이도록 하였다. 이로 인해 드디어 조선을 안정시켜 진번 임둔 낙랑 현도 4군으로
　　　　　　하였다. (『三國遺事』1 紀異 2 魏滿朝鮮)

조선　　　　원봉 3년 여름 이계상 삼이 이에 사람을 시켜 조선왕 우거를 죽이고 와서 항복하였
　　　　　　으나, 왕검성은 아직 함락되지 않았다. 우거의 대신 성사가 또 반란을 일으켜 다시
　　　　　　공격하였기에 좌장군이 우거의 아들 장항(長降)과 상(相) 노인(路人)의 아들 최가 그
　　　　　　백성들을 고유하여 성사를 주살하였기에 드디어 조선을 안정시키고 4군으로 하였다.

삼을 홰청후(澅淸侯)로 삼고 음(陰)을 적저후(狄苴侯)로, 협(陜)을 평주후(平州侯)로 장(長)을 기후(幾侯)로 최(最)는 그 아비가 죽었고 자못 공이 있어 온양후(溫陽侯)로 하였다. 좌장군은 불러들여 공을 다투고 서로 시기하여 계략을 어긋나게 한 죄로 기시형(弃市刑)에 처하였다. 누선장군은 병사를 거느리고 열구(洌口)에 이르렀다면 마땅히 좌장군을 기다려야 했음에도 멋대로 먼저 군사를 풀어 많은 병력을 잃었으므로 주살함이 마땅하나 속전을 받고 서인으로 삼았다.

태사공(太史公)은 말한다. "우거는 지형이 험한 것을 믿다가 나라의 사직을 잃었으며, 섭하(涉何)는 공을 속이다가 전쟁의 발단을 만들었다. 누선은 장수의 그릇이 좁아 난을 당하고 죄에 걸렸으며, 번우(番禺)에서의 실패를 후회하다가 도리어 의심을 받았다. 순체는 공을 다투다가 (공손)수와 함께 주살되었다. 결국 두 군대가 함께 욕을 당하고, 장수로서 열후가 된 이는 없었다."(『史記』 115 朝鮮列傳 55)

조선 낙랑 임둔 현도 진번

여름 조선이 그 왕 우거를 목베고 항복하니 그 땅을 낙랑 임둔 현도 진번의 군으로 삼았다. 누선장군 양복은 군사를 많이 잃어버렸기 때문에 서민이 되었고, 좌장군 순체는 공을 다투었기 때문에 기시형에 처해졌다. (『漢書』 6 武帝紀 6)

조선

원봉 3년 여름 이계상 삼이 이에 사람을 시켜 조선왕 우거를 죽이고 와서 항복하였으나, 왕검성은 아직 함락되지 않았다. 우거의 대신 성사가 또 반란을 일으켜 다시 공격하였기에 좌장군이 우거의 아들 장과 항복한 상 노인의 아들 최로 하여금 그 백성들을 초유케 하고 성사를 주살하였다. 드디어 조선을 안정시키고 진번 임둔 낙랑 현도 4군으로 삼았다. 삼을 획청후로 삼고 도를 추저후로 겹을 평주후로 장을 기후로 최는 아비가 죽었고 자못 공이 있어 저양후로 삼았다. 좌장군은 불러들여 공을 다투고 계획을 어긋나게 한 죄로 기시형에 처하였고, 누선장군 또한 군대가 열구에 이르렀으면 마땅히 좌장군을 기다려야 함에도 제멋대로 먼저 공격하여 병력을 많이 잃었기에 주살해야 하나 속전으로 서인이 되었다. 찬하여 말한다. 초와 월(粤)의 선대는 대대로 영토가 있었다. 주나라가 쇠퇴할 때에는 초의 영토가 5천리나 되었고, 구천도 월나라를 패자가 되게 하였다. 진이 여러 제후들을 멸망시켰으나 오직 초나라에는 전(滇)왕이 있었으며, 한나라가 서남이를 베었으나, 전만 홀로 총애를 받았다. 동월이 멸망하자 나라에서 그 백성을 옮겨 살게 하였으나, 요왕거궁(繇王居肱) 등은 오히려 만호후가 되었다. 세 지방의 개척은 모두 일 좋아하는 신하로부터 시작되었다. 그리하여 서남이는 당몽(唐蒙)과 사마상여(司馬相如)가 발의하였고, 양월은 엄조(嚴助)와 주고신(朱賈臣)이 제안했으며, 조선은 섭하에 의하여 시작되었다. 전성기를 만나 성공할 수 있었으나, 수고로움이 많았다. 태종(太宗)이 위타(尉佗)를 진무한 옛일을 보면, 옛 사람의 이른바 '예로써 초치하며, 덕으로써 먼 곳의 사람을 회유함'이 아니겠는가. (『漢書』 95 西南夷兩奧朝鮮列傳 65 朝鮮)

조선 낙랑 임둔 현도 진번

여름 조선이 그 왕 우거를 참하고 항복하니 그 땅을 낙랑 임둔 현도 진번의 4군으로 삼았다. 양복은 군사를 많이 잃은 일로 서인이 되었고, 순체는 공을 다툰 죄로 기시되었다. (『前漢紀』 14 孝武皇帝紀 5)

조선 낙랑 임둔 현도 진번

여름 이계(상) 삼이 사람을 시켜 조선왕을 죽이고 와서 항복하였다. 왕검성이 아직 함락되지 않았기 때문에 우거의 대신 성기가 또 반란을 일으켜 다시 관리를 공격하였다. 좌장군이 우거의 아들 장과 항복한 상 노인의 아들 최로 하여금 그 백성들을 회유케 하여 성기를 주살하였다. 이로써 드디어 조선을 안정시키고 낙랑 임둔 현도 진번의 4군으로 삼았다. 참을 획청후로, 음을 추저후로, 협을 평주후로 장을 기후로,

최는 아비가 죽어 자못 공이 있어 열양후로 삼았다. 좌장군은 불러들여 전공을 서로 다투어 계획을 어그러지게 한 죄로 기시형에 처하였다. 누선장군 역시 병력이 열구에 이르면 마땅히 좌장군을 기다려야 함에도 멋대로 먼저 공격하여 잃은 병력이 많아 마땅히 주살해야 하나 속전을 내어 서인으로 하였다. 반고가 말하기를 "현도 낙랑은 본래 기자가 봉해진 땅이다. 옛날 기자가 조선에 살면서 그 백성을 예의와 농사일, 누에서 베짜는 일을 가르쳤다. 백성을 위하여 8조목의 금령을 만들었는데 살인을 하면 때에 맞춰 죽음으로 갚게 하였고, 다치게 하면 곡식으로 배상하고 도둑질 한자는 남자는 적몰하여 그 집의 가노로, 여자는 비로 삼게 하되 스스로 대속하기를 바라는 사람은 50만으로 하도록 하였다. 비록 면하여 백성이 되어도 오히려 이를 수치스럽게 여기는 풍속이 있어 시집 장가를 가려해도 짝을 찾을 수 없었다. 백성들은 도둑질을 하지 않아 대문의 문과 창문을 닫는 일이 없었으며, 부인들은 정절과 믿음이 있어 음란하지 않았다. 시골에서는 변두로 먹고 마시며, 도시에서는 자못 관리들을 본받아 더러 잔과 그릇으로 먹었다. 군에서는 처음 요동에서 관리들 데려왔는데, 관리들이 백성들이 문을 닫거나 숨겨두는 일이 없음을 보았다. 상인으로 갔던 이들이 밤이 되자 도둑이 되기에 이르자 풍속이 점차로 야박해짐이 더하여 지금은 금법을 범하는 일이 점차 많아져서 60여 조목에 이르렀다. 귀하다 어질고 현명한 사람의 교화여. 그러나 동이의 천성이 유순하여 다른 세 곳의 밖에 사는 사람들과는 달라 공자가 도가 실행되지 않음을 슬퍼하고 바다에 뗏목을 띄워 구이(九夷)에 살고 싶다고 하였으니 있음직한 일이다."고 하였다. (『資治通鑑』 21 漢紀 13 世宗孝武皇帝)

조선   (한 무제 원봉) 3년 여름 조선상과 이계상 삼이 사람을 시켜 그 왕 우거를 죽이고 와서 항복하였다. 처음에 좌장군 순체와 누선장군 양복이 조선을 공격했는데, 두 장군이 불화하여 우장군이 사자(使者)와 함께 누선장군을 체포하고 좌장군이 두 군대를 합쳐 급히 조선을 공격하였다. 조선상 노인과 한도 이계상 삼과 장군 왕협이 서로 모의하여 말하기를, "처음 누선장군에게 항복하려 했는데, 지금 누선장군은 체포되었고 좌장군이 혼자서 군대를 지휘하니 전세가 더욱 급하여 함께 하기 어려워 걱정되고 왕은 또 항복하려 하지 않는다." 하였다. 도와 협 노인은 모두 한나라에 도망쳐 항복하였으나, 노인은 오는 길에 죽었다. 이계상 삼이 이에 사람을 시켜 조선왕 우거를 죽이고 와서 항복하였으나, 왕검성은 아직 함락되지 않았다. 때문에 우거의 대신 성기가 또 반란을 일으켜 다시 관리를 공격하였다. 좌장군이 우거의 아들 장과 항복한 조선상 노인의 아들 최로 하여금 그 백성을 회유하게 하여 성기를 주살하였다. 이로써 드디어 조선을 안정시켰다. (『册府元龜』 982 外臣部 27 征討 1)

조선   한나라 무제 원봉 3년 계유에 장수에게 명하여 군대를 내어 토벌하게 하였다[국인들이 우거를 죽이고 군대를 맞아들였다]. 3세 88년을 아우렀으니 한나라를 배반하여 준왕을 쫓아낸 죄 마땅하다. (『帝王韻紀』 下 衛滿朝鮮紀)

조선   장군 순체는 태원(太原) 광무인(廣武人)이다. 말을 잘 모는 것으로 천자를 알현하여 시중이 되었다. 교위가 되어 자주 대장군을 수종하였다. 원봉 3년 좌장군이 되어 조선을 공격하였으나 공이 없었고 누성장군을 체포한 일로 법에 저촉되어 죽었다. (『史記』 111 衛將軍驃騎列傳 51)

낙랑 조선 대방
    낙랑군. 6만 2천 8백 12호에 40만 6천 7백 48명이다. 현은 25개인데, 조선 남한(詌邯) 패수(浿水) 함자(含資) 점제(黏蟬) 수성(遂成) 증지(增地) 대방(帶方) 사망(駟望) 해명(海冥) 열구(列口) 장잠(長岑) 둔유(屯有) 소명(昭明) 누방(鏤方) 제해(提奚) 혼미

(渾彌) 탄렬(呑列) 동이(東暆) 불이(不而) 잠태(蠶台) 화려(華麗) 사두매(邪頭昧) 전막 (前莫) 부조(夫租) 등이다. (『漢書』28下 地理志 8下)

조선   원봉 3년 좌장군이 되어 조선을 공격하였으나 공은 없었고 누선장군을 체포한 일로 연루되어 죽었다. (『漢書』55 衛靑霍去病傳 25 荀彘)

조선 낙랑 임둔 현도 진번
    원봉 3년에 이르러 조선을 멸망시키고 낙랑 임둔 현도 진번의 4부를 두었다. (『後漢 書』85 東夷列傳 75 濊)

조선   무제 원봉 3년 누선장군 양복을 보내어 제나라에서 발해에 떴다. 병력 5만으로 좌 장군 순체가 요동을 나와 토벌하니 조선인 상들이 왕 우거를 죽이고 와서 항복하였 다. 드디어 조선을 진번 임둔 낙랑 현도 4군으로 하였다. 소제(昭帝; B.C.87-74) 때 임둔 진번을 혁파하고 낙랑과 현도로 아우르게 하였다. 내속한 이후 풍속이 점차 각 박해져 법으로 금하는 것 또한 점차 많아져 60여 조에 이르게 되었다. (『通典』 185 邊方 東夷 上 朝鮮周封殷之太師之國)

조선 진번 임둔 낙랑 현도
    (원봉) 3년에 조선사람들이 우거를 죽이고 와서 항복하니 드디어 그 땅을 안정시켰 고 이로 인해 진번 임둔 낙랑 현도의 4군을 세웠다. 지금은 모두 동이의 땅이 되었 다.(『太平寰宇記』172 四夷 東夷 朝鮮)

조선 현도 고구려
    한 무제 원봉 3년에 이르러 조선을 멸망시키고 현도군을 두었는데 고구려를 현으로 하여 속하게 하였다. 관책(冠幘) 조복(朝服) 고취(鼓吹)를 주었는데 일찍이 현도군에 서 이를 내려주었다. 후에 점차 교만해져 다시는 군을 찾지 않았는데 다만 동쪽 경 계에 작은 성을 쌓고 받아갔다. 드디어 이 성의 이름을 책구루(幘溝漊)라 하였는데 구루라는 것은 고구려 말로 성이라는 것이다. (『太平寰宇記』173 四夷 2 東夷 2 高 勾麗國)

예맥 조선 한나라가 양신(楊信)을 흉노에 보냈다. 이때 한나라는 동쪽의 예맥과 조선을 뿌리뽑 고 군을 설치하였다. (『史記』110 匈奴列傳 50)

예맥 조선 한나라가 양신을 흉노에 보냈다. 이때 한나라는 동쪽의 예맥(濊貊)과 조선을 뿌리뽑 고 군을 설치하였다. (『漢書』94上 匈奴列傳 64上)

조선   그 이듬해 조선을 정벌하였다. (『漢書』25上 郊祀志 5下)

조선 낙랑 현도
    원봉 연간에 살별이 하수(河戍)를 범했다. 점(占)치는 자가 말하기를, "남수(南戍)는 월문(越門)이 되고 북수(北戍)는 호문(胡門)이다."고 했다. 그 후 한나라 군대가 조선 을 공격하여 낙랑 현도군으로 삼았다. 조선은 바다 건너에 있으니 넘는 형상이고 북 방에 있으니 호의 영역이다. (『漢書』26 天文志 6)

조선   대장군이 선우를 포위한 이후 14년이 되어 죽었다. 마침내 다시는 흉노를 공격하지 못한 것은 한나라의 말이 적었기 때문이다. 그러나 남으로 두 월을 주살하였고, 동 으로 조선을 정벌하여 강족과 서남이의 공격하였다. 이 때문에 호를 오랫동안 정벌 하지 못한 것이다. (『史記』111 衛將軍驃騎列傳 51)

현도 낙랑 조선 예맥 고구려
    현도군과 낙랑군은 무제 때에 설치되었다. 모두 조선 예맥 구려 만이의 땅이다. 은 나라의 도가 쇠퇴하여 기자가 조선으로 가 그 백성들에게 예의, 밭갈기, 누에치고 베짜는 일을 가르쳐주었다. 낙랑 조선의 백성들에게 범금(犯禁) 8조를 만들어 주었 는데, 살인을 하면 때에 맞춰 죽음으로 보상케 하고, 상해를 입히면 곡식으로 배상하게 하며, 도둑질한 자는 남자는 적몰하여 그 집의 노로 삼고 여자는 비로 삼게 하였다. 스스로 대속를 하고자 하는 자는 사람마다 50만으로 하였으나 비록 (죄를)면하여 백성이 된다 하더라도 풍습에서는 이를 수치스럽게 여겨 혼인에도 짝할 바가 없었다. 이 때문에 그 백성들은 끝내 도둑질하지 않아 문과 창을 닫지 않았고, 부인들은 정절과 믿음이 있어 음란하지 않았다. 시골에서는 먹고 마시는 데 변두(籩豆)를 썼으며 도시에서는 자못 관리들과 군 안의 상인들을 따라 간혹 잔과 그릇을 쓴다. 군에서는 처음에 요동에서 관리를 데려 왔는데 관리들은 백성들이 문을 닫거나 숨기는 것이 없음을 보았다. 상인으로 온 자들이 밤에 도둑질하면서부터 풍속이 점점 야박해져 지금은 범금이 점차 늘어나 60여 조에 이르게 되었다. 귀하도다 어질고 현명한 이의 교화여. 그러나 동이의 천성이 유순하여 삼방(三方) 바깥의 오랑캐들과는 다르다. 때문에 공자가 도가 행해지지 않음을 슬퍼하여 바다에 배를 띄워 구이에 살고자 한 것도 있을 만한 일이다. (『漢書』 28下 地理志 8下)

낙랑　　　　전한 때에 낙랑군을 두었다. 응소(應邵)가 옛날 조선국이라 하였고, 신당서(新唐書)의 주에서는 평양성은 예전 한나라 낙랑군이라고 하였다. 국사에 이르기를, "혁거세 30년 낙랑인이 와서 투항하였고 또 제3대 노례왕 4년에 고려 제3대 무휼왕(無恤王)이 낙랑을 정벌하여 멸망시키자 그 나라 사람들과 대방[북대방(北帶方)이다]이 신라에 투항하였다. 또 무휼왕 27년 광무제가 사신을 보내어 낙랑을 정벌하게 하고 그 땅을 군현으로 삼아 살수 이남은 한나라에 속하게 되었다.[위의 여러 글들에 따르면 낙랑은 곧 평양성임이 마땅하다. 혹 이르기를 낙랑은 중두산(中頭山) 아래 말갈의 경계라고 한다. 살수(薩水)는 지금의 대동강이니 어느 것이 옳은지 모르겠다]"고 하였다. 또 백제 온조(溫祚)의 말에 '동쪽으로 낙랑이 있고 북쪽으로 말갈이 있다' 하였으니 아마도 한나라 때의 낙랑군에 속했던 현의 땅일 것이다. 신라인이 또한 스스로 낙랑이라고 하였으니 이로 인하여 지금도 우리 나라에서는 낙랑군부인(樂浪郡夫人)이라고 일컫는다. 또 태조가 김부(金傅)에게 딸을 시집보내고 또한 낙랑공주(樂浪公主)라고 하였다. (『三國遺事』 1 紀異 2 樂浪國)

조선　　　　통전에 이르기를, "조선의 유민들이 나뉘어 70여국으로 되었으니 모두 사방 100리이다."고 하였고, 후한서에 이르기를 "서한(西韓)은 조선의 옛 지역에 처음에는 4군을 두었다가 뒤에 2부를 두었는데, 법령이 점차 번거롭게 되면서 78국으로 갈라져 나뉘었는데 각각 1만호씩이다."고 하였다[마한(馬韓)은 서쪽에 있어 54개의 소읍들을 모두 나라로 일컬었고, 진한은 동쪽에 있어 12개 소읍을 각각 나라로 일컬었으며, 변한은 남쪽에 있어 12개 소읍을 각각 나라로 일컬었다].(『三國遺事』 1 紀異 2 七十二國)

진번 임둔 낙랑 현도부여 동부여 남북옥저
　　　　　　이로써 땅을 나누어 4군이 되었고/ 각기 군장을 두어 백성을 편안히 편제하였네/ 진번 임둔은 남북에 걸쳐 있고, 낙랑 현도는 동서로 치우쳤네/ 서로 바르게 살아가는 이치가 스스로 끊어지고/ 풍속이 점차 박해져 백성이 편안하지 않았네/ 때때로 모아졌다 흩어지고 떠올랐다가 가라앉는 즈음에/ 스스로 경계를 나누어 삼한이 되었네/ 삼한이 각기 몇 개씩의 주현을 두면서/ 어지럽게 호수와 산속에 사이에 흩어져 있었네/ 각기 스스로 나라를 칭하며 서로 침범하니/ 70 남짓되는 수를 어찌 헤아릴까[나라를 칭한 것은 마한 40, 진한 20, 변한 12이다.]/ 그 중에 어떤 것이 대국이런가/ 먼저 부여[단군본기(檀君本紀)에 이르기를, "비서갑(非西岬) 하백(河伯)의 딸과 관계하여 혼인해서 아들을 낳았으니 이름이 부루(夫婁)이다."고 하였고 동명본기에 가로되, "부여왕 부루가 늙도록 아들이 없어 산천에 제사하여 후사를 구하였다. 타고 있던 말이 곤연(鯤淵)에 이르러 큰 돌을 보고 눈물을 흘리니 왕이 이상히 여겨 사람을 시켜 돌을 옮기게 하였다. 작은 아이가 있었는데 금빛에 개구리 모양이 었다. 왕이 말하기를 하늘이 내게 준 것이 아닌가 하고는 태자로 삼고 이름을 금와라 하였다. 그 재상 아란불(阿蘭弗)이 말하기를, '지난 번에 하늘이 나에게 내려와서 말하기를 장차 나의 자손으로 하여금 이곳에 나라를 세우게 할 것이니 너희는 이를 피하라. 동쪽 바닷가에 땅이 있는데 가섭원(迦葉原)이라고 한다. 땅이 오곡에 적합하여 도읍으로 할 만하다고 하였습니다.' 왕에게 도읍을 옮기도록 하고 동부여(東扶餘)라고 하였다"고 하였다. 신이 일찍이 상국에 사신으로 갔을 때 요하 가에 묘가 있었는데 그곳 사람들이 부여 부마대왕의 묘라고 하였습니다. 또 가탐(賈耽)이 이르기를 '넓은 들 남쪽의 압록은 모두가 부여의 옛 땅이니 북부여라는 것은 마땅히 요하 가에 있었을 것이다. 그 개국은 대개 후조선으로부터 지금에 이르렀을 것이다'고 하였다.]와 비류(沸流)[동명본기(東明本紀)에 가로되, "비류왕 송양(松讓)이 일러 말하기를, '나는 선인(仙人)의 후예로 누대에 걸쳐 왕노릇을 하고 있다 지금 그대가 나라를 연 지 얼마 안되니 나의 부용국이 되는 것이 마땅하지 않겠는가'라 하였으니 이 또한 단군의 후예가 아닌지 의심스럽다"고 하였다.]를 일컬었네/ 다음으로 시라와 고례, 남북옥저와 예맥이 따르니/ 이 여러 군장들은 누구의 후손이라 묻는가/ 세계(世系)가 또한 다 단군으로부터 이어졌네/ 그 나머지 작은 것들은 이름이 어찌되는가/ 문적에서 능히 미루어 추측할 수 없으려니/ 지금의 주부(州府) 별칭이 바로 그것인데/ 떠도는 말로 맞고 안맞는 것을 어찌 알 수 있으리/ 생각건대 한 무제가 먼 땅을 편하게 하려는 뜻과 백성들을 안정시키려는 생각이 오히려 백성에게 해가 되었네/ 진한 마한 변한 사람들 끝내 솥발처럼 맞설 때/ 신라와 고구려 백제 서로 차례로 일어났네/ 스스로 나누어 군이 되어 신라가 일어났네/ 햇수를 계산해보니 72년이네 (『帝王韻紀』下 漢四郡及列國紀)

조선   양복은 의양(宜陽) 사람이다. (…) 후에 다시 좌장군 순체를 도와 함께 조선을 공격하였는데 순체가 체포되었다. 그 일에 대해서는 조선전에 있다. 돌아와 면책되어 서인이 되었는데 병들어 죽었다. (『漢書』90 酷吏傳 60)

고구려 현도   한 무제가 조선을 멸망시킴에 이르러 고구려를 현(縣)으로 하고 현도군에 속하게 하고 의책과 조복, 고취를 내려주니 항상 현도군에서 이를 받았다. 후에 점차 교만하고 방자해져 다시는 현도군을 찾지 않았고, 다만 동쪽에 작은 성을 쌓고 이를 받았다. 이에 이 성의 이름을 책구루(幘溝漊)라 하였는데, 구루라는 것은 고구려말로 성을 이름한다. 왕망(王莽) 때 고구려의 군대를 징발하여 흉노를 정벌하였는데 고구려인들이 갈려고 하지 않고 모두 요새를 나와 도망쳐 도적이 되니 왕망이 다시 고구려왕의 이름을 하구려후(下句麗侯)라 하였다. 이때 맥인(貊人)들의 노략질이 더욱 심해졌는데, 광무제(光武帝) 건무(建武) 8년(32) 사신을 보내어 조공하니 황제가 그 왕호를 복구시켰다. (『通典』186 邊方 2 東夷 下 高句麗)

조선   원봉 6년 가을 누리의 피해가 있었다. 이보다 앞서 두 장군이 조선을 정벌하여 3군을 열었다. (『漢書』27中之下 五行志 7中之下)

조선   원광(元光)·원수(元狩) 연간에 치우(蚩尤)의 기 별이 두 번 나타났는데, 긴 것은 하늘의 반에 달했다. 그 후에 군사를 4번 일으켜 이적(夷狄)을 주살시킨 것이 수십년이 었는데 호(胡)를 정벌한 것이 더욱 심하였다. 월(越)이 멸망할 때 화성이 남두(南斗)를 침범하였고, 조선이 멸망할 때 혜성이 하수(河戍)자리를 지나갔다. (『史記』27 天官書 5)

조선   (성제가 세상을 떠나고 애제가 즉위하였다.) 태복(太僕) 왕순(王舜)과 중루교위(中壘校尉) 유음(劉歆)이 의논하여 말하기를 (…) 효무황제가 중국이 피로하고 안녕하지 못한 때임을 근심하여 이에 대장군, 표기, 복파, 누선 등 따위를 보내어 남으로 백월을 멸망시켜 7군을 세우고 북으로 흉노를 물리쳐 혼야(昆邪)의 십만 무리를 항복시켜 다섯 개의 속국을 두어 삭방을 세워 그 비옥하고 기름진 땅을 빼앗았으며, 동으로 조선을 정벌하여 현도와 낙랑을 세워 흉노의 왼쪽 어깨를 끊었다. (『漢書』73 列傳 43 韋賢 子 玄成)

조선   유음(劉歆)이 종묘의(宗廟議)에서 말하기를, "효무황제가 중국이 피로하고 안녕하지 못한 때임을 근심하여 이에 대장 복파 누선 등의 따위를 보내어 백월을 멸망시켜 7군을 세우고 북으로 흉노늘 물리쳐 혼야의 무리를 항복시켜 다섯 개의 속국을 두고 삭방을 세워 그 비옥하고 기름진 땅을 빼앗았으며, 동으로 조선을 정벌하여 현도 낙랑을 세워 흉노의 왼쪽 어깨를 끊었다." 하였다. (『太平御覽』88 皇王部 13 漢 孝武皇帝)

현도 낙랑 조선 예맥 고구려

      한서 지리지에서 다음과 같이 말하였다. 현도군과 낙랑군은 무제 때에 설치되었다. 모두 조선 예맥 구려 만이의 땅이다. 은나라의 도가 쇠퇴하여 기자가 조선으로 가 그 백성들에게 예의, 밭갈기, 누에치고 베짜는 일을 가르쳐주었다. 낙랑 조선의 백성들에게 범금 8조를 만들어 주었는데, 살인을 하면 때에 맞춰 죽음으로 보상케 하고, 상해를 입히면 곡식으로 배상하게 하며, 도둑질한 자는 남자는 적몰하여 그 집의 노로 삼고 여자는 비로 삼게 하였다. 스스로 대속을 하고자 하는 자는 사람마다 50만으로 하였으나 비록 (죄를)면하여 백성이 된다하더라도 풍습에서는 이를 수치스럽게 여겨 혼인에도 짝할 바가 없었다. 이 때문에 그 백성들은 끝내 도둑질하지 않아 문과 창을 닫지 않았고, 부인들은 정절과 믿음이 있어 음란하지 않았다. 시골에서는 먹고 마시는 데 변두를 썼으며 도시에서는 자못 관리들과 군 안의 상인들을 따라 간혹 잔과 그릇을 쓴다. 군에서는 처음에 요동에서 관리를 데려 왔는데 관리들은 백성들이 문을 닫거나 숨기는 것이 없음을 보았다. 상인으로 온 자들이 밤에 도둑질하면서부터 풍속이 점점 야박해져 지금은 범금이 점차 늘어나 60여 조에 이르게 되었다. 귀하도다 어질고 현명한 이의 교화여. 그러나 동이의 천성이 유순하여 삼방 바깥의 오랑캐들과는 다르다. 때문에 공자가 도가 행해지지 않음을 슬퍼하여 바다에 배를 띄워 구이에 살고자 한 것도 있을 만한 일이다. (『太平御覽』780 四夷部 東夷 朝鮮)

조선 진번 임둔 낙랑 현도

      원봉 3년 그 재상 이계상 삼이 이에 사람을 시켜 그 왕 우거를 죽이고 와서 항복하였는데, 왕검성은 아직 함락되지 않았기 때문에 우거의 대신 성기가 또 다시 관리를 공격하였다. 좌장군이 우거의 아들 장과 항복한 조선상 노인의 아들 최로 하여금 그 백성을 회유하게 하여 성기를 주살하였다. 이로써 드디어 조선을 안정시켰고 진번 임둔 낙랑 현도의 4군을 두었다. (『冊府元龜』1000 外臣部 45 亡滅)

조선 낙랑 구야한국

      왜는 한의 동남쪽 큰 바다 가운데에 있다. 산과 섬에 의지하여 거주하는데 대개 백여 국이 있다. 무제가 조선을 멸망시킨 후 사신과 통역을 이용하여 한나라와 통한 것이 30여 개 국이다. 이 나라들은 모두 왕을 칭하였는데, 대대로 왕통을 이어왔다. 그 대왜왕(大倭王)은 야마대국(邪馬臺國)에 있는데, 낙랑군의 변경에서 1만 2천리 떨어져 있고 그 서북방의 경계에 있는 구야한국(拘邪韓國)에서는 7천여리 떨어져 있다. 그 땅은 대체로 회계군(會稽郡) 동야현(東冶縣)의 동쪽에 있고 주애군(朱崖郡) 및 담이군(儋耳郡)과 서로 가깝다. 따라서 그들은 법속은 같은 것이 많다. (『後漢書』85 東夷列傳 75 倭)

조선   누서[하나라 원봉 3년 순체를 누선으로 삼았다] (『通典』29 職官 11 雜號將軍)

현도 낙랑　처음 주(周)나라 무왕(武王)이 은(殷)나라를 정벌하여 소공(召公) 석(奭)을 연나라에 봉하였다. 진(秦)나라가 연나라를 멸망시킬 때에 이르러 그 땅을 어양(漁陽) 상곡(上谷) 우북평(右北平) 요서(遼西) 요동의 5군으로 삼았다. 한나라 고제(高帝)가 상곡군을 나누어 탁군(涿郡)을 두었고, 무제가 13주를 두어 이곳을 유주(幽州)로 하였다. 그 후 동쪽 변경을 개척하여 현도 낙랑 등의 군을 두었는데 또한 모두 유주에 속하게 하였다. (『通典』178 州郡 8 幽州)

조선 낙랑 진번

[紀]원봉 3년 여름에 조선이 항복하여 그 땅을 낙랑, 임둔, 현도 진번군으로 삼았다. [朝鮮傳] 조선을 정벌하여 4군으로 삼았다. 세 지방의 개척은 모두 일 좋아하는 신하로부터 시작되었다. 서남이(西南夷)는 당몽(唐蒙)과 사마상여(司馬相如)가 발의하였고, 양월(兩粵)은 엄조(嚴助)와 주매신(朱買臣)이 기의(起議)했으며, 조선은 섭하에 의하여 시작되었다. (『玉海』17 地理 郡國 漢朝鮮四郡)

B.C.107(甲戌/前漢 元封 4/倭 開化 51)

조선　기(幾). 조선왕의 아들로 한병(漢兵)이 조선을 포위하자 항복하여 후(侯)가 되었다.

國名	侯功	元光	元朔	元狩	元鼎	元封	太初以後
幾	以朝鮮王子漢兵圍朝鮮降侯					4년 3월 계미일(4)에 후 장각(張陷)이 귀의(歸義)한 원년	

(『史記』20 建元以來侯者年表 8)

조선　기후 장각(幾侯張陷). 조선왕의 아들로 한병이 조선을 포위하자 항복하여 후가 되었다. (『漢書』17 景武昭宣元成功臣表 5)

號諡姓名	功狀戶數	始封	子孫	曾孫	玄孫
幾侯張陷	以朝鮮王子漢兵圍朝鮮降侯	(원봉 4년) 3년(3월의 오기) 계미일(4)에 봉해졌다.			河東

조선　열양(涅陽). 부(父)인 조선상(朝鮮相) 노인(路人)은 한병이 이르자 가장 먼저 항복했으나, 도중에 죽고 그 아들이 후가 되었다. (『史記』 20 建元以來侯者年表 8)

國名	侯功	元光	元朔	元狩	元鼎	元封	太初以後
涅陽	以朝鮮相路人 漢兵至 首先降 道死 其子侯					4년 3월 임인일(23) 강후(康侯)의 아들 최(最) 원년	

조선　열양강후 최(涅陽康侯最). 조선상 노인은 한병이 이르자 가장 먼저 항복했으나, 도중에 죽고 아들이 후가 되었다. (『漢書』17 景武昭宣元成功臣表 5)

號諡姓名	功狀戶數	始封	子孫	曾孫	玄孫
涅陽康侯最	以父朝鮮相路人 漢兵至 首先降 道死 子侯	(원봉 4년) 3월 임인(23)에 봉해졌다.			齊

조선　평주(平州). 조선장(朝鮮將)은 한병이 이르자 항복하고 후가 되었다. (『史記』20 建元以來侯者年表　8)

國名	侯功	元光	元朔	元狩	元鼎	元封	太初以後
平州	以朝鮮將 漢兵至 降侯					4년 후(侯) 협(唊)이 죽었다. 후사가 없어 나라를 폐지하였다.	

조선   장량후 양복(將梁侯楊僕). 누선장군(樓船將軍)이 남월(南越)을 격퇴하고 적의 후를 추봉(椎鋒)으로 물리쳤다. (『漢書』 17 景武昭宣元成功臣表 5)

號諡姓名	功狀戶數	始封	子孫	曾孫	玄孫
將梁侯楊僕	以樓船將軍擊南越椎鋒卻敵侯	(원봉) 4년 장군이 되어 조선을 공격하다 겁내고 나약해져서 죽(竹) 2만매를 헌납하는 죄에 연좌되었고 계속하여 성단형(城旦刑)에 처해졌다.			

조선   평주후 왕협(平州侯王唊). 조선장은 한병이 이르자 항복하고 후가 되었다. 식읍은 양부(梁父) 1480호(戶)이다. (『漢書』 17 景武昭宣元成功臣表 5)

號諡姓名	功狀戶數	始封	子孫	曾孫	玄孫
平州侯王唊	以朝鮮將 漢兵至 降 侯 千四百八十戶	(원봉) 4년에 죽었다. 후사가 없었다.			梁父

현도 고구려   현도군(玄菟郡) 호(戶)는 45,006, 구(口)는 221,845, 현(縣)은 3개로, 고구려(高句驪)·상은대(上殷台)·서개마(西蓋馬)이다. (『漢書』 28 下 地理志 8 下)

현도 진번 조선 고구려

     현도(玄菟)를 두르고 영토를 열다[한서 지리지에 이르길, 현도군은 무제 원봉 4년에 열었고 유주에 속하였다고 하였다. 응소(應邵)의 주(注)에 이르길 옛 진번(眞番)은 조선국으로, 고구려(高句驪)·상은대(上殷台)·서개마(西蓋馬) 3현을 거느렸으며, 고구려가 다스렸는데 후한(後漢)이 요동의 고현후(高顯侯)로써 요양(遼陽)을 성(城)으로 삼으니, 3현이 내속하였다고 하였다]. (『翰苑』 蕃夷部 高麗)

현도 낙랑 조선 예맥 고구려 기자 요동

     현도(玄菟)와 낙랑(樂浪)은 무제(武帝) 때 설치하였다. 모두 조선(朝鮮)·예맥(濊貉)·구려(句驪)·만이(蠻夷)의 사람들이다. 은나라의 도가 쇠퇴하자 기자는 조선으로 가서 그 백성에게 예의와 농사와 양잠, 길쌈을 가르쳤다. 낙랑의 조선 사람들이 법금 팔조(八條)를 범하면, 사람을 죽이면 즉시 사형에 처하고 상처를 입히면 곡식으로써 배상하며 도둑질한 자는 남자는 가노로 삼고 여자는 비로 삼았는데, 면죄받고자 하면 한 사람당 50만을 내야 했다. 비록 면죄 받아 평민이 되더라도 세속에서는 오히려 이를 부끄럽게 여겨 시집가고 장가듦에 있어 짝으로 삼는 바가 없었다. 이 때문에 그 백성들은 마침내 도둑질은 하지 않았으니, 문을 닫는 일이 없어지고 부녀자들은 정조를 지켜 음란하지 않았다. 그 농민들은 먹고 마심에 변두(籩豆)를 사용하였는데, 도읍에서는 관리 및 내군의 상인을 본받아 자주 술 그릇을 사용하였다. 낙랑군 초기(B.C.100년경)에는 관리를 요동에서 데려왔는데, 백성이 문을 닫지 않은 것을 본 관리들과 상인으로 간 자들이 밤이 되면 도둑질을 하였다. 풍속이 점차 각박해, 이제는(B.C.80년경) 금제를 범하는 자가 점점 많아져서 조문이 60여조에 이르게 되었다. 귀하구나, 인현(仁賢)의 가르침이! 그러나 동이족은 천성이 유순하여, 3방의 딴 족속들과는 다르다. 때문에 공자는 도(道)가 행해지지 않음을 슬퍼하여, 뗏목을 바다에 띄워 구이(九夷)에 가서 살고자 함은 까닭이 있었으니, 그렇지 않겠는가? (『漢書』 28 下 地理志 8 下)

현도 낙랑 조선 예맥 고구려 기자 요동

한서 지리지(地理志)에 이르기를 "현도와 낙랑은 무제 때 설치하였는데, 모두 조선·예맥·구려·만이의 사람들이다. 은나라의 도가 쇠퇴하자 기자는 조선으로 가서 그 백성에게 예의와 농사와 양잠, 길쌈을 가르쳤다. 낙랑의 조선 사람들이 법금 팔조를 범하면, 사람을 죽이면 즉시 사형에 처하고 상처를 입히면 곡식으로써 배상하며 도둑질한 자는 남자는 가노로 삼고 여자는 비로 삼았는데, 면죄 받고자 하면 한 사람당 50만을 내야 했다. 비록 면죄 받아 평민이 되더라도 세속에서는 오히려 이를 부끄럽게 여겨 시집가고 장가듦에 있어 짝으로 삼는 바가 없었다. 이 때문에 그 백성들은 마침내 도둑질은 하지 않았으니, 문을 닫는 일이 없어지고 부녀자들은 정조를 지켜 음란하지 않았다. 그 농민들은 먹고 마심에 변두를 사용하였는데, 도읍에서는 관리 및 내군의 상인을 본받아 자주 술 그릇을 사용하였다. 낙랑군 초기(B.C.100년경)에는 관리를 요동에서 데려왔는데, 백성이 문을 닫지 않은 것을 본 관리들과 상인으로 간 자들이 밤이 되면 도둑질을 하였다. 풍속이 점차 각박해, 이제는(B.C.80년경) 금제를 범하는 자가 점점 많아져서 조문이 60여조에 이르게 되었다. 귀하구나, 인현의 가르침! 그러나 동이족은 천성이 유순하여, 3방의 딴 족속들과는 다르다. 때문에 공자는 도가 행해지지 않음을 슬퍼하여, 뗏목을 바다에 띄워 九夷에(가서) 살고자 함은 까닭이 있었으니, 그렇지 않겠는가"하였다. (『太平御覽』 780 四夷部 1 東夷 1 朝鮮)

옥저 현도 (무제가 조선을 멸망시키고서) 옥저(沃沮) 땅으로 현도군을 삼았다. (『後漢書』 85 東夷列傳 75 東沃沮)

옥저 현도 옥저성(沃沮城)으로 현도군을 삼았다. (『三國志』 30 魏書 30 烏丸鮮卑東夷傳 東沃沮)

고구려 조선 현도 한무제 원봉 4년 조선을 멸망시키고 현도군을 두어 고구려현을 속하게 하였다. (『梁書』 54 列傳 48 諸夷 高句驪)

고구려 조선 현도
한 무제 원봉 4년에 조선을 멸망시켜 현도군을 설치하고, 고구려를 현으로 삼아 현도군에 예속시켰다. (『北史』 94 列傳 82 高麗)

옥저 현도 그 땅을 현도군으로 삼았다. (『通典』 186 邊防 2 東夷 下 東沃沮)

옥저 현도 옥저성(沃沮城)을 현도군(玄菟郡)으로 삼으니, 동옥저국이다. (『太平寰宇記』 175 四夷 4 東沃沮國)

옥저 현도 옥저성을 현도군으로 삼았다. (『册府元龜』 957 外臣部 2 國邑 東沃沮)

옥저 현도 (위지(魏志)에서 말하였다) 옥저를 현도군으로 삼았다. (『太平御覽』 784 四夷部 5 東夷 5 沃沮)

조선 낙랑 현도 대방 임둔 예
한무제(漢武帝)가 조선을 정벌하여 멸망시키고 그 땅을 사군(四郡)으로 나누었다. 이후로부터 오랑캐와 한(漢)이 점차 구별되었다. (『三國志』 30 魏書 30 烏丸鮮卑東夷傳 濊)

조선 낙랑 현도 대방 임둔 예맥
(위지(魏志)에서 말하였다) (…) 한무제(漢武帝)가 조선을 정벌하여 멸망시키고 그 땅을 사군(四郡)으로 나누었다. 이후로부터 오랑캐와 한(漢)이 점차 구별되었다. (…) (『太平御覽』 780 四夷部 1 東夷 1 獩貊)

조선 현도 고구려
(북사(北史)에서 말하였다) 한 무제가 원봉 4년에 조선을 멸망시키고 현도군을 설치하여 고구려가 대대로 그 곳에 속하게 하였다. (『太平御覽』 783 四夷部 4 東夷 4 高句驪)

예맥 조선	한나라가 사신 양신(楊信)을 흉노에 보냈다. 이때 한이 동으로 예맥(穢貉)과 조선을 멸망시키고 군으로 삼았다. 그리고 서쪽에 주천군(酒泉郡)을 두어 호(胡)와 강족(羌族)의 통로를 끊었다. 또 서쪽으로 월지(月氏) 대하(大夏)와 통하여 공주를 오손왕(烏孫王)의 처로 보내어 흉노 서방의 지원국을 분리시켰다. 또 북으로 땅을 더욱 넓혀 현뢰(眩雷)까지 나아가 요새를 세웠으나 흉노는 끝내 감히 말을 하지 못했다. 이해 흡후(翕侯) 조신(趙信)이 죽었으나, 한나라 집권자들은 흉노가 이미 약해져 신종시킬 수 있다고 생각하였다. (『史記』 110 匈奴列傳 50)
예맥 조선	한나라 사신 양신이 흉노에 사절로 파견되었다. 이때 한이 동으로 예맥과 조선을 멸망시키고 군으로 삼았다. 그리고 서쪽에 주천군을 두어 호와 강족의 통로를 끊었다. 또 서쪽으로 월지 대하와 통하여 옹주를 오손왕의 처로 보내어 흉노 서방의 지원국을 분리시켰다. 또 북으로 땅을 더욱 넓혀 현뢰(眩雷)까지 나아가 요새를 세웠으나 흉노는 끝내 감히 말을 하지 못했다. 이해 흡후 (조)신이 죽었으나, 한나라 집권자들은 흉노가 이미 약해져 신종시킬 수 있다고 생각하였다. (『漢書』 94 上 匈奴傳 64 上)

B.C.105(丙子/前漢 元封 6/倭 開化 53)

조선	원봉 6년 가을에 누리가 있었다. 이보다 앞서 양장군(兩將軍)이 조선(朝鮮)을 정벌하고 삼군(三郡)을 열었다. (『漢書』 27 中之下 五行志 7 中之下)

國名	侯功	元光	元朔	元狩	元鼎	元封	太初以後
幾	以朝鮮王子漢兵圍朝鮮降侯					원봉 6년 후 장각(張陷)이 조선을 시켜 모반(謀反)하게 하여 죽자 국(國)을 폐지하였다.	

조선	조선왕의 아들로 한병(漢兵)이 조선을 포위하자 항복하여 후(侯)가 되었다. (『史記』 20 建元以 來侯者年表 8)
조선	조선왕의 아들로 한병이 조선을 포위하자 항복하여 후가 되었다. (『漢書』 17 景武昭宣元成功臣表 5)

號諡姓名	功狀戶數	始封	子孫	曾孫	玄孫
幾侯張陷	以朝鮮王子漢兵圍朝鮮降侯	(원봉) 6년 조선을 시켜 모반하게 하고 각(陷)이 죽었다.			河東

조선	원봉 연간(B.C.110~B.C.105)에 후자(侯者)가 17이었다. 동월(東越)·구락(甌駱)·남월(南粵)·조선(朝鮮)·서역(西域)을 봉(封)한 즉 때로는 그것을 병사로 사용하였는데, 누가 많은지 누가 적은지 모두 알만하였다. (『玉海』 135 官制 褒功 漢建元功臣受封)

B.C.104(丁丑/前漢 太初 1/倭 開化 54)

조선	부(父)인 조선상(朝鮮相) 노인(路人)은 한병(漢兵)이 도착하자 앞서서 항복했으나, 도중에 죽고 아들이 후(侯)가 되었다. (『漢書』 17 景武昭宣元成功臣表 5)

號諡姓名	功狀戶數	始封	子孫	曾孫	玄孫
涅陽康侯最	以父朝鮮相路人 漢兵至 首先降 道死 子侯	태초 원년에 죽었다. 후사가 없다.			齊

B.C.103(戊寅/前漢 太初 2/倭 開化 55)

조선	태초 2년 후 최가 죽었다. 후사가 없어 나라를 없앴다. (『史記』 20 建元以來侯者表8)

國名	侯功		元光	元朔	元狩	元鼎	元封	太初以後
涅陽	以朝鮮將漢兵至降侯							

B.C.100(辛巳/前漢 天漢 1/倭 開化 58)

조선 　(봄 정월) 소무(蘇武)가 위율(衛律)에게 욕하며 말하였다. "너는 다른 사람의 신하가 되어서 은혜와 의를 돌아보지 아니하고 주인을 배반하고 가까운 사람을 배반하고 만이(蠻夷)에게 항복한 포로가 되었는데, 어찌 너를 보겠는가? 또한 선우가 너를 믿고서 사람의 생사를 결정하게 하는데, 공평한 마음과 올바른 태도를 가지지 아니하고 도리어 두 임금을 싸우게 하려고 하니, 화를 당하고 실패함을 볼 것이다. 남월(南越)이 한의 사자를 죽였다가 도륙을 당하고 9개의 군으로 바뀌었고, 완왕(宛王)이 한의 사자를 죽였다가 머리가 북쪽 대궐에 걸렸고, 조선이 한의 사자를 죽였다가 즉시 주멸되었는데, 홀로 흉노만 아닐 뿐이다. 만약 내가 항복하지 않았다는 것을 분명히 알게 되면 두 나라로 하여금 서로 공격하게 될 것이니, 흉노의 화는 나로부터 시작될 것이다." (『資治通鑑』21 漢紀 13 世宗孝武皇帝)

조선 　소무가 위율에게 욕하며 말하였다. "너는 다른 사람의 신하가 되어서 은혜와 의를 돌아보지 아니하고 주인을 배반하고 가까운 사람을 배반하고 만이에게 항복한 포로가 되었는데, 어찌 너를 보겠는가? 또한 선우가 너를 믿고서 사람의 생사를 결정하게 하는데, 공평한 마음과 올바른 태도를 가지지 아니하고 도리어 두 임금을 싸우게 하려고 하니, 화를 당하고 실패함을 볼 것이다. 남월이 한의 사자를 죽였다가 도륙을 당하여 9개의 군으로 바뀌었고, 완왕이 한의 사자를 죽였다가 머리가 북쪽 대궐에 걸렸고, 조선이 한의 사자를 죽였다가 즉시 주멸되었는데, 홀로 흉노만 아직 아닐 뿐이다. 만약 내가 항복하지 않았다는 것을 분명히 알게 되면 두 나라로 하여금 서로 공격하게 될 것이니, 흉노의 화는 나로부터 시작될 것이다." (『漢書』54 李廣蘇建傳 24 蘇武)

요동 낙랑 　파(巴)·촉(蜀)·월수(越嶲)·울림(鬱林)·일남(日南)·요동(遼東)·낙랑(樂浪)은 주(周) 때에는 머리털을 상투 틀었는데, 지금은 피변(皮弁)을 쓰며 주 때에는 중역(重譯)했는데, 지금은 시(詩)·서(書)를 읊는다. (『論衡』19 恢國篇)

B.C.99(壬午/前漢 天漢 2/倭 開化 59)

조선 　천한 2년 조선의 달아난 포로를 숨겨 하옥되어 병사하였다. (『漢書』17 景武昭宣元成功臣表 5)

號謚姓名	功狀戶數	始封	子孫	曾孫	玄孫
潳清侯參	以朝鮮尼谿相使人殺其王右渠 降 侯 千戶	天漢二年 坐匿 朝鮮亾虜 下獄病死			齊

B.C.91(庚寅/前漢 征和 2/倭 崇神 7)

조선 　정화 2년에 죽었다. 종신토록 봉해졌고 후사가 없었다. (『漢書』17 景武昭宣元成功臣表 5)

號謚姓名	功狀戶數	始封	子孫	曾孫	玄孫
荻直侯韓陶	以朝鮮相將 漢兵圍之 降 侯 五百四十戶	정화 2년에 죽었다. 종신토록 봉해졌고 후사가 없었다.			勃海

조선 　책을 지은 지 제10년(B.C.99)에 이릉(李陵)의 화를 만나 감옥에 유폐되었다. 이에

탄식하며 말하기를, "나는 죄인이로구나! 신체를 잃어버렸으니 쓸모가 없구나"라고 하였다. 물러나와 깊이 생각하면서, "대체로 시경과 서경이 뜻이 은밀하고 말이 간단한 것은 마침내 그 사상을 이루려고 하는 것이다"라고 말하였다. 마침내 요순 이후부터 무제가 기린을 포획한 것에 이르기까지 황제 때부터 시작하여 오제본기(五帝本紀) 1권, 하본기(夏本紀) 2권, 은본기(殷本紀) 3권 (…) 조선열전(朝鮮列傳) 55권 서남이열전(西南夷列傳) 56권을 서술하였다. (『漢書』62 司馬遷傳 32)

B.C.87(甲午/前漢 後元 2/倭 崇神 11)

예맥 조선　　선제(宣帝)가 처음에 즉위하여 선제(先帝)를 기리고자 하여 승상어사(丞相御史)에게 조(詔)를 내려 말하였다. "짐(朕)은 보잘 것 없는 몸으로써 남겨진 덕(德)을 입어 성업(聖業)을 계승하고 종묘(宗廟)를 받들어 밤낮으로 생각합니다. 효무황제(孝武皇帝)는 몸소 인의(仁誼)를 행하고 무(武)로 위세를 떨쳤습니다. 북으로는 흉노를 정벌하여 선우(單于)를 멀리 달아나게 하고 남으로는 저강(氐羌)·곤명(昆明)·구락(甌駱)·양월(兩越)을 평정하고 동으로는 예맥(薉貉)·조선(朝鮮)을 평정하여 지경(地境)을 넓혔습니다. (…)" (『漢書』75 眭兩夏侯京翼李傳 45 夏侯勝)

B.C.85(丙申/前漢 始元 2/倭 崇神 13)

낙랑　　시원 2년에 촉서공(蜀西工)의 장(長) 광성(廣成), 승(丞) 하방(何放), 호공졸사(護工卒史) 승(勝), 수령사(守令史) 모이(母夷), 색부(嗇夫) 색희(索喜), 좌(佐) 승(勝), 구공(瓜工) 당(當), 화공(畫工) 문(文)이 만든다. (「始元 2年銘 耳杯」)

낙랑　　시원 2년에 촉서공의 장 광성, 승 하방, 호공졸사 승, 수령사 모이, 색부 색희, 좌승, 구공 당, 월공(泪工) 장부(將夫), 화공 정(定)이 만든다. (「始元 2年銘 耳杯」)

낙랑　　시원 2년에 촉서공의 장 광성, 승 하방, 호공졸사 승, 수령사 모이, 색부 색희, 좌승, 구공 당, 월공 장부 (…) (「始元 2年銘 耳杯」)

낙랑　　시원 2년에 촉서공의 장 광성, 승하방, 호공졸사 승, 수령사 모이, 색부 색희, 좌승, 구공??, 월공 장부, 화공 충부(充富)가 만든다. (「始元 2年銘 耳杯」)

낙랑　　시원 2년에 촉서공의 장 광성, 승 하방, 호공졸사 승, 수령사 모이, 색부 색희, 좌승, 구공 우류(右柳), 월공 장부, 화공 모방(母放)이 만든다. (「始元 2年銘 耳杯」)

낙랑　　시원 2년에 촉서공의 장 광성, 승 하방, 호공졸사 승, 수령사 모이, 색부 색희, 좌승, 구??, 월공 장부, 화공 (…) (「始元 2年銘 耳杯」)

B.C.82(己亥/前漢 始元 5/倭 崇神 16)

진번　　(여름 6월) 담이(儋耳)·진번군(眞番郡)을 혁파하였다. (『漢書』7 昭帝紀 7)

진번　　(시원 5년 여름 6월) 담이·진번군을 혁파하였다. (『資治通鑑』23 漢紀 15 孝昭皇帝)

진번　　(담이군) 소기(昭紀) 시원 5년 6월에 담이·진번군을 혁파하였다. (『玉海』17 地理 郡國 漢初郡十七 南越九郡 西南夷五郡)

예 임둔 진번 낙랑 현도

　　소제 시원 5년에 이르러 임둔과 진번을 폐지하여 낙랑과 현도에 합병하였다. (『後漢書』85 東夷列傳 75 濊)

조선 임둔 진번 낙랑 현도

　　소제 때 임둔과 진번을 폐지하여 낙랑과 현도에 합병하였다. 이때부터 복속되었다. (『太平寰宇記』173下 四夷 1 東夷 1 朝鮮)

부여 임둔 진번 낙랑 현도

　　소제 시원 5년에 이르러 임둔과 진번을 폐지하여 낙랑과 현도에 합병하였다. (『册府元龜』957 外臣部 2 國邑 夫餘國)

조선 현도 임둔 낙랑 진번
　　　　　전한서(前漢書)에 "소제(昭帝) 시원 5년 기해(己亥)에 두 개의 외부(外府)를 두었다"
　　　　　라고 하였다. 이것은 조선의 옛 땅인 평나(平那)와 현도군(玄菟郡) 등이 평주도독부
　　　　　(平州都督府)가 되고 임둔·낙랑 등 두 군 지역에 동부도위부(東部都尉府)를 설치한
　　　　　것을 말함이다[내 생각으로는 조선전(朝鮮傳)에는 진번·현도·임둔·낙랑 등 4군으로
　　　　　되어 있는데, 지금은 평나가 있고 진번이 없다. 아마도 같은 지방의 두 이름일 것이
　　　　　다]. (『三國遺事』 1 紀異 2 二府)
예 현도 고구려 옥저 예맥 낙랑
　　　　　현도는 다시 구려(句驪)로 옮겼으며 단단대령(單單大領)으로부터 동쪽인 옥저와 예
　　　　　맥은 모두 낙랑에 속하였다. (『後漢書』 85 東夷列傳 75 濊)
예 낙랑　　단단대산령(單單大山領)으로부터 서쪽은 낙랑에 속하였다. (『三國志』 30 魏書 30
　　　　　烏丸鮮卑東夷傳 濊)
부여 현도 고구려 옥저 예맥 낙랑
　　　　　현도는 다시 구려(句麗)로 옮겨졌으며 단단대령(單單大領)으로부터 동쪽인 옥저와
　　　　　예맥은 모두 낙랑에 속하였다. (『冊府元龜』 957 外臣部 2 國邑 夫餘國)
예맥 낙랑　(위지에서 말하였다) (…) 단단대령(單單大領)으로부터 서쪽은 낙랑에 속하였다. (…)
　　　　　(『太平御覽』 780 四夷部 1 東夷 1 獩貊)

조선　　　　통전에서 말하였다. 조선의 유민은 70여국으로 나누어져 모두 지역은 사방 100리였
　　　　　다. 후한서(後漢書)에 이르기를 "(…) 뒤에는 2부를 두었는데, 법령이 점차 번거로
　　　　　워지면서 갈라져 78국으로 나뉘고 각각 1만 호씩이다."라고 하였다[마한은 서쪽에
　　　　　있어 54개의 작은 고을(小邑)註 303들을 모두 나라로 일컬었으며, 진한은 동쪽에 있
　　　　　어 열두 개 작은 고을을 각각 나라로 일컬었으며, 변한은 남쪽에 있어 열두 개 작은
　　　　　고을들을 각각 나라로 일컬었다]. (『三國遺事』 1 紀異 1 七十二國)

B.C.81(庚子/前漢 始元 6/倭 崇神 17)
조선 임둔 예맥
　　　　　문학(文學)이 말했다. "진(秦) 나라의 용병술은 가히 지극하다고 할 수 있고 몽념(蒙
　　　　　恬)이 국경을 넓힌 것은 가히 멀다고 할 수 있습니다. 그런데 지금은 몽념이 만든
　　　　　요새를 넘어 오랑캐의 땅에까지 군현(郡縣)을 설치하여, 땅은 더욱 멀어지고 백성들
　　　　　은 점점 더 피곤합니다. 삭방군(朔方郡) 이서와 장안(長安) 이북에 새로 군을 설치하
　　　　　는 데 들인 공력과 외성을 쌓는 데 들어간 비용은 이루 헤아릴 수 없습니다. 이 뿐
　　　　　만이 아니어서, 사마상여(司馬相如)와 당몽(唐蒙)이 서남이(西南夷)로 통하는 도로를
　　　　　뚫자 파(巴)와 촉(蜀) 지방의 백성들은 공(邛)과 작(笮)의 땅에서 피폐해졌고, 횡해
　　　　　(橫海) 장군이 남이(南夷)를 정벌하고 누선(樓船) 장군이 동월(東越)에 주둔하자 형
　　　　　(荊)과 초(楚) 지방의 백성들은 구(甌)와 낙(駱)의 땅에서 고달파했고, 좌장군(左將軍)
　　　　　이 조선(朝鮮)을 정벌하여 임둔군(臨屯郡)을 설치하자 연(燕)과 제(齊)의 백성들은 예
　　　　　맥(穢貉)의 땅에서 곤궁하였으며, 장건(張騫)은 그토록 먼 곳과 통교하여 무용한 물
　　　　　건을 들여온 대신 국고의 재물은 밖으로 흘러나갔으니, 이는 단지 저 멀리 떨어진
　　　　　현을 운영하는 비용이나 조양(造陽)의 땅에 들어가는 인력 정도가 아닙니다. 이렇게
　　　　　보건대, 이는 군주의 의도하신 바가 아니며, 일을 벌이기 좋아하는 신하들이 국가를
　　　　　위해 세운 계획이 잘못되었기 때문입니다."(『鹽鐵論』 4 地廣 16)
　　조선　　대부(大夫)가 말했다. "지난 날, 사이(四夷)가 모두 강성하여 다 같이 중국을 노략질
　　　　　한 적이 있습니다. 조선은 변경을 넘어 연(燕)의 동쪽 땅을 겁탈하였고, 동월(東越)

은 동해를 건너 절강(浙江)의 남쪽 땅을 침략하였으며, 남월(南越)은 중국 안으로 침입하여 복령(服嶺)을 어지럽혔고, 저(氐)·북(僰)·염방(冉駹)·수당(嶲唐)·곤명(昆明) 등의 무리는 농서(隴西)와 파(巴)·촉(蜀) 등을 소란스럽게 하였습니다. 지금 동방·서방·남방 등 세 쪽의 변방은 이미 평정되었으나, 오직 북변만이 평정되지 못하였습니다. 무릇 한 번만 떨쳐 일어나도, 흉노가 놀라고 두려워할 것이며, 중국 내지와 변방이 함께 방비 태세를 풀 수 있을 텐데, 무비(武備)가 적어지고 말고 할 것이 어디 있겠습니까." (『鹽鐵論』7 備胡 38)

조선   대부가 말했다. "진(秦)과 초(楚)·연(燕)·제(齊) 등은 주(周)의 봉국(封國)이었고, 삼진(三晉)의 군주와 제의 전씨(田氏)는 제후(諸侯)의 가신(家臣)이었지만, 안으로는 그 국가를 지키고 밖으로는 불의를 정벌하여 땅을 넓히고 영토를 확장해 나갔던 까닭에, 만승(萬乘)의 칭호를 세우고 제후의 영수가 되었던 것입니다. 주실(周室)은 예의를 닦고 문치(文治)를 숭상하였으나, 나라의 세력이 깎여지고 약화되어 자력으로 존속할 수 없게 되었으니, 동쪽으로는 육국(六國)을 무서워하고 서쪽으로는 진(秦)을 두려워하면서, 몸은 쫓겨나 옮겨지고 종묘(宗廟)는 제사가 끊어졌으나, 다행이 선제(先帝)의 큰 은혜에 힘입어 그 후사를 이었으니, 가(嘉)가 영천(潁川)에 봉(封)해져 주자남군(周子男君)이라 불려졌습니다. 진은 천하를 겸병한 뒤에, 동쪽으로 패수(沛水)를 건너 조선을 아울러 멸하고 남쪽으로는 육량(陸梁)을 빼앗고, 북쪽으로는 호적(胡狄)을 물리치고 서쪽으로는 저(氐)와 강(羌)을 경략하여, 제호(帝號)를 세우고 사이(四夷)의 조공을 받았습니다. 배와 수레가 통하고 발자국이 미치는 곳이라면 빠짐없이 모두 내조(來朝)하러 오지 않는 곳이 없었으니, 이는 그 덕에 감복하였기 때문이 아니라 그 위세를 두려워하였기 때문입니다. 힘이 많으면 남이 조공해 오는 것이고, 힘이 적으면 남에게 조공해야 하는 법입니다." (『鹽鐵論』8 誅秦 44)

요동 조선   대부가 말했다. "제의 환공(桓公)은 연(燕)을 넘어 산융(山戎)을 정벌하고 고죽(孤竹)을 깨뜨리고 영지(令支)를 멸망시켰습니다. 조(趙) 무령왕(武靈王)은 구주(句注)를 넘고 대곡(代谷)을 지나 임호(林胡)와 누번(樓煩)을 공략하여 멸망시켰습니다. 연(燕)은 동호(東胡)를 엄습하여 패주시키고 천 리의 땅을 넓혔으며, 요동(遼東)을 건너 조선을 쳤습니다. 몽공(蒙公)은 진(秦)을 위해 흉노(匈奴)를 쳐서 패주케 하였는데, 마치 사나운 새가 참새 때를 쫓는 것과 같아서, 흉노의 기세가 크게 꺾여 감히 남쪽을 넘보지 못한지가 10여 년이나 되었습니다. 그러나 그 뒤에 몽공이 죽고 제후가 진(秦)을 배반하여 중국 혼란에 빠지게 되자, 흉노가 어지러이 일어나 감히 다시 변방을 노략질하였습니다. 무릇 연이나 조와 같은 작은 나라들도 오랑캐의 노략질을 물리치고 땅을 넓혔는데, 지금 한(漢)은 나라의 크기와 사민(士民)의 힘이 제 환공의 무리나 연과 조의 군사와 비교할 바가 아닌데도, 흉노가 오래도록 복종하지 않는 까닭은 여러 신하들이 힘을 모으지 못하고 상하가 화합하지 못했기 때문입니다." (『鹽鐵論』8 伐功 45)

B.C.78(癸卯/前漢 元鳳 3年/倭 崇神 20)

요동   겨울에 요동(遼東)의 오환(烏桓)이 반기를 들었다. 중랑장(中郎將) 범명우(范明友)를 도요장군(度遼將軍)으로 삼고 북쪽 변경 7군과 2천의 기병을 거느리고 오환을 공격하게 했다. (『漢書』7 昭帝紀 7)

요동   (원봉 3년) 겨울에 요동의 오환이 반기를 들었다. 앞서 모둔(冒頓)이 동호(東胡)를 파하였다. 동호의 남은 무리들이 흩어져 오환산(烏桓山)과 선비산(鮮卑山)에 의거하여 두 개의 부족을 이루었고 대대로 흉노에게 복속되었다. 무제가 흉노의 왼편을 격파하였고, 이로 말미암아 오환을 상곡(上谷)·어양(漁陽)·우북평(右北平)·요동의 새외(塞外) 밖으로 옮기고 한(漢)을 위하여 흉노의 동정을 살폈다. 호오환교위(護烏桓校

尉)를 두고 감독하고 관장하면서 흉노와 왕래할 수 없도록 하였다. 이에 이르러 부족들이 점점 강성해져 드디어 반란한 것이다. 이에 앞서 흉노의 3천여 기병이 오원(五原)에 침입하여 수천 명을 죽이고 약탈했다. 후에도 흉노 수만 기병이 남하하여 요새 가까이서 사냥을 하고, 나아가 새외의 정(亭)과 장(障)을 공격하고 관리와 민을 노략질하고 빼앗아 갔다. 이 때에 한의 변방에 있는 군현의 봉화시설에서는 살피고 바라보는 것이 아주 정밀하여 흉노들이 변방의 요새를 침구하는 것도 이익이 적어서 다시 요새를 침범하는 일이 드물었다. 한에서는 다시 흉노의 항복한자들을 얻을 수 있었다. 오환이 일찍이 선우의 무덤을 파서 흉노가 이를 원통히 여겼다. 바야흐로 2만여 기병을 발동하여 오환을 공격할 것이라고 말하였다. 곽광(霍光)은 병사를 발동하여 이들을 격파하고자 하여 호군도위(護軍都尉) 조충국(趙充國)에게 물었다. 충국(充國)이 생각하였다. "오환은 중간 중간에 자주 요새를 침범하였는데, 이제 흉노가 그들을 공격한다면 우리 한에게는 편리합니다. 또한 흉노는 침구하여 도적질하는 일이 드물어서 북방의 변경은 다행히도 무사할 것이며 만이(蠻夷)들이 스스로 서로 공격하는데, 군사를 발동하여 이를 요격하는 것은 침구하도록 초청하여 일을 만드는 것이니, 좋은 계책이 아닙니다." 광(光)이 다시 중랑장 범명우에게 물었다. 명우가 오환을 칠 수 있다고 말하였다. 이에 명우에게 벼슬을 주어 도요장군(度遼將軍)으로 삼고 2만의 기병을 거느리고 요동을 출발하게 하였다. 흉노는 한의 병사가 이르렀다는 소식을 듣고 군사를 이끌고 가 버렸다. 처음에 광은 명우에게 경계하여 말하였다. "군사란 헛되이 출동하는 것이 아니니, 바로 흉노를 치는 것이 늦는다면 끝내 오환을 공격하시오." 오환은 그 때 새로 흉노의 병사들의 수중에 들어가 있었으며, 명우는 이미 흉노를 치는 것이 늦게 되자 인하여 오환이 피로한 것을 타서 그들을 공격하여 참수한 것이 6천 여급이었고 3명의 왕의 머리를 얻었다. 흉노는 이로부터 두려워하여 다시는 출병할 수가 없었다. (『資治通鑑』 23 漢紀 15 孝昭皇帝)

B.C.76(乙巳/前漢 元鳳 5/倭 崇神 22)

요동	6월에 삼보(三輔) 및 군국(郡國 : 전국)의 죄수와 부랑자를 요동으로 옮겨 두었다. (『漢書』 7 昭帝紀 7)

B.C.75(丙午/前漢 元鳳 6/倭 崇神 23)

요동 현도	봄 정월에 군국(郡國)의 무리를 모아 요동·현도성을 쌓았다. (『漢書』 7 昭帝紀 7)
요동 현도	(원봉) 그 6년 정월에 요동·현도성을 쌓았다. (『漢書』 26 天文志 6)
요동 현도	(원봉 6년) 봄 정월에 군국의 무리를 모아 요동·현도성을 쌓았다. (『資治通鑑』 23 漢紀 15 孝昭皇帝)
요동 현도	소기(昭紀) 원봉 6년 정월에 군국의 무리를 모아 요동·현도성을 쌓았다. (『玉海』 173 宮室 城 上 漢遼東城 烏壘城 玉門亭障[見西域都護])
요동 현도	(한서) 또 말하기를 소제 원봉 6년 군국(郡國)을 모아 요동·현도성을 옮겼다고 하였다. (『太平御覽』 192 居處部 20 城上)

예 낙랑	후에 지역이 넓고 멀리 떨어져 있어 다시 단단대령의 동쪽 7현을 나누어 낙랑동부도위를 설치하였다. 내속한 이후부터 풍속이 점점 박해지고 법금도 점점 많아져 60여조에 이르렀다. (『後漢書』 85 東夷列傳 75 濊)
예 낙랑	단단대령의 동쪽 7현은 도위(都尉)가 그 곳을 주관하였고 모두 예(濊)로써 민을 삼았다. (『三國志』 30 魏書 30 烏丸鮮卑東夷傳 濊)
예 낙랑	(위지에서 말하였다) (…) 동쪽 7현의 도위(都尉)가 그 곳을 주관하였고 모두 예(濊)로써 민을 삼았다 (…) (『太平御覽』 780 四夷部 1 東夷 1 濊貊)

옥저 고구려 낙랑

    뒤에 이맥(夷貊)의 침략을 받아 군(郡)을 고구려(高句驪)의 서북쪽으로 옮겼다. 다시 옥저를 현으로 고쳐 낙랑군의 동부도위에 속하게 하였다. (『後漢書』85 東夷列傳 75 東沃沮)

옥저 고구려 낙랑 현도

    뒤에 이맥(夷貊)의 침략을 받아 군을 고구려의 서북쪽으로 옮겼다. 지금의 이른바 현도의 고부(故府)가 바로 그곳이다. 옥저는 다시 낙랑에 속하게 되었다. 한나라는 지역이 넓고 멀리 떨어져 있었으므로, 단단대령의 동쪽을 나누어 동부도위를 설치하고 불내성(不耐城)에 치소를 두어 따로 영동(領東) 7현을 통치하게 하였다. 이 때 옥저도 모두 현이 되었다. (『三國志』30 魏書 30 烏丸鮮卑東夷傳 東沃沮)

옥저 현도 낙랑

    뒤에 이맥(夷貊)의 침략을 받아 도읍을 고구려(高句驪)의 서북쪽으로 옮겼다. 이른바 현도의 고부(故府)가 바로 그곳이다. 한나라는 지역이 넓고 멀리 떨어져 있었으므로 단단대령의 동쪽을 나누어 동부도위를 설치하고 불내성(不耐城)에 치소를 두어 따로 영동(領東) 7현을 통치하게 하였다. (『册府元龜』957 外臣部 2 國邑 東沃沮)

옥저 예 낙랑

    후에 지역이 넓고 멀리 떨어져 있었으므로 다시 단단대령을 나눠 동쪽 7현을 두고 낙랑동부도위를 설치하였다. (『册府元龜』957 外臣部 2 國邑 夫餘國)

옥저 낙랑   후한서 동이전, 무제가 옥저를 현으로 삼아 낙랑 동부도위에 속하게 하였다. (『玉海』131 官制 牧守[令長附] 漢都尉 三輔都尉[見內史] 西部都尉府 玉門關候)

B.C.74(丙午/前漢 元平 1/倭 崇神 24)

예맥 조선   선제(宣帝)가 처음에 즉위하여 선제(先帝)를 기리고자 하여 승상어사(丞相御史)에게 조(詔)를 내려 말하였다. "짐(朕)은 보잘 것 없는 몸으로써 남겨진 덕(德)을 입어 성업(聖業)을 계승하고 종묘(宗廟)를 받들어 밤낮으로 생각합니다. 효무황제(孝武皇帝)는 몸소 인의(仁誼)를 행하고 무(武)로 위세를 떨쳤습니다. 북으로는 흉노를 정벌하여 선우(單于)를 멀리 달아나게 하고 남으로는 저강(氐羌)·곤명(昆明)·구락(甌駱)·양월(兩越)을 평정하고 동으로는 예맥(薉貉)·조선(朝鮮)을 평정하여 지경(地境)을 넓혔습니다. (…)"(『漢書』75 眭兩夏侯京翼李傳 45 夏侯勝)

B.C.69(壬子/前漢 地節 元年/倭 崇神 29)

신라   전한(前漢) 지절(地節) 원년 임자(壬子)[고본(古本)에 이르기를 건호(建虎 : 建武) 원년(25), 건원(建元) 3년(138)이라고 한 것들은 다 잘못이다] 3월 초하룻날 6부의 조상들이 각각 자제들을 데리고 다 함께 알천(關川) 언덕 위에 모여 의논하기를, "우리들이 위로 백성들을 다스릴 만한 임금이 없어 보내 백성들이 모두 방종하여 제멋대로 놀고 있으니 어찌 덕이 있는 사람을 찾아내어 그를 임금으로 삼아 나라를 창건하고 도읍을 정하지 않을 것이랴"하였다. 이때에 모두 높은 데 올라가 남쪽을 바라보니, 양산(楊山) 및 나정(蘿井) 곁에 이상한 기운이 번개처럼 땅에 드리우더니 흰 말 한 마리가 무릎을 꿇고 절하는 시늉을 하고 있었다. 조금 있다가 거기를 살펴보니 보랏빛 알 한 개[또는 푸른 빛 큰 알이라고도 한다]가 있고 말은 사람을 보자 울음소리를 길게 뽑으면서 하늘로 올라갔다. 그 알을 쪼개 보니 형용이 단정하고 아름다운 사내아이가 있었다. 놀랍고도 이상하여 아이를 동천(東泉)[동천사(東泉寺)는 사뇌벌(詞腦野) 북쪽에 있다]에서 목욕을 시키자 몸에는 광채가 나고 새와 짐승들이 모조리 춤을 추며 천지가 진동하고 해와 달이 맑게 빛났다. 따라서 이름을 혁거세왕[아마도 향언(鄉言)일 것이다. 혹은 불구내왕(弗矩內王)이라고도 하니, 광명으로써 세상을 다스린다는 말이다. 설명하는 사람이 말하기를, "이는 서술성모(西述聖母)가 낳은 것이다. 그러므로 중국 사람의 선도성모(仙桃聖母)를 찬미하는 글에 '어진 인물을 배어 나라를 창건하라'라는 구절이 있으니, 이것을 두고 하는 말일 것이다."라고 하였다. 또는 계룡(鷄龍)이 상서(祥瑞)를 나타내어 알영(閼英)을 낳았으니, 또한 서술성모의 현신이 아니겠는가] 라고 하고, 왕위의 칭호는 거슬한(居瑟邯)[혹은 거서간(居西干)이라고도 한다. 이는 그가 처음 입을 열 때에 자신을 일컬어 말하기를 알지거서간(閼智居西干)이 크게 일어난다 하였으므로, 그의 말에 따라 이렇게 불렀으니 이로부터 임금(王者)의 존칭이 되었다]이라 하니 당시 사람들이 다투어 축하하여 말하기를, "이제 천자가 이미 이 땅에 내려왔으니 마땅히 덕이 있는 여군(女君)을 찾아서 배필을 정해야 하겠다."고 하였다. (『三國遺事』 1 紀異 2 新羅始祖 赫居世王)

신라   (전한 지절원년 임자 3월 초하루) 이 날 사량리(沙梁里) 알영정(閼英井)[또는 아리영정(娥利英井)이라고도 한다]에서 계룡이 나타나서 왼쪽 옆구리로부터 동녀(童女)[혹은 용이 나타나 죽으매 그 배를 가르고 얻었다고도 한다]를 낳으니, 자색이 뛰어나게 고왔다. 그러나 입술이 닭의 부리 같아서 월성(月城) 북천(北川)에 가서 목욕을 시켰더니, 그 부리가 퉁겨져 떨어졌으므로 그 천의 이름을 발천(撥川)이라고 하였다. 궁실(宮室)을 남산 서쪽 기슭[지금의 창림사(昌林寺)이다]에 짓고는 두 명의 신성한 아이를 모셔 길렀다. 사내아이는 알에서 나왔고 그 알은 박과 같이 생겼으며 향인(鄕人)들이 박을 박(朴)이라 하였기 때문에 성을 박(朴)이라 하였다. 여자아이는 그가 나온 우물 이름으로써 이름을 지었다. (『三國遺事』 1 紀異 2 新羅始祖 赫居世王)

B.C.66(乙卯/前漢 地節 4/倭 崇神 32)

낙랑   지절(地節) 4년 2월 (「地節 4年銘 漆郭」)

현도   (지절 4년 여름 5월) 우(禹)와 산(山) 등의 집에는 자주 요사스럽고 괴이한 일들이 일어났는데, 온 집안이 근심하고 걱정하였다. 산이 말하였다. "승상이 멋대로 종묘의 제사에 쓰이는 작은 양과 집토끼와 밭 닭을 줄였으니, 이것으로 죄를 줄 수 있다". 태후로 하여금 박평군(博平君)을 위하여 술자리를 마련하고 승상과 은평후(恩平侯) 이하의 사람들을 부르게 하고 범명우(范明友)와 등광한(鄧廣漢)으로 하여금 태후의 제(制)를 이어 받아서 끌어다가 목을 베게 하고, 인하여 천자를 폐위하고 곽우를 세우기로 모의하였다. 약속을 확정하였으나 아직 발동하지 아니하였는데, 운(雲)이 현도태수에 임명되고 태중대부(太中大夫) 임선(任宣)이 대군태수(代郡太守)가 되었다. 마침내 사실이 발각되었다. (『資治通鑑』 25 漢紀 17 中宗孝宣皇帝)

B.C.59(壬戌/前漢 神爵 3/倭 崇神 37)

북부여 동부여 졸본부여 고구려

고기(古記)에 이르기를 "전한서(前漢書)에 선제(宣帝) 신작(神爵) 3년 임술(壬戌) 4월 8일 천제(天帝)가 다섯 마리 용이 끄는 수레(五龍車)를 타고 흘승골성(訖升骨城)[대요(大遼) 의주(醫州) 지역에 있다]에 내려와서 도읍을 정하고 왕으로 일컬어 나라 이름을 북부여(北扶餘)라 하고 이름을 해모수(解慕漱)라 자칭하였다. 아들을 낳아 이름을 부루(扶婁)라 하고 해(解)로써 씨를 삼았다. 그 후 왕은 상제의 명령에 따라 동부여로 도읍을 옮겼고 동명제가 북부여를 이어 일어나 졸본주(卒本州)에 도읍을 세우고 졸본부여가 되었으니, 곧 고구려(高句麗)의 시조이다"라고 하였다. (『三國遺事』 1 紀異 2 北扶餘)

부여 고구려　한나라 신작 3년 첫 여름 북두가 사방(巳方)을 가리킬 때[한나라 신작 3년 4월 갑인 (8)] 해동 해모수는 참으로 하느님의 아들[본기(本記)에서 말한다. 부여왕(夫餘王) 해부루(解負婁)가 늙도록 아들이 없어 산천에 제사하여 아들 낳기를 빌러 가는데, 탄 말이 곤연(鯤淵)에 이르자 큰 돌을 보고 눈물을 흘렸다. 왕이 괴이하게 여겨 사람을 시켜 그 돌을 굴리니 금빛 개구리 형상의 작은 아이가 있었다. 왕이 "이것은 하늘이 내게 아들을 준 것이다"하며, 길러서 금와(金蛙)라 하고 태자로 삼았다. 정승 아란불 (阿蘭弗)이 "전에 천제가 내게 내려와서 '장차 내 자손으로 하여금 이곳에 나라를 세우려 하니 너는 피하라' 하였는데, 동해가에 가섭원(迦葉原)이란 땅이 있어 오곡 (五穀)이 잘 되니 도읍할 만합니다." 하였다. 아란불은 왕에게 권하여 옮겨 도읍하고 동부여라 이름하였다. 예전 도읍터에는 해모수가 천제의 아들이 되어 와서 도읍하였다] 처음 공중에서 내려오는데, 자신은 다섯 용의 수레를 타고 따르는 사람 백여 인은 고니를 타고 털깃 옷을 화려하게 입었다. 맑은 풍악 소리 쟁쟁하게 울리고 채색 구름은 뭉게뭉게 떴다[한나라 신작 3년인 임술년에 천제가 태자를 보내어 부여왕의 옛 도읍에 내려와 놀았는데, 이름이 해모수였다. 하늘에서 내려오는데 오룡거(五龍 車) 타고 따르는 사람 1백여 인은 모두 흰 고니를 탔다. 채색 구름은 위에 뜨고 음악 소리는 구름 속에서 울렸다. 웅심산(熊心山)에 머물렀다가 10여 일이 지나서 내려오는데 머리에는 오우관(烏羽冠)을 쓰고 허리에는 용광검(龍光劍)을 찼다]. 옛날부터 천명을 받은 임금은 어느 것이 하늘에서 준 것이 아닌가. 대낮 푸른 하늘에서 내려온 것은 옛적부터 보지 못한 일이다. 아침에는 인간 세상에서 살고 저녁에는 천궁으로 돌아간다[아침에는 정사를 듣고 저물면 곧 하늘로 올라가니 세상에서 천왕랑 (天王郎)이라 일컬었다]. 내 옛사람에게 들으니 하늘에서 땅까지의 거리가 이억 만 팔천 칠백 팔십리란다. 사다리로도 오르기 어렵고 날개로 날아도 쉽게 지친다. 아침 저녁 임의로 오르내리니, 이 이치 어째서 그러한가. 성 북쪽에 청하(靑河)가 있으니 [청하는 지금의 압록강이다], 하백의 세 딸이 아름다웠다[맏이는 유화(柳花)이고 다음은 훤화(萱花)이고 막내는 위화(葦花)이다]. 압록강 물결 헤치고 나와 웅심 물가에서 놀았다[청하에서 나와서 웅심연(熊心淵)가에서 놀았다]. 쟁그랑 딸랑 패옥이 울리고 부드럽고 가냘픈 모습 아름다웠다[자태가 곱고 아리따웠는데, 여러 가지 패옥이 쟁그랑거리어 한고(漢皐)와 다름 없었다]. 처음에는 한고 물가인가 의심하고, 다시 낙수의 모래톱을 연상하였다. 왕이 나가서 사냥하다 보고 눈짓을 보내며 마음 두었다. 곱고 아름다운 것을 좋아함이 아니라, 참으로 뒤 이을 아들 낳기에 급함이었다 [왕이 좌우에게, "얻어서 왕비를 삼으면 후사를 둘 수 있다"하였다]. 세 여자가 왕이 오는 것을 보고 물에 들어가 한참 동안 서로 피하였다. 장차 궁전을 지어 함께 와서 노는 것 엿보려 하여 말채찍으로 한번 땅을 그으니, 구리집이 홀연히 세워졌다. 비단 자리를 눈부시게 깔아 놓고 금 술잔에 맛있는 술을 차려 놓았다. 과연 스스로 돌아 들어와서 서로 마시고 이내 곧 취하였다[그 여자들이 왕을 보자 곧 물로 들어갔다. 좌우가, "대왕은 왜 궁전을 지어서 여자들이 방에 들어가기를 기다렸다가 못 나가게 문을 가로막지 않으십니까?"하였다. 왕이 그렇게 여겨 말채찍으로 땅에 긋자 구리집이 갑자기 이루어졌는데, 장려(壯麗)하였다. 방 안에 세 자리를 베풀고 술상을 차려 놓았다. 그 여자들이 각각 그 자리에 앉아 서로 권하며 마셔 술이 크게 취하였다]. 왕이 그때 나가 가로막으니, 놀라 달아나다 미끄러져 자빠졌다[왕이 세 여자가 크게 취할 것을 기다려 급히 나가 막으니, 여자들이 놀라 달아나다가 맏딸 유화가 왕에게 붙잡혔다]. 맏딸이 유화인데, 이 여자가 왕에게 붙잡혔다. 하백이 크게 노하여 사자를 시켜 급히 달려가서 고하기를, 너는 어떤 사람이기에 감히 경솔하고 방자한 짓을 하는가. 답변하기를 나는 천제의 아들입니다. 높은 문족과 서로 혼인하기 청합니다. 하늘을 가리키자 용 수레가 내려오니, 그대로 깊은 해궁에 이르렀다[하백이 크게 노하여 사자를 보내어 고하기를, "너는 어떠한 사람이기에 내 딸을 잡아 두는가?"하였다. 왕이 답변하기를, "나는 천제의 아들인데 지금 하백에게 구혼하고자 합니다."하였다. 하백이 또 사자를 보내어 고하기를, "네가 만일 천제의 아들이고 내게 구혼할 생각이 있으면 마땅히 중매를 시켜 말할 것이지 지금 문득 내 딸을 잡아 두니 어찌 그리 실례가 심한가?"하였다. 왕이 부끄러워하며 하백을 뵈려 하였으나, 궁실에 들어갈 수 없었다. 그래서 그 여자를 놓아 보내고자 하니, 그 여자가 이미 왕과 정이 들어서 떠나려 하지 않으며 왕에게 권하기를, "만일 용거(龍車)가 있으면 하백의 나라에 이를 수 있다"하였다. 왕이 하늘을 가리켜 고하니, 조금 뒤에 오룡거가 공중에서 내려왔다. 왕이 여자와 함께 수레를 타니 풍운이 홀연히 일어나며 하백의 궁에 이르렀다]. 하백이 왕에게 이르기를 혼인은 큰 일이라 중매와 폐백의 법이 있거늘 어째서 방자한 짓을 하는가[하백이 예를 갖추어 맞아 좌정한 뒤에 이르기를, "혼인의 도는 천하의 공통된 법규인데 어찌하여 실례되는 일을 해서 내 가문을 욕되게 하는가?"하였다]. 그대가 상제의 아들이라면 신통한 변화를 시험하여 보자. 넘실거리는 푸른 물결 속에 하백이 변화하여 잉어가 되니, 왕이 변화하여 수달이 되어 몇 걸음 못 가서 곧 잡았다. 또다시 두 날개가 나서 꿩이 되어 훌쩍 날아가니 왕이 또 신령한 매가 되어 쫓아가 치는 것이 어찌 그리 날쌘가. 저편이 사슴이 되어 달아나면 이편은 승냥이가 되어 쫓았다. 하백은 신통한 재주 있음 알고 술자리 벌이고 서로 기뻐하였다. 만취한 틈을 타서 가죽 수레에 싣고 딸도 수레에 함께 태웠다[수레의 옆을 기(輢)라 한다]. 그 뜻은 딸과 함께 천상에 오르게 하려 함이었다 그 수레가 물 밖에 나오기 전에 술이 깨어 홀연히 놀라 일어나[하백의 술은 이레가 되어야 깬다] 여자의 황금비녀로 가죽 뚫고 구멍으로 나와서[출(出)은 협운(叶韻)이다] 홀로 적소를 타고 올라서 소식 없이 다시 돌아오지 않았다[하백이, "왕이 천제의 아들이라면 무슨 신통하고 이상한 재주가 있는가?"하니, 왕이, "무엇이든지 시험하여 보소서"하였다. 이에 하백이 뜰 앞의 물에서 잉어로 화하여 물결을 따라 노니니 왕이 수달로 화하여 잡았고, 하백이 또 사슴으로 화하여 달아나니 왕이 승냥이로 화하여 쫓았고, 하백이 꿩으로 화하니 왕이 매로 화하였다. 하백은 참으로 천제의 아들이라고 생각하여 예로 혼인을 이루고 왕이 딸을 데려갈 마음이 없을까 두려워하여 풍악을 베풀고 술을 내어 왕을 권하여 크게 취하자 딸과 함께 작은 가죽 수레에 넣어 용거(龍車)에 실으니 이는 하늘에 오르게 하려 함이었다. 그 수레가 미처 물에서 나오기 전에 왕이 술이 깨어 여자의 황금비녀로 가죽 수레를 뚫고 구멍으로 홀로 나와서 하늘로 올라갔다]. 하백이 그 딸을 책망하여 입술을 잡아당겨 석 자나 늘여 놓고 우발수 속으로 추방하고는 오직 비복 두 사람만 주었다[하백이 그 딸에게 크게 노하여, "네가 내 훈계를 따르지 않아서 마침내 우리 가문을 욕되게 하였다"하고, 좌우를 시켜 딸의 입을 옭아 잡아당기어 입술의 길이가 석 자나 되게 하고 노비 두 사람만을 주어 우발수 가운데로 추방하였다. 우발은 못 이름인데 지금 태백산 남쪽에 있다]. 어부가 물 속을 보니 이상한 짐승이 돌아다녔다 이에 금와 왕에게 고하여 쇠 그물을 깊숙이 던졌다. 돌에 앉은 여자를 끌어당겨 얻었는데, 얼굴 모양이 심히 무서웠다. 입술이 길어 말을 못하므로 세 번 자른 뒤에야 입을 열었다[어사(漁師) 강력부추(强力扶鄒)가 고하기를, "근자에 어량(魚梁) 속의 고기를 도둑질해 가는 것이 있는데, 무슨 짐승인지 알 수 없습니다"하였다. 왕이 어사를 시켜 그물로 끌어내니 그물이 찢어졌다. 다시 쇠 그물을 만들어 당겨서 돌에 앉아 있는 여자를 얻었다. 그 여자는 입술이 길어 말을 못하므로 그 입술을 세 번 잘라내게 한 뒤에야 말을 하였다]. 왕이 해모수의 왕비인 것을 알고 이내 별궁에 두었다. (『東國李相國集』3 古律詩 東明王篇)

부여 고구려   아버지는 해모수, 어머니는 유화이다[본기에서 말하길 한 신작 3년 임술 천제가 태자 해모수를 보내어 부여왕의 옛 서울에 놀게 했다. 오룡거를 탔는데, 따르던 사람은 백여인으로 모두 흰 고니를 탔다고 한다. 대 위에서 군신의 예를 세우고 웅심산에 사냥했다. 하백의 세 딸이 우발하에 나와 놀다가 장녀인 유화가 왕에게 붙들린 바가 되었다. 문순공(文順公)의 동명시에는 천손인 하백의 사위라고 말하고 있다] / 황천(皇天)의 손자요 하백의 외손이다 / 아버지는 천궁(天宮)으로 돌아가 다시 돌아오지 않고 / 어머니는 우발수 맑은 물가에 있다 / 부여국왕의 이름은 금와인데 / 별관을 지어 그녀를 모셨다. (『帝王韻紀』下 高句麗紀)

부여 동부여 고구려

이에 앞서 부여왕 해부루가 늙도록 아들이 없자 산천에 제사를 지내어 대를 이을 자식을 찾았다. 그가 탄 말이 곤연에 이르러서 큰 돌을 보고 마주 대하여 눈물을 흘렸다. 왕이 이를 괴상히 여겨 사람을 시켜 그 돌을 옮기니 어린 아이가 있었는데 금색 개구리 모양이었다[개구리는 또는 달팽이[蝸]라고도 한다]. 왕이 기뻐서 말하기를, "이는 바로 하늘이 나에게 자식을 준 것이다."하고 거두어 기르고, 이름을 금와라 하였다. 그가 장성함에 책립하여 태자를 삼았다. 후에 그 재상 아란불(阿蘭弗)이 말하기를 "일전에 하늘이 나에게 내려와 말하기를 '장차 내 자손으로 하여금 이곳에 나라를 세우게 할 것이다. 너희는 그곳을 피하라. 동해의 물가에 땅이 있는데 이름이 가섭원(迦葉原)이라 하고 토양이 기름지고 오곡이 자라기 알맞으니 도읍할 만하다.'고 하였습니다."라 하였다. 아란불이 마침내 왕에게 권하여 그곳으로 도읍을 옮기고 나라 이름을 동부여라 하였다. 옛 도읍지에는 어떤 사람이 있어 어디서 왔는지 알 수 없으나 스스로 천제의 아들 해모수라고 칭하며 와서 도읍하였다. 해부루가 죽자, 금와가 자리를 계승하였다. 이때에 태백산 남쪽 우발수에서 여자를 만났다. 물으니 말하기를, "저는 하백의 딸이고 이름은 유화입니다. 동생들과 더불어 나가노는데, 그 때에 한 남자가 스스로 말하기를 천제의 아들 해모수라 하고 저를 웅심산 아래로 유인하여 압록강변의 방안에서 사랑을 하고 곧바로 가서는 돌아오지 않았습니다. 부모는 제가 중매도 없이 다른 사람을 따라갔다고 꾸짖어 마침내 벌로 우발수에서 살게 되었습니다."라 답하였다. 금와가 이를 이상하게 여겨서 방 안에 가두었는데, 햇빛이 비춰어 몸을 끌어당겨 햇빛을 피하였으나 햇빛이 또 따라와 비쳤다. 이로 인하여 아이를 임신하였다. (『三國史記』13 高句麗本紀 1)

부여 동부여 고구려

이에 앞서 북부여 왕 해부루가 동부여로 자리를 피하고 나서 부루가 죽으매 금와가 왕위를 이었다. 이때에 왕은 태백산 남쪽 우발수에서 한 여자를 만나서 사정을 물었더니 그가 말하기를, "나는 본시 하백의 딸로서 이름은 유화인데, 여러 아우들과 함께 나와 놀던 중 때마침 한 사나이가 있어 천제의 아들 해모수라고 자칭하면서 나를 유인하여 웅신산(熊神山) 밑 압록강변의 방 속에서 사통하고는 가서 돌아오지 않았다"[단군기(檀君記)에 이르기를, "단군이 서하(西河) 하백의 딸과 상관하여 아이를 낳으니 이름을 부루라고 하였다."라고 하였다. 지금 이 기록을 보면 해모수가 하백의 딸과 관계하여 뒤에 주몽을 낳았다고 하였다. 단군기에는 "아들을 낳으니 이름을 부루이다."라고 하였으니 부루와 주몽은 이복형제일 것이다. 부모는 내가 중매도 없이 외간남자를 따랐다고 하였다. 그리하여 드디어 이곳에서 귀양살이를 하고 있다."라고 하였다. 금와가 이를 이상히 여겨 방 속에 깊이 가두었더니, 햇빛이 그녀를 비추었다. 그녀는 몸을 끌어 이를 피하였으나, 햇빛은 또 쫓아와 비추곤 하였고 그리하여 잉태하였다. (『三國遺事』1 紀異 1 高句麗)

부여 동부여 고구려

이에 앞서 부여왕 해부루가 늙도록 아들이 없자 명산대천에 제사를 지내어 아들을 구하였다. 그가 탄 말이 곤연에 이르러서 큰 돌을 보고 마주 대하여 눈물을 흘렸다.

임금이 이를 괴상히 여겨 사람을 시켜 그 돌을 굴리도록 하니, 어린 아이가 있었는데 금색 개구리 모양이었다. 이에 임금이 기뻐서 말하기를, "이는 하늘이 나에게 내려준 아들이다"하고 거두어 기르고, 이름을 금와라 하였다. 장성함에 미쳐 태자로 삼았다. 뒤에 그의 재상인 아란불이 말하기를, "꿈에 천제가 나에게 말하기를, '장차 내 자손으로 하여금 이곳에 나라를 세우게 할 것이다. 너는 다른 곳으로 피하라. 동해의 물가에 가섭원이라는 땅이 있는데, 토양이 기름져서 오곡을 심기가 마땅하니 도읍을 정할만하다.'고 하였습니다."라고 하였다. 드디어 임금에게 권하여 옮겨 도읍하게 하였으며 나라 이름을 동부여라 하였다. 그 옛 도읍지에는 어디서 왔는지 알 수 없는 자가 있어 천제의 아들 해모수라고 자칭하고 와서 도읍을 삼았다. 해부루가 죽자, 금와가 왕위를 계승하였다. 하루는 태백산 남쪽 우발수에서 한 여자를 만나서 그 사정을 물으니 말하기를, "저는 하백의 딸이고 이름은 유화입니다. 동생들과 더불어 나와서 놀이하던 중에 한 남자가 스스로 말하기를 천제의 아들 해모수라 하고 저를 웅심산 아래 압록강가에 있는 집 가운데로 유인하여 사통하고 곧 바로 떠나가서 다시는 돌아오지 않았습니다. 이에 부모는 제가 중매도 없이 남의 남자를 따랐다고 꾸짖어 마침내 우발수에 귀양보냈습니다."하였다. 금와가 이상히 여겨 유화를 방안에 가두었다. 햇빛이 비춰 몸을 움츠려 피하였으나, 햇빛이 따라오면서 비추더니 인하여 태기가 있었다. (『三國史節要』1)

B.C.58(癸亥/前漢 神爵 4/倭 崇神 38)

부여 고구려　해를 품고 주몽을 낳았으니, 이 해가 계해년이다. 골상이 참으로 기이하고 우는 소리가 또한 심히 컸다. 처음에 되만한 알을 낳으니, 보는 사람들이 깜짝 놀랐다. 왕이 상서롭지 못하다고 여기고 이것이 어찌 사람의 종류인가 하고, 마구간 속에 두었더니, 여러 말들이 모두 밟지 않고, 깊은 산 속에 버렸더니, 온갖 짐승이 모두 옹위하였다[왕이 천제 아들의 비(妃)인 것을 알고 별궁(別宮)에 두었더니, 그 여자의 품 안에 해가 비치자 이어 임신하여 신작 4년 계해년 여름 4월에 주몽(朱蒙)을 낳았는데, 우는 소리가 매우 크고 골상이 영특하고 기이하였다. 처음 낳을 때에 좌편 겨드랑이로 알 하나를 낳았는데 크기가 닷 되 만하였다. 왕이 괴이하게 여겨 말하기를, "사람이 새 알을 낳았으니 상서롭지 못하다."하고, 사람을 시켜 마구간에 두었더니 여러 말들이 밟지 않고, 깊은 산에 버렸더니 모든 짐승이 호위하고 구름 끼고 음침한 날에도 알 위에 항상 햇빛이 있었다. 왕이 알을 도로 가져다가 어미에게 보내어 기르게 하였더니, 알이 마침내 갈라져서 한 사내아이를 얻었는데 낳은 지 한 달이 지나지 않아서 언어가 모두 정확하였다]. 어미가 우선 받아서 기르니, 한 달이 되면서 말하기 시작하였다. 스스로 말하되, 파리가 눈을 빨아서 누워도 편안히 잘 수 없다 하였다. 어머니가 활과 화살을 만들어 주니, 그 활이 빗나가는 법이 없었다[어머니에게, "파리들이 눈을 빨아서 잘 수가 없으니 어머니는 나를 위하여 활과 화살을 만들어 주오."하였다. 그 어머니가 댓가지로 활과 화살을 만들어 주니 스스로 물레 위의 파리를 쏘는데 화살을 쏘는 족족 맞혔다. 부여에서 활 잘 쏘는 것을 주몽이라고들 한다]. (『東國李相國集』3 古律詩 東明王篇)

부여 고구려　알 하나를 낳았는데, 크기가 5승(升)쯤 되었다. 왕이 알을 버려 개와 돼지에게 주었으나 모두 먹지 않았다. 또 길 가운데에 버렸으나 소나 말이 피하였다. 나중에는 들판에 버렸더니, 새가 날개로 덮어 주었다. 왕이 이를 가르려고 하였으나, 깨뜨릴 수가 없어 마침내 그 어머니에게 돌려주었다. 그 어머니가 물건으로 알을 싸서 따뜻한 곳에 두었더니, 한 남자아이가 껍질을 부수고 나왔는데 골격과 외모가 영특하고 호걸스러웠다. (『三國史記』13 高句麗本紀 1)

부여 고구려　알 한 개를 낳으니 크기가 다섯 되 정도는 되었다. 왕이 이것을 버려 개와 돼지에게 주니 모두 먹지 않았다. 다시 이것을 길바닥에 버렸더니 소와 말이 피해 갔다 이것을 들에 버렸더니 새와 짐승이 덮어 주었다. 왕이 이것을 쪼개려 하여도 깨뜨릴 수가 없어 이에 그 어미에게 돌려주었다. 어미가 이것을 물건으로 싸서 따뜻한 데 두었더니, 아이 하나가 껍질을 깨고서 나왔는데 골격이나 외양이 영특하고 신기롭게 생겼다. (『三國遺事』 1 紀異 1 高句麗)

부여 고구려   닷 되들이 알 하나를 왼쪽 옆구리에서 낳으니, 흐린 날에 사내 아이 깨고 나다. 어린 아이 수 개월에 말이 잘 통하다. (『帝王韻紀』 下 高句麗紀)

부여 고구려   알 하나를 낳는데, 크기가 5 승(升)쯤 되었다. 왕이 알을 버려 개와 돼지에게 주었으나, 모두 먹지 않았다. 또 길 가운데에 버렸으나 소나 말이 피하였다. 나중에는 들판에 버렸더니 새가 날개로 덮어 주었다. 왕이 이를 쪼개려고 하였으나 깨뜨릴 수가 없었다. 껍질을 깨고 남자아이가 나왔다. 골표(骨表)가 영특하고 기이하였다. (『三國史節要』 1)

B.C.57(甲子/신라 혁거세거서간 1/前漢 五鳳 1/倭 崇神 41)

신라   시조의 성은 박씨이고 이름은 혁거세(赫居世)이다. 전한(前漢) 효선제(孝宣帝) 오봉(五鳳) 원년 갑자(甲子) 4월 병진(丙辰 : 28일)[혹은 정월 15일이라고도 한다]에 왕위에 올랐고 거서간(居西干)이라 했다. 그때 나이는 13세였으며, 나라 이름을 서나벌(徐那伐)이라 했다. 이보다 앞서 조선 유민들이 산곡 사이에 나뉘어 살면서 6촌을 이루었다. 첫째는 알천(閼川) 양산촌(楊山村), 둘째는 돌산(突山) 고허촌(高墟村), 셋째는 자산(觜山) 진지촌(珍支村)[간진촌(干珍村)이라고도 한다], 넷째는 무산(茂山) 대수촌(大樹村), 다섯째는 금산(金山) 가리촌(加利村), 여섯째는 명활산(明活山) 고야촌(高耶村)이라 하였고, 이것이 진한(辰韓) 6부(六部)가 되었다. 고허촌장 소벌공(蘇伐公)이 양산 기슭을 바라보니, 나정(蘿井) 옆 수풀 사이에서 말이 무릎을 꿇고 울고 있었다. 이에 가보니 문득 말은 보이지 않고 큰 알이 있었다. 이를 갈라보니 갓난아이가 나왔다. 거두어 길렀는데, 나이 10여 세가 되자 재주가 특출하고 성숙하였다. 6부인들은 그 출생이 신이하므로 이를 받들고 존경하였는데, 이때에 이르러 받들어 왕으로 삼은 것이다. 진인(辰人)은 호(瓠)를 박(朴)이라 했고, 처음에 큰 알이 박[瓠]과 같았기 때문에 박(朴)으로 성을 삼았다. 거서간은 진한 말로 왕을 가리킨다[혹은 귀인을 부르는 칭호라고 한다]. (『三國史記』 1 新羅本紀 1)

신라   경순왕 9년 (…) 논하여 말한다. 신라의 박씨, 석씨는 모두 알에서 태어났고 김씨는 금궤(金樻)에 들어가 하늘에서 내려왔다거나 혹은 금수레를 탔다고 한다. 이것은 너무 괴이해서 믿을 수 없다. 그러나 세속(世俗)에서는 서로 전하며 이것을 사실이라고 한다. 정화(政和) 연간(1111~1117)에 우리 조정은 상서(尙書) 이자량(李資諒)을 송(宋)에 보내 조공하였다. 신(臣) 부식(富軾)이 문한(文翰)의 임무를 띠고 보좌하여 갔다. 우신관(佑神館)에 이르러 한 집에 선녀 상이 모셔져 있는 것을 보았다. 관반학사(館伴學士) 왕보(王黼)가 말하기를, "이것은 당신 나라의 신인데, 공들은 이를 아는가"라고 하였다. 마침내 말하기를, "옛날 제실(帝室)의 딸이 남편 없이 잉태를 하여 사람들에게 의심을 받자 바다에 배를 띄워 진한(辰韓)으로 가서 아들을 낳아, 해동(海東)의 시조왕이 되었다. 황제의 딸은 지선(地仙)이 되어 오래도록 선도산(仙桃山)에 있는데, 이것이 그녀의 상(像)이다."라고 하였다. 신은 또 송의 사신 왕양(王襄)이 동신성모(東神聖母)에게 제사지내는 글을 보았는데, "현인(賢人)을 잉태해 나라를 처음 세웠다."는 구절이 있었다. 이에 동신(東神)이 곧 선도산 성모(聖母)임을 알았다. 그러나 그의 아들이 어느 때 왕 노릇을 한 것인지는 알지 못한다. (『三國史記』 12 新羅本紀 12)

신라   신라(新羅) 강역의 경계는 옛 기록들 내용이 서로 같지 않다. 두우(杜佑)의 통전(通

典)에는 "그 선조는 본래 진한(辰韓) 종족이다. 그 나라는 백제(百濟), 고려(高麗) 두 나라의 동남쪽에 있으며, 동쪽으로는 큰 바다에 접해있다."라 적혀 있다. 유구(劉煦)의 당서(唐書)에는 "동남쪽 모두 큰 바다로 경계가 된다"고 적혀 있다. 송기(宋祁)의 신서(新書)에는 "동남쪽은 일본(日本), 서쪽은 백제(百濟), 북쪽은 고려(高麗), 남쪽 끝은 바다."라고 적혀 있다. 가탐(賈耽)의 사이술(四夷述)에는 "진한(辰韓)은 마한(馬韓)의 동쪽에 있고, 동쪽으로 바다에 이르며 북으로는 예(濊)와 접해있다."라 적혀 있다. 신라의 최치원(崔致遠)은 "마한(馬韓)은 즉 고려(高麗), 변한(卞韓)은 즉 백제(百濟), 진한(辰韓)은 즉 신라(新羅)"라고 말하였다. 이와 같은 여러 설들이 사실에 가깝다고 할 만하다. 하지만 신·구당서(新舊唐書)에서는 모두 "변한(卞韓)의 후예들이 낙랑(樂浪) 지방에 있었다"고 하였다. 신당서에는 또 말하기를 "동쪽으로 장인(長人)과 대치하고 있는데, 장인(長人)이라는 것은 키가 3장(丈)이며, 세 길이며, 톱날 이빨과 갈고리 손톱으로 사람을 잡아먹었다. 신라(新羅)는 항상 쇠뇌(弩)를 쏘는 군사 수천 명을 주둔시켜 수비하였다"라고 하였으나, 이는 모두 전해지는 소문이지 실제적인 기록은 아니다. 살펴보건데 한서(漢書)와 후한서(後漢書)에는 "낙랑군(樂浪郡)은 낙양(洛陽)의 동북 방향 5천리 거리에 있다."고 하였고, 주(注)에서는 "유주(幽州)에 속하며, 옛 조선국(朝鮮國)이다."라 말하였다. 즉 계림(鷄林)과는 멀리 떨어져 있는 것 같다. 또한 전래되는 말로는 "동해의 외딴 섬에 대인국(大人國)이 있다."고 하지만, 이를 본 사람이 없으니 어찌 쇠뇌 군사를 두어 지키게 하는 것이 있겠는가. 지금 살펴보면 신라 시조 혁거세는 전한 오봉 원년 갑자에 나라를 세웠다. 왕도(王都)는 길이가 3천 75보, 넓이는 3천 18보이며, 35리(里) 6부(部)로 되어 있었다. 국호는 서야벌(徐耶伐)이라 하였는데, 혹은 사라(斯羅) 혹은 사로(斯盧) 혹은 신라(新羅)라고 하였다. (『三國史記』 34 雜志 3 地理 1)

신라   진한 땅에는 옛날 여섯 마을(六村)이 있었다. 첫째는 알천 양산촌으로, 그 남쪽은 지금의 담엄사(曇嚴寺)이다. 촌장은 알평(謁平)이라 하며 처음에 표암봉(瓢嵓峰)에 내려왔으니, 이가 급량부(及梁部) 이씨의 조상이 되었다[노례왕 9년에 부(部)를 두어 이름을 급량부라 하였는데, 본조의 태조 천복(天福) 5년 경자(庚子 : 940)에 이름을 고쳐 중흥부(中興部)라 하였다. 파잠(波潛)·동산(東山)·피상(彼上)·동촌(東村)이 여기에 속한다]. 둘째는 돌산 고허촌으로, 촌장은 소벌도리(蘇伐都利)라 하며 처음에 형산(兄山)에 내려왔으니, 이가 사량부[양을 도로 읽고 혹은 탁으로 쓰며, 음은 역시 도이다] 정씨의 조상이 되었다. 지금은 남산부(南山部)라 이르니 구량벌(仇良伐)·마등오(麻等烏)·도북(道北)·회덕(廻德) 등 남촌(南村)이 여기에 속한다['금왈(今曰)'이라고 말한 것은 태조가 설치한 것으로, 아래도 마찬가지이다]. 셋째는 무산 대수촌이니, 촌장은 구(俱)[구를 구(仇)로도 쓴다]례마(禮馬)라고 하며, 처음에 이산(伊山)[개비산(皆比山)이라고도 한다]에 내려왔으니. 이가 점량(漸梁)[양(梁)을 탁으로도 쓴다]부(部) 또는 모량부(牟梁部) 손씨의 조상이 되었다. 지금은 장복부(長福部)라고 이르니, 박곡촌(朴谷村) 등 서촌(西村)이 여기에 속한다. 넷째는 자산 진지촌[빈지(賓之) 또는 빈자(賓子)·빙지(氷之)라고도 한다]이니, 촌장은 지백호(智伯虎)라 하여 처음 화산(花山)에 내려왔다. 이가 본피부(本彼部) 최씨의 조상이 되었다. 지금은 통선부(通仙部)라고 이르니, 시파(柴巴) 등 동남촌(東南村)이 여기에 속하였다. 최치원은 즉 본피부 사람으로, 지금도 황룡사(皇龍寺) 남쪽과 미탄사(味呑寺) 남쪽에 옛날 집터가 있어 이것이 최후(崔侯)의 옛 집이라고 한다. 아마도 명백한 것 같다. 다섯째는 금산 가리촌[지금의 금강산(金剛山) 백률사(栢栗寺) 북쪽 산이다]이니, 촌장은 지타(祇沱)[지타(只他)라고도 쓴다]라고 하며 처음에 명활산에 내려왔다. 이가 한기부(漢歧部) 또는 한기부(韓歧部) 배씨의 조상이 되었다. 지금은 가덕부(加德部)라고 이르니, 상·하서지(上下西知)·내아(乃兒) 등 동촌(東村)이 여기에 속한다. 여섯째는 명활산 고야촌이니, 촌장은 호진(虎珍)이라 하여 처음에 금강산에 내려왔으니, 이가 습비부(習比部) 설씨의 조상이 되었다. 지금은 임천부(臨川部)라고 이르니, 물이촌(勿伊村)·잉구미촌(仍仇彌村)·궐곡(闕谷)[갈곡(葛谷)이라고도 한다] 등 동북촌(東北村)이 여기에 한다. 위에 쓴 글로 보건대 이 6부의 조상들이 모두 하늘로부터 내려온 것 같다. 노례왕 9년에 처음으로 6부의 이름을 고치고 또 6성을 주었다. 지금 풍속에서 중흥부를 어머니로 삼고 장복부를 아버지로 삼고 임천부를 아들로 삼고 가덕부를 딸로 삼으니 그 까닭은 자세치 않다. 전한 지절 원년 임자[고본(古本)에 이르기를 건호(建武) 원년(25)이니 건원 3년(138)이니 한 것들은 다 잘못이다] 3월 초하룻날 6부의 조상들이 각각 자제들을 데리고 다 함께 알천 언덕 위에 모여 의논하기를 "우리들이 위로 백성들을 다스릴 만한 왕이 없어 보내 백성들이 모두 방종하여 제멋대로 놀고 있으니 어찌 덕이 있는 사람을 찾아내어 그를 왕으로 삼아 나라를 창건하고 도읍을 정하지 않을 것이랴"하였다. 이때에 모두 높은 데 올라가 남쪽을 바라보니 양산 및 나정 곁에 이상한 기운이 번개처럼 땅에 드리우더니, 웬 흰 말 한 마리가 무릎을 꿇고 절하는 시늉을 하고 있었다. 조금 있다가 거기를 살펴보니 보랏빛 알 한 개[또는 푸른 빛 큰 알이라고도 한다]가 있고 말은 사람을 보자 울음소리를 길게 뽑으면서 하늘로 올라갔다. 그 알을 쪼개 보니, 형용이 단정하고 아름다운 사내아이가 있었다. 놀랍고도 이상하여 아이를 동천[동천사(東泉寺)는 사뇌야(詞腦野) 북쪽에 있다]에서 목욕을 시키매 몸에는 광채가 나고 새와 짐승들이 모조리 춤을 추며 천지가 진동하고 해와 달이 맑게 빛났다. 따라서 이름을 혁거세왕[아마도 향언(鄕言)일 것이다. 혹은 불구내왕(弗矩內王)이라고도 하니, 광명으로써 세상을 다스린다는 말이다. 설명하는 사람이 말하기를, "이는 서술성모(西述聖母)가 낳은 것이다. 그러므로 중국 사람의 선도성모(仙桃聖母)를 찬미하는 글에 '어진 인물을 배어 나라를 창건하라'라는 구절이 있으니 이것을 두고 하는 말일 것이다"라고 하였다. 또는 계룡(鷄龍)이 상서(祥瑞)를 나타내어 알영(閼英)을 낳았으니, 또한 서술성모의 현신이 아니겠는가] 이라고 하고, 왕위의 칭호는 거슬한(居瑟邯)[혹은 거서간이라고도 하니, 이는 그가 처음 입을 열 때에 자신을 일컬어 말하기를 알지거서간(閼智居西干)이 크게 일어난다 하였으므로, 그의 말에 따라 이렇게 불렀으니 이로부터 왕의 존칭으로 되었다]이라 하니 당시 사람들이 다투어 축하하여 말하기를, "이제 천자가 이미 이 땅에 내려왔으니 마땅히 덕이 있는 여군(女君)을 찾아서 배필을 정해야 하겠다"고 하였다. 이날 사량리 알영정[또는 아리영정(娥利英井)이라고도 한다]에서 계룡이 나타나서 왼쪽 옆구리로부터 동녀(童女)[혹은 용이 나타나 죽으매 그 배를 가르고 얻었다고도 한다]를 낳으니, 자색이 뛰어나게 고왔다. 그러나 입술이 닭의 부리 같아서 월성 북천에 가서 목욕을 시켰더니, 그 부리가 퉁겨져 떨어졌으므로 그 천의 이름도 따라서 발천(撥川)이라 하였다. 궁실을 남산 서쪽 기슭[지금의 창림사(昌林寺)]이다]에 짓고는 두 명의 신성한 아이를 모셔 길렀다. 사내아이는 알에서 나왔는지라 그 알은 박[瓠]과 같이 생겼고 향인(鄕人)들이 박을 박(朴)이라 하므로 따라서 성을 박이라 하였다. 여자아이는 그가 나온 우물 이름으로써 이름을 지었다. 두 성인의 나이가 열세 살이 되자 오봉 원년 갑자에 남자는 위에 올라 왕이 되고 이어 여자로써 왕후를 삼았다. 나라 이름을 서라벌(徐羅伐) 또는 서벌(徐伐)[지금 세상에서 경(京)자를 뜻하길 서벌이라 하는 것은 이 때문이다]이라 하였다. 혹은 사라(斯羅) 또는 사로(斯盧)라고도 하며, 처음에 왕이 계정(鷄井)에서 났으므로 혹은 일러서 계림국(鷄林國)이라고도 하니 계룡(鷄龍)이 상서를 보여 주었기 때문이다. 일설(一說)에는 탈해왕(脫解王) 때에 김알지(金閼智)를 얻으면서 숲 속에서 닭이 울었으므로 나라 이름을 계림(鷄林)으로 고쳤다고 한다. 후세에 와서는 드디어 신라라고 이름을 정하였다. 나라를 다스린 지

61년 만에 왕이 하늘로 올라갔는데, 7일 뒤에 유해가 땅에 흩어져 떨어졌으며 왕후도 역시 죽었다고 한다. 국인들이 합장을 하려고 했더니 큰 뱀이 나와서 내쫓아 못하게 하므로 5체(五體)를 5릉(五陵)에 각각 장사지내고 역시 이름을 사릉(蛇陵)이라고도 하니, 담엄사 북쪽 왕릉이 바로 이것이다. 태자 남해왕(南解王)이 왕위를 계승하였다. (『三國遺事』 1 紀異 2 新羅始祖 赫居世王)

신라 마한 고구려 진한

최치원이 말하였다. 마한은 고구려이고 진한은 신라이다[본기에 의거하면 곧 신라는 먼저 갑자년에 일어났다. (…)] (『三國遺事』 1 紀異 1 馬韓)

신라   신라의 시조되는 혁거세님 / 태어난 곳이 인간 혈통 아니네 / 알 있더니 하늘에서 내려와 / 크기는 박과 같고 홍실로 매어졌다 / 알 속에 오래 있어 박으로 성 삼으니[신라인은 표(瓢)를 박(朴)이라 하였다] / 이 어찌 하늘 사람 아니신가 / 한 선제 오봉 원년 갑자년에 / 진한 땅에 개국하여 국경을 정했구나 / 풍속은 아름답고 곳마다 태평하며 / 성군현상(聖君賢相) 자리잡아 대대로 이어지니 / 복희씨의 옛 세상과 무엇이 다르리까 / 조야(朝野)가 공경하니 속임이 전혀 없고 / 남녀는 화락하며 좌우로 길 나누며 / 양식 없이 여행하고 문 닫는 법 전혀 없다 / 화조월석(花朝月夕) 좋은 시절 손잡고 놀고 놀아 / 별곡가사(別曲歌詞) 노래들을 마음대로 지어 읊다 / 구림(鳩林)에 느끼고 금궤(金櫃)에도 응하여서 / 석씨, 김씨 왕위를 이어받다 / 29대 김춘추 무열왕은 / 당나라에 청병하여 려·제(麗·濟)를 아우르며 / 유신 김공은 참으로 공신이니 / 묘한 병서 얻어 받아 무예에 밝았도다 / 문장(文章)은 어느 누가 중화를 움직였나 / 청하공(淸河公) 최치원이 이름을 떨쳤다네 / 불도에는 원효와 의상 있어 / 깨달음은 고불(古佛)과 부합되네 / 큰 선비 설총님은 이두를 지어내니 / 속언(俗言)과 향어(鄕語)까지 글자로 적게 됐네 / 성현들이 모여들어 군(君)을 돕고 정사(政事)하니 / 어리석은 천민들도 행하느니 예법이라 / 연면(連綿)하고 오랜 세월 차차로 쇠해지며 / 궁예와 견훤이 주인 보고 덤벼드니 / 민심은 어지럽고 돌아갈 곳 어디인가 / 김부대왕(金傅大王) 잘했도다, 나라 대계(大計) / 후당(後唐)의 말제(末帝) 왕 청태(淸泰) 2년 / 을미(乙未) 중동(仲冬)에 우리 태조께 조하했다[우리 태조 18년이다. 단군 원년 무진으로부터 이때까지 대체로 3,288년이다] / 김부왕께 맏딸[낙랑공주이다] 주고 상보(尙父)를 봉하니까 / 의관(衣冠)한 문무백관 그전대로 조회했네[신라 신하들에게 모두 본직을 주어 조회에 참예토록 했다]. / 992년이란 오랜 세월 / 56명의 왕들이 법도를 잘 지켜 / 지금까지 남은 경사 오히려 끝이 없고 / 난대(鸞臺)와 봉각(鳳閣)에 후손들이 영화 보네 / 기미 알고 약해진 신의야 두텁건만 / 개벽 이래 많은 책들 찾아보고 찾아봐도 / 만고(萬古)에 이런 예를 보기가 어렵구나 (『帝王韻紀』 下 東國君王開國年代 新羅紀)

신라   여름 4월 병진(28)에 시조 박혁거세가 즉위하였다. 이에 앞서 조선의 유민들이 산곡 사이에 나누어 거주하여 여섯 촌락을 이루었다. 첫째는 알천 양산이고 둘째는 돌산 고허이며 셋째는 자산 진지이고 넷째는 무산 대수이며 다섯째는 금산 가리이고 여섯째는 명활산 고야이다. 이것이 진한의 6부이다. 고허촌장 소벌공이 양산 기슭을 바라보니 나정 곁에 있는 수풀 사이에서 말이 무릎을 꿇고 울고 있으므로 가서 살펴보니 홀연히 말은 간데 없고 큰 알만 있었다. 이에 알을 깨뜨리고자 한 어린아이가 나왔으므로 데려다가 길렀다. 자질이 준수하고 숙성하였다. 6부 사람들이 이 아이의 출생이 신이하므로 높이 받들었다. 이에 이르러 그를 옹립하여 왕을 삼으니 나이는 13세이다. 거서간이라 칭하였다. 거서간은 진한 말로 왕을 가리켜 말하는 것이며 혹은 귀인에 대한 칭호라고도 한다. 국호는 서나벌[서벌이라고도 한다] 뒤에 계림으로, 다시 신라라고 개칭하였다. 박으로써 성을 삼은 것은 깨진 알이 바가지와 같았기 때문인데, 속담에 바가지를 박이라고 한다[『삼국유사』에 의하면 진한 땅에 옛날 여섯 마을이 있었다. 첫째는 양산촌으로 촌장은 알평이니 급량부가 되었고 둘째는 돌산 고허촌으로 촌장은 소벌도리이니, 이것이 사량부가 되었으며 셋째는 무산 대수촌으로 촌장은 구례마니, 이것이 점량부가 되었다. 넷째는 자산 진지촌으로 촌장은 지백호이며 이것이 본피부가 되었다. 다섯째는 금산 가리촌으로 촌장은 지타이니, 이것이 한기부가 되었다. 여섯째는 명활산 고야촌으로 촌장은 호진이니, 이것이 습비부가 되었다. 한나라 지절 원년 3월 초하룻날 6부에서 각각 자제들을 데리고 알천 언덕 위에 모여 의논하기를, "우리들이 위에 군주가 없어 백성들이 방종하니 어찌 덕망 있는 자를 구하여 왕을 삼지 않겠는가"라고 하였다. 이에 양산 아래를 바라보니 나정 곁에 이상한 서기가 있어 번개 빛이 땅에 드리운 듯 하였고 흰 말이 꿇어 엎드려 있으므로 가서 살펴보니 말은 간데 없고 붉은 알만 하나 있었다. 알을 쪼개어 동남(童男)을 얻었는데, 의용(儀容)이 단아하였으므로 무리들이 모두 놀라 옹립하여 왕을 삼았고, 인하여 혁거세라고 이름하였다. 혁거세는 대개 방언에 왕을 뜻한 것인데, 혹은 불구내왕이라 하고 혹은 거슬한이라고 한다라고 하였다].

권근(權近)은 말한다. 공자가 시서(詩書)를 산정함에 있어 당우(唐虞)로부터 단정(斷定)하였다. 대체로 당우 이전에는 세도가 홍황(洪荒)하여 모두 믿기 어려운 때문이었으니, 당우 이후에는 중국의 사적에 이미 괴상한 일이 없었다. 삼국 시조의 탄생이 모두 한나라와 같은 시대인데, 어찌 이런 괴상한 일이 있을 수 있겠는가. 유독 시조만 그런 것이 알영과 탈해의 출생도 또한 모두 괴상하여 정상에서 벗어났으니, 그 처음에 바다 변두리에서 거주하는 무리들이 순박하고 지식이 없어서 한번 괴상한 말을 들으면 모두가 믿고 신기하게 여겨 후세에 전한 것이 아니겠는가. 그렇지 않다면 어찌 괴상한 일이 이토록 많단 말인가. (『三國史節要』1)

B.C.56(乙丑/신라 혁거세거서간 2/前漢 五鳳 2/倭 崇神 42)

B.C.55(丙寅/신라 혁거세거서간 3/前漢 五鳳 3/倭 崇神 43)

B.C.54(丁卯/신라 혁거세거서간 4/前漢 五鳳 4/倭 崇神 44)

신라	여름 4월 신축(辛丑) 초하루날에 일식(日食)이 있었다. (『三國史記』1 新羅本紀 1)
신라	여름 4월 신축 초하루날에 일식이 있었다. (『三國史節要』1)

B.C.53(戊辰/신라 혁거세거서간 5/前漢 甘露 1/倭 崇神 45)

신라	봄 정월에 용이 알영정(閼英井)에 나타나 오른쪽 옆구리로 여자아이를 낳았다. 할머니가 발견하여 기이하게 여기고 거두어 길렀는데 우물 이름을 따서 이름을 지었다. 자라면서 덕이 있는 모습이 있었다. 시조가 이를 듣고서 맞이하여 비로 삼았다. 행실이 어질고 안으로 잘 보필하여 당시 사람들이 이들을 두 성인(聖人)이라 불렀다. (『三國史記』1 新羅本紀 1)
신라	봄 정월에 알영을 세워 왕후로 삼았다. 처음에 용이 알영정에 나타나 오른쪽 옆구리로 여자 아이를 낳으니, 할머니가 이를 보고 이상히 여겨 데려다 길렀다. 우물 이름을 따서 이름을 지었다. 자라면서 덕스런 모습을 지녔다. 시조 혁거세가 맞이하여 왕비로 삼았다. 어진 행실이 있어 능히 안으로 잘 보필하여 당시 사람들이 두 성인이라 일컬었다[『삼국유사』에 의하면, "시조 혁거세가 탄생하던 날 사량리 알영정 가에서 계룡이 왼쪽 옆구리에서 여자아이를 낳았는데, 용모가 매우 아름다웠다. 이에 6부 사람들이 궁실을 지어 길렀는데, 두 아이가 13세에 이르자 남자는 왕을 삼고 여자는 왕후를 삼았다"고 하였다].

권근은 말한다. 국가의 흥성에 있어서 내조의 아름다움에 힘입지 않은 자가 없었으니 하(夏)나라에는 도산(塗山)이 있었고 상(商)나라에는 유산(有娀)이 있었으며 주(周)나라에서는 대사(大似)가 있어 인륜의 시초를 바로잡고 교화의 기반됨이 지극하였다. 알영이 시조의 왕비가 되자 나라 사람들이 아름다움을 칭송하였으니, 그 덕행은 반드시 나라 사람들의 마음을 복종케 하였을 것이다. 그러나 시조와 더불어 이성이라고 아울러 일컫는 것은 그릇되었다. 이성이라는 칭호는 당(唐) 고종(高宗)·무후(武后) 때로 당 고종이 무후에게 빠져서 황후로 세웠고 무후가 교활하고 사나워서 대정(大政)에 간여하여 발을 드리우고 함께 청단(聽斷)했으므로, 그 때 사람들이 이성이라고 일컬었다. 신라시대에 초에 민속이 순박하여 왕을 일컫는 데에도 오히려 방언을 사용하였으니 응당 이성이라고 일컫지는 않았을 것이다. 이는 반드시 신라 사람들이 당나라 고종을 섬긴 후에 이성의 칭호를 익숙히 듣기는 했으니, 그 그릇됨을 알지 못하고 이를 본받아 덩달아 일컬은 것이 아니겠는가. 더구나 당나라 제서(制書)에 성덕왕을 이명(二明)이라고 일컬었고 경조(慶祚)가 신라 사람으로서 당나라에 들어가 감히 이성이라 일컫지 못하고 이명이라고 하였는데, 나라 안에서 자칭하는 데에도 아마 이러하였을 것이다". (『三國史節要』1)

B.C.52(己巳/신라 혁거세거서간 6/前漢 甘露 2/倭 崇神 46)

B.C.51(庚午/신라 혁거세거서간 7/前漢 甘露 3/倭 崇神 47)

B.C.50(辛未/신라 혁거세거서간 8/前漢 甘露 4/倭 崇神 48)

신라　왜인(倭人)이 군사를 일으켜 변경을 침범하려다가 시조에게 신령스런 덕이 있음을 듣고 이내 물러갔다. (『三國史記』1 新羅本紀 1)

신라　왜가 와서 변방을 침범하다가 왕에게 신령스런 덕이 있음을 듣고 이내 물러갔다. (『三國史節要』1)

B.C.49(壬申/신라 혁거세거서간 9/前漢 黃龍 1/倭 崇神 49)

신라　봄 3월에 패성(孛星)이 왕량(王良) 자리에 나타났다. (『三國史記』1 新羅本紀 1)

신라　봄 3월에 패성이 왕량 자리에 나타났다. (『三國史節要』1)

B.C.48(癸酉/신라 혁거세거서간 10/前漢 初元 1/倭 崇神 50)

현도 낙랑　(원제 초원 원년) 가연지(賈捐之)가 대답하여 아뢰길, "(…) 효무황제(孝武皇帝) 원수(元狩) 6년(B.C.117)에 이르러 태창(太倉)의 곡식은 햇곡식과 묵은 곡식이 순서대로 가득 쌓이고도 넘쳐 색이 붉어지고 썩어서 먹을 수 없을 정도로 곡식이 남았고 도성내의 화폐는 많이 쌓인 채 관1)이 섞어 그 수를 헤아릴 수 없을 정도였습니다. 이내 평성(平城)의 일2)을 헤아리고 묵특(冒頓) 이래 흉노가 종종 변방의 해를 끼친 사례를 살펴보며 병사를 징집하고 말을 동원하였고 부유한 백성의 재화를 취하여 그들을 물리치고 복종시켰습니다. 영토가 서쪽으로는 여러 나라를 이어서 안식까지 이르렀고 동쪽으로는 갈석을 지나 현토, 낙랑으로 군을 삼았습니다. 북으로는 흉노를 만리 밖으로 물리치고 게다가 영루와 요새를 세웠으며 남해를 제압하여 8군을 설치했습니다. 그러므로 천하에 판결해야 할 옥사가 수없이 많이 생겨나니 백성의 구부(口賦)3)가 수백전이 되고 소금, 철, 술 제조의 전매에 따른 이익으로 재정을 보태더라도 여전히 충분하지 않았습니다. (…) "하였다. (『漢書』64 下 嚴朱吾丘主父徐嚴終王賈傳 34 下 賈捐之)

B.C.47(甲戌/신라 혁거세거서간 11/前漢 初元 2/倭 崇神 51)

B.C.46(乙亥/신라 혁거세거서간 12/前漢 初元 3/倭 崇神 52)

B.C.45(丙子/신라 혁거세거서간 13/前漢 初元 4/倭 崇神 53)

낙랑　　　　　낙랑군초원사년현별호구다소△부(樂浪郡初元四年縣別戶口多少△簿)

조선(朝鮮)현은 호(戶) 9,678로 전년에 비해 93호가 많고, 구(口)는 56,890으로 전년에 비해 1,862구가 많다.

남한(詀邯)현은 호 2,284로 전년에 비해 34호가 많고, 구는 14,333으로 전년에 비해 467구가 많다.

증지(增地)현은 호 548로 전년에 비해 20호가 많고, 구는 3,353으로 전년에 비해 71구가 많다.

점제(黏蟬)현은 호 1,039로 전년에 비해 13호가 많고, 구는 6,332로 전년에 비해 206구가 많다.

사망(駟望)현은 호 1,283으로 전년에 비해 11호가 많고, 구는 7,391로 전년에 비해 278구가 많다.

둔유(屯有)현은 호 4,826으로 전년에 비해 59호가 많고, 구는 21,906로 전년에 비해 273구가 많다.

대방(帶方)현은 戶 4,346으로 전년에 비해 53호가 많고, 口는 28,941로 전년에 비해 574구가 많다.

열구(列口)현은 호 817로 전년에 비해 15호가 많고, 구는 5,241로 전년에 비해 170구가 많다.

장잠(長岑)현은 호 683으로 전년에 비해 9호가 많고, 구는 4,932로 전년에 비해 161구가 많다.

해명(海冥)현은 호 338로 전년에 비해 7호가 많고, 구는 2,492로 전년에 비해 91구가 많다.

소명(昭明)현은 호 643로 전년에 비해 10호가 많고, 구는 4,435로 전년에 비해 137구가 많다.

제해(提奚)현은 호 173로 전년에 비해 4호가 많고, 구는 1,303로 전년에 비해 37구가 많다.

함자(含資)현은 호 343로 전년에 비해 10호가 많고, 구는 2,813로 전년에 비해 109구가 많다.

수성(遂成)현은 호 3,005로 전년에 비해 53호가 많고, 구는 19,092로 전년에 비해 630구가 많다.

누방(鏤方)현은 호 2,335로 전년에 비해 39호가 많고, 구는 16,621로 전년에 비해 343구가 많다.

혼미(渾彌)현은 호 1,758로 전년에 비해 38호가 많고, 구는 13,259로 전년에 비해 355구가 많다.

패수(浿水)현은 호 1,152로 전년에 비해 28호가 많고, 구는 8,837로 전년에 비해 297구가 많다.

탄열(呑列)현은 호 1,988로 전년에 비해 46호가 많고, 구는 16,330로 전년에 비해 537구가 많다.

동이(東暆)현은 호 279로 전년에 비해 8호가 많고, 구는 2,013로 전년에 비해 61구가 많다.

잠태(蠶台)현은 호 544로 전년에 비해 17호가 많고, 구는 4,154로 전년에 비해 139

구가 많다.

불이(不而)현은 호 1,564로 전년에 비해 5호가 많고, 구는 12,348로 전년에 비해 401구가 많다.

화려(華麗)현은 호 1,291로 전년에 비해 8호가 많고, 구는 9,114로 전년에 비해 308구가 많다.

사두매(邪頭昧)현은 호 1,244로 전년과 같고, 구는 10,285로 전년에 비해 343구가 많다.

전막(前莫)현은 호 534로 전년에 비해 2호가 많고, 구는 3,002로 전년에 비해 36구가 많다.

부조(夫租)현은 호 1,150로 전년에 비해 2호가 많고, 구는 10,△76로 전년에 비해 △8구가 많다.

전체 호는 43,845로 전년보다 584호가 많고 구는 28△,261이다.

그 호는 37,△34이고, 구는 242,△△△이다. (「樂浪郡初元四年縣別戶口多少△簿」)

B.C.44(丁丑/신라 혁거세거서간 14/前漢 初元 5/倭 崇神 54)

신라　　　여름 4월에 패성(孛星)이 참성(叅星) 자리에 나타났다. (『三國史記』1 新羅本紀 1)

신라　　　여름 4월에 혜성이 참성 자리에 나타났다. (『三國史節要』1)

B.C.43(戊寅/신라 혁거세거서간 15/前漢 永光 1/倭 崇神 55)

낙랑　　　영광 원년에 우공(右工) 사구(賜緱), 도공(塗工) 단(旦), 색부(嗇夫) 희(憙)가 주관하고 우승(右丞) 재(裁)와 영(令) 갈(朅)이 감독한다. (「永光 元年銘 耳杯」)

낙랑　　　영광 원년에 공공(供工)의 휴화공(髹畵工) 하(賀), 월공(泪工) 종(宗), 도공 (…) 책(簀,) 영 건(建)이 감독한다. (「永光 元年銘 耳杯」)

B.C.42(己卯/신라 혁거세거서간 16/前漢 永光 2/倭 崇神 56)

B.C.41(庚辰/신라 혁거세거서간 17/前漢 永光 3/倭 崇神 57)

낙랑　　　효문묘(孝文廟)의 동종(銅鍾)이며 용량은 10승(升)이다. 무게는 47근(斤)이다. 영광 3년 6월에 주조하였다. (「永光 3年銘 銅鍾」)

신라　　　왕이 6부를 순무했는데, 왕비인 알영(閼英)이 동행했다. 농사와 누에치기를 권하고 독려하여 땅의 이로움을 모두 얻도록 했다. (『三國史記』1 新羅本紀 1)

신라　　　왕이 6부를 순무하여 농사와 누에치기를 권하고 독려하였으며 알영이 따랐다.
권근은 말한다. 사방을 순행하여 백성의 노고를 살피는 것은 왕의 일이니 옛날 왕은 봄에 경작하는 것을 살펴 부족함을 보충하였고 가을에는 추수를 살펴 갖추지 못함을 도와주어 한 번 놀고 한번 즐거워하는 것도 백성을 위하지 않음이 없었다. 이제 시조가 6부를 순무하여 농상을 권면한 것은 옛날 사방을 수행하여 부족함을 보조해 준 법과 거의 같다. 그러나 부인은 외방 일에 간여할 필요가 없고 교령(敎令)이 규문(閨門) 안에서 나오지 않는 것인데, 왕비가 행차해 따라갔으니, 이는 예절에 어긋난 것이다. (『三國史節要』1)

B.C.40(辛巳/신라 혁거세거서간 18/前漢 永光 4/倭 崇神 58)

B.C.39(壬午/신라 혁거세거서간 19/前漢 永光 5/倭 崇神 59)

신라 변한　　봄 정월에 변한(卞韓)이 나라를 들어 항복해 왔다. (『三國史記』1 新羅本紀 1)

신라 변한　　봄 정월에 변한이 그 나라를 들어 항복해 왔다. (『三國史節要』 1)

신라 변한 마한 백제
　　　　　　신라시조 혁거세즉위 19년 임오(壬午)에 변한 사람이 나라를 들어 항복하였다. 신구
　　　　　　당서에 이르길, 변한의 후예는 낙랑의 땅에 있다고 하였고 후한서에는 변한은 남쪽
　　　　　　에 있고 마한은 서쪽에 있고 진한은 동쪽에 있다고 하였다. 치원이 말하길 변한은
　　　　　　백제라고 하였다. (『三國遺事』 1 紀異 2 卞韓 百濟)

B.C.38(癸未/신라 혁거세거서간 20/前漢 建昭 5/倭 崇神 60)
부여 고구려　나이 일곱 살에 영리하고 예사롭지 않아서 스스로 활과 화살을 만들어 쏘았는데, 백
　　　　　　발백중이었다. 부여의 속어에 활을 잘 쏘는 것을 주몽(朱蒙)이라 하는 까닭에, 이것
　　　　　　으로 이름을 지었다. 금와는 일곱 아들이 있어서 늘 주몽과 함께 놀았으나, 그 재주
　　　　　　와 능력이 모두 주몽에 미치지 못하였다. 그 맏아들 대소(帶素)가 왕에게 말하기를,
　　　　　　"주몽은 사람이 낳은 자가 아니어서 사람됨이 또한 용감합니다. 만약 일찍 도모하지
　　　　　　않으면 후환이 있을까 두려우니 그를 제거할 것을 청하옵니다."라 하였다. 왕이 듣
　　　　　　지 않고 그에게 말을 기르도록 하였다. 주몽이 날랜 말을 알아보고 적게 먹여 마르
　　　　　　게 하고, 둔한 말은 잘 먹여 살찌게 하였다. 왕이 살찐 말은 자신이 타고, 마른 말
　　　　　　을 주몽에게 주었다. 후에 들판에서 사냥을 하는데, 주몽이 활을 잘 쏘아 화살을 적
　　　　　　게 주었으나, 주몽이 잡은 짐승은 매우 많았다. 왕자와 여러 신하들이 또 그를 죽이
　　　　　　려고 모의하였다. 주몽의 어머니가 몰래 이를 알아차리고 알려주며 말하기를, "나라
　　　　　　사람들이 너를 해치려 한다. 너의 재주와 지략으로 어찌 가지 못하겠는가. 지체하여
　　　　　　머물다가 욕을 당하는 것은 멀리 가서 뜻을 이루는 것보다 못하다."고 하였다. 주몽
　　　　　　이 이에 오이(烏伊)·마리(摩離)·협보(陜父) 등 세 사람과 친구가 되어 가다가 엄사수
　　　　　　[일명 개사수(蓋斯水)라고도 한다. 지금의 압록강 동북쪽에 있다]에 이르러 건너려고
　　　　　　하는데, 다리가 없었다. 추격해오는 병사들이 닥칠까봐 두려워 물에게 알려 말하기
　　　　　　를, "나는 천제(天帝)의 아들이요, 하백의 외손이다. 오늘 도망하여 달아나는데, 추
　　　　　　격자들이 좇으니 어찌하면 좋은가"하였다. 이에 물고기와 자라가 떠올라 다리를 만
　　　　　　들었으므로 주몽이 건널 수 있었다. 물고기와 자라가 곧 흩어지니, 추격해오던 기병
　　　　　　은 건널 수 없었다. 주몽이 가다가 모둔곡(毛屯谷)에 이르러[위서(魏書)에서 음술수
　　　　　　(音述水)에 이르렀다고 하였다] 세 사람을 만났다. 그 중 한 사람은 마의(麻衣)를 입
　　　　　　고, 한 사람은 납의(衲衣)를 입고, 한 사람은 수조의(水藻衣)를 입고 있었다. 주몽이
　　　　　　"너희들은 어디 사람인가. 성은 무엇이고 이름은 무엇인가"하고 물었다. 마의를 입
　　　　　　은 사람이 말하기를, "이름이 재사(再思)입니다."하고, 납의를 입은 사람이 말하기
　　　　　　를, "이름이 무골(武骨)입니다"하고, 수조의를 입은 사람은 "이름은 묵거(默居)입니
　　　　　　다"라 하였으나, 성(姓)은 말하지 않았다. 주몽이 재사에게 극씨(克氏), 무골에게 중
　　　　　　실씨(仲室氏), 묵거에게 소실씨(少室氏)의 성씨를 주고, 무리에 일러 말하기를, "내
　　　　　　가 바야흐로 하늘의 크나 큰 명령을 받아 나라의 기틀을 열려고 하는데, 마침 이 3
　　　　　　명의 현명한 사람을 만났으니 어찌 하늘이 주신 것이 아니겠는가"하였다. 마침내 그
　　　　　　능력을 살펴 각기 일을 맡기고 그들과 함께 졸본천(卒本川)에 이르렀다[위서에서는
　　　　　　"흘승골성(紇升骨城)에 이르렀다"고 하였다]. (『三國史記』 13 高句麗本紀 1)
부여 고구려　나이 겨우 일곱 살에 뛰어나게 숙성하여 제 손으로 활과 살을 만들어 일백 번 쏘면
　　　　　　일백 번 맞혔다. 이 나라 풍속에 활 잘 쏘는 자를 주몽이라 하므로, 이로써 이름을
　　　　　　지었다. 금와가 아들 일곱이 있어 언제나 주몽과 함께 노는데, 재주가 그를 따를 수
　　　　　　없었다. 맏아들 대소가 왕에게 말하기를, "주몽은 사람의 소생이 아니므로 만일 빨
　　　　　　리 처치하지 않는다면 후환이 있을 것입니다."라고 하였으니, 왕은 이 말을 듣지 않

앉다. 왕이 그를 시켜 말을 먹이게 하였더니, 주몽은 그 중에 날쌘 놈을 알아서 먹이를 적게 주어 여위도록 만들고 굼뜬 놈은 잘 먹여서 살이 찌도록 하였다. 왕은 살찐 놈을 자신이 타고 여윈 놈을 주몽에게 주었다. 여러 왕자들과 여러 신하들이 장차 그를 해치려고 도모하는 것을 주몽의 어머니가 알고 그에게 일러 말하기를, "국인(國人)들이 장차 너를 해치려고 하는데, 너 같은 재주를 가지고 어디로 간들 못 살 것인가. 빨리 손을 쓰는 것이 좋을 것이다."라고 하였다. 이에 주몽은 오이 등 세 사람과 동무가 되어 엄수(淹水)[지금은 어딘지 자세하지 않다]까지 와서 물에게 말하기를, "나는 천제의 아들이요 하백의 손자인데 오늘 도망을 가는 길에 뒤따르는 자가 쫓아 닥치니 이 일을 어찌할 것인가"라고 하였다. 이때에 고기와 자라들이 나와 다리가 되어 물을 건너게 하고 나서 다리는 풀려 버려, 추격하던 말 탄 자들은 물을 건널 수가 없었다. 그는 졸본주[현도군의 지역이다]에 이르렀다. (『三國遺事』 1 紀異 1 高句麗)

부여 고구려   나이 겨우 일곱에 남달리 숙성하였고 스스로 활과 화살을 만들어 쏘았는데, 백발백중하였다. 부여의 속담에 활을 잘 쏘는 자를 주몽이라 하였으므로, 주몽으로 이름하였다. 금와에게 아들 일곱이 있어 늘 주몽과 함께 놀았으나, 그 재주가 모두 미치지 못하였다. 맏아들 대소가 왕에게 말하기를, "주몽은 그 출생이 비상하고 또 용맹하여 일찍이 도모하지 않으면 후환이 있을까 두려우니, 청컨대 없애버리십시오."라고 하였다. 왕이 듣지 않고 주몽에게 말 기르는 일을 맡겼다. 이에 주몽이 먹이를 보태거나 줄여서 준마는 여위게 하고 둔한 말은 살찌게 하였다. 왕이 항상 살찐 말을 타고, 수척한 말을 주몽에게 주었다. 후에 들에서 사냥할 때 주몽이 활을 잘 쏘았으므로 화살을 적게 주었는데도, 짐승을 많이 잡으니 왕의 여러 아들들이 이를 시기하여 죽이고자 하였다. 주몽의 어머니가 몰래 이 기미를 알고 주몽에게 말하기를, "나라 사람들이 너를 해치려 한다. 너의 재주와 지략으로 어찌 가지 못하겠는가. 이곳에 머뭇거리고 있다가 후회하는 것에 비하면 어떤 것이 낫겠는가"하였다. 이에 주몽이 오이·마리·협보 등 세 사람과 더불어 길을 떠나 엄호수[일명 개사수라고도 한다. 압록강의 동북쪽에 있다]에 당도하였다. 강을 건너고자 하였으나, 다리가 없었다. 추격해오는 병사들이 뒤쫓아 닥쳐올 것을 두려워하여 주몽이 기도하기를, "나는 천제의 아들이요, 하백의 외손이다. 오늘 난을 피하여 이곳에 이르렀는데, 추병이 곧 당도하게 되었으니 어찌하면 좋은가"하였다. 그러자 물고기와 자라가 다리를 이루어 주몽 등을 건너게 하고는 곧 풀렸으므로 뒤쫓는 기병들이 미치지 못하였다. 주몽이 모둔곡에 이르러 세 사람을 만났는데, 한 사람은 마의를 입었고, 한 사람은 납의를 입었으며, 한 사람은 수조의를 입고 있었다. 주몽이 묻기를, "그대들은 어떠한 사람들이며 성명은 무엇인가"하였다. 마의를 입은 자는 이름이 재사(再思)라 하였고, 납의를 입은 자는 이름이 무골이라 하였으며, 수조의를 입은 자는 이름이 묵거라 하였다. 주몽이 재사에게 극씨, 무골에게 중실씨, 묵거에게 소실씨라는 성을 내려주고, 무리에 일러 말하기를, "내가 바야흐로 밝은 명을 받들어 큰 기업을 열고자 하는데, 이 3명이 어진 이를 만났으니 어찌 하늘에서 보내 주심이 아니겠는가"하였다. 그리고 함께 졸본천[혹은 흘승골성(紇升骨城)이라고도 한다]에 이르렀다. (『三國史節要』 1)

부여 고구려   나이가 점점 많아지매, 재능도 날로 갖추어졌다. 부여왕의 태자가 그 마음에 투기가 생겼다. 말하기를 주몽이란 자는 반드시 범상한 사람이 아니니, 만일 일찍 도모하지 않으면 후환이 끝없으리라 하였다[나이가 많아지자 재능이 다 갖추어졌다. 금와 왕은 아들 일곱이 있는데 항상 주몽과 함께 놀며 사냥하였다. 왕의 아들과 따르는 사람 40여 인이 겨우 사슴 한 마리를 잡았는데, 주몽은 사슴을 상당히 많이 쏘아 잡았다. 왕자가 시기하여 주몽을 붙잡아 나무에 묶어 매고 사슴을 빼앗았는데, 주몽이 나무를 뽑아 버리고 갔다. 태자 대소가 왕에게, "주몽이란 자는 신통하고 용맹한 장사여서 눈초리가 비상하니 만일 일찍 도모하지 않으면 반드시 후환이 있을 것입니다."하였다]. 왕이 가서 말을 기르게 하니, 그 뜻을 시험하고자 함이었다. 스스로 생각하니, 천제의 손자가 천하게 말 기르는 것이 참으로 부끄러워 가슴을 어루만지며 항상 혼자 탄식하기를, 사는 것이 죽는 것만 못하다. 마음 같아서는 장차 남쪽 땅에 가서 나라도 세우고 성시도 세우고자 하나, 사랑하는 어머니가 계시기 때문에 이별이 참으로 쉽지 않구나[왕이 주몽에게 말을 기르게 하여 그 뜻을 시험하였다. 주몽이 마음으로 한을 품고 어머니에게, "나는 천제의 손자인데 남을 위하여 말을 기르니 사는 것이 죽는 것만 못합니다. 남쪽 땅에 가서 나라를 세우려 하나 어머니가 계셔서 마음대로 못합니다"하였다]. 그 어머니 이 말 듣고, 흐르는 눈물 씻으며 너는 내 생각 하지 말라. 나도 항상 마음 아프다. 장사가 먼 길을 가려면 반드시 준마가 있어야 한다며 아들을 데리고 마구간에 가서 곧 긴 채찍으로 말을 때리니, 여러 말은 모두 달아나는데, 붉은 빛이 얼룩진 한 말이 있어 두 길 되는 난간을 뛰어 넘으니, 이것이 준마인 줄 비로소 깨달았다[통전(通典)에 주몽이 타던 말은 모두 과하마(果下馬)라 하였다]. 남모르게 바늘을 혀에 꽂으니, 시고 아파 먹지 못하네. 며칠 못 되어 형상이 심히 야위어, 나쁜 말과 다름 없었다. 그 뒤에 왕이 돌아보고, 바로 이 말을 주었다. 얻고 나서 비로소 바늘을 뽑고, 밤낮으로 도로 먹였다[그 어머니가 "이것은 내가 밤낮으로 고심하던 일이다. 내가 들으니 장사가 먼 길을 가려면 반드시 준마가 있어야 한다. 내가 말을 고를 수 있다"하고, 드디어 목마장으로 가서 긴 채찍으로 어지럽게 때리니, 여러 말이 모두 놀라 달아나는데 한 마리 붉은 말이 두 길이나 되는 난간을 뛰어넘었다. 주몽은 이 말이 준마임을 알고 가만히 바늘을 혀 밑에 꽂아 놓았다. 그 말은 혀가 아파서 물과 풀을 먹지 못하여 심히 야위었다. 왕이 목마장을 순시하며 여러 말이 모두 살찐 것을 보고 크게 기뻐서 인하여 야윈 말을 주몽에게 주었다. 주몽이 이 말을 얻고 나서 그 바늘을 뽑고 도로 먹였다 한다]. 가만히 세 어진 벗을 맺으니, 그 사람들 모두 지혜가 많았다[오이·마리·협보 등 세 사람이었다]. 남쪽으로 행하여 엄체수에 이르러[일명 개사수이다. 지금의 압록강 동북쪽에 있다] 건너려 하여도 배가 없었다[건너려 하나 배는 없고 쫓는 군사가 곧 이를 것을 두려워하여 채찍으로 하늘을 가리키며 개연히 탄식하기를, "나는 천제의 손자요 하백의 외손인데, 지금 난을 피하여 여기에 이르렀으니 황천과 후토(后土)는 나 고자(孤子)를 불쌍히 여기시어 속히 배와 다리를 주소서"하고, 말을 마치고 활로 물을 치니 고기와 자라가 나와 다리를 이루어 주몽이 건넜는데 한참 뒤에 쫓는 군사가 이르렀다]. 채찍을 잡고 저 하늘을 가리키며, 개연히 긴 탄식을 발한다. 천제의 손자 하백의 외손이 난을 피하여 이 곳에 이르렀소. 불쌍한 고자의 마음을 황천후토가 차마 버리시리까. 활을 잡아 하수를 치니, 고기와 자라가 머리와 꼬리를 나란히 하여 높직이 다리를 이루어 비로소 건널 수 있었다. 조금 뒤에 쫓는 군사 이르러 다리에 오르니 다리가 곧 무너졌다[쫓아온 군사가 하수에 이르니 고기와 자라가 이룬 다리가 곧 허물어져 이미 다리에 오른 자는 모두 빠져 죽었다]. 한 쌍 비둘기 보리 물고 날아 신모의 사자가 되어 왔다[주몽이 이별할 때 차마 떠나지 못하니 어머니가 말하기를, "너는 어미 때문에 걱정하지 말라"하고 오곡 종자를 싸 주어 보내었다. 주몽이 살아서 이별하는 마음이 애절하여 보리 종자를 잊어버리고 왔다. 주몽이 큰 나무 밑에서 쉬는데 비둘기 한 쌍이 날아왔다. 주몽이 "아마도 신모(神母)께서 보리 종자를 보내신 것이리라"하고, 활을 쏘아 한 화살에 모두 떨어뜨려 목구멍을 벌려 보리 종자를 얻고 나서 물을 뿜으니 비둘기가 다시 소생하여 날아갔다]. (『東國李相國集』 3 古律詩 東明王篇)

부여 고구려 점차 커가니 재기가 뛰어났다 / 때때로 왕의 태지 두기를 내이시는 / 목마고역(牧

馬苦役)시켰으나, 여러 말은 살찌더라 / 주몽왕이 개사수를 건너려 할 적에[지금의 대녕강(大寧江)이다] / 어별이 물에 떠서 다리가 되어 주다 (『帝王韻紀』下 高句麗 紀)

B.C.37(甲申/신라 혁거세거서간 21/고구려 동명성왕 1/漢 建昭 2/倭 崇神 61)

신라   경성(京城)을 쌓고 금성(金城)이라고 불렀다. 이해에 고구려 시조 동명(東明)이 왕위에 올랐다. (『三國史記』1 新羅本紀 1)

신라   처음 혁거세거서간 21년 궁성(宮城)을 쌓고 금성이라고 불렀다. (『三國史記』34 雜志 3 地理 1)

신라   신라가 경성을 쌓고 금성이라고 불렀는데 길이는 3천7십5보, 너비는 3천18보였다. (『三國史節要』1)

고구려 부여 동부여

시조 동명성왕(東明聖王)은 성이 고씨(高氏)이고 이름은 주몽(朱蒙)이다.[추모(鄒牟) 또는 중해(衆解)라고도 한다.] 이에 앞서 부여왕 해부루(解夫婁)가 늙도록 아들이 없자 산천에 제사를 지내어 대를 이을 자식을 찾았다. 그가 탄 말이 곤연(鯤淵)에 이르러 큰 돌을 보고 마주 대하여 눈물을 흘렸다. 왕이 이를 괴상히 여겨 사람을 시켜 그 돌을 옮기니 어린 아이가 있었는데 금색 개구리 모양이었다.[개구리는 또는 달팽이[蝸]라고도 한다.]왕이 기뻐서 말하기를 "이는 바로 하늘이 나에게 자식을 준 것이다."하고 거두어 기르고, 이름을 금와(金蛙)라 하였다. 그가 장성하자 책립하여 태자를 삼았다. 후에 그 재상 아란불(阿蘭弗)이 말하기를 "일전에 하늘이 나에게 내려와 말하기를 '장차 내 자손으로 하여금 이곳에 나라를 세우게 할 것이다. 너희는 그곳을 피하라. 동해의 물가에 땅이 있는데 가섭원(迦葉原)이라 한다. 토양이 기름지고 오곡(五穀)이 자라기 알맞으니 도읍할 만하다.'고 하였습니다."라 하였다. 아란불이 마침내 왕에게 권하여 그곳으로 도읍을 옮기고 나라 이름을 동부여(東扶餘)라 하였다. 옛 도읍지에는 어떤 이가 어디서 왔는지 알 수 없으나 스스로 천제(天帝)의 아들 해모수(解慕漱)라고 하며 와서 도읍하였다. 해부루가 죽자, 금와가 왕위를 이었다. 이때 태백산(太白山) 남쪽 우발수(優渤水)에서 여자를 만나 물으니 "저는 하백(河伯)의 딸이고 이름은 유화(柳花)입니다. 여러 동생들과 더불어 나가 노는데 그 때 한 남자가 스스로 말하기를 천제의 아들 해모수라 하면서 저를 웅심산(熊心山) 아래로 유인하여 압록강변의 방안에서 사랑을 하고 바로 가서는 돌아오지 않았습니다. 부모는 제가 중매도 없이 다른 사람을 따라갔다고 꾸짖어 마침내 벌로 우발수에서 살게 되었습니다."라 하였다. 금와가 이를 이상하게 여기고 방 안에 가두었는데, 햇빛이 비취어 몸을 끌어당겨 햇빛을 피하였으나 햇빛이 또 따라와 비쳤다. 이로 인하여 아이를 갖게 되어 알 하나를 낳았는데 크기가 5승(升)쯤 되었다. 왕이 알을 버려 개와 돼지에게 주었으나 모두 먹지 않았다. 또 길 가운데에 버렸으나 소나 말이 피하였다 나중에는 들판에 버렸더니 새가 날개로 덮어 주었다. 왕이 이를 가르려고 하였으나 깨뜨릴 수가 없어 마침내 그 어미에게 돌려주었다. 그 어미가 물건으로 알을 싸서 따뜻한 곳에 두었더니, 한 남자아이가 껍질을 부수고 나왔는데 골격과 외모가 영특하고 호걸다웠다. 나이 일곱 살에 영리하고 예사롭지 않아서 스스로 활과 화살을 만들어 쏘았는데 백발백중이었다. 부여의 속어에 활을 잘 쏘는 것을 주몽(朱蒙)이라 하는 까닭에 이것으로 이름을 지었다. 금와는 일곱 아들이 있어서 늘 주몽과 함께 놀았으나 그 재주와 능력이 모두 주몽에 미치지 못하였다. 그 맏아들 대소(帶素)가 왕에게 말하기를 "주몽은 사람이 낳은 자가 아니어서 사람됨이 또한 용감합니다. 만약 일찍 도모하지 않으면 후환이 있을까 두려우니 그를 제거할 것을 청하옵니다."

라 하였다. 왕이 듣지 않고 그에게 말을 기르도록 하였다. 주몽이 날랜 말을 알아보고 적게 먹여 마르게 하고, 둔한 말은 잘 먹여 살찌게 하였다. 왕이 살찐 말은 자신이 타고, 마른 말은 주몽에게 주었다. 후에 들판에서 사냥을 하는데 주몽이 활을 잘 쏘아 화살을 적게 주었으나, 주몽이 잡은 짐승은 매우 많았다. 왕자와 여러 신하들이 또 그를 죽이려고 모의하였다. 주몽의 어머니가 몰래 이를 알아차리고 알려주며 말하기를 "나라 사람들이 너를 해치려 한다. 너의 재주와 지략으로 어찌 가지 못하겠는가? 지체하여 머물다가 욕을 당하는 것은 멀리 가서 뜻을 이루는 것보다 못하다."고 하였다. 주몽이 이에 오이(烏伊)·마리(摩離)·협보(陜父) 등 세 사람과 친구가 되어 가다가 엄사수(淹㴲水)[일명 개사수(蓋斯水)라고도 하는데 지금의 압록강 동북쪽에 있다]에 이르러 건너려고 하는데 다리가 없었다. 추격해오는 병사들이 닥칠까봐 두려워 물에게 알려 말하기를 "나는 천제(天帝)의 아들이요, 하백의 외손이다. 오늘 도망하여 달아나는데 추격자들이 쫓으니 어찌하면 좋은가?"하였다. 이에 물고기와 자라가 떠올라 다리를 만들었으므로 주몽이 건널 수 있었다. 물고기와 자라가 곧 흩어지니 추격해오던 기병은 건널 수 없었다. 주몽이 가다가 모둔곡(毛屯谷)에 이르러[위서(魏書)에서는 음술수(音述水)에 이르렀다고 하였다] 세 사람을 만났다. 그 중 한 사람은 마의(麻衣)를, 한 사람은 납의(衲衣)를, 한 사람은 수조의(水藻衣)를 입고 있었다. 주몽이 "너희들은 어디 사람인가? 성은 무엇이고 이름은 무엇인가?"하고 물었다. 마의를 입은 사람이 말하기를 "이름이 재사(再思)입니다."하고, 납의를 입은 사람이 말하기를 "이름이 무골(武骨)입니다."하고, 수조의를 입은 사람은 "이름은 묵거(默居)입니다."라 하였으나, 성(姓)은 말하지 않았다. 주몽이 재사에게 극씨(克氏), 무골에게 중실씨(仲室氏), 묵거에게 소실씨(少室氏)의 성씨를 주고, 무리에 일러 말하기를 "내가 바야흐로 하늘의 크나큰 명령을 받아 나라의 기틀을 열려고 하는데 마침 이 3명의 현명한 사람을 만났으니 어찌 하늘이 주신 것이 아니겠는가?"하였다. 마침내 그 능력을 살펴 각기 일을 맡기고 그들과 함께 졸본천(卒本川)에 이르렀는데[위서에서는 "흘승골성(紇升骨城)에 이르렀다"고 하였다]. 그 토양이 기름지고 아름다우며, 산과 물이 험하고 단단한 것을 보고 드디어 도읍하려고 하였으나, 궁실을 지을 겨를이 없어 단지 비류수(沸流水) 가에 오두막을 짓고 살았다. 나라 이름을 고구려(高句麗)라 하였는데 이로 인하여 고(高)로 씨(氏)를 삼았다.[혹 이르기를 "주몽이 졸본부여에 이르렀는데, 왕이 아들이 없어 주몽을 보고는 보통사람이 아님을 알고 그 딸을 아내로 삼게 하였다. 왕이 죽자 주몽이 자리를 계승하였다."고 하였다.] 이때 주몽의 나이가 22세로, 한(漢) 효원제(孝元帝) 건소(建昭) 2년, 신라 시조 혁거세(赫居世) 21년 갑신년이었다. 사방에서 듣고 와서 복종하는 자가 많았다. 그 땅이 말갈 부락에 잇닿아 있어 침입하여 훔쳐 피해를 입을까 두려워하여 마침내 그들을 물리치니, 말갈이 두려워 복종하고 감히 침범하지 못하였다. 왕이 비류수 가운데로 나뭇잎이 떠내려 오는 것을 보고 다른 사람이 상류에 있는 것을 알고, 사냥하며 찾아가서 비류국(沸流國)에 도착하였다. 그 나라 왕 송양(松讓)이 나와서 보고 말하기를 "과인(寡人)이 바다의 깊숙한 곳에 치우쳐 있어서 일찍이 군자를 보지 못하였는데 오늘 서로 만나니 또한 다행이 아닌가? 그러나 그대가 어디서 왔는지 알지 못하겠다."고 하였다. 답하여 말하기를 "나는 천제의 아들이고 아무데에 와서 도읍하였다."고 하였다. 송양이 말하기를 "우리는 여러 대에 걸쳐 왕노릇을 하였다. 땅이 작아 두 주인을 받아들이기에는 부족하다. 그대는 도읍을 세운 지 날이 얼마 되지 않았으니 나에게 딸려 붙는 것이 어떠한가?"하였다. 왕이 그 말을 분하게 여겨 그와 더불어 말다툼을 하고 또한 서로 활을 쏘아 재주를 겨루었는데, 송양이 대항할 수 없었다. (『三國史記』 13 高句麗本紀 1)

고구려 부부여 살펴보건대 통전(通典)에서 이르기를 "주몽(朱蒙)이 한나라 건소 2년에 북부여(北扶

餘)로부터 동남쪽으로 나아가 보술수(普述水)를 건너 흘승골성(紇升骨城)에 이르러 자리를 잡고 국호를 구려(句麗)라 하고 '고(高)'로써 성씨를 삼았다."고 하였으며, 고기(古記)에서 이르기를 "주몽이 부여(扶餘)로부터 난을 피해 도망하여 졸본에 이르렀다."라고 하였으니, 곧 흘승골성과 졸본은 같은 한 곳이다. 한서지(漢書志)에서 이르기를 "요동군(遼東郡)은 낙양(洛陽)에서 3천 6백리 떨어져 있으며, 속한 현으로서 무려(無慮)가 있다."고 했으니 주례(周禮)에서 보이는 북진(北鎭)의 의무려산(醫巫閭山)이며, 대요(大遼) 때에 그 아래에 의주(醫州)를 설치하였다. (또 한서지에) "현도군(玄菟郡)은 낙양(洛陽)에서 동북으로 4천리 떨어져 있고, 속한 현이 셋이며, 고구려는 그중 하나이다."라고 하였으니, 곧 이른바 주몽이 도읍한 곳이라고 말하는 흘승골성과 졸본은 아마도 한나라 현도군의 경계이고, 대요국(大遼國) 동경(東京)의 서쪽이며, 한지(漢志)에 이른바 현도의 속현 고구려가 이것일 것이다. 옛날 대요가 멸망하지 않았을 때에 요의 황제가 연경(燕京)에 있었으니, 곧 우리의 조빙하는 사신들이 동경을 지나 요수(遼水)를 건너 하루 이틀에 의주에 이르러, 연계(燕薊)로 향하였음으로 그렇다는 것을 알 수 있다. (『三國史記』 37 雜志 6 地理 4 高句麗)

고구려　　고구려는 곧 졸본부여(卒本扶餘)이다. 혹 이르기를 "지금의 화주(和州) 또는 성주(成州)이다."라고 하나 모두 잘못이다. 졸본주는 요동 지역에 있다. 국사 고려본기(高麗本記)에 다음과 같이 말했다. 시조 동명성제 성은 고씨요 이름은 주몽(朱蒙)이다. 처음에 북부여왕 해부루(解夫婁)가 동부여로 자리를 피하고 나서 부루가 죽자 금와가 왕위를 이었다. 이때에 왕은 태백산 남쪽 우발수(優渤水)에서 한 여자를 만나서 사정을 물었더니 그가 말하기를 "나는 본시 하백의 딸로 이름은 유화인데 여러 아우들과 함께 나와 놀던 중 때마침 한 사나이가 있어 천제의 아들 해모수라고 자칭하면서 나를 유인하여 웅신산 아래 압록강가의 방 속에서 사통하고는 가서 돌아오지 않았습니다."[단군기(壇君記)에 이르기를 "단군이 서하(西河) 하백의 딸과 상관하여 아이를 낳으니 이름을 부루라고 하였다."고 하였다. 지금 이 기록을 보면 해모수가 하백의 딸과 관계하여 뒤에 주몽을 낳았다고 하였다. 단군기에는 "아들을 낳으니 이름은 부루이다."고 하였으니부루와 주몽은 이복형제일 것이다.] 부모는 내가 중매도 없이 외간 남자를 따랐다고 하여 드디어 이곳에서 귀양살이를 하고 있습니다."고 하였다.　금와가 이를 이상히 여겨 방 속에 깊이 가두었더니 햇빛이 그녀를 비추었다. 그녀는 몸을 끌어 이를 피하였으나 햇빛은 또 쫓아와 비추곤 하였다. 그리하여 잉태하여 알 한 개를 낳으니 크기가 다섯 되 정도는 되었다. 왕이 이것을 버려 개와 돼지에게 주니 모두 먹지 않았다. 다시 이것을 길바닥에 버렸더니 소와 말이 피해 갔다. 이것을 들에 버렸더니 새와 짐승이 덮어 주었다. 왕이 이것을 쪼개려 하여도 깨뜨릴 수가 없어 그 어미에게 돌려주었다. 어미가 이것을 물건으로 싸서 따뜻한 데 두었더니 아이 하나가 껍질을 깨고서 나왔는데 골격이나 외양이 영특하고 신기롭게 생겼다. 나이 겨우 일곱 살에 뛰어나게 숙성하여 제 손으로 활과 살을 만들어 1백 번 쏘면 1백 번 맞혔다. 이 나라 풍속에 활 잘 쏘는 자를 주몽이라 하므로 이로써 이름을 지었다. 금와가 아들 일곱이 있어 언제나 주몽과 함께 노는데 재주가 그를 따를 수 없었다. 맏아들 대소가 왕에게 말하기를 "주몽은 사람의 소생이 아니니 만일 빨리 처치하지 않는다면 후환이 있을 것입니다."고 하였으나 왕은 말을 듣지 않았다. 왕이 그를 시켜 말을 먹이게 하였더니 주몽은 그 중에 날쌘 말을 알아서 먹이를 적게 주어 여위도록 만들고 굼뜬 말은 잘 먹여서 살이 찌도록 하였다. 왕은 살찐 말은 자신이 타고 여윈 말은 주몽에게 주었다. 여러 왕자들과 여러 신하들이 장차 그를 해치려고 도모하는 것을 주몽의 어머니가 알고 그에게 일러 말하기를 "국인(國人)들이 장차 너를 해치려고 하는데 너 같은 재주를 가지고 어디로 간들 못 살 것인가? 빨리 손을 쓰는 것이 좋을 것이다."라고 하였다. 이에 주몽은 오이(烏伊) 등 세 사람과 친구가 되어 엄수(淹水)[지금은 어딘지 자세하지 않다.]까지 와서 물에게 이르기를 "나는 천제의 아들이요 하백의 손자인데 오늘 도망을 가는 길에 뒤따르는 자가 쫓아 닥치니 이 일을 어찌할 것인가?"라고 하였다. 이때에 물고기와 자라들이 나와 다리가 되어 물을 건너게 하고 나서 다리를 풀어 버리자, 추격하던 말 탄 자들은 물을 건널 수가 없었다. 그는 졸본주[현도군의 지역이다.]까지 와서 드디어 이곳에 도읍하였다. 미처 궁실을 지을 사이가 없어 단지 비류수가에 초막을 짓고 살면서 나라 이름을 고구려라 하고, 따라서 고씨로 성을 삼으니[본래의 성은 해(解)씨였는데 이제 천제의 아들로서 햇빛을 받고 낳았다 하여 자신이 높을 고자로 성을 삼았다.] 당시의 나이가 열두 살이요, 한나라 효원제 건소 2년 갑신에 즉위하고 왕으로 일컬었다. 고려의 전성시대에는 210,508호였다. 주림전(珠琳傳) 21권에 "옛날 영품리왕의 몸종이 태기가 있어 점쟁이가 점을 쳐 말하기를 '아이를 낳으면 귀히 되어 반드시 왕이 되리다.' 하니 왕이 말하기를 '내 자식이 아니니 마땅히 죽여야 한다.'고 하였다. 몸종이 말하기를 '하늘로부터 기운이 뻗쳐 내렸기에 내가 아이를 밴 것입니다.'고 하였다. 그가 아들을 낳자 상서롭지 못하다 하여 돼지우리에 버리니 돼지가 입김을 불어 덥히고 마굿간에 버린즉 말이 젖을 먹여서 죽지 않고 마침내 부여왕이 되었다."라고 하였다.[이것은 동명제(東明帝)가 졸본부여의 왕이 된 것을 말함이다. 이 졸본부여는 역시 북부여의 별개 도읍지이므로 부여왕이라고 한 것이다. 영품리는 부루왕의 다른 칭호이다.] (『三國遺事』1 紀異 1 高句麗)

<table>
<tbody>
<tr><td>고구려</td><td>고구려 시조 고주몽이 왕위에 올랐다. [달리 추상(鄒祥), 중해(衆解)로 부르기도 한다.] 이보다 앞서 부여왕 해부루가 늙어 자식이 없자 산천에 제사를 지내 후사를 구하였다. 타고 있던 말이 곤연에 이르러 큰 돌을 마주하고 눈물을 흘렸다. 왕이 이를 이상하게 여기 사람을 시켜 그 돌을 옮기게 하니 작은 아이가 있었는데, 금빛 개구리 모양을 하고 있었다. 왕이 기뻐 말하기를 '이는 곧 하늘이 내게 주신 아들이다.' 하고 이에 거두어 기르고 금와라고 이름짓고 성장하자 태자로 삼았다. 후에 그 재상 아란불이 말하기를, '꿈에 천제가 저에게 일러 말하기를 장차 내 자손으로 하여금 이곳에 나라를 세우게 할 것이니 너희는 이곳을 피하라. 동해가에 가섭원이라는 땅이 있는데 토양이 비옥하여 오곡에 알맞으니 도읍으로 할 만하다 하였습니다.'고 하였다. 드디어 왕에 권하여 도읍을 옮기고 나라이름을 동부여라고 하였다. 옛 도읍에 어떤 이가 있었는데 어디에서 왔는지 모르는데 스스로 천제의 아들 해모수라고 하면서 와서 도읍하였다. 해부루가 죽자 금와가 왕위를 이었는데, 태백산 남쪽 우발수에서 어떤 여인을 만났는데 말하기를 '나는 하백의 딸로 이름은 유화입니다. 여러 아우들과 나와 놀고 있는데 그 때 한 남자가 스스로 천제의 아들 해모수라고 하면서 웅심산 아래에서 나를 꾀어 압록강 변에 방가운데서 나와 사통하고는 바로 가버리고 돌아오지 않았습니다. 부모님은 내가 중매없이 다른 사람을 따랐다고 하여 우발수에 귀양살이를 보냈습니다.'고 하였다. 금와가 이를 이상하게 여기고 방안에 유폐시켰는데, 햇빛이 비추어 몸을 끌어당겨 피했으나 해빛이 또 쫓아와 비추니 이로 인해 잉태하여 알 하나를 낳게 되었다. 크기는 닷 되 정도 되었는데, 왕이 이를 개와 돼지에게 주어 버렸으나, 모두 먹지 않았고 또 길거리에 버렸으나 소와 말들이 피했고, 나중에는 들에 버렸으나, 새들이 날개로 덮어주었다. 왕이 그 알을 쪼개려 하였으나 깨뜨릴 수 없어 결국 그 어미에게 돌려주었다. 어미가 따뜻한 곳에 덮어두었는데 사내아이가 껍질을 깨고 나왔다. 기골과 겉모습이 빼어나고 기이하였다. 일곱 살이 되자 숙성하고 범상치 않았다. 스스로 활과 화살을 만들어 쏘는데 백발백중이었다. 부여의 세속에서 쓰는 말로 활을 잘 쏘는 것을 주몽이라 하여 이로 이름을 지었다. 금와에게는 7명의 아들이 있었는데, 항상 주몽과 더불어 놀러 나갔는데 그 기예가 모두 주몽에게 미치지 못하였다. 장지 대소기 왕에게 이르기를, '주몽은</td></tr>
</tbody>
</table>

그 태어난 바가 범상치 않고 또 용기가 있어 만약 일찍 도모하지 않는다면 후환이 있을까 두렵습니다. 청컨대 그를 없애야 합니다' 하였으나 왕이 듣지 않고 말 먹이 일을 맡겼다. 주몽이 꼴과 콩을 더하고 덜며 준마는 야위게 하고 둔한 말은 살찌게 하였다. 왕은 살찐 말은 자신이 타고 주몽에게는 여윈 말을 주었다. 나중에 들에서 사냥을 나갔는데, 주몽이 활을 잘 쏘기 때문에 화살을 적게 주었으나 잡은 것은 더 많았다. 왕과 여러 아들들이 주몽을 꺼리어 죽이려 하였는데, 주몽의 어미가 이를 몰래 알게 되어 주몽에게 알려주어 말하기를, '국인들이 장차 너를 해하려 할 것이다. 너의 재주와 지략으로 어찌 가지 못하겠는가. 어찌 지체하고 머물러서 후회할 것인가' 하였다. 주몽이 이에 오이 마리 협보 등 3사람과 더불어 가서 엄표수(淹㴲水)[개사수(蓋斯水)라고도 하는데 압록강 동북쪽에 있다.]에 이르렀는데 건너려고 했으나 다리가 없어 추격병들에게 잡힐까 두려워 하여 빌며 말하기를, '나는 천제의 아들이며 하백의 외손이다. 오늘 난을 피해 도망하다 이곳에 이르러 추격자들이 거의 쫓아 왔으니 어찌할 것인가' 하였다. 이에 물고기와 자라가 다리를 만드니 주몽이 건너게 하고 다리를 바로 풀어버려 추격하던 기병들이 미치지 못하였다. 주몽이 모둔곡에 이르러 세사람을 만났는데, 한명은 마의를 입었고, 한 사람은 납의를, 한 사람은 수조의를 입었다. 주몽이 물어 말하기를, '너희들은 어떤 사람들이며 성명은 어떻게 되는가' 하였다. 마의를 입은 자가 말하기를 '이름은 재사입니다' 하였고, 납의를 입은 자는 '무골입니다' 하였고, 수조의를 입은 자는 '묵거입니다'라고 하였으나 모두 성은 말하지 않았다. 주몽이 재사에게 극씨(克氏)를 내리고, 무골에게는 중실씨(仲室氏)를, 묵거에게는 소실씨(少室氏)를 내렸다. 이에 무리들에게 고하여 말하기를, "내가 바야흐로 하늘의 크나큰 명령을 받아 나라의 기틀을 열려고 하는데 마침 이 3명의 현명한 사람을 만났으니 어찌 하늘이 주신 것이 아니겠는가?" 하였다. 그들과 함께 졸본천(卒本川)[혹 이르기를 흘승골성(紇升骨城)이라 한다]에 이르러 그 토양이 기름지고 아름다우며, 산과 물이 험하고 단단한 것을 보고 드디어 도읍하려고 하였으나, 아직 궁실을 지을 겨를이 없어 단지 비류수(沸流水) 가에 오두막을 짓고 살았다. 나라 이름을 고구려(高句麗)라 하고 이로 인하여 고(高)로 씨(氏)를 삼았다.[다른 설에는 본래 성이 해(解)씨인데 지금 스스로 천제의 아들이요 햇빛을 받아 태어났기 때문에 고를 씨로 삼았다고 하였고, 혹 이르기를 왕이 처음 태어날 때 온 나라가 그를 높여 그 때문에 성으로 삼았다고 하였다]. 이 때 주몽 나이 22살이었다. 사방에서 이를 듣고 와서 귀부하는 자들이 많았다. 그 땅은 말갈과 이어져 있어 주몽이 침략을 받을까 두려워하여 이에 땅을 개척하니 말갈이 두려워하며 복속하고 감히 쳐들어오지 않았다. 왕이 비류수에 채소가 흘러 내려오는 것을 보고 사람이 상류에 있음을 알아 사냥을 하여 가서 찾아보고자 하였더니 과연 비류라고 하는 나라가 있었다. 그 왕 송양이 나와서 말하기를, "과인은 궁벽하게 바닷가에 살고 있는데 일찍이 군자를 뵙지 못하였다. 그대는 어디에서 왔는가?" 하였다. (주몽이) 말하기를 "나는 천제의 아들로 졸본에 와서 도읍을 하였다."고 하였다. 송양이 말하기를 "나는 여러 대에 걸쳐 왕노릇을 하고 있는데 땅이 좁아 두 군주를 받아들일 수 없다 그대는 도읍을 세운지 얼마 되지 않았으니, 나에게 부용하는 것이 좋지 않겠는가" 하였다. 주몽이 그 말을 분하게 여겨 그와 더불어 말다툼을 하고 또한 서로 활을 쏘아 재주를 겨루었는데, 송양이 대항할 수 없었다."[이규보의 책에 이렇게 되어 있다. 한나라 신작 3년 임오년에 천제가 태자를 부여왕의 옛 도읍에 내려 보냈는데, 해모수라고 한다. 하늘로부터 내려왔는데 오룡거를 탔다. 따라온 이가 100여 명이었는데 모두 흰 고니를 탔다. 고운 빛깔 구름이 위에 드리웠고 음악이 구름속에 퍼졌다. 웅심산에 이르러 10여일이 지나 내려왔다. 머리에는 까마귀 깃을 꽂은 관을 썼고 허리에는 용광검을 찼다. 아침에는 정사를 돌보고 저녁에는 하늘로 올라가니 세상 사람들이 천왕랑(天王郞)이라 하였다. 하백의 세 딸이 있었는데 맏이는 유화(柳花), 둘째는 훤화(萱花), 셋째는 위화(葦花)라 하였다. 청하로부터 나와서 웅심연(熊心淵) 가에서 놀고 있었다. 청하는 지금의 압록강이다. 신비한 자태와 아름다운 모습에 여러 노리개와 패옥들이 쟁그랑거리는 것이 한고(漢皐)와 다를 것이 없었다. 왕이 좌우에 일러 말하기를, "얻어 비로 삼으면 후사를 얻을 수 있을 것이다" 하였다. 그 여인들이 왕을 보자 바로 물로 들어가버렸다. 좌우의 신하들이 말하기를, "대왕께서는 어찌하여 궁전을 마련하지 않으십니까? 여자들이 방에 들거든 문을 닫아 가로 막으시옵소서" 하니 왕이 '그러하다' 하고는 말채찍으로 땅에 금을 그으니 동으로 만든 방이 잠깐 사이에 만들어져 장관을 이루었다. 방 가운데 세 자리를 준비하고 통술을 차려 놓았다. 그녀들이 각각 자리에 앉아 서로 권하여 술 마시더니 크게 취하였다." 왕이 세 여인이 크게 취하기를 기다려 급히 나와 여자들을 막으니 놀라 달렸는데, 장녀 유화가 왕에게 잡혔다. 하백이 크게 노하여 사자를 보내 말하기를 "너는 어떤 사람인데 내 딸을 붙들어 두었는가." 하니 왕이 대답하기를, "나는 천제의 아들인데 지금 하백과 혼인을 맺으려 한다."고 하였다. 하백이 또 사자를 시켜 고하기를 "그대가 천제의 아들로서 나에게 구혼할 뜻이 있다면 마땅히 중매를 시킬 일이지 지금 갑자기 내 딸을 붙들어 두는 것은 어찌 예를 잃어버리는 것이 아니겠는가." 하니 왕이 부끄럽게 생각하였다. 왕은 곧 가서 하백을 보고자 하였으나 그 집에 들어갈 수가 없었다. 그래서 그녀를 놓아 보낼까 생각했으나 그녀는 이미 왕과 정이 들어 떠나가지 않으려 했다. 이리하여 그녀가 왕에게 권하기를 "만일 용거만 있으면 하백의 나라에 갈 수 있습니다."고 하였다. 왕이 하늘을 가리켜 고하니 갑자기 오룡거가 하늘에서 내려왔다. 왕이 그녀와 같이 수레에 오르니 바람과 구름이 문득 일어 하백의 궁에 이르렀다. 하백이 예를 갖추어 맞으니 자리에 앉아 말하기를, "혼인의 도에는 천하에 두루 통하는 상례가 있는데 어찌 예를 잊어 우리 가문을 욕되게 하는가. 왕이 천제의 아들이라면 어떤 신이함이 있는가" 하였다. 왕이 말하기를, "시험에 볼 바가 있습니까." 하였다. 이에 하백이 뜰 앞 물에서 몸을 변하여 잉어가 되어 물길을 타고 노니니 왕은 수달이 되어 그를 잡았다. 하백이 사슴이 되어 뛰어가니 왕은 늑대가 되어 쫓아갔다. 하백이 꿩이 되니 왕은 매가 되어 그를 치자 하백은 그가 천제의 아들임을 알고 예로써 혼례를 치렀다. 왕이 딸을 데려갈 마음이 없을까 두려워서 풍악을 울리고 술자리를 차려 그에게 권하여 만취케 해놓고는 딸과 함께 작은 가죽가마에 넣어 용거에 실었는데 같이 하늘에 오르게 하자는 생각에서 였다. 그 수레가 물에서 뜨기도 전에 왕은 곧 술이 깨었다. 하백의 술은 7일이 지나야 깬다. 그녀의 황금비녀를 빼서 가죽가마를 뚫고 그 구멍으로 빠져나와 혼자 하늘로 올라가 버렸다. 하백이 크게 화를 내어 그 딸에게 말하기를 "네가 내 가르침을 따르지 않고 끝내는 우리 가문을 욕되게 하였다"하고, 좌우의 신하들을 시켜 딸의 입을 꼬아 당기니 그 입술 길이가 석자나 되었다. 노비 2명만을 딸려 보내어 우발수 가운데로 추방하였다. 우발은 호수이름인데 지금의 태백산 남쪽이다. 어부 강력부추(强力扶鄒)가 아뢰기를, "근자에 발 속의 고기를 누군가 훔쳐가는 일이 있사온데 어떤 짐승인지 알 수가 없사옵니다" 하였다. 왕이 어부로 하여금 그물을 끌어올리게 하였더니 그물이 찢어졌다. 다시 쇠로된 그물을 만들어 당겨내시 비로소 한 여자를 얻었는데, 돌에 앉아서 나왔다. 그 여자의 입술이 길어 말을 하지 못하자 세 번 자르게 한 우에야 말을 할 수 있었다. 왕이 천제의 왕비임을 알고 별궁에 있도록 했더니 그녀는 품속에 햇빛이 비치어 잉태했다. 신작 4년 계해 여름 4월에 주몽이 탄생했는데 울음소리가 아주 크고 골격이 뛰어 났다. 처음에 날 때 왼 쪽 옆구리에서 한 알을 낳으니 크기가 닷되들이 가량이었다. 왕이 이상타 하고 말하기를 '사람이 새알을 낳았으니 불길한 일이다'라고 하였다. 사람을 시켜 그를 말우리에 두었더니 모든 말들이 밟지 않았고 깊은 산속에 버려도 온갖 짐승들이 모두 지켜 주었다. 구름이 끼고 음침한 날이면 알 위에 항상 햇빛이 비치고 있었다. 왕은 알을 가져오게 하여 그 어미에게 보내어 기르게 하였다. 알이 마침내 갈라져서 한 사내아이를 얻게 되었다. 태어나 한달도 안되어 말을 할 줄 알았다. 말도 더불어 잘해서 그 어미에게 일러 말하기를, "파리떼들이 눈에 덤벼 잘 수가 없으니 엄마가 활과 화살을 만들어 주시오" 하였다. 어미가 싸리나무로 활과 살을 만들어 주었더니 물레 위의 파리를 쏘아 틀림없이 맞혔던 것이다. 부여에서는 활 잘 쏘는 사람을 주몽이라 하였다. "나이 들어 커가니 재주가 갖추어졌다. 금와왕의 아들이 일곱인데 항상 주몽과 같이 사냥을 하였다. 왕자와 종자가 40여인이 한 마리의 사슴을 잡았으나 주몽이 잡은 사슴의 수는 훨씬 더 많았다. 왕자들이 시기하여 주몽을 잡아 나무에 묶어 놓고 그 사슴을 빼앗아 가버렸는데 주몽은 나무를 뽑아 버리고 돌아왔다. 태자 대소가 왕에게 아뢰기를 "주몽은 귀신같은 장사이옵고 안목이 비상하오니 만약 일찌기 대처하지 않는다면 반드시 후환이 있을 것입니다"고 하였다. 왕이 주몽으로 하여금 말을 먹이도록 하였는데 이는 그의 참 뜻을 떠보고자 하였던 것이다. 주몽은 속 마음에 한을 품고 어미에게 말하기를 "저는 천제의 자손으로 남의 말을 먹인다는 것은 죽음만 같지 못한 노릇이니 남쪽으로 가서 나라를 세울까 합니다. 그러나 어머니가 계시니 감히 뜻대로 할 수가 없습니다." 하였다. 그 어미가 말하기를, "이는 내가 밤낮으로 마음 썩인 바이다. 내가 듣기로는 장사가 먼길을 떠날 때는 꼭 좋은 말이 필요하다. 나는 말을 고를 줄 안다." 하고 곧 목장으로 가서 긴 채찍으로 마구치니 뭇 말이 놀라 달리는데 한 마리의 붉고 누른 말이 두 길이나 되는 난간을 뛰어 넘었다. 주몽은 훌륭한 말임을 알고 남몰래 바늘을 혀뿌리에 꽂아 두었다. 그 말은 혀가 아파 물과 풀을 먹지 않아 매우 야위었다. 왕이 말목장을 순행하다가 뭇 말이 모두 살찐 것을 보고 크게 기뻐하여 야윈 말을 주몽에게 주었다. 주몽은 그 말을 받아서 바늘을 뽑고는 먹이기를 잘하였다 몰래 오이(烏伊) 마리(摩離) 협보(陝父) 등 3인과 결호하고, 남쪽으로 엄표(淹㴲)에 이르렀다. 건널려고 하였으나 다리가 없고 따라오는 군사들이 닥쳐올까 두려워 하여 채찍으로 하늘을 가리키며 한숨짓고 탄식하여 말하기를 '나는 천제의 손자요 하백의 외손인데 지금 피난하여 여기까지 왔습니다. 황천과 후토는 이 외로운 사람을 살피어 속히 배와 다리를 마련하소서' 말을 끝내고 활로 물을 치니 자라들이 떠올라 와서 다리를 이루었다. 이에 주몽이 건널 수가 있었는데 얼마 안되어 추격하던 군사들이 이르러 강가에 도착하였다. 물고기와 자라가 사라지자 이미 다리위에 있던 병사들은 모두 빠져 죽었다. 주몽이 작별할 때 차마 떠나지 못하니 그 어미가 말하기를 '어미 걱정 말아다오' 하고는 5곡의 종자를 싸주었다. 주몽은 생이별하는 마음으로 애끊다가 그만 그 종자 씨앗을 잊어버렸다. 주몽이 큰 나무에서 쉬고 있었는데 한 쌍의 비둘기가 날아왔다. 주몽이 말하기를 '이는 틀림없이 신모(神母)께서 사자를 시켜 보리씨를 보내온 것이다.' 하고는 활을 당겨 쏘니 한 살에 다 떨어졌다. 목구멍을 열어 보리씨를 꺼내고는 비둘기에 물을 뿜자 다시 살아나서 날아갔다. 왕이 스스로 풀로 만든 자리에 앉아 간단히 군신의 자리를 정하였다. 비류왕 송양이 나와 사냥을 하다가 왕의 모습이 비상함을 보고 끌어 당겨 자리에 앉아 말하기를, "바닷가에 떨어져 살아 아직 군자를 만나보지 못하였다가 오늘 우연히 만났으니 다행한 일이오. 그대는 어떤 사람이며 어디서 오셨소" 라고 하였다. 왕이 대답하기를 "과인은 천제의 손자이며 서쪽 나라의 왕입니다. 감히 묻건대 군왕은 누구의 후손이십니까" 라 하였다. 송왕이 "나는 선인의 후예로 여러 대에 걸쳐 왕 노릇을 하고 있소. 지금 이 곳은 지극히 좁아 두 임금이 나누어 차지할 수 없고 그대는 나라를 세운 지 얼마 안되었으니 우리의 부용국이 됨이 좋지 않겠소" 라고 하였다. 왕은 "과인은 하늘을 이은 자손이고 지금 왕은 신의 자손도 아니면서 억지로 왕이라 일컬으니 만약 나에게 복종하지 않으면 하늘이 반드시 그대를 벌할 것이오.”
라고 말하였다. 송양은 왕이 몇 번이나 천손이라고 말하기에 속으로 의심을 품고 그
의 재주를 시험해 보고자 하였다. 그래서 말하기를 “왕과 더불어 활을 쏘아보고 싶
소이다.”하고는 사슴을 그려넣은 과녁을 백 보 거리에 두고 쏘는데 살이 사슴의 배
꼽을 맞히지 못하였으나 실지로 맞힌 것으로 여겼다. 왕이 사람을 시켜 옥지환을 백
보 밖에 걸어 놓고 활을 쏘니 깨지기를 기와장 부서지듯 하므로 송양은 크게 놀랐
다.”왕이 말하기를 “나라일이 새로우니 아직 고각의 위의가 없다. 비류국의 사자
가 왕래할 때에 우리들이 왕의 예로서 맞이할 도리가 없으니 우리를 업신여기는 구
실이 되겠다.”하였다. 시종하던 신하 부분노가 나아와서 이르기를 “신이 대왕님을
위하여 비류국의 고각을 취하여 오겠습니다.”하니 왕이 “다른 나라의 장물을 네가
어떻게 가져오겠느냐”고 말하였다. 부분노가 대답하기를 “이것은 하늘이 내린 물건
이니 어찌하여 가지지 못하겠습니까. 대체로 대왕님이 부여에서 곤란을 당하실 적에
어느 누가 이곳에 오리라고 생각을 하였겠습니까? 지금 대왕님이 만번 죽을 위태한
땅에서 몸을 빼 나와 요동에서 이름을 날리게 되었사옵니다. 이것은 천제가 명령하
시어 이루신 일이오니 무슨 일인들 이루어지지 않겠습니까?”하고는 부분노 등 3인
이 비류국에 가서 고각을 훔쳐가지고 왔다. 비류국 왕이 사자를 보내어 무어라 무어
라 항의하였다. 왕은 고각을 와서 볼까 두려워하여 어둡게 색칠하여 오래된 것 같이
해 놓았더니 송양이 감히 도읍을 세운 선후를 다투지 못하였다. 동명이 서쪽으로 사
냥을 가서 흰 사슴을 잡았다. 해원(蟹原)에 거꾸로 매달고 저주하여 말하기를, “하늘
이 만약 비를 내려 비류국의 왕도를 잠기게 하지 않는다면 내가 진실로 너를 놓아
주지 아니하겠다. 이 어려움을 면하고자 한다면 네가 하늘에 호소하여라”고 하였다.
그 사슴이 슬프게 우니 소리가 하늘에 통하자 장마비가 7일간 내려 송양의 왕도가
물에 잠겼다. 왕이 갈대끈으로 강을 가로질러 오리말을 타니 백성들이 모두 그 밧줄
을 잡았다. 주몽이 채찍으로 물에 금을 그으니, 물이 줄었다. (『三國史節要』1)

고구려　　세상에서 동명왕(東明王)의 신통하고 이상한 일을 많이 말한다. 비록 어리석은 남녀
들까지도 흔히 그 일을 말한다. 내가 일찍이 그 얘기를 듣고 웃으며 말하기를, “선
사(先師) 중니(仲尼)께서는 괴력난신(怪力亂神)을 말씀하지 않았다. 동명왕의 일은
실로 황당하고 기괴하여 우리들이 얘기할 것이 못된다.”하였다. 뒤에 위서(魏書)와
통전(通典)을 읽어 보니 역시 그 일을 실었으나 간략하고 자세하지 못하였으니, 국
내의 것은 자세히 하고 외국의 것은 소략히 하려는 뜻인지도 모른다. 지난 계축년
(1193, 명종 23) 4월에 구삼국사(舊三國史)를 얻어 동명왕본기(東明王本紀)를 보니
그 신이(神異)한 사적이 세상에서 얘기하는 것보다 더했다. 그러나 처음에는 믿지
못하고 귀(鬼)나 환(幻)으로만 생각하였는데, 세 번 반복하여 읽어서 점점 그 근원에
들어가니, 환(幻)이 아니고 성(聖)이며, 귀(鬼)가 아니고 신(神)이었다. 하물며 국사
(國史)는 사실 그대로 쓴 글이니 어찌 허탄한 것을 전하였으랴. 김부식(金富軾) 공이
국사를 중찬(重撰)할 때에 자못 그 일을 생략하였으니, 공은 국사는 세상을 바로잡
는 글이니 크게 이상한 일은 후세에 보일 것이 아니라고 생각하여 생략한 것이 아
닌가.
당(唐) 현종본기(玄宗本紀)와 양귀비전(楊貴妃傳)에는 방사(方士)가 하늘에 오르고
땅에 들어갔다는 일이 없는데, 오직 시인(詩人) 백낙천(白樂天)이 그 일이 인멸될 것
을 두려워하여 노래를 지어 기록하였다. 저것은 실로 황당하고 음란하고 기괴하고
허탄한 일인데도 오히려 읊어서 후세에 보였거든, 더구나 동명왕의 일은 변화의 신
이(神異)한 것으로 여러 사람의 눈을 현혹한 것이 아니고 실로 나라를 창시(創始)한
신기한 사적이니 이것을 기술하지 않으면 후인들이 장차 어떻게 볼 것인가? 그러므
로 시를 지어 기록하여 우리나라가 본래 성인(聖人)의 나라라는 것을 천하에 알리고

자 하는 것이다.

한 덩어리로 뭉친 원기 갈라져서 천황씨(天皇氏) 지황씨(地皇氏)가 되었네/ 머리가 열 셋 혹은 열하나 그 모습 기이함이 많았네/ 그 나머지 성스러운 제왕들 경서와 사기에 실려 있나니 여절(女節)은 큰 별에 감응되어 소호금천씨 지(摯)를 낳았고 여추(女樞)는 전욱(顓頊)을 낳았는데 역시 북두성의 광채에 감응된 것이네/ 복희(伏羲)씨는 희생제도를 만들었고 수인(燧人)씨는 나무를 비벼 불을 만들었네/ 명협(蓂莢)이 난 것은 요 임금의 상서로움이요 쌀비가 내린 것은 신농(神農)씨의 상서일세/ 푸른 하늘 여와(女媧)씨가 기웠고 큰 물은 우 임금이 다스렸네/ 황제(黃帝) 헌원씨 하늘에 오르려 할 제 턱에 수염 난 용이 스스로 이르렀다네/ 태고 적 순박할 때 신령하고 성스러운 것 이루 다 기록할 수 없었는데 후세에 인정이 점점 야박해져 풍속이 크게 사치해졌네/ 성인이 혹 나기는 하였으나 신령한 자취 보인 것이 드무네/ 한나라 신작 3년 첫 여름 북두가 사방(巳方)을 가리킬 때[한 나라 신작 3년 4월 갑인이다] 해동의 해모수 참으로 하느님의 아들이로세 [본기에 이르기를 부여왕 해모수가 늙어 아들이 없음에 산천에 제사하여 아들 낳기를 빌러 갔는데, 탄 말이 곤연에 이르자 큰 돌을 보고 눈물을 흘렸다. 왕이 괴이하게 여겨 사람을 시켜 돌을 굴리니 금빛나는 개구리 모양을 한 작은 아이가 있었다. 왕이 "이는 하늘에 내게 아들을 준 것이다" 하며 길러서 금와라고 하고 태자로 삼았다. 재상 아란불이 아뢰기를, "일전에 천제가 내게 내려와서 '장차 내 자손으로 하여금 이곳에 나라를 세우려 하니 너는 피하라.' 하였는데, 동해 가에 가섭원이란 땅이 있어 오곡이 잘 되니 도읍할 만합니다."하고, 아란불은 왕에게 권하여 옮겨 도읍하고 동부여라 이름하였다. 예전 도읍터에는 해모수가 천제의 아들이 되어 와서 도읍하였다"]/

처음 하늘에서 내려올 때 몸소 다섯 용의 수레를 탔고 따르는 사람 백여 인은 고니를 타고 털깃 옷을 화려하게 입었다네/ 맑은 풍악소리 쟁쟁하게 울리고 채색 구름 뭉게뭉게 떠있었네 [한 나라 신작 3년 임술년에 천제가 태자를 보내어 부여왕의 옛 도읍에 내려와 놀았는데 이름이 해모수였다. 하늘에서 내려오는데 오룡거를 탔고 따르는 사람 1백여 명은 모두 흰 고니를 탔다. 채색 구름이 위에 뜨고 음악 소리는 구름 속에서 울렸다. 웅심산에 머물렀다가 10여 일이 지나서 내려오는데 머리에는 까마귀 깃털 관을 쓰고 허리에는 용광검을 찼다.]/ 예부터 천명을 받은 임금은 어찌 하늘이 주신 것이 아닐런가/ 한 낮 푸른 하늘에서 내려옴은 예로부터 아직 본 것은 아니었네/ 아침에는 사람 세상에서 살고 저녁에는 천궁(天宮)으로 돌아갔네 [아침에 정사를 돌보고 날이 저물면 곧 하늘로 올라가니 세상에서 천왕랑이라 일컬었다]/ 노인들에게 들으니 하늘에서 땅까지의 걸리 2억 1만 8천하고도 7백80리라네/ 사다리로도 오르기 어렵고 날개로 날아도 쉬이 지친다네/ 아침저녁 뜻대로 오르내리니 이 이치 어째서 그러하누 성 북쪽 청하가 있으니[청하는 지금의 압록강이다] 하백의 세 따님 아름다웠네 [맏이는 유화요 다음은 훤화요 막내는 위화이다]/ 압록강 물결 헤쳐 나와 웅심 물가에서 노니나니[청하에서 나와 웅심연가에서 놀았다] 패옥은 쟁그랑 울리고 얼굴은 담아한 모습 아름다웠네 [자태가 곱고 아름다웠는데 여러 가지 패옥이 쟁그랑거리어 한고(漢皐)와 다름 없었다.]/ 처음에는 한고 물가인가 의심하였고 다시 낙수의 모래톱 생각하였네/ 왕이 나가 사냥하다 보고 눈짓 보내며 마음에 두었다네/ 곱고 아름다움을 좋아함이 아니라 참으로 뒤 이을 아들 낳기에 급함이었네 [왕이 좌우에 이르기를, "얻어서 왕비로 삼으면 후사를 둘 수 있으리라" 하였다.]/ 세 여인 왕이 오는 것을 보고 물에 들어가 한참이나 서로 피하였네/ 장차 궁궐을 지어 함께 와서 노는 것 엿보려 말채찍으로 한번 땅을 그으니 홀연히 구리집 세워졌고 비단 자리 눈부시게 깔아놓고 금술잔에 맛난 술 차려 놓았네/ 과연 스스로 돌아 들어와 서로 마시고 이내 곧 취하였네 [그 여자들이 왕을 보자 곧 물로 들어갔다. 좌우가, "대왕은 왜 궁전을 지어서 여자들이 방에 들어가기를 기다렸다가 못 나가게 문을 가로막지 않으십니까?" 하였다. 왕이 그렇게 여겨 말채찍으로 땅에 긋자 구리집이 갑자기 이루어졌는데 장려(壯麗)하였다. 방 안에 세 자리를 베풀고 술상을 차려 놓았다. 그 여자들이 각각 그 자리에 앉아 서로 권하며 마셔 술이 크게 취하였다.]/ 왕이 그때 나가 가로 막으니 놀라 달아나다 미끄러져 쓰러졌네 [왕이 세 여자가 크게 취할 것을 기다려 급히 나가 막으니 여자들이 놀라 달아나다가 맏딸 유화가 왕에게 붙잡혔다.]/ 맏딸이 유화인데 이 여자가 왕에게 붙잡혔다네/ 하백이 크게 노하여 사자를 시켜 급히 달려가서 고하기를 너는 어떤 사람이기에 감히 경솔하고 방자한 짓을 하는가. 답하기를 나는 천제의 아들입니다 지위가 높은 가문과 혼인하기 청합니다. 하늘을 가리키매 용수레가 내려오더니 그대로 깊은 해궁에 이르렀네 [하백이 크게 노하여 사자를 보내어 고하기를, "너는 어떠한 사람이기에 내 딸을 잡아 두는가?" 하였다. 왕이 답하기를, "나는 천제의 아들로 지금 하백께 구혼하고자 합니다." 하였다. 하백이 또 사자를 보내어 고하기를, "네가 만일 천제의 아들이고 내게 구혼할 생각이 있으면 마땅히 중매를 시켜 말할 것이지 지금 갑자기 내 딸을 잡아 두니 어찌 그리 실례가 심한가?" 하였다. 왕이 부끄러워하며 하백을 뵈려 하였으나 궁실에 들어갈 수 없었다. 그래서 그 여자를 놓아 보내고자 하니 그 여자가 이미 왕과 정이 들어서 떠나려 하지 않으며 왕에게 권하기를, "만일 용거(龍車)가 있으면 하백의 나라에 이를 수 있습니다." 하였다. 왕이 하늘을 가리켜 고하니, 조금 뒤에 오룡거가 하늘에서 내려왔다. 왕이 여자와 함께 수레를 타니 풍운이 홀연히 일어나며 하백의 궁에 이르렀다.]/ 하백이 왕에게 이르기를 혼인은 큰일이라 중매와 폐백의 법이 있거늘 어째서 방자한 짓을 하는가 [하백이 예를 갖추어 맞아 자리에 앉은 뒤에 이르기를, "혼인의 도는 천하의 공통된 법규인데 어찌하여 예를 잃는 일을 해서 내 가문을 욕되게 하는가" 하였다]/ 그대가 상제의 아들이라면 신통한 변화를 시험하여 보자 넘실거리는 푸른 물결 속에 하백이 변하여 잉어가 되니 왕이 변하여 수달이 되자 몇 걸음 못 가서 곧 잡았다네/ 또다시 두 날개가 나서 꿩이 되어 훌쩍 날아가니 왕이 또 신령한 매가 되어 쫓아가 치는 것이 어찌 그리 날쌘가/ 저편이 사슴이 되어 달아나면 이편은 승냥이가 되어 쫓았다네/ 하백은 신통한 재주 있음 알고 술자리 벌이고 서로 기뻐하였네/ 만취한 틈을 타 가죽 수레에 싣고 딸도 수레에 함께 태웠네 [수레의 옆을 기(轎)라 한다] /그 뜻은 딸과 함께 천상에 오르게 하려 함이었네/ 그 수레 물 밖에 나오기 전에 술이 깨어 홀연히 놀라 일어나[하백의 술은 이레가 되어야 깬다.] 여자의 황금비녀로 가죽 뚫고 구멍으로 나와 [출(出)은 협운(叶韻)이다.] 홀로 적소(赤霄)를 타고 올라가서 소식 없이 다시는 돌아오지 않았다. [하백이 말하기를, "왕이 천제(天帝)의 아들이라면 무슨 신통하고 이상한 재주가 있는가" 하니, 왕이 "무엇이든지 시험하여 보소서." 하였다. 이에 하백이 뜰 앞의 물에서 잉어로 변하여 물결을 따라 노니니 왕이 수달로 변하여 잡았고, 하백이 또 사슴으로 변하여 달아나니 왕이 승냥이로 변하여 쫓았고, 하백이 꿩으로 변하니 왕이 매로 변하였다. 하백은 참으로 천제의 아들이라고 생각하여 예로써 혼인을 이루고 왕이 딸을 데려갈 마음이 없을까 두려워하여 풍악을 베풀고 술을 내어 왕을 권하여 크게 취하자 딸과 함께 작은 가죽 수레에 넣어 용거(龍車)에 실으니 이는 하늘에 오르게 하려 함이었다. 그 수레가 미처 물에서 나오기 전에 왕이 술이 깨어 여자의 황금비녀로 가죽 수레를 뚫고 구멍으로 홀로 나와서 하늘로 올라갔다.]/ 하백이 그 딸을 책망하여 입술을 잡아당겨 석 자나 늘여 놓고 우발수 속으로 추방하고는 오직 비복 두 사람만 주었네 [하백이 그 딸에게 크게 노하여, "네가 내 훈계를 따르지 않아서 마침내 우리 가문을 욕되게 하였다." 하고, 좌우를 시켜 딸의 입을 옭아 잡아당기어 입술이 길이가 서 자나 되게 하고 노비 두 사람만을 주어 우

발수 가운데로 추방하였다. 우발은 못 이름인데 지금 태백산(太白山) 남쪽에 있다.]/
어부가 물 속을 보니 이상한 짐승이 돌아다녔다네/ 이에 금와왕에게 고하여 쇠그물
을 깊숙이 던졌네/ 돌에 앉은 여자를 끌어당겨 얻었는데 얼굴 모양이 심히 흉측하
였네/ 입술이 길어 말을 못하매 세 번 자른 뒤에야 입을 열었다네 [어부 강력부추
가 고하기를, "근자에 어량 속의 고기를 도둑질해 가는 것이 있는데 무슨 짐승인지
알 수 없습니다." 하였다. 왕이 어부를 시켜 그물로 끌어내니 그물이 찢어졌다. 다
시 쇠그물을 만들어 당겨서 돌에 앉아 있는 여자를 얻었다. 그 여자는 입술이 길어
말을 못하므로 그 입술을 세 번 잘라내게 한 뒤에야 말을 하였다.]/ 왕은 해모수의
왕비인 것을 알고 이내 별궁에 두었네/ 해를 품고 주몽을 낳았으니 이해가 계해년
이었네/ 골상이 참으로 기이하고 우는 소리가 또한 심히 컸네/ 처음에 되 만한 알
을 낳으니 보는 사람들 깜짝 놀랐고 왕은 상서롭지 못하다 하여 이것이 어찌 사람
의 종류인가 하였다네/ 마구간 속에 두었더니 여러 말들이 모두 밟지 않아 깊은 산
속에 버렸더니 온갖 짐승이 모두 옹위하더라 [왕이 천제 아들의 비(妃)인 것을 알고
별궁(別宮)에 두었더니 그 여자의 품안에 해가 비치자 이어 임신하여 신작 4년 계해
년 여름 4월에 주몽(朱蒙)을 낳았는데 우는 소리가 매우 크고 골상이 영특하고 기이
하였다. 처음 낳을 때에 좌편 겨드랑이로 알 하나를 낳았는데 크기가 닷되 만하였
다. 왕이 괴이하게 여겨 말하기를, "사람이 새알을 낳았으니 상서롭지 못하다." 하
고, 사람을 시켜 마구간에 두었더니 여러 말들이 밟지 않고, 깊은 산에 버렸더니 모
든 짐승이 호위하고 구름 끼고 음침한 날에도 알 위에 힁상 햇빛이 있다. 왕이 알
을 도로 가져다가 어미에게 보내어 기르게 하였더니, 알이 미침내 갈라져서 한 사내
아이를 얻었는데 낳은 지 한 달이 지나지 않아서 언어가 모두 정확하였다.]/ 어미가
받아서 기르니 한 달이 지나 말하기 시작하였네/ 스스로 말하되 파리가 눈을 빨아
서 누워도 편안히 잘 수 없다 하였더니 어미가 활과 화살을 만들어 주니 그 활 빗
나가는 법 없었네 [어머니에게, "파리들이 눈을 빨아서 잘 수가 없으니 어머니는 나
를 위하여 활과 화살을 만들어 주오" 하였다. 그 어머니가 댓가지로 활과 화살을 만
들어 주니 스스로 물레 위의 파리를 쏘는데 화살을 쏘는 족족 맞혔다. 부여(扶餘)에
서 활 잘 쏘는 것을 주몽이라고들 한다.]/ 나이가 점점 많아지매 재능도 날로 갖추
어다네/ 부여왕의 태자 그 마음에 투기가 생겨 말하기를 주몽이란 자는 반드시 범
상한 사람이 아니니 만일 일찍 도모하지 않으면 후환이 끝없으리라 하였네 [나이가
많아지자 재능이 다 갖추어졌다. 금와왕은 아들 일곱이 있는데 항상 주몽과 함께 놀
며 사냥하였다. 왕의 아들과 따르는 사람 40여 인이 겨우 사슴 한 마리를 잡았는데
주몽은 사슴을 퍽 많이 쏘아 잡았다. 왕자가 시기하여 주몽을 붙잡아 나무에 묶어
매고 사슴을 빼앗았는데, 주몽이 나무를 뽑아 버리고 갔다. 태자 대소(帶素)가 왕에
게, 이르기를 "주몽이란 자는 신통하고 용맹한 장사여서 눈초리가 비상하니 만일 일
찍 도모하지 않으면 반드시 후환이 있을 것입니다." 하였다.]/ 왕이 가서 말을 기르
게 하니 그 뜻을 시험하고자 함이었네/ 스스로 생각하니 천제의 손자가 천하게 말
기르는 것 참으로 부끄러워 가슴을 어루만지며 항상 혼자 탄식하기를 사는 것이 죽
는 것만 못하다 마음 같아서는 장차 남쪽 땅에 가서 나라도 세우고 성시도 세우고
자 하나 사랑하는 어머니 계셔 이별이 참으로 쉽지 않구나 [왕이 주몽에게 말을 기
르게 하여 그 뜻을 시험하였다. 주몽이 마음으로 한을 품고 어머니에게, "나는 천제
의 손자인데 남을 위하여 말을 기르니 사는 것이 죽는 것만 못합니다. 남쪽 땅에 가
서 나라를 세우려 하나 어머니가 계셔서 마음대로 못합니다." 하였다.]/그 어미 이
말 듣고 흐르는 눈물 씻으며 너는 내 생각 하지 말라. 나도 항상 마음 아프다. 장사
가 먼 길을 가려면 반드시 준마가 있어야 한다며 아들 데리고 마구간에 가서 곧 긴
채찍으로 말을 때렸네/ 여러 말은 모두 달아났는데 붉은 빛 얼룩진 말 한 마리 두

길 되는 난간 뛰어 넘으니 이것이 준마인 줄 비로소 깨달았네 [통전(通典)에 주몽이 타던 말은 모두 과하마(果下馬)라 하였다.]/ 남모르게 바늘을 혀에 꽂으니 시고 아 파 먹지 못하네/ 며칠 못되어 형상이 심히 야위니 나쁜 말과 다름없었네/ 그뒤에 왕이 돌아보고 바로 이 말을 주네 얻고 나서 비로소 바늘 뽑고 밤낮으로 도로 먹였 다네 [그 어미가, "이것은 내가 밤낮으로 고심하던 일이다. 내가 들으니 장사가 먼 길을 가려면 반드시 준마가 있어야 한다. 내가 말을 고를 수 있다." 하고, 드디어 목장으로 가서 긴 채찍으로 어지럽게 때리니 여러 말이 모두 놀라 달아나는데 한 마리 붉은 말이 두 길이나 되는 난간을 뛰어넘었다. 주몽은 이 말이 준마임을 알고 가만히 바늘을 혀 밑에 꽂아 놓았다. 그 말은 혀가 아파서 물과 풀을 먹지 못하여 심히 야위었다. 왕이 목장을 순시하며 여러 말이 모두 살찐 것을 보고 크게 기뻐 서 인하여 야윈 말을 주몽에게 주었다. 주몽이 이 말을 얻고 나서 그 바늘을 뽑고 도로 먹였다 한다.]/ 가만히 세 어진 벗 맺으니 그 사람들 모두 지혜가 많았다네[오 이 마리·협보 등 세 사람이었다.]/ 남쪽으로 행하여 엄체수에 이르니 [일명 개사수 (蓋斯水)인데 지금의 압록강 동북쪽에 있다.] 건너려 하여도 배가 없었네 [건너려 하 나 배는 없고 쫓는 군사가 곧 이를 것을 두려워하여 채찍으로 하늘을 가리키며 개 연히 탄식하기를, "나는 천제의 손자요 하백의 외손인데 지금 난을 피하여 여기에 이르렀으니 황천과 후토(后土)는 나 고자(孤子)를 불쌍히 여기시어 속히 배와 다리 를 주소서." 하고, 말을 마치고 활로 물을 치니 고기와 자라가 나와 다리를 이루어 주몽이 건넜는데 한참 뒤에 쫓는 군사가 이르렀다.]/ 채찍 잡고 저 하늘 가리키며 슬피 긴 탄식하되 천제의 손자 하백의 외손 난을 피하여 이곳에 이르렀소 불쌍하고 외로운 자식의 마음 황천 후토가 차마 버리시리까 활을 잡아 하수를 치니 물고기며 자라가 머리와 꼬리를 나란히 하니높은 다리 이루어 비로소 건널 수 있었네 조금 뒤에 쫓는 군사 이르러 다리에 오르니 다리가 곧 무너졌다네 [쫓아온 군사가 하수에 이르니 고기와 자라가 이룬 다리가 곧 허물어져 이미 다리에 오른 자는 모두 빠져 죽었다.]/한 쌍 비둘기 보리 물고 날아 신모의 사자가 되어 왔네 [주몽이 이별할 때 차마 떠나지 못하니 어머니가 말하기를, "너는 어미 때문에 걱정하지 말라." 하고 오곡 종자를 싸 주어 보내었다. 주몽이 살아서 이별하는 마음이 애절하여 보리 종자 를 잊어버리고 왔다. 주몽이 큰 나무 밑에서 쉬는데 비둘기 한 쌍이 날아왔다. 주몽 이, "아마도 신모께서 보리 종자를 보내신 것이리라." 하고, 활을 쏘아 한 화살에 모두 떨어뜨려 목구멍을 벌려 보리 종자를 얻고 나서 물을 뿜으니 비둘기가 다시 소생하여 날아갔다.]/ 형세 좋은 땅에 왕도 개설하니 산천이 울창하고 높고 크네 스 스로 띠자리 위에 앉아 대강 군신의 차례 정하였네 [왕이 스스로 띠자리 위에 앉아 서 대강 임금과 신하의 위차를 정하였다.]/ 애달프다 비류왕이여 어찌 스스로 헤아 리지 못하고 선인의 후예인 것만 굳이 자랑삼고 천제의 손자 존귀함을 알지 못하였 나 한갓 부용국으로 삼으려 하는데 말이 삼가거나 겁내지 않네 그림 사슴 배꼽도 맞히지 못하고 옥가락지 깨는 것에 놀랐네 [비류왕 송양이 나와 사냥하다가 왕의 용 모가 비상함을 보고 이끌어 함께 앉아서, "바다 한쪽에 치우쳐 있어 일찍이 군자(君 子)를 만나보지 못하였는데, 오늘 우연히 만났으니 얼마나 다행한 일인가. 그대는 어떠한 사람이며 어느 곳에서 왔는가?" 하니, 왕이, "과인은 천제의 손자요 서국(西 國)의 왕이다. 감히 묻노니 군왕은 누구의 후손인가?" 하였다. 송양이, "나는 선인 (仙人)의 후손인데 여러 대 왕 노릇을 하였다. 지금 지방이 대단히 작아서 나누어 두 왕이 될 수 없고 그대는 나라를 만든 지가 얼마 되지 않았으니, 나의 부속국이 되는 것이 좋을 것이다." 하였다. 왕이 말하기를 "과인은 천제의 뒤를 이었지마는 지금 왕은 신(神)의 자손도 아니면서 억지로 왕이라 칭호하니, 만일 내게 복종하지 않으면 하늘이 반드시 죽일 것이다." 하였다. 송양은 왕이 여러 번 천제의 손자라 자칭하는 것을 듣고 마음에 의심을 품어 그 재주를 시험하고자 하여, "왕과 활쏘기를 원하노라."하고, 1백 보 안에 사슴을 그려놓고 쏘았는데 그 화살이 사슴 배꼽에 들어가지 않았는데도 힘에 겨워하였다. 왕이 사람을 시켜 옥가락지를 가져다가 1백 보 밖에 달아매고 쏘았는데 기왓장 부서지듯 깨지니 송양이 크게 놀랐다.]/ 와서 고각이 변색한 것 보고 감히 내 기물이라 말하지 못하였네 [왕이, "국가의 기업이 새로 창조되었기 때문에 고각(鼓角)의 위의가 없어 비류의 사자가 왕래함에 내가 왕의 예로 맞고 보내지 못하니 그 까닭으로 나를 가볍게 여기는 것이다."하였다. 시종하는 신하 부분노가 앞에 나와 말하기를, "신이 대왕을 위하여 비류의 북을 가져오겠습니다."하였다. 왕이, "다른 나라의 감추어 둔 물건을 네가 어떻게 가져오려느냐"하니, 대답하기를, "이것은 하늘이 준 물건이니 왜 가져오지 못하겠습니까? 대왕이 부여에서 곤욕을 당할 때에 누가 대왕이 여기에 이르리라고 생각하였겠습니까? 지금 대왕이 만 번 죽음을 당할 위태한 땅에서 몸을 빼쳐 나와 요좌(遼左)에 이름을 날리니 이것은 천제가 명령하여 하는 것이라 무슨 일인들 이루지 못하겠습니까"하였다. 이에 부분노 등 세 사람이 비류에 가서 북을 가져오니 비류왕이 사자를 보내어 고하였다. 왕이 비류에서 와서 고각을 볼까 두려워하여 빛깔을 오래된 것처럼 검게 만들어 놓으니 송양(松讓)이 감히 다투지 못하고 돌아갔다.]/ 집 기둥 묵은 것 와서 보고 말 못하고 도리어 부끄러워 하네 [송양이 도읍을 세운 선후를 따져 부용국으로 삼고자 하니, 왕이 궁실을 지을 때 썩은 나무로 기둥을 세워 천 년 묵은 것 같이 했다. 송양이 와서 보고 마침내 감히 도읍을 세운 선후를 따지지 못하였다.]/ 동명왕 서쪽으로 순수할 제 우연히 눈빛 고라니를 얻었더니[큰 사슴을 고라니라 한다.]/ 해원 위에 거꾸로 달아매고 감히 스스로 저주하기를 하늘이 비류에 비를 내려 그 도성과 변방을 표몰시키지 않으면 내가 너를 놓아주지 않을 것이니 너는 내 분함을 풀어다오 사슴 우는 소리 심히 슬퍼 위로 천제의 귀에 사무쳤네/ 장마비 이레를 퍼부어 주룩주룩 회수 사수를 넘쳐나듯 송양이 근심하고 두려워하여 흐름을 따라 부질없이 갈대 밧줄을 가로 뻗쳤네 백성들이 다투어 와서 밧줄 잡아당겨 서로 쳐다보며 땀을 흘리니 동명왕 곧 채찍 들어 물을 그으니 곧 멈추었네 송양이 나라 들어 항복하고 이 뒤로 우리를 헐뜯지 못하였네 [서쪽을 순행하다가 사슴 한 마리를 얻었는데 해원에 거꾸로 달아매고 저주하기를, "하늘이 만일 비를 내려 비류왕의 도읍을 표몰시키지 않는다면 내가 너를 놓아주지 않을 것이니, 이 곤란을 면하려거든 네가 하늘에 호소하라."하였다. 그 사슴이 슬피 울어 소리가 하늘에 사무치니 장마비가 이레를 퍼부어 송양의 도읍을 표몰시켰다. 송양왕이 갈대 밧줄로 흐르는 물을 횡단하고 오리 말을 타고 백성들은 모두 그 밧줄을 잡아당겼다. 주몽이 채찍으로 물을 긋자 물이 곧 줄어들었다. 6월에 송양이 나라를 들어 항복하였다 한다.]/ 검은 구름 골령 덮어 산이 뻗쳐 연한 것 보이지 않고 수천 명 사람 소리 들렸는데 나무 베는 소리와 다를 바 없었네 왕이 말하기를 하늘이 나를 위하여 그 터에 성을 쌓는 것이라 하였네 홀연히 운무 흩어지고 궁궐이 우뚝 솟았네/ [7월에 검은 구름이 골령에 일어나서 사람들이 그 산은 보지 못하고 오직 수천 명 사람의 소리가 토목(土木) 공사를 하는 것같이 들렸다. 왕이 말하기를, "하늘이 나를 위하여 성을 쌓는 것이다."하였다. 7일 만에 운무가 걷히니 성곽과 궁실 누대가 저절로 이루어졌다. 왕이 황천께 절하여 감사하고 나아가 살았다.] (『東國李相國集』 3 古律詩 東明王篇)

고구려   고려의 조상은 성이 고[왕이 처음 태어나 온 나라가 그를 높였기에 이로 인하여 성으로 삼았다]요 이름은 동명이라네/활을 잘 쏘았기에 주몽이라 이름하였네[부여인들은 활을 잘쏘면 주몽이라 이름하였다.]/ 아버지는 해모수 어머니는 유화이니[본기에 이르기를, 한나라 신작 3년 임술에 천제가 태자 해모수를 보내어 부여왕의 옛 도읍에 놀게 하였다. 오룡거를 탔는데, 따르던 100여 명의 사람들은 모두 흰 고니를 탔다고 한다. 대 위에 군신의 예를 세우고 웅심산에서 사냥하였다. 하백의 딸 셋이 우발하에 나와서 놀다가 맏이인 유화가 왕에 붙들린 바가 되었다고 운운하였고 문순공(文順公)의 동명시에서는 천제의 손자 하백의 사위라 하였다] /황천의 손자요 하백의 외손일세./ 아버지는 천궁으로 돌아가 다시는 오지 않았고/ 어머니는 우발수 맑은 강에 살았네/ 부여국왕 이름은 금와인데/ 별관을 지어 그를 모셨다네/ 닷되 크기 큰 알 왼쪽 겨드랑이에서 낳더니/흐린 날에 햇빛이 비치었네/ 아이가 나온 지 몇 개월이 지나 말을 할 수 있었고/ 점차 커가며 재기가 뛰어났네/ 이 때 왕의 태자 시기하였는데/ 참소하여 말을 기르게 하니 말이 살쪘네/ 왕이 도망하여 개사수[지금의 대녕강(大寧江)]를 건너려 하니/물고기와 자라 다리로 변하여 가로 놓였다네/ 한나라 원제 입소 2년 갑신에[신라 건국 20년째 되던 해이다]/ 마한의 왕검성에 개국하였네[지금의 서경(西京)이다. 고구려현의 이름으로 나라를 세웠다. 오대사(五代史)에서 이르기를 고구려는 부여의 별종이라고 하였다]/하늘이 사람을 보내어 궁궐을 세우니/ 산은 어둡고 골짜기는 어두운데 쩡쩡하는 소리 들리네/ 7일 되자 운무 걷히고 금벽 우뚝 솟아 맑은 하늘에 닿았네/ 오이와 마리 협보 세 신하 한 가지로 왕업을 도왔고/ 비류국왕 송양이 개국의 선후로 예를 다투네/ 큰 비 오게 하여 잠기게 하니/ 나라 들어 귀순하여 충성하였네/ 하늘을 오르내리며 천정(天政)에 나가니/조천석(朝天石) 위에 기린의 발굽 가벼웠네   (『帝王韻紀』 下 高句麗紀)

고구려 부여   고구려는 부여에서 갈라져 나왔는데, 스스로 말하기를 선조는 주몽이라 한다. 주몽의 어머니는 하백의 딸로 부여왕에게 잡혀 방에 갇혀 있던 중, 햇빛이 비치는 것을 몸을 돌려 피하였으나 햇빛이 다시 따라와 비추었다. 얼마 후 잉태하여 알 하나를 낳았는데, 크기가 닷 되 만하였다. 부여왕이 그 알을 개에게 주었으나 개가 먹지 않았고, 돼지에게 주었으나 돼지도 먹지 않았다. 길에다 버렸으나 소나 말들이 피해 다녔다. 뒤에 들판에 버려 두었더니 뭇새가 깃털로 그 알을 감쌌다. 부여왕은 그 알을 쪼개려고 하였으나 깨뜨릴 수 없게 되자, 결국 그 어머니에게 돌려주고 말았다. 그 어머니가 다른 물건으로 이 알을 싸서 따뜻한 곳에 두었더니, 사내아이 하나가 껍질을 깨뜨리고 나왔다. 그가 성장하여 이름을 주몽이라고 하니, 그 나라 속언에 '주몽'이란 활을 잘 쏜다는 뜻이다. 부여 사람들이 주몽은 사람의 소생이 아니기 때문에 장차 딴 뜻을 품을 것이라고 하여 그를 없애 버리자고 청하였으나, 왕은 듣지 않고 그에게 말을 기르도록 하였다. 주몽은 말마다 남모르게 시험하여 좋은 말과 나쁜 말이 있음을 알고, 준마는 먹이를 줄여 마르게 하고 굼뜬 말은 잘 길러 살찌게 하였다. 부여왕이 살찐 말은 자기가 타고 마른 말은 주몽에게 주었다. 그 뒤 사냥할 때 주몽에게는 활을 잘 쏜다고 하여 한 마리를 잡는데 화살 하나로 한정시켰으나, 주몽이 비록 화살은 적었지만 잡은 짐승은 매우 많았다. 부여의 신하들이 또 그를 죽이려 모의를 꾸미자, 주몽의 어머니가 알아차리고 주몽에게 말하기를, "나라에서 너를 해치려 하니, 너 같은 재주와 경략을 가진 사람은 아무데고 멀리 떠나는 것이 옳을 것이다." 하였다. 주몽은 이에 오인·오위(烏違) 등 두 사람과 함께 부여를 버리고 동남쪽으로 도망하였다. 중도에서 큰 강을 하나 만났는데, 건너려 하여도 다리는 없고, 부여 사람들의 추격은 매우 급박하였다. 주몽이 강에 고하기를, "나는 태양의 아들이요, 河伯의 외손이다. 오늘 도망길에 추격하는 군사가 바짝 쫓아오니, 어떻게 하면 건널 수 있겠는가?" 하자, 이 때에 고기와 자라가 함께 떠 올라와 그를 위해 다리를 만들어 주었다. 주몽이 건넌 뒤 고기와 자라는 금방 흩어져버려 추격하던 기병들은 건너지 못하였다. 주몽은 마침내 보술수(普述水)에 이르러 마침내 정착하고 살면서 나라 이름을 고구려라 하고 인하여 성을 고씨라 하였다. (『魏書』 100 列傳 88 高句麗)

고구려 부여   고구려는 그 선조가 부여에서 갈라져 나왔다. 스스로 말하기를 '시조는 주몽인데,

하백의 딸이 햇빛에 감응되어 잉태하였다'고 한다. 주몽이 장성하여 재주와 지략이 있자, 부여 사람들이 미워하여 쫓아버렸다. 이에 주몽은 흘두골성(紇斗骨城)에 살면서 스스로 국호를 고구려라 하고, 이어 고씨로 성을 삼았다. (『周書』 49 列傳 41 異域 上 高麗)

고구려 부여　고구려는 그 선조가 부여에서 나왔다. 부여왕이 일찍이 하백의 딸을 붙잡아 방안에 가두어 두었는데, 햇빛을 받게 되어 몸을 돌려 피했으나 햇빛이 다시 따라와 비추어 주었다. 얼마 후에 임신하여 알 하나를 낳았는데, 크기가 닷되 만하였다. 부여왕이 그 알을 개에게 주었으나 개가 먹지 않았고, 돼지에게 주었으나 돼지도 먹지 않았다. 길가에 버려 두었으나 소와 말들이 피해 다녔다. 들판에 버려두었더니 뭇새들이 깃털로 그 알을 덮어 주었다. 왕은 그 알을 쪼개려고 하였으나 깨뜨릴 수 없게 되자, 결국 그 어머니에게 돌려주고 말았다. 그 어머니가 물건으로 알을 싸서 따뜻한 곳에 놓아 두었더니 사내아이 하나가 껍질을 깨뜨리고 나왔다. 그가 성장하여 이름을 주몽이라고 하니, 그 나라의 속언에 주몽이란 활을 잘 쏜다는 뜻이다. 부여 사람들이 주몽은 사람이 소생이 아니라고 하여 그를 없애버리자고 청하였다. 王은 받아들이지 아니하고 주몽에게 말을 기르도록 하였다. 주몽은 남몰래 말들을 시험하여 좋은 말과 나쁜 말이 있음을 알고서, 준마는 먹이를 줄여 야위도록 하고 굼뜬 말은 잘 키워 살찌도록 하였다. 부여왕이 살찐 말은 자기가 타고 야윈 말은 주몽에게 주었다. 그 후 사냥터에서 사냥할 적에 주몽에게는 활을 잘 쏜다고 하여 한 마리를 잡는데 화살 한 개씩을 주었다. 주몽이 비록 화살은 한 개씩이었지만 잡은 짐승은 매우 많았다. 부여의 신하들이 또 주몽을 죽이려고 모의를 꾸미자, 그의 어머니가 주몽에게 알려 주었다. 주몽은 이에 언위(焉違) 등 두 사람과 함께 동남쪽으로 달아났다. 중도에서 큰 강을 만났는데, 건너려고 하여도 다리는 없고 부여 사람들의 추격은 매우 급박하였다. 주몽이 물에 고하기를, "나는 태양의 아들이요, 하백의 외손이다. 지금 뒤쫓아 오는 병사들이 들이닥치게 되었으니 어떻게 하면 건널 수 있겠는가" 하자, 이에 고기와 자라들이 그를 위하여 다리를 만들어 주었다. 주몽이 물을 건너고 난 뒤 고기와 자라들은 곧바로 흩어져버려 뒤쫓아 오던 기병들은 건너지 못하였다. 주몽은 마침내 보술수에 이르러 세 사람을 만났다. 한사람은 삼베옷을, 한사람은 무명옷을, 한사람은 부들로 짠 옷을 입고 있었다. 주몽과 함께 흘승골성에 이르러 마침내 정착하고 살았다. 나라 이름을 고구려라 하고 인하여 성을 고씨라 하였다 (『北史』 88 列傳 82 高句麗)

고구려 부여　고려의 선조는 부여로부터 나왔다. 부여왕이 일찍이 하백의 딸을 잡아 방 안에 가두어 두었는데, 햇빛이 따라 다니면서 그녀를 비추었다. 그 빛을 받고 마침내 임신을 하여 큰 알 한 개를 낳았다. 한 사내아이가 껍질을 깨뜨리고 나오니 이름을 주몽이라 하였다. 부여의 신하들이 주몽은 사람의 소생이 아니라고 하여 모두 죽이자고 청하였으나, 왕은 듣지 않았다. 그가 장성하여 사냥터에 따라 가서 짐승을 잡은 것이 가장 많자, 또 그를 죽이자고 왕에게 청하였다. 그 어머니가 주몽에게 알려 주니, 주몽은 부여를 버리고 동남쪽으로 달아났다 중두에 큰 강을 만났는데, 문이 깊어서 건널 수가 없었다. 주몽이, "나는 하백의 외손이요, 태양의 아들이다. 이제 어려움을 당하여 추격하는 군사가 곧 뒤쫓아 오는데, 어떻게 하면 건널 수 있겠는가" 하고 말하자, 물고기와 자라들이 모여서 다리를 만들어 주어 주몽은 건너 갈 수 있었으나, 추격하던 기병은 건너지 못하고 돌아갔다. 주몽은 나라를 세워 스스로 국호를 고구려라 하고 고씨로 성을 삼았다. (『隋書』 81 列傳 46 東夷 高麗)

고구려 부여　후한에 조공하였다. 그 때 다음과 같이 일렀다. 본래 부여(夫餘)에서 나왔다. 선조는 주몽(朱蒙)이며, 주몽의 어머니는 하백(河伯)의 딸로 부여왕의 처가 되었는데 해가 비추어서 이에 잉태하여 나왔다. 자라면서 이름을 주몽이라 하였다. 풍속에 활을 잘 쏘는 것을 주몽이라 한다. 국인(國人)들이 주몽을 죽이려 하자 주몽이 부여를 버리고 동남쪽으로 달려 보술수(普述水)를 건너 흘승골성(紇升骨城)에 이르러 살았다. 구려(句麗)라고 부르고 고(高)를 성씨로 삼았다. 한무제가 조선을 멸망시킴에 이르러 고구려를 현(縣)으로 삼아 현도군에 속하게 하였는데 의책 조복 고취를 내리니 항상 현도군에서 이를 받아갔는데, 후에 점차 교만하고 방자해져 다시 군을 찾지는 않았다. 다만 현도성 동쪽 경계에 작은 성을 쌓고 이를 받으니, 드디어 이 성의 이름을 책구루라 하였다. 구루라는 것은 구려말로 성을 이름한다. 왕망 때 구려의 병사를 동원하여 흉노를 정벌하려 하였다. 하지만 구려인들이 가려하지 않고 모두 요새를 나와 도둑질을 하였다. 왕망이 다시 고구려왕의 이름을 하구려후라 하였다. 이에 맥인들이 변경을 노략질하는 일이 더욱 심해졌다. 광무제 건무 8년 사신을 보내어 조공하자 황제가 그 왕호를 복구시켰다. (『通典』 186 邊方 2 東夷 下 高句麗)

고구려 부여   고구려는 동이들이 서로 전하여 말하기를 부여의 별종이라 한다. 5족(族)이 있는데, 소노부(消奴部)·절노부(絶奴部)·순노부(順奴部)·관노부(灌奴部)·계노부(桂奴部)가 그것이다. 일설에는 다음과 같이 말한다. 부여왕이 일찍이 하백의 딸을 얻어 방안에 가두었는데, 해가 비추어 몸을 끌어당겨 피하려 했는데, 햇빛이 또 쫓아와 이윽고 잉태를 하였다. 알 하나를 낳았는데, 크기가 닷되정도였다. 부여왕이 이를 버려 개에게 주었는데, 개가 먹지 않았고, 돼지에게 주었으나, 돼지가 먹지 않았다. 길에 버렸는데, 소와 말이 피했고, 들에 버렸는데 뭇 새들이 털로 덮어주었다. 왕이 알을 조개려 하였으나, 깨뜨릴 수 없었다. 결국 그 어미에게 돌려주었더니 어미가 물건으로 알을 쌓아 따듯한 곳에 두었다. 한 사내아이가 알을 깨고 나와 성장했는데, 이름을 주몽이라 하였다. 주몽은 활을 잘 쏘았는데, 부여의 신하들이 그를 죽이려고 모의하자 동쪽으로 달아나 북쪽의 흘승골성에 이르러 그곳에 거주하고 고구려(高句驪)라 부르고 고를 성씨로 삼았다. (『册府元龜』 956 外臣部 1 種族)

고구려   옛날 시조(始祖) 추모왕(鄒牟王)이 나라를 세우셨는데 북부여(北夫餘)에서 태어나셨으며, 천제(天帝)의 아들이시며 어머니는 하백의 따님이시다. 알을 깨고 세상에 나오셨는데, 태어나면서부터 성(聖)스러운 (결락)이 있었다. 길을 떠나 남쪽으로 내려가는데, 부여의 엄리대수(奄利大水)를 건너게 되셨다. 왕께서 나룻가에서 이르시기를, "나는 천제의 아들이며 하백의 따님을 어머니로 한 추모왕이다. 나를 위하여 갈대를 연결하고 거북이 무리를 짓게 하라"고 하셨다. 말씀이 끝나자마자 곧 갈대가 연결되고 거북 떼가 물 위로 떠올랐다. 그리하여 강물을 건너가서, 비류곡(沸流谷) 홀본(忽本) 서쪽 산 위에 성을 쌓고 도읍을 세우셨다. (「廣開土王碑」)

B.C.36(乙酉/신라 혁거세거서간 22/고구려 동명성왕 2/漢 建昭 3/倭 崇神 62)

고구려   여름 6월 송양(松讓)이 나라를 들어 와서 항복하니 그 땅을 다물도(多勿都)라 하고 송양을 봉하여 임금으로 삼았다. 고구려말에 옛 땅을 되돌려주는 것을 다물이라고 했기 때문에 그렇게 이름한 것이다. (『三國史記』 13 高句麗本紀 1)

고구려   여름 6월 송양이 나라를 들어 와서 항복하니 그 땅을 다물도(多勿都)라 하고 송양을 봉하여 임금으로 삼았다. 고구려 말에 옛 땅을 되돌려주는 것을 다물이라 한다. (『三國史節要』 1)

B.C.35(丙戌/신라 혁거세거서간 23/고구려 동명성왕 3/漢 建昭 4/倭 崇神 63)

고구려   봄 3월 황룡(黃龍)이 골령(鶻嶺)에 나타났다. (『三國史記』 13 高句麗本紀 1)

고구려   봄 3월 고구려에서 황룡이 골령에 나타났다. (『三國史節要』 1)

고구려   가을 7월 상서로운 구름이 골령 남쪽에 나타났는데 그 빛깔이 푸르고 붉었다. (『三

國史記』13 高句麗本紀 1)

고구려 가을 7월 고구려에 상서로운 구름이 골령 남쪽에 나타났는데 그 빛깔이 푸르고 붉었다. (『三國史節要』1)

B.C.34(丁亥/신라 혁거세거서간 24/고구려 동명성왕 4/漢 建昭 5/倭 崇神 64)

고구려 여름 4월 구름과 안무가 사방에서 일어나 사람들이 7일 동안 빛을 구별하지 못했다. (『三國史記』13 高句麗本紀 1)

고구려 여름 4월 고구려에 구름과 안무가 사방에서 일어나 사람들이 7일 동안 빛을 구별하지 못했다. 夏四月 高勾麗雲霧四塞 不辨人七日 (『三國史節要』1)

신라 여름 6월 임신 그믐(29)에 일식이 있었다. (『三國史記』1 新羅本紀 1)

신라 6월 임신 그믐(29)에 신라에 일식이 있었다. (『三國史節要』1)

고구려 가을 7월 성곽과 궁실을 지었다. (『三國史記』13 高句麗本紀 1)

고구려 가을 7월 고구려가 성곽과 궁실을 지었다. [이규보(李奎報)의 책에 이렇게 말하고 있다. 7월 검은 구름이 골령에서 일어나 사람들이 그 산을 볼 수 없었는데 오직 수천인이 공사를 하는 소리만 들려왔다. 왕이 말하기를 "하늘이 나를 위하여 성을 쌓는 것이다." 하였다. 7일 후 운무가 저절로 사라지자 성곽과 궁궐이 이루어졌다.] (『三國史節要』1)

낙랑 설선(薛宣)의 자는 공군(贛君)으로 동해(東海) 담인(郯人) 사람이다. 어려서부터 정위서좌(廷尉書佐)·도선옥사(都船獄史)가 되었다가 뒤에 대사농(大司農) 두식(斗食)의 염찰(屬察廉)로 불기(不其)현의 현승(縣丞)이 되었다.[47] 낭야태수(琅邪太守) 조공(趙貢)이 불기현에 갔다가 설선을 보고 그의 재능에 매우 기뻐하여 설선을 따라 속현을 둘러 보았다. 부(府)로 돌아와 처와 자식들로 하여금 서로 소개하게 하고 훈계하여 말하기를, 공군이 승상의 자리에 오르면 내 두 아들 역시 중승상사(中丞相史)가 될 것이다 하고 설선의 청렴함을 살펴 낙랑도위승(樂浪都尉丞)으로 임명하였고, 유주자사의 무재(茂才)로 천거하여 원구령(宛句令)으로 삼았다.[48] (『漢書』83 薛宣朱博傳 53 薛宣)

B.C.33(丁亥/신라 혁거세거서간 25/고구려 동명성왕 5/漢 建昭 6/倭 崇神 65)

가야 가을 7월 임나국(任那國)이 소나갈지지(蘇那曷叱知)를 보내어 조공하였다. 임나는 축자국(筑紫國)에서 2천여리 떨어져 있는데, 북쪽은 바다에 막히고 계림(鷄林)의 서남쪽에 있다. (『日本書紀』5 崇神天皇紀)

B.C.32(己丑/신라 혁거세거서간 26/고구려 동명성왕 6/漢 建始 1/倭 崇神 66)

신라 봄 정월 금성(金城)에 궁실을 지었다. (『三國史記』1 新羅本紀 1)

신라 봄 정월 신라가 금성에 궁실을 지었다. (『三國史節要』1)

고구려 가을 8월 신령한 새가 궁궐 뜰에 모였다. (『三國史記』13 高句麗本紀 1)

고구려 가을 8월 고구려에서 신령한 새가 궁궐 뜰에 모였다. (『三國史節要』1)

---

47) 師古曰 斗食者 祿少 一歲不滿百石 計日以斗爲數也 不其 縣名也 其音基

48) 師古曰 樂浪屬幽州 故爲刺史所擧也 宛音於元反 句音劬

고구려 행인국

　　　　　겨울 10월 왕이 오이(烏伊) 부분노(扶芬奴)에게 명하여 태백산 동남의 행인국(荇人國)을 정벌하게 하여 그 땅을 취하여 성읍(城邑)으로 만들었다. (『三國史記』 13 高句麗本紀 1)

고구려 행인국

　　　　　겨울 10월 고구려왕이 오이 부분노에게 명하여 태백산 동남의 행인국을 정벌하게 하여 그 땅을 취하여 성읍으로 만들었다. (『三國史節要』 1)

B.C.28(癸巳/신라 혁거세거서간 30/고구려 동명성왕 10/漢 建始 5, 河平 1/倭 垂仁 2)

신라 낙랑　　　여름 4월 기해일 그믐(30)에 일식이 있었다. (『三國史記』 1 신라본기 1)

신라　　　　　여름 4월 기해일 그믐(30)에 신라에 일식이 있었다. (『三國史節要』 1)

신라 낙랑　　　낙랑(樂浪) 사람들이 군대를 이끌고 와서 침략하였는데, 변방 사람들이 밤에도 집의 문을 닫지 않고 노적가리가 들에 쌓여 있는 것을 보고 서로 말하기를, "이 곳 사람들은 서로 도둑질을 하지 않으니 도가 있는 나라라고 할 수 있다. 우리들이 몰래 군대를 내어 습격하는 것은 도둑질 하는 것과 다를 바 없으니 부끄럽지 않겠는가"하고 물러나 돌아갔다. (『三國史記』 1 新羅本紀 1)

신라 낙랑　　　(4월) 낙랑 사람들이 신라를 습격하였는데, 변방 사람들이 밤에도 집의 문을 닫지 않고 노적가리가 들에 쌓여 있는 것을 보고 서로 말하기를, "이 곳 사람들은 서로 도둑질을 하지 않으니 도가 있는 나라라고 할 수 있다. 우리들이 몰래 군대를 내어 습격하는 것은 도둑질 하는 것과 다를 바 없으니 부끄럽지 않겠는가"하고 물러나 돌아갔다. (『三國史節要』 1)

고구려　　　　가을 9월 왕대에 난새가 모여 들었다. (『三國史記』 13 高句麗本紀 1)

고구려　　　　가을 9월 고구려에 난새가 왕대에 모여들었다. (『三國史節要』 1)

고구려 북옥저

　　　　　겨울 11월 왕이 부위염(扶尉猒)에게 명하여 북옥저를 정벌하여 멸망시켜 그 땅을 성읍으로 만들었다. (『三國史記』 13 高句麗本紀 1)

고구려 북옥저

　　　　　겨울 11월 고구가 부위염을 보내어 북옥저를 멸망시켰다. 옥저는 일명 치구루(置溝婁)라고 하는데 그 땅은 남쪽으로 읍루와 접하였다. 읍루가 배를 잘 다루어 노략질 하니 옥저가 이를 두려워하여 매년 여름마다 바위굴에 숨었다가 겨울이 되어 뱃길이 통하지 않으면 이에 내려와 읍락에 산다. 예전에 고구려에 속하였다가 지금에 이르러 멸망하였다. (『三國史節要』 1)

신라 낙랑　　　국사(國史)에 이르기를 혁거세(赫居世) 30년에 낙랑인이 쳐들어 왔다고 하였다. (『三國遺事』 1 紀異 2 樂浪國)

가야　　　　　이 해에 임나(任那) 사람 소나갈질지(蘇那曷叱智)가 귀국하고자 청하였다. 아마 선황(숭신천황)의 대에 내조하여 아직 돌아가지 않고 있었던 것인가. 고로 소나갈질지에게 후하게 상을 주었다. 인하여 붉은 비단 백필을 임나왕에게 하사하였다. 그런데 신라인이 길을 막고 (물건을) 빼앗았다. 그 두 나라의 원한이 처음 이 때부터 일어났다. [일설에 이르기를, 어간성천황(御間城天皇, 미마키노스메라미고토, 숭신천황)의 치세에 이마에 뿔이 있는 사람이 배를 타고 와서 월국(越國, 고시노쿠니) 사반포(笥

飯浦, 게히노우라)에 정박하였다. 고로 그곳을 일러 각록(角鹿, 쓰루가)이라고 한다. "어느 나라 사람인가."라고 물었다. 답하여 이르기를 "대가라국(意富加羅國)의 왕의 아들로서 이름은 도노아아라사등(都怒我阿羅斯等, 쓰누가아라시도)이며 또한 우사기아리질지간기(于斯岐阿利叱智于岐, 우시키아리시치 간기)라고도 한다. 일본국에 성황(聖皇)이 계신다는 말을 전하여 듣고 귀화한 것이다. 혈문(穴門, 아나토)에 이르렀을 때 그 국(國, 쿠니)에 사람이 있어 이름을 이도도비고(伊都都比古, 이츠츠히코)라고 하였다. 신(臣)에게 일러 말하기를 "내가 곧 이 나라의 왕이다. 나를 빼곤 다른 왕이 없다. 고로 다른 곳으로 가지 말라."라고 하였다. 그러나 신이 그 사람됨을 잘 보니 결코 왕이 아님을 알았다. 그래서 다시 돌아왔다. 길을 몰라 섬과 포구들을 헤매며 머물다가 북쪽 바다를 돌아 출운국(出雲國, 이즈모노쿠니)을 거쳐 이곳에 이르렀다."라고 말하였다. 이 때 천황의 붕어를 만났으며 그대로 머무르며 활목천황(活目天皇, 이쿠메노스메라미고토. 垂仁天皇)을 섬긴 것이 3년이 되었다. 천황이 도노아아라사등에게 물어 이르기를 "그대의 나라로 돌아가고 싶은가."라고 하였다. 대답하기를 "간절히 바라고 있습니다."라고 하였다. 천황은 아라사등에게 조(詔)를 내려 이르기를 "그대가 길을 헤매지 않고 빨리 왔다면 선황을 뵙고 섬길 수도 있었을 것이다. 그러니 그대의 본국의 이름을 고쳐 어간성천황의 이름(御名)을 따서 국명으로 삼으시오."라고 하였다. 이에 붉은 비단(赤織絹)을 아라사등에게 주며 본토로 돌려보내었다. 고로 그 나라의 이름을 미마나국(彌摩那國)이라고 함은 이런 연유가 있는 것이다. 이에 아라사등은 받은 붉은 비단(赤絹)을 자기 나라의 군부(郡府)에 넣어 두었다. 신라인이 듣고 군사를 일으켜 와서 그 붉은 비단을 모두 빼앗았다. 이것이 두 나라가 서로 원망하게 된 시작이라고 한다. 일설에 이르기를, 처음 도노아아라사등이 자기 나라에 있을 때 황우(黃牛)에 농구(田器)를 싣고 경작지 오두막집(田舍)에 갔는데 소가 갑자기 없어졌다. 즉시 그 흔적을 살펴 찾아보니 소의 자취는 어느 군가(郡家) 속에 머물러 있었다. 이때 어느 노부가 있어 이르기를 "그대가 찾는 소는 이 군가 안으로 들어갔다. 그런데 군공(郡公) 등이 말하기를 "소에 올려져 있는 물건으로 미루어 보건대 반드시 잡아먹으려고 둔 듯 하다. 만약 그 주인이 찾으러 오면 물건으로 보상하겠다."라고 하며 잡아 먹어버렸다. 만약 소의 대가로 어떤 물건이 갖고 싶은가 라고 물으면 재물을 바라지 말고 군내에서 제사지내는 신을 얻고 싶다고 그렇게 말하시오."라고 하였다. 얼마 후 군공 등이 와서 "소의 대가로 어떤 물건이 갖고 싶은가."라고 물었다. 노인의 가르침대로 답하였다. 그 제신이란 흰 돌(白石)이었다. 이에 흰 돌을 소의 댓가로 주었다. 그래서 가지고 와서 침실 속에 두었더니 그 신석(神石)이 용모 수려한 동녀(童女)로 변하였다. 이에 아라사등은 크게 기뻐하며 교합하려고 하였다. 그런데 아라사등이 다른 곳에 간 사이 동녀가 홀연히 사라져 버렸다. 아라사등은 크게 놀라며 자기 부인에게 "동녀는 어디로 갔는가."라고 물었다. 대답하기를 "동방으로 향해 갔다"고 말하였다. 곧 찾아 쫓아갔다. 드디어 멀리 바다 건너 일본국에 들어왔다. 찾았던 동녀는 난파(難波, 나니와)에 와서 비매어증사(比賣語曾社, 히메고소노야시로)의 신이 되었다. 또 풍국(豊國, 도요쿠니) 국전군(國前郡, 미치노구치노고호리)에 와서 비매어증사(比賣語曾社)의 신이 되었다. 함께 두 곳에서 제사지낸다고 한다.] (『日本書紀』6 垂仁天皇紀) (『日本書紀』6 垂仁天皇紀)

B.C.27(甲午/신라 혁거세거서간 31/고구려 동명성왕 11/漢 河平 2/倭 垂仁 3)

고구려   가을 9월 고구려에 난새가 왕대에 몰려 들었다. (『三國史節要』1)

고구려 북옥저

겨울 11월 고구가 부위염을 보내어 북옥저(北沃沮)를 멸망시켰다. 옥저는 일명 치구루(置溝累)라고 하는데 그 땅은 남쪽으로 읍루(挹婁)와 접하였다. 읍루가 배를 잘 다루어 노략질 하니 옥저가 이를 두려워하여 매년 여름마다 바위굴에 숨었다가 겨울이 되어 뱃길이 통하지 않으면 이에 내려와 읍락에 산다. 예전에 고구려에 속하였다가 지금에 이르러 멸망하였다. (『三國史節要』1)

신라   봄 3월, 신라의 왕자 천일창(天日槍, 아메노히보코)이 귀화했다. 가지고 온 물건은 우태옥(羽太玉) 1개, 족고옥(足高玉) 1개, 제록녹적석옥(鵜鹿鹿赤石玉) 1개, 출석(出石, 이즈시)의 소도(小刀) 1자루, 출석의 창(出石桙) 1자루, 일경(日鏡) 1개, 웅신리(熊神籬) 1개 등 모두 7가지였는데, 단마국(但馬國, 타지마노쿠니)에 보관하여 항상 신물(神物)로 삼았다. [일설에 이르기를 처음에 천일창이 작은 배를 타고 와서 파마국(播磨國, 하리마노쿠니)에 정박하여 육속읍(宍粟邑, 시사하노무라)에 있었다. 그때 천황이 삼륜군(三輪君, 미와노키미)의 선조 대우주(大友主, 오호토모누시)와 왜직(倭直, 야마토노아타히)의 선조 장미시(長尾市, 나가오치)를 파마(하리마)에 보내어 천일창에게 묻기를, "너는 누구이며, 어느 나라 사람인가" 하였다. 천일창이 대답하여 말하기를 "저는 신라 국왕의 아들인데, 일본국에 성황이 있다는 이야기를 듣고 나라를 동생 지고(知古)에게 주고 귀화했습니다." 라고 하였다. 그로 인해 물건을 받쳤는데, 엽세주(葉細珠), 족고주(足高珠), 제록녹적석주(鵜鹿鹿赤石珠), 출석도자(出石刀子), 출석창(出石槍), 일경(日鏡), 웅신리(熊神籬), 담협천대도(膽狹淺大刀) 등 8가지 물건이었다. 이에 천일창에게 조서를 내려 "파마국 육속읍이나 담로도(淡路島, 아와지시마) 출천읍(出淺邑, 이데사노무라) 두 읍 가운데 네가 원하는 대로 살도록 하라."고 하였다. 이때 천일창이 "신이 장차 거주할 곳에 대해 만일 천은(天恩)을 내려 신이 진실로 원하는 곳을 허락하신다면, 신이 직접 여러 나라를 돌아보고 마음에 드는 곳을 지급받고자 합니다."라고 하였다. 이에 이를 허락하였다. 이에 천일창이 토도하(菟道河, 우지가와)로부터 거슬러 올라 북쪽으로 근강국(近江國, 오미노쿠니) 오명읍(吾名邑, 아나노무라)에 들어가 잠시 머물렀다가 다시 근강으로부터 약협국(若狹國, 와카사노쿠니)을 거쳐 서쪽으로 단마국(但馬國)에 이르러서 이에 살 곳을 정하였다. 이리하여 근강국 경촌(鏡村, 카가미무라) 골짜기의 도인(陶人)은 바로 천일창을 따라온 사람(從人)이었다. 그러므로 천일창은 단마국 출도(出嶋, 이즈시)의 사람 태이(太耳, 후토미미)의 딸 마다오(麻多烏)와 결혼하여 단마제조(但馬諸助, 타지마 모로스구)를 낳았으며, 제조는 단마일유저(但馬日楢杵, 타지마 히나라키)를 낳고, 일유저는 청언(淸彦, 키요히코)을 낳고, 청언은 전도간수(田道間守, 타지마모리)를 낳았다.] (『日本書紀』6 垂仁天皇紀)

신라   또한 옛날에 신라국왕의 아들이 있었다. 이름을 천지일모(天之日矛, 아메노히보코)라고 하였으며 이 사람이 도래(渡来) 하였다. 도래한 이유는 (다음과 같다). 新羅国에 연못(沼)이 하나 있었는데 이름이 아구노마(阿具奴摩)였다. [阿 이하 네 글자는 흡을 따랐다.] 이 못의 주위에 한 천한 여자가 낮에 잠을 자고 있었다. 이때 무지개와 같은 햇빛이 그 음부 위를 비추었다. 또한 이때 한 천한 남자(賤夫)가 있어 이 모습을 기이하게 생각하여 늘 그 여자의 행동을 살폈다. 이 여인은 낮잠을 자고 나서부터 임신을 하여 붉은 옥(赤玉)을 낳았다. 이에 그것을 엿보게 된 천한 남자는 사정사정하여 그 옥을 손에 넣었다. 늘 (옥을) 싸서 허리에 차고 다녔다. 이 사람은 산골짜기 사이에 전답을 영위하고 있었는데 경작하는 사람들의 음식을 소 한 마리에 싣고 산골짜기 속으로 들어가다가 우연히 그 나라 国主의 아들 天之日矛를 만났다. 이에 (天之日矛가) 그 사람에게 물어 말하기를 "너는 왜 음식을 소에 싣고 산골짜기로 들어가느냐? 너는 필시 이 소를 잡아 먹으려는 것이겠구나."라고 말하고 그 사람을 붙잡아 장차 감옥에 넣으려고 하였다. 그 사람이 대답하여 말하기를 "저는 소를 죽이려는 것이 아닙니다. 단지 밭가는 사람의 음식을 나르고 있을 뿐입니다."라고 하였다. 그렇지만 석방하지 않았다. 그래서 그 허리의 옥을 풀어 国主의 아들에게 바쳤다. 그래서 그 옥을 가지고 와서 마루 부근에 두었는데 바로 용모 수려한 여인으로 변하였다. 그래서 혼인하여 적처(嫡妻)로 삼았다. 그 여인은 늘 여러 가지 맛있는 것을 준비하여 항상 그 남편에게 대접하였다. 그 国主의 아들은 오만한 마음이 들어 아내에게 모욕을 주었다. 그 여인이 말하기를 "무릇 나는 너의 아내가 되어야 할 여자가 아니었다. 장차 나의 선조의 나라에 갈 것이다."라고 하고 몰래 작은 배를 타고 도망하여 건너와서 난파(難波, 나니와)에 머물렀다. [이 분이 難波의 비매기증(比賣碁曾, 히메코소) 신사에 모셔져 있는 아가루비매(阿加流比賣神, 아카루히메노가미)神이시다.] 이에 天之日矛는 그 아내가 숨은 것을 듣고 뒤를 좇아 건너왔다. 장차 난파(難波) 사이에 도착하려고 하자 그 渡海의 神이 가로막아서 들어갈 수 없었다. 그래서 다시 돌아와 多遲摩國(多遲摩國, 타지마노쿠니)에 정박하였다. 그래서 그 쿠니(国)에 머물며 다지마지오미(多遲摩之俣尾, 타지마노마타오)의 딸로서 이름이 전진견(前津見, 마에츠미)인 사람과 혼인을 하여 아들 다지마모려수구(多遲摩母呂須玖, 타지마모로스쿠)를 낳았다. 이분의 아들은 다지마비니(多遲摩斐泥, 타지마히네)이며 그 아들은 다지마비나량기(多遲摩比那良岐, 타지마히나라키), 그 아들은 다지마모리(多遲摩毛理, 타지마모리), 그 다음은 다지마비다가(多遲摩比多訶, 타지마히다카), 그 다음은 청일자(清日子, 키요히코) [세분이다.]이다. 이 清日子가 당마지미비(当麻之咩斐, 타기마노메히)와 혼인하여 아들 초록지제남(酢鹿之諸男, 스가노모로오)와 그 누이 관조(菅竈, 스가쿠도)[上]유양도미(由良度美, 유라도미) [네 글자는 音을 따랐다.]를 낳았다. 위(上)에서 말한 다지마비다가(多遲摩比多訶)가 그 조카인 由良度美와 혼인하여 아들 갈성지고액비매명(葛城之高額比売命, 가츠라기노다카누카히메노미고토)[이분은 식장대비매명(息長帯比売命, 오기나가다라시히메노미고토)의 선조이다]을 낳았다. 그 天之日矛가 가지고 건너온 물건은 玉津宝云而珠二貫 또 진랑비례(振浪比礼) [比礼 두 글자는 음을 따랐다. 아래도 이와 같다]·절랑비례(切浪比礼)·진풍비례(振風比礼)·절풍비례(切風比礼) 또 흥진경(興津鏡)·변진경(辺津鏡) 모두 8종이다. [이것은 出石의 八前大神이다.] (『古事記』 中 應神天皇段)

B.C.26(乙未/신라 혁거세거서간 32/고구려 동명성왕 12/漢 河平 3/倭 垂仁 4)

신라	가을 8월 을묘일 그믐(29)에 일식이 있었다. (『三國史記』 1 新羅本紀 1)
신라	가을 8월 을묘일 그믐(29)에 신라에 일식이 있었다. (『三國史節要』 1)

낙랑	하평 3년 촉군서공이 궁정용으로 구모중작반(具母中繒飯)을 만들었다. △△△△공(工) 존(尊) (…) (「河平3年銘 漆盤」)

B.C.24(丁酉/신라 혁거세거서간 34/고구려 동명성왕 14/漢 陽朔 1/倭 垂仁 6)

고구려 동부여

	가을 8월 왕모 유화가 동부여에서 세상을 떠났다. 그 왕 금와(金蛙)가 태후의 예로 장사시내고 이에 신묘(神廟)를 세웠다. (『三國史記』 13 高句麗本紀 1)
고구려	고기(古記)에 이르기를 동명왕(東明王) 14년 가을 8월에 왕모(王母) 유화(柳花)가 동부여(東扶餘)에서 돌아가시니, 그 왕 금와(金蛙)가 태후(太后)의 예(禮)로 장사지내니 드디어 신묘(神廟)를 세웠다. (『三國史記』 32 雜志 1 祭祀)
고구려	가을 8월 고구려의 왕모 유화가 동부여에서 세상을 떠났다. 그 왕 금와가 태후의

예로 장사시내고 이에 신묘(神廟)를 세웠다. (『三國史節要』 1)

고구려 부여   겨울 10월 부여에 사신을 보내어 선물을 주고 그 덕에 보답하였다. (『三國史記』 13 高句麗本紀 1)

고구려 부여

  겨울 10월 고구려가 부여에 사신을 보내어 선물을 주고 그 덕에 보답하였다. (『三國 史節要』 1)

B.C.23(戊戌/신라 혁거세거서간 35/고구려 동명성왕 15/漢 陽朔 2/倭 垂仁 7)

낙랑   양삭 2년 광한군공관이(廣漢郡工官造)이 궁정용으로 휴월화목황구합(髹洀畵木黃釦榼)을 만들었는데, 용량은 2두이다. 소공(素工) <관(寛)> 휴공(髹工) 암(巖) 상공(上工) 귀(貴) 동구황도공(銅釦黃塗工) 훈(勳) 화공(畵工) 장(長) 월공(　工) 존(尊) 청공(淸工) 박(博) 조공(造工) 동(同)이 담들고 호공졸사(護工卒史) 성(成)과 장(長), 정(廷), 승(丞), 위(爲), 연(掾), 희(憙), 좌(佐) 의왕(宜王)이 주관하였다. (「陽朔二年銘漆扁壺」)

B.C.20(辛丑/신라 혁거세거서간 38/고구려 동명성왕 18/漢 鴻嘉 1/倭 垂仁 10)

신라 마한 진한 변한 낙랑

  봄 2월에 호공(瓠公)을 마한(馬韓)에 보내 예를 갖추니 마한 왕이 호공을 꾸짖어 말했다. "진한(辰韓)·변한(卞韓)은 우리의 속국인데 근년에 공물을 보내지 않으니 큰 나라를 섬기는 예의가 어찌 이와 같은가?" 호공이 대답했다. "우리나라에 두 성인(聖人)이 일어난 뒤 인사(人事)가 잘 닦이고 천시(天時)가 순조로와 창고가 가득 차고 인민은 공경과 겸양을 알게 되었습니다. 이에 진한 유민으로부터 변한 낙랑 왜인에 이르기까지 모두 두려워하지 않는 바가 없습니다. 그럼에도 우리 임금께서는 겸허하게 저를 보내 우호를 닦으시니 이는 가히 예의를 넘어서는 일이라 할 수 있습니다. 그런데도 대왕께서는 크게 노하여 군사로써 위협하시니 이는 무슨 의도이십니까?" 왕이 분노하여 그를 죽이려 하자 좌우가 간하여 그치고 호공을 돌아가게 해주었다. 예전에 중국인들이 진(秦)의 난리를 괴로워하여 동쪽으로 온 자들이 많았다. 마한 동쪽에 자리잡고 진한(辰韓)과 뒤섞여 산 경우가 많았다. 이때에 이르러 점점 번성하자 마한이 이를 싫어하여 책망한 것이다. 호공이라는 사람은 그 종족과 성(姓)을 알 수 없다. 본래 왜인으로 처음에 허리에 표주박을 차고 바다를 건너왔기 때문에 호공이라 불렀다. (『三國史記』 1 新羅本紀 1)

신라 마한 진한 변한 낙랑

  봄 2월에 호공을 마한에 보내 예를 갖추니 마한 왕이 호공을 꾸짖어 말했다. "진한 변한은 우리의 속국인데 근년에 공물을 보내지 않으니 큰 나라를 섬기는 예의가 어찌 이와 같은가?" [호공이] 대답했다. "우리나라에 두 성인이 일어난 뒤 인사가 잘 닦이고 천시가 순조로와 창고가 가득 차고 인민은 공경과 겸양을 알게 되었습니다. 이에 진한 유민으로부터 변한 낙랑 왜인에 이르기까지 모두 두려워하지 않는 바가 없습니다. 그럼에도 우리 임금께서는 겸허하게 저를 보내 우호를 닦으시니 이는 가히 예의를 넘어서는 일이라 할 수 있습니다. 그런데도 대왕께서는 도리어 노하여 군사로써 위협하시니 어찌 해서 입니까?" 왕이 더욱 분노하여 그를 죽이려 하자 좌우가 간하여 그치니 이에 돌아가게 해주었다. 이보다 앞서 중국인들이 진나라의 난리를 괴로워하여 동쪽으로 마한에 온 자들이 진한과 뒤섞여 산 경우가 많았다. 이때에 이르러 점점 번성하자 마한이 이를 꺼린 것이다. 호공이라는 사람은 그 종족과 성을 알 수 없다. 본래 왜인으로 처음에 허리에 표주박을 차고 바다를 건너왔기 때문에

호공이라 불렀다. (『三國史節要』 1)

B.C.19(壬寅/신라 혁거세거서간 39/고구려 동명성왕 19, 유리왕 1/漢 鴻嘉 2/倭 垂仁 11)

고구려 부여 여름 4월 왕자 유리(類利)가 부여(扶餘)로부터 그 어미와 함께 도망오니 왕이 기뻐하고 태자로 삼았다. (『三國史記』 13 高句麗本紀 1)

고구려 부여 여름 4월 고구려왕이 아들 유리를 태자로 삼았다. 처음 주몽((朱蒙))이 부여에 있을 때 예씨(禮氏)의 딸과 혼인하였는데 임신하였을 때 주몽은 이미 떠났다. 곧 낳은 아들이 유리였다. 어려서나이가 들자 남달리 뛰어난 절개가 있었다. 탄환쏘기를 즐겨하여 어느날 나가 놀다가 참새를 쏘다가 잘못하여 물긷는 부인의 항아리를 깨뜨렸다. 부인이 꾸짖기를, "이 아이는 아비가 없어 그 장난치는 것이 이와 같다." 하였다. 유리가 부끄러워 하며 다시 탄환을 쏘아 (구멍을) 막아버리고 돌아와 그 어미에게 물어 말하기를, "저의 아버지는 어떤 분이시고 지금은 어디에 계십니까"하니 어미가 놀리며 말하기를, "너는 따로 아버지가 계신 것은 아니다." 하였다. 유리가 울며 말하기를, "사람에게 아버지가 없다면 장차 무슨 면목으로 남을 대할 수 있겠습니까" 하고 마침내 스스로 목을 베려 하였다. 어미가 크게 놀라 말리며 말하기를, "아까의 말은 장난이었다. 너의 아버지는 보통 사람이 아니라, 나라에서 받아들이지 않아 남으로 도망하여 나라를 열고 왕이라 일컫고 계신다." 하였다. 유리가 말하기를, "아버지는 다른 사람의 임금인데 자식은 필부이니 내 비록 재주가 없더라도 어찌 부끄러워 할 것인가." 하였다. 어미가 말하기를, "너의 아버지가 곧 떠나려 하실 때 나에게 '만약 아들을 낳거든 내가 남겨 둔 물건이 있는데 7개의 봉우리와 7개의 계곡이 있는 돌 위의 소나무 아래에 이것을 찾으면 곧 내아들이라 이르시오.'라고 하셨다"고 하였다. 유리가 산과 계곡으로 가 곳곳을 찾았으나 얻지 못했다. 어느날 기둥돌 사이에 소리가 나는 것을 듣고 찾아보니 초석이 7개의 모가 있는 것으로 보고 스스로 풀어 말하기를, "7개의 봉우리와 7개의 계곡이라는 것은 7개의 모라는 것이고 돌 위의 소나무라는 것은 기둥을 의미하는 것이다"하였다. 이에 기둥 아래를 찾아 부러진 칼 한쪽을 얻었다. 이에 이를 갖고 옥지(屋智) 구추(勾鄒) 도조(都祖) 등 세사람과 가서 졸본에 이르러 주몽을 만나 그 칼을 바쳤다. 주몽이 가지고 있던 칼을을 꺼내어 부러진 칼과 합치니 과연 맞았다. 이에 기뻐하며 세워 자리를 잇도록 하였다.[이규보가 책에서 이렇게 전하였다. 유리가 검 한쪽을 왕에게 바치니 왕이 갖고 있던 부러진 칼 한쪽과 합치니 피가 나오면서 하나의 검이 되었다. 왕이 유리에게 일러 말하기를 "네가 진실로 나의 아들이구나 어떤 신성함이 있는가" 하였다. 유리가 소리에 맞춰 몸을 날려 창문으로 들어오는 햇빛을 막아 기이한 신성을 보이니 왕이 기뻐하며 태자로 삼았다.] (『三國史節要』 1)

고구려 가을 9월 왕이 돌아가시니 이 때 나이 40세였다. 용산(龍山)에 장사를 지내고 동명성왕(東明聖王)이라 하였다. (『三國史記』 13 高句麗本紀 1)

고구려 가을 9월 고구려 시조 주몽이 세상을 떠났다. 태자 유리가 왕위에 올랐다. 시조를 용산에 장사지내고 동명성왕이라 하였다. [이규보(李奎報)의 책에서 이르기를 왕이 하늘에 올라 내려오지 않으니 태자가 유품으로 남긴 옥편(玉鞭)으로 용산에 장사지내고 동명성이라 불렀으니 향현 40세였다고 하였다.] (『三國史節要』 1)

고구려 왕위에 있은 지 19년 만에 하늘에 오르고 내려오지 않았네 [가을 9월에 왕이 하늘에 오르고 내려오지 않으니 이때 나이 40이었다. 태자가 왕이 남긴 옥채찍을 대신 용산에 장사하였다 한다.] 뜻이 크고 기이한 절개 있으니 원자의 이름 유리라 칼을 얻어 아비의 자릴 이었고 동이 구멍 막아 남의 꾸지람 그쳤네 [유리가 어려서부터 기이한 기절이 있었다 한다. 소년 때에 참새 쏘는 것을 업으로 삼았는데 한 부인이 물동이를 이고 가는 것을 보고 쏘아서 뚫었다. 그 여자가 노하여 욕하기를, "아비도 없는 자식이 내 물동이를 쏘아 뚫었다." 하였다. 유리가 크게 부끄러워하여 진흙 탄환으로 쏘아서 동이 구멍을 막아 전과 같이 만들고 집에 돌아와서 어머니에게, "내 아버지가 누구입니까?" 하고 물었다. 어머니는 유리가 나이 어리기 때문에 희롱 삼아 말하기를, "너는 일정한 아버지가 없다." 하였다. 유리가 울며, "사람이 일정한 아버지가 없으면 장차 무슨 면목으로 남을 보겠습니까?" 하고 드디어 스스로 목을 찌르려 하였다. 어머니가 깜짝 놀라 말리며, "아까 한 말은 희롱 삼아 한 말이다. 너의 아버지는 천제의 손자이고 하백의 외손인데 부여의 신하되는 것을 원망하다가 도망하여 남쪽 땅에 가서 국가를 창건하였다. 네가 가보겠느냐? 하였다." 대답하기를, "아버지는 임금이 되었는데 아들은 남의 신하가 되었으니 내가 비록 재주 없으나 어찌 부끄럽지 않겠습니까?" 하였다. 어머니가, "너의 아버지가 갈 때 말을 남기기를 '내가 일곱 고개 일곱 골짜기 돌 위 소나무에 물건을 감추어 둔 것이 있으니 이것을 찾아 얻는 자는 내 자식이다.' 하였다." 하였다. 유리가 산골짜기에 가서 찾다가 얻지 못하고 지쳐 돌아왔다. 유리가 당(堂) 기둥에서 슬픈 소리가 나는 것을 들었는데 그 기둥은 돌 위의 소나무이고 나무 모양이 일곱 모서리였다. 유리가 스스로 깨우치기를, "일곱 고개 일곱 골짜기라는 것은 일곱 모서리이고, 돌 위 소나무라는 것은 기둥이다." 하고 일어나 가 보니 기둥 위에 구멍이 있었다. 그 구멍에서 부러진 칼 한 조각을 얻고 크게 기뻐하였다. 전한 홍가 4년 여름 4월에 고구려로 달아나서 칼 한 조각을 왕께 받들어 올렸다. 왕이 가지고 있는 부러진 칼 한 조각을 내어 합하니 피가 나면서 이어져 한 칼이 되었다. 왕이 유리에게, "네가 실로 내 자식이라면 무슨 신성(神聖)함이 있느냐?" 하니, 유리가 즉시 몸을 날리어 공중에 솟구쳐 창구멍으로 새어 드는 햇빛을 막아 기이한 신성을 보이니 왕이 크게 기뻐하여 태자로 삼았다.] 내 성품 본래 질박하여 기이하고 괴상한 것 좋아하지 않는다네 처음에 동명왕의 일을 보고 요술인가 귀신인가 의심하였네 서서히 서로 간섭하여 보니 변화가 추측하여 의논하기 어렵네 하물며 이것은 직필로 쓴 글이라 한 글자도 헛된 글자가 없으니 신이하고도 신이하여 만세에 아름다운 일이로다 생각건대 창업하는 임금이 성신이 아니면 어찌 이루랴 유온은 큰 못에서 쉬다가 꿈꾸는 사이에 신을 만났는데 우뢰 번개에 천지가 캄캄하고 괴이하고 위대한 교룡이 서려 있었네 인하여 곧 임신이 되어 성신한 유계를 낳았다네 이것이 적제의 아들인데 일어남에 특이한 복된 조짐이 많았네 세조 광무황제 처음 태어날 때 광명한 빛이 집 안에 가득하였더니 절로 적복부에 응하여 황건적 소탕하였음이라 자고로 제왕이 일어남에 많은 징조와 상서가 있으되 마지막 자손은 게으르고 거친 것 많아 모두 선왕의 제사를 끊어뜨렸네 이제야 알겠네 수성하는 임금 고생스런 땅에서 작게 삼갈 것을 경계하여 너그럽고 어짊으로 왕위 지키고 예와 의로써 백성 교화하여 길이길이 자손에게 전하여 오래도록 나라를 통치하였음을. (『東國李相國集』3 古律詩 東明王篇)

고구려	재위 19년 9월 하늘로 올라가 다시는 수레를 돌리지 않았네/성인의 아들 유리[부여에 있을 때 부인이 임신하고 있었다.]가 와서 왕위를 잇고/ 남긴 옥 채찍으로 분묘를 만들었네[지금 용산묘이다.]/ 자손이 번성하고 대대로 이어져 다스려지니/ 때로 강물과 더불어 맑음을 다투었네 (『帝王韻紀』下 高句麗紀)
고구려	왕께서 왕위를 싫증내시니, 황룡(黃龍)을 보내어 내려와서 왕을 맞이하였다. 왕께서 홀본(忽本) 동쪽 언덕에서 용의 머리를 디디고 서서 하늘로 올라가셨다. 不樂世位 因遣黃龍來下迎王 王於忽本東罡 履龍頁昇天 (「廣開土王陵碑」)
고구려 부여	유리명왕(瑠璃明王)이 왕위에 올랐다. 이름은 유리이다. 혹 유류(孺留)라고도 이른다. 주몽의 원자(元子)이다. 어머니는 예씨이다. 처음 주몽이 부여에 있을 때 예씨와 결혼하여 임신하였다. 주몽이 돌아간 후에 곧 낳으니 이이가 유리이다. 어릴 때 길

에 나가 놀다가 참새를 쏘다가 잘못하여 물 긷는 부인의 항아리를 깨뜨렸다. 부인이 욕하기를 "이 아이는 아비가 없는 까닭에 이같이 재주가 없다."라고 하였다. 유리가 부끄러워 돌아와서 어머니에게 "나의 아버지는 어떤 사람입니까? 지금 어디에 계십니까?"라고 물었다. 어머니가 대답하기를 "너의 아버지는 평범한 사람이 아니다. 나라에 받아들여지지 않아 남쪽 땅으로 달아나서 나라를 열고 왕을 칭하였다. 갈 때에 나에게 말하기를 '당신이 아들을 낳으면 내가 물건을 남겨 두었는데 일곱 모가 난 돌 위의 소나무 아래에 감추어 두었다고 말하시오. 만약 이것을 찾을 수 있다면 곧 나의 아들이요.'라 하셨다."고 하였다. 유리가 이 말을 듣고 산골짜기로 가서 그것을 찾았으나 찾지 못하고 피곤하여 돌아왔다. 하루는 아침에 마루 위에 있는데 기둥과 초석 사이에서 소리가 나는 것처럼 들렸다. 곧바로 가서 보니 초석이 일곱 모를 하고 있었다. 이에 기둥 아래를 뒤져서 부러진 칼 한 조각을 찾아냈다. 마침내 그것을 가지고 옥지(屋智)·구추(句鄒)·도조(都祖) 등 세 사람과 함께 졸본으로 가서 부왕을 뵙고 부러진 칼을 바쳤다. 왕이 자기가 가지고 있던 부러진 칼을 꺼내어 이를 합치니 이어져 하나의 칼이 되었다. 왕이 이를 기뻐하고 그를 태자로 삼았는데, 이에 이르러 왕위를 계승하였다. (『三國史記』 13 高句麗本紀 1)

고구려	처음 주몽이 부여에 있었을 때, 부인이 잉태하였었다. 주몽이 도망한 뒤에 아들을 낳으니, 이름을 처음에는 여해(閭諧)라 하였다. 성장하여 주몽이 국왕이 되었음을 알고는 곧 그 어머니와 함께 도망하여 오니 이름을 여달(閭達)이라 하고, 나라 일을 그에게 맡겼다. 주몽이 죽자 여달이 왕이 되었다. (『魏書』 100 列傳 88 高句麗)
신라 마한	마한왕이 세상을 떠났다. 어떤 이가 왕을 설득하며 말하기를, "서한(西韓)왕이 전에 우리 사신을 욕보였는데 지금 그 상을 당했으니 이를 정벌하면 그 나라를 족히 평정시킬 수 있지 않겠습니까" 하였다. 왕이 말하기를, "다른 사람의 재난을 다행이라 여기는 것은 어진 행동이 아니다" 하였다. 그 말에 따르지 않고 사신을 보내어 조문하였다. (『三國史記』 1 新羅本紀 1)
신라 마한	마한왕이 세상을 떠나자, 어떤 이가 신라왕을 설득하며 말하기를, "서한왕이 전에 우리 사신을 욕보였는데 지금 그 상을 당했으니 이를 정벌하면 그 나라를 족히 평정시킬 수 있지 않겠습니까" 하였다. 왕이 말하기를, "다른 사람의 재난을 다행이라 여기는 것은 어진 행동이 아니다" 하고 사신을 보내어 조문하였다. (『三國史節要』 1)

B.C.18(癸卯/신라 혁거세거서간 40/고구려 유리왕 2/백제 온조왕 1/前漢 鴻嘉 3/倭 垂仁 12)

백제 북부여	(1~4월에) 백제의 시조 온조왕은 그 아버지가 추모(鄒牟)인데 혹은 주몽이라고도 하였다. 주몽은 북부여에서 난을 피하여 졸본부여(卒本扶餘)에 이르렀다. 부여왕은 아들이 없고 딸만 셋이 있었는데, 주몽을 보고는 보통 사람이 아니라는 것을 알고 둘째 딸을 아내로 삼게 하였다. 얼마 지나지 않아 부여왕이 돌아가시자 주몽이 왕위를 계승하였다. 주몽은 두 아들을 낳았는데 맏아들은 비류(沸流)이고, 둘째는 온조였다[혹은 주몽이 졸본에 도착하여 월군(越郡)의 여자에게 장가들어 두 아들을 낳았다고도 한다]. 주몽이 북부여에 있을 때 낳은 아들이 와서 태자가 되자, 비류와 온조는 태자에게 용납되지 못할까 두려워 마침내 오간(烏干)·마려(馬黎) 등 열 신하와 더불어 남쪽으로 갔는데 따르는 백성들이 많았다. 그들은 드디어 한산에 이르러 부아악(負兒嶽)에 올라가 살 만한 곳을 바라보았다. 비류가 바닷가에 살고자 하니 열 신하가 간언하였다. "오직 이 하남(河南) 지역은 북쪽으로는 한수를 띠처럼 띠고 있고, 동쪽으로는 높은 산을 의지하였으며, 남쪽으로는 비옥한 벌판을 바라보고, 서쪽으로는 큰 바다에 막혔으니 이렇게 하늘이 내려준 험준함과 지세의 이점은 얻기 어려운

형세입니다. 여기에 도읍을 만드는 것이 또한 마땅하지 않겠습니까?" 비류는 듣지 않고 그 백성을 나누어 미추홀(彌鄒忽)로 돌아가 실았다. 온조는 하남 위례성에 도읍하고 열 신하를 보좌로 삼아 국호를 십제(十濟)라고 하였다. 이때가 전한 성제(成帝) 홍가 3年이었다. 비류는 미추홀의 땅이 습하고 물이 짜서 편안히 살 수 없어서, 위례성에 돌아와 보니 도읍은 안정되고 백성들도 평안하므로, 마침내 부끄러워하고 후회하다가 죽었다. 그의 신하와 백성들은 모두 위례성에 귀부하였다. 나중에 내려올 때에 백성들이 즐겨 따랐다고 하여 국호를 백제로 고쳤다. 그 계통은 고구려와 더불어 부여에서 같이 나왔기 때문에 부여를 성씨로 삼았다[또는 다음과 같이 말하였다. "시조 비류왕은 그 아버지 우태(優台)가 북부여왕(北夫餘王) 해부루(解夫婁)의 서손이었고, 어머니 소서노(召西奴)가 졸본인 연타발(延陀勃)의 딸이었다. 소서노는 처음에 우태에게 시집가서 아들 둘을 낳았는데 맏아들은 비류 둘째는 온조라 하였고, 우태가 죽자 졸본에서 과부로 지냈다. 나중에 주몽이 부여에서 용납되지 못하자, 전한 건소(建昭) 2년(B.C.37) 봄 2월에 남쪽으로 도망하여 졸본에 이르러 도읍을 세우고 국호를 고구려라고 하였으며, 소서노에게 장가들어 왕비로 삼았다. 그녀가 나라를 창업하는 데 잘 도와주었기 때문에 주몽은 그녀를 총애하고 대접하는 것이 특히 후하였고, 비류 등을 친아들처럼 대하였다. 주몽이 부여에 있을 때 예씨(禮氏)에게서 낳은 아들 유류(孺留)가 오자 그를 태자로 삼았고, 왕위를 계승하기에 이르렀다. 이에 비류가 동생 온조에게 말하였다. '처음에 대왕께서 부여의 난을 피하여 이곳으로 도망하여 왔을 때, 우리 어머니가 가산을 내주어 나라의 기초를 세우는 위업을 도와주었으니, 그 수고가 많았다. 그러나 대왕께서 돌아가시자, 나라가 유류에게 돌아갔다. 우리가 공연히 여기에 있으면서 쓸모없는 사람같이 답답하고 우울하게 지내는 것보다는, 차라리 어머님을 모시고 남쪽으로 가서 살 곳을 선택하고 따로 도읍을 세우는 것이 좋겠다.' 마침내 동생과 함께 무리를 이끌고 패수(浿水)·대수(帶水)를 건너 미추홀에 이르러 살았다." 북사(北史)와 수서(隋書)에는 모두 "동명(東明)의 후손 중에 구태(仇台)라는 사람이 있었는데, 사람이 매우 어질고 신의가 있었다. 그가 처음으로 대방 옛 땅에 나라를 세웠는데, 한의 요동태수 공손도(公孫度)가 자기의 딸을 아내로 삼게 하였고, 그들은 마침내 동이의 강국이 되었다."라고 기록되어 있으니, 어느 주장이 옳은지 알 수 없다]. (『三國史記』 23 百濟本紀 1)

백제 부여   (1~4월에) 백제 시조 고온조(高溫祚)가 즉위하였다. 당초에 주몽이 북부여에서 난을 피하여 졸본부여에 이르렀다. 그 나라 왕은 아들이 없고 딸만 셋 있었는데 주몽을 보고는 보통 사람이 아니라는 것을 알고 둘째 딸을 아내로 삼게 하였다. 얼마 후에 부여왕이 돌아가시자 주몽이 왕위를 계승하였다. 두 아들을 낳았는데 맏아들은 비류이고, 둘째는 온조였다. 그런데 맏아들 유리(類利)가 오자, 왕은 그를 세워 태자로 삼았다. 비류와 온조는 태자에게 용납되지 못할까 두려워 마침내 오간·마려 등 10인과 더불어 남쪽으로 갔는데 따르는 백성들이 많았다. 그들은 드디어 한산에 이르러 부아악에 올라가 살 만한 곳을 바라보았다. 비류가 바닷가에 살고자 하니, 열 신하가 간언하였다. "오직 이 하남 지역은 북쪽으로는 한수를 띠처럼 띠고 있고, 동쪽으로는 높은 산을 의지하였으며, 남쪽으로는 비옥한 벌판을 바라보고, 서쪽으로는 큰 바다에 막혔으니 이렇게 하늘이 내려준 험준함과 지세의 이점은 얻기 어려운 형세입니다. 여기에 도읍을 만드는 것이 또한 마땅하지 않겠습니까?" 비류는 듣지 않고 그 백성을 나누어 미추홀로 돌아가 살았다. 온조는 하남 위례성에 도읍하고 열 신하를 보좌로 삼아 국호를 십제라고 하였다. 비류는 미추홀의 땅이 습하고 물이 짜서 편안히 살 수 없어서, 위례성에 와서 보니 도읍은 안정되고 백성들도 평안하므로, 마침내 부끄러워하고 후회하다가 죽었다. 그의 신하와 백성들은 모두 위례성에 귀부하였다. 나중에 내려올 때에 백성들이 즐겨 따랐다고 하여 국호를 백제로 고쳤다.

그 계통은 고구려(高勾麗)와 더불어 부여에서 같이 나왔기 때문에 부여를 성씨로 삼았다[일설에는 전한다. "비류의 아버지 우태는 북부여왕 해부루(解扶婁)의 서손이고, 어머니 소서노는 졸본인 연이발(延弛勃)의 딸이었다. 소서노는 처음에 우태에게 시집가서 아들 둘을 낳았는데 맏아들은 비류 둘째는 온조라 하였고, 우태가 죽자 졸본에서 과부로 지냈다. 니중에 주몽이 부여에서 용납되지 못하자 전한 건소 2년 봄 2월에 남쪽으로 도망하여 졸본에 이르러 도읍을 세우고 국호를 고구려라고 하였으며, 소서노에게 장가들어 왕비로 삼았다. 그녀가 나라를 창업하는 데 잘 도와주었기 때문에 주몽은 그녀를 총애함이 특히 후하였고 비류 등을 친아들처럼 대하였다. 주몽이 부여에 있을 때 예씨에게서 낳은 아들 유류가 오자 그를 태자로 삼았다. 이에 비류가 동생 온조에게 말하였다. '처음에 대왕께서 부여의 난을 피하여 이곳으로 도망하여 왔을 때, 우리 어머니가 가산을 내주어 나라의 기초를 세우는 위업을 도와주었으니, 그 수고가 많았다. 그러나 대왕께서 돌아가시자, 나라가 유류에게 돌아갔다. 우리가 공연히 여기에 있으면서 쓸모없는 사람같이 답답하고 우울하게 지내는 것보다는, 차라리 어머님을 모시고 남쪽으로 가서 살 곳을 선택하고 따로 도읍을 세우는 것이 좋겠다.' 마침내 동생과 함께 무리를 이끌고 패수·대수를 건너 미추홀에 이르러 살았다."]. (『三國史節要』 1)

신라 백제　백제의 시조 온조가 즉위하였다. (『三國史記』 1 新羅本紀 1)

백제 부여　삼국사기 본기(本記)에 전한다. "백제의 시조 온조는 그의 아버지가 추모왕인데 혹은 주몽이라고도 하였다. 주몽은 북부여에서 난을 피하여 졸본부여에 이르렀다. 그곳의 왕은 아들이 없고 딸만 셋이 있었는데, 주몽을 보고는 보통 사람이 아니라는 것을 알고 둘째 딸을 아내로 삼게 하였다. 얼마 지나지 않아 부여주왕(扶餘州王)이 돌아가시자 주몽이 왕위를 계승하였다. 주몽은 두 아들을 낳았는데 맏아들은 비류이고, 둘째는 온조였다. 나중에 비류와 온조는 태자에게 용납되지 못할까 두려워 마침내 오간·마려 등 신하와 더불어 남쪽으로 갔는데 따르는 백성들이 많았다. 그들은 드디어 한산에 이르러 부아악에 올라가 살 만한 곳을 바라보았다. 비류가 바닷가에 살고자 하니 열 신하가 간언하였다. "오직 이 하남 지역은 북쪽으로는 한수를 띠처럼 띠고 있고, 동쪽으로는 높은 산을 의지하였으며, 남쪽으로는 비옥한 벌판을 바라보고, 서쪽으로는 큰 바다에 막혔으니 이렇게 하늘이 내려준 험준함과 지세의 이점은 얻기 어려운 형세입니다. 여기에 도읍을 만드는 것이 또한 마땅하지 않겠습니까?" 비류는 듣지 않고 그 백성을 나누어 미추홀로 돌아가 살았다. 온조는 하남 위례성에 도읍하고 열 신하를 보좌로 삼아 국호를 십제라고 하였다. 이때가 한 성제 **홍가(鴻佳) 3년**이었다. 비류는 미추홀의 땅이 습하고 물이 짜서 편안히 살 수 없어서, 위례성에 돌아와 보니 도읍은 안정되고 백성들도 평안하므로, 마침내 부끄러워하고 후회하다가 죽었다. 그의 신하와 백성들은 모두 위례성에 귀부하였다. 나중에 내려올 때에 백성들이 즐겨 따랐다고 하여 국호를 백제로 고쳤다. 그 계통은 고구려와 더불어 부여에서 같이 나왔기 때문에 해(解)를 성씨로 삼았다. (『三國遺事』 2 紀異 2 南扶餘 前百濟 北扶餘)

백제　고전기(古典記)에 의하면 동명왕(東明王)의 셋째 아들 온조는 전한 **홍가 3년** 계묘에 졸본부여에서 위례성에 와서 도읍을 세우고 왕을 칭하였다. (『三國史記』 37 雜志 6 地理 4 百濟)

남부여 백제 북부여

고전기에 의하면 동명왕의 셋째 아들 온조는 전한 **홍가(鴻佳) 3년** 계묘에 졸본부여에서 위례성에 와서 도읍을 세우고 왕을 칭하였다. (『三國遺事』 2 紀異 2 南扶餘 前百濟 北扶餘)

백제　백제의 시조는 이름이 온조이니, 동명성제(東明聖帝)는 그 아버지로다. 그 형 유리가 와서 왕위를 계승하니, 마음을 평안히 할 수 없어 남쪽으로 강을 건넜네[모형(母兄) 은조(殷祚)와 남쪽으로 가서 나라를 세웠고, 은조는 즉위한 지 5개월만에 죽었다]. 한 성제 **홍가 3년** 계묘에[신라의 40년 고구려의 19년이다.] 변한에 건국하여 벌판이 비옥하였네. 천시와 지리는 인화를 얻었고, 경영한 지 오래되지 않아 여러 관직을 갖추었네. 계통은 난초와 지초(芝草)를 길러 향기가 넘쳤고, 업적은 소나무·대나무와 함께 무성하였네. (『帝王韻紀』下 百濟紀)

남부여 백제 북부여

또 시조 온조는 동명의 셋째 아들로서 신체가 크고 성품이 효성스럽고 우애로우며 기사(騎射)를 잘 하였다. (『三國遺事』2 紀異 2 南扶餘 前百濟 北扶餘)

백제	여름 5월에 동명왕묘(東明王廟)를 세웠다. (『三國史記』23 百濟本紀 1)
백제	여름 5월에 백제에서 동명왕묘를 세웠다. (『三國史節要』1)

고구려 　가을 7월에 다물후(多勿侯) 송양(松讓)의 딸을 맞아들여 왕비로 삼았다. (『三國史記』13 高句麗本紀 1)

고구려 　가을 7월에 고구려왕(高勾麗王)이 다물후 송양의 딸을 맞아들여 왕비로 삼았다.
권근(權近)이 말하였다. "상고하건대 옛날 노(魯) 문공(文公)이 부친상 3년 후에 장가들었는데도 춘추에서는 오히려 상기(喪期)를 마치지 못하고 혼인을 도모한 것으로 비난하였다. 하물며 기년(期年) 안에 왕비를 맞아들인 것이겠는가? 유리의 죄는 폄하하지 않아도 자명하다." (『三國史節要』1)

고구려 　9월에 서쪽으로 사냥을 나가 흰 노루를 잡았다. (『三國史記』13 高句麗本紀 1)

고구려 　9월에 고구려(高勾麗)에서 서쪽으로 사냥을 나가 흰 노루를 잡았다. (『三國史節要』1)

고구려 　겨울 10월 신작(神雀)이 왕정(王庭)에 모여들었다. (『三國史記』13 高句麗本紀 1)

고구려 　겨울 10월 고구려에서 신작이 왕정에 모여들었다. (『三國史節要』1)

고구려 백제 　(겨울 10월) 백제 시조 온조가 즉위하였다. (『三國史記』13 高句麗本紀 1)

B.C.17(甲辰/신라 혁거세거서간 41/고구려 유리왕 3/백제 온조왕 2/前漢 鴻嘉 4/倭 垂仁 13)

백제 말갈 　봄 정월에 왕이 군신(群臣)에게 말하였다. "말갈이 우리의 북쪽 경계와 인접하여 있는데, 그 사람들은 용맹스러우면서도 거짓말을 잘 한다. 그러므로 우리는 마땅히 병기를 수선하고 곡식을 저축하여, 그들을 방어할 계획을 세워야 할 것이다." (『三國史記』23 百濟本紀 1)

백제 말갈 　봄 정월에 백제왕이 군신에게 말하였다. "말갈은 우리의 북쪽 경계와 인접하여 있는데, 그 사람들은 용맹스러우면서도 거짓말을 잘 한다. 그러므로 우리는 마땅히 병기를 수선하고 곡식을 저축하여, 그들을 방어할 계획을 세워야 할 것이다." (『三國史節要』1)

백제 　3월에 왕이 족부(族父) 을음(乙音)이 지혜와 담력이 있다 여겨서 우보(右輔)로 임명하고, 그에게 병마사(兵馬事)를 맡겼다. (『三國史記』23 百濟本紀 1)

백제 　3월에 족부 을음이 지혜와 담력이 있다 여겨서 우보로 임명하고, 그에게 병사(兵事)를 맡겼다. (『三國史節要』1)

고구려 　가을 7월에 골천(鶻川)에 별궁을 지었다. (『三國史記』13 高句麗本紀 1)

| 고구려 | 가을 7월에 고구려(高勾麗)에서 골천에 별궁을 지었다. (『三國史節要』1) |

| 고구려 | 겨울 10월에 왕비 송씨(松氏)가 훙(薨)하였다. 왕이 다시 두 여자에게 장가들어 후실로 삼았다. 하나는 화희(禾姬)라 하는데 골천인의 딸이었고, 또 하나는 치희(稚姬)라 하는데 한인(漢人)의 딸이었다. 두 여자가 총애를 받으려고 다투고 서로 화해하지 않자, 왕이 양곡(凉谷)에 동·서 2궁을 지어 각기 거처하게 하였다. 나중에 왕이 기산(箕山)으로 사냥을 나가 7일 동안 돌아오지 않았는데, 두 여자가 다투어서 화희가 치희를 꾸짖기를 "너는 한인 집의 비첩(婢妾)으로서 어찌 무례하기가 그리 심하느냐?"라고 하였다. 치희가 부끄럽고 분하여 도망쳐 돌아갔다. 왕이 그 말을 듣고 말을 채찍질하여 이를 좇아갔으나, 치희는 노여워하여 돌아오지 않았다. 왕이 어느 날 나무 밑에서 쉬다가 황조(黃鳥)가 날아와 모여드는 것을 보고 느낀 바 있어서 노래하기를, "황조는 오락가락 암수가 서로 의지하는데, 외로운 이내 몸은 뉘와 함께 돌아가리?" 하였다. (『三國史記』13 高句麗本紀 1) |

| 고구려 | 겨울 10월에 고구려 왕비 송씨가 훙하였다. 왕이 다시 두 여자에게 장가들었는데, 화희는 골천인의 딸이었고, 치희는 한인의 딸이었다. 두 여자가 총애를 받으려고 다투자, 왕이 양곡에 동·서 2궁을 지어 각기 거처하게 하였다. 나중에 왕이 기산으로 사냥을 나가 7일 동안 돌아오지 않았는데, 두 여자가 서로 투기하여 화희가 치희를 꾸짖기를 "너는 한인 집의 계집으로서 어찌 무례하기가 그리 심하느냐?"라고 하였다. 치희가 부끄럽고 분하여 도망쳐 돌아갔다. 왕이 그 말을 듣고 직접 좇아갔으나, 치희는 노여워하여 돌아오려고 하지 않았다. 왕이 나무 밑에서 쉬다가 황조가 날아와 모여드는 것을 보고 느낀 바 있어서 노래하기를, "황조는 오락가락 암수가 서로 의지하는데, 외로운 이내 몸은 뉘와 함께 돌아가리?" 하였다. (『三國史節要』1) |

| 변한 백제 | 본기(本紀)에 의하면, 온조가 일어난 것은 홍가 4년 갑진년이다. 곧 혁거세와 동명의 시대보다 40여 년 뒤이다. (『三國遺事』1 紀異 1 卞韓 百濟) |

B.C.16(乙巳/신라 혁거세거서간 42/고구려 유리왕 4/백제 온조왕 3/前漢 永始 1/倭 垂仁 14)

| 백제 말갈 | 가을 9월에 말갈이 북쪽 경계를 침범하였다. 왕은 정예군을 이끌고 재빨리 공격하여 그들을 크게 이겼다. 적군 중에 살아 돌아간 자가 열에 한 둘 뿐이었다. (『三國史記』23 百濟本紀 1) |

| 백제 말갈 | 가을 9월에 말갈이 백제의 북쪽 경계를 침범하였다. 왕은 경병(輕兵)을 이끌고 재빨리 공격하여 크게 격파하였다. 적군 중에 살아 돌아간 자가 열에 한 둘 뿐이었다. (『三國史節要』1) |

| 백제 | 겨울 10월에 천둥이 쳤고, 복숭아꽃과 오얏꽃이 피었다. (『三國史記』23 百濟本紀 1) |

| 백제 | 겨울 10월에 백제에서 천둥이 쳤고, 복숭아꽃과 오얏꽃이 피었다. (『三國史節要』1) |

B.C.15(丙午/신라 혁거세거서간 43/고구려 유리왕 5/백제 온조왕 4/前漢 永始 2/倭 垂仁 15)

| 신라 | 봄 2월 을유일(30) 그믐에 일식이 있었다. (『三國史記』1 新羅本紀 1) |

| 신라 | 봄 2월 을유일 그믐에 신라에서 일식이 있었다. (『三國史節要』1) |

| 백제 | 봄과 여름에 가뭄이 들었다. 기근이 들고 전염병이 돌았다. (『三國史記』23 百濟本紀 1) |

| 백제 | 백제에 가뭄이 들었다. 기근아 들고 전염병이 돌았다. (『三國史節要』1) |

백제 낙랑	가을 8월에 낙랑에 사신을 보내 우호관계를 맺었다. (『三國史記』 23 百濟本紀 1)	
백제 낙랑	가을 8월에 백제에서 낙랑에 사신을 보내 우호관계를 맺었다. (『三國史節要』 1)	

B.C.14(丁未/신라 혁거세거서간 44/고구려 유리왕 6/백제 온조왕 5/前漢 永始 3/倭 垂仁 16)

백제	겨울 10월에 왕이 북쪽 변경을 순행하다가 사냥하여 신록(神鹿)을 잡았다. (『三國史記』 23 百濟本紀 1)
백제	겨울 10월에 백제왕이 북쪽으로 사냥을 나가 신록을 잡았다. (『三國史節要』 1)

낙랑	영시(永始) 3년 12월에 … 정씨(鄭氏)(?)가 제작하다. (「永始三年銘漆製日傘대」) 고상현인(高常賢印) (「高常賢銀印」 부조장인(夫租長印) (「夫租長白銅印」)

B.C.13(戊申/신라 혁거세거서간 45/고구려 유리왕 7/백제 온조왕 6/前漢 永始 4/倭 垂仁 17)

백제	가을 7월 신미일(辛未日: 30) 그믐에 일식이 있었다. (『三國史記』 23 百濟本紀 1)
백제	가을 7월 신미일(30) 그믐에 백제에서 일식이 있었다. (『三國史節要』 1)

B.C.12(己酉/신라 혁거세거서간 46/고구려 유리왕 8/백제 온조왕 7/前漢 元延 1/倭 垂仁 18)

B.C.11(庚戌/신라 혁거세거서간 47/고구려 유리왕 9/백제 온조왕 8/前漢 元延 2/倭 垂仁 19)

백제 말갈	봄 2월에 말갈 도적 3천 명이 와서 위례성을 포위하였다. 왕은 성문을 닫고 나가지 않았다. 열흘이 지나자 적은 양식이 떨어져 돌아갔다. 왕은 정예병을 선발하여 대부현(大斧峴)까지 추격하여 싸워 이겼는데, 500여 명을 죽이고 사로잡았다. (『三國史記』 23 百濟本紀 1)
백제 말갈	봄 2월에 말갈 병사 3천 명이 백제의 위례성을 포위하였다. 왕이 성문을 닫고 나가지 않았다. 열흘이 지나자 적은 양식이 떨어져 돌아갔다. 왕은 정예병을 선발하여 대부현까지 추격하여 싸워 이겼는데, 500여 명을 죽이고 사로잡았다. (『三國史節要』 1)

백제 낙랑	가을 7월에 마수성(馬首城)을 쌓고 병산책(瓶山柵)을 세웠다. 낙랑태수가 사신을 보내어 고하였다. "근자에 서로 사신을 교환하고 우호관계를 맺어 한 집안과 같이 여겼는데, 지금 우리 강역에 접근하여 성을 쌓고 목책을 세우고 있으니, 혹시 우리 땅을 점점 차지하려는 계획이 아닌가? 만일 옛 우호관계를 저버리지 않고 성책을 헐어버린다면 억측과 의심을 할 바가 없겠지만, 혹시라도 그렇게 하지 않는다면 한번 싸워 승부를 결정하기 바라오." 왕이 이에 대답하였다. "험준한 곳에 성책을 만들어 나라를 지키는 것은 고금의 상도이니, 어찌 이 문제로 화친과 우호관계에 변함이 있겠소? 이는 당연히 그대가 의심할 일이 아닌 듯하오. 만일 당신이 강성함을 믿고 군사를 출동시킨다면, 우리 또한 이에 대응할 따름이오." 이로 인하여 낙랑과 우호관계가 단절되었다. (『三國史記』 23 百濟本紀 1)
백제 낙랑	가을 7월에 백제에서 마수성을 쌓고 병산책을 세웠다. 낙랑태수가 사신을 보내어 고하였다. "근자에 서로 사신을 교환하고 우호관계를 맺었으므로 의리상 한 집안과 같이 여겼는데, 지금 우리 강역에 전급하여 성을 쌓고 목책을 세우고 있으니, 혹시 우리 땅을 점점 차지하려는 계획이 아닌가? 만약 옛 우호관계를 저버리지 않고 성책을 헐어버린다면 의심할 바가 없겠지만, 그렇게 하지 않는다면 한번 싸워 승부를 결정하기 바라오." 왕이 이에 대답하였다. "험준한 곳에 성책을 만들어 나라를 지키는

것은 고금의 상도이니, 어찌 이 문제로 우호관계에 변함이 있겠소? 이는 당연히 그대가 의심할 일이 아닌 듯하오. 만약 당신이 강성함을 믿고 군사를 출동시킨다면, 우리 또한 이에 대응할 따름이오." 이로 인하여 낙랑과 우호관계가 단절되었다. (『三國史節要』1)

B.C.10(辛亥/신라 혁거세거서간 48/고구려 유리왕 10/백제 온조왕 9/前漢 元延 3/倭 垂仁 20)

B.C.9(壬子/신라 혁거세거서간 49/고구려 유리왕 11/백제 온조왕 10/前漢 元延 4/倭 垂仁 21)

고구려　여름 4월에 왕이 군신(群臣)에게 말하였다. "선비(鮮卑)가 험준함을 믿고 우리와 화친하지 않고, 유리하면 나와서 노략질하고 불리하면 들어가 굳게 지키므로 나라의 근심거리가 되었다. 만일 누가 이들을 꺾을 수 있다면 내가 장차 그에게 후한 상을 주겠다." 부분노(扶芬奴)가 나와서 아뢰었다. "선비는 험준하고 견고한 나라이고 사람들이 용감하나 어리석으므로, 힘으로 싸우기는 어렵고 꾀로 굴복시키기는 쉽습니다." 왕이 "그러면 어찌 해야 하겠는가?"하고 물었다. 부분노가 대답하였다. "마땅히 사람을 시켜 반간계를 써서 저곳에 가서 거짓말로 '우리는 나라가 작고 병사가 약하며 겁이 많아 움직이기 어렵다.'고 하면, 선비는 반드시 우리를 업신여기고 대비하지 않을 것입니다. 신은 그 틈을 기다렸다가 정예병을 이끌고 샛길로 가서 산림에 숨어서 그 성을 바라보겠습니다. 왕께서는 약한 병사를 시켜서 그 성 남쪽으로 나가게 하면, 저들이 반드시 성을 비우고 멀리 추격해올 것입니다. 신이 정예병으로 그 성에 달려 들어가고 왕께서 친히 용맹스런 기병을 이끌고 저들을 협공하면, 이길 수 있습니다." 왕이 그 말에 따랐다. 선비가 과연 문을 열고 병사를 내어 추격하였다. 부분노가 병사를 이끌고 그 성으로 달려 들어가니, 선비가 이를 바라보고 크게 놀라 돌이켜 달려왔다. 부분노가 관문을 맡아 막아 싸워서 목을 베어 죽인 것이 매우 많았다. 왕이 깃발을 들고 북을 울리며 나아가니, 선비는 앞뒤로 적을 맞았으므로 계책이 다하고 힘이 딸려 항복하여 속국이 되었다. 왕이 부분노의 공을 생각하여 식읍(食邑)을 상으로 주었으나, 사양하면서 말하기를 "이는 왕의 공덕입니다. 신이 무슨 공이 있겠습니까?"라고 하고는 마침내 받지 않았다. 왕이 이에 황금 30근과 양마(良馬) 10필을 내려주었다. (『三國史記』13 高句麗本紀 1)

고구려　여름 4월에 고구려왕(高勾麗王)이 군신에게 말하였다. "선비는 험준함을 믿고 우리와 화친하지 않고, 유리하면 나와서 노략질하고 불리하면 들어가 굳게 지키므로 나라의 근심거리가 되었다. 만약 누가 이들을 제어할 수 있다면 내가 장차 그에게 후한 상을 주겠다." 부분노가 나와서 아뢰었다. "선비는 험준하고 견고한 나라이고 사람들이 용감하나 어리석으므로, 힘으로 싸우기는 어렵고 꾀로 굴복시키기는 쉽습니다." 왕이 "그러면 어찌 해야 하겠는가?"하고 물었다. 부분노가 대답하였다. "마땅히 사람을 시켜 반간계를 써서 거짓말로 우리는 나라가 작고 병사가 약하다고 하면, 선비는 반드시 우리를 업신여기고 대비하지 않을 것입니다. 신은 그 틈을 기다렸다가 정예병을 이끌고 샛길로 가서 수풀에 숨어 망을 보겠습니다 왕께서는 약한 병사를 시켜서 그 성 남쪽으로 주둔하다가 거짓으로 패하여 달아나게 하면, 저들이 반드시 성을 비우고 추격해올 것입니다. 신이 정예병으로 그 성에 달려 들어가고 왕께서 친히 용맹스런 기병을 이끌고 저들을 협공하면, 이길 수 있습니다." 왕이 그 말에 따랐다. 선비가 과연 문을 열고 병사를 내어 추격하였다. 부분노가 그 성으로 달려 들어가니, 선비가 이를 바라보고 크게 놀라 돌이켜 달려왔다. 부분노가 관문을 맡아 막아 싸워서 목을 베어 죽인 것이 매우 많았다. 왕이 깃발을 들고 북을 울리며 나아가니, 선비는 앞뒤로 적을 맞았으므로 계책이 다하고 힘이 딸려 항복하였고 드디어 속국이 되었다. 왕이 부분노에게 식읍으로 상을 주었으나, 사양하면서 말하기를 "이는 왕의 공덕입니다. 신이 무슨 공이 있겠습니까?"라고 하고는 마침내 받지 않았다. 왕이 이에 황금 30근과 양마 10필을 내려주었다. (『三國史節要』 1)

백제 마한	가을 9월에 왕이 사냥을 나갔다가 신록(神鹿)을 잡아서 마한에 보냈다. (『三國史記』 23 百濟本紀 1)
백제 마한	가을 9월에 백제왕이 사냥을 나갔다가 신록을 잡아서 마한에 보냈다. (『三國史節要』 1)

백제 말갈	겨울 10월에 말갈이 북쪽 경계를 침략하였다. 왕이 병사 200명을 보내어 곤미천(昆彌川)에서 막아 싸웠으나, 우리 군사가 패하여 청목산(靑木山)을 거점으로 자체 수비를 하고 있었다. 왕은 직접 정예기병 100명을 거느리고 봉현(烽峴)으로 나와 구원하였다. 적들이 이를 보고 즉시 물러갔다. (『三國史記』 23 百濟本紀 1)
백제 말갈	겨울 10월에 말갈이 백제의 북쪽 경계를 침략하였다. 왕이 병사 200명을 보내어 곤미천에서 막아 싸웠으나, 백제군이 패하여 청목산을 거점으로 자체 수비를 하고 있었다. 왕은 직접 정예기병 100명을 거느리고 봉현으로 나와 구원하였다. 적들이 이에 물러갔다. (『三國史節要』 1)

B.C.8(癸丑/신라 혁거세거서간 50/고구려 유리왕 12/백제 온조왕 11/前漢 綏和 1/倭 垂仁 22)

백제 낙랑 말갈	여름 4월에 낙랑이 말갈로 하여금 병산책(甁山柵)을 습격하여 파괴하게 하여, 100여 명을 죽이거나 사로잡았다. (『三國史記』 23 百濟本紀 1)
백제 낙랑 말갈	여름 4월에 낙랑이 말갈을 시켜 백제의 병산책을 습격하여 파괴하게 하여, 100여 명을 죽이거나 사로잡았다. (『三國史節要』 1)

백제 낙랑	가을 7월에 독산(禿山)·구천(狗川) 두 목책을 설치하여 낙랑과의 통로를 차단하였다. (『三國史記』 23 百濟本紀 1)
백제 낙랑	가을 7월에 백제에서 독산·구천 두 목책을 설치하여 낙랑과의 통로를 차단하였다. (『三國史節要』 1)

B.C.7(甲寅/신라 혁거세거서간 51/고구려 유리왕 13/백제 온조왕 12/前漢 綏和 2/倭 垂仁 23)

고구려	봄 정월에 형혹성(熒惑星: 화성)이 심성(心星: 전갈자리 안타레스)을 지켰다.[4] (『三國史記』 13 高句麗本紀 1)
고구려	봄 정월에 고구려(高句麗)에서 형혹성이 심성을 지켰다. (『三國史節要』 1)

B.C.6(乙卯/신라 혁거세거서간 52/고구려 유리왕 14/백제 온조왕 13/前漢 建平 1/倭 垂仁 24)

고구려 부여	봄 정월에 부여왕 대소(帶素)가 사신을 보내서 방문하고 인질을 교환하기를 청하였다. 왕은 부여의 강대함을 두려워하여 태자 도절(都切)을 인질로 삼으려고 하였다. 도절이 두려워하여 가지 않자, 대소가 노여워하였다. (『三國史記』 13 高句麗本紀 1)
고구려 부여	봄 정월에 부여왕 대소가 고구려(高句麗)에 사신을 보내서 방문하고 인질을 교환하기를 청하였다. 왕은 부여의 강대함을 두려워하여 태자 도절을 인질로 삼으려고 하였다. 도절이 가려고 하지 않자, 대소가 노여워하였다. (『三國史節要』 1)

백제	봄 2월에 왕도에서 늙은 노파가 변하여 남자가 되었고, 호랑이 다섯 마리가 성에 들어왔다. (『三國史記』 23 百濟本紀 1)

| 백제 | 봄 2월에 백제의 왕도에서 어떤 늙은 노파가 변하여 남자가 되었고, 호랑이 다섯 마리가 왕성에 들어왔다. (『三國史節要』1) |
| 백제 | (봄 2월에) 왕모가 돌아가셨다. 나이 61세였다. (『三國史記』23 百濟本紀 1) |

백제	여름 5월에 백제의 왕모가 돌아가셨다. (『三國史節要』1)
백제	여름 5월에 왕이 신하들에게 말하였다. "우리나라 동쪽에는 낙랑이 있고 북쪽에는 말갈이 있어서, 그들이 변경을 침공하여 편안한 날이 드물다. 하물며 요즈음에는 요사스러운 징조가 자주 보이고 어머님이 세상을 떠나셔서, 나라의 형세가 불안하니 반드시 도읍을 옮겨야겠다. 내가 어제 순행하는 중에 한수 남쪽을 살펴보니, 토양이 비옥하였다. 마땅히 그곳으로 도읍을 옮겨 오래도록 평안할 계획을 세워야겠다." (『三國史記』23 百濟本紀 1)
백제	(여름 5월에) 왕이 군신(群臣)에게 말하였다. "우리나라 동쪽에는 낙랑이 있고 북쪽에는 말갈이 있어서, 그들이 변경을 침공하여 편안한 날이 드물다. 하물며 요즈음에는 요사스러운 징조가 자주 보이고 어머님이 세상을 떠나셔서, 나라의 형세가 불안하다. 내가 한수 남쪽을 살펴보니, 토양이 비옥하였다. 장차 그곳으로 도읍을 옮겨 오래도록 평안함을 도모하겠다." (『三國史節要』1)

| 백제 | 가을 7월에 한산 아래에 가서 목책을 세우고, 위례성의 민호를 이주시켰다. (『三國史記』23 百濟本紀 1) |
| 백제 | 가을 7월에 한산 아래에 목책을 세우고 위례성의 민호를 옮겨 채우도록 명령하였다. (『三國史節要』1) |

| 백제 마한 | 8월에 마한에 사신을 보내 도읍을 옮긴다는 것을 알렸다. 마침내 강역을 확정하니, 북쪽으로는 패하(浿河)에 이르고, 남쪽으로는 웅천(熊川)이 경계이며, 서쪽으로는 큰 바다에 닿고, 동쪽으로는 주양(走壤)에 이르렀다. (『三國史記』23 百濟本紀 1) |
| 백제 마한 | 8월에 마한에 사신을 보내 도읍을 옮긴다는 것을 알렸다. 강역을 획정하니, 북쪽으로는 패하에 이르고, 남쪽으로는 웅천이 경계이며, 서쪽으로는 큰 바다에 닿고, 동쪽으로는 주양에 이르렀다. (『三國史節要』1) |

| 백제 | 9월에 성과 궁궐을 세웠다. (『三國史記』23 百濟本紀 1) |
| 백제 | 9월에 이에 성과 궁궐을 세웠다. (『三國史節要』1) |

| 고구려 부여 | 겨울 10월에 부여왕이 병사 5만 명으로 고구려를 침범하였다. 때마침 큰 눈이 내려 병사들 가운데 동사자가 많이 생겼으므로 이내 물러갔다. (『三國史節要』1) |
| 고구려 부여 | 겨울 11월에 대소가 병사 5만 명으로 침범하여 왔다. 큰 눈이 내려 사람들 가운데 동사자가 많이 생겼으므로 이에 떠났다. (『三國史記』13 高句麗本紀 1) |

B.C.5(丙辰/신라 혁거세거서간 53/고구려 유리왕 15/백제 온조왕 14/前漢 建平 2/倭 垂仁 25)

백제	봄 정월에 도읍을 옮겼다. (『三國史記』23 百濟本紀 1)
백제	봄 정월에 백제가 한산으로 도읍을 옮겼다. (『三國史節要』1)
남부여 백제 북부여	
	14년 병진에 도읍을 한산[지금 광주]으로 옮겼다. (『三國遺事』2 紀異 2 南扶餘 前百濟 北扶餘)

| 백제 | 2월에 왕이 부락을 순무(巡撫)하고 농사를 힘써 권장하였다. (『三國史記』23 百濟本 |

紀 1)

백제 2월에 왕이 부락을 순무하고 농사를 권장하였다. (『三國史節要』1)

백제 가을 7월에 한강 서북쪽에 성을 쌓고 한성의 백성을 나누어 그곳에 살게 하였다. (『三國史節要』1)

백제 가을 9월에 한강 서북쪽에 성을 쌓고 한성의 백성을 나누어 그곳에 살게 하였다. (『三國史記』23 百濟本紀 1)

신라 동옥저 동옥저의 사신이 와서 양마(良馬) 20필을 바치며 말하기를, "우리 임금께서 남한에 성인이 났다는 말을 듣고 저를 보내어 와서 드리도록 하셨습니다." 하였다. (『三國史記』1 新羅本紀 1)

신라 동옥저 고구려 부여 조선 현도
동옥저에서 신라에 사신을 보내 양마 20필을 바치며 말하기를, "우리 임금께서 남한에 성인이 났다는 말을 듣고 저를 보내어 와서 바치도록 하셨습니다." 하였다.
옥저는 고구려(高勾驪) 개마산(蓋馬山) 동쪽에 있었는데, 동쪽은 큰 바다에 이르고, 북쪽은 읍루(挹婁)·부여(夫餘)에 닿아 있으며, 남쪽은 예맥과 서로 접하였으니, 땅이 동서는 좁고 남북은 길어서 천리나 되었다. 한 무제(武帝)가 조선을 멸하고 그 땅을 현도군으로 삼았는데 다시 고구려 서북쪽으로 옮겨서 현으로 삼았다. 뒤에 고구려에 신속(臣屬)하였는데 고구려에서 사자를 두어 감독하고 거느리며 지조(地租)를 책임지게 하였다. (『三國史節要』1)

B.C.4(丁巳/신라 혁거세거서간 54/고구려 유리왕 16/백제 온조왕 15/前漢 建平 3/倭 垂仁 26)

백제 봄 정월에 새 궁실을 지었다. 궁실은 검소하면서도 누추하지 않았고, 화려하면서도 사치스럽지 않았다. (『三國史記』23 百濟本紀 1)

백제 봄 정월에 백제에서 새 궁궐을 지었다. (『三國史節要』1)

신라 봄 2월 기유일(28)에 패성(孛星)이 하고성(河鼓星: 견우성) 자리에 나타났다.[5] (『三國史記』1 新羅本紀 1)

신라 봄 2월 기유일(28)에 신라에서 패성이 하고성 자리에 나타났다. (『三國史節要』1)

B.C.3(戊午/신라 혁거세거서간 55/고구려 유리왕 17/백제 온조왕 16/前漢 建平 4/倭 垂仁 27)

조선 (건평 4년 가을 8월) 황문랑 양웅이 상서하여 간하기를, "(…) 지난날 일찍이 대완의 성을 도륙하고 오환의 군영을 짓밟고 고증의 울타리를 염탐하였으며, 탕저의 마당을 밟고 조선과 양월의 깃발을 뽑아 버렸습니다. 전쟁은 짧게는 열흘에서 한 달을 넘기지 않았고 길더라도 6개월을 넘지 않는 고생만 하면서도 반드시 오랑캐의 앞마당을 경작하고 마을을 비로 쓸어 내 군현을 설치하였습니다. 이는 마치 구름이 사라지고 자리를 말아 올리는 것과 같아 뒷날 재해가 발생할 여지를 남기지 않았습니다. 오로지 북적만은 그러지 못하였으니, 진실로 중국의 강고한 적입니다. 세 변방과 비교하면 그 차이가 현격하고 전세에도 더욱 중요하게 여겼으니 가볍게 대해도 좋다고 여겨서는 안됩니다." 하였다. (『資治通鑑』34 漢紀 26 孝哀皇帝)

조선 건평 4년(…) 황문랑(黃門郞) 양웅(揚雄)이 상서하여 간하기를, "(…) 지난날 일찍이 대완(大宛)의 성을 도륙하고 오환의 군영을 짓밟고 고증(姑繒)의 울타리를 염탐하였으며, 탕저(蕩姐)의 마당을 밟고 조선과 양월(兩越)의 깃발을 뽑아 버렸습니다. 전쟁은 짧게는 열흘에서 한 달을 넘기지 않았고 길더라도 6개월을 넘지 않는 고생만 하면서도 반드시 오랑캐의 앞마당을 경작하고 마을을 비로 쓸어 내 군현(郡縣)을 설치하였습니다. 이는 마치 구름이 사라지고 자리를 말아 올리는 것과 같아 뒷날 재해가 발생할 여지를 남기지 않았습니다. 오로지 북적만은 그러지 못하였으니, 진실로 중국의 강고한 적입니다. 세 변방과 비교하면 그 차이가 현격하고 전세에도 더욱 중요하게 여겼으니 가볍게 대해도 좋다고 여겨서는 안됩니다." 하였다. (『漢書』 94 下 匈奴傳 64 下)

조선　　[匈奴傳] 양웅이 상서하여 다음과 같이 말하였다. "지난날 일찍이 대완의 성을 도륙하고 오환의 군영을 짓밟고 고증의 울타리를 염탐하였으며, 탕저의 마당을 밟고 조선과 양월의 깃발을 뽑아 버렸습니다. 전쟁은 짧게는 열흘에서 한 달을 넘기지 않았고 길더라도 6개월을 넘지 않는 고생만 하면서도 반드시 오랑캐의 앞마당을 경작하고 마을을 비로 쓸어 내 군현을 설치하였습니다. 이는 마치 구름이 사라지고 자리를 말아 올리는 것과 같아 뒷날 재해가 발생할 여지를 남기지 않았습니다. 오로지 북적만은 그러지 못하였으니, 진실로 중국의 강고한 적입니다."(『玉海』 25 地理 表界 漢羣臣議匈奴 朔方十策)

B.C.2(己未/신라 혁거세거서간 56/고구려 유리왕 18/백제 온조왕 17/前漢 元壽 1/倭 垂仁 28)

신라　　봄 정월 신축일(辛丑日) 초하루에 일식이 있었다. (『三國史記』 1 新羅本紀 1)
신라　　봄 정월 신축일 초하루에 신라에서 일식이 있었다. (『三國史節要』 1)

백제 낙랑　봄에 낙랑이 와서 침입하여 위례성을 불태웠다. (『三國史記』 23 百濟本紀 1)
백제 낙랑　낙랑이 백제 위례성을 침범하였다. (『三國史節要』 1)

백제　　여름 4월에 사당을 세우고 국모에게 제사지냈다. (『三國史記』 23 百濟本紀 1)
백제　　여름 4월에 백제에서 국모의 사당을 세웠다.
　　　　권근(權近)이 말하였다. "국가를 다스리는 자는 반드시 종묘를 세워 그 선조에게 제사지내는 것이 예(禮)이다. 국모는 마땅히 이묘(禰廟)에 배식(配食)해야 하는 것이니, 따로 사당을 세워 제사지내는 것은 옳지 못하다. 노(魯) 은공(隱公)이 별도로 중자(仲子)를 위하여 사당을 세운 것에 대하여 춘추에서 비난하였는데, 지금 백제에서 이미 동명왕의 사당을 세우고 또 국모를 위하여 따로 사당을 세웠으니, 이는 무엇인가? 설령, 예에 두 적처(嫡妻)가 없는데 유리(類利)의 어머니를 이미 동명왕의 사당에 배향하였으므로, 온조가 어쩔 수 없이 자신의 어머니를 위하여 별도로 사당을 세워 제사지낸다고 한다면, 동명왕의 사당이 이미 고구려(高勾麗)에 있고 백제에서는 고구려를 종국(宗國)으로 삼았으니 동명왕을 따로 제사지낼 수 없는 것이며, 이것은 기자(夔子)가 축융(祝融)과 육웅(鬻熊)에게 제사지내지 않은 것과 같다. 만약 따로 스스로 종국이 되어 동명왕의 사당을 세웠다면, 다른 나라의 국모를 배향하고 따로 사당을 세워 그 어머니를 제사지내는 것이므로 마땅하지 않다. 온조가 이 문제에 있어서는 모두 예에서 벗어난 것이다." (『三國史節要』 1)

B.C.1(庚申/신라 혁거세거서간 57/고구려 유리왕 19/백제 온조왕 18/前漢 元壽 2/倭 垂仁 29)

고구려　가을 8월에 교사(郊祀)에 희생으로 쓸 돼지가 달아났다. 왕이 탁리(託利)와 사비(斯卑)를 시켜 이를 쫓게 하였다. 장옥(長屋)의 늪 가운데에 이르러 붙잡아서 칼로 그 다리의 힘줄을 끊었다. 왕이 듣고 화를 내며 말하기를 "하늘에 제사지낼 희생을 어찌 상하게 하였느냐?" 하고, 드디어 두 사람을 구덩이 속에 던져 죽였다. (『三國史

記』13 高句麗本紀 1)

고구려	가을 8월에 고구려(高勾麗)에서 교사에 희생으로 쓸 돼지가 달아났다. 왕이 탁리와 사비를 시켜 이를 쫓게 하였다. 장옥의 늪 가운데 이르러 붙잡아서 그 다리의 힘줄을 끊었다. 왕이 듣고 화를 내며 말하기를 "하늘에 제사지낼 희생을 어찌 상하게 하였느냐?"하고, 드디어 두 사람을 구덩이 속에 던져 죽였다. (『三國史節要』1)
고구려	9월에 왕이 질병에 걸렸다. 무당이 말하기를, "탁리와 사비가 빌미가 되었습니다."라고 하였다. 왕이 무당을 시켜 사과하게 하니, 곧 병이 나았다. (『三國史記』13 高句麗本紀 1)
고구려	9월에 고구려왕이 질병에 걸렸다. 무당이 말하기를, "탁리와 사비가 빌미가 되었습니다."라고 하였다. 왕이 무당을 시켜 사과하게 하니, 곧 병이 나았다. 권근(權近)이 말하였다. "교(郊)에서 하늘에 제사 지내는 것은 천자가 행하는 예(禮)이다. 고구려는 조그만 나라로써 참람하게 그 예를 행하였으니 하늘이 어찌 그것을 받겠는가? 천제의 제사에 쓸 희생은 반드시 적절한 곳에서 기르고 적합한 사람이 담당할 것인데, 교사에 쓸 돼지가 달아난 것이 두세 번에 이르렀으니, 하늘에 받지 않으려는 뜻을 보임이 명백한 것이다. 무릇 하늘에는 이치가 있어서 신명은 예가 아니면 흠향(歆饗)하지 않은 것인데, 고구려의 왕은 이치에 따라 어긋나지 않고 예절을 지켜서 벗어나지 않으며, 삼가고 조심하는 가운데 하늘의 위엄을 두려워하여 백성을 편안하게 보전하는 것이 하늘을 섬기는 실상임을 알지 못하고, 감히 분의(分義)를 범하여 천자의 예를 참람하게 행하였으니 이미 도리에서 벗어난 것이다. 또 돼지 한 마리 때문에 마침내 두 사람이나 죽였으니, 이는 하늘을 섬긴다는 것이 도리어 하늘을 모독한 꼴이 된 것이다. 그러니 그 질병을 얻은 것이 어찌 반드시 두 사람의 귀신이 내린 재앙이라고 하겠는가?" (『三國史節要』1)

백제 말갈 마한

	겨울 10월에 말갈이 습격해왔다. 왕은 병사를 거느리고 칠중하(七重河)에서 맞서 싸웠다. 추장 소모(素牟)를 사로잡아 마한에 보내고, 그 나머지는 모두 파묻어 죽였다. (『三國史記』23 百濟本紀 1)

백제 말갈 마한

	10월에 말갈이 백제를 침범하였다. 왕이 병사를 거느리고 칠중하에서 맞서 싸웠다. 추장 소모를 사로잡아 마한에 보내고, 그 나머지4 무리를 파묻어 죽였다. (『三國史節要』1)

백제 낙랑	11월에 왕이 낙랑의 우두산성(牛頭山城)을 습격하려고 구곡(臼谷)까지 갔다. 큰 눈을 만나 되돌아왔다. (『三國史記』23 百濟本紀 1)
백제 낙랑	11월에 백제왕이 낙랑의 우두산성을 습격하려고 구곡까지 갔다. 큰 눈을 만나 되돌아왔다. (『三國史節要』1)

1(辛酉/신라 혁거세거서간 58/고구려 유리명왕 20/백제 온조왕 19/前漢 元始 1/倭 垂仁 30)

고구려	봄 정월에 태자 도절(都切)이 죽었다. (『三國史記』13 高句麗本紀 1)
고구려	봄 정월에 고구려 태자 도절이 죽었다. (『三國史節要』1)

낙랑	원시 원년에 광한군공(廣漢郡工)이 궁정용으로 월화저황구반반(泪畵紵黃釦飯槃)을 만들었다. 용량은 1두(一斗)이다. 휴공(髹工) 금(禁), 상공(上工) 손(孫), 동구황도공(銅釦黃塗工) 금, 화공(畵工) 황(黃), 조공(造工) 인(仁)이 만들었고, 호공졸시(護工卒

史) 진(陳), 장(長) △, 승(丞) 소(邵), 연(掾) 사(史), 영(令) 사우(史禹)가 주관하였다. (「元始元年 漆盤」)

2(壬戌/신라 혁거세거서간 59/고구려 유리명왕 21/백제 온조왕 20/前漢 元始 2/倭 垂仁 31)

백제 　봄 2월에 왕이 큰 단(壇)을 설치하고 천지에 친히 제사지냈다. 이상한 새 다섯 마리가 그 위를 날았다. (『三國史記』23 百濟本紀 1)

백제 　고기(古記)에 이르길, 온조왕 20년 봄 2월에 단을 설치하고 천지에 제사지냈다. 동왕 38년(20) 겨울 10월, 다루왕 2년(29) 봄 2월, 고이왕 5년(238) 봄 정월, 동왕 10년(243) 봄 정월, 동왕 14년(247) 봄 정월, 근초고왕 2년(347) 봄 정월, 아신왕 2년(393) 봄 정월, 전지왕 2년(406) 봄 정월, 모대왕 11년(489) 겨울 10월에 모두 위와 같이 행하였다. (『三國史記』32 雜志 1 祭祀)

백제 　봄 2월에 백제왕이 큰 단을 설치하고 천지에 친히 제사지냈다. 이상한 새 다섯 마리가 그 위를 날았다. 이로부터 매년 사중지월(四仲之月)에는 왕이 천(天) 및 오제신(五帝神)에게 제사지냈다. (『三國史節要』1)

고구려 　봄 3월에 하늘에 제사지낼 돼지가 달아났으므로 왕이 희생(犧牲)을 맡은 설지(薛支)에게 명하여 이를 쫓게 하였다. 국내(國內) 위나암(尉那巖)에 이르러 찾아내어 국내인의 집에 가두어두고 이를 기르게 하였다. 돌아와 왕을 뵙고 아뢰기를, "신이 돼지를 쫓아 국내 위나암에 이르렀는데, 그 산수(山水)는 깊고 험준하며 땅은 오곡을 심기에 알맞고 또 순록·사슴·물고기·자라의 소산이 많았습니다. 왕께서 만약 도읍을 옮긴다면 단지 백성의 이익이 많을 뿐만 아니라 전쟁의 걱정도 면할 만합니다."하였다. (『三國史記』13 高句麗本紀 1)

고구려 　3월에 고구려에서 하늘에 제사지낼 돼지가 달아나니, 왕이 희생을 맡은 설지에게 명하여 이를 쫓게 하였다. 국내 위나암에 이르러 찾아내었다. 돌아와 임금을 뵙고 아뢰기를, "신이 돼지를 쫓아 위나암에 이르렀는데, 그 산수는 깊고 험준하며 땅은 오곡을 심기에 알맞고 또 순록·사슴·물고기·자라가 많았습니다. 왕께서 만약 도읍을 옮긴다면 백성의 이익이 많을 뿐만 아니라 전쟁의 걱정도 면할 만합니다."하였다. (『三國史節要』1)

고구려 　여름 4월에 왕이 위중림(尉中林)에서 사냥하였다. (『三國史記』13 高句麗本紀 1)
고구려 　여름 4월에 고구려왕이 위중림에서 사냥하였다. (『三國史節要』1)

고구려 　가을 8월에 지진이 있었다. (『三國史記』13 高句麗本紀 1)
고구려 　가을 8월에 고구려에서 지진이 있었다. (『三國史節要』1)

신라 　가을 9월 무신(戊申) 그믐(30일)에 일식이 있었다. (『三國史記』1 新羅本紀 1)
신라 　9월 무신 그믐(30일)에 신라에 일식이 있었다. (『三國史節要』1)

고구려 　9월에 왕이 국내에 가서 지세를 보고 돌아오다가 사물택(沙勿澤)에 이르렀는데, 한 장부가 못 위의 바위에 앉아 있는 것을 보았다. 왕에게 일러 말하기를, "왕의 신하가 되기를 원합니다"고 하였다. 왕이 기쁘게 이를 허락하고 사물(沙勿)이라는 이름과 위씨(位氏) 성을 내려주었다. (『三國史記』13 高句麗本紀 1)

고구려 　9월에 고구려왕이 국내에 가서 지형을 살펴보고 돌아오다가 사물택에 이르렀는데, 한 장부가 왕의 신하가 되기를 청하였다. 왕이 허락하고 그에게 사물이란 이름과 성을 내려주었다. (『三國史節要』1)

| 낙랑 | 원시 2년 촉군△△△△(蜀郡△△△△) 자손의 복을 빌었다. 반씨(半氏)가 △△△ 만들었다. (「元始 2年銘 漆案」) |

3(癸亥/신라 혁거세거서간 60/고구려 유리명왕 22/백제 온조왕 21/前漢 元始 3/倭 垂仁 32)

| 신라 | 가을 9월에 금성의 우물 속에서 두 용(龍)이 나타났다. 갑자기 천둥비가 내리고 성의 남문에 벼락이 쳤다. (『三國史記』1 新羅本紀 1) |
| 신라 | 가을 9월에 신라 금성의 우물 속에서 두 용이 나타났다. 갑자기 천둥비가 내리고 성의 남문에 벼락이 쳤다. (『三國史節要』1) |

고구려	겨울 10월에 왕이 국내로 도읍을 옮기고 위나암성(尉那巖城)을 쌓았다. (『三國史記』13 高句麗本紀 1)
고구려	겨울 10월에 고구려왕이 국내로 도읍을 옮기고 위나암성[혹은 위야암성(尉耶巖城) 혹은 불이성(不而城)이라고도 한다]을 쌓았다. (『三國史節要』1)
고구려 낙랑	주몽(朱蒙)이 흘승골성(紇升骨城)에 도읍을 세운지 40년이 지나 유류왕(孺留王) 22년에 도읍을 국내성(國內城)으로 옮겼다고 하였다[혹은 위나암성(尉那巖城)이라고도 하며 혹은 불이성(不而城)이라고도 한다]. 한서(漢書)를 살피니 낙랑군(樂浪郡) 속현(屬縣) 중에 불이(不而)가 있다. (『三國史記』37 雜志 6 地理 4)
고구려	국내(國內)로 도읍하여 425년이 지나 장수왕(長壽王) 15년(427)에 평양(平壤)으로 도읍을 옮겼다. 156년이 지나 평원왕(平原王) 28년(586)에 장안성(長安城)으로 도읍을 옮겼으며, 83년이 지나 보장왕(寶臧王) 27년(668)에 멸망하였다[옛 사람들의 기록에 시조 주몽왕(朱蒙王)으로부터 보장왕(寶臧王)에 이르기까지의 역년(歷年)은 틀림이 없고 상세한 것이 이와 같다. 그러나 혹은 이르기를 "고국원왕(故國原王) 13년(343)에 왕이 평양 동황성(東黃城)으로 이거하였는데, 성은 지금[고려] 서경(西京)의 동쪽 목멱산(木覓山) 가운데 있다"라 하니, 옳고 틀림을 알 수 없다]. (『三國史記』37 雜志 6 地理 4)

| 고구려 | 12월에 왕이 질산(質山) 북쪽에서 사냥을 하면서 5일이나 돌아오지 않자, 대보(大輔) 협보(陜父)가 간하여 말하였다. "왕께서 새로 도읍을 옮기고 백성들이 마음을 놓지 못하므로, 마땅히 힘을 쓰고 힘을 써서 형정(刑政)을 올바르게 돌보아야 할 것입니다. 그런데 이를 생각하지 않으시고 말을 달려 사냥하며 오랫동안 돌아오지 않으십니다. 만일 허물을 고쳐 스스로 새로워지지 않는다면, 정치는 거칠게 되고 백성은 흩어져서 선왕의 위업이 땅에 떨어질까 신은 두렵습니다." 왕이 이를 듣고 화가 나서 협보를 파직하고 관원(官園)을 맡아보게 하였다. 협보는 분하여 남한(南韓)으로 달아났다. (『三國史記』13 高句麗本紀 1) |
| (가) 고구려 한 | 12월에 왕이 질산에서 사냥하여 5일이나 돌아오지 않자, 대보 협보가 간하여 말하였다. "왕께서 새로 도읍을 옮기고 백성들이 마음을 놓지 못하므로, 마땅히 힘을 쓰고 힘을 써서 형정(刑政)을 올바르게 돌보아야 할 것입니다. 그런데 이를 생각하지 않으시고 말을 달려 사냥하며 오랫동안 돌아오지 않으십니다. 만일 허물을 고쳐 스스로 새로워지지 않는다면, 정치는 거칠게 되고 백성은 흩어져서 선왕의 위업이 땅에 떨어질까 신은 두렵습니다." 왕이 이를 듣고 화가 나서 협보를 파직시키니, 협보가 남한으로 달아났다. (『三國史節要』1) |

낙랑	① 원시 3년 촉군서공(蜀郡西工)이 궁정용으로 휴월화목황이부(髤洀畵木黃耳桮)를 만들었다. 용량은 1승 16약(籥)이다. 소공은 풍(豐), 휴공(髤工)은 ?, 상공(上工)은 담(譚), 동구황도공(銅釦黃塗工)은 충(充), 화공(畵工)은 담, 월공(泪工)은 융(戎), 청공(淸工)은 정(政), 조공(造工)은 의조(宜造), 호공졸사(護工卒史)는 장(章), 장(長)은 양(良), 승(丞)은 봉(鳳), 연(掾)은 융(隆), 영사(令史) 관(寬)이 주관하였다. ② 이(利) (「元始 3年銘 耳杯」)
낙랑	원시 3년 촉군서공이 궁정용으로 휴월화목황이부를 만들었다. 용량은 1승 16약이다. 소공은 금, 휴공은 급(給), 상공은 흠(欽), 동이황도공(銅耳黃塗工) 무(武), 화공 풍(豐), 월공 의(宜), 청공 정, 조공 의가 만들었다. 호공졸사 장, 장 양, 승 봉, 연 륭, 영사 관이 주관하였다. (「元始 3年銘 耳杯」)

4(甲子/신라 혁거세거서간 61, 남해차차웅 1/고구려 유리명왕 23/백제 온조왕 22/前漢 元始 4/ 倭 垂仁 33)

고구려	봄 2월에 왕자 해명(解明)을 세워 태자로 삼았다. 나라 안에 크게 사면하였다. (『三國史記』 13 高句麗本紀 1)
고구려	봄 2월 고구려 왕이 아들 해명을 태자로 삼았다. 크게 사면하였다. (『三國史節要』 1)
신라	봄 3월에 거서간이 승하하였다. 사릉(蛇陵)에 장사지냈는데, △암사(△巖寺)의 북쪽에 있다. (『三國史記』 1 新羅本紀 1)
신라	3월 신라왕 혁거세가 돌아가셨다. 7일 뒤에 왕비 알영도 돌아가셨다. (『三國史節要』 1)
신라	나라를 다스린 지 61년 만에 왕이 하늘로 올라갔는데 7일 뒤에 유해가 땅에 흩어져 떨어졌으며 왕후도 역시 죽었다고 한다. 국인들이 합장을 하려고 했더니 큰 뱀이 나와서 내쫓아 못하게 하므로 5체(五體)를 5릉(五陵)에 각각 장사지내고 역시 이름을 사릉(蛇陵)이라고도 하니 담엄사 북쪽 왕릉이 바로 이것이다. 태자 남해왕(南解王)이 왕위를 계승하였다. (『三國遺事』 1 紀異 1 新羅始祖 赫居世王)
신라	남해차차웅(南解次次雄)이 즉위했다[차차웅은 혹은 자충(慈充)이라 한다. 김대문(金大問)은 이렇게 한다. 차차웅은 방언으로 무당을 가리킨다. 세상 사람들은 무당이 귀신을 섬기고 제사를 받들기 때문에 이를 경외하여 마침내 존장자를 가리켜 자충이라 부르게 되었다]. 그는 혁거세 의 친아들이다. 신체가 장대하고 성품은 침착하고 중후하였으며 지략이 많았다. 어머니는 알영부인(閼英夫人)이고 왕비는 운제부인(雲帝夫人)이다[또는 아루부인(阿婁夫人)이라고도 하였다]. 아버지를 이어서 즉위하여 원년을 칭하였다.
	논하여 말한다. 임금이 즉위함에 한 해를 건너뛰어 원년으로 삼는 것은 그 법이 『춘추(春秋)』에 자세히 나와 있다. 이는 선왕(先王)의 바꿀 수 없는 전범(典範)이다. 『상서(尙書)』의 이훈(伊訓)에서는 "성탕(成湯)이 죽으니 태갑(太甲) 원년이 되었다"고 했고, 『정의(正義)』에서는 "성탕이 죽으니 이 해가 곧 태갑 원년이 되었다"고 했다. 그러나 『맹자(孟子)』에서 "탕(湯)이 죽은 뒤 태정(太丁)이 즉위하지 않았고 외병(外丙)은 2년, 중임(仲壬)은 4년이었다"고 했으니, 아마도 『상서』의 일부 글자가 탈락했기 때문에 『정의』에서 잘못 주장한 듯하다. 혹자는 "옛날에는 임금이 즉위함에 혹은 달을 넘기고서 원년을 칭하고 혹은 해를 넘기고 원년을 칭했다"고 한다. 달을 넘기고 원년을 칭한 것은 성탕이 죽고서 태갑 원년이라 한 것이 그것이다. 맹자에서 "태정이 즉위하지 않았다"고 한 것은 태정이 즉위하지 못하고 사망한 것을 말한다. "외병은 2년, 중임은 4년"이라는 것은 모두 태정의 아들인 태갑의 두 형이 태어난 뒤 혹

은 2년을 살다가 혹은 4년을 살다가 죽었음을 말한다. 이것은 태갑이 탕(湯)을 계승할 수 있었던 이유이다. 『사기(史記)』에서 문득 "중임·외병이 두 임금이 되었다"고 한 것은 잘못이다. 전자(前者)에 따르면 선왕(先王)이 사망한 해를 즉위한 원년으로 칭한 것은 잘못이다. 후자(後者)에 따르면 곧 상(商) 나라 사람들의 예법을 얻었다고 볼 수 있다. (『三國史記』 1 新羅本紀 1)

신라   남해거서간(南解居西干)은 또한 차차웅(次次雄)이라고도 한다. 이는 존장(尊長)의 칭호이니 오직 이 임금만 이렇게 불렀다. 아버지는 혁거세요 어머니는 알영부인이요 왕비는 운제부인(雲帝夫人)[혹은 운제(雲梯)라고도 하는데 지금 영일현(迎日縣) 서쪽에는 운제산 성모가 있어 가물 때에 기도를 드리면 영험이 있다]이다. 전한 평제(平帝) 원시(元始) 4년 갑자(甲子)에 즉위하여 21년 동안 나라를 다스리다가 지황(地皇) 4년 갑신년(24)에 죽으니 이 임금을 3황(三皇)의 첫 번째라고들 이른다. (『三國遺事』 1 紀異 1 第二南解王)

신라   태자 남해가 왕위에 올라 차차웅이라 하였다. 혹은 자충이라고 하였는데, 자충은 방언에 무당을 말하는 것이다. 무당은 귀신을 섬기고 제사를 맡아하기 때문에 세상 사람들이 경외하여 드디어 존장자를 자충이라고 일컬었다. 왕이 몸이 장대하고 성품이 돈후하며 지략이 많았는데, 즉위하자 원년을 일컬었다.
김부식(金富軾)은 말한다. 임금이 즉위함에 한 해를 건너뛰어 원년(元年)으로 삼는 것은 그 법이 『춘추』에 자세히 나와 있다. 이는 선왕의 바꿀 수 없는 전범이다. 이훈에서는 "성탕이 죽으니 태갑 원년이 되었다."고 했고, 『정의』에서는 "성탕이 죽으니 이 해가 곧 태갑 원년이 되었다."고 했다. 그러나 『맹자』에는 "탕(湯)이 죽은 뒤 태정이 즉위하지 않았고 외병은 2년, 중임은 4년이었다."고 했으니, 아마도 『상서』의 일부 글자가 탈락했기 때문에 정의에서 잘못 주장한 듯하다. 혹자는 "옛날에는 임금이 즉위함에 혹은 달을 넘기고서 원년을 칭하고 혹은 해를 넘기고 원년을 칭했다"고 한다. 달을 넘기고 원년을 칭한 것은 성탕이 죽고서 태갑 원년이라 한 것이 그것이다. 『맹자』에서 "태정이 즉위하지 않았다"고 한 것은 태정이 즉위하지 못하고 사망한 것을 말한다. "외병은 2년, 중임은 4년"이라는 것은 모두 태정의 아들인 태갑의 두 형이 태어난 뒤 혹은 2년을 살다가 혹은 4년을 살다가 죽었음을 말한다. 이것은 태갑이 탕을 계승할 수 있었던 이유이다. 『사기』에서 문득 "중임·외병이 두 임금이 되었다."고 한 것은 잘못이다. 전자에 따르면 선왕이 사망한 해를 즉위한 원년으로 칭한 것은 잘못이다. 후자에 따르면 곧 상나라 사람들의 예법을 얻었다고 볼 수 있다. 신라에서 시조 혁거세를 사릉에 장사지냈다[왕과 왕비가 세상을 떠나자 국인들이 합장하고자 하였으나 뱀의 변괴가 있으므로 각기 장사지내고 드디어 시조의 능을 사릉이라 하였다]. (『三國史節要』 1)

신라 낙랑   가을 7월에 낙랑의 군사들이 와서 금성(金城)을 몇 겹으로 둘러싸자 왕이 좌우에게 말했다. "이성(二聖)이 나라를 버리시고 과인이 나라 사람들의 추대를 받아 그릇되게 재위에 있으니, 위태롭고 두렵기가 물길을 건너는 것 같다. 지금 이웃 나라가 침공해 온 것은 바로 과인이 부덕하기 때문이다. 이를 어찌하면 좋겠는가." 좌우에서 대답해 말했다. "적은 우리가 상(喪)을 당한 것을 다행으로 여겨 헛되이 군사로써 쳐들어 왔습니다. 하늘이 반드시 돕지 않을 것이니 두려워할 바가 못 됩니다". 적이 잠시 후에 물러갔다. (『三國史記』 1 新羅本紀 1)

신라 낙랑   가을 7월에 낙랑 군사들이 쳐들어와서 금성을 몇 겹으로 둘러싸자 왕이 좌우에게 말했다. "두 성인이 나라를 버리시고 부족한 내가 국인들의 추대로 외람되이 왕위에 올랐으니 위태롭고 두렵기가 물길을 건너는 것과 같다. 지금 이웃 나라가 침공해 온 것은 바로 과인이 부덕하기 때문이다. 이를 어찌하면 좋겠는가." 좌우에서 대답해 말했다. "적은 우리가 상(喪)을 당한 것을 다행으로 여겨 헛되이 군사로써 쳐들어 왔습니다. 하늘이 반드시 돕지 않을 것이니 두려워할 바가 못 됩니다". 잠시 후에 과연 적이 물러갔다. (『三國史節要』1)

백제	가을 8월에 석두(石頭)와 고목(高木) 두 성을 쌓았다. (『三國史記』23 百濟本紀 1)
백제	8월에 백제에서 석두와 고목 두 성을 쌓았다. (『三國史節要』1)

백제 말갈	9월에 왕이 1,000 명의 기병을 거느리고 부현(斧峴) 동쪽에서 사냥하다가, 말갈의 도적을 만나 단번에 이들을 깨뜨렸다. 사로잡은 포로들은 장병들에게 나누어 주었다. (『三國史記』23 百濟本紀 1)
백제 말갈	9월에 백제왕이 1천 명의 기병을 거느리고 부현 동쪽에서 사냥하다가, 갑자기 말갈을 만나 단번에 이들을 깨뜨렸다. 사로잡은 포로들은 장병들에게 나누어 주었다. (『三國史節要』1)

낙랑	원시 4년에 촉군서공(蜀郡西工)이 궁정용으로 휴월화저황도동벽이부(髹洀畵紵黃塗銅辟耳柎)를 만들었다. 용량은 3승이다. 개휴공(蓋髹工) 려(呂), 상공(上工) 호(浩), 동벽황도공(銅辟黃塗工) 고(古), 화공(畵工) 흠(欽), 월공(洀工) 융(戎), 청공(淸工) 평(平), 조공(造工) 종(宗)이 만들었다. 호공졸사(護工卒史) 장(章), 장(長) 양, 승(丞) 봉(鳳), 연(掾) 융(隆), 영사(令史) 포(褒)가 주관하였다. (「元始 4年銘 漆盒蓋」)
낙랑	원시 4년에 촉군서공이 궁정용으로 휴월화저황구반빈(髹洀畵紵黃釦飯槃)을 만들었다. 용량은 1두이다. 휴공 공(恭), 상공 주(周), 동구황도공(銅釦黃塗工) 위(威), 화공 보(輔), 월공 풍(豊), 청공 평, 조공 종이 만들었다. 호공졸사 장, 장 양, 승 봉, 연 류, 영사 포(褒)가 주관하였다. (「元始 4年銘 漆盤」)
낙랑	원시 4년에 촉군서공이 궁정용으로 휴월화저황구반반(髹洀畵紵黃釦飯槃)을 만들었다. 용량은 1두이다. 휴공 석(石), 상공 담(譚), 동구황도공 풍(豊), 화공 장(張), 월공 융, 청공 평, 조공 종이 만들었다. 호공졸사 장, 장 양, 승 봉, 연 류, 영사 포가 주관하였다. (「元始 4年銘 漆盤」)
낙랑	원시 4년에 촉군서공이 궁정용으로 휴월화목황이부(髹洀畵木黃耳柸)를 만들었다. 용량은 1승 16약이다. 소공 흉(凶), 휴공 순(順), 상공 광(匡), 동이황도공(銅耳黃塗工) 기(段), 화공 잠(岑), 洀공 융, 청공 평, 조공 종이 만들었다. 호공졸사 장, 장 양, 승 봉, 연 류, 영사 포가 주관하였다. (「元始 4年銘 耳杯」)
낙랑	원시 4년에 촉군서공이 궁정용으로 휴월화목황이부를 만들었다. 용량은 1승16약이다. 소공 흉, 휴공 립(立), 상공 당(當), 동이황도공 고(古), 화공 정(定), 월공 풍, 청공 평, 조공 종이 만들었다. 호공졸사 장, 장 양, 승 봉, 연 류, 영사 포가 주관하였다. (「元始 4年銘 耳杯」)
낙랑	원시 4년에 촉군서공이 궁정용으로 휴월화목황이부를 만들었다. 용량은 1승 16약이다. 소공 흉, 휴공 종(宗), 상공 활(活), 동이황도공 기, 화공 맹(孟), 월공 풍, 청공 평, 조공 의(宜)가 만들었다. 호공졸사 장, 장 양, 승 봉, 연 류, 영사 포가 주관하였다. (「元始 4年銘 耳杯」)
낙랑	원시 4년에 촉군서공이 궁정용으로 휴공월화목황이부를 만들었다. 용량은 1승16약이다. 소공 흉, 휴공 편(便), 상공 광(匡), 황이황도공 기, 화공 풍, 월공 충(忠), 청공 평, 조공 의가 만들었다. 호공졸사 장, 장 양, 승 봉, 연 류, 영사 포가 주관하였다. (「元始 4年銘 耳杯」)
낙랑	원시 4년에 촉군서공가 궁정용으로 휴월화(髹洀畵)를 만들었다. (…) (「元始 4年銘 漆器片」)

| 낙랑 | 원시 4년에 광한군공(廣漢郡工)이 궁정용으로 휴월화저죽부(髤泪畵紵竹柎)를 만들었다. 용량은 2승이다. 휴공 현(玄), 상공 호(護), 화공 무(武), 조공 인(仁)이 만들었다. 호공졸사 운(惲), 장 친(親), 승 풍(馮), 연 충(忠), 수령(守令) 사만(史萬)이 주관하였다. (「元始 4年銘 耳杯」) |

5(乙丑/신라 남해차차웅 2/고구려 유리명왕 24/백제 온조왕 23/前漢 元始 5/倭 垂仁 34)

고구려	가을 9월에 왕이 기산(箕山) 들에서 사냥하다가 이상한 사람을 만났는데, 양 겨드랑이에 날개가 있었다. 그를 조정에 등용하여 우씨(羽氏) 성을 주고 왕의 딸에게 장가들게 하였다. (『三國史記』 13 高句麗本紀 1)
고구려	가을 9월에 고구려왕이 기산 들에서 사냥하다가 이상한 사람을 만났는데, 양 겨드랑이에 날개가 있었다. 데리고 돌아와서 우씨 성을 주고 왕의 딸에게 장가들게 하였다. (『三國史節要』 1)
동이	(원시 5년 가을) (…) 왕망은 이미 태평을 실현하니 북으로는 흉노를 교화하고 동으로는 해외나라를 한에 이르게 하였고 남으로는 황지(黃支)를 회유하였으나, 오직 서쪽 지역에만 영향을 끼치지 못했다. 이내 중랑장(中郞將) 평헌(平憲) 등에게 금속화폐를 가지고 가서 변경 밖 강족을 꾀어서 땅을 바치게 하여 내속하기를 바랬다. 평헌 등이 상주하여 말하길 "(…)"고 하였다. 그 상황이 왕망에게 하달되자 왕망이 다시 상주하여 "태후께서 통치하신 지 수년이 되었는데 은택이 가득 넘치고 사방에 조화로운 기운이 미쳐 아주 먼 곳의 다른 풍속을 가진 사람들이 그 뜻을 흠모하지 않음이 없었습니다. 월상씨(越裳氏)는 남쪽의 먼 곳에서 흰 꿩을 바쳤고 황지는 3만 리 떨어진 곳에서 와서 활력있는 무소를 바쳤습니다. 동이왕은 큰 바다를 건너와 나라의 보배를 봉상했고 흉노선우는 우리의 제도를 따라서 두 글자 이름을 버렸습니다.6) 그리고 지금 서역의 양원(良願) 등이 다시 온 땅을 받들며 신하가 되었으니 옛날 요임금의 (명성이) 천하에 널리 미친 것 또한 이보다 더하지 않습니다. 지금 삼가 생각건대 이미 동해, 남해, 북해군을 가지고 있으나 아직 남해군을 갖지 못했으니 양원 등이 헌상한 땅을 받아 서해군으로 삼기를 청합니다. 저는 또한 성왕은 천문을 배열하고 지리를 정하여 산천과 민속에 따라 주의 경계를 제정한다고 들었습니다. 한 왕조의 땅은 요순 이제(二帝)와 하은주 삼왕(三王)보다 넓어져 무릇 12주인데도 주의 이름 및 경계 대부분은 경전의 기록에 합당하지 않습니다. 요전(堯典)에는 12주이라고 하나, 나중에 9주로 정해졌습니다. 한 왕조는 땅을 아주 먼 지역까지 넓혀 주목(州牧)이 할당지역을 순찰하니 먼 곳은 3만여 리가 되어 구주로 나눌 수 없습니다. 삼가 경전의 뜻에 따라 12주의 이름과 경계로 바로잡아 禮法에 따라 올바르게 하십시오." 하였다. 상주를 허가하였다. (『漢書』 99 上 王莽傳 69 上)
낙랑	원시 5년에 촉군서공(蜀郡西工)이 궁정용으로 휴월화목황이부(髤泪畵木黃耳柎)를 만들었다. 용량은 1승16△이다. △공 처(處), 휴공(髤工) 숭(崇), 상공(上工) 석(石), 동이황도공(銅耳黃塗工) 야(也), 화△ △, 월공 의(宜) 청공(淸工) 평(平)이 만들었다. 조공흠△△△丞(造工欽△△△丞)? 연륭(掾隆), 영사(令史) 광(廣)이 주관하였다. (「元始 5年銘 耳杯」)

6(丙寅/신라 남해차차웅 3/고구려 유리명왕 25/백제 온조왕 24/前漢 居攝 1/倭 垂仁 35)

| 신라 | 봄 정월에 시조묘(始祖廟)를 세웠다. (『三國史記』 1 新羅本紀 1) |
| 신라 | 살펴보면 신라 종묘의 제(制)는 제2대 남해왕 3년 봄에 처음 시조 혁거세의 묘를 세웠다. 사시(四時)로 제사지내고 친누이 아로가 제사를 주관하였다. 제22대 지증왕이 |

시조가 탄생한 땅인 나을(奈乙)에 신궁을 건립했다. 제36대 혜공왕에 이르러 처음으로 오묘(五廟)를 정했다. 미추왕으로써 김성의 시조로 삼았고, 태종대왕·문무대왕은 백제와 고구려를 평정한 큰 덕이 있음으로써 병합하여 대대로 헐지 못하는 신주로 삼고, 여기에 친묘(親廟) 둘을 더하여 오묘로 삼았다. 제37대 선덕왕에 이르러 사직단(社稷壇)을 세웠다. 또 사전(祀典)에 보이기를 모두 국내의 산천 뿐이고, 하늘과 땅에 미치지 못한다. 대략 왕제(王制)에서 말하기를 천자는 7묘(七廟)요 제후는 5묘(五廟)인데 2소·2목(二昭二穆)과 더불어 태조의 묘로써 다섯이다. 또 천자는 천지와 천하의 명산대천에 제사지내고 제후는 사직과 그 땅에 있는 명산대천에 제사지낸다. 때문에 감히 예를 넘지 못하도록 행한 것이 아닐까. 그렇지만 그 제당(祭堂)의 고하(高下)·유문(壝門)의 안과 밖(內外)·차위(次位)의 존비(尊卑)·진설(陳設)·등강(登降)의 절차(節)·존작(尊爵)·변두(籩豆)·생뢰(牲牢)·책축(冊祝)의 예는 추측으로써 얻을 정도는 아니다. 다만 그 대강을 기록하여 이를 뿐이다. 1년에 6차례 오묘(五廟)에 제사지내는데, 정월(正月) 2일과 5일·5월 5일·7월 상순·8월 1일과 15일이다. 12월 인일(寅日)에는 신성(新城) 북문에서 8사(八楷)에 제사지내는데, 풍년일 때에는 대뢰(大牢)를 쓰고 흉년일 때에는 소뢰(小牢)를 쓴다. 입춘(立春) 후 해일(亥日)에는 명활성(明活城) 남쪽 웅살곡(熊殺谷)에서 선농(先農)에게 제사지내고, 입하(立夏) 후 해일(亥日)에는 신성(新城) 북문에서 중농(中農)에게 제사지내며, 입추(立秋) 후 해일(亥日)에는 산원(蒜園)에서 후농(後農)을 제사지낸다. 입춘(立春) 후 축일(丑日)에는 견수곡문(犬首谷門)에서 풍백(風伯)에게 제사지내고, 입하(立夏) 후 신일(申日)에는 탁저(卓渚)에서 우사(雨師)에게 제사지내며, 입추(立秋) 후 진일(辰日)에는 본피유촌(本彼遊村)에서 영성(靈星)에게 제사지낸다[살펴보건데, 예전에는 선농에게 제사지낼 뿐, 중농·후농에게 지내는 제사는 없었다]. 3산5악 이하 명산대천을 대·중·소사로 나누어 삼는다. 대사(大祀) 3산(三山)의 첫째는 나력(奈歷)[습비부(習比部)], 둘째는 골화(骨火)[절야화군(切也火郡)], 셋째는 혈례(穴禮)[대성군(大城郡)]이다. 중사(中祀) 5악은 동쪽으로 토함산(吐含山)[대성군(大城郡)], 남쪽으로 지리산(地理山)[청주(菁州)], 서쪽으로 계룡산(雞龍山)[웅천주(熊川州)], 북쪽으로 태백산(太伯山)[나이군(奈已郡)], 가운데에는 부악(父岳)[한편 공산(公山)이라고 이른다. 압독군(押督郡)이다. 4진(四鎭)은 동쪽으로 온말근(溫沫懃)[아곡정(牙谷停)], 남쪽으로 해치야리(海恥也里)[혹은 실제(悉帝)라고 이른다. 추화군(推火郡)], 서쪽으로 가야갑악(加耶岬岳)[마시산군(馬尸山郡)], 북쪽으로 웅곡악(熊谷岳)[비열홀군(比烈忽郡)]이다. 4해(四海)는 동쪽으로 아등변(阿等邊)[혹은 근오형변(斤烏兄邊)이라고도 한다. 퇴화군(退火郡)] 남쪽으로 형변(兄邊)[거칠산군(居柒山郡)], 서쪽으로 미릉변(未陵邊)[시산군(屎山郡)], 북쪽으로 비례산(非禮山)[실직군(悉直郡)]이다. 4독(四瀆)은 동쪽으로 토지하(吐只河)[혹은 참포(槧浦)라고 이른다. 퇴화군(退火郡)], 남쪽으로 황산하(黃山河)[삽량주(歃良州)], 서쪽으로 웅천하(熊川河)[웅천주(熊川州)], 북쪽으로 한산하(漢山河)[한산주(漢山州)]이다. 속리악(俗離岳)[삼년산군(三年山郡)] 추심(推心)[대가야군(大加耶郡)], 상조음거서(上助音居西)[서림군(西林郡)], 오서악(烏西岳)[결이군(結已郡)], 북형산성(北兄山城)[대성군(大城郡)], 청해진(淸海鎭)[조음도(助音島)]. 소사(小祀)는 상악(霜岳)[고성군(高城郡)], 설악(雪岳)[수성군(迿城郡)], 화악(花岳)[근평군(斤平郡)], 겸악(鉗岳)[칠중성(七重城)], 부아악(負兒岳)[북한산주(北漢山州)], 월나악(月奈岳)[월나군(月奈郡)], 무진악(武珍岳)[무진주(武珍州)], 서다산(西多山)[백해군(伯海郡) 난지가현(難知可縣)], 월형산(月兄山)[나토군(奈吐郡) 사열이현(沙熱伊縣)], 도서성(道西城)[만노군(萬弩郡)], 동로악(冬老岳)[진례군(進禮郡) 단천현(丹川縣)], 죽지(竹旨)[급벌산군(及伐山郡)], 웅지(熊只)[굴자군(屈自郡) 웅지현(熊只縣)], 악발(岳髮)[혹은 발악(髮岳)이라고도 한다. 우진야군(于珍也郡)], 우화(于火)[생서량군(生西良郡) 우화현(于火縣)], 삼기(三岐)[대성군(大城郡)],

훼황(卉黃)[모량(牟梁)], 고허(高墟)[사량(沙梁)], 가아악(嘉阿岳)[삼년산군(三年山郡)], 파지곡원악(波只谷原岳)[아지현(阿支縣)], 비약악(非藥岳)[퇴화군(退火郡)], 가림성(加林城)[가림현(加林縣). 혹은 어떤 본(本)에는 영암산(靈巖山)·우풍산(虞風山)은 있지만, 가림성(加林城)은 없었다], 가량악(加良岳)[청주(菁州)], 서술(西述)[모량(牟梁)]이다. 사성문제(四城門祭)의 첫째는 대정문(大井門), 둘째는 토산량문(吐山良門), 셋째는 습비문(習比門), 넷째는 왕후제문(王后梯門)이다. 부정제(部庭祭)는 양부(梁部)에서 행한다. 사천상제(四川上祭)의 첫째는 견수(犬首), 둘째는 문열림(文熱林), 셋째는 청연(靑淵), 넷째는 박수(樸樹)이다. 문열림(文熱林)에서는 일월제(日月祭), 영묘사(靈廟寺) 남쪽에서는 오성제(五星祭), 혜수(惠樹)에서는 기우제(祈雨祭)를 행하였다. 사대도제(四大道祭)는 동쪽 고리(古里), 남쪽 첨병수(簷幷樹), 서쪽 저수(渚樹), 북쪽 활병기(活幷岐)에서 지내고, 압구제(壓丘祭)·벽기제(辟氣祭)도 지낸다. 위의 구분은 혹은 별도의 제도에 의해서, 혹은 수재나 한재로 말미암아 그것을 행한 것이다. (『三國史記』 32 雜志 1 祭祀)

신라 　　 봄 정월에 신라에서 시조묘를 세웠다. (『三國史節要』 1)

백제 마한　 가을 7월에 왕이 웅천책을 세웠다. 마한 왕이 사신을 보내 나무랐다. "왕은 처음에 강을 건너와 몸을 둘 곳이 없으므로 내가 동북방 100리 땅을 떼어 주어 살도록 하였다. 그러므로 내가 왕을 후하게 대우하지 않았다고 할 수 없다. 마땅히 이에 보답할 생각을 해야 할 것인데, 지금 나라가 안정되고 백성들이 모여 들어 대적할 자가 없다고 생각하여, 성과 연못을 크게 만들고 우리의 강토를 침범하니, 이것이 어찌 의리라고 할 수 있는가." 왕이 부끄러워하며 목책을 허물었다. (『三國史記』 23 百濟本紀 1)

백제 마한　 가을 7월에 백제왕이 웅천책을 세웠다. 마한 왕이 사신을 보내 나무랐다. "왕은 처음에 강을 건너와 몸을 둘 곳이 없으므로 내가 동북방 1백리 땅을 떼어 주어 살도록 하였다. 그러므로 내가 왕을 후하게 대우하지 않았다고 할 수 없다. 마땅히 이에 보답할 생각을 해야 할 것인데, 지금 나라가 안정되고 백성들이 모여 들어 대적할 자가 없다고 생각하여, 성과 연못을 크게 만들고 우리의 강토를 침범하니, 이것이 어찌 의리라고 할 수 있는가." 왕이 부끄러워하며 목책을 허물었다. (『三國史節要』 1)

신라 　　 겨울 10월 병진(丙辰) 초하루에 일식이 있었다. (『三國史記』 1 新羅本紀 1)
신라 　　 겨울 10월 병진 초하루에 신라에 일식이 있었다. (『三國史節要』 1)

낙랑 　　 거섭(居攝) 원년 스스로 진경(眞鏡)을 만드니, 이 경을 지니면 집은 크게 부유할 것이요, 양식은 항상 넘칠 것이며, 리(吏)가 귀인(貴人)이 될 것이며, 부처(夫妻)가 서로 기뻐하며 나날이 친선(親善)하리. (「居攝元年銘 內行花紋鏡」)

7(丁卯/신라 남해차차웅 4/고구려 유리명왕 26/백제 온조왕 25/前漢 居攝 2/倭 垂仁 36)
백제 마한 진한
　　　　 봄 2월에 왕궁의 우물이 넘쳤다. 한성(漢城)의 민가에서 말이 소를 낳았다. 머리는 하나였으며, 몸은 둘이었다. 일자(日者)가 말하였다. "우물이 갑자기 넘친 것은 대왕께서 융성할 징조이며, 하나의 머리에 몸이 둘인 소가 태어난 것은 대왕께서 이웃 나라를 병합할 징조입니다." 왕이 이 말을 듣고 기뻐하여, 마침내 진한과 마한을 병탄할 마음을 품었다. (『三國史記』 23 百濟本紀 1)
백제 마한 진한

봄 2월에 백제 왕궁의 우물의 물이 갑자기 넘쳤다. 한성의 민가에서 말이 소를 낳았다. 머리는 하나였으며, 몸은 둘이었다. 일자가 말하였다. "우물이 갑자기 넘친 것은 대왕께서 융성할 징조이며, 하나의 머리에 몸이 둘인 소가 태어난 것은 대왕께서 이웃 나라를 병합할 징조입니다." 왕이 이 말을 듣고 기뻐하여, 마침내 진한과 마한을 병탄할 마음을 품었다. (『三國史節要』 1)

8(戊辰/신라 남해차차웅 5/고구려 유리명왕 27/백제 온조왕 26/前漢 居攝 3, 初始1/倭 垂仁 37)

신라	봄 정월에 왕은 탈해(脫解)가 어질다는 것을 듣고 장녀(長女)를 그의 처로 삼게 하였다. (『三國史記』 1 新羅本紀 1)
신라	봄 정월에 신라왕이 탈해가 어질다는 것을 듣고 장녀를 그의 처로 삼게 하였다. (『三國史節要』 1)
고구려	봄 정월에 왕태자 해명(解明)이 옛 도읍에 있었는데, 힘이 있고 매우 용감하였다. 황룡국(黃龍國)의 왕이 이 말을 듣고 사신을 보내 강한 활을 선물하였다. 해명이 그 사신을 마주하여 그것을 당겨 부러뜨리고 말하기를, "내가 힘 센 것이 아니라 활이 굳세지 못할 뿐이다"하였다. 황룡국 왕이 부끄럽게 여겼다. 왕이 이를 듣고 화를 내며 황룡국 왕에게 알려 말하기를, "해명이 자식으로서 효도를 하지 않았으니, 과인을 위해서 그를 죽여주기를 청합니다"고 하였다. (『三國史記』 13 高句麗本紀 1)
고구려	3월에 황룡국 왕이 사신을 보내 태자와 만나기를 청하였다. 태자가 가려고 하니 건의하는 자가 있어 말하기를, "지금 이웃나라가 이유도 없이 만나기를 청하니, 그 뜻을 헤아릴 수 없습니다."라 하였다. 태자가 말하기를, "하늘이 나를 죽이려고 하지 않는데, 황룡국 왕이 나를 어떻게 하겠느냐"하고 마침내 갔다. 황룡국 왕이 처음에 모략을 꾸며 죽이려고 하였으나, 만나서는 감히 해치지 못하고 예를 갖추어 보냈다. (『三國史記』 13 高句麗本紀 1)
고구려	3월에 고구려 태자 해명이 황룡국에 갔다가 돌아왔다. 처음에 고구려왕이 도읍을 옮겼으나, 해명은 옮기기를 즐겨하지 않고 옛 도읍에 머물러 있었는데, 힘이 세고 매우 용감하였다. 황룡국 왕이 이를 듣고 사신을 보내 강한 활을 선물하였다. 해명이 그 사신을 마주하여 활을 당겨 부러뜨리고 말하기를, "내가 힘 센 것이 아니라 활이 굳세지 못할 뿐이다."고 하였다. 황룡국 왕이 부끄럽게 여겼다. 왕이 이를 듣고 화를 내며 황룡국 왕에게 사신을 보내어 고하기를, "해명이 자식으로서 효도를 하지 않았으니, 청컨대 나를 위하여 죽이시오."라고 하였다. 이에 이르러 황룡국왕이 사신을 보내 태자 해명과 서로 만나 보기를 청하였다. 태자가 가려고 하니, 간(諫)하는 자가 있어 말하기를, "지금 이웃나라가 아무런 이유도 없이 만나 보기를 청하니 그 뜻을 헤아릴 수 없습니다."라 하였다. 태자가 말하기를, "하늘이 나를 죽이려고 하지 않는데 황룡국 왕이 나를 어떻게 하겠느냐"하고, 마침내 길을 떠났다. 황룡국왕이 해명을 만나보고는 감히 해치지 못하고 예를 갖추어 보냈다. (『三國史節要』 1)
백제 마한	가을 7월에 왕이 말했다. "마한이 점점 약해지고 임금과 신하가 각각 다른 마음을 품고 있으니, 그 국세가 오래 유지될 수 없다. 만일 다른 나라가 이들을 합병해 버린다면 순망치한(脣亡齒寒)이 되어, 후회해도 소용없을 것이다. 남보다 먼저 취하여 후환을 없애는 것이 낫겠다." (『三國史記』 23 百濟本紀 1)
백제 마한	가을 7월에 백제왕이 여러 장수에게 말했다. "마한이 점점 약해지고 임금과 신하가 각각 다른 마음을 품고 있으니, 그 국세가 오래 유지될 수 없다. 만일 다른 나라가 이들을 합병해 버린다면 순망치한(脣亡齒寒)이 되어, 후회해도 소용없을 것이다. 남보다 먼저 취하는 것만 같지 못하다." (『三國史節要』 1)

백제 마한	겨울 10월에 왕이 사냥을 간다고 하면서, 군사를 내어 마한을 몰래 공격하였다. 마침내 마한의 국읍(國邑)을 아울렀는데, 오직 원산(圓山)·금현(錦峴) 두 성만은 굳게 수비하고 항복하지 않았다. (『三國史記』23 百濟本紀 1)
백제 마한	겨울 10월에 군사를 내어 겉으로 사냥하는 체 하다가 몰래 마한을 공격하였다. 드디어 그 나라를 병합하였는데, 오직 원산·금현 두 성만은 굳게 수비하고 항복하지 않았다. (『三國史節要』1)

낙랑	① 휴월화저은도구두반(髤汨畵紵銀塗釦斗柈)이다. 거섭 3년에 고공(考工)인 우(虞)가 만들고 수령사(守令史) 음(音), 연(掾) 상(賞)이 주관하고 수우승(守右丞) 월(月), 수령(守令) △가 감독하였다. ② 수((壽) (「居攝 3年銘 漆盤」)
낙랑	휴월화저동은도구반반(髤汨畵紵銅銀塗釦飯柈)이다. 용량은 1두(斗)이다. 거섭 3년(…) 수령사 병(竝), 연 경주(慶主), 우승 △, 령(令) 취(就)가 감독하였다. (「居攝 3年銘 漆盤」)
낙랑	① (…) 화목동은도이부(畵木銅銀塗耳桮)이다. 용량은 2승이다. 거섭 3년 공공(供工) 복(服)이 만들었다. 수령사 병, 연 (…) 령 취가 감독하였다. ② 田 (「居攝 3年銘 耳杯」)
낙랑	거섭 3△ 촉△서공(蜀△西工) △ (…) 휴월화저황구과반(髤汨畵紵黃釦果柈)이다. 휴공(髤工) 광(廣), 상공(上工) 광(廣), 동구황도공(銅釦黃塗工) 충(充), 화공 광, 월공(汨工) 풍(豊), 청공(淸工) 평(平), 조공(造工) 의(宜)가 만들었다. 호공졸사(護工卒史) 장(章), 장(長) 량(良), 수승(守丞) 거(巨), 연(掾) 친(親), 수령사 암(巖)이 주관하였다. (「居攝 3年銘 漆盤」)
낙랑	거섭 3년 △△서공이 승여휴월화저(乘輿髤汨畵紵)를 만들었다. (…) 조공(造工) 홍(弘)이 만들었다. 호공졸사 엄(嚴), 장 (…) (「居攝 3年銘 漆盤」)
낙랑	① 거섭 3년에 촉군서공이 궁정용으로 휴월화저(髤汨畵紵)를 만들었다. (…) 휴공 △, 상공 병, 동구황도공 당(當), 화공 공(恭), 월공 △, 청공 평, 조공 의가 만들었다. 수호공졸사 암, 장 량, 수승 흠(欽), 연(掾) 흡(洽), 영사 술(戌)이 주관하였다. ② 상락대관(常樂大官)이 시건국(始建國) 원년 정월에 수용하였다. 3000개 중 제2173번이다. (「居攝 3年銘 漆盤」)
낙랑	① 궁정용으로 휴월촉화저황금도구반(髤汨蜀畵紵黃金塗釦柈)이다. 용량은 1두이다. 초시 원년에 공공 복이 만들고 수령사 신(臣) 병, 연 신 경(慶)이 주관하고 우승 신 삼(叁), 영(令) 신 취가 감독하였다. ② 서장(西長) (「初始 元年銘 漆盤」)

신라	탈해치질금[토해니사금(吐解尼師今)이라고도 한다] 남해왕(南解王) 때[고본에 임인년(壬寅年)에 도착하였다는 것은 오류이다. 가깝게는노례왕의 즉위 이후이므로 양위를 놓고 다투던 일이 없게 되며, 그 이전에는 혁거세의 재위기이므로 임인년이 아님을 알 수 있다]가락국의 바다에 어떤 배가 와서 닿았다. 가락국의 수로왕이 신하 및 백성들과 더불어 북을 치고 환호하며 맞이해 장차 가락국에 머무르게 하려 했으나 배가 급히 나는 듯이 달려 계림의 동쪽 하서지촌 아진포[지금도 상서지와 하서지촌명이 있다]에 이르렀다. 당시 포구의 해변에 한 할멈이 있었으니 이름은 아진의선(阿珍義先)이라 하였는데, 이가 바로 혁거세왕 때의 고기잡이[海尺]의 모(母)였다. [아진의선이] 배를 바라보며 말하기를 "본시 이 바다 가운데에 바위가 없는데 어찌해서 까치가 모여서 울고 있는가"하고 배를 끌어당겨 살펴보니 까치가 배 위로 모여들고 배 안에 상자 하나가 있었다. 길이는 20자이고 넓이는 13자였다. 그 배를 끌어다가 나무 숲 밑에 매어두고 이것이 흉한 일인지 길한 일인지를 몰라 하늘을 향해

고하였다. 잠시 후 궤를 열어보니 단정히 생긴 사내아이가 있고, 또 일곱 가지 보물과 노비가 그 속에 가득하였다. 칠일 동안 잘 대접하였더니 이에 사내아이가 말하기를 "나는 본시 용성국[정명국(正明國) 혹은 완하국(琓夏國)이라고도 한다. 완하는 혹 화하국(花廈國)이라고도 한다. 용성은 왜의 동북 일천리에 있다] 사람으로 우리나라에 일찍이 이십팔 용왕이 있는데, 모두 다 사람의 태(胎)에서 태어나 5~6세 때부터 왕위에 올라 만민을 가르치고 정성(正性)을 닦았습니다. 그리고 팔품(八品)의 성골(姓骨)이 있지만 선택하는 일이 없이 모두 왕위에 올랐습니다. 이때 우리 부왕 함달파(含達婆)가 적녀국(積女國)의 왕녀를 맞이하여 왕비로 삼았는데 오래도록 아들이 없으므로 자식 구하기를 기도하여 7년 만에 커다란 알 한 개를 낳았습니다. 이에 대왕이 군신들을 불러 모아 말하기를 '사람이 알을 낳는 것은 예로부터 지금까지 없었던 일이니 이것은 좋은 일이 아닐 것이다.' 하고 궤를 만들어 나를 넣고 더불어 일곱 가지 보물과 노비들을 함께 배 안에 실은 후, 바다에 띄워놓고 축언하여 이르기를, '인연이 있는 곳에 닿는 대로 나라를 세우고 집을 이루라', 하였습니다. 그러자 붉은 용이 나타나 배를 호위하고 여기까지 오게 된 것입니다." 하였다. 말을 끝내자 그 아이는 지팡이를 끌며 두 종을 데리고 토함산 위에 올라가 돌집을 지어 칠일 동안 머물렀다. 성 안에 살만한 곳을 살펴보니 마치 초승달[三日月] 모양으로 된 봉우리가 하나 보이는데 지세가 오래 머물만한 땅이었다. 이내 내려와 그 곳을 찾으니 바로 호공(瓠公)의 집이었다. 이에 지략을 써서 몰래 숫돌과 숯을 그 집 곁에 묻어놓고 [다음날] 새벽 아침에 문 앞에 가서 "이 집은 조상 때부터 우리 집입니다." 라고 말했다. 호공이 "그렇지 않다." 하여 서로 다투었으나 시비를 가리지 못하였다. 이에 관가에 고하자 관가에서 묻기를 "그 집이 너의 집임을 무엇으로 증명하겠느냐?" 하자 동자가 "우리는 본래 대장장이였는데 얼마 전 이웃 고을에 간 사이에 그 집을 다른 사람이 빼앗아 살고 있으니 청컨대 땅을 파서 조사하게 해 주십시오." 하였다. 동자의 말대로 따르니 과연 숫돌과 숯이 나왔으므로 이에 그 집을 취하여 살게 하였다. 이때 남해왕은 그 어린이, 즉 탈해가 지혜로운 사람임을 알고 맏 공주를 그에게 시집보내었는데 이가 바로 아니부인(阿尼夫人)이다. 하루는 탈해가 동악(東岳)에 올랐다가 돌아오는 길에 백의(白衣)를 시켜 물을 떠 오게 하였다. 백의는 물을 떠 오다가 중도에서 자기가 먼저 마시고 올리려 하였다. 그런데 물그릇 한쪽에 입이 붙어 떨어지지 않았다. [탈해가] 이로 인하여 그를 꾸짖자 백의가 맹세하여 "이후로는 가까운 곳이든 먼 곳이든 감히 먼저 맛보지 않겠습니다."라고 말하자 이후에야 [입에서] 떨어졌다. 이후로 백의는 탈해를 두려워하여 감히 속이지 못했다. 지금 동악 속에 우물 하나가 있어 세상 사람들이 요내정(遙乃井)이라 하는데 이것이 바로 그 우물이다. (『三國遺事』1 紀異 1 第四脫解王)

낙랑	동이현(東暆縣) 현령 연년(延年)의 賦 7편이 있다. (『漢書』30 藝文志 10 詩賦略 賦)

9(己巳/신라 남해차차웅 6/고구려 유리명왕 28/백제 온조왕 27/新 始建國 1/倭 垂仁 38)

낙랑	상락대관(常樂大官)이 시건국 원년 정월에 수용하였다. 3,000개 중 제1,454번이다. (「始建國 元年銘 漆盤」)
낙랑	② 상락대관(常樂大官)이 시건국 원년 정월에 수용하였다, 3,000개 중 제2,173번이다. (「居攝 3年銘 漆盤」)
고구려	봄 3월에 왕이 사람을 보내 해명에게 말하기를, "나는 도읍을 옮겨서 백성을 편안하게 하고 나라를 튼튼하게 하고자 하였다. 너는 나를 따르지 않고 힘 센 것을 믿고

이웃나라와 원한을 맺으니, 자식의 도리가 이럴 수 있느냐"하고, 칼을 주어 스스로 목숨을 끊게 하였다. 태자가 곧 자살하려고 하자 혹자는 말리며 말하기를, "대왕의 장자가 이미 죽어 태자께서 마땅히 뒤를 이어야 하는데, 이제 사자가 한 번 온 것으로 자살한다면, 그것이 속임수가 아닌지 어떻게 알겠습니까"하였다. 태자는 말하기를, "지난번에 황룡국 왕이 강한 활을 보냈을 때, 나는 그것이 우리나라를 가볍게 여기는 것이 아닌지 의심되어 활을 당겨 부러뜨려 보복하였다. 뜻밖에 부왕으로부터 책망을 듣고, 지금 부왕께서 나를 불효하다고 하여 칼을 주어 스스로 목숨을 끊게 하니 아버지의 명령을 어떻게 피할 수 있겠는가"고 하였다. 마침내 여진(礪津)의 동쪽 들판으로 가서 창을 땅에 꽂고 말을 타고 달려 찔려 죽었다. 그때 나이가 21세였다. 태자의 예로써 동쪽 들(東原)에 장사지내고 사당을 세우고 그 땅을 일컬어 창원(槍原)이라 하였다.

논하여 말한다. 효자가 부모를 섬김에는 마땅히 좌우를 떠나지 않고 효를 다함이 문왕(文王)이 세자였을 때와 같아야 한다. 해명이 별개의 도읍에 있으면서 매우 용감하다고 알려졌으니, 그것이 죄를 얻어 마땅하다. 또 들으니 좌전(左傳)에 말하기를, "자식을 사랑함에 있어 그를 가르치는 것은 의로운 방도로서 하고, 나쁜 길로 들지 않게 하여야 한다"고 하였다. 지금 왕은 처음에 이를 가르치지 않다가 그것이 악하게 됨에 몹시 미워하여 죽이고 말았다. 아비는 아비 노릇을 하지 못하였고 자식은 자식노릇을 하지 못한 것이라 말할 만하다. (『三國史記』13 高句麗本紀 1)

고구려   봄 3월에 고구려왕이 사람을 보내 해명에게 말하기를, "내가 도읍을 옮긴 것은 백성을 편안하게 하고 나라를 튼튼하게 하고자 한 것이다. 그런데 너는 나를 따라오지 않았으며 힘 센 것만 믿고 이웃나라와 원한을 맺었으니, 자식된 도리가 이럴 수 있느냐"하고, 칼을 주어 스스로 목숨을 끊게 하였다. 태자가 곧 자결하려고 하자, 혹자는 저지하며 말하기를, "대왕의 장자가 이미 죽었으므로 태자께서 마땅히 뒤를 이어야 하는데, 지금 사자가 한 번 이르자 자살하려고 하니그것이 거짓이 아님을 어찌 알겠습니까"하였다. 태자는 말하기를, "지난번에 황룡국 왕이 강한 활을 보냈을 때, 나는 그가 우리나라를 가볍게 여길까 염려하여 그 활을 꺾어 버렸던 것이다. 그런데 뜻밖에 부왕에게 꾸지람을 받았다. 지금 부왕께서 내가 불효한다 하여 칼을 내려 스스로 자결하게 하시니 아버지의 명령을 어찌 어길 수 있겠는가"고 하였다. 그리고 여진(礪津)의 동쪽 들판으로 가서 창을 땅에 꽂고 말을 타고 달려 찔려 죽었다. 그때 나이가 21세였다. 태자의 예로써 동쪽 들에 장사지내고 사당을 세우고 그 곳을 창경(槍京)이라 하였다.

김부식이 말한다. 효자가 부모를 섬김에는 마땅히 좌우를 떠나지 않고 효를 다함이 문왕이 세자였을 때와 같아야 한다. 해명이 별개의 도읍에 있으면서 매우 용감하다고 알려졌으니, 그것이 죄를 얻어 마땅하다. 좌전에 말하기를, "자식을 사랑함에 있어 그를 가르치는 것은 의로운 방도로서 하고, 나쁜 길로 들지 않게 하여야 한다"고 하였다. 지금 왕은 처음에 이를 가르치지 않다가 그것이 악하게 됨에 몹시 미워하여 죽이고 말았다. 아비는 아비 노릇을 하지 못하였고 자식은 자식노릇을 하지 못한 것이라 말할 만하다. (『三國史節要』1)

백제 마한   여름 4월에 두 성이 항복하였다. 그 곳의 백성들을 한산 북쪽으로 이주시켰다. 마한이 마침내 멸망하였다. (『三國史記』23 百濟本紀 1)

백제 마한   여름 4월에 원산과 금현이 백제에 항복했다. 그 곳의 백성들을 한산 북쪽으로 이주시켰다. 마한이 마침내 멸망하였다. (『三國史節要』1)

백제   가을 7월에 대두산성(大豆山城)을 쌓았다. (『三國史記』23 百濟本紀 1)

백제	가을 7월에 백제에서 대두산성을 쌓았다. (『三國史節要』 1)

고구려 부여	가을 8월에 부여 왕 대소(帶素)의 사신이 와서 왕을 꾸짖어 말하기를, "나의 선왕과 당신의 선군 동명왕은 서로 사이가 좋았는데, 나의 신하들을 꾀어 도망하여 이곳에 이르러 성곽을 완성하고 백성을 모아 거주하게 하여 나라를 세웠다. 대개 나라는 크고 작음이 있고, 사람은 어른과 아이가 있다. 작은 것이 큰 것을 섬김이 예(禮)이며, 어린 아이가 어른을 섬김이 순리이다. 지금 왕이 만약 예와 순리로써 나를 섬긴다면 하늘이 반드시 도와서 나라의 운수가 오래 갈 것이고, 그렇지 않으면 사직을 보존하려고 하여도 어려울 것이다."하였다. 이에 왕이 스스로 말하기를, "나라를 세운 날이 얼마 되지 않고, 백성과 병력이 약하니 형세에 부합하여 부끄러움을 참고 굴복하여 후의 성공을 도모하는 것이 합당하다."하였다. 이에 여러 신하들과 상의하고 회답하기를, "과인은 바닷가에 치우쳐 있어서 아직 예의를 듣지 못하였는데, 지금 대왕의 가르침을 받고 보니 감히 명령을 따르지 않을 수 없습니다."하였다. 그때 왕자 무휼(無恤)이 나이가 아직 어렸으나, 왕이 부여에 회답하려 한다는 말을 듣고 스스로 그 사신을 만나 말하기를, "나의 선조는 신령(神靈)의 자손으로서 어질고 재능이 많았는데, 대왕이 시기하여 해치려고 부왕에게 참언하여, 욕되게 말을 기르게 하였던 까닭에 불안하여 도망해온 것입니다. 지금 대왕이 과거의 잘못을 생각하지 않고 단지 병력(兵力)이 많은 것을 믿고 우리나라를 가볍게 여겨 멸시하니, 청컨대 사신은 돌아가 대왕에게 '지금 여기에 알들이 쌓여 있는데 대왕이 만약 그 알들을 허물지 않는다면 신은 대왕을 섬길 것이고, 그렇지 않으면 섬기지 않을 것'이라 보고 하십시오."라고 하였다. 부여 왕이 이 말을 듣고 신하들에게 두루 물으니 한 할머니가 대답하기를, "알들이 쌓여 있는 것은 위험한 것이고, 그 알들을 허물지 않는 것이 안전한 것입니다. 그 뜻은 '왕이 자신의 위험은 알지 못하고 남이 오기를 바라는 것이니, 위험한 것을 안전한 것으로 바꾸어 스스로를 다스리는 것보다 못하다는 것입니다.'"하였다. (『三國史記』 13 高句麗本紀 1)
부여 고구려	가을 8월에 부여 왕 대소(帶素)의 사신이 와서 고구려 왕을 꾸짖어 말하기를, "나의 선왕과 당신의 선군 동명왕은 서로 사이가 좋았으나 이내 나의 신하들을 꾀어 도망하여 남쪽에 이르러 나라를 세웠다. 대개 나라는 크고 작음이 있고, 사람은 어른과 아이가 있다. 작은 것이 큰 것을 섬김이 예(禮)이며, 어린 아이가 어른을 섬김이 순리이다. 지금 왕이 만약 예와 순리로써 나를 섬긴다면 하늘이 반드시 도와서 나라의 운수가 오래 갈 것이고, 그렇지 않으면 사직을 보존하려고 하여도 어려울 것이다."하였다. 이에 왕이 스스로 말하기를, "나라를 세운 날이 얼마 되지 않고, 백성과 병력이 약하니 형세에 부합하여 부끄러움을 참고 굴복하여 후의 성공을 도모하는 것이 합당하다."하였다. 이에 여러 신하들과 상의하고 회답하기를, "과인은 바닷가에 치우쳐 있어서 아직 예의를 듣지 못하였는데, 지금 대왕의 가르침을 받고 보니 감히 명령을 따르지 않을 수 없습니다."하였다. 그때 왕자 무휼(無恤)이 나이가 아직 어렸으나, 왕이 부여에 회답하려 한다는 말을 듣고 스스로 그 사신을 만나 말하기를, "나의 선조는 신령(神靈)의 자손으로서 어질고 재능이 많았는데, 대왕이 시기하여 해치려고 부왕에게 참언하여, 욕되게 말을 기르게 하였던 까닭에 불안하여 도망해온 것입니다. 지금 대왕이 과거의 잘못을 생각하지 않고 단지 병력(兵力)이 많은 것을 믿고 우리나라를 가볍게 여겨 멸시하니, 청컨대 사신은 돌아가 대왕에게 '지금 여기에 알들이 쌓여 있는데 대왕이 만약 그 알들을 허물지 않는다면 신은 대왕을 섬길 것이고, 그렇지 않으면 섬기지 않을 것'이라 보고 하십시오."라고 하였다. 부여 왕이 이 말을 듣고 신하들에게 두루 물으니 한 할머니가 대답하기를, "알들이 쌓여 있는 것은 위험한 것이고, 그 알들을 허물지 않는 것이 안전한 것입니다. 그 뜻은 '왕이

자신의 위험은 알지 못하고 남이 오기를 바라는 것이니, 위험한 것을 안전한 것으로 바꾸어 스스로를 다스리는 것보다 못하다는 것입니다.'"하였다. (『三國史節要』1)

고구려   (한서(漢書)에서 말하였다. 원년 9월) 다시 고구려(高勾驪)를 하구려(下勾驪)라고 하였다. (『太平御覽』89 皇王部 14 漢 王莽)

현도 낙랑 고구려 부여

     (시건국 원년) 가을에 오위장(五威將) 왕기(王奇) 등 12인을 보내어 천하에 부명(符命) 42편을 나누어 주었다. (…) 오위장이 부명을 받들어 인수(印綬)를 갖추고 왕후(王侯) 이하 및 관리의 명칭을 고쳤는데, 밖으로는 흉노(匈奴)·서역(西域)·남방의 변경 밖에 있는 만이(蠻夷)까지로 모두 신(新)나라의 인수를 내려주었다. 그리하여 옛 한나라의 인수를 거두고 관리에게는 사람마다 작(爵) 2급(二級)을 내려주고 민에게는 사람마다 작(爵) 1급(一級)을 내려주었다. 여자의 경우 100호마다 양(羊)과 술을 사여했고 만이(蠻夷)에게는 폐백을 각각 차등하여 내려주었다. 천하를 대사(大赦)하였다. (…) 왕망이 책명을 내려 말하기를, "온 천하에서 사방 먼 곳까지 이르지 않는 곳이 없도록 하라"하였다. 동쪽으로 간 자는 현도·낙랑·고구려·부여에 이르렀다. 남쪽으로 간 자는 변방 밖을 넘어 익주를 지나 구정왕을 구정후로 낮추고, 서쪽으로 간 자는 서역에 이르러 그 왕호를 모두 고쳐 후로 낮추었고 북쪽으로 간 자는 흉노 궁정에 이르러 선우에게 인수를 주었는데, 한나라 인수의 문자를 고친 것으로, '새'자를 없애고 '장'자로 한 것이었다. 선우는 전의 인수를 원하였으나, 진요(陳饒)는 전의 인수를 방망이로 부수어 버렸다. 이 말은 흉노전에 적혀 있다. 선우가 대노하였다. 구정과 서역이 이를 뒤따라 마침내 모두 신을 배반하게 되었다. 진요가 돌아오자 대장군 벼슬을 내리고 위덕자(威德子)로 봉하였다. (『漢書』99 中 王莽傳 69 中)

현도 낙랑 고구려 부여

     (시건국 원년) 가을에 오위장 왕기 등 12인을 보내어 천하에 부명 42편을 나누어주도록 명하였다. 덕스럽고 상스러운 일 다섯 가지, 부명 25가지, 복이 감응한 것 12가지였다. 오위장이 부명을 받들어 인수를 갖추고 가서 왕후 이하 및 관리의 명칭을 고쳤는데, 밖으로는 흉노·서역·남방의 변경 밖에 있는 만이까지 이르렀으며 모두 신실의 인수를 내려주었다. 그리하여 옛 한나라의 인수를 거두었고 천하를 사면하였다. 오위장들은 건문거(乾文車)를 타고 곤육마(坤六馬)를 끌게 하였는데, 등에는 꿩의 깃을 꽂아서 복식이 대단히 웅장하였다. 매 1명의 장(將)은 각 5명의 수(帥)를 두었고 지절(持節)을 거느리고 지당(持幢)을 인솔하였다. 그 가운데 동쪽으로 간 자는 현도·낙랑·고구려·부여에 이르렀다. 남쪽으로 간 자는 변방 밖을 넘어 익주를 지나 구정왕을 고쳐서 후로 삼고 서쪽으로 간 자는 서역에 이르러 그 왕을 고쳐서 모두 후로 하고 북쪽으로 간 자는 흉노 궁정에 이르러 선우에게 인수를 주었다. 한의 인문(印文)을 고쳤는데, '새'라는 글자를 지우고 새로 '장'이라 하였다. (『資治通鑑』37 漢紀 29 王莽)

10(庚午/신라 남해차차웅 7/고구려 유리명왕 29/백제 온조왕 28/新 始建國 2/倭 垂仁 39)

백제   봄 2월에 왕의 맏아들 다루를 태자로 삼고, 서울과 지방의 군사에 관한 일을 맡겼다. (『三國史記』23 百濟本紀 1)

백제   봄 2월에 백제에서 맏아들 다루를 세워 태자로 삼고, 서울과 지방의 군사에 관한 일을 맡겼다. (『三國史節要』1)

백제   여름 4월에 서리가 내려 보리를 해쳤다. (『三國史記』23 百濟木紀 1)

백제	여름 4월에 백제에서 서리가 내려 보리를 해쳤다. (『三國史節要』1)
고구려	여름 6월에 모천(矛川) 위에서 검은 개구리가 붉은 개구리와 무리를 이루어 싸웠는데, 검은 개구리가 이기지 못하고 죽었다. 의논하던 사람이 말하기를, "검은 색은 북방의 색이다. 북부여 가 파멸할 징조다"고 하였다. (『三國史記』13 高句麗本紀 1)
고구려	6월에 고구려 모천에서 검은 개구리와 붉은 개구리가 무리를 지어 싸우다가 검은 개구리가 이기지 못하고 죽었다. 의논하던 사람이 말하기를, "검은 것은 북방의 색이다. 북부여가 파멸할 징조이다"고 하였다. (『三國史節要』1)
신라	가을 7월에 탈해를 대보(大輔)로 삼고 군국정사(軍國政事)를 위임했다. (『三國史記』1 新羅本紀 1)
신라	대보 남해왕 7년에 탈해를 대보에 임명했다. (『三國史記』38 雜志 7 職官 上)
신라	가을 7월에 신라에서 탈해를 대보로 삼아 군군정사를 맡겼다. (『三國史節要』1)
고구려	가을 7월에 두곡(豆谷)에 이궁(離宮)을 지었다. (『三國史記』13 高句麗本紀 1)
고구려	(가을 7월) 고구려에서 두곡에 이궁을 지었다. (『三國史節要』1)
맥 예	(시건국 2년 겨울 12월) 흉노(匈奴) 선우(單于)의 이름을 바꾸어 항노복우(降奴服于)라 하였다. 망(莽)이 말하였다. (…) 입국장군(立國將軍) 손건(孫建) 등에게 조서를 내려서 12명의 장수를 거느리고 10도(道)로 나란히 나아가게 하였다. (…) 오위장군(五威將軍) 묘흔(苗訢)과 호분장군(虎賁將軍) 왕황(王況)은 오원(五原)에서 출발하고 염난장군(厭難將軍) 진흠(陳欽)과 진적장군(震狄將軍) 왕순(王巡)은 운중(雲中)에서 출발하며 진무장군(振武將軍) 왕가(王嘉)와 평적장군(平狄將軍) 왕맹(王萌)은 대군(代郡)에서 출발하고, 상위장군(相威將軍) 이림(李棽)과 진원장군(鎭遠將軍) 이옹(李翁)은 서하(西河)에서 출발하고 주맥장군(誅貉將軍) 양준(楊俊)과 토예장군(討濊將軍) 엄우(嚴尤)는은 어양(漁陽)에서 출발하며 분무장군(奮武將軍) 왕준(王駿)과 정호장군(定胡將軍) 왕안(王晏)은 장액(張掖)에서 출발하게 하였다. 편장(偏將)과 비장(裨將) 이하 180명에 이르러서는 천하(天下)의 죄수(囚徒), 정남(丁男), 갑졸(甲卒) 30만을 모집하였다. 군(郡)들을 돌아다니며 오대부(五大夫)의 의복과 갑옷이나 병기와 양식을 운송하는 일을 맡았고, 장리(長吏)는 바다에 배를 띄워 장강과 회하에서부터 북쪽의 변방에 이르게 하였다. 사자들이 말을 달려 전하며 감독하거나 독촉했는데 전시때처럼 법을 집행하고 일을 처리했다. 천하가 소동(騷動)하였다. 먼저 도착한 자는 변방의 군에 주둔하였고 모름지기 다 갖추어지자 동시에 출격하였다. (『漢書』99 中 王莽傳 69 中)
맥 예	(시건국 2년 12월) 왕망이 부고(府庫)가 부유하다는 것을 믿고 흉노에게 위엄을 세우고자 하였다. 마침내 흉노 선우의 이름을 바꾸어 강노복우라 하였다. 입국장군 손건 등에게 조서를 내려서 12명의 장수를 거느리고 길을 나누어 나란히 나아가게 하였다 오위장군 묘흔과 호분장군 왕황은 오원에서 출발하고 염난장군 진흠과 진적장군 왕순은 운중에서 출발하며 진무장군 왕가와 평적장군 왕맹은 대군에서 출발하고, 상위장군 이림과 진원장군 이옹은 서하에서 출발하고 주맥장군 양준과 토예장군 엄우는 어양에서 출발하며 분무장군 왕준과 정호장군 왕안은 장액에서 출발하게 하였다. 편장과 비장 이하 180명에 이르러서는 천하의 수도, 정남, 갑졸 30만을 모집하고 의복과 갑옷이나 병기와 양식을 운송하는데, 배를 띄워 장강과 회하부터 북쪽의 변방에 이르게 하였다. 사자들이 말을 달려 전하며 감독하거나 독촉했는데 전시 때처럼 법을 집행하고 일을 처리했다. 먼저 도착한 자는 변방의 군에 주둔하였고 모름지기 다 갖추어지자 동시에 출격하였다. 흉노를 끝까지 쫓아가 정령을 받아들이게

하였다. 그 국토와 백성들을 15개로 나누어 호한야(呼韓邪) 선우의 자손 15명을 세워서 모두 선우로 삼았다. (『資治通鑑』 37 漢紀 29 王莽)

11(辛未/신라 남해차차웅 8/고구려 유리명왕 30/백제 온조왕 29/新 始建國 3/倭 垂仁 40)

신라 　　　봄과 여름에 가뭄이 들었다. (『三國史記』 1 新羅本紀 1)

신라 　　　봄과 여름에 신라에 가뭄이 들었다. (『三國史節要』 1)

12(壬申/신라 남해차차웅 9/고구려 유리명왕 31/백제 온조왕 30/新 始建國 4/倭 垂仁 41)

고구려 부여 예맥

한의 왕망(王莽)이 우리의 병력을 징발하여 오랑캐(胡)를 정벌하려고 하였다. 우리나라 사람들이 가려고 하지 않자 강제로 보내니 모두 도망하여 새외(塞外)로 나갔다. 이 때문에 법을 어겨 도적이 되었다. 요서(遼西) 대윤(大尹) 전담(田譚)이 이를 추격하다가 죽임을 당하니 주군(州郡)이 허물을 우리에게 돌렸다. 엄우(嚴尤)가 아뢰어 말하기를, "맥인(貊人)이 법을 어겼으나 마땅히 주군으로 하여금 저들을 위로하여 안심하게 하여야 합니다. 지금 큰 죄를 받을 것을 두려워하여 마침내 반란을 일으킬까 걱정됩니다. 부여의 족속이 반드시 합칠 것이니 흉노를 아직 이기지 못하였는데 부여와 예맥(濊貊)이 다시 일어나면 이는 큰 근심거리입니다"하였다. 왕망이 듣지 않고 엄우에게 명하여 이를 공격하였다. 엄우가 우리 장수 연비(延丕)를 유인하여 목을 베어 머리를 수도로 보냈다[양한서(兩漢書)와 남북사(南北史)는 모두 "구려후(句麗侯) 추(騶)를 유인하여 목을 베었다"고 하였다]. 왕망이 이를 기뻐하고 우리 왕 이름을 고쳐 하구려후(下句麗侯)라 하고 천하에 포고하여 모두 알게 하였다. 이에 한 (漢)의 변방 지역을 침범함이 더욱 심하여졌다. (『三國史記』 13 高句麗本紀 1)

고구려 부여 예맥　옥저 낙랑

한의 왕망이 고구려 군사를 징발하여 오랑캐를 정벌하려고 하였다. 고구려에서 출병하려고 하지 않으려 하니 억지로 협박하여 보냈으나, 모두 변방으로 도망쳐 나와 인하여 한나라 변방을 노략질하였다. 이에 요서대윤 전담이 이를 추격하다가 도리어 죽으니 왕망이 노하여 이를 토벌하게 하였다. 이에 엄우가 말하기를, "고구려 사람이 이 법을 어겼으나, 주군으로 하여금 이를 무마하여 위안시킴이 마땅할 것입니다. 지금 이들을 큰 죄로써 처단하면 배반할 염려가 있고 부여의 족속이 반드시 이에 화동(和同)할 것인데, 흉노도 평정하지 못한 이때에 부여와 예맥이 다시 일어나면 이는 큰 근심거리입니다"하였다. 왕망이 듣지 않고 엄우에게 명하여 고구려를 공격하게 하였다. 엄우가 고구려 장수 후 추를 유인하여 목을 베어 머리를 경사에 전하니, 왕망이 크게 기뻐하고 고구려왕을 강봉(降封)하여 하구려후로 삼고 천하에 포고하였다. 이에 고구려에서 한나라 변방을 침범함이 더욱 심하였다. 예맥은 본래 조선의 땅이다. 남쪽은 진한과 이웃하고 북쪽은 고구려 옥저와 접하였으며, 동쪽은 큰 바다로 끝나고 서쪽은 낙랑에 이르렀다. 한(漢) 무제(武帝) 원삭(元朔) 5년(B.C.175) 예군(濊君) 남려(南閭)가 조선을 배반하고 요동에 나아가 내속(內屬)하자, 그 땅으로써 창해군(滄海郡)으로 삼았다가 수년 후에 혁파되었다. 후한(後漢) 건무(建武) 6년(30)에 그 거수(渠帥)를 현후(縣侯)로 봉하고 해마다 조공하였다. 위(魏) 정시(正始) 연간(240~248)에 유주자사(幽州刺史) 관구검(丗丘儉)이 예맥을 쳐서 깨뜨리니 예후(濊侯)가 군읍(郡邑)을 들어 항복하였다. 그 언어와 풍속은 대략 고구려와 같았으며 사람들의 성품은 우직하고 기욕(嗜欲)이 적었다. 군읍과 촌락에 침범하는 자가 있으면 생구(生口)와 우마를 책출(責出)하였고 또 군정(軍征)과 조부(調賦)가 있었는데, 대략 중국과 같았다. (『三國史節要』 1)

고구려 　　　왕망 초에 구려(句驪)의 군사를 징발하여서 흉노를 정벌하게 하였으나, 그들이 기지 않으려 하여 강압적으로 보냈다. 모두 국경 너머로 도망한 뒤 중국의 군현을 노략질하였다. 요서대윤 전담이 그들을 추격하다가 전사하자, 왕망이 장수 엄우를 시켜 치게 하였다. 엄우는 구려후 추를 꾀어 국경 안으로 들어오게 한 뒤 목을 베어 그 머리를 장안(長安)에 보냈다. 왕망은 크게 기뻐하면서, 고구려왕의 칭호를 고쳐서 하구려후라 부르게 하였다. 이에 맥인이 변방을 노략질하는 일은 더욱 심하여졌다. (『後漢書』85 東夷列傳 75 高句驪)

고구려   왕망 초에 고구려의 군사를 징발하여 호(胡)를 정벌하게 하였으나, 가지 않으려 하여 강압적으로 보냈더니, 모두 도망하여 국경을 넘은 뒤 노략질하였다. 요서대윤 전담이 그들을 추격하다가 살해되었다. 이에 중국의 주·군·현이 그 책임을 구려 후 도에게 전가시켰다. 엄우는 "맥인이 법을 어긴 것은 그 죄가 도에게서 비롯된 것이 아니므로, 그를 안심시키고 위로해야 함이 마땅합니다. 지금 잘못하여 큰 죄를 씌우게 되면 그들이 마침내 반란을 일으킬까 걱정됩니다."라고 아뢰었다. 그러나 왕망은 그 말을 듣지 않고 우에게 고구려를 치도록 명하였다. 우는 구려 후 도를 만나자고 유인하여 그가 도착하자 목을 베어 그 머리를 장안에 보내었다. 왕망은 크게 기뻐하면서 천하에 포고하여 고구려란 국호를 바꾸어 하구려라 부르게 하였다. 이 때에 고구려는 후국(侯國)이 되었다. (『三國志』30 魏書 30 烏丸鮮卑東夷傳 高句麗)

고구려   왕망 초에 고려의 군사를 징발하여 오랑캐를 정벌하게 하였으나, 가지 않으려 하여 위협하여 보냈더니, 모두 도망하여 국경을 넘은 뒤 노략질하였다. 주·군에서 구려 후 추에게 허물을 돌리자, 엄우가 꾀어내어 베어 죽였다. 왕망은 크게 기뻐하여 고구려의 이름을 고쳐 하구려라 하였다. 고구려는 이 때 후국이 되었다. (『梁書』54 東夷列傳 48 高句驪)

고구려   왕망 초에 고려의 군사를 징발하여 오랑캐를 정벌하게 하였으나, 가지 않으려 하여 왕망이 위협하여 보냈더니, 모두 도망하여 국경을 넘은 뒤 노략질하였다. 주·군에서 구려 후 추에게 허물을 돌리자, 엄우가 꾀어내어 베어 죽였다. 왕망은 크게 기뻐하여 이름을 고쳐 고구려라 하였고고구려후가 되었다. (『北史』94 列傳 82 高麗)

고구려 맥 예 부여

(시건국 4년 여름) 이전에 왕망이 고구려 병사를 일으켜 호(胡)를 정벌하려고 하였는데, 실행하지 않았다. 군에서는 그들을 강박하자 모두 국경을 넘어 망명하였고 범법하여 약탈하였다. 요서대윤 전담이 그들을 추격하였으나 살해당하였다. 주군에서는 그 책임을 고구려후 추의 과실로 돌렸다. 엄우는 "맥인이 법을 어긴 것은 추에게서 일어난 것이 아니며 정녕 다른 마음이 있었다면 주군으로 하여금 또한 안심시키고 위로해야 함이 마땅합니다. 지금 함부로 큰 죄를 씌우면 마침내 반란을 일으킬까 두렵습니다. 부여의 무리 중에 반드시 따라 응하는 자들이 있을 것인데, 족속들도 반드시 그들과 함께 행동할 것입니다. 흉노를 아직 이기지 못하고 있는데, 부여와 예맥마저 다시 일어난다면 이는 대단히 큰 우환입니다". 그러나 왕망을 그들을 달래지 않았고, 예맥은 결국 반란을 일으켰다. 우에게 고구려를 치도록 명하였다. 우는 고구려후 추를 유인하여 그가 도착하자 목을 베어 그 머리를 장안에 보내었다. 왕망이 크게 기뻐하였다. (…) 고구려란 국호를 바꾸어 하구려라 하고 천하에 포고하여 다 알게 하였다. 이에 맥인이 변경을 더욱 침범하였다. (『漢書』99 中 王莽傳 69 中)

고구려

고구려   왕망(王莽)이 [고구려] 군사를 출동시켜 흉노를 치려고 했으나, 이르지 않자 왕을 낮추어 후(侯)로 삼았다. 고구려 사람들이 더욱 [그] 국경을 침범했다. (『高麗圖經』1 建國 始封)

고구려 맥 예 부여

(시건국 4년) 이전에 (…) 망이 고구려 병사를 일으켜 흉노를 정벌하려고 하였는데, 고구려는 실행하지 않았다. 군에서 그들을 억지로 압박하자 모두 국경을 넘어 도망하였고 법을 범하면서 약탈하였다. 요서대윤 전담이 그들을 추격하였으나 살해당하였다. 주군에서는 그 책임을 고구려후 추에게 돌렸다. 엄우는 아뢰었다. "맥인이 법을 어긴 것은 추에게서 일어난 것이 아니며, 정정녕 다른 마음이 있었다면 주군으로 하여금 또한 안심하고 위로해야 함이 마땅합니다. 지금 그들에게 함부로 큰 죄를 씌우면 마침내 반란을 일으킬까 두렵습니다. 부여의 무리 중에 반드시 응하는 자들이 있을 것입니다. 흉노를 아직 이기지 못하였는데, 부여와 예맥이 다시 일어난다면 이는 큰 우환입니다." 왕망을 그들을 달래지 않았고, 예맥은 마침내 반란을 일으켰다. 우에게 조서를 내려 고구려를 공격하게 하였다. 우는 고구려후 추를 유인하여 그가 이르자 목을 베었고 머리를 장안에 보냈다. 왕망은 크게 기뻐하면서 고구려를 하구려라고 이름을 고쳤다. 이에 예맥 사람들이 더욱 변방을 범하니 동북쪽과 서남쪽이 모두 어지러웠다. (…) 왕망은 뜻이 더욱 왕성해져서 사이(四夷)는 병탄하여 멸망시킨다고 할 정도도 못된다고 여기고, 오직 옛날 일만을 생각하였다. (『資治通鑑』 37 漢紀 29 王莽)

고구려 맥   왕망 때 고구려 병사를 일으켜 흉노를 정벌하려고 하였는데, 고구려 사람들은 행하고자 하지 않았다. 모두 도망하여 국경을 넘어 도적이 되었다. 왕망이 다시 고구려 왕을 하구려후(下勾驪侯)로 삼았다. 이 때 맥인(貊人)의 변경 침략이 더욱 심하였다. (『太平寰宇記』 173 四夷 2 東夷 2 高勾驪國)

13(癸酉/신라 남해차차웅 10/고구려 유리명왕 32/백제 온조왕 31/新 始建國 5/倭 垂仁 42)

백제   봄 정월에 나라 안의 민호(民戶)를 나누어 남부와 북부를 만들었다. (『三國史記』 23 百濟本紀 1)

백제   봄 정월 백제에서 나라 안의 민호(民戶)를 나누어 남부와 북부로 삼았다. (『三國史節要』 1)

백제   여름 4월에 우박이 내렸다. (『三國史記』 23 百濟本紀 1)
백제   여름 4월에 백제에 우박이 내렸다. (『三國史節要』 1)

백제   5월에 지진이 났다. (『三國史記』 23 百濟本紀 1)
백제   5월에 백제에 지진이 났다. (『三國史節要』 1)

백제   6월에 또 지진이 났다. (『三國史記』 23 百濟本紀 1)
백제   6월에 백제에 또 지진이 났다. (『三國史節要』 1)

고구려 부여   겨울 11월에 부여인이 쳐들어오자, 왕이 아들 무휼로 하여금 군대를 거느리고 막게 하였다. 무휼이 병력이 적어 대적할 수 없을 것을 두려워하여 뛰어난 계책을 세우고 친히 군사를 거느리고 산골짜기에 숨어 기다렸다. 부여군이 곧바로 학반령(鶴盤嶺) 아래에 이르자, 복병이 나가 불의에 공격하니, 부여군이 크게 패하여 말을 버리고 산으로 올라갔다. 무휼이 군사를 풀어 그들을 모두 죽였다. (『三國史記』 13 高句麗本紀 1)

부여 고구려   겨울 11월에 부여에서 고구려를 침범하니 왕이 그 아들 무휼로 하여금 군사를 거느리고 막게 하였다. 휼이 병력이 적어 대적할 수 없을 것을 두려워하여 뛰어난 계책을 세우고 친히 군사를 거느리고 산골짜기에 숨어 기다렸다. 부여군이 곧바로 학반령 아래에 이르자, 복병이 나가 불의에 공격하니, 부여군이 크게 패하여 말을 버리고 산으로 올라갔다. 무휼이 군사를 풀어 그들을 모두 죽였다. (『三國史節要』1)

낙랑 △△국 5년에 자동군공관(子同郡工官)이 궁정용으로 휴월화목황이부(髹洭畵木黃耳
桮)를 만들었다. 용량은 1승(升) 16약(籥)이다. 소공(素工) △, 휴공(髹工) 풍(豊), 상
공(上工) 거(詎), 황이공(黃耳工) 구(丘), 화공(畵工) 오(敖), 월공(洭工) 위(威), 청공
(淸工) 창(昌), 조공(造工) 성(成), 호공사(護工史) 보(輔), 재(宰) 음(音), 수승(守丞)
△, 연(掾) 충(忠), 사(史) 창(倉)이 관장하고 대윤(大尹) 파(播), 위덕자(威德子) △△
△) (「始建國 5年銘 耳杯」)

낙랑 시건국 5년에 자동군공관이 궁정용으로 휴월화목황이(髹洭畵木黃耳)를 만들었다.
(…) 상공 왕(王), 황이공 병(竝), 화공 려(呂), 월공 △, 청공 창(昌), 조공 중(中), 호
공사 보, 재 음, 수승 상(常), 연 충, 사 창이 관장하였다. 대윤 파, 위덕자 자(自)가
감독하였다. (「始建國 5年銘 耳杯」)

14(甲戌/신라 남해차차웅 11/고구려 유리명왕 33/백제 온조왕 32/新 天鳳 1/倭 垂仁 43)

고구려 봄 정월에 왕자 무휼을 태자로 삼아 군국(軍國)의 일을 맡겼다. (『三國史記』13 高
句麗本紀 1)

고구려 봄 정월에 고구려에서 왕자 무휼을 태자로 삼고 군국의 일을 맡겼다. 나이 11세였
다. (『三國史節要』1)

고구려 양맥 가을 8월에 왕이 오이(烏伊)와 마리(摩離)에게 명하여 군사 20,000을 거느리고 서쪽
에 있는 양맥(梁貊)을 쳐서 멸망시키고, 군대를 내어 보내 한(漢)의 고구려현(高句麗
縣)을 습격하여 차지하였다[현은 현도군에 속한다]. (『三國史記』13 高句麗本紀 1)

고구려 양맥 가을 8월에 고구려왕이 오이와 마리에게 명하여 군사 20,000을 거느리고 서쪽에 있
는 양맥을 쳐서 멸망시키고, 군대를 내어 한나라에서 설치한 고구려현을 습격하여
차지하였다. 이 현은 현도군에 속해 있었다. (『三國史節要』1)

신라 낙랑 왜인이 병선 100여 척을 보내 해변의 민호(民戶)를 약탈하자 6부의 굳센 병사들을
보내 이를 막았다. 낙랑은 우리 내부가 비었다고 여겨 매우 급하게 금성(金城)을 공
격해 왔다. 밤에 유성(流星)이 나타나 적의 진영에 떨어지자, 그 무리들이 두려워 물
러가다가 알천(閼川)가에 주둔하면서 돌무더기 20개를 만들어 놓고 갔다. 6부의 군
사 1,000 명이 이를 추격했는데, 토함산(吐含山) 동쪽에서 알천에 이르기까지 돌무
더기를 보고 적이 많다고 여겨 이에 그쳤다. (『三國史記』1 新羅本紀 1)

신라 낙랑 왜가 병선 100여 척을 보내 신라의 변군(邊郡)을 노략질하니, 신라에서 6부의 굳센
병사 1,000명을 징발하여 방어하였다. 낙랑에서 빈틈을 타서 금성을 급하게 공격하
였다. 밤에 유성이 적진에 떨어지니 적의 무리가 두려워하여 알천가에 물러가 주둔
하면서 돌무더기 20개를 만들어 놓고 갔다. 6부의 군사가 뒤쫓아 알천에 이르러 돌
무더기를 보고 적이 많다고 여겨 이에 그쳤다. (『三國史節要』1)

신라 낙랑 이 왕대에 낙랑국 사람들이 금성에 와서 침략하였으나 이기지 못하고 돌아갔다.
(『三國遺事』1 紀異 1 第二南解王)

낙랑 시건국 천봉 원년에 성도군공관(成都郡工官)이 궁정용으로 휴월화저황구반반(髹洭畵
紵黃釦飯槃)을 만들었다. 용량은 1두(斗)이다. 휴공(髹工) 순(順), 상공(上工) 호(護),
황구공(黃釦工) 창(昌), 화공(畵工) 취(就), 월공(洭工) 헌(憲), 청공(淸工) 운(鄆), 조공(造
工) 종(宗), 호공사(護工史) 보(輔), 재(宰) 음(音), 수승(守丞) 융(戎), 연(掾) 충(忠),
사(史) 범(汜)이 관장하였다. 윤(尹) 함(咸), 장리부성(臧里附城) 소(訴)가 감독하였다.

(「始建國 天鳳元年銘 漆盤」)

15(乙亥/신라 남해차차웅 12/고구려 유리명왕 34/백제 온조왕 33/新 天鳳 2/倭 垂仁 44)

백제	봄과 여름에 큰 가뭄이 들었다. 백성들이 굶주려 서로 잡아먹고 도둑이 크게 일어나자 왕이 이들을 위무하여 안정시켰다. (『三國史記』23 百濟本紀 1)
백제	봄과 여름에 백제에 큰 가뭄이 들었다. 백성들이 굶주려 서로 잡아먹고 도둑이 크게 일어나자 왕이 이들을 위무하여 안정시켰다. (『三國史節要』1)
백제	가을 8월에 동부와 서부의 두 개의 부를 더 설치하였다. (『三國史記』23 百濟本紀 1)
백제	가을 8월에 동부와 서부의 두 개의 부를 더 설치하였다. (『三國史節要』1)

16(丙子/신라 남해차차웅 13/고구려 유리명왕 35/백제 온조왕 34/新 天鳳 3/倭 垂仁 45)

신라	가을 7월 무자(戊子) 그믐(30일)에 일식이 있었다. (『三國史記』1 新羅本紀 1)
신라	가을 7월 무자 그믐(30일)에 신라에서 일식이 있었다. (『三國史節要』1)
백제 마한	겨울 10월에 마한(馬韓)의 옛 장수 주근(周勤)이 우곡성(牛谷城)을 거점으로 반란을 일으켰다. 왕이 직접 5,000 명의 군사를 거느리고 공격하였다. 주근은 목매어 죽었다. 그 시체의 허리를 베고 아울러 처자도 죽였다. (『三國史記』23 百濟本紀 1)
백제 마한	겨울 10월에 옛 마한의 장수 주근이 우곡성을 거점으로 반란을 일으켰다. 백제왕이 5,000명을 거느리고 이를 토벌하니 주근이 스스로 목매어 죽었다. 그 시체의 허리를 베고 아울러 처자도 죽였다. (『三國史節要』1)

17(丁丑/신라 남해차차웅 14/고구려 유리명왕 36/백제 온조왕 35/新 天鳳 4/倭 垂仁 46)

18(戊寅/신라 남해차차웅 15/고구려 유리명왕 37, 대무신왕 1/백제 온조왕 36/前漢 天鳳 5/倭 垂仁 47)

신라	서울에 가뭄이 들었다. (『三國史記』1 新羅本紀 1)
신라	신라 서울에 가뭄이 들었다. (『三國史節要』1)
고구려	여름 4월에 왕자 여진(如津)이 물에 빠져 죽었다. 왕이 애통해 하여 사람을 시켜 시체를 찾았으나 찾지 못하였다. 후에 비류 사람 제수(祭須)가 이를 발견하여 알리니, 마침내 예(禮)로써 왕골령(王骨嶺)에 장사지내고, 제수에게 금 10근과 밭 10경(頃)을 주었다. (『三國史記』13 高句麗本紀 1)
고구려	여름 4월에 고구려 왕자 여진이 물에 빠져 죽었다. 왕이 애통해 하여 시체를 찾았으나 찾지 못하였다. 후에 비류 사람 제수가 이를 발견하여 알리니, 마침내 예로써 왕골령에 장사지내고 제수에게는 금 10근과 밭 10경을 주었다. (『三國史節要』1)
신라 고구려	또 천봉 5년 무인(戊寅)에 고려에 속한 7국이 와서 투항하였다. (『三國遺事』1 紀異 2 第二南解王)
고구려 신라	고구려에 속한 7국이 신라에 투항하였다. (『三國史節要』1)
신라	가을 7월에 누리가 생겨 백성들이 굶주리니, 창고를 열어 구제했다. (『三國史記』1 新羅本紀 1)
신라	가을 7월에 신라에 누리가 생겨 백성이 굶주리니, 창고를 열어 구제하였다. (『三國

史節要』1)

고구려	가을 7월에 왕이 두곡(豆谷)에 행차하였다. (『三國史記』 13 高句麗本紀 1)
고구려	(가을 7월) 고구려왕이 두곡에 거둥하였다. (『三國史節要』 1)
백제	가을 7월에 탕정성(湯井城)을 쌓고, 대두성(大豆城)의 민호(民戶)를 나누어 거주하게 하였다. (『三國史記』 23 百濟本紀 1)
백제	(가을 7월) 백제에서 탕정성을 쌓고, 대두성의 민호를 나누어 채웠다. (『三國史節要』 1)

| 백제 | 8월에 원산과 금현의 두 성을 보수하고 고사부리성(古沙夫里城)을 쌓았다. (『三國史記』 23 百濟本紀 1) |
| 백제 | 8월에 백제에서 원산과 금현 두 성을 보수하고 고사부리성을 쌓았다. (『三國史節要』 1) |

고구려	겨울 10월에 두곡의 이궁에서 돌아가셨다. 두곡의 동원(東園)에 장사지내고 이름을 유리명왕(瑠璃明王)이라 하였다. (『三國史記』 13 高句麗本紀 1)
고구려	겨울 10월에 고구려왕 유리(類利)가 두곡의 이궁에서 돌아가셨다. 두곡의 동원에 장사지내고 유리명왕이라 하였다. (『三國史節要』 1)
고구려	대무신왕(大武神王)이 즉위하였다[대해주류왕(大解朱留王)이라고도 한다]. 이름은 무휼(無恤)이고 유리왕의 셋째 아들이다. 나면서부터 총명하고 지혜가 있었다. 성장하여서는 영웅호걸로 큰 지략이 있었다. 유리왕이 재위 33년 갑술에 태자로 심는데, 그때 나이가 11세였다. 이에 이르러 즉위하니, 어머니는 송(松)씨로 다물국왕 송양의 딸이다. (『三國史記』 14 高句麗本紀 2)
고구려	태자 무휼이 왕위를 계승하였다. 나면서부터 총명하였고 장성해서는 웅걸(雄傑)하고 지략이 있었다. (『三國史節要』 1)
고구려	여달(閭達)이 죽자 아들 여율(如栗)이 왕이 되었다. (『魏書』 100 列傳 88 高句麗)

19(己卯/신라 남해차차웅 16/고구려 대무신왕 2/백제 온조왕 37/新 天鳳 6/倭 垂仁 48)

고구려	봄 정월에 서울에 벼락이 쳐서 크게 사면하였다. (『三國史記』 14 高句麗本紀 2)
고구려	봄 정월에 고구려 서울에 지진이 있었다. 크게 사면하였다. (『三國史節要』 1)
고구려 백제	(봄 정월) 백제의 백성 1,000여 호가 투항해 왔다. (『三國史記』 14 高句麗本紀 2)
백제 신라	(봄 정월) 백제의 백성 1,000여 호가 신라에 투항해 왔다. (『三國史節要』 1)

| 신라 북명 | 봄 2월에 북명(北溟) 사람이 밭을 갈다가 예왕(濊王)의 도장을 얻어 바쳤다. (『三國史記』 1 新羅本紀 1) |
| 신라 북명 | 2월에 북명 사람이 밭을 갈다가 예왕의 도장을 얻어 신라에 바쳤다. (『三國史節要』 1) |

| 백제 | 봄 3월에 우박의 크기가 달걀 만하였다. 새가 맞아 죽었다. (『三國史記』 23 百濟本紀 1) |
| 백제 | 3월에 백제에서 우박이 내렸다. 크기가 계란만 하였는데, 참새가 맞아 죽었다. (『三國史節要』 1) |

| 백제 고구려 | 여름 4월부터 가물다가 6월에 이르러 비가 내렸다. 한수의 동북 부락에 기근이 들어, 고구려로 도망하여 들어간 자가 1,000여 호였다. 패수와 대수 사이가 비어 사는 사람이 없었다. (『三國史記』 23 百濟本紀 1) |

백제 고구려	여름 4월에 백제에 가뭄이 들었고 6월에 이르러 비가 내렸다 한수의 동북 부락에 기근이 들어, 고구려로 도망하여 들어간 자가 1,000여 호였다. 패수와 대수 사이가 비어 사는 백성이 없었다. (『三國史節要』 1)

20(庚辰/신라 남해차차웅 17/고구려 대무신왕 3/백제 온조왕 38/新 地皇 1/倭 垂仁 49)

백제	봄 2월에 왕이 순무하여 동으로 주양(走壤)에 이르고 북으로 패하(浿河)까지 이르렀다가 50일 만에 돌아왔다. (『三國史記』 23 百濟本紀 1)
백제	봄 2월에 백제왕이 경내를 순무하여 동으로 주양에 이르고 북으로 패하까지 이르렀다가 50일 만에 돌아왔다. 또 사신을 보내어 농상을 권면하고 백성을 소란케 하거나 급하지 않은 일로 백성들은 괴롭히는 것을 모두 없앴다. (『三國史節要』 1)

고구려	봄 3월에 동명왕묘(東明王廟)를 세웠다. (『三國史記』 14 高句麗本紀 2)
고구려	3월에 고구려에서 동명왕묘를 세웠다. (『三國史節要』 1)
백제	3월에 왕이 사람을 보내 농업과 잠업을 권장하고, 급하지 않은 일로 백성들을 괴롭히는 것을 모두 없앴다. (『三國史記』 23 百濟本紀 1)

고구려	가을 9월에 왕이 골구천(骨句川)에서 사냥하였다. 신마(神馬)를 얻어 이름을 거루(駏驤)라 하였다. (『三國史記』 14 高句麗本紀 2)
고구려	가을 9월에 고구려왕이 골구천에서 사냥하였다. 신마를 얻어 이름을 거루라하였다. (『三國史節要』 1)

고구려 부여	겨울 10월에 부여 왕 대소(帶素)가 사신을 파견하여 붉은 까마귀를 보내 왔는데, 머리 하나에 몸이 둘이었다. 처음에 부여 사람이 이 까마귀를 얻어 왕에게 바쳤는데 어떤 사람이 말하기를, "까마귀는 검은 것입니다. 지금 변하여 붉은 색이 되고, 또 머리 하나에 몸이 둘인 것은 두 나라를 아우를 징조입니다. 왕께서 고구려를 합칠 것입니다."하였다. 대소가 기뻐서 그것을 보내고 아울러 그 어떤 사람의 말도 알려주었다. 왕이 여러 신하들과 의논하여 답하기를, "검은 것은 북방의 색입니다. 지금 변해서 남방의 색이 되었습니다. 또 붉은 까마귀는 상서로운 물건인데 왕이 얻어서는 갖지 아니하고 나에게 보냈으니, 두 나라의 존망은 아직 알 수 없습니다."하였다. 대소가 그 말을 듣고 놀라며 후회하였다. (『三國史記』 14 高句麗本紀 2)
부여 고구려	겨울 10월에 부여 왕 대소가 고구려에 사신을 파견하여 붉은 까마귀를 보내왔는데, 머리 하나에 몸이 둘이었다. 처음에 부여 사람이 까마귀를 얻어 그 왕에게 바쳤는데, 어떤 사람이 말하기를, "까마귀는 검은 것입니다. 지금 이것이 변하여 붉은 색이 되고, 또 머리 하나에 몸이 둘인 것은 이는 두 나라를 아우를 징조입니다. 왕께서 고구려를 합칠 것입니다."하였다. 대소가 기뻐서 이것을 보내고 아울러 어떤 사람의 말도 알려주었다. 왕이 여러 신하들과 의논하여 답하기를, "검은 것은 북방의 색입니다. 지금 변해서 남방의 붉은 색이 되었습니다. 또 붉은 까마귀는 상서로운 물건인데 그대가 얻어서 가지지 않고 나에게 보냈으니, 두 나라의 존망이 어찌 되는지 알 수 없습니다"하였다. 대소가 이 말을 듣고 후회하였다. (『三國史節要』 1)

백제	겨울 10월에 왕이 큰 제단을 쌓고 천지(天地)에 제사지냈다. (『三國史記』 23 百濟本紀 1)
백제	고기(古記)에 이르길, 온조왕 20년(2) 봄 2월에 단을 설치하고 천지에 제사지냈으며 동왕 38년 겨울 10월 (…) 모두 위와 같이 행하였다고 한다. (『三國史記』 32 雜志 1 祭祀)

백제	(겨울 10월) 백제왕이 큰 단을 쌓고 천지에 제사지냈다. (『三國史節要』1)

21(辛巳/신라 남해차차웅 18/고구려 대무신왕 4/백제 온조왕 39/新 地皇 2/倭 垂仁 50)

고구려 부여	겨울 12월에 왕은 군대를 내어 부여를 정벌하려고, 비류수 가에 이르렀다. 물가를 바라보니 마치 여인이 솥을 들고 유희를 하는 것 같았다. 나아가서 보니 솥만 있었다. 그것으로 밥을 짓게 하자 불이 없이도 스스로 열이 나서, 밥을 지어 한 군대를 배불리 먹일 수 있었다. 홀연히 한 장부가 나타나 말하기를, "이 솥은 우리 집의 물건입니다. 나의 누이가 잃어버린 것입니다. 왕이 지금 이를 얻었으니 지고 따르게 해 주십시오."하였다. 마침내 그에게 부정(負鼎)씨의 성을 내려 주었다. 이물림(利勿林)에 이르러 잠을 자는데, 밤에 쇳소리가 들렸다. 밝을 즈음에 사람을 시켜 찾아보게 하니, 금으로 된 옥새와 병기 등을 얻었다. "하늘이 준 것이다."하고 절을 하고 받았다. 길을 떠나려 하는데, 한 사람이 나타났다. 키는 9척쯤이고 얼굴은 희고 눈에 광채가 있었다. 왕에게 절을 하며 말하기를, "신은 북명(北溟) 사람 괴유(怪由)입니다. 대왕이 북쪽으로 부여를 정벌하신다는 것을 엿들었습니다. 신은 청하옵건대 따라가서 부여 왕의 머리를 베어 오고자 합니다."하였다. 왕이 기뻐하며 이를 허락하였다. 또 어떤 사람이 있어 말하기를, "신은 적곡(赤谷) 사람 마로(麻盧)입니다. 긴 창으로 인도하기를 청합니다."하였다. 왕이 또 허락하였다. (『三國史記』14 高句麗本紀 2)
고구려 부여	겨울 12월에 고구려왕은 군대를 거느리고 부여를 정벌할 때 비류수에 이르렀다. 물가를 바라보니, 마치 여인이 솥을 들고 유희하는 것 같았다. 나아가 보니 솥만 있었다. 홀연히 한 장부가 나타나 말하기를, "이 솥은 우리 집의 전해오던 물건인데, 나의 누이가 잃은 것을 왕이 지금 얻었습니다."하면서 솥을 짊어지고 따르기를 청하였으므로 드디어 부정씨라는 성을 내려 주었다. 왕이 이물림에 이르러 잠을 자는데, 밤에 쇳소리가 들렸다. 날이 밝자 사방을 두루 살펴 금으로 된 옥새와 병기 등을 얻었다. "하늘이 준 것이다"라고 하면서 절을 하고 받았다. 왕이 길에서 한 사람을 만났는데, 키는 9척쯤이고 얼굴은 희고 눈에 광채가 있었다. 그가 왕에게 절을 하며 말하기를, "신은 북명 사람 괴유입니다. 듣건데 대왕께서 북쪽으로 부여를 정벌하신다 하오니, 신이 청컨대 따라가서 부여 왕의 머리를 취해 오겠습니다."하였다. 왕이 기뻐하며 이를 허락하였다. 또 어떤 사람이 있어 말하기를, "신은 적곡 사람 마로입니다. 긴 창을 가지고 길을 인도하기를 청합니다."하였다. 왕이 또 허락하였다. (『三國史節要』1)

22(壬午/신라 남해차차웅 19/고구려 대무신왕 5/백제 온조왕 40/新 地皇 3/倭 垂仁 51)

고구려 부여	봄 2월에 왕이 부여국 남쪽으로 진군하였다. 그 땅은 진흙이 많아 왕이 평지를 골라 군영을 만들고 안장을 풀고 병졸을 쉬게 하였는데, 두려워하는 태도가 없었다. 부여 왕은 온 나라를 동원하여 출전해서 방비하지 않는 사이에 엄습하려고 말을 몰아 전진해 왔다. 진창에 빠져 나아갈 수도 물러설 수도 없었다. 왕이 이에 괴유에게 지시하니, 괴유가 칼을 빼서 소리를 지르며 공격하니 대부분의 군대가 이리서리 밀려 쓰러지며 능히 지탱하지 못하였다. 곧바로 나아가 부여 왕을 붙잡아 머리를 베었다. 부여 사람들이 왕을 잃어 기력이 꺾였으나 스스로 굴복하지 않고 여러 겹으로 포위하였다. 왕은 군량이 다하여 군사들이 굶주리므로 어찌 할 바를 몰라 두려워하다가, 하늘에 영험을 비니 홀연히 큰 안개가 피어나 7일 동안이나 지척에 있는 사람도 알아볼 수 없었다. 왕이 풀로 허수아비를 만들게 하여 무기를 쥐어 군영의 안 밖에 세워 적의 눈을 속이는 가짜 군사를 만들어 놓고, 샛길을 따라 군대를 숨겨 밤에 나왔다. 골구천의 신마와 비류원(沸流源)의 큰 솥을 잃었다. 이물림에 이르러 병

사들이 굶주려 일어나지 못하므로, 들짐승을 잡아서 급식하였다. 왕이 나라에 돌아와 여러 신하를 모아 잔치를 베풀며 말하기를, "내가 덕이 없어서 경솔하게 부여를 정벌하여, 비록 그 왕을 죽였으나 그 나라를 아직 멸하지 못하였고, 또 우리 군사와 물자를 많이 잃었으니 이는 나의 허물이다."하였다. 이윽고 친히 죽은 자와 아픈 자를 조문하고 백성들을 위로하였다. 이로써 국인(國人)이 왕의 덕과 의(義)에 감격하여, 모두 나라의 일에 목숨을 바치고자 하였다. (『三國史記』 14 高句麗本紀 2)

고구려 부여	2월에 고구려왕이 부여국 남쪽으로 진군하였다. 그 땅은 진흙 수렁이 많아 왕이 평지를 골라 군영을 만들고 안장을 풀고 병졸을 쉬게 하였는데, 두려워하는 태도가 없었다. 이 때 부여 왕은 스스로 많은 군사를 이끌고 나와 싸우니 고구려 군병의 진세(陣勢)가 갖추어지기 전에 엄습하고자 하여 말을 몰아 나아갔으나, 진창에 빠져 진퇴를 자유로이 하지 못하였다. 이에 고구려왕이 괴유를 시켜 진격하게 하자, 괴유가 장검을 뽑아 들고 고함을 치며 돌격하니 적군이 이리저리 밀려 쓰러지며 지탱하지 못하였다. 괴유가 곧바로 나아가 부여 왕의 머리를 베었다. 이에 부여군의 사기가 꺾였으나, 오히려 굴복하지 않고 고구려 군사를 여러 겹으로 포위하였다. 고구려왕은 군량이 다하여 군사가 굶주리므로 걱정이 되어 어찌 할 바를 몰랐다. 갑자기 큰 안개가 끼어 7일 동안 지척에서도 사람이나 물건을 알아볼 수 없었다. 이에 왕이 사람을 시켜 많은 허수아비를 만들어 병기를 잡히고 진영 안팎에 세워 가짜 군사를 만들어 놓고, 밤을 타서 샛길로 몰래 군사를 탈출하게 하였다. 골구천의 신마와 비류원의 큰 솥을 잃어버렸다. 이물림에 이르러 병사들이 굶주려 일어나지 못하므로, 들짐승을 잡아서 급식하였다. 왕이 돌아와서 여러 신하를 모아 잔치를 베풀고 말하기를, "내가 덕이 없어서 경솔하게 부여를 정벌하여, 비록 그 왕을 죽였으나 그 나라를 아직 멸하지 못하였고, 또 우리 군사와 물자를 많이 잃었으니 이는 나의 허물이다."하였다. 이윽고 친히 죽은 자를 조상하고 아픈 자를 위문하여 백성을 백성을 위로하였다. 국인(國人)이 감동하고 기뻐하여 모두 나라를 위해 몸을 바치고자 하였다. (『三國史節要』 1)
고구려	3월에 신마(神馬) 거루가 부여의 말 1백 필을 이끌고 함께 학반령(鶴盤嶺) 아래 차회곡(車迴谷)에 이르렀다. (『三國史記』 14 高句麗本紀 2)
고구려	3월에 잃어버렸던 신마가 부여의 말 1백 필을 이끌고 학반령 아래 차회곡에 이르렀다. (『三國史節要』 1)
신라	봄에 신라에서 큰 전염병이 돌아 사람들이 많이 죽었다. (『三國史節要』 1)
신라	큰 전염병이 돌아 죽은 사람들이 많았다. (『三國史記』 1 新羅本紀 1)
고구려 부여	지황(地皇) 3년 임오(壬午)년에 이르러 고구려 왕 무휼(無恤)이 부여를 치고 왕 대소를 죽이니, 나라가 없어졌다. (『三國遺事』 2 紀異 2 東扶餘)
고구려 부여	여름 4월에 부여 왕 대소의 동생이 갈사수(曷思水)가에 이르러 나라를 세우고 왕을 칭하였다. 이 사람이 부여 왕 금와의 막내아들인데, 역사책에는 그 이름이 전해지지 않는다. 처음에 대소가 죽임을 당하자 나라가 장차 망할 것을 알고, 따라다니는 사람 백여 명과 함께 압록곡에 이르렀다. 해두왕(海頭王)이 나와서 사냥하는 것을 보고 마침내 그를 죽이고 그 백성들을 빼앗아 이곳에 와서 비로소 도읍하였는데, 이 사람이 갈사왕(曷思王)이 되었다. (『三國史記』 14 高句麗本紀 2)
고구려 부여	여름 4월에 부여 왕 대소의 아우가 스스로 왕이 되었다. 그는 금와의 막내아들인데, 사기에는 이름이 전하지 않는다. 처음에 대소가 죽임을 당하자 나라가 장차 망할 것을 알고, 따라다니는 사람 백여 명과 함께 압록곡에 이르렀다. 해두왕이 나와서 사

냥하러 나온 것을 보고 마침내 그를 죽이고 그 백성들을 취하였다. 이에 이르러 갈사수 가에 와서 도읍을 세우고 갈사왕이라고 하였다. (『三國史節要』1)

고구려 부여   가을 7월에 부여 왕의 사촌 동생이 나라 사람들에게 말하기를, "우리 선왕이 죽고 나라가 망하여 백성들이 의지할 데 없는데 왕의 동생이 도망쳐 갈사에서 도읍하였다. 나도 역시 못나고 어리석어 다시 일으킬 수가 없다."고 하였다. 이에 만여 명과 함께 투항해 왔다. 왕이 봉하여 왕으로 삼고 연나부(掾那部)에 두고, 그의 등에 줄무늬가 있었으므로 낙(絡)씨 성을 주었다. (『三國史記』14 高句麗本紀 2)

고구려 부여   가을 7월에 대소의 사촌 동생이 나라 사람들에게 말하기를, "우리 선왕이 죽고 나라가 망하여 백성들이 의지할 데 없는데 왕의 동생은 나라를 보존할 것은 생각하지 않고 외방으로 도망하여 갈사에 도읍하였다. 나도 역시 못나고 어리석어 다시 일으킬 수가 없다."고 하였다. 이에 만여 명과 더불어 고구려에 투항하였다. 고구려 왕이 그를 봉하여 왕으로 삼고 연나부를 설치하였으며, 그의 등에 줄무늬가 있었으므로 낙씨 성을 주었다. (『三國史節要』1)

백제 말갈   가을 9월에 말갈이 술천성(述川城)을 공격하였다. (『三國史記』23 百濟本紀 1)
백제 말갈   9월에 말갈이 백제 술천성을 공격하였다. (『三國史節要』1)

고구려   겨울 10월에 괴유가 죽었다. 처음에 병이 위독하여 왕이 친히 가서 위문하였다. 괴유가 말하기를, "신은 북명의 미천한 사람으로서 누차 두터운 은혜를 입었으므로 비록 죽어도 살아있는 것처럼 보답할 일을 감히 잊지 못하겠습니다."하였다. 왕이 그 말을 좋게 여기고 또 큰 공로가 있었으므로, 북명산(北溟山) 남쪽에 장사지내고, 담당 관청에 명하여 때마다 제사지내게 하였다. (『三國史記』14 高句麗本紀 2)

고구려   겨울 10월에 고구려 장수 괴유의 병이 위독하게 되자 왕이 직접 가서 위문하였다. 괴유가 말하기를, "신은 북명의 미천한 사람으로서 외람되어 두터운 은혜를 입었으므로 비록 죽어도 살아있는 것처럼 보답할 일을 잊지 못하겠습니다."하고 곧 죽었다. 왕이 그 말을 좋게 여기고 또 앞서의 공로를 생각하여 유사에서 명하여 북명산 남쪽에 장사지내고 때마다 제사지내게 하였다. (『三國史節要』1)

신라   겨울 11월에 얼음이 얼지 않았다. (『三國史記』1 新羅本紀 1)
신라   겨울 11월에 신라에 얼음이 얼지 않았다. (『三國史節要』1)
백제 말갈   겨울 11월에 다시 부현성(斧峴城)을 습격하여 100여 명을 죽이고 약탈하였다. 왕이 200명의 날쌘 기병을 보내 방어하였다. (『三國史記』23 百濟本紀 1)
말갈 백제   (겨울 11월) 말갈이 백제의 부현성을 습격하여 100여 명을 죽이고 약탈하였다. 왕이 날쌘 기병 200명을 보내 방어하였다. (『三國史節要』1)

진한   (위략(魏略)에서 말하였다) 왕망(王莽)의 지황(地皇) 연간(20~22)에, 염사치(廉斯鑡)가 진한의 우거수가 되어 낙랑의 토지가 비옥하여 사람들의 생활이 풍요하고 안락하다는 소식을 듣고 도망가서 항복하기로 작정하였다. 살던 부락을 나오다가 밭에서 참새를 쫓는 남자 한 명을 만났는데, 그 사람의 말은 한인(韓人)의 말이 아니었다. 그 이유를 물으니 남자가 말하기를, "우리들은 한(漢)나라 사람으로 이름은 호래(戶來)이다. 우리들 천 500명은 재목을 벌채하다가 한(韓)의 습격을 받아 포로가 되어 모두 머리를 깎았고 노예가 된 지 3년이나 되었다"고 하였다. 염사치가 "나는 한(漢)나라의 낙랑에 항복하려고 하는데 너도 가지 않겠는가?"하니, 호래는 "좋다"고 하였다. 그리하여 염사치는 호래를 데리고 출발하여 함자현(含資縣)으로 갔다. 함자현에서 낙랑군에 연락을 하자, 낙랑군은 치를 통역으로 삼아 금중(岑中)으로부터 큰 배를 타고 진한에 들어가서 호래 등을 맞이하여 데려갔다. 함께 항복한 무리 1,000여 명을 얻었는데, 다른 500명은 벌써 죽은 뒤였다. 염사치가 이때 진한에게 말하기를, "너희는 500명을 돌려보내라. 만약 그렇지 않으면 낙랑이 10,000명의 군사를 파견하여 배를 타고 와서 너희를 공격할 것이다"라고 하니, 진한은 "500명은 이미 죽었으니, 우리가 마땅히 그에 대한 보상을 치르겠습니다."하고는, 진한 사람 만 5,000명과 변한포 15,000필을 내놓았다. 치는 그것을 거두어 가지고 곧바로 돌아갔다. 낙랑군에서는 염사치의 공과 의를 표창하고, 관책(冠幘)과 전택(田宅)을 주었다. (『三國志』30 魏書 30 烏丸鮮卑東夷傳 高句麗)

23(癸未/신라 남해차차웅 20/고구려 대무신왕 6/백제 온조왕 41/新 地皇 4, 後漢 更始 1/倭 垂仁 52)

백제	봄 정월에 우보(右輔) 을음(乙音)이 죽었다. 부의 해루(解婁)를 우보로 임명하였다. 해루는 본래 부여 사람이었다. 그는 도량이 넓고 식견이 깊으며, 70세가 넘었으나, 체력이 강하여 등용한 것이다. (『三國史記』23 百濟本紀 1)
백제	춘정월에 백제의 우보 을음이 죽었다. 북부 해루가 대신하였다. 해루는 본래 부여인이다. 도량이 넓고 식견이 깊으며 나이가 70이 넘었으나 기력이 쇠하지 않았다. (『三國史節要』1)
백제	2월에 한수(漢水) 동북의 여러 부락 사람 중에서 나이 15세 이상 되는 자를 징발하여 위례성(慰禮城)을 수리하였다. (『三國史記』23 百濟本紀 1)
백제	2월에 백제에서 한수 동북의 여러 부락 사람 중에서 나이 15세 이상인 자를 징발하여 위례성을 수리하였다. (『三國史節要』1)
신라	가을에 태백이 태미(太微)에 들어갔다. (『三國史記』1 新羅本紀 1)
신라	가을에 신라에서 태백이 태미에 들어갔다. (『三國史節要』1)

24(甲申/신라 남해차차웅 21, 유리이사금 1/고구려 대무신왕 7/백제 온조왕 42/後漢 更始 2/倭 垂仁 53)

신라	가을 9월에 누리가 나타났다. (『三國史記』1 新羅本紀 1)
신라	가을 9월에 신라에 누리가 나타났다. (『三國史節要』1)
신라	(가을 9월) 왕이 돌아가셨다. 사릉원(蛇陵院) 안에 장사지냈다. (『三國史記』1 新羅本紀 1)
신라	(가을 9월) 신라 왕 남해가 돌아가셨다. 사릉원 안에 장사지냈다. (『三國史節要』1)
신라	南解居西干 (…) 21년 동안 나라를 다스리다가 지황(地皇) 4년 갑신년에 죽으니 이 임금을 3황(三皇)의 첫 번째라고들 이른다. 삼국사(三國史)에서 다음과 같이 이른다. 신라에서는 왕을 거서간(居西干)이라고 불렀으니 진(辰)나라 말로는 왕이란 말이며, 혹은 귀인(貴人)을 부르는 칭호라고도 한다. 혹은 차차웅(次次雄) 또는 자충(慈充)이라고 한다. 김대문(金大問)이 이르기를 "차차웅은 방언에 무당을 이름이다. 세상 사람들이 무당으로써 귀신을 섬기고 제사를 받들므로 이를 외경하다가 마침내 높은 어른을 자충이라 하였다. 또는 이사금(尼師今)이라고도 하였으니 잇금을 이른 말이다."라고 하였다. 처음에 남해왕(南解王)이 죽고 그 아들 노례(弩禮)가 왕위를 탈해(脫解)에게 사양하니 탈해가 말하기를 "내가 들으매 거룩하고 슬기로운 사람(聖智人)은 이가 많다더라." 하면서 곧 떡을 씹어 시험해 보았다. 예로부터 전하는 이야기가 이렇다. 혹은 또 마립간(麻立干)[립(立)은 혹 수(袖)라고도 쓴다]이라고도 하니

김대문(金大問)이 이르기를 "마립(麻立)이란 것은 방언에 말뚝(橛)이란 말이다. 궐표(橛標)는 직위에 맞추어 설치하므로 왕의 말뚝이 주장이 되고 신하의 말뚝은 아래로 벌려 서게 되므로 이렇게 이름을 지은 것이다."라고 하였다. 사론(史論)에 이르기를 "신라에서 거서간 또는 차차웅으로 부른 임금이 하나씩이요 이사금으로 부른 자가 열여섯이요 마립간으로 부른 자가 넷이다. 신라 말기의 이름난 유학자 최치원이 지은 제왕연대력(帝王年代曆)에는 모두 '아무 왕'이라 불렀고 거서간 등으로 부르지 않았으니 그 말이 어찌 비루하다 하여 칭하지 조차 않는단 말인가. 여기에 신라의 사적을 기록함에 있어서 방언들을 모두 그대로 두는 것도 역시 옳은 일일 것이다. 신라 사람들이 대개 추봉하여 갈문왕(葛文王)이라 일컬었으니 자세하지 않다. (『三國遺事』 1 紀異 1 第二南解王)

| 신라 | 유성공(劉聖公) 경시(更始) 원년 계미(癸未)에 즉위하였다[연표에는 갑신(甲申)년에 즉위하였다고 한다]. (『三國遺事』 1 紀異 2 第三弩禮王) |

신라 | 유리이사금(儒理尼師今)이 즉위했다. 남해(南解)의 태자이다. 어머니는 운제부인(雲帝夫人)이며 비(妃)는 일지갈문왕(日知葛文王)의 딸이다[혹은 비는 성(姓)이 박(朴)으로 허루왕(許婁王)의 딸이라 한다]. 원래 남해가 세상을 떠났을 때 유리가 즉위함이 마땅했으나, 대보(大輔) 탈해(脫解)가 평소에 덕망이 있다고 하여 그 위(位)를 미루어 양보하자 탈해가 말했다. "신기대보(神器大寶)는 용렬한 사람이 감당할 바가 못 된다. 내가 들으니 성스럽고 지혜로운 사람은 치아가 많다고 한다." 떡을 물어 시험해 보니 유리의 치아가 많았으므로, 좌우 사람들과 더불어 그를 받들어 세우니 이사금(尼師今)이라 칭했다. 옛 전승이 이와 같다. 김대문(金大問)은 말한다. "이사금은 방언(方言)으로서 임금을 가리킨다. 예전에 남해가 죽으려 할 때 아들 유리와 사위 탈해에게 '내가 죽으면 너희 박(朴)·석(昔) 두 성이 연장(年長)을 기준으로 위(位)를 잇도록 하라'고 말했다. 그 후 김성(金姓)도 일어나 3성이 연장을 기준으로 상호 간에 후계를 이었기 때문에 이사금이라 칭했다." (『三國史記』 1 新羅本紀 1)

신라 | (가을 9월) 태자 유리가 즉위하였다. 이사금이라고 불렀다. 처음에 남해가 세상을 떠났을 때 유리와 사위인 대보 탈해에게 말하기를, "내가 죽으면 너희 박·석 두 성이 나이 많은 순으로 왕위를 잇도록 하라"고 말했다. 남해왕이 죽자 유리는 탈해가 덕망이 있다고 하여 왕위를 사양하니 탈해가 말하기를, "신기는 큰 보배라서 용렬한 사람이 감당할 바가 못된다. 내가 들으니 성스럽고 지혜로운 사람은 치아가 많다고 하니 시험삼아 떡을 깨물어 보십시오"하였다. 유리의 치아가 많았다. 이에 좌우와 더불어 유리를 세우고 비로소 왕을 이사금이라 칭했다. 이사금은 방언에 치리(齒理)이다. (『三國史節要』 1)

신라 | 박 노례니질금[한편 유례왕(儒禮王)이라고도 한다]왕이 처음 매부(妹夫)인 탈해(脫解)에게 왕위를 양보하려 하자 탈해가 "대개 덕이 있는 사람이 이빨이 많다고 하니 이빨의 수로서 그것을 시험해 봅시다."라 하였다. 이에 떡을 물어 시험해 보니 왕의 이빨이 많았으므로 먼저 즉위하였다. 이로 인하여 니질금이라 하였으며 니질금의 칭호는 이 왕 때부터 시작되었다. 유성공(劉聖公) 경시(更始) 원년 계미(癸未)에 즉위하였다.[연표에는 갑신(甲申)년에 즉위하였다고 한다] (『三國遺事』 1 紀異 2 第三弩禮王)

백제 신라 남옥저

온조왕 42년에 남옥저 20여가가 신라에 투항해 왔다. (『三國遺事』 1 紀異 2 靺鞨渤海)

25(乙酉/신라 유리이사금 2/고구려 대무신왕 8/백제 온조왕 43/後漢 建武 1/倭 垂仁 54)

신라	봄 2월에 친히 시조묘(始祖廟)에 제사지냈다. 크게 사면하였다. (『三國史記』 1 新羅本紀 1)
신라	봄 2월에 신라왕이 친히 시조묘에 제사지냈다. 크게 사면하였다. (『三國史節要』 1)
고구려	봄 2월에 을두지(乙豆智)를 우보(右輔)로 삼고 군국(軍國)의 일을 맡겼다. (『三國史記』 14 高句麗本紀 2)
고구려	(봄 2월) 고구려에서 을두지를 우보로 삼고 군국의 일을 맡겼다. (『三國史節要』 1)
요동 맥	(건무 원년 4월) 풍이(馮異)와 구순(寇恂)이 격문을 보내 상황을 보고하였더니, 제장(諸將)들이 들어와서 축하였다. 때문에 존호를 올렸다. 장군(將軍)인 남양(南陽) 사람 마무(馬武)가 먼저 나아가서 말하였다. "대왕께서 비록 겸양을 지키며 물러나지만 종묘와 사직을 어떻게 하려고 하십니까? 마땅히 먼저 높은 자라에 오르시고 나서 정벌을 의논하십시오. 지금 이러한 상태에서는 누구를 도적이라 하면 달려가서 그를 칠 것입니까?" 왕이 놀라서 말하였다. "어찌하여 장군은 이런 말을 하는가? 목을 벨 수도 있소". 왕은 마침내 군사를 이끌고 계(薊)로 돌아갔다. 다시 오한(吳漢)에게 경엄(耿弇)·경단(景丹)등 13명의 장군을 인솔하고 우래(尤來) 등을 추격하도록 하니 목을 벤 것이 1만 3천여급이었다. 마침내 끝까지 추격하여 준미(浚靡)에까지 이르렀다가 돌아왔다. 도적들은 흩어져서 요서, 요동지역으로 들어갔다가 오환과 맥인에게 공격을 받아 대략 다 없어졌다. (『資治通鑑』 40 漢紀 32 世祖光武皇帝)
백제	가을 8월에 왕이 아산원(牙山原)에서 5일 동안 사냥하였다. (『三國史記』 23 百濟本紀 1)
백제	가을 8월에 백제왕이 아산원에서 5일동안 사냥하였다. (『三國史節要』 1)
백제	9월에 100여 마리의 기러기가 왕궁에 모였다. 일자(日者)가 말했다. "기러기는 백성의 상징이므로, 장차 먼 곳에서 사람이 와서 투탁할 것입니다."(『三國史記』 23 百濟本紀 1)
백제	9월에 백제의 왕궁에 기러기가 떼를 지어 모였다. 일자가 말했다. "기러기는 백성의 상징이므로, 장차 먼 곳에서 사람이 와서 투탁할 것입니다."(『三國史節要』 1)
백제 남옥저	겨울 10월에 남옥저의 구파해 등 20여가(家)가 부양(斧壤)에 이르러 귀순하였다. 왕은 이들을 받아들여 한산(漢山) 서쪽에 거주하도록 하였다. (『三國史記』 23 百濟本紀 1)
백제 남옥저	겨울 10월에 남옥저의 구파해 등 20여가가 부양에 이르러 귀순하였다. 백제 왕은 한산 서쪽에 거주하도록 하였다. (『三國史節要』 1)
낙랑	왕경(王景)의 자는 중통(仲通)으로 낙랑군 남한(誹邯) 사람이다. 8대조 할아버지는 왕중(王仲)인데 본래 낭야(琅邪) 불기(不其) 사람으로 도술을 좋아하여 천문에 밝았다. 여씨 일족들이 난을 일으키자 제애왕(齊哀王) 양이 군대를 일으키려 했는데, 왕중에게 자주 자문하였다. 제북왕 흥거(興居)가 반란을 일으키고 왕중에게 군사를 맡기려 하였다. 왕중은 화가 미칠까 두려워 하여 이에 바다 동쪽으로 건너 낙랑 산중으로 도망하여 이에 낙랑군에서 집안을 이루었다. 아버지 굉(閎)은 낙랑군의 삼로(三老)가 되었다. 갱시제(更始帝)가 패망할 무렵 토인 왕조(王調)가 낙랑군 태수 유헌(劉憲)을 죽이고 스스로 대장군 낙랑태수(大將軍·樂浪太守)라 칭하였다. (『後漢書』 76 循吏列傳 66 王景)

| 낙랑 | 낙랑대윤(樂浪大尹) 오관연(五官掾) 고춘인(高春印) (「高春印封泥」) |

26(丙戌/신라 유리이사금 3/고구려 대무신왕 9/백제 온조왕 44/後漢 建武 2/倭 垂仁 55)

| 고구려 개마국 | 겨울 10월에 왕이 친히 개마국(蓋馬國)을 정벌하여 그 왕을 죽이고 백성을 위로하여 안정시켰다. 노략질하지 못하게 하고 단지 그 땅을 군현으로 삼았다. (『三國史記』 14 高句麗本紀 2) |
| 고구려 개마국 | 겨울 10월에 고구려 왕이 개마국을 쳐서 그 왕을 죽이고 백성을 위로하여 안정시켰다. 노략질을 못하고 하고 그 땅을 군현으로 삼았다. (『三國史節要』 1) |

| 고구려 구다국 | 12월에 구다국(句茶國)의 왕이 개마가 멸망한 것을 듣고 해(害)가 자신에게 미칠 것을 두려워하여 나라를 들어 항복해왔다. 이로써 땅을 개척하여 점차 넓어졌다. (『三國史記』 14 高句麗本紀 2) |
| 고구려 구다국 | 12월에 구다국 왕이 개마국의 멸망 소식을 듣고 두려워하여 나라를 들어 항복해왔다. 고구려의 땅이 이로 말미암아 점차 넓어졌다. (『三國史節要』 1) |

27(丁亥/신라 유리이사금 4/고구려 대무신왕 10/백제 온조왕 45/後漢 建武 3/倭 垂仁 56)

| 고구려 | 봄 정월에 을두지(乙豆智)를 좌보(左輔)로 삼고, 송옥구(松屋句)를 우보(右輔)로 삼았다. (『三國史記』 14 高句麗本紀 2) |
| 고구려 | 봄 정월에 고구려에서 을두지를 좌보로 삼고, 송옥구를 우보로 삼았다. (『三國史節要』 1) |

| 백제 | 봄과 여름에 큰 가뭄이 들어 초목이 말랐다. (『三國史記』 23 百濟本紀 1) |
| 백제 | 봄과 여름에 백제에서 큰 가뭄이 들어 초목이 말랐다. (『三國史節要』 1) |

| 백제 | 겨울 10월에 지진이 있어서 백성들의 가옥이 기울거나 쓰러졌다. (『三國史記』 23 百濟本紀 1) |
| 백제 | 겨울 10월에 백제에서 지진이 있어서 백성들의 가옥이 허물어졌다. (『三國史節要』 1) |

28(戊子/신라 유리이사금 5/고구려 대무신왕 11/백제 온조왕 46, 다루왕 1/後漢 建武 4/倭 垂仁 57)

| 백제 | 또 시조 온조는 곧 동명의 셋째 아들이다. 몸이 크고 성품은 효성스러웠고 우애가 있었으며 말타기와 활쏘기를 잘 하였다. (『三國遺事』 2 紀異 2 南扶餘 前百濟 北扶餘) |

백제	봄 2월에 왕이 돌아가셨다. (『三國史記』 23 百濟本紀 1)
백제	봄 2월에 백제 시조 온조가 돌아가셨다. (『三國史節要』 1)
백제	다루왕(多婁王)은 온조왕의 맏아들이다. 그는 도량이 넓고 명망이 높았다. 온조왕 재위 28년에 태자가 되었고, 46년에 왕이 돌아가시자, 그 뒤를 이어 왕위에 올랐다. (『三國史記』 23 百濟本紀 1)
백제	(봄 2월) 태자 다루가 즉위하였다. 사람됨이 관후하고 위엄과 명망이 있었다. (『三國

고구려 가을 7월에 한의 요동태수가 병력을 거느리고 쳐들어왔다. 왕이 여러 신하를 모아 싸우고 지키는 계책을 물었다. 우보 송옥구가 말하기를, "신이 듣건대 덕을 믿는 자는 번창하고, 힘을 믿는 자는 망한다고 하였습니다. 지금 중국이 흉년이 들어서 도적이 봉기하였는데 병력을 출동시킨 것은 명분이 없습니다. 이는 임금과 신하들이 결정한 책략이 아니라 필시 변방 장수가 이익을 노려 멋대로 우리나라를 침략하는 것입니다. 하늘을 거역하고 인심에 어긋나니 군대는 반드시 성공할 수 없습니다. 험한 곳에 의지하여 기발한 계책을 내면 반드시 깰 수 있습니다."하였다. 좌보 을두지가 말하기를, "작은 적(敵)이 강해도, 큰 적에게 잡히는 법입니다. 신은 대왕의 병력과 한 나라의 병력을 비교하여 어느 쪽이 더 많을지 헤아려 보건대 계책으로는 정벌할 수 있지만 힘으로는 이길 수 없습니다."하였다. 왕이 "계책으로 정벌한다는 것은 어떻게 하는 것인가"고 물었다. 대답하기를 "지금 한의 병력이 멀리 와서 싸우므로 그 날카로운 기세를 당할 수 없습니다. 대왕께서는 성을 닫고 굳게 지키다가 저들의 군대가 피로해지기를 기다려서 나가 공격하면 될 것입니다."하였다. 왕은 그렇게 여기고 위나암성으로 들어가 수십일 동안 굳게 지켰는데, 한의 병력이 포위하여 풀어주지 않았다. 왕은 힘이 다하고 병사들이 피로하므로 을두지 에게 일러 말하기를, "형편이 지킬 수 없게 되어가니 어찌하면 좋은가"하였다. 두지가 말하기를, "한 나라 사람들은 우리가 돌로 된 땅이어서 물이 나는 샘이 없다고 말합니다. 이에 오래 포위하여 우리가 어려워지기를 기다리는 것입니다. 연못의 잉어를 잡아 수초에 싸서 맛있는 술 약간과 함께 한의 군대에 보내어 군사를 위로하십시오."하였다. 왕이 그 말을 따랐다. 글을 주어 말하기를, "과인이 우매하여서 상국(上國)에 죄를 얻어, 장군으로 하여금 백만 군대를 거느리고 우리 국경에 갑자기 나타나게 하였습니다. 두터운 뜻이 없이 문득 가벼운 물건을 드려 좌우에 이바지 하려고 합니다."하였다. 이에 한의 장수가 성 안에 물이 있어 갑자기 쳐서 빼앗을 수 없다고 생각하고 답하기를, "우리 황제가 나를 둔하다고 여기지 않고 영을 내려 군대를 출동시켜 대왕의 죄를 묻게 하였는데 국경에 다다른 지 열흘이 지나도록 요령을 얻지 못하였습니다. 이제 보내온 글을 보니 말이 도리를 따르고 또 공순하니 감히 핑계를 대지 않고 황제에게 보고하겠다."고 하였다. 마침내 군사를 이끌고 물러갔다. (『三國史記』 14 高句麗本紀 2)

고구려 가을 7월에 한의 요동 태수가 병력을 거느리고 고구려를 쳐들어왔다. 왕이 여러 신하를 모아 싸우고 지키는 계책을 물었다. 우보 송옥구가 말하기를, "신이 듣건대 덕을 믿는 자는 번창하고, 힘을 믿는 자는 망한다고 하였습니다. 지금 중국이 흉년이 들어서 도적이 봉기하였는데 아무 명분이 없이 군사를 내었으니, 이는 반드시 변방 장수가 이익을 노려 멋대로 우리나라를 침략하는 것입니다. 하늘을 거역하고 인심에 어긋나니 반드시 성공할 수 없습니다. 험한 곳에 의지하여 유격전을 벌인다면 반드시 패퇴시킬 것입니다."하였다. 좌보 을두지가 말하기를, "작은 적(敵)이 아무리 강해도, 결국에는 큰 적에게 포로가 되는 법입니다. 신이 헤아려 보건대 대왕의 군사와 한 나라의 군사 중 어느 쪽이 많겠습니까. 꾀로서 공격하는 것은 가하겠지만, 힘으로는 이길 수 없습니다."하였다. 왕이 말하기를, "꾀로써 공격한다면 어떻게 하는 것인가"고 물었다. 대답하기를, "지금 한의 군사는 멀리 와서 싸움을 걸으니 그 날카로운 기세를 당할 수 없습니다. 대왕께서는 성문을 닫고 굳게 지키다가 적군이 피로해지기를 기다려서 나가 공격하면 될 것입니다."하였다. 왕은 옳게 여기고 위나암성에 들어가 수십일 동안 굳게 지켰다. 그러나 한의 군사는 오히려 포위망을 풀지 않았다. 성 안에서는 힘이 다하고 군사들이 피로하므로 왕이 을두지에게 말하기를,

"지킬 수 없는 형세이니 어찌하면 좋은가"하였다. 을두지가 말하기를, "한나라 군사의 생각에는 우리 성이 암석 지대에 세워져 반드시 샘물이 없을 것이라고 여겨 오래 포위하여 우리가 피폐해지기를 기다리는 것입니다. 마땅히 연못의 물고기를 잡아 수초로 싸고 술과 함께 가지고 가서 한의 군사에게 호궤(犒饋)하는 것이 좋겠습니다."하였다. 이에 왕이 그대로 따랐다. 서신을 보내어 말하기를, "내가 어리석고 어두워서 상국(上國)에 죄를 지어, 장군으로 하여금 백만의 군사를 거느리고 우리 지경에 와서 폭로를 하게 하였습니다. 그 두터운 뜻에 보답할 길이 없기에 감히 변변치 못한 물건을 보내어 좌우에 이바지 하게 합니다."하였다. 이에 한의 장수가 성 안에 물이 있어 갑자기 함락시킬 수 없다고 생각하고 답하기를, "우리 황제가 나를 둔하다고 여기지 않고 군대를 출동시켜 죄를 묻게 하였는데, 이 곳에 와서 열흘이 지나도록 요령을 얻지 못하였습니다. 이제 보내온 서신을 보니 말이 온순하고 공손하니 돌아가 감히 이로써 보고하지 않을 수 있겠습니까."고 하였다. 마침내 군사를 이끌고 물러갔다. (『三國史節要』 1)

신라	겨울 11월에 왕이 나라 안을 순행(巡幸)하다가 추위와 굶주림으로 거의 죽어가는 할머니를 발견하고 말했다. "내가 보잘것없는 몸으로 왕위에 있으면서 백성들을 부양하지 못하여 노인과 어린 것들을 이렇게 극심한 상황에 처하게 만들었다. 이는 나의 죄이다." 왕이 옷을 벗어 덮어주고 음식을 주어 먹게 했다. 그리고 담당 기관에 명해 곳곳을 살펴 홀아비, 과부, 고아, 늙어 자식이 없는 사람과 늙고 병들어 스스로 살아갈 수 없는 자들에게 양식을 지급했다. 이를 듣고 오는 자가 많았다. 이 해에 백성들의 풍속이 즐겁고 평안하여 처음으로 도솔가(兜率歌)를 지었다. 이것이 가악(歌樂)의 시작이 되었다. (『三國史記』 1 新羅本紀 1)
신라	겨울 11월에 신라왕이 나라 안을 순행하다가 추위와 굶주림으로 거의 죽어가는 한 할머니를 발견하고 말했다. "내가 보잘것없는 몸으로 왕위에 있으면서 백성들을 부양하지 못하여 노인과 어린 것들을 이렇게 극심한 상황에 처하게 만들었다."하고 옷과 음식을 내려주었다. 이어서 담당 관리에게 명해 홀아비, 과부, 고아, 늙어 자식이 없는 사람과 늙고 병들어 스스로 살아갈 수 없는 자들을 진휼하게 하였다. 이웃 나라 백성들이 이를 듣고 오는 자가 많았다. 이 해에 백성들의 풍속이 즐겁고 평안하였으므로 도솔가를 지어 노래하게 하였다. (『三國史節要』 1)

29(己丑/신라 유리이사금 6/고구려 대무신왕 12/백제 다루왕 2/後漢 建武 5/倭 垂仁 58)

백제	봄 정월에 왕이 시조동명묘(始祖東明廟)에 배알하였다. (『三國史記』 23 百濟本紀 1)
백제	고기(古記)에 이르길, (…) 다루왕 2년 봄 정월에 시조동명묘에 배알하였고 책계왕 2년(287) 봄 정월, 분서왕 2년(299) 봄 정월, 계왕 2년(345) 여름 4월, 아신왕 2년(393) 봄 정월, 전지왕 2년(406) 봄 정월에 모두 위와 같이 행하였다. (『三國史記』 32 雜志 1 祭祀)
백제	봄 정월에 백제왕이 시조동명묘에 배알하였다. (『三國史節要』 1)
백제	2월에 왕이 남단(南壇)에서 천지에 제사지냈다. (『三國史記』 23 百濟本紀 1)
백제	고기(古記)에 이르길, 온조왕 20년(2) 봄 2월에 단을 설치하고 천지에 제사지냈고 (…) 다루왕 2년 봄 2월 (…) 모두 위와 같이 행하였다고 한다. (『三國史記』 32 雜志 1 祭祀)
백제	2월에 백제왕이 남단에서 천지에 제사지냈다. (『三國史節要』 1)
낙랑	건무 5년에 촉군서공(蜀郡西工)이 궁정용으로 월화목협저황구병(泥畵木俠紵黃釦餅)을 만들었다. 용량은 1승이다. 소△공(素△工) 안(安), 황구△(黃釦△) 공(工) 질공(氿

工) 황(黃) (…) 사(史)가 만들었다. △공졸사(工卒史)△ 장기(長記)∧ (…) (「建武 5年
銘 耳杯」)

30(庚寅/신라 유리이사금 7/고구려 대무신왕 13/백제 다루왕 3/後漢 建武 6/倭 垂仁 59)

낙랑 　　　처음에 낙랑인 왕조(王調)가 낙랑군에 거(據)하면서 항복하지 않았다. (『後漢書』 1 下
　　　　　　光武帝紀 1 下)

고구려 매구곡
　　　　　　가을 7월에 매구곡(買溝谷) 사람 상수(尙須)가 그 동생 위수(尉須) 및 사촌 동생 우
　　　　　　도(于刀) 등과 함께 투항해 왔다. (『三國史記』 14 高句麗本紀 2)
고구려 매구곡
　　　　　　가을 7월에 매구곡 사람 상수가 그 동생 위수 및 사촌 동생 간도(干刀) 등과 함께
　　　　　　고구려에 투항해 왔다. (『三國史節要』 1)

낙랑 　　　가을 9월 경자일(4)에 낙랑에서 모반하여 대역죄를 저질러 사형에 처한 사람 이하를
　　　　　　사면하였다. (『後漢書』 1 下 光武帝紀 1 下)
낙랑 　　　가을 낙랑태수 왕준(王遵)을 보내어 왕조를 쳤고 군리(郡吏)가 왕조(王調)를 죽이고
　　　　　　항복했다. (『後漢書』 1 下 光武帝紀 1 下)
낙랑 요동　건무 6년에 광무제가 낙랑태수 왕준을 보내어 진압하게 하였다. 왕준이 요동에 이르
　　　　　　자 굉(閎)과 군(郡)의 결조사(決曹史) 양읍(楊邑) 등이 함께 왕조를 죽이고 왕준을 맞
　　　　　　이하였다. 모두 열후(列侯)에 봉해졌으나, 왕굉이 홀로 관작을 사양하였다. 광무제가
　　　　　　기특하게 여겨 그를 불렀으나, 도중에 병으로 죽었다. (『後漢書』 76 循吏列傳 66
　　　　　　王景)

백제 말갈　겨울 10월에 동부 흘우(屹干)가 마수산(馬首山) 서쪽에서 말갈과 싸워 이겼다. 죽이
　　　　　　거나 생포한 것이 매우 많았다. 왕이 기뻐하여 흘우에게 말 10필과 벼 5백 석을 상
　　　　　　으로 주었다. (『三國史記』 23 百濟本紀 1)
백제 말갈　겨울 10월에 백제 동부 흘우가 마수산 서쪽에서 말갈과 싸워 이겼다. 죽이거나 생
　　　　　　포한 것이 매우 많았다. 왕이 기뻐하여 흘우에게 말 10필과 벼 5백 석을 상으로 주
　　　　　　었다. (『三國史節要』 1)

예맥 　　　후한(後漢) 건무(建武) 6년에 그 지역의 거수(渠帥)를 봉하여 현후(縣侯)로 삼았다.
　　　　　　모두 해마다 조공(朝貢)하였다. (『三國史節要』 1)
예 　　　　건무 6년에 동부도위의 관직을 폐지하고, 마침내 대령 동쪽의 지역을 포기한 뒤, 그
　　　　　　지역의 거수를 봉해 현후로 삼으니, 세시(歲時)마다 모두 와서 조하(朝賀)하였다.
　　　　　　(『後漢書』 85 東夷列傳 75 濊)
예 　　　　후에 동부도위의 관직을 폐지하고 그 지역의 거수를 봉해 후로 삼으니, 지금의 불내
　　　　　　예(不耐濊)가 모두 그 종족이다. 한말에 다시 고구려에 속하였다. (『三國志』 30 魏
　　　　　　書 30 烏丸鮮卑東夷傳 濊)
예 　　　　후한 광무 건무 6년에 예맥 거수 모두를 봉하여 현후로 삼았다. 모두 해마다 조하
　　　　　　하였다. (『通典』 185 邊防 1 東夷 上 濊)
예 　　　　후한 광무제가 예맥 거수를 봉하여 현후로 삼았다. 모두 해마다 조하하였다. (『太平
　　　　　　寰宇記』 172 四夷 1 東夷 1 濊國)

불내 화려 옥저

광무제 6년에 변경의 군을 줄였는데, 옥저의 동부도위도 이 때 폐지되었다. 그 후부터 현에 있던 우두머리로 모두 현후를 삼으니, 불내(不耐)·화려(華麗)·옥저(沃沮)등의 제현(諸縣)은 전부 후국(侯國)이 되었다. 이들 이적(夷狄)들은 서로 침공하여 싸웠으나, 오직 불내예후만이 오늘에 이르기까지 공조(功曹)·주부(主簿) 등의 제조(諸曹)를 두었는데, 예인(濊人)이 모두 그 직을 차지하였다. 옥저의 여러 읍락의 우두머리들은 스스로를 삼로(三老)라 일컬으니, 그것은 옛 한(漢)나라 현이었을 때의 제도이다. (『三國志』 30 魏書 30 烏丸鮮卑東夷傳 東沃沮)

예 옥저   (후한서 관지(官志)) 건무 6년에 도위(都尉)를 없앴다. 오직 변군(邊郡)이 국도위(國都尉)에 속하였다. 가끔 옛 것에 따랐다. 점점 현이 나누어졌고, 백성을 다스리는데 군과 비견되었다. (『玉海』 133 官制 屬國 都護 都督 漢五屬國[又見都尉])

옥저   (후한) 광무제 때에 이르러서는 도위의 관직을 없앴다. 이후부터는 그들의 우두머리를 봉하여 옥저후로 삼았다. (『後漢書』 85 東夷列傳 75 東沃沮)

불내 화려 옥저
        광무제에 이르러 그 거수를 현후로 삼았다. 불내·화려·옥저 여러 현을 모두 후국으로 삼았다. (『通典』 186 邊防 2 東夷 下 東沃沮)

불내 화려 옥저
        광무제에 이르러 그 거수를 현후로 삼았다. 불내·화려·옥저 여러 현을 모두 후국으로 삼았다. (『太平寰宇記』 175 四夷 4 東沃沮國)

예맥   (위지에서 말하였다) (…) 뒤에 도위(都尉)를 없애고 그 거수(渠帥)를 후(侯)로 삼았다. 지금의 불내예(不耐濊)가 모두 그 종족이다. (…) (『太平御覽』 780 四夷部 1 東夷 1 濊貊)

옥저   (후동이전) (…) 광무제 때 도위관(都尉官)을 혁파하였다. 그 거수를 옥저후(沃沮侯)로 봉하였다. (『玉海』 131 官制 牧守[令長附] 漢都尉 三輔都尉[見內史] 西部都尉府 玉門關候)

31(辛卯/신라 유리이사금 8/고구려 대무신왕 14/백제 다루왕 4/後漢 建武 7/倭 垂仁 60)

백제 말갈   가을 8월에 고목성 곤우(昆優)가 말갈과 싸워 크게 이겼다. 200여 명의 머리를 베었다. (『三國史記』 23 百濟本紀 1)

백제 말갈   가을 8월에 백제 고목성의 곤우가 말갈과 싸워 크게 이겼다. 200여 명의 머리를 베었다. (『三國史節要』 1)

백제   9월에 왕이 횡악(橫岳) 아래에서 사냥하다가 두 마리의 사슴을 연이어 적중시켰다. 많은 사람들이 감탄하고 칭찬하였다. (『三國史記』 23 百濟本紀 1)

백제   9월에 백제왕이 횡악 아래에서 사냥하였다. (『三國史節要』 1)

고구려   겨울 11월에 천둥은 치는데, 눈은 오지 않았다. (『三國史記』 14 高句麗本紀 2)
고구려   겨울 11월, 고구려에 천둥은 치는데, 눈은 오지 않았다. (『三國史節要』 1)

낙랑   건무 7년에 촉군서공(蜀郡西工)이 궁정용으로 주월목협저황△이부(主泪木俠紵黃△耳桮)를 만들었다. 용량은 1두(斗) 2합(合)이다. 소공(素工) ?,   공(氵未工) 중(仲), 황이도공(黃耳塗工) 안(安), 질공(氵七工) 고풍(高沸), 청공(淸工) 전(陉), 화공(畵工) 전(田), 월공(泪工) 정(定), 조공(造工) 충(忠)이 만들었다. △공졸사(△工卒史) 각(刻) ?신문정(辰紋正)??? 영사(令史)??가 주관하였다. (「建武 7年銘 耳杯」)

낙랑   건무 7년에 촉군서공이 승여구월△장부?(乘輿臼泪△丈扶?)를 만들었다. 황이공(黃耳工) 석(石), 질공 황(黃), 청공 △, 주공(主工) ?, 월공 ?, 조공 충이 만들었다. 호공

△진(護工△振)???환(丸)? 영사(令史)?주관하였다. (「建武 7年銘 耳杯」)

낙랑 건무 7년에 촉군서공이 △△△월조△△△황二△(△△△汨造△△△黃二△) (…) 공충, 황이공 ?, 질공 광(廣), 청△, 화공 용(用), 월공 자(字), 조공 사(史)가 만들었다. 호공졸사(護工卒史) 고(庫), △범(△氾)??, 용연(用延) 영사 소(沼)가 주관하였다. (「建武 7年銘 耳杯」)

32(壬辰/신라 유리이사금 9/고구려 대무신왕 15/백제 다루왕 5/後漢 建武 8/倭 垂仁 61)

고구려 봄 3월에 대신 구도(仇都)·일구(逸苟)·분구(焚求) 등 세 사람을 쫓아내어 서인(庶人)으로 삼았다. 이 세 사람은 비류부장(沸流部長)이 되었는데, 본래 욕심이 많고 야비하여, 남의 처첩·우마·재화를 빼앗고 자기하고 싶은 대로 하여, 주지 않는 자가 있으면 그를 매질하였으므로 사람들이 모두 분하고 원망스럽게 여겼다. 왕이 이 말을 듣고 그들을 죽이고자 하였으나, 동명왕의 옛 신하였던 까닭에 차마 극형에 처하지 못하고 내쫓았을 뿐이었다. 마침내 남부(南部) 사자(使者) 추발소(鄒敎素)로 하여금 대신 부장을 삼았다. 발소가 부임하여 별도로 큰 집을 짓고 거처하였는데, 구도 등 죄인을 당(堂)에 오르지 못하게 하였다. 구도 등이 앞에 나와 고하기를, "저희들은 소인이어서 왕법을 범하여 부끄럽고 후회스러움을 이기지 못하겠습니다. 원컨대 공께서 과오를 용서하여 스스로 새롭게 할 수 있도록 해주시면 죽어도 한이 없겠습니다."하였다. 발소가 그들을 끌어 올려 같이 앉아 말하기를, "사람이 허물이 없을 수 없습니다. 허물을 고칠 수 있으면 선(善)함이 막대한 것입니다."고 하고, 그들과 더불어 친구가 되었다. 구도 등이 감격하고 부끄러워서 다시는 악을 행하지 않았다. 왕이 이 말을 듣고 말하기를, "발소가 위엄을 쓰지 않고 지혜로써 악을 징계할 수 있으니 가히 능력이 있다고 말할 수 있다."고 하고는 성(姓)을 주어 대실씨(大室氏)라 하였다. (『三國史記』14 高句麗本紀 2)

고구려 3월에 고구려에서 대신 구도·일구·분영을 폐하여 서인으로 삼았다. 처음에 구도 등 3인이 비류부장이 되었는데, 성품이 탐학하고 비루하여 남의 처첩과 재물을 제멋대로 빼앗고 혹여 주지 않는 자가 있으면 채찍으로 때리기도 하였으므로 사람들이 모두 분하고 원망스러움을 품었다. 왕이 이 말을 듣고 죽이려 하다가 시조의 옛 신하였던 까닭에 차마 극형에 처하지 못하고 내쫓았을 뿐이었다. 그리고 남부 사자 추발소에게 그 직임을 대신하게 하였다. 추발소가 임소에 가서 큰 집을 만들어 구도 등 3인을 거기서 함께 거처하게 하고 당 위에는 오르지 못하게 하였다. 이에 그들 3인이 추발소 앞에 나와 사죄하기를, "우리 소인의 무리들이 국법을 범하였으니 부끄럽고 후회스러움을 금하지 못하겠습니다. 공이 우리의 허물을 용서하고 스스로 새롭게 할 수 있도록 길을 열어주시면 죽어도 한이 없겠습니다."하였다. 추발소가 그들을 당 위에 끌어 올려 함께 앉아 말하기를, "사람이 누구인들 허물이 없겠소. 허물을 있으면 선(善)함이 막대한 것입니다."하고, 이내 벗되기를 허락하였다. 구도 등이 감격하고 부끄러워 다시는 악을 행하지 않았다. 왕이 이 말을 듣고 말하기를, "발소가 위엄을 쓰지 않고 지혜로써 악을 징계할 수 있으니 가히 능력이 있다고 말할 수 있다."고 하고는 성(姓)을 주어 대실씨(大室氏)라 하였다. (『三國史節要』1)

신라 봄에 육부(六部)의 이름을 고치고 성(姓)을 하사했다. 양산부(楊山部)는 양부(梁部)가 되었으니, 성은 이(李)였다. 고허부(高墟部)는 사량부(沙梁部)가 되었으니, 성은 최(崔)였다. 대수부(大樹部)는 점량부(漸梁部)[모량(牟梁)이라고도 한다]가 되었으니, 성은 손(孫)이었다. 간진부(干珍部)는 본피부(本彼部) 가 되었으니, 성은 정(鄭)이었다. 가리부(加利部)는 한기부(漢祇部)가 되었으니, 성은 배(裵)였다. 명활부(明活部)는 습비부(習比部)가 되었으니 성은 설(薛)이었다. 아울러 관(官)을 설치하니, 모두 17등이었다. 첫째는 이벌찬(伊伐飡), 둘째는 이척찬(伊尺飡), 셋째는 잡찬(迊飡) , 넷째는 파진찬(波珍飡), 다섯째는 대아찬(大阿飡), 여섯째는 아찬(阿飡), 일곱째는 일길찬(一吉飡), 여덟째는 사찬(沙飡), 아홉째는 급벌찬(級伐飡), 열째는 대나마(大奈麻), 열한째는 나마(奈麻), 열두째는 대사(大舍), 열셋째는 소사(小舍), 열네째는 길사(吉士), 열다섯째는 대오(大烏), 열여섯째는 소오(小烏), 열일곱째는 조위(造位)였다. 왕이 육부를 모두 정하고 이를 둘로 갈라 왕녀 두 사람으로 하여금 각기 부내(部內)의 여자를 거느리고 무리를 나누게 했다. 가을 7월 16일부터 매일 일찍 큰 부(部)의 뜰에 모여 마포(麻布)를 짜고 밤 10시에 파했다. 8월 15일에 이르러 그 공의 많고 적음을 가려 진 편에서는 술과 음식을 내어 이긴 편에 사례했다. 이에 노래하고 춤추며 온 갖 놀이를 즐겼으니 이를 가배(嘉俳)라 불렀다. 이때 진 편의 한 여자가 일어나 춤추고 읊조려 "회소(會蘇) 회소"라 하니, 그 소리가 애처롭고도 우아했다. 후세 사람들이 그 소리로 노래를 만들어 회소곡(會蘇曲)이라 이름했다. (『三國史記』1 新羅本紀 1)

신라 　유리왕(儒理王) 9년(32)에 17등급을 두었다. 첫째는 이벌찬[혹은 이벌간, 우벌찬(于伐飡), 각간, 각찬, 서발한, 서불감이라고도 한다]이다. 둘째는 이척찬[혹은 이찬이라고도 이른다]이다. 셋째는 잡찬[혹은 잡판 혹은 소판이라고도 한다]이다. 넷째는 파진찬[혹은 해간 혹은 파미간이라고도 한다]이다. 다섯째는 대아찬이다. 이벌찬부터 대아찬까지만이 오직 진골을 받을 수 있다. 여타의 종통은 즉 불가하다. 여섯째는 아찬[혹은 아척간 혹은 아찬이라고도 한다]이다. 중아찬부터 사중아찬까지 있다. 일곱째는 일길찬[혹은 을길간이라고도 한다]이다. 여덟째는 사찬[혹은 살찬 혹은 사돌간이라고도 한다]이다 아홉째는 급벌찬[혹은 급찬 혹은 급벌간이라고도 한다]이다. 열째는 대나마[혹은 대나말이라고도 한다]이다. 중나마부터 구중나마까지 있다. 열한째는 나마[혹은 나말이라고도 한다]이다. 중나마로부터 칠중나마까지 있다. 열두째는 대사[혹은 한사라고도 한다]이다. 열셋째는 사지[혹은 소사라고도 한다]이다. 열넷째는 길사[혹은 계지, 길차라고도 한다]이다. 열다섯째는 대오[혹은 대오지라고도 한다]이다. 열여섯째는 소오[혹은 소오지라고도 한다]이다. 열일곱째는 조위[혹은 선저지라고도 한다]이다. (『三國史記』38 雜志 7 職官 上)

신라 　노례왕(弩禮王) 9년에 비로소 육부의 이름을 고쳤고 또 6성을 내렸다. 지금 세간에는 중흥부(中興部)를 모(母)로 하고 장복부(長福部)를 부(父)로 하고 임천부(臨川部)를 자(子)로 하고 가덕부(加德部)를 여(女)로 하였다. 그 실상은 자세하지 않다. (『三國遺事』1 紀異 2 新羅始祖 赫居世王)

신라 　봄에 6부의 이름을 고치고 성을 하사했다. 양산부는 양부가 되었으니 성은 이였다. 고허부는 사량부가 되었으니 성은 최였다. 대수부는 점량부[모량이라고도 한다]가 되었으니, 성은 손이었다. 간진부는 본피부가 되었으니, 성은 정이었다. 가리부는 한기부가 되었으니, 성은 배였다. 명활부는 습비부가 되었으니, 성은 설이었다. 왕이 육부를 모두 정하고 이를 둘로 갈라 왕녀 두 사람으로 하여금 각기 부내(部內)의 여자를 거느리고 무리를 나누게 했다. 가을 7월 16일부터 매일 일찍 큰 부의 뜰에 모여 마포를 짜고 밤 10시에 파했다. 8월 15일에 이르러 그 공의 많고 적음을 가려 진 편에서는 술과 음식을 내어 이긴 편에 사례했다. 이에 노래하고 춤추며 온갖 놀이를 즐겼으니, 이를 가배라 불렀다. 이때 진 편의 한 여자가 일어나 춤추고 읊조려 "회소 회소"라 하니, 그 소리가 애처롭고도 우아했다. 후세 사람들이 그 소리로 노래를 만들어 회소곡이라 이름했다. (『三國史節要』1)

신라 　(봄) 신라에서 17등 관직을 설치하였다. 첫째는 이벌찬(伊伐飡)[혹은 이벌간(伊罰干)이라고 하며 혹은 간벌찬(干伐飡)이라고 하고 혹은 각간(角干)이라고 하며 혹은 각찬(角粲)이라고 하며 혹은 서발한(舒發翰)이라고도 하며 혹은 서불감(舒弗邯)이라고도 한다], 둘째는 이척찬(伊尺湌)[혹은 이찬(伊湌)이라고도 한다], 셋째는 잡찬(迊湌)[혹은 잡판(迊判)이라고 하며 혹은 소판(蘇判)이라고도 한다], 넷째는 파진찬(波珍湌)[혹은 해간(海干)이라고 하며 혹은 파미간(破彌干)이라고도 한다], 다섯째는 대아찬(大阿湌), 대아찬으로부터 이벌찬에 이르기까지 오직 진골에게만 제수하는데 진골은 왕족이었다. 여섯째는 아찬(阿湌)[혹은 아척간(阿尺干)이라고 하며 혹은 아찬(阿粲)이라고도 한다], 중아찬으로부터 사중아찬까지 있다. 일곱째는 일길찬(一吉湌)[혹은 을길간(乙吉干)이라고도 한다], 여덟째는 사찬(沙湌)[혹은 살찬(薩湌)이라도 하며 혹은 사졸간(沙咄干)이라고도 한다], 아홉째는 급벌찬(級伐湌)[혹은 급찬(級湌)이라도 하며 혹은 급벌간(及伐干)이라고도 한다], 열째는 대나마(大奈麻)[혹은 다내말(大柰末)이라고도 한다], 중나마로부터 구중나마까지 있다. 열한째는 나마(奈麻)[혹은 내말(柰末)이라고 한다], 중나마로부터 칠중나마까지 있다. 열두째는 대사(大舍)[혹은 한사(韓舍)라고도 한다], 열셋째는 소사(小舍)[혹은 소사(小舍)라고도 한다], 열네째는 길사(吉士)[혹은 계지(稽知)라고도 하며 혹은 길차(吉次)라고도 한다], 열다섯째는 대오(大烏)[혹은 대오지(大烏知)라고 한다], 열여섯째는 소오(小烏)[혹은 소오지(小烏知)라고도 한다], 열일곱째는 조위(造位)였다[혹은 선저지(先沮知)라고도 한다]. (『三國史節要』1)

고구려 옥저 낙랑

　　여름 4월에 왕자 호동(好童)이 옥저(沃沮)로 놀러 갔을 때 낙랑왕(樂浪王) 최리(崔理)가 출행하였다가 그를 보고서 묻기를, "그대의 얼굴을 보니 보통사람이 아니구나. 어찌 북국 신왕(神王)의 아들인가"하고는 마침내 함께 돌아와 딸을 아내로 삼게 하였다. 뒤에 호동이 나라로 돌아와 몰래 사람을 보내 최씨 딸에게 알려서 말하기를, "만일 그대 나라의 무기고에 들어가 북과 뿔피리를 찢고 부수면 내가 예로써 맞이할 것이고 그렇지 않으면 맞이하지 않을 것이다."하였다. 이에 앞서 낙랑에는 북과 뿔피리가 있어서 적의 병력이 침입하면 저절로 울었다. 그런 까닭에 이를 부수게 한 것이다. 이에 최씨 딸이 예리한 칼을 가지고 몰래 창고에 들어가 북의 면(面)과 뿔피리의 주둥이를 쪼개고 호동에게 알렸다. 호동이 왕에게 권하여 낙랑을 습격하였다. 최리는 북과 뿔피리가 울리지 않아 대비하지 못하였다. 우리 병력이 갑자기 성 밑에 도달한 연후에야 북과 뿔피리가 모두 부서진 것을 알았다. 마침내 딸을 죽이고 나와서 항복하였다[혹은 말하기를, "낙랑을 멸하려고 청혼을 해서 그 딸을 데려다 며느리로 삼고, 후에 본국으로 돌아가서 병기와 기물을 부수게 하였다."고 한다]. (『三國史記』14 高句麗本紀 2)

고구려 옥저 낙랑

　　여름 4월에 고구려 왕자 호동이 옥저로 놀러 갔을 때 낙랑왕 최리가 마침 보고 호동에게 이르기를, "그대의 얼굴을 보니 보통사람이 아니구나. 어찌 북국 신왕(神王)의 아들이 아닌가"하고는 마침내 함께 돌아와 그 딸을 아내로 맞이하게 하였다. 뒤에 호동이 장차 돌아올 즈음 그 아내에게 몰래 말하기를, "만일 그대가 무기고에 들어가 북과 뿔피리를 찢어버린다면 내가 그대를 예로써 맞이할 것이다."하였다. 앞서 낙랑에는 이상한 북과 뿔피리가 있어서 만약 적병이 쳐들어 오면 고각이 저절로 울었다. 때문에 호동이 찢도록 시킨 것이다. 이에 최리의 딸이 몰래 무고에 들어가 북의 피면을 뿔피리의 주둥이를 깨뜨리고 호동에게 알렸다. 호동이 부왕에게 권하여 낙랑을 습격하였다. 최리는 북과 뿔피리가 울리지 않아 대비하지 못하였다. 고구려 군사가 갑자기 성 밑에 도달한 연후에야 북과 뿔피리가 모두 부서진 것을 알았다. 마침내 딸을 죽이고 나와서 항복하였다. (『三國史節要』1)

고구려	겨울 11월에 왕자 호동이 자살하였다. 호동은 왕의 둘째 부인인 갈사왕의 손녀에게서 태어났다. 얼굴이 아름답고 고와 왕이 그를 매우 사랑하였던 까닭에 호동이라 이름을 지었다. 대를 이을 자리를 빼앗아 태자가 될 것을 염려하여 첫째 왕비가 왕에게 참소하여 말하기를, "호동이 저를 예로써 대하지 않으니 아마 저에게 음란한 짓을 행하려는 것 같습니다."고 하였다. 왕이 말하기를, "다른 사람의 아이라고 미워하는 것입니까"라고 하니, 왕비가 왕이 믿지 않는 것을 알고, 화가 미칠 것을 두려워하여 울면서 말하기를, "청컨대 대왕께서 몰래 살펴보시고, 만일 이런 일이 없다면 첩이 스스로 죽을 죄를 진 것으로 목숨을 바치겠습니다."고 하였다. 이에 왕이 의심하지 않을 수 없어 장차 죄를 주려고 하였다. 혹자는 호동에게 일러 말하기를, "그대는 어찌 스스로 해명하지 않는가"하고 하였다. 대답하기를, "내가 만일 해명을 하면 이는 어머니의 악함을 드러내어 왕께 근심을 끼치는 것이니, 가히 효도라고 할 수 있겠습니까"하고, 곧 칼에 엎드려 죽었다. 논하여 말한다. 지금 왕이 헐뜯는 말을 믿고 사랑하는 아들을 죄도 없이 죽였으니, 그가 어질지 못한 것은 족히 말할 것도 없다. 그러나 호동도 죄가 없다고 할 수 없다. 왜냐하면 아들이 아버지의 꾸지람을 들을 때에는 마땅히 순(舜)이 고수(瞽瞍)에게 한 것같이 하여 회초리는 맞고 몽둥이는 달아나서, 아버지가 불의에 빠지지 않도록 하여야 한다. 호동이 이렇게 할 줄을 알지 못하여 마땅하지 않은 상황에서 죽으니 작은 일을 경계하는 데 집착하여 대의에 어두웠다고 할 수 있다. 그것이 공자(公子) 신생(申生)과 비슷하다고 할까. (『三國史記』14 高句麗本紀 2)
고구려	겨울 11월에 고구려 왕자 호동이 자살하였다. 처음에 고구려왕이 갈사왕의 손녀를 맞아 비로 삼아 호동을 낳았다. 용모가 매우 아름다워 왕이 총애하였으므로 호동이라고 이름 하였다. 그런데 첫째 왕비가 적자의 자리를 그에게 빼앗길까 염려하여 왕에게 참소하여 말하기를, "호동이 첩에게 무례한 짓을 하려고 합니다."고 하였다. 왕이 말하기를, "호동이 다른 여인의 소생이라서 그대가 미워하는 것입니까"라고 하니, 왕비가 다시 울면서 말하기를, "청컨대 대왕은 비밀히 살피소서. 첩의 말이 만약 사실이 아니라면 첩이 당연히 죄를 받겠습니다"고 하였다. 이에 왕이 의심하지 않을 수 없어 장차 호동에게 죄를 주려고 하였다. 어느 사람이 호동에게 이르기를, "그대는 어찌하여 스스로 변명하지 않는가" 라고 하였다. 호동이 말하기를, "내가 만일 변명한다면 이는 어머니의 악함을 드러내어 부왕에게 근심을 끼쳐드리는 것이니 어찌 효라고 할 수 있겠습니까"하고, 곧 칼에 엎드려 죽었다. 김부식은 논한다. 지금 왕이 헐뜯는 말을 믿고 사랑하는 아들을 죄도 없이 죽였으니, 그가 어질지 못한 것은 족히 말할 것도 없다. 그러나 호동도 죄가 없다고 할 수 없다. 왜냐하면 아들이 아버지의 꾸지람을 들을 때에는 마땅히 순이 고수에게 한 것같이 하여 회초리는 맞고 몽둥이는 달아나서, 아버지가 불의에 빠지지 않도록 하여야 한다. 호동이 이렇게 할 줄을 알지 못하여 마땅하지 않은 상황에서 죽으니 작은 일을 경계하는 데 집착하여 대의에 어두웠다고 할 수 있다. 그것이 공자(公子) 신생(申牛)과 비슷하다고 할까. (『三國史節要』1)
고구려	12월에 왕자 해우(解憂)를 세워 태자로 삼았다. (『三國史記』13 高句麗本紀 1)
고구려	12월에 고구려왕이 아들 해우를 세워 태자로 삼았다. (『三國史節要』1)
고구려	(12월) 사신을 한(漢)에 들여보내 조공하였다. 광무제(光武帝)가 그 왕호를 회복시켰다. 이때가 건무(建武) 8년이다. (『三國史記』13 高句麗本紀 1)
고구려	(12월) 한에 사신을 보내 조공하였다. 한 황제가 왕호를 회복시켰다. (『三國史節要』1)
고구려	(12월) 고구려 왕이 사신을 보내어 공물을 바쳤다. (『後漢書』1 下 光武帝紀 1 下)

고구려	(건무 8년) 12월에 고구려 왕이 사신을 보내어 조공하였다. 광무제가 다시 ㄱ 왕호를 사용하게 하였다. (『資治通鑑』42 漢紀 34 世祖光武皇帝)
고구려	(본기) 광무 건무 8년 12월에 고구려왕이 사신을 보내어 공물을 바쳤다. (『玉海』 152 朝貢 外夷來朝 漢高麗奉貢 內屬 紀)
고구려	건무 8년에 고구려가 사신을 보내어 조공하므로, 광무제가 그 왕호를 회복해 주었다. (『後漢書』85 東夷列傳 75 高句驪)
고구려	후한 광무제 8년에 고구려왕이 사신을 보내어 조공하면서 비로소 왕의 칭호를 사용하게 되었다. (『三國志』30 魏書 30 烏丸鮮卑東夷傳 高句麗)
고구려	광무제 8년에 고구려왕이 사신을 보내어 조공하면서 비로소 왕호를 칭하게 되었다. (『梁書』54 列傳 48 諸夷 東夷 高句驪)
고구려	광무제 건무 8년에 고구려가 사신을 보내어 조공하였다. (『北史』94 列傳 82 高麗)
고구려	왕망(王莽)이 고려 군사를 출동시켜 흉노(匈奴)를 치려고 했으나 가지 아니하매 왕을 낮추어 후(侯)로 삼으니, 이 때문에 고려 사람들이 더욱 그의 국경을 침범했다. (『高麗圖經』1 建國 始封)
고구려	(후한 광무 건무) 8년 고구려후가 사신을 보내어 조공하였다. 이보다 앞서 왕망이 고구려후로 이름을 고쳤다. 이에 맥인이 변경을 침략함이 더욱 심했다. 이 때에 이르러 사신을 보내어 조공하자 광무제가 그 왕호를 회복시켰다. (『册府元龜』963 外臣部 8 封册 1)
고구려	광무 건무 8년에 고구려가 사신을 보내어 조공하자 광무제가 그 왕호를 회복시켰다. (『通典』186 邊防 2 東夷 下)
고구려	광무제 건무 8년 고구려가 사신을 보내어 조공하자 광무제가 그 왕호를 회복시켰다. (『太平寰宇記』173 四夷 2 東夷)
고구려	(동이전) 건무 8년에 고구려가 사신을 보내어 조공하자 광무제가 그 왕호를 회복시켰다. (『玉海』152 朝貢 外夷來朝 漢高麗奉貢 內屬)

33(癸巳/신라 유리이사금 10/고구려 대무신왕 16/백제 다루왕 6/後漢 建武 9/倭 垂仁 62)

백제	봄 정월에 왕의 맏아들 기루(己婁)를 태자로 삼고 죄수를 크게 사면하였다. (『三國史記』23 百濟本紀 1)
백제	봄 정월에 백제왕의 맏아들 기루를 세워 태자로 삼고 죄수를 크게 사면하였다. (『三國史節要』2)
백제	2월에 남쪽 주군(州郡)에 명령하여 처음으로 논에서 쌀농사를 짓도록 하였다. (『三國史記』23 百濟本紀 1)
백제	2월에 백제에서 나라의 남쪽 주군에 명령하여 처음으로 논에서 쌀농사를 짓도록 하였다. (『三國史節要』2)

34(甲午/신라 유리이사금 11/고구려 대무신왕 17/백제 다루왕 7/後漢 建武 10/倭 垂仁 63)

백제	봄 2월 우보(右輔) 해루(解婁)가 죽었는데 나이 90세였다. 동부(東部)의 흘우(屹于)를 우보로 삼았다. (『三國史記』23 百濟本紀 1)
백제	봄 2월 백제의 우보 해루가 죽으니 나이가 90세였다. 동부의 흘우로 이를 대신하게 하였다. (『三國史節要』2)
백제	여름 4월 동방에 붉은 기운이 있었다. (『三國史記』23 百濟本紀 1)
백제	여름 4월 백제 동방에 붉은 기운이 있었다. (『三國史節要』2)

신라	(1~5월) 서울에서 땅이 갈라지고 샘물이 솟아 나왔다. (『三國史記』1 新羅本紀 1)
신라	신라 서울에 땅이 갈라지고 샘물이 솟아 나왔다. (『三國史節要』2)

신라	여름 6월 큰 홍수가 났다. (『三國史記』1 新羅本紀 1)
신라	6월 신라에 큰 홍수가 났다. (『三國史節要』2)

백제 말갈   가을 9월 말갈이 마수성(馬首城)을 공격하여 함락시키고 불을 놓아 백성들의 가옥을 불태웠다. (『三國史記』23 百濟本紀 1)

백제 말갈   가을 9월 말갈이 백제의 마수성을 공격하고 불태웠다. (『三國史節要』2)

백제 말갈   겨울 10월 (말갈이) 또 병산책(甁山柵)을 습격하였다. (『三國史記』23 百濟本紀 1)

백제 말갈   겨울 10월 말갈이 백제의 병산책을 습격하였다. (『三國史節要』2)

35(乙未/신라 유리이사금 12/고구려 대무신왕 18/백제 다루왕 8/後漢 建武 11/倭 垂仁 64)

36(丙申/신라 유리이사금 13/고구려 대무신왕 19/백제 다루왕 9/後漢 建武 12/倭 垂仁 65)

신라 낙랑   가을 8월 낙랑이 북쪽 변경을 침범하여 타산성(朶山城)을 공격하여 함락시켰다. (『三國史記』1 新羅本紀 1)

신라 낙랑   가을 8월 낙랑이 신라의 북쪽 변경을 침범하여 디산성을 공격해 함락시켰다. (『三國史節要』2)

37(丁酉/신라 유리이사금 14/고구려 대무신왕 20/백제 다루왕 10/後漢 建武 13/倭 垂仁 66)

백제   겨울 10월 우보(右輔) 흘우(屹于)를 좌보(左輔)로 삼고 북부(北部)의 진회(眞會)를 우보로 삼았다. (『三國史記』23 百濟本紀 1)

백제   겨울 10월 백제가 우보 흘우를 좌보로 삼고 북부의 진회를 우보로 삼았다. (『三國史節要』2)

백제   11월 지진이 나는 소리가 우레와 같았다. (『三國史記』23 百濟本紀 1)

백제   11월 백제에서 지진이 나는 소리가 우레와 같았다. (『三國史節要』2)

신라 고구려 낙랑
    고구려왕 무휼(無恤)이 낙랑을 습격하여 멸망시키니 그 나라 사람 오천명이 와서 투항하자 6부에 나눠 살게 하였다. (『三國史記』1 新羅本紀 1)

고구려 낙랑   왕이 낙랑을 습격하여 멸망시켰다. (『三國史記』14 高句麗本紀 2)

신라 고구려 낙랑
    고구려가 낙랑을 멸망시키자 낙랑인 5천명과 대방사람들이 신라에 투항하였는데, 신라가 이들을 6부에 나눠 살게 하였다. (『三國史節要』2)

낙랑 대방 신라
    (국사에 이르기를) 또 제3대 노례왕(弩禮王) 4년에 고려의 제3대 무휼왕이 낙랑을 정벌하여 멸망시켰는데, 그 나라 사람들과 대방[북대방(北帶方)이다]사람들이 신라에 투항하였다. (『三國遺事』1 紀異 2 樂浪國)

북대방 신라 낙랑
    북대방은 본래 죽담성(竹覃城)인데, 신라 노례왕 4년에 대방사람들이 낙랑인들과 함께 신라에 투항하였다. [이는 모두 한나라가 설치한 2군의 이름이다. 그 후에 나라를 참칭하였고 이제 와서 항복한 것이다] (『三國遺事』1 紀異 2 北帶方)

38(戊戌/신라 유리이사금 15/고구려 대무신왕 21/백제 다루왕 11/後漢 建武 14/倭 垂仁 67)

백제	가을 곡식이 영글지 못해 백성들이 사사로이 술을 빚는 것을 금했다. (『三國史記』 23 百濟本紀 1)
백제	가을 백제가 백성들이 술을 빚는 것을 금했다. (『三國史節要』 2)
백제	겨울 10월 왕이 동서 양 부에 순행하여 위무하고 가난하여 자력으로 생활할 수 없는 이들에게 일인당 곡식 두 섬을 주었다. (『三國史記』 23 百濟本紀 1)
백제	겨울 10월 백제왕이 동서 양 부에 순행하여 위무하고 가난하여 자력으로 생활할 수 없는 이들에게 일인당 곡식 두 섬을 주었다. (『三國史節要』 2)

39(己亥/신라 유리이사금 16/고구려 대무신왕 22/백제 다루왕 12/後漢 建武 15/倭 垂仁 68)

40(庚子/신라 유리이사금 17/고구려 대무신왕 23/백제 다루왕 13/後漢 建武 16/倭 垂仁 69)

신라 맥국	가을 9월에 화려(華麗)와 불내(華麗) 2현이 서로 모의해 기병을 이끌고 북쪽 변경을 침범하자 맥국(貊國)의 거수(渠帥)가 군대를 거느리고 곡하(曲河) 서쪽에서 막아 패배시켰다. 왕이 기뻐하여 맥국과 우호를 맺었다. (『三國史記』 1 新羅本紀 1)
신라 맥국	가을 9월 화려와 불내 2현이 서로 군대를 연합하여 신라 북쪽 변경을 침범하자 맥국의 거수가 군대를 거느리고 곡하 서쪽에서 막아 패배시켰다. 왕이 기뻐하여 맥국과 우호를 맺었다. (『三國史節要』 2)

41(辛丑/신라 유리이사금 18/고구려 대무신왕 24/백제 다루왕 14/後漢 建武 17/倭 垂仁 70)

고구려	봄 3월 수도에 우박이 내렸다. (『三國史記』 14 高句麗本紀 2)
고구려	봄 3월 고구려 수도에 우박이 내렸다. (『三國史節要』 2)
고구려	가을 7월 서리가 내려 곡식이 죽었다. (『三國史記』 14 高句麗本紀 2)
고구려	가을 7월 고구려에 서리가 내려 곡식이 죽었다. (『三國史節要』 2)
고구려	8월 매화가 폈다. (『三國史記』 14 高句麗本紀 2)
고구려	8월 고구려에 매화가 폈다. (『三國史節要』 2)

42(壬寅/신라 유리이사금 19/고구려 대무신왕 25/백제 다루왕 15/後漢 建武 18/倭 垂仁 71)

가야	5가야(伽耶)[가락기찬(駕洛記贊)에 의하면 "한 가닥 자줏빛 노끈이 드리워 여섯 개 둥근 알을 내리니 다섯 개는 여러 고을(各邑)로 돌아가고 한 개가 이 성 안에 남았다."고 하였다. 즉 한 개는 수로왕(首露王)이 되고 남은 다섯 개는 각각 가야의 임금이 되었다는 것이니, 금관국(金官國)을 다섯 숫자에 꼽지 않은 것은 당연하다. 본조(本朝)의 사략(史略)에서는 금관국도 함께 꼽아 창녕(昌寧)이라고 함부로 기록한 것은 잘못이다.]는 아라(阿羅)[야(耶)라고도 한다.] 가야[지금의 함안(咸安)이다], 고령가야(古寧伽耶)[지금의 함녕(咸寧)이다], 대가야(大伽耶)[지금의 고령(高靈)이다], 성산가야(星山伽耶)[지금의 경산(京山)이니 혹은 벽진(碧珍)이라고도 한다.] 소가야 (小伽耶) 지금의 고성(固城)이다]이다. 또 본조의 사략에 이르기를 "태조 천복(天福) 5년 경자(庚子; 940)에 5가야의 이름을 고치니 하나는 금관[김해부(金海府)가 되었다.]이요, 둘은 고령[가리현(加利縣)이 되었다]이요, 셋은 비화(非火)[지금의 창녕이란 것은 아마도 고령의 잘못인 것 같다.]요, 나머지 둘은 아라와 성산[앞과 마찬가지로 성산은 벽진가야(碧珍伽耶)라고도 한다.]이다."고 하였다. (『三國遺事』 1 紀異 1)

가야

개벽한 후로 이곳에 아직 나라의 이름이 없고 또한 군신(君臣) 칭호가 없었는데 이때 아도간(我刀干) 여도간(汝刀干) 피도간(彼刀干) 오도간(五刀干) 유수간(留水干) 유천간(留天干) 신천간(神天干) 오천간(五天干) 신귀간(神鬼干) 등 구간(九干)이 있어, 이들이 추장(酋長)이 되어 백성을 거느리니 무릇 1백호(戶) 7만5천인이었다. 산야에 도읍하여 우물을 파 마시고 밭을 갈아 먹더니 후한 세조 광무제 건무(建武) 18년 임인 3월 계욕일(禊浴日)에 그곳 북쪽 구지(龜旨)[이것은 산봉리의 이름이니 십붕(十朋)이 엎드린 형상과 같아 구지라 한 것이다]에서 무엇을 부르는 이상한 소리가 났다. 무리 2,3백인이 이곳에 모이니, 사람의 소리는 나는 듯 하되 그 형상은 보이지 않고 소리만 내어 말하기를, "여기에 사람이 있느냐" 하니 9간들이 이르되 "우리들이 여기 있다" 하였다. 또 말하기를 "여기가 어디이냐", 대답하되 "구지이다"라 하였다. 또 말하되 "황천(皇天)이 나에게 명하기를 이곳에 와서 나라를 새롭게 하여 임금이 되라 하였으므로 이곳에 일부러 내려왔으니 너희들은 마땅히 봉우리 위에서 흙을 파면서 노래하기를, '거북아 거북아 머리를 내밀지 않으면 구어먹으리라' 하고 뛰면서 춤을 추면 대왕을 맞이하여 기뻐 뛰게 될 것이다." 하였다. 9간 등이 그 말과 같이 모두 기뻐서 노래하고 춤을 추었다. 얼마 지나지 않아 우러러 쳐다보니 자줏빛 줄이 하늘에서 내려와 땅에 닿았다. 줄 끝을 찾아보니 붉은 보자기에 금으로 만든 상자가 싸여 있었다. 열어보니 해와 같이 둥근 6개의 황금알이 있었다. 모두 놀라고 기뻐하여 함께 백번 절을 하고 얼마 후 다시 싸가지고 아도의 집으로 돌아와 책상 위에 두고 각기 흩어졌다. 12시간이 지나 그 이튿날 아침에 무리들이 다시 서로 모여 상자를 열어보니 여섯 알이 어린아이가 되어 있었는데, 용모가 매우 깨끗하므로 평상에 앉히고 여럿이 절하고 하례를 하면서 극진히 공경하였다. 나날이 자라 10여 일이 지나 키는 9척으로 곧 은나라의 천을(天乙)과 같고 그 얼굴이 용과 같았음은 한나라 고조(高祖)와 같고 눈썹에 여덟가지 채색이 나는 것은 唐나라 요임금과 같고 눈에 동자가 둘씩 있음은 우순(虞舜)과 같았다. 그달 보름날에 왕위에 올랐는데, 먼저 나타났다고 하여 이름을 수로(首露)라 하고 혹은 수릉(首陵)[수릉은 죽은 뒤의 시호(諡號)이다]이라 하였고, 나라를 대가락(大駕洛), 또는 가야국(伽耶國)이라고도 일컬으니 곧 6 가야(伽耶)의 하나요 나머지 다섯은 각각 가서 5가야의 임금이 되었다. 동쪽은 황산강(黃山江), 서남은 창해(滄海), 서북은 지리산(地理山), 동북은 가야산(伽耶山)으로 경계를 삼고 남쪽은 나라의 끝이 되었다. 임시 궁궐을 짓고 살았는데, 질박하고 검소하니 지붕에 이은 이엉을 자르지 않고, 흙으로 쌓은 계단은 3척이었다. (『三國遺事』 2 紀異 1 駕洛國記)

가락

봄 3월 보름에 가락국의 시조 김수로가 왕이 되었다. 처음에 가락국에는 9간이 있었는데, 아도·여도·피도·오도·유수·유천·신천·신귀라 하였다. 각기 그 무리들을 거느리고 추장이 되었는데 무릇 100호에 7만5천명이었다. 산야에 무리지어 살면서 땅을 갈면서 먹고, 우물을 파서 마셨는데 군신의 지위와 호칭은 없었다. 계제의 일을 할 때 구봉(龜峯)을 보니 이상한 기운이 있고 또 하늘에서 마치 수백명이 구간을 부르는 듯 하면서 말하기를, "황천이 나에게 명령하여 이 땅에 나라를 세우려 하니 너희들은 마땅히 거북이머리의 곡으로 이를 맞이하라" 하였다. 9간들이 그 말과 같이 하니 잠시후에 금으로 만든 상자가 내려왔다. 열어보니 6개의 금으로 된 알이 있었는데 하루가 되지 않아 모두 남자가 되었다. 용모가 기이하고 키가 커서 모습이 마치 옛 성인들과 같았다. 사람들이 모두 놀라고 이상히 여겨 추대하여 처음 태어난 이를 왕으로 삼았다. 금빛 알에서 태어났다고 하여 성을 김씨로 하였다. 처음 나타났다고 하여 수로로 이름을 삼았다. 국호는 대가락이라 하였는데 또 가야라고도 칭하였다. 다른 5사람은 각기 5가야의 왕이 되었는데 아라가야(阿羅伽耶), 고령가야(古寧伽耶), 대가야(大伽耶), 성산가야(星山伽耶), 소가야(小伽耶)라 하였다. 가락국은

	후대 금관국(金官國)이라 고쳐 불렀다. (『三國史節要』2)
가야	김유신(金庾信)은 왕경인(王京人)이다. 그의 12세조 김수로(金首露)는 어디 사람인지 알지 못한다. 김수로는 후한 건무 18년 임인 구봉에 올라 가락(駕洛)의 9촌을 보고는 마침내 그곳에 가서 나라를 열고 이름을 가야(加耶)라고 하였다가 뒤에 금관국으로 고쳤다. (『三國史記』41 列傳 1 金庾信 上)
신라 맥	가을 8월 맥(貊)의 수장이 동물을 사냥하여 잡은 것을 바쳤다. (『三國史記』1 新羅本紀 1)
신라 맥	가을 8월 맥의 수장이 사로 잡은 짐승을 신라에 바쳤다. 秋八月 貊帥獻獵得禽于新羅 (『三國史節要』2)
신라 이서국	신라가 이서국(伊西國)을 징벌하여 멸망시켰다. (『三國史節要』2)
고구려 신라	고려 군대가 신라를 침범하였다. (『三國史節要』2)
낙랑	건무 18년 촉군서공(蜀郡西工)이 궁정용(宮廷用)으로 월화△△△△釦飯△△△(洱畵△△△△釦飯△△△)을 만들었는데, 소공(素工) (中缺), 공(工) 악(樂), 황구도공(黃釦塗工) △(△) 질공(沘工) 상(商) 청공(淸工) △(△) 화공(畵工) 정(定) △공(△工) 음(愔) 조공(造工) △(△)이 만들고, 졸사(卒史) 서삽(西卅) (中缺) 양(梁) 영(令) 습(翜)이 주관하였다. (「建武 18年銘 耳杯」)
낙랑	건무 18년 촉군서공이 만들었다. (「建武18年銘 漆盤」)
가야	고기(古記)에서 말하기를, "만어사(萬魚寺)는 옛 자성산(慈山)이요, 또 아야사산(阿耶斯山) [마땅히 마야사(摩耶斯)로 써야 한다. 이는 물고기를 말한다.]인데 그 곁에 가라국(訶囉國)이 있었다. 옛날에 하늘에서 알이 바닷가에 내려와 사람이 되어 나라를 다스렸으니 곧 수로왕 이다. 이때 경내에 옥지(玉池)가 있어 못 안에 독룡이 살고 있었다. 만어산(萬魚山)에 다섯 나찰녀(羅刹女)가 있어 독룡과 왕래하고 서로 사귀었다. 때문에 때로 번개와 비를 내려 4년 동안 오곡이 익지 않았다. 왕은 주술로 이를 금하려고 했으나 능히 할 수 없게 되자 머리를 조아리며 부처께 청하여 설법을 한 후에야 나찰녀가 오계(五戒)를 받고 그 뒤에는 재해가 없어졌다. 이로 인하여 동해(東海)의 어룡(魚龍)이 마침내 골짜기에 가득한 돌로 화하여 각기 종과 경쇠의 소리를 내었다."고 하였다.[이상은 고기이다.] (『三國遺事』3 塔像 4 魚山佛影)

43(癸卯/신라 유리이사금 20/고구려 대무신왕 26/백제 다루왕 16/後漢 建武 19/倭 垂仁 72)

가야	(즉위) 2년 계묘 봄 정월에 왕이 말하기를, "내가 서울을 정하려 한다." 하고 이내 임시 궁궐의 남쪽 신답평(新畓坪) [이는 옛날부터 묵은 밭인데 새로 경작했기 때문에 이렇게 불렸다. 답자(畓字)는 속자(俗字)이다.]에 나가 사방의 산악을 보고 좌우 사람을 돌아보며 말하기를, "이 땅은 협소하기가 여뀌 잎과 같지만 수려하고 기이하여 16나한(羅漢)이 살 만한 곳이라 할 수 있다. 더구나 1에서 3을 이루고 3에서 7을 이루니 7성(聖)이 살 곳은 여기가 가장 적합하다. 이곳에 의탁하여 강토(疆土)를 개척해서 마침내 좋은 곳을 만드는 것이 어떻겠느냐." 하였다. 이곳에 둘레 1,500보의 나성(羅星), 궁궐과 전각 및 여러 관청,무기고, 곡식 창고의 터를 만들어 두었다. 일을 마치고 궁으로 돌아와 나라 안의 장정, 인부, 공장(工匠)들을 두루 불러 모아 그달 20일에 성 쌓는 일을 시작하여 3월 10일에 공사를 끝냈다. 그 궁궐과 옥사(屋舍)는 농사일이 바쁘지 않은 때를 기다려 지었는데 그해 10월에 비로소 시작하여 갑진(44년) 2월에 완성되었다. 좋은 날을 가려서 새 궁으로 거동하여 모든 정사를

다스리고 여러 일도 부지런히 살폈다. 이 때 갑자기 완하국 (琓夏國) 함달왕 (含達 王)의 부인(夫人)이 임신을 하여 달이 차서 알을 낳았고, 그 알이 사람으로 변하여 이름을 탈해(脫解)라고 하였다. 탈해가 바다를 따라 가락국에 왔다. 키는 3척이고 머리 둘레는 1척이었다. 기꺼이 대궐로 나가서 왕에게 말하기를, "나는 왕의 자리를 빼앗고자 왔다."고 하였다. 왕이 대답하기를 "하늘이 나에게 명해서 왕위에 오르게 한 것은 장차 나라를 안정시키고 백성들을 편안하게 하려 함인데, 감히 하늘의 명을 어기고 왕위를 남에게 줄 수 없고, 또한 우리나라와 백성을 너에게 맡길 수 없다." 고 하였다. 탈해가 말하기를, "그러면 술법(術法)으로 겨루어 보겠는가"라 하니 왕이 좋다고 하였다. 잠깐 사이에 탈해가 변해서 매가 되니 왕은 변해서 독수리가 되었 고, 또 탈해가 변해서 참새가 되니 왕은 변해서 새매가 되었다. 이때에 조금도 시간 이 걸리지 않았다. 탈해가 원래 모습으로 돌아오니 왕도 역시 전과 같은 모양이 되 었다. 탈해가 이에 엎드려 항복하고 말하기를, "내가 술법을 겨루는 곳에서 매가 독 수리에게, 참새가 새매에게 잡히기를 면하였습니다. 이는 대개 성인(聖人)이 죽이기 를 미워하는 어진 마음을 가져서 그러한 것입니다. 내가 왕과 더불어 왕위를 다툼은 진실로 어렵습니다." 하고 곧 왕에게 절을 하고 하직하고 나가서 이웃 교외의 나루 에 이르러 중국에서 온 배가 와서 정박하는 물길로 해서 갔다. 왕은 마음속으로 탈 해가 머물러 있으면서 난을 꾀할까 염려하여 급히 수군 500척을 보내서 쫓게 하니 탈해가 계림(鷄林)의 국경으로 달아나므로 수군은 모두 돌아왔다. 여기에 실린 기사 는 신라의 것과는 많이 다르다. (『三國遺事』 2 紀異 1 駕洛國記)

44(甲辰/신라 유리이사금 21/고구려 대무신왕 27, 민중왕 1/백제 다루왕 17/後漢 建武 20/倭 垂 仁 73)

고구려 낙랑   가을 9월 한나라 광무제(光武帝)가 군대를 보내 바다를 건너와 낙랑을 정벌하고 그 땅을 취하여 군현(郡縣)으로 삼으니 살수(薩水) 이남이 한나라에 속하게 되었다. (『三國史記』 14 高句麗本紀 2)

고구려 낙랑   가을 9월 한나라 군대를 보내어 바다를 건너 낙랑을 정벌하고 그 땅을 취하여 군현 으로 삼으니 살수 이남이 한나라에 속하게 되었다. (『三國史節要』 2)

동이 한국 낙랑
   가을에 동이(東夷) 한국인이 무리를 거느리고 낙랑으로 찾아와 내부하였다. (『後漢 書』 1 下 帝紀 1 下 光武皇帝)

동이 한국 낙랑
   (후한 광무제 건무) 20년 가을 동이의 한국인들이 무리를 거느리고 낙랑을 찾아와 복속하였다. (『冊府元龜』 977 外臣部 22 降附)

한국 낙랑   (후한 광무 건무) 20년 동쪽의 한국인 염사인(廉斯人) 소마시(蘇馬諟) 등이 낙랑을 찾아와 공물을 바쳤다. 황제가 소마시를 한(漢) 염사읍군(廉斯邑君)에 임명하고 낙랑 군에 속하게 하니 사철마다 입조하였다. (『冊府元龜』 963 外臣部 8 封冊 1)

낙랑 한   건무 20년 한의 염사(廉斯) 사람 소마시(蘇馬諟) 등이 낙랑을 찾아와 공물을 바쳤다. 광무제가 소마시를 한의 염사읍군으로 삼아 낙랑군에 속하게 하였다. (『後漢書』 85 東夷列傳 75 韓)

고구려   겨울 10월 왕이 세상을 떠났다. 대수촌원(大獸村原)에 장사지내고 대무신왕(大武神 王)이라 하였다. (『三國史記』 14 高句麗本紀 2)

고구려   겨울 10월 고구려왕 무휼(無恤)이 세상을 떠나자 대수촌원에 장사지내고 대무신왕 [혹 대해주류왕(大解味留王)이라고도 부른다]이라 하였다. 태자 해우(解憂)가 어려국인들이 왕의 아우 해읍주(解邑朱)를 왕으로 추대하였다. 대사면령을 내렸다. (『三國史節要』2)

고구려   (겨울 10월) 민중왕의 이름은 해색주로 대무신왕의 아우다 대무신왕이 세상을 떠나자 태자가 어려 정사를 감당할 수 없었다. 이에 국인들이 그를 추대하여 왕으로 세웠다. (『三國史記』14 高句麗本紀 2)

고구려   여율(如栗)이 죽자 아들 막래(莫來)가 왕이 되어 부여를 정벌하니, 부여는 크게 패하여 마침내 고구려에 통합되어 복속되었다. (『魏書』100 列傳 88 高句麗)

고구려   11월에 대사령을 내렸다. (『三國史記』14 高句麗本紀 2)

낙랑   (국사에 이르기를) 또 무휼왕 27년 광호제(光虎帝)가 사신을 보내 낙랑을 정벌하고 그 땅을 군현을 삼으니 살수 이남이 한나라에 속하게 되었다[위의 여러 글들에 의하면 낙랑은 곧 평양성이라는 말이 옳다. 혹 이르기를 낙랑 중두산(中頭山) 아래 말갈의 경계라고 한다. 살수는 지금의 대동강이니 어느 것이 옳은지 자세하지 않다.] 백제 온조의 말에 통에 낙랑이 있고 북에 말갈이 있다 하였으니 아마 한나라 때의 낙랑군 속현의 땅일 것이다. 신라인 또한 스스로 낙랑이라 일컬었으므로 지금도 이 때문에 낙랑군부인(樂浪郡夫人)이라고 일컫고 또 태조가 딸을 김부(金傅)에게 주고 낙랑공주(樂浪公主)라 하였다. (『三國遺事』1 紀異 2 樂浪國)

45(乙巳/신라 유리이사금 22/고구려 민중왕 2/백제 다루왕 18/後漢 建武 21/倭 垂仁 74)
고구려   봄 3월에 여러 신하들에게 잔치를 베풀었다. (『三國史記』14 高句麗本紀 2)
고구려   봄 3월에 고구려에서 여러 신하들에게 잔치를 베풀었다. (『三國史節要』2)

고구려   여름 5월 나라 동쪽에 큰 홍수가 나서 백성들이 굶주리니 창고를 열어 진휼하였다. (『三國史記』14 高句麗本紀 2)
고구려   여름 5월 고구려 동쪽에 큰 홍수가 나서 백성들이 굶주리니 창고를 열어 진휼하였다. (『三國史節要』2)

낙랑   ① 건무 21년에 광한군공관(廣漢郡工官)이 궁정용으로 휴월목협저배(髤沔木俠紵杯)를 만들었다. 용량은 2승 2홉이다. 소공(素工) 백(伯), 휴공(髤工) 어(魚) 상공(上工) 광(廣) 월공(沔工) 합(合), 조공(造工) 융(隆)이 만들고 호공졸사(護工卒史) 범(凡), 장광(長匡) 승(丞), 연(掾) 순(恂), 영사(令史) 낭(郎)이 주관하였다. ② 왕씨에게 좋으리라. (「建武 21年銘 耳杯」)

46(丙午/신라 유리이사금 23/고구려 민중왕 3/백제 다루왕 19/後漢 建武 22/倭 垂仁 75)
고구려   가을 7월 왕이 동쪽으로 사냥을 나가 흰 노루를 잡았다. (『三國史記』14 高句麗本紀 2)
고구려   가을 7월 고구려 왕이 동쪽으로 사냥을 나가 흰 노루를 잡았다.
     권근은 말한다. 다른 사람의 후사가 된 자는 그의 아들이 되는 것이다. 지금 민중왕이 무휼을 이어서 왕이 되었으면 마땅히 무휼을 아버지로 섬겨야 할 텐데, 상(喪)을 당한 지 몇 달이 되지도 않아 신하들과 잔치를 베풀고, 대상(大祥 : 부모의 장사를 지낸 뒤 25개월째에 지내는 제사)의 기한이 되지도 않아 또 사냥을 하니, 그 잘못이 저절로 드러났다. (『三國史節要』2)

고구려   겨울 11월 혜성이 남쪽 하늘에 나타났다가 20일이 지나 사라졌다. (『三國史記』14

高句麗本紀 2)

고구려	겨울 11월 고구려에 혜성이 남쪽 하늘에 나타났다가 20일이 지나 사라졌다. (『三國史節要』 2)
고구려	12월 서울에 눈이 내리지 않았다. (『三國史記』 14 高句麗本紀 2)
고구려	12월 고구려 서울에 눈이 내리지 않았다. (『三國史節要』 2)

47(丁未/신라 유리이사금 24/고구려 민중왕 4/백제 다루왕 20/後漢 建武 23/倭 垂仁 76)

고구려	여름 4월 왕이 민중원(閔中原)에서 사냥을 하였다. (『三國史記』 14 高句麗本紀 2)
고구려	여름 4월 고구려왕이 민중원에서 사냥을 하였다. (『三國史節要』 2)
고구려	가을 7월 또 사냥을 나갔다가 석굴을 보고 좌우를 돌아보며 말하기를, "내가 죽거든 반드시 이곳에 장사를 지내고 절대로 능묘를 만들지 말라." 하였다. (『三國史記』 14 高句麗本紀 2)
고구려	가을 7월 또 민중원에 사냥을 나갔다가 석굴을 보고 좌우를 돌아보며 말하기를, "내가 죽거든 반드시 이곳에 장사를 지내고 절대로 능묘를 만들지 말라." 하였다. (『三國史節要』 2)
고구려	9월 동해인 고주리(高朱利)가 고래를 바쳤는데 눈이 밤에도 빛이 났다. (『三國史記』 14 高句麗本紀 2)
고구려 낙랑	(겨울 10월 병신일(10))에 고구려가 종족 사람들을 거느리고 낙랑을 찾아와 복속하였다. (『後漢書』 1 下 帝紀 1 下 光武皇帝)
고구려 낙랑	겨울 10월 잠우락부(蠶友落部)의 대가(大家) 대승(戴升) 등 1만여 가(家)가 낙랑을 찾아와 한나라에 복속하였다.[후한서(後漢書)에 이르기를 대가(大加) 대승 등 1만여 구라 하였다] (『三國史記』 14 高句麗本紀 2)
고구려 낙랑	겨울 10월 고구려 잠우락부의 대가 대승 등 1만여가가 낙랑을 거쳐 한나라에 투항하였다. (『三國史節要』 2)
고구려 낙랑	(후한 광무제 건무) 23년 10월 고구려가 무리를 이끌고 낙랑을 찾아와 내속하였다. (『册府元龜』 977 外臣部 22 降附)
고구려 낙랑	(건무) 23년 겨울 구려의 잠지락(蠶支落) 대가(大加) 대승 등 1만 여 구(口)가 낙랑에 와서 내속하였다. (『後漢書』 85 東夷列傳 75 高句驪)

48(戊申/신라 유리이사금 25/고구려 민중왕 5, 모본왕 1/백제 다루왕 21/後漢 建武 24/倭 垂仁 77)

백제	봄 2월 궁 안의 큰 홰나무가 저절로 말랐다. (『三國史記』 23 百濟本紀 1)
백제	3월 좌보(左輔) 흘우(屹于)가 죽자 왕이 슬프게 울었다. (『三國史記』 23 百濟本紀 1)
백제	3월 백제 좌보 흘우가 죽었다. (『三國史節要』 2)
고구려	봄에 고구려왕 해읍주(解邑朱)가 세상을 떠났다. 왕후와 여러 신하들이 유언에 따라 석굴에 장사지내고 민중왕(閔中王)이라 하였다. 태자 해우(解憂)가 왕위에 올랐는데 성품이 사납고 어질지 못하며 나라 일을 돌보지 않아 백성들이 원망하였다. (『三國史節要』 2)

가야 건무 24년 무신 7월 27일에 9간 등이 조회할 때 아뢰기를, "대왕이 강령하신 이래
로 아직 좋은 배필을 얻지 못하셨으니 청컨대 신들의 집에 있는 처녀 중에서 가장
예쁜 사람을 골라서 궁중에 들여보내어 항려(伉儷)가 되게 하겠습니다."고 하였다.
왕이 말하기를, "짐이 여기에 내려온 것은 하늘의 명령이니 짐에게 짝을 지어 왕후
(王后)를 삼게 하는 것도 역시 하늘의 명령일 것이니 경들은 염려 말라"하고, 드디
어 유천간(留天干)에게 명하여 날랜 배에 준마(駿馬)를 가지고 망산도(望山島)에 가
서 서서 기다리게 하고, 신귀간(神鬼干)에게 명하여 승점(乘岾)[망산도는 서울 남쪽
의 섬이고 승점은 연하국(輦下國)이다.]으로 가게 하였는데 갑자기 바다 서남쪽에서
붉은 돛을 단 배가 붉은 기를 매달고 북쪽을 향해 오고 있었다. 유천간(留天干) 등
이 먼저 섬 위에서 횃불을 올리니 곧 사람들이 다투어 육지로 뛰어내려 왔다. 신귀
간이 이를 보고 대궐로 달려와서 이 사실을 아뢰었다. 왕이 그 말을 듣고 매우 기뻐
하며 곧 9간 등을 찾아 보내어 목련(木蓮)으로 만든 키를 바로 잡고 계수나무로 만
든 노를 저어 그들을 맞이하게 하였다. 곧 모시고 대궐로 들어가려 하자 왕후가 말
하기를 "내가 그대들을 평생에 처음 보는데, 어찌 감히 가볍게 서로 따라가겠는가"
하였다. 유천간 등이 돌아가서 왕후의 말을 전하니 왕이 그렇다고 여겨 관리들을 이
끌고 행차하여, 대궐 아래에서 서남쪽으로 60보쯤 되는 곳의 산 가장자리에 장막을
쳐서 임시 궁전을 설치하고 기다렸다. 왕후는 산 밖의 별포(別浦) 나루에 배를 대고
땅으로 올라와 높은 언덕에서 쉬고, 입고 있는 비단바지를 벗어 폐백으로 삼아 산신
령에게 바쳤다. 그 밖에 시종한 신하 두 사람의 이름은 신보(申輔)·조광(趙匡)이며,
그들의 아내 두 사람의 이름은 모정(慕貞)·모량(慕良)이라고 했다. 노비까지 합해서
20여 명이었다. 가지고 온 금수능라(錦繡綾羅)와 의상필단(衣裳疋緞)·금은주옥(金銀
珠玉)과 구슬로 된 장신구들은 이루 기록할 수 없을 만큼 많았다. 왕후가 점점 왕이
있는 곳에 가까이 오니 왕은 나아가 그를 맞아서 함께 장막으로 들어왔다. 시종한
신하 이하 여러 사람들은 섬돌 아래에 나아가 뵙고 곧 물러 갔다. 왕이 관리에게 명
하여 시종한 신하와 그 부인들을 안내하게 하고 말하기를, "사람마다 방 하나씩을
주어 편안히 머무르게 하고 그 이하 노비들은 한 방에 5, 6명씩 두어 편안히 있게
하라." 하였다. 난초로 만든 음료와 혜초(蕙草)로 만든 술을 주고, 무늬와 채색이 있
는 자리에서 자게 하고, 옷과 비단과 보화도 주었으며, 군사들을 많이 모아서 그들
을 호위하게 하였다. 이에 왕이 왕후와 함께 침전(寢殿)에 있는데 왕후가 조용히 왕
에게 말하기를, "저는 아유타국(阿踰陀國)의 공주로 성은 허(許)이고 이름은 황옥(黃
玉)이며 나이는 16살입니다. 본국에 있을 때 올해 5월에 부왕과 모후께서 저에게 말
씀하시기를, '우리가 어젯밤 꿈에 함께 황천(皇天)을 뵈었는데, 황천은 가락국의 왕
수로(首露)라는 자는 하늘이 내려보내서 왕위에 오르게 하였으니 곧 신령스럽고 성
스러운 것이 이 사람이다. 또 나라를 새로 다스림에 있어 아직 배필을 정하지 못했
으니 경들은 공주를 보내어 그 배필로 삼게 하라 하고, 말을 마치자 하늘로 올라갔
다. 꿈을 깬 뒤에도 황천의 말이 아직도 귓가에 그대로 남아 있으니, 너는 이 자리
에서 곧 부모를 작별하고 그곳을 향해 떠나라'라고 하였습니다. 저는 배를 타고 멀
리 증조(蒸棗)를 찾고, 하늘로 가서 반도(蟠桃)를 찾아 이제 아름다운 모습으로 용안
을 뵙게 되었습니다." 하였다. 왕이 대답하기를, "나는 나면서부터 자못 성스러워서
공주가 멀리에서 올 것을 미리 알고 신하들이 왕비를 맞으라는 청을 하였으나 따르
지 않았다. 이제 현숙한 공주가 스스로 왔으니 이 사람에게는 매우 다행한 일이다."
고 하였다. 드디어 그와 혼인해서 함께 이틀밤을 지내고 또 하루 낮을 지냈다. 이에
그들이 타고 온 배를 돌려보내는 데 뱃사공 15명에게 각각 쌀 10석과 베 30필씩을
주어 본국으로 돌아가게 하였다. (『三國遺事』 2 紀異 1 駕洛國記)

가야	가을 7월 가락국의 왕이 허씨를 왕비로 들였다. 처음 9간이 왕비를 들일 것을 청했으나, 왕이 말하길, "짐이 이곳에 내려온 것은 하늘의 명이니 마땅히 짐에게 짝을 지어 왕후를 삼는 일을 경들은 염려 말라." 하였다. 이때에 이르러 아유타국 공주가 바다에 떠서 이르니 왕이 왕비로 삼았다. (『三國史節要』2)
가야	금관(金官) 호계사(虎溪寺)의 파사석탑(婆娑石塔)이라는 것은 옛날에 이 읍이 금관국이었을 때 세조(世祖) 수로왕(首露王)의 비인 허황후(許皇后) 황옥(黃玉)이 후한(後漢) 건무(建武) 24년 무신에 서역 아유타국(阿踰陁國)에서 싣고 왔다. 처음 공주가 부모의 명을 받들어 바다를 건너 장차 동쪽으로 가려 하였는데, 파도신의 노여움에 막혀 뜻을 이루지 못하고 돌아가 부왕(父王)에게 아뢰었다. 부왕이 이 탑을 싣고 가라고 명하니, 곧 쉽게 건널 수 있어서 남쪽 해안에 정박하였다. 붉은 돛, 붉은 깃발, 주옥(珠玉) 등 아름다운 것이 있었기 때문에 지금은 주포(主浦)라고 하고, 처음 언덕 위에서 비단 바지를 푼 곳은 능현(綾峴)이라고 하며, 붉은 깃발이 처음 들어온 해안은 기출변(旗出邊)이라고 한다. 수로왕이 그에게 방문하여 맞이하고 함께 나라를 다스린 것이 150여 년이었다. 이때에는 해동에 아직 절을 세우고 불법을 받드는 일이 없었다. 아마도 불교가 아직 들어오지 못하여 토착인들이 신복하지 않았던 듯하다. 그러므로 본기에는 절을 세웠다는 기록이 없다. (『三國遺事』3 塔像 4 金官城 婆娑石塔)
고구려	(1~7월) 왕이 세상을 떠났다. 왕후와 여러 신하들이 유언을 어기는 것이 어려워 이에 석굴에 장사를 지내고 민중왕이라 하였다. (『三國史記』14 高句麗本紀 2)
고구려	(1~7월) 모본왕의 이름은 해우(解憂)[해애루(解愛婁)라고도 부른다.] 대무신왕의 큰 아들로 민중왕이 세상을 떠나자 왕위를 이어 즉위하였다. 사람됨이 포악하고 어질지 못하며 나라 일을 힘써 하지 않아 백성들이 원망하였다. (『三國史記』14 高句麗本紀 2)
가야	8월 1일에 왕은 대궐로 돌아오는데 왕후와 한 수레를 타고, 시종하는 근신 내외도 역시 재갈을 나란히 수레를 함께 탔으며, 중국의 여러 가지 물건도 모두 수레에 싣고 천천히 대궐로 들어오니 이때 시간은 오정(午正)이 되려 하였다. 왕후는 이에 중궁(中宮)에 거처하고 시종근신 내외와 그들의 사속(私屬)들은 비어 있는 두 집을 주어 나누어 들어가게 하였고, 나머지 따라온 자들도 20여 칸 되는 빈관(賓館) 한 채를 주어서 사람 수에 맞추어 구별해서 편안히 있게 하였다. 그리고 날마다 지급하는 것은 풍부하게 하고, 그들이 싣고 온 진귀한 물건들은 내고(內庫)에 두고 왕후의 사시(四時) 비용으로 쓰게 하였다. 어느날 왕이 신하들에게 말하기를, "9간들은 모두 뭇 관리들의 으뜸인데, 그 직위와 명칭이 모두 소인(小人)·농부들의 칭호이고 고관 직위의 칭호가 아니다. 만약 외국에 전해진다면 반드시 웃음거리가 될 것이다." 하고 마침내 아도(我刀)를 고쳐서 아궁(我躬)이라 하고, 여도(汝刀)를 고쳐서 여해(汝諧), 피도(彼刀)를 피장(彼藏), 오도(五刀)를 오상(五常)이라 하고, 유수(留水)와 유천(留天)의 이름은 윗 글자는 그대로 두고 아래 글자만 고쳐서 유공(留功)·유덕(留德)이라 하고 신천(神天)을 고쳐서 신도(神道), 오천(五天)을 고쳐서 오능(五能)이라 했고, 신귀(神鬼)의 음(音)은 바꾸지 않고 그 훈(訓)을 고쳐 신귀(臣貴)라고 하였다. 계림(鷄林)의 직제(職制)를 취해서 각간(角干)·아질간(阿叱干)·급간(級干)의 차례를 두고, 그 아래의 관료는 주(周)나라 법과 한나라 제도를 가지고 나누어 정하니 이것이 이른바 옛것을 고쳐서 새것을 취하여 관직(官職)을 나누어 설치한 방법이었다. 이에 나라를 다스리고 집을 정돈하며, 백성들을 자식처럼 사랑하니 그 교화(敎化)는 엄숙하지 않아도 위엄이 있고, 그 정치는 엄하지 않아도 다스려졌다. 더욱이 왕후와 함

께 사는 것은 마치 하늘에게 땅이 있고, 해에게 달이 있고, 양(陽)에게 음(陰)이 있는 것과 같았고 그 공은 도산 (塗山)이 하(夏)를 돕고, 당원(唐媛)이 교씨(嬌氏)를 일으킨 것과 같았다. 그 해에 왕후는 아들 낳는 꿈을 꾸고 태자 거등공(居登公)을 낳았다. (『三國遺事』 2 紀異 1 駕洛國記)

고구려	가을 8월 큰 홍수가 나서 산 20여 곳이 무너졌다. (『三國史記』 14 高句麗本紀 2)
고구려	가을 8월 고구려에 큰 홍수가 나서 산 20여 곳이 무너졌다. (『三國史節要』 2)

고구려	겨울 10월 왕자 익(翊)을 왕태자로 삼았다. (『三國史記』 14 高句麗本紀 2)
고구려	겨울 10월 고구려왕이 왕자 익을 태자로 삼았다. (『三國史節要』 2)

49(기유/신라 유리이사금 26/고구려 모본왕 2/백제 다루왕 22/後漢 建武 25/倭 垂仁 78)

고구려 요동	(건무) 25 봄 정월 요동(遼東) 변경 밖의 맥인(貊人)들이 우북평(右北平) 어양(漁陽) 상곡(上谷) 태원(太原)을 노략질 하니 요동태수 제융(祭肜)이 공격하여 항복시키자 오환(烏桓)의 대인이 와서 조빙하였다. (『後漢書』 1 下 帝紀 1 下 光武皇帝)
요동 맥	봄 정월 요동의 요새 밖에 있는 맥인(貊人)들이 변경을 침입하였다. 태주 제융이 이들을 불러서 항복시켰다. 또 융은 재물과 이익이 되는 물건으로 선비족의 대도호(大都護) 편하(偏何)를 위로하며 받아들이고 다른 종족들을 불러들이게 하니 서로 연이어 요새에 이르렀다. 융이 말하기를, "공을 세우고 싶다는 것을 분명히 하려면 마땅히 돌아가 흉노를 쳐서 그 우두머리의 목을 베어 보내야 할 것이다. 그래야 믿을 수 있을 뿐이다." 하였다. 편하 등이 바로 흉노를 공격하여 2천여 명의 목을 베어 이를 갖고 군을 찾아왔다. 그 후 매년 서로 공격하여 번번이 수급을 보내와 상을 받았다. 이때부터 흉노가 쇠약해져 변경에 노략질로 놀라는 일이 없게 되었고, 선비와 오환이 모두 나란히 들어와 조공을 바쳤다. 융은 사람됨이 소박하고 중후하며 강인하였고, 오랑캐들을 은혜와 믿음으로 위로하였기 때문에 오랑캐들이 모두 두려워하면서도 아꼈으며, 죽을 힘을 다하였다. (『資治通鑑』 44 漢紀 36 世祖光武)
고구려 요동	봄(1~2월)에 장수를 보내어 한나라 우북평, 양상, 상곡, 태원을 습격하였으나, 요동태수 채동(蔡彤)이 은혜와 믿음으로써 대우해주니 이에 다시 화친하였다. (『三國史記』 14 高句麗本紀 2)
고구려 요동	봄(1~2월)에 고구려가 장수를 보내어 한나라의 북평, 어양, 상곡, 태원을 습격하였는데, 요동태수 채동이 은혜와 믿음으로 대하니 이에 다시 화친하였다. (『三國史節要』 2)
고구려 요동	(건무) 25년 봄 구려가 우북평, 어양, 상곡, 태원을 노략질하였는데, 요동태수 제융이 은혜와 믿음으로 회유하니 모두 다시 항복하였다. (『後漢書』 85 東夷列傳 75 句驪)

고구려 예 맥 한	건무 초에 (동이가) 다시 와서 조공하였다. 이 때 요동태수 제융의 위세가 북방을 떨게 하고 명성이 해외에 까지 진동ㅎ니 예, 맥, 왜, 한 등이 만리 밖에서 조공하였다. (『後漢書』 85 東夷列傳 75 序)

고구려	3월에 폭풍으로 나무가 뽑혔다. (『三國史記』 14 高句麗本紀 2)
고구려	3월에 고구려에서 폭풍으로 나무가 뽑혔다. (『三國史節要』 2)

고구려	여름 4월 서리와 우박이 내렸다. (『三國史記』 14 高句麗本紀 2)

고구려	여름 4월 고구려에 서리와 우박이 내렸다. (『三國史節要』 2)
고구려	가을 8월 사신을 보내어 나라 안의 굶주린 백성들을 진휼하였다. (『三國史記』 14 高句麗本紀 2)
고구려	가을 8월 고구려에 기근이 들어 사신을 보내어 진휼하였다. (『三國史節要』 2)
부여	겨울 10월 반란을 일으켰던 오랑캐들이 모두 항복하였고, 부여왕이 사신을 보내어 공물을 바쳤다. (『後漢書』 1 下 帝紀 1 下 光武皇帝)

50(庚戌/신라 유리이사금 27/고구려 모본왕 3/백제 다루왕 23/後漢 建武 26/倭 垂仁 79)

51(辛亥/신라 유리이사금 28/고구려 모본왕 4/백제 다루왕 24/後漢 建武 27/倭 垂仁 80)

고구려	왕이 날로 더욱 포악하고 잔인해져서 앉아 있을 때는 늘 사람을 깔고 앉고, 누워 잘 때에는 사람을 베개로 삼았다. 사람이 혹 움직이면 죽이고 용서함이 없었다. 신하로서 간언하는 이가 있으면 활을 당겨 그를 쏘았다. (『三國史記』 14 高句麗本紀 2)
고구려	고구려 왕이 날로 더욱 포악하고 잔인해져서 앉아 있을 때는 늘 사람을 깔고 앉고, 누워 잘 때에는 사람을 베개로 삼았다. 사람이 혹 움직이면 죽이고 용서함이 없었다. 신하로서 간언하는 이가 있으면 활을 당겨 그를 쏘았다. 이첨(李詹)은 말한다. "임금과 신하는 한 몸으로 반드시 서로 의지하여야 평안해지므로 마땅히 예로써 서로 대하고 은혜로써 서로 친애하는 것이다. 고구려왕 해우가 매우 포악하고 무도하여 항상 사람을 깔고 앉았다가 움직이면 바로 죽이니 죄악이 하늘에 가득차 간언하여 멈추게 할 수 없었다. 그 감히 말하는 자는 반드시 먼저 위험을 보고 목숨을 던져 자신을 희생하여 인(仁)을 이루는 자였다. 해우는 한갓 자신에게 거스르는 것을 미워하고 자기를 사랑하는 마음이 지극히 어려운 데서 나오는 것임을 알지 못하고 풀을 베듯 짐승을 사냥하여 죽이듯 하였으니 포악함이 이보다 더 심하겠는가. 예로부터 아주 무도한 임금이 아니라면 가벼이 간언하는 신하를 죽이자는 있지 않았다. 춘추시대 진(陳)나라 영공(靈公)이 설야(洩冶)를 죽이고, 진(陳)나라 후주(後主)가 부재(傅縡)를 죽이고 당나라 희종(僖宗)이 상준(常濬)을 죽인 것이 모두 세 나라가 멸망할 즈음의 일인데, 춘추(春秋)와 자치통감강목에서 그 일을 사실대로 기록하여 그 망한 이유를 드러내었다. 해우 또한 얼마 안 있어 내수(內豎) 두로(杜魯)에게 시해되었고, 또 그 세자가 불초하므로 왕위에 오르지 못하였다. 그러므로 장차 천하와 나라를 잃어버리는 것을 마땅히 이로부터 점칠 수 있는 것이다."(『三國史節要』 2)
고구려	(건무 建武) 27년 장궁(臧宮)이 양허후(楊虛侯) 마무(馬武)와 함께 상서하여 말하기를, "흉노(匈奴)는 이익을 탐하고 예의와 신의가 없어 곤궁하면 머리를 조아렸다가도 편안하면 침략하여 도둑질을 하니 변경지대가 그 독과 아픔을 받아 중국에게는 그들의 침범을 근심합니다. 오랑캐들은 지금 사람과 가축이 역병으로 죽고, 가뭄과 누리의 피해로 땅에 남은 것이 없게 되었으니, 피로하고 고단하며 힘이 모자라 중국의 한 군도 감당하지 못하니 만리에 걸쳐 있는 죽은 목술이 폐하에 달려 있습니다. 복은 다시 오지 않으며 때라는 것도 혹 잃기 쉬운 것이니 어찌 마땅히 문덕(文德)을 굳게 지킨다고 하여 군사에 관한 일을 버려두겠습니까. 지금 장수들에게 명하여 요새에 나아가도록 하고 상금을 후하게 내걸고 고구려와 오환, 선비족들에게 흉노의 좌익을 공격하도록 타이르고, 하시(河西)의 4군과 천수(天水)와 농서(隴西)의 강족(羌族)과 호족(胡族)을 동원하여 그 오른쪽을 치도록 하십시오. 이와 같이 하면 북쪽의 오랑캐가 멸망하는 데 몇 년이 지나지 않을 것입니다. 신은 폐하께서 어질고 은혜를 베푸시어 차마 하지 못하실까 두려우며, 꾀를 내는 신하도 여우와 같이 의심하여 만

세에 길이 새길 공을 성세(聖世)에 세우지 못할까 걱정됩니다." 하였다. (『後漢書』 18 列傳 8 吳蓋陳臧)

고구려   낭릉후(朗陵侯) 장궁(臧宮)과 양허후(揚虛侯) 마무(馬武)가 상서하여 말하기를, "흉노는 이익을 탐하고 예의와 신의가 없어 곤궁하면 머리를 조아렸다가도 편안하면 침략하여 도둑질을 하니 변경지대가 그 독과 아픔을 받아 중국에게는 그들의 침범을 근심합니다. 오랑캐들은 지금 사람과 가축이 역병으로 죽고, 가뭄과 누리의 피해로 땅에 남은 것이 없게 되었으니, 피로하고 고단하며 힘이 모자라 중국의 한 군도 감당하지 못하니 만리에 걸쳐 있는 죽은 목술이 폐하에 달려 있습니다. 복은 다시 오지 않으며 때라는 것도 혹 잃기 쉬운 것이니 어찌 마땅히 문덕을 굳게 지킨다고 하여 군사에 관한 일을 버려두겠습니까. 지금 장수들에게 명하여 요새에 나아가도록 하고 상금을 후하게 내걸고 고구려와 오환, 선비족들에게 흉노의 좌익을 공격하도록 타이르고, 하서의 4군과 천수와 농서의 강족과 호족을 동원하여 그 오른쪽을 치도록 하십시오. 이와 같이 하면 북쪽의 오랑캐가 멸망하는 데 몇 년이 지나지 않을 것입니다. 신은 폐하께서 어질고 은혜를 베푸시어 차마 하지 못하실까 두려우며, 꾀를 내는 신하도 여우와 같이 의심하여 만세에 길이 새길 공을 성세에 세우지 못할까 걱정됩니다." 하였다. (『資治通鑑』 44 漢紀 36 孝光武)

고구려   이때에 북방의 오랑캐가 쇠약해지자 장궁이 마무와 더불어 상소하여 말하기를, "지금 흉노는 사람과 가축이 역병으로 죽고 가뭄과 누리의 피해로 땅에 남는 것이 없어 전염병에 걸리고 피곤한 병력은 모자라 중국의 한 군도 감당하지 못하니 만리에 걸쳐 있는 죽은 목술이 폐하에 달려 있습니다. 복은 다시 오지 않으며 때라는 것도 혹 잃기 쉬운 것이니 어찌 마땅히 문덕을 굳게 지킨다고 하여 군사에 관한 일을 버려두겠습니까. 지금 장수들에게 명하여 요새에 나아가도록 하고 상금을 후하게 내걸고 고구려와 오환, 선비족들에게 흉노의 좌익을 공격하도록 타이르고, 하서의 4군과 천수와 농서의 강족과 호족을 동원하여 그 오른쪽을 치도록 하십시오. 이와 같이 하면 북쪽의 오랑캐가 멸망하는 데 몇 년이 지나지 않을 것입니다." 하였다. (『通典』 195 邊方 11 北狄 2 南匈奴)

52(壬子/신라 유리이사금 29/고구려 모본왕 5/백제 다루왕 25/後漢 建武 28/倭 垂仁 81)

낙랑   ① 건무 28년 촉군서공(蜀郡西工)이 궁정용(宮廷用)으로 용량이 2승(升) 2홉(合)인 협저갱부(俠紵羹桮)를 만들다. 소공(素工) 회(回)·휴공(髹工) 오(吳)·질공(汃工) 문(文)·월공(冽工) 정(廷)·조공(造工) 충(忠)·호공졸사(護工卒史) 한(旱)·장(長) 범(汜)·승(丞) 경(庚)·연(掾)흡(翕)·영사(令史) 무(茂)가 주관하였다. ② 왕씨에게 좋으리라 (「建武 28年銘 耳杯」)

53(癸丑/신라 유리이사금 30/고구려 모본왕 6, 태조왕 1/백제 다루왕 26/後漢 建武 29/倭 垂仁 82)

고구려   겨울 11월 두로(杜魯)가 그 임금을 시해하였다. 두로는 모본인(慕本人)으로 왕의 좌우에서 시중을 들고 있었는데, 죽임을 당할까 근심하여 울고 있었다. 어떤 이가 말하기를, "대장부가 어찌 우는가. 옛 사람이 말하기를, '나를 위로하면 임금이요ㄴ 나를 해치면 원수이다'라 하였다. 지금 왕이 잔학함을 행하여 사람을 죽이니 곧 원수로다. 그대가 그를 도모하라." 하였다. 두로가 칼을 숨기고 왕 앞으로 나가 왕을 끌어당겨 앉고 이에 칼을 뽑아 왕을 해쳤다. 마침내 모본원(慕本原)에 장사지내고 모본왕이라 하였다. (『三國史記』 14 高句麗本紀 2)

고구려   태조대왕(太祖大王)[혹 국조왕(國祖王)이라고도 부른다]의 이름은 궁(宮)이고 어렸을 때 이름은 어수(於漱)였다. 유리왕(琉璃王)의 아들 고추가(古鄒加) 재사(再思)의 이들이며, 모태후는 부여인이다. 모본왕이 세상을 떠나자 태자가 불초하여 사직을 담당할 만하지 못해 국인들이 궁을 맞이하여 왕위를 잇게 하였다. 왕은 태어나면서부터 눈을 뜨고 볼 수 있었다. 어려서부터 뛰어나게 영리하였다. 나이가 7살이어서 태후가 수렴청정하였다. (『三國史記』 15 高句麗本紀 3)

고구려 　겨울 11월 고구려의 두로가 그 임금 해우(解憂)를 시해하였다. 두로는 모본인으로 왕의 좌우에서 시중을 들고 있었는데, 화가 자신에 미칠까 근심하여 울고 있었다. 어떤 이가 말하기를, "그대는 장부가 되어서 어찌 우는가. 옛 사람이 말하기를, '나를 위로하면 임금이요 나를 해하면 원수이다'라 하였다. 지금 왕이 잔학함을 행하여 사람을 죽이니 곧 원수로다. 그대가 그를 도모하라." 하였다. 두로가 칼을 숨기고 왕 앞으로 나가 왕을 끌어당겨 앉고 드디어 왕을 시해하였다. 마침내 모본원에 장사 지냈는데 이로써 모본왕이라 하였다. 태자가 불초하여 사직을 담당할 만하지 못해 국인들이 유리왕의 손자 궁(일명 어수라고도 한다)을 맞아 왕으로 세웠다. 궁은 나면서부터 볼 수 있었고, 어려서부터 뛰어나게 영리하였다. 나이가 7살이라 태후가 수렴청정하였는데, 태후는 부여인이다. (『三國史節要』 2)

고구려 　막래의 자손이 대대로 왕위를 이어 후손 궁에 이르렀다. 궁은 태어나면서부터 눈을 뜨고 보았으므로 국인(國人)들이 미워하였다. 성장함에 흉악하고 사나워, 나라가 그로 말미암아 쇠잔해지고 파멸하게 되었다. (『魏書』 100 列傳 88 高句麗)

고구려 　그 뒤 구려왕(句驪王) 궁(宮)이 태어나면서부터 곧 눈을 뜨고 사람을 쳐다보니, 국인(國人)들이 미워하였다. 장성하면서 용맹하고 건장하여 자주 변경을 침범하였다. (『後漢書』 85 東夷列傳 75 高句驪)

54(甲寅/신라 유리이사금 31/고구려 태조왕 2/백제 다루왕 27/後漢 建武 30/倭 垂仁 83)

신라 　봄 2월 혜성이 자궁(紫宮)에 나타났다. (『三國史記』 1 新羅本紀 1)

신라 　봄 2월 혜성이 자궁에 나타났다. (『三國史節要』 2)

낙랑 　① 건무 30년에 광한군공관(廣漢郡工官)이 궁정용(宮廷用)으로……를 만들었다. 용량은 2승(升) 2홉이다. 소공(素工) △(△)·휴공(髹工) 우(右)·상공(上工) 수(壽)·월공(泧工) 도(都)·조공(造工) △(△)가 만들고, 호공졸사(護工卒史) 범(凡)·장(長) 광(匡)·수승(守丞) 장(長)·연(掾)순(恂)·영사(슈史) △(△)가 주관하였다. ② 정(程) (「建武 30年銘 耳杯」)

55(乙卯/신라 유리이사금 32/고구려 태조왕 3/백제 다루왕 28/後漢 建武 31/倭 垂仁 84)

고구려 　봄 2월 요서의 10개성을 쌓아 한나라 군대에 대비하였다. (『三國史記』 15 高句麗本紀 3)

고구려 　봄 2월 고구려가 요서에 10개 성을 쌓아 한나라에 대비하였다. (『三國史節要』 2)

백제 　봄과 여름에 가뭄이 들어 죄수들을 재심하여 사형수들을 사면하였다. (『三國史記』 23 百濟本紀 1)

백제 　봄과 여름에 백제에 가뭄이 들어 죄수들을 재심하여 사형수들을 사면하였다. (『三國史節要』 2)

고구려 　가을 8월 나라 남쪽에 누리가 곡식을 해쳤다. (『三國史記』 15 高句麗本紀 3)

고구려 　가을 8월 고구려 남쪽에 누리가 곡식을 해쳤다. (『三國史節要』 2)

백제 말갈 　가을 8월 말갈이 북쪽 변방에 침입하였다. (『三國史記』 23 百濟本紀 1)

백제 말갈	(가을 8월) 말갈이 백제의 북쪽 변방에 침입하였다. (『三國史節要』 2)

56(丙辰/신라 유리이사금 33/고구려 태조왕 4/백제 다루왕 29/後漢 建武中元 1/倭 垂仁 85)

백제 말갈	봄 2월 왕이 동부(東部)에 명하여 우곡성(牛谷城)을 쌓아 말갈에 대비토록 하였다. (『三國史記』 23 百濟本紀 1)
백제 말갈	봄 2월 백제왕이 동부에 명하여 우곡성을 쌓아 말갈에 대비토록 하였다. (『三國史節要』 2)

신라	여름 4월 금성(金城)의 우물에 용이 나타났다가 얼마 후 서북에서부터 폭우가 내렸다. (『三國史記』 1 新羅本紀 1)
신라	여름 4월 신라 금성의 우물에 용이 나타났다가 얼마 후 서북에서부터 폭우가 내렸다. (『三國史節要』 2)

신라	5월 큰 바람이 불어 나무가 뽑혔다. (『三國史記』 1 新羅本紀 1)
신라	5월 신라에 큰 바람이 불어 나무가 뽑혔다. (『三國史節要』 2)

고구려 동옥저	가을 7월 동옥저(東沃沮)를 정복하고 그 땅을 취하여 성읍(城邑)으로 삼고 국경을 넓혀 동으로 창해(滄海), 남으로 살수(薩水)에까지 이르렀다. (『三國史記』 15 高句麗本紀 3)
고구려 동옥저	가을 7월 고구려가 동옥저를 정복하고 그 땅을 취하여 성읍으로 삼았다. 이에 국경을 넓혀 동으로 창해, 남으로 살수에까지 이르렀다. (『三國史節要』 2)

57(丁巳/신라 유리이사금 34, 탈해이사금 1/고구려 태조왕 5/백제 다루왕 30/後漢 建武中元 2/倭 垂仁 86)

신라	가을 9월 왕이 병이 들자 신하들에게 일러 말하길, "탈해(脫解)는 몸이 왕족에 연결되고 지위가 보필하는 신하의 자리에 있어 많은 공로와 명성을 드러냈다. 짐의 두 아들은 그 재주가 그에게 한참 미치지 못한다. 내가 죽은 후 왕위를 잇게 하여 나의 유훈을 잊지 않도록 하라."고 하였다. (『三國史記』 1 新羅本紀 1)
신라	가을 9월 신라왕이 병이 들자 신하들에게 일러 말하길, "탈해는 몸이 왕족에 연결되고 지위가 보필하는 신하의 자리에 있어 많은 공로와 명성을 드러냈다. 짐의 두 아들은 그 재주가 그에게 한참 미치지 못한다. 또 선군(先君)의 명이 있었으니, 내가 죽은 후 왕위를 잇게 하여 나의 유훈을 잊지 않도록 하라."고 하였다. (『三國史節要』 2)

신라	회악(會樂) 및 신열악(辛熱樂)은 유리왕(儒理王) 때 만들었다. (『三國史記』 32 雜志 1 樂)

신라	겨울 10월 왕이 돌아가시니 사릉원(蛇陵園) 안에 장사지냈다. (『三國史記』 1 新羅本紀 1)
신라	탈해이사금이 왕위에 올랐다[토해(吐解)라고도 이른다.] 이때 나이 62이며, 성은 석(昔)이다. 비는 아효부인(阿孝夫人)이다. 탈해는 본래 다파나국(多婆那國)에서 태어났다. 그 나라는 왜국의 동북쪽 1천 리 되는 곳에 있었다. 처음에 그 나라 왕이 여국왕(女國王)의 딸을 맞이해 처로 삼았는데 임신한 지 7년 만에 큰 알을 낳았다. 왕은

"사람으로서 알을 낳은 것은 상서롭지 못하다. 마땅히 이를 버려야 한다."라고 말했다. 그 여자가 차마 그렇게 하지 못하고 비단으로 알을 싸서 보물과 함께 함에 넣고 바다에 띄워 가는 대로 맡겼다. 처음에 금관국(金官國)의 해변에 이르렀는데 금관 사람들은 이를 괴이하게 여겨 거두지 않았다. 다시 진한(辰韓)의 아진포구(阿珍浦口)에 이르렀는데, 이때가 시조 혁거세가 즉위한 지 39년 되는 해였다. 이때 해변의 노모가 줄을 가지고 해안으로 당겨 함을 열어 살펴보니 한 어린아이가 있었다. 그 할미가 거두어 길렀다. 장성하자 신장은 9척이고 풍채가 훤하며 지식이 남보다 뛰어났다. 어떤 이가 말하기를, "이 아이는 성씨를 알 수 없는데 처음에 함이 도착했을 때까지 한 마리가 날아 울면서 이를 따랐으니 마땅히 '작(鵲)'자에서 줄여 석(昔)으로 씨(氏)를 삼아야 한다. 그리고 둘러싼 함을 열고 나왔으니 탈해(脫解)로 이름을 지어야 한다."고 하였다. 탈해는 처음에 고기잡이로 생업을 삼아 어미를 공양했는데 게으른 기색이 전혀 없었다. 어미가 말하기를, "너는 범상한 사람이 아니고 골상(骨相)이 특이하니 배움에 정진해 공명(功名)을 세워라."하였다. 이에 오로지 학문에 정진하고 아울러 지리(地理)를 알았다. 양산(楊山) 아래 호공(瓠公)의 집을 바라보고 길한 땅이라고 여겨 속임수로 차지하고 이곳에 살았다. 이곳은 뒤에 월성(月城)이 되었다. 남해왕 5년에 그가 어질다는 말을 듣고 (왕이) 딸을 그의 처로 삼았다. 7년에는 등용해 대보(大輔)로 삼고 정사(政事)를 맡겼다. 유리(儒理)가 세상을 떠나려 할 때 말하기를, "선왕께서 유언에 '내가 죽은 뒤 아들과 사위를 따지지 말고 나이가 많고 어진 자로 위(位)를 잇게 하라.'고 하셨기 때문에 과인이 먼저 즉위했다. 지금은 마땅히 (탈해에게) 왕위를 전해야 한다."고 하였다. (『三國史記』 1 新羅本紀 1)

신라 | 탈해치질금(脫解齒叱今)[한편 토해니사금(吐解尼師今)이라고도 쓴다.]은 남해왕 (南解王) 때[고본에 임인년(壬寅年)에 도착하였다는 것은 오류이다. 가까운 임인년은 노례왕의 즉위 이후이므로 양위를 놓고 다투던 일이 없게 되며, 그 이전은 혁거세의 재위기이므로 임인년이 아님을 알 수 있다] 가락국의 바다에 어떤 배가 와서 닿았다. 가락국의 수로왕이 신하 및 백성들과 더불어 북을 치고 환호하며 맞이해 장차 가락국에 머무르게 하려 했으나 배가 급히 나는 듯이 달려 계림의 동쪽 하서지촌 아진포[지금도 상서지와 하서지촌명이 있다]에 이르렀다. 당시 포구의 해변에 한 할멈이 있었으니 이름은 아진의선(阿珍義先)이라 하였는데, 이가 바로 혁거세왕 때의 해척(海尺)의 어미였다. 아진의선이 배를 바라보며 말하기를, "본래 이 바다 가운데에 바위가 없는데 어찌해서 까치가 모여서 울고 있는가"하고 배를 끌어당겨 살펴보니 까치가 배 위로 모여들고 배 안에 상자 하나가 있었다. 길이는 20자이고 넓이는 13자였다. 그 배를 끌어다가 나무 숲 밑에 매어두고 이것이 흉한 일인지 길한 일인지를 몰라 하늘을 향해 고하였다. 잠시 후 궤를 열어보니 단정히 생긴 사내아이가 있고, 또 일곱 가지 보물과 노비가 그 속에 가득하였다. 칠일 동안 잘 대접하였더니 이에 사내아이가 말하기를, "나는 본래 용성국[한편 정명국(正明國) 혹은 완하국(琓夏國)이라고도 한다. 완하는 혹화하국(花廈國)이라고도 한다. 용성은 왜의 동북 일천리에 있다] 사람으로 우리나라에 일찍이 28의 용왕이 있는데, 모두 다 사람의 태(胎)에서 태어나 5~6세 때부터 왕위에 올라 만민을 가르치고 바른 성품을 닦았습니다. 그리고 팔품(八品)의 성골(姓骨)이 있지만 선택하는 일이 없이 모두 왕위에 올랐습니다. 이때 우리 부왕 함달파(含達婆)가 적녀국(積女國)의 왕녀를 맞이하여 왕비로 삼았는데 오래도록 아들이 없으므로 자식 구하기를 기도하여 7년 만에 커다란 알 한 개를 낳았습니다. 이에 대왕이 군신들을 불러 모아 말하기를, '사람이 알을 낳는 것은 예로부터 지금까지 없었던 일이니 이것은 좋은 일이 아닐 것이다.'하고 궤를 만들어 나를 넣고 더불어 일곱 가지 보물과 노비들을 함께 배 안에 실은 후, 바다에 띄워놓고 축언하여 이르기를, '인연이 있는 곳에 닿는 대로 나라를 세우고

집을 이루라' 하였습니다. 그러자 붉은 용이 나타나 배를 호위하고 여기까지 오게 된 것입니다.” 하였다. 말을 끝내자 그 아이는 지팡이를 끌며 두 종을 데리고 토함산 위에 올라가 돌집을 지어 칠일 동안 머물렀다. 성 안에 살만한 곳을 살펴보니 마치 초승달[三日月] 모양으로 된 봉우리가 하나 보이는데 지세가 오래 머물만한 땅이었다. 이내 내려와 그 곳을 찾으니 바로 호공의 집이었다. 이에 지략을 써서 몰래 숫돌과 숯을 그 집 곁에 묻어놓고 다음날 새벽 아침에 문 앞에 가서 말하기를, “이 집은 조상 때부터 우리 집입니다.”고 하였다. 호공이 “그렇지 않다.”고 하여 서로 다투었으나 시비를 가리지 못하였다. 이에 관가에 고하자 관가에서 묻기를, “그 집이 너의 집임을 무엇으로 증명하겠느냐”고 하자 “우리는 본래 대장장이였는데 얼마 전 이웃 고을에 간 사이에 그 집을 다른 사람이 빼앗아 살고 있으니 청컨대 땅을 파서 조사하게 해 주십시오.” 하였다. 동자의 말대로 따르니 과연 숫돌과 숯이 나왔으므로 이에 그 집을 취하여 살게 하였다. 이 때 남해왕은 탈해가 지혜로운 사람임을 알고 맏 공주를 그에게 시집보냈는데 이가 바로 아니부인(阿尼夫人)이다. 하루는 탈해가 동악(東岳)에 올랐다가 돌아오는 길에 백의(白衣)를 시켜 물을 떠 오게 하였다. 백의는 물을 떠 오다가 중도에서 자기가 먼저 마시고 올리려 하였다. 그런데 물그릇 한쪽에 입이 붙어 떨어지지 않았다. 이로 인하여 그를 꾸짖자 백의가 맹세하여 “이후로는 가까운 곳이든 먼 곳이든 감히 먼저 맛보지 않겠습니다.”라고 말하자 이후에야 떨어졌다. 그 뒤로 백의는 탈해를 두려워하여 감히 속이지 못했다. 지금 동악 속에 우물 하나가 있어 세상 사람들이 요내정(遙乃井)이라 하는데 이것이 바로 그 우물이다. 노례왕(弩禮王)이 세상을 떠나자 광호제(光虎帝) 2년 정사(丁巳) 6월에 [탈해가] 왕위에 올랐다. 옛날에 자기 집이라 하여 남의 집을 빼앗은 까닭에 성을 석(昔)씨로 하였다. 혹은 까치 덕분에 상자를 열 수 있었기 때문에 새 조(鳥)를 떼고 성을 석씨로 삼았다고도 한다. 그리고 궤를 열어서 알을 깨고 태어났기 때문에 이름을 탈해(脫解)라 했다고 한다. (『三國遺事』 1 紀異 1 第四 脫解王)

신라   겨울 10월 신라왕 유리가 세상을 떠났다. 사위 석탈해가 왕위에 오르니 나이가 62이었다. 탈해는 본래 다파나국 사람이다. 그 나라는 왜국의 동북쪽 1천 리 되는 곳에 있었다. 처음에 그 나라 왕이 여국왕의 딸을 맞이해 처로 삼았는데 임신한 지 7년 만에 큰 알을 낳았다. 왕이 말하기를, “사람으로서 알을 낳은 것은 상서롭지 못하다. 마땅히 버려야 한다.”고 말했다. 그 여자가 비단으로 알을 싸서 보물과 함께 함에 넣고 바다에 띄워 가는 대로 맡겼다. 처음에 금관국의 해변에 이르렀는데 금관 사람들은 이를 괴이하게 여겨 거두지 않았다. 다시 진한의 아진포구에 이르렀는데, 한 노파가 줄로 묶고 함을 열어 살펴보니 한 어린아이가 있어 그 할미가 거두어 길렀다.[혹 이르기를, 이때가 혁거세 재위 39년이라고 한다] 장성하자 신장은 9척이고 풍채가 신이하고 빼어났으며 지식이 남보다 뛰어났다. 이때 사람들이 (그 아이의) 성씨를 알 수 없어 궤짝이 처음 왔을 때 까치가 날아 울면서 이를 따라 왔다고 하여 ‘작(鵲)’자에서 줄여 석(昔)으로 씨(氏)를 삼았다. 그리고 둘러싼 궤짝을 열고 나왔으니 탈해(脫解)로 이름을 지었다. 탈해는 처음에 고기잡이로 생업을 삼아 어미를 공양했는데 게으른 기색이 전혀 없었다. 노파가 말하기를, “너는 범상한 사람이 아니고 골상이 특이하니 학문에 힘써 공명을 세워라.”고 하였다. 탈해가 이에 학문에 힘썼고 아울러 지리(地理)에 통달하였다. 양산(楊山) 아래 호공(瓠公)의 집을 바라보고 길한 땅이라고 여겨 속임수로 차지하고 살았다. 남해왕이 탈해가 어질다는 말을 듣고 딸을 그의 처로 삼았다. [(삼국)유사에 이렇게 전한다. 남해왕 때 어떤 배가 가락국에 와서 수로왕이 이를 머물게 할려고 했으나 배가 계림의 아진포에 이르렀다. 아진의(阿珍義)라는 노파가 있어 까치무리들이 바다 한가운데 모여있는 것을 바라보고 배를 끌고 찾아보니 배에 큰 궤짝이 있었다. 열어보니 어린 사내아이가 있었는데, 말하기를, "저는 본래 용성국 사람으로 아버지는 함달파인데 적녀국(積女國) 왕의 딸을 비로 맞이하였습니다. 오래도록 아들이 없어 7년간 자식을 얻으려 기도하였는데, 커다란 알 하나를 낳았습니다. 사람이 알을 낳은 것이 좋은 징조가 아니라고 하여 궤짝을 만들어 나를 넣고 바다에 띄워 보내 여기에 이르게 되었습니다." 하였다. 말을 마치자 토함산에 올라 성 안에 살만한 곳을 살펴보더니 한 봉우리가 반달모양의 형세를 하고 있는 것을 보고 이에 꾀를 내어 몰래 숫돌과 숯을 묻고는 '이곳은 우리 조상들의 집이다' 하고 소송하여 말하기를, "저의 집안은 대장장이 집안으로 잠깐 이웃 마을로 나갔는데 다른 사람이 취하여 살고 있는 것입니다. 청컨대 땅을 파서 증명하도록 해 주십시오" 라고 하였다. 과연 숫돌과 숯이 나와 그 집을 취하였다. 남해왕이 그가 지혜로운 사람인 것을 알고 맏공주 아니부인(阿尼夫人)으로 처로 삼게 하였고, 옛날 이곳이 우리 집이었다고 한 것으로 석씨(昔氏)로 성을 삼았다. 수이전(殊異傳)에서 이렇게 전한다. 용성국왕비가 큰 알을 낳자 이를 괴이하게 여겨 작은 궤짝이 알을 두고 노비와 7가지 보물, 문서들을 배에 실어 바다에 띄웠는데, 그 배가 아진포에 닿았다. 이에 촌장 아진 등이 궤를 열고 알을 꺼냈는데, 홀연히 까치가 와서 알을 쪼아 열었다. 어린 남자 아이가 있었는데 스스로 탈해라고 하였다. 마을 노파에게 의탁하여 어미로 삼고 글과 역사를 배우고 더불어 지리에도 통달하였으며 겉모습은 영특하고 뛰어났다. 토함산에 올라 서울의 지세를 살펴보니 신월성(新月城) 터가 살만 하였는데 호공이란 자가 살고 있었다. 호공은 허리에 박을 차고 바다를 건너와 살았는데, 어떤 사람인지 알지 못하였다. 탈해가 그 집을 빼앗으려 꾀를 내어 밤에 그 집에 뜰에 들어가 쇠를 단련하는 도구와 쇠붙이 등을 묻고 조정에 나아가 고하여 말하기를, "나는 대대로 야장을 업으로 하고 있는데 잠시 이웃 마을에 간 사이에 호공이 우리 집을 빼앗아 살고 있으니 청컨대 이를 증명하게 해주십시오" 하였다. 땅을 파보니 과연 쇠를 단련하는 기구들이 나왔다. 왕이 탈해가 사실 계림사람이 아님을 알고서도 그 비범함을 기특히 여겨 그 집을 내려주고 맏공주를 주어 처로 삼게 하였다. 용성국은 왜국 동북 2천리에 있다.] 권근은 말한다. 하후씨(夏后氏) 이래로 나라를 가진 자는 반드시 그 아들에게 나라를 전하였다. 이는 후세에 나라를 다투는 어지러움을 염려해서이다. 때문에 조상의 제사를 중요시하였다. 다른 성을 가진 사람에게 전한다면 혁명이니 종묘에서 혈식(제사 음식)을 먹지 못하게 된다(나라를 잃게 된다는 뜻). 남해왕(南解王)이 왕위를 탈해에게 전하려 하니 유리(儒理)가 사양하였다가 유리가 먼저 왕위에 올랐다. 마침내 명을 어지럽히고 죽으면서 탈해에게 왕위를 전하였으니 그 경중을 모른 것이 심하다. 만약 타성에게 전하여도 조상의 사당은 오히려 남아 있을 수 있다고 말한다면 신은 진실로 동족이 아니면 흠향하지 않는 것이니 그것을 혈식이라고 말할 수 있겠는가. 만약 요순의 선양으로 빗대어 말한다면, 요순의 선양은 천하를 함께하는 것이니 천하를 위하여 어진 사람을 얻은 것이나, 남해가 아들과 사위에게 전함은 나라를 사사로이 하여 아들과 사위의 경중을 분간하지 않고 전하려 한 것이니 어찌 감히 방자하게 요순의 일을 빌려 말할 수 있는가. 이첨은 말한다. 삼대 이후 제왕이 서로 잇는 차례는 모두 한 성씨로 전하는 것이 법이다. 그러므로 한나라 고조가 처음 천하를 차지하고 약속하기를, '유씨(劉氏)가 아닌 자가 왕이 된다면 천하가 함께 이를 공격하라' 하였고, 신(新) 나라 말엽에 광무제(光武帝)가 중흥했다가 한나라 다시 쇠약해짐에 이르러 비록 천하가 나누어졌어도 유비(劉備)가 중산정왕(中山靖王)의 후예로 삼국의 정통성을 가졌다. 신라는 왕위를 잇는 것이 그렇지 않아 남해왕 박씨가 장차 세상을 떠나려 할 때 그 아들 유리와 그 사위 석탈해에게 말하기를 내가 죽거든 아들과 사위를 따지지 말고 나이가 많고 또 어진자가 왕위에 오르도록 하라 하였다. 때문에 탈해왕이 유리의 뒤를 이었고, 7대가 될 때 조분왕이 내해의 유명을 받들어 왕위에 올랐다. 그 2대에 미추왕 김씨가 조분의 사위로 왕위를 잇게 되니 무릇 세 번 성씨가 바뀌었다. 그 왕위를 전하는 즈음에 먼저 선왕의 유훈을 외워 천명의 받는 부절(符節)로 삼고 조금도 의심하고 꺼리는 말이 없어 천년의 유구한 왕업을 이루었다. 그러나 한 지방의 나라를 전하는 가법(家法)에 그칠 뿐이니 족히 천하와 더불어 널리 논할 만한 것은 아니다. (『三國史節要』 2)

신라　　제4대 탈해(脫解)[토해(吐解)라고도 한다] 니질금(尼叱今).[석(昔)씨이다. 아버지는 완하국(琓夏國) 함달파왕(含達婆王)으로 화하국왕(花夏國王)이라고도 한다. 어머니는 적녀국왕(積女國王)의 딸이다. 왕비는 남해왕(南解王)의 딸로 아로부인(阿老夫人)이다. 정사(丁巳)년에 즉위하여, 23년간 다스렸다. 왕이 붕어하자 말△소정구(末△疏井丘)에서 수중 장례를 치루었다. 뼈를 빚어 동악(東岳)에 안치하니, 지금의 동악대왕(東岳大王)이다.

신라　　(10월) 신라가 왕을 사릉(蛇陵)에 장사지냈다. (『三國史節要』 2)

대방 구야한국

왜인은 대방 동남쪽의 큰 바다 가운데에 살고 있는데, 산이 많은 섬에 의지하여 국읍(國邑)을 이루었다. 옛날에는 100여 국이었는데 한나라 때에 조정에 찾아온 나라가 있었고, 지금은 사자와 통역이 통하는 곳이 30개 국이다. 대방군에서 왜까지는 해안을 따라 물기로 가서 한국을 거쳐 때로는 남쪽으로 때로는 동쪽으로 나아가면 그 북쪽 대안인 구야한국에 도착한다. 거리는 7천여 리이여 처음 바다 한 곳을 건너는데 1천여리를 가면 대마국에 도착한다. (『三國志』 30 魏書 30 烏丸鮮卑東夷傳 倭人)

58(戊午/신라 탈해이사금 2/고구려 태조왕 6/백제 다루왕 31/後漢 永平 1/倭 垂仁 87)

신라　　봄 정월 호공(瓠公)을 대보(大輔)에 임명하였다. (『三國史記』 1 新羅本紀 1)
신라　　봄 정월 신라가 호공을 대보에 임명하였다. (『三國史節要』 2)

신라　　2월 왕이 시조묘(始祖廟)에 친히 제사하였다. (『三國史記』 1 新羅本紀 1)
신라　　2월 신라왕이 친히 시조묘에 제사하였다. (『三國史節要』 2)

요동 현도　영평 원년 가을 7월 요동태수(遼東太守) 제융(祭肜)이 편하(偏何)로 하여금 적산(赤山)의 오환(烏桓)을 정벌하게 하여 크게 격파하고, 그 괴수의 목을 베니 새외가 두려움에 떨어 서쪽으로는 무위(武威)로부터 동으로 현도(玄菟)까지 모두 와서 귀부하니 들에 바람과 먼지가 없게 되어 이에 모두 변경의 연이어 주둔하던 병력을 모두 철수시켰다. (『資治通鑑』 44 漢紀 36 顯宗孝明皇帝 上)

59(己未/신라 탈해이사금 3/고구려 태조왕 7/백제 다루왕 32/後漢 永平 2/倭 垂仁 88)

예맥　　2년 봄 정월 신미일(19)에 명당(明堂)에서 조상으로서 광무황제(光武皇帝)를 제사하였다. (중략) 예가 끝난 뒤 영대(靈臺)에 올라 상서령지절(尚書令持節)로 하여금 표기장군(驃騎將軍)과 3공(公)에게 알려 말하기를, "(중략) 뭇 신료들이 잘 보좌하며, 종실의 자손들이 번성하고, 뭇 군(郡)이 상계(上計)를 하며, 많은 오랑캐들이 조공을 바치고 오환(烏桓)과 예맥(濊貊)이 모두 와서 제사를 돕고 선우(單于)가 시중을 들며, 골도후(骨都侯) 또한 모두 함께 자리에 배열하니 이는 진실로 성조(聖祖)의 공덕 덕택이다." 하였다. (『後漢書』 2 帝紀 2 顯宗孝明帝)

신라　　봄 3월 왕이 토함산(吐含山)에 올랐는데 검은 구름이 덮개처럼 왕의 머리 위에 떠

있다가 한참 지나서 흩어졌다. (『三國史記』 1 新羅本紀 1)

고구려   여름 4월 왕이 고안연(孤岸淵)에 가서 고기 낚시를 구경하다가 붉은 날개가 달린 흰 물고기를 얻었다. (『三國史記』 15 高句麗本紀 3)

고구려   (4월) 고구려 왕이 고안연에 가서 물고기를 보았다. (『三國史節要』 2)

신라   여름 5월 왜국과 더불어 우호관계를 맺고 사신을 교환하였다. (『三國史記』 1 新羅本紀 1)

신라   5월 신라가 왜국과 우호관계를 맺고 사신을 교환하였다. (『三國史節要』 2)

신라   6월 살별이 천선(天船) 자리에 나타났다. (『三國史記』 1 新羅本紀 1)

신라   6월 신라에서 살별이 천선 자리에 나타났다. (『三國史節要』 2)

고구려   가을 7월 서울에 큰 홍수가 나서 민가가 떠내려가고 물에 잠겼다. (『三國史記』 15 高句麗本紀 3)

고구려   가을 7월 고구려의 서울에 큰 홍수가 나서 민가가 떠내려가고 물에 잠겼다. (『三國史節要』 2)

신라   가을 7월 기유 초하루 무오에 여러 신하(群卿)들에게 조서를 내려 말하기를, "짐이 듣자하니 신라 왕자 천일창(天日槍, 아메노히보코)이 처음 올 때 가져 온 보물이 단마(但馬, 타지마)에 있다고 하는데, 처음에 나라 사람들이 이를 보고 귀하다고 여겨 신보(神寶)로 삼았다고 하니 짐이 그 물건을 보고자 한다." 라고 하였다. 그날 사자를 파견하여 천일창의 증손 청언(淸彦, 키요히코)에게 조서를 내려 그 물건들을 받치도록 했다. 이에 청언이 조칙을 받고 스스로 신보를 받들어 받쳤다. 우태옥(羽太玉) 1개, 족고옥(足高玉) 1개, 제록녹적석옥(鵜鹿鹿赤石玉) 1개, 일경(日鏡) 1개, 웅신리(熊神籬) 1구(具) 등은 받쳤는데, 오직 소도(小刀) 1자루가 있어 이름을 출석(出石)이라고 하는데, 청언이 문득 바쳐서는 안 된다고 생각해 옷(袍) 속에 숨겨 놓고 자신이 차고 다녔다. 천황이 소도를 숨겨 놓은 사정은 알지 못하고 청언을 총애하고자 하여 어소(御所)로 불러 들여 술을 내렸다. 이때 칼(刀子)이 옷에서 나와 드러나자, 천황이 이를 보고 청언에게 직접 물었다. "네 옷 안의 칼은 어떤 칼인가." 이에 청언이 도자를 숨길 수 없음을 알고 밝히며 말하기를, "바친 신보와 같은 종류입니다."하고 아뢰었다. 천황이 청언에게 "신보를 어찌 달리 둘 수가 있느냐."하므로, 이에 도자를 바치니 모두 신부(神府)에 보관하였다. 그 후 보부(寶府)를 열어 보니 소도가 없어졌다. 이에 사람을 시켜 청언에게 묻기를 "네가 바친 칼이 홀연히 없어졌으니, 혹시 너의 처소에 이르렀느냐."라고 하였다. 청언이 대답하기를, "어제 저녁 칼이 저절로 신의 집에 이르렀다가 오늘 아침에 사라졌습니다."하고 하였다. 천황이 두려워 다시는 찾지 말라고 하였다. 이후 출석도자(出石刀子)가 저절로 담로도(淡路嶋)에 이르렀는데, 그 섬 사람들이 '신'이라고 이르고 도자를 위해 사당을 세웠다. 지금까지도 제사를 지낸다. 옛날 한 사람이 작은 배를 타고 단마국에 정박하자, 이 때문에 묻기를 "너는 어느 나라 사람인가"라고 하니, 대답하여 말하길 "신라 왕자로서 이름은 천일창이다."라고 말하였다. 이에 단마에 머물러 그 국(國, 쿠니)의 전진이(前津耳, 사키츠미미) [일설에는 전진견(前津見, 사키츠미)이라 하고 일설에는 태이(太耳, 후토미미)라고 한다]의 딸 마타능오(麻拕能烏, 마타노오)와 결혼하여 단마제조(但馬諸助, 타지마 모로스구)를 낳았는데, 이가 청언의 할아버지이다. (『日本書紀』 6 垂仁天皇紀)

60(庚申/신라 탈해이사금 4/고구려 태조왕 8/백제 다루왕 33/後漢 永平 3/倭 垂仁 89)

61(辛酉/신라 탈해이사금 5/고구려 태조왕 9/백제 다루왕 34/後漢 永平 4/倭 垂仁 90)

신라 마한	가을 8월 마한(馬韓)의 장수 맹소(孟召)가 복암성(覆巖城)을 들어 항복하였다. (『三國史記』1 新羅本紀 1)
신라 마한	가을 8월 마한의 장수 맹소가 복암성을 들어 신라에 항복하였다. (『三國史節要』2)

62(壬戌/신라 탈해이사금 6/고구려 태조왕 10/백제 다루왕 35/後漢 永平 5/倭 垂仁 91)

고구려	가을 8월 동으로 사냥을 가서 흰 사슴을 잡았다. (『三國史記』15 高句麗本紀 3)
고구려	가을 8월 동으로 사냥을 가서 흰 사슴을 잡았다. (『三國史節要』2)
고구려	(가을 8월) 나라 남쪽에 날아다니는 누리가 곡식을 해쳤다. (『三國史記』15 高句麗本紀 3)
고구려	(가을 8월) 고구려국 남쪽에 날아다니는 누리가 곡식을 해쳤다. (『三國史節要』2)

63(癸亥/신라 탈해이사금 7/고구려 태조왕 11/백제 다루왕 36/後漢 永平 6/倭 垂仁 92)

신라 백제	겨울 10월 백제왕이 땅을 넓혔는데, 낭자곡성(娘子谷城)에 이르러 사신을 보내 회동을 청했으나 왕이 가지 않았다. (『三國史記』1 新羅本紀 1)
백제 신라	겨울 10월 왕이 땅을 넓혀 낭자곡성에 이르렀다. 이에 사신을 신라에 보내어 회동을 청했으나, 따르지 않았다. (『三國史記』23 百濟本紀1)
신라 백제	겨울 10월 백제왕이 신라 낭자곡성을 침략하고 이에 사신을 보내어 회동을 청했으나, 신라왕이 받아들이지 않았다. (『三國史節要』2)

64(甲子/신라 탈해이사금 8/고구려 태조왕 12/백제 다루왕 37/後漢 永平 7/倭 垂仁 93)

신라 백제	가을 8월 백제가 군대를 보내어 질산성(蛭山城)을 공격하였다. (『三國史記』1 新羅本紀1)
신라 백제	가을 8월 백제왕 군대를 보내어 신라 서쪽 변경의 와산성(蛙山城)을 공격하였다. (『三國史節要』2)
백제 신라	(8월) 왕이 군대를 보내어 신라의 와산성을 공격하였으나 이기지 못하였다. (『三國史記』23 百濟本紀 1)
신라 백제	겨울 10월 백제가 또 구양성(狗壤城)을 공격하였으나, 왕이 기병 2천을 보내 맞아 싸워 격퇴시켰다. (『三國史記』1 新羅本紀1)
백제 신라	겨울 10월 또 구양성을 공격하였으나, 신라가 기병 2천을 보내 맞아 싸워 격퇴시켰다. (『三國史節要』2)
백제 신라	(10월) 군대를 이동시켜 구양성을 공격하였으나, 신라가 기병 2천을 동원하여 맞아 싸워 격퇴시켰다. (『三國史記』23 百濟本紀 1)
신라	12월 지진이 일어나고 눈이 내리지 않았다 (『三國史記』1 新羅本紀1)
신라	12월 신라에 지진이 일어나고 눈이 내리지 않았다. (『三國史節要』2)

65(乙丑/신라 탈해이사금 9/고구려 태조왕 13/백제 다루왕 38/後漢 永平 8/倭 垂仁 94)

신라	봄 3월 밤에 왕이 금성(金城) 서쪽의 시림(始林) 나무들 사이에서 닭이 우는 소리를 들었다. 날이 밝자 호공(瓠公)을 보내 살펴보니 금빛깔의 작은 궤짝이 나뭇가지에

걸려 있었고, 흰 닭이 그 아래에서 울고 있었다. 호공이 돌아와 고하니, 왕은 사람을 시켜 궤짝을 가져와 열게 했다. 작은 남자아이가 그 안에 있었는데, 모습이 뛰어나게 훌륭했다. 왕이 기뻐하며 좌우에 일러 말하기를, "이는 어찌 하늘이 내게 내려준 아들이 아니겠는가." 하고 거둬 길렀다. 자라면서 총명하고 지략이 많아 이름을 알지(閼智)라고 하고, 그가 금궤짝에서 나왔기에 성을 김씨라 하였다. 시림을 고쳐 계림(鷄林)으로 이름을 짓고 이것으로 국호로 삼았다. (『三國史記』1 新羅本紀 1)

신라 봄 3월 밤에 왕이 금성 서쪽의 시림 나무들 사이에서 닭이 우는 소리를 들었다. 날이 밝자 호공을 보내 살펴보니 금빛깔의 작은 궤짝이 나뭇가지에 걸려 있었고, 흰 닭이 그 아래에서 울고 있었다. 호공이 돌아와 고하니, 왕은 사람을 시켜 궤짝을 가져와 열게 했다. 작은 남자아이가 그 안에 있었는데, 모습이 뛰어나게 훌륭했다. 왕이 기뻐하며 좌우에 일러 말하기를, "이는 어찌 하늘이 내게 내려준 아들이 아니겠는가." 하고 거둬 길렀다. 자라면서 총명하고 지략이 많아 이름을 알지라고 하고, 그가 금궤짝에서 나왔기에 성을 김씨라 하였다. 닭의 괴이함이 있어서 시림을 고쳐 계림으로 고치고 이것으로 국호로 삼았다.

권근(權近)은 말한다. 천도(天道)가 흘러 가고 만물이 변하여 생장함은 심고 기르고 기울어지고 뒤집어짐일 뿐이니 어찌 금빛 궤짝에 아이를 담아 내려보내어 수풀 사이에 닭울음을 사람에게 보고하는 일이 있었겠는가. 어찌 간사한 사람이 왕을 뵈어 그 태어남이 신이하다고 하여 나라를 얻게 된 까닭이 아니겠는가. 또한 신이한 그 자손을 세우려 뒤에 사특한 행동을 하여 나라를 도둑질함은 황헐(黃歇)과 여불위(呂不韋) 보다 심한 것이 아닌가. 왕이 이에 금빛 궤짝과 흰 닭에 현혹되어 그를 길러 자식으로 삼고 또 나라 이름을 바꾸어 드디어 다른 성을 가진 떳떳하지 못한 후손으로 하여금 그 나라를 얻게 만들었으니, 남해가 이미 전에 실수하고 탈해가 뒤에 또 실수하니 그 지혜롭지 못함이 심하다. (『三國史節要』2)

신라 탈해왕 9년 시림(始林)에 닭의 괴이함이 있어 다시 계림(鷄林)으로 이름을 고치고 이로 인하여 국호로 하였다. (『三國史記』34 雜志 3 地理 1)

66(丙寅/신라 탈해이사금 10/고구려 태조왕 14/백제 다루왕 39/後漢 永平 9/倭 垂仁 95)

신라 백제 백제가 와산성(蛙山城)을 공격하여 취하고 2백명을 남겨 머물러 지키게 하였으나 바로 되찾았다. (『三國史記』1 新羅本紀1)

백제 신라 와산성을 공격하여 취하고 2백인을 남겨 지키게 하였으나, 바로 신라에게 패하였다. (『三國史記』23 百濟本紀1)

백제 신라 백제가 신라 와산성을 공격하여 빼앗고 2백명을 남겨 지키게 하였다. (『三國史節要』2)

67(丁卯/신라 탈해이사금 11/고구려 태조왕 15/백제 다루왕 40/後漢 永平 10/倭 垂仁 96)

신라 봄 정월에 박씨 귀척(貴戚)에게 국내의 주군(州郡)을 나누어 다스리게 하고, 주주(州主)·군주(郡主)라고 불렀다. (『三國史記』1 新羅本紀 1)

신라 봄 정월에 신라에서 종척(宗戚)인 박씨에게 주군을 나누어 다스리게 하고, 주주·군주라고 불렀다. (『三國史節要』2)

신라 2월에 순정(順貞)을 이벌찬(伊伐湌)으로 삼고 정사를 맡겼다. (『三國史記』1 新羅本紀 1)

신라 2월에 신라에서 순정을 이벌찬으로 삼고 정사를 맡겼다. (『三國史節要』2)

68(戊辰/신라 탈해이사금 12/고구려 태조왕 16/백제 다루왕 41/後漢 永平 11/倭 垂仁 97)

고구려 갈사	가을 8월에 갈사왕(曷思王)이 손자 도두(都頭)가 나라를 들어 항복해왔다. 도두를 우태(于台)로 삼았다. (『三國史記』 15 高句麗本紀 3)
고구려 갈사	가을 8월에 갈사왕의 손자 도두가 나라를 들어 고구려(高句麗)에 투항하였다. 도두를 우태로 삼았다. (『三國史節要』 2)

고구려	겨울 10월에 천둥이 쳤다. (『三國史記』 15 高句麗本紀 3)
고구려	겨울 10월에 고구려에서 천둥이 쳤다. (『三國史節要』 2)

낙랑	① 영평 11년에 촉군(蜀郡) 서공(西工)에서 궁정용으로 용량이 1승(升)8홉(合)인 협저배(俠紵杯)를 만들다. 소공(素工) 무(武)·휴공(髹工) 융(戎)·질공(泚工) 흡(翕)·월공(刖工) 당(當)·조공(造工) 대(代)·호공연(護工掾) 봉(封)·장(長) 풍(豊)·승(丞) 숭(嵩)·연(掾) 우(羽)·영사(令史) 강(彊)이 주관하였다. ② 이정(利程) ③ 정(丁) (「永平 11年銘 耳杯」)

69(己巳/신라 탈해이사금 13/고구려 태조왕 17/백제 다루왕 42/後漢 永平 12/倭 垂仁 98)

낙랑	오관연(五官掾) 왕우(王盱) 인(印)
	왕우(王盱)인신(印信) (「王盱兩面木印」)

낙랑	영평 12년에 촉군(蜀郡) 서공(西工)에서 협저(俠紵)로 거듭 칠하고 (治千二百은 의미 미상) 노씨(盧氏)가 제작하였다. 자손에게 복이 있고, 견고하여라. (「永平 12年銘 神仙畫象 漆盤」)
낙랑	영평 12년에 촉군 서공에서 협저로 거듭 칠하여 만들다. 자손에게 복이 있으라. 노씨가 제작하였다. (「永平 12年銘 三足盤」)

70(庚午/신라 탈해이사금 14/고구려 태조왕 18/백제 다루왕 43/後漢 永平 13/倭 垂仁 99)

신라 백제	백제가 침범해 왔다. (『三國史記』 1 新羅本紀 1)
백제 신라	병사를 보내 신라를 침범하였다. (『三國史記』 23 百濟本紀 1)
백제 신라	백제에서 병사를 보내 신라를 침범하였다. (『三國史節要』 2)

71(辛未/신라 탈해이사금 15/고구려 태조왕 19/백제 다루왕 44/後漢 永平 14/倭 景行 1)

낙랑	영평 14년에 촉군(蜀郡) 서공(西工)에서 궁정용으로 △ 1승(升)8홉(合)인 협저배(俠紵杯)를 만들다. 소공(素工) 수(壽)·질공(泚工) 봉(封)·휴공(髹工) 상(常)·월공(刖工) 장(長)·조공(造工) 원(原)·호공연(護工掾) 순(順)·장(長) △수(△守)·승(丞) 유(惟)·연(掾) 우(羽)·영사(令史) 방(方)이 주관하였다. (「永平 14年銘 耳杯」)
낙랑	영평 14년에 만들다. 거듭 칠하고, (梓栒謹△는 의미 미상) 견고하여라. 일이 없음을 즐거워하고 주식(酒食)에 마땅함이 있으라. (「永平 14年銘 漆盤」)

72(壬申/신라 탈해이사금 16/고구려 태조왕 20/백제 다루왕 45/後漢 永平 15/倭 景行 2)

고구려 조나	봄 2월에 관나부(貫那部) 패자(沛者) 달고(達賈)를 보내 조나(藻那)를 정벌하고, 그 왕을 사로잡았다. (『三國史記』 15 高句麗本紀 3)
고구려 조나	봄 2월에 고구려(高句麗)에서 관나부 패자 달고를 보내 조나를 정벌하고, 그 왕을 사로잡았다. (『三國史節要』 2)

고구려	여름 4월에 수도에 가뭄이 들었다. (『三國史記』 15 高句麗本紀 3)
고구려	여름 4월에 고구려 수도에 가뭄이 들었다. (『三國史節要』 2)

73(癸酉/신라 탈해이사금 17/고구려 태조왕 21/백제 다루왕 46/後漢 永平 16/倭 景行 3)

백제	여름 윤5월 무오일(29) 그믐에 일식이 있었다. (『三國史記』 23 百濟本紀 1)
백제	여름 윤5월 무오일(29) 그믐에 백제에서 일식이 있었다. (『三國史節要』 2)

신라	왜인(倭人)들이 목출도(木出島)에 침범하였다. 왕이 각간(角干) 우오(羽烏)를 보내 방어하게 하였는데, 이기지 못하고 우오는 전사하였다. (『三國史記』 1 新羅本紀 1)
신라	왜인들이 신라 목출도에 침범하였다. 왕이 각간 우오를 보내 방어하게 하였는데, 이기지 못하고 전사하였다. (『三國史節要』 2)

74(甲戌/신라 탈해이사금 18/고구려 태조왕 22/백제 다루왕 47/後漢 永平 17/倭 景行 4)

신라 백제		가을 8월에 백제가 변경을 노략질하니, 병사를 보내 막았다. (『三國史記』 1 新羅本紀 1)
백제 신라		가을 8월에 장수를 보내 신라를 침범하였다. (『三國史記』 23 百濟本紀 1)
백제 신라		가을 8월에 백제가 신라를 침범하니, 신라가 병사를 보내 막았다. (『三國史節要』 2)

고구려 주나	겨울 10월에 왕이 환나부(桓那部) 패자(沛者) 설유(薛儒)를 보내 주나(朱那)를 정벌하고, 그 왕자 을음(乙音)을 사로잡아 고추가(古鄒加)로 삼았다. (『三國史記』 15 高句麗本紀 3)
고구려 주나	겨울 10월에 고구려왕(高勾麗王)이 환나부 패자 설유를 보내 주나를 정벌하고, 그 왕자 을음을 사로잡아 고추가로 삼았다. (『三國史節要』 2)

75(乙亥/신라 탈해이사금 19/고구려 태조왕 23/백제 다루왕 48/後漢 永平 18/倭 景行 5)

신라	큰 가뭄이 들어 백성이 굶주리니, 창고를 열어 진급(賑給)하였다. (『三國史記』 1 新羅本紀 1)
신라	신라에 큰 가뭄이 들어 백성이 굶주리니, 창고를 열어 진급하였다. (『三國史節要』 2)

신라 백제	겨울 10월에 백제가 서쪽 변경의 와산성(蛙山城)을 공격하여 함락시켰다. (『三國史記』 1 新羅本紀 1)
백제 신라	겨울 10월에 다시 와산성을 공격하여 함락시켰다. (『三國史記』 23 百濟本紀 1)
백제 신라	겨울 10월에 백제가 신라 와산성을 공격하여 함락시켰다. (『三國史節要』 2)

76(丙子/신라 탈해이사금 20/고구려 태조왕 24/백제 다루왕 49/後漢 建初 1/倭 景行 6)

신라 백제	가을 9월에 병사를 보내 백제를 정벌하고 와산성(蛙山城)을 다시 회복하였다. 백제에서 와서 살던 사람 200여 명을 모두 죽였다. (『三國史記』 1 新羅本紀 1)
백제 신라	가을 9월에 와산성은 신라가 회복하였다. (『三國史記』 23 百濟本紀 1)
신라 백제	가을 9월에 신라가 병사를 보내 백제를 정벌하고 와산성을 다시 회복하였다. 백제의 수비병 200여 명을 섬멸하였다. (『三國史節要』 2)

77(丁丑/신라 탈해이사금 21/고구려 태조왕 25/백제 다루왕 50, 기루왕 1/後漢 建初 2/倭 景行 7)

신라 가야	가을 8월에 아찬(阿湌) 길문(吉門)이 황산진(黃山津) 입구에서 가야 병사와 싸워 1천여 명의 목을 베었다. 길문을 파진찬(波珍湌)으로 삼아 공로를 포상했다. (『三國史記』 1 新羅本紀 1)

신라 가야	가을 8월에 신라 아찬 길문이 황산진 입구에서 가야 병사와 싸워 1천여 명의 목을 베었다. 길문을 파진찬으로 삼았다. (『三國史節要』 2)
백제	가을 9월에 왕이 돌아가셨다. (『三國史記』 23 百濟本紀 1)
백제	가을 9월에 백제왕 다루가 돌아가셨다. (『三國史節要』 2)
백제	기루왕은 다루왕의 맏아들이다. 그는 뜻과 식견이 크고 원대하여, 사소한 일에 마음을 두지 않았다. 그는 다루왕 재위 6년에 태자가 되었고, 50년에 왕이 돌아가시자 왕위를 계승하였다. (『三國史記』 23 百濟本紀 1)
백제	태자 기루가 즉위하였다. 그는 뜻과 식견이 크고 원대하여, 사소한 일에 마음을 두지 않았다. (『三國史節要』 2)
고구려 부여	겨울 10월에 부여 사신이 와서 뿔이 셋 달린 사슴과 꼬리가 긴 토끼를 바쳤다. 왕이 상서로운 물건으로 여겨 대사(大赦)하였다. (『三國史記』 15 高句麗本紀 3)
고구려 부여	겨울 10월에 부여에서 뿔이 셋 달린 사슴과 꼬리가 긴 토끼를 바쳤다. 고구려왕(高句麗王)이 상서로운 물건으로 여겨 대사하였다. 이첨(李詹)이 말하였다. "시절이 화평하여 해마다 풍년을 맞이하는 것은 으뜸의 상서이니, 진실로 그렇지 않다면 비록 하늘에서 감로(甘露)를 내리고 땅에서 예천(醴泉)이 나온다 하더라도 상서로움으로 여기기에 부족한 것이다. 더구나 물건이 정상에 반하는 것임에랴! 무릇 사슴과 토끼는 벌판에서 치달리고 굴 속에 엎드려 있어 음류(陰類)에 속한 것이다. 지금 사슴은 뿔이 셋이고 토끼는 꼬리가 기니, 음도(陰道)가 극단에 달하여 정상의 도리에 어긋난 것이다. 이는 요망한 것이지 상서가 아닌 것이다. 태조왕이 왕위에 있은 지 오래되어 마침내 두 아들이 참화를 입었으니 이것이 어찌 그 조짐이 아니었던가? 그 후에 보라빛 노루와 붉은 표범을 잡은 것 또한 나라를 다스리는 도리에 무슨 도움이 되었던가? 태조왕이 이로써 두려워하고 수성(修省)함으로써 재앙을 늦추지 못하고, 도리어 상서로 여겨 온 나라의 죄수를 놓아주었으니 참으로 어처구니 없는 일이다." (『三國史節要』 2)
고구려	11월에 수도에 눈이 3척이나 내렸다. (『三國史記』 15 高句麗本紀 3)
고구려	11월에 고구려 수도에 눈이 3척이나 내렸다. (『三國史節要』 2)

78(戊寅/신라 탈해이사금 22/고구려 태조왕 26/백제 기루왕 2/後漢 建初 3/倭 景行 8)

79(己卯/신라 탈해이사금 23/고구려 태조왕 27/백제 기루왕 3/後漢 建初 4/倭 景行 9)

신라	봄 2월에 혜성이 동쪽에 나타났다. 또 북쪽에 나타났다가 20일 만에 사라졌다.[7] (『三國史記』 1 新羅本紀 1)
신라	봄 2월에 신라에서 혜성이 동쪽에 나타났다. 또 북쪽에 나타났다가 20일 만에 사라졌다. (『三國史節要』 2)

신라 우시산국 거칠산국

거도(居道)는 그 일족(一族)의 성씨를 잃어버려 어느 곳 사람인지를 알 수 없다. 탈해이사금(脫解尼師今) 때에 벼슬하여 간(干)이 되었다. 그때, 우시산국(于尸山國)과 거칠산국(居柒山國)이 국경 인근에 있어서 자못 나라의 걱정거리였다. 거도가 변경의 관리가 되어, 병탄할 생각을 품었다. 매년 한 번씩 많은 말들을 장토(張吐)의 들판에 모아, 병사들로 하여금 말을 타고 달리면서 재미있게 놀게 하였다. 당시 사람들이 '마기(馬技)'라 불렀다. 두 나라 사람들이 그것을 익숙히 보아 왔으므로, 신라

	의 평상적인 일이라고 생각하여 이상하게 여기지 않았다. 이에 거도가 군대를 일으켜 습격하여 두 나라를 멸망시켰다. (『三國史記』44 列傳 4 居道)
신라	신라에서 간시산(干時山)·거칠산 2국을 쳐서 멸하였다. 처음에 두 나라가 신라의 경계에 이웃하여 있어, 매우 심하게 나라의 걱정거리가 되었다. 신라에서 거도(居道)에게 명하여 변경의 지방관으로 삼으니, 거도가 2국을 병탄할 뜻을 갖고 항상 장토야(張吐野)에 군마(群馬)를 모아놓고 날마다 군사들로 하여금 놀이 삼아 말을 달리게 하였다. 당시 사람들이 마기(馬技)라고 일컬었는데, 2국 사람들이 이를 익숙히 보고 일상적인 일이라 하여 방비하지 않았다. 그리하여 거도는 군사를 일으켜 2국을 멸망시켰다. (『三國史節要』2)
신라	재위 23년만인 건초 4년 기묘에 돌아가셨다. 소천구(疏川丘) 속에 장사를 지냈다. (『三國遺事』1 紀異 1 第四脫解王)

80(庚辰/신라 탈해이사금 24, 파사이사금 1/고구려 태조왕 28/백제 기루왕 4/後漢 建初 5/倭 景行 10)

신라	여름 4월에 수도에 큰 바람이 불어 금성(金城)의 동문이 저절로 무너졌다. (『三國史記』1 新羅本紀 1)
신라	여름 4월에 신라 수도에 큰 바람이 불어 금성의 동문이 무너졌다. (『三國史節要』2)

조선 현도 낙랑

	(여름 5월에) 반초(班超)가 서역을 끝까지 평정하고자 하여 상소문을 올려서 군사를 청하였다. "신이 가만히 보건대, 선제(先帝: 明帝)께서는 서역을 개척하고자 하셨습니다. 그러므로 북쪽으로 흉노를 치고 서쪽 외국으로 사신을 보내셨고, 선선국(鄯善國)과 우전국(于寘國)은 즉시 귀화하였습니다. 지금 구미국(拘彌國)·사차국(莎車國)·소륵국(疏勒國)·월지국(月氏國)·오손국(烏孫國)·강거국(康居國)도 다시금 귀부하기를 원하며 함께 힘을 합하여 구자국(龜玆國)을 파멸시키고 한으로 오는 길을 평화롭게 통하게 하고자 합니다. 만약 구자국을 얻게 된다면 서역에서 아직 복종하지 않는 나라는 100분의 1일 뿐입니다. 전 시대에 의논하는 자들은 모두 말하기를 '36개의 나라를 빼앗은 것은 흉노의 오른쪽 어깨를 끊어버린 것이라고 말하였습니다.'라고 하였습니다. (…) "(『資治通鑑』46 漢紀 38 肅宗孝章皇帝)

신라	돌아악(突阿樂)은 탈해왕 때 만들어졌다. (『三國史記』32 雜志 1 樂)
신라	거도(居道)는 그 일족의 성씨를 잃어버려 어느 곳 사람인지를 알 수 없다. 탈해이사금 때에 벼슬하여 간(干)이 되었다. 그 때, 우시산국(于尸山國)과 거칠산국(居柒山國)이 신라의 경계에 이웃하여 끼어 있어, 매우 심하게 나라의 걱정거리가 되었다. 거도가 변경의 지방관이 되어, 몰래 그곳을 병탄할 생각을 품었다. 매년 한 번씩 장토야(張吐野)에 군마(群馬)를 모아놓고, 병사들로 하여금 말을 타고 놀이 삼아 달리게 하였다. 당시 사람들은 이 놀이를 '마기(馬技)'라 불렀다. 2국 사람들이 그것을 익숙히 보고 신라의 일상적인 일이라 하여 괴이하게 여기지 않았다. 그리하여 거도는 군사를 일으켜 2국을 갑작스럽게 공격하여 멸망시켰다. (『三國史記』44 列傳 4 居道)
신라	가을 8월에 왕이 돌아가시니 성 북쪽의 양정구(壤井丘)에 장사지냈다. (『三國史記』1 新羅本紀 1)
신라	가을 8월에 신라왕 탈해가 돌아가시니 양정구에 장사지냈다. (『三國史節要』2)
신라	파사이사금이 즉위하였다. 유리왕(儒理王)의 둘째 아들이다[혹은 유리의 동생인 나로

(柰老)의 아들이라 한다]. 비는 김씨 사성부인(史省夫人)이며 허루갈문왕(許婁葛文王)의 딸이다. 처음에 탈해가 돌아가셨을 때 신료들이 유리왕의 태자 일성을 즉위하게 하려고 하였다. 어떤 사람이 "일성은 적통의 자식이지만 위엄과 지혜가 파사에 미치지 못한다."고 하였으므로, 드디어 파사를 즉위하게 하였다. 파사는 절약하고 검소하며 씀씀이를 아끼고 백성들을 사랑하여, 국인(國人)이 가상히 여겼다. (『三國史記』1 新羅本紀 1)

신라   유리왕의 둘째 아들 파사가 즉위하였다. 왕이 돌아가시자 군신(群臣)은 유리왕의 태자 일성을 즉위하게 하려고 하였다. 어떤 사람이 "일성은 적통의 자식이지만 위엄과 지혜가 파사에 미치지 못한다."고 하였으므로, 드디어 파사를 즉위하게 하였다. 파사는 절약하고 검소하며 백성을 사랑하여, 국인이 기뻐하여 복종하였다.

    권근(權近)이 말하였다. "혁거세(赫居世) 39년에 바닷가의 노모가 궤를 열고 알을 가져다 탈해를 얻어 길렀으며 유리왕 34년에 이르러 탈해가 즉위하였으니, 그때 나이 62세라고 하였다. 그러나 이제 연표를 상고해 보건대, 혁거세 39년은 임인(壬寅)으로써 유리왕 34년 정사(丁巳)와의 거리가 76년이 되니, 그때의 나이가 62세라고 한 것은 잘못된 것이다. 탈해가 왕위에 있은 지 24년째인 경진년에 훙하였으니 그 나이는 말하지 않았지만 혁거세 39년 임인년부터 계산해 본다면 그가 돌아가실 때에 99세가 되는 것이다. 탈해가 즉위할 때의 나이 62세로서 추산해 본다면 85세가 된다. 중수(中壽)로써 본다면 즉위할 때 나이 62세라는 말이 옳을 듯한데, 그렇다면 궤를 열었다고 한 때는 혁거세 53년 병진(丙辰)에 해당한다. '궤를 열었다'는 말이 이미 허탄(虛誕)한 데다가 그 연수 또한 서로 엇갈리니 모두 믿을 수가 없다. 그러나 옛날 신인들은 그 태어난 것이 보통 사람과 다르며 그 향년도 또한 100세가 넘었으므로, 우선 옛 사서대로 썼으니 이에 대해서는 깊이 변론할 필요가 없다." (『三國史節要』2)

81(辛巳/신라 파사이사금 2/고구려 태조왕 29/백제 기루왕 5/後漢 建初 6/倭 景行 11)

신라   봄 2월에 직접 시조묘(始祖廟)에 제사를 지냈다. (『三國史記』1 新羅本紀 1)

신라   봄 2월에 신라왕이 직접 시조묘에 제사를 지냈다. (『三國史節要』2)

신라   3월에 주군(州郡)을 순무(巡撫)하고 창고를 열어 진급(賑給)하였다. 죄수의 죄상을 다시 조사하여, 사형에 해당하는 두 가지 죄가 아니면 모두 용서하였다. (『三國史記』1 新羅本紀 1)

신라   3월에 신라왕이 주군을 순무하고 창고를 열어 굶주리는 백성을 진휼하였다. 죄수의 죄상을 다시 조사하였다. (『三國史節要』2)

82(壬午/신라 파사이사금 3/고구려 태조왕 30/백제 기루왕 6/後漢 建初 7/倭 景行 12)

신라   봄 정월에 영(令)을 내렸다. "지금 창고가 비어 있고 무기가 무뎌졌으니, 만약 홍수·가뭄 같은 재난이 있거나 변방이 위태로워지면 어떻게 막을 수 있겠는가? 마땅히 담당 관사로 하여금 농상(農桑)을 권하고 무기를 단련시켜 만일에 대비하도록 하라."(『三國史記』1 新羅本紀 1)

신라   봄 정월에 신라왕이 영을 내렸다. "지금 창고가 비어 있고 무기가 견고하고 날카롭지 못하니, 만약 홍수·가뭄 같은 재난이 있거나 변방이 위태로워지면 어떻게 막을 수 있겠는가? 마땅히 담당 관사로 하여금 농상을 권하고 무기를 단련시켜 만일에 대비하도록 하라."(『三國史節要』2)

83(癸未/신라 파사이사금 4/고구려 태조왕 31/백제 기루왕 7/後漢 建初 8/倭 景行 13)

84(甲申/신라 파사이사금 5/고구려 태조왕 32/백제 기루왕 8/後漢 建初 9, 元和 1/倭 景行 14)

신라	봄 2월에 명선(明宣)을 이찬(伊湌)으로 삼고, 윤량(允良)을 파진찬(波珍湌)으로 삼았다. (『三國史記』 1 新羅本紀 1)
신라	봄 2월에 신라에서 명선을 이찬으로 삼고, 윤량을 파진찬으로 삼았다. (『三國史節要』 2)

신라	여름 5월에 고타군주(古陁郡主)가 푸른 소를 바치고, 남신현(南新縣)에서는 보리 이삭이 가지를 쳤다. (『三國史記』 1 新羅本紀 1)
신라	여름 5월에 신라의 고타군주가 푸른 소를 바치고, 남신현에서는 가지를 친 보리 이삭을 바쳤다. (『三國史節要』 2)

신라	크게 풍년이 들어 다니는 사람들이 식량을 휴대하지 않았다. (『三國史記』 1 新羅本紀 1)
신라	신라에서 크게 풍년이 들어 다니는 사람들이 식량을 휴대하지 않았다. (『三國史節要』 2)

85(乙酉/신라 파사이사금 6/고구려 태조왕 33/백제 기루왕 9/後漢 元和 2/倭 景行 15)

신라 백제	봄 정월에 백제가 변경을 침범하였다. (『三國史記』 1 新羅本紀 1)
백제 신라	봄 정월에 병사를 보내 신라의 변경을 침범하였다. (『三國史記』 23 百濟本紀 1)
백제 신라	봄 정월에 백제가 병사를 보내 신라를 침범하였다. (『三國史節要』 2)

신라	2월에 길원(吉元)을 아찬(阿湌)으로 삼았다. (『三國史記』 1 新羅本紀 1)
신라	2월에 신라에서 길원을 아찬으로 삼았다. (『三國史節要』 2)

낙랑	△△△년 4월 무오일(9)에 점제(秥蟬)의 장(長) △△ 승(丞屬)들을 △△△△△ 건(建)하니 신사(神祠)(를 건립하고) 그 사(辭)를 각석(刻石)하니 이르기를, △평산군(平山君)(산신)의 덕(德)은 대산(代山)·숭산(嵩山)의 산신과 비견하고, 하늘의 뜻을 받들어 … 점제현을 △우(佑)하고, 좋은 비바람을 일으키고, 기름진 토전(土田)의 혜택을 내리시니, △△이 오래살고 오곡이 풍성하며 도적은 일어나지 않고, △△칩장(蟄臧)하고 길하고 이로움이 출입하여 모두 신의 광덕을 받게 하나이다. (「秥蟬縣神祠碑」)

백제	여름 4월 을사일(乙巳日)에 객성(客星)이 자미(紫微: 북극성)에 들어갔다.8) (『三國史記』 23 百濟本紀 1)
백제	(여름 4월) 을사일에 백제에서 객성이 자미에 들어갔다. (『三國史節要』 2)
신라	여름 4월에 객성이 자미에 들어갔다. (『三國史記』 1 新羅本紀 1)
신라	여름 4월에 신라에서 객성이 자미에 들어갔다. (『三國史節要』 2)

86(丙戌/신라 파사이사금 7/고구려 태조왕 34/백제 기루왕 10/後漢 元和 3/倭 景行 16)

87(丁亥/신라 파사이사금 8/고구려 태조왕 35/백제 기루왕 11/後漢 元和 4, 章和 1/倭 景行 17)

신라 백제 가야

가을 7월에 영(令)을 내렸다. "짐은 부덕함에도 이 나라를 소유하였는데, 이 나라는 서쪽으로는 백제와 이웃하였고 남쪽으로는 가야와 인접하였다. 덕은 백성들을 편안하게 하지 못하고 위엄은 경외하게 하기에 부족하다. 마땅히 성루를 수리하여 침입에 대비해야 할 것이다."이 달에 가소(加召)·마두(馬頭) 2성을 쌓았다. (『三國史記』
1 新羅本紀 1)

신라 백제 가야

가을 7월에 신라왕이 영을 내렸다. "우리나라는 서쪽으로 백제와 이웃하였고 남쪽으로 가야와 인접하였다. 짐의 덕은 백성들을 편안하게 하지 못하고 위엄은 그들을 두려워하게 하지 못한다. 마땅히 성루를 수리하여 변란에 대비해야 할 것이다."이 달에 가소·마두 2성을 쌓았다. (『三國史節要』 2)

백제 　가을 8월 을미일(30) 그믐에 일식이 있었다. (『三國史記』 23 百濟本紀 1)
백제 　8월 을미일(30) 그믐에 백제에서 일식이 있었다. (『三國史節要』 2)

88(戊子/신라 파사이사금 9/고구려 태조왕 36/백제 기루왕 12/後漢 章和 2/倭 景行 18)

89(己丑/신라 파사이사금 10/고구려 태조왕 37/백제 기루왕 13/後漢 永元 1/倭 景行 19)
백제 　여름 6월에 지진이 났다. 땅이 갈라지고 민가가 무너져서 사망자가 많았다. (『三國史記』 23 百濟本紀 1)
백제 　여름 6월에 백제에서 지진이 났다. 민가가 허물어지고 사람이 많이 죽었다. (『三國史節要』 2)

90(庚寅/신라 파사이사금 11/고구려 태조왕 38/백제 기루왕 14/後漢 永元 2/倭 景行 20)
백제 　봄 3월에 큰 가뭄이 들어 보리가 흉작이었다. (『三國史記』 23 百濟本紀 1)
백제 　봄 3월에 백제에서 큰 가뭄이 들어 보리가 흉작이었다. (『三國史節要』 2)

백제 　여름 6월에 큰 바람이 불어 나무가 뽑혔다. (『三國史記』 23 百濟本紀 1)
백제 　여름 6월에 백제에서 큰 바람이 불어 나무가 뽑혔다. (『三國史節要』 2)

신라 　가을 7월에 사자 10인을 나누어 보내 주주(州主)·군주(郡主)를 염찰(廉察)하여, 공무에 게을리 하고 전야(田野)가 많이 황폐하도록 방치한 자는 강등시키고 쫓아내도록 하였다. (『三國史記』 1 新羅本紀 1)
신라 　가을 7월에 신라에서 10인을 나누어 보내 주주·군주를 염찰하여, 직사를 게을리 하고 전야를 많이 황폐하도록 방치한 자는 쫓아내도록 하였다. (『三國史節要』 2)

91(辛卯/신라 파사이사금 12/고구려 태조왕 39/백제 기루왕 15/後漢 永元 3/倭 景行 21)
낙랑 　최인(崔駰)의 자는 정백(亭伯)으로 탁군(涿郡) 안평(安平) 사람이다. (…)두헌(竇憲)이 거기장군(車騎將軍)이 되어 최인을 총애해 속리(屬吏)로 삼았다. (…)두헌이 권력을 농단하고 교만해지자 최인이 자주 간언하였다. 흉노로 출격함에 미쳐 도중에 불법이 자주 일어나자 최인이 주부(主簿)가 되어 전후로 수십 차례나 주기(奏記)하고 장단점을 지적하니 두헌은 그를 용납하지 않고 점차 그를 멀리 하였다. 최인의 성적이 우수함을 살펴 그를 장잠(長岑)의 현장(縣長)으로 내보냈다. 그러나 최인은 거리가 멀어 뜻을 얻을 수 없다고 여겨 드디어 부임하지 않고 돌아왔다. (『後漢書』 52 崔駰列傳 42)

92(壬辰/신라 파사이사금 13/고구려 태조왕 40/백제 기루왕 16/後漢 永元 4/倭 景行 22)
백제 　여름 6월 무술일(戊戌日) 초하루에 일식이 있었다. (『三國史記』 23 百濟本紀 1)
백제 　여름 6월 무술일 초하루에 백제에서 일식이 있었다. (『二國史節要』 2)

93(癸巳/신라 파사이사금 14/고구려 태조왕 41/백제 기루왕 17/後漢 永元 5/倭 景行 23)

신라　　봄 정월에 윤량(允良)을 이찬(伊湌)으로 삼고, 계기(啓其)를 파진찬(波珍湌)으로 삼았
　　　　다. (『三國史記』1 新羅本紀 1)

신라　　봄 정월에 신라에서 윤량을 이찬으로 삼고, 계기를 파진찬으로 삼았다. (『三國史節
　　　　要』2)

신라　　2월에 고소부리군(古所夫里郡)에 순행하여 나이 많은 사람들을 직접 위문하고 곡식
　　　　을 하사하였다. (『三國史記』1 新羅本紀 1)

신라　　2월에 신라왕이 고소부리군에 순행하여 나이 많은 사람들을 위문하고 곡식을 하사
　　　　하였다. (『三國史節要』2)

백제　　가을 8월에 횡악(橫岳)의 큰 돌 5개가 한꺼번에 떨어져내렸다. (『三國史記』23 百濟
　　　　本紀 1)

백제　　가을 8월에 백제의 횡악에서 큰 돌 5개가 떨어졌다. (『三國史節要』2)

신라　　겨울 10월에 수도에 지진이 났다. (『三國史記』1 新羅本紀 1)

신라　　겨울 10월에 신라의 수도에 지진이 났다. (『三國史節要』2)

94(癸巳/신라 파사이사금 15/고구려 태조왕 42/백제 기루왕 18/後漢 永元 6/倭 景行 24)

신라 가야　봄 2월에 가야 적이 마두성(馬頭城)을 포위하였다. 아찬(阿湌) 길원(吉元)을 보내 기
　　　　병 1천을 거느리고 공격하여 적을 달아나게 하였다. (『三國史記』1 新羅本紀 1)

신라 가야　봄 2월에 가야 병사가 신라 마두성을 포위하였다. 신라에서 아찬 길원을 보내 기병
　　　　1천을 거느리고 공격하여 적을 달아나게 하였다. (『三國史節要』2)

신라　　가을 8월에 알천(閼川)에서 열병하였다. (『三國史記』1 新羅本紀 1)

신라　　가을 8월에 신라가 알천에서 열병하였다. (『三國史節要』2)

95(乙未/신라 파사이사금 16/고구려 태조왕 43/백제 기루왕 19/後漢 永元 7/倭 景行 25)

96(丙申/신라 파사이사금 17/고구려 태조왕 44/백제 기루왕 20/後漢 永元 8/倭 景行 26)

신라　　가을 7월에 폭풍이 남쪽에서 불어와 금성(金城) 남쪽의 큰 나무가 뽑혔다. (『三國史
　　　　記』1 新羅本紀 1)

신라　　가을 7월에 신라(新羅)에서 폭풍이 불어 금성의 큰 나무가 뽑혔다. (『三國史節要』
　　　　2)

신라 가야　9월에 가야군이 남쪽 변방을 습격하니, 가성주(加城主) 장세(長世)를 보내 막게 하였
　　　　는데 적에게 살해당했다. 왕이 노하여 날랜 군사 5천 명을 이끌고 출전하여 패배시
　　　　켰는데, 노획한 것이 매우 많았다. (『三國史記』1 新羅本紀 1)

신라 가야　9월에 가야군이 신라의 남쪽 변방을 습격하니, 신라에서 가성주 장세를 보내 막게
　　　　하였는데 싸우다가 패하고 전사하였다. 왕이 노하여 날랜 군사 5천 명을 직접 이끌
　　　　고 출전하여 격파하였는데, 노획한 것이 매우 많았다. (『三國史節要』2)

97(丁酉/신라 파사이사금 18/고구려 태조왕 45/백제 기루왕 21/後漢 永元 9/倭 景行 27)

신라 가야　봄 정월에 군사를 일으켜 가야를 정벌하려다가, 그 나라 왕이 사신을 보내 사죄하였

으므로 곧 중지하였다. (『三國史記』 1 新羅本紀 1)

신라 가야　　봄 정월에 신라에서 군사를 일으켜 가야를 정벌하려다가, 가야국주가 사신을 보내 사죄하였으므로 곧 중지하였다. (『三國史節要』 2)

백제　　여름 4월에 두 마리 용이 한강에 나타났다. (『三國史記』 23 百濟本紀 1)
백제　　여름 4월에 백제에서 두 마리 용이 한강에 나타났다. (『三國史節要』 2)

98(戊戌/신라 파사이사금 19/고구려 태조왕 46/백제 기루왕 22/後漢 永元 10/倭 景行 28)

고구려　　봄 3월에 왕이 동쪽으로 책성(柵城)에 순행하였는데, 책성 서쪽의 계산(罽山)에 이르러 흰 사슴을 잡았다. 책성에 이르자 여러 신하와 더불어 잔치를 열어 술 마시고, 책성을 지키는 관리들에게 차등을 두어 직물을 하사하였다. 마침내 바위에 공적을 새기고 돌아왔다. (『三國史記』 15 高句麗本紀 3)

고구려　　봄 3월에 고구려왕(高句麗王)이 동쪽으로 순행하였는데, 책성 서쪽의 계산에 이르러 흰 사슴을 잡았다. 책성에 이르자 여러 신하와 잔치를 열어 술 마시고, 성을 지키는 이졸(吏卒)들에게 차등을 두어 하사하였다. 마침내 돌에 공적을 새겼다. (『三國史節要』 2)

신라　　여름 4월에 수도에 가뭄이 들었다. (『三國史記』 1 新羅本紀 1)
신라　　여름 4월에 신라의 수도에 가뭄이 들었다. (『三國史節要』 2)

고구려　　겨울 10월에 왕이 책성에서 돌아왔다. (『三國史記』 15 高句麗本紀 3)
고구려　　겨울 10월에 고구려왕이 책성에서 돌아왔다. (『三國史節要』 2)

99(己亥/신라 파사이사금 20/고구려 태조왕 47/백제 기루왕 23/後漢 永元 11/倭 景行 29)

백제　　가을 8월에 서리가 내려 콩을 해쳤다. (『三國史記』 23 百濟本紀 1)
백제　　가을 8월에 백제에서 서리가 내려 콩을 해쳤다. (『三國史節要』 2)

백제　　겨울 10월에 우박이 내렸다. (『三國史記』 23 百濟本紀 1)
백제　　겨울 10월에 백제에서 우박이 내렸다. (『三國史節要』 2)

100(庚子/신라 파사이사금 21/고구려 태조대왕 48/백제 기루왕 24/後漢 永元 12/倭 景行 30)

신라　　가을 7월에 우박이 내려 새가 죽었다. (『三國史記』 1 新羅本紀 1)
신라　　가을 7월에 신라에 우박이 내려 참새가 죽었다. (『三國史節要』 2)

신라　　겨울 10월에 서울에 지진이 일어나 백성들의 가옥을 무너뜨려 죽은 사람이 있었다. (『三國史記』 1 新羅本紀 1)
신라　　겨울 10월에 신라의 서울에 지진이 일어나 백성들의 가옥이 허물어져 죽은 사람이 있었다. (『三國史節要』 2)

101(辛丑/신라 파사이사금 22/고구려 태조대왕 49/백제 기루왕 25/後漢 永元 13/倭 景行 31)

신라　　봄 2월에 성을 쌓고 월성(月城)이라 하였다. (『三國史記』 1 新羅本紀 1)
신라　　파사왕(婆娑王) 22년에 금성 동남쪽에 성을 쌓아 월성(月城) 혹은 재성(在城)이라고 불렀다. 둘레는 1,023보다. 신월성(新月城) 북쪽에 만월성(滿月城)이 있는데 둘레가 1천 8백 38보였다. 또 신월성(新月城) 동쪽에 명활성(明活城)이 있는데 둘레가 1천 9백 6부였다. 또 신월성(新月城) 남쪽에 남산성(南山城)이 있는데 둘레가 2천 8백 4

보였다. 시조(始祖) 이래로 금성(金城)에 거처하다가, 후세에 이르러서는 두 월성(月城)에 많이 거처하였다. (『三國史記』 34 雜志 3 地理 1)

신라   봄 2월에 신라가 금성의 동남쪽에 성을 쌓고 월성이라 불렀다. 혹은 재성이라고도 불렀다. 둘레는 1,023보다. (『三國史節要』 2)

신라   가을 7월에 왕이 월성으로 거처를 옮겼다. (『三國史記』 1 新羅本紀 1)

신라   가을 7월에 왕이 신성(新城)으로 거처를 옮겼다. (『三國史節要』 2)

102(壬寅/신라 파사이사금 23/고구려 태조대왕 50/백제 기루왕 26/後漢 永元 14/倭 景行 32)

신라 음즙벌국 실직곡국 금관국

가을 8월 음즙벌국(音汁伐國)과 실직곡국(悉直谷國)이 강역을 다투다가 왕에게 와서 그에 대한 결정을 요청했다. 왕은 이를 곤란하게 여겨 "금관국(金官國)의 수로왕(首露王)이 연로하고 지식이 많다"라고 하고서 그를 불러 물었다. 수로왕이 논의를 일으켜 다투던 땅을 음즙벌국에 속하게 했다. 이에 왕은 6부에 명해 함께 모여 수로왕에게 향연을 베풀도록 했다. 5부는 모두 이찬(伊湌)으로 접대를 주관하게 했으나, 한기부(漢祇部)만은 지위가 낮은 자로 이를 주관하게 했다. 수로왕은 노하여 종 탐하리(耽下里)에게 명해 한기부의 우두머리 보제(保齊)를 죽이고 돌아갔다. 그 종은 음즙벌국의 우두머리 타추간(陀鄒干)의 집으로 도망해 의탁하였다. 왕이 사람을 시켜 그 종을 찾았으나, 타추는 보내지 않았다. 왕이 노하여 군사로 음즙벌국을 정벌하니, 그 우두머리와 무리가 스스로 항복했다. (『三國史記』 1 新羅本紀 1)

신라 음즙벌국 실직곡국 금관국

가을 8월 음즙벌국과 실직곡국이 강역을 다투다가 신라왕에게 나아가 판결해주기를 요청했다. 왕은 이를 어렵게 여겨, "금관국의 수로왕이 연로하고 지식이 많다"라고 하고서 그를 불러 물었다. 수로왕이 즉석에서 판결하여 다투던 땅을 음즙벌국에 속하게 했다. 이에 왕은 6부에 명해 수로왕에게 향연을 베풀도록 했다. 5부는 모두 이찬으로 접대를 주관하게 했으나, 오직 한지부만은 지위가 낮은 자로 이를 주관하게 했다. 수로왕은 노하여 종 탐하리로 하여금 한지부주 보제를 잡아 죽이도록 하였으나, 그 종은 명령을 따르지 않고 도망쳐서 음즙벌주 타추의 집에 의지하였다. 수로왕이 사람을 시켜 그 종을 찾았으나, 타추는 보내지 않았다. 수로왕이 노하여 군사로 음즙벌국을 치자, 타추가 그 무리와 더불어 항복했다. (『三國史節要』 2)

신라 실직 압독

(가을 8월) 실직·압독(押督)의 두 국왕이 항복해 왔다. (『三國史記』 1 新羅本紀 1)

신라 실직 압독

(가을 8월) 실직·압독 두 나라가 신라에 항복했다. (『三國史節要』 2)

고구려   가을 8월에 사신을 파견하여 책성(柵城)을 안무(安撫)하였다. (『三國史記』 15 高句麗本紀 3)

고구려   가을 8월 고구려에서 사신을 파견하여 책성을 안무하였다. (『三國史節要』 2)

신라   겨울 10월에 복숭아꽃과 오얏 꽃이 피었다. (『三國史記』 1 新羅本紀 1)

신라   겨울 10월에 신라에서 복숭아꽃과 오얏 꽃이 피었다. (『三國史節要』 2)

103(癸卯/신라 파사이사금 24/고구려 태조대왕 51/백제 기루왕 27/後漢 永元 15/倭 景行 33)

백제   왕이 한산(漢山)에서 사냥하다가 신록(神鹿)을 잡았다. (『三國史記』 23 百濟本紀 1)

백제   백제왕이 한산에서 사냥하다가 신록을 잡았다. (『三國史節要』 2)

104(甲辰/신라 파사이사금 25/고구려 태조대왕 52/백제 기루왕 28/後漢 永元 16/倭 景行 34)

신라	봄 정월에 많은 별이 비 오듯 떨어졌으나, 땅에는 닿지 않았다. (『三國史記』1 新羅本紀 1)
신라	봄 정월에 신라에 별이 비 오듯 떨어졌으나, 땅에는 닿지 않았다. (『三國史節要』2)

신라 실직	가을 7월에 실직(悉直)이 반란을 일으키자, 군대를 내어 평정하고 그 나머지 무리를 남쪽 변방으로 옮겼다. (『三國史記』1 新羅本紀 1)
신라 실직	가을 7월에 실직이 반란을 일으키자, 신라에서 군사를 내어 평정하고 그 나머지 무리를 남쪽 변방으로 옮겼다. (『三國史節要』2)

요동	(12월) 다시 요동에 서부도위관(西部都尉官)을 설치하였다. (『後漢書』4 孝和孝殤帝紀 4 和帝)
요동	(후한서 본기) 화제 영원 16년 12월 다시 요동에 서부도위관(西部都尉官)을 설치하였다. (『玉海』131 官制 牧守[令長附] 漢都尉 三輔都尉[見內史] 西部都尉府 玉門關候)

105(乙巳/신라 파사이사금 26/고구려 태조대왕 53/백제 기루왕 29/後漢 元興 1/倭 景行 35)

신라 백제	봄 정월에 백제가 사신을 보내 화친을 청했다. (『三國史記』1 新羅本紀 1)
백제 신라	봄 정월에 백제가 사신을 보내 화친을 청했다. (『三國史節要』2)
백제 신라	신라에 사신을 보내 화친을 청했다. (『三國史記』23 百濟本紀 1)

고구려 부여	봄 정월에 부여의 사신이 와서 호랑이를 바쳤다. 길이가 1장(丈) 2척(尺)이고 털 색깔이 매우 밝으나, 꼬리가 없다. (『三國史記』15 高句麗本紀 3)
고구려 부여	(봄 정월) 부여가 고구려에 호랑이를 바쳤다. 길이가 1장 2척이고 꼬리가 없다. (『三國史節要』2)

고구려	(봄 정월) 왕이 장수를 보내 한(漢)의 요동에 들어가 6현을 약탈하였다. 태수 경기(耿夔)가 군사를 내어 막으니, 왕의 군사가 크게 패하였다. (『三國史記』15 高句麗本紀 3)
고구려	(봄 정월) 고구려왕이 장수를 보내 한의 요동에 들어가 6현을 약탈하였다. 태수 경기가 군사를 내어 고구려군을 막으니, 고구려 군사가 크게 패하였다. (『三國史節要』2)
고구려	(봄 정월) 고구려가 군계(郡界)를 침략하였다. (『後漢書』4 孝和孝殤帝紀 4 和帝)
고구려	화제(和帝) 원흥 원년 봄에 고구려인이 다시 요동을 침입하여 6현을 노략질하므로 태수 경기가 격파하고 그 우두머리를 베었다. (『後漢書』85 東夷列傳 75 高句驪)
맥	원흥 원년에 맥인이 군(郡)의 경계를 노략질하자 경기가 추격하여 그 거수(渠帥)를 베었다. (『後漢書』19 耿弇列傳 9)
고구려	(원흥 원년) 봄에 고구려왕 궁(宮)이 요동 변경에 들어와 6현을 침략하였다. (『資治通鑑』48 漢紀 40 孝和皇帝)

신라	2월에 서울에 눈이 3척이나 내렸다. (『三國史記』1 新羅本紀 1)
신라	2월에 신라의 서울에 눈이 3척이나 내렸다. (『三國史節要』2)

고구려 맥	가을 9월에 경기가 맥인(貊人)을 쳐부수었디 (『三國史記』15 高句麗本紀 3)

고구려 맥	가을 9월에 한나라 경기가 맥인을 쳐부수었다. (『三國史節要』 2)
맥	가을 9월에 요동태수 경기가 맥인을 쳐부수었다. (『後漢書』 4 孝和孝殤帝紀 4 和帝)
요동 맥	그 해에 요동의 맥인이 반란을 일으켜 6현을 약탈하였다. 상곡(上谷)·어양(漁陽)·우북평(右北平)·요서(遼西)·오환(烏桓)을 내어 그것을 토벌하였다. (『後漢書』 101 志 11 天文 中)
고구려	(원흥 원년) 가을 9월에 요동태수 경기가 고구려를 쳐부수었다. (『資治通鑑』 48 漢紀 40 孝和皇帝)
고구려 맥	비(碑)가 파묻혀 아직 있으니 요성(遼城)에 경기의 아름다움이 퍼졌다[범엽(范曄)의 후한서에서 말하였다. "경기는 요동태수이다. 원흥 원년에 맥인이 군계를 약탈하자 경기는 추격하여 그 군대의 우두머리를 베었다. 고려기(高驪記)를 살펴보니, '옛 성 남문에 비가 있다. 해가 오래되자 파묻혔는데, 출토하니 수 척이었다. 즉 경기비(耿夔碑)이다'라고 하였다"]. (『翰苑』 30 蕃夷部 高麗)

106(丙午/신라 파사이사금 27/고구려 태조대왕 54/백제 기루왕 30/後漢 延平 1/倭 景行 36)

신라 압독	봄 정월에 압독(押督)에 행차해 가난한 자들을 진휼했다. (『三國史記』 1 新羅本紀 1)
신라 압독	봄 정월에 신라왕이 압독에 행차해 가난한 자들을 진휼했다. (『三國史節要』 2)
신라 압독	3월에 압독으로부터 이르렀다. (『三國史記』 1 新羅本紀 1)
신라 압독	3월에 돌아갔다. (『三國史節要』 2)
신라 가야	가을 8월에 마두성주(馬頭城主)에게 명하여 가야를 치게 했다. (『三國史記』 1 新羅本紀 1)
신라 가야	가을 8월에 신라왕이 마두성주에게 명하여 가야를 치게 했다. (『三國史節要』 2)

107(丁未/신라 파사이사금 28/고구려 태조대왕 55/백제 기루왕 31/後漢 永初 1/倭 景行 37)

고구려	가을 9월에 왕이 질산(質山) 남쪽에서 사냥을 하다가 자장(紫獐)을 잡았다. (『三國史記』 15 高句麗本紀 3)
고구려	9월에 고구려왕이 질산(質山) 남쪽에서 사냥하였다. (『三國史節要』 2)
고구려	겨울 10월에 동해곡수(東海谷守)가 붉은 표범을 바쳤다. 꼬리의 길이가 9척(尺)이었다. (『三國史記』 15 高句麗本紀 3)
고구려	겨울 10월에 고구려 동해곡수가 붉은 표범을 바쳤다. 길이가 9척(尺)이었다. (『三國史節要』 2)
백제	겨울에 얼음이 얼지 않았다. (『三國史記』 23 百濟本紀 1)
백제	겨울에 백제에서 얼음이 얼지 않았다 (『三國史節要』 2)

108(戊甲/신라 파사이사금 29/고구려 태조대왕 56/백제 기루왕 32/後漢 永初 2/倭 景行 38)

고구려	봄에 크게 가물었다. 여름이 되자 땅이 황폐화되어 백성이 굶주렸다. 왕이 사신을 보내 진휼하였다. (『三國史記』 15 高句麗本紀 3)
고구려	고구려에 큰 가뭄이 있어 백성이 굶주렸다. 왕이 사신을 보내 진휼하였다. (『三國史節要』 2)

신라	여름 5월에 홍수가 나서 백성들이 굶주렸다. 사자(使者)를 10도로 내어 창고를 열어 진휼하였다. (『三國史記』 1 新羅本紀 1)
신라	여름 5월에 신라에 홍수가 나서 백성이 굶주렸다. 사자를 10도로 내어 창고를 열어 진휼하였다. (『三國史節要』 2)

신라 비지국 다벌국 초팔국

(여름 5월) 군대를 보내 비지국(比只國)·다벌국(多伐國)·초팔국(草八國)을 쳐서 아울 렀다. (『三國史記』 1 新羅本紀 1)

신라 비지국 다벌국 초팔국

(여름 5월) 신라에서 군사를 보내 비지국·다벌국·초팔국을 쳐서 아울렀다. (『三國史 節要』 2)

백제	(여름 5월) 백제에 가뭄이 들어 굶주린 백성들이 서로 잡아먹었다. (『三國史節要』 2)
백제	봄과 여름이 가물어 흉년이 들었다. 그 해 기근이 들어 백성들이 서로 잡아먹었다. (『三國史記』 23 百濟本紀 1)
백제 말갈	가을 7월에 말갈이 우곡(牛谷)에 들어와 백성들을 사로잡아 돌아갔다. (『三國史記』 23 百濟本紀 1)
백제 말갈	가을 7월에 말갈이 백제의 우곡에 들어와 백성을 사로잡아 돌아갔다. (『三國史節要』 2)
고구려	가을 9월에 왕이 질산(質山) 남쪽에서 사냥을 하다가 자장(紫獐)을 잡았다. (『三國史 記』 15 高句麗本紀 3)
고구려	9월에 고구려왕이 질산(質山) 남쪽에서 사냥하였다. (『三國史節要』 2)
현도	겨울 10월 경인일(28) 음제(濟陰)·산양(山陽)·현도(玄菟)의 빈민(貧民)을 위해 창고를 열었다. (『後漢書』 5 孝安帝紀 5 和帝)
고구려	겨울 10월에 동해곡수(東海谷守)가 붉은 표범을 바쳤다. 꼬리의 길이가 9척(尺)이었 다. (『三國史記』 15 高句麗本紀 3)
고구려	겨울 10월에 고구려 동해곡수가 붉은 표범을 바쳤다. 길이가 9척이었다. (『三國史節 要』 2)

109(己酉/신라 파사이사금 30/고구려 태조대왕 57/백제 기루왕 33/後漢 永初 3/倭 景行 39)

고구려	영초 3년 봄 정월 경자일(8) 황제가 관례(冠禮)를 행하며 천하를 크게 사면하였다. (…) 고구려가 사신을 보내어 조공을 바쳤다. (『後漢書』 5 孝安帝紀 5 安帝)
고구려	봄 정월에 사신을 한(漢)에 보내 안제(安帝)가 원복을 입은 것을 축하하였다. (『三國 史記』 15 高句麗本紀 3)
고구려	봄 정월에 고구려에서 한에 사신을 보내 황제가 원복을 입은 것을 축하하였다. (『三 國史節要』 2)
고구려	(본기) 안제 영초 3년 정월 고구려가 사신을 보내 조공을 바쳤다. (『玉海』 152 朝貢 外夷來朝 漢高麗奉貢 內屬)

신라	가을 7월에 누리가 곡식을 해쳤다. 왕이 산천에 두루 제사지내 기원하니 누리가 사라졌다. (『三國史記』 1 新羅本紀 1)
신라	가을 7월 신라에 누리가 곡식을 해쳤다. 왕이 산천에 두루 제사지내 기원하니 누리가 사라졌다. (『三國史節要』 2)

신라	(가을 7월) 풍년이 들었다. (『三國史記』 1 新羅本紀 1)
신라	(가을 7월) 신라에 풍년이 들었다. (『三國史節要』 2)

110(庚戌/신라 파사이사금 31/고구려 태조대왕 58/백제 기루왕 34/後漢 永初 4/倭 景行 40)

111(辛亥/신라 파사이사금 32/고구려 태조대왕 59/백제 기루왕 35/後漢 永初 5/倭 景行 41)

백제	봄 3월에 지진이 났다. (『三國史記』 23 百濟本紀 1)
백제	3월에 백제에 지진이 났다. (『三國史節要』 2)

고구려 예맥 현도	(영초 5년 3월) 고구려왕 궁(宮)이 예맥과 함께 현도를 노략질하였다. (『資治通鑑』 49 漢紀 41 孝安皇帝)
고구려 현도	봄에 고구려에서 한에 사신을 보내 토산물을 바치고 현도에 예속하기를 청하였다. (『三國史節要』 2)
고구려 현도	사신을 한에 보내 토산물을 바치고 현도에 속하기를 청하였다[통감(通鑑)에 이르기를 "이해 3월에 고구려왕 궁(宮)이 예맥과 함께 현도를 침략하였다"고 하였으므로, 예속하기를 청하였는지 혹은 침략했는지는 알 수 없다. 하나는 잘못일 것이다]. (『三國史記』 15 高句麗本紀 3)
고구려 현도	안제 영초 5년에 궁이 사신을 보내 토산물을 바치고 현도에 예속하기를 청하였다. (『後漢書』 85 東夷列傳 75 高句驪)
고구려 현도	(후한 안제 영초) 5년 고구려왕 궁이 사신을 보내 토산물을 바치고 현도에 예속하기를 청하였다. (『册府元龜』 977 外臣部 22 降附)
고구려 현도	(동이전) 안제 영초 5년 고구려왕 궁이 사신을 보내 토산물을 바치고 현도에 예속하기를 청하였다. (『玉海』 152 朝貢 外夷來朝 內附)

부여	(3월) 부여 오랑캐가 변경을 침입하여 관리를 살상(殺傷)하였다. (『後漢書』 5 孝安帝紀 5 安帝)
부여 낙랑	(영초 5년 3월) 부여 왕이 낙랑을 노략질하였다. (『資治通鑑』 49 漢紀 41 孝安皇帝)
부여 낙랑	안제 영초 5년에 이르러 부여 왕이 처음으로 보병(步兵)과 기병(騎兵) 7~8천명을 거느리고 낙랑을 노략질하여 관리와 백성을 죽였으나, 뒤에 다시 귀부하였다. (『後漢書』 85 東夷列傳 75 夫餘)
부여 낙랑	(후한서에서 말한다) 안제 영초 5년에 이르러 부여 왕이 처음으로 보병과 기병 7~8천명을 거느리고 낙랑을 노략질하여 관리와 백성을 죽였으나, 뒤에 다시 귀부하였다. (『太平御覽』 781 四夷部 2 東夷 2 夫餘)

신라	여름 4월에 성문이 저절로 무너졌다. (『三國史記』 1 新羅本紀 1)
신라	여름 4월에 신라의 성문이 무너졌다. (『三國史節要』 2)

신라	5월부터 가을 7월까지 비가 내리지 않았다. (『三國史記』 1 新羅本紀 1)
신라	신라에서 5월부터 7월까지 비가 내리지 않았다. (『三國史節要』 2)

백제	겨울 10월에 또 지진이 일어났다. (『三國史記』 23 百濟本紀 1)
백제	겨울 10월에 백제에 지진이 일어났다. (『三國史節要』 2)

112(壬子/신라 파사이사금 33, 지마이사금 1/고구려 태조대왕 60/백제 기루왕 36/後漢 永初 6/倭 景行 42)

신라 삼한	(중애천황 9년) 겨울10월 기해(己亥) 초하루 신축(辛丑) (…) 드디어 그 나라 안에 들어가, 중보의 곳간(重寶府庫)을 봉하고 도적문서(圖籍文書)를 거두었다. 신공(진구) 황후가 가지고 있던 창을 신라왕의 문에 세우고, 후세의 표로 하였다. 그 창이 지금도 신라왕의 문에 서있다. 신라왕 파사매금(波沙寐錦)은 미질기지파진간기(微叱己知波珍干岐)를 인질로 하고, 금은채색 및 능라겸견(綾羅縑絹)을 가지고 80척의 배에 실어 관군을 따라가게 했다. 이로써 신라왕은 항상 배 80척의 조(調)를 일본국에 바친다. 이것이 그 연유이다. (…) 이로 인해 내관가둔창(內官家屯倉)을 정하였다. 이것이 소위 삼한(三韓)이다. 황후가 신라로부터 돌아왔다. (『日本書紀』 9 神功紀)
신라	지아악(枝兒樂)은 파사왕 때 지었다. (『三國史記』 32 雜志 1 樂)
신라	양주(良州) 임관군(臨關郡) (…) 하곡현(河曲縣 : 曲은 西라고도 한다)은 파사왕 때 굴아화촌(屈阿火村)을 취해서 현을 설치하였다. (『三國史記』 34 雜志 3 地理 1)
신라	삭주(朔州) 나령군(奈靈郡)은 본래 백제의 나이군(奈已郡)이다. 파사왕이 그것을 취했다. (『三國史記』 35 雜志 4 地理 2)
신라	겨울 10월에 왕이 돌아가셨다. 사릉원(蛇陵園) 안에 장사지냈다.(『三國史記』 1 新羅本紀 1)
신라	겨울 10월 신라왕 파사가 돌아가셨다. 사릉원 안에 장사지냈다. (『三國史節要』 2)
신라	지마이사금(祇摩尼師今)이 즉위했다. 혹은 지미(祇味)라고 한다. 파사왕(婆娑王)의 적자이며 어머니는 사성부인(史省夫人)이다. 비는 김씨 애례부인(愛禮夫人)이며 갈문왕(葛文王) 마제(摩帝)의 딸이다. 처음에 파사왕이 유찬(楡湌)의 못에서 사냥했는데, 태자가 이를 따라갔다. 사냥이 끝난 뒤 한기부(漢歧部)를 지날 때 이찬 허루(許婁)가 연회를 베풀었다. 주흥(酒興)이 한참 오르자 허루의 처는 어린 딸을 데리고 나와 춤을 추었다. 마제 이찬의 처도 딸을 데리고 나오니, 태자가 보고서 기뻐했다. 허루가 기뻐하지 않으니, 왕이 허루에게 말했다. "이곳의 지명은 대포(大庖)이다. 공이 이곳에서 풍성한 음식과 잘 빚은 술을 차려 잔치를 즐기게 해주었으니, 마땅히 주다(酒多)의 위(位)를 주어 이찬의 위에 있게 하겠다."고 하고서 마제의 딸을 태자의 배필로 삼았다. 주다는 뒤에 각간(角干)이라 하였다. (『三國史記』 1 新羅本紀 1)
신라	태자 지마[혹은 기미라고도 한다]가 즉위하였다. 비 김씨는 갈문왕 마제의 딸이다. 처음에 파사왕이 유찬택에서 사냥할 때 태자가 따라갔다. 한기부를 지날 때 이찬 허루가 연회를 베풀었다. 허루의 처가 어린 딸로 하여금 나와 뵙게 하였고 마제의 아내도 또한 그 딸을 나오게 하였는데, 태자가 마제의 딸을 보고 좋아하니 허루가 기뻐하지 않았다. 이에 왕이 허루에게 말하기를, "공이 이곳에서 풍성한 음식과 잘 빚은 술을 차려 잔치를 즐기게 해주었으니, 마땅히 주다(酒多)의 위(位)를 주어 이찬의 위에 있게 하겠다."고 하고서 마제의 딸을 태자의 배필로 삼았다. 주다는 뒤에 각간(角干)이라 하였다. (『三國史節要』 2)

113(癸丑/신라 지마이사금 2/고구려 태조대왕 61/백제 기루왕 37/後漢 永初 7/倭 景行 43)

신라	봄 2월에 시조묘(始祖廟)에 친히 제사지냈다. (『三國史記』 1 新羅本紀 1)

신라	봄 2월에 신라왕이 시조묘에 친히 제사지냈다. (『三國史節要』2)
신라	(봄 2월) 창영(昌永)을 이찬으로 삼고 정사(政事)에 참여시켰다. 옥권(玉權)을 파진찬(波珍湌)으로 삼고, 신권(申權)을 일길찬(一吉湌)으로 삼고, 순선(順宣)을 급찬(級湌)으로 삼았다. (『三國史記』1 新羅本紀 1)
신라	(봄 2월) 신라에서 창영을 이찬으로 삼아 정사에 참여하게 하였다. 옥권을 파진찬으로 삼고, 신권을 일길찬으로 삼고, 순선을 급찬으로 삼았다. (『三國史節要』2)
신라 백제	3월에 백제가 사신을 보내 빙문(聘問)하였다. (『三國史記』1 新羅本紀 1)
백제 신라	3월에 백제가 신라에 사신을 보내 빙문하였다. (『三國史節要』2)
백제 신라	신라에 사신을 보내 빙문하였다. (『三國史記』23 百濟本紀 1)
예 맥 왜 한	그리하여 장제(章帝)와 화제(和帝) 시대 이후로 사절이 왕래하다가 영초 연간에 정치가 어려워지자, 드디어 중국을 침입하여 노략질하였다. (『後漢書』85 東夷列傳 75 序)

114(甲寅/신라 지마이사금 3/고구려 태조대왕 62/백제 기루왕 38/後漢 元初 1/倭 景行 44)

신라	봄 3월에 우박이 떨어져 보리 싹을 상하게 했다. (『三國史記』1 新羅本紀 1)
신라	봄 3월에 신라에 우박이 떨어져 보리 싹을 상하게 했다. (『三國史節要』2)
고구려	봄 3월에 일식이 있었다. (『三國史記』15 高句麗本紀 3)
고구려	(봄 3월) 고구려에 일식이 있었다. (『三國史節要』2)
신라	여름 4월에 홍수가 났다. 죄수들을 조사해 사형 죄를 제외하고 나머지는 모두 풀어주었다. (『三國史記』1 新羅本紀 1)
신라	여름 4월에 신라에 홍수가 났다. 죄수들을 조사해 사형 죄를 제외하고 나머지는 모두 풀어주었다. (『三國史節要』2)
고구려	가을 8월에 왕이 남해(南海)를 순무하였다. (『三國史記』15 高句麗本紀 3)
고구려	가을 8월에 고구려왕이 남해를 순무하였다. (『三國史節要』2)
고구려	겨울 10월에 남해에서 돌아왔다. (『三國史記』15 高句麗本紀 3)
고구려	10월에 이르러 돌아왔다. (『三國史節要』2)

115(乙卯/신라 지마이사금 4/고구려 태조대왕 63/백제 기루왕 39/後漢 元初 2/倭 景行 45)

신라 가야	봄 2월에 가야가 남쪽 변경을 침범했다. (『三國史記』1 新羅本紀 1)
신라 가야	봄 2월에 가야국에서 신라의 남쪽 변방을 침범하였다. (『三國史節要』2)
신라 가야	가을 7월에 가야를 친히 정벌했다. 보병과 기병을 이끌고 황산하(黃山河)를 건넜는데, 가야 사람들이 수풀 속에 복병을 두고 기다렸다. 왕이 알아차리지 못하고 바로 나아가니 복병이 출현해 몇 겹으로 에워쌌다. 왕은 군대를 지휘해 떨쳐 공격해 포위망을 뚫고 물러났다. (『三國史記』1 新羅本紀 1)
신라 가야	가을 7월에 신라왕이 가야국을 칠 때 군사를 이끌고 황산하를 건너자, 가야국의 복병이 일어나 몇 겹으로 에워싸니, 왕이 떨쳐 공격해 포위망을 뚫고 물러났다. (『三國史節要』2)

| 요동 | 8월에 요동(遼東)의 선비(鮮卑)가 무려현(無慮縣)을 포위했다. (『後漢書』 5 孝安帝紀 5 安帝) |

| 요동 | 9월에 또 부리영(夫犂營)을 공격해서 현령(縣令)을 죽였다. (『後漢書』 5 孝安帝紀 5 安帝) |

116(丙辰/신라 지마이사금 5/고구려 태조대왕 64/백제 기루왕 40/後漢 元初 3/倭 景行 46)

| 고구려 | 봄 3월에 일식이 있었다. (『三國史記』 15 高句麗本紀 3) |
| 고구려 | 봄 3월에 고구려에 일식이 있었다. (『三國史節要』 2) |

| 백제 | 여름 4월에 서울 성문 위에 황새가 둥지를 틀었다. (『三國史記』 23 百濟本紀 1) |

| 백제 | 6월에 10여 일 동안 큰 비가 내려 한강 물이 넘쳐, 백성의 가옥이 떠내려가거나 무너졌다. (『三國史記』 23 百濟本紀 1) |
| 백제 | 여름 6월에 백제에 10여 일 동안 큰 비가 내려 한강이 넘치고, 백성의 가옥이 떠내려가거나 무너졌다. (『三國史節要』 2) |

| 백제 | 가을 7월에 관리에게 명령하여 수해를 당한 논밭을 보수하게 하였다. (『三國史記』 23 百濟本紀 1) |
| 백제 | 가을 7월에 백제가 관리에게 명하여 허물어진 밭을 보수하게 하였다. (『三國史節要』 2) |

| 신라 가야 | 가을 8월에 장군을 보내 가야를 침범했다. 왕이 정병(精兵) 10,000명을 거느리고 뒤따랐다. 가야는 성문을 닫고 굳게 지켰는데, 마침 오랫동안 비가 내리자 돌아왔다. (『三國史記』 1 新羅本紀 1) |
| 신라 가야 | 8월에 신라왕이 먼저 장수를 보내어 가야를 침범했다. 정병 10,000명을 거느리고 뒤따랐다. 가야는 성문을 닫고 굳게 지켰는데, 마침 오랫동안 비가 내리자 돌아갔다. (『三國史節要』 2) |

| 낙랑 | (원초) 3년 10월 신해일(7)에 여남(汝南)과 낙랑에서 겨울 천둥이 쳤다. (『後漢書』 志 13 五行 3 冬雷) |

| 고구려 | 겨울 12월에 눈이 5척이나 내렸다. (『三國史記』 15 高句麗本紀 3) |
| 고구려 | 겨울 12월에 고구려에 눈이 5척이나 내렸다. (『三國史節要』 2) |

117(丁巳/신라 지마이사금 6/고구려 태조대왕 65/백제 기루왕 41/後漢 元初 4/倭 景行 47)

118(戊午/신라 지마이사금 7/고구려 태조대왕 66/백제 기루왕 42/後漢 元初 5/倭 景行 48)

| 고구려 | 봄 2월에 지진이 있었다. (『三國史記』 15 高句麗本紀 3) |
| 고구려 | 봄 2월에 고구려에 지진이 있었다. (『三國史節要』 2) |

고구려 예맥 현도

여름 6월에 왕이 예맥과 함께 한의 현도를 습격하여 화려성(華麗城)을 공격하였다. (『二國史記』 15 高句麗木紀 3)

고구려 예맥 현도
    여름 6월에 고구려왕이 예맥(穢貊)과 함께 한의 현도를 습격하여 화려성을 공격하였
    다. (『三國史節要』 2)
고구려 예맥 현도
    (여름 6월) 고구려가 예맥과 함께 현도를 노략질하였다. (『後漢書』 5 孝安帝紀 5 安
    帝)
고구려 예맥 현도
    (원초 5년) 여름 6월 고구려가 예맥과 함께 현도를 노략질하였다. (『資治通鑑 50 漢
    紀 42 孝安皇帝)
고구려 예맥 현도
    원초 5년에 다시 예맥과 함께 현도를 침략하고 화려성을 공격하였다. (『後漢書』 85
    東夷列傳 75 高句驪)

고구려 가을 7월에 누리와 우박이 내려 곡식을 해쳤다. (『三國史記』 15 高句麗本紀 3)
고구려 가을 7월에 고구려에 누리와 우박이 내려 곡식을 해쳤다. (『三國史節要』 2)

고구려 8월에 담당 관청에 명하여 현명하고 착한 사람과 효성이 있고 순종하는 사람을 천
    거하게 하고, 홀아비, 과부, 고아, 자식이 없는 사람과 늙어서 스스로 살 수 없는 사
    람들을 위문하고 옷과 먹을 것을 주었다. (『三國史記』 15 高句麗本紀 3)
고구려 8월에 고구려에서 담당 관청에 명하여 현명하고 착한 사람과 효성이 있고 순종하는
    사람을 천거하게 하고, 홀아비, 과부, 고아, 자식이 없는 사람과 늙어서 스스로 살
    수 없는 사람들을 위문하고 옷과 먹을 것을 주었다. (『三國史節要』 2)

119(己未/신라 지마이사금 8/고구려 태조대왕 67/백제 기루왕 43/後漢 元初 6/倭 景行 49)

120(庚申/신라 지마이사금 9/고구려 태조대왕 68/백제 기루왕 44/後漢 永寧 1/倭 景行 50)
신라 봄 2월에 큰 별이 월성(月城) 서쪽에 떨어졌는데, 소리가 천둥과 같았다. (『三國史
    記』 1 新羅本紀 1)
신라 봄 2월에 신라의 큰 별이 월성 서쪽에 떨어졌는데, 소리가 천둥과 같았다. (『三國史
    節要』 2)

신라 3월에 서울에 크게 전염병이 돌았다. (『三國史記』 1 新羅本紀 1)
신라 3월에 신라 서울에 크게 전염병이 돌았다. (『三國史節要』 2)

부여 (이 해에) 부여왕이 아들을 보내어 궁궐에 이르러 공물을 바치게 했다. (『後漢書』 5
    孝安帝紀 5 安帝)
부여 영녕 원년에 사자(嗣子) 위구태(尉仇台)를 보내어 궁궐에 이르러 공문을 바치게 했
    다. 천자가 위구태에게 인수(印綬)와 금채(金綵)를 하사하였다. (『後漢書』 85 東夷列
    傳 75 夫餘)
부여 임기응변을 취하여 들어가 조공을 바치니 인수의 영예가 더해졌다.[후한서(後漢書)에
    말하였다. 영녕 원년 부여가 사자 위구태를 보내어 궁궐에 이르러 공물을 바치게 했
    다. 천자가 위구태에게 인수와 금백(金帛) 등을 내렸다]. (『翰苑』 30 蕃夷部 夫餘)
부여 영녕 원년 부여왕이 사자 위구태를 보내 궁궐에 이르러 공물을 바쳤다. 안제(安帝)
    가 인수를 내려주었다. (『册府元龜』 974 外臣部 19 褒異 1)
부여 (후한서에서 말하였다) 영녕 원년 사자 위구태를 보내어 궁궐에 이르러 공물을 바치

게 했다. 천자가 위구태에게 인수와 금채를 내려주었다. (『太平御覽』 781 四夷部 2 東夷 2 夫餘)

부여   (동이전) 영녕 원년 부여왕이 아들인 위구태를 보내어 궁궐에 이르러 공물을 바치게 했다. 인수와 금채를 내려주었다. (『玉海』 152 朝貢 外夷來朝 漢夫餘貢獻)

121(辛酉/신라 지마이사금 10/고구려 태조대왕 69/백제 기루왕 45/後漢 建光 1/倭 景行 51)

신라   봄 정월에 익종(翌宗)을 이찬(伊湌)으로 삼고 흔련(昕連)을 파진찬(波珍湌)으로 삼고 임권(林權)을 아찬(阿湌)으로 삼았다 (『三國史記』 1 新羅本紀 1)

신라   봄 정월에 신라에서 익종을 이찬으로 삼고, 흔연을 파진찬으로 삼고, 임권을 아찬으로 삼았다. (『三國史節要』 2)

고구려 예맥   건광 원년 봄 정월에 유주자사 풍환(馮煥)이 2군의 태수(太守)를 거느리고 고구려와 예맥을 공격했으나, 이기지 못하였다. (『後漢書』 5 孝安帝紀 5 安帝)

신라   2월에 대증산성(大甑山城)을 쌓았다. (『三國史記』 1 新羅本紀 1)

신라   2월에 신라가 대증산성을 쌓았다. (『三國史節要』 2)

고구려 예맥 현도 요동

봄에 한의 유주자사 풍환(馮煥), 현도태수 요광(姚光), 요동태수 채풍(蔡諷) 등이 병력을 이끌고 침략해 와서 예맥 거수(渠帥)를 공격해서 죽이고 병졸과 군마, 재물을 모두 빼앗았다. 왕이 이에 아우 수성(遂成)을 보내 병력 2,000여 명을 거느리고 풍환·요광 등을 막게 하였다. 수성이 사신을 보내 거짓으로 항복하였는데, 풍환 등이 이를 믿었다. 수성이 인하여 험한 곳에 의거하여 대군을 막으면서, 몰래 3,000 명을 보내, 현도와 요동 두 군을 공격하여 성곽을 불태우고 2,000여 명을 죽이고 사로잡았다. (『三國史記』 15 高句麗本紀 3)

고구려 예맥 현도 요동

(봄) 한의 유주자사 풍환, 현도태수 요광, 요동태수 채풍 등이 군사를 거느리고 고구려를 침범하여 예맥의 거수를 공격해서 이고 병기와 재물을 모두 빼앗았다. 이에 고구려왕이 아우 수성을 보내 군사 2,000여 명을 거느리고 풍환, 요광 등을 막게 하였다. 수성이 사신을 보내 거짓으로 항복하였는데, 풍환 등이 이를 믿었다. 수성이 인하여 험한 곳에 의거하여 대군을 막으면서, 몰래 군사 3,000 명을 보내 현도와 요동 두 군을 공격하여 성곽을 불태우고 2,000여 명을 죽이고 사로잡았다. (『三國史節要』 2)

고구려 예맥 현도 요동

건광 원년 봄에, 유주자사 풍환과 현도태수 요광과 요동태수 채풍 등이 군사를 거느리고 국경을 넘어 고구려를 공격하여, 예맥의 우두머리를 붙잡아서 목베고 병마와 재물을 노획하였다. 궁은 이에 사자(嗣子) 수성에게 군사 2,000여명을 거느리고 가서 요광 등을 맞아 싸우게 하였다. 수성이 사자를 보내어 거짓으로 항복하니 요광 등은 이를 믿었다. 수성은 이 틈을 타 험요지를 점거하여 요광 등의 대군을 막고는 몰래 3,000여명의 군사를 보내어 현도와 요동을 공격하여 성곽을 불태우고 2,000여 명을 살상하였다. 이에 후한은 광양(廣陽)·어양(漁陽)·우북평(右北平)·탁군(涿郡)·요동의 속국(屬國)에서 3,000여명의 기마병을 출동시켜 함께 요광 등을 구원하게 하였으나, 맥인이 이미 가버렸다. (『後漢書』 85 東夷列傳 75 高句驪)

고구려 예맥 현도 요동

(건광 원년 봄) 유주자사인 파군(巴郡)사람 풍환과 현도태수 요광, 요동태수 채풍 등

이 군대를 거느리고 고구려를 공격했다. 고구려왕 궁이 아들 수성을 보내어 거짓으로 항복하고 현도와 요동을 습격하여 2천여명을 살상하였다. (『資治通鑑 50 漢紀 42 孝安皇帝)

고구려 요동 현도

요동태수 채풍(蔡風)과 현도태수 요광(姚光)은 궁이 두 군의 해가 된다고 생각하여 군대를 일으켜 토벌하였다. 궁이 거짓으로 강화하기를 청하자, 두 군은 진격하지 않았다. 그 틈을 이용하여 궁은 몰래 군대를 파견하여 현도군을 공격해 후성(候城)을 불사르고, 요대(遼隧)에 침입하여 관리와 백성들을 죽였다. (『三國志』30 魏書 30 烏丸鮮卑東夷傳 高句麗)

고구려 요동 현도

상제(殤帝)·안제(安帝) 연간에 그 왕의 이름이 궁이었는데, 자주 요동을 침범하였다. 현도태수 채풍이 그들을 토벌하였으나 막을 수 없었다. (『梁書』54 列傳 48 諸夷 高句麗)

고구려 요동 현도

殤帝·安帝 연간에 막래(莫來)의 후손 궁이 자주 요동을 침범하였다. 현도태수 채풍이 그들을 토벌하였으나 막을 수 없었다. (『北史 94 列傳 82 高句麗)

요동 현도 | (여름 4월) 갑술일(24일) 요동속국도위(遼東屬國都尉) 방분(龐奮)이 가짜 새서(璽書)를 받아서 현도태수 요광을 죽였다. (『後漢書』5 孝安帝紀 5 安帝)

현도 요동 | (건광 원년 여름 4월) 유주자사 풍환과 현도태수 요광이 자주 간악한 무리를 규명하고 적발하자, 원한을 품은 사람이 새서를 가짜로 만들어서 환과 요광을 견책하고 구도(歐刀)를 내렸다. 또 요동도위 방분에게 내려 보내 속히 형을 집행하도록 하니 분이 즉시 요광의 머리를 베고 환을 체포하였는데, 풍환이 자살하려고 하였다. 그의 아들 풍곤이 조서에 있는 문장에 이상이 있다고 의심하여 환을 저지하면서 말하였다. "대인께서 주(州)에 계실 때에 악을 제거하는데 뜻을 두었지, 실제 다른 이유는 없습니다. 필시 흉악한 사람이 망령스럽게 거짓으로 간악한 해독을 방자하게 꾀하는 것입니다. 바라건대 사건을 직접 올려 보내고서 죄를 달게 받는다 하여도 늦지 않습니다." 풍환이 그 말을 쫓아 글을 올려 스스로를 변명하니, 과연 속인 사람의 소행이었고, 분을 불러서 죄를 받게 하였다. (『資治通鑑』50 漢紀 42 孝安皇帝)

요동 현도 | 풍곤(馮緄)의 자(字)는 홍경(鴻卿)이고 파군(巴郡) 탕거(宕渠) 사림이다. (…) 아버지 환(煥)은 안제(安帝) 때 유주자사(幽州刺史)였는데, 사람을 미워하고 꺼렸으며 간악한 행동을 하여 그 죄가 자주 있었다. 이 때 현도태수 요광 또한 인심을 잃었다. 건광 원년에 원한을 품은 사람이 새서를 가짜로 만들어서 풍환과 요광을 견책하고 구도(歐刀)를 내렸다. 또 요동도위 방분에게 내려 보내 속히 형을 집행하도록 하니, 분이 즉시 광의 머리를 베고 풍환을 체포하였는데, 환이 자살하려고 하였다. 풍곤이 조서에 있는 문장에 이상이 있다고 의심하여 환을 저지하면서 말하였다. "대인께서 주에 계실 때에 악을 제거하는데 뜻을 두었지, 실제 다른 이유는 없습니다. 필시 흉악한 사람이 망령스럽게 거짓으로 간악한 해독을 방자하게 꾀하는 것입니다. 바라건대 사건을 직접 올려 보내고서 죄를 달게 받는다 하여도 늦지 않습니다." 풍환이 그 말을 쫓아 글을 올려 스스로를 변명하니, 과연 속인 사람의 소행이었고, 분을 불러서 죄를 받게 하였다. (…) (『後漢書』38 張法勝馮度楊列傳 28 馮緄)

신라 | 여름 4월에 왜인이 동쪽 변경을 침략했다. (『三國史記』1 新羅本紀 1)
신라 | 여름 4월에 왜가 신라의 동쪽 변경을 침략하였다. (『三國史節要』2)

고구려	여름 4월에 왕이 선비 8,000 명과 함께 요대현(遼隊縣)을 가서 공격하였다. 요동태수 채풍이 군사를 거느리고 신창(新昌)에서 싸우다가 죽었다. 공조연(功曹掾) 용단(龍端), 병마연(兵馬掾) 공손포(公孫酺)가 몸으로 채풍을 막아냈으나, 함께 진영에서 죽었다. 죽은 자가 100 여 명이었다. (『三國史記』 15 高句麗本紀 3)
고구려	(여름 4월) 고구려왕이 선비의 군사 8,000명과 함께 요동의 요대현을 공격하였다. 요동태수 채풍이 군사를 거느리고 신창에서 싸우다가 크게 패하였다. 공조연 용단과 병마연 공손포가 몸으로 풍을 막아냈으나, 함께 죽었다. 죽은 자가 100여 명이었다. (『三國史節要』 2)
예맥 요동	여름 4월에 예맥이 다시 선비와 더불어 요동을 노략질하였다. 요동태수 채풍이 추격하다가 전몰하였다. (『後漢書』 5 孝安帝紀 5 安帝)
고구려 요동	(건광 원년) 여름 4월에 고구려가 다시 선비와 함께 요동에 들어와 노략질하였다. 채풍이 추격하여 신창에서 싸우다 죽었다. 공조연인 용단과 병마연인 공손포가 몸으로 풍을 막다가 모두 진중(陳中)에서 죽었다. (『資治通鑑 50 漢紀 42 孝安皇帝)
고구려 요동	(건광 원년) 여름에 다시 요동의 선비 8,000여 명과 함께 요대현을 침공하여 관리와 민간인을 죽이고 약탈하였다. 채풍 등이 신창에서 추격하다가 전사하였다. 공조인 경모(耿耗)와 병조연인 용단과 병마연인 공손포가 몸으로 채풍을 가리다가 모두 진중에서 죽으니, 죽은 사람이 백여 명이나 되었다. (『後漢書』 85 東夷列傳 75 高句驪)
고구려 요동	그 뒤 궁이 다시 요동을 침범하자, 채풍이 가벼이 군사들을 거느리고 추격하였다가 패하여 죽었다. (『三國志』 30 魏書 30 烏丸鮮卑東夷傳 高句麗)

고구려 마한 예맥	
	(건광 원년) 가을에 궁이 드디어 마한·예맥의 군사 수 천명을 거느리고 현도를 포위하였다. 부여왕이 그 아들 위구태를 보내어 20,000여 명을 거느리고 유주·현도군과 함께 힘을 합하여 궁을 쳐서 깨뜨리고 500여 명을 참수하였다. (『後漢書』 85 東夷列傳 75 高句驪)

고구려	겨울 10월에 고구려왕이 부여에 행차하여 태후묘에 제사하고, 백성 중 곤궁한 자들을 존문(存問)하여 물건을 하사하였는데 차등이 있었다. (『三國史記』 15 高句麗本紀 3)
고구려	고기(古記)에 이르길, (…) 태조왕 69년 겨울 10월에 부여에 행차하여 태후묘에 제사지냈다고 하였다. (…) (『三國史記』 32 雜志 1 祭祀)
고구려	겨울 10월에 고구려왕이 부여에 행차하여 태후묘에 제사하고, 백성 중 곤궁한 자들을 존문하여 물건을 하사하였는데 차등이 있었다. (『三國史節要』 2)

고구려	(겨울 10월) 숙신에서 사신이 와서 자주빛 여우 갖옷 및 흰매, 흰말을 바쳤다. 왕이 잔치를 베풀어 위로하여 보냈다. (『三國史記』 15 高句麗本紀 3)
고구려	(겨울 10월) 숙신에서 사신을 보내, 고구려에게 자주빛 여우 갖옷 및 흰매, 흰말을 바쳤다. 왕이 잔치를 베풀어 위로하여 보냈다. (『三國史節要』 2)

고구려 부여	11월에 왕이 부여에서 돌아왔다. 왕이 수성에게 군국(軍國)의 일을 통괄하게 하였다. (『三國史記』 15 高句麗本紀 3)
고구려 부여	11월에 고구려왕이 부여에서 돌아와 그 아우 수성에게 군국의 일을 통괄하게 하였다. (『三國史節要』 2)

현도	(겨울 11월) 선비가 현도를 노략질하였다. (『後漢書』 5 孝安帝紀 5 安帝)
현도	(건광 원년 겨울 11월) 선비가 현도를 노략질하였다. (『資治通鑑 50 漢紀 42 孝安皇帝)

고구려 마한 예맥 현도 부여	12월에 왕이 마한과 예맥의 10,000여 명의 기병을 거느리고 나아가 현도성을 포위하였다. 부여 왕이 아들 위구태를 보내 군사 20,000명을 거느리고 와서, 한의 군사와 힘을 합쳐 대항해 싸워서 아군이 크게 패하였다. (『三國史記』 15 高句麗本紀 3)
고구려 마한 예맥 현도 부여	12월에 고구려왕이 마한과 예맥의 군사 10,000여 기를 거느리고 나아가 현도성을 포위하였다. 부여왕이 아들 위구태를 보내 군사 20,000명을 거느리고 와서, 한의 군사와 힘을 합쳐 대항해 싸워서 고구려 군사가 크게 패하였다. (『三國史節要』 2)
고구려 마한 예맥 현도 부여	겨울 12월 고구려·마한·예맥이 현도성을 포위하였다. 부여왕이 아들을 보내 주군과 더불어 힘을 합쳐 싸워 고구려군을 토벌하였다. (『後漢書』 5 孝安帝紀 5 安帝)
고구려 마한 예맥 현도 부여	(건광 원년 12월) 고구려왕 궁이 마한과 예맥의 수천 기병을 거느리고 현도를 포위하였다. 부여왕이 아들 위구태를 보내 군사 20,000명을 거느리고 주와 군과 힘을 합쳐 그들을 토벌하였다. (『資治通鑑』 50 漢紀 42 孝安皇帝)
고구려 마한 예맥 현도 부여	원광(건광인 듯) 원년 12월에 고구려·마한·예맥이 현도성을 포위하였다. 부여왕이 아들을 보내 주군과 더불어 힘을 합쳐 고구려군을 토벌하였다. (『册府元龜』 973 外臣部 18 助國討伐)

고구려	이 해에 궁이 죽고, 아들 수성이 왕이 되었다. 요광이 상언(上言)하여, 그 초상을 틈타 군대를 출동시켜 공격하고자 하니, (후한의 조정에서) 논의하는 사람들이 모두 허가할 만하다고 말하였다. 상서(尙書) 진충(陳忠)이, "궁이 생전에 교활하여 요광이 토벌하지 못하였는데, 그가 죽자 고구려를 치는 것은 의리가 아닙니다. 마땅히 사절을 보내어 조문하고, 지난날의 죄를 꾸짖고 그 죄를 용서해 주어 이후 그들이 선하게 되도록 하는 것이 좋겠습니다." 하니, 안제는 그 의견을 따랐다. (『後漢書』 85 東夷列傳 75 高句驪)
고구려	궁이 죽고 아들 백고(伯固)가 즉위하였다. (『三國志』 30 魏書 30 烏丸鮮卑東夷傳 高句麗)
고구려	궁이 죽고 아들 백고가 즉위하였다. (『梁書』 54 列傳 48 諸夷 高句驪)
고구려	궁이 죽고 아들 백고가 즉위하였다. (『北史』 94 列傳 82 四夷 上 高句麗)
고구려 현도	건광 원년 고구려왕 궁이 죽고, 아들 수성이 왕이 되었다. 현토태수 요광이 상언(上言)하여, 그 초상을 틈타 군대를 출동시켜 고구려를 공격하고자 하였다. 후한이 조정에서 논의하는 사람들이 모두 허가할 만하다고 말하였다. 상서 진충이 말하였다. "궁이 생전에 악독하여 요광이 토벌하지 못하였는데, 그가 죽자 고구려를 치는 것은 의리가 아닙니다. 마땅히 사절을 보내어 조문하고 인하여 지난날의 죄를 꾸짖고 그 죄를 용서해 주어 이후 그들이 선하게 되도록 하는 것이 좋겠습니다." 황제가 그것을 따랐다. (『册府元龜』 989 外臣部 34 備禦 2)
고구려 현도	이 해에 궁이 죽고, 아들 수성이 왕이 되었다. 현도태수 요광이 상언(上言)하여, 그 초상을 틈타 군대를 출동시켜 공격하고자 하니, 후한의 조정에서 논의하는 사람들이 모두 허가할 만하다고 말하였다. 진충(陳忠)이, "궁이 생전에 교활하여 요광이 토벌

하지 못하였는데, 7가 죽자 고구려를 치는 것은 의리가 아닙니다. 마땅히 사절을 보내어 조문하고, 지난날의 죄를 꾸짖고 그 죄를 용서해 주어 이후 그들이 선하게 되도록 하는 것이 좋겠습니다."고 하였다. 황제가 그것을 따랐다. (『資治通鑑』 50 漢紀 42 孝安皇帝)

122(壬戌/신라 지마이사금 11/고구려 태조대왕 70/백제 기루왕 46/後漢 延光 1/倭 景行 52)

부여 현도 고구려 마한 예맥
> 연광 원년 봄 2월에 부여왕이 아들을 보내 군사를 거느리고 현도를 구하였다. 고구려·마한·예맥을 쳐서 크게 깨뜨렸다. 마침내 사신을 보내어 공물을 바쳤다. (『後漢書』 5 孝安帝紀 5 安帝)

부여 현도 고구려 마한 예맥
> 연광 원년 2월에 부여왕이 아들을 보내어 군사를 거느리고 현도를 구하였다. 고구려·마한·예맥을 쳐서 크게 깨뜨렸다. 마침내 사신을 보내고 공물을 바쳤다. (『册府元龜』 973 外臣部 18 助國討伐)

고구려 마한 예맥 부여
> 부여 왕이 마한, 예맥과 함께 요동을 침략하였다. 부여 왕이 군사를 보내 이를 구하고 쳐부쉈다[마한은 백제 온조왕 27년(9)에 멸망하였다. 지금 고구려왕과 함께 병력을 보낸 것은 아마도 멸망한 후에 다시 일어난 것인가] (『三國史記』 15 高句麗本紀 3)

고구려 마한 예맥 부여
> 고구려왕이 마한 예맥과 함께 요동을 침략하였다. 부여왕이 군사를 보내 그것을 구원하였다[마한은 백제 온조왕 27년(9)에 멸망하였다. 지금 고구려왕과 함께 병력을 보낸 것은 아마도 멸망되었다가 다시 일어난 것인가]. (『三國史節要』 2)

신라
> 여름 4월에 강한 바람이 동쪽에서 불어와 나무가 꺾이고 기왓장이 날리더니 저녁이 돼서야 그쳤다. 서울 사람들의 떠도는 말에, 왜병이 크게 쳐들어온다 하여 다투어 산골짜기로 도망하였다. 왕이 이찬 익종(翌宗) 등에게 명해 타일러 그치게 했다. (『三國史記』 1 新羅本紀 1)

신라
> 여름 4월에 신라에 강한 바람이 동쪽에서 불어와 나무가 꺾이고 기왓장이 날리더니 저녁이 돼서야 그쳤다. 서울 사람들의 떠도는 말에, 왜병이 크게 쳐들어온다 하여 다투어 산골짜기로 도망하였다. 왕이 이찬 익종에게 명하여 타일러 그치게 했다. (『三國史節要』 2)

신라
> 가을 7월에 누리가 날아다니며 곡식을 해쳤다. 이 해에 기근이 들어 도적이 많았다. (『三國史記』 1 新羅本紀 1)

신라
> 가을 7월에 신라에 누리가 곡식을 해쳤다. 이 해에 기근이 들어 도적이 많았다. (『三國史節要』 2)

고구려
> (가을 7월) 고구려가 항복하였다. (『後漢書』 5 孝安帝紀 5 安帝)

고구려 현도
> (연광 원년 가을 7월) 고구려왕 수성(遂成)이 한에 포로를 보내고 현도에 이르러 항복하였다. 그 후에 예맥이 따라서 항복하니, 동쪽 변방에는 사건이 적어졌다. (『資治通鑑』 50 漢紀 42 孝安皇帝)

고구려 현도
> 다음 해(연광 원년)에 수성이 한의 포로를 송환하고 현도에 이르러 항복하였다. 조서를 내려, "수성 등이 포악무도하므로 목을 베어 젓을 담아서 백성에게 보임이 마땅할지나, 다행히 용서함을 언어 죄를 빌며 항복을 청하는도다. 그러나 선비·예맥이

해마다 노략질하여 백성을 잡아가 그 수가 수천 명이나 되었는데 이제 겨우 수십 명만을 보내니, 교화를 받으려는 마음가짐이 아니다. 지금 이후로는 후한의 현관들과 싸우지 말 것이며, 스스로 귀순하여 포로를 돌려보내면 그 숫자만큼 모두 속전 (贖錢)을 지불하되, 한 사람당 비단 40필을 주고 어린이는 어른의 반을 주겠다."하였다. (『後漢書』85 東夷列傳 75 高句驪)

고구려 현도　다음 해(연광 원년)에 수성이 한의 포로를 송환하고 현도에 이르러 항복하였다. 조서를 내려, "수성 등이 포악무도하므로 목을 베어 젓을 담아서 백성에게 보임이 마땅할지나, 다행히 용서함을 얻어 죄를 빌며 항복을 청하는도다. 그러나 선비·예맥이 해마다 노략질하여 백성을 잡아가 그 수가 수천 명이나 되었는데 이제 겨우 수십 명 만을 보내니, 교화를 받으려는 마음가짐이 아니다. 지금 이후로는 후한의 현관들과 싸우지 말 것이며, 스스로 귀순하여 포로를 돌려보내면 그 숫자만큼 모두 속전을 지불하되, 한 사람당 비단 40필을 주고 어린이는 어른의 반을 주겠다."하였다. (『册府元龜』989 外臣部 34 備禦 2)

123(癸亥/신라 지마이사금 12/고구려 태조대왕 71/백제 기루왕 47/後漢 延光 2/倭 景行 53)

신라　봄 3월에 왜국과 강화하였다. (『三國史記』1 新羅本紀 1)
신라　봄 3월에 신라에서 왜국과 강화하였다. (『三國史節要』2)

신라　여름 4월에 서리가 내렸다. (『三國史記』1 新羅本紀 1)
신라　여름 4월에 신라에 서리가 내렸다. (『三國史節要』2)

신라　5월에 금성(金城) 동쪽의 민옥(民屋)이 함몰하여 연못이 되고 연(蓮)이 자라났다. (『三國史記』1 新羅本紀 1)
신라　5월에 신라의 금성 동쪽의 민옥이 함몰되어 연못이 되고 부거(芙蕖)가 자라났다. (『三國史節要』2)

고구려　겨울 10월에 패자(沛者) 목도루(穆度婁)를 좌보로 삼고 고복장(高福章)을 우보로 삼아 수성(遂成)과 함께 정사에 참여하게 하였다. (『三國史記』15 高句麗本紀 3)
고구려　겨울 10월에 고구려에서 패자 목도루를 좌보로 삼고 고복장을 우보로 삼아 수성과 함께 정사에 참여하게 하였다. (『三國史節要』2)

124(甲子/신라 지마이사금 13/고구려 태조대왕 72/백제 기루왕 48/後漢 延光 3/倭 景行 54)

현도　(6월) 선비가 현도를 침략하였다. (『後漢書』5 孝安帝紀 5 安帝)
현도　(연광 3년) 6월에 선비가 현도를 침략하였다. (『資治通鑑』50 漢紀 42 孝安皇帝)

신라　가을 9월 경신(庚申 : 30일) 그믐에 일식이 있었다. (『三國史記』1 新羅本紀 1)
고구려　가을 9월 경신(30일) 그믐에 일식이 있었다. (『三國史記』15 高句麗本紀 3)
신라 고구려　가을 9월 경신(30일) 그믐에 신라와 고구려에서 일식이 있었다. (『三國史節要』2)

고구려　겨울 10월에 사신을 한에 들여보내 조공하였다. (『三國史記』15 高句麗本紀 3)
고구려　겨울 10월에 고구려에서 한에 사신을 보내 조공하였다. (『三國史節要』2)

고구려　11월에 서울에 지진이 있었다. (『三國史記』15 高句麗本紀 3)
고구려　11월에 고구려에 지진이 있었다. (『三國史節要』2)

125(乙丑/신라 지마이사금 14/고구려 태조대왕 73/백제 기루왕 49/後漢 延光 4/倭 景行 55)

신라 말갈   봄 정월에 말갈이 북쪽 변경에 대대적으로 침입해 관리와 백성들을 죽이고 사로잡아 갔다. (『三國史記』1 新羅本紀 1)

신라 말갈   봄 정월에 말갈이 신라 북쪽 변경을 대대적으로 침입해 관리와 백성을 죽이고 사로잡아 갔다. (『三國史節要』2)

신라 백제   가을 7월에 또 대령책(大嶺柵)을 습격하여 이하(泥河)를 지나니 왕이 백제에 글을 보내 구원을 청했다. 백제가 다섯 장군을 보내 도우니, 적이 듣고 물러갔다. (『三國史記』1 新羅本紀 1)

신라 백제 말갈

가을 7월에 말갈이 또 신라의 대령책을 습격하여 이하를 지나니 왕이 백제에 글을 보내어 구원을 청했다. 백제가 다섯 장군을 보내 도우니, 말갈이 물러갔다. (『三國史節要』2)

백제 신라 말갈

신라가 말갈에게 침략을 당하자 서신을 보내와 구원병을 요청하였다. 왕이 다섯 장군을 보내 구원하게 하였다. (『三國史記』23 百濟本紀 1)

진한   (위략에서 말하였다) 안제(安帝) 연광 4년에 이르러 선조의 공으로 인하여 부역(賦役)을 면제받았다. (『三國志』30 魏書 30 烏丸鮮卑東夷傳 韓)

고구려 요동   상제(殤帝)와 안제(安帝) 연간(106~125)에 구려왕 궁(宮)이 자주 요동을 침입하였으므로, 다시 현도에 속하게 하였다. (『三國志』30 魏書 30 烏丸鮮卑東夷傳 高句麗)

고구려 발해   또 동명기(東明記)에 이르기를, "졸본성(卒本城)은 땅이 말갈[혹은 지금의 동진(東眞)이다라고도 한다]에 연접하고 있다."라고 하였다. 신라 제6대 지마왕(祇摩王) 14년(을축(乙丑))에는 말갈군사가 북쪽 국경으로 크게 몰려와서 대령책(大嶺柵)을 습격하고 니하(泥河)를 건넜다. 후위서(後魏書)에는 말갈을 물길로 썼다. 지장도(指掌圖)에 이르기를 "읍루(挹婁)는 물길과 함께 모두 숙신(肅愼)이다."라고 하였다. 흑수(黑水)와 옥저(沃沮)는 동파(東坡)의 지장도를 보면 진한의 북쪽에 남북흑수가 있다. (『三國遺事』1 紀異 1 靺鞨渤海)

126(丙寅/신라 지마이사금 15/고구려 태조대왕 74/백제 기루왕 50/後漢 永建 1/倭 景行 56)

127(丁卯/신라 지마이사금 16/고구려 태조대왕 75/백제 기루왕 51/後漢 永建 2/倭 景行 57)

요동 현도   (2월) 선비가 요동의 현도를 노략질하였다. (『後漢書』6 孝順孝沖孝質帝紀 6 順帝)

요동 현도   다음해(영건 2년) 봄 (…) 이 때 요동의 선비가 6천여기를 이끌고 또 요동의 현도를 노략질하였다. 오환교위(烏桓校尉) 경엽(耿曄)은 변경에 이어져 있는 여러 군(郡)의 병사 및 오환의 무리를 거느리고 변경을 나가 그들을 공격하였다. 참수한 것이 수백이고, 그 생구(生口)와 우마(牛馬), 집물(什物)을 크게 획득하였다. 선비는 이에 종중(種衆) 30,000명을 거느리고 요동에 이르러 항복하였다. (『後漢書』90 烏桓鮮卑列傳 80 鮮卑)

요동 현도   (영건 2년) 2월에 요동의 선비가 요동의 현도를 노략질하였다. 오환교위 경엽은 변경에 이어져 있는 여러 군의 병사 및 오환의 병사를 징발하여 변경을 나가 그들을 공격하여 참수하거나 붙잡은 것이 매우 많았다. 선비 30,000명이 요동에 이르러 항복하였다. (『資治通鑑』51 漢紀 43 孝安皇帝)

신라	가을 7월 갑술(甲戌) 초하루에 일식이 있었다. (『三國史記』 1 新羅本紀 1)
신라	가을 7월 갑술 초하루에 신라에 일식이 있었다. (『三國史節要』 2)

128(戊辰/신라 지마이사금 17/고구려 태조대왕 76/백제 기루왕 52, 개루왕 1/後漢 永建 3/倭 景行 58)

신라	가을 8월에 장성(長星)이 하늘에 뻗쳤다. (『三國史記』 1 新羅本紀 1)
신라	가을 8월에 신라에 장성이 하늘에 뻗쳤다. (『三國史節要』 2)
신라	겨울 10월에 나라 동쪽에서 지진이 일어났다. (『三國史記』 1 新羅本紀 1)
신라	겨울 10월에 신라의 동쪽에서 지진이 있었다. (『三國史節要』 2)
신라	11월에 천둥이 쳤다. (『三國史記』 1 新羅本紀 1)
신라	11월에 신라에 천둥이 쳤다. (『三國史節要』 2)
백제	겨울 11월에 왕이 돌아가셨다.(『三國史記』 23 百濟本紀 1)
백제	(겨울 11월) 백제왕 기루가 돌아가셨다. (『三國史節要』 2)
백제	개루왕(蓋婁王)은 기루왕의 아들이다. 그는 성격이 공손하고 품행이 단정하였다. 기루왕이 재위 52년에 돌아가시자 그가 즉위하였다. (『三國史記』 23 百濟本紀 1)
백제	(11월) 왕자 개루(蓋婁)가 즉위하였다. (『三國史節要』 2)

129(己巳/신라 지마이사금 18/고구려 태조대왕 77/백제 개루왕 2/後漢 永建 4/倭 景行 59)

신라	이찬(伊湌) 창영(昌永)이 죽자, 파진찬(波珍湌) 옥권(玉權)을 이찬으로 삼아 정사(政事)에 참여하게 했다. (『三國史記』 1 新羅本紀 1)
신라	신라의 이찬 창영이 죽자, 파진찬 옥권을 이찬으로 삼아 정사에 참여하게 했다. (『三國史節要』 2)

130(庚午/신라 지마이사금 19/고구려 태조대왕 78/백제 개루왕 3/後漢 永建 5/倭 景行 60)

131(辛未/신라 지마이사금 20/고구려 태조대왕 79/백제 개루왕 4/後漢 永建 6/倭 成務 1)

백제	여름 4월에 왕이 한산(漢山)에서 사냥하였다. (『三國史記』 23 百濟本紀 1)
백제	여름 4월에 백제왕이 한산에서 사냥하였다. (『三國史節要』 2)
신라	여름 5월에 비가 크게 내려 백성들의 가옥이 떠내려갔다. (『三國史記』 1 新羅本紀 1)
신라	5월 신라에 큰 비가 내려 백성들의 가옥이 떠내려가거나 무너졌다. (『三國史節要』 2)

132(壬申/신라 지마이사금 21/고구려 태조대왕 80/백제 개루왕 5/後漢 陽嘉 1/倭 成務 2)

신라	봄 2월에 궁의 남문이 불탔다. (『三國史記』 1 新羅本紀 1)
신라	봄 2월에 신라의 궁 남문이 불탔다. (『三國史節要』 2)
백제	봄 2월에 북한산성(北漢山城)을 쌓았다. (『三國史記』 23 百濟本紀 1)
백제	(봄 2월) 백제에서 북한산성을 쌓았다. (『三國史節要』 2)

고구려	가을 7월에 수성이 왜산(倭山)에서 사냥하고 좌우에 있는 사람들과 잔치를 열었다. 이에 관나(貫那) 우태 미유(彌儒)·환나(桓那) 우태 어지류(菸支留)·비류나(沸流那) 조의(皂衣) 양신(陽神) 등이 은밀히 수성에게 말하기를, "처음에 모본왕이 죽고 태자가 못나고 어리석어 여러 신하들이 왕자 재사를 세우려 하였으나, 재사가 자신이 늙었다고 하여 아들에게 양보한 것은, 형이 늙으면 동생이 잇게 하기 위한 것입니다. 지금 왕이 이미 늙었는데도 양보할 뜻이 없으니 그대는 계획을 세우소서."하였다. 수성이 말하기를, "뒤를 잇는 것은 반드시 적자로 하는 것이 늘 지켜야 하는 천하의 도리이다. 왕이 지금 비록 늙었으나 적자가 있으니 어찌 감히 엿보겠는가."하였다. 미유가 말하기를, "동생이 현명하면 형의 뒤를 잇는 것은 옛날에도 있었으니 그대는 의심하지 마십시오."하였다. 이에 좌보 패자 목도루는 수성이 다른 마음이 있는 것을 알고, 병을 핑계대고 벼슬에 나가지 않았다. (『三國史記』 15 高句麗本紀 3)
고구려	가을 7월에 고구려 왕의 아우 수성이 왜산에서 사냥하고 좌우에 있는 사람들과 잔치를 열었다. 관나부 우태 미유, 환나부 우태 어지류, 비류나부 조의 양신 등이 은밀히 수성에게 말하기를, "처음에 모본왕이 죽고 태자가 못나고 어리석어 여러 신하들이 왕자 재사를 세우려 하였으나, 재사가 자신이 늙었다고 하여 아들에게 양보한 것은, 형이 늙으면 동생이 잇게 하기 위한 것입니다. 지금 왕이 이미 늙었는데도 양보할 뜻이 없으니 그대는 계획을 세우소서."하였다. 수성이 말하기를, "뒤를 잇는 것은 반드시 적자로 하는 것이 늘 지켜야 하는 천하의 도리이다. 왕이 지금 비록 늙었으나 적자가 있으니 어찌 감히 엿보겠는가."하였다. 미유가 말하기를, "동생이 현명하면 형의 뒤를 잇는 것은 옛날에도 있었으니 그대는 의심하지 마십시오."하였다. 이에 좌보 패자 목도루는 수성이 다른 마음이 있는 것을 알고, 병을 핑계대고 벼슬에 나가지 않았다. (『三國史節要』 2)
요동	(9월) 선비가 요동을 노략질하였다. (『後漢書』 6 孝順孝忠孝質帝紀 6 順帝)
현도	(12월) 경술일(8)에 다시 현도군에 둔전(屯田) 6부(部)를 두었다. (『後漢書』 6 孝順孝忠孝質帝紀 6 順帝)
현도	순제 양가 원년에 현도군에 둔전 6부를 설치하였다. (『後漢書』 85 東夷列傳 75 高句驪)
고구려 현도	(동이전) 순제(順帝) 양가(陽嘉) 원년 현도군에 둔전 6부를 설치하였다. (『玉海』 152 朝貢 外夷來朝 漢高麗奉貢 內屬)
요동	양가 원년 윤월(閏月) 무자(戊子 : 16)에 객성(客星)에 흰색이 나타났다. 넓이는 2척(尺)이고, 길이는 5장(丈)이다. 천울(天苑) 서남쪽에서 일어나서 마우(馬牛)를 주관하고 외군(外軍)이 되었다. 흰색은 병사이다. 이 때 (…) 오환교위(烏桓校尉) 경엽은 오환 친한도위인 융말외(戎末瘣) 능에게 군내를 시휘하여 요새로 나가 신비를 공격하도록 하여 사람들을 죽이고 생구(牲口)와 재물을 약탈하였다. 이로 인해 선비가 원한을 품고서 요동과 대군(代郡)을 공격하여 관리(官吏)와 백성을 살상하였다. (『後漢書』 101 志 11 天文 中)
요동	양가 원년 겨울 경엽(耿曄)은 오환(烏桓) 친한도위(親漢都尉)인 융주오(戎朱庵)에게 솔중왕(率衆王) 후돌귀(侯咄歸) 등을 지휘하여 요새를 나가 선비를 습격하여 쳐부수게 하니, 선비인들을 대거 참수하고 포획한 후 돌아왔다. [이에] 돌귀 등 이하 [종군한 사람들을] 솔중왕·솔중후·솔중장(率衆長)으로 삼고 무늬있는 비단과 그림있는 비단을 각각 차등 있게 하사하였다. 선비는 후에 요동의 속국(屬國)을 침략하여 노략질하였는데, 이때 경엽이 이미 요동[군]의 무려[현]성(無慮縣城)으로 옮겨 주둔하고

있었기 때문에 이를 막았다. (『後漢書』 90 烏桓鮮卑列傳 80 鮮卑)

133(癸酉/신라 지마이사금 22/고구려 태조대왕 81/백제 개루왕 6/後漢 陽嘉 2/倭 成務 3)

134(甲戌/신라 지마니사금 23, 일성이사금 1/고구려 태조왕 82/백제 개루왕 7/後漢 陽嘉 3/倭 成務 4)

신라	봄과 여름 가뭄이 들었다. (『三國史記』 1 新羅本紀 1)
신라	봄과 여름 신라에 가뭄이 들었다. (『三國史節要』 2)

신라	가을 8월 왕이 죽었다. 아들이 없었다. (『三國史記』 1 新羅本紀 1)
신라	(가을 8월) 일성이사금(逸聖尼師今)이 왕위에 올랐다. 유리왕(儒理王)의 장자(長子)이며(혹 이르기를 일지(日知) 갈문왕(葛文王)의 아들이라고도 한다) 비는 박씨 지소례(支所禮) 왕의 딸이다. (『三國史記』 1 新羅本紀 1)
신라	가을 8월 신라왕 지마(祇摩)가 죽었는데 아들이 없어 유리왕의 장자 일성이 왕위에 올랐다. (『三國史節要』 2)

신라	9월 대 사면령을 내렸다. (『三國史記』 1 新羅本紀 1)
신라	9월 대 사면령을 내렸다. (『三國史節要』 2)

135(乙亥/신라 일성이사금 2/고구려 태조왕 83/백제 개루왕 8/後漢 陽嘉 4/倭 成務 5)

신라	봄 정월 시조묘(始祖廟)에 왕이 직접 제사하였다. (『三國史記』 1 新羅本紀 1)
신라	봄 정월 신라왕이 시조묘에 직접 제사하였다. (『三國史節要』 2)

136(丙子/신라 일성이사금 3/고구려 태조왕 84/백제 개루왕 9/後漢 永和 1/倭 成務 6)

신라	봄 정월 웅선(雄宣)을 이찬(伊湌)에 임명하고 내외의 군사업무를 담당하게 하였다. (『三國史記』 1 新羅本紀 1)
신라	봄 정월 신라가 웅선을 이찬에 임명하고 내외의 군사업무를 담당하게 하였다. (『三國史節要』 2)

부여	봄 정월 부여왕이 와서 조회에 참석했다. (『後漢書』 6 孝順孝沖孝質帝紀 6 孝順皇帝)
부여	순제 영화 원년 그 왕이 와서 서울의 조회에 참석하였는데 황제가 황문(黃門)으로 하여금 고취(鼓吹)와 각저희(角抵戱)를 베풀어 주어 보냈다. (『後漢書』 85 東夷列傳 75 夫餘國)
부여 고구려	순제 영화(136~141) 초년에 그 왕이 와서 조회하였는데, 황제가 황문으로 하여금 고취와 각저희를 베풀어 주어 보냈다. 부여(夫餘)는 본래 현도(玄菟)에 속하였는데, 한나라 말에 이르러 공손도(公孫度)가 해동에서 기세가 등등하여 외방의 오랑캐들을 위엄으로 복속시켰다. 그 왕 시(始)가 죽자 아들 위구태(尉仇台)가 왕이 오르면서 다시 요동(遼東)에 속하게 되었다. 이때는 구려(句麗)와 선비(鮮卑)가 강할 때였는데, 공손도가 부여가 두 오랑캐 사이에 있었기 때문에 종녀를 시집보냈다. 손자 위거(位居)가 왕위를 이었다. (『通典』 185 邊方 1 東夷 上 夫餘國)
부여 고구려	순제 영화 초년에 그 왕이 와서 조회하였는데, 황제가 황문으로 하여금 고취와 각저희를 베풀어주어 보냈다. 부여는 본래 현도에 속하였는데, 한나라 말에 이르러 공손도가 해동에서 기세가 등등하여 외방의 오랑캐들을 감복시켰다. 그 왕 시가 죽자 아들 위구태가 왕위에 오르면서 다시 요동에 속하게 되었다. 이때는 구려와 선비가 강

할 때였는데, 공손도가 부여가 두 오랑캐 사이에 있었기 때문에 종녀를 시집보냈다. 손자 위거가 왕위를 이었다. (『太平寰宇記』174 四夷 3 東夷 3 夫餘國)

부여   (후한 순제) 영화 원년에 부여왕이 와서 조회하였는데, 황제가 황문으로 하여금 고취와 각저희를 베풀어주어 보냈다. (『册府元龜』974, 外臣部 19 褒異 1)

부여   [동이전] 순제 영화 원년 부여왕이 와서 조회하였는데, 황제가 황문고취와 각저희를 베풀어주고 돌려보냈다. (『玉海』104 音樂 樂 2 漢古兵法武樂 黃門武樂 黃門鼓吹 鼓吹曲)

부여 현도   (후한 때) 부여(扶餘)는 본래 현도에 속했는데, 한나라 말에 공손도가 해동에서 기세가 등등하여 외방의 오랑캐들을 위엄으로 복속시켰다. 부여왕 위구태는 다시 요동에 속하게 하였다. 이때는 구려(句驪)와 선비가 강할 때 였는데 공손도가 부여가 두 오랑캐 사이에 있었기 때문에 종녀를 시집보냈다. (『册府元龜』1000 外臣部 45 疆盛)

137(丁丑/신라 일성이사금 4/고구려 태조왕 85/백제 개루왕 10/後漢 永和 2/倭 成務 7)

신라 말갈   봄 2월 말갈이 요새에 들어와 장령(長嶺)의 목책 다섯 개를 불태웠다. (『三國史記』 1 新羅本紀 1)

신라 말갈   봄 2월 말갈이 신라에 쳐들어와 장령의 목책 다섯 개를 불태웠다. (『三國史節要』2)

백제   가을 8월 경자일(25) 금성이 남두(南斗)를 범했다. (『三國史記』23 百濟本紀 1)

백제   가을 8월 경자일(25)에 백제에서 금성이 남두를 침범하였다. (『三國史節要』2)

138(戊寅/신라 일성이사금 5/고구려 태조왕 86/백제 개루왕 11/後漢 永和 3/倭 成務 8)

신라   봄 2월 정사당(政事堂)을 금성(金城)에 두었다. (『三國史記』1 新羅本紀 1)

신라   봄 2월 신라가 정사당을 금성에 두었다. (『三國史節要』2)

고구려   봄 3월 수성(遂成)이 질양(質陽)에서 사냥을 하고 7일동안 돌아오지 않았으니 놀고 즐기는 것이 지나쳤다. (『三國史記』15 高句麗本紀 3)

고구려   3월 고구려왕의 아우 수성이 질양에서 사냥을 하고 7일간 돌아오지 않으니 놀고 즐기는 것이 지나쳤다. (『三國史節要』2)

신라   가을 7월 알천(關川) 서쪽에서 대열병식을 행했다. (『三國史記』1 新羅本紀 1)

신라   (가을 7월) 신라가 알천 서쪽에서 대열병식을 행했다. (『三國史節要』2)

고구려   가을 7월 또 기구(箕丘)에서 사냥을 하고 5일간 돌아오지 않았다. 그 아우 백고(伯固)가 간언하기를, "화와 복이 들고 남은 일정한 문이 없고 오직 사람이 불러들이는 것입니다. 지금 그대는 왕의 아우로서 뭇 신하들의 우두머리로 그 자리가 매우 크고 공 역시 많으니 마땅히 충의를 마음에 두고 예의와 겸양으로 자신의 사사로움을 이겨야 위로 왕의 덕을 같이 하고 아래로 민심을 얻은 후에야 부귀가 지켜지고 화란이 일어나지 않게 됩니다. 그런데 지금 이곳에서 나오지 않고 즐거움만 탐하고 근심을 잊으니 당신을 위하여 위태롭게 여기고 있습니다." 하였다. 수성이 답하여 말하기를, "무릇 사람의 정으로 누군들 부귀와 환락을 원하지 않겠는가. 그러나 이들 얻는 자는 만에 하나도 없다. 지금 내가 즐길 수 있는 형편에 있는데도 이를 뜻대로 할 수 없다면 장차 어디에 쓰겠는가" 하고 끝내 따르지 않았다. (『三國史記』15 高句麗本紀 3)

고구려   가을 7월 또 기구에서 사냥을 하고 5일 동안 돌아오지 않았다. 그 아우 백고가 간하여 말하기를, "화와 복은 따로 문이 없어 오직 사람이 부르는 것입니다. 지금 그대가 왕의 친 아우로서 모든 신하들의 수장으로 지위가 이미 높고 공도 역시 큽니다. 마땅히 충의로써 마음을 지키고, 예절과 겸양으로 스스로를 이겨 위로는 왕의 덕에 보답하고 아래로 백성의 마음을 얻어야 합니다. 그런 후에야 부귀가 지켜지고 화란이 일어나지 않게 됩니다. 지금 이처럼 방종하게 움직이고 돌아가기를 잊으니 그대에게 위험이 될 듯 합니다." 하였다. 수성이 말하기를, "사람이라면 부귀와 환락을 원하지 않겠지만, 이를 얻는 자는 적으니, 지금 내가 즐길 수 있을 때 내 하고 싶은 대로 하지 못한다면 장차 어디에 쓸 것인가" 하고는 끝내 따르지 않았다. (『三國史節要』 2)

| 신라 | 겨울 10월 북쪽으로 순행(巡幸)을 가서 태백산(太白山)에 친히 제사하였다. (『三國史記』 1 新羅本紀 1) |
| 신라 | 겨울 10월 신라왕이 북으로 순행을 가서 친히 태백산에 제사하였다. (『三國史節要』 2) |

139(己卯/신라 일성이사금 6/고구려 태조왕 87/백제 개루왕 12/後漢 永和 4/倭 成務 9)

| 신라 | 가을 7월에 서리가 내려 콩을 죽였다. (『三國史記』 1 新羅本紀 1) |
| 신라 | 가을 7월에 신라에 서리가 내려 콩을 죽을 죽였다. (『三國史節要』 2) |

| 신라 말갈 | 8월에 말갈이 장령(長嶺)을 습격하여 백성들을 사로잡아 갔다. (『三國史記』 1 新羅本紀 1) |
| 신라 말갈 | 8월에 말갈이 신라의 장령을 습격하여 백성들을 사로잡아 갔다. (『三國史節要』 2) |

| 신라 말갈 | 겨울 10월 또 말갈이 왔으나, 뇌성이 심하여 물러갔다. (『三國史記』 1 新羅本紀 1) |
| 신라 말갈 | 겨울 10월 말갈이 (신라를) 침입하였으나, 눈이 많이 내리자 물러났다. (『三國史節要』 2) |

140(庚辰/신라 일성이사금 7/고구려 태조왕 88/백제 개루왕 13/後漢 永和 5/倭 成務 10)

| 신라 말갈 | 봄 2월 장령(長嶺)에 목책을 세워 말갈을 방비하였다. (『三國史記』 1 新羅本紀 1) |
| 신라 말갈 | 봄 2월에 신라가 장령에 목책을 세워 말갈을 방비하였다. (『三國史節要』 2) |

141(辛巳/신라 일성이사금 8/고구려 태조왕 89/백제 개루왕 14/後漢 永和 6/倭 成務 11)

| 신라 | 가을 9월 신해일 그믐(30)에 일식이 있었다. (『三國史記』 1 新羅本紀 1) |
| 신라 | 가을 9월 신해일 그믐(30)에 신라에 일식이 있었다. (『三國史節要』 2) |

142(壬午/신라 일성이사금 9/고구려 태조왕 90/백제 개루왕 15/後漢 漢安 1/倭 成務 12)

| 신라 말갈 | 가을 7월 여러 관리들을 불러 말갈을 정벌하는 것에 대해 의논하였다. 이찬(伊湌) 웅선(雄宣)이 임금에게 불가하다고 진언하니 이에 멈췄다. (『三國史記』 1 新羅本紀 1) |
| 신라 말갈 | 가을 7월 신라왕이 여러 신하들을 불러 말갈을 정벌하는 것에 대해 의논하였는데, 이찬 웅선이 불가하다고 하여 이에 그쳤다. (『三國史節要』 2) |

| 고구려 | 가을 9월 환도(丸都)에 지진이 있었다. 왕이 꿈에 표범 한 마리가 호랑이의 꼬리를 물어 끊어버리는 꿈을 꾸었다. 깨어나 그 길흉을 물어보니 혹자가 이르기를, "호랑이라는 것은 뭇 짐승들의 우두머리요 표범은 같은 종류 중에서 작은 것이니 생각건 |

대 왕의 친족 중에 대왕의 후손을 끊어버리려는 자가 있는 것 같습니다"하ㅣ 왕이 기뻐하지 않고 우보 고복장에게 일러 말하기를 "내가 어제 밤 꿈을 꾸었는데 점치는 자가 이와 같이 말했으니 어찌 해야 하겠는가." 하자 답하여 말하기를, "좋지 않은 일을 하면 길한 것이 흉한 것으로 바뀌고 좋은 일을 행하면 재앙이 도리어 복이 됩니다. 지금 대왕이 나라 걱정하기를 집안 일처럼 하시고 백성을 사랑하기를 자식처럼 하시니 비록 조금 이변이 있더라도 무엇을 걱정하겠습니까." 하였다. (『三國史記』 15 高句麗本紀 3)

| 고구려 | 가을 9월 고구려 환도에 지진이 있었다. 왕이 꿈을 꾸었는데, 표범 한 마리가 호랑이 꼬리를 물어 끊어 버리는 것이었다. 깨어나 점치니 어떤 이가 말하기를, "호랑이라는 것은 뭇 짐승들의 우두머리요 표범은 같은 무리 중에서 작은 것이니 생각건대 왕의 친족 중에 대왕의 후손들을 끊어 없애려는 자가 있는 듯 합니다." 하였다. 왕이 기뻐하지 않고 우보 고복장에게 말하기를 "내가 어제 꿈을 꾸었는데 점치는 자가 이와 같이 말했으니 어찌 해야 하는가" 하자 대답하여 말하기를, "좋지 않은 일을 하면 길한 것도 흉이 되고, 좋은 일을 하면 재앙도 도리어 복이 됩니다. 지금 대왕이 나라를 걱정하기를 집안일처럼 하시고 백성을 사랑하기를 자식처럼 하시니 비록 조그마한 이변이 있어도 무슨 걱정이 있겠습니까." 하였다. (『三國史節要』 2) |

143(癸未/신라 일성이사금 10/고구려 태조왕 91/백제 개루왕 16/後漢 漢安 2/倭 成務 13)

| 신라 | 봄 2월 궁실을 수리하였다. (『三國史記』 1 新羅本紀 1) |
| 신라 | 봄 2월 신라가 궁실을 수리하였다. (『三國史節要』 2) |

| 신라 | 여름 6월 을축일(24)에 금성이 진성(鎭星; 토성)을 범하였다. (『三國史記』 1 新羅本紀 1) |
| 신라 | 여름 6월 을축일(24)에 신라에서 금성이 토성을 범하였다. (『三國史節要』 2) |

| 신라 | 겨울 11월 천둥이 쳤다. (『三國史記』 1 新羅本紀 1) |
| 신라 | 겨울 11월 신라에 천둥이 쳤다. (『三國史節要』 2) |

144(甲申/신라 일성이사금 11/고구려 태조왕 92/백제 개루왕 17/後漢 漢安 3, 建康 1/倭 成務 14)

| 신라 | 봄 2월에 영을 내리기를 "농사일은 정치의 근본이며, 먹는 것은 백성이 하늘처럼 여기는 것이니 여러 주군(州郡)에서는 제방을 완전하게 수리하여 농지를 넓히도록 하라"고 하고 또 민간에서 금은과 주옥(珠玉)을 쓰지 못하게 하였다. (『三國史記』 1 新羅本紀 1) |
| 신라 | 봄 2월 신라왕이 영을 내리기를 "농사일은 정치의 근본이며, 먹는 것은 백성이 하늘처럼 여기는 것이니 여러 주군에서는 제방을 완전하게 수리하여 농지를 넓히도록 하라"고 하고 또 민간에서 금은과 주옥을 쓰지 못하게 하였다. (『三國史節要』 2) |

145(乙酉/신라 일성이사금 12/고구려 태조왕 93/백제 개루왕 18/後漢 永嘉 1/倭 成務 15)

| 신라 | 봄과 여름에 가뭄이 들었는데 남쪽 땅이 매우 심하였다. 백성들이 굶주리니 곡식을 옮겨 진휼하였다. (『三國史記』 1 新羅本紀 1) |
| 신라 | 봄과 여름에 신라에 가뭄이 들었는데 남쪽 땅이 매우 심하였다. 백성들이 굶주리니 곡식을 옮겨 진휼하였다. (『三國史節要』 2) |

| 낙랑 | 영가(永嘉) (…) 한씨(韓氏)가 벽돌을 만들었다. 〔側銘〕 (「永嘉銘塼」) |

146(丙戌/신라 일성이사금 13/고구려 태조왕 94, 차대왕 1/백제 개루왕 19/後漢 本初 1/倭 成務 16)

고구려 가을 7월 수성(遂成)이 왜산(倭山) 아래에서 사냥을 하였는데, 좌우에게 일러 말하기를, "대왕이 늙었는데도 죽지 않고 내 나이도 곧 저물어 가니 기다릴 수 없다. 주위에서 나를 위하여 계책을 내어보기 바란다."고 하였다. 주위 사람들이 모두 말하기를 "기꺼이 명대로 하겠습니다."고 하였다. 이때 한 사람이 홀로 나와 말하기를 "왕자께서 상서롭지 못한 말씀을 하실 때, 주위 사람들이 직간하지 못하고 모두 '기꺼이 명령대로 하겠습니다.'고 말하니 간사하고 아첨한다고 할 수 있습니다. 저는 바른 말을 하려고 하는데 높으신 뜻이 어떠한지 알 수 없습니다." 하였다. 수성이 말하기를 "그대가 직언을 할 수 있다면 약석(藥石)이 될 것이니 어찌 의심을 하겠는가?"라고 하였다. 그 사람이 대답하기를 "지금 대왕이 현명하여 나라 안팎에 다른 마음을 가진 사람이 없습니다. 당신이 비록 공이 있으나 무리 중에 간사하고 아첨하는 사람들을 거느리고 현명한 임금을 폐하려 꾀한다면, 이 어찌 한 가닥 실로 만균(萬鈞)의 무게를 매어서 거꾸로 끌려고 하는 것과 다르겠습니까? 비록 매우 어리석은 사람이라도 그것이 불가함을 알 수 있습니다. 만약 왕자께서 의도를 고치고 생각을 바꾸어 효성과 순종으로 임금을 섬기면, 대왕께서 왕자의 착함을 깊이 알고 반드시 선양할 마음이 있을 것이며, 그렇지 않으면 화가 장차 미칠 것입니다." 하니 수성이 기뻐하지 않았다. 주위 사람들이 그 곧음을 질투하여 수성에게 참소하여 말하기를 "왕자께서는 대왕이 연로하여 국운이 위태로울까 염려하여, 뒤를 이을 것을 도모하려고 하는데, 이 사람의 망언이 이와 같습니다. 저희들은 일이 누설되어 화가 미칠까 염려됩니다. 마땅히 죽여 입을 막아야 합니다." 하였다. 수성이 그 말을 따랐다. (『三國史記』 15 高句麗本紀 3)

고구려 가을 7월 수성이 왜산 아래에서 사냥을 하였는데, 좌우에게 일러 말하기를, "대왕이 늙었는데도 죽지 않고 내 나이도 곧 저물어 가니 기다릴 수 없다. 주위에서 나를 위하여 계책을 내어보기 바란다."고 하였다. 주위 사람들이 모두 명대로 따르겠다고 하자 오직 한 사람이 홀로 말하기를 "왕자께서 불손한 말을 하는데도 주위에서 곧은 말을 하지 못하고 모두 명대로 하겠다함은 간사하고 아첨한다고 이를 수 있습니다. 제가 바른 말을 하려고 하는데 가하겠습니까" 하였다. 수성이 말하기를 "그대가 직언을 할 수 있다면 약석(藥石)이다." 하였다. 대답하기를 "지금 왕이 현명하여 나라 안팎에 다른 마음을 가진 사람이 없습니다. 당신이 비록 공이 있으나 무리 중에 간사하고 아첨하며 옳지 못한 무리들을 거느리고 임금을 폐하려 꾀한다면, 이 어찌 한 가닥 실로 만균(萬鈞)의 무게를 끌려고 하는 것과 다르겠습니까? 비록 어리석은 사람이라도 그것이 불가함을 알 수 있습니다. 만약 왕자께서 의도를 고치고 생각을 바꾸면, 대왕께서 왕자의 효성스럽고 순함을 알아 반드시 선양할 마음이 있을 것이며, 그렇지 않으면 화가 장차 미칠 것입니다." 하니 수성이 기뻐하지 않았다. 주위 사람들이 그 곧음을 질투하여 수성에게 참소하여 말하기를 "왕자께서는 대왕이 연로하여 국운의 위태로움을 염려하여, 뒤를 이을 것을 도모하려고 하는데, 이 사람이 망녕되이 화와 복을 말하니 만일 죽이지 않으면 일이 새어나가 후회하게 될 것입니다." 하니 수성이 그 말을 따랐다. (『三國史節要』 2)

고구려 요동 대방 낙랑

가을 8월 왕이 장수를 보내어 한나라 요동 서안평현(西安平縣)을 습격하여 대방령(帶方令)을 죽이고 낙랑태수(樂浪太守)의 처자를 사로잡았다. (『三國史記』 15 高句麗本紀 3)

고구려 요동 대방 낙랑
> 가을 8월 고구려왕이 장수를 보내어 한나라 요동 서안평현을 습격하여 대방령을 죽이고 낙랑태수의 처자를 사로잡았다. (『三國史節要』2)

고구려 요동 대방 낙랑
> 질제(質帝)·환제(桓帝)의 시대에 다시 요동의 서안평을 침범하여, 대방현령(帶方縣令)을 죽이고 낙랑태수의 처자를 포로로 사로잡았다. (『後漢書』85 東夷列傳 75 高句麗)

고구려 요동 대방 낙랑
> 순제(順帝)와 환제 시대에 다시 요동을 침범하여 신안(新安)·거향(居鄕)을 노략질 하고 또 서안평을 공격하여 도중에 대방령을 죽이고 낙랑태수의 처자를 포로로 사로잡았다. (『三國志』30 魏書 烏桓鮮卑東夷傳 東夷 高句麗)

신라 압독
> 겨울 10월 압독(押督)이 반란을 일으키니 군사를 내어 이를 토벌하여 평정하고, 그 나머지 무리들을 남쪽 땅으로 옮겼다. (『三國史記』1 新羅本紀 1)

신라 압독
> 겨울 10월 신라에서 압독이 반란을 일으키니 군사를 내어 이를 토벌하여 평정하고, 그 나머지 무리들을 남쪽 땅으로 옮겼다. (『三國史節要』2)

고구려
> 겨울 10월 우보(右輔) 고복장(高福章)이 왕에게 일러 말하기를, "수성이 장차 반란을 일으키려 하니 청컨대 먼저 그를 주살하소서." 하였다. 왕이 말하기를, "나는 이미 늙었고, 수성은 나라에 공이 있어 장차 그에게 선양하려 하니 그대는 번거롭게 생각하지 말라" 하였다. 복장이 말하기를 "수성의 사람됨은 잔인하면서 어질지 못하여 오늘 대왕의 선위를 받으면 다음 날 대왕의 자손을 해하려 하니 대왕은 어질지 못한 아우에게 은혜를 베풀지만 알고 무고한 자손들에게 환란을 끼칠지는 모르니 대왕께서는 이를 깊이 생각하소서." 하였다. (『三國史記』15 高句麗本紀 3)

고구려
> (겨울 10월) 고구려의 우보 고복장이 왕에게 일러 말하기를, "수성이 장차 반란을 일으키려 하니 청컨대 먼저 그를 주살하소서." 하였다. 왕이 말하기를, "나는 이미 늙었고, 수성은 나라에 공이 있어 장차 그에게 선양하려 하니 그대는 번거롭게 생각하지 말라" 하였다. 복장이 말하기를 "수성의 사람됨은 잔인하면서 어질지 못하여 오늘 대왕의 선위를 받으면 다음 날 대왕의 자손을 해하려 하니 대왕은 어질지 못한 아우에게 은혜를 베풀지만 알고 무고한 자손들에게 환란을 끼칠지는 모르니 대왕께서는 이를 깊이 생각하소서." 하였으나, 왕이 듣지 않았다. (『三國史節要』2)

고구려 현도
> 12월 왕이 수성(遂成)에게 말하기를, "나는 이미 늙어 정치에 싫증이 났고 하늘의 운수는 너의 몸에 있다. 하물며 너는 안으로 국정에 참여하고 밖으로 군사를 총괄하여 오래도록 사직에 공이 있으며 신하와 백성들의 바람을 채워 주었다. 내가 부탁할 사람을 얻었다고 할 수 있다. 임금의 자리에 올라 영원토록 아름답게 하라." 하고 이에 왕위를 물려 주고 별궁에 물러나 태조대왕(太祖大王)이라고 칭하였다. [후한서(後漢書)에서 이르기를, "안제 건광 원년(121) 고구려왕 궁(宮)이 죽어 아들 수성이 왕위에 올랐다. 현도태수(玄菟太守) 요광(姚光)이 올려 말하기를, '그 상(喪) 당한 것을 이용하여 군대를 일으켜 공격하고자 합니다.' 하니 의논하던 자들이 모두 허락할 만하다고 하였다. 상서 진충이 말하기를, '궁이 예전에 뛰어나고 영리할 때 광이 토벌하지 못했었는데, 그가 죽었다고 이를 공격함은 의로운 일이 아닙니다. 마땅히 조문을 보내어 전의 죄는 꾸짖고 용서하여 더는 처벌하지 말되 후일의 착함을 취하소서' 하니 안제가 이에 따랐다. 그 다음해 수성이 한나라의 포로들을 돌려보냈다. 해동고기(海東古記)를 살펴보건대, 고구려의 국조왕 고궁은 후한 건무 29년(53) 계사

년에 즉위할 때 7살이었고 국모가 섭정하여 효환제 본초 원년(146)에 병술에 왕위를 사양하여 친 아우 수성에게 물려주니 이때 궁의 나이는 백살로 재위 94년이다"고 하였다. 곧 건광 원년(121)은 궁의 재위 69년째이므로 한서가 기록한 것과 고기가 서로 부합되지 않는다. 어찌 한서의 기록이 잘못된 것이 아니겠는가] (『三國史記』 15 高句麗本紀 3)

고구려   차대왕은 이름이 수성이니 태조대왕의 친 아우이다. 용맹하고 씩씩하며 위엄이 있으나 인자함이 적었다. 태조대왕의 추대와 선양을 받아 왕위에 오르니 이 때 나이가 76세였다. (『三國史記』 15 高句麗本紀 3)

고구려   12월 왕이 수성에게 일러 말하기를 "나는 이미 늙어 정치에 싫증이 났고, 하늘의 운명이 너의 몸에 있다. 하물며 너는 안으로 국정에 참여하고 밖으로 군사의 일을 총괄함에 오래도록 사직에 공이 있으며 신하와 백성들이 바라는 것을 채워주었다. 내가 부탁할 사람을 얻었다고 할 만하다"고 하였다. 이에 왕위를 물려주고 별궁으로 물러나 태조대왕이라 칭했다. 수성의 나이 76세였다. (『三國史節要』 2)

147(丁亥/신라 일성이사금 14/고구려 차대왕 2/백제 개루왕 20/後漢 建和 1/倭 成務 17)

고구려   봄 2월 관나(貫那)의 패자(沛者) 미유(彌儒)를 좌보(左輔)에 임명하였다. (『三國史記』 15 高句麗本紀 3)

고구려   봄 2월 고구려가 관나의 패자 미유를 좌보에 임명하였다. (『三國史節要』 2)

고구려   3월 우보(右輔) 고복장(高福章)을 죽였다. 복장이 죽음을 맞이하여 탄식하여 말하기를, "애통하고 원망스럽다. 내가 그 때 선왕의 가까운 신하로서 반란을 일으키려는 자를 보고 묵묵히 말하지 않을 수 있었던가. 한스럽게도 선왕이 내 말을 들어주지 않아 이 지경에 이르렀다. 지금 그대가 왕위에 올랐으니, 마땅히 새로운 정치와 교화를 백성에게 보여야 할 것이나, 의롭지 않게도 한 명의 충신을 죽이려 하니 도가 없는 세상에 내가 그 주군과 더불어 빨리 죽는 것만 같지 못하다" 하였다. 이에 곧 형을 당하니 먼 곳과 가까운 곳에서 이를 듣고 분하고 애석해 하지 않음이 없었다. (『三國史記』 15 高句麗本紀 3)

고구려   3월 고구려가 우보 고복장을 죽였다. 복장이 죽음을 맞이하여 탄식하여 말하기를, "애통하고 원망스럽다. 내가 그 때 선왕의 가까운 신하로서 반란을 일으키려는 자를 보고 묵묵히 말하지 않을 수 있었던가. 한스럽게도 선왕이 내 말을 들어주지 않아 이 지경에 이르렀다. 지금 그대가 왕위에 올랐으니, 마땅히 새로운 정치와 교화를 백성에게 보여야 할 것이나, 의롭지 않게도 한 명의 충신을 죽이려 하니 도가 없는 세상에 내가 살아 있는 것이 빨리 죽는 것만 같지 못하다" 하였다. 이에 곧 형을 당하니 먼 곳과 가까운 곳에 서 이를 듣고 분하고 애석해 하지 않음이 없었다. (『三國史節要』 2)

신라   가을 7월 신하들에게 명하여 각기 지혜롭고 용감하여 장수가 될 만한 자들을 천거하도록 하였다. (『三國史記』 1 新羅本紀 1)

신라   가을 7월 신라왕이 신하들에게 명하여 각기 지혜롭고 용감하여 장수가 될 만한 자들을 천거하도록 하였다. (『三國史節要』 2)

고구려   가을 7월 좌보(左輔) 목도루(穆度婁)가 병을 핑계로 물러나자 환나(桓那)의 우태(于台) 어지류(菸支留)를 좌보로 삼고 대주부(大主簿)로 작위를 올려주었다. (『三國史記』 15 高句麗本紀 3)

고구려   (가을 7월) 고구려의 좌보 목도루가 병을 핑계로 물러나자 왕이 환나의 우태 어지류를 좌보로 삼고 주부로 작위를 올렸으며 비류나(沸流那)의 양신(陽神)을 중외대부(中畏大夫)로 하고 우태(于台)로 벼슬을 올려주니 모두 왕의 옛 친구들이다. (『二國史節要』2)

고구려   겨울 10월 비류의 양신을 중외대부로 삼고 우태의 벼슬을 더하였는데, 모두 왕의 옛 친구들이다. (『三國史記』15 高句麗本紀 3)

고구려   11월에 지진이 있었다. (『三國史記』15 高句麗本紀 3)
고구려   11월 고구려에 지진이 있었다. 十一月 高勾麗地震 (『三國史節要』2)

148(戊子/신라 일성이사금 15/고구려 차대왕 3/백제 개루왕 21/後漢 建和 2/倭 成務 18)

고구려   여름 4월 왕이 사람을 시켜 태조대왕의 원자(元子) 막근(莫勤)을 죽였다. 그 아우 막덕(莫德)은 화가 미칠까 두려워하여 스스로 목을 매었다. 논하여 말한다. 옛날 송나라 선공(宣公)은 그 아들 여이(與夷)를 세우지 않고 그 아우 무공(繆公)을 세웠다. 조그만 일을 차마 하지 못하여 큰 일을 어지럽혀 여러 대에 혼란을 일으켰다. 그런 까닭에 춘추(春秋)에서는 '대거정(大居正)'이라 하였다. 지금 태조왕이 의를 알지 못하고 왕위를 가벼이 여겨 어질지 못한 아우에게 왕위를 주어 화가 한 명의 충신과 두 명의 사랑하는 아들에게 이르렀으니 어찌 한탄한 마음을 이기겠는가. (『三國史記』15 高句麗本紀 3)

고구려   여름 4월 고구려의 수성이 태조왕의 원자 막근을 죽였다. 둘째 아들 막덕은 화가 미칠까 두려워하여 스스로 목을 매었다. 김부식이 다음과 같이 말하였다. 옛날 송나라 선공은 그 아들 여이를 세우지 않고 그 아우 무공을 세웠다. 조그만 일을 차마 하지 못하여 큰 일을 어지럽혀 여러 대에 혼란을 일으켰다. 그런 까닭에 춘추에서는 '대거정'이라 하였다. 지금 태조왕이 왕위를 가벼이 여겨 어질지 못한 아우에게 왕위를 주어 화가 한 명의 충신과 두 명의 사랑하는 아들에게 이르렀으니 어찌 한탄한 마음을 이기겠는가. (『三國史節要』2)

고구려   가을 7월 왕이 평유원(平儒原)에서 사냥을 하였는데, 흰 여우가 따라오면서 우니 왕이 쏘았으나 맞지 않았다. 큰 무당에게 물어보니 말하기를, "여우란 것은 요물이니 길상이 아니며 하물며 그 색이 하얗것은 더욱 괴상합니다. 그러나 하늘이 능이 타일르는 말을 하지 못하므로, 요괴함을 보여준 것은 임금으로 하여금 두려워 하여 수양하고 반성하게 하여 스스로 새로워지게 하고자 함입니다. 임금이 만약 덕을 닦으면 화가 바꿔어 복이 될 것입니다." 하였다. 왕이 말하기를 "흉하면 흉하고, 길하면 길할 것이지 네가 이미 요망하다 하고 또 복이 된다고 하니 어찌 그리 굽혀 말하는가" 하고 드디어 그를 죽였다. (『三國史記』15 高句麗本紀 3)

고구려   가을 7월 왕이 평유원에서 사냥을 하였는데, 흰 여우가 따라오면서 우니 왕이 쏘았으나 맞지 않았다. 큰 무당에게 물어보니 말하기를, "여우란 것은 요물이니 길상이 아니며 하물며 그 색이 하얀 것은 더욱 괴상합니다. 그러나 하늘이 능히 타이르는 말을 하지 못하므로, 요괴함을 보여준 것은 임금으로 하여금 두려워하여 수양하고 반성하게 하여 스스로 새로워지게 하고자 함입니다. 임금이 만약 덕을 닦으면 화가 바꿔어 복이 될 것입니다." 하였다. 왕이 말하기를 "흉하면 흉하고, 길하면 길할 것이지 네가 이미 요망하다 하고 또 복이 된다고 하니 어찌 그리 굽혀 말하는가" 하고 드디어 그를 죽였다. (『三國史節要』2)

신라   박아도(朴阿道)를 갈문왕(葛文王)에 봉하였다.[신라에서 추봉한 왕은 모두 갈문왕이

라 하였는데, 그 뜻은 자세하지 않다.] (『三國史記』 1 新羅本紀 1)

신라   신라에서 박아도를 갈문왕에 봉하였다. 신라에서는 추봉한 왕을 모두 갈문왕이라 하였다. (『三國史節要』 2)

149(己丑/신라 일성이사금 16/고구려 차대왕 4/백제 개루왕 22/後漢 建和 3/倭 成務 19)

신라   봄 정월 득훈(得訓)을 사찬(沙湌)으로 삼고, 선충(宣忠)을 나마(奈麻)로 삼았다. (『三國史記』 1 新羅本紀 1)

신라   봄 정월 신라에서 득훈을 사찬으로 삼고, 선충을 나마로 삼았다. (『三國史節要』 2)

고구려   여름 4월 정묘 그믐(30)에 일식이 있었다. (『三國史記』 15 高句麗本紀 3)

고구려   여름 4월 정묘 그믐(30)에 고구려에 일식이 있었다. 夏四月丁卯晦 高勾麗日有食之 (『三國史節要』 2)

고구려   5월 오성(五星)이 동쪽 방향에 모였다. 일자(日者)가 왕이 노여워 할 것을 두려워하여 거짓으로 고하기를, "이는 임금의 덕이요 나라의 복입니다." 하니 왕이 기뻐하였다. (『三國史記』 15 高句麗本紀 3)

고구려   5월 고구려에 오성이 동쪽 방향에 모였다. 일자가 왕에게 거짓으로 말하기를, "이는 임금의 덕이요 나라의 복입니다" 하니 왕이 기뻐하였다. (『三國史節要』 2)

신라   8월 살별이 천시(天市)에 나타났다. (『三國史記』 1 新羅本紀 1)

신라   가을 8월 신라에 살별이 천시에 나타났다. (『三國史節要』 2)

신라   겨울 11월 천둥이 치고 서울에 전염병이 크게 돌았다. (『三國史記』 1 新羅本紀 1)

신라   겨울 11월 신라에 천둥이 치고 서울에 전염병이 크게 돌았다. (『三國史節要』 2)

고구려   겨울 12월 얼음이 얼지 않았다. (『三國史記』 15 高句麗本紀 3)

고구려   겨울 12월 고구려에 얼음이 얼지 않았다. (『三國史節要』 2)

150(庚寅/신라 일성이사금 17/고구려 차대왕 5/백제 개루왕 23/後漢 和平 1/倭 成務 20)

신라   여름 4월부터 비가 내리지 않다가 가을 7월이 되서야 비가 내렸다. (『三國史記』 1 新羅本紀 1)

신라   신라에서 여름 4월부터 비가 오지 않다가 가을 7월이 되서야 비가 내렸다. (『三國史節要』 2)

151(辛卯/신라 일성이사금 18/고구려 차대왕 6/백제 개루왕 24/後漢 元嘉 1/倭 成務 21)

신라   봄 2월 이찬(伊湌) 웅선(雄宣)이 죽어 대선(大宣)을 이찬(伊湌)으로 삼고 내외 군사의 일을 겸하여 담당하게 하였다. (『三國史記』 1 新羅本紀 1)

신라   봄 2월 신라 이찬 웅선이 죽어 대선을 이찬으로 삼고 내외 군사의 일을 겸하여 담당하게 하였다. (『三國史節要』 2)

신라   3월 우박이 내렸다. (『三國史記』 1 新羅本紀 1)

신라   봄 3월 신라에 우박이 내렸다. (『三國史節要』 2)

152(壬辰/신라 일성이사금 19/고구려 차대왕 7/백제 개루왕 25/後漢 元嘉 2/倭 成務 22)

153(癸巳/신라 일성이사금 20/고구려 차대왕 8/백제 개루왕 26/後漢 永興 1/倭 成務 23)

고구려	여름 6월 서리가 내렸다. (『三國史記』15 高句麗本紀 3)
고구려	여름 6월 고구려에 서리가 내렸다. (『三國史節要』2)

신라	겨울 10월 궁문에 화재가 발생하였다. 혜성이 동방에 나타났고, 또 동북방에도 나타났다. (『三國史記』1 新羅本紀 1)
신라	겨울 10월 궁문에 화재가 발생하였다. 혜성이 동방에 나타났고, 또 동북에서도 나타났다. (『三國史節要』2)

고구려	겨울 12월 천둥이 치고 지진이 일어났다. 그믐에 객성(客星)이 달을 침범하였다. (『三國史記』15 高句麗本紀 3)
고구려	겨울 12월 고구려에 천둥이 치고 지진이 일어났으며, 객성이 달을 침범하였다. (『三國史節要』2)

154(甲午/신라 일성이사금 21, 아달라이사금 1/고구려 차대왕 9/백제 개루왕 27/後漢 永興 2/倭 成務 24)

신라	봄 2월 왕이 죽었다. (『三國史記』1 新羅本紀 1)
신라	봄 2월 신라왕 일성(逸聖)이 세상을 떠났다. (『三國史節要』2)
신라	아달라이사금(阿達羅尼師今)이 왕위에 올랐다. 일성의 장자로 키가 7척이고 풍채가 훌륭하고 얼굴모양이 진기한 상이었다. 어머니는 박씨 지소례왕(支所禮王)의 딸이며 비는 박씨 내례부인(內禮夫人)으로 지마왕(祗摩王)의 딸이다. (『三國史記』1 新羅本紀 2)
신라	장자 아달라[아애(阿阤)라고도 부른다.]가 왕위에 올랐다. 키는 7척이고 풍채가 훌륭하며 얼굴모양이 진기한 상이었다. (『三國史節要』2)

신라	3월 계원(繼元)을 이찬(伊湌)으로 삼아 군사와 국정을 맡겼다. (『三國史記』1 新羅本紀 2)
신라	3월 신라가 계원을 이찬으로 삼아 군사 국정을 맡겼다. (『三國史節要』2)

155(乙未/신라 아달라이사금 2/고구려 차대왕 10/백제 개루왕 28/後漢 永壽 1/倭 成務 25)

신라	봄 정월 왕이 직접 조묘(祖廟)에 제사를 지내고 대사면령을 내렸다. 흥선(興宣)을 일길찬(一吉湌)으로 삼았다. (『三國史記』1 新羅本紀 2)
신라	봄 정월 왕이 직접 조묘에 제사를 지내고 대사면령을 내렸다. 흥선을 일길찬으로 삼았다. (『三國史節要』2)

백제	봄 정월 병신 그믐(30)에 일식이 있었다. (『三國史記』23 百濟本紀 1)
백제	(봄 정월) 병신 그믐(30)에 백제에 일식이 있었다. (『三國史節要』2)

백제 신라	겨울 10월 신라의 아찬(阿湌) 길선(吉宣)이 반역을 도모하다가 발각되자 도망해 왔다. 신라 왕이 글을 보내 소환을 요청하였으나 보내지 않았다. 신라 왕이 노하여 군사를 출동시켜 공격해왔다. 모든 성이 굳게 지키고 나아가 싸우지 않으니, 신라군이 군량이 떨어져 돌아갔다.
	논하여 말한다. 춘추시대에 거복(莒僕)이 노(魯)나라로 도망쳤다. 계문자(季文子)가 말하기를, "자기 임금을 예로써 섬기는 자를 보면 임금 섬기기를 마치 효자가 부모를 봉양하는 것과 같이 하고, 자기 임금에게 무례한 자를 보면 임금 죽이기를 마치

매가 까마귀와 참새를 쫓는 것과 같다. 거복을 보건대 선을 꾀하지 않고 도리어 흉덕에 머물러 있다."하고, 그를 내쫓았다. 지금 길선도 간악한 사람인데, 백제 왕이 이를 받아들여 숨겨주었으니, 이를 일러 도적을 숨기고 지켜주는 것과 다름이 없다 하는 것이다. 이 때문에 이웃 나라와의 우호를 잃고 백성들을 전쟁으로 괴롭히니 그 밝지 못함이 심하다. (『三國史記』23 百濟本紀 1)

백제 신라	겨울 10월 신라 아차 길선이 모반을 일으키다가 탄로가 나자 백제로 도망쳤다. 신라 왕이 글을 보내 소환을 요청하였으나 보내지 않았다. 신라 왕이 노하여 군사를 출동시켜 공격해왔다. 백제의 모든 성이 굳게 지키고 나아가 싸우지 않으니, 신라군이 군량이 떨어져 돌아갔다. 김부식이 다음과 같이 말하였다. 춘추시대에 거복이 노 나라로 도망쳤다. 계문자가 말하기를, "자기 임금을 예로써 섬기는 자를 보면 임금 섬기기를 마치 효자가 부모를 봉양하는 것과 같이 하고, 자기 임금에 무례한 자를 보면 임금 죽이기를 마치 매가 까마귀와 참새를 쫓는 것과 같다. 거복을 보건대 선을 꾀하지 않고 도리어 흉덕에 머물러 있다."하고, 그를 내쫓았다. 지금 길선도 간악한 사람인데, 백제 왕이 이를 받아들여 숨겨주었으니, 이를 일러 도적을 숨기고 지켜주는 것과 다름이 없다 하는 것이다. 이 때문에 이웃 나라와의 우호를 잃고 백성들을 전쟁으로 괴롭히니 그 밝지 못함이 심하다. (『三國史節要』2)

156(丙申/신라 아달라이사금 3/고구려 차대왕 11/백제 개루왕 29/後漢 永壽 2/倭 成務 26)

신라	여름 4월 서리가 내렸다. (『三國史記』1 新羅本紀 2)
신라	여름 4월 서리가 내렸다. (『三國史節要』2)
신라	(여름 4월) 계립령(으로 가는) 길을 열었다. (『三國史記』1 新羅本紀 2)
신라	(여름 4월) 계립령(으로 가는) 길을 열었다. (『三國史節要』2)

157(丁酉/신라 아달라이사금 4/고구려 차대왕 12/백제 개루왕 30/後漢 永壽 3/倭 成務 27)

신라	봄 2월 처음으로 감물(甘勿)과 마산(馬山)의 2현을 두었다. (『三國史記』1 新羅本紀 2)
신라	봄 2월 신라가 처음으로 감물과 마산의 2현을 두었다. (『三國史節要』2)
신라	3월 (왕이) 장령진(長嶺鎭)으로 순행을 가서 수비병들을 위로하고 각기 군복을 내려 주었다. (『三國史記』1 新羅本紀 2)
신라	3월 신라 왕이 장령진으로 순행 가서 수비병들을 위로하고 각기 군복을 내려주었다. (『三國史節要』2)
신라	신라가 영일현을 두었다.[삼국유사에서 다음과 같이 말하고 있다. 동해 바닷가에 영오(迎烏)라고 하는 남편과 세오(細烏)라는 처가 있었다. 어느날 영오가 바닷가에 나가 해초를 따고 있었는데 갑자기 일본국의 작은 섬으로 표류해 가서 왕이 되었다. 세오가 남편을 찾다가 또 그 나라에 이르러서 비가 되었다. 이때 신라에서는 해와 달이 광채를 잃었다. 일자(日者)가 아뢰기를, "영오와 세오는 일월의 정기인데 지금 일본으로 갔기 때문에 이같은 괴변이 일어난 것입니다." 하였다. 왕이 사신을 보내어 두 사람을 데려 오게 하였는데, 영오가 말하기를, "내가 이 나라에 온 것은 하늘이 시킨 일입니다." 하고 세오가 짠 고운 명주를 주니 갖고 돌아갔다. 사신이 돌아와서 "이것으로 하늘에 제사를 지내면 됩니다."고 하였다. 이에 하늘에 제사지낸 곳을 영일현(迎日縣)이라 하였다.] (『三國史節要』2)
신라	제8대 아달라왕(阿達羅王) 즉위 4년 정유에 동해 바닷가에 연오랑(延烏郎) 세오녀

(細烏女)라는 부부가 살고 있었다. 어느 날 연오가 바닷가에 나가 해초를 따고 있었는데, 갑자기 바위 하나개[물고기 한 마리라고도 한다] 연오를 태우고 일본으로 가버렸다. 일본국 사람들이 연오를 보고 "이는 범상한 인물이 아니다."하고 옹립하여 왕으로 삼았다[일본제기(日本帝記)를 보면 전후시기에 신라인을 왕으로 삼은 적이 없다. 이것은 변방 읍의 소왕이고 진짜 왕은 아닐 듯하다] . 세오는 남편이 돌아오지 않음을 이상히 여겨 가서 찾다가 남편이 벗어놓은 신이 있음을 보고 역시 그 바위에 올라가니 바위는 다시 그 전처럼 세오를 태우고 (일본으로) 갔다. 그 나라 사람들이 이를 보고 놀라면서 왕에게 나아가 아뢰니 부부가 다시 서로 만나고 (세오는) 귀비(貴妃)가 되었다. 이때 신라에서는 해와 달이 광채를 잃었다. 일관(日官)이 나아가 아뢰기를, "해와 달의 정기가 우리나라에 있었는데 지금 일본으로 가버렸기 때문에 이같은 괴변이 일어난 것입니다." 하였다. 왕이 일본에 사신을 보내어 두 사람을 찾으니 연오가 말하기를 "내가 이 나라에 온 것은 하늘이 시킨 일입니다. 지금 어찌 돌아갈 수 있겠소. 그러므로 나의 비(妃)가 짠 고운 명주가 있으니 이것을 가지고 하늘에 제사를 지내면 될 것입니다." 하면서 그 비단을 주었다. 사신이 돌아와서 아뢰자, 그 말대로 제사를 지낸 이후에 해와 달이 그 전과 같이 되었다. 그 비단을 왕의 창고에 잘 간직하여 국보로 삼고 그 창고를 귀비고(貴妃庫)라 하였다. 또 하늘에 제사를 지낸 곳을 영일현(迎日縣) 또는 도기야 (都祈野)라 하였다. (『三國遺事』 1 紀異 1)

158(戊戌/신라 아달라이사금 5/고구려 차대왕 13/백제 개루왕 31/後漢 永壽 4, 延熹 1/倭 成務 28)

고구려	봄 2월 혜성이 북두(北斗)에 침범하였다. (『三國史記』 15 高句麗本紀 3)
고구려	봄 2월 고구려에서 혜성이 북두에 침범하였다. (『三國史節要』 2)

신라	봄 2월 죽령(竹嶺)을 열었다. (『三國史記』 1 新羅本紀 2)
신라	봄 2월 죽령로(으로 가는 길)를 열었다. (『三國史節要』 2)

신라	(봄 3월) 왜인들이 와서 예방하였다. (『三國史記』 1 新羅本紀 2)
신라	(봄 3월) 왜인들이 신라를 예방하였다. (『三國史節要』 2)

고구려	여름 5월 갑술 그믐(30)에 일식이 있었다. (『三國史記』 15 高句麗本紀 3)
고구려	여름 5월 갑술 그믐에 고구려에 일식이 있었다. (『三國史節要』 2)

159(己亥/신라 아달라이사금 6/고구려 차대왕 14/백제 개루왕 32/後漢 延熹 2/倭 成務 29)

160(庚子/신라 아달라이사금 7/고구려 차대왕 15/백제 개루왕 33/後漢 延熹 3/倭 成務 30)

신라	여름 4월 폭우가 내려 알천(閼川)의 강물이 범람하여 민가를 떠내려 보냈다. 금성(金城)의 북문이 저절로 무너졌다. (『三國史記』 1 新羅本紀 2)
신라	여름 4월 신라에 폭우가 내려 알천의 강물이 범람하여 민가를 떠내려 보냈다. 금성의 북문이 저절로 무너졌다. (『三國史節要』 2)

161(辛丑/신라 아달라이사금 8/고구려 차대왕 16/백제 개루왕 34/後漢 延熹 4/倭 成務 31)

신라	가을 7월 누리가 곡식을 헤쳤고, 바다의 물고기들이 많이 물밖으로 나와 죽었다. (『三國史記』 1 新羅本紀 2)
신라	가을 7월 누리가 곡식을 헤쳤고, 바다의 물고기들이 많이 물밖으로 나와 죽었다.

(『三國史節要』 2)

부여 (연희 4년) 12월 부여왕(夫餘王)이 사신을 보내어 공물을 바쳤다. (『後漢書』 7 孝桓帝紀 7)

부여 환제 연희 4년 (부여가) 사신을 보내어 조하(朝賀)를 하고 공물을 바쳤다. (『後漢書』 85 東夷列傳 75 夫餘國)

162(壬寅/신라 아달라이사금 9/고구려 차대왕 17/백제 개루왕 35/後漢 延熹 5/倭 成務 32)

신라 사도성(沙道城)에 순행(巡幸)하고 수비병들을 위로하였다. (『三國史記』 1 新羅本紀 2)

신라 신라 왕이 사도성에 가서 수비병들을 위로하였다. (『三國史節要』 2)

163(癸卯/신라 아달라이사금 10/고구려 차대왕 18/백제 개루왕 36/後漢 延熹 6/倭 成務 33)

164(甲辰/신라 아달라이사금 11/고구려 차대왕 19/백제 개루왕 37/後漢 延熹 7/倭 成務 34)

낙랑 연희 7년 정월 임오일(11)에 내가 만든 상방(尙方)의 명경(明鏡)은 굳세게 단련하였으니 이를 산 사람은 큰 부자가 되고 장수를 누릴 것이다.(외면) 오래도록 높은 관직을 누릴 것이다(내면) (「延熹七年銘 獸首鏡」)

신라 봄 2월 용이 서울에 나타났다. (『三國史記』 1 新羅本紀 2)

신라 봄 2월 신라 서울에 용이 나타났다. (『三國史節要』 2)

165(乙巳/신라 아달라이사금 12/고구려 차대왕 20, 신대왕 1/백제 개루왕 38/後漢 延熹 8/倭 成務 35)

고구려 봄 정월 그믐(30)에 일식이 있었다. (『三國史記』 15 高句麗本紀 3)

고구려 봄 정월 그믐(30)에 고구려에 일식이 있었다. (『三國史節要』 2)

고구려 3월 태조대왕(太祖大王)이 별궁(別宮)에서 세상을 떠났다. 나이 119세였다. (『三國史記』 15 高句麗本紀 3)

고구려 3월 고구려 전왕 궁(宮)이 별궁에서 세상을 떠났다. 나이 119세였다. (『三國史節要』 2)

신라 겨울 10월 아찬(阿湌) 길선(吉宣)이 모반을 일으키려 했다가 발각되자 죽임을 당할까 두려워하여 백제로 도망하였다. 왕이 서신을 보내 그를 요구했으나 백제가 허락하지 않았다. 왕이 노하여 군사를 내어 쳤으나 백제가 성을 굳게 지키고 나오지 않았다. 우리 군대의 식량이 다하여 곧 돌아왔다. (『三國史記』 1 新羅本紀 2)

고구려 겨울 10월 연나(椽那)의 조의(皂衣) 명림답부(明臨答夫)가 백성들이 견디지 못함을 이유로 왕을 시해하였다. 이름을 차대왕(次大王)이라 하였다. (『三國史記』 15 高句麗本紀 3)

고구려 신대왕(新大王)의 이름은 백고(伯固)이다 [고(固)는 구(句)로도 쓴다.] 태조대왕의 막내 동생으로 예의바르고 영특하며 성품이 인자하고 너그러웠다. 처음에 차대왕이 도리를 어겨서 신하와 백성이 따르지 않고, 화란이 있어 피해가 자신에게 미칠 것을 두려워하여 끝내 산골짝이로 피하였었다. 차대왕이 피살되자 좌보(左輔) 어지류(菸支留)가 여러 사람과 함께 의논하여 사람을 보내 맞이하였다. 그가 오자 어지류가 무류을 꿇고 국새(國璽)를 바치며 말하기를 "선왕이 불행히 나라를 버렸고 비록 아들이 있으나 국가를 다스릴 수 없습니다. 대개 사람들의 마음이 지극히 자애로운 사람에게 돌아가는 것이니, 삼가 절하고 머리를 조아려 왕위에 오르기를 청합니다." 하였다. 이에 엎드려 세 번을 사양한 후에 즉위하였다. 이때 나이가 77세였다. (『三國史記』 15 高句麗本紀 4)

고구려   겨울 10월 고구려 연나의 조의 명림답부가 백성들이 견디지 못함을 이유로 그 임금 수성을 죽였다. 처음 수성이 무도하여 막내 아우 백고가 화가 자신에게 미칠까 두려워하여 산곡으로 도망쳤다. 수성이 시해를 당하자 좌보 어지류가 여러 신하들과 함께 의론하여 사람을 보내어 백고를 맞이하고 도착하자 어지류가 국새를 바쳐 말하기를, "선왕이 비록 아들이 있으나 (국정을 담당하는) 짐을 이겨낼 수 없습니다. 하늘과 사람의 마음이 지극이 어진이에게 돌아가는 것이니 청컨대 왕위에 오르소서" 하였다. 백고가 3번 사양한 후에 왕위에 오르니 나이 77세였다. 수성은 차대왕이라 하였다."(『三國史節要』 2)

고구려   수성이 죽고 아들 백고가 왕위에 올랐다. 그 후 예맥[고구려]이 복속하니 동쪽 변방에 사건이 줄어들었다. (『後漢書』 85 東夷列傳 75 高句驪)

166(丙午/신라 아달라이사금 13/고구려 신대왕 2/백제 개루왕 39/後漢 延熹 9/倭 成務 36)

신라   봄 정월 신해 초하루에 일식이 있었다. (『三國史記』 1 新羅本紀 2)

신라   봄 정월 신라 신해 초하루에 일식이 있었다. (『三國史節要』 2)

고구려   봄 정월에 명령을 내려 말하기를 "과인은 욕되게도 왕의 친족으로 태어났으나 본래 임금으로서 덕이 없다. 앞서 우애를 가지고 정치를 부탁하였으나 그 남겨준 계획을 어기게 되었다. 해를 당할까 두렵고 안전하기 어려워 무리를 떠나 멀리 피하였다가, 왕이 서거하였다는 소식을 듣고 다만 매우 슬플 뿐이었다. 어찌 백성들이 즐거이 받들고 여러 대신들이 나아가도록 권할 줄 생각이나 했겠는가? 이 조그만 몸으로 잘못 숭고한 자리에 앉게 되어 감히 편안할 겨를이 없고 바다를 건너는 것과 같다. 마땅히 추대한 은혜가 멀리 이르도록 여러 사람과 더불어 스스로 새롭게 하고 나라 안에 크게 사면을 베풀 것이다."라 하였다. 나라 사람들이 사면령을 듣고, 환호하며 축하하고 손뼉 치지 않음이 없고 "크도다! 신대왕의 덕택이여!" 하였다. 처음에 명림답부(明臨答夫)의 난에 차대왕(次大王)의 태자 추안이 도망하여 숨어 있었다. 새 왕의 사면령을 듣고 왕의 문에 나아가 아뢰기를 "지난번 나라에 재난이 있었을 때 신은 죽을 수 없어서 산골짜기로 숨었습니다. 지금 새로운 정치를 한다는 말을 듣고 감히 죄를 아룁니다. 만약 대왕께서 법에 따라 죄를 정하여 기시(棄市)하더라도 오직 명을 따르겠습니다. 만약 죽이지 않고 멀리 내보낸다면 이는 죽은 자의 살과 뼈를 살리는 은혜이니 신이 원하는 바이나 감히 바라지는 않겠습니다." 하였다. 왕이 곧 구산뢰(狗山瀨) 누두곡(婁豆谷) 두 곳을 주고 양국군(讓國君)으로 봉하였다. 답부(答夫)를 국상(國相)으로 삼고 패자의 벼슬을 더하고 내외 병마의 일을 담당하고 아울러 양맥(梁貊) 부락을 거느리게 하였다. 좌·우보를 고쳐 국상으로 삼은 것은 여기에서 비롯되었다. (『三國史記』 15 高句麗本紀 4)

고구려   봄 정월에 명령을 내려 말하기를 "과인은 욕되게도 왕의 친족으로 태어났으나 본래 임금으로서 덕이 없다. 앞서 우애를 가지고 정치를 부탁하였으나 그 남겨준 계획을 어기게 되었다. 해를 당할까 두렵고 안전하기 어려워 무리를 떠나 멀리 피하였다가, 왕이 서거하였다는 소식을 듣고 다만 매우 슬플 뿐이었다. 어찌 백성들이 즐거이 받들고 여러 대신들이 나아가도록 권할 줄 생각이나 했겠는가? 이 조그만 몸으로 잘못 숭고한 자리에 앉게 되어 감히 편안할 겨를이 없고 바다를 건너는 것과 같다. 마땅히 추대한 은혜가 멀리 이르도록 여러 사람과 더불어 스스로 새롭게 하고 나라 안에 크게 사면을 베풀 것이다."라 하였다. 나라 사람들이 이를 듣고, 환호하며 축하하고 손뼉 치지 않음이 없었다. 처음에 명림답부의 난에 차대왕의 태자 추안(鄒安)이 도망하여 숨어 있었다가 새 왕의 사면령을 듣고 왕의 문에 나아가 아뢰기를 "지난번 나라에 재난이 있었을 때 신은 죽을 수 없어서 산골짜기로 숨었습니다. 지금 새로운 정치를 한다는 말을 듣고 감히 죄를 아룁니다. 만약 대왕께서 법에 따라 죄를 정하여 기시(棄市)하더라도 오직 명을 따르겠습니다. 만약 죽이지 않고 멀리 내보낸다면 이는 죽은 자의 살과 뼈를 살리는 은혜입니다" 하였다. 왕이 곧 구산뢰(狗山瀨) 누두곡(婁豆谷) 두 곳을 주고 양국군(讓國君)으로 봉하였다. (『三國史節要』2)

고구려   (봄 정월) 고구려가 답부를 국상으로 삼고 패자의 벼슬을 더하고 내외 군사의 일을 담당하고 아울러 양맥 부락을 거느리게 하였다. 좌·우보를 고쳐 국상으로 하였다.

권근(權近)은 말한다. 군신간의 분수는 하늘과 땅 같지만, 임금을 시해한 역적이란 피차의 구별 없이 마찬가지다. 그러므로 춘추(春秋)의 법에, 임금으로서 시역한 자에 의해 왕위에 오르고 그 역적을 토벌하지 못한 자가 있으면, 이는 그 일에 같이 참여한 것이나 마찬가지이며 큰 악명을 면하지 못하는 것이다. 지금 답부가 수성을 시해하고 백고를 세웠는데 백고는 처음에 들에 숨어서 그 일에 참여하지 않았다. 그러나 답부가 자기를 세운 것은 덕이 있어서인 것만 알았지, 임금을 시해한 일은 마땅히 토벌해야 하는 것임을 생각하지 않고 도리어 그를 총애하여 국상으로 삼았다. 이는 온 나라의 임금과 신하가 모두 시역의 도낭이 된 것이니 삼강(三綱)이 무너지고 인륜이 없어진 것이다. 만약 백고로 하여금 대의(大義)를 펴서 사사로운 공로를 상주지 않고 반역의 죄를 밝혀 죽일 수 있었다면 삼강이 다시 바르게 되고 인륜이 다시 서워제 역적이 두려워하였을 것이다. 비록 한나라 고제(高帝)가 정공(丁公)을 죽이고, 숙손약(叔孫婼)이 수우(豎牛)를 내쫓은 것은 부족함이 많았는데 백고가 그렇게 하지 못한 것은 애석한 일이다. (『三國史節要』2)

부여 예맥   (연희) 9년 여름 드디어 단석괴(檀石槐)가 기병 수만을 나누어 변경의 9군을 공격하고 아울러 관리와 백성들을 죽이고 포로로 삼았다. 이에 다시 장환(張奐)을 보내어 공격하니 선비(鮮卑)가 이에 새외(塞外)로 나갔다. 조정은 이를 계속 근심하였으나, 제어할 수 없어 이에 사신에게 인수(印綬)를 지니고 가게 하여 단석괴를 왕으로 봉하고 화친하고자 하였다. 그러나 단석괴는 이를 받아들이지 않았고 약탈은 더욱 심해졌다. 이에 스스로 선비의 땅을 셋으로 나누어 우북평(右北平)에서 그 동쪽 요동에 이르러 부여(夫餘) 예맥(濊貊)에 인접하는 20여 읍을 동부, 우북평에서 그 서쪽으로 상곡(上谷)에 이르는 10여 읍을 중부, 상곡의 서쪽에서 돈황(敦煌)과 오손(烏孫)에 이르는 20여 읍을 서부로 하고 각각 대인을 두어 거느리게 하였는데 모두 단석괴에 속하였다. (『後漢書』90 烏丸鮮卑列傳 80 鮮卑)

부여 예맥   (겨울 12월) 흉노와 오환은 장환(張奐)이 도착하였다는 것을 듣고 모두 서로 부족을 거느리고 돌아와 항복하였는데, 모두 20만 명이었다. 장환이 그 원흉들만 죽이고 나머지는 모두 위로하고 받아들였는데, 오직 선비만이 요새를 나와 가버렸다. 조정이 단석괴를 제어할 수 없음을 걱정하여 사신을 보내 인수를 가지고 가서 왕으로 책봉하여 더불어 화친하고자 하였다. 단석괴는 이를 받아들이지 않고 노략질을 하는 것이 더욱 심하였다. 단석괴는 스스로 그 땅을 3부(部)로 나누어 우북평에서 그 동쪽 요동에 이르러 부여 예맥에 인접하는 20여 읍을 동부로 삼고, 우북평에서 그 서쪽으로 상곡에 이르는 10여 읍을 중부, 상곡에서 서쪽으로 돈황과 오손에 이르는 20

여 읍을 서부로 하고 각각 대인을 두어 거느리게 하였는데 모두 단석괴에 속하였다.
(『資治通鑑』 55 漢紀 47 孝桓皇帝)

백제　　도미(都彌)는 백제 사람이다. 비록 호적에 편제된 소민(小民)이었지만 자못 의리를 알았다. 그의 아내는 아름답고 예뻤으며 또한 행실에 절개가 있어 당시 사람들로부터 칭찬을 받았다. 개루왕이 이를 듣고 도미를 불러 더불어 말하기를, "무릇 부인의 덕은 비록 지조가 굳고 행실이 깨끗함을 우선으로 하지만, 만약 그윽히 어둡고 사람이 없는 곳에서 교묘한 말로 유혹하면 마음을 움직이지 않을 수 있는 사람은 드물 것이다."고 하였다. (도미는) "사람의 마음이란 헤아릴 수 없으나 저의 아내와 같은 사람은 비록 죽더라도 변함이 없을 것입니다."고 대답하였다. 왕이 그녀를 시험해 보려고 일을 핑계로 도미를 머물게 하고는 가까운 신하 한 사람으로 하여금 거짓으로 왕의 옷을 입고, 마부를 데리고 밤에 그 집에 가도록 하고, 사람을 시켜 먼저 왕이 올 것을 알리도록 하였다. (왕을 가장한 신하가) 그 부인에게 말하였다. "나는 오랫동안 그대가 아름답다는 소리를 들었다. 도미와 내기하여 그를 이겼으니 내일 너를 들여 궁인(宮人)으로 삼기로 하였다. 이 다음부터 네 몸은 내 것이다." 드디어 그녀를 겁탈하려고 하자 부인이 말하였다. "국왕께서는 거짓말을 하지 않으실 것이니 제가 감히 따르지 않겠습니까? 청컨대 대왕께서는 먼저 방에 들어가소서. 제가 옷을 갈아입고 들어가겠습니다." 물러나와 한 계집종을 치장하여 들여보냈다. 왕이 후에 속았음을 알고 크게 노하였다. 도미를 무고하여 벌을 주었는데, 두 눈을 멀게 하고 사람을 시켜 끌어내 작은 배에 태워 강에 띄웠다. 드디어 그의 아내를 끌어다가 겁탈하려 하니, 부인이 말하기를, "지금 남편을 이미 잃었으니 홀로 남은 이 한 몸을 스스로 보전할 수가 없습니다. 하물며 왕의 시비가 되었으니 어찌 감히 어길 수 있겠습니까? [그러나] 지금 월경 중이라서 온 몸이 더러우니 다른 날을 기다려 향기롭게 목욕한 후에 오겠습니다." 하였다. 왕이 그 말을 믿고 허락하였다. 부인이 곧 도망쳐 강어귀에 이르렀으나 건널 수가 없었다. 하늘을 부르며 통곡하다가 홀연히 외로운 배가 물결을 따라 이르는 것을 보았다. [그것을] 타고서 천성도(泉城島)에 이르러 그 남편을 만났는데 아직 죽지 않았다. 풀뿌리를 캐서 먹다가 드디어 함께 같은 배를 타고 고구려의 산산(蒜山) 아래에 이르렀는데, 고구려 사람들이 불쌍히 여겨 옷과 음식을 주었다. 마침내 구차히 살다가 객지에서 일생을 마쳤다. (『三國史記』 48 列傳 8 都彌)

백제　　백제인 도미는 비록 호적에 편제된 소민이었지만 자못 의리를 알았다. 그 처는 어여쁘고 절개가 있었다. 왕이 이를 듣고 도미를 불러 말하기를, "무릇 아녀자의 덕은 비록 지조가 있고 행실이 깨끗함이 우선이지만, 만약 그윽히 어둡고 사람이 없는 곳에 있어 교묘한 말로 꾀면 마음을 움직이지 않을 수 없는 사람은 드물 것이다" 하였다. (도미가) 대답하기를, "사람의 정은 헤아릴 수 없지만 만약 신의 처라면 비록 죽더라도 두 마음은 없을 것입니다" 하였다. 왕이 이를 시험하고자 도미를 그대로 머물게 하고 근신으로 하여금 왕인 것처럼 하고 밤에 그 집에 가도록 하였다. (왕을 가장한 신하가) 그 처에게 말하기를, "나는 오래전부터 그대가 아름답다는 소리를 들었다. 도미와 내기를 하여 그를 이겼다"고 하여 드디어 그녀를 겁탈하려고 하자 부인이 말하였다. "감히 명을 따르지 않을 수 있겠습니까 청컨대 대왕께서는 먼저 방에 들어가소서. 제가 옷을 갈아 입고 들어가겠습니다." 하고는 한 계집종을 치장하여 들여 보냈다. 왕이 후에 속았음을 알고 크게 노하였다. 도미를 무고하여 벌을 주어 두 눈을 멀게 하고 작은 배에 태워 강에 띄웠다. 다시 그 처를 끌어다가 겁탈하려 하니, 부인이 말하기를, "지금 남편을 이미 잃었으니 제가 스스로 보전할 수가 없으니 감히 왕을 거역하겠습니까. 다만 지금 월경 중이니 다른 날을 기다려 주시기를 청합니다." 하였다 왕이 그 말을 믿고 허락하였다. 부인이 강어귀로 도망쳤으나 배가 없어 건널 수가 없었다. 하늘을 부르며 통곡하는데 홀연히 흘러오는 배를 만나 천성도에 이르자 그 남편이 먼저 와 있었다. 드디어 함께 고구려로 도망치니 고구려 인들이 불쌍히 여겨 산산 아래에 살게 해주었고 거기서 일생을 마쳤다. (『三國史節要』2)

부여 예맥   환제 때(147~167) 선비의 단석괴라는 자는 부락의 사람들이 두려워하며 복종하여 대인(大人)으로 추대하였다. 단석괴가 이에 탄한산(彈汗山) 철구수(歠仇水) 가에 거 처를 두었는데 고류(高柳)로부터 북쪽 300여리에 떨어져 있다. 군대가 매우 강성하 여 동부와 서부의 대인들이 모두 복속하였다. 이 때문에 남쪽으로 변경 지대를 노략 질하고, 북으로 정령(丁零)을 막았으며, 동으로 부여를 물리치고 서쪽으로 오손을 공 격하여, 흉노의 옛 땅을 모두 차지하였는데, 동서로 1만4천여리, 남북으로 7천여리 에 이르고 산천과 수택(水澤), 염지(鹽池)를 망라하였다. 그 땅을 3부(部)로 나누니 동으로 부여, 예맥과 인접하는 20여 읍(邑)을 동부, 우북평부터 서쪽으로 상곡에 이 르는 10여 읍은 중부로, 상곡에서 서쪽으로 돈환에 이르러 오손과 접하는 20여 읍 은 서부로 하고 각기 대인을 두어 주관하게 하였다. (『通典』196 邊防 12 北狄 3 鮮卑)

백제   왕이 세상을 떠났다. (『三國史記』23 百濟本紀 1)
백제   초고왕(肖古王)[소고(素古)라고도 한다.]은 개루왕(蓋婁王)의 아들이다. 개루왕이 재 위 39년이 세상을 떠나자 왕위를 이었다. (『三國史記』23 百濟本紀 1)
백제   백제왕 개루가 세상을 떠나 아들 초고가 왕위에 올랐다. (『三國史節要』2)

167(丁未/신라 아달라이사금 14/고구려 신대왕 3/백제 초고왕 2/後漢 永康 1/倭 成務 37)

부여 현도   (봄 정월에) 부여왕(夫餘王)이 현도를 노략질하였다. 태수 공손역(公孫域)이 더불어 싸워서 격파하였다. (『後漢書』7 孝桓帝紀)
부여 현도   (봄 정월에) 부여왕 부태(夫台)가 현도를 노략질하였다. 현도태수 공손역이 이를 격 파하였다. (『資治通鑑』56 漢紀 48 孝桓皇帝)
부여 현도   영강 원년에 왕 부태가 2만여 명을 거느리고 현도를 노략질하였다. 현도태수 공손역 이 이를 격파하고 천여 급을 참수(斬首)하였다. (『後漢書』85 東夷列傳 75 夫餘)

신라 백제   가을 7월에 백제가 나라 서쪽의 두 성을 습격해 격파하고, 백성 1천 명을 사로잡아 돌아갔다. (『三國史記』2 新羅本紀 2)
백제 신라   가을 7월에 군사를 몰래 보내 신라 서쪽 변방의 두 성을 습격하여 격파하고, 남녀 1천 명을 사로잡아 돌아왔다. (『三國史記』23 百濟本紀 1)
백제 신라   가을 7월에 백제가 몰래 군사를 보내 신라 서쪽 변방의 두 성을 습격하여 격파하고, 남녀 1천 명을 사로잡아 돌아왔다. (『三國史節要』2)

신라 백제   8월에 일길찬(一吉飡) 흥선(興宣)에게 명하여 병사 2만 명을 거느리고 백제를 정벌 하게 하였다. 왕이 또한 기병 8천 명을 이끌고 한수에서 그곳에 다다랐다. 백제가 크게 두려워하여 잡아갔던 남녀들을 돌려보내고 화친을 청하였다. (『三國史記』2 新 羅本紀 2)
백제 신라   8월에 신라왕이 일길찬 흥선을 보내 병사 2만 명을 거느리고 와서 동쪽의 여러 성 을 침범하게 하였다. 신라왕은 또한 직접 정예 기병 8천 명을 이끌고 뒤를 이어 한 수까지 진격해왔다. 왕은 신라군이 많아서 대적할 수 없다고 생각하여 곧 이전에 빼

	앗았던 것을 돌려주었다. (『三國史記』 23 百濟本紀 1)
백제 신라	8월에 신라왕이 일길찬 흥선에게 명하여 군사 2만 명을 거느리고 백제를 정벌하게 하였다. 또 기병 8천 명을 이끌고 한수에서 그곳에 다다랐다. 백제가 크게 두려워하여 잡아갔던 남녀들을 돌려보내고 화친을 청하였다. (『三國史節要』 2)
고구려	가을 9월에 왕이 졸본(卒本)에 가서 시조묘(始祖廟)에 제사를 지냈다. (『三國史記』 16 高句麗本紀 4)
고구려	고기(古記)에 전한다. " (…) 신대왕 4년 9월에 졸본에 가서 시조묘에 제사를 지냈다. (…) "(『三國史記』 32 雜志 1 祭祀)
고구려	9월에 고구려왕(高句麗王)이 졸본에 가서 시조묘에 제사를 지냈다. (『三國史節要』 2)
고구려	겨울 10월에 왕이 졸본에서 돌아왔다. (『三國史記』 16 高句麗本紀 4)
고구려	겨울 10월에 고구려왕이 졸본에서 돌아왔다. (『三國史節要』 2)
고구려	환제(桓帝) 말년에 선비(鮮卑), 남흉노(南匈奴) 및 고구려(高句驪)의 사자(嗣子) 백고(伯固)가 모두 배반하고 노략질하였다. 4부(府)가 교현(橋玄)을 천거하니, 도요장군(度遼將軍)으로 삼고 황월(黃鉞)을 빌려주었다. 교현이 진(鎭)에 이르러 병사(兵事)를 쉬게하고 군사를 길렀다. 그런 후에 여러 장수와 태수를 독려하여 호로(胡虜) 및 백고 등을 토벌하여 공격하니, 모두 격파되고 흩어져 물러나 달아났다. 3년 간 재직하자, 변경이 편안하고 조용해졌다. (『後漢書』 51 李陳龐陳橋列傳 41 橋玄)
낙랑	선생이 말하였다. "옛날에 장례는 옷을 두텁게 하여 섶나무로 하였고, 중야(中野)에 장사지내어 봉토도 올리지 않고 주변에 나무도 심지 않았으며 상기(喪期)도 때가 없었다. 후세의 성인(聖人)이 관(棺)·곽(槨)으로 그것을 바꾸었다. (…) 대체로 이미 그 쓰임이 끝난 것은 무게가 또한 만근(萬斤)이어서, 많은 무리가 아니면 관·곽을 들 수 없고, 큰 수레가 아니면 그것을 끌 수 없었다. 동쪽으로 낙랑(樂浪)에 이르고 서쪽으로 돈황(敦煌)에 이르는 만리(萬里) 안에 서로 다투어 그것을 사용하였다. 이것이 공력을 낭비하여 농업을 해치니, 마음을 아프게 한다고 할 만하도다!"(『潛夫論』 浮侈 12)

168(戊申/신라 아달라이사금 15/고구려 신대왕 4/백제 초고왕 3/後漢 建寧 1/倭 成務 38)

신라	여름 4월에 이찬(伊湌) 계원(繼元)이 죽자, 흥선(興宣)을 이찬으로 삼았다. (『三國史記』 2 新羅本紀 2)
신라	여름 4월에 신라 이찬 계원이 죽자, 흥선이 이찬을 대신하게 하였다. (『三國史節要』 2)
예맥	12월에 선비(鮮卑) 및 예맥이 유주(幽州)·병주(幷州) 두 주를 노략질하였다. (『後漢書』 8 孝靈帝紀)
예맥	12월에 선비 및 예맥이 유주·병주 두 주를 노략질하였다. (『資治通鑑』 56 漢紀 48 孝靈皇帝)
고구려 현도	한 현도군태수 경림(耿臨)이 침범해 와서 아군 수백 명을 죽였다. 왕이 스스로 항복하여 현도에 속하기를 청하였다. (『三國史記』 16 高句麗本紀 4)
고구려 현도	한 현도군태수 경림이 고구려(高句麗)에 침범하여 수백 명을 죽였다. 왕이 스스로

항복하여 현도에 속하기를 청하였다. (『三國史節要』 2)

169(己酉/신라 아달라이사금 16/고구려 신대왕 5/백제 초고왕 4/後漢 建寧 2/倭 成務 39)

고구려 요동 현도
    (11월에) 고구려왕(高句驪王) 백고(伯固)가 요동을 노략질하였다. 현도태수 경림(耿臨)이 토벌하여 항복시켰다. (『資治通鑑』 56 漢紀 48 孝靈皇帝)

고구려 현도
    건녕 2년에 현도태수 경림이 고구려(高句驪)를 토벌하여 수백 급을 참수하였다. 백고가 항복하여 현도에 속하기를 청하였다고 한다. (『後漢書』 85 東夷列傳 75 句驪)

고구려 현도 요동
    영제(靈帝) 건녕 2년에 현도태수 경림이 고구려를 토벌하여 수백 급을 참수하고 사로잡았다. 백고가 항복하여 요동에 속하였다. (『三國志』 30 魏書 30 烏丸鮮卑東夷傳 高句麗)

고구려 현도 요동
    영제 건녕 2년 현도태수 경림이 그들을 토벌하여 수백 명을 죽이니, 백고는 항복하여 요동에 복속되었다. (『梁書』 54 列傳 48 諸夷 高句驪)

고구려 현도 요동
    영제 건녕 2년 현도태수 경림이 그들을 토벌하여 수백 명을 죽이니, 백고는 항복하여 요동에 복속되었다.
    (『北史』 94 列傳 82 四夷 上 高句麗)

현도 고구려
    이 해(건녕 2년)에 현도태수 경림이 고구려를 토벌하여 수백 급을 참수하였다. 그 왕 백고가 항복하여 현도에 속하기를 청하였다. (『册府元龜』 983 外臣部 28 征討 2)

고구려 현도
    왕이 대가(大加) 우거(優居), 주부(主簿) 연인(然人) 등을 보내 병사를 거느리고 현도태수 공손도(公孫度)을 도와 부산적(富山賊)을 토벌하게 하였다. (『三國史記』 16 高句麗本紀 4)

고구려 현도
    고구려왕(高句麗王)이 대가 우거, 주부 연인 등을 보내 병사를 거느리고 현도태수 공손도를 도와 부산적을 토벌하게 하였다. (『三國史節要』 2)

고구려 현도
    이 해(건녕2년)에 고구려 백고가 대가 우거, 주부 연인 등을 보내 현도태수 공손도가 부산적을 공격하는 것을 도와서 토벌하게 하였다. (『册府元龜』 973 外臣部 18 助國討伐)

170(庚戌/신라 아달라이사금 17/고구려 신대왕 6/백제 초고왕 5/後漢 建寧 3/倭 成務 40)

신라
    봄 2월에 시조묘(始祖廟)를 중수하였다. (『三國史記』 2 新羅本紀 2)

신라
    봄 2월에 신라에서 시조묘를 중수하였다. (『三國史節要』 2)

백제
    봄 3월 병인일(丙寅日: 30) 그믐에 일식이 있었다. (『三國史記』 23 百濟本紀 1)

백제
    봄 3월 병인일(30) 그믐에 백제에서 일식이 있었다. (『三國史節要』 2)

신라
    가을 7월에 수도에 지진이 났다. 서리와 우박이 내려 곡식을 해쳤다. (『三國史記』 2 新羅本紀 2)

신라
    가을 7월에 신라 수도에 지진이 났다. 서리와 우박이 내려 곡식을 해쳤다. (『三國史節要』 2)

신라 백제
    겨울 10월에 백제가 변경을 노략질하였다. (『三國史記』 2 新羅本紀 2)

백제 신라	겨울 10월에 병사를 출동시켜 신라의 변방을 침범하였다. (『三國史記』 23 百濟木紀 1)	
백제 신라	겨울 10월에 백제에서 신라의 변방을 침범하였다. (『三國史節要』 2)	

171(辛亥/신라 아달라이사금 18/고구려 신대왕 7/백제 초고왕 6/後漢 建寧 4/倭 成務 41)

신라	봄에 곡식이 귀하여 백성들이 굶주렸다. (『三國史記』 2 新羅本紀 2)
신라	봄에 신라에 기근이 들었다. (『三國史節要』 2)

172(壬子/신라 아달라이사금 19/고구려 신대왕 8/백제 초고왕 7/後漢 熹平 1/倭 成務 42)

신라	봄 정월에 구도(仇道)를 파진찬(波珍湌)으로 삼고, 구수혜(仇須兮)를 일길찬(一吉湌)으로 삼았다. (『三國史記』 2 新羅本紀 2)
신라	봄 정월에 신라에서 구도를 파진찬으로 삼고, 구수혜를 일길찬으로 삼았다. (『三國史節要』 2)

신라	2월에 시조묘(始祖廟)에 제사를 지냈다[有事]. (『三國史記』 2 新羅本紀 2)
신라	2월에 신라에서 시조묘에 제사를 지냈다[有事]. (『三國史節要』 2)

신라	(2월에) 수도에 전염병이 크게 돌았다. (『三國史記』 2 新羅本紀 2)
신라	(2월에) 신라 수도에 전염병이 크게 돌았다. (『三國史節要』 2)

고구려 현도	겨울 10월에 한 현도군태수 경림(耿臨)이 대군으로 고구려(高勾麗)를 공격하려고 하였다. 왕이 군신(群臣)에게 나가 싸우는 것과 들어앉아 지키는 것 중 어느 쪽이 나은지를 물었다. 많은 사람이 말하였다. "한의 병사가 많음을 믿고 우리를 가볍게 여기니, 만약 나가 싸우지 않으면 저들이 우리를 겁쟁이로 여기고 반드시 자주 침략해 올 것입니다. 또 우리나라는 산이 험하고 길이 좁으니, 이는 이른바 한 사람이 관문을 지키면 1만 명이 당할 수 없다는 것입니다. 한의 병사가 비록 많더라도 우리에게 어찌 할 수 없을 것이니, 군사를 내어 방어하기를 청합니다." 명림답부(明臨荅夫)가 말하였다. "그렇지 않습니다. 한은 나라가 크고 백성이 많은데, 지금 강병으로 멀리 와서 싸우려 하니 그 예봉을 당해낼 수가 없습니다. 또 병력이 많으면 마땅히 싸워야 하고, 병력이 적으면 마땅히 지켜야 하는 것이 병가의 상식입니다. 지금 한 군은 군량을 천 리나 운반하여 오래 지탱하지 못할 것입니다. 우리가 만약 도랑을 깊이 파고 성루를 높이며 들판의 곡식을 깨끗이 비워놓고 기다린다면, 열흘이나 한 달을 넘지 못하고 군량이 떨어져 반드시 돌아갈 것이니, 우리가 강한 병졸로 다가가면 뜻을 이룰 수 있을 것입니다." 왕은 그러하다고 여기고 성을 닫고 굳게 지켰다. 한군이 공격하였으나 이기지 못하고, 사졸이 굶주리니 마침내 병사를 이끌고 철수하였다. 이에 명림답부가 기병 1천을 이끌고 그들을 추격하여 좌원(坐原)에서 싸우니, 한군이 크게 패하여 한 필의 말도 돌아가지 못하였다. 왕이 크게 기뻐하여 좌원과 질산(質山)을 명림답부에게 하사하여 식읍으로 삼게 하였다. (『三國史節要』 2)
고구려 현도	겨울 11월에 한이 대군으로 우리나라를 향하였다. 왕이 군신에게 나가 싸우는 것과 들어앉아 지키는 것 중 어느 쪽이 나은지를 물었다. 많은 사람이 의논하여 말하였다. "한의 병사가 많음을 믿고 우리를 가볍게 여기니, 만약 나가 싸우지 않으면 저들이 우리를 겁쟁이로 여기고 자주 침략해올 것입니다. 또 우리나라는 산이 험하고 길이 좁으니, 이는 이른바 한 사람이 관문을 지키면 1만 명이 당할 수 없다는 것입니다. 한의 병사가 비록 많더라도 우리에게 어찌 할 수 없을 것이니, 군사를 내어

방어하기를 청합니다." 명림답부가 말하였다. "그렇지 않습니다. 한은 나라가 크고 백성이 많은데, 지금 강병으로 멀리 와서 싸우려 하니 그 예봉을 당해낼 수가 없습니다. 또 병력이 많으면 마땅히 싸워야 하고, 병력이 적으면 마땅히 지켜야 하는 것이 병가의 상식입니다. 지금 한군은 군량을 천 리나 운반하여 오래 지탱하지 못할 것입니다. 우리가 만약 도랑을 깊이 파고 성루를 높이며 들판의 곡식을 깨끗이 비워 놓고 기다린다면, 저들은 반드시 열흘이나 한 달을 넘기지 못하고 군량이 떨어져 돌아갈 것이니, 우리가 강한 병졸로 다가가면 뜻을 이룰 수 있을 것입니다." 왕은 그러하다고 여기고 성을 닫고 굳게 지켰다. 한군이 공격하였으나 이기지 못하고, 사졸이 굶주리니 마침내 병사를 이끌고 철수하였다. 명림답부가 수천의 기병을 이끌고 그들을 추격하여 좌원에서 싸우니, 한군이 크게 패하여 한 필의 말도 돌아가지 못하였다. 왕이 크게 기뻐하여 좌원과 질산을 명림답부에게 하사하여 식읍으로 삼게 하였다. (『三國史記』 16 高句麗本紀 4)

고구려 현도 | 명립답부는 고구려 사람인데, 신대왕 때에 국상(國相)이 되었다. 한 현도군태수 경림이 대군으로 우리나라를 공격하려고 하였다. 왕이 군신에게 나가 싸우는 것과 들어앉아 지키는 것 중 어느 쪽이 나은지를 물었다. 많은 사람이 의논하여 말하였다. "한의 병사가 많음을 믿고 우리를 가볍게 여기니, 만약 나가 싸우지 않으면 저들이 우리를 겁쟁이로 여기고 자주 침략해올 것입니다. 또 우리나라는 산이 험하고 길이 좁으니, 이는 이른바 한 사람이 관문을 지키면 1만 명이 당할 수 없다는 것입니다. 한의 병사가 비록 많더라도 우리에게 어찌 할 수 없을 것이니, 군사를 내어 방어하기를 청합니다." 명림답부가 말하였다. "그렇지 않습니다. 한은 나라가 크고 백성이 많은데, 지금 강병으로 멀리 와서 싸우려 하니 그 예봉을 당해낼 수가 없습니다. 또 병력이 많으면 마땅히 싸워야 하고, 병력이 적으면 마땅히 지켜야 하는 것이 병가의 상식입니다. 지금 한군은 군량을 천 리나 운반하여 오래 지탱하지 못할 것입니다. 우리가 만약 도랑을 깊이 파고 성루를 높이며 들판의 곡식을 깨끗이 비워놓고 기다린다면, 저들은 반드시 열흘이나 한 달을 넘기지 못하고 군량이 떨어져 돌아갈 것이니, 우리가 강한 병졸로 다가가면 뜻을 이룰 수 있을 것입니다." 왕은 그러하다고 여기고 성을 닫고 굳게 지켰다. 한군이 공격하였으나 이기지 못하고, 사졸이 굶주리니 마침내 병사를 이끌고 철수하였다. 명림답부가 수천의 기병을 이끌고 그들을 추격하여 좌원에서 싸우니, 한군이 크게 패하여 한 필의 말도 돌아가지 못하였다. 왕이 크게 기뻐하여 좌원과 질산을 명림답부에게 하사하여 식읍으로 삼게 하였다. (『三國史記』 45 列傳 5 明臨答夫)

173(癸丑/신라 아달라이사금 20/고구려 신대왕 9/백제 초고왕 8/後漢 熹平 2/倭 成務 43)

신라 | 여름 5월에 왜 여왕 비미호(卑彌乎)가 사신을 보내와 방문하였다. (『三國史記』 2 新羅本紀 2)

신라 | 왜 여왕 비미호가 사신을 보내 신라에 방문하였다. (『三國史節要』 2)

174(甲寅/신라 아달라이사금 21/고구려 신대왕 10/백제 초고왕 9/後漢 熹平 3/倭 成務 44)

신라 | 봄 정월에 흙비가 내렸다. (『三國史記』 2 新羅本紀 2)

신라 | 봄 정월에 신라에서 흙비가 내렸다. (『三國史節要』 2)

부여 | 봄 정월에 부여국(夫餘國)이 사신을 보내 공물을 조공하고 바쳤다. (『後漢書』 8 孝靈帝紀)

부여 | 영제(靈帝) 희평 3년에 이르러 다시 표장(表章)을 올리고 공물을 바쳤다. (『後漢書』 85 東夷列傳 75 夫餘)

부여	영제 희평 3년에 다시 표장을 올리고 공물을 바쳤다. (『玉海』 152 朝貢 外夷來朝 內附)

신라	2월에 가뭄이 들어 우물과 샘이 말랐다. (『三國史記』 2 新羅本紀 2)
신라	2월에 신라에 가뭄이 들어 우물과 샘이 말랐다. (『三國史節要』 2)

175(乙卯/신라 아달라이사금 22/고구려 신대왕 11/백제 초고왕 10/後漢 熹平 4/倭 成務 45)

176(丙辰/신라 아달라이사금 23/고구려 신대왕 12/백제 초고왕 11/後漢 熹平 5/倭 成務 46)

고구려	봄 정월에 군신(群臣)이 태자를 세우도록 청하였다. (『三國史記』 16 高句麗本紀 4)
고구려	봄 정월에 고구려(高勾麗)에서 군신이 태자를 세우도록 청하였다. (『三國史節要』 2)

고구려	3월에 왕자 남무(男武)를 세워 왕태자로 삼았다. (『三國史記』 16 高句麗本紀 4)
고구려	3월에 왕이 맏아들 발기(拔奇)는 불초(不肖)하다고 하여, 둘째아들 남무를 세워 태자로 삼았다. (『三國史節要』 2)

177(丁巳/신라 아달라이사금 24/고구려 신대왕 13/백제 초고왕 12/後漢 熹平 6/倭 成務 47)

고구려 현도	희평 연간(172~177)에 백고(伯固)는 현도군에 속하기를 청하였다. (『三國志』 30 魏書 30 烏丸鮮卑東夷傳 高句麗)

178(戊午/신라 아달라이사금 25/고구려 신대왕 14/백제 초고왕 13/後漢 光和 1/倭 成務 48)

고구려	겨울 10월 병자일(丙子日: 30) 그믐에 일식이 있었다. (『三國史記』 16 高句麗本紀 4)
고구려	겨울 10월 병자일(30) 그믐에 고구려(高勾麗)에서 일식이 있었다. (『三國史節要』 2)

179(己未/신라 아달라이사금 26/고구려 신대왕 15, 고국천왕 1/백제 초고왕 14/後漢 光和 2/倭 成務 49)

고구려	가을 9월에 국상(國相) 명림답부(明臨荅夫)가 죽었는데 나이가 113세였다. 왕이 친림하여 애통해 하며 7일 동안 조회를 파하였다. 질산(質山)에 예로써 장사지내고 수묘인 20가를 두었다. (『三國史記』 16 高句麗本紀 4)
고구려	(신대왕) 15년 가을 9월에 죽었는데 나이가 113세였다. 왕이 친림하여 애통해 하며 7일 동안 조회를 파하였다. 질산에 예로써 장사지내고 수묘인 20가를 두었다. (『三國史記』 45 列傳 5 明臨荅夫)
고구려	가을 9월에 고구려(高勾麗) 국상 명림답부가 죽었는데 나이가 113세였다. 왕이 상가에 임하여 애통해 하며 7일 동안 조회를 파하였다. 질산에 예로써 장사지내고 수묘인 20가를 두었다. (『三國史節要』 2)

고구려	고기(古記)에 전한다. " (…) 졸본(卒本)에 가서 시조묘(始祖廟)에 제사를 지냈다. 고국천왕 원년 가을 9월에 (…) 모두 위와 같이 행하였다."(『三國史記』 32 雜志 1 祭祀)

고구려	겨울 12월에 왕이 돌아가셨다. 고국곡(故國谷)에 장사지내고 신대왕이라 하였다. (『三國史記』 16 高句麗本紀 4)
고구려	겨울 12월에 고구려왕(高勾麗王) 백고(伯固)가 돌아가셨다. 고국곡에 장사지내고 신대왕이리 하였다. (『三國史節要』 2)

고구려	고국천왕[국양(國襄)이라고도 한다]은 이름이 남무(男武)이다[이이모(伊夷謨)라고도 한다]. 신대왕 백고의 둘째 아들이다. 백고가 돌아가시자, 국인들은 맏아들 발기(拔奇)가 불초(不肖)하여, 함께 이이모를 옹립하여 왕으로 삼았다. 한 헌제(獻帝) 건안(建安: 196~220) 초에 발기가 형으로서 왕이 되지 못한 것을 원망하여, 소노가(消奴加)와 함께 각기 하호 3만여 명을 거느리고 공손강(公孫康)에게 나아가 투항하고, 돌아와 비류수(沸流水)가에 거주하였다. 왕의 신장은 9척이고 자태와 표정이 씩씩하고 뛰어나며 힘이 능히 큰 솥을 들 만하였고, 일을 함에 있어서 남의 말을 들어주고 끊는 것이 지나치게 엄격하거나 모자라지 않고 알맞았다. (『三國史記』 16 高句麗本紀 4)
고구려	태자 남무가 즉위하였는데, 신장은 9척이고 자태와 표정이 씩씩하고 뛰어나며 힘이 능히 큰 솥을 들 만하였고, 일을 함에 있어서 남의 말을 들어주고 끊는 것이 지나치게 엄격하거나 모자라지 않고 알맞았다. 맏아들 발기는 즉위하지 못한 것을 원망하여 소노가와 함께 각기 하호 3만 명을 거느리고 공손강에게 나아가 투항하고, 나중에 돌아와 비류수 가에 거주하였다. (『三國史節要』 2)

180(庚申/신라 아달라이사금 27/고구려 고국천왕 2/백제 초고왕 15/後漢 光和 3/倭 成務 50)

고구려	봄 2월에 비 우씨(于氏)를 세워 왕후로 삼았다. 왕후는 제나부(提那部) 우소(于素)의 딸이다. (『三國史記』 16 高句麗本紀 4)
고구려	봄 2월에 고구려왕(高勾麗王)이 비 우씨를 세워 왕후를 삼았다. 왕후는 제나부 우소의 딸이다. (『三國史節要』 2)

고구려	가을 9월에 왕이 졸본(卒本)에 가서 시조묘(始祖廟)에 제사를 지냈다. (『三國史記』 16 高句麗本紀 4)
고구려	가을 9월에 고구려왕(高勾麗王)이 졸본에 가서 시조묘에 제사를 지냈다. (『三國史節要』 2)

181(辛酉/신라 아달라이사금 28/고구려 고국천왕 3/백제 초고왕 16/後漢 光和 4/倭 成務 51)

182(壬戌/신라 아달라이사금 29/고구려 고국천왕 4/백제 초고왕 17/後漢 光和 5/倭 成務 52)

고구려	봄 3월 갑인일(甲寅日) 밤에 붉은 기운이 태미원(太微垣: 처녀자리+사자자리)을 통과하였는데 뱀과 같았다. (『三國史記』 16 高句麗本紀 4)
고구려	봄 3월 갑인일에 고구려(高勾麗)에서 밤에 붉은 기운이 태미원을 통과하였는데 뱀과 같았다. (『三國史節要』 3)

고구려	가을 7월에 패성(孛星)이 태미원에 나타났다.[9] (『三國史記』 16 高句麗本紀 4)
고구려	가을 7월에 고구려에서 패성이 태미원에 나타났다. (『三國史節要』 3)

낙랑	광화 5년에 한씨(韓氏)가 만들었다. △ (「光和五年銘塼」 側銘)
낙랑	지수(之壽) (「光和五年銘塼」 小口銘)
낙랑	광화 5년에 한씨가 만들었다. 견고하여라. (「光和五年銘塼」 側銘)
낙랑	수자(壽者) (「光和五年銘塼」 小口銘)

183(癸亥/신라 아달라이사금 30/고구려 고국천왕 5/백제 초고왕 18/後漢 光和 6/倭 成務 53)

부여 예맥	유우(劉虞)는 처음에 효렴(孝廉)으로 천거되어 마침내 유주자사(幽州刺史)로 옮겼다. 백성들과 이(夷)가 그 덕화에 감화되어, 선비(鮮卑)·오환(烏桓)·부여(夫餘)·예맥(穢貊)

의 무리부터 모두 때에 따라 조공하고 감히 변방을 어지럽히는 자가 없으니, 백성들이 노래하며 기뻐하였다. (『後漢書』73 劉虞公孫瓚陶謙列傳 63 劉虞)

184(甲子/신라 아달라이사금 31, 벌휴이사금 1/고구려 고국천왕 6/백제 초고왕 19/後漢 中平 1/倭 成務 54)

신라	봄 3월에 왕이 돌아가셨다. (『三國史記』2 新羅本紀 2)
신라	봄 3월에 신라왕 아달라가 돌아가셨다. (『三國史節要』3)
신라	벌휴[또는 발휘(發暉)라고도 한다]이사금이 왕위에 올랐다. 성은 석씨(昔氏)이다. 탈해왕의 아들인 각간(角干) 구추(仇鄒)의 아들이다. 어머니는 김씨 지진내례부인(只珍內禮夫人)이다. 아달라가 돌아가시고 아들이 없었기 때문에 국인이 그를 즉위시켰다. 왕은 바람과 구름을 점쳐 홍수와 가뭄, 그리고 그 해의 풍흉을 미리 알았다. 또 사람의 사악함과 정직함을 알았으므로 사람들이 그를 성인이라고 하였다. (『三國史記』2 新羅本紀 2)
신라	아들이 없었기 때문에 국인이 탈해왕의 손자 벌휴를 즉위시켜 왕으로 삼았다. 왕이 바람과 구름을 점쳐 홍수와 가뭄, 그리고 그 해의 풍흉을 미리 알았다. 또 능히 사람의 사악함과 정직함을 알았으므로 사람들이 그를 성인이라고 하였다. (『三國史節要』3)
고구려 요동	한 요동태수가 군사를 일으켜 우리를 쳤다. 왕이 왕자 계수(罽須)를 보내 막게 하였으나 이기지 못하였다. 왕은 직접 정예 기병을 이끌고 가서 한군과 좌원(坐原)에서 싸워서 이겼는데, 참수한 수급이 산처럼 쌓였다. (『三國史記』16 高句麗本紀 4)
고구려 요동	한 요동태수가 군사를 일으켜 고구려(高勾麗)를 쳤다. 고구려왕이 그 아들 계수를 보내 막게 하였으나 이기지 못하였다. 왕은 직접 정예 기병을 이끌고 좌원에서 한군과 싸워서 패퇴시켰는데, 죽이고 노획한 것이 많았다. (『三國史節要』3)

185(乙丑/신라 벌휴이사금 2/고구려 고국천왕 7/백제 초고왕 20/後漢 中平 2/倭 成務 55)

신라	봄 정월에 직접 시조묘(始祖廟)에 제사를 지내고 대사(大赦)하였다. (『三國史記』2 新羅本紀 2)
신라	봄 정월에 신라왕이 직접 시조묘에 제사를 지내고 대사하였다. (『三國史節要』3)
신라 소문국	2월에 파진찬(波珍湌) 구도(仇道)와 일길찬(一吉湌) 구수혜(仇須兮)를 좌(左)·우군주(右軍主)로 삼아 소문국(召文國)을 정벌하였다. 군주의 이름은 여기에서 비롯되었다. (『三國史記』2 新羅本紀 2)
신라 소문국	2월에 신라에서 파진찬 구도와 일길찬 구수혜를 좌·우군주로 삼아 소문국을 정벌하였다. 군주의 이름은 여기에서 비롯되었다. (『三國史節要』3)

186(丙寅/신라 벌휴이사금 3/고구려 고국천왕 8/백제 초고왕 21/後漢 中平 3/倭 成務 56)

신라	봄 정월에 주군(州郡)을 순행하며 풍속을 관찰하였다. (『三國史記』2 新羅本紀 2)
신라	봄 정월에 신라왕이 주군을 순행하며 풍속을 살폈다. (『三國史節要』3)
고구려	여름 4월 을묘일(乙卯日: 22)에 형혹성(熒惑星: 화성)이 심성(心星: 전갈자리 안타레스)을 지켰다.[10] (『三國史記』16 高句麗本紀 4)
고구려	여름 4월에 고구려(高勾麗)에서 형혹성이 심성을 지켰다. (『三國史節要』3)
신라	여름 5월 임진일(壬辰日: 30) 그믐에 일식이 있었다. (『三國史記』2 新羅本紀 2)

고구려	5월 임진일(30) 그믐에 일식이 있었다. (『三國史記』 16 高句麗本紀 4)
신라 고구려	5월 임진일(30) 그믐에 신라와 고구려에서 일식이 있었다. (『三國史節要』 3)

신라	가을 7월에 남신현(南新縣)에서 상서로운 벼이삭을 바쳤다. (『三國史記』 2 新羅本紀 2)
신라	가을 7월에 신라 남신현에서 상서로운 벼이삭을 바쳤다. (『三國史節要』 3)

백제	겨울 10월에 구름 없이 천둥이 쳤다. 패성(孛星)이 서북쪽에 나타났다가 20일 만에 사라졌다.[11] (『三國史記』 23 百濟本紀 1)
백제	겨울 10월에 백제에서 구름 없이 천둥이 쳤고, 패성이 서북쪽에 나타났다가 20일 만에 사라졌다. (『三國史節要』 3)

187(丁卯/신라 벌휴이사금 4/고구려 고국천왕 9/백제 초고왕 22/後漢 中平 4/倭 成務 57)

신라	봄 3월에 주군(州郡)에 영(令)을 내려 토목공사를 일으켜 농사의 시기를 빼앗는 일이 없도록 하였다. (『三國史記』 2 新羅本紀 2)
신라	봄 3월에 신라왕이 주군에 영을 내려 토목공사를 일으켜 농사의 시기를 빼앗는 일이 없도록 하였다. (『三國史節要』 3)

백제	여름 5월에 왕도의 우물과 한수가 모두 말랐다. (『三國史記』 23 百濟本紀 1)
백제	여름 5월에 백제에서 왕도의 우물과 한수가 모두 말랐다. (『三國史節要』 3)

요동	(6월에) 어양인(漁陽人) 장순(張純)이 같은 군의 장거(張擧)와 군사를 일으켜 한을 배반하고, 우북평태수(右北平太守) 유정(劉政), 요동태수 양종(楊終), 호오환교위(護烏桓校尉) 공기조(公綦稠) 등을 공격하여 죽였다. 장거는 천자를 자칭하고 유주(幽州)·기주(冀州) 두 주를 노략질하였다. (『後漢書』 8 孝靈帝紀)
요동	(중평) 4년에 장순 등이 마침내 오환(烏桓) 대인(大人)과 연맹하여 계(薊)를 공격하여 함락시키고 그 성곽을 불질러 태우며, 백성들에게 노략질하고 호오환교위 공기조(公箕稠), 우북평태수 유정, 요동태수 양종(陽終) 등을 죽였다. 무리가 10여 만에 이르자, 비여(肥如)에 주둔하였다. 장거는 천자를 칭하고 장순은 미천장군(彌天將軍)·안정왕(安定王)을 칭하며, 주군에 문서를 보내, "장거가 마땅히 한을 대신할 것이니 천자에게 자리를 피하라고 알리고 공경에게 칙서를 내려 받들어 맞이하라."고 하였다. 장순은 또 오환 초왕(峭王) 등으로 하여금 보기 5만으로 청주(靑州)·기주 두 주에 들어가게 하니, 청하(淸河)·평원(平原)을 공격하여 깨뜨리고 이민(吏民)을 살해하였다. (『後漢書』 73 劉虞公孫瓚陶謙列傳 63 劉虞)

신라	겨울 10월에 북쪽지방에 큰 눈이 내렸는데, 깊이가 1장(丈)이었다. (『三國史記』 2 新羅本紀 2)
신라	겨울 10월에 신라의 북쪽지방에 큰 눈이 내렸는데, 깊이가 1장이었다. (『三國史節要』 3)

188(戊辰/신라 벌휴이사금 5/고구려 고국천왕 10/백제 초고왕 23/後漢 中平 5/倭 成務 58)

백제	봄 2월에 궁실을 중수하였다. (『三國史記』 23 百濟本紀 1)
백제	봄 2월에 백제에서 궁실을 수리하였다. (『三國史節要』 3)

신라 백제	봄 2월에 백제가 모산성(母山城)을 공격해 왔다. 파진찬(波珍湌) 구도(仇道)에게 명

	하여 병사를 내어 막게 하였다. (『三國史記』 2 新羅本紀 2)	
백제 신라	(봄 2월에) 군사를 내어 신라의 모산성을 공격하였다. (『三國史記』 23 百濟本紀 1)	
백제 신라	(봄 2월에) 백제가 신라 모산성을 공격하였다. 신라왕이 파진찬 구도에게 명하여 막게 하였다. (『三國史節要』 3)	

백제　여름 4월 병인일(丙寅日) 초하루에 백제에서 일식이 있었다. (『三國史節要』 3)

신라 백제　가을 7월에 신라의 구도가 백제와 구양(狗壤)에서 싸워 이겼는데, 500여 명을 죽이거나 사로잡았다. (『三國史節要』 3)

낙랑　오우(吳祐)의 자는 계영(季英)으로 진류(陳留) 장원(長垣) 사람이다.(…) 장자 봉(鳳)의 관직은 낙랑태수에 이르렀다. (『後漢書』 64 吳延史盧趙列傳 54 吳祐)[49]

189(己巳/신라 벌휴이사금 6/고구려 고국천왕 11/백제 초고왕 24/後漢 中平 6, 光熹 1, 昭寧 1, 永漢 1/倭 成務 59)

가야　영제(靈帝) 중평 6년 기사년 3월 1일에 왕후가 돌아가시니 나이는 157세였다. 온 나라 사람들은 땅이 꺼진 듯이 슬퍼하고 귀지봉(龜旨峰) 동북쪽 언덕에 장사지냈다. 드디어 왕후가 백성들을 자식처럼 사랑하던 은혜를 기리고자, 처음 와서 닻줄을 내린 도두촌(渡頭村)을 주포촌(主浦村)이라 하였다. (『三國遺事』 2 紀異 2 駕洛國記)

가야　봄 3월에 가락국(駕洛國) 왕후 허씨(許氏)가 돌아가셨는데, 나이가 157세였다. (『三國史節要』 3)

백제　여름 4월 병오일(丙午日) 초하루에 일식이 있었다. (『三國史記』 23 百濟本紀 1)

신라 백제　가을 7월에 구도(仇道)가 백제와 구양(狗壤)에서 싸워 이겼는데, 500여 명을 죽이거나 사로잡았다. (『三國史記』 2 新羅本紀 2)

백제 신라　가을 7월에 우리 군사가 신라와 구양에서 싸우다가 패배하였는데, 죽은 자가 500여 명이었다. (『三國史記』 23 百濟本紀 1)

요동 현도　황건적(黃巾賊)·동탁(董卓)의 난을 만나자 이에 요동으로 난을 피하니, 이인(夷人)들이 우러러 받들었다. 태수 공손도(公孫度)가 형제의 예로 접대하고, 방문하여 정사에 대해 대화하여 장사(長史)로 삼고자 하였다. 왕열(王烈)은 이에 상인이 되어 스스로 더럽혀서 면할 수 있었다. 조조(曹操)가 왕열의 높은 명성을 듣고 사자를 보내 불렀으나 오지 않았다. (『後漢書』 81 獨行列傳 71 王烈)

한 예　영제 말년에 한(韓)·예가 모두 강성해져 한(漢)의 군현이 제대로 통제하지 못하자, 난리에 고통스러운 백성들이 한(韓)으로 도망하여 유입(流入)하는 경우가 많았다. (『後漢書』 85 東夷列傳 75 韓)

한 예　환제(桓帝)·영제 말기에는 한·예가 강성하여 한의 군현이 제대로 통제하지 못하자, 군현의 많은 백성들이 한국으로 유입되었다. (『三國志』 30 魏書 30 烏丸鮮卑東夷傳 韓)

---

49) 오봉의 생몰연대는 알 수 없다. 『海東繹史』5 世紀 5 四郡事實에서는 靈帝와 獻帝 때 오봉이 낙랑태수가 되었다고 하였다. 다만 오봉의 부친 오우가 마융(馬融)을 탄핵한 시점이 147년이고 오우가 98세 사망했다는 오우전의 기록, 양무(涼茂)가 낙랑태로 부임하던 중 요동의 공손탁에게 억류된 때가 196년 무렵임을 고려하여 오봉의 낙랑태수 엉제 연간으로 기간편년하여 188년에 배치하였다.

한 예	영제 말년에 한·예가 모두 강성해져 한의 군현이 제대로 통제하지 못하자, 난리에 고통스러운 백성들이 한으로 도망하여 유입하는 경우가 많았다. (『通典』 185 邊防 1 東夷 上 弁辰)
한 예	영제 말년에 한·예가 모두 강성해져 한의 군현이 제대로 통제하지 못하자, 난리에 고통스러운 백성들이 한으로 도망하여 유입하는 경우가 많았다. (『太平寰宇記』 172 下 四夷 1 東夷 1 三韓國)
한 예 고구려 옥저 진한 조선	한·예는 북쪽으로 고구려(高句驪)·옥저와 남쪽으로 진한과 접하였는데, 본래 모두 조선 지역이다. 영제 말년에 모두 강성해져 한의 군현이 제대로 통제하지 못하자, 난리에 고통스러운 백성들이 한으로 도망하여 유입하는 경우가 많았다. (『冊府元龜』 1000 外臣部 45 疆盛)

190(庚午/신라 벌휴이사금 7/고구려 고국천왕 12/백제 초고왕 25/後漢 初平 1/倭 成務 60)

신라 백제	가을 8월에 백제가 서쪽 경계의 원산향(圓山鄕)을 습격하고, 또 진격하여 부곡성(缶谷城)을 포위하였다. 구도(仇道)가 날랜 기병 500명을 이끌고 그들을 공격하니 백제 병사가 거짓으로 달아났다. 구도가 추격하여 와산(蛙山)에 이르렀다가 백제에 패하였다. 왕은 구도가 실책했다고 하여 부곡성주로 좌천시키고, 설지(薛支)를 좌군주(左軍主)로 삼았다. (『三國史記』 2 新羅本紀 2)
백제 신라	가을 8월에 군사를 내어 신라 서쪽 경계의 원산향을 습격하고, 진격하여 부곡성을 포위하였다. 신라 장군 구도가 기병 500명을 이끌고 막았다. 우리 병사가 거짓으로 물러나자 구도는 와산까지 추격하였다. 우리 병사가 반격하여 크게 승리하였다. (『三國史記』 23 百濟本紀 1)
백제 신라	가을 8월에 백제가 신라 서쪽 경계의 원산향을 습격하고, 진격하여 부곡성을 포위하였다. 신라 장군 구도가 날랜 기병 500명을 이끌고 이를 막았다. 백제 병사가 거짓으로 물러나자 구도가 추격하여 와산에 이르렀는데, 백제 병사가 반격하여 크게 패퇴시켰다. 신라왕이 구도가 실책했다고 하여 부곡성주로 좌천시키고, 설지를 좌군주로 삼았다. (『三國史節要』 3)

고구려	가을 9월에 수도에 눈이 6척이나 내렸다. (『三國史記』 16 高句麗本紀 4)
고구려	9월에 고구려(高句麗) 수도에 눈이 내렸는데, 깊이가 6척이었다. (『三國史節要』 3)

고구려	(가을 9월에) 중외대부(中畏大夫) 패자(沛者) 어비류(於畀留), 평자(評者) 좌가려(左可慮)는 모두 왕후의 친척으로서 나라의 권력을 잡았다. 그 자제들도 모두 세력을 믿고 교만하고 사치하여 남의 자녀와 전택(田宅)을 빼앗았으므로, 국인들이 원망하고 분하게 여겼다. 왕이 이를 듣고 노하여 죽이고자 하니, 좌가려 등이 4연나(椽那)와 함께 모반(謀叛)하였다. (『三國史記』 16 高句麗本紀 4)
고구려	(9월에) 고구려 중외대부 패자 어비류, 평자 좌가려는 모두 외척으로서 나라의 권력을 잡아 불의한 일을 많이 저질렀다. 그 자제들도 모두 세력을 믿고 교만하고 사치하여 남의 자녀와 전택을 빼앗았으므로, 국인들이 원망하고 분하게 여겼다. 왕이 이를 듣고 노하여 죽이고자 하니, 좌가려 등이 4연나와 함께 모반하였다. (『三國史節要』 3)
고구려	을파소(乙巴素)는 고구려 사람이다. 국천왕 때에 패자 어비류, 평자 좌가려 등은 모두 외척으로서 나라의 권력을 잡아 불의한 일을 많이 저질러서, 국인들이 원망하고 분하게 여겼다. 왕이 노하여 죽이고자 하니, 좌가려 등이 모반(謀反)하였다. (『三國史記』 45 列傳 5 乙巴素)

요동 고구려 (겨울에) 중랑장(中郞將) 서영(徐榮)이 같은 군에 살고 있는 옛 기주자사(冀州刺史)였던 공손도(公孫度)를 동탁(董卓)에게 천거하니, 동탁이 요동태수로 삼았다. 공손도가 관아에 이르러 법을 가지고서 군 안에 살고 있던 이름난 호족과 대성(大姓) 100여 집안사람을 죽여 없애니, 군 안에 살고 있는 사람들이 무서워서 몸을 떨었다. 마침내 동쪽으로 가서 고구려(高句驪)를 치고 서쪽으로 가서 오환(烏桓)을 공격하였는데, 가까이 지내는 관리인 유의(柳毅)와 양의(陽儀) 등에게 말하였다. "한왕조의 운명이 장차 끊어지려고 하니 마땅히 여러 경들과 함께 올바른 것을 도모할 따름이오." 이에 요동을 나누어서 요서와 중요군(中遼郡)으로 만들어 각기 태수를 두었으며, 바다를 건너 동래(東萊)에 속한 여러 현을 흡수하여 영주자사(營州刺史)를 두었다. 자립하여 요동후(遼東侯) 겸 평주목(平州牧)이 되었으며 한의 두 조묘(祖廟)를 세우고 승제(承制)하였고, 천지에게 교사(郊祀)하고 적전(藉田)을 했으며, 난로(鸞路)를 탔고 모두(旄頭)와 우기(羽騎)를 설치하였다. (『資治通鑑』 59 漢紀 51 孝獻皇帝)

부여 현도 요동 고구려
부여(夫餘)는 본래 현도에 속하였다. 한 말년에 공손도가 해동에서 세력을 확장하여 외이(外夷)들을 위력으로 복속시키자, 부여왕 위구태(尉仇台)는 소속을 바꾸어 요동군에 복속하였다. 이 때에 고구려(高句麗)와 선비(鮮卑)가 강성해지자, 공손도는 부여가 두 오랑캐의 틈에 끼여 있는 것을 기화로 부여와 동맹을 맺으려고 일족의 딸을 그 왕에게 시집보내었다. 위구태가 죽고 간위거(簡位居)가 왕이 되었다. (『三國志』 30 魏書 30 烏丸鮮卑東夷傳 夫餘)

부여 현도 요동 고구려
부여는 본래 현도에 속하였다. 한 말년에 공손도가 해동에서 세력을 확장하여 외이들을 위력으로 복속시키자, 그 왕이 비로소 죽고 아들 위구태가 즉위하면서 소속을 바꾸어 요동에 복속하였다. 이 때에 고구려와 선비가 강성해지자, 공손도는 부여가 두 오랑캐의 틈에 끼여 있는 것을 기화로 부여와 동맹을 맺으려고 일족의 딸을 그 왕에게 시집보내었다. 손자 위거(位居)에 이르러 이어서 즉위하였다. (『通典』 185 邊防 1 東夷 上 夫餘)

부여 현도 요동 고구려
부여는 본래 현도에 속하였다. 한 말년에 이르러 공손도가 해동에서 세력을 확장하여 외이들을 감화(感化)하여 복속시키자, 그 왕이 비로소 죽고 아들 위구태가 즉위하면서 소속을 바꾸어 요동에 복속하였다. 이 때에 고구려와 선비가 강성해지자, 공손도는 부여가 두 오랑캐의 틈에 끼여 있는 것을 기화로 부여와 동맹을 맺으려고 일족의 딸을 그 왕에게 시집보내었다. 손자 위거에 이르러 이어서 즉위하였다. (『太平寰宇記』 174 四夷 3 東夷 3 夫餘國)

부여 현도 요동 고구려
부여(扶餘)는 본래 현도에 속하였다. 한 말년에 공손도가 해동에서 세력을 확장하여 외이들을 위력으로 복속시키자, 부여왕(扶餘王) 위구태가 소속을 바꾸어 요동에 복속하였다. 이 때에 고구려와 선비가 강성해지자, 공손도는 부여가 두 오랑캐의 틈에 끼여 있는 것을 기화로 부여와 동맹을 맺으려고 일족의 딸을 그 왕에게 시집보내었다. (『冊府元龜』 1000 外臣部 45 彊盛)

고구려 요동 공손도가 요동에서 세력을 떨치자, 백고(伯固)는 대가(大加) 우거(優居), 주부(主簿) 연인(然人) 등을 보내 공손도를 도와 부산적(富山賊)을 격파하였다. (『三國志』 30 魏書 30 烏丸鮮卑東夷傳 高句麗)

| 고구려 요동 | 공손도가 요동에서 세력을 떨치자, 백고가 그와 통화하였다. (『梁書』 54 列傳 48 諸夷 東夷 高句驪) |
| 고구려 요동 | 공손도가 요동에서 세력을 떨치자, 백고가 그와 통화하였다. (『北史』 94 列傳 82 四夷 上 高句麗) |

191(辛未/신라 벌휴이사금 8/고구려 고국천왕 13/백제 초고왕 26/後漢 初平 2/倭 闕位)

| 낙랑 | 초평 2년 정월 신축일(6) (…) 한복(韓馥)과 원소(袁紹)가 마침내 옛 낙랑태수 장기(張岐) 등을 보내어 존호를 유우(劉虞)에게 올렸다. 유우가 장기 등을 보고 화를 내며 꾸짖기를, "내가 큰 은혜를 입어 능히 나라의 수치를 깨끗이 설욕하지 못했는데, 그대들이 각기 주군에 근거하여 마땅히 힘을 모아 진심으로 왕실을 도와야 하는데, 오히려 역모를 꾸며 서로 더럽히려 하는가"하고 완강히 거절하였다. (『資治通鑑』 60 漢紀 52 孝憲皇帝) |
| 낙랑 | (초평) 2년 기주자사 한복(韓馥)·발해태수(勃海太守) 원소 및 산동의 여러 장수들이 조정(즉 황제)이 어려 동탁(董卓)에게 핍박을 받으니, 먼 지역에 떨어진 관문과 요새의 존부를 알지 못하고 있는데, 유우(劉虞)는 종실의 장자니 그를 세워 황제로 추대하고자 하였다. 이에 옛 낙랑태수 장기(張岐) 등을 보내어 의논한 바를 전달하고 유우에게 존호를 올렸다. 유우가 장기 등을 보고 화를 내며 꾸짖기를, "지금 천하가 무너져 어지러워지고 주상께서 몽진한 이 때 나라의 수치를 깨끗이 설욕하고 여러 분들이 각 주군에 근거하여 마땅히 힘을 모아 진심으로 왕실을 도와야 하는데 오히려 역모를 꾸며 서로 더렵히려 하는가." 하고 완강히 거절하였다. (『後漢書』 73 劉虞公孫瓚陶謙列傳 63 劉虞) |

| 고구려 | 여름 4월에 좌가려(左可慮) 등이 무리를 모아 왕도를 공격하였다. 왕이 기내의 군사를 징발하여 이를 평정하고, 마침내 영(令)을 내렸다. "근자에 총애하는 것에 따라 관직을 주고 직위는 덕이 없어도 나아가니, 해독이 백성에 미치고 우리 왕실을 흔들고 있다. 이는 과인이 현명하지 못한 소치이다. 너희 4부에게 각기 아래에 있는 현량한 자를 천거하라 명하노라." 이에 4부가 함께 동부의 안류(晏留)를 천거하였다. 왕이 그를 불러 국정을 맡기니, 안류가 왕에게 말하였다. "소신은 용렬하고 어리석어 본래 큰 정치에 참여하기에 부족합니다. 서압록곡(西鴨淥谷) 좌물촌(左勿村)의 을파소(乙巴素)란 사람은 유리왕 때의 대신 을소(乙素)의 손자로, 성질이 강직하고 지혜가 깊으나 세상에 쓰이지 않아서 농사에 힘쓰며 자급하고 있습니다. 대왕께서 만일 나라를 다스리고자 한다면, 이 사람이 아니면 안 될 것입니다." 왕이 사신을 보내 겸손한 말과 정중한 예로써 그를 방문하여 중외대부(中畏大夫)에 임명하고, 관등을 더하여 우태(于台)로 삼고 말하였다. "내가 외람되이 선왕의 대업을 이어받아 신민의 윗자리에 있으나, 덕이 박하고 재주가 모자라 정사에 능하지 못하다. 선생은 능력과 지혜를 감추고 궁색하게 초야에 처한 지 오래 되었는데 이제 나를 버리지 않고 선뜻 왔으니, 나의 기쁨과 행복일 뿐만 아니라 사직과 생민(生民)의 복이다. 조용히 가르침을 받기를 청하니, 공은 마음을 다하라." 을파소가 뜻은 비록 나라에 허락하였으나, 받은 관직이 일을 하기에는 부족하다 여기고 이에 대답하였다. "신이 노둔하여 엄명을 감당할 수 없습니다. 바라건대 대왕께서는 현량한 사람을 뽑아 고관을 제수하여 대업을 이루게 하소서." 왕은 그 뜻을 알고 곧 국상(國相)으로 삼아 정사를 맡게 하였다. 이에 조정의 신하와 왕실의 친척들이 을파소가 새 관료로서 옛 신하들을 등한히 한다고 그를 미워하였다. 왕이 교서를 내려 "귀천을 따지지 않고 진실로 국상을 따르지 않는 자는 일족을 멸하겠다."고 하였다. 을파소가 물러나와 |

다른 사람에게 말하였다. "때를 만나지 못하면 숨고, 때를 만나면 벼슬하는 것은 선비의 상도이다. 지금의 임금이 후의로 나를 대하니, 어찌 옛적에 숨어 시내딘 깃을 다시 생각하겠는가?" 이에 지극한 정성으로 나라를 받들고 정교(政敎)를 밝게 하며 상벌을 신중하게 하니, 인민이 편안하고 국내외가 무사하였다. (『三國史記』 16 高句麗本紀 4)

고구려   여름 4월에 고구려(高勾麗) 좌가려 등이 무리를 모아 왕도를 공격하였다. 왕이 기내의 병사를 징발하여 이를 평정하고, 마침내 영을 내렸다. "근자에 총애하는 것에 따라 관직을 주고 직위는 덕이 없어도 나아가니, 해독이 백성에 미치고 우리 왕실을 흔들고 있다. 이는 과인이 현명하지 못한 소치이다. 너희 4군은 각기 아래에 있는 현량한 자를 천거하라." 이에 4군이 함께 동도(東都)의 안류를 천거하였다. 왕이 그를 불러 국정을 맡기니, 안류가 말하였다. "소신은 용렬하고 어리석어 본래 큰 정치에 참여하기에 부족합니다. 서압록곡(西鴨綠谷) 좌물촌의 을파소란 사람은 유리왕 때의 대신 을소의 손자로, 성질이 강직하고 지혜가 깊으나 세상에 쓰이지 않아서 농사에 힘쓰며 자급하고 있습니다. 대왕께서 만일 나라를 다스리고자 한다면, 이 사람이 아니면 안 될 것입니다." 왕이 사신을 보내 겸손한 말과 정중한 예로써 그를 방문하여 중외대부에 임명하고, 관등을 더하여 우태로 삼고 말하였다. "내가 외람되이 선왕의 대업을 이어받아 신민의 윗자리에 있으나, 덕이 박하고 재주가 모자라 정사에 능하지 못하다. 선생은 능력과 지혜를 감추고 궁색하게 초야에 처한 지 오래 되었는데 이제 나를 버리지 않고 선뜻 왔으니, 나의 기쁨과 행복일 뿐만 아니라 사직과 생민의 복이다. 조용히 가르침을 받기를 청하니, 공은 마음을 다하라." 을파소가 대답하였다. "신이 노둔하여 명을 감당하기 어렵습니다. 바라건대 대왕께서는 현량한 사람을 뽑아 고관을 제수하여 대업을 이루게 하소서." 이에 왕이 을파소가 중외대부의 지위를 박하게 여김을 알고, 국상을 제수하였다. 대신·종척(宗戚)이 모두 그를 미워하였다. 왕이 말하기를, "진실로 국상에게 복종하지 않는 자는 귀천을 따지지 않고 모두 일족을 멸하겠다." 하였다. 이에 을파소가 말하였다. "때를 만나지 못하면 숨어 살고, 때를 만나면 신하로서 복종하는 것은 선비의 상도이다. 지금의 임금이 나를 후하게 대하니, 어찌 옛적에 숨어 지내던 것을 다시 생각하겠는가?" 지성으로 나라에 봉사하였다. (『三國史節要』 3)

고구려   왕이 반란을 일으킨 무리들을 죽이고 귀양 보낸 후, 마침내 영을 내렸다. "근자에 총애하는 것에 따라 관직을 주고 직위는 덕이 없어도 나아가니, 해독이 백성에 미치고 우리 왕실을 흔들고 있다. 이는 과인이 현명하지 못한 소치이다. 너희 4부에게 각기 아래에 있는 현량한 자를 천거하라 명하노라." 이에 4부가 함께 동부의 안류를 천거하였다. 왕이 그를 불러 국정을 맡기니, 안류가 왕에게 말하였다. "소신은 용렬하고 어리석어 본래 큰 정치에 참여하기에 부족합니다. 서압록곡 좌물촌의 을파소란 사람은 유리왕 때의 대신 을소의 손자로, 성질이 강직하고 지혜가 깊으나 세상에 쓰이지 않아서 농사에 힘쓰며 자급하고 있습니다. 대왕께서 만일 나라를 다스리고자 한다면, 이 사람이 아니면 안 될 것입니다." 왕이 사신을 보내 겸손한 말과 정중한 예로써 그를 방문하여 중외대부에 임명하고, 관등을 더하여 우태로 삼고 말하였다. "내가 외람되이 선왕의 대업을 이어받아 신민의 윗자리에 있으나, 덕이 박하고 재주가 모자라 정사에 능하지 못하다. 선생은 능력과 지혜를 감추고 궁색하게 초야에 처한 지 오래 되었는데 이제 나를 버리지 않고 선뜻 왔으니, 나의 기쁨과 행복일 뿐만 아니라 사직과 생민의 복이다. 조용히 가르침을 받기를 청하니, 공은 마음을 다하라." 을파소가 뜻은 비록 나라에 허락하였으나, 받은 관직이 일을 하기에는 부족하다 여기고 이에 대답하였다. "신이 노둔하여 엄령을 감당할 수 없습니다. 바라건대 대왕께서는 현량한 사람을 뽑아 고관을 제수하여 대업을 이루게 하소서." 왕은 그 뜻을 알고 곧 국상으로 삼아 정사를 맡게 하였다. 이에 조정의 신하와 왕실의 친척들이 을파소가 새 관료와 옛 신하들을 이간질한다고 하여 그를 미워하였다. 왕이 교서를 내려 "귀천을 따지지 않고 진실로 국상을 따르지 않는 자는 일족을 멸하겠다."고 하였다. 을파소가 물러나와 다른 사람에게 말하였다. "때를 만나지 못하면 숨고, 때를 만나면 벼슬하는 것은 선비의 상도이다. 지금의 임금이 후의로 나를 대하니, 어찌 옛적에 숨어 지내던 것을 다시 생각하겠는가?" 이에 지극한 정성으로 나라를 받들고 정교를 밝게 하며 상벌을 신중하게 하니, 인민이 편안하고 국내외가 무사하였다. (『三國史記』 45 列傳 5 乙巴素)

신라   가을 9월에 치우기(蚩尤旗)가 각수(角宿: 처녀자리의 일부)와 항수(亢宿: 처녀자리) 자리에 나타났다.[12] (『三國史記』 2 新羅本紀 2)

백제   가을 9월에 치우기가 각수와 항수 자리에 나타났다. (『三國史記』 23 百濟本紀 1)

신라 백제   가을 9월에 신라와 백제에서 치우기가 각수와 항수 자리에 나타났다. (『三國史節要』 3)

고구려   겨울 10월에 왕이 안류에게 말하였다. "만일 그대의 말 한 마디가 없었다면 나는 을파소를 얻어 함께 다스리지 못하였을 것이다. 지금 여러 가지 치적이 이룩된 것은 그대의 공이다." 이에 안류를 대사자(大使者)로 임명하였다.
　　論하여 말한다. "예전의 명철(明哲)한 임금은 현자(賢者)를 세우는데 방법을 가리지 않았고, 등용하면 의심하지 않았다. 은(殷) 고종(高宗: 武丁)이 부열(傅說)에게, 촉한(蜀漢) 선주(先主: 劉備)가 제갈공명(諸葛孔明)에게, 전진(前秦) 부견(符堅)이 왕맹(王猛)에게 한 것처럼 한 연후라야, 현명한 사람이 제 자리에 앉고 유능한 자가 제 직임에 있게 되어 정교(政敎)가 밝게 닦이고 국가를 보전할 수 있다. 지금 왕이 결연히 홀로 결단하여 을파소를 바닷가에서 발탁하되, 여러 사람의 말이 있음에도 흔들리지 않고 백관의 위에 두었다. 또 천거한 자에게도 상을 주었으니 선왕의 방법을 터득하였다고 할 수 있다." (『三國史記』 16 高句麗本紀 4)

고구려   겨울 10월에 고구려왕(高勾麗王)이 안류에게 일렀다. "만약 그대의 말이 없었다면 나는 을파소를 얻어 함께 다스리지 못하였을 것이다. 지금 여러 가지 치적이 이룩된 것은 그대의 공이다." 이에 안류를 대사자로 임명하였다.
　　김부식(金富軾)이 말하였다. "옛날의 명철(明哲)한 임금은 현자(賢者)를 세우는데 방법을 가리지 않았고, 등용하면 의심하지 않았다. 이를테면 은 고종(무정)이 부열에게, 촉한 선주(유비)가 제갈공명에게, 전진 부견이 왕맹에게 한 것처럼 한 연후라야, 현명한 사람이 제 자리에 앉고 유능한 자가 제 직임에 있게 되어 정교가 밝혀지고 국가를 보전할 수 있다. 지금 왕이 결연히 홀로 결단하여 을파소를 바닷가에서 발탁하되, 여러 사람의 말이 있음에도 흔들리지 않고 백관의 위에 두었다. 또 천거한 자에게도 상을 주었으니 선왕의 법을 터득하였다고 할 수 있다." (『三國史節要』 3)

고구려   왕이 안류에게 말하였다. "만일 그대의 말 한 마디가 없었다면 나는 을파소를 얻어 함께 다스리지 못하였을 것이다. 지금 여러 가지 치적이 이룩된 것은 그대의 공이다." 이에 안류를 대사자로 임명하였다. (『三國史記』 45 列傳 5 乙巴素)

192(壬申/신라 벌휴이사금 9/고구려 고국천왕 14/백제 초고왕 27/後漢 初平 3/倭 仲哀 1)

신라   봄 정월에 국량(國良)을 아찬(阿飡)으로, 술명(述明)을 일길찬(一吉飡)으로 삼았다. (『三國史記』 2 新羅本紀 2)

신라   봄 정월에 신라에서 국량을 아찬으로, 술명을 일길찬으로 삼았다. (『三國史節要』 3)

신라	3월에 신라 수도에 눈이 내렸는데 깊이가 3척이었다. (『三國史節要』 3)
신라	4월에 수도에 눈이 내렸는데 깊이가 3척이었다. (『三國史記』 2 新羅本紀 2)
신라	여름 5월에 큰 홍수가 나서 산이 10여 군데나 무너졌다. (『三國史記』 2 新羅本紀 2)
신라	여름 5월에 신라에서 큰 홍수가 나서 산이 10여 군데나 무너졌다. (『三國史節要』 3)

193(癸酉/신라 벌휴이사금 10/고구려 고국천왕 15/백제 초고왕 28/後漢 初平 4/倭 仲哀 2)

신라	봄 정월 갑인일(甲寅日) 초하루에 일식이 있었다. (『三國史記』 2 新羅本紀 2)
신라	봄 정월 갑인일 초하루에 신라에서 일식이 있었다. (『三國史節要』 3)
신라	3월에 한기부(漢祇部)의 여자가 한꺼번에 4남 1녀를 낳았다. (『三國史記』 2 新羅本紀 2)
신라	3월에 신라 한지부(漢祇部)에서 여인이 한꺼번에 4남 1녀를 낳았다. (『三國史節要』 3)
신라	6월에 왜인이 크게 굶주려 먹을 것을 구하러 온 자가 1천여 명이나 되었다. (『三國史記』 2 新羅本紀 2)
신라	여름 6월에 왜국에서 큰 기근이 들어 신라에 먹을 것을 구하러 온 자가 1천여 명이나 되었다. (『三國史節要』 3)

194(甲戌/신라 벌휴이사금 11/고구려 고국천왕 16/백제 초고왕 29/後漢 興平 1/倭 仲哀 3)

신라	여름 6월 을사일(乙巳日: 30) 그믐에 일식이 있었다. (『三國史記』 2 新羅本紀 2)
신라	여름 6월 을사일(30) 그믐에 신라에서 일식이 있었다. (『三國史節要』 3)
고구려	가을 7월에 서리가 내려 곡식을 해쳤다. 백성이 굶주렸으므로 창고를 열어 진급(賑給)하였다. (『三國史記』 16 高句麗本紀 4)
고구려	가을 7월에 고구려(高勾麗)에서 서리가 내려 곡식을 해쳤다. 백성이 굶주렸으므로 창고를 열어 구제해주었다. (『三國史節要』 3)
고구려	겨울 10월에 왕이 질양(質陽)으로 사냥을 나갔다가, 길에서 앉아 우는 자를 보았다. "어째서 우는가?"하고 물으니, 대답하였다. "제가 빈궁하여 늘 품팔이를 하여 어머니를 봉양하고 있습니다. 올해는 흉년이 들어 품팔이할 곳이 없으니, 한 되 한 말의 곡식도 얻을 수 없어 우는 것입니다." 왕이 말하기를 "아! 내가 백성의 부모가 되어 백성들을 이 지경에까지 이르도록 하였으니 나의 죄로다." 하고, 옷과 음식을 주고 위무하였다. 인하여 내외의 소사(所司)에 명하여 홀아비, 과부, 고아, 홀로 사는 노인, 병들고 가난하여 스스로 살아 갈 수 없는 사람들을 널리 찾아 구휼하게 하였다. 유사(有司)에 명하여 매년 봄 3월부터 가을 7월까지 관곡(官穀)을 내어 백성 가구의 많고 적음에 따라 차등이 있게 진대(賑貸)하게 하고, 겨울 10월에 갚게 하는 것을 항식(恒式)으로 삼았다. 내외에서 크게 기뻐하였다. (『三國史記』 16 高句麗本紀 4)
고구려	겨울 10월에 고구려왕(高勾麗王)이 질양으로 사냥을 나갔다가, 길에서 우는 자를 보고 사연을 물으니 대답하였다. "제가 빈궁하여 늘 품팔이를 하여 어머니를 봉양하고 있습니다. 올해는 흉년이 들어 품팔이할 곳이 없으니, 한 되 한 말의 곡식도 얻을

수 없어 우는 것입니다." 왕이 말하기를, "아! 내가 백성의 부모가 되어 백성들을 이 지경에까지 이르도록 하였으니 나의 죄로다." 하고, 옷과 음식을 주고 위무하였다. 인하여 내외 소사에 명하여 홀아비, 과부, 고아, 홀로 사는 노인, 병들고 가난하여 스스로 살아 갈 수 없는 사람들을 방문하여 진휼하게 하였다. 또 매년 3월부터 7월까지 관곡을 내어 백성에게 가구의 많고 적음에 따라 진대하고 겨울에 환수케 하는 것을 항식으로 삼았다. 내외에서 크게 기뻐하였다. (『三國史節要』 3)

195(乙亥/신라 벌휴이사금 12/고구려 고국천왕 17/백제 초고왕 30/後漢 興平 2/倭 仲哀 4)

낙랑	흥평 2년 △월에 관씨(貫氏)가 만들었다. 수곽(壽郭) (「興平二年銘塼」 側銘)
낙랑	△장맹릉(△張孟陵) (「興平二年銘塼」 小口銘)

196(丙子/신라 벌휴이사금 13, 나해이사금 1/고구려 고국천왕 18/백제 초고왕 31/後漢 建安 1/倭 仲哀 5)

신라	봄 2월에 궁실을 중수하였다. (『三國史記』 2 新羅本紀 2)
신라	봄 2월에 신라에서 궁실을 수리하였다. (『三國史節要』 3)
신라	3월에 가뭄이 들었다. (『三國史記』 2 新羅本紀 2)
신라	3월에 신라에서 가뭄이 들었다. (『三國史節要』 3)
신라	여름 4월에 궁성 남쪽의 큰 나무에 벼락이 쳤다. 또 금성(金城) 동문에도 벼락이 쳤다. (『三國史記』 2 新羅本紀 2)
신라	여름 4월에 신라 궁성 남쪽의 큰 나무에 벼락이 쳤다. 또 금성 동문에도 벼락이 쳤다. (『三國史節要』 3)
신라	(여름 4월에) 왕이 돌아가셨다. (『三國史記』 2 新羅本紀 2)
신라	(여름 4월에) 신라왕 벌휴가 돌아가셨다. (『三國史節要』 3)
신라	나해이사금이 왕위에 올랐다. 벌휴왕의 손자이다. 어머니는 내례부인(內禮夫人)이다. 왕비는 석씨(昔氏)로서 조분왕의 누이동생이다. 용모가 웅장하고 뛰어난 재주가 있었다. 전왕의 태자인 골정(骨正)과 둘째 아들인 이매(伊買)가 먼저 죽었고 큰 손자가 아직 어려서, 이매의 아들을 즉위시켰으니 이가 나해이사금이다. (『三國史記』 2 新羅本紀 2)
신라	태자 골정이 먼저 죽었고 적손(嫡孫) 조분은 아직 어리니, 둘째아들 이매의 아들 나해가 약간 장성하였으므로 국인이 즉위시켰다. 용모가 웅장하고 뛰어난 재주가 있었다. (『三國史節要』 3)
신라	이 해 정월부터 4월까지 비가 오지 않았는데, 왕이 즉위하는 날에 맞추어 큰 비가 내리자 백성들이 기뻐하였다. (『三國史記』 2 新羅本紀 2)
신라	신라에서 정월부터 4월까지 비가 오지 않았는데, 나해가 즉위하는 날에 맞추어 큰 비가 내리자 백성들이 기뻐하였다. (『三國史節要』 3)

197(丁丑/신라 나해이사금 2/고구려 고국천왕 19, 산상왕 1/백제 초고왕 32/後漢 建安 2/倭 仲哀 6)

신라	봄 정월에 시조묘(始祖廟)에 배알하였다. (『三國史記』 2 新羅本紀 2)
신라	봄 정월에 신라왕이 시조묘에 배알하였다. (『三國史節要』 3)

고구려	(1~4월에) 중국이 크게 어지러워지자, 한인들 중에 난을 피하여 투항해 오는 사람이 매우 많았다. 이 때가 한 헌제(獻帝) 선안 2년이있다. (『三國史記』 16 高句麗本紀 4)
고구려	(1~4월에) 중국이 크게 어지러워지자, 한인들 중에 난을 피하여 고구려(高勾麗)에 투속(投屬)하는 자가 매우 많았다. (『三國史節要』 3)
고구려	여름 5월에 왕이 돌아가셨다. 고국천원(故國川原)에 장사지내고, 이름을 고국천왕이라 하였다. (『三國史記』 16 高句麗本紀 4)
고구려 요동	산상왕은 이름이 연우(延優)[혹은 이름이 위궁(位宮)이라고도 한다]이고, 고국천왕의 동생이다. 위서(魏書)에 전한다. "주몽의 후손 궁(宮)이 태어나면서 눈을 뜨고 볼 수 있었는데 이 사람이 태조가 되었다. 지금의 왕이 태조의 증손으로 역시 태어나면서 사람을 보는 것이 증조 궁과 비슷하였다. 고구려에서 서로 비슷한 것을 불러 '위(位)'라고 하므로 이름을 위궁이라고 하였다." 고국천왕이 아들이 없는 까닭에 연우가 왕위를 계승하여 즉위하였다.

처음에 고국천왕이 돌아가셨을 때에, 왕후 우씨(于氏)가 비밀리에 초상난 것을 알리지 않고 밤에 왕의 동생 발기(發歧)의 집으로 가서 말하기를, "왕이 후손이 없으니 그대가 마땅히 계승해야 합니다."라고 하였다. 발기는 왕이 돌아가신 것을 알지 못하고 대답하였다. "하늘이 정하는 운수는 돌아가는 곳이 있으므로 가볍게 의논할 수 없습니다. 하물며 부인이 밤에 돌아다니는 것을 어찌 예라고 하겠습니까?" 왕후는 부끄러워하며 곧 연우의 집으로 갔다. 연우가 일어나서 의관을 갖추고, 문에서 맞이하여 들여앉히고 술자리를 베풀었다. 왕후가 말하였다. "대왕이 돌아가셨으나 아들이 없으므로, 발기가 어른이 되어 마땅히 계승하여야 하겠으나, 첩에게 다른 마음이 있다고 하면서 난폭하고 거만하며 무례하여 아재를 보러 온 것입니다." 이에 연우는 더욱 예의를 차리며 직접 칼을 잡고 고기를 썰다가 잘못하여 손가락을 다쳤다. 왕후가 치마끈을 풀어 다친 손가락을 싸주고, 돌아가려 할 때 연우에게 말하기를, "밤이 깊어서 예기치 못한 일이 있을까 염려되니, 그대는 나를 궁까지 바래다주시오."하였다. 연우가 그 말에 따랐다. 왕후가 손을 잡고 궁으로 들어갔다. 다음날 새벽에 선왕의 왕명이라 속이고 여러 신하들에게 명령하여 연우를 왕으로 즉위시켰다. 발기가 이를 듣고 크게 화가 나서 병사로 왕궁을 포위하고 소리쳤다. "형이 죽으면 아우에게 이르는 것이 예이다. 네가 차례를 뛰어넘어 왕위를 빼앗는 것은 큰 죄이다. 마땅히 빨리 나오거라. 그렇지 않으면 처자식까지 죽일 것이다." 연우가 3일간 문을 닫고 있으니, 국인들도 또한 발기를 따르는 자가 없었다. 발기가 어려운 것을 알고 처자를 거느리고 요동으로 도망갔다.

발기는 태수 공손도(公孫度)를 만나서 알렸다. "저는 고구려왕 남무(男武)의 친동생입니다. 남무가 죽고 아들이 없자 제 동생 연우가 형수 우씨와 모의하고 즉위하여 천륜의 의를 무너뜨렸습니다. 이 때문에 분하여 상국에 투항하러 왔습니다. 엎드려 바라건대 병사 3만을 빌려 주어, 그들을 쳐서 난을 평정할 수 있게 해주소서." 공손도가 그에 따랐다.

연우가 동생 계수(罽須)를 보내 병력을 거느리고 방어하게 하였는데, 한의 군대가 크게 패배하였다. 계수가 스스로 선봉이 되어 패배자를 추격하니, 발기가 계수에게 말하기를, "네가 지금 차마 늙은 형을 해칠 수 있겠느냐?"라고 하였다. 계수가 형제간의 정이 없을 수 없어 감히 해치지 못하고 말하였다. "연우가 나라를 넘겨주지 않은 것은 비록 의롭지 못한 것이지만, 당신이 한 때의 분함을 가지고 자기 나라를 멸망시키려 하는 것은 무슨 뜻입니까? 죽은 후 무슨 면목으로 조상들을 보겠습니까?" 발기가 그 말을 듣고 부끄럽고 후회스러움을 이기지 못하여, 배천(裴川)으로 달아나 스스로 목을 찔러 죽었다. 계수가 소리내어 슬피 울며 그 시체를 거두어 풀로 덮어 매장하고 돌아왔다.

왕이 슬프기도 하고 기쁘기도 하여 계수를 궁중으로 끌어들여 술자리를 베풀고 가족의 예로 대접하며 또 말하였다. "발기가 다른 나라 병력을 청하여 자기 나라를 침범하였으니 죄가 막대하다. 지금 그대가 그를 이기고도 놓아주고 죽이지 않았으니 그것으로 충분하다. 그가 자살하자 매우 슬피 우는 것은 도리어 과인이 도리가 없다고 하는 것이냐?" 계수가 안색이 바뀌며 눈물을 머금고 대답하기를 "신이 지금 한 마디 아뢰고 죽기를 청합니다."라고 하니, 왕이 "무엇이냐?"고 물었다. 계수가 대답하였다. "왕후가 비록 선왕의 유명으로 대왕을 세웠더라도, 대왕께서 예로써 사양하지 않은 것은 일찍이 형제 간에 우애와 공경의 의리가 없었던 까닭입니다. 신은 대왕의 미덕을 이루어 드리기 위하여 시신을 거두어 안치해 둔 것입니다. 어찌 이것으로 대왕의 노여움을 당하게 될 것을 헤아렸겠습니까? 대왕께서 만일 어진 마음으로 악을 잊으시고, 형의 상례로써 장사지낸다면 누가 대왕을 의롭지 못하다고 하겠습니까? 신은 이미 말을 하였으니 비록 죽어도 살아있는 것과 같습니다. 관부에 나아가 죽기를 청합니다." 왕이 그 말을 듣고 앞자리에 앉아 따뜻한 얼굴로 위로하며 말하였다. "과인이 불초하여 의혹이 없지 않았다. 지금 그대의 말을 들으니 진실로 과오를 알겠다. 그대는 자신을 책망하지 말기 바란다." 왕자가 절하니 왕도 역시 절하였으며 기쁨이 극치에 달하여 그만 두었다. (『三國史記』 16 高句麗本紀 4)

고구려 요동 여름 5월에 고구려왕(高勾麗王) 남무가 돌아가셨는데, 아들이 없었으므로 왕후 우씨가 왕의 동생 연우를 왕으로 세웠다. 연우의 아명은 위궁이었다. 태조왕 궁이 나면서 눈을 뜨고 사람을 볼 수 있었는데, 연우는 태조왕의 증손으로서 또한 나면서 사람을 볼 수 있었으니 그 증조 궁과 닮았다. 고구려의 국속(國俗)에 서로 닮은 것을 위라고 하였으므로 위궁이라고 이름한 것이다.

왕이 돌아가시자, 우씨가 비밀에 부쳐 비밀리에 초상난 것을 알리지 않고 밤에 왕의 동생 발기(發岐)의 집으로 가서 말하기를, "왕은 후손이 없으니 그대가 마땅히 계승해야 합니다."라고 하였다. 발기는 왕이 돌아가신 것을 알지 못하고 대답하였다. "하늘이 정하는 운수는 반드시 돌아가는 곳이 있으므로 가벼이 의논할 수 없습니다. 하물며 부인이 밤에 돌아다니는 것을 어찌 예라고 하겠습니까?" 왕후는 부끄러워하며 곧 연우의 집으로 갔다. 연우가 맞아들여 술자리를 베풀었다. 왕후가 말하였다. "대왕이 돌아가셨으나 아들이 없으므로, 발기가 연장자로서 마땅히 계승하여야 하겠으나, 첩에게 다른 마음이 있다고 하면서 무례하게 굴어서 지금 그대를 보러 온 것입니다." 연우는 직접 칼을 잡고 고기를 썰다가 잘못하여 손가락을 다쳤다. 왕후가 치마끈을 풀어 다친 손가락을 싸주고, 돌아가려 할 때 연우에게 말하기를, "밤이 깊어서 예기치 못한 일이 있을까 염려되니, 그대는 나를 궁까지 바래다주시오." 하였다. 연우가 그 말에 따랐다. 왕후가 그의 손을 잡고 궁으로 들어갔다. 다음날 선왕의 왕명이라 속이고 연우를 왕으로 즉위시켰다. 발기가 이를 듣고 크게 화가 나서 병사로 왕궁을 포위하고 소리쳤다 "형이 죽으면 아우에게 이르는 것이 예이다. 네가 차례를 뛰어넘어 왕위를 빼앗는 것은 큰 죄이다. 마땅히 빨리 나오거라. 그렇지 않으면 처자식까지 죽일 것이다." 연우가 3일간 문을 닫고 있으니, 국인들도 또한 발기를 따르는 자가 없었다. 발기가 일이 이루어지지 않을 것을 알고 처자를 거느리고 요동으로 도망갔다.

고구려에서 왕을 고국천원에 장사지내고 인하여 호를 고국천왕이라고 하였다[혹은 국양(國壤)이라고도 한다].

발기는 요동태수 공손도를 만나서 말하였다. "발기는 고구려왕 남무의 친동생입니다. 남무가 고 아들이 없자, 발기의 동생 연우가 형수 우씨와 사통하고 왕위를 찬탈하여 천륜을 폐하였습니다. 이 때문에 분하여 상국에 투항하러 왔습니다. 바라건대 군사를 빌려주시어 난을 평정할 수 있게 해주소서." 공손도가 그에 따라서 발기는 고구려를 정벌하러 왔다.

연우의 동생 계수가 군사를 거느리고 방어하였는데, 한의 군대가 크게 패하였다. 발기가 계수에게 이르기를, "네가 지금 차마 늙은 형을 해칠 수 있겠느냐?" 하니, 계수가 말하였다. "연우가 나라를 형에게 넘겨주지 않은 것은 의롭지 못하다고 할 수 있지만, 형 또한 한 때의 분함을 가지고 자기 나라를 멸망시키려 하는 것은 도리어 무슨 뜻입니까? 죽은 후 무슨 면목으로 지하에서 조상들을 보겠습니까?" 발기가 부끄럽고 후회스러움을 이기지 못하여, 배천으로 달아나 스스로 목을 찔러 죽었다. 계수가 소리내어 슬피 울며 그 시체를 거두어 임시로 장사지내고 돌아왔다.

왕이 슬프기도 하고 기쁘기도 하여 계수에게 말하였다. "발기가 자기 나라를 정벌하려고 꾀하였으니 죄가 막대하다. 이제 네가 그를 놓아주고 죽이지 않았으니 그것으로 충분하다. 그런데 그가 죽자 도리어 매우 슬피 우는 것은 과인이 도리가 없다고 하는 것이냐?" 계수가 울면서 말하였다. "신이 한 마디 아뢰고 죽기를 청합니다. 왕후가 비록 선왕의 유명으로 대왕을 세웠더라도, 대왕께서 예로써 사양하지 않은 것은 일찍이 형제 간에 우애의 의리가 없었던 까닭입니다. 신은 대왕의 미덕을 이루어 드리기 위하여 시신을 거두어 안치해 둔 것입니다. 대왕께서는 도리어 저 때문에 노여워하십니까? 대왕께서 만약 지친(至親)의 정의(情誼)를 폐기하지 않고, 형의 예로써 장사지낸다면 누가 대왕을 의롭지 못하다고 하겠습니까? 신은 이미 말을 하였으니 죽기를 청합니다." 왕이 앞자리에 앉아 위로하며 말하였다. "과인이 불초하여 의혹이 없지 않았다. 지금 그대의 말을 들으니 진실로 내가 지나쳤다. 그대는 책망하지 말기 바란다." (『三國史節要』 3)

고구려 요동	백고(伯固)가 죽고 두 아들이 있었는데, 큰 아들은 발기(拔奇), 작은 아들은 이이모(伊夷模)였다. 발기는 불초하여 국인들이 함께 이이모를 왕으로 즉위시켰다. 백고 때부터 고구려는 자주 요동을 노략질하였고, 또 유망(流亡)한 호족(胡族) 500여 가를 받아들였다. 건안 연간(196~220)에 공손강(公孫康)이 군대를 내어 고구려를 공격하여 격파하고 읍락을 불태웠다. 발기는 형이면서도 왕이 되지 못한 것을 원망하여, 연노부(涓奴部)의 대가(大加)와 함께 각기 하호 3만 명을 이끌고 공손강에게 나아가 투항하였다가, 돌아와서 비류수(沸流水) 유역에 옮겨 살았다. 지난 날 항복했던 호족도 이이모를 배반하였다. (『三國志』 30 魏書 30 烏丸鮮卑東夷傳 高句麗)
고구려 요동	그 후 왕 백고가 죽고 두 아들이 있었는데, 큰 아들은 발기, 작은 아들은 이이모였다. 발기는 불초하여 국인들이 함께 이이모를 왕으로 즉위시켰다. 백고 때부터 고구려는 자주 요동을 노략질하였고, 또 유망한 호족 500여 가를 받아들였다. 헌제 건안 연간에 발기는 형이면서도 왕이 되지 못한 것을 원망하여, 소노부(消奴部)와 함께 각기 하호 3만여 명을 이끌고 공손강에게 나아가 투항하였다가, 돌아와서 비류수 유역에 옮겨 살았다. 지난 날 항복했던 호족도 이이모를 배반하였다. (『通典』 186 邊防 2 東夷 下 高句麗)
고구려 요동	그 후 왕 백고가 죽고 두 아들이 있었는데, 큰 아들은 발기, 작은 아들은 이이모였다. 국인들이 함께 이이모를 왕으로 즉위시켰다. 백고 때부터 고구려는 자주 요동을 노략질하였고, 또 유망한 호족 500여 가를 받아들였다. 헌제 건안 연간에 발기는 형이면서도 왕이 되지 못한 것을 원망하여, 소노부와 함께 각기 하호 3만여 명을 이끌고 공손강에게 나아가 투항하였다가, 돌아와서 비류수 유역에 옮겨 살았다. 지난 날 항복했던 호족도 이이모를 배반하였다. (『太平寰宇記』 173 四夷 2 東夷 2 高勾驪國)

고구려	가을 9월에 유사(有司)에 명하여 발기의 상구(喪柩)를 받들어 모셔오게 하여, 왕의 예로써 배령(裵嶺)에 장사지냈다. (『三國史記』16 高句麗本紀 4)
고구려	가을 9월에 유사에 명하여 발기의 상구를 받들어 모셔오게 하여, 왕의 예로써 배령에 장사지냈다. (『三國史節要』3)
고구려	(가을 9월에) 왕이 본래 우씨로 인하여 왕위를 얻었으므로, 다시 장가들지 않고 우씨를 세워 왕후로 삼았다. (『三國史記』16 高句麗本紀 4)
고구려	(가을 9월에) 고구려왕이 우씨를 세워 왕후로 삼았다.

권근(權近)이 말하였다. "배필이 만나는 것은 인륜의 근본이며, 왕교(王敎)의 단서가 되는 것이다. 그러므로 혼인의 예가 바른 연후에 규문(閨門)이 바르게 되고, 나라가 다스려지며, 교화가 행해져 풍속이 아름답게 되는 것이니, 이는 주(周)의 이남(二南: 周南·召南)이 만세의 본보기가 되는 까닭이다. 이제 우씨는 왕의 적비(嫡妃)로서 왕이 돌아가셨는데도 슬퍼하지 않았고, 비밀리에 초상난 것을 알리지 않았으며, 밤에 왕의 아우인 발기에게 달려가 후사로 즉위하기를 꾀하였는데 발기가 예로써 사절하여 보냈으니, 진실로 사람의 마음을 갖추었다면 의마땅히 여기에서 변화되었을 것이다. 그런데 오히려 부끄러워하지 않고 또 연우에게 달려가서, 함께 궁으로 들어가 선왕의 유명을 사칭하고 연우를 즉위시켰다. 연우는 이익에 빠져 부끄러움도 잊고 우씨를 왕비로 세워 그 행동이 짐승만도 못했으니, 천리가 어그러지고 인도가 멸절되었다. 이런 자가 백성의 위에 있었으니 나라가 망하지 않은 것이 요행이라 하겠다." (『三國史節要』3)

198(戊寅/신라 나해이사금 3/고구려 산상왕 2/백제 초고왕 33/後漢 建安 3/倭 仲哀 7)

고구려	봄 2월에 환도성(丸都城)을 쌓았다. (『三國史記』16 高句麗本紀 4)
고구려	봄 2월에 고구려(高勾麗)에서 환도성을 쌓았다. (『三國史節要』3)
고구려 요동	항복했던 호족(胡族)도 이이모를 배반하므로 이이모(伊夷模)는 새로 나라를 세웠는데, 오늘날 고구려가 있는 곳이 이곳이다. 발기(拔奇)는 드디어 요동으로 건너가고 그 아들은 고구려에 계속 머물렀는데, 지금 고추가(古雛加) 박위거(駮位居)가 바로 그 사람이다. (『三國志』30 魏書 30 烏丸鮮卑東夷傳 高句麗)
고구려 요동	항복했던 호족도 이이모를 배반하므로 이이모는 새로 나라를 세웠는데, 환도산 아래에 도읍하였다. 발기는 드디어 요동으로 건너가고 그 아들은 고구려국에 계속 머물렀는데, 고추가 박위거가 바로 그 사람이다. (『通典』186 邊防 2 東夷 下 高句麗)
고구려 요동	항복했던 호족도 이이모를 배반하므로 이이모는 새로 나라를 세웠는데, 환도산 아래에 도읍하였다. 발기는 드디어 요동으로 건너가고 그 아들은 고구려국에 계속 머물렀는데, 고추가 박위거가 바로 그 사람이다. (『太平寰宇記』173 四夷 2 東夷 2 高勾驪國)
신라	여름 4월에 시조묘(始祖廟) 앞에 쓰러져 있던 버드나무가 저절로 일어났다. (『三國史記』2 新羅本紀 2)
신라	여름 4월에 신라에서 시조묘 앞에 쓰러져 있던 버드나무가 저절로 일어났다. (『三國史節要』3)
고구려	여름 4월에 국내의 2가지 죄 이하의 죄수를 사면하였다. (『三國史記』16 高句麗本紀 4)
고구려	(여름 4월에) 고구려에서 국내의 2가지 죄 이하의 죄수를 사면하였다. (『三國史節

	要』3)
신라	5월에 나라 서쪽에 큰 홍수가 났다. 수해를 입은 주현에 1년간 조조(租調)를 면제해 주었다. (『三國史記』2 新羅本紀 2)
신라	5월에 신라 서쪽 주현에 큰 홍수가 났으므로, 1년간 조조를 면제해 주었다. (『三國史節要』3)
신라	가을 7월에 사자를 보내 위문하였다. (『三國史記』2 新羅本紀 2)
신라	가을 7월에 또 사자를 보내 위문하였다. (『三國史節要』3)

199(己卯/신라 나해이사금 4/고구려 산상왕 3/백제 초고왕 34/後漢 建安 4/倭 仲哀 8)

가야	왕은 이에 매양 외로운 베개를 의지하여 몹시 슬퍼하다가 10년을 지내고 헌제(獻帝) 건안 4년 기묘년 3월 23일에 죽으니, 나이가 158세였다. 나라 사람들은 부모를 잃은 것처럼 슬퍼하는 것이 왕후가 돌아가신 날보다 더하였다. 마침내 궁궐 동북쪽 평지에 높이 1장 둘레 300보인 빈궁을 세워서 장사지내고, 수릉왕묘(首陵王廟)라고 하였다. (『三國遺事』2 紀異 2 駕洛國記)
가야	거등왕(居登王)은 아버지는 수로왕, 어머니는 허왕후이다. 건안 4년 기묘 3월 △3일에 즉위하였다. 치세는 39년이다. (『三國遺事』2 紀異 2 駕洛國記)
가야	봄 3월에 가락국왕(駕洛國王) 수로가 돌아가셨는데, 나이 158세였다. 그 아들 거등이 즉위하였다. (『三國史節要』3)
백제	가을 7월에 지진이 났다. (『三國史記』23 百濟本紀 1)
백제	가을 7월에 백제에서 지진이 났다. (『三國史節要』3)
신라 백제	가을 7월에 백제가 경계를 침범하였다. (『三國史記』2 新羅本紀 2)
백제 신라	(가을 7월에) 병사를 보내 신라 변경을 침범하였다. (『三國史記』23 百濟本紀 1)
백제 신라	(가을 7월에) 백제가 병사를 보내 신라를 침범하였다. (『三國史節要』3)
신라	가을 9월 을해일(乙亥日)이 초하루인 기묘일(己卯日: 5) 군신(群臣)에게 조(詔)를 내려 웅습(熊襲, 구마소)을 토벌하는 것을 의논케 했다. 이 때 신이 황후에게 신탁하여 가르쳐 주었다. "천황은 어찌 웅습이 복종하지 않는 것을 근심하는가? 그 곳은 쓸모없는 나라인데, 어찌 군대를 일으켜 정벌할 만하겠는가? 이 나라보다 더 낫고 보물이 많은 나라가 있으니, 비유하면 처녀의 눈썹과 같고 진(津)의 건너편에 있는 나라이다[녹(睩)은 여기서는 마용이지(麻用弛枳, 마요비키)라고 한다]. 눈부신 금과 은, 비단이 그 나라에 많이 있다. 이 나라를 고금신라국(栲衾新羅國)이라고 한다. 만약 네가 나에게 제사를 잘 지낸다면 칼에 피를 묻히지 않고도 그 나라가 반드시 스스로 복속해 올 것이며, 또한 웅습도 복종하게 될 것이다. 그 제사를 지낼 때에는 천황의 배 및 혈문직천립(穴門直踐立, 아나토노아타히 호무다치)이 바친 수전(水田), 그 이름을 대전(大田, 오오타)이라고 하는데 이런 것들을 폐백으로 하라." 천황이 신의 말을 듣고 의심하는 마음이 있어 문득 높은 산에 올라 멀리 대해(大海)를 바라보았으나, 넓고 멀기만 할 뿐 그 나라는 보이지 않았다. 이에 천황이 신에게 대답하였다. "짐이 두루 둘러보았으나 바다만 있고 나라는 없었습니다. 어찌 텅 빈 곳에 나라가 있겠습니까? 어떤 신이시기에 헛되이 저를 속이십니까? 또한 우리 황실 조상인 여러 천황들이 하늘과 땅의 신들에게 모두 제사를 드렸는데, 어찌 남은 신이 있겠습니까?" 그 때 신이 또한 황후에게 신탁하였다. "물에 비친 그림자처럼 분명하게

내려다보이고 내가 본 나라인데, 어찌 나라가 없다고 말하며 내 말을 비방하느냐? 그런데도 그대는 이와 같이 말하면서 마침내 믿지 않으니, 그대는 그 나라를 얻지 못할 것이다. 오직 지금 황후가 비로소 태기가 있으니 그 아들이 얻게 될 것이다" 그러나 천황은 여전히 믿지 않고 웅습을 억지로 공격했으나, 이기지 못하고 돌아왔다. (『日本書紀』 8)

| 고구려 | 가을 9월에 왕이 질양(質陽)에서 사냥을 하였다. (『三國史記』 16 高句麗本紀 4) |
| 고구려 | 9월에 고구려왕(高句麗王)이 질양에서 사냥을 하였다. (『三國史節要』 3) |

200(庚辰/신라 나해이사금 5/고구려 산상왕 4/백제 초고왕 35/後漢 建安 5/倭 仲哀 9)

재보국(신라) 봄 2월 족중언천황(足仲彦天皇, 타라시나카츠히코노스메라미도토: 仲哀天皇)이 축자(筑紫, 츠쿠시)의 강일궁(橿日宮, 카시히노미야)에서 돌아가셨다. 이 때 신공황후(神功皇后)는 천황이 신의 가르침을 따르지 않다가 일찍 돌아가신 것을 슬퍼하고, 빌미가 된 신을 알아내어 재물이 많은 보배로운 나라(財寶國: 新羅)를 얻고자 하였다. 그래서 군신(群臣)과 백료(百寮)에게 명하여 죄를 빌고 잘못을 뉘우치도록 하고, 소산전읍(小山田邑, 오야마다노무라)에 재궁(齋宮, 이츠키노미야)을 다시 지었다. (『日本書紀』 9 神功紀)

재국(신라) 여름 4월 임인일(壬寅日)이 초하루인 갑진일(甲辰日: 3)에 북으로 화전국(火前國) 송포현(松浦縣, 마츠라노아가타)에 이르러 옥도리(玉嶋里, 다마시마노사토)의 소하(小河, 오가와) 옆에서 식사를 올렸다. 이 때 신공황후가 바늘을 구부려 낚시바늘을 만들어 밥알을 미끼로 하고, 치마의 실을 풀어서 낚시줄을 만들어 물 가운데의 돌 위로 올라가 낚시를 던지고 빌었다. "짐은 서쪽의 재물이 많은 나라(財國: 新羅)를 얻고자 합니다. 만약 일이 이루어질 것이라면 물고기가 낚시를 물게 하소서." 인하여 낚시대를 드니, 이에 비늘이 잔 고기(細鱗魚, 아유)를 잡았다. 이 때 황후가 말하기를, "보기 드문 것이다[희견(希見)은 매두라지(梅豆邏志, 메즈라시)라고 한다]."라고 하였다. 그래서 그 때 사람들이 그 곳을 매두라국(梅豆羅國, 메즈라노쿠니)이라 불렀다. 지금은 송포(松浦, 마츠우라)라고 하는데, 잘못 전해진 것이다. 그런 까닭으로 그 나라 여인이 매년 4월 상순에 물속에 낚시를 던져서 은어를 잡는 것이 지금도 끊이지 않고 있으며, 남자는 비록 낚시질을 하더라도 고기를 잡을 수 없었다. 이미 황후는 신의 가르침이 징험이 있음을 알아서, 다시 하늘과 땅의 신에게 제사지내고 직접 서쪽을 정벌하고자 하였다. 이에 신전(神田)을 정하여 이를 경작시켰다. 그 때에 나하(儺河, 나노가와)의 물을 끌어다가 신전을 기름지게 하고자 하여 도랑을 팠는데, 적경강(迹驚岡, 토도로키노오카)에 이르러 커다란 바위가 막고 있어 도랑을 팔 수 없었다. 황후가 무내숙녜(武內宿禰, 다케노우치노스쿠네)를 불러 칼과 거울을 받들고, 그로 하여금 하늘과 땅의 신에게 기도하여 도랑이 통하기를 구하게 했다. 그러자 곧 천둥과 번개가 쳐 그 바위를 깨뜨려 물을 통하게 하였다. 그래서 그 때 사람들이 그 도랑을 열전구(裂田溝, 사쿠다노우나테)라 하였다. 황후는 강일포(橿日浦, 카시히노우라)에 돌아와서 머리를 풀고 바닷가에서 말하였다. "나는 하늘과 땅의 신의 가르침을 받고 황조(皇祖)의 영(靈)에 힘입어 창해(滄海)를 건너가 직접 서쪽을 정벌하고자 합니다. 그래서 머리를 바닷물에 씻는데, 만약 영험이 있다면 머리카락이 저절로 양쪽으로 나뉘도록 해주소서." 곧 바다에 들어가 씻었더니 머리카락이 저절로 나뉘어졌다. 황후는 나뉘어진 머리카락을 묶어 상투를 틀었다. 인하여 군신에게 말하였다. "무릇 군대를 일으키고 무리를 움직이는 것은 나라의 큰 일이다. 안위와 성패는 반드시 여기에 있다. 지금 정벌하는 일이 있어 이 일을 군신에게 맡겄다가, 만약 일이 이루어지지 않으면 죄가 군신에게 있게 되므로 이는 매우 걱정스러운 것이다. 나는 부녀자이고 불초(不肖)하지만, 잠시 남자의 모습을 빌려 웅대한 계략을 강하게 일으키고자 한다. 위로는 하늘과 땅의 신령을 힘입고 아래로는 군신의 도움을 받아, 군대를 일으켜 험한 파도를 건너 선박을 정돈하여 재물이 많은 땅(財土: 新羅)를 얻고자 한다. 만약 일이 이루어지면 군신과 함께 공이 있는 것이오, 일이 이루어지지 않으면 나에게만 죄가 있게 될 것이다. 이미 이런 뜻이 있으니 이를 함께 의논하자." 군신이 모두 말하였다. "황후가 천하를 위하여 종묘 사직을 안정시킬 바를 꾀하셨고, 또 죄가 신하에게 미치지 않도록 하시니 머리를 조아려 명령을 받들겠습니다."(『日本書紀』 9 神功紀)

신라	가을 7월에 태백성(금성)이 낮에 나타났다. 서리가 내려 풀이 죽었다. (『三國史記』 2 新羅本紀 2)
신라	가을 7월에 신라에서 태백성(금성)이 낮에 나타났다. 서리가 내려 풀이 죽었다. (『三國史節要』 3)
신라	9월 경오일(庚午日) 초하루에 일식이 있었다. (『三國史記』 2 新羅本紀 2)
신라	9월 경오일 초하루에 신라에서 일식이 있었다. (『三國史節要』 3)
신라	(9월 경오일 초하루에) 알천(閼川)에서 대대적으로 군대를 사열하였다. (『三國史記』 2 新羅本紀 2)
신라	(9월 경오일 초하루에) 신라가 알천에서 대대적으로 군대를 사열하였다. (『三國史節要』 3)
서해(신라)	가을 9월 경오일이 초하루인 기묘일(己卯日: 10)에 여러 쿠니(諸國)로 하여금 선박을 모으고 군사를 훈련하게 하였다. 이 때 군졸들이 잘 모이지 않았으므로 신공황후가 말하기를, "반드시 신의 마음일 것이다"라고 하였다. 곧 대삼륜사(大三輪社, 오오미와노야시로)를 세우고 칼과 창을 바치자 군중(軍衆)들이 저절로 모였다. 이에 오옹해인오마려(吾瓮海人烏摩呂, 아헤노아마오마로)로 하여금 서해(西海)로 나가서 나라가 있는지 살펴보도록 하였다. 돌아와서 말하기를, "나라는 보이지 않았습니다."라고 하였다. 또 기록해인명초(磯鹿海人名草, 시카노아마나구사)를 보내어 살펴보게 하였다. 며칠 뒤에 돌아와서 말하기를, "서북쪽에 산이 있는데 구름이 띠처럼 두르고 있었습니다. 아마도 나라가 있는 듯합니다."라고 하였다. 이에 길일을 점쳐서 출발하기까지 며칠이 남았는데, 이 때 황후가 직접 부월(斧鉞)을 잡고 3군에게 명령하였다. "징과 북소리가 절도가 없고 깃발이 뒤섞여 어지러우면 곧 사졸들이 정돈되지 않는다. 재물이 탐하여 욕심이 많고 사사로이 처자의 일을 생각하면 반드시 적의 포로가 될 것이다. 적이 적더라도 가볍게 보아서는 안되며, 적이 강하더라도 굴복해서는 안 된다. 폭력으로 부녀자를 범한 자를 용서하지 말고, 스스로 항복하는 자는 죽이지 말라. 마침내 전쟁에 이기는 자는 반드시 상이 있을 것이오, 도망하는 자는 당연히 죄가 있을 것이다." 얼마 후 신이 가르침이 있었다. "화혼(和魂, 니기미타마)은 왕의 몸에 붙어서 목숨을 지킬 것이고, 황혼(荒魂, 아라미타마)은 선봉이 되어 군선을 인도할 것이다[화혼은 이기미다마(珥岐瀾多摩: 니기미타마)라 하고, 황혼은 아라미다마(阿邏瀾多摩: 아라미타마)라고 한다]." 신의 가르침을 얻고 나서 배례(拜禮)하고, 인하여 의망오언남수견(依網吾彦男垂見, 요사미노아비코오타루미)을 신에게 제사지내는 주재자(祭神主)로 삼았다. 이 때 마침 황후의 산달이었는데, 황후가 돌을 들어 허리에 차고 빌며 말하기를, "일이 끝나고 돌아오는 날, 이 땅에서 낳게 해주

소서."라고 하였다. 그 돌은 지금도 이도현(伊覩縣, 이토노아가타)의 길가에 있다. 이리하여 황혼을 지휘하여 군의 선봉으로 삼고, 화혼을 청하여 왕선(王船)에 진좌하게 하였다. (『日本書紀』 9 神功紀)

신라 고려(고구려) 백제 삼한

　　　겨울 10월 기해일(己亥日)이 초하루인 신축일(辛丑日: 3)에 화이진(和珥津, 와니츠)에서 출발하였다. 이 때 바람의 신이 바람을 일으키고, 파도의 신이 파도를 일으켜 바다 속의 큰 고기들이 모두 떠올라 배를 도왔다. 바람은 순풍이 불고 범선은 파도를 따라가서, 노를 쓸 필요도 없이 곧 신라에 이르렀다. 그 때 배에 따른 파도가 멀리 나라 안에까지 미쳤다. 이것으로 천신지기(天神地祇)가 모두 도와준 것을 알았다. 신라왕은 전전긍긍하며 어찌 할 바를 몰랐다. 여러 사람을 모아서 말하였다. "신라의 건국 이래 아직 바닷물이 나라 안에까지 올라온 일을 듣지 못하였다. 천운이 다하여 나라가 바다가 되려고 하는 것인가?" 그 말이 채 끝나기도 전에 수군이 바다를 메우고 깃발들이 햇빛에 빛나며, 북과 피리소리가 일어나 산천이 울렸다. 신라왕은 멀리 바라보고 뜻하지도 않았던 군사들이 자기 나라를 멸망시키려고 한다고 생각하여, 두려워 싸울 마음을 잃었다. 마침내 정신을 차리고 말하였다. "내가 들으니 동쪽에 신국(神國)이 있어 일본이라고 하고, 또한 성왕(聖王)이 있어 천황이라고 한다. 반드시 그 나라의 신병(神兵)일 것이다. 어찌 군사를 일으켜 막을 수 있겠는가?" 곧 백기를 들고 항복하였다. 흰 줄을 목에 감고 스스로를 포박하며, 도적(圖籍)을 바치고 왕선(王船) 앞에서 항복하였다. 그리고 머리를 조아리고 말하였다. "지금 이후로는 건곤처럼 오래도록 엎드려 사부(飼部, 우마카이)가 되겠습니다. 배의 키가 마를 사이 없이, 봄 가을로 말의 빗 및 채찍을 바치겠습니다. 또한 바다가 먼 것을 번거롭게 여기지 않고, 매년 남녀의 조(調)를 바치겠습니다." 거듭 맹세하였다. "동쪽에서 나오는 해가 서쪽에서 나오지 않는 한, 또 아리나례하(阿利那禮河)가 역류하고 강의 돌이 하늘에 올라가 별이 되는 일이 없는 한, 봄 가을의 조(調)를 빼거나 태만하여 빗과 채찍을 바치지 아니하면 천신지기와 함께 죄를 주십시오." 그 때 어떤 사람이 말하기를, "신라왕을 죽이겠습니다."라고 하였다. 이에 신공황후가 말하였다. "처음에 신의 가르침을 받아 장차 금은의 나라를 얻으려고 하였다. 또 삼군(三軍)에 호령하여 '스스로 항복하여 오는 자는 죽이지 말라'라고 말한 바 있다. 지금 이미 재국을 얻었고 또 사람들이 스스로 항복하였으니, 죽이는 것은 상서롭지 못하다." 그 결박을 풀어 사부로 삼았다. 드디어 그 나라 안에 들어가, 중요한 보물의 곳간을 봉하고 도적문서(圖籍文書)를 거두었다. 곧 황후가 가지고 있던 창을 신라왕의 문에 세우고 후세의 증표로 삼았다. 그래서 그 창이 지금도 신라왕의 문에 서 있다. 이에 신라왕 파사매금(波沙寐錦: 婆娑尼師今)은 미질기지(微叱己知: 未斯欣) 파진간기(波珍干岐: 波珍湌)를 인질로 하여, 금은·채색 및 능라(綾羅)·겸견(縑絹)을 가지고 80척의 배에 실어 관군을 따라가게 하였다. 이로써 신라왕은 항상 배 80척의 조를 일본국에 바치는데, 이것이 그 연유이다. 이에 고려(고구려), 백제 두 나라 왕은 신라가 도적을 거두어 일본국에 항복하였다는 것을 듣고, 몰래 그 군세를 엿보게 하였다. 도저히 이길 수 없다는 것을 알고는 스스로 영외에 와서 머리를 땅에 대고 서약하기를, "지금 이후로는 길이 서번(西蕃)이라고 일컫고 조공을 그치지 않겠습니다."라고 하였다. 이로 인하여 내관가(內官家, 우치츠미야케)를 정하였는데, 이것이 이른바 삼한이다. 황후가 신라로부터 돌아왔다. (『日本書紀』 9 神功紀)

신라 백제

　　　신공황후는 그래서 신이 가르쳐준 대로 준비하고 군대를 정비하여 많은 배를 늘어세우고 바다를 건너가셨을 때, 바다의 물고기가 대소를 불문하고 나와서 모두 배를 짊어지고 건너갔다. 그리고 순풍이 많이 불어서 배는 파도치는 대로 앞으로 나아갔다. 그래서 그 배를 실은 파도는 신라국에 덮쳐 올라, 배는 한숨에 그 나라에 이르 렀다. 이에 그 나라의 왕은 두려워하고 황송해 하며 아뢰었다. "지금 이후로는 천황 의 명령대로 따라 말지기(御馬甘, 미우마카이)가 되어 매년 배를 늘어세워, 배의 바 닥이 마르지 않는 한 천지와 함께 하는 한 물러남 없이 받들어 모시겠습니다." 그래 서 이리하여 황후는 신라국을 말지기국으로, 백제국은 바다 건너의 둔가(渡屯家, 와 타리노미야케)로 정하였다. 그리고 황후는 그 막대를 신라국왕의 문에 꽂아 세우고, 곧 묵강대신(墨江大神, 스미노에노오오카미)인 황어혼(荒御魂, 아라미타마)을 나라를 지키는 신으로 진좌시켜 모시고, 바다를 건너서 돌아왔다. (『古事記』 中)

신라   12월 무술일(戊戌日)이 초하루인 신해일(辛亥日: 14)에 예전천황(譽田天皇, 호무타노 스메라미고토: 應神天皇)을 축자에서 낳았다. 그래서 그 때 사람들이 낳은 곳을 우 미(宇瀰)라고 불렀다.

[일설은 다음과 같다. "족중언천황(仲哀天皇)이 축자 강일궁에 머무르고 있을 때 신 이 사마현주(沙麼縣主)의 선조 내피고국피고송옥종(內避高國避高松屋種, 우치히코구 니히코마츠야타네)에게 신탁하여 천황에게 깨우쳐 주기를, '천황이 보배의 나라를 얻으려고 하신다면, 장차 나타나서 주겠습니다.'라고 하였다. 곧 다시 말하기를, '거 문고를 가지고 가서 황후에게 드려라.'라고 하였다. 곧 신의 말에 따라서 신공황후 는 거문고를 탔다. 이에 신이 황후에게 신탁하여 가르쳐 주었다. '지금 천황이 소망 하는 나라는 사슴의 뿔과 같이 실속이 없는 나라다. 지금 천황이 타고 있는 배 및 혈호직천립(穴戶直踐立, 아나도노아타이호무다치)이 바친 수전(水田) 이름이 대전(大 田, 오오타)인 것을 폐백으로 하고 나에게 제사를 잘 지내면, 미녀의 눈썹과 같은 금·은이 많은 눈이 부신 나라를 천황에게 주겠다.' 그 때 천황이 신에게 대답하였다. '아무리 신이라도 어찌 속이려고 하는가? 어디에 나라가 있는가? 짐이 탄 배를 신 에게 바치고 짐은 어느 배에 탈 것인가? 더욱이 어떤 신인지도 모른다. 바라건대 그 이름을 알고자 한다.' 이 때 신이 그 이름을 말하기를, '표통웅(表筒雄, 우와츠츠 노오), 중통웅(中筒雄, 나카츠츠노오), 저통웅(底筒雄, 소코츠츠노오)이다.'라고 하였 다. 이렇게 세 신의 이름을 일컫고, 또 거듭 말하기를, '내 이름은 향궤남문습대력오 어혼속협등존(向匱男聞襲大歷五御魂速狹騰尊, 무카이츠키오모오소오후이츠노미타마 하야사아가리노미고토)이다.'라고 하였다. 그 때 천황은 황후에게 말하기를, '듣기 싫은 것을 말하는 부인(婦人)인가? 어찌 속협등(速狹騰)이라고 말하는가?'라고 하였 다. 이에 신이 천황에게 일렀다. '그대가 이렇게 믿지 못한다면, 반드시 그 나라를 얻지 못할 것이다. 다만 지금 황후가 임신하고 있는 왕자는 아마 얻을 수 있을 것이 다.' 이 날 밤에 천황은 갑자기 병이 나서 돌아가셨다. 그런 후에 황후는 신의 가르 침대로 제사를 지내고, 남장한 채 신라를 정벌하였다. 그 때에 신이 황후에게 머물 며 인도하였으므로, 배에 따른 파도가 멀리 신라 나라 안에까지 미쳤다. 이에 신라 왕 우류조부리지간(宇流助富利智干: 昔于老)이 마중나와 무릎을 꿇고, 왕선(王船)을 잡아 머리를 땅에 대고 말하기를, '신은 앞으로 일본국에 있는 신의 자손에게 내관 가로서 끊이지 않고 조공하겠습니다.'라고 하였다."

또 일설은 다음과 같다. "신라왕을 포로로 하고, 해변에 와서 왕의 무릎뼈를 뽑고서 돌 위에 포복시켰다. 조금 있다가 베어서 모래 속에 묻었다. 한 사람을 남겨 신라의 재(宰)로 삼고 돌아갔다. 그 후에 신라왕의 처는 남편의 시신이 묻혀 있는 곳을 몰 라, 혼자서 재를 유혹할 생각을 가졌다. 곧 재를 유인하기를, '그대가 왕의 시신 묻 은 곳을 알려주게 되면, 반드시 후하게 보답하겠다. 또 제가 그대의 아내가 되겠다.' 라고 하였다. 재는 유혹하는 말을 믿고, 몰래 시신이 묻혀 있는 곳을 알려주었다. 왕의 아내와 국인이 공모하여 재를 죽였다. 왕의 시신을 다시 꺼내어 다른 곳에 장사지냈다. 이 때 재의 시신을 왕의 묘 흙 밑에 묻고 왕의 관을 그 위에 놓고서 말하기를, '존비의 순서는 본래 이렇게 되어야 하는 것이다.'라고 하였다. 이에 천황이 그것을 듣고 심히 노하여 군사를 크게 일으켜 신라를 순식간에 멸망시키려 하였다. 군선(軍船)이 바다에 가득하여 신라에 이르렀다. 신라의 국인이 모두 두려워하며 어찌할 바를 몰랐다. 서로 모여 공모하여 왕의 처를 죽이고 사죄하였다고 한다"]

이에 군대를 따라갔던 신인 표통남(表筒男)·중통남(中筒男)·저통남(底筒男) 세 신이 황후에게 가르쳐 주기를, "나의 황혼을 혈문(穴門, 아나도)의 산전읍(山田邑, 야마다노무라)에 제사하라."고 하였다. 이 때 혈문직(穴門直, 아나도노아타이)의 선조 천립(踐立)과 진수련(津守連, 츠모리노무라지)의 선조 전상견숙녜(田裳見宿禰, 타모미노스쿠네)가 황후에게 아뢰기를, "신이 계시고 싶어 하는 곳을 반드시 정해야 할 것입니다."라고 하였다. 그래서 천립을 황혼을 제사지내는 신주(神主)로 하였다. 신사를 혈문의 산전읍에 세웠다. (『日本書紀』 9 神功紀)

| 신라 | 이 해에 신라 정벌로 말미암아 천황을 장사지내지 못하였다. (『日本書紀』 8 仲哀紀) |

201(辛巳/신라 나해이사금 6/고구려 산상왕 5/백제 초고왕 36/後漢 建安 6/倭 神功 1)

| 신라 가야 | 봄 2월에 가야국이 화친을 청하였다. (『三國史記』 2 新羅本紀 2) |
| 신라 가야 | 봄 2월에 가야국이 신라에 화친을 청하였다. (『三國史節要』 3) |

| 신라 | 3월 정묘일(丁卯日) 초하루에 일식이 있었다. 큰 가뭄이 들어 내외의 옥에 갇힌 죄수의 죄상을 다시 살펴 가벼운 죄는 용서해 주었다. (『三國史記』 2 新羅本紀 2) |
| 신라 | 3월 정묘일 초하루에 신라에서 일식이 있었다. 큰 가뭄이 들어 내외의 옥에 갇힌 죄수의 죄상을 다시 살펴 가벼운 죄는 용서해 주었다. (『三國史節要』 3) |

202(壬午/신라 나해이사금 7/고구려 산상왕 6/백제 초고왕 37/後漢 建安 7/倭 神功 2)

203(癸未/신라 나해이사금 8/고구려 산상왕 7/백제 초고왕 38/後漢 建安 8/倭 神功 3)

| 고구려 | 봄 3월에 왕이 아들이 없어서 산천에 기도하였다. 이 달 15일 밤에 꿈에서 천신이 말하기를, "내가 너의 소후(少后)로 하여금 아들을 낳게 할 것이니 걱정하지 말라."고 하였다. 왕이 깨어나서 군신(群臣)에게 말하기를, "꿈에 천신이 나에게 이처럼 간곡히 말하였으나, 소후가 없으니 어떻게 하여야 하겠는가?"라고 하였다. 을파소(乙巴素)가 대답하기를, "천명은 예측할 수 없으니 왕은 기다리십시오."라고 하였다. (『三國史記』 16 高句麗本紀 4) |
| 고구려 | 봄 3월에 고구려왕(高勾麗王)이 아들이 없어서 산천에 기도하였다. 이 달 15일 밤에 꿈에서 천신이 말하기를, "너의 소후로 하여금 아들을 낳게 할 것이니 걱정하지 말라."고 하였다. 왕이 깨어나서 군신에게 말하기를, "꿈에 천신이 나에게 이처럼 간곡히 말하였으나, 소후가 없으니 어떻게 하여야 하겠는가?"라고 하였다. 을파소가 대답하기를, "천명은 예측할 수 없으니 왕은 기다리십시오."라고 하였다. (『三國史節要』 3) |

고구려	가을 8월에 국상(國相) 을파소가 죽자 국인들이 통곡하였다. 왕이 고우루(高優婁)를 국상으로 삼았다. (『三國史記』 16 高句麗本紀 4)
고구려	산상왕 7년 가을 8월에 이르러 을파소가 죽자 국인들이 통곡하였다. (『三國史記』 45 列傳 5 乙巴素)
고구려	가을 8월에 고구려 국상 을파소가 죽자 국인들이 통곡하였다. 왕이 고우루를 국상으

로 삼았다. (『三國史節要』 3)

| 신라 말갈 | 겨울 10월에 말갈이 경계를 침범하였다. (『三國史記』 2 新羅本紀 2) |
| 신라 말갈 | (겨울 10월에) 말갈이 신라를 침범하였다. (『三國史節要』 3) |

| 신라 | (겨울 10월에) 복숭아꽃과 오얏꽃이 피었다. 사람들에게 전염병이 크게 돌았다. (『三國史記』 2 新羅本紀 2) |
| 신라 | 겨울 10월에 신라에서 복숭아꽃과 오얏꽃이 피었다. 전염병이 크게 돌았다. (『三國史節要』 3) |

204(甲申/신라 나해이사금 9/고구려 산상왕 8/백제 초고왕 39/後漢 建安 9/倭 神功 4)

| 백제 신라 | 가을 7월에 병사를 내어 신라의 요거성(腰車城)을 공격하여 함락시키고, 그 성주 설부(薛夫)를 죽였다. 신라의 나해왕이 노하여 이벌찬(伊伐飡) 이음(利音)에게 장수가 되어 6부 정예병을 이끌고 와서 우리 사현성(沙峴城)을 공격하도록 명하였다. (『三國史記』 23, 百濟本紀 1) |
| 백제 신라 | 가을 7월에 백제가 신라 요거성을 공격하여 함락시키고, 그 성주 설부를 죽였다. 신라왕이 노하여 왕자 이음에게 장수가 되어 6부 정예병 6천 명을 이끌고 백제를 정벌하도록 명하니, 사현성을 깨뜨렸다. (『三國史節要』 3) |

| 백제 | 겨울 10월에 패성(孛星)이 동정성(東井星: 井星, 쌍둥이자리 다리 부분) 자리에 나타났다.[13] (『三國史記』 23 百濟本紀 1) |
| 백제 | 겨울 10월에 백제에서 패성이 동정성 자리에 나타났다. (『三國史節要』 3) |

요동 부여 예맥

(12월에) 조조(曹操)는 견초(牽招)가 일찍이 원씨(袁氏)를 위하여 오환(烏桓)을 관장하였으므로, 유성(柳城)에 보내 오환을 위로하게 하였다. 마침 초왕(峭王)이 5천 기병을 엄히 다루어서 원담(袁譚)을 도와주려고 하였다. 또 공손강(公孫康)은 사자인 한충(韓忠)을 파견하여 초왕에게 선우(單于)의 인수(印綬)를 임시로 주게 하였다. 초왕은 각 무리의 우두머리를 다 모았는데, 한충 또한 그 자리에 있었다. 초왕이 견초에게 물었다. "예전에 원공(袁公: 袁紹)이 말하기를, '천자(天子)의 명을 받들어 나를 임시로 선우로 삼겠다.'고 하였습니다. 지금 조공(曹公: 曹操)이 다시 말하기를, '마땅히 천자에게 아뢰어 나를 임시로 진선우(眞單于)로 삼겠다.'고 합니다. 요동에서도 다시 인수를 가지고 왔습니다. 이와 같다면 누가 옳은 것에 해당합니까?" 견초가 대답하였다. "예전 원공이 승제(承制)하였으니 임시로 관직을 제수할 수 있었습니다만, 중간에서 천자의 명령을 어겼습니다. 조공이 이를 대신하게 되어 말하기를, '마땅히 천자에게 아뢰어 다시 임시로 진선우를 삼겠다.'고 하였습니다. 요동은 하급 군인데 어찌 제멋대로 임시로 관직을 제수한다고 할 수 있겠습니까?" 한충이 말하였다. "우리 요동은 창해(滄海)의 동쪽에 있으면서 병사는 백여 만을 보유하고 있으며 또한 부여와 예맥을 부리고 있습니다. 현재의 형세는 강한 자가 숭상을 받는데, 조조는 어찌 홀로 옳다고 합니까?" 견초가 한충을 꾸짖으며 말하였다. "조공은 진실로 공손하고 명철(明哲)하며, 천자를 도와 추대하여 반란을 정벌하고 복종하는 사람을 위로하여 사해를 평안하고 조용하게 하였다. 너희들 요동의 군신(君臣)은 우둔하고 간사하여, 지금 험난하고 먼 곳을 믿고 왕명을 배반하여 제멋대로 임시로 관직을 제수하고자 하니, 신기(神器)를 모욕하고 능멸하는 것이다. 바야흐로 도륙을 당해야 마땅한데, 어찌 감히 오민하고 가볍게 대인(大人)을 책망하고 훼손하는가!" 곧 한충의 머리

를 잡아 축대에 대고, 칼을 뽑아서 그를 베려고 하였다. 초왕이 놀라고 두려워서 맨발로 달려가 견초를 앉히고 한충을 구해주기를 요청하니, 좌우 사람들이 놀라서 얼굴색이 변하였다. 견초가 이에 자리로 돌아와 초왕 등에게 성패의 효과와 화복이 돌아갈 곳을 말하니, 모두 자리에서 내려와 무릎을 꿇고 엎드려 공경하며 칙교(敕敎)를 받았다. 곧 요동에서 온 사절은 작별인사를 하게 하고, 엄하게 준비한 기병을 해산하게 하였다. (『資治通鑑』64 漢紀 56 孝獻皇帝)

요동 부여 예맥

태조(太祖: 曹操)는 장차 원담을 토벌하려고 하였으나, 유성의 오환(烏丸)이 기병을 내어 원담을 도우려고 하였다. 태조는 견초가 일찍이 오환을 관장하였으므로 유성에 보냈다. 도착하니, 마침 초왕이 5천 기병을 엄히 다루어서 원담에게 보내려고 하였다. 또 요동태수 공손강은 평주목(平州牧)을 자칭하고, 사자인 한충을 보내 선우의 인수를 가지고 가서 초왕에게 임시로 주게 하였다. 초왕은 각 무리의 우두머리를 다 모았는데, 한충 또한 그 자리에 있었다. 초왕이 견초에게 물었다. "예전에 원공이 말하기를, '천자의 명을 받들어 나를 임시로 선우로 삼겠다.'고 하였습니다. 지금 조공이 다시 말하기를, '천자에게 아뢰어 나를 임시로 진선우로 삼겠다.'고 합니다. 요동에서도 다시 인수를 가지고 왔습니다. 이와 같다면 누가 옳은 것에 해당합니까?" 견초가 대답하였다. "예전 원공이 승제하였으니 임시로 관직을 제수할 수 있었습니다만, 중간에서 천자의 명령을 어겼습니다. 조공이 이를 대신하게 되어 말하기를, '마땅히 천자에게 아뢰어 다시 임시로 진선우를 삼겠다.'고 하였으니, 옳습니다. 요동은 하급 군인데 어찌 제멋대로 임시로 관직을 제수한다고 할 수 있겠습니까?" 한충이 말하였다. "우리 요동은 창해의 동쪽에 있으면서 병사는 백여 만을 보유하고 있으며 또한 부여와 예맥을 부리고 있습니다. 현재의 형세는 강한 자가 숭상을 받는데, 조조는 어찌 홀로 옳다고 합니까?" 견초가 한충을 꾸짖으며 말하였다. "조공은 진실로 공손하고 명철하며, 천자를 도와 추대하여 반란을 정벌하고 복종하는 사람을 위로하여 사해를 평안하고 조용하게 하였다. 너희들 요동의 군신은 우둔하고 간사하여, 지금 험난하고 먼 곳을 믿고 왕명을 배반하여 제멋대로 임시로 관직을 제수하고자 하니, 신기를 모욕하고 능멸하는 것이다. 바야흐로 도륙을 당해야 마땅한데, 어찌 감히 오만하고 가볍게 대인을 책망하고 훼손하는가!" 곧 한충의 머리를 잡아 축대에 대고, 칼을 뽑아서 그를 베려고 하였다. 초왕이 놀라고 두려워서 맨발로 달려가 견초를 앉히고 한충을 구해주기를 요청하니, 좌우 사람들이 놀라서 얼굴색이 변하였다. 견초가 이에 자리로 돌아와 초왕 등에게 성패의 효과와 화복이 돌아갈 곳을 말하니, 모두 자리에서 내려와 무릎을 꿇고 엎드려 공경하며 칙교를 받았다. 곧 요동에서 온 사절은 작별인사를 하게 하고, 엄하게 준비한 기병을 해산하게 하였다. (『三國志』26 魏書 26 滿田牽郭傳 牽招)

낙랑 요동

양무(涼茂)의 자는 백방(伯方)으로 산양(山陽) 창읍(昌邑) 사람이다. 어려서 학문을 좋아하여 논의할 때는 항상 경전에 근거하여 옳고 그름을 처리하였다. 태조(太祖: 조조)가 그를 총애하여 사공연(司空掾)으로 삼고 성적이 우수하여 천거되자 시어사(侍御史)에 보임하였다. 이 때 태산에 도적이 많아지자 양무를 태산군수로 임명했는데, 10개월 만에 포대기에 아이를 업고 오는 자가 수천 가에 이를 정도로 안정되었다. 이어 낙랑태수로 전보하였다. 공손도가 요동에 있을 때 양무를 억류하여 부임하지 못하게 하였으나, 양무는 굴복하지 않았다. 공손도가 양무와 뭇 장수들에게 말하기를, "조공(曹公; 조조)이 원정을 떠나 업성(鄴城)의 방비가 갖추어지지 않았다고 하니, 지금 내가 보졸 3만과 기병 1만 필로 직접 업성을 공격하면 누가 이를 막을 수 있겠는가." 하였다. 여러 장수들이 그렇다고 하였다. 또 공손도가 돌아보다가 양무에게 "그대의 생각은 어떠한가?" 묻자 양무가 대답하였다. "최근 해내(海內)에 큰 난리가 일어나 사직이 장차 쓰러지려 하사 징군이 10만의 무리를 끼고 편안히 앉아서 성패를 지켜 보고 있었습니다. 무릇 다른 사람의 신하된 자로서 진실로 이와 같이 해야 하겠습니까? 조공이 국가의 위기와 패망을 근심하고 백성들의 고통과 해독을 위로해주며 의병을 이끌고 천하를 위하여 잔적을 주살하니 그 공은 높고 덕은 넓어 두 마음이 있다고 할 수 없습니다. 해내가 처음 안정되어 백성들이 비로서 편안히 모일 수 있게 되었기에 장군의 죄를 아직 책망하지 않을 뿐입니다. 장군이 곧 군대를 이끌고 서쪽으로 향한다면 살고 죽는 것은 하루아침도 못되어 결정될 것입니다. 장군은 힘써 노력하시기 바랍니다." 여러 장수들이 양무의 말을 듣고 모두 술렁였다. 한참 뒤에 공손도가 양무의 말이 옳다고 하였다. (『三國志』 11 魏書 11 袁張涼國田王邴管傳 涼茂)

205(乙酉/신라 나해이사금 10/고구려 산상왕 9/백제 초고왕 40/後漢 建安 10/倭 神功 5)

신라	봄 2월에 진충(眞忠)을 일벌찬(一伐湌)으로 삼아 국정에 참여시켰다. (『三國史記』 2 新羅本紀 2)
신라	봄 2월에 신라에서 진충을 일벌찬으로 삼아 국정에 참여시켰다. (『三國史節要』 3)
신라	봄 3월 계묘일(癸卯日)이 초하루인 기유일(己酉日: 7)에 신라왕이 오례사벌(汚禮斯伐)과 모마리질지(毛麻利叱智: 朴堤上), 부라모지(富羅母智) 등을 보내 조공하였는데, 전에 볼모로 와 있던 미질허지벌한(微叱許智伐旱: 未斯欣)을 돌아가게 하려는 생각이 있었다. 이에 허지벌한(許智伐旱)을 꾀어 속이게 하였다. "사신 오례사벌과 모마리질지 등이 제게 말하기를, '우리 왕이 제가 오래도록 돌아오지 않는 것에 연좌시켜, 처자를 모두 몰관하여 종으로 삼았다'고 하였습니다. 바라건대 잠시 본토에 돌아가서 그 사정을 알아볼 수 있도록 해주십시오." 황태후(神功皇后)가 곧 들어주었다. 그리하여 갈성습진언(葛城襲津彦)을 딸려 보내니, 함께 대마(對馬)에 도착하여 서해(鉏海)의 수문(水門)에 머물렀다. 이 때 신라의 사신 모마리질지 등이 몰래 배와 뱃사공을 나누어 미질한기(微叱旱岐)를 태우고 신라로 도망가게 하였다. 그리고 풀을 묶어 사람 모습을 만들어 미질허지의 자리에 두고, 거짓으로 병든 사람인 체하고 습진언에게 알리기를, "미질허지가 갑자기 병이 들어서 죽으려고 한다."고 하였다. 습진언이 사람을 시켜 병자를 돌보게 했는데, 속인 것을 알고 신라 사신 세 사람을 붙잡아서 우리 속에 집어넣고 불태워 죽였다. 그리고 신라에 나아가 도비진(蹈鞴津)에 주둔하며 초라성(草羅城)을 함락시키고 돌아왔다. 이 때 사로잡힌 사람들이 오늘날의 상원(桑原)·좌미(佐糜)·고궁(高宮)·인해(忍海) 4읍(邑)의 한인(漢人) 등의 시조이다. (『日本書紀』 9 神功紀)
신라	가을 7월에 서리와 우박이 내려 곡식을 해쳤다. (『三國史記』 2 新羅本紀 2)
신라	가을 7월에 신라에서 서리와 우박이 내려 곡식을 해쳤다. (『三國史節要』 3)
신라	(가을 7월에) 태백성(금성)이 달을 범하였다. (『三國史記』 2 新羅本紀 2)
백제	가을 7월에 태백성(금성)이 달을 범하였다. (『三國史記』 23 百濟本紀 1)
신라 백제	(가을 7월에) 신라와 백제에서 태백성(금성)이 달을 범하였다. (『三國史節要』 3)
신라	8월에 여우가 금성(金城)과 시조묘(始祖廟)의 뜰에서 울었다. (『三國史記』 2 新羅本紀 2)
신라	8월에 신라의 금성과 시조묘의 뜰에서 여우가 울었다. (『三國史節要』 3)

206(丙戌/신라 나해이사금 11/고구려 산상왕 10/백제 초고왕 41/後漢 建安 11/倭 神功 6)

207(丁亥/신라 나해이사금 12/고구려 산상왕 11/백제 초고왕 42/後漢 建安 12/倭 神功 7)

신라	봄 정월에 왕자 이음(利音)[혹은 나음(奈音)이라고도 하였다]을 이벌찬(伊伐湌)으로 삼아, 내외의 병마사(兵馬事)를 겸하여 담당하게 하였다. (『三國史記』 2 新羅本紀 2)
신라	봄 정월에 신라에서 왕자 이음을 이벌찬으로 삼아, 내외의 병마사를 겸하여 담당하게 하였다. (『三國史節要』 3)

208(戊子/신라 나해이사금 13/고구려 산상왕 12/백제 초고왕 43/後漢 建安 13/倭 神功 8)

신라	봄 2월에 서쪽의 군읍(郡邑)을 돌아보고 10여 일만에 돌아왔다. (『三國史記』 2 新羅本紀 2)
신라	봄 2월에 신라왕이 서쪽의 군읍을 돌아보고 10여 일만에 돌아왔다. (『三國史節要』 3)
신라	여름 4월에 왜인이 경계를 침범하였다. 이벌찬(伊伐湌) 이음(利音)을 보내 병사를 거느리고 막게 하였다. (『三國史記』 2 新羅本紀 2)
신라	여름 4월에 왜인이 신라를 침범하였다. 이벌찬 이음을 보내 병사를 거느리고 막게 하였다. (『三國史節要』 3)
백제	가을에 황충(蝗蟲) 떼가 생기고 가뭄이 들어서, 곡식이 순조롭게 열매를 맺지 못하였다. 도적이 많이 일어나자, 왕이 그들을 위무하여 안정시켰다. (『三國史記』 23 百濟本紀 1)
백제	백제에서 황충 떼가 생기고 가뭄이 들어서, 곡식이 자라지 못하였다. 도적이 많이 일어나자, 왕이 그들을 위무하여 안정시켰다. (『三國史節要』 3)
고구려	겨울 10월에 고구려(高勾麗)에서 교사(郊祀)에 쓸 돼지가 달아났다. 관리하는 자가 뒤를 쫓아 주통촌(酒桶村)에 이르렀으나, 돼지가 이리저리 날뛰어 붙잡지 못하였다. 20세 쯤 된 여인이 있어 곱고 아름다웠는데, 웃으면서 뒤쫓던 자들을 앞질러 돼지를 붙잡았다. 그 후에야 뒤쫓던 자들이 비로소 잡게 되었다. 왕이 이 말을 듣고 이상하게 여겨, 미행하여 밤에 그 여인의 집에 이르렀다. 그 여인을 불러 통정하려 하자, 여인이 고하기를, "왕명을 감히 피할 수 없으나, 통정하여 아들을 낳으면 저버리지 마시기 바랍니다."라고 하였다. 왕이 그것을 허락하고 돌아왔다. (『三國史節要』 3)
고구려	겨울 11월에 교사에 쓸 돼지가 달아났다. 관리하는 자가 뒤를 쫓아 주통촌에 이르렀으나, 돼지가 이리저리 날뛰어 붙잡지 못하였다. 20세 쯤 된 여자가 있어 용모가 곱고 아름다웠는데, 웃으면서 뒤쫓던 자들을 앞질러 돼지를 붙잡았다. 그 후에야 뒤쫓던 자들이 비로소 잡게 되었다. 왕이 이 말을 듣고 이상하게 여겨, 그 여인를 보려고 미행하여 밤에 그 여자의 집에 이르렀다. 시중드는 사람을 시켜 설득하자, 그 집에서 왕이 온 것을 알고 감히 거절하지 못하였다. 왕이 방에 들어가 그 여자를 불러서 통정하려 하자, 여자가 고하기를, "대왕의 명을 감히 피할 수 없으나, 만약 통정하여 아들을 낳으면 저버리지 마시기 바랍니다."라고 하였다. 왕이 그것을 허락하였다. 자정이 되어 왕이 일어나 궁으로 돌아왔다. (『三國史記』 16 高句麗本紀 4)

고구려   봄 3월에 왕후가 왕이 주통촌(酒桶村)의 여인과 통정한 것을 알고 이를 질투하여, 몰래 병사를 보내 죽이려고 하였다. 그 여인이 듣고 알게 되어 남자 옷을 입고 도망해 달아나니, 추격하여 해치려고 하였다. 그 여인이 물었다. "너희들이 지금 와서 나를 죽이려고 하는 것은 왕의 명령이냐, 왕후의 명령이냐? 지금 내 뱃속에 아들이 있는데, 실로 왕의 유체(遺體)이다. 내 몸은 죽일 수 있으나 왕자도 죽일 수 있느냐?" 병사가 감히 해치지 못하고, 와서 여인이 말한 것을 보고하였다. 왕후가 노여워하여 반드시 죽이려고 하였으나 이루지 못하였다. 왕이 이 말을 듣고 다시 그 여자의 집에 가서 묻기를, "네가 지금 임신하였는데 누구의 아들이냐?"고 하였다. 여인이 대답하였다. "저는 평생 형제와도 자리를 같이 하지 않았는데, 하물며 감히 다른 성씨의 남자를 가까이 하였겠습니까? 지금 뱃속에 있는 아들은 실로 대왕의 유체입니다." 왕이 위로와 선물을 매우 후하게 하고, 돌아와 왕후에게 고하니 마침내 감히 해치지 못하였다. (『三國史記』16 高句麗本紀 4)

고구려   봄 3월에 고구려(高勾麗) 왕후 우씨(于氏)가 왕이 주통촌의 여인과 통정한 것을 알고 이를 질투하여, 몰래 병사를 보내 죽이려고 하였다. 여인이 이를 듣고 남자 옷을 입고 도망하니, 병사가 추격하여 해치려고 하였다. 여인이 물었다. "너희가 와서 나를 죽이려고 하는 것은 왕의 명령이냐? 지금 내가 임신하였는데, 나는 죽일 수 있으나 왕자도 죽일 수 있느냐?" 병사가 감히 해치지 못하였다. 왕후가 이 말을 듣고 더욱 노여워하여 반드시 죽이려고 하였다. 왕이 다시 그 여인의 집에 가서 묻기를, "네가 임신을 하였다고 들었는데 누구의 아들이냐?"고 하였다. 여인이 대답하였다. "저는 평생 형제와도 자리를 같이 하지 않았는데, 감히 다른 성씨의 남자를 가까이 하였겠습니까? 지금 뱃속에 있는 아들은 실로 대왕의 유체입니다." 왕이 기뻐하여 선물을 후히 보내주니, 왕후도 마침내 해치지 못하였다. (『三國史節要』3)

신라 포상팔국 가야
          가을 7월에 포상(浦上)의 8국이 가라(加羅)를 침입하려고 하자, 가라 왕자가 와서 구원을 요청하였다. 왕이 태자 우로(于老)와 이벌찬(伊伐湌) 이음(利音)에게 명하여 6부의 병사를 거느리고 가서 구원하게 하였다. 8국의 장군을 공격하여 죽이고 포로로 잡혔던 6천 명을 빼앗아 돌려주었다. (『三國史記』2 新羅本紀 2)

신라 포상팔국 가야
          가을 7월에 포상의 8국이 가라를 침범하려고 하자, 가라 왕자가 신라에 구원을 요청하였다. 왕이 태자 우로와 이벌찬 이음에게 명하여 6부의 병사를 거느리고 가서 구원하게 하였다. 8국의 장군을 공격하여 죽이고 포로로 잡혔던 6천 명을 빼앗아 돌려주었다. 이 전역(戰役)에서 물계자(勿稽子)는 큰 공을 세웠으나 이음에게 꺼려져서 그 공을 기록하지 않았다. 어떤 자가 말하기를, "그대의 공로가 더없이 큰데 기록되지 못하였으니 원망하는가?"라고 하니, 물계자가 말하기를, "어찌 원망함이 있겠는가?"라고 하였다. 어떤 자가 말하기를, "어찌 이를 왕에게 아뢰지 않는가?"라고 하니, 물계자가 말하였다. "공로를 자랑하여 이름을 구하는 것은 지사가 할 바가 아니니, 다만 뜻을 가다듬어 후일을 기다릴 뿐이다." 물계자는 가문이 대대로 한미하였으나, 사람됨이 기개가 있고 장대한 뜻을 품었다. (『三國史節要』3)

신라 팔포상국 가야
          물계자는 나해이사금 때의 사람이다. 가문이 대대로 한미하였으나, 사람됨이 기개가 있고 어려서부터 장대한 뜻을 품었다. 당시 포상의 8국이 함께 아라국(阿羅國)을 정벌하려고 하자, 아라의 사신이 와서 구원을 요청하였다. 이사금이 왕손 날음(捺音)으로 하여금 가까운 군과 6부의 군대를 거느리고 가서 구원해주게 하였고, 드디어 8국의 병사를 패배시켰다. 이 전역에서 물계자는 큰 공을 세웠으나 왕손에게 미움을 사서 그 공을 기록하지 않았다. 어떤 자가 물계자에게 말하기를, "그대의 공로가 더없이 큰데 기록되지 못하였으니 원망하는가?"라고 하니, 물계자가 말하기를, "어찌 원망함이 있겠는가?"라고 하였다. 어떤 자가 말하기를, "어찌 이를 왕에게 아뢰지 않는가?"라고 하니, 물계자가 말하였다. "공로를 자랑하여 이름을 구하는 것은 지사가 할 바가 아니니, 다만 뜻을 가다듬어 후일을 기다릴 뿐이다."(『三國史記』 48 列傳 8 勿稽子)

고구려	가을 9월에 주통촌의 여인이 아들을 낳았다. 왕이 기뻐하며 말하기를, "이는 하늘이 나에게 주신 후사이다."라고 하였다. 처음에 교사(郊祀)에 쓸 돼지로 인하여 그 어미와 통정할 수 있었으므로 그 아들의 이름을 교체(郊彘)라 하고, 그 어미를 세워 소후(小后)로 삼았다. 애초에 소후의 어머니가 임신하여 아직 출산하지 않았는데, 무당이 점을 쳐서 말하기를, "반드시 왕후를 낳을 것이다."라고 하였다. 어머니가 기뻐서 아이를 낳게 되자 후녀(后女)라고 이름지었다. (『三國史記』 16 高句麗本紀 4)
고구려	9월에 고구려에서 주통촌의 여인이 아들을 낳았다. 왕이 기뻐하며 말하기를, "이는 하늘이 나에게 주신 후사이다."라고 하였다. 처음에 교사에 쓸 돼지로 인하여 얻었으므로 이름을 교체라고 하고, 그 여인을 세워 소후로 삼았다. 애초에 소후의 어머니가 막 임신하여 점을 치니, 무당이 말하기를, "반드시 왕후를 낳을 것이다"라고 하였다. 낳게 되자 후녀라고 이름지었다. (『三國史節要』 3)
고구려	이이모(伊夷模)는 아들이 없어 관노부(灌奴部)의 여자와 사통하였는데, 아들을 낳아 이름을 위궁(位宮)이라고 하였다. (『三國志』 30 魏書 30 烏丸鮮卑東夷傳 高句麗)
고구려	겨울 10월에 왕이 환도(丸都)로 도읍을 옮겼다. (『三國史記』 16 高句麗本紀 4)
고구려	겨울 10월에 고구려왕(高勾麗王)이 환도로 도읍을 옮겼다. (『三國史節要』 3)
백제	겨울 10월에 큰 바람이 불어 나무가 뽑혔다. (『三國史記』 23 百濟本紀 1)
백제	(겨울 10월에) 백제에서 큰 바람이 불어 나무가 뽑혔다. (『三國史節要』 3)

210(庚寅/신라 나해이사금 15/고구려 산상왕 14/백제 초고왕 45/後漢 建安 15/倭 神功 10)

백제	봄 2월에 적현성(赤峴城)·사도(沙道城) 두 성을 쌓고 동부의 민호(民戶)를 그곳으로 옮겼다. (『三國史記』 23 百濟本紀 1)
백제	봄 2월에 백제에서 적현·사도 두 성을 쌓고 동부의 민호를 그곳으로 옮겼다. (『三國史節要』 3)
신라	봄과 여름에 가뭄이 들었다. 사자을 보내 군읍(郡邑)의 옥에 있는 죄수들의 죄상을 살펴, 두 가지 사죄(死罪)를 제외하고 나머지는 모두 용서해 주었다. (『三國史記』 2 新羅本紀 2)
신라	봄과 여름에 신라에서 가뭄이 들었다. 사자를 보내 군읍 죄수들의 죄상을 살펴, 두 가지 사죄를 제외하고 모두 용서해 주었다. (『三國史節要』 3)
백제 말갈	겨울 10월에 말갈이 사도성에 와서 공격하다가 이기지 못하자, 성문에 불을 지르고 달아났다. (『三國史記』 23 百濟本紀 1)
백제 말갈	겨울 10월에 말갈이 백제의 사도성을 공격하였는데 이기지 못하자, 성문에 불을 지르고 달아났다. (『三國史節要』 3)

211(辛卯/신라 나해이사금 16/고구려 산상왕 15/백제 초고왕 46/後漢 建安 16/倭 神功 11)

신라	봄 정월에 흰견(萱堅)을 이찬(伊湌)으로, 윤종(允宗)을 일길찬(一吉湌)으로 임명하였다. (『三國史記』 2 新羅本紀 2)
신라	봄 정월에 신라에서 흰견을 이찬으로, 윤종을 일길찬으로 삼았다. (『三國史節要』 3)
백제	가을 8월에 남쪽 지방에 황충(蝗蟲) 떼가 곡식을 해쳐 백성들이 굶주렸다. (『三國史記』 23 百濟本紀 1)
백제	가을 8월에 백제의 남쪽 지방에 황충 떼가 곡식을 해쳐 백성들이 굶주렸다. (『三國史節要』 3)
백제	겨울 11월에 얼음이 얼지 않았다. (『三國史記』 23 百濟本紀 1)
백제	겨울 11월에 백제에서 얼음이 얼지 않았다. (『三國史節要』 3)

212(壬辰/신라 나해이사금 17/고구려 산상왕 16/백제 초고왕 47/後漢 建安 17/倭 神功 12)

신라 가야	봄 3월에 가야가 왕자를 보내 인질로 삼게 하였다. (『三國史記』 2 新羅本紀 2)
신라 가야	봄 3월에 가야왕이 아들을 신라에 인질로 보냈다. (『三國史節要』 3)
신라	여름 5월에 큰 비가 내려 민가가 떠내려가고 부서졌다. (『三國史記』 2 新羅本紀 2)
신라	여름 5월에 신라에서 큰 비가 내려 민가가 떠내려가고 부서졌졌다. (『三國史節要』 3)
백제	여름 6월 경인일(庚寅日: 29) 그믐에 일식이 있었다. (『三國史記』 23 百濟本紀 1)
백제	여름 6월 경인일(29) 그믐에 백제에서 일식이 있었다. (『三國史節要』 3)

신라 보라 고자 사물

　　제10대 나해왕 즉위 17년 임진년에 보라국(保羅國)·고자국(古自國)[지금의 고성(固城)]·사물국(史勿國)[지금의 사주(泗州)] 등 8국이 힘을 합쳐 변경을 침범하였다. 왕은 태자 날음(捺音)과 장군 일벌(一伐) 등에게 명하여 병사를 거느리고 그들을 막도록 하니, 8국이 모두 항복하였다. 이 때 물계자(勿稽子)의 군공이 으뜸이나, 태자에게 미움을 받아서 그 공에 대한 상을 받지 못하였다. 어떤 이가 물계자에게 말하였다. "이 전투의 공은 오직 그대뿐이다. 그런데 상이 당신에게 미치지 않고, 태자가 미워하는 것이 그대는 원망스럽지 않은가?" 물계자가 말하기를, "군주가 위에 계시는데, 어찌 신하를 원망하겠는가?"라고 하였다. 어떤 이는 말하기를, "그렇다면 임금에게 아뢰는 것이 좋을 것이다." 하니, 물계자가 말하였다. "공을 대신하여 목숨을 다투고, 자기를 드러내어 다른 사람을 가리는 것은 지사가 할 바가 아니니, 때를 기다릴 뿐이다."(『三國遺事』 5 避隱 8 勿稽子)

신라 골포 칠포 고사포

　　3년이 지나 골포(骨浦)·칠포(柒浦)·고사포(古史浦)의 3국 군대가 와서 갈화성(竭火城)을 공격하였다. 왕이 병사를 이끌고 나가 갈화성을 구원하여, 3국의 군사를 대패시켰다. 물계자는 수십여 명의 목을 베었으나 논공(論功)할 때 또 얻은 바가 없었다. 이에 그 아내에게 말하였다. "일찍이 들으니 신하된 도리는 위험을 보면 목숨을 바치고, 어려움을 만나면 자신을 돌보지 않는 것이라고 하였다. 전날 포상(浦上)·갈화의 전역(戰役)은 위험하고도 어려운 것이었다고 할 수 있는데, 목숨을 바치고 자신을 돌보지 않았음을 사람들에게 알릴 수 없게 되었으니, 장차 무슨 면목으로 시조(市朝)에 나가겠는가?" 드디어 머리를 풀고 거문고를 들고, 사체산(師彘山)으로 들어가 돌아오지 않았다. (『三國史記』 48 列傳 8 勿稽子)

신라 골포 칠포 고포

골포·칠포·고포(古浦) 3국이 신라의 갈화성을 공격하였다. 왕이 병사를 이끌고 이를 구원하여, 3국의 군사를 대파하였다. 물계자가 수십여 명의 목을 베었으나 논공할 때 또 기록되지 않았다. 이에 아내에게 말하였다. "일찍이 들으니 신하된 도리는 위험을 보면 목숨을 바치고, 어려움을 만나면 자신을 돌보지 않는 것이 충(忠)이라고 하였다. 전날 포상·갈화의 전역은 위험하고도 어려운 것이었다고 할 수 있는데, 목숨을 바치고 자신을 돌보지 않았음을 사람들에게 알릴 수 없게 되었으니 이는 불충이다. 이미 불충으로써 임금을 섬겨 누가 선인에게 미친다면 어찌 효(孝)라고 하겠는가? 이미 충효를 잃었으니, 장차 무슨 면목으로 시조에 나가겠는가?" 드디어 머리를 풀고 거문고를 들고, 사체산으로 들어가 돌아오지 않았다. (『三國史節要』 3)

213(癸巳/신라 나해이사금 18/고구려 산상왕 17/백제 초고왕 48/後漢 建安 18/倭 神功 13)

고구려   봄 정월에 교체(郊彘)를 세워 왕태자로 삼았다. (『三國史記』 16 高句麗本紀 4)

고구려   봄 정월에 고구려왕(高勾麗王)이 아들 교체를 세워 태자로 삼았다. 뒤에 이름을 우위거(憂位居)라고 고쳤다. (『三國史節要』 3)

백제   가을 7월에 서부 사람 회회(茴會)가 흰 사슴을 잡아 바쳤다. 왕이 상서로운 일이라 하여 곡식 100석을 하사하였다. (『三國史記』 23 百濟本紀 1)

백제   가을 7월에 백제에서 서부 사람 순회(荀會)가 흰 사슴을 잡아서 바쳤다. 왕이 상서로운 일이라 하여 곡식 100석을 하사하였다. (『三國史節要』 3)

214(甲午/신라 나해이사금 19/고구려 산상왕 18/백제 초고왕 49, 구수왕 1/後漢 建安 19/倭 神功 14)

신라   봄 3월에 큰 바람이 불어 나무가 부러졌다. (『三國史記』 2 新羅本紀 2)

신라   봄 3월에 신라에서 큰 바람이 불어 나무가 부러졌다. (『三國史節要』 3)

신라 백제   가을 7월에 백제가 나라 서쪽의 요거성(腰車城)에 와서 공격하고, 성주 설부(薛夫)를 죽였다. 왕이 이벌찬(伊伐湌) 이음(利音)에게 정예병 6천 명을 이끌고 백제를 정벌하도록 명하니, 사현성(沙峴城)을 깨뜨렸다. (『三國史記』 2 新羅本紀 2)

백제 말갈   가을 9월에 북부의 진과(眞果)에게 명하여, 군사 1천 명을 거느리고 말갈의 석문성(石門城)을 습격하여 취하게 하였다. (『三國史記』 23 百濟本紀 1)

백제 말갈   가을 9월에 백제왕이 북부의 진과에게 명하여, 군사 1천 명을 거느리고 말갈의 석문성을 습격하여 취하게 하였다. (『三國史節要』 3)

백제 말갈   겨울 10월에 말갈이 날랜 기병으로 와서 침범하여 술천(述川)에 이르렀다. (『三國史記』 23 百濟本紀 1)

백제 말갈   겨울 10월에 말갈이 날랜 기병으로 백제를 침범하여 술천에 이르렀다. (『三國史節要』 3)

백제   (겨울 10월에) 왕이 돌아가셨다. (『三國史記』 23 百濟本紀 1)

백제   (겨울 10월에) 백제왕 초고가 돌아가셨다. (『三國史節要』 3)

백제	구수왕[혹은 귀수(貴須)라고도 한다]은 초고왕의 맏아들이다. 그는 신장이 7척이고 용모가 특이하였다. 초고왕이 재위 49년에 돌아가시자, 그가 즉위하였다. (『三國史記』 24 百濟本紀 2)
백제	원자(元子) 구수가 즉위하였는데 신장이 7척이고 용모가 특이하였다. (『三國史節要』 3)

신라	겨울 12월에 천둥이 쳤다. (『三國史記』 2 新羅本紀 2)
신라	겨울 12월에 신라에서 천둥이 쳤다. (『三國史節要』 3)

215(乙未/신라 나해이사금 20/고구려 산상왕 19/백제 구수왕 2/後漢 建安 20/倭 神功 15)

신라 골포	(나해왕) 20년 을미에 골포국(骨浦國)[지금의 합포(合浦)이다] 등 3국의 왕이 각각 병사를 거느리고 갈화(竭火)[굴불(屈弗)이 의심되는데, 지금의 울주(蔚州)이다]를 공격해 왔다. 왕이 직접 병사를 거느리고 그것을 방어하자, 3국은 모두 패하였다. 물계자가 머리를 벤 것이 수십 급이였으나, 사람들은 물계자의 공을 말하지 않았다. 물계자가 그의 부인에게 말하였다. "내가 듣기로 임금을 섬기는 도리는 위태로움을 보고 목숨을 다하고 어려움에 임해서는 나를 잊으며, 절개와 의리에 기대어 생사를 돌아보지 않는 것을 충성이라고 한다. 무릇 보라(保羅)[발라(發羅)가 의심되는데, 지금의 나주(羅州)이다]·갈화의 전역(戰役)은 참으로 이 나라의 환란이자 군주의 위기였으나, 나는 일찍이 나를 잊고 목숨을 다하는 용기가 없었으니, 이는 불충이 심한 것이다. 이미 불충으로 임금을 섬겨서 선인에게 누가 미쳤으니, 어찌 효라 할 수 있겠는가? 이미 충효를 잃었으니, 무슨 면목으로 다시 조시(朝市)에 돌아다닐 수 있겠는가!" 이에 머리를 풀어 헤치고 거문고를 메고, 사체산(師彘山)[알 수 없다]에 들어갔다. 대나무 같은 성질이 병임을 슬퍼하며 그것에 기대어 노래를 짓고, 시냇물 소리를 본떠 거문고를 뜯어 곡조를 지으며, 숨어 살면서 다시 세상에 나오지 않았다. (『三國遺事』 5 避隱 8 勿稽子)

216(丙申/신라 나해이사금 21/고구려 산상왕 20/백제 구수왕 3/後漢 建安 21/倭 神功 16)

백제 말갈	가을 8월에 말갈이 적현성(赤峴城)에 와서 포위하였으나, 성주가 굳게 막아서 적이 물러나 돌아갔다. 왕이 날랜 기병 800명을 이끌고 그들을 추격하여, 사도성(沙道城) 아래에서 싸워 격파하였는데, 죽이거나 사로잡은 적병이 매우 많았다. (『三國史記』 24 百濟本紀 2)
백제 말갈	가을 8월에 말갈이 백제의 적현성을 포위하였으나, 성주가 굳게 막아서 적이 물러갔다. 왕이 날랜 기병 800명을 이끌고 그들을 추격하여, 사도성 아래에서 싸워 격파하였는데 죽이거나 사로잡은 적병이 매우 많았다. (『三國史節要』 3)

217(丁酉/신라 나해이사금 22/고구려 산상왕 21/백제 구수왕 4/後漢 建安 22/倭 神功 17)

백제	봄 2월에 사도성(沙道城) 옆에 두 곳의 목책을 설치하였다. 동서 간의 거리가 10리였고, 적현성(赤峴城)의 군졸을 나누어 이곳을 지키게 하였다. (『三國史記』 24 百濟本紀 2)
백제	봄 2월에 백제에서 사도성 옆에 두 곳의 목책을 설치하였다. 동서 간의 거리가 10리였고, 적현성의 군졸을 나누어 이곳을 지키게 하였다. (『三國史節要』 3)

고구려	가을 8월에 한 평주(平州) 사람 하요(夏瑤)가 백성 1천여 가를 데리고 투항해 왔다. 왕이 이들을 받아들여 책성(柵城)에 안치하였다. (『三國史記』 16 高句麗本紀 4)
고구려	가을 8월에 한 평주 사람 하요가 1천여 가를 데리고 고구려(高勾麗)에 투속(投屬)하

였다. 왕이 이들을 받아들여 책성에 두었다. (『三國史節要』3)

고구려 겨울 10월에 천둥이 치고 지진이 났다. 패성(孛星)이 동북쪽에 나타났다.[14] (『三國史記』16 高句麗本紀 4)

고구려 겨울 10월에 고구려에서 천둥이 치고 지진이 났다. 패성이 동북쪽에 나타났다. (『三國史節要』3)

218(戊戌/신라 나해이사금 23/고구려 산상왕 22/백제 구수왕 5/後漢 建安 23/倭 神功 18)

신라 가을 7월에 무기고의 병기가 저절로 나왔다. (『三國史記』2 新羅本紀 2)

신라 가을 7월에 신라에서 무기고의 병기가 저절로 움직였다. (『三國史節要』3)

신라 백제 (가을 7월에) 백제군이 와서 장산성(獐山城)을 포위하였다. 왕이 직접 병사를 이끌고 나가서 공격하여 달아나게 하였다. (『三國史記』2 新羅本紀 2)

백제 신라 (가을 7월에) 백제에서 병사를 보내 신라의 장산성을 포위하였다. 신라왕이 직접 병사를 이끌고 나가서 공격하니, 백제군이 패배하였다. (『三國史節要』3)

백제 신라 왕이 군사를 보내 신라의 장산성을 포위하였다. 신라왕이 직접 군사를 이끌고 공격하니, 우리 군대가 패배하였다. (『三國史記』24 百濟本紀 2)

219(己亥/신라 나해이사금 24/고구려 산상왕 23/백제 구수왕 6/後漢 建安 24/倭 神功 19)

고구려 봄 2월 임자일(壬子日: 30) 그믐에 일식이 있었다. (『三國史記』16 高句麗本紀 4)

고구려 봄 2월 임자일(30) 그믐에 고구려(高勾麗)에서 일식이 있었다. (『三國史節要』3)

대방 한 예 건안 연간(196~220)에 공손강(公孫康)이 둔유현(屯有縣) 이남의 황무지를 분할하여 대방군을 만들었다. 공손모(公孫模)·장창(張敞) 등을 보내 한(漢)의 유민을 모아 군대를 일으켜서 한(韓)과 예를 정벌하자, 한·예에 있던 옛 백성들이 차츰 돌아왔다. 이 뒤에 왜와 한은 드디어 대방에 소속하게 되었다. (『三國志』30 魏書 30 烏丸鮮卑東夷傳 韓)

대방 한 왜인(倭人)은 대방군의 동남쪽 대해 가운데에 있으며 산과 섬에 의거하여 국읍을 이루고 있다. 이전에는 100여 국이 있어 한대(漢代)에는 조공하여 오는 자가 있었지만, 지금은 사신이나 통역을 데리고 오는 나라는 30여 국이다.
대방군에서 왜에 이르기 위해서는 해안을 돌아 바다로 나아가 한국(韓國)을 거쳐 때로는 남쪽으로 때로는 동쪽으로 가면, 그 북쪽 대안인 구야한국(狗邪韓國)에 이르기까지 7천여 리이다. 처음으로 바다 하나를 건너는데, 1천여 리를 가면 대마국(對馬國, 쓰시마노쿠니)에 도착한다. 그 대관(大官)은 비구(卑狗)라 부르고, 그 부관(副官)은 비노모리(卑奴母離)라 부른다. 사는 곳은 절도(絶島)로서 사방이 400여 리 정도이다. 토지는 산이 험하고 우거진 수풀이 많으며, 도로는 새와 사슴과 같은 짐승들이 다니는 길과 같다. 1천여 호(戸)가 있으나 좋은 농경지가 없어서 해물을 먹으며 생활하면서, 배를 디고 남쪽과 북쪽으로 가서 곡물을 사온다.
또 남쪽으로 바다 하나를 건너서 1천여 리를 가면, 이름하여 한해(瀚海)라고 하며 일대국(一大國, 잇키노쿠니)에 이른다. 그 관(官)은 역시 비구라 부르고, 부관은 비노모리라고 한다. 사방은 300리 정도이고, 대나무와 울창한 숲이 많다. 3천 정도의 가(家)가 있고 약간의 전지(田地)가 있지만, 농사를 지어도 여전히 먹고 살기에 부족하므로 역시 남쪽과 북쪽으로 가서 곡물을 사온다.
또 바다 하나를 건너서 1천여 리를 가면, 말로국(末盧國)에 이른다. 4천여 호가 있는데 산과 바다를 따라서 거주하고 있고, 초목이 무성하여 길을 가면서 앞에 가는 사람을 볼 수 없다. 물고기와 전복을 잘 잡는데, 바닷물이 깊든 얕든 모두 물 속에 들어가서 그것을 잡는다.

동남쪽으로 육상으로 500리를 가면, 이도국(伊都國)에 도착한다. 관은 이지(爾支)라고 하고, 부관은 설모고(泄謨觚)·병거고(柄渠觚)라고 한다. 1천여 호가 있으며 대대로 왕이 있었지만 모두 여왕국(女王國)에 통속되어 있다. 대방군의 사신이 왕래하며 항상 주재(駐在)하는 곳이다.

동남쪽으로 노국(奴國)에 이르기까지 100리이다. 관은 시마고(兒馬觚)라고 하고, 부관은 비노모리라 부르는데, 2만여 호가 있다. 동쪽으로 불미국(不彌國)에 이르기까지 100리이다. 관은 다모(多模), 부관은 비노모리라고 하는데, 1천여 가가 있다. 남쪽으로 투마국(投馬國)에 이르기까지 바닷길로 20일을 간다. 관은 미미(彌彌), 부관은 미미나리(彌彌那利)라고 하는데, 5만여 호 정도이다.

남쪽으로 야마일국(邪馬壹國)에 이르는데, 여왕(女王)이 도읍한 곳으로 바닷길로 10일, 육상으로 1개월 동안 간다. 관으로는 이지마(伊支馬)가 있고, 그 다음은 미마승(彌馬升), 그 다음은 미마획지(彌馬獲支), 그 다음은 노가제(奴佳鞮)라고 하는데, 7만여 호 정도가 있다. 여왕국의 이북은 그 호구 숫자와 거리를 대략적이라도 기재할 수 있지만, 그 나머지 주변국은 멀리 떨어져 있기 때문에 상세한 것을 얻을 수 없다. 다음으로 사마국(斯馬國)이 있고, (…) 다음으로 노국이 있는데, 이것이 여왕의 경계 안에 있는 것을 다 열거한 것이다.

그 남쪽에는 구노국(狗奴國)이 있는데, 남자가 왕이 되었다. 그 관에는 구고지비구(狗古智卑狗)가 있으며, 여왕에 복속되지 않았다. 대방군에서 여왕국에 이르는 데는 1만 2천여 리이다.

(…) 나라마다 시장이 있어서 있고 없는 것을 서로 교역하는데, 대왜(大倭)로 하여금 그것을 감독하도록 하였다. 여왕국의 이북에 특별히 일대솔(一大率)을 설치하여 제국(諸國)를 단속하고 살피도록 하였으므로, 제국은 그를 두려워하면서 꺼려하였다. 항상 이도국(伊都國)에서 다스렸는데, 나라 안에 마치 자사(刺史)가 있는 것과 같다. 왜국왕이 사신을 보내 경도(京都), 대방군, 제한국(諸韓國)에 이르게 하거나 대방군에서 왜국(倭國)에 사신을 보내면 모두 이도국의 나루터로 와서 길을 찾으니, 전달해서 보내온 문서와 황제가 하사하여 보내준 물건이 여왕에게 도착하게 하는 것에 착오가 없었다. (…) (『三國志』30 魏書 30 烏丸鮮卑東夷傳 倭人)

220(庚子/신라 나해이사금 25/고구려 산상왕 24/백제 구수왕 7/後漢 延康 1, 曹魏 黃初 1/倭 神功 20)

예맥 부여   (연강 원년 3월 기묘일(己卯日: 3)에) 예맥·부여의 선우(單于)와 언기(焉者)·우전(于闐)의 왕이 모두 각각 사신을 보내 표문을 올리고 토산물을 바쳤다. (『三國志』2 魏書 2 文帝紀)

신라   봄 3월에 이벌찬(伊伐湌) 이음(利音)이 죽자, 충훤(忠萱)을 이벌찬으로 삼아 병마사(兵馬事)를 겸하여 맡도록 했다. (『三國史記』2 新羅本紀 2)

신라   봄 3월에 신라에서 이벌찬 이음이 죽자, 충훤으로 하여금 그를 대신하게 하였다. (『三國史節要』3)

고구려   여름 4월에 기이한 새가 왕궁 뜰에 모여들었다. (『三國史記』16 高句麗本紀 4)

고구려   여름 4월에 고구려(高句麗)에서 왕궁 뜰에 기이한 새가 모여들었다. (『三國史節要』3)

신라	가을 7월에 양산(楊山) 서쪽에서 대대적으로 군대를 사열하였다. (『三國史記』 2 新羅本紀 2)
신라	가을 7월에 신라가 양산 서쪽에서 대대적으로 군대를 사열하였다. (『三國史節要』 3)
백제	겨울 10월에 왕성 서문이 불탔다. (『三國史記』 24 百濟本紀 2)
백제	겨울 10월에 백제에서 왕성 서문이 불탔다. (『三國史節要』 3)
백제 말갈	(겨울 10월에) 말갈이 북쪽 변방을 노략질하자, 병사를 보내 막았다. (『三國史記』 24 百濟本紀 2)
백제 말갈	(겨울 10월에) 말갈이 백제의 북쪽 변방을 노략질하자, 병사를 보내 막았다. (『三國史節要』 3)

221(辛丑/신라 나해이사금 26/고구려 산상왕 25/백제 구수왕 8/曹魏 黃初 2/倭 神功 21)

백제	여름 5월에 동쪽 지방에 큰 홍수가 나서 40여 곳의 산이 무너졌다. (『三國史記』 24 百濟本紀 2)
백제	여름 5월에 백제 동쪽 지방에 큰 홍수가 나서 40여 곳의 산이 무너졌다. (『三國史節要』 3)
백제	6월 무진일(戊辰日: 29) 그믐에 일식이 있었다. (『三國史記』 24 百濟本紀 2)
백제	6월 무진일(29) 그믐에 백제에서 일식이 있었다. (『三國史節要』 3)
백제	가을 8월에 한수 서쪽에서 대대적으로 군대를 사열하였다. (『三國史記』 24 百濟本紀 2)
백제	가을 8월에 백제가 한수 서쪽에서 대대적으로 군대를 사열하였다. (『三國史節要』 3)

222(壬寅/신라 나해이사금 27/고구려 산상왕 26/백제 구수왕 9/曹魏 黃初 3/倭 神功 22)

백제	봄 2월에 유사(有司)에게 명하여 제방을 수리하게 하였다. (『三國史記』 24 百濟本紀 2)
백제	봄 2월에 백제에서 유사에게 명하여 제방을 수리하게 하였다. (『三國史節要』 3)
백제	3월에 영(令)을 내려 농사를 권장하였다. (『三國史記』 24 百濟本紀 2)
백제	3월에 백제에서 영을 내려 농사를 권장하였다. (『三國史節要』 3)
신라	여름 4월에 우박이 내려 콩과 보리를 해쳤다. (『三國史記』 2 新羅本紀 2)
신라	여름 4월에 신라에서 우박이 내려 콩과 보리를 해쳤다. (『三國史節要』 3)
신라	(여름 4월에) 남신현(南新縣) 사람이 죽었다가 한 달이 지나 다시 살아났다. (『三國史記』 2 新羅本紀 2)
신라	(여름 4월에) 신라에서 남신현 사람이 죽었다가 한 달이 지나 다시 살아났다.

권근(權近)이 말하였다. "사람이 죽고 사는 것은 기운이 모이고 흩어지는 것과 같은데 기운이 모이고 흩어짐은 늦고 빠름이 일정하지 않으니, 사람이 죽고 사는 것도 또한 일률적으로 말할 수는 없는 것이다. 사람이 바야흐로 죽었을 때에 사지에 있는 기운은 비록 흩어졌더라도, 심복(心腹)에 있는 기운이 아직 모두 흩어지지 않았으면 다시 깨어나 살아날 수가 있는 것이다. 그러므로 옛날 성인이 예법을 마련하여, 사람이 처음 죽었을 때 지붕에 올라가 호복(呼復)하고 염습(歛襲)할 때에도 갑자기 얼

굴을 덮지 않으며, 장사를 지내는 데에 이르러서도 천자는 7개월이고, 제후는 5개월이며, 대부는 3개월이고, 사서인은 달을 넘기어 갑자기 매장하지 않는 것은 흩어지지 않은 기운이 다시 깨어나 살아나게 하고자 하기 때문이다. 근세에는 병폐에 찌든 풍속이 금기에 구애되어, 기운이 모두 흩어지지 않았는데도 갑자기 허청(虛廳)으로 옮기고 시신을 홑옷으로 싸서 혹은 추위에 얼게 하며, 겨우 3일만 되면 광중(壙中)에 묻고 심지어는 열화(烈火)에 맡겨 화장하는 자도 있으니, 비록 다하지 않은 기운이 있더라도 어떻게 다시 살아날 수가 있겠는가? 국가에서 법을 세워 3일장과 참혹한 화장을 금지하고 상례와 장사를 한결 같이 예제에 의거하게 하였으나, 때때로 예제를 준행하지 않고 홑옷으로 염습하며 3일만에 벌판에 초빈(草殯)하는 자도 있으니, 아! 습속의 변하기 어려움이 심하다. 이제 남신현에서 죽은 사람이 한 달 만에 다시 살아난 것을 보건대, 홑옷으로 염습하고 3일만에 장사지내어 다시 살아나지 못한 자가 얼마나 많겠는가? 통탄을 금할 수 없는 바이다."(『三國史節要』3)

백제	여름 6월에 왕도에 물고기가 비와 함께 내렸다. (『三國史記』24 百濟本紀 2)
백제	6월에 백제 왕도에서 물고기가 비와 함께 내렸다. (『三國史節要』3)

신라 백제	겨울 10월에 백제 병사가 우두주(牛頭州)에 들어왔다. 이벌찬(伊伐飡) 충훤(忠萱)이 병사를 거느리고 그들을 막다가 웅곡(熊谷)에 이르러 적에게 패하여 혼자 돌아왔으므로, 진주(鎭主)로 좌천시켰다. 연진(連珍)을 이벌찬으로 삼아 병마사(兵馬事)를 겸하여 맡게 하였다. (『三國史記』2 新羅本紀 2)
백제 신라	겨울 10월에 병사를 보내 신라의 우두진에 들어가서 민가를 약탈하였다. 신라 장수 충훤이 병사 5천 명을 거느리고 웅곡에서 맞서 싸우다가 대패하고 혼자 달아났다. (『三國史記』24 百濟本紀 2)
백제 신라	겨울 10월에 백제에서 병사를 보내 신라의 우두진에 들어가서 민가를 약탈하였다. 신라 이벌찬 충훤이 병사 5천 명을 거느리고 태곡(態谷)에서 맞아 싸우다가 백제에게 패하여 혼자 돌아갔으므로, 진주로 좌천시켰다. 연진을 이벌찬으로 삼아 병마사를 겸하여 맡게 하였다. (『三國史節要』3)

백제	11월 경신일(庚申日: 30) 그믐에 일식이 있었다. (『三國史記』24 百濟本紀 2 仇首王)
백제	11월 경신일(30) 그믐에 백제에서 일식이 있었다. (『三國史節要』3)

223(癸卯/신라 나해이사금 28/고구려 산상왕 27/백제 구수왕 10/曹魏 黃初 4/倭 神功 23)

224(甲辰/신라 나해이사금 29/고구려 산상왕 28/백제 구수왕 11/曹魏 黃初 5/倭 神功 24)

신라 백제	가을 7월에 이벌찬(伊伐飡) 연진(連珍)이 백제와 봉산(烽山) 아래에서 싸워 그들을 깨뜨리고 1천여 명을 죽이거나 사로잡았다. (『三國史記』2 新羅本紀 2)
백제 신라	가을 7월에 신라의 일길찬(一吉飡) 연진이 와서 침범하였다. 우리 군대는 봉산 아래에서 그들과 맞서 싸웠으나 이기지 못하였다. (『三國史記』24 百濟本紀 2)
신라 백제	가을 7월에 신라가 이벌찬 연진을 보내 백제와 봉산 아래에서 싸워 이를 깨뜨리고 1천여 명을 죽이거나 사로잡았다. (『三國史節要』3)

신라	8월에 봉산성을 쌓았다. (『三國史記』2 新羅本紀 2)
신라	8월에 신라에서 봉산성을 쌓았다. (『三國史節要』3)

백제	겨울 10월에 태백성(금성)이 낮에 나타났다. (『三國史記』24 百濟本紀 2)
백제	겨울 10월에 백제에서 태백성(금성)이 낮에 나타났다. (『三國史節要』3)

고구려	왕손 연불(然弗)이 태어났다. (『三國史記』16 高句麗本紀 4)
고구려	고구려(高勾麗)에서 왕손 연불이 태어났다. (『三國史節要』3)

225(乙巳/신라 나해이사금 30/고구려 산상왕 29/백제 구수왕 12/曹魏 黃初 6/倭 神功 25)

226(丙午/신라 나해이사금 31/고구려 산상왕 30/백제 구수왕 13/曹魏 黃初 7/倭 神功 26)

신라	봄에 비가 오지 않다가 가을 7월에 이르러서야 비가 내렸다. 백성들이 굶주리자 창고를 열어 진급(賑給)하였다. (『三國史記』2 新羅本紀 2)
신라	봄에 신라에서 비가 오지 않다가 가을 7월에 이르러서야 비가 내렸다. 백성들이 굶주리자 창고를 열어 구제해 주었다. (『三國史節要』3)

신라	겨울 10월에 내외의 옥에 갇힌 죄수의 죄상을 살펴 가벼운 죄는 용서하였다. (『三國史記』2 新羅本紀 2)
신라	겨울 10월에 신라에서 내외 죄수의 죄상을 살펴 가벼운 죄는 용서하였다. (『三國史節要』3)

227(丁未/신라 나해이사금 32/고구려 산상왕 31, 동천왕 1/백제 구수왕 14/曹魏 太和 1/倭 神功 27)

신라	봄 2월에 서남쪽의 군읍(郡邑)을 순수하였다. (『三國史記』2 新羅本紀 2)
신라	봄 2월에 신라왕이 서남쪽의 군읍을 순행하였다. (『三國史節要』3)

신라	3월에 순수에서 돌아왔다. 파진찬(波珍飡) 강훤(康萱)을 이찬(伊飡)으로 삼았다. (『三國史記』2 新羅本紀 2)
신라	3월에 순행에서 돌아왔다. 파진찬 강훤을 이찬으로 삼았다. (『三國史節要』3)

백제	봄 3월에 우박이 내렸다. (『三國史記』24 百濟本紀 2)
백제	(3월에) 백제에서 우박이 내렸다. (『三國史節要』3)

백제	여름 4월에 큰 가뭄이 들어, 왕이 동명묘(東明廟)에 기도를 드리자 곧 비가 내렸다. (『三國史記』24 百濟本紀 2)
백제	여름 4월에 백제에서 큰 가뭄이 들어, 왕이 동명묘에 기도를 드리자 곧 비가 내렸다. (『三國史節要』3)

고구려	여름 5월에 왕이 돌아가셨다. 산상릉(山上陵)에 장사지내고 이름을 산상왕이라 하였다. (『三國史記』16 高句麗本紀 4)
고구려	여름 5월에 고구려왕(高勾麗王) 연우(延憂)가 돌아가셨다. 산상릉에 장사지내고 인하여 이름을 산상왕이라 하였다. (『三國史節要』3)
고구려	동천왕[동양(東襄)이라고도 한다]은 이름이 우위거(憂位居)이다. 어릴 때의 이름은 교체(郊彘)이고 산상왕의 아들이다. 어머니는 주통촌(酒桶村) 사람으로 들어와 산상왕의 소후(小后)가 되었지만, 역사에 그 족성(族姓)이 전해지지 않는다. 전왕 17년에 태자로 세워졌고 이때에 이르러 왕위를 계승하였다. 왕은 성품이 관대하고 인자하였다. 왕후가 왕의 마음을 시험하고자 하여, 왕이 놀러 나간 틈에 사람을 시켜 왕이

	타는 말의 갈기를 자르게 하였다. 왕이 돌아와 말하기를, "말이 갈기가 없어 가엾구나."라고 하였다. 또 시중드는 사람을 시켜 식사를 올릴 때 일부러 왕의 옷에 국을 엎질르게 하였으나, 또한 화를 내지 않았다. (『三國史記』 17 高句麗本紀 5)
고구려	태자 우위거가 즉위하였는데 성품이 관대하고 인자하였다. 왕후가 왕의 마음을 시험하고자 하여, 왕이 놀러 나간 틈에 사람을 시켜 왕이 타는 말의 갈기를 자르게 하였다. 왕이 돌아와 말하기를, "말이 갈기가 없어 가엾구나."라고 하였다. 또 시중드는 사람을 시켜 식사를 올리면서 일부러 왕의 옷에 국을 엎지르게 하였으나, 왕은 또한 화를 내지 않았다. (『三國史節要』 3)
고구려	이이모(伊夷模)가 죽자 즉위하여 왕이 되니, 지금의 고구려왕 궁(宮)이 바로 그 사람이다. 위궁(位宮)의 증조가 이름이 궁이었는데, 태어나면서부터 눈을 뜨고 사물을 보았으므로, 그 나라 사람들이 미워하였다. 궁이 장성해지자, 과연 흉악하여 자주 이웃 나라를 침략하다가 나라가 잔파(殘破)되는 지경에 이르렀었다. 지금의 왕(위궁)도 태어나자마자 눈을 뜨고 사람을 보았다. 고구려에서는 서로 닮은 것을 위(位)라고 부르는데, 그의 증조부와 닮았기 때문에 위궁이란 이름을 지었다. 위궁은 용감하고 힘이 세었으며, 말을 잘 타고 사냥에서 활을 잘 쏘았다. (『三國志』 30 魏書 30 烏丸鮮卑東夷傳 高句麗)
고구려	궁의 증손 위궁도 태어나자마자 볼 수 있었다. 사람들이 그가 증조부 궁과 닮았기 때문에 위궁이란 이름을 지었다. 고구려에서는 서로 닮은 것을 위라고 부른다. 위궁은 용감하고 힘이 세었으며, 말을 잘 타고 사냥에서 활을 잘 쏘았다. (『魏書』 100 列傳 88 高句麗)
고구려	이이모가 죽고 아들 위궁이 왕위에 올랐다. 위궁은 용감하고 힘이 세었으며, 말을 잘 타고 사냥에서 활을 잘 쏘았다. (『梁書』 54 列傳 48 東夷傳 高句麗)
고구려	이이모가 죽자 아들 위궁(位宮)이 즉위하였다. 증조부의 이름은 궁인데, 태어나면서부터 눈을 떴고 장성하면서 과연 흉악하였다. 지금 왕도 역시 태어나면서 볼 수 있었다. 고구려에서 모습이 서로 닮은 것을 위라고 하는데 그 증조부와 닮았기 때문에 위궁이라고 이름을 지었다. 궁은 용감하고 힘이 세었으며 말을 잘 부렸다. (『通典』 186 邊防 2 東夷 下 高句麗)

228(戊申/신라 나해이사금 33/고구려 동천왕 2/백제 구수왕 15/曹魏 太和 2/倭 神功 28)

고구려	봄 2월에 왕이 졸본(卒本)에 가서 시조묘(始祖廟)에 제사를 지내고 대사(大赦)하였다. (『三國史記』 17 高句麗本紀 5)
고구려	고기(古記)에 전한다. " (…) 졸본에 가서 시조묘에 제사를 지냈다. (…) 동천왕 2년 봄 2월에 (…) 모두 위와 같이 행하였다." (『三國史記』 32 祭祀志)
고구려	봄 2월에 고구려왕(高勾麗王)이 졸본에 가서 시조묘에 제사를 지내고 대사하였다. (『三國史節要』 3)

고구려	3월에 우씨(于氏)를 봉하여 왕태후로 삼았다. (『三國史記』 17 高句麗本紀 5)
고구려	3월에 고구려왕이 우씨를 봉하여 왕태후로 삼았다. (『三國史節要』 3)

229(己酉/신라 나해이사금 34/고구려 동천왕 3/백제 구수왕 16/曹魏 太和 3/倭 神功 29)

신라	여름 4월에 뱀이 남고(南庫)에서 3일 동안 울었다. (『三國史記』 2 新羅本紀 2)
신라	여름 4월에 신라의 남고(南庫)에서 뱀이 3일 동안 울었다. (『三國史節要』 3)

신라	가을 9월에 지진이 났다. (『三國史記』 2 新羅本紀 2)
신라	가을 9월에 신라에서 지진이 났다. (『三國史節要』 3)

신라	겨울 10월에 큰 눈이 내렸는데 깊이가 5척이었다. (『三國史記』 2 新羅本紀 2)
신라	겨울 10월에 신라에 큰 눈이 내렸는데 깊이가 5척이었다. (『三國史節要』 3)

백제	겨울 10월에 왕이 한천(寒泉)에서 사냥하였다. (『三國史記』 24 百濟本紀 2)
백제	(겨울 10월에) 백제왕이 한천에서 사냥하였다. (『三國史節要』 3)

백제	11월에 전염병이 크게 돌았다. (『三國史記』 24 百濟本紀 2)
백제	11월에 백제에서 전염병이 크게 돌았다. (『三國史節要』 3)

백제 말갈	(11월에) 말갈이 우곡(牛谷) 경계에 들어와 사람과 재물을 약탈하였다. 왕은 정예병 300명을 보내 막게 하였다. 적이 병사를 매복하였다가 양쪽에서 협공하여 우리 군대가 대패하였다. (『三國史記』 24 百濟本紀 2)
백제 말갈	(11월에) 말갈이 백제의 우곡 경계에 들어와 사람과 재물을 약탈하였다. 왕이 정예병 300명을 보내 막게 하였다. 말갈이 병사를 매복하였다가 양쪽에서 협공하여 백제군을 대패시켰다. (『三國史節要』 3)

230(庚戌/신라 나해이사금 35, 조분이사금 1/고구려 동천왕 4/백제 구수왕 17/曹魏 太和 4/倭 神功 30)

신라	사내(思內)[시뇌(詩惱)라고도 한다]악(樂)은 나해왕 때에 만들어졌다. (『三國史記』 32 雜志 1 樂)

신라	봄 3월에 왕이 돌아가셨다. (『三國史記』 2 新羅本紀 2)
신라	봄 3월에 신라왕 내해가 돌아가셨다. (『三國史節要』 3)
신라	조분이사금이 즉위하였다[조분을 또는 제귀(諸貴)라고도 하였다]. 성은 석씨(昔氏)이고 벌휴이사금의 손자이다. 아버지는 골정(骨正)[홀정(忽爭)으로도 썼다]갈문왕이다. 어머니는 김씨 옥모부인(玉帽夫人)으로 구도갈문왕(仇道葛文王)의 딸이다. 왕비는 아이혜부인(阿爾兮夫人)으로 나해왕의 딸이다. 이전 왕이 장차 죽을 즈음에 유언으로 사위 조분에게 왕위를 계승하게 하였다. 왕은 키가 크고 풍채가 뛰어났으며 일을 함에 있어 명철하고 과단성이 있으므로, 국인이 경외하였다. (『三國史記』 2 新羅本紀 2)
신라	왕이 장차 돌아가시려고 할 즈음에 유명(遺命)으로 그 사위 조분에게 왕위를 계승하게 하였다. 조분은 벌휴왕 태자 골정의 아들인데, 키가 크고 풍채가 뛰어났으며 일을 함에 있어 명철하고 과단성이 있으므로, 국인이 두려워하였다. (『三國史節要』 3)

신라	(여름에) 연충(連忠)을 이찬(伊飡)으로 삼아 군국사(軍國事)를 맡겼다. (『三國史記』 2 新羅本紀 2)
신라	(여름에) 신라에서 연충을 이찬으로 삼아 군국사를 맡겼다. (『三國史節要』 3)

신라	가을 7월에 시조묘(始祖廟)에 배알하였다. (『三國史記』 2 新羅本紀 2)
신라	가을 7월에 신라왕이 시조묘에 배알하였다. (『三國史節要』 3)

고구려	가을 7월에 국상(國相) 고우루(高優婁)가 죽었다. 우태(于台) 명림어수(明臨於漱)를 국상으로 삼았다. (『三國史記』 17 高句麗本紀 5)
고구려	(가을 7월에) 고구려(高勾麗) 국상 고우루가 죽었다. 우태 명림어수를 국상으로 삼았

다. (『三國史節要』 3)

231(辛亥/신라 조분이사금 2/고구려 동천왕 5/백제 구수왕 18/曹魏 太和 5/倭 神功 31)

백제 여름 4월에 우박이 내렸는데 크기가 밤톨 만하였다. 새들이 맞아죽었다. (『三國史記』 24, 百濟本紀 2)

백제 여름 4월에 백제에서 우박이 내렸는데 크기가 밤톨 만하였다. 새들이 맞아죽었다. (『三國史節要』 3)

신라 감문국 가을 7월에 이찬(伊飡) 우로(于老)를 대장군(大將軍)으로 삼아 감문국(甘文國)을 토벌하여 깨뜨리고, 그 땅을 군으로 삼았다. (『三國史記』 2 新羅本紀 2)

신라 감문국 석우로(昔于老)는 나해이사금(奈解尼師今)의 아들이다[혹은 각간(角干) 수로(水老)의 아들이라고도 한다]. 조분왕 2년 7월에 이찬으로 대장군이 되어 감문국을 토벌하러 나가 깨뜨리고, 그 땅을 군현으로 삼았다. (『三國史記』 45 列傳 5 昔于老)

신라 감문국 가을 7월에 신라에서 이찬 석우로를 대장군으로 삼아 감문국을 토벌하여 깨뜨리고, 그 땅은 군으로 삼았다. 우로는 나해왕의 아들이다. (『三國史節要』 3)

232(壬子/신라 조분이사금 3/고구려 동천왕 6/백제 구수왕 19/曹魏 太和 6/倭 神功 32)

신라 여름 4월에 왜인이 갑자기 와서 금성(金城)을 포위하였다. 왕이 직접 나가 싸우니 적이 흩어져 도망가자, 경기병을 보내 추격하게 하여 1천여 명을 죽이거나 사로잡았다. (『三國史記』 2 新羅本紀 2)

신라 여름 4월에 왜병이 신라의 금성을 포위하였다. 왕이 직접 나가 싸우니 적이 흩어져 도망가자, 경기병을 보내 추격하게 하여 1천여 명을 죽이거나 사로잡았다. (『三國史節要』 3)

233(癸丑/신라 조분이사금 4/고구려 동천왕 7/백제 구수왕 20/曹魏 青龍 1/倭 神功 33)

신라 여름 4월에 큰 바람이 불어 지붕의 기와가 날아갔다. (『三國史記』 2 新羅本紀 2)

신라 여름 4월에 신라에서 큰 바람이 불어 지붕의 기와가 날아갔다. (『三國史節要』 3)

신라 5월에 왜병이 동쪽 변방을 노략질하였다. (『三國史記』 2 新羅本紀 2)

신라 5월에 왜가 신라의 동쪽 변방을 노략질하였다. (『三國史節要』 3)

신라 가을 7월에 이찬(伊飡) 우로(于老)가 왜인과 사도(沙道)에서 싸웠는데, 바람을 이용해 불을 놓아 배를 불태웠다. 적이 물 속에 뛰어들어 모두 죽었다. (『三國史記』 2 新羅本紀 2)

신라 (조분왕) 4년 7월에 왜인이 침범해 오자 석우로(昔于老)가 사도에서 맞서 싸웠는데, 바람을 이용해 불을 놓아 적의 전함을 불태웠다. 적이 모두 다 물에 빠져 죽었다. (『三國史記』 45 列傳 5 昔于老)

신라 가을 7월에 신라의 이찬 우로가 왜병과 사도에서 싸웠는데, 바람을 이용해 불을 놓아 전함을 불태웠다. 적이 물 속에 뛰어들어 모두 죽었다. (『三國史節要』 3)

요동 현도 고구려

(겨울 12월에) 처음에 장미와 허안 등이 양평(襄平)에 이르니, 공손연이 그들을 도모하고자 하여 먼저 그들의 관리와 병사들을 분산시키고, 중사(中使)인 진단(秦旦)·장군(張羣)·두덕(杜德)·황강(黃强) 등과 관리·병사 60명을 현도에 두었다. 현도는 요동에서 동북쪽으로 200리 떨어진 지점에 있었다. 태수 왕찬(王贊)이 200호를 거느리

고 있었는데, 진단 등은 모두 민가에 거주하며 그들에게서 음식을 공급받으며 40여 일이나 있었다. 진단과 장군 등이 의논하여 말하였다. "우리가 먼 이곳에 와서 나라의 명령을 욕되게 하고, 스스로 여기에 버려지게 한 것이므로 죽은 것과 다름이 없다. 지금 이 군을 살펴보니 형세가 아주 약하여, 만약 어느 날 같은 마음이 되면 성곽을 불태우고 그들의 장리(長吏)를 죽여서 나라를 위하여 수치스러움에 보답할 수 있으니, 그런 후에 엎드려 죽는다고 하여도 한이 없다. 겨우겨우 살아가거나 오랜 동안 포로로 잡혀 죄수 노릇 하는 것과 비교하여 어느 것이 낫겠는가?" 장군 등이 그렇다고 하였다.

그래서 몰래 서로 약속을 하고 8월19일 밤을 이용하여 발동하여야 한다고 하였는데, 그날 정오에 그 군에 사는 장송(張松)이 그 일을 고발하였다. 왕찬이 바로 병사를 모아서 성문을 닫았고, 진단·장군·두덕·황강은 모두 성을 넘어서 달아났다. 그 때 장군은 다리에 종기가 나서 다른 사람들을 따라갈 수 없었으므로, 두덕이 그를 부축하여 함께 험하고 험한 산골짜기를 600~700리를 갔다. 장군의 상처가 더욱 심해져서 다시는 앞으로 갈 수 없자, 풀 속에 누워 서로 지켜며 슬퍼서 눈물을 흘렸다. 장군이 말하였다. "나는 불행하게도 상처가 심해져서 죽음이 며칠 남지 않았고, 경들은 마땅히 신속하게 길로 가면 목적지에 도달할 것으로 기대되는데, 헛되이 서로 지키다가 궁벽한 산골짜기에서 모두 죽는다고 무슨 이익이 있겠는가?" 두덕이 말하였다. "만 리를 유랑하며 떠나와서 생사를 함께 하였는데, 차마 서로 버릴 수는 없소." 이에 진단과 황강을 떠밀어서 앞서 가게 하고, 두덕만 홀로 남아 장군을 보호하면서 채소와 과실을 채집하여 먹었다.

진단과 황강은 헤어져서 며칠을 가다가 고구려에 도달할 수 있었다. 이를 통하여 오주(吳主: 孫權)의 조서를 고구려왕 위궁(位宮: 東川王)과 그 주부(主簿)들에게 펼쳐 보이고, 거짓으로 하사품이 있었으나 요동에서 겁탈되었다고 말하였다. 위궁 등이 크게 기뻐하면서 바로 조서를 받고, 사람을 시켜 진단을 따라가서 장군 등을 영접하게 하였다. 고구려는 조의(皁衣) 25명을 보내 진단 등이 오로 돌아가게 하고, 표문을 써 받들어 칭신(稱臣)하면서 초피(貂皮) 1천 매와 갈계피(鶡雞皮) 10벌을 공물로 바쳤다. 진단 등이 오주를 알현하니, 희비를 스스로 이기지 못하였다. 오주는 그들이 장하다고 생각하여 모두 교위(校尉)에 임명하였다. (『資治通鑑』 72 魏紀 4 烈祖 明皇帝)

| 고구려 요동 | 진단과 황강은 헤어져서 며칠을 가다가 고구려에 도달할 수 있었다. 그로 인해 조서를 고구려왕 위궁(位宮: 東川王)과 그 주부(主簿)들에게 보였다. 조서에서 이르기를, "하사품이 있었는데, 요동이 공격하여 뺐었다."고 하였다. 위궁 등이 크게 기뻐하면서 바로 조서를 받고, 사람을 시켜 진단을 따라가서 장군과 두덕을 맞이하도록 하였다. 그해 궁이 조의(皁衣) 25명을 보내 진단 등을 돌려보내고 표문을 받들어 칭신(稱臣)하면서 초피(貂皮: 담비가죽) 1천 매와 관계피(鶡雞皮) 10벌을 공물로 바쳤다. 진단 등이 손권을 알현하니, 희비를 스스로 이기지 못하였다. 손권이 그들을 의롭게 여겨 모두 校尉에 임명하였다. (『三國志』 47 吳書 2 吳主傳 裴松之注 인용 吳書) |

| 요동 낙랑 | 12월에 공손연이 손권(孫權)이 보낸 사신 장미(張彌)·허안(許晏)의 수급을 베어 보냈다. 공손연을 대사마(大司馬)·낙랑공(樂浪公)으로 삼았다. (『三國志』 3 魏書 3 明帝紀) |

| 요동 낙랑 | 공손연은 또한 손권이 멀어서 믿을 수 없음을 두려워하고 재화를 탐하여, 그 사신을 유인하여 장미·허안 등의 수급을 모두 베어 조위에 보냈다. 명제(明帝)가 이에 공손연을 대사마에 임명하고 낙랑공으로 봉하였으며, 지절(持節)·영군(領郡)은 예전과 같았다. 사자가 도착하자, 공손연은 갑옷 입은 병사로 군진을 늘어놓고, 나가서 사자 |

를 만났다. 또 나라 안의 빈객에 대하여 자주 나쁜 말을 하였다. (『三國志』8 魏書 8 二公孫陶四張傳 公孫淵)

234(甲寅/신라 조분이사금 5/고구려 동천왕 8/백제 구수왕 21, 고이왕 1/曹魏 靑龍 2/倭 神功 34)

고구려   (봄 정월~가을 8월에) 조위(曹魏)가 사신을 보내 화친을 맺었다. (『三國史記』17 高句麗本紀 5)

고구려   (봄 정월~가을 8월에) 조위가 고구려(高勾麗)에 사신을 보내 화친을 맺었다. (『三國史節要』3)

고구려   가을 9월에 태후 우씨(于氏)가 돌아가셨다. 태후가 임종에 유언하였다. "내가 도의에 어그러진 행동을 하였으니, 장차 무슨 면목으로 지하에서 국양왕(國壤王: 故國川王)을 보겠는가? 만일 군신(群臣)이 차마 구렁텅이에 빠뜨리지 못하겠으면, 나를 산상왕릉 옆에 장사지내주기를 청하오." 드디어 그 말대로 장사지냈다. 무당이 말하였다. "국양왕이 저에게 내려와서 말씀하셨습니다. '어제 우씨가 산상왕에게 돌아가는 것을 보고, 분하고 화가 나는 것을 이길 수 없어 결국 함께 싸웠다. 돌아와 생각해 보니 얼굴이 두꺼워도 차마 국인을 볼 수 없다. 네가 조정에 알려 물건으로 나를 가리게 하라.'" 이에 능 앞에 소나무를 일곱 겹으로 심었다. (『三國史記』17 高句麗本紀 5)

고구려   가을 9월에 고구려 태후 우씨가 돌아가셨다. 태후가 임종에 말하였다. "내가 절개를 잃었으니 장차 무슨 면목으로 지하에서 국양왕을 보겠는가? 만약 군신이 나를 차마 구렁텅이에 버리지 못하겠으면, 나를 산상왕릉 옆에 장사지내기를 청하오." 드디어 그 말대로 장사지냈다. (『三國史節要』3)

백제   왕이 돌아가셨다. (『三國史記』24 百濟本紀 2)

백제   백제왕 구수가 돌아가셨다. (『三國史節要』3)

백제   고이왕은 개루왕의 둘째 아들이다. 구수왕이 재위 21년에 돌아가시자 맏아들 사반이 왕위를 계승하였으나, 나이가 어려 정사를 잘 처리하지 못하였으므로 초고왕의 동모제 고이가 즉위하였다. (『三國史記』24 百濟本紀 2)

백제   원자(元子) 사반이 왕위를 계승하였으나 나이가 어리고 지혜롭지 못하니, 국인이 초고왕의 동모제 고이가 현명하다고 하여 그를 즉위시켰다. (『三國史節要』3)

백제   또 사불왕(沙沸王)[혹은 사이왕(沙伊王)]은 구수왕이 돌아가신 뒤에 왕위를 계승하였으나, 나이가 어려 정사를 잘 처리하지 못하였으므로 즉시 폐하고 고이왕을 즉위시켰다. (『三國遺事』2 紀異 2 南扶餘 前百濟 北扶餘)

고구려   1년 뒤 사자 사굉(謝宏)·중서(中書) 진순(陳恂) 등을 보내어 궁을 선우로 삼고 의물(衣物)과 진보(珍寶)를 더하여 내려 주었다. 진순 등이 안평구(安平口)에 이르렀는데, 먼저 교위 진봉(陳奉)을 보내어 궁을 만나게 하였다. 그러나 궁이 위나라 유주자사(幽州刺史)의 풍지(諷旨)를 받아 오나라 사신에게 이를 알렸다. 진봉이 이를 듣고 돌아갔다. 궁은 주부(主簿) 착자(笮咨)와 대고(帶固) 등을 안평으로 보내 사굉 등과 회견하게 하였다. 사굉은 바로 30여 명을 포박하여 인질로 삼았다. 궁이 이에 사죄하고 말 수백 필을 바치니 사굉이 이에 착자와 대고를 보내 조서와 사물(賜物)을 궁에게 주었다. 사굉 등의 배가 작아 말은 80필만 실었다. (『三國志』47 吳書 2 吳主傳 裴松之注 인용 吳書)

235(乙卯/신라 조분이사금 6/고구려 동천왕 9/백제 고이왕 2/曹魏 靑龍 3/倭 神功 35)

신라   봄 정월에 동쪽으로 순행하여 위로하고 진휼하였다. (『三國史記』 2 新羅本紀 2)

신라   봄 정월에 신라왕이 동쪽으로 순행하여 백성을 위로하고 진휼하였다. (『三國史節要』 3)

236(丙辰/신라 조분이사금 7/고구려 동천왕 10/백제 고이왕 3/曹魏 靑龍 4/倭 神功 36)

신라 골벌국   봄 2월에 골벌국왕(骨伐國王) 아음부(阿音夫)가 무리를 이끌고 항복해 왔다. 집과 토지를 주어 안치하고 그 땅을 군으로 삼았다. (『三國史記』 2 新羅本紀 2)

신라 골벌국   봄 2월에 골벌국주 아음부가 무리를 이끌고 신라에 항복하였다. 왕이 전택(田宅)을 하사하고 그 땅을 군으로 삼았다. (『三國史節要』 3)

신라 골화소국

임천현(臨川縣)은 조분왕 때에 골화소국(骨火小國)을 정벌하여 얻어서 현을 두었다. (『三國史記』 34 雜志 3 地理 1 良州)

고구려   봄 2월에 오왕(吳王) 손권(孫權)이 사자 호위(胡衛)를 보내 통화(通和)하자고 하였다. 왕이 그 사자를 억류하였다. (『三國史記』 17 高句麗本紀 5)

고구려   (봄 2월에) 오왕 손권이 호위를 고구려(高勾麗)에 보내 통화하자고 하였다. 고구려왕이 그 사자를 억류하였다가 목을 베어 그 수급을 조위(曹魏)에 보냈다. (『三國史節要』 3)

고구려   가을 7월에 이르러 호위의 목을 베어 수급을 조위에 보냈다. (『三國史記』 17 高句麗本紀 5)

고구려   가을 7월에 고구려왕(高勾驪王) 궁(宮)이 손권의 사자 호위 등의 수급을 베어 보내고 유주(幽州)에 나아갔다. (『三國志』 3 魏書 3 明帝紀)

백제   겨울 10월에 왕이 서해의 큰 섬에서 사냥하여 직접 40마리의 사슴을 쏘아 맞혔다. (『三國史記』 24 百濟本紀 2)

백제   겨울 10월에 백제왕이 서해의 큰 섬에서 사냥하여 직접 사슴 40마리를 쏘아 맞혔다.

권근(權近)이 말하였다. "사냥하는 예(禮)는 백성을 위하여 해로움을 제거하는 것이다. 그러나 살리기를 좋아하고 미물도 사랑하는 마음에 또한 차마 할 수 없는 바가 있으므로, 예제를 만들어 지나치게 하지 않도록 한 것이다. 주역(周易)에 이르기를, '왕이 새 사냥을 할 때에 세 군데에서 몰아가고 한 군데는 터놓음으로써, 앞으로 날아가는 새는 잃어버린다'라고 하였으며, 예기(禮記)에 이르기를, '사냥할 때에 천자는 사면을 둘러싸지 않고, 제후는 짐승의 떼를 엄습하지 않으며, 대부는 짐승의 어린 새끼와 알을 취하지 않고, 사는 새 둥지를 뒤엎어버리지 않는다'라고 하였으니, 대개 널리 에워싸서 많이 잡으려고 하지 않기 때문이다. 말을 모는 데에도 짐승을 왼쪽에서 쫓아가는 것은 속임수를 써서 많이 잡으려고 하지 않는 것이고, 활을 쏘는 데에도 몰아가던 짐승을 잡고 나면 천자는 큰 깃발을 내리고 제후는 작은 깃발을 내려 사냥을 그치는 것은 또한 오래 사냥하여 많이 잡지 않으려는 것이다. 그러므로 성탕(成湯)이 그물의 삼면을 터놓고 한 군데만 남긴 것은 그 인자함이 지극하였다. 그런데 백제왕은 존엄한 군주로서 서정을 폐기하고 험한 바다를 넘어 거마가 엎어지는 위험을 무릅쓰면서, 허다한 짐승을 거리낌 없이 죽여 사어(射御)의 능숙함을 과시하고 거드름을 피우면서도 그것이 그른 것을 알지 못했으니, 어진 마음은 찾아볼 길이 없다. 아! 사람이라면 어진 마음이 없을 수 없으니, 대부나 사도 짐승을 많이 취할 수 없는데 하물며 군주이겠는가? 전(傳)에 이르기를, '산야를 달리면서 사냥을 하면 사람의 마음으로 히여금 미치게 한다.'라고 하였으니, 경계하지 않을 수 있겠는가?"(『三國史節要』3)

237(丁巳/신라 조분이사금 8/고구려 동천왕 11/백제 고이왕 4/曹魏 景初 1/倭 神功 37)

고구려 요동	가을 7월 정묘일(丁卯日: 2)에 (…) 애초에 손권(孫權)이 사신을 보내 바다 건너 고구려(高句驪)와 통하여 요동을 습격하려고 하였다. 유주자사(幽州刺史) 관구검(毌丘儉)을 보내 제군(諸軍) 및 선비(鮮卑)·오환(烏丸)을 이끌고 요동 남쪽 경계에 주둔하게 하고, 새서(璽書)를 보내 공손연(公孫淵)을 불렀다. 공손연은 병사를 일으켜 반란하였다. 관구검은 진군하여 그를 토벌하였으나, 때마침 10일이나 연달아 비가 내려 요수(遼水)가 크게 넘쳤다. 조서를 내려 관구검에게 군대를 이끌고 돌아오게 하였다. 우북평(右北平)의 오환선우(烏丸單于) 구루돈(寇婁敦), 요서(遼西)의 오환도독(烏丸都督) 왕호류(王護留) 등이 요동에 머무르면서 부중(部衆)을 이끌고 관구검을 따라 내부(內附)하였다. (『三國志』3 魏書 3 明帝紀)
요동	경초 원년에 이에 유주자사 관구검 등을 보내 새서를 가지고 가서 공손연을 부르게 하였다. 공손연은 마침내 병사를 일으켜 요수(遼隧)에서 관구검 등과 맞서 싸웠다. 관구검 등은 불리하여 돌아왔다. (『三國志』8 魏書 8 二公孫陶四張傳 公孫淵)
요동	유주의 제군을 이끌고 양평(襄平)에 이르러 요수(遼隧)에 주둔하였다. 우북평의 오환선우 구루돈, 요서의 오환도독 왕호류 등은 예전에 원상(袁尙)을 따라 요동으로 도망한 자들로 무리 5천여 명을 이끌고 항복하였다. 구루돈은 아우 아라반 등을 보내 궁궐에 나아가 조공하니, 그 거수(渠帥) 20여 인을 후·왕으로 봉하였고, 여마(輿馬)·증채(繒綵)를 각각 차등 있게 하사하였다. 공손연이 관구검과 맞서 싸웠는데, 불리하여 군대를 이끌고 돌아갔다. (『三國志』28 魏書 28 王毌丘諸葛鄧鍾傳 毌丘儉)
요동	가을 7월 신묘일(26)에 (…) 공손연은 관구검이 돌아가고 나서 마침내 자립하여 연왕(燕王)이 되고, 백관을 두어 소한원년(紹漢元年)이라고 칭하였다. (『三國志』3 魏書 3 明帝紀)
요동	경초 원년에 (…) 공손연이 마침내 자립하여 연왕이 되고, 백관과 유사(有司)를 두었다. 사신을 보내 부절(符節)을 가지고 선비(鮮卑)에게 임시로 선우새(單于璽)를 주며 변민(邊民)을 봉하고 임명하여, 선비를 유인하여 북쪽을 침략하고 어지럽혔다. (『三國志』8 魏書 8 二公孫陶四張傳 公孫淵)
신라	가을 8월에 황충(蝗蟲) 떼가 곡식을 해쳤다. (『三國史記』2 新羅本紀 2)
신라	가을 8월에 신라에서 황충 떼가 곡식을 해쳤다. (『三國史節要』3)
고구려	조위(曹魏)에 사신을 보내 연호 개정을 축하하였다. 이 해가 경초 원년이다. (『三國史記』17 高句麗本紀 5)
고구려	고구려(高勾麗)에서 조위에 사신을 보내 연호 개정을 축하하였다. (『三國史節要』3)

238(戊午/신라 조분이사금 9/고구려 동천왕 12/백제 고이왕 5/曹魏 景初 2/倭 神功 38)

백제	봄 정월에 천지에 제사를 지내는 데에 고취(鼓吹)를 사용하였다. (『三國史記』24 百濟本紀 2)
백제	고기(古記)에 전한다. " (…) 제단을 설치하고 천지에 제사를 지냈다. (…) 고이왕 5년 봄 정월에 (…) 모두 위와 같이 행하였다."(『三國史記』32 祭祀志)
백제	봄 정월에 백제왕이 천지에 제사를 지내는 데에 고취를 사용하였다. (『三國史節要』

3)

요동   봄 정월에 태위(太尉) 사마선왕(司馬宣王: 司馬懿)에게 조서를 내려 무리를 이끌고 요동을 토벌하게 하였다. (『三國志』 3 魏書 3 明帝紀)

요동   (경초) 2년 봄에 태위 사마선왕(사마의)을 보내 공손연(公孫淵)을 정벌하게 하였다. (『三國志』 8 魏書 8 二公孫陶四張傳 公孫淵)

요동   (경초 원년)다음 해에 명제(明帝)가 태위 사마선왕(사마의)를 보내 중군(中軍) 및 관구검(毌丘儉) 등 수만 명을 통솔하여 공손연을 토벌하게 하니, 요동을 평정하였다. (『三國志』 28 魏書 28 王毌丘諸葛鄧鍾傳 毌丘儉)

백제   2월에 왕이 부산(釜山)에서 사냥하다가 50일 만에 돌아왔다. (『三國史記』 24 百濟本紀 2 古爾王)

백제   2월에 백제왕이 부산에서 사냥하다가 50일 만에 돌아왔다. (『三國史節要』 3)

백제   여름 4월에 왕궁의 문기둥에 벼락이 치자, 황룡(黃龍)이 그 문에서 날아갔다. (『三國史記』 24 百濟本紀 2)

백제   여름 4월에 백제 왕궁의 문기둥에 벼락이 치자, 황룡이 그 문에서 날아갔다. (『三國史節要』 3)

요동   (경초 2년) 6월에 사마선왕(사마의)의 군대가 요동에 이르렀다. 공손연은 장군 비연(卑衍)·양조(楊祚) 등 보기(步騎) 수만을 보내 요수(遼隧)에 주둔하게 하였는데, 성위(城圍)와 참호가 20여 리에 이어졌다. 선왕의 군이 이르자 비연으로 하여금 맞서 싸우게 하니, 선왕이 장군 호준(胡遵) 등을 보내 공격하여 깨뜨렸다. 선왕이 군사로 하여금 성위를 뚫게 하였는데, 병사를 이끌고 동남쪽으로 향하다가 갑자기 동북쪽으로 가서 곧 양평(襄平)으로 내달렸다. 비연 등이 양평에 수비대가 없는 것이 두려워 밤에 달아났다. 제군(諸軍)이 나아가 수산(首山)에 이르렀다. 공손연이 다시 비연 등을 보내 선왕의 군대를 맞아 죽을 각오로 싸우게 하였는데, 다시 공격하여 대파하였다. 마침내 군대가 만든 성 아래로 나아가서 성위와 참호를 만들었다. (『三國志』 8 魏書 8 二公孫陶四張傳 公孫淵)

요동   6월에 사마의(司馬懿)의 군대가 요동에 이르렀다. 공손연은 대장군(大將軍) 비연·양조에게 보기 수만 명을 거느리고 요수에 주둔하게 하였는데, 성위와 참호가 20여 리에 이어졌다. 제장(諸將)들이 이를 공격하려고 하자 사마의가 말하였다. "적은 성벽을 굳게 만들어서 우리 병사들을 피로하게 만들려고 하는 것이니, 지금 그들을 공격하면 바로 그들의 계책에 말려드는 것이다. 또한 적의 큰 무리들이 여기에 있으니, 그들의 소굴은 텅 비어 있을 것이다. 곧바로 양평을 지향하여 가면 그들을 격파하는 것은 분명하다." 마침내 기치를 많이 내걸고, 남쪽으로 나아가려고 하니, 비연 등이 정예병을 모두 그곳으로 나아가게 하였다. 사마의가 몰래 강을 건너 그들의 북쪽으로 나아가 곧바로 양평으로 내달렸다. 비연 등이 두려워서 병사를 이끌고 밤중에 달아났다. 제군이 나아가 수산에 이르렀다. 공손연이 다시 비연 등에게 그들을 맞아 싸우게 하였는데, 사마의가 공격하여 그들을 대파하였다. 드디어 나아가서 양평을 포위하였다. (『資治通鑑』 74 魏紀 6 烈祖明皇帝)

대방   경초 2년 6월에 왜(倭)의 여왕이 대부(大夫) 난승미(難升米) 등을 대방군에 보내, 천자에게 나아가서 조헌(朝獻)하기를 요청하였다. 대방태수(帶方太守) 유하(劉夏)가 관리를 시켜서 난승미 등을 전송(傳送)하여 경도(京都)에 이르게 하였다. (『三國志』 30

요동　가을 7월에 큰 장맛비가 내려서 요수의 물이 갑자기 불자, 배를 운항하여 요하 입구에서 지름길로 성 아래에까지 이르렀다. 비는 한 달을 넘게 내렸는데도 `그치지를 않았고, 평지에도 물이 수 척이나 찼다. 3군은 두려워서 군영을 옮기고자 하였지만, 사마의가 군중에 명령을 내렸다. "감히 군영을 옮기겠다고 하는 자가 있으면 목을 베겠다." 도독(都督)의 영사(令史) 장정(張靜)이 명령을 어기자, 그의 목을 베니 군중이 마침내 안정되었다. 적들은 물로 막힌 것을 믿고 땔감을 베고 소를 먹이면서 태연자약하였고, 제장들이 그들을 잡으려고 하였으나, 사마의는 모두 들어주지 아니하였다.

사마 진규(陳珪)가 말하였다. "옛날 상용(上庸)을 공격할 때에는 8부가 함께 진격을 하면서 밤낮으로 쉬지를 아니하였으므로, 15일 만에 그 굳은 성을 함락시키고 맹달(孟達)의 목을 벨 수 있었습니다. 지금은 멀리 이곳까지 와서 더욱 편안하고 느슨하게 하고 있으니, 어리석은 제가 가만히 보니 의심스럽기만 합니다." 사마의가 말하였다. "맹달은 무리가 적고 식량이 1년을 지탱할 만하였지만, 우리의 장군과 병사는 맹달의 4배나 되었어도 식량은 1개월을 지탱할 수 없었소. 한 달 살 양식을 가진 군사가 1년 먹을 양식을 가진 군사를 도모하려고 할 때, 어찌 신속하게 하지 않을 수 있겠는가? 4명에서 1명을 치는 것이니 바로 군사의 반을 잃는다고 하더라도 승리할 것이므로, 오히려 마땅히 그렇게 하였소. 이런 까닭에 죽고 사는 것을 계산하지 아니하고 남아 있는 식량과 다투었던 것이오. 지금 적은 많고 우리는 적지만 적들은 배가 고프고 우리는 배가 부르며 비도 이렇게 내려서 공력을 다 펴지도 못하는데, 비록 마땅히 그들을 재촉하여야 한다 하여도 또한 무엇을 할 것인가? 경사(京師)를 출발하면서부터 적이 공격하는 것을 걱정하였던 것이 아니고, 다만 적이 도망할 것을 두려워하였소. 지금 적들은 양식이 떨어져가고 있는데, 우리의 포위는 아직 다 끝나지 않았소. 그들의 우마(牛馬)를 약탈하고 그들이 땔나무하는 것을 막으면, 이것은 그들을 몰아서 도망하게 하는 것이오. 무릇 군사에 관한 것은 속이는 것이니, 일에 따라서 변화하는 것이 좋은 것이오. 적들은 숫자가 많은 것에 의거하고 비가 오는 것을 믿고 있는데, 그러므로 비록 주리고 피곤하다고 하더라도 손을 묶으려 하지는 않을 것이며, 마땅히 우리가 무능하다는 것을 보여서 저들을 안심시켜야 하오. 작은 이익을 얻으려고 하여 그들을 놀라게 하는 것은 좋은 계책이 아니오." 조정에서는 군사가 비를 만났다는 소식을 듣고 모두 병사를 물리자고 하였다. 명제가 말하였다. "사마의는 위험에 처하면 변화하는 방법을 만들어내고 있으니, 공손연을 잡는 것을 날짜를 계산하면서 기다릴 수 있소."

비가 그치고 개이자, 사마의는 마침내 포위를 끝내고 토산과 땅굴을 만들고 순로구충(楯櫓鉤衝)을 가지고 밤낮으로 공격하였는데, 화살이나 돌이 비처럼 떨어졌다. 공손연이 궁색하고 급해졌는데, 양식이 다하여 사람들이 서로 잡아먹어 죽는 사람이 아주 많게 되니, 그의 장수 양조 등이 항복하였다. (『資治通鑑』74 魏紀 6 烈祖明皇帝)

요동　때마침 큰 장맛비가 30여 일 내려서 요수가 갑자기 불자, 배를 운항하여 요하 입구에서 지름길로 성 아래에까지 이르렀다. 비가 그치고 개이자, 토산을 일으키고 노(櫓)를 수리하며, 발석차(發石車)·연노(連弩)를 만들어 성 안으로 쏘았다. 공손연이 궁색하고 급해졌는데, 양식이 다하여 사람들이 서로 잡아먹어 죽는 사람이 아주 많게 되니 장군 양조 등이 항복하였다. (『三國志』8 魏書 8 二公孫陶四張傳 公孫淵)

요동　(가을 8월) 병인일(丙寅日: 7)에 사마선왕이 공손연을 양평에서 포위하여 대파하였

다. 공손연의 머리를 수도에 전하자, 해동의 여러 군이 평정되었다. (『三國志』 3 魏書 3 明帝紀)

요동   (경초 2년) 8월 병인일(7) 밤에 큰 유성이 길이가 수십 장(丈)이었는데, 수산 동북쪽에서 양평성 동남쪽으로 떨어졌다. (『三國志』 8 魏書 8 二公孫陶四張傳 公孫淵)

요동   8월에 공손연이 상국(相國) 왕건(王建)과 어사대부(御史大夫) 유보(柳甫)를 보내 포위를 풀고 병사를 물러나게 해달라고 요청하고, 마땅히 군신(君臣)은 면박(面縛)하겠다고 하였다. 사마의는 그들을 베라고 명령하고, 공손연에게 격문으로 알렸다. "초(楚)와 정(鄭)은 피차 간에 열국(列國)의 지위에 있는데도 정백(鄭伯)은 오히려 육단(肉袒)으로 양을 끌면서 그를 영접하였다. 나는 천자의 상공(上公)인데도 왕건 등이 나에게 포위를 풀고 막사로 물러나가기를 바라고 있으니, 어찌 예에 맞다고 할 수 있는가? 두 사람은 늙은이가 되어서 말을 전하는 것이 본뜻을 잃어 버렸기에 이미 베었다. 만약 네 뜻을 아직 전하지 못한 것이 있으면, 젊은 사람을 보내 분명히 결정한 것을 가지고 오도록 하라." 공손연이 다시 시중(侍中) 위연(衛演)을 보내 날짜를 정하여 인질을 보내게 해달라고 빌었더니, 사마의가 위연에게 말하였다. "군사에 관한 일에서 크게 중요한 것 5가지가 있다. 싸울 수 있으면 마땅히 싸워야 하고, 싸울 수 없으면 마땅히 지켜야 하며, 지킬 수도 없으면 마땅히 도망가야 하고, 나머지 둘은 다만 항복하는 것과 죽는 것 뿐이다. 네가 면박하려고 하지 않으니, 이것은 죽음을 택한 것이어서 인질을 보낼 필요가 없다." (『資治通鑑』 74 魏紀 6 烈祖明皇帝)

요동 대방 낙랑 현도   (가을 8월) 임오일(23)에 공손연의 무리가 붕괴되고 아들 수(脩)와 수백 기병을 거느리고 포위를 뚫고 동남쪽으로 달아났지만, 많은 병사들이 급히 공격하여 유성이 떨어진 곳에 이르러 공손연 부자를 베었다. 성이 함락되고 상국 이하의 수급을 천 단위로 베었다. 공손연의 머리를 낙양(洛陽)에 전하자, 요동·대방·낙랑·현도가 모두 평정되었다. (『三國志』 8 魏書 8 二公孫陶四張傳 公孫淵)

요동 대방 낙랑 현도   (8월) 임오일(23)에 양평은 붕괴되고 공손연과 아들 수가 수백 기병을 거느리고 포위를 뚫고 동남쪽으로 달아났지만, 많은 병사들이 급히 공격하여 공손연 부자를 양수(梁水)에서 베었다. 사마의가 성으로 들어가서 그들의 공경(公卿) 이하와 병사·백성 7천여 명을 죽이고, 경관(京觀)을 쌓았다. 요동·대방·낙랑·현도의 4군이 모두 평정되었다. (『資治通鑑』 74 魏紀 6 烈祖明皇帝)

대방   그 해(경초 2년) 12월에 조서를 내려서 왜의 여왕에게 답하였다. "친위왜왕(親魏倭王) 비미호(卑彌呼)에게 제조(制詔)하노라. 대방태수 유하가 사인(使人)을 보내 그대의 대부 난승미와 차사(次使) 도시우리(都市牛利)를 호송해 왔는데, 그대가 바친 남자 생구(生口) 4인, 여자 생구 6인, 반포(斑布) 2필 2장(丈)을 받들고 왔다. 그대가 있는 곳은 대단히 먼데도, 사신을 보내 공헌(貢獻)하였다. 이는 그대의 충성과 효심이니, 나는 그대를 심히 어여삐 여기노라. 이제 그대를 친위왜왕으로 삼고 금인자수(金印紫綬)를 임시로 주니, 포장하고 봉하여 대방태수에게 송부하여 그대에게 가수(假授)토록 하겠다. 그대는 그 종족 사람들을 편안하게 하고 어루만져주며, 효순(孝順)하는 데 힘쓰도록 하라. 그대가 보낸 사신 난승미와 우리(牛利)는 먼 곳을 건너오느라 길에서 부지런히 힘썼으니, 이제 난승미를 솔선중랑장(率善中郎將)으로 우리를 솔선교위(率善校尉)로 삼고, 은인청수(銀印靑綬)를 임시로 주노라. 그들을 불러들여 만나서 위로하고, 물품을 하사하여 돌려보내노라. 이제 강지교룡금(絳地交龍

錦) 5필, 감지추속계(絳地綯粟罽) 10장, 천강(蒨絳) 50필, 감청(紺靑) 50필로써, 그대가 공물로 헌납한 값에 보답하겠다. 또 특별히 그대에게 감지구문금(紺地句文錦) 3필, 세반화계(細班華罽) 5장, 백견(白絹) 50필, 금 8량, 오척도(五尺刀) 2구, 동경(銅鏡) 100매, 진주(眞珠)·연단(鉛丹) 각각 50근을 하사하노라. 모두를 포장하고 봉하여 난승미와 우리의 귀환길에 부치니, 도착하면 기재된 바를 받아서 모두 그대의 나라 안 사람들에게 보여, 국가(國家)가 너를 어여쁘게 여기는 것을 알게 하도록 하라. 그러므로 정중히 너에게 좋은 물품들을 하사하노라." (『三國志』 30 魏書 30 烏丸鮮卑東夷傳 倭人)

고구려 요동　조위의 태부(太傅) 사마선왕이 무리를 거느리고 와서 요동의 공손연을 토벌하였다. 왕이 주부(主簿)·대가(大加)를 보내 병사 1천 명을 거느리고 이를 돕게 하였다. (『三國史記』 17 高句麗本紀 5)

고구려 요동　고구려왕(高勾麗王)이 주부·대가를 보내 병사 1천 명을 거느리고 조위 태부 사마의가 요동의 공손연을 토벌하는 것을 도와주게 하였다. (『三國史節要』 3)

고구려 요동　경초 2년에 태위 사마선왕이 무리를 거느리고 공손연을 토벌하였다. 위궁(位宮)이 주부·대가를 보내 수천 명을 거느리고 사마선왕의 군대를 도왔다. (『三國志』 30 魏書 30 烏丸鮮卑東夷傳 高句麗)

고구려 요동　조위 경초 2년에 태부 사마선왕을 보내 무리를 거느리고 공손연을 토벌하였다. 위궁이 주부·대가를 보내어 병사 1천 명을 거느리고 사마선왕의 군대를 도왔다. (『梁書』 54 列傳 48 東夷傳 高句麗)

고구려 요동　경초 2년에 태부 사마선왕을 보내 무리를 거느리고 공손문의(公孫文懿)를 토벌하였다. 위궁이 주부·대가를 보내어 병사 수천 명을 거느리고 사마선왕의 군대를 도왔다. (『北史』 94 列傳 82 四夷 上 高句麗)

대방 낙랑 한국

이 해 대방태수 유흔(劉昕)과 낙랑태수 선우사(鮮于嗣)를 보내어 바다를 건너 두 군의 여러 한국의 신지(臣智)들에게 읍군인수(邑君印綬)를 더하여 주고 그 다음 차례에 있는 자들에게는 읍장(邑長)의 인수를 주었다. (『册府元龜』 963 外臣部 8 封册 1)

요동 낙랑 대방 동이(삼한)

경초 연간(237~239)에 크게 군대를 일으켜 공손연을 죽이고, 또 몰래 바다를 건너가서 낙랑군과 대방군을 수습하였다. 그 후로 해외가 안정되어 동이들이 굴복하였다. (『三國志』 30 魏書 30 烏丸鮮卑東夷傳)

대방 낙랑 한

경초 연간에 명제(明帝)가 몰래 대방태수 유흔(劉昕)과 낙랑태수 선우사(鮮于嗣)를 보내 바다를 건너가서 대방·낙랑의 두 군을 평정하였다. 그리고 여러 한국의 신지(臣智)에게는 읍군(邑君)의 인수(印綬)를 더해 주고, 그 다음 사람에게는 읍장(邑長)의 직을 주었다. 한족(韓族)의 풍속은 의책(衣幘) 입기를 좋아하여, 하호들도 대방·낙랑군에 가서 조알(朝謁)할 적에는 모두 의책을 빌려 입으며, 대방·낙랑군에서 준 자신의 인수를 차고 의책을 착용하는 사람이 천여 명이나 된다. (『三國志』 30 魏書 30 烏丸鮮卑東夷傳 韓)

239(己未/신라 조분이사금 10/고구려 동천왕 13/백제 고이왕 6/曹魏 景初 3/倭 神功 39)

백제　　　봄 정월부터 비가 내리지 않다가, 여름 5월에 이르러서야 비가 내렸다. (『三國史記』

24 百濟本紀 2)

| 백제 | 봄 정월부터 백제에 비가 내리지 않다가, 여름 5월에 이르러서야 비가 내렸다. (『三國史節要』 3) |

| 대방 | 이 해는 대세(大歲) 기미년이다[위지(魏志)에 전한다. "명제(明帝) 경초 3년 6월 왜(倭) 여왕이 대부(大夫) 난두미(難斗米) 등을 보내 대방군에 이르러, 천자에게 나아가 조헌(朝獻)할 수 있도록 해 줄 것을 요청하였다. 대방태수(帶方太守) 등하(鄧夏)가 사인을 보내 호송하여 경도(京都)에 도착할 수 있게 하였다"]. (『日本書紀』 9 神功紀) |

| 백제 | 혹은 "낙초(樂初) 2년 기미에 사불왕(沙沸王)이 돌아가시자 고이왕이 즉위하였다."고 한다. (『三國遺事』 2 紀異 2 南扶餘 前百濟 北扶餘) |

240(庚申/신라 조분이사금 11/고구려 동천왕 14/백제 고이왕 7/魏 正始 1/倭 神功 40)

백제 신라	(1~3월) 군대를 보내어 신라를 침공하였다. (『三國史記』 24 百濟本紀 2)
신라 백제	(1~3월) 백제가 서쪽 변경을 침입하였다. (『三國史記』 2 新羅本紀 2)
백제 신라	(1~3월)백제가 군대를 보내어 신라 서쪽의 변경을 침공하였다. (『三國史節要』 3)

| 백제 | 여름 4월 진충(眞忠)을 좌장(左將)으로 임명하고 내외 군사의 일을 맡겼다. (『三國史記』 24 百濟本紀 2) |
| 백제 | 여름 4월 백제가 진충을 좌장으로 임명하고 내외 군사의 일을 맡겼다. (『三國史節要』 3) |

| 백제 | 가을 7월 석천(石川)에서 크게 사열을 하였는데, 석천 위에 기러기 한쌍이 날아 오르자 왕이 이를 쏘아 맞추었다. (『三國史記』 24 百濟本紀 2) |
| 백제 | 가을 7월 백제가 석천에서 크게 사열을 하였다. (『三國史節要』 3) |

241(辛酉/신라 조분이사금 12/고구려 동천왕 15/백제 고이왕 8/魏 正始 2/倭 神功 41)

| 고구려 | 위(魏)나라 제왕(齊王) 정시 3년 위궁(位宮)이 서안평(西安平)을 노략질하였다. (『太平寰宇記』 173 四夷 2 東夷 2 高勾麗國) |

242(壬戌/신라 조분이사금 13/고구려 동천왕 16/백제 고이왕 9/魏 正始 3/倭 神功 42)

| 백제 | 봄 2월 나라사람들에게 명하여 남택(南澤)에서 논을 개간하도록 하였다. (『三國史記』 24 百濟本紀 2) |
| 백제 | 봄 2월 백제왕이 나라사람들에게 명하여 남택에서 논을 개간하도록 하였다. (『三國史節要』 3) |

| 백제 | 여름 4월 숙부 질(質)을 좌보로 삼았다. 본성과 성품이 충직하고 굳세어 일을 도모하는 데 실수가 없었다. (『三國史記』 24 百濟本紀 2) |
| 백제 | 여름 4월 백제왕 숙부 질을 좌보로 삼았다. 본성과 성품이 충직하고 굳세어 일을 도모하는 데 실수가 없었다. (『三國史節要 3) |

| 백제 | 가을 7월 서문(西門)을 나와 활쏘기를 구경하였다. (『三國史記』 24 百濟本紀 2) |
| 백제 | 가을 7월 백제왕이 서문을 나와 활쏘기를 구경하였다. (『三國史節要』 3) |

신라	가을에 큰 풍년이 들었다. 고타군(古陀郡)에서 상서로운 벼이삭을 바쳤다. (『三國史記』2 新羅本紀 2)
신라	(가을에) 신라에 큰 풍년이 들었다. 고타군(古陀郡)에서 상서로운 벼이삭을 바쳤다. (『三國史節要』3)

고구려	요동 왕이 장수를 보내 요동(遼東) 서안평(西安平)을 습격하여 격파하였다. (『三國史記』17 高句麗本紀 5)
고구려	고구려 왕이 장수를 보내어 요동 서안평을 습격하여 격파하였다. (『三國史節要』3)
고구려	정시 3년 고구려가 반란을 일으키자 7명의 장군을 이끌고 구려(句驪)를 토벌하였다. (「魏毌丘儉紀功碑」)
고구려	정시 3년에 위궁(位宮)이 서안평을 노략질 하였다. (『三國志』30 魏書 30 烏丸鮮卑東夷傳 30 高句麗)
고구려	정시 3년 위궁이 요서 안평을 노략질 하였다. (『北史』94 列傳 82 四夷 上 高句麗)
고구려	위나라 제왕 정시 3년 위궁(位宮)이 서안평을 노략질 하였다. (『通典』186 邊防 2 東夷 下 高句麗)

243(癸亥/신라 조분이사금 14/고구려 동천왕 17/백제 고이왕 10/魏 正始 4/倭 神功 43)

고구려	봄 정월 왕자 연불(然弗)을 왕태자로 삼고 나라의 죄수들을 풀어주었다. (『三國史記』17 高句麗本紀 5)
고구려	봄 정월 고구려가 왕자 연불을 왕태자로 삼고 나라의 죄수들을 풀어주었다.(『三國史節要 3)

백제	봄 정월 큰 단을 설치하고 천지(天地)와 산천(山川)에 제사지냈다. (『三國史記』24 百濟本紀 2)
백제	봄 정월 백제가 큰 단을 설치하고 천지(天地)와 산천(山川)에 제사지냈다. (『三國史節要』3)
백제	고기에 이르기를, 온조왕(溫祖王) 20년 봄 정월에 단을 설치하고 천지에 제사지냈는데, 고이왕(古尒王) 10년 (…) 에도 위와 같이 행하였다. (『三國史記』32 雜志 1 祭祀)

244(甲子/신라 조분이사금 15/고구려 동천왕 18/백제 고이왕 11/魏 正始 5/倭 神功 44)

신라	봄 정월 이찬 우로(于老)를 서불한(舒弗邯)에 임명하고 군사에 관한 일을 겸하게 하였다. (『三國史記』2 新羅本紀 2)
신라	(조분왕) 15년 정월 (석우로를) 서불한의 벼슬을 내리고 군사에 관한 일을 겸하게 하였다. (『三國史記』45 列傳 5 石于老)
신라	봄 정월 신라 이찬 우로를 서불한으로 삼고 군사에 관한 일을 겸하게 하였다. (『三國史節要』3)

고구려	5<년> (고구려가) 다시 노략질 하였다. (「魏毌丘儉紀功碑」)
고구려	정시 연간에 관구검(毌丘儉)이 고구려가 자주 침략하자 보병과 기병 1만을 거느리고 현도(玄菟)를 나와 여러 길로 토벌하니 고구려왕 궁(宮)이 보기 2만을 거느리고 비류수(沸流水) 가로 진군해왔다. 양구(梁口)에서 큰 전투를 치렀는데 궁이 연이어 패배하여 도망갔다. 관구검이 이에 말을 묶고 수레를 매어 환도(丸都)성에 올라 고구려의 도읍을 도륙하고 천 단위로 헤아릴 정도로 많이 목베어 죽이거나 포로로 잡았나. 구려(句驪)의 패자(沛者) 득래(得來)라는 자가 자주 궁에게 간언하였는데 궁이

그 말을 따르지 않았다. 득래가 탄식하며 말하기를, "이 땅에 장차 쑥이 나는 것을 보게 될 것이다." 하고 이에 먹지 않고 죽었다. 온 나라 사람들이 그를 어질다 하였다. 관구검은 군사들에게 그의 무덤을 파괴하지 말고 묘 주위의 나무도 베지 말도록 하였으며 포로로 잡힌 그의 처자들도 모두 풀어주도록 하였다. 궁은 홀로 처자들을 데리고 도망쳐 숨었다. 관구검은 군대를 이끌고 돌아왔다. (『三國志』 28 魏書 28 王毌丘諸葛鄧鍾傳)

고구려　　　그(정시) 5년 유주자사 관구검에게 격파되었는데 그 때의 일은 관구검의 열전에 실려 있다. (『三國志』 30 魏書 30 烏丸鮮卑東夷傳 30 高句麗)

고구려 현도　(정시) 5년 유주자사 관구검이 만 명의 병력을 거느리고 현도를 나와 위궁을 공격하니 위궁은 보병과 기병 2만을 거느리고 관구검의 군대를 역습하여 비류에서 크게 싸웠다. 위궁이 싸움에 져 달아나니, 관구검의 군대는 추격하여 현(峴)에 이르러, 수레를 달아 매고 말을 묶어 환도산에 올라 그 나라의 왕도를 격파하고 1만 여 명을 목베어 죽이니, 위궁은 홀로 처자식을 거느리고 멀리 달아나 숨었다. (『梁書』 54 列傳 48 諸夷 東夷 高句麗)

고구려 현도　(정시) 5년 유주자사(幽州刺史) 관구검이 만명을 이끌고 현도를 나와 (고구려)를 토벌하였다. 비류에서 전투를 벌이니 위궁이 패하여 달아났다. 관구검이 추격하여 정현(頹峴)에 이르렀다. 말을 묶고 수레를 매어 환도성에 올라 그 도읍을 도륙하고 1만여 명을 목베어 죽이거나 포로로 잡았다. (『通典』 186 邊防 2 東夷 下 高句麗)

고구려 옥저　위나라 제왕(齊王) 정시 5년 유주자사 관구검이 고구려를 토벌하니 고구려왕 궁이 옥저로 달아났다. 이에 군대를 진격시켜 옥저의 읍락을 공격하여 모두 깨뜨렸다. 궁이 다시 북옥저로 도망하였다. 북옥저는 치구루(置溝婁)라고도 하는데 남옥저와 8백리 떨어져 있다. 그 풍속은 남북이 모두 같고, 읍루와 접해 있다. 읍루는 배를 타고 다니며 노략질하기를 좋아하므로 북옥저가 이를 두려워하여 여름철에는 항상 깊은 산골의 동굴에 살면서 방비하고 겨울철 얼음이 얼어 배가 다닐 수 없으면 이에 내려와 촌락에서 산다. 관구검이 현도태수 왕기를 보내어 궁을 토벌하여 그 동쪽 경계 끝까지 갔는데, 그 노인들이 말하기를, "국인(國人)들이 일찍이 배를 타고 고기잡이하다가 풍랑을 만나 수십 일이 지나 동쪽의 한 섬에 도착했는데, 그 섬에는 사람이 살고 있었으나, 말이 서로 통하지 못하였다. 그들의 풍속은 해마다 7월이면 어린 여자아이를 구하여 바다에 던진다." 하였다. 또 말하기를, "바다 한 가운데에 어떤 나라가 있는데 모두 여자만 있고 남자는 없다."고 하고 또 말하기를 "바다에서 베옷을 입은 한 사람을 건졌는데, 그 시체는 중국인처럼 옷을 입었는데, 그 두 소매의 길이가 3길이었으며, 파도에 밀려 바닷가에 부서진 배 한척을 얻었는데, 목 부분에 얼굴이 또 있는 사람이 있었다. 생포하여 더불어 말을 해보았으나 통하지 않았고 음식을 먹지 않고 죽었다."고 하였다. 그 성은 모두 옥저 동쪽의 큰 바다 가운데에 있다. (『通典』 186 邊防 2 東夷 下 東沃沮)

고구려 현도　(정시) 5년 유주자사 관구검이 만명을 이끌고 현도를 나와 토벌하였다. 비류에서 전투를 벌이니 위궁이 패히어 달이났다. 관구검이 추격히어 정현에 이르렀디. 수레를 매고 말을 묶어 환도산에 올라 그 도읍을 도륙하고 1만여 명을 목베어 죽였다. (『太平寰宇記』 173 四夷 2 東夷 2 高勾麗國)

옥저　　　유경숙(劉敬叔)의 이원(異苑)에서 말하기를, "관구검이 유패(泑浿)를 정벌하였는데, 왕경(王頃)으로 하여금 그 동쪽 경계까지 가도록 하였다. 그 곳 노인들이 말하기를, '일찍기 해류를 따라 한나라에서 온 난파선이 있었다. 그 배에는 중국인처럼 베적삼을 입은 사람이 있었는데 두 소매의 길이가 3길이나 되었다.'고 하였다."고 하였다. (『太平御覽』 693 服章部 10 衫)

고구려 옥저　정시 연간에 무구검(毌丘儉)이 고구려가 자주 침략하자 보병과 기병 1만을 거느리고 현도(玄菟)를 니외 여러 길로 토벌하니 고구려왕 궁이 보기 2만을 거느리고 비류수 가로 진군해왔다. 과구에서 큰 전투를 치렀는데 궁이 연이어 패배하여 도망갔다. 무구검이 이에 말을 묶고 수레를 매어 환도성에 올라 고구려의 도읍을 도륙하고, 천여 명을 목베어 죽이거나 포로로 잡았다. 궁은 홀로 처자들을 데리고 도망쳐 숨었다. (『册府元龜』 349 將帥部 10 立功 2 毌丘儉)

고구려   고려왕의 이름은 궁이다. 장차 위나라에 반란을 일으키려 하였다. 그 신하인 구려의 패자 득래라는 자가 자주 궁에게 간언하였는데 궁이 그 말을 따르지 않았다. 득래가 탄식하며 말하기를, "이 땅에 장차 쑥이 나는 것을 보게 될 것이다."하고 이에 먹지 않고 죽었다. 온 나라 사람들이 그를 어질다 하였다. (『册府元龜』 962 外臣部 7 賢行)

고구려   후한 때 구려의 왕 궁은 용맹하고 굳세어 자주 변경을 침략하였다. (『册府元龜』 997 外臣部 42 勇鷙)

245(乙丑/신라 조분이사금 16/고구려 동천왕 19/백제 고이왕 12/魏 正始 6/倭 神功 45)

고구려   봄 3월 동해 사람이 미녀를 바치니 왕이 후궁으로 받아 들였다. (『三國史記』 17 高句麗本紀 5)

고구려   봄 3월 고구려 동해 사람이 미녀를 바치가 왕이 받아들였다. (『三國史節要』 3)

고구려   (정시) 6년 5월 <군대를> 돌이켰다. 토구장군(討寇將軍) 외(巍) 오환선우(烏丸單于) △, 위구장군(威寇將軍) 도정후(都亭侯) △, 행비장군(行裨將軍) 영(領), △비장군(△裨將軍) △△△△△ (「魏毌丘儉紀功碑」)

고구려 현도 옥저
    (정시) 6년 다시 고구려를 정벌하니 궁이 매구(買溝)로 도망쳤다. 관구검은 현도태수(玄菟太守) 왕기(王頎)를 보내 추격하였다. 옥저(沃沮)를 1천여리 지나 숙신씨(肅愼氏) 남쪽 경계에 이르러 공적을 돌에 새기고 환도산[丸都之山]이라 돌에 깎아 넣고 불내성[不耐之城]이라 새겼다. 죽이거나 포로된 자가 8천여 명이었다. 공을 따져 상을 주니 후(侯)가 된 자가 백여 명이었다. (『三國志』 28 魏書 28 王毌丘諸葛鄧鍾傳)

고구려   (정시) 6년에 관구검이 다시 공격하니, 위궁은 겨우 제가(諸加)만 이끌고 옥저로 달아났다. 관구검은 장군 왕기(王頎)에게 추격하도록 하여 옥저 천 여리를 지나 숙신 남쪽 지경에까지 이르러 돌에 공적을 새겨 기록하였다. 또 환도산에 이르러 불내성(不耐城)이라 새기고 돌아왔다. 그 후 다시 중국과 왕래하였다. (『梁書』 54 列傳 48 諸夷 東夷 高句驪)

고구려 옥저   (정시) 6년 관구검이 다시 고구려를 정벌하니 위궁이 겨우 제가(諸加)와 더불어 옥저로 달아났다. 관구검이 왕기로 하여금 쫓게 하니 옥저 천여리를 지나 숙신의 남쪽 경계에 이르러 공훈을 돌에 새겼다. 또 환도산이라 돌에 깎아 넣고 불내성이라 새기고 돌아왔다. (『通典』 186 邊防 2 東夷 下 高句麗)

고구려 옥저   (정시) 6년 관구검이 다시 고구려를 토벌하니 위궁이 겨우 제가와 더불어 옥저로 달아났다. 관구검이 왕기로 하여금 쫓게 하니 옥저 천여리를 지나 숙신의 남쪽 경계에 이르러 공훈을 돌에 새겼다. 또 환도산이라 돌에 깎아 넣고 불내성이라 새기고 돌아왔다. (『太平寰宇記』 173 四夷 2 東夷 2 高勾麗國)

고구려 현도 옥저
    『위지(魏志)』에 전한다. "관구검(毌丘儉)의 자는 중공(仲恭)인데, 간책(幹策)이 있어 유주자사(幽州刺史)·도요장군(渡遼將軍)이 되었다. 관구검은 고구려가 자주 반란한다고 여겨 군대를 이끌고 현도(玄菟)를 나가 그들을 토벌하였다. 고구려왕 궁(宮)은 보기(步騎) 3만명을 거느리고 올라와 크게 싸웠다. 궁은 연이어 패하여 달아났다. 마침내 말을 묶고 수레를 매달아 환도산(丸都山)에 오르니, 목을 베고 사로잡은 것이 천 단위로 헤아렸다. 현도태수 왕기(王頎)가 옥저(沃沮)를 지나 1,000여 리를 더 가서 숙신(肅愼)에 경계에 이르러, 돌에 공적을 새겨 기록하고 환도산에도 새겼다." (『太平御覽』 278 兵部 9 邊將)

고구려 현도 옥저

위지에서 말하기를, "관구검의 자는 중공이다. 일을 처리하는 재능과 책략이 있다하여 유주자사와 도요장군(度遼將軍)이 되었다. 관구검이 고구려가 자주 침범하며 반란을 일으켰으므로 군대를 독려하여 현도를 나와 길을 따라 토벌하니 고구려왕 궁이 보병과 기병을 이끌고 나와 군대와 맞서 류수(沸水)가에서 크게 싸웠다. 궁이 연이어 패배하여 도망가니 드디어 말을 묶고 수레를 매어 환도산에 올라 고려를 도륙하고 천여 명을 목베거나 포로로 잡았다. 현도태수 왕기로 하여금 추격하여 옥저 천여리를 지나 숙신의 경계에 이르러 공을 돌에 새기고 환도산에 불내성이라 새겼다." 고 하였다. (『太平御覽』 312 兵部 43 決戰 中)

신라

겨울 10월 고구려가 북쪽 변방을 침략하였다. 우로(于老)가 군대를 이끌고 나가 맞아 싸웠으나 이기지 못하고 마두책(馬頭柵)으로 물러나 지켰다. 그날 밤 매우 추웠는데, 우로가 사졸들을 위로하고 몸소 땔나무를 피워 그들을 따뜻하게 해주니 모두 마음으로 감격하였다. (『三國史記』 2, 新羅本紀 2)

고구려

겨울 10월 군대를 보내어 신라 북쪽 변경을 공격하였다. (『三國史記』 17 高句麗本紀 5)

신라

겨울 10월 고구려가 신라 북쪽 변방을 침략하였다. 신라의 우로가 군대를 이끌고 나가 맞아 싸웠으나 이기지 못하고 마두책으로 물러나 지켰다. 그날 날씨가 추웠는데, 우로가 몸소 (병사들을) 위로하고 직접 땔나무를 피워 그들을 따뜻하게 해주니 사졸들이 솜옷을 입은 듯 여겼다. (『三國史節要』 3)

신라 고구려

고구려가 북쪽 변방을 침략하니 (석우로가) 나가 맞서 싸웠으나 이기지 못하여 마두책으로 물러나 지켰다. 밤이 되자 사졸들이 추위에 떨자 우로가 몸소 위로를 하고 직접 땔나무를 피워 따뜻하게 해주니 여러 사람들이 마음으로 감격하고 기뻐하기를 솜옷을 입은 듯 여겼다. (『三國史記』 45 列傳 5 昔于老)

예 낙랑 대방 예 고구려

정시 6년 낙랑태수(樂浪太守) 유무(劉茂)가 대방태수(帶方太守) 궁준(弓遵)이 영동(嶺東)의 예가 고구려에 속하자 군대를 일으켜 정벌하니 불내후(不耐侯) 등이 읍(邑)을 들어 항복하였다. (『三國志』 30 魏書 30 烏丸鮮卑東夷傳 濊)

예 낙랑 대방

위나라 제왕 정시 6년 불내예후(不耐濊侯) 등이 읍을 들어 항복하고 철마다 낙랑과 대방 2군을 찾아와 조공하였다. 군대가 정벌할 일이 있으면 조세를 거두기를 마치 중국인과 같이 하였다. (『通典』 185 邊防 1 東夷 ├ 濊)

낙랑 대방 고구려

정시 6년 낙랑태수 등무 대방태수 궁준이 영동의 예가 구려에 속해 있어 군대를 일으켜 정벌하니 불내후 등이 읍을 들어 항복하였다. (『太平御覽』 780 四夷部 東夷 濊貊)

고구려 옥저

(정시) 6년 무구검(毌丘儉)이 다시 군대를 전진시켜 고구려를 공격하여 옥저의 읍락을 모두 깨뜨렸는데 천여 명을 목 베어 죽이거나 포로로 잡았다. 궁은 북옥저로 도망갔다. (『册府元龜』 349 將帥部 10 立功 2 毌丘儉)

고구려 봄 2월 유주자사(幽州刺史) 관구검(毌丘儉)이 고구려를 토벌하였다. (『三國志』 4 魏書 4 三少帝紀 齊王 芳)

고구려 봄 2월 유주자사 관구검이 고구려 왕 위궁(位宮)이 자주 침략하고 배반하므로 군대를 독려하여 토벌에 나섰다. 위궁이 패하여 도망가자 관구검이 환도를 도륙하고 머리를 베고 포로로 잡은 자가 천여명이었다. 고구려의 신하 득래(得來)가 자주 위궁에게 간언하였으나, 위궁이 따르지 않았다. 득래가 한탄하며 말하기를, "일어서서 이 땅을 보니 장차 쑥만 자랄 것이다." 고 하였다. 마침내 먹지 않다가 죽었다. 관구검은 군사들에게 그의 무덤을 파헤치지 말라 하였고, 무덤가의 나무도 베지 못하여 하였으며, 포로로 잡힌 그 처자는 모두 놓아 주었다. 위궁이 홀로 처자들을 이끌고 도망하여 숨어버리자 관구검은 군대를 이끌고 돌아왔다. 얼마 후 다시 고구려를 공격하니 위궁이 매구로 달아났다. 관구검은 현도태수 왕기를 보내어 추격하게 하였는데, 옥저를 지나 천여리를 지나 숙신씨의 남쪽 경계까지 이르러 돌에 공적을 새기고 돌아왔다. 이 때 죽거나 포로가 된 자가 8천여 명이었다. 공적을 따져 상을 주었는데 후(侯)가 된 자가 백여명이었다. (『資治通鑑』 75 魏紀 7 邵陵厲公中)

고구려 (위나라) 제왕 정시 7년 2월 유주자사 관구검이 고구려를 토벌하였다. (『册府元龜』 983 外臣部 28 征討 2)

백제 봄 3월 을해일 초하루 사마숙녜(斯摩宿禰)를 탁순국(卓淳國)[사마숙녜는 어떤 성의 사람인지 모른다]에 보냈다. 이 때에 탁순왕 말금한기(末錦旱岐)가 사마숙녜에게 일러 말하기를, "갑자년 7월 중순에 백제인 구저(久氏) 미주류(彌州流) 막고(莫古) 3인이 우리 땅에 와서 말하기를, '백제왕이 동방에 일본(日本)이라는 귀국(貴國)이 있다는 것을 듣고 신 등을 보내 그 귀국을 찾아뵙도록 하였기 때문에 길을 찾아서 그 나라에 가고자 합니다. 만일 신 등에게 길을 가르쳐 통하게 하시면 우리 왕은 반드시 군왕의 덕으로 생각할 것입니다.' 하였다. 그때 구저 등에게 일러 말하기를, '이전부터 동쪽에 귀국이 있음을 들어 알고 있다. 그러나 아직 통교가 없어 그 길을 모른다. 다만 바다가 멀고 풍랑이 심하여 큰 배를 타야만 겨우 통할 수 있을 것이다. 비록 오가는 나루가 있더라도 어떻게 배를 얻어 갈 수 있겠는가'라고 하였다. 이에 구저 등이 말하기를, '그러면 지금 당장은 갈 수가 없을 것입니다. 그렇지 않다면 다시 돌아가 선박을 준비하고 나중에 통교해야겠습니다.' 라고 하였다. 또 '만일 귀국의 사신이 온다면 꼭 우리나라에 알려 주십시오'라고 말하였다. 이렇게 하고 돌아갔다" 라고 말하였다. 그래서 사마숙녜는 종자인 이파이(爾波移)와 탁순 사람 과고(過古) 두 명을 백제국에 보내 그 왕을 위로하게 하였다. 백제 초고왕(肖古王)이 기뻐하고 후하게 대접하였다. 다섯 빛깔의 무늬있는 비단 각 한필, 각궁전(角弓箭)과 아울러 철정(鐵鋌) 40매를 이파이에게 주었다. 또 보물창고를 열어 여러 진기한 물건을 보여주며 말하기를, "우리나라에는 이러한 보물이 많이 있다. 귀국에 바치려하여도 길을 몰라 뜻이 있어도 따르지 못한다. 그러나 지금 사신에게 부쳐 바치겠다." 고 하였다. 이에 이파이가 일을 받들어 돌아와서 지마숙녜(志摩宿禰)에게 고하였다. 바로 탁순국에서 돌아왔다. (『日本書紀』 9)

예맥 여름 5월 (관구검이) 예맥(濊貊)을 토벌하여 모두 깨뜨렸다. 한나혜(韓那奚) 등 수십국이 각기 종족의 부락을 이끌고 항복하였다. (『三國志』 4 魏書 4 三少帝紀 齊王 芳)

예맥 (위나라 제왕 정시 7년) 5월 예맥을 토벌하여 모두 깨뜨렸다. 한나혜 등 수십국이 각기 종족의 부락을 이끌고 항복하였다. (『册府元龜』 983 外臣部 28 征討 2)

백제	여름에 크게 가물어 보리가 죽었다. (『三國史記』24 百濟本紀 2)
백제	여름에 백제에서 크게 가물어 보리가 죽었다. 夏 百濟大旱無麥 (『三國史節要』3)

고구려 현도　　가을 8월 유주자사 관구검을 보내어 만 명을 이끌고 현도를 나와 침략하였다. 왕이 보기 2만명을 거느리고 비류수 가에서 맞아 싸워 3천여 명을 목베었다. 또 군대를 이끌고 양맥(梁貊)의 골짜기에서 싸워 패배시키고 3천여 명을 목베어 죽이거나 사로잡았다. 왕이 여러 장수들에게 일러 말하기를 "위나라의 대군이 도리어 우리의 적은 병력보다 못하고, 관구검이라는 자가 위나라의 이름난 장수라더니 오늘 그의 목숨이 내 손안에 있다."고 하면서 이에 철기 5천을 거느리고 나아가 공격하였다. 관구검이 방진(方陣)을 치고 죽기로 싸우니 우리 군이 크게 패배하여 죽은 자가 1만 8천이었다. 왕이 1천여기만 거느리고 압록원(鴨淥原)으로 달아났다. (『三國史記』17 高句麗本紀 5)

백제 낙랑 고구려

가을 8월 위나라 유주자사 관구검이 낙랑태수(樂浪太守) 유무(劉茂)와 삭방태수(朔方太守) 왕준(王遵)이 고구려를 정벌하자 왕이 그 틈을 타서 좌장(左將) 진충(眞忠)을 보내어 낙랑의 변경민을 습격하였다. 유무가 이를 듣고 화를 내니 왕이 침탈을 당할까 두려워하여 그 백성을 돌려보냈다. (『三國史記』24 百濟本紀 2)

고구려 백제　　가을 8월 위나라 유주자사 관구검이 만명을 거느리고 낙랑태수 유무, 삭방태수 왕준과 더불어 현도를 나와 고구려를 침략하였다. 고구려왕이 보기 2만명을 거느리고 비류수 가에서 맞아 싸워 3천여명의 목을 베었다. 또 군대를 이끌고 다시 양맥의 계곡에서 싸워 패배시키고 3천여명을 목베어 죽이거나 포로로 잡았다. 왕이 여러 장수들에게 일러 말하기를 "위나라의 대군이 도리어 우리의 적은 병력보다 못하고, 관구검이라는 자가 위나라의 이름난 장수라더니 오늘 그의 목숨이 내 손안에 있다."고 하면서 이에 철기 5천을 거느리고 나아가 공격하였다. 관구검이 방진을 치고 죽기로 싸우니 고구려군이 크게 패배하여 죽은 자가 1만 8천이었다. 왕이 1천여기만 거느리고 압록원으로 달아났다. 이 때 백제왕이 낙랑이 비어있는 틈을 타서 좌장 진충을 보내어 그 변경 백성을 습격하였다. 태수 유무가 이를 듣고 화를 내자 백제왕이 토벌을 당할까 두려워하여 그 백성들을 돌려보냈다. (『三國史節要』3)

신라	겨울 10월 동남쪽에 흰 기운이 있었는데 마치 한 필의 명주와 같았다. (『三國史記』2 新羅本紀 2)
신라	신라 동남쪽에 흰 기운이 있었는데 마치 한필의 명주와 같았다. (『三國史節要』3)

고구려 옥저　　겨울 10월에 관구검이 환도성을 공격하여 함락하고 사람을 죽이고 장군 왕기(王頎)를 보내 왕을 추격하였다. 왕이 남옥저로 달아나 죽령(竹嶺)에 이르렀는데, 군사들은 흩어져 거의 다 없어지고, 오직 동부(東部)의 밀우(密友)민이 홀로 옆에 있다가 왕에게 말하기를 "지금 추격병들이 가까이 닥쳐와 벗어날 수 없습니다. 청컨대 신이 죽기를 각오하고 저들을 막으면 왕께서는 달아나실 수 있습니다." 하였다. 마침내 결사대를 모아 그들과 함께 적진으로 가서 힘껏 싸웠다. 왕이 샛길로 달아나 산골짜기에 의지하여 흩어진 군졸을 모아 스스로 방비하면서 말하기를 "만약 밀우를 데려오는 사람이 있으면 후하게 상을 주겠다."고 하였다. 하부(下部)의 유옥구(劉屋句)가 앞으로 나아가 대답하기를 "신이 가보겠습니다." 하였다. 드디어 싸웠던 곳에서 밀우가 땅에 엎어져 있는 것을 발견하고 곧 업고 돌아왔다. 왕이 그를 무릎에 눕혔더니 한참 만에 깨어났다. 왕이 샛길로 여기 저기 떠돌아다니다가 남옥저에 이르렀으

나 위나라 군대는 추격을 멈추지 않았다. 왕이 계책이 다하고 형세가 꺾이어 어찌할 바를 모르는데, 동부사람 유유(紐由)가 나서서 말하기를 "형세가 매우 위태롭고 급박하나 헛되이 죽을 수는 없습니다. 신에게 어리석은 계략이 있습니다. 청컨대 음식을 가지고 가서 위군에 주고, 틈을 엿보아 저들의 장수를 찔러 죽이겠습니다. 만일 신의 계략이 성공하면, 왕께서는 분격하여 통쾌하게 승리할 수 있을 것입니다." 하였다. 왕이 "그렇게 하겠다."고 하였다. 유유가 위군에 거짓으로 항복하여 들어가 말하기를 "우리 임금이 큰 나라에 죄를 얻고 도망쳐 바닷가에 이르렀는데 몸 둘 땅이 없어서 장차 진영 앞에서 항복을 청하고 죽음을 사구(司寇)에게 맡기려고, 먼저 소신(小臣)을 보내 변변치 못한 물건을 드리어 부하들의 음식이나 하도록 하려 합니다."라 하였다. 위나라 장수가 이 말을 듣고 그 항복을 받으려 하였다. 유유가 식기에 칼을 감추고 앞으로 나아가 칼을 빼서 위나라 장수의 가슴을 찌르고 그와 더불어 죽으니, 위군이 마침내 혼란해졌다. 왕이 군사를 세 길로 나누어 빠르게 이를 공격하니, 위군이 시끄럽고 혼란에 빠져 싸우지 못하고 드디어 낙랑(樂浪)에서 퇴각하였다. 왕이 나라를 회복하고 공을 논하는데, 밀우와 유유를 첫째로 삼았다. 밀우에게 거곡(巨谷)과 청목곡(靑木谷)을 내려 주고, 옥구에게 압록원과 두눌하원(杜訥河原)을 주어 식읍으로 삼게 했다. 유유를 추증하여 구사자(九使者)로 삼고, 그 아들 다우(多優)를 대사자(大使者)로 삼았다. 이 싸움에서 위나라의 장수가 숙신의 남쪽 경계에 이르러 그 공을 돌에 새기고, 또 환도산(丸都山)에 이르러 불내성(不耐城)을 새기고 돌아갔다. 처음에 그 신하 득래(得來)가 왕이 중국을 침략하고 배반하는 것을 보고 여러 차례 간언하였으나 왕이 듣지 않았다. 득래가 탄식하며 말하기를 "이 땅에 장차 쑥이 나는 것을 볼 것이다." 하고 드디어 먹지 않고 죽었다. 관구검이 모든 군사들에게 명령하여 그 무덤을 허물지 말고, 그 나무를 베지 못하게 하였으며, 그 처와 자식을 포로로 잡았으나 모두 놓아서 보내주었다. [괄지지에 이르기를, "불내성은 곧 국내성이다. 성을 돌로 쌓아 만들었다"고 하였다. 이는 곧 환도산과 국내성이 서로 접하고 있는 까닭이다. 양서(梁書)에 "사마의(司馬懿)가 공손연(公孫淵)을 토벌하니 왕이 장수를 보내어 서안평(西安平)을 습격하여 관구검이 침략해 왔다"고 하였고, 통감(通鑑)에 "득래가 왕에게 시정을 건의한 것은 왕 위궁 때의 일이다"고 하였는데 이는 모두 잘못이다.] (『三國史記』17 高句麗本紀 5)

고구려 옥저 겨울 10월에 관구검이 환도성을 공격하여 함락하니 고구려왕이 나와서 달아났다. 장군 왕기를 보내어 (왕을) 추격하였다. 왕이 남옥저로 달아나고자 하여 죽령에 이르렀는데, 군사들은 흩어져 없어지고, 오직 동부의 밀우만이 홀로 옆에 있다가 왕에게 말하기를 "지금 추격병력이 가까이 닥쳐와 벗어날 수 없습니다. 신이 청컨대 죽기를 각오하고 저들을 막을 것이니 왕께서는 달아나소서."라 하였다. 마침내 결사대를 모아 그들과 함께 적에게 달려들어 힘껏 싸웠다. 왕이 샛길로 달아나 산골짜기에 의지하여 흩어진 군졸을 모아 스스로 방비하면서 말하기를 "만약 밀우를 데려오는 자가 있다면 후하게 상을 주겠다."고 하였다. 하부의 유옥구가 청하여 가서 드디어 싸웠던 지역에 밀우가 엎어져 있는 것을 발견하고 곧 업고 돌아왔다. 왕이 그를 무릎에 눕혔더니 한참 만에 깨어났다. 왕이 샛길로 여기 저기 떠돌아다니다가 남옥저에 이르렀는데 위나라 군대는 추격을 멈추지 않았다. 왕이 계책이 다하고 형세가 꺾이어 어찌할 바를 모르는데, 동부사람 유유가 나와서 말하기를 "형세가 매우 위태롭고 급박하나 헛되이 죽을 수는 없습니다. 신에게 어리석은 계략이 있습니다. 청컨대 음식을 가지고 가서 위군에 제공하고, 틈을 엿보아 저들의 장수를 찔러 죽이겠습니다. 만일 저의 계략이 성공하면, 왕께서는 분격하여 통쾌하게 승리할 것입니다." 하였다. 왕이 "그렇게 하겠다."고 하였다. 유유가 위군에 들어가 거짓으로 항복하여 말하기를 "우리 임금이 큰 나라에 죄를 얻고 도망쳐 바닷가에 이르렀는데 몸 둘 땅이 없어서 장차 진영 앞에서 항복을 청하고 죽음을 사구에게 맡기려고, 먼저 소신을 보내 변변치 못한 물건을 드리어 부하들의 음식이나 하도록 하려 합니다."라 하였다. 위나라 장수가 이 말을 듣고 그 항복을 받으려 하였다. 유유가 식기에 칼을 감추고 위나라 장수의 가슴을 찌르고 그와 더불어 죽으니, 위군이 마침내 혼란해졌다. 왕이 군사를 세 길로 나누어 빠르게 공격하니, 위군이 싸우지 못하고 낙랑에서 물러났다. 왕이 나라를 회복하고 공을 논하는데, 밀우와 유유를 첫째로 삼았다. 밀우에게 거곡과 청목곡을 내려 주고, 옥구에게 압록원과 두눌하원을 주어 식읍으로 삼게 했다. 유유를 추증하여 구사자로 삼고, 그 아들 다우를 대사자로 삼았다. 이 싸움에서 위나라의 장수가 숙신의 남쪽 경계에 이르러 그 공을 돌에 새기고, 또 환도산에 이르러 불내성을 새기고 돌아갔다. 처음에 고구려인 득래가 왕이 중국을 침략하고 배반하는 것을 보고 자주 간언을 하였으나 왕이 듣지 않았다. 득래가 탄식하며 말하기를 "이 땅에 장차 쑥이 나는 것을 보리라"라 하고 드디어 먹지 않고 죽었다. 관구검이 모든 군사들에게 명령하여 그 무덤을 허물지 말고, 그 나무를 베지 못하게 하였으며, 그 처와 자식을 포로로 잡았으나 모두 놓아서 보내주었다. (『三國史節要』 3)

고구려　　위나라 정시 여간에 요동의 서안평(西安平)을 침략했다가 유주자사 관구검에게 격파되었다. (『魏書』 100 列傳 88 高句麗)

고구려 부여　정시 연간에 관구검이 고구려를 토벌하였다. 현도태수 왕기를 보내 부여를 방문하니, 위거(位居)가 대가를 보내어 영접하고 군량을 제공하였다. 후한 때부터 부여왕의 장례에 옥갑(玉匣)을 썼는데 항상 먼저 옥갑을 청하였다가 현도군에서 받았다. 왕이 죽으면 맞아 갖고 가서 장사지냈다. 공손연이 죄를 받아 죽었을 때에도 현도군의 창고에 옥갑 1벌이 그대로 남아 있었다. 진(晉)나라 때 부여의 창고에 옥벽(玉璧)과 규찬(圭瓚) 등 여러 대를 전해오는 보물이 있었는데 늙은이들은 선대에 하사받은 것이라고 하였다. 그 도장에는 '예왕지인(濊王之印)'이라는 글자가 있으며, 나라 안에 '예성(濊城)'이라는 이름의 옛 성이 있다. 대체로 본래 예맥의 땅이다. (『通典』 185 邊方 1 東夷 上 夫餘國)

고구려 부여 예맥
　　　　위나라 정시 연간에 관구검이 고려를 토벌하였다. 때문에 현도태수 왕기를 보내 부여를 방문하였다. 위거가 사신을 보내어 영접하고 군량을 제공하였다. 후한 때부터 부여왕의 장례에 옥갑을 썼는데 항상 먼저 옥갑을 청하였다가 왕이 죽으면 맞아 갖고 가서 장사지냈다. 공손연이 평정되었을 때에도 현도군의 창고에 옥갑 1벌이 그대로 남아 있었다. 진나라 때 부여의 창고에 옥벽과 규찬 등 여러 대를 전해오는 보물이 있었는데 늙은이들은 선대에 하사받은 것이라고 하였다. 그 도장에는 '예왕지인'이라는 글자가 새겨져 있고 나라 가운데 '예성'이라는 이름의 옛 성이 있다. 대체로 본래 예맥의 땅이다. (『太平寰宇記』 174 四夷 3 東夷 3 夫餘國)

고구려 남옥저 낙랑
　　　　밀우와 유유는 모두 고구려 사람이다. 동천왕 20년 위나라 유주자사 괄구검이 군대를 이끌고 침공하여 환도성을 함락시켰다. 왕은 도망쳐 달아났는데, 위나라 장군 왕기(王頎)가 왕을 추격하였다. 왕은 남옥저로 달아나고자 하였는데, 죽령에 이르자 대부분의 군사가 도망쳐 흩어졌다. 오직 동부의 밀우만이 홀로 왕의 곁에 있다가 왕에게 말하기를, "지금 적병의 추격이 매우 긴박하니, 이 상황으로는 탈출할 수 없습니다. 제가 죽음을 무릅쓰고 적병을 막아보겠습니다. 그리하면 왕께서는 피하실 수 있으실 것입니다." 하였다. 마침내 밀우는 죽음을 각오한 군사를 모아 그들과 함께 적에게 달려가 힘써 싸우니 왕은 간신히 탈출하여 갈 수 있었다. 왕이 산과 계곡에 의지하여 흩어진 병졸을 모아 스스로 지킬 수 있게 되자, "만약 밀우를 데려올 수 있는 자가 있다면 그에게 후한 상을 주겠다."고 하였다. 하부 유옥구가 앞에 나와 말하기를, "제가 가보겠습니다."고 대답하고, 마침내 전투 지역에서 밀우가 땅에 엎어져 있는 것을 발견하였다. 이에 밀우를 업고 돌아왔다. 왕은 밀우를 다리에 눕히고 한참 지나자, 비로소 밀우가 깨어났다. 왕은 사이 길을 통해 이리저리 움직여 남옥저에 도착하였으나, 위나라 군대의 추격은 멈추지 않았다. 왕은 계책도 없고 기세도 꺾여서 어찌할 바를 몰랐다. 동부인(東部人) 유유(紐由)가 나와 다음과 같이 말하였다. "상황이 매우 위태롭고 긴박하지만, 허무하게 죽을 수는 없습니다. 저에게 계책이 있으니, 음식을 갖고 가서 위나라 군사들에게 먹이고, 그 틈을 엿보아 적장을 찔러 죽이고자 합니다. 만약 저의 계책이 성공할 수 있다면, 왕께서는 힘써 공격하여 승리할 수 있을 것입니다." 왕은 "그리하라."고 하였다. 유유는 위나라 군대에게 가서 거짓으로 항복하며 다음과 같이 말하였다. "저희 임금은 대국에 죄를 짓고 바닷가로 도망쳐 와 몸 둘 곳조차 없게 되었습니다. 저희 임금이 장차 군진(軍陣) 앞에서 장군께 항복하고, 사구(司寇)에게 죽음을 묻고자 하는데 먼저 저를 보내서 많지 않은 음식이라도 가지고 와서 군졸을 먹이고자 하였습니다." 위나라 장수가 이 말을 듣고 그의 항복을 받으려고 하였다. 유유는 칼을 그릇에 감추고서 앞으로 나가서, 칼을 뽑아 위나라 장수의 가슴을 찌르고 그와 함께 죽었다. 위나라 군대는 드디어 혼란에 빠졌고 왕이 군사를 세 방면으로 나누어 위나라 군대를 급습하였다. 위나라 군대는 시끄럽고 어지러워져 진영을 갖추지도 못하고 마침내 낙랑(樂浪)으로부터 퇴각하였다. 왕이 나라를 되찾고 전공을 논하면서 밀우와 유유를 첫 번째로 하였다. 밀우에게는 거곡과 청목곡을, 유옥구에게는 압록과 두눌하원을 주어 식읍으로 삼도록 하였다. 유유를 추증하여 구사자를 삼았고, 그 아들 다우를 대사자(大使者)로 삼았다. (『三國史記』45 列傳 5 密友紐由)

고구려	(모용외의) 조부 목연(木延)은 관구검의 고구려 정벌에 종군하여 공이 있었다. 이에 좌현왕(左賢王)의 호를 더하였다. (『魏書』 95 列傳 83 徒何慕容廆)
고구려	조부 목연이 관구검의 고구려 정벌에 종군하여 공이 있었다. 비로소 좌현왕의 호가 시작되었다. (『北史』 93 列傳 81 僭僞附庸 燕 慕容氏)
고구려	최홍(崔鴻)의 십육국춘추(十六國春秋) 전연록(前燕錄)에 이르기를 '모용외(…) 조부 목연이 관구검의 고구려 정벌에 종군하여 공이 있어 대도독(大都督)의 호를 더하였다'고 하였다. (『太平御覽』 121 偏覇部 5 前燕 慕容廆)

| 신라 | 11월 서울에 지진이 일어났다. (『三國史記』 2 新羅本紀 2) |
| 신라 | 11월 신라 서울에 지진이 일어났다. (『三國史節要』 3) |

| 고구려 | (위나라 제왕 정시) 7년 한나례 등 수십국이 각기 종족을 거느리고 항복하였다. (『册府元龜』 977 外臣部 22 降附) |

247(丁卯/신라 조분이사금 18, 첨해이사금 1/고구려 동천왕 21/백제 고이왕 14/魏 正始 8/倭 神功 47)

백제	봄 정월 남단(南壇)에서 천지에 제사를 지냈다. (『三國史記』 24 百濟本紀 2)
백제	고기(古記)에 이르기를, 온조왕(溫祖王) 20년 봄 정월에 단을 설치하고 천지에 제사지냈는데, 고이왕(古尒王) 14년(중략)에도 위와 같이 행하였다. (『三國史記』 32 雜志 1 祭祀)
백제	봄 정월 백제왕이 남단에서 천지에 제사를 지냈다. (『三國史節要』 3)

| 고구려 | 봄 2월 왕이 환도성(丸都城)이 난리를 겪어 다시 도읍으로 할 수 없어 평양성(平壤 |

城)을 쌓고 백성과 종묘(宗廟) 사직(社稷)을 옮겼다. 평양은 본래 선인(仙人) 왕검(王儉)의 땅인데 혹 왕이 왕험(王險)에 가서 도읍하였다고 이른다. (『三國史記』 17 高句麗本紀 5)

| 고구려 | 봄 2월 고구려왕이 환도성이 난리를 겪어 다시 도읍으로 할 수 없어 평양성을 쌓고 도읍을 옮겼다. (『三國史節要』 3) |

| 백제 | 2월 진충(眞忠)을 우보(右輔)에 임명하고 진물(眞勿)을 좌장(左將)으로 삼아 군사의 일을 맡겼다. (『三國史記』 24 百濟本紀 2) |
| 백제 | 2월 백제가 진충을 우보에 임명하고 진물을 좌장으로 삼아 군사의 일을 맡겼다. (『三國史節要』 3) |

| 백제 신라 | 여름 4월 백제왕이 구저(久氐) 미주류(彌州流) 막고(莫古)를 보내 조공하였다. 이 때 신라국의 조사(調使)가 구저와 함께 예방하였다. 이에 황태후와 태자 예전별존(譽田別尊)이 대단히 기뻐하면서 말하기를, "선왕이 바라던 나라의 사람들이 지금 와서 조공하니 슬프다 천황이 보지 못함이여"라 하였다. 여러 신하들이 모두 눈물을 흘리지 않음이 없었다. 곧 두 나라의 공물을 조사하였는데 신라의 공물은 진기한 것이 매우 많았으나, 백제의 공물은 적고 천하여 좋지 않았다. 구저 등에게 물어 말하기를, "백제의 공물이 신라보다 못한 것은 어째서 인가"라 하였다. 대답하기를, "신 등이 길을 잃어 사비신라(沙比新羅)에 이르렀는데 신라인들이 신 등을 가두고 3개월이 지나 죽이려 하였습니다. 이때 구저 등이 하늘을 향하여 저주하니 신라인들이 그 저주를 두려워하여 죽이지는 않고 우리의 공물을 빼앗아 자신들 나라의 공물로 하고 신라의 천한 물건을 서로 바꾸어 신들의 나라의 공물로 하였습니다. 신 등에게 일러 말하기를, '만일 이 일을 잘 못 말하면 돌아오는 날 마땅히 너희들을 죽일 것이다.'고 하였습니다. 그래서 구저 등이 두려워하며 따랐습니다. 이 때문에 겨우 천조(天朝)에 도착할 수 있었습니다."하였다. 이 때 황태후와 예전별존이 신라 사신을 꾸짖고 천신(天神)에게 기도하여 말하기를, "누구를 백제에 보내고 장사 일의 허실을 조사하게 하며 누구를 신라에 보내어 그 죄를 묻도록 하는 것이 좋겠습니까"하였다. 천신이 가르쳐 말하기를, "무내숙녜(武內宿禰)로 하여금 의논케 하고, 천웅장언(千熊長彦)을 사자로 삼으면 원하는 대로 될 것이다."하였다. [천웅장언은 그 성을 분명히 알지 못하는 사람이다. 어떤 이는 무장국(武藏國) 사람이니 지금의 액전부(額田部) 규본수(槻本首) 등의 시조라고 한다.백제기(百濟記)에 직마나나기비궤(職麻那那加比跪)라고 하는 사람이 대체로 이 사람인 듯 하다.] 이에 천웅장언을 신라에 보내 백제의 헌물을 더럽혔다고 꾸짖었다. (『日本書紀』 9) |

신라	여름 5월 왕이 세상을 떠났다. 夏五月 王薨 (『三國史記』 2 新羅本紀 2)
신라	여름 5월 신라왕 조분(助賁)이 세상을 떠났다. 왕의 친아우 첨해(沾解)가 왕위에 올랐다. (『三國史節要』 3)
신라	첨해이사금(沾解尼師今)이 왕위에 올랐다.[세기(諸貴)라고도 한다] 조분왕(助賁王)의 친아우이다. (『三國史記』 2 新羅本紀 2)

| 신라 | 원년 가을 7월 시조묘(始祖廟)를 배알하고 아비 골정(骨正)을 세신갈문왕(世神葛文王)이라 하였다. 논하여 말한다. 한(漢)나라 선제(宣帝)가 왕위에 오르니 담당 관리가 아뢰길, "남의 뒤를 잇는 사람은 그 사람의 아들이 되는 것입니다. 그러므로 그 부로를 낮추어 제사를 지내지 않으니 조상을 존중하는 뜻입니다. 때문에 황제의 생부를 친(親)이라 하고 시호를 도(悼)라고 하며 어머니는 도후(悼后)라 하여 제후왕에 |

견주는 것입니다." 하였다. 이것이 경전의 뜻과 맞아 만세의 법이 되었다. 그러므로 후한(後漢)의 광무제(光武帝)와 송(宋)나라 영종(英宗)이 이를 본받아 행한 것이다. 신라는 왕의 친족으로 왕통을 잇는 임금이 그 아버지를 받들어 왕으로 칭하지 않은 일이 없고 이와 같을 뿐만 아니라 그 장인을 봉하여 역시 그러한 일이 있으니 이는 예가 아니며 진실로 법으로 삼아서는 안되는 일이다. (『三國史記』 2 新羅本紀 2)

신라   가을 7월 신라왕이 시조묘를 배알하고 아비 골정을 세신갈문왕으로 봉하였다. 김부식이 말하였다. 한나라 선제가 즉위할 때 담당 관리가 아뢰기를, "남의 뒤를 잇는 사람은 그 사람의 아들이 되는 것입니다. 그러므로 그부로를 낮추어 제사를 지내지 않으니 조상을 존중하는 뜻입니다. 때문에 황제의 생부를 친(親)이라 하고 시호를 도(悼)라고 하며 어머니는 도후(悼后)라 하여 제후왕에 견주는 것입니다." 하였다. 이것이 경전의 뜻과 맞아 만세의 법이 되었다. 그러므로 후한의 광무제와 송나라 영종이 이를 본받아 행한 것이다. 신라는 왕의 친족으로 왕통을 잇는 임금이 그 아버지를 받들어 왕으로 칭하지 않은 일이 없고 이와 같을 뿐만 아니라 그 장인을 봉하여 역시 그러한 일이 있으니 이는 예가 아니며 진실로 법으로 삼아서는 안 되는 일이다. (『三國史節要』 3)

예 낙랑 대방

     그(정시) 8년 예(濊)가 찾아와 조공을 하니 조서를 내려 다시 불내예왕(不耐濊王)에 봉하였다. 백성들 사이에 섞여 살며 사철마다 군을 찾아 와서 조알(朝謁)하였다. 2군에 군역으로 조세를 거둘 일이 있으면 (예의 백성에게도) 공급하게 하고 사역을 시키니 (군의)백성과 같이 대우하였다. (『三國志』 30 魏書 30 烏丸鮮卑東夷傳 濊)

예   (정시) 6년 (불내후 등이) 찾아와 조공을 하니 조서를 내려 다시 불내예왕에 봉하였다. 백성들 사이에 섞여 살며 사철마다 군을 찾아 와서 조알하였다. 2군에 군역으로 조세를 거둘 일이 있으면 (예의 백성에게도) 공급하게 하고 사역을 시키니 (군의)백성과 같이 대우하였다. (『太平御覽』 780 四夷部 東夷 濊貊)

대방   정시 8년 대방태수 왕기가 임지인 대방군의 관부에 도착했다. 왜 여왕 비미호가 구노국(狗奴國)의 남자왕 비미궁호(卑彌弓呼)와 평소 불화하였으니, 왜의 재사(載斯), 오월(烏越) 등을 대방군으로 보내 서로 공격하는 상황에 관해 진술하였다. 그리하여 대방군에서 새조연사(塞曹掾史) 장정(張政) 등을 보내 조서와 황당(黃幢)을 받들고 난승미(難升米)에게 벼슬을 주고 격문을 반포해 그들을 타일렀다. (『三國志』 30 魏書 30 烏丸鮮卑東夷傳 倭)

대방   정시 8년 대방태수 왕기가 임지인 대방군의 관부에 도착했다. 왜 여왕 비미호가 구노국의 남자왕 비미궁호와 평소 불화하였으니, 왜의 재사, 오월 등을 대방군으로 보내 서로 공격하는 상황에 관해 진술하였다. 그리하여 대방군에서 새조연사 장정 등을 보내 조서와 황당(黃幢)을 받들고 난승미에게 벼슬을 주고 격문을 반포해 그들을 타일렀다. (『玉海』 187 兵捷 檄書 上 魏帶方太守告喩倭王檄)

248(戊辰/신라 첨해이사금 3/고구려 동천왕 22, 중천왕 1/백제 고이왕 15/魏 正始 9/倭 神功 48)

신라   봄 정월 이찬(伊湌) 장훤(長萱)을 서불한(舒弗邯)에 임명하여 국정에 참여시켰다. (『三國史記』 2 新羅本紀 2)

신라   봄 2월 신라가 이찬 장훤을 서불한에 임명하고 국정에 참여토록 하였다. (『三國史節要』 3)

신라 고구려	2월 사신을 보내어 고구려와 화친을 맺었다. (『三國史記』 2 新羅本紀 2)
신라 고구려	2월 신라가 고구려에 사신을 보내어 화친을 맺었다. (『三國史節要』 3)
고구려 신라	봄 2월 신라가 사신을 보내어 화친을 맺었다. (『三國史記』 17 高句麗本紀 5)

낙랑 ① 수(守) 장잠(長岑) 장(長) 왕군(王君). 군의 휘는 경(卿)이다.〔側銘〕 ② 73세를 살았다. 자는 덕언(德彦)이며, 동래부(東萊郡) 황현(黃縣)인이다.〔側銘〕 ③ 정시(正始) 9년 3월 20일에 벽사(壁師) 왕덕(王德)이 조영하다.〔側銘〕(「正始 9年銘塼」)

백제 봄과 여름에 가뭄이 들었다. (『三國史記』 24 百濟本紀 2)
백제 봄과 여름에 백제에 가뭄이 들었다. (『三國史節要』 3)

고구려 가을 9월 왕이 돌아가셨다. 시원(柴原)에 장사지내고 동천왕이라 하였다. 나라 사람들이 그 은덕을 생각하며 슬퍼하지 않음이 없었다. 근신들은 자살하여 따라 죽으려 하는 자가 많았는데, 새 왕이 예가 아니라고 하여 금하였으나 장례일에 이르러 무덤에 와서 죽는 자가 매우 많았다. 나라 사람들이 잡목을 베어 그 시신을 덮었기에 그 땅을 시원이라 이름하였다. (『三國史記』 17 高句麗本紀 5)

고구려 중천왕[혹 중양(中壤)이라고도 이른다] 이름은 연불(然弗)이다. 동천왕(東川王)의 아들로 몸가짐이 예에 맞고 풍채가 뛰어났으며 지략이 있었다. 동천왕 17년 왕태자가 되었다가 22년 가을 9월 왕이 돌아가시자 태자가 왕위에 올랐다. (『三國史記』 17 高句麗本紀 5)

고구려 가을 9월 고구려왕 우위거(憂位居)가 세상을 떠났다. 태자 연불이 왕위에 올랐다. 몸가짐이 예에 맞고 풍채가 뛰어났으며 지략이 있었다. 처음 왕이 돌아가시자 나라 사람들이 은덕을 생각하며 퍼하지 않음이 없었다. 근신들은 자살하여 따라 죽으려 하는 자가 많았는데, 새 왕이 예가 아니라고 하여 금하였으나 장례일에 이르러 무덤에 와서 죽는 자가 매우 많았다. 나라 사람들이 잡목을 베어 그 시신을 덮었기에 그 땅을 시원이라 이름하였다. 시호를 동천왕이라 하였다. (『三國史節要』 3)

고구려 겨울 10월 연씨(椽氏)를 세워 왕후로 삼았다. (『三國史記』 17 高句麗本紀 2)
고구려 겨울 10월 고구려가 연씨를 세워 왕후로 삼았다. (『三國史節要』 3)

고구려 11월 왕의 아우 예물(預物)과 사구(奢句) 등이 모반을 일으켰다가 죽음을 당하였다. (『三國史記』 17 高句麗本紀 2)
고구려 11월 고구려 왕의 아우 예물과 사구 등이 모반을 일으켰다가 죽음을 당하였다. (『三國史節要』 3)

백제 겨울에 백성들이 굶주려 창고를 열어 진휼하고 또 1년간 조(租)와 조(調)를 면제하였다. (『三國史記』 24 百濟本紀 2)
백제 (11월~12월) 백제의 백성들이 굶주리자 창고를 열어 진휼하고 다시 1년간의 조(租)와 조(調)를 면제하였다. (『三國史節要』 3)

249(己巳/신라 첨해이사금 3년/ 고구려 중천왕 2/백제 고이왕 16년/魏 正始 10, 嘉平 1/倭 神功 49)

백제 봄 정월 갑오일(6)에 태백성(太白星)이 달을 가렸다. (『三國史記』 24 百濟本紀 2)
백제 봄 정월 갑오일(6)에 백제에서 태백성이 달을 가렸다. (『三國史節要』 3)

신라   (1~3월) 신라(1~3월) 신라가 우로(于老)를 보내어 군대를 이끌고 가서 사량벌국(沙梁伐國)[사벌(沙伐)이라고도 한다]을 정벌하게 하였다. 사량벌은 옛날에 신라에 속하였는데 지금 백제에 두 마음을 가진 것이다. (『三國史節要』 3)

백제 신라 가라

봄 3월 황전별(荒田別)과 녹아별(鹿我別)을 장군으로 삼았다. 구저(久氐) 등과 함께 군대를 정돈하여 탁순국(卓淳國)으로 건너 가서 신라를 치려고 하였다. 이 때 어떤 사람이 이르기를, "군사가 적으면 신라를 깨뜨릴 수 없다. 다시 사백(沙白) 개로(蓋盧)를 보내 군사를 늘려 주도록 요청하십시요"라 하였다. 곧 목라근자(木羅斤資)와 사사노궤(沙沙奴跪)[이 두 사람은 그 성을 모르는데 다만 목라근자는 백제 장군이다]에게 정예 병력을 이끌고 沙白·蓋盧와 함께 가도록 명하였다. 함께 탁순국에 모여 신라를 격파하고, 비자발(比自㶱)·남가라(南加羅)·탁국(喙國)·안라(安羅)·다라(多羅)·탁순(卓淳)·가라(加羅)의 7국을 평정하였다. 또 군대를 옮겨 서쪽으로 돌아 고해진(古奚津)에 이르러 남쪽의 오랑캐 침미다례(忱彌多禮)를 무찔러 백제에게 주었다. 이에 백제왕 초고(肖古)와 왕자 귀수(貴須)가 군대를 이끌고 와서 만났다. 이 때 비리(比利)·벽중(辟中)·포미지(布彌支)·반고(半古)의 4읍이 스스로 항복하였다. 그래서 백제왕 부자와 황전별·목라근자 등이 의류촌(意流村)[지금은 주류수기(州流須祇)라 한다]에서 함께 서로 만나 기뻐하고 후하게 대접하여 보냈다. 오직 천웅장언(千熊長彦)과 백제왕은 백제국에 이르러 벽지산(辟支山)에 올라가 맹세하였다. 다시 고사산(古沙山)에 올라가 함께 반석 위에 앉아서 백제왕이 "만약 풀을 깔아 자리를 만들면 불에 탈까 두렵고 또 나무로 자리를 만들면 물에 떠내려갈까 걱정된다. 그러므로 반석에 앉아 맹세하는 것은 오래도록 썩지 않을 것임을 보여주는 것이니, 지금 이후로는 천년 만년 영원토록 늘 서쪽 번국이라 칭하며 봄 가을로 조공하겠다"라고 맹세하였다. 그리고 천웅장언을 데리고 도읍에 이르러 후하게 예우를 더하고 久氐 등을 딸려서 보냈다. (『日本書紀』 9)

신라   여름 4월 왜인들이 서불한(舒弗邯) 우로를 죽였다. (『三國史記』 2 新羅本紀 2)
신라   여름 4월 왜국 사신 갈야고(葛耶古)가 신라를 방문하였다. 왕이 우로로 하여금 대접하게 하였다. 손님과 희롱하여 말하기를, "얼마 안있어 너희 왕을 소금 만드는 노예로 만들고 왕비는 밥 짓는 여자로 삼겠다."고 하였다. 왜 왕이 이 말을 듣고 노하여 장군 우도주군(于道朱君)을 보내 신라를 쳤다. 왕이 우유촌(于柚村)에 나왔다. 우로가 말하기를 "지금의 침략은 신으로 말미암은 것이니 청컨대 제가 감당하도록 하겠습니다." 하고 마침내 왜군을 막으며 말하기를, "전일의 말은 희롱이었을 뿐인데 어찌 군대를 일으켜 여기에까지 이를 줄 생각했겠는가" 하였다. 왜인들이 그를 붙잡아 나무를 쌓아 불태워 죽이고 이에 돌아갔다. 우로의 자식은 어려서 능히 걷지 못하므로 다른 사람이 안고 말을 타고 돌아왔다. 후에 왜인 사신이 교빙하러 오자 우로의 아내가 왕에게 청하여 사사로이 왜국 사신에게 음식을 대접하였다. 곧 그가 취하자, 사람을 시켜 그를 붙잡아 불태워 보복하였다. 왜인이 분하여 금성(金城)을 공격해 왔으나, 이기지 못하고 [군사를] 이끌고 돌아갔다. 권근(權近)은 말한다. 김부식이 이르되, "우로가 당대의 대신으로 군무와 국사를 맡아 싸우면 반드시 이기고 이기지 못하더라도 패하지 않은 것은 그 꾀와 책략이 다른 사람보다 뛰어났기 때문인 것이다. 그러나 사리에 맞지 않은 한마디의 말로 두 나라가 서로 싸우게 하는 데 이르게 하여 스스로 죽었다."고 하였다. 추기(樞機)의 중요한 자리에 있으면 신중하지 않을 수 없음이 이와 같다. 그 처는 능히 원수를 잊지 않고 반드시 이를 갚았으니 아름답다고 할 만하다. 그러나 후에 그 사사로운 원한을 갚고자 감히 사신으로 온 자를 죽여 또 두 나라가 싸움에 이르게 하였으니, 당시의 군신이 미연에 막지 못한 것 또한 그 책임을 벗어날 수 없다. (『三國史節要』3)

신라	가을 7월 남당(南堂)을 궁궐 남쪽에 지었다.[남당은 혹 이르기를 도당(都堂)이라고 한다] 양부(良夫)를 이찬(伊湌)으로 삼았다. (『三國史記』2 新羅本紀 2)
신라	가을 7월 신라가 남당을 궁궐 남쪽에 지었다. 양부를 이찬으로 삼았다. (『三國史節要』3)

신라 사량벌국

첨해왕(沾解王)이 재위할 때 사량벌국이 옛날에 우리에게 속하였는데 갑자기 배신하고 백제에 귀부하였다. 우로가 군사를 이끌고 가서 토벌하여 멸망시켰다. (『三國史記』45 列傳 5 昔于老)

250(庚午/신라 첨해이사금 4/고구려 중천왕 3/백제 고이왕 17/魏 嘉平 2/倭 神功 50)

고구려	봄 2월 왕이 재상 명림어수(明臨於漱)에게 명하여 나라 안팎의 군사일을 맡도록 하였다. (『三國史記』17 高句麗本紀 5)
고구려	봄 2월 고구려왕이 국상(國相) 명림어수(明臨於漱)에게 명하여 나라 안팎의 군사일을 맡도록 하였다. (『三國史節要』3)
백제	봄 2월 황전별(荒田別) 등이 돌아왔다. (『日本書紀 9)
낙랑	가평 2년 2월 5일 만들기 시작하였다.〔側銘〕 호상(戶上)〔小口銘〕(「嘉平 2年銘塼」)
백제	여름 5월 천웅장언(千熊長彦)과 구저(久氐) 등이 백제로부터 이르렀다. 이 때 황태후가 기뻐하며 구저에게 묻기를, "바다 서쪽의 여러 한(韓)을 이미 너희 나라에 주었는데 지금 무슨 일로 이리 자주 오느냐"고 하였다. 구저 등이 아뢰기를, "천조(天朝)의 큰 은택이 멀리 우리나라에 까지 미쳤으므로 우리 왕이 기쁨에 넘쳐 그 마음을 가눌 수 없어서 돌아가는 사신 편에 지극한 정성을 바치는 것입니다. 비록 만세까지라도 어느 해인들 조공하지 않겠습니까"라고 하였다. 황태후가 명하기를, "너의 말이 훌륭하구나. 이는 나의 생각이기도 하다"라 하고 다사성(多沙城)을 더 주어 오고 가는 길의 역참으로 삼게 했다. (『日本書紀』9)
낙랑	가평 2년[왕씨전(王氏塼)]〔側銘〕(「嘉平二年銘塼」)

251(辛未/신라 첨해이사금 5/ 고구려 중천왕 4/백제 고이왕 18/魏 嘉平 3/倭 神功 51)

신라	봄 정월 비로소 남당(南堂)에서 정무를 보았다. 한기부(漢祇部) 사람 부도(夫道)라는 이가 집이 가난하면서도 아첨하지 않고 글씨와 계산을 잘하는 것으로 이름이 알려져 있어 이때 왕이 그를 불러 아찬(阿湌)으로 삼아 물장고(物藏庫)의 일을 맡겼다. (『三國史記』2 新羅本紀 2)
신라	봄 정월 신라왕이 비로소 남당에서 정무를 보았다. 한기부 사람 부도라는 이가 집이 가난하면서도 아첨하지 않고 글씨와 계산을 잘하는 것으로 이름이 알려져 있어 이때 왕이 그를 불러 아찬으로 삼아 물장고의 일을 맡겼다. (『三國史節要』3)

백제	봄 3월 백제왕이 또 구저(久氐)를 보내어 조공하였다. 이에 황태후가 태자와 무내숙녜(武內宿禰)에게 이르기를, "내가 백제국과 교류하여 친하게 지내는 것은 하늘이 이르게 한 것이지 사람에 의한 것이 아니다. 진기한 물건들은 전에는 없었던 것인데 해를 거르지 않고 늘 와서 바치니 이런 정성을 생각할 때마다 기쁘다. 내가 있을 때처럼 은혜를 돈독하게 하라"고 하였다. 이 해에 천웅장언을 구저 등에게 딸려 백제국에 보냈다. 큰 은혜를 내려 "나는 신의 징험한 바를 따라 처음으로 길을 열고 바다 서쪽을 평정하여 백제에게 주었다. 지금 다시 두텁게 우의를 맺고 길이 은총을 내리리라"고 하였다. 이 때 백제왕 부자는 함께 이마를 땅에 대고 "귀국(貴國)의 큰 은혜는 하늘과 땅보다 무거우니 어느 날 어느 때인들 감히 잊을 수 있으리요. 성스러운 왕이 위에 있어 해와 달같이 밝고 신이 아래에 있어 산악과 같이 굳세니 길이 서쪽 번국(蕃國)이 되어 끝내 두 마음이 없을 것이오"라 아뢰었다. (『日本書紀』 9)
고구려	여름 4월에 왕이 관나부인(貫那夫人)을 가죽주머니에 넣어 서해에 던져버렸다. 관나부인은 얼굴이 매우 아름답고 고우며 머리카락 길이가 아홉 자나 되어, 왕이 그를 사랑하여 장차 소후(小后)로 삼으려 하였다. 왕후 연씨(椽氏)는 그녀가 왕의 총애를 독차지할 것을 두려워하여 왕에게 말하기를 "제가 듣건대 서위(西魏)가 장발(長髮)을 구하는데 천금을 주고 사려고 한다고 합니다. 예전에 우리 선왕이 중국에 예물을 보내지 않아서 전란을 당하고 달아나 사직을 거의 잃을 뻔했습니다. 지금 왕께서 저들이 바라는 바에 따라 사신 하나를 보내 장발미인을 바치면, 저들이 반드시 흔쾌히 받아들이고 다시 침략해오는 일이 없을 것입니다."라 하였다. 왕이 그 뜻을 알고 묵묵히 대답하지 아니하였다. 부인이 그 말을 듣고 그 해(害)가 가해질 것을 두려워하여 도리어 왕에게 왕후를 참소하여 말하기를 "왕후가 늘 저에게 '시골 여자가 어떻게 여기에 있을 수 있지? 만일 스스로 돌아가지 않으면 반드시 후회할 것이다.'라고 욕하였습니다. 생각해보건대 왕후가 대왕의 출타를 틈타 저에게 해를 가하려고 하는 것이니, 어떻게 하면 좋겠습니까?"라 하였다. 후에 왕이 기구(箕丘)에서 사냥을 하고 돌아오니, 부인이 가죽주머니를 들고 맞이하여 울면서 말하기를 "왕후가 저를 이 속에 넣어 바다에 던지려고 하였습니다. 대왕께서는 저를 살려 주어 집으로 돌려보내 주십시오. 어찌 감히 다시 옆에서 모시기를 바라겠습니까?" 하였다. 왕이 그것이 거짓임을 알고 화를 내고는 부인에게 일러 말하기를 "네가 바다 속으로 들어가고 싶구나?" 하고, 사람을 시켜 그를 던져버렸다. (『三國史記』 17 高句麗本紀 5)
고구려	여름 4월에 왕이 관나부인을 가죽주머니에 넣어 서해에 던져버렸다. 관나부인은 얼굴이 매우 아름답고 고우며 머리카락 길이가 아홉 자나 되어, 왕이 그를 사랑하여 장차 소후로 삼으려 하였다. 왕후 연씨는 그녀가 왕의 총애를 독차지할 것을 두려워하여 왕에게 말하기를 "제가 듣건대 서위가 장발을 구하는데 천금을 주고 사려고 한다고 합니다. 예전에 우리 선왕이 중국에 예물을 보내지 않아서 전란을 당하고 달아나 종묘와 사직을 거의 잃을 뻔했습니다. 지금 왕께서 저들이 바라는 바에 따라 사신 하나를 보내 장발미인을 바치면, 저들이 반드시 흔쾌히 받아들이고 다시 침략해오는 일이 없을 것입니다."라 하였다. 왕이 그 뜻을 알고 묵묵히 대답하지 아니하였다. 부인이 그 말을 듣고 그 해가 가해질 것을 두려워하여 도리어 왕에게 왕후를 참소하여 말하기를 "왕후가 늘 저에게 '시골 여자가 어떻게 여기에 있을 수 있지? 만일 스스로 돌아가지 않으면 반드시 후회할 것이다.'라고 욕하였습니다. 생각해보건대 왕후가 대왕의 출타를 틈타 저에게 해를 가하려고 하는 것이니, 어떻게 하면 좋겠습니까?"라 하였다. 후에 왕이 기구에서 사냥을 하고 돌아오니, 부인이 가죽주머니를 들고 맞이하여 울면서 말하기를 "왕후가 저를 이 속에 넣어 바다에 던지려고 하였습니다. 대왕께서는 저를 살려 주어 집으로 돌려보내 주십시오. 어찌 감히 다시

옆에서 모시기를 바라겠습니까?" 하였다. 왕이 그것이 거짓임을 알고 화를 내고는 부인에게 일러 말하기를 "네가 바다 속으로 들어가고 싶구나?" 하고, 사람을 시켜 그를 던져버렸다. (『三國史節要』 3)

252(壬申/신라 첨해이사금 6/고구려 중천왕 5/백제 고이왕 19/魏 嘉平 4/倭 神功 52)

백제   가을 9월 정묘가 초하루인 병자일(10) 구저(久氐) 등이 천웅장언(千熊長彦)을 따라 와서 칠지도(七枝刀) 1자루와 칠자경(七子鏡) 1개 및 여러가지 귀중한 보물을 바쳤다. 그리고 바치는 글에 이르기를, "우리나라 서쪽에 시내가 있는데 그 근원은 곡나철산(谷那鐵山)으로부터 나옵니다. 7일 동안 가도 미치지 못할 정도로 멉니다. 이 물을 마시다가 문득 이 산의 철을 얻어서 성스러운 조정에 길이 바치겠습니다. 그리고 손자 침류왕(枕流王)에게 이르기를, '지금 내가 통교하는 바다 동쪽의 귀국(貴國)은 하늘이 열어준 나라이다. 그래서 하늘의 은혜를 내려 바다 서쪽을 나누어 우리에게 주었으므로 나라의 기틀이 길이 굳건하게 되었다. 너도 마땅히 우호를 잘 다져 토산물을 거두어 공물을 바치는 것을 끊이지 않는다면 죽더라도 무슨 한이 있겠느냐'라 일러두었습니다."고 하였다. 이 이후로 해마다 계속하여 조공하였다. (『日本書紀』 9)

고구려   강표전(江表傳)에 이르기를, "고구려(高句驪)왕이 사신을 보내어 손권(孫權)에게 각궁(角弓)을 바쳤다."고 하였다. (『太平御覽』 347 兵部 78 弓)

253(癸酉/신라 첨해이사금 7/고구려 중천왕 6/백제 고이왕 20/魏 嘉平 5/倭 神功 53)

신라   여름 4월 용이 궁궐 동쪽 연못에 나타났고 금성 남쪽의 쓰러졌던 버드나무가 스스로 일어났다. (『三國史記』 2 新羅本紀 2)

신라   여름 4월 신라에서 용이 궁궐 동쪽 연못에 나타났고 금성 남쪽의 쓰러졌던 버드나무가 스스로 일어났다. (『三國史節要』 3)

신라   5월부터 7월까지 비가 내리지 않아 조묘(祖廟)와 명산(名山)에 빌고 제사를 지내니 곧 비가 내렸다. 흉년이 들어 도적이 많았다. (『三國史記』 2 新羅本紀 2)

신라   신라에 5월부터 7월까지 비가 내리지 않아 조묘와 명산에 빌고 제사를 지내니 곧 비가 내렸다. 흉년이 들어 도적이 많았다. (『三國史節要』 3)

가야   9월 가락국왕 거등(居登)이 세상을 떠났다. 왕자 마품(麻品)이 왕위에 올랐다. (『三國史節要』 3)

가야   마품왕(麻品王). 마품(馬品)이라고도 하며, 김씨이다. 가평(嘉平) 5년 계유에 즉위하였다. 치세는 39년 영평(永平; 291) 원년 신해 1월 29일에 죽었다. 왕비는 종정감(宗正監) 조광(趙匡)의 손녀 호구(好仇)로 태자(太子) 거질미(居叱彌)를 낳았다.

신라   계유(癸酉, 253)에 왜국의 사신 갈나고(葛那古)가 객관(客館)에 있었는데, 우로가 그를 대접하였다. 손님과 희롱하여 말하기를, "조만간 너희 왕을 소금 만드는 노예(鹽奴)로 만들고 왕비는 밥 짓는 여자로 삼겠다."고 하였다. 왜왕이 이 말을 듣고 노하여 장군 우도주군(于道朱君)을 보내 우리를 쳤다. 대왕이 우유촌(于柚村)에 나가 있었다. 우로가 "지금의 재앙은 내가 말을 조심하지 않은 데서 말미암은 것이니, 내가 그것을 감당하겠습니다."고 말하였다. 마침내 왜군에게 이르러 말하기를 "전일의 말은 희롱이었을 뿐이다. 어찌 군사를 일으켜 여기에까지 이를 줄 생각했겠는가."라고 하였다. 왜인이 대답하지 않고 그를 잡았다. 나무를 쌓아 그 위에 앉히고 그를 불태워 죽인 다음 돌아갔다. 그때 우로의 아들은 어려 걷지 못하므로 다른 사람이 안고 말을 타고 돌아왔다. 후에 흘해이사금(訖解尼師今)이 되었다. 미추왕(味鄒王) 때에 왜국(倭國)의 대신(大臣)이 와서 공물을 바쳤다. 우로의 아내가 국왕에게 청하여 사사로이 왜국 사신에게 음식을 대접하였다. 곧 그가 술에 몹시 취하게 되자, 장사를 시켜 마당으로 끌어내려 그를 불태워 전일의 원한을 갚았다. 왜인이 분하여 금성(金城)을 공격해 왔으나, 이기지 못하고 군사를 이끌고 돌아갔다. 논하여 말한다. 우로가 당시 대신으로 군무와 국정을 맡아, 싸우면 반드시 이기고 비록 이기기 못하더라도 패하지는 않았던 것은 그 계책은 반드시 다른 사람보다 월등한 것이다. 그러나 한 마디 말의 어그러짐으로 스스로 죽음을 취하였고, 또 두 나라로 하여금 서로 싸우게 하였다. 그 아내가 원한을 갚았으나, 또한 변칙이요 정도(正道)는 아니다. 만일 그러하지 않았다면, 그의 공적은 또한 기록할 만하다. (『三國史記』45 列傳 5 昔于老)

254(甲戌/신라 첨해이사금 8/고구려 중천왕 7/백제 고이왕 21/魏 嘉平 6, 正元 1/倭 神功 54)

고구려	여름 4월 국상(國相) 명림어수(明臨於漱)가 죽었다. 비류(沸流)의 패자(沛者) 음우(陰友)를 국상(國相)으로 삼았다. (『三國史記』17 高句麗本紀 5)
고구려	여름 4월 고구려의 국상 명림어수가 죽었다. 비류패자 음우를 국상으로 삼았다. (『三國史節要』3)
고구려	가을 7월 지진이 일어났다. (『三國史記』17 高句麗本紀 5)
고구려	가을 7월 고구려에 지진이 일어났다. (『三國史節要』3)

255(乙亥/신라 첨해이사금 9/고구려 중천왕 8/백제 고이왕 22/魏 正元 2/倭 神功 55)

신라 백제	가을 9월 백제와 침략해 왔다. 일벌찬(一伐湌) 익종(翊宗)이 괴곡(槐谷) 서쪽에서 맞아 싸웠는데 적에게 죽임을 당했다. (『三國史記』2 新羅本紀 2)
백제 신라	가을 9월 군대를 보내어 신라를 공격하였다. 신라군과 괴곡 서쪽에서 싸워 패배시키고 그 장수 익종을 죽였다. (『三國史記』24 百濟本紀 2)
백제 신라	가을 9월 백제가 신라를 침략하였다. 신라 일벌찬 익종이 괴곡 서쪽에서 맞아 싸웠는데 익종과 그 군대가 패배하여 죽임을 당했다. (『三國史節要』3)
신라 백제	겨울 10월 백제가 봉산성(烽山城)을 공격하였으나 함락되지는 않았다. (『三國史記』2 新羅本紀 2)
백제 신라	겨울 10월 군대를 보내어 신라의 봉산성을 공격하였으나 이기지 못하였다. (『三國史記』24 百濟本紀 2)
백제 신라	겨울 10월 백제가 군사를 보내어 신라의 봉산성을 공격하였으나 이기지 못하였다. (『三國史節要』3)
고구려	왕자 약로(藥盧)를 왕태자로 삼고 국내에 사면령을 내렸다. (『三國史記』17 高句麗本紀 5)
고구려	고구려왕이 왕자 약로(藥盧)를 왕태자로 삼고 국내에 사면령을 내렸다. (『三國史節要』3)
백제	백제의 초고왕이 세상을 떠났다. (『日本書紀 9)

256(丙子/신라 첨해이사금 10/고구려 중천왕 9/백제 고이왕 23/魏 正元 3, 甘露 1/倭 神功 56)

신라	봄 3월 나라 동쪽 바다에 큰 물고기 세 마리가 나타났는데, 길이가 3장이고 키는 1장 2척이었다. (『三國史記』 2 新羅本紀 2)
신라	봄 3월 신라 동쪽 바다에 큰 물고기 세 마리가 나타났는데, 길이가 3장이고 키는 1장 2척이었다. (『三國史節要』 3)

신라	겨울 10월 그믐에 일식이 있었다. (『三國史記』 2 新羅本紀 2)
신라	겨울 10월 그믐에 신라에 일식이 있었다. (『三國史節要』 3)

고구려	겨울 11월 연나(椽那)의 명림홀도(明臨笏覩)를 공주에게 장가들여 부마도위(駙馬都尉)로 삼았다. (『三國史記』 17 高句麗本紀 5)
고구려	겨울 11월 고구려가 연나의 명림홀도를 공주에게 장가들여 부마도위로 삼았다. (『三國史節要』 3)

고구려	12월 눈이 내리지 않고 큰 역병이 돌았다. (『三國史記』 17 高句麗本紀 5)
고구려	12월 고구려에 눈이 내리지 않고 큰 역병이 돌았다. (『三國史節要』 3)

백제	백제가 왕자 귀수(貴須)를 왕으로 세웠다. (『日本書紀』 9)

257(丁丑/신라 첨해이사금 11/고구려 중천왕 10/백제 고이왕 24/魏 甘露 2/倭 神功 57)

백제	봄 정월 크게 가뭄이 들어 나무가 모두 말라 죽었다. (『三國史記』 24 百濟本紀 2)
백제	봄 정월 백제에 크게 가뭄이 들어 나무가 모두 말라 죽었다. (『三國史節要』 3)

258(戊寅/신라 첨해이사금 12/고구려 중천왕 11/백제 고이왕 25/魏 甘露 3/倭 神功 58)

백제 말갈	봄 말갈의 추장 나갈(羅渴)이 좋은 말 10필을 바쳤다. 왕이 그 사자의 노고를 위로하고 돌려 보냈다. (『三國史記』 24 百濟本紀 2)
백제 말갈	봄 말갈의 추장 나갈이 좋은 말 10필을 바쳤다. 백제왕이 그 사자의 노고를 위로하고 돌려 보냈다. (『三國史節要』 3)

259(己卯/신라 첨해이사금 13/고구려 중천왕 12/백제 고이왕 26/魏 甘露 4/倭 神功 59)

신라	가을 7월 가뭄이 들고 누리의 피해가 있어 흉년이 들고 도둑이 많아졌다. (『三國史記』 2 新羅本紀 2)
신라	7월 신라에 가뭄이 들고 누리의 피해가 있어 흉년이 들고 도둑이 많아졌다. (『三國史節要』 3)

백제	가을 9월 푸르고 보랏빛 나는 구름이 왕궁 동쪽 하늘에 떠올랐는데 누각 모양이었다. (『三國史記』 24 百濟本紀 2)
백제	을 9월 푸르고 보랏빛 나는 구름이 왕궁 동쪽 하늘에 떠올랐는데 누각 모양이있다. (『三國史節要』 3)

고구려	겨울 12월 왕이 두눌(杜訥) 골짜기에서 사냥을 하였다. 위나라 장수 위지해(尉遲楷)[이름이 장릉(長陵: 고려 인종의 무덤 이름)의 이름을 범하였다]가 병력을 이끌고 쳐들어왔다. 왕이 정예 기병 5천을 골라 양맥(梁貊) 골짜기에서 싸워서 이를 물리쳤다. 8천여 급을 목베었다. (『三國史記』 17 高句麗本紀 5)
고구려	겨울 12월 고구려왕이 두눌 골짜기에서 사냥을 하였다. 위나라 장수 위지해가 병력을 이끌고 쳐들어왔다. 왕이 정예 기병 5천을 골라 양맥 골짜기에서 싸워서 이를

물리쳤다. 8천여 급을 목베었다. (『三國史節要』3)

260(庚辰/신라 첨해이사금 14/고구려 중천왕 13/백제 고이왕 27/晉 景元 1/倭 神功 60)

백제   봄 정월에 내신좌평(內臣佐平)을 두어 왕명의 출납에 대한 일을 맡게 하고, 내두좌
평(內頭佐平)을 두어 물자와 창고에 대한 일을 맡게 하고, 내법좌평(內法佐平)을 두
어 예법과 의식에 대한 일을 맡게 하고, 위사좌평(衛士佐平)을 두어 숙위 병사에 대
한 일을 맡게 하고, 조정좌평(朝廷佐平)을 두어 형벌과 송사에 대한 일을 맡게 하
고, 병관좌평(兵官佐平)을 두어 지방의 군사에 대한 일을 맡게 하였다. 또한 달솔(達
率)·은솔(恩率)·덕솔(德率)·한솔(扞率)·나솔(奈率)·장덕(將德) ·시덕(施德)·고덕(固德)·계
덕(季德)·대덕(對德)·문독(文督)·무독(武督)·좌군(佐軍)·진무(振武)·극우(剋虞) 등을 두
었다. 6개 좌평은 모두 1품, 달솔은 2품, 은솔은 3품, 덕솔은 4품, 한솔은 5품, 나솔
은 6품, 장덕은 7품, 시덕은 8품, 고덕은 9품, 계덕은 10품, 대덕은 11품, 문독은
12품, 무독은 13품, 좌군은 14품, 진무는 15품, 극우는 16품이었다. (『三國史記』24
百濟本紀 2)

백제   봄 정월에 백제에서 내신좌평을 두어 왕명의 출납에 대한 일을 맡게 하고, 내두좌평
을 두어 물자와 창고에 대한 일을 맡게 하고, 내법좌평을 두어 예법과 의식에 대한
일을 맡게 하고, 위사좌평을 두어 숙위 병사에 대한 일을 맡게 하고, 조정좌평을 두
어 형옥에 대한 일을 맡게 하고, 병관좌평을 두어 지방의 군사에 대한 일을 맡게 하
였다. 또한 달솔·은솔·덕솔·한솔·나솔·장덕·시덕·고덕·계덕·대덕·문독·무독·좌군·진무·극
우를 두었다. 6좌평은 모두 1품이고, 달솔은 2품, 은솔은 3품, 덕솔은 4품, 한솔은
5품, 나솔은 6품, 장덕은 7품, 시덕은 8품, 고덕은 9품, 계덕은 10품, 대덕은 11품,
문독은 12품, 무독은 13품, 좌군은 14품, 진무는 15품, 극우는 16품이었다. (『三國
史節要』3)

백제   2월에 영을 내려 6품 이상은 자주빛 옷을 입고 은 꽃으로 관(冠)을 장식하고, 11품
이상은 붉은 옷을 입으며, 16품 이상은 푸른 옷을 입게 하였다. (『三國史記』24 百
濟本紀 2)

백제   2월에 백제에서 영을 내려 6품 이상은 자주빛 옷을 입고 은 꽃으로 관을 장식하고
11품 이상은 붉은 옷을 입으며, 16품 이상은 푸른 옷을 입게 하였다. (『三國史節
要』3)

백제   3월에 왕의 동생 우수(優壽)를 내신좌평으로 삼았다. (『三國史記』24 百濟本紀 2)
백제   3월에 백제왕이 그 아우 우수를 내신좌평으로 삼았다. (『三國史節要』3)

신라   여름에 큰 비가 내려 산 40여 곳이 무너졌다. (『三國史記』2 新羅本紀 2)
신라   여름에 신라에 큰 비가 내려 산 40여 곳이 무너졌다. (『三國史節要』3)

낙랑   경원 원년 7월 23일 (「景元 元年銘塼」 側銘)

신라   가을 7월에 패성(孛星)이 동쪽에 나타났다가 25일 만에 사라졌다. (『三國史記』2 新
羅本紀 2)

신라   가을 7월에 신라의 동쪽에 패성이 나타났다가 25일 만에 사라졌다. (『三國史節要』
3)

고구려 기을 9월에 왕은 졸본(卒本)에 가서 시조묘(始祖廟)에 제사지냈다. (『三國史記』17

高句麗本紀 5)

| 고구려 | 고기(古記)에 이르길, 신대왕 3년(167) 가을 9월에 졸본에 가서 시조묘에 제사지냈다. (…) 중천왕 13년 가을 9월 (…) 모두 위와 같이 행하였다. (『三國史記』 32 雜志 1 祭祀) |
| 고구려 | 9월에 고구려왕이 졸본에 가서 시조묘에 제사지냈다. (『三國史節要』 3) |

261(辛巳/신라 첨해이사금 15/고구려 중천왕 14/백제 고이왕 28/晉 景元 2/倭 神功 61)

| 백제 | 봄 정월 초하루에 왕이 자주 빛으로 된 큰 소매 달린 도포와 푸른 비단 바지를 입고, 금꽃으로 장식한 오라관을 쓰고, 흰 가죽 띠를 두르고, 검은 가죽 신을 신고, 남당(南堂)에 앉아서 정사를 처리하였다. (『三國史記』 24 百濟本紀 2) |
| 백제 | 봄 정월에 백제왕이 처음으로 자주 빛으로 된 큰 소매 달린 도포와 푸른 비단 바지를 입고, 금꽃으로 장식한 오라관을 쓰고, 흰 가죽띠를 두르고, 검은 가죽 신을 신고, 남당에 앉아 정사를 처리하였다. (『三國史節要』 3) |

| 신라 | 봄 2월에 달벌성(達伐城)을 쌓고 나마(奈麻) 극종(克宗)을 성주(城主)로 삼았다. (『三國史記』 2 新羅本紀 2) |
| 신라 | 2월에 신라에서 달벌성을 쌓고 나마 극종을 성주로 삼았다. (『三國史節要』 3) |

| 백제 | 2월에 진가(眞可)를 내두좌평, 우두(優豆)를 내법좌평, 고수(高壽)를 위사좌평, 곤노(昆奴)를 조정좌평, 유이(惟己)를 병관좌평으로 삼았다. (『三國史記』 24 百濟本紀 2) |
| 백제 | (2월) 백제에서 진가를 내두좌평, 우두를 내법좌평, 고수를 위사좌평, 곤노를 조정좌평, 유이를 병관좌평으로 삼았다. (『三國史節要』 3) |

신라 백제	3월에 백제가 사신을 보내 화친을 청하였으나, 허락하지 않았다. (『三國史記』 2 新羅本紀 2)
백제 신라	3월에 신라에 사신을 보내 화친을 요청하였으나, 따르지 않았다. (『三國史記』 24 百濟本紀 2)
백제 신라	3월에 백제가 신라에 사신을 보내 화친을 청했으나, 따르지 않았다. (『三國史節要』 3)

낙랑 한 예맥

가을 7월에 낙랑의 외이(外夷)인 한(韓)·예맥(濊貊)이 각각 그 무리를 이끌고 와서 조공하였다. (『三國志』 4 魏書 4 三少帝紀 4)

| 신라 | 상주(尙州) 첨해왕 때 사벌국(沙伐國)을 취해 주(州)로 삼았다. (『三國史記』 34 雜志 3 地理 1) |

신라	겨울 12월 28일에 왕이 갑자기 병이 나서 돌아가셨다. (『三國史記』 2 新羅本紀 2)
신라	겨울 12월에 신라왕 첨해(沾解)가 돌아가셨다. (『三國史節要』 3)
신라	조분왕(助賁王)의 사위 김미추(金味鄒)가 즉위하였다. 처음에 석탈해가 계림에서 알지를 얻어 궁중에서 길렀다가 후에 벼슬을 주어 대보로 삼았다. 알지는 세한(勢漢)을 낳았고, 세한은 아도(阿道)를 낳았으며 아도는 수류(首留)를 낳았고 수류는 욱보(郁甫)를 낳았으며 욱보는 구도(仇道)를 낳았고 구도는 미추를 낳았다. 조분왕이 그 딸로써 아내를 삼게 하였다. 이 때에 이르러 첨해가 돌아가시고 아들이 없자 국인(國人)이 미추를 세워 왕으로 삼았다. (『三國史節要』 3)

262(壬午/신라 미추이사금 1/고구려 중천왕 15/백제 고이왕 29/晉 景元 3/倭 神功 62)

신라　　　미추이사금(味鄒尼師今)이 왕위에 올랐다[또는 미조(味照)라고도 하였다]. 어머니는
　　　　　박씨로 갈문왕(葛文王) 이칠(伊柒)의 딸이고, 왕비는 석씨 광명부인(光明夫人)으로
　　　　　조분왕(助賁王)의 딸이다. 그의 선조 알지(關智)가 계림(鷄林)에서 태어나 탈해왕이
　　　　　거둬 궁중에서 길렀으며 나중에 대보(大輔)로 삼았다. 알지는 세한(勢漢)을 낳았고,
　　　　　세한은 아도(阿道)를 낳았고, 아도는 수류(首留)를 낳았고, 수류는 욱보(郁甫)를 낳았
　　　　　고, 욱보는 구도(仇道)를 낳았는데, 구도가 곧 미추의 아버지이다. 첨해(沾解)가 아
　　　　　들이 없자 국인(國人)이 미추를 세웠다. 이것이 김씨가 나라를 갖게 된 시초이다.
　　　　　(『三國史記』 2 新羅本紀 2)

신라　　　알지는 세한을 낳았고, 세한은 아도를 낳았고, 아도는 수류를 낳았고, 수류는 욱부
　　　　　를 낳았고, 욱부는 구도[구도(仇刀)라고도 한다]를 낳았고, 구도는 미추를 낳았다. 미
　　　　　추는 왕위에 올랐다. 신라 김씨는 알지로부터 시작된다. (『三國遺事』 1 紀異 2 金
　　　　　閼智脫解王代)

신라　　　제13대 미추니질금(未鄒尼叱今)[미조(未祖) 또는 미고(未古)라고도 한다]은 김알지의
　　　　　7대손이다. 대대로 높을 지위를 차지하여 이름을 날렸고 더하여 성덕(聖德)이 있었
　　　　　으므로 이해(理解)의 자리를 물려받아 비로소 왕위에 올랐다[지금 왕의 능을 속칭
　　　　　시조당(始祖堂)이라 한다. 대개 김씨로써 처음 왕위에 올랐기 때문이다. 후대 김씨
　　　　　왕들이 모두 미추를 시조로 삼았으니, 마땅하다]. (『三國遺事』 1 紀異 2 味鄒王 竹
　　　　　葉軍)

백제　　　봄 정월에 무릇 관리로서 뇌물을 받거나 도적질한 자는　장물(臟物)의 3배를 징수하
　　　　　고, 종신 금고형(禁錮刑)에 처하라는 명령을 내렸다. (『三國史記』 24 百濟本紀 2)

백제　　　봄 정월에 백제에서 범장(犯贓)에 대한 금법을 세웠다. 무릇 관리로서 뇌물을 받거
　　　　　나 도적질한 자는 장물(臟物)의 3배를 징수하고, 종신 금고형(禁錮刑)에 처하라는
　　　　　명령을 내렸다 (『三國史節要』 3)

낙랑　　　경원 3년 3월 8일에 한씨(韓氏)가 만들었다. (「景元 3年銘塼」 側銘)

신라　　　봄 3월에 용이 궁 동쪽 연못에서 나타났다. (『三國史記』 2 新羅本紀 2)

신라　　　3월에 신라 왕궁의 동쪽 연못에 용이 나타났다. (『三國史節要』 3)

요동　　　(진류왕 경원 3년) 여름 4월에 요동군(遼東郡)이 숙신국(肅愼國)에 사신을 보내어 중
　　　　　역입공(重譯入貢)을 말하고 그 나라의 국궁(國弓) 30장(張)을 바쳤는데, 길이는 3척
　　　　　4촌이다. 고시(楛矢)의 길이는 1척 8촌이며, 석노(石弩)는 300매(枚), 피골철잡개(皮
　　　　　骨鐵雜鎧) 20령(領), 초피 400매(枚)이다. (『三國志』 4 三少帝紀 4 魏書 4 齊王紀)

신라　　　가을 7월에 금성(金城) 서문에 불이 나서 번져 민가 300여 채가 불에 탔다. (『三國
　　　　　史記』 2 新羅本紀 2)

신라　　　가을 7월에 신라 금성 서문에 불이 나서 민가 300여 채가 불에 탔다. (『三國史節
　　　　　要』 3)

고구려　　가을 7월에 왕이 기구(箕丘)에서 사냥하여 흰 노루를 잡았다. (『三國史記』 17 高句
　　　　　麗本紀 5)

고구려　　(기을 7월) 고구려왕이 기구에서 사냥하여 흰 누루를 잡았다. (『三國史節要』 3)

고구려	겨울 11월에 천둥과 지진이 있었다. (『三國史記』17 高句麗本紀 5)
고구려	겨울 11월에 고구려에 천둥과 지진이 있었다. (『三國史節要』3)

신라 가야　신라가 조공하지 않았다. 이 해에 습진언(襲津彦 ; 소쯔히코)을 보내어 신라를 쳤다 [백제기(百濟記)에 다음과 같이 말하였다. 임오년(壬午年)에 신라가 귀국(貴國)을 받들지 않았으므로 귀국이 사지비궤(沙至比跪 : 사치히코)를 보내어 토벌하게 하였는데, 신라인은 미녀 두 사람을 단장시켜 나루에서 맞아 유혹하게 하였다. 사지비궤(사치히코)는 그 미녀를 받아들이고 오히려 가라국을 쳤다. 가라국왕 기본한기(己本旱岐)와 아들 백구지(百久至)·아수지(阿首至)·국사리(國沙利)·이라마주(伊羅麻酒)·이문지(爾汶至) 등이 그 인민(人民)을 데리고 백제로 도망하여 오니 백제는 후대하였다. 가라국왕의 누이 기전지(旣殿至)가 대왜(大倭)로 가서, "천황이 사지비궤(사치히코)를 보내어 신라를 토벌하게 했는데 신라 미녀를 받아들이고 왕명을 저버리고 토벌하지 않았으며, 오히려 우리나라를 멸망시켜 형제와 인민들이 모두 유리(流離)하게 되어 걱정하는 마음을 이길 수 없으므로 와서 아룁니다"라 하였다. 천황이 크게 노하여 목라근자(木羅斤資)를 보내어 군대를 거느리고 가라에 모여 그 사직을 복구시켰다고 한다. 일설은 다음과 같다. 사지비궤(사치히코)가 천황이 노한 것을 알고 몰래 돌아와 스스로 숨어 있었다. 그 누이가 황궁에서 총애를 받고 있었는데, 사지비궤(사치히코)가 몰래 사인을 보내어 천황의 노여움이 풀릴지 어떨지를 물어 보았다. 누이는 꿈에 가탁하여, "오늘 밤 꿈에 사지비궤(사치히코)를 보았습니다"라 하였다. 천황이 크게 노하여, "사지비궤(사치히코)가 어찌 감히 오느냐"라고 하였다. 누이가 천황의 말을 전하였더니 사지비궤(사치히코)는 면할 수 없음을 알고 바위 굴에 들어가서 죽었다]. (『日本書紀』9 神功紀)

263(癸未/신라 미추이사금 2/고구려 중천왕 16/백제 고이왕 30/晉 景元 4/倭 神功 63)

신라	봄 정월에 이찬(伊湌) 양부(良夫)를 서불한(舒弗邯)으로 삼아 중앙과 지방의 군사에 관한 일을 겸하여 맡도록 하였다. (『三國史記』2 新羅本紀 2)
신라	봄 정월에 신라에서 이찬 양부를 서불한으로 삼아 중앙과 지방의 군사에 관한 일을 겸하여 맡도록 하였다. (『三國史節要』3)

신라	2월에 몸소 국조묘(國祖廟)에 제사지내고 크게 사면하였다. 죽은 아버지 구도(仇道)를 봉하여 갈문왕(葛文王)으로 삼았다. (『三國史記』2 新羅本紀 2)
신라	2월에 신라왕이 몸소 국조묘에 제사하고 크게 사면하였다. 아버지 구도를 추봉하여 갈문왕으로 삼았다. (『三國史節要』3)

동이	겨울 10월 천자는 제후들이 교차하여 이르러 전리품을 헌상하자 이에 전날의 명령을 펼치며 말하길, "(…) 이로써 동이(東夷)·서융(西戎)·남만(南蠻)·북적(北狄)이 광포하고 교활하며 욕심 많고 사나운 대대로 도적과 원수까지도 모두 의(義)에 감동하고 혜택을 품어 문을 두드려 귀부해오니, 혹은 조공을 바쳐 목숨을 맡기기도 관사(官司)를 설치해줄 것을 청하기도 하였다(…)"라고 하였다. 사공(司空) 정충(鄭沖)이 뭇 관리들을 이끌고 설득하여 말하길, "(…) 이로써 시속이 두려움을 품고 동이가 무(舞)를 헌상했습니다. 때문에 성왕께서는 이에 옛날로부터 내려오는 예전과 구장(舊章)을 열람하시고 나라를 세워 집에 광택을 내리니 이 태원(太原)이 밝아졌습니다(…)"라고 하였다. (『晉書』2 帝紀 2 太祖文帝)

신리 아도본비(我道本碑)를 살펴보면 다음과 같다. 아도는 고구려 사람이다. 어머니는 고
도령(高道寧)으로, 정시(正始) 연간에 조위(曹魏) 사람 이(我)[성(姓)이 아(我)이다] 굴
마(崛摩)가 사신으로 구려(句麗)[고구려] 에 왔다가 고도령을 사통하고 돌아갔는데,
이로 인해서 임신하게 되었다. 아도는 다섯 살에 그 어머니가 출가하게 하였다. 열
여섯 살에 위(魏)나라에 가서 굴마를 뵙고 현창(玄彰) 화상의 강석에 나아가 배웠다.
열아홉 살 때 돌아와 어머니를 뵈오니 어머니는 다음과 같이 일러주었다. "이 나라
는 아직까지 불법(佛法)을 모르지만, 이후 3천여 월이 지나면 계림(鷄林)에 성왕(聖
王)이 출현하여 불교를 크게 일으킬 것이다. 그 서울에는 일곱 곳의 절터가 있다.
첫째는 금교(金橋) 동쪽의 천경림(天鏡林)[지금의 흥륜사(興輪寺)이다. 금교는 서천
(西川)의 다리를 말하는데, 세간에서는 송교(松橋)로 잘못 부르고 있다. 이 절은 아
도가 처음 터를 잡았으나 중간에 폐지되었다. 법흥왕(法興王) 정미(丁未)에 이르러
처음 창건되었고, 을묘(乙卯)(535)에 크게 공사를 벌여 진흥왕(眞興王)때 마쳤다]이
요, 둘째는 삼천기(三川歧)[지금의 영흥사(永興寺)이다. 흥륜사와 같은 시기에 창건
되었다]요, 셋째는 용궁(龍宮) 남쪽[지금의 황룡사(皇龍寺) 이다. 진흥왕 계유(癸
酉)(553)에 처음 개창되었다]이요, 넷째는 용궁 북쪽[지금의 분황사(芬皇寺)이다. 선
덕왕(善德] 갑오(甲午)(634)에 처음 개창되었다]이요, 다섯째는 사천미(沙川尾)[지금
의 영묘사(靈妙寺)이다. 선덕왕 을미(乙未)(635)에 처음 개창되었다]요, 여섯째는 신
유림(神遊林)[지금의 천왕사(天王寺)이다. 문무왕(文武王) 기묘(己卯)(679)에 개창되
었다]이요, 일곱째는 서청전(婿請田)[지금의 담엄사(曇嚴寺)]로서 모두 전불(前佛)시
대의 절터이며, 불법의 물결이 길이 흐를 곳이다. 네가 그곳으로 가서 대교(大敎)를
전파·선양하면 석존의 제사가 동방으로 향해올 것이다." 아도가 분부를 받들고 계림
에 와서 왕성(王城)의 서쪽 마을에 우거했는데, 지금의 엄장사(嚴莊寺)이고, 때는 미
추왕(未雛王) 즉위 2년 계미(癸未)였다. 대궐에 나아가 교법을 행하기를 청하니, 세
상에서는 전에 보지 못하던 것이라고 하여 꺼리고 심지어는 그를 죽이려는 사람까
지 있었다. 이에 속림(續林)[지금의 일선현(一善縣)]모록의 집[祿]은 예(禮)와 글자
형태가 비슷하여 생긴 잘못이다. 고기(古記)에 말하기를, "법사가 처음모록의 집에
왔을 때 천지가 진동하였다. 그때 사람들은 승(僧)이라는 명칭을 모르므로 아두삼마
(阿頭三麼)라고 하였다. 삼마란 향언(鄕言)의 승을 가리키는 말이니, 사미(沙彌)라고
말하는 것과 같다"고 하였다]으로 도망가서 숨어 있었다. (…) 이상에 의하면, 본기
(本記)와 본비(本碑)의 두 설이 서로 어긋나서 같지 않음이 이와 같다. 이를 한 번
시론해 본다. 양(梁)·당(唐) 두 고승전 및 삼국본사(三國本史)에는 모두 고구려와 백
제 두 나라 불교의 시작이 진(晉)나라 말년 태원(太元) 연간이라고 하였는데, 이도
(二道) 법사가 소수림왕(小獸林) 갑술(甲戌)에 고구려에 온 것은 분명하므로 이 전은
틀리지 않았다. 만약 [아도가] 비처왕 때 비로소 신라에 왔다면, 이것은 고구려에서
백여 년이나 있다가 온 것이 된다. 아무리 대성(大聖)의 행동거지와 출몰이 보통 사
람과 다르다고 하나 반드시 다 그렇지는 않을 것이다. 또한 신라에서의 불교 신봉이
이처럼 늦지는 않을 것이다. 또 만약 미추왕 때였다고 하면, 아도가 고구려에 온 갑
술년보다 백여 년 전이 된다. 이때는 계림에 아직 문물(文物)과 예교(禮敎)도 없었
고, 국호도 미처 정해지지 않았는데, 어느 겨를에 아도가 와서 불교를 받들자고 청
하였겠는가. 또 고구려에도 오지 않은 채 신라로 넘어갔다는 것도 불합리하다. 설사
미추왕 때 잠깐 불교가 흥하였다가 곧 없어졌다고 하더라도 어찌 그 사이에 그토록
적막하여 소문이 없었을 것이며, 향의 이름조차도 알지 못했겠는가. 어찌하여 하나
는 너무 뒤지고, 하나는 너무 앞서는가. 생각건대, 불교 동점(東漸)의 형세는 반드시
고구려·백제에서 시작되고 신라에는 나중에 들어왔을 것이다. 즉, 눌지왕대는 소수
림왕대와 서로 근접해 있으니, 아도가 고구려를 하직하고 신라에 온 것은 마땅히 눌

지왕 때였을 것이다. 또 왕녀의 병을 고친 것도 모두 아도가 한 것이라고 전하고 있으니, 이른바 묵호자라는 것도 진짜 이름이 아니라 그저 지목한 말이다. 마치 양나라 사람들이 달마(達摩)를 가리켜 벽안호(碧眼胡)라고 하고, 진(晉)나라에서 석(釋)도안(道安)을 조롱하여 칠도인(柒道人)이라고 한 것과 같은 것이다. 즉, 아도가 위태로운 일을 하느라고 이름을 숨겨 성명을 말하지 않은 까닭이다. 아마 나라 사람들이 들은 바에 따라 묵호·아도 두 이름을 두 사람으로 구분하여 전한 것이다. 하물며 아도의 의표가 묵호와 비슷하다고 하였는데, 이것으로도 한 사람임을 알 수 있다. 고도령이 일곱 곳을 차례로 든 것은 곧 개창의 선후를 예언한 것이나, 두 전이 잘못되었기에 이제 사천미를 다섯 번째에 올려 놓는다. 3천여 월이란 것도 꼭 그대로 믿을 수는 없다. 대개 눌지왕 때로부터 법흥왕 정미년(527)까지는 무려 1백여 년이 되므로 1천여 월이라고 하면 거의 비슷할 것이다. 성을 아(我)라고 하고 이름을 외글자로 한 것도 거짓인 듯 하나 자세히 알 수 없다. (『三國遺事』 3 興法 3 阿道基羅)

264(甲申/신라 미추이사금 3/고구려 중천왕 17/백제 고이왕 31/晉 咸熙 1/倭 神功 64/甲申)

신라	봄 2월에 동쪽으로 순행(巡幸)하여 바다에 제사지냈다. (『三國史記』 2 新羅本紀 2)
신라	봄 2월에 신라왕이 동쪽으로 순행하여 바다에 제사지냈다. (『三國史節要』 3)
신라	3월에 황산(黃山)에 행차해 나이 많은 사람과 가난해서 스스로 살아갈 수 없는 사람을 묻고 진휼하였다. (『三國史記』 2 新羅本紀 2)
신라	3월에 신라왕이 황산에 가서 나이 많은 사람과 가난하여 스스로 살아갈 수 없는 사람을 묻고 진휼하였다. (『三國史節要』 3)
백제	백제국 귀수왕(貴須王)이 돌아가셨다. 왕자 침류왕(枕流王)이 즉위하였다. (『日本書紀』 9 神功紀)

265(乙酉/신라 미추이사금 4/고구려 중천왕 18/백제 고이왕 32/晉 咸熙 2, 泰始 1/倭 神功 65)

백제	백제 침류왕(枕流王)이 돌아가셨다. 왕자 아화(阿花)가 어렸으므로 숙부 진사(辰斯)가 왕위를 빼앗아 즉위하였다. (『日本書紀』 9 神功紀)
남대방	조위(曹魏) 때 처음으로 남대방군(南帶方郡)[지금의 남원부(南原府)이다]을 두었다. 때문에 남대방이라 하였다. 대방의 남쪽 바다 천리를 한해(瀚海)라고 하였다[후한 건안 연간(196~220)에 마한 남쪽 황무지를 대방군으로 삼았다. 왜와 한(韓)이 드디어 속하였다는 것이 이것이다]. (『三國遺事』 1 紀異 2 南帶方)

266(丙戌/신라 미추이사금 5/고구려 중천왕 19/백제 고이왕 33/晉 泰始 2/倭 神功 66)

요동 낙랑	태시 2년 정월 기해(己亥 : 11일)에 백호(白虎)가 요동과 낙랑에 나타났다. (『宋書』 28 志 18 符瑞 中)
신라 백제	가을 8월에 백제가 봉산성(烽山城)을 공격해 왔다. 성주(城主) 직선(直宣)이 장사(壯士) 200 명을 거느리고 나가 그들을 공격하니 적이 패하여 달아났다. 왕이 그것을 듣고 직선을 일길찬(一吉湌)으로 삼고 사졸(士卒)에게는 상을 후하게 내렸다. (『三國史記』 2 新羅本紀 2)
백제 신라	가을 8월에 군사를 보내 신라의 봉산성을 공격하였다. 성주 직선이 장사 200 명을 거느리고 나와 공격하여 우리 군사가 패배하였다. (『三國史記』 24 百濟本紀 2)
신라 백제	가을 8월에 백제에서 신라의 봉산성을 공격하였다. 성주 직선이 장사 200 명을 거

느리고 공격하여 패주시켰다. 왕이 직선을 일길찬으로 삼고 사졸에게는 상을 후하게 내렸다. (『三國史節要』3)

신라   아도본비(我道本碑)를 살피면 다음과 같이 말하였다. (…) 미추왕(未雛王) 즉위 2년 (263) 계미(癸未) (…) 3년이 지났을 때 성국공주(成國公主)가 병이 났는데, 무의(巫醫)도 효험이 없자 사람을 사방으로 보내 의원을 구하게 하였다. 스님이 급히 대궐로 들어가서 마침내 그 병을 고쳤다. 왕은 크게 기뻐하며 그 소원을 물으니, 스님이 대답하기를, "빈도(貧道)는 백에 하나도 구할 것이 없고, 다만 천경림에 절을 지어 불교를 크게 일으켜 나라의 복을 비는 것이 소원일 뿐입니다"고 하였다. 왕은 이를 허락하고 공사를 착수하도록 명령하였다. 당시 풍속이 질박 검소하여 띠풀을 엮어 지붕을 이었는데, 아도는 여기에 머물면서 강연하니 가끔 천화(天花)가 땅에 떨어졌다. 절 이름을 흥륜사라고 하였다. 모록의 누이동생 사씨(史氏)가 스님에게 귀의하여 비구니가 되었는데, 그도 역시 삼천기에 절을 짓고 살았다. 절 이름은 영흥사라고 하였다. 오래지 않아 미추왕이 돌아가자 나라 사람들이 그를 해치려고 하여 스님은 모록의 집으로 돌아와 스스로 무덤을 만들어 문을 닫고 돌아갔으니, 마침내 세상에 다시 나타나지 않았다. 이로 인하여 불교 또한 폐지되었다. 23대 법흥대왕(法興大王)이 소량(蕭梁) 천감(天監) 13년 갑오(甲午)(514)에 왕위에 올라 불교(釋氏)를 일으켰다. 미추왕 계미년으로부터 252년 뒤의 일이다. 고도령이 예언한 3천여 월은 들어맞았다. (…) (『三國遺事』3 興法 3 阿道基羅)

267(丁亥/신라 미추이사금 6/고구려 중천왕 20/백제 고이왕 34/晉 泰始 3/倭 神功 67)

268(戊子/신라 미추이사금 7/고구려 중천왕 21/백제 고이왕 35/晉 泰始 4/倭 神功 68)
낙랑   태시 4년 3월일에 △△가 만들었다. (「泰始 4年銘塼」側銘)

신라   봄과 여름에 비가 오지 않자 군신들을 남당(南堂)에 모이게 해 친히 정치와 형벌 시행의 잘잘못을 물었다. 또한 사신 5명을 보내 백성의 괴로움과 걱정거리를 두루 물어보게 하였다. (『三國史記』2 新羅本紀 2)

신라   봄과 여름에 신라에 비가 오지 않으니, 왕이 남당에서 여러 신하를 모아놓고 직접 정치와 형벌시행의 잘잘못을 물었다. 또 사자 5명을 보내 백성의 괴로움과 걱정거리를 두루 물어보게 하였다. (『三國史節要』3)

269(己丑/신라 미추이사금 8/고구려 중천왕 22/백제 고이왕 36/晉 泰始 5/倭 神功 69, 應神 즉위년)
백제   가을 9월에 패성(孛星)이 자궁(紫宮)에 나타났다. (『三國史記』24 百濟本紀 2)
백제   가을 9월에 백제에 패성이 자궁에 나타났다. (『三國史節要』3)

270(庚寅/신라 미추이사금 9/고구려 중천왕 23, 서천왕 1/백제 고이왕 37/晉 泰始 6/倭 應神 1)
고구려   겨울 10월에 왕이 돌아가셨다. 중천원(中川原)에 장사지내고 이름을 중천왕이라 하였다. (『三國史記』17 高句麗本紀 5)
고구려   겨울 10월에 고구려왕 연불(然弗)이 돌아가셨다. 중천원에 장사지냈고 때문에 호(號)로 삼았다. (『三國史節要』3)
고구려   서천왕(西川王)[서양(西壤)이라고도 한다]은 이름이 약로(藥盧)[약우(若友)라고도 한다]이고 중천왕의 둘째 아들이다. 성품이 총명하고 인자하여 국인(國人)이 그를 사랑하고 존경하였다. 중천왕 8년에 태자로 삼았고, 23년 겨울 10월에 왕이 돌아가시자

태자가 즉위하였다. (『三國史記』 17 高句麗本紀 5)

고구려   (겨울 10월) 태자 약로가 즉위하였다. 성품이 총명하고 인자하였으며 국인(國人)이 사랑하였다. (『三國史節要』 3)

백제   (즉위 전기) 예전천황(譽田天皇 : 호무타노스메라미코토)은 족중언천황(足仲彦天皇 : 다라시나카쓰히코노스메라미코토)의 넷째 아들이고 어머니는 기장족희존(氣長足姬尊 : 오키나가타라시히메노미코토)이다. 천황은 신공(진구)황후가 신라를 정벌하던 해인 경진년(庚辰年 : 중애천황 9) 겨울 12월에 축자(筑紫 : 츠쿠시)의 문전(蚊田 : 가다)에서 태어났다. 어릴 때부터 총명하여 사물을 깨달아 보는 것이 깊고 원대하였으며, 하는 행동은 절도가 있었고 성스러운 모습은 남다름이 있었다. 황태후가 섭정한 지 3년 되던 해에 황태자가 되었다[그 때 나이가 3세였다]. 처음 천황이 뱃속에 있을 때, 하늘과 땅의 신이 삼한(三韓)을 주었다. 태어났을 때 굳은 살이 팔뚝 위에 나 있어서 마치 그 모양이 화살통과 같았는데, 이것은 황태후가 남장을 하고 화살통을 매고 있던 모양과 비슷하였다[초(肖)는 우리말로 아예(阿叡 : 아에)라 한다]. 그러므로 그 이름을 예전천황(호무타노스메라미코토)이라 하였다[옛날 사람들은 화살통을 포무다(褒武多)라 하였다. 일설에 의하면, "처음에 천황이 태자가 되었을 때 월국(越國)에 가서 각록(角鹿 : 쓰누가)의 가대신(笥大神)에게 제사하였는데, 그 때 대신(大神)과 태자가 서로 이름을 바꾸었다. 그래서 대신을 거래사별신(去來紗別神 : 이자사와케노가미)이라 부르고, 태자를 예전별존(譽田別尊 : 혼다와케노미코토)이라 이름하였다. 그러므로 대신의 본래 이름은 예전별존(혼다와케노미코토)이고, 태자의 원래 이름은 거래사별존(去來紗別尊 : 이자사와께노미꼬또)이었다고 할 수 있다"라고 하였으나, 다른 데 기록이 보이지 않으므로 잘 알 수 없다]. (『日本書紀』 10 應神紀)

271(辛卯/신라 미추이사금 10/고구려 서천왕 2/백제 고이왕 38/晉 泰始 7/倭 應神 2)

고구려   봄 정월에 서부(西部) 대사자(大使者) 우수(于漱)의 딸을 세워 왕후로 삼았다. (『三國史記』 17 高句麗本紀 5)

고구려   봄 정월에 고구려왕이 서부 대사자 우수의 딸을 왕후로 삼았다. (『三國史節要』 3)

낙랑   태시 7년 4월 (「泰始 7年銘塼」 小口銘)

고구려   가을 7월에 국상(國相) 음우(陰友)가 죽었다. (『三國史記』 17 高句麗本紀 5)

고구려   가을 7월에 고구려 국상 음우가 죽었다. 그 아들 상루(尙婁)가 그를 대신하였다. (『三國史節要』 3)

고구려   9월에 상루를 국상으로 삼았다. 상루는 음우의 아들이다. (『三國史記』 17 高句麗本紀 5)

고구려   겨울 12월에 지진이 있었다. (『三國史記』 17 高句麗本紀 5)

고구려   겨울 12월에 고구려에 지진이 있었다. (『三國史節要』 3)

낙랑   태시 7년 8(…) (「泰始 7年銘塼」 側銘)

272(壬辰/신라 미추이사금 11/고구려 서천왕 3/백제 고이왕 39/晉 泰始 8/倭 應神 3)

신라   봄 2월에 영을 내려 무릇 농사에 해로운 것은 일체 그것을 없애라고 하였다. (『三國史記』 2 新羅本紀 2)

신라   봄 2월에 신라에서 영을 내려 무릇 농사에 해로운 것은 일체 그것을 없애라고 하였다. (『三國史節要』3)

고구려   여름 4월에 서리가 내려 보리를 해쳤다. (『三國史記』17 高句麗本紀 5)
고구려   여름 4월에 고구려에 서리가 내려 보리를 해쳤다. (『三國史節要』3)

고구려   6월에 크게 가물었다. (『三國史記』17 高句麗本紀 5)
고구려   6월에 고구려가 크게 가물었다. (『三國史節要』3)

신라   가을 7월에 서리와 우박이 내려 곡식을 해쳤다. (『三國史記』2 新羅本紀 2)
신라   가을 7월에 신라에 서리와 우박이 내려 곡식을 해쳤다. (『三國史節要』3)

신라 백제   겨울 11월에 백제가 변경을 침략하였다. (『三國史記』2 新羅本紀 2)
백제 신라   겨울 11월에 군사를 보내 신라를 침략하였다. (『三國史記』24 百濟本紀 2)
백제 신라   겨울 11월에 백제가 신라를 침략하였다. (『三國史節要』3)

백제   이 해 백제의 진사왕(辰斯王)이 왕위에 있으면서 귀국의 천황에게 예의를 잃었으므로, 기각숙녜(紀角宿禰 : 키노쯔네수쿠네)·우전시대숙녜(羽田矢代宿禰)·석천숙녜(石川宿禰)·토목숙녜(菟木宿禰)를 파견하여 그 무례함을 책망하였다. 이로 말미암아 백제국에서는 진사왕을 죽여 사죄하였다. 기각숙녜(키노쯔네수쿠네) 등은 아화(阿花)를 왕으로 세우고 돌아왔다. (『日本書紀』10 應神紀)

273(癸巳/신라 미추이사금 12/고구려 서천왕 4/백제 고이왕 40/晉 泰始 9/倭 應神 4)
고구려   가을 7월 정유(丁酉) 초하루에 일식이 있었다. (『三國史記』17 高句麗本紀 5)
고구려   가을 7월 정유 초하루에 고구려에 일식이 있었다. (『三國史節要』3)
고구려   (가을 7월 정유 초하루) 백성이 굶주려 창고를 열어 구제하였다. (『三國史記』17 高句麗本紀 5)
고구려   (가을 7월 정유 초하루) 고구려에 백성이 굶주려 창고를 열어 구제하였다. (『三國史節要』3)

274(甲午/신라 미추이사금 13/고구려 서천왕 5/백제 고이왕 41/晉 泰始 10/倭 應神 5)
낙랑   태시 10년 7월 22일에 만들었다. (「泰始 10年銘塼」側銘)

낙랑   태시 10년 두노촌(杜奴村) (「泰始 10年銘塼」側銘)
낙랑   진고(晉故) (「泰始 10年銘塼」小口銘)

275(乙未/신라 미추이사금 14/고구려 서천왕 6/백제 고이왕 42/晉 泰始 11, 咸寧 1/倭 應神 6)
낙랑   함녕 원년 3월 14일부터 만들었다. (「咸寧 元年銘塼」側銘)
낙랑   함녕 원년 3월에 만들었다. (「咸寧 元年銘塼」側銘)
낙랑   오관단작(五官象作) (「咸寧 元年銘塼」小口銘)

낙랑   태시 11년 8월 (…) (「泰始 11年銘塼」側銘)

276(丙申/신라 미추이사금 15/고구려 서천왕 7/백제 고이왕 43/晉 咸寧 2/倭 應神 7)
동이   (2월) 갑오(13)일에 동이(東夷) 8국이 귀화하였다. (『晉書』3 帝紀 3 世祖武帝)

동이	진(晉) 무제(武帝) 함녕 2년 2월에 동이 8국이 귀화하였다. (『册府元龜』 977 外臣部 22 降附)
동이	(무제기) 함녕 2년 2월에 동이 8국이 귀화하였다. (『玉海』 152 朝貢 外夷來朝 晉東夷八國歸化十七國來附)
신라	봄 2월에 신료들이 궁실을 고쳐 짓기를 청하였으나, 왕은 백성의 수고로움을 무겁게 여겨 따르지 않았다. (『三國史記』 2 新羅本紀 2)
신라	봄 2월에 신라의 신료들이 궁실을 고쳐 짓기를 청하였으나, 왕은 백성의 수고로움을 무겁게 여겨 따르지 않았다. (『三國史節要』 3)
고구려	여름 4월에 왕이 신성(新城)[신성은 나라 동북의 큰 진(鎭)이라고도 한다]에 가서 사냥하다가 흰 사슴을 잡았다. (『三國史記』 17 高句麗本紀 5)
고구려	여름 4월에 고구려왕이 신성에서 사냥하여 흰 사슴을 잡았다. (『三國史節要』 3)
동이	(가을 7월 계축(癸丑 : 5)) 동이 17국이 내부(內附)하였다. (『晉書』 3 帝紀 3 世祖武帝)
동이	(진 무제 함녕 2년) 7월에 동이 17국이 내부하였다. (『册府元龜』 977 外臣部 22 降附)
동이	(무제기 함녕 2년) 7월에 동이 17국이 내부하였다. (『玉海』 152 朝貢 外夷來朝 晉東夷八國歸化十七國來附)
고구려	가을 8월에 왕이 신성에서 돌아왔다. (『三國史記』 17 高句麗本紀 5)
고구려	가을 8월에 왕이 신성에서 돌아왔다. (『三國史節要』 3)
고구려	9월에 궁정에 신작(神雀)이 모였다. (『三國史記』 17 高句麗本紀 5)
고구려	9월에 고구려 궁정에 신작이 모였다. (『三國史節要』 3)

고구려 백제 가야 신라

　　　　가을 9월에 고려인·백제인·임나인·신라인이 함께 내조(來朝)하였다. 그 때 무내숙녜(武內宿禰 : 타케노우치노스쿠네)에게 명하여 여러 한인(韓人)들을 이끌고 연못을 만들게 하였다. 때문에 이 연못을 이름하여 한인지(韓人池)라 불렀다. (『日本書紀』 10 應神紀)

신라 한 백제

　　　　또한 신라인들이 건너왔다. 이로써 무내숙녜(타케노우치노스쿠네)가 이들을 이끌고 그들을 부려 제방있는 연못을 세워 백제지(百濟池)를 만들었다. (『古事記』 中)

277(丁酉/신라 미추이사금 16/고구려 서천왕 8/백제 고이왕 44/晉 咸寧 3/倭 應神 8)

백제	봄 3월에 백제인이 내조(來朝)하였다[백제기(百濟記)에는 "아화왕(阿花王)이 왕위에 있으면서 귀국(貴國)에 예의를 갖추지 않았으므로 일본이 우리의 침미다례(枕彌多禮) 및 현남(峴南)·지침(支侵)·곡나(谷那)·동한(東韓)의 땅을 빼앗았다. 이에 왕자 직지(直支)를 천조(天朝)에 보내어 선왕의 우호를 닦게 하였다"고 되어 있다]. (『日本書紀』 10 應神紀)
동이	이 해(함녕 3)에 서북의 잡로(雜虜) 및 선비·흉노·오계(五溪)·만이(蠻夷)·동이 삼국 전후 십여 무리가 각각 종인부락(種人部落)을 거느리고 내부하였다. (『晉書』 3 帝紀 3

世祖武帝)

마한   함녕 3년에 다시 [사절이] 왔다. (『晉書』 97 列傳 67 四夷 東夷 馬韓)

동이   (진 무제 함녕) 3년에 서북의 잡로 및 선비·흉노·오계·만이·동이 삼국 전후 십여 무리가 각각 종인부락을 거느리고 내부하였다. (『冊府元龜』 977 外臣部 22 降附)

278(戊戌/신라 미추이사금 17/고구려 서천왕 9/백제 고이왕 45/晉 咸寧 4/倭 應神 9)

동이   (3월 신유(辛酉 : 16)) 동이 6국이 내헌(來獻)하였다. (『晉書』 3 帝紀 3 世祖武帝)

동이   (무제기 함녕) 4년 3월에 동이 6국이 내헌하였다. (『玉海』 152 朝貢 外夷來朝 晉東夷八國歸化十七國來附)

신라   여름 4월에 폭풍이 불어 나무가 뽑혔다. (『三國史記』 2 新羅本紀 2)

신라   여름 4월에 신라서 폭풍이 불어 나무가 뽑혔다. (『三國史節要』 3)

삼한(백제)   여름 4월에 무내숙녜(武內宿禰 : 다케노우치노스쿠네)를 축자(筑紫 : 츠쿠시)에 보내어 백성을 감찰하게 하였다. 이 때 무내숙녜(다케노우치노스쿠네)의 동생 감미내숙녜(甘美內宿禰 : 우마시우치노스쿠네)는 형을 폐하고자 천황에게, "무내숙녜(다케노우치노스쿠네)는 항상 천하를 엿보는 마음을 가지고 있습니다. 지금 들으니 축자에 있으면서 비밀리에 모의하여, '홀로 축자를 나누고 삼한(三韓)을 불러들여 나에게 조회하도록 한 다음 장차 천하를 지배하겠다'고 말하였다 합니다"라고 참소하였다. 이에 천황은 즉시 사자를 파견하여 무내숙녜(다케노우치노스쿠네)를 죽이게 하였다. 그러자 무내숙녜(다케노우치노스쿠네)는 탄식하며 말하였다. "신은 본래부터 다른 마음이 없고 충으로 임금을 섬겼다. 지금 무슨 화로 죄없이 죽어야 하는가". 이에 일기직(壹伎直 : 이키노아타히)의 선조 진근자(眞根子 : 오야마네코)라는 자가 있었다. 그 용모가 무내숙녜(다케노우치노스쿠네)와 닮았다. 무내숙녜(다케노우치노스쿠네)가 죄없이 공연히 죽는 것을 아까와하여, 무내숙녜(다케노우치노스쿠네)에게 말하였다. "지금대신은 충으로 임금을 섬깁니다. 더러운 마음이 없는 것은 천하가 다 아는 사실입니다. 몸을 숨겨서 조정에 가 변명하고 나서 죽어도 늦지 않으리다. 또 때의 사람이 매양 저의 생김새가 대신을 닮았다고 합니다. 지금 내가 대신을 대신하여 죽어 대시의 붉은 마름을 밝히리다"고 하여 칼에 엎드려 스스로 죽었다. 이 때 무내숙녜(다케노우치노스쿠네)는 크게 슬퍼하고 가만히 축자(筑紫)를 떠나 배로 남해를 돌아, 기수문(紀水門 :기노미나토)에 묵었다. 근근히 조정에 나아가서 무죄함을 변명하였다. 천황은 즉시 무내숙녜(다케노우치노스쿠네)와 감미내숙녜(우마시우치노스쿠네)를 추문하였다. 이에 두 사람은 각각 고집하여 서로 다투어 시비를 가릴 수가 없었다. 천황이 칙하여 신기(神祇)에 청하여 탐탕(探湯)을 하게 하였다. 이 때문에 무내숙녜(다케노우치노스쿠네)와 감미내숙녜(우마시우치노스쿠네)는 같이 기성천(磯城川 : 시키노카와)가에 가서 탐탕을 하였다. 무내숙녜(다케노우치노스쿠네)가 이겼다. 큰 칼을 쥐고, 감미내숙녜(우마시우치노스쿠네)를 때려눕혀 죽이려고 하였다. 천황이 칙하여 석방하였다. 기이직(紀伊直 : 기노아타히) 등의 선조에게 하사하였다. (『日本書紀』 10 應神紀)

신라 백제   겨울 10월에 백제 군사가 와서 괴곡성(槐谷城)을 에워싸자 파진찬(波珍湌) 정원(正源)에게 명하여 군사를 거느리고 막게 하였다. (『三國史記』 2 新羅本紀 2)

백제 신라   겨울 10월에 군사를 출동시켜 신라를 공격하여 괴곡성을 포위했다. (『三國史記』 24 百濟本紀 2)

백제 신라   겨울 10월에 백제에서 신라를 공격하여 괴곡성을 에워싸자, 신라왕이 파진찬 정원

	에게 명하여 군사를 거느리고 막게 하였다. (『三國史節要』 3)
동이	이 해에 동이 9국이 내부(內附)하였다. (『晉書』 3 帝紀 3 世祖武帝)
마한	이듬해(함녕 4년)에 또 내부하기를 청하였다. (『晉書』 97 列傳 67 四夷 東夷 馬韓)
동이	(진 무제 함녕) 4년에 동이 9국이 내부하였다. (『冊府元龜』 977 外臣部 22 降附)
동이	(무제기) 이 해(함녕 4년)에 동이 9국이 내부하였다. (『玉海』 152 朝貢 外夷來朝 晉 東夷八國歸化十七國內附)

279(己亥/신라 미추이사금 18/고구려 서천왕 10/백제 고이왕 46/晉 咸寧 5/倭 應神 10)

낙랑	함녕 5년 3월 6일 기축(己丑)에 만들었다. (「咸寧 5年銘塼」 側銘)
마한 백제 신라	
	진 무제 함녕 연간(275~279)에 마한왕이 내조하였다. 이후로부터 [소식을] 듣지 못 하였다. 삼한은 대체로 백제와 신라가 합병하였다. (『通典』 185 邊防 1 東夷 上 弁辰)
마한 백제 신라	
	진 무제 함녕 연간(275~279)에 마한왕이 내조하였다. 이후로부터 [소식을] 듣지 못 하였지만, 삼한을 살펴보니 대체로 백제와 신라에 합병되었다. (『太平寰宇記』 172 四夷1 東夷1 三韓國)

280(庚子/신라 미추이사금 19/고구려 서천왕 11/백제 고이왕 47/晉 太康 1/倭 應神 11)

낙랑	태강 원년 3월 6일 (「太康 元年銘塼」 側銘)
낙랑	태강 원년 3월 8일 왕씨(王氏)가 만들었다. (「太康 元年銘塼」 側銘)
신라	여름 4월에 가뭄이 들었다. 죄수의 정상을 살폈다. (『三國史記』 2 新羅本紀 2)
신라	여름 4월에 신라에 가뭄이 들었다. 죄수의 정상을 살폈다. (『三國史節要』 3)
동이	(태강 원년 6월) 갑신(甲申 : 29일)에 동이 10국이 귀화(歸化)하였다. (『晉書』 3 帝紀 3 世祖武帝)
동이	(무제기) 태강 원년 6월 갑신(29일)에 동이 10국이 귀화하였다. (『玉海』 152 朝貢 外夷來朝 晉東夷八國歸化十七國內附)
동이	(진 무제) 태강 원년 6월에 동이 10국이 귀화하였다. (『冊府元龜』 977 外臣部 22 降附)
동이	가을 7월에 동이 20국이 조헌(朝獻)하였다. (『晉書』 3 帝紀 3 世祖武帝)
동이	(무제기 태강 원년) 7월에 동이 20국이 조헌(朝獻)하였다. (『玉海』 152 朝貢 外夷來 朝 晉東夷八國歸化十七國內附)
고구려	겨울 10월에 숙신이 침략해 와서 변경의 백성을 살해하니 왕이 여러 신하들에게 말 하기를, "과인이 보잘 것 없는 몸으로 나라의 일을 잘못 이어 받아 덕으로 편안하게 하지 못하고 위엄을 떨치지 못하여 여기에 이르러 이웃의 적이 우리 강역을 어지럽 히게 되었다. 지략이 있는 신하와 용맹한 장수를 얻어 적을 멀리 쳐서 깨뜨리고 싶 으니, 그대들은 뛰어난 지략과 특이한 계략이 있고 그 재능이 장수가 될 만 한 자를 각기 천거하라."고 하였다. 여러 신하들이 모두 말하기를, "왕의 동생 달가(達賈)가

	용감하고 지략이 있어 감히 대장(大將)으로 삼을 만합니다."하였다. 왕이 이에 달가를 보내 가서 적을 정벌하게 하였다. 달가가 뛰어난 지략으로 불의에 쳐서 단로성(檀盧城)을 빼앗고 추장을 죽이고, 600여 가를 부여 남쪽의 오천(烏川)으로 옮기고, 부락 6~7곳을 항복받아 부용(附庸)으로 삼았다. 왕이 크게 기뻐하여 달가에게 벼슬을 내려 안국군(安國君)을 삼고 내외의 병마 업무를 맡아보게 하고 겸하여 양맥과 숙신의 여러 부락을 통솔하게 하였다. (『三國史記』 17 高句麗本紀 5)
고구려	겨울 10월에 숙신이 고구려를 침략해 와서 변경의 백성을 살해하니, 고구려왕이 여러 신하들에게 말하기를, "내가 외람되이 왕업을 이어받아 덕은 능히 백성들을 편안하게 하지 못하고 위엄을 능히 적국에 떨치지 못하여 이웃의 적으로 하여금 우리 강역을 침범하게 하였다. 모략이 잇는 신하와 용맹한 장수를 얻어 적군을 물리치고자 하니, 그대 여러 신하들은 기이한 모략이 있어 장수가 될 만 한 자를 각기 천거하라."고 하였다. 여러 신하들이 모두 말하기를, "왕의 동생 달가가 용감하고 지략이 있어 대장의 임무를 감당할 만합니다."하였다. 왕이 이에 달가를 보내 가서 적을 정벌하게 하였다. 달가가 불의에 엄습하여 단로성을 함락시키고 추장을 죽인 다음 6~7 군데 부락의 항복을 받아 부용(附庸)으로 삼았다. 왕이 크게 기뻐하여 달가를 봉하여 안국군을 삼고 내외의 병마 업무를 맡아보게 하고 겸하여 양맥과 숙신의 여러 부락을 통솔하게 하였다. (『三國史節要』 3)
마한	무제 태강 원년과 2년에 그들의 임금이 자주 사신을 파견하여 토산물을 조공하였다. (『晉書』 97 列傳 67 四夷 東夷 馬韓)
진한	무제 태강 원년에 진한왕이 사신을 보내어 토산물을 바쳤다. (『晉書』 97 列傳 67 四夷 東夷 辰韓)

281(辛丑/신라 미추이사금 20/고구려 서천왕 12/백제 고이왕 48/晉 太康 2/倭 應神 12)

신라	봄 정월에 홍권(弘權)을 이찬(伊湌)으로 삼고 양질(良質)을 일길찬(一吉湌)으로 삼았으며, 광겸 (光謙)을 사찬(沙湌)으로 삼았다. (『三國史記』 2 新羅本紀 2)
신라	봄 정월에 신라에서 홍권을 이찬으로 삼고 양질을 일길찬으로 삼았으며 광겸을 사찬으로 삼았다. (『三國史節要』 3)
신라	2월에 묘(廟)에 배알하였다. (『三國史記』 2 新羅本紀 2)
신라	2월에 신라왕이 조묘(祖廟)에 배알하였다. (『三國史節要』 3)
동이	(3월 병신(丙申 : 15일)) 동이 5국이 조헌(朝獻)하였다. (『晉書』 3 帝紀 3 世祖武帝)
동이	(무제기 태강) 2년 3월에 동이 5국이 조헌하였다. (『玉海』 152 朝貢 外夷來朝 晉東夷八國歸化十七國內附)
동이	여름 6월에 동이 5국이 내부(內附)하였다. (『晉書』 3 帝紀 3 世祖武帝)
동이	(진 무제 태강) 2년 6월에 동이 5국이 내부하였다. (『冊府元龜』 977 外臣部 22 降附)
동이	(무제기 태강 2년) 6월에 동이 5국이 내부하였다. (『玉海』 152 朝貢 外夷來朝 晉東夷八國歸化十七國內附)
신라	가을 9월에 양산(楊山) 서쪽에서 군대를 크게 사열(査閱)하였다. (『三國史記』 2 新羅本紀 2)
신라	가을 9월에 신라가 양산 서쪽에서 군대를 크게 사열하였다. (『三國史節要』 3)

마한	무제 태강 원년과 2년에 그들의 임금이 자주 사신을 파견하여 토산물을 조공하였다. (『晉書』 97 列傳 67 四夷 東夷 馬韓)
진한	(태강) 2년에 다시 와서 조공하였다. (『晉書』 97 列傳 67 四夷 東夷 辰韓)

282(壬寅/신라 미추이사금 21/고구려 서천왕 13/백제 고이왕 49/晉 太康 3/倭 應神 13)

낙랑	7월 오씨(吳氏) (「太康 3年銘塼」小口銘側銘)
동이	(태강 삼년) 9월에 동이 29국이 귀화(歸)하고 토산물을 바쳤다. (『晉書』 3 帝紀 3 世祖武帝)

동이 마한 신미제국

(…) 이에 장화를 지절(持節)·도독유주제군사(都督幽州諸軍事)·영호오환교위(領護烏桓校尉)·안북장군(安北將軍)으로 삼아 밖으로 내보냈다. 장화가 신구(新舊)의 백성들을 위로하고 받아들이니 이민족과 중국인들이 따랐다. 동이(東夷)·마한(馬韓)·신미제국(新彌諸國)은 산을 의지하고 바다를 띠 삼아 유주에서 4000여리나 떨어져 있었다. 지난 세월동안 귀부해오지 아니한 나라가 20여개나 되었는데, 나란히 사절을 보내서 조정에 공물을 바쳤다. 이에 머나먼 곳의 이민족들이 복속하니 사방에 걱정이 없고 여러 해 동안 풍년이 들어 병사와 기마가 강성했다. (…) (『晉書』 36 列傳 6 張華)

동이	(무제기 태강) 3년 9월에 동이 29국이 귀화하고 토산물을 바쳤다. (『玉海』 152 朝貢 外夷來朝 晉東夷八國歸化十七國內附)
낙랑	태강 3년 오씨(吳氏)가 만들었다. (「太康 3年銘塼」側銘)

283(癸卯/신라 미추이사금 22/고구려 서천왕 14/백제 고이왕 50/晉 太康 4/倭 應神 14)

백제	봄 2월에 백제왕이 봉의공녀(縫衣工女 : 기누누이오미나)를 바쳤다. 진모진(眞毛津 : 마게쓰)이라고 하는데, 이가 오늘날 내목의봉(來目衣縫 : 구메노기누누이)의 시조이다. (『日本書紀』 10 應神紀)
낙랑	태강 4년 3월 27일에 만들었다. (「太康 4年銘塼」側銘)
낙랑	태강 4년 3월에 소명왕장(昭明王長)이 만들었다. (「太康 4年銘塼」側銘)
신라 백제	가을 9월에 백제가 변경을 침략하였다. (『三國史記』 2 新羅本紀 2)
백제 신라	가을 9월에 군사를 보내 신라의 변경을 침략하였다. (『三國史記』 24 百濟本紀 2)
백제 신라	가을 9월에 백제에서 신라를 침략하였다. (『三國史節要』 3)
신라 백제	겨울 10월에 괴곡성(槐谷城)을 에워싸자 일길찬(一吉飡) 양질(良質)에게 명하여 군사를 거느리고 그들을 막게 하였다. (『三國史記』 2 新羅本紀 2)
백제 신라	겨울 10월에 괴곡성을 에워싸자 신라왕이 일길찬 양질에게 명하여 군사를 거느리고 그들을 막게 하였다. (『三國史節要』 3)

백제 신라 가야

이 해에 궁월군(弓月君 : 유쓰기노기미)이 백제로부터 와서 귀화하였다. 그리고 아뢰기를, "신은 우리나라 120현의 인부를 이끌고 귀화하려 하였습니다. 그러나 신라인이 방해하여 모두 가라국에 머물고 있습니다"라고 하였다. 이에 갈성습진언(葛城襲

津彦 : 가즈라기노소쯔히꼬)을 파견하여 궁월의 인부를 가라에서 데리고 오도록 하
였다. 그러나 3년이 지나도 습진언(소쯔히꼬)은 돌아오지 않았다. (『日本書紀』 10
應神紀)

낙랑	태강 4년 소명왕씨(昭明王氏)가 만들었다. (「太康 4年銘塼」 側銘)
낙랑	태강 4년 △△장씨가 만들었다. (「太康 4年銘塼」 側銘)
낙랑	△△△ 4일 (「太康 4年銘塼」 小口銘)
낙랑	태강 사세(四歲) (「太康 4年銘塼」)

284(甲辰/신라 미추이사금 23, 유례이사금 1/고구려 서천왕 15/백제 고이왕 51/晉 太康 5/倭 應神 15/甲辰)

신라 　　봄 2월에 나라 서쪽의 여러 성을 순행하여 위로하였다. (『三國史記』 2 新羅本紀 2)

신라 　　봄 2월에 신라왕이 나라 서쪽의 여러 성을 순행하여 위로하였다. (『三國史節要』 3)

백제 　　가을 8월 임술(壬戌) 초하루 정묘일(6)에 백제왕이 아직기(阿直伎)를 보내어 좋은 말
　　　　2필을 바쳤다. 곧 경(輕)의 산비탈 부근에 있는 마굿간에서 길렀는데, 아직기로 하
　　　　여금 사육을 맡게 하였다. 때문에 말 기르는 곳을 이름하여 구판(厩坂)이라고 한다.
　　　　아직기는 또 경전을 잘 읽었으므로 태자인 도도치랑자(菟道稚郎子 : 우치노와키이로
　　　　츠코)의 스승으로 삼았다. 이 때 천황은 아직기에게, "혹 너보다 뛰어난 박사가 또
　　　　있느냐"고 물으니, "왕인(王仁)이라는 분이 있는데 훌륭합니다."라고 대답하였다. 그
　　　　러자 상모야군(上毛野君 : 카미쯔케누노키미)의 조상인 황전별(荒田別 : 아라타와케)
　　　　과 무별(巫別 : 카무나끼와케)을 백제에 보내어 왕인을 불렀다. 아직기는 아직기사
　　　　(阿直岐史 : 아치끼노후비토)의 시조이다. (『日本書紀』 10 應神紀)

백제 　　또한 백제 왕인 조고왕(昭古王)이 숫말 한필, 암말 한필을 아지길사(阿知吉師)에게
　　　　딸려서 바쳤다[이 아지길사는 아직씨(阿直氏 : 아치끼시)들의 조상이다]. (『古事記』
　　　　中)

신라 　　(…) 미추왕(味鄒王)때에 왜국(倭國)의 대신(大臣)이 와서 공물을 바쳤다. 석우로의
　　　　아내가 국왕에게 청하여 사사로이 왜국 사신에게 음식을 대접하였다. 곧 그가 술에
　　　　몹시 취하게 되자, 장사를 시켜 마당으로 끌어내려 그를 불태워 전일의 원한을 갚았
　　　　다. 왜인이 분하여 금성(金城)을 공격해 왔으나, 이기지 못하고 군사를 이끌고 돌아
　　　　갔다.
　　　　논하여 말한다. 석우로가 당시 대신으로 군무와 국정을 맡아, 싸우면 반드시 이기고
　　　　비록 이기기 못하더라도 패하지는 않았다. 그런 즉, 그 계책은 반드시 다른 사람보
　　　　다 월등하였다. 그러나 한 마디 말의 어그러짐으로 스스로 죽음을 취하였고, 또 두
　　　　나라로 하여금 서로 싸우게 하였다. 그 아내가 원한을 갚았으나, 또한 변칙이요 정
　　　　도(正道)는 아니다. 만일 그러하지 않았다면, 그의 공적은 또한 기록할 만하다. (『三
　　　　國史記』 45 列傳5 昔于老)

신라 　　아도본비(我道本碑)를 살펴보면 다음과 같이 말하였다. (…) 오래지 않아 미추왕이
　　　　돌아가자 나라 사람들이 그를 해치려고 하여 스님은 모록의 집으로 돌아와 스스로
　　　　무덤을 만들어 문을 닫고 돌아갔으니, 마침내 [세상에] 다시 나타나지 않았다. 이로
　　　　인하여 불교 또한 폐지되었다. (…) (『三國遺事』 3 興法 3 阿道基羅)

신라 　　겨울 10월에 왕이 돌아가시자 대릉(大陵)[또는 죽장릉(竹長陵)이라고도 한다]에 장사

	지냈다. (『三國史記』 2 新羅本紀 2)
신라	겨울 10월에 신라왕 미추가 돌아가셨다. 석유례(昔儒禮)가 즉위하였는데, 유례는 조분왕의 장자이다. 어머니는 박씨이고 갈문왕 나음(奈音)의 딸이다. 일찍이 밤에 다니다가 별빛이 입에 들어와 이로 인해 임신하게 되었다. 태어난 날 저녁에 이상한 향기가 방에 가득하였다. 미추왕을 대릉에 장사지냈다. (『三國史節要』 3)
신라	유례이사금(儒禮尼師今)이 왕위에 올랐다[고기(古記)에는 제3대와 제14대 두 왕의 이름이 같은유리(儒理) 또는 유례라고 하였으니, 어느 것이 옳은 지 알 수 없다]. 조분왕의 맏아들이다. 어머니는 박씨로 갈문왕 나음의 딸이다. 일찍이 밤에 다니다가 별빛이 입에 들어와 이로 인해 임신하게 되었다. 태어난 날 저녁에 이상한 향기가 방에 가득하였다. (『三國史記』 2 新羅本紀 2)

285(乙巳/신라 유례이사금 2/고구려 서천왕 16/백제 고이왕 52/晉 太康 6/倭 應神 16)

신라	봄 정월에 시조묘(始祖廟)에 배알하였다. (『三國史記』 2 新羅本紀 2)
신라	봄 정월에 신라왕이 시조묘에 배알하였다. (『三國史節要』 3)
신라	2월에 이찬(伊湌) 홍권(弘權)을 서불한(舒弗邯)으로 삼아 기무(機務)를 맡겼다. (『三國史記』 2 新羅本紀 2)
신라	2월에 신라에서 이찬 홍권을 서불한으로 삼아 기무(機務)를 맡겼다. (『三國史節要』 3)
백제	봄 2월에 왕인이 왔다. 태자 도도치랑자(菟道稚郎子 : 우지노와키이라츠코)는 그를 스승으로 모시고 여러 전적들을 배웠는데, 통달하지 않음이 없었다. 이른바 왕인은 서수(書首 : 후미노오비토) 등의 시조이다. (『日本書紀』 10 應神紀)
백제	또 백제국에게 부과하여 "만일 현인이 있으면 바치라"고 하였다. 때문에 명을 받아 바친 사람은 이름은 화이길사(和邇吉師 : 와니키시)였다. 논어 10권, 천자문 1권, 모두 11권을 이 사람에게 딸려서 바쳤다[이 화이길사는 문수(文首 : 후미노오비토)들의 선조이다]. (『古事記』 中)
신라 가야	8월에 평군목도숙녜(平群木菟宿禰 : 헤구리노 쯔구노스쿠네)·적호전숙녜(的戸田宿禰 : 이쿠하노 토다노스쿠네)를 가라에 보냈다. 그리고 날랜 군사를 주면서 조를 내려, "습진언(襲津彦 : 소츠히코)이 오래도록 돌아오지 않고 있다. 틀림없이 신라가 막고 있기 때문에 머물러 있을 것이다. 너희들은 빨리 가서 신라를 공격하여 그 길을 열라"고 하였다. 이에 목도숙녜(쯔꾸노스꾸네) 등이 날랜 군사를 거느리고 진격하여 신라의 국경에 다다르자, 신라왕은 두려워하며 그 죄를 자복하였다. 그래서 궁월(弓月 : 유쓰기)의 인부를 거느리고 습진언과 함께 돌아왔다. (『日本書紀』 10 應神紀)
부여	태강 6년에 이르러 모용외(慕容廆)의 습격을 받아 패하여 부여왕 의려(依慮)는 자살하고, 그의 자제들은 옥저로 달아나 목숨을 보전하였다. 무제는 그들을 위하여 다음과 같은 조서를 내렸다. "부여왕이 대대로 충성과 효도를 지키다가 몹쓸 오랑캐에게 멸망하였으니 매우 가엾게 생각하노라. 만약 그의 유족으로서 나라를 회복시킬[復國] 만한 사람이 있으면 마땅히 방책을 강구하여 나라를 세울 수 있도록 하게 하라." 이에 유사가 보고하기를, "호동이교위(護東夷校尉)인 선우영(鮮于嬰)이 부여를 구원하지 않아서 기민하게 대응할 기회를 놓쳤습니다."고 하였다. 무제는 조서를 내려 선우영을 파면시키고 하감(何龕)으로 교체하였다. (『晉書』 97 列傳 67 四夷 東夷 夫餘)

부여	모용외가 (…) 또 무리를 거느리고 부여를 치니 부여왕 의려가 자살하였다. 모용외는 그 국성(國城)을 없애고 만 여인을 몰아 돌아갔다. (『晉書』 108 載記 8 慕容廆)
부여 옥저	태강 6년에 이르러 모용외의 습격을 받아 패하였다. 그 왕 의려는 자살하고, 자제들은 옥저로 달아나 목숨을 보전하였다. 무제가 하감으로 호동이교위로 삼았다. (『通典』 185 邊防 1 東夷 上 夫餘)
부여 옥저	(이해에) 또한 동으로는 부여를 공격하였다. 부여왕 의려가 자살하고 자제들은 도망하여 옥저로 달아나 목숨을 보전하였다. 모용외는 그 나라의 도성을 멸하고 1만 여 명을 몰아가지고 돌아갔다. (『資治通鑑』 81 晉紀 3 世祖武皇帝)
부여 옥저	태강 6년에 모용외의 습격을 받았다. 그 왕 의려가 자살하고 자제들은 옥저로 달아나 목숨을 보전하였다. 무제가 하감을 호동이교위로 삼았다. (『太平寰宇記』 174 四夷 3 東夷 3 夫餘國)
부여 옥저	진서(晉書)에서 말하였다. 부여국은 태강 6년에 이르러 모용외의 습격을 받아 패하였다. 그 의려는 자살하고 자제들은 옥저로 달아나 보전하였다. 무제가 하감을 호동이교위로 삼았다. (『太平御覽』 781 四夷部 2 東夷 2 夫餘)
백제	이해에 백제의 아화왕(阿花王)이 죽었다. 천황은 직지왕(直支王)을 불러, "그대는 본국으로 돌아가 왕위를 계승하시오"하고 말하였다. 이에 또 동한(東韓)의 땅을 주어 보냈다[동한은 감라성(甘羅城), 고난성(高難城), 이림성(爾林城)이다]. (『日本書紀』 10 應神紀)

286(丙午/신라 유례이사금 3/고구려 서천왕 17/백제 고이왕 53, 책계왕 1/晉 太康 7/倭 應神 17)

신라 백제	봄 정월에 백제가 사신을 보내 화친을 청하였다. (『三國史記』 2 新羅本紀 2)
백제 신라	봄 정월에 신라에 사신을 보내 화친을 청하였다 (『三國史記』 24 百濟本紀 2)
백제 신라	봄 정월에 백제가 사신을 보내어 신라에 화친을 청하였다. (『三國史節要』 3)
고구려	봄 2월에 왕의 동생 일우(逸友)와 소발(素勃) 등 두 사람이 반역을 꾀하였다. 병을 사칭하고 온탕(溫湯)에 가서 자기 무리들과 놀고 즐기는데 절제가 없고 나오는 말은 도리에 어긋나고 흉악 불순하였다. 왕이 그들을 불러 거짓으로 재상의 벼슬을 내린다고 하고 그들이 오자 힘센 장사로 하여금 잡아서 죽이게 하였다. (『三國史記』 17 高句麗本紀 5)
고구려	2월에 고구려 왕제 일우와 소발 등 두 사람이 병을 사칭하고 온탕에 가서 자기 무리들과 놀고 즐기는데 절제가 없고 나오는 말은 도리에 어긋나고 흉악 불순하였다. 왕이 거짓으로 재상으로 삼는다고 불러들여 힘센 장사로 하여금 잡아서 죽이게 하였다. 권근은 말한다. 형제간의 친밀함은 이체(異體)의 동기(同氣)인 것이니, 비록 조그만 분노가 있더라도 지친간의 정의는 폐할 수 없는 것이다. 옛날 상(象)은 날마다 순(舜)을 죽이려 하였으나, 순은 천자가 되자 상을 유비(有痺)에 봉하여 부귀를 누리게 하였다. 때문에 어진 사람은 형제지간에 노여움을 속에 품지 않고 원망을 마음에 두지 아니하여 친애할 뿐이니, 이는 천리와 인정에 지당한 도리이다. 고구려의 왕제 일우와 소발이 거짓 병을 핑계대고 온천이 갔으니 왕이 의심하고 꺼려하는 마음을 품었고 우애와 은정(恩情)이 박한 것을 알 수 있다. 그러므로 마음에 불안함을 느껴 거짓 병이 있다고 핑계 댄 것이다. 비록 놀고 즐김에 절제가 없고 패역한 말을 함부로 한 것이 죄가 없다고 할 수는 없으나, 개제(介弟)의 지친(至親)으로서 용납되지 않으므로 살해될까 염려하고 의지할 데가 없어 원망하는 말을 한 것이요, 반란이 찬

역의 마음을 품고 불신(不臣)의 정상(情狀)이 있었던 것은 아니다. 그런데도 고구려왕은 거짓으로 국상을 삼는다고 유인하여 죽였으니 그 불인(不仁)함이 심하다. 또 골육의 지친인데도 오히려 속여서 죽였으니 뒤에 비록 좋은 벼슬을 제수하더라도 누가 의심하지 않겠는가. 아, 왕도는 친한 이를 인애함으로써 근본을 삼고 신의를 소중히 여기는 것인데, 고구려왕은 여기에서 한 번 들어 이를 모두 폐하였으니, 비록 선정을 하고자 하더라도 어찌 할 수가 있겠는가. (『三國史節要』 3)

낙랑   태강 7년 3월 계축(癸丑 : 1일)에 만들었다. (「太康 7年銘塼」 側銘)

낙랑   태강 7년 3월 28일에 왕이 만들었다. (「太康 7年銘塼」 側銘)

신라   3월에 가뭄이 들었다. (『三國史記』 2 新羅本紀 2)
신라   3월에 신라에 가뭄이 들었다. (『三國史節要』 3)

부여   (여름 5월) 선비 모용외(慕容廆)가 요동을 노략질하였다. (『晉書』 3 帝紀 3 世祖武帝)
부여   (태강 7년) 여름에 모용외가 요동을 노략질하였다. 예전의 부여왕 의려(依慮)의 아들인 의라(依羅)가 남아있는 사람들을 인솔하여 예전의 나라[舊國]로 돌아가고자 하면서 동이교위(東夷校尉) 하감(何龕)에게 원조해주기를 청하였다. 하감은 도호(督護) 가침(賈沈)을 파견하여 병사를 거느리고 그들을 호송하게 하였다. 모용외가 그의 장수 손정(孫丁)을 파견하여 기병을 이끌고 도중에서 그들을 저지하였다. 가침이 힘껏 싸워서 손정의 목을 베고 마침내 부여를 수복시켰다. (『資治通鑑』 81 晉紀 3 世祖武皇帝)

동이   8월에 동이 11국이 내부(內附)하였다. (『晉書』 3 帝紀 3 世祖武帝)
동이   (진 무제 태강) 7년 8월에 동이 11국이 내부하였다. (『册府元龜』 977 外臣部 22 降附)
동이   (무기 태강) 7년 8월에 동이 11국이 내부하였다. (『玉海』 152 朝貢 外夷來朝 晉東夷八國歸化十七國)

백제   겨울 11월에 왕이 돌아가셨다. (『三國史記』 24 百濟本紀 2)
백제   겨울 11월에 백제왕 고이가 돌아가셨다. (『三國史節要』 3)
백제   (겨울 11월) 책계왕(責稽王)[혹은 청계(靑稽)라고도 한다]은 고이왕의 아들이다. 체격이 장대하고 의지와 기품이 웅걸(雄傑)하였다. 고이왕이 돌아가시자 왕위에 올랐다. (『三國史記』 24 百濟本紀 2)
백제   (겨울 11월) 아들 책계가 즉위하였다. 몸이 장대하고 의지와 기품이 웅걸하였다. (『三國史節要』 3)

백제   (겨울 11월) 왕이 정부(丁夫)를 징발하여 위례성(慰禮城)을 보수하였다. (『三國史記』 24 百濟本紀 2)
백제   (겨울 11월) 백제에서 정부를 징발하여 위례성을 보수하였다. (『三國史節要』 3)

백제 고구려   (겨울 11월) 고구려가 대방(帶方)을 치자 대방은 우리에게 구원을 요청하였다. 이에 앞서 왕이 대방 왕의 딸 보과(寶菓)를 부인으로 맞이하였다. 때문에 말하기를, "대방은 우리와 장인과 사위의 나라이니, 그들의 요청을 들어 주어야 한다."고 하고 마침내 군사를 내어 구원하였다. 고구려에서 원망하니, 왕은 고구려의 침략을 염려하여 아차성(阿且城)과 사성(蛇城)을 수리하여 방비하게 하였다. (『三國史記』 24 百濟本紀 2)

백제 고구려 (겨울 11월) 고구려에서 대방을 치자 대방에서 백제에 구원을 청하였다. 왕이 말하기를, "대방은 우리와 장인과 사위의 나라이니, 그들의 요청을 들어 주어야 한다." 고 하고 군사를 내어 구원하였다. 고구려에서 이를 원망하니, 백제에서 아단성과 사성을 수리하여 방비하였다. 왕의 부인은 곧 대방왕의 딸이었다. (『三國史節要』 3)

부여 이듬해(태강 7년)에 부여후왕(夫餘後王) 의라는 하감에게 사자를 파견하여, 현재 남아있는 사람들을 이끌고 예전의 나라로 돌아가기를 원하면서 원조를 요청하였다. 하감은 [사자를] 윗자리에 앉게 하고 독우(督郵) 가침을 파견하여, 군사를 거느리고 그들을 호송하게 하였다. 모용외가 다시 도중에서 그들을 저지하였지만, 가침이 [모용외와] 싸워 크게 깨뜨리니, 모용외의 군대는 물러가고 의라가 나라로 돌아갈 수 있었다. 그 후에도 모용외는 매번 부여 사람들을 잡아다가 중국에 팔았다. 황제는 그 것을 가엾게 여기어 다시 조서를 내려 관물(官物)로써 속매(贖買)하여 [그들을 부여로] 되돌려 보내었으며, 사주(司州)와 기주(冀州)에 명하여 부여 사람의 매매를 금지시켰다. (『晉書』 97 列傳 67 四夷 東夷 夫餘)

부여 동이교위(東夷校尉) 하감(何龕)이 독호(督護) 가침을 파견하여 장차 의려(依慮)의 아들을 맞아 왕으로 세우려고 하였다. 모용외가 그 장수 손정(孫丁)을 보내 기병을 거느리고 그것을 맞이하였다. 힘껏 싸워 손정의 목을 베웠다. 마침내 부여국을 회복시켰다. (『晉書』 108 載記 8 慕容廆)

부여 다음해 (태강 7년) 부여후왕 의라가 사신을 하감에게 보내어 남아있는 사람들을 이끌고 예전의 나라로 돌아가기를 원하면서 원조를 요청하였다. 하감이 독우 가침을 파견하여 군사를 거느리고 그들을 호송하게 하였다. 그 후에도 모용외는 매번 부여 사람들을 잡아다가 중국에 팔았다. 황제가 다시 관물(官物)로써 속매(贖買)하여 되돌려 보냈으며 부여사람의 매매를 금지시켰다. 이후로 [이들에 관해서는] 듣지 못했다. (『通典』 185 邊防 1 東夷 上 夫餘)

부여 (진서에서 말하였다) 다음해(태강 7년) 부여후왕 의라가 사신을 하감에게 보내어 남아있는 사람들을 이끌고 예전의 나라로 돌아가게 해주도록 요구하였다. 하감이 독우 가침을 파견하여 군사를 거느리고 그들을 호송하게 하였다. 그 후로도 모용외는 매번 부여 사람들은 잡아다가 중국에 팔았다. 황제가 다시 관물로써 속매하여 되돌려 보냈으며 부여사람의 매매를 금지시켰다. 이후로 [이들에 관해서는] 듣지 못했다. (『太平御覽』 781 四夷部 2 東夷 2 夫餘)

부여 다음해(태강 7년) 부여후왕 의라가 부여후왕인 의라가 사신을 하감에게 보내어 예전의 나라로 돌아가게 해주도록 요구하였다. 하감이 독우 가침을 파견하여 군사를 거느리고 그들을 호송하였다. 그 후로도 모용외는 매번 부여 사람들은 잡아다가 중국에 팔았다. 황제가 다시 관물로써 속매하여 되돌려 보냈으며 부여사람의 매매를 금지시켰다. 이후로 [이들에 관해서는] 듣지 못했다. (『太平寰宇記』 174 四夷 3 東夷 3 夫餘國)

마한 이해(태강 7년)에 부남(扶南) 등 21국과 마한 등 12국이 사신을 보내어 내헌(來獻)하였다. (『晉書』 3 帝紀 3 世祖武帝)

마한 (무제 태강) 7년·8년·10년에도 자주 왔다. (『晉書』 97 列傳 67 四夷 東夷 馬韓)

마한 (무제기) 이해(태강 7년)에 마한 11국이 사신을 보내어 내헌하였다. (『玉海』 152 朝貢 外夷來朝 晉東夷八國歸化十七國)

진한   (태강) 7년에 또 왔다. (『晉書』 97 列傳 67 四夷 東夷 辰韓)

287(丁未/신라 유례이사금 4/고구려 서천왕 18/백제 책계왕 2/晉 太康 8/倭 應神 18)
백제   봄 정월에 왕이 동명묘(東明廟)에 배알하였다. (『三國史記』 24 百濟本紀 2)
백제   고기(古記)에 이르길, (…) 다루왕 2년(29) 봄 정월에 시조동명묘에 배알하였다. 책계
             왕 2년 봄 정월(…) 모두 위와 같이 행하였다. (『三國史記』 32 雜志 1 祭祀)
백제   봄 정월에 백제왕이 동명묘에 배알하였다. (『三國史節要』 3)

동이   태강 8년 윤 3월에 가화(嘉禾)가 동이교위(東夷校尉)의 원(園)에서 났다. (『宋書』 29
             志 19 符瑞 下)
동이   태강 8년 윤 3월에 (가화가) 동이교위국(東夷校尉國)에서 났다. (『玉海』 197 祥瑞
             植物 晉嘉禾嘉麥宋嘉禾)

신라   여름 4월에 왜인(倭人)이 일례부(一禮部)를 습격하여 불을 놓아 태우고 1,000 명을
             사로잡아 갔다. (『三國史記』 2 新羅本紀 2)
신라   여름 4월에 왜인이 신라 일례부를 습격하여 불을 지르고 백성 1,000 명을 사로잡아
             갔다. (『三國史節要』 3)

동이   (태강 8년) 8월에 동이 2국이 내부(內附)하였다. (『晉書』 3 帝紀 3 世祖武帝)
동이   (진 무제 태강) 8년 8월에 동이 2국이 내부하였다. (『册府元龜』 977 外臣部 22 降
             附)
동이   (무제기 태강) 8년 8월에 동이 2국이 내부하였다. (『玉海』 152 朝貢 外夷來朝 晉東
             夷八國歸化十七國)

마한   (무제 태강) 7년·8년·10년에도 자주 왔다. (『晉書』 97 列傳 67 四夷 東夷 馬韓)

288(戊申/신라 유례이사금 5/고구려 서천왕 19/백제 책계왕 3/晉 太康 9/倭 應神 19)
낙랑   군(君)이 태강 9년 2월에 죽었다. 때문에 이를 기록하였다. (「太康 9年銘塼」 側銘)

고구려   여름 4월에 왕이 신성(新城)에 행차하였다. 해곡(海谷)태수가 고래의 눈을 바쳤는데,
             밤에 빛이 났다. (『三國史記』 17 高句麗本紀 5)
고구려   여름 4월에 고구려왕이 신성에 행차하였다. 해곡태수가 고래의 눈을 바쳤는데, 밤에
             빛이 났다. (『三國史節要』 3)

고구려   가을 8월에 왕이 동쪽으로 사냥을 나가서 흰 사슴을 잡았다. (『三國史記』 17 高句
             麗本紀 5)
고구려   가을 8월에 고구려왕이 동쪽으로 사냥을 나가서 흰 사슴을 잡았다. (『三國史節要』
             3)

고구려   9월에 지진이 있었다. (『三國史記』 17 高句麗本紀 5)
고구려   9월에 고구려에 지진이 있었다. (『三國史節要』 3)

동이   (태강 9년) 9월에 동이 7국이 교위(校尉)에게 나아가 내부(內附)하였다. (『晉書』 3
             帝紀 3 世祖武帝)
동이   (진 무제 태강) 9년 9월에 동이 7국이 교위에게 나아가 내부하였다. (『册府元龜』

977 外臣部 22 降附)

| 동이 | (무제기 태강) 9년 9월에 동이 7국이 교위에게 나아가 내부하였다. (『玉海』152 朝貢 外夷來朝 晉東夷八國歸化十七國) |

| 고구려 | 겨울 11월에 왕이 신성(新城)에서 돌아왔다. (『三國史記』17 高句麗本紀 5) |
| 고구려 | 겨울 11월에 왕이 신성에서 돌아왔다. (『三國史節要』3) |

289(己酉/신라 유례이사금 6/고구려 서천왕 20/백제 책계왕 4/晉 太康 10/倭 應神 20)

| 신라 | 여름 5월에 왜병(倭兵)이 이르렀다는 소문을 듣고 배와 노를 수리하고 갑옷과 무기를 손질하였다. (『三國史記』2 新羅本紀 2) |
| 신라 | 여름 5월에 신라가 왜병이 이르렀다는 소문을 듣고 배와 노를 수리하고 갑옷과 무기를 손질하였다. (『三國史節要』3) |

동이	5월에 선비 모용외(慕容廆)가 와서 항복하였다. 동이 11국이 내부(內附)하였다. (『晉書』3 帝紀 3 世祖武帝)
동이	(진 무제 태강) 10년 5월에 선비 모용외가 와서 항복하였다. 동이 11국이 내부하였다. (『册府元龜』977 外臣部 22 降附)
동이	(무제기 태강) 10년 5월에 동이 11국이 내부하였다. (『玉海』152 朝貢 外夷來朝 晉東夷八國歸化十七國)

| 한 | 가을 9월에 왜한직(倭漢直 : 야마토노아야노아타이)의 선조 아지사주(阿知使主 : 아지노오미)와 그 아들 도가사주(都加使主 : 쯔가노오미)가 함께 자기의 무리 17현(縣)을 거느리고 내귀(來歸)하였다. (『日本書紀』10 應神紀) |

동이	이해(태강 10년)에 동이(東夷) 가운데 가장 멀리 있는 30여국과 서남이(西南夷) 20여국이 와서 공물을 바쳤다. (『晉書』3 帝紀 3 世祖武帝)
동이	(무제기) 이해(태강 10년)에 동이(東夷) 가운데 가장 멀리 있는 30여 국이 와서 공물을 바쳤다. (『玉海』152 朝貢 外夷來朝 晉東夷八國歸化十七國)
마한	(무제 태강) 7년·8년·10년에도 자주 왔다. (『晉書』97 列傳 67 四夷 東夷 馬韓)

290(庚戌/신라 유례이사금 7/고구려 서천왕 21/백제 책계왕 5/晉 太熙 元年/倭 應神 21)

| 동이 | 2월 신축(辛丑 : 11)에 동이 7국이 조공하였다. (『晉書』3 帝紀 3 世祖武帝) |
| 동이 | (무제기) 태희 원년 2월 신축(辛丑 : 11)에 동이 7국이 조공하였다. (『玉海』152 朝貢 外夷來朝 晉東夷八國歸化十七國) |

| 신라 | 여름 5월에 홍수가 나서 월성(月城)이 무너졌다. (『三國史記』2 新羅本紀 2) |
| 신라 | 여름 5월에 신라에 홍수가 나서 월성이 무너졌다. (『三國史節要』3) |

| 마한 | 태희 원년에 동이교위(東夷校尉) 하감(何龕)에게 이르러 조공을 바쳤다. (『晉書』97 列傳 67 四夷 東夷 馬韓) |

| 부여 | 무제 때 자주 와서 조공을 바쳤다. (『晉書』97 列傳 67 四夷 東夷 夫餘)) |

291(辛亥/신라 유례이사금 8/고구려 서천왕 22/백제 책계왕 6/晉 永平 1, 元康 1/倭 應神 22)

| 가야 | 마품왕(麻品王)이 영평 원년 신해 1월 29일에 돌아가셨다. (『三國遺事』2 紀異 2 |

駕洛國記)

가야	2월에 가락국왕 마품이 돌아가셨다. (『三國史節要』 3)

가야　거질미왕(居叱彌王)은 금물(今勿)이라고도 하며 김씨이다. 영평 원년에 즉위하였다. 치세는 56년으로 영화(永和) 2년 병오 7월 8일(346년)에 죽었다. 왕비는 아궁(阿躬) 아간(阿干)의 손녀 아지(阿志)로 왕자(王子) 이시품(伊尸品)을 낳았다. (『三國遺事』 2 紀異 2 駕洛國記)

가야　(2월) 태자 거질미가 즉위하였다. (『三國史節要』 3)

신라　봄 정월에 말구(末仇)를 이벌찬(伊伐湌)으로 삼았다. 말구는 충성스럽고 곧으며 지략이 있어 왕이 항상 찾아가 정치의 중요한 점을 물어보았다. (『三國史記』 2 新羅本紀 2)

신라　봄 정월에 신라에서 말구를 이벌찬으로 삼았다. 말구는 사람됨이 충성스럽고 곧으며 지략이 있었다. (『三國史節要』 3)

대방　(영평 원년 3월) 경술(庚戌 : 27일)에 조서를 내려 동안왕(東安王) 사마요(司馬繇)와 동평왕(東平王) 무(楙)의 관직을 면직시키고 사마요를 대방으로 귀양보냈다. (『晉書』 4 帝紀 4 孝惠帝)

대방　(원강 원년 3월) 경술(27일)에 조서를 내려서 사마요의 관직을 면직시켰다. 또한 방자한 말을 한 사건에 연루되어 폐위되어 평민으로 삼아 대방으로 귀양보냈다. (『資治通鑑』 82 晉紀 4 孝惠皇帝)

동이　이해에 동이 17국과 남이 24부가 함께 교위(校尉)에게 나아가 내부(內附)하였다. (『晉書』 4 帝紀 4 孝惠帝)

동이　(진) 혜제(惠帝) 원강 원년에 동이 17국과 남이 24부가 함께 교위에게 나아가 내부하였다. (『册府元龜』 977 外臣部 22 降附)

낙랑　원강 원년 (…) (「元康 元年銘塼」側銘)

292(壬子/신라 유례이사금 9/고구려 서천왕 23, 봉상왕 1/백제 책계왕 7/晉 元康 2/倭 應神 23)

고구려　왕이 돌아가셨다. 서천(西川)의 들에 장사지내고, 이름을 서천왕이라 하였다. (『三國史記』 17 高句麗本紀 5)

고구려　봄에 고구려왕 약로(藥廬)가 돌아가셨다. 서천에 장사지내고 인하여 호(號)로 삼았다. (『三國史節要』 3)

고구려　봉상왕(烽上王)[치갈(雉葛)이라고도 한다]은 이름이 상부(相夫)[삽시루(歃矢婁)라고도 한다]이고 서천왕의 태자이다. 어려서부터 교만하고 의심과 시기가 많았다. 서천왕이 23년에 돌아가시자, 태자가 즉위하였다. (『三國史記』 17 高句麗本紀 5)

고구려　(봄) 태자 상부가 즉위하였다. 어려서부터 교만하고 시기심이 많았다. 그 숙부인 안국군(安國君) 달가(達賈)는 제부(諸父)의 항렬에 있고 큰 공과 업적이 있어 나라 사람들이 의지하고 우러러 보자, 상부가 미워하여 죽였다. 국인(國人)이 말하기를, "양맥(梁貊)과 숙신의 난리에 안국군이 아니었으면 우리들이 환란에서 어떻게 모면하였겠는가."하고 눈물을 흘리면서 조문하지 않는 자가 없었다.
　　권근(權近)은 말한다. 선을 쌓는 것과 악을 쌓는 것은 경사와 앙화가 각기 그 종류에 따라 이르는 것이니 자손이 그 보응을 받는 것은 그 선조 때에 점차 조짐을 이룬 데에 말미암지 않음이 없다. 고구려왕 약로가 일찍이 의심과 시기하는 마음으로 그 두 아우를 죽였으니 그 적악이 이 보다 심할 수가 없다. 그러므로 그가 세상을 떠나 몸도 채 식기 전에 그 아들 상부가 상중에 있으면서 그 숙부를 죽였고, 겨우 기년(期年)이 지나 또 그 아우 돌고를 죽였다. 이는 속남에 이른바 그 이비기 남을 닭을 훔치면 그 아들은 저자에서 남의 재물을 마구 겁탈한다는 것이니 상부의 포악함은 족히 나무랄 것도 없다. 사책(史冊)에는 약로가 총명하고 인자하여 나라 사람들이 경애하였다고 하였으니, 어진 마음이 전혀 없는 것은 아니다. 그러나 겉으로는 조그만 은혜를 보여 남의 마음을 기쁘게 하고 속에는 잔인한 심성을 품어 동기간을 죽였으니, 그 뜻이 막야(鏌鎁)보다도 잔인하고 독하다. 그러므로 나머지 재앙이 후세에까지 잇따라 미쳐 사랑하는 아우와 아들이 상부에게 살해되었고 상부는 또 창조리의 손에 죽었으니, 약로 자신이 재앙을 모면한 것은 대체로 또한 요행이라 하겠다. (『三國史節要』 3)

고구려 　봄 3월에 안국군 달가를 죽였다. 왕이 달가가 아버지의 항렬에 있고 큰 공과 업적이 있어 백성이 우러러보자, 이를 의심하여 음모를 꾸며 죽였다. 국인(國人)이 말하기를, "안국군이 아니었으면 백성들이 양맥, 숙신의 난을 면할 수 없었다. 지금 그가 죽었으니 장차 어디에 의탁할 것인가"하고, 눈물을 흘리며 서로 조문하지 않는 자가 없었다. (『三國史記』 17 高句麗本紀 5)

신라 　여름 6월에 왜병(倭兵)이 사도성(沙道城)을 공격해 함락하자, 일길찬(一吉湌) 대곡(大谷)에게 명하여 군사를 거느리고 가서 구해주고 지키게 하였다. (『三國史記』 2 新羅本紀 2)
신라 　여름 6월에 왜인이 신라 사도성을 공격해 함락하자, 신라에서 일길찬 대곡에게 명하여 군사를 거느리고 가서 구하게 하였다. (『三國史節要』 3)

신라 　가을 7월에 가뭄이 들었고 누리가 있었다. (『三國史記』 2 新羅本紀 2)
신라 　가을 7월에 신라에 가뭄이 들었고 누리가 있었다. (『三國史節要』 3)

고구려 　가을 9월에 지진이 있었다. (『三國史記』 17 高句麗本紀 5)
고구려 　9월에 고구려에 지진이 있었다. (『三國史節要』 3)

293(癸丑/신라 유례이사금 10/고구려 봉상왕 2/백제 책계왕 8/晉 元康 3/倭 應神 24)

신라 　봄 2월에 사도성(沙道城)을 고쳐 쌓고 사벌주(沙伐州)의 호민(豪民) 80여 가를 이주시켰다. (『三國史記』 2 新羅本紀 2)
신라 　봄 2월에 신라에서 사도성을 고쳐 쌓고 사벌주의 호민 80여 가를 옮겨 그것을 채웠다. (『三國史節要』 4)

낙랑 　원강 3년 3월 16일 한씨(韓氏) (「元康 3年銘塼」 側銘)

고구려 　가을 8월에 모용외가 침략해왔다. 왕이 신성(新城)으로 가서 적을 피하고자 하였다. 행차가 곡림(鵠林)에 이르렀는데 모용외가 왕이 나간 것을 알고 병력을 이끌고 이를 추격하였다. 거의 따라잡게 되자 왕이 두려워하였다. 그때 신성 재(宰) 북부 소형(小兄) 고노자(高奴子)가 기병 500기를 거느리고 왕을 맞이하러 왔다가 적을 만나 그들을 힘껏 공격하니, 모용외의 군대가 패하여 물러갔다. 왕이 기뻐하고 고노자에게 벼슬을 더하여 대형(大兄)을 삼고 겸하여 곡림을 내려주어 식읍으로 삼게 하였다. (『三國史記』 17 高句麗本紀 5)
고구려 　가을 8월에 모용외가 고구려를 침범하니 왕이 신성에서 피하고자 하였다. 행차가 곡림에 이르렀는데, 모용외가 군사를 이끌고 추격하였다. 거의 따라잡게 되자, 신성재 북부 소형 고노자가 기병 500명을 이끌고 왕을 맞았으며 모용외의 군사를 만나 힘껏 공격하여 이를 패배시켰다. 왕이 기뻐하여 고노자에게 벼슬을 더하여 대형을 삼고 겸하여 곡림을 내려주어 식읍으로 삼게 하였다. (『三國史節要』 4)

| 고구려 | 9월에 왕이 그 아우 돌고(咄固)가 다른 마음을 가지고 있다고 하여 독약을 내려 자결하게 하였다. 국인(國人)이 돌고가 죄가 없으므로 이를 애통해 하였다. 돌고의 아들 을불(乙弗)은 들판으로 달아났다. (『三國史記』 17 高句麗本紀 5) |
| 고구려 | 9월에 고구려왕이 그 아우 돌고가 다름 마음이 있다 하여 죽였다. 국인이 돌고가 죄가 없으므로 이를 애통해 하였다. 돌고의 아들 을불이 들판으로 달아났다 (『三國史節要』 4) |

294(甲寅/신라 유례이사금 11/고구려 봉상왕 3/백제 책계왕 9/晉 元康 4/倭 應神 25)

| 요동 | 원강 4년 2월 탁군(蜀郡)의 산이 붕괴되어 사람이 죽었다. 상곡(上谷)·상용(上庸)·요동에 지진이 있었다. (『宋書』 34 志 24 五行 5) |

| 낙랑 | 원강 4년 3월 20일에 만들었다. (「元康 4年銘塼」 側銘) |

| 신라 | 여름에 왜병(倭兵)이 장봉성(長峯城)을 공격해 왔지만, 이기지 못하였다. (『三國史記』 2 新羅本紀) |
| 신라 | 여름에 왜인이 신라 장봉성을 공격하였으나, 이기지 못하였다. (『三國史節要』 4) |

| 신라 | 가을 7월에 다사군(多沙郡)에서 상서로운 벼이삭을 바쳤다. (『三國史記』 2 新羅本紀) |
| 신라 | 가을 7월에 신라의 다사군에서 상서로운 벼이삭을 바쳤다. (『三國史節要』 4) |

고구려	가을 9월에 국상 상루가 죽자, 남부 대사자(大使者) 창조리(倉助利)를 국상(國相)으로 삼고, 벼슬을 올려 대주부(大主簿)를 삼았다. (『三國史記』 17 高句麗本紀 5)
고구려	9월에 고구려 국상 상루가 죽자, 남부의 대사자 창조리를 국상으로 삼고, 벼슬을 올려 대주부로 삼았다. (『三國史節要』 4)
고구려	창조리는 고구려 사람이다. 봉상왕 때 국상이 되었다. (『三國史記』 49 列傳 9 倉助利)

백제 신라 가야

백제의 직지왕(直支王)이 죽었다. 곧 아들 구이신(久爾辛)이 왕위에 올랐다. 왕은 나이가 어렸으므로 목만치(木滿致)가 국정을 잡았는데, 왕의 어머니와 서로 정을 통하여 무례한 행동이 많았다. 천황은 이 말을 듣고 그를 불렀다[백제기(百濟記)에는 "목만지는 목라근자(木羅斤資)가 신라를 칠 때에 그 나라의 여자를 아내로 맞아 낳은 사람이다. 아버지의 공으로 임나에서 전횡하다가 우리나라로 들어왔다. 귀국에 갔다가 돌아와 천조(天朝)의 명을 받들어 우리나라의 국정을 잡았는데, 권세의 높기가 세상을 덮을 정도였다. 그러나 천조에서는 그의 횡포함을 듣고 그를 불렀다"라고 되어 있다]. (『日本書紀』 10 應神紀)

295(乙卯/신라 유례이사금 12/고구려 봉상왕 4/백제 책계왕 10/晉 元康 5/倭 應神 26)

신라 백제   봄에 왕이 신하들에게 말하였다. "왜인이 자주 우리의 성읍(城邑)을 침범하여 백성들이 편안하게 살 수가 없다. 나는 백제와 함께 도모해서 일시에 바다를 건너 그 나라에 들어가 공격하고자 하는데 어떠한가." 서불한(舒弗邯) 홍권(弘權)이 내답하였다. "우리나라 사람은 수전(水戰)은 익숙하지 않은데, 위험을 무릅쓰고 멀리까지 가서 정벌한다면 생각지도 못한 위험이 있을까 두렵습니다. 하물며 백제는 거짓이 많고 항상 우리나라를 집어 삼키려는 마음을 가지고 있으니 더불어 함께 도모하기는 어려울 듯합니다." 왕이 "옳다."고 하였다. (『三國史記』 2 新羅本紀 2)

신라 백제   봄에 신라왕이 여러 신라에게 이르기를, "왜인이 자주 우리 성읍을 침범하여 백성들이 편안하게 살 수가 없다. 나는 백제와 연합하여 바다를 건너 공격하고자 하는데 어떠한가." 서불한 홍권이 대답하였다. "우리 군사는 수전에 익숙하지 않은데, 위험을 무릅쓰고 멀리까지 가서 정벌한다면 생각지도 못한 위험이 있을까 두렵습니다. 하물며 백제는 거짓이 많고 항상 우리나라를 집어 삼키려는 마음을 가지고 있으니 더불어 함께 일을 하기는 어려울 듯합니다." 왕이 "옳다."고 하였다. (『三國史節要』 4)

낙랑   원강 5년 8월 18일 을유(乙酉)에 만들었다. (「元康 5年銘塼」 側銘)

296(丙辰/신라 유례이사금 13/고구려 봉상왕 5/백제 책계왕 11/晉 元康 6/倭 應神 27)

고구려   가을 8월에 모용외(慕容廆)가 침략해왔다. 고국원(故國原)에 이르러, 서천왕의 무덤을 보고 사람을 시켜 파게 하였다. 파는 사람 중에 갑자기 죽는 자가 있고, 또 무덤 안에서 음악소리가 들리므로 귀신이 있는가 두려워하여 곧 물러갔다. 왕이 여러 신하에게 말하기를, "모용씨는 병마(兵馬)가 정력이 있고 강하여 우리의 강역을 거듭 침범하니 어떻게 하여야 하겠는가." 하였다. 국상 창조리가 대답하였기를, "북부 대형 고노자는 현명하고 또 용감합니다. 대왕께서 만일 적을 방어하고 백성을 안정시키려면, 고노자 말고는 쓸 만한 사람이 없습니다." 하였다. 왕이 고노자를 신성(新城) 태수로 삼았는데, 백성을 잘 다스려 위세와 명성이 있었으므로, 모용외가 다시 쳐들어오지 않았다. (『三國史記』 17 高句麗本紀 5)

고구려   가을 8월에 모용외가 고구려를 침략해왔다. 고국원에 이르러, 서천왕의 무덤을 보고 사람을 시켜 파게 하였다. 파는 사람 중에 갑자기 죽는 자가 있고, 또 무덤 안에서 음악소리가 들리므로 신령이 있음을 두려워하여 군사를 이끌고 물러갔다. 고구려왕이 여러 신하에게 말하기를, "모용씨는 병마가 강성하여 여러 차례 우리 강역을 침범하니, 어떻게 하여야 하겠는가." 하였다. 국상 창조리가 대답하였기를, "북부 대형 고노자는 어질고 용맹스럽습니다. 대왕께서 만약 적군을 방어하고 백성을 편안하게 하시려면 고노자가 아니고는 쓸 만한 사람이 없습니다." 하였다. 왕이 고노자를 신성 태수로 삼았는데, 고노자가 선정을 베풀고 위세와 명성이 있었으므로, 모용외가 다시 쳐들어오지 않았다. (『三國史節要』 4)

고구려   이때 모용외가 변경의 근심거리였다. 왕이 여러 신료들에게 말하였다. "모용씨는 군대가 강한데, 여러 차례 우리 강역을 침범하고 있다. 이를 어찌하면 좋겠는가." 창조리가 대답하였다. "북부 대형 고노자는 현명하고 또한 용맹합니다. 대왕께서 만약 외적의 침입을 막고 백성이 편안히 살 수 있도록 하시기를 원하신다면, 고노자만한 사람이 없습니다." 왕이 고노자를 신성 태수로 삼으니, 모용외가 다시는 침범해 오지 않았다. (『三國史記』 49 列傳 9 倉租利)

297(丁巳/신라 유례이사금 14/고구려 봉상왕 6/백제 책계왕 12/晉 元康 7/倭 應神 28)

신라   봄 정월에 지량(智良)을 이찬(伊湌)으로 삼고 장흔(長昕)을 일길찬(一吉湌)으로 삼았으며 순선 (順宣)을 사찬(沙湌)으로 삼았다. (『三國史記』 2 新羅本紀 2)

신라	봄 정월에 신라에서 지량을 이찬으로 삼고 장흔을 일길찬으로 삼았으며 순선을 사찬으로 삼았다. (『三國史節要』 4)
신라	(봄 정월) 이서고국(伊西古國)이 금성(金城)을 공격해 왔다. 우리가 크게 군사를 일으켜 방어했으나 물리치지 못했다. 홀연히 이상한 군사들이 왔는데, 그 수를 헤아릴 수 없이 많았다. 사람들이 모두 대나무 잎을 꽂고 있었는데, 우리 군사와 함께 적을 공격해 깨뜨린 후 어디로 간지를 알 수 없었다. 사람들이 대나무 잎 수만 장이 죽장릉에 쌓여 있는 것을 보았다. 이로 인해 나라 사람들이 이르기를, "선왕(先王)이 음병(陰兵)으로써 싸움을 도왔다."고 하였다. (『三國史記』 2 新羅本紀 2)
신라	제14대 유리왕(儒理王)대에 이서국 사람들이 와서 금성을 공격하였다. 우리가 크게 막으려 했으나 오랫동안 견딜 수 없었다. 홀연히 이상한 군사가 있어 와서 도와주었는데, 모두 대나무 잎을 귀에 꽂고 있었다. 우리 군사와 힘을 합쳐 적병을 공격해 깨뜨렸다. 적군이 물러간 후에 이상한 군사들이 돌아간 곳을 알 수 없었다. 다만 대나무의 잎이 미추왕의 능 앞에 쌓여 있음을 보고 이에 선왕에 의한 음덕의 공이 있었음을 알았다. 인하여 죽현릉(竹現陵)이라 불렀다. (『三國遺事』 1 紀異 2 味鄒王竹葉軍)
신라	(봄 정월) 옛 이서고국(伊西古國)이 신라의 금성을 공격해 왔다. 신라에서 급하게 군사를 동원하여 방어했으나, 이기지 못하였다. 홀연히 이상한 군사들이 크게 이르렀는데, 모두 귀에 대나무 잎을 꽂고 있었다. 신라군을 도와 적군을 격파하였다. 끝내 그들의 간 곳을 알지 못하였다. 어떤 사람이 미추왕릉에 수만 개의 댓잎이 싸여있는 것을 보았다고 하였다. 전에 나라 사람들이 이르기를, "선왕께서 이상한 군사로써 음(陰)으로 도와주어 이기게 하였다."고 했다. 인하여 죽장릉이라고 불렀다. (『三國史節要』 4)
고구려	가을 9월에 고려왕이 사신을 보내어 조공하였다. 그리고 표(表)를 올렸는데, 그 표에 "고려왕은 일본국에 교(敎)한다"라고 되어 있었다. 그 때 태자인 도도치랑자(菟道稚郎子 : 우지노와키이라츠코)는 그 표를 읽고 노하여 고려의 사자를 꾸짖었다. 그리고 그 표문이 무례하다고 하여 표를 파기하였다. (『日本書紀』 10 應神紀)

298(戊午/신라 유례이사금 15, 기림이사금 1/고구려 봉상왕 7/백제 책계왕 13, 분서왕 1/晉 元康 8/倭 應神 29)

신라	봄 2월에 서울에 짙은 안개가 껴 사람을 분별할 수가 없었는데, 5일 만에 걷혔다. (『三國史記』 2 新羅本紀 2)
신라	봄 2월에 신라 서울에 짙은 안개가 껴 5일 동안 사람을 분별하지 못하였다. (『三國史節要』 4)
고구려	가을 9월에 서리와 우박이 곡식을 죽여 백성이 굶주렸다. (『三國史記』 17 高句麗本紀 5)
고구려	가을 9월에 고구려에 서리와 우박이 곡식을 죽여 백성이 굶주렸다. (『三國史節要』 4)
백제 맥	가을 9월에 한(漢)이 맥인을 이끌고 와서 침략하였다. 왕이 직접 나가서 방어하다가 적병에게 살해되었다. (『三國史記』 24 百濟本紀 2)
백제 맥	(가을 9월) 맥인이 백제를 침략하니, 백제왕 책계가 나가서 방어하다가 적병에게 살해되었다. (『三國史節要』 4)

백제	분서왕(汾西王)은 책계왕의 맏아들이다. 그는 어려서부터 총명하였으며 몸가짐이나 예절이 빼어났다. 왕이 그를 사랑하여 항상 옆에 두었다. 왕이 죽자 그의 뒤를 이어 왕위에 올랐다. (『三國史記』24 百濟本紀 2)
백제	(가을 9월) 장자 분서는 어려서부터 총명하고 몸가짐이나 예절이 빼어나서 왕이 사랑하였다. 이에 이르러 즉위하였다. (『三國史節要』4)
백제	겨울 10월에 크게 사면하였다. (『三國史記』24 百濟本紀 2)
백제	겨울 10월에 백제에서 크게 사면하였다. (『三國史節要』4)
고구려	겨울 10월에 왕이 궁실을 증축하였는데, 자못 사치스럽고 화려하였다. 백성들이 굶주리고 또 괴로워하므로, 여러 신하들이 자주 간(諫)하였으나, 따르지 않았다. (『三國史記』17 高句麗本紀 5)
고구려	(겨울 10월) 고구려왕이 궁실을 증축였는데, 자못 사치스럽고 화려하였다. 백성들이 굶주리고 또 괴로워하므로, 여러 신하들이 자주 간하였으나, 따르지 않았다. (『三國史節要』4)
고구려	10월에 고구려왕이 돌고(咄固)의 아들 을불(乙弗)을 죽이려고 샅샅이 찾았으나, 끝내 찾지 못하였다. (『三國史節要』4)
신라	(10월) 신라에 인관(印觀)과 서조(署調) 두 사람이 있었다. 인관이 저자에서 면포를 팔기에 서조가 곡식을 주고 면포를 사서 돌아오는 도중에 홀연히 소리개가 나타나 그 면포를 낚아채서 인관의 집에 떨어뜨렸다. 이에 인관이 면포를 가지고 저자에 가서 서조에게 이르기를, "소리개가 너의 면포를 낚아채 우리 집에 떨어뜨렸기에 이제 너에 면포를 돌려준다."고 하였다. 서조가 말하기를, "소리개가 면포를 낚아채 너에게 준 것은 하늘에서 한 일이니, 내가 어찌 받겠는가."하였다. 인관이 말하기를 "그렇다면 너에게 곡식을 돌려주겠다."하였다. 서조가 말하기를 "내가 저자에서 너에게 곡식을 준 지 이미 이틀이나 되었으니 곡식은 너에게 속한 것이다."하고 굳이 사양하여 받지 않았다. 두 사람이 서로 사양하다가 그 물건을 저저에 버리고 돌아갔다. 장시관(掌市官)이 이 사실을 위에 보고하니 왕이 두 사람에게 모두 벼슬을 내렸다. (『三國史節要』4)
고구려	11월에 왕이 사람을 시켜 을불을 찾아서 죽이려 하였으나, 찾지 못하였다. (『三國史記』17 高句麗本紀 5)
신라	겨울 12월에 왕이 돌아가셨다. (『三國史記』2 新羅本紀 2)
신라	겨울 12월에 신라왕 유례가 돌아가셨다. (『三國史節要』4)
신라	기림[또는 기립(基立)이라고도 하였다]이사금(基臨尼師今)이 왕위에 올랐다. 조분이 사금(助賁尼師今)의 손자이다. 아버지는 이찬(伊飡) 걸숙(乞淑)이다[또는 걸숙을 조분의 손자라고도 하였다]. 성품이 너그럽고 후덕하여 사람들이 모두 그를 칭송하였다. (『三國史記』2 新羅本紀 2)
신라	(겨울 12월) 기림이 즉위하였다. 기림은 조분왕의 아들인 걸어(乞馭)의 아들이다. (『三國史節要』4)
조선(낙랑)	유요(劉曜)의 자(字)는 영명(永明)으로, 유원해(劉元海)의 족자(族子)이다. 어려서 고아가 되어 원해에게 길러졌다. (…) 약관의 나이에 낙양에 있다가, 유원해가 좌천된 일에 연루되어 죽게 되자 조선(朝鮮)으로 도망쳐 숨었다가 사면을 받아 돌아왔다.

	모습과 바탕이 무리보다 뛰어나 세상에 용납될 수 없다고 여겨 관잠산(管涔山)에 숨어 지냈다. (…) 처음 요가 도망갈 때 조순(曹恂)과 함께 유수(劉綏)에게 갔는데, 유수가 그를 서궤(書匱)에 숨겨 왕충(王忠)에게 보냈다. 왕충은 그를 조선현으로 보냈다. 1년여가 지나 굶주림에 지쳐 성과 이름을 바꾸고 현졸(縣卒)로 의탁해 살았다. 최악(崔岳)은 조선현령(朝鮮縣令)이었는데, 그를 보고 이상히 여겨 추궁하니 유요가 머리를 조아리고 눈물을 흘리며 살려달라고 애걸하였다. (『晉書』103 載紀 3 劉曜)
조선(낙랑)	유요의 자는 영명이다. 어려서 고아가 되어 유연에게 길러졌다. 자못 서계(書計)를 잘 알고, 뜻과 성품이 남달랐고, 주먹힘이 힘과 용기가 있어 두께 1촌(寸)의 화살을 쏘면 관통시킬 수 있었다. 죄에 연루되어 죽게 되자 조선으로 도망쳐 현졸로 의탁해 살았다. (『魏書』95 列傳 83 匈奴劉聰)

299(己未/신라 기림이사금 2/고구려 봉상왕 8/백제 분서왕 2/晉 元康 9/倭 應神 30)

신라	봄 정월에 장흔(長昕)을 이찬(伊湌)으로 삼고 중앙과 지방의 군사 일을 겸하여 맡게 하였다. (『三國史記』2 新羅本紀 2)
신라	봄 정월에 신라에서 장흔을 이찬으로 삼고 중앙과 지방의 군사 일을 겸하여 맡게 하였다. (『三國史節要』4)

백제	봄 정월에 왕이 동명묘(東明廟)에 배알하였다. (『三國史記』24 百濟本紀 2)
백제	고기(古記)에 이르길, (…) 다루왕 2년(29) 봄 정월에 시조 농명묘에 배알하였다. (…) 분서왕 2년 봄 정월 (…) 모두 위와 같이 행하였다. (『三國史記』32 雜志 1 祭祀)
백제	(봄 정월) 백제왕이 동명묘에 배알하였다. (『三國史節要』4)

신라	2월에 시조묘(始祖廟)에 제사지냈다. (『三國史記』2 新羅本紀 2)
신라	2월에 신라왕이 시조묘에 제사지냈다. (『三國史節要』4)

고구려	가을 9월에 봉산(烽山)에서 귀신이 울었다. (『三國史記』17 高句麗本紀 5)
고구려	가을 9월에 고구려 봉산에서 귀신이 울었다. (『三國史節要』4)

고구려	(가을 9월) 객성(客星)이 달을 범하였다. (『三國史記』17 高句麗本紀 5)
고구려	(가을 9월) 고구려에서 객성이 달을 범하였다. (『三國史節要』4)

고구려	겨울 12월에 천둥과 지진이 있었다. (『三國史記』17 高句麗本紀 5)
고구려	겨울 12월에 고구려에 천둥과 지진이 있었다. (『三國史節要』4)

낙랑	대진(大晉) 원강(元康 : 291~299) (「大晉元康銘」瓦當)

300(庚申/신라 기림이사금 3/고구려 봉상왕 9, 미천왕 1/백제 분서왕 3/西晉 永康 1/倭 應神 31)

신라	봄 정월에 왜국과 사신을 교환하였다. (『三國史記』2 新羅本紀 2)
신라	봄 정월에 왜국과 사신을 교환하였다. (『三國史節要』4)

고구려	봄 정월에 지진이 일어났다. (『三國史記』17 高句麗本紀 5)
고구려	봄 정월 고구려에 지진이 일어났다. (『三國史節要』4)

신라	2월 비열홀(比列忽)로 순행하여 몸소 나이들고 가난한 사람들을 위로하고 곡식을 차등있게 내려 주었다. (『三國史記』 2 新羅本紀 2)
신라	2월 신라왕이 비열홀로 순행하여 몸소 나이들고 가난한 사람들을 위로하고 곡식을 차등있게 내려 주었다. (『三國史節要』 4)

고구려	2월부터 가을 7월까지 비가 내리지 않아 흉년이 들어 백성들이 서로 잡아먹을 지경이었다. (『三國史記』 17 高句麗本紀 5)
고구려	고구려에 2월부터 가을 7월까지 비가 내리지 않아 흉년이 들어 백성들이 서로 잡아먹을 지경이었다. (『三國史節要』 4)

신라	3월 우두주(牛頭州)에 이르러 태백산(太白山)에 망제(望祭)를 지냈다. (『三國史記』 2 新羅本紀 2)
신라	3월 우두주에 이르러 태백산에 망제를 지냈다. (『三國史節要』 4)

신라 낙랑 대방	
	3월 낙랑(樂浪)과 대방(帶方) 두 나라가 항복해 왔다. (『三國史記』 2 新羅本紀 2)
신라 낙랑 대방	
	3월 낙랑과 대방 두 나라가 항복해 왔다. (『三國史節要』 4)

고구려	8월에 왕이 나라 안의 남녀 15세 이상을 징발하여 궁실을 수리하였다. 백성들이 먹을 것이 모자라고 일이 괴로워서 정처 없이 떠돌아다녔다. 창조리(倉助利)가 시정해 주기를 건의하여 말하기를 "하늘의 재난이 거듭 닥쳐 올해 곡식이 자라지 않아서 백성들이 살 곳을 잃어버렸습니다. 장정들은 사방으로 흩어지고 노인과 어린아이는 구렁텅이에 굴러다닙니다. 이는 진실로 하늘을 두려워하고 백성을 걱정하며, 삼가 두려워하고 수양하며 반성해야 할 때입니다. 대왕께서 일찍이 이를 생각하지 않고 굶주린 사람들을 몰아 나무와 돌로 하는 공사에 고달프게 하는 것은 백성의 부모가 된 의미에 매우 어긋나는 것입니다. 하물며 이웃에 강하고 굳센 적이 있어 만일 우리가 피폐한 틈을 타서 쳐들어온다면 사직과 백성을 어떻게 하겠습니까? 바라옵건대 대왕께서는 이를 잘 헤아리소서."라 하였다. 왕이 화를 내며 말하기를 "임금이란 백성들이 우러러 보는 바이다. 궁실이 장엄하고 화려하지 않으면 위엄을 보일 수 없다. 지금 국상은 아마 과인을 비방하여 백성의 칭찬을 막으려하시오." 하였다. 창조리가 말하기를 "임금이 백성을 걱정하지 않으면 인자하지 못한 것이고, 신하가 임금에게 시정을 건의하지 않으면 충성스럽지 못한 것입니다. 신(臣)은 이미 빈 국상의 자리를 승계하였으니 감히 말하지 않을 수 없습니다. 어찌 감히 칭찬을 가로막겠습니까?" 하였다. 왕이 웃으며 말하기를 "국상은 백성을 위하여 죽을 것인가? 다시 말하지 말기 바란다."고 하였다. 창조리가 왕이 고치지 않을 것으로 알고, 또 해(害)가 미칠 것을 두려워하여 물러 나와서 여러 신하들과 함께 모의하여 왕을 폐하고, 을불(乙弗)을 맞이하여 왕으로 삼았다. 왕이 화를 면하지 못할 것으로 알고 스스로 목매어 죽으니 두 아들도 따라서 죽었다. 봉산의 들에 장사지내고 이름을 봉상왕이라 하였다. (『三國史記』 17 高句麗本紀 5)
고구려	봉상왕 9년 가을 8월 왕이 국내(國內)의 정남(丁男)으로 나이 나이 15세 이상인 자들을 징발하여 궁실을 수리하도록 하였다. 백성들은 먹을 것이 부족하였고, 노역(勞役)에 힘들어 하였으며, 이로 인하여 거주지를 떠나서 떠돌아 다녔다. 창조리가 다음과 같이 간언(諫言)하였다. "재해가 거듭 일어나서 해마다 곡식이 익지 않고 있으니, 백성은 살아갈 길을 잃었습니다. 장성한 사람들은 사방으로 떠돌아 헤매고 있으

며, 어린아이와 노인은 구렁텅이에서 뒹굴고 있습니다. 이것은 진실로 하늘을 경외하고 백성을 염려하는 마음으로 왕께서 두려워하며 스스로 반성하실 시기입니다. 대왕께서는 아직도 이를 생각하지 않으시고 굶주린 사람들을 몰아서 토목의 노역으로 고단하게 하시니, 임금은 민(民)의 부모라는 뜻에 매우 어긋나는 것입니다. 더욱이 이웃 나라에는 강한 적이 있습니다. 만약 그들이 우리가 피폐해진 틈을 타서 쳐들어온다면, 사직(社稷)과 백성은 어찌되겠습니까! 대왕께서는 이를 깊게 헤아려주시기 바랍니다." 왕이 화를 내며 말했다. "임금은 백성이 우러러 보는 존재이다. 궁실이 장엄하고 화려하지 않으면, 위엄을 보일 수 없다. 지금 국상이 나를 비방하고자 하는 것은 백성들에게 칭찬을 얻고자 해서일 것이다." 창 조리가 말하였다. "임금이 백성을 근심하지 않으면 어질다고 할 수 없고, 신하가 임금에게 간언하지 않으면 충성스럽지 못하다고 하였습니다. 저는 이미 부족한 재주에도 불구하고 국상의 자리에 있으니, 감히 말씀드리지 않을 수 없습니다. 어찌 감히 명예를 얻고자 해서이겠습니까." 왕이 웃으며 말하였다. "국상은 백성을 위해 죽고자 하는가? 뒷이야기가 없기를 바란다." 창조리는 왕이 잘못을 깨우치지 않을 것임을 알고, 물러나 여러 신료들과 함께 봉상왕을 폐위시킬 것을 모의하였다. 왕은 모면하기 힘들다는 사실을 알고 스스로 목을 매었다. (『三國史記』49 列傳 9 倉助利)

고구려   8월에 고구려왕이 나라 안의 남녀 15세 이상을 징발하여 궁실을 수리하였다. 백성들이 먹을 것이 모자라고 일이 괴로워서 정처 없이 떠돌아다녔다. 창조리가 시정해주기를 건의하여 말하기를 "하늘의 재난이 거듭 닥쳐 올해 곡식이 자라지 않아서 백성들이 살 곳을 잃어버렸습니다. 상정들은 사방으로 흩어지고 노인과 어린아이는 구렁텅이에 굴러다닙니다. 이는 진실로 하늘을 두려워하고 백성을 걱정하며, 삼가 두려워하고 수양하며 반성해야 할 때입니다. 대왕께서 일찍이 이를 생각하지 않고 굶주린 사람들을 몰아 나무와 돌로 하는 공사에 고달프게 하는 것은 백성의 부모가 된 의미에 매우 어긋나는 것입니다. 하물며 이웃에 강하고 굳센 적이 있어 만일 우리가 피폐한 틈을 타서 쳐들어온다면 사직과 백성을 어떻게 하겠습니까? 바라옵건대 대왕께서는 이를 잘 헤아리소서."라 하였다. 왕이 화를 내며 말하기를 "임금이란 백성들이 우러러 보는 바이다. 궁실이 장엄하고 화려하지 않으면 위엄을 보일 수 없다. 지금 국상은 아마 과인을 비방하여 백성의 칭찬을 막으려하시오." 하였다. 창조리가 말하기를 "임금이 백성을 걱정하지 않으면 인자하지 못한 것이고, 신하가 임금에게 시정을 건의하지 않으면 충성스럽지 못한 것입니다. 신은 이미 빈 국상의 자리를 승계하였으니 감히 말하지 않을 수 없습니다. 어찌 감히 칭찬을 가로막겠습니까?" 하였다. 왕이 웃으며 말하기를 "국상은 백성을 위하여 죽을 것인가?"고 하였다. 창조리가 왕이 고치지 않을 것으로 알고, 또 해가 미칠 것을 두려워하여 물러나와서 여러 신하들과 함께 왕을 폐위시킬 것을 모의하고, 북부(北部) 조불(祖弗)과 동부(東部)의 소우(蕭友) 등을 보내어 을불을 찾아 다녔다. 을불이 처음 도망나와 수실촌(水室村) 사람 음모(陰牟)의 집에서 고용살이를 하였다. 음모가 을불을 고되게 일을 시켰는데, 낮에는 그를 독촉하여 땔나무를 해오게 하고 밤에는 연못이 개구리들이 소리를 내지 못하게 기와와 돌을 던지게 하였다. 을불이 고난을 이기지 못하고 그 집을 떠나 동촌(東村) 사람 재모(再牟)와 함께 소금을 팔았다. 배를 타고 압록강을 내려가 강 동쪽 마을집에 머물렀는데, 그 주인 노파가 소금을 청하자 을불이 한 말을 주었다. 다시 달라고 하여 주지 않았는데, 그 노파가 성을 내며 소금 속에 몰래 신발을 넣어 두었다. 을불이 이미 길을 떠났는데, 노파가 좇아와 신발을 찾아내고는 압록재(鴨淥宰)에게 고서하였다. 압록재는 소금을 신발값으로 주고 을불에게 태형을 가하였다. 을불이 몸과 얼굴이 야위고 말랐으며, 의상이 남루하여 사람들이 그가 왕손인지 알지 못했다. 이 때에 이르러 소불과 소우 등이 비류하(沸流河) 가에 이르러 배 위에 한 장부(丈夫)가 있는 것을 보았는데, 그 얼굴이 초췌하나 움직이는 것이 보통 사람은 아니었다. 소우 등이 나아가 절하며 말하기를, "지금 국왕이 무도하여, 국상(國相)이 여러 신하와 음모하고 왕을 폐위하려 합니다. 왕손(王孫)의 조행(操行)이 검소하고 인자애인(仁慈愛人)하여 가히 대업(大業)을 이을 만하므로 신 등을 보내어 받들어 맞이하게 한 것입니다." 하였다. 을불은 의심하여 말하기를, "나는 야인(野人)이요 왕손이 아니니 다시 자세히 살펴보십시오." 하였다. 소우 등이 말하기를, "여러 신하가 간절히 왕손을 기대하는 것이니 의심하지 마소서." 하니 을불이 허락하였다. 드디어 받들고 돌아오니 창조리가 기뻐하여 그를 조맥(鳥陌) 남쪽 집에 모셔두었다. (『三國史節要』4)

신라   가을 8월 여러 신하들에게 조(詔)를 내려 말하길 "관선(官船) 가운데 가라노(枯野)라고 하는 것은 이즈노쿠니(伊豆國)에서 바친 배인데, 이것이 썩어서 사용할 수 없게 되었다. 그러나 오랫동안 관용(官用)으로 쓰인 공로를 잊을 수가 없으니 어떻게 하면 그 배의 이름이 끊이지 않고 후세에 전해질 수 있겠는가"라고 하였다. 여러 신하들이 조를 받고 담당 관리에게 명령하여 배를 땔감으로 하여 소금을 굽도록 하였다. 이에 500 광주리의 소금을 얻어 여러 나라에 두루 나누어주고는 배를 만들도록 하였다. 이에 여러 나라에서 한꺼번에 500척의 배를 만들어 바쳤다. 그것을 모두 무코(武庫)의 수문(水門)에 모아 놓았다. 마침 이때 신라의 조공 사신이 무코에 머무르고 있었는데 신라가 머무르는 곳에서 홀연히 불이 나서 인하여 모아 놓은 배에까지 번져 많은 배가 불에 탔다. 이로 말미암아 신라인을 책망하였다. 신라왕이 그것을 듣고 크게 놀라서 이에 뛰어난 장인을 바쳤다. 이들이 이나베(猪名部) 등의 시조이다. (『日本書紀』10 應神紀)

고구려   가을 9월에 왕이 후산(侯山) 북쪽에서 사냥을 하였다. 국상 창조리가 그를 따라갔는데 여러 사람들에게 말하기를 "나와 마음을 같이 하는 자는 나를 따라서 하라."고 하고, 갈댓잎을 관에 꽂으니 여러 사람들이 모두 꽂았다. 창조리가 여러 사람들의 마음이 모두 같은 것을 알고, 드디어 함께 왕을 폐하여 별실에 가두고 병력으로 주위를 지키게 하고, 왕손을 모셔다가 옥새와 인수를 바치어 왕위에 오르게 하였다. (『三國史記』17 高句麗本紀 5)

고구려   가을 9월에 왕이 후산 북쪽에서 사냥을 하였다. 창조리가 그를 따라갔는데 여러 사람들에게 말하기를 "나와 마음을 같이 하는 자는 나를 따라서 하라."고 하고, 갈댓잎을 관에 꽂으니 여러 사람들이 모두 꽂았다. 창조리가 여러 사람들의 마음이 모두 같은 것을 알고, 드디어 왕을 폐하여 별실에 가두고 병력으로 주위를 지키게 하니 왕이 모면하기 어렵다는 것을 알고 스스로 목을 매어 죽었다. 그 두 아들들도 따라 죽으니 창조리가 드디어 을불을 세워 왕으로 삼았다. 왕을 봉산의 들판에 장사지내고 봉상왕이라고 하였다. (『三國史節要』4)

고구려   미천왕[호양왕(好壤王)이라고도 한다]은 이름이 을불[혹은 우불(憂弗)]이라고도 한다. 서천왕의 아들인 고추가(古鄒加) 돌고(咄固)의 아들이다. 처음에 봉상왕이 동생 돌고가 다른 마음이 있다고 의심하여 그를 죽이니, 아들 을불이 살해당할 것을 두려워하여 달아났다. 처음에 수실촌(水室村) 사람 음모(陰牟)의 집에 가서 고용살이를 하였다. 음모가 그가 어떤 사람인지 알지 못하고 매우 고되게 부렸다. 그 집 옆에 연못에 개구리가 울면, 을불을 시켜 밤에 기와와 돌을 던져 그 소리를 못 내게 하고, 낮에는 그를 독촉하여 땔나무를 해오게 하여 잠시도 쉬지 못하게 하였다. 고난을 이기지 못하고 1년 만에 그 집을 떠나, 동촌(東村) 사람 재모와 함께 소금 장사를 하였다. 배를 타고 압록에 이르러 소금을 내려놓고 강 동쪽 사수촌(思收村) 사람의 집에 머물렀다. 그 집의 할멈이 소금을 달라고 하므로 한 말 정도 주었다. 다시 달라고 하여 주지 않았더니, 그 할멈이 원망스럽고 성이 나서 소금 속에 몰래 신을 넣어 두었다. 을불이 알지 못하고 짐을 지고 길을 떠났는데, 할멈이 쫓아와 신을 찾아내고는 신을 숨겼다고 압록(鴨淥) 재(宰)에게 고소하였다. 압록재는 신 값으로 소금을 빼앗아 할멈에게 주고 태형(笞刑)을 가하고 놓아주었다. 이에 몸과 얼굴이 야위고 마르고 의상이 남루하여 사람들이 그를 보고도 그가 왕손인 줄을 알지 못하였다. 이때 국상 창조리가 장차 왕을 폐하려고 먼저 북부의 조불(祖弗)과 동부의 소우(蕭友) 등을 보내 산과 들을 물색하여 을불을 찾게 하였다. 비류 강변에 이르러 한 장부가 배위에 있는 것을 보고, 몸과 얼굴은 비록 초췌하나 동작이 보통이 아니었다. 소우 등이 이 사람이 을불이 아닌가 하고 나아가 절을 하며 말하기를 "지금 국왕이 무도하여 국상과 여러 신하들이 함께 왕을 폐할 것을 몰래 꾀하고 있습니다. 왕손은 행실이 검소하고 인자하여 사람을 사랑하므로 나라 다스리는 일을 이을 수 있다고 하여, 신들을 보내 맞이하게 하였습니다." 하였다. 을불이 의심하여 말하기를 "나는 야인이지 왕손이 아닙니다. 다시 자세히 살펴보십시오."라 하였다. 소우 등이 말하기를 "지금의 임금은 인심을 잃은 지 오래되어 나라의 주인이 될 수 없는 까닭에 여러 신하들이 간절히 왕손을 기대하는 것이니 청컨대 의심하지 마소서." 하였다. 드디어 받들어 모시고 돌아가니 창조리가 기뻐하며 조맥(鳥陌) 남쪽 집에 모셔두고 다른 사람이 알지 못하게 하였다. (『三國史記』 17 高句麗本紀 5)

고구려	제15대 미천왕(美川王)[호양(好壤)이라고도 한다. 이름은 을불(乙弗) 또는 우불(憂弗)이라고한다. 경신(庚申)년에 즉위하여 31년간 다스렸다.] (『三國遺事』 1 王曆)	
고구려	겨울 10월 누런 안개로 사방이 막혔다. (『三國史記』 17 高句麗本紀 5)	
고구려	겨울 10월 고구려에 누런 안개가 일어 사방이 막혔다. (『三國史節要』 4)	
고구려	11월에 바람이 서북쪽에서 불어와서 6일 동안이나 모래를 날리고 돌을 굴렸다. (『三國史記』 17 高句麗本紀 5)	
고구려	11월 고구려에 바람이 서북쪽에서 불어와서 6일 동안이나 모래를 날리고 돌을 굴렸다. (『三國史節要』 4)	
고구려	12월에 혜성이 동쪽에 나타났다. (『三國史記』 17 高句麗本紀 5)	
고구려	12월 고구려에서 혜성이 동쪽에 나타났다. (『三國史節要』 4)	

301(辛酉/신라 기림이사금 4/고구려 미천왕 2/백제 분서왕 4/西晉 永康 2, 永寧 1/倭 應神 32)

302(壬戌/신라 기림이사금 5/고구려 미천왕 3/백제 분서왕 5/西晉 永寧 2, 太安 1/倭 應神 33)

신라	봄과 여름에 가물었다. (『三國史記』 2 新羅本紀 2)	
신라	신라가 봄과 여름에 가물었다. (『三國史節要』 4)	
백제	여름 4월에 혜성이 낮에 나타났다. (『三國史記』 24 百濟本紀 2)	
백제	여름 4월 백제에서 혜성이 낮에 나타났다. (『三國史節要』 4)	
고구려 현도	가을 9월 왕이 군사 3만을 이끌고 현도군을 공격하여 포로 8천명을 사로잡아 평양으로 이주시켰다. (『三國史記』 17 高句麗本紀 5)	
고구려 현도	가을 9월 고구려왕이 군사 3만을 이끌고 현도군을 공격하여 포로 8천명을 사로잡아 평양으로 이주시켰다. (『三國史節要』 4)	

303(癸亥/신라 기림이사금 6/고구려 미천왕 4/백제 분서왕 6/西晉 太安 2/倭 應神 34)

304(甲子/신라 기림이사금 7/고구려 미천왕 5/백제 분서왕 7, 비류왕 1/西晉 永安 1, 建武 1, 永興 1/倭 應神 35)

| 백제 낙랑 | 봄 2월 몰래 군대를 보내어 낙랑의 서쪽 현을 공격하였다. (『三國史記』 24 百濟本紀 2) |
| 백제 낙랑 | 봄 2월 백제가 몰래 군대를 보내어 낙랑의 서쪽 현을 공격하였다. (『三國史節要』 4) |

| 신라 | 가을 8월 지진이 일어나 샘물이 솟아올랐다. (『三國史記』 2 新羅本紀 2) |
| 신라 | 가을 8월 신라에 지진이 일어나 샘물이 솟아올랐다. (『三國史節要』 4) |

| 신라 | 9월 서울에 지진이 일어나 민가가 부서지고 죽은 사람이 있었다. (『三國史記』 2 新羅本紀 2) |
| 신라 | 9월 신라 서울에 지진이 일어나 민가가 부서지고 죽은 사람이 있었다. (『三國史節要』 4) |

| 백제 낙랑 | 겨울 10월 왕이 낙랑태수가 보낸 자객에게 살해되었다. (『三國史記』 24 百濟本紀 2) |
| 백제 낙랑 | 겨울 10월 낙랑태수가 자객을 보내어 백제 분서왕을 죽였다. 왕이 죽었으나, 여러 아들이 모두 어려 구수왕의 아들 비류(比流)가 성품이 너그럽고 인자하여 사람을 아끼며, 또한 힘이 세고 활을 잘 쏘았으며, 오랫동안 평민으로 살면서 명성을 떨쳤다고 하여 나라사람들이 함께 추대하여 왕으로 세웠다. (『三國史節要』 4) |

| 백제 | 비류왕(比流王)은 구수왕(仇首王)의 둘째 아들이다. 성품이 너그럽고 인자하여 사람을 아끼며, 또한 힘이 세고 활을 잘 쏘았으며, 오랫동안 평민으로 살면서 명성을 떨쳤다 분서왕이 죽자 비록 여러 아들이 있으나 모두 어려 왕위에 올릴 수 없었기에 신민들의 추대로 왕위에 올랐다. (『三國史記』 24 百濟本紀 2) |
| 백제 | 제11대 비류왕[구수왕의 둘째 아들이며, 사반왕의 아우이다. 갑자년에 왕위에 올라 △0년을 다스렸다.] (『三國遺事』 1 王曆) |

305(乙丑/신라 기림이사금 8/고구려 미천왕 6/백제 비류왕 2/西晉 永興 2/倭 應神 36)

306(丙寅/신라 기림이사금 9/고구려 미천왕 7/백제 비류왕 3/西晉 永興 3, 光熙 1/倭 應神 37)

| 고구려 | 봄 2월 무오 초하루날(1)에 아치노오미(阿知使主)와 츠카노오미(都加使主)를 오(吳)나라에 보내어 봉공녀(縫工女)를 구하게 하였다. 이에 아치노오미 등이 고려국을 건너 오나라로 가고자 하여 고려에 도착하였으나 문득 가는 길을 알 수 없었다. 이에 고려에서 길을 아는 사람을 구하니, 고려왕이 구레파(久禮波)와 구레지(久禮志) 두 사람을 딸려 보내어 안내자로 삼게 하였다. 이로 말미암아 오나라에 이를 수 있었다. 오나라 왕은 이에 공녀(工女) 에히메(兄媛)·오토히메(弟媛)·구레하토리(吳織)·아나하토리(穴織) 등 4명의 부녀를 주었다. (『日本書紀』 10 應神紀) |

307(丁卯/신라 기림이사금 10/고구려 미천왕 8/백제 비류왕 4/西晉 永嘉 1/倭 應神 38)

| 신라 | 다시 나라 이름을 신라로 하였다. (『三國史記』 2 新羅本紀 2) |
| 신라 | 기림왕 10년에 다시 이름을 신라로 하였다. (『三國史記』 34 雜志 3 地理 1) |

308(戊辰/신라 기림이사금 11/고구려 미천왕 9/백제 비류왕 5/西晉 永嘉 2/倭 應神 39)

백제   봄 정월 병자일 초하루 일식이 있었다. (『三國史記』 24 百濟本紀 2)

백제   봄 정월 병자일 초하루 백제에 일식이 있었다. (『三國史節要』 4)

백제   봄 2월 백제의 직지왕(直支王)이 누이 신제도원(新齊都媛)을 보내어 섬기게 하였다.
             신제도원은 7명의 여자를 이끌고 와서 귀화하였다. (『日本書紀』 10 應神紀)

309(己巳/신라 기림이사금 12/고구려 미천왕 10/백제 비류왕 6/西晉 永嘉 3/倭 應神 40)

310(庚午/신라 기림이사금 13, 흘해이사금 1/고구려 미천왕 11/백제 비류왕 7/西晉 永嘉 4/倭 應神 41)

한국(삼한)   봄 2월에 호무타(譽田: 應神)천황이 죽었다. 그때 태자 우지노와키이라츠코(菟道椎郎子)는 왕위를 오사사키노미코토(大鷦鷯尊)에게 양보하며 제위(帝位)에 오르지 않았다. (…) 오사사키노미코토는 야마토노아타이(倭直)의 조상인 마로(麻呂)에게 "왜의 둔전(屯田)이 원래 야마모리(山守)의 땅이었다고 하는데 어떠한가."라고 물었다. 대답하기를 "신은 모릅니다. 오직 신의 아우 아고코(吾子籠)만이 알고 있습니다."라고 하였다. 그런데 마침 이때 아고코는 한국(韓國)에 보내져서 아직 돌아오지 않고 있었다. 이에 오사사키노미코토는 오노스쿠네(淤宇宿禰)에게 "네가 직접 한국에 가서 아고코를 불러 와라. 밤낮을 가리지 말고 빨리 가도록 하라."라고 말하였다. 이에 오노스쿠네는 한국에 가서 즉시 아고코를 데리고 왔다. (『日本書紀』 11 仁德紀)

신라   여름 5월에 왕이 병이 들어 오랫동안 낫지 않았으므로 중앙과 지방의 옥에 갇혀 있는 죄수를 사면하였다. (『三國史記』 2 新羅本紀 2)

신라   여름 5월에 신라왕 기림이 병이 들어 오랫동안 낫지 않았으므로 중앙과 지방의 옥에 갇혀 있는 죄수를 사면하였다. 왕이 돌아가시자 후사가 없어 군신들이 각간 우로의 아들 흘해(訖解)가 어리지만 노성한 덕이 있어 함께 추대하여 왕으로 삼았다. 우로가 일찍이 말하기를, "흘해의 용모가 뛰어나고 일을 하는 것이 분명하고 민첩하여 보통사람들과 다르니 우리 집안을 일으킬 사람은 반드시 이 아이일 것이다."고 하였다. (『三國史節要』 4)

신라   6월 왕이 돌아가시니 흘해이사금(訖解尼師今)이 왕위에 올랐다. 나해왕(奈解王)의 손자이다. 아버지는 각간(角干) 우로(于老)이고 어머니는 명원부인(命元夫人)으로 조분왕(助賁王)의 딸이다. 우로가 임금을 섬기는 데 공이 여러 번 있어 서불한(舒弗邯)이 되자 흘해의 용모가 뛰어나고 담력이 있으며 머리가 뛰어나 일을 하는 것이 보통사람들과 다른 것을 보고 제후(諸侯)들에게 말하기를, "우리 집안을 일으킬 사람은 반드시 이 아이일 것이다." 하였다. 이때 이르러 기림(基臨)이 죽고 아들이 없었으므로 군신들이 의논해 말하기를, "흘해가 어리지만 노성한 덕이 있다."고 하며 이내 그를 받들어 세웠다. (『三國史記』 2 新羅本紀 2)

신라   제16대 흘해이질금[석씨이다. 아버지는 우로음 각간이며, 나해왕의 둘째 아들이다. 경오년에 즉위하여 16년간 다스렸다. 이 왕대에 백제군이 처음 침략하였다.] (『三國遺事』 1 王曆)

백제 신라   이 천황의 치세에 아마베(海部), 야마베(山部), 야마모리베(山守部), 이세베(伊勢部)를 정하셨다. 츠루기노이케(劍池)를 만들었다. 또 신라인이 도래했으므로 다케우치노스쿠네노미코토(建內宿禰命)가 이들을 이끌고 저수지를 만들어 구다라노이케(百濟池)를 만들었다. 또 백제국주 조고왕(照古王)이 암말 한 마리와 수말 한 마리를 아치키시(阿知吉師) 편에 바쳤다[이 아치키시는 아치키노후미히토(阿直史) 등의 조상이다]. 또 횡도(橫刀)와 대경(大鏡)을 바쳤다. 또 백제에 현인이 있으면 바치도록 명령하셨으므로 명을 받고 바친 사람은 와니키시(和邇吉師)라고 하여 『논어(論語)』 10권과 『천자문(千字文)』 1권 합쳐서 11권을 이 사람 편에 바쳤다[이 와니키시는 후미노오비토(文首) 등의 조상이다]. 또 수공업자로 한(韓) 출신 야장(冶匠)으로 이름은 탁소(卓素)와 또 오(吳) 출신 직조기술자 서소(西素) 두 사람을 바쳤다. 또 하타노미야츠코(秦造)의 조상, 아야노아타이(漢直)의 조상 및 술을 양조하는 사람으로 이름이 니하(仁番), 또는 스스코리(須須許理)라고 하는 사람들도 건너왔다. 이 스스코리는 술을 만들어 바쳤다. 천황이 이 바친 술에 기분이 좋아 부른 노래는 "스스코리가 빚은 술에 나는 취했어요. 평화로운 술 웃게 만드는 술에 나는 취했어요." 이렇게 노래하시고 외출하셨을 때에 지팡이로 오사카(大坂)의 길의 큰 돌을 치시자, 그 돌이 도망쳤다. 그래서 속담에 "단단한 돌이라도 술 취한 사람을 만나면 도망간다"라고 한다. (『古事記』 中 應神天皇)

311(辛未/신라 흘해이사금 2/고구려 미천왕 12/백제 비류왕 8/西晉 永嘉 5/倭 없음)

신라	봄 정월 급리(急利)를 아찬(阿湌)으로 삼아 정치의 중요한 일을 맡기고 중앙과 지방의 군사 일을 겸하여 맡게 하였다. (『三國史記』 2 新羅本紀 2)
신라	봄 정월 신라가 급리를 아찬으로 삼아 정치의 중요한 일을 맡기고 중앙과 지방의 군사 일을 겸하여 맡게 하였다. (『三國史節要』 4)

신라	2월 시조묘(始祖廟)에 왕이 직접 제사하였다. (『三國史記』 2 新羅本紀 2)
신라	2월 신라왕이 시조묘에 직접 제사하였다. (『三國史節要』 4)

고구려 요동	가을 8월 장수를 보내어 요동 서안평을 습격하여 빼앗았다. (『三國史記』 17 高句麗本紀 5)
고구려 요동	가을 8월 고구려가 장수를 보내어 요동 서안평을 습격하여 빼앗았다. (『三國史節要』 4)

312(壬申/신라 흘해이사금 3/고구려 미천왕 13/백제 비류왕 9/西晉 永嘉 6/倭 없음)

백제	2월 사신을 파견하여 민간을 순회하면서, 백성들의 어려움을 살피고, 홀아비, 과부, 고아, 자식 없는 늙은이들로서 자력으로 살 수 없는 자들에게 일인당 곡식 3석씩을 주었다. (『三國史記』 24 百濟本紀 2)
백제	2월 백제가 사신을 파견하여 민간을 순회하면서, 백성들의 어려움을 살피고, 홀아비, 과부, 고아, 자식 없는 늙은이들로서 자력으로 살 수 없는 자들에게 일인당 곡식 3석씩을 주었다. (『三國史節要』 4)

신라	봄 3월 왜국(倭國) 왕이 사신을 보내 자기의 아들을 위해 혼인을 청하자 아찬 급리의 딸을 보냈다. (『三國史記』 2 新羅本紀 2)
신라	봄 3월 왜국 왕이 신라에 사신을 보내 자기의 아들을 위해 혼인을 청하여 아찬 급리의 딸을 보냈다. (『三國史節要』 4)

백제	여름 4월 동명묘(東明廟)를 참배하였다. (『三國史記』 24 百濟本紀 2)
백제	여름 4월 백제왕이 동명묘를 참배하였다. (『三國史節要』 4)

백제	여름 4월 해구(解仇)를 병관좌평(兵官佐平)에 임명하였다. (『三國史記』 24 百濟本紀 2)
백제	여름 4월 백제가 해구를 병관좌평에 임명하였다. (『三國史節要』 4)

313(癸酉/신라 흘해이사금 4/고구려 미천왕 14/백제 비류왕 10/西晉 永嘉 7, 建興 1/倭 仁德 1)

백제	봄 정월 남쪽 교외에서 천지신명에게 제사를 지냈다. 왕이 직접 제물에 쓰일 고기를 베었다. (『三國史記』 24 百濟本紀 2)
백제	봄 정월 백제왕이 남쪽 교외에서 천지신명에게 제사를 지냈다. 왕이 직접 제물에 쓰일 고기를 베었다. (『三國史節要』 4)

현도 요동 낙랑 대방 고구려	
	(여름 4월) 배억(裴嶷)은 청렴하고 방정하며 재간과 지략을 갖고 있어 창려태수(昌黎太守)가 되었고, 그의 형 무(武)는 현도태수(玄菟太守)가 되었다. 배무가 죽자 배억과 배무의 아들 배개(裴開)가 영구를 모시고 돌아가는데, 모용외(慕容廆)가 있는 곳을 지나게 되었다. 외가 그를 존경하면서 예의를 다하고, 떠나게 되자 노자도 후하게 주었다. (…) 요동 사람 장통(張統)은 낙랑(樂浪)·대방(帶方) 2군(郡)을 점거하고 고구려왕 을불리(乙弗利)와 서로 공격하길 몇 년을 계속하였으나 해결을 보지 못했다. 낙랑 사람 왕준(王遵)이 장통을 설득시켜 그 백성 1,000여 가(家)를 끌고 모용외에게 거부하니 모용외가 그를 위하여 낙랑군을 설치하고 장통을 태수로 삼고 왕준을 참군사(叅軍事)로 삼았다. (『資治通鑑』 88 晉紀 10 孝愍皇帝)

신라	가을 7월 가뭄이 들고 누리의 피해가 있어 백성들이 굶주리자 사신을 보내 그들을 구휼하였다. (『三國史記』 2 新羅本紀 2)
신라	가을 7월 신라에 가뭄이 들고 누리의 피해가 있어 백성들이 굶주리자 사신을 보내 그들을 구휼하였다. (『三國史節要』 4)

낙랑	비단 3필. 속리(屬吏)인 조선승(朝鮮丞) 전굉(田肱)이 삼가 하리(下吏)를 보내어 재배하고 제사를 받드나이다. (「南井里百十六號墳出土木札」)

고구려 낙랑	겨울 10월 낙랑군을 공격하여 남녀 2천여 명을 포로로 잡았다. (『三國史記』 17 高句麗本紀 5)
고구려 낙랑	겨울 10월 고구려가 낙랑군을 공격하여 남녀 2천여 명을 포로로 잡았다. (『三國史節要』 4)

고구려	고숭(高崇)은 자(字)가 적선(積善)이며 발해(勃海) 수현(蓚縣) 사람이다. 4대조 무(撫)가 진나라 영가 연간(307~313)에 형 고(顧)와 함께 난을 피하여 고구려로 도망하였다. (『魏書』 77 列傳 65 高崇)

314(甲戌/신라 흘해이사금 5/고구려 미천왕 15/백제 비류왕 11/西晉 建興 2/倭 仁德 2)

신라	봄 정월 아찬(阿湌) 급리(急利)를 이찬(伊湌)으로 삼았다. (『三國史記』 2 新羅本紀 2)
신라	봄 정월 신라가 아찬 급리를 이찬으로 삼았다. (『三國史節要』 4)

고구려	봄 정월 왕자 사유(斯由)를 태자로 삼았다. (『三國史記』 17 高句麗本紀 5)

고구려	봄 정월 고구려가 왕자 사유를 태자로 삼았다. (『三國史節要』 4)

신라	2월 궁궐을 중수하였는데 비가 오지 않아 이내 그만두었다. (『三國史記』 2 新羅本紀 2)
신라	2월 신라가 궁궐을 수리하였는데 가뭄이 들자 이내 그만두었다. (『三國史節要』 4)

고구려 대방	가을 9월 남쪽으로 대방군을 공격하였다. (『三國史記』 17 高句麗本紀 5)
고구려 대방	가을 9월 고구려가 남쪽으로 대방군을 공격하였다. (『三國史節要』 4)

315(乙亥/신라 흘해이사금 6/고구려 미천왕 16/백제 비류왕 12/西晉 建興 3/倭 仁德 3)

고구려 현도	봄 2월 현도성을 공격하여 깨뜨렸는데 죽이거나 사로잡은 자가 매우 많았다. (『三國史記』 17 高句麗本紀 5)
고구려 현도	봄 2월 고구려가 현도성을 공격하여 깨뜨렸는데 죽이거나 사로잡은 자가 매우 많았다. (『三國史節要』 4)

고구려	가을 8월 혜성이 동북쪽에 나타났다. (『三國史記』 17 高句麗本紀 5)
고구려	가을 8월 고구려에 혜성이 동북쪽에 나타났다. (『三國史節要』 4)

316(丙子/신라 흘해이사금 7/고구려 미천왕 17/백제 비류왕 13/西晉 建興 4/倭 仁德 4)

백제	봄에 가뭄이 들었다. 큰 별이 서쪽으로 흘렀다. (『三國史記』 24 百濟本紀 2)
백제	봄에 백제에 가뭄이 들었다. 큰 별이 서쪽으로 흘러갔다. (『三國史節要』 4)

백제	여름 4월 왕도에서 우물이 넘치고 그 안에서 흑룡(黑龍)이 나타났다. (『三國史記』 24 百濟本紀 2)
백제	여름 4월 백제 왕도에서 우물이 넘치고 그 안에서 흑룡이 나타났다. (『三國史節要』 4)

317(丁丑/신라 흘해이사금 8/고구려 미천왕 18/백제 비류왕 14/東晉 建武 1/倭 仁德 5)

신라	봄과 여름 가물었다. 왕이 몸소 죄수의 정상을 살펴 많은 사람을 풀어주었다. (『三國史記』 2 新羅本紀 2)
신라	봄과 여름 신라에 가물었다. 왕이 몸소 죄수의 정상을 살펴 많은 사람을 풀어주었다. (『三國史節要』 4)

고구려	사마씨(司馬氏)가 남쪽으로 옮겨 동진(東晉)을 세우고 전란이 발생하였을 때, 고덕(高德)의 선대는 요양(遼陽)으로 피난하여 인하여 요양의 세족이 되었다. (「高德 墓誌銘」:『全唐文新編』 997)
고구려	옛날에 서진(西晉) 말기가 되어 거위가 땅에서 나오자, 왕경요(王景曜)의 먼 조상은 해동(海東)으로 피난하였다. (「王景曜 墓誌銘」:『全唐文新編』 997)

318(戊寅/신라 흘해이사금 9/고구려 미천왕 19/백제 비류왕 15/東晉 建武 2, 大興 1/倭 仁德 6)

신라	봄 2월 영을 내렸다. "예전에 가뭄의 재해 때문에 그 해의 농사가 순조롭게 이루어지지 않았다. 지금은 곧 땅이 기름지고 생기가 계속 일어나 농사가 바야흐로 시작되었으니 무릇 백성을 수고롭게 하는 일은 모두 그만두어라." (『三國史記』 2 新羅本紀 2)
신라	봄 2월 신라왕이 영을 내렸다. "예전에 가뭄의 재해 때문에 그 해의 농사가 순조롭

게 이루어지지 않았다. 지금은 곧 땅이 기름지고 생기가 계속 일어나 농사가 바야흐로 시작되었으니 무릇 백성을 수고롭게 하는 일은 모두 그만두어라.”(『三國史節要』4)

319(己卯/신라 흘해이사금 10/고구려 미천왕 20/백제 비류왕 16/東晉 大興 2/倭 仁德 7)

고구려 요동　12월 을해일(9)에 선비 모용외가 요동을 습격하자 동이교위(東夷校尉)·평주자사(平州刺史) 최비(崔毖)가 고구려로 도망갔다. (『晉書』6 帝紀 6 元帝)

고구려 요동　겨울 12월 진나라 평주자사 최비가 도망왔다. 처음 최비가 비밀리에 우리와 단씨(段氏)·우문씨(宇文氏)에게 말하여 함께 모용외를 공격하게 하였다. 세 나라가 극성(棘城)을 공격해나가자 모용외가 성문을 닫고 지키며 오직 우문씨에게만 소고기와 술을 보내 대접하였다. 두 나라는 우문씨와 모용외가 계략이 있는 것으로 의심하고 각기 병력을 이끌고 돌아갔다. 우문씨의 대인(大人) 실독관(悉獨官)이 말하기를 “두 나라는 비록 돌아갔지만 나는 홀로 이를 빼앗겠다.”고 하였다. 모용외가 그 아들 황(皝)과 장사(長史) 배억(裵嶷)으로 하여금 정예 병력을 거느리고 선봉에 서게 하고, 자신은 대군을 거느리고 그를 따랐다. 실독관이 크게 패하고 겨우 몸을 빼어 도망하였다. 최비가 이를 듣고 그 형의 아들 도(燾)로 하여금 극성으로 가서 거짓으로 축하하게 하였다. 모용외가 군사를 이끌고 맞이하니, 최도(崔燾)가 두려워서 자복하였다. 모용외가 최도를 돌려보내고 최비에게 말하기를 “항복하는 것이 상책이고, 달아나는 것이 하책이다.”라 하고, 병력을 이끌고 그를 따라갔다. 최비는 수십 기의 기병과 함께 집을 버리고 달아나 오고, 그 무리는 모두 모용외에게 항복하였다. 모용외가 그 아들 인(仁)으로 하여금 요동을 진정시키게 하니 관부와 장터가 예전과 같이 평온해졌다. 우리의 장수 여노(如孥)는 하성(河城)에 웅거하고 있었는데, 모용외가 장군 장통을 보내 습격해서 그를 사로잡고, 그 무리 천여 가를 포로로 잡아 극성으로 돌아갔다. 왕이 자주 병력을 보내 요동을 침략하였다. 모용외가 모용한(慕容翰)과 모용인(慕容仁)을 보내 이를 쳤다. 왕이 화해를 청하니 모용한과 모용인이 돌아갔다. (『三國史記』17 高句麗本紀 5)

고구려 요동　겨울 12월 진나라 평주자사 최비가 고구려로 도망갔다. 처음 최비가 비밀리에 우리와 단씨·우문씨에게 말하여 함께 모용외를 공격하게 하였다. 세 나라가 극성을 공격해나가자 모용외가 성문을 닫고 지키며 오직 우문씨에게만 소고기와 술을 보내 대접하였다. 두 나라는 우문씨와 모용외가 계략이 있는 것으로 의심하고 각기 병력을 이끌고 돌아갔다. 우문씨의 대인 실독관이 말하기를 “두 나라는 비록 돌아갔지만 나는 홀로 이를 빼앗겠다.”고 하였다. 모용외가 그 아들 황과 장사 배억으로 하여금 정예 병력을 거느리고 선봉에 서게 하고, 자신은 대군을 거느리고 그를 따랐다. 실독관이 크게 패하고 겨우 몸을 빼어 도망하였다. 최비가 이를 듣고 그 형의 아들 도로 하여금 극성으로 가서 거짓으로 축하하게 하였다. 모용외가 군사를 이끌고 맞이하니, 최도가 두려워서 자복하였다. 모용외가 최도를 돌려보내고 최비에게 말하기를 “항복하는 것이 상책이고, 달아나는 것이 하책이다.”라 하고, 병력을 이끌고 그를 따라갔다. 최비는 수십 기의 기병과 함께 집을 버리고 고구려로 달아고, 그 무리는 모두 모용외에게 항복하였다. 모용외가 그 아들 인으로 하여금 요동을 진정시키게 하니 관부와 장터가 예전과 같이 평온해졌다. 고구려 장수 여노는 하성에 웅거하고 있었는데, 모용외가 장군 장통을 보내 습격해서 그를 사로잡고, 그 무리 천여 가를 포로로 잡아 극성으로 돌아갔다. 왕이 자주 병력을 보내 요동을 침략하였다. 모용외가 모용한과 모용인을 보내 이를 쳤다. 왕이 화해를 청하니 모용한과 모용인이 돌아갔다. (『三國史節要』4)

고구려 요동　(12월) 평주자사 최비가 스스로 중주(中州; 중원)에서 명망있다고 생각하면서 요동

지역을 진무하였다. 그러나 사민(士民)들이 대부분 모용외에게 귀부하자 마음이 평안하지 않았다. 자주 사자를 보내어 그들을 불러 오려 했으나 모두 오지 않았다. 이에 모용외가 그들을 억지로 머물러 있게 한다고 생각하고 마침내 몰래 고구려, 단씨, 우문씨를 설득하여 함께 그를 공격하게 하고 모용외를 멸망시키면 그 땅을 나누어 주겠다고 약속하였다. 최비와 친하게 지내는 발해 사람 고첨(高瞻)이 힘써 간언하였으나, 최비는 따르지 않았다.

삼국이 군사를 합하여 모용외를 정벌하자 여러 장수들이 그들을 반격할 것을 청하니, 모용외가 다음과 같이 말했다. "저들은 최비에게 꾀어 모든 이익을 얻으려고만 한다. 군사력이 처음 합쳐져 그 예봉이 예리할 것이니 싸우는 것은 옳지 않고, 마땅히 굳게 지키면서 그들을 좌절시켜야 할 것이다. 저들은 까마귀처럼 모여 오는 것과 같으니 하나로 통일되지 못한 채 서로 복종하지 않을 것이고, 오래되면 반드시 두 가지 문제가 생길 것이다. 첫째는 내가 최비와 함께 그들을 속여서 뒤엎어 버리려고 한다고 의심할 것이고, 둘째는 세 나라가 스스로 서로 시기하게 될 것이다. 그들의 마음이 둘로 나뉘기를 기다려 공격하면 격파될 것이 분명하다."

세 나라가 나아가서 극성을 공격하니 모용외는 문을 닫고 스스로 지키고 사자를 파견하여 소고기와 술로 우문씨에게만 주면서 위로하였다. 다른 두 나라는 우문씨와 모용외가 모의한 것이 있다고 의심하고 각기 군사를 이끌고 돌아갔다. 우문씨의 대인 우문실독관이 "두 나라가 비록 돌아가버렸지만 우리는 마땅히 혼자서라도 이를 빼앗아야 한다"고 하였다. 우문씨의 사졸들이 수십만 명이어서 군영(軍營)이 40리에 걸쳐 이어졌다.

모용외의 사자가 그의 아들 모용한을 도하(徒河)에서 오도록 불렀다. 모용한이 사자를 보내어 모용외에게 말했다. "우문실독관(宇文悉獨官)이 나라 전체를 들어서 침략했으니, 저들의 숫사는 많고 우리는 적어서 계책을 세워 격파하는 것은 쉬워도 힘으로 승리하기는 어렵습니다. 지금 성 안에 있는 무리는 충분히 침략을 방어할 수 있으니, 제가 청컨대 밖에서 기습병이 되어서 그들의 틈을 보아 치고, 안과 밖에서 모두 분발하여 저들을 놀라게 하여 방비할 곳을 알지 못하게 하면 그들을 깨뜨리는 것은 분명합니다. 지금 병사를 합쳐 하나로 하면 저들은 오로지 성을 공격하는 것에만 마음을 두고 다른 걱정을 다시 하지 않아도 되게 하는 것은 제대로 된 계책이라고 할 수 없습니다. 또 많은 무리들에게 겁먹은 것을 보이는 것은 싸우지 않고도 사기가 먼저 상하게 될까 걱정됩니다."

모용외는 그래도 의심이 되었다. 요동사람 한수(韓壽)가 모용외에게 말하였다. "실독관은 상대방을 능멸하는 뜻이 있어 장군은 교만하고 병사들은 게으르며 군대는 견고하거나 밀집되어 있지 않으니 만약 기습부대를 일으켜 아무런 방비가 없는 곳 한 곳씩을 잡아당기는 것이야말로 반드시 그들을 깨뜨릴 수 있는 계책입니다."

모용외가 마침내 모용한을 도하에 머물도록 하였다. 실독관은 이를 듣고 "모용한은 평소 날래고 과감하다는 명성을 갖고 있는데 지금 성으로 들어가지 않으니 혹 화가 될 수도 있을 것이다. 마땅히 먼저 그것을 빼앗아야 할 것이고 성은 걱정할 것이 못된다."고 하였다.

마침내 수천 기병을 나누어 모용한을 공격하였다. 모용한이 이를 알고 거짓으로 단씨의 사자인 것처럼 하고 길에서 그들을 맞이하여 말하였다. "모용한은 오랫동안 나의 걱정거리였는데 그들을 치려고 하신다 하여 제가 이미 엄병(嚴兵)으로 기다리고 있으니, 속히 나가셔야 합니다." 하였다. 사자가 떠나자 모용한도 바로 성을 나와서 군사를 매복시키고 그들을 기다렸다. 우문씨의 기병이 사자를 보자 크게 기뻐하며 말을 달렸고, 또다시 방책을 세우지 않고 매복한 지역으로 들어갔다. 모용한이 분발하여 쳐서 그들을 다 잡고 이긴 기세를 몰아 지름길로 진격하면서 간사(間使)를 보내어 모용외에게 군사를 내보내 크게 싸우도록 하였다. 모용외는 그의 아들 모용황과 장사 배억에게 정예군을 거느리고 선봉에 서게 하고 스스로 대병을 거느리고 뒤를 이었다. 우문실독관은 처음에 아무런 대비를 하지 않다가 모용외가 도착한다는 소식을 듣고 놀라서 모든 무리를 내보내 싸우게 하였다. 선봉에 섰던 군대가 싸움을 시작하자 모용한은 기병 1천을 거느리고 옆에서 곧장 그의 진영으로 들어가서 곳곳에 불을 지르니 무리들이 당황하고 소란스러워 어찌할 바를 몰랐다. 드디어 대패하고 실독관은 겨우 죽음을 모면하였다. 모용외가 그의 무리를 전부 포로로 잡고 황제의 옥새 세 개를 얻었다.

최비가 이 소식을 듣고 두려워서 조카 최도로 하여금 극성으로 가서 거짓으로 축하하도록 하였다. 마침 삼국의 사자가 또한 도착하여 회의를 청하며 "우리의 본래 뜻이 아니며 최평주가 우리를 교사한 것일 따름입니다." 모용외가 이를 최도에게 보여주면서 무기를 들이대니 최도가 두려워 스스로 고백하였다. 모용외가 마침내 최도를 돌려보내어 최비에게 이르기를, "항복하는 것이 상책이고, 달아나는 것은 최하의 계책이다."고 하였다. 군사를 이끌고 그 뒤를 좇으니, 최비는 수십 기병과 함께 집을 버리고 고구려로 달아났고, 그의 무리들은 모두 모용외에게 항복했다. 모용외는 그의 아들 모용인을 정로장군(征虜將軍)으로 삼아 요동을 진무하게 하니, 관부(官府)와 시가지가 전처럼 안정되었다.

고구려 장수 여노자(如奴子)가 우하성(于河城)을 점거하자, 모용외는 장군 장통을 보내어 습격하여 그를 사로잡고, 그 무리 1천여 호를 포로로 잡아 최도와 고첨, 한항(韓恒), 석종(石琮)을 극성으로 보내어 손심에 대한 예의로 대우하였다. (…) 고구려가 자주 요동을 침략하니 모용외는 모용한과 모용인을 보내어 그들을 치자, 고구려가 오히려 와서 맹약을 청하니 모용한과 모용인이 돌아왔다. (『資治通鑑』91 晉紀 13 中宗元皇帝)

고구려   이 때 평주자사 동이교위 최비가 스스로 남주(南州; 중원)인들의 신망을 얻고 있다고 생각하여 유망인들을 모으려 하였다. 그러나 도망오는 사람들이 없자, 모용외가 붙들고 있다고 생각하였다. 이에 몰래 고구려 및 우문과 단국과 손잡고 모용외를 멸망시키고 그 땅을 나누자고 모의하였다. 태흥(太興: 318~321)초에 삼국이 모용외를 치자 모용외가 다음과 같이 말했다. "저들은 최비의 헛된 말을 믿고 한 때의 이익을 얻으려 까마귀떼처럼 온 것에 불과하다. 이미 하나로 뭉쳐있지 않으니 서로 복종하지 않을 것이다. 그러니 지금 내가 공격하면 반드시 이길 것이다. 그러나 저들은 처음 군세가 합해져 그 창끝이 예리할 것이다. 다행이 내가 빨리 싸워 되받아 칠 수 있다면 그 계책을 포기하겠다. 조용히 기다리면 반드시 두가지의 의심이 들면서 서로 시기하고 방해할 것이다. 그 하나는 우리와 최비가 속여서 그들을 뒤엎어 버리려고 한다고 의심할 것이고, 다른 하나는 그들 세 나라 중 한나라가 춘추전국시대에 한(韓)나라와 위(魏)나라가 서로 짜고 당(唐)나라와 진(晉)나라를 갈라먹은 것처럼 하는 것은 아닐까 의심하는 것이다. 그들이 서로 방해하고 의혹이 생기기를 기다린 후에 치면 반드시 이길 것이다." 이에 삼국이 극성을 치자 모용외는 문을 닫고 싸우지 않으면서 사신을 보내어 소고기와 술을 우문씨에게 주고 큰 소리로 무리들에게 말하기를, "최비의 사자가 어제 왔었습니다."고 하였다. 그러자 두 나라가 우문씨가 모용외와 한편이라고 생각하여 군대를 이끌고 돌아갔다. 우문실독관이 말하기를, "두 나라가 돌아갔지만 우리 혼자서 그 나라 몫을 할 수 있으니, 어찌 그 사람들을 쓰겠는가" 하였다. 모든 무리가 성을 공격하니 군영이 30리에 달하였다. 모용외가 모용황에게 정예병을 주고 앞으로 나가게 하고 모용한에게는 정예 기병과 보병을 거느리고 측면에서 그 군영으로 바로 진격하게 하였다. 모용외는 방진을 치고 나아갔다. 실독관은 스스로 무리들을 믿고 대비하지 않았다가 모용외의 군대가 도착한 것을 보고 군대를 이끌고 막아서니 선봉이 맞부딪쳤을 때 모용한이 이미 군영에 들어와서 곳곳에 불을 놓아 그 무리들이 모두 놀라고 두려워 하며 어찌할 바를 몰랐다가 크게 패하였다. 실독관은 겨우 몸만 피하고 그 무리들은 모두 사로잡혔다. 그 군영에서 황제의 옥새 3개를 찾아 장사 배억에 딸려 건업(建鄴)으로 보냈다. 최비는 모용외가 자기에게 복수할까 두려워 하여 조카 최도(崔燾)를 보내어 거짓으로 축하를 하게 하였다. 이때 세 나라의 사신들도 와서 화친을 청하였 말하기를, "우리의 본 뜻이 아니고 최평주가 사주한 것입니다."고 하였다. 모용외는 최도를 군사들이 빙둘러싼 곳에 머물게 하고 병사들을 거느리고 가서 말하기를, "너의 숙부가 세나라에게 나를 멸망시키도록 하고는 어찌 거짓으로 나를 축하하러 왔는가"라고 하였다. 최도가 놀라 사실대로 말하였다. 모용외가 이에 최도를 보내어 최비에게 "항복하는 것이 상책이요, 도망가는 것은 하책이다."고 말하게 하고는 군대를 이끌고 좇아갔다. 최비는 수십기만 거느린 채 집을 버리고 고구려로 도망갔다. 모용외는 남은 무리들은 모두 항복시키고 최도와 고첨 등을 극성으로 보내어 손님의 예로 대우하였다. (『晉書』108 載起 8 慕容廆)

고구려   또 『진서(晉書)』 재기(載記)에서 다음과 같이 말하였다. "고구려와 우문, 정국(政國) 등이 모용외를 멸망시키고 그 땅을 나누라고 하였다. 태흥 초년에 삼국이 모용외를 공격하자, 모용외가 말하기를, '저들의 군대는 처음 그 창끝이 매우 예리하니 만약 맞서 싸운다면 그 계책을 포기하겠다.'고 하였다." (『太平御覽』302 兵部 33 先鋒)

고구려   또 『진서』 재기에서 다음과 같이 말하였다. 전연(前燕)의 모용외가 점차 땅을 넓히고 세력을 확장하여 극성을 점령하였다. 진나라 평주자사 동이교위 최비가 몰래 고구려와 우문, 단회(段回) 등과 함께 모용외를 멸망시키고 그 땅을 나누자고 꾀하고 드디어 함 모용외를 정벌하였다. 모용외가 다음과 같이 말하였다. "저들은 최비의 헛된 말을 믿고 한 때의 이익을 얻으려 까마귀떼처럼 온 것에 불과하다. 이미 하나로 뭉쳐있지 않으니 서로 복종하지 않을 것이다. 그러니 지금 내가 공격하면 반드시 이길 것이다. 그러나 저들은 처음 군세가 합해져 그 창끝이 예리할 것이다. 다행이 내가 빨리 싸워 되받아 칠 수 있다면 그 계책을 포기하겠다. 조용히 기다리면 반드시 두가지의 의심이 들면서 서로 시기하고 방해할 것이다. 그 하나는 우리와 최비가 속여서 그들을 뒤엎어 버리려고 한다고 의심할 것이고, 다른 하나는 그들 세 나라 중 한나라가 춘추전국시대에 한나라와 위나라가 서로 짜고 당나라와 진나라를 갈라 먹은 것처럼 하는 것은 아닐까 의심하는 것이다. 그들이 서로 방해하고 의혹이 생기기를 기다린 후에 치면 반드시 이길 것이다." 이에 삼국이 극성을 치자 모용외는 문을 닫고 싸우지 않으면서 사신을 보내어 소고기와 술을 우문씨에게 주고 큰 소리로 무리들에게 말하기를, "최비의 사자가 어제 왔었습니다."고 하였다. 그러자 두 나라가 우문씨가 모용외와 한편이라고 생각하여 군대를 이끌고 돌아갔다. 우문실독관이 말하기를, "두 나라가 돌아갔지만 우리 혼자서 그 나라 몫을 할 수 있으니, 어찌 그 사람들을 쓰겠는가" 하였다. 모든 무리가 성을 공격하니 군영이 30리에 달하였다. 모용외가 정예병을 뽑아 모용황에게 주고 앞으로 나가게 하고 모용한에게는 정예 기병과 보병을 거느리고 측면에서 그 군영으로 바로 진격하게 하였다. 모용외는 방진을 치고 나아갔다. 실독관은 스스로 무리들을 믿고 대비하지 않았다가 모용외의 군대가 도착한 것을 보고 군대를 이끌고 막아서니 선봉이 맞부딪쳤을 때 모용한이 이미 군영에 들어와서 곳곳에 불을 놓아 그 무리들이 모두 놀라고 두려워 하며 어찌할 바를 몰랐다가 크게 패하였다. (『太平御覽』286 兵部 17 機略 5)

고구려   동진(東晉)초에 전연 모용외가 점차 땅을 넓히고 세력을 확장하여 극성을 점령하였다. 진나라 평주자사 동이교위 최비가 몰래 고구려와 우문, 단국 등과 함께 모용외

고구려	를 멸망시키고 그 땅을 나누자고 꾀하였다. (『通典』 161 兵 14 多方誤之)
고구려	고림(高琳)은 자(字)가 계민(季珉)으로 그 선조는 고구려인다. 6대조 할아버지는 흠(欽)이 모용외에게 인질이 되었다가 전연서 관리가 되었다. 무리를 이끌고 북위(北魏)에 귀부하여 제일령민추장(第一領民酋長)이 되어 우진(羽眞)을 성씨로 받았다. (『周書』 29 列傳 21 高琳)

320(庚辰/신라 흘해이사금 11/고구려 미천왕 21/백제 비류왕 17/東晉 大興 3/倭 仁德 8)

백제	가을 8월 대궐 서쪽에 활 쏘는 누대를 쌓아놓고, 매월 초하루와 보름날 활쏘기를 연습하였다. (『三國史記』 24 百濟本紀 2)
백제	가을 8월 백제왕이 대궐 서쪽에 활 쏘는 누대를 쌓아놓고, 매월 초하루와 보름날 활쏘기를 연습하였다. (『三國史節要』 4)
고구려 요동	겨울 12월 군대를 보내 요동을 침략하니 모용인(慕容仁)이 막아 싸워서 이를 깨뜨렸다. (『三國史記』 17 高句麗本紀 5)
고구려 요동	겨울 12월에 고구려와이 군대를 보내 요동을 침략하니 모용인이 막아 싸워서 이를 깨뜨렸다 (『三國史節要』 4)
고구려 요동	12월 고구려가 요동을 침략하자 모용인이 싸워 크게 깨뜨리니 이때부터 모용인의 경계를 감히 침범하지 못했다. (『資治通鑑』 91 晉紀 中宗元皇帝)
고구려 요동	이듬해 고구려가 요동을 침략하자 모용외(慕容廆)가 무리를 보내어 싸워 패배시켰다. (『晉書』 108 載起 8 慕容廆)
고구려 요동	진(晉)나라 영가(永嘉)의 난리 때 선비족 모용외가 창려의 대극성(大棘城)을 점거하니 원제(元帝)가 평주자사(平州刺史)를 제수하였다. 고구려왕 을불리(乙弗利)가 자주 요동을 침범하였으나, 모용외가 막을 수 없었다. (『梁書』 54 列傳 48 諸夷 高句驪)

321(辛巳/신라 흘해이사금 12/고구려 미천왕 22/백제 비류왕 18/東晉 大興 4/倭 仁德 9)

백제	봄 정월 왕의 이복동생 우복(優福)을 내신좌평(內臣佐平)으로 삼았다. (『三國史記』 24 百濟本紀 2)
백제	봄 정월 왕의 이복동생 우복을 내신좌평으로 삼았다. (『三國史節要』 4)
백제	가을 7월 태백성이 낮에 나타났다. (『三國史記』 17 高句麗本紀 5)
백제	가을 7월 백제에서 태백성이 낮에 나타났다. (『三國史節要』 4)
백제	가을 7월 나라 남쪽에 누리가 곡식을 해쳤다. (『三國史記』 17 高句麗本紀 5)
백제	가을 7월 백제 남쪽에 누리가 곡식을 해쳤다. (『三國史節要』 4)

322(壬午/신라 흘해이사금 13/고구려 미천왕 23/백제 비류왕 19/東晉 永昌 1/倭 仁德 10)

323(癸未/신라 흘해이사금 14/고구려 미천왕 24/백제 비류왕 20/東晉 永昌 2, 太寧 1/倭 仁德 11)

신라	이 해 신라인이 조공하였다. 따라서 이 제방을 축조하는 역사(役事)에 동원하였다. (『日本書紀』 11 仁德紀)

324(甲申/신라 흘해이사금 15/고구려 미천왕 25/백제 비류왕 21/東晉 太寧 2/倭 仁德 12)

고구려	가을 7월 신미 초하루 계유일(3)에 고려국이 철로 만든 방패와 과녁을 바쳤다. (『日本書紀』 11 仁德紀)

고구려	8월 경자 초하루 기유일(10)에 고려에서 온 사신들에게 조정에서 잔치를 베풀었다. 이 날에 여러 신하들 및 백관들을 모아놓고 고려에서 바친 철로 된 방패와 과녁에 활을 쏘아보게 하였다. 모든 사람들이 과녁을 쏘아 꿰뚫지 못하였으나 이쿠와노오미(的臣)의 조상인 다타히토노스쿠네(盾人宿禰)만이 철로 된 과녁에 활을 쏘아 통과시켰다. 이 때 고려에서 온 사신들이 그것을 보고 그 활을 쏘는 솜씨의 훌륭함에 두려워하며 모두 일어나 절하였다. 다음날 다타히토노스쿠네를 칭찬하고 이쿠와노토다노스쿠네(的戸田宿禰)라는 이름을 내렸다. 같은 날에 오와츠세노미야츠코(小泊瀨造)의 조상인 스쿠네노오미(宿禰臣)에게 이름을 내려 사카노코리노오미(賢遺臣)이라 하였다[현유(賢遺)는 사카노코리(左舸能苢里)라고 한다]. (『日本書紀』 11 仁德紀)

325(乙酉/신라 흘해이사금 16/고구려 미천왕 26/백제 비류왕 22/東晉 太寧 3/倭 仁德 13)

백제	겨울 10월 하늘에서 소리가 들렸는데 마치 풍랑이 서로 부딪치는 소리 같았다. (『三國史記』 24 百濟本紀 2)
백제	겨울 10월 백제에서 하늘에서 소리가 들렸는데 마치 풍랑이 서로 부딪치는 소리 같았다. (『三國史節要』 4)
백제	11월 왕이 구원(狗原) 북쪽에서 사냥하여 직접 사슴을 쏘았다. (『三國史記』 24 百濟本紀 2)
백제	11월 백제왕이 구원 북쪽에서 사냥하여 직접 사슴을 쏘았다. (『三國史節要』 4)

326(丙戌/신라 흘해이사금 17/고구려 미천왕 27/백제 비류왕 23/東晉 太寧 4, 咸和 1/倭 仁德 14)

고구려	태녕(太寧) 4년 태세(太歲)가 △△인 해 윤월(閏月) 6일 기사에 길보(吉保)의 아들 의손(宜孫)을 만들었다. (「太寧四年銘 瓦當」)

327(丁亥/신라 흘해이사금 18/고구려 미천왕 28/백제 비류왕 24/東晉 咸和 2/倭 仁德 15)

백제	가을 7월 붉은 까마귀와 같이 생긴 구름이 양쪽에서 해를 끼고 있었다. (『三國史記』 24 百濟本紀 2)
백제	가을 7월 백제에서 붉은 까마귀와 같이 생긴 구름이 양쪽에서 해를 끼고 있었다. (『三國史節要』 4)
백제	9월 내신좌평 우복(優福)이 북한성을 거점으로 반란을 일으켰다. 왕이 군사를 출동시켜 토벌하였다. (『三國史記』 24 百濟本紀 2)
백제	9월 백제의 내신좌평 우복이 북한성을 거점으로 반란을 일으켰다. 왕이 군사를 출동시켜 토벌하였다. (『三國史節要』 4)

328(戊子/신라 흘해이사금 19/고구려 미천왕 29/백제 비류왕 25/東晉 咸和 3/倭 仁德 16)

329(己丑/신라 흘해이사금 20/고구려 미천왕 30/백제 비류왕 26/東晉 咸和 4/倭 仁德 17)

신라	신라가 조공하지 않았다. (『日本書紀』 11 仁德紀)
신라	가을 9월에 이쿠와노오미(的臣)의 조상인 토다노스쿠네(砥田宿禰)와 오와츠세노미야츠코(小泊瀨造)의 조상인 사카노코리노오미(賢遺臣)를 신라에 보내어 조공을 거른 일을 문책하였다. 이에 신라인은 두려워하며 공물을 바쳤다. 공물은 비단 1,460필

및 여러 가지 물품을 합하여 모두 80척이었다. (『日本書紀』11 仁德紀)

| 신라 | 기축(己丑)년에 처음 벽골제(碧骨堤)를 쌓았다. 주위가 △만7,026보이고, △△는 166 보이다. 논은 1만4,070△이다. (『三國遺事』1 王曆) |

330(庚寅/신라 흘해이사금 21/고구려 미천왕 31/백제 비류왕 27/東晉 咸和 5/倭 仁德 18)

| 백제 | 봄과 여름에 큰 가뭄이 들어, 풀과 나무와 강물이 말랐다. 가을 7월에 되어서야 비가 내렸다. 흉년이 들어 사람들이 서로 잡아먹을 지경에 이르렀다. (『三國史記』24 百濟本紀 2) |

| 신라 | 처음으로 벽골지(碧骨池)를 만들었는데 둑의 길이가 1,800보였다. (『三國史記』2 新羅本紀 2) |
| 신라 | 신라에서 처음으로 벽골지를 만들었는데 둑의 길이가 1,800보였다. (『三國史節要』4) |

고구려	후조(後趙)의 석륵(石勒)에게 사신을 보내 호시(楛矢; 싸리나무 화살)을 주었다. (『三國史記』17 高句麗本紀 5)
고구려	고구려가 후조에 사신을 보내 호시를 주었다. (『三國史節要』4)
고구려	진주(秦州)의 휴도왕(休屠王) 강(羌)이 석륵에게 반란을 일으켰다. 자사 임심(臨深)이 사마관광(司馬管光)으로 하여금 주의 군대를 이끌로 토벌하게 하니 강이 패하였다. 이에 농우(隴右) 지역이 크게 소요가 일어나 저(氐)와 강족이 모두 반란을 일으켰다. 석륵이 석생(石生)을 보내어 농성(隴城)에 나아가 점령하게 하였다. (…) 이 때 고구려와 숙신이 호시를 바쳤고, 우문옥고(宇文屋孤)도 더불어 명마를 석륵에게 바쳤다. (…) 석륵이 일식이 생기자 정사를 3일간 피하였다. (…) 석륵이 고구려와 우문옥고에게 잔치를 베풀었다. (『晉書』105 載紀 5 石勒 下)

331(辛卯/신라 흘해이사금 22/고구려 미천왕 32, 고국원왕 1/백제 비류왕 28/東晉 咸和 6/倭 仁德 19)

| 고구려 | 봄 2월 왕이 돌아가셨다. 미천(美川)의 들에 장사지내고 이름을 미천왕이라 하였다. (『三國史記』17 高句麗本紀 5) |
| 고구려 | 봄 2월 고구려왕 을불이 돌아가셨다. 태자 사유가 왕위에 오르고 이름을 쇠(釗)로 바꿨다. 왕을 미천의 들에 장사지내니 이로 인하여 이름으로 삼았다. (『三國史節要』4) |

고구려	고국원왕(故國原王)[국강상왕(国岡上王)이라고도 한다.]은 이름은 사유(斯由)[혹 쇠라 고도 한다] 미천왕 15년 태자가 되었다가 30년 봄에 왕이 돌아가시자 왕위에 올랐 다 (『三國史記』18 高句麗本紀 6)
고구려	제16대 국원왕(國原王) [이름은 쇠 또는 사유(斯由)이며, 혹은 강상△(岡上△)이라고 도 한다. 신묘년에 즉위하여, 40년간 다스렸다. △△ 평양성(平壤城)을 증축하였다. 임인(壬寅)년(342) 8월에 안시성(安市城)으로 도읍을 옮기니, 즉 △도△(△都△)이 다.] (『三國遺事』1 王曆)
고구려	(을)불리가 죽고 그의 아들 쇠(釗)가 대를 이어 왕위에 올랐다. (『梁書』54 列傳 48 諸夷 東夷 高句驪)

| 백제 | 봄과 여름에 큰 가뭄이 들어, 풀과 나무와 강물이 말랐다. 가을 7월에 되어서야 비 |

가 내렸다. 흉년이 들어 사람들이 서로 잡아먹을 지경에 이르렀다. (『三國史節要』
4)

332(壬辰/신라 흘해이사금 23/고구려 고국원왕 2/백제 비류왕 29/東晉 咸和 7/倭 仁德 20)

고구려	봄 2월 왕이 졸본에 가서 시조 사당에 제사를 지내고, 백성들을 두루 방문하여 늙고 병든 자들을 구제하였다. (『三國史記』 18 高句麗本紀 6)
고구려	봄 2월 고구려왕이 졸본에 가서 시조 사당에 제사를 지내고, 백성들을 두루 방문하여 늙고 병든 자들을 구제하였다. (『三國史節要』 4)
고구려	고기(古記)에 이르기를 (…) 신대왕 4년 가을 9월에 졸본에 가서 시조묘에 제사지냈다. (…) 고국원왕 2년 봄 2월 (…) 위와 같이 하였다. (『三國史記』 32 雜志 1 祭祀)

고구려	3월 졸본(卒本)에서 돌아왔다. (『三國史記』 18 高句麗本紀 6)
고구려	3월 졸본에서 돌아왔다. (『三國史節要』 4)

333(癸巳/신라 흘해이사금 24/고구려 고국원왕 3/백제 비류왕 30/東晉 咸和 8/倭 仁德 21)

백제	여름 5월 별이 떨어졌다. (『三國史記』 24 百濟本紀 2)
백제	여름 5월 백제에 별이 떨어졌다. (『三國史節要』 4)

백제	여름 5월 왕궁에 불이 났다는데, 연달아 민가도 불탔다. (『三國史記』 24 百濟本紀 2)
백제	여름 5월 백제 왕궁에 불이 났다는데, 연달아 민가도 불탔다. (『三國史節要』 4)

요동	진(晉) 성제(成帝) 함화 8년 5월 기사일(21) 기린이 요동에 나타났다. (『宋書』 28 志 18 符瑞 中)

백제	가을 7월 대궐을 수리하였다. 진의(眞義)를 내신좌평(內臣佐平)으로 삼았다. (『三國史記』 24 百濟本紀 2)
백제	가을 7월 백제가 대궐을 수리하였다. 진의를 내신좌평으로 삼았다. (『三國史節要』 4)

백제	겨울 12월 우레가 쳤다. (『三國史記』 24 百濟本紀 2)
백제	겨울 12월 백제에 우레가 쳤다. (『三國史節要』 4)

334(甲午/신라 흘해이사금 25/고구려 고국원왕 4/백제 비류왕 31/東晉 咸和 9/倭 仁德 22)

고구려	가을 8월에 평양성(平壤城)을 증축하였다. (『三國史記』 18 高句麗本紀 6)
고구려	가을 8월에 고구려가 평양성을 증축하였다. (『三國史節要』 4)
고구려	제16대 국원왕(國原王)[갑오년에 평양성을 증축하였다.] (『三國遺事』 1 王曆)

요동	11월에 모용황(慕容皝)이 요동(遼東)을 토벌하여, 갑신일(15)에 양평(襄平)에 이르렀다. 요동인 왕급(王岌)이 몰래 서신을 보내와 항복하기를 청하였다. 군대가 나아가 성에 들어가자, 적해(翟楷)·방감(龐鑒)이 단기(單騎)로 달아났고 거취(居就)·신창(新昌) 등의 현(縣)이 모두 항복하였다. 모용황이 요동의 백성을 모두 구덩이에 묻으려 하자, 고후(高詡)가 간언하였다. "요동의 배반은 실제로 본래 의도한 바가 아니라, 다만 모용인이 흉악하게 위협하는 것이 두려워서 어쩔 수 없이 따랐을 뿐입니다. 지금 악의 원흉이 아직 건재한데 비로소 이 성을 이기고 갑자기 족멸한다면 아직 함

	락되지 않은 성들은 귀의할 곳이 없습니다." 모용황이 이에 중지하고, 요동의 대성(大姓)을 극성(棘城)으로 나누어 옮기고, 두군(杜羣)을 요동상(遼東相)으로 삼아 유민(遺民)을 안집(安輯)하게 하였다. (『資治通鑑』 95 晉紀 17 顯宗成皇帝 中之上)
요동	함화(咸和) 9년에 모용황이 스스로 요동을 정벌하여, 양평을 이겼다. 모용인(慕容仁)이 임명한 거취령 유정(劉程)이 성을 들어 항복하였다. 신창인 장형(張衡)이 현재(縣宰)를 잡아서 항복하였다. 이리하여 모용인이 둔 태수(太守)·현재를 참수하고, 요동의 대성을 극성으로 나누어 옮기며, 화양(和陽)·무차(武次)·서락(西樂) 3현을 설치하고 돌아갔다. (『晉書』 109 載記 9 慕容皝)
고구려	겨울 12월에 눈이 내리지 않았다. (『三國史記』 18 高句麗本紀 6)
고구려	겨울 12월에 고구려에 눈이 내리지 않았다. (『三國史節要』 4)

335(乙未/신라 흘해이사금 26/고구려 고국원왕 5/백제 비류왕 32/東晉 咸康 1/倭 仁德 23)

고구려	봄 정월에 나라 북쪽의 신성(新城)을 축조하였다. (『三國史記』 18 高句麗本紀 6)
고구려	봄 정월에 고구려에서 나라 북쪽의 신성을 축조하였다. (『三國史節要』 4)
고구려	가을 7월에 서리가 내려 곡식을 해쳤다. (『三國史記』 18 高句麗本紀 6)
고구려	가을 7월에 고구려에 서리가 내려 곡식을 해쳤다. (『三國史節要』 4)
백제	겨울 10월 을미일 초하루에 일식이 있었다. (『三國史記』 24 百濟本紀 2)
백제	겨울 10월 을미일 초하루에 백제에 일식이 있었다. (『三國史節要』 4)

336(丙申/신라 흘해이사금 27/고구려 고국원왕 6/백제 비류왕 33/東晉 咸康 2/倭 仁德 24)

백제	봄 정월 신사일(18) 혜성이 규성(奎星) 자리에 나타났다. (『三國史記』 24 百濟本紀 2)
백제	봄 정월 신사일(18) 백제에서 혜성이 규성 자리에 나타났다. (『三國史節要』 4)
고구려	2월 을미일(3) 모용인(慕容仁)이 무리를 모아 성의 서북쪽에 진을 쳤다. 모용군(慕容軍)이 부하를 이끌고 모용황(慕容皝)에게 항복하자, 모용인의 무리가 동요하였다. 모용황이 그에 따라 마음대로 공격하여 크게 격파하였다. 모용인이 달아나자 그 장하(帳下)가 모두 배반하여 마침내 그를 사로잡았다. 모용황은 먼저 장하 중 배반한 자를 참수하고 나서 모용인에게 죽음을 내렸다. 정형(丁衡)·유의(游毅)·손기(孫機) 등은 모두 모용인에게 신용을 받았는데, 모용황이 그들을 잡아서 참수하였다. 왕빙(王冰)은 자살하였고, 모용유(慕容幼)·모용치(慕容稚)·동수(佟壽)·곽충(郭充)·적해(翟楷)·방감(龐鑒)은 모두 동쪽으로 달아났는데, 모용유는 도중에 돌아왔다. 모용황의 군대가 적해·방감을 추격하여 그들을 참수하였고, 동수·곽충은 고구려로 달아났다. 나머지 이민(吏民)은 모용인에게 끌려서 잘못을 저지른 자이므로, 모용황은 모두 그들을 사면하였다. 고후(高詡)를 여양후(汝陽侯)로 삼았다. (『資治通鑑』 95 晉紀 17 顯宗成皇帝 中之上)
고구려	2월 경신일(28) 고구려(高句驪)가 사신을 파견하여 토산물을 바쳤다. (『晉書』 7 帝紀 7 成帝)
고구려	진서(晉書) 제기(帝紀)에 전한다. (…) 성제(成帝) 함강(咸康) 2년 2월 경신일(28) 고구려가 사신을 파견하여 토산물을 바쳤다. (『玉海』 154 朝貢 獻方物)

고구려	봄 3월에 큰 유성이 서북쪽에 나타났다. (『三國史記』 18 高句麗本紀 6)
고구려	봄 3월에 고구려에서 큰 유성이 서북쪽에 나타났다. (『三國史節要』 4)
고구려	봄 3월에 사신을 파견하여 동진(東晉)에 가서 토산물을 바쳤다. (『三國史記』 18 高句麗本紀 6)
고구려	봄 3월에 고구려가 사신을 파견하여 동진에 가서 토산물을 바쳤다. (『三國史節要』 4)

337(丁酉/신라 흘해이사금 28/고구려 고국원왕 7/백제 비류왕 34/東晉 咸康 3/倭 仁德 25)

신라 백제	봄 2월에 사신을 파견하여 백제를 방문하였다. (『三國史記』 2 新羅本紀 2)
백제 신라	봄 2월에 신라가 사신을 파견하여 방문해 왔다. (『三國史記』 24 百濟本紀 2)
신라 백제	봄 2월에 신라가 사신을 파견하여 백제를 방문하였다. (『三國史節要』 4)
신라	3월에 우박이 내렸다. (『三國史記』 2 新羅本紀 2)
신라	3월에 신라에 우박이 내렸다. (『三國史節要』 4)
신라	여름 4월에 서리가 내렸다. (『三國史記』 2 新羅本紀 2)
신라	여름 4월에 신라에 서리가 내렸다. (『三國史節要』 4)

338(戊戌/신라 흘해이사금 29/고구려 고국원왕 8/백제 비류왕 35/東晉 咸康 4/倭 仁德 26)

고구려	5월에 후조왕(後趙王) 석호(石虎)가 도요장군(渡遼將軍) 조복(曹伏)을 파견하여 청주(靑州)의 무리를 거느리고 해도(海島)를 지키게 하였는데, 곡식 300만 곡(斛)을 운반하여 그에게 주었다. 또 배 300척으로 곡식 30만 곡을 운반하여 고구려에 나아가게 하였다. 전농중랑장(典農中郎將) 왕전(王典)으로 하여금 무리 만여 명을 이끌고 바닷가에서 둔전을 경작하게 하였다. 또 청주로 하여금 배 1천 척을 만들어 전연(前燕) 공격을 도모하게 하였다. (『資治通鑑』 96 晉紀 18 顯宗成皇帝 中之下)

339(己亥/신라 흘해이사금 30/고구려 고국원왕 9/백제 비류왕 36/東晉 咸康 5/倭 仁德 27)

예맥	건국(建國) 2년(339) 봄에 비로소 백관(百官)을 설치하여 여러 직무를 나누어 맡게 하였다. 동쪽으로 예맥(濊貊)부터 서쪽으로 파락나(破洛那)에 이르기까지 진심으로 귀부하지 않음이 없었다. (『魏書』 1 序紀 1 昭成皇帝)
예맥	대국(代國) 소성제(昭成帝) 건국 2년(339) 봄에 비로소 백관을 설치하여 여러 직무를 나누어 맡게 하였다. 동쪽으로 예맥부터 서쪽으로 파락나(破落那)에 이르기까지 진심으로 귀부하지 않음이 없었다. (『北史』 1 魏本紀 1 昭成皇帝)
고구려	겨울에 모용황(慕容皝)이 고구려를 공격하여 군대가 신성(新城)에 이르렀다. 고구려왕 쇠(釗)가 동맹을 요청하자 이에 돌아갔다. (『資治通鑑』 96 晉紀 18 顯宗成皇帝 中之下)
고구려	전연왕(前燕王) 모용황이 와서 침입하여 군대가 신성에 이르렀다. 왕이 동맹을 요청하자 이에 돌아갔다. (『三國史記』 18 高句麗本紀 6)
고구려	전연왕 모용황이 고구려에 침입하여 신성에 이르렀다. 고구려왕이 동맹을 요청하자 이에 돌아갔다. (『三國史節要』 4)
고구려	그 해에 모용황이 고구려를 정벌하였다. 왕 쇠가 동맹을 요청하자 돌아갔다. (『晉書』 109 載記 9 慕容皝)
고구려	이(利)의 아들 쇠는 열제(烈帝) 때에 모용씨(慕容氏)와 서로 공격하였다. (『魏書』

100 列傳 88 高句麗)

340(庚子/신라 흘해이사금 31/고구려 고국원왕 10/백제 비류왕 37/東晉 咸康 6/倭 仁德 28)

고구려	왕이 세자를 파견하여 전연왕(燕王) 모용황(慕容皝)에게 조공을 바쳤다. (『三國史記』18 高句麗本紀 6)
고구려	고구려가 세자를 파견하여 연(燕)에 갔다. (『三國史節要』4)
고구려	이듬해에 쇠(釗)가 그 세자를 파견하여 모용황에게 조공을 바쳤다. (『晉書』109 載記 9 慕容皝)

341(辛丑/신라 흘해이사금 32/고구려 고국원왕 11/백제 비류왕 38/東晉 咸康 7/倭 仁德 29)

고구려	겨울 10월에 전연왕(前燕王) 모용황(慕容皝)이 모용각(慕容恪)을 도요장군(渡遼將軍)으로 삼아 평곽(平郭)을 지키게 하였다. 모용한(慕容翰)·모용인(慕容仁) 이후로 여러 장수들이 뒤를 이을 수 없었으나, 모용각이 평곽에 이르고 나서 옛 사람들을 어루만지고 새 사람을 품어서 여러 번 고구려 군대를 격파하였다. 고구려가 그를 두려워하여 감히 경계에 들어오지 않았다. (『資治通鑑』96 晉紀 18 顯宗成皇帝 中之下)
고구려	모용각이 요동(遼東)을 지키게 하자, 매우 위엄과 은혜가 있었다. 고구려가 그를 두려워하여 감히 침략하지 못하였다. (『晉書』111 載記 11 慕容恪)
고구려	함강(咸康) 7년에 모용황이 용성(龍城)으로 천도하자, 경졸(勁卒) 4만을 이끌고 남협(南陜)으로 들어와서 우문부(宇文部)와 고구려를 정벌하였다. 또 모용한 및 아들 모용수(慕容垂)를 선봉으로 삼고 장사(長史) 왕우(王寓) 등을 파견하여 무리 1만5,000을 부려서 북치(北置)로 나아가게 하였다. 고구려왕 쇠(釗)는 모용황의 군대가 북쪽 길을 따라올 것이라고 여겨서, 이에 아우 무(武)를 파견하여 정예 5만을 거느리고 북치를 막게 하였고, 몸소 약졸을 이끌고 남협을 방어하였다. 모용한은 쇠와 목저성(木底城)에서 싸워 크게 이기고, 승세를 타서 마침내 환도성에 들어갔다. 쇠는 단마(單馬)로 달아났다. 모용황은 쇠의 아버지 리(利)의 무덤을 파서 그 시체와 그의 어머니, 아내, 진귀한 보물을 싣고 남녀 5만여 구를 빼앗았으며, 그 궁궐을 불지르고 환도성을 훼손하고 나서 돌아갔다. (『晉書』109 載記 9 慕容皝)
고구려	대국(代國) 소성제(昭成帝) 건국(建國) 4년(341)에 모용원진(慕容元眞: 慕容皝)이 무리를 이끌고 고구려를 정벌하였는데, 남협으로 들어가 목저성에서 싸워 쇠의 군대를 크게 물리치고, 승세를 타서 오래 말달려 마침내 환도성에 들어갔다. 쇠는 단마로 달아나 숨었다. 모용원진이 쇠의 아버지 무덤을 파서 그 시체를 싣고 아울러 그 어머니, 아내, 진귀한 보물, 남녀 5만여 구를 빼앗았으며, 그 궁궐을 불지르고 환도성을 훼손하고 나서 돌아갔다. (『魏書』100 列傳 88 高句麗)
고구려	건국 4년(341)에 모용황(慕容晃)이 화룡(和龍)에 성을 쌓고 도읍을 두자, 고구려를 정벌하여 크게 물리쳤다. 마침내 환도성에 들어가서 고구려왕 쇠의 아버지 리의 무덤을 파서 그 시체를 싣고 궁궐에 불을 질렀으며, 환도성을 훼손하고 나서 돌아갔다. (『北史』93 列傳 81 僭僞附庸 燕慕容氏 慕容晃)
고구려	북위(北魏) 건국 4년(341)에 모용외(慕容廆)의 아들 황(晃)이 고구려를 정벌하였는데, 남협으로 들어가서 목저성에서 싸워 쇠의 군대를 크게 물리치고, 추격하여 환도성에 이르렀다. 쇠는 단마로 달아나 숨었다. 모용황은 쇠의 아버지 무덤을 파고 그 어머니, 아내, 진귀한 보물, 남녀 5만여 구를 빼앗았으며, 그 집에 불지르고 환도성을 훼손하고 나서 돌아갔다. (『北史』94 列傳 82 高麗)

342(壬寅/신라 흘해이사금 33/고구려 고국원왕 12/백제 비류왕 39/東晉 咸康 8/倭 仁德 30)

고구려	봄 2월에 환도성을 수리하고, 또 국내성을 축조하였다. (『三國史記』 18 高句麗本紀 6)
고구려	봄 2월에 고구려가 환도성을 수리하고, 또 국내성을 축조하였다. (『三國史節要』 4)
고구려	가을 8월에 환도성으로 옮겨 거처하였다. (『三國史記』 18 高句麗本紀 6)
고구려	제16대 국원왕(國原王)[임인년 8월에 도읍을 안시성(安市城)으로 옮기니, 곧 환도성이다.] (『三國遺事』 1 王曆)
고구려	가을 8월에 환도성으로 옮겨 거처하였다. (『三國史節要』 4)
고구려	겨울 10월에 전연왕(前燕王) 모용황(慕容皝)이 용성(龍城)으로 천도하였다. 건위장군(建威將軍) 모용한(慕容翰)이 먼저 고구려를 취하고 나중에 우문부(宇文部)를 멸망시킨 후에야 중원을 도모할 수 있다고 청하였다. 고구려에는 두 길이 있었는데, 그 북쪽 길은 평평하고 넓으며 남쪽 길은 험하고 좁았다. 무리들이 북쪽 길을 따라가고자 하였으나, 모용한이 말하였다. "저들이 상식으로 헤아린다면, 반드시 대군이 북쪽 길을 따라갈 거라고 여길 것이기에, 마땅히 북쪽을 중시하고 남쪽을 경시할 것입니다. 왕께서는 마땅히 정예병을 이끌고 남쪽 길을 따라서 그들을 공격하여 불의에 습격하면 환도성은 취한다고 말할 것도 없습니다. 따로 일부 군대를 파견하여 북쪽 길로 나가면 설사 차질이 있더라도 그 중심이 이미 무너졌으므로 주변은 어찌할 수 없을 것입니다." 모용황이 그것을 따랐다. (『三國史記』 18 高句麗本紀 6)
고구려	겨울 10월에 전연왕 모용황이 용성으로 천도하였다. 건위장군 모용한이 먼저 고구려를 취하고 나중에 우문부를 멸망시킨 후에애 중원을 도모할 수 있다고 청하였다. 고구려에는 두 길이 있었는데, 그 북쪽 길은 평평하고 넓으며 남쪽 길은 험하고 좁았다. 무리들이 북쪽 길을 따라가고자 하였으나, 모용한이 말하였다. "저들이 상식으로 헤아린다면, 반드시 대군이 북쪽 길을 따라갈 거라고 여길 것이기에, 마땅히 북쪽을 중시하고 남쪽을 경시할 것입니다. 왕께서는 마땅히 정예병을 이끌고 남쪽 길을 따라서 그들을 공격하여 불의에 습격하면 환도성은 취한다고 말할 것도 없습니다. 따로 일부 군대를 파견하여 북쪽 길로 나가면 설사 차질이 있더라도 그 중심이 이미 무너졌으므로 주변은 어찌할 수 없을 것입니다." 모용황이 그것을 따랐다. (『三國史節要』 4)
고구려	겨울 10월에 전연왕 모용황이 용성으로 천도하고[50] 그 경내에 사면하였다. 건위장군 모용한이 모용황에게 말하였다. "우문부가 강성한지 오래되어 거듭 나라의 근심거리가 되었습니다. 지금 일두귀(逸豆歸)가 나라를 빼앗아 얻었으나 무리들의 마음이 따르지 않는 데다가, 더구나 성품이 용렬하고 식견이 어두우니, 장수로서 재능있는 자가 없어서 나라에 방위가 없고 군대에 조직이 없습니다. 신이 오래도록 그 나라에서 있으면 그 지형을 다 살펴보니, 비록 멀리 강성한 갈족에게 복속하였으나,[51] 명성과 형세가 이어지지 않아서 구원에 이익이 없습니다. 지금 만약 그들을 공격하면 백번 거병하여 백번 이길 것입니다. 그러나 고구려가 그 나라와 밀접하고 가까워

---

50) 모용외(慕容廆)는 앞서 도하(徒河)의 청산(靑山)에 살았으나, 나중에 극성(棘城)으로 옮겼다. 지금 극성에서 용성(龍城)으로 도읍을 옮긴 것이다. 두우(杜佑)가 말하였다. "영주(營州) 유성군(柳城郡)은 옛 고죽국(孤竹國)이다. 춘추시대에는 산융(山戎)·비자(肥子) 두 나라의 땅이 되었고, 한(漢) 도하의 청산은 군성(郡城) 동쪽 190리에 있었다. 극성은 곧 전욱(顓頊)의 터인데, 군성 동남쪽 170리에 있다. 모용황(慕容皝)은 유성(柳城)의 북쪽 용산(龍山)의 남쪽 복스럽고 덕이 많은 땅에 마침내 용성으로 천도하여 새 궁궐을 화룡궁(和龍宮)이라고 불렀다. 유성현(柳城縣)에는 백랑산(白狼山)·백랑수(白狼水)가 있다. 또 한의 부리현(扶犁縣) 고성(故城)이 동남쪽에 있다. 그 용산은 곧 모용황이 용을 제사지낸 곳이다. 요락수(饒樂水), 한 도하현성(徒河縣城)이 있다.

51) 강성한 갈족이란 후조(後趙)를 말한나.

서 항상 엿보는 뜻이 있습니다.[52] 그들은 우문부가 망하고 나면 화가 장차 자신에게 미친다는 것을 알기에, 반드시 빈 틈을 타서 깊이 들어오고 우리의 준비되지 않음을 엄습할 것입니다. 만약 군사를 적게 남기면 지키기에 부족할 것이고 많이 남기면 원정하기에 부족할 것이니, 이는 가슴이나 뱃 속에 있는 근심이므로 마땅히 먼저 제거해야 합니다. 그 세력을 보건대 한번 거병하면 이길 수 있습니다. 우문부는 스스로 지키는 놈들이어서 반드시 멀리 와서 이익을 다툴 수 없을 것이니, 고구려를 취하고 나서 돌아와 우문부를 취하는 것이 손바닥을 뒤집는 것과 같을 따름입니다. 두 나라가 이미 평정되고 나면 이익이 동해에 다하여 나라가 부유하고 군대가 강하므로, 돌아볼 근심이 없습니다. 그런 후에 중원을 도모할 수 있을 것입니다." 모용황이 말하였다. "좋다. 장차 고구려를 공격하겠다." 고구려에는 두 길이 있어, 그 북쪽 길은 평평하고 넓으며 남쪽 길은 험하고 좁았다.[53] 무리들이 북쪽 길을 따라가고자 하였으나, 모용한이 말하였다. "저들이 상식으로 헤아린다면, 반드시 대군이 북쪽 길을 따라갈 거라고 여길 것이기에, 마땅히 북쪽을 중시하고 남쪽을 경시할 것입니다. 왕께서는 마땅히 정예병을 이끌고 남쪽 길을 따라서 그들을 공격하여 불의에 습격하면 환도성은 취한다고 말할 것도 없습니다. 따로 일부 군대를 파견하여 북쪽 길을 따라가면 설사 차질이 있더라도[54] 그 중심이 이미 무너졌으므로 주변은 어찌할 수 없을 것입니다." 모용황이 그것을 따랐다. (『資治通鑑』 97 晉紀 19 顯宗成皇帝 下)

고구려   11월에 모용황은 스스로 경병(勁兵) 4만을 거느리고 남쪽 길로 나가고, 모용한·모용패(慕容覇)를 선봉으로 삼아 따로 장사(長史) 왕우(王寓) 등을 파견하여 병사 1만5,000을 거느리고 북쪽 길로 나가며 와서 침입하였다. 왕은 아우 무(武)를 파견하여 정예병사 5만을 이끌고 북쪽 길을 막게 하였고, 스스로 약한 병사를 이끌고 남쪽 길을 수비하였다. 모용한 등이 먼저 이르러 싸우고 모용황은 많은 무리로 그를 이었다. 우리 군대가 대패하여 좌장사(左長史) 한수(韓壽)가 우리 장수 아불화도가(阿佛和度加)를 참수하였다. 모든 군대가 승세를 타고 마침내 환도성에 들어갔다. 왕은 단기(單騎)로 달아나 단태곡(斷態谷)에 들어갔다. 장군 모여니(慕輿埿)가 추격하여 왕모 주씨(周氏) 및 왕비를 사로잡아 돌아갔다. 때마침 왕우 등이 북쪽 길에서 싸워 모두 패하여 죽었다. 이로 말미암아 모용황은 다시 더 추격하지 못하였고, 사신을 파견하여 왕을 불렀으나 왕이 나가지 않았다. 모용황이 장차 돌아가려 하자, 한수가 말하였다. "고구려 땅은 지킬 수 없습니다. 지금 그 군주가 도망가고 백성들이 흩어져서 산과 골짜기에 숨어 있으나, 대군이 떠나고 나면 반드시 비둘기처럼 모여들어서 그 남은 무리들을 모을 것이니, 오히려 근심거리가 되기에 충분합니다. 청컨대 그 아버지의 시체를 싣고 그 생모를 잡아서 돌아가기를 청합니다. 그가 몸을 묶고 스스로 귀의하기를 기다린 후에야 그들을 돌려주고 은혜와 신의로 어루만지는 것이 계책의 으뜸입니다." 모용황이 그것을 따라서, 미천왕의 무덤을 파헤쳐 그 시체를 싣고 그 창고에서 누대의 보물을 거두며, 남녀 5만여 구를 사로잡고 ㄱ 궁궐을 ㅂ 태워 환도성을 훼손하고 나서 돌아갔다. (『三國史記』 18 高句麗本紀 6)

고구려   11월에 모용황은 스스로 경병 4만을 거느리고 남쪽 길로 나가고, 모용한·모용패를 선봉으로 삼아 따로 장사 왕우(王寓) 등을 파견하여 병사 1만5,000을 거느리고 북쪽 길로 나가게 하였다. 왕은 아우 무를 파견하여 정예병사 5만을 이끌고 북쪽 길을

---

52) 규(闚)는 문 사이로 보는 것이다. 유(覦)는 문 옆의 구멍 속으로 보는 것이다. 운석(韻釋)에서 전하기를, 규유(闚覦)는 사사로이 보는 것이라고 한다.
53) 북쪽 길은 북치(北置)로 나아가고, 남쪽 길은 남협(南陜)으로 목저성(木底城)에 들어간다.
54) 차질(蹉跌)은 발을 헛디뎌 넘어지는 것이다.

막게 하였고, 스스로 약한 병사를 이끌고 남쪽 길을 수비하였다. 모용한 등이 먼저 이르러 싸우고 모용황은 많은 무리로 그를 이었다. 고구려 군대가 대패하여 좌장사 한수가 고구려 장수 아불화도가를 참수하였다. 모든 군대가 승세를 타고 마침내 환도성에 들어갔다. 왕은 단기로 달아나 단웅곡(斷熊谷)에 들어갔다. 장군 모여니(慕輿埿)가 추격하여 왕모 주씨 및 왕비를 사로잡아 돌아갔다. 때마침 왕우 등이 북쪽 길에서 싸워 모두 패하여 죽었다. 이로 말미암아 모용황은 다시 더 추격하지 못하였고, 사신을 파견하여 왕을 불렀으나 왕이 나가지 않았다. 모용황이 장차 돌아가려 하자, 한수가 말하였다. "고구려 땅은 지킬 수 없습니다. 지금 그 군주가 도망가고 백성들이 흩어져서 산과 골짜기에 숨어 있으나, 대군이 떠나고 나면 반드시 비둘기처럼 모여들어서 그 남은 무리들을 모을 것이니, 오히려 근심거리가 되기에 충분합니다. 청컨대 그 아버지의 시체를 싣고 그 생모를 잡아서 돌아가기를 청합니다. 그가 몸을 묶고 스스로 귀의하기를 기다린 후에야 그들을 돌려주고 은혜와 신의로 어루만지는 것이 계책의 으뜸입니다." 모용황이 그것을 따라서, 미천왕의 무덤을 파헤쳐 그 시체를 싣고 그 창고에서 누대의 보물을 거두며, 남녀 5만여 구를 사로잡고 그 궁궐을 불태워 환도성을 훼손하고 나서 돌아갔다. (『三國史節要』4)

고구려   11월에 모용황은 스스로 경병 4만을 거느리고 남쪽 길로 나가고, 모용한·모용패를 선봉으로 삼아 따로 장사 왕우(王寓) 등을 파견하여 병사 1만5,000을 거느리고 북쪽 길로 나가서 고구려를 정벌하게 하였다. 고구려왕 쇠(釗)는 과연 아우 무를 파견하여 정예병사 5만을 이끌고 북쪽 길을 막게 하였고, 스스로 약한 병사를 이끌고 남쪽 길을 수비하였다. 모용한 등이 먼저 이르러 쇠와 싸우고 모용황은 많은 무리로 그를 이었다. 좌상시(左常侍) 선우량(鮮于亮)이 말하였다. "신이 포로로 왕국의 은혜를 입어서 갚지 않을 수 없었으니, 오늘은 신이 죽을 날입니다." 홀로 여러 기병과 먼저 고구려 진영을 범하여 향하는 곳마다 꺾고 무너뜨리니 고구려 진영이 흔들렸다. 많은 무리가 그로 인하여 승세를 타자 고구려 군대가 대패하여, 좌장사 한수가 고구려 장수 아불화도가를 참수하였다. 모든 군대가 승세를 타고 마침내 환도성에 들어갔다. 쇠가 단기로 달아나자, 경거장군(輕車將軍) 모여니(慕輿埿)가 추격하여 그의 어머니 주씨 및 아내를 사로잡아 돌아갔다. 때마침 왕우 등이 북쪽 길에서 싸워 모두 패하여 죽었다. 이로 말미암아 모용황은 다시 더 추격하지 못하였고, 사신을 파견하여 쇠를 불렀으나 쇠가 나가지 않았다. 모용황이 장차 돌아가려 하자, 한수가 말하였다. "고구려 땅은 지킬 수 없습니다. 지금 그 군주가 도망가고 백성들이 흩어져서 산과 골짜기에 숨어 있으나, 대군이 떠나고 나면 반드시 비둘기처럼 모여들어서 그 남은 무리들을 모을 것이니, 오히려 근심거리가 되기에 충분합니다. 청컨대 그 아버지의 시체를 싣고 그 생모를 잡아서 돌아가기를 청합니다. 그가 몸을 묶고 스스로 귀의하기를 기다린 후에야 그들을 돌려주고 은혜와 신의로 어루만지는 것이 계책의 으뜸입니다." 모용황이 그것을 따라서, 쇠의 아버지 을불리(乙弗利)의 무덤을 파헤쳐 그 시체를 싣고 그 창고에서 누대의 보물을 거두며, 남녀 5만여 구를 사로잡고 그 궁궐을 불태워 환도성을 훼손하고 나서 돌아갔다. (『資治通鑑』97 晉紀 19 顯宗成皇帝 下)

고구려   모용원진(慕容元眞: 慕容皝)이 고구려를 정벌하여 크게 물리쳤다. 마침내 환도성에 들어가 고구려왕 쇠의 아버지 리의 무덤을 파서 그 시체와 그의 어머니, 아내, 진귀한 보물을 싣고, 남녀 5만여 구를 빼앗았으며, 그 궁궐을 불태워 환도성을 훼손하고 나서 돌아갔다. 쇠는 단마로 달아났다. (『魏書』95 列傳 83 徒何 慕容元眞)

고구려   함강(咸康) 7년의 이듬해에 쇠가 사신을 파견하여 모용황에게 신하를 칭하고 토산물을 바쳤다. 이에 그 아버지의 시체를 돌려보냈다. (『晉書』109 載記 9 慕容皝)

343(癸卯/신라 흘해이사금 34/고구려 고국원왕 13/백제 비류왕 40/東晉 建元 1/倭 仁德 31)

고구려	봄 2월에 왕이 그 아우를 파견해 신하를 칭하고 전연(前燕)에 입조하여 진기한 물건을 천 단위로 바쳤다. 전연왕 모용황(慕容皝)이 이에 그 아버지의 시체를 돌려주었으니, 여진히 그 어머니를 인질로 삼아 억류하였다. (『三國史記』18 高句麗本紀 6)
고구려	봄 2월에 고구려왕이 그 아우를 파견해 전연에 입조하여 신하를 칭하고 진기한 물건을 천 단위로 바쳤다. 전연왕 모용황이 이에 그 아버지의 시체를 돌려주었으나, 여전히 그 어머니를 인질로 삼아 억류하였다. (『三國史節要』4)
고구려	봄 2월에 고구려왕 쇠(釗)가 그 아우를 파견해 신하를 칭하고 전연에 입조하여 진기한 물건을 천 단위로 바쳤다. 전연왕 모용황이 이에 그 아버지의 시체를 돌려주었으나, 여전히 그 어머니를 인질로 삼아 억류하였다. (『資治通鑑』97 晉紀 19 康皇帝)
고구려	나중에 모용원진(慕容元眞: 慕容皝)에게 신하를 칭하였다. 이에 모용원진이 그 아버지의 시체를 돌려주었다. (『魏書』95 列傳 83 徒何 慕容元眞)
고구려	그 후부터 쇠가 사신을 파견해 와서 조공하였으나, 도적들에게 길이 막혀 스스로 이를 수 없었다. (『魏書』100 列傳 88 高句麗)
고구려	쇠가 그 후에 신하를 칭하였다. 이에 모용황이 그 아버지의 시체를 돌려주었다. (『北史』93 列傳 81 僭僞附庸 燕慕容氏 慕容晃)
고구려	가을 7월에 평양(平壤) 동황성(東黃城)으로 옮겨 거처하였다. 성은 지금의 서경(西京) 동쪽 목멱산(木覓山) 안에 있다. (『三國史記』18 高句麗本紀 6)
고구려	가을 7월에 고구려가 평양 동황성으로 옮겨 거처하였다. 성은 지금의 서경 동쪽 목멱산 안에 있다. (『三國史節要』4)
고구려	또 총장(總章) 2(668)에 영국공(英國公) 이적(李勣)이 칙서를 받들어 고구려의 여러 성에 도독부(都督府) 및 주현(州縣)을 설치하였다. 목록에 전한다. " (…) 장수왕(長壽王) 15(427)에 도읍을 평양으로 옮겨서 156년을 지냈다. 평원왕(平原王) 28(586)에 도읍을 장안성(長安城)으로 옮겨서 83년을 지냈다. 보장왕(寶臧王) 27(668)에 멸망하였다[옛 사람들이 기록하였다. (…) 그리고 혹자는 말하기를, "고국원왕(故國原王) 13년에 평양 동황성으로 옮겨 거처하였다. 성은 지금의 서경 목멱산 안에 있다."라고 하는데 맞는지 여부를 알 수 없다]." (『三國史記』37 雜志 6 地理 4)
고구려	가을 7월에 사신을 파견해 동진(東晉)에 가서 조공하였다. (『三國史記』18 高句麗本紀 6)
고구려	가을 7월에 고구려가 사신을 파견해 동진에 가서 조공하였다. (『三國史節要』4)
고구려	겨울 11월에 눈이 5척이나 내렸다. (『三國史記』18 高句麗本紀 6)
고구려	겨울 11월에 고구려에 눈이 내렸는데 깊이가 5척이었다. (『三國史節要』4)
고구려	12일에 고구려(高句驪)가 사신을 파견해 조공하였다. (『晉書』7 帝紀 7 康帝)
고구려	『진서(晉書)』제기(帝紀)에 전한다. (…) 강제(康帝) 건원(建元)원년 12월에 고구려(高句驪)가 사신을 파견해 조공하였다. (『玉海』154 朝貢 獻方物)
고구려	강제 건원원년에 모용외(慕容廆)의 아들 황(晃)이 병사를 이끌고 정벌하였다. 쇠가 더불어 싸웠으나 크게 패하여 단기(單騎)로 달아났다. 황이 승세를 타고 추격하여 환도성(丸都城)에 이르자, 그 궁궐을 불태우고 남자 5만여 구를 빼앗아 돌아갔다. (『梁書』54 列傳 48 高句驪)

고구려	위궁(位宮)의 5세손 쇠에 이르러, 동진 강제 건원 초에 모용황이 병사를 이끌고 정벌하자 크게 패하여 단기로 달아났다. 황이 승세를 타고 추격하여 흰도성에 이르자, 그 궁궐을 불태우고 남녀 5만여 구를 빼앗아 돌아갔다. (『通典』 186 邊防 2 東夷 下 高句麗)
고구려	동진 강제 건원 초에 모용황이 병사를 이끌고 정벌하자 크게 패하여 단기로 달아났다. 황이 승세를 타고 추격히어 환도성에 이르자, 그 궁궐을 불태우고 남녀 5만여 구를 빼앗아 돌아갔다. (『太平寰宇記』 173 四夷 2 東夷 2 高勾驪國)

344(甲辰/신라 흘해이사금 35/고구려 고국원왕 14/백제 비류왕 41, 계왕 1/東晉 建元 2/倭 仁德 32)

신라	봄 2월에 왜국(倭國)이 사신을 파견해 청혼하였으나, 딸이 이미 시집갔다고 거절하였다. (『三國史記』 2 新羅本紀 2)
신라	봄 2월에 왜(倭)가 신라에 사신을 파견해 청혼하였으나, 답하지 않았다. (『三國史節要』 4)

신라	여름 4월에 폭풍이 궁궐 남쪽의 큰 나무를 뽑았다. (『三國史記』 2 新羅本紀 2)
신라	여름 4월에 신라에서 폭풍이 궁궐 남쪽의 큰 나무를 뽑았다. (『三國史節要』 4)

백제	겨울 10월에 왕이 돌아가셨다. (『三國史記』 24 百濟本紀 2)
백제	계왕(契王)은 분서왕(汾西王)의 맏아들이다. 타고난 자질이 굳세고 용감하며 기사(騎射)를 잘 하였다. 처음에 분서왕이 돌아가시자, 계왕이 어려서 즉위하지 못하였다. 비류왕(比流王)이 재위한 지 41년 만에 돌아가시자, 즉위하였다. (『三國史記』 24 百濟本紀 2)
백제	겨울 10월에 백제왕 비류(比流)가 돌아가시자, 분서왕의 맏아들 계왕이 즉위하였다. 타고난 자질이 굳세고 용감하며 기사를 잘 하였다. (『三國史節要』 4)
백제	제12대 계왕[분서(汾西)의 맏아들인데, 갑진(甲辰)에 즉위하여 2년간 다스렸다.] (『三國遺事』 1 王曆)

345(乙巳/신라 흘해이사금 36/고구려 고국원왕 15/백제 계왕 2/東晉 永和 1/倭 仁德 33)

신라	봄 정월에 강세(康世)를 이벌찬(伊伐湌)으로 임명하였다. (『三國史記』 2 新羅本紀 2)
신라	봄 정월에 신라에서 강세를 이벌찬으로 임명하였다. (『三國史節要』 4)

고구려	봄 정월에 전연왕(前燕王) 모용황(慕容皝)이 가난한 백성들에게 소를 빌려주고 황실 소유 농지를 경작하게 하여 그 10분의 8을 세금으로 거두었고, 본래 소가 있는 자는 그 10분의 7을 세금으로 거두었다. 기실참군(記室叄軍) 봉유(封裕)가 편지를 올려 간언하였다. "옛 사람이 10분의 1을 세금으로 한 것은 천하에서 공정하고 올바른 것이었습니다. 위진(魏晉)에 이르러서는 어진 정치가 쇠퇴하고 줄어들었지만, 관전과 관우를 빌려주는 것은 그 10분의 6을 세금으로 거두고, 본래 소가 있는 자는 그것을 반씩 나누어서, 여전히 그 10분의 7, 8씩이나 거두지는 않습니다. 영가(永嘉) 연간(307~313) 이래로 해내(海內)가 다 부서졌으나, 무선왕(武宣王: 慕容廆)이 덕으로 그것을 안정시켜 화이(華夷)의 백성들이 만리에 걸쳐 모여들었으니, 포대기를 짊어지고 그에게 귀의하는 것이 갓난아기가 부모에게 의지하는 것과 같았습니다. 이런 까닭으로 호구는 예전보다 10배나 되었고 경작지가 없는 자는 10에 3, 4 뿐이었습니다. 전하가 통치를 계승하여 남쪽으로는 강력한 후조(後趙)를 꺾고 동쪽으로는 고구려를 아울렀으며, 북쪽으로는 우문부(宇文部)를 취하여 3,000리의 땅을 개척

하니 백성 10만 호가 늘어났습니다. 이는 원유(苑囿)를 모두 폐지하여 새로운 백성들에게 세금을 걷고 소가 없는 자는 관에서 소를 하사해야 마땅한 것이니, 다시 무거운 세금을 거두어야 마땅하지 않습니다. 또 전하의 백성이 전하의 소를 이용하는데, 소가 전하에게 있지 않으면 무엇을 가지고 있겠습니까? 이와 같으면 군사의 깃발이 남쪽을 가리키는 날에 백성 중 누가 단식호장(簞食壺漿)으로 왕의 군대를 맞이하고, 석호(石虎)는 누구와 처하겠습니까? 하천과 운하 중에 막힘이 있는 경우에는 모두 이익을 통하게 해야 하니, 가물면 물을 대고 큰 비가 내리면 틔워주는 것입니다. 한 사내가 경작하지 않으면 누군가 그것을 받아서 굶주릴 것인데, 하물며 떠돌며 먹는 자가 수만이면 무엇으로 집안 사람들에게 족하도록 주겠습니까? 지금 관사가 함부로 하는 바가 많아서 쌓아놓은 녹을 헛되이 써버리고 있습니다. 진실로 재주를 두루 사용하지 않는다면 모두 마땅히 맑게 하고 더러움을 제거하여야 하니, 공인·상인은 말초적 이익을 거두므로 마땅히 일정한 인원을 세워야 하며, 학생 중 3년이 지나도 이루지 못하여 헛되이 뛰어난 자의 앞길을 가로막는 자는 모두 마땅히 농촌으로 돌아가게 하여야 합니다. 전하는 성스러운 덕과 너그러운 총명함으로 꼴베는 사람을 널리 살피십시오. 참군(叅軍) 왕헌(王憲), 대부(大夫) 유명(劉明)이 모두 이 일을 말하여 뜻을 거슬렸으므로 하여, 옥사를 주관한 자가 대벽(大辟)으로 처결하였습니다. 전하는 비록 죽음은 용서하였으나, 여전히 면관(免官)하여 금고(禁錮)시켰습니다. 대체로 간쟁을 구하면서 직언에 죄를 주는 것은 오히려 월(越)로 보내면서 북쪽으로 가게 하는 것이니, 반드시 그 뜻한 바를 얻지 못할 것입니다. 우장사(右長史) 송해(宋該) 등이 눈썹과 얼굴에 아부하는 기색을 띠고 간언하는 자들을 가벼이 탄핵하니, 자신이 뼈가 없어서 남을 미워함이 있고 눈과 귀를 가리는 것은 충성스럽지 못함이 심한 것입니다."

황이 이에 영(令)을 내렸는데, 다음과 같다. "기실참군 봉유의 간언을 보니, 나는 실로 두렵다. 나라는 백성을 근본으로 하고 백성은 곡식을 목숨으로 여기니, 원유를 모두 폐지하여 백성 중 경작지가 없는 자에게 나누어 주고 가난함을 채운 경우에는 관이 그에게 소를 주는 것이 가하다. 힘이 남아서 관의 소를 얻고자 하는 자는 모두 위진의 옛 법에 의거하라. 하천과 도랑으로 각각 이익이 있는 것은 때에 맞추어 수리하라. 지금 전쟁이 바야흐로 일어나려 하는데 공훈을 세운 사람이 이미 많으므로, 관원을 아직 줄이지 말고 중원이 통일되는 때를 기다려 그것을 천천히 다시 논의하라. 공인·상인·학생은 모두 마땅히 재단하고 가려야 한다. 대체로 신하가 군주에게 아뢰는 것은 매우 어려우니, 비록 지나치고 망령됨이 있어도 마땅히 그 좋은 것을 가려서 따라야 한다. 왕헌과 유명은 비록 죄가 조정에서 쫓겨나야 마땅하나, 또한 내가 크게 헤아리지 못함에서 말미암은 것이니 모두 본관으로 복귀하여 간언하는 관사에 근무함이 가하다. 봉생(封生: 封裕)은 충성을 다하여 신하의 요체를 깊이 얻었으니, 그에게 5만 전을 하사하여 내외에 알리고 보여주어라. 내 허물을 진언하려는 자가 있으면 귀천에 구애받지 말고 꺼리는 바가 없도록 하라." 황은 문학을 매우 좋아하여 항상 상서(庠序)에 친히 임하여 강의하니, 고교(考校)의 학도가 천여 인에 이르렀는데 매우 낭령되고 넘침이 있었다. 그러므로 봉유가 그것을 언급하였다.
(『資治通鑑』 97 晉紀 19 孝宗穆皇帝 上之上)

고구려 백제 모용황의 기실참군 봉유가 간언하였다. "신이 듣건대 성왕이 나라를 다스리는 것은 조금 거두어 백성에게 저장하는 것입니다. 3등의 경작지로 나누어 10분의 1을 세금으로 거두어 추운 자는 옷입게 하고 굶주린 자는 먹게 하여 집안 사람들에게 족하도록 주니, 비록 홍수나 가뭄이 들어도 재앙이 되지 않음은 무엇이겠습니까? 농관(農官)을 높이 선발하여 힘써 권하고 다 부과하여 사람이 주전(周田) 100무(畝)를 다스림에 또한 소와 힘을 빌리지 않으니, 힘써 경작하는 자에게 드러나는 상을 내리고 나태하게 농사짓는 자에게 불치(不齒)의 벌을 내렸습니다. 또 일을 헤아려 관을 두고 관을 헤아려 사람을 두니, 관으로 하여금 반드시 반드시 알맞고 필요하며 사람이 헛되이 자리에 오르지 않게 하였습니다. 해마다 수입의 다소를 헤아려 재단하여 녹을 주고 모든 관료 이외에도 주어서 태창(太倉)에 저장하고 3년을 경작하여 1년의 곡식이 남았으니, 이것을 축적하면 공용이 어찌 부족하고 홍수와 가뭄이 백성을 어찌 하겠습니까? 비록 농사에 힘쓰라는 영(令)이 자주 나오더라도 군(郡)의 태수(太守)와 현(縣)의 영장(令長)이 뜻이 없으니, 부지런히 공직에 있어서 땅의 이로움을 예진(銳盡)하는 것입니다. 그러므로 한조(漢祖)는 이와 같음을 알아서 개간한 경작지를 채우지 않았다고 하여 태수를 십 단위로 불러 죽였으니, 이런 까닭에 명제(明帝)·장제(章帝) 시기에는 승평(升平)이라고 하였습니다. 영가 연간(307~313) 이래로 백성들이 떠돌아다니니, 중원이 소조(蕭條)하여 천리에 연기가 없고 굶주림과 추움이 흘러 떨어져서 구덩이가 서로 이어졌습니다. 선왕은 신이한 무력과 성스러운 책략으로 한쪽을 보전하시고, 위세로 간악한 무리들을 없애고 덕으로 먼 곳을 품으셨습니다. 그러므로 구주(九州)의 사람들이 특별한 부류를 막고 드러내어 만리에 포대기를 짊어지고 갓난아기가 자애로운 아버지에게 돌아가듯이 하니, 유망민의 많음이 옛 땅의 10여 배나 되어서 사람은 넉넉한데 땅이 좁으므로 경작지가 없는 자는 10에 4였습니다. 전하가 뛰어나고 성스러운 자질로 선대의 업적을 능히 넓혀 남쪽으로는 강력한 후조(後趙)를 꺾고 동쪽으로는 고구려를 없앴으니, 개척한 땅이 3,000리이고 호는 10만이 늘어났습니다. 무력을 계승하여 개척한 공로는 요(堯)·서백(西伯)이 있는데, 마땅히 여러 원유를 없애고 폐지하여 유망민의 업으로 삼게 하였습니다. 사람이 이르러 자산이 없는 경우에는 그에게 기를 소를 하사하면, 사람이 이미 전하의 사람인데 소는 어찌 잃겠습니까? 잘 저장하는 자는 백성에게 저장합니다. 만약 이와 같이 하고 나면, 가까운 자는 낙토의 희망에 깊이 부합할 것이고 중국의 사람들은 모두 호찬(壺餐)을 가지고 받들어 맞이할 것이니, 석계룡(石季龍: 石虎)가 누구와 거처하겠습니까? 또 위진이 비록 도리가 사라진 시대이지만 여전히 백성을 해침이 10분의 7, 8에 이르지 않으니, 관의 소를 가지고 경작하는 경우에는 관이 6을 취하고 백성이 4를 얻었으며 개인의 소로 관이 경작하는 경우에는 관과 반씩 나누어 백성들이 안정되고 사람들이 모두 기뻐하였지만, 신은 오히려 명왕의 도리가 아니라고 말하는 것인데 하물며 늘리는 것이겠습니까? 또 홍수·가뭄의 재해는 요·탕(湯)도 면하지 못하였으나, 왕도로 다스리는 자는 마땅히 도랑을 치고 다스리며 정백(鄭白)·서문사(西門史)가 관개를 일으킨 법에 따라서, 가물면 도랑을 터서 비로 삼고 홍수가 나면 도랑으로 들어가게 하니, 위로는 구름의 걱정이 없고 아래로는 어두움의 근심이 없었습니다. 고구려·백제·우문부·단부(段部)의 사람들은 모두 병사의 위세로 옮긴 것이지 중국처럼 사모하는 뜻으로 이른 것이 아니어서, 모두 돌아가려고 생각하는 마음이 있습니다. 지금 호가 10만에 이르렀으나 도성에 좁게 모여서 바야흐로 장차 국가에 깊은 해가 될까 두려우니, 그 형제와 종족을 나누어 서쪽 변경의 여러 성으로 옮기게 하십시오. 은혜로 어루만지고 법으로 단속하여 흩어져 사는 사람들이 나라의 허와 실을 알지 못하게 하십시오. 지금 중원이 아직 평정되지 않아서 자축(資畜)은 마땅히 넓혀야 하는데, 관사가 함부로 하는 바가 많아서 떠돌아 다니며 먹는 자가 적지 않습니다. 한 사내가 경작하지 않으면 해마다 그것을 받아서 굶주릴 것이니, 반드시 경작에서 취하여 그것을 먹는 것입니다. 한 사람이 한 사람의 힘으로 먹는데, 떠돌며 먹는 자가 수만이면 손해 또한 그와 같을 것이니, 어찌 집안 사람들에게 족하도록 주고 다스림이 승평에 이르겠습니까? 전하가 고금의 일을 내려 보심이 많은데, 정치의 큰 근심은 이보다 심한 것이 없습니다. 경략(經略)이 있어 출세하고 재주가 세상이 구하는 바에 맞는 경우에는 스스로 필요함에 따라서 그것을 두어 지위를 줄세우는 것이고, 이것이 아니면 이미 지난 것입니다. 그 경작하여 먹고 누에 지어 옷입는 것은 또한 하늘의 도리입니다. 전하는 성스러운 성품과 너그러운 총명함으로 생각하고 말함이 목마른 것과 같으므로, 사람이 꼴 베는 자를 다하더라도 범함은 있어도 감춤은 없습니다. 전에 참군 왕헌, 대부 유명은 모두 충성을 다하여 정성을 바쳐서 지극한 말을 아뢰었는데, 비록 역린(逆鱗)이 꽤 있지만 뜻은 꾸짖지 않을 바였지만, 주관한 자가 요망한 말로 군주를 범하였다 하여 법에 이르렀습니다. 전하는 자애롭고 넓게 감싸고 받아들이셔서 그 대벽을 용서하였지으나, 여전히 관직을 삭탈하고 금고시켜서 조정에 불치하였습니다. 그 말이 맞다면 전하가 마땅히 진실로 그것을 받아들여야 하는 것이고, 만약 그것이 아니라면 마땅히 그 경솔하고 성급함을 헤아려려 합니다. 간언하는 신하에게 죄를 주고 직언을 구하는 것은 오히려 북쪽으로 가서 월(越)에 나아가는 것이니 어찌 얻음이 있겠습니까? 우장사 송해 등이 눈썹과 얼굴에 아부하는 기색을 띠고 간언하는 자들을 가벼이 탄핵하니, 자신이 뼈가 없어서 남을 미워함이 있고 눈과 귀를 가리는 것은 충성스럽지 못함이 심한 것입니다. 4가지 업은 나라의 자산이고 가르치고 배우는 것은 나라에 번성하는 일이 있습니다. 전쟁을 익히고 농사에 힘쓰는 것은 특히 그 기본이고, 모든 공인과 상인은 오히려 그 말단일 뿐입니다. 마땅히 군국에 필요한 바를 헤아려 그 인원만 두고, 그 밖에는 농촌에 돌려보내어 싸우는 법을 가르치십시오. 학생 중 3년이 지나도 이루지 못한 자는 또한 마땅히 농촌으로 돌려보내야 하니, 헛되이 큰 인원에 충당하여 뛰어난 자의 앞길을 가로막게 할 수 없습니다. 신이 한 말이 마땅하다면 바라건대 때에 맞추어 빨리 시행하시고 그렇지 않다면 죄를 올리고 더하여 죽이셔서, 천하로 하여금 조정이 좋은 것을 따르는 것은 물처럼 흐르고 악한 자를 죄주는 것은 지체되지 않는다는 것을 알게 하십시오. 왕헌과 유명은 충신입니다. 바라건대 심기를 거스른 잘못을 용서하셔서 그 약석의 효과를 거두십시오."(『晉書』 109 載記 9 慕容皝)

신라	2월에 왜왕(倭王)이 서신을 보내 교류를 끊었다. (『三國史記』 2 新羅本紀 2)
신라	2월에 왜(倭)가 신라에 서신을 보내 교류를 끊었다. (『三國史節要』 4)
백제	고기(古記)에 전한다. " (…) 다루왕(多婁王) 2년 정월에 시조 동명(東明)의 사당을 배알하였다. (…) 계왕(契王) 2년 여름 4월에 (…) 모두 위와 같이 행하였다. (『三國史記』 32 雜志 1 祭祀)
백제	여름 4월에 백제왕이 시조 동명의 사당을 배알하였다. (『三國史節要』 4)
고구려	겨울 10월에 전연왕 모용황이 모용각(慕容恪)으로 하여금 와서 공격하게 하니, 남소성(南蘇城)을 함락시켜 수비병을 두고 돌아갔다. (『三國史記』 18 高句麗本紀 6)
고구려	겨울 10월에 전연왕 모용황이 모용각으로 하여금 고구려를 공격하게 하니, 남소성을 함락시켜 수비병을 두고 돌아갔다. (『三國史節要』 4)
고구려	겨울 10월에 전연왕 모용황이 모용각으로 하여금 고구려를 공격하게 하니, 남소성을 함락시켜 수비병을 두고 돌아갔다. (『資治通鑑』 97 晉紀 19 孝宗穆皇帝 上之上)
고구려	모용각이 고구려 남소성을 공격하여 이기니, 수비병을 두고 돌아갔다. (『晉書』 109 載記 9 慕容皝)
고구려	대국(代國) 소성제(昭成帝) 건국(建國) 8년(345)에 모용황(慕容晃)이 일두귀(逸豆歸)를 정벌하였다. 일두귀가 그에 맞섰으나, 모용황에게 패하여 그 효장(驍將) 섭역간(涉亦干)을 죽였다. 일두귀가 멀리 사막 북쪽으로 달아났다가 마침내 고구려로 도망

	갔다. 모용황이 그 부중(部衆) 5,000여 락(落)을 창려(昌黎)로 옮기니, 이로부터 흩어지고 사라졌다. (『魏書』103 列傳 91 匈奴 宇文莫槐)
고구려	건국 8년(345)에 모용황이 일두귀를 정벌하였다. 일두귀가 그에 맞섰으나, 모용황에게 패하여 그 효장 섭역간을 죽였다. 일두귀가 멀리 사막 북쪽으로 달아났다가 마침내 고구려로 도망갔다. 모용황이 그 부중 5,000여 락을 창려로 옮기니, 이로부터 흩어지고 사라졌다. (『北史』98 列傳 86 匈奴宇文莫槐)
고구려	전연 모용황이 오래 말달리니, 환도성(丸都城)의 산길이 드러났다.[『십육국춘추(十六國春秋)』 전연록(前燕錄)에 전한다. "전연왕 모용황의 9년(345)에 황이 고구려(高句驪)를 정벌하였는데, 승세를 타고 오래 말달려 마침내 환도성에 들어갔다. 고구려왕 쇠가 단기로 달아나 숨었다. 황은 이에 그 아버지의 묘를 파서 그 시체와 어머니, 아내, 진귀한 보물을 싣고 남녀 5만여 구를 빼앗았으며, 그 궁궐에 불을 질러 환도성을 훼손하고 돌아갔다." 곧 불내성(不耐城)이다]. (『翰苑』30 蕃夷部 高麗)

346(丙午/신라 흘해이사금 37/고구려 고국원왕 16/백제 계왕 3, 근초고왕 1/東晉 永和 2/倭 仁德 34)

가야	거질미왕(居叱彌王)은[혹은 금물(今勿)이라고도 한다.] 김씨이다. 영평(永平)원년(291)에 즉위하여 56년 간 다스렸다. 영화(永和) 2년 병오(丙午) 7월 8일에 돌아가셨다. 왕비는 아간(阿干) 아궁(阿躬)의 손녀 아지(阿志)인데, 왕자 이품(伊品)을 낳았다. 이시품왕(伊尸品王)은 김씨이다. 영화 2년에 즉위하였다. (『三國遺事』2 紀異 2 駕洛國記)
가야	가을 7월에 가락국왕(駕洛國王) 거질미가 돌아가셨다. 아들 이시품(伊尸品)이 즉위하였다. (『三國史節要』4)
백제	가을 9월에 계왕(契王)이 돌아가셨다. (『三國史記』24 百濟本紀 2)
백제	근초고왕(近肖古王)은 비류왕(比流王)의 둘째아들이다. 외모가 뛰어나고 훌륭하며 멀리 보는 식견이 있었다. 계왕이 돌아가시자, 왕위를 계승하였다. (『三國史記』24 百濟本紀 2)
백제	가을 9월에 백제왕 계왕이 돌아가셨다. 비류왕의 둘째아들 근초고(近肖古)가 즉위하였는데, 외모가 뛰어나고 훌륭하며 멀리 보는 식견이 있었다. (『三國史節要』4)
백제	제13대 근초고왕[비류(比流)의 둘째아들인데, 병오(丙午)에 즉위하여 29년 간 다스렸다.] (『三國遺事』1 王曆)
신라	왜병(倭兵)이 갑자기 풍도(風島)에 이르러 변방의 집들을 노략질하였고, 또 진격하여 금성(金城)을 포위하며 급히 공격하였다. 왕이 병사를 내어 서로 싸우고자 하였으나, 이벌찬(伊伐湌) 강세(康世)가 말하였다. "적들은 멀리서 와서 그 예봉을 당할 수 없으니, 그것을 누그러뜨리고 그 군사가 피로해지기를 기다리는 것만 못합니다." 왕이 그렇다고 여겨 문을 닫고 나가지 않았는데, 적들의 식량이 다하여 장차 물러나려고 하자, 강세에게 명령하여 날랜 기병을 이끌고 그들을 추격하여 달아나게 하였다. (『三國史記』2 新羅本紀 2)
신라	신라에 왜병이 갑자기 풍동에 이르러 노략질하는 일이 있었고, 또 진격하여 금성을 포위함이 빨랐다. 왕이 병사를 내어 공격하여 싸우고자 하였으나, 이벌찬 강세가 말하였다. "적들은 멀리서 와서 그 예봉을 당할 수 없으니, 그것을 누그러뜨리고 그 군사가 피로해지기를 기다리는 것만 못합니다." 왕이 그렇다고 여겨 문을 닫고 나가지 않았는데, 적들의 식량이 다하여 장차 물러나려고 하자, 강세에게 명령하여 날랜

기병을 이끌고 그들을 추격하여 달아나게 하였다. (『三國史節要』 4)

부여	13년에 그 세자 모용준(慕容儁)과 모용각(慕容恪)을 파견하여 기병 1만7,000을 이끌고 동쪽으로 가서 부여(夫餘)를 습격하여 이기고, 그 왕 및 부중(部衆) 5만여 구를 사로잡아서 돌아왔다. (『晉書』 109 載記 9 慕容皝)
부여 백제	처음에 부여가 녹산(鹿山)에 거주할 때 백제에게 침략당해 부락이 쇠락하고 흩어져서, 서쪽으로 옮겨서 전연(前燕)에 가까웠으나 대비를 갖추지 않았다. 전연왕 모용황(慕容皝)이 세자 준(儁)을 파견하여 모용군(慕容軍)·모용각·모여근(慕輿根) 3장군 및 1만7,000여 기를 이끌고 부여를 습격하게 하였다. 준은 중군에 있으면서 지휘하고 군사는 모두 각(恪)에게 맡겼다. 마침내 부여를 함락시키고 그 왕 현(玄) 및 부락 5만여 구를 사로잡아서 돌아갔다. 황이 현을 진군장군(鎭軍將軍)으로 삼고, 딸을 아내로 삼았다. (『資治通鑑』 97 晉紀 19 孝宗穆皇帝 上之上)
부여	모용황이 각과 준으로 하여금 함께 부여를 정벌하게 하였다. 준은 중군에 있으면서 지휘할 뿐이었다. 각은 몸소 화살과 돌을 맞으면서 선봉을 밀어 진격하니 향하는 곳마다 곧 무너졌다. (『晉書』 111 載記 11 慕容恪)

347(丁未/신라 흘해이사금 38/고구려 고국원왕 17/백제 근초고왕 2/東晉 永和 3/倭 仁德 35)

백제	봄 정월에 천신·지기(地祇)에게 제사지냈다. (『三國史記』 24 百濟本紀 2)
백제	고기(古記)에 전한다. "온조왕(溫祚王) 20년(2) 봄 2월에 제단을 설치하여 천지에 제사지냈다. (…) 근초고왕(近肖古王) 2년 봄 정월에 (…) 모두 위와 같이 행하였다. (『三國史記』 32 雜志 1 祭祀)
백제	봄 정월에 백제가 천지에 제사지냈다. (『三國史節要』 4)
백제	봄 정월에 진정(眞淨)을 조정좌평(朝廷佐平)에 임명하였다. 정(淨)은 왕후의 친척인데, 성품이 사납고 어질지 못하였다. 일에 임하여 작은 일을 가혹하게 하고 세력을 믿어 함부로 행동하니, 국인(國人)들이 그를 미워하였다. (『三國史記』 24 百濟本紀 2)
백제	봄 정월에 백제가 진정을 조정좌평으로 삼았다. 정은 왕후의 친척인데 사납고 작은 일을 가혹하게 하며 세력을 믿어 함부로 행동하니, 국인들이 그를 미워하였다. (『三國史節要』 4)

348(戊申/신라 흘해이사금 39/고구려 고국원왕 18/백제 근초고왕 3/東晉 永和 4/倭 仁德 36)

낙랑 대방	① 태세(大歲) 무(戊)의 해 어양(漁陽) 장무이(張撫夷)의 전(塼)〔側銘〕 ② 태세 무의 해 어양 장무이의 전(塼)〔側銘〕 ③ 태세 [신(申)]의 해 어양 장무이의 전〔側銘〕 ① 8월 8일 전을 만드니 하루 80석[의 술]이 들었습니다. 〔側銘〕 장사군(張使君)의 전〔小口銘〕 ② 조주부(趙土薄)가 선을 만드는 일을 맡아 부지런히 하여 잠자리에 눕지도 않았습니다. 〔側銘〕 장사군의 전〔小口銘〕 ③ 슬프도다. 부인께서 갑자기 백성을 등지시니 자식같은 백성들이 근심하고 슬퍼하여 아침부터 저녁까지 편안하지 못하였습니다. 영원히 현궁(玄宮; 무덤)에 계시니 애통함이 인정을 찢는 듯 합니다. 〔側銘〕 장사군〔小口銘〕 ④ 하늘이 소인(小人)을 낳아 군자를 공양하게 하니 천 사람이 벽돌을 만들어 부모를 장사지내니 이미 좋게 만들어 또 견고하게 하니 이를 기록하노라 〔側銘〕 사군(使君) 대방태수 장무이전〔小口銘〕(「張撫夷塼」)

| 신라 | 궁궐의 우물물이 갑자기 넘쳤다. (『三國史記』2 新羅本紀 2) |
| 신라 | 신라에서 궁궐의 우물물이 갑자기 넘쳤다. (『三國史節要』4) |

| 고구려 | 남소성(南蘇城)이 수비병을 드러내니, 모용각(慕容恪)이 먼저 온 것을 증명하였다[남소성은 나라 서북쪽에 있다. 십육국춘추(十六國春秋) 전연록(前燕錄)에 전하기를, "모용황(慕容晃) 12년(348)에 도요장군(度遼將軍) 모용각을 파견하여 고구려(高句驪) 남소성을 공격하여 이기자, 수비병을 두고 돌아왔다."고 한 것이 곧 이 성이다. 고려기(高麗記)에 전한다. "성은 신성(新城) 북쪽 70리의 산 위에 있다]. (『翰苑』30 蕃夷部 高麗) |

349(己酉/신라 흘해이사금 40/고구려 고국원왕 19/백제 근초고왕 4/東晉 永和 5/倭 仁德 37)

고구려	12월에 고구려왕 쇠(釗)가 이전의 동이호군(東夷護軍) 송황(宋晃)을 전연(前燕)에 보냈다. 전연왕 모용준(慕容儁)이 그를 사면하고, 이름을 고쳐 활(活)이라고 하여 중위(中尉)에 임명하였다. (『資治通鑑』98 晉紀 20 孝宗穆皇帝 上之下)
고구려	왕이 이전의 동이호군 송황을 전연에 보냈다. 전연왕 모용준이 그를 사면하고 이름을 고쳐 활이라고 하여 중위에 임명하였다. (『三國史記』18 高句麗本紀 6)
고구려	고구려왕이 이전의 동이호군 송황을 전연에 보냈다. 전연왕 모용준이 그를 사면하고 이름을 고쳐 활이라고 하여 중위에 임명하였다. (『三國史節要』4)

350(庚戌/신라 흘해이사금 41/고구려 고국원왕 20/백제 근초고왕 5/東晉 永和 6/倭 仁德 38)

| 신라 | 봄 3월에 황새가 월성(月城) 귀퉁이에 집을 지었다. (『三國史記』2 新羅本紀 2) |

| 신라 | 여름 4월에 큰 비가 열흘이나 내렸다. 평지의 물이 3·4척이나 되어 관사·사가를 떠다니고 잠기게 하였고, 산이 13곳이나 무너졌다. (『三國史記』2 新羅本紀 2) |
| 신라 | 여름 4월에 신라에서 큰 비가 열흘이나 내렸다. 평지의 물이 깊이가 3·4척이나 되어 건물을 떠다니고 잠기게 하였고, 산이 13곳이나 무너졌다. (『三國史節要』4) |

351(辛亥/신라 흘해이사금 42/고구려 고국원왕 21/백제 근초고왕 6/東晉 永和 7/倭 仁德 39)

352(壬子/신라 흘해이사금 43/고구려 고국원왕 22/백제 근초고왕 7/東晉 永和 8/倭 仁德 40)

353(癸丑/신라 흘해이사금 44/고구려 고국원왕 23/백제 근초고왕 8/東晉 永和 9/倭 仁德 41)

| 낙랑 | 영화(永和) 9년 3월 10일 요동, 한, 현도태수(玄菟太守) 령(領) 동리(佟利)가 만들었다. (「永和九年銘塼」) |

| 백제 | 봄 3월에 기노스쿠네츠노(紀宿禰角)를 백제에 보내어 처음으로 나라의 강역을 나누고, 그 땅에서 나는 산물을 모두 기록하였다. 이 때 백제의 왕족인 주군(酒君)이 무례하게 행동하였으므로 기노스쿠네츠노는 백제의 왕을 질책하였다. 그러자 백제왕은 두려워하며 쇠사슬로 주군을 묶어서 소츠히코(襲津彦)에게 딸려보내어 바쳤다. 주군은 와서 곧 이시카와노니시코리노오히토코로시(石川錦織首許呂斯)의 집으로 도망가 숨었다. 주군은 속여 말하기를, "천황은 이미 나의 죄를 용서하였다. 그러므로 그대에게 의지하여 살고 싶다."라고 하였다. 오랜 뒤에 천황은 드디어 그의 죄를 용서하였다. (『日本書紀』11 仁德紀) |

354(甲寅/신라 흘해이사금 45/고구려 고국원왕 24/백제 근초고왕 9/東晉 永和 10/倭 仁德 42)

355(乙卯/신라 흘해이사금 46/고구려 고국원왕 25/백제 근초고왕 10/東晉 永和 11/倭 仁德 43)

| 고구려 | 봄 정월에 왕자 구부(丘夫)을 옹립하여 왕태자로 삼았다. (『三國史記』 18 高句麗本紀 6) |
| 고구려 | 봄 정월에 고구려가 왕자 구부를 옹립하여 태자로 삼았다. (『三國史節要』 4) |

백제   가을 9월 경자일 초하루에 요사미노미야케(依網屯倉)에 있는 아비코(阿弭古)가 기이한 새를 잡아서 천황에게 바치며, "신은 항상 그물을 쳐서 새를 잡는데 아직까지 이와 같은 새는 잡아 보지 못하였습니다. 그러므로 기이하게 생각되어 이것을 바칩니다."라고 하였다. 천황은 주군(酒君)을 불러 새를 보이며, "이것은 무슨 새인가?"라고 물었다. 주군은 "이와 같은 새는 백제에 많이 있습니다. 길들여 사람을 따르게 할 수 있습니다. 또한 빨리 날아서 온갖 새들을 잡습니다. 백제 사람들은 이 새를 구지(俱知)[이것은 지금의 매이다.]라고 부릅니다."라고 대답하였다. 이에 그 새를 주군에게 주어 길들이게 하였는데 얼마 지나지 않아 길들일 수 있었다. 그래서 주군은 가죽으로 만든 낚싯줄을 그 발에 매고 작은 방울을 꼬리에 달아서 팔뚝 위에 올려놓고 천황에게 바쳤다. 이 날 모즈노(百舌鳥野)에 행차하여 사냥을 하였다. 그 때 꿩이 많이 날아올랐는데, 매를 놓아 잡도록 하니 잠깐 사이에 수십 마리의 꿩을 얻었다. (『日本書紀』 11 仁德紀)

고구려   겨울 12월에 왕이 사신을 파견해 전연(前燕)에 나아가서 인질을 바치며 조공을 하여 그 어머니를 청하였다. 전연왕 모용준(慕容儁)이 그것을 허락하여, 전중장군(殿中將軍) 도감(刀龕)을 파견하여 왕모 주씨(周氏)를 보내어 귀국시켰다. 왕을 정동대장군(征東大將軍)·영주자사(營州刺史)로 삼고 낙랑공(樂浪公)에 봉하였으며 고구려왕은 예전과 같았다. (『三國史記』 18 高句麗本紀 6)

고구려   겨울 12월에 고구려왕이 사신을 파견해 전연에 나아가서 인질을 바치며 조공을 하여 그 어머니를 청하였다. 전연왕 모용준이 그것을 허락하여, 전중장군 도감을 파견하여 주씨를 보냈다. 왕을 정동대장군·영주자사로 삼고 낙랑공에 봉하였으며 고구려왕은 예전과 같았다. (『三國史節要』 4)

고구려   12월에 고구려왕 쇠(釗)가 사신을 파견해 전연에 나아가서 인질을 바치며 조공을 하여 그 어머니를 청하였다. 전연왕 모용준이 그것을 허락하여, 전중장군 조감(刁龕)을 파견하여 쇠의 어머니 주씨(周氏)를 보내어 그 나라로 돌려보냈다. 쇠를 정동대장군·영주자사로 삼고 낙랑공에 봉하였으며 고구려왕은 예전과 같았다. (『資治通鑑』 100 晉紀 22 孝宗穆皇帝 中之下)

고구려   고구려왕 쇠가 사신을 파견해 은혜에 감사하며 토산물을 바쳤다. 모용준이 쇠를 영주제군사(營州諸軍事)·정동대장군·영주자사로 삼고 낙랑공에 봉하였으며 고구려왕은 예전과 같았다. (『晉書』 110 載記 10 慕容儁)

356(丙辰/신라 흘해이사금 47, 나물이사금 1/고구려 고국원왕 26/백제 근초고왕 11/東晉 永和 12/倭 仁德 44)

| 신라 | 여름 4월에 왕이 돌아가셨다. (『三國史記』 2 新羅本紀 2) |
| 신라 | 나물(奈勿)[혹은 나밀(那密)이라고도 한다.]이사금(尼師今)이 즉위하였다. 성은 김이고, 갈문왕(葛文王) 구도(仇道)의 손자이다. 아버지는 각간(角干) 말구(末仇)이고 어머니는 김씨로 휴례부인(休禮夫人)이며 비는 김씨로 미추왕(味鄒王)의 딸이다. 흘해 |

(訖解)가 돌아가시자 아들이 없어서 나물이 그를 계승하였다[말구는 미추이사금(味鄒尼師今)의 형제이다].

논하여 말한다. "아내를 취함에는 동성에서 취하지 않으니 다름을 두텁게 함이다. 이런 까닭으로 노공(魯公)이 오(吳)에서 취하고 진후(晉侯)에게 사희(四姬)가 있었던 것을 진(陳)의 사패(司敗)와 정(鄭)의 자산(子産)이 깊이 나무랐다. 신라 같으면 동성에서 취할 뿐만 아니라 형제, 아들, 고종·이종 자매를 모두 찾아가 아내로 삼는다. 비록 외국이 각각 풍속이 달라서 중국의 예로 꾸짖으면 큰 패륜이지만, 흉노(匈奴)에서 어머니를 간음하여 아들에게 보답하는 것 같은 것은 또한 이것보다 심하다." (『三國史記』 3 新羅本紀 3)

신라 　여름 4월에 신라왕 흘해가 돌아가셨다. 아들이 없어서 미추왕의 아우 말구의 아들인 김내물(金柰勿)이 즉위하였다. 어머니는 휴례부인 김씨이고 비는 김씨로 또한 미추왕의 딸이다.

　　권근(權近)이 말하였다. "김부식(金富軾)이 말하기를 '아내를 취함에는 동성에서 취하지 않으니 다름을 두텁게 함이다. 그러므로 노공이 오에서 취하고 진후에게 사희가 있었던 것을 군자가 나무랐다. 신라 같으면 동성에서 취함에 그치지 않고 또한 기공친(期功親)에 미치니, 인도의 큰 패륜이다.'라고 하였는데, 다만 배우지 못하여 스스로 잘못된 것을 깨닫지 못하니, 애석하도다!" (『三國史節要』 4)

신라 　제17대 나물마립간(奈勿麻立干)[△△왕(△△王)이라고도 하는데 김씨이다. 아버지는 갈문왕 구도(仇道)인데, 미소왕(未召王)의 아우 각간(角干) △△이라고도 한다. 어머니는 △△△△ 김씨이다. 병진(丙辰)에 즉위하여 46년 간 다스렸다. 능은 점성대(占星臺) 서남쪽에 있다.] (『三國遺事』 1 王曆)

357(丁巳/신라 나물이사금 2/고구려 고국원왕 27/백제 근초고왕 12/東晉 升平 1/倭 仁德 45)

신라 　봄에 사자를 내어 홀아비·과부·고아·독거노인을 어루만져 묻고 각각 곡식 3곡(斛)를 하사하였으며, 효성스럽고 공손하여 행동이 뛰어난 자에게는 관직 1급을 하사하였다. (『三國史記』 3 新羅本紀 3)

신라 　봄에 신라가 사자를 내어 홀아비·과부·고아·독거노인을 어루만져 묻고 사람마다 곡식 3곡을 하사하였으며, 효성스럽고 공손하여 행동이 뛰어난 자에게는 작(爵) 1급을 하사하였다. (『三國史節要』 4)

고구려 　정사년 5월 20일에 중랑과 부인을 위하여 무덤을 덮을 기와를 만들었다. 또 작민(作民) 4천으로 제사지낼 기물을 수용하여 때에 맞추어 이르게 하고 만세에 향유하도록 한다.(「禹山下 3319호분 출토 와당」)

고구려 　영화(永和) 13년(357) 10월 무자(戊子) 초하루 26일 계축(癸丑) 사지절(使持節)·도독제군사(都督諸軍事)·평동장군(平東將軍)·호무이교위(護撫夷校尉)·낙랑상(樂浪相)·창려현도대방태수(昌黎玄菟帶方太守)·도향후(都鄉侯)인 유주(幽州) 요동군(遼東郡) 평곽현(平郭縣) 도향(都鄉) 경상리(敬上里) 출신의 동수(冬壽)는 자(字)가 △안(△安)인데, 나이 69세에 벼슬하다가 돌아가셨다. (「安岳 3호분 墨書銘」)

358(戊午/신라 나물이사금 3/고구려 고국원왕 28/백제 근초고왕 13/東晉 升平 2/倭 仁德 46)

신라 　봄 2월에 직접 시조묘(始祖廟)에 제사지냈다. 보랏빛 구름이 사당 위에 쟁반처럼 돌았고, 신작(神雀)이 사당 뜰에 모여들었다. (『三國史記』 3 新羅本紀 3)

신라 　봄 2월에 신라왕이 직접 시조묘에 제사지냈다. 보랏빛 구름이 사당 위에 쟁반처럼 돌았고, 신작이 사당 뜰에 모여들었다. (『三國史節要』 4)

359(己未/신라 나물이사금 4/고구려 고국원왕 29/백제 근초고왕 14/東晉 升平 3/倭 仁德 47)

360(庚申/신라 나물이사금 5/고구려 고국원왕 30/백제 근초고왕 15/東晉 升平 4/倭 仁德 48)

361(辛酉/신라 나물이사금 6/고구려 고국원왕 31/백제 근초고왕 16/東晉 升平 5/倭 仁德 49)

고구려	축잠심(竺潛深)은 자(字)가 법심(法深)이고 성은 왕(王)이며 낭야(瑯琊) 사람이다. 동진(東晉)의 승상(丞相)·무창군공(武昌郡公) 왕돈(王敦)의 아우이다. 나이 18세에 출가하여 중주(中州) 유원진(劉元眞)을 스승으로 섬겼다. (…) 지둔(支遁)은 나중에 고구려의 도인에게 편지를 썼다. "상좌(上座) 축법심은 중주 유원진의 제자입니다. 체득한 덕이 곧고 우뚝하여 도인과 속인을 모두 다스립니다. 지난날 수도에서 불법의 기강을 유지하여, 나라 전체에서 모두 우러르는 도를 넓히신 뛰어난 분입니다. 근자에 도업이 더욱 깨끗해져서 세속의 더러움을 참지 못했습니다. 그래서 방을 산택(山澤)에 꾸며 덕을 닦으면서 한가로이 지내자 생각하셨습니다. 지금은 섬현(剡縣)의 앙산(仰山)에 계십니다. 같이 노니는 이들과 함께 도의를 논설하십니다. 조용히 사는 삶이 하도 깨끗하여, 멀거나 가깝거나 모두들 영탄합니다." 동진 영강(寧康) 2년(374)에 산관(山館)에서 죽으니, 나이가 89세였다. (『高僧傳』 4 義解 1 竺潛深 7)
고구려	고구려국(高句驪國) 도인에게 준 편지[지도림(支道林)] (『出三藏記集』 12)

362(壬戌/신라 나물이사금 7/고구려 고국원왕 32/백제 근초고왕 17/東晉 隆和 1/倭 仁德 50)

신라	여름 4월에 시조묘(始祖廟) 뜰의 나무에 가지가 이어졌다. (『三國史記』 3 新羅本紀 3)
신라	여름 4월에 신라 시조묘 뜰의 나무에 가지가 이어졌다. (『三國史節要』 4)

363(癸亥/신라 나물이사금 8/고구려 고국원왕 33/백제 근초고왕 18/東晉 隆和 2, 興寧 1/倭 仁德 51)

364(甲子/신라 나물이사금 9/고구려 고국원왕 34/백제 근초고왕 19/東晉 興寧 2/倭 仁德 52)

신라	여름 4월에 왜병(倭兵)이 크게 이르렀다. 왕이 그것을 듣고 대적하지 못할까 두려워하여 풀로 사람모양 수천 개를 만들어서 옷을 입혀 무기를 갖게 하고 토함산(吐含山) 아래에 줄지어 세웠으며, 날랜 병사 1,000명을 부현(斧峴) 동쪽 벌판에 매복시켰다. 왜인(倭人)이 많음을 믿고 곧바로 진격하자, 복병이 나와서 불의에 공격하였다. 왜인이 크게 패하여 달아나자, 추격하여 그들을 죽인 것이 셀 수 없었다. (『三國史記』 3 新羅本紀 3)
신라	여름 4월에 왜병이 신라에 크게 이르렀다. 왕이 그것을 듣고 두려워하여 풀로 사람모양 수천 개를 만들어서 무기를 갖게 하고 토함산 아래에 줄지어 세웠으며, 날랜 병사 1,000명을 부현 동쪽 벌판에 매복시켰다. 왜인이 많음을 믿고 곧바로 진격하자, 복병이 나와서 불의에 공격하였다. 왜인이 크게 패하여 달아나자, 추격하여 그들을 죽인 것이 셀 수 없었다. (『三國史節要』 4)

365(乙丑/신라 나물이사금 10/고구려 고국원왕 35/백제 근초고왕 20/東晉 興寧 3/倭 仁德 53)

신라	신라가 조공을 하지 않았다. (『日本書紀』 11 仁德紀)
신라	여름 5월 가미츠케노노키미(上毛野君)의 조상인 다카하세(竹葉瀬)를 신라에 보내어 조공을 하지 않은 일을 문책하였다. 가는 도중에 흰 사슴을 잡았으므로 돌아와 천황

에게 바치고, 다시 날을 받아 출발하였다. 잠시 후에 또다시 다카하세의 아우인 다치(田道)를 보내면서 조서를 내리기를, "만약 신라가 대항하거든 군사를 일으켜 공격하라."고 하고, 날랜 병사를 주었다. 신라는 군사를 일으켜 맞섰다. 이 때 신라인은 매일 싸움을 걸어왔다. 그러나 다치는 요새를 굳게 지키고 나가지 않았다. 그 때 신라 군졸 한 명이 진영 밖으로 나온 것을 붙잡아다가 동정을 물으니, "힘센 사람이 있어 백충(百衝)이라 하는데 그는 날래고 용감하여 항상 군의 오른쪽 선봉이 되고 있다. 그러니 기회를 엿보아 왼쪽을 공격하면 물리칠 수 있을 것이다."라고 대답하였다. 그 때 신라군이 왼쪽을 비워놓고 오른쪽을 방비하였다. 이에 다치는 날랜 기병을 계속하여 보내 그 왼쪽을 공격하였다. 그리하여 신라군이 무너지자, 그 틈을 타 병사를 풀어 수백 명의 사람을 죽이고 4읍의 백성을 사로잡아 돌아왔다. (『日本書紀』11 仁德紀)

366(丙寅/신라 나물이사금 11/고구려 고국원왕 36/백제 근초고왕 21/東晉 太和 1/倭 仁德 54)

백제　　　46년 봄 3월 을해일 초하루에 시마노스쿠네(斯摩宿禰)를 탁순국(卓淳國)에 파견하였다[시마노스쿠네는 어떤 성(姓)의 사람인지 모른다]. 이리하여 탁순왕 말금루기(末錦旱岐)가 시마노스쿠네에게 고하였다. "갑자년(364) 7월에 백제인 구저(久氐)·미주류(彌州流)·막고(莫古) 3인이 우리 땅에 도착해서 말하였습니다. '백제왕이 동쪽에 일본 귀국이 있다는 것을 듣고 신들을 파견해 귀국에 조공하게 하였으므로, 도로를 찾아서 이 땅에 이르렀습니다. 만약 신들에게 가르쳐주셔서 도로가 통하게 해주실 수 있다면, 우리 왕은 반드시 군왕(君王)을 깊이 덕화(德化)할 것입니다.' 이 때에 구저 등에게 말하였습니다. '본래 동쪽에 귀국이 있다는 것을 들었으나 아직 일찍이 통함이 없었다. 그 길을 몰라서 오직 바다가 물결치고 험한 곳에 이르면 큰 배를 타고 겨우 통할 수 있으니, 만약 비록 길과 나루터가 있더라도 어떻게 이를 수 있겠는가?' 이리하여 구저 등이 말하기를, '그러면 당장 지금은 통할 수 없으니, 다시 돌아가 배를 준비하여 나중에 통함만 못합니다.'라고 하였고, 이어서 말하기를, '만약 귀국의 사인이 오는 일이 있다면 반드시 우리나라에 고해야 합니다.'라고 하였습니다. 이와 같이 하고 곧 돌아갔습니다." 이에 시마노스쿠네는 곧 겸인(傔人) 니하야(爾波移)와 탁순인 과고(過古) 2인을 백제국에 파견하여 그 왕을 위로하였다. 이 때에 백제의 초고왕(肖古王)은 깊이 기뻐하며 후하게 대우하였다. 이어서 5색의 채견(綵絹) 각 1필 및 각궁, 화살, 그리고 철정(鐵鋌) 40매를 니하야에게 예물로 주었다. 곧 다시 보물창고를 열어서 여러 진기한 것들을 보여주며 말하였다. "우리나라에는 이런 진기한 보물이 많으나, 귀국에 바치고자 해도 도로를 몰라 뜻은 있으나 따를 바가 없습니다. 그러니 지금 사자를 붙여 곧 바칠 따름입니다." 이리하여 니하야가 받들고 섬기며 돌아와서 시마노스쿠네에게 고하니, 곧 탁순으로부터 돌아왔다. (『日本書紀』9 神功紀)

신라 백제　　봄 3월에 백제인이 와서 방문하였다. (『三國史記』3 新羅本紀 3)
백제 신라　　봄 3월에 사신을 파견해 신라를 방문하였다. (『三國史記』24 百濟本紀 2)
백제 신라　　봄 3월에 백제가 사신을 파견해 신라를 방문하였다. (『三國史節要』4)

신라　　　여름 4월에 크게 홍수가 나서 산이 13곳이나 무너졌다. (『三國史記』3 新羅本紀 3)
신라　　　여름 4월에 신라에 크게 홍수가 나서 산이 13곳이나 무너졌다. (『三國史節要』4)

367(丁卯/신라 나물이사금 12/고구려 고국원왕 37/백제 근초고왕 22/東晉 太和 2/倭 仁德 55)

백제 신라　　여름 4월 백제왕이 구저(久氐)·미주류(彌州流)·막고(莫古)를 보내 조공하였다. 이 때 신라국의 조사(調使)가 구저와 함께 예방하였다. 이에 황태후와 태자 호무타와케노미코토(譽田別尊)가 대단히 기뻐하면서 말하기를, "선왕이 바라던 나라의 사람들이 지금 와서 조공하니 슬프다 천황이 보지 못함이여"라 하였다. 여러 신하들이 모두 눈물을 흘리지 않음이 없었다. 곧 두 나라의 공물을 조사하였는데 신라의 공물은 진기한 것이 매우 많았으나, 백제의 공물은 적고 천하여 좋지 않았다. 구저 등에게 물어 말하기를, "백제의 공물이 신라보다 못한 것은 어째서 인가"라 하였다. 대답하기를, "신 등이 길을 잃어 사비신라(沙比新羅)에 이르렀는데 신라인들이 신 등을 가두고 3개월이 지나 죽이려 하였습니다. 이때 구저 등이 하늘을 향하여 저주하니 신라인들이 그 저주를 두려워하여 죽이지는 않고 우리의 공물을 빼앗아 자신들 나라의 공물로 하고 신라의 천한 물건을 서로 바꾸어 신들의 나라의 공물로 하였습니다. 신 등에게 일러 말하기를, '만일 이 일을 잘 못 말하면 돌아오는 날 마땅히 너희들을 죽일 것이다.'고 하였습니다. 그래서 구저 등이 두려워하며 따랐습니다. 이 때문에 겨우 천조(天朝)에 도착할 수 있었습니다."하였다. 이 때 황태후와 호무타와케노미코토가 신라 사신을 꾸짖고 천신(天神)에게 기도하여 말하기를, "누구를 백제에 보내고 장사 일의 허실을 조사하게 하며 누구를 신라에 보내어 그 죄를 묻도록 하는 것이 좋겠습니까?" 하였다. 천신이 가르쳐 말하기를, "다케시우치노스쿠네(武內宿禰)로 하여금 의논케 하고, 치쿠마나가히코(千熊長彦)를 사자로 삼으면 원하는 대로 될 것이다." 하였다. [치쿠마나가히코는 그 성을 분명히 알지 못하는 사람이다. 어떤 이는 무사시노쿠니(武藏國) 사람이니 지금의 누가타노베(額田部) 츠키모토노오비토(槻本首) 등의 시조라고 한다. 백세기(百濟記)에 치쿠마나나가히코(職麻那那加比跪)라고 하는 사람이 대체로 이 사람인 듯 하다.] 이에 치쿠마나가히코를 신라에 보내 백제의 헌물을 더럽혔다고 꾸짖었다. (『日本書紀』 9 神功紀)

368(戊辰/신라 나물이사금 13/고구려 고국원왕 38/백제 근초고왕 23/東晉 太和 3/倭 仁德 56)

| 백제 | 봄 3월 정사 초하루에 일식이 있었다. (『三國史記』 24 百濟本紀 2) |
| 백제 | 봄 3월 정사 초하루에 백제에 일식이 있었다. (『三國史節要』 4) |

백제 신라	봄 3월에 사신을 보내 신라에 좋은 말 2필을 보냈다. (『三國史記』 24 百濟本紀 2)
백제 신라	봄 3월에 백제에서 신라에 사신을 보내 좋은 말 2필을 보냈다. (『三國史節要』 4)
신라 백제	봄에 백제에서 사신을 보내 좋은 말 2필을 올렸다. (『三國史記』 3 新羅本紀 3)

369(己巳/신라 나물이사금 14/고구려 고국원왕 39/백제 근초고왕 24/東晉 太和 4/倭 仁德 57)

백제 신라 가야

봄 3월 아라타와케(荒田別)와 가가와케(鹿我別)를 장군으로 삼았다. 구저(久氐) 등과 함께 군대를 정돈하여 탁순국(卓淳國)으로 건너가서 신라를 치려고 하였다. 이 때 어떤 사람이 이르기를, "군사가 적으면 신라를 깨뜨릴 수 없다. 다시 사백(沙白)·개로(蓋盧)를 보내 군사를 늘려 주도록 요청하십시요"라 하였다. 곧 목라근자(木羅斤資)와 사사노궤(沙沙奴跪)[이 두 사람은 그 성을 모르는데 다만 목라근자는 백제 장군이다]에게 정예 병력을 이끌고 사백·개로와 함께 가도록 명하였다. 함께 탁순국에 모여 신라를 격파하고, 비자발(比自㶱)·남가라(南加羅)·탁국(喙國)·안라(安羅)·다라(多羅)·탁순(卓淳)·가라(加羅)의 7국을 평정하였다. 또 군대를 옮겨 서쪽으로 돌아 고해진(古奚津)에 이르러 남쪽의 오랑캐 침미다례(忱彌多禮)를 무찔러 백제에게 주었다. 이에 백제왕 초고(肖古)와 왕자 귀수(貴須)가 군대를 이끌고 와서 만났다. 이 때 비리(比利)·벽중(辟中)·포미지(布彌支)·반고(半古)의 4읍이 스스로 항복하였다. 그래서 백제왕 부자와 아라타와케·목라근자 등이 의류촌(意流村)[지금은 주류수기(州流須祇)

라 한다]에서 함께 서로 만나 기뻐하고 후하게 대접하여 보냈다. 오직 치쿠마나가히코(千熊長彦)와 백제왕은 백제국에 이르러 벽지산(辟支山)에 올라가 맹세하였다. 나시 고사산(古沙山)에 올라가 함께 반석 위에 앉아서 백제왕이 "만약 풀을 깔아 자리를 만들면 불에 탈까 두렵고 또 나무로 자리를 만들면 물에 떠내려갈까 걱정된다. 그러므로 반석에 앉아 맹세하는 것은 오래도록 썩지 않을 것임을 보여주는 것이니, 지금 이후로는 천년 만년 영원도록 늘 서쪽 번국이라 칭하며 봄 가을로 조공하겠다"라고 맹세하였다. 그리고 치쿠마나가히코를 데리고 도읍에 이르러 후하게 예우를 더하고 구저 등을 딸려서 보냈다. (『日本書紀』 9 神功紀)

| 백제 | 태화(泰和) 4년 5월 16일 병오일의 한낮에 백번이나 단련된 철로 된 칠지도(七支刀)를 만들었다. (이 칼은) 모든 병해(兵害)를 물리칠 수 있고 후왕(侯王)에게 주기에 알맞다. △△△△가 만든 것이다. (「七支刀銘」 앞면) |
| 백제 | 선세(先世) 이래로 아직까지 이런 칼이 없었는데, 백제왕세자(百濟王世子)가 뜻하지 않게 성음(聖音)이 생긴 까닭에 왜왕(倭王)을 위하여 정교하게 만들었으니 후세에 전하여 보이도록 할 것이다. (「七支刀銘」 뒷면) |

고구려 백제	가을 9월에 왕이 군사 2만으로 남쪽 백제를 쳤는데, 치양(雉壤)에서 싸워 크게 졌다. (『三國史記』 18 高句麗本紀 6)
백제 고구려	가을 9월에 고구려 왕 사유(斯由)가 보병과 기병 2만 명을 거느리고 치양(雉壤)에 와서 주둔하며 군사를 나누어 민가를 약탈하였다. 왕이 태자에게 보내 군사가 지름길로 치양에 이르러 불시에 공격하여 그들을 격파하고, 5,000여 명을 사로잡았다. 사로잡아 얻은 것은 장병에게 나누어 주었다. (『三國史記』 24 百濟本紀 2)
고구려 백제	가을 9월에 고구려 왕이 보병과 기병 2만 명을 거느리고 백제를 쳤는데, 치양에 주둔하여 군사를 나누어 민가를 약탈하였다. 백제 왕이 태자를 보내 군사가 지름길로 치양에 이르러 불시에 공격하여 그들을 격파하고, 5,000여 명을 사로잡아 장병에게 나누어 주었다. (『三國史節要』 4)

| 백제 | 겨울 11월에 한수(漢水) 남쪽에서 군사를 사열하였는데, 깃발은 모두 황색을 사용하였다. (『三國史記』 24 百濟本紀 2) |
| 백제 | 겨울 11월에 한수 남쪽에서 군사를 사열하였는데, 깃발은 모두 황색을 사용하였다. (『三國史節要』 4) |

370(庚午/신라 나물이사금 15/고구려 고국원왕 40/백제 근초고왕 25/東晉 太和 5/倭 仁德 58)

| 백제 | 봄 2월 아라타와케(荒田別) 등이 돌아왔다. (『日本書紀 9 神功紀) |

| 백제 삼한 | 여름 5월 치쿠마나가히코(千熊長彦)와 구저(久氐) 등이 백제로부터 이르렀다. 이 때 황태후가 기뻐하며 구저에게 묻기를, "바다 서쪽의 여러 한(韓)을 이미 너희 나라에 주었는데 지금 무슨 일로 이리 자주 오느냐"고 하였다. 구저 등이 아뢰기를, "천조(天朝)의 큰 은택이 멀리 우리나라에까지 미쳤으므로 우리 왕이 기쁨에 넘쳐 그 마음을 가눌 수 없어서 돌아가는 사신 편에 지극한 정성을 바치는 것입니다. 비록 만세까지라도 어느 해인들 조공하지 않겠습니까"라고 하였다. 황태후가 명하기를, "너의 말이 훌륭하구나. 이는 나의 생각이기도 하다"라 하고 다사성(多沙城)을 더 주어 오고 가는 길의 역참으로 삼게 했다. (『日本書紀』 9 神功紀) |

| 고구려 | 겨울 10월에 오국(吳國)·고려국이 함께 조공하였다. (『日本書紀』 11 仁德紀) |

부여 고구려	(11월) 무인일(7)에 연(燕)의 산기시랑(散騎侍郎) 여울(餘蔚)이 부여(扶餘)·고구려 그리고 상당(上黨)의 질자 500명을 거느리고 밤에 업(鄴)의 북쪽 문을 열고 진(秦)의 군사를 받아들이니 연의 주군인 모용위(慕容暐)와 상용왕(上庸王) 모용평(慕容評), 낙안왕(樂安王) 모용장(慕容臧), 정양왕(定襄王) 모용연(慕容淵), 상위장군(左衛將軍) 맹고(孟高), 전중장군(殿中將軍) 애랑(艾朗) 등이 용성(龍城)으로 달아났다. (『資治通鑑』102 晉紀 24 海西公 下)
고구려	산기시랑 서울(徐蔚) 등이 부여와 고구려 및 상당의 질자 500명을 거느리고 밤에 성문을 열어 부견을 받아들였다. (『晉書』113 載記 13 苻堅 上)

고구려 요동	(11월) 신사일(10)에 진왕(秦王) 부견(苻堅)이 업에 있는 궁전에 들어갔다. (…) 곽경(郭慶)이 용성(龍城)에 이르니 태부(太傅) 모용평이 고구려로 달아나고, 고구려는 모용평을 잡아서 진(秦)으로 호송하였다. 선도왕(宜都王) 모용환(慕容桓)이 진동장군(鎭東將軍) 발해왕(勃海王) 모용량(慕容亮)을 죽이고 그의 무리를 합병하고서 요동으로 달아났다. 요동태수 한조(韓稠)가 먼저 이미 진에 항복했는데, 모용환이 도착하였으나 들여보내지 않자 이를 공격하였으나 이기지 못하였다. 곽경이 장군 주억(朱嶷)을 파견하여 이를 쳤다. 모용환이 무리를 버리고 홀로 달아나니 주억이 그를 잡아 죽였다. (『資治通鑑』102 晉紀 24 海西公 下)
고구려	진의 왕맹(王猛)이 연을 정벌하여 무너뜨렸다. 연의 태부 모용평이 도망해오자 왕이 잡아서 진으로 보냈다. (『三國史記』18 高句麗本紀 6)
고구려	진의 왕맹이 연을 정벌하여 무너뜨렸다. 태부 모용평이 고구려에 도망오자 왕이 잡아서 진으로 보냈다. (『三國史節要』4)
고구려	부견이 드디어 업을 공격하여 함락시켰다. 모용위(慕容暐)가 고양(高陽)으로 도망치니 부견의 장수 곽경이 그를 잡아 보냈다. 부견이 업궁에 들어가 그 명적(名籍)을 보니 무릇 157郡, 1,579縣, 245만 8,969戶에 998만 7,935명이었다. 여러 주군과 목수(牧守) 및 6이(夷)의 거수(巨帥)들이 부견에게 모두 항복하였다. 곽경이 잔당들을 추격하자 모용평이 고구려로 도망갔다. 곽경이 그를 추격하여 요해(遼海)에 이르니 고구려가 모용평을 포박하여 보냈다. (『晉書』113 載記 13 苻堅 上)

371(辛未/신라 나물이사금 16/고구려 고국원왕 41, 소수림왕 1/백제 근초고왕 26/東晉 咸安 1/倭 仁德 59)

백제	봄 3월 백제왕이 또 구저(久氐)를 보내어 조공하였다. 이에 황태후가 태자와 다케시우치노스쿠네(武內宿禰)에게 말하였다. "내가 백제국과 교류하여 친하게 지내는 것은 하늘이 이르게 한 것이지 사람에 의한 것이 아니다. 진기한 물건들은 전에는 없었던 것인데 해를 거르지 않고 늘 와서 바치니 이런 정성을 생각할 때마다 기쁘다. 내가 있을 때처럼 은혜를 돈독하게 하라." 이 해에 치쿠마나가히코(千熊長彦)를 구저 능에게 딸려 백제국에 보냈다. 큰 은혜를 내려 말하였다. "나는 신의 징험한 바를 따라 처음으로 길을 열고 바다 서쪽을 평정하여 백제에게 주었다. 지금 다시 두텁게 우의를 맺고 길이 은총을 내리리라." 이 때 백제왕 부자는 함께 이마를 땅에 대고 아뢰었다. "귀국(貴國)의 큰 은혜는 하늘과 땅보다 무거우니 어느 날 어느 때인들 감히 잊을 수 있으리요. 성스러운 왕이 위에 있어 해와 달같이 밝고 신이 아래에 있어 산악과 같이 굳세니 길이 서쪽 번국(蕃國)이 되어 끝내 두 마음이 없을 것이오". (『日本書紀』9 神功紀)

백제 고구려	고구려가 군사를 움직여 왔다. 왕이 이를 듣고 패하(浿河)가에 군사를 배복시키고 그들이 이르기를 기다렸다가 갑자기 공격하였다. 고구려 군사가 패배하였나. (『三國史記』 24 百濟本紀 2)	
고구려 백제	고구려가 군사를 움직여 백제를 침략하였다. 왕이 이를 듣고 패하가에 군사를 배복시키고 그들이 이르기를 기다렸다가 갑자기 공격하였다. 고구려 군사가 패배하였다. (『三國史節要』 4)	

고구려 백제	겨울 10월에 백제왕이 군사 3만을 거느리고 평양성을 공격해 왔다. 왕이 군사를 내어 막다가 흐르는 화살에 맞았다. (『三國史記』 18 高句麗本紀 6)	
백제 고구려	겨울 10월에 백제 왕과 태자가 정예군 3만명을 거느리고 고구려를 침입하여 평양성을 공격하였다. 고구려 왕 쇠(釗)가 힘을 다해 싸워 막다가 흐르는 화살에 맞아 돌아가셨다. 백제 왕이 군사를 이끌고 물러났다. 고구려 태자 구부(丘夫)가 즉위하였는데, 키가 크고 웅대한 계략이 있었다. 왕을 고국(故國)의 들판에 장사지냈다. 인하여 호(號)로 삼았다. (『三國史節要』 4)	
백제 고구려	겨울에 왕과 태자가 정예군 3만명을 거느리고 고구려를 침입하여 평양성을 공격하였다. 고구려 왕 사유(斯由)가 힘을 다해 싸워 막다가 흐르는 화살에 맞아 돌아가셨다. 왕이 군사를 이끌고 물러났다. (『三國史記』 24 百濟本紀 2)	
백제 고구려	연흥(延興) 2년(472)에 백제왕 여경(餘慶)이 처음으로 사신을 보내어 표를 올려 말하였다. (…) 또 말하기를, "신은 고구려와 함께 부여에서 나왔으므로 선대(先代)에는 우의를 매우 돈독히 하였습니다. 그런데 그들의 선조인 쇠가 이웃 간의 우호를 가볍게 깨뜨리고 몸소 군사를 거느리고 신의 국경을 짓밟았습니다. 그리하여 신의 선조인 수가 군사를 정돈하고 번개처럼 달려가서 기회를 타 돌풍처럼 공격하여, 화살과 돌이 오고 간지 잠깐만에 쇠의 머리를 베어 높이 매달으니, 그 이후부터는 감히 남쪽을 돌아보지 못하였습니다. (…) (『魏書』 100 列傳 88 百濟)	

고구려 백제	(겨울 10월) 이 달 23일에 돌아가셨다. 고국원(故國原)에 장사지냈다[백제 개로왕이 위(魏)에 표(表)를 보내어 말하기를 "쇠의 머리를 베어 매달았다."고 하였는데 지나친 말이다]. (『三國史記』 18 高句麗本紀 6)	
고구려	(겨울 10월) 태자 구부(丘夫)가 즉위하였는데, 키가 크고 웅대한 계략이 있었다. 왕을 고국원에 장사지냈다. 인하여 호(號)로 삼았다. (『三國史節要』 4)	
고구려 백제	쇠는 뒤에 백제에게 죽임을 당하였다. (『魏書』 100 列傳 88 高句麗)	
고구려 백제	쇠는 뒤에 백제에게 죽임을 당하였다. (『北史』 94 列傳 82 高句麗)	
고구려 백제	소열제(昭列帝)는 뒤에 백제에게 죽임을 당하였다. (『隋書』 81 列傳 46 東夷 高麗)	
고구려	소수림왕[소해주류왕(小解朱留王)이라고도 한다]은 이름이 구부이고 고국원왕의 아들이다. 키가 크고 웅대한 계략이 있었다. 고국원왕 25년(355)에 책립하여 태자를 삼았고, 41년 왕이 돌아가시자 태자가 즉위하였다. (『三國史記』 18 高句麗本紀 6)	

백제	겨울 10월 백제가 도읍을 한산(漢山)으로 옮겼다. (『三國史節要』 4)	
백제	겨울 도읍을 한산으로 옮겼다. (『三國史記』 24 百濟本紀 2)	
백제 고구려	고전기(古典記)를 살펴보니, " (…) 13대 근초고왕대에 이르러 고구려의 남평양(南平壤)을 빼앗아 한성(漢城)에 도읍하고 105년을 지냈다. (…) "고 하였다. (『三國史記』 37 雜志 6 地理 4 百濟)	
백제 고구려	13대 근초고왕대에 이르러 함안 원년에 고구려의 남평양을 빼앗아 북한성(北漢城)[지금의 양주(楊州)이다]에 도읍하고 105년을 지냈다. (『三國遺事』 2 紀異 2 南扶餘 前百濟 北扶餘)	

372(壬申/신라 나물이사금 17/고구려 소수림왕 2/백제 근초고왕 27/東晉 咸安 2/倭 仁德 60)

백제	봄 정월 신축일(7)에 백제·임읍왕(林邑王)이 각각 사신을 보내 토산물을 바쳤다. (『晉書』 9 帝紀 9 簡文帝)
백제	봄 정월에 사신을 보내 진(晉)에 들어가 조공하였다. (『三國史記』 24 百濟本紀 2)
백제	봄 정월에 백제에서 사신을 보내 진에 가서 조공하였다. (『三國史節要』 4)
백제	진 간문제(簡文帝) 함안 2년 정월에 백제왕이 사신을 보내 특산품을 바쳤다. (『册府元龜』 963 外臣部 8 封冊 1)
요동	2월에 부견(苻堅)이 모용환(慕容桓)을 요동에서 치고 멸망시켰다. (『晉書』 9 帝紀 9 簡文帝)
고구려	여름 6월에 진(秦)왕 부견(苻堅)이 사신과 승려 순도(順道)를 보내 불상과 경문(經文)을 보냈다. 왕이 사신을 보내 사례하고 토산물을 바쳤다. 태학(太學)을 세워 자제를 교육하였다. (『三國史記』 18 高句麗本紀 6)
고구려	6월에 진왕 부견이 사신과 승려 순도를 보내고 불상과 불경을 고구려에 보냈다. 왕이 사신을 보내 사례하고 토산물을 바쳤다. 그 책으로 자제를 교육시켰고 고구려의 불법은 여기에서 시작되었다. (『三國史節要』 4)
고구려	고구려 제17대 해미류왕(解味留王)[혹은 소수림왕] 2년 임신년 여름 6월에 진왕 부견이 사신과 승려 순도를 시켜 불상과 경문을 보내었다. 이에 임금과 신하들은 예의를 갖추어 성문까지 나가 맞아들였으며, 정성을 다해 믿고 공경하니 감격과 경사가 널리 퍼졌다. 왕은 사신을 보내어 감사의 뜻으로서 토산물을 바쳤다. 혹은 순도는 동진(東晉)에서 와서 처음으로 불법을 전했다고 하지만, 진(秦)과 진(晉)을 구별할 수가 없으니 어느 것이 옳고 어느 것이 그른가. 스님은 일찍이 다른 나라에 와서 서역의 자비의 등불을 전하고 동이(東暆)에 지혜의 해를 매달아, 인과로써 보이고 화복으로 유인하여 난초처럼 향기를 피우고 안개처럼 적시니, 차츰 그 습속에 젖어들었다. 그러나 세상은 소박하고 백성들은 순후하여 그 교화하는 까닭을 알지 못하였으므로, 스님이 비록 학문이 깊고 아는 것이 많았으나 아직은 많은 것을 펴지 못하였다. 마등(摩騰)이 후한에 들어온 때부터 지금에 이르기까지 200여년이다. 그 뒤 4년(374)에 신승(神僧) 아도(阿道)가 위(魏)에서 들어왔으며[옛 글에 있음] 처음으로 성문사(省門寺)를 창건하여 순도를 머무르게 하였다. 기록에 말하기를 "성문을 절로 만들었다."고 하였으니 지금의 흥국사가 그것이며, 뒤에는 잘못 기록하여 초문(肖門)이라 하였다. 또 이불란사(伊佛蘭寺)를 창건하여 아도를 머물게 하였으니, 고기(古記)에는 흥복사가 그것이라고 하였다. 이것이 해동 불교의 시작이다. 애석하구나, 그 사람과 그 덕은 마땅히 죽백(竹帛)에 써서 아름다운 공적을 선양했어야 할 것이거늘, 그 글조차 대강이라도 보이지 않으니 어찌된 일인가. 그러나 세상 사람들이 사방(四方)에 사신으로 가서 임금의 명령을 욕되지 않게 함은 반드시 현자를 기다려 능히 할 수 있는 일이다. 즉 특히 순도는 다른 나라에 와서 일찍이 없었던 큰일을 비로소 행하였으니, 그가 큰 지혜나 큰 계획을 가졌거나 불가사의한 신통력을 얻은 사람이 아니었다면 어찌 그것을 능히 할 수 있었겠는가. 이것으로 그의 사람됨이 특이함을 알 수 있는데, 그는 또한 법란(法蘭)이나 승회(僧會)와 같은 부류의 사람이라 할 만하다. (『海東高僧傳』 1 流通 一之一 順道)
고구려	순도조려(順道肇麗) [순도(順道) 다음에 또 법심(法深), 의연(義淵), 담엄(曇嚴)의 무리가 서로 계속 불교를 일으켰다. 그러나 고전(古傳)에는 기록이 없으므로 지금 여기서는 함부로 순서에 넣어 편찬하지 않는다. 승전(僧傳)에 자세히 나타나 있다.] 고

려본기(高麗本記)에 이른다. "소수림왕 즉위 2년 임신, 즉 동진(東晉)의 함안(咸安) 2년이고 효무제(孝武帝) 즉위년에 전진(前秦)의 부견이 사신과 승려 순도를 보내 불상과 경문을 보내왔다[당시 부견은 관중(關中), 즉 장안(長安)에 도읍하였다]. 또 동왕 4년 갑술(甲戌:374)에 아도(阿道)가 진(晉)에서 왔다. 이듬해 을해(乙亥:375년) 2월에 초문사(肖門寺)를 창건하여 순도를 있게 하고 또 이불란사(伊弗蘭寺)를 창건하여 아도를 있게 하였다. 이깃이 고구려 불법의 시자이다. 승전(僧傳)에 순도와 아도가 위(魏)나라로부터 왔다고 한 것은 잘못이다. 실제로 그들은 전진에서 왔다. 또 초문사는 지금의 흥국사(興國寺)이고 이불란사는 지금의 흥복사(興福寺)라고 한 것 역시 잘못이다. 살펴보면 고구려 때의 도읍인 안시성(安市城)은 일명 안정홀(安丁忽)로, 요수(遼水)의 북쪽에 위치해 있었고, 요수는 일명 압록(鴨淥)으로 지금은 안민강(安民江)이라고 한다. 송경(松京)의 흥국사의 이름이 어찌 있을 수 있겠는가." 찬하여 말한다. 압록강에 봄 깊어 물가의 풀빛 고운데 백사장에 갈매기 한가롭게 졸다가 노젓는 소리에 깜짝 놀라 한 소리 길게 우네 어느 곳 고깃배가 손님 싣고 오는가? (『三國遺事』 3 興法 3 順道肇麗)

백제 낙랑	6월에 사신을 보내 백제왕 여구(餘句)를 임명하여 진동장군(鎭東將軍)·영낙랑태수(領樂浪太守)로 삼았다. (『晉書』 9 帝紀 9 簡文帝)
백제 낙랑	진 간문제 함안 2년 6월에 사신을 보내 백제왕 여구를 임명하여 진동장군·영낙랑태수로 삼았다. (『册府元龜』 963 外臣部 8 封册 1)
백제	진대(晉代)에 번작(蕃爵)을 받았고 스스로 백제군(百濟郡)을 두었다. (『太平寰宇記』 172 四夷1 東夷1 百濟國)
신라	봄과 여름에 크게 가물었다. 흉년이 들어 백성들이 굶주리고 떠돌아다니는 사람이 많자, 사자를 내어 창고를 열고 그들을 진휼하였다. (『三國史記』 3 新羅本紀 3)
신라	봄과 여름에 신라가 크게 가물었다. 흉년이 들어 백성들이 굶주리고 떠돌아다니는 사람이 많자, 사자를 내어 창고를 열고 그들을 진휼하였다. (『三國史節要』 4)
백제	가을 7월에 지진이 일어났다. (『三國史記』 24 百濟本紀 2)
백제	가을 7월에 백제에서 지진이 일어났다. (『三國史節要』 4)
백제	가을 9월 정묘가 초하루인 병자일(10)에 구저(久氐) 등이 치쿠마나가히코(千熊長彥)를 따라 와서 칠지도(七枝刀) 1자루와 칠자경(七子鏡) 1개 및 여러가지 귀중한 보물을 바쳤다. 그리고 바치는 글에 이르기를, "우리나라 서쪽에 시내가 있는데 그 근원은 곡나철산(谷那鐵山)으로부터 나옵니다. 7일 동안 가도 미치지 못할 정도로 멉니다. 이 물을 마시다가 문득 이 산의 철을 얻어서 성스러운 조정에 길이 바치겠습니다. 그리고 손자 침류왕(枕流王)에게 이르기를, '지금 내가 통교하는 바다 동쪽의 귀국(貴國)은 하늘이 열어준 나라이다. 그래서 하늘의 은혜를 내려 바다 서쪽을 나누어 우리에게 주었으므로 나라의 기틀이 길이 굳건하게 되었다. 너도 마땅히 우호를 잘 다져 토산물을 거두어 공물을 바치는 것을 끊이지 않는다면 죽더라도 무슨 한이 있겠느냐'라 일러두었습니다."고 하였다. 이 이후로 해마다 계속하여 조공하였다. (『日本書紀』 9 神功紀)

373(癸酉/신라 나물이사금 18/고구려 소수림왕 3/백제 근초고왕 28/東晉 寧康 1/倭 仁德 61)

백제	봄 2월에 사신을 보내 진(晉)에 들어가 조공하였다. (『三國史記』 24 百濟本紀 2)
백제	봄 2월에 백제에서 사신을 보내 진에 가서 조공하였다. (『三國史節要』 4)

신라 백제	백제의 독산성주(禿山城主)가 300명을 거느리고 와서 투항했다. 왕이 그들을 받아들여 6부(部)에 나누어 살게 했다. 백제왕이 문서를 보내 말하였다. "두 나라가 화해하여 형제가 되기를 약속했는데, 지금 대왕이 우리의 도망한 백성을 받아들이니 화친한 뜻에 매우 어긋납니다. 이는 대왕이 바라는 바가 아닐 것입니다. 청컨대 그들을 돌려보내십시오." 대답하여 말하였다. "백성은 일정한 마음이 없소. 그러므로 생각나면 오고 싫어지면 가버리는 것은 진실로 그렇기 때문이오. 대왕은 백성이 편치 않음은 걱정하지 않고 과인을 나무라는 것이 어찌 이리 심하단 말이오." 백제가 그 말을 듣고 다시 말하지 않았다. (『三國史記』 3 新羅本紀 3)

신라	여름 5월에 서울에 물고기가 비에 섞여 떨어졌다. (『三國史記』 3 新羅本紀 3)
신라	여름 5월에 신라의 서울에 물고기가 비에 섞여 떨어졌다. (『三國史節要』 4)

백제	가을 7월에 청목령(靑木嶺)에 성을 쌓았다. (『三國史記』 24 百濟本紀 2)
백제	가을 7월에 백제에서 청목령에 성을 쌓았다. (『三國史節要』 4)

백제 신라	가을 7월 독산성주가 300명을 거느리고 신라로 달아났다. (『三國史記』 24 百濟本紀 2)
백제 신라	가을 7월 백제의 독산성주가 300명을 거느리고 신라로 달아났다. 신라왕이 받아들여 6부에 나누어 살게 했다. 백제왕이 문서를 보내 말하였다. "두 나라가 화해하여 형제가 되기를 약속했는데, 지금 대왕이 우리를 배반한 백성을 받아들이니 화친한 뜻에 매우 어긋납니다. 이는 대왕이 바라는 바가 아닐 것입니다. 청컨대 그들을 돌려보내십시오." 대답하여 말하였다. "백성은 일정한 마음이 없소. 그러므로 생각나면 오고 싫어지면 가버리는 것은 진실로 그렇기 때문이오. 왕은 백성이 편치 않음은 걱정하지 않고 과인을 나무라는 것이 어찌 이리 심하단 말이오." 백제가 다시 말하지 않았다. (『三國史節要』 4)

고구려	처음으로 율령을 반포하였다. (『三國史記』 18 高句麗本紀 6)
고구려	고구려에서 처음으로 율령을 반포하였다. (『三國史節要』 4)

374(甲戌/신라 나물이사금 19/고구려 소수림왕 4/백제 근초고왕 29/東晉 寧康 2/倭 仁德 62)

고구려	승려 아도(阿道)가 왔다. (『三國史記』 18 高句麗本紀 6)
고구려	진(秦)의 승려 아도가 고구려에 왔다. (『三國史節要』 4)
고구려	고려본기에서 이른다. 소수림왕 4년 갑술에 아도가 진(晉)에서 왔다. (『三國遺事』 3 興法 3 順道肇麗)
고구려	제17대 해미류왕(解味留王)[혹은 소수림왕] (…) 4년에 신승(神僧) 아도가 위(魏)에서 들어왔다. (…) (『海東高僧傳』 1 流通 一之一 順道)
신라 고구려 백제	(…) 이상에 의하면, 본기(本記)와 본비(本碑)의 두 설이 서로 어긋나서 같지 않음이 이와 같다. 이를 한 번 시론해 본다. 양(梁)·당(唐) 두 고승전 및 삼국본사(三國本史)에는 모두 고구려와 백제 두 나라 불교의 시작이 진(晉)나라 말년 태원(太元) 연간(376~396)이라고 하였는데, 이도(二道) 법사가 소수림왕(小獸林) 갑술(甲戌)에 고구려에 온 것은 분명하므로 이 전은 틀리지 않았다. (…) (『三國遺事』 3 興法 3 阿道基羅)

백제	백제에서 고흥(高興)을 박사(博士)로 삼았다. 백제는 개국 이래로 문자가 있지 않았는데, 이에 이르러 비로소 서기(書記)가 있었다. (『三國史節要』 4)

375(乙亥/신라 나물이사금 20/고구려 소수림왕 5/백제 근초고왕 30, 근구수왕 1/東晉 寧康 3/倭 仁德 63)

고구려	봄 2월에 처음으로 초문사(肖門寺)를 창건하고 순도(順道)를 두었다. (『三國史記』 18 高句麗本紀 6)
고구려	봄 2월에 고구려에서 처음으로 초문사를 창건하고 순도를 두었다. (『三國史節要』 4)
고구려	제17대 해미류왕(解味留王)[혹은 소수림왕] (…) 처음으로 성문사(省門寺)를 창건하여 순도를 머무르게 하였다. 기록에 말하기를 "성문을 절로 만들었다."고 하였으니 지금의 흥국사(興國寺)가 그것이며, 뒤에는 잘못 기록하여 초문(肖門)이라 하였다. (…) (『海東高僧傳』 1 流通 一之一 順道)
고구려	봄 2월 또 이불란사(伊弗蘭寺)를 창건하고 아도(阿道)를 두었다. 이것이 해동 불교의 시작이다. (『三國史記』 18 高句麗本紀 6)
고구려	봄 2월 또 이불란사를 창건하고 아도를 두었다. (『三國史節要』 4)
고구려	고려본기에서 이른다. 소수림왕 4년 갑술 이듬해 을해 2월에 초문사를 창건하여 순도를 있게 하고 또 이불란사를 창건하여 아도를 있게 하였다. 이것이 고구려 불교의 시작이다. 찬하여 말한다. 압록강에 봄 깊어 물가의 풀빛 고운데 백사장에 갈매기 한가롭게 졸다 가 노젓는 소리에 깜짝 놀라 한 소리 길게 우네 어느 곳 고깃배가 손님 싣고 오는가(『三國遺事』 3 興法 3 順道肇麗)
고구려	제17대 해미류왕 (解味留王)[혹은 소수림왕] (…) 또 이불란사를 창건하여 아도를 머물게 하였으니, 고기(古記)에는 흥복사(興福寺)가 그것이라고 하였다. 이것이 해동 불교의 시작이다. (『海東高僧傳』 1 流通 一之一 順道)
고구려 백제	가을 7월에 백제의 수곡성(水谷城)을 공격하였다. (『三國史記』 18 高句麗本紀 6)
백제 고구려	가을 7월에 고구려가 와서 북쪽 변방의 수곡성을 공격하여 함락시켰다. 왕이 장수를 보내 막았으나, 이기지 못했다. 왕이 또 군사를 크게 움직여 보복하려 했으나, 흉년으로 실행하지 않았다. (『三國史記』 24 百濟本紀 2)
고구려 백제	가을 7월에 고구려가 백제의 북쪽 변방인 수곡성을 공격하여 함락시켰다. 왕이 장수를 보내 막았으나, 이기지 못했다. 왕이 또 군사를 크게 움직여 보복하려거 했으나, 흉년으로 실행하지 않았다. 권근(權近)이 말하였다. 부모의 원수와는 한 하늘 아래 함께 살수 없는 것이니 진실로 복수하지 않는다면 거적자리를 깔고 창을 베개삼아 그칠 날이 없을 것이다. 백제 근초고왕이 고구려왕 쇠(釗)를 쳐서 죽였는데, 그 아들 구부(丘夫)는 왕위를 계승하고 4~5년 사이 오직 율령을 반포하고 불사(佛寺)를 창건하는 것으로 일을 삼았으니, 일찍이 마음을 돋우어 군사를 일으켜 군부(君父)의 원수를 갚지 못하였다. 이 해 가을에 미쳐서 수곡성을 쳐서 함락시켰으니, 대개 거의 복수하였는데, 애석하게도 반드시 보복을 하지 못하고 갑자기 그만두었다. 구부와 당시의 신하들은 모두 뜻이 없다고 할 만하니, 전사(前史)에 바로 구부가 웅략(雄略)이 있다고 하였으니 어찌된 일인가. (『三國史節要』 4)
백제	겨울 11월에 왕이 돌아가셨다. 고기에 이르기를, "백제는 개국 이래 문자로 사적을 기록하지 않다가, 이때에 이르러 박사(博士) 고흥(高興)을 얻어 처음으로 서기(書記)가 있었다."라고 하였다. 그러나 고흥은 다른 책에 나타나지 않아 그가 어떤 사람인

지 알 수 없다. (『三國史記』24 百濟本紀 2)

백제 고구려	근구수왕[혹은 수(須)라고도 부른다]은 근초고왕의 아들이다. 이보다 앞서 고구려 국강왕(國岡王) 사유(斯由)가 직접 와서 침범하였다. 근초고왕은 태자를 보내 막게 하였는데, 반걸양(半乞壤)에 이르러 싸웠다. 고구려 사람 사기(斯紀)는 원래 백제인으로, 실수로 왕이 타는 말의 발굽을 상처나게 하였는데, 죄를 두려워하여 고구려로 도망갔었다. 이에 이르러 돌아와서 태자에게 아뢰어 말했다. "고구려 군사가 비록 많으나, 모두 가짜 군사로 수를 채운 것일 뿐입니다.. 그중 용맹한 것은 붉은 깃발이라고 할 수 있습니다. 만일 먼저 깨뜨리면, 나머지는 치지 않아도 저절로 허물어질 것입니다." 태자가 이 말에 따라 나아가 공격하여 크게 이기고, 달아나는 군사를 계속 추격하여 수곡성 서북에 이르렀다. 장군 막고해(莫古解)가 간하여 말하였다. "일찍이 도가(道家)의 말에 '만족할 줄을 알면 욕을 당하지 않고, 그칠 줄을 알면 위태롭지 않다.'고 하였습니다. 지금 얻은 바도 많은데 어찌 더 많은 것을 바라겠습니까?" 태자가 이것을 옳게 여겨 멈추었다. 곧 돌을 쌓아 표적을 만들고, 그 위에 올라가 좌우를 돌아보면서 말했다. "오늘 이후로 누가 다시 이곳에 올 수 있는가" 그 땅에는 말발굽 같은 바윗돌 틈이 있는데, 사람들은 지금까지 태자의 말굽 자국이라고 부른다. 근초고왕이 재위 30년에 돌아가시자, 왕위에 올랐다. (『三國史記』24 百濟本紀 2)
백제 고구려	겨울 11월에 백제왕 근초고왕이 돌아가셨다. 태자 근구수가 왕위에 올랐다. 이보다 앞서 고구려가 침범하였다. 백제왕은 태자 근구수를 보내 막게 하였는데, 반걸양에 이르러 싸우려고 하였다. 사기라는 자가 있었는데, 원래 백제인이었다. 실수로 왕이 타는 말의 발굽을 상처나게 하여, 죄를 두려워하여 고구려로 도망갔었다. 이에 이르러 와서 태자에게 아뢰어 말했다. "고구려 군사가 비록 많으나, 그중 용맹한 것은 오직 붉은 깃발입니다. 만일 먼저 깨뜨리면, 그 나머지는 치지 않아도 저절로 허물어질 것입니다." 태자가 이 말에 따라 나아가 공격하여 크게 이기고, 달아나는 것을 추격하여 수곡성 서북에 이르렀다. 장군 막고해가 간하여 말하였다. "만족할 줄을 알면 욕을 당하지 않고, 그칠 줄을 알면 위태롭지 않습니다. 지금 얻은 바가 많은데 어찌 더 많은 것을 바라겠습니까?" 태자가 이것을 옳게 여겨 돌을 쌓아 표적을 만들고, 좌우에게 일러 말했다. "오늘 이후로 누가 다시 이곳에 올 수 있는가". 그 땅에는 말발굽 같은 바윗돌 틈이 있는데, 사람들은 지금까지 태자의 말굽 자국이라고 부른다. (『三國史節要』4)
백제	백제 초고왕(肖古王)이 돌아가셨다. (『日本書紀 9 神功紀)
백제 신라	이 천황의 치세에 아마베(海部), 야마베(山部), 야마모리베(山守部), 이세베(伊勢部)를 정하셨다. 츠루기노이케(劍池)를 만들었다. 또 신라인이 도래했으므로 다케우치노스쿠네노미코토(建內宿禰命)가 이들을 이끌고 저수지를 만들어 구다라노이케(百濟池)를 만들었다. 또 백제국주 조고왕(照古王)이 암말 한 마리와 수말 한 마리를 아치키시(阿知吉師) 편에 바쳤다[이 아치키시는 아치키노후미히토(阿直史) 등의 조상이다]. 또 횡도(橫刀)와 대경(大鏡)을 바쳤다. 또 백제에 현인이 있으면 바치도록 명령하셨으므로 명을 받고 바친 사람은 와니키시(和邇吉師)라고 하여 『논어(論語)』 10권과 『천자문(千字文)』 1권 합쳐서 11권을 이 사람 편에 바쳤다[이 와니키시는 후미노오비토(文首) 등의 조상이다]. 또 수공업자로 한(韓) 출신 야장(冶匠)으로 이름은 탁소(卓素)와 또 오(吳) 출신 직조기술자 서소(西素) 두 사람을 바쳤다. 또 하타노미야츠코(秦造)의 조상, 아야노아타이(漢直)의 조상 및 술을 양조하는 사람으로 이름이 니하(仁番), 또는 스스코리(須須許理)라고 하는 사람들도 건너왔다. 이 스스코리는 술을 만들어 바쳤다. 천황이 이 바친 술에 기분이 좋아 부른 노래는 "스스코리가 빚은

숲에 나는 취했어요. 평화로운 술 웃게 만드는 술에 나는 취했어요." 이렇게 노래하시고 외출하셨을 때에 지팡이로 오사카(大坂)의 길의 큰 돌을 치시자, 그 돌이 도망쳤다. 그래서 속담에 "단단한 돌이라도 술 취한 사람을 만나면 도망간다"라고 한다. (『古事記』中 應神天皇)

376(丙子/신라 나물이사금 21/고구려 소수림왕 6/백제 근구수왕 2/東晉 太元 1/倭 仁德 64)

신라	가을 7월에 부사군(夫沙郡)에서 뿔이 하나 달린 사슴을 바쳤다. (『三國史記』3 新羅本紀 3)
신라	가을 7월에 신라의 부사군에서 뿔이 하나 달린 사슴을 바쳤다. (『三國史節要』4)

| 신라 | 가을 7월 크게 풍년이 들었다. (『三國史記』3 新羅本紀 3) |
| 신라 | 가을 7월 신라에 크게 풍년이 들었다. (『三國史節要』4) |

| 백제 | 왕의 장인 진고도(眞高道)를 내신좌평(內臣佐平)으로 삼아 정사(政事)를 맡겼다. (『三國史記』24 百濟本紀 2) |
| 백제 | 백제에서 왕의 장인 진고도를 내신좌평으로 삼아 정사를 맡겼다. (『三國史節要』4) |

고구려 백제	겨울 11월에 백제의 북쪽 변경을 침범하였다. (『三國史記』18 高句麗本紀 6)
백제 고구려	겨울 11월에 고구려가 와서 북쪽 변경을 침범하였다. (『三國史記』24 百濟本紀 2)
고구려 백제	겨울 11월에 고구려가 백제의 북쪽 변경을 침범하였다. (『三國史節要』4)

| 백제 | 백제 왕자 귀수(貴須)를 세워 왕으로 삼았다. (『日本書紀』9 神功紀) |

377(丁丑/신라 나물이사금 22/고구려 소수림왕 7/백제 근구수왕 3/東晉 太元 2/倭 仁德 65)

고구려 신라	봄에 고구려와 신라, 서남이(西南夷)가 모두 사신을 보내 들어와 진(秦)에 조공하였다. (『資治通鑑』104 晉紀 26 烈宗孝武皇帝 上之中)

| 고구려 | 겨울 10월에 눈이 오지 않고 천둥이 쳤다. 민간에 전염병이 돌았다. (『三國史記』18 高句麗本紀 6) |
| 고구려 | 겨울 10월에 고구려에서 눈이 오지 않고 천둥이 쳤다. 전염병이 돌았다. (『三國史節要』4) |

고구려	겨울 10월에 백제가 군사 3만을 거느리고 평양성을 침략해왔다. (『三國史記』18 高句麗本紀 6)
백제 고구려	겨울 10월에 왕이 군사 3만 명을 거느리고 고구려의 평양성을 침입하였다. (『三國史記』24 百濟本紀 2)
백제 고구려	겨울 10월 백제 왕이 군사 3만 명을 거느리고 고구려의 평양성을 침입하였다. (『三國史節要』4)

고구려 백제	11월에 남쪽 백제를 쳤다. (『三國史記』18 高句麗本紀 6)
백제 고구려	11월에 고구려가 와서 침입하였다. (『三國史記』24 百濟本紀 2)
고구려 백제	11월에 고구려가 백제를 쳤다. (『三國史節要』4)

| 고구려 | 11월 사신을 보내 전진(前秦)에 들어가 조공하였다. (『三國史記』18 高句麗本紀 6) |
| 고구려 | 11월 고구려에서 사신을 보내 전진에 가서 조공하였다. (『三國史節要』4) |

378(戊寅/신라 나물이사금 23/고구려 소수림왕 8/백제 근구수왕 4/東晉 太元 3/倭 仁德 66)

고구려	가뭄이 들었다. 백성들이 굶주려 서로 잡아먹을 정도였다. (『三國史記』18 高句麗本紀 6)
고구려	고구려에 가뭄이 들었다. 백성들이 굶주려 서로 잡아먹을 정도였다. (『三國史節要』4)

고구려	가을 9월에 거란(契丹)이 북쪽 변경을 침범하여 8부락을 함락하였다. (『三國史記』18 高句麗本紀 6)
고구려	가을 9월에 거란이 고구려 북쪽 변경을 침범하여 8부락을 함락하였다. (『三國史節要』4)

379(己卯/신라 나물이사금 24/고구려 소수림왕 9/백제 근구수왕 5/東晉 太元 4/倭 仁德 67)

백제	봄 3월에 사신을 보내 진(晉)에 조공하였는데, 그 사신이 바다에서 역풍을 만나 도달하지 못하고 돌아왔다. (『三國史記』24 百濟本紀 2)
백제	봄 3월에 백제가 사신을 보내 진에 갔는데, 바다에서 바람에 막혀 돌아왔다. (『三國史節要』4)

신라	여름 4월에 양산(楊山)에서 작은 참새가 큰 새를 낳았다. (『三國史記』3 新羅本紀 3)
신라	여름 4△ 신라 양산에 작은 참새가 있었는데, 큰 △를 낳았다. (『三國史節要』4)

백제	여름 4월에 흙비가 하루 종일 내렸다. (『三國史記』24 百濟本紀 2)
백제	여름 4△에 백제에서 흙비가 하루 종일 내렸다. (『三國史節要』4)

고구려 백제 신라

태원 4년에 유주의 치중(治中) 평안(平顔)이 망령스러운 상서라고 하면서 부락(苻洛)에게 군대를 일으킬 것을 권하였다. 인하여 부락은 소매를 걷어붙이며 큰소리로 말하였다. "나의 계책은 결정되었으니 꾀하는 것을 막는 사람은 목을 벨 것이다." 이에 스스로 대장군(大將軍)·대도독(大都督)·진왕(秦王)이라 칭하였다. 관사를 서치하고 평안을 보국장군(輔國將軍)·유주자사(幽州刺史)로 삼고 그가 임금이 되려고 꾀하였다. 선비·오환·고구려·백제·신라·휴인(休忍) 여러 나라에 사신을 나누어 보냈고 병사를 징발하였으나 모두 따르지 않았다. (『晉書』113 載記 13 苻堅 上)

380(신라 나물이사금 25/고구려 소수림왕 10/백제 근구수왕 6/東晉 太元 5/倭 仁德 68)

고구려 백제 현도 요동 신라

3월 진왕(秦王) 부견이 부락을 사지절(使持節)·도독익녕서남이제군사(都督益寧西南夷諸軍事)·정남대장군(征南大將軍)·익주목(益州牧)으로 삼아 이궐(伊闕)로부터 양양(襄陽)으로 나아가 한수(漢水)를 거슬러 올라가도록 하였다. 부락이 관속(官屬)에게 말하였다. "나는 황제 집안의 가까운 친척이어서 장군이나 재상으로는 들어갈 수 없으며 변두리 지역에 버려졌는데, 지금 또한 서예(西裔)들이 있는 곳으로 던져지니 다시 경사(京師)를 지나는 것이 허락되지 않을 것이며, 여기에는 반드시 비밀스런 계략이 있을 것이고, 양성(梁成)으로 하여금 나를 한수에 빠뜨리도록 하려는 것이 뿐이다." 유주(幽州)의 치중(治中)인 평규(平規)가 말하였다. "반역으로 빼앗았다가 순리를 지킨 사람은 탕왕과 무왕이고, 재앙을 이용하여 복으로 만든 사람은 환공과 문공이다. 주상께서 비록 혼미하고 포악하지 않으나 군사행동을 끝까지 하고 무력을 휘두르니, 백성들 가운데는 어깨에 걸린 짐을 쉬려고 생각하는 사람이 열에 아홉 집입니다. 만약 밝으신 공께서 신령스런 깃발을 한 번 세우시면 반드시 전 국토에서 구름처럼 따를 것입니다. 지금 전체의 연(燕)을 타고서 점거하여 땅은 동해에 이르렀고, 북으로는 오환과 선비를 총괄하며 동으로는 고구려와 백제를 끌어들이면 활을 쏘는 병사가 50여만 명에시 삐지지 않는데, 어찌하여 양손을 묶고 부르는 대로 나아가서 예측할 수 없는 재앙으로 뛰어드십니까." 부락은 소매를 걷어붙이며 큰소리로 말하였다. "나의 계책은 결정되었으니 꾀하는 것을 막는 사람은 목을 벨 것이다." 이에 스스로 대장군(大將軍)·대도독(大都督)·진왕(秦王)이라 칭하였다. 평규를 유주자사로 삼고 현도태수 길정(吉貞)을 좌장사(左長史)로 삼고 요동태수 조찬(趙讚)을 좌사마(左司馬)로 삼고 창려태수(昌黎太守) 왕온(王縕)을 우사마(右司馬)로 삼고 요서태수 왕림(王琳), 북평태수(北平太守) 황보걸(皇甫傑), 목관도위(牧官都尉) 위부(魏敷) 등을 종사중랑(從事中郞)으로 삼았다. 사신을 나누어 보내 선비·오환·고구려·백제·신라·휴인(休忍) 여러 나라에서 군사를 불러 모으고 군사 3만명을 보내어 북해공(北海公) 부중(苻重)을 도와 계(薊)를 지켰다. 여러 나라가 모두 말하였다. "나는 천자를 위하여 울타리 노릇을 하고 있으니 행당공을 좇아서 반역할 수 없다." 부락이 두려워서 그만두려고 하였지만 날짜를 미루며 결정하지를 못하였다. 왕온·왕림·황보걸·위부가 그 일이 이루어질 수 없음을 알고 이를 고발하려고 하자 부락이 이들을 모두 살해하였다. 길정과 조찬이 말하였다. "지금 여러 나라가 따르지 않아 일이 원래 계획에서 틈이 생겼으니 밝으신 공께서 만약 익주(益州)로 가는 것을 꺼리신다면 마땅히 사신을 파견하여 표문을 올려 남아있기를 애걸하여야 하는데, 주상께서 또한 따르지 않을 것이라고 염려하지 마십시오." 평규가 말하였다. "지금 일의 모양이 이미 드러났는데 어찌 중간에 그만줄 수 있겠습니까. 마땅히 소리를 내어 조서를 받고 유주의 군사를 다하여 남쪽으로 가서 상산(常山)으로 나아가면 양평공(陽平公)이 반드시 교외로 마중을 나올 것인데,이 기회를 사로잡으시고 기주(冀州)를 점거하시고, 관동(關東)의 무리를 다 모아서 서쪽 지역을 도모하신다면 천하는 손가락을 휘둘러서도 평정할 수 있습니다." 부락이 이 말을 따랐다. (『資治通鑑』104 晉紀 26 烈宗孝武皇帝 上之中)

백제   큰 전염병이 있었다. (『三國史記』24 百濟本紀 2)
백제   백제에 큰 전염병이 있었다. (『三國史節要』4)

백제   여름 5월에 땅이 갈라졌다. 깊이가 5장(丈), 넓이가 3장이었는데, 3일만에 합해졌다. (『三國史記』24 百濟本紀 2)
백제   여름 5월에 백제의 땅이 갈라졌다. 깊이가 5장, 넓이가 3장이었는데, 3일만에 합해졌다. (『三國史節要』4)

381(辛巳/신라 나물이사금 26/고구려 소수림왕 11/백제 근구수왕 7/東晉 太元 6/倭 仁德 69)

동이   2월에 동이(東夷)와 서역(西域) 62국이 들어와 전진(前秦)에 공물을 바쳤다. (『資治通鑑』104 晉紀 26 烈宗孝武皇帝 上之中)

신라   봄과 여름에 가물었다. 흉년이 들어 백성들이 굶주렸다. (『三國史記』3 新羅本紀 3)
신라   봄과 여름에 신라가 가물었다. 흉년이 들어 백성들이 굶주렸다. (『三國史節要』4)

신라   봄과 여름 위두(衛頭)를 보내 전진에 들어가 토산물을 바쳤다. 부견(苻堅)이 위두에게 물어 말하였다. "경이 말하는 해동(海東)의 일이 옛날과 같지 않다는 것이 무슨 뜻인가." 답해 말했다. "역시 중국과 마찬가지로 시대가 변혁되고 이름이 바뀌었으니, 지금 어찌 같을 수 있겠습니까?"(『三國史記』 3 新羅本紀 3)

신라 　봄과 여름 신라에서 위두를 보내 전진에 가서 토산물을 바쳤다. 부견이 위두에게 물어 말하였다. "경이 말하는 해동의 일이 옛날과 같지 않다는 것이 무슨 뜻인가." 답해 말했다. "시대가 변혁되고 이름이 바뀌니, 중국 역시 그러합니다. 지금 어찌 같을 수 있겠습니까."(『三國史節要』 4)

신라 　『진서(秦書)』에서 또 말하였다. 부견 때에 신라 국왕 누한(樓寒)이 사신 위두를 보내 조공하였다. 부견이 말하였다. "경이 말하는 해동의 일이 옛날과 같지 않다는 것이 무엇인가." 답해 말했다. "역시 중국과 마찬가지로 시대가 변혁되고 이름이 바뀌었습니다."(『太平御覽』 781 四夷部 2 東夷 2 新羅)

382(壬午/신라 나물이사금 27/고구려 소수림왕 12/백제 근구수왕 8/東晉 太元 7/倭 仁德 70)

백제 　봄부터 6월까지 비가 내리지 않았다. 백성이 굶주려 자식을 파는 자가 있음에 이르자, 왕이 나라의 곡식을 내어 대신 값을 물어 주었다. (『三國史記』 24 百濟本紀 2)

백제 　백제에서 봄부터 6월까지 비가 내리지 않았다. 백성이 굶주려 자식을 파는 자가 있음에 이르자. 왕이 곡식을 내어 대신 값을 물어 주었다. (『三國史節要』 4)

동이 　9월에 동이(東夷) 5국이 사신을 보내 와서 토산물을 바쳤다. (『晉書』 9 帝紀 9 孝武帝)

동이 　『진서(晉書)』 제기(帝紀) 무제 태원 7년 9월에 동이 5국이 사신을 보내 와서 토산물을 바쳤다. (『玉海』 154 朝貢 獻方物 晉林邑獻象)

신라 백제 　차빈(車頻)의 『진서(秦書)』에 말하였다. "부견(符堅) 건원(建元) 18년(382) 신라국에서 미녀를 바쳤는데, 신라국은 백제국 동쪽에 있다. 그 나라 사람들은 아름다운 머리카락이 많은데 머리카락 길이는 1장이나 된다"고 하였다. (『太平御覽』 373 人事部 14 髮)

신라 백제 　『진서』에 말하였다. "부견 건원 18년(382) 신라국 누한(樓寒)이 사신 위두(衛頭)를 보내 미녀를 바쳤는데, 나라는 백제 동쪽에 있다. 그 나라 사람들은 아름다운 머리카락이 많은데 머리카락 길이는 1장이나 된다"고 하였다. (『太平御覽』 781 四夷部 2 東夷 2 新羅)

신라 백제 　차빈의 『진서』에 말하였다. "부견 때에 신라에서 미녀를 바쳤는데, 그 나라는 백제 동쪽에 있다."고 하였다. (『太平御覽』 380 人事部 21 美女)

해동 　태원 7년 이 해에 익주(益州)의 서남이(西南夷)와 해동(海東)의 여러 나라가 모두 사신을 보내 그 토산물을 바쳤다. (『晉書』 114 載記 12 符堅 下)

신라 가야 　신라가 조공하지 않았다. 이 해에 소츠히코(襲津彦)를 보내어 신라를 쳤다[백제기(百濟記)에 다음과 같이 말하였다. 임오년(壬午年)에 신라가 귀국(貴國)을 받들지 않았으므로 귀국이 사치히코(沙至比跪)를 보내어 토벌하게 하였는데, 신라인은 미녀 두 사람을 단장시켜 나루에서 맞아 유혹하게 하였다. 사치히코는 그 미녀를 받아들이고 오히려 가라국을 쳤다. 가라국왕 기본한기(己本旱岐)와 아들 백구지(百久至)·아수지(阿首至)·국사리(國沙利)·이라마주(伊羅麻酒)·이문지(爾汶至) 등이 그 인민(人民)을 데리고 백제로 도망하여 오니 백제는 후대하였다. 가라국왕의 누이 기전지(旣殿至)가 대왜(大倭)로 가서, "천황이 사치히코를 보내어 신라를 토벌하게 했는데 신라 미녀를 받아들이고 왕명을 저버리고 토벌하지 않았으며, 오히려 우리나라를 멸망시켜 형제와 인민들이 모두 유리(流離)하게 되어 걱정하는 마음을 이길 수 없으므로 와서 아룁니다."라 하였다. 천황이 크게 노하여 목라근자(木羅斤資)를 보내어 군대를 거느리고 가라에 모여 그 사직을 복구시켰다고 한다. 일설은 다음과 같다. 사치히코가 천황이 노한 것을 알고 몰래 돌아와 스스로 숨어 있었다. 그 누이가 황궁에서 총애를 받고 있었는데, 사치히코가 몰래 사신을 보내어 천황의 노여움이 풀릴지 어떨지를 물어 보았다. 누이는 꿈에 가탁하여, "오늘 밤 꿈에 사치히코를 보았습니다."라 하였다. 천황이 크게 노하여, "사치히코가 어찌 감히 오느냐"라고 하였다. 누이가 천황의 말을 전하였더니 사치히코는 면할 수 없음을 알고 바위 굴에 들어가서 죽었다]. (『日本書紀』9 神功紀)

383(癸未/신라 나물이사금 28/고구려 소수림왕 13/백제 근구수왕 9/東晉 太元 8/倭 仁德 71)

고구려　　　　가을 9월에 성패(星孛)가 서북쪽에 있었다. (『三國史記』18 高句麗本紀 6)
고구려　　　　가을 9월에 고구려의 성패가 서북쪽에 있었다. (『三國史節要』4)

고구려 요동 현도

　　　　　　태원 8년에 고구려가 요동을 노략질하여 모용수(慕容垂)의 평북장군(平北將軍) 모용좌(慕容佐)가 사마(司馬) 학경(郝景)을 보내 무리를 이끌고 그를 구원토록 하였으나, 고구려에게 패하여 요동과 현도가 마침내 멸망하였다. (…) 모용농(慕容農)이 영지(令支)를 공격하고 이기고 서암(徐巖) 형제를 목 베고 나아가 고구려를 정벌하여 요동과 현도 2군을 회복하고 용성(龍城)에 주둔하고 돌아왔다. (『晉書』123 載記 23 慕容垂)

384(甲申/신라 나물이사금 29/고구려 소수림왕 14, 고국양왕 1/백제 근구수왕 10, 침류왕 1/東晉 太元 9/倭 仁德 72)

부여　　　　　정월 병술일(2)에 모용수(慕容垂)는 낙양(洛陽)이 사면에서 적의 공격을 받을 수 있기 때문에 업(鄴)을 빼앗아 점거하고자 하여 마침내 군사를 인솔해 동쪽으로 갔다. 예전에 부여왕(扶餘王)이었던 여울(餘蔚)을 형양태수(滎陽太守)로 삼고 창려(昌黎)의 선비(鮮卑) 위구(衛駒)와 함께 각각의 무리를 거느리고 모용수에게 항복했다. 모용수가 형양(滎陽)에 이르자 많은 부하가 굳게 존호(尊號)에 오를 것을 청하자 모용수는 마침내 동진(東晉) 중종(中宗: 元帝)의 고사(故事)에 의거하여 대장군(大將軍)·대도독(大都督)·연왕(燕王)이라고 칭하고 승제(承制)하여 업무를 시행하고 이를 통부(統府)라 하였다. 여러 부하는 신하라고 칭하고 문서와 표문, 주소(奏疏) 그리고 관직과 작위를 책봉하는 것이 모두 왕과 똑같게 하였다. 동생 모용덕(慕容德)을 거기대장군(車騎大將軍)으로 삼아 범양왕(范陽王)에 책봉하고 형의 아들 모용해(慕容楷)를 정서대장군(征西大將軍)으로 삼아 태원왕(太原王)에 책봉하고 적빈(翟斌)을 건의대장군(建義大將軍)으로 삼아 하남왕(河南王)에 책봉하고 여울을 정동장군(征東將軍)·통부좌사마(統府左司馬)로 삼아 부여왕으로 책봉하고 위구를 응양장군(鷹揚將軍), 모용봉(慕容鳳)을 건책장군(建策將軍)으로 삼았다. 무리 20여만명을 거느리고 석문(石門)에서 황하를 건너서 멀리까지 말을 몰아 업으로 향하였다. (『資治通鑑』105 晉紀 27 烈宗孝武皇帝 上之下)

백제　　　　　봄 2월에 해에 무리가 세 겹으로 있었다. (『三國史記』24 百濟本紀 2)
백제　　　　　봄 2월에 백제에서 해에 무리가 세 겹으로 있었다. (『三國史節要』4)

백제	봄 2월 궁중의 큰 나무가 저절로 뽑혔다. (『三國史記』 24 百濟本紀 2)
백제	봄 2월 백제 궁중의 큰 나무가 저절로 뽑혔다. (『三國史節要』 4)
백제	진 태원 연간(376~396)에는 왕 수(須)가, 의희(義熙) 연간(405~418)에는 왕 여영(餘映)이, 송 원가(元嘉)연간(424~453)에는 왕 여비(餘毗)가 모두 사신을 보내고 생구(生口)를 바쳤다. (『梁書』 54 列傳 48 百濟)
백제	여름 4월에 왕이 돌아가셨다. (『三國史記』 24 百濟本紀 2)
백제	침류왕은 근구수왕의 맏아들로 어머니는 아이부인(阿尒夫人)이다. 아버지의 뒤를 이어 즉위하였다. (『三國史記』 24 百濟本紀 2)
백제	여름 4월에 백제 왕 근구수가 돌아가셨다. 원자인 침류가 즉위하였다. (『三國史節要』 4)
백제	백제국의 귀수왕(貴須王)이 돌아가셨다. 왕자 침류왕을 세워 왕으로 삼았다. (『日本書紀』 9 神功紀)
백제	가을 7월 기유일(28) 백제가 사신을 보내 와서 토산물을 바쳤다. (『晉書』 9 帝紀 9 孝武帝)
백제	『진서(晉書)』 제기(帝紀) 효무제(孝武帝) 태원 9년 7월 기유일(28)에 백제가 사신을 보내 와서 토산물을 바쳤다. (『玉海』 154 朝貢 獻方物 晉林邑獻象)
백제	가을 7월에 사신을 보내 진(晉)에 들어와 조공하였다. (『三國史記』 24 百濟本紀 2)
백제	가을 7월에 백제가 사신을 보내 진에 가서 조공하였다. (『三國史節要』 4)
백제	9월에 호승(胡僧) 마라난타(摩羅難陁)가 진에서 오자, 왕이 궁중으로 맞아들여 우대하고 공경하였다. 불법이 이때에 시작되었다. (『三國史記』 24 百濟本紀 2)
백제	9월에 호승 마라난타가 진에서 백제에 이르자, 왕이 궁중으로 맞아들여 우대하고 공경하였다. 백제의 불법이 이때에 시작되었다. (『三國史節要』 4)
백제	백제 제14대 침류왕 즉위 원년 9월에 진으로부터 왔다. 왕이 교외로 나가 그를 맞이하였다. 궁중으로 맞이하여 공경히 받들어 공양하면서 그 설법을 받았다. 윗사람이 좋아하고 아랫사람이 교화되니 불사를 크게 일으켜 함께 찬송하고 봉행하니, 마치 파발을 두어 왕명을 전하는 것같이 빨랐다. (『海東高僧傳』 1 流通 一之一 釋摩羅難陀)
백제	백제본기(百濟本記)에 이른다. "제15대[승전(僧傳)에서는 14대라고 했으나, 잘못이다] 침류왕 즉위 갑신[동진(東晉) 효무제 태원 9년]에 호승 마라난타가 진에서 왔는데, 궁중으로 맞아들여 우대하고 공경하였다." (『三國遺事』 3 興法 3 難陁闢濟)
고구려	겨울 11월에 왕이 돌아가시자 소수림(小獸林)에 장사지내고 이름을 소수림왕이라 하였다 (『三國史記』 18 高句麗本紀 6)
고구려	고국양왕은 이름이 이련(伊連)[어지지(於只支)라고도 한다]이고 소수림왕의 동생이다. 소수림왕이 재위 14년에 돌아가시자 아들이 없어 동생 이련이 즉위하였다. (『三國史記』 18 高句麗本紀 6)
고구려	겨울 11월에 고구려 왕 구부(丘夫)가 돌아가셨다. 왕은 아들이 없어 동생인 이련이 즉위하였다. 왕을 소수림에 장사지내고 인하여 호(號)로 삼았다. (『三國史節要』 4)

385(乙酉/신라 나물이사금 30/고구려 고국양왕 2/백제 침류왕 2, 진사왕 1/東晉 太元 10/倭 仁德 73)

백제	봄 2월에 한산(漢山)에 절을 창건하고, 승려 10명에게 두첩을 주었다. (『三國史記』 24 百濟本紀 2)
백제	봄 2월에 백제에서 한산에 절을 창건하고, 승려 10명에게 도첩을 주었다. (『三國史節要』 4)
백제 고구려	백제 제15 침류왕 즉위 원년 2년 봄에 한산(漢山)에 절을 창건하고 승려 10명을 출가시키니, 그것은 법사를 존경했기 때문이다. 이로 말미암아 백제는 고구려 다음으로 불교를 일으켰으니, 거슬러 계산하면 마등(摩騰)이 후한에 들어온 지 280여 년이었다. (『海東高僧傳』 1 流通 一之一 釋摩羅難陀)
백제	백제본기에 이른다. 제15 침류왕 즉위 이듬해인 을유에 새 서울 한산주(漢山州)에 절을 창건하고, 승려 10명에게 도첩을 두었는데, 이것이 백제 불교의 시초이다. (『三國遺事』 3 興法 3 難陁闢濟)

고구려 요동 현도

여름 6월에 왕이 군사 4만명을 내어 요동을 습격하였다. 이에 앞서 연왕 모용수(慕容垂)가 대방왕(帶方王) 모용좌(慕容佐)에게 명하여 용성(龍城)을 지키게 하였다. 모용좌가 우리 군사가 요동을 습격하였다는 소식을 듣고 사마(司馬) 학경(郝景)을 보내 군사를 이끌고 구원하게 하였다. 우리 군사가 쳐서 패배시키고, 마침내 요동과 현도를 함락시키고, 남녀 1만명을 포로로 잡아 돌아왔다. (『三國史記』 18 高句麗本紀 6)

고구려 요동 현도

여름 6월에 고구려 왕이 군사 4만명을 내어 요동을 습격하였다. 이에 앞서 연왕 모용수가 대방왕 모용좌에게 명하여 용성을 지키게 하였다. 모용좌가 고구려가 요동을 습격하였다는 소식을 듣고 사마 학경을 보내 군사를 이끌고 구원하게 하였다. 고구려 군사가 쳐서 패배시키고, 마침내 요동과 현도를 함락시키고, 남녀 1만명을 포로로 잡아 돌아왔다. (『三國史節要』 4)

고구려 요동 현도

윤6월에 고구려가 요동을 습격하였다. 모용좌가 사마 학경을 보내 군사를 이끌고 구원하게 하였으나, 고구려에게 패하였다. 고구려가 마침내 요동과 현도를 함락시켰다. (『資治通鑑』 106 晉紀 28 烈宗孝武皇帝中之上)

고구려 요동 현도

효무(孝武) 태원 10년에 구려(句驪)가 요동군과 현도군을 공격하였다. (『梁書』 54 列傳 48 東夷 高句驪)

고구려 요동 현도

진(晉) 효무 태원 10년에 미처 구려가 요동군과 현도군을 공격하였다. (『北史』 94 列傳 82 高麗)

고구려 요동 현도

겨울 10월에 연(燕)의 모용농(慕容農)이 군사를 거느리고 고구려를 침입하여 다시 요동군과 현도군 2군을 다시 차지하였다. 처음에 유주(幽州)와 기주(冀州)의 유민이 많이 고구려에 투항해오므로 모용농이 범양(范陽) 사람 방연(龐淵)을 요동태수를 삼아 이들을 불러 어루만지게 하였다. (『三國史節要』 4)

고구려 요동 현도

겨울 11월에 연의 모용농이 군사를 거느리고 와서 침입하여 요동군과 현도군 2군을 다시 차지하였다. 처음에 유주와 기주의 유민이 많이 투항해오므로 모용농이 범양

사람 방연을 요동태수를 삼아 이들을 불러 어루만지게 하였다. (『三國史記』18 高句麗本紀 6)

고구려 요동 현도

11월 모용농이 용성에 이르러서 병사와 말을 10여일 쉬게 하였다. 제장(諸將)이 모두 말하였다. "전하께서 오실 때는 길을 아주 바르게 왔는데, 지금 여기에 도착하여 오래도록 머무르고 나아가지 않으니 어쩐 일입니까." 모용농이 말하였다. "내가 올 때 속히 온 것은 여암(餘巖)이 산을 넘어가 노략질하며 훔치면서 백성들을 시끄럽게 만들 것을 걱정했을 뿐이다. 여암의 재주가 사람들을 뛰어넘지 못하고 굶주린 아이를 속여 꾀며 까마귀를 모아서 무리를 만든 것 같아서 기작이 없으니, 나는 이미 그들의 목구멍을 눌러 놓고 있어서 오래되면 떨어지고 흩어질 테니 할 수 있는 것이 없다. 지금 여기 밭에는 곡식이 잘 익었는데, 거두지 않고 가면 다만 스스로 소모하여 줄어들 것이니 마땅히 수확이 끝나기까지 기다렸다가 가서 그들을 효수하는데 또 10일을 넘지 않을 뿐이다." 점사 후 모용농이 보병과 기병 3만명을 거느리고서 영지(令支)에 도착하니 여암의 무리가 떨리고 놀라서 차츰차츰 성을 넘어 모용농에게 돌아왔다. 여암에 계책이 궁하게 되자 나와서 항복하니 모용농이 그의 머리를 베었다. 더 나아가서 고구려를 쳐서 요동과 현도를 회복하였다. 돌아와 용성에 이르러서 상소를 올려 능묘를 수리하게 해달라고 청하였다. 연왕 모용수가 모용농을 사지절(使持節)·도독유평이주북적제군사(都督幽平二州北狄諸軍事)·유주목(幽州牧)으로 삼아서 용성에서 진수하게 하였다. 평주자사(平州刺史)·대방왕 모용좌를 옮겨서 평곽(平郭)에서 진수하게 하였다. 모용농은 이에 법률과 제도를 새로 만들고 일은 관대하고 간편하게 하도록 하였으며 형옥은 깨끗이 하며 부역을 줄이고 농업과 잠업을 권장하여 주민이 부유하고 넉넉하게 하자 사방으로 흩어져 다니던 백성들이 앞뒤로 도착하는 사람이 수만명이었다. 이 보다 앞서 유주와 기주의 유민이 많이 고구려로 들어왔는데 모용농이 표기장군부의 사마인 범양 사람 방연을 요동태수로 삼아서 그들을 부르고 어루만졌다. (『資治通鑑』106 晉紀 28 烈宗孝武皇帝 中之上)

고구려 요동 현도

효무(孝武) 태원 10년 후연의 모용수가 동생 모용농을 보내 고구려를 치고 2군을 다시 차지하였다. (『梁書』54 列傳 48 東夷 高句驪)

고구려 요동 현도

진 효무 태원 10년에 미쳐 후연의 모용수가 동생 모용농을 보내 구려를 치고 2군을 다시 차지하였다. (『北史』94 列傳 82 高麗)

백제　　겨울 11월에 왕이 돌아가셨다. (『三國史記』24 百濟本紀 2)

백제　　진사왕(辰斯王)은 근구수왕의 둘째 아들이며, 침류왕의 아우이다. 그는 사람됨이 용맹하며 총명하고 지략이 많았다. 침류왕이 돌아가셨을 때 태자의 나이가 어렸기 때문에 태자의 숙부 진사가 즉위하였다. (『三國史記』25 百濟本紀 3)

백제　　백제왕 침류가 돌아갔다. 태자 아신이 어렸기 때문에 왕의 아우인 진사가 즉위하였다. 그는 사람됨이 용맹하며 총명하고 지략이 많았다.
　　　　권근이 논하였다. 침류왕은 처음 정사에 호승(胡僧)을 맞아들여 궁중에 두고 예로써 공경하였다. 또 불사를 창건하여 승려를 공양하였으므로 이는 복을 맞이하고 장수를 누리고자 하는 것이었다. 곧 1년을 넘기지 못하고 마침내 죽었으니 불교는 과연 믿을 만 한 것이겠는가. (『三國史節要』4)

백제　　백제 침류왕이 돌아가셨다. 왕자 아화(阿花)가 나이가 어려 숙부 진사가 왕위를 빼앗아 왕이 되었다. (『日本書紀』9 神功紀)

고구려	12월에 땅이 흔들렸다. (『三國史記』 18 高句麗本紀 6)
고구려	12월에 고구려에서 땅이 흔들렸다. (『三國史節要』 4)

동이	차빈(車頻)의 『진서(秦書)』에 말하였다. 부견(符堅) 때에(357~385) 사이(四夷)가 토산물을 바쳤는데, 관중(關中)에 모으면 사방이 종인(種人)이 기이하고 모양이 다르다. 진(晉) 사람들은 그것을 이름 붙였는데, 호인(胡人)은 측비(側鼻)라 하고 농이는 광목활안(廣面闊顔)이라 하고 북적은 광각면(匡脚面)이고 하였으므 남만은 종제(腫蹄)라고 이름하였으니 여러 가지가 다른 이름이다. (『太平御覽』 363 人事部 4 形體)

386(丙戌/신라 나물이사금 31/고구려 고국양왕 3/백제 진사왕 2/東晉 太元 11/倭 仁德 74)

고구려	봄 정월에 왕자 담덕(談德)을 세워 태자로 삼았다. (『三國史記』 18 高句麗本紀 6)
고구려	봄 정월에 고구려 왕자 담덕을 세워 태자로 삼았다. (『三國史節要』 4)
백제	봄에 국내의 15세 이상 되는 사람을 징발하여 관문의 방어 시설을 설치하였다. 청목령(靑木嶺)에서부터 북으로는 팔곤성(八坤城)에 이르며, 서로는 바다에 이르렀다. (『三國史記』 25 百濟本紀 3)
백제	백제에서 국내의 15세 이상 되는 사람을 징발하여 관문의 방어 시설을 설치하였다. 청목령에서부터 북으로는 팔곤성에 이르며, 서로는 바다에 이르렀다. (『三國史節要』 4)
백제	여름 4월에 백제 왕세자인 여휘(餘暉)를 사지절(使持節)·도독(都督)·진동장군(鎭東將軍)·백제왕(百濟王)으로 삼았다. (『晉書』 9 帝紀 9 孝武帝)
백제	진(晉) 효무제(孝武帝) 태원 11년 백제 왕세자인 여휘를 사지절·도독·진평장군(鎭平將軍)·백제왕으로 삼았다. (『册府元龜』 963 外臣部 8 封册 1)
백제	가을 7월에 서리가 내려 곡식을 해쳤다. (『三國史記』 25 百濟本紀 3)
백제	가을 7월에 백제에서 서리가 내려 곡식을 해쳤다. (『三國史節要』 4)
고구려 백제	가을 8월에 왕이 병력을 보내 남쪽으로 백제를 공격하였다. (『三國史記』 18 高句麗本紀 6)
백제 고구려	8월에 고구려가 와서 침입하였다. (『三國史記』 25 百濟本紀 3)
고구려 백제	8월에 고구려 왕이 군사를 내어 백제를 쳤다. (『三國史節要』 4)
고구려	겨울 10월에 복숭과 자두 꽃이 피었다. (『三國史記』 18 高句麗本紀 6)
고구려	겨울 10월에 고구려에서 복숭과 자두 꽃이 피었다. (『三國史節要』 4)
고구려	겨울 10월 소가 말을 낳았는데, 발이 여덟이고 꼬리가 둘이었다. (『三國史記』 18 高句麗本紀 6)
고구려	겨울 10월 고구려에서 소가 말을 낳았는데, 발이 여덟이고 꼬리가 둘이었다. (『三國史節要』 4)

387(丁亥/신라 나물이사금 32/고구려 고국양왕 4/백제 진사왕 3/東晉 太元 12/倭 仁德 75)

백제	봄 정월에 진가모(眞嘉謨)를 달솔(達率)로 임명하고, 두지(豆知)를 은솔(恩率)로 삼았다. (『三國史記』 25 百濟本紀 3)
백제	봄 징월에 백제에시 진기모를 달솔로 삼고, 두지를 은솔로 삼았다. (『三國史節要』

4)

| 백제 말갈 | 가을 9월에 말갈과 관미령(關彌嶺)에서 싸웠으나, 이기지 못했다. (『三國史記』 25 百濟本紀 3) |
| 백제 말갈 | 가을 9월에 백제가 말갈과 관미령에서 싸웠으나, 이기지 못했다. (『三國史節要』 4) |

388(戊子/신라 나물이사금 33/고구려 고국양왕 5/백제 진사왕 4/東晉 太元 13/倭 仁德 76)

| 신라 | 여름 4월에 서울에 지진이 일어났다. (『三國史記』 3 新羅本紀 3) |
| 신라 | 여름 4월에 신라의 서울에 지진이 일어났다. (『三國史節要』 4) |

| 고구려 | 여름 4월에 큰 가뭄이 있었다. (『三國史記』 18 高句麗本紀 6) |
| 고구려 | 여름 4월 고구려에 큰 가뭄이 있었다. (『三國史節要』 4) |

| 신라 | 6월에 또 지진이 일어났다. (『三國史記』 3 新羅本紀 3) |
| 신라 | 6월에 신라 서울에서 또 지진이 일어났다. (『三國史節要』 4) |

| 고구려 | 가을 8월에 누리의 피해가 있었다. (『三國史記』 18 高句麗本紀 6) |
| 고구려 | 가을 8월에 고구려에서 누리의 피해가 있었다. (『三國史節要』 4) |

| 신라 | 겨울에 얼음이 얼지 않았다. (『三國史記』 3 新羅本紀 3) |
| 신라 | 겨울에 신라에서 얼음이 얼지 않았다. (『三國史節要』 4) |

389(己丑/신라 나물이사금 34/고구려 고국양왕 6/백제 진사왕 5/東晉 太元 14/倭 仁德 77)

| 신라 | 봄 정월에 서울에서 크게 전염병이 났다. (『三國史記』 3 新羅本紀 3) |
| 신라 | 봄 정월에 신라의 서울에서 크게 전염병이 났다. (『三國史節要』 4) |

| 신라 | 2월에 흙비가 내렸다. (『三國史記』 3 新羅本紀 3) |
| 신라 | 2월에 신라에서 흙비가 내렸다. (『三國史節要』 4) |

| 고구려 | 봄에 기근이 있어 사람이 서로 잡아먹을 지경이었다. 왕이 창고를 열어 진휼하였다. (『三國史記』 18 高句麗本紀 6) |
| 고구려 | 고구려에서 기근이 있어 사람이 서로 잡아먹을 지경이었다. 왕이 창고를 열어 진휼하였다. (『三國史節要』 4) |

| 신라 | 가을 7월에 누리의 피해가 있어 곡식이 여물지 않았다. (『三國史記』 3 新羅本紀 3) |
| 신라 | 가을 7월에 신라에 누리의 피해가 있어 곡식이 여물지 않았다.(『三國史節要』 4) |

고구려 백제	가을 9월에 백제가 침입해 와서 남쪽 변경을 약탈하고 돌아갔다. (『三國史記』 18 高句麗本紀 6)
백제 고구려	가을 9월에 왕이 군사를 보내 고구려의 남쪽 변경을 침입하여 약탈하였다. (『三國史記』 25 百濟本紀 3)
고구려 백제	9월에 백제가 군사를 보내 고구려의 남쪽 변경을 침입하였다. (『三國史節要』 4)

390(丙寅/신라 나물이사금 35/고구려 고국양왕 7/백제 진사왕 6/東晉 太元 15/倭 仁德 78)

| 백제 | 가을 7월에 성패(星孛)가 북하(北河)에 나타났다. (『三國史記』 25 百濟本紀 3) |

백제 가을 7월에 백제에서 성패가 북하에 나타났다. (『三國史節要』 4)

고구려 백제 가을 9월에 백제가 달솔(達率) 진가모(眞嘉謨)를 보내 도압성(都押城)을 공격해서 깨뜨리고 200명을 포로로 잡아 돌아갔다. (『三國史記』 18 高句麗本紀 6)

백제 고구려 9월에 왕이 달솔 진가모에게 고구려를 치도록 명령하였는데, 도압성을 깨뜨리고 포로 200명을 사로잡았다. 왕이 진가모를 병관좌평으로 삼았다. (『三國史記』 25 百濟本紀 3)

고구려 백제 9월에 백제 왕이 달솔 진가모에게 고구려를 치도록 명령하였는데, 도압성을 깨뜨리고 포로 200명을 사로잡았다. 왕이 가모를 병관좌평으로 삼았다. (『三國史節要』 4)

백제 겨울 10월에 왕이 구원(狗原)에서 사냥하다가 7일 만에 돌아왔다. (『三國史記』 25 百濟本紀 3)

백제 겨울 10월에 백제 왕이 구원에서 사냥하다가 7일 만에 돌아왔다. (『三國史節要』 4)

신라 제17대 나밀왕(那密王) 36년 경인에 왜왕이 사신을 보내 와서 뵙고 말하였다. "우리 임금이 대왕께서 신성하다는 말을 듣고 신등을 시켜 백제의 죄를 대왕에게 아뢰게 하는 것이오니, 원하옵건대 대왕께서는 왕자 한 분을 보내어 우리 임금에게 성심을 나타내시기 바랍니다." 이에 왕은 셋째 아들 미해(美海)[미토희(未吐喜)라고도 한다]를 왜국에 보냈는데, 미해의 나이가 열 살이었다. 말과 행동이 아직 익숙지 않았기 때문에 내신(內臣) 박사람(朴娑覽)을 부사로 삼아 보냈다. 왜왕이 억류하여 30년 동안 보내지 않았다. (『三國遺事』 1 紀異 1 奈勿王[一作 那密王] 金堤上)

신라 삼한 호무타(譽田) 천황은 다라시나카츠히코(足仲彦) 천황의 넷째 아들이고 어머니는 오키나가타라시히메노미코토(氣長足姬尊: 神功皇后)이다. 천황은 진구(神功)황후가 신라를 정벌하던 해인 경진년(庚辰年 : 중애천황 9) 겨울 12월에 츠쿠시(筑紫)의 가다(蚊田)에서 태어났다. 어릴 때부터 총명하여 사물을 깨달아 보는 것이 깊고 원대하였으며, 하는 행동은 절도가 있었고 성스러운 모습은 남다름이 있었다. 황태후가 섭정한 지 3년 되던 해에 황태자가 되었다[그 때 나이가 3세였다]. 처음 천황이 뱃속에 있을 때, 하늘과 땅의 신이 삼한(三韓)을 주었다. 태어났을 때 굳은 살이 팔뚝 위에 나 있어서 마치 그 모양이 화살통과 같았는데, 이것은 황태후가 남장을 하고 화살통을 매고 있던 모양과 비슷하였다[초(肖)는 우리말로 아에(阿叡)라 한다]. 그러므로 그 이름을 호무타 천황이라 하였다[옛날 사람들은 화살통을 호무타(褒武多)라 하였다. 일설에 의하면, "처음에 천황이 태자가 되었을 때 고시노쿠니(越國)에 가서 츠누가(角鹿)의 게이노오카미(笥飯大神)에게 제사하였는데, 그 때 대신(大神)과 태자가 서로 이름을 바꾸었다. 그래서 대신을 이자사와케노카미(去來紗別神)라 부르고, 태자를 호무타와케노미코토(譽田別尊)라 이름하였다. 그러므로 대신의 본래 이름은 호무타와케노카미(譽田別神)이고, 태자의 원래 이름은 이자사와케노미코토(去來紗別尊)였다고 할 수 있다"라고 하였으나, 다른 데 기록이 보이지 않으므로 잘 알 수 없다]. (『日本書紀』 10 應神紀)

391(辛卯/신라 나물이사금 36/고구려 고국양왕 8, 永樂 1 /백제 진사왕 7/東晉 太元 16/倭 仁德 79)

백제 봄 정월에 궁실을 중수하였는데, 연못을 파고 산을 만들어 진귀한 새와 기이한 화초를 길렀다. (『三國史記』 25 百濟本紀 3)

백제 봄 정월에 백제에서 궁실을 중수하였는데, 연못을 파고 산을 만들어 기이한 화초를

	심고 진귀한 짐승을 길렀다. (『三國史節要』 4)
백제 말갈	여름 4월에 말갈이 북쪽 변경의 적현성(赤峴城)을 공격하여 함락시켰다. (『三國史記』 25 百濟本紀 3)
백제 말갈	여름 4월에 말갈이 백제의 북쪽 변경인 적현성(赤峴城)을 공격하여 함락시켰다. (『三國史節要』 4)
백제	가을 7월에 나라 서쪽의 큰 섬에서 사냥하다가 왕이 직접 사슴을 쏘았다. (『三國史記』 25 百濟本紀 3)
백제	가을 7월에 백제왕이 나라 서쪽의 큰 섬에서 사냥하였다. (『三國史節要』 4)
백제	8월에 또 횡악(橫岳) 서쪽에서 사냥하였다. (『三國史記』 25 百濟本紀 3)
백제	8월에 또 횡악 서쪽에서 사냥하였다. (『三國史節要』 4)
고구려	17대손에 이르러 국강상광개토경평안호태왕(國罡上廣開土境平安好太王)이 18세이 왕위에 올라 호(號)를 영락대왕(永樂大王)이라고 하였다. 은택이 하늘까지 미쳤고 위무(威武)는 사해(四海)에 떨쳤다. △△쓸어 없애니 백성이 그 생업에 평안하고 나라는 부강하고 백성은 유족해졌으며 오곡(五穀)은 풍성하게 익었다. 하늘이 어여삐 여기지 아니하여 39세에 세상을 버리고 떠나시니 갑인년(甲寅年) 9월 29일 을유(乙酉)에 산릉(山陵)으로 모셨다. 이에 비를 세워 그 공훈을 기록하여 후세에 전한다. (「廣開土王碑」)
고구려 백제 신라	
	백잔(百殘)과 신라는 예부터 속민(屬民)으로써 조공을 해왔다. 그러나 왜가 신묘년에 건너와 △백잔을 파하고 △△ 신라를 신민(臣民)으로 삼았다. (「廣開土王碑」)
고구려	연수(延壽) 원년 태세재묘(太歲在卯) 3월 중에 태왕(太王)이 교를 내려 합우(合杅)를 만들게 했는데, 3근 6량을 사용하게 하였다. (「瑞鳳塚 出土 銀合杅 銘文」蓋內)
고구려	연수 원년 태세재신(太歲在辛) 3월△ 태왕이 교로 합우를 만들게 하였는데, 3근이었다. (「瑞鳳塚 出土 銀合杅 銘文」外底)

392(壬辰/신라 나물이사금 37/고국양왕 9, 광개토왕 1 永樂 2/백제 진사왕 8, 아신왕 1/東晉 太元 17/倭 仁德 80)

신라 고구려	봄 정월에 고구려에서 사신을 보냈다. 왕은 고구려가 강성했으므로 이찬(伊湌) 대서지(大西知)의 아들 실성(實聖)을 보내어 볼모로 삼았다. (『三國史記』 3 新羅本紀 3)
고구려 신라	봄 정월에 고구려에서 사신을 신라에 보냈다. 왕은 고구려가 강성함을 두려워하여 이찬 대서지의 아들 실성을 보내어 볼모로 삼았다. (『三國史節要』 4)
고구려 신라	봄에 사신을 보내 신라와 사이좋게 지내니, 신라 왕이 조카 실성(實聖)을 보내 인질로 삼았다. (『三國史記』 18 高句麗本紀 6)
백제	백제본기에 이른다. (…) 또 아신왕이 즉위한 태원 17년 2월에 교를 내려서 불법을 신봉하여 복을 구하였다. 마라난타는 번역하면 동학(童學)이라고 한다[그의 특이한 행적은 승전에 자세히 보인다]. 찬하여 말한다. 천지가 개벽할 때는 대개 재주 부리기가 어려운 것인데 차근차근 스스로 알면 노래와 춤 절로 나와 옆사람 끌어들여 보도록 하였다. (『三國遺事』 3 興法 3 難陁闢濟)

고구려	3월에 교서를 내려 불교를 숭상하여 믿고 복을 구하게 하였나. 담당 관청에 명하어 국사(國社)를 세우고 종묘(宗廟)를 수리하게 하였다. (『三國史記』18 高句麗本紀 6)
고구려	고기(古記)에 이른다. " (…) 고국양왕 9년 봄 3월에 국사를 세웠다."또 말하였다. "고구려에서는 항상 3월 3일에 낙랑의 언덕에 모여 사냥하였는데, 사냥한 돼지와 사슴은 하늘과 산천에 제시지냈다."(『三國史記』32 雜志 1 祭祀)
고구려	3월에 고구려 왕이 교서를 내려 불교를 숭상하여 복을 구하게 하였다. 또 담당 관청에 명하여 국사를 세우고 종묘를 수리하게 하였다. (『三國史節要』4)

백제	여름 5월 정묘 초하루 날에 일식이 있었다. (『三國史記』25 百濟本紀 3)
백제	여름 5월 정묘 초하루 날에 백제에서 일식이 있었다.(『三國史節要』4)

고구려	여름 5월에 왕이 돌아가셨다. 고국양(故國壤)에 장사지내고 이름을 고국양왕이라고 하였다. (『三國史記』18 高句麗本紀 6)
고구려	광개토왕은 이름이 담덕(談德)이고 고국양왕의 아들이다. 태어나서 씩씩하고 뛰어나 며 대범한 뜻이 있었다. 고국양왕 3년에 태자로 책립되었고, 9년에 왕이 돌아가시자 태자가 즉위하였다. (『三國史記』18 高句麗本紀 6)
고구려	(여름 5월) 고구려 왕 이련(伊連)이 돌아가셨다. 태자 담덕이 즉위하였는데, 태어나 면서 씩씩하고 뛰어나며 대범하였다. 왕을 고국양에 장사지내고 인하여 이름으로 삼 았다. (『三國史節要』4)
고구려	17대손에 이르러 국강상광개토경평안호태왕(國罡上廣開土境平安好太王)이 18세이 왕위에 올라 호(號)를 영락대왕(永樂大王)이라고 하였다. 은택이 하늘까지 미쳤고 위 무(威武)는 사해(四海)에 떨쳤다. △△쓸어 없애니 백성이 그 생업에 평안하고 나라 는 부강하고 백성은 유족해졌으며 오곡(五穀)은 풍성하게 익었다. / 하늘이 어여삐 여기지 아니하여 39세에 세상을 버리고 떠나시니 갑인년(甲寅年) 9월 29일 을유(乙 酉)에 산릉(山陵)으로 모셨다. 이에 비를 세워 그 공훈을 기록하여 후세에 전한다. (「廣開土王碑」)

고구려 백제	가을 7월에 남쪽으로 백제를 쳐서 10개 성(城)을 빼앗았다. (『三國史記』18 高句麗 本紀 6)
백제 고구려	가을 7월에 고구려 왕 담덕(談德)이 4만명의 군사를 거느리고 와서 북쪽 변경을 공 격하여 석현성(石峴城) 등 10여 성을 함락시켰다. 왕은 담덕이 군사를 부리는데 능 통하다는 말을 듣고 나가 막으려고 하지 않았다. 한수 북쪽의 여러 부락을 빼앗겼 다. (『三國史記』25 百濟本紀 3)
고구려 백제	가을 7월에 고구려 왕이 4만명의 군사를 거느리고 백제의 북쪽 변경을 공격하여 석 현성 등 10여 성을 함락시켰다. 왕은 고구려 왕이 군사를 부리는데 능통하다는 말 을 듣고 감히 나가 막으려고 하지 않았다. 한수 북쪽의 여러 부락을 빼앗겼다. (『三 國史節要』4)

고구려	9월에 북쪽으로 거란을 쳤고 남녀 5백명을 포로로 잡았으며, 또 본국이 빼앗겼던 백성 1만 명을 불러서 타일러 돌아왔다. (『三國史記』18 高句麗本紀 6)
고구려	9월에 고구려가 북쪽으로 거란을 쳤고 남녀 5백명을 포로로 잡았으며, 또 본국이 빼앗겼던 백성 1만 명을 불러서 타일러 돌아왔다. (『三國史節要』4)

고구려 백제	거울 10월에 백제 관미성(關彌城)을 공격하여 함락시켰다. 그 성은 사면이 가파른

	절벽으로 바닷물이 둘러싸고 있어 왕이 군사를 일곱 길로 나누어 20일을 공격하여 함락시켰다. (『三國史記』 18 高句麗本紀 6)
백제 고구려	겨울 10월에 고구려가 관미성을 공격해서 함락시켰다. (『三國史記』 25 百濟本紀 3)
고구려 백제	겨울 10월에 고구려가 백제의 관미성을 공격해서 함락시켰다. 그 성은 사면이 가파른 절벽으로 바닷물이 둘러싸고 있어 왕이 군사를 일곱 길로 나누어 20일을 공격하여 함락시켰다.

권근은 말하였다. "옛날 진(晉) 양공(襄公)이 검은 상복 차림으로 군사를 거느리고 진(秦)의 군사를 격파하였는데, 춘추(春秋)에서 이를 비난하였다. 고구려왕 이련(伊連)이 돌아가시자 3개월을 넘지 못하여 그 아들 담덕(談德)이 친히 군사를 거느리고 백제를 쳐서 격파하였으니 그 애통함을 잊고 꺼리지 않음이 심하다. 대저 문정(門庭)의 적이 있어 종묘와 사직의 존망이 달려 있다면 부득이 전쟁을 하는 것은 가(可)하다고 할 수 있다. 지금 백제의 군사가 고구려의 변경을 침입하지도 않았는데 담덕이 바야흐로 최질(衰経) 중에 있으면서 이에 감히 자신의 상(喪)을 버리고 갑자기 군사를 일으켜 남의 나라를 쳤으니 이것이 인자(人子)의 애통한 마음이 있는 자이겠는가. 혹자는 말하기를, '고구려와 백제는 대대로 원수지간이다. 진사(辰斯)가 이련 6년에 와서 남쪽 변경을 침략하였고 다음해 또 도압성(都押城)을 쳐서 빼앗았는데 이련이 보복하지 못하고 3년만에 돌아가셨다. 담덕이 왕위를 계승하여 수개월이 지나지 않아 군사를 일으켜 쳐서 그 수치를 씻었으니, 이는 어버이를 빛나가 하는 것이지 꺼리하지 않는 것은 아니다'라고 하였다. 그러나 적과 은혜가 있든지 적과 원수가 있든지 후대에까지 이어가는 것은 아니다라고 말 할 수 있다. 구부(丘夫)가 근초고왕에게 갚지 않은 것은 진실로 죄가 아니다. 담덕과 진사는 이미 2세가 지난 후에 어찌 보복을 더한단 말인가. 먼저 침류(枕流)가 돌아가시고 진사가 즉위하였는데 이연이 휼(恤)하지 않고 갑자기 그 상(喪)에 침범하였으니 악한 것이다. 진사가 은인(隱忍)하여 바로 보복하지 않고 반드시 3년상을 마치기를 기다린 연후에 와서 남쪽 변경을 쳤으니, 이 곧은 것은 백제에 있고 굽은 것은 고구려에 있는 것이다. 그러므로 진사왕이 두 번을 이기고 이련은 끝내 보복을 하지 않았으니, 이 또한 죄를 자복(自服)한 것일 뿐이다. 담덕이 이에 그 하고자 함을 징계하고 원한을 풀며 화친을 도모하여 선군(先君)의 허물을 뉘우치고 분쟁을 그치게 하는 아름다움을 이룩했다면 그 어버이를 빛나게 함이 더욱 컸을 것이다. 그런데 의리와 시비를 돌아보지 않고 오직 보복으로써 일삼았으니 전란을 어떻게 그칠 수 있겠는가. (『三國史節要』 4)

백제	겨울 10월 왕이 구원(狗原)에서 사냥하며 열흘이 지나도록 돌아오지 않았다. (『三國史記』 25 百濟本紀 3)
백제	겨울 10월 백제왕이 구원에서 사냥하며 열흘이 지나도록 돌아오지 않았다. (『三國史節要』 4)

백제	11월에 구원의 행궁(行宮)에서 돌아가셨다. (『三國史記』 25 百濟本紀 3)
백제	아신왕([혹은 아방(阿芳)이라고도 한다]은 침류왕의 맏아들로 한성의 별궁에서 태어났는데, 신비로운 광채가 밤을 밝혔다. 장성함에 미쳐 의지와 기풍이 호탕하였으며, 매 사냥과 말타기를 좋아했다. 침류왕이 돌아가셨을 때, 나이가 어렸기 때문에 숙부 진사가 왕위를 이었는데, 재위 8년에 돌아가시자 즉위하였다. (『三國史記』 25 百濟本紀 3)
백제	11월에 백제와 진사가 구원의 행궁에서 돌아가셨다. 침류왕의 아들 아신이 즉위하였다. 아신은 한성의 별궁에서 태어났는데, 신비로운 광채가 밤을 밝혔다. 장성함에

	미쳐 의지와 기풍이 호탕하였으며, 매 사냥과 말타기를 좋아했다. (『三國史節要』 4)
백제	3년 이 해에 백제의 진사왕이 왕위에 있으면서 귀국(貴國)의 천황에게 예의를 잃었으므로, 기노츠노노스쿠네(紀角宿禰)·하타노야시로노스쿠네(羽田矢代宿禰)·이시카와노스쿠네(石川宿禰)·츠쿠노스쿠네(木菟宿禰)를 파견하여 그 무례함을 책망하였다. 이로 말미암아 백제국에서는 진사왕을 죽여 사죄하였다. 기노츠노노스쿠네 등은 아화(阿花)를 왕으로 세우고 돌아왔다. (『日本書紀』 10 應神紀)

393(癸巳/신라 나물이사금 38/고구려 광개토왕 2, 永樂 3/백제 아신왕 2/東晉 太元 18/倭 仁德 81)

백제	봄 정월에 동명왕의 사당에 배알하였다. 또 남단(南壇)에서 천지(天地)에 제사지냈다. (『三國史記』 25 百濟本紀 3)
백제	고기(古記)에 이른다. (…) 다루왕 2년(29) 봄 정월에 시조 동명왕의 사당에 배알하였다. (…) 아신왕 2년 봄 정월에 (…) 아울러 위와 같이 행하였다. (『三國史記』 32 雜志 1 祭祀)
백제	고기에 이른다. "온조왕 20년(2) 봄 2월에 천지에 제사지내는 단을 설치하였다. (…) 아신왕 2년 봄 정월에 (…) 아울러 위와 같이 행하였다. (『三國史記』 32 雜志 1 祭祀)
백제	봄 정월에 백제왕이 동명왕의 사당에 배알하였다. 남단에서 천지에 제사지냈다. (『三國史節要』 4)
백제	봄 정월 진무(眞武)를 임명하여 좌장(左將)으로 삼아 군사에 관한 일을 맡겼다. 진무는 왕의 외삼촌으로서 침착하고 굳세며 지략이 있어 당시 사람들이 따랐다. (『三國史記』 25 百濟本紀 3)
백제	봄 정월 백제에서 진무를 좌장으로 삼아 군사에 관한 일을 맡겼다. 진무는 왕의 외삼촌으로서 침착하고 굳세며 지략이 있어 당시 사람들이 따랐다. (『三國史節要』 4)
신라	여름 5월에 왜인(倭人)이 와서 금성(金城)을 포위하고 5일 동안 풀지 않았다. 장수와 병사가 모두 나가 싸우기를 청하였으나, 왕이 말하기를, "지금 적들은 배를 버리고 깊이 들어와 죽을 장소에 있으니 날카로운 기세를 당할 수 없다."고 하고, 성문을 닫고 굳게 지켰다. 적이 곧 물러가자 왕이 먼저 용맹한 기병 2백 명을 보내 그 돌아가는 길을 막고, 또 보병 1천 명을 보내 독산(獨山)까지 추격하여 합동으로 공격해 크게 물리치니, 죽이거나 사로잡은 사람이 매우 많았다. (『三國史記』 3 新羅本紀 3)
신라	여름 5월에 왜인이 와서 신라의 금성을 포위하고 5일 동안 풀지 않았다. 장수와 병사가 모두 나가 싸우기를 청하였으나, 왕이 말하기를, "지금 적들은 배를 버리고 깊이 들어와 죽을 장소에 있으니 날카로운 기세를 당할 수 없다."고 하고, 이내 성문을 닫았다. 적이 성과 없이 물러가자 왕이 먼저 용맹한 기병 2백 명을 보내 그 돌아가는 길을 잠복하여 노리고, 또 보병 1천 명을 보내 독산까지 추격하여 합동으로 공격해 크게 물리치니, 죽이거나 사로잡은 사람이 매우 많았다. (『三國史節要』 4)
고구려 백제	가을 8월에 백제가 남쪽 변경을 침입하니, 장수에게 명하여 이를 막았다. (『三國史記』 18 高句麗本紀 6)
백제 고구려	가을 8월에 왕이 진무에게 일러 말하기를, "관미성은 우리나라 북쪽 변경의 요충지이다. 지금 고구려의 소유로 되어 있어, 이것을 과인은 애통해 하니, 그대는 마땅히 마음을 써서 치욕을 갚아야 할 것이다."라고 했다. 마침내 1만 명의 군사를 동원하

여 고구려의 남쪽 변경을 칠 것을 계획하였다. 진무는 몸이 병졸보다 앞서서 화살과 돌을 무릅쓰고 석현 등의 5성을 회복할 뜻으로 먼저 관미성을 포위했는데, 고구려 사람이 성을 둘러싸고 굳게 지켰다. 진무는 군량의 수송로를 확보하지 못하여 이끌고 돌아왔다. (『三國史記』 25 百濟本紀 3)

백제 고구려	가을 8월에 왕이 진무에게 일러 말하기를, "관미성은 북쪽 변경의 요충지이다. 지금 고구려의 소유로 되어 있어, 과인은 심히 애통하고 분해 하니, 그대는 마땅히 마음을 써서 치욕을 갚아야 할 것이다."라고 했다. 마침내 진무에게 명을 내려 1만 명의 군사를 거느리고 고구려를 공격하여 관미성을 포위했는데, 고구려 사람이 성을 둘러싸고 굳게 지켰다. 진무는 직접 화살과 돌을 무릅쓰고 몸이 병졸보다 앞서 성을 거의 무너뜨렸는데, 군량의 수송로를 확보하지 못하여 이끌고 돌아왔다. (『三國史節要』 4)

고구려	가을 8월 9개의 절을 평양에 창건하였다. (『三國史記』 18 高句麗本紀 6)
고구려	가을 8월 고구려가 9개의 절을 평양에 창건하였다. (『三國史節要』 4)

394(甲午/신라 나물이사금 39/고구려 광개토왕 3, 永樂 4/백제 아신왕 3/東晉 太元 19/倭 仁德 82)

백제	봄 2월에 맏아들 전지(腆支)를 태자로 삼고, 크게 사면하였다. 왕의 이복동생 홍(洪)을 임명하여 내신좌평으로 삼았다. (『三國史記』 25 百濟本紀 3)
백제	봄 2월에 백제에서 맏아들 전지[한편으로는 영(暎)이라고도 한다]를 태자로 삼고, 크게 사면하였다. 왕의 이복동생 홍을 내신좌평으로 삼았다. (『三國史節要』 4)

고구려 백제	가을 7월에 백제가 와서 침입하였다. 왕이 정예 기병 5,000명을 거느리고 갑자기 공격하여 무너뜨렸다. 나머지 적들이 양에 달아났다. (『三國史記』 18 高句麗本紀 6)
백제 고구려	가을 7월에 고구려와 수곡성 아래에서 싸워 크게 졌다. (『三國史記』 25 百濟本紀 3)
백제 고구려	가을 7월에 백제가 고구려를 침입하였다. 왕이 정예 기병 5,000명을 거느리고 수곡성 아래에서 갑자기 공격하여 백제가 크게 졌다. 밤에 도망하였다. (『三國史節要』 4)

백제	가을 7월 태백성이 낮에 나타났다. (『三國史記』 25 百濟本紀 3)
백제	가을 7월 백제에서 태백성이 낮에 나타났다. (『三國史節要』 4)

고구려 백제	8월에 나라 남쪽에 7성을 쌓아 백제의 침략에 대비하였다. (『三國史記』 18 高句麗本紀 6)
고구려 백제	8월에 고구려가 나라 남쪽에 7성을 쌓아 백제에 대비하였다. (『三國史節要』 4)

395(乙未/신라 나물이사금 40/고구려 광개토왕 4, 永樂 5/백제 아신왕 4/東晉 太元 20/倭 仁德 83)

백제	봄 2월에 성패(星孛)가 서북쪽에 나타났다가 20일 만에 사라졌다. (『三國史記』 25 百濟本紀 3)
백제	봄 2월에 백제에서 성패가 서북쪽에 나타났다가 20일 만에 사라졌다. (『三國史節要』 4)

신라 말갈	가을 8월에 말갈(靺鞨)이 북쪽 변경을 침입하였다. 군사를 내어 실직(悉直) 들판에서

크게 물리쳤다. (『三國史記』 3 新羅本紀 3)

신라 말갈　　가을 8월에 말갈이 신라의 북쪽 변경을 침입하였다. 신라에서 군사를 내어 막아 싸웠는데 실직 들판에서 크게 물리쳤다. (『三國史節要』 4)

고구려 백제　　가을 8월에 왕이 백제와 패수(浿水) 가에서 싸워 크게 물리쳤다. 사로잡은 포로가 8,000여 명이었다. (『三國史記』 18 高句麗本紀 6)

백제 고구려　　가을 8월에 왕이 좌장(左將) 진무(眞武) 등에게 명하여 고구려를 치게 하니, 고구려왕 담덕(談德)이 직접 군사 7,000명을 거느리고 패수 가에 진을 치고 막아 싸웠다. 우리 군사가 크게 패하였는데, 죽은 자가 8,000명이었다. (『三國史記』 25 百濟本紀 3)

백제 고구려　　(가을 8월) 백제가 좌장 진무 등을 보내 고구려를 치게 하니, 왕이 직접 군사 7,000명을 거느리고 패수에 진을 치고 막아 싸웠다. 백제 군사가 크게 패하였는데, 죽은 자가 8,000명이었다. (『三國史節要』 4)

백제　　겨울 11월에 왕이 패수 전투를 보복하고자 직접 군사 7,000명을 거느리고 한수를 건너 청목령 아래에 머물렀다. 마침 큰 눈이 내려 병졸이 얼어 죽은 자가 많자 회군하여 한산성에 이르러 군사를 위로하였다. (『三國史記』 25 百濟本紀 3)

백제　　겨울 11월에 백제왕이 패수의 수치를 설욕하고자 직접 군사 7,000명을 거느리고 한수를 건너 청목령 아래에 머물렀다. 마침 큰 눈이 내려 병졸이 얼어 죽은 자가 많자 회군하여 한산성에 이르러 군사를 위로하였다. (『三國史節要』 4)

고구려　　영락 5년 을미에 왕은 패려(稗麗)가 고구려인을 △△않으므로 몸소 거느리고 가서 토벌하였다. 부산(富山)과 부산(負山)을 지나 염수(鹽水)가에 이르러 그 3부락 6~700영을 격파하니, 소·말·양을 이루 헤아릴 수 없었다. 이에 왕이 행차를 돌려 양평도(襄平道)를 지나 동으로 △성(△城), 역성(力城), 북풍(北豊), 오비△(五備△)로 오면서 영토를 유관(遊觀)하며 전렵(田獵)하고 돌아왔다. (「廣開土王碑」)

396(丙申/신라 나물이사금 41/고구려 광개토왕 5, 永樂 6/백제 아신왕 5/東晉 太元 21/倭 仁德 84)

부여　　5월 신해일(9)에 범양왕(范陽王) 모용덕(慕容德)을 도독기연청서형예륙주제군사(都督冀兗靑徐荊豫六州諸軍事)·거기대장군(車騎大將軍)·기주목(冀州牧)으로 임명하여 업(鄴)에서 진수하도록 하였다. 요서왕(遼西王) 모용농(慕容農)을 도독병옹익량진량륙주제군사(都督幷雍益梁秦涼六州諸軍事)·병주목(幷州牧)으로 삼아 진양(晉陽)을 진수하도록 하였다. 또 안정왕(安定王) 고녹관위(庫傉官偉)를 태사(太師)로 삼고 부여왕(夫餘王) 울(蔚)을 태부(太傅)로 삼았다. (『資治通鑑』 108 晉紀 30 烈宗孝武皇帝下)

고구려 백제 가야 신라 삼한
　　7년 가을 9월에 고려인·백제인·임나인·신라인이 함께 내조(來朝)하였다. 그 때 다케시우치노스쿠네(武內宿禰)에게 명하여 여러 가라히토(韓人)들을 이끌고 연못을 만들게 하였다. 때문에 이 연못을 이름하여 가라히토노이케(韓人池)라 불렀다. (『日本書紀』 10 應神紀)

신라 백제　　또한 신라인들이 건너왔다. 이로써 다케우치노스쿠네노미코토(建內宿禰命)가 이들을 이끌고 그들을 부려 제방있는 연못을 세워 구다라노이케(百濟池)를 만들었다. (『古事記』 中 應神天皇)

고구려 요동	모용수(慕容垂)가 죽고 그의 아들 모용보(慕容寶)가 왕위에 올랐다. 고구려왕 안(安: 광개토왕)을 평주목(平州牧)으로 삼고, 요동·대방의 2국왕에 봉하였다. 안은 처음으로 장사(長史)·사마(司馬)·참군(參軍)의 관직을 설치하였고, 뒤에는 요동군을 경략하였다. (『梁書』 54 列傳 48 東夷 高句驪)
고구려 요동	모용수의 아들 모용보는 고구려왕 안을 평주목으로 삼아 요동·대방 2국왕으로 책봉하였다. 안은 처음으로 장사·사마·참군의 관직을 설치하였고, 뒤에는 요동군을 경략하였다. (『北史』 94 列傳 82 高麗)
고구려	(영락) 6년 병신에 왕이 몸소 △군사를 거느리고 잔국(殘國)을 토벌하였다. 군사가 △△수△(△首)하여 영팔성(寧八城) 구모로성(臼模盧城) 각모로성(各模盧城) 간저리성(幹氐利城) △△성△(△城) 각미성(閣彌城) 모로성(牟盧城) 미사성(彌沙城) △사조성(△舍蔦城) 아단성(阿旦城) 고리성(古利城) △리성(△利城) 잡진성(雜珍城) 오리성(奧利城) 구모성(勾牟城) 고모야라성(古模耶羅城) 혈△△△△성(頁△△△△城) △이야라성(△而耶羅城) 전성(瑑城) 어리성(於利城) △△성△(△城) 두노성(豆奴城) 비△△리성(沸△△利城) 미추성(彌鄒城) 야리성(也利城) 태산한성(太山韓城) 소가성(掃加城) 돈발성(敦拔城) △△△성(△△△城) 루매성(婁賣城) 산나성(散那城) 나단성(那旦城) 세성(細城) 모루성(牟婁城) 우루성(于婁城) 소회성(蘇灰城) 연루성(燕婁城) 석지리성(析支利城) 암문△성(巖門△城) 임성(林城) △△△△△△△리성(△△△△△△△利城) 취추성(就鄒城) △발성(△拔城) 고모루성(古牟婁城) 윤노성(閏奴城) 관노성(貫奴城) 삼양성(彡穰城) 증△성(曾△城) △△로성 (△△盧城) 구천성(仇天城)을 공취하고 △△△△ △ 그 국성(國城)을 (…)하였다. 백잔이 의(義)에 복종하지 않고 감히 나와 싸우니 왕이 크게 노하여 아리수(阿利水)를 건너 정병을 보내 성에 다다랐다. △△곧 성을 포위하니 백잔주가 곤핍(困逼)해져 남녀 생구(生口) 1,000인과 세포(細布) 1,000필을 바치면서 왕에게 무릎꿇고 스스로 맹서하길 지금 이후로부터 영원히 노객(奴客)이 되겠다고 하였다. 태왕은 앞의 잘못을 은혜로서 용서하고 뒤에 순종해온 정성을 기특히 여겼다. 이에 58성 700촌을 획득하고 백잔주의 아우와 대신 10인을 데리고 군사를 돌려 수도로 돌아왔다. (「廣開土王碑」)
고구려	또 북위(北魏)의 석(釋) 담시(曇始)[혜시(惠始)라고도 한다]전(傳)을 살펴보면 다음과 같다. "담시 는 관중(關中) 사람으로 출가한 뒤로 특이한 행적이 많았다. 진(晉) 효무제(孝武帝) 태원 9년 말에 경률(經律) 수십 부를 가지고 요동(遼東)에 가서 교화를 펴 3승(三乘)을 가르쳐 곧 귀계(歸戒)하게 하였는데, 대개 이것이 고구려가 불도를 듣게 된 시초였다. (『三國遺事』 3 興法 3 阿道基羅)
고구려 신라 백제	
	승려 담시(曇始)는 관중(關中)사람이다. 출가한 뒤로부터 특이한 행적이 많았다. 발은 얼굴보다 희었고 비록 진흙탕 물을 건너도 조금도 젖지 않았으므로 세상에서는 모두 백족화상(白足和尙)이라고 불렀다. 동진(東晉)의 태원(太元: 376~396) 말년에 경(經)·율(律) 수십 부를 가지고 요동으로 와서 기연을 따라 교화를 펼 때 분명히 삼승(三乘)으로 가르치고 불계(佛戒)에 귀의하게 하였다. 양고승전(梁高僧傳)은 이를 고구려가 불법을 듣게 된 시작으로 삼고 있다. 그때는 광개토왕 5년이요, 신라의 내물왕 41년이며, 백제의 아신왕 5년으로서 진(秦) 부견(符堅)이 경전과 불상을 보낸 지 25년 뒤였다. (『海東高僧傳』 1 流通 一之一 釋曇始)
고구려	승려 담시는 관중 사람이다. 출가한 이후부터 많은 이적이 있었다. 동진 효무 태원 말에 경·율 수십 부를 가지고 요동으로 가서 교화를 펴서 명히 삼승을 주었고 불계에 귀의하게 하였다. 대체로 고구려가 불도를 듣게 된 시작이다. (『梁高僧傳』 10 曇

始)

고구려	『고승전(高僧傳)』에서 또 말하였다. 승려 담시는 관중 사람이다. 동진 효무 태원 말에 경·율 수십 부를 가지고 요동으로 가서 교화를 펼 때 분명히 삼승을 주었다. 고구려가 불도를 듣게 된 시작이다. (『太平御覽』 655 釋部 3 異僧 上)
고구려	승려 담시는 관중 사람이다. 출가한 이후부터 많은 이적이 있었다. 동진 효무 태원 말에 경·율 수십 부를 가지고 요동으로 가서 교화를 펴서 명히 삼승을 주었고 불계에 귀의하게 하였다. 대체로 고구려가 불도를 듣게 된 시작이다. (『高僧傳』 10 神異 下 釋曇始 9)
요동	위씨춘추(魏氏春秋) 진양추(晉陽秋)[진손성전(晉孫盛傳)] (…) 태원 연간(376~396)에 효무제가 널리 이상한 소문을 구하였는데 처음으로 요동에서 별본(別本)을 얻어 조사하여 교정하니 같지 않음이 많아 책이 마침내 양존(兩存)하였다. (『玉海』 41 藝文 續春秋)
고구려	진(晉) 효무제 태원 21년 모용수가 죽었다. (…) 이에 태조(도무제)에게 서신을 보내었다. (…) 저 지난날에는 북쪽으로 예예(芮芮)와 통하고 서쪽으로는 혁련(赫連)·몽손(蒙遜)·토욕혼(吐谷渾)과 묶여 있으며 동쪽으로는 풍홍(馮弘)·고려와 연합하였다. 무릇 이 여러 나라를 내가 모두 멸망시켰으니, 이로써 보건대 저들이 어찌 독립할 수 있겠는가. (『宋書』 95 列傳 55 索虜[索頭虜姓託跋氏 其先漢將李陵後也])

신라 고구려 백제

(…) 이상에 의하면, 본기(本記)와 본비(本碑)의 두 설이 서로 어긋나서 같지 않음이 이와 같다. 이를 한 번 시론해 본다. 양(梁)·당(唐) 두 고승전 및 삼국본사(三國本史)에는 모두 고구려와 백제 두 나라 불교의 시작이 진나라 말년 태원 연간(376~396)이라고 하였는데, 이도(二道) 법사가 소수림왕(小獸林) 갑술(甲戌)(374)에 고구려에 온 것은 분명하므로 이 전은 틀리지 않았다. (『三國遺事』 3 興法 3 阿道基羅)

397(丁酉/신라 나물이사금 42/고구려 광개토왕 6, 永樂 7/백제 아신왕 6/東晉 隆安 1/倭 仁德 85)

백제	8년 봄 3월에 백제인이 내조(來朝)하였다[백제기(百濟記)에는 "아화왕(阿花王)이 왕위에 있으면서 귀국(貴國)에 예의를 갖추지 않았으므로 일본이 우리의 침미다례(枕彌多禮) 및 현남(峴南)·지침(支侵)·곡나(谷那)·동한(東韓)의 땅을 빼앗았다. 이에 왕자 직지(直支)를 천조(天朝)에 보내어 선왕의 우호를 닦게 하였다"고 되어 있다]. (『日本書紀』 10 應神紀)
고구려	앞서 선비(鮮卑)의 모용보(慕容寶)가 중산(中山)에 도읍하였다가 색로(索虜)에게 격파되어 동쪽의 황룡(黃龍)으로 달아났다. (『宋書』 97 列傳 57 夷蠻 高句驪國)
고구려	4월 정축일(10) 모용보는 고운(高雲)을 건위장군(建威將軍)으로 삼아 석양왕(夕陽公)에 책봉하고 양자로 삼았다. 운(雲)은 고구려의 지속(支屬)이다. 연왕(燕王) 모용황(慕容皝)은 고구려를 깨뜨리고 청산(靑山)으로 옮겼는데, 이 때부터 대대로 연의 신하가 되었다. 고운은 침착하고 두터우며 말이 적어 당시 사람들은 알지 못하였지만 오직 중위장군(中衛將軍) 장락(長樂) 사람 풍발(馮跋)만이 그의 뜻과 법도를 기이하게 여겨 그와 더불어 친구가 되었다. 풍발의 아버지는 풍화(馮和)이며 서연(西燕)의 주군 모용영(慕容永)은 장군이 되었으며 모용영이 패배하자 화룡(和龍)으로 옮겼다.

(『資治通鑑』 109 晉紀 31 安皇帝 甲)

백제   여름 5월에 왕이 왜국과 우호 관계를 맺고 태자 전지(腆支)를 인질로 삼았다. (『三國史記』 25 百濟本紀 3)

백제   여름 5월에 백제 왕이 왜국과 우호 관계를 맺고 태자 전지를 인질로 삼았다.

권근이 논하였다. "세자는 임금의 뒤를 이을 자리에 있는 바 그 중함이 종사(宗社)에 관계되므로 경솔히 외국에 내보는 것은 불가한 일이다. 옛날 제후가 천자에게 조근(朝覲)하는 것은 일정한 시기가 있어서 뒤로 미룰 수 없으므로 늙고 병든 자는 세자로 하여금 자신의 일을 섭행하게 하였으니, 이는 술직(述職)의 급함 때문이었다. 그러나 제후가 서로 조빙(朝聘)하는 것은 원래 일정한 시기가 없었으니 세자로 하여금 섭행하는 예가 없었다. 그러므로 조백(曹伯)이 세자 사고(射姑)로 하여금 노(魯)에 보내어 조빙하게 한 것을 군자로 비방하였으니 이는 위난(危亂)을 초래하는 근본이 되기 때문이었다. 세자를 시켜 조빙하는 것도 옳지 않거늘 하물며 외국에 보내어 볼모로 잡히는 일이겠는가. 한당 이래로 외이(外夷)의 군장 중 간혹 세자를 보내어 입시(入侍)하게 한 일이 있는데 이는 소국이 대국을 섬기고 오랑캐로서 중화를 사모한 것이니 예절에 있어서도 그러하다. 그러나 백제왕이 세자 영(映)으로써 왜국에 보내어 볼모로 삼게 한 일에 이르러서는 나라의 근본을 가벼이 오랑캐의 딸에 버려버린 것이다. 진실로 덕을 닦고 인정(仁政)을 행하여 자치(自治)에 힘쓰며 백성을 안집(安輯)시키고 강역을 굳게 지키며 사신을 보내어 교빙하고 이웃나라와 친선을 맺는다면 왜인이 아무리 포악하더라도 어찌 두려워할 것이 있겠는가. 그런데 그렇게 하지 못하고 천리의 강토를 가지고도 사람을 두려워하여 급급하게 화친을 맺고자 세자를 볼모로 보내어 마치 작은 오랑캐가 중국에 섬기듯이 하고도 부끄러움을 알지 못하였다. 이렇게 극도로 쇠미하고서야 어떻게 나라 꼴이 될 수 있겠는가. 그가 죽음에 미쳐서는 두 아우가 서로 상해(傷害)하여 나라가 드디어 어지러워졌으니 해충(解忠)이 좋은 계책을 드리지 않고 나라 사람들이 설예(碟禮)를 죽이지 않았던들 영(映)이 이 나라에 돌아오는 것은 반드시 얻을 수 없었을 것이다. 이것은 영세(永世)의 경계로 삼는 것이 마땅하다." (『三國史節要』 4)

신라   가을 7월에 북쪽 변경의 하슬라(何瑟羅)에 가뭄과 누리의 피해로 흉년이 들어 백성이 굶주렸다. 죄수를 살펴서 사면하고 1년 동안의 조세와 공물을 면제하였다. (『三國史記』 3 新羅本紀 3)

신라   가을 7월에 신라 북쪽 변경의 하슬라에 가뭄과 누리의 피해로 백성이 굶주렸다. 왕은 죄수를 살펴서 사면하고 1년 동안의 조세와 공물을 면제하였다. (『三國史節要』 4)

백제   가을 7월에 한수 남쪽에서 군대를 사열하였다. (『三國史記』 25 百濟本紀 3)

백제   가을 7월 백제에서 한수 남쪽에서 군대를 사열하였다. (『三國史節要』 4)

398(戊戌/신라 나물이사금 43/고구려 광개토왕 7, 永樂 8/백제 아신왕 7/東晉 隆安 2/倭 仁德 86)

고구려   천흥(天興) 원년(398) 봄 정월 신유일(27)에 황제의 행차가 중산(中山)에서 출발하여 도읍을 바라보는 요산(堯山)에 이르렀다. 산동 6주 민리(民吏) 및 도하(徒何)·고려 잡이(雜夷) 36만을 옮기고 백공기교(百工伎巧) 10만여구로 서울을 채웠다. (『魏書』 2 帝紀 2 太祖)

고구려   천흥 원년(398) 봄 정월 신유일(27)에 황제의 행차가 중산에서 출발하여 도읍을 바

	라보는 요산에 이르렀다. 산동 6주 민리 및 도하·고려 잡이 36만을 옮기고 백공기교 10만여구로 서울을 채웠다. (『北史』1 魏本紀 1)
고구려	후위(後魏) 도무(道武) 천흥 원년(398) 정월에 황제의 행차가 중산에서 출발하여 도읍을 바라보는 요산에 이르렀다. 산동 6주 민리 및 도하·고려 잡이 36만을 옮기고 백공기교 10만여구로 서울을 채웠다. (『冊府元龜』486 邦計部 4 遷徙)
백제	봄 2월에 진무를 병관좌평(兵官佐平)으로 삼고 사두(沙豆)를 좌장(左將)으로 삼았다. (『三國史記』25 百濟本紀 3)
백제	봄 2월에 백제에서 진무를 병관좌평으로 삼고 사두를 좌장으로 삼았다. (『三國史節要』4)
백제	3월에 쌍현성(雙峴城)을 쌓았다. (『三國史記』25 百濟本紀 3)
삼한(백제)	9년 여름 4월에 다케시노우치노스쿠네(武內宿禰)를 츠쿠시(筑紫)에 보내어 백성을 감찰하게 하였다. 이 때 다케시노우치노스쿠네의 동생 우마시우치노스쿠네(甘美內宿禰)는 형을 폐하고자 천황에게, "다케시노우치노스쿠네는 항상 천하를 엿보는 마음을 가지고 있습니다. 지금 들으니 츠쿠시에 있으면서 비밀리에 모의하여, '홀로 츠쿠시를 나누고 삼한(三韓)을 불러들여 나에게 조회하도록 한 다음 장차 천하를 지배하겠다'고 말하였다 합니다"라고 참소하였다. 이에 천황은 즉시 사자를 파견하여 다케시노우치노스쿠네를 죽이게 하였다. 그러자 다케시노우치노스쿠네는 탄식하며 말하였다. "신은 본래부터 다른 마음이 없고 충으로 임금을 섬겼다. 지금 무슨 화로 죄 없이 죽어야 하는가". 이에 이키노아타이(壹伎直)의 선조 마네코(眞根子)라는 자가 있었다. 그 용모가 다케시노우치노스쿠네와 닮았다. 다케시노우치노스쿠네가 죄 없이 공연히 죽는 것을 아까와하여, 다케시노우치노스쿠네에게 말하였다. "지금 대신은 충으로 임금을 섬깁니다. 더러운 마음이 없는 것은 천하가 다 아는 사실입니다. 몸을 숨겨서 조정에 가 변명하고 나서 죽어도 늦지 않으리다. 또 때의 사람이 매양 저의 생김새가 대신을 닮았다고 합니다. 지금 내가 대신을 대신하여 죽어 대신의 붉은 마음을 밝히리다"고 하여 칼에 엎드려 스스로 죽었다. 이 때 다케시노우치노스쿠네는 크게 슬퍼하고 가만히 츠쿠시를 떠나 배로 남해를 돌아, 기노미나토(紀水門)에 묵었다. 근근히 조정에 나아가서 무죄함을 변명하였다. 천황은 즉시 다케시노우치노스쿠네와 우마시우치노스쿠네를 추문하였다. 이에 두 사람은 각각 고집하여 서로 다투어 시비를 가릴 수가 없었다. 천황이 칙하여 신기(神祇)에 청하여 탐탕(探湯)을 하게 하였다. 이 때문에 다케시노우치노스쿠네와 우마시우치노스쿠네는 같이 시키노카와(磯城川)가에 가서 탐탕을 하였다. 다케시노우치노스쿠네가 이겼다. 큰 칼을 쥐고, 우마시우치노스쿠네를 때려눕혀 죽이려고 하였다. 천황이 칙하여 석방하였다. 기노아타이(紀直) 등의 선조에게 하사하였다. (『日本書紀』10 應神紀)
백제 고구려	가을 8월에 왕은 고구려를 치려고 군사를 내어 한산 북쪽 목책에 이르렀다. 그 밤에 큰 별이 진영에 떨어져 소리가 났다. 왕은 이를 매우 불안하게 여겨 이에 중지하였다. (『三國史記』25 百濟本紀 3)
백제 고구려	가을 8월에 백제 왕은 고구려를 치려고 군사를 내어 한산 북쪽 목책에 이르렀다. 그 밤에 큰 별이 진영에 떨어졌다. 왕은 이를 매우 불안하게 여겨 이에 군사를 되돌렸다. (『三國史節要』4)
백제	9월에 서울 사람들을 모아 서대(西臺)에서 활쏘기를 연습하게 하였다. (『三國史記』

	25 百濟本紀 3)
백제	9월에 백제에서 서울 사람들을 모아 서대에서 활쏘기를 연습하게 하였다. (『三國史節要』4)

고구려　영락 8년 무술에 교(敎)로 편사(偏師)를 보내 백신(帛愼)·토곡(土谷)을 관찰 순시하였으며 인하여 막△라성(莫△羅城)·가태라곡加太羅谷)의 남녀 300여인을 잡아 왔다. 이 이후로부터 조공을 하고 일을 논하였다. (「廣開土王碑」)

동이　태조(太祖)가 처음 나라를 일으켜 황시(皇始) 연간(396~398)에 춤을 두었다. 다시 오이(吳夷)·동이(東夷)·서융(西戎)의 춤을 다시 두었으니, 악부(樂府) 안에 이 7개의 춤이 있게 되었다. (『魏書』109 志 14 樂 5)

399(己亥/신라 나물이사금 44/고구려 광개토왕 8, 永樂 9/백제 아신왕 8/東晉 隆安 3/倭 仁德 87)

신라　가을 7월에 누리가 날아와 들판을 덮었다. (『三國史記』3 新羅本紀 3)
신라　가을 7월에 신라에 누리가 날아와 들판을 덮었다. (『三國史節要』4)

백제 고구려 신라
　가을 8월에 왕이 고구려를 공격하고자 하여 대대적으로 군사와 말을 징발하니, 백성이 병역을 고통스러워하여 많이 신라로 도망하였고, 호구가 줄었다. (『三國史記』25 百濟本紀 3)

백제 고구려 신라
　8월에 백제 왕이 고구려를 침입하고자 하여 대대적으로 군사와 말을 징발하니, 백성이 그것을 매우 고통스러워하여 많이 신라로 도망하였다. (『三國史節要』4)

고구려 백제 신라
　영락 9년 기해년에 백잔(百殘)이 맹세를 어기고 왜(倭)와 화통하였다. 이에 왕이 평양으로 행차하여 내려갔다. 그 때 신라왕이 사신을 보내어 아뢰었다. "왜인이 그 국경에 가득차 성지(城池)를 부수고 노객(奴客)으로 하여금 왜의 민으로 삼으려 하니 이에 왕께 귀위하여 구원을 요청합니다." 태왕(太王)이 은혜롭고 자애로와 신라왕의 충성을 갸륵히 여겨 신라 사신을 보내면서 △ 계책을 △ 돌아가서 고하게 하였다. (「廣開土王碑」)

400(庚子/신라 나물이사금 45/고구려 광개토왕 9 永樂 10/백제 아신왕 9/東晉 隆安 4/倭 履中 1)

고구려　봄 정월 왕이 사신을 연(燕)에 들여보내 조공하였다. (『三國史記』18 高句麗本紀 6)
고구려　봄 정월 고구려왕이 사신을 보내 연에 가서 조공하였다 (『三國史節要』4)
고구려　정월 고구려왕 안(安)이 연나라를 섬기면서 예의가 태만하였다. (『資治通鑑』111 晉紀 33 安皇帝 丙)
고구려　고구려왕 안이 사신을 보내어 방물을 바쳤다. (『晉書』124 載記 24 慕容盛)

고구려　2월 병신일(15) 연왕(燕王) 성(盛)이 스스로 3만 병력을 이끌고 고구려를 습격하였다. 표기대장군(驃騎大將軍) 모용희(慕容熙)를 선봉으로 삼아, 신성(新城)과 남소성(南蘇城)의 두 성을 쳐서 빼앗고 땅 700여 리를 넓혀 5,000여 호를 옮기고 돌아갔다. (『資治通鑑』111 晉紀 33 安皇帝 丙)

고구려	2월 연왕 성이 우리 왕의 예의가 태만하다는 이유로 스스로 3만 병력을 이끌고 습격하였다. 표기대장군 모용희를 선봉으로 삼아, 신성과 남소성의 두 성을 쳐서 빼앗고 땅 700여 리를 넓혀 5,000여 호를 옮기고 돌아갔다. (『三國史記』18 高句麗本紀 6)
고구려	2월 연왕 성이 우리 왕의 예의가 태만하다는 이유로 스스로 3만 병력을 이끌고 습격하였다. 표기대장군 모용희를 선봉으로 삼아, 신성과 남소성의 두 성을 쳐서 빼앗고 땅 700여 리를 넓혀 5천여 호를 옮기고 돌아갔다. (『三國史節要』4)
고구려	성이 무리 3만을 이끌고 고구려를 정벌하였다. 신성과 남소성을 습격하여 모두 이기고 쌓아 놓은 것들을 나누어 갖고 5,000여 호를 요서로 옮겼다. (『晉書』124 載記 24 慕容盛)
고구려	모용희의 자(字)는 도문(道文)이다. 모용수(慕容垂)의 작은 아들이다. 처음 하간왕(河間王)에 봉해졌다. (…) 모용성(慕容盛)이 처음 왕위에 올랐을 때 작위를 내려 공(公)이 되었다. 도독중외제군사(都督中外諸軍事)·표기대장군·상서좌복야(尙書左僕射)·영중령군(領中領軍)에 임명되어 구려와 거란 정벌에 종군하였는데, 용감함이 여러 장수들보다 뛰어났다. (『晉書』124 載記 24 慕容熙)
고구려	『진서(晉書)』 모용성 재기(載記)에서 말하기를, 상서좌복야·영중령군으로 고구려와 거란 정벌에 종군하였는데, 용감함이 여러 장수들보다 뛰어났다. (『太平御覽』275 兵部 6 良將 上)

백제	봄 2월 혜성이 규(奎)와 루(婁) 별자리에 나타났다. (『三國史記』25 百濟本紀 3)
백제	봄 2월 백제에서 혜성이 규와 루 별자리에 나타났다. (『三國史節要』4)

백제	여름 6월 경진(庚辰) 초하루 일식이 있었다. (『三國史記』25 百濟本紀 3)
백제	여름 6월 경진 초하루 백제에 일식이 있었다. (『三國史節要』4)

신라	여름 8월 혜성이 동쪽에 나타났다. (『三國史記』3 新羅本紀 3)
신라	여름 8월 신라에서 혜성이 동쪽에 나타났다. (『三國史節要』4)

신라	겨울 10월 왕이 항상 타던 내구마(內廐馬)가 무릎을 꿇고 눈물을 흘리며 슬프게 울었다. (『三國史記』3 新羅本紀 3)
신라	겨울 10월 신라왕의 타는 내구마가 무릎을 꿇고 눈물을 흘리며 슬프게 울었다. (『三國史節要』4)

고구려 신라	영락 10년 경자(庚子年) 왕이 보병과 기병 도합 5만 명을 보내어 신라를 구원하게 하였다. 고구려군이 남거성(男居城)을 거쳐 신라성(新羅城 : 國都)에 이르니, 그곳에 왜군이 가득하였다. 관군(官軍)이 막 도착하니 왜적이 퇴각하였다. 고구려군이 그 뒤를 급히 추격하여 임나가라(任那加羅)의 종발성(從拔城)에 이르니 성(城)이 곧 항복하였다. 안라인 수병(安羅人戍兵) (…) 신라성(新羅城) △성 (…) 하였고, 왜구가 크게 무너졌다. (…) 옛날에는 신라 매금(寐錦)이 몸소 고구려에 와서 보고를 하며 청명(聽命)을 한 일이 없었는데, 국강상광개토경호태왕대(國岡上廣開土境好太王代)에 이르러 신라 매금이 (…) 하여 스스로 와서 조공(朝貢)하였다. (「廣開土王碑」 제2면 8행~제3면 3행)

401(辛丑/신라 나물이사금 46/고구려 광개토왕 10 永樂 11/백제 아신왕 10/東晉 隆安 5/倭 履中 2)

신라	봄과 여름에 가물었다. (『三國史記』 3 新羅本紀 3)
신라	봄과 여름 신라에서 가뭄이 일어났다. (『三國史節要』 4)

신라 고구려	가을 7월 고구려에 질자(質子)로 갔던 실성(實聖)이 돌아왔다. (『三國史記』 3 新羅本紀 3)
신라 고구려	가을 7월 신라의 질자 실성이 고구려에서 돌아왔다. (『三國史節要』 4)

402(壬寅/신라 나물이사금 47, 실성이사금 1/고구려 광개토왕 11 永樂 12/백제 아신왕 11/東晉 元興 1/倭 履中 3)

조선(고구려)	(봄 정월) 유연(柔然) (…) 그 땅은 서쪽으로 언기(焉耆)에 이르고 동으로 조선(朝鮮)에 접하며 남으로 큰 사막에 이르고 주변에 있는 작은 나라들은 기속(羈屬)되었는데, 스스로 두 대가한(豆代可汗)이라고 불렀다. (『資治通鑑』 112 晉紀 34 安皇帝 丁)

신라	가무(笳舞)는 내밀왕 때에 지은 것이다. (『三國史記』 32 雜志 1 樂)

신라	봄 2월 왕이 돌아가셨다. (『三國史記』 3 新羅本紀 3)
신라	봄 2월 신라왕 내물왕이 돌아가셨다. 아들이 어리고 약하니 나라사람들이 실성을 받들어 왕으로 세웠다. 실성은 김알지(金閼智)의 후손으로 이찬(伊湌) 대서지(大西知)의 아들이다. 키가 7척 5촌이었고 사리에 밝고 통달하여 멀리 내다보는 식견이 있었다. (『三國史節要』 4)
신라	실성이사금(實聖尼師今)이 왕위에 올랐다. 알지(閼智)의 후손으로 이찬 대서지의 아들이다. 어머니는 이리부인(伊利夫人)[이(伊)는 또한 기(企)로도 썼다]으로 아간(阿干) 석등보(昔登保)의 딸이다. 왕비는 미추왕(味鄒王)의 딸이다. 실성은 키가 7척 5촌이고 사리에 밝고 통달하여 멀리 내다보는 식견이 있었다. 내물(奈勿)이 돌아가시자 그 아들이 어려서 나라 사람들이 실성을 세워 왕위를 잇도록 하였다. (『三國史記』 3 新羅本紀 3)
신라	제18대 실성마립간[실주왕(實主王) 또는 보금(宝金)이라고도 쓴다. 아버지는 미추왕(未鄒王)의 아우 대서지(大西知) 각간이며 (어머니는) 예생부인(礼生夫人)으로 석씨 등야(登也) 아간의 딸이다. 비는 아류부인(阿留夫人)이다. 임인년에 왕위에 올라 15년을 다스렸다. 왕은 즉 치술(鴟述)의 아버지이다] (『三國遺事』 1 王曆)

신라	원년 3월 왜국(倭國)과 우호를 통하고 내물왕(奈勿王)의 아들 미사흔(未斯欣)을 질자(質子)로 삼았다. (『三國史記』 3 新羅本紀 3)
신라 고구려	박제상(朴堤上)[혹은 모말(毛末)이라고도 한다.]은 시조 혁거세(赫居世)의 후손이고 파사이사금(婆娑尼師今)의 5세손이다. 조부는 갈문왕(葛文王) 아도(阿道)이고, 부친은 파진찬(波珍湌) 물품(勿品)이다. 박제상은 삽량주간(歃良州干)으로 인금을 섬겄다. 이보나 앞서 실성왕 원년 임인년에 왜국과 강화(講和)하였는데, 왜왕이 내물왕의 아들 미사흔을 질자로 삼기를 청하였다. 왕이 일찍이 내물왕이 자기를 고구려에 질자로 보낸 것을 원만하여 그의 아들에게 감정을 풀고자 하였다. 이에 거절하지 않고 미사흔을 왜에 보냈다. (『三國史記』 45 列傳 5 朴堤上)
신라 고구려	3월 신라왕이 왜국과 우호를 통하고 내물왕의 아들 미사흔을 질자로 삼았다. 왕은 내물왕이 자신을 고구려에 질자로 보낸 것을 항상 원망하여 그 아들에게 감정을 풀고자 하였기에 거절하지 않고 미사흔을 질자로 보냈다. (『三國史節要』 4)

백제	여름에 크게 가뭄이 들어 벼가 타들어가자, 왕이 직접 횡악(橫岳)에서 기우제를 지내니 곧 비가 내렸다. (『三國史記』 25 百濟本紀 3)
백제	여름에 백제에 크게 가뭄이 들어 벼가 타들어가자, 왕이 직접 횡악에서 기우제를 지내니 곧 비가 내렸다. (『三國史節要』 4)

백제	5월 왜국에 사신을 보내어 큰 구슬을 요구하였다. (『三國史記』 25 百濟本紀 3)
백제	5월 백제가 왜국에 사신을 보내어 큰 구슬을 요구하였다. (『三國史節要』 4)

고구려	(5월) 고구려가 숙군(宿軍)을 공격하자 연(燕)의 평주자사(平州刺史) 모용귀(慕容歸)가 성을 버리고 도망갔다. (『資治通鑑』 112 晉紀 34 安皇帝 丁)
고구려	(5월) 고구려왕이 군대를 보내어 숙군을 공격하자 연의 평주자사 모용귀가 성을 버리고 도망갔다. (『三國史節要』 4)
고구려	왕이 군대를 보내어 숙군을 공격하자 연의 평주자사 모용귀가 성을 버리고 도망갔다. (『三國史記』 18 高句麗本紀 6)

403(癸卯/신라 실성이사금 2/고구려 광개토왕 12 永樂 13/백제 아신왕 12/東晉 元興 2/倭 履中 4)

신라	봄 정월 미사품(未斯品)을 서불한(舒弗邯)으로 삼아 군사와 국정에 관한 일을 맡겼다. (『三國史記』 3 新羅本紀 3)
신라	봄 정월 신라가 미사품을 서불한으로 삼아 군사와 국정에 관한 일을 맡겼다. (『三國史節要』 4)

백제	2월 왜국에서 사신이 오자 왕이 이들을 환영하고 위로하였으며, 특별히 후하게 대우하였다. (『三國史記』 25 百濟本紀 3)
백제	2월 왜국이 백제에 사신을 보내자 이들을 환영하고 위로하였으며, 특별히 후하게 대우하였다. (『三國史節要』 4)

백제	(14년) 봄 2월에 백제왕이 봉의공녀(縫衣工女)를 바쳐서 마케츠(眞毛津)라고 하였는데, 이가 오늘날 구메노키누누이(來目衣縫)의 시조이다. (『日本書紀』 10 應神紀)

신라 백제	가을 7월 백제가 변경을 침략하였다. (『三國史記』 3 新羅本紀 3)
백제 신라	가을 7월 군대를 보내어 신라의 변경을 침략하였다. (『三國史記』 25 百濟本紀 3)
백제 신라	가을 7월 백제가 군대를 보내어 신라 변경을 침략하였다. (『三國史節要』 4)

백제 신라 가야

(14년)이 해에 유츠키노키미(弓月君)가 백제로부터 와서 귀화하였다. 그리고 아뢰기를, "신은 우리나라 120현의 인부를 이끌고 귀화하려 하였습니다. 그러나 신라인이 방해하여 모두 가라국(加羅國)에 머물고 있습니다"라고 하였다. 이에 가즈라키노소츠히코(葛城襲津彦)를 파견하여 유츠키(弓月)의 인부를 가라에서 데리고 오도록 하였다. 그러나 3년이 지나도 소츠히코(襲津彦)는 돌아오지 않았다. (『日本書紀』 10 應神紀)

404(甲辰/신라 실성이사금 3/고구려 광개토왕 13 永樂 14/백제 아신왕 13/東晉 元興 3/倭 履中 5)

| 신라 | 봄 2월 (왕이) 몸소 시조묘에 배알하였다. (『三國史記』 3 新羅本紀 3) |
| 신라 | 봄 2월 신라왕이 몸소 시조묘에 배알하였다. (『三國史節要』 4) |

| 백제 | (15년) 가을 8월 임술(壬戌) 초하루 정묘일(6)에 백제왕이 아직기(阿直伎)를 보내어 좋은 말 2필을 바쳤다. 곧 가루(輕)의 산비탈 부근에 있는 마굿간에서 길렀는데, 아직기로 하여금 사육을 맡게 하였다. 때문에 말 기르는 곳을 이름하여 우마야사카(廏坂)라고 한다. 아직기는 또 경전을 잘 읽었으므로 태자인 우지노와키이라츠코(菟道稚郎子)의 스승으로 삼았다. 이 때 천황은 아직기에게, "혹 너보다 뛰어난 박사가 또 있느냐"고 물으니, "왕인(王仁)이라는 분이 있는데 훌륭합니다"라고 대답하였다. 그러자 가미츠케노노키미군(上毛野君)의 조상인 아라타와케(荒田別)와 가무나키와케(巫別)를 백제에 보내어 왕인을 불렀다. 아직기는 아치키노후비토(阿直岐史)의 시조이다. (『日本書紀』 10 應神紀) |

고구려	12월 군대를 보내어 연을 공격하였다. (『三國史記』 18 高句麗本紀 6)
고구려	겨울 12월 고구려가 연을 공격하였다. (『三國史節要』 4)
고구려	(12월) 고구려가 연을 공격하였다. (『資治通鑑』 112 晉紀 34 安皇帝 丁)
고구려	고구려가 연군(燕郡)을 노략질 하여 백여 명을 노략하거나 죽였다. (『晉書』 124 載記 24 慕容熙)

| 고구려 대방 | (영락) 14년 갑진(甲辰年)에 왜(倭)가 법도(法度)를 지키지 않고 대방(帶方) 지역에 침입하였다. △△△△△석성(石城) (을 공격하고), 배를 잇대어 △△△ (이에) 왕께서 몸소 군대를 끌고 평양을 거쳐 △△△ 서로 맞부딪치게 되었다. 왕의 군대가 적의 길을 끊고 막아 좌우로 공격하니, 왜구가 궤멸하였다. (왜구를) 참살한 것이 무수히 많았다. (「廣開土王碑」 제3면 3행~4행) |

405(乙巳/신라 실성이사금 4/고구려 광개토왕 14 永樂 15/백제 아신왕 14, 전지왕 1/東晉 義熙 1/倭 履中 6)

고구려	(정월) 연왕 모용희가 고구려를 정벌하였다. 무신(26)일에 요동을 공격하자 성이 또 함락되니 모용희가 장군과 군사들에게 명령하기를, "먼저 올라가려고 하지 마라. 그 성을 깎아서 평평하게 한 뒤에 짐과 황후가 연(輦)을 타고 들어갈 것이다." 하였다. 이 때문에 성안에서 엄하게 방비할 수 있게 되니 이기지 못하고 돌아갔다. (『資治通鑑』 114 晉紀 36 安皇帝 己)
고구려	봄 정월 연왕 모용희가 와서 요동을 공격하여 성이 또 함락되니 모용희가 장군과 군사들에게 명령하기를, "먼저 올라가려고 하지 마라. 그 성을 깎아서 평평하게 한 뒤에 짐과 황후가 연(輦)을 타고 들어갈 것이다." 하였다. 이 때문에 성안에서 엄하게 방비할 수 있게 되니 이기지 못하고 돌아갔다. (『三國史記』 18 高句麗本紀 6)
고구려	봄 정월 연왕 모용희가 와서 고구려를 공격하여 요동성이 또 함락되니 모용희가 장군과 군사들에게 명령하기를, "먼저 올라가려고 하지 마라. 그 성을 깎아서 평평하게 한 뒤에 짐과 황후가 연(輦)을 타고 들어갈 것이다." 하였다. 이 때문에 성안에서 엄하게 방비할 수 있게 되니 이기지 못하고 돌아갔다. (『三國史節要』 4)
고구려	고려(高閭)의 연지(燕志)에서 이르기를, 광시(光始) 5년 봄 모용희가 부 황후와 함께 고려를 정벌했는데, 요동에 이르러 충차(衝車)로 길을 달려 공격하였다. (『太平御覽』 336 兵部 67 攻具 上)
고구려	모용희가 고구려를 정벌하였는데, 부씨(苻氏) 따라왔다. 충차로 길을 달려 요동을 공

략하였는데, 회가 말하기를, "진이 마땅히 황후아 연을 타고 들어갈 것이니, 명령없이 장졸들이 먼저 올라가지 말라."하였다. 이에 성안이 엄하게 방비하여 공격했으나 함락시킬 수 없었다. 큰 비와 눈이 내려 사졸들이 많이 죽자 이에 군대를 이끌고 돌아왔다. (『晉書』124 載記 24 慕容熙)

백제   (16년) 봄 2월에 왕인이 왔다. 태자 우지노와키이라츠코(菟道稚郎子)는 그를 스승으로 모시고 여러 전적들을 배웠는데, 통달하지 않음이 없었다. 이른바 왕인은 후미노오비토(書首) 등의 시조이다. (『日本書紀』10 應神紀)

백제   봄 3월 흰 기운이 왕궁 서쪽에서 일어났는데 마치 비단을 펼쳐 놓은 것 같았다. (『三國史記』25 百濟本紀 3)

백제   3월 흰 기운이 백제 왕궁 서쪽에서 일어났는데 마치 비단을 펼쳐 놓은 것 같았다. (『三國史節要』4)

신라   여름 4월 왜병(倭兵)이 와서 명활성(明活城)을 공격하였으나 이기지 못하고 돌아갔다. 왕이 기병을 이끌고 독산(獨山)의 남쪽 길목에서 기다리고 있다가 두 번 싸워 그들을 격파하여 300여 명을 죽이거나 사로잡았다. (『三國史記』3 新羅本紀 3)

신라   여름 4월 왜병이 와서 신라의 명활성을 공격하였으나 이기지 못하고 돌아갔다. 왕이 기병을 이끌고 독산의 남쪽 길목에서 기다리고 있다가 두 번 싸워 그들을 격파하여 300여 명을 죽이거나 사로잡았다. (『三國史節要』4)

가야 신라 (16년) 8월에 헤구리노츠쿠노스쿠네(平群木菟宿禰)·이쿠와노토다노스쿠네(的戶田宿禰)를 가라에 보냈다. 그리고 날랜 군사를 주면서 조를 내려, "소츠히코(襲津彦)가 오래도록 돌아오지 않고 있다. 틀림없이 신라가 막고 있기 때문에 머물러 있을 것이다. 너희들은 빨리 가서 신라를 공격하여 그 길을 열라"고 하였다. 이에 츠쿠노스쿠네(木菟宿禰) 등이 날랜 군사를 거느리고 진격하여 신라의 국경에 다다르자, 신라왕은 두려워하며 그 죄를 자복하였다. 그래서 유츠키(弓月)의 인부를 거느리고 소츠히코와 함께 돌아왔다. (『日本書紀』10 應神紀)

백제   가을 9월 왕이 돌아가셨다. (『三國史記』25 百濟本紀 3)

백제   전지왕(腆支王)은 혹 직지(直支)라고도 이른다. 『양서(梁書)』에서는 이름이 영(映)이라고 하였다. 아신왕의 맏아들로 아신왕 재위 3년에 태자가 되었고, 6년에 왜국에 질자로 갔다. 14년 왕이 돌아 가시자 왕의 아우 훈해(訓解)가 섭정을 맡아 태자의 귀국을 기다렸는데, 왕의 막내 동생 첩례(碟禮)가 훈해를 죽이고 스스로 왕이 되었다. 전지가 왜국에서 부고를 듣고 울면서 귀국을 요청하니 왜왕이 병사 100명으로 호위하여 귀국하게 하였다. 그가 국경에 이르자 한성 사람 해충(解忠)이 와서 고하기를 "대왕이 죽은 후에, 왕의 아우 첩례가 형을 죽이고 스스로 왕위에 올랐으니, 태자께서는 경솔히 들어오지 마시기 바랍니다."라고 하였다. 전지가 왜인을 머물게 하여 자기를 호위하게 하면서, 바다 가운데의 섬에서 기다리고 있었는데, 나라 사람들이 첩례를 죽이고 전지를 맞이하여 왕위에 오르게 하였다. 왕비는 팔수부인(八須夫人)이다. 그녀는 아들 구이신(久爾辛)을 낳았다. (『三國史記』25 百濟本紀 3)

백제   가을 9월 백제왕 아신이 돌아가셨다. 처음 태자 전지가 왜국에 질자로 갔다가 돌아오지 못한 지 14년이 되었다. 왕이 돌아가시매 둘째 아들 해훈이 국정을 맡아서 태자가 돌아오기를 기다렸는데, 막내 아우 첩례가 훈해를 죽이고 스스로 왕이 되었다. 전지가 왕의 부고를 듣고 울면서 귀국을 요청하니 왜왕이 병사 100명으로 호위하여 귀국하게 하였다. 전지가 국경에 이르자 한성 사람 해충(解忠)이 전지를 맞이하고 말하기를 "대왕께서 죽은 후에, 첩례가 형을 죽이고 스스로 왕위에 올랐으니, 태자께서는 빨리 계책을 세우시기 바랍니다."라고 하였다. 전지가 왜병들로 자기를 호위하게 하면서, 바다 가운데의 섬에서 대비하고 있었는데, 나라 사람들이 첩례를 죽이고 전지를 맞이하여 왕으로 삼았다. (『三國史節要』 4)

백제	제18대 전지왕[진지왕(眞支王)이라고도 쓴다. 이름은 영(暎)이고, 아신왕의 아들이다. 을사년에 왕위에 올라 15년을 다스렸다.] (『三國遺事』 1 王曆)
백제	(16년) 이 해에 백제의 아화왕(阿花王)이 죽었다. 천황은 직지왕(直支王)을 불러, "그대는 본국으로 돌아가 왕위를 계승하시오."라고 말하였다. 이에 또 동한(東韓)의 땅을 주어 보냈다[동한은 감라성(甘羅城), 고난성(高難城), 이림성(爾林城)이다]. (『日本書紀』 10 應神紀)

406(丙午/신라 실성이사금 5/고구려 광개토왕 15 永樂 16/백제 전지왕 2/東晉 義熙 2/倭 反正 1)

고구려	(정월) 연왕 모용희가 형북(陘北)에 이르렀다가 거란의 무리를 두려워 하여 돌아가려 했으나 부(苻) 황후가 들어주지 않았다. 결국 무신일[55]에 치중(輜重)을 버리고 경무장한 군대로 고구려를 습격하였다. (『資治通鑑』 114 晉紀 36 安皇帝 己)
고구려	(모용)희가 부씨(苻氏)와 함께 거란을 습격하였으나, 그 무리가 많은 것을 꺼려 돌아가려 했으나 부씨가 들어주지 않았다. 이에 치중을 버리고 경무장한 군대로 고구려를 습격하였다. 3천 여리를 달려 병사와 말들이 지치고 얼어 죽은 자들이 길 가에 연이었다. 목저성(木底城)을 공격했으나 이기지 못하고 돌아왔다. (『晉書』 124 載記 24 慕容熙)
백제	봄 정월 왕이 동명묘에 배알하였다. 남단(南壇)에서 천지(天地)에 제사하고 대사령을 내렸다. (『三國史記』 25 百濟本紀 3)
백제	고기(古記)에 이르기를, " (…) 다루왕(多婁王) 2년 봄 정월 시조 동명묘에 배알하였다. (…) 전지왕 2년 봄 정월에 위와 같이 행하였다고 하였다." (『三國史記』 32 雜志 1 祭祀)
백제	봄 정월 백제왕이 동명묘에 배알하였다. 남단에서 천지에 제사하고 대사령을 내렸다. (『三國史節要』 4)
백제	2월 사신을 진(晉)나라에 보내어 조공(朝貢)하였다. (『三國史記』 25 百濟本紀 3)
백제	백제가 사신을 진나라에 보내어 조공하였다. (『三國史節要』 4)
백제	의희 연간에 왕 여영(餘映)이 송(宋)나라 원가 연간에 왕 여비(餘毗)가 사신을 보내어 생구(生口)를 바쳤다. (『梁書』 54 列傳 48 諸夷 百濟)
고구려	(2월) 연의 군대가 3천여 리를 행군하니 병사들과 말이 피로하고 추위에 얼어 죽는 자가 길에 이어졌고, 고구려의 목저성(木底城)을 공격하였으나 이기지 못하고 돌아왔다. 석양공(夕陽公) 모용운(慕容雲)이 화살에 맞아 부상을 당하고, 또 연왕 모용희의 잔학함을 두려워 하여 마침내 병을 핑계로 관직을 떠났다. (『資治通鑑』 114 晉紀 36 安皇帝 己)
고구려	(연의 군대가) 3천여 리를 행군하니 병사들과 말이 피로하고 추위에 얼어 죽은 자가 길에 이어졌고, 목저성을 공격하였으나 이기지 못하고 돌아왔다. (『晉書』 124 載記

---

55) 이 해 정월의 초하루는 丁丑으로 무신일은 없다.

24 慕容熙)

신라	가을 7월 나라 서쪽에서 누리가 곡식을 해쳤다. (『三國史記』 3 新羅本紀 3)
신라	가을 7월 신라 서쪽에서 누리가 곡식을 해쳤다. (『三國史節要』 4)
고구려	가을 7월 누리의 피해와 가뭄이 있었다. (『三國史記』 18 高句麗本紀 6)
고구려	(가을 7월) 고구려에서 누리와 가뭄의 피해가 있었다. (『三國史節要』 4)

백제   가을 9월 해충(解忠)을 달솔(達率)로 임명하고, 한성의 벼 1천 석을 주었다. (『三國史記』 25 百濟本紀 3)

백제   9월 백제가 해충(解忠)을 달솔(達率)로 임명하고, 한성의 벼 1천 석을 주었다 (『三國史節要』 4)

신라   겨울 10월 서울에 지진이 일어났다. (『三國史記』 3 新羅本紀 3)
신라   겨울 10월 신라 서울에 지진이 일어났다. (『三國史節要』 4)

신라   11월 얼음이 얼지 않았다. (『三國史記』 3 新羅本紀 3)
신라   11월 신라에서 얼음이 얼지 않았다. (『三國史節要』 4)

고구려   겨울 12월 연왕 모용희가 거란을 습격하여 형북에 이르렀는데, 거란의 무리를 두려워 하여 돌아가려고 하여 치중(輜重)을 버리고 경무장한 군대로 우리를 습격하였다. 연나라 군대가 3천여 리를 행군하니 병사들과 말이 피로하고 추위에 얼어 죽는 사람이 길에 이어졌고, 우리 목저성(木底城)을 공격하였으나 이기지 못하고 돌아갔다. (『三國史記』 18 高句麗本紀 6)

고구려   12월 연왕 모용희가 거란을 습격하여 형북에 이르렀는데, 거란의 무리를 두려워 하여 돌아가려고 하여 치중(輜重)을 버리고 경무장한 군대로 고구려를 습격하였다. 연나라 군대가 3천여 리를 행군하니 병사들과 말이 피로하고 추위에 얼어 죽는 사람이 길에 이어졌고, 목저성을 공격하였으나 이기지 못하고 돌아갔다. (『三國史節要』 4)

407(丁未/신라 실성이사금 6/고구려 광개토왕 16 永樂 17/백제 전지왕 3/東晉 義熙 3/倭 反正 2)

고구려   봄 2월 궁궐을 증축하고 수리하였다. (『三國史記』 18 高句麗本紀 6)
고구려   봄 2월 고구려가 궁궐을 증축하고 수리하였다. (『三國史節要』 5)

백제   봄 2월 이복동생 여신(餘信)을 내신좌평에, 해수(解須)를 내법좌평(內法佐平)에, 해구(解仇)를 병관좌평(兵官佐平)에 임명하니 모두가 왕의 친척이었다. (『三國史記』 25 百濟本紀 3)

백제   (봄 2월) 백제왕이 여신을 내신좌평에, 해수를 내법좌평에, 해구를 병관좌평에 임명하니 모두가 왕의 친척이었다. (『三國史節要』 5)

신라   봄 3월 왜인들이 동쪽 변경을 침략하였다. (『三國史記』 3 新羅本紀 3)
신라   3월 왜인들이 신라의 동쪽 변경을 침략하였다. (『三國史節要』 5)

가야   가락국 제6 좌지왕[김토왕(金吐王)이라고도 부른다. 아버지는 이품(伊品)이고, 어머니는 정신(貞信)이다. 정미년에 왕위에 올라 14년간 나라를 다스렸다.] (『三國遺事』

	1 王曆)
가야	이시품왕(伊尸品王)은 김씨로 영화(永和) 2(346) 즉위하여 62년간 나라를 다스렸다. 의희(義熙) 3년 정미년 4월 10일 돌아가셨다. 왕비는 사농경(司農卿) 극중의 딸 정신(貞信)이며 왕자 좌지(坐知)를 낳았다. (『三國遺事』 2 紀異 2 駕洛國記)
가야 신라	좌지왕(坐知王)은 김질 (金叱)이라고도 한다. 의희 3년에 즉위하였다. 용녀(傭女)에게 장가를 들어 여자 무리를 관리로 삼으니 나라 안이 소란스러웠다. 계림국(鷄林國)이 꾀를 써서 치려하니, 박원도(朴元道)라는 신하가 간하여 말하기를 "유초(遺草)를 보고 또 보아도 역시 털이 나는데 하물며 사람에 있어서 이겠습니까. 하늘이 망하고 땅이 꺼지면 사람이 어느 곳에서 보전하겠습니까."라고 하였다. 또 점쟁이가 점을 쳐서 해괘(解卦)를 얻었는데 "그 점괘의 말에 '소인(小人)을 없애면 군자(君子)가 와서 도울 것이다.'라고 했으니 왕께선 역(易)의 괘를 살피시옵소서."라고 하였다. 왕이 사과하며 용녀를 내치겠다고 말하고 하산도(荷山島)로 내쳤다. 정치를 고쳐 행하여 길이 백성을 편안하게 다스렸다. 치세는 15년으로 영초(永初) 2(421) 신유년 5월 12일에 돌아가셨다. 왕비는 도령(道寧) 대아간(大阿干)의 딸 복수(福壽)로, 아들 취희(吹希)를 낳았다. (『三國遺事』 2 紀異 2 駕洛國記)
가야 신라	여름 4월 가락국왕 이시품(伊尸品)이 돌아가셨다. 아들 좌지(坐知)가 왕위에 올랐다. 좌지가 용녀(傭女)를 얻어 총애하고 여자 무리를 관리로 삼으니 나라 안이 소란스러웠다. 신라가 꾀를 써서 치려하니, 그 신하 박원도가 간하여 말하기를 "유초(遺草)를 보고 또 보아도 역시 털이 나는데 하물며 사람에 있어서 이겠습니까. 하늘이 망하고 땅이 꺼지면 사람이 어느 곳에서 보전하겠습니까?"라고 하였다. 또 점쟁이가 좌지를 위해 점을 쳐서 해괘(解卦)를 얻었는데, "그 점괘의 말에 '소인(小人)을 없애면 군자(君子)가 와서 도울 것이다.'라고 했으니 왕께선 역(易)의 괘를 살피시옵소서."라고 하였다. 왕이 사과하며 여인을 하산도(荷山島)로 내쳤다. (『三國史節要』 5)
신라	여름 6월 왜인들이 또 남쪽 변경을 침범하여 1백명을 노략질하였다. (『三國史記』 3 新羅本紀 3)
신라	여름 6월 왜인들이 신라 남쪽 변경을 침범하여 1백명을 노략질해 갔다. (『三國史節要』 5)
고구려	(의희 3년 7월) 병인일(29) 모용희가 미복으로 숲 속에 숨어 있다가 사람들에게 잡혀 모용운에게 보내졌다. 운이 (죄를) 열거하며 모용희를 죽이고 그 아들들도 죽였다. 운이 다시 성을 고씨로 하였다. (『資治通鑑』 114 晉紀 36 安皇帝己)
고구려	(天賜 4년 가을 7월) 모용보의 양자 고운(高雲)이 모용희를 죽이고 자립하여 참람하게 천왕(天王)이라 하였다. (『北史』 1 魏本紀 1 太祖道武皇帝)
고구려	(義熙) 3년(…) 이해 고운과 풍발이 모용희를 죽였고, 운은 참람하게도 황제의 자리에 올랐다. (『晉書』 10 紀 10 安帝 司馬德宗)
고구려	의희(義熙) 초에 모용보(慕容寶)의 아우 모용희(慕容熙)가 그의 부하이 풍발에게 피살되었다. (『宋書』 97 列傳 57 東夷 高句驪)[56]
고구려	최홍(崔鴻)의 16국 춘추(十六國春秋) 후연록(後燕錄)에서 이르기를, 모용운(慕容雲)의 자(字)는 자우(子雨)이다. 모용보(慕容寶)의 양자인데, 할아버지 화(和)는 고구려에서 떨어져 나온 무리들의 후손이다. 스스로 고양씨의 후예라고 하여 고(高)로써 성씨를 삼았다. 모용보가 태자가 되자 모용운이 무예로써 동궁을 지켰다. 영강(396~398) 초년에 시어랑에 제수되었다가 병으로 관직을 그만두었다. 모용희(慕容熙)가

---

56) 『資治通鑑』 114 晉紀 36 安帝 의희 3년(407)에 의하면 모용희의 사망은 7월이다.

황후를 장수지낼 때에 이르러 풍발(馮跋)이 그를 찾아가 책략을 고하니 운이 두려워 하였다. 풍발 등이 억지로 강권하여 4월에 천왕(天王)의 지리에 올라 성을 다시 고 씨로 하고 대사면령을 내렸다. 건시(建始) 원년을 정시(正始) 원년이라 하고 바로 국 호를 대연(大燕)이라 하였다. (『太平御覽』 125 偏覇部 9 後燕 慕容雲)

고구려   모용운의 자는 자우이다. 모용보의 양아들이다. 할아버지 화는 고구려에서 갈라져 나온 무리로 스스로 고양씨의 후예라고 하여 고로써 성씨를 삼았다. 운은 도량이 깊 고 진중하면서 말을 아끼니 당시 사람들이 모두 아둔하다고 하였으나, 오직 풍발만 이 그를 기이하게 여겨 벗으로 삼았다. 모용보가 태자가 되자 운은 무예로써 동궁을 지켰다. 시어랑에 제수되어 모용회(慕容會)의 군대를 습격하여 패배시키니 모용보가 그를 아들로 삼아 모용을 성씨로 내려주고 석양공(夕陽公)에 봉했다. 모용희가 황후 부씨를 장사지낼 때 풍발이 운을 찾아와 그를 옹립하려 모의하였다. 운이 두려워 말 하기를, "내가 병에 걸린 지 오래인 것은 경들도 아는 바, 생각을 바꾸시기 바랍니 다." 하였다. 풍발이 다그쳐 말하기를, "모용씨의 세상이 쇠퇴하고 하간왕(河間王)은 포악하며 요망하고 음란한 여인에게 미혹되어 하늘의 바른 도를 어지럽혀 백성들이 그 해를 이기지 못하여 열집에 아홉집이 반란을 생각하고 있습니다. 이는 하늘이 망 할 때입니다. 공은 본래 고씨로 명망있는 가문으로 어찌 다른 이의 양자가 되겠습니 까. 기운이 어지럽게 흔들리는 것은 천년에 한번 일어나는 일이니 공은 말을 들으시 오."하면서 그를 붙잡고 밖으로 나왔다. 운이 말하기를, "내가 병에 걸린 지 오래로 경이 지금 대사를 일으켜 거듭 추대하여 밀어 돌아다니는 까닭은 일신을 위한 것이 아니라 실로 부덕하고 부족함에도 백성들을 구제하려는 것 뿐이다."하였다. 풍발 등 이 강권하자 운이 천왕의 자리에 오르고 성을 다시 고씨로 하였으며, 연호를 정시로 고치고, 국호를 대연이라 하였다. (『晉書』 124 載記 24 慕容雲)

고구려   문통(文通)의 발(跋)의 소제(少弟)로 본명은 범(犯)인데 현조(顯祖)의 묘를 피휘하였 다. 고운(高雲)이 존호를 참칭하자 정동대장군(征東大將軍)·영중령군(領中領軍)에 되 었고 급군공(汲郡公)에 봉해졌다. (『魏書』 97 列傳 85 海夷 馮文通)

고구려   (영락) 17년 정미(丁未)에 왕의 명령으로 보군과 마군 도합 5만 명을 파견하여 (…) 합전(合戰)하여 모조리 살상하여 분쇄하였다. 노획한 갑옷이 만여 벌이며, 그 밖에 군수물자는 그 수를 헤아릴 수 없이 많았다. 또 사구성(沙溝城)과 루성(婁城) △주성 (△住城) △성(△城)△△△△△△성을 파괴하였다. (「廣開土王碑」 제3면 4행~6행)

408(戊申/신라 실성이사금 7/고구려 광개토왕 17 永樂 18/백제 전지왕 4/東晉 義熙 4/ 倭 反正 3)

백제   봄 정월 여신(餘信)을 상좌평(上佐平)에 임명하여 군사와 정사를 맡겼다. 상좌평이라 는 직위가 이때부터 시작되었으니, 지금의 총재(冢宰)와 같은 것이다. (『三國史記』 25 百濟本紀 3)

백제   봄 정월 백제가 여신을 상좌평에 임명하여 군사와 정사를 맡겼다. 상좌평이라는 직 위가 이때부터 시작되었으니, 지금의 총재와 같은 것이다. (『三國史節要』 5)

신라   봄 2월 왕이 왜인(倭人)이 대마도(對馬島)에 군영을 두고 무기와 군량을 쌓아 두어 우리를 습격하려고 한다는 말을 듣고서 그들이 일어나기 전에 우리가 먼저 정예 군 사를 뽑아 적의 군영을 격파하고자 하니 서불한(舒弗邯) 미사품(未斯品)이 말하였다. "신이 듣건대 '무기는 흉한 도구이고 싸움은 위험한 일이다.'라고 합니다. 하물며 큰 바다를 건너서 남을 정벌하는 것은 만에 하나 이기지 못하면 후회해도 돌이킬 수가 없습니다. 험한 곳에 의지하여 관문(關門)을 설치하고 오면 곧 그들을 막아서 침입하여 어지럽힐 수 없게 하다가 유리해지면 곧 나아가 그들을 사로잡는 것만 같지 못합니다. 이것이 이른바 남을 유인하지만 남에게 유인당하지 않는다는 것이니, 가장 좋은 계책입니다." 왕이 그 말에 따랐다. (『三國史記』 3 新羅本紀 3)

신라 2월 신라왕이 왜인이 대마도에 군영을 두고 무기와 군량을 쌓아 두어 신라를 습격하려고 한다는 말을 듣고서 그들이 일어나기 전에 먼저 격파하고자 하니 서불한 미사품이 말하였다. "신이 듣건대 '무기는 흉한 도구이고 싸움은 위험한 일이다.'라고 합니다. 하물며 큰 바다를 건너서 남을 정벌하는 것은 만에 하나 이기지 못하면 후회해도 돌이킬 수가 없습니다. 험한 곳에 의지하여 관문을 설치하고 오면 곧 그들을 막아서 침입하여 노략질할 수 없게 하다가 유리한 때를 엿보아 나아가 공격하는 것만 같지 못합니다. 이것이 이른바 남을 유인하지만 남에게 유인당하지 않는다는 것이니, 가장 좋은 계책입니다." 왕이 그 말에 따랐다. (『三國史節要』 5)

고구려 봄 3월 사신을 북연(北燕)에 보내고 같은 종족(宗族)임을 알리니 북연왕(北燕王) 운(雲)이 시어사(侍御史) 이발(李拔)을 보내어 이를 보답하였다. 운의 할아버지 고화(高和)는 고구려에서 갈라져 나간 무리로, 스스로 고양씨(高陽氏)의 후예라고 하였기 때문에 고(高)로써 성씨를 삼았다. 모용보(慕容寶)가 태자가 되자 운이 무예로써 동궁(東宮)을 지켰는데 모용보가 그를 아들로 삼고 모용씨의 성을 내렸다. (『三國史記』 18 高句麗本紀 6)

고구려 3월 고구려가 사신을 북연에 보내고 같은 종족임을 알리니 북연왕 모용운이 시어사 이발을 보내어 보답하였다. 운의 할아버지 고화는 고구려에서 갈라져 나간 무리로 연나라에서 관리가 되었다. 스스로 고양씨의 후예라고 하여 고(高)로써 성씨를 삼았다. 운은 도량이 깊고 진중하면서 말을 아끼니 당시 사람들이 모두 아둔하다고 하였으나, 오직 풍발(馮跋)만이 그를 기이하게 여겨 벗으로 삼았다. 모용보가 태자가 되자 운은 무예로써 동궁을 지켰다. 시어랑에 제수되어 모용회(慕容會)의 군대를 습격하여 패배시키니 모용보가 그를 아들로 삼아 모용을 성씨로 내려주고 석양공(夕陽公)에 봉했다. 모용희(慕容熙)가 황후 부씨를 장사지낼 때 풍발이 운을 찾아와 그를 옹립하려 모의하였다. 운이 두려워 말하기를, "내가 병에 걸린 지 오래인 것은 경들도 아는 바, 생각을 바꾸시지 바랍니다." 하였다. 풍발이 다그쳐 말하기를, "모용씨의 세상이 쇠퇴하고 하간왕(河間王)은 포악하며 반역이 일어나 하늘의 바른 도를 어지럽혀 백성들은 반란을 생각하니 이는 하늘이 망할 때입니다. 공은 본래 고씨로 명망있는 가문으로 어찌 다른 이의 양자가 되겠습니까. 기운이 어지럽게 흔들리는 것은 천년에 한번 일어나는 일이니 공은 말을 들으시오."하면서 그를 붙잡고 밖으로 나왔다. 운이 말하기를, "경이 지금 대사를 일으켜 거듭 추대하여 밀어 돌아다니는 까닭은 일신을 위한 것이 아니라 실로 부덕하고 부족함에도 백성들을 구제하려는 것 뿐이다."하였다. 풍발 등이 강권하자 운이 천왕(天王)의 자리에 오르고 성을 다시 고씨로 하였으며, 연호를 정시(正始)로 고쳤다. 처 이씨를 천왕후(天王后)로, 아들 팽(彭)을 태자로 삼았다. (『三國史節要』 5)

고구려 (3월) 고구려가 사신을 북연에 보내어 조빙하고 또 같은 종족임을 알렸다. 북연왕 운이 시어사 이발을 보내어 보답하였다. (『資治通鑑』 114 晉紀 36 安皇帝 己)

고구려 (최홍(崔鴻)의 16국 춘추에서) 또 이르기를 태상(太上) 4년 고려 사신이 도착하여 미녀 10명, 천리마 1필을 바쳤다. (『太平御覽』 895 獸部 7 馬 3)

409(己酉/신라 실성이사금 8/고구려 광개토왕 18 永樂 19/백제 전지왕 5/東晉 義熙 5/倭 反正 4)

고구려 △△군(郡) 신도현(信都縣) 도향(都鄕) 중감리([中]甘里) 사람이며 석가문불(釋迦文佛)

이 제자(弟子)인 △△씨(氏) 진(鎭)은 역임한 관직이 건위장군(建威將軍)·국소대형(國
小大兄)·좌장군(左將軍)·용양장군(龍驤將軍)·요동태수(遼東太守)·사지설(使持節)·동이
교위(東夷校尉)·유주자사(幽州刺史)이었다. 진(鎭)은 77세로 죽어, 영락(永樂)18년 무
신(戊申) 초하루가 신유일(辛酉日)인 12월 25일 을유일(乙酉日)에 (무덤을) 완성해서
영구(靈柩)를 옮겼다. 주공(周公)이 땅을 상(相)하고 공자(孔子)가 날을 택했으니 무
왕(武王)이 시간을 선택했다. 날짜와 시간을 택한 것이 한결같이 좋으므로 장례 후
부(富)는 7세(七世)에 미쳐 자손(子孫)은 번창하고 관직도 날마다 올라 위(位)는 후왕
(侯王)에 이르도록 하라. 무덤을 만드는 데 만 명의 공력이 들었고, 날마다 소와 양
을 잡아서 술과 고기, 쌀은 먹지 못할 정도이다. 아침 식사로 먹을 간장을 한 창고
분이나 보관해 두었다. 기록해서 후세에 전하며, 영원히 이름을 드리운다.

전실 西壁 上端　　　　　此十三郡屬幽州部縣七十五
　　　　　　　　　　　　州治廣薊今治燕國去洛陽二千三百
　　　　　　　　　　　　里都尉一　部幷十三郡
　　　　　　　　　　　六郡太守來朝時通事吏
　　　　　　　　　　　奮威將軍燕郡太守來朝時
　　　　　　　　　　　范陽內史來朝論州時
　　　　　　　　　　　魚陽太守來論州時
　　　　　　　　　　　上谷太守來朝賀時
　　　　　　　　　　廣寧太守來朝賀時
　　　　　　　　　　代郡內史來朝△△△
전실 西壁 下端　　　　　諸郡太守通使吏
　　　　　　　　　[北平]太守來朝賀時
　　　　　　　　　遼西太△△朝賀時
　　　　　　　　　昌黎太守來論州時
　　　　　　　　　遼東太守來朝賀時
　　　　　　　　　玄兎太守來朝△△
　　　　　　　　　濼浪太守來△△△
　　　　　　　　　△△△△△△△△57)
전실 南壁 西側　　　　　鎭△[府長]史[司]馬
　　　　　　　　　叅軍典軍錄事△
　　　　　　　　　曹僉史諸曹職[吏]
　　　　　　　　　故銘記之
전실 南壁 東側　　　　　薊縣令捉軒弩
전실 東壁　　　　　鎭△[刺]史司馬
　　　　　　　　　御使導從時
　　　　　　　　　治中別駕
　　　　　　　　　使君出遊時
전실 天井 北側　　　　　地軸一身兩頭
　　　　　　　　　天馬之象
　　　　　　　　　天雀之象
　　　　　　　　　辟毒之象
　　　　　　　　　博位之猗頭生四

---

57) 열거한 군명으로 보아 帶方太守로 시작하는 부분으로 추정된다.

耳△有[得]自明在於右

賀鳥之象學道

不成背負藥△

零陽之象學道

不成頭生七△

喙遠之象

전실 天井 西側　　　千秋之象

萬歲之象

玉女之幡

玉女之槃

仙人持幢

전실 天井 南側　　　仙人持蓮

吉利之象

牽牛之象

△△之象

富貴之象

猩猩之象

전실 天井 東側　　　飛魚△象

靑陽之鳥一

身兩頭

陽光之鳥

履火而行

현실 東壁　　　　此人爲中裏都督典知

七寶自然音樂自然

飮食有△之幡△△△△

此人與七寶

俱生是故

儉喫知之

此二人大廟作食人也

此二人持刀侍[衛]

七寶△時

此二人持菓△食時

현실 西壁　　　　此爲西薗中馬射戱人

射戱注記人

현실 南壁　　　　此是△前厩養馬子

연도 西壁　　　　대세(太歲) 기유년 2월 2일 신유일에 이루어

무덤의 문을 닫는다. 크게 길하리라.

연도 東壁　　　　童△△端亓△道者△△△笑　　（「德興里古墳墓誌
銘」）

고구려　　여름 4월 왕자 거련(巨連)을 태자로 삼았다. (『三國史記』 18 高句麗本紀 6)
고구려　　여름 4월 고구려왕이 왕자 거련을 태자로 삼았다. (『三國史節要』 5)

고구려	가을 7월 나라 동쪽에 독산(禿山) 등 6개의 성을 쌓고 평양의 민호(民戶)를 옮겼다. (『三國史記』 18 高句麗本紀 6)
고구려	가을 7월 고구려가 나라 동쪽에 독산(禿山) 등 6개의 성을 쌓고 평양의 민호(民戶)를 옮겼다. (『三國史節要』 5)

고구려	8월에 왕이 남쪽으로 순행하였다. (『三國史記』 18 高句麗本紀 6)
고구려	8월에 고구려왕이 남쪽으로 순행하였다. (『三國史節要』 5)

가야	(20년) 가을 9월에 야마토노아야노아타이(倭漢直)의 선조 아치노오미(阿知使主)와 그 아들 츠가노오미(都加使主)가 함께 자기의 무리 17현(縣)을 거느리고 내귀(來歸)하였다. (『日本書紀』 10 應神紀)

백제	왜국이 사신을 파견하여 야명주(夜明珠)를 보내오니 왕이 특별히 예우하였다. (『三國史記』 25 百濟本紀 3)
백제	왜국이 백제에 사신을 파견하여 야명주를 보내오니 왕이 특별히 예우하였다. (『三國史節要』 5)

410(庚戌/신라 실성이사금 9/고구려 광개토왕 19 永樂 20/백제 전지왕 6/東晉 義熙 6/倭 反正 5)

고구려 부여	(영락) 20년 경술(庚戌) 동부여는 옛적에 추모왕의 속민(屬民)이었는데, 중간에 배반하여 (고구려에) 조공을 하지 않게 되었다. 왕이 친히 군대를 끌고가 토벌하였다. 고구려군이 여성(餘城)에 도달하자, 동부여의 온 나라가 놀라 두려워하여 (투항하였다). 왕의 은덕이 동부여의 모든 곳에 두루 미치게 되었다. 이에 개선을 하였다. 이때에 왕의 교화를 사모하여 개선군(凱旋軍)을 따라 함께 온 자는 미구루압로(味仇婁鴨盧), 비사마압로(卑斯麻鴨盧), 타사루압로(椯社婁鴨盧), 숙사사압로(肅斯舍鴨盧), △△△압로(△△△鴨盧)였다. 무릇 공파(攻破)한 성(城)이 64개, 촌(村)이 1,400이었다. (「廣開土王碑」 제3면 6행~8행)

411(辛亥/신라 실성이사금 10/고구려 광개토왕 20 永樂 21/백제 전지왕 7/東晉 義熙 7/倭 없음)

412(壬子/신라 실성이사금 11/고구려 광개토왕 21 永樂 22/백제 전지왕 8/東晉 義熙 8/倭 允恭 1)

신라 고구려	내물왕의 아들 복호를 고구려에 질자로 보냈다. (『三國史記』 3 新羅本紀 3)
신라 고구려	(실성왕) 11년 임자년에 고구려가 미사흔(未斯欣)의 형 복호(卜好)를 질자로 요구하자 대왕이 또 고구려로 보냈다. (『三國史記』 45 列傳 5 朴堤上)
신라 고구려	눌지왕(訥祗王) 3년 기미년에 이르러 고구려 장수왕(長壽王)이 사신이 보내 와서 이르기를 "우리 임금님께서 대왕의 아우 보해(寶海)가 지혜와 재주를 갖추었다는 소식을 듣고 서로 가깝게 지내기를 원하여 특별히 소신을 보내어 간청하기에 이르렀습니다." 왕은 이 말을 듣고 매우 다행스럽게 생각하여 이로 인해 화친을 맺기로 하고 아우 보해에게 명하여 고구려로 보냈는데, 이때 내신 김무알(金武謁)을 보좌로 하여 고구려에 보냈다. 장수왕도 또한 억류하고 돌려보내지 않았다. (『三國遺事』 1 紀異 1 奈勿王[一作那密王] 金堤上)
고구려 신라	고구려가 신라에 질자를 요구하자 왕이 복호를 질자로 보냈다. 복호는 미사흔의 형이다. 왕이 내물왕에게 원망을 가져 이미 미사흔을 왜국에 질자로 보냈는데 아직 감정이 풀리지 않아 다시 복호를 고구려로 보낸 것이다. (『三國史節要』 5)

| 고구려 | △△△△세(世) 필연적으로 천도(天道)를 내려주시니, 스스로 원왕(元王)을 계승하여, 시조(始祖) 추모왕(鄒牟王)이 나라를 개창하셨도다. (일월의) 아들이오 하백(河伯) 후손으로서 신령(神靈)의 보호와 도움을 받아 나라를 건국하고 강토를 개척하셨다. 후사(後嗣)가 서로 계승하였다. (…) 사시(四時)로 제사하였다. 그러나 세월이 오래되어 (…) 해져 팔리거나 되팔리는 자가 많아졌다. 이에 수묘자(守墓者)를 △하여 △△에 새겼다. △△△△ 국강상태왕(國岡上太王) (…) △△△△세실(世室)을 작흥(作興)하고, '선성(先聖)의 공훈(功勳)이 아주 높고 매우 빛나며 고인(古人)의 굳센 의지를 계승하였'고 추가하여 기술하였다. 정△(丁△)년에 호태△왕(好太△王)이 이르시기를 "무자년(戊子年)에 율(律)을 제정(制定)한 이래 조정(朝庭)에 교(敎)하여 영(令)을 발포하여 다시 수복(修復)하였다. 각 선왕(先王)의 묘상(墓上)에 비석을 건립하고 연호두(烟戶頭) 20명의 명단을 새겨 후세에 전하여 보인다. 지금 이후로 수묘하는 민은 함부로 사거나 다시 서로 되팔지 못하며, 비록 부유한 자라도 매매(買賣)할 수 없다. 그러므로 만약 영을 어긴 자는 후세토록 △△를 계사(繼嗣)하도록 하고, 비문(碑文)을 보아 죄과(罪過)를 부여한다."고 하셨다. (「集安高句麗碑」) |

| 고구려 | 하늘이 (이 백성을) 어여삐 여기지 아니하여 39세에 세상을 버리고 떠나셨다. (「廣開土王碑」 1면 6~7행) |

413(癸丑/신라 실성이사금 12/고구려 광개토왕 22 永樂 23, 장수왕 1/백제 전지왕 9/東晉 義熙 9/倭 允恭 2)

| 신라 | 가을 8월 낭산(狼山)에서 구름이 일어났는데 바라보니 누각과 같았고 향기가 가득 퍼져 오랫동안 없어지지 않았다. 왕이 말하였다. "이것은 반드시 신선이 하늘에서 내려와서 노는 것이니 마땅히 이곳은 복받은 땅이다." 이때부터 사람들이 그곳에서 나무 베는 것을 금하였다. (『三國史記』 3 新羅本紀 3) |

| 신라 | 가을 8월 신라 낭산(狼山)에서 구름이 일어났는데 바라보니 누각과 같았고 향기가 가득 퍼져 오랫동안 없어지지 않았다. 왕이 말하였다. "이것은 반드시 신선이 하늘에서 내려와서 노는 것이니 마땅히 이곳은 복받은 땅이다." 이때부터 사람들이 그곳에서 나무 베는 것을 금하였다. (『三國史節要』 5) |

신라	(가을 8월) 평양주(平壤州)에 큰 다리를 새로 만들었다. (『三國史記』 3 新羅本紀 3)
신라	(가을 8월) 신라가 평양주에 큰 다리를 새로 만들었다. (『三國史節要』 5)
신라	의희(義熙) 9년 계축에 평양주 대교가 만들어졌다. 平壤州大橋成[恐南平壤也今楊州] (『三國遺事』 1 紀異 1 實聖王)
고구려	겨울 10월 왕이 돌아가시니 광개토왕이라 불렀다. (『三國史記』 18 高句麗本紀 6)
고구려	겨울 10월 고구려왕 담덕이 돌아가시니 광개토왕이라 불렀다. 태자 거련(巨連)이 왕위에 올랐다. 몸과 얼굴이 크고 잘 생겼으며 뜻과 기운이 호걸을 초월하였다 (『三國史節要』 5)
고구려	장수왕의 이름은 거련(巨連)[連은 璉으로도 쓴다]으로 개토왕(開土王)의 원자(元子)이다. 몸과 얼굴이 크고 잘 생겼으며 뜻과 기운이 호걸을 초월하였다. 22년 왕이 돌아가시자 즉위하였다. (『三國史記』 18 高句麗本紀 6)
고구려	제20대 장수왕[이름은 거△이다. 계축년에 왕위에 올라 79년을 다스렸다.] (『三國遺事』 1 王曆)

| 고구려 | 태왕릉(太王陵)이 안정되기가 산과 같고 단단하기가 바위산 같기를 바랍니다. (「太 |

王陵塼銘文」)

고구려	장사(長史) 고익(高翼)을 진(晉)에 보내 표(表)를 올리고, 붉은 빛이 있는 흰 말을 바쳤다. 안제(安帝)가 왕을 봉하여 고구려왕(高句麗王)·낙안군공(樂安郡公)이라 하였다. (『三國史記』18 高句麗本紀 6)
고구려	고구려가 장사 고익을 진(晉)에 보내 표를 올리고, 붉은 빛이 있는 흰 말을 바쳤다. 안제가 왕을 봉하여 고구려왕(高勾麗王)·낙안군공이라 하였다. (『三國史節要』5)
고구려	고구려왕 고련(高璉)이 진 안제 의희 9년 장사 고익을 보내어 표문(表文)을 올리고 붉은 빛이 있는 흰 말을 바쳤다. 안제는 고련을 사지절(使持節)·도독영주제군사(都督營州諸軍事)·정동장군(征東將軍)·고구려왕(高句驪王)·낙랑공(樂浪公)으로 삼았다. (『宋書』97 列傳 57 夷蠻 東夷 高句驪國)
고구려	그 후손 고련 때에 이르러 진나라 안제 의희 연간에 처음으로 표문을 올리고 공물을 바쳤다. 송나라와 제나라를 거쳐 작위를 받았고 백여 세에 죽었다. (『梁書』54 列傳 48 諸夷 高句驪)
고구려	진나라 안제 의희 9년 고려왕 고련이 장사 고익을 보내어 표문을 올리고 붉은 빛이 나는 흰 말을 바쳤다. 진나라가 고련을 사지절·도독영주제군사·정동장군·고려왕(高麗王)·낙랑공으로 삼았다. (『南史』79 列傳 69 夷貊 下 東夷 高句麗)
고구려	동진(東晉) 안제 의희 연간에 장사 고익을 보내 붉은 빛이 나는 흰 말을 바쳤다. 고련을 영주제군사 고려왕 낙랑군공으로 삼았다. (『通典』186 邊防 2 東夷 下 高句麗)
고구려	(진나라 안제) 의희 9년 고려국왕 고련이 장사 고익을 보내어 표문을 올리고 붉은 빛이 나는 흰 말을 바쳤다. 고련을 고려왕·낙랑군공(樂浪郡公)으로 삼았다. (『冊府元龜』963 外臣部 8 冊封 1)
고구려	진나라 안제 의희 연간에 장사 고익을 보내어 표문을 올리고 붉은 빛이 나는 흰 말을 바쳤다. 고련을 고려왕 낙랑군공으로 삼았다. (『太平寰宇記』173 四夷 2 東夷 2 高勾驪國)
고구려	진나라 안제 의희 9년 고익이 표문을 올리고 붉은 빛이 나는 흰 말을 바쳤다. (『太平御覽』783 四夷部 4 東夷 4 高句驪)

414(甲寅/신라 실성이사금 13/고구려 장수왕 2/백제 전지왕 10/東晉 義熙 10/倭 允恭 3)

신라	봄 정월 신유 초하루날(1)에 좋은 의사를 구하기 위해서 신라에 사신을 보냈다. (『日本書紀』13 允恭紀)

고구려	(5월) 하간(河間) 사람 저광(褚匡)이 연왕(燕王) 풍발에게 말했다. "폐하께서 요갈(遼碣)에서 용으로 비상하셨는데, 옛 지역의 종족과 향당들이 머리를 기울여 동쪽을 바라보며 하루를 1년으로 여기고 있으니 청컨대 가서 그들을 맞이하게 하소서." 풍발이 말했다. "도로는 수천리이고 다시 다른 나라로 막혀 있는데, 어찌 도착할 수 있겠는가" 저광이 말했다. "장무(章武)는 바다에 닿아 있어 배로 왕래할 수 있으니 요서의 임투(臨渝)에서 나가면 어렵지 않습니다." 풍발이 이를 허락하고 저광을 유격장군(游擊將軍) 중서시랑(中書侍郎)으로 삼아 후하게 노자를 주어 보냈다. 저광은 풍발의 사촌형 풍매(馮買)와 사촌동생 풍도(馮睹)와 함께 장락(長樂)에서 5천여 호를 인솔하고 화룡(和龍)으로 들어갔는데, 거란과 고막해(庫莫奚)가 모두 연에 항복했다. 풍발이 그 대인을 임명하여 귀선왕으로 삼았다. 풍발의 동생 풍비(馮丕)가 난을 피해 고구려에 있었는데, 풍발이 그를 불러 좌복야(左僕射)로 삼고 상산공(常山公)에 봉했다. (『資治通鑑』116 晉紀 38 安皇帝 辛)

| 고구려 | 이보다 앞서 하간(河間) 저광(褚匡)이 풍발에게 말했다. "폐하는 지극한 덕이 있고 시운(時運)에 응하며 동하(東夏: 중국 동쪽)에서 용으로 비상하셨는데, 옛 지역의 종족들이 머리를 기울여 동쪽을 바라보며 하루를 1년으로 여기고 있으니 청컨대 가서 그들을 맞이하게 하소서." 풍발이 말했다. "막혀 서로 통하지 못하는 먼 지역으로 돌아가는 길이 수천리이니 어찌 장차 이를 수 있겠는가." 저광이 말했다. "장무군(章武郡)은 바다에 닿아 있어 뱃길로 통할 수 있으니 요서의 임투(臨渝)에서 나가면 어렵지 않습니다." 풍발이 이를 허락하고 유격장군(游擊將軍) 중서시랑(中書侍郎)으로 삼아 후하게 노자를 주어 보냈다. 저광이 풍발의 사촌형 풍매(馮買)와 사촌동생 풍도(馮睹)와 함께 장락(長樂)에서 5천여 호를 인솔하고 도망왔다. 풍매를 위위(衛尉)에 임명하여 성양백(城陽伯)에 봉하고, 풍도는 태상(太常) 고성백(高城伯)으로 삼으니 거란과 고막해(庫莫奚)가 항복했다. 풍발이 그 대인을 임명하여 귀선왕(歸善王)으로 삼았다. (…) 풍발의 동생 풍비(馮丕)가 이보다 앞서 난으로 인해 고구려에 투항했는데, 풍발이 그를 맞아 들여 용성(龍城)에 이르자 좌복야(左僕射) 상산공(常山公)으로 삼았다. (『晉書』 125 載記 25 馮跋) |

행)

고구려 (갑인년 9월 29일 을유) 이에 비를 세워 훈적을 새겨 후세에 보이니 그 일은 다음과 같다. (…) 수묘인(守墓人) 연호(烟戶)(의 그 출신지와 호수(戶數)는 다음과 같이 한다.) 매구여(賣句余) 민은 국연(國烟)이 2가(家), 간연(看烟)이 3가(家). 동해고(東海賈)는 국연이 3가, 간연이 5가. 돈성(敦城)의 民은 4가(家)가 다 간연. 우성(于城)의 1가는 간연으로, 비리성(碑利城)의 2가는 국연. 평양성민(平穰城民)은 국연 1가, 간연 10가(家). 자련(訾連)의 2가(家)는 간연. 배루인(俳婁人)은 국연 1가, 간연 43가. 양곡(梁谷) 2가는 간연. 양성(梁城) 2가는 간연. 안부련(安夫連)의 22가는 간연. 개곡(改谷)의 3가는 간연. 신성(新城)의 3가는 간연. 남소성(南蘇城)의 1가는 국연. 새로 약취(略取)해온 한(韓)과 예(穢)(의 烟戶는 다음과 같다.) 사수성(沙水城)은 국연 1가, 간연 1가. 모루성(牟婁城)의 2가는 간연. 두비압잠(豆比鴨岑) 한(韓)의 5가는 간연. 구모객두(勾牟客頭)의 2가는 간연. 구저한(求底韓)의 1가는 간연. 사조성(舍蔦城)의 한예(韓穢)는 국연 3가, 간연 21가. 고모야라성(古模耶羅城)의 1가는 간연. 경고성(炅古城)은 국연 1가, 간연 3가. 객현한(客賢韓)의 1가는 간연. 아단성(阿旦城)과 잡진성(雜珍城)은 합하여 10가가 간연. 파노성(巴奴城) 한(韓)은 9가가 간연. 구모로성(臼模盧城)의 4가는 간연. 각모로성(各模盧城)의 2가는 간연. 모수성(牟水城)의 3가는 간연. 간저리성(幹氐利城)은 국연 1가, 간연 3가. 미추성(彌鄒城)은 국연 1가, 간연이 7가. 야리성(也利城)은 3가가 간연. 두노성(豆奴城)은 국연이 1가, 간연이 2가. 오리성(奧利城)은 국연이 1가, 간연이 8가. 수추성(須鄒城)은 국연이 2가, 간연이 5가. 백잔남거한(百殘南居韓)은 국연이 1가, 간연이 5가. 태산한성(太山韓城)의 6가는 간연. 풍매성(農賣城)은 국연이 1가, 간연이 7가. 윤노성(閏奴城)은 국연이 2가, 간연이 22가. 고무루성(古牟婁城)은 국연이 2가, 간연이 8가. 전성(琢城)은 국연이 1가, 간연이 8가. 미성(味城)은 6가가 간연. 취자성(就咨城)은 5가가 간연. 삼양성(彡穰城)은 24가가 간연. 산나성(散那城)은 1가가 국연. 나단성(那旦城)은 1가가 간연(看烟). 구모성(勾牟城)은 1가가 간연. 어리성(於利城)의 8가는 간연. 비리성(比利城)의 3가는 간연. 세성(細城)의 3가는 간연.

국강상광개토경호태왕(國岡上廣開土境好太王)이 살아 계실 때에 교(敎)를 내려 말하기를, '선조(先祖) 왕들이 다만 원근(遠近)에 사는 구민(舊民)들만을 데려다가 무덤을 지키며 소제를 맡게 하였는데, 나는 이들 구민들이 점점 몰락하게 될 것이 염려된다. 만일 내가 죽은 뒤 나의 무덤을 편안히 수묘하는 일에는, 내가 몸소 다니며 약취(略取)해 온 한인(韓人)과 예인(穢人)들만을 데려다가 무덤을 수호·소제하게 하라'고 하였다. 왕의 말씀이 이와 같았으므로 그에 따라 한(韓)과 예(穢)의 220가(家)를 데려다가 수묘케 하였다. 그런데 그들 한인과 예인들이 수묘의 예법(禮法)을 잘 모를 것이 염려되어, 다시 구민(舊民) 110가(家)를 더 데려왔다. 신(新)·구(舊) 수묘호를 합쳐, 국연(國烟)이 30가(家)이고 간연(看烟)이 300가(家)로서, 도합(都合) 330가(家)이다.

선조(先祖) 왕들 이래로 능묘에 석비(石碑)를 세우지 않았기 때문에 수묘인 연호(烟戶)들이 섞갈리게 되었다. 오직 국강상광개토경호태왕(國岡上廣開土境好太王)께서 선조(先祖) 왕들을 위해 묘상(墓上)에 비(碑)를 세우고 그 연호(烟戶)를 새겨 기록하여 착오가 없게 하라고 명하였다. 또한 왕께서 규정을 제정하시어, '수묘인을 이제부터 다시 서로 팔아넘기지 못하며, 비록 부유한 자가 있을 지라도 또한 함부로 사들이지 못할 것이니, 만약 이 법령을 위반하는 자가 있으면, 판 자는 형벌을 받을 것이고, 산 자는 자신이 수묘(守墓)하도록 하라'고 하였다. (「廣開土王碑」 3면 제8행 ~4면 제9행)

고구려	겨울 10월 왕이 사천(蛇川) 들에서 사냥을 하다가 흰 노루를 잡았다. (『三國史記』 18 高句麗本紀 6)
고구려	겨울 10월 고구려 왕이 사천 들에서 사냥을 하다가 흰 노루를 잡았다. (『三國史節要』 5)

고구려	12월 왕도에 눈이 5척이나 쌓였다. (『三國史記』 18 高句麗本紀 6)
고구려	12월 고구려 왕도에 눈이 내렸는데, 깊이가 5척이었다. (『三國史節要』 5)

415(乙卯/신라 실성이사금 14/고구려 장수왕 3/백제 전지왕 11/東晉 義熙 11/倭 允恭 4)

백제	여름 5월 갑신일(2) 혜성이 나타났다. (『三國史記』 25 百濟本紀 3)
백제	여름 5월 갑신일(2) 백제에 혜성이 나타났다. (『三國史節要』 5)

신라	가을 7월 혈성(穴城)의 들판에서 크게 사열(査閱)하였고, 또 금성(金城) 남문에서 활쏘기를 구경하였다. (『三國史記』 3 新羅本紀 3)
신라	가을 7월 신라왕이 혈성의 들판에서 크게 사열하였고, 또 금성 남문에서 활쏘기를 구경하였다. (『三國史節要』 5)

신라	8월 왜인(倭人)과 풍도(風島)에서 싸워 이겼다. (『三國史記』 3 新羅本紀 3)
신라	8월 신라가 왜인과 풍도에서 싸워 이겼다. (『三國史節要』 5)

고구려	을묘년 국강상광개토지호태왕(國罡上廣開土地好太王)의 호우(壺杅) 10 (「廣開土王壺杅銘文」)

416(丙辰/신라 실성이사금 15/고구려 장수왕 4/백제 전지왕 12/東晉 義熙 12/倭 允恭 5)

신라	봄 3월 동해 바닷가에서 큰 물고기를 잡았는데, 뿔이 있었고 그 크기는 수레에 가득 찰 정도였다. (『三國史記』 3 新羅本紀 3)
신라	봄 3월 신라가 동해 바닷가에서 큰 물고기를 잡았는데, 뿔이 있었고 그 크기는 수레에 가득 찰 정도였다. (『三國史節要』 5)

신라	여름 5월 토함산(吐含山)이 무너지고 샘물이 솟아올랐는데 높이가 3장(丈)이나 되었다. (『三國史記』 3 新羅本紀 3)
신라	여름 5월 신라에서 토함산이 무너지고 샘물이 솟아올랐는데 높이가 3장이나 되었다 (『三國史節要』 5)

백제	동진(東晉)의 안제(安帝)가 사신을 보내 왕을 책명(冊命)하여 사지절(使持節)·도독백제제군사(都督百濟諸軍事)·진동장군(鎮東將軍)·백제왕(百濟王)으로 삼았다. (『三國史記』 25 百濟本紀 3)
백제	동신의 안제가 사신을 보내 왕을 책명하여 사지절·도독백제제군사·진동장군·백제왕으로 삼았다. (『三國史節要』 5)
백제	의희 12년 백제왕 여영(餘映)을 사지절·도독백제제군사·진동장군·백제왕으로 삼았다. (『宋書』 97 列傳 57 夷蠻 東夷 百濟國)
백제	진(晉) 의희 12년 백제왕 여영을 사지절·도독백제제군사·진동장군·백제왕으로 삼았다. (『南史』 79 列傳 69 夷貊 下 東夷 百濟)
백제	(진 안제 의희) 12년 백제왕 영(映)을 사지절·도독백제제군사·진동장군·백제왕으로 삼았다. (『冊府元龜』 963 外臣部 8 冊封 1)

백제	『남사(南史)』에서 이르기를, 진 의희 12년 백제왕 여영을 사지절·도독백제제군사·진
	동장군·백제왕으로 삼았다고 한다. (『太平御覽』 781 四夷部 2 東夷 2 百濟)
백제 고구려	의희 연간에 그 왕 여전(餘腆)이 송나라 원가(元嘉; 424~453) 연간, 그 왕 여비(餘
	毗)가 제나라 영명(永明; 483~493) 연간에 그 왕 여태(餘太)가 모두 중국의 관작을
	받았다. 양나라 초에 여태는 정동장군(征東將軍)으로 삼았는데, 얼마 지나지 않아
	고구려에게 패하였다. (『梁職貢圖』 百濟國使)
백제	의희 연간에 백제왕 부여전(夫餘腆)을 사지절·도독백제제군사로 삼았다. 송나라와 제
	나라 때에도 사신을 보내어 조공을 바치니 관작과 봉호를 내렸다. (『通典』 185 邊
	方 1 東夷 上)
백제	의희 연간에 백제왕 부여전을 사지절·도독백제제군사로 삼았다. 송나라, 제나라, 양
	나라때 모두 사신을 보내어 조공하여 관작과 봉호를 내렸다. (『太平寰宇記』 172 四
	夷 1 東夷 1 百濟國)

417(丁巳/신라 실성이사금 16, 눌지마립간 1/고구려 장수왕 5/백제 전지왕 13/東晉 義熙 13/倭 允恭 6)

백제	봄 정월 갑술 초하루 일식이 있었다. (『三國史記』 25 百濟本紀 3)
백제	봄 정월 갑술 초하루 백제에 일식이 있었다. (『三國史節要』 5)

백제	여름 4월 가뭄이 들어 백성들이 굶주렸다. (『三國史記』 25 百濟本紀 3)
백제	여름 4월 백제에 가뭄이 들어 백성들이 굶주렸다. (『三國史節要』 5)

신라	여름 5월 왕이 돌아가셨다. (『三國史記』 3 新羅本紀 3)
신라 고구려	5월 신라 내물왕의 아들 눌지가 그 임금 실성을 죽이고 스스로 왕위에 올라 마립간
	이라고 불렀다. 마립(麻立)이란 방언에서 말뚝을 이른다. 말뚝은 표준(標准)을 말하
	는데 지위에 따라 설치했다. 곧 왕의 말뚝은 주(主)가 되고 신하의 말뚝은 그 아래
	에 배열되었다. 이로 말미암아 [왕의] 명칭으로 삼았다. 처음 내물왕이 실성을 고구
	려에 질자로 보내어 실성이 이를 원망하였다. 실성이 왕이 되자 그 아들을 해쳐 보
	복하려 하여 몰래 사람을 보내어 고구려에 있을 때 알고 지내던 사람을 몰래 불러
	눌지를 죽이라고 하였다. 마침내 눌지로 하여금 가게 하였는데, 오히려 고구려인이
	눌지를 보니 기이하여 드디어 고하여 말하기를, "너희 국왕이 나로 하여금 그대를
	해치도록 하였으나 지금 그대를 보니 차마 해치지 못하겠다."고 하고는 이내 돌아갔
	다. 이에 눌지가 왕을 원망해 죽였다. (『三國史節要』 5)
신라 고구려	눌지마립간이 왕위에 올랐다. [김대문(金大問)이 다음과 같이 말했다. 마립(麻立)이
	라는 것은 방언에서 말뚝을 이른다. 말뚝은 함조(諴操)를 말하는데 지위에 따라 설
	치했다. 곧 왕의 말뚝은 주(主)가 되고 신하의 말뚝은 그 아래에 배열되었다. 이로
	말미암아 왕의 명칭으로 삼았다.] 내물왕의 아들이다. 어머니는 보반부인(保反夫人)
	[내례길포(內禮吉怖)라도고 이른다.]으로 미추왕의 딸이다. 비는 실성왕의 딸이다. 나
	물왕 37년에 실성을 고구려에 볼모로 삼았으므로, 실성이 돌아와 왕이 되자 나물이
	자기를 외국에 볼모로 보낸 것을 원망해 그 아들을 해쳐 원한을 갚으려 했다. 사람
	을 보내 고구려에 있을 때 알고 지내던 사람을 불러 몰래 말하기를, "눌지를 보면
	곧 죽이시오."라고 했다. 마침내 눌지로 하여금 가게 하여 도중에 고구려 사람을 맞
	도록 했다. 그런데 고구려 사람이 눌지를 보니 외모와 정신이 시원스럽고 우아해 군
	자의 풍채가 있으므로 마침내 "그대 나라의 왕이 나를 시켜 당신을 해치도록 했으
	나 지금 그대를 보니 차마 해치지 못하겠다."고 하고 이내 돌아갔다. 눌지가 이를
	원망해 도리어 왕을 죽이고 스스로 왕위에 올랐다 (『三國史記』 3 新羅本紀 3)

신라	제19대 눌지마립간[내지왕(內只王)이라고도 한다. 김씨이다. 아버지는 내물왕이며, 어머니는 내례희부인(內礼希夫人) 김씨로 미추왕의 딸이다. 정사년에 왕위에 올라 41년을 다스렸다.] (『三國遺事』 1 王曆)
신라 고구려	왕은 전왕의 태자 눌지가 덕망이 있으므로 이를 두려워하고 또 미워하여 장차 그를 죽이려 하였다. 고구려의 군사를 청하여 거짓으로 눌지를 맞이하여 죽이도록 하였는데, 고구려인이 눌지 에게 어짊이 있는 것을 보고 이에 창끝을 거꾸로 하여 실성왕을 죽이고 눌지를 세워 왕이 되게 하고 가버렸다. (『三國遺事』 1 紀異 1 第十八代 實聖王)
백제	가을 7월 동부와 북부 2부의 15세 이상 되는 사람들을 징발하여 사구성(沙口城)을 쌓게 하고 병관좌평 해구(解丘)를 시켜 이 일을 감독하게 하였다. (『三國史記』 25 百濟本紀 3)
백제	가을 7월 백제가 동부와 북부 2부의 15세 이상 되는 사람들을 징발하여 사구성을 쌓게 하고 병관좌평 해구를 시켜 이 일을 감독하게 하였다. (『三國史節要』 5)
고구려	(28년) 가을 9월에 고려왕이 사신을 보내어 조공하였다. 그리고 표(表)를 올렸는데, 그 표에 "고려왕은 일본국에 교(敎)한다"라고 되어 있었다. 그 때 태자인 우지노와키이라츠코(菟道稚郎子)는 그 표를 읽고 노하여 고려의 사자를 꾸짖었다. 그리고 그 표문이 무례하다고 하여 표를 파기하였다. (『日本書紀』 10 應神紀)

418(戊午/신라 눌지마립간 2/고구려 장수왕 6/백제 전지왕 14/東晉 義熙 14/倭 允恭 7)

신라	봄 정월 왕이 몸소 시조묘에 배알하였다. (『三國史記』 3 新羅本紀 3)
신라	봄 정월 신라왕이 몸소 시조묘에 배알하였다. (『三國史節要』 5)
신라 고구려	왕의 아우 복호(卜好)가 고구려로부터 제상(堤上) 나마와 함께 돌아왔다. (『三國史記』 3 新羅本紀 3)
신라 고구려	신라왕의 아우 복호가 박제상(朴堤上)과 함께 고구려에서 돌아왔다. 왕이 처음 왕위에 올라 미사흔(未斯欣)과 복호를 데려오려 생각했다. 말 잘하는 사람을 얻어 왜와 고구려에 가서 두 아우를 맞이해 올 것을 생각하였다. 수주촌간(水酒村干) 벌보말(伐寶靺)과 일리촌간(一利村干) 구리내(仇里酒), 이이촌간(利伊村干) 파로(波老) 세 사람이 현명하고 지혜가 있다는 말을 들었다.그들을 불러서 묻기를, "나의 동생 둘이 왜와 고구려 두 나라에 볼모가 되어, 여러 해가 되었어도 돌아오지 못하고 있다. 어찌하면 좋겠는가?"라고 하였다. 세 사람이 말하기를, "신 등이 듣기로 삽량주간(歃良州干) 박제상이 강직하고 꾀가 있다고 들었습니다. 그가 전하의 근심을 풀어 드릴 수 있을 것입니다."라고 하였다. 왕이 제상을 불러 앞으로 나오게 하여 그 계책을 물으니, 제상이 말하기를, "신이 듣기로 임금에게 근심이 있으면 이는 신하가 욕되는 것이고, 임금이 욕되면 신하는 죽어야 한다고 하였습니다. 어렵고 쉬운 일을 가린 후에 행동하는 것을 불충이라고 하고 생사를 도모한 뒤에 움직이는 것을 용기가 없다고 이릅니다. 신이 이미 명을 들었는데, 어찌 못한다 하겠습니까."하고 바로 고구려로 들어갔다. 고구려왕에게 이르기를 "저는 이웃 나라와 교제하는 도는 성실과 신의뿐이라고 들었습니다. 만일 볼모를 서로 보낸다면 오패(五覇)에도 미치지 못하는 것이니, 참으로 말세의 일입니다. 지금 우리 임금의 사랑하는 아우가 여기에 있은 지 거의 10년이 되었습니다. 우리 임금은 형제가 어려움에 처했을 때 도와준다는 생각을 오랫동안 마음에 품고 그치지 못하고 있습니다. 만약 대왕께서 호의로써 그를 돌려보내 주신다면 소 아홉 마리

에서 털 하나가 떨어지는 정도와 같아서 잃을 것이 없으며, 우리 임금은 대왕을 덕스럽다고 할 것이니 가히 헤아려 주십시오." 하였다. 고구려왕이 그렇다고 여겨 제상과 함께 돌아가도록 하였다. 제상은 파사왕의 5세손이다. (『三國史節要』 5)

신라 고구려 곧 눌지왕(訥祗王)이 즉위하자 말 잘하는 사람을 얻어 왜와 고구려에 가서 두 아우를 맞이해 올 것을 생각하였다. 수주촌간 벌보말과 일리촌간 구리내, 이이촌간 파로 세 사람이 현명하고 지혜가 있다는 말을 들었다. 그들을 불러서 묻기를, "나의 동생 둘이 왜와 고구려 두 나라에 볼모가 되어, 여러 해가 되었어도 돌아오지 못하고 있다. 형제의 정이라서 그리운 생각이 그치지 않소. 살아서 돌아오기를 원하는데, 어찌하면 좋겠는가?"라고 하였다. 세 사람이 똑같이 대답하기를, "신들은 삽량주간 제상이 강직하고 용감하며 꾀가 있다고 들었습니다. 그가 전하의 근심을 풀어 드릴 수 있을 것입니다."라고 하였다.

이에 제상을 불러 앞으로 나오게 하고 세 신하의 말을 알려주며 가 주기를 청하였다. 제상이 대답하기를, "제가 비록 어리석고 변변하지 못하나, 감히 명령을 공경하여 받들지 않을 수 있겠습니까!"라고 하였다. 마침내 사신의 예로써 고구려에 들어갔다. 고구려왕에게 말하기를 "저는 이웃 나라와 교제하는 도는 성실과 신의뿐이라고 들었습니다. 만일 볼모를 서로 보낸다면 오패(五覇)에도 미치지 못하는 것이니, 참으로 말세의 일입니다. 지금 우리 임금의 사랑하는 아우가 여기에 있은 지 거의 10년이 되었습니다. 우리 임금은 형제가 어려움에 처했을 때 도와준다는 생각을 오랫동안 마음에 품고 그치지 못하고 있습니다. 만약 대왕께서 호의로써 그를 돌려보내 주신다면 소 아홉 마리에서 털 하나가 떨어지는 정도와 같아서 잃을 것이 없으며, 우리 임금은 대왕을 덕스럽다고 함이 한량이 없을 것입니다. 왕은 그것을 생각하여 주십시오!"라고 하였다. [고구려] 왕이 허락한다고 말하고, 함께 돌아가는 것을 허락하여 곧 귀국하였다. (『三國史記』 45 列傳 5 朴堤上)

신라 5년 봄 3월 계묘일(癸卯日)이 초하루인 기유일(7)에 신라왕이 오례사벌(汚禮斯伐)과 모마리질지(毛麻利叱智: 朴堤上), 부라모지(富羅母智) 등을 보내 조공하였는데, 전에 볼모로 와 있던 미질허지(微叱許智: 未斯欣) 벌한(伐旱: 角干)을 돌아가게 하려는 생각이 있었다. 이에 허지(許智) 벌한을 꾀어 속이게 하였다. "사신 오례사벌과 모마리질지 등이 제게 말하기를, '우리 왕이 제가 오래도록 돌아오지 않는 것에 연좌시켜, 처자를 모두 몰관하여 종으로 삼았다'고 하였습니다. 바라건대 잠시 본토에 돌아가서 그 사정을 알아볼 수 있도록 해주십시오." 황태후가 곧 들어주었다. 그리하여 가즈라키노소츠히코(葛城襲津彦)를 딸려 보내니, 함께 쓰시마(對馬)에 도착하여 사이노우미(鉏海)의 미나토(水門)에 머물렀다. 이 때 신라의 사신 모마리질지 등이 몰래 배와 뱃사공을 나누어 미질(微叱) 한기(旱岐)를 태우고 신라로 도망가게 하였다. 그리고 풀을 묶어 사람 모습을 만들어 미질허지의 자리에 두고, 거짓으로 병든 사람인 체하고 소츠히코(襲津彦)에게 알리기를, "미질허지가 갑자기 병이 들어서 죽으려고 한다."고 하였다. 소츠히코가 사람을 시켜 병자를 돌보게 했는데, 속인 것을 알고 신라 사신 세 사람을 붙잡아서 우리 속에 집어넣고 불태워 죽였다. 그리고 신라에 나아가 다타라노츠(蹈鞴津)에 주둔하며 사와라노사시(草羅城)를 함락시키고 돌아왔다. 이 때 사로잡힌 사람들이 오늘날의 구와하라(桑原)·사비(佐糜)·다카미야(高宮)·오시누미(忍海) 4읍(邑)의 아야히토(漢人) 등의 시조이다. (『日本書紀』 9 神功紀)

백제 여름 왜국에 사신을 파견하여 흰 포목 열 필을 보냈다. (『三國史記』 25 百濟本紀 3)

백제 여름 백제가 왜국에 사신을 파견하여 흰 포목 열 필을 보냈다 (『三國史節要』 5)

신라 　　　　　가을 왕의 아우 미사흔이 왜국으로부터 돌아왔다. (『三國史記』 3 新羅本紀 3)

신라 고구려 백제
　　　　　가을 신라왕의 아우 미사흔이 왜국에서 도망쳐 돌아왔다.

처음 복호가 돌아왔을 때 왕이 제상에게 말하기를 "내가 두 아우 생각하기를 좌우의 팔과 같이 하였는데, 지금은 단지 한쪽 팔만을 얻었으니, 어찌하면 좋겠는가?"라고 말하였다. 제상이 아뢰기를, "저는 비록 열등한 재목이나, 이미 몸을 나라에 바쳤으니 끝내 명령을 욕되게 하지 않겠습니다. 그러나 고구려는 큰 나라이고 왕 또한 어진 임금이었습니다. 이 때문에 신의 한 마디의 말로 고구려 왕을 깨우칠 수 있었습니다. 왜인의 경우는 입과 혀로 달랠 수 없습니다. 마땅히 거짓 꾀를 써서 왕자를 돌아오도록 하겠습니다. 신이 저 곳에 가면 청컨대 나라를 배반했다고 논하여, 저들로 하여금 이 소식을 듣도록 하소서!"라고 하였다. 이에 죽기를 맹세하고 처자를 보지 않고 율포(栗浦)에 다다라 배를 띄워 왜로 향하였다. 그 아내가 그 소식을 듣고 달려 나가 포구에 이르러 배를 바라다보며 대성통곡하면서, "잘 다녀오시오."라고 하였다. 제상이 돌아다보며, "내가 왕의 명을 받아 적국으로 들어가니, 그대는 다시 볼 것이라는 기대를 하지 말라!"고 하였다.

마침내 곧바로 왜국으로 들어가서 마치 배반하여 온 자와 같이 하였다. 왜왕이 그를 의심하였다. 백제인으로 전에 왜에 들어간 자가 신라가 고구려와 더불어 왕의 나라의 침략을 도모하려고 한다고 참소하였다. 왜가 마침내 군사를 보내 신라 국경 밖에서 정찰하고 지키게 하였다. 마침 고구려가 쳐들어 와서 왜의 순라군(巡邏軍)을 포로로 잡아 죽였다. 왜 왕은 이에 백제인의 말을 사실로 여겼다. 또한 신라 왕이 미사흔과 제상의 가족을 옥에 가두었다는 말을 듣고, 제상을 정말로 배반한 자라고 말하였다.

이에 왜왕은 군사를 내어 장차 신라를 습격하려 하였다. 겸하여 제상과 미사흔을 장수로 임명하고 아울러 그들을 향도(嚮導)로 삼아, 해도(海島)에 이르렀다. 왜의 여러 장수들이 몰래 의논하기를, 신라를 멸망시킨 후에 제상과 미사흔의 처자를 잡아 돌아오자고 하였다. 제상이 그것을 알고 미사흔과 함께 배를 타고 놀며 고기와 오리를 잡는 척 하였다. 왜인이 그것을 보고 다른 마음이 없다고 여겨 기뻐하였다. 이에 제상은 미사흔에게 몰래 본국으로 돌아갈 것을 권하였다. 미사흔이, "제가 장군을 아버지처럼 받들었는데, 어찌 혼자서 돌아가겠습니까?"라고 말하였다. 제상은, "만약 두 사람이 함께 떠나면 계획이 이루어지지 못할까 두렵습니다."라고 하였다. 미사흔이 제상의 목을 껴안고 울며 작별을 고하고 귀국하였다.

다음날 제상은 방 안에서 혼자 자다가 늦게 일어나니, 미사흔을 멀리 가게 하려고 함이었다. 여러 사람이, "장군은 어찌 일어나는게 늦습니까?"라고 물었다. 박제상은 "어제 배를 타서 몸이 노곤하여 일찍 일어날 수 없다."고 대답하였다. 곧 박제상이 나오자, 미사흔이 도망한 것을 알았다. 마침내 제상을 결박하고 배를 달려 미사흔을 추격하였다. 마침 안개가 연기처럼 자욱하고 어둡게 끼어 있어 멀리 바라볼 수가 없었다. 제상을 왜왕이 있는 곳으로 돌려보냈더니, 곧 목도(木島)로 유배보냈다 얼마 있지 않아 사람을 시켜 땔나무에 불을 질러 전신을 불태우고, 후에 그의 목을 베었다. (눌지)대왕이 이 소식을 듣고 애통해 하고 대아찬(大阿湌)을 추증하였고 그 가족에게는 후하게 물품을 내렸다. 미사흔으로 하여금 제상의 둘째 딸을 맞아 아내로 삼게 하여 그에게 보답하였다. 이전에 미사흔이 돌아올 때, 왕은 6부(六部)에 명령하여 멀리까지 나가 그를 맞이하게 하였다. 곧 만나게 되자 손을 잡고 서로 울었다. 마침 형제들이 술자리를 마련하고 즐거움이 최고였을 때 왕은 스스로 우식곡(憂息曲)을 지어 그를 위로하였다.

[삼국유사에서 다음과 같이 기록하였다. 나밀왕 36년 경인년에 왜왕이 사신을 보내

와서 이르기를 "우리 임금이 대왕께서 신성하다는 말을 듣고 신 등을 시켜 백제가 지은 죄를 대왕에게 아뢰게 하는 것이오니, 원하옵건대 대왕께서는 왕자 한 분을 보내어 우리 임금에게 성심을 나타내시기 바랍니다."라 하였다. 이에 신라왕은 셋째 아들 미해 (美海)를 왜국에 보냈는데, 내신(內臣) 박사람(朴娑覽)을 부사로 삼아 왜국에 보냈다. 이때 미해의 나이가 열 살이었다. 왜왕이 이들을 억류하여 30년동안 돌려보내지 않았다. 눌지왕 3년 기미에 고구려사신이 신라에 와서 이르기를, 우리 임금께서 대왕의 아우 보해(寶海)가 지혜와 재주를 지녔다는 소식을 듣고 한번 보기를 원한다고 하였다. 신라왕이 내신 김무알(金武謁)을 딸려 보냈다. 고구려왕이 또 붙잡아 두고 돌려보내지 않았다. 눌지왕 9년 을축년에 왕이 군신들과 연회를 베풀었는데, 근심하며 울며 말하기를, "옛날 아버님께서 백성을 사랑하여 사랑하는 아들을 질자로 왜국에 보내어 마침내 다시 보지 못하고 내가 왕위에 올라서는 친 아우를 또 고구려에 붙들리게 하였다. 비록 부귀를 누린다 해도 하루라도 잊어본 적이 없다. 만약 두 아우를 볼 수 있다면 선왕의 사당에 감사드리고 마땅히 큰 보상을 내릴 것이다." 하였다. 여러 신하들이 대답하기를, "이 일은 결코 쉬운 일이 아닙니다. 반드시 지혜와 용맹이 있어야 가능합니다. 신들의 생각으로는 삽라군(歃羅郡) 태수 제상이 그만한 인물입니다." 하였다. 왕이 제상을 불러 묻자 제상이 답하기를, "신이 비록 불초하나 명을 들었으니 감히 못한다 하겠습니까" 하였다. 왕이 매우 기뻐하며 그를 보냈다. 제상이 변복을 하고 고구려로 들어가 보해를 보고 돌아갈 계획을 세워 5월 15일에 가기로 하였다. 제상이 먼저 고성(高城)의 수구(水口)에서 기다렸다. 때가 되자 보해가 과연 도망왔다. 고구려왕이 이를 알고 사람을 보내어 추격해 고성에 이르렀다. 보해가 일찍이 고구려에 있을 때 사람들에게 호의 베풀기를 좋아하였기 때문에 추격하는 자들이 화살촉을 뽑고 쏘아 부상당하지 않았다. 보해가 도착하니 왕이 더욱 미해를 생각하여 눈물을 흘리며 말하기를, "마치 몸에 한쪽 팔만 있고 얼굴에 한쪽 눈만 있는 것 같아서 비록 하나는 얻었으되 하나는 잃은 상태이니 어찌 마음이 아프지 않으랴" 하였다. 제상이 명을 듣고 집에 들르지도 않고 바로 율포에 이르렀다. 제상의 처가 좇아 율포에 이르렀으나, 제상은 이미 배에 탔다. 제상의 처가 간절히 부르자 제상은 다만 손을 흔들 뿐이었다. 왜국에 도착하여 짐짓 국왕이 자신의 부형을 죽여 그 때문에 도망왔다고 하니 왜주(倭主)이 이를 믿고 집을 주어 머무르게 하였다. 제상이 항상 미해와 함께 바닷가에서 낚시하여 잡은 것은 왜주에게 바치자 왜주가 기뻐하고 더는 의심하지 않았다. 어느 날 새벽 안개가 자욱하게 끼자 제상이 미해에게 지금 떠날 수 있다고 하자 미해가 함께 가자고 하였다. 제상이 말하기를, "만약 그렇게 하면 왜인들이 알고 추격할까 두려우니 신이 남아서 그 추격을 막도록 하겠습니다."고 하였다. 미해가 "내가 그대를 형제와 같이 여기는데 어찌 혼자 갈 수 있겠소?" 하였다. 제상이 말하기를 "만약 공의 목숨을 구할 수 있어 대왕의 심정을 위로할 수 있다면 그것으로 족합니다. 어찌 감히 목숨을 아낄 것을 생각하겠습니까?" 하였다. 이에 술을 마시며 작별을 하였다. 이 때 계림사람 강구려(康仇麗)가 왜국에 있었는데, 제상이 그로 하여금 같이 가도록 하고 스스로 미해의 침실로 들어가 다음날 까지 일어나지 않았다. 주변 사람들이 미해를 보고자 하자 제상이 거짓으로 병을 핑계를 대었다. 다음날 주변 사람들이 이상히 여겨 심문하니 미해는 이미 멀리 갔다고 하였다. 좌우 사람들이 왜주에게 달려가 고하고 말을 달려 좇아갔으나 미치지 못하였다. 이에 제상을 가두고 심문하여 말하기를, "너는 어찌 몰래 너희 나라의 왕자를 보냈는가?" 하였다. 제상이 말하기를 "신은 계림의 신하로 우리 임금의 뜻을 이루고자 할 뿐이다."고 하였다. 왜주가 화를 내며 말하기를, "너는 이미 나의 신하가 되었음에도 계림의 신하라 칭하니 반드시 오형(五刑)을 모두 쓸 것이다. 만약 왜국의 신하라고 말하면 후한 녹을 상으로 줄 것이다." 하였다. 제상이 말하기를 "차라리 계림의 개돼지가 될지언정 왜국의 신하는 되지 않을 것이오, 계림의 형벌을 받을지언정 왜국의 작록을 받지 않을 것이오." 하였다. 왜왕이 화를 내고 제상의 발 가죽을 벗기고 갈대를 베어 그 위를 걷게 하였다. 다시 묻기를 "너는 어느 나라 신하인가" 하자, 제상은 "계림의 신하다."고 하였다. 다시 뜨거운 철판 위를 걷게 하고 어느 나라 신하인가 묻자 계림의 신하라고 하였다. 왜주가 굴복시킬 수 없음을 알고 목도(木島)에서 불태워 죽였다. 미해가 바다를 건너와서 강구려로 하여금 먼저 보고하도록 하였다. 왕이 놀라고 기뻐하며 백관들에 명하여 굴헐역(屈歇驛)에서 맞이하도록 하였다. 왕은 보해와 함께 남쪽 교외에서 맞이하였다. 나라 안에 대사령을 내리고 제상의 처를 국대부인(國大夫人)으로 삼고 그 딸을 미해의 부인으로 삼았다. 뒤에 제상의 처가 세 딸을 데리고 치술령(鵄述嶺)에 올라 왜국을 바라보며 통곡하다가 죽으니 치술신모(鵄述神母)되었다. 지금도 그 사당이 있다.] (『三國史節要』5)

신라 고구려 백제

눌지대왕이 기뻐하고 위로하며, "내가 두 아우 생각하기를 좌우의 팔과 같이 하였는데, 지금은 단지 한쪽 팔만을 얻었으니, 어찌하면 좋겠는가?"라고 말하였다. 제상이 아뢰기를, "저는 비록 열등한 재목이나, 이미 몸을 나라에 바쳤으니 끝내 명령을 욕되게 하지 않겠습니다. 그러나 고구려는 큰 나라이고 왕 또한 어진 임금이었습니다. 이 때문에 신의 한 마디의 말로 고구려 왕을 깨우칠 수 있었습니다. 왜인의 경우는 입과 혀로 달랠 수 없습니다. 마땅히 거짓 꾀를 써서 왕자를 돌아오도록 하겠습니다. 신이 저 곳에 가면 청컨대 나라를 배반했다고 논하여, 저들로 하여금 이 소식을 듣도록 하소서!"라고 하였다. 이에 죽기를 맹세하고 처자를 보지 않고 율포에 다다라 배를 띄워 왜로 향하였다. 그 아내가 그 소식을 듣고 달려 나가 포구에 이르러 배를 바라다보며 대성통곡하면서, "잘 다녀오시오." 라고 하였다. 제상이 돌아다보며, "내가 왕의 명을 받아 적국으로 들어가니, 그대는 다시 볼 것이라는 기대를 하지 말라!"고 하였다.

마침내 곧바로 왜국으로 들어가서 마치 배반하여 온 자와 같이 하였다. 왜왕이 그를 의심하였다. 백제인으로 전에 왜에 들어간 자가 신라가 고구려와 더불어 왕의 나라의 침략을 도모하려고 한다고 참소하였다. 왜가 마침내 군사를 보내 신라 국경 밖에서 정찰하고 지키게 하였다. 마침 고구려가 쳐들어 와서 왜의 순라군을 포로로 잡아 죽였다. 왜 왕은 이에 백제인의 말을 사실로 여겼다. 또한 신라 왕이 미사흔과 제상의 가족을 옥에 가두었다는 말을 듣고, 제상을 정말로 배반한 자라고 말하였다.

이에 왜왕은 군사를 내어 장차 신라를 습격하려 하였다. 겸하여 제상과 미사흔을 장수로 임명하고 아울러 그들을 향도로 삼아, 해중(海中) 산도(山島)에 이르렀다. 왜의 여러 장수들이 몰래 의논하기를, 신라를 멸망시킨 후에 제상과 미사흔의 처자를 잡아 돌아오자고 하였다. 제상이 그것을 알고 미사흔과 함께 배를 타고 놀며 고기와 오리를 잡는 척 하였다. 왜인이 그것을 보고 다른 마음이 없다고 여겨 기뻐하였다. 이에 제상은 미사흔에게 몰래 본국으로 돌아갈 것을 권하였다. 미사흔이, "제가 장군을 아버지처럼 받들었는데, 어찌 혼자서 돌아가겠습니까?"라고 말하였다. 제상은, "만약 두 사람이 함께 떠나면 계획이 이루어지지 못할까 두렵습니다."라고 하였다. 미사흔이 제상의 목을 껴안고 울며 작별을 고하고 귀국하였다.

다음날 제상은 방 안에서 혼자 자다가 늦게 일어나니, 미사흔을 멀리 가게 하려고 함이었다. 여러 사람이, "장군은 어찌 일어나는게 늦습니까?"라고 물었다. 박제상은 "어제 배를 타서 몸이 노곤하여 일찍 일어날 수 없다."고 대답하였다. 곧 박제상이 나오자, 미사흔이 도망한 것을 알았다. 마침내 제상을 결박하고 배를 달려 미사흔을 추격하였다. 마침 안개가 연기처럼 자욱하고 어둡게 끼어 있어 멀리 바라볼 수가 없었다. 제상을 왜왕이 있는 곳으로 돌려보냈더니, 곧 목도로 유배보냈다. 얼마 있지 않아 사람을 시켜 땔나무에 불을 질러 전신을 불태우고, 후에 그의 목을 베었다. (눌지)대왕이 이 소식을 듣고 애통해 하고 대아찬을 추증하였고 그 가족에게는 후하게 물품을 내렸다. 미사흔으로 하여금 제상의 둘째 딸을 맞아 아내로 삼게 하여 그에게 보답하였다. 이전에 미사흔이 돌아올 때, 왕은 6부에 명령하여 멀리까지 나가 그를 맞이하게 하였다. 곧 만나게 되자 손을 잡고 서로 울었다. 마침 형제들이 술자리를 마련하고 즐거움이 최고였을 때 왕은 스스로 노래를 짓고 춤을 추어 자신의 뜻을 나타냈다. 지금 향악의 우식곡이 그것이다. (『三國史記』 45 列傳 5 朴堤上)

419(己未/신라 눌지마립간 3/고구려 장수왕 7/백제 전지왕 15/東晉 元熙 1/倭 允恭 8)

| 백제 | 봄 정월 무술일(7) 혜성이 태미(太微) 별자리에 나타났다. (『三國史記』 25 百濟本紀 3) |
| 백제 | 봄 정월 무술일(7) 백제에서 혜성이 태미 별자리에 나타났다. (『三國史節要』 5) |

| 신라 | 여름 4월 우곡(牛谷)의 물이 솟구쳐 올랐다. (『三國史記』 3 新羅本紀 3) |
| 신라 | 여름 4월 신라 우곡의 물이 솟구쳐 올랐다. (『三國史節要』 5) |

| 고구려 | 여름 5월 나라의 동쪽에 큰물이 나서, 왕이 사신을 보내 찾아가 보게 하였다. (『三國史記』 18 高句麗本紀 6) |
| 고구려 | 여름 5월 고구려 동쪽에 큰물이 나서, 왕이 사신을 보내 찾아가 보게 하였다. (『三國史節要』 5) |

| 백제 | 겨울 11월 정해일 초하루 일식이 있었다. (『三國史記』 25 百濟本紀 3) |
| 백제 | 겨울 11월 정해일 초하루 백제에서 일식이 있었다. (『三國史節要』 5) |

| 신라 고구려 | 눌지왕(訥祇王) 3년 기미년에 이르러 고구려 장수왕(長壽王)이 사신이 보내 와서 이르기를 "우리 임금님께서 대왕의 아우 보해(寶海)가 지혜와 재주를 갖추었다는 소식을 듣고 서로 가깝게 지내기를 원하여 특별히 소신을 보내어 간청하기에 이르렀습니다." 왕은 이 말을 듣고 매우 다행스럽게 생각하여 이로 인해 화친을 맺기로 하고 아우 보해에게 명하여 고구려로 보냈는데, 이때 내신 김무알(金武謁)을 보좌로 하여 고구려에 보냈다. 장수왕도 또한 억류하고 돌려보내지 않았다. (『三國遺事』 1 紀異 1 奈勿王[一作那密王] 金堤上) |

420(庚申/신라 눌지마립간 4/고구려 장수왕 8/백제 전지왕 16, 구이신왕 1/東晉 元熙 2, 劉宋 永初 1/倭 允恭 9)

백제	봄 3월 왕이 돌아가셨다. (『三國史記』 25 百濟本紀 3)
백제	봄 3월 백제 전지왕이 돌아가시고, 큰 아들 구이신(久尒辛)이 왕위에 올랐다. (『三國史節要』 5)
백제	구이신왕은 전지왕의 큰 아들이다. 전지왕이 돌아가시자 왕위에 올랐다. (『三國史記』 25 百濟本紀 3)
백제	제19대 구이신왕[전지왕의 아들이다. 경신년에 왕위에 올라 7년간 다스렸다.] (『三國遺事』 1 王曆)

| 신라 | 봄과 여름 크게 가뭄이 들었다. (『三國史記』 3 新羅本紀 3) |
| 신라 | 봄과 여름 신라에 큰 가뭄이 들었다. (『三國史節要』 5) |

고구려 백제	(7월) 갑진일(22)에 (…) 정동장군(征東將軍)·고구려왕(高句驪王) 고련(高璉)에게 정동대장군(征東大將軍)의 칭호를 더하고 진동장군(鎭東將軍)·백제왕(百濟王) 부여영(扶餘映)에게 진동대장군(鎭東大將軍)의 칭호를 더하였다. (『宋書』 3 本紀 3 武帝 下)
고구려 백제	(가을 7월) 갑진일(22)에 정동장군·고구려왕(高句麗王) 고련에게 정동대장군의 칭호를 더하고 진동장군·백제왕 부여영에게 진동대장군의 칭호를 더하였다. (『南史』 1 宋本紀 上 1 武帝)
고구려 백제	고조(高祖)가 왕위에 오른 뒤 조서(詔書)를 내려 말하기를, "사지절(使持節)·도독영주제군사(都督營州諸軍事)·정동장군·고구려왕·낙랑공(樂浪公) 련(璉)과 사지절·독백제제군사(督百濟諸軍事)·진동장군·백제왕 영(映)은 함께 해외에 있으면서 바른 도리를 지키어 멀리서 공물을 보내고 있소. 이제 송(宋)나라의 개국을 알리어 기쁨을 나누어 가지려 하오. 련은 정동대장군으로, 영은 진동대장군으로 삼고, 지절(持節)·도독(都督)·왕(王)·공(公)의 칭호는 그대로 인정하겠소."라고 하였다. (『宋書』 97 列傳 57 夷蠻 東夷 高句驪國)
고구려	송 무제가 왕위에 오른 뒤 련에게 진동대장군을 더하고 나머지 관직은 그대로 인정하였다. (『南史』 79 列傳 69 夷貊 下 東夷 高句麗)
백제	고조가 왕위에 올라 백제왕 여영에게 진동대장군의 호칭을 더하였다. (『宋書』 97 列傳 57 夷蠻 東夷 百濟國)
백제	송 무제가 왕위에 올라 백세왕에게 진동대장군의 칭호를 더하였다. (『南史』 79 列傳 69 夷貊 下 東夷 百濟)
백제	송나라 고조 영초 원년 백제왕 여영(餘映)에게 진동대장군의 칭호를 더하였다. (『冊府元龜』 963 外臣部 8 冊封 1)
신라	가을 7월 서리가 내려 곡식을 죽였다. 백성들이 굶주려 자손을 파는 사람도 있었다. 죄수들의 정상을 살펴 죄를 용서해 주었다. (『三國史記』 3 新羅本紀 3)
신라	가을 7월 신라에 서리가 내려 곡식을 죽였다. 백성들이 굶주려 자손을 파는 사람도 있었다. 죄수들의 정상을 살펴 죄를 용서해 주었다. (『三國史節要』 5)

421(辛酉/신라 눌지마립간 5/고구려 장수왕 9/백제 구이신왕 2/劉宋 永初 2/倭 允恭 10)

가야	좌지왕(坐知王) (…) 영초 2년 신유년 5월 12일에 돌아가셨다. 왕비는 도녕(道寧) 대아간(大阿干)의 딸 복수(福壽)이며 아들 취희(吹希)를 낳았다. (『三國遺事』 2 紀異 2 駕洛國記)
가야	취희왕은 질가(叱嘉)라고도 부른다. 김씨로 영초 2년에 즉위하여 31년간 다스렸다. 원가 28(451) 신묘년 2월 3일 돌아가셨다. 왕비는 진사(進思) 각간의 딸 인덕(仁德)이며 왕자 질지(銍知)를 낳았다. (『三國遺事』 2 紀異 2 駕洛國記)
가야	여름 5월 가락국왕(駕洛國王) 좌지(坐知)가 돌아가서 아들 취희가 왕위에 올랐다. (『三國史節要』 5)
가야	제7대 취희왕[김희(金喜)]라고도 한다. 아버지는 좌지왕이고 어머니는 복(福)이다. 신유년에 왕위에 올라 30년간 나라를 다스렸다.] (『三國遺事』 1 王曆)

422(壬戌/신라 눌지마립간 6/고구려 장수왕 10/백제 구이신왕 3/劉宋 永初 3/倭 允恭 11)

고구려	(영초) 3년 련(璉)에게 산기상시(散騎常侍)와 독평주제군사(督平州諸軍事)의 벼슬을 더해 주었다. (『宋書』 97 列傳 57 夷蠻 東夷 高句驪國)
고구려	(송 무제) 3년 련에게 산기상시와 독평주제군사의 벼슬을 더해 주었다. (『南史』 79 列傳 69 夷貊 下 東夷 高句麗)

423(癸亥/신라 눌지마립간 7/고구려 장수왕 11/백제 구이신왕 4/劉宋 景平 1/倭 允恭 12)

고구려	(3월)이 달에 고려국이 사신을 보내어 조공하였다. (『宋書』 4 本紀 4 少帝)
고구려	(3월)이 달에 고려국이 사신을 보내어 조공하였다. (『南史』 1 宋本紀 上 1 少帝)

신라	여름 4월 남당(南堂)에서 노인들을 대접하였는데, 왕이 몸소 음식을 집어 주고 곡식과 비단을 차등있게 내려 주었다. (『三國史記』 3 新羅本紀 3)
신라	여름 4월 신라왕이 남당(南堂)에서 노인들을 대접하였는데, 왕이 몸소 음식을 집어 주고 곡식과 비단을 차등있게 내려 주었다. (『三國史節要』 5)

424(甲子/신라 눌지마립간 8/고구려 장수왕 12/백제 구이신왕 5/劉宋 景平 2, 元嘉 1/倭 允恭 13)

고구려	(봄 2월 을사일(14)) 고려국이 사신을 보내어 조공하였다. (『宋書』 4 本紀 4 少帝)
고구려	(봄 2월 을사일(14)) 고려국이 사신을 보내어 조공하였다. (『南史』 1 宋本紀 上 1 少帝)
고구려	소제(少帝) 경평 2년 련(璉)이 장사(長史) 마루(馬婁) 등을 송(宋)의 왕궁으로 보내어 방물을 바쳤다. 이에 송의 황제는 사신을 파견하여 그 수고를 치하하였다. "황제는 고하오. 사지절(使持節)·산기상시(散騎常侍)·도독영평이주제군사(都督營平二州諸軍事)·정동대장군(征東大將軍)·고구려왕(高句驪王)·낙랑공(樂浪公) 그대는 왕위를 동방에서 이어 선인의 공적을 계승하였소. 순종하는 마음은 이미 뚜렷하고 충성 또한 드러나 요하(遼河)를 넘고 바다를 건너 공물을 본조(本朝)에 바쳤소. 짐이 부덕한 몸으로 분에 넘치게 대통을 이어받아 길이 선인의 자취를 생각함에 이르러서는 그 끼친 은택에 깊이 감사하는 바이오. 지금 알자(謁者) 주소백(朱邵伯)과 부알자(副謁者) 왕소자(王邵子) 등을 보내어 짐의 뜻을 전하고 수고로움을 치하하오. 그대는 어진 정치를 힘쓰고 닦아 그 공을 길이 융성케 하고 왕명을 본받아 짐의 뜻에 맞게 하오." (『宋書』 97 列傳 57 夷蠻 東夷 高句驪國)
고구려	소제 경평 2년 련이 장사 마루 등을 보내어 방물을 바치므로, 알자 주소백과 왕소자 등을 파견하여 노고를 치하하였다. (『南史』 79 列傳 69 夷貊 下 東夷 高句麗)

신라 고구려	봄 2월 고구려에 사신을 보내 예방하였다 (『三國史記』 3 新羅本紀 3)
고구려 신라	봄 2월 신라가 사신을 보내 예방하였다. 왕이 그를 위로하였는데 특별히 후하게 대하였다 (『三國史記』 18 高句麗本紀 6)
신라 고구려	봄 2월 신라가 고구려에 사신을 보내 예방하였다. 왕이 그를 위로하였는데 특별히 후하게 대하였다 (『三國史節要』 5)

고구려	가을 9월 풍년이 크게 들었다. 왕이 궁궐에서 군신들에게 잔치를 베풀었다. (『三國史記』 18 高句麗本紀 6)
고구려	가을 9월 고구려에 풍년이 크게 들었다. 왕이 궁궐에서 군신들에게 잔치를 베풀었다. (『三國史節要』 5)

백제	소제 경평 2년 영(映)이 장사(長史) 장위(張威)를 보내어 대궐을 찾아와 공물을 바쳤다. (『宋書』 97 列傳 57 夷蠻 東夷 百濟國)
백제	소제 경평 2년 영이 장사 장위를 보내어 대궐을 찾아와 공물을 바쳤다 (『南史』 79 列傳69 夷貊 下 東夷 百濟)

신라 고구려　9년 을축(乙丑)에 왕이 친히 여러 신하와 나라 안의 여러 호협한 사람들을 모아 잔치를 베풀었는데, 술이 세 순배 돌게 되자 모든 음악이 시작되었다. 왕이 눈물을 흘리면서 여러 신하에게 일러 말하기를 "옛날 아버님께서는 성심으로 백성의 일을 생각하셨기 때문에 사랑하는 아들을 동쪽의 왜로 보냈다가 다시 못 보고 돌아가시었고 내가 왕위에 오른 후에는 이웃 나라의 군사가 강하여 전쟁이 그치지 않았소. 고구려만이 화친을 맺자는 말이 있었으므로 내가 그 말을 믿고 아우를 고구려에 보내었소. 그런데 고구려에서도 아우를 억류해 보내지 않고 있으니, 내가 비록 부귀를 누린다 하여도 일찍부터 하루라도 이들을 잊거나 울지 않는 날이 없소. 만일 두 아우를 만나 함께 선왕의 사당을 보게 될 수만 있다면, 나라 사람에게 은혜를 갚으려 하오. 누가 능히 이 계책을 이룰 수가 있겠소."라고 하였다. 이 말을 듣고 백관이 모두 말하기를 "이 일은 결코 쉬운 일이 아닙니다. 반드시 지혜와 용맹이 있어야 가능합니다. 신들의 생각으로는 삽라군(歃羅郡) 태수로 있는 제상(堤上)이 가할까 합니다." 하였다. 이에 왕이 불러서 묻자 제상은 두 번 절하고 대하여 아뢰기를 "신이 들은 바에 따르면 임금에게 근심이 있으면 신하는 욕을 당하고, 임금이 욕을 당하면 그 신하는 죽는다고 하였습니다. 만일 일의 어려움과 쉬운 것을 헤아려서 행한다면 이는 불충성한 것이며, 죽고 사는 것을 생각하여 행한다면 이는 용맹이 없다고 할 것이니, 신이 비록 불초하나 명을 받들어 행하기를 원합니다."라고 하였다. 왕은 그를 매우 가상스럽게 생각하여 술잔을 나누어 마시고 손을 잡아 작별했다. 제상이 왕 앞에서 명을 받고 바로 북해로 길을 떠나 변복을 한 다음 고구려로 들어갔다. 보해가 있는 곳으로 가 함께 도망할 날짜를 약속하고 제상은 먼저 5월 15일 고성(高城)의 수구(水口)로 돌아와 배를 대어 놓고 기다렸다. 약속한 기일이 가까워지자 보해는 병을 핑계로 며칠 동안 조회에 나가지않다가 야음을 틈타 도망하여 고성의 바닷가에 이르렀다. 왕이 이 일을 알고 수십 명의 군사를 시켜 그를 뒤쫓게 하였다. 고성에 이르러 따라 붙었으나 보해가 고구려에 있을 때 늘 좌우 사람들에게 은혜를 베풀었기 때문에 군사들은 그가 다치는 것을 안타까이 여겨 모두 화살촉을 뽑고 쏘아 드디어 부상당하지 않고 돌아올 수 있었다. 눌지왕은 보해를 보자 미해가 더욱더 생각나 한편으로 기쁘고, 한편으로 슬펐으므로 눈물을 흘리면서 좌우의 사람들에게 말을 하였다. "마치 몸에 한쪽 팔만 있고 얼굴에 한쪽 눈만 있는 것 같아서 비록 하나는 얻었으되 하나는 잃은 상태이니 어찌 마음이 아프지 않으랴." 이 때 제상은 이 말을 듣고 두 번 절을 한 다음 왕에게 다짐하고 말에 올라타 집에 들르지도 않고 달려 바로 율포(栗浦의 해안가에 이르렀다. 제상의 아내가 이 소식을 듣고 말을 달려 율포에 이르렀으나 남편이 벌써 배에 타고 있는 것을 보았다. 아내가 그를 간절히 부르자 제상은 다만 손만 흔들어 보일 뿐 멈추지 않았다. 그는 왜국에 도착하여 거짓으로 꾸며 말하기를 "계림왕이 아무런 죄도 없이 제 아비와 형을 죽였으므로 도망하여 이곳에 이른 것입니다." 하니 왜왕은 이 말을 믿고 제상 에게 집을 주어 편안히 머무르게 하였다. 이 때 제상은 항상 미해를 모시고 해변에 나가 놀았다 그리고 물고기와 새와 짐승을 잡아서 매번 왜왕에게 바쳤다. 왜왕은 매우 기뻐하여 조금도 그를 의심하지 않았다. 어느 날 새벽 아침 안개가 자욱하게 끼었다. 제상이 말하기를 "지금이 떠날 만합니다." 하자 미해가 이르기를 "그러면 같이 갑시다." 하였다. 제상이 "만일 신이 같이 떠난다면 왜인들이 깨닫고 추격할까 염려됩니다. 바라건대 신은 이 곳에 남아 그들이 추격하는 것을 막겠습니다."했다. 미해가 이르기를 "지금 나는 그대를 부형처럼 생각하고 있는데 어찌 나 홀로 돌아가겠소."라고 하였다. 제상이 말하기를 "신은 공의 목숨을 구하는 것으로써 왕의 심정을 위로할 수 있다면 그것으로 만족할 뿐입니다. 어찌 살기를 바라겠습니까?" 하고는 술을 따라 미해에게 드렸다. 이 때 계림사람 강구려 (康仇麗)가 왜국에 와 있었는데 그로 하여금 모시게 하여 미해를 보내었다. 제상은 미해의 방에 들어가서 이튿날 아침까지 있었다. 미해를 모시는 사람들이 들어와 보려 하였으나 제상이 나와 그들을 가로막으며 말하기를 "미해공이 어제 사냥하느라 몹시 피로해서 아직 일어나지 못하십니다." 라고 하였다. 그러나 저녁 무렵 좌우 사람들이 그것을 이상히 여겨 다시 물었다. 대답하여 이르기를 "미해공은 떠난 지가 이미 오래 되었다."라고 하였다. 좌우 사람들이 왜왕에게 달려가 이를 고하자 왕이 기병을 시켜 그를 쫓게 하였으나 따라가지 못하였다. 이에 제상을 가두어 두고 묻기를 "너는 어찌하여 너희 나라 왕자를 몰래 보내었느냐?" 하자 대답하기를 "나는 오로지 계림의 신하이지 왜국의 신하가 아니오. 나는 단지 우리 임금의 소원을 이루게 했던 것뿐이오. 어찌 당신에게 말할 수 있었겠소."라고 하였다. 왜왕은 노하여 이르기를 "이미 너는 나의 신하가 되었는데도 감히 계림의 신하라고 말하느냐. 그렇다면 반드시 오형(五刑)을 모두 쓸 것이나 만약 왜국의 신하라고 말을 한다면 필히 후한 녹을 상으로 줄 것이다." 제상이 대답하기를 "차라리 계림의 개 돼지가 될지언정, 왜국의 신하는 되지 않겠다. 차라리 계림의 형벌을 받을지언정 왜국의 작록은 받지 않겠다." 하였다. 왜왕이 노하여 제상의 발 가죽을 벗기고 갈대를 베어 그 위를 걷게 하였다.[지금 갈대의 붉은 빛깔이 나는 것은 제상의 피라고 한다.] 왜왕이 다시 물어 이르기를 "너는 어느 나라 신하인가?"라고 하자, 제상이 "나는 계림의 신하다."라고 하였다. 왜왕은 쇠를 달구어 그 위에 제상을 세워 놓고 묻기를 "너는 어느 나라 신하인가?"라고 하자, 제상이 "나는 계림의 신하다." 왜왕은 제상을 굴복시키지 못할 것을 알고 목도(木島)라는 섬에서 불 태워 죽였다. 미해는 바다를 건너와서 강구려를 시켜 먼저 나라 안에 사실을 알렸다. 눌지왕은 놀라고 기뻐서 백관들에게 명하여 굴헐역(屈歇驛)에서 맞이하게 하였고 왕은 아우 보해와 더불어 남교(南郊)에서 맞이하였다. 대궐로 맞아 들여 잔치를 베풀고 국내에 대사면령을 내리고 제상의 아내를 국대부인(國大夫人)으로 봉하고 그의 딸을 미해공(美海公)의 부인으로 삼았다. 의논하는 자가 말하기를 "옛날 한(漢)나라 신하인 주가(周苛)가 영양(榮陽) 땅에 있다가 초나라 군사에게 잡힌 일이 있습니다. 이때 항우(項羽)가 주가를 보고 말하기를, '네가 만일 내 신하 노릇을 한다면 만록후(萬祿侯)에 봉해 주겠다.'하니 주가는 꾸짖으며 굴복치 않고 초왕 항우에게 죽음을 당했습니다. 이번 제상의 충정과 죽음은 주가에 못지않습니다."라고 하였다. 처음 제상이 출발하여 떠날 때에 제상의 부인이 그 소식을 듣고 뒤를 쫓았으나 따라가지 못하고 망덕사(望德寺) 문 남쪽의 모래 언덕위에 이르러 주저앉아 길게 울부짖었다. 그런 까닭에 그 모래언덕을 장사(長沙)라고 하며, 친척 두 사람이 그부인의 겨드랑이를 붙들고 집에 돌아오려고 하였으나 부인이 두 다리를 뻗쳐 일어서지 않으려 했다. 이에 그 땅을 벌지지(伐知旨)라 불렀다. 오래된 뒤에도 부인은 남편을 사모하는 생각을 이기지 못하여 세 딸을 데리고 치술령(鵄述嶺)에 올라가 왜국을 바라보며 통곡하다가 죽었다. 그래서 부인을 치술신모(鵄述神母)라고 하는데 지금도 사당(祠堂)이 있다. (『三國遺事』1 紀異 1 奈勿王 金堤上)

고구려 사신을 위(魏)나라에 보내어 조공하였다 (『三國史記』18 高句麗本紀 6)

고구려 고구려가 사신을 위나라에 보내어 방물을 조공하였다. (『三國史節要』5)

백제 원가 2년 태조가 다음과 같이 조서를 내렸다. "황제는 고하노라. 사지절((使持節)·도독백제제군사(都督百濟諸軍事)·진동대장군(鎭東大將軍)·백제왕(百濟王)은 대대로 충성하고 순종하여 바다 건너에서 정성을 다하였소. 먼 지방의 왕위를 계승하고 조상의 덕을 이어받아 다음에 의(義)를 사모함이 이미 드러났고 가슴에는 붉은 정성을 품었소. 작은 배를 타고 바다를 건너와 보물과 폐백을 조정에 바쳤소. 그러므로 왕위를 잇게 하여 그 지방을 맡기노니, 동방에서 우리 조정의 번병(藩屛)이 되어 정사(政事)를 부지런히 하여 선대의 공업(功業)을 떨어뜨리지 말도록 하시오. 지금 겸알자(兼謁者) 여구은자(閭丘恩子)와 겸부알자(兼副謁者) 정경자(丁敬子) 등을 파견하여 칙지(勅旨)를 펴고 노고를 위로하고자 하니 짐의 뜻에 맞도록 하시오.” 그 후 백제는 해마다 사신을 보내어 표문을 올리고 방물을 바쳤다. (『宋書』 97 列傳 57 夷蠻 東夷 百濟國)

백제 　　　원가 2년 문제가 겸알자 여구은자와 겸부알자 정경자 등을 보내어 칙지를 펴고 노고를 위로하였다. 그 후 백제는 해마다 사신을 보내어 표문을 올리고 방물을 바쳤다. (『南史』 79 列傳 69 夷貊 下 東夷 百濟)

백제 　　　송 원가 2년 겸알자 여구은자와 겸부알자 정경자 등을 보내어 칙지를 펴고 노고를 위로하였다. 그 후 백제는 해마다 사신을 보내어 표문을 올리고 방물을 바쳤다. (『太平御覽』 781 四夷部 2 東夷 2 百濟)

백제 신라 가야 진한 마한
　　　　　　태조 원가 2년에 찬(讚)이 또 사마(司馬) 조달(曹達)을 보내어 표를 올리고 방물을 바쳤다. 찬이 죽고 아우인 진(珍)이 왕위에 올라 사신을 보내어 공물을 바쳤다. 스스로 칭하기를 사지절·도독왜백제신라임나진한모한육국제군사(都督倭百濟新羅任那秦韓慕韓六國諸軍事)·안동대장군(安東大將軍)·왜국왕(倭國王)이라고 하였다. 표를 올려 정식으로 임명해주기를 청하므로, 조를 내려 안동장군(安東將軍)·왜국왕이라 하였다. 진이 또 왜수(倭隋) 등 13인을 평서(平西)·정로(征虜)·관군·(冠軍)·보국장군(輔國將軍) 호를 정식으로 청하므로 조를 내려 모두 들어주었다. (『宋書』 97 列傳 57 夷蠻 東夷 倭國)

백제 신라 가야 진한 마한
　　　　　　문제 원가 2년에 찬이 또 사마 조달을 보내어 표를 올리고 방물을 바쳤다. 찬이 죽고 아우인 진이 왕위에 올라 사신을 보내어 공물을 바쳤다. 스스로 칭하기를 사지절·도독왜백제신라임나진한모한육국제군사·안동대장군·왜국왕이라고 하였다. 표를 올려 정식으로 임명해주기를 청하므로, 조를 내려 안동장군·왜국왕이라 하였다. 진이 또 왜유(倭洧) 등 13인을 평서·정로·관군·보국장군 호를 정식으로 청하므로 조를 내려 모두 들어주었다. (『南史』 79 列傳 69 夷貊 東夷 倭國)

백제 신라 가야 진한 마한
　　　　　　문제 원가 2년에 찬이 또 사마 조달을 보내어 표를 올리고 방물을 바쳤다. 찬이 죽고 아우인 진(珍)이 왕위에 올라 사신을 보내어 공물을 바쳤다. 스스로 칭하기를 사지절 도독왜백제신라임나진한모한육국제군사 안동대장군 왜국왕이라고 하였다. 표를 올려 정식으로 임명해주기를 청하므로, 조를 내려 안동장군 왜국왕이라 하였다. 진이 또 왜유 등 13인을 평서·정로·관군· 보국장군 호를 정식으로 청하므로 조를 내려 모두 들어주었다. (『太平御覽』 782 四夷部 3 東夷 3 倭)

426(丙寅/신라 눌지마립간 10/고구려 장수왕 14/백제 구이신왕 7/劉宋 元嘉 3/倭 允恭 15)

427(丁卯/신라 눌지마립간 11/고구려 장수왕 15/백제 구이신왕 8, 비유왕 1/劉宋 元嘉 4/倭 允恭 16)

백제 　　　겨울 12월 왕이 돌아가셨다. (『三國史記』 25 百濟本紀 3)

백제 　　　겨울 12월 백제 구이신왕이 돌아가시자 장자 비유(毗有)가 왕위에 올랐다.[혹 이르기를 전지왕의 서자라 한다.] (『三國史節要』 5)

백제	비유왕(毗有王)은 구이신왕의 장자이다. [혹 이르기를 전지왕의 서자라 하는데 어느 것이 옳은 지 알 수 없다] 그는 용모가 훌륭하고 말을 잘 하여 사람들이 따르고 귀중히 여겼다. 구이신왕이 사망하자 그가 즉위하였다. (『三國史記』 25 百濟本紀 3)
백제	제20대 비유왕[구이신의 아들이다. 정묘년에 왕위에 올라 28년간 다스렸다.] (『三國遺事』 1 王曆)

고구려	도읍을 평양(平壤)으로 옮겼다. (『三國史記』 18 高句麗本紀 6)
고구려	이해 고구려가 도읍을 평양으로 옮겼다. (『三國史節要』 5)
고구려	국내성(國內城)에 도읍한지 425년이 지난 장수왕 15년에 도읍을 평양으로 옮겼다. (『三國史記』 37 雜志 6 地理 4 고구려)

428(戊辰/신라 눌지마립간 12/고구려 장수왕 16/백제 비유왕 2/劉宋 元嘉 5/倭 允恭 17)

백제	봄 2월 왕이 4부를 순행하며 백성들을 위무하고 가난한 자들에게 정도에 따라 곡식을 주었다. (『三國史記』 25 百濟本紀 3)
백제	봄 2월 왕이 4부를 순행하며 백성들을 위무하고 가난한 자들에게 정도에 따라 곡식을 주었다. (『三國史節要』 5)

백제	(봄 2월) 왜국 사신이 왔는데 수행자가 50명이었다. (『三國史記』 25 百濟本紀 3)
백제	(봄 2월) 왜국 사신이 백제에 왔다. (『三國史節要』 5)

백제	봄 2월 백제의 직지왕(直支王)이 누이 신제도원(新齊都媛)을 보내어 섬기게 하였다. 신제도원은 7명의 여자를 이끌고 와서 귀화하였다. (『日本書紀』 10 應神紀)

429(己巳/신라 눌지마립간 13/고구려 장수왕 17/백제 비유왕 3/劉宋 元嘉 6/倭 允恭 18)

백제	(7월)이 달에 백제왕이 사신을 보내어 방물을 바쳤다. (『宋書』 5 本紀 5 文帝)
백제	가을 7월 백제국이 사신을 보내어 조공하였다. (『南史』 2 宋本紀 中 2)
백제	송(宋) 원가 6년 7월 백제가 조공하였다. (『玉海』 153 朝貢 外夷來朝 內附)
백제	가을 사신을 송나라에 보내어 조공하였다. (『三國史記』 25 百濟本紀 3)
백제	가을 백제가 사신을 송나라에 보내어 조공하였다. (『三國史節要』 5)
백제	의희 연간에 왕 여영(餘映)이, 송나라 원가 연간에 왕 여비(餘毗)가 사신을 보내어 생구(生口)를 바쳤다. (『梁書』 54 列傳 48 諸夷 百濟)

백제	겨울 10월 상좌평(上佐平) 여신(餘信)이 죽어 해수(解須)를 상좌평으로 삼았다. (『三國史記』 25 百濟本紀 3)
백제	겨울 10월 백제 상좌평 여신이 죽어 해수로 하여금 대신하도록 하였다. (『三國史節要』 5)

백제	11월 지진이 일어나고 큰 바람이 불어 기와가 날았다. (『三國史記』 25 百濟本紀 3)
백제	11월 백제에 지진이 일어나고 큰 바람이 불어 기와가 날았다. (『三國史節要』 5)

백제	11월 얼음이 얼지 않았다. (『三國史記』 25 百濟本紀 3)
백제	11월 백제에서 얼음이 얼지 않았다. (『三國史節要』 5)

신라	시제(矢堤)를 새로 쌓았는데 둑의 길이가 2,170보(步)였다. (『三國史記』 3 新羅本紀 3)

| 신라 | 신라가 시제를 새로 쌓았는데 둑의 길이가 2,170보였다. (『三國史節要』 5) |

430(庚午/신라 눌지마립간 14/고구려 장수왕 18/백제 비유왕 4/劉宋 元嘉 7/倭 允恭 19)

백제	여름 4월 송나라 문황제(文皇帝)가 왕이 다시 직공(職貢)을 닦으므로, 사신을 보내 선왕(先王) 영(映)의 작호를 책봉해 주었다[전지왕 12년에 동진(東晋)이 책명(策命)하여 사지절(使持節) 도독백제제군사(都督百濟諸軍事)·진동장군(鎭東將軍)·백제왕(百濟王)으로 삼았다]. (『三國史記』 25 百濟本紀 3)
백제	여름 4월 송나라가 백제왕이 다시 직공을 닦으므로, 사신을 보내어 선왕 전지의 작호를 책봉해 주었다. (『三國史節要』 5)
백제	(원가) 7년 백제왕 여비(餘毗)가 다시 직공을 닦으므로 영의 작호를 주었다. (『宋書』 97 列傳 57 夷蠻 東夷 百濟國)
고구려	원가 7년 (풍발이) 죽었다. 아우 풍홍(馮弘)이 풍발의 아들 익(翼)을 죽이고 스스로 황제가 되었다. 위나라에게 정벌을 당하자 동으로 고구려에 도망가서 2년간 살았는데, 고구려가 그를 죽였다. (『晉書』 125 載記 25 馮跋)
고구려	풍발이 죽고 그의 아들 弘이 선 뒤 자주 색로(索虜)의 공격을 받았으나 함락되지는 않았다. 태조 때에는 해마다 사신을 보내어 방물을 바쳤다. (『宋書』 97 列傳 57 夷蠻 東夷 高句驪國)
백제	이 해 풍발(馮跋)이 죽었다. 왜(倭)·백제(百濟)·가라단(呵羅單)·임읍(林邑)·가라타(呵羅他)·사자(師子) 등의 나라들이 사신을 보내어 조공하였다. (『南史』 2 宋本紀 中 2)
백제	(원가) 7년 백제왕 여비가 다시 직공을 닦자 영의 작호를 주었다. (『南史』 79 列傳 69 夷貊 下 東夷 百濟)
백제	(송 문제 원가 7년)이 해 백제왕 여비가 다시 직공을 닦자 영의 작호를 주었다. (『冊府元龜』 963 外臣部 8 冊封 1)

431(辛未/신라 눌지마립간 15/고구려 장수왕 19/백제 비유왕 5/劉宋 元嘉 8/倭 允恭 20)

신라	여름 4월 왜병(倭兵)이 동쪽 변경에 침입하여 명활성(明活城)을 포위하였는데 아무런 성과없이 돌아갔다. (『三國史記』 3 新羅本紀 3)
신라	여름 4월 왜병이 신라 동쪽 변경에 침입하여 명활성을 포위하였는데 이기지 못하였다. (『三國史節要』 5)
신라	가을 7월 서리와 우박이 내려 곡식을 죽였다. (『三國史記』 3 新羅本紀 3)
신라	가을 7월 신라에 서리와 우박이 내려 곡식을 죽였다. (『三國史節要』 5)

432(壬申/신라 눌지마립간 16/고구려 장수왕 20/백제 비유왕 6/劉宋 元嘉 9/倭 允恭 21)

| 신라 | 봄에 곡식이 귀하여 사람들이 소나무 껍질을 먹었다. (『三國史記』 3 新羅本紀 3) |
| 신라 | 봄에 곡식이 귀하여 신라 사람들이 소나무 껍질을 먹었다. (『三國史節要』 5) |

요동 낙랑 대방 현도

　　(연화원년) 9월 을묘일(14) 거가(車駕)가 서쪽으로 돌아갔다. 영구(營丘)·성주(成周)·요동(遼東)·낙랑(樂浪)·대방(帶方)·현도(玄菟) 6군의 백성 3만 가(家)를 유주(幽州)로 옮기고 창고를 열어 진휼하였다. (『魏書』 4上 帝紀 4 世祖 上)

요동 낙랑 대방 현도

(연화원년) 9월 을묘일(14) 거가가 서쪽으로 돌아갔다. 영구·성주·요동·낙랑·대방·현도 6군의 백성 3만 가를 유주로 옮기고 창고를 열어 진휼하였나. (『北史』 2 魏本紀 2 世祖太武皇帝)

요동 낙랑 대방 현도

9월 을묘일(14) 위주(魏主)가 군대를 이끌고 서쪽으로 돌아갔다. 영구·성주·요동·낙랑·대방·현도 6군의 백성 3만 가를 유주로 옮겼다. (『資治通鑑 122 宋紀 4 太祖文皇帝 上之下)

요동 낙랑 대방 현도

연화원년 세조가 직접 토벌하니 풍문통(馮文通)이 성을 굳게 지켰다. 문통과 영구·요동·성주·낙랑·대방·현도 6군의 모든 백성이 항복하자 세조가 그 3만여 호를 유주로 옮겼다. (『魏書』 97 列傳 85 海夷 馮跋)

요동 낙랑 대방 현도

(북위 태무제) 연화 원년 거가가 풍문통을 정벌하고 영구·성주·요동·낙랑·대방·현도 6군의 백성 3만여 가를 유주로 옮기고 창고를 열어 진휼하였다. (『册府元龜』 486 邦計部 4 遷徙)

조선 요동   평주(平州) (…) 북평군(北平郡)[진(秦)나라 때 두었다.]은 영현(領縣)이 둘이다. 호수는 430이고 인구는 1,836명이다. 조선(朝鮮)현[전한·후한·진(晉)대 낙랑에 속하였다가 후에 혁파하였다. 연화 원년 조선민을 비여(肥如)로 옮기고 다시 두어 북평군에 속하게 하였다.] 창신(昌新)현[전한 때 탁군에 속하였는데 후한과 진나라 때 요동에 속하게 하였다가 다시 북평군에 소속시켰다. 노룡산(盧龍山)이 있다.] (『魏書』 106 上 志 5 地形 2 上)

433(癸酉/신라 눌지마립간 17/고구려 장수왕 21/백제 비유왕 7/劉宋 元嘉 10/倭 允恭 22)

백제   봄과 여름에 비가 오지 않았다. (『三國史記』 25 百濟本紀 3)

백제   봄과 여름에 백제에 비가 오지 않았다. (『三國史節要』 5)

신라   여름 5월에 미사흔(未斯欣)이 죽자 서불한(舒弗邯)으로 추증하였다. (『三國史記』 3 新羅本紀 3)

신라   여름 5월 신라왕의 아우 미사흔(未斯欣)이 죽자 서불한(舒弗邯)으로 추증하였다. (『三國史節要』 5)

신라 백제   가을 7월에 백제가 사신을 보내어 화친을 청하므로 이에 따랐다. (『三國史記』 3 新羅本紀 3)

백제 신라   가을 7월 신라에 사신을 보내어 화친을 청하였다. (『三國史記』 25 百濟本紀 3)

백제 신라   가을 7월 백제가 사신을 신라에 보내어 화친을 청하니 이에 따랐다. (『三國史節要』 5)

434(甲戌/신라 눌지마립간 18/고구려 장수왕 22/백제 비유왕 8/劉宋 元嘉 11/倭 允恭 23)

신라 백제   봄 2월에 백제왕이 좋은 말 2필을 보냈다. (『三國史記』 3 新羅本紀 3)

백제 신라   봄 2월에 신라에 사신을 파견해 좋은 말 2필을 보냈다. (『三國史記』 25 百濟本紀 3)

백제 신라   봄 2월에 백제가 사신을 파견해 좋은 말 2필을 신라에 보냈다. (『三國史節要』 5)

신라 백제   가을 9월에 백제가 또 흰 매를 보냈다. (『三國史記』 3 新羅本紀 3)

백제 신라	가을 9월에 또 신라에 흰 매를 보냈다. (『三國史記』 25 百濟本紀 3)	
백제 신라	가을 9월에 백제가 신라에 흰 매를 보냈다. (『三國史節要』 5)	

신라 백제	겨울 10월에 왕이 황금, 명주를 가지고 백제에 답례로 방문하였다. (『三國史記』 3 新羅本紀 3)	
백제 신라	겨울 10월에 신라가 좋은 금, 명주를 가지고 답례로 방문하였다. (『三國史記』 25 百濟本紀 3)	
신라 백제	겨울 10월에 신라왕이 황금, 명주를 가지고 백제에 답례로 방문하였다. (『三國史節要』 5)	

435(乙亥/신라 눌지마립간 19/고구려 장수왕 23/백제 비유왕 9/劉宋 元嘉 12/倭 允恭 24)

고구려	원가 12년 봄 정월 계유일(15) 황룡국(黃龍國) 임금 풍홍을 연왕(燕王)으로 삼았다. (『宋書』 5 文帝紀 5)

신라	봄 정월에 크게 바람이 불어 나무를 뽑았다. (『三國史記』 3 新羅本紀 3)
신라	봄 정월에 신라에 크게 바람이 불어 나무를 뽑았다. (『三國史節要』 5)

신라	2월에 역대의 원릉을 수리하였다. (『三國史記』 3 新羅本紀 3)
신라	2월에 신라에서 역대의 원릉을 수리하였다. (『三國史節要』 5)

신라	여름 4월에 시조묘에 제사지냈다. (『三國史記』 3 新羅本紀 3)
신라	여름 4월에 신라왕이 시조묘에 제사지냈다. (『三國史節要』 5)

고구려	태연(太延) 원년 6월 병오일(20) 고구려, 선선국(鄯善國)이 모두 사신을 파견해 조공하였다. (『魏書』 4上 世祖紀 4上)
고구려	태연 원년 6월 병오일(20) 고구려, 선선국이 모두 사신을 파견해 조공하였다. (『北史』 2 魏本紀 2 世祖太武皇帝)
고구려	6월 병오일(20) 고구려왕 연(璉)이 사신을 파견해 북위(北魏)에 들어가 조공하고 또 국휘(國諱)를 청하였다. 북위의 군주가 황제의 계보 및 휘를 기록하게 하여 그에게 주고, 연을 도독요해제군사(都督遼海諸軍事)·정동장군(征東將軍)·요동군공(遼東郡公)·고구려왕으로 임명하였다. 연은 쇠(釗)의 증손자이다. (『資治通鑑』 122 宋紀 4 太祖文皇帝 上之下)
고구려	여름 6월에 왕이 사신을 파견해 북위에 들어가 조공하고 또 국휘를 청하였다. 세조(世祖)가 그 정성을 가상히 여겨 황제의 계보 및 휘를 기록하게 하여 그에게 주고, 원외산기시랑(員外散騎侍郎) 이오(李敖)를 파견해 왕을 도독요해제군사·정동장군·영호동이중랑장(領護東夷中郎將)·요동군개국공(遼東郡開國公)·고구려왕으로 임명하였다. (『三國史記』 18 高句麗本紀 6)
고구려	6월에 고구려왕이 사신을 파견해 북위에 가서 조공하고 또 국휘를 청하였다. 세조가 그 정성을 가상히 여겨 황제의 계보 및 휘를 기록하게 하여 그에게 주고, 원외산기시랑 이오를 파견해 왕을 도독요해제군사·정동장군·영호동이중랑장·요동군개국공·고구려왕으로 임명하였다. 왕이 사신을 파견해 북위에 가서 은덕에 감사하였다. (『三國史節要』 5)
고구려	북위 태무제(太武帝) 태연(太延) 원년 6월에 고구려, 선선국이 모두 사신을 파견해 조공하였다. (『册府元龜』 969 外臣部 朝貢 2)
고구려	세조 때 쇠의 증손 연이 비로소 안동(安東)에 사자를 파견해 표문을 올리고 토산물

을 바치며 아울러 국휘를 청하였다. 세조가 그 정성을 가상히 여겨 조서를 내려 황제의 계보와 이름을 내려주게 하고, 원외산기시랑 이오를 파견해 연을 도독요해제군사·정동장군·영호동이중랑장·요동군개국공·고구려왕에 임명하였다.

이오가 그들이 사는 평양성에 이르러 그 나라의 여러 곳을 방문한 뒤 이렇게 말하였다. "(고구려는) 요동에서 남쪽으로 일천여리 떨어진 곳으로서, 동쪽으로는 책성(柵城), 남쪽으로는 소해(小海)에 이르고, 북쪽은 예전 부여에 이른다. 민호(民戶)의 수는 전보다 3배가 많았다. 위나라 때 동서가 2천 여리이며 남북은 1천 여리나 된다. 백성은 모두 토착민으로 산골짜기를 따라 거주하고, 삼베와 비단 및 짐승 가죽으로 옷을 해 입었다. 토질이 척박하여 양잠과 농업으로는 자급하기에 부족하다. 그런 까닭에 사람들은 음식을 절약한다. 풍속이 음란하고 노래와 춤을 즐겨, 밤이면 남녀가 떼를 지어 어울려 노는데, 귀천의 구별은 없었지만 정결한 것을 좋아하였다. 그 왕은 궁실을 잘 지어 치장하였다. 그 관명(官名)은 알사(謁奢)·태알(太奢)·대형(大兄)·소형(小兄)의 명칭이 있다. 머리에는 절풍(折風)을 쓰니 그 모양이 변(弁)과 흡사하였으며, 건(巾)의 모서리에 새의 깃을 꽂는데 귀천에 따라 차이가 있었다. 일어서면 반공(反拱)을 하였고, 꿇어 앉아 절할 때는 다리 하나를 폈으며, 걸음걸이는 달음박질을 하듯 빨리 간다. 해마다 10월이면 하늘에 제사를 드리는데, 나라 사람들이 모두 모인다. 공식적인 모임에서는 모두 수를 놓은 비단옷을 입고 금·은으로 치장을 하였다. 쭈그리고 앉기를 좋아하고 밥 먹을 때는 조궤(俎几)를 사용한다. 키가 석 자쯤 되는 말이 나는데, 옛날 주몽이 탔던 말이라고 하며, 그 말의 종자가 바로 과하마(果下馬)이다." 그 뒤에 공물과 사신이 자주 왕래하여 해마다 황금 200 근·白銀 400 근을 바쳤다. (『魏書』 100 列傳 88 高句麗)

고구려   막래(莫來)의 후예인 연이 비로소 북위에 사신을 통하였다. (『周書』 49 列傳 41 高麗)

고구려   태무제 때에 쇠의 증손 연이 비로소 사자를 파견해 안동에 나아가 표문을 올리고 토산물을 바치며 아울러 국휘를 청하였다. 태무제가 그 정성을 가상히 여겨 조서를 내려 황제의 계보와 이름을 그 나라에 내려주게 하고, 원외산기시랑 이오를 사신보내 연을 도독요해제군사·정동장군·영동이중랑장(領東夷中郎將)·요동군공·고구려왕으로 임명하였다. (『北史』 94 列傳 82 高句麗)

고구려   가을에 왕이 사신을 파견해 북위에 들어가 은덕에 감사하였다. (『三國史記』 18 高句麗本紀 6)

고구려   가을에 북위 군대가 자주 북연(北燕)을 정벌하여, 북연이 나날이 위태롭고 궁지에 빠졌다. 북연왕 풍홍(馮弘)이 말하기를, "만약 사태가 급박해지면, 장차 동쪽으로 가서 고구려에 의지하고 후일의 거병을 도모할 것이다."라고 하였다. 몰래 상서(尙書) 양이(陽伊)를 파견해 우리에게 맞이할 것을 청하였다. (『三國史記』 18 高句麗本紀 6)

고구려   북연왕 풍홍이 사신을 보내 고구려에 투항하기를 청하였다. 북위 군대가 자주 북연을 정벌하여, 북연이 나날이 위태롭고 궁지에 빠졌다. 풍홍이 말하기를, "만약 사태가 급박해지면, 장차 동쪽으로 가서 고구려에 의지하고 후일의 거병을 도모할 것이다."라고 하였다. 이 때에 이르러 몰래 상서 양이를 파견해 맞이할 것을 청하였다. (『三國史節要』 5)

고구려   (풍홍이) 위나라의 공격을 받아 동쪽 고구려로 도망갔다. 2년간 살았는데 고구려가 그를 죽였다. (『晉書』 125 載記 25 馮跋)

고구려	11월에 북위 군대가 자주 북연을 정벌하여, 북연이 나날이 위태롭고 궁지에 빠졌다. 상하가 걱정하고 두려워하자, 태상(太常) 양민(楊崏)이 북연왕에게 빨리 태자를 파견해 들어가 시위하게 하자고 다시 권하였다. 북연왕이 말하였다. "나는 차마 이것을 하지 못하겠다. 만약 사태가 급박해지면, 장차 동쪽으로 가서 고구려에 의지하고 후일의 거병을 도모할 것이다." 민이 말하였다. "북위가 천하를 들어 한쪽 귀퉁이를 공격하므로, 이치상 이기지 않을 수 없습니다. 고구려는 신의가 없어서, 처음에는 비록 서로 친해졌다 하더라도 끝내는 변할까 두렵습니다." 북연왕이 듣지 않고, 몰래 상서 양이를 파견해 고구려에게 맞이할 것을 청하였다. (『資治通鑑』 122 宋紀 4 太祖文皇帝 上之下)
고구려	풍문통(馮文通: 馮弘)의 태상 양민이 문통에게 죄를 청하여 항복하고 왕인으로 하여금 빨리 들어가 시위하게 하자고 다시 권하였다. 문통이 말하였다. "나는 차마 이것을 하지 못하겠다. 만약 사태가 불행해지면, 장차 동쪽으로 가서 고구려에 머무르면서 후일의 거병을 도모하고자 한다." 민이 말하였다. "북위가 천하의 무리로 한쪽 귀퉁이의 땅을 공격하니, 제 어리석은 소견으로는 형세가 반드시 흙처럼 무너질 것입니다. 또 고구려는 이적(夷狄)이어서 기약을 믿기 어려우니, 처음에는 비록 서로 친해졌다 하더라도 끝내는 변할까 두렵습니다. 만약 일찍 자르지 않는다면 후회에도 미치지 못합니다." 문통이 듣지 않고, 이에 몰래 고구려에게 맞이할 것을 요구하였다. (『魏書』 97 列傳 85 海夷 馮文通)
고구려	풍홍의 태상 양민이 홍에게 죄를 청하여 항복하고 왕인으로 하여금 들어가 시위하게 하자고 다시 권하였다. 홍이 듣지 않고, 이에 몰래 고구려에게 맞이할 것을 요구하였다. (『北史』 93 列傳 81 僭僞附庸 北燕馮氏 馮弘)
고구려	최홍(崔鴻) 『십육국춘추(十六國春秋)』 북연록(北燕錄)에 전한다. "북연 소성제(昭成帝) 태흥(太興) 5년 12월에 또 상서 양이를 파견해 고구려(高勾麗)에 맞이할 것을 청하였다." (『太平御覽』 127 偏覇部 11 北燕馮文通)
고구려	원가 12년에는 풍홍에게 더 높은 벼슬을 제수하였다. (『宋書』 97 列傳 57 夷蠻 東夷 高句驪國)

436(丙子/신라 눌지마립간 20/고구려 장수왕 24/백제 비유왕 10/劉宋 元嘉 13/倭 允恭 25)

고구려	태연(太延) 2년 2월 무자일(6) 풍문통(馮文通: 馮弘)이 사신을 파견해 조공하고 시자(侍子)를 보내겠다고 요구하였으나, 황제가 허락하지 않았다. (『魏書』 4上 世祖紀 4上)
고구려	태연 2년 2월 무자일(6) 풍홍(馮弘)이 사신을 파견해 조공하고 시자를 보내겠다고 요구하였으나, 황제가 허락하지 않았다. (『北史』 2 魏本紀 2 世祖太武皇帝)
고구려	2월 무자일(6) 북연왕(北燕王)이 사신을 파견해 북위(北魏)에 들어가 조공하고 시자를 보내겠다고 청하였으나, 북위 군주가 허락하지 않고[58] 장차 병사를 일으켜 그를 토벌하고자 하였다. (『資治通鑑』 123 宋紀 5 太祖文皇帝 中之上)
고구려	태연 2년 2월 임진일(10) 사자 10여 무리를 파견해 고구려, 동이 여러 나라에 나아가게 하여 조서를 내려 그들을 깨우쳤다. (『魏書』 4上 世祖紀 4上)
고구려	태연 2년 2월 임진일(10) 사자 10여 무리를 파견해 고구려, 동이 여러 나라에 나아

---

58) 북연왕이 여러 차례 시자를 보내겠다고 청하였으나 이르지 않았다. 북위 군주가 그 거짓됨을 알았으므로, 허락하지 않은 것이다.

	가게 하여, 조서를 내려 그들을 깨우쳤다. (『北史』 2 魏本紀 2 世祖太武皇帝)
고구려	2월 임진일(10) 사자 10여 무리를 파견해 동빙의 고구려 등 여러 나라에 나아가게 하여, 그들에게 알리고 깨우쳤다.[59] (『資治通鑑』 123 宋紀 5 太祖文皇帝 中之上)
고구려	북연왕이 사신을 파견해 북위에 들어가 조공하고 시자를 보내겠다고 청하였다. 북위 군주가 허락하지 않고 장차 병사를 일으켜 그를 토벌하고자 하여(이상 2월 6일), 사신을 파견해 와서 알리고 깨우쳤다(이상 2월10일). (『三國史記』 18 高句麗本紀 6)
고구려	북연왕이 사신을 파견해 북위에 들어가 조공하고 시자를 보내겠다고 청하였다. 북위 군주가 허락하지 않고 장차 병사를 일으켜 그를 토벌하고자 하여(이상 2월 6일), 고구려에 사신을 파견해 와서 알리고 깨우쳤다(이상 2월10일). (『三國史節要』 5)
고구려	태연 2년 3월 신미일(20) 평동장군(平東將軍) 아청(娥淸), 안서장군(安西將軍) 고필(古弼)이 정예기병 1만을 이끌고 풍문통을 토벌하였다. 평주자사(平州刺史) 원영(元嬰)이 또 요서(遼西)의 여러 군대를 이끌고 그들과 만났다. 문통이 급함에 쫓겨서 고구려에 구원을 요구하였다. 고구려가 그 대장 갈만로(葛蔓盧)로 하여금 보기 2만 명으로 문통을 맞이하게 하였다. (『魏書』 4上 世祖紀 4上)
고구려	태연 2년 3월 신미일(20) 평동장군 아청, 안서장군 고필을 파견해 풍홍을 토벌하였다. 홍이 고구려에 구원을 요구하였다. 고구려가 그 대장 갈만로를 파견하여 그를 맞이하게 하였다. (『北史』 2 魏本紀 2 世祖太武皇帝)
고구려	북위 태무제(太武帝) 태연(太延) 2년 3월에 이르러 북연의 후주(後主) 풍문통이 나라를 떠나 고구려로 도망갔다. (『魏書』 105之3 天象志 3)
고구려	태연 2년에 고구려가 장수 갈로(葛盧) 등을 파견해 무리를 이끌고 그를 맞이하여 화룡성(和龍城)에 들어갔다. 그 헤진 털옷을 벗고 문통의 잘 정리된 의장을 취하여 그 무리에게 주었다. 문통이 이에 그 성 안의 사녀(士女)를 데리고 고구려에 들어갔다. (『魏書』 97 列傳 85 海夷 馮文通)
고구려	태연 2년에 고구려가 장수 갈거로(葛居盧) 등을 파견해 무리를 이끌고 그를 맞이하였다. 홍이 이에 그 성 안의 사녀를 데리고 고구려에 들어갔다. (『北史』 93 列傳 81 僭僞附庸 北燕馮氏 馮弘)
고구려	나중에 또 문통을 정벌하였다. 문통이 고구려에 구원을 요구하자, 고구려가 구원하여 이르렀다. (『魏書』 28 列傳 16 古弼)
신라	여름 4월에 우박이 내렸다. 죄수를 점검하여 사면하였다. (『三國史記』 3 新羅本紀 3)
신라	여름 4월에 우박이 내렸다. 신라에서 죄수를 점검하여 사면하였다. (『三國史節要』 5)
고구려	여름 4월에 북위가 북연의 백랑성(白狼城)을 공격하여 이겼다. 왕이 장수 갈로·맹광(孟光)을 파견해 무리 수만을 거느리고 양이를 따라 화룡(和龍)에 이르러 북연왕을 맞이하게 하였다. 갈로·맹광이 성에 들어가 군에 명령하여 헤진 털옷을 벗게 하고, 북연의 무고에서 잘 정리된 의장을 취하여 그들에게 주며 성 안을 크게 약탈하였다. (『三國史記』 18 高句麗本紀 6)
고구려	여름 4월에 북위가 북연의 백랑성을 공격하여 이겼다. 고구려왕이 장수 갈로·맹광을 파견해 병사 수만을 거느리고 양이를 따라 화룡에 이르러 북연왕 홍을 맞이하게 하

---

59) 북연왕의 죄를 깨우쳐 함께 통하지 못하게 하고, 혹시 도망치는 일이 있으면 그를 받아들이지 못하게 하는 것이다.

였다. 갈로·맹광이 성에 들어가 군에 명령하여 헤진 털옷을 벗게 하고, 북연의 무고에서 잘 정리된 의장을 취하여 그들에게 주며 성 안을 크게 약탈하였다. (『三國史節要』 5)

고구려　여름 4월에 북위의 아청, 고필이 북연의 백랑성을 공격하여 이겼다. 고구려가 그 장수 갈로·맹광을 파견해 무리 수만을 거느리고 양이를 따라 화룡에 이르러 북연왕을 맞이하게 하였다. 고구려가 임천(臨川)에 주둔하자, 북연의 상서령(尙書令) 곽생(郭生)은 백성들이 도망가기를 두려워하므로 성문을 열고 북위 군대를 맞이하였다. 북위 군대가 그것을 의심하여 들어가지 않자, 생이 마침내 병사를 몰아 북연왕을 공격하였다. 왕이 고구려 병사를 끌어들여 동문으로 들어오게 하니, 생과 대궐 아래에서 싸우다가, 생이 유시(流矢)에 맞아 죽었다. 갈로·맹광이 성에 군사에게 명령하여 헤진 털옷을 벗게 하고, 북연의 무고에서 잘 정리된 의장을 취하여 그들에게 주며 성 안을 크게 약탈하였다. (『資治通鑑』 123 宋紀 5 太祖文皇帝 中之上)

고구려　최홍(崔鴻) 『십육국춘추(十六國春秋)』 북연록(北燕錄)에 전한다. "북연 소성제(昭成帝) 태흥(太興) 6년 4월에 북위가 또 시중(侍中)·건흥공(建興公) 우필(虞弼), 동평공(東平公) 아청(鵝靑)을 파견해 백랑성을 정벌하고 공격하여 이겼다. 고구려 장수 갈거(葛居)·맹광이 무리 수만을 이끌고 양이를 따라 와서 맞이하자 임천에 주둔하였다. 상서령 곽생은 백성들이 도망가기를 두려워하므로 성문을 열고 북위 군대를 끌어들였다. 북위 군대가 그것을 의심하여 이르지 않자, 생이 마침내 무리를 몰아 풍홍을 공격하였다. 홍이 고구려 병사를 끌어들여 동문으로 들어오게 하니, 생과 대궐 아래에서 싸우다가, 생이 유시에 맞아 죽었다. 고구려군이 성에 들어가고 나서 무고에서 갑옷을 취하여 그 무리에게 주었다. 성 안의 미녀는 모두 고구려 군인들에게 빼앗겼다." (『太平御覽』 127 偏覇部 11 北燕馮文通)

고구려　태연 2년 5월 을묘일(5) 풍문통이 고구려로 도망갔다. (『魏書』 4上 世祖紀 4上)

고구려　태연 2년 5월 을묘일(5) 풍홍이 고구려로 도망갔다. (『北史』 2 魏本紀 2 世祖太武皇帝)

고구려　5월 을묘일(5) 북연왕이 용성(龍城)의 현재 호구를 이끌고 동쪽으로 옮기며 궁전에 불지르자, 불이 10일 동안 꺼지지 않았다. 부인들로 하여금 갑옷을 입고 안에 있게 하고, 양이 등은 정예병사를 몰고 밖에 있게 하였다. 갈로·맹광이 기병을 이끌고 후위에서 방진으로 나아가니, 전후가 80여 리에 이르렀다. 고필의 부장 고구자(高苟子)가 기병을 이끌고 그들을 추격하고자 하였으나, 필이 취하여 칼을 뽑아 그것을 저지하였다. 그래서 북연왕이 도망가 떠날 수 있었다. 북위 군주가 그것을 듣고 노하여 함거(檻車)로 필과 아청을 불러서 평성(平城)에 이르게 하니, 모두 관직에서 쫓겨나서 문졸이 되었다. (『資治通鑑』 123 宋紀 5 太祖文皇帝 中之上)

고구려　최홍 『십육국춘추』 북연록에 전한다. "태흥 6년 5월 을묘일(5) 풍홍이 용성의 현재 호구를 이끌고 동쪽으로 옮기며 궁전을 불질러 태우자, 불이 10일 동안 끊어지지 않았다. 부인들로 하여금 갑옷을 입고 안에 있게 하고, 양이 등은 정예병사를 부지런히 하여 밖에 있게 하였다. 살거·맹광이 기병을 이끌고 후위에서 방진으로 나아가니, 전후가 80여 리에 이르렀다. 북위 군대가 추격하여 요수(遼水)에 이르렀으나, 공격하지 않고 돌아왔다(이상 5월 5일). 사신을 고구려에 파견해 홍을 불렀다(이상 5월 8일). (『太平御覽』 127 偏覇部 11 北燕馮文通)

고구려　이 해에 풍홍이 고구려로 도망갔다. (『南史』 2 宋本紀 中)

고구려　풍문통이 장차 동쪽으로 도망가려 하자, 백성들이 그것을 많이 어려워하였다. 그 대신 고니(古埿)가 민심이 하지 않으려고 하므로, 마침내 무리를 이끌고 문통을 공격하여 성문을 열고 관군을 끌어들였다. 고필이 고니가 속인다고 의심하여 성에 들어

가지 않았다. 고구려 군대가 이르자 문통은 이에 그들을 따라갔다. 문통이 도망갈 때 부인들로 하여금 갑옷을 입고 안에 있게 하고, 그 정예병졸과 고구려는 밖에 병사를 진치게 하였다. 필의 부장 고구자가 기병을 이끌고 적군을 찌르고 공격하고자 하였으나, 필은 술이 취하여 칼을 뽑아 그것을 저지하였다. 그래서 북연왕이 동쪽으로 도망갈 수 있었으니, 장교와 사졸이 모두 필이 공격하지 않은 것을 원망하였다. 세조가 크게 노하여 불러서 돌아오게 하고, 관직에서 쫓아내어 광하문(廣廈門)의 병졸로 삼았다. (『魏書』 28 列傳 16 古弼)

고구려   평동장군으로 옮겨서 고필 등과 동쪽으로 가서 풍문통을 토벌하였다. 싸움을 서두르지 않아서 문통이 고구려로 도망갔다고 하여 함거로 소환되어 관직에서 쫓겨나 문졸이 되니, 마침내 집에서 죽었다. (『魏書』 30 列傳 18 娥淸)

고구려   나중에 풍홍을 정벌하였다. 홍이 장차 고구려로 도망가려 하자, 고구려의 구원군이 이르니 홍이 이에 그들을 따랐다. 부인들로 하여금 갑옷을 입고 안에 있게 하고, 그 정예병졸과 고구려는 밖에 병사를 진치게 하였다. 필의 부장 고구자가 기병을 이끌고 적군을 공격하고자 하였으나, 필은 술이 취하여 칼을 뽑아 그것을 저지하였다. 그래서 북연왕이 동쪽으로 도망갈 수 있었다. 태무제가 크게 노하고 관직에서 쫓아내어 광하문의 병졸로 삼았다. (『北史』 25 列傳 13 古弼)

고구려   나중에 고필 등과 동쪽으로 가서 풍홍을 토벌하였다. 싸움을 서두르지 않아서 홍이 고구려로 도망갔다고 하여 함거로 소환되니, 관직에서 쫓겨나 문졸이 되고 집에서 죽었다. (『北史』 25 列傳 13 娥淸)

고구려   이보다 앞서 그 나라에 이리가 있어 밤에 성을 둘러싸고 무리가 밝았는데, 이와 같이 해를 마쳤다. 또 쥐가 있어 성 서쪽에 모여서 수 리에 가득 찼는데, 서쪽으로 갔다. 물에 이르면 앞에 있는 경우에는 마시(馬矢)를 머금었고 번갈아 서로 꼬리를 물고 건넜다. 숙군성(宿軍城)의 땅이 타서 10일이 지나서야 꺼졌다. 땅에 접촉하면 구더기가 생겼는데, 한 달여가 지나서 그쳤다. 화룡성에 흰 털에 생겨 1척 2촌이었다. (『北史』 93 列傳 81 僭偽附庸 北燕馮氏 馮弘)

고구려   나중에 유원정(劉元貞)의 8대조 헌(軒)은 북연(北燕)에서 관인이 되어 박사낭중(博士郎中)이 되었다가 죽었다. 자손들은 북연을 따라 고구려로 옮겼다. (「劉元貞 墓誌銘」:『全唐文補遺』 千唐誌齋新藏專輯)

고구려   태연 2년 5월 무오일(8) 조서를 내려 산기상시(散騎常侍) 봉발(封撥)을 고구려에 사신보내 풍문통을 불러서 보내라고 하였다. (『魏書』 4上 世祖紀 4上)

고구려   태연 2년 5월 무오일(8) 조서를 내려 산기상시 봉발을 고구려에 사신보내 풍홍을 불러서 보내라고 하였다. (『北史』 2 魏本紀 2 世祖太武皇帝)

고구려   5월 무오일(8) 북위 군주가 산기상시 봉발을 파견해 고구려에 사신보내 북연왕을 보내라고 명령하였다. (『資治通鑑』 123 宋紀 5 太祖文皇帝 中之上)

고구려   5월에 북연왕이 용성의 현재 호구를 이끌고 동쪽으로 옮기며 궁전에 불지르자, 불이 10일 동안 꺼지지 않았다. 부인들로 하여금 갑옷을 입고 안에 있게 하고, 양이 등은 정예병사를 몰고 밖에 있게 하였다. 갈로·맹광이 기병을 이끌고 후위에서 방진으로 나아가니, 전후가 80여 리에 이르렀다(이상 5월 5일). 북위 군주가 그것을 듣고, 산기상시 봉발을 파견해 와서 북연왕을 보내라고 명령하였다(이상 5월 8일). (『三國史記』 18 高句麗本紀 6)

고구려   5월에 북연왕이 용성의 현재 호구를 이끌고 동쪽으로 옮기며 궁전에 불지르자, 불이 10일 동안 꺼지지 않았다. 부인들로 하여금 갑옷을 입고 안에 있게 하고, 양이 등은 정예병사를 몰고 밖에 있게 하였다. 갈로·맹광이 기병을 이끌고 후위에서 방진으로 나아가니, 전후가 80여 리에 이르렀다(이상 5월 5일). 북위 군주가 그것을 듣고, 산

	기상시 봉발을 파견해 와서 북연왕을 보내라고 명령하였다(이상 5월 8일). (『三國史節要』 5)
고구려	평곽(平郭)에 강역을 개척하고, 풍홍의 실책을 기록하였다. [(…) 『십육국춘추』에 전한다. "북연의 풍홍은 태흥 6년에 북위에게 격파되어 마침내 고구려로 도망갔다. 홍을 평곽에 거처하게 하니, 곧 이 성이다."] (『翰苑』 30 蕃夷部 高麗)
고구려	처음에 풍홍이 고구려로 도망가자(이상 5월 5일), 세조가 조서를 내려 파견해 그를 보내게 하였다(이상 5월 8일). (『魏書』 17 列傳 5 明元六王 樂平王조)
고구려	이 때에 풍문통이 무리를 이끌고 그곳으로 도망갔다(이상 5월 5일). 세조가 산기상시 봉발을 파견해 연에게 조서를 내려 문통을 보내라고 명령하였다(이상 5월 8일). (『魏書』 100 列傳 88 高句麗)
고구려	처음에 풍홍이 고구려로 도망가자(이상 5월 5일), 태무제가 조서를 내려 파견해 그를 보내게 하였다(이상 5월 8일). (『北史』 16 列傳 4 樂平王조)
고구려	이 때에 풍문통이 무리를 이끌고 그곳으로 도망갔다(이상 5월 5일). 태무제가 산기상시 봉발을 파견해 연에게 조서를 내려 홍을 보내라고 명령하였다(이상 5월 8일). (『北史』 94 列傳 82 高麗)
고구려	유황(劉貺)의 『태악령벽기(太樂令壁記)』에 전한다. " (…) 유송(劉宋) 때에 고구려의 백기(百伎)를 얻었다. 북위가 풍발(馮跋)을 평정하여 또한 그를 얻었으나, 아직 갖추지 못하였다."(『玉海』 105 音樂樂 3 唐九部樂十部樂十四國樂二部樂)
고구려	6월에 고구려, 무도왕(武都王)이 사신을 파견해 토산물을 바쳤다. (『宋書』 5 本紀 5 文帝)
고구려	여름 6월에 고구려, 무도(武都) 등의 나라가 모두 사신을 파견해 조공하였다. (『南史』 2 宋本紀 中)
고구려	태연 2년 9월 경술일(2) 표기대장군(驃騎大將軍)·낙평왕(樂平王) 탁발비(拓跋조) 등이 약양(略陽)에 이르자, 양난당(楊難當)이 조서를 받들어 상규수(上邽守)를 대신하였다. 고구려가 풍문통을 보내지 않고 사신을 파견해 표문을 올려서, 마땅히 문통과 함께 왕화를 받들겠다고 칭하였다. 황제는 고구려가 조서를 어겼다고 여겨 장수들에게 그를 공격하는 것을 논의하게 하였으나, 낙평왕 비의 계책을 받아들여 중지하였다. (『魏書』 4上 世祖紀 4上)
고구려	태연 2년 9월 경술일(2) 고구려가 풍홍을 보내지 않았다. 황제가 장차 그를 정벌하고자 하였으나, 낙평왕 비의 계책을 받아들여 중지하였다. (『北史』 2 魏本紀 2 世祖 太武皇帝)
고구려	9월 경술일(2) 고구려가 북연왕을 북위에 보내지 않고 사신을 파견해 표문을 올려서, 마땅히 풍홍과 함께 왕화를 받들겠다고 칭하였다. 북위 군주는 고구려가 조서를 어겼다고 여겨 그를 공격하는 것을 논의하게 하고, 장차 농서(隴西)의 기병을 징발하고자 하였다. 유계(劉絜)가 말하였다. "진롱(秦隴)의 새로 편입된 백성들은 또한 마땅히 우대하여 먹을 먼저하고 그 넉넉한 결실을 기다린 후에 써야 합니다." 낙평왕 비가 말하였다. "화룡이 새로 평정되었으니, 마땅히 널리 농상(農桑)을 정비하여 군대의 충실함을 풍성하게 해야 합니다. 그런 후에 나아가 취하면, 고구려는 일거에 멸망시킬 수 있을 것입니다." 북위 군주가 이에 중지하였다. (『資治通鑑』 123 宋紀 5 太祖文皇帝 中之上)
고구려	왕이 사신을 파견해 표문을 올려서, 마땅히 풍홍과 함께 왕화를 받들겠다고 칭하였다. 북위 군주는 고구려가 조서를 어겼다고 여겨 그를 공격하는 것을 논의하게 하고, 장차 농서의 기병을 징발하고자 하였다. 유계·낙평왕 비 등이 그에 대해 간언하

	자, 이에 중지하였다. (『三國史記』18 高句麗本紀 6)
고구려	고구려왕이 사신을 파견해 표문을 올려서, 마땅히 풍홍과 함께 왕화를 받들겠다고 칭하였다. 북위 군주는 고구려가 조서를 어겼다고 여겨 그를 공격하는 것을 논의하게 하고, 장차 농서의 기병을 징발하고자 하였다. 유계·낙평왕 비 등이 간언하자, 이에 중지하였다. (『三國史節要』5)
고구려	고구려가 보내지 않았다. 세조가 노하여 장차 그를 토벌하려고 하였다. 비가 상소하여 화룡이 새로 평정되었으니, 마땅히 우대하여 역을 면제하고 널리 농식(農殖)을 정비하여 군대의 충실함을 풍성하게 해야 하고, 그런 후에 나아가 도모하면 고구려는 일거에 멸망시킬 수 있을 것이라고 하였다. 황제가 그것을 받아들여 이에 중지하였다. (『魏書』17 列傳 5 明元六王 樂平王丕)
고구려	세조가 장차 농서의 기병을 징발하여 동쪽으로 가서 고구려를 정벌하고자 하였다. 유계가 진언하였다. "농서 지역의 새로 편입된 백성들은 비로소 큰 왕화에 물들었으니, 마땅히 우대하여 역을 면제해 주셔서 넉넉하게 결실을 맺음으로써 병마가 식량에 풍족하게 한 후에 써야 합니다." 세조가 그것을 깊이 받아들였다. (『魏書』28 列傳 16 劉潔)
고구려	연이 글을 올려 마땅히 풍문통과 함께 왕화를 받들겠다고 칭하고는 끝내 보내지 않았다. 세조가 노하여 가서 토벌하고자 하였다. 낙평왕 비 등이 기다린 후에 거병하자고 논의하자, 세조가 이에 중지하였다. (『魏書』100 列傳 88 高句麗)
고구려	고구려가 보내지 않았다. 태무제가 노하여 장차 그를 토벌하고자 하였다. 비가 상소하여 화룡이 새로 평정되었으니, 마땅히 역을 면제하고 널리 농식을 정비하여 군대의 충실함을 풍성하게 해야 하고, 그런 후에 나아가 도모하면 고구려는 일거에 멸망시킬 수 있을 것이라고 하였다. 황제가 그것을 받아들여 이에 중지하였다. (『北史』16 列傳 4 樂平王丕)
고구려	연이 글을 올려 마땅히 풍문통과 함께 왕화를 받들겠다고 칭하고는 끝내 보내지 않았다. 태무제가 노하여 장차 가서 토벌하려고 하였다. 낙평왕 비 등이 기다린 후에 거병하자고 논의하자, 태무제가 이에 중지하였다. (『北史』94 列傳 82 高麗)

437(丁丑/신라 눌지마립간 21/고구려 장수왕 25/백제 비유왕 11/劉宋 元嘉 14/倭 允恭 26)

고구려	태연 3년 2월 을묘일(9) 고구려, 거란국(契丹國)이 모두 사신을 파견해 조공하였다. (『魏書』4上 世祖紀 4上)
고구려	봄 2월에 사신을 파견해 북위(北魏)에 들어가 조공하였다. (『三國史記』18 高句麗本紀 6)
고구려	봄 2월에 고구려가 사신을 파견해 북위에 가서 조공하였다. (『三國史節要』5)
고구려	태연 3년 이 해에 하서왕(河西王) 저거목건(沮渠牧犍)의 세자 봉단(封壇)이 와서 조공하였다. 고구려, 거란, 구자(龜玆), 열반(悅般). 언기(焉耆), 차사(車師), 속특(粟特), 소륵(疏勒), 오손(烏孫), 갈반타(渴盤陀), 선선(鄯善), 파락나(破洛那), 자설(者舌) 등의 나라가 각각 사신을 파견해 조공하였다. (『北史』2 魏本紀 2 世祖太武皇帝)

438(戊寅/신라 눌지마립간 22/고구려 장수왕 26/백제 비유왕 12/劉宋 元嘉 15/倭 允恭 27)

| 고구려 | 봄 3월에 처음에 북연왕(北燕王) 풍홍(馮弘)이 요동(遼東)에 이르자, 왕이 사자를 파견해 그를 위로하기를, "용성왕(龍城王) 풍군(馮君)이 이에 도착하여 들에서 머무르니, 군사와 말이 피로하겠구나!"라고 하였다. 홍이 부끄럽고 노하여 칭제(稱制)하여 그것을 꾸짖었다. 왕이 평곽(平郭)에 거처하게 하고, 얼마 지나지 않아 북풍(北豊)으로 옮겼다. 홍이 평소 우리를 업신여겨 정치, 형벌, 상벌 등을 여전히 그 나라처럼 하자, 왕이 이에 그 시인(侍人)을 빼앗고 그 태자 왕인(王仁)을 취하여 인질로 삼았 |

다. 홍이 그것을 원망하여 사신을 파견해 유송(劉宋)에 가서 표문을 올려 맞이들이기를 요구하였다. 유송 태조(太祖)가 사자 왕백구(王白駒) 등을 파견해 그를 맞이하고, 아울러 우리에게 보내는 것을 도와주라고 명령하였다. 왕은 홍이 남쪽으로 가게 하고 싶지 않아서, 장수 손수(孫漱)·고구(高仇) 등을 파견하여 홍을 북풍에서 죽였고, 그 자손 10여 인을 아울렀다. 백구 등이 거느린 7,000여 명이 수·구를 갑자기 토벌하여 구를 죽이고 수를 사로잡았다. 왕은 백구 등이 멋대로 죽였다고 여겨 사신을 파견해 그를 잡아서 보내게 하였다. 태조는 먼 나라여서 그 뜻을 어기고자 하지 않아서 백구 등을 하옥시켰다가 얼마 지나서 용서하였다. (『三國史記』 18 高句麗本紀 6)

고구려　봄 3월에 고구려가 북연왕 풍홍을 죽였다. 처음에 홍이 요동에 이르자, 고구려왕이 사자를 파견해 그를 위로하기를, "용성왕 풍군이 이에 도착하여 들에서 머무르니, 군사와 말이 피로하겠구나!"라고 하였다. 홍이 부끄럽고 노하여 칭제하여 그것을 꾸짖었다. 왕이 평곽에 거처하게 하고, 얼마 지나지 않아 북풍으로 옮겼다. 홍이 평소 고구려를 업신여겨 정치, 형벌, 상벌 등을 여전히 그 나라처럼 하자, 왕이 이에 그 시인을 빼앗고 그 태자 왕인을 취하여 인질로 삼았다. 홍이 그것을 원망하여 사신을 파견해 유송에 가서 표문을 올려 맞이들이기를 요구하였다. 유송 태조가 사자 왕백구 등을 파견해 그를 맞이하고, 아울러 고구려에게 보내는 것을 도와주라고 명령하였다. 왕은 홍이 남쪽으로 가게 하고 싶지 않아서, 장수 손수·고구 등을 파견하여 홍을 북풍에서 죽였고, 그 자손 10여 인을 아울렀다. 백구가 거느린 7,000여 병사가 갑자기 구를 죽이고 수를 사로잡았다. 고구려왕은 백구 등이 멋대로 죽였다고 여겨 사신을 파견해 그를 잡아서 보내게 하였다. 태조는 그 뜻을 어기고자 하지 않아서 백구 등을 하옥시켰다가 얼마 지나서 용서하였다. (『三國史節要』 5)

고구려　태연 4년 봄 3월 이 달에 고구려가 풍문통(馮文通: 馮弘)을 죽였다. (『魏書』 4上 世祖紀 4上)

고구려　태연 4년 봄 3월 이 달에 고구려가 풍홍을 죽였다. (『北史』 2 魏本紀 2 世祖太武皇帝)

고구려　봄 3월에 처음에 북연왕 홍이 요동에 이르자, 고구려왕 연(璉)이 사자를 파견해 그를 위로하기를, "용성왕 풍군이 이에 도착하여 들에서 머무르니, 군사와 말이 피로하겠구나!"라고 하였다. 홍이 부끄럽고 노하여 칭제하여 그것을 꾸짖었다. 고구려가 그를 평곽에 거처하게 하고, 얼마 지나지 않아 북풍으로 옮겼다. 홍이 평소 고구려를 업신여겨 정치, 형벌, 상벌 등을 여전히 그 나라처럼 하자, 고구려가 이에 그 시인을 빼앗고 그 태자 왕인을 취하여 인질로 삼았다. 홍이 고구려를 원망하여 유송에 사신을 파견해 표문을 올려 맞이들이기를 요구하였다. 황제가 사자 왕백구 등을 파견해 그를 맞이하고, 아울러 고구려에게 보내는 것을 도와주라고 명령하였다. 고구려왕은 홍이 남쪽으로 가게 하고 싶지 않아서, 장수 손수·고구 등을 파견하여 홍을 북풍에서 죽였고, 그 자손 10여 인을 아울렀다. 홍에게 시호를 내려 소성황제(昭成皇帝)라고 하였다. 백구 등이 거느린 7,000여 명을 이끌고 갑자기 수·구를 토벌하여 구를 죽이고 수를 사로잡았다. 고구려왕은 백구 등이 멋대로 죽였다고 여겨 사신을 파견해 그를 잡아서 보내게 하였다. 황제는 먼 나라여서 그 뜻을 어기고자 하지 않아서 백구 등을 하옥시켰다가 얼마 지나서 용서하였다. (『資治通鑑』 123 宋紀 5 太祖文皇帝 中之上)

고구려　원가(元嘉)15년에 다시 북위에게 공격당하자, 풍홍이 패하여 달아나서 고구려 북풍성으로 도망가고 유송에 표문을 올려 영접할 것을 요구하였다. 태조가 사자 왕백구·조차흥(趙次興)을 파견하여 그를 맞이하고, 아울러 고구려에게 처리하고 보내는 것을 도와주라고 명령하였다. 고구려왕 연은 홍이 남쪽으로 가게 하고 싶지 않아서,

이에 장수 손수·고구 등을 파견하여 그를 습격하여 죽였다. 백구 등이 거느린 7,000여 명을 이끌고 갑자기 수 등을 토벌하여 수를 사로잡았고 구 등 2명을 죽였다. 연은 백구 등이 멋대로 죽였다고 여겨 사신을 파견해 그를 잡아서 보내게 하였다. 황제는 먼 나라여서 그 뜻을 어기고자 하지 않아서 백구 등을 하옥시켰다가 용서하였다. (『宋書』 97 列傳 57 高句驪國)

고구려	원가15년에 풍홍이 북위에게 공격당하자, 패하여 고구려 북풍성으로 도망가고 유송에 표문을 올려 영접할 것을 요구하였다. 문제가 사자 왕백구·조차흥을 파견하여 그를 맞이하고, 아울러 고구려에게 보내는 것을 도와주라고 명령하였다. 고구려왕 연은 홍이 남쪽으로 가게 하고 싶지 않아서, 이에 장수 손수·고구 등을 파견하여 그를 습격하여 죽였다. 백구 등이 거느린 7,000여 명을 이끌고 수를 사로잡았고 구 등 2명을 죽였다. 연은 백구 등이 멋대로 죽였다고 여겨 사신을 파견해 그를 잡아서 보내게 하였다. 황제는 먼 나라여서 그 뜻을 어기고자 하지 않아서 백구 등을 하옥시켰다가 용서하였다. (『南史』 79 列傳 69 高句麗)
고구려	최홍(崔鴻)의 『십육국춘추(十六國春秋)』 북연록(北燕錄)에 전한다. "북연 소성제(昭成帝) 태흥(太興) 6년에 (…) 2년 후에 풍홍이 고구려에게 살해당하니, 가짜로 시호를 내려 소성황제라고 하였다. (『太平御覽』 127 偏覇部 11 北燕馮文通)
고구려	유송 원가15년에 풍홍이 북위에게 공격당하자, 패하여 고구려 북풍성으로 도망가고 유송에 표문을 올려 영접할 것을 요구하였다. 문제가 사자 왕백구·조차흥을 파견하여 그를 맞이하고, 아울러 고구려에게 보내는 것을 도와주라고 명령하였다. 고구려왕 연은 홍이 남쪽으로 가게 하고 싶지 않아서, 이에 장수 손수·고구 등을 파견하여 그를 습격하여 죽였다. 백구 등이 거느린 7,000여 명을 이끌고 수를 사로잡았고 구 등 2명을 죽였다. (『太平御覽』 783 四夷部 4 東夷 4 高句驪)
고구려	풍홍이 2년간 살다가 고구려에게 죽임을 당했다. (『晉書』 125 載記 25 馮跋)
고구려	풍문통(풍홍)이 요동에 이르자, 고구려가 사자를 파견해 그를 위로하기를, "용성왕 풍군이 이에 도착하여 들에서 머무르니, 군사와 말이 피로하겠구나!"라고 하였다. 문통이 부끄럽고 노하여 칭제하여 그것에 답하면서 꾸짖었다. 고구려가 이에 그를 평곽에 거처하게 하고, 얼마 지나지 않아 북풍으로 옮겼다. 문통이 평소 고구려를 업신여겨 정치, 형벌, 상벌 등을 여전히 그 나라처럼 하자, 고구려가 이에 그 시인을 빼앗고 왕인을 인질과 임자(任子)로 삼았다. 문통이 그것을 성내면서 원망하여 장차 남쪽으로 도망갈 것을 모의하였다. 세조 또한 문통을 고구려에서 불렀다. 고구려가 이에 그를 북풍에서 죽이니, 자손 중 동시에 죽은 자가 10여 인이었다. (『魏書』 97 列傳 85 海夷 馮文通)
고구려	그리고 풍문통(풍홍)은 또한 얼마 지나지 않아 연에게 살해당하였다. (『魏書』 100 列傳 88 高句麗)
고구려	양(梁) 대동(大同) 연간(535~546) 초에 나주자사(羅州刺史) 풍융(馮融)은 부인이 뜻과 행실이 있음을 듣고 그 아들 고량태수(高涼太守) 보(寶)를 위하여 방문하여 보의 아내로 삼았다. 융은 본래 북연의 후예이다. 처음에 풍홍이 남쪽으로 가서 고구려에 투항하였을 때, 융의 대부(大父) 업(業)을 파견해 300명을 데리고 바다를 건너 유송에 귀의하게 하였는데, 인하여 신회(新會)에 머무른 것이다. (『北史』 91 列傳 79 列女 譙國夫人洗氏)
고구려	풍홍이 요동에 이르자, 고구려가 사자를 파견해 그를 위로하기를, "용성왕 풍군이 이에 도착하여 들에서 머무르니, 군사와 말이 피로하겠구나!"라고 하였다. 문통이 부끄럽고 노하여 칭제하여 그것에 답하면서 꾸짖었다. 고구려가 이에 그를 평곽에 거처하게 하고, 얼마 지나지 않아 북풍으로 옮겼다. 홍이 평소 고구려를 업신여겨 정치, 형벌, 상벌 등을 여전히 그 나라처럼 하자, 고구려가 이에 그 시인을 빼앗고

왕인을 인질과 임자로 삼았다. 홍이 그것을 성내면서 원망하여 장차 남쪽으로 도망 갈 것을 모의하였다. 태무제 또한 홍을 고구려에서 불렀다. 이에 그를 북풍에서 죽이니, 자손 중 동시에 죽은 자가 10여 인이었다. (『北史』 93 列傳 81 僭僞附庸 北燕馮氏 馮弘)

고구려   그리고 풍홍은 또한 얼마 지나지 않아 연에게 살해당하였다. (『北史』 94 列傳 82 高麗)

고구려   원가 15년 여름 4월 갑진일(5) 연왕 풍홍이 사신을 보내어 방물을 바쳤다. (『宋書』 5 文帝紀 5)

고구려   대보(大寶) 원년(550) 6월 경자일(22) (…) 처음에 북연 소성제(昭成帝)가 고구려로 도망갔을 때, 그 족인 풍업(馮業)으로 하여금 300명을 데리고 바다를 건너 유송으로 도망가게 하였는데, 인하여 신회에 머무른 것이다. 업부터 손자 융에 이르기까지 대대로 나주자사가 되었고, 융의 아들 보는 고량태수가 되었다. 고량의 세씨(洗氏)는 대대로 만(蠻)의 추장이 되어 부락이 10만여 가였다. 딸이 있어 셈과 지략이 많고 군사 운용을 잘 하여 여러 마을이 모두 그 신의에 복종하였다. 융이 방문하여 보의 아내로 삼았다. (『資治通鑑』 163 梁紀 19 太宗簡文帝 上)

신라   여름 4월에 우두군(牛頭郡)의 산에 홍수가 갑자기 이르리, 50여 가가 표류하였다. 수도에 크게 바람이 불고 우박이 내렸다. (『三國史記』 3 新羅本紀 3)
신라   여름 4월에 신라 우두군의 산에 홍수가 갑자기 이르러, 50여 가가 표류하였다. 수도에 크게 바람이 불고 우박이 내렸다. (『三國史節要』 5)

신라   여름 4월에 백성들에게 우거(牛車)를 다루는 법을 가르쳤다. (『三國史記』 3 新羅本紀 3)
신라   여름 4월에 신라에서 백성들에게 우거를 다루는 법을 가르쳤다. (『三國史節要』 5)

고구려   이 해에 무도왕(武都王)·하남국(河南國)·고구려·왜국(倭國)·부남국(扶南國)·임읍국(林邑國)이 모두 사신을 파견해 토산물을 바쳤다. (『宋書』 5 本紀 5 文帝)
고구려   이 해에 무도·하남·고구려·왜·부남·임읍 등의 국이 모두 사신을 파견해 조공하였다. (『南史』 2 宋本紀 中)
신라   근본을 열고 강역을 개척하니 금수(金水)의 해에 시작하고 기틀을 잡았다[『괄지지(括地志)』에 전한다. "송서(宋書)를 참고하건대, 원가 연간(424~453)에 왜왕 진(珍)이 사지절(使持節), 도독(都督)왜·백제·신라·임나(任那)·진한(秦韓)·모한(慕韓) 6국제군사를 자칭하였는데, 이것은 신라가 동진·유송 때에 나라가 있었다는 것이다. 또 동진(東晉)·유송·남제(南齊)·양·진(陳)은 모두 정식 열전이 없으니, 그러므로 그 나라가 있은 유래를 상세히 얻을 수 없는 것이다. 금수는 동진·유송 때이다."]. (『翰苑』 30 蕃夷部 新羅)
고구려   『후위서(後魏書)』에 전한다. " (…) 북위 태무제(太武帝) 태연(太延) 3년에 고구려·거란국(契丹國)·구자(龜玆)·열복(悅服)·언기(焉耆)·차사(車師)·속특(粟特)·소륵(疏勒)·오손(烏孫)·갈반타(渴槃陁)·선선(鄯善)의 여러 나라가 각각 사신을 파견해 조공하였고, 한혈마(汗血馬)를 바쳤다. (『太平御覽』 102 皇王部 27 後魏世祖太武皇帝)

439(己卯/신라 눌지마립간 23/고구려 장수왕 27/백제 비유왕 13/劉宋 元嘉 16/倭 允恭 28)
고구려   겨울 11월에 사신을 파견해 북위(北魏)에 들어가 조공하였다. (『三國史記』 18 高句

麗本紀 6)

고구려	겨울 11월에 고구려가 사신을 파견해 북위에 가서 소공하였다. (『三國史節要』 5)
고구려	태연(太延) 5년 11월 이 달에 고구려 및 속특(粟特)·갈반타(渴盤陁)·파락나(破洛那)·실거반(悉居半)의 여러 나라가 각각 사신을 파견해 조공하였다. (『魏書』 4上 世祖紀 4上)
고구려	북위 태무제(太武帝) 태연 5년 11월에 고구려 및 속특·갈반타·파나(破那)·실반거국(悉半居國)이 각각 사신을 파견해 조공하였다. (『冊府元龜』 969 外臣部 朝貢 2)
고구려	태연 5년 이 해에 선선(鄯善)·구자(龜玆)·소륵(疏勒)·언기(焉耆)·고구려·속특·갈반타·파락나·실거반 등의 나라가 모두 사신을 파견해 조공하였다. (『魏書』 4上 世祖紀 4上)
고구려	태연 5년 이 해에 선선·구자·소륵·언기·고구려·속특·갈반타·파락나·실거반 등의 나라가 모두 사신을 파견해 조공하였다. (『北史』 2 魏本紀 2 世祖太武皇帝)

고구려	12월에 사신을 파견해 북위에 들어가 조공하였다. (『三國史記』 18 高句麗本紀 6)
고구려	12월에 또 사신을 파견해 북위에 조공하였다. (『三國史節要』 5)

고구려	이 해에 무도왕(武都王)·하남왕(河南王)·임읍국(林邑國)·고구려가 모두 사신을 파견해 토산물을 바쳤다. (『宋書』 5 本紀 5 文帝)
고구려	연(璉)이 매년 사신을 파견하였다. 원가(元嘉)16년에 태조(太祖)가 북쪽을 토벌하려고 하여 연에게 조서를 내려 말을 보내라고 하였다. 연이 말 800필을 바쳤다. (『宋書』 97 列傳 57 夷蠻 東夷 高句驪國)
고구려	이 해에 무도·하남·임읍·고구려 등의 나라가 모두 사신을 파견해 조공하였다. (『南史』 2 宋本紀 中)
고구려	연이 매년 사신을 파견하였다. 원가16년에 문제(文帝)가 북위를 침입하려고 하여 연에게 조서를 내려 말을 보내라고 하자, 말 800필을 바쳤다. (『南史』 79 列傳 69 高句麗)
고구려	원가16년에 문제(文帝)가 북위를 침입하려고 하여 연에게 조서를 내려 말 800필을 바치라고 하였다. (『太平御覽』 783 四夷部 4 東夷 4 高句驪)
고구려	유송(劉宋) 원가 연간(424~453)에 또 말 800필을 바쳤다. (『通典』 186 邊防 2 東夷 下 高句麗)

440(庚辰/신라 눌지마립간 24/고구려 장수왕 28/백제 비유왕 14/劉宋 元嘉 17/倭 允恭 29)

백제	여름 4월 무오일 초하루에 일식이 있었다. (『三國史記』 25 百濟本紀 3)
백제	여름 4월 무오일 초하루에 백제에서 일식이 있었다. (『三國史節要』 5)

신라	왜의 군대가 남쪽 변경을 침입하여, 포로를 빼앗고 떠났다. (『三國史記』 3 新羅本紀 3)
신라	왜가 신라의 남쪽 변경을 노략질하였다. (『三國史節要』 5)

신라	여름 6월에 왜가 또 동쪽 변경을 침입하였다. (『三國史記』 3 新羅本紀 3)
신라	6월에 왜가 신라의 동쪽 변경을 노략질하였다. (『三國史節要』 5)

백제	겨울 10월에 사신을 파견해 유송(劉宋)에 들어가 조공하였다. (『三國史記』 25 百濟本紀 3)
백제	겨울 10월에 백제가 사신을 파견해 유송에 가서 조공하였다. (『三國史節要』 5)

백제	12월 무진일(14) 무도(武都)·하남(河南)·백제 등의 나라가 모두 사신을 파견해 조공하였다. (『南史』 2 宋本紀 中)
백제	이 해에 무도왕·하남왕·백제가 사신을 파견해 토산물을 바쳤다. (『宋書』 5 本紀 5 文帝)
백제	원가(元嘉)17년에 무도왕·하남왕·백제가 사신을 파견해 토산물을 바쳤다. (『冊府元龜』 968 外臣部 朝貢 1)
고구려 신라	신라인이 변방 장수를 습격하여 죽였다. 왕이 노하여 장차 병사를 일으켜 그를 토벌하려 하였다. 신라왕이 사신을 파견해 사죄하자, 이에 중지하였다. (『三國史記』 18 高句麗本紀 6)
고구려 신라	신라가 고구려의 변방 장수를 습격하여 죽였다. 왕이 노하여 장차 병사를 일으켜 그를 토벌하려 하였다. 신라왕이 사신을 파견해 사죄하자, 이에 중지하였다. (『三國史節要』 5)

441(辛巳/신라 눌지마립간 25/고구려 장수왕 29/백제 비유왕 15/劉宋 元嘉 18/倭 允恭 30)

신라	봄 2월에 사물현(史勿縣)에서 꼬리가 긴 흰 꿩을 바쳤다. 왕이 그것을 가상히 여겨 현리(縣吏)에게 곡식을 하사하였다. (『三國史記』 3 新羅本紀 3)
신라	봄 2월에 신라 사물현에서 꼬리가 긴 흰 꿩을 바쳤다. 왕이 현리에게 곡식을 하사하였다. (『三國史節要』 5)
고구려	이 해에 숙특국(肅特國)·고구려·소미려국(蘇靡黎國)·임읍국(林邑國)이 모두 사신을 파견해 토산물을 바쳤다. (『宋書』 5 本紀 5 文帝)
고구려	이 해에 하남·숙특·고구려·소마려(蘇摩黎)·임읍 등의 나라가 모두 사신을 파견해 와서 조공하였다. (『南史』 2 宋本紀 中)
신라	신사(辛巳) △△중(中) 절로△(折盧△) 탁부(喙部) 습지아간지(習智阿干支)와 사탁(沙喙) 사덕지아간지(斯德智阿干支)가 사탁의 이추지나마(尒抽智奈麻), 탁부(喙部) 본지나마(本智奈麻)에게 교(敎)하였다. 본모자(本牟子)와 탁사리(喙沙利)와 이사리(夷斯利)가 아뢰기를, '쟁인(爭人)은 탁(喙)의 평공사미(評公斯弥)와 사탁(沙喙)의 이수(夷須)·모단벌(牟旦伐), 탁(喙)의 사리일벌(斯利壹伐)·피말지(皮末智), 본파탁(本波喙)의 시간지(柴干支)·불내일벌(弗乃壹伐)·김평사간지(金評沙干支)· 제지일벌(祭智壹伐)이고, 사인(使人)은 내소독지(奈蘇毒只)이며, 도사(道使)는 탁(喙)의 염모지(念牟智)와 사탁(沙喙)의 추수지(鄒須智)이다.'고 하셨다. 거벌(居伐)의 일사리(壹斯利), 소두고리촌(蘇豆古利村)의 구추열지(仇鄒列支) 간지(干支)와 비죽휴(沸竹休) 일금지(壹金知), 나음지촌(那音支村)의 복악(卜岳) 간지(干支)와 주근(走斤) 일금지(壹金知) 등이 세상에 명령한다. 진벌(珍伐)의 일(壹)은 옛날에 말하기를 두지(豆智) 사간지궁(沙干支宮)과 일부지궁(日夫智宮)이 빼앗았던 것이라 하였는데 이제 다시 (그것을) 모단벌(牟旦伐)에게 놀려 주어라. (이에) 탁(喙)의 작민(作民) 사간지(沙干支)의 사인(使人) 과서모리(果西牟利)가 '만약 후세에 다시 말썽을 일으키는 자가 있으면 중죄를 준다.'라고 하였다. 전서(典書)인 여모두(与牟豆)가 (이러한) 연고로 기록한다. 사탁(沙喙)의 심도리(心刀里)가 △하였다. (「浦項中城里新羅碑」)

442(壬午/신라 눌지마립간 26/고구려 장수왕 30/백제 비유왕 16/劉宋 元嘉 19/倭 允恭 31)

443(癸未/신라 눌지마립간 27/고구려 장수왕 31/백제 비유왕 17/劉宋 元嘉 20/倭 允恭 32)

고구려 백제	이 해에 하서국(河西國)·고구려·백제·왜국(倭國)이 모두 사신을 파견해 토산물을 바쳤다. (『宋書』 5 本紀 5 文帝)
고구려 백제	이 해에 하서·고구려·백제·왜국이 모두 사신을 파견해 조공하였다. (『南史』 2 宋本紀 中)
고구려 백제	원가(元嘉)20년에 하서국·고구려·백제·왜국이 모두 사신을 파견해 토산물을 바쳤다. (『冊府元龜』 968 外臣部 朝貢 1)

444(甲申/신라 눌지마립간 28/고구려 장수왕 32/백제 비유왕 18/劉宋 元嘉 21/倭 允恭 33)

신라	여름 4월에 왜병이 금성을 10일 간 포위하였다가 양식이 떨어져 곧 돌아갔다. 왕이 병사를 내어 그들을 추격하려 하자, 측근들이 말하기를, "병가의 말에 '궁한 도적은 쫓지 말라'고 하였으니, 왕은 그들을 버리십시오."라고 하였으나, 듣지 않았다. 수천여 기병을 이끌고 독산(獨山) 동쪽까지 추격하여 이르러, 맞싸워서 적에게 패배당하니 장교와 사졸이 죽은 자가 반이 넘었다. 왕이 허겁지겁 말을 버리고 산에 오르니, 적이 여러 겹으로 그를 포위하였다. 갑자기 어둡고 안개가 껴서 지척을 판별하지 못하니, 적이 몰래 돕는 것이 있다고 여겨서 병사를 거두어 물러나 돌아갔다. (『三國史記』 3 新羅本紀 3)
신라	여름 4월에 왜가 신라를 노략질하여 금성을 10일 간 포위하였다가 양식이 떨어져 곧 돌아갔다. 왕이 병사를 내어 그들을 추격하려 하자, 측근들이 말하기를, "병법에 '궁한 도적은 쫓지 말라'고 하였으니, 왕은 그들을 버리십시오."라고 하였으나, 듣지 않았다. 수천 기병을 이끌고 독산(獨山) 동쪽까지 추격하여 이르러, 맞싸워서 적에게 패배당하니 장교와 사졸이 죽은 자가 반이 넘었다. 왕이 허겁지겁 말을 버리고 산에 오르니, 적이 여러 겹으로 왕을 포위하였다. 갑자기 어둡고 안개가 껴서 지척을 판별하지 못하니, 적이 몰래 돕는 것이 있다고 여겨서 병사를 거두었다. (『三國史節要』 5)

445(乙酉/신라 눌지마립간 29/고구려 장수왕 33/백제 비유왕 19/劉宋 元嘉 22/倭 允恭 34)

446(丙戌/신라 눌지마립간 30/고구려 장수왕 34/백제 비유왕 20/劉宋 元嘉 23/倭 允恭 35)

447(丁亥/신라 눌지마립간 31/고구려 장수왕 35/백제 비유왕 21/劉宋 元嘉 24/倭 允恭 36)

백제	여름 5월에 궁궐 남쪽 연못 속에 불이 있어 불꽃이 수레바퀴 같았는데, 밤을 새고 나서야 사라졌다. (『三國史記』 25 百濟本紀 3)
백제	여름 5월에 백제의 왕궁 남쪽 연못에 밤에 불이 있어 불꽃이 수레바퀴 같았는데, 새벽에 이르러서야 곧 사라졌다. (『三國史節要』 5)
백제 신라	가을 7월에 가뭄이 들어 곡식이 익지 않았다. 백성들이 굶주려 신라로 떠돌아들어간 자가 많았다. (『三國史記』 25 百濟本紀 3)
백제 신라	가을 7월에 백제에 가뭄이 들어 곡식이 익지 않았다. 백성들이 굶주려 신라로 떠돌아들어간 자가 많았다. (『三國史節要』 5)

448(戊子/신라 눌지마립간 32/고구려 장수왕 36/백제 비유왕 22/劉宋 元嘉 25/倭 允恭 37)

449(己丑/신라 눌지마립간 33/고구려 장수왕 37/백제 비유왕 23/劉宋 元嘉 26/倭 允恭 38)

고구려	5월에 고려대왕의 상왕공(相王公)과 신라 매금(寐錦)은 세세토록 형제같이 지내기를 원하여 서로 수천(守天)하기 위해 동으로 왔다. 매금 기(忌)와 태자(太子) 공(共), 전

부(前部) 대사자(大使者) 다우환(多亏桓) 노(奴) 주부도덕(主簿道德) 등이 △△△로 가서 궤령(跪營)에 이르렀다. 태자 공△(共△) 상△(尙△) 상공착(上共看)명령하여 태적추(太翟鄒)를 내리고 △△△매금(△△△寐錦)의 의복을 내리고 건립처(建立處) 용자사지수자△△(用者賜之隨者△△) 노객인△(奴客人△) 제위(諸位)에게 교를 내리고 여러 사람에게 의복을 주는 교를 내렸다. 동이 매금이 늦게 돌아와 매금 토내(土內)의 제중인(諸衆人)에게 절교사(節敎賜)를 내렸다. △△△△고구려 국내의 대위(大位) 제위(諸位) 상하에게 의복과 수교(受敎)를 궤영(跪營)에서 내렸다. 12월 23일 갑인(甲寅)에 동이 매금의 상하가 우벌성(于伐城)에 와서 교(敎)를 내렸다. 전부(前部) 대사자(大使者) 다혜환노(多亏桓奴)와 주부△(主簿△) △△△국경 근처에서 300명을 모았다. 신라토내당주(新羅土內幢主) 하부(下部) 발위사자(拔位使者) 보노(補奴) △△와 노△△△△개로노(奴△△△△盖盧)가 공히 신라 영토 내의 주민을 모아서△△로 움직였다. (「中原高句麗碑」 前面)

△△△中△△△△△城不△△村舍△△△△△△△沙 △ △△△△△△△△△班功△△△△△ △△△節人 △ △△△△△△신유년(辛酉年)△△△△十△△△△△△太王國土△ △△△ △△△△△△△△△△ △ △△△△△△△△上有△△酉△△△△ 東夷寐錦土 △△△△△△方△桓△沙△斯色△△고추가(古鄒加) 공(共)의 군대가 우벌성(于伐城)에 이르러 △△△고모루성(古牟婁城) 수사(守事) 하부(下部) 대형(大兄) 야△(耶△) (「中原高句麗碑」 左側面)

△公△△△△衆殘△△△△△△△△△△不△△使△△△壬子△△伐△△△△△△△△△ △△△△△△△△△ (「中原高句麗碑」 右側面)

450(庚寅/신라 눌지마립간 34/고구려 장수왕 38/백제 비유왕 24/劉宋 元嘉 27/倭 允恭 39)

백제	봄 정월 신묘일(30) 백제국이 사신을 파견해 토산물을 바쳤다. (『宋書』 5 本紀 5 文帝)
백제	봄 정월 신묘일(30) 백제국이 사신을 파견해 조공하였다. (『南史』 2 宋本紀 中)
백제	원가(元嘉)27년에 비(毗)가 국서를 올리고 토산물을 바치면서, 사사로이 임시로 임명한 대사(臺使) 풍야부(馮野夫)를 서하태수(西河太守)로 삼고, 표문을 올려 『역림(易林)』·식점(式占)·요로(腰弩)를 구하였다. 태조(太祖)가 모두 그에게 주었다. (『宋書』 97 列傳 57 百濟國)
백제	원가27년에 비가 국서를 올리고 토산물을 바치면서, 사사로이 임시로 임명한 대사 풍야부를 서하태수로 삼고, 표문을 올려 『역림』·식점·요로를 구하였다. 문제(文帝)가 모두 그에게 주었다. (『南史』 79 列傳 69 百濟)
백제	원가27년에 백제국이 사신을 파견해 토산물을 바쳤다. (『冊府元龜』 968 外臣部 朝貢 1)
백제	원가27년에 표문을 올려 『역림』·잡점(雜占)·요로를 구하였다. 문제가 모두 그에게 주었다. (『太平御覽』 781 四夷部 2 東夷 2 百濟)
백제	유송(劉宋)의 원가력(元嘉曆)을 사용하여 인월(寅月)을 세워 한 해의 시작으로 삼았다. (『通典』 185 邊防 1 東夷 上 百濟)
백제	『수서(隋書)』 율력지(律曆志)에 전한다. "유송의 원가 연간(424~453)에 하승천(何承天)이 달력을 만들어 남제(南齊) 말기에 이르기까지 서로 이어서 그것을 사용하였다. (…) 백제가 유송의 원가력을 행하여, 인월을 세워 한 해의 시작으로 삼았다." (『玉海』 9 律曆曆法 上 南北曆)
고구려	여름 4월 임자일(22) 북위(北魏) 군주가 황제에게 국서를 보냈다. " (…) 그대가 만약 유씨의 제사를 남기고 싶다면, 마땅히 장강(長江) 이북을 떼어 보내고 수비병을

거두어 남쪽으로 건너가야 한다.60) 이와 같이 한다면 마땅히 강남(江南)을 풀어서 그대가 거기에 거처하게 할 것이다. 그렇지 않으면 방진(方鎭)의 지시(刺史)·수재(守宰)들에게 칙서를 내려 공장(供帳)하는 도구를 엄격하게 하여 오는 가을에 양주(揚州)에 가서 취하라고 할 수 있다. 큰 세력이 이미 이르렀으니, 끝내 서로 마음대로 하지 못하게 할 것이다. 그대는 지난 날 북쪽으로는 유연(柔然)과 통하고, 서쪽으로 하(夏)·북량(北涼)·토욕혼(吐谷渾)과 결탁하였으며, 동쪽으로는 북연(北燕)·고구려와 연결하였으나, 대체로 이 여러 나라를 나는 모두 멸망시켰다. 이것으로 보건대 그대가 어찌 독립할 수 있겠는가? (…) ”(『資治通鑑』125 宋紀 7 太祖文皇帝 中之下)

신라 고구려　　가을 7월에 고구려 변방의 장수가 실직(悉直)의 들판에서 사냥하였다. 하슬라성주(何瑟羅城主) 삼직(三直)이 병사를 내어 갑자기 그를 죽였다. 고구려왕이 그것을 듣고 노하여 사신을 보내 와서 알렸다. “나는 대왕과 우호관계를 맺어 지극히 기쁘다. 그런데 지금 병사를 내어 우리 변방의 장수를 죽인 것은 무슨 뜻인가?” 이에 군사를 일으켜 우리 서쪽 변경을 침입하였다. 왕이 말을 낮추어 그에 대하여 사죄하니 이에 돌아갔다. (『三國史記』 3 新羅本紀 3)

신라 고구려　　가을 7월에 고구려 변방의 장수가 실직 들판에서 사냥하였다. 신라의 하슬라성주 삼직이 병사를 내어 갑자기 그를 죽였다. 고구려왕이 그것을 듣고 노하여 사신을 보내 와서 알렸다. “나는 대왕과 우호관계를 맺어 지극히 기쁘다. 그런데 지금 우리 변방의 장수를 죽인 것은 무슨 뜻인가?” 이에 군사를 일으켜 신라의 서쪽 변경을 침입하였다. 왕이 말을 낮추어 그에 대하여 사죄하니 이에 돌아갔다. (『三國史節要』 5)

백제　　고래가 죽고 혜성이 떨어진 이래, 용마(龍馬)가 강을 떠내려갔다. 탁발(拓拔)이 굳센 기병으로 남쪽을 침공하고, 송공(宋公)이 강한 군사로 북쪽을 토벌하였다. 하늘과 땅이 혼란스러우니 군자가 곤핍한 상황에서 자취를 감추었고, 온 나라가 무너지고 흩어지니 현명한 자들이 나라를 떠나 멀리 가버렸다. 예소사(禰素士)의 7대조 숭(嵩)은 회수(淮水)·사수(泗水)로부터 요양(遼陽)에 떠내려 와, 마침내 웅천(熊川) 사람이 되었다. (「禰素士 墓誌銘」: 2012 『唐史論叢』 14)

451(辛卯/신라 눌지마립간 35/고구려 장수왕 39/백제 비유왕 25/劉宋 元嘉 28/倭 允恭 40)

가야　　취희왕(吹希王)은 혹은 질가(叱嘉)라고도 하는데, 김씨이다. 영초(永初) 2년에 즉위하여 31년간 다스렸다. 원가(元嘉)28년 신묘(辛卯) 2월 3일에 돌아가셨다. 왕비는 각간(角干) 진사(進思)의 딸 인덕(仁德)인데, 왕자 질지(鉒知)를 낳았다.
　　질지왕(鉒知王)은 혹은 금질왕(金鉒王)이라고도 하는데, 원가28년에 즉위하였다. (『三國遺事』 2 紀異 2 駕洛國記)

가야　　봄 2월에 가락국왕(駕洛國王) 취희(吹希)가 돌아가시고, 아들 질지(鉒知)가 즉위하였다. (『三國史節要』 5)

가야　　제8대 질지왕[금질(金鉒)이라고도 한다. 아버지는 취희, 어머니는 인덕이다. 신묘(辛卯)에 즉위하여, 36년 간 다스렸다.] (『三國遺事』 1 王曆)

고구려　　겨울 10월 계해일(12) 고구려가 사신을 파견해 토산물을 바쳤다. (『宋書』 5 本紀 5 文帝)

고구려　　겨울 10월 계해일(12) 고구려가 사신을 파견해 조공하였다. (『南史』 2 宋本紀 中)

---

60) 섭(攝)은 거둔다는 뜻이다. 장강 이북의 수비병을 거두어 남쪽으로 강을 건넌다고 말하는 것이다.

신라 가야	원가28년에 사지절(使持節), 도독(都督)왜·신라·임나(任那)·가라(加羅)·진한(秦韓)·모한(慕韓)6국제군사를 더해주고, 안동장군(安東將軍)은 예전과 같았다. 아울러 올린 23인의 장군호와 태수를 제수하였다. (『宋書』 97 列傳 57 倭國)
신라 가야	원가28년에 사지절, 도독왜·신라·임나·가라·진한·모한6국제군사를 더해주고, 안동장군은 예전과 같았다. 아울러 올린 23인의 관직을 제수하였다. (『南史』 79 列傳 69 倭國)

452(壬辰/신라 눌지마립간 36/고구려 장수왕 40/백제 비유왕 26/劉宋 元嘉 29/倭 允恭 41)

신라	가을 7월에 대산군(大山郡)이 가화(嘉禾)를 바쳤다. (『三國史記』 3 新羅本紀 3)
신라	가을 7월에 신라의 대산군이 가화를 바쳤다. (『三國史節要』 5)

가야	원가(元嘉)29년 임진에 원군(元君: 首露王)이 황후와 결혼한 곳에 절을 만들고, 왕후사(王后寺)라고 이름을 지었다. 사자를 파견해 가까운 쪽의 평지 밭 10결을 조사하고 헤아려 삼보(三寶)를 공양하는 비용으로 삼게 하였다. 이 절이 있고 나서 500년 후에 장유사(長遊寺)를 두어 거둔 전시(田柴)가 모두 300결이었다. 위의 절 삼강(三剛)에 왕후사에 있는 시지(柴地) 동남쪽 표석 안을 절을 폐하고 장원으로 삼아서 가을에 거두고 겨울에 저장하는 곳과 말을 먹이고 소를 기르는 외양간을 만들었다. (…) 질지왕(銍知王)은 혹은 금질왕(金銍王)이라고도 하는데, 원가28년에 즉위하였다. 다음 해에 세조(世祖: 首露王)의 왕후 허황옥(許黃玉)을 위하여 재물을 받들어 처음 세조와 합방한 곳에 명복을 빌고, 절을 만들어 왕후사라고 하여 밭 10결을 받아서 거기에 충당하게 하였다. (『三國遺事』 2 紀異 2 駕洛國記)
가야	제8대 질지왕 2년 임진에 이르러 그 땅에 절을 두었고, 또 왕후사를 창건하였다[아도(阿道)가 있는 눌지왕(訥祇王)의 치세이고, 법흥왕(法興王)의 전이다]. (『三國遺事』 3 塔像 4 金官城婆娑石塔)

453(癸巳/신라 눌지마립간 37/고구려 장수왕 41/백제 비유왕 27/劉宋 元嘉 30/倭 允恭 42)

신라	봄 정월 을해일이 초하루인 무자일(14) 천황이 돌아가셨다. 나이가 약간이었다. 이에 신라왕이 천황이 돌아가셨다는 것을 듣고, 놀라서 근심하여 조선 80척과 각종의 악인 80인을 바쳤다. 이들이 쓰시마(對馬)에 묵으면서 크게 곡을 하였다. 츠쿠시(筑紫)에 도달해서 또 크게 곡을 했다. 나니와노츠(難波津)에 머물면서 모두 소복으로 갈아입었다. 모두 조물을 바쳐들고, 또한 각종의 악기를 울리며 나니와노츠에서 수도까지 혹 울고, 혹은 가무를 하고 모두 빈궁(殯宮)에 참석하였다. (『日本書紀』 13 允恭紀)

신라	봄과 여름에 가뭄이 들었다. (『三國史記』 3 新羅本紀 3)
신라	봄과 여름에 신라에 가뭄이 들었다. (『三國史節要』 5)

신라	가을 7월에 이리 떼가 시림(始林)에 들어갔다. (『三國史記』 3 新羅本紀 3)
신라	가을 7월에 이리 떼가 신라의 시림에 들어갔다. (『三國史節要』 5)

고구려	11월 병인일(28) 고구려국이 사신을 파견해 토산물을 바쳤다. (『宋書』 6 本紀 6 孝武帝)
고구려	11월 병인일(28) 고구려국이 사신을 파견해 조공하였다. (『南史』 2 宋本紀 中)

신라	겨울 11월에 신라조사 등이 상례를 끝내고 돌아갔다. 신라인은 언제나 경성 근방에

있던 미미나시야마(耳成山), 우네비야마(畝傍山)를 사랑하였다. 고토히키노사카(琴引坂)에 와서 돌아보고, "우네메와야 미미와야"라고 말하였다. 이는 국인의 밀을 익히지 못하여 우네비야마를 우네메라고 잘못 말하고, 미미나시야마를 미미라고 잘못 말한 것뿐이었다. 때에 야마토노우마카이베(倭飼部)가 신라인을 따라가다가 이 말을 듣고 의심하여 생각하기를 신라인이 채녀(采女)와 통하였다고 생각하였다. 돌아와서 오하츠세(大泊瀬) 황자에게 말하였다. 황자는 신라의 사자를 모두 가두고 추문하였다. 신라의 사자가 "채녀를 범한 일이 없습니다. 다만 수도 근방의 두 산을 사랑하여 말했을 뿐입니다."라고 말하였다. 거짓말이었음을 알고 다 용서하였다. 그러나 신라인은 크게 원망하여 다시 공상하는 물건의 품종과 배의 수를 줄였다. (『日本書紀』 13 允恭紀)

454(甲午/신라 눌지마립간 38/고구려 장수왕 42/백제 비유왕 28/劉宋 孝建 1/倭 安康 1)

신라	가을 7월에 서리와 우박이 곡식을 해쳤다. (『三國史記』 3 新羅本紀 3)
신라	가을 7월에 신라에서 서리와 우박이 곡식을 해쳤다. (『三國史節要』 5)
고구려 신라	가을 7월에 병사를 파견해 신라의 북쪽 변경을 침입하였다. (『三國史記』 18 高句麗本紀 6)
고구려 신라	가을 7월에 고구려가 병사를 파견해 신라의 북쪽 변경을 침입하였다. (『三國史節要』 5)
백제	별이 비처럼 떨어졌다. 패성(孛星)이 서북쪽에 나타났는데, 길이가 2장(丈) 남짓이었다. (『三國史記』 25 百濟本紀 3)
백제	백제에서 별이 비처럼 떨어졌다. 패성이 서북쪽에 나타났는데, 길이가 2장 남짓이었다. (『三國史節要』 5)
신라 고구려	8월에 고구려가 북쪽 변경을 침입하였다. (『三國史記』 3 新羅本紀 3)
백제	가을 8월에 황충(蝗蟲)이 곡식을 해쳐서 기근이 들었다. (『三國史記』 25 百濟本紀 3)
백제	8월에 황충이 곡식을 해쳐서 기근이 들었다. (『三國史節要』 5)

455(乙未/신라 눌지마립간 39/고구려 장수왕 43/백제 비유왕 29, 개로왕 1/劉宋 孝建 2/倭 安康 2)

백제	봄 3월에 왕이 한산(漢山)에서 사냥하였다. (『三國史記』 25 百濟本紀 3)
백제	봄 3월에 백제왕이 한산에서 사냥하였다. (『三國史節要』 5)
백제	가을 9월에 흑룡(黑龍)이 한강(漢江)에 나타났다가, 얼마 지나지 않아서 구름과 안개가 끼면서 어두워져서 날아가 버렸다. 왕이 돌아가셨다. (『三國史記』 25 百濟本紀 3)
백제	개로왕(蓋鹵王)[혹은 근개루(近蓋婁)라고도 한다.]은 이름이 경사(慶司)이고, 비유왕(毗有王)의 맏아들이다. 비유가 재위 29년만에 돌아가시자, 지위를 계승하였다. (『三國史記』 25 百濟本紀 3)
백제	처음에 비유왕이 돌아가시자, 개로가 지위를 계승하였다. 문주(文周)가 그를 보좌하여 지위가 상좌평(上佐平)에 이르렀다. (『三國史記』 26 百濟本紀 4)
백제	가을 9월에 백제에서 흑룡이 한강에 나타났다. 백제왕 비유가 돌아가셨다. 맏아들

경사가 즉위하였는데, 나중에 여경(餘慶)이라고 고쳤으니 이가 개로왕이다. (『三國史節要』 5)

백제	제21대 개로왕(盖鹵王)[근개로왕(近盖鹵王)이라고도 하는데, 이름은 경사이고 을미(乙未)에 즉위하여 20년 간 다스렸다.] (『三國遺事』 1 王曆)
백제	비(毗)가 죽자, 아들 경(慶)이 대신하여 즉위하였다. (『宋書』 97 列傳 57 百濟國)
백제	여비(餘毗)가 죽자, 아들 경을 옹립하였다. (『梁書』 54 列傳 48 百濟)
백제	비가 죽자, 아들 경이 대신하여 즉위하였다. (『南史』 79 列傳 69 百濟)
백제	구태(仇台)의 사당을 받들고, 부여(夫餘)의 모(冒)를 사모한다. [(…) 비가 죽자, 아들 경이 대신하여 즉위하였다.] (『翰苑』 30 蕃夷部 百濟)

신라 고구려 백제

겨울 10월에 고구려가 백제를 침입하였다. 왕이 병사를 파견해 그를 구원하였다. (『三國史記』 3 新羅本紀 3)

고구려 백제 신라

겨울 10월에 고구려가 백제를 침입하였다. 신라왕이 병사를 파견해 그를 구원하였다. (『三國史節要』 5)

고구려	11월 신해일(24) 고구려국이 사신을 파견해 토산물을 바쳤다. (『宋書』 6 本紀 6 孝武帝)
고구려	11월 신해일(24) 고구려국이 사신을 파견해 조공하였다. (『南史』 2 宋本紀 中)
고구려	사신을 파견해 유송(劉宋)에 들어가 조공하였다. (『三國史記』 18 高句麗本紀 6)
고구려	고구려가 사신을 파견해 유송에 가서 조공하였다. 高句麗遣使如宋朝貢 (『三國史節要』 5)
고구려	세조(世祖) 효건(孝建) 2년에 고구려왕 연(璉)이 장사(長史) 동등(董騰)을 파견해 표문을 바쳐 국상의 3주기를 위로하고, 아울러 토산물을 바쳤다. (『宋書』 97 列傳 57 夷蠻 東夷 高句驪國)
고구려	효무제(孝武帝) 효건 2년에 고구려왕 연이 장사 동등을 파견해 표문을 바쳐 국상의 3주기를 위로하고, 아울러 토산물을 바쳤다. (『南史』 79 列傳 69 高句麗)

456(丙申/신라 눌지마립간 40/고구려 장수왕 44/백제 개로왕 2/劉宋 孝建 3/倭 安康 3)

457(丁酉/신라 눌지마립간 41/고구려 장수왕 45/백제 개로왕 3/劉宋 大明 1/倭 雄略 1)

신라	봄 2월에 크게 바람이 불어 나무를 뽑았다. (『三國史記』 3 新羅本紀 3)
신라	봄 2월에 신라에 크게 바람이 불어 나무를 뽑았다. (『三國史節要』 5)
신라	여름 4월에 서리가 내려 보리를 상하게 하였다. (『三國史記』 3 新羅本紀 3)
신라	여름 4월에 신라에 서리가 내려 보리를 상하게 하였다. (『三國史節要』 5)
백제	겨울 10월 갑진일(28) 백제왕 여경(餘慶)을 진동대장군(鎭東大將軍)으로 삼았다. (『宋書』 6 本紀 6 孝武帝)
백제	겨울 10월 갑진일(28) 백제왕 여경을 진동대장군으로 삼았다. (『南史』 2 宋本紀 中)
백제	대명(大明)원년 10월에 백제왕 여경을 진동대장군으로 삼았다. (『冊府元龜』 963 外臣部 封冊 1)
백제	세조(世祖) 대명원년에 사신을 파견해 제수할 것을 요구하니, 조서를 내려 허락하였다. (『宋書』 97 列傳 57 百濟國)

백제	효무제(孝武帝) 대명원년에 사신을 파견해 제수할 것을 요구하니, 조서를 내려 그것을 허락하였다. (『南史』 79 列傳 69 百濟)
부여	태안(太安) 3년 12월 이 달에 우전(于闐)·부여(扶餘) 등 50여 국이 각각 사신을 파견해 조공하였다. (『魏書』 5 帝紀 5 高宗)

458(戊戌/신라 눌지마립간 42, 자비마립간 1/고구려 장수왕 46/백제 개로왕 4/劉宋 大明 2/倭 雄略 2)

신라	봄 2월에 지진이 있어서 금성(金城) 남문이 저절로 헐렸다. (『三國史記』 3 新羅本紀 3)
신라	봄 2월에 신라에 지진이 있어서 금성 남문이 헐렸다. (『三國史節要』 5)
백제	가을 7월에 백제의 지진원(池津媛)은 천황이 장차 부르려고 하는 것을 어기고 이시카와노타테(石川楯)와 음란한 짓을 하였다[옛 책에 이시카와노코무치노오히토(石河股合首)의 선조 다테(楯)라 하였다]. 천황이 크게 노하여 오토모노오무라지무로야(大伴大連室屋)에게 조서를 내려 구메베(來目部)로 하여금 두 남녀의 사지를 나무에 묶어 매어 임시로 만든 나무자리 위에 놓고 불로 태워 죽였다.[『백제신찬(百濟新撰)』에 전한다. "기사년(己巳年)에 개로왕(蓋鹵王)이 즉위하였다. 천황이 아레나코(阿禮奴跪)를 보내 미녀를 청하였다. 백제는 모니부인(慕尼夫人)의 딸을 단장하여 적계여랑(適稽女郎)이라 하고 천황에게 바쳤다."] (『日本書紀』 14 雄略紀)
신라	우식악(憂息樂)은 눌지왕(訥祗王) 때에 만들었다. (『三國史記』 32 雜志 1 樂)
신라	가을 8월에 왕이 돌아가셨다. (『三國史記』 3 新羅本紀 3)
신라	자비마립간(慈悲麻立干)이 즉위하였는데, 눌지왕의 맏아들이다. 어머니는 김씨이고, 실성(實聖)의 딸이다. (『三國史記』 3 新羅本紀 3)
신라	가을 8월에 신라왕 눌지가 돌아가셨다. 맏아들 자비가 즉위하였다. (『三國史節要』 5)
신라	제21대 자비마립간[김씨이고 아버지는 눌지이다. 어머니는 아로부인(阿老夫人)인데, 차로부인(次老夫人)이라고도 하며 실성왕(實聖王)의 딸이다. 무술(戊戌)에 즉위하여 21년 간 다스렸다. 왕비는 갈문왕(葛文王) 파호(巴胡)의 딸인데, 각간(角干) 미질희(未叱希)라고도 하고, 각간 미흔(未欣)의 딸이라고도 한다.] (『三國遺事』 1 王曆)
고구려	겨울 10월 을미일(25) 고구려국이 사신을 파견해 토산물을 바쳤다. (『宋書』 6 本紀 6 孝武帝)
고구려	이 해에 하남(河南)·고구려·임읍(林邑) 등의 나라가 모두 사신을 파견해 조공하였다. (『南史』 2 宋本紀 中)
백제	세조(世祖) 대명(大明) 2년에 경(慶)이 사신을 파견해 표문을 올렸다. "신의 나라는 여러 대 동안 특별한 은덕을 치우치게 받았고, 문무의 좋은 보좌하는 인재들이 대대로 조정의 관작을 받았습니다. 행관군장군(行冠軍將軍)·우현왕(右賢王) 여기(餘紀) 등 11명은 충성스럽고 부지런하여 마땅히 높이 승진하여야 하니, 엎드려 바라건대 불쌍히 여기셔서 모두 하사하고 제수함을 들어 주십시오." 인하여 행관군장군·우현왕 여기를 관군장군(冠軍將軍)으로, 행정로장군(行征虜將軍)·좌현왕(左賢王) 여곤(餘昆), 행정로장군 여훈(餘暈)을 모두 정로장군(征虜將軍)으로, 행보국장군(行輔國將軍) 여

도(餘都)·여예(餘乂)를 모두 보국장군(輔國將軍)으로, 행용양장군(行龍驤將軍) 목금(沐衿)·여작(餘爵)을 모두 용양장군(龍驤將軍)으로, 행영삭장군(行寧朔將軍) 여류(餘流)·미귀(麋貴)를 모두 영삭장군(寧朔將軍)으로, 행건무장군(行建武將軍) 우서(于西)·여루(餘婁)를 모두 건무장군(建武將軍)으로 삼았다. (『宋書』 97 列傳 57 百濟國)

백제 　효무제(孝武帝) 대명 2년에 경이 사신을 파견해 표문을 올려서, 행관군장군·우현왕 여기 등 11명은 충성스럽고 부지런하다고 하여 모두 높이 승진하기를 요구하였다. 이리하여 조서를 내려 모두 관작을 더하고 우대하여 승진하였다. (『南史』 79 列傳 69 百濟)

고구려 　대명 2년에 또 숙신(肅愼)의 호시(楛矢)·석노(石砮)를 바쳤다. (『南史』 79 列傳 69 高句麗)

고구려 　대명 2년에 또 숙신 및 호시·석노를 바쳤다. (『太平御覽』 783 四夷部 4 東夷 4 高句驪)

459(己亥/신라 자비마립간 2/고구려 장수왕 47/백제 개로왕 5/劉宋 大明 3/倭 雄略 3)

신라 　봄 2월에 시조묘(始祖廟)를 배알하였다. (『三國史記』 3 新羅本紀 3)

신라 　봄 2월에 신라왕이 시조묘를 배알하였다. (『三國史節要』 5)

신라 　여름 4월에 왜의 군대가 병선 100여 척을 가지고 동쪽 변경을 습격하였다. 진군하여 월성(月城)을 포위하였는데 사방에서 화살과 돌이 비처럼 떨어졌다. 왕은 성이 지켜져 적이 장차 물러나려 하자, 병사를 내어 공격하여 패배시키고 패배자를 추격하여 바다 입구까지 이르렀다. 적은 물에 빠져 죽은 자가 반이 넘었다. (『三國史記』 3 新羅本紀 3)

신라 　여름 5월에 왜의 군대가 병선 100여 척을 가지고 신라의 동쪽 변경을 습격하였다. 진군하여 월성을 포위하였는데 사방에서 화살과 돌이 비처럼 떨어졌다. 왕은 굳게 지켜서 적이 장차 물러나려 하자, 병사를 내어 공격하여 패배시키고 추격하여 바다 입구까지 이르렀다. 적은 물에 빠져 죽은 자가 반이 넘었다. (『三國史節要』 5)

고구려 　11월 기사일(5) 고구려국이 사신을 파견해 토산물을 바쳤다. 숙신국(肅愼國)이 번역을 거듭해 호시(楛矢)·석노(石砮)를 바쳤다. 서역(西域)이 무마(舞馬)를 바쳤다. (『宋書』 6 本紀 6 孝武帝)

고구려 　효무제(孝武帝) 대명(大明) 3년 11월 기사일(5) 숙신이 호시·석노를 바쳤는데, 고구려국이 번역하여 이르렀다. (『宋書』 29 志 19 符瑞 下)

고구려 　대명 3년에 또 숙신의 호시·석노를 바쳤다. (『宋書』 97 列傳 57 夷蠻 東夷 高句驪國)

고구려 　이 해에 파황(婆皇)·하서(河西)·고구려·숙신 등의 나라가 각각 사신을 파견해 조공하였다. 서역이 무마를 바쳤다. (『南史』 2 宋本紀 中)

460(庚子/신라 자비마립간 3/고구려 장수왕 48/백제 개로왕 6/劉宋 大明 4/倭 雄略 4)

461(辛丑/신라 자비마립간 4/고구려 장수왕 49/백제 개로왕 7/劉宋 大明 5/倭 雄略 5)

신라 　봄 2월에 왕이 서불한(舒弗邯) 미사흔(未斯欣)의 딸을 맞아들여 왕비로 삼았다. (『三國史記』 3 新羅本紀 3)

신라 　봄 2월에 신라왕이 서불한 미사흔의 딸을 맞아들여 왕비로 삼았다.

권근(權近)이 말하였다. "생각건대 결혼은 중요한 예이다. 두 성의 좋은 것을 합하여 종묘와 사직의 주인을 위하니, 이는 경계하지 않을 수 없다. 그러므로 예는 동성끼리 결혼하지 않으니, 비록 100대에 이르러도 혼인하여 통하지 않는 것은 먼 것을 따르고 다른 것을 후하게 하여 남녀의 사이를 경계하는 것이다. 자비왕(慈悲王)이 그 막내 숙부 미사흔의 딸을 맞아들여 왕비로 삼은 것은 사람으로서의 도리가 없음이 심하니, 대체로 왕이 왕비와 그 선조를 같이 하는 것이다. 종묘에서 제사하는 신을 받들어 그 신에게 제사지내어 하는 것을 누리지 못하면 복은 반드시 오래가지 못할 것이다. 전에 '남녀가 성이 같으면 그 출생이 번성하지 않는다'라고 하였다. 자비가 소지(炤智)를 낳고 소지가 마침내 후사를 끊었으나, 경계하지 않을 수 있겠는가?"(『三國史節要』5)

신라	여름 4월에 용이 금성(金城)의 우물 속에 나타났다. (『三國史記』3 新羅本紀 3)
신라	여름 4월에 신라에서 용이 금성의 우물 속에 나타났다. (『三國史節要』5)

백제   여름 4월 백제의 가수리군(加須利君)[개로왕(蓋鹵王)이다.]은 지진원(池津媛)[적계여랑(適稽女郞)이다.]을 태워 죽였다는 소식을 전하여 듣고 협의하여, "옛적에 여인을 바쳐 채녀(采女)로 하였다. 그런데 무례하여 우리나라의 이름을 떨어뜨렸다. 지금부터 여인을 바치지 말라."라고 하였다. 그리고 아우 군군(軍君)[곤지(昆支)다.]에게 고하여, "너는 일본으로 가서 천황을 섬겨라"라고 말하였다. 군군이 대답하여 "상군의 명을 어길 수 없습니다. 원컨대 임금의 부인을 주시고 그런 후에 나를 보내주십시오."라고 말하였다. 가수리군은 임신한 부인을 군군에게 주며, "내 임신한 부인은 이미 산월이 되었다. 만일 도중에서 출산하면 부디 한 배에 태워서 어디에 있든지 속히 우리나라로 돌려보내도록 하여라."라고 말하였다. 드디어 헤어져 일본 조정에 보냈다. (『日本書紀』14 雄略紀)

백제   6월 병술일 초하루에 임신한 부인은 과연 가수리군의 말대로 츠쿠시(筑紫)의 가카라노시마(各羅島)에서 출산하였다. 이에 그 아이의 이름을 도군(島君)이라 하였다. 그래서 군군은 배 한 척을 마련하여 도군을 그 어머니와 같이 백제에 돌려보냈다. 이를 무령왕(武寧王)이라 한다. 백제인은 이 섬을 주도(主島)라고 하였다. (『日本書紀』14 雄略紀)

고구려	가을 7월 정묘일(13) 고구려국이 사신을 파견해 토산물을 바쳤다. (『宋書』6 本紀 6 孝武帝)
고구려	가을 7월 정묘일(13) 고구려국이 사신을 파견해 조공하였다. (『南史』2 宋本紀 中)

백제   가을 7월에 군군이 수도에 들어 왔다. 이미 5명의 아들이 있었다.[『백제신찬(百濟新撰)』에 전한다. "신축년(辛丑年)에 개로왕(蓋鹵王)이 아우 곤지군(昆支君)을 내보내어 야마토(大倭)에 가서 천왕(天王)을 모시게 하였다. 형왕(兄王)의 수호를 닦았다."] (『日本書紀』14 雄略紀)

462(壬寅/신라 자비마립간 5/고구려 장수왕 50/백제 개로왕 8/劉宋 大明 6/倭 雄略 6)

고구려	화평(和平) 3년 3월 갑신일(4) 고구려·사왕(徙王)·계교(契嚙)·사염(思厭)·어사(於師)·소륵(疏勒)·석나(石那)·실거반(悉居半)·갈반타(渴槃陀) 등 여러 나라가 각각 사신을 파견해 조공하였다. (『魏書』5 帝紀 5 高宗)
고구려	화평 3년 3월 갑신일(4) 고구려·사왕·계교·사염·어사·소륵·석나·실거반·갈반타(渴盤陁)

등의 나라가 모두 사신을 파견해 조공하였다. (『北史』 2 魏本紀 2 高宗文成皇帝)

고구려 봄 3월에 사신을 파견해 북위(北魏)에 들어가 조공하였다. (『三國史記』 18 高句麗本紀 6)

고구려 봄 3월에 고구려가 사신을 파견해 북위에 가서 조공하였다. (『三國史節要』 5)

고구려 북위 문성제(文成帝) 화평(和平) 3년 3월에 고구려·살왕(薩王)·계교·사염·어사·소륵·석나·실거반·갈반타(渴盤陁) 등 여러 나라가 각각 사신을 파견해 조공하였다. (『册府元龜』 969 外臣部 朝貢 2)

신라 여름 5월에 왜의 군대가 활개성(活開城)을 습격하여 함락시키고 1,000명을 사로잡아 떠났다. (『三國史記』 3 新羅本紀 3)

신라 여름 5월에 왜의 군대가 신라의 활개성을 습격하여 함락시키고, 1,000여 명을 사로잡아 떠났다. (『三國史節要』 5)

고구려 [25] 이 해에 오군(吳郡)의 주영기(朱靈期)라는 자가 고구려로부터 돌아왔는데, 배가 바람에 끌려 한 섬에 이르렀다. 섬에 산이 있어, 뜻에 따라 10여 리를 오르니, 정오의 범종을 듣고 절이 있는 것을 알았다. (『佛祖歷代通載』 8 宋武帝 朱靈期遇聖僧)

고구려 배도(杯度)는 성명을 모른다. 항상 나무 술잔을 타고 강물을 건넜으므로, 이로 인하여 배도라 말하였다. (…) 당시 오군의 백성인 주영기가 고구려에 사신으로 갔다가 돌아오면서 바람을 만나 배가 표류하다가 9일이 지나서야 한 섬 주변에 이르렀다. 섬 위에는 산이 있었는데, 산이 매우 높고 컸다. 산에 들어가 땔감을 모으다가, 사람 다니는 길이 있는 것을 보았다. 영기는 곧 몇 사람을 거느리고 길을 따라가 구걸하였다. 10여 리를 가니, 경쇠 소리가 들리고 향 냄새가 났다. 이리하여 함께 부처님을 부르며 예배를 드렸다. 얼마 지나지 않아서 한 절을 발견하였는데, 매우 빛나고 화려하고 대부분 칠보(七寶)로 장엄되어 있었다. 10여 명의 승려가 있는 것을 보았는데, 모두 돌로 만든 사람이어서 움직이지도 않고 흔들리지도 않았다. 이에 모두 함께 예배를 드리고 돌아왔다. 조금 걷자니 창도(唱導)하는 소리가 들려왔다. 그들이 돌아가 다시 보았으나 여전히 그들은 돌로 만든 사람이었다. 영기 등은 서로 생각하였다. '이 분들은 성승(聖僧)이며, 우리들은 죄인이어서 만나볼 수 없다.' 그래서 함께 정성을 다하여 참회하고 다시 가서 보니, 진인(眞人)이 영기 등을 위하여 음식을 마련하여 놓았다. 음식 맛은 채소였으나, 향과 아름다움이 세속과 같지 않았다. 식사를 마치고 함께 머리를 조아려 예배를 드리고 속히 고향에 돌아가게 하여 달라고 빌었다. (『高僧傳』 10 神異 下 杯度 8)

고구려 배도(杯渡)는 성명을 모른다. 항상 나무 술잔을 타고 물을 건넜으므로, 사람들이 인하여 배도라 말하였다. (…) 당시 오군의 백성인 주영기가 고구려에 사신으로 갔다가 돌아오면서 바람을 만나 배가 표류하다가 9일이 지나서야 한 섬 주변에 이르렀다. 섬 위에는 산이 있었는데, 산이 매우 높고 컸다. 산에 들어가 땔감을 모으다가, 사람 다니는 길이 있는 것을 보았다. 영기는 곧 몇 사람을 거느리고 길을 따라가 구걸하였다. 10여 리를 가니, 경쇠 소리가 들리고 향 냄새가 났다. 이리하여 함께 부처님을 부르며 예배를 드렸다. 얼마 지나지 않아서 한 절을 발견하였는데, 매우 빛나고 화려하고 대부분 칠보로 장엄되어 있었다. 또 10여 명의 돌로 만든 사람이 있는 것을 보았는데, 이에 모두 함께 예배를 드리고 돌아왔다. 조금 걷자니 창도하는 소리가 들려왔다. 그들이 돌아가 다시 보았으나 여전히 그들은 돌로 만든 사람이었다. 영기 등은 서로 생각하였다. '이 분들은 성승이며, 우리들은 죄인이어서 만나볼 수 없다.' 그래서 함께 정성을 다하여 참회하고 다시 가서 보니, 진인이 영기 등을 위하여 음식을 마련하여 놓았다. 음식 맛은 채소였으나, 향과 아름다움이 세속과 같지 않았다. 식사를 마치고 함께 머리를 조아려 예배를 드리고 속히 고향에 돌아가게 하여 달라고 빌었다. (『神僧傳』 3 杯渡)

463(癸卯/신라 자비마립간 6/고구려 장수왕 51/백제 개로왕 9/劉宋 大明 7/倭 雄略 7)

신라	봄 2월에 왜의 군대가 삽량성(歃良城)을 침입하였으나 이기지 못하고 떠났다. 왕이 벌지(伐智)·덕지(德智)에게 명령하여 병사를 거느리고 길에서 복병을 두고 엿보게 하니, 요격하여 크게 패배시켰다. 왕이 왜의 군대가 거듭 강역을 침입한다고 여겨 해안가를 따라 두 성을 축조하였다. (『三國史記』 3 新羅本紀 3)
신라	봄 2월에 왜가 신라의 삽량성을 침입하였으나 이기지 못하고 떠났다. 왕이 벌지(伐智)·덕지에게 명령하여 돌아가는 길에 복병을 두게 하니, 요격하여 크게 패배시켰다. 왕이 왜가 거듭 강역을 침입한다고 여겨 해안가에 두 성을 축조하였다. (『三國史節要』 5)

고구려	6월 무신일(5) 예예국(芮芮國)·고구려국이 사신을 파견해 토산물을 바쳤다. (『宋書』 6 本紀 6 孝武帝)
고구려	6월 무신일(5) 연연(蠕蠕)·고구려 등의 나라가 모두 사신을 파견해 조공하였다. (『南史』 2 宋本紀 中)

고구려	유송(劉宋) 효무제(孝武帝) 대명(大明) 7년 6월에 고구려왕 고련(高璉)을 거기대장군(車騎大將軍)·개부의동삼사(開府儀同三司)로 승진시켰다. (『冊府元龜』 963 外臣部 封冊 1)

고구려	7월 을해일(2) 정동대장군(征東大將軍)·고려왕(高麗王) 고련을 거기대장군·개부의동삼사로 승진시켰다. (『宋書』 6 本紀 6 孝武帝)
고구려	가을 7월 을해일(2) 고구려왕 고련의 지위를 승격시켜 거기대장군·개부의동삼사로 삼았다. (『南史』 2 宋本紀 中)
고구려	유송의 세조(世祖) 효무제(孝武帝)가 왕을 책봉하여 거기대장군·개부의동삼사로 삼았다. (『三國史記』 18 高句麗本紀 6)
고구려	유송이 고구려왕을 책봉하여 거기대장군·개부의동삼사로 삼았다. (『三國史節要』 5)
고구려	대명 7년에 조서를 내렸다. "사지절(使持節)·산기상시(散騎常侍)·독평영이주제군사(督平營二州諸軍事)·정동대장군·고구려왕(高句驪王)·낙랑공(樂浪公) 연(璉)은 대대로 충의로 섬기고 해외에 번병을 만들며, 정성껏 본 조정과 관계를 맺어서 손상되고 험한 것을 제거하려고 하고, 사막 밖에도 통역하여 왕의 책략을 잘 알렸다. 마땅히 포상으로 승진함을 더하여 순수한 충절을 나타내야 하니, 거기대장군·개부의동삼사로 삼을 만하고 지절(持節)·상시(常侍)·도독(都督)·왕공(王公)은 예전과 같다." (『宋書』 97 列傳 57 夷蠻 東夷 高句驪國)
고구려	대명 7년 조서를 내려 연을 거기대장군·개부의동삼사로 승진시키고, 나머지 관은 모두 예전과 같았다. (『南史』 79 列傳 69 高句麗)

신라	가을 7월에 대대적으로 열병하였다. (『三國史記』 3 新羅本紀 3)
신라	가을 7월에 신라에서 대대적으로 열병하였다. (『三國史節要』 5)

백제	대명 7년에 예예국·백제국이 모두 사신을 파견해 토산물을 바쳤다. (『冊府元龜』 968 外臣部 朝貢 1)

백제 신라 　이 해에 기비노카미츠미치노오미타사(吉備上道臣田狹)가 왕을 옆에서 모시고 있다가 친구에게 와카히메(稚媛)를 한창 칭찬하여 말하기를, "천하의 미인이라도 나의 아내 같은 이는 없다. 상냥하고 명랑하며 여러 좋은 점을 갖추고 있다. 밝고 온화하며 여러 용모를 구비하고 있다. 화장할 필요도 없고 향수를 더 바를 것도 없다. 넓은 세상에 비할 바가 없다. 이 시대에 홀로 빼어난 사람이다."라고 하였다. 천황이 귀를 기울여 멀리서 듣고는 마음에 기뻐하였다. 스스로 와카히메를 찾아서 후궁으로 삼고자 하였다. 다사(田狹)를 미마나노쿠니노미코토모치(任那國司)에 임명하였다. 조금 후에 와카히메를 불렀다. 다사노오미(田狹臣)는 와카히메에게 장가들어 에키미(兄君)·오토키미(弟君)를 낳았다.[다른 책에 전한다. "다사노오미의 부인은 이름이 게히메(毛媛)인데 가즈라키노소츠히코(葛城襲津彦)의 아들 다마타노스쿠네(玉田宿禰)의 딸이다. 천황이 용모 미려하다는 것을 듣고 남편을 죽이고 스스로 장가들었다."] 다사가 이미 임지에 가 있다가 천황이 자신의 처를 불러들였다는 것을 듣고 원조를 구하여 신라에 들어가려고 하였다. 당시 신라는 일본을 섬기지 않고 있었다. 천황은 다사노오미의 아들인 오토키미와 기비노아마노아타이아카오(吉備海部直赤尾)에게 이르기를 "너희는 가서 신라를 벌하라"라고 하였다. 그때 오우치노아야(西漢)의 재기(才伎) 환인지리(歡因知利)가 옆에 있었다. 이에 나아가 아뢰기를, "저보다 나은 자가 한국에는 많습니다. 불러 부리십시오."라고 하였다. 천황은 군신(群臣)에게 조서를 내려, "그럼 환인지리를 오토키미 등에게 부쳐 백제로 가게 하여 아울러 칙서를 내려 재주 있는 자를 바치게 하라."고 하였다. 이에 오토키미는 명을 듣고 군사를 거느리고 백제에 도달하여 그 나라에 들어갔다. 국신(國神)이 늙은 여자로 변화하여 홀연히 길에 나타났다. 오토키미가 나아가 신라가 얼마나 먼지를 물었다. 늙은 여자는 대답하기를, "다시 하루 더 가면 후에 도착할 수 있을 것이다."라고 하였다. 오토키미는 스스로 길이 멀다고 생각하고 치지 않고 돌아왔다. 백제가 바친 이마키(今來)의 재기를 큰 섬 안에 모아 놓고 바람을 기다린다고 핑계하면서 오래 머물며 한 달을 보냈다. 미마나노쿠니노미코토모치 다사노오미는 오토키미가 신라를 치지 않고 돌아간 것을 기뻐하며 몰래 백제에 사람을 보내 오토키미에게 경계하여 이르기를 "너의 목이 얼마나 단단하길래 사람을 치는가. 듣건대 천황은 나의 처에게 장가들고 이미 아이까지 있다고 한다[아이는 이미 위의 문장에 나왔다]. 지금 걱정스러운 것은 화가 몸에 미치는 것이 순식간에 닥치리라는 것이다. 나의 아들인 너는 백제에 머물며 일본과는 통하지 말라. 나는 임나(任那)에 거점을 가지며 또한 일본과 통하지 않을 것이다."라고 하였다. 오토키미의 부인인 구스히메(樟媛)는 국가에 대한 애정이 깊고 군신의 의리를 중히 여기며 충성이 밝은 해보다도 낮고 절개가 푸른 소나무보다 굳었다. 이 모반을 미워하여 몰래 그 남편을 죽여 방안에 숨겨 묻고서 아마노아타이아카오(海部直赤尾)와 더불어 백제가 바친 이마키의 재기를 데리고 큰 섬에 있었다. 천황은 오토키미가 없음을 듣고 히타카노키시카타시하코안젠(日鷹吉士堅磐固安錢)[견반(堅磐), 이것은 가타시하(柯陀之波)라고 한다.]를 보내 복명(復命)하게 하였다. 드디어 왜국의 아토(吾礪) 히로키츠노무라(廣津邑)[광진(廣津), 이것을 히로키츠(比慮岐頭)라고 한다]에 안치하였는데 병시지기 밚났나. ⏋때문에 천황은 오토모노오무라지무로야(大伴大連室屋)에게 조서를 내려 야마토노아야노아타이츠카(東漢直掬)에게 명하여 이마키노아야(新漢)의 스에츠쿠리카우쿠이(陶部高貴)·구라츠쿠리켄쿠이(鞍部堅貴)·에카키인시라가(畫部因斯羅我)·니시고리쵸우안나코무(錦部定安那錦)·오사메우안나(譯語卯安那) 등을 가미츠모모하라(上桃原)·시모츠모모하라(下桃原)·마카미노하라(眞神原) 세 곳으로 옮겨 살게 하였다.[어떤 책에 전한다. "기비노오미오토키미(吉備臣弟君)가 백제에서 돌아와 아야노테히토베(漢手人部)·키누누이베(衣縫部)·시시히토베(宍人部)를 바쳤다고 한다."] (『日本書紀』14 雄略紀)

464(甲辰/신라 자비마립간 7/고구려 장수왕 52/백제 개로왕 10/劉宋 大明 8/倭 雄略 8)

신라 고구려　봄 2월 무사노수구리아오(身狹村主靑)·히노쿠마노타미노츠카이하카토코(檜隈民使博德)을 오국(吳國)에 보내었다. 천황의 즉위 이후 올해에 이르기까지 신라가 배반하여 조공을 바치지 않은 지가 8년이 되었다. 게다가 일본의 마음을 크게 두려워하여 고구려와 수호하였다. 이로 말미암아 고구려왕은 정병 100명을 보내 신라를 지키게 하였다. 얼마 후 고구려 병사 한사람이 휴가를 얻어 귀국하였을 때에 신라인을 전마(典馬)[전마, 이것을 우마카이(于麻柯比)라고 한다]로 하였는데 몰래 말하기를 "너희 나라가 우리나라에게 패할 것이 오래지 않았다."[한 책에 전한다. "너희 나라가 우리 땅이 될 것이 오래지 않았다."라고 하였다. 그 전마가 그것을 듣고서 거짓으로 배가 아프다고 하고 물러가 뒤로 쳐졌다. 드디어 나라 안으로 도망하여 그 말한 바를 전하였다. 이에 신라왕이 고구려가 거짓으로 지키고 있음을 알고 사인을 보내 국인(國人)들에게 달려가, "사람들은 집 안에서 기르고 있는 닭의 수컷을 죽여라."라고 고하게 하였다. 국인이 뜻을 알고 국내에 있는 고구려인들을 모두 죽였다. 그때 한 고구려인이 남아 틈을 타 탈출하여 자기 나라로 도망쳐 모두 말하였다. 고구려왕이 즉시 군사를 일으켜 츠쿠소쿠로노사시(筑足流城)[어떤 책에는 츠쿠시키노사시(都久斯岐城)이라고 한다]에 주둔하였다. 가무를 하며 음악 소리를 내었다. 이때 신라왕은 밤에 고구려군이 사방에서 가무하는 것을 듣고 적들이 모두 신라에 들어온 줄 알았다. 이에 사람을 임나왕에게 보내 "고구려의 왕이 우리 나라를 정벌하였다. 이때를 당하여 우리는 매달려 있는 깃발과도 같다. 나라의 위태로움은 누란의 위기보다 더하다. 목숨의 길고 짧음도 헤아릴 수 없다. 엎드려 일본부행군원수(日本府行軍元帥) 등에게 구원을 청한다."라고 하였다. 이로 말미암아 임나왕은 가시하데노오미이카루가(膳臣斑鳩)[반구(斑鳩), 이것을 이카루가(伊柯屢俄)라고 한다] 기비노오미오나시(吉備臣小梨)·나니와노키시아카메코(難波吉士赤目子)에게 가서 신라를 구하도록 권하였다. 가시하데노오미(膳臣) 등은 아직 신라에 도착하지 않고서 군영을 갖춰 머물렀다. 고구려의 여러 장군들은 가시하데노오미 등과 아직 싸우지도 않았는데 모두 두려워하였다. 가시하데노오미 등은 스스로 군사를 위로하는데 힘썼다. 군중에 명령을 내려 속공할 채비를 갖추어 급히 나아가 치게 하였다. 고구려와 서로 대치하기를 10여일 드디어 밤중에 험한 곳을 파서 지하도를 만들고 모든 군대 물자를 보내어 기습할 준비를 하였다. 새벽에 고구려는 가시하데노오미 등이 도망하였다고 여겼다. 군사들이 모두 쫓아 왔다. 이에 기습병을 내고 보병과 기병이 협공하여 크게 무찔렀다. 두 나라의 원한이 여기서부터 생겨났다[두 나라라고 함은 고구려 신라이다]. 가시하데노오미 등이 신라에게 이르기를, "너희는 지극히 약한 나라인데도 지극히 강한 나라를 당해 내었다. 관군이 구해주지 않았다면 반드시 패해 이번 싸움에서 거의 남의 땅이 될 뻔하였다. 지금부터 이후 어찌 천조(天朝)를 배반할 것인가?"라고 하였다. (『日本書紀』 14 雄略紀)

고구려　고구려에 사신을 가서 그 나라의 여자와 사통하여 인하여 돌아가려 하지 않았다. 수록(收錄)된 이후에야 돌아왔는데, 박장(拍張)을 잘 하여 도극좌우(刀戟左右)에 보임시켰다. 유송(劉宋) 전폐제(前廢帝)가 왕경칙(王敬則)으로 하여금 높은 곳으로 칼을 던지게 하자, 높이가 백호당(白虎幢) 5·6척을 넘으니, 닿아서 맞지 않음이 없었다. (『南史』 45 列傳 35 王敬則)

465(乙巳/신라 자비마립간 8/고구려 장수왕 53/백제 개로왕 11/劉宋 永和 1, 景和 1, 泰始 1/倭 雄略 9)

고구려　　화평(和平) 6년 2월 정축일(14) 고구려·사왕(葹王)·대만(對曼) 등 여러 나라가 각각 사신을 파견해 조공하였다. (『魏書』 5 帝紀 5 高宗)

고구려　　화평 6년 2월 정축일(14) 고구려·사왕·대만 등의 나라가 각각 사신을 파견해 조공하였다. (『北史』 2 魏本紀 2 高宗文成皇帝)

고구려　　봄 2월에 사신을 파견해 북위(北魏)에 들어가 조공하였다. (『三國史記』 18 高句麗本紀 6)

고구려　　봄 2월에 고구려가 사신을 파견해 북위에 가서 조공하였다. (『三國史節要』 5)

고구려　　북위 문성제(文成帝) 화평 6년 2월에 고구려·사왕·대만 등 여러 나라가 각각 사신을 파견해 조공하였다. (『册府元龜』 969 外臣部 朝貢 2)

신라 백제　　봄 3월에 천황이 신라를 직접 정벌하려고 하였다. 신이 천황에게 경계하여 "가지 말라."고 하니 천황이 이로 말미암아 가지 않았다. 그리고 기노스쿠네오유미(紀宿禰小弓)·소가노스쿠네카라코(蘇我宿禰韓子)·오토모노무라지카타리(大伴連談)[담(談)은　가타리(箇陀利)라고 한다.]·오카노스쿠네히(小鹿宿禰火) 등에게 명령하였다. "신라는 본래 서쪽 땅에 있으면서 여러 대에 걸쳐 신하를 칭하면서 조빙을 어기지 않았고 공직도 잘 받쳤다. 짐이 천하를 다스림에 미쳐서는 몸을 쓰시마(對馬)의 밖에 두고 잡라(匝羅)의 밖에 흔적을 감춘 채 고구려의 조공을 막고 백제의 성을 병탐하고 있다. 하물며 이제 다시 조공을 거르고 공물도 바치지 않고 있다. 이리 같은 사나운 마음이 있어 배부르면 날아가고 배고프면 붙는다. 그대들 4명의 경을 대장으로 삼으니 마땅히 왕의 군대를 거느리고 가서 공격하여 하늘이 내리는 벌을 받들어 행하라." 이에 기노스쿠네오유미가 오오토모노오오무라지무로야(大伴大連室屋)로 하여금 천황에게 호소해 달라고 하면서 "신이 비록 미약하지만 삼가 칙명을 받들고자 합니다. 다만 지금 신의 아내가 목숨이 다할 때가 되어 신을 돌볼 수가 없으니 바라건대 공이 이 일을 갖추어 천황께 아뢰어 주십시오". 이에 오오토모노오오무라지무로야가 갖추어 아뢰니 천황이 듣고 슬피 탄식하면서 기비노카미츠미치(吉備上道)의 채녀(采女)인 오오시아마(大海)를 기노스쿠네오유미에게 하사하여 그를 따라가서 돌보게 하였다. 드디어 수레를 밀어 군대를 보냈다. 기노스쿠네오유미 등이 곧 신라로 들어가서 이웃 군(郡)을 함께 공격하였다[행도(行屠)는 함께 가서 함께 공격하는 것이다]. 신라왕은 밤에 일본의 관군이 사방에서 북을 울리는 소리를 듣고 녹(喙)의 땅을 관군이 모두 얻었음을 알고 수백 기와 함께 어지러이 도망갔다. 이로써 크게 패배하였다. 오유미노스쿠네(小弓宿禰)는 추격해 가서 진 가운데에서 적의 장수를 베었다. 녹의 땅이 모두 평정되었으나 남은 무리들이 항복하지 않았다. 기노스쿠네오유미는 또한 군사를 거두어 오오토모노무라지카타리 등과 만나서 군사를 다시 크게 일으켜서 남은 무리와 싸웠다. 이날 저녁 오오토모노무라지카타리와 기노오카사키무라지쿠메노(紀岡前連來目)가 모두 힘써 싸우다가 죽었다. 가타리노무라지(談連)의 시종으로 같은 성인 츠마로(津麻呂)는 나중에 진영 안으로 들어가 주인을 찾았다. 군중에서 찾지 못하자 나와서 "우리 주인 오오토모노키미(大伴公)는 어디에 계십니까?"라고 하니, 사람들이 그에게 "너의 주인 등은 적의 손에 살해되었다."고 말하며 시신이 있는 곳을 가르쳐 주었다. 츠마로는 그 말을 듣고 땅을 구르며, "주인이 이미 죽었는데 혼자 산들 무슨 소용이 있겠는가?"라고 소리치고는 적에게 나아가 함께 죽었다. 얼마 후 남은 무리들이 스스로 물러나니 관군 또한 따라서 물러났다. 대장군인 기노스쿠네오유미도 병에 걸려 죽었다. (『日本書紀』 14 雄略紀)

신라　　여름 4월에 큰 홍수가 나서 산이 17곳이나 무너졌다. (『三國史記』 3 新羅本紀 3)

신라　　여름 4월에 신라에서 큰 홍수가 나서 산이 17곳이나 무너졌다. (『三國史節要』 5)

신라	5월에 사벌군(沙伐郡)에 황충(蝗蟲)이 나타났다. (『三國史記』 3 新羅本紀 3)
신라	5월에 신라의 사벌군에 황충이 나타났다. (『三國史節要』 5)

신라　　여름 5월 기노스쿠네오이와(紀宿禰大磐)는 아버지가 이미 돌아가셨음을 듣고 신라를 향하면서 오카노스쿠네히가 관장하던 병마와 선관(船官) 및 소관(小官)들을 장악하고 명령을 마음대로 하였다. 이에 오카히노스쿠네는 오이와노스쿠네(大磐宿禰)를 매우 원망하여 이에 가라코노스쿠네(韓子宿禰)에게 거짓으로 일러 말하였다. "오이와노스쿠네가 저에게 이르기를, '내가 다시 가라코노스쿠네가 관장하는 관리들을 뺏는 것이 멀지 않았다.'고 하였습니다. 원컨대 굳게 지키십시오." 이로 말미암아 가라코노스쿠네가 오이와노스쿠네와 틈이 벌어졌다. 이에 백제왕은 일본의 여러 장수들이 사소한 일로 틈이 벌어졌음을 듣고 가라코노스쿠네 등에게 사람을 시켜 말하기를, "나라의 경계를 살펴보고 싶으면 청컨대 왕림하십시오."라고 하였다. 이에 가라코노스쿠네 등이 말고삐를 나란히 하고 갔는데 강에 도달하니 오이와노스쿠네가 강에서 말에게 물을 먹이고 있었다. 이에 가라코노스쿠네가 뒤에서 오이와노스쿠네의 말안장 뒤를 받친 나무에 활을 쏘았다. 오이와노스쿠네가 놀라 돌아보며 가라코노스쿠네를 쏘아 떨어트리니 물에 빠져 죽었다. 이 세 신하들이 전에부터 서로 다투어 길에서 난을 일으켰기에 백제왕궁에 이르지 못하고 돌아갔다. 이 때 채녀인 오오시아마가 오유미노스쿠네의 상을 따라 일본에 도착했다. 드디어 오오토모노오오무라지무로야에게 근심스럽게 상의하기를 "첩은 장례 치를 곳을 모르겠습니다. 원컨대 좋은 땅을 골라 주십시오."라고 말하였다. 오오무라지(大連)가 곧 아뢰었다. 천황이 오오무라지에게 칙을 내려 말하였다. "대장군 기노스쿠네오유미는 용처럼 뛰어 오르고 호랑이처럼 노려보며 팔방을 널리 바라보았고 반역자들을 불시에 토벌하고 사방의 적들을 물리쳤다. 그리하여 몸은 만리 밖에서 수고로웠고 목숨은 삼한에서 떨어졌으니 의당 불쌍히 여겨 장례를 담당할 자를 보내는 것이 마땅하다. 또 그대 오오토모노마에츠키미(大伴卿)와 기노마에츠키미(紀卿) 등은 같은 나라 가까운 곳의 사람들로서 유래가 오래되었다." 이에 오오무라지가 명령을 받들어 하지노무라지오토리(土師連小鳥)로 하여금 다무와노무라(田身輪邑)에 무덤을 만들어 장례 지내도록 하였다. 이로 말미암아 오오시아마가 기뻐 가만히 있을 수 없어 가라노야츠코무로(韓奴室)·에마로(兄麻呂)·오토마로(弟麻呂)·미쿠라(御倉)·오쿠라(小倉)·하리(針) 6구를 오오무라지에게 보냈으니 기비노카미츠미치 카시마다노무라(蚊嶋田邑)의 야케히토라(家人部)가 이들이다. (『日本書紀』 14 雄略紀)

466(丙午/신라 자비마립간 9/고구려 장수왕 54/백제 개로왕 12/劉宋 泰始 2/倭 雄略 10)

고구려　　천안(天安)원년 3월 신해일(24) 고구려·파사(波斯)·우전(于闐)·아습(阿襲) 등 여러 나라가 사신을 파견해 조공하였다. (『魏書』 5 帝紀 5 高宗)

고구려　　봄 3월에 사신을 파견해 북위(北魏)에 들어가 조공하였다. 북위의 문명태후(文明太后)가 현조(顯祖)의 육궁(六宮)이 갖추어지지 않았다고 여겨서, 왕에게 그 딸을 시집보내도록 교서를 내렸다. 왕이 표문을 바쳤다. "딸이 이미 시집갔으니, 아우의 딸로 그에 응할 것을 요구합니다." 이를 허락하였다. 이에 안락왕(安樂王) 탁발진(拓跋眞), 상서(尙書) 이부(李敷) 등을 파견하여 국경에 이르러 폐백을 보내게 하였다. 어떤 자가 왕에게 권하였다. "북위는 예전에 북연과 결혼하고 나서 그를 정벌하였습니다. 행인을 통하여 지형의 평탄하고 험함을 두루 알았기 때문입니다. 은(殷)의 교훈이 멀지 않으니, 마땅히 적당한 핑계로 그것을 거절해야 합니다." 왕이 마침내 서신을 올려 여자가 죽었다고 칭하자, 북위가 그 속임수를 의심하였다. 또 가산기상시

(假散騎常侍) 정준(程駿)을 파견하여 그것을 심하게 꾸짖으니, 만약 여자가 정말로 죽었다면 종실의 규수를 다시 뽑는 것을 허락한다고 하였다. 왕이 말하기를, "만약 천자께서 그 전의 잘못을 용서하신다면, 삼가 마땅히 조서를 받들겠습니다."라고 하였다. 때마침 현조가 돌아가셔서 이에 중지하였다. (『三國史記』 18 高句麗本紀 6)

고구려 봄 3월에 고구려가 사신을 파견해 북위에 가서 조공하였다. 북위의 문명태후가 황제의 육궁이 갖추어지지 않았다고 여겨서, 왕에게 그 딸을 시집보내도록 교서를 내렸다. 왕이 표문을 바쳤다. "딸이 이미 시집갔으니, 아우의 딸로 그에 응할 것을 청합니다." 이를 허락하였다. 이에 안락왕 탁발진, 상서 이부 등을 파견하여 국경에 이르러 폐백을 보내게 하였다. 어떤 자가 있어 왕에게 설득하였다. "북위는 예전에 북연과 결혼하고 나서 그를 정벌하였습니다. 행인을 통하여 지형의 평탄하고 험함을 두루 알았기 때문입니다. 은의 교훈이 멀지 않으니, 마땅히 계책으로 그것을 거절해야 합니다." 왕이 마침내 서신을 올려 여자가 죽었다고 칭하자, 북위가 그 속임수를 의심하였다. 또 가산기상시 정준을 파견하여 그것을 심하게 꾸짖으니, 만약 정말로 죽었다면 종실의 규수를 다시 뽑는 것을 허락한다고 하였다. 왕이 말하기를, "만약 천자께서 그 전의 잘못을 용서하신다면, 삼가 마땅히 조서를 받들겠습니다."라고 하였다. 때마침 황제가 돌아가셔서 이에 중지하였다. (『三國史節要』 5)

고구려 북위 헌문제(獻文帝) 천안원년 3월에 고구려·파사·우전·아습 등 여러 나라가 (…) 각각 사신을 파견해 조공하였다. (『册府元龜』 969 外臣部 朝貢 2)

고구려 나중에 문명태후가 현조의 육궁이 갖추어지지 않았다고 여겨서, 연(璉)에게 그 딸을 시집보내도록 칙서를 내렸다. 연이 표문을 바쳤다. "딸이 이미 시집갔으니, 아우의 딸로 그 뜻에 응할 것을 요구합니다." 조정이 이를 허락하였다. 이에 안락왕 탁발진, 상서 이부 등을 파견하여 국경에 이르러 폐백을 보내게 하였다. 연이 측근의 설득에 유혹되었다. "조정은 예전에 풍씨(馮氏)와 결혼하고 얼마 지나지 않아서 그 나라를 멸망시켰습니다. 은의 교훈이 멀지 않으니, 마땅히 적당한 핑계로 그것을 거절해야 합니다." 연이 마침내 서신을 올려 여자가 죽었다고 거짓으로 칭하자, 조정이 그 속임수를 의심하였다. 또 가산기상시 정준을 파견하여 그것을 심하게 꾸짖으니, 만약 여자가 정말로 죽었다면 종실의 규수를 다시 뽑는 것을 허락한다고 하였다. 연이 말하기를, "만약 천자께서 그 전의 잘못을 용서하신다면, 삼가 마땅히 조서를 받들겠습니다."라고 하였다. 때마침 현조가 돌아가셔서 이에 중지하였다. (『魏書』 100 列傳 88 高句麗)

고구려 나중에 문명태후가 헌문제의 육궁이 갖추어지지 않았다고 여겨서, 연에게 그 딸을 시집보내도록 칙서를 내렸다. 연이 표문을 바쳤다. "딸이 이미 시집갔으니, 아우의 딸로 그 뜻에 응할 것을 요구합니다." 조정이 이를 허락하였다. 이에 안락왕 탁발진, 상서 이부 등을 파견하여 국경에 이르러 폐백을 보내게 하였다. 연이 측근의 설득에 유혹되었다. "조정은 예전에 풍씨와 결혼하고 얼마 지나지 않아서 그 나라를 멸망시켰습니다. 은의 교훈이 멀지 않으니, 마땅히 적당한 핑계로 그것을 거절해야 합니다." 연이 마침내 서신을 올려 여자가 죽었다고 거짓으로 칭하자, 조정이 그 속임수로 거절하는 것을 의심하였다. 또 가산기상시 성준을 파견하여 그것을 심하게 꾸짖으니, 만약 여자가 정말로 죽었다면 종실의 규수를 다시 뽑는 것을 허락한다고 하였다. 연이 말하기를, "만약 천자께서 그 전의 잘못을 용서하신다면, 삼가 마땅히 조서를 받들겠습니다."라고 하였다. 때마침 헌문제가 돌아가셔서 이에 중지하였다. (『北史』 94 列傳 82 高麗)

고구려 『북사(北史)』에 전한다. (…) 또 전한다. "북위의 문명태후가 헌문제의 육궁이 갖추어지지 않았다고 여겨서, 연에게 그 딸을 시집보내도록 칙서를 내렸다. 연이 표문을 바쳤다. "딸이 이미 시집갔으니, 아우의 딸로 그 뜻에 응할 것을 요구합니다." 조정이 이를 허락하였다. 때마침 헌문제가 돌아가셔서 이에 중지하였다. (『太平御覽』 783 四夷部 4 東夷 4 高句驪)

고구려   고숭(高崇)의 아버지 잠(潛)은 현조 초기에 고구려에서 귀국하여 개양남(開陽男)의 작위를 하사받고 요동(遼東)에 거처하였다. 조서를 내려 저거목건(沮渠牧犍)의 딸을 잠에게 하사하여 아내로 삼게 하고 무위공주(武威公主)에 봉하며 부마도위(駙馬都尉)에 임명하고 영원장군(寧遠將軍)을 더하였는데, 죽었다. (『魏書』 77 列傳 65 高崇)

467(丁未/신라 자비마립간 10/고구려 장수왕 55/백제 개로왕 13/劉宋 泰始 3/倭 雄略 11)

고구려   봄 2월에 사신을 보내 위(魏)에 들어가 조공하였다. (『三國史記』 18 高句麗本紀 6)
고구려   봄 2월에 고구려에서 사신을 보내 위(魏)에 가서 조공하였다. (『三國史節要』 5)
고구려   (황흥(皇興)원년)) 2월에 고려·고막해(庫莫奚)·구복불(具伏弗)·욱우릉(郁羽陵)·일련(日連)·필려이(匹黎尒)·우전(于闐) 여러 나라가 각각 사신을 보내 조공하였다. (『魏書』 6 帝紀 6 顯祖)
고구려   (후위(後魏) 헌문(獻文)) 황흥 원년 2월에 고려·우전·고막해·구복불·욱우릉·일련·필려(匹黎)·우전 여러 나라가 (…) 각각 사신을 보내 조헌(朝獻)하였다. (『册府元龜』 969 外臣部 14 朝貢 2)

신라   봄에 담당 관청에 명해 전함(戰艦)을 수리하게 했다. (『三國史記』 3 新羅本紀 3)
신라   신라 왕이 담당 관청에 명해 전함을 수리하게 했다.(『三國史節要』 5)

고구려   (태시 3년 봄) 북위(北魏)의 동래태수(東萊太守) 국연승(鞠延僧)이 그의 무리 수백 명을 거느리고 성에 웅거하여 공물을 바치러 오는 고려 사신을 억류하였다. 이때 유회진(劉懷珍)이 동해(東海)에 있으면서 영삭장군(寧朔將軍) 명경부(明慶符)와 용양장군(龍驤將軍) 왕광지(王廣之)를 보내어 국연승을 쳐서 항복시키고 고려의 사신을 경사(京師)로 보냈다. (『南齊書』 27 列傳 8 劉懷珍)

백제   가을 7월에 백제국으로부터 도망해 온 자가 있었는데, 스스로 이름을 귀신(貴信)이라고 하였다. 또 귀신은 오나라 사람이라고도 한다. 이와레(磐余)의 오금(吳琴)을 타는 사카테노야카타마로(壇手屋形麻呂) 등이 바로 그 후손이다. (『日本書紀』 14 雄略紀)

고구려   (황흥(皇興)원년) 9월 임자일(4)에 고려·우전(于闐)·보람(普嵐)·속특국(粟特國)이 각각 사신을 보내 조헌(朝獻)하였다. (『魏書』 6 帝紀 6 顯祖)
고구려   (후위(後魏) 헌문(獻文) 황흥원년) 9월에 고려·우전·보람·속특국이 각각 사신을 보내어 조헌하였다. (『册府元龜』 969 外臣部 14 朝貢 2)

신라   가을 9월에 하늘이 붉어졌고 큰 별이 북쪽에서 동남쪽으로 흘러갔다. (『三國史記』 3 新羅本紀3)
신라   가을 9월에 신라의 하늘이 붉어졌고 큰 별이 북쪽에서 동남쪽으로 흘러갔다. (『三國史節要』 5)

고구려 백제   11월 을묘일(8)에 고구려과 백제국이 사신을 보내 특산물을 바쳤다. (『宋書』 8 本紀 8 明帝)

468(戊申/신라 자비마립간 11/고구려 장수왕 56/백제 개로왕 14/劉宋 泰始 4/倭 雄略 12)

고구려 말갈 신라
　　　　　봄 2월에 왕이 말갈(靺鞨) 군사 1만명으로 신라의 실직주성(悉直州城)을 공격하여
　　　　　빼앗았다. (『三國史記』 18 高句麗本紀 6)

고구려 말갈 신라
　　　　　봄 2월에 고구려 왕이 말갈 군사 1만명으로 신라 북쪽 변경의 실직주성을 공격하여
　　　　　빼앗았다. (『三國史節要』 5)

신라 고구려 말갈
　　　　　봄에 고구려와 말갈이 북쪽 변경의 실직성(悉直城)을 습격하였다. (『三國史記』 3 新
　　　　　羅本紀 3)

고구려　　(황흥(皇興) 2년) 여름 4월 신축일(26)에 고려·고막해(庫莫奚)·거란·구복불(具伏弗)·욱
　　　　　우릉(郁羽陵)·일련(日連)·필려이(匹黎尒)·질육수(叱六手)·실만단(悉萬丹)·아대하(阿大
　　　　　何)·우진후(羽眞侯)·우전(于闐)·파사국(波斯國)이 각각 사신을 보내 조헌(朝獻)하였다.
　　　　　(『魏書』 6 帝紀 6 顯祖)

고구려　　여름 4월에 사신을 보내 위(魏)에 들어가 조공하였다. (『三國史記』 18 高句麗本紀
　　　　　6)

고구려　　여름 4월에 고구려에서 사신을 보내 위(魏)에 가서 조공하였다. (『三國史節要』 5)

고구려　　(후위(後魏) 헌문(獻文) 황흥) 2년 4월에 고려·고막해·거란·구복불·욱우릉·일련·연이려
　　　　　(延尒黎)·질육수·실만단·아대아·우진후·우전·파사 등의 나라가 (…) 각각 사신을 보내
　　　　　조공하였다. (『册府元龜』 969 外臣部 14 朝貢 2)

고구려　　(후위서(後魏書)에 이른다) (황흥) 2년 여름 4월에 고려·고막해·거란·우전·파사 여러
　　　　　나라가 각각 사신을 보내어 조헌(朝獻)하였다. (『太平御覽』 103 皇王部 28 後魏 顯
　　　　　宗獻文皇帝)

신라　　　가을 9월에 하슬라(何瑟羅) 사람 중 15세 이상을 징발해 이하(泥河)에 성을 쌓았다
　　　　　[이하는 한편으로는 이천(泥川)이라고도 한다]. (『三國史記』 3 新羅本紀 3)

신라　　　가을 9월에 신라에서 하슬라(何瑟羅) 사람 중 15세 이상을 징발해 이하에 성을 쌓
　　　　　았다. (『三國史節要』 5)

백제　　　겨울 10월 계유(癸酉) 초하루 날에 일식이 있었다. (『三國史記』 25 百濟本紀 3)
백제　　　겨울 10월 계유(癸酉) 초하루 날에 백제에 일식이 있었다. (『三國史節要』 5)

469(己酉/신라 자비마립간 12/고구려 장수왕 57/백제 개로왕 15/劉宋 泰始 5/倭 雄略 13)

신라　　　봄 정월에 서울의 방(坊)과 리(里)의 이름을 정했다. (『三國史記』 3 新羅本紀 3)
신라　　　봄 정월에 신라 서울의 방과 리의 이름을 정했다. (『三國史節要』 5)

고구려　　봄 2월에 사신을 보내 위(魏)에 들어가 조공하였다. (『三國史記』 18 高句麗本紀 6)
고구려　　2월에 고구려에서 사신을 보내 위에 가서 조공하였다. (『三國史節要』 5)
고구려　　(황흥(皇興) 3년) 2월에 연연(蠕蠕)·고려·고막해(庫莫奚)·거란국이 각각 사신을 보내
　　　　　조헌(朝獻)하였다. (『魏書』 6 帝紀 6 顯祖)
고구려　　(후위(後魏) 헌문(獻文) 황흥) 3년 2월에 연연·고려·고막해·거란국이 (…) 모두 사신을
　　　　　보내 조공하였다. (『册府元龜』 969 外臣部 14 朝貢 2)

신라	여름 4월에 나라 서쪽에 홍수가 나서 민가가 떠내려가고 무너졌다. (『三國史記』 3 新羅本紀 3)
신라	여름 4월에 신라의 나라 서쪽에 홍수가 나서 민가가 떠내려가고 무너졌다. (『三國史 節要』 5)
신라	가을 7월에 왕이 물난리를 겪은 주(州)·군(郡)을 순행하여 위로하였다. (『三國史記』 3 新羅本紀 3)
신라	가을 7월에 왕이 물난리가 난 주·군을 순행하여 위로하였다. (『三國史節要』 5)
고구려 백제	가을 8월에 백제 군사가 남쪽 변경을 침입해왔다. (『三國史記』 18 高句麗本紀 6)
백제 고구려	가을 8월에 장수를 보내어 고구려 남쪽 변경을 침입하였다. (『三國史記』 25 百濟本 紀 3)
백제 고구려	8월에 백제에서 장수를 보내어 고구려 남쪽 변경을 침입하였다. (『三國史節要』 5)
백제	겨울 10월에 쌍현성(雙峴城)을 수리하고, 청목령에 큰 목책을 설치하고, 북한산성의 병졸을 나누어 수비하였다. (『三國史記』 25 百濟本紀 3)
백제	겨울 10월에 백제에서 쌍현성을 수리하고, 청목령에 큰 목책을 설치하고, 북한산성 의 병졸을 나누어 수비하였다. (『三國史節要』 5)

470(庚戌/신라 자비마립간 13/고구려 장수왕 58/백제 개로왕 16/劉宋 泰始 6/倭 雄略 14)

고구려	봄 2월에 사신을 보내 위(魏)에 들어가 조공하였다. (『三國史記』 18 高句麗本紀 6)
고구려	봄 2월에 고구려가 사신을 보내 위에 가서 조공하였다. (『三國史節要』 5)
고구려	(황흥(皇興) 4년) 2월에 고려·고막해(庫莫奚)·거란이 각각 사신을 보내 조헌(朝獻)하 였다. (『魏書』 6 帝紀 6 顯祖)
고구려	((후위(後魏) 헌문(獻文) 황흥) 4년 2월에 고려·고막해·거란이 각각 사신을 보내 조공 하였다. (『册府元龜』 969 外臣部 14 朝貢 2)
고구려	11월 기사일(9) 고려국이 사신을 보내 특산물을 바쳤다. (『宋書』 8 本紀 8 明帝)
신라	삼년산성(三年山城)을 쌓았다[삼년이라는 것은 공사를 일으킨 때부터 시작과 끝이 3 년에 완공되었기 때문에 이름한 것이다]. (『三國史記』 25 百濟本紀 3)
신라	신라에서 삼년산성을 쌓았다. 3년에 공사가 끝났기 때문에 그것으로 이름하였다. (『三國史節要』 5)

471(辛亥/신라 자비마립간 14/고구려 장수왕 59/백제 개로왕 17/劉宋 泰始 7/倭 雄略 15)

신라	봄 2월에 모로성(芼老城)을 쌓았다. (『三國史記』 3 新羅本紀 3)
신라	봄 2월에 신라에서 모로성을 쌓았다. (『三國史節要』 5)
신라	3월에 서울에 땅이 갈라졌는데, 가로 세로가 2장(丈)이었으며 탁한 물이 솟았다. (『三國史記』 3 新羅本紀 3)
신라	3월에 신라의 서울에 땅이 갈라졌는데, 가로 세로가 2장이었으며 물이 솟았다. (『三 國史節要』 5)
고구려	정준(程駿)의 자(字)는 인구(駬駒)이고 본래 광평(廣平) 곡안(曲安) 사람이다. (…) 황 흥(皇興) 연간(467~471)에 고려왕 연(璉)이 액정(掖庭)에 들일 여자를 바치겠다고

청하였다. 현조(顯祖)가 이를 허락하였다. 가산기상시(假散騎常侍) 정준이 안풍남(安豊男) 작호와 복파장군(伏波將軍)을 받고 절(節)을 가지고 여자를 맞이하러 고려로 갔다. 준이 비단 100필을 갖고 평양성에 이르니, 어떤 사람이 연에게 권하여 이르길, "위는 예전에 연(燕)과 혼인을 하고도 얼마 안 되어 이를 정벌하였습니다. 이는 행인을 통하여 지리의 평탄하고 험함을 다 알았기 때문입니다. 만약 지금 여자를 보내면, 풍씨의 경우와 다르지 않음이 두렵습니다." 연이 드디어 거짓으로 여인이 죽었다고 말했다 . 이듬해 준이 연에게 다시 가서 연을 의로써 꾸짖으니, 연이 분을 이기지 못하고, 드디어 준의 종자와 주식을 끊겼다. 연이 핍박하고 욕보이려 했으나, 꺼리는 바가 있어서 해치지는 못했다. 때마침 현조가 죽어 돌아오고, 비서령(祕書令)을 받았다. (『魏書』66 列傳 48 程駿)

고구려   정준의 자는 인구이고 본래 광평 곡안 사람이다. (…) 황흥 연간(467~471)에 고려 왕 연이 액정에 들일 여자를 바치겠다고 청하였다. 현조가 이를 허락하였다. 가산기상시 정준이 안풍남 작호와 복파장군을 받고 절을 가지고 여자를 맞이하러 고려로 갔다. 준이 비단 100필을 갖고 평양성에 이르니, 어떤 사람이 연에게 권하여 이르길, "위는 예전에 연과 혼인을 하고도 얼마 안 되어 이를 정벌하였습니다. 이는 행인을 통하여 지리의 평탄하고 험함을 다 알았기 때문입니다. 만약 지금 여자를 보내면, 풍씨의 경우와 다르지 않음이 두렵습니다." 연이 드디어 거짓으로 여인이 죽었다고 말했다 . 이듬해 준이 연에게 다시 가서 연을 의로써 꾸짖으니, 연이 분을 이기지 못하고, 드디어 준의 종자와 주식을 끊겼다. 연이 핍박하고 욕보이려 했으나, 꺼리는 바가 있어서 해치지는 못했다. (『北史』40 列傳 28 程駿)

고구려   (연흥(延興) 원년 9월) 임오일(27)에 고려 백성 노구(奴久) 등이 잇달아 와서 항복하니, 각각 전택(田宅)을 내렸다. (『魏書』7上 帝紀 7上 高祖)

고구려   가을 9월에 백성 노구 등이 위(魏)로 달아나 항복하니, 각각 전택을 주었다. 이는 위 고조(高祖) 연흥 원년이다. (『三國史記』18 高句麗本紀 6)

고구려   가을 9월에 고구려 백성 노구 등이 위로 달아나 항복하니, 각각 전택을 주었다. (『三國史節要』5)

고구려   (후위(後魏)) 효문(孝文) 연흥 원년 9월에 고등이 잇달아 고구려 백성 노구 등이 잇달아 와서 항복하니, 각각 전택을 주었다. (『册府元龜』977 外臣部 22 降附)

신라   겨울 10월에 전염병이 크게 돌았다. (『三國史記』3 新羅本紀 3)

신라   겨울 10월에 신라에서 전염병이 크게 돌았다. (『三國史節要』5)

백제   겨울 11월 무오일(4)에 백제국이 사신을 보내 특산물을 바쳤다. (『宋書』8 本紀 8 明帝)

백제   태종(太宗) 태시 7년에 또 사신을 보내 특산물을 바쳤다. (『宋書』97 列傳 57 夷蠻 百濟國)

백제   명제(明帝) 태시 7년에 또 사신을 보내 득산물을 바쳤다. (『南史』79 列傳 69 夷貊 下 東夷 百濟)

신라   하다(秦)의 백성을 오미(臣)·무라지(連) 등에게 분산시켜 각각 원하는 바에 따라 부리도록 하고 하다노미야츠코(秦造)에게 맡기지 않았다. 이로 말미암아 하다노미야츠코 사케(秦造酒)가 매우 근심스럽게 여기며 천황을 섬겼다. 천황은 그를 총애하여 조(詔)를 내려 하다의 백성을 모아 하다노사케노키미(秦酒公)에게 주니, 공은 이에 180종(種)의 수구리(勝)를 거느리고 용조(庸調)로 견겸(絹縑)을 바쳐 조정에 가득 쌓았다. 그러므로 카바네(姓)를 하사하여 우츠마사(禹豆麻佐)라 하였다[일설에는 우츠모리마사(禹豆母利麻佐)라 하였는데, 모두 가득 쌓은 모양이다]. (『日本書紀』14 雄略紀)

472(壬子/신라 자비마립간 15/고구려 장수왕 60/백제 개로왕 18/劉宋 泰豫 1/倭 雄略 16)

고구려	(연흥(延興) 2년) 2월 임자일(29)에 고려국이 사신을 보내 조공하였다. (『魏書』7上 帝紀 7上 高祖)
고구려	봄 2월에 사신을 보내 위(魏)에 들어가 조공하였다. (『三國史記』18 高句麗本紀 6)
고구려	봄 2월에 고구려에서 사신을 보내 위에 가서 조공하였다. (『三國史節要』5)
고구려	(연흥(延興) 2년) 가을 7월 신축일(27)에 고려국이 사신을 보내 조공하였다. (『魏書』7上 帝紀 7上 高祖)
고구려	가을 7월에 사신을 보내 위(魏)에 들어가 조공하였다. 이 이후부터 공물로 바치는 것이 전의 배가 되었는데, 그 보답으로 주는 것도 점점 더해졌다. (『三國史記』18 高句麗本紀 6)
고구려	가을 7월에 또 사신을 보내 보공하였다. 이 이후부터 공물로 바치는 것이 전의 배가 되었는데, 그 보답으로 주는 것도 더해졌다. (『三國史節要』5)
고구려	(후위(後魏)) 효문(孝文) 연흥 2년 7월에 고려국이 (…) 모두 사신을 보내 조공하였다. (『册府元龜』969 外臣部 14 朝貢 2)
신라	가을 7월에 조(詔)를 내려 뽕나무 재배에 적당한 국현(國縣)에 뽕나무를 심도록 하였다. 또 하다의 백성을 분산하여 옮겨서 용조(庸調)를 바치도록 하였다. (『日本書紀』14 雄略紀)
백제 고구려	(연흥(延興) 2년) 8월 병진일(6)에 백제국이 사신을 보내 군사를 청해 고구려를 정벌하는 표를 올렸다. (『魏書』7上 帝紀 7上 高祖)
백제 고구려	(후위(後魏)) 효문(孝文) 연흥 2년 8월 병진일(6)에 백제국이 사신을 보내 군사를 청해 고구려를 정벌하는 표를 올렸다. (『册府元龜』999 外臣部 44 請求)
백제 고구려	(연흥 2년) 8월 백제가 사신을 고구려를 정벌하는 군사를 청하였다. (『北史』3 魏本紀 3 高祖孝文皇帝)

백제 고구려 부여

위(魏)에 사신을 보내 조회하고 왕이 표문을 올렸다. "제가 동쪽 끝에 나라를 세웠으나, 이리와 승냥이 같은 고구려가 길을 막고 있으니, 비록 대대로 중국의 교화를 받았으나 번병(藩屛) 신하의 도리를 다할 수 없었습니다. 멀리 천자의 궁궐을 바라보면서 달려가고 싶은 생각은 끝이 없으나, 북쪽의 서늘한 바람으로 말미암아 대답을 들을 수 없었습니다. 생각하건대 폐하께서는 천명과 조화를 이루고 있으니 존경하는 심정을 이루 다 말할 수 없습니다. 삼가 본국의 관군장군(冠軍將軍)·부마도위(駙馬都尉)·불사후(弗斯侯)·장사(長史) 여례(餘禮)와 용양장군(龍驤將軍)·대방태수(帶方太守)·사마(司馬) 장무(張茂) 등을 보내어 험한 파도에 배를 띄워 아득한 나루를 찾아, 목숨을 자연의 운명에 맡기면서 제 정성의 만분의 일이라도 보내고자 하옵니다. 바라건대 천지신명이 감동하고 역대 황제의 신령이 크게 보호하여, 이들이 폐하의 거처에 도달하여 저의 뜻을 전하게 할 수 있다면, 그 소식을 아침에 듣고 저녁에 죽는다 하더라도 길이 여한이 없을 것입니다."

표문에서 또한 말했다. "저와 고구려는 조상이 모두 부여 출신이므로 선조 시대에는 고구려가 옛 정을 굳건히 존중하였는데, 그의 조상 쇠(釗)가 경솔하게 우호 관계를 깨뜨리고 직접 군사를 거느려 우리 국경을 침범하여 왔습니다. 우리 조상 수(須)가 군사를 정비하여 번개 같이 달려가 기회를 타서 공격하니 잠시 싸우다가 쇠의 머리를 베어 효시하였습니다. 이로부터 감히 남쪽을 돌아보지 못하다가 풍씨(馮氏)의 운수가 다하여, 남은 사람들이 고구려로 도망해온 이후로 추악한 무리가 차츰 세력을 쌓아 갔던 것입니다. 그리하여 그들은 결국 우리를 무시하고 침략하게 되었습니다. 원한을 맺고 전화(戰禍)가 이어진지 30여 년이 되었으니, 재정은 탕진되고 힘은 고갈되어 나라가 점점 쇠약해졌습니다. 만일 폐하의 인자한 생각이 먼 곳까지 빠짐없이 미친다면, 속히 장수를 보내 우리나라를 구해 주소서. 그렇게 해준다면 저의 딸을 보내 후궁을 청소하게 하고, 자식과 아우를 보내 외양간에서 말을 기르게 하겠으며, 한 치의 땅, 한 명의 백성이라도 감히 저의 소유로 하지 않겠습니다."

표문에서는 또한 다음과 같이 말했다. "지금 연(璉)은 죄를 지어 나라가 스스로 남에게 잡아 먹히게 되었고, 대신과 호족들의 살육 행위가 그치지 않고 있습니다. 그들의 죄악은 넘쳐나서 백성들은 뿔뿔이 흩어지고 있으니, 지금이야말로 그들이 멸망할 시기로서 폐하의 힘을 빌릴 때입니다. 또한 풍족(馮族)의 군사와 군마는 집에서 키우는 새나 가축이 주인을 따르는 것 같은 심정을 가지고 있고, 낙랑의 여러 군은 고향으로 돌아가고자 하니, 황제의 위엄이 한 번 움직여 토벌을 행한다면 전투가 벌어질 필요도 없을 것입니다. 저는 비록 명민하지는 않으나 힘을 다하여 우리 군사를 거느리고 위풍을 받들어 호응할 것입니다. 또한 고구려는 의롭지 못하여 반역하고 간계를 꾸미는 일이 많으니, 겉으로는 외효(隗囂)가 스스로 자신을 변방의 나라라고 낮추어 쓰던 말버릇을 본받으면서도, 속으로는 흉악한 화란과 행동을 꿈꾸면서, 남쪽으로는 유씨(劉氏)와 내통하기도 하고, 북쪽으로는 연연(蠕蠕)과 맹약을 맺어 강하게 결탁하기도 함으로써 폐하의 정책을 배반하려 하고 있습니다. 옛날 요임금은 지극한 성인이었으나 단수(丹水)에서 전투를 하여 묘만(苗蠻)에 벌을 주었으며, 맹상군(孟嘗君)은 어질다고 소문이 났었으나 길가에서 남을 꾸짖기를 포기하지 않았습니다. 작게 흐르는 물도 일찍 막아야 하는 것이니, 지금 만약 고구려를 치지 않는다면 앞으로 후회하게 될 것입니다. 지난 경진년 후에 우리나라 서쪽 경계의 소석산 북쪽 바다에서 10여 구의 시체를 보았고, 동시에 의복, 기물, 안장, 굴레 등을 얻었는데, 이를 살펴보니 고구려의 것이 아니었습니다. 후에 들으니 이는 바로 황제의 사신이 우리나라로 오다가 고구려가 길을 막았기에 바다에 빠진 것이라 합니다. 비록 자세히는 알 수 없으나 매우 분하게 생각하였습니다. 옛날 송(宋)나라가 신주(申舟)를 죽이니 초나라 장왕(莊王)이 맨발로 뛰어 나갔고, 새매가 풀어준 비둘기를 잡아 요리를 하니 신릉군(信陵君)이 식사를 하지 않았습니다. 적을 이기고 이름을 세우는 것은 대단히 아름답고 훌륭한 일입니다. 작은 변방도 오히려 만대의 신의를 생각하는데 하물며 폐하께서는 천지의 기를 모으고, 세력이 산과 바다를 기울일 수 있는데 어찌 고구려와 같은 애송이로 하여금 황제의 길을 막게 합니까. 이제 북쪽 바다에서 얻었던 안장을 바쳐 증거로 삼고자 합니다."

현조(顯祖)가 백제의 사신이 멀리 떨어진 곳에서 위험을 무릅쓰고 조공을 바쳤다 하여 융숭하게 예우하고, 사신 소안(邵安)으로 하여금 그들을 데리고 백제로 가게 하였다. 이때 조칙을 내려 말했다. "글을 받고 아무 일 없이 지낸다는 말을 들으니 매우 기쁘다. 그대가 동쪽 한 구석, 오복(五服)의 밖에 있으면서 산과 바다를 멀리 여기지 않고 위나라 조정에 정성을 바치니, 그 지극한 뜻을 가상히 여겨 가슴 속에 기억해 두리라. 내가 만대에 누릴 위업을 계승하여 사해에 군림하면서 모든 백성들을 다스리니, 이제 나라는 깨끗이 통일되고 8방에서 귀순하기 위하여 어린아이를 업고 이 땅에 이르는 자들이 헤아릴 수 없이 많다. 평화로운 풍속과 성대한 군사는 여례 등이 직접 듣고 보았다. 그대는 고구려와 불화하여 여러 번 침범을 당하였지만 만일

정의를 따르고 어진 마음으로 방어할 수 있다면 원수에 대하여 무엇을 걱정하겠는가? 이전에 사신을 파견하여 비디를 건너 국경 밖의 먼 나라를 위무하게 하였으나, 그 후 여러 해가 되도록 돌아오지 않으니 그가 살았는지 죽었는지, 또는 그곳에 도착했는지 도착하지 못했는지를 알 수가 없었다. 그대가 보낸 안장을 예전 것과 비교하여 보니 중국의 산물이 아니었다. 의심되는 일을 사실로 단정하는 과오를 범할 수는 없는 일이니, 고구려를 침공할 계획은 별지에 상세히 밝힐 것이다."

이 조서에서 이어 다음과 같이 말했다. "이제 다음과 같은 사실을 알게 되었도다. 즉, 고구려는 국토의 지세가 험하다는 사실을 믿고 그대의 국토를 침범하였으니, 이는 자기 선대 임금의 오랜 원한을 갚으려고 백성들을 편안케 하는 큰 덕을 버린 것이다. 전쟁이 여러 해에 걸쳐 이어지니 변경을 단속하기 어려울 것이다. 그리하여 사신은 신포서(申包胥)의 정성을 겸하게 되고 나라는 초(楚), 월(越)과 같이 위급하게 되었구나. 이제 마땅히 정의를 펴고 약자를 구하기 위하여 기회를 보아 번개처럼 공격해야 할 것이다. 그러나 고구려는 선대로부터 번방의 신하로 자처하며 오랫동안 조공을 바쳐왔다. 그들 스스로는 비록 이전부터 잘못이 있었으나, 나에게는 명령을 위반한 죄를 지은 일이 없다. 그대가 처음으로 사신을 보내와 그들을 곧 토벌하기를 요청하였으나, 사리를 검토해 보아도 토벌의 이유가 또한 충분하지 않았다. 그러므로 지난해에 예 등을 평양에 보내 고구려의 상황을 조사하려고 하였다. 그러나 고구려가 여러 번 주청하고 그 말이 사리에 모두 맞으니 우리 사신은 그들의 요청을 막을 수 없었고, 법관은 그들에게 죄명을 줄 만하지 못했던 바, 그들이 말하는 바를 들어 주고 예 등을 돌아오게 하였다. 만약 고구려가 이제 다시 명령을 어긴다면, 그들의 과오가 더욱 드러날 것이므로 뒷날 아무리 변명을 하더라도 죄를 피할 길이 없을 것이니, 그렇게 된 연후에는 군사를 일으켜 그들을 토벌하더라도 이치에 합당할 것이다. 모든 오랑캐 나라들은 대대로 바다 밖에 살면서, 왕도가 창성하면 번방 신하로서의 예절을 다하고, 은혜가 중단되면 자기의 영토를 지켜 왔다. 따라서 중국과 예속 관계를 유지하는 것은 예전의 법전에도 기록되어 있으며, 호시(楛矢)를 바치는 일은 세시에 그쳤다. 그대가 강약에 대한 형세를 말하였으며 지난 시대의 사실들을 모두 열거하였지만, 풍속이 다르고 사정이 변하여 무엇을 주려 하여도 나의 생각과 맞지 않는다. 우리의 너그러운 규범과 관대한 정책은 아직 그대로 남아 있다. 이제 중국은 통일 평정되어 나라 안에 근심이 없다. 이에 따라 매번 동쪽 끝까지 위엄을 떨치고 국경 밖에 깃발을 휘날려 먼 나라의 굶주리는 백성을 구원하며, 먼 지방까지 황제의 위풍을 보이고 싶었다. 그러나 사실은 고구려가 그때마다 진정을 토로하였기 때문에 미처 토벌을 도모하지 못했던 것이다. 지금 그들이 나의 조칙에 순종하지 않는다면, 그대의 계책이 나의 뜻과 맞으니 큰 군사가 토벌의 길을 떠나는 것도 장차 멀다고는 할 수 없다. 그대는 미리 군사를 정돈하여 함께 군사를 일으킬 수 있도록 준비할 것이며, 때에 맞추어 사신을 보내 그들의 실정을 즉시 알 수 있도록 해야 할 것이다. 우리 군사가 출동하는 날, 그대가 향도의 선두가 된다면 승리한 후에는 역시 가장 큰 공로로 상을 받게 될 것이니, 이 또한 좋은 일이 아니겠는가. 그대가 바친 포백과 해산물은 비록 모두 도착하지는 않았으나, 그대의 지극한 성의는 잘 알겠도다. 이제 별지와 같이 내가 여러 가지 물품을 보내노라."

또한 고구려 왕 연(璉)에게 조서를 보내 안(安) 등을 백제로 보호하여 보내도록 하였다. 안 등이 고구려에 이르자 연이 예전에 여경(餘慶)과 원수를 진 일이 있다 하여, 그들을 동쪽으로 통과하지 못하게 하므로 안 등이 모두 돌아가니, 위나라에서는 곧 고구려 왕에게 조서를 내려 엄하게 꾸짖었다. 그 후에 안 등으로 하여금 동래(東萊)를 출발하여 바다를 건너가서, 여경에게 조서를 주어 그의 정성과 절조를 표창하게 하였다. 그러나 안 등이 바닷가에 이르자 바람을 만나 표류하다가 끝내 백제에 도달하지 못하고 돌아갔다. 왕은 고구려가 자주 변경을 침범한다 하여 위나라에 표문을 올려 군사를 요청하였으나, 위나라에서는 듣지 않았다. 왕이 이를 원망하여 마침내 조공을 중단하였다. (『三國史記』 25 百濟本紀 3)

백제 고구려 부여

백제왕이 위(魏)에 사신을 보내 조회하고 왕이 표문을 올렸다. "신이 동쪽 끝에 나라를 세웠으나, 이리와 승냥이가 길을 막고 있으니, 비록 대대로 중국의 교화를 받았으나 번병(藩屛) 도리를 다할 수 없었습니다. 멀리 천자의 궁궐을 바라보면서 달려가고 싶은 생각은 끝이 없습니다. 삼가 본국의 관군장군·부마도위·불사후·장사 여례와 용양장군·대방태수·사마 장무 등을 보내어 폐하의 거처에 도달하여 신의 뜻을 전합니다."

또한 말했다. "신과 고구려는 근원이 부여에서 나왔으므로 선조 시대에는 옛 정을 굳건히 존중하였는데, 그의 조상 쇠가 경솔하게 우호 관계를 깨뜨리고 직접 군사를 거느려 신의 국경을 침범하여 왔습니다. 신의 조상 수가 군사를 정비하여 번개 같이 달려가 틈을 타서 달려가 치니 화살과 돌이 잠깐 동안 어지러이 날아 다녔고 쇠의 머리를 베어 효시하였습니다. 이로부터 감히 남쪽을 돌아보지 못하다가 풍씨의 운수가 다하여, 남은 사람들이 고구려로 도망해온 이후로 추악한 무리가 차츰 세력을 쌓아 갔던 것입니다. 그리하여 그들은 결국 우리를 무시하고 침략하게 되었습니다. 원한을 맺고 전화(戰禍)가 이어진지 30여 년이 되었으니, 재정은 탕진되고 힘은 고갈되어 나라가 점점 쇠약해졌습니다. 만일 폐하의 인자한 생각이 먼 곳까지 빠짐없이 미친다면, 속히 장수를 보내 신라의 나라를 구해주려 오소서. 그렇게 해준다면 저의 딸을 보내 후궁을 청소하게 하고, 자식과 아우를 보내 외양간에서 말을 기르게 하겠으며, 한 치의 땅, 한 명의 백성이라도 감히 저의 소유로 하지 않겠습니다."

또 말했다. "지금 연(璉)은 죄를 지어 나라가 스스로 남에게 잡아 먹히게 되었고, 대신과 호족들의 살육 행위가 그치지 않고 있습니다. 그들의 죄악은 넘쳐나서 백성들은 뿔뿔이 흩어지고 있으니, 지금이야말로 그들이 멸망할 시기로서 폐하의 힘을 빌릴 때입니다. 또한 풍족의 군사와 군마는 집에서 키우는 새나 가축이 주인을 따르는 것 같은 심정을 가지고 있고, 낙랑의 여러 군은 고향으로 돌아가고자 하니, 황제의 위엄이 한 번 움직여 토벌을 행한다면 전투가 벌어질 필요도 없을 것입니다. 저는 비록 명민하지는 않으나 힘을 다하여 우리 군사를 거느리고 위풍을 받들어 호응할 것입니다. 또한 고구려는 의롭지 못하여 반역하고 간계를 꾸미는 일이 많으니, 겉으로는 외효(隗囂)가 스스로 자신을 변방의 나라라고 낮추어 쓰던 말버릇을 본받으면서도, 속으로는 흉악한 화란과 행동을 꿈꾸면서, 남쪽으로는 유씨(劉氏)와 내통하기도 하고, 북쪽으로는 연연(蠕蠕)과 맹약을 맺어 강하게 결탁하기도 함으로써 폐하의 정책을 배반하려 하고 있습니다. 옛날 요임금은 지극한 성인이었으나 단수(丹水)에서 전투를 하여 묘만(苗蠻)에 벌을 주었으며, 맹상군(孟嘗君)은 어질다고 소문이 났었으나 길가에서 남을 꾸짖기를 포기하지 않았습니다. 작게 흐르는 물도 일찍 막아야 하는 것이니, 지금 만약 고구려를 치지 않는다면 앞으로 후회하게 될 것입니다. 지난 경진년 후에 우리나라 서쪽 경계의 소석산 북쪽 바다에서 10여 구의 시체를 보았고, 동시에 의복, 기물, 안장, 굴레 등을 얻었는데, 이를 살펴보니 고구려의 것이 아니었습니다. 후에 들으니 이는 바로 황제의 사신이 우리나라로 오다가 고구려가 길을 막았기에 바다에 빠진 것이라 합니다. 비록 자세히는 알 수 없으나 매우 분하게 생각하였습니다. 옛날 송(宋)나라가 신주(申舟)를 죽이니 초나라 장왕(莊王)이 맨발로 뛰어 나갔고, 새매가 풀어준 비둘기를 잡아 요리를 하니 신릉군(信陵君)이 식사를 하지 않았습니다. 적을 이기고 이름을 세우는 것은 대단히 아름답고 훌륭한 일입니다. 작은 변방도 오히려 만대의 신의를 생각하는데 하물며 폐하께서는 천지의 기를 모으고, 세력이 산과 바다를 기울일 수 있는데 어찌 고구려와 같은 애숭이로 하여금 황제의 길을 막게 힙니끼. 이제 북쪽 바다에서 얻었던 안장을 바쳐 증거로 삼고자 합니다."

현조(顯祖)가 백제의 사신이 멀리 떨어진 곳에서 위험을 무릅쓰고 조공을 바쳤다 하여 융숭하게 예우하고, 사신 소안(邵安)으로 하여금 그들을 데리고 백제로 가게 하였다. 이때 조칙을 내려 말했다. "글을 받고 아무 일 없이 지낸다는 말을 들으니 매우 기쁘다. 그대가 동쪽 한 구석, 오복(五服)의 밖에 있으면서 산과 바다를 멀리 여기지 않고 위나라 조정에 정성을 바치니, 그 지극한 뜻을 가상히 여겨 가슴 속에 기억해 두리라. 내가 만대에 누릴 위업을 계승하여 사해에 군림하면서 모든 백성들을 다스리니, 이제 나라는 깨끗이 통일되고 8방에서 귀순하기 위하여 어린아이를 업고 이 땅에 이르는 자들이 헤아릴 수 없이 많다. 평화로운 풍속과 성대한 군사는 여례 등이 직접 듣고 보았다. 그대는 고구려와 불화하여 여러 번 침범을 당하였지만 만일 정의를 따르고 어진 마음으로 방어할 수 있다면 원수에 대하여 무엇을 걱정하겠는가? 이전에 사신을 파견하여 바다를 건너 국경 밖의 먼 나라를 위무하게 하였으나, 그 후 여러 해가 되도록 돌아오지 않으니 그가 살았는지 죽었는지, 또는 그곳에 도착했는지 도착하지 못했는지를 알 수가 없었다. 그대가 보낸 안장을 예전 것과 비교하여 보니 중국의 산물이 아니었다. 의심되는 일을 사실로 단정하는 과오를 범할 수는 없는 일이니, 고구려를 침공할 계획은 별지에 상세히 밝힐 것이다."

이 조서에서 이어 다음과 같이 말했다. "이제 다음과 같은 사실을 알게 되었도다. 즉, 고구려는 국토의 지세가 험하다는 사실을 믿고 그대의 국토를 침범하였으니, 이는 자기 선대 임금의 오랜 원한을 갚으려고 백성들을 편안케 하는 큰 덕을 버린 것이다. 전쟁이 여러 해에 걸쳐 이어지니 변경을 단속하기 어려울 것이다. 그리하여 사신은 신포서(申包胥)의 정성을 겸하게 되고 나라는 초(楚), 월(越)과 같이 위급하게 되었구나. 이제 마땅히 정의를 펴고 약자를 구하기 위하여 기회를 보아 번개처럼 공격해야 할 것이다. 그러나 고구려는 선대로부터 번방의 신하로 자처하며 오랫동안 조공을 바쳐왔다. 그들 스스로는 비록 이전부터 잘못이 있었으나, 나에게는 명령을 위반한 죄를 지은 일이 없다. 그대가 처음으로 사신을 보내와 그들을 곧 토벌하기를 요청하였으나, 사리를 검토해 보아도 토벌의 이유가 또한 충분하지 않았다. 그러므로 지난해에 예 등을 평양에 보내 고구려의 상황을 조사하려고 하였다. 그러나 고구려가 여러 번 주청하고 그 말이 사리에 모두 맞으니 우리 사신은 그들의 요청을 막을 수 없었고, 법관은 그들에게 죄명을 줄 만하지 못했던 바, 그들이 말하는 바를 들어 주고 예 등을 돌아오게 하였다. 만약 고구려가 이제 다시 명령을 어긴다면, 그들의 과오가 더욱 드러날 것이므로 뒷날 아무리 변명을 하더라도 죄를 피할 길이 없을 것이니, 그렇게 된 연후에는 군사를 일으켜 그들을 토벌하더라도 이치에 합당할 것이다. 모든 오랑캐 나라들은 대대로 바다 밖에 살면서, 왕도가 창성하면 번방 신하로서의 예절을 다하고, 은혜가 중단되면 자기의 영토를 지켜 왔다. 따라서 중국과 예속 관계를 유지하는 것은 예전의 법전에도 기록되어 있으며, 호시(楛矢)를 바치는 일은 세시에 그쳤다. 그대가 강약에 대한 형세를 말하였으며 지난 시대의 사실들을 모두 열거하였지만, 풍속이 다르고 사정이 변하여 무엇을 주려 하여도 나의 생각과 맞지 않는다. 우리의 너그러운 규범과 관대한 정책은 아직 그대로 남아 있다. 이제 중국은 통일 평정되어 나라 안에 근심이 없다. 이에 따라 매번 동쪽 끝까지 위엄을 떨치고 국경 밖에 깃발을 휘날려 먼 나라의 굶주리는 백성을 구원하며, 먼 지방까지 황제의 위풍을 보이고 싶었다. 그러나 사실은 고구려가 그때마다 진정을 토로하였기 때문에 미처 토벌을 도모하지 못했던 것이다. 지금 그들이 나의 조칙에 순종하지 않는다면, 그대의 계책이 나의 뜻과 맞으니 큰 군사가 토벌의 길을 떠나는 것도 장차 멀다고는 할 수 없다. 그대는 미리 군사를 정돈하여 함께 군사를 일으킬 수 있도록 준비할 것이며, 때에 맞추어 사신을 보내 그들의 실정을 즉시 알 수 있도록 해야 할 것이다. 우리 군사가 출동하는 날, 그대가 향도의 선두가 된다면 승리한 후에는 역시 가장 큰 공로로 상을 받게 될 것이니, 이 또한 좋은 일이 아니겠는가? 그대가 바친 포백과 해산물은 비록 모두 도착하지는 않았으나, 그대의 지극한 성의는 잘 알겠도다. 이제 별지와 같이 내가 여러 가지 물품을 보내노라.“

또한 고구려 왕 연(璉)에게 조서를 보내 안(安) 등을 백제로 보호하여 보내도록 하였다. 안 등이 고구려에 이르자 연이 예전에 여경(餘慶)과 원수를 진 일이 있다 하여, 그들을 동쪽으로 통과하지 못하게 하므로 안 등이 모두 돌아가니, 위나라에서는 곧 고구려 왕에게 조서를 내려 엄하게 꾸짖었다. 그 후에 안 등으로 하여금 동래(東萊)를 출발하여 바다를 건너가서, 여경에게 조서를 주어 그의 정성과 절조를 표창하게 하였다. 그러나 안 등이 바닷가에 이르자 바람을 만나 표류하다가 끝내 백제에 도달하지 못하고 돌아갔다. 왕은 고구려가 자주 변경을 침범한다 하여 위나라에 표문을 올려 군사를 요청하였으나, 위나라에서는 듣지 않았다. 왕이 이를 원망하여 마침내 조공을 중단하였다 (『三國史節要』5)

백제 고구려 부여

연흥 2년에 백제왕 여경(餘慶)이 처음으로 사신을 보내어 표를 올려 말하였다. “신(臣)이 동쪽 끝에 나라를 세워 승냥이와 이리들에게 길이 막히니, 비록 대대로 신령하신 교화를 받았으나 번신(藩臣)의 예를 받들 길이 없었습니다. 천자(天子)의 궁궐을 그려 우러러 보면서 달려가는 마음 끝이 없습니다. 소슬한 바람이 살며시 일어나는데 엎드려 생각건대 황제 폐하께서는 시절의 변화에 잘 조화하시는지 우러러 사모하는 정을 억누를 길 없습니다. 삼가 사서(私署)한 관군장군·부마도위·불사후·장사 여례와 용양장군·대방태수·사마 장무 등을 보내어 파도에 배를 던져 망망한 바닷길을 더듬게 하였습니다. 하늘에 운명을 맡기고 만분의 일이나마 조그만 정성을 올리오니, 바라옵건대 귀신의 감응이 내리고 황제의 위령(威靈)이 크게 감싸주어 폐하의 대궐에 도착하여 신의 뜻이 퍼진다면, 아침에 그 말을 듣고서 저녁에 죽는다 하여도 영원히 여한이 없을 것입니다.” 하였다.

또 말하기를, “신은 고구려와 함께 부여에서 나왔으므로 선대(先代)에는 우의를 매우 돈독히 하였습니다. 그런데 그들의 선조인 쇠(釗)가 이웃 간의 우호를 가볍게 깨뜨리고 몸소 군사를 거느리고 신의 국경을 짓밟았습니다. 그리하여 신의 선조인 수가 군사를 정돈하고 번개처럼 달려가서 기회를 타 돌풍처럼 공격하여, 화살과 돌이 오고 간지 잠깐 만에 쇠의 머리를 베어 높이 매달으니, 그 이후부터는 감히 남쪽을 엿보지 못하였습니다. 그런데 풍씨의 국운이 다하여 그 유민이 [고구려로] 도망하여 온 후로부터 추악한 무리가 점점 강성하여져 끝내 침략과 위협을 당하여 원한이 얽히고 전화(戰禍)가 연이은 것이 30여년입니다. 물자도 다되고 힘도 떨어져서 자꾸만 쇠잔해지고 있습니다. 만일 천자의 인자와 간절한 긍휼이 멀리라도 미치지 않는 곳이 없다면 급히 장수 한 사람을 보내어 신의 나라를 구원하여 주십시요. 마땅히 저의 딸을 보내어 후궁에서 청소를 하게 하고, 이울러 자제들을 보내어 마굿 간에서 말을 먹이게 하겠으며 한 치의 땅이나 한 사람의 필부라도 감히 저의 것이라 생각하지 않겠습니다.” 하였다.

또 말하기를 “지금 련(璉)의 죄로 나라는 어육(魚肉)이 되었고, 대신들과 호족들의 살륙됨이 끝이 없어 죄악이 가득히 쌓였으며, 백성들은 이리저리 흩어지고 있습니다. 이는 멸망의 시기이며 도움을 받아야 할 때입니다. 또 풍씨 일족의 사람과 말에게는 조축지련(鳥畜之戀)이 있고, 낙랑 등 여러 군은 수구지심(首丘之心)을 품고 있습니다. 폐하의 위엄을 한번 발동하면 정벌만이 있고 전쟁은 없을 것입니다. 신은 비록 명민하지 못하더라도 몸과 마음을 다 바쳐 당연히 휘하의 군사를 거느리고 가르침을 받아 움직일 것입니다. 또 고구려의 불의와 잘못은 하나 뿐이 아닙니다. 겉으로는 외효(隗囂)처럼 번병(藩屏)의 겸손한 말을 지껄이면서도 속으로는 흉악한 짐승의 저돌적인 행위를 품고 있습니다. 남쪽으로는 유씨와 통호하기도 하고, 북쪽으로는 연연(蠕蠕)와 맹약하기도 하여 서로 순치(脣齒)의 관계를 이루면서 왕략(王略)을 짓밟으려 하고 있습니다. 옛 요임금과 같이 더 없는 성군도 남만(南蠻)을 단수(丹水)에서 쳐서 벌하셨고, 맹상군(孟嘗君)처럼 어질다는 사람도 비웃는 길손을 그대로 두지 않았습니다. 한 방울씩 새어나오는 물이라도 마땅히 일찍 막아야 하니, 지금 취하지 않으실 것 같으면 뒷날 후회를 남기실 것입니다. 지난 경진년(庚辰年) 이후, 신의 나라 서쪽 국경에 있는 소석산(小石山)의 북쪽 바다에서 10여구의 시체를 발견함과 아울러 옷과 기물·안장·굴레 등을 얻었사온데, 살펴보니 고구려의 물건들이 아니었습니다. 뒤에 들으니 이는 폐하의 사신이 신의 나라로 오는 것을 뱀처럼 흉악한 것들이 길을 막고 바다에 침몰시킨 것이었습니다. 확실히 그렇게 하였는지는 알지 못하겠으나, 깊이 분노를 느낍니다. 춘추시대에 송(宋)에서 신주(申舟)를 살해하자 초(楚) 장왕(莊王)은 맨발로 뛰쳐 나갔고, 매가 놓아준 비둘기를 덮치자 신릉군(信陵君)은 끼니를 굶었습니다. 적을 이겨 명예를 세움은 더할 수 없는 훌륭한 것입니다. 구구하게 외진 조그마한 나라에서도 만대(萬代)의 신의를 사모하는데, 하물며 폐하께서는 천지의 기운을 모으셨고 형세는 산해(山海)를 기울일 만한데, 어찌하여 조그마한 어린 아이 가 폐하께 가는 길을 걸터앉아 막게 하십니까? 이제 주운 안장 하나를 올려 증거로 삼으려 합니다." 하였다.

현조(顯祖)는 멀고 궁벽진 곳에서 위험을 무릅쓰고 조공한 것을 생각하여 예우를 매우 정중히 하고, 사신 소안(邵安)을 파견하여 그 사신과 함께 돌아가게 하였다. 조서에 이르기를, "표문을 받고 무양(無恙)하다 들으니 매우 기쁘오. 경은 동쪽 한 모퉁이의 오복(五服) 밖에 있으면서 산과 바다를 멀다 아니하고 위(魏) 대궐에 정성을 바치니, 지극한 뜻 기쁘게 여겨 가슴에 간직하겠소. 짐은 만세의 제업(帝業)을 이어받아 사해에 군림하여 뭇 생령들을 통치하고 있소. 이제 천하가 한결같이 평온하여지고 먼 곳에서 귀의하니, 포대기로 아이를 업고 이르는 사람이 이루 헤아릴 수 없소. 풍속의 온후함과 군사·마필(馬匹)의 강성함은 모두 사신 여례(餘禮) 등이 직접 보고 들은 바이오. 그대의 나라가 고구려와 불화하여 여러 차례 침범을 당하였으나, 진실로 의(義)에 순응하고 인(仁)으로써 방비한다면 어찌 원수를 걱정할 것이 있겠는가. 전에 사신을 파견하여 바다를 건너 변방 밖 먼 곳의 나라를 위무케 하였는데, 그로부터 여러 해가 지나도록 떠난 뒤 돌아오지 않아 생사와 도착 여부를 자세히 알지 못하였소. 그대 나라에서 보내온 안장을 그 때 사신이 탔던 안장인가 대조해 보니 중국의 물건이 아니었소. 반신반의한 일을 가지고 꼭 그럴 것이라고 단정하는 과오를 범할 수는 없소. 천하를 경략(經略)하는 중요방법은 이미 별지(別旨)에 갖추었소." 하였다.

또 조서에 "고구려가 강함을 믿고 경의 국토를 침범하여 선군(先君)의 옛 원수를 갚는다면서 백성들을 쉬게 하는 큰 가르침을 저버리고, 여러 해 동안 전쟁을 벌여 온갖 어려움이 국경 사이에 맺혀 있음을 알고 있소. 그대 나라에서 온 사신이 신서(申胥)의 정성을 겸하였고, 나라는 초(楚)나 월(越)의 급함이 있으니 응당 의리를 펴서 번개처럼 공격해야 할 것이오. 그러나 고구려는 선대(先代)의 조정에 번신(藩臣)이라 칭하며 직공(職供)하여 온지 오래인지라. 그대들과는 오래 전부터 틈이 있었다 하더라도 우리에겐 아직 영을 어긴 허물이 없소. 경이 사신을 처음 통하여서 곧장 정벌하여 달라 요구하기에 얼마 동안 일의 시비를 따져 보았으나 사리에 역시 맞지 않았소. 그래서 지난 해 예(禮) 등을 평양(平壤)에 파견하여 그 사유를 조사하려 하였소. 그러나 고구려의 빈번한 주청(奏請)이 사리에 합당하였기에 사신이 그들의 청을 억누를 수 없었고, 법을 집행하는 관리도 무엇으로 죄책할 수 없었소. 그리하여 그들의 계청(啓請)을 허락하고 조서를 내려 예 등을 돌아오도록 명하였소. 이제 다시 짐의 뜻을 어길 것 같으면 과오와 허물이 더 더욱 드러날 것이오. 뒤에 변명한다 하더라도 죄를 벗어날 수 없을 것이니, 그 뒤에 군사를 일으켜 그들을 토벌하는 것이 의리에 맞을 것이요. 구이(九夷)의 여러 나라들은 대대로 해외에 살면서 중국에서 도(道)가 융성하면 번신(藩臣)의 예로 받들고, 은혜가 베풀어지지 않으면 국경이나 지켜왔었소. 그 때문에 기미(羈縻)로서의 관계가 역사책에 씌여 있으나, 고시(楛矢)의 공물은 빠뜨린 해가 많았소. 그대는 강약의 형세를 갖추어 진술하고 지난 시대의 자취를 모두 열거하였으나, 풍속도 다르고 사정도 틀려 줄 말을 헤아려 보았지만 마음에 맞지 않으니, 큰 꾀나 책략은 이룰 때가 있을 것이오. 이제 중국이 평정 통일되어 천하에 근심이 없으므로, 늘 동쪽 지방에 위엄을 세워 변방에 깃발을 세우고, 궁벽한 곳의 변방 백성들을 구원하고 먼 지방에 제왕의 덕을 펴 보고자 하오. 그러나 사실은 고구려에 질서가 있으므로 아직 정벌을 계획하는 데는 미치지 못하겠소. 이제 만일 조서를 따를 것 같지 않으면 경이 보내온 계책이 짐의 뜻에 합치하니, 군대를 출동하는 일은 앞으로 멀지 않을 것이오. 군사를 미리 준비하여 함께 일어나도록 시기를 기다리면서, 때때로 사신을 보내어 저들의 정황을 속히 알려줘야 할 것이오. 군사를 일으키는 날 그대가 길을 인도하는데 앞장선다면 크게 승리를 거둔 뒤에는 원공(元功)의 상을 받게 되니 그 또한 좋지 않겠소. 보내온 비단과 해산물이 모두 다 도착되지는 않았으나, 경의 지극한 정성은 밝혀졌소. 이제 여러 가지 물품을 별지(別旨)와 같이 내리오.”라고 하였다.

또 연(璉)에게 조서를 내려 안(安) 등을 호송하라고 하였다. 안 일행이 고구려에 이르니, 련은 옛날 여경(餘慶)과의 원수관계가 있음을 말하며 동쪽으로 통과시키지 않았다. 안 일행이 이로 말미암아 모두 되돌아왔다. 이에 (련에게) 조서를 내려 준절히 질책하였다. (『魏書』100 列傳 88 百濟)

백제 고구려 부여

북위 연흥 2년에 그 왕 여경이 처음으로 관군장군 부마도위 불사후 장사 여례와 용양장군 대방태수 사마 장무 등을 보내어 표를 올려 자신의 의사를 알렸다. “신은 고구려와 더불어 부여에서 나왔으므로, 선대 적에는 정분을 돈독히 하였습니다. 그런데 그들의 선조인 쇠(釗)는 이웃 나라간의 우호를 경솔히 폐기하고, 신의 국경을 짓밟았습니다. 그리하여 신의 선조인 수(須)가 군대를 정돈하고 맹렬히 돌격하여 쇠의 머리를 베어 효시하였더니, 그 뒤로는 감히 남쪽을 넘보지 못하였습니다. 풍씨의 국운이 다하여 그 유민들이 고구려로 도망해 오면서 추악한 무리(醜類)가 점차 강성하여져, 끝내 백제도 그들의 침략과 위협을 당하여 원한이 얽히고 전화가 연이은 것이 30여년입니다. 만일 천자의 인자와 간절한 긍휼이 멀리라도 미치지 않는 데가 없다면 속히 장수 한 사람을 파견하여 신의 나라를 구원해 주십시오. 마땅히 저의 딸을 보내어 후궁에서 청소나 하게 하고, 아울러 자제들도 보내어 마굿간에서 말을 기르도록 하겠으며, 한 치의 땅이나 한 사람의 필부라도 감히 서의 소유라 여기지 않겠습니다. 지난 경진년 이후 신의 나라 서쪽 바다 가운데에서 시체 10여구를 발견하고 아울러 의복·기물·안장·굴레 등을 얻었사온데, 살펴보니 고구려의 물건이 아니었습니다. 뒤에 들으니 이는 바로 폐하의 사신이 신의 나라로 내려오던 중에, 뱀처럼 흉악한 것들이 길을 막고 바다에 침몰시킨 것이라고 합니다. 이제 습득한 안장 하나를 바쳐 실증(實證)해 보이겠습니다.”라고 하였다.

북위 헌문제(獻文帝)는 백제가 매우 먼 곳에서 험난함을 무릅쓰고 들어와 조공하였기 때문에 예우를 매우 후하게 하고, 사신 소안(邵安)을 파견하여 그 사신과 함께 돌아가도록 하였다. 조서에 이르기를, "표를 받고 무양(無恙)함을 알았소. 그대가 고구려와 화복하지 못하여 침범을 당하게 되었지만, 진실로 의리에 순응하고 인으로써 지킨다면, 어찌 구수(寇讎)를 걱정할 것이 있겠소? 전에 파견한 사신은 바다를 건너가 변방 밖의 먼 곳의 나라를 위무하도록 하였던 것이오. 그로부터 지금까지 여러 해가 되도록 돌아오지 아니하여, 생사와 도착 여부를 자세히 알지 못하였소. 그대가 보낸 안장이 사신이 탔던 안장인가 비교하여 보았더니, 중국의 물건이 아니었소. 반신반의한 일을 가지고 꼭 그럴 것이라고 단정하는 과오를 범할 수는 없소. 천하를 경략(經略)하는 중요 방법은 별지(別旨)에 갖추어져 있소."라고 하였다.

또 조서에, "고구려는 선대부터 번국으로 자칭하며 직공하여 온 지 오래인지라, 그대 나라와는 옛날부터 틈이 있었다 하더라도 우리나라에 대해서는 아직 명령을 거역한 잘못이 없소. 그런데 그대가 사신을 처음으로 통교하면서 곧장 고구려를 정벌하여 달라고 요구하는지라 얼마동안 사안을 검토하여 본 즉 이유 역시 충분하지 못하였소. 그대가 바친 비단과 해산물이 모두 다 도착되지는 않았으나, 그대의 지극한 정성은 알겠소. 지금 여러 가지 물품을 별지(別旨)와 같이 하사하오." 하였다.

또 연(璉)에게 조서를 내려 안 등을 호송하라고 하였다. 안 등이] 고구려에 이르자, 련은 과거에 여경과 원수진 것이 있다는 핑계로 안 일행을 동쪽으로 통과하지 못하게 하였다. 안 일행은 이로 말미암아 모두 되돌아 왔다. 이에 (련에게) 조서를 내려 몹시 나무랐다. (『北史』 84 列傳 82 百濟)

고구려　　11월 신축일(23)에 예예국(芮芮國)과 고려국이 사신을 보내 특산물을 바쳤다. (『宋書』 9 本紀 9 後廢帝)

고구려　　(연흥(延興) 2년) 이해에 고려·지두간(地豆干)·고막해(庫莫奚)·고창국(高昌國) 등이 모두 사신을 보내 조공하였다. (『北史』 3 魏本紀 3 高祖孝文皇帝)

473(癸丑/신라 자비마립간 16/고구려 장수왕 61/백제 개로왕 19/劉宋 元徽 1/倭 雄略 17)

신라　　봄 정월에 아찬(阿飡) 벌지(伐智)와 급찬(級飡) 덕지(德智)를 좌·우장군(左右將軍)으로 삼았다. (『三國史記』 3 新羅本紀 3)

신라　　봄 정월에 신라에서 아찬 벌지와 급찬 덕지를 좌·우장군으로 삼았다. (『三國史節要』 5)

고구려　　(연흥(延興) 3년) 2월 무신일(1)에 고려국과 거란국이 모두 사신을 보내 조공하였다. (『魏書』 7上 帝紀 7上 高祖)

고구려　　봄 2월에 사신을 보내 위(魏)에 들어가 조공하였다. (『三國史記』 18 高句麗本紀 6)

고구려　　2월에 고구려에서 사신을 보내 위에 가서 조공하였다. (『三國史節要』 5)

고구려　　(후위(後魏) 효문(孝文) 연흥) 3년 2월에 고려와 거란국이 (…) 모두 사신을 보내 조공하였다. (『册府元龜』 969 外臣部 14 朝貢 2)

신라　　가을 7월에 명활성(明活城)을 수리하였다. (『三國史記』 3 新羅本紀 3)

신라　　가을 7월에 명활성을 수리하였다. (『三國史節要』 5)

고구려　　(연흥(延興) 3년) 8월 기유일(5)에 고려와 고막해국(庫莫奚國)이 모두 사신을 보내 조헌(朝獻)하였다. (『魏書』 7上 帝紀 7上 高祖)

고구려　　가을 8월에 사신을 보내 위(魏)에 들어가 조공하였다. (『三國史記』 18 高句麗本紀 6)

고구려	8월에 고구려에서 사신을 보내 위에 가서 조공하였다. (『三國史節要』 5)
고구려	(후위(後魏) 효문(孝文) 연흥 3년) 8월에 고려와 고막해국이 (…) 모두 사신을 보내 조헌하였다. (『册府元龜』 969 外臣部 14 朝貢 2)
고구려	(연흥(延興) 3년)이 해에 고려·거란·고막해(庫莫奚)·실만근국(悉萬斤國) 등이 아울러 사신을 보내 조공하였다. (『北史』 3 魏本紀 3 高祖孝文皇帝)

474(甲寅/신라 자비마립간 17/고구려 장수왕 62/백제 개로왕 20/劉宋 元徽 2/倭 雄略 18)

고구려	(연흥(延興) 4년) 3월 정해일(16)에 고려·토욕혼(吐谷渾)·조리국(曹利國) 등이 각각 사신을 보내 조공하였다. (『魏書』 7上 帝紀 7上 高祖)
고구려	봄 3월에 사신을 보내 위(魏)에 들어가 조공하였다. (『三國史記』 18 高句麗本紀 6)
고구려	봄 3월에 고구려에서 사신을 보내 위(魏)에 가서 조공하였다. (『三國史節要』 5)
고구려	(후위(後魏) 효문(孝文) 연흥 4년) 3월에 고려·토욕혼·조리국이 (…) 모두 사신을 보내 조헌(朝獻)하였다. (『册府元龜』 969 外臣部 14 朝貢 2)
신라	일모(一牟)·사시(沙尸)·광석(廣石)·답달(沓達)·구례(仇禮)·좌라(坐羅) 등의 성을 쌓았다.(『三國史記』 3 新羅本紀 3)
신라	신라에서 일모·사시·광석·답달·구례·좌라 등의 성을 쌓았다. (『三國史節要』 5)
고구려	(연흥(延興) 4년) 가을 7월 경오일(1)에 고려국이 사신을 보내 조헌(朝獻)하였다. (『魏書』 7上 帝紀 7上 高祖)
고구려	가을 7월에 사신을 보내 위(魏)에 들어가 조공하였다. (『三國史記』 18 高句麗本紀 6)
고구려	(가을 7월) 고구려에서 사신을 보내 위(魏)에 가서 조공하였다. (『三國史節要』 5)
고구려	(후위(後魏) 효문(孝文) 연흥(延興) 4년) 7월에 고려국이 (…) 모두 사신을 보내 조헌(朝獻)하였다. (『册府元龜』 969 外臣部 14 朝貢 2)
고구려	(연흥(延興) 4년) 이 해에 속특(粟特)·칙륵(敕勒)·토욕혼(吐谷渾)·고려·조리(曹利)·활실(闊悉)·거란·고막해(庫莫奚)·지두간국(地豆干國) 등이 아울러 사신을 보내 조공하였다. (『北史』 3 魏本紀 3 高祖孝文皇帝)

신라 고구려 백제

가을 7월에 고구려 왕 거련(巨連)이 직접 군사를 거느리고 백제를 공격하였다. 백제 왕 경(慶)이 아들 문주(文周)를 보내 구원을 요청하였다. 왕이 군사를 내어 구해주려 했으나, 이르지 않아서 백제가 이미 함락되었다. 경 또한 피살되었다. (『三國史記』 3 新羅本紀 3)

고구려 백제 신라

가을 7월에 고구려에서 백제를 치려 하니 백제왕이 아들 문주를 보내 신라에 보내어 구원을 요청하였다. 이보다 앞서 고구려 장수왕이 백제를 시기 위하여, 백제에 가서 첩자 노릇을 할 만한 자를 구하였다. 이때 중 도림(道琳)이 이에 응하여 말했다. "소승이 원래 도는 알지 못하지만 나라의 은혜에 보답코자 합니다. 원컨대 대왕 께서는 저를 어리석은 자로 여기지 마시고 일을 시켜 주신다면 왕명을 욕되게 하지 않을 것을 기약합니다." 왕이 기뻐하여 비밀리에 그를 보내 백제를 속이도록 하였다. 이에 도림은 거짓으로 죄를 지어 도망하는 체하고 백제로 왔다. 당시의 백제 왕 근개루는 장기와 바둑을 좋아하였다. 도림이 대궐 문에 이르러 "제가 어려서부터 바둑을 배워 상당한 묘수의 경지를 알고 있으니, 왕께 들려 드리고자 합니다."라고 하였다. 왕이 그를 불러들여 대국을 하여 보니 과연 국수였다. 왕은 마침내 그를 상객으로 내우하고 매우 친히게 어거 서로 늦게 만난 것을 한탄하였다. 도림이 하루는 왕을 모시고 앉아서 말했다. "저는 다른 나라 사람인데 왕께서 저를 멀리 여기시지 않고 많은 은혜를 베풀어 주셨으나, 다만 한 가지 재주로 보답했을 뿐이고, 아직 털 끝만한 이익도 드린 적이 없습니다. 이제 한 말씀 올리려 하오나 왕의 뜻이 어떠한지 알 수 없습니다." 왕이 말했다. "말해 보라. 만일 나라에 이롭다면 이는 선생에게서 바라는 것이로다." 도림이 말했다. "대왕의 나라는 사방이 모두 산, 언덕, 강, 바다이니 이는 하늘이 만든 요새이지 사람의 힘으로 된 지형이 아닙니다. 그러므로 사방의 이웃 나라들이 감히 엿볼 마음을 갖지 못하고 다만 받들어 섬기기를 원하고 있습니다. 그러므로 왕께서는 마땅히 숭고한 기세와 부유한 치적으로 남들을 놀라게 해야 할 것인데, 성곽은 수축되지 않았고 궁실은 수리되지 않았습니다. 또한 선왕의 해골은 들판에 가매장되어 있으며, 백성의 가옥은 자주 강물에 허물어지니, 이는 대왕이 취할 바가 아니라고 저는 생각합니다." 왕이 말했다. "좋다. 내가 그리 하겠다." 이에 왕은 백성들을 모조리 징발하여, 흙을 쪄서 성을 쌓고, 그 안에는 궁실, 누각, 사대를 지으니 웅장하고 화려하지 않은 것이 없었다. 또한 욱리하(郁里河)에서 큰 돌을 캐다가 관을 만들어 아버지의 해골을 장사하고, 사성(蛇城) 동쪽으로부터 숭산 (崇山) 북쪽까지 강을 따라 둑을 쌓았다. 이로 말미암아 창고가 텅 비고 백성들이 곤궁하여져서 나라는 누란의 위기를 맞게 되었다. 이에 도림이 도망해 돌아와서 왕에게 이 사실을 보고하였다. 장수왕이 기뻐하며 백제를 치기 위하여 장수들에게 군사를 나누어 주었다. 근개루가 이 말을 듣고 아들 문주에게 말했다. "내가 어리석고 총명하지 못하여, 간사한 사람의 말을 믿다가 이렇게 되었다. 백성들은 쇠잔하고 군대는 약하니, 비록 위급한 일을 당하여도 누가 기꺼이 나를 위하여 힘써 싸우려 하겠는가. 나는 당연히 나라를 위하여 죽어야 하지만 네가 여기에서 함께 죽는 것은 유익할 것이 없으니, 난리를 피하여 있다가 나라의 왕통을 잇도록 하라." 문주가 곧 목협만치(木刕滿致) 와 조미걸취(祖彌桀取)[목협 , 조미는 모두 복성이다]를 데리고 남쪽으로 떠났다. (『三國史節要』5)

| 고구려 | (가을 7월) 사신을 보내 송(宋)에 들어가 조공하였다. (『三國史記』18 高句麗本紀 6) |
| 고구려 | (가을 7월) 또 사신을 보내 송에 가서 조공하였다. (『三國史節要』5) |

475(乙卯/신라 자비마립간 18/고구려 장수왕 63/백제 개로왕 21, 문주왕 1/劉宋 元徽 3/倭 雄略 19)

| 신라 | 봄 정월에 왕이 명활성(明活城)으로 옮겨 거주하였다. (『三國史記』3 新羅本紀 3) |
| 신라 | 봄 정월에 신라 왕이 명활성으로 옮겨 거주하였다. (『三國史節要』5) |

고구려	(연흥(延興)) 5년 봄 2월 경자일(5)에 고려국이 사신을 보내 조헌(朝獻)하였다. (『魏書』7上 帝紀 7上 高祖)
고구려	봄 2월에 사신을 보내 위(魏)에 들어가 조공하였다. (『三國史記』18 高句麗本紀 6)
고구려	2월에 고구려에서 사신을 보내 위에 가서 조공하였다. (『三國史節要』5)
고구려	(후위(後魏) 효문(孝文) 연흥 5년 3월에 고려국이 사신을 보내 조헌하였다. (『册府元龜』969 外臣部 14 朝貢 2)

| 고구려 | (연흥 5년) 가을 8월 정묘일(5)에 고려·토욕혼(吐谷渾)·지두우국(地豆于國) 등이 사신을 보내 조헌(朝獻)하였다. (『魏書』7上 帝紀 7上 高祖) |
| 고구려 | 가을 8월에 사신을 보내 위에 들어가 조공하였다. (『三國史記』18 高句麗本紀 6) |

고구려	가을 8월에 또 사신 보내 조공하였다. (『三國史節要』 5)
고구려	(후위 효문 연흥 5년) 8월에 고려·토욕혼·지두우국 등이 (…) 모두 사신을 보내 조헌 (朝獻)하였다. (『册府元龜』 969 外臣部 14 朝貢 2)

백제 고구려	도미(都彌)는 백제 사람이다. 비록 호적에 편입(編戶)된 평민이었지만 자못 의리를 알았다. 그의 아내는 아름답고 예뻤으며 또한 절개 있는 행실이 있어 당시 사람들로부터 칭찬을 받았다. 개루왕(蓋婁王)이 이를 듣고 도미를 불러 더불어 말하였다. 왕이 "무릇 부인의 덕은 비록 지조가 굳고 행실이 깨끗함을 우선으로 하지만 만약 그윽하고 어두우며 사람이 없는 곳에서 교묘한 말로써 유혹하면 마음을 움직이지 않을 수 있는 사람이 드물 것이다."라고 하였다. [도미는] "사람의 마음이란 헤아릴 수 없으나 저의 아내와 같은 사람은 비록 죽더라도 변함이 없을 것입니다."라고 대답하였다. 왕이 그녀를 시험해 보려고 일을 핑계로 도미를 머물게 하고는 가까운 신하 한 사람으로 하여금 거짓으로 왕의 옷을 입고, 마부를 데리고 밤에 그 집에 가도록 시키고, 사람을 시켜 먼저 왕께서 오실 것임을 알리도록 하였다. 왕을 가장한 신하가 그 부인에게 말하였다. "나는 오랫동안 네가 예쁘다는 소리를 들었다. 도미와 내기하여 그를 이겼으니 내일 너를 들여 궁인(宮人)으로 삼기로 하였다. 이 다음부터네 몸은 내 것이다." 드디어 그녀를 간음하려고 하자 부인이 말하였다. "국왕께서는 거짓말을 하지 않으실 것이니 제가 감히 따르지 않겠습니까? 청컨대 대왕께서는 먼저 방에 들어가소서. 제가 옷을 갈아입고 들어가겠습니다." 물러나시는 한 계집종을 치장하여 잠자리에 들였다. 왕이 후에 속았음을 알고 크게 노하였다. 도미를 무고하여 처벌하였는데, 두 눈을 멀게 하고 사람을 시켜 끌어내 작은 배에 태워 강에 띄웠다. 드디어 그의 아내를 끌어다가 강간하려고 하니, 부인이 말하였다. "지금 남편을 이미 잃었으니 홀로 남은 이 한 몸을 스스로 보전할 수가 없습니다. 하물며 왕의 시비가 되었으니 어찌 감히 어길 수 있겠습니까. 그러나 지금 월경 중이라서 온 몸이 더러우니 다른 날을 기다려 향기롭게 목욕한 후에 오겠습니다." 왕이 그 말을 믿고 허락하였다. 부인이 곧 도망쳐 강어귀에 이르렀으나 건널 수가 없었다. 하늘을 부르며 통곡하다가 홀연히 외로운 배가 물결을 따라 이르는 것을 보았다. [그것을] 타고서 천성도(泉城島)에 이르러 그 남편을 만났는데 아직 죽지 않았다. 풀 뿌리를 캐서 먹다가 드디어 함께 같은 배를 타고 고구려의 산산(祘山) 아래에 이르렀다. 고구려 사람들이 불쌍히 여겨 옷과 음식을 주었다. 마침내 구차히 살다가 객지에서 일생을 마쳤다. (『三國史記』 48 列傳 8 都彌)

고구려 백제	9월에 왕이 군사 3만을 거느리고 백제를 침입하여, 왕이 도읍한 한성(漢城)을 함락하고, 그 왕 부여경(扶餘慶)을 죽이고 남녀 8천명을 포로로 잡고 돌아왔다. (『三國史記』 18 高句麗本紀 6)
백제 고구려	가을 9월에 고구려 왕 거련(巨璉)이 군사 3만 명을 거느리고 와서 수도 한성(漢城)을 포위했다. 왕이 싸울 수가 없어 성문을 닫고 있었다. 고구려 사람들이 군사를 네 방면으로 나누어 협공하고, 또한 바람을 이용해서 불을 질러 성문을 태웠다. 백성들 중에는 두려워하여 성밖으로 나가 항복하려는 자들도 있었다. 상황이 어렵게 되자 왕은 어찌할 바를 모르고, 기병 수십 명을 거느리고 성문을 나가 서쪽으로 도주하려 하였으나 고구려 군사가 추격하여 왕을 죽였다. 이보다 앞서 고구려 장수왕이 백제를 치기 위하여, 백제에 가서 첩자 노릇을 할 만한 자를 구하였다. 이때 중 도림(道琳)이 이에 응하여 말했다. "소승이 원래 도는 알지 못하지만 나라의 은혜에 보답코자 합니다. 원컨대 대왕께서는 저를 어리석은 자로 여기지 마시고 일을 시켜 주신다면 왕명을 욕되게 하지 않을 것을 기약합니다." 왕이 기뻐하여 비밀리에 그를 보내

백제를 속이도록 하였다. 이에 도림은 거짓으로 죄를 지어 도망하는 체하고 백제로 왔다. 당시의 백제 왕 근개루는 장기와 비둑을 좋아하였다. 도림이 대궐 문에 이르러 "제가 어려서부터 바둑을 배워 상당한 묘수의 경지를 알고 있으니, 왕께 들려 드리고자 합니다."라고 하였다. 왕이 그를 불러들여 대국을 하여 보니 과연 국수였다. 왕은 마침내 그를 상객으로 대우하고 매우 친하게 여겨 서로 늦게 만난 것을 한탄하였다. 도림이 하루는 왕을 모시고 앉아서 말했다. "저는 다른 나라 사람인데 왕께서 저를 멀리 여기시지 않고 많은 은혜를 베풀어 주셨으나, 다만 한 가지 재주로 보답했을 뿐이고, 아직 털끝만한 이익도 드린 적이 없습니다. 이제 한 말씀 올리려 하오나 왕의 뜻이 어떠한지 알 수 없습니다." 왕이 말했다. "말해 보라. 만일 나라에 이롭다면 이는 선생에게서 바라는 것이로다." 도림이 말했다. "대왕의 나라는 사방이 모두 산, 언덕, 강, 바다이니 이는 하늘이 만든 요새이지 사람의 힘으로 된 지형이 아닙니다. 그러므로 사방의 이웃 나라들이 감히 엿볼 마음을 갖지 못하고 다만 받들어 섬기기를 원하고 있습니다. 그러므로 왕께서는 마땅히 숭고한 기세와 부유한 치적으로 남들을 놀라게 해야 할 것인데, 성곽은 수축되지 않았고 궁실은 수리되지 않았습니다. 또한 선왕의 해골은 들판에 가매장되어 있으며, 백성의 가옥은 자주 강물에 허물어지니, 이는 대왕이 취할 바가 아니라고 저는 생각합니다." 왕이 말했다. "좋다! 내가 그리 하겠다." 이에 왕은 백성들을 모조리 징발하여, 흙을 쪄서 성을 쌓고, 그 안에는 궁실, 누각, 사대를 지으니 웅장하고 화려하지 않은 것이 없었다. 또한 욱리하(郁里河)에서 큰 돌을 캐다가 관을 만들어 아버지의 해골을 장사하고, 사성(蛇城) 동쪽으로부터 숭산(崇山) 북쪽까지 강을 따라 둑을 쌓았다. 이로 말미암아 창고가 텅 비고 백성들이 곤궁하여져서 나라는 누란의 위기를 맞게 되었다. 이에 도림이 도망해 돌아와서 왕에게 이 사실을 보고하였다. 장수왕이 기뻐하며 백제를 치기 위하여 장수들에게 군사를 나누어 주었다. 근개루가 이 말을 듣고 아들 문주에게 말했다. "내가 어리석고 총명하지 못하여, 간사한 사람의 말을 믿다가 이렇게 되었다. 백성들은 쇠잔하고 군대는 약하니, 비록 위급한 일을 당하여도 누가 기꺼이 나를 위하여 힘써 싸우려 하겠는가? 나는 당연히 나라를 위하여 죽어야 하지만 네가 여기에서 함께 죽는 것은 유익할 것이 없으니, 난리를 피하여 있다가 나라의 왕통을 잇도록 하라." 문주가 곧 목협만치(木劦滿致)와 조미걸취(祖彌桀取) [목협, 조미는 모두 복성인데, 수서(隋書)에서는 목협을 두 개의 성으로 보았으니 어느 것이 옳은지 알 수 없다]를 데리고 남쪽으로 떠났다. 이때 고구려의 대로(對盧) 제우(齊于), 재증걸루(再曾桀婁), 고이만년(古尒萬年)[재증, 고이는 모두 복성이다] 등이 군사를 거느리고 서 북쪽 성을 공격한 지 7일 만에 함락시키고, 남쪽 성으로 옮겨 공격하자 성안이 위험에 빠지고 왕은 도망하여 나갔다. 고구려 장수 걸루 등이 왕을 보고 말에서 내려 절을 하고, 왕의 낯을 향하여 세 번 침을 뱉고서 죄목을 따진 다음 아차성밑으로 묶어 보내 죽이게 하였다. 걸루와 만년은 원래 백제 사람으로서 죄를 짓고 고구려로 도망했었다.

논하여 말하다. 초(楚)나라 명왕(明王)이 도망하였을 때 운공(隕公) 신(辛)의 동생 회(懷)가 왕을 시해를 도모하며 말하였다. "평왕(平王)이 내 아버지를 죽였으므로 내가 그 아들을 죽이는 것이 또한 옳지 않습니까?" 신(辛)이 말하였다. "임금이 신하를 토죄(討罪)하는 데 누가 감히 원수로 삼겠는가? 임금의 명령은 하늘 같은 것이니, 하늘의 명령으로 죽었다면 장차 누구를 원수라 할 것인가? 걸루 등은 스스로 죄를 지었기 때문에 나라에 용납되지 못하였는데도, 적병을 인도하여 전에 모시던 임금을 죽였으니 그 의롭지 못함이 심하다. 어떤 사람은 "그러면 오자서(伍子胥)가 초나라 수도 영(郢)에 들어가서, 평왕의 시체에 채찍질한 것은 무엇이라 말할 것인가?"라고 말 할 것이다. 양자법언(陽子法言)에는 이를 평하여, '덕(德)에 기반을 둔 행동이 아니다'라고 말하였다. 이른바 덕이란 '인(仁)'과 '의(義)'가 있을 뿐이니, 자서(子胥)의 잔인함이 운공의 어짊만 같지 못하다. 이렇게 평가한다면 걸루 등이 의롭지 못하다는 것이 명백히 드러난다. (『三國史記』 25 百濟本紀 3)

고구려 백제   9월에 고구려 왕이 군사 3만 명을 거느리고 와서 백제 한성을 포위했다. 왕이 성문을 닫고 나가 싸우지 않았다. 고구려가 군사를 네 방면으로 나누어 협공하고, 이때 고구려의 대로 제우, 재증걸루, 고이만년[재증, 고이 는 모두 복성이다] 등이 북쪽 성을 공격한 지 7일 만에 함락시키고 옮겨서 남쪽 성을 공격하였는데, 바람을 이용해서 불을 질러 성문을 태웠다. 성안이 위급해지자 혹은 나가 항복하려는 자들도 있었다. 왕이 어찌할 바를 알지 못하고 수십면의 기병을 이끌고 성에서나와 서쪽으로 달아났다. 걸루 등이 추격하자 왕이 말에서 내려 절하니 걸루가 왕의 얼굴을 향하여 세 번 침을 뱉고서 그 죄를 따지면서 아차성 아래로 묶어 보내 그 왕 여경을 죽이고 남녀 8천명을 사로잡아 데리고 돌아왔다. 걸루와 만년은 원래 백제사람인데 죄를 짓고 고구려로 도망해 들어갔다가 이 때에 이르러 향도가 되었다. 문주가 신라에 당도하여 1만명의 구원병을 얻어 가지고 돌아왔으나 이미 성을 함락되고 왕은 피살되었다. 이에 문주가 왕위에 올랐는데, 성품이 우유부단하였으나 또한 백성을 사랑하였다.

  김부식이 말하였다. 초나라 명왕이 도망하였을 때 운공 신의 동생 회가 왕을 시해를 도모하며 말하였다. "평왕이 내 아버지를 죽였으므로 내가 그 아들을 죽이는 것이 또한 옳지 않습니까." 신이 말하였다. "임금이 신하를 토죄(討罪)하는 데 누가 감히 원수로 삼겠는가. 임금의 명령은 하늘 같은 것이니, 하늘의 명령으로 죽었다면 장차 누구를 원수라 할 것인가. 걸루 등은 스스로 죄를 지었기 때문에 나라에 용납되지 못하였는데도, 적병을 인도하여 전에 모시던 임금을 죽였으니 그 의롭지 못함이 심하다. 어떤 사람은 "그러면 오자서가 초나라 수도 영에 들어가서, 평왕의 시체에 채찍질한 것은 무엇이라 말할 것인가"라고 말 할 것이다. 양자법언(陽子法言)에는 이를 평하여, '덕(德)에 기반을 둔 행동이 아니다'라고 말하였다. 이른바 덕이란 '인(仁)'과 '의(義)'가 있을 뿐이니, 자서(子胥)의 잔인함이 운공의 어짊만 같지 못하다. 이렇게 평가한다면 걸루 등이 의롭지 못하다는 것이 명백히 드러난다. (『三國史節要』 5)

백제 고구려 신라

  문주왕[혹은 문주(汶州)로도 쓴다]은 개로왕의 아들이다. 처음에 비유왕이 죽고 개로가 왕위를 계승하는데, 문주가 보좌하여 직위가 상좌평에 이르렀다. 개로왕 재위 21년에 고구려가 와서 침입하여 한성을 포위하였다. 개로가 성을 막고 굳게 수비하면서 문주를 신라에 보내 구원을 요청하게 하였는데, 군사 1만 명을 얻어 돌아왔다. 고구려 군사는 비록 물러갔으나, 성이 파괴되고 왕이 돌아가셔서 마침내 왕위에 올랐다. 성격은 우유부단하였으나 또한 백성을 사랑하였으므로 백성들도 그를 사랑하였다. (『三國史記』 26 百濟本紀 4)

백제   경(慶)이 죽고 아들 모도(牟都)가 즉위하였다. (『梁書』 54 列傳 48 諸夷 東夷 百濟)

백제   경이 죽고 아들 모도가 즉위하였다. (『南史』 97 列傳 69 夷貊 下 東夷 百濟)

백제   연흥 5년에 안(安) 등으로 하여금 동래(東萊)로부터 바다를 건너가 여경(餘慶)에게 새서(璽書)를 내려 그의 정성을 포상하게 하였다. 그러나 안(安) 등은 바닷가에 이르러 바람을 만나 표류하다 끝내 도착하지 못하고 돌아왔다 (『魏書』 100 列傳 88 百濟)

백제   (연흥) 5년에 안 등으로 하여금 동래서 바다를 건너 백제로 가 여경에게 새서를 하사하고, 그 성절(誠節)을 포상하도록 하였다. 그러나 안 등은 바닷가에 이르러 바람

을 만나 표류하다 끝내 백제에 가지 못하고 되돌아 왔다. (『北史』 94 列傳 82 百濟)

고구려	겨울 10월 병술일(25)에 고려국이 사신을 보내 특산물을 바쳤다. (『宋書』 9 本紀 9 後廢帝)

백제	겨울 10월에 웅진(熊津)으로 도읍을 옮겼다. (『三國史記』 26 百濟本紀 4)
백제	겨울 10월에 백제에서 웅진으로 도읍을 옮겼다. (『三國史節要』 5)
백제	22대 문주왕 즉위 원휘 3년 을묘년에 이르러 도읍을 웅천(熊川)[지금의 공주이다]으로 옮기고 63년을 지냈다. (『三國遺事』 2 紀異 2 南扶餘 前百濟 北扶餘)
백제	고전기(古典記)를 살펴보면, " (…) 22대 문주왕에 이르러 도읍을 웅진으로 옮기고 63년을 지냈다 (…) "고 하였다. (『三國史記』 37 雜志 6 地理 4)

고구려	(연흥(延興) 5년) 이해에 고려·토욕혼(吐谷渾)·구자(龜玆)·거란(契丹)·고막해(庫莫奚)·지두우(地豆于)·연연국(蠕蠕國) 등이 모두 사신을 보내 조공하였다. (『北史』 3 魏本紀 3 高祖孝文皇帝)

476(丙辰/신라 자비마립간 19/고구려 장수왕 64/백제 문주왕 2/劉宋 元徽 4/倭 雄略 20)

고구려	봄 2월에 사신을 보내 위(魏)에 들어가 조공하였다. (『三國史記』 18 高句麗本紀 6)
고구려	봄 2월에 고구려에서 사신을 보내 위에 가서 조공하였다. (『三國史節要』 5)
고구려	(승명(承明) 원년) 봄 2월에 연연(蠕蠕)·고려·고막해(庫莫奚)·파사국(波斯國) 등이 모두 사신을 보내 조공하였다. (『魏書』 7上 帝紀 7上 高祖)
고구려	(후위(後魏) 효문(孝文)) 승명 원년 봄 2월에 연연·고려·고막해·파사국 등이 (…) 모두 사신을 보내 조헌(朝獻)하였다. (『册府元龜』 969 外臣部 14 朝貢 2)

백제	봄 2월에 대두산성을 고치고 한강 이북의 민가를 옮겼다. (『三國史記』 26 百濟本紀 4)
백제	(봄 2월) 백제에서 대두산성을 수리하고 한강 이북의 민가를 옮겼다. (『三國史節要』 5)

백제	3월에 사신을 보내 송(宋)에 예방하려 하였으나, 고구려가 길을 막아 다다르지 못하고 되돌아왔다. (『三國史記』 26 百濟本紀 4)
백제	3월에 백제에서 사신을 보내 송에 예방하려 하였으나, 고구려가 길을 막아 다다르지 못하고 되돌아왔다. (『三國史節要』 5)

백제 탐라	여름 4월에 탐라국이 특산물을 바치자, 왕이 기뻐하여 사신을 임명하여 은솔(恩率)로 삼았다. (『三國史記』 26 百濟本紀 4)
백제 탐라	여름 4월에 탐라국이 백제에 특산물을 바치자, 왕이 기뻐하여 사신을 임명하여 은솔로 삼았다. (『三國史節要』 5)

신라	여름 6월에 왜인(倭人)이 동쪽 변경에 침입하였다. 왕이 장군 덕지(德智)에게 명해 공격하여 물리치고 2백여 명을 죽이거나 사로잡았다. (『三國史記』 3 新羅本紀 3)
신라	6월에 왜인이 신라 동쪽 변경에 침입하였다. 왕이 장군 덕지에게 명해 공격하여 물리치고 2백여 명을 죽이거나 사로잡았다. (『三國史節要』 5)

고구려	(승명 원년) 가을 7월 갑진일(17)에 고려와 고막해국(庫莫奚國)이 모두 사신을 보내 조공하였다. (『魏書』7上 帝紀 7上 高祖)
고구려	가을 7월에 사신을 보내 위에 들어가 조공하였다. (『三國史記』18 高句麗本紀 6)
고구려	가을 7월에 고구려에서 사신을 보내 위에 가서 조공하였다. (『三國史節要』5)
고구려	(후위 효문 승명 원년) 7월에 고려와 고해(庫奚)가 (…) 모두 사신을 보내 조헌(朝獻) 하였다. (『册府元龜』969 外臣部 14 朝貢 2)
백제	가을 8월에 해구(解仇)를 임명하여 병관좌평(兵官佐平)으로 삼았다. (『三國史記』26 百濟本紀 4)
백제	8월에 백제에서 해구를 임명하여 병관좌평으로 삼았다. (『三國史節要』5)
고구려	(승명 원년) 9월 정해일(1)에 고려·고막해(庫莫奚)·거란국(契丹國) 등이 모두 사신을 보내 조헌(朝獻)하였다. (『魏書』7上 帝紀 7上 高祖)
고구려	9월에 사신을 보내 위에 들어가 조공하였다. (『三國史記』18 高句麗本紀 6)
고구려	9월에 고구려에서 사신을 보내 위에 가서 조공하였다. (『三國史節要』5)
고구려	(후위 효문 승명 원년) 9월에 고려·고막해·거란(契丹)·탕창(宕昌)·실만근(悉萬斤) 등이 (…) 모두 사신을 보내 조헌하였다. (『册府元龜』969 外臣部 14 朝貢 2)
고구려 백제	겨울 고려의 왕이 군사를 크게 일으켜 백제를 쳐서 없앴디. 이 때 조금 남은 무리들이 있어 창하(倉下)에 모여 있었는데 군량이 다하자 매우 근심하여 울었다. 이에 고려 장수들이 왕에게 "백제는 마음이 일정하지 않습니다. 신들은 그들을 볼 때마다 모르는 사이에 착각하게 됩니다. 다시 덩굴처럼 살아날까 두려우니, 쫓아가 없애기를 청합니다"고 하였다. 왕은 "안된다. 과인이 듣기에 백제국은 일본국의 관가(官家)가 되었는데 그 유래가 오래되었다고 한다. 또 그 왕이 들어가 천황을 섬긴 것은 사방의 이웃들이 다 아는 바이다"라 하였으므로 드디어 그만두었다[『백제기(百濟記)』에는 다음과 같이 말하였다. "개로왕 을묘년 겨울 박(狛)의 대군이 와서 대성을 7일 낮밤을 공격하였다. 왕성이 항복하여 함락되니 위례(尉禮)를 잃었다. 국왕과 태후, 왕자 등이 모두 적의 손에 죽었다"] (『日本書紀』14 雄略紀)
고구려	(승명 원년) 이해에 연연·고려·고막해·파사(波斯)·거란·탕창·실만근국(悉萬斤國) 등이 모두 사신을 보내 조공하였다. (『北史』3 魏本紀 3 高祖孝文皇帝)
고구려	태종 태시 연간(465~471)에서 후폐제(後廢帝) 원휘(元徽) 연간(473~476)까지 공물을 끊이지 않고 바쳤다. (『宋書』97 列傳 57 夷蠻 高句驪國)
고구려	명제(明帝) 태시 연간에서 후폐제 원휘 연간까지 공물을 끊이지 않게 바쳤다. (『南史』79 列傳 夷貊 下 東夷 高句麗)
고구려	전족(銓族)이 아들 흥대(洪大)의 자(子)는 노박(道廓)이다. 연흥 연간(471~476)에 중서박사(中書博士)가 되었고 후에 고구려에 사신으로 갔다. 안원장군(安遠將軍)·하비태수(下邳太守)로 제수되었고 양군태수(梁郡太守)로 자리가 옮겨졌다. (『魏書』45 列傳 33 杜洪太)
고구려	보(輔)의 동생 좌(佐)의 자(字)는 계익(季翼)이고 문무의 재간이 있었다. 고조(효문제) 초(471~476)에 산기상시(散騎常侍)를 겸하고 명령을 받들어 고구려의 사신으로 갔다. (『魏書』39 列傳 27 李佐)

477(丁巳/신라 자비마립간 20/고구려 장수왕 65/백제 문주왕 3, 삼근왕 1/劉宋 元徽 5, 昇明 1/倭 雄略 21)

고구려	(태화(太和) 원년) 2월 계미일(29)에 고려·거란·고막해국(庫莫奚國)이 각각 사신을 보내 조헌(朝獻)하였다. (『魏書』 7上 帝紀 7上 高祖)
고구려	봄 2월에 사신을 보내 위(魏)에 들어가 조공하였다. (『三國史記』 18 高句麗本紀 6)
고구려	봄 2월에 고구려에서 사신을 보내 위에 가서 조공하였다. (『三國史節要』 5)
고구려	(후위(後魏) 효문(孝文)) 태화 원년 2월에 고려·거란·고막해국이 (…) 모두 사신을 보내 조헌하였다. (『册府元龜』 969 外臣部 14 朝貢 2)

백제	봄 2월에 궁실을 다시 고쳤다. (『三國史記』 26 百濟本紀 4)
백제	(봄 2월) 백제에서 궁실을 다시 고쳤다. (『三國史節要』 5)

백제 고구려	봄 3월에 천황이 백제가 고구려에게 패배했음을 듣고 구마나리(久麻那利)를 문주왕(汶洲王)에게 주어 그 나라를 구원해 일으키게 하였다. 당시 사람들이 모두 "백제국은 비록 거의 망해 창하(倉下)에 모여 근심하고 있으나, 실로 천황에게 의지하여 다시 그 나라를 만들게 되었다"고 하였다[문주왕은 개로왕의 동생이다. 『일본구기(日本舊記)』에서는 "구마나리를 말다왕(末多王)에게 주었다"고 하였는데, 아마도 잘못일 것이다. 구마나리는 임나국(任那國)의 하치호리현(下哆呼唎縣)의 별읍(別邑)이다]. (『日本書紀』 14 雄略紀)

백제	여름 4월에 왕의 아우 곤지(昆支)를 임명하여 내신좌평(內臣佐平)으로 삼고 맏아들 삼근(三斤)을 책봉하여 태자로 삼았다. (『三國史記』 26 百濟本紀 4)
백제	여름 4월에 백제왕이 그의 아우 곤지를 내신좌평으로 삼고 맏아들 삼근을 세워 태자로 삼았다. (『三國史節要』 5)

신라	여름 5월에 왜인(倭人)이 군사를 일으켜 5도(五道)로 와서 침입했지만, 마침내 성과 없이 돌아갔다. (『三國史記』 3 新羅本紀 3)
신라	5월에 왜가 군사를 5도로 신라를 침입했지만, 이기지 못하고 되돌아갔다. (『三國史節要』 5)

백제	5월에 흑룡(黑龍)이 웅진에 나타났다. (『三國史記』 26 百濟本紀 4)
백제	(5월) 백제에서 흑룡이 웅진에 나타났다. (『三國史節要』 5)

백제	가을 7월에 내신좌평 곤지가 죽었다. (『三國史記』 26 百濟本紀 4)
백제	가을 7월에 백제에서 내신좌평 곤지가 죽었다. (『三國史節要』 5)

백제	가을 8월에 병관좌평(兵官佐平) 해구(解仇)가 마음대로 권력을 행사하고 법을 어지럽게 하며, 임금을 무시하는 마음이 있었으나 왕이 제어할 수가 없었다. (『三國史記』 26 百濟本紀 4)

고구려	(태화(太和) 원년) 9월 신묘일(11)에 고려국이 사신을 보내 조공하였다. (『魏書』 7上 帝紀 7上 高祖)
고구려	가을 9월에 사신을 보내 위(魏)에 들어가 조공하였다. (『三國史記』 18 高句麗本紀 6)

고구려	9월에 고구려에서 사신을 보내 위에 가서 조공하였다. (『三國史節要』 5)
백제	9월 왕이 나가 사냥하다가 밖에서 묵었는데, 해구가 도적에게 해치게 하여, 마침내 돌아가셨다. (『三國史記』 26 百濟本紀 4)
백제	삼근왕[혹은 임걸(壬乞)이라고도 한다]은 문주왕의 맏아들이다. 왕이 돌아가시자, 왕위를 이었으니, 나이 13세였다. 군사 임무와 나라 정사에 대한 일체를 좌평(佐平) 해구에게 맡겼다. (『三國史記』 26 百濟本紀 4)
백제	(9월) 백제에서 병관좌평 해구가 그 임금인 문주를 죽였다. 태자 삼근이 왕위에 오르니 나이 13세였다. 군사 임무와 나라 정사에 대한 일체를 해구에게 맡겼다. 처음에 해구는 마음대로 권력을 행사하고 법을 어지럽게 하며, 임금을 무시하는 마음을 간직하여 왕이 제어할 수가 없었다. 이에 이르러 왕이 나가 사냥하다가 밖에서 묵었는데, 해구가 도적에게 해치게 하였다. (『三國史節要』 5)
백제	모도(牟都)가 죽고 아들 모태(牟太)가 즉위하였다. (『梁書』 54 列傳 48 諸夷 東夷 百濟)
백제	도가 죽고 아들 모대(牟大)가 즉위하였다. (『南史』 79 列傳 68 東夷 百濟)
고구려	(태화 원년) 이해에 고려·거란·고막해(庫莫奚)·연연(蠕蠕)·거다라(車多羅)·서천축(西天竺)·사위(舍衛)·첩복라(疊伏羅)·율양(栗楊)·파원활(婆員闊) 등의 나라가 모두 사신을 보내 조공하였다. (『北史』 3 魏本紀 3 高祖孝文皇帝)

478(戊午/신라 자비마립간 21/고구려 장수왕 66/백제 삼근왕 2/劉宋 昇明 2/倭 雄略 22)

신라	봄 2월 밤에 붉은 빛이 한 필의 흰 명주를 편 것처럼 땅에서 하늘까지 뻗쳤다. (『三國史記』 3 新羅本紀 3)
신라	봄 2월에 신라에서 밤에 붉은 빛이 한 필의 흰 명주를 편 것처럼 땅에서 하늘까지 뻗쳤다. (『三國史節要』 5)
백제 고구려	(봄 2월) 백제에서 해구(解仇)가 은솔 연신(燕信)과 무리를 모아 대두성(大豆城)을 거점으로 반란을 일으켰다. 왕이 좌평 진남(眞男)에게 명령하여 군사 2천명으로 토벌하게 하였으나, 이기지 못했다. 다시 덕솔 진로(眞老)에게 명하여 정예 군사 5백명을 거느리고 해구를 공격하여 죽였다. 연신이 고구려로 달아나자, 그 처자를 잡아 웅진 시장에서 목을 베었다. 김부식이 말하였다. "춘추(春秋)의 법에 임금이 시해 당했는데도 역적을 토벌하지 않으면 이를 깊이 책망하여 신하된 사람이 없다고 하였다. 해구가 문주를 시해하자 그 아들 삼근이 왕위를 계승하였는데도 그를 능히 죽이지 못하였을 뿐만 아니라 또 그에게 나라의 정사를 맡겼다가 한 성에 근거하여 반란을 일으킴에 이른 연후에야 두 번이나 큰 군사를 일으켜서 이겼다. 이른바 '서리를 밟으면서도 경계하지 않으면 굳은 얼음을 만들게 되고, 반짝거리는 불똥을 끄지 않으면 활활 타오르는 불꽃이 되는 것'이니, 그 말미암은 바는 점차적인 것이다. 권근이 말하였다. "춘추의 법에 임금을 시해하였는데도 적을 토벌하지 않으면 신자(臣子)의 분의(分義)가 없다고 깊이 책(責)하였다. 해구는 그 임금을 시해하고 국정을 멋대로 하였으며 성에 웅거하여 반란을 일으키기에 이르렀다. 문주의 아들 삼근은 어린 나이에 두 차례나 양장(良將)에게 명하여 죄를 성토(聲討)케 하여 군부(君父)의 원수를 갚았으니 가상하다고 할 만하다." (『三國史節要』 5)
백제 고구려	봄에 좌평 해구가 은솔 연신과 무리를 모아 대두성을 거점으로 반란을 일으켰다. 왕이 좌평 진남에게 명령하여 군사 2천 명으로 토벌하게 하였으나, 이기지 못했다. 다

시 덕솔 진로에게 명하여 정예 군사 5백 명을 거느리고 해구를 공격하여 죽였다. 연신이 고구려로 달아나자, 그의 처자를 잡아 웅진 시장에서 목을 베었다.

논하여 말한다. "춘추의 법에 임금이 시해당했는데도 역적을 토벌하지 않으면 이를 깊이 책망하여 신하된 사람이 없다고 하였다. 해구가 문주를 시해하자 그 아들 삼근이 왕위를 계승하였는데도 그를 능히 죽이지 못하였을 뿐만 아니라 또 그에게 나라의 정사를 맡겼다가 한 성에 근거하여 반란을 일으킴에 이른 연후에야 두 번이나 큰 군사를 일으켜서 이겼다. 이른바 '서리를 밟으면서도 경계하지 않으면 굳은 얼음을 만들게 되고, 반짝거리는 불똥을 끄지 않으면 활활 타오르는 불꽃이 되는 것'이니, 그 말미암은 바는 점차적인 것이다. 당나라 헌종(憲宗)이 시해되었으나 3세(世) 뒤에야 겨우 그 역적을 죽였다. 하물며 바다 모퉁이의 궁벽한 곳에 있는 삼근과 같은 어린아이야 또한 어찌 족히 말할 나위가 있으랴." (『三國史記』 26 百濟本紀 4)

| 고구려 백제 | 백제의 연신이 와서 투항하였다. (『三國史記』 18 高句麗本紀 6) |

| 고구려 | (봄 2월) 고구려에서 사신을 보내 송(宋)에 가서 조공하였다. (『三國史節要』 5) |
| 고구려 | 사신을 보내 송에 들어가 조공하였다. (『三國史記』 18 高句麗本紀 6) |

| 백제 | 3월 기유(己酉) 초하루날에 일식이 있었다. (『三國史記』 26 百濟本紀 4) |
| 백제 | 3월 기유 초하루날에 백제에서 일식이 있었다. (『三國史節要』 5) |

| 신라 | 겨울 10월에 서울에서 지진이 일어났다. (『三國史記』 3 新羅本紀 3) |
| 신라 | 겨울 10월에 신라의 서울에서 지진이 일어났다. (『三國史節要』 5) |

| 고구려 | (12월) 무자일(15)에 고려국에서 사신을 보내 특산물을 바쳤다. (『宋書』 10 本紀 10 順帝) |

신라	신라에 백결선생(百結先生)이라는 자가 있는데, 집이 매우 가난하였다. 옷을 백 번이나 잡아매어 마치 메추라기를 매단 것 같았다. 때문에 당시 사람들이 백결선생이라고 불렀다. 선생은 영계기(榮啓期)의 사람됨을 사모하여 항상 거문고를 가지고 다니면서 무릇 기쁨과 노여움, 슬픔과 기쁨, 불평의 일을 반드시 거문고로 드러냈다. 한 해가 저물려고 할 때에 이웃 동네에서 곡식을 찧었다. 그의 아내가 절구공이 소리를 듣고 말하였다. "다른 사람들은 모두 곡식이 있어 찧는데, 우리만 없으니 어떻게 해를 넘길까." 선생이 하늘을 우러러 탄식하며 말하였다. "대저 죽고 사는 것은 명이 있는 것이요, 부귀는 하늘에 달린 것이니, 그것이 오는 것을 막을 수 없고, 가는 것을 좇을 수 없는데 당신은 어찌 아파하시오." 이에 거문고를 연주하여 절구공이 소리를 내어 위로하였다. 세상에 대악으로 전해졌다. (『三國史節要』 5)
신라	대악(碓樂)은 자비왕 때 사람 백결선생이 만들었다. (『三國史記』 32 雜志 1 樂)
신라	백결선생은 어떠한 사람인지를 알지 못한다. 낭산(狼山) 아래에 살았는데 집이 매우 가난하였다. 옷을 백 번이나 잡아매어 마치 메추라기를 매단 것 같았다. 당시 사람들이 동리(東里)의 백결선생이라고 불렀다. 일찍이 영계기의 사람됨을 사모하여 거문고를 가지고 다니면서 무릇 기쁨과 노여움, 슬픔과 기쁨, 불평의 일을 모두 거문고로 표현하였다. 한 해가 저물려고 할 때에 이웃 동네에서 곡식을 찧었다. 그의 아내가 절구공이 소리를 듣고 말하였다. "다른 사람들은 모두 곡식이 있어 그것을 찧는데, 우리만 없으니 어떻게 해를 넘길까." 선생이 하늘을 우러러 탄식하며 말하였다. "대저 죽고 사는 것은 명이 있는 것이요, 부귀는 하늘에 달린 것이니, 그것이 오는 것을 막을 수 없고, 가는 것을 좇을 수 없는데 당신은 어찌 아파하시오. 내가

당신을 위하여 절구공이 소리를 내어서 위로해 주리다." 이에 거문고를 연주하여 절구공이 소리를 내었다. 세상에 전하여졌는데 이름을 방아타령, 대악이라고 하였다. (『三國史記』 48 列傳 8 百結先生)

백제 고구려 신라 가야 진한 마한

순제(順帝) 승명 2년에 사신을 파견하여 표를 올려 말하였다. "옛 조상 때로부터 스스로 갑주(甲胄)를 걸치고 산천(山川)을 넘나들었으니, 처소에 문안드릴 겨를이 없었습니다. 동쪽으로는 모인(毛人) 55국(國)을 정벌하였으며, 서쪽으로는 중이(衆夷) 66국을 복속시켰고, 해북(海北)으로 95국을 건너가 평정하였으니, 왕도(王道)가 크게 통하여 먼 곳까지 땅을 넓혔으며, 누대에 걸쳐 조종(朝宗)하여 해마다 어김이 없었습니다. (중국으로) 가는 길은 백제를 거치니, 배를 갖추어야 하는데, 구려(句驪)가 무도하여 (우리를) 집어삼키고자 하여, 신의 돌아가신 아버지 제(濟)가 크게 일어나고자 하였으나, 갑자기 아버지와 형을 잃으니, 거의 다된 공(功)을 이루려 하였으나 (끝내) 한 삼태기도 얻지 못했습니다. 지금 병사를 훈련시켜 아버지와 형의 뜻을 펼치고자 하니, 삼가 스스로 개부의동삼사(開府儀同三司)를 가수(假授)하였고, 그 나머지 사람들에게도 모두 각기 가수하여 충절을 권하였습니다." 하였다. 조서를 내려 무(武)에게 사지절(使持節)·도독왜신라임나가라진한모한육국제군사(都督倭新羅任那加羅秦韓慕韓六國諸軍事)·안동대장군(安東大將軍)·왜왕(倭王)을 제수하였다. (『南史』 79 列傳 69 夷貊 下 倭國)

백제 고구려 신라

승명 2년에 사신을 파견하여 표를 올려 말하였다. "봉국(封國)이 먼 곳에 치우쳐 있어 바깥에서 번국을 이루고 있는데, 옛 조상 때로부터 스스로 갑주를 걸치고 산천을 넘나들었으니, 처소에 문안드릴 겨를이 없었습니다. 동쪽으로는 모인 55국을 정벌하였으며, 서쪽으로는 중이 66국을 복속시켰고, 해북으로 95국을 건너가 평정하였습니다. 신(臣)이 비록 천하고 어리석으나, 조상의 유업을 이어 받아 다스리는 곳을 거느리고 천자를 따르고 존숭함을 극진히 하고자 하였습니다. (중국으로) 가는 길은 백제를 거치니, 배를 갖추어야 하는데, 고려가 무도하여 (우리를) 집어삼키고자 하여, 죽이고 도둑질하는 것은 그치지 않으니 매번 지체됨에 이릅니다. 신은 병갑(兵甲)을 훈련시키고 수리하여 이 강적을 꺾어 어려움을 이겨내 평안하게 하여 전의 공을 바꿀 수 없습니다. 삼가 스스로 개부의동삼사를 가수하였고, 그 나머지 사람들에게도 모두 각기 가수하였습니다." 하였다. 조서를 내려 무에게 사지절·안동대장군·왜왕을 제수하였다. 그 왕이 다스리는 야위대국(邪爲台國)을 살펴보니 거리가 요동에서 1만 2천리이며 백제와 신라의 동남쪽에 있고 그 나라의 경계는 동서로 5개월이 걸리며 남북으로는 3개월이 걸린다. 사방이 각각 바다에 이르며 크게 견주면 회계(會稽)·민천(閩川)의 동쪽이고 또한 주애(珠崖)·담이(儋耳)와 서로 가깝다. (『太平寰宇記』 174 四夷 3 東夷 3 倭國)

470(己未/신라 지미마립간 22, 소시마립간 1/고구려 장수왕 67/백제 삼근왕 3, 동성왕 1/劉宋 昇明 3, 南齊 建元 1/倭 雄略 23)

신라　　봄 2월 3일에 왕이 돌아가셨다. (『三國史記』 3 新羅本紀 3)

신라　　소지[또는비처(毗處)라고도 한다]마립간이 왕위에 올랐다. 자비왕의 큰 아들이다. 어머니는 김씨로, 서불한(舒弗邯) 미사흔(未斯欣)의 딸이고, 왕비는 선혜부인(善兮夫人)으로 이벌찬(伊伐湌) 내숙(乃宿)의 딸이다. 소지는 어려서 효행(孝行)이 있었고 겸손과 공손으로 스스로를 지켜 사람들이 모두 그를 따랐다. (『三國史記』 3 新羅本紀 3)

신라　　봄 2월에 신라왕 자비가 돌아가시자 맏아들 소지가 왕위에 올랐는데, 어려서 효행이 있었다. (『三國史節要』5)

신라   (봄 2월) 크게 사면하였고 모든 관리의 관작을 한 등급씩 올려 주었다. (『三國史記』 3 新羅本紀 3)

신라   (봄 2월) 신라에서 크게 사면하였고 모든 관리의 관작을 한 등급씩 올려 주었다. (『三國史節要』5)

고구려   (태화(太和) 3년) 3월 무오일(16)에 토욕혼(吐谷渾)과 고려국이 각각 사신을 보내 조헌(朝獻)하였다. (『魏書』 7上 帝紀 7上 高祖)

고구려   봄 3월에 사신을 보내 위(魏)에 들어가 조공하였다. (『三國史記』 18 高句麗本紀 6)

고구려   봄 3월에 고구려에서 사신을 보내 위에 가서 조공하였다. (『三國史節要』5)

고구려   (후위(後魏) 효문(孝文) 태화) 3년 3월에 三月 토욕혼과 고려국이 (…) 모두 사신을 보내 조헌하였다. (『册府元龜』 969 外臣部 14 朝貢 2)

신라   송나라 때는 신라라 하였는데 혹은 사라(斯羅)라고도 하였다. 그 나라는 작아 스스로 사빙(使聘)을 통할 수 없었다. (『梁書』 54 列傳 48 新羅)

신라   송나라 때는 신라라 하였는데 혹은 사라라고도 하였다. 그 나라는 작아 스스로 사빙을 통할 수 없었다. (『南史』 79 列傳 69 新羅)

고구려   (…) 그러나 저 송나라(420~479) 사람 주영기(朱靈期)[혹은 허(虛)라 한다]는 고려에 사신으로 왔다가 돌아갈 때 배를 잃고 섬에 상륙하여 배도(杯渡 ; 380?~458)의 발위[鉢]를 얻었다. (…) (『海東高僧傳』 1 流通一之 釋亡名)

동이   송나라와 제나라 사이에서 항상 통교하며 공물을 보냈다. (『南史』 79 列傳 69 夷貊下 東夷 序)

백제   진(晉), 송(宋), 제(齊; 南齊), 양(梁)이 강좌(江左: 江東)에 자리잡고 나서, 또한 사신을 보내 번신(藩臣)이라 칭하고 겸하여 벼슬을 받았으며 또한 위(魏)와 끊이지 않았다. (『北史』 94 列傳 82 百濟)

백제   여름 4월 백제의 문근왕(文斤王)이 죽었다. 천왕이 곤지왕(昆支王)의 다섯 아들 중 둘째인 말다왕(末多王)이 어린 나이에 총명하므로 칙명으로 궁궐에 불러 직접 머리와 얼굴을 쓰다듬으며 은근하게 조심하도록 타이르고 그 나라의 왕으로 삼았다. 그리고 병기를 주고 아울러 츠쿠시노쿠니(筑紫國) 군사 500인을 보내 자기 나라로 호위해 보냈는데, 이 사람이 동성왕(東城王)이 되었다. (『日本書紀』 14 雄略紀)

신라 가야 진한

(남제(南齊) 태조 건원 원년 5월) 또 조서로 신제사지절(新除使持節)·도독왜신라임나가라진한육국제군사(都督倭新羅任那加羅秦韓六國諸軍事)·안동대장군(安東大將軍)·왜왕 무(武)를 진동대장군(鎭東大將軍)으로 진호(進號)하였다. (『册府元龜』 963 外臣部 8 封册 1)

대방 신라 가야 마한

왜국(倭國)은 대방(帶方) 동남쪽의 큰 바다의 섬 가운데에 있는데, 한(漢)나라 말 이래로 여자를 왕(王)으로 세웠다. 토속(土俗)은 이미 전사(前史)에서 보았던 대로이다. 건원(建元) 원년에 새로 벼슬을 높여주어 사지절(使持節)·도독왜신라임나가라모한육국제군사(都督倭新羅任那加羅慕韓六國諸軍事)·안동대장군·왜왕 무의 호를 진동대장 군으로 하였다. (『南齊書』 58 列傳 39 東南夷 東夷 倭國)

신라 가야 진한 마한

제(齊) 건원 연간(479~482)에 무를 지절(持節)·독왜신라임나가라진한모한육국제군사 (督倭新羅任那伽羅秦韓慕韓六國諸軍事)·진동대장군에 제수하였다. (『梁書』 54 列傳 48 諸夷 東夷 倭)

신라 가야 진한 마한

제 건원 연간에 무를 지절·독왜신라임나가라진한모한육국제군사·진동대장군에 제수 하였다. (『南史』 79 列傳 69 夷貊 下 倭國)

가야
(남제 태조 건원 원년 5월) 이 때에 가라국왕 하지(荷知)의 사신이 내헌(來獻)하였 다. 조서에 말하였다. "널리 헤아려 비로소 조정에 올라오니, 멀리 있는 오랑캐가 두루 덕에 감화됨이라. 가라왕 하지는 바다 바깥 땅에서 문을 두드리며 동쪽 먼 곳 에서 폐백을 받들었으니, 보국장군(輔國將軍)·본국왕(本國王)을 내려 불 만하다." (『册府元龜』 963 外臣部 8 封册 1)

가야
건원 원년 국왕 하지가 사신을 보내와 방물을 바쳤다. 이에 조서를 내렸다. "널리 헤아려 비로소 조정에 올라오니, 멀리 있는 오랑캐가 두루 덕에 감화됨이라. 가라왕 하지는 바다 바깥 땅에서 문을 두드리며 동쪽 먼 곳에서 폐백을 받들었으니, 보국장 군· 본국왕을 내려 볼 만하다."(『南齊書』 58 列傳 39 東南夷 加羅)

백제   봄과 여름에 큰 가뭄이 들었다. (『三國史記』 26 百濟本紀 4)
백제   봄과 여름에 백제에서 큰 가뭄이 들었다. (『三國史節要』 5)

신라
8월 경오(庚午) 초하루 병자일(7)에 천황의 병이 더욱 심해져 관료들과 하직하고 아 울러 손을 잡고 흐느껴 울었다. 대전(大殿)에서 돌아가셨다. (…) 이 때 정신라장군 (征新羅將軍) 기비노오미오시로(吉備臣尾代)의 행렬이 기비노쿠니(吉備國)에 이르러 집을 지나갔다. 뒤를 따르던 500 에미시(蝦夷)들이 천황이 죽었다는 말을 듣고 서로 이르기를 "우리나라를 다스리던 천황이 죽었으니 때를 잃어서는 안된다"고 하였다. 그리고 서로 모여 이웃 고오리(郡)을 침략하여 노략질하였다. 이에 오시로(尾代)가 집으로부터 와서 에미시와 사바노미나토(娑婆水門)에서 만나 싸우며 활을 쏘니 에미 시들이 뛰어오르거나 엎드려서 능히 화살을 피해 벗어나므로 끝내 쏘아 맞힐 수 없 었다. (『日本書紀』 14 雄略紀)

고구려
(태화 3년) 9월 경신일(21)에 고려·토욕혼·지두우(地豆于)·거란·고막해(庫莫奚)·구자국 (龜茲國) 등이 각각 사신을 보내 조헌(朝獻)하였다. (『魏書』 7上 帝紀 7上 高祖)
고구려   가을 9월에 사신을 보내 위에 들어가 조공하였다. (『三國史記』 18 高句麗本紀 6)
고구려   가을 9월에 고구려에서 사신을 보내 위에 가서 조공하였다. (『三國史節要』 5)
고구려
(후위 효문) 태화 3년 9월에 사신을 보내어 배례하였는데, 서진왕(西秦王) 막괴(慕 瓌)의 동생 모리연(慕利延)이 진서대장군(鎭西大將軍)·의동삼사(儀同三司)가 되었고 고쳐서 서평왕(西平王)에 봉하였다[이 때 원외산기시랑(員外散騎侍郎) 이교(李敎)로 하여금 고려왕 고련(高連)을 도독요해제군사(都督遼海諸軍事)·정동장군(征東將軍)·영 동인중군장(領東人中郡將)·요동비공(遼東碑公)에 임명하였는데, 고구려 정사에는 년 월이 빠졌다]. (『册府元龜』 963 外臣部 8 封册 1)
고구려
(후위 효문 태화 3년) 9월에 고려·토욕혼·지두우·거란·고막해·구자국 등이 각각 사신 을 보내 조헌하였다. (『册府元龜』 969 外臣部 14 朝貢 2)

백제	가을 9월에 내두성(大豆城)을 두곡(斗谷)으로 옮겼다. (『三國史記』 26 百濟本紀 4)
백제	(가을 9월) 백제에서 대두성을 두곡으로 옮겼다. (『三國史節要』 5)
백제	겨울 11월에 왕이 돌아가셨다. (『三國史記』 26 百濟本紀 4)
백제	동성왕(東城王)의 이름은 모대(牟大)[혹은 마모(摩牟)라고도 한다]로, 문주왕의 동생 곤지(昆支)의 아들이다. 담력이 뛰어났으며, 활을 잘 쏘아 백발백중이었다. 삼근왕이 돌아가시자 즉위하였다. (『三國史記』 26 百濟本紀 4)
백제	겨울 11월에 백제왕 삼근이 돌아가셨다. 문주왕의 동생 곤지의 아들인 모대(牟大)가 왕위에 올랐는데, 담력이 뛰어났으며 활을 잘 쏘아 백발백중이었다. (『三國史節要』 5)
백제	모도(牟都)가 죽자 아들 모태(牟太)가 즉위하였다. (『梁書』 54 列傳 48 諸夷 東夷 百濟)
백제	도(都)가 죽자 아들 모대(牟大)가 즉위하였다. (『南史』 79 列傳 69 夷貊 下 東夷 百濟)
백제 고구려	이 해에 백제에서 바친 조부(調賦)가 평상시보다 많았다. 츠쿠시(筑紫)의 아치노오미(安致臣)·우마카이노오미(馬飼臣) 등이 수군을 거느리고 고려를 쳤다. (『日本書紀』 14 雄略紀)
고구려	태조(太祖) 건원 원년에 호(號)를 표기대장군(驃騎大將軍)으로 올려주었다. (『南齊書』 58 列傳 39 東南夷 東夷 高句麗)
고구려	태화 3년에 고구려가 몰래 연연(蠕蠕)과 더불어 모의하여 지두우를 나누어 취하고자 하였다. 거란이 그 침범함을 두려워하여 그 막불하물(莫弗賀勿)이 그 부락의 수레 3천 승(乘)과 무리 만여 명을 이끌고 온갖 가축을 몰아 옮겨서 내부하여 들어오길 구하였으니, 백랑수(白狼水)의 동쪽에 머물게 하였다. 이해부터 항상 조공하였다. (『魏書』 100 列傳 88 契丹國)
고구려	태화 3년에 고구려가 몰래 연연과 더불어 모의하여 지두우를 나누어 취하고자 하였다. 거란이 그 침범함을 두려워하여 그 막불하물이 그 부락의 수레 3천 승과 무리 만여 명을 이끌고 온갖 가축을 몰아 옮겨서 내부하여 들어오길 구하였으니, 백랑수의 동쪽에 머물게 하였다. 이해부터 항상 조공하였다. (『北史』 94 列傳 82 契丹)
고구려	(태화 3년) 이해에 토욕혼·고려·연연·지두우·거란·고막해·구자·속특(粟特)·주일(州逸)·하공(河龔)·첩복라(疊伏羅)·원활(員闊)·실만근(悉萬斤) 등의 나라가 각각 사신을 보내 조공하였다. (『北史』 3 魏本紀 3 高祖孝文皇帝)
고구려	태화(太和) 초(477~479)에 임시로 급사중(給事中)·고려부사(高麗副使)가 되었다. 얼마 지나지 않아 임시로 산기상시(散騎常侍)·고려사(高麗使)가 되었고 후에 장무태수(章武太守)가 되어 나왔고 영원장군(寧遠將軍)을 더하였다. (『魏書』 84 列傳 72 儒林 張仲瑀))

480(庚申/신라 소지마립간 2/고구려 장수왕 68/백제 동성왕 2/南齊 建元 2/倭 清寧 1)

신라	봄 2월에 시조묘(始祖廟)에 제사지냈다. (『三國史記』 3 新羅本紀 3)
신라	봄 2월에 신라 왕이 시조묘에 제사지냈다. (『三國史節要』 5)

백제	3월에 백제국에서 사신을 보내 조공하였다. 그 왕 모도(牟都)를 진동대장군(鎭東大將軍)으로 삼았다. (『南史』 4 齊本紀 上 4)
백제	(남제(南齊) 태조 건원) 2년 3월에 백제왕 모도가 사신을 보내 공물을 바쳤다. 조서에서 말하였다. "하늘의 명령이 새로워졌으니 은택이 먼 곳까지 미치고 있다. 모도는 대대로 동방의 번신으로 있으면서 멀리서 직책을 다하므로 곧 사지절(使持節)·도독백제제군사(都督百濟諸軍事)·진동대장군을 줄만하다." (『册府元龜』 963 外臣部 8 封册 1)
고구려	여름 4월 병인일(1)에 고려왕 낙랑공(樂浪公) 고련(高璉)을 표기대장군으로 진호(進號)하였다. (『南齊書』 2 本紀 2 高帝 下)
고구려	여름 4월 병인일(1)에 고려왕 낙랑공 고련을 표기대장군으로 진호하였다. (『南史』 4 齊本紀 上 4)
고구려	여름 4월에 남제의 태조 소도성(蕭道成)이 왕을 책립하여 표기대장군을 삼았다. 왕이 사신 여노(餘奴) 등을 보내 남제와 통교하게 하였다. 위(魏)의 광주인(光州人)이 바다 가운데서 여노 등을 잡아 대궐로 보냈다. 위 고조가 조서를 보내 왕을 책망하여 말하기를 "소도성이 친히 그 임금을 죽이고 강남에서 자리를 훔쳤다. 짐이 바야흐로 옛 땅에 멸망한 나라를 일으키려고 끊긴 세계(世系)를 유씨(劉氏)에게 잇게 하려 하는데, 경이 우리의 경역(境域)을 넘어 외교를 하여 찬탈한 도적과 멀리 통하려 하니, 어찌 이것이 번신(藩臣)이 절개를 지키는 의리이겠는가. 지금 하나의 잘못으로 경의 옛 정성을 덮을 수 없어 사신을 돌려보낸다. 그 용서에 감사하고 자기 허물을 깨닫고 밝은 명령을 공경하여 받들고, 다스리는 지역을 편안하게 하고 동정을 보고하라."고 하였다. (『三國史記』 18 高句麗本紀 6)
고구려	여름 4월에 남제가 고구려왕을 책립하여 표기대장군을 삼았다. 왕이 사신 여노 등을 보내 사례하였다. 위의 광주인이 바다 가운데서 여노 등을 바쳤다. 위 고조가 조서를 보내 왕을 책망하여 말하였다. "소도성이 친히 그 임금을 죽이고 강남에서 자리를 훔쳤다. 짐이 바야흐로 옛 땅에 멸망한 나라를 일으키려고 끊긴 세계를 유씨에게 잇게 하려 하는데, 경이 우리의 경역을 넘어 외교를 하여 찬탈한 도적과 멀리 통하려 하니, 어찌 이것이 번신이 절개를 지키는 의리이겠는가. 지금 하나의 잘못으로 경의 옛 정성을 덮을 수 없어 사신을 돌려보낸다. 그 용서에 감사하고 자기 허물을 깨닫고 밝은 명령을 공경하여 받들고, 다스리는 지역을 편안하게 하고 동정을 보고하라."고 하였다. (『三國史節要』 5)
고구려	(남제 태조 건원 2년) 4월에 사지절·산기상시(散騎常侍)·도독영평이주제군사(都督營平二州諸軍事)·거기대장군(車騎大將軍)·개부의동삼사(開府儀同三司)·낙랑공·고려왕 고련을 표기대장군으로 진호하였다. (『册府元龜』 963 外臣部 8 封册 1)
고구려	그 때 광주(光州)의 관사(官司)가 련(璉)이 파견하여 소도성에게 가던 사신 여노 등을 해상에서 체포하여 대궐로 압송하여 왔다. 고조가 조서로 련을 꾸짖어 말하였다. "소노성은 식섭 자기의 군수를 죽이고 강좌(江左)에서 천자의 칭호를 참칭하므로, 짐이 바야흐로 망해버린 송나라를 옛 그 지역에 일으키어 끊어져 버린 유씨(劉氏)의 대(代)를 이으려고 하는데, 경은 월경외교(越境外交)하여 찬탈한 역적과 멀리서 통호하려 하니, 어찌 이것이 번신으로서 절의를 지키는 도리이겠느냐. 그러나 이제 한 가지의 허물을 가지고 옛날 정분을 묵살할 수 없어 잡혀온 사람들을 곧장 그대 나라에 돌려보내니, 용서하여 주는 것을 감사하게 여기고 잘못을 생각하도록 하라. 공경히 나의 가르침을 받들어 그대가 거느린 땅을 평안히 안정시키고, 그대가 하는 일은 보고토록 하라."하였다. (『魏書』 100 列傳 88 高句麗)

고구려	그 때 광주의 관사가 련이 파견하여 남제로 가던 사신 여노 등을 해상에서 체포하여 대궐로 압송하였다. 효문제가 조서를 내려 꾸짖어 말하였다. "남세의 소도성은 직접 자기의 임금을 시해하고 강좌에서 제왕의 칭호를 참칭하므로, 짐은 지금 옛 나라의 땅에다 멸망한 송나라를 일으켜 류씨의 끊어진 대를 이어주려고 하오. 그런데 경은 외방에 있으면서 국경을 넘어가 찬적들과 통하고 있으니, 이것이 어찌 번신으로서 지절을 지키는 도의이겠소. 그러나 지금 한가지 잘못으로 옛날 정분을 묵살할 수 없어 잡혀온 사람들을 곧장 되돌려 보내니, 용서하여줌을 고맙게 여겨 잘못을 뉘우치시오. 공경히 나의 가르침을 받들어 그대가 거느린 땅을 평안히 안정시키고, 그대가 하는 일을 보고토록 하시오." 라고 하였다. (『北史』94 列傳 82 高麗)

신라	여름 5월에 서울에 가뭄이 들었다. (『三國史記』3 新羅本紀 3)
신라	5월에 신라의 서울에 가뭄이 들었다. (『三國史節要』5)

신라	겨울 10월에 백성들이 굶주리므로 창고의 곡식을 내어 진휼하였다. (『三國史記』3 新羅本紀 3)
신라	겨울 10월에 신라에서 백성들이 굶주리므로 곡식을 내어 진휼하였다. (『三國史節要』5)

신라 말갈	11월에 말갈(靺鞨)이 북쪽 변경을 침입하였다. (『三國史記』3 新羅本紀 3)
신라 말갈	11월에 말갈이 신라의 북쪽 변경을 침입하였다. (『三國史節要』5)

481(辛酉/신라 소지마립간 3/고구려 장수왕 69/백제 동성왕 3/南齊 建元 3/倭 淸寧 2)

신라	봄 2월에 비열성(比列城)에 행차해서 군사들을 위로하고 솜을 넣어 만든 군복을 내렸다. (『三國史記』3 新羅本紀 3)
신라	봄 2월에 신라왕이 비열성에 행차해서 군사들을 위로하고 솜을 넣어 만든 군복을 내렸다. (『三國史節要』5)

신라 고구려 말갈 백제 가야	
	3월에 고구려와 말갈이 북쪽 변경에 들어와 호명(狐鳴) 등 7성을 빼앗고, 또 군사가 미질부(彌秩夫)에 나아갔다. 우리 군사와 백제·가야의 구원병이 길을 나누어 막으니 적이 패해 물러갔다. 추격해서 이하(泥河) 서쪽에서 물리치니, 목을 벤 자가 1천여 명이었다. (『三國史記』3 新羅本紀 3)

신라 고구려 말갈 백제 가야	
	3월에 고구려와 말갈이 신라의 북쪽 변경에 들어와 호명 등 7성을 빼앗고, 또 군사가 미질부에 나아갔다. 신라 군사와 백제·가야의 구원병이 길을 나누어 막으니 고구려와 말갈 군사가 물러갔다. 추격해서 이하 서쪽에서 물리치니, 목을 벤 자가 1천여 명이었다. (『三國史節要』5)

고구려	12월 정해일(1)에 고려국이 사신을 보내 조공하였다. (『南史』4 齊本紀 上 4)
고구려	사신을 남제(南齊)에 보내 조공하였다. (『三國史記』18 高句麗本紀 6)
고구려	고구려에서 사신을 보내 남제(南齊)에 가서 조공하였다. (『三國史節要』5)
고구려	(태조 건원) 3년에 사신을 보내 와 공물을 바쳤고, 배로 바다를 건너오는 사신의 왕래가 항상 있었다. [그들은] 위(魏) 오랑캐에게도 사신을 보냈지만 세력이 강성하여 남제의 제어를 받지 않았다. (『南齊書』58 列傳 39 東南夷 東夷 高句麗)
고구려	남제 때 동이 고려왕 낙랑공 고련(高璉)이 고조 건원 3년에 사신을 보내 와 공물을

바쳤고, 배를 타고 바다를 건너왔다. 일찍이 위에 사신을 보내 통교하기도 하였으나, 세력이 강성하여 제어를 받지 않았다. (『册府元龜』1000 外臣部 45 彊盛)

482(壬戌/신라 소지마립간 4/고구려 장수왕 70/백제 동성왕 4/南齊 建元 4/淸寧 3)

백제	봄 정월에 진로(眞老)를 임명하여 병관좌평(兵官佐平)으로 삼고, 겸하여 서울과 지방의 군사에 관한 일을 맡게 하였다. (『三國史記』26 百濟本紀 4)
백제	봄 정월에 백제에서 진로를 병관좌평으로 삼고, 겸하여 서울과 지방의 군사에 관한 일을 맡게 하였다. (『三國史節要』5)
신라	봄 2월에 큰 바람으로 나무가 뽑혔다. 금성(金城) 남문에 불이 났다. (『三國史記』3 新羅本紀 3)
신라	2월에 신라에서 큰 바람으로 나무가 뽑혔다. 금성 남문에 불이 났다. (『三國史節要』5)
신라	여름 4월에 오랫동안 비가 내려, 중앙과 지방의 담당 관청에게 명해 죄수의 정상을 살폈다. (『三國史記』3 新羅本紀 3)
신라	여름 4월에 신라에서 오랫동안 비가 내려, 중앙과 지방의 담당 관청에게 명해 죄수의 정상을 살폈다. (『三國史節要』5)
신라	5월에 왜인(倭人)이 변경을 침입하였다. (『三國史記』3 新羅本紀 3)
신라	5월에 왜인 신라를 침입하였다. (『三國史節要』5)
백제 말갈	가을 9월에 말갈이 한산성(漢山城)을 습격하여 함락시키고 300여 호를 포로로 잡아 돌아갔다. (『三國史記』26 百濟本紀 4)
백제 말갈	가을 9월에 말갈이 백제의 한산성을 습격하여 함락시키고 300여 호를 포로로 잡아 돌아갔다. (『三國史節要』5)
백제	겨울 10월에 큰 눈이 한 길 넘게 내렸다. (『三國史記』26 百濟本紀 4)
백제	겨울 10월에 백제에서 큰 눈이 한 길 넘게 내렸다. (『三國史節要』5)
요동	스님 담초(曇超)의 성은 장(張)이고 청하(淸河) 사람이다. 키는 8척이고 얼굴과 행동거지가 불만하며 푸성귀를 먹고 베옷을 입었다. 하루에 점심 한끼만 먹을 따름이었다. 처음에 상도(上都)의 용화사(龍華寺)에 머물렀다. 원가(元嘉) 연간(424~453) 말기에 남쪽 시흥(始興)에 노닐었다. 두루 산수를 구경하며 홀로 나무 밑에서 잠잤다. 호랑이와 외뿔소도 그를 해치지 않았다. 대명(大明) 연간(457~464)에 서울로 돌아왔다. 남제의 태조가 즉위하자(479) 칙명을 받고 요동에 가서 선(禪)의 도를 도와 널리 폈다. 그 곳에 머무는 2년 동안 크게 불법의 교화를 행하였다. 건원(建元: 479~482) 말기에 서울로 놀아왔다. (『高僧傳』11 習禪 釋曇超 20)
요동	스님 담초의 성은 장이고 청하 사람이다. (…) 남제의 태조가 즉위함(479)에 이르러 칙명을 받고 요동에 가서 선의 도를 도와 널리 폈다. 그 곳에 머무는 2년 동안 크게 불법의 교화를 행하였다. 건원(479~482) 말기에 서울로 돌아왔다. (『神僧傳』3 釋曇超)

483(癸亥/신라 소지마립간 5/고구려 장수왕 71/백제 동성왕 5/南齊 永明 1/倭 淸寧 4)

백제	봄에 왕이 사냥을 나가 한산성(漢山城)에 이르러 군사와 백성을 위무하고 열흘 만에

돌아왔다. (『三國史記』 26 百濟本紀 4)

백제	봄에 백제왕이 사냥을 나가 한산성에 이르러 군사와 백성을 위무하고 일흘 만에 돌아왔다. (『三國史節要』 5)

신라	여름 4월에 홍수가 났다. (『三國史記』 3 新羅本紀 3)
신라	여름 4월에 신라에서 홍수가 났다. (『三國史節要』 5)

백제	여름 4월에 웅진 북쪽에서 사냥하다가 신성스러운 사슴을 잡았다. (『三國史記』 26 百濟本紀 4)
백제	(여름 4월) 백제 왕이 웅진 북쪽에서 사냥하다가 신성스러운 사슴을 잡았다. (『三國史節要』 5)

신라	가을 7월에 홍수가 났다. (『三國史記』 3 新羅本紀 3)
신라	가을 7월에 신라에서 홍수가 났다. (『三國史節要』 5)

신라	겨울 10월에 일선계(一善界)에 행차하여 재해를 만난 백성을 위문하고 곡식을 차등 있게 내렸다. (『三國史記』 3 新羅本紀 3)
신라	겨울 10월에 왕이 일선계에 행차하여 재해를 만난 백성을 위문하고 곡식을 차등 있게 내렸다. (『三國史節要』 5)

신라	11월에 천둥이 쳤고, 서울에 전염병이 크게 번졌다. (『三國史記』 3 新羅本紀 3)
신라	11월에 신라에서 천둥이 쳤고, 서울에 전염병이 크게 번졌다. (『三國史節要』 5)

484(甲子/신라 소지마립간 6/고구려 장수왕 72/백제 동성왕 6/南齊 永明 2/倭 淸寧 5)

신라	봄 정월에 오함(烏含)을 이벌찬(伊伐飡)으로 삼았다. (『三國史記』 3 新羅本紀 3)
신라	봄 정월에 신라에서 오함을 이벌찬으로 삼았다.『三國史節要』 5)

백제 고구려	봄 2월에 왕은 남제(南齊) 태조(太祖) 소도성(蕭道成)이 고구려 거련(巨璉)을 책봉하여 표기대장군(驃騎大將軍)으로 삼았다는 것을 듣고 사신을 보내 표문을 올리고 복속되기를 청하니 허락하였다. (『三國史記』 26 百濟本紀 4)
백제 고구려	2월에 백제왕이 제(齊)가 고구려 왕을 표기대장군으로 삼았다는 것을 듣고 사신을 보내 표문을 올리고 복속되기를 청하니 허락하였다. (『三國史節要』 5)

신라	3월에 토성(土星)이 달을 범하였다. (『三國史記』 3 新羅本紀 3)
신라	3월에 신라에서 토성이 달을 범하였다. (『三國史節要』 5)

신라	(3월) 우박이 내렸다. (『三國史記』 3 新羅本紀 3)
신라	(3월) 신라에 우박이 내렸다. (『三國史節要』 5)

신라 고구려 백제	가을 7월에 고구려가 북쪽 변경을 침입하였으므로 우리 군사와 백제가 모산성(母山城) 아래에서 연합하여 공격해서 크게 깨뜨렸다. (『三國史記』 3 新羅本紀 3)
고구려 신라 백제	가을 7월에 고구려가 신라의 북쪽 변경을 침입하였으므로 신라 군사와 백제가 모산성 아래에서 연합하여 공격해서 크게 깨뜨렸다. (『三國史節要』 5)

백제 고구려	가을 7월에 내법좌평(內法佐平) 사약사(思若思)를 보내 남제(南齊)에 가서 조공하려고 했으나, 약사가 서해에서 고구려 군사와 만나 나아가지 못하였다. (『三國史記』 26 百濟本紀 4)
백제 고구려	(가을 7월) 백제가 내법좌평 사약사를 보내 제(齊)에 가서 조공하려고 했으나, 약사가 서해에 이르러 고구려 군사와 만나 이르지 못하여 되돌아왔다. (『三國史節要』 5)
고구려	겨울 10월에 사신을 보내 위(魏)에 들어가 조공하였다. 그때 위인(魏人)이 우리의 힘이 강하다고 생각하여, 여러 나라 사신의 숙소를 두는데, 제(齊)의 사신을 첫 번째로, 우리 사신을 다음으로 하였다. (『三國史記』 18 高句麗本紀 6)
고구려	겨울 10월에 고구려가 사신을 보내 위에 가서 조공하였다. 그때 위인이 고구려의 힘이 강하다고 생각하여, 여러 나라 사신의 숙소를 두는데, 제의 사신을 첫 번째로, 고구려 사신을 다음으로 하였다. (『三國史節要』 5)
고구려	(태화(太和) 8년) 겨울 10월에 고려국이 사신을 보내 조공하였다. (『魏書』 7上 帝紀 7上 高祖)
고구려	(겨울 10월) 고려왕 연(璉)이 사신을 보내 위에 들어가 조공하였고 또 제에 들어가 조공하였다. 그때 고려의 힘이 강하다고 생각하여, 위에서 여러 나라 사신의 숙소를 두는데, 제의 사신을 첫 번째로, 고려를 다음으로 하였다. (『資治通鑑』 136 齊紀 2 世祖武皇帝上之下)
고구려	동진(東晉)과 송나라로부터 제(齊), 양(梁), 후위(後魏), 후주(後周)에 이르기까지 그 왕은 모두 남북의 두 왕조로부터 봉작을 받았고 조공사신을 나누어 보냈다. 처음 후위 때 여러 나라 사신의 숙소를 두는데, 제나라 사신을 첫 번째로, 고려를 그 다음으로 하였다. (『通典』 186 邊防 2 東夷 下 高句麗)
고구려	(후위(後魏) 효문(孝文) 태화) 8년 10월에 고려국이 사신을 보내 조공하였다. (『册府元龜』 969 外臣部 14 朝貢 2)
고구려	(태화 8년) 이해에 연연(蠕蠕)·고려국 등이 각각 사신을 보내 조공하였다. (『北史』 3 魏本紀 3 高祖孝文皇帝)
고구려	오랑캐는 여러 나라의 사신 숙소를 두었는데, 제의 사신을 첫 번째로, 고려를 다음으로 하였다. (『南齊書』 58 列傳 39 東南夷 東夷 高句麗)
고구려	위에서 여러 나라의 사신 숙소를 두었는데, 제의 사신을 첫 번째로, 고려를 다음으로 하였다. (『册府元龜』 1000 外臣部 45 疆盛)

485(乙丑/신라 소지마립간 7/고구려 장수왕 73/백제 동성왕 7/南齊 永明 3/倭 顯宗 1)

신라	봄 2월에 구벌성(仇伐城)을 쌓았다. (『三國史記』 3 新羅本紀 3)
신라	봄 2월에 신라에서 구벌성을 쌓았다. (『三國史節要』 5)
신라	여름 4월에 친히 시조묘(始祖廟)에 제사지내고 수묘(守廟) 20가(家)를 늘려서 설치하였다. (『三國史記』 3 新羅本紀 3)
신라	여름 4월에 신라 왕이 친히 시조묘에 제사지내고 수묘 20가를 늘려서 설치하였다. (『三國史節要』 5)
신라 백제	5월에 백제가 와서 예방하였다. (『三國史記』 3 新羅本紀 3)
백제 신라	여름 5월에 사신을 보내 신라를 예방하였다. (『三國史記』 26 百濟本紀 4)
백제 신라	5월에 백제에서 사신을 보내 신라를 예방하였다. (『三國史節要』 5)

고구려	여름 5월에 사신을 보내 위(魏)에 들어가 조공하였다. (『三國史記』 18 高句麗本紀 6)
고구려	(5월) 고구려가 사신을 보내 위에 가서 조공하였다. (『三國史節要』 5)
고구려	(태화(太和) 9년) 5월에 고려국 및 소색(蕭賾)이 모두 사신을 보내 조공하였다. (『魏書』 7上 帝紀 7上 高祖)
고구려	(후위(後魏) 효문(孝文) 태화) 9년 5월에 고려국이 (…) 모두 사신을 보내 조공하였다. (『册府元龜』 969 外臣部 14 朝貢 2)

고구려	(태화 9년) 겨울 10월 무신일(14)에 고려와 토욕혼국(吐谷渾國)이 아울러 사신을 보내 조공하였다. (『魏書』 7上 帝紀 7上 高祖)
고구려	겨울 10월에 사신을 보내 위에 들어가 조공하였다. (『三國史記』 18 高句麗本紀 6)
고구려	겨울 10월에 또 사신을 보내 위에 가서 조공하였다. (『三國史節要』 5)
고구려	(후위 효문 태화) 9년 10월에 고려와 토욕혼국이 (…) 아울러 사신을 보내 조공하였다. (『册府元龜』 969 外臣部 14 朝貢 2)

고구려	(후위 효문 태화) 9년 12월에 탕창국(宕昌國)·고려·토욕혼국 등이 아울러 사신을 보내 조공하였다. (『册府元龜』 969 外臣部 14 朝貢 2)
고구려	(태화 9년) 이해에 탕창·고려·토욕혼국 등이 아울러 사신을 보내 조공하였다.(『魏書』 7上 帝紀 7上 高祖)
고구려	(태화 9년) 이 해에 탕창·고려·토욕혼국 등이 아울러 사신을 보내 조공하였다. (『北史』 3 魏本紀 3 高祖孝文皇帝)

486(丙寅/신라 소지마립간 8/고구려 장수왕 74/백제 동성왕 8/南齊 永明 4/倭 顯宗 2)

신라	봄 정월에 이찬(伊湌) 실죽(實竹)을 장군(將軍)으로 삼았다. (『三國史記』 3 新羅本紀 3)
신라	봄 정월에 신라에서 이찬 실죽을 장군으로 삼았다. (『三國史節要』 5)

신라	(봄 정월) 일선계(一善界) 장정 3천 명을 징발해서 삼년(三年)과 굴산(屈山) 두 성을 고쳐 쌓았다. (『三國史記』 3 新羅本紀 3)
신라	(봄 정월) 신라에서 일선계 장정 3천 명을 징발해서 삼년과 굴산 두 성을 고쳐 쌓았다. (『三國史節要』 5)

신라	2월에 내숙(乃宿)을 이벌찬(伊伐湌)으로 삼아 국정에 참여하게 했다. (『三國史記』 3 新羅本紀 3)
신라	2월에 신라에서 내숙을 이벌찬으로 삼아 국정에 참여하게 했다. (『三國史節要』 5)

백제	봄 2월에 백가(苩加)를 위사좌평(衛士佐平)으로 삼았다. (『三國史記』 26 百濟本紀 4)
백제	(2월) 백제에서 백가를 위사좌평으로 삼았다. (『三國史節要』 5)

백제	3월에 사신을 남제(齊)에 보내 조공하였다. (『三國史記』 26 百濟本紀 4)
백제	3월에 백제에서 사신을 보내 제(齊)에 가서 조공하였다. (『三國史節要』 5)

신라	여름 4월에 왜인(倭人)이 변경을 침범하였다. (『三國史記』 3 新羅本紀 3)
신라	여름 4월에 왜가 신라를 침범하였다. (『三國史節要』 5)

고구려	여름 4월에 사신을 보내 위(魏)에 들어가 조공하였다. (『三國史記』 18 高句麗本紀 6)
고구려	(여름 4월) 고구려에서 사신을 보내 위에 가서 조공하였다. (『三國史節要』 5)
고구려	(태화(太和) 10년) 여름 4월 이 달에 고려와 토욕혼국(吐谷渾國)이 모두 사신을 보내 조공하였다. (『魏書』 7下 帝紀 7下 高祖)
고구려	(후위(後魏) 효문(孝文) 태화) 10년 4월 고려와 토욕혼국이 (…) 모두 사신을 보내 조공하였다. (『册府元龜』 969 外臣部 14 朝貢 2)
백제	가을 7월에 궁실을 다시 수리하고 우두성(牛頭城)을 쌓았다. (『三國史記』 26 百濟本紀 4)
백제	가을 7월에 백제에서 궁실을 수리하고 우두성을 쌓았다. (『三國史節要』 5)
신라	가을 8월에 낭산(狼山) 남쪽에서 군대를 사열(査閱)하였다. (『三國史記』 3 新羅本紀 3)
신라	8월에 신라의 낭산 남쪽에서 군대를 사열하였다. (『三國史節要』 5)
백제	겨울 10월에 궁궐 남쪽에서 군대를 사열하였다. (『三國史記』 26 百濟本紀 4)
백제	겨울 10월에 백제의 궁궐 남쪽에서 군대를 사열하였다. (『三國史節要』 5)
고구려	(태화 10년) 이해에 연연(蠕蠕)·고려·토욕혼(吐谷渾)·물길국(勿吉國) 등이 아울러 사신을 보내 조공하였다. (『北史』 3 魏本紀 3 高祖孝文皇帝)

487(丁卯/신라 소지마립간 9/고구려 장수왕 75/백제 동성왕 9/南齊 永明 5/倭 顯宗 3)

가야	봄 2월 정사(丁巳) 초하루에 아헤노오미코토시로(阿閉臣事代)가 명을 받들고 임나(任那)에 사신으로 나아갔다. 이 때 월신(月神)이 사람에게 의탁하여 "나의 조상 다카미무스히노미코토(高皇山靈)는 이미 천지를 녹여 만든 공이 있었으니, 백성의 땅으로 월신인 나를 받들어야 한다. 만약 청에 따라 나에게 바친다면 복과 경사가 있으리라"고 말하였다. 고토시로(事代)가 이로 말미암아 서울로 돌아와 갖추어 아뢰니 우타아라스다(歌荒樔田)으로써 받들었으며[우타아라스다는 야마시로노쿠니(山背國) 가도노노코오리(葛野郡)에 있다] 이키노아가타누시(壹伎縣主)의 선조인 오시미노스쿠네(押見宿禰)가 사당에 모셨다. (『日本書紀』 15 顯宗紀)
신라	봄 2월에 신궁(神宮)을 나을(奈乙)에 설치했다. 나을은 시조(始祖)가 태어난 곳이다. (『三國史記』 3 新羅本紀 3)
신라	봄 2월에 신라에서 신궁을 내을(柰乙)에 설치했다. 내을은 시조가 태어난 곳이다. (『三國史節要』 5)
신라	3월에 비로소 사방(四方)에 우편역을 설치했고, 해당 관청에 명해 관도(官道)를 수리하게 했다. (『三國史記』 3 新羅本紀 3)
신라	3월에 신라에서 비로소 사방에 우편역을 설치했고, 해당 관청에 명해 관도를 수리하게 했다. (『三國史節要』 5)
고구려	(태화(太和) 11년) 5월 갑오일(10)에 산궐(山闕)·고려·토욕혼국(吐谷渾國) 사신을 보내 조공했다. (『魏書』 7下 帝紀 7下 高祖)

고구려	여름 5월에 사신을 보내 위(魏)에 들어가 조공하였다. (『三國史記』 18 高句麗本紀 6)
고구려	여름 5월에 고구려에서 사신을 보내 위에 가서 조공하였다.(『三國史節要』 5)
고구려	(후위(後魏) 효문(孝文) 태화) 11년 5월 고려와 토욕혼국이 (…) 모두 사신을 보내 조헌(朝獻)했다. (『册府元龜』 969 外臣部 14 朝貢 2)

신라	가을 7월에 월성(月城)을 수리하였다. (『三國史記』 3 新羅本紀 3)
신라	가을 7월에 신라에서 월성을 수리하였다. (『三國史節要』 5)

신라	겨울 10월에 천둥이 쳤다. (『三國史記』 3 新羅本紀 3)
신라	겨울 10월에 신라에서 천둥이 쳤다. (『三國史節要』 5)

가야 고구려 삼한 백제

이 해에 기노오이와노스쿠네(紀生磐宿禰)가 임나를 점거하고 고려와 교통하였으며, 서쪽에서 장차 삼한(三韓)의 왕노릇하려고 관부(官府)를 정비하고 스스로 신성(神聖)이라고 칭하였다. 임나의 사로(左魯)·나카타카후하이(那奇他甲背) 등이 계책을 써서 백제의 적막이해(適莫爾解)를 이림(爾林)에서 죽이고[이림은 고려의 땅이다.] 대산성(帶山城)을 쌓아 동쪽 길을 막고 지켰으며, 군량을 운반하는 나루를 끊어 군대를 굶주려 고생하도록 하였다. 백제의 왕이 크게 화가 나, 영군(領軍) 고이해(古爾解)·내두(內頭) 막고해(莫古解)을 보내 무리를 거느리고 대산성에 나아가 공격하게 하였다. 이에 오이와노스쿠네(生磐宿禰)는 군대를 내보내 맞아 쳤는데 담력이 더욱 왕성하여 향하는 곳마다 모두 깨뜨리니 한 사람이 백 사람을 감당할 정도였다. (그러나) 얼마 후 군대의 힘이 다하니 일이 이루어지지 못할 것을 알고 임나로부터 돌아왔다. 이로 말미암아 백제국이 사로·나카타카후하이 등 300여 인을 죽였다. (『日本書紀』 15 顯宗紀)

고구려	(태화 11년)이 해에 토욕혼(吐谷渾)·고려·실만근(悉萬斤) 등의 나라가 모두 사신을 보내 조공하였다. (『北史』 3 魏本紀 3 高祖孝文皇帝)

488(戊辰/신라 소지마립간 10/고구려 장수왕 76/백제 동성왕 10/南齊 永明 6/倭 仁賢 1)

신라	봄 정월 15일에 신라왕이 천천정(天泉亭)에 거둥하였다. 이 때 까마귀와 쥐가 와서 우는데 쥐가 사람말로 이르기를, "이 까마귀가 가는 곳을 찾아가 보시오."했다. 왕이 기사에게 명하여 까마귀를 따르게 하여 남쪽의 피촌(避村)에 이르렀는데, 돼지 두 마리가 싸우고 있어 이를 한참 살피다가 홀연히 까마귀가 간 곳을 잊어버리고 말았다.이 때 한 늙은이가 연못 가운데서 나와 기사에게 글을 주었다. 겉봉의 제목에 이르기를 "얼어보면 두 사람이 죽을 것이요, 열어보지 않으면 한 사람이 죽을 것이다."라고 쓰여 있었다. 기사가 돌아와 이것을 바쳤다. 왕이 말하기를 "두 사람이 죽으니 오히려 열어보지 않고 한 사람만 죽는 것이 낫다." 하였다. 일관(日官)이 나서서 말하기를, "두 사람은 서민이요, 한 사람은 왕입니다."라고 하였다. 왕이 그러하다고 여겨 열어 보니 편지 가운데 "거문고 갑을 쏘라."고 적혀 있었다. 왕이 궁에 들어가서 거문고 갑을 쏘았는데, 과연 사람이 있었다. 바로 내전에서 분향 수도하던 승려와 왕비가 은밀하게 간통을 하고 있었다. 비와 승려는 사형을 당했다. 이로부터 나라의 풍습에 해마다 이날에 찰밥으로 제사를 지냈다. 또 용은 비를 내리고 말은 짐을 날라서 사람들에게 도움을 주며 멧돼지와 지는 곡식을 축내어 사람에게 해를 끼치므로 해마다 세수(歲首)의 진일(辰日)·오일(午日)·해일(亥日)·자일(子日)

에는 제사를 베풀어 복을 빌고 재앙을 물리쳤다. 그리고 인하여 온갖 일을 금지하여 서로 놀고 즐거워하여 신일(愼日)이라고 하였다. 방언에 달도(怛忉)라는 것은 슬퍼하여 온갖 일을 금지하고 꺼려하는 것을 말하는 것이다. (『三國史節要』 5)

신라　제21대 비처왕(毗處王)[소지왕(炤智王)이라고도 한다] 즉위 10년 무진(戊辰)에 천천정(天泉亭)에 거둥하였다. 이 때 까마귀와 쥐가 와서 우는데 쥐가 사람말로 이르기를, "이 까마귀가 가는 곳을 찾아가 보시오."했다[혹자가 말하기를 신덕왕(神德王)이 흥륜사(興輪寺)에 행향(行香)하고자 하여 가는데 길에 꼬리를 [서로] 물고 가는 한 무리의 쥐들을 보고 그것을 괴이하게 여겨 돌아와 그것을 점치게 하니 '내일 먼저 우는 까마귀를 찾아가라' 운운하는 것은 잘못된 이야기이다]. 왕이 기사에게 명하여 까마귀를 따르게 하여 남쪽의 피촌[지금의 양피사촌(壤避寺村)으로 남산(南山)의 동쪽 산록에 있다]에 이르렀는데, 돼지 두 마리가 싸우고 있어 이를 한참 살피다가 홀연히 까마귀가 간 곳을 잊어버리고 말았다. 길 주변을 배회하는데 이 때 한 늙은이가 연못 가운데서 나와 글을 바쳤다. 겉봉의 제목에 이르기를 "열어보면 두 사람이 죽을 것이요, 열어보지 않으면 한 사람이 죽을 것이다."라고 쓰여 있었다. 기사가 돌아와 이것을 바치니, 왕이 말하기를 "두 사람이 죽느니 오히려 열어보지 않고 한 사람만 죽는 것이 낫다." 하였다. 일관(日官)이 나서서 말하기를, "두 사람은 서민이요, 한 사람은 왕입니다."라고 하였다. 왕이 그러하다고 여겨 열어 보니 편지 가운데 "거문고 갑을 쏘라."고 적혀 있었다. 왕이 궁에 들어가서 거문고 갑을 쏘았다. 그 곳에서는 내전에서 분향 수도하던 승려 가 궁주(宮主)와 은밀하게 간통을 하고 있었다. 두 사람은 사형을 당했다.

이로부터 나라의 풍습에 해마다 정월 상해일(上亥日)·상자일(上子日)·상오일(上午日)에는 모든 일을 조심히 하고 감히 움직이지 않았다. 15일을 오기일(烏忌日)로 삼아 찰밥으로 제사를 지냈는데 지금까지 이를 행한다. 향언(鄕言)으로 이것을 달도라고 하니 슬퍼하고 조심하며 모든 일을 금하고 꺼려한다는 것을 말한다. 그 연못을 서출지(書出池)라고 부른다(『三國遺事』 1 紀異 2 射琴匣)

신라　봄 정월에 왕이 월성(月城)으로 옮겨 거주하였다. (『三國史記』 3 新羅本紀 3)
신라　(봄 정월) 신라 왕이 월성으로 옮겨 거주하였다. (『三國史節要』 5)

고구려　(태화(太和) 12년) 2월 임술일(12)에 고려국이 사신을 보내 조공하였다. (『魏書』 7下 帝紀 7下 高祖)
고구려　봄 2월에 사신을 보내 위(魏)에 들어가 조공하였다. (『三國史記』 18 高句麗本紀 6)
고구려　(2월) 고구려에서 사신을 보내 위에 가서 조공하였다. (『三國史節要』 5)
고구려　(후위(後魏) 효문(孝文) 태화 12년 2월 고려국이 (…) 모두 사신을 보내 조공하였다. (『册府元龜』 969 外臣部 14 朝貢 2)

신라　2월에 일선군(一善郡)에 행차하여 홀아비·홀어미·고아·자식 없는 늙은이를 위문하고 곡식을 차등있게 내렸다. (『三國史記』 3 新羅本紀 3)
신라　2월에 신라 왕이 일선군에 행차하여 홀아비·홀어미·고아·자식 없는 늙은이를 위문하고 곡식을 차등있게 내렸다. (『三國史節要』 5)

신라　3월에 일선(一善)에서 돌아오는 동안 지나는 주(州)·군(郡)의 옥에 갇힌 죄수 중에 두 가지 사형죄를 제외하고 모두 용서해 주었다. (『三國史記』 3 新羅本紀 3)
신라　3월에 신라 왕이 일선군에서 돌아오는 동안 지나는 주·군의 옥에 갇힌 죄수 중에 두 가지 사형죄를 제외하고 모두 용서해 주었다. (『三國史節要』 5)

고구려	여름 4월에 사신을 보내 위에 들어기 조공하였다. (『三國史記』 18 高句麗本紀 6)
고구려	여름 4월에 고구려에서 사신을 보내 위에 가서 조공하였다. (『三國史節要』 5)
고구려	(태화 12년) 여름 4월에 고려와 토욕혼국(吐谷渾國)이 모두 사신을 보내 조공하였다. (『魏書』 7下 帝紀 7下 高祖)
고구려	(후위 효문 태화 12년) 4월에 고려와 토욕혼국이 (…) 모두 사신을 보내 조공하였다. (『册府元龜』 969 外臣部 14 朝貢 2)

신라	여름 6월에 동양(東陽)에서 눈이 여섯 개인 거북을 바쳤는데, 배 아래에 글자가 있었다. (『三國史記』 3 新羅本紀 3)
신라	6월에 신라의 동양에서 눈이 여섯 개인 거북을 바쳤는데, 배 아래에 글자가 있었다. (『三國史節要』 5)

신라	가을 7월에 도나성(刀那城)을 쌓았다. (『三國史記』 3 新羅本紀 3)
신라	가을 7월에 신라에서 도나성을 쌓았다. (『三國史節要』 5)

고구려	가을 윤8월에 사신을 보내 위에 들어가 조공하였다. (『三國史記』 18 高句麗本紀 6)
고구려	윤8월에 고구려에서 사신을 보내 위에 가서 조공하였다. (『三國史節要』 5)

고구려	(태화 12년) 윤9월 을축일(19)에 고려국이 사신을 보내 조공하였다. (『魏書』 7下 帝紀 7下 高祖)
고구려	(후위 효문 태화 12년) 윤 9월에 고려국이 사신을 보내 조공하였다. (『册府元龜』 969 外臣部 14 朝貢 2)

백제	(12월) 위(魏)가 군사를 보내 백제를 쳤으나, 백제에게 졌다. (『資治通鑑』 136 齊紀 2 世祖武皇帝 上之下)
백제	위가 군사를 보내 와서 쳤으나, 우리에게 졌다. (『三國史記』 26 百濟本紀 4)
백제	위가 군사를 보내 와서 쳤으나, 백제에게 졌다. (『三國史節要』 5)

고구려	(태화 12년) 이해에 고려·탕창(宕昌)·토욕혼(吐谷渾)·물길·무흥국(武興國) 등이 아울러 사신을 보내 조공하였다. (『北史』 3 魏本紀 3 高祖孝文皇帝)

489(己巳/신라 소지마립간 11/고구려 장수왕 77/백제 동성왕 11/南齊 永明 7/倭 仁賢 2)

신라	봄 정월에 떠돌아다니는 백성을 몰아 농사일로 돌아가게 하였다. (『三國史記』 3 新羅本紀 3)
신라	봄 정월에 신라에서 떠돌아다니는 사람을 몰아 농사일로 돌아가게 하였다. (『三國史節要』 5)

고구려	(태화(太和) 13년) 2월 임오일(8)에 고려국이 사신을 보내 조헌(朝獻)하였다. (『魏書』 7下 帝紀 7下 高祖)
고구려	봄 2월에 사신을 보내 위(魏)에 들어가 조공하였다. (『三國史記』 18 高句麗本紀 6)
고구려	2월에 고구려에서 사신을 보내 위에 가서 조공하였다. (『三國史節要』 5)
고구려	(후위(後魏) 효문(孝文) 태화 13년 2월 고려국이 (…) 모두 사신을 보내 조공하였다. (『册府元龜』 969 外臣部 14 朝貢 2)

고구려	여름 6월에 사신을 보내 위에 들어가 조공하였다. (『三國史記』 18 高句麗本紀 6)
고구려	6월에 또 사신을 보내 위에 가서 조공하였다. (『三國史節要』 5)
고구려	(태화 13년) 6월에 고려국이 사신을 보내 조공하였다. (『魏書』 7下 帝紀 7下 高祖)
고구려	(후위 효문 태화 13년) 6월에 고려국이 (…) 모두 사신을 보내 조공하였다. (『册府元龜』 969 外臣部 14 朝貢 2)

고구려	△△ 대화(大和) 13년 기사년 9월 임인일이 초하루인 19일 경신일에 △△△△△△ △△공덕삼보(功德三寶)△△△제성범기(除成凡己)△△성행어고(成行御古)△심(心)△ 인북불(忍北不)△△△△△△ 공덕(功德)이 7세부모에게 미치고 △△△△△△ 중생(衆生)이 모두 함께 △△△△수석악도(壽昔惡途)△△지원(之願)△△결지(結地)△△감모(感慕)△인연소불(因緣少佛)△△△△△△△문(文)△불상(佛像) 1△△△△△△△삼보출입(三寶出入)△ (「大和十三年銘 石佛像」)

신라	고구려	가을 9월에 고구려가 북쪽 변경을 습격하여 과현(戈峴)에 이르렀다. (『三國史記』 3 新羅本紀 3)
고구려	신라	가을 9월에 군사를 보내 신라의 북쪽 변경을 침입하고 호산성(狐山城)을 함락하였다. (『三國史記』 18 高句麗本紀 6)
고구려	신라	9월에 고구려가 신라의 북쪽 변경을 습격하고 과현에 이르렀다. (『三國史節要』 5)

백제	가을에 크게 풍년이 들었다. 나라 남쪽의 어촌 사람이 두 개의 이삭이 하나로 합쳐진 벼를 바쳤다. (『三國史記』 26 百濟本紀 4)
백제	가을에 백제에서 크게 풍년이 들었다. 나라 남쪽의 어촌 사람이 두 개의 이삭이 하나로 합쳐진 벼를 바쳤다. (『三國史節要』 5)

신라	고구려	겨울 10월에 호산성을 함락하였다. (『三國史記』 3 新羅本紀 3)
고구려	신라	겨울 10월에 호산성을 함락하였다. (『三國史節要』 5)

고구려	(태화 13년) 겨울 10월 갑신일(14)에 고려국이 사신을 보내 조공하였다. (『魏書』 7下 帝紀 7下 高祖)
고구려	겨울 10월에 사신을 보내 위에 들어가 조공하였다. (『三國史記』 18 高句麗本紀 6)
고구려	(겨울 10월) 고구려가 사신을 보내 위에 가서 조공하였다. (『三國史節要』 5)
고구려	(후위 효문 태화 13년) 10월 고려국이 모두 사신을 보내 조공하였다. (『册府元龜』 969 外臣部 14 朝貢 2)

백제	겨울 10월에 왕이 단을 만들어 천지신명에게 제사지냈다. (『三國史記』 26 百濟本紀 4)
백제	고기(古記)에 이르길, "온조왕 20년 봄 2월에 단(壇)을 설치하고 천지(天地)에 제사지냈다. ( ) 모대왕 11년 겨울 10월에 아울러 위와 같이 행하였다."고 하였다. (『三國史記』 32 雜志 1 祭祀)
백제	(겨울 10월) 백제 왕이 단을 만들어 천지신명에게 제사지냈다. (『三國史節要』 5)

백제	11월에 왕이 남당에서 군신에게 잔치를 베풀었다. (『三國史記』 26 百濟本紀 4)
백제	11월에 백제왕이 남당에서 군신에게 잔치를 베풀었다. (『三國史節要』 5)

고구려	(태화 13년)) 이해에 고려·토욕혼(吐谷渾)·음평(陰平)·중적(中赤)·무흥(武興)·석창(宕昌)

등의 나라가 각각 사신을 보내 조공하였다. (『北史』 3 魏本紀 3 高祖孝文皇帝)

고구려 영명 7년에 평남참군(平南叅軍) 안유명(顔幼明)과 용종복야(冗從僕射) 류사효(劉思 斅)가 위 오랑캐에 사신으로 갔더니, 오랑캐의 원회(元會)에서 고구려의 사신과 나란 히 앉게 하였다. 이에 유명이 위조(僞朝:北魏)의 주객랑(主客郎) 배숙령(裵叔令)에게 말하기를, "우리들은 중국 임금의 명을 받들고 경의 나라에 왔소. 우리나라와 겨룰 수 있는 나라는 오직 위가 있을 뿐이오. 다른 외방의 오랑캐는 우리 기마가 일으키 는 먼지조차 볼 수 없소. 하물며 동이의 조그마한 맥국은 우리 조정을 신하로서 섬 기고 있는데, 오늘 감히 우리와 나란히 서게 할 수 있소." 하였다. 사효도 북위의 남부상서(南部尙書) 이사충(李思沖)에게, "우리 성조(聖朝)는 위(魏)나라의 사신을 대 우함에 있어 작은 나라와 나란히 서게 한 적이 없음을 그대도 응당 알 것이오." 라 고 하자, 사충은 대답했다. "사실 그렇소. 단지 정사(正使)와 부사(副使)가 전(殿)에 오르지 못하였을 뿐이지, 이 자리도 매우 높은 자리니 이것으로 갚음이 될 것이오." 사효가 말했다. "지난 날 이도고(李道固)가 사신으로 왔을 때는 정말 예모(禮貌)에 거리가 있었소. 위나라의 사신이 반드시 의관을 갖추고 온다면 어찌 쫓겨나는 일이 있겠소?" 유명이 또 위나라 임금에게 말하였다. "두 나라가 버금가기는 오직 제(齊) 나라와 위나라 뿐인데, 변경의 작은 오랑캐가 감히 신의 발꿈치를 밟고 있습니다." 고구려인의 습속은 좁은 바지를 입고, 관(冠)으로는 일량(一梁)의 절풍(折風)을 쓰는 데, 이를 책(幘)이라 한다. 오경(五經)을 읽을 줄 안다. 고구려의 사신이 국도(國都) 에 있을 때 중서랑(中書郎) 왕융(王融)이 희롱하기를, "입은 것이 적합하지 않는 것 은 몸의 재앙이라는 말이 있는데, 머리 위에 얹혀 있는 것은 무엇인가?" 라고 하니, 고구려 사신이, "이것은 바로 옛날 고깔(弁)의 잔영이다."라고 대답하였다. (『南齊 書』 58 列傳 39 東南夷 東夷 高句麗)

고구려 남제 무제 영명 연간(483~493)에 고구려 사신이 이르렀는데, 좁은 바지를 입고, 관 으로는 절풍을 썼다. 중서랑 왕융이 그것을 희롱하여 말하였다. "입은 것이 적합하 지 않는 것은 몸의 재앙이라는 말이 있는데, 머리 위에 얹혀 있는 것은 무슨 물건이 가." 고구려 사신이 답하여 말하였다. "이것은 바로 옛날 고깔의 잔영이다."(『通典』 186 邊防 2 東夷 下 高句麗)

고구려 낙랑 남제 무제 영명 연간(483~493)에 고구려 사신이 이르렀는데, 좁은 바지를 입고, 관 으로는 절풍을 썼다. 중서랑 왕융이 그것을 희롱하여 말하였다. "입은 것이 적합하 지 않는 것은 몸의 재앙이라는 말이 있는데, 머리 위에 얹혀 있는 것은 무슨 물건인 가." 고구려 사신이 답하여 말하였다. "이것은 바로 옛날 고깔의 잔영이다." 동진(東晉) 이후에 그 왕이 평양성(平壤城) 즉 한나라의 낙랑군(樂浪郡)에 거하였는 데, 왕검(王儉)을 모용모(慕容慕)가 와서 정벌한 후에 국내성(國內城)으로 옮겼고 도 읍을 이성으로 옮겼는데, 또한 장안성(長安城)이라고 하였다. 그 성은 산을 따라 구 부려져 있으며 남쪽은 패수(浿水)에 다다르고 요동의 동남 1,000여리에 있다. 성안 에는 오직 곡식을 쌓아놓고 기계를 쌓아두어 적이 사방으로 들어와도 굳게 지켰다. 왕은 따로 그 곁에 집을 두었고 그 밖에는 국내성 및 한성(漢城)이 있어 또한 별도 (別都)였다. 후에 요동(遼東)·현도(玄菟) 등 수 10성이 있어 모두 관사(官司)를 설치 하여 서로 맡아 다스리게 하였다. (『太平寰宇記』 173 四夷2 東夷 2 高勾驪國)

고구려 △△대화(大和) 13년 기사년 초하루가 임인일인 9월 19일 경신일에 △△△△△△ △△공덕삼보(功德三寶)△△△ 除成凡己△△成行御 古△ 心△忍北不△△ △△△△ 功德이 7세 부모에게 미치고△△△△△△ 중생(衆生)이 모두 함께 △△△△壽 昔惡 途△△의 소원△△ 結地△△感慕△因緣少佛△△△△△△ △文△불상(佛像) 一△△

△ △△△△삼보출입(三寶出入)△ (「大和 十三年銘 石佛像」)

490(庚午/신라 소지마립간 12/고구려 장수왕 78/백제 동성왕 12/南齊 永明 8/倭 仁賢 3)

백제   (정월) 정사일(17) 백제왕 태(泰)를 진동대장군(鎭東大將軍)·백제왕(百濟王)으로 삼았다. (『南史』 4 齊本紀 上 4)

백제   (남제 무제 영명) 8년 정월에 백제왕 모태(牟太)가 사신을 보내 표를 올리니, 알자복야(謁者僕射) 손부(孫副)를 보내 모대를 책명으로 죽은 조부 모도(牟都)를 이어서 백제왕으로 삼고 말하였다. "아아. 그대들은 충성심과 부지런함을 대대로 이어 받아서 그 정성이 먼 곳까지 드러나니, 바닷길이 고요하고 맑아져 공물 바치는 것이 조금도 끊이지 않았소. 상전(常典)에 따라 귀한 관작을 계승케 하노니 가서 삼갈지어다. 그 아름다운 사업을 지켜야 할 것이니 어찌 신중히 하지 않을 수 있겠는가. 행도독백제제군사(行都督百濟諸軍事)·진동대장군·백제왕에게 조서를 내리노니, 모대로서 그의 조부 모도의 작위를 승습케 하여 백제왕으로 삼겠소. 왕위에 오름에 장수(章綬) 등 다섯과 동호부(銅虎符)·죽사부(竹使符) 넷을 주노니 왕이 이를 공경하여 받으면 그 또한 아름답지 아니한가. (『册府元龜』 963 外臣部 8 封册 1)

백제   백제왕이 사신을 제에 보내 표를 올리니, 제에서 알자복야 손부를 보내 책명하여 말하였다. "오직 그대는 대대로 충근(忠勤)함을 이었고 먼 곳에서 정성을 나타냈으니 바닷길이 평온하여 직공(職貢)에 변함이 없었다. 이에 법전에 따라 밝은 고명(誥命)을 잇도록 하는 것이니 이 뒤로는 더욱 공경하라." 인하여 행도독백제제군사·진동대장군·백제왕을 제수하였다. (『三國史節要』 5)

백제   (이 해) 백제왕 모대(牟大)를 진동대장군·백제왕으로 삼았다. (『資治通鑑』 137 齊紀 3 世祖武皇帝 中)

백제   제 영명 연간(483~493)에 대도독백제제군사(大都督百濟諸軍事)·진동대장군·백제왕을 주었다. (『南史』 97 列傳 69 夷貊 下 東夷 百濟)

백제   제 영명 연간(483~493)에 태(太)에게 도독백제제군사·진동대장군·백제왕을 주었다. (『梁書』 54 列傳 48 諸夷 東夷 百濟)

백제   제 영명 연간(483~493)에 그 왕 여태(餘太)가 모두 중국 관작을 받았다. (『梁職貢圖』 百濟國使)

백제   [(…) 모대가 표문을 올려 말하였다.] "공에 대하여 보답하고 부지런히 힘쓴 것을 위로하는 일은 실로 그 명성과 공업을 보존시키는 것입니다. 가행영삭장군(假行寧朔將軍) 신(臣) 저근(姐瑾) 등 4인은 충성과 힘을 다하여 나라의 환란을 쓸어 없앴으니 그 뜻의 굳셈과 과감함이 명장의 등급에 들 만하며 나라의 한성(扞城)이요 사직의 튼튼한 울타리라 할 만 합니다. 그들의 노고를 헤아리고 공을 논하면 환히 드러나는 지위에 있어야 마땅하므로 지금 전례에 따라 외람되이 임시 행직(行職)을 주었습니다. 엎드려 바라옵건데 은혜를 베푸시어 임시로 내린 관직을 정식으로 인정하여 주십시오. 영삭장군(寧朔將軍)·면중왕(面中王) 저근은 정치를 두루 잘 보좌하였고 무공 또한 뛰어났으니 이제 가행관군장군(假行冠軍將軍)·도장군(都將軍)·도한왕(都漢王)이라 하였고, 건위장군(建威將軍)·팔중후(八中侯) 여고(餘古)는 젊을 때부터 임금을 도와 충성과 공로가 진작 드러났으므로 이제 가행영삭장군·아착왕(阿錯王)이라 하였고, 건위장군(建威將軍) 여력(餘歷)은 천성이 충성되고 정성스러워 文武가 함께 두드러졌으므로 이제 가행룡양장군(假行龍驤將軍)·매로왕(邁盧王)이라 하였으며, 광무장군(廣武將軍) 여고(餘固)는 정치에 공로가 있고 국정을 빛내고 드날렸으므로 이제 가행건위장군(假行建威將軍)·불사후(弗斯侯)라 하였습니다." 모대(牟大)가 또 다시 표문을 올렸다. "신(臣)이 파견한 행건위장군(行建威將軍)·광양태수(廣陽太守) 겸(兼) 장사(長史) 신(臣) 고달(高達)과 행건위장군·조선태수(朝鮮太守) 겸 사마(司馬) 신 양무(楊茂)와 행선위장군(行宣威將軍) 겸 참군(叅軍) 신 회매(會邁) 등 3인은 지조와 행동이 깨끗하고 밝으며, 충성과 정성이 일찍부터 드러났습니다. 지난 태시(泰始) 연간(465~471)에는 나란히 송(宋)에 사신으로 갔고, 지금은 신의 사신의 임무를 맡아 험한 파도를 무릅쓰고 바다를 건넜으니, 그 지극한 공로를 따지면 벼슬이 올라야 마땅하므로 선례에 따라 각자 가행직(假行職)을 내렸습니다. 천자의 은혜는 신령하고 아름다워 만리 밖까지 미치는 법인데, 하물며 몸소 천자의 뜰을 밟으면서 은혜를 입지 않을 수 있겠습니까. 부디 바라옵건대, 특별히 살피시어 정식으로 관작을 제수하여 주십시오. 달(達)은 변경에서의 공적이 일찍부터 뚜렷하고 공무에 부지런하였으므로 이제 가행용양장군·대방태수(帶方太守)라 하였고, 茂는 마음과 행동이 맑고 한결 같으며 공무를 항상 놓지 않았으므로 이제 가행건위장군·광릉태수(廣陵太守)라 하였으며, 매(邁)는 생각이 찬찬하고 빈틈이 없어서 여러 번 근무의 성과를 나타내었으므로 이제 가행광무장군(假行廣武將軍)·청하태수(淸河太守)라 하였습니다.”라고 하니, 이를 허락한다는 조서를 내림과 더불어 장군의 호를 내리고 태수의 관직을 제수하였다. 또한 백제왕에 대해서는 사지절(使持節)·도독백제제군사(都督百濟諸軍事)·진동대장군으로 삼고, 알자복야를 겸한 손부를 사신으로 보내어 모대를 책명으로 죽은 조부 모도를 이어서 백제왕으로 삼았다. 이어 조서를 내려 말하였다. “아아. 그대들은 충성심과 부지런함을 대대로 이어 받아서 그 정성이 먼 곳까지 드러나니, 바닷길이 고요하고 맑아져 공물바치는 것이 조금도 끊이지 않았소. 상전(常典)에 따라 귀한 관작을 계승케 하노니, 가서 삼갈지어다! 삼가 아름다운 사업을 지켜야 할 것이니 어찌 신중히 하지 않을 수 있겠는가. 행도독 백제제군사·진동대장군·백제왕 모대에게 제서(制書)를 내리노니, 이제 모대로서 그의 조부 모도의 작위를 승습케 하여 백제왕으로 삼겠소. 왕위에 오름에 장수 등 다섯과 동호부·죽사부 넷을 주노니 왕이 이를 공경하여 받으면 그 또한 아름답지 아니한가. (『南齊書』 58 列傳 39 東南夷 東夷 百濟)

신라	봄 2월에 비라성(鄙羅城)을 다시 쌓았다. (『三國史記』 3 新羅本紀 3)
신라	봄 2월에 신라의 비라성을 수리하였다. (『三國史節要』 5)
신라	3월에 용이 추라정(鄒羅井)에 나타났다. (『三國史記』 3 新羅本紀 3)
신라	3월에 용이 신라의 추라정 안에서 나타났다. (『三國史節要』 5)
신라	(3월) 처음으로 서울에 시장을 열어 사방(四方)의 재화를 통하게 했다. (『三國史記』 3 新羅本紀 3)
신라	(3월) 신라에서 처음으로 서울에 시장을 열어 사방의 재화를 통하게 했다. (『三國史節要』 5)
고구려	(후위(後魏) 효문(孝文) 태화(太和)) 14년 5월에 고려국이 (…) 아울러 사신을 보내 조공하였다. (『册府元龜』 969 外臣部 14 朝貢 2)
고구려	(태화 14년) 가을 7월 병진일(20)에 고려국이 사신을 보내 조공하였다. (『魏書』 7下 帝紀 7下 高祖)
고구려	가을 7월에 사신을 보내 위(魏)에 들어가 조공하였다. (『三國史記』 18 高句麗本紀 6)
고구려	가을 7월에 고구려에서 사신을 보내 위에 가서 조공하였다. (『三國史節要』 5)

백제	가을 7월에 북부 사람 중 나이 15세 이상을 징발하여 사현성(沙峴城)과 이산성(耳山城) 두 성을 쌓았다. (『三國史記』 26 百濟本紀 4)
백제	(가을 7월) 백제에서 북부 사람 중 나이 15세 이상을 징발하여 사현과 이산 두 성을 쌓았다. (『三國史節要』 5)
고구려	(태화 14년 9월) 임술일(27)에 고려국이 사신을 보내 조공했다. (『魏書』 7下 帝紀 7 下 高祖)
고구려	9월에 사신을 보내 위에 들어가 조공하였다. (『三國史記』 18 高句麗本紀 6)
고구려	9월에 고구려에서 사신을 보내 위에 가서 조공하였다. (『三國史節要』 5)
고구려	(후위 효문 태화 14년) 9월에 고려국이 아울러 사신을 보내 조공했다. (『册府元龜』 969 外臣部 14 朝貢 2)
백제	9월에 왕이 나라 서쪽 사비(泗沘) 벌판에서 사냥하였고 연돌(燕突)을 임명하여 달솔로 삼았다. (『三國史記』 26 百濟本紀 4)
백제	(9월) 백제 왕이 나라 서쪽 사비 벌판에서 사냥하였고 연돌을 달솔로 삼았다. (『三國史節要』 5)
백제	겨울 11월에 얼음이 얼지 않았다. (『三國史記』 26 百濟本紀 4)
백제	겨울 11월에 백제에서 얼음이 얼지 않았다. (『三國史節要』 5)
백제	이 해에 북위 오랑캐가 또다시 기병 수십만을 동원하여 백제를 공격하여 그 지경(地境)에 들어가니, 모대가 장군 사법명(沙法名)·찬수류(賛首流)·해례곤(解禮昆)·목간나(木干那)를 파견하여 무리를 거느리고 북위 오랑캐군을 기습 공격하여 그들을 크게 무찔렀다. (『南齊書』 58 列傳 39 東南夷 東夷 百濟)
고구려	(태화 14년) 이해에 토욕혼(吐谷渾)·탕창(宕昌)·무흥(武興)·음평(陰平)·고려국 등이 아울러 사신을 보내 조공하였다. (『北史』 3 魏本紀 3 高祖孝文皇帝)

491(辛未/신라 소지마립간 13/고구려 장수왕 79/백제 동성왕 13/南齊 永明 9/倭 仁賢 4)

고구려	(태화(太和) 15년) 5월 을묘일(24)에 고려국이 사신을 보내 조헌(朝獻)하였다. (『魏書』 7下 帝紀 7下 高祖)
고구려	여름 5월에 사신을 보내 위(魏)에 들어가 조공하였다.『三國史記』 18 高句麗本紀 6)
고구려	여름 5월에 고구려에서 사신을 보내 위에 가서 조공하였다. (『三國史節要』 5)
고구려	(후위(後魏) 효문(孝文) 태화 15년 5월 고려국이 (…) 아울러 사신을 보내 조헌하였다. (『册府元龜』 969 外臣部 14 朝貢 2)
백제	여름 6월에 웅천의 물이 불어서 서울에서 2백여 호가 떠내려가고 물에 잠겼다. (『三國史記』 26 百濟本紀 4)
백제	6월에 백제에서 웅천의 물이 불어서 서울에서 2백여 호가 떠내려가고 물에 잠겼다. (『三國史節要』 5)
백제 신라	가을 7월에 백성이 굶주려 신라로 도망하여 들어간 자가 6백여 가였다. (『三國史記』 26 百濟本紀 4)
백제 신라	가을 7월에 백제의 백성이 굶주려 신라로 도망하여 들어간 자가 6백여 가였다. (『三國史節要』 5)

고구려	(태화 15년) 9월 임오일(23)에 토욕혼(吐谷渾)·고려·탕창(宕昌)·등지국(鄧至國) 등이 아울러 사신을 보내 조헌하였다. (『魏書』 7下 帝紀 7下 高祖)
고구려	가을 9월에 사신을 보내 위에 들어가 조공하였다. (『三國史記』 18 高句麗本紀 6)
고구려	9월에 고구려가 사신을 보내 위에 가서 조공하였다. (『三國史節要』 5)
고구려	(후위 효문 태화 15년) 9월 토욕혼·고려·탕창·등지국 등이 아울러 사신을 보내 조헌하였다. (『册府元龜』 969 外臣部 14 朝貢 2)
고구려	고조 때에 이르러 연(璉: 장수왕)이 바치는 공물은 전보다 배로 늘었고, 그 보답으로 내리는 것도 역시 조금씩 더하여 주었다. (『魏書』 100 列傳 88 高句麗)
고구려	효문제(孝文帝) 때에 이르러 연이 바치는 공물은 전보다 배로 늘었고, 그 보답으로 내리는 것도 역시 조금씩 더하여 주었다. (『北史』 94 列傳 82 高麗)
고구려	그의 증손 연이 사신을 후위(後魏)에 보냈다. (『隋書』 81 列傳 46 東夷 高麗)

고구려 부여	대사자(大使者) 모두루(牟頭婁)는 (…) △ (…) 하백(河泊)의 손자이자 일월의 아들인 추모성왕(鄒牟聖王)은 본래 북부여(北夫餘)에서 나왔는데, 천하 사방이 이것을 안다. 국군(國郡)이 가장 성스러워 개△△치(個△△治)하였고, 이 군의 후사는 △△을 다스려 성왕의 노객(奴客)이 △하였다. 선조는 북부여에 △△△하여 성왕을 따라 왔는데, 노객은 △△△지고(之故)△△△△△△△△ 대대로 관은(官恩)을 만나 △△하였다. △ 강상성태왕(△罡上聖太王)의 치세에 △하여 △△△△△사범(祀仉)△△△△△△△ 비가지(非亠枝)△△△△△△반역(叛逆) 사(紗)△지(之)△△△△△ 염모(冉牟)는 △ △△△△△△견초(遣招)△△△△△△구계(拘雞)△△△△△△기농(暨農)△ △△△△△망(忙)△△△△△△은개(恩個)△△△△△△△관객지(官客之) △△△△△△ 염모는 삼령(彡靈)으로 하여금 △△△△△△ 모용선비(慕容鮮卑)가 △ 골(△汨)하여 사인은 하백의 손자 일월의 아들이 태어난 땅에 와서 △하였음을 △지(△知)하였다. 북부여의 대형(大兄)인 염모는 골△(拑△)하여 공(公)△삼(彡)△△△△ △△△△△△모루(牟婁)△△이(弛)△△△△△명견(命遣)△△△△△△△△ △△△△수(守)△△△△△△△△△△△△△△조세(造世)△△△△△△△원 강(苑罡)△△△△△△△△△△△△△△하(河)△△△△△△△ △부(夫)△△△△△△△△하백 일월의 △△△△△△△ 조상 대형 염모는 수명이 다하여 거기에서 △△하니, 사유(紗由)를 죽여서 잃었다. 조(祖)·부(父) △△ 대형, 자△(慈△) 대형은 △△△하여 대대로 관은을 만나 은덕이 조의 △도(△道)에 미쳤다. 성민(城民)·곡민(谷民)은 모두 거느려 전왕이 △육(△育)함이 이와 같았다. 도리어 국강상대개토지호태성왕(國罡上大開土地好太聖王)에 이르러 조·부를 따라 은교(恩敎)를 개이(個亠)하였다. 노객 모두루는 △△모(△△牟)하여 교를 내려 파견하여 敎遣令북부여수사(北夫餘守事)로 명령하였다. 하백의 손자 일월의 아들인 성왕은 △ △△△하여 호천(昊天)이 조(弔)하지 않아서 갑자기 곧 △△△하였다. 노객은 먼 곳에 있었으나 애절함이 한결 같아서 해가 △△하지 않고 달도 △명(△明)하지 않았다. △△△△△△△△△△△△국(國)△△△△지(知)△△△재원지(在遠之)△△ △환(還)△△교지(敎之)△△△△△△윤(潤) 태대(太隊)가 용약(踊躍)하여 △△△△△ 늙은 노객에게 교를 내리게 하니 △△△△관은(官恩) 연(緣)△△도(道)△△△△사(使) △서(西)△△△△△△원극언교(冤極言敎)△심(心)△△△△△△△△△△△술(述) △△△△△△△불(不)△△△△△△△△△△△△△△△△△일(一)△ △△△△△의여약(依如若)△△△△△지(知)△△△△△△가(可)△△△여(如) △△△△△△△삭월(朔月)△△△△△△△△△△△△ (「牟頭婁 墓誌銘」)

고구려	(태화 15년) 12월 계사일(6)에 황제가 고려왕 연을 성의 동쪽 행궁에서 거애(擧哀)하였다. (『魏書』 7下 帝紀 7下 高祖)
고구려	(태화 15년) 12월 계사일(6)에 황제가 고려왕 연을 위하여 성의 동쪽 행궁에서 거애하였다. (『北史』 3 魏本紀 3 高祖孝文皇帝)
고구려	겨울 12월에 왕이 돌아가셨다. 나이가 98세라 이름을 장수왕이라 하였다. 위의 효문제가 이를 듣고, 흰 위모관(委貌冠)과 베 심의(深衣)를 지어 입고 동쪽 교외에서 애도식을 거행하고, 알자복야(謁者僕射) 이안상(李安上)을 보내, 거기대장군(車騎大將軍)·태부(太傅)·요동군개국공(遼東郡開國公)·고구려왕(高勾麗王)으로 책립 추증하고, 시호(諡號)를 강(康)이라 하였다. (『三國史記』 18 高句麗本紀 6)
고구려	겨울 12월에 고구려 왕 거련(巨璉)이 돌아가셨다. 나이가 98세라 이름을 장수왕이라 하였다. 대손(大孫)인 나운(羅雲)이 즉위하였다. 왕자 조다(助多)가 일찍 죽어서 왕이 나운을 궁중에서 길러 대손으로 삼았다. (겨울 12월) 위 황제가 왕의 부음을 듣고, 흰 위모관과 베 심의를 지어 입고 동쪽 교외에서 애도식을 거행하고, 알자복야 이안상을 보내, 거기대장군·태부·요동군개국공·고구려왕으로 책립 추증하고, 시호를 강이라 하였다. (『三國史節要』 5)
고구려	(태화 15년) 이해에 고려왕이 죽었다. 12월에 조서를 내려 말하였다. "고려왕 연은 동쪽 모퉁이에서 수번(守蕃)하였고 여러 조정에 직공을 바쳤으며 해를 넘기면 100살로, 덕에 힘써 더욱 드러났다. 지금 이미 불행히도 사신이 다다라 이르렀다. 장차 그를 위해 거애(擧哀)하려 하니 옛날에 동성(同姓)이 곡묘(哭廟)하고 이성(異姓)이 그 방(方)을 따르듯이, 모두 복제(服制)가 지있다. 지금은 이미 오래전에 없어졌으니, 갑자기 그를 위해 최(衰하)는 것은 불가하다. 또 흰 비단으로 만든 모자를 백포심의(白布深衣)하고자 하나, 성동(城東)에서 다 일애(一哀)하였으니 그 사자에게 보인 것이다. 짐은 비록 일찍이 그 사람을 알지 못했으나, 심히 그것을 애석해 하니 유사는 칙을 펴서 구비하며 별의(別儀)와 같이 일삼아라." (『魏書』 108之3 志 13 禮志 3)
고구려	(12월) 고려왕 연이 죽었다. 나이가 100여 세였다. 위의 임금이 그를 위해 흰 위모관과 베 심의를 지어 입고 동쪽 교외에서 애도식을 거행하고, 알자복야 이안상을 보내, 태부로 책립 추증하고, 시호를 강이라 하였다. 손자인 운이 왕위를 이었다. (『資治通鑑』 137 齊紀 3 世祖武皇帝 中)
고구려	(후위서(後魏書)에 이른다.) 태화 15년 12월에 황제가 고려 왕 연을 위하여 성의 동쪽 행궁에서 거애하였다. (『太平御覽』 103 皇王部 28 後魏 高祖孝文皇帝)
고구려	태화 15년 연이 죽었다. 나이가 100여 세였다. 고조가 동쪽 교외에서 애도식을 거행하고 알자복야 이안상을 보내, 거기대장군·태부·요동군개국공·고구려왕으로 책립 추증하고 시호를 강이라고 하였다. 또 대홍려(大鴻臚)를 보내 련의 손자 운(雲)을 사지절(使持節)·도독요해제군사(都督遼海諸軍事)·정동장군(征東將軍)·영호동이중랑장(領護東夷中郎將)·요동군개국공·고구려왕에 임명하고, 의관과 복장·기물 및 수레·깃발 따위의 물건들을 하사하였다. 또 조서로 운에게 세자를 보내 입조하여 교구(郊丘)에서 지내는 제천 행사에도 참석케 하라고 하였다. 운이 글을 올려 세자가 병이 났다는 핑계로 ᄀ이 종숙(從叔) 승우(刀丁)를 보내 사신을 따라 대궐에 나아가게 하니, 준엄하게 질책하였다. 이 해부터 해마다 빠짐없이 공물을 바쳤다. (『魏書』 100 列傳 88 高句麗)
고구려	태화 15년에 연이 죽었다, 나이가 100여 세였다. 효문제가 동쪽 교외에서 애도식을 거행하고 알자복야 이안상을 보내, 거기대장군·태부·요동군개국공·고구려왕으로 책립 추증하고 시호를 강이라고 하였다. 또 대홍려를 파견하여 련의 손자 운을 사지절 도독요해제군사 정동장군 영호동이중랑장 요동군공 고구려왕에 배수하고, 의관·복물·거기(車旗) 등의 의식물을 내렸다. 또 운에게 조서를 내려 세자를 보내 입조시키되,

교구에서 지내는 제천 행사에 참석할 수 있도록 하라고 하였다. 운이 글을 올려 세자가 병이 있다고 사양하고, 그의 종숙 승우로 하여금 사신을 따라 대궐에 나아가게 하니, 효문제는 그를 준엄하게 질책하였다. 이 해부터 해마다 빠짐없이 공물을 바쳤다. (『北史』94 列傳 82 高麗)

고구려	(북사(北史)) 또 말하기를, "후위(後魏) 태화 15년 연이 죽었고 그 손자 운이 왕위에 올랐다. 다시 의관·복물·거기(車旗) 등의 의식물을 내렸다. 이 해로부터 항상 공물을 바쳤다. (『太平御覽』783 四夷部 4 東夷 4 高句驪)
고구려	(후위 효문 태화) 15년 고려왕 련이 죽었다. 황제가 성 동쪽 행궁에서 거애(擧哀)하였다. (『册府元龜』974 外臣部 19 褒異 1)
고구려	(후위) 효문 태화 15년 조서로 고구려왕 운을 세웠다. 또 운에게 조서를 내려 세자를 보내 입조하게 하였다. 운이 글을 올려 세자가 병이 있다고 사양하고, 그의 종숙의 아들을 보내 사신을 따라 대궐에 나아가게 했다. (『册府元龜』996 外臣部 41 納質)
고구려	(고련(高璉)) 송·제를 거쳐 아울러 작위를 받았고 나이 100여 세에 죽었다. (『梁書』54 列傳 48 諸夷 東夷 高句驪)
고구려	(련) 제를 거치면서도 아울러 작위를 받았고 100여 세에 죽었다. (『南史』79 列傳 69 夷貊 下 東夷 高句麗)
고구려	고련(高璉)이 나이 100여세에 죽었다. (『南齊書』58 列傳 39 東南夷 東夷 高句麗)
고구려	(태화 15년) 이해에 토욕혼(吐谷渾)·실만근(悉萬斤)·고려·등지(鄧至)·탕창국(宕昌國) 등이 아울러 사신을 보내 조공하였다. (『北史』3 魏本紀 3 高祖孝文皇帝)

492(壬申/신라 소지마립간 14/고구려 문자명왕 1/백제 동성왕 14/南齊 永明 10/倭 仁賢 5)

고구려	문자명왕[명치호왕(明治好王)이라고도 한다]의 이름은 나운(羅運)이고 장수왕의 손자이다. 아버지는 왕자인 고추대가(古鄒大加) 조다(助多)이다. 조다가 일찍 죽어 장수왕이 궁중에서 길러 대손(大孫)으로 삼았다. 장수왕이 재위 79년에 돌아가시자, 이어서 즉위하였다. (『三國史記』19 高句麗本紀 7)
고구려	(연(璉)의) 아들 운이 왕위에 올랐다. (『南史』79 列傳 69 夷貊 下 東夷 高句麗)
고구려	(태화(太和) 16년) 3월 신사일(25)에 고려왕 연(璉)의 손자 운(雲)을 그 나라의 왕으로 삼았다. (『魏書』7下 帝紀 7下 高祖)
고구려	(태화 16년 3월 신사) 신사일(25)에 고려왕 연의 손자 운을 그 나라의 왕으로 삼았다. (『北史』3 魏本紀 3 高祖孝文皇帝)
고구려	(3월) 신사일(25)에 위(魏)는 고려왕 운을 독요해제군사(督遼海諸軍事)·요동공(遼東公)·고구려왕으로 삼고, 운에게 조서를 내려서 그의 세자를 보내어 입조(入朝)하게 하였다. 운은 병을 이유로 사양하고 그의 당숙 승간(升干)을 보내어 사신을 따라서 평성(平城)에 이르게 하였다. (『資治通鑑』137 齊紀 3 世祖武皇帝 中)
고구려	봄 3월에 위(魏)에서 사신을 보내 고구려왕을 사지절(使持節)·도독요해제군사(都督遼海諸軍事)·정동장군(征東將軍)·영호동이중랑장(領護東夷中郞將)·요동군개국공(遼東郡開國公)·고구려왕으로 제수하고 의관·복물(服物)·수레 깃발의 장식을 내렸다. 또 조서로 왕에게 "세자를 보내 입조하게 하라"고 하였으나, 왕이 병이 있다고 하여 사절하고, 종숙(從叔) 승천(升千)을 보내 사신을 따라 입조(入朝)하게 하였다. (『三國史節要』6)
고구려	(태화(太和) 16년 3월) 이 달에 고려와 등지국(鄧至國)이 아울러 사신을 보내 조공하였다. (『魏書』7下 帝紀 7下 高祖)

고구려	(후위(後魏) 효문(孝文) 태화) 16년 3월에 고려왕 연의 손자 운을 그 나라의 왕으로 삼았다. 의관·복물·수레 깃발의 장식을 주었다. (『册府元龜』 963 外臣部 8 封册 1)
고구려	(후위 효문 태화) 16년 3월에 고려와 등지국이 (…) 아울러 사신을 보내 조헌(朝獻)하였다. (『册府元龜』 969 外臣部 14 朝貢 2)
고구려	위(魏) 효문제(孝文帝)가 사신을 보내 왕에게 벼슬을 주어 사지절·도독요해제군사·정동장군·영호동이중랑장·요동군개국공·고구려왕을 삼고, 의관·복물·수레 깃발의 장식을 주었다. 또 조서로 왕에게 "세자를 보내 입조하게 하라"고 하였으나, 왕이 병이 있다고 하여 사절하고, 종숙 승천을 보내 사신을 따라 대궐에 나아가게 하였다. (『三國史記』 19 高句麗本紀 7)
고구려	방량(房亮)의 자(字)는 경고(景高)이고 청하(淸河) 사람이다. (…) 태화 연간(477~499)에 수재에 천거되어 봉조청(奉朝請)이 되었고 비서랑(祕書郎)에 임명되었다. (…) 원외상시(員外常侍)를 겸하여 고구려에 사신으로 갔다. 고구려 왕이 병을 핑계로 절하지 않자 량을 사명을 어겼다 하여 백의수낭중(白衣守郎中)으로 좌천되었다. (…) (『魏書』 72 列傳 60 房亮)
고구려	방량의 자는 경고이고 청하 사람이다. (…) 태화 연간(477~499)에 수재에 천거되어 봉조청이 되었다. 후에 원외상시를 겸하여 고구려에 사신으로 갔다. 고구려 왕이 병을 핑계로 절하지 않자 량을 사명을 어겼다 하여 백의수낭중으로 좌천되었다. (『北史』 45 列傳 33 房亮)
고구려	문하득황룡표(門下得黃龍表) 경(卿)이 조지(朝旨)를 건패(愆悖)하여 종숙(從叔)을 사신을 따라 보낸 것을 알았다. 대저 하늘을 본받아 천하를 통일하는 운수는 반드시 덕신(德信)으로 먼저하고 열(列)을 헤아려 번(藩)을 작(作)하는 것 또한 경순(敬順)을 의지하여 근본으로 한다. 만약 임금의 믿음이 한번 이지러지면 어찌 만국에 임어(臨御)하겠는가. 신하의 공경이 자꾸 바뀌는데, 어찌 신거(宸居)에 봉직(奉職)하겠는가. 때문에 천둥소리로 위세를 만들어 천벌을 밝힐 것이고 오형으로 법도를 드리워 불공(不恭)을 쓸어버릴 것이니, 이것은 바로 인신(人神)의 상도(常道)이고 유현(幽顯)의 통규(通規)이다. 지난번에 명당(明堂)을 비로소 만들어 황제의 교화를 유신하고 모든 번후에게 칙을 내려 시현(時見)을 수전(修展)하게 하였다. 군방(群方)을 말로 권면하고 황복(荒)服[61]을 타이름에 이르렀고 매번 고구려로 경건하고 정성스럽게 하게 하였으나, 오직 사나운 要戎이었다. 지금 서남의 여러 나라가 대명(大命)을 공경히 받들지 않음이 없으며 대궐의 문[象魏]을 향해 달려오니, 혹은 명왕(明王)이 들어와 조알(朝謁)하고 혹은 번이(藩貳:세자)가 공경히 조근(朝覲)한다. 말을 빨리 달려 빛 같이 보고 조사(朝祀)를 흔앙(欣仰)하니, 황황(皇皇:훌륭하고 성대한 모양)의 아름다움이 여기에서 성(盛)하게 되었다. 그러나 경이 유독 숙관(宿款)을 거스르고 엄칙(嚴勅)을 침해[威]하였다. 전에는 몸이 아프다고 하였고 후에는 아들이 어리다는 핑계로 망령되게 지친(枝親)을 보내 여전히 동기(同氣)에 머무르니, 이것은 참을만하나 누가 용서할 수 있겠는가. 만약 경의 부자가 허락한 바를 잘 살핀다면 친제(親弟)를 보내어 와서 건공(虔貢)하고 만약 동생이 다시 깊은 병이 있으면 마땅히 卿은 소매를 걷어 붙이고 지친(枝親)으로 대행(代行)하게 하라. 지난 일 두 세가지가 모두 소명(朝命)을 어겼으니, 장차 어떻게 할 것인가. 옛날에 방풍(房風)이 만지(晩至)한 것은 대우(大禹)가 수위(垂威)한 까닭이고 동국(東國)이 공경을 잃어버린 것은 주공(周公)이 친가(親駕)한 까닭이다. 이것이 어찌 양부(兩夫) 보다 급급(急急)하고 병갑(兵甲) 보다 천천(遄遄)한 것이리오. 다만 고구려를 내버려 두면 만국이 함께 오만방자할 것

---

61) 王畿 1,500里의 要服의 땅에 거주하는 사람들을 夷라 하였으며 2,000里의 荒服의 땅에 사는 사람들을 蠻이라 한데서 유래-《書經》禹貢

이고 그것을 륙(戮)하면 구택(九宅)이 질서정연하기 때문이다. 종숙의 조회는 바로 서번(西蕃)의 상사(常事)이니, 지금 여현(旅見)의 신(辰)으로 그것을 함께 하니, 세시 (歲時)의 사신이 경의 마음[懷]에서 어찌 평안하겠는가. 경의 친동생과 즉추(卽鄒) 2 인은 경이 보낸 바를 따라서, 반드시 원정(元正)에 미쳐 궐에 이르게 하라. 만약 노 병(老病)을 말하면 사빈비치(四牝飛馳)와 거여섭로(車輿涉路)로 평정할 것이니, 모름 지기 경이 친히 여기에 이르는 것을 기다린 연후에 돌아갈 것이다. 군후(群后) 중상 (重爽)을 지금 부르니 짐으로 하여금 번벽(藩辟)을 실신(失信)하게 하는 것은 바로 동우(東隅)에 진려(振旅:군대를 거두어 개선)를 당하게 하는 것이니, 전쟁을 일으켜 영토를 함락할 것이다. 해금(海金)을 거두어 화하(華夏)에 내리고 학예(洛隸)에 옹 (擁)하여 중국에 주니, 창빈(滄濱)에 강기(疆畿)가 광(廣)하고 전복(甸服)62)에 동사(僮 使)가 풍(豊)하니, 어찌 또한 무엇이 나쁘겠는가. 그 좋은 생각을 심사숙고하여 후회 를 남기지 말라. 만일 명(命)을 받들어 번개와 같이 다다르면 기왕의 잘못은 하나도 책임질 것이 없으니, 은악(恩渥:두터운 은혜)의 융(隆)이 바야흐로 그치지 않을 것이 다. 군자가 있지 않으면 어찌 나라를 다스릴 수 있겠는가. 그 신하와 종친이 그 충 심을 잘 참작해서 짐의 뜻을 헤아리려. (『文館詞林』 664 後魏孝文帝與高句麗王雲詔 一首)

| 백제 | 봄 3월에 눈이 내렸다. (『三國史記』 26 百濟本紀 4) |
| 백제 | (봄 3월) 백제에 눈이 내렸다. (『三國史節要』 6) |

| 백제 | 여름 4월에 큰 바람으로 나무가 뽑혔다. (『三國史記』 26 百濟本紀 4) |
| 백제 | 여름 4월에 백제에서 큰 바람으로 나무가 뽑혔다. (『三國史節要』 6) |

고구려	(태화 16년) 6월 기축일(4) 고려국이 사신을 보내 조공하였다. (『魏書』 7下 帝紀 7 下 高祖)
고구려	여름 6월에 사신을 보내 위에 들어가 조공하였다. (『三國史記』 19 高句麗本紀 7)
고구려	6월에 고구려에서 사신을 보내 위에 가서 조공하였다. (『三國史節要』 6)
고구려	(후위 효문 태화 16년) 6월에 고려국이 아울러 사신을 보내 조헌(朝獻)하였다. (『册 府元龜』 969 外臣部 14 朝貢 2)

| 신라 | 봄과 여름에 가물었다. 왕이 자기를 책망하여 반찬 가짓 수를 줄였다. (『三國史記』 3 新羅本紀 3) |
| 신라 | 신라에서 봄과 여름에 가물었다. 왕이 자기를 책망하여 반찬 가짓 수를 줄였다. (『三國史節要』 6) |

고구려	(태화 16년) 8월 신묘일(7)에 고려국이 사신을 보내 조공하였다. (『魏書』 7下 帝紀 7下 高祖)
고구려	가을 8월에 사신을 보내 위에 들어가 조공하였다. (『三國史記』 19 高句麗本紀 7)
고구려	가을 8월에 또 사신을 보내 조공하였다. (『三國史節要』 6)
고구려	(후위 효문 태화 16년) 8월 고려가 (…) 아울러 사신을 보내 조헌하였다. (『册府元 龜』 969 外臣部 14 朝貢 2)

| 고구려 | (태화 16년) 겨울 10월 병오일(23)에 고려국이 사신을 보내 조헌하였다. (『魏書』 7 |

---

62) 夏나라 제도로 왕성 주위 500里 이내의 땅을 가리킴

下 帝紀 7下 高祖)

| 고구려 | 겨울 10월에 사신을 보내 위에 들어가 조공하였다. (『三國史記』 19 高句麗本紀 7) |
| 고구려 | 겨울 10월에 또 사신을 보내 조공하였다. (『三國史節要』 6) |

| 백제 | 겨울 10월에 왕이 우명곡(牛鳴谷)에서 사냥하면서 직접 사슴을 쏘았다. (『三國史記』 26 百濟本紀 4) |
| 백제 | (겨울 10월) 백제 왕이 우명곡에서 사냥하였다. (『三國史節要』 6) |

가야	질지왕(銍知王) (…) 42년을 다스렸고 영명(永明) 10년 임신년 10월 4일에 붕(崩)하였다. (『三國遺事』 2 紀異 2 駕洛國記)
가야	제9 겸지왕(鉗知王)[아버지는 질지왕이고 어머니는 방원(邦媛)이다. 임신에 즉위하여 29년간 다스렸다] (『三國遺事』 1 王曆 1)
가야	겸지왕[금겸왕(金鉗王)이라도 한다] 영명 10년에 즉위하였다. (…) 왕비는 출충(出忠) 각간의 딸인 숙(淑)이고 왕자 구형(仇衡)을 낳았다. (『三國遺事』 2 紀異 2 駕洛國記)
가야	가락국왕 질지가 돌아가시자 아들 겸지가 왕위에 올랐다. (『三國史節要』 6)

| 고구려 | (태화 16년) 이 해에 고려·등지(鄧至)·계설(契齧)·토욕혼국(吐谷渾國) 등이 아울러 사신을 보내 조공하였다. (『北史』 3 魏本紀 3 高祖孝文皇帝) |

493(癸酉/신라 소지마립간 15/고구려 문자명왕 2/백제 동성왕 15/南齊 永明 11/倭 仁賢 6)

신라 백제	봄 3월에 백제 왕 모대(牟大)가 사신을 보내 혼인을 요청하였다. 왕은 이벌찬(伊伐湌) 비지(比智)의 딸을 보냈다. (『三國史記』 3 新羅本紀 3)
백제 신라	봄 3월에 왕이 사신을 보내 신라에 혼인을 요청하였다. 신라왕이 이찬 비지의 딸을 시집보냈다. (『三國史記』 26 百濟本紀 4)
백제 신라	봄 3월에 백제 왕이 사신을 보내 신라에 혼인을 요청하였다. 신라왕이 이찬 비지의 딸을 시집보냈다. (『三國史節要』 6)

| 고구려 | (태화(太和) 17년) 6월 무신일(29)에 고려국이 사신을 보내 조헌(朝獻)하였다. (『魏書』 7下 帝紀 7下 高祖) |
| 고구려 | (후위(後魏) 효문(孝文) 태화) 17년 6월에 고려국이 아울러 사신을 보내 조공하였다. (『册府元龜』 969 外臣部 14 朝貢 2) |

| 신라 | 가을 7월에 임해(臨海)와 장령(長嶺) 두 진(鎭)을 설치하여 왜적(倭賊)에 대비하였다. (『三國史記』 3 新羅本紀 3) |
| 신라 | 가을 7월에 신라에서 임해와 장령 두 진을 설치하여 왜적에 대비하였다. (『三國史節要』 6) |

| 고구려 | 가을 9월 기유(己酉) 초하루 임지일(4)에 히나가노키시(卜鷹吉士)를 고려의 사신으로 보내 손재주가 뛰어난 사람을 불러오게 하였다. (『日本書紀』 15 仁賢紀) |

| 고구려 | 이번 가을 히다카노키시가 사신으로 파견된 후에, 어떤 여인이 나니와(難波)의 미츠(御津)에 살았는데 곡을 하며 "어머니에게도 형이요 나에게도 형이며, 어린 풀 같은 나의 남편 가련하구나"라 하였다['어머니에게도 형이요 나에게도 형이며'라 한 것은 우리말로는 오모니모세(於慕尼慕是) 아레니모세(阿例尼慕是)이다. '나의 남편 가련하구나'라고 한 것은 우리말로는 아가츠마하야(阿我圖摩播耶)라 한다. '어린 풀'이라는 |

것은 말하자면 옛날에 어린 풀로 부부를 비유하였으므로 어린 풀을 남편이라 여겼던 것이다]. 곡소리가 매우 슬퍼 사람들의 장(腸)을 끊는 듯하였다. 히시키노무라(菱城邑) 사람 가카소(鹿父)[가카소는 사람 이름이다. 사람들은 부(父)를 가소(柯曾)라고 부른다.]가 듣고 앞으로 나아가 "어찌 슬피 우는 것이 이처럼 심한가"라고 하니, 여인이 답하기를 "가을 나무의 슬픔이 더하여 두 배로구나[쌍(雙)은 둘이다]. 받아들여 생각할 수 있을 것이다"라 하였다. 가카소가 "그렇다"라 하며 말하는 내용을 알았다. 동반자가 있었는데 그 뜻을 깨닫지 못하고 "어찌 알았습니까"라고 물으니, (녹부가) 답하기를 "나니와노타마스리베노후나메(難波玉作部鯽魚女)[즉어녀(鯽魚女)라 한 것은 우리말로 후나메(浮儺謎)라 한다]가 가라마노하타케(韓白水郞嘆)[한백수랑嘆(韓白水郞嘆)이라 한 것은 우리말로 가라마노하타케(柯羅摩能波陀該)이니, 嘆은 보리를 경작하는 밭이다.]에게 시집가서 나쿠메(哭女)를 낳았고, 나쿠메[곡녀(哭女)라 한 것은 우리말로 나쿠메(儺俱謎)라 한다.]는 스무치(住道) 사람 야마키(山杵)에게 시집가서 아쿠타메(飽田女)를 낳았다. 가라마노하타케와 그 딸 나쿠메는 모두 일찍 죽었는데, 스무치 사람 야마키가 앞서 다마스리베노후나메(玉作部鯽魚女)와 간통하여 아라키(蠹寸)를 낳았다. 아라키는 아쿠타메를 부인으로 맞아 들였다. 이 때 아라키가 히다카노키시를 따라 고려를 향해 출발하였으므로 그 처인 아쿠타메가 배회하며 사랑하는 사람을 돌아보고, 마음의 갈피를 잃고 상심하여 곡소리가 더욱 간절하였으므로 사람들의 장을 끊을 듯하였다"라고 하였다[다마스리베노후나메와 가라마노하타케가 부부가 되어 나쿠메를 낳았다. 스무치 사람 야마키가 나쿠메에게 장가들어 아쿠타메를 낳았다. 야마키의 처의 부(父) 가라마노하타케와 그의 처 나쿠메는 일찍이 죽었다. 스무치 사람 야마키는 먼저 처의 모(母) 다마스리베노후나메를 범하여 아라키를 낳았다. 아라키가 아쿠타메에게 장가들었다. 어떤 책에는 말하였다. 다마스리베노후나메가 전부(前夫) 가라마노하타케를 만나 나쿠메를 낳았다. 다시 후에 스무치 사람 야마키를 만나 아라키를 낳았다. 즉 나쿠메와 아라키는 이부형제(異父兄弟)이고 나쿠메의 딸 아쿠타메가 아라키를 불러 말하였다. "어머니에게도 형이다." 나쿠메는 야마키에게 출가하여 아쿠타메를 낳았다. 야마키는 또 후나메(鯽魚女)를 범하여 아라키를 낳았다. 즉 아쿠타메와 아라키는 이모형제(異母兄弟)이다. 때문에 아쿠타메는 부인 아라키을 불러서 '나에게도 형이다'라고 말한 것이다. 옛적에는 형제 장유(兄弟長幼)를 불문하고 여(女)는 남(男)을 형(兄)이라 일컫고 남은 녀를 매(妹)라 일컫었다. 때문에 "어머니에게도 형, 나에게도 형일 뿐이다"라 한 것이다]. (『日本書紀』15 仁賢紀)

| 고구려 | 겨울 10월에 지진이 일어났다. (『三國史記』19 高句麗本紀 7) |
| 고구려 | 겨울 10월에 고구려에서 지진이 일어났다. (『三國史節要』6) |

고구려　　이 해 히다카노키시가 고려로부터 돌아와 공장(工匠) 수류지(須流枳)·노류지(奴流枳) 등을 바치니, 지금의 야마토노쿠니(大倭國) 야마노헤노코오리(山邊郡) 누카타노무라(額田邑)의 가와오시노코마(熟皮高麗)가 그 후예이다. (『日本書紀』15 仁賢紀)

고구려　　(태화 17년) 이해애 물길·토욕혼(吐谷渾)·탕창(宕昌)·음평(陰平)·거란·고막해(庫莫奚)· 고려·등지국(鄧至國) 등이 아울러 사신을 보내 조공하였다. (『北史』3 魏本紀 3 高祖孝文皇帝)

고구려　　(무위장군(武衛將軍) 위(謂)의 아들인 제(提)의 동생 비(조)) (…) 고조(高祖) 천도(遷都)를 하고자 함에 미쳐 태극전(太極殿)에 임하여 유수(留守)의 관(官)을 인견(引見)

하고 대의(大議)하였다. 이에 비(丕) 등에게 조서를 내려 품은 바가 있는 것을 각각 그 뜻을 펴게 하였다. 연주자사(燕州刺史) 목비(穆羆)가 나아가 말하였다. "도읍을 옮기는 것은 일이 큰 것인데, 신의 어리석은 생각은 옳지 않다고 말할 수 있습니다." 고조가 말하였다. "경은 바로 옳지 않음의 이유를 말하라." 비(羆)가 말하였다. "북쪽에는 험윤(獫狁)의 도적이 있고 남쪽에는 형양(荊揚)이 복종하지 않았고 서쪽에는 토욕혼의 험함이 있으며 동쪽으로는 고구려의 어려움이 있습니다. 사방이 평정되지 않고 온 천하가 안정되지 않아 이것으로써 그것을 미루어 불가(不可)하다고 말한 것입니다. (…)"(『魏書』14 列傳 2 神元平文諸帝子孫)

494(甲戌/신라 소지마립간 16/고구려 문자명왕 3/백제 동성왕 16/南齊 隆昌 1, 建武 1/倭 仁賢 7)

고구려	(태화(太和) 18년) 봄 정월 정사일(11)에 고려국이 사신을 보내 조헌(朝獻)하였다. (『魏書』7下 帝紀 7下 高祖)
고구려	봄 정월에 사신을 보내 위(魏)에 들어가 조공하였다. (『三國史記』19 高句麗本紀 7)
고구려	봄 정월에 고구려에서 사신을 보내 위에 가서 조공하였다. (『三國史節要』6)
고구려	(후위(後魏) 효문(孝文) 태화) 18년 정월에 고려국이 사신을 보내 조공하였다. (『冊府元龜』969 外臣部 14 朝貢 2)

고구려 부여	2월에 부여의 왕과 왕비, 왕자가 나라를 들어 항복해왔다. (『三國史記』19 高句麗本紀 7)
고구려 부여	2월에 부여왕이 나라를 가지고 고구려에 항복했다. (『三國史節要』6)

신라	여름 4월에 홍수가 났다. (『三國史記』3 新羅本紀 3)
신라	여름 4월에 신라에서 홍수가 났다. (『三國史節要』6)

고구려	(태화 18년) 가을 7월 신묘일(19)에 고려국이 사신을 보내 조공하였다. (『魏書』7下 帝紀 7下 高祖)
고구려	(후위 효문 태화 18년) 7월에 또 고려국이 사신을 보내 조공하였다. (『冊府元龜』969 外臣部 14 朝貢 2)

신라 고구려 백제

가을 7월에 장군(將軍) 실죽(實竹) 등이 고구려와 살수(薩水)의 들판에서 싸우다가 이기지 못하고 물러나 견아성(犬牙城)을 지켰는데, 고구려 군사가 포위하였다. 백제왕 모대(牟大)가 군사 3천 명을 보내 구원하여 포위를 풀었다. (『三國史記』3 新羅本紀 3)

고구려 신라 백제

가을 7월에 우리 군사가 신라인과 살수의 들판에서 싸워 신라인이 패하여 견아성을 지켰다. 우리 군사가 포위하니 백제가 군사 3천 명을 보내 신라를 지원하여 우리 군사가 물러났다. (『三國史記』19 高句麗本紀 7)

백제 고구려 신라

가을 7월에 고구려와 신라가 살수 들판에서 싸웠는데, 신라가 이기지 못하고 물러나 견아성에서 방어하고 있다가 고구려에게 포위되었다. 왕이 군사 3천 명을 보내 구원하자 포위가 풀렸다. (『三國史記』26 百濟本紀 4)

신라 고구려 백제

가을 7월에 신라 장군 실죽 등이 고구려와 살수 들판에서 싸웠는데, 신라가 이기지

	못하고 물러나 견아성에서 방어하고 있다가 고구려 군사에게 포위되었다. 백제 왕이 군사 3천 명을 보내 와서 구원하여 포위가 풀렸다. (『三國史節要』6)
고구려	(가을 7월) 제(齊) 황제가 왕에게 벼슬을 주어 사지절(使持節)·산기상시(散騎常侍)·도독영평이주(都督營平二州)·정동대장군(征東大將軍)·낙랑공(樂浪公)으로 삼았다. (『三國史記』19 高句麗本紀 7)
고구려	제가 고구려왕을 사지절·산기상시·도독영평이주·정동대장군·낙랑공으로 삼았다. (『三國史節要』6)
고구려	융창(隆昌) 원년에 고려왕(高麗王)·낙랑공(樂浪公) 고운을 사지절·산기상시·도독영평이주제군사(都督營平二州諸軍事)·정동대장군·고려왕·낙랑공으로 삼았다. (『南齊書』58 列傳 39 高麗國)
고구려	(남제(南齊)) 울림왕(鬱林王) 융창 원년 고려왕·낙랑공 고운(高雲)을 사지절·산기상시·도독영평이주제군사·정동대장군으로 삼았다. (『册府元龜』963 外臣部 8 封冊 1)
고구려	(고련)의 아들 운을 제 융창 연간에 사지절·산기상시·도독영평이주·정동대장군·낙랑공으로 삼았다. (『梁書』54 列傳 48 諸夷 東夷 高句驪)
고구려	제 융창 연간에 운을 사지절·산기상시·도독영평이주·정동대장군·고려왕·낙랑공으로 삼았다. (『南史』97 列傳 69 夷貊 下 東夷 高句麗)
고구려	(가을 7월) 사신을 보내 위에 들어가 조공하였다.(『三國史記』19 高句麗本紀 7)
고구려	고구려에서 사신을 보내 위에 가서 조공하였다. (『三國史節要』6)
고구려	겨울 10월에 복숭아와 자두 꽃이 피었다. (『三國史記』19 高句麗本紀 7)
고구려	겨울 10월에 고구려에서 복숭아와 자두 꽃이 피었다. (『三國史節要』6)
고구려	(태화 18년) 이 해에 고려국이 사신을 보내 조공하였다. (『北史』3 魏本紀 3 高祖孝文皇帝)

495(乙亥/신라 소지마립간 17/고구려 문자명왕 4/백제 동성왕 17/南齊 建武 2/倭 仁賢 8)

신라	봄 정월에 왕이 친히 신궁(神宮)에 제사지냈다. (『三國史記』3 新羅本紀 3)
신라	봄 정월에 신라 왕이 친히 신궁에 제사지냈다. (『三國史節要』6)
고구려	(태화(太和) 19년)) 2월 임자일(13)에 고려국이 사신을 보내 조헌(朝獻)하였다. (『魏書』7下 帝紀 7下 高祖)
고구려	봄 2월에 사신을 보내 위(魏)에 들어가 조공하였다. (『三國史記』19 高句麗本紀 7)
고구려	봄 2월에 고구려가 사신을 보내 위에 가서 조공하였다. (『三國史節要』6)
고구려	(봄 2월) 크게 가물었다. (『三國史記』19 高句麗本紀 7)
고구려	(봄 2월) 고구려에서 크게 가물었다. (『三國史節要』6)
백제	여름 5월 갑술(甲戌) 초하루 날에 일식이 있었다. (『三國史記』26 百濟本紀 4)
백제	여름 5월 갑술 초하루 날에 백제에서 일식이 있었다. (『三國史節要』6)
고구려	(태화 19년) 5월 경진일(12)에 고려와 토욕혼국(吐谷渾國)이 아울러 사신을 보내 조공하였다. (『魏書』7下 帝紀 7下 高祖)
고구려	여름 5월에 사신을 보내 위(魏)에 들어가 조공하였다. (『三國史記』19 高句麗本紀

7)

| 고구려 | (여름 5월) 고구려에서 사신을 보내 위에 가서 조공하였다. (『三國史節要』 6) |

고구려   (후위(後魏) 효문(孝文) 태화) 19년 5월에 고려와 토욕혼국이 아울러 사신을 보내 조공하였다. (『册府元龜』 969 外臣部 14 朝貢 2)

고구려   가을 7월에 남쪽으로 순수하여 바다에 제사를 지내고 되돌아왔다. (『三國史記』 19 高句麗本紀 7)

고구려   가을 7월에 고구려왕이 남쪽으로 순수하여 바다에 제사를 지내고 되돌아왔다. (『三國史節要』 6)

신라 고구려 백제

가을 8월에 고구려가 백제 치양성(雉壤城)을 포위하자 백제가 구원을 요청하였다. 왕이 장군(將軍) 덕지(德智)에게 명하여 군사를 이끌고 구원하게 하자, 고구려 무리가 달아났다. 백제 왕이 사신을 보내 와서 사례하였다. (『三國史記』 3 新羅本紀 3)

고구려 백제 신라

8월에 군사를 보내 백제 치양성을 포위하자 백제가 신라에 구원을 요청하였다. 신라 왕이 장군 덕지에게 명하여 군사를 이끌고 와서 구원하므로, 우리 군사가 물러나 되돌아왔다. (『三國史記』 19 高句麗本紀 7)

백제 고구려 신라

가을 8월에 고구려가 와서 치양성을 포위하자 왕이 사신을 보내 신라에 구원을 요청하였다. 신라 왕이 장군 덕지에게 명령하여 군사를 거느리고 구원하게 하니, 고구려 군사가 물러갔다. (『三國史記』 26 百濟本紀 4)

고구려 백제 신라

8월에 고구려가 군대를 보내 백제의 치양성을 포위하자 백제가 신라에 구원을 요청하였다. 신라 왕이 장군 덕지에게 명령하여 군사를 거느리고 구원하게 하니, 고구려 무리가 물러갔다. 백제 왕이 사신을 보내어 사례하였다. (『三國史節要』 6)

백제   건무 2년에 모대(牟大)가 사신을 보내어 표문을 올려 말하기를, "신(臣)은 봉작을 받은 이래 대대로 조정의 영예를 입었고, 더욱이 절부(節符)와 부월(斧鉞)을 받아 모든 변방을 평정하였습니다. 앞서 저근(姐瑾) 등이 모두 영광스러운 관작을 제수받아 신민이 함께 기뻐하였습니다. 지난 경오년(庚午年)에는 험윤(獫狁)이 잘못을 뉘우치지 않고 군사를 일으켜 깊숙이 쳐들어 왔습니다. 신이 사법명(沙法名) 등을 파견하여 군사를 거느리고 역습케 하여 밤에 번개처럼 기습 공격하니, 흉리(匈梨)가 당황하여 마치 바닷물이 들끓듯 붕괴되었습니다. 이 기회를 타서 쫓아가 베니 시체가 들을 붉게 했습니다. 이로 말미암아 그 예기가 꺾이어 고래처럼 사납던 것이 그 흉포함을 감추었습니다. 지금 천하가 조용해진 것은 실상 사법명 등의 꾀이오니 그 공훈을 찾아 마땅히 표창해 주어야 할 것입니다. 이제 사법명을 가행정로장군(假行征虜將軍)·매라왕(邁羅王)으로, 친수류(賁首流)를 가행안국장군(假行安國將軍)·벽중왕(辟中王)으로, 해례곤(解禮昆)을 가행무위장군(假行武威將軍)·불중후(弗中侯)로 삼고, 목간나(木干那)는 과거에 군공이 있는 데다 또 성문과 선박을 때려 부수었으므로 행광위장군(行廣威將軍)·면중후(面中侯)로 삼았습니다. 엎드려 바라옵건데 천은을 베푸시어 특별히 관작을 제수하여 주십시오."라고 하였다. (『南齊書』 58 列傳 39 東南夷 東夷 百濟)

백제   (건무 2년) 또 표문을 올리기를, "신이 사신으로 보낸 행용양장군(行龍驤將軍)·낙랑태수(樂浪太守) 겸(兼) 장사(長史) 신(臣) 모유(慕遺)와 행건무장군(行建武將軍)·성양태수(城陽太守) 겸 사마(司馬) 신 왕무(王茂)와 겸 참군(叅軍)·행진무장군(行振武將軍)·조선태수(朝鮮太守) 신 장새(張塞)와 행양무장군(行揚武將軍) 진명(陳明)은 관직에 있어 사사로운 것을 잊어버리고 오로지 공무에만 힘써, 나라가 위태로운 것을 보면 목숨을 내던지고 어려운 일을 당해서는 자기 몸을 돌보지 않습니다. 지금 신의 사신의 임무를 맡아 험한 파도를 무릅쓰고 바다를 건너 그의 지성을 다하고 있습니다. 실로 그들의 관작을 올려 주어야 마땅하므로 각각 가행직(假行職)에 임명하였습니다. 엎드려 바라옵건대 성조(聖朝)에서는 특별히 정식으로 관직을 제수하여 주십시오."라고 하였다. 이에 조서를 내려 허락함과 아울러 장군의 호(號)를 내려 주었다. (『南齊書』 58 列傳 39 東南夷 東夷 百濟)

고구려	(태화(太和) 19년) 이해에 고려·등지(鄧至)·토욕혼국(吐谷渾國) 등이 각각 사신을 보내 조공하였다. (『北史』 3 魏本紀 3 高祖孝文皇帝)

496(丙子/신라 소지마립간 18/고구려 문자명왕 5/백제 동성왕 18/南齊 建武 3/倭 仁賢 9)

신라 가야	봄 2월에 가야국(加耶國)이 흰 꿩을 보냈는데, 꼬리 길이가 5척(尺)이었다. (『三國史記』 3 新羅本紀 3)
가야 신라	봄 2월에 가야국이 흰 꿩을 신라에 보냈는데, 꼬리 길이가 5척이었다. (『三國史節要』 6)

신라	3월에 궁실(宮室)을 다시 수리하였다. (『三國史記』 3 新羅本紀 3)
신라	3월에 신라에서 궁실을 수리하였다. (『三國史節要』 6)

신라	여름 5월에 큰 비가 내려 알천(閼川)의 물이 넘쳐 2백여 가(家)가 떠내려가고 물에 잠겼다. (『三國史記』 3 新羅本紀 3)
신라	여름 5월에 신라에서 큰 비가 내려 알천의 물이 넘쳐 2백여 가(家)가 떠내려가고 물에 잠겼다. (『三國史節要』 6)

고구려	제(齊)의 황제가 왕을 승진시켜 거기장군(車騎將軍)으로 삼았다. 사신을 보내 제에 들어가 조공하였다. (『三國史記』 19 高句麗本紀 7)
고구려	제가 고구려 왕을 승진시켜 거기장군으로 삼았다. 왕이 사신을 보내 제에 가서 조공하였다. (『三國史節要』 6)

신라 고구려	가을 7월에 고구려가 와서 우산성(牛山城)을 공격했다. 장군(將軍) 실죽(實竹)이 나가 쳤는데, 이하(泥河) 가에서 깨뜨렸다. (『三國史記』 3 新羅本紀 3)
고구려 신라	가을 7월에 군사를 보내 신라 우산성을 공격하였다. 신라 군사가 나와 쳤는데, 이하(泥河) 가에서 우리 군사가 패배하였다. (『三國史記』 19 高句麗本紀 7)
고구려 신라	가을 7월에 고구려가 군사를 보내 신라 우산성을 공격하였다. 신라 장군 실죽 등이 나가 쳤는데, 이하(泥河) 가에서 물리쳤다. (『三國史節要』 6)

신라	8월에 남쪽 교외에 행차하여 농사짓는 것을 보았다. (『三國史記』 3 新羅本紀 3)
신라	8월에 신라 왕이 남쪽 교외에 행차하여 농사짓는 것을 보았다. (『三國史節要』 6)

고구려	건무 3년 (…) 이하 원문 결락 (『南齊書』 58 列傳 39 東南夷 東夷 高句麗)

497(丁丑/신라 소지마립간 19/고구려 문자명왕 6/백제 동성왕 19/南齊 建武 4/倭 仁賢 10)

신라　　　　여름 4월에 왜인(倭人)이 변경을 침범하였다. (『三國史記』 3 新羅本紀 3)
신라　　　　여름 4월에 왜가 신라의 변경을 노략질하였다. (『三國史節要』 6)

백제　　　　여름 5월에 병관좌평(兵官佐平) 진로(眞老)가 죽자, 달솔 연돌(燕突)을 임명하여 병
　　　　　　관좌평으로 삼았다. (『三國史記』 26 百濟本紀 4)
백제　　　　5월에 백제의 병관좌평 진로가 죽자, 달솔 연돌이 대신하였다. (『三國史節要』 6)

백제　　　　여름 6월에 큰 비가 내려 백성들의 가옥이 떠내려가고 무너졌다. (『三國史記』 26
　　　　　　百濟本紀 4)
백제　　　　6월에 백제에서 큰 비가 내려 백성들의 가옥이 떠내려가고 무너졌다. (『三國史節要』
　　　　　　6)

신라　　　　가을 7월에 가물고 누리의 피해가 있었다. 관리들에게 명하여 백성을 다스릴 만한
　　　　　　재주가 있는 사람을 각기 한 명씩 천거하도록 하였다. (『三國史記』 3 新羅本紀 3)
신라　　　　가을 7월에 신라에서 가물고 누리의 피해가 있었다. 관리들에게 명하여 백성을 다스
　　　　　　릴 만한 재주가 있는 사람을 각기 한 명씩 천거하도록 하였다. (『三國史節要』 6)

신라 고구려　8월에 고구려가 우산성(牛山城)을 공격하여 함락시켰다. (『三國史記』 3 新羅本紀 3)
고구려 신라　가을 8월에 군사를 보내 신라 우산성을 공격하여 빼앗았다. (『三國史記』 19 高句麗
　　　　　　本紀 7)
고구려 신라　8월에 고구려에서 군사를 보내 신라 우산성을 공격하여 빼앗았다. (『三國史節要』 6)

498(丙寅/신라 소지마립간 20/고구려 문자명왕 7/백제 동성왕 20/南齊 建武 5/倭 仁賢 11)

고구려　　　봄 정월에 왕자 흥안(興安)을 책립하여 태자로 삼았다. (『三國史記』 19 高句麗本紀
　　　　　　7)
고구려　　　봄 정월에 고구려에서 흥안(興安)을 책립하여 태자로 삼았다. (『三國史節要』 6)

백제　　　　웅진교(熊津橋)를 가설하였다. (『三國史記』 26 百濟本紀 4)
백제　　　　백제에서 웅진교를 가설하였다. (『三國史節要』 6)

고구려　　　가을 7월에 금강사(金剛寺)를 창건하였다. (『三國史記』 19 高句麗本紀 7)

백제　　　　가을 7월에 사정성(沙井城)을 쌓고 한솔(扞率) 비타(毗陁)에게 지키게 하였다. (『三
　　　　　　國史記』 26 百濟本紀 4)
백제　　　　백제에서 사정성을 쌓고 한솔 비타에게 지키게 하였다. (『三國史節要』 6)

고구려　　　(태화(太和) 22년) 8월 임오일에 고려국이 사신을 보내 조헌(朝獻)하였다. (『魏書』 7
　　　　　　下 帝紀 7下 高祖)
고구려　　　(태화 22년 8월) 임술일(13)에 고려국이 사신을 보내 조공하였다. (『北史』 3 魏本紀
　　　　　　3 高祖孝文皇帝)
고구려　　　8월에 사신을 보내 위(魏)에 들어가 조공하였다. (『三國史記』 19 高句麗本紀 7)
고구려　　　8월에 고구려에서 사신을 보내 위에 가서 조공하였다. (『三國史節要』 6)
고구려　　　(후위(後魏) 효문(孝文) 태화) 22년 8월 고려국이 사신을 보내 조공하였다. (『册府元
　　　　　　龜』 969 外臣部 14 朝貢 2)

백제 탐라	8월에 왕이 탐라가 공납과 조세를 바치지 않으므로 직접 치려고 무진주에 이르니, 탐라(耽羅)가 듣고 사신을 보내 사죄하므로 곧 그만 두었다[탐라는 곧 탐모라(耽牟羅)이다]. (『三國史記』 26 百濟本紀 4)
백제 탐라	(8월) 백제 왕이 탐라가 공납과 조세를 바치지 않으므로 직접 치려고 무진주에 이르니, 탐라가 듣고 사신을 보내 사죄하므로 곧 그만 두었다. 탐라는 곧 탐모라이다. (『三國史節要』 6)

499(乙卯/신라 소지마립간 21/고구려 문자명왕 8/백제 동성왕 21/南齊 永元 1/倭 武烈 1)

고구려	(태화(太和) 23년) 5월 병자(丙子) 초하루 날에 고려국이 사신을 보내 조공하였다. (『魏書』 8 帝紀 8 世宗)
고구려	(태화 23년) 5월에 고려국이 사신을 보내 조공하였다. (『北史』 4 魏本紀 4 世宗宣武皇帝)
고구려	(후위(後魏) 효문(孝文) 태화) 23년 5월에 고려국이 다시 사신을 보내 조공하였다. (『册府元龜』 969 外臣部 14 朝貢 2)
백제 고구려	여름에 큰 가뭄이 들어 백성들이 굶주려 서로 잡아 먹을 정도였고 도적이 많이 생기자 신하들이 창고를 풀어 구제할 것을 요청했으나, 왕이 듣지 않았다. 한산 사람 중에 고구려로 도망간 자가 2천 명이나 되었다. (『三國史記』 26 百濟本紀 4)
백제 고구려	여름에 백제에서 큰 가뭄이 들어 백성들이 굶주려 서로 잡아 먹을 정도였고 도적이 많이 생기자 군신이 창고를 풀어 구제할 것을 요청했으나, 왕이 듣지 않았다. 한산 사람 중에 고구려로 도망간 자가 2천 명이나 되었다. (『三國史節要』 6)
고구려 백제	백제의 백성이 굶주려 2천 명이 와서 투항하였다. (『三國史記』 19 高句麗本紀 7)
백제	겨울 10월에 전염병이 크게 돌았다. (『三國史記』 26 百濟本紀 4)
백제	겨울 10월에 백제에서 전염병이 크게 돌았다. (『三國史節要』 6)
고구려	(후위 효문 태화) 23년 11월에 고려국이 다시 사신을 보내 조공하였다. (『册府元龜』 969 外臣部 14 朝貢 2)
고구려	(태화 23년) 이 해에 고려국이 사신을 보내 조헌(朝獻)하였다. (『魏書』 8 帝紀 8 世宗)
고구려 백제	지난 연흥(延興) 연간(471~476)에 사신 을력지(乙力支)를 보내 조회하고 방물을 바쳤다. 태화 연간(477~499) 초에 또 말 5백필을 바쳤다. 을력지는 "처음 나라에서 출발하여 배를 타고 난하(難河)를 거슬러 서쪽으로 오르다가 태려하(太㳽河)에 이르러 배를 물속에 감추어 두고, 남으로 육로로 걸어서 낙고수(洛孤水)를 건너 거란의 서쪽 국경을 따라 화룡(和龍)에 이르렀다."고 말하였다. 또 스스로 말하길, "그 나라에서 먼저 고구려의 10부락을 함락하고, 은밀히 백제와 함께 물길을 따라 힘을 합쳐 고구려를 취할 것을 꾀하고, 을력지를 대국에 사신으로 파견하여 그 가부를 청한다." 하였다. 이에 조칙으로, "세 나라를 똑같은 번신으로 마땅히 서로 화순(和順)해야 할 것이니, 서로 침입하지 말라." 하였다. 을력지가 이에 돌아가는데, 그가 온 길을 따라 본래 가지고 온 배를 타고 그 나라에 이르렀다. (『魏書』 100 列傳 88 勿吉國)
고구려 백제	연흥 연간(471~476)에 북위에 을력지를 파견하여 조헌(朝獻)하였다. 태화(477~499) 초에 또 말 500필을 바쳤다. 을력지는, "당초 나라에서 출발하여 배를 타고 난

하를 거슬러서 서쪽으로 오르다가, 태려하에 이르러서 배를 물 속에 감추어 두고, 남쪽으로 육로로 걸어 낙고수를 통과하여 거란의 서쪽 국경을 따라 화룡에 도달하였다."하고 말하였다. 또 스스로 말하길, "그 나라에서 먼서 고구려의 10부락을 쳐부수고, 비밀리 백제와 함께 모의하여 물길을 따라서 힘을 합쳐 고구려를 취하기로 하고, 을력지를 대국에 사신으로 파견하여 그 가부를 도모한다."하였다. 조칙을 내려, "삼국은 똑 같은 번부(藩附)이니, 마땅히 함께 화친하여 서로 침입하지 말아라."고 하였다. 을력지가 이에 돌아갔다. (『北史』94 列傳 82 勿吉)

고구려 백제 | (북사) 또 말하였다. 연흥 연간(471~476)에 북위에 을력지를 파견하여 조헌하였다. 태화(477~499) 초에 또 말 500필을 바쳤다. 을력지는, "당초 나라에서 출발하여 배를 타고 난하를 거슬러서 서쪽으로 오르다가, 태려하에 이르러서 배를 물 속에 감추어 두고, 남쪽으로 육로로 걸어 낙고수를 통과하여 거란의 서쪽 국경을 따라 화룡에 도달하였다."하고 말하였다. 또 스스로 말하길, "그 나라에서 먼저 고구려의 10부락을 쳐부수고, 비밀리 백제와 함께 모의하여 물길을 따라서 힘을 합쳐 고구려를 취하기로 하고, 을력지를 대국에 사신으로 파견하여 그 가부를 도모한다."하였다. 조칙을 내려, "삼국은 똑 같은 번부이니, 마땅히 함께 화친하여 서로 침입하지 말아라."고 하였다. 을력지가 이에 돌아가는데, 그가 온 길을 따라 전에 감추어 두었던 본선(本船)을 찾아 타고서 그 나라에 도달하였다. (『太平御覽』784 四夷部 5 東夷 5 勿吉)

고구려 | 태화 연간에 봉궤가 저작좌랑(著作佐郎)에 제수되엇다. 점차 상서의조낭장(尚書儀曹郎中) 겸 원외산기상시(員外散騎常侍)으로 옮겨 고려에 사신으로 갔다. 고려왕 운이 그 치우치고 먼 곳에 있음을 기대고 아프다는 핑계로 조서를 직접 받지 않으니 봉궤(封軌)가 정색하고 꾸짖음 대의로써 일깨우니 운이 이에 북면하고 조서를 받았다. (『魏書』32 列傳 20 封懿 附回族叔軌)

500(庚辰/신라 소지마립간 22 지증마립간 1/고구려 문자명왕 9/백제 동성왕 22/南齊 永元 2/倭 武烈 2)

신라 | 봄 3월 왜인(倭人)이 장봉진(長峯鎭)을 공격하여 함락시켰다. (『三國史記』3 新羅本紀 3)

신라 | 봄 3월 왜가 신라 장봉진을 공격하여 함락시켰다. (『三國史節要』6)

백제 | 봄에 임류각(臨流閣)을 궁궐 동쪽에 세웠는데 높이가 다섯 장이었으며, 또 못을 파고 진기한 새를 길렀다. 간언하는 신하들이 반대하며 상소하였으나 응답을 하지 않았고, 또 간언하는 자가 있을까 하여 궁궐 문을 닫아버렸다.
논하여 말한다. 좋은 약은 입에 쓰나 병에는 이로우며, 바른 말은 귀에 거슬리나 품행에는 이롭다. 이로 말미암아 옛날의 현명한 임금은 자기를 겸허하게 하여 정사를 물었고, 얼굴을 부드럽게 하여 간언을 받아들이면서도 오히려 사람들이 말을 하지 않을까 염려하여 감히 간쟁할 수 있는 북을 달고, 비방하는 나무를 세우기를 마지않았다. 지금 모대왕(牟大王)은 간하는 글이 올라와도 살펴보지 않았고, 또 궁궐 문을 닫고서 이를 막았다. 장자(莊子)에 "허물을 보고도 고치지 않고, 간언을 듣고도 더욱 심해지는 것을 사납다고 한다"라고 하였는데 모대왕이 바로 이에 해당할 것이다. (『三國史記』26 百濟本紀 4)

백제 | 봄에 임류각(臨流閣)을 궁궐 동쪽에 세웠는데 높이가 다섯 장이었으며, 또 못을 파고 진기한 새를 길렀다. 간언하는 신하들이 반대하며 상소하였으나 응답을 하지 않았고, 또 간언하는 자가 있을까 하여 궁궐 문을 닫아버렸다.

김부식은 말한다. 좋은 약은 입에 쓰나 병에는 이로우며, 바른 말은 귀에 거슬리나 품행에는 이롭다. 이로 말미암아 옛날의 현명한 임금은 자기를 견허하게 하여 정사를 물었고, 얼굴을 부드럽게 하여 간언을 받아들이면서도 오히려 사람들이 말을 하지 않을까 염려하여 감히 간쟁할 수 있는 북을 달고, 비방하는 나무를 세우기를 마지않았다. 지금 모대왕(牟大王)은 간하는 글이 올라와도 살펴보지 않았고, 또 궁궐문을 닫고서 이를 막았다. 장자(莊子)에 "허물을 보고도 고치지 않고, 간언을 듣고도 더욱 심해지는 것을 사납다고 한다"라고 하였는데 모대왕이 바로 이에 해당할 것이다 (『三國史節要』 6)

| 신라 | 여름 4월에 폭풍이 불어 나무가 뽑혔다. 용이 금성의 우물에서 나타났다. 서울에 누런색의 안개가 사방에 가득 끼었다. (『三國史記』 3 新羅本紀 3) |
| 신라 | 여름 4월에 폭풍이 불어 나무가 뽑혔다. 용이 금성의 우물에서 나타났다. 서울에 누런색의 안개가 사방에 가득 끼었다. (『三國史節要』 6) |

| 백제 | 여름 4월에 우두성(牛頭城)에서 사냥하였는데 우박을 만나 그만두었다. (『三國史記』 26 百濟本紀 4) |
| 백제 | (여름 4월) 백제왕이 우두성에서 사냥하였는데 우박을 만나 그만두었다. (『三國史節要』 6) |

| 백제 | 5월에 가물었다. 왕이 측근들과 더불어 임류각에서 연회를 하였는데 밤새도록 환락을 다하였다. (『三國史記』 26 百濟本紀 4) |
| 백제 | 5월에 백제가 가물었다. 왕이 측근들과 더불어 임류각에서 연회를 하였는데 밤새도록 환락을 다하였다. (『三國史節要』 6) |

고구려	(경명(景明) 원년) 8월 을미일(28)에 고구려에서 사신을 보내어 조공하였다. (『魏書』 8 帝紀 8 世宗)
고구려	가을 8월에 사신을 위(魏)나라에 보내 조공하였다. (『三國史記』 19 高句麗本紀 7)
고구려	가을 8월에 고구려에서 사신을 위나라에 보내 조공하였다. (『三國史節要』 6)
고구려	(후위) 선무(宣武) 경명 원년 8월에 고려국에서 모두 사신을 보내어 조공하였다. (『冊府元龜』 969 外臣部 14 朝貢 2)
고구려	(경명 원년) 고려·토욕혼(吐谷渾) 등에서 모두 사신을 보내어 조공하였다. (『北史』 4 魏本紀 4 世宗宣武皇帝)

| 신라 | 가을 9월에 왕이 날이군(捺已郡)에 거둥하였다. 그 고을 사람 파로(波路)에게 딸이 있어 이름을 벽화(碧花)라 하였는데, 나이는 16세로 진실로 나라 안에서 뛰어난 미인이었다. 그 아버지가 수놓은 비단을 입혀 수레에 태우고 색깔 있는 명주로 덮어서 왕에게 바쳤다. 왕이 음식을 보낸 것으로 생각하고 열어보니 어린 소녀였으므로 괴이하게 여겨 받지 않았다. 왕궁에 돌아와서 그리운 생각을 가누지 못해 두세 차례 몰래 그 집에 가서 그 소녀를 침석에 들게 하였다. 도중에 고타군을 지나다가 늙은 할멈의 집에 묵게 되었는데, 그에게 물어보았다. "지금 사람들은 나라의 왕을 어떤 임금으로 여기는가?" 늙은 할멈이 대답하였다. "많은 사람들은 성인으로 여기지만 저만은 그것을 의심하고 있습니다. 왜냐하면 제가 듣건대, 임금께서는 날이(捺已)의 여자와 상관하러 자주 보통 사람들이 입는 옷을 입고 온다고 합니다. 무릇 용이 물고기의 옷을 입으면 고기잡이에게 잡히고 맙니다. 지금 왕은 가장 높은 지위에 있으면서 스스로 신중하지 않으니 이런 사람을 성인이라 하면 누가 성인이 아니겠습니 |

까?" 왕이 그 말을 듣고 크게 부끄럽게 여겨 곧 몰래 그 여자를 맞아들여 별실에 두고 아들 하나를 낳기에 이르렀다. (『三國史記』 3 新羅本紀 3)

신라　가을 9월에 신라왕이 날이군 여인을 궁중에 들였다. 처음 왕이 날이군에 갔을 때 그 군의 파로라는 사람에게 벽화라는 딸이 있었다. 나이는 16세로 아름답고 고왔다. 아비가 잘 꾸며놓고 수놓은 비단을 덮은 수레에 태우고 왕에게 바쳤다. 왕이 음식을 보낸 것으로 생각하고 열어보니 미녀가 있어 괴이하게 여겨 받지 않았다. 왕궁에 돌아와서 그리운 생각을 멈추지 못하고 몰래 그 집에 가서 합방했다. 돌아오는 길에 고타군을 지나다가 늙은 할멈의 집에 묵게 되었는데, 그에게 물어보았다. "나라 사람들이 왕을 어떤 임금으로 여기는가?" 늙은 할멈이 대답하였다. "많은 사람들은 성인으로 여기지만 저만은 그것을 의심하고 있습니다. 왜냐하면 제가 듣건대, 임금께서는 날이의 여자와 상관하러 자주 보통 사람들이 입는 옷을 입고 온다고 합니다. 무릇 용이 물고기의 옷을 입으면 고기잡이에게 잡히고 맙니다. 지금 왕은 가장 높은 지위에 있으면서 스스로 신중하지 않으니 이런 사람을 성인이라 하면 누가 성인이 아니겠습니까?" 왕이 그 말을 듣고 크게 부끄럽게 여겨 곧 몰래 그 여자를 맞아들여 궁중에 두고 아들 하나를 낳았다. (『三國史節要』 6)

신라　겨울 11월에 왕이 돌아가셨다. (『三國史記』 3 新羅本紀 3)

신라　지증마립간(智證麻立干)이 왕위에 올랐다. 성(姓)은 김씨이고 이름은 지대로(智大路)이다[지도로(智度路) 혹은 지철로(智哲老)라고도 하였다]. 나물왕(奈勿王)의 증손으로 습보갈문왕(習寶葛文王)의 아들이고 소지왕(炤知王)의 재종 동생이다. 어머니는 김씨 조생부인(鳥生夫人)으로 눌지왕의 딸이다. 왕비는 박씨 연제부인(延帝夫人)으로 이찬 등흔(登欣)의 딸이다. 왕은 체격이 매우 컸고 담력이 남보다 뛰어났다. 전왕(前王)이 아들없이 죽었으므로 왕위를 이어 받았다. 당시 나이는 64세였다.

논하여 말한다. 신라왕으로서 거서간(居西干)이라 칭한 이가 한 명, 차차웅(次次雄)이라 칭한 이가 한 명, 이사금(尼師今)이라 칭한 이가 열여섯 명, 마립간(麻立干)이라 칭한 이가 네 명이었다. 신라 말의 이름난 유학자 최치원(崔致遠)이 지은 제왕연대력(帝王年代曆)에서는 모두를 아무개 왕이라 칭하고 거서간 등의 칭호는 쓰지 않았으니, 혹시 그 말이 촌스러워 칭할 만한 것이 못된다고 여기지 않은 것이랴. 좌전(左傳)과 한서(漢書)는 중국의 역사책인데도 오히려 초(楚)나라 말인 곡오도(穀於菟), 흉노(匈奴) 말인 탱리고도(撑犁孤塗) 등을 그대로 보존하였다. 지금 신라의 사실을 기록함에 그 방언을 그대로 쓰는 것이 또한 마땅하다. (『三國史記』 4 新羅本紀 4)

신라　겨울 11월이 신라왕 소지가 돌아갔는데, 아들이 없었다. 왕의 재종제(再從弟)인 지대로(智大路)가 즉위하였다. 나이가 64세였고 내물왕의 증손이다. 왕은 체격이 매우 컸고 담력이 남보다 뛰어났다.

김부식이 말했다. 신라왕으로서 거서간(居西干)이라 칭한 이가 한 명, 차차웅이라 칭한 이가 한 명, 이사금이라 칭한 이가 열여섯 명, 마립간(麻立干)이라 칭한 이가 네 명이었다. 신라 말의 이름난 유학자 최치원이 지은 제왕연대력에서는 모두를 아무개 왕이라 칭하고 거서간 등의 칭호는 쓰지 않았으니, 혹시 그 말이 촌스러워 칭할 만한 것이 못된다고 여기지 않은 것이랴. 좌전과 한서는 중국의 역사책인데도 오히려 초나라 말인 곡오도, 흉노 말인 탱리고도(撑犁孤塗) 등을 그대로 보존하였다. 지금 신라의 사실을 기록함에 그 방언을 그대로 쓰는 것이 또한 마땅하다. (『三國史節要』 6)

신라　제22 지정마립간[지철로(智哲 名) 또는 지도로왕(智度路王)이라고도 하니 성은 김씨이다. 아버지는 눌지왕의 동생 기보갈문왕(期宝葛文王)이고, 어머니는 오생부인(鳥生夫人)으로 눌지왕의 딸이다. 왕비는 영제부인(迎帝夫人)이니 △람대(△攬代) 한지등

(漢只登) 각간의 딸이다. 경진년에 즉위하여 14년 동안 나라를 다스렸다] (『三國遺事』 1 王曆)

신라   제22대 지철로왕(智哲老王)의 성은 김씨요, 이름은 지대로(智大路) 또는 지도로(智度路)라 했고, 시호는 지증(智證)이라 했다. 시호는 이때부터 시작되었다. 또 우리말에 왕을 마립간(麻立干)이라 한 것도 지철로왕 때부터 시작된 것이다. 왕은 영원(永元) 2년 경진에 왕위에 올랐대[혹은 신사(辛巳)라고도 하니 그렇다면 영원 3년이다]. 왕은 음경(陰莖)의 길이가 1척 5촌이나 되어 배필을 얻기 어려웠다. 그래서 사자(使者)를 3도(三道)에 보내어 배필을 구했다. 사자가 모량부(牟梁部)에 이르러 동로수(冬老樹) 아래에서 개 두 마리가 북만한 똥덩어리의 양쪽 끝을 물고 다투는 것을 보았다. 그 마을 사람에게 물으니 한 소녀가 말했다. "모량부 상공(相公)의 딸이 여기서 빨래하다가 수풀 속에 숨어서 눈 것입니다." 그 집을 찾아 살펴보니 그 여자의 신장이 7척 5촌이나 되었다. 사실대로 상세히 아뢰었더니 왕은 수레를 보내어 그 여자를 궁중에 맞아들여 황후로 삼았고 여러 신하가 모두 경하했다. (『三國遺事』 1 紀異 1 智哲老王)

501(辛巳/신라 지증마립간 2/고구려 문자명왕 10/백제 동성왕 23 무령왕 1/南齊 中興 1/倭 武烈 3)

고구려   (경명(景明) 2년) 봄 정월 신유일(26) 고려국에서 사신을 보내 조공하였다. (『魏書』 8 帝紀 8 世宗)

고구려   봄 정월에 사신을 위나라에 보내 조공하였다. (『三國史記』 19 高句麗本紀 7)

고구려   봄 정월에 고구려에서 사신을 위나라에 보내 조공하였다. (『三國史節要』 6)

고구려   (후위(後魏) 선무(宣武) 경명) 2년 정월 고려국 (…) 에서 모두 사신을 보내 조공하였다. (『册府元龜』 969 外臣部 14 朝貢 2)

백제   봄 정월에 왕도(王都)의 늙은 할멈이 여우가 되어 사라졌다. 두 마리의 호랑이가 남산(南山)에서 싸웠는데 잡으려 하였으나 잡지 못하였다. (『三國史記』 26 百濟本紀 4)

백제   봄 정월에 백제의 왕도에서 늙은 할멈이 여우가 되어 사라졌다. (『三國史節要』 6)

백제   3월에 서리가 내려 보리를 해쳤다. (『三國史記』 26 百濟本紀 4)

백제   3월에 백제에 서리가 내려 보리를 해쳤다. (『三國史節要』 6)

백제   여름 5월에 비가 오지 않았는데 가을까지 계속되었다. (『三國史記』 26 百濟本紀 4)

백제   여름 5월에 백제에서 비가 오지 않았는데 가을까지 계속되었다. (『三國史節要』 6)

백제 신라   (여름 5월) 백제에서 탄현(炭峴)애 책(柵)을 설치해 신라에 대비하였다. (『三國史節要』 6)

백제 신라   7월에 탄현에 목책(木柵)을 설치하여 신라에 대비하였다. (『三國史記』 26 百濟本紀 4)

백제   8월에 가림성(加林城)을 쌓고 위사좌평(衛士佐平) 백가(苩加)로 지키게 하였다. (『三國史記』 26 百濟本紀 4)

백제   8월에 백제에서 가림성을 쌓고 위사좌평 백가로 지키게 하였다. (『三國史節要』 6)

| 백제 | 겨울 10월에 왕이 사비(泗沘)의 동쪽 벌판에서 사냥하였다. (『三國史記』 26 百濟本紀 4) |
| 백제 | 겨울 10월에 백제왕이 사비의 동쪽 벌판에서 사냥하였다. (『三國史節要』 6) |

| 백제 | 11월에 웅천(熊川)의 북쪽 벌판에서 사냥하였고, 또 사비의 서쪽 벌판에서 사냥하였는데 큰 눈에 막혀 마포촌(馬浦村)에서 묵었다. 이보다 앞서 왕이 백가로 가림성을 지키게 하였다. 백가는 가지 않으려고 병을 핑계 삼아 사양하였으나 왕이 허락하지 않았다. 이로 말미암아 (백가는) 왕을 원망하였는데 이때에 사람을 시켜 왕을 칼로 찔렀다. (『三國史記』 26 百濟本紀 4) |
| 백제 | 11월에 웅천의 북쪽 벌판에서 사냥하였고, 또 사비의 서쪽 벌판에서 사냥하였는데 큰 눈에 막혀 마포촌에서 묵었다. 이보다 앞서 왕이 백가로 가림성을 지키게 하였다. 백가는 가지 않으려고 병을 핑계 삼아 사양하였으나 왕이 허락하지 않았다. 이로 말미암아 (백가는) 왕을 원망하였는데 이때에 사람을 시켜 왕을 칼로 찔렀다. (『三國史節要』 6) |

백제	12월에 이르러 (왕이) 훙(薨)하였다. 시호(諡號)를 동성왕(東城王)이라 하였다[책부원구(冊府元龜)에 다음과 같이 기록하길, "남제(南齊) 건원(建元) 2년에 백제 왕 모도(牟都)가 사신을 보내 공물을 바치니 조서를 내려 말하였다. '보배로운 명령이 새로 와서 은택이 먼 지역에까지 미쳤다. 모도는 대대로 동쪽 변경의 번국(蕃國)이 되어 멀리 떨어진 곳에서도 직분을 지켰으니 곧 사지절(使持節)·도독백제군사(都督百濟諸軍事)·진동대장군(鎭東大將軍)을 수여한다' 또 영명(永明) 8년에 백제 왕 모대(牟大)가 사신을 보내 표(表)를 올렸다. 알자복야(謁者僕射) 손부(孫副)를 보내 모대를 책명(冊命)하여 돌아가신 조부 모도의 작호를 잇도록 하고 백제왕으로 삼아 말하였다. '아아 그대는 대대로 충성과 근면을 이어받아 정성이 먼 지역에서도 드러났고, 바다 길이 조용하게 되어 조공을 바침에 변함이 없었다. 떳떳한 법전에 따라 천명을 이어가도록 하니 경계하고 조심할지어다. 아름다운 위업을 받는 것이니 가히 삼가지 않으랴. 행도독백제제군사(行都督百濟諸軍事)·진동대장군·백제왕(百濟王)으로 삼는다' 라고 하였다" 그러나 삼한고기(三韓古記)에는 모도가 왕이 되었다는 사실이 없었다. 또 살펴보니 모대는 개로왕(蓋鹵王)의 손자요, 개로왕의 둘째 아들인 곤지(昆支)의 아들로서 그 할아버지를 모도라고 하지 않았으니 제서(齊書)에 실린 것은 의심스럽다고 하지 않을 수 없다]. (『三國史記』 26 百濟本紀 4)
백제	12월에 이르러 (왕이) 훙하였다. 시호를 동성왕이라 하였다. 둘째아들 여륭(餘隆)이 즉위하였는데, 인자하고 너그러워 민심이 따랐다. (『三國史節要』 6)
백제	무령왕(武寧王)은 이름이 사마(斯摩)[혹은 융(隆)이라고도 하였다]이고 모대왕(牟大王)의 둘째 아들이다. 키가 여덟 자이고 눈매가 그림과 같았으며, 인자하고 너그러워 민심이 따랐다. 모대가 재위 23년에 훙하자 즉위하였다. (『三國史記』 26 百濟本紀 4)
백제	제25무령왕[이름은 사마(斯摩)로 동성왕이 둘째 아들이다. 신사년에 즉위하여 22년 동안 나라를 다스렸다. 남사(南史)에 이르길 부여융(扶餘隆)이라 하였으나 잘못이다. 융은 바로 보장왕(宝藏王)의 태자로 당사(唐史)에 자세히 보인다] (『三國遺事』 1 王曆)

| 백제 | 봄 정월에 좌평 백가(苩加)가 가림성(加林城)을 근거로 하여 반란을 일으켰다. 왕은 군사를 거느리고 우두성(牛頭城)에 이르러 한솔(扞率) 해명(解明)에게 명령하여 토벌하게 하였다. 백가가 나와 항복하자 왕은 그의 목을 베어 백강(白江)에 던져버렸다. |

(『三國史記』 26 百濟本紀 4)

논하여 말한다. 춘추(春秋)에 "남의 신하가 된 자는 반역하는 마음이 없어야 하며, 반역하면 반드시 죽여야 한다"고 말하였다. 백가와 같은 흉악한 역적은 하늘과 땅이 용납하지 않는 바인 데 곧장 죄주지 아니하고, 이에 이르러 스스로 (죄를) 면하기 어려움을 알고 반란을 꾀한 후에야 죽였으니 때가 늦은 것이다. (『三國史記』 26 百濟本紀 4)

백제 고구려　겨울 11월에 달솔(達率) 우영(優永)을 보내 군사 5천 명을 거느리고 고구려의 수곡성(水谷城)을 습격하였다. (『三國史記』 26 百濟本紀 4)

백제　11월 이 달에 백제의 의다랑(意多郎)이 죽었다. 다카타(高田) 언덕 위에 장사지냈다. (『日本書紀』 16 武烈紀)

고구려　겨울 12월에 사신을 위나라에 보내 조공하였다. (『三國史記』 19 高句麗本紀 7)
고구려　(겨울 12월) 고구려에서 사신을 위나라에 보내 조공하였다. (『三國史節要』 6)
고구려　(경명 2년) 12월 고려국에서 사신을 보내 조공하였다. (『魏書』 8 帝紀 8 世宗)
고구려　(후위 선무 경명 2년) 10월에 토욕혼국(吐谷渾國)이 12월에 고려국이 모두 사신을 보내 조공하였다. (『冊府元龜』 969 外臣部 14 朝貢 2)
고구려　(경명 2년) 이 해에 고려·토욕혼(吐谷渾)의 나라가 모두 사신을 보내 조공하였다. (『北史』 4 魏本紀 世宗宣武皇帝)

신라　신사(辛巳) △△중(中) 절로△(折盧△) 탁부(喙部) 습지아간지(習智阿干支)와 사탁(沙喙) 사덕지아간지(斯德智阿干支)가 사탁의 이추지나마(尒抽智奈麻), 탁부(喙部) 본지나마(本智奈麻)에게 교(敎)하였다. 본모자(本牟子)와 탁사리(喙沙利)와 이사리(夷斯利)가 아뢰기를, '쟁인(爭人)은 탁(喙)의 평공사미(評公斯弥)와 사탁(沙喙)의 이수(夷須)·모단벌(牟旦伐), 탁(喙)의 사리일벌(斯利壹伐)·피말지(皮末智), 본파탁(本波喙)의 시간지(柴干支)·불내일벌(弗乃壹伐)·김평사간지(金評沙干支)· 제지일벌(祭智壹伐)이고, 사인(使人)은 내소독지(奈蘇毒只)이며, 도사(道使)는 탁(喙)의 염모지(念牟智)와 사탁(沙喙)의 추수지(鄒須智)이다.'고 하셨다. 거벌(居伐)의 일사리(壹斯利), 소두고리촌(蘇豆古利村)의 구추열지(仇鄒列支) 간지(干支)와 비죽휴(沸竹休) 일금지(壹金知), 나음지촌(那音支村)의 복악(卜岳) 간지(干支)와 주근(走斤) 일금지(壹金知) 등이 세상에 명령한다. 진벌(珍伐)의 일(壹)은 옛날에 말하기를 두지(豆智) 사간지궁(沙干支宮)과 일부지궁(日夫智宮)이 빼앗았던 것이라 하였는데 이제 다시 (그것을) 모단벌(牟旦伐)에게 돌려 주어라. (이에) 탁(喙)의 작민(作民) 사간지(沙干支)의 사인(使人) 과서모리(果西牟利)가 '만약 후세에 다시 말썽을 일으키는 자가 있으면 중죄를 준다.'라고 하였다. 전서(典書)인 여모두(与牟豆)가 (이러한) 연고로 기록한다. 사탁(沙喙)의 심도리(心刀里)가 △하였다. (「浦項中城里新羅碑」)

502(壬午/신라 지증마립간 3/고구려 문자명왕 11/백제 무녕왕 2/梁 天監 1/倭 武烈 4)

백제　봄 정월 작가(苩加)가 가림성(加林城)에서 반란을 일으켰다. 왕이 군사를 이끌고 우두성(牛頭城)에 이르러 한솔(扞率) 해명(解明)에게 명하여 토벌하게 하였다. 작가가 나와 항복하니 왕이 그를 목베고 백강(白江)에 던졌다.
김부식이 말했다. 춘추(春秋)에 "남의 신하가 된 자는 반역하는 마음이 없어야 하며, 반역하면 반드시 죽여야 한다"고 말하였다. 작가와 같은 흉악한 역적은 하늘과 땅이 용납하지 않는 바인 데 곧장 죄주지 아니하고, 이에 이르러 스스로 (죄를) 면하기 어려움을 알고 반란을 꾀한 후에야 죽였으니 때가 늦은 것이다. (『三國史節要』6)

신라	봄 2월에 영(令)을 내려 순장(殉葬)을 금하였다. 전에는 국왕이 죽으면 남녀 각 다섯 명씩을 순장했는데, 이때 이르러 금한 것이다. (『三國史記』4 新羅本紀 4)
신라	봄 2월에 신라 왕이 영을 내려 순장을 금하였다. 전에는 국왕이 죽으면 남녀 각 다섯 명씩을 순장했는데, 이때 이르러 금한 것이다. (『三國史節要』6)

신라	(봄 2월) 왕이 몸소 신궁(神宮)에 제사지냈다. (『三國史記』4 新羅本紀 4)
신라	(봄 2월) 신라 왕이 몸소 신궁에 제사지냈다. (『三國史節要』6)
신라	제22대 지증왕은 시조가 내려와 태어난 곳인 나을(奈乙)에 신궁을 세워 그를 제향하였다. (『三國史記』32 雜志 1 祭祀)

신라	3월에 주군(州郡)의 주(主)에게 각각 명하여 농사를 권장케 하였고, 처음으로 우경(牛耕)을 사용하였다. (『三國史記』4 新羅本紀 4)
신라	3월에 신라에서 주군의 주에게 각각 명하여 농사를 권장케 하였고, 처음으로 우경)을 사용하였다. (『三國史節要』6)

백제	봄에 백성들은 굶주렸고 또 전염병이 돌았다. (『三國史記』26 百濟本紀 4)
백제	(봄에) 백제의 백성들은 굶주렸고 또 전염병이 돌았다. (『三國史節要』6)

고구려 백제	천감(天監) 원년 여름 4월 무진일(10)에 거기장군(車騎將軍)·고구려왕 고운(高雲)에게 거기대장군(車騎大將軍)의 칭호를 더하고, 진동대장군(鎭東大將軍)·백제왕 여대(餘大)에게는 정동대장군(征東大將軍)의 칭호를 더하였다. (『梁書』2 本紀 2 武帝 中)
고구려 백제	천감 원년 여름 4월 무진일(10)에 거기장군·고려왕 고운에게 거기대장군의 칭호를 더하고, 진동대장군·백제왕 여태에게는 정동대장군의 칭호를 더하였다. (『南史』6 梁本紀 上 6 武帝 上)
고구려	양나라 고조(高祖)가 즉위하여, 여름 4월에 왕을 승진시켜 거기대장군(車騎大將軍)으로 삼았다. (『三國史記』19 高句麗本紀 7)
백제 고구려	천감 원년에 대(大)의 호(號)를 정동장군(征東將軍)으로 올려 주었다. 얼마 뒤 고구려(高句驪)에 격파되어 쇠약해진 것이 몇 년 되더니, 남한(南韓)의 땅으로 옮겨갔다. (『梁書』54 列傳 48 諸夷 百濟)
백제 고구려	양(梁) 천감 원년에 대의 호를 정동장군으로 올려 주었다. 얼마 뒤 고구려(高句麗)에 격파되어 쇠약해진 것이 몇 년 되더니, 남한의 땅으로 옮겨갔다. (『南史』79 列傳 69 夷貊 下 東夷 百濟)
고구려	고조가 즉위하여 고운에게 거기대장군으로 올려주었다. (『梁書』54 列傳 48 諸夷 東夷 高句麗)
고구려	양 무제(武帝)가 즉위하여 운(雲)을 거기대장군으로 올려 주었다. (『南史』79 列傳 69 夷貊 下 東夷 高句麗)
백제 고구려	양 나라 천감 연간(502~519)에 정동대장군의 칭호를 더하였다. 얼마 뒤 고려에게 격파되어 쇠약해진 것이 몇 년 되더니 남한의 땅으로 옮겨갔다. (『太平御覽』781 四夷部 2 東夷 2 百濟)

고구려	가을 8월에 누리의 피해가 있었다. (『三國史記』19 高句麗本紀 7)
고구려	가을 8월 고구려에 누리의 피해가 있었다. (『三國史節要』6)

고구려	겨울 10월에 지진이 나서 백성들의 집이 무너지고 죽은 자가 있었다. (『三國史記』 19 高句麗本紀 7)
고구려	겨울 10월에 고구려에 지진이 나서 백성들의 집이 무너지고 죽은 자가 있었다. (『三國史節要』 6)

고구려	(겨울 10월) 양나라 고조가 즉위하여 고구려 왕을 승진시켜 거기대장군으로 삼았다. (『三國史節要』 6)

백제 고구려	겨울 11월에 군사를 보내 고구려의 변경을 쳤다. (『三國史記』 26 百濟本紀 4)
고구려 백제	겨울 11월에 백제가 국경을 침범하였다. (『三國史記』 19 高句麗本紀 7)

백제 고구려	겨울 11월에 백제가 군사를 보내 달솔(達率) 우영(優永)이 군사를 거느리고 고구려의 수곡성(水谷城)을 변경을 쳤다. (『三國史節要』 6)

고구려	12월에 사신을 위나라에 보내 조공하였다. (『三國史記』 19 高句麗本紀 7)
고구려	12월에 고구려에서 사신을 위나라에 보내 조공하였다. (『三國史節要』 6)

신라	(경명(景明) 3년)이 해에 소륵(疏勒)·계빈(罽賓)·파라날(婆羅捺)·오장(烏萇)·아유타(阿喩陁)·나파(羅婆)·불륜(不崙)·타발라(陁拔羅)·불파녀제(弗波女提)·사라(斯羅)·달사(嚔舍)·복기해나태(伏耆奚那太)·나반(羅槃)·오계(烏稽)·실만근(悉萬斤)·주거반(朱居槃)·가반타(訶盤陁)·발근(撥斤)·염미(厭味)·주여락(朱沴洛)·남천축(南天竺)·지사나사두(持沙那斯頭) 등 여러 나라들이 함께 사신을 보내어 조공했다. (『魏書』 8 帝紀 8 世宗)

백제	이 해에 백제의 말다왕(末多王)이 무도(無道)하여 백성에게 포학한 짓을 하였다. 국인(國人)이 제거하고 도왕(嶋王)을 세웠다. 이를 무령왕(武寧王)이라고 한다[백제신찬(百濟新撰)에 말하기를 말다왕이 무도하여 백성에게 포학한 짓을 하였다. 국인이 같이 제거하였다. 무령왕이 즉위했다. 이름은 사마왕(斯麻王)이다. 이는 곤지왕자(琨支王子)의 아들이다. 즉 말다왕의 이모형(異母兄)이다. 곤지가 왜로 향했을 때, 츠쿠시노시마(筑紫島)에 이르러 사마왕을 낳았다. 섬으로부터 환송했다. 경(京)에 이르기 전에 섬에서 낳았기에 그렇게 이름하였다. 지금도 가카라(各羅) 해중(海中)에 니리무세마(主嶋)가 있다. 왕이 탄생한 섬이다. 고로 백제인이 니리무세마라 이름하였다. 지금 생각하니 도왕은 개로왕(蓋鹵王)의 아들이다. 말다왕은 곤지왕의 아들이다. 이를 이모형이라 함은 미상이다]. (『日本書紀』 16 武烈紀)

503(癸未/신라 지증마립간 4/고구려 문자명왕 12/백제 무령왕 3/梁 天監 2/倭 武烈 5)

백제	계미년 8월 일 십대왕(十大王)의 해에 남제왕(男弟王)이 의자사가궁(意柴沙加宮)에 있을 때에 사마(斯麻)가 장수를 생각하여 개중비직(開中費直)·예인(穢人) 금주리(今州利) 2인 등을 파견하여 백상동(白上銅) 200관(貫)을 취하여 이 거울을 만들었다. (「隅田八幡畵像鏡」)

신라	사라(斯羅) 탁사부지왕(喙斤夫智王)과 내지왕(乃智王) 두 왕이 교(敎)를 내려 진이마촌(珍而麻村) 절거리(節居利)로써 증거로 삼아 그로 하여금 재물을 얻게 하라고 하셨다. 계미(癸未年) 9월 25일 사탁(沙喙)의 지도로(至都盧) 갈문왕(葛文王)· 사덕지(斤德智) 아간지(阿干支)·자숙지(子宿智) 거벌간지(居伐干支)와 탁(喙)의 이부지(介夫智) 일간지(壹干支)·지심지(只心智) 거벌간지(居伐干支), 본피(本彼)의 두복지(頭腹智)

간지(干支), 사피(斯彼)의 상사지(暮**斯**智) 간지 등 이 7왕(王) 등이 함께 논의하여 교시하였으니, 전세(前世) 두 왕의 교시로써 증거를 삼아 재물을 모두 절거리가 얻게 하라 하셨다. 또 교시하시기를 절거리가 만약 먼저 죽으면 그 집 아이 사노(斯奴)가 그 재물을 얻게 하라고 하셨다. 다시 교시하셨으니, 말추(末**郒**)와 사신지(**斯**申支) 이 두 사람은 뒤에 다시는 이 재물에 대해 말하지 말라고 하셨다. (「迎日冷水里新羅碑」 前面)

만약 다시 말썽을 일으킨다면 중죄를 준다고 교시하셨다. 전사인(典事人)은 사탁의 일부지(壹夫智) 나마(奈麻)·도로불(到盧弗) 수구휴(須仇休)와 탁의 탐수도사(耽須道使) 심자공(心訾公)과 탁의 사부(沙夫)·나사리(那**斯**利) 사탁의 △나지(△那支)이다. 이 7명이 삼가 아뢴 바 일이 완결되어 소를 잡고 널리 고하였기에 이에 기록한다. (「迎日冷水里新羅碑」 後面)

촌주(村主) 유지(臾支) 간지와 수지(須支) 일금지(壹今智) 이 두 사람은 그 해에 이를 마쳤으므로 이에 기록한다. (「迎日冷水里新羅碑」 上面)

백제 말갈	가을 9월에 말갈(靺鞨)이 마수책(馬首柵)을 불태우고 고목성(高木城)으로 나아가 공격하였다. 왕은 군사 5천 명을 보내 이를 쳐서 물리쳤다. (『三國史記』 26 百濟本紀 4)
말갈 백제	가을 9월에 말갈이 백제의 마수책을 불태우고 고목성으로 나아가 공격하였다. 왕은 군사 5천 명을 보내 이를 쳐서 물리쳤다. (『三國史節要』 6)
신라	겨울 10월에 여러 신하들이 아뢰었다. "시조께서 나라를 세우신 이래 국호(國號)를 정하지 않아 사라(斯羅)라고도 하고 혹은 사로(斯盧) 또는 신라(新羅)라고도 칭하였습니다. 신 등의 생각으로는, 신(新)은 '덕업이 날로 새로워진다'는 뜻이고 나(羅)는 '사방을 망라한다'는 뜻이므로 이를 나라 이름으로 삼는 것이 마땅하다고 여겨집니다. 또 살펴 보건대 옛부터 국가를 가진 이는 모두 제(帝)나 왕(王)을 칭하였는데, 우리 시조께서 나라를 세운 지 지금 22대에 이르기까지 단지 방언만을 칭하고 높이는 호칭을 정하지 못하였으니, 이제 여러 신하가 한 마음으로 삼가 신라국왕(新羅國王)이라는 칭호를 올립니다" 왕이 이에 따랐다. (『三國史記』 4 新羅本紀 4)
신라	겨울 10월에 여러 신하들이 아뢰었다. "시조께서 나라를 세우신 이래 국호를 정하지 않아 사라라고도 하고 혹은 사로 또는 신라라고도 칭하였습니다. 신 등의 생각으로는, 신은 '덕업이 날로 새로워진다'는 뜻이고 나는 '사방을 망라한다'는 뜻이므로 이를 나라 이름으로 삼는 것이 마땅하다고 여겨집니다. 또 살펴 보건대 옛부터 국가를 가진 이는 모두 제나 왕을 칭하였는데, 우리 시조께서 나라를 세운 지 지금 22대에 이르기까지 단지 방언만을 칭하고 높이는 호칭을 정하지 못하였으니, 이제 여러 신하가 한 마음으로 삼가 신라국왕이라는 칭호를 올립니다" 왕이 이에 따랐다. (『三國史節要』 6)
고구려	겨울 11월에 백제가 달솔(達率) 우영(優永)을 보내 군사 5천명을 거느리고 수곡성(水谷城)을 공격해왔다. (『三國史記』 19 高句麗本紀 7)
백제	겨울에 얼음이 얼지 않았다. (『三國史記』 26 百濟本紀 4)
백제	(겨울) 백제에 얼음이 얼지 않았다. (『三國史節要』 6)

504(甲申/신라 지증마립간 5/고구려 문자명왕 13/백제 무녕왕 4/梁 天監 3/倭 武烈 6)

고구려   (3월) 고조(高肇)는 본래 고려(高麗)사람이었는데, 당시 명망 있는 사람들은 그를 경
시하였다. 황제는 이미 육보(六輔)를 내치고 함양왕(咸陽王) 원희를 주살하고 나자
정사는 오로지 고조에게 맡겨졌다. 고조는 조정에 친족이 매우 적었으므로, 마침내
무리를 맞이하고 끌어들여서 붕당을 맺으니 그에게 붙은 사람은 순월(旬月) 사이에
도 순서를 뛰어넘어 발탁되고 붙지 않는 사람은 큰 죄에 빠졌다. 더욱이 여러 왕들
을 꺼렸는데, 원상의 자리가 그의 위에 있었기 때문에 그를 제거하고 홀로 조정을
장악하려고 하여서 마침내 황제에게 그를 헐뜯어서 말하였다. "원상은 여호·유주·상
계현·진소정과 함께 반란을 일으키려고 계획하였습니다"(『資治通鑑』 145 梁紀 1
高祖武皇帝)

고구려   (정시(正始) 원년) 여름 4월 신묘일(15)에 고려국이 사신을 보내 조헌(朝獻)하였다.
(『魏書』 8 帝紀 8 世宗)

고구려 부여 백제
    여름 4월에 사신을 위나라에 보내 조공하였다. 세종(世宗)이 사신 예실불(芮悉弗)을
동당(東堂)으로 불러들여 만나니, 실불은 나아가 말하였다. "저희 나라는 정성을 대
국에 잇대고, 여러 대에 걸쳐 정성을 다하여 토산물을 바치는 데 어김이 없었습니
다. 다만 황금은 부여에서 나고, 흰 마노는 섭라(涉羅)에서 나는 것인데, 부여는 물
길(勿吉)에게 쫓기는 바가 되고, 섭라는 백제에 병합되었습니다. 두 가지 물건이 왕
의 창고에 올라오지 못하는 것은 실로 두 도적 때문입니다." 세종이 말하였다. "고
구려는 세세토록 상국(上國)의 도움을 입어, 해외에서 제멋대로 다스려 구이(九夷)의
교활한 오랑캐들을 모두 정벌하였는데, 작은 술그릇이 비는 것은 큰 술병의 수치이
니 누구의 잘못인가? 이전에 조공이 어그러진 것은 책임이 고구려왕에게 있는 것이
다. 경은 짐의 뜻을 경의 임금에게 전하여, 위엄과 회유의 책략을 힘써 다해서 해로
운 무리들을 없애 동방의 백성들을 편안하게 하고, 두 읍으로 하여금 옛 터를 되찾
아서 토산물을 빠짐없이 일정히 조공하게 하라"(『三國史記』 19 高句麗本紀 7)

고구려   (후위(後魏) 선무(宣武)) 정시 원년 4월에 고려국이 사신을 보내 조헌(朝獻)하였다.
(『冊府元龜』 969 外臣部 14 朝貢 2)

고구려 부여 백제
    고구려애서 예실불을 위에 보내 조공하였다. 위주(魏主)가 동당에서 예실불을 인견
하니, 실불이 말하기를, "고려는 하늘과 같은 정성으로 여러 대에 걸쳐 충성하여 땅
에서 나거나 거두어들이는 것을 조공에 빠뜨리지 않았었습니다. 오직 황금은 부여에
서 나고, 흰 마노는 섭라에서 생산됩니다. 이제 부여는 물길에게 쫓겨났고 섭라는
백제에게 합병되었는데, 국왕인 신(臣) 운(雲)은 끊어진 나라를 잇는 의리를 생각하
여 모두 저희 나라로 옮겨 살게 하였습니다. 지금 두 가지 물건을 왕부(王府)에 올
리지 못하는 것은 사실 두 도적들 때문입니다"라고 하였다. 세종은 "고려가 대대로
상장(上將)의 직함을 가지고 해외를 마음대로 제어하여 교활한 오랑캐인 구이를 모
두 정벌하여 왔소, 술병이 비는 것은 술동이의 부끄러움이라고 하니 그것이 누구의
허물이겠소? 지난날 공물의 허물은 그 책임이 연솔(連率)에게 있소. 반드시 짐의 뜻
을 경의 군주에게 전하여 위압과 회유의 방략을 다하여 못된 무리들을 멸망시키고
동방의 백성들을 편안케 하여, 두 읍을 옛 터로 돌아가게 하고 그 지방의 토산물을
항상 바치는 공물에서 빠짐이 없게 하시오"라고 하였다. (『三國史節要』 6)

고구려   (정시 원년) 이해에 고려에서 사신으 보내 와서 조공하였다. (『北史』 4 魏本紀 4 世
宗宣武皇帝)

고구려 부여 백제
    정시 연간에 세종이 동당에서 고구려의 사신 예실불을 인견하니, 실불이 말하기를,

"고려는 하늘과 같은 정성으로 여러 대에 걸쳐 충성하여 땅에서 나거나 거두어들이는 것을 조공에 빠뜨리지 않았었습니다. 오직 황금은 부여에서 나고, 흰 마노는 섭라에서 생산됩니다. 이제 부여는 물길에게 쫓겨났고 섭라는 백제에게 합병되었는데, 국왕인 신 운은 끊어진 나라를 잇는 의리를 생각하여 모두 저희 나라로 옮겨 살게 하였습니다. 지금 두 가지 물건을 왕부에 올리지 못하는 것은 사실 두 도적들 때문입니다"라고 하였다. 세종은 "고려가 대대로 상장의 직함을 가지고 해외를 마음대로 제어하여 교활한 오랑캐인 구이를 모두 정벌하여 왔소. 술병이 비는 것은 술동이의 부끄러움이라고 하니 그것이 누구의 허물이겠소? 지난날 공물의 허물은 그 책임이 연솔에게 있소. 반드시 짐의 뜻을 경의 군주에게 전하여 위압과 회유의 방략을 다하여 못된 무리들을 멸망시키고 동방의 백성들을 편안케 하여, 두 읍을 옛 터로 돌아가게 하고 그 지방의 토산물을 항상 바치는 공물에서 빠짐이 없게 하시오"라고 하였다. (『魏書』 100 列傳 88 高句麗)

신라 여름 4월에 상복(喪服)에 관한 법을 제정하여 반포하고 시행하였다. (『三國史記』 4 新羅本紀 4)

신라 여름 4월에 신라에서 상복에 관한 법을 제정하여 반포하였다. (『三國史節要』 6)

고구려 5월 초하루 정미일에 조서를 내려 원상을 사형에서 용서하고 면직시켜 서인으로 삼았다. (…) 처음에 원상은 송왕(宋王) 유창(劉昶)의 딸을 맞아들였는데, 그녀를 대우하는 것이 소원하고 박하였다. 원상이 이미 갇히고 나자 고태비(高太妃)는 마침내 안정왕(安定王) 고비(高妃)의 사건을 알고서 크게 노하여 말하였다. "너는 처첩이 이와 같이 많은데 어찌 저 고려(高麗)의 천한 여자를 이용하다가 죄에 빠져 여기에 이르렀는가" 그에게 100여대 채찍질을 하니 상처를 입어서 썩어 문드러졌으며, 10여 일 만에야 비로서 일어설 수 있었다. 또한 유비(劉妃)에게 채찍질을 하기를 수십 대 하며 말하였다. "부인은 모두 질투를 하는데 어찌 혼자 질투하지 않는가" 유비는 웃으며 벌을 받았고 끝내 말한 것은 없었다. (『資治通鑑』 145 梁紀 1 高祖武皇帝)

신라 가을 9월에 인부를 징발하여 파리성(波里城), 미실성(彌實城), 진덕성(珍德城), 골화성(骨火城) 등 12성을 쌓았다. (『三國史記』 4 新羅本紀 4)

신라 가을 9월에 신라에서 인부를 징발하여 파리성, 미실성, 진덕성, 골화성 등 12성을 쌓았다. (『三國史節要』 6)

백제 겨울 10월에 백제국이 마나군(麻那君)을 보내어 조(調)를 바쳤다. 천황이 백제가 여러 해 공납을 하지 않았다고 하여 사자를 머물게 하고 돌려보내지 아니하였다. (『日本書紀』 16 武烈紀)

505(乙酉/신라 지증마립간 6/고구려 문자명왕 14/백제 무녕왕 5/梁 天監 4/倭 武烈 7)

신라 봄 2월에 왕이 몸소 나라 안의 주군현(州郡縣)을 정하였다. 실직주(悉直州)를 설치하고 이사부(異斯夫)를 군주(軍主)로 삼았는데, 군주의 명칭이 이로부터 시작되었다. (『三國史記』 4 新羅本紀 4)

신라 가야 봄 2월에 신라 왕이 몸소 나라 안의 주군현을 정하였다. 실직주를 설치하고 이사부를 군주로 삼았다. 이사부는 일찍이 변관(邊官)이 되어 거도(居道)의 꾀인 마희(馬戲)를 사용하여 가야국을 취하였다. 군주의 명칭이 이로부터 시작되었다. (『三國史節要』 6)

신라 실직 삼척군(三陟郡)은 본래 실직국(悉直國)이었는데, 파사왕(婆娑王) 때에 와서 항복하였다. 지증왕 6년, 양나라 천감(天監) 4년에 주(州)로 삼고 이사부를 군주로 삼았다. (『三國史記』 35 雜志 4 地理 2)

신라   외관(外官) 도독(都督)은 9명이었다. 지증왕 6년에 이사부를 실직주 군주로 삼았다. (『三國史記』 40 雜志 9 職官 下)

백제   여름 4월에 백제의 왕이 사아군(斯我君)을 보내어 조(調)를 바쳤다. 따로 표를 올려 말하기를 "먼저 번 조사(調使) 마나(麻那)는 백제국왕의 골족(骨族)이 아닙니다. 그러므로 삼가 사아를 보내어 천황을 섬기게 합니다"라고 하였다. 그 후에 자식을 두었는데 이름하여 호오시키시(法師君)이라고 하였다. 이가 곧 야마토노키미(倭君)의 선조이다. (『日本書紀』 16 武烈紀)

신라   겨울 11월에 처음으로 담당 관청에 명하여 얼음을 저장하게 하였다. 또한 선박 이용의 제도를 정하였다. (『三國史記』 4 新羅本紀 4)

신라   겨울 11월에 신라에서 처음으로 담당 관청에 명하여 얼음을 저장하게 하였다. (『三國史節要』 6)

506(丙戌/신라 지증마립간 7/고구려 문자명왕 15/백제 무녕왕 6/梁 天監 5/倭 武烈 8)

백제   봄에 전염병이 크게 돌았다. 3월에서 5월에 이르기까지 비가 오지 않아 내와 못이 말랐다. 백성이 굶주리자 창고를 열어 진휼하였다. (『三國史記』 26 百濟本紀 4)

백제   봄에 백제에서 전염병이 크게 돌았다. 3월에서 5월에 이르기까지 비가 오지 않아 내와 못이 말랐다. 백성이 굶주리자 창고를 열어 진휼하였다. (『三國史節要』 6)

신라   봄과 여름에 가뭄이 들어 백성이 굶주렸으므로 창고의 곡식을 풀어 진휼하였다. (『三國史記』 4 新羅本紀 4)

신라   (봄과 여름에) 신라에 가뭄이 들어 백성이 굶주렸으므로 창고의 곡식을 풀어 진휼하였다. (『三國史節要』 6)

백제 말갈   가을 7월에 말갈이 쳐들어 와서 고목성(高木城)을 깨뜨리고 600여 명을 죽이거나 사로잡았다. (『三國史記』 26 百濟本紀 4)

말갈 백제   가을 7월에 말갈이 쳐들어 와서 백제의 고목성을 깨뜨리고 600여 명을 죽이거나 사로잡았다. (『三國史節要』 6)

고구려   가을 8월에 왕은 용산의 남쪽으로 사냥하다가 5일이 지나 돌아왔다. (『三國史記』 19 高句麗本紀 7)

고구려   8월에 고구려왕은 용산의 남쪽으로 사냥하다가 5일이 지나 돌아왔다.(『三國史節要』 6)

고구려   (정시(正始) 3년) 9월 기축일(27) 고려국이 사신을 보내 조공하였다. (『魏書』 8 帝紀 8 世宗)

고구려   9월에 사신을 위나라에 보내 조공하였다. (『三國史記』 19 高句麗本紀 7)

고구려   9월에 고구려에서 사신을 보내 위에 가서 조공하였다. (『三國史節要』 6)

고구려   (후위 선무(宣武) 정시) 3년 9월에 고려·연연국이 모두 사신을 보내 조공하였다. (『冊府元龜』 969 外臣部 14 朝貢 2)

고구려   (정시 3년) 이해에 고려·연연국(蠕蠕國)이 모두 사신을 보내 조공하였다. (『北史』 4 魏本紀 4 世宗宣武皇帝)

고구려 백제	겨울 11월에 장수를 보내 백제를 쳤으나 큰 눈이 내려 사졸들이 동상을 입고 돌아왔다. (『三國史記』 19 高句麗本紀 7)
고구려 백제	겨울 11월에 고구려에서 장수를 보내 백제를 쳤으나 큰 눈이 내려 사졸들이 동상을 입고 돌아왔다. (『三國史節要』 6)

507(丁亥/신라 지증마립간 8/고구려 문자명왕 16/백제 무녕왕 7/梁 天監 6/倭 繼體 1)

동이	(정시(正始) 4년) 봄에 공손숭이 다시 표를 올려 말하기를, " (…) 태조 도무제(道武帝)가 처음 나라를 일으켜 황시(皇始)의 춤을 두었는데, 오이(吳夷)·동이(東夷)·서융(西戎)의 춤을 다시 두고, 악부(樂府)에 포함시키니 이것이 7무(七舞)이다. (『魏書』 109 志 14 樂 5)
백제 말갈	여름 5월에 고목성(高木城)의 남쪽에 두 개의 목책을 세웠고, 또 장령성(長嶺城)을 축조하여 말갈에 대비하였다. (『三國史記』 26 百濟本紀 4)
백제 말갈	여름 5월에 백제에서 고목성의 남쪽에 두 개의 목책을 세웠고, 또 장령성을 축조하여 말갈에 대비하였다. (『三國史節要』 6)
고구려	(정시 4년) 겨울 10월 정사일(2) 고려·반사(半社)·실만근(悉萬斤)·가류가(可流伽)·비사(比沙)·소륵(疏勒)·우전(于闐) 등의 여러 나라가 모두 사신을 보내 조헌(朝獻)하였다. (『魏書』 8 帝紀 8 世宗)
고구려	겨울 10월에 사신을 위나라에 보내 조공하였다. (『三國史記』 19 高句麗本紀 7)
고구려	겨울 10월에 고구려가 사신을 위나라에 보내 조공하였다. (『三國史節要』 6)
고구려	(후위 선무(宣武) 정시 4년) 10월에 고려·반사·실만근·가류가·비사·소륵·우전 등의 여러 나라와 또 소륵·엽달(嚈噠)·파사(波斯)·갈반타(渴槃陁)·갈문제(渴文提)·불나복(不那伏)·뉴장제(杻杖提) 등의 여러 나라가 모두 사신을 보내 조헌하였다. (『冊府元龜』 969 外臣部 14 朝貢 2)
고구려	(정시 4년) 이해에 서역·동이 40여국이 모두 사신을 보내 조공하였다. (『北史』 4 魏本紀 4 世宗宣武皇帝)
고구려 백제	(겨울 10월) 왕이 장수 고로(高老)를 보내, 말갈과 함께 백제의 한성(漢城)을 칠 것을 꾀하여, 횡악(橫岳) 밑으로 나아가 주둔하였는데, 백제가 군사를 내어 맞아 싸우므로 물러났다. (『三國史記』 19 高句麗本紀 7)
백제 고구려	겨울 10월에 고구려 장수 고로가 말갈과 더불어 한성을 공격하고자 꾀하여 횡악 아래에 진군하여 주둔하였다. 왕이 군대를 보내 싸워 이를 물리쳤다. (『三國史記』 26 百濟本紀 4)
고구려 백제	(겨울 10월) 고구려 장수 고로가 말갈과 더불어 백제의 한성을 공격하고자 꾀하여 횡악 아래에 진군하여 주둔하였다. 백제에서 군사를 보내 싸워 이를 물리쳤다. (『三國史節要』 6)

508(戊子/신라 지증마립간 9/고구려 문자명왕 17/백제 무녕왕 8/梁 天監 7/倭 繼體 2)

고구려	(2월) 을해일(21)에 거기대장군(車騎大將軍)·고려왕 고운(高雲)을 무군대장군(撫軍大將軍)·개부의동사삼사(開府儀同三司)로 삼았다. (『梁書』 2 本紀 2 武帝 中)
고구려	(2월) 을해일(21)에 거기대장군·고려왕 고운을 무동대장군(撫東大將軍)·개부의동사삼사로 삼았다. (『南史』 6 梁本紀 上 6 武帝 上)
고구려	(양 고조 천감) 7년 2월 조서에서 이르기를, "고구려왕·낙랑군공(樂浪郡公) 모(某)는

정성이 두드러지고 조공하는 길이 서로 이어졌으므로, 마땅히 관작을 후하게 주고 조정의 의전을 넓혀 무군대장군[또는 동(東)이라고도 썼다]·개부의동삼사로 삼는다." 라고 하였다. (『冊府元龜』 963 外臣部 8 冊封 1)

고구려	양나라 고조가 조서를 내려 이르기를, "고구려왕 낙랑군공 모(某)는 정성이 두드러지고 조공하는 길이 서로 이어졌으므로, 마땅히 관작을 후하게 주고 조정의 의전을 넓혀 무군대장군[또는 동(東)이라고도 썼다]·개부의동삼사로 삼는다"라고 하였다. (『三國史記』 19 高句麗本紀 7)
고구려	양나라 고조가 고구려왕에세 작(爵)을 더하고 조서를 내려 이르기를, "정성이 두드러지고 조공하는 길이 서로 이어졌으므로, 마땅히 관작을 후하게 주고 조정의 의전을 넓혀 무군대장군·개부의동삼사로 삼는다"라고 하였다. (『三國史節要』 6)
고구려	천감 7년에 조서를 내려 이르기를, "고려왕(高驪王)·낙랑군공 고운은 충성심이 두드러져 공물과 사신의 왕래가 끊이지 않았소. 이에 벼슬을 더 주노니 우리 조정의 뜻을 널리 펴시오. 무동대장군·개부의동삼사)를 허하고, 지절(持節)·상시(常侍)·도독(都督)·왕(王)의 칭호는 모두 예전과 같이 하시오"라고 하였다. (『梁書』 54 列傳 48 諸夷 東夷 高句驪)
고구려	천감 7년에 조서를 내려 무동대장군·개부의동삼사의 벼슬을 내리고, 지절·상시·도독·왕은 모두 그대로 인정하였다. (『南史』 79 列傳 69 夷貊 下 東夷 高句麗)
신라	(영평(永平) 원년) 3월 기해일(16)에 사라(斯羅)·아타(阿陁)·비라(比羅)·아이애다(阿夷又多)·파나가(婆那伽)·가사달(伽師達)·우전(于闐) 여러 나라가 모두 사신을 보내어 조헌(朝獻)하였다. (『魏書』 8 帝紀 8 世宗)
신라	(후위 선무(宣武)) 영평 원년 3월에 사라·아타·비라·아이우다(阿夷又多)·파나가·가사달·우전 여러 나라가 (…) 모두 사신을 보내어 조공하였다. (『冊府元龜』 969 外臣部 14 朝貢 2)
고구려	(영평 원년) 5월 계미일(1)에 고려국이 사신을 보내어 조공하였다. (『魏書』 8 帝紀 8 世宗)
고구려	여름 5월에 사신을 위나라에 보내 조공하였다. (『三國史記』 19 高句麗本紀 7)
고구려	여름 5월에 고구려에서 사신을 위나라에 보내 조공하였다. (『三國史節要』 6)
고구려	(영평 원년) 5월에 고려국, 6월에 고차국(高車國), 7월에 고차(高車)·거란·한반(汗畔)·계빈(罽賓) 등 여러 나라가, 8월에 토욕혼(吐谷渾) 고막해국(庫莫奚國)이, 9월에 연연국(蠕蠕國)이, 12월에는 고려국이 모두 사신을 보내 조헌하였다. (『冊府元龜』 969 外臣部 14 朝貢 2)
고구려	(영평 원년) 12월 병자일(27) 고려국이 사신을 보내 조헌(朝獻)하였다. (『魏書』 8 帝紀 8 世宗)
고구려	겨울 12월에 사신을 위나라에 보내 조공하였다. (『三國史記』 19 高句麗本紀 7)
고구려	겨울 12월에 고구려가 사신을 위나라에 보내 조공하였다. (『三國史節要』 6)
고구려	(영평 원년) 12월에 고려국 등이 모두 사신을 보내 조헌하였다. (『冊府元龜』 969 外臣部 14 朝貢 2)
고구려	(영평 원년) 이해에 북적·동이·서역 18국이 모두 사신을 보내 조공하였다. (『北史』 4 魏本紀 4 世宗宣武皇帝)
탐라 백제	12월에 남쪽 바다의 탐라인이 처음으로 백제국과 통교했다. (『日本書紀』 17 繼體紀)

신라	동시전(東市典)은 지증왕 9년에 설치하였다. (『三國史記』 38 雜志 7 職官 上)

동이(고구려)	(정시 4년)이 해에 고조(高肇)가 황후와 황자를 독살하고 이듬해(영평 원년)에 또 여러 왕들을 죽이니 천하가 이를 원망하였다. 고조는 동이 출신으로 선제의 법을 갑자기 바꾸어 헤아릴 수 없는 화를 일으켜 밝은 도리를 막음이 어찌 이보다 심할까. 위씨의 패란이 이로부터 시작되었다. (『魏書』 105-4 志 4 天象 1-4)

509(己丑/신라 지증마립간 10/고구려 문자명왕 18/백제 무녕왕 9/梁 天監 8/倭 繼體 3)

신라	봄 정월에 서울에 동시(東市)를 설치하였다. (『三國史記』 4 新羅本紀 4)
신라	봄 정월에 신라 서울에 동시를 설치하였다. 전감(典監) 2명을 두었는데, 나마(奈麻)로부터 대나마(大奈麻)까지 임명되었다. (『三國史節要』 6)

백제 가야	봄 2월에 사자를 백제에 보냈다[백제본기에 말하기를 "구라마치키미(久羅麻致支彌)는 일본에서 왔다"고 한다. 알 수 없다]. 임나의 일본 현읍에 있는 백제의 백성 가운데 도망해 와서 호적이 끊어진 지 3·4대 되는 자를 모두 백제로 옮겨 호적에 올리게 하였다. (『日本書紀』 17 繼體紀)

신라	3월에 함정을 설치하여 맹수의 피해를 없앴다. (『三國史記』 4 新羅本紀 4)

고구려	여름 5월에 사신을 위나라에 보내 조공하였다. (『三國史記』 19 高句麗本紀 7)
고구려	여름 5월에 고구려가 사신을 위나라에 보내 조공하였다. (『三國史節要』 6)
고구려	(영평(永平) 2년) 5월에 고구려가 사신을 보내 조헌(朝獻)하였다. (『魏書』 8 帝紀 8 世宗)
고구려	(후위 선무 영평 2년) 5월에 고려국, 6월에 고창국(高昌國) 7월에 거란국, 8월에 등지국(鄧至國)·고창(高昌)·물길(勿吉)·고막해(庫莫奚) 등의 나라들이, 12월에는 첩복(疊伏)·나불(羅弗)·보리(菩提)·조타타(朝陁咤)·파라(波羅) 등의 여러 나라들이 모두 사신을 보내어 조공했다. (『冊府元龜』 969 外臣部 14 朝貢 2)
동이(고구려)	(영평 2년) 이해에 서역·동이 24국이 모두 사신을 보내 조공하였다. (『北史』 4 魏本紀 4 世宗宣武皇帝)

신라	가을 7월에 서리가 내려 콩을 죽였다. (『三國史記』 4 新羅本紀 4)
신라	가을 7월에 신라에서 서리가 내려 콩을 죽였다. (『三國史節要』 6)

510(庚寅/신라 지증마립간 11/고구려 문자명왕 19/백제 무녕왕 10/梁 天監 9/倭 繼體 4)

백제	봄 정월에 명령을 내려 제방을 튼튼하게 하고 내외(內外)에서 놀고먹는 자들을 몰아 농사를 짓게 하였다. (『三國史記』 26 百濟本紀 4)
백제	봄 정월에 백제에서 명령을 내려 제방을 튼튼히 하게 하고 내외에서 놀고먹는 자들을 몰아 농사를 짓게 하였다. (『三國史節要』 6)

고구려	(영평(永平) 3년) 3월 병술일(14)에 황자(皇子)가 태어나자 천하에 대사면령을 내렸다. 고려·토욕혼(吐谷渾)·탕창(宕昌) 여러 나라가 모두 사신을 보내 조공하였다. (『魏書』 8 帝紀 8 世宗)
고구려	(후위 선무(宣武) 영평) 3년 3월 고려·토욕혼·탕창 등의 나라들이, 윤 6월에는 토욕혼·고려·거란 등의 여러 나라들이 (…) 12월에는 고려·비사(比沙)·장국(杖國)이 더불

어 사신을 보내고 조공했다. (『冊府元龜』 969 外臣部 14 朝貢 2)

신라   여름 5월에 지진이 일어나 백성의 집이 무너지고 사람이 죽었다. (『三國史記』 4 新
          羅本紀 4)

신라   여름 5월에 신라에서 지진이 일어나 백성의 집이 무너지고 사람이 죽었다. (『三國史
          節要』 6)

고구려   (영평 3년) 6월 윤월(閏月) 기해일(29)에 토욕혼·고려·거란 여러 나라가 각각 사신을
          보내 조공하였다. (『魏書』 8 帝紀 8 世宗)

고구려   여름 윤 6월에 사신을 위나라에 보내 조공하였다. (『三國史記』 19 高句麗本紀 7)

고구려   여름 윤 6월에 고구려가 사신을 보내 위에 조공하였다. (『三國史節要』 6)

신라   겨울 10월에 천둥이 쳤다. (『三國史記』 4 新羅本紀 4)

신라   겨울 10월에 신라에서 천둥이 쳤다. (『三國史節要』 6)

고구려   (영평 3년) 12월 기묘일(12) 고려·비사장국(比沙杖國)이 사신을 보내 조공하였다.
          (『魏書』 8 帝紀 8 世宗)

고구려   겨울 12월에 사신을 위나라에 보내 조공하였다. (『三國史記』 19 高句麗本紀 7)

고구려   겨울 12월에 고구려에서 사신을 보내 위에 들어가 조공하였다. (『三國史節要』 6)

고구려   후위 선무(宣武) 영평 3년) 12월에 고려·비사장국이 모두 사신을 보내 조헌하였다.
          (『冊府元龜』 969 外臣部 14 朝貢 2)

고구려   (후위) 선무 영평 3년 12월에 청주(靑州)에 조서를 내려 고려묘(高麗廟)를 세우게 하
          였다. (『冊府元龜』 974 外臣部 19 褒異 1)

동이   (영평 3년) 이해에 서역·동이·북적 16국이 모두 사신을 보내 조공하였다. (『北史』 4
          魏本紀 4 世宗宣武皇帝)

511(辛卯/신라 지증마립간 12/고구려 문자명왕 20/백제 무녕왕 11/梁 天監 10/倭 繼體 5)

동이(고구려) (영평(永平) 4년) 이해에 서역·동이·북적 29국이 모두 사신을 보매 조공하였다. (『北
          史』 4 魏本紀 4 世宗宣武皇帝)

고구려   옛날 승랑법사(僧朗法師)라는 유명한 승려가 있어 고향 고구려를 떠나 중국에 가서
          불법을 배웠다. 그는 불교 맑고 깨끗한 규범이 뛰어나고 넓은 학문이 정묘한 경지에
          진입하니, 어려서부터 반야(般若)의 성품을 이루었고 일찍부터 시라(尸羅)의 근본을
          몸에 익혔다. 방등(方等)의 주지를 밝히고 중도의 종지를 넓히니, 북산의 북쪽과 남
          산의 남쪽을 두루 돌아다녀 황도에 들어가지 않은 것이 3년에 이르렀다. 양(梁) 무
          제(武帝: 502~549)가 사등선(四等善)을 잘 실천하고 삼공(三空)의 진리를 깨달아,
          승랑법사에게 여러 번 부르는 편지를 보냈지만 아무런 반응이 없었다. (「金陵 棲霞
          寺碑文」:『金石萃編』 132)

512(壬辰/신라 지증마립간 13/고구려 문자명왕 21/백제 무녕왕 12/梁 天監 11/倭 繼體 6)

고구려   (3월) 경신일(30)에 고려국이 사신을 보내 방물을 바쳤다. (『梁書』 2 本紀 2 武帝
          中)

고구려   (3월) 경신일(30)에 고려국이 사신을 보내 조공하였다. (『南史』 6 梁本紀 上 6 武帝

上)

고구려	봄 3월에 사신을 양나라에 보내 조공하였다. (『三國史記』 19 高句麗本紀 7)
고구려	봄 3월에 고구려에서 사신을 양나라에 보내 조공하였다. (『三國史節要』 6)
고구려	(천감) 11년과 15년에 거듭 사신을 파견하여 공물을 바쳤다. (『梁書』 54 列傳 48 諸夷 高句驪)
고구려	(천감) 11년과 15년에 거듭 사신을 파견하여 공물을 바쳤다. (『南史』 79 列傳 69 夷貊 下 東夷 高句麗)

백제 　여름 4월 신유 초하루 병인일(6)에 호즈미노오미오시야마(穗積臣押山)를 백제에 사신으로 보냈다. 그리고 츠쿠시노쿠니(筑紫國)의 말 40필을 보냈다. (『日本書紀』 17 繼體紀)

백제 　(4월 무자일(28)) 백제·부남(扶南)·임읍국(林邑國)이 모두 사신을 보내 방물을 바쳤다. (『梁書』 2 本紀 2 武帝 中)

백제 　여름 4월에 사신을 양나라에 보내 조공하였다. (『三國史記』 26 百濟本紀 4)

백제 　여름 4월에 백제에서 사신을 양나라에 보내 조공하였다. (『三國史節要』 6)

백제 　여름 4월에 백제·부남·임읍 등 나라가 각각 사신을 보내 방물을 바쳤다. (『南史』 6 梁本紀 上 6 武帝 上)

고구려 　(연창 원년) 5월 신묘일(2) 소륵(疏勒) 및 고려국이 모두 사신을 보내 조공하였다. (『魏書』 8 帝紀 8 世宗)

고구려 　여름 5월에 사신을 위나라에 보내 조공하였다. (『三國史記』 19 高句麗本紀 7)

고구려 　5월에 고구려에서 사신을 보내 위나라에 가서 조공하였다. (『三國史節要』 6)

고구려 　(후위 선무) 연창 원년 5월에 소륵 및 고려국이 (…) 모두 사신을 보내 조헌하였다. (『冊府元龜』 969 外臣部 14 朝貢 2)

동이(고구려) 　(연창 원년) 이 해에 서역·동이 10국이 모두 사신을 보내 조공하였다. (『北史』 4 魏本紀 4 世宗宣武皇帝)

신라 우산 　여름 6월에 우산국(于山國)이 항복하여 해마다 토산물을 바쳤다. 우산국은 명주(溟州)의 정동쪽 바다에 있는 섬으로 혹은 울릉도(鬱陵島)라고도 한다. 땅은 사방 100리인데, 지세가 험한 것을 믿고 항복하지 않았다. 이찬 이사부(異斯夫)가 하슬라주(何瑟羅州) 군주(軍主)가 되어 말하기를 "우산국 사람은 어리석고도 사나워서 힘으로 복속시키기는 어려우나 꾀로는 복속시킬 수 있다"라고 하고, 이에 나무 사자를 많이 만들어 전함에 나누어 싣고 그 나라 해안에 이르러 거짓으로 "너희가 만약 항복하지 않으면 이 사나운 짐승을 풀어 밟아 죽이겠다"고 말하자 그 나라 사람들이 두려워 곧 항복하였다. (『三國史記』 4 新羅本紀 4)

우산 신라 　6월에 우산국이 항복하여 해마다 토산물을 바쳤다. 우산국은 명주의 정동쪽 바다에 있는 섬으로 혹은 울릉도라고도 한다. 땅은 사방 100리인데, 지세가 험한 것을 믿고 항복하지 않았다. 이찬 이사부가 하슬라주 군주가 되어 말하기를 "우산국 사람은 어리석고도 사나워서 힘으로 복속시키기는 어려우나 꾀로는 복속시킬 수 있다"라고 하고, 이에 나무 사자를 많이 만들어 전함에 나누어 싣고 그 나라 해안에 이르러 거짓으로 "너희가 만약 항복하지 않으면 이 사나운 짐승을 풀어 밟아 죽이겠다"고 말하자 그 나라 사람들이 두려워 곧 항복하였다. (『三國史節要』 6)

신라 우산 　(지도로왕) 13년 임진에 아슬라주(阿瑟羅州) 군주가 되어 우산국의 병합을 계획하고 있었는데, 그 나라 사람들이 어리석고 사나워서 위력으로는 항복받기 어려우니 계략으로써 복속시킬 수밖에 없다고 생각하였다. 이에 나무 사자를 많이 만들어 전선(戰船)에 나누어 싣고, 그 나라 해안에 다다라 거짓으로 말하기를 "너희들이 항복하지 않으면 이 맹수를 풀어놓아 밟아 죽이겠다"고 하였다. 그 사람들이 두려워서 곧 항복하였다. (『三國史記』44 列傳 4 異斯夫)

신라 우산   또 아슬라주[지금의 명주] 동해 가운데에 순풍으로 이틀 걸리는 곳에 우릉도(于陵島)[지금은 우릉도(羽陵島)라고 쓴다]가 있었다. 주위가 2만 7천 1백 30보나 되었다. 섬의 오랑캐들은 그 깊은 바닷물을 믿고 교만하여 조공하지 않았다. 왕은 이찬 박이종(朴伊宗)을 시켜 군사를 거느리고 가서 치게 했다. 이종은 나무로 사자를 만들어 큰 배 위에 싣고 그들을 위협했다. "항복하지 않으면 이 사자를 놓아버리겠다." 섬 오랑캐는 두려워서 항복했다. 왕은 이종을 포상하여 아슬라주의 장관으로 삼았다. (『三國遺事』1 紀異 1 智哲老王)

고구려 백제   가을 9월에 백제를 침략하여 가불(加弗)·원산(圓山) 두 성을 함락시키고, 남녀 1,000여 명을 사로잡았다. (『三國史記』19 高句麗本紀 7)

백제 고구려   가을 9월에 고구려가 가불성(加弗城)을 습격하여 빼앗고, 군사를 옮겨 원산성(圓山城)을 깨뜨렸는데 죽이거나 약탈한 것이 매우 많았다. 왕이 용맹스러운 기병 3,000명을 거느리고 위천(葦川)의 북쪽에서 싸웠다. 고구려 사람들은 왕의 군사가 적은 것을 보고 만만히 여겨 진을 치지 않았다. 왕은 기묘한 계책을 내어 급히 쳐서 이를 크게 격파하였다. (『三國史記』26 百濟本紀 4)

고구려 백제   가을 9월에 고구려가 백제의 가불성을 공격하여 취하고 군사를 옮겨 원산성을 함락시켰으며 남녀 1,000여 명을 사로잡았다. 백제왕이 용맹스러운 기병 3,000명을 거느리고 위천의 북쪽에서 싸웠다. 고구려 사람들은 백제왕의 군사가 적은 것을 보고 만만히 여겨 진을 치지 않았다. 왕은 기묘한 계책을 내어 급히 쳐서 이를 크게 격파하였다. (『三國史節要』6)

백제 가야 고구려 신라

  겨울 12월에 백제가 사신을 보내어 조를 올렸다. 따로 표를 올려 상치리(上哆唎), 하치리(下哆唎), 사타(娑陀), 모루(牟婁)의 4현을 청하였다. 치리국수(哆唎國守)인 호즈미노오미오시야마가 주하여 "이 4현은 백제와 가깝고, 일본과는 멀리 떨어져 있습니다. 조석으로 통행하기 쉽고, 닭과 개도 구별하기 어렵습니다. 지금 백제에게 주어 한 나라로 만들면, 보전의 책이 이보다 나은 것이 없을 것입니다. 그러나 가령 땅을 주어 나라를 합치더라도 후세에 또 위험이 있을 것입니다. 하물며 경계선을 긋는다면, 몇 해 동안이나 지킬 수 있겠습니까"라고 말하였다. 오토모오무라지카나무라(大伴大連金村)가 상세하게 이 말을 듣고 계책을 주하였다. 이에 모노노베노오무라지아라카히(物部大連麤鹿火)를 칙을 전할 사신으로 정하였다. 모노노베노오무라지(物部大連)가 나니와(難波)의 객관으로 출발하여 백제의 객에게 칙을 전하려 하였다. 그의 처는 굳이 말려 "스미노에노오카미(住吉大臣)가 처음으로 이 해외의 금은의 나라인 고구려·백제·신라·임나 등을 태중의 호무타(譽田: 應神)천황에게 주었습니다. 그래서 태후 오키나가타라시히메노미코토(息長足姬尊: 神功皇后)는 대신 다케시우치노스쿠네(武內宿禰)와 같이 처음으로 나라마다 관가를 두어 해외의 방패로 한 것이 오래되었습니다. 역시 이유가 있습니다. 만일 땅을 나누어 남에게 주면, 본래의 영역과 달라집니다. 후세에 언제까지나 비난이 계속될 것입니다"라고 말하였다. 모노노베노오무라지가 대답하여 "말한 바는 이치에 맞지만, 칙언에 위배될까 두렵다"고 하였다. 그 처가 굳이 간하여 "병이라 칭하고 칙을 전하지 마십시오"라고 하였다. 모노노베노오무라지가 간하여 말에 따랐다. 그래서 사신을 새로이 임명하였다. 선물과 제지(制旨)를 주어 표에 의거해 임나 4현을 주었다. 오에(大兄)황자는 관련되는 일이 있어 나라를 나누어주는 일에 관계하지 않고 늦게 이 사실을 알았다. 놀라고 후회하여 고치려고 하였다. 영하여 "호무타천황 이래 관가를 둔 나라를 이웃 나라가 달란고 쉽게 줄 수가 있는가"라고 말하였다. 곧 히타카노키시(日鷹吉士)를 보내어 다시 백제의 객에게 선언하였다. 사신이 답하여 "아버지인 천황이 편의를 보아 칙언하셨으니 끝난 것이다. 아들인 황자가 천황의 칙언을 위반하고 망녕되게 다시 말하겠는가. 반드시 거짓일 것이다. 만일 진실이라면 몽둥이의 큰 쪽으로 때리는 것과 몽둥이의 작은 쪽으로 때리는 것과 어느 쪽이 더 아플까"라고 말하고서 돌아갔다. 이에 어떤 사람이 말하기를 "오토모노오무라지(大伴大連)와 치리국수 호즈미노오미오시야마가 백제의 뇌물을 받았었다"라고 말하였다. (『日本書紀』 17 繼體紀)

백제	사(士) 임진년에 만들다. (「武寧王陵出土壬辰年作銘塼」)
백제	사대(使大) (「武寧王陵出土使大銘塼」)

고구려   천감11년에 양(梁) 무제(武帝)가 중사(中寺)의 승회(僧懷), 영근사(靈根寺)의 혜령(慧崇) 등 10명을 파견하여 산에 나아가게 하고, 승랑법사(僧朗法師)에게서 『삼론대의(三論大義)』를 배우게 하였다. (「金陵 棲霞寺碑文」:『金石萃編』 132)

513(癸巳/신라 지증마립간 14/고구려 문자명왕 22/백제 무녕왕 13/梁 天監 12/倭 繼體 7)

고구려   (언창(延昌) 2년) 봄 정월 무술일(13)에 고려국이 사신을 보내 조공하였다. (『魏書』 8 帝紀 8 世宗)

고구려   봄 정월에 사신을 위나라에 보내 조공하였다. (『三國史記』 19 高句麗本紀 7)

고구려   봄 정월에 고구려가 사신을 위나라에 보내 조공하였다. (『三國史節要』 6)

고구려   (후위 선무(宣武) 연창) 2년 정월에 고려국 (…) 5월에 고려·엽달(嘧噠)·우전(于闐)·반타(槃阤) 및 거란·고막해(庫莫奚) 등 여러 나라가 (…) 12월에 고려국이 모두 사신을 보내 조공하였다. (『冊府元龜』 969 外臣部 14 朝貢 2)

고구려   (연창 2년) 5월에 고려국이 사신을 보내 조공하였다. (『魏書』 8 帝紀 8 世宗)

고구려   여름 5월에 사신을 위나라에 보내 조공하였다. (『三國史記』 19 高句麗本紀 7)

고구려   여름 5월에 또 사신을 보내 조공하였다. (『三國史節要』 6)

고구려   (후위 선무 연창) 2년 5월에 고려·엽달·우전·반타 및 거란·고막해 등 여러 나라가, (…) 12월에 고려국이 모두 사신을 보내 조공하였다. (『冊府元龜』 969 外臣部 14 朝貢 2)

백제 가야   여름 6월에 백제는 저미문귀(姐彌文貴) 장군(將軍)과 주리즉이(州利卽爾) 장군을 보내서, 호즈미노오미오시야마(穗積臣押山)[백제본기에는 야마토(委)의 오시야마키미(意斯移麻岐彌)라 하였다.]에 따라서 오경박사 단양이(段楊爾)를 보냈다. 따로 주하여 "반파국(伴跛國)이 신의 나라인 기문(己汶)의 땅을 빼앗았습니다. 미라옵건내 선은을 내려 판단하여 본국으로 되돌려 주십시오."라고 말하였다. (『日本書紀』 17 繼體紀)

백제   가을 8월 계미 초하루 무신일(26)에 백제의 태자 순타(淳陀)가 돌아가셨다. (『日本書紀』 17 繼體紀)

고구려   겨울 10월 또 사신을 보내어 조공했다. (『三國史節要』 6)

백세 신라 가야

겨울 11월 신해 초하루 을묘일(5)에 조정에서 백제의 저미문귀 장군과 사라의 분득지(汶得至), 안라(安羅)의 신이해(辛已奚)와 분파위좌(賁巴委佐), 반파(伴跛)의 기전해(既殿奚)와 죽문지(竹汶至) 등을 나란히 세우고 은칙을 내렸다. 기문과 체사(滯沙)를 백제국에 주었다. (『日本書紀』 17 繼體紀)

백제 가야

(11월) 이 달에 반파국이 집지(戢支)를 보내 진보를 바치고, 기문의 땅을 달라고 하였다. 그러나 끝내 주지 않았다. (『日本書紀』 17 繼體紀)

고구려

(연창 2년) 12월 을사일(25)에 고려국이 사신을 보내 조공하였다. (『魏書』 8 帝紀 8 世宗)

고구려

겨울 12월에 사신을 위나라에 보내 조공하였다. (『三國史記』 19 高句麗本紀 7)

고구려

겨울 12월에 또 사신을 보내 조공하였다. (『三國史節要』 6)

고구려

(후위 선무 연창) 2년 5월 고려·엽달·우전·반타 및 거란·고막해 등 여러 나라가, (…) 12월에는 고려국이 모두 사신을 보내 조공하였다. (『冊府元龜』 969 外臣部 14 朝貢 2)

동이(고구려)

(연창 2년) 이해에 동이·서역 10여국이 모두 사신을 보내 조공하였다. (『北史』 4 魏本紀 4 世宗宣武皇帝)

신라

우인(竽引)은 지대로왕(智大路王) 때의 사람인 천상욱개자(川上郁皆子)가 지은 것이다. (『三國史記』 32 雜志 1 樂)

514(甲午/신라 지증마립간 15 법흥왕 1/고구려 문자명왕 23/백제 무녕왕 14/梁 天監 13/倭 繼體 8)

신라

봄 정월에 아시촌(阿尸村)에 소경(小京)을 설치하였다. (『三國史記』 4 新羅本紀 4)

신라

봄 정월에 신라에서 아시촌에 소경을 설치하였다. (『三國史節要』 6)

백제 가야 신라

3월에 반파는 자탄(子呑)과 대사(帶沙)에 성을 쌓아서, 양계(滿奚)에 연결하고, 봉화를 올리는 곳과 식량을 두는 창고를 만들어 일본에 대비하였다. 또 이렬비(爾列比), 마수비(麻須比)에 성을 쌓고, 마차해(麻且奚), 추봉(推封)에 연결하였다. 사졸과 무기를 모아서, 신라를 공박하였다. 자녀를 약취하고, 촌읍을 약탈하였다. 흉적이 가는 곳에 남는 것이 드물었다. 포악 사치하고, 괴롭히고 침략하고 살상이 많았다. 이루 다 기재할 수가 없었다. (『日本書紀』 17 繼體紀)

신라

가을 9월에 6부(部)와 남쪽 지방 사람들을 옮겨 그 곳을 채웠다. (『三國史記』 4 新羅本紀 4)

신라

가을 9월에 6부와 남쪽 지방 사람들을 옮겨 그 곳을 채웠다. (『三國史節要』 6)

신라 가야

이사부(異斯夫)는 (…) 지도로왕(智度路王) 때 연해 국경지역의 지방관이 되었는데, 거도(居道)의 꾀를 답습하여 마희(馬戱)로써 가야(加耶)[또는 가라(加羅)라고도 하였다]국을 속여 취하였다. (『三國史記』 44 列傳 4 異斯夫)

신라	(가을 9월) 왕이 돌아가셨다. 시호(諡號)를 지증(智證)이라 하였는데, 신라에서 시호를 쓰는 법은 이로부터 시작되었다. (『三國史記』 4 新羅本紀 4)
신라	(가을 9월) 신라왕 지대로(智大路)가 돌아가셨다. 시호를 지증이라 하였는데, 신라에서 시호를 쓰는 법은 이로부터 시작되었다. 원자(元子)인 원종(原宗)이 즉위하였는데, 너그럽고 후하여 사람들을 사랑하였다. (『三國史節要』 6)
신라	법흥왕(法興王)이 왕위에 올랐다. 이름은 원종이다[책부원구(冊府元龜)에는, 성은 모(募)이고 이름은 진(秦)이라 하였다]. 지증왕의 맏아들로 어머니는 연제부인(延帝夫人)이고 왕비는 박씨 보도부인(保刀夫人)이다. 왕은 키가 일곱 자였고 성품이 너그럽고 후하여 사람들을 사랑하였다. (『三國史記』 4 新羅本紀 4)
신라	[이상은 상고(上古)로 삼고 이하를 중고(中古)로 삼는다] 제23법흥왕(法興王)[이름은 원종이고 성은 김씨이다. 책부원구에서는 성은 모 이름은 진이라 하였다. 아버지는 지정(智訂)이고, 어머니는 영제부인(迎帝夫人)이다. 법흥은 시호로 시호가 이때부터 처음 시작되었다. 갑오년에 즉위하여 26년 동안 나라를 다스렸다] (『三國遺事』 1 王曆)

신라 고구려 백제

제23대 법흥대왕(法興大王)이 소량(蕭梁) 천감 13년 갑오에 즉위하기에 이르러 불교가 흥하여졌으니 미추왕의 계미년를 상거하면 252년으로, 도령(道寧)이 말한 3천여 월이 들어맞았다 한다. 이로써 보면 본기(本記)와 본비(本碑)의 두 가지 설이 서로 달라 같지 않음이 이와 같다. 내가 시론해 보면 양(梁)·당(唐)의 두 승전(僧傳)과 삼국본사(三國本史)에는 고려와 백제 두 나라의 불교의 시작이 동진(東晋) 말 태원 연간이라 하였으니 순도(順道)와 아도(阿道) 두 승려가 소수림왕(小獸林王) 갑술에 고구려에 온 것이 분명한즉 이 전기(傳記)는 잘못되지 아니하였다. 만일 비처왕(毗處王) 때에 비로소 신라에 왔다 하면 이것은 아도가 고구려에서 100여년을 있다가 온 것이 된다. 아무리 대성(大聖)의 행적과 출몰이 비상하다 할지라도 꼭 이렇다고 할 수 없으며, 또 신라의 불교 신봉이 이렇게 심히 늦지는 아니하였을 것이다. 또 만일 미추왕(未雛王) 때에 있었다고 하면 이것은 고려에 들어온 갑술년보다도 100여년 전이 된다. 그때는 계림(鷄林)에 아직 문물과 예교(禮敎)도 없었고, 국호도 아직 정하지 못하였는데, 어떻게 아도가 와서 봉불(奉佛)을 청하였을까. 또 고려에도 오지 않고 건너서 신라로 왔다는 것이 불합리하다. 설령 잠시 일어났다가 곧 폐하였다 하더라도 어찌 그 사이에 아무 소리도 없이 잠잠해져서 향(香)의 이름조차 알지 못하였을까. 하나는 어찌 그리 뒤지고 하나는 어찌 그리 앞섰을까. 생각건대 동쪽으로 점점 나아가는 형세가 반드시 고구려와 백제에서 시작하여 신라에서 끝마쳐졌을 것이다. 눌지와 수림의 시대가 서로 접하였으니, 아도가 고구려에서 떠나 신라에 온 것은 마땅히 눌지의 시대에 당할 것이다. 또 왕녀의 병을 고쳤다는 것도 다 아도의 한 일이라고 전하니, 이른바 묵호(墨胡)라는 것도 참이름이 아니고 지목한 말일 것이다. 양나라 사람이 달마(達摩)를 벽안호(碧眼胡)라 하고 진(晋)나라 사람이 석도안(釋道安)을 칠도인(漆道人)이라고 한 것과 같은 것이다. 즉 이도가 위험한 여행을 하면서 성명을 말하지 아니한 까닭이다. 대개 국인이 들은 바에 따라 묵호와 아도의 두 이름으로써 두 사람에 나누어 전한 것이었을 것이다. 더구나 아도의 모양이 묵호자와 같다 하였으니 이것으로도 그 한사람임을 알 수 있다. 도령(道寧)이 일곱 곳을 차례로 든 것은 곧 창사(創寺)의 선후를 예언한 것이나, 두 전(傳)이 다 잘못하였으므로 여기에 사천미(沙川尾)를 5차에 실은 것이며, 3천여 월이란 것도 꼭 다 믿을 글이 아니다. 눌지왕 시대에서 법흥왕 정미에 이르기까지는 무려 100여년 인즉, 1천여 월이라면 거의 비슷하다. 그 성을 아(我)라 하고 외자 이름을 칭한 것은 거짓인 듯하나 자세하지 않다. 또 원위(元魏) 승려 담시(曇始)[일명 혜시(惠始)라고도 한나]전(傳)에 이르기를, 담시는 관중 사람인데, 출가한 뒤로 기이한 행적이 많았다. 진(晋) 효무제(孝武帝) 태원 9년 말에 불경 10부를 가지고 요동(遼東)에 가서 전도하고 삼승(三乘)을 교수하며 또 그 자리에서 불계(佛戒)에 귀의하게 하였으니, 대개 이것이 고려가 불교를 접한 시초이다. 의희(義熙) 초년에 다시 관중으로 돌아와서 삼보(三輔)를 개도(開導)하였다. 담시의 발이 낯보다 희여 아무리 진흙물를 건너도 젖는 일이 없으므로 천하 사람들이 다 백족화상(白足和尙)이라고 불렀다 한다. 진(晋) 말에 삭방(朔方)의 흉노(匈奴) 혁련발발(赫連勃勃)이 관중을 격파하고 무수한 사람을 살육하였다. 이때에 담시도 화를 만났으나 칼이 그를 상하지 못하니 발발이 탄식하고 널리 승려를 용서하고 모두 죽이지 아니하였다. 담시가 이에 산으로 도망하여 두타(頭陁)의 행(行)을 닦았다. 탁발도(拓拔燾)가 다시 장안(長安)을 극복하고 관락(關洛)에서 위엄을 떨칠 때에 박릉(博陵)에 최호(崔皓)란 자가 있어 좌도(左道)를 조금 학습하여 불교를 시기하고 미워하더니 이미 지위가 위보(僞輔)에 올라 도(燾)의 신임을 받아 이에 천사(天師) 구겸지(寇謙之)와 함께 도를 달래어 불교는 무익하고 민생에 유해하다고 하여 폐하도록 권하였다 한다. 태평 말에 담시가 바야흐로 도를 귀화(歸化)시킬 때가 온 것을 알고 이에 원회일(元會日)에 홀연히 지팡이를 짚고 궁문에 이르니 도가 듣고 참(斬)하라 명하였다. 여러 번 참하였으나 상하지 아니하므로 도가 스스로 참하였으나 또한 상하지 않는지라 북원(北園)에 기르고 있는 호랑이에게 주었더니 범도 감히 접근하지 못하였다. 도가 크게 부끄럽고 두려워하더니 드디어 열병에 걸렸다. 최호와 구겸지 두 사람도 차례로 악병에 걸리었다. 도는 이 죄과가 그들 때문이라 하여 이에 두 가문의 일족을 멸하고 나라에 선언하여 불법을 크게 신장하였는데, 이후 담시의 끝마침은 알 수 없었다 한다. 평하여 말하면 담시가 대원 말에 해동(海東)에 왔다가 의희 초에 관중으로 돌아갔는데, 이 지방에 머무름이 10여 년이나 되었으나 어찌 동사(東史)에 기록이 없었을까? 담시는 매우 황당한 사람으로, 아도와 묵호자, 난타(難陁)와 연대와 사적이 서로 같으니, 세 사람 중의 한 사람은 반드시 그의 이름을 바꾼 것으로 의심이 든다. 찬(讚)한다. 금교(金橋)에 눈이 둘러 얼음이 풀리지 않으매 계림(鷄林)에 봄빛이 아직 오지 않았도다. 예쁜 손 청제(靑帝) 재주도 많다 하니 먼저 모랑(毛郎)댁 안의 매화에 부딪쳤구나. (『三國遺事』 3 興法 3 阿道基羅)

고구려 (연창(延昌) 3년) 11월 갑술일(29)에 고려국이 사신을 보내 조공하였다. (『魏書』 8 帝紀 8 世宗)

고구려 겨울 11월에 사신을 위나라에 보내 조공하였다. (『三國史記』 19 高句麗本紀 7)

고구려 겨울 11월에 고구려에서 사신을 보내 위나라에 가서 조공하였다. (『三國史節要』 6)

고구려 (후위(後魏) 선무(宣武) 연창) 3년 11월에 고려국·남천축(南天竺)·좌월(佐越)·비실(費實) 등 여러 나라가 모두 사신을 보내 조공하였다. (『冊府元龜』 969 外臣部 14 朝貢 2)

동이(고구려) (연창 3년) 이해에 동이·서역 8국이 모두 사신을 보내 조공하였다. (『北史』 4 魏本紀 4 世宗宣武皇帝)

고구려 이보다 앞서 거란이 변민 60여 구(口)를 노략했는데 고려가 이를 빼앗고 동쪽으로 돌아갔다. 봉궤(封軌)가 그 정황을 갖추어 편지를 보내 꾸짖었다. 이에 고운(高雲)이 물자를 주어 돌려보냈다. 유사(有司)가 상주하기를, "봉궤가 먼 곳으로 사신으로 가서 황제의 명을 욕되게 하지 않았으니 마땅히 임시로 효위(曉慰)하고 변민들이 다시 돌아오게 했으니 벼슬과 상을 더하게 하소서."라 하였다. 세종이 조서를 내려 말하기를, "편의에 따라 말로 꾸짖는 것은 사신의 상체(常體; 일정하여 변치 않는 본체)이나 다만 빛을 드러냄에 칭찬할 만한 일이 있으니 마땅히 한 급을 올려주도록 하라."고 하니 공을 헤아려 낭중(郎中)으로 옮기고 본군의 중정(中正)에 제수하였다. (『魏書 32 列傳 20 封懿 附回族叔軌)

고구려   이 때에 사문(沙門) 석보지(釋寶誌)라는 승려가 있었는데, 어떤 사람인지 알 수 없었다. 송나라 태시(泰始) 연간(465~471)에 나타났는데, 종산(鍾山)을 출입하며 도읍을 왕래하였다. 나이가 이미 5~60세였다. 양나라 무제가 더욱 깊이 존경하며 섬겼다. 일찍이 재위에 있을 수 있는 기간을 물으니, 답하기를 '원가원가(元嘉元嘉)'라 하였다. 황제가 기뻐하며 나라의 운수가 송문(宋文; 송나라 문제) 때의 갑절이라고 하였다. 비록 수염과 머리카락을 깎았지만 항상 관모를 쓰고 가사를 입고 다녀 사람들이 지공(誌公)이라 불렀다. 참언을 쓰는 것을 좋아하니 이른바 지공부(誌公符)가 그것이다. 고려가 이를 듣고 사신을 보내어 햇솜과 모자를 가져와 공양하였다. 천감 13년에 죽었다. (『南史』 76 列傳 66 隱逸 下 陶弘景)

515(乙未/신라 법흥왕 2/고구려 문자명왕 24/백제 무녕왕 15/梁 天監 14/倭 繼體 9)

백제   봄 2월 갑술 초하루 정축일(4)에 백제의 사자 문귀(文貴) 장군(將軍) 등이 귀국하려고 청하였다. 칙을 내려 모노노베노무라지(物部連)[이름이 빠져 있다.]를 딸려 돌려보냈다[백제본기(百濟本記)에는 모노노베노치치노무라지(物部至至連)이라 하였다]. (『日本書紀』 17 繼體紀)

가야 백제 신라
    (2월)이 달에 사도도(沙都嶋)에 이르러 소문에 반파인(伴跛人)이 원한을 품고, 강한 것을 믿고 포악한 일을 마음대로 한다고 들었다. 고로 모노노베노무라지가 수군 500을 거느리고, 대사강(帶沙江)으로 직행하였다. 문귀 장군은 신라를 경유하여 귀국하였다. (『日本書紀』 17 繼體紀)

백제 가야   여름 4월에 모노노베노무라지가 대사강(帶沙江)에 머무른 지 6일, 반파(伴跛)가 군사를 일으켜 공격하였다. 옷을 벗기고, 물건을 빼앗고 장막을 모두 태웠다. 모노노베노무라지 등은 두려워 도망하였다. 근근히 생명을 보존하여 문모라(汶慕羅)에 도망하였다[문모라는 섬 이름이다].(『日本書紀』 17 繼體紀)

고구려   (연창(延昌) 4년 겨울 10월) 임오일(13) 고려·토욕혼국이 모두 사신을 보내 조공하였다. (『魏書』 9 帝紀 9 肅宗)
고구려   겨울 10월에 사신을 위나라에 보내 조공하였다. (『三國史記』 19 高句麗本紀 7)
고구려   겨울 10월에 고구려에서 사신을 보내 위나라에 가서 조공하였다.(『三國史節要』 6)
고구려   (후위(後魏) 선무(宣武) 연창) 4년 10월 고려·토욕혼국 (…) 이 모두 사신을 보내 조공하였다. (『冊府元龜』 969 外臣部 14 朝貢 2)
농이(고구려)   (연창 4년)이 해에 동이·서역·북적 19국이 모두 사신을 보내 조공하였다. (『北史』 4 魏本紀 4 肅宗孝明皇帝)

516(丙申/신라 법흥왕 3 建元 1/고구려 문자명왕 25/백제 무녕왕 16/梁 天監 15/倭 繼體 10)

신라   봄 정월에 몸소 신궁(神宮)에 제사지냈다. (『三國史記』 4 新羅本紀 4)
신라   봄 정월에 신라왕이 몸소 신궁(神宮)에 제사지냈다 (『三國史節要』 6)

신라	(봄 정월) 양산(楊山) 우물 안에 용이 나타났다. (『三國史記』 4 新羅本紀 4)
신라	(봄 정월) 신라에서 용이 양산 우물 안에 나타났다. (『三國史節要』 6)

백제	봄 3월 무진 초하루날에 일식이 있었다. (『三國史記』 26 百濟本紀 4)
백제	3월 무진 초하루날에 백제에서 일식이 있었다. (『三國史節要』 6)

고구려	(천감 15년 여름 4월 정미일(11)) 고려국이 사신을 보내 방물을 바쳤다. (『梁書』 2 本紀 2 武帝 中)
고구려	여름 4월에 사신을 양나라에 보내 조공하였다. (『三國史記』 19 高句麗本紀 7)
고구려	여름 4월에 사신을 보내 양나라에 가서 조공하였다. (『三國史節要』 6)
고구려	(천감 15년) 여름 4월에 고려국이 사신을 보내 조공하였다. (『南史』 6 梁本紀 上 6 武帝 上)
고구려	(천감) 11년과 15년에 거듭 사신을 파견하여 공물을 바쳤다. (『梁書』 54 列傳 48 諸夷 高句驪)
고구려	(천감) 11년과 15년에 거듭 사신을 파견하여 공물을 바쳤다. (『南史』 79 列傳 69 夷貊 下 東夷 高句麗)

백제	여름 5월에 백제가 전부(前部) 목리불마갑배(木刕不麻甲背)를 보내 모노노베노무라지(物部連) 등을 기문(己汶)에 위문하고, 인도하여 입국시켰다. 군신(群臣)이 각각 의상, 부철(斧鐵), 백포(帛布)를 내어 나라의 토산물을 더해서 조정에 쌓아놓고, 위문하는 것이 은근하였다. 하사품이 또한 후하였다. (『日本書紀』 17 繼體紀)

백제	가을 9월에 백제가 주리즉차(州利卽次) 장군(將軍)을 보냈는데, 모노노베노무라지와 같이 와서 기문의 땅을 준 일을 감사하였다. 따로 오경박사(五經博士) 한(漢) 고안무(高安茂)를 바치고, 박사(博士) 단양이(段楊爾)를 대신하려고 청하였다. 청한 대로 바꾸었다. (『日本書紀』 17 繼體紀)

백제 고구려	(9월) 무인일(14)에 백제는 작막고(灼莫古) 장군과 일본의 시나노아히타(斯那奴阿比多)를 보내어 고구려 사신 안정(安定) 등과 같이 내조하여 수호를 맺었다. (『日本書紀』 17 繼體紀)

신라	병부(兵部) 영(令)은 1명이었는데 법흥왕 3년에 처음으로 설치하였다. (『三國史記』 38 雜志 7 職官 上)

517(丁酉/신라 법흥왕 4 建元 2/고구려 문자명왕 26/백제 무녕왕 17/梁 天監 16/倭 繼體 11)

고구려	(희평(熙平) 2년) 여름 4월 갑오일(4)에 고려·파사(波斯)·소륵(疏勒)·엽달(嚈噠) 등 여러 나라가 모두 사신을 보내 조공하였다. (『魏書』 9 帝紀 9 肅宗)
고구려	여름 4월에 사신을 위나라에 보내 조공하였다. (『三國史記』 19 高句麗本紀 7)
고구려	(여름 4월) 고구려가 사신을 보내 위에 가서 조공하였다. (『三國史節要』 6)
고구려	(후위(後魏) 효명(孝明) 희평 2년) 4월에 고려·파사·소륵·엽달 등 여러나라에서 (…) 모두 사신을 보내 조공하였다. (『冊府元龜』 969 外臣部 14 朝貢 2)
동이(고구려)	(희평 2년) 이해에 동이·서역·저(氐)·강(羌) 등 11국이 모두 사신을 보내 조공하였다. (『北史』 4 魏本紀 4 肅宗孝明皇帝)

신라	여름 4월에 처음으로 병부(兵部)를 설치하였다. (『三國史記』 4 新羅本紀 4)

신라	여름 4월에 신라에서 처음으로 병부령(兵部令) 1명을 두었다. (『三國史節要』 6)

518(戊戌/신라 법흥왕 5 建元 3/고구려 문자명왕 27/백제 무녕왕 18/梁 天監 17/倭 繼體 12)

신라	봄 2월에 주산성(株山城)을 쌓았다. (『三國史記』 4 新羅本紀 4)
신라	봄 2월에 신라에서 주산성을 쌓았다. (『三國史節要』 6)
고구려	(신구(神龜) 원년) 2월 무신일(22) 엽달(嚈噠)·고려·물길(勿吉)·토욕혼(吐谷渾)·탕창(宕昌)·소륵(疏勒)·구미타(久末陁)·말구반(末久半) 등 여러 나라에서 모두 사신을 보내 조헌(朝獻)하였다. (『魏書』 9 帝紀 9 肅宗)
고구려	봄 2월에 사신을 위나라에 보내 조공하였다. (『三國史記』 19 高句麗本紀 7)
고구려	(봄 2월) 고구려에서 사신을 보내 위에 들어가 조공하였다. (『三國史節要』 6)
고구려	(후위(後魏) 효명(孝明)) 신구 원년 2월 동익주(東益州)·이주(夷州)의 저(氐) 및 연연(蠕蠕)·엽달·고려·물길·토욕혼·탕창·소륵·구미타·미구반 등 여러 나라에서 (…) 모두 사신을 보내 조공하였다. (『冊府元龜』 969 外臣部 14 朝貢 2)
고구려	3월에 폭풍이 불어 나무가 뽑혔으며, 왕궁 남문이 저절로 무너졌다. (『三國史記』 19 高句麗本紀 7)
고구려	3월에 고구려에서 폭풍이 불어 나무가 뽑혔으며, 왕궁 남문이 저절로 무너졌다. (『三國史節要』 6)
고구려	여름 4월에 사신을 위나라에 보내 조공하였다. (『三國史記』 19 高句麗本紀 7)
고구려	여름 4월에 고구려가 사신을 보내 위나라에 가서 조공하였다. (『三國史節要』 6)
고구려	(후위 효명 신구 원년) 4월에 사마국(舍摩國)·고려·고차(高車)·고창(高昌) 등 여러 나라에서 (…) 모두 사신을 보내 조공하였다. (『冊府元龜』 969 外臣部 14 朝貢 2)
고구려	(신구 원년) 5월에 고려·고차·고창 등 여러 나라에서 모두 사신을 보내 조공하였다. (『魏書』 9 帝紀 9 肅宗)
고구려	5월에 사신을 위나라에 보내 조공하였다. (『三國史記』 19 高句麗本紀 7)
고구려	5월에 또 사신을 보내 조공하였다. (『三國史節要』 6)
고구려	(천감) 17년에 운(雲)이 죽고, 그의 아들 안(安)이 왕위에 올랐다. (『梁書』 54 列傳 48 諸夷 高句驪)
고구려	(천감) 17년에 운이 죽고, 그의 아들 안이 왕위에 올랐다. (『南史』 79 列傳 69 夷貊下 東夷 高句麗)
동이	(신구 원년)이해에 동이·서역·북적의 11국이 모두 사신을 보내 조공하였다. (『北史』 4 魏本紀 4 肅宗孝明皇帝)
고구려	주원욱(朱元旭)은 자(字)가 군승(君昇)으로 본래 악릉(樂陵) 사람이다. (…) 원욱은 자못 제자서(諸子書)와 역사서를 섭렵하였고, 도리를 깨달아 이해하고 글을 잘지어 청하왕국상시(淸河王國常侍)로 관직에 나아가 태학박사(太學博士)·원외산기시랑(員外散騎侍郎)이 되었다. 자주 고려에 사신으로 가 상서탁지낭중(尙書度支郎中)에 제수되었다. 신구(518~520) 말년에 낭(郞)직의 선발이 정밀하지 못해 크게 옳고 그름을 바로잡게 되었다. (『魏書』 72 列傳 60 朱元旭)

519(己亥/신라 법흥왕 6 建元 4/고구려 문자명왕 28 안장왕 1/백제 무녕왕 19/梁 天監 18/倭 繼體 13)

고구려	왕이 훙(薨)하였다. 왕호를 문자명왕(文咨明王)이라고 하였다. 위나라의 영태후(靈太后)가 동당(東堂)에서 애도의 의식을 거행하고, 사신을 보내 거기대장군(車騎大將軍)으로 책봉하였다. 이때 위나라 숙종(肅宗)이 나이 10세였으므로, 태후가 조정에 나와 황제의 권력을 행사하였다. (『三國史記』 19 高句麗本紀 7)
고구려	고구려왕(高勾麗王) 나운(羅雲)이 훙하였다. 왕호를 문자명왕이라고 하였다. 태자 흥안(興安)이 즉위하였다. 위나라의 영태후가 동당에서 애도의 의식을 거행하고, 사신을 보내 거기대장군으로 책증(策贈)하였다. (『三國史節要』 6)
고구려	안장왕(安臧王)은 이름이 흥안이고 문자명왕의 맏아들이다. 문자명왕이 재위 7년에 태자로 삼았고, 28년에 왕이 훙하자 태자가 즉위하였다. (『三國史記』 19 高句麗本紀 7)
고구려	제22안장왕(安藏王)[이름은 흥안이다. 기해년에 즉위하여 12년 동안 나라를 다스렸다] (『三國遺事』 1 王曆)
고구려	(신구(神龜) 2년) 이해에 고려왕 운(雲)이 죽자 세자 안(安)을 그 나라 왕으로 삼았다. (『魏書』 9 帝紀 9 肅宗)
고구려	이 해에 고구려왕(高句麗王) 운이 죽고 세자 안이 즉위하였다. (『資治通鑑』 149 梁紀 5 高祖武皇帝 5)
고구려	(후위(後魏) 효명(孝明) 신구) 2년에 고려왕 고운(高雲)이 죽자 세자 안을 그 나라 왕으로 삼고 진동장군(鎭東將軍)·영호동이교위(領護東夷較尉)·요동군공(遼東郡公)에 제수하였다. (『冊府元龜』 963 外臣部 8 冊封 1)
고구려	신구 연간에 (유영(劉永)은) 겸대홍려경(兼大鴻臚卿)으로 책문을 갖고 고려왕 안의 벼슬을 내리고 돌아와 범양태수(范陽太守)에 제수되었다. (『魏書』 55 列傳 43 劉芳)
고구려	신구 연간에 운이 죽자 영태후가 동당에 애도 의식을 거행하고 사신을 보내 거기대장군·영호동이교위·요동군개국공(遼東郡開國公)·고구려왕으로 책증하였다. 또 그 세자 안을 안동장군(安東將軍)·영호동이교위·요동군개국공·고구려왕으로 제수하였다. (『魏書』 100 列傳 88 高句麗)
신라	신라고전(新羅古傳)에 이르기를, "중국의 천자에게 총애하는 여자가 있었는데, 아름답기 짝이 없으므로 천자는 말했다. '고금의 그림에도 이 같은 사람은 적을 것이다' 이에 그림 잘 그리는 사람에게 명령하여 그 실제의 모양을 그리게 했다[화공은 그 이름이 전하지 않는데, 혹은 장승유(張僧繇)라 한다. 그렇다면 이는 오(吳)나라 사람이다. 그는 양(梁)나라 무제(武帝) 천감 연간에 무릉왕국시랑(武陵王國侍郎)·직비각(直秘閣)·지사(知畵事)가 되었고, 우장군(右將軍)· 오흥태수(吳興太守)를 역임하였으니 여기의 천자는 양나라와 진(陳)나라 무렵의 천자일 것이다. 그런데 고전에서 당나라 황제라 한 것은 조선 사람이 중국을 모두 당(唐)이라 한 까닭이다. 실상은 어느 시대의 제왕인지 알 수 없으므로 두 가지 말을 다 적어둔다] 그 화공은 칙명을 받들어 그림은 그려냈으나 붓을 잘못 떨어뜨려 배꼽 밑에 붉은 점이 찍혀졌다. 그는 이것을 고치려 해도 고칠 수 없으므로 속으로 아마 붉은 사마귀는 틀림없이 날 때부터 있었을 것이라 생각되어 일을 마치자 황제에게 바쳤다. 황제는 이것을 자세히 보고 말했다. "형상은 실물과 아주 비슷하나 그 배꼽 밑의 사마귀는 속에 감추어진 것인데 어떻게 알고 그것까지 그렸느냐?" 황제는 크게 노하여 화공을 옥에 가두고 형벌을 주려 했다. 그때 승상이 아뢰었다. "저 사람은 마음씨가 정직하니 용서해주시기 바랍니다" 황제는 말했다. "그 사람이 어질고 정직하다면, 내가 어젯밤 꿈에 본 사람의 형상을 그려 바치게 하오. 틀림이 없으면 그를 용서하겠소" 그 화공은 이

에 십일면관음보살(十一面觀音菩薩)의 상을 그려 바치니 꿈에 보던 형상과 똑같았다. 황제는 그제야 마음이 풀려서 그를 놓아주었다. 그 화공은 죄를 면하자 박사(博士) 분절(芬節)과 약속했다. "내가 들으니 신라국(新羅國)에서는 불법을 신봉한다 하는데, 그대와 함께 배를 타고 그곳에 가서 함께 불사(佛事)를 닦아 동방을 널리 이익되게 함이 어찌 좋지 않겠소." 드디어 함께 신라국에 이르러, 앞의 일로 말미암아 이 절의 대비상(大悲像)을 만들었다. 나라 사람이 모두 이를 우러러 공경하고 기도하여 복을 얻음을 이루 다 기록할 수 없다. (『三國遺事』 3 塔像 4 三所觀音 衆生寺)

520(庚子/신라 법흥왕 7 建元 5/고구려 안장왕 2/백제 무녕왕 20/梁 普通 1/倭 繼體 14)

고구려	(봄 정월) 경자일(26)에 부남(扶南)·고려국이 사신을 보내 방물을 바쳤다. (『梁書』 3 本紀 3 武帝 下)
고구려	(봄 정월) 경자일(26)에 부남·고려국이 사신을 보내 조공하였다. (『南史』 7 梁本紀 中 7 武帝 下)
고구려	봄 정월에 사신을 양나라에 보내 조공하였다. (『三國史記』 19 高句麗本紀 7)
고구려	(봄 정월) 고구려에서 사신을 보내 양나라에 가서 조공하였다. (『三國史節要』 6)
고구려	(정월) 고구려의 세자 고안(高安)이 사신을 파견하여 공물을 바쳤다. (『資治通鑑』 149 梁紀 5 高祖武皇帝 5)
신라	봄 정월에 율령을 반포하고 처음으로 모든 관리의 공복(公服)과 붉은 색, 자주색의 위계를 정하였다. (『三國史記』 4 新羅本紀 4)
신라	봄 정월에 신라에서 율령을 반포하고 처음으로 모든 관리의 공복과 붉은 색, 자주색의 위계를 정하였다. 태대각간(太大角干)부터 대아찬(大阿湌)까지 자주색 옷이고, 아찬(阿湌)부터 급찬(級湌)까지는 다홍색 옷인데, 모두 아홀(牙笏)을 쥔다. 대나마(大奈麻)와 나마(奈麻)는 푸른색 옷이고, 대사(大舍)부터 선저지(先沮知)까지는 누런색 옷이었다. 이찬(伊湌)과 잡찬(迊湌)은 비단관이고, 파진찬(波珍湌)·대아찬·금하(衿荷)는 다홍색 관이고, 상당(上堂)·대나마·적위(赤位)·대사는 갓끈을 매었다. (『三國史節要』 6)
신라	제23대 법흥왕 때에 이르러 비로소 6부인의 복색의 높고 낮음을 제도로 정하였지만, 여전히 오랑캐의 풍속이었다. (『三國史記』 33 雜志 2 色服)
신라	법흥왕의 제도는 태대각간부터 대아찬까지 자주색 옷이고, 아찬부터 급찬까지는 다홍색 옷인데, 모두 아홀을 쥔다. 대나마와 나마는 푸른색 옷이고, 대사부터 선저지까지는 누런색 옷이었다. 이찬과 잡찬은 비단관이고, 파진찬·대아찬·금하는 다홍색 관이고, 상당·대나마·적위·대사는 갓끈을 매었다. (『三國史記』 33 雜志 2 色服)
고구려	(2월) 계축일(9)에 고려의 왕세자 안(安)을 영동장군(寧東將軍)·고려왕으로 삼았다. (『梁書』 3 本紀 3 武帝 下)
고구려	2월 계축일(9)에 고려왕은 이은 아들인 안을 영동장군·고려왕으로 삼았다. (『南史』 7 梁本紀 中 7 武帝 下)
고구려	2월 계축일(9)에 안을 영동장군·고구려왕(高句麗王)으로 삼고, 사자(使者) 강법성(江法盛)을 파견하여 안에게 의관과 검패(劍佩)를 수여하였다. 위(魏)의 광주(光州) 군사들이 바다 가운데에서 그를 잡아 낙양(洛陽)으로 압송하였다. (『資治通鑑』 149 梁紀 5 高祖武皇帝 5)
고구려	2월에 양(梁)나라 고조(高祖: 武帝)가 왕을 영동장군·도독영평이주제군사(都督營平二州諸軍事)·고구려왕으로 봉하고, 사신 강주성(江注盛)을 보내 왕에게 의관과 검패를

	주었으나, 위나라 군사가 바다 가운데서 그를 붙잡아 낙양으로 보냈다. 위나라가 왕을 안동장군(安東將軍)·영호동이교위(領護東夷校尉)·ㅁ동군개국공(遼東郡開國公)·고구려왕으로 봉하였다. (『三國史記』 19 高句麗本紀 7)
고구려	2월에 고구려왕(高勾麗王)을 영동장군·도독영평이주제군사 고구려왕으로 봉하고, 사신 강법성을 보내 왕에게 의관과 검패를 주었으나, 위나라 군사가 바다 가운데서 그를 붙잡아 낙양으로 보냈다. 위나라가 왕을 안동장군·영호동이교위·요동군개국공·고구려왕(高勾麗王)으로 봉하였다. (『三國史節要』 6)
고구려	(양 고조) 보통 원년 2월에 고려의 왕세자 안을 영동장군·도독영평이주제군사를 삼고 고려왕의 작(爵)을 잇게 하였다. (『冊府元龜』 963 外臣部 8 冊封 1)
고구려	보통 원년에 안에게 조서를 내려 작위를 승습하게 하고 지절(持節)·독영평이주제군사(督營平二州諸軍事)·영동장군으로 삼았다. (『梁書』 54 列傳 48 諸夷 高句驪)
고구려	보통 원년에 안에게 조서를 내려 작위를 승습하게 하고 지절·독영평이주제군사·영동장군으로 삼았다. (『南史』 79 列傳 69 夷貊 下 東夷 高句麗)
고구려	손소(孫紹)는 자(字)가 세경(世慶)으로 창려(昌黎) 사람이다. 대대로 모용씨 아래에서 관직을 지냈다. (…) 소가 어려서 학문을 좋아하여 경사에 능통하여 자못 문재(文才)가 있었고, 음양(陰陽) 술수(術數)에도 다소 관통했다. (…) 정광(正光; 520~524) 초년에 겸중서시랑(兼中書侍郎)으로 고려에 사신으로 갔다가 돌아와 진원장군(鎭遠將軍)·우군장군(右軍將軍)이 되었다. (『魏書』 78 列傳 66 孫紹)
고구려	정광 초에 광주 해상에서 소연(蕭衍: 梁 武帝)이 안에게 주는 영동장군의 의관과 검패 그리고 사신으로 가던 강법성 등을 잡아 서울로 보냈다. (『魏書』 100 列傳 88 高句麗)
백제	경자년 2월 다리(多利)가 만들었다. 대부인(大夫人)의 것으로 230주(主)가 들어갔다. (「武寧王陵 출토 은제팔찌」)
고구려	가을 9월에 사신을 양나라에 보내 조공하였다. (『三國史記』 19 高句麗本紀 7)
고구려	가을 9월에 고구려에서 사신을 보내 양나라에 가서 조공하였다. (『三國史節要』 6)

521(辛丑/신라 법흥왕 8 建元 6/고구려 안장왕 3/백제 무령왕 21/梁 普通 2/倭 繼體 15)

가야	겸지왕(鉗知王)은 금겸왕(金鉗王)이라고도 한다. 영명(永明) 10년에 즉위하여 30년 동안 나라를 다스렸고 정광(正光) 2년 신축 4월 7일에 세상을 떠났다. 왕비는 출충(出忠) 각간의 딸 숙(淑)이며, 왕자 구형(仇衡)을 낳았다. (『三國遺事』 2 紀異 2 駕洛國記)
가야	구형왕(仇衡王)은 김씨로 정광(正光) 2년에 즉위하여 42년 동안 나라를 다스렸다. (『三國遺事』 2 紀異 2 駕洛國記)
가야	가락국왕 겸지(鉗知)가 훙(薨)하자 아들 구형(仇衡)이 왕위에 올랐다. (『三國史節要』 6)
고구려	여름 4월에 왕은 졸본(卒本)으로 행차하여 시조묘(始祖廟)에 제사지냈다. (『三國史記』 19 高句麗本紀 7)
고구려	여름 4월에 고구려왕이 졸본으로 행차하여 시조묘에 제사지냈다. (『三國史節要』 6)
고구려	고기(古記)에 이르길 (…) 신대왕(新大王) 4년 가을 9월에 졸본(卒本)에 가서 시조묘에 제사지내었으며, (…) 안장왕(安臧王) 3년 여름 4월에도 위와 같이 행하였다. (『三國史記』 32 雜志 1 祭祀)

고구려	5월에 왕이 졸본으로부터 돌아오다가, 지나는 주읍(州邑)의 가난한 자들에게 곡식을 한 사람에 1곡(斛)씩 주었다. (『三國史記』 19 高句麗本紀 7)
고구려	5월에 졸본으로부터 돌아오다가, 지나는 주읍의 가난한 자들에게 곡식을 한 사람에 3곡씩 주었다. (『三國史節要』 6)
백제	여름 5월에 홍수가 났다. (『三國史記』 26 百濟本紀 4)
백제	(여름 5월) 백제에 홍수가 났다. (『三國史節要』 6)
백제	가을 8월에 누리가 곡식을 해쳤다. 백성들이 굶주려 신라로 도망하여 들어간 자가 900호였다. (『三國史記』 26 百濟本紀 4)
백제	가을 8월에 백제에서 누리가 곡식을 해쳤다. 백성들이 굶주려 신라로 도망하여 들어간 자가 900호였다. (『三國史節要』 6)
백제 고구려	겨울 11월에 사신을 양나라에 보내 조공하였다. 이보다 앞서 고구려에게 격파당하여 쇠약해진 지가 여러 해였다. 이 때에 이르러 표를 올려 "여러 차례 고구려를 깨뜨려 비로소 우호를 통하였으며 다시 강한 나라가 되었다."고 일컬었다. (『三國史記』 26 百濟本紀 4)
백제 고구려	겨울 11월에 백제에서 사신을 양나라에 보내 조공하였다. 이보다 앞서 고구려에게 격파당하여 쇠약해진 지가 여러 해였다. 이 때에 이르러 표를 올려 "여러 차례 고구려를 깨뜨려 비로소 우호를 통하였으며 강역을 지킬 수 있었다."고 하였다. (『三國史節要』 6)
백제 신라	겨울 11월에 백제·신라국이 각각 사신을 보내 방물을 바쳤다. (『梁書』 3 本紀 3 武帝 下)
백제 신라	겨울 11월에 백제·신라국이 각각 사신을 보내 조공하였다. (『南史』 7 梁本紀 中 7 武帝 下)
신라	양나라에 사신을 보내 토산물을 바쳤다. (『三國史記』 4 新羅本紀 4)
신라	신라에서 사신을 보내 양에 가서 조공하였다. (『三國史節要』 6)
백제 고구려	보통 2년에 왕 여융(餘隆)이 비로소 다시 사신을 파견하여 표문을 올려 "여러 번 구려(句驪)를 무찌르며 이제 비로소 우호관계를 맺게 되었습니다"라고 하였으니, 백제가 다시 강국(強國)이 되었다. (『梁書』 54 列傳 48 諸夷 百濟)
신라 백제	보통 2년에 성(姓)은 모(募), 이름은 진(秦)인 왕이 처음으로 사신을 파견하였는데, 백제를 따라와 방물을 바쳤다. (『梁書』 54 列傳 48 諸夷 新羅)
백제 고구려	보통 2년에 왕 여융이 비로소 다시 사신을 파견하여 표문을 올려 "여러 번 구려를 무찌르며 이제 비로소 우호관계를 맺게 되었습니다"라고 하였으니, 백제가 다시 강국이 되었다. (『南史』 79 列傳 69 夷貊 下 東夷 百濟)
신라 백제	보통 2년에 성은 모, 이름은 태(泰)인 왕이 처음으로 사신을 파견하였는데, 백제를 따라와 방물을 바쳤다. (『南史』 79 列傳 69 夷貊 下 東夷 新羅)
백제 고구려	보통 2년 그 왕 여융이 사신을 보내 표를 바치며 여러 차례 거듭 고려(高麗)를 격파하였다고 하였다. (『梁職貢圖』 百濟國使)
신라 백제	양나라 무제 보통 2년 성은 모(慕)이고 이름은 진인 왕이 비로서 백제를 따라 방물을 바쳤다. (『通典』 185 邊防 1 東夷 上 新羅國)
신라 백제	양나라 고조 보통 2년 신라왕 모진(慕秦)이 비로서 사신을 백제에 딸려 보내어 방물을 바쳤다. (『冊府元龜』 996 外臣部 41 鞮譯)
백제 고구려	보통 2년 왕 여융이 표를 올려 말하기를 자주 고려를 격파하였다고 하였다. 이제 비로소 백제와 통호하니 다시 강국이 되었다. (『太平御覽』 781 四夷部 2 東夷 2 百

濟)

신라 백제   『남사』에 다음과 같이 일렀다. " (…) 보통 2년에 성은 모, 이름은 태인 신라왕이 처음으로 사신을 파견하였는데, 백제를 따라와 방물을 바쳤다. (…) " (『太平御覽』 781 四夷部 2 東夷 2 新羅)

백제   12월 무진일(5)에 진동대장군(鎭東大將軍)·백제왕 여융을 영동대장군(寧東大將軍)으로 삼았다. (『梁書』 3 本紀 3 武帝 下)

백제   12월 무진일(5)에 진동대장군·백제왕 여융을 영동대장군으로 삼았다. (『南史』 7 梁 本紀 中 7 武帝 下)

백제   12월에 고조(高祖)가 조서를 내려 왕을 책봉하여 이르기를, "행도독백제제군사(行都督百濟諸軍事)·진동대장군·백제왕 여융은 해외에서 번방(藩方)을 지키고 멀리서 공물을 보내 그 정성이 이르니 짐이 가상히 여긴다. 마땅히 옛 법을 좇아 이 영예로운 책명(冊命)을 주니 사지절(使持節)·도독백제제군사(都督百濟諸軍事)·영동대장군으로 가한다."라고 하였다. (『三國史記』 26 百濟本紀 4)

백제   12월에 고조가 조서를 내려 왕을 책봉하여 이르기를, "행도독백제제군사·진동대장군·백제왕 여융은 해외에서 번방을 지키고 멀리서 공물을 보내 그 정성이 이르니 짐이 가상히 여긴다. 마땅히 옛 법을 좇아 이 영예로운 책명을 주니 사지절·도독백제제군사·영동대장군으로 가한다."라고 하였다. (『三國史節要』 6)

백제   (양 고조 보통) 2년 12월에 조서를 내려 이르기를, "행도독백제제군사·진동대장군·백제왕 여융은 바다 밖에서 번방을 지키며 멀리서 직공의 예를 닦아 그 충성심이 환히 드러났으니, 짐이 이를 가상히 여기는 바이오. 마땅히 전례에 따라 영예로운 관직을 내리노니, 사지절·도독백제제군사·영동대장군·백제왕의 관직을 허락한다."고 하였다. (『冊府元龜』 963 外臣部 8 冊封 1)

백제   (보통 2년) 그 해 고조가 조서를 내려 이르기를, "행도독백제제군사·진동대장군·백제왕 여융은 바다 밖에서 번방을 지키며 멀리서 직공의 예를 닦아 그 충성심이 환히 드러났으니, 짐이 이를 가상히 여기는 바이오. 마땅히 전례에 따라 영예로운 관직을 내리노니, 사지절·도독백제제군사·영동대장군·백제왕의 관직을 허락한다."고 하였다. (『梁書』 54 列傳 48 諸夷 百濟)

백제   (보통 2년) 그 해에 양 무제(武帝)가 조서를 내려 융(隆)을 사지절·도독백제제군사·영동대장군·백제왕으로 삼았다. (『南史』 79 列傳 69 夷貊 下 東夷 百濟)

522(壬寅/신라 법흥왕 9 建元 7/고구려 안장왕 4/백제 무령왕 22/梁 普通 3/倭 繼體 16)

신라 가야   봄 3월에 가야국(加耶國) 왕이 사신을 보내 혼인을 청하였으므로, 왕이 이찬 비조부(比助夫)의 누이를 그에게 보냈다. (『三國史記』 4 新羅本紀 4)

신라 가야   봄 3월에 가야국 왕이 사신을 보내 혼인을 청하였으므로, 신라 왕이 이찬 비조부의 누이를 그에게 보냈다. (『三國史節要』 6)

백제   가을 9월에 왕이 호산(狐山)의 들에서 사냥하였다. (『三國史記』 26 百濟本紀 4)

백제   가을 9월에 백제왕이 호산의 들에서 사냥하였다. (『三國史節要』 6)

백제   겨울 10월에 지진이 일어났다. (『三國史記』 26 百濟本紀 4)

백제   겨울 10월에 백제에서 지진이 일어났다. (『三國史節要』 6)

신라 백제   양나라 무제(武帝) 보통 3년 성이 모(慕)이고 이름이 진(秦)인 왕이 비로소 사람을 보내어 백제를 따라 방물을 바쳤다. (『太平寰宇記』 174 四夷 3 東夷 3 新羅國)

523(癸卯/신라 법흥왕 10 建元 8/고구려 안장왕 5/백제 무녕왕 23 성왕 1/梁 普通 4/ 倭 繼體 17)

백제	봄 2월에 왕이 한성(漢城)으로 행차하여 좌평 인우(因友)와 달솔 사오(沙烏) 등에게 명령을 내려 한북(漢北) 주군(州郡)의 백성으로 나이 15세 이상인 자들을 징발하여 쌍현성(雙峴城)을 쌓게 하였다. (『三國史記』26 百濟本紀 4)
백제	봄 2월에 백제 왕이 한성으로 행차하여 좌평 인우와 달솔 사오 등에게 명령을 내려 한북 주군의 백성으로 나이 15세 이상인 자들을 징발하여 쌍현성을 쌓게 하였다. (『三國史節要』6)

백제	3월에 한성으로부터 돌아왔다. (『三國史記』26 百濟本紀 4)
백제	3월에 왕이 한성으로부터 돌아왔다.三月 王至自漢城 (『三國史節要』6)

고구려	봄에 가뭄이 들었다. (『三國史記』19 高句麗本紀 7)
고구려	(3월) 고구려에 가뭄이 들었다. (『三國史節要』6)

백제	상방(尙方)에서 만든 거울은 참으로 좋아서 옛날 신선들이 늙지 않았고 목이 마르면 옥천(玉泉)의 물을 마시고 배가 고프면 대추를 먹으며 쇠나 돌같이 긴 생명을 누렸네. (「武寧王陵 出土 靑銅神獸鏡」)

백제	영동대장군(寧東大將軍) 백제 사마왕(斯麻王)은 나이가 62세이다. 계묘년 병술일이 초하루인 5월 7일 돌아가셨다. 을사년(525) 8월 12일에 등관대묘에 안장하였다. 기록하기를 이와 같이 한다. (「武寧王陵誌石」 表表面)
백제	여름 5월에 왕이 돌아가셨다. 시호를 무령(武寧)이라 하였다. (『三國史記』26 百濟本紀 4)
백제	여름 5월에 백제왕 여융(餘隆)이 돌아가시자 시호를 무령(武寧)이라 하였다. 아들인 명농(明襛)이 즉위하였다. 지혜와 식견이 빼어나고 일을 잘 결단하였다. 나라 사람들이 일컬어 성왕이라 하였다. (『三國史節要』6)
백제	여름 5월에 백제왕 무령이 돌아가셨다. (『日本書紀』17 繼體紀)
백제	성왕(聖王)은 이름이 명농(明穠)이고 무령왕의 아들이다. 지혜와 식견이 빼어나고 일을 잘 결단하였다. 무령이 훙(薨)하자 왕위를 이었는데 나라 사람들이 일컬어 성왕이라 하였다. (『三國史記』26 百濟本紀 4)
백제	제26성왕[이름은 명농이고 무령의 아들이다. 계사년에 즉위하여 31년 동안 나라를 다스렸다] (『三國遺事』1 王曆)

백제 고구려	가을 8월에 고구려 군사가 패수(浿水)에 이르렀다. 왕은 좌장(左將) 지충(志忠)에게 명령하여 보기병 1만 명을 거느리고 나아가 싸우게 하여 이를 물리쳤다. (『三國史記』26 百濟本紀 4)
고구려 백제	가을 8월에 군사를 보내 백제를 침략하였다. (『三國史記』19 高句麗本紀 7)
고구려 백제	가을 8월에 고구려 군사가 백제를 치려고 패수에 이르렀다. 백제왕은 좌장 지충에게 명령하여 보기병 1만 명을 거느리고 나아가 싸우게 하여 이를 물리쳤다. (『三國史節要』6)

고구려	겨울 10월에 기근이 들었으므로 창고를 열어 구제하였다. (『三國史記』19 高句麗本紀 7)

고구려	겨울 10월에 고구려에서 기근이 들자 창고를 열어 구제하였다. (『三國史節要』 6)
고구려	11월에 사신을 위(魏)나라에 보내 조회하고 좋은 말 10필을 바쳤다. (『三國史記』 19 高句麗本紀 7)
고구려	11월에 고구려에서 사신을 보내 위나라에 가서 말 10필을 바쳤다. (『三國史節要』 6)
신라	감사지(監舍知)는 모두 19명으로, 법흥왕 10년에 설치하였다 (『三國史記』 40 雜志 9 職官 下)
신라	신라가 다시 관제(官制)와 복색(服色)을 정하였다. 감사지는 19인인데, 대당(大幢) 1인, 상주정(上州停) 1인, 한산정(漢山停) 1인, 우수정(牛首停) 1인, 하서정(河西停) 1인 완산정(完山停) 1인 벽금당(碧衿幢) 1인, 녹금당(綠衿幢) 1인, 백금당(白衿幢) 1인, 비금당(緋衿幢) 1인, 황금당(黃衿幢) 1인, 흑금당(黑衿幢) 1인, 자금당(紫衿幢) 1인, 적금당(赤衿幢) 1인, 청금당(靑衿幢) 1인, 계금당(罽衿幢) 1인, 백금무당(白衿武幢) 1인, 흑금무당(赤衿武幢) 1인, 황금무당(黃衿武幢) 1인으로 금장은 없다. 관위는 사지(舍知)에서 대사(大舍)까지로 하였다. (『三國史節要』 6)

524(甲辰/신라 법흥왕 11 建元 9/고구려 안장왕 6/백제 성왕 2/梁 普通 5/倭 繼體 18)

신라	갑진년(甲辰年) 정월15일 탁부(喙部) 모즉지(牟卽智) 매금왕(寐錦王), 사탁부(沙喙部) 사부지(徙夫智) 갈문왕(葛文王), 본피부(本波部) △부지(△夫智) 간지(干支), 잠탁부(岑喙部) ?흔지(聶昕智) 간지, 사탁부 이?지(而怗智) 태아간지(太阿干支)·길선지(吉先智) 아간지(阿干支)·일독부지(一毒夫智) 일길간지一吉干支), 탁(喙)의 물력지(勿力智) 일길간지·신육지(愼宍智) 거벌간지(居伐干支)·일부지(一夫智) 태나마(太奈麻)·일소지(一小智) 태나마·모심지(牟心智) 나마(奈麻), 사탁부 십사지(十斯智) 나마·실이지(悉尒智) 나마 등이 교시하신 바의 일이다. 따로 교령(敎令)을 내렸다. 거벌모라(居伐牟羅) 남미지(男弥只)는 본래 노인(奴人)으로 비록 노인이나 이전에 왕이 크게 법을 교하신 바, 길이 좁고 험한 경계에 있는 성에 불이 나 에워싼 성촌의 대군이 일어났으니, 만일 이같은 행위를 하는 자는 (이하 5자 의미불명). 태노촌은 함께 부담하게 하고 그 나머지는 여러 노인법을 받들게 하였다. 신라 6부에서 얼룩소를 잡아 제사를 지냈는데, 대인은 탁부 내사지(內沙智) 나마와 사탁부의 일등지(一登智) 나마, 남차사족지(男次邪足智), 탁부의 비수루사족지(比須婁邪足智), 거벌모라의 도사 도세소사제지(本洗小舍帝智), 실지(悉支)의 도사 오루차소사제지(烏婁次小舍帝智)이다. 거벌모라의 니모리일벌(尼牟利一伐), ?의지 파단(稱宜智波旦), ?지사리(緜只斯利) 일△지(一△智)와 아대혜촌(阿大兮村) 사인 나이리(奈尒利)는 장 60대에, 갈시조촌(葛尸条村) 사인 나이리(奈尒利)와 거△척(居△尺), 남미지촌 사인 이△(異△)는 장 100대에, 어즉근리(於卽斤利)는 장 100대에 처한다. 실지 군주인 탁부 이부지(尒夫智) 나마가 일을 맡았다. 글을 쓴 이는 모진사리공(牟珍斯利公) 길지지(吉之智)와 사탁부 약문길지지(若文吉之智)이고, 신인(新人;새긴 사람?)은 탁부 술도소제오제지(述刀小烏帝智)와 사탁부 모리지소오제지(牟利智小烏帝智)이며, 석비를 세운 사람은 탁부의 박사이다. 이 때에 교를 내리시기를, "만약 이같이 하는 자는 하늘에서 죄를 얻을 것이다." 하셨다. 거벌모라의 이지파(異知巴) 하간지(下干支) 신일지(辛日智) 일척은 모두 398인을 거느리고 이 노역을 담당하였다. (「울진봉평리신라비」)
백제	봄 정월에 백제 태자 명(明)이 즉위하였다. (『日本書紀』 17 繼體紀)

신라 가야	가을 9월에 왕이 남쪽 변방의 새로 넓힌 지역을 두루 돌아보았는데, 이때 가야국(加耶國) 왕이 찾아왔으므로 만났다. (『三國史記』 4 新羅本紀 4)
신라 가야	가을 9월에 신라왕이 남쪽 변방의 새로 넓힌 지역을 두루 돌아보았는데, 이때 가야국 왕이 찾아왔으므로 만났다. (『三國史節要』 6)
신라	신라가 또 관제(官制)를 정하였다. 군사당주(軍師幢主)는 왕도(王都)에 1명으로 금(衿)을 하지 않았다. 대당은 1인, 상주정(上州停)은 1인, 한산정(漢山停)에 1명, 우수정(牛首停)에 1명, 하서정(河西停)에 1명, 완산정(完山停)에 1명, 벽금당(碧衿幢)에 1명, 녹금당(綠衿幢)에 1명, 비금당(緋衿幢)에 1명, 백금당(白衿幢)에 1명, 황금당(黃衿幢)에 1명, 흑금당(黑衿幢)에 1명, 자금당(紫衿幢)에 1명, 적금당(赤衿幢)에 1명, 청금당(靑衿幢)에 1명, 백금무당(白衿武幢)에 1명, 적금무당(赤衿武幢)에 1명, 황금무당(黃衿武幢)에 1명으로 모두 19명이며 금(衿)을 착용하였다. 관등(位)은 나마(奈麻)로부터 일길찬(一吉湌)까지로 삼았다. 대대장척당주(大大匠尺幢主)는 대당에 1명, 상주정에 1명, 한산정에 1명, 우수정(牛首停)에 1명, 하서정(河西停)에 1명, 완산정(完山停)에 1명, 벽금당(碧衿幢)에 1명, 녹금당(綠衿幢)에 1명, 비금당(緋衿幢)에 1명, 백금당(白衿幢)에 1명, 황금당(黃衿幢)에 1명, 흑금당(黑衿幢)에 1명, 자금당(紫衿幢)에 1명, 적금당(赤衿幢)에 1명, 청금당(靑衿幢)에 1명이다. 모두 15명으로 금(衿)을 하지 않았다.(無衿) 관등(位)은 군사당주(軍師幢主)와 동일하다. 보기당주(步騎幢主)는 왕도에 1명으로 금을 하지 않았다. 대당(大幢)에 6명, 한산에 6명, 귀당(貴幢)에 4명, 우수주(牛首州)에 4명, 완산주(完山州)에 4명, 벽금당(碧衿幢)에 4명, 녹금당(綠衿幢)에 4명, 백금당(白衿幢)에 4명, 황금당(黃衿幢)에 4명, 흑금당(黑衿幢)에 4명, 자금당(紫衿幢)에 4명, 적금당(赤衿幢)에 4명, 청금당(靑衿幢)에 4명, 백금무당(白衿武幢)에 2명, 적금무당(赤衿武幢)에 2명, 황금무당(黃衿武幢)에 2명으로 모두 63명이다. 관등(位)은 나마(奈麻)로부터 사찬(沙湌)까지로 삼았다. 3천당주(三千幢主)는 음리화정(音里火停)에 6명, 고량부리정(古良夫里停)에 6명, 거사물정(居斯勿停)에 6명, 삼량화정(叁良火停)에 6명, 소삼정(김叁停)에 6명, 미다부리정(未多夫里停)에 6명, 남천정(南川停)에 6명, 골내근정(骨乃斤停)에 6명, 벌력천정(伐力川停)에 6명, 이벌혜정(伊伐兮停)에 6명이다. 모두 60명으로 금(衿)을 착용하였다. 관등(位)은 사지(舍知)로부터 사찬(沙湌)까지로 삼았다. 착금기당주(著衿騎幢主)는 벽금당(碧衿幢)에 18명, 녹금당(綠衿幢)에 18명, 백금당(白衿幢)에 18명, 황금당(黃衿幢)에 18명, 흑금당(黑衿幢)에 18명, 자금당(紫衿幢)에 18명, 적금당(赤衿幢)에 18명, 청금당(靑衿幢)에 18명, 계금(罽衿)당에 6명, 청주(菁州)에 6명, 완산주(完山州)에 6명, 한산주(漢山州)에 6명, 하서주(河西州)에 4명, 우수당(牛首幢)에 3명, 사천당(四千幢)에 3명이다. 모두 178명으로 관등(位)은 삼천당주(三千幢主)와 동일하다. 비금당주(緋衿幢主)는 40명이다. 사벌주(沙伐州)에 3명, 삽량주(歃良州)에 3명, 청주(菁州)에 3명, 한산주(漢山州)에 2명, 우수주(牛首州)에 6명, 하서주(河西州)에 6명, 웅천주(熊川州)에 5명, 완산주(完山州)에 4명, 무진주(武珍州)에 8명이다. 모두 40명으로 금(衿)을 착용하였다. 관등(位)은 사지(舍知)로부터 사찬(沙湌)까지로 삼았다. 사사금당주(師子衿幢主)는 왕도(王都, 경주)에 3명, 사벌주(沙伐州)에 3명, 삽량주(歃良州)에 3명, 청주(菁州)에 3명, 한산주(漢山州)에 3명, 우수주(牛首州)에 3명, 하서주(河西州)에 3명, 웅천주(熊川州)에 3명, 완산주(完山州)에 3명, 무진주(武珍州)에 3명이다. 모두 30명으로 금(衿)을 착용하였다. 관등(位)은 사지(舍知)로부터 일길찬(一吉湌)까지로 삼았다. 법당주(法幢主)는 백관당주(百官幢主)가 30명, 경여갑당주(京餘甲幢主)가 15명, 소경여갑당주(小京餘甲幢主)가 16명, 외경여갑당주가(外餘甲幢主) 52명, 노당주(弩幢主)가 15명, 운제당주(雲梯幢主)가 6명, 충당주(衝幢主)가 12명, 석투당주(石投幢

主)가 12명이다. 모두 158명으로 금(衿)을 하지 않았다. 흑의장창말보당주(黑衣長槍末步幢主)는 대당(大幢)에 30명, 귀당(貴幢)에 22명, 한산(漢山)에 28명, 우수(牛首)에 20명, 완산(完山)에 20명, 자금(紫衿)에 20명, 황금(黃衿)에 20명, 흑금(黑衿)에 20명, 벽금(碧衿)에 20명, 적금(赤衿)에 20명, 청금(靑衿)에 20명, 녹금(綠衿)에 24명이다. 모두 264명으로서 관등(位)은 사지(舍知)로부터 급찬(級湌)까지로 삼았다. 삼무당주(三武幢主)는 백금무당(白衿武幢)에 16명, 적금무당(赤衿武幢)에 16명, 황금무당(黃衿武幢)에 16명이다. 모두 48명으로 관등(位)은 말보당주(末步幢主)와 동일하다. 만보당주(萬步幢主)는 경오종당주(京五種幢主)가 15명, 절말당주(節末幢主)가 4명, 구주만보당주(九州萬步幢主)가 18명이다. 모두 37명으로 금(衿)을 하지 않았다. (無衿) 관등(位)은 사지(舍知)로부터 대나마(大奈麻)까지로 삼았다. 군사감(軍師監)은 왕도(王都, 경주)에 2명으로 금(衿)을 하지 않았다. 대당(大幢)에 2명, 상주정(上州停)에 2명, 한산정(漢山停)에 2명, 우수정(牛首停)에 2명, 하서정(河西停)에 2명, 완산정(完山停)에 2명, 벽금당(碧衿幢)에 2명, 녹금당(綠衿幢)에 2명, 비금당(緋衿幢)에 2명, 백금당(白衿幢)에 2명, 황금당(黃衿幢)에 2명, 흑금당(黑衿幢)에 2명, 자금당(紫衿幢)에 2명, 적금당(赤衿幢)에 2명, 청금당(靑衿幢)에 2명이다. 모두 32명으로 금(衿)을 착용하였다. 관등(位)은 사지(舍知)로부터 나마(奈麻)까지로 삼았다. 대장척감(大匠尺監)은 대당(大幢)에 1명, 상주정(上州停)에 1명, 한산정(漢山停)에 1명, 우수정(牛首停)에 1명, 하서정(河西停)에 1명, 완산정(完山停)에 1명, 벽금당(碧衿幢)에 1명, 녹금당(綠衿幢)에 1명, 비금당(緋衿幢)에 1명, 백금당(白衿幢)에 1명, 황금당(黃衿幢)에 1명, 흑금당(黑衿幢)에 1명, 자금당(紫衿幢)에 1명, 적금당(赤衿幢)에 1명, 청금당(靑衿幢)에 1명이다. 모두 15명으로 금(衿)을 하지 않았다. 관등(位)은 사지(舍知)로부터 대나마(大奈麻)까지로 삼았다. 보기감(步騎監)은 왕도(王都)에 1명, 대당(大幢)에 6명, 한산(漢山)에 6명, 귀당(貴幢)에 4명, 우수(牛首)에 4명, 완산(完山)에 4명, 벽금당(碧衿幢)에 4명, 녹금당(綠衿幢)에 4명, 백금당(白衿幢)에 4명, 황금당(黃衿幢)에 4명, 흑금당(黑衿幢)에 4명, 자금당(紫衿幢)에 4명, 적금당(赤衿幢)에 4명, 청금당(靑衿幢)에 4명, 백금무당(白衿武幢)에 2명, 적금무당(赤衿武幢)에 2명, 황금무당(黃衿武幢)에 2명으로 금장을 붙였다. 모두 63명이다. 관등(位)은 군사감과 같다. 삼천감(三千監)은 음리화정(音里火停) 6명, 고량부리정(古良夫里停) 6명, 거사물정(居斯勿停) 6명, 삼량화정(叄良火停) 6명, 소삼정(김叄停) 6명, 미다부리정(未多夫里停) 6명, 남천정(南川停) 6명, 골내근정(骨乃斤停) 6명, 벌력천정(伐力川停) 6명, 이화혜정(伊火兮停) 6명으로 모두 60명이며 금장을 붙였다. 관등(位)은 사지에서 대나마까지로 삼았다. 사자금당감(師子衿幢監) 30명이다. 관위는 당(幢)에서 나마까지이다. 법당감(法幢監)은 백관당(百官幢) 30명, 경여갑당(京餘甲幢) 15명, 외여갑당(外餘甲幢) 68명, 석투당(石投幢) 12명, 충당(衝幢) 12명, 노당(弩幢) 45명, 운제당(雲梯幢) 12명으로 모두 194명인데 금장은 없다. 관등(位)은 사지에서 나마(奈麻)까지로 삼는다. 비금감(緋衿監)은 영당(領幢) 40명, 영마병(領馬兵) 8명이다. 착금감(著衿監)은 벽금당(碧衿幢) 18명, 녹금당(綠衿幢) 18명, 백금당(白衿幢) 18명, 황금당(黃衿幢) 18명, 흑금당(黑衿幢) 18명, 자금당(紫衿幢) 18명, 적금당(赤衿幢) 18명, 청금당(靑衿幢) 18명, 계금(罽衿) 6명, 청주(靑州) 6명, 한산(漢山) 6명, 완산(完山) 6명, 하서(河西) 3명, 우수당(牛首幢) 3명, 사천당(四千幢) 3명으로 모두 175명이다. 관위는 당에서 나마(奈麻)까지로 삼는다. 개지극당감(皆知戟幢監)은 4명으로 왕도에 아우른다. 관위는 사지에서 나마까지로 삼는다. 법당두상(法幢頭上)은 192명으로 여갑당(餘甲幢) 45명, 외법당(外法幢) 102명 노당(弩幢) 45명이다. 법당화척(法幢火尺)은 군사당(軍師幢) 30명, 사자금당(師子衿幢) 20명, 경여갑당(京餘甲幢) 15명, 외여갑당(外餘甲幢) 102명, 노당사(弩幢四) 15명, 운제당(雲梯幢) 11명, 충당(衝幢) 18명, 석투당(石投幢) 18명으로 모두 259명이다. 법당벽주(法幢辟主)는 여갑당(餘甲幢) 45명, 외법당(外法幢) 306명, 노당(弩幢) 135명으로 모두 486명이다. 삼천졸(三千卒)은 150명으로 관위는 대나마 이하로 삼는다. (『三國史節要』 6)

신라   군사당주(軍師幢主)는 법흥왕 11년에 설치하였다. (『三國史記』 40 雜志 9 職官 下)

백제   양나라 고조(高祖)가 조서를 내려 왕을 책봉하여 지절(持節)·도독백제제군사(都督百濟諸軍事)·수동장군(綏東將軍)·백제왕(百濟王)으로 삼았다. (『三國史記』 26 百濟本紀 4)

백제   양나라에서 백제왕을 지절·도독백제제군사·수동장군·백제왕으로 책봉하였다. (『三國史節要』 6)

백제   (보통) 5년에 융(隆)이 죽었다. 조서를 내려 그의 아들 명(明)을 지절·독백제제군사(督百濟諸軍事)·수동장군·백제왕으로 삼았다. (『梁書』 54 列傳 48 諸夷 百濟)

백제   (보통) 5년에 융이 죽었다. 조서를 내려 그의 아들 명을 지절·독백제제군사·수동장군·백제왕으로 삼았다. (『南史』 79 列傳 69 夷貊 下 東夷 百濟)

백제   (양 고조 보통) 5년 조서를 내려 백제왕의 아들 명을 지절·독백제제군사·수동장군·백제왕으로 삼았다. (『冊府元龜』 963 外臣部 8 冊封 1)

백제   보통 5년 융이 죽었다. 조서를 내려 그 아들 명을 백제왕으로 삼았다. (『太平御覽』 781 四夷部 2 東夷 2 百濟)

요동 낙랑 대방

영주(營州)[치소는 화룡성(和龍城)이다. 태연(太延) 2년(436) 진(鎭)이 되었다. 진군(眞君) 5(444)에 고쳤다. 영안(永安; 528~530) 말에 함락되어 천평(天平; 534~537) 초년에 회복했다.] (…) 요동군(遼東郡)[진(秦)나라 때 두었다가 후에 혁파했다. 정광(正光; 520~524) 연간에 다시 회복시켰다. 치소는 고도성(固都城)이다.] 거느린 현은 2개이며, 호는 131에 인구는 855명이다. 양평(襄平)[양한(兩漢)·진(晉)에 속했다가 나중에 폐하였다. 정광 연간에 다시 설치했다. 청산(靑山)이 있다.] 신창(新昌)[양한(兩漢)·진(晉)에 속했다가 나중에 폐하였다. 정광 연간에 다시 설치했다.] 낙랑군(樂良郡)[전한(前漢) 무제(武帝) 때 설치했다. 양한과 진(晉)나라 때 낙랑(樂浪)이라 불렀다. 후에 고쳤다가 혁파했다. 정광 말년에 다시 두었다. 치소는 연성(連城)이다.] 거느린 현은 2이고, 호수는 219에 인구는 1,800이다. 영락(永洛)[정광 말년에 두었다. 오산(烏山)이 있다.] 대방(帶方)[양한에 속하였고, 진나라 때에는 대방(帶方)에 속했다. 후에 폐지하였다가 정광 말년에 다시 속하게 했다.] (『魏書』 106 上 志 5 地形 2 上)

525(乙巳/신라 법흥왕 12 建元 10/고구려 안장왕 7/백제 성왕 3/梁 普通 6/倭 繼體 19)

신라   봄 2월에 대아찬 이등(伊登)을 사벌주(沙伐州) 군주(軍主)로 삼았다. (『三國史記』 4 新羅本紀 4)

신라   봄 2월에 신라에서 대아찬 이등을 사벌주 군주로 삼았다. (『三國史節要』 6)

신라   상주(上州) (…) 법흥왕 12년, 양나라 보통(普通) 6년에 처음으로 군주(軍主)를 두어 상주로 삼았다. (『三國史記』 34 雜志 3 地理 1)

백제 신라   봄 2월에 신라와 서로 사신을 교환하였다. (『三國史記』 26 百濟本紀 4)

백제 신라   (봄 2월) 백제와 신라가 서로 사신을 교환하였다. (『三國史節要』 6)

백제   전(錢) 1만문(文). 이 건에 대하여 을사년 8월 12일 영동대장군백제사마왕이 상기의 금액으로 토왕(土王)·토백(土伯)·토부모(土父母)·상하중관(上下衆官) 이천석(二千石)에 여쭈어 남서 방향의 땅을 사서 묘로 삼았다. 고로 매지권을 세워 명백히 하노라. 율령을 따르지 않는다. (「武寧王陵誌石(왕비)」裏面 買地券)

526(丙午/신라 법흥왕 13 建元 11/고구려 안장왕 8/백제 성왕 4/梁 普通 7/倭 繼體 20)

고구려   (보통 7년) 3월 을묘(16)에 고려국이 사신을 보내 방물을 바쳤다. (『梁書』 3 本紀 3 武帝 下)

고구려   봄 3월에 사신을 양나라에 보내 조공하였다. (『三國史記』 19 高句麗本紀 7)

고구려   봄 3월에 고구려에서 사신을 보내 양에 가서 조공하였다. (『三國史節要』 6)

고구려   (양 고조 보통) 7년 3월에 고려왕 안(安)의 서자(庶子) 연(延)이 즉위하여 사신을 보내 조헌하였다. 조서를 내려 그 작(爵)을 잇게 하였다. (『冊府元龜』 963 外臣部 8 冊封 1)

고구려   (보통) 7년 안이 죽자 그 아들 연이 즉위하여 사신을 파견하고 공물을 바치니, 조서를 내려 연(延)에게 그 봉작을 승습하게 하였다. (『梁書』 54 列傳 48 諸夷 高句驪)

고구려   이해에 하남(河南)·고려·임읍(林邑)·활국(滑國)이 모두 사신을 보내 조공하였다. (『南史』 7 梁本紀 中 7 武帝 下)

고구려   (보통) 7년 안이 죽자 그 아들 연이 즉위하여 사신을 파견하고 공물을 바치니, 조서를 내려 연에게 그 봉작을 승습하게 하였다. (『南史』 79 列傳 69 夷貊 下 東夷 高句麗)

백제   겨울 10월에 웅진성(熊津城)을 수리하고 사정책(沙井柵)을 세웠다. (『三國史記』 26 百濟本紀 4)

백제   겨울 10월에 백제에서 웅진성을 수리하고 사정책을 세웠다. (『三國史節要』 6)

백제   병오년 12월 백제국왕의 태비께서 돌아가셨다. 상(喪)을 유지(酉地)에 안치하였다. 기유년(529) 2월 12일 대묘에 다시 묻었다. (「武寧王陵誌石」(왕비) 前面)

527(丁未/신라 법흥왕 14 建元 12/고구려 안장왕 9/백제 성왕 5/梁 普通 8, 大通 1/倭 繼體 21)

신라 가야 고구려 백제

    6월 임진 초하루 갑오일(3)에 아우미노케나노오미(近江毛野臣)는 6만의 군사를 이끌고, 임나에 가서 신라에게 격파된 남가라(南加羅), 탁기탄(喙己吞)을 회복하고 부흥시켜서 임나에 합하고자 하였다. 이 때 츠쿠시노쿠니노미야츠코(筑紫國造) 이와이(磐井)가 반역할 것을 음모하였으나, 유예하여 몇 해를 지냈다. 일이 성공하기 어려울 것을 두려워하고 항상 틈이 있을 지 엿보았다. 신라가 이를 알고, 몰래 뇌물을 이와이에게 보내어 게나노오미(毛野臣)의 군사를 막으라고 하였다. 이 때에 이와이가 히노쿠니(火)와 도요노쿠니(豊) 2국에 세력을 펼쳐서 직무를 집행하지 못하게 하였다. 밖으로 해로를 차단하여 고구려·백제·신라·임나 등이 해마다 공물을 보내는 배를 가로막고, 안으로는 임나에 보낸 게나노오미의 군을 차단하여 말을 퍼뜨려 "지금은 사자가 되어 있지만, 옛날에는 나와 친구요, 어깨를 나란히 하고 팔꿈치를 스치며 같은 그릇으로 밥을 먹었다. 어째서 졸지에 사자가 되어 나를 그대에게 자복하게 하는가"라고 하고 마침내 받아들이지 않았다. 교만하여 스스로 자랑하였다. 이런 까닭으로 게나노오미는 방해를 받아 중도에서 체류하고 말았다. 천황이 오토모노오무라지카나무라(大伴大連金村), 모노노베노오무라지아라카히(物部大連麤鹿火), 고세노오오미오비토(許勢大臣男人) 등에게 조하기를 "츠쿠시(筑紫)의 이와이가 모반하여 서융(西戎)의 땅과 연락하고 있다. 이제 누가 장군(將軍)이 되겠는가?"라고 물었다.

오토모노오무라지(大伴大連) 등이 "정직하며 인용(仁勇)하고 병사에 통하기를 아라카히(麤鹿火)보다 나은 자가 없다"라고 대답하였다. 천황이 좋다고 하였다. (『日本書紀』 17 繼體紀)

고구려	(11월 무진일(9)) 고려국이 사신을 보내 방물을 바쳤다. (『梁書』 3 本紀 3 武帝 下)
고구려	겨울 11월에 사신을 양나라에 보내 조공하였다. (『三國史記』 19 高句麗本紀 7)
고구려	겨울 11월에 고구려에서 사신을 보내 양에 가서 조공하였다. (『三國史節要』 6)
고구려	이해에 임읍(林邑)·사자(師子)·고려 등의 나라가 각각 사신을 보내 조공하였다. (『南史』 7 梁本紀 中 7 武帝 下)
신라	아도본비(我道本碑)를 살펴보면 다음과 같다. (…) 그 서울에는 일곱 곳의 절터가 있다. 첫째는 금교(金橋) 동쪽의 천경림(天鏡林)[지금의 흥륜사(興輪寺)]이다. 금교는 서천(西川)의 다리를 말하는데, 세간에서는 송교(松橋)로 잘못 부르고 있다. 이 절은 아도가 처음 터를 잡았으나 중간에 폐지되었다. 법흥왕(法興王) 정미(丁未)에 이르러 처음 창건되었고, 을묘(乙卯)(535)에 크게 공사를 벌여 진흥왕(眞興王)때 마쳤다]이요, 둘째는 삼천기(三川歧)[지금의 영흥사(永興寺)]이다. 흥륜사와 같은 시기에 창건되었다]요, 셋째는 용궁(龍宮) 남쪽[지금의 황룡사(皇龍寺)]이다. 진흥왕 계유(癸酉)(553)에 처음 개창되었다]이요, 넷째는 용궁 북쪽[지금의 분황사(芬皇寺)]이다. 선덕왕[善德] 갑오(甲午)(634)에 처음 개창되었다]이요, 다섯째는 사천미(沙川尾)[지금의 영묘사(靈妙寺)]이다. 선덕왕 을미(乙未)(635)에 처음 개창되었다]요, 여섯째는 신유림(神遊林)[지금의 천왕사(天王寺)]이다. 문무왕(文武王) 기묘(己卯)(679)에 개창되었다]이요, 일곱째는 서청전(婿請田)[지금의 담엄사(曇嚴寺)]로서 모두 전불(前佛)시대의 절터이며, 불법의 물결이 길이 흐를 곳이다. (『三國遺事』 3 興法 3 阿道基羅)
신라	원종(原宗)이 불법을 일으키고[눌지왕 시대와 백여년 떨어졌다.] 염촉(猒髑)이 몸을 희생하다. 신라본기(新羅本記)에 법흥대왕 즉위 14년에 소신(小臣) 이차돈(異次頓)이 불법을 위하여 제 몸을 죽였다. 곧 소량(蕭梁) 보통(普通) 8년 정미에 서천축(西天竺)의 달마대사가 금릉(金陵)에 왔던 해다. 이 해에 또한 낭지법사(朗智法師)가 처음으로 영취산(靈鷲山)에서 불교의 이치를 밝혔으니, 불교의 흥하고 쇠하는 것도 반드시 중국과 신라에서 같은 시기에 서로 감응했던 것을 여기서 믿을 수 있다. 원화(元和) 연간에 남간사(南澗寺)의 사문 일념(一念)이 촉향분예불결사문(香墳禮佛結社文)을 지었는데 이 사실을 자세히 기재했다. 그 대략은 이렇다. 예전에 법흥대왕이 자극전(紫極殿)에서 등극했을 때 동쪽 지역을 살펴보시고 "예전에 한나라 명제(明帝)가 꿈에 감응되어 불법이 동방에 유행하였다. 내가 왕위에 오른 후부터 인민을 위하여 복을 닦고 죄를 없앨 곳을 마련하려 한다"고 말씀하셨다. 이에 조신(朝臣)들[향전(鄉傳)에는 공목(工目)과 알공(謁恭) 등이라고 했다.]은 그 깊은 뜻을 헤아리지 못하고 다만 나라를 다스리는 대의만을 지켜 절을 세우겠다는 신략(神略)을 따르지 않았다. 대왕은 탄식하면서 말했다. "아! 내가 덕이 없는 사람으로서 왕업을 이으니, 위로는 음양의 조화가 모자라고 아래로는 백성들은 즐겁게 히지 못했으므로 성사를 보살피는 틈틈이 불교에 마음을 두고 있소. 누가 나와 같이 일하겠소?"이때 내양자(內養者)의 성은 박(朴), 자는 염촉(厭)[혹은 이차(異次)라 쓰거나 이처(伊處)라고도 했는데 방음(方音)이 다르기 때문이다. 한역(漢譯)하여 염(厭)이라 한다. 촉·돈(頓)·도(道)·도(覩)·독(獨) 등은 모두 글 쓰는 사람의 편의에 따른 것이니 곧 조사(助辭)다. 이제 윗글자는 한역하고 아랫글자는 한역하지 않았으므로 염촉 또는 염도(厭覩) 등이라 한 것이다.]이라 했다. 그의 아버지는 자세히 알 수 없고 할아버지는 아진종(阿珍宗)으로서 곧 습보(習寶) 갈문왕(葛文王)의 아들이다[신라의 관작은 모두 17등급인

데 제4위는 파진찬(波珍飡) 또는 아진찬(阿珍飡)이라고도 한다. 종은 그 이름이요, 습보도 이름이다. 신라 사람은 대체로 추봉한 왕을 모두 갈문왕이라 했는데, 사신(史臣) 또한 그 이유를 자세히 모른다고 했다. 또 김용행(金用行)이 지은 아도비(阿道碑)를 살펴보면, 사인(舍人)은 그때 나이가 스물여섯 살이며 아버지는 길승(吉升), 할아버지는 공한(功漢), 증조할아버지는 걸해대왕(乞解大王)이라 했다.]. 염촉은 죽백(竹栢)과 같은 자질에 수경(水鏡)과 같은 심지로 적선집의 증손으로서 궁내(宮內)의 위사(衛士)가 되기를 희망했고 성조(聖朝)의 충신으로서 태평한 시대의 시신(侍臣)이 되기를 바랐다. 그때 나이 스물두 살로서 사인(舍人)[신라 관작에 대사(大舍) 소사(小舍) 등이 있었는데 대개 하사(下士)의 등급이다.]의 자리에 있었다. 왕의 얼굴을 쳐다보고 그 심정을 눈치 채어 왕에게 아뢰었다. "신이 듣자오니 옛 사람은 비천한 사람에게도 계책을 물었다 하였기에 신은 중죄를 무릅쓰고 아뢰겠습니다." 왕은 "네가 할 일이 아니다."라고 하였다. 사인이 말하기를, "나라를 위하여 몸을 던지는 것은 신하의 큰 절개이며 임금을 위하여 목숨을 바침은 백성의 바른 의리입니다. 거짓으로 말씀을 전했다고 하여 신에게 벌하여 머리를 베시면, 만민이 모두 굴복하고 감히 왕명을 어기지 못할 것입니다."고 하였다. 왕이 말하기를, "살을 베어 저울에 달아 새 한 마리를 살리려 했고, 피를 뿌려 생명을 끊어 짐승 일곱 마리를 스스로 불쌍히 여겼었다. 내 뜻은 사람을 이롭게 함에 있는데 어찌 무죄한 사람을 죽이겠는가. 너는 비록 공덕을 끼치려 하지만 죄를 피하는 것이 좋겠다."고 하였다. 사인이 말하기를, "일체를 버리기 어려운 것은 자기의 신명(身命)입니다. 그러하오나 소신이 저녁에 죽어 불교가 아침에 행해지면 불법은 다시 일어나고 성스러운 임금께서는 길이 편안해질 것입니다."고 하였다. 왕이 말하기를, "난새와 봉황의 새끼는 어릴 때부터 하늘을 뚫을 마음이 있고, 큰 기러기와 고니의 새끼는 날 때부터 물결을 헤칠 기세가 있는데 네가 그렇게 할 수 있다면 보살의 행위라 할 수 있겠다."고 하였다. 이에 대왕은 임시로 위의(威儀)를 갖추고 무시무시한 형구(刑具)를 사방에 벌여 놓고 뭇 신하들을 불러 물었다. "그대들은 내가 사원(寺院)을 지으려 하는데 고의로 지체시켰다[향전(鄕傳)에서는 염촉이 왕명이라 하면서 그 역사(役事)를 일으켜 절을 세운다는 뜻을 전했더니 여러 신하들이 와서 간했으므로 왕은 이에 염촉에게 책임을 물어 노하면서 왕명을 거짓으로 꾸며 전달했다고 처형한 것이라고 했다.]." 이에 뭇 신하들이 떨면서 황급히 맹세하고 손으로 동서를 가리켰다. 왕은 사인을 불러 이 일을 문책했다. 사인은 얼굴빛이 변하면서 아무 말도 못하였다. 대왕은 분노하여 베어 죽이라고 명령했다. 유사(有司)가 그를 묶어 관아로 끌고 가니 사인이 맹세했다. 옥리(獄吏)가 그의 목을 베니 허연 젖이 한 길이나 솟구쳤다[향전은 다음과 같이 전한다. 사인이 맹세하기를 "대성법왕(大聖法王)께서 불교를 일으키려 하므로 내가 몸과 목숨을 돌보지 않고 결연(結緣)을 버리오니 하늘은 상서를 내려 사람들에게 두루 보여주십시오."라고 했다. 이에 그의 머리가 날아가서 금강산(金剛山) 꼭대기에 떨어졌다고 한다.] 이에 하늘은 침침해져 저녁나절 햇빛이 캄캄해지고 땅은 진동하는데 빗방울이 꽃처럼 떨어졌다. 임금은 슬퍼하여 눈물이 곤룡포를 적셨고 재상은 상심하여 진땀이 관에까지 흘렀다. 샘물이 문득 마르니 고기와 자라가 다투어 뛰고, 곧은 나무가 먼저 부러지니 원숭이가 떼 지어 울었다. 동궁에서 말고삐를 나란히 하던 동무들은 피눈물을 흘리면서 서로 돌아보고, 월정(月庭)에서 소매를 맞잡은 친구들은 창자가 끊어질 듯이 이별을 애태웠다. 관을 바라보고 우는 소리는 부모의 상을 당한 것 같았다. 모두 말했다. "개자추(介子推)가 다릿살을 벤 일도 그의 뼈아픈 절개에는 비할 수 없을 것이며, 홍연(弘演)이 배를 가른 일인들 어찌 그의 장렬(壯烈)에 견줄 수 있으랴. 이는 곧 임금의 신력을 붙들어 아도의 본심을 이룬 것이니 성자(聖者)다" 드디어 북산의 서쪽 고개[곧 금강산이다. 향전에서는 머리가 날아가 떨어진 곳이므로 그곳에 장사지냈다 했는데, 여기서는 그것을 말하지 아니하였으니 무슨 까닭인가]에 장사지냈다. 그의 안사람이 이를 슬퍼하여 좋은 곳을 가려서 절을 짓고 그 이름을 자추사(刺楸寺)라 했다. 이에 집집마다 부처를 공경하면 반드시 대대의 영화를 얻게 되고 사람마다 불도를 행하면 마땅히 불법의 이익을 얻게 되었다. (『三國遺事』3 興法 3 原宗興法 厭髑滅身)

신라   또한 대통(大通) 원년 정미에는 양나라 무제를 위하여 웅천주(熊川州)에 절을 세우고 그 절 이름을 대통사(大通寺)라 했다[웅천은 곧 공주(公州)다. 그때 신라에 속해 있었기 때문이다. 그러나 아마 정미년은 아닌 것 같으며 곧 중대통 원년 기유에 세웠을 것이다. 흥륜사를 처음 세운 정미년에는 아직 다른 군에 절을 세울 겨를이 없었을 것이다]. 찬(讚)한다. 성인의 지혜는 만세를 위하니 구구한 여론은 보잘 것 없다. 법륜(法輪)이 금륜(金輪)을 좇아 구르니 태평성세가 불교로 인해 이루어지는구나. (『三國遺事』3 興法 3 原宗興法 厭髑滅身)

신라   지통이 말하길, "법사는 여기에 머문 지 이미 오래되었습니까?"라고 하였다. 낭지가 말하길, "법흥왕 정미년에 처음 발을 들였으니, 지금 얼마나인지는 모르겠다."라고 하였다. 지통이 산에 온 때가, 이미 문무왕 즉위 원년 신유년(661)이니, 계산하면 이미 135년이다. (『三國遺事』5 避隱 8 朗智乘雲 普賢樹)

528(戊申/신라 법흥왕 15 建元 13/고구려 안장왕 10/백제 성왕 6/梁 大通 2/倭 繼體 22)

고구려   장사(長史) 허사조(許思祖) 등이 강문요(江文遙)가 백성들을 사랑했기에 다시 그 아들 과(果)를 행주사(行州事)로 추대하였다. 이미 주의 일을 대행하면서 이에 사신을 보내어 표를 바쳤다. 장제(莊帝)가 이를 기쁘게 여겨 과를 통직산기시랑(通直散騎侍郎)·가절(假節)·용양장군(龍驤將軍)·행안주사(行安州事)·당주도독(當州都督)에 제수했다. 이미 적의 기세가 창성하여 행대의 지원을 받지 못하고 강한 오랑캐에게 막혀 내지로 옮길 수 없어 아우들과 함께 성민을 이끌고 동쪽의 고려로 도망했다. (『魏書』71 列傳 59 江悅之)

고구려   장사 허사조 등이 강문요가 백성들을 사랑했기에 다시 그 아들 과를 행주사에 추대하였다. 이미 주의 일을 대행하면서 표를 바치니 장제가 이를 기쁘게 여겨 제를 통직산기시랑·행안주사에 제수했다. 이미 적의 기세가 창성하여 구원을 받을 수 없게 되자 과가 이에 여러 아우들과 함께 성민을 이끌고 동쪽의 고려로 도망했다. (『北史』45 列傳 33 江悅之)

신라 고구려   불교를 처음으로 시행하였다. 일찍이 눌지왕 때 승려 묵호자(墨胡子)가 고구려로부터 일선군(一善郡)에 왔는데, 그 고을 사람 모례(毛禮)가 자기 집 안에 굴을 파 방을 만들어 있게 하였다. 그때 양나라에서 사신을 보내와 의복과 향을 보내주었다. 임금과 신하들이 그 향의 이름과 쓸 바를 몰랐으므로 사람을 보내 향을 가지고 다니며 두루 묻게 하였다. 묵호자가 이를 보고 그 이름을 대면서 말하였다. "이것을 사르면 향기가 나는데, 신성(神聖)에게 정성을 도달히게 히는 깃입니다. 이른바 신싱스러운 것으로는 삼보(三寶)보다 더한 것이 없으니, 첫째는 불타(佛陀)요, 둘째는 달마(達摩)이고, 셋째는 승가(僧伽)입니다. 만약 이것을 사르면서 소원을 빌면 반드시 영험(靈驗)이 있을 것입니다." 그 무렵 왕의 딸이 병이 심하였으므로 왕은 묵호자로 하여금 향을 사르고 소원을 말하게 하였더니, 왕의 딸 병이 곧 나았다. 왕이 매우 기뻐하여 음식과 선물을 많이 주었다. 묵호자가 (궁궐에서) 나와 모례를 찾아보고 얻은 물건들을 그에게 주면서 "나는 지금 갈 곳이 있어 작별하고자 합니다."라고 말하고는 잠시 후 간 곳을 알 수 없었다. 비처왕(毗處王) 때에 이르러 아도화상(阿道和尙)[또는 아도(我道)라고도 썼다]이 시중드는 이 세 사람과 함께 모례의 집에 또 왔다. 모습이 묵호자와 비슷하였는데 몇 년을 그곳에서 살다가 병도 없이 죽었다. 시중들던 세 사람은 머물러 살면서 경(經)과 율(律)을 강독하였는데 신봉자가 가끔 있었다. 이때 와서 왕 또한 불교를 일으키고자 하였으나 뭇 신하들이 믿지 않고 이런 저런 불평을 많이 하였으므로 왕이 난처하였다. 왕의 가까운 신하 이차돈(異次頓)[혹은 처도(處道)라고도 하였다]이 아뢰었다. "바라건대 하찮은 신(臣)을 목베어 뭇 사람들의 논의를 진정시키십시오." 왕이 말하였다. "본래 도(道)를 일으키고자 함인데 죄없는 사람을 죽이는 것은 잘못이다." 그러자 (이차돈이) 대답하였다. "만약 도가 행해질 수 있다면 신은 비록 죽어도 여한이 없겠습니다." 이에 왕이 여러 신하들을 불러 의견을 물으니 모두 말하였다. "지금 중들을 보니 깍은 머리에 이상한 옷을 입었고, 말하는 논리가 기이하고 괴상하여 일상적인 도(道)가 아닙니다. 지금 만약 이를 그대로 놓아두면 후회가 있을까 두렵습니다. 신 등은 비록 무거운 벌을 받더라도 감히 명을 받들지 못하겠습니다." 그러나 이차돈 혼자 다음과 같이 말하였다. "지금 뭇 신하들의 말은 잘못된 것입니다. 비상(非常)한 사람이 있은 후에야 비상한 일이 있을 수 있습니다. 지금 듣건대 불교가 심오하다고 하니, 믿지 않을 수 없습니다." 왕이 말하였다. "뭇 사람들의 말이 견고하여 이를 깨뜨릴 수가 없는데, 유독 너만 다른 말을 하니 양 쪽을 모두 따를 수는 없다." 드디어 이차돈을 관리에게 넘겨 목을 베게 하니, 이차돈이 죽음에 임하여 말하였다. "나는 불법(佛法)을 위하여 형(刑)을 당하는 것이니, 부처님께서 만약 신령스러움이 있다면 나의 죽음에 반드시 이상한 일이 있을 것이다." 목을 베자 잘린 곳에서 피가 솟구쳤는데 그 색이 우유빛처럼 희었다. 뭇 사람들이 괴이하게 여겨 다시는 불교를 헐뜯지 않았다[이는 김대문(金大問)의 계림잡전(鷄林雜傳)의 기록에 의거하여 쓴 것인데, 한나마(韓奈麻) 김용행(金用行)이 지은 아도화상비(我道和尙碑)의 기록과는 자못 다르다]. (『三國史記』 4 新羅本紀 4)

신라 고구려 신라에서 불교를 처음으로 시행하였다. 일찍이 눌지왕 때 승려 묵호자가 고구려로부터 일선군에 왔는데, 그 고을 사람 모례가 자기 집 안에 굴을 파 방을 만들어 있게 하였다. 그때 양나라에서 사신을 보내와 의복과 향을 보내주었다. 임금과 신하들이 그 향의 이름과 쓸 바를 몰랐으므로 사람을 보내 향을 가지고 다니며 두루 묻게 하였다. 묵호자가 이를 보고 그 이름을 대면서 말하였다. "이것을 사르면 향기가 나는데, 신성(神聖)에게 정성을 도달하게 하는 것입니다. 이른바 신성스러운 것으로는 삼보(三寶)보다 더한 것이 없으니, 첫째는 불타(佛陀)요, 둘째는 달마(達摩)이고, 셋째는 승가(僧伽)입니다. 만약 이것을 사르면서 소원을 빌면 반드시 영험(靈驗)이 있을 것입니다." 그 무렵 왕의 딸이 병이 심하였으므로 왕은 묵호자로 하여금 향을 사르고 소원을 말하게 하였더니, 왕의 딸 병이 곧 나았다. 왕이 매우 기뻐하여 음식과 선물을 많이 주었다. 묵호자가 (궁궐에서) 나와 모례를 찾아보고 얻은 물건들을 그에게 주면서 "나는 지금 갈 곳이 있어 작별하고자 합니다."라고 말하고는 잠시 후 간 곳을 알 수 없었다. 비처왕(毗處王) 때에 이르러 아도화상(阿道和尙)[또는 아도(我道)라고도 썼다]이 시중드는 이 세 사람과 함께 모례의 집에 또 왔다. 모습이 묵호자와 비슷하였는데 몇 년을 그곳에서 살다가 병도 없이 죽었다. 시중들던 세 사람은 머물러 살면서 경(經)과 율(律)을 강독하였는데 신봉자가 가끔 있었다. 이때 와서 왕 또한 불교를 일으키고자 하였으나 뭇 신하들이 믿지 않고 이런 저런 불평을 많이 하였으므로 왕이 난처하였다. 왕의 가까운 신하 이차돈(異次頓)[혹은 처도(處道)라고도 하였다]이 아뢰었다. "바라건대 하찮은 신(臣)을 목베어 뭇 사람들의 논의를 진정시키십시오." 왕이 말하였다. "본래 도(道)를 일으키고자 함인데 죄없는 사람을 죽이는 것은 잘못이다." 그러자 (이차돈이) 대답하였다. "만약 도가 행해질 수 있다면 신은 비록 죽어도 여한이 없겠습니다." 이에 왕이 여러 신하들을 불러 의견을 물으니 모두 말하였다. "지금 중들을 보니 깍은 머리에 이상한 옷을 입었고, 말하는 논리가 기이하고 괴상하여 일상적인 도(道)가 아닙니다. 지금 만약 이를 그대로 놓아두면 후회가 있을까 두렵습니다. 신 등은 비록 무거운 벌을 받더라도 감히 명을 받들지 못하겠습니다." 그러나 이차돈 혼자 다음과 같이 말하였다. "지금 뭇 신하들의 말은 잘못된 것입니다. 비상(非常)한 사람이 있은 후에야 비상한 일이 있을 수 있습니다. 지금 듣건대 불교가 심오하다고 하니, 믿지 않을 수 없습니다." 왕이 말하였다. "뭇 사람들의 말이 견고하여 이를 깨뜨릴 수가 없는데, 유독 너만 다른 말을 하니 양 쪽을 모두 따를 수는 없다." 드디어 이차돈을 관리에게 넘겨 목을 베게 하니, 이차돈이 죽음에 임하여 말하였다. "나는 불법(佛法)을 위하여 형(刑)을 당하는 것이니, 부처님께서 만약 신령스러움이 있다면 나의 죽음에 반드시 이상한 일이 있을 것이다." 목을 베자 잘린 곳에서 피가 솟구쳤는데 그 색이 우유빛처럼 희었다. 뭇 사람들이 괴이하게 여겨 다시는 불교를 헐뜯지 않았다 (『三國史節要』 6)

신라 고구려   아도(阿道)가 신라 불교의 기초를 닦다[혹은 아도(我道) 또는 아두(阿頭)라고도 한다] 신라본기(新羅本記) 제4에서 이르기를, 제19대 눌지왕 때에 사문(沙門) 묵호자가 고려에서 일선군에 들어오니, 군(郡) 사람 모례[혹은 모록(毛祿)이라고 쓴다]가 집안에 굴을 파고 그를 안치하였다. 이때 양(梁)나라에서 사자(使者)를 시켜 의복류와 향물(香物)[고득상(高得相)의 영사시(詠史詩)에는 양에서 원표(元表)란 사승(使僧)을 보내고 명단(溟檀)과 불경 및 불상을 보내왔다고 하였다]을 보내왔는데 임금과 신하들은 그 향(香)의 이름과 쓰는 법을 몰랐다. 그래서 사람을 시켜 향을 가지고 널리 전국으로 다니며 묻게 하였다. 묵호자가 보고 말하기를 이는 향이란 것인데 불에 태우면 향기가 몹시 풍기어 신성(神聖)에게 정성이 통하는 것이다. 신성은 삼보(三寶)에서 지나는 것이 없으니 만일 이것을 사르고 발원하면 반드시 영험이 있을 것이라 하였다[눌지는 진(晋)과 송(宋)나라 시대에 해당하니 양에서 사자를 보냈다는 것은 잘못이다]. 이때 왕녀(王女)가 병이 대단하여 묵호자를 불러 향을 피우고 기도를 하니 왕녀의 병이 곧 나았다. 왕이 기뻐하여 후하게 예물(禮物)을 주었는데, 잠시 후 그가 간 곳을 알 수 없었다. (『三國遺事』 3 興法 3 阿道基羅)

고구려   군(君)의 이름은 기(暨)이며, 자(字)는 승백(承伯)으로 창려(昌黎) 용성(龍城) 사람이다. (…) 속해 있던 무리들이 바다가로 흩어지고 천하가 어지러워 소란하게 되니 오랑캐들이 영토를 넘보았다. 효창(孝昌; 525~528) 연간에 통제력을 잃어 고려가 노략질하여 요동(遼東)을 빼앗았다. 비록 남루한 옷을 입고 오랑캐 땅으로 갔으나, 대상(大相)이 접대하며 이름을 공경하고 덕을 우러러 보니 예의가 매우 남달랐다. 아직 평양(平壤)의 교외에 이르지 못했어도 태사(太奢)에 제수되었으나, 본심으로 달가워 하지 않고, 병을 핑계로 사양하여 끝내 굴복함이 없었다. 절개를 지키고 변하지 않음은 이를 말하는 것이다. 중국의 백성들이 편안해지고 나라가 다시 세워지니 같은 무리들 500여 호를 이끌고 돌아와 나라를 받드니 정성과 절개가 아름다웠다. 그 공을 보상하여 작을 내려 용성현령(龍城縣令)에 제수하였다. (「大都督韓府君之墓誌」 『수隋文補遺』 284~285; 『隋唐五代墓誌匯編』 北京卷3-158; 『新出魏晋南北朝墓誌疏証』 601~603)

529(己酉/신라 법흥왕 16 建元 14/고구려 안장왕 11/백제 성왕 7/梁 大通 3 中大通 1/倭 繼體 23)

고구려   봄 3월에 왕은 황성(黃城)의 동쪽에서 사냥하였다. (『三國史記』 19 高句麗本紀 7)

고구려   봄 3월에 고구려왕이 황성의 동쪽에서 사냥하였다. (『三國史節要』 6)

백제 가야 봄 3월에 백제왕이 하치리국수(下哆唎國守) 호즈미노오시야마노오미(穗積押山臣)에게 "조공하러 가는 사자들이 항상 섬의 돌출부를 피할 때마다[해중에 도곡(嶋曲)의 기안(埼岸)을 말한다. 속(俗)에 미사키(彌佐祁)라 한다.] 매양 풍파에 시달립니다. 이로 인해 가지고 가는 것을 적시고 망가지게 합니다. 그러니 가라(加羅)의 다사진(多沙津)을 신이 조공하는 진로(津路)로 하겠습니다"라고 말하였다. 이를 오시야마노오미(押山臣)가 전하여 주하였다. (『日本書紀』 17 繼體紀)

백제 가야 신라 (3월) 이 달에 모노노베노이세노무라지치치네(物部伊勢連父根)와 키시노오키나(吉士老) 등을 보내 다사진을 백제왕에게 주었다. 이에 가라왕이 칙사에게 말하기를 "이 진은 관가를 둔 이래, 신이 조공하는 진이었는데 왜 갑자기 이웃나라에 주십니까. 원래의 분봉 받은 영토와 다릅니다."라고 했다. 칙사 치치네(父根) 등이 이로 인하여 눈앞에서 주는 것이 어렵다고 여기고 대도(大嶋)로 물러갔다. 따로 녹사(錄史)를 보내어 부여(扶餘: 百濟)에게 주었다. 이로 말미암아 가라는 신라와 우호를 맺고 일본을 원망하였다. 가라왕은 신라의 왕녀와 혼인하여 드디어 자식을 낳았다. 신라가 처음 왕녀를 시집보낼 때 아울러 100명을 왕녀의 시종으로 보냈다. 이들을 받아들여 여러 현에 분산시켜 신라의 의관을 착용하게 했다. 아리시토(阿利斯等)는 그들이 변복한 것에 분개하여 사자를 보내 여자들을 돌려보냈다. 신라가 크게 수치스럽게 생각하여, 딸을 소환하려고 "전에 그대의 청혼을 받아들여 내가 혼인을 허락하였으나, 이제 일이 이렇게 되었으니 왕녀를 돌려보내 줄 것을 청한다."라고 했다. 가라의 기부리지가(己富利知伽)[자세하지 않다]가 "부부로 맺어진 것이니 어찌 다시 헤어질 수가 있는가 또한 자식이 있는데 어찌 버리고 갈 수 있겠는가"라고 하였다. 드디어 지나가는 길에 있는 도가(刀伽)·고파(古跛)·포나모라(布那牟羅) 3성을 빼앗았다. 또 북쪽 경역에 있는 5성을 빼앗았다. (『日本書紀』 17 繼體紀)

가야 신라 백제 (3월) 이 달에 아우미노케나노오미(近江毛野臣)를 안라에 사신으로 보냈다. 칙을 내려 신라에게 권하여 다시 남가라와 탁기탄(喙己呑)을 세웠다. 백제는 장군군(將軍君) 윤귀(尹貴)·마나갑배(麻那甲背)·마로(麻鹵) 등을 보내어 안라에 가서 조칙을 듣게 하였다. 신라는 번국의 관가를 깨뜨린 것을 두려워하여 높은 자를 보내지 않고, 부지(夫智) 나마례(奈麻禮)·해(奚) 나마례 등을 보내어 안라에 가서 조칙을 듣게 하였다. 안라가 높은 당(堂)을 지어 칙사를 인도하여 오르게 하였다. 국왕이 그 뒤를 따라 계단을 올랐다. 국내의 높은 자 중 당에 오른 자가 한둘이었다. 백제의 사자 장군군 등이 당아래에 있었다. 수개월 동안 여러 번 堂 위에서 논의하였다. 장군군 등이 그 뜰에 있는 것을 분하게 여겼다. (『日本書紀』 17 繼體紀)

가야 신라 여름 4월 임오 초하루 무자일(7)에 임나왕인 기능말다간기(己能末多干岐)가 내조하였다[기능말다(己能末多)라 함은 아리시토일 것이다]. 오토모노오무라지카나무라(大伴大連金村)에게 "해외에 여러 나라는 호무타(胎中: 應神) 천황이 관가를 둔 이래로 본국을 버리지 않고, 그 땅을 봉한 것은 참으로 이유가 있다. 지금 신라가 원래에 준 봉지의 경계를 벗어나 자주 국경을 넘어와 침략한다. 천황에게 주하여 신의 나라를 구조하여 주시오"라고 했다. 오토모노오무라지(大伴大連)가 그대로 주(奏)하였다. (『日本書紀』 17 繼體紀)

가야 신라 백제

(4월) 이 달에 사신을 파견하여 기능말다간기를 보냈다. 아울러 임나에 있는 아우미 노케나노오미에게 조하여 "임나가 주(奏)한 바를 잘 물어서 서로 의심하는 점을 화해시켜라"라고 했다. 이에 게나노오미(毛野臣)가 웅천(熊川)[일서(一書)에 임나의 구사모라(久斯牟羅)라고 한다]에 이르러 신라·백제 2국의 왕을 불렀다. 신라왕 좌리지(佐利遲)는 구지포례(久遲布禮)[일본(一本)에 구례이사지우나사마리(久禮爾師知于奈師磨里)라고 한다]를 보내고, 백제는 은솔 미등리(彌騰利)를 보내, 게나노오미가 있는 곳에 보내고, 두 나라 왕이 친히 오지는 않았다. 게나노오미가 대노하여 2국 사신을 꾸짖어 "소(小)가 대(大)를 섬기는 것은 하늘의 도리이다[일본에는 대목의 끝에는 대목을 소목의 끝에는 소목으로 접한다]. 왜 양국 왕이 직접 와서 천황의 칙언을 듣지 않고 경솔히 사신을 보내는가. 지금 그대 왕이 스스로 와서 칙언을 듣겠다 하여도 나는 칙언을 말하지 않겠다. 반드시 쫓아 보내겠다"라고 했다. 구지포례, 은솔 미등리는 두려워 각기 돌아가서 왕에게 가시라고 아뢰었다. 이에 신라는 상신(上臣) 이질부례지(伊叱夫禮智) 간기(干岐)을 보내서[대신을 상신이라 한다. 일본에는 이질부례지 나말(奈末)이라 한다.] 군사 3,000인을 거느리고 와서 칙언을 듣고자 하였다. 모야신이 멀리서 무기를 갖춘 병 수천이 있는 것을 보고, 웅천으로부터 임나의 기질기리성(己叱己利城)에 들어갔다. 이질부례지 간기는 다다라(多多羅)의 들에 이르러 돌아가지 않고 세 달이나 기다렸다. 여러 번 칙언을 듣고자 하였다. 끝내 칙언을 말하지 않았다. 이질부례지가 끌고 온 사졸들이 촌락에서 먹을 것을 구걸하였다. 게나노오미의 종자 가우치노우마카이노오비토미카리(河內馬飼首御狩)와 길을 지나쳤다. 미카리(御狩)가 다른 문에 들어가 숨어서 구걸하는 자가 지나가는 것을 기다려서 손을 들고 때리는 시늉을 하였다. 구걸하는 자가 보고서, "3개월을 기다려서 칙언을 듣고자 하여도 말하지 않았다. 칙언을 듣는 사자를 괴롭히는 것은 곧 속여서 상신을 죽이려고 한 것임을 알았다"라고 하였다. 그래서 본대로 자세히 상신에게 말했다. 상신이 4읍을 약탈하고 [금관(金官)·배벌(背伐)·안다(安多)·위타(委陀)의 4읍이다. 일본에는 다다라·수나라(須那羅)·화다(和多)·비지(費智)의 4촌을 일컫는다.] 사람들을 모두 이끌고, 본국으로 돌아갔다. 어떤 사람이 "다다라의 4읍을 약탈당한 것은 게나노오미의 잘못이다."라고 했다.(『日本書紀』17 繼體紀)

고구려 백제	겨울 10월에 왕은 오곡(五谷)에서 백제와 싸워서 이기고 2,000여 명을 죽이거나 사로잡았다. (『三國史記』19 高句麗本紀 7)
백제 고구려	겨울 10월에 고구려 왕 흥안(興安)이 몸소 군사를 거느리고 쳐들어 와서 북쪽 변경의 혈성(穴城)을 함락하였다. 좌평 연모(燕謨)에게 명령하여 보기병 3만 명을 거느리고 오곡의 벌판에서 막아 싸웠으나 이기지 못하였는데, 죽은 자가 2,000여 명이었다. (『三國史記』26 百濟本紀 4)
고구려 백제	겨울 10월에 고구려 왕이 군사를 거느리고 쳐들어 와서 백제 북쪽 변경의 침입하야 혈성을 취하였다. 백제왕이 좌평 연모에게 명령하여 보기병 3만 명을 거느리고 오곡의 벌판에서 막아 싸웠으나 이기지 못하였는데, 죽은 자가 2,000여 명이었다. (『三國史節要』6)
신라	영을 내려 살생을 금지시켰다. (『三國史記』4 新羅本紀 4)
신라	신라에서 영을 내려 살생을 금지시켰다. (『三國史節要』6)

530(庚戌/신라 법흥왕 17 建元 15/고구려 안장왕 12/백제 성왕 8/梁 中大通 2/倭 繼體 24)

가야 신라 백제

가을 9월에 임나가 사람을 보내어 주상하여 "게나노오미(毛野臣)가 구사모라(久斯牟

羅)에 집을 짓고 머무른 지 2년[일본(一本)에는 3년이라 하는데, 거래(去來) 연수를 합한 것이다] 정사를 게을리 히고 있다. 일본인과 임나인 사이에 자주 아이가 생겨나는 것은 소송으로 해결하기 어려우며 처음부터 판단할 도리가 없는 것이다. 게나노오미는 즐겨 서탕(誓湯)을 두어 '진실한 자는 데이지 않고, 거짓을 말한 자는 반드시 데인다'라고 했다. 이로써 더운물에 데어 죽는 자가 많았다. 또 기비노카라코나타리(吉備韓子那多利)·시후리(斯布利)를 죽이고[대일본인(大日本人)이 번국녀(蕃國女)를 얻어 낳은 것을 가라코(韓子)라 한다], 항상 인민을 괴롭히고, 끝내 화해하지 못한다"라고 했다. 이에 천황은 그 행상을 듣고 사람을 보내어 불러들였다. 그런데도 오지 않았다. 몰래 가우치노오모노키노우마카이노오비토미카리(河內母樹馬飼首御狩)를 시켜 경에 가서 주하여 "신이 칙지를 이루지 못하고 경에 들어가면 위로하러 가서 헛되이 빈손으로 돌아가는 꼴이 됩니다. 부끄럽고 면목 없는 짓을 어떻게 하겠습니까. 아무쪼록 계하께서는 명을 이룬 후에 조정에 돌아가서 사죄하기를 기다려 주십시오."라고 했다. 사람을 보낸 후에 다시 스스로 생각하여 "츠키노키시(調吉士)는 조정의 사신이다. 만일 나보다 먼저 돌아가서 사실대로 말하면 나의 죄과는 무거울 것이다"라고 했다. 곧 츠키노키시를 보내 많은 군사를 거느리고 이사지모라성(伊斯枳牟羅城)을 지키게 하였다. 이에 아리시토(阿利斯等)는 그가 사소하고 쓸데없는 일만 하고 소임에 힘쓰지 않는 것을 알고서 자주 귀국할 것을 권했으나, 돌아가지 않았다. 이로 인해 행적을 알고 배반할 생각을 가졌다. 그래서 구레시코모(久禮斯己母)를 신라에 보내어 군사를 청하였다. 또 누스쿠리(奴須久利)를 백제에 보내어 군사를 청하였다. 게나노오미는 백제의 군사가 온다는 것을 듣고, 헤코오리(背評)에서 마중하여 싸웠다(헤코오리는 지명이다. 다른 이름은 노비코오리(能備己富里)라고 한다). 상사(殤死)한 자가 반이었다. 백제는 누스쿠리를 붙잡아 수갑을 채우고, 목에 큰 칼을 씌우고 신라와 같이 성에 포위하였다. 아리시토를 꾸짖어 "게나노오미를 내놓아라"라고 하였다. (『日本書紀』 17 繼體紀)

가야 　　　겨울 10월에 츠키노키시가 임나로부터 와서 주하여 "게나노오미는 그 사람됨이 교만하고, 사나와서 정사에 힘쓰지 않는다. 끝내는 화해함이 없고 가라를 요란케 하였다. 자기 멋대로 이고, 방비에 힘쓰지 않는다"라고 했다. 그런 까닭에 메즈라코(目頰子)를 보내 불러들였다[메즈라코는 미상이다]. (『日本書紀』 17 繼體紀)

가야 한국(삼한)
　　　　　이 해에 게나노오미는 소환되어 쓰시마(對馬)에 이르러 병들어 죽었다. 장사지낼 때는 강을 따라 아우미(近江)에 왔다. 그의 처가 노래하기를, "히라카타(枚方)에서 피리 불며 올라오는 아우미의 게나(毛野)의 젊은이 피리 불며 올라온다."고 하였다. 메즈라코가 처음에 임나에 이르렀을 때에 거기에 있는 고향 사람들이 노래를 지어 보냈다. "한국(韓國)에 어떻게 말하려고 메즈라코가 왔는가. 저기에서 오는 잇키(壹岐)의 나루를 메즈라코가 왔네."(『日本書紀』 17 繼體紀)

고구려 　　6세조 보번(步蕃)은 서위(西魏)의 장수였는데, 하곡(河曲)에 주둔하였다가 북제(北齊)의 신무제(神武帝: 高歡)에게 격파되어 마침내 고구려로 달아났다. 후손들이 이어서 집안을 이루고 두씨(豆氏)가 되었다. (「豆善富 墓誌銘」:『唐代墓誌滙篇』)

531(辛亥/신라 법흥왕 18 建元 16/고구려 안장왕 13 안원왕 1/백제 성왕 9/梁 中大通 3/倭 繼體 25)

신라 　　　봄 3월에 담당 관청에 명하여 제방을 수리하게 하였다. (『三國史記』 4 新羅本紀 4)

신라	봄 3월에 신라에서 담당 관청에 명하여 제방을 수리하게 하였다. (『三國史節要』 6)

신라	여름 4월에 이찬 철부(哲夫)를 상대등(上大等)으로 삼아 나라의 일을 총괄하게 하였다. 상대등의 관직은 이때 처음 생겼으니, 지금의 재상(宰相)과 같다. (『三國史記』 4 新羅本紀 4)
신라	여름 4월에 신라에서 이찬 철부를 상대등으로 삼아 나라의 일을 총괄하게 하였다. 상대등의 관직은 이때 처음 생겼다. (『三國史節要』 6)
신라	상대등[혹은 상신(上臣)이라고도 하였다]은 법흥왕 18년에 처음으로 설치하였다. (『三國史記』 38 雜志 7 職官 上)

고구려	여름 5월에 왕이 돌아가셨다. 왕호를 안장왕(安臧王)이라고 하였다[이 때가 양나라의 중대통(中大通) 3년이요, 위(魏)나라의 보태(普泰) 원년이다. 양서(梁書)에 "안장왕이 재위 8년째인 보통(普通) 7년에 죽었다."고 하였으나 잘못이다]. (『三國史記』 19 高句麗本紀 7)
고구려	여름 5월에 고구려 왕이 돌아가셨다. 왕호를 안장왕이라고 하였다. 아들이 없어 동생 보연(寶延)이 왕위에 올랐다. 큰 도량이 있었으므로 안장왕은 그를 사랑하였다. 즉위함에 미쳐 양나라에서 조서를 내려 작위를 잇게 하였다. (『三國史節要』 6)
고구려	안원왕(安原王)은 이름이 보연이고 안장왕의 동생이다. 키가 일곱 자 다섯 치이고 큰 도량이 있었으므로 안장왕이 그를 사랑하였다. 안장왕이 재위 13년에 돌아가셨는데 아들이 없었으므로 즉위하였다. 양나라 고조가 조서를 내려 작위를 잇게 하였다. (『三國史記』 19 高句麗本紀 7)
고구려	제23대 안원왕[이름은 보영(宝迎)이다. 신해년에 즉위하여 14년 동안 나라를 다스렸다] (『三國遺事』 1 王曆)

가야 고구려	겨울 12월 병신 초하루 경자일(5)에 아이노(藍野)의 능(陵)에 장사하였다[혹본(或本)에 천황이 28년 세차(歲次) 갑인(甲寅)에 붕(崩)하였다고 하였다. 그것을 여기에 25년 세차 신해에 붕했다고 한 것은 백제본기(百濟本記)의 글을 인용하였기 때문이다. 그 글에 말하기를 태세(太歲) 신해 3월에 군사가 안라(安羅)에 가서 걸탁성(乞乇城)에 주둔하였다. 이 달에 고구려가 그 왕 안(安:안장왕)을 죽였다. 또 들으니, 일본의 천황 및 태자, 황자가 모두 다 죽었다고 하였다. 이에 따라 말하면 신해년은 25년에 해당한다. 후에 감교하는 자는 알 것이다]. (『日本書紀』 17 繼體紀)

532(壬子/신라 법흥왕 19 建元 17/고구려 안원왕 2/백제 성왕 10/梁 中大通 4/倭 安閑 1)

고구려	봄 3월에 위(魏)나라 황제가 조서를 내려 사지절(使持節)·산기상시(散騎常侍)·영호동이교위(領護東夷校尉)·요동군개국공(遼東郡開國公)·고구려왕(高句麗王)으로 삼고, 의관과 수레, 깃발의 장식을 내렸다. (『三國史記』 19 高句麗本紀 7)
고구려	봄 3월에 위나라에서 고구려왕(高勾麗王)을 사지절·산기상시·영호동이교위·요동군개국공·고구려왕으로 책봉하고 의관과 수레, 깃발의 장식을 내렸다. (『三國史節要』 6)
고구려	서위(西魏) 효무(孝武) 영희(永熙) 원년에 고구려왕 연(延)을 사지절·산기상시·거기장군(車騎將軍)·영호동이교위·요동군공(遼東郡公)·고구려왕으로 삼았다. (『冊府元龜』 963 外臣部 8 冊封 1)
고구려	안(安)이 죽고 아들 연이 즉위하였다. 출제(出帝) 초에 조서를 내려 연에게 사지절·산기상시·거기대장군(車騎大將軍)·영호동이교위·요동군개국공·고구려왕을 더해주고, 의관과 복물(服物) 및 수레와 깃발 등의 물건들을 하사하였다. (『魏書』 100 列傳 88 高句麗)

고구려	여름 4월에 사신을 양나라에 보내 조공하였나. (『三國史記』 19 高句麗本紀 7)
고구려	여름 4월에 고구려에서 사신을 보내 양나라에 가서 조공하였다. (『三國史節要』 6)

| 백제 | 5월에 백제가 하부(下部) 수덕(脩德) 적덕손(嫡德孫)과 상부(上部) 도덕(都德) 기주기루(己州己婁) 등을 보내어 상조(常調)를 바쳤다. 따로 표를 올렸다. (『日本書紀』 18 安閑紀) |

고구려	(태창(太昌) 원년) 6월 병인일(4)에 연연(蠕蠕)·엽달(嚈噠)·고려·거란·고막해국(庫莫奚國)이 모두 사신을 보내 조공하였다. (…) 을유일(23)에 고려·거란·고막해가 사신을 보내 조공하였다. (『魏書』 11 帝紀 11 出帝平陽王)
고구려	6월에 사신을 위나라에 보내 조공하였다. (『三國史記』 19 高句麗本紀 7)
고구려	6월에 또 사신을 보내 위나라에 가서 조공하였다. (『三國史節要』 6)
고구려	(후위) 출제 태창 원년 6월에 고려·거란·고막해·연연·엽달·고창국 등이 (…) 모두 사신을 보내 조공하였다. (『冊府元龜』 969 外臣部 14 朝貢 2)

백제	가을 7월 갑진일(12)에 별이 비 오듯이 떨어졌다. (『三國史記』 26 百濟本紀 4)
백제	가을 7월 갑진일(12)에 백제에서 별이 비 오듯이 떨어졌다. (『三國史節要』 6)

고구려	11월 기유일(19)에 고려국이 사신을 보내 방물을 바쳤다. (『梁書』 3 本紀 3 武帝 下)
고구려	겨울 11월에 사신을 양나라에 보내 조공하였다. (『三國史記』 19 高句麗本紀 7)
고구려	겨울 11월에 고구려에서 사신을 보내 양나라에 가서 조공하였다. (『三國史節要』 6)
고구려	겨울 11월에 고려국에서 사신을 보내 조공하였다. (『南史』 7 梁本紀 中 7 武帝 下)
고구려	중대통(中大通) 4년과 6년, 대동 원년과 7년에 거듭 표를 올리고 방물을 바쳤다. (『梁書』 54 列傳 48 諸夷 高句驪)
고구려	중대통 4년과 6년, 대동 원년과 7년에 거듭 표를 올리고 방물을 바쳤다. (『南史』 79 列傳 69 夷貊 下 東夷 高句麗)

고구려	(영희 원년) 이해에 연연·엽달·고려·거란·고막해·고창 등의 나라가 모두 사신을 보내 조공하였다. (『北史』 5 魏本紀 5 孝武皇帝)

가야 신라	금관국(金官國)의 왕 김구해(金仇亥)가 왕비와 세 아들 즉 큰아들 노종(奴宗), 둘째 아들 무덕(武德), 막내아들 무력(武力)을 데리고 나라 창고에 있던 보물을 가지고 와서 항복하였다. 왕이 예로써 대접하고 상등(上等)의 벼슬을 주었으며 본국을 식읍(食邑)으로 삼게 하였다. 아들 무력은 벼슬하여 각간(角干)에 이르렀다. (『三國史記』 4 新羅本紀 4)
가야 신라	가락국왕 김구해와 그 비(妃) 및 아들 무력 등이 신라에 항복하였다. 왕이 상등의 벼슬을 주었으며 본국을 식읍으로 삼게 하였다. 아들 무력은 벼슬하여 각간에 이르렀다. (『三國史節要』 6)
가야 신라	김해소경(金海小京)은 옛날의 금관국[또는 가락국(伽落國) 또는 가야(伽耶)라고도 하였다]이었다. 시조 수로왕(首露王)으로부터 10세 구해왕(仇亥王)에 이르러, 양나라 중대통 4년, 신라 법흥왕 19년에 백성을 거느리고 와서 항복하였으므로, 그 땅을 금관군(金官郡)으로 삼았다. (『三國史記』 34 雜志 3 地理 1)
가야 신라	보정(保定) 2년(562) 임오 9월에 신라 제24대 임금 진흥왕(眞興王)이 군사를 일으켜

공격해오니 왕은 친히 군졸을 지휘했으나 저편은 군사가 많고 이편은 적어서 맞서 싸울 수 없었다. 이에 왕은 형제인 탈지이질금(脫知爾叱今)을 남겨두고, 왕자와 상손 졸지공(卒支公) 등과 함께 항복해서 신라로 들어갔다. 왕비는 분질수이질(分叱水爾叱)의 딸 계화(桂花)로, 세 아들을 낳았는데 첫째는 세종(世宗) 각간이요, 둘째는 무도(茂刀) 각간이며, 셋째는 무득(茂得) 각간이었다. 개황록(開皇錄)에서는 "양나라 무제(武帝) 중대통 4년 임자에 구형왕이 신라에 항복했다"고 했다.

논평해서 말한다. 삼국사(三國史)에 의하면 구형왕은 양나라 무제 중대통 4년 임자에 국토를 바치고 신라에 항복했다 하니, 수로왕이 처음 왕위에 오른 동한(東漢) 건무 18년 임인으로부터 구형왕의 말년 임자까지 계산하면 490년이 된다. 만약 이 기록으로써 살펴본다면 땅을 바침이 북주(北周) 보정 2년 임오에 해당되므로 30년이 더하게 되니 도합 520년이다. 이제 이 두 설을 다 적어둔다. (『三國遺事』2 紀異 2 駕洛國記)

고구려	풍원흥(馮元興)의 자(字)는 자성(子盛)으로 동위군(東魏郡) 비향(肥鄕) 사람이다. (…) 자못 문재(文才)가 있어 나이 23살에 고향으로 가 항상 수백명을 가르쳤다. 효행과 청렴함으로 관직에 나갔고, 대책으로 지위가 높아졌으며, 또 수재로 천거되었다. 시어사중위(時御史中尉) 왕현(王顯)이 권세와 임금의 총애가 있어 원흥이 현에게 주기(奏記)하니 그를 불러 검교어사(檢校御史)로 삼았다가 궁중으로 옮겨 봉조청(奉朝請)을 제수 받았고, 고려에 세 번 사신으로 갔다. (『魏書』79 列傳 67 馮元興)

533(癸丑/신라 법흥왕 20 建元 18/고구려 안원왕 3/백제 성왕 11/梁 中大通 5/倭 安閑 2)

고구려	봄 정월에 왕자 평성(平成)을 태자로 삼았다. (『三國史記』19 高句麗本紀 7)
고구려	봄 정월에 고구려 왕자 평성을 태자로 삼았다. (『三國史節要』6)
고구려	2월에 사신을 위(魏)나라에 보내 조공하였다. (『三國史記』19 高句麗本紀 7)
고구려	2월에 고구려에서 사신을 보내 위나라에 가서 조공하였다. (『三國史節要』6)
고구려	최장문(崔長文)의 종제 상(庠)은 자(字)가 문서(文序)로 재간이 있어 처음 시어사(侍御史)·원외산기시랑(員外散騎侍郎)·급사중(給事中)에 제수되었다가 자주 고려에 사신으로 갔다. 자리를 옮겨 사공연(司空掾), 령좌우직장(領左右直長)이 되었다. 외직으로 상주장사(相州長史)로 갔다가 돌아와 (河陰)·낙양령(洛陽令)에 임명되었다. 강직함으로 칭송되어 동군태수(東郡太守)로 옮겼다. 원호(元顥)가 군의 경계를 핍박하자 상이 이를 막고 명을 따르지 않고 군을 버리고 향리로 돌아갔다. 효장제(孝莊帝)가 환궁하여 평원백(平原伯)의 작위를 내리고 영천태수(潁川太守)에 임명했다. 영희(永熙) 2년(533) 5월 성민 왕조(王旱)·난보(蘭寶) 등에게 해를 입었다. (『魏書』67 列傳 55 崔光)
요동	남영주(南營州)[효장(孝昌; 525~527) 연간에 영주가 힘닉되어 영희(永熙) 2년(533)에 설치했다. 임시 치소는 영웅성(英雄城)이다.] (…) 요동군(遼東郡)[영희 연간(532~534)에 두었다.] 거느리는 현은 2이고, 호수는 565이며, 인구는 2,634명이다. (『魏書』106 志 5 地形 2 上)

534(甲寅/신라 법흥왕 21/고구려 안원왕 4/백제 성왕 12/梁 中大通 6/倭 安閑 3)

백제	봄 3월 갑진일(22) 백제국이 사신을 파견해 토산물을 바쳤다. (『梁書』3 本紀 3 武帝 下)

백제	봄 3월 갑진일(22) 백제국이 사신을 파견해 조공하였다. (『南史』 7 梁本紀 中)
백제	봄 3월에 사신을 피견해 양(梁)에 들어가 조공하였다. (『三國史記』 26 百濟本紀 4)
백제	봄 3월에 백제가 사신을 파견해 양에 가서 조공하였다. (『三國史節要』 6)
백제	중대통(中大通) 6년 3월에 백제국이, 7월에 임읍국(林邑國)이 모두 사신을 파견해 토산물을 바쳤다. (『冊府元龜』 968 外臣部 朝貢 1)
백제	중대통 6년, 대동(大同) 7년(541)에 거듭 사신을 파견해 토산물을 바쳤다. (『梁書』 54 列傳 48 百濟)
백제	중대통 6년, 대동 7년(541)에 거듭 사신을 파견해 토산물을 바쳤다. (『南史』 79 列傳 69 百濟)

백제	여름 4월 정묘일(15) 형혹성(熒惑星)이 남두성(南斗星)을 침범하였다. (『三國史記』 26 百濟本紀 4)
백제	여름 4월 정묘일(15) 백제에서 형혹성이 남두성을 침법하였다. (『三國史節要』 6)

고구려	영희(永熙) 3년 여름 4월 병자일(24) 고구려국이 사신을 파견해 조공하였다. (『魏書』 11 帝紀 11 出帝平陽王)
고구려	영희 3년 이 여름에 거란(契丹)·고구려·토욕혼(吐谷渾)이 모두 사신을 파견해 조공하였다. (『北史』 5 魏本紀 5 孝武皇帝)
고구려	사신을 파견해 북위(北魏)에 들어가 조공하였다. (『三國史記』 19 高句麗本紀 7)
고구려	고구려가 사신을 파견해 북위에 가서 조공하였다. (『三國史節要』 6)

고구려	동위(東魏)가 조서를 내려 왕에게 표기대장군(驃騎大將軍)을 더해주고, 나머지는 모두 예전과 같았다. (『三國史記』 19 高句麗本紀 7)
고구려	동위가 조서를 내려 고구려왕에게 표기대장군을 더해주고, 나머지는 예전과 같았다. (『三國史節要』 6)
고구려	동위 효정제(孝靜帝) 천평(天平) 연간(534~537)에 조서를 내려 고구려왕 연(延)에게 시중(侍中)·표기대장군을 더해주고, 나머지는 모두 예전과 같았다. (『魏書』 100 列傳 88 高句麗)
고구려	천평 연간(534~537)에 조서를 내려 고구려왕 연에게 시중·표기대장군을 더해주고, 나머지는 모두 예전과 같았다. (『北史』 94 列傳 82 高麗)
고구려	동위 효정제 천평 연간(534~537)에 고구려왕 고연(高延)에게 시중·표기대장군을 더해주었다. (『冊府元龜』 963 外臣部 封冊 1)

고구려	중대통 4년(532)·6년, 대동원년(535)·7년(541)에 거듭 표문과 토산물을 바쳤다. (『梁書』 54 列傳 48 高句驪)
고구려	중대통 4년(532)·6년, 대동원년(535)·7년(541)에 거듭 표문과 토산물을 바쳤다. (『南史』 79 列傳 69 高句麗)

535(乙卯/신라 법흥왕 22/고구려 안원왕 5/백제 성왕 13/梁 大同 1/倭 安閑 4)

고구려	2월 신축일(24) 고구려국·단단국(丹丹國)이 각각 사신을 파견해 토산물을 바쳤다. (『梁書』 3 本紀 3 武帝 下)
고구려	2월 신축일(24) 고구려·단단국이 모두 사신을 파견해 조공하였다. (『南史』 7 梁本紀 中)
고구려	봄 2월에 사신을 파견해 양(梁)에 들어가 조공하였다. (『三國史記』 19 高句麗本紀 7)

고구려	봄 2월에 고구려가 사신을 파견해 양에 가서 조공하였다. (『三國史節要』 6)
고구려	중대통(中大通) 4년(532)·6년(534), 대동(大同)원년·7년(541)에 거듭 표문과 토산물을 바쳤다. (『梁書』 54 列傳 48 高句驪)
고구려	중대통 4년(532)·6년(534), 대동원년·7년(541)에 거듭 표문과 토산물을 바쳤다. (『南史』 79 列傳 69 高句麗)

고구려	천평(天平) 2년 이 봄에 고구려·거란(契丹)이 모두 사신을 파견해 조공하였다. (『魏書』 12 帝紀 12 孝靜帝)
고구려	천평 2년 이 봄에 고구려·거란이 모두 사신을 파견해 조공하였다. (『北史』 5 魏本紀 5 東魏孝靜皇帝)

고구려	여름 5월에 나라 남쪽에 큰 홍수가 나서, 민가가 표류하거나 잠기고 죽은 자가 200여 명이었다. (『三國史記』 19 高句麗本紀 7)
고구려	여름 5월에 고구려에 큰 홍수가 나서, 민가가 표류하거나 잠기고 죽은 자가 200여 명이었다. (『三國史節要』 6)

고구려	겨울 10월에 지진이 있었다. (『三國史記』 19 高句麗本紀 7)
고구려	겨울 10월에 고구려에 지진이 있었다. (『三國史節要』 6)

고구려	12월에 천둥이 쳤다. (『三國史記』 19 高句麗本紀 7)
고구려	12월에 천둥이 쳤다. (『三國史節要』 6)

고구려	12월에 크게 전염병이 돌았다. (『三國史記』 19 高句麗本紀 7)
고구려	12월에 고구려에 크게 전염병이 돌았다. (『三國史節要』 6)

신라	상대등(上大等) 철부(哲夫)가 죽었다. (『三國史記』 4 新羅本紀 4)

백제	중대통 7년에 거듭 사신을 파견해 토산물을 바쳤다. 아울러 열반경(涅槃經) 등의 경의(經義), 모시박사(毛詩博士) 및 공장(工匠)·화사(畫師) 등을 요청하자, 모두 그에게 주었다. (『太平御覽』 781 四夷部 2 東夷 2 百濟)

536(丙辰/신라 법흥왕 23 建元 1/고구려 안원왕 6/백제 성왕 14/梁 大同 2/倭 宣化 1)

고구려	봄·여름에 크게 가뭄이 들어 사자를 보내 굶주린 백성을 어루만지고 구휼하였다. (『三國史記』 19 高句麗本紀 7)
고구려	봄·여름에 고구려에 크게 가뭄이 들어 사자를 보내 굶주린 백성을 어루만지고 구휼하였다. (『三國史節要』 6)

고구려	가을 8월에 황충(蝗蟲)이 나타났다. (『三國史記』 19 高句麗本紀 7)
고구려	가을 8월에 고구려에 황충이 나타났다. (『三國史節要』 6)

고구려	가을 8월에 사신을 파견해 동위(東魏)에 들어가 조공하였다. (『三國史記』 19 高句麗本紀 7)
고구려	가을 8월에 고구려가 사신을 파견해 동위에 가서 조공하였다. (『三國史節要』 6)
고구려	천평(天平) 3년 이 해에 고구려국이 사신을 파견해 조공하였다. (『魏書』 12 帝紀 12 孝靜帝)

고구려	천평 3년 이 해에 고구려·물길(勿吉)이 모두 사신을 파견해 조공하였다. (『北史』 5 魏本紀 5 東魏孝靜皇帝)
고구려	동위 효정제(孝靜帝) 천평 3년에 고구려·물길이 모두 사신을 파견해 조공하였다. (『冊府元龜』 969 外臣部 朝貢 2)

신라	비로소 연호를 칭하여 건원(建元)원년이라고 하였다. (『三國史記』 4 新羅本紀 4)
신라	제23대 법흥왕(法興王)이 기원을 세웠다[병진년 이 해에 비로소 연호를 두니 여기에서 시작되었다]. (『三國遺事』 1 王曆)
신라	신라가 비로소 기원를 세웠다. 신라는 나라 초기부터 중국의 연호를 시행하였으나, 이 때에 이르러 중국이 분열됨으로 인하여 스스로 건원원년이라고 불렀다. (『三國史節要』 6)

537(丁巳/신라 법흥왕 24 建元 2/고구려 안원왕 7/백제 성왕 15/梁 大同 3/倭 宣化 2)

고구려	봄 3월에 백성이 굶주려 왕이 순무(巡撫)하고 진휼하였다. (『三國史記』 19 高句麗本紀 7)
고구려	봄 3월에 고구려에 기근이 들어 왕이 순무하고 진휼하였다. (『三國史節要』 6)

신라 가야 백제

겨울 10월 임진일 초하루에 천황이 신라가 임나를 침탈한 까닭으로 오토모노오무라지카나무라(大伴大連金村)에게 명하여 그 아들 이와(磐)와 사데히코(狹手彦)를 보내 임나를 도와주게 하였다. 이 때에 이와는 츠쿠시(筑紫)에 머무르며 그 국(國)을 다스려 삼한에 대비하였다. 사데히코는 임나에 가서 진주하고 또 백제를 구원하였다. (『日本書紀』 18 宣化紀)

고구려	겨울 12월에 사신을 파견해 동위(東魏)에 들어가 조공하였다. (『三國史記』 19 高句麗本紀 7)
고구려	겨울 12월에 고구려가 사신을 파견해 동위에 가서 조공하였다. (『三國史節要』 6)
고구려	천평(天平) 4년 이 해에 고구려·연연국(蠕蠕國)이 모두 사신을 파견해 조공하였다. (『魏書』 12 帝紀 12 孝靜帝)
고구려	천평 4년 이 해에 고구려·연연이 모두 사신을 파견해 조공하였다. (『北史』 5 魏本紀 5 東魏孝靜皇帝)
고구려	동위 효정제(孝靜帝) 천평 4년에 고구려·연연이 모두 사신을 파견해 조공하였다. (『冊府元龜』 969 外臣部 朝貢 2)

고구려	천평 연간(534~537)에 고구려에 조서를 내려 강과(江果) 등을 보내라고 하였다. (『魏書』 71 列傳 59 江果)
고구려	천평 연간(534~537)에 고구려에 조서를 내려 강과 등을 보내라고 하였다. (『北史』 45 列傳 33 江果)

538(戊午/신라 법흥왕 25 建元 3/고구려 안원왕 8/백제 성왕 16/梁 大同 4/倭 宣化 3)

신라	봄 정월에 교서를 내려 지방관이 가족을 데리고 임지로 가는 것을 허락하였다. (『三國史記』 4 新羅本紀 4)
신라	봄 정월에 신라에서 지방관이 가족을 데리고 임지로 가는 것을 허락하였다. (『三國史節要』 6)

백제	봄에 도읍을 사비(泗沘)[소부리(所夫里)라고도 한다.]로 옮기고 나라를 남부여(南扶餘)라고 불렀다. (『三國史記』 26 百濟本紀 4)
백제	백제 성왕(聖王) 16년 무오 봄에 도읍을 사비로 옮기고 나라를 남부여라고 불렀다[주에는 "그 지명은 소부리인데, 사비는 지금의 고성진(古省津)이다. 소부리라는 것은 부여(扶餘)의 별칭이다."라고 한다. 이상이 주이다]. (…) 26대 성왕에 이르러 도읍을 소부리로 옮기고 나라를 남부여라고 불렀다. (『三國遺事』 2 紀異 2 南扶餘前百濟北扶餘)
백제	제26대 성왕 무오[도읍을 사비로 옮기고 남부여라고 불렀다.] (『三國遺事』 1 王曆)
백제	백제가 도읍을 사비로 옮기고,[소부리라고도 하고, 혹은 고성진이라고 한다.] 나라를 남부여라고 불렀다. (『三國史節要』 6)
백제	『고전기(古典記)』에 의거하건대 (…) 26대 성왕에 이르러 도읍을 소부리로 옮기고 나라를 남부여라고 불렀다. (『三國史記』 37 雜志 6 地理 4)
고구려	원상(元象)원년 가을 7월 을해일(18) 고구려국이 사신을 파견해 조공하였다. (『魏書』 12 帝紀 12 孝靜帝)
고구려	원상원년 가을 7월 을해일(18) 고구려가 사신을 파견해 조공하였다. (『北史』 5 魏本紀 5 東魏孝靜皇帝)
고구려	동위(東魏) 효정제(孝靜帝) 원상원년 7월에 고구려가 사신을 파견해 조공하였다. (『册府元龜』 969 外臣部 朝貢 2)
신라	신라가 아시량국(阿尸良國)을 멸망시키고 그 지역을 군(郡)으로 삼았다. (『三國史節要』 6)
신라	신라가 미지악(美知樂)을 만들었다. (『三國史節要』 6)

539(己未/신라 법흥왕 26 建元 4/고구려 안원왕 9/백제 성왕 17/梁 大同 5/倭 宣化 4)

고구려	원상 연간(538~539)에 강과(江果) 등은 이에 고구려에서 조정으로 돌아올 수 있었다. (『魏書』 71 列傳 59 江果)
고구려	원상 연간(538~539)에 강과 등은 이에 고구려에서 조정으로 돌아올 수 있었다. (『北史』 45 列傳 33 江果)
고구려	여름 5월에 사신을 파견해 동위(東魏)에 들어가 조공하였다. (『三國史記』 19 高句麗本紀 7)
고구려	여름 5월에 고구려가 사신을 파견해 동위에 가서 조공하였다. (『三國史節要』 6)
고구려	흥화(興和)원년 여름 5월 이 달에 고구려국이 사신을 파견해 조공하였다. (『魏書』 12 帝紀 12 孝靜帝)
고구려	흥화원년 5월 이 달에 고구려가 사신을 파견해 조공하였다. (『北史』 5 魏本紀 5 東魏孝靜皇帝)
고구려	동위 효정제(孝靜帝) 흥화원년 5월에 고구려가 사신을 파견해 조공하였다. (『册府元龜』 969 外臣部 朝貢 2)
현도	배자야전(裴子野傳)에 전한다. "양(梁) 원제(元帝) 직공도(職貢圖)의 서(序)에 '감천(甘泉)에서 알씨(閼氏)의 형상을 베끼고, 후궁(後宮)에서 선우(單于)의 그림을 갖고 놀았다.'고 하고, 찬(贊)에서 '북쪽으로 현도(玄菟)와 통하고 남쪽으로 주연(朱鳶)과 접한다.'라고 한다. 상세한 것은 내부류(內附類)를 보라. 『후한서(後漢書)』 동이전(東

夷傳), 『문선(文選)』의 주는 외국도(外國圖)를 인용하고, 『수경주(水經注)』 또한 그것을 인용하였다[또한 『통전(通典)』을 보라].” (『玉海』 16 地理異域圖書 梁方國使圖 職貢圖)

백제 고구려 신라

『당서(唐書)』 지리지(地理志)에 전한다. “양 원제의 것은 1권이다. 『숭문총목(崇文總目)』 동서목(同書目)에 전한다. ‘그 자서(自序)에 100국을 1권으로 편찬하였다고 하나, 지금은 27국만 남아 있다.’ 이공린(李公麟)은 첩이 있는데, 다음과 같다. ‘양 원제가 형주(荊州)를 지킬 때 직공도를 만들었는데, 처음은 노(虜)이고 마지막은 연(蜎)이어서 모두 30여 국이고 지금은 겨우 22국이다. 그 첫째는 노국(魯國)이다.’ 『남사(南史)』 및 『통전』·『태평어람(太平御覽)』에는 모두 노국과 병병국(丙丙國)이 없다. 그 아래에 20국은 있다. 하남(河南)·중천축(中天竺)·사자(師子)·북천축(北天竺)·갈반타(渴盤陀)·무흥(武興)·번(蕃)·활(滑)·파사(波斯)·백제·구자(龜玆)·왜(倭)·인고가(因古柯)·가발단(呵跋檀)·호밀단(胡密丹)·백제(白題)·말(末)·임읍(林邑)·파리(婆利)·탕창(宕昌)·혼아수(很牙脩)는 모두 양에 조공하던 자들이다. 무제기(武帝紀) 중에 또한 부남(扶南)·등지(鄧至)·우전(于闐)·연연(蠕蠕)·고구려·우타리(于陁利)·신라·반반(盤盤)·단단(丹丹) 9국이 있는데, 어찌 그림이 남은 것인가? 또한 소위 연이 보이지 않는 것은 병병과 예예(芮芮)가 서로 비슷하여 곧 연연(蠕蠕)인 것이 아닌가 의심된다. 『통지(通志)』에는 28국이라고 하는데, 『숭문총목』에는 또한 직공도 3권이 있다고 한다.” (『玉海』 56 藝文圖 梁職貢圖 見朝貢)

540(庚申/신라 법흥왕 27, 진흥왕 1 建元 5/고구려 안원왕 10/백제 성왕 18/梁 大同 6/倭 欽明 1)

백제　　봄 2월에 백제인 기지부(己知部)가 귀화하였다. 야마토노쿠니(倭國) 소우노카미노코오리(添上郡)의 야마무라(山村)에 안치하였다. 지금의 야마무라코치후(山村己知部)의 조상이다. (『日本書紀』 19 欽明紀)

신라　　함안군(咸安郡)은 법흥왕(法興王)이 크게 병사를 일으켜 아시량국(阿尸良國)[아나가야(阿那加耶)라고도 한다.]을 멸망시키고 그 지역을 군(郡)으로 삼았다. (『三國史記』 34 雜志 3 地理 1)

신라　　미지악(美知樂)은 법흥왕 때 만들었다. (『三國史記』 32 雜志 1 樂)

신라　　가을 7월에 왕이 돌아가시자 시호를 법흥이라고 하고 애공사(哀公寺) 북쪽 봉우리에 장사지냈다. (『三國史記』 4 新羅本紀 4)

신라　　진흥왕(眞興王)이 즉위하였는데, 이름은 삼맥종(三麥宗)[혹은 심맥부(深麥夫)라고도 한다.]이고 당시에 나이가 7세였다. 법흥왕의 아우 갈문왕(葛文王) 입종(立宗)의 아들이다. 어머니는 부인(夫人) 김씨인데, 법흥왕의 딸이다. 왕비는 박씨(朴氏)로 사도부인(思道夫人)이다. 왕이 어려서 왕태후가 섭정하였다. (『三國史記』 4 新羅本紀 4)

신라　　가을 7월에 신라왕 원종(原宗)이 돌아기사자 시호를 법흥이라고 하고 애공사 북쪽 봉우리에 장사지냈다. 아우 갈문왕 입종의 아들인 삼맥종이 즉위하였는데, 나이가 7세였다. 어머니는 법흥왕의 딸이다. 왕이 어려서 태후가 섭정하였다. (『三國史節要』 6)

신라　　제24대 진흥왕[이름은 삼맥종(彡麥宗)이고 심맥종(深麥宗)이라고도 하는데, 김씨이다. 아버지는 곧 법흥의 아우인 갈문왕 입종이다. 어머니는 지소부인(只召夫人)인데

	식도부인(息道夫人)이라고도 하며, 모량리(牟梁里) 각간(角干) 영사(英史)의 딸이고, 또한 머리를 깎고 비구니가 되었다. 경신년에 즉위하여 36년 간 다스렸다.] (『三國遺事』 1 王曆)
신라	24대 진흥왕은 즉위하였을 때 나이가 15세여서 태후가 섭정하였다. 태후는 곧 법흥왕의 딸이고 갈문왕 입종의 왕비인데, 죽을 때 머리를 깎고 법의를 입고 세상을 떠났다. (『三國遺事』 1 紀異 1 眞興王)

신라	8월에 대사(大赦)하여 문무관에게 작위 1급씩을 하사하였다. (『三國史記』 4 新羅本紀 4)
신라	8월에 신라에서 대사하여 문무관에게 작위 1급씩을 하사하였다. (『三國史節要』 6)

고구려 백제 신라 가야	가을 8월에 고구려·백제·신라·임나가 모두 사신을 보내어 물건을 바치고 아울러 공직(貢職)을 닦았다. 하다히토(秦人)·아야히토(漢人) 등 제번(諸蕃)에서 온 귀화자를 불러 모아 국(國)과 군(郡)에 안치하고 호적을 작성하였다. 하다히토의 호수는 총 7053호였다. 대장연(大藏掾)을 하다노토모노미야츠코(秦伴造)로 임명하였다. (『日本書紀』 19 欽明紀)

고구려 백제	가을 9월에 백제가 우산성(牛山城)을 포위하였다. 왕이 정예기병 5천을 파견하여 그들을 공격하고 달아나게 하였다. (『三國史記』 19 高句麗本紀 7)
백제 고구려	가을 9월에 왕이 장군 연회(燕會)에게 명령하여 고구려 우산성을 공격하게 하였으나 이기지 못하였다. (『三國史記』 26 百濟本紀 4)
백제 고구려	가을 9월에 백제왕이 장군 연회에게 명령하여 고구려 우산성을 공격하게 하였다. 고구려왕이 정예기병 5천을 파견하여 그들을 공격하고 달아나게 하였다. (『三國史節要』 6)

신라 가야	9월 을해일이 초하루인 기묘일(5) 나니와(難波) 와우리츠노미야(祝津宮)에 행차하였다. 오토모노오무라지카나무라(大伴大連金村)·고세노오미이나모치(許勢臣稻持)·모노노베노오무라지오코시(物部大連尾興) 등이 따랐다. 천황이 제신(諸臣)에게 물어 말하기를, "얼마 만큼의 군졸이면 신라를 칠 수가 있겠는가?"라고 하였다. 모노노베노오무라지오코시 등이 주상하여 말하기를, "적은 정도의 군졸로는 쉽게 정벌할 수가 없습니다. 옛날 계체천황(繼體天皇) 6년에 백제가 사신을 보내어 임나의 상치리(上哆唎)·하치리(下哆唎)·사타(娑陀)·모루(牟婁) 4현(縣)을 청하였습니다. 오토모노오무라지카나무라가 쉽게 청하는 대로, 그 구하는 바를 하사해주도록 하였습니다. 이로 말미암아 신라가 원망함이 오래되었습니다. 가볍게 해서는 칠 수가 없습니다."라고 하였다. 이때 오토모노오무라지카나무라은 스미노에(住吉)에 있는 집에 거하고 있었다. 아프다고 칭하고 조정에 나오지 않았다. 천황이 아오미노오오토지(靑海夫人) 마가리코(勾子)를 보내었는데 위문함이 은근하였다. 오무라지(大連)는 황송해하며 말하기를, "신이 앓고 있는 바는 다른 일이 아닙니다. 지금 제신 등이 말하기를 신이 임나를 멸망시켰다고 하는지라 두려워 조정에 나아가지 않은 뿐입니다."라고 하였다. 이에 안마(鞍馬)를 사인에게 주며 후하게 경의를 나타내었다. 아오미노오오토지는 실제 그대로를 나타내어 주상하였다. 조서를 내려 말하기를, "오래도록 충성을 다해왔다. 여러 사람의 입을 두려워 말라."고 하였다. 끝내 죄로 삼지 않았다. 총애함이 더욱 깊었다. (『日本書紀』 19 欽明紀)

신라	겨울 10월에 지진이 있었다. (『三國史記』 4 新羅本紀 4)
신라	거울 10월에 신라에 지진이 있었다. (『三國史節要』 6)

신라	겨울 10월에 복숭아꽃, 오얏꽃이 피었다. (『三國史記』 4 新羅本紀 4)
고구려	겨울 10월에 복숭아꽃, 오얏꽃이 피었다. (『三國史記』 19 高句麗本紀 7)
신라	겨울 10월에 신라, 고구려에 복숭아꽃, 오얏꽃이 피었다. (『三國史節要』 6)

고구려	12월에 사신을 파견해 동위(東魏)에 들어가 조공하였다. (『三國史記』 19 高句麗本紀 7)
고구려	12월에 고구려가 사신을 파견해 동위에 가서 조고았였다. (『三國史節要』 6)
고구려	흥화(興和) 2년 이 해에 연연(蠕蠕)·고구려·물길국(勿吉國)이 모두 사신을 파견해 조공하였다. (『魏書』 12 帝紀 12 孝靜帝)
고구려	흥화 2년 이 해에 고구려·연연·물길이 모두 사신을 파견해 조공하였다. (『北史』 5 魏本紀 5 東魏孝靜皇帝)
고구려	동위 효정제(孝靜帝) 흥화 2년에 연연국·고구려·물길이 모두 사신을 파견해 조공하였다. (『册府元龜』 969 外臣部 朝貢 2)

신라	신라왕이 용의가 단정한 어린 남자를 뽑아 풍월주(風月主)라고 불렀다. 좋은 사(善士)를 구하여 무리로 삼아서 효제충신(孝悌忠信)을 연마하였다. (『三國史節要』 6)

541(辛酉/신라 진흥왕 2 建元 6/고구려 안원왕 11/백제 성왕 19/梁 大同 7/倭 欽明 2)

고구려 백제	봄 3월 을해일(3) 탕창왕(宕昌王)이 사신을 파견해 말과 토산물을 바쳤다. 고구려·백제·활국(滑國)이 각각 사신을 파견해 토산물을 바쳤다. (『梁書』 3 本紀 3 武帝 下)
고구려	봄 3월에 사신을 파견해 양(梁)에 들어가 조공하였다. (『三國史記』 19 高句麗本紀 7)
고구려	봄 3월에 고구려가 사신을 파견해 양에 가서 조공하였다. (『三國史節要』 6)
고구려 백제	대동(大同) 7년 3월에 고구려국·백제·활국, 9월에 예예국(芮芮國)이 사신을 파견해 토산물을 바쳤다. (『册府元龜』 968 外臣部 朝貢 1)
백제	왕이 사신을 파견해 양에 들어가 조공하였다. 겸하여 모시박사(毛詩博士), 열반경(涅槃經) 등의 경의(經義) 및 공장(工匠)·화사(畫師) 등을 표문으로 요청하자, 그에 따랐다. (『三國史記』 26 百濟本紀 4)
백제	백제가 사신을 파견해 양에 가서 조공하였다. 모시박사, 열반경 등의 경의 및 공장·화사 등을 표문으로 요청하자, 그에 따랐다. (『三國史節要』 6)
고구려 백제	이 해에 탕창·연연(蠕蠕)·고구려·백제·활국이 각각 사신을 파견해 조공하였다. 백제가 열반경 등의 경소(經疏) 및 의사, 공장, 화사, 모시박사 등을 요구하자, 모두 그에게 허락하였다. (『南史』 7 梁本紀 中)
백제	양 무제(武帝) 대동 7년에 백제왕이 사신을 파견해 열반경(涅槃經) 등의 경의(經義), 모시박사(毛詩博士) 및 공장(工匠)·화사(畫師) 등을 요청하자, 칙서를 내려 모두 그에게 주었다. (『册府元龜』 999 外臣部 請求)
백제	대동 7년에 백제국이 사신을 파견해 조공하였다. 경론(經論)을 청하자 칙서를 내려 열반경소를 하사하였다. (『佛祖統紀』 37 法運通塞志 17之4 梁武帝大同7年)
고구려	중대통(中大通) 4년(532)·6년(534), 대동원년(535)·7년에 거듭 표문과 토산물을 바쳤다. (『梁書』 54 列傳 48 高句驪)
백제	중대통 6년(534), 대동 7년에 거듭 사신을 파견해 토산물을 바쳤다. 아울러 열반경 등의 경의, 모시박사 및 공장·화사 등을 요청하자, 칙서를 내려 모두 그에게 주었다.

(『梁書』54 列傳 48 百濟)

고구려	중대통 4년(532)·6년(534), 대동원년(535)·7년에 거듭 표문과 토산물을 바쳤다. (『南史』79 列傳 69 高句麗)
백제	중대통 6년(534), 대동 7년에 거듭 사신을 파견해 토산물을 바쳤다. 아울러 열반경 등의 경의, 모시박사 및 공장·화사 등을 요청하자, 모두 그에게 주었다. (『南史』79 列傳 69 百濟)

신라	봄 3월에 눈이 1척이나 내렸다. (『三國史記』4 新羅本紀 4)
신라	봄 3월에 신라에 눈이 내렸는데, 깊이가 1척이었다. (『三國史節要』6)

신라	봄 3월에 이사부(異斯夫)를 병부령(兵部令)으로 임명하여, 내외의 병마사를 맡게 하였다. (『三國史記』4 新羅本紀 4)
신라	봄 3월에 신라가 이사부를 병부령으로 임명하여, 내외의 병마사를 맡게 하였다. (『三國史節要』6)

신라 백제	봄 3월에 백제가 사신을 파견해 화해를 청하자, 그것을 허락하였다. (『三國史記』4 新羅本紀 4)
신라 백제	봄 3월에 백제가 신라에 사신을 파견해 화해를 청하자, 그것을 허락하였다. (『三國史節要』6)

가야 백제 신라

여름 4월에 안라(安羅)의 차한기(次旱岐) 이탄해(夷呑奚)·대불손(大不孫)·구취유리(久取柔利) 등과 가라(加羅)의 상수위(上首位) 고전해(古殿奚), 졸마(卒麻) 한기(旱岐), 산반해(散半奚) 한기의 아들, 다라(多羅)의 하한기(下旱岐) 이타(夷他), 사이기(斯二岐) 한기의 아들, 자타(子他) 한기 등이 임나일본부(任那日本府)의 기비노오미(吉備臣)[이름이 빠져 있다.]과 백제에 가서 같이 칙서를 들었다. 백제의 성명왕(聖明王)이 임나의 한기들에게 "일본의 천황이 조서를 내린 바는 오로지 임나를 재건하라는 것이다. 지금 어떤 계책으로 임나를 재건할 것인가? 각기 충성을 다하여 천황의 마음을 펼치도록 하여야 할 것이다."라고 말하였다. 임나의 한기 등이 "먼저 재삼 신라와 의논하였으나 대답이 없습니다. 의도한 바를 다시 신라에 이른다 하여도 보고할 것이 없을 것입니다. 지금 사람을 보내 천황에게 주하십시오. 임나를 재건하는 것은 대왕의 마음에 달렸습니다. 교지를 받들려고 하는 데 누가 감히 사이에 말을 넣겠습니까. 임나의 경계가 신라와 접해 있어서 탁순(卓淳) 등의 화를 입을까 두렵습니다."고 말하였다[등이라 함은 녹기탄(喙己呑)·가라를 말한다. 탁순 등의 나라는 패망할 화근을 가지고 있었다고 말한다]. 성명왕이 "옛적에 우리 선조 속고왕(速古王), 귀수왕(貴須王)의 치세 때에 안라, 가라, 탁순의 한기 등이 처음 사신을 보내고 상통하여 친밀하게 친교를 맺었었다. 자제의 나라가 되어, 더불어 융성하기를 바랐다. 그런데 지금 신라에 속임을 받고, 천황의 노여움을 사서 임나이 원한을 사게 된 것은 과인의 잘못이다. 나는 깊이 뉘우쳐 하부(下部)·중좌평(中佐平) 마로(麻鹵), 성방(城方) 갑배매노(甲背昧奴) 등을 보내어 가라에 가서 임나의 일본부에 모여 맹세를 하게 하였다. 이후 다른 일에 얽매었으나, 임나를 재건하는 것을 조석으로 잊지 않았다. 지금 천황이 조하여 '속히 임나를 재건하라.'고 말씀하셨다. 이에 따라 그대들과 같이 계책을 세워 임나 등의 나라를 수립하려고 한다. 잘 생각하라. 또 임나의 경계에서 신라를 불러, 들를 것인가 아닌가를 묻겠다. 같이 사신을 보내어 천황에 주상하고, 교시하여 달라고 하자. 만일 사자가 돌아오지 않을 때, 신라가 틈을 엿보아 임나를 침공해 오면 나는 마땅히 가서 구원할 것이다. 근심할 바가 아니다. 그러나 잘 방비하고 경계하기를 잊지 말라. 따로 그대들의 말대로 탁순 등의 화를 입을 것을 두려워함은 신라가 스스로 강하기 때문이 아니다. 녹기탄은 가라와 신라의 경계선에 있어 해마다의 침공으로 패배하였다. 임나도 구원할 수가 없었다. 이 때문에 망한 것이다. 남가라(南加羅)는 땅이 협소하여 졸지에 방비할 길이 없고 의탁할 곳도 없었다. 이로 인하여 망하였다. 탁순은 상하 둘로 갈라져 있었다. 군주는 스스로 복종하리라는 생각이 있어 신라에 내응하였다. 이 때문에 망한 것이다. 자세히 보니 삼국의 패망은 다 까닭이 있다. 옛적에 신라가 고구려에 구원을 청하여 임나와 백제를 쳤으나, 그래도 이기지는 못하였다. 신라가 어찌 혼자서 임나를 멸망시키겠는가. 지금 과인은 그대들과 힘을 합하고 마음을 같이 하여, 천황의 힘을 빌면 임나는 반드시 일어날 것이다"라고 말하였다. 그리고 물건을 선사하였는데, 각각 차가 있었다. 다 기뻐서 돌아갔다. (『日本書紀』19, 欽明紀)

백제 가야 신라

가을 7월에 백제는 안라의 일본부가 신라와 더불어 통모한다는 말을 듣고, 전부(前部)·나솔(奈率) 비리막고(鼻利莫古), 나솔 선문(宣文), 중부(中部)·나솔 목리매순(木刕眯淳), 나솔 기노오미미마사(紀臣彌麻沙) 등을 보내 [나솔 기노오미(紀臣)는 아마 기노오미가 한인 부인을 얻어 낳은 바, 백제에 머물러 나솔이 된 사람일 것이다. 그 아버지는 미상이다. 다른 사람도 이에 따른다.] 안라에 가서 신라에 가 있는 임나의 집사(執事)를 소환하여 임나를 세울 것을 도모하게 하였다. 따로 안라의 일본부에 가우치노아타이(河內直)가 계략을 신라에 내통한 것을 심하게 꾸짖었다[『백제본기(百濟本記)』에 "가우치노아타이(加不至費直), 아케에나시(阿賢移那斯), 사로마츠(佐魯麻都) 등을 말한다."고 한다. 미상이다]. 왕은 임나에 말하였다. "옛적에 우리 선조 속고왕, 귀수왕이 당시 한기 등과 처음으로 화친을 맺고서 형제가 되었다. 이에 나는 그대를 자제로 알고, 그대는 나를 부형으로 알았다. 같이 천황을 섬겨 강적에게 항거하였다. 나라를 평안하게 하고 집을 온전히 하여 오늘에 이르렀다. 나는 선조가 전의 한기와 화친할 때 한 말을 생각하면 해와 같이 밝은 바가 있다. 이후 이웃과 화친을 닦아서 이웃 나라에 후하게 하였다. 은혜가 골육을 넘어섰다. 모르겠다. 어째서 쉽게 헛소리를 듣고, 몇해 사이에 근심하고 뜻을 잃었는가. 옛말에 '후회막급이라.'고 한 것은 이를 두고 한 말인가. 위는 창공에 다다르고, 아래는 지하에 이르기까지 맹세코 허물을 고칠 것이다. 하나도 숨김없이 할 바를 밝히겠다. 정성이 신에 통하고, 깊이 자기를 책하는 것은 역시 취할 바가 있다. 듣건대, 선대의 뒤를 잇는 자는 선조의 가던 길을 그대로 가고, 부조의 업을 이어받아 공훈을 이루는 것을 귀하게 여긴다. 지금 선세의 화친한 호의를 생각하고, 천황의 조칙의 말에 따라 신라에게 뺏긴 남가라, 녹기탄을 빼앗아 그전대로 임나에 옮기고, 길이 부형의 나라가 되어 일본을 섬길 것이다. 이는 과인이 먹어도 맛이 없고, 자도 자기가 불안한 바이다. 지난 일을 후회하고, 금후를 경계하여 조심스럽게 행할 것이다. 신라가 감언으로 속이는 것은 천하가 다 아는 바이다. 그대들은 맹신하여, 이미 타인의 모략에 빠졌었다. 지금 임나의 경계는 신라와 접하고 있다. 항상 방비를 하여야 한다. 어찌 경계를 게을리 할 것인가. 간계에 빠져 버리면 나라를 잃고 집을 망하게 하고, 사람에 사로잡힐 것을 두려워한다. 과인이 이를 생각하여 걱정하여 안심하지 못한다. 임나와 신라가 계략을 꾸미는 자리에도 벌과 뱀의 더러운 본성을 드러냈다는 것을 들었다. 또한 여러 사람들이 아는 바이다. 재앙의 전조는 행동을 경계하기 위해 나타난다. 이변은 사람에게 그 깨달을 바를 알린다. 이는 곧 하늘의 경계이고, 선조의 영혼의 징표이다. 화가 온 다음에 후회하고, 멸망한 다음에 일어서겠다고 생각하여

도 어림없는 일이다. 그대는 나를 따라, 천황의 칙을 들어 임나를 일으켜라. 어찌 성공하지 못할 것을 걱정하는가. 길이 본토를 보존하고 구민을 다스리고 싶다면, 그 계략이 여기에 있다. 신중하지 않겠는가?" 성명왕이 또 임나의 일본부에 말하였다. "천황이 조서를 내려 말하였다. '만약 임나가 멸망하면, 그대는 거점이 없어질 것이다. 만일 임나가 흥하면, 그대는 구원을 얻을 것이다. 지금 임나를 재건하여, 옛날과 같게 하여 그대를 도우며, 백성을 어루만지고 기르게 하라.' 삼가 조칙을 만들어 송구한 마음이 가슴에 찼다. 정성을 다할 것을 맹세하고, 임나를 융성하게 할 것을 기원하였다. 옛날처럼 오래 천황을 섬길 것이다. 장래를 염려한 연후에 안락할 것이다. 지금 일본부는 조한 바와 같이 임나를 구조하면, 이는 천황이 반드시 칭송할 것이고, 그대의 몸도 포상을 받을 것이다. 또 일본의 경 등은 오래 임나의 나라에 머물러서 가까이 신라의 경계와 접하고 있다. 신라의 정상은 이미 아는 바와 같다. 임나를 해하고 일본에 반항하려고 한다. 그 유래는 길다. 올해부터가 아니다. 그래도 감히 움직이지 않는 것은 가깝게는 백제를 경계하고, 멀리는 천황을 두려워하고 있기 때문이다. 일본을 섬기는 척하며 거짓 임나와 화친했다. 이렇게 임나의 일본부를 기쁘게 한 것은 아직 임나를 빼앗기 전이니까 거짓 복종하는 모습을 보이기 위해서다. 원컨대 그 틈을 엿보고, 그 갖추어지지 않음을 보고서 한번 군사를 일으켜 공략할 것이다. 천황이 조칙으로써 남가라, 녹기탄을 세우라고 권한 것은 수십 년의 일만은 아니다. 그런 것을 신라가 하나같이 명을 듣지 않는 것은 경 등이 아는 바이다. 천황의 조칙을 믿고, 임나를 세우려고 하는 것이 어찌 이와 같이 하여도 될 것인가. 경 등은 쉽게 감언을 믿고, 경솔하게 거짓말을 믿어, 임나국을 멸하고 천황을 욕되게 하는 것을 나는 두려워한다. 경은 경계하여 타인에게 속지 말 것이다." (『日本書紀』 19 欽明紀)

고구려	흥화(興和) 3년 이 해에 연연(蠕蠕)·고구려·물길국(勿吉國)이 모두 사신을 파견해 조공하였다. (『魏書』 12 帝紀 12 孝靜帝)
고구려	흥화 3년 이 해에 연연·고구려·물길국이 모두 사신을 파견해 조공하였다. (『北史』 5 魏本紀 5 東魏孝靜皇帝)
고구려	동위(東魏) 효정제(孝靜帝) 흥화 3년에 연연·고구려·물길이 모두 사신을 파견해 조공하였다. (『册府元龜』 969 外臣部 朝貢 2)

542(壬戌/신라 진흥왕 3 建元 7/고구려 안원왕 12/백제 성왕 20/梁 大同 8/倭 欽明 3)

고구려	봄 3월에 크게 바람이 불어 나무를 뽑고 기와를 날렸다. (『三國史記』 19 高句麗本紀 7)
고구려	봄 3월에 고구려에 크게 바람이 불어 나무를 뽑고 기와를 날렸다. (『三國史節要』 6)
고구려	여름 4월에 우박이 내렸다. (『三國史記』 19 高句麗本紀 7)
고구려	여름 4월에 고구려에 우박이 내렸다. (『三國史節要』 6)
백제 가야	가을 7월에 백제는 나솔(奈率) 기노오미미마사(紀臣彌麻沙), 중부(中部)·나솔 기련(己連)을 보내어 하한(下韓)·임나의 정사를 보고하고 아울러 표문을 올렸다. (『日本書紀』 19 欽明紀)
고구려	겨울 12월에 사신을 파견해 동위(東魏)에 들어가 조공하였다. (『三國史記』 19 高句麗本紀 7)
고구려	겨울 12월에 고구려가 사신을 파견해 동위에 가서 조공하였다. (『三國史節要』 6)

고구려	흥화(興和) 4년 이 해에 연연(蠕蠕)·고구려·토욕혼국(吐谷渾國)이 모두 사신을 파견해 조공하였다. (『魏書』 12 帝紀 12 孝靜帝)
고구려	흥화 4년 이 해에 연연·고구려·토욕혼이 모두 사신을 파견해 조공하였다. (『北史』 5 魏本紀 5 東魏孝靜皇帝)
고구려	동위 효정제(孝靜帝) 흥화 4년에 연연·고구려·토욕혼이 모두 사신을 파견해 조공하였다. (『册府元龜』 969 外臣部 朝貢 2)

543(癸亥/신라 진흥왕 4 建元 8/고구려 안원왕 13/백제 성왕 21/梁 大同 9/倭 欽明 4)

백제	여름 4월에 백제의 나솔(奈率) 기노오미미마사(紀臣彌麻沙) 등이 돌아갔다. (『日本書紀』 19 欽明紀)
백제	가을 9월에 백제 성명왕(聖明王)이 전부(前部)·나솔 진모귀문(眞牟貴文), 호덕(護德) 기주기루(己州己婁)와 시덕(施德) 모노노베노마가무(物部麻奇牟) 등을 보내어 부남(扶南)의 보물과 노(奴) 2구를 바쳤다. (『日本書紀』 19 欽明紀)
백제 가야	겨울 11월 정해일이 초하루인 갑오일(8) 츠모리노무라지(津守連)를 보내어 백제에 조서를 내려, "임나의 하한(下韓)에 있는 백제의 군령(郡令)·성주(城主)는 일본부(日本府)에 귀속하라."고 하였다. 아울러 조서를 가지고 가게 하여 선포하였다. "그대는 누차 표문을 올려 마땅히 임나를 세우라고 말한 지 10여 년이 되었다. 말은 그렇지만 아직도 이루지 못하였다. 임나는 그대 나라의 동량(棟梁)이다. 만일 동량이 부러지면 누가 집을 지을 것인가? 짐이 생각하는 바가 바로 여기에 있다. 그대는 빨리 세우라. 그대 만일 속히 임나를 세우면 가우치노아타이(河內直) 등[가우치노아타이는 이미 윗글에 나와 있다.]은 자연히 물러날 것이다. 어찌 말할 필요가 있겠는가?" 이 날, 성명왕이 선칙(宣敕)을 듣기를 마치고 세 좌평(佐平), 내두(內頭) 및 여러 신하에게 차례로 묻기를, "조칙이 이와 같다. 이것을 어떻게 할까?"라고 하였다. 세 좌평이 답하였다. "하한에 있는 우리 군령·성주 등을 내보내면 안 됩니다. 나라를 세우는 일은 빨리 조칙을 듣는 것이 옳습니다." (『日本書紀』 19 欽明紀)
고구려	겨울 11월에 사신을 파견해 동위(東魏)에 들어가 조공하였다. (『三國史記』 19 高句麗本紀 7)
고구려	겨울 11월에 고구려가 사신을 파견해 동위에 가서 조공하였다. (『三國史節要』 6)
고구려	무정(武定)원년 이 해에 토욕혼(吐谷渾)·고구려·연연국(蠕蠕國)이 모두 사신을 파견해 조공하였다. (『魏書』 12 帝紀 12 孝靜帝)
고구려	무정원년 이 해에 토욕혼·고구려·연연이 모두 사신을 파견해 조공하였다. (『北史』 5 魏本紀 5 東魏孝靜皇帝)
고구려	동위 효정제(孝靜帝) 무정원년에 토욕혼·고구려·연연이 모두 사신을 파견해 조공하였다. (『册府元龜』 969 外臣部 朝貢 2)
백제 가야	12월에 백제의 성명왕이 전의 조서를 가지고 널리 군신에게 보이며, "천황의 조칙이 이와 같다. 어떻게 할 것인가?"라고 말하였다. 상좌평(上佐平) 사택기루(沙宅己婁), 중좌평(中佐平) 목리마나(木刕麻那), 하좌평(下佐平) 목윤귀(木尹貴), 덕솔(德率) 비리막고(鼻利莫古), 덕솔 동성도천(東城道天), 덕솔 목리매순(木刕眯淳), 덕솔 국수다(國雖多), 나솔 연비선나(燕比善那) 등이 의논하여 답하였다. "신들은 품성이 어리석고 모두 지략이 없습니다. 임나를 세우라고 조서를 내렸으니, 빨리 칙언을 받들어야 합니다. 지금 임나의 집사(執事), 각국의 한기(旱岐)들을 소집하여, 같이 모의하

여, 표를 올려 뜻을 말하겠습니다. 또 가우치노아타이, 에나시(移那斯), 마츠(麻都) 등이 아직 안라(安羅)에 있으면 임나는 세우기 어려울 것입니다. 그러므로 아울러 표문을 올려 본국에 옮기도록 하십시오.” 성명왕이 말하기를, “군신이 의논한 바, 심히 과인의 마음에 맞는다”라고 하였다. (『日本書紀』 19 欽明紀)

544(甲子/신라 진흥왕 5 建元 9/고구려 안원왕 14/백제 성왕 22/梁 大同 10/倭 欽明 5)

백제 가야   봄 정월에 백제국이 사신을 보내 임나의 집사(執事)와 일본부(日本府) 집사를 불렀다. 다같이 답하기를, “제사 지낼 때이다. 제사가 끝나면 가겠다.”라고 하였다. 이 달에 백제가 또 사신을 보내어 임나의 집사와 일본부 집사를 불렀다. 일본부·임나가 같이 집사를 보내지 않고 미천한 사람을 보냈다. 이 때문에 백제가 임나국을 함께 세울 모의를 하지 못하였다. (『日本書紀』 19 欽明紀)

신라   봄 2월에 흥륜사(興輪寺)가 완성되었다. (『三國史記』 4 新羅本紀 4)

신라   봄 2월에 신라의 흥륜사가 완성되었다. (『三國史節要』 6)

신라   진흥대왕(眞興大王)이 즉위한 지 5년인 갑자에 대흥륜사(大興輪寺)를 만들었다[국사(國史)와 향전(鄕傳)을 참고하건대, “실제로 법흥왕(法興王) 14년(527) 정미에 처음으로 열었고, 21년(534) 을묘(535)에 천경림(天鏡林)을 대대적으로 벌채하여 비로소 공사를 일으켰다. 동량(棟梁)의 재목은 모두 그 숲 속에서 취하면 족하였고, 계단·초석·감실(龕室)은 모두 있었다. 진흥왕(眞興王) 5년 갑자에 이르러 절이 완성되었다.”라고 하였으므로 갑자라고 한 것이다. 승전(僧傳)에 7년이라고 한 것은 잘못이다]. (『三國遺事』 3 興法 3 原宗興法厭髑滅身)

신라   그 수도 안에 7곳의 절터가 있는데, 첫째는 금교(金橋) 동쪽의 천경림이다[지금은 흥륜사이다. 금교는 서천(西川)의 다리이고 속세에서 잘못하여 송교(松橋)라고 부른다. 절은 아도(我道) 때부터 처음으로 터를 닦았으나 도중에 중지되었다. 법흥왕 정미년(527)에 이르러 처음 창건하였고, 을묘년(535)에 크게 열었다가 진흥왕이 마치고 완성하였다]. (『三國遺事』 3 興法 3 阿道基羅)

백제 가야 신라

   2월에 백제가 시덕(施德) 마무(馬武), 시덕 고분옥(高分屋), 시덕 시나노시슈(斯那奴次酒) 등을 임나에 사신으로 보내, 일본부와 임나의 한기(旱岐) 등에게 조서를 내렸다. “나는 나솔(奈率) 기노오미미마사(紀臣彌麻沙), 나솔 기련(己連), 나솔 모노노베노무라지요오가타(物部連用奇多)를 보내 천황에게 알현하게 하였다. 미마사(彌麻沙) 등은 일본에서 돌아와서 조서를 가지고 ‘그대들은 거기에 있는 일본부와 같이 빨리 좋은 계획을 세워 짐의 소망을 이루게 하라. 잘 하여라. 다른 사람에게 속지 말라’라고 하셨다고 말하였다. 또 츠모리노무라지(津守連)가 일본에서 와서 [『백제본기(百濟本記)』에 츠모리노무라지코마나코(津守連己麻奴跪)라고 한다. 그러나 말이 변하여 바르지 않다. 미상이다.] 조칙을 전하고 임나의 정사를 물었다. 그러므로 일본부와 임나의 집사와 같이, 임나의 징치를 의논하고 계획하여, 천황에 주상하려고 사자를 보낸 것이 세 번이나 되었는데 오지 않았다. 그래서 같이 임나의 정치를 도모하여 천황에 주상하지 못하였다. 지금 츠모리노무라지를 머무르게 하고, 따로 빠른 사자로써 상세하게 정상을 말해서, 천황에 보고하러 보내려 한다. 그래서 3월 10일에 일본에 사자를 보내겠다. 이 사자가 도달하면 천황은 반드시 그대에게 물어보실 것이다. 그대 일본부의 경과 임나의 한기들이여, 각자 사자를 보내어 내가 보내는 사자와 같이 나아가 천황이 말하는 조서를 들어라.”따로 가우치노아타이(河內直)[『백제본기』에는 가우치노아타이·에나시(移那斯)·마츠(麻都)로 되어 있다. 그러나 말이 변하는 것이 심하여 올바른 것은 미상이다]에게 말하였다. "옛적부터 지금에 이르기까지는 다만 그대의 나쁜 것만 들어왔다. 그대의 선조들도[『백제본기』에는 그대의 선조 나칸다카우하이(那干陀甲背), 가라우지키카우하이(加獵直岐甲背)라고 한다. 또 나가다카우하이(那奇陀甲背), 요오가키미(鷹奇岐彌)라고 한다. 말이 변한 것이 심하여 미상이다.] 다같이 흉계를 품고 거짓을 말하였다. 이카카노키미(爲哥可君)[『백제본기』에 이카키미(爲哥岐彌), 이름은 우히키(有非岐)라 하였다]이 그 말을 믿고 국난을 걱정하지 않았다. 내 뜻에 배반하여 자기 마음대로 포악한 일을 하였다. 이 때문에 쫓겨났다. 주로 그대 때문이다. 그대들은 임나에 와서 살면서 항상 나쁜 짓을 한다. 임나가 나날이 손해를 보는 것은 주로 그대 때문이다. 그대는 이를 하찮은 것이라고 할 지 모르나 작은 불이 산야를 태우고 마을로 퍼지는 것과 같은 것이다. 너의 행악에 의하여 임나는 패망할 것이다. 드디어는 해서(海西) 여러 나라의 관가는 길이 천황의 곁에서 섬기지 못하게 된다. 지금 천황에 주상하여, 그대들을 옮겨 그전에 있던 곳으로 돌려보내겠다. 그대 또한 거기 가서 들어라." 또 일본부의 경과 임나의 한기 등에게 말하였다. "임나의 나라를 세우는 것은, 천황의 위엄을 빌리지 않고서는, 누가 이를 세울까. 나는 천황의 곁에 가서, 군사를 청하여, 임나의 나라를 도와주려 한다. 군량은 내가 운반한다. 장사의 수는 아직은 모르고, 운반할 곳도 역시 결정하기 어렵다. 원컨대 한군데에 모여서, 같이 가부를 이야기하고, 그 좋은 것을 택하여, 천황에게 주상하려고 한다. 자주 소집하여도 만일 그대가 오지 않으면 의논이 안 된다." 일본부가 답하였다. "임나의 집사가 불렀는데도 오지 않은 것은 우리가 보내지 않았던 까닭으로 가지 못한 것입니다. 천황에게 주상하기 위하여 보낸 사신이 돌아와서 '짐이 이가노오미(印奇臣)[말이 변하여 미상이다.]을 신라에 보내고, 츠모리노무라지를 백제에 보내겠다. 그대는 칙언을 듣는 때를 기다려라. 신라, 백제에 스스로는 가지 말라'고 하셨다 합니다. 선칙이 이와 같았습니다. 때마침 이가노오미가 신라에 사신으로 간다는 것을 듣고, 불러서 천황이 말씀하신 바를 묻게 하였습니다. 조서에는 '일본부의 신과 임나의 집사는 신라에 가서 천황의 칙언을 들어라.'는 말씀이었습니다. 백제에 가서 명을 들으라는 말씀은 없었습니다. 후에 츠모리노무라지가 여기를 지나갈 때, '지금 내가 백제에 파견되는 것은 하한(下韓)에 있는 백제의 군령(郡令)·성주(城主)를 퇴거시키려고 함이다.'라고 말하였습니다. 오직 이 말만을 들었고 임나와 일본부가 백제에 모여서 천황의 칙언을 들으라는 것은 못 들었습니다. 그러므로 나아가지 않은 것은 임나의 본의가 아닙니다." 이에 임나의 한기들이 말하였다. "사신이 와서 부르므로 곧 가려고 하여도, 일본부의 경이 떠나는 것을 허락하지 않았습니다. 그러므로 가지 못했습니다. 대왕은 임나를 세우려고 자세한 것까지도 지시하셨습니다. 이를 보고 기뻐하는 마음은 이루 다 말할 수 없습니다."(『日本書紀』19 欽明紀)

| 신라 | 3월에 사람이 출가하여 승려가 되는 것을 허락하여, 부처를 받들었다. (『三國史記』4 新羅本紀 4) |
| 신라 | 3월에 사람이 승려가 되는 것을 허가하여, 부처를 받드는 것에 힘쓰고 널리 불교 사찰을 일으켰다. (『三國史節要』6) |

백제 가야 신라

3월에 백제가 나솔 아탁득문(阿乇得文), 나솔 고세노가마(許勢奇麻), 나솔 모노노베노가히(物部奇非) 등을 보내 표문을 올렸다. "나솔 미마사(彌麻沙), 나솔 기련 등이 신의 나라에 와서 조서를 내려, '그대들, 거기에 있는 일본부와 계략을 같이하여 속히 임나를 세워라. 조심하여 타인에게 속지 말라.'고 하였습니다. 또 츠모리노무라지

등이 신의 나라에 와서 칙서로써 임나를 세우는 일을 물었습니다. 삼가 칙언을 듣고, 때를 놓치지 않고, 같이 모의하려고 하였습니다. 곧 사신을 보내 일본부와[『백제본기』에 우고하노오미(烏胡跋臣)를 불렀다고 한다. 즉 아마 이는 이쿠하노오미(的臣)일 것이다.] 임나를 불렀다. 다같이 대답하기를, '새로운 해가 되었다. 원컨대 이것을 지나서 가리라.'라고 하였습니다. 한참 있어도 오지 않았습니다. 또 다시 사신을 보내 오라고 하였습니다. 다같이 대답하기를, '제사 때가 되었다. 원컨대 지내고 가리라.'라고 하였습니다. 한참 있어도 오지 않았습니다. 또다시 사신을 보내서 불렀습니다. 그런데 지위가 낮은 자를 보낸 까닭으로 같이 계책을 세울 수가 없었습니다. 임나가 불러도 오지 않은 것은 본의가 아니었습니다. 이것은 아케에나시(阿賢移那斯)·사로마츠(佐魯麻都)[두 사람의 이름이다. 이미 윗글에 보였다.]의 간사한 무리가 그렇게 하였습니다. 임나는 안라(安羅)를 형으로 알고 있습니다. 따라서 그 뜻을 따릅니다. 안라인은 일본부를 하늘처럼 알고 있습니다. 오직 그 뜻을 따를 뿐입니다[『백제본기』에 안라를 아버지로 하고, 일본부를 근본으로 한다고 하였다]. 지금 이쿠하노오미·기비노오미(吉備臣)·가우치노아타이 등이 다 에나시·마츠가 시키는 대로 할 뿐이었습니다. 에나시·마츠는 신분이 미천한 자이지만 일본부의 정사를 마음대로 하고 있습니다. 또 임나의 집사를 붙들어 두고, 사신을 보내지 않았습니다. 이 때문에 같이 계책하여 천황에 보고하지 못하였습니다. 그러므로 코마나코[이는 츠모리노무라지이다.]를 머무르게 하고, 따로 빠른 나는 새 같은 사람을 보내 천황에 주상합니다. 만일 둘[둘이라 함은 에나시와 마츠이다.]이 안라에 있어 나쁜 짓을 많이 하면 임나를 세울 수 없으며, 해서의 여러 나라도 반드시 말을 듣지 않을 것입니다. 이 두 사람을 본국으로 불러 주십시오. 그리고 칙언하여 일본부와 임나를 타일러 임나를 세울 것을 도모하십시오. 이런 이유로 신이 나솔 미마사와 나솔 기련 등에 코마나코를 딸려 보내 표문을 올려 주상하였습니다. 이에 조서를 내려 '이쿠하노오미 등[등이라 함은 기비노오미오토키미(吉備臣弟君)·가우치노아타이 등을 말한다.]이 신라에 왕래한 것은 짐의 본의가 아니다. 옛적에 이키미(印支彌)[미상이다.]와 아로(阿鹵) 한기가 있을 때 신라에 핍박당하여 백성들은 경작을 할 수 없었다. 백제는 길이 멀어 위급한 것을 구할 수 없었다. 적신 등이 신라와 왕래하면서 경작을 할 수 있었다는 것을 짐이 일찍 들은 바가 있다. 만일 임나를 세우면 에나시와 마츠는 저절로 물러갈 것이다. 말할 것도 없다'라고 말씀하셨습니다. 엎디어 이 조를 받고 기쁘고 황송함이 마음에 찼습니다. 그리고 신라가 조정을 속이는 것이지 천황의 본의는 아니었다는 것을 알았습니다. 신라가 봄에 녹순(喙淳)을 빼앗고 우리 구례산(久禮山)의 수자리를 쫓아서 드디어 점령하였습니다. 안라에 가까운 곳에는 안라가 경작을 하고, 구례산에 가까운 곳에는 신라가 경작을 하고 있습니다. 각각 스스로 경작하여 서로 침탈하지 않았습니다. 그런 것을 에나시·마츠가 남과의 경계를 넘어 경작을 하고서는 6월에 도망하였습니다. 이키미의 다음에 온 고세노오미(許勢臣)의 때에는[『백제본기』에 우리가 이키미를 머무르게 한 후, 고세노오미(旣酒臣)의 때에 이르러서러라고 한다. 다 미상이다.] 신라가 다시 남의 경계를 침범한 일이 없었습니다. 안라는 신라가 핍박하여 경작을 못한다고 말한 적이 없었습니다. 지난 날 신이 신라가 헤미다 믾은 부기를 모으고, 안라와 하산(荷山)을 습격하려고 하였다고 들었습니다. 혹은 가라(加羅)를 습격할 것이라고 들었습니다. 요즈음 그 서신을 얻었습니다. 그래서 군사를 보내 임나를 수호하는 것을 게을리하지 않았습니다. 자주 빠른 군사를 보내서 때에 맞게 구원하고 있습니다. 그러므로 임나는 사철에 따라 경작하고 있습니다. 신라가 감히 침범을 못합니다. 그러나 백제는 길이 멀어 구원할 수 없고 이쿠하노오미 등이 신라에 왕래함으로써 경작할 수 있었다고 주상하였다면, 이는 천조를 속이고 더욱 간악한 짓을 하는 것입니다. 이렇게 명백한 일인데도 불구하고 천조를 속이려 드는 것입니다. 이밖에도 허위가 반드시 많을 것입니다. 이쿠하노오미 등이 안라에 있으면 임나의 나라는 세우기 어려울 것입니다. 빨리 물러나게 하십시오. 신이 몹시 두려운 것은 사로마츠는 본디 한(韓) 여인의 소생이시만 지위가 오오무라지(大連)입니다. 일본의 집사들과 교제하여 번영하고 귀한 반열에 올랐습니다. 지금은 도리어 신라의 나마(奈麻)의 예관(禮冠)을 쓰고 있습니다. 즉 신심이 신라에 복종하고 있다는 것은 타인도 쉽게 알 수 있습니다. 조용히 하는 바를 살피건대, 전혀 두려워하는 것이 없습니다. 전에 그의 악행을 주상할 때 자세히 기록하여 알려드렸습니다. 지금도 다른 나라의 옷을 입고, 자주 신라의 지경에 가는 것이 공사간에 왕래하며 전혀 꺼리는 바가 없습니다. 녹국(喙國)이 망한 것은 다를 까닭이 아니라, 녹국의 함파(函跛) 한기가 가라국에 다른 마음이 있어 신라에 내응하여, 가라는 밖에서부터의 싸움과 합쳐 싸웠습니다. 만약 함파 한기가 내응하지 않았더라면 녹국은 비록 소국이지만 망하지 않았을 것입니다. 탁순(卓淳)의 경우도 또한 그렇습니다. 만일 탁순국의 왕이 신라에 내응하여 원수를 불러들이지 않았더라면, 어찌 멸망에까지 이르겠습니까. 여러 나라가 패망한 화를 살펴보니 다 내응과 다른 마음이 있는 사람에 의해서입니다. 지금 마츠 등이 신라와 마음이 맞아, 그 옷을 입고, 조석으로 왕복하며, 몰래 간악한 마음을 가지고 있습니다. 이 때문에 임나가 아주 망해버릴까 두려워하는 바입니다. 임나가 만일 망하면 신의 나라가 위태롭게 됩니다. 조공하려고 생각하여도 어찌 가능하겠습니까. 천황이시여, 넓게 보고 널리 살펴, 속히 그들을 본국에 옮겨 임나를 평안하게 하십시오."(『日本書紀』 19 欽明紀)

백제	겨울 10월에 백제의 사신인 나솔 득문(得文)과 나솔 가마(奇麻) 등이 일을 마치고 돌아갔다. [『백제본기』에 전한다. "겨울 10월에 나솔 득문과 나솔 가마 등이 일본에서 돌아와서 주상한 바의 가우치노아타이·에나시·마츠 등의 일에 관해서는 아무 말도 없었다고 말하였다."] (『日本書紀』 19 欽明紀)
고구려	겨울 11월에 사신을 파견해 동위(東魏)에 들어가 조공하였다. (『三國史記』 19 高句麗本紀 7)
고구려	겨울 11월에 고구려가 사신을 파견해 동위에 가서 조공하였다. (『三國史節要』 6)
고구려	무정(武定) 2년 이 해에 토욕혼(吐谷渾)·고구려·연연(蠕蠕)·물길국(勿吉國)이 모두 사신을 파견해 조공하였다. (『魏書』 12 帝紀 12 孝靜帝)
고구려	무정 2년 이 해에 토욕혼·지두우(地豆于)·실위(室韋)·고구려·연연·물길 등이 모두 사신을 파견해 조공하였다. (『北史』 5 魏本紀 5 東魏孝靜皇帝)
고구려	동위 효정제(孝靜帝) 무정 2년에 토욕혼·지두우·실위·고구려·연연·물길이 모두 사신을 파견해 조공하였다. (『冊府元龜』 969 外臣部 朝貢 2)

백제 가야 신라

11월에 백제가 사신을 보내 일본부의 신과 임나의 집사를 불러 말하였다. "천황에게 보내 올린 나솔 득문, 나솔 고세노가마와 나솔 모노노베노가히 등이 일본에서 돌아왔다. 지금 일본부의 신 및 임나국의 집사가 와서 칙언을 받들어 듣고 같이 임나의 일을 모의하라." 일본의 기비노오미, 안라의 하한기(下旱岐) 대불손(大不孫)·구취유리(久取柔利), 가라(加羅)의 상수위(上首位) 고전해(古殿奚), 솔마군(率麻君)·사이기군(斯二岐君)·산반해군(散半奚君)의 아들, 다라(多羅)의 이수위(二首位) 흘건지(訖乾智), 자타(子他)의 한기, 구차(久差)의 한기가 백제에 갔다. 이에 백제의 성명왕이 조서를 대략 보이고 말하였다. "나는 나솔 미마사(彌麻佐), 나솔 기련, 나솔 요오가타(用奇多) 등을 보내 일본에 가게 하였다. 조서를 내려 '빨리 임나를 세우라'고 말씀하셨다. 또 츠모리노무라지가 칙언을 받들고 임나를 세웠는가를 물었다. 그러므로 모두를 부른 것이다. 어떻게 하면 다시 임나를 세울 수가 있을까. 각각 계책을 말하라." 기비노오미, 임나의 한기 등이 말하기를, "임나국을 세우는 것은 오직 대왕에게 달려있습니다. 우리 모두는 대왕에 따라 다같이 주상하여 칙을 듣겠습니다."라고 하였다. 성명왕이 말하였다. "임나의 나라는 우리 백제와 옛부터 이제까지 아들같이 아우같이 되겠다고 약속하였었다. 이제 일본부의 이키미[임나에 있던 일본의 신을 말한다.]가 이미 신라를 치고 다시 우리를 치려고 한다. 또 즐겨 신라의 속임수에 빠지고 있는 것이다. 무릇 이키미를 임나에 보낸 것은 근본적으로 그 나라를 침해하려는 것은 아닐 것이다[미상이다]. 옛부터 신라는 무도하였다. 식언하고 신의에 위반하여 탁순을 멸망시켰다. 고굉의 나라로 사이좋게 지내려고 하여도 도리어 후회하게 될 것이다. 그런 까닭에 부름에 모두를 오게 하여, 다같이 은혜로운 말씀을 받들고, 임나의 나라를 일으키고 계승시켜, 오히려 옛날과 같이 길이 형제가 되기를 원하는 것이다. 들은 바에 의하면 신라와 안라와의 양국의 접경에 큰 강이 있어 중요한 땅이라고 한다. 나는 여기에 의거하여 6성을 쌓으려고 한다. 천황에 3000명의 병사를 청하여 성마다 500명씩 두고, 아울러 우리 병사로 충당하고 신라가 경작하지 못하게 괴롭히면, 구례산의 5성은 자연히 병기를 버리고 항복할 것이다. 탁순의 나라도 일으키게 될 것이다. 청하는 병사는 내가 의복과 식량을 댈 것이다. 천황에 주상하려고 하는 책략의 첫째이다. 또 남한(南韓)에 군령과 성주를 두는 것은 어찌 천황에 위배하여 조공하는 길을 차단하는 것이 될 것인가. 바라는 바는 다난함을 구제하여 강적을 타파하려는 것이다. 그 흉당이 누구에겐가 연합할 것을 도모하지 않을 것인가. 북쪽의 적은 강하고 우리나라는 약하다. 만일 남한에 군령과 성주를 두어 수리하고 방어하지 않으면 이 강적을 막을 수가 없다. 신라도 막을 수가 없다. 그러므로 지금 군령과 성주를 두어 신라를 치고 임나를 보존하려고 하고 있다. 그렇지 않으면 멸망하여 조공을 하지 못할 것이라는 것을 천황에 주상하려는 것이다. 이것이 책략의 둘째이다. 또 기비노오미·가우치노아타이·에나시·마츠가 아직 임나에 있다면, 천황은 임나를 세우라고 조서를 내리더라도 안 될 것이다. 청컨대 이 네 명을 옮겨 각각 본국에 돌아가게 하여야 한다. 천황에 주상하려고 한 책략의 셋째이다. 일본의 신과 임나의 한기 등과 같이 사자를 보내어 똑같이 천황에 주상하여 은혜로운 말씀을 받들어 들으려 한다고 말하라." 여기에 기비노오미와 한기 등이 말하였다. "대왕이 말하는 세 가지 책략은 우리의 마음에도 듭니다. 일본의 대신[임나에 있는 일본부의 대신을 말한다.]이 안라왕(安羅王)과 가라왕(加羅王)에게 말하여 사신을 보내어 천황에게 주상하겠습니다. 이는 정말 천재일우의 기회니 깊이 생각하여 잘 계획하지 않으면 안 됩니다." (『日本書紀』 19 欽明紀)

신라	병부(兵部)는 영(令)이 1명인데, 법흥왕(法興王) 3년(516)에 처음으로 설치하고 진흥왕(眞興王) 5년에 1명을 추가하였다. (『三國史記』 38 雜志 7 職官 上)
신라	사정부(司正府)는 (…) 경(卿)이 2명인데, 진흥왕 5년에 설치하였다. (『三國史記』 38 雜志 7 職官 上)
신라	6정(停)은 첫째를 대당(大幢)이라고 하는데, 진흥왕 5년에 처음으로 설치하였고 옷깃 색깔이 자색(紫色)과 백색이다. (『三國史記』 40 雜志 9 職官 下)
신라	10정[혹은 삼천당(三千幢)이라고도 한다.]은 첫째는 음리화정(音里火停), 둘째는 고량부리정(古良夫里停), 셋째는 거사물정(居斯勿停)이라고 하는데, 옷깃 색깔이 청색이다. 넷째는 참량화정(彡良火停), 다섯째는 소참정(김彡停), 여섯째는 미다부리정(未多夫里停)이라고 하는데, 옷깃 색깔이 흑색이다. 일곱째는 남천정(南川停), 여덟째는 골내근정(骨乃斤停)이라고 하는데, 옷깃 색깔이 황색이다. 아홉째는 벌력천정(伐力川

停), 열째는 이화혜정(伊火兮停)이라고 하는데, 옷깃 색깔이 녹색이다. 모두 진흥왕 5년에 설치하였다. (『三國史記』 40 雜志 9 職官 下)

신라   신라에서 병부령(兵部令) 1명, 사정부경(司正府卿) 2명을 주가로 실치히였다. 대체로 군은 23가지인데, 첫째는 6정, 둘째는 9서당(誓幢), 셋째는 10당(幢), 넷째는 5주서(州誓), 다섯째는 삼무당(三武幢), 여섯째는 계금당(罽衿幢), 일곱째는 급당(急幢), 여덟째는 사천당(四千幢), 아홉째는 경오종당(京五種幢), 열째는 이절미당(二節末幢), 열한째는 만보당(萬步幢), 열두째는 대장척당(大匠尺幢), 열셋째는 군사당(軍師幢), 열넷째는 중당(仲幢), 열다섯째는 백관당(百官幢), 열여섯째는 사설당(四設幢), 열일곱째는 개지극당(皆知戟幢), 열여덟째는 39여갑당(餘甲幢), 열아홉째는 구칠당(仇七幢), 스무째는 이계(二罽), 스물한째는 이궁(二弓), 스물두째는 삼변수(三邊守), 스물셋째는 신삼천당(新三千幢)이라고 한다. 6정은 첫째를 대당이라고 하는데, 또 옷깃 색깔을 자색과 백색으로 두었다. 또 10정을 설치하였는데, 첫째는 음리화정, 둘째는 고량부리정, 셋째는 거사물정이라고 하는데, 옷깃 색깔이 청색이다. 넷째는 참량화정, 다섯째는 소참정, 여섯째는 미다부리정이라고 하는데, 옷깃 색깔이 흑색이다. 일곱째는 남천정, 여덟째는 골내근정이라고 하는데, 옷깃 색깔이 황색이다. 아홉째는 벌력천정, 열째는 이화혜정이라고 하는데, 옷깃 색깔이 녹색이다. (『三國史節要』 6)

고구려   서위(西魏) 문제(文帝) 대통(大統)10년에 이르러, 그 왕 성(成)이 사신을 파견해 서위에 이르러 조공하였다. (『太平御覽』 783 四夷部 4 東夷 4 高句驪)

545(乙丑/신라 진흥왕 6 建元 10/고구려 안원왕 15, 양원왕 1/백제 성왕 23/梁 大同 11/倭 欽明 6)

고구려   봄 3월에 왕이 돌아가시니, 안원왕(安原王)이라고 불렀다[이는 양(梁) 대동(大同)11년인데, 동위(東魏) 효정제(孝靜帝) 무정(武定) 3년이다. 『양서(梁書)』에 전하기를, "안원(安原)이 대청(大淸) 2년(548)에 죽어서, 그 아들을 영동장군(寧東將軍)·고구려왕·낙랑공(樂浪公)으로 삼았다"라고 하니, 오류이다]. (『三國史記』 19 高句麗本紀 7)

고구려   양원왕(陽原王)[혹은 양강상호왕(陽崗上好王)이라고도 한다.]은 이름이 평성(平成)이고 안원왕의 맏아들이다. 나면서 총명하고 지혜로웠으며, 장성해서는 통이 크고 남보다 뛰어났다. 안원이 재위한 지 3년 만에 옹립되어 태자가 되었고, 15년에 이르러 왕이 돌아가시자 태자가 즉위하였다. (『三國史記』 19 高句麗本紀 7)

고구려   봄 3월에 고구려왕 보연(寶延)이 돌아가시자, 안원왕이라고 불렀다. 태자 평성이 즉위하였는데, 나면서 총명하고 지혜로웠으며 통이 크고 남보다 뛰어났다. (『三國史節要』 6)

고구려   제24대 양원왕[양강왕(陽崗王)이라고도 하는데, 이름은 평성이다. 을축년에 즉위하여 14년 간 다스렸다.] (『三國遺事』 1 王曆)

고구려   여(延)이 죽자, 아들 성(成)이 즉위하였다. (『魏書』 100 列傳 88 高句麗)

고구려   연이 죽자, 아들 성이 즉위하였다. (『北史』 94 列傳 82 高麗)

백제   봄 3월에 가시하데노오미하스히(膳臣巴提便)를 백제에 사신으로 보냈다. (『日本書紀』 19 欽明紀)

백제   여름 5월에 백제에서 나솔(奈率) 기릉(其悷), 나솔 요오가타(用奇多), 시덕(施德) 시슈(次酒) 등을 보내어 표문을 올렸다. (『日本書紀』 19 欽明紀)

신라   가을 7월에 이찬(伊湌) 이사부(異斯夫)가 아뢰었다. "나라의 역사라는 것은 임금과 신하의 잘잘못을 기록하여, 만대에 칭찬하고 폄하함을 보여주는 것입니다. 편찬함이 없으면 후대에 무엇을 보겠습니까?" 왕이 깊이 그렇다고 여겨, 대아찬(大阿湌) 거칠부(居柒夫) 등에게 명령하여 널리 문사(文士)를 모아서 그로 하여금 편찬하게 하였다. (『三國史記』 4 新羅本紀 4)

신라 가을 7월에 신라의 이찬 이사부가 청하였다. "나라의 역사는 임금과 신하의 잘잘못을 기록하여, 후대에 칭찬하고 폄하함을 보여줍니다. 진실로 편찬하지 않으면 후대에 무엇을 보겠습니까?" 왕이 깊이 그렇다고 여겨, 대아찬 김거칠부(金居柒夫) 등에게 명령하여 널리 문사를 모아서 그것을 편찬하게 하였다. (『三國史節要』 6)

신라 거칠부는 (…) 진흥대왕(眞興大王) 6년 을축에 조정을 뜻을 받아서 여러 문사를 모아 국사(國史)를 편찬하니, 관등을 더하여 파진찬(波珍湌)이 되었다. (『三國史記』 44 列傳 4 居柒夫)

백제 가야 가을 9월에 백제에서 중부(中部)·호덕(護德) 보리(菩提) 등을 임나에 사신으로 보내어 오(吳)의 재물을 일본부신(日本府臣)과 여러 한기에게 주었다. 각각 차등이 있었다. (『日本書紀』 19 欽明紀)

백제 9월 이 달에 백제가 장육불상(丈六佛像)을 만들어 원문(願文)을 지었는데, 다음과 같다. "대개 듣건대 장육불(丈六佛)을 만들면 공덕이 매우 크다고 합니다. 이제 공경히 만듭니다. 이 공덕으로 천황께서 매우 훌륭한 덕을 얻으시고 천황께서 다스리시는 미야케노쿠니(彌移居國)가 모두 복을 받기를 원합니다. 또한 하늘 아래 모든 중생들이 모두 해탈하기를 원합니다. 그래서 이것을 만드는 것입니다." (『日本書紀』 19 欽明紀)

백제 겨울 11월에 가시하데노오미하스히가 백제로부터 돌아와 말하였다. "신이 사신으로 파견되자 처자도 뒤따라 왔습니다. 백제의 바닷가에 도착하게 되었는데,[빈(濱)은 바닷가이다.] 해가 저물었으므로 머물러 숙박하였습니다. 아이가 홀연히 사라져 어디로 갔는지 알 수가 없었습니다. 그 날 밤 큰 눈이 내렸습니다. 새벽녘에서야 비로소 찾아 나서니 호랑이 발자국이 연이어져 있었습니다. 신이 이에 칼을 차고 갑옷을 입고 찾아 나서 바위 동굴에 이르렀습니다. 칼을 빼어 말하였습니다. '삼가 왕의 명을 받들어 뭍과 바닷길에 수고하고 비바람을 맞으며 돌아다니느라 어려웠으며, 풀을 깔고 가시와 함께 잤던 것은 자식을 사랑하여 아비의 업을 잇게 하고자 한 것이었다. 오직 네가 맹위한 신일지라도 자식을 사랑하는 것은 한 가지일 것이다. 어젯밤에 아이가 없어져서 뒤쫓아 찾아 나서 이에 이르렀다. 목숨을 잃는 것은 두렵지 아니하므로 원수를 갚고자 왔다.' 얼마 후 그 호랑이가 앞으로 다가와서 입을 벌려 물려고 하였습니다. 하스히(巴提便)가 갑자기 왼손을 빼어 호랑이의 혀를 잡고 오른손으로 찔러 죽이고 가죽을 벗겨 가지고 돌아왔습니다." (『日本書紀』 19 欽明紀)

고구려 겨울 12월에 사신을 파견해 동위에 들어가 조공하였다. (『三國史記』 19 高句麗本紀 7)

고구려 겨울 12월에 고구려가 사신을 파견해 동위에 가서 조공하였다. (『三國史節要』 6)

고구려 무정 3년 이 해에 고구려·토욕혼(吐谷渾)·연연국(蠕蠕國)이 모두 사신을 파견해 조공하였다. (『魏書』 12 帝紀 12 孝靜帝)

고구려 무정 3년 이 해에 고구려·토욕혼·연연이 모두 사신을 파견해 조공하였다. (『北史』 5 魏本紀 5 東魏孝靜皇帝)

고구려 동위 효정제(孝靜帝) 무정 3년에 고구려·토욕혼·연연이 모두 사신을 파견해 조공하

였다. (『册府元龜』 969 外臣部 朝貢 2)

546(丙寅/신라 진흥왕 7 建元 11/고구려 양원왕 2/백제 성왕 24/梁 大同 12, 中大同 1/倭 欽明 7)

백제	봄 정월 갑진일이 초하루인 병오일(3) 백제의 사신 중부(中部)·나솔(奈率) 기련(己連) 등이 돌아갔다. 이에 양마 70필과 배 10척을 하사하였다. (『日本書紀』 19 欽明紀)

고구려	봄 2월에 왕도의 배나무에 가지가 이어졌다. (『三國史記』 19 高句麗本紀 7)
고구려	봄 2월에 고구려 왕도의 배나무에 가지가 이어졌다. (『三國史節要』 6)

고구려	여름 4월에 우박이 내렸다. (『三國史記』 19 高句麗本紀 7)
고구려	여름 4월에 고구려에 우박이 내렸다. (『三國史節要』 6)

백제	여름 6월 임신일이 초하루인 계미일(12) 백제가 중부·나솔 약엽례(掠葉禮) 등을 보내어 조(調)를 바쳤다. (『日本書紀』 19 欽明紀)

고구려	겨울 11월에 사신을 파견해 동위(東魏)에 들어가 조공하였다. (『三國史記』 19 高句麗本紀 7)
고구려	겨울 11월에 고구려가 사신을 파견해 동위에 가서 조공하였다. (『三國史節要』 6)
고구려	무정(武定) 4년 이 해에 실위(室韋)·물길(勿吉)·지두우(地豆于)·고구려·연연국(蠕蠕國)이 모두 사신을 파견해 조공하였다. (『魏書』 12 帝紀 12 孝靜帝)
고구려	무정 4년 이 해에 실위·물길·지두우·고구려·연연이 모두 사신을 파견해 조공하였다. (『北史』 5 魏本紀 5 東魏孝靜皇帝)
고구려	동위 효정제(孝靜帝) 무정 4년에 실위·지두우·물길·고구려·연연이 모두 사신을 파견해 조공하였다. (『册府元龜』 969 外臣部 朝貢 2)

고구려	연(璉)의 5세손 성(成)이 서위(西魏) 문제(文帝) 대통(大統)12년에 서위에 사신을 파견해 그 토산물을 바쳤다. (『周書』 49 列傳 41 高麗)
고구려	대통12년에 사신을 파견해 서위에 이르러 조공하였다. (『北史』 94 列傳 82 高麗)

고구려	이 해에 고구려에 대란이 있었다. 무릇 싸우다 죽은 자가 2000여명이었다.[『백제본기(百濟本記)』에 전한다. "고구려가 정월 병오일(3)에 중부인(中夫人)의 아들을 왕으로 세웠다. 나이가 8살이었다. 고구려왕에게는 3명의 부인이 있었다. 정부인은 아들이 없었다. 중부인이 세자를 낳았다. 그의 외할아버지가 추군(麤群)이었다. 소부인(小夫人)도 아들을 낳았다. 그의 외할아버지는 세군(細群)이었다. 고구려왕의 질병이 심해지자 세군과 추군이 각각 그 부인들의 아들을 즉위시키고자 하였다. 그러므로 세군의 죽은 자가 2000여명이었다."] (『日本書紀』 19 欽明紀)

547(丁卯/신라 진흥왕 8 建元 12/고구려 양원왕 3/백제 성왕 25/梁 中大同 2, 太清 1/倭 欽明 8)

백제	봄 정월 기해일 초하루에 일식이 있었다. (『三國史記』 26 百濟本紀 4)
백제	봄 정월 기해일 초하루에 백제에 일식이 있었다. (『三國史節要』 6)

백제	여름 4월에 백제가 전부(前部)·덕솔(德率) 진모선문(眞慕宣文)과 나솔(奈率) 가마(奇麻) 등을 보내어 구원병을 청하였다. 그리고 하부(下部) 동성자언(東城子言)을 보내

어 덕솔 문휴마나(汶休麻那)와 교대하게 하였다. (『日本書紀』19 欽明紀)

고구려	가을 7월에 백암성(白巖成)을 개축하고 신성(新城)을 수리하였다. (『三國史記』 19 高句麗本紀 7)

고구려　　　가을 7월에 백암성(白巖成)을 개축하고 신성(新城)을 수리하였다. (『三國史記』 19 高句麗本紀 7)

고구려　　　가을 7월에 고구려가 백암성과 신성을 수리하였다. (『三國史節要』 6)

고구려　　　가을 7월에 사신을 파견해 동위(東魏)에 들어가 조공하였다. (『三國史記』 19 高句麗本紀 7)

고구려　　　가을 7월에 고구려가 사신을 파견해 동위에 가서 조공하였다. (『三國史節要』 6)

고구려　　　무정(武定) 5년 이 해에 고구려·물길국(勿吉國)이 모두 사신을 파견해 조공하였다. (『魏書』 12 帝紀 12 孝靜帝)

고구려　　　무정 5년 이 해에 고구려·물길이 모두 사신을 파견해 조공하였다. (『北史』 5 魏本紀 5 東魏孝靜皇帝)

고구려　　　동위 효정제(孝靜帝) 무정 5년에 고구려·물길이 모두 사신을 파견해 조공하였다. (『册府元龜』 969 外臣部 朝貢 2)

548(戊辰/신라 진흥왕 9 建元 13/고구려 양원왕 4/백제 성왕 26/梁 太淸 2/倭 欽明 9)

백제　　　봄 정월 계사일이 초하루인 을미일(3) 백제의 사신 전부(前部)·덕솔(德率) 진모선문(眞慕宣文) 등이 돌아갈 것을 청하였다. 이에 조칙을 내려, "청한 구원병은 반드시 보내어 구원할 것이다. 마땅히 빨리 가서 왕에게 보고하라."라고 말하였다. (『日本書紀』19, 欽明紀)

고구려 예 백제 신라

봄 정월에 예(濊)의 병사 6,000명으로 백제 독산성(獨山城)을 공격하였다. 신라 장군 주진(朱珍)이 와서 구원하였으므로, 이기지 못하고 물러났다. (『三國史記』 19 高句麗本紀 7)

백제 고구려 예 신라

봄 정월에 고구려왕 평성(平成)이 예와 모의하여 한강 북쪽의 독산성을 공격하였다. 왕이 사신을 파견해 신라에 구원을 청하자, 신라왕이 장군 주진에게 명령하여 갑졸 3,000명을 거느리고 출발하게 하였다. 주진은 밤낮으로 가서 독산성 아래에 이르자, 고구려 병사와 한번 싸워 크게 격파하였다. (『三國史記』 26 百濟本紀 4)

고구려 예 백제 신라

봄 정월에 고구려왕이 예의 병사 6,000명으로 백제 한강 북쪽의 독산성을 공격하였다. 백제왕이 사신을 파견해 신라에 구원을 청하자, 신라왕이 장군 주진에게 명령하여 갑병 3,000명을 거느리고 구원하게 하였다. 주진은 밤낮으로 가서 독산성 아래에 이르자, 고구려 병사와 싸워 크게 격파하고 죽이거나 사로잡은 자가 매우 많았다. (『三國史節要』 6)

신라 고구려 예 백제

봄 2월에 고구려가 예(穢)의 군대와 백제 독산성을 공격하였다. 백제가 구원을 청하자, 왕이 장군 주령(朱玲)을 파견하여 날랜 병사 3,000명을 거느리고 그들을 공격하게 하여 죽이거나 사로잡은 자가 매우 많았다. (『三國史記』 4 新羅本紀 4)

고구려　　　3월 갑진일(13) 무동장군(撫東將軍)·고려왕(高麗王) 고연(高延)이 죽었다. 그 아들을 영동장군(寧東將軍)·고려왕·낙랑공(樂浪公)으로 삼았다. (『梁書』 3 本紀 3 武帝 下)

고구려	3월 갑진일(13) 무동장군·고려왕 고연이 죽었다. 그 아들 성(成)을 영동장군·고려왕·낙랑공으로 삼았다. (『南史』 7 梁本紀 中)
고구려	양(梁) 고조(高祖) 태청(太淸) 2년 3월에 고려왕 연(延)이 죽있다. 조서를 내려 그 아들을 영동장군으로 삼고, 연의 작위를 계승하게 하였다. (『册府元龜』 963 外臣部 封册 1)
고구려	태청 2년에 연이 죽었다. 조서를 내려 그 아들이 연의 작위를 계승하게 하였다. (『梁書』 54 列傳 48 高句驪)
고구려	태청 2년에 연이 죽었다. 조서를 내려 그 아들 성이 연의 작위를 계승하게 하였다. (『南史』 79 列傳 69 高句麗)

백제 고구려 가야

여름 4월 임술일이 초하루인 갑자일(3) 백제가 중부(中部)·간솔(杆率) 약엽례(掠葉禮) 등을 보내어 아뢰었다. "덕솔 선문(宣文) 등이 칙을 받고 신의 나라에 이르러, '청한 구원병은 때에 맞춰 보내겠다'는 말을 전하였습니다. 삼가 은혜로운 조칙을 받아 기쁘고 즐겁기 한이 없습니다. 그러나 마진성(馬津城) 전투에서[정월 신축일(9)에 고구려가 군대를 이끌고 마진성을 포위하였다.] 사로잡은 포로가 '안라국과 일본부가 불러들여 벌줄 것을 권했기 때문이다.'라고 말하였습니다. 사정으로 미루어 상황을 보더라도 진실로 서로 비슷합니다. 그러나 그 말을 밝히고자 하여 세 번이나 사신을 보내 불렀으나 모두 오지 않았습니다. 그래서 깊이 생각해 보았습니다. 엎드려 바라옵건대 황공하신 천황께서[서번(西藩)들은 일본 천황을 모두 황공하신 천황이라 일컫는다.] 먼저 상황을 살피십시오. 청했던 구원병을 잠시 멈추시고 신의 보고를 기다려 주십시오." 이에 조칙을 내렸다. "법식에 따라 올린 글을 보고 근심하는 바를 살펴보아 일본부와 안라가 이웃의 어려움을 구하지 않은 것은 또한 짐이 매우 싫어하는 바이다. 또 그들이 몰래 고구려에 사신을 보냈다는 것은 믿을 수 없다. 짐이 명하였다면 스스로 보냈을 것이다. 명하지 아니하였는데 어떻게 갔겠는가. 원하건대 왕은 흉금을 터놓고 안심하여 편안하게 마음을 가라앉히고 너무 두려워하지 말라. 마땅히 임나와 함께 지난 번의 칙에 따라 힘을 다하여 모두 북쪽의 적을 막고 각각 봉토를 지켜라. 짐이 마땅히 약간의 사람을 보낼 것이니 안라가 도망한 빈 땅을 채우도록 하라." (『日本書紀』 19 欽明紀)

백제	6월 신유일이 초하루인 임술일(2) 백제에 사신을 보내 조칙을 내렸다. "덕솔 선문이 돌아간 후에 잘 도착하였는가? 소식은 어떠한가. 짐이 듣건대 너희 나라는 고구려의 침해를 받았다고 한다. 마땅히 임나와 함께 힘써 도모하여 전과 같이 막도록 하라." (『日本書紀』 19 欽明紀)
백제	윤7월 경신일이 초하루인 신미일(12) 백제의 사신 약엽례 등이 사행을 마치고 돌아갔다. (『日本書紀』 19 欽明紀)
고구려	가을 9월에 환도성(丸都城)에서 가화(嘉禾)를 바쳤다. (『三國史記』 19 高句麗本紀 7)
고구려	가을 9월에 고구려 환도성에서 가화를 바쳤다. (『三國史節要』 6)
고구려	가을 9월에 사신을 파견해 동위(東魏)에 들어가 조공하였다. (『三國史記』 19 高句麗本紀 7)
고구려	가을 9월에 고구려가 사신을 파견해 동위에 가서 조공하였다. (『三國史節要』 6)

고구려	무정(武定) 6년 이 해에 고구려·실위(室韋)·연연(蠕蠕)·토욕혼국(吐谷渾國)이 모두 사신을 파견해 조공하였다. (『魏書』 12 帝紀 12 孝靜帝)
고구려	무정 6년 이 해에 고구려·실위·연연·토욕혼이 모두 사신을 파견해 조공하였다. (『北史』 5 魏本紀 5 東魏孝靜皇帝)
고구려	동위 효정제(孝靜帝) 무정 6년에 고구려·실위·연연·토욕혼이 모두 사신을 파견해 조공하였다. (『册府元龜』 969 外臣部 朝貢 2)

백제	겨울 10월에 370명을 백제에 보내어 득이신(得爾辛)에 성을 쌓는 것을 도왔다. (『日本書紀』 19 欽明紀)

549(己巳/신라 진흥왕 10 建元 14/고구려 양원왕 5/백제 성왕 27/梁 太淸 3/倭 欽明 10)

백제	봄 정월 경신일(4) 흰 무지개가 해를 관통하였다. (『三國史記』 26 百濟本紀 4)
백제	봄 정월 경신일(4) 백제에서 흰 무지개가 해를 관통하였다. (『三國史節要』 6)

신라	봄에 양(梁)이 사신과 입학승(入學僧) 각덕(覺德)을 파견해 부처의 사리를 보냈다. 왕이 백관으로 하여금 흥륜사(興輪寺) 앞길에 받들어 맞이하게 하였다. (『三國史記』 4 新羅本紀 4)
신라	양이 신라에 사신을 파견해 부처의 사리를 보냈다. 왕이 백관으로 하여금 흥륜사 앞길에 받들어 맞이하게 하였다. 처음에 신라의 승려 각덕이 양에 들어가 불법(佛法)을 구하였는데, 이 때에 이르러 양의 사신과 함께 왔다. (『三國史節要』 6)
신라	『삼국사기(三國史記)』에 전한다. "진흥왕(眞興王) 대청(大淸) 3년 기사(己巳)에 양의 사신 심호(沈湖)가 사리 약간 알을 보냈다." (『三國遺事』 3 塔像 4 前後所將舍利)
신라	태청(太淸) 연간 초에 양의 사신 심호가 사리를 갖고 왔다. (『三國遺事』 3 興法 3 原宗興法猒髑滅身)

백제	여름 6월 을유일이 초하루인 신묘일(7) 장덕(將德) 구귀(久貴)와 고덕(固德) 마차문(馬次文) 등이 사행을 마치고 돌아갈 것을 청하였다. 이에 조칙을 내렸다. "에나시(延那斯)와 마츠(麻都)가 몰래 사사로이 고구려에 사신을 보낸 것은 짐이 마땅히 사람을 보내어 허실을 물을 것이다. 청한 군사는 청원에 따라 멈추었다." (『日本書紀』 19 欽明紀)

백제	겨울 10월에 왕이 양의 수도에 도적이 있는 것을 모르고 사신을 파견해 조공하였다. 사신이 도착하고 나서, 성과 궁궐이 황폐하고 훼손된 것을 보고 모두 단문(端門) 밖에서 소리내어 울었다. 길을 지나가다가 본 자가 눈물을 뿌리지 않음이 없었다. 후경(侯景)이 그것을 듣고 크게 노하여 잡아다가 가두었다. 경이 평정되자 바야흐로 귀국할 수 있었다. (『三國史記』 26 百濟本紀 4)
백제	겨울 10월에 백제가 사신을 파견해 양에 가서 조공하였다. 처음에 백제왕이 양에 후경의 난이 있는 것을 모르고 사신을 파견해 조공하였다. 사신이 양에 도착하고 나서, 성과 궁궐이 손상되고 훼손된 것을 보고 단문 밖에서 소리내어 울었다. 길을 지나가다가 본 자가 눈물을 뿌리지 않음이 없었다. 후경이 그것을 듣고 크게 노하여 잡아다가 가두었다. 경이 평정되자 돌아올 수 있었다. (『三國史節要』 6)
백제	겨울 10월 이 달에 백제국이 사신을 파견해 조공하였다. 성과 사찰이 황폐해진 것을 보고 궁궐 아래에서 소리내어 울었다. (『南史』 8 梁本紀 下)
백제	간문제(簡文帝) 대청(大淸) 3년 10월에 백제국이 사신을 파견해 조공하였다. (『册府元龜』 968 外臣部 朝貢 1)

백제	태청 3년에 사신을 파견해 토산물을 바쳤다. 사신이 도착하자, 성과 궁궐이 황폐하고 훼손된 것을 보고 모두 소리내어 울었다. 후경이 노하여 잡아다가 가두었다. 경이 평정되자 이에 귀국할 수 있었다. (『南史』 79 列傳 69 百濟)
백제	태청 3년에 사신을 파견해 토산물을 바쳤다. 사신이 도착하자, 성과 궁궐이 황폐하고 훼손된 것을 보고 모두 소리내어 울었다. 후경이 노하여 잡아다가 가두었다. 경이 평정되자 이에 귀국할 수 있었다. (『太平御覽』 781 四夷部 2 東夷 2 百濟)

백제	11월 을묘일(4) 백제가 사신을 파견해 들어가 조공하였다. 성과 궁궐이 황폐하고 훼손되어 예전과 다른 것을 보고 단문에서 소리내어 울었다. 후경이 노하여 장엄사(莊嚴寺)에 기록하여 보내고 나가는 것을 허락하지 않았다. (『資治通鑑』 162 梁紀 18 高祖武皇帝)
백제	대청 3년 겨울 11월에 백제의 사신이 도착하고 나서, 성과 시가지가 폐허가 된 것을 보고 단문 밖에서 소리내어 울었다. 길을 지나가다가 본 자가 눈물을 뿌리지 않음이 없었다. 후경이 듣고 크게 노하여 소장엄사(小莊嚴寺)에 가두고 연금하여 출입하는 것을 허락하지 않았다. (『南史』 80 列傳 70 賊臣 侯景)

백제	겨울 12월에 백제국이 사신을 파견해 토산물을 바쳤다. (『梁書』 4 本紀 4 簡文帝)
백제	대청 3년 겨울 12월 이 달에 백제의 사신이 도착하고 나서, 성과 시가지가 폐허가 된 것을 보고 단문 밖에서 소리내어 울었다. 길을 지나가다가 본 자가 눈물을 뿌리지 않음이 없었다. 후경이 듣고 크게 노하여 소장엄사에 보내 연금하여 막아두고 출입하는 것을 허락하지 않았다. (『梁書』 56 列傳 50 侯景)
백제	태청 3년에 수도가 도적에게 노략질당한 것을 모르고 오히려 사신을 파견해 조공하였다. 사신이 도착하고 나서, 성과 궁궐이 황폐하고 훼손된 것을 보고 모두 소리내어 울었다. 후경이 노하여 잡아다가 가두었다. 경이 평정되자 바야흐로 귀국할 수 있었다. (『梁書』 54 列傳 48 百濟)

신라	대관대감(大官大監)은 진흥왕(眞興王)10년에 설치하였다. (『三國史記』 40 雜志 9 職官 下)
신라	신라가 무관을 추가로 설치하였다. 대관대감은 대당(大幢)을 맡은 자가 5명, 귀당(貴幢)이 5명, 한산정(漢山停)이 4명, 우수정(牛首停)이 4명, 하서정(河西停)이 4명, 완산정(完山停)이 4명인데, 옷깃이 없다. 녹금당(綠衿幢)이 4명, 자금당(紫衿幢)이 4명, 백금당(白衿幢)이 4명, 비금당(緋衿幢)이 4명, 황금당(黃衿幢)이 4명, 흑금당(黑衿幢)이 4명, 벽금당(碧衿幢)이 4명, 적금당(赤衿幢)이 4명, 청금당(青衿幢)이 4명인데, 모두 62명이고 옷깃을 드러낸다. 진골(眞骨)은 관등이 사지(舍知)부터 아찬(阿飡)에 이르고, 다음 두품(頭品)은 나마(奈麻)부터 사중아찬(四重阿飡)에 이른다. 대대감(隊大監)은 마병을 거느린 자가 계금(罽衿)에 1명, 음리화정(音里火停)에 1명, 고량부리정(古良夫里停)에 1명, 거사물정(居斯勿停)에 1명, 참량화정(叁良火停)에 1명, 소참정(召叁停)에 1명, 미다부리정(未多夫里停)에 1명, 남천정(南川停)에 1명, 골내근정(骨乃斤停)에 1명, 벌력천정(伐力川停)에 1명, 이화혜정(伊火兮停)에 1명, 녹금당에 3명, 자금당에 3명, 백금당에 3명, 황금당에 3명, 흑금당에 3명, 벽금당에 3명, 적금당에 3명, 청금당에 3명, 청주서(菁州誓)에 1명, 한산주서(漢山州誓)에 1명, 완산주서(完山州誓)에 1명이다. 보병을 거느린 자는 대당에 3명, 한산정에 3명, 귀당에 2명, 우수정에 2명, 완산정에 2명, 벽금당에 2명, 흑금당에 2명, 자금당에 2명, 적금당에 2명, 청금당에 2명, 비금당에 4명으로 모두 70명이고 전부 옷깃을 드러내며 관등은 나마부터 아찬에 이른다. (『三國史節要』 6)

고구려	사신을 파견해 동위(東魏)에 들어가 조공하였다. (『三國史記』 19 高句麗本紀 7)
고구려	고구려가 사신을 파견해 동위에 가서 조공하였다. (『三國史節要』 6)
고구려	무정(武定) 7년 이 해에 연연(蠕蠕)·지두우(地豆于)·실위(室韋)·고구려·토욕혼국(吐谷渾國)이 모두 사신을 파견해 조공하였다. (『魏書』 12 帝紀 12 孝靜帝)
고구려	무정 7년 이 해에 연연·지두우·실위·고구려·토욕혼이 모두 사신을 파견해 조공하였다. (『北史』 5 魏本紀 5 東魏孝靜皇帝)
고구려	동위 효정제(孝靜帝) 무정 7년에 연연·지두우·실위·고구려·토욕혼이 모두 사신을 파견해 조공하였다. (『册府元龜』 969 外臣部 朝貢 2)

백제	백제의 사문(沙門)인 석발정(釋發正)은 양 천감(天監) 연간(502~519) 중 서궤(書櫃)를 짊어지고 서쪽으로 건너가 스승을 찾아 불법(佛法)을 배워 의의와 종지(宗旨)를 상당하게 깨우쳤고, 또한 정진하였다. 양에서 30여 년을 있으면서 고향을 잊지 못해 본토로 돌아간 발정은 귀국하던 길에서 다른 사람이 월주(越州)의 계산(界山)에 있는 도량이 '관음(觀音)'이라 불리고 관음의 토담집이 있다고 한 말을 들어 그곳을 가서 보았는데, 기둥과 서까래는 허물어져 없고 담장만이 그곳에 홀로 남아있었다. 오래 전 두 도인이 서로 맹세를 맺고 산으로 들어가 한 사람은 『화엄경(華嚴經)』을 외우고자 하고 한 사람은 『법화경(法華經)』을 외우고자 하여 각각 한 골짜기에 자리 잡고 토담집을 지었다. 『화엄경』을 외우던 이는 기약한 달에 마칠 수 있게 되자 마음속으로 도반(道伴)에게 의심이 생겨 시간을 내어 가서 그를 살펴보니 한 권도 마친 것이 없었다. 『화엄경』을 외우던 그가 말하였다. "기약한 달은 이미 거의 다하였고 양식마저 끊어지려 하니 기약한 달에 이르러 그것을 마쳐야 하오. 만약 『법화경』 한 부를 염송(念誦)할 수 없거든, 바로 『관세음경(觀世音經)』을 외울 수는 있을 것이오." 곧 그의 거처로 되돌아갔다. 이에 『법화경』을 외우던 이 사람은 마음속으로 전세의 인연으로 근기(根機)가 우둔하여 불법을 깨닫지 못함을 스스로 비통해 하고, 곧 지극한 마음으로 독송하는 것을 밤낮으로 부지런히 하여 대략 절반 정도를 외웠다. 며칠이 지나 『화엄경』을 외우던 그 사람이 다시 오자 『법화경』을 외우던 이 사람은 그에게 사실대로 말해주었는데, 그 사람이 말하였다. "나는 이미 『화엄경』을 외웠는데, 어찌 그대는 이와 같은 『관세음경』의 첫 부분조차 2~3일이 지나도 외우지 못하는가? 내가 만일 그대를 버리고 떠나면 약속을 저버리는 것이고, 만일 그대가 마칠 때까지 기다린다면 양식이 다 할 것인데, 이미 3일이 지나도 마치지 못하였으니 서로를 기다릴 이유가 없으므로, 내일 다시 올 것이니 노력하시오." 이 사람은 이전보다 배나 더 비통해 하면서 지극한 마음으로 외워 겨우 마칠 수가 있었다. 이튿날 아침에 그 사람이 다시 와서 말하기를 "이와 같은 『관세음경』의 첫 부분조차 아직 외울 수 없다면 어찌할 수가 없으니 나는 그대를 버려두고 갈 것이네."라고 하였다. 이 사람은 무릎을 꿇고 말하기를 "어제 저녁에서야 겨우 끝냈다네."라고 하였다. 이에 그 사람은 크게 기뻐하며, 서로 시험하고자 바로 상에 앉아 그것을 외우는데, 30권의 『화엄경』을 한 글자도 잊거나 빠뜨린 것이 없었다. 다음으로 이 사람이 상에 올라 그것을 외우는데, 처음 목소리를 내자 공중에서 여러 가지 꽃향기가 내리고 꽃이 토담집에 가득 차 향기가 모든 골짜기에서 맡아졌고 기운이 하늘에 가득 차 헤아릴 수가 없었다. 이에 『화엄경』을 외운 자는 바로 땅으로 내려와 머리를 조아렸는데, 머리와 얼굴에서 피를 흘리며 참회하고 사과를 하였다. 일이 마치자 헤어져 떠나려고 하자 이 사람이 말리며 말하기를 "늘 한 노인께서 나에게 음식을 보내어 주고 있는데, 그대는 잠시 기다려주겠는가?"라고 하였다. 오랫동안 기다려도 오지 않자 그와 함께 이 사람은 물을 길으러 가다가 노인이 음식을 짊어지고 풀밭

에서 엎드려 쉬고 있어 이 사람이 괴이하게 여기며 묻기를 "나의 도반이 마침 와서 함께 음식을 먹고자 하였는데, 어떤 일이 있어서 달아나 숨어서 음식을 보내지 않으십니까?"라고 하니, 노인이 대답하기를 "그 사람이 나를 업신여기는 것이 이와 같으니, 어찌 차마 볼 수 있단 말이오."라고 하였다. 이에 비로소 관세음보살(觀世音菩薩)인 것을 알고 바로 오체투지(五體投地)하여 예배를 올리는 것이 매우 극진하였다. 잠시 후 우러러 보니 곧 행방을 알 수 없었다. 이 사람이 거쳐했던 담장이 지금까지 여전히 남아있는데, 발정이 직접 본 것이다. (『法華傳記』6 諷誦勝利 8之4 越州觀音道場道人 1)

백제   사문 발정이라는 자는 백제인이다. 양 천감 연간 중 서궤를 짊어지고 서쪽으로 건너가 스승을 찾아 불법을 배워 의의와 종지를 상당하게 깨우쳤고, 또한 정진하였다. 양에서 30여 년을 있으면서 고향을 잊지 못해 본토로 돌아왔다. 발정은 귀국하던 길에서 다른 사람이 월주의 계산에 '관세음(觀世音)'의 토담집이 있다는 말한 것을 듣고 그곳으로 가서 보았는데, 기둥과 서까래는 허물어져 없고 담장만이 그곳에 홀로 남아있었다.

오래전 두 도인이 서로 약속하여 산으로 들어가 한 사람은 『화엄경(花嚴經)』을 외우고자 하고 한 사람은 『법화경(法花經)』을 외우고자 하여 각각 한 골짜기에 자리 잡고 토담집을 지었다. 『화엄경』을 외우던 자가 기일 내에 마칠 수 있게 되자 마음속으로 도반이 얼마나 이루었지 의심이 생겨 곧 가서 그를 살펴보니 한 권도 마친 것이 없었다. 『화엄경』을 외우던 그 사람은 그 도반에게 말하였다. "기약은 이미 다해 오고 양식마저 끊어지는 것을 탄식해야 하는데, 내버려 두면 기약한 날에 이르러 그 상태로 끝나버릴 것이오. 만약 한 부를 염송할 수 없더라도 『관세음경』은 외울 수는 있을 것이오." 바로 그의 거처로 돌아갔다. 이에 이 사람은 마음속으로 전세의 인연으로 근기가 우둔하여 불법을 깨닫지 못함을 스스로 비통해 하고, 곧 지극한 마음으로 독송하는 것을 밤낮으로 태만하지 않고 외우기를 대략 절반정도에 이르렀다. 며칠이 지나 그 사람이 다시 와서 살펴보자 이 사람은 그에게 사실대로 말해주었는데, 그 사람이 말하였다. "나는 이미 『화엄경』을 외웠는데, 어찌 그대는 이와 같은 『관세음경』이라는 것조차 하물며 2~3일이 지나도 외우지 못하는가? 내가 만일 그대를 버리고 떠나면 약속을 저버리는 것이고, 만일 그대를 기다린다면 양식이 필경 다 할 것이네, 이미 3일이 지나도 마치지 못하였으니 서로를 기다릴 이유가 없으므로, 내일 다시 올 것이니 노력하시오." 이 사람은 이전보다 배나 더 비통해 하면서 지극한 마음으로 외워 겨우 마칠 수가 있었다. 이튿날 아침에 그 사람이 다시 와서 살펴보며 말하기를, "이처럼 『관세음경』의 첫 부분조차 아직 외우지 못하는 것을 알았으니 어찌할 수가 없고, 나는 그대를 버려두고 갈 수밖에 없네."라고 하였다. 이 사람은 무릎을 꿇고 말하기를 "어제 저녁에서야 겨우 끝냈다네."라고 하였다. 이에 그 사람은 크게 기뻐하며, 서로 시험하고자 바로 상에 앉아 그것을 외우는데, 40권의 『화엄경』을 한 글자도 잊거나 빠뜨린 것이 없었다. 다음으로 이 사람이 상에 올라 『관세음경』을 외우는데, 처음으로 목소리를 내자 공중에서 여러 가지 꽃향기가 내렸고, 꽃이 토담집에 가득 차 향기가 모든 골짜기에서 맡아졌으며, 기운이 하늘에 가득 차 헤아릴 수가 없었다. 이에 『화엄경』을 외운 자는 바로 땅으로 내려와 머리를 조아렸는데, 머리와 얼굴에서 피를 흘리며 참회하고 사과를 하였다. 일이 마치자 헤어져 떠나려고 하자 이 사람이 말리며 말하기를 "늘 한 노인께서 나에게 음식을 보내어 주고 있는데, 그대는 잠시 기다릴 수 있는가."라고 하였다. 그런데 오랫동안 기다려도 오지 않자 그 사람은 헤어져 갔다. 이 사람은 물을 길러 우물로 가다가 바라보니 노인이 음식을 짊어지고 풀밭에서 엎드려 있었다. 이 사람은 괴이하게 여기며 묻기를, "나의 도반이 마침 와서 함께 음식을 먹고자 하였는데, 무슨 일이 있어서 달아나 숨어서 음식을 보내지 않으십니까?"라고 하자, 노인이 대답하기를 "그 사람이 나를 이처럼 업신여기니, 어찌 차마 볼 수 있단 말이오."라고 하였다. 이에 비로소 그 노인이 관세음보살인 것을 알고, 바로 오체투지하여 예배를 올리는 것이 매우 극진하였다. 잠시 후 우러러 보니 곧 행방을 알 수 없었다.   이 사람이 보았던 담장이 지금에 이르기까지 여전히 남아있는데, 사문 발정이 직접 본 것이다.

이상의 한 조는 『보문품(普門品)』에서 말한 "62억 갠지스 강의 모래수와 같은 수많은 보살(菩薩)의 이름 내지 한 때라도 관세음보살을 예배하는 것은 서로 같고 차이가 없다."라고 한 것이다. 즉 이것은 바다 건너의 일로 이후에 들은 것과 본 것이 더해져 천박함이 이와 같지만, 감응(感應)은 실로 미혹한 바를 몰래 엿보고자 한 것이 아니다. 다만 육과(陸杲)가 말하기를 "후세의 호사가(好事家)들이 없애버리거나 이어서 나가라."라고 하였는데, 스스로 역량이 되지 않음을 알지만 삼가 2조를 지어 『관세음응험기(觀世音應驗記)』의 편말(篇末)에 이어 붙인다. (『觀世音應驗記』 百濟 沙門發正)

550(庚午/신라 진흥왕 11 建元 15/고구려 양원왕 6/백제 성왕 28/梁 大寶 1/倭 欽明 11)

신라 백제 고구려

　　　　　봄 정월에 백제가 고구려 도살성(道薩城)을 함락시켰다. (『三國史記』 4 新羅本紀 4)

고구려 백제　봄 정월에 백제가 와서 침입하여 도살성을 함락시켰다. (『三國史記』 19 高句麗本紀 7)

백제 고구려　봄 정월에 왕이 장군 달기(達己)를 파견하여 병사 1만을 거느리게 하고, 고구려 도살성을 공격하여 취하였다. (『三國史記』 26 百濟本紀 4)

백제 고구려 신라

　　　　　봄 정월에 백제왕이 장군 달기를 파견하여 병사 1만을 거느리게 하고, 고구려 도살성을 공격하여 취하였다. (이하 3월) 고구려가 백제 금현성(金峴城)을 공격하여 함락시키자, 신라왕이 두 나라의 병사가 피곤한 틈을 타서 이찬(伊湌) 이사부(異斯夫)에게 명령하여 병사를 내어 공격하게 하니, 두 성을 취하여 증축하고 갑사 1,000명을 남겨 지키게 하였다. (『三國史節要』 6)

신라 백제 고구려

　　　　　진흥왕(眞興王) 재위 11년인 태보(太寶) 원년에 백제가 고구려 도살성을 함락시켰다. (이하 3월) 고구려가 백제 금현성을 함락시키자, 왕이 두 나라의 병사가 피곤한 틈을 타서 이사부에게 명령하여 병사를 내어 공격하게 하니, 두 성을 취하여 증축하고 갑사를 남겨 지키게 하였다. 이 때 고구려가 병사를 파견해 금현성을 공격하였으나 이기지 못하고 돌아가자, 이사부가 그를 추격하여 크게 이겼다. (『三國史記』 44 列傳 4 異斯夫)

백제　　　봄 2월 신사일이 초하루인 경인일(10) 사신을 백제에 보내어 조서를 내렸다.[『백제본기(百濟本記)』에 전한다. "3월 12일 신유에 일본의 사신 아히타(阿比多)가 배 3척을 거느리고 도성 아래에 이르렀다."] "짐이 시덕(施德) 구기(久貴)와 고넉(固德) 마진문(馬進文) 등이 올린 표의 뜻에 따라 하나하나 교시하여 손바닥 들여다 보듯이 하였다. 생각과 마음을 드러내고자 하였다. 대시두(大市頭)가 돌아온 뒤로도 평상시와 다름이 없었다. 이제 다만 보고한 말을 밝히고자 하였다. 그래서 사신을 보낸다. 또 다시 짐이 듣건대 나솔(奈率) 마무(馬武)는 왕이 아끼는 신하이다. 위에 아뢰고 아래에 전하는 것이 왕의 마음에 몹시 맞아서 왕에게 도움이 되고 있다. 만일 국가가 무사하여 오랫동안 관가가 되어 길이 천황을 받들려고 한다면 마땅히 마무를 대사로 삼아 조정에 보내라." 다시 조칙을 내렸다. "짐이 듣건대 북쪽의 적은 강하고

사납다. 그래서 화살 30구를 내리니 한 곳 정도는 방어할 수 있을 것이다." (『日本書紀』 19 欽明紀)

신라 고구려 백제

봄 3월에 고구려가 백제 금현성을 함락시키자, 신라왕이 두 나라의 병사가 피곤한 틈을 타서 이찬 이사부에게 명령하여 병사를 내어 공격하게 하니, 두 성을 취하여 증축하고 갑사 1,000명을 남겨 지키게 하였다. (『三國史記』 4 新羅本紀 4)

고구려 백제 신라

봄 3월에 백제 금현성을 공격하자, 신라 군대가 틈을 타서 도살·금현의 두 성을 취하였다. (『三國史記』 19 高句麗本紀 7)

백제 고구려　3월에 고구려 병사가 금현성을 포위하였다. (『三國史記』 26 百濟本紀 4)

백제 가야 고구려

여름 4월 경진일 초하루에 백제에 있는 일본왕의 사람이 바야흐로 돌아가고자 하였다. [『백제본기』에 전한다. "4월 1일 경진에 일본 아히타가 돌아갔다."] 백제왕 성명이 왕의 사람에게 말하기를, "임나의 일은 칙을 받들어 굳게 지켰다. 에나시(延那斯)와 마츠(麻都)의 일은 문책할 것인지 아닌지는 오로지 칙에 따르겠다"라고 말하였다. 고구려의 노(奴) 6구를 바치고, 따로 왕의 사람에게 노 1구를 주었다[모두 이림(爾林)을 공격하여 사로잡은 노이다]. (『日本書紀』 19 欽明紀)

백제　여름 4월 을미일(16) 백제가 중부(中部)·나솔(奈率) 피구근(皮久斤)과 하부(下部)·시덕 작간나(灼干那) 등을 보내어 고구려의 포로 10구를 바쳤다. (『日本書紀』 19 欽明紀)

고구려　천보(天保)원년 6월 기묘일(1) 고구려가 사신을 파견해 조공하였다. (『北齊書』 4 帝紀 4 文宣帝)

고구려　여름 6월에 사신을 파견해 북제(北齊)에 들어가 조공하였다. (『三國史記』 19 高句麗本紀 7)

고구려　여름 6월에 고구려가 사신을 파견해 북제에 가서 조공하였다. (『三國史節要』 6)

고구려　북제 문선제(文宣帝) 천보원년 6월에 고구려가 (…) 모두 사신을 파견해 조공하였다. (『册府元龜』 969 外臣部 朝貢 2)

고구려　천보원년 이 해에 고구려·연연(蠕蠕)·토욕혼(吐谷渾)·고막해(庫莫奚)가 모두 사신을 파견해 조공하였다. (『北史』 7 齊本紀 中 顯祖文宣皇帝)

고구려　북제가 동위(東魏)에게 선양을 받은 해가 되자, 사신을 파견해 북제에 조공하였다. (『北史』 94 列傳 82 高麗)

고구려　6월 경자일(22) (…) 처음에 북연(北燕) 소성제(昭成帝: 馮弘)가 고구려로 도망갔을 때, 그 족인 풍업(馮業)으로 하여금 300명을 데리고 바다를 건너 유송으로 도망가게 하였는데, 인하여 신회(新會)에 머무른 것이다. 업부터 손자 융(融)에 이르기까지 대대로 나주자사(羅州刺史)가 되었고, 융의 아들 보(寶)는 고량태수(高涼太守)가 되었다. 고량의 세씨(洗氏)는 대대로 만(蠻)의 추장이 되어 부락이 10만여 가였다. 딸이 있어 셈과 지략이 많고 군사 운용을 잘 하여 여러 마을이 모두 그 신의에 복종하였다. 융이 방문하여 보의 아내로 삼았다. (『資治通鑑』 163 梁紀 19 太宗簡文帝 上)

고구려　천보원년 9월 계축일(6) 산기상시(散騎常侍)·거기장군(車騎將軍)·영동이교위(領東夷校尉)·요동군개국공(遼東郡開國公)·고려왕(高麗王) 성(成)을 사지절(使持節)·시중(侍中)·

	표기대장군(驃騎大將軍)·영호동이교위(領護東夷校尉)로 삼았고, 왕공(王公)은 예전과 같았다. (『北齊書』 4 帝紀 4 文宣帝)
고구려	천보원년 9월 계축일(6) 영동이교위·요동군개국공·고려왕 성을 사지절·시중·표기대장군·영호동이교위로 삼았고, 왕공은 예전과 같았고. (『北史』 7 齊本紀 中 顯祖文宣皇帝)
고구려	가을 9월에 북제가 왕을 책봉하여 사지절·시중·표기대장군·영호동이교위·요동군개국공·고구려왕으로 삼았다. (『三國史記』 19 高句麗本紀 7)
고구려	가을 9월에 북제가 고구려왕을 책봉하여 사지절·시중·표기대장군·영호동이교위·요동군개국공·고구려왕으로 삼았다. (『三國史節要』 6)
고구려	북제 문선제 천보원년 9월에 산기상시·거기장군·영동이교위·요동군개국공·고려왕 위(威)를 사지절·시중·표기대장군·영호동이교위로 삼았고, 왕공은 예전과 같았다. (『冊府元龜』 963 外臣部 封冊 1)
고구려	북제가 동위에게 선양을 받은 해가 되자, (…) 북제 문선제가 성에게 사지절·시중·표기대장군을 더해주었고, 영동이교위·요동군공(遼東郡公)·고려왕은 예전과 같았다. (『北史』 94 列傳 82 高麗)
고구려	북제가 동위에게 선양을 받자, 또 북제에 조공하였다. 문선제가 성에게 사지절·시중·표기대장군을 더해주었고, 고려왕은 예전과 같았다. (『太平御覽』 783 四夷部 4 東夷 4 高句驪)
신라	신라 진흥왕11년 경오에 안장법사(安藏法師)를 대서성(大書省)으로 삼았는데 1명이었다. 또 소서성(小書省) 2명이 있었다. (『三國遺事』 4 義解 5 慈藏定律)
신라	대서성은 1명인데, 진흥왕이 안장법사(安藏法師)를 그것으로 삼았다. (『三國史記』 40 雜志 9 職官 下)
고구려	동위 효정제(孝靜帝) 무정(武定:543~550) 말년에 이르기까지 그 조공하는 사신이 이르지 않은 해가 없었다. (『魏書』 100 列傳 88 高句麗)
고구려	무정(543~550) 말년에 이르기까지 그 조공하는 사신이 이르지 않은 해가 없었다. (『北史』 94 列傳 82 高麗)

551(辛未/신라 진흥왕 12 開國 1/고구려 양원왕 7/백제 성왕 29/梁 大寶 2/倭 欽明 12)

신라	봄 정월에 연호를 개국(開國)으로 고쳤다. (『三國史記』 4 新羅本紀 4)
신라	봄 정월에 신라가 연호를 개국으로 고쳤다. (『三國史節要』 6)
신라	제24대 진흥왕(眞興王) 개국[신미] 17년 (『三國遺事』 1 王曆)
신라 가야	3월에 왕이 순수하여 낭성(娘城)에 머물렀다. 우륵(于勒) 및 그 제자 이문(尼文)이 음악을 안다는 것을 듣고 특별히 그들을 불렀다. 왕이 하림궁(河臨宮)에 머무르면서 그 음악을 연주하게 하였다. 두 사람은 각각 새로운 노래를 만들어 연주하였다. 이보다 앞서 가야국(加耶國) 가실왕(嘉悉王)이 12현금(弦琴)을 만들었는데, 12월의 음률을 상징하였다. 이에 우륵에게 명령하여 그 곡을 만들게 하였다. 그 나라가 어지러워지자, 악기를 잡고 우리에게 투항하니, 그 음악을 가야금(加耶琴)이라고 이름지었다. (『三國史記』 4 新羅本紀 4)
신라 가야	3월에 신라왕이 낭성에 갔다. 우륵 및 그 제자 이문을 불러 하림궁에서 만나서, 그 음악을 연주하게 하였다. 두 사람은 각각 하림(河臨)·눈죽(嫩竹)의 두 조(調)를 만들어 연주하였다. 이보다 앞서 가야국왕(伽耶國王) 가실이 당(唐) 악부(樂部)의 쟁(筝)을 본떠서 12현금을 만들었는데, 12월을 상징하였다. 이에 여러 나라의 방언이 각

각 달라서 소리를 하나로 하기가 어려우니, 악사(樂師) 우륵에게 명령하여 12곡을 만들게 하였는데, 하가도(下加都), 상가라도(上加羅都), 보기(寶伎), 달이(達已), 사물(思勿), 물혜(勿慧), 하기물(下奇物), 사자기(師子伎), 거열(居烈), 사팔혜(沙八兮), 이혁(爾赦), 상기물(上奇物)이라고 하였다. 이문이 만든 것도 3곡이 있는데, 오(烏), 서(鼠), 순(鶉)이라고 하였다. 나중에 우륵이 그 나라가 장차 어지러워질 것을 알고, 악기를 가지고 신라에 투항하니, 왕이 그를 국원(國原)에 안치하였다. (『三國史節要』 6)

신라 고구려   3월에 왕이 거칠부(居柒夫) 등에게 명령하여 고구려를 침입하게 하니, 승세를 타고 10군(郡)을 취하였다. (『三國史記』 4 新羅本紀 4)

고구려 신라   신라가 와서 공격하여 10성을 취하였다. (『三國史記』 19 高句麗本紀 7)

신라 고구려   국통(國統)은 1명이다[사주(寺主)라고도 한다]. 진흥왕12년에 고구려 혜량법사(惠亮法師)를 사주로 삼았다. 도유나(都唯那)는 1명, 아니대도유나(阿尼大都唯那)는 1명이다. 진흥왕이 처음으로 보량법사(寶良法師)를 그것으로 삼았다. (『三國史記』 40 雜志 9 職官 下)

신라 백제 고구려

진흥대왕(眞興大王) 12년 신미(辛未)에 왕이 거칠부 및 대각찬(大角飡) 구진(仇珍), 각찬(角飡) 비대(比台), 잡찬(迊飡) 탐지(耽知)·비서(非西), 파진찬(波珍飡) 노부(奴夫)·서력부(西力夫), 대아찬(大阿飡) 비차부(比次夫), 아찬(阿飡) 미진부(未珍夫) 등 8장군에게 명령하여 백제와 고구려를 침입하였다. 백제 군대가 먼저 평양(平壤)을 공격하여 격파하자, 거칠부 등이 승세를 타고 죽령(竹嶺) 이외 고현(高峴) 이내의 10군을 취하였다. 이 때에 이르러 혜량법사가 그 무리를 거느리고 길에 나왔는데, 거칠부가 말에서 내려 군례로 인사하고 나아가 말하였다. "예전에 유학했던 때에 법사의 은혜를 입어 생명을 보전할 수 있었습니다. 지금 이렇게 오랜만에 다시 서로 만나니, 무엇으로 갚아야 할지 모르겠습니다." 법사가 대답하였다. "지금 우리나라는 정치가 어지러워 멸망할 날이 멀지 않으니, 그대의 영역에 이르기를 바란다." 이리하여 거칠부가 함께 타고 돌아와서 왕에게 알현시켰다. 왕은 승통(僧統)으로 삼고 비로소 백좌강회(百座講會) 및 팔관법(八關法)을 두었다. (『三國史記』 44 列傳 4 居柒夫)

신라 고구려   진흥왕 11년 경오(庚午)의 다음해인 신미에 고구려 혜량법사를 국통으로 삼았는데, 또한 사주라고도 한다. 보량법사를 대도유나(大都唯那)로 삼았는데 1명이다. 또 주통(州統)은 9명, 군통(郡統)은 18명 등이다. (『三國遺事』 4 義解 5 慈藏定律)

신라 백제 고구려

신라왕이 거칠부 및 대각찬 구진, 각찬 비대, 잡찬 탐지·비서, 파진찬 노부·서력부, 대아찬 비차부, 아찬 미진부 등 8장군에게 명령하여 백제 병사와 고구려를 침입하였다. 백제가 먼저 평양을 공격하여 격파하자, 거칠부 등이 승세를 타고 죽령 이외 고현 이내의 10군을 취하였다. 거칠부는 나물왕(奈勿王)의 5세손으로, 어려서 멀리 보는 뜻이 있었다. 처음에 승려가 되어 고구려의 강약을 엿보고자 하여 그 경역으로 들어갔다. 혜량법사가 당을 열어 불경을 설교한다는 것을 듣고, 마침내 나아가 강연을 들었다. 하루는 혜량이 묻기를, "너는 어디서 왔느냐?"라고 하자, 거칠부가 말하기를, "신라인입니다."라고 하였다. 혜량은 손을 잡고 몰래 말하였다. "내가 사람을 많이 보았는데, 네 용모를 보니 딱 평범한 류가 아니다. 마음에 위태로움이 있구나!" 거칠부가 말하였다. "저는 구석진 곳에서 태어나 아직 도리를 듣지 못하였습니다. 법사의 덕과 명예를 듣고 달려와서 아래에서 교화되고자 하니, 법사께서 거절하지 않기를 바랍니다." 혜량이 말하였다. "노승이 영민하지 못하나, 또한 그대를 알아볼 수 있다. 이 나라가 비록 작으나, 인재가 없다고는 할 수 없다. 그대가 잡힐까 두려우니 마땅히 빨리 돌아가야 한다.” 거칠부가 장차 돌아가려 하자, 혜량이 또 그에게 말하였다. “너는 제비의 턱과 매의 눈을 가졌으니, 반드시 장수가 될 것이다. 나중에 나에게 해를 끼치지 말라.” 거칠부가 말하였다. “과연 말씀하신 대로입니다. 법사와 함께 하지 않아도 서로 좋아하는 것은 밝은 태양과 같습니다.” 마침내 돌아와 관직에 나아가 파진찬에 이르렀다. 이 때에 이르러 혜량이 그 무리를 거느리고 길가에 나와 나타났는데, 거칠부가 나아가 말하였다. “일찍이 법사의 은혜를 입어 생명을 보전할 수 있었습니다. 지금 오랜만에 다시 만나니, 무엇으로 갚아야 할지 모르겠습니다.” 혜량이 말하였다. “우리나라는 정치가 어지러워 멸망할 날이 멀지 않았다.” 그와 함께 돌아와서 왕에게 알현시켰다. 왕은 혜량을 승통으로 삼고 비로소 백좌강회 및 팔관법을 두었다. (『三國史節要』6)

백제 신라 가야 고구려

이 해에 백제 성명왕이 직접 군사와 두 나라의 병사를 거느리고[두 나라는 신라와 임나이다.] 고구려를 정벌하여 한성(漢城)의 땅을 차지하였다. 또 진군하여 평양(平壤)을 토벌하였다. 모두 6군으로 마침내 고지(故地)를 회복하였다. (『日本書紀』19 欽明紀)

백제   봄 3월에 보리 씨앗 1000곡(斛)을 백제왕에게 하사하였다. (『日本書紀』19 欽明紀)

고구려   천보(天保) 2년 5월 정해일(15) 고구려국이 사신을 파견해 조공하였다. (『北齊書』4 帝紀 4 文宣帝)

고구려   여름 5월에 사신을 파견해 북제(北齊)에 들어가 조공하였다. (『三國史記』19 高句麗本紀 7)

고구려   여름 5월에 고구려가 사신을 파견해 북제에 가서 조공하였다. (『三國史節要』6)

고구려   북제 문선제(文宣帝) 천보 2년 2월에 여여국(茹茹國), 4월에 실위국(室韋國), 5월에 고구려가 (…) 모두 사신을 파견해 조공하였다. (『册府元龜』969 外臣部 朝貢 2)

고구려   천보 2년 이 해에 연연(蠕蠕)·실위·고구려가 모두 사신을 파견해 조공하였다. (『北史』7 齊本紀 中 顯祖文宣皇帝)

고구려   가을 9월에 돌궐(突厥)이 와서 신성(新城)을 포위하였으나 이기지 못하고, 이동하여 백암성(白巖城)을 공격하였다. 왕이 장군 고흘(高紇)을 파견하여 병사 1만을 거느리게 하니, 맞서 이겨서 죽이거나 사로잡은 것이 1,000여 급이었다. (『三國史記』19 高句麗本紀 7)

고구려   가을 9월에 돌궐이 고구려의 신성을 포위하였으나 이기지 못하고, 이동하여 백암성을 공격하였다. 왕이 장군 고흘을 파견하여 병사 1만을 거느리고 공격하게 하니, 죽이거나 사로잡은 것이 1,000여 급이었다. (『三國史節要』6)

552(壬申/신라 진흥왕 13 開國 2/고구려 양원왕 8/백제 성왕 30/梁 承聖 1/倭 欽明 13)

백제 가야 고구려 신라

여름 5월 무진일이 초하루인 을해일(8) 백제·가라(加羅)·안라(安羅)가 중부(中部)·덕솔(德率) 목리금돈(木刕今敦)과 가우치베노아시히타(河內部阿斯比多) 등을 보내어 아뢰었다. “고구려와 신라가 화친하고 세력을 합쳐 신의 나라와 임나를 멸하려고 도모합니다. 그러므로 삼가 구원병을 청해 먼저 불시에 공격하고자 합니다. 군사의 많고 적음은 천황의 명령을 따르겠습니다.” 이에 조칙을 내렸다. “지금 백제왕·안라왕·가라왕과 일본부(日本府)의 신들이 사신을 보내 아뢴 것을 다 들었다. 또한 임나와 같이 마음을 합하고 힘을 하나로 하는 것이 마땅하다. 이와 같이 한다면 반드시 위로 하늘이 지켜주는 복을 받을 것이며 또한 황공하신 천황의 영에게 도움을 받을 것이다." (『日本書紀』19 欽明紀)

백제	겨울 10월에 백제 성명왕(聖明王)이[다른 이름은 성왕(聖王)이다] 서부(西部)·희씨(姬氏)·달솔(達率) 노리사치계(怒唎斯致契) 등을 보내어 석가불금동상(釋迦佛金銅像) 1구, 번개(幡蓋) 약간, 경론(經論) 약간 권을 바쳤다. 따로 표문을 올려 유통시키고 예배하는 공덕을 찬양하였다. "이 법은 여러 법 가운데 가장 뛰어난 것입니다. 이해하기 어렵고 들어가기도 어렵습니다. 주공(周公)과 공자(孔子)라도 오히려 알 수 없을 것입니다. 이 법은 헤아릴 수 없고 끝이 없는 복덕과 과보를 생겨나게 할 수 있으며, 나아가 위 없는 보리(菩提)를 이루게 합니다. 비유하자면 사람이 수의보(隨意寶)를 품고 있으면 필요한 바에 따라 모두 뜻대로 되는 것과 같으니 이 오묘한 법의 보배도 그러합니다. 기원한 것이 뜻대로 되어 부족한 바가 없습니다. 또 멀리 천축(天竺)으로부터 삼한에 이르기까지 가르침에 따르고 받들어 지녀 존경하지 않음이 없었습니다. 이로 말미암아 백제왕 신 명(明)은 삼가 배신(陪臣) 노리사치계를 보내 황제의 나라에 받들어 전하니, 기내(畿內)에 유통시키십시오. 부처가 '나의 법이 동쪽으로 흘러갈 것이다'라고 수기(授記)한 것을 이루십시오."

이 날 천황은 표문을 보고 뛸 듯이 기뻐하며 사신에게 조칙을 내려 "짐이 예로부터 이와 같이 미묘한 법은 듣지 못하였다. 그러나 짐이 혼자 결정할 수 없다."라고 말하였다. 여러 신하들에게 두루 "서쪽 번국이 바친 불상은 모습이 단아하고 엄숙하다. 일찍이 전혀 없었던 것이다. 예배해야 되겠는가 아닌가?"라고 물었다. 대신(大臣) 소가노스쿠네이나메(蘇我宿禰稻目)가 아뢰기를, "서쪽 번국 여러 나라가 한결같이 모두 예배하였습니다. 풍추(豊秋) 일본이 어찌 홀로 거슬리겠습니까?"라고 하였다. 모노노베노오오무라지오코시(物部大連尾輿)와 나카토미노무라지카마코(中臣連鎌子)가 함께 아뢰었다. "우리나라가 천하를 다스리는 것은 천지 사직의 180신을 춘하 추동으로 제사지내고 절하여 섬긴 때문입니다. 바야흐로 이제 바꾸어 번국의 신을 섬긴다면 국신의 노여움을 부를까 두렵습니다." 천황이 말하기를, "원하는 사람인 이나메노스쿠네(稻目宿禰)에게 맡겨 시험삼아 예배하도록 하라"라고 하였다. 대신이 무릎꿇고 받아 기뻐하였다. 오와리다(小墾田)의 집에 안치하였다. 삼가 속세를 떠나는 업을 닦아 인(因)으로 삼았다. 무쿠하라(向原)의 집을 깨끗한 마음으로 희사하여 절을 삼았다. 그 후 나라에 돌림병이 돌아 백성들이 죽게 되었다. 오랜 시간이 지나면서 더욱 많아졌다. 치료할 수가 없었다. 모노노베노오오무라지오코시와 나카토미노무라지카마코가 함께 아뢰었다. "지난 날 신의 계책을 따르지 않으시더니 이렇게 병들어 죽기에 이르렀습니다. 이제 오래지 않아 바로 돌이킨다면 반드시 경사스러운 일이 있을 것입니다. 빨리 던져버려 삼가 후일의 복을 구해야 합니다." 천황이 말하기를, "아뢴대로 하라."라고 하였다. 담당관사가 이에 불상을 나니와(難波)의 호리에(堀江)에 던져 버렸다. 또한 가람에 불을 놓았다. 다 타버려 남은 것이 없었다. 이 때 하늘에는 바람과 구름이 없었는데 갑자기 대전(大殿)에 불이 났다. (『日本書紀』19 欽明紀)

신라	왕이 계고(階古)·법지(法知)·만덕(萬德) 3인에게 명령하여, 우륵(于勒)에게 음악을 배우게 하였다. 우륵은 그 사람이 할 수 있는 바를 헤아려, 계고에게는 금(琴)을, 법지에게는 노래를, 만덕에게는 춤을 가르쳤다. 각각의 분야가 완성되자, 왕이 명령하여 연주하였는데 듣고 말하기를, "이전 낭성(娘城)의 소리와 차이가 없다."라고 하고 후하게 상을 내렸다. (『三國史記』4 新羅本紀 4)
신라	신라왕이 법지·계고·만덕 3인에게 명령하여, 우륵에게 음악을 배우게 하였다. 우륵은

그 재능에 따라서 계고에게는 금을, 법지에게는 노래를, 만덕에게는 춤을 가르쳤다. 각각의 분야가 완성되자, 그것을 연주하였다. 왕이 듣고 말하기를, "이전 낭성(娘城)의 소리와 차이가 없다."라고 하고 이에 후하게 상을 내렸다. 3인이 12곡을 전하고 나서 서로 말하기를, "이 음악은 번잡하고 음란하여 우아하지 않다."라고 하여 마침내 5곡으로 줄였다. 우륵이 처음에는 듣고 노하였으나, 듣기를 마치고 나서 감탄하기를, "즐겁지만 흐르지 않고 서글프지만 슬프지 않으니, 바르다고 할 만하다."라고 하였다. 그것을 수행하여 연주하고 나자 왕이 크게 기뻐하였다. 간언하는 자가 말하기를, "가야(加耶)라는 망한 나라의 음악은 취하기에 부족합니다."라고 하였다. 왕이 말하였다. "가야왕은 음란하여 스스로 멸망하였는데, 음악이 어디에 있는가? 대체로 성인이 음악을 만들어 인정에 따라 절도가 있으니, 나라의 다스려짐과 어지러움은 음조(音調) 때문이 아니다." 마침내 그것을 채용하여 그 금을 이름하여 가야(伽耶)라고 하였다.

또 현금(玄琴)이 있다. 처음에 진인(晉人)이 칠현금(七絃琴)을 고구려에 보냈는데, 고구려인들이 그것을 연주하는 방법을 몰랐다. 국상(國相) 왕산악(王山岳)이 본래의 모양에 따라 꽤 그 제도를 고치고 겸하여 100여 곡을 만들어 연주하니, 검은 학이 와서 춤추었다. 마침내 현학금(玄鶴琴)이라고 이름 하였다. 나중에 현금이라고 칭하였다.

또 옥보고(玉寶高)라는 자는 지리산(地理山) 운상원(雲上院)에 들어가 금을 50년간 배우고, 스스로 새로운 곡조를 만들었다. 상원곡(上院曲) 하나, 중원곡(中院曲) 하나, 하원곡(下院曲) 하나, 남해곡(南海曲) 둘, 의암곡(倚嵒曲) 하나, 노인곡(老人曲) 일곱, 죽암곡(竹庵曲) 둘, 현합곡(玄合曲) 하나, 춘조곡(春朝曲) 하나, 추석곡(秋夕曲) 하나, 오사식곡(吾沙息曲) 하나, 원앙곡(鴛鴦曲) 하나, 원점곡(遠岾曲) 여섯, 비목곡(比目曲) 하나, 입실상곡(入實相曲) 하나, 유곡청성곡(幽谷淸聲曲) 하나, 강천성곡(降天聲曲) 하나, 모두 30곡이다. 그것을 속명득(續命得)에게 전하고, 속명득은 그것을 귀금(貴金)에게 전하였다. 귀금 또한 지리산에 들어가서 나오지 않았다. 왕은 금의 법도가 전하지 않을까 두려워, 이찬(伊湌) 윤흥(允興)을 남원수(南原守)로 삼아서 그 분야를 전하게 하였다. 윤흥은 안장(安長)·청장(淸長) 2인을 파견하여 산 속에 나아가 그것을 배우게 하였다. 귀금이 비밀로 하여 다 전하지 않아서, 윤흥은 직접 가서 예를 드렸다. 그런 후에 그 비밀로 하였던 표풍(飄風) 등 3곡을 전하였다. 안장은 그 아들 극종(克宗)에게 전하였고, 극종이 7곡을 만들었다. 극종 이후에 금을 업으로 하는 자는 또한 많은데, 만든 음곡은 2가지 음조가 있어 첫째는 평조(平調)이고 둘째는 우조(羽調)이며, 모두 187곡이다. 그 나머지 소리로 남은 곡은 전해져서 기록할 만한 것이 몇 없다.

향비파(鄕琵琶)는 또한 당제(唐制)와 대동소이하다. 그 음조는 3가지가 있는데, 첫째는 궁조(宮調), 둘째는 칠현조(七賢調), 셋째는 봉황조(鳳凰調)이고, 모두 212곡이다. (『三國史節要』 6)

신라	6정(停)은 (…) 둘째는 상주정(上州停)인데, 진흥왕(眞興王) 13년에 설치하였다. (『三國史記』 40 雜志 9 職官 下)
신라	신라가 상주정을 설치하였다. (『三國史節要』 6)
고구려	장안성(長安城)을 축조하였다. (『三國史記』 19 高句麗本紀 7)
고구려	고구려가 장안성을 축조하였다. (『三國史節要』 6)
고구려	천보(天保) 3년에 문선제(文宣帝)가 영주(營州)에 이르러, 박릉(博陵)의 최류(崔柳)로

하여금 고구려에 사신가서 북위(北魏) 말의 떠돌아다니던 사람들을 찾아오라고 하였다. 유에게 칙서를 내리기를, "만약 따르지 않으면 편의대로 일을 처리해도 좋다." 라고 하였다. 고구려에 이르자, 허락받지 못하였다. 유가 눈을 크게 뜨고 꾸짖으며, 성(成)을 주먹으로 쳐서 평상 아래로 떨어뜨렸다. 성의 측근들이 숨을 죽이고 감히 움직이지 못하니, 이에 사죄하고 복종하였다. 유가 5,000호로 사명에 보답하였다. (『北史』 94 列傳 82 高麗)

| 고구려 | 『북사(北史)』에 또 전한다. "북제(北齊) 천보 3년에 문선제가 영주에 이르러, 박릉의 최류로 하여금 고구려에 사신가서 북위 말의 떠돌아다니던 사람들을 찾아오라고 하였다. 유에게 칙서를 내리기를, '만약 따르지 않으면 편의대로 일을 처리해도 좋다.' 라고 하였다. 고구려에 이르자, 허락받지 못하였다. 유가 눈을 크게 뜨고 꾸짖으며, 성을 주먹으로 쳐서 평상 아래로 떨어뜨렸다. 성의 측근들이 숨을 죽이고 감히 움직이지 못하니, 이에 사죄하고 복종하였다. 유가 5,000호로 사명에 보답하였다."(『太平御覽』 783 四夷部 4 東夷 4 高句驪) |

| 백제 신라 | 이 해에 백제가 한성(漢城)과 평양(平壤)을 버렸다. 신라가 이로 말미암아 한성에 들어가 살았다. 현재 신라의 우두방(牛頭方)·니미방(尼彌方)이다[지명은 미상이다]. (『日本書紀』 19 欽明紀) |

553(癸酉/신라 진흥왕 14 開國 3/고구려 양원왕 9/백제 성왕 31/梁 承聖 2/倭 欽明 14)

| 백제 | 봄 정월 갑자일이가 초하루인 을해일(12) 백제가 상부(上部)·덕솔(德率) 시나노시슈(科野次酒)와 간솔(杆率) 예색돈(禮塞敦) 등을 보내 군병을 청하였다. (『日本書紀』 19 欽明紀) |

| 백제 | 봄 정월 무인일(15) 백제의 사신 중부(中部)·간솔 목리금돈(木刕今敦)과 가우치베노아시히타(河內部阿斯比多) 등이 돌아갔다. (『日本書紀』 19 欽明紀) |

| 신라 | 봄 2월에 왕이 담당관사에 명령하여 월성(月城) 동쪽에 새 궁궐을 축조하게 하였는데, 황룡(黃龍)이 그 땅에 나타났다. 왕이 그것을 의심스럽게 여겨 고쳐서 불교 사찰을 짓고, 이름을 하사하여 황룡(皇龍)이라고 하였다. (『三國史記』 4 新羅本紀 4) |

| 신라 | 『삼국사기(三國史記)』를 참고하건대, "진흥왕(眞興王)이 즉위한 지 14년인 개국(開國) 3년 계유 2월에 월성 동쪽에 새 궁궐을 축조하였는데, 황룡이 있어 그 땅에 나타났다. 왕이 그것을 의심스럽게 여겨 고쳐서 황룡사(皇龍寺)를 만들었다."라고 하였다. 연좌석(宴坐石)은 불전(佛殿) 뒤쪽에 있는데, 일찍이 한번 배알하였다. (『三國遺事』 3 塔像 4 迦葉佛宴坐石) |

| 신라 | 신라 제24대 진흥왕의 즉위 14년 계유 2월에 용궁(龍宮) 남쪽에 장차 자궁(紫宮)을 축조하려고 하였는데, 황룡이 있어 그 땅에 나타났다. 이에 고쳐 설치하여 불교 사찰을 짓고, 황룡사(黃龍寺)라고 불렀다. (『三國遺事』 3 塔像 4 皇龍寺丈六) |

| 신라 | 봄 2월에 신라왕이 새 궁궐을 버리고 황룡사를 만들었다. 담당관사에 명령하여 월성 동쪽에 새 궁궐을 축조하게 하였는데, 황룡이 그 땅에 나타났다. 왕이 그것을 의심스럽게 여겨 버리고 여기에 불교 사찰을 지은 것이다. (『三國史節要』 6) |

| 신라 | 또 『삼국사기』와 절 안의 고기(古記)를 참고하건대, "진흥왕 계유에 절을 창건한 후 선덕왕대(善德王代) 정관(貞觀)19년(645) 을사에 탑이 처음으로 완성되었다."라고 하였다. (『三國遺事』 3 塔像 4 皇龍寺九層塔) |

| 백제 | 여름 6월에 우치노오미(內臣)[이름이 빠져 있다.]를 백제에 사신 보냈다. 그리고 양 |

마 2필, 동선(同船) 2척, 활 50장, 화살 50구를 주었다. 조칙을 내려, "청한 군대는 왕이 바라는 바에 따르겠다"라고 하였다. 별도로 조칙을 내렸다. "의박사(醫博士), 역박사(易博士), 역박사(曆博士) 등은 순번에 따라 교대시켜야 한다. 지금 위에 열거한 사람들은 바로 교대할 때가 되었다. 돌아오는 사신에 딸려 보내 교대시키도록 하라. 또한 복서(卜書), 역본(曆本)과 여러 가지 약물도 보내라." (『日本書紀』 19 欽明紀)

백제　　가을 7월 신유일이 초하루인 갑자일(4) 구스노마가리노미야(樟勾宮)에 행차하였다. 대신(大臣) 소가노스쿠네이나메(蘇我宿禰稻目)가 명령을 받들어 와진니(王辰爾)를 보내 선부(船賦)를 세어 기록하였다. 바로 와진니를 선장(船長)으로 삼고, 성을 후네노후비토(船史)라고 내려주었다. 오늘날 후네노무라지(船連)의 선조이다. (『日本書紀』 19 欽明紀)

신라 백제　　가을 7월에 백제 동북쪽 변방을 취하여 신주(新州)를 설치하고, 아찬(阿湌) 무력(武力)을 군주(軍主)로 삼았다. (『三國史記』 4 新羅本紀 4)

백제 신라　　가을 7월에 신라가 동북쪽 변방을 취하여 신주를 설치하였다. (『三國史記』 26 百濟本紀 4)

신라 백제　　가을 7월에 신라가 백제 동북쪽 변방을 취하여 신주를 설치하고, 아찬 무력을 군주로 삼았다. (『三國史節要』 6)

백제 신라 고구려 가야

가을 8월 신묘일이 초하루인 정유일(7) 백제가 상부·나솔(奈率) 시나노시라기(科野新羅)와 하부(下部)·고덕(固德) 문휴대산(汶休帶山) 등을 보내 표문을 올렸다. "지난 해 신들이 함께 의논하여 내신·덕솔 시슈(次酒)와 임나의 마에츠키미(大夫) 등을 보내 바다 밖 여러 미야케(彌移居)의 일을 아뢰었습니다. 엎드려 은혜로운 조칙을 기다리기를 봄에 돋은 풀이 단비를 기다리듯 하였습니다. 올해 문득 들으니 신라가 고구려와 함께 모의하였습니다. '백제와 임나가 자주 일본에 나아갔다. 생각건대 군사를 빌려 우리나라를 치려는 듯하다. 이 일이 만약 사실이라면 나라의 패망은 발꿈치를 들고 기다리는 것과 같을 것이다. 일본의 군대가 떠나기 전에 안라를 공격해 빼앗아 일본과의 통로를 끊자.' 그 계획이 이와 같습니다. 신 등이 이를 듣고 두려운 마음을 깊이 품었습니다. 바로 빠른 배로 사신을 보내 표를 올려 아룁니다. 바라옵건대 천황께서 빨리 전군과 후군을 보내 서로 이어 와서 구원해주기를 원합니다. 가을까지는 바다 밖 미야케를 굳게 지키겠습니다. 만약 지체하여 늦는다면 후회해도 늦을 것입니다. 보낸 군대가 신의 나라에 도착하면 옷과 식량은 신이 마땅히 공급할 것입니다. 임나에 도착하여도 다시 이와 같을 것입니다. 따로 이쿠하노오미(的臣)가 삼가 천칙을 받고 와서 신의 나라를 지키고 있습니다. 주야로 게으르지 아니하고, 여러 가지 정사를 돕고 있습니다. 이 때문에 바다 밖의 번들은 그의 훌륭함을 칭송하여 '틀림없이 영원히 바다 밖을 깨끗이 할 것이다.'라고 하였습니다. 불행하게도 죽었다 하니 깊이 추모하여 가슴이 아픕니다. 이제 임나의 일을 누가 다스릴 수 있겠습니까? 엎드려 바라옵건대 천황께서 속히 그를 대신할 사람을 보내 임나를 진정시키기 바랍니다. 또 바다 밖의 나라들은 활과 말이 매우 부족합니다. 옛날부터 지금까지 그것을 천황에게 받아 강한 적을 막았습니다. 천황께서 활과 말을 많이 내려 주시기 바랍니다." (『日本書紀』 19 欽明紀)

신라 백제　　겨울 10월에 백제왕의 딸에게 장가들어 소비(小妃)로 삼았다. (『三國史記』 4 新羅本

紀 4)

백제 신라   겨울 10월에 왕의 딸이 신라로 시집갔다. (『三國史記』26 百濟本紀 4)

신라 백제   겨울 10월에 신라왕이 백제왕의 딸에게 장가들어 소비로 삼았다. (『三國史節要』6)

백제 고구려   겨울 10월 경인일이 초하루인 기유일(20) 백제의 왕자 여창(餘昌)이[명왕(明王)의 아들 위덕왕(威德王)이다.] 나라 안의 모든 군대를 내어 고구려국을 향했는데, 백합(百合)의 들판에 보루를 쌓고 군사들 속에서 함께 먹고 잤다. 이날 저녁 바라보니 커다란 들은 비옥하고 평원은 끝없이 넓은데, 사람의 자취는 드물고 개소리도 들리지 않았다. 얼마 후 갑자기 북 치고 피리 부는 소리가 들렸다. 여창이 크게 놀라 북을 쳐 대응하였다. 밤새 굳게 지켰다. 새벽이 되어 일어나 텅 비었던 들판을 보니 군대가 푸른 산처럼 덮여 있었고 깃발이 가득하였다. 때마침 날이 밝자 목에 경개(頸鎧)를 입은 자 1기, 징을 꼽은 자[요(鐃)자는 미상이다.] 2기, 표범 꼬리를 끼운 자 2기, 모두 합해 5기가 말고삐를 나란히 하고 와서 물었다. "어린 아이들이 '우리 들판에 손님이 있다.'라고 하였다. 어찌 맞이하는 예를 행하지 않는가. 우리와 더불어 예로써 문답할 만한 사람의 이름과 나이, 관위를 미리 알고자 한다." 여창이 대답하기를, "성은 동성(同姓)이고 관위는 간솔이며 나이는 29세이다."라고 하였다. 백제 편에서 반문하니 또한 앞의 법식대로 대답하였다. 드디어 표를 세우고 싸우기 시작하였다. 이 때 백제는 고려의 용사를 창으로 찔러 말에서 떨어뜨려 머리를 베었다. 그리고 머리를 창 끝에 질러 들고 돌아와 군사들에게 보였다. 고구려군 장수들의 분노가 더욱 심하였다. 이때 백제군이 환호하는 소리에 천지가 찢어질 듯하였다. 다시 부장(副將)이 북을 치며 달려 나아가 고구려왕을 동성산(東聖山) 위에까지 쫓아가 물리쳤다. (『日本書紀』19 欽明紀)

554(甲戌/신라 진흥왕 15 開國 4/고구려 양원왕 10/백제 성왕 32, 위덕왕 1/梁 承聖 3/倭 欽明 15)

백제   봄 정월 병신일(9) 백제가 중부(中部)·시덕(施德) 목리문차(木刕文次), 전부(前部)·시덕 왈좌분옥(曰佐分屋) 등을 츠쿠시(筑紫)에 파견하여 우치노오미(內臣)·사에키노무라지(佐伯連) 등에게 물었다. "덕솔(德率) 시슈(次酒), 간솔(杆率) 새돈(塞敦) 등이 작년 윤월 4일에 도착해 와서 '신들은[신들이라는 것은 우치노오미를 말한다.] 내년 정월에 도착합니다.'라고 말하였습니다. 이와 같이 말하고 살피지 않았으나, 오지 않았습니다. 또 군대의 수는 얼마입니까? 바라건대 약간이라도 듣고 미리 군영과 성벽을 정비하고자 합니다." 따로 물었다. "바야흐로 천황의 조서를 삼가 듣고 와서 츠쿠시로 나아갔는데 살펴 군대를 보내주시니, 그것을 듣고 기뻐서 비할 수가 없었습니다. 이 해의 전쟁은 전보다 매우 위험하니, 바라건대 군대를 보내주시어 정월에 이르게 해주십시오." 이리하여 내신이 칙서를 받들어 답하였다. "곧 구원군 1,000, 말 100필, 배 40척을 보내게 하라."(『日本書紀』19 欽明紀)

백제   봄 2월에 백제가 하부(下部)·간솔·장군 삼귀(三貴), 상부(上部)·나솔(奈率) 모노노베노카쿠(物部烏) 등을 파견하여 구원병을 청하였다. 이어서 덕솔 동성자막고(東城子莫古)를 바쳐서 전번(前番)인 나솔 동성자언(東城子言)을, 오경박사(五經博士) 왕류귀(王柳貴)를 보내 고덕(固德) 마정안(馬丁安)을, 승려 담혜(曇慧) 등 9인을 보내 승려 도심(道深) 등 7인을 대신하게 하였다. 따로 칙서를 받들어서 역박사(易博士)·시덕 왕도량(王道良), 역박사(曆博士)·고덕 왕보손(王保孫), 의박사(醫博士)·나솔 왕유릉타(王有悷陀), 채약사(採藥師)·시덕 반량풍(潘量豊), 고덕 정유타(丁有陀), 악인(樂人)·시덕 삼근(三斤), 계덕(季德) 기마차(己麻次), 계덕 진노(進奴), 대덕(對德) 진타(進陀)를

	바쳐서, 모두 청에 의거하여 대신하게 하였다. (『日本書紀』19 欽明紀)
백제	봄 3월 정해일 초하루에 백제 사인 중부·시덕 목리문차 등이 임무를 마치고 돌아갔다. (『日本書紀』19 欽明紀)
백제	여름 5월 병술일이 초하루인 무자일(3) 우치노오미가 수군을 이끌고 백제로 나아갔다. (『日本書紀』19 欽明紀)
신라	가을 7월에 명활성(明活城)을 수축(修築)하였다. (『三國史記』4 新羅本紀 4)
신라	가을 7월에 신라가 명활성을 수축하였다. (『三國史節要』6)
백제	육후(陸詡)는 젊었을 때 최영은(崔靈恩)에게 『삼례의종(三禮義宗)』을 배웠다. 양대(梁代)에 백제국이 표문을 올려 강례박사(講禮博士)를 구하자, 조서를 내려 육후로 하여금 가게 하였다. (『陳書』33 列傳 27 儒林 陸詡)
백제	육후는 젊었을 때 최영은에게 『삼례의종』을 배웠다. 양 때에 백제국이 표문을 올려 강례박사를 구하자, 조서를 내려 육후로 하여금 가게 하였다. (『南史』71 列傳 61 儒林 陸詡)
백제	중대통(中大通) 3년에 임천내사(臨川內史)가 되었다. (…) 백제국 사인이 건업(建鄴)에 이르리 글씨를 구하는데 때마침 왕자운(王子雲)이 군을 다스렸다. 배가 장차 출발하려할 때, 사인이 저차(渚次)에서 그것을 묻고 배를 바라보며 30여 보 정도 절하며 앞으로 나아갔다. 자운이 거기로 보내어 물으니, 답하였다. "시중(侍中)께서 쓰신 한 척 간독의 아름다움이 멀리 해외까지 알려졌습니다. 지금 구하는 바는 오직 이름 흔적에 있습니다." 자운이 이에 배를 3일간 멈추게 하고 30매 정도를 써서 그에게 주고, 금화 수백만을 얻었다. (『南史』42 列傳 32 王子雲)

신라 백제 가야

가을 7월에 백제왕 명농(明禯)이 가야와 와서 관산성(管山城)을 공격하였다. 군주(軍主)·각간(角干) 우덕(于德), 이찬(伊湌) 탐지(耽知) 등이 맞서 싸웠으나 불리하였다. 신주군주(新州軍主) 김무력(金武力)이 주병(州兵)을 가지고 이르렀다. 교전하게 되자, 비장(裨將)·삼년산군(三年山郡)·고간(高干) 도도(都刀)가 재빨리 백제왕을 공격하여 죽였다. 이리하여 모든 군대가 승세를 타고 크게 이겼다. 좌평(佐平) 4인, 사졸 29,600인을 참수하여, 한 필의 말도 돌아가지 못하였다. (『三國史記』4 新羅本紀 4)

백제 신라	가을 7월에 왕이 신라를 습격하고자 하여, 직접 보기(步騎) 50명을 이끌고 밤에 구천(狗川)에 이르렀다. 신라가 복병을 내어 함께 싸우니, 어지러운 틈에 병기에 찔려서 왕이 돌아가셨다. 시호를 성왕(聖王)이라 한다. (『三國史記』26 百濟本紀 4)

백제 신라 고구려

가을 7월에 백제왕이 직접 보기(步騎) 5천을 이끌고 신라의 관산성을 공격하였다. 군주·각간 우덕, 이찬 탐지 등이 맞서 싸웠으나 불리하였다. 신주군주 김무력이 주병을 가지고 이르렀다. 싸우게 되자, 비장·고간 도도가 백제왕 명농을 공격하여 죽였다. 이리하여 모든 군대가 승세를 타고 크게 이겼다. 좌평 4인, 사졸 29,600인을 참수하여, 한 필의 말도 돌아가지 못하였다.

이보다 앞서 백제가 신라와 병사를 합하여 고구려를 정벌하려고 도모하였다. 신라왕이 말하였다. "나라의 흥망은 하늘에 있는 것이다. 만약 하늘이 고구려를 미워하지 않는다면, 내가 어찌 감히 바라보겠는가?" 이에 고구려와 통하였다. 고구려가 그 말

	에 감동하여 신라와 우호관계를 통하였다. 그러므로 백제가 그것을 원망하여 와서 성벌하였다. (『二國史節要』 6)
백제	위덕왕(威德王)은 이름이 창(昌)이고 성왕의 맏아들이다. 성왕이 재위한 지 32년 만에 돌아가시니, 지위를 계승하였다. (『三國史記』 27 百濟本紀 5)
백제	가을 7월에 백제가 왕에게 시호를 성왕이라고 하였고, 아들 창이 즉위하였다. (『三國史節要』 6)
백제	제27대 위덕왕[이름은 창이고 명(明)이라고도 한다. 갑술년에 즉위하여 44년 간 다스렸다.] (『三國遺事』 1 王曆)
백제	융(隆)이 죽고 아들 창이 즉위하였다. (『周書』 49 列傳 41 百濟)
백제	북제(北齊)가 동위(東魏)의 선양을 받자, 그 왕 융은 또한 사신을 통하였다. 오래되어 죽자, 아들 여창(餘昌) 또한 사신을 북제에 통하였다. (『北史』 94 列傳 82 高麗)
신라 백제	조부 무력(武力)은 신주도행군총관(新州道行軍摠管)이 되었는데, 일찍이 병사를 거느리고 백제왕 및 그 장수 4인을 잡고 1만여 급을 참수하였다. (『三國史記』 41 列傳 1 金庾信 上)

신라 백제 고구려

승성(承聖) 3년 9월에 백제 병사가 진성(珍城)에 와서 침입하고 남녀 39,000인, 말 8,000필을 빼앗고 떠났다. 이보다 앞서 백제가 신라와 병사를 합하여 고구려를 정벌하려고 도모하였다. 진흥왕(眞興王)이 말하였다. "나라의 흥망은 하늘에 있는 것이다. 만약 하늘이 고구려를 미워하지 않는다면, 내가 어찌 감히 바라보겠는가?" 이에 이 말로 고구려와 통하였다. 고구려가 그 말에 감동하여 신라와 우호관계를 통하였다. 그리고 백제가 그것을 원망하였으므로 왔을 따름이다. (『三國遺事』 1 紀異 1 眞興王)

백제 고구려	겨울 10월에 고구려가 크게 거병하여 와서 웅천성(熊川城)을 공격하였는데, 패배하고 돌아갔다. (『三國史記』 27 百濟本紀 5)
고구려 백제	겨울 10월에 고구려가 크게 거병하여 백제 웅천성을 공격하였는데, 패배하고 돌아갔다. (『三國史節要』 6)
고구려 백제	겨울에 백제 웅천성을 공격하였으나, 이기지 못하였다. (『三國史記』 19 高句麗本紀 7)

고구려	12월 그믐(29)에 일식이 있었다. (『三國史記』 19 高句麗本紀 7)
고구려	12월 그믐(29)에 고구려에 일식이 있었다. (『三國史節要』 6)

고구려	12월에 얼음이 얼지 않았다. (『三國史記』 19 高句麗本紀 7)
고구려	12월에 고구려에 얼음이 얼지 않았다. (『三國史節要』 6)

백제 가야 신라 고구려

겨울 12월에 백제가 하부·간솔 문사간노(汶斯干奴)를 파견하여 표문을 올렸다. "백제왕 신 명(明) 및 안라에 있는 여러 야마토노마에츠키미(倭臣)들, 임나제국의 한기(旱岐)들이 아뢰었습니다. '사라(斯羅)가 무도하여 천황을 두려워하지 않고, 고구려와 같은 마음으로 해북(海北)의 미야케(彌移居)를 해쳐 무너뜨리고 있습니다. 신들이 함께 논의하고 우치노오미(有至臣) 등을 파견하여 군사를 요청하니, 사라를 정벌하십시오.' 그리고 천황이 우치노오미를 파견하여 군대를 이끌고 6월에 도착해 오니, 신들은 깊이 기뻐하여 12월 9일에 파견하여 사라를 공격하였습니다. 신이 먼저 동방령(東方領) 모노노베노무라지마가무(物部連莫奇武)을 파견하여 그 방(方)의 군사를 거느리고 함산성(函山城)을 공격하였습니다. 우치노오미가 거느리고 온 백성 츠쿠시(竹斯)의 모노노베노마가와사카(物部莫奇委沙奇)는 불화살을 쏠 수 있고 천황의 위령(威靈)을 입어서 그 달 9일 유시(酉時)에 성을 불태우고 함락시켰으므로, 1인의 사자를 파견하여 배를 빠르게 몰아서 아룁니다." 따로 아뢰었다. "만약 사라 뿐이라면 유지신이 거느린 군사로 충분할 것입니다. 지금 고구려와 신라가 마음과 힘을 합하여 성공하기 어려우니, 바라건대 죽사도(竹斯嶋)에 있는 여러 군사를 빨리 보내주시어 와서 신의 나라를 돕게 하시고, 또 임나를 돕게 하시면 일이 성공될 것입니다." 또 아뢰었습니다. "신이 따로 군사 1만명을 파견하여 임나를 돕고 아울러 아룁니다. 지금은 일이 바야흐로 급하니, 단선을 파견하여 아룁니다. 다만 호금(好錦) 2필, 탑등(氍毹) 1령(領), 부(斧) 300구 및 사로잡은 성의 백성 남 2인, 여 5인은 쓰기에 부족하여 송구합니다. 여창(餘昌)이 신라를 정벌하고자 하니, 기로(耆老)들이 간언하기를, '하늘이 운을 주지 않았는데, 화가 미칠까 두렵습니다.'라고 하였습니다. 여창이 말하기를, '늙었구나! 무엇이 겁나는가? 우리는 대국을 섬기는데 어째서 두려워함이 있는가?'라고 하였습니다. 마침내 신라국에 들어가 구타모라(久陀牟羅) 요새를 축조하니, 그 아버지 명왕(明王)이 걱정하였습니다. 여창이 행군하고 진치면서 고생하여 오래도록 잠자고 먹는 것을 그만두었습니다. 아버지는 자애로우라 빠짐이 많고 아들은 효성스러우나 이룬 바가 적어서, 이에 스스로 가서 맞이하고 위로하였습니다. 신라는 명왕이 직접 온다는 것을 듣고 나라 안의 병사를 모두 징발하여 길을 끊고 공격하여 물리쳤습니다. 이 때에 신라 좌지촌(佐知村) 사마노(飼馬奴) 고도(苦都)[이름을 곡지(谷智)라고 고쳤다.]가 말하였습니다. '고도는 천한 노비이고, 명왕은 이름난 군주입니다. 지금 천한 노비로 하여금 이름난 군주를 죽이게 하니, 어찌 후세에 전하여 입에서 잊혀지겠습니까?' 그러고 나서 고도가 이에 명왕을 사로잡고 두 번 절하고 말하기를, '청컨대 왕의 목을 베겠습니다.'라고 하였습니다. 명왕이 대답하기를, '왕의 머리는 노비의 손을 받을 수 없다.'라고 하였습니다. 고도가 말하였습니다. '우리 국법은 맹세한 바를 어기면 비록 국왕이라고 하더라도 마땅히 노비의 손을 받습니다.'[어떤 책에는 '명왕이 호상(胡床)에 타고 걸터앉아 곡지(谷知)에게 찬 칼을 풀어주며 베게 하였다'고 한다.] 명왕이 하늘을 우러러 보고 크게 한숨 쉬며 울고 나서 허락하며 말하기를, '과인이 매번 생각건대 늘 골수까지 아픔이 들어가니, 구차하게 살지 않기를 도모하기 바란다.'라고 하였습니다. 이에 목을 빼서 참수를 받아들이자, 고도가 목을 베어 죽이고 구덩이를 파서 묻었습니다.[어떤 책에는 '신라가 명왕의 머리뼈를 남겨두고 예로써 나머지 뼈를 백제로 보내었다. 지금 신라왕이 명왕의 뼈를 북청(北廳) 계단 아래에 붙으니, 이 청을 도당(都堂)이라고 이름하였다.'라고 한다.] 여창이 마침내 포위당하여 나가고자 하여도 그러지 못하니, 사졸들이 당황하여 어찌할 바를 몰랐습니다. 활을 잘 쏘는 츠쿠시노쿠니노미야츠코(筑紫國造)가 있어 나아가 활을 당겨 예측하여 헤아리니, 신라의 말탄 졸병 중 가장 용맹하고 장건한 자를 쏘아 떨어뜨렸는데, 화살을 쏘는 예리함이 타고 있는 안장의 전교(前橋)·후교(後橋) 및 그 입은 갑옷을 통하였습니다. 때마침 쏜 화살이 비와 같아서 미려(彌厲)도 게을리하지 않으니, 화살을 쏘아서 포위한 군대를 물리쳤습니다. 이로 말미암아 여창 및 여러 장수들은 사이길을 따라 도망쳐 돌아올 수 있었습니다. 여창이 국조가 화살을 쏘아서 포위한 군대를 물리친 것을 칭찬하고, 존중하여 구라지노키미(鞍橋君)이라고 이름하였습니다.[안교(鞍橋), 이것은 구라지(矩羅膩)라고 발음한다.] 이리하여 신라의 장수들은 백제가 다 피로한 것을 두루 알아서 마침내 남김 없이 멸망시키고자 하였습니다. 어떤 한 장수가 말하였습니다. '안 됩니다. 일본천황은 임나의 일로 여러번 우리나라를 꾸짖었는데, 하물며 백제 관가(官家)를 멸망시키려 도모하면 어떻겠습니까? 반드시 후환을 초래할 것이므로, 그것을 중지하십시오.'"
(『日本書紀』19 欽明紀)

요동   연(燕)과 조(趙)의 아름다운 사람은 본래 저절로 많은데, / 요동(遼東)의 젊은 아낙 봄노래 배우네. / 황룡수(黃龍戍: 龍城) 북쪽 꽃은 비단 같고, / 현도성(玄菟城) 가운데 달이 눈썹 같구나. / 어떻게 이런 때에 남편과 헤어져 / 황금 굴레에 비춰 눈의 말을 타고 교하(交河)로 갔는가. / 한(漢)으로 들어가 연의 병영으로 들어갔다는 말 들으니, / 원망스러운 첩의 마음 속에["근심에"라고도 한다.] 온갖 한이 생겨나네. / 느긋하고 아득한 하늘은 밝아지지 않고, / 멀찍이 밤마다 야경(夜更) 소리 들리네. / 다른 고을을 따라 마음으로 똑같이 이별하니, / 같은 때에 다른 절개 이룬 것이 더욱 한스럽네. / 옆으로 흐르는 물결이 얼굴 가득 만 줄기 눈물인데, / 푸른 눈썹 점차["잠시"라고도 한다.] 거두니 천 겹으로 맺었네. / 바다와 함께 하늘에 이어 합쳐져 열리지 않으니, / 어찌 마땅히 봄날 춘대(春臺)에 오르랴["봄날 춘대에 오름을 감당하겠는가?"라고도 한다]. / 오직 먼 곳의 배가 낙엽처럼 보이는데, / 다시 보니 멀리 큰 배도 술잔을 돌리는 듯 하네. / 모래톱의 밤 학은 굴레 쓴 암컷에게 휘파람 부는데,
첩의 마음 생이별한 것에 원망하는 마음 없으랴. / 한(漢) 사신의 소식이 끊어진 것을 탄식하니, / 괜스레 천한 첩이 연의 남쪽 변방을 상심하네. (『文苑英華』196 詩 46 樂府 5 梁元帝 燕歌行)

요동   자개(紫蓋: 薊縣 五峯山)에서 신선을 배워 이루어, / 오(吳)의 저자를 기울게 했네. / 춤을 쫓아 엉성한 절개 따랐으니, / 거문고 들으면 응당 이별하는 소리 같으리. / 밭에 모여 멀리 그림자에 달려가고, / 안개 건너 서로 우는 것이 가깝네. / 때로 낙포(洛浦)를 따라 건너, / 날아서 요동성으로 향하네. (『文苑英華』206 詩 56 樂府 15 梁孝元帝 飛來雙白鶴[一作鵠 莊子鵠鶴通用])

백제 삼한   예군(禰軍)의 조상은 영가(永嘉: 307~313) 말에 난리를 피해 동쪽으로 나아가니, 이로 인해 마침내 가문을 이루었다. 무릇 저 높고 큰 경산(鯨山)은 청구(靑丘)를 넘어 동쪽에 솟았고, 아득히 많은 웅천(熊川)은 단저(丹渚)에 임해 남쪽으로 흐른다. 세상으로부터 떨어진 산림에 스며들어 재주를 펼치니 탕옥(蕩沃)으로 내려왔고, 해와 달을 비추어 빼어나게 밝으니 어그러진 것들 안에서 아름다웠다. 신령스럽고 뛰어난 문장은 높이기 전에 후한(後漢)의 건안칠자(建安七子)보다 향기로웠고, 좋은 말의 웅혼하고 강건함은 뜻대로 한 후에도 삼한(三韓)에서 남달랐다. 화려한 건물이 더욱 빛나며, 빼어난 재능이 계속 울려 퍼졌다. 면면히 헤아림이 끊어지지 않으니, 대대로 명성이 있었다. (「禰軍 墓誌銘」:『社會科學戰線』2011-7)

555(乙亥/신라 진흥왕 16 開國 5/고구려 양원왕 11/백제 위덕왕 2/梁 承聖 4, 紹泰 1/倭 欽明 16)

신라   봄 정월에 비사벌(比斯伐)에 완산주(完山州)를 설치하였다. (『三國史記』4 新羅本紀 4)

신라   봄 정월에 신라가 비사벌에 완산주를 설치하였다. (『三國史節要』6)

신라   화왕군(火王郡)은 본래 비자화군(比自火郡)인데,[비사벌이라고도 한다.] 진흥왕(眞興王) 16년에 주(州)를 설치하여, 하주(下州)라고 이름붙였다. (『三國史記』34 雜志 3 地理 1)

신라   전주(全州)는 본래 백제의 완산(完山)인데, 진흥왕 16년에 주로 삼았다. (『三國史記』

36 雜志 5 地理 3)

신라   신라가 화왕군을 승격시켜 하주로 삼았다. (『三國史節要』6)

백제 신라 고구려

봄 2월에 백제 왕자 여창이 왕자 혜(惠)[왕자 혜는 위덕왕(威德王)의 동생이다.]를 보내어 아뢰기를, "성명왕이 적에게 죽음을 당했습니다."라고 하였다[15년에 신라에게 죽음을 당했다. 지금 그것을 아뢰었다], 천황이 듣고서 가엾고 한스럽게 여겼다. 그래서 사자를 보내어 나루에서 맞이하여 위문하였다. 이에 고세노오미(許勢臣)가 왕자 혜에게 묻기를, "이곳에 머물고자 합니까? 또는 본국으로 돌아가고자 합니까?"라고 하였다. 혜가 대답하였다. "천황의 덕을 기대고 의지하여 돌아가신 부왕의 원수를 갚고자 합니다. 만약 불쌍하고 가련하게 여기셔서 병기를 많이 주신다면 치욕을 씻고 원수를 갚는 것이 저의 바램입니다. 제가 가고 머무르는 것은 오직 명을 좇을 뿐입니다." 잠시 후에 소가노오미(蘇我臣)가 찾아와 위문하여 말하였다. "성왕은 하늘의 도와 땅의 이치에 통달하였고 명성은 사방팔방에 퍼졌습니다. 길이 평안함을 지키고 바다 서쪽 번국을 통솔하여 천년만년 천황을 받들어 모실 것으로 생각했습니다. 어찌 하루아침에 멀리 승하하시어 물처럼 돌아올 수 없게 되어 묘실에 안치되리라고는 생각이나 했겠습니까? 마음의 고통이 얼마나 심합니까? 슬픔이 얼마나 크십니까? 무릇 성정을 가지고 있는 사람으로서 누가 슬퍼하지 않겠습니까? 혹시 어떤 허물이 이러한 화를 이르게 했습니까? 지금 어떤 방도로 나라를 안정시키겠습니까?" 혜가 대답하기를, "저는 타고난 성품이 어리석어 큰 계책을 알지 못합니다. 어찌 하물며 화와 복이 말미암은 바와 나라가 존속하고 망하는 것을 알겠습니까?"라고 하였다. 소가노마에츠키미(蘇我卿)이 말하였다. "옛날 웅략천황(雄略天皇) 때에 그대의 나라가 고구려로부터 침략을 받아 위험하기가 계란을 쌓아놓은 것보다 더했습니다. 이에 천황이 신기백(神祇伯)에게 명하여 공경히 신기(神祇)로부터 계책을 받도록 하였습니다. 축자(祝者)가 이에 신의 말에 의탁하여 보고하기를, '나라를 세운 신을 청해 모셔와 장차 망하려는 임금을 가서 구하면 나라는 반드시 평온해지고 사람들은 잘 다스려져 편안해질 것이다'라고 하였습니다. 이로 말미암아 신을 청하여 가서 구원하였습니다. 이에 사직(社稷)이 평안해졌습니다. 무릇 나라를 세운 신이란 하늘과 땅이 나뉘어 구분되고 풀과 나무가 말을 할 때 하늘에서 내려와 나라를 세운 신입니다. 지난번에 그대 나라에서는 돌보지 않고 제사를 지내지 않는다고 들었습니다. 지금이라도 앞의 잘못을 뉘우치고 신궁을 수리하여 신령을 만들어 제사지내면 나라가 크게 번성할 것입니다. 그대는 나의 말을 절대 잊지 마십시오." (『日本書紀』19 欽明紀)

백제   가을 8월에 백제 여창(餘昌)이 여러 신하들에게 말하기를, "소자는 이제 돌아가신 부왕을 받들기 위하여 출가하여 수도하고자 한다"라고 하였다. 여러 신하와 백성들이 말하였다. "지금 임금께서 출가하여 수도하고자 하신다면 우선 왕명을 받들겠습니다. 슬프게도 전의 생각이 바르지 못하여 후에 큰 근심을 기지게 되셨으니 누구의 살못입니까. 무릇 백제국은 고려와 신라가 다투어 멸망시키고자 하였습니다. 나라를 연 이후부터 지금까지 계속하고 있습니다. 지금 이 나라의 종묘 사직을 장차 어느 나라에게 넘겨주려 하십니까. 모름지기 도리는 왕명을 따르는 것이 분명합니다. 만약 능히 기로(耆老)의 말을 들었다면 어찌 여기에 이르렀겠습니까. 앞의 잘못을 뉘우치고 속세를 떠나는 수고로움은 하지 마십시오. 원하는 것을 굳이 하고 싶다면 나라 백성들을 출가시키는 것이 마땅합니다." 여창이 "좋다"라고 대답하였다. 곧 나아가 신하들에게 꾀하도록 하였다. 신하들은 마침내 상의하여 100명을 출가시키고 번

개(幡蓋)를 많이 만들어 여러 가지 공덕을 행하였다고 운운하였다. (『日本書紀』19 欽明紀)

고구려	을해년 8월에 전부(前部) 소대사자(小大使者) 어구루(於九婁)가 성 684간을 쌓았다. (「籠吾里山城 磨崖石刻」)
신라	겨울 10월에 왕이 북한산(北漢山)에 순행하여 강역을 개척하고 정하였다. (『三國史記』4 新羅本紀 4)
신라	겨울 10월에 신라왕이 북한산에 가서 강역을 개척하고 정하였다. (『三國史節要』6)
고구려	겨울 10월에 호랑이가 왕도에 들어왔으나 붙잡았다. (『三國史記』19 高句麗本紀 7)
고구려	겨울 10월에 고구려에 호랑이가 왕도에 들어왔다. (『三國史節要』6)
고구려	천보(天保) 6년 11월 병술일(9) 고구려가 사신을 파견해 조공하였다. (『北齊書』4 帝紀 4 文宣帝)
고구려	11월에 사신을 파견해 북제(北齊)에 들어가 조공하였다. (『三國史記』19 高句麗本紀 7)
고구려	11월에 고구려가 사신을 파견해 북제에 가서 조공하였다. (『三國史節要』6)
고구려	북제 문선제(文宣帝)의 천보 6년 4월에 돌궐(突厥), 5월에 여여(茹茹), 11월에 고구려, 12월에 고막해(庫莫奚)가 사신을 파견해 조공하였다. (『册府元龜』969 外臣部 朝貢 2)
고구려	천보 6년 이 해에 고구려·고막해가 모두 사신을 파견해 조공하였다. (『北史』7 齊本紀 中 顯祖文宣皇帝)
신라	11월에 북한산에서 돌아왔다. 교서를 내려 거쳐간 주군(州郡)에 1년의 조조(租調)를 면제하고, 곡사(曲赦)하여 2가지 죄를 제외하고 모두 용서하였다. (『三國史記』4 新羅本紀 4)
신라	11월에 북한산에서 돌아왔다. 거쳐간 주군에 1년의 조조를 면제하고, 2가지 죄 이하를 사면하였다. (『三國史節要』6)
고구려	11월에 태백성(太白星: 金星)이 낮에 나타났다. (『三國史記』19 高句麗本紀 7)
고구려	11월에 고구려에서 태백성이 낮에 나타났다. (『三國史節要』6)

556(丙子/신라 진흥왕 17 開國 6/고구려 양원왕 12/백제 위덕왕 3/梁 紹泰 2, 太平 1/倭 欽明 17)

백제	봄 정월에 백제의 왕자 혜(惠)가 돌아가기를 청하였다. 이에 병기와 좋은 말을 매우 많이 주었다. 또한 빈번히 상으로 물품을 내려 주었다. 여러 사람들이 부러워하고 찬탄하는 바가 되었다. 이에 아헤노오미(阿倍臣)·사에키노무라지(佐伯連)·하리마노아타이(播磨直)을 보내어 츠쿠시노쿠니(筑紫國)의 수군을 이끌고 그 나라에 도착할 때까지 호위하여 보내주었다. 별도로 츠쿠시노히노키미(筑紫火君)[『백제본기(百濟本記)』에는 츠쿠시노키미(筑紫君)의 아들이고 히노나카노키미(火中君)의 아우라고 한다]을 보내어 용감한 군사 1000명을 이끌고 미테(彌弖)에까지[미테는 나루 이름이다.] 호위하였다. 이에 뱃길의 요충지를 지키게 했다. (『日本書紀』19 欽明紀)
신라	가을 7월에 비열홀주(比列忽州)를 설치하여 사찬(沙湌) 성종(成宗)을 군주(軍主)로

삼았다. (『三國史記』4 新羅本紀 4)

신라   가을 7월에 신라가 비열홀주를 설치하여 사찬 성종을 군주로 삼았다. (『三國史節要』 6)

신라   삭정군(朔庭郡)은 본래 고구려 비열홀군(比列忽郡)인데, 진흥왕(眞興王)17년이자 양(梁) 태평(太平)원년에 비열주(比列州)로 삼아 군주를 두었다. (『三國史記』35 雜志 4 地理 2)

백제 고구려   겨울 10월에 대신(大臣) 소가노스쿠네이나메(蘇我宿禰稲目) 등을 야마토노쿠니(倭國)의 다케치노코오리(高市郡)에 파견하여 가라히토노오오무사노미야케(韓人大身狹屯倉),[가라히토(韓人)라는 것은 백제를 말한다.] 고마비토노오무사노미야케(高麗人小身狹屯倉)을 두었다. 기노쿠니(紀國)에 아마노미야케(海部屯倉)을 두었다.[어떤 책에 전한다. "각지의 가라히토를 오오무사노미야케(大身狹屯倉)의 다베(田部)로 삼고, 고마비토(高麗人)를 오무사노미야케(小身狹屯倉)의 다베로 삼았다. 이것은 가라히토·고마비토를 다베로 삼았기 때문에 미야케(屯倉)라고 하였다."] (『日本書紀』19 欽明紀)

신라   승려 원광(圓光)의 속성은 박씨(朴氏)이고, 본래 삼한(三韓)에 살았다. 변한(卞韓)·마한(馬韓)·진한(辰韓)을 가리키는 것인데, 원광은 곧 진한의 신라 사람이다. 집안은 해동에서 대대로 이어온 가업이 세대를 이어갔으며, 또한 그는 정신과 도량이 넓고 탁트여 문학을 사랑하고 그것이 몸에 배였다. 그리하여 불교와 유학을 비교하여 섭렵하고 제사백가와 역사를 검토하고 응수하여 문장의 빛남으로 한(韓)에 명성이 높았다. 그러나 박학하고 넉넉한 면에서는 아직도 중원(中原)에게는 부끄러웠기에 마침내 친한 벗들과의 교유를 잘라내고 발분하여 발해(渤海)의 깊은 바다를 건너기로 결심하여, 나이 25세 때 배를 타고 금릉(金陵)에 이르렀다.

진(陳)은 세상에서 문국(文國)이라고 불리어서, 앞서 가졌던 의문을 묻고 고찰할 수 있었으며 도를 묻고 진리를 밝히게 되었다. 처음에 장엄사(莊嚴寺)에서 승민(僧旻)의 제자가 하는 강론을 듣고, 평소에는 젖어왔던 속세의 전적(典籍)들이 이치에서는 신의 영역을 다 추궁한 것이라 생각하였는데, 불교의 종지를 듣게 되자 도리어 그것이 썩은 겨자와 같았으며 거짓으로 이름난 교를 찾았을 뿐 사실은 생명이 끝나는 것을 두려워하고 있었음을 알게 되었다. 이에 진 군주에게 아뢰어 도법에 귀의하기를 요청하니, 칙서를 내려 이를 허락하였다. 그러고 나서 이에 처음으로 머리를 깎고 곧 구족계를 받았으며, 두루 강원(講院)을 돌아다니며 아름다운 도모를 갖추어 다 배우고 현미한 말뜻을 옷깃에 받아 기록하면서 세월이 흘러도 이를 버리지 않았다. 그런 까닭에 『성실론(成實論)』과 『열반경(涅槃經)』을 그 심장부에 묶어 얻을 수 있었고, 특히 삼장(三藏)과 수론(數論)을 집중적으로 책을 펼쳐 찾았다. 말년에는 또 오군(吳郡)의 호구산(虎丘山)에 투신하여 염(念)·정(定)을 따라 수행하였으나 각관(覺觀)을 잊지 않았다. 당시 좌선하는 대중이 임천(林泉)에 구름처럼 모였는데, 모두가 사함(四含)을 두루 섭렵하고 팔정(八定)에 공덕이 흐르는 사람들이어서, 좋은 벗에 견주기 쉽고 통(筒)이 곧아서 어그러지기 어려웠다. 이에 그는 깊이 오래 품었던 마음과 부합되어 마침내 이 곳에서 세상을 마칠 생각을 갖게 되었다. 이에 이 곳에 몸담아 돌연 인간세계의 일과는 인연을 끊고 성인의 발자취를 맴돌며 노닐었고, 생각을 푸른 하늘에 거두어들이고 영구히 세상과는 이별하였다. 당시 한 신사(信士)가 있어 산 아래에 집짓고 살고 있었다. 그가 원광에게 출강하기를 청하였으나 굳게 사절하고 허락하지 않다가, 간절하게 마중나와 초청함에 마침내 그의 뜻에 따라 처음 『성실론』을 통석(通釋)하고 마지막에 『반야경(般若經)』을 강의하니, 모두 그의 생각과 해석이 준철(俊徹)하다 하여 아름다운 명성이 널리 퍼졌다. 아울러 눈부신 문체를 섞어 글 내용을 모아 짜내니, 흐뭇하게 듣는 사람등의 심장에 와 닿았다. 이 때부터 구장(舊章)을 되풀이 하며 교화를 여는 것을 임무로 삼았으며, 법륜(法輪)이 한 번 움직일 때마다 곧 강과 호수물을 기울여 쏟아붓 듯하니, 비록 이것이 이역에서 행하는 통상의 전법(傳法)이기는 하였으나 그의 고풍에 젖은 사람들은 갑자기 외국인에 대한 혐오감과 틈이 제거되었다. 그런 까닭에 명망이 횡류(橫流)하여 영남(嶺南)에 전파되니, 가시덩쿨을 헤치고 자루를 등에 지고 오는 사람이 물고기 비늘처럼 서로 이어졌다.

때마침 수(隋) 황제가 천하를 다스리게 되자 그 위세가 남국에도 가해져 진의 달력은 그 수를 다하게 되고 수의 군대가 양도(楊都)로 들어왔다. 원광은 마침내 난병(亂兵)에게 붙잡혀 장차 사형을 당하려고 하였다. 한 대주장(大主將)이 있어 사탑(寺塔)이 불에 타는 것을 바라보고 달려가 이 불을 끄려 하였는데, 불의 형상은 조금도 없고 다만 원광만 탑 앞에 있었으며, 그 곳에서 포박당하여 곧 살해당하려 하고 있었다. 이미 그 기이함이 다르다 하여 곧 포박을 풀고 그를 놓아주었다. 이는 위태한 처지에 임하여 감응에 이름이 이와 같았음을 말해준다. (『續高僧傳』 13 義解 9 唐新羅國皇隆寺 釋圓光[圓安] 5)

신라 당(唐) 원광의 속성은 박씨이고, 진한의 신라 사람이다. 집안은 해동에서 대대로 유학을 업으로 하였다. 나이 25세 때 발해 북쪽의 깊은 바다를 건너 배를 타고 금릉에 이르러, 그 학문을 연구하였다.

진은 문장이 극히 성행한다고 불리어서, 당시 진신선생(縉紳先生)의 류를 따라서 경전과 역사를 고찰하여 바로잡을 수 있었다. 처음에 장엄사에서 승민의 제자가 강론하였는데, 한번 듣고 신의 영역에 젖어서, 유학은 겨나 쭉정이 같음을 돌아보게 되었다. 그래서 이에 진 군주에게 아뢰어 도법에 들어가기를 요청하니, 조서를 내려 이를 허락하였다. 머리를 깎고 구족계를 받은 후에 횡사(橫肆)를 두루 돌아다녔는데, 『성실론』과 『열반경』을 연구함이 다만 삼갔다. 만년에는 또 오군의 호구산에 업을 정하자, 좌선하는 무리가 구름처럼 모였다. 마침내 이 곳에서 세상을 마칠 생각을 갖게 되었다. 혹자가 산 아래에 살다가, 원광에게 한번 나와서 강연하기를 청하였는데, 사양하였으나 면할 수 없어서 사중(四衆)을 열어 인도하게 되니, 마음에 흡족함이 저절로 생기고 명예는 더욱 떨쳤다. 바다 구석과 영남에서 자루를 지고 서로 쫓아왔다.

수가 갑자기 천하를 차지하자 병사가 양도(揚都)로 들어왔다. 원광은 붙잡혀 장차 사형을 당하려고 하였다. 주장(主將)이 멀리서 불과 탑사(塔寺)를 발견하고 가서 그것을 보니, 원광이 포박되어 탑 아래에 두어져 있었다. 처음으로 불이 없었으므로 기이하게 여겨 그 포박을 풀어주었다. (『新修科分六學僧傳』 23 精進學 義解科 唐圓光)

신라 승려 원광의 성은 박씨이고, 본래 삼한에 살았다. 진한(秦韓)·진한(辰韓)·마한을 가리키는 것인데, 원광은 곧 진한의 신라 사람이다. 집안은 해동에서 대대로 이어오고 정신과 도량이 넓고 탁트였으며, 불교와 유학을 비교하여 섭렵하고 제자백가와 역사를 검토하고 응수하였다. 나이 25세 때 배를 타고 금릉에 이르렀다.

불교의 종지를 듣게 되자 이에 진의 군주에게 아뢰어 도법에 귀의하기를 요청하니, 칙서를 내려 이를 허락하였다. 그러고 나서 이에 머리를 깎고 곧 구족계를 받았으며, 두루 강원을 돌아다니며 『성실론』과 『열반경』을 얻어 그 심장부에 쌓아 묶을 수 있었고, 삼장과 수론을 두루 책을 펼쳐 찾았다. 말년에는 또 오군의 호구산에 투신하자, 좌선하는 대중이 임천에 구름처럼 모였는데, 모두가 사함을 두루 섭렵하고 팔정에 공덕이 흐르는 사람들이었다. 이에 그는 깊이 오래 품었던 마음과 부합되어 마침내 이 곳에서 세상을 마칠 생각을 갖게 되었다. 이에 이 곳에 몸담아 돌연 인간세계의 일과는 인연을 끊고 성인의 발자취를 맴돌며 노닐었다. 당시 한 신사가 있어 산 아래에 집짓고 살고 있었다. 그가 원광에게 출강하기를 청하자, 처음 『성실론』을 통석하고 마지막에 『반야경』을 강의하니, 모두 그의 생각과 해석이 준철하다 하였고 흐뭇하게 듣는 사람들의 심장에 와 닿았다. 명망이 횡류하여 영남에 전파되니, 가시덩쿨을 헤치고 자루를 등에 지고 오는 사람이 물고기 비늘처럼 서로 이어졌다.

때마침 수 황제가 천하를 다스리게 되자 그 위세가 남국에도 가해졌다. 원광은 마침내 난병에게 붙잡혀 장차 사형을 당하려고 하였다. 한 대주장이 있어 사탑이 불에 타는 것을 바라보고 달려가 이 불을 끄려 하였는데, 불의 형상은 조금도 없고 다만 원광만 탑 앞에 있었으며, 그 곳에서 포박당하여 곧 살해당하려 하고 있었다. 이미 그 기이함이 다르다 하여 곧 포박을 풀고 그를 놓아주었다. (『高僧摘要』 3 圓光)

557(丁丑/신라 진흥왕 18 開國 7/고구려 양원왕 13/백제 위덕왕 4/梁 太平 2, 陳 永定 1/倭 欽明 18)

백제	봄 3월 경자일 초하루에 백제왕자 여창(餘昌)이 왕위를 계승하였다. 이가 위덕왕(威德王)이다. (『日本書紀』 19 欽明紀)
고구려	여름 4월에 왕자 양성(陽成)을 옹립하여 태자로 삼았다. 마침내 내전(內殿)에서 군신(群臣)에게 연회를 베풀었다. (『三國史記』 19 高句麗本紀 7)
고구려	여름 4월에 고구려왕이 아들 양성을 옹립하여 태자로 삼았다. 마침내 내전에서 군신에게 연회를 베풀었다. (『三國史節要』 6)
고구려	겨울 10월에 환도성간(丸都城干) 주리(朱理)가 반란하여, 주살당하였다. (『三國史記』 19 高句麗本紀 7)
고구려	겨울 10월에 고구려 환도성간 주리가 반란하여, 주살당하였다. (『三國史節要』 6)
신라	국원(國原)을 소경(小京)으로 삼았다. (『三國史記』 4 新羅本紀 4)
신라	신라가 국원을 소경으로 삼았다. (『三國史節要』 6)
신라	중원경(中原京)은 본래 고구려 국원성(國原城)인데, 신라가 그것을 평정하여 진흥왕(眞興王)이 소경을 설치하였다. (『三國史記』 35 雜志 4 地理 2)
신라	사벌주(沙伐州)를 폐지하였다. (『三國史記』 4 新羅本紀 4)
신라	상주(尙州)는 (…) 진흥왕18년에 주(州)가 폐지되었다. (『三國史記』 34 雜志 3 地理 1)
신라	신라가 사벌주를 폐지하여 상락군(上洛郡)으로 삼았다. (『三國史節要』 6)
신라	감문주(甘文州)를 설치하여 사찬(沙湌) 기종(起宗)을 군주(軍主)로 삼았다. (『三國史記』 4 新羅本紀 4)
신라	개령군(開寧郡)은 옛 감문소국(甘文小國)인데, 진흥왕18년이자 진(陳) 영정(永定)원년에 군주를 두어 청주(靑州)로 삼았다. (『三國史記』 34 雜志 3 地理 1)
신라	신라가 감문주를 설치하여 사찬 기종을 군주로 삼았다. (『三國史節要』 6)
신라	신주(新州)를 폐지하고 북한산주(北漢山州)를 설치하였다. (『三國史記』 4 新羅本紀 4)
신라	신주를 폐지하여 북한산주로 삼고, 군주를 두었다. (『三國史節要』 6)
신라	한양군(漢陽郡)은 본래 고구려 북한산군(北漢山郡)[평양(平壤)이라고도 한다.]인데,

진흥왕이 주로 삼아 군주를 두었다. (『三國史記』 35 雜志 4 地理 2)

고구려　　　　남제(南齊)·양(梁)을 거치면서 모두 작위를 제수받아서, 사신을 파견해 표문을 바치고 토산물을 바치는 것이 끊이지 않았다. (『太平御覽』 783 四夷部 4 東夷 4 高句驪)

백제　　　　　유송(劉宋)·남제·양에 모두 사신을 파견해 조공하자, 관작을 제수하고 그 사람을 책봉하였다. (『太平寰宇記』 172 四夷 1 東夷 1 百濟國)

558(戊寅/신라 진흥왕 19 開國 8/고구려 양원왕 14/백제 위덕왕 5/陳 永定 2/倭 欽明 19)

신라　　　　　봄 2월에 귀척(貴戚)의 자제(子弟) 및 6부(部)의 호민(豪民)을 옮겨서 국원(國原)을 채웠다. 나마(奈麻) 신득(身得)이 포노(砲弩)를 만들어 바치니, 그것을 성 위에 설치하였다. (『三國史記』 4 新羅本紀 4)

신라　　　　　봄 2월에 신라가 귀척의 자제 및 6부의 호민을 옮겨서 국원을 채웠다. 나마 신득이 포노를 만들어 바치니, 성 위에 설치하였다. (『三國史節要』 6)

559(己卯/신라 진흥왕 20 開國 9/고구려 양원왕 15, 평원왕 1/백제 위덕왕 6/陳 永定 3/倭 欽明 20)

고구려　　　　봄 3월에 왕이 돌아가시자 양원왕(陽原王)이라고 불렀다. (『三國史記』 19 高句麗本紀 7)

고구려　　　　평원왕(平原王)[혹은 평강상호왕(平崗上好王)이라고도 한다.]은 이름이 양성(陽成)이고[『수서(隋書)』·『당서(唐書)』에는 탕(湯)이라고 썼다.] 양원왕의 맏아들이다. 담력이 있고 기사(騎射)를 잘 하였다. 양원왕의 재위 13년에 옹립되어 태자가 되고, 15년에 왕이 돌아가시자 태자가 즉위하였다. (『三國史記』 19 高句麗本紀 7)

고구려　　　　봄 3월에 고구려왕 평성(平成)이 돌아가시자, 양원왕이라고 불렀다. 태자 양성이 즉위하였는데, 담력이 있고 기사를 잘 하였다. (『三國史節要』 6)

고구려　　　　제25대 평원왕[평국(平國)이라고도 하는데 이름은 양성(陽城)이고 『남사(南史)』에는 고탕(高湯)이라고 한다. 기묘년에 즉위하여 31년 간 다스렸다.] (『三國遺事』 1 王曆)

고구려　　　　성(成)이 죽자, 아들 탕이 즉위하였다. (『周書』 49 列傳 41 高麗)

고구려　　　　성이 죽자, 아들 탕이 즉위하였다. (『北史』 94 列傳 82 高麗)

백제　　　　　여름 5월 병진일 초하루에 일식이 있었다. (『三國史記』 27 百濟本紀 5)

백제　　　　　여름 5월 병진일 초하루에 백제에 일식이 있었다. (『三國史節要』 6)

560(庚辰/신라 진흥왕 21 開國 10/고구려 평원왕 2/백제 위덕왕 7/陳 天嘉 1/倭 欽明 21)

고구려　　　　건명(乾明)원년 2월 을사일(23) 또 고구려왕의 세자 탕(湯)을 사지절(使持節)·영동이교위(領東夷校尉)·요동군공(遼東郡公)·고려왕(高麗王)으로 삼았다. (『北史』 7 齊本紀中 廢帝)

고구려　　　　건명원년에 북제(北齊) 폐제(廢帝)가 탕을 사지절·영동이교위·요동군공·고려왕으로 삼았다. (『北史』 94 列傳 82 高麗)

고구려　　　　건명원년 2월 무신일(26) 또 고구려왕의 세자 탕을 사지절·영동이교위·요동군공·고려왕으로 삼았다. (『北齊書』 5 帝紀 5 廢帝)

고구려　　　　봄 2월에 북제 폐제가 왕을 봉하여 사지절·영동이교위·요동군공·고구려왕으로 삼았다. (『三國史記』 19 高句麗本紀 7)

고구려	봄 2월에 북제가 고구려왕을 책봉하여 사지절·영동이교위·요동군공·고구려왕으로 삼았다. (『三國史節要』 6)
고구려	북제 폐제 건명원년 2월에 고구려왕의 세자 고탕(高湯)을 사지절·영동이교위·요동군공·고려왕으로 삼았다. (『册府元龜』 963 外臣部 封册 1)
고구려	봄 2월에 왕이 졸본(卒本)에 행차하여 시조묘(始祖廟)에 제사지냈다. (『三國史記』 19 高句麗本紀 7)
고구려	고기(古記)에 전한다. " (…) 신대왕(新大王) 4년(168) 가을 9월에 졸본에 가서 시조묘에 제사지냈다. (…) 평원왕(平原王) 2년 봄 2월에 (…) 모두 위와 같이 행하였다. (『三國史記』 32 雜志 1 祭祀)
고구려	봄 2월에 고구려왕이 졸본에 행차하여 시조묘에 제사지냈다. (『三國史節要』 6)
고구려	3월에 왕이 졸본에서 돌아왔다. 거쳐간 주군(州郡)의 옥수(獄囚) 중 2가지 사죄(死罪)를 제외하고 모두 용서하였다. (『三國史記』 19 高句麗本紀 7)
고구려	3월에 졸본에서 돌아왔다. 거쳐간 주군의 2가지 죄 이하를 모두 용서하였다. (『三國史節要』 6)
신라	가을 9월에 신라가 나말(奈末) 미지기지(彌至己知)를 보내어 조부(調賦)를 바쳤는데, 평상시보다 성대하게 연회를 베풀었다. 나말이 기뻐하며 돌아가 말하였다. "조부를 바치는 사자는 나라에서 귀중하게 여기는 바이나 나의 의론은 가볍고 비천하며, 사자는 백성의 운명이 달려있는 자이나 뽑아쓰는 것은 비천하고 낮은 사람입니다. 왕정의 폐해가 이로 말미암지 않음이 없으니 바라건대 좋은 집 자제를 뽑아 사자로 삼으시고, 비천한 사람을 사자로 삼지 마십시오."(『日本書紀』 19 欽明紀)

561(辛巳/신라 진흥왕 22 開國 11/고구려 평원왕 3/백제 위덕왕 8/陳 天嘉 2/倭 欽明 22)

신라	신사년(辛巳年) 2월 1일에 세웠다. 과인(寡人)은 어려서 왕위에 올라 정사를 보필하는 신하에게 맡겼다. (…) 일의 끝에 (…) 사방으로 (…) 널리 (…) 이익을 취하고 수풀을 제거하여 (…) 토지와 강토와 산림은 (…) 대등(大等)과 군주(軍主), 당주(幢主), 도사(道使)와 외촌주(外村主)는 살핀다. (…) 그러므로 (…) 해주(海州)의 전답(田畓) △△와 산림과 하천은 (…) 비록 (…) 그 나머지 사소한 일들은 (…) 상대등(上大等)과 고나말전(古奈末典), 법선△인(法選△人)과 상(上) (…) 이로써 (…)몸이 벌을 받는다. 이때 △△대△(△△大△)는 △△△△△지(△△△△△智) 갈문왕(葛文王)이고, △△△△자(△△△△者)는 한지△△(漢只△△)의 굴진지(屈珎智) 대일벌간(大一伐干)이고, △탁(△喙)의 △△지(△△智) 일벌간(一伐干)이고, △△절부지(△△折夫智) 일척간(一尺干)이고, △△△△지(△△△△智) 일척간이고, 탁(喙)의 △△부지(△△夫智) 잡간(迊干)이고, 사탁(沙喙)의 무력지(武力智) 잡간이고, 탁의 소리부지(小里夫智) △△간(△△干)이고, 사탁의 도설지(都設智) 사척간(沙尺干)이고, 사탁의 벌부지(伐夫智) 일길간(一吉干)이고, 사탁의 홀리지(忽利智) 일△△(一△△), △진리△차공(△珍利△次公) 사척간이고, 탁의 이망지(尒亡智) 사척(沙尺)이고, 탁의 소술지(所述智) 사척간이고, 탁의 △△△△ 사척간이고, 탁의 비협△△지(比叶△△智) 사척간이고, 본피(本彼)의 말△지(末△智) 급척간(及尺干)이고, 탁의 △△지(△△智) △△△이고, 사탁의 도하지(刀下智) 급척간이고, 사탁의 △△지(△△智) 급척간이고, 탁의 봉안지(鳳安智) △△△이다. △△등(△△等)은 탁의 거칠부지(居七夫智) 일척간, △△부지(△△夫智) 일척간, 사탁의 감력지(甘力智) △△간(△△干)이다. △대등(△大等)은 탁의 말득지(末得智) △척간(△尺干), 사탁의 칠총지(七聰智) 급척간이다. 사방군주(四

方軍主)로서 비자벌군주(比子伐軍主)는 사탁의 등△△지(登△△智) 사척간이고, 한성군주(漢城軍主)는 틱의 죽부지(竹夫智) 사척간이고, 비리성군주(碑利城軍主)는 탁의 복등지(福登智) 사척간이고, 감문군주(甘文軍主)는 사탁의 심맥부지(心麥夫智) 급척간이다. 상주행사대등(上州行使大等)은 사탁의 숙흔지(宿欣智) 급척간, 탁의 차질지(次叱智) 나말(奈末)이다. 하주행사대등(下州行使大等)은 사탁의 춘부지(春夫智) 대나말(大奈末), 탁의 취순지(就舜智) 대사(大舍)이다. 우추실△△서아군사대등(于抽悉△△西阿郡使大等)은 탁의 북시지(北尸智) 대나말, 사탁의 수정부지(須仃夫智) 나△(奈△)이다. △위인(△爲人)은 탁의 덕문형(德文兄) 나말이다. 비자벌정(比子伐停) 조인(助人)은 탁의 멱살지(覓薩智) 대나말이다. 서인(書人)은 사탁의 도지(導智) 대사이다. 촌주(村主)는 망총지(奀聰智) 술간(述干), 마질지(麻叱智) 술간이다. (「昌寧 新羅 眞興王拓境碑」)

고구려	여름 4월에 이조(異鳥)가 궁궐 뜰에 모였다. (『三國史記』 19 高句麗本紀 7)
고구려	여름 4월에 고구려에서 이조가 궁궐 뜰에 모였다. (『三國史節要』 6)
고구려	6월에 크게 홍수가 났다. (『三國史記』 19 高句麗本紀 7)
고구려	6월에 고구려에 크게 홍수가 났다. (『三國史節要』 6)
백제 신라	가을 7월에 병사를 파견해 신라의 변경을 침략하였다. 신라 병사가 나와서 공격하여 패배시키니, 죽은 자가 1,000여 명이었다. (『三國史記』 27 百濟本紀 5)
백제 신라	가을 7월에 백제가 병사를 파견해 신라의 변경을 침략하였다. 신라가 그들을 격파하니, 죽은 자가 1,000여 명이었다. (『三國史節要』 6)
고구려	11월 을묘일(13) 고구려국이 사신을 파견해 토산물을 바쳤다. (『陳書』 3 本紀 3 世祖)
고구려	11월 을묘일(13) 고구려국이 사신을 파견해 조공하였다. (『南史』 9 陳本紀 上)
고구려	겨울 11월에 사신을 파견해 진(陳)에 들어가 조공하였다. (『三國史記』 19 高句麗本紀 7)
고구려	겨울 11월에 고구려가 사신을 파견해 진에 가서 조공하였다. (『三國史節要』 6)
고구려	진 문제(文帝) 천가(天嘉) 2년 11월에 고구려국이 사신을 파견해 토산물을 바쳤다. (『册府元龜』 969 外臣部 朝貢 2)
신라	신라가 급벌간(及伐干) 구례질(久禮叱)을 보내어 조부(調賦)를 바쳤다. 사빈(司賓)이 연회를 베풀었는데, 예우가 평상시보다 덜하였다. 급벌간이 분하고 한스럽게 여기며 돌아갔다. (『日本書紀』 19 欽明紀)

신라 백제 가야

이 해에 다시 대사(大舍) 노저(奴氐)를 보내어 지난번의 조부를 바쳤다. 나니와(難波)의 오코오리(大郡)에서 여러 번국들의 서열을 메겼는데, 장객(掌客) 누카타베노무라지(額田部連)·가즈라키노아타이(葛城直) 등이 백제의 아래 쪽 열에 서게 하여 인도했다. 대사가 화를 내고 돌아가 관사에 들어가지 않고 배를 타고 돌아가 아나토(穴門)에 이르렀다. 이때 아나토노무로츠미(穴門館)를 수리하고 있었다. 대사가 묻기를, "어떤 손님을 위하여 짓는가?"라고 하자, 공장(工匠) 가우치노우마카이노오히토오시카츠(河內馬飼首押勝)이 거짓으로 말하기를, "서방의 무례를 문책하러 보낼 사자가 머물 숙소이다."라고 하였다. 대사가 나라로 돌아가 그 말을 알렸다. 그래서 신라는

아라(阿羅) 파사산(波斯山)에 성을 쌓고 일본에 대비하였다. (『日本書紀』 19 欽明紀)

562(壬午/신라 진흥왕 23 開國 12/고구려 평원왕 4/백제 위덕왕 9/陳 天嘉 3/倭 欽明 23)

신라 가야   봄 정월에 신라가 임나(任那) 관가를 공격하여 멸망시켰다. 어떤 책에서는 21년에 임나가 멸망하였다고 한다. 통틀어 말하면 임나이고, 개별적으로 말하면 가라국(加羅國)·안라국(安羅國)·사이기국(斯二岐國)·다라국(多羅國)·졸마국(卒麻國)·고차국(古嵯國)·자타국(子他國)·산반하국(散半下國)·걸찬국(乞湌國)·임례국(稔禮國) 등 모두 열 나라이다. (『日本書紀』 19 欽明紀)

백제 고구려   윤2월 기유일(9) 백제왕 여명(餘明)을 무동대장군(撫東大將軍)으로, 고구려왕 고탕(高湯)을 영동장군(寧東將軍)으로 삼았다. (『陳書』 3 本紀 3 世祖)

백제 고구려   윤2월 기유일(9) 백제왕 여명을 무동대장군으로, 고구려왕 고탕을 영동장군으로 삼았다. (『南史』 9 陳本紀 上)

고구려   봄 2월에 진(陳) 문제(文帝)가 조서를 내려 왕에게 영동장군을 제수하였다. (『三國史記』 19 高句麗本紀 7)

고구려   봄 2월에 진이 조서를 내려 고구려왕에게 영동장군을 제수하였다. (『三國史節要』 6)

백제 고구려   진 문제 천가(天嘉) 3년 윤2월에 백제왕 여명을 무동대장군으로, 고구려왕 고탕을 영동장군으로 삼았다. (『冊府元龜』 963 外臣部 封冊 1)

신라 가야   여름 6월에 조칙을 내려 말하였다. "신라는 서쪽의 오랑캐로 작고 보잘 것 없는 나라이다. 하늘을 거스르고 예의가 없어 우리의 은혜를 져버리고 우리의 관가를 무너뜨려 우리 백성들에게 해독을 끼치고 우리의 군현을 멸망시켰다. 우리 신공황후(神功皇后)는 거룩하고 총명하여, 천하를 두루 돌아다니시며 여러 인민을 힘써 보살피고 온 백성을 먹이고 길렀다. 신라가 궁핍해져 가는 것을 애달프게 여겨 신라왕을 목 베일 것을 온전히 두고, 신라에게 요충의 땅을 주었고, 신라로 하여금 남달리 번영하게 해주었다. 우리 신공황후가 신라에 대해서 무엇을 가볍게 대우했으며, 우리 백성이 신라에 대해서 무슨 원한이 있겠는가. 그러나 신라는 긴 창과 강한 활로 임나를 능욕해 멸망시켰고, 강한 이빨과 갈고리 같은 손톱으로 잔인하게 백성을 죽였다. 간을 꺼내고 발목을 끊어도 마음에 흡족하지 않고 뼈를 드러내고 주검을 태워도 혹독하다고 생각하지 않는다. 임나의 귀족과 백성이하는 모두 칼을 다 쓰고 도마를 다하도록 이미 도륙당하고 또한 회쳐졌으니, 어찌 온 천하가 왕의 신하라고 말할 수 있겠는가. 또 다른 사람의 곡식을 먹고 다른 사람의 물을 마시면서 누가 차마 이것을 들을 수 있으며, 누가 마음으로 슬퍼하지 않겠는가. 하물며 태자와 대신이 형제 친척에게 피눈물을 흘리고 원한을 머금고 부탁하여 번방을 지키는 임무를 맡음에 머리를 부수는 것이 발꿈치에까지 이르도록 은혜롭게 하고 대대로 전조(前朝)의 덕을 받아 몸소 후대의 지위를 맡았으니 쓸개를 마시고 창자를 꺼내어 함께 간악한 역적을 죽여 천지의 큰 아픔을 씻고 임금과 아버지의 원수를 갚지 못하면 죽어서도 신하와 아들의 도리를 이루지 못한 한이 있다고 함에 있이서라." (『日本書紀』 19 欽明紀)

신라 가야   가을 7월 기사일 초하루에 신라가 사신을 보내어 조부(調賦)를 바쳤다. 그 사인(使人)이 신라가 임나를 멸망시켰다는 것을 알고 나라의 은혜를 져버린 것을 부끄럽게 여겨 감히 돌아가기를 청하지 못하고 마침내 머물러 본토에 돌아가지 않았다. 그를 국가의 백성과 같은 예로 대우하였는데, 지금 가우치노쿠니(河內國) 사라라노코오리(更荒郡) 우노노사토(鸕鷀野邑) 신라인의 선조이다. (『日本書紀』 19 欽明紀)

신라 백제   가을 7월에 백제기 변방의 호구를 침략하였다. 왕이 군사를 내어 그에 맞서서 1,000여 명을 죽이거나 사로잡았다. (『三國史記』4 新羅本紀 4)

신라 백제   가을 7월에 백제가 신라 변방의 백성을 침략하였다. 왕이 군사를 내어 그에 맞서서 1,000여 명을 죽이거나 사로잡았다. (『三國史節要』6)

신라 가야 백제

7월 이 달에 대장군 기노스쿠네오마로(紀宿禰男麻呂)를 보내어 군사를 거느리고 치리(哆唎)에서 출동하고, 부장군(副將軍) 가와헤노오미니에(河邊臣瓊罐)는 거증산(居曾山)에서 출동하도록 하여 신라가 임나를 공격한 상황에 대해 문책하고자 하였다. 드디어 임나에 도착하여 고모츠메베노오히토토미(薦集部首登弭)를 백제에 보내 군사계책을 약속하게 하였다. 토미(登弭)는 처가에 묵었는데, 봉인한 서신과 활과 화살을 길에 떨어뜨렸다. 신라가 군사계책을 모두 알고 얼마 후에 패하여 항복하고 귀부하기를 빌었다. 기노스쿠네오마로가 승리를 거두고 나서 군사를 돌려 백제의 군영에 돌아갔다. 군중에 명을 내려 말하였다. "무릇 이겨도 패하는 것을 잊지 말고 편안할 때도 반드시 위험을 생각해야 하는 것은 옛날의 훌륭한 가르침이다. 지금 처해 있는 땅은 들개와 이리같은 사나운 무리들이 이웃해 있으니, 가볍고 소홀히하여 변란이 일어날 것을 생각지 않으랴. 하물며 또 평안한 시대에도 칼을 몸에서 떼어놓지 않는 법이니, 무릇 군자가 무기를 갖추는 것은 그만둘 수 없는 것이다. 마땅히 깊이 경계하고 이 명령을 받드는데 힘써라." 병졸은 모두 마음으로부터 복종하고 섬겼다. 가와헤노오미니에는 홀로 나아가 이곳 저곳에서 싸워 가는 곳마다 모두 함락시켰다. 신라가 문득 흰 깃발을 들고 무기를 던져버리고 항복했는데, 가와헤노오미니에는 원래 군사에 밝지 못하여 마주 대하여 흰깃발을 들고 헛되이 혼자 앞으로 나아갔다. 신라 장군이 말하길, "장군 가와헤노오미가 지금 항복하려고 한다"고 하고는 이에 진군하여 역습하여 싸웠다. 매우 날쌔고 빠르게 공격하여 깨뜨렸는데, 맨 앞선 바의 부대는 패한 바가 매우 많았다. 야마토노쿠니노미야츠코테히코(倭國造手彦)가 구하기 어렵다는 것을 알고 군사를 버리고 도망하였다. 신라 장군이 손에 갈고리 창을 쥐고 성의 해자에까지 뒤쫓아와서 창을 휘두르며 공격하였다. 데히코(手彦)는 날랜 말을 타고 있었으므로, 성의 해자를 띄어 건너 겨우 죽음을 면하였다. 신라 장군이 성의 해자에 서서 탄식하여 "구수니자리(久須尼自利)"[이 말은 신라 말로 미상이다.]라고 하였다. 이에 가와헤노오미가 군사를 이끌고 물러나와 들에 급히 군영을 만들었다. 이때 병졸들은 모두 서로 속이고 업신여기며 우러러 따르지 않았다. 신라장군이 군영에 나아가 가와헤노오미니에 등과 그를 따라왔던 부인을 모두 사로 잡았다. 이때는 아버지와 아들, 주주 사이에서도 서로 도울 수가 없었다. 신라 장군이 가와헤노오미에게 말하길, "너의 목숨과 부인 가운데 어느 것을 더욱 아끼는가?"라고 하니, 대답하여 말하기를, "어찌 한 여자를 아껴 화를 취하겠습니까 어느 것도 목숨보다 더한 것은 없습니다."라고 대답하고, 첩으로 삼는 것을 허락하였다. 신라 장군이 마침내 그 여자를 벌판에서 간음하였다. 여자가 후에 돌아가니, 가와헤노오미가 사정 이야기를 하고자 하였다. 부인이 부끄럽고 한스럽게 여겨 따르지 않으며 "옛날에 당신이 나의 몸을 가볍게 팔았는데 지금 무슨 낯으로 서로 만나겠습니까?"라고 말하고는 마침내 승낙하는 말을 하지 않았다. 이 부인은 사카모토노오비(坂本臣)의 딸로써 이름을 우마시히메(甘美媛)라고 하였다. 함께 사로잡혔던 츠키노키시이키나(調吉士伊企儺)은 사람됨이 용맹하여 끝까지 항복하지 않았다. 신라 장군이 칼을 빼서 목베고자 하여 억지로 잠뱅이를 벗기고 이어서 엉덩이를 일본으로 향하게 하고, 크게 부르짖으며[규(叫)는 울부짖으며 소리친다는 것이다.] "일본 장군은 내 엉덩이를 깨물어라"고 말하게 하였다. 곧 울부짖으며 소리쳐 "신라왕은 나의 엉덩이를 먹어라"고 하였다. 비록 고통과 핍박을 받았으나, 여전히 앞에서와 같이 소리쳤다. 이로 말미암아 죽음을 당하였다. 그의 아들 오치코(舅子) 또한 그 아버지를 안고서 죽었다. 이키나(伊企儺)의 말하고자 하는 바를 빼앗기 어려운 것이 모두 이와 같았다. 이로 말미암아 특히 여러 장수들이 가슴 아파하는 바가 되었다. 그의 아내 오오바코(大葉子) 또한 사로잡혔는데, 비통하게 노래하기를, "가라(柯羅)의 성 위에 서서 오오바코는 머리에 쓰는 천을 흔들며 일본으로 향하네."라고 하자, 어떤 이가 화답하여 말하기를, "가라의 성 위에 서서 오오바코는 머리에 쓰는 천을 흔들어 보이며, 나니와로 향하네"라고 하였다. (『日本書紀』 19 欽明紀)

고구려 백제 8월에 천황이 대장군 오오모토노무라지사데히코(大伴連狹手彦)를 파견하여 군사 수만을 이끌고 고구려를 치도록 하였다. 사데히코(狹手彦)는 이에 백제의 계책을 써서 고구려를 깨트렸다. 그 왕이 담을 넘어 도망하자 사데히코는 드디어 승세를 타고 왕궁으로 들어 진귀한 보물과 갖가지 재화, 칠직장(七織帳), 철옥(鐵屋)을 모두 얻어 돌아왔다.[옛 책에 전한다. "철옥은 고구려 서쪽의 높은 누각 위에 있으며, 직장(織帳)은 고구려왕의 내전 침실에 걸려 있다."] 칠직장은 천황에게 바치고, 갑옷 2벌, 금으로 장식한 칼 두자루, 무늬를 새긴 구리종 3개, 오색번(五色幡) 2간(竿), 미녀 히메(媛)[히메는 이름이다]과 그의 시녀 아타코(吾田子)를 대신(大臣) 소가노스쿠네이나메(蘇我宿禰稻目)에게 보내었다. 이에 대신은 여자를 맞아 들여 아내로 삼고, 가루(輕)이 곡전(曲殿)에 살게 하였다[철옥은 장안사(長安寺)에 있다. 이 절이 어느 나라에 있는지는 알지 못한다. 어떤 책에는 "11년에 오오모토노무라지사데히코가 백제국과 함께 고구려왕 양향(陽香)을 히시루츠(比津留都)에서 쫓아내었다."고 한다]. (『日本書紀』 19 欽明紀)

신라 가야 9월에 가야(加耶)가 반란하였다. 왕이 이사부(異斯夫)에게 명령하여 그들을 토벌하게 하였는데, 사다함(斯多含)이 그를 보좌하였다. 사다함은 5,000기를 거느리고 앞서서 전단문(栴檀門)으로 달려 들어가 백기를 세우니, 성 안이 두려워하여 어찌 할 바를 몰랐다. 이사부가 병사를 이끌고 그곳에 임하자, 한꺼번에 다 항복하였다. 공을 논하자, 사다함이 최고였다. 왕이 좋은 밭과 사로잡은 200구를 상으로 주었으나, 사다함이 3번 사양하였다. 왕이 그것을 강요하자, 이에 그 포로를 받아서 놓아주어 양인(良人)으로 삼게 하고, 밭은 전사들에게 나누어 주었다. 국인(國人)이 그것을 아름답게 여겼다. (『三國史記』 4 新羅本紀 4)

가야 신라 구형왕(仇衡王)은 김씨(金氏)인데, 북위(北魏) 효명제(孝明帝) 정광(正光) 2년(521)에 즉위하여 42년을 다스렸다. 북주(北周) 무제(武帝) 보정(保定) 2년 임오 9월에 신라 제24대 군주 진흥왕(眞興王)이 병사를 일으켜 정벌하였다. 왕은 직접 군사를 지휘하였으나, 저들은 많고 우리는 적어서 맞서 싸울 수 없다고 여겼다. 인하여 형제 탈지 이질금(脫知爾叱今)을 파견하여 본국에 머물러 있게 하고, 왕자 상손(上孫), 졸지공(卒支公) 등이 항복하여 신라에 들어갔다. 왕비는 분질수미질(分叱水爾叱)의 딸 계화(桂花)인데, 세 아들을 낳았다. 첫째는 각간(角干) 세종(世宗), 둘째는 각간 무도(茂刀), 셋째는 각간 무득(茂得)이다. 『개황록(開皇錄)』에 전한다. "양(梁) 중대통(中大通) 4년(532) 임자에 신라에 항복하였다."[논의한다. "『삼국사기(三國史記)』를 참고하건대 구형이 양 중대통 4년 임자에 토지를 바치고 신라에 투항하였다고 하는 것은 수로(首露)가 처음 즉위한 후한(後漢) 건무(建武)18년(42) 임인부터 구형의 마지막 임자에 이르기까지 계산하여 490년을 얻게 된다. 만약 이 기록으로 그것을 고찰하건대 토지를 바친 것이 북주 보정 2년 임오에 있으면, 다시 30년이니 총 520년이

다. 지금 양쪽을 남겨둔다.”] (『三國遺事』 2 紀異 2 駕洛國記)

가야 신라   9월에 가야가 반란하였다. 신라왕이 이찬(伊湌) 이사부에게 명령하여 그들을 토벌하게 하였는데, 사다함을 부관으로 삼았다. 사다함은 나밀왕(奈密土)의 7세손인데, 16세에 국선(國仙)이 되어 그 무리가 1,000여 명이었다. 이 때에 이르러 종군하기를 청하니 왕이 어리다고 허락하지 않았으나, 굳게 청하자 허락하였다. 가야(伽耶)에 이르자, 휘하 5,000기를 거느리고 앞서서 전단문으로 들어가 백기를 세우니, 성 안이 놀라고 두려워하였다. 이리하여 이사부가 병사를 이끌고 그곳에 임하자, 마침내 그 나라를 멸망시키고 그 지역을 대가야군(大伽耶郡)으로 삼았다. 가야가 16대를 전하니, 모두 520년이다. 군사가 돌아와 공로를 책정하니, 사다함이 최고였다. 왕이 좋은 밭과 사로잡은 300구를 상으로 주었으나, 함이 굳게 사양하였다. 왕이 그것을 강요하자 곧 받아서, 밭은 전사들에게 나누어 주고 다만 알천(閼川)의 불모지만 받았으며, 포로는 놓아주어 양인(良人)으로 삼아서 남은 자가 하나도 없었다. 국인이 그것을 아름답게 여겼다. 함이 처음에 무관랑(武官郎)과 죽음을 같이 하는 벗이 되기로 약속하였다. 무관이 죽자 소리내어 울면서 애통해 함이 심하였는데, 7일 후에 또한 죽으니 17세였다. (『三國史節要』 6)

가야 신라   고령군(高靈郡)은 본래 대가야국(大加耶國)인데, 시조 이진아시왕(伊珍阿豉王)[내진주지(內珍朱智)라고도 한다.]부터 도설지왕(道設智王)까지 모두 16대 520년이다. 진흥대왕(眞興大王)이 침입하여 멸망시키고, 그 지역을 대가야군(大加耶郡)으로 삼았다. (『三國史記』 34 雜志 3 地理 1)

신라 가야   사다함(斯多含)은 계통이 진골(眞骨)에서 나왔다. 나밀왕(奈密王)의 7대손이고, 아버지는 급찬(級湌) 구리지(仇梨知)이다. 본래 높은 가문의 후예로 풍채가 맑고 빼어났으며 뜻과 기개는 바르고 점잖았다. 당시 사람들이 화랑(花郎)으로 받들기를 청하였으므로 어쩔 수 없이 그렇게 하였다. 그 무리가 무려 1천 명이었고 그들의 환심을 다 얻었다. 진흥왕이 이찬 이사부에게 명령하여 가라(加羅)[가야라고도 한다.]국을 습격하게 하였다. 이 때에 사다함이 15·6세였는데, 종군하기를 청하니 왕이 어리다고 허락하지 않았으나, 그 청이 끈질기고 뜻이 확고하여 마침내 귀당(貴幢) 비장(裨將)으로 명하였다. 그 무리로 그를 따르는 자 또한 많았다. 그 국경에 도착하자, 원수(元帥)에게 청하여 휘하 병사를 거느리고 앞서서 전단량(旃檀梁)[전단량은 성문의 이름이다. 가라어로 문을 양이라고 한다.]으로 들어가니, 그 국인이 불의에 병사가 갑자기 이르러서, 놀라고 동요하여 막을 수 없었다. 많은 병사가 그것을 틈타, 마침내 그 나라를 멸망시켰다. 군사가 돌아오자 왕이 공로를 책정하여, 가라인 300구를 하사하니, 받자마자 모두 놓아주어 남은 자가 하나도 없었다. 또 밭을 하사하자, 굳게 사양하였다. 왕이 그것을 강요하자 알천의 불모지를 하사하기를 청하였을 뿐이다. (『三國史記』 44 列傳 4 斯多含)

신라 가야   겨울 11월에 신라가 사신을 보내어 물건을 바치고 아울러 조부를 바쳤다. 사신은 신라가 임나를 멸망시킨 것을 일본이 분하게 여기고 있음을 알고 감히 돌아가기를 청하지 못하였고, 형벌을 받을까 두려워 본국에 돌아가지 않았다. 백성과 같은 예로 취급하였으니, 지금의 츠노쿠니(攝津國) 미시마노코오리(三嶋郡) 하니이오(埴廬) 신라인의 선조이다. (『日本書紀』 19 欽明紀)

신라   제감(弟監)은 진흥왕 23년에 설치하였다. (『三國史記』 40 雜志 9 職官 下)
신라   소감(少監)은 진흥왕 23년에 설치하였다. (『三國史記』 40 雜志 9 職官 下)
신라   신라가 제감을 설치하였는데, 대당(大幢)을 거느린 것이 5명, 귀당(貴幢)이 5명, 한산정(漢山停)이 4명, 우수정(牛首停)이 4명, 하서정(河西停)이 4명, 완산정(完山停)이

4명인데, 옷깃이 없다. 벽금당(碧衿幢)이 4명, 녹금당(綠衿幢)이 4명, 백금당(白衿幢)이 4명, 비금당(緋衿幢)이 4명, 황금당(黃衿幢)이 4명, 흑금당(黑衿幢)이 4명, 자금당(紫衿幢)이 4명, 적금당(赤衿幢)이 4명, 청금당(靑衿幢)이 4명, 계금당(罽衿幢)이 1명으로 모두 63명이고, 관등은 사지(舍知)부터 대나마(大奈麻)까지를 그것으로 삼았다. 소감은 대당이 15명, 귀당이 15명, 한산정이 15명, 하서정이 12명, 우수정이 13명, 완산정이 13명, 벽금당이 13명, 녹금당이 13명, 백금당이 13명, 비금당이 13명, 황금당이 13명, 흑금당이 13명, 자금당이 13명, 적금당이 13명, 청금당이 13명인데, 기병을 거느렸다. 음리화정(音里火停)이 2명, 고량부리정(古良夫里停)이 2명, 거사물정(居斯勿停)이 2명, 참량화정(參良火停)이 2명, 소참정(召參停)이 2명, 미다부리정(未多夫里停)이 2명, 남천정(南川停)이 2명, 골내근정(骨乃斤停)이 2명, 벌력천정(伐力川停)이 2명, 이화혜정(伊火兮停)이 2명, 비금당이 3명, 벽금당이 6명, 녹금당이 6명, 백금당이 6명, 황금당이 6명, 흑금당이 6명, 자금당이 6명, 적금당이 6명, 청금당이 6명, 계금(罽衿)이 6명, 청주서(菁州誓)가 3명, 한산주서(漢山州誓)가 3명, 완산주서(完山州誓)가 3명인데, 보병을 거느렸다. 대당이 6명, 한산정이 6명, 귀당이 4명, 우수정이 4명, 완산정이 4명, 벽금당이 4명, 녹금당이 4명, 백금당이 4명, 황금당이 4명, 흑금당이 4명, 자금당이 4명, 적금당이 4명, 청금당이 4명, 비금당이 8명, 청주서가 9명, 한산주서가 9명, 완산주서가 9명으로 모두 372명이고, 6정은 옷깃이 없으나 이 밖에는 모두 옷깃을 드러내며, 관등은 대사(大舍)부터 이하로 그것을 삼았다.

화척(火尺)은 대당이 15명, 귀낭이 10명, 한산정이 10명, 우수정이 10명, 하서정이 10명, 완산정이 10명, 녹금당이 10명, 비금당이 10명, 자금당이 10명, 백금당이 13명, 황금당이 13명, 흑금당이 13명, 벽금당이 13명, 적금당이 13명, 청금당이 13명인데, 대관(大官)에 속하였다. 계금이 7명, 음리화정이 2명, 고량부리정이 2명, 거사물정이 2명, 참량화정이 2명, 소참정이 2명, 미다부리정이 2명, 남천정이 2명, 골내근정이 2명, 벌력천정이 2명, 이화혜정이 2명, 벽금당이 6명, 녹금당이 6명, 백금당이 6명, 황금당이 6명, 흑금당이 6명, 자금당이 6명, 적금당이 6명, 청금당이 6명, 청주서가 2명, 한산주서가 2명, 완산주서가 2명인데, 기병을 거느렸다. 대당이 6명, 한산정이 6명, 귀당이 4명, 우수정이 4명, 완산정이 4명, 벽금당이 4명, 녹금당이 4명, 백금당이 4명, 황금당이 4명, 흑금당이 4명, 자금당이 4명, 적금당이 4명, 청금당이 4명, 비금당이 8명, 백금무당(白衿武幢)이 8명, 적금무당(赤衿武幢)이 8명, 황금무당(黃衿武幢)이 8명인데, 보병을 거느렸고 모두 348명이며 관등은 소감과 같다. (『三國史節要』 6)

563(癸未/신라 진흥왕 24 開國 13/고구려 평원왕 5/백제 위덕왕 10/陳 天嘉 4/倭 欽明 24)

고구려	여름에 크게 가뭄이 들었다. 왕이 상선(常膳)을 줄이고 산천에 기도하였다. (『三國史記』 19 高句麗本紀 7)
고구려	여름에 고구려에 크게 가뭄이 들었다. 왕이 반찬을 줄이고 산천에 기도하였다. (『三國史節要』 6)
백제	계미년 11월 1일에 보화(寶華)가 돌아가신 아버지 조△인(趙△人)을 위하여 만들었다. (「癸未銘 金銅三尊佛立像」)

564(甲申/신라 진흥왕 25 開國 14/고구려 평원왕 6/백제 위덕왕 11/陳 天嘉 5/倭 欽明 25)

신라	북제(北齊)에 사신을 파견해 조공하였다. (『三國史記』 4 新羅本紀 4)
고구려	사신을 파견해 북제에 들어가 조공하였다. (『三國史記』 19 高句麗本紀 7)

신라	신라가 북제에 사신을 파견해 조공하였다. (『三國史節要』 6)
고구려	고구려가 사신을 파견해 북제에 가서 조공하였다. (『三國史節要』 6)
고구려 신라	하청(河淸) 3년 이 해에 고구려·말갈(靺鞨)·신라가 모두 사신을 파견해 조공하였다. (『北齊書』 7 帝紀 7 武成帝)
고구려 신라	하청 3년 이 해에 고구려·말갈(靺鞨)·신라가 모두 사신을 파견해 조공하였다. (『北史』 8 齊本紀 8 世祖武成皇帝)
고구려 신라	북제 무성제(武成帝) 하청 3년에 고구려·말갈·신라가 모두 사신을 파견해 조공하였다. (『册府元龜』 969 外臣部 朝貢 2)

신라	사신(仕臣)[혹은 사대등(仕大等)이라고도 한다.]은 5명인데 진흥왕(眞興王) 25년에 처음 설치하였고, 관등은 급찬(級湌)부터 파진찬(波珍湌)까지를 그것으로 삼는다. (『三國史記』 40 雜志 9 職官 下)
신라	신라가 사신(使臣) 5명을 설치하였는데, 관등이 급찬부터 파진찬까지를 그것으로 삼는다. 주조(州助) 9명은 관등이 나마(奈麻)부터 중아찬(重阿湌)까지를 그것으로 삼는다. 군태수(郡太守) 115명은 관등이 사지(舍知)부터 중아찬까지를 그것으로 삼는다. 장사(長史)[혹은 사마(司馬)라고도 한다.] 9명은 관등이 사지부터 대나마(大奈麻)까지를 그것으로 삼는다. 사대사(仕大舍)[혹은 소윤(少尹)이라고도 한다.] 5명은 관등이 사지부터 대나마까지를 그것으로 삼는다. (『三國史節要』 6)

신라	사다함이 처음에 무관랑(武官郎)과 죽음을 같이 하는 벗이 되기로 약속하였다. 무관이 병으로 죽자 소리내어 울면서 애통해 함이 심하였는데, 7일 후에 또한 죽으니 이 때 나이가 17세였다. (『三國史記』 44 列傳 4 斯多含)

565(乙酉/신라 진흥왕 26 開國 15/고구려 평원왕 7/백제 위덕왕 12/陳 天嘉 6/倭 欽明 26)

고구려	봄 정월에 왕자 원(元)을 옹립하여 태자로 삼았다. (『三國史記』 19 高句麗本紀 7)
고구려	봄 정월에 고구려왕이 아들 원을 옹립하여 태자로 삼았다. (『三國史節要』 6)

고구려	봄 정월에 사신을 파견해 북제(北齊)에 들어가 조공하였다. (『三國史記』 19 高句麗本紀 7)
고구려	봄 정월에 고구려가 사신을 파견해 북제에 가서 조공하였다. (『三國史節要』 6)
고구려	천통(天統)원년 이 해에 고구려·거란(契丹)·말갈(靺鞨)이 모두 사신을 파견해 조공하였다. (『北齊書』 8 帝紀 8 後主)
고구려	천통원년 이 해에 고구려·거란·말갈이 모두 사신을 파견해 조공하였다. (『北史』 8 齊本紀 8 後主)
고구려	북제 후주(後主) 천통원년에 고구려·거란·말갈이 모두 사신을 파견해 조공하였다. (『册府元龜』 969 外臣部 朝貢 2)

신라	하청(河淸) 4년 2월 갑인일(1) 조서를 내려 신라국왕 김진흥(金眞興)을 사지절(使持節)·동이교위(東夷校尉)·낙랑군공(樂浪郡公)·신라왕으로 삼았다. (『北齊書』 7 帝紀 7 武成帝)
신라	하청 4년 2월 갑인일(1) 조서를 내려 신라국왕 김진흥을 사지절·동이교위·낙랑군공·신라왕으로 삼았다. (『北史』 8 齊本紀 8 世祖武成皇帝)
신라	봄 2월에 북제 무성제(武成帝)가 조서를 내려 왕을 사지절·동이교위·낙랑군공·신라왕으로 삼았다. (『三國史記』 4 新羅本紀 4)
신라	봄 2월에 북제가 신라왕을 책봉하여 사지절·동이교위·낙랑군공·신라왕으로 삼았다.

(『三國史節要』 6)

| 신라 | 북제 무성제 하청 4년 2월에 조서를 내려 신라국왕 김진흥을 사지절·동이교위·낙랑군공·신라왕으로 삼았다. (『册府元龜』 963 外臣部 封册 1) |

| 고구려 | 여름 5월에 고구려인 두무리야폐(頭霧唎耶陛) 등이 츠쿠시(筑紫)에 투화하였으므로 야마시로노쿠니(山背國)에 안치하였다. 지금의 우네하라(畝原), 나라(奈羅), 야마무라(山村) 고구려인의 선조이다. (『日本書紀』 19 欽明紀) |

| 신라 | 가을 8월에 아찬(阿飡) 춘부(春賦)에게 명령하여 나가서 국원(國原)을 지키게 하였다. (『三國史記』 4 新羅本紀 4) |
| 신라 | 가을 8월에 신라가 아찬(阿飡) 춘부에게 명령하여 나가서 국원을 지키게 하였다. (『三國史節要』 6) |

신라	9월에 완산주(完山州)를 폐지하고 대야주(大耶州)를 설치하였다. (『三國史記』 4 新羅本紀 4)
신라	9월에 신라가 완산주를 폐지하고 대야주를 설치하였다. 또 하주(下州)를 폐지하였다. (『三國史節要』 6)
신라	화왕군(火王郡)은 본래 비자화군(比自火郡)인데,[비사벌(比斯伐)이라고도 한다.] 진흥왕(眞興王) 16년(555)에 주(州)를 설치하여, 하주라고 이름붙였다. 26년에 주가 폐지되었다. (『三國史記』 34 雜志 3 地理 1)
신라	전주(全州)는 본래 백제의 완산(完山)인데, 진흥왕 16년(555)에 주로 삼았다. 26년에 주가 폐지되었다. (『三國史記』 36 雜志 5 地理 3)

신라	9월에 진(陳)이 사신 유사(劉思)를 파견하여 승려 명관(明觀)과 와서 방문하였는데, 석씨경론(釋氏經論) 1,700여 권을 보냈다. (『三國史記』 4 新羅本紀 4)
신라	9월에 진이 사신 유사를 파견하여 승려 명관과 신라에 왔는데, 석씨경론 1,700여 권을 보냈다. (『三國史節要』 6)
신라	천가(天嘉) 6년에 진의 사신 유사와 승려 명관이 내경(內經)을 바쳤다. (『三國遺事』 3 興法 3 原宗興法猒髑滅身)
신라	진흥왕대(眞興王代)인 천가 6년 을유에 진의 사신 유사와 승려 명관이 불경론(佛經論) 1,700여 권을 실어 보냈다. (『三國遺事』 3 塔像 4 前後所將舍利)

| 신라 | 집사성(執事省)은 (…) 전대등(典大等)이 2명인데, 진흥왕 26년에 설치하였다. (『三國史記』 38 雜志 7 職官 上) |
| 신라 | 신라가 전대등 2명을 설치하였다. (『三國史節要』 6) |

566(丙戌/신라 진흥왕 27 開國 16/고구려 평원왕 8/백제 위덕왕 13/陳 天嘉 7, 天康 1/倭 欽明 27)

| 신라 | 봄 2월에 시원(祇園)·실제(實際) 두 절이 완성되었다. (『三國史記』 4 新羅本紀 4) |

| 신라 | 봄 2월에 왕자 동륜(銅輪)을 옹립하여 왕태자로 삼았다. (『三國史記』 4 新羅本紀 4) |
| 신라 | 봄 2월에 신라왕이 왕자 동륜을 옹립하여 왕태자로 삼았다. (『三國史節要』 6) |

| 신라 | 봄 2월에 진(陳)에 사신을 파견하여 토산물을 바쳤다. (『三國史記』 4 新羅本紀 4) |
| 신라 | 봄 2월에 신라가 사신을 파견해 진에 가서 조공하였다. (『三國史節要』 6) |

신라	봄 2월에 황룡사(皇龍寺)가 공사를 마쳤다. (『三國史記』 4 新羅本紀 4)
신라	봄 2월에 신라가 황룡사를 창건하였다. 당시에 솔거(率去)라는 자가 있어 그림을 잘 그렸다. 이 때에 이르러 절이 완성되자, 벽에 늙은 소나무를 그렸는데, 줄기는 비늘처럼 주름지고 가지와 잎은 둥글게 굽어서 휘어졌다. 까마귀와 참새가 이따금 그것을 보고 날아들어서, 부딪쳐서 비틀거리다가 떨어졌다. 그림이 오래되어 색이 바래자, 절의 승려가 단청으로 그것을 보완하였는데 까마귀와 참새가 다시 부딪치지 않았다. 또 분황사(芬皇寺) 관음보살(觀音菩薩), 단속사(斷俗寺) 유마상(維摩像)은 모두 솔거 손의 흔적이니, 세상에서 신화(神畵)라고 칭하였다. (『三國史節要』 6)
신라	솔거(率居)는 신라 사람이다. 출생이 한미하므로 그 일족과 계통을 기록하지 않았다. 나면서부터 그림을 잘 그렸다. 일찍이 황룡사 벽에 늙은 소나무를 그렸는데, 줄기는 비늘처럼 주름지고 가지와 잎은 둥글게 굽어서 휘어졌다. 까마귀, 솔개, 제비, 참새 등이 이따금 그것을 보고 날아들어서, 부딪쳐서 비틀거리다가 떨어졌다. 세월이 오래되어 색이 어두워지자, 절의 승려가 단청으로 그것을 보완하였는데 까마귀와 참새가 다시 부딪치지 않았다. 또 경주(慶州) 분황사의 관음보살, 진주(晋州) 단속사의 유마상은 모두 솔거 붓의 흔적이니, 세상에 전해져 신화라고 하였다. (『三國史記』 48 列傳 8 率居)
고구려	겨울 10월에 고구려가 사신을 파견해 진에 가서 조공하였다. (『三國史節要』 6)
고구려	12월 갑자일(22) 고구려국이 사신을 파견해 토산물을 바쳤다. (『陳書』 4 本紀 4 廢帝)
고구려	12월 갑자일(22) 고구려국이 사신을 파견해 조공하였다. (『南史』 9 陳本紀 上)
고구려	겨울 12월에 사신을 파견해 진에 들어가 조공하였다. (『三國史記』 19 高句麗本紀 7)
고구려	진 폐제(廢帝) 천강(天康)원년 12월에 고구려국이 토산물을 바쳤다. (『册府元龜』 969 外臣部 朝貢 2)
고구려	병술년 12월에 한성(漢城) 아래 후부(後部) 소형(小兄) 문달(文達)이 여기부터 서북쪽으로 맡았다. (「平壤城石刻」 제4석)
신라	신라왕이 백운(白雲)·제후(際厚)·금천(金闡) 등 3인에게 작(爵) 3급을 하사하였다. 처음에 두 달관(達官)한 집안이 같은 마을에 있어서 한꺼번에 남녀를 낳았는데, 남자는 백운, 여자는 제후라고 하였고 두 집안은 혼인하기로 약속하였다. 백운이 14세에 국선(國仙)이 되었다가 15세에 눈이 멀었다. 제후의 부모는 약속을 고쳐서 무진태수(茂榛太守) 이교평(李佼平)에게 시집보내려고 하였다. 제후가 장차 무진으로 가려고 할 때 백운에게 몰래 말하였다. "저는 그대와 같은 날 태어나서 부부가 되기로 약속한 지 오래되었습니다. 지금 부모가 옛 것을 고쳐 이것을 새롭게 하려고 도모합니다. 만약 명령을 어기면 불효이고, 무진에 시집가면 삶과 죽음이 어찌 나에게 있지 않겠습니까? 그대는 신의가 있으니 다행히 나를 무진에서 찾을 것입니다." 믿음으로 서약하고 헤어졌다. 제후가 시집가고 나서 교평에게 말하였다. "혼인은 인간된 도리의 시작이니, 길일을 택하여 예로 삼지 않을 수 없습니다." 교평이 그 말에 따랐다. 백운이 얼마 지나서 무진에 이르자, 제후가 나가서 그를 따랐다. 마침내 더불어 함께 몰래 산과 골짜기를 가는데, 갑자기 협객을 만나서 백운을 물리치고 제후를 훔쳐서 달아났다. 백운의 낭도 금천(金闡)은 용기와 힘이 남보다 뛰어나고 기사(騎射)를

잘 하였는데, 협객을 쫓아가서 그를 죽이고 제후를 빼앗아서 돌아왔다. 일이 왕에게 알려지자, "3인의 신의가 숭상할 만하다."라고 하고, 이 명령이 있었다. (『三國史節要』 6)

해동 [4] 법사(法師) 보경(寶瓊)은 진 선제(宣帝: 재위 560~566)의 명령으로 승통(僧統)이 되어 안정시키고 다스리는 것이 법도가 있어 사부중(四部衆)이 평안하게 되었다. 중운전(重雲殿)에 여러 차례 들어가 경전의 내용과 의의를 강설하였는데, 황제가 그를 공경하여 스승으로 삼았다. 이전에 양(梁)과 북위(北魏) 연간의 승통은 복식과 지팡이가 화려하였고 본분을 넘어 관부(官府)에 제멋대로 참견하였는데, 보경이 상주함에 이르러 그러한 것이 그쳤고, 매번 몇몇 두타(頭陀)만이 따라서 나서고 지팡이와 삿갓만으로 출행하였다. 당시 해동(海東)에 12개의 나라가 있었는데, 보경의 도(道)와 덕(德)을 들었지만 볼 수 없어 사신을 보내어 금백(金帛)을 바치고 보경의 도상(圖像)을 구하였다. 천하가 보경을 존경하고 사모함이 이와 같았다. (『佛祖歷代通載』 10 陳高祖 寶瓊法師)

567(丁亥/신라 진흥왕 28, 開國 17/고구려 평원왕 9/백제 위덕왕 14/陳 光大 1/倭 欽明 28)

신라 봄 3월에 사신을 진(陳)에 토산물을 바쳤다. (『三國史記』 4 新羅本紀 4)
신라 봄 3월에 신라에서 사신을 보내 진(陳)에 가서 토산물을 바쳤다. (『三國史節要』 6)

백제 (광대 원년 9월) 경진(庚辰)일에 백제국이 사신을 보내 토산물을 바쳤다. (『陳書』 4 本紀 4 廢帝)
백제 (광대 원년) 9월에 병진일(18)에 백제국이 사신을 보내 조공하였다. (『南史』 9 陳本紀 上 9)
백제 가을 9월에 사신을 보내 진(陳)에 들어가 조공하였다. (『三國史記』 27 百濟本紀 5)
백제 가을 9월에 백제에서 사신을 보내 진에 가서 조공하였다. (『三國史節要』 6)

백제 (천통(天統) 3년) 겨울10월에 돌궐·대막루(大莫婁)·실위(室韋)·백제·말갈국 등이 각각 사신을 보내 조공하였다. (『北齊書』 8 帝紀 8 後主)
백제 (천통 3년) 겨울10월에 돌궐·대막루·실위·백제·말갈국 등이 각각 사신을 보내 조공하였다. (『北史』 8 齊本紀 下 8 後主)
백제 (북제(北齊) 후주(後主) 천통) 3년 10월에 돌궐·대막루·실위·백제·말갈국 등이 각각 사신을 보내 조공하였다. (『册府元龜』 969 外臣部 14 朝貢 2)

백제 (진(陳) 폐제(廢帝)) 광대 원년 10월에 백제국이 사신을 보내 토산물을 바쳤다. (『册府元龜』 969 外臣部 14 朝貢 2)

신라 당 속고승전 제13권에 실려 있는 내용이다. 신라 황륭사(皇隆寺) 승려 원광 (…) 나이 25세에 배를 타고 금릉(金陵)에 이르니 진(陳)의 치세로 문(文)의 니리리고 칭아어시 전에 의문이 들었던 것을 자문하고 상고하고 진실된 뜻을 알 수 있었다. 처음 장엄사(莊嚴寺) 민공(旻公) 제자의 강의를 들었고 본래 세상의 전적을 두루 섭렵하여 이치를 말함에 신비한 것을 궁구하였고, 불법을 들음에 미쳐서는 도리어 썩은 풀과 같이 여겼다. 명교를 헛되이 찾아 실로 생애를 위태롭게 하여서 이에 진(陳)의 황제에게 도법(道法)에 귀의하기를 청하니 칙명으로 허락하였다. 이미 이에 처음 출가하여 구족계를 받고 강사를 돌아다니며 고명한 계책을 다 갖추고 미묘한 언어를 습득하였고 날짜를 허비하지 않았다. 고로 성실(成實)의 열반(涅槃)을 얻어 마음에 쌓아두고, 삼장(三藏)과 석론(釋論)이 찾아낸 바를 얻었다. 후에는 또 오(吳)나라의 호구산(虎丘山)에 들어가 염정(念定)을 서로 따르고 각관(覺觀)을 잊음이 없었다. 사문의 무리들이 임천(林泉)에 구름같이 모여들었다. 아울러 사함(四舍)을 모두 섭렵하고 공효(功效)가 팔정(八定)에 들어갔으며 명선(明善)을 쉽게 습득하고 통직(筒直)이 어그러지지 않았다. 평상시 갖고 있는 마음에 몹시 맞아서 드디어 이곳에서 생을 마치려는 생각이 있었다. 이에 인사(人事)를 끊고 성인의 자취를 두루 유람하며 青霄(청소)를 생각하였고 영원히 속세를 멀리하였다. / 이때에 어떤 신사(信士)가 산 아래 살고 있었는데 원광 에게 나와서 강의해 주기를 청하였으나 굳이 사양하여 허락하지 않았다. 끝내 맞이하려 힘쓰므로 드디어 그 뜻을 따랐다. 처음에 성실론(成實論)을 말하고 끝에는 반야경(般若經)을 강의했는데 모두 사해(思解)가 뛰어나게 통하니 좋은 평판이 전해 옮겨졌고, 겸하여 아름다운 수사로써 말과 뜻을 엮으니 듣는 사람들은 매우 기뻐하였으며 그 마음에 들어맞았다. 이로부터 예전의 법에 따라 중생을 개도하는 것을 임무로 삼으니 매번 법륜(法輪)이 한번 움직일 때마다 문득 세간을 기울어지게 하였다. 비록 이는 이역(異域)에서의 통전(通傳)이지만 도에 젖어, 싫어하고 꺼리는 것이 없으므로 명망이 널리 퍼져 영표(嶺表) 까지 전파되니 덤불을 헤치고 바랑을 지고 이르는 자가 서로 고기비늘처럼 잇달았다. (『三國遺事』4 義解 5 圓光西學)

신라   승려 원광 (…) 나이 25세에 배를 타고 금릉(金陵)에 이르니 진(陳)의 치세로 문(文)의 나라라고 칭하여서 전에 의문이 들었던 것을 자문하고 상고하고 진실된 뜻을 알 수 있었다. 처음 장엄사(莊嚴寺) 민공(旻公) 제자의 강의를 들었고 본래 세상의 전적을 두루 섭렵하여 이치를 말함에 신비한 것을 궁구하였고, 불법을 들음에 미쳐서는 도리어 썩은 풀과 같이 여겼다. 명교를 헛되이 찾아 실로 생애를 위태롭게 하여서 이에 진(陳)의 황제에게 도법(道法)에 귀의하기를 청하니 칙명으로 허락하였다. 이미 이에 처음 출가하여 구족계를 받고 강산을 돌아다니며 고명한 계책을 다 갖추고 미묘한 언어를 습득하였고 날짜를 허비하지 않았다. 고로 성실(成實)과 열반(涅槃)을 얻어 마음에 쌓아두고, 삼장(三藏)과 석론(釋論)이 찾아낸 바를 얻었다. 후에는 또 오(吳)나라의 호구산(虎丘山)에 들어가 염정(念定)을 서로 따르고 각관(覺觀)을 잊음이 없었다. 사문의 무리들이 임천(林泉)에 구름같이 모여들었다. 아울러 사함(四舍)을 모두 섭렵하고 공효(功效)가 팔정(八定)에 들어갔으며 명선(明善)을 쉽게 습득하고 통직(筒直)이 어그러지지 않았다. 평상시 갖고 있는 마음에 몹시 맞아서 드디어 이곳에서 생을 마치려는 생각이 있었다. 이에 인사(人事)를 끊고 성인의 자취를 두루 유람하며 청소(青霄)를 생각하였고 영원히 속세를 멀리하였다. 이때에 어떤 신사(信士)가 산 아래 살고 있었는데 원광에게 나와서 강의해 주기를 청하였으나 굳이 사양하여 허락하지 않았다. 끝내 맞이하려 힘쓰므로 드디어 그 뜻을 따랐다. 처음에 성실론(成實論)을 말하고 끝에는 반야경(般若經)을 강의했는데 모두 사해(思解)가 뛰어나게 통하니 좋은 평판이 전해 옮겨졌고, 겸하여 아름다운 수사로써 말과 뜻을 엮으니 듣는 사람들은 매우 기뻐하였으며 그 마음에 들어맞았다. 이로부터 예전의 법에 따라 중생을 개도하는 것을 임무로 삼으니 매번 법륜(法輪)이 한번 움직일 때마다 문득 세간을 기울어지게 하였다. 비록 이는 이역(異域)에서의 통전(通傳)이지만 도에 젖어, 싫어하고 꺼리는 것이 없으므로 명망이 널리 퍼져 영표(嶺表) 까지 전파되니 덤불을 헤치고 바랑을 지고 이르는 자가 서로 고기비늘처럼 잇달았다. (『續高僧傳』13 義解篇 9 唐 新羅國 皇隆寺 釋圓光傳 5(圓安))

신라   당의 원광은 속성은 김씨이며 진한 신라인이다. 가문은 대대로 유학을 업으로 하였다. 나이 25세에 명발(溟渤)을 건너 북으로 배를 타고 금릉(金陵)에 이르러 그 학문을 궁구히 하였다. 진(陳)의 치세로 문장이 지극히 왕성하다고 칭하여져세 진대에 문장극성(文章極盛)이라 칭해져 불려졌다. 때문에 이 때 진신선생(縉紳先生)의 류(流)를 좇는 것을 얻어 경사(經史)를 고정(考正)하고 장엄사(莊嚴寺) 민공(旻公) 제자의 강의를 만났는데, 한 번 듣고 정신이 감화되고 공자의 가르침이 쓸모없음을 돌아보았다. 그러므로 도에 들어가기를 주청하니 조서로 그것을 허락하였다. 출가하여 구족계를 받은 후 마음대로 돌아다니며 성실(成實)과 열반(涅槃)을 연구하여 오직 삼가며 후에는 또 오(吳)나라의 호구산(虎丘山)에서 정업(定業)을 닦았는데, 사문의 무리들이 구름같이 모여들었다. 드디어 이곳에서 생을 마치려는 생각이 있었다. 이에 인사(人事)를 끊고 성인의 자취를 두루 유람하며 청소(靑霄)를 생각하였고 영원히 속세를 멀리하였다. 혹자가 산 아래 살고 있어 한 번 나와서 강의해 주기를 청하였으나 굳이 사양하여 허락하지 않았다. 사중(四衆)을 개도(開導)함이 마음에 흡족하게 하기 때문이다. 명예가 더욱 퍼져 영표(嶺表)까지 전파되니 전대를 지고 오는 자들이 잇달아 좇았다. (…) (『新修科分六學僧傳』25 精進學 感通科 唐 圓光)

신라	승려 원광 (…) 나이 25세에 배를 타고 금릉(金陵)에 이르니 석종(釋宗)을 듣게됨 에 미쳤다. 이에 진(陳)의 황제에게 도법(道法)에 귀의하기를 청하니 칙명으로 허락하였다. 이미 이에 처음 출가하여 구족계를 받고 강사(講肆)를 돌아다니며 성실(成實)과 열반(涅槃)을 얻어 마음에 쌓아두고, 삼장(三藏)과 석론(釋論)이 찾아낸 바를 얻었다. 마지막에는 또 오(吳)나라의 호구산(虎丘山)에 들어가니 식심(息心)의 무리가 임천(林泉)에 구름같이 모여들었다. 아울러 사함(四含)을 종합해 읽고 공(功)이 팔정(八定)에 들어갔으며 자기가 본래 가지고 있던 마음과 몹시도 맞았기 때문에 드디어 이곳에서 일생을 마치려는 생각이 있었다. 이에 밖의 인사(人事)를 아주 끊고 성인의 자취를 두루 유람하였다. 이 때 한 신사(信士)가 있어 산 밑에 살고 있더니 원광에게 나와서 강의해 주기를 청하자 처음에는 성실론을 말하고 끝에는 반야경을 강의했다. 모두 해석이 뛰어나고 통철하며 듣는 자가 매우 기뻐하며 모든 것이 마음 흡족했다. 名望이 널러 흘러서 嶺表까지 전파되니 가시밭을 헤치고 바랑을 지고 오는 자가 마치 고기 비늘처럼 잇달았다. (…) (『高僧摘要』3 圓光)

백제	△성(△城) 하부(下部) 대덕(對德) 소가로(疎加鹵) (「297호 목간」: 2001『東垣學術論文集』4; 2004『한국의 고대목간』)
백제	나솔(奈率) 가저백가(加姐白加)의 (…) (전면) 급붕(急朋) (…) (후면) (「298호 목간」: 2001『東垣學術論文集』4; 2004『한국의 고대목간』)
백제	(…) 서(書) 또한 이 법을 따라서 그것으로 삼는다. 모두 6부(部) 5방(方) (…) (전면) (…) 또한 행색(行色)이다. 대체로 여러 형태들을 만드는 가운데 그 (…)을 끝냈다. (…) (후면) (「301호 목간」: 2001『東垣學術論文集』4; 2004『한국의 고대목간』)
백제	(…) 월26일에 올린 신(辛) 죽산(竹山) 6 안△(眼△) 4 (「303호 목간」: 2001『東垣學術論文集』4; 2004『한국의 고대목간』)
백제	(…) 4월 7일 보희사(寶憙寺) 지식(智寔) (…) 승(乘) 寶憙寺 (…) (전면) (…) 소금 2석(石)을 보내다. (후면) (「304호 목간」: 2001『東垣學術論文集』4; 2004『한국의 고대목간』)
백제	전생에 업을 맺어 같은 곳에 함께 태어났으니, 시비를 서로 묻고 절을 올리며 아룁니다. (전면) 혜△△장(慧△△藏) (후면) (「305호 목간」: 2001『東垣學術論文集』4; 2004『한국의 고대목간』)
백제	△덕간이(△德干爾) (전면) (…) 자정(資丁)으로 삼는다. (…) (후면) (「307호 목간」: 2001『東垣學術論文集』4;

2004 『한국의 고대목간』)

백제   (…) 20빙(方)의 얼룩무늬 솜옷 (…) (전면)

기(己) (후면) (「310호 목간」: 2001 『東垣學術論文集』 4; 2004 『한국의 고대복산』)

백제   자기사(子基寺) (「313호 목간」: 2001 『東垣學術論文集』 4; 2004 『한국의 고대목간』)

백제   약아(藥兒)에게 식미(食米)를 지급한 기록. 첫날 밥 4두(斗), 2일 식미(食米) 4두 1소승(小升), 3일 식미 4두 (…) (1면)

5일 식미 3두 1대승(大升), 6일 식미 3두 2대승, 7일 밥 3두 2대승, 8일 식미 4두 △ (2면)

(…) 도사(道使) (…) 소리(小吏) 저이(猪耳)를 만났는데, 그 몸이 검은 것 같다. 도사 후후(後後), 탄야방(彈耶方) 모씨(牟氏), 모대대야(牟殳殳耶) (3면)

또 12석(石)이다. (…) (4면: 글씨 연습) (「支藥兒食米記 목간」: 2007 『한국고대사연구』 48; 2015 『한국고대문자자료연구』)

568(戊子/신라 진흥왕 29, 大昌 1/고구려 평원왕 10/백제 위덕왕 15/陳 光大 2/倭 欽明 29)

신라   연호를 태창(太昌)으로 고쳤다. (『三國史記』 4 新羅本紀 4)

신라   신라에서 연호를 태창으로 고쳤다. (『三國史節要』6)

신라   여름 6월에 사신을 진(陳)에 보내 토산물을 바쳤다. (『三國史記』 4 新羅本紀 4)

신라   여름 6월에 신라에서 사신을 보내 진(陳)에 가서 조공하였다. (『三國史節要』6)

신라   (진(陳) 폐제(廢帝) 광대) 2년 6월에 신라국이 (…) 아울러 사신을 보내 토산물을 바쳤다. (『册府元龜』969 外臣部 14 朝貢 2)

신라   (가을 7월) 무신일(15)에 신라국이 사신은 보내 토산물을 바쳤다. (『陳書』 4 本紀 4 廢帝)

신라   (가을 7월) 무신일(15)에 신라국이 사신은 보내 조공하였다. (『南史』 9 陳本紀 上 9)

신라   8월 21일 계미(癸未)에 진흥태왕이 관경(管境)을 △△하고 돌에 새겨 기록하였다. 세상의 도리가 진실에서 어긋나고 그윽한 덕화가 펴지지 아니하면 사악함이 서로 다툰다. △로 제왕(帝王)은 연호를 세워 스스로를 닦아 백성을 편안히 하지 않음이 없다. 그러나 짐(朕)은 태조(太祖)의 기틀을 이어받아 왕위를 계승하여 몸을 조심하고 스스로 삼가면서 △△△할까 두려워하였다. △ 하늘의 은혜를 입어 운수를 열어보면 명명(冥冥)한 중에서도 신지(神祇)에 감응되어 사방으로 영토를 개척하여 백성과 토지를 널리 획득하니 이웃나라가 신의를 맹세하고 화호를 요청하는 사신이 서로 통하여 오도다. 아래로 △△△하여 신구민(新舊民)을 △育하였으나 오히려 왕도의 덕화가 있지 않았다고 하였다. 이에 무자년(戊子年) 가을 8월에 관경을 순수하여 민심을 살펴서 勞△에 보답하고자 한다. △△충성과 신의에다 정성을 갖추고, 재주가 △하고 나라를 △하여 충절을 다해 공을 세운 무리가 있다면 벼슬을 올려주고 상품을 더하여 공훈을 표창하고자 한다. 수레를 돌려 감에 △△△ 14△△에 경계를 △것이다.   이 때에 왕의 수레를 따른 자는 사문도인(沙門道人) 법장(法藏)과 혜인(慧忍)이고 대등(大苙)은 탁(喙)△ △△夫 △知 잡간(迊干) 탁부(喙部) 복동지(服冬知) 대아간(大阿干) 비지부지(比知夫知) 급간(及干) 미지△(未知△) 나말(奈末) △대사(△大舍) 사탁부(沙喙部) 영지(另知) 대사(大舍) ?내종인(?內從人) 탁부?△차(?△次) △탁부 여난(与難) 대사 약사(藥師) 사탁부 篤형(篤兄) 소△ (小△) 나부(奈夫)

△전(△典) 탁부 분지길지(分知吉之) ?공흔평(?公欣平) 소사(小舍) △말매(△末買) 탁부 비지(非知) 사간(沙干) 조인(助人) 사탁부 윤지(尹知) 나말 (「黃草嶺 眞興王巡狩碑」)

신라　　태창(太昌) 원년 세차(歲次) 무자(戊子)△△ 21일 △△△흥태왕이 △△를 순수하여 돌에 새겨 기록하였다. 무릇 순풍(純風)이 일지 않으면 세도(世道)가 참됨에 어긋나고 그윽한 덕화가 펴지지 않으면 사악한 것이 서로 경쟁하도다. 그러므로 제왕이 연호를 세움에 몸을 닦아 백성을 편안하게 하지 않으면 안된다. 그러나 짐은 역수(歷數)가 옴에 이르러 위로는 태조의 기틀을 이어받아 왕위를 계승하여 몸을 조심하며 스스로 삼가하나 하늘의 도리를 어길까 두렵다. 또 하늘의 은혜를 입어 운수를 열어 보여주며 명명한 가운데 신지(神祇)에 감응되어 부명(符命)에 응하고 셈대에 적합하였다. 이로 말미암아 사방으로 영토를 개척하여 널리 백성과 토지를 획득하니 이웃나라가 신의를 맹세하고 화사(和使)가 서로 통하여 오도다. 아래로 스스로 헤아려 신구민(新舊民)을 무육(撫育)하였으나 오히려 말하기를 왕도의 덕화가 고루 미치지 아니하고 은혜가 베풀어짐이 있지 않다고 한다. 이에 무자년 가을 8월에 관경을 순수하여 민심을 살펴서　위로하고 물건을 내려주고자 한다. 만약 충성과 신의와 정성이 있거나, 재주가 뛰어나고 재난의 기미를 살피고 적에게 용감하고 싸움에 강하며 나라를 위해 충절을 다한 공이 있는 무리에게는 벼슬과 △를 상으로 다하여 주고 공훈을 표창하고자 한다. 수레를 타고 나가 10월 2일 계해(癸亥)에 이르러 向涉是達非里△廣△ 인하여 변계(邊堺)를 설유(說諭)하였다.(「磨雲嶺 眞興王巡狩碑」 陽面)

신라　　이 때 수레를 따른 자로 사문도인(沙門道人)은 법장(法藏)과 혜인(慧忍)이다. 대등(太等)은 탁부훼부 거칠부지(居柒夫智) 이간(伊干) 내부지(內夫智) 이간 사탁부(沙喙部) 영력지(另力智) 잡간(迊干) 훼부 복동지(服冬知) 대아간(大阿干) 비지부지(比知夫知) 급간(及干) 미지(未知) 대나말(大奈末) 급부지(及夫知) 나마(奈末) 집가인(執駕)人 탁부 만(万) 대사(大舍) 사탁부 영지(另知) 대사 이내종인(裏內從人) 탁부 몰차(沒次) 대사 사탁부 비시지(非尸知) 대사 약인(馬弱人) 사탁 부 위충지(爲忠知) 대사 ?人(?人) 탁부 여난(与難) 대사 약사(藥師) 독지차(篤支次) 소사 나부통전(奈夫通典) 본부(本部) 가량지(加良知) 소사△△ 본부(本部) 막사지(莫沙知) 길지(吉之) 급벌참전(伐斬典) 탁부 부법지(夫法知) 길지(吉之) 裏內△△△△△△△名吉之 상래객(堂來客) 이내객(裏來客)50외 客△△△△△△△△△△△智 사간(沙干) 조인(助人) 사탁부 순지(舜知) 나말 (「磨雲嶺 眞興王巡狩碑」 陰面)

신라　　겨울 10월에 북한산주(北漢山州)를 폐지하고 남천주(南川州)를 설치하였다. 또 비열홀주(比列忽州)를 폐지하고 달홀주(達忽州)를 설치하였다. (『三國史記』 4 新羅本紀 4)

신라　　겨울 10월에 신라에서 북한산주를 폐지하고 남천주를 설치하였다. 또 비열홀주를 폐지하고 달홀주를 설치하였다. (『三國史節要』 6)

신라　　황무현(黃武縣)은 본래 고구려의 남천현(南川縣)으로 신라가 그것을 병합하였다. 진흥왕이 주(州)로 삼고 군주(軍主)를 두었다. (『三國史記』 35 雜志 4 地理 2)

신라　　고성군은 본래 고구려의 달홀(達忽)로, 진흥왕 29년에 주로 삼고 군주를 두었다. 경덕왕이 이름을 고치고 지금도 그대로 쓴다. 영현(領縣)은 둘이다. 환가현(豢猳縣)은 본래 고구려 저수혈현(猪迲穴縣)이었는데 경덕왕이 이름을 고치고 지금도 그대로 쓴다. 편험현(偏嶮縣)은 본래 고구려의 평진현현(平珍峴縣)이었는데, 경덕왕이 이름을

고쳤다. 지금의 운암현(雲巖縣)이다. (『三國史記』 35 雜志 2 地理 2 溟州)

신라   6정(六停) (…) 세 번째를 한사정(漢山停)이라 한다. 본래는 신주정(新州停)으로 진흥왕 29년에 신주정을 혁파하고 남천정(南川停)을 두었고, 진평왕 26년에 남천정을 혁파하고 한산정을 두었다. 금색(衿色)은 황청(黃靑)이다. (…) (『三國史記』 40 雜志 9 職官 下)

신라   진흥태왕(眞興太王) 및 중신(衆臣)들이 △△순수(巡狩)할 때의 기록이다. △言△令甲 兵之仿△△△△△△霸主設△賞△△ 之所用高祀西△△△△△서로 싸울 때 신라의 △ 왕(王)이 △ △德不△兵故△△△△△△△建文 크게 인민을 얻어△△△ △是巡狩 △△△△ 민심(民心)을△△하고 노고를 위로하고자 한다. 만일 충성과 신의와 정성이 있고△ △可加△△△以△△△△△△? 한성(漢城)을 지나는 길에 올라△ ?도인(道人)이 석굴(石窟)에 살고 있는 것을△ △△△△돌에 새겨 사(辭)를 기록한다. ?? 척간(尺干) 내부지(內夫智) 일척간(一尺干) 사탁(沙喙) 영력지(另力智) 잡간(迊干) 남천군주(南川軍主) 사부지(沙夫智) 급간(及干) 未 大奈?△△? 사탁(沙喙) 굴정차(屈丁次) 나(奈)이다. ?△指△ 비고 그윽한 즉 水△△△劫 처음에 세워 만든 비는 非△ ? 狩하여 見△△△△△△△△△歲記井△△△ (「北漢山 眞興王巡狩碑」)

569(己丑/신라 진흥왕 30, 大昌 2/고구려 평원왕 11/백제 위덕왕 16/陳 大建 1/倭 欽明 30)

고구려   기축년 3월 21일 여겨서부터 △로 향하여 △2리는 내△(內△) 백두(百頭) 상위사(上位使) 이장(尒丈)이 맡아서 공사한다. (「平壤城石刻」 제3석)

고구려   기축년 5월 28일에 처음으로 공사를 시작하였는데, 서쪽으로 향하여 11리 구간은 소형(小兄) 상부약모리(相夫若牟利)가 쌓는다. (「平壤城石刻」 제1석)

신라   신라 제24대 진흥왕 즉위 14년(553) 계유년 2월에 장차 궁궐을 용궁(龍宮)의 남쪽에 지으려 하는데 황룡(黃龍)이 그 땅에 나타나서 이에 고쳐서 절을 짓고 황룡사(黃龍寺)라고 하였다. 기축년에 이르러 담을 두르고 17년에 이르러 바야흐로 마쳤다. (…) (『三國遺事』 3 塔像 4 皇龍寺丈六)

신라   구리벌(仇利伐) 상삼자촌(上彡者村)의 걸리(乞利) (「1호 목간」: 1998 『함안성산산성』; 2004 『한국의 고대목간』)

신라   감문성(甘文城) 아래 기(幾) 감문(甘文)·본파(本波)의 왕패(王稗) (전면) △촌(△村)의 이혜△(利兮△) (후면) (「2호 목간」: 1998 『함안성산산성』; 2004 『한국의 고대목간』)

신라   구리벌 상삼자촌의 파루(波婁) (「3호 목간」: 1998 『함안성산산성』; 2004 『한국의 고대목간』)

신라   구리벌의 일벌(一伐) 구실료(仇失了), △△ 이리△(尒利△) (「4호 목간」: 1998 『함안성산산성』; 2004 『한국의 고대목간』)

신라   구리벌의 일벌 △덕지(△德知), 노인(奴人) △ (「5호 목간」: 1998 『함안성산산성』; 2004 『한국의 고대목간』)

신라   구벌(仇伐) 간호△촌(干好△村)의 비부(卑部) 피 1석(石) (「7호 목간」: 1998 『함안성산산성』; 2004 『한국의 고대목간』)

신라   급벌성(及伐城)의 수내파(秀乃巴) 피 (「8호 목간」: 1998 『함안성산산성』; 2004 『한국의 고대목간』)

신라	죽시△(竹尸△)의 호우지(乎于支) 피 1석 (「9호 목간」: 1998 『함안성산산성』; 2004 『한국의 고대목간』)
신라	감문·본파 △촌(△村)·단리촌(旦利村)의 이죽이(伊竹伊) (「10호 목간」: 1998 『함안성산산성』; 2004 『한국의 고대목간』)
신라	조흔미촌(鳥欣彌村)의 인혜(人兮) 피 1석 (「11호 목간」: 1998 『함안성산산성』; 2004 『한국의 고대목간』)
신라	상음내촌(上吟乃村)의 거리지(居利支) 피 (「12호 목간」: 1998 『함안성산산성』; 2004 『한국의 고대목간』)
신라	진성(陳城)의 파혜지(巴兮支) 피 (「13호 목간」: 1998 『함안성산산성』; 2004 『한국의 고대목간』)
신라	대촌(大村)의 일벌 이식지(伊息知) (「14호 목간」: 1998 『함안성산산성』; 2004 『한국의 고대목간』)
신라	전곡촌(前谷村)의 아족지△(阿足只△) (「17호 목간」: 1998 『함안성산산성』; 2004 『한국의 고대목간』)
신라	구잉지(仇仍支)의 피 (전면) (…) (후면) (「20호 목간」: 1998 『함안성산산성』; 2004 『한국의 고대목간』)
신라	굴구△촌(屈仇△村)의 완△(完△) (전면) 피 1석 (후면) (「21호 목간」: 1998 『함안성산산성』; 2004 『한국의 고대목간』)
신라	상간(上干) (…) 지(知) (「23호 목간」: 1998 『함안성산산성』; 2004 『한국의 고대목간』)
신라	고타(古阤) 이골리촌(伊骨利村)의 아나중지(阿那衆智)·복리고지(卜利古支) (전면) 패발(稗發) (후면) (「28호 목간」: 2004 『함안성산산성2』; 2004 『한국의 고대목간』)
신라	고타 신촌(新村)의 일척(一尺) 지리지(智利知), △촌(△村)의 두혜리지(豆兮利智) 피 1석 (「29호 목간」: 2004 『함안성산산성2』; 2004 『한국의 고대목간』)
신라	고타 일고리촌(一古利村)의 말삼모(末彡毛)·미차척지(眉次尸智) 피 1석 (「31호 목간」: 2004 『함안성산산성2』; 2004 『한국의 고대목간』)
신라	구리벌 금곡촌(琴谷村)의 구기지(仇騎支)가 부담하였다. (「33호 목간」: 2004 『함안성산산성2』; 2004 『한국의 고대목간』)
신라	구리벌 상삼자촌의 파루 (「34호 목간」: 2004 『함안성산산성2』; 2004 『한국의 고대목간』)
신라	노인 내은지(內恩知), 노인 거조(居助)가 부담하였다. (「35호 목간」: 2004 『함안성산산성2』; 2004 『한국의 고대목간』)
신라	추문(鄒文) 비시하촌(比尸河村)의 요리모리(了利牟利) (「39호 목간」: 2004 『함안성산산성2』; 2004 『한국의 고대목간』)
신라	아복지촌(阿卜智村)의 요기급(了騎及) 1 (「40호 목간」: 2004 『함안성산산성2』; 2004 『한국의 고대목간』)
신라	진성의 파혜지 피 (「41호 목간」: 2004 『함안성산산성2』; 2004 『한국의 고대목간』)
신라	급벌성의 △△ 피 1석 (「42호 목간」: 2004 『함안성산산성2』; 2004 『한국의 고대목간』)
신라	양촌(陽村)의 문척지(文尸只) (「43호 목간」: 2004 『함안성산산성2』; 2004 『한국의 고대목간』)
신라	상막촌(上莫村)의 거리지(居利支) 피 1석 (「44호 목간」: 2004 『함안성산산성2』; 2004 『한국의 고대목간』)
신라	△ 아나(阿那)의 휴지(休智) 피 (「45호 목간」: 2004 『함안성산산성2』; 2004 『한국의

고대목간』)

신라	가초지(미初智) △수(△須)하는 보리 1석 (「47호 목간」: 2004 『함안성산산성2』; 2004 『한국의 고대목간』)
신라	구벌 아나의 설지(舌只) 피 1석 (「52호 목간」: 2004 『함안성산산성2』; 2004 『한국의 고대목간』)
신라	대촌주(大村主) 강주인(舡主人) (「53호 목간」: 2004 『함안성산산성2』; 2004 『한국의 고대목간』)
신라	추문 △△촌(△△村)의 △본△(△本△) (「54호 목간」: 2004 『함안성산산성2』; 2004 『한국의 고대목간』)
신라	△밀△지(△蜜△智), 사△리내(私△利乃), 문둔지(文芚支) 피 (「59호 목간」: 2004 『함안성산산성2』; 2004 『한국의 고대목간』)
신라	파진혜성(巴珍兮城) 아래의 파진혜촌(巴珍兮村) (「60호 목간」: 2004 『함안성산산성2』; 2004 『한국의 고대목간』)
신라	내절타△(乃節它△) (전면) △ 피 1석 (후면) (「61호 목간」: 2004 『함안성산산성2』; 2004 『한국의 고대목간』)
신라	지촌(支村)의 △△ 피 1석 (「62호 목간」: 2004 『함안성산산성2』; 2004 『한국의 고대목간』)
신라	이벌지(伊伐支) (…) 피 1석 (「64호 목간」: 2004 『함안성산산성2』; 2004 『한국의 고대목간』)
신라	천죽리(千竹利) (「69호 목간」: 2004 『함안성산산성2』; 2004 『한국의 고대목간』)
신라	천죽리 (「70호 목간」: 2004 『함안성산산성2』; 2004 『한국의 고대목간』)
신라	이차(利次) 피 1석 (「71호 목간」: 2004 『함안성산산성2』; 2004 『한국의 고대목간』)
신라	일벌 △ 피 (「72호 목간」: 2004 『함안성산산성2』; 2004 『한국의 고대목간』)
신라	벌(伐) 피 1석 (「73호 목간」: 2004 『함안성산산성2』; 2004 『한국의 고대목간』)
신라	급벌성의 지지(只智) 피 1석 (「74호 목간」: 2004 『함안성산산성2』; 2004 『한국의 고대목간』)
신라	수벌(須伐) 본파의 거△지(居△知) (「77호 목간」: 2004 『함안성산산성2』; 2004 『한국의 고대목간』)
신라	△촌(△村)의 △△료지(△△了支) (「78호 목간」: 2004 『함안성산산성2』; 2004 『한국의 고대목간』)
신라	이벌(伊伐)의 지△리△(支△利△) 피 1석 (「79호 목간」: 2004 『함안성산산성2』; 2004 『한국의 고대목간』)
신라	급벌성의 △△ 피 1석 (「80호 목간」: 2004 『함안성산산성2』; 2004 『한국의 고대목간』)
신라	이실혜촌(伊失兮村) (「85호 목간」: 2004 『함안성산산성2』; 2004 『한국의 고대목간』)
신라	감문성 아래 보리 본파 대촌의 모리지(毛利只) (전면) 1석 (후면) (「성산산성 2006-1호 목간」: 2011 『함안성산산성4』)
신라	아리지촌(阿利只村) △나(△那)·△△ (전면) 고십△△(古十△△) 도△(刀△)·△문(△門) (후면) (「성산산성 2006-3호 목간」: 2011 『함안성산산성4』)
신라	이진(夷津) 본파 지나공(只那公)·말별(末別)의 피 (「성산산성 2006-4호 목간」: 2011 『함안성산산성4』)
신라	양촌(陽村) 문시지(文尸只)의 피 (「성산산성 2006-6호 목간」: 2011 『함안성산산성4』)

신라	매곡촌(買谷村) 고광사진우(古光斯珍于) (전면)
	피 1석 (후면) (「성산산성 2006-7호 목간」: 2011 『함안성산산성4』)
신라	물리촌(勿利村) 권익이리(倦益爾利) (전면)
	피 1석 (후면) (「성산산성 2006-8호 목간」: 2011 『함안성산산성4』)
신라	차차지촌(次次支村) 지진류(知珍留) (전면)
	피 1석 (후면) (「성산산성 2006-9호 목간」: 2011 『함안성산산성4』)
신라	△△의 노(奴) △△지(△△支)가 부담한다. 구리벌 (「성산산성 2006-10호 목간」: 2011 『함안성산산성4』)
신라	호사성(好思城) 육입(六入) (「성산산성 2006-12호 목간」: 2011 『함안성산산성4』)
신라	추문촌(鄒文村) 내단리(內旦利) 물고기 (「성산산성 2006-17호 목간」: 2011 『함안성산산성4』)
신라	비다수(比夕須)의 노 선능지(先能支)가 부담한다. 구리벌 (「성산산성 2006-24호 목간」: 2011 『함안성산산성4』)
신라	왕송조다(王松鳥多)·이벌지복휴(伊伐支卜烋) (「성산산성 2006-25호 목간」: 2011 『함안성산산성4』)
신라	말감촌(末甘村) 차도리지(借刀利支)가 부담한다. (「성산산성 2006-27호 목간」: 2011 『함안성산산성4』)
신라	고타(古阤) 이골촌(伊骨村) 아나(阿那) (전면)
	구리벌지(仇利伐支)의 피 (후면) (「성산산성 2006-30호 목간」: 2011 『함인성산산성4』)
신라	구리벌 (…) (전면)
	길서지(吉西支)가 부담한다. (후면) (「성산산성 2006-31호 목간」: 2011 『함안성산산성4』)
신라	1,022명, 더한 정(丁) 4명, 촌 (…) (1면)
	△2명, △한 정 12명, 촌 (…) (2면) (「성산산성 2006-40호 목간」: 2011 『함안성산산성4』)
신라	(…) 죽휴미지(竹烋彌支) 피 1석 (「성산산성 2007-1호 목간」: 2011 『함안성산산성4』)
신라	아개차이리촌(阿蓋次爾利村) △△ 피 (「성산산성 2007-4호 목간」: 2011 『함안성산산성4』)
신라	구벌 말나△소(末那△小)의 노 (전면)
	니△△(你△△) 피 1석 (후면) (「성산산성 2007-6호 목간」: 2011 『함안성산산성4』)
신라	구벌(丘伐) 피 (「성산산성 2007-7호 목간」: 2011 『함안성산산성4』)
신라	일벌(一伐) 구타△(仇陀△)의 노인(奴人) 모리지(毛利支)가 부담한다. (「성산산성 2007-8호 목간」: 2011 『함안성산산성4』)
신라	본파(本破) 파자지(破者智)·이고설(伊古舌) (전면)
	문무(文武) 피 1석 (후면) (「성산산성 2007-9호 목간」: 2011 『함안성산산성4』)
신라	고타 신촌(新村) 아추나리(阿鄒那利) (전면)
	사△(沙△) (후면) (「성산산성 2007-10호 목간」: 2011 『함안성산산성4』)
신라	고타 일고리촌(一古利村) 말나(末那) (전면)
	미리부(彌利夫) 피 1석 (후면) (「성산산성 2007-11호 목간」: 2011 『함안성산산성4』)
신라	구벌 지조촌(支鳥村) 예(禮) 피 1석 (「성산산성 2007-12호 목간」: 2011 『함안성산산성4』)
신라	진이△(眞爾△)의 노 추지(鄒智) 1석 (「성산산성 2007-13호 목간」: 2011 『함안성산산

신라	고타 일고리촌 말나·구△△(仇△△) (전면)
	피 1석 (후면) (「성산산성 2007-14호 목간」: 2011『함안성산산성4』)
신라	물사벌(勿思伐) 두지(豆只) 피 1석 (「성산산성 2007-15호 목간」: 2011『함안성산산성4』)
신라	아개이(阿蓋爾)·흔미지(欣彌支)·△ (「성산산성 2007-16호 목간」: 2011『함안성산산성4』)
신라	고타 일고리촌 말나 (전면)
	내혜지(乃兮支) 피 1석 (후면) (「성산산성 2007-17호 목간」: 2011『함안성산산성4』)
신라	삼벌지촌(衫伐只村) 구리벌 동벌지(同伐支)가 부담한다. (「성산산성 2007-18호 목간」: 2011『함안성산산성4』)
신라	적벌지촌(赤伐支村) 차패지(次稗支) (「성산산성 2007-19호 목간」: 2011『함안성산산성4』)
신라	구리벌 (「성산산성 2007-20호 목간」: 2011『함안성산산성4』)
신라	(…) 일벌 두류지(豆留只) (「성산산성 2007-21호 목간」: 2011『함안성산산성4』)
신라	아개계지리(阿蓋癸支利) 피 (「성산산성 2007-22호 목간」: 2011『함안성산산성4』)
신라	급벌성(及伐城) 문척이(文尸伊) 피 1석 (「성산산성 2007-23호 목간」: 2011『함안성산산성4』)
신라	급벌성 문척이·조벌지(鳥伐只) 피 1석 (「성산산성 2007-24호 목간」: 2011『함안성산산성4』)
신라	고타 일고리촌 아나(阿那)·미이(彌伊)·△△ (전면)
	피 1석 (후면) (「성산산성 2007-14호 목간」: 2011『함안성산산성4』)
신라	학두지(郝豆智)의 노인 구리벌 △지(△支)가 부담한다. (「성산산성 2007-27호 목간」: 2011『함안성산산성4』)
신라	역부지성(力夫支城) 부주지(夫酒只) (전면)
	피 1석 (후면) (「성산산성 2007-28호 목간」: 2011『함안성산산성4』)
신라	고타 밀촌(密村) 사모(沙毛) (전면)
	피 1석 (후면) (「성산산성 2007-29호 목간」: 2011『함안성산산성4』)
신라	이재지(夷財支) 말나석촌(末那石村) 말지(末支)·하구(下仇) (전면)
	보리 (후면) (「성산산성 2007-30호 목간」: 2011『함안성산산성4』)
신라	구리벌 일벌 구타지(仇陀知)의 노인 모리지가 부담한다. (「성산산성 2007-31호 목간」: 2011『함안성산산성4』)
신라	고타 일고리촌 말나·사견(沙見) (전면)
	왈사리(曰糸利) 피 1석 (후면) (「성산산성 2007-33호 목간」: 2011『함안성산산성4』)
신라	이부혜촌(伊夫兮村) 피 1석 (「성산산성 2007-34호 목간」: 2011『함안성산산성4』)
신라	예삼리촌(禮彡利村) (전면)
	일합지(一合只) 피 1석 (후면) (「성산산성 2007-35호 목간」: 2011『함안성산산성4』)
신라	율촌(栗村) 피 1석 (「성산산성 2007-36호 목간」: 2011『함안성산산성4』)
신라	구벌 아나 내흔매자(內欣買子) (전면)
	일만매(一萬買) 피 1석 (후면) (「성산산성 2007-37호 목간」: 2011『함안성산산성4』)
신라	진촌(眞村) 피 1석 (「성산산성 2007-39호 목간」: 2011『함안성산산성4』)
신라	역부지성(力夫支城) △△지(△△支) 피 1석 (「성산산성 2007-40호 목간」: 2011『함안성산산성4』)
신라	급벌성(及伐城) 등노(登奴) 피 1석 (「성산산성 2007-42호 목간」: 2011『함안성산산성4』)

신라	이진지성(夷津支城) 아래의 보리 왕지파(王智巴) 진혜촌(珍兮村) (전면)
	진차(珍次) 2석 (후면) (「성산산성 2007-44호 목간」: 2011 『함안성산산성4』)
신라	감문성 아래의 △미(△米) 11두석(斗石) 훼대촌(喙大村) 복지차대(卜只次待) (「성산산성 2007-45호 목간」: 2011 『함안성산산성4』)
신라	소이벌지촌(小伊伐支村) 능모례(能毛禮) (전면)
	피 1석 (후면) (「성산산성 2007-46호 목간」: 2011 『함안성산산성4』)
신라	구벌(丘伐) 피 1석 (「성산산성 2007-48호 목간」: 2011 『함안성산산성4』)
신라	추문(鄒文) 전나모지촌(前那牟只村) (전면)
	이리미(伊利眉) (후면) (「성산산성 2007-52호 목간」: 2011 『함안성산산성4』)
신라	습방촌(習肪村) 구리벌 모리지(牟利之)가 부담한다. (「성산산성 2007-53호 목간」: 2011 『함안성산산성4』)
신라	적벌(赤伐) 지곡촌(支谷村) 남척지(男尺支) 피 (「성산산성 2007-54호 목간」: 2011 『함안성산산성4』)
신라	구리벌 금니차(今你次)가 부담한다. (「성산산성 2007-55호 목간」: 2011 『함안성산산성4』)
신라	굴사단촌(屈斯旦村) 금부모자지(今部牟者只) 피 (「성산산성 2007-56호 목간」: 2011 『함안성산산성4』)
신라	고타 본파 두△촌(豆△村) △△△ (전면)
	물대혜(勿大兮) (후면) (「성산산성 2007-57호 목간」: 2011 『함안성산산성4』)
신라	매곡촌(買谷村) 물례리(物禮利) (전면)
	사진우(斯珍于) 피 1석 (후면) (「성산산성 2007-61호 목간」: 2011 『함안성산산성4』)
신라	상불도니촌(上弗刀你村) (전면)
	경신고(敬新古) 피 1석 (후면) (「성산산성 2007-64호 목간」: 2011 『함안성산산성4』)
신라	이진지성 조촌(鳥村) 일지파(一智巴) (전면)
	△△ (후면) (「성산산성 2007-304호 목간」: 2011 『함안성산산성4』)

570(庚寅/신라 진흥왕 31, 大昌 3/고구려 평원왕 12/백제 위덕왕 17/陳 大建 2/倭 欽明 31)

백제	(무평(武平) 원년) 2월 계해일(9)에 백제왕 여창(餘昌)을 사지절(使持節)·시중(侍中)·표기대장군(驃騎大將軍)·대방군공(帶方郡公) 왕으로 삼았는데, 옛날과 같다. (『北齊書』 8 帝紀 8 後主)
백제	(무평 원년) 2월 계해일(9)에 백제왕 여창(餘昌)을 사지절·시중·표기대장군·대방군공 왕으로 삼았는데, 옛날과 같다. (『北史』 8 齊本紀 下 8 後主)
백제	(북제(北齊)) 후주(後主) 무평 원년 2월에 백제왕 여창(餘昌)을 사지절·시중·표기대장군·대방군공왕으로 삼았는데, 옛날과 같다. (『冊府元龜』 963 外臣部 8 封冊 1)
백제	고씨(高氏)의 제(齊) 후주(後主)가 왕을 책봉하여 사지절·시중·거기대장군(車騎大將軍)·대방군공· 백제왕으로 삼았다. (『三國史記』 27 百濟本紀 5)
백제	북제에서 백제왕을 책봉하여 사지절·시중·거기대장군·대방군공·백제왕으로 삼았다. (『三國史節要』 6)
백세	무평 원년 제의 후주가 여창을 사지절·시중·거기대장군·대방군공· 백제왕으로 옛날과 같이 삼았다. (『北史』 94 列傳 82 百濟)
고구려	여름 4월 갑신(甲申) 초하루 을유일(2)에 하츠세노시바카키노미야(泊瀨柴籬宮)에 거동하였다. 고시(越) 사람 에누노오미모시로(江渟臣裙代)가 서울에 와서 "고려 사신이 바람과 파도에 시달려 배 댈 곳을 잃고 헤매다가 물결 따라 떠다니던 중 홀연히 해안에 다다랐는데, 군사(郡司)가 숨겨두었으므로 제가 밝히는 것입니다"라고 아뢰었

다. 조를 내려 "내가 왕업을 이은 지 얼마 안된 때에 고려인이 길을 잃고 헤매다가 처음으로 고시의 해인에 도착하였다. 비록 물에 빠지고 떠다니는 고생은 하였지만 아직 목숨은 온전하니 어찌 나라를 다스리는 훌륭한 계책이 널리 미치고 지극한 넉이 우뚝 높은 것이 아니겠는가. 어진 교화가 주위에 통하였고 큰 은혜가 넓고 넓은 것이 아니겠는가. 담당 관서는 마땅히 야마시로노쿠니(山城國) 사가라카노코오리(相樂郡)에 객관(客館)을 세워 깨끗이 정돈하고 후한 재물로 돌보라"고 하였다. (『日本書紀』 19 欽明紀)

고구려	(여름 4월) 이 달에 천황이 수레를 타고 하츠세노시바카키노미야로부터 이르렀다. 야마토노아야노우지노아타이아라코(東漢氏直糠兒)와 가츠라키노아타이나니와(葛城直難波)를 보내어 고려 사신을 맞이하여 불렀다. (『日本書紀』 19 欽明紀)
고구려	5월에 가시와데노오미카타부코(膳臣 傾子)를 고시에 보내어 고려 사신을 대접했다[경자(傾子)는 우리말로 가타부코(舸拕部古)라 한다]. (고려) 대사(大使)가 자세히 살펴보고는 가시와데노오미(膳臣)가 바로 천자의 사자(使者)인 것을 알고, 미치노키미(道君)에게 "네가 천황이 아니라는 것은 과연 내가 의심한 대로구나. 너는 이미 가시와데노오미에게 엎드려 절하였으니 백성이라는 것을 더욱 알기에 더욱 충분하다. 그런데 앞서 나를 속여 조(調)를 취하여 자신이 가졌으니 마땅히 그것을 빨리 되돌려 달라. 번잡하게 말을 많이 하지 않겠다"고 말하였다. 가시와데노오미가 듣고서 사람을 시켜 그 조를 조사하게 하여 모두 그에게 주었다. 서울에 돌아와 복명하였다. (『日本書紀』 19 欽明紀)
신라	6월 무자일(6)에 신라국이 사신을 보내 토산물을 바쳤다. (『陳書』 5 本紀 5 宣帝)
신라	6월 무자일(6)에 신라국이 사신을 보내 조공하였다. (『南史』 10 陳本紀 下 10)
신라	여름 6월에 사신을 진(陳)에 보내 토산물을 바쳤다. (『三國史記』 4 新羅本紀 4)
신라	여름 6월에 신라에서 사신을 보내 진에 가서 조공하였다. (『三國史節要』 6)
신라	(태건(太建) 2년) 6월에 신라국이 (…) 아울러 사신을 보내 토산물을 바쳤다. (『册府元龜』 969 外臣部 14 朝貢 2)
고구려	가을 7월 임자(壬子) 초하루에 고려 사신이 아우미(近江)에 도착하였다. (『日本書紀』 19 欽明紀)
고구려	(가을 7월) 이 달에 고세노오미사루(許勢臣猿)와 기시노아카하토(吉士赤鳩)를 보냈다. 나니와노츠(難波津)에서 출발하여 사사나미야마(狹狹波山)에서 배를 끌고와 식선(飾船)을 장식하고 이에 아우미의 북쪽 산에 가서 맞이하였다. 마침내 산 뒤쪽의 고마히노무로츠미(高檣館)에 인도하여 들이고 야마토노아야노사카노우에노아타이코마로(東漢坂上直子麻呂)와 니시코리노오비토오이시(部首大石)를 보내어 지키게 하였다. 또 사가라카노무로츠미(相樂館)에서 고려 사자들에게 연회를 베풀었다. (『日本書紀』 19 欽明紀)
고구려	11월 신유일(12)에 고려국이 사신을 보내 토산물을 바쳤다. (『陳書』 5 本紀 5 宣帝)
고구려	겨울11월 신유일(12)에 고려국이 사신을 보내 조공하였다. (『南史』 10 陳本紀 下 10)
고구려	겨울 11월에 사신을 보내 진에 들어가 조공하였다. (『三國史記』 19 高句麗本紀 7)
고구려	겨울 11월에 고구려에서 사신을 보내 진에 가서 조공하였다. (『三國史節要』 6)

고구려	(태건 2년) 겨울 11월에 고려국이 아울러 사신을 보내 토산물을 바쳤다. (『册府元龜』 969 外臣部 14 朝貢 2)

고구려	군(君)의 이름은 유업(遺業)이고 자(字)는 유업(遺業)이다 하동(河東) 문희(聞喜) 사람이다. (…) 무평(武平) 원년(570)에 원외산기상시(員外散騎常侍)를 겸하여 고구려로 가는 사신의 주관자가 되었다. 옛적에 육가(陸賈)가 남월(南越)에 그 뜻을 깨우쳐 알게 하여 금장(金裝)을 받고 장건(張騫)이 서역(西域)의 길을 개척한 것으로 인해 공죽(邛竹) 지팡이가 전해졌다. 어찌 만리(萬里)에 위엄을 펴고 구이(九夷)를 극복한 것과 같지 않겠는가. 이미 현도(玄菟)를 다녀온 곳이 있으니, 그것은 노룡(盧龍)을 상으로 준다하여도 팔 수 없는 것이다. (「裵遺業 墓誌銘」:『北方文物』 2012-2)[63]

571(辛卯/신라 진흥왕 32, 大昌 4/고구려 평원왕 13/백제 위덕왕 18/陳 大建 3/倭 欽明 32)

백제	(무평(武平) 2년 봄 정월) 무인일(30)에 백제왕 여창(餘昌)을 사지절(使持節)·도독(都督)·동청주자사(東靑州刺史)로 삼았다. (『北齊書』 8 帝紀 8 後主)
백제	(무평 2년 봄 정월) 무인일(30)에 백제왕 여창(餘昌)을 사지절·도독·동청주자사로 삼았다. (『北史』 8 齊本紀 下 8 後主)
백제	(북제(北齊) 후주(後主) 무평) 2년 정월에 백제왕 여창(餘昌)을 사지절·도독·동청주자사로 삼았다. (『册府元龜』 963 外臣部 8 封冊 1)
백제	고씨(高氏)의 제(齊) 후주(後主)가 또 왕을 사지절·도독동청주제군사(都督東靑州諸軍事)·동청주자사(東靑州刺史)로 삼았다. (『三國史記』 27 百濟本紀 5)
백제	북제에서 백제왕을 책봉하여 사지절·도독제군사(都督諸軍事)·동청주자사(東靑州刺史)로 삼았다. (『三國史節要』 7)
백제	(무평) 2년에 또 여창을 사지절·도독동청주제군사·동청주자사로 삼았다. (『北史』 94 列傳 82 百濟)

고구려	봄 2월에 사신을 보내 진에 들어가 조공하였다. (『三國史記』 19 高句麗本紀 7)
고구려	봄 2월에 고구려에서 사신을 보내 진에 가서 조공하였다. (『三國史節要』 7)

신라 가야	3월 무신(戊申) 초하루 임자일(5)에 사카타노미미코노이라츠키미(坂田耳子郎君)를 신라에 사신으로 보내어 임나를 멸망시킨 이유를 물었다. (『日本書紀』 19 欽明紀)

고구려	(3월) 이 달에 고려가 바친 물품과 표문(表文)을 아직 받들어 아뢰지 못하였다. 수십 일이 지나도록 좋은 날을 점쳐 기다렸다. (『日本書紀』 19 欽明紀)

신라 가야	여름 4월 무인(戊寅) 초하루 임진일(15)에 천황이 병환으로 예기치 않게 자리에 누웠다. 황태자는 밖에 나가 없었으므로 역마로 불러들였다. (천황이) 누워 있는 내전에 불려 들어가니, 그의 손을 잡고 명령하기를, "내 병이 심하니 이후의 일을 너에게 맡긴다. 너는 반드시 신라를 쳐서 임나를 세워 봉(封)하라. 다시 시로 와압하여 옛날과 같이 된다면 죽어도 한이 없겠다"고 하였다. (『日本書紀』 19 欽明紀)

요동 신라	(5월) 신해일(5)에 요동·신라·단단(丹丹)·천축(天竺)·반반국(盤盤國) 등이 아울러 사신을 보내 토산물을 바쳤다. (『陳書』 5 本紀 5 宣帝)

---

63) 570년에 고구려에 사신으로 갔던 北齊 배유업의 묘지이다. 山西省 臨汾縣 永固村에서 출토되었고, 「新出北齊聘高麗使主 『裵業墓志』 疏証」에 수록되어 있다.

고구려 신라	5월 신해일(5) 고려·신라·단단·천축·반반국 등이 아울러 사신을 보내 조공하였다. (『南史』 10 陳本紀 下 10)
요동 신라	(진(陳) 선제(宣帝) 태건(太建) 3년 5월에 요동·신라·단단·천축·반반국 등이 (…) 아울러 사신을 보내 토산물을 바쳤다. (『册府元龜』 969 外臣部 14 朝貢 2)

고구려	가을 7월에 왕이 패하(浿河)의 들판에서 사냥하고 50일 만에 돌아왔다. (『三國史記』 19 高句麗本紀 7)
고구려	가을 7월에 고구려왕이 패하의 들판에서 사냥하고 50일 만에 돌아왔다. (『三國史節要』 7)

신라	가을 8월 병자(丙子) 초하루날에 신라가 조문사 미질자실소(未叱子失消) 등을 보내어 빈소에서 (천황의) 죽음을 애도했다. (『日本書紀』 19 欽明紀)

고구려	8월에 궁실을 다시 고치다가 풀무치와 가뭄의 피해가 있어 공사를 그만두었다. (『三國史記』 19 高句麗本紀 7)
고구려	8월에 고구려에서 궁실을 수리하다가 풀무치와 가뭄의 피해가 있어 그만두었다. (『三國史節要』 7)

신라	(가을 8월) 이 달에 미질자실소 등이 돌아갔다. (『日本書紀』 19 欽明紀)

신라	사신을 진(陳)에 보내 토산물을 바쳤다.(『三國史記』 4 新羅本紀 4)
신라	신라에서 사신을 보내 진에 가서 조공하였다. (『三國史節要』 7)

고구려	경(景) 4년인 신묘년에 비구 도수(道須)와 여러 선지식(善知識)인 나루(那婁)·천노(賤奴)·아왕(阿王)·아거(阿踞) 등 5사람이 함께 무량수상(无量壽像) 1구(軀)를 만듭니다. 바라건대 돌아가신 스승 및 부모가 다시 태어날 때마다 마음 속에 늘 제불(諸佛)을 기억하고, 선지식들은 미륵(彌勒)을 만나기를 바랍니다. 소원이 이러하니 함께 한 곳에 태어나서 불(佛)을 보고 법(法)을 듣게 하소서. (「景四年辛卯銘 金銅三尊佛立像」)

572(壬辰/신라 진흥왕 33, 鴻濟 1/고구려 평원왕 14/백제 위덕왕 19/陳 大建 4/倭 敏達 1)

신라	봄 정월에 연호를 홍제(鴻濟)로 고쳤다. (『三國史記』 4 新羅本紀 4)
신라	봄 정월에 신라에서 연호를 홍제로 고쳤다. (『三國史節要』 7)

신라	3월에 왕태자(王太子) 동륜(銅輪)이 죽었다. (『三國史記』 4 新羅本紀 4)
신라	3월에 신라의 왕태자 동륜이 죽었다. (『三國史節要』 7)

신라	(3월) 사신을 보내 북제(北齊)에 조공하였다. (『三國史記』 4 新羅本紀 4)
신라	(3월) 신라에서 사신을 보내 북제에 가서 조공하였다. (『三國史節要』 7)

백제	(여름 4월) 이 달에 이 달 백제대정(百濟大井)에 궁(宮)을 만들었다. 모노노베노유게노모리야노오무라지(物部弓削守屋大連)를 옛날과 같이 오무라지(大連)으로 삼고 소가노우마코노스쿠네(蘇我馬子宿禰)를 오오미(大臣)로 삼았다. (『日本書紀』 20 敏達紀)

고구려	5월 임인(壬寅) 초하루날에 천황이 황자(皇子)와 오오미(大臣)에게 대답하였다. "고

려 사인(使人)이 지금 어디에 있느냐"고 물었다. 대신이 받들어 "사가라카노무로츠미(相樂館)에 있습니다." 천황이 듣고 매우 슬퍼하고 정색하며 탄식하였다. "슬프도다. 이 사인들의 이름은 이미 돌아가신 아버지 천황에게 아뢰었었다." 이에 여러 신하를 사가라카노무로츠미에 보내어 조(調)로 바치는 물건을 조사하여 기록하고 서울로 보내게 했다. (『日本書紀』 20 敏達紀)

고구려   (5월) 병진일(15)에 천황이 고려에서 올린 표(表)를 오오미(大臣)에게 주었다. 여러 후비토(史)를 불러 모아서 풀이하게 하였는데, 이 때 여러 후비토는 사흘이 지나도록 아무도 읽지 못하였으나 후네노후비토(船史)의 조상인 왕진이(王辰爾)가 능히 읽고 해석하였다. 이 때문에 천황과 대신들이 모두 찬미하였다. "부지런하구나 진이(辰爾)여, 훌륭하구나 진이여, 그대가 만약 배우기를 좋아하지 않았다면 누가 읽고 해석할 수 있었겠는가. 지금부터는 궁중에서 근시하도록 하라." 얼마 후 동서의 여러 후비토에게 말하였다. "너희들이 배운 바는 어찌하여 나아감이 없느냐. 너희들은 비록 많으나 진이에게 미치지 못하는구나." 또 고려가 올린 표에 까마귀 날개에 쓰여진 것이 있었는데 글자도 날개처럼 검었으므로 아는 사람이 없었다. 진이가 이에 밥을 만드는 김에 날개를 쪄서 비단으로 날개를 찍어 그 글자를 베껴냈더니 조정이 모두 기이하게 여겼다. (『日本書紀』 20 敏達紀)

고구려   6월 고려 대사(大使)가 부사(副使) 등에게 말하였다. "시키시마(磯城嶋:欽明) 천황(天皇) 때에 너희들은 나와 상의한 바를 어기고 다른 사람에게 속아서 함부로 국가의 조(調)를 나누어 천한 사람에게 주었으니 어찌 너희들의 잘못이 아니겠느냐. 만약 우리 국왕이 안다면 반드시 너희들을 꾸짖을 것이다." 부사 등이 서로 말하였다. "만약 우리들이 나라에 이르렀을 때 대사가 우리의 허물을 말한다면 이는 상서롭지 못한 일일 것이다. 몰래 죽여서 그 입을 막아야 한다." 그 날 저녁 모의가 새어나갔다. 대사가 이를 알고 복장을 갖추고 혼자 몰래 가다가 사가라카노무로츠미의 뜰에 서서 어찌할 바를 몰랐다. 이 때 한 사람이 몽둥이를 가지고 나와서 대사의 머리를 치고 물러났으며 다음에 또 한 사람이 곧바로 대사를 향해 와서 머리와 손을 때리고 갔다. 그런데도 대사는 묵묵히 서서 얼굴의 피를 닦았다. 다시 한 사람이 칼을 들고 급히 와서 대사의 배를 찌르고 갔다. 이 때에 대사는 두려워서 땅에 엎드려 빌었는데 뒤에 한 사람이 나타나 죽이고 갔다. 다음날 아침 외국의 사신을 접대하는 야마토노아야노사카노우에노아타이코마로(東漢坂上直子麻呂) 등이 그 까닭을 물었다. 부사 등은 "천황이 대사에게 처를 내려 주었는데 대사가 칙을 어기고 받아들이지 않았습니다. 매우 무례하였으므로 신들이 천황을 위하여 죽였습니다"라고 거짓말을 하였다. 유사(有司)가 예로써 거두어 장사지냈다. (『日本書紀』 20 敏達紀)

고구려   가을 7월에 고구려 사신이 일을 마치고 돌아갔다. (『日本書紀』 20 敏達紀)

백제   사신을 보내 제(齊)에 들어가 조공하였다. (『三國史記』 27 百濟本紀 5)
백제   백제에서 사신을 보내 북제(北齊)에 들어가 조공하였다. (『三國史節要』 7)

백제   가을 9월 경자(庚子) 초하루 날에 일식이 있었다. (『三國史記』 27 百濟本紀 5)
백제   가을 9월 경자 초하루 날에 백제에서 일식이 있었다. (『三國史節要』 7)

신라   겨울 10월 20일에 전쟁에서 죽은 사졸(士卒)을 위해 외사(外寺)에서 팔관연회(八關筵會)를 열어 7일 만에 마쳤다. (『三國史記』 4 新羅本紀 4)

신라	겨울 10월에 신라에서 전쟁에서 죽은 사졸을 위해 불사(佛寺)에서 팔관회를 열어 7일 만에 마쳤다. (『三國史節要』 7)
신라	(진흥왕) 33년 10월에 전쟁에서 죽은 사졸을 위해 팔관재회(八關齋會)를 외사에서 열어 7일 만에 마쳤다. (『海東高僧傳』 1 流通一之一 釋法雲)
신라 백제	(무평(武平) 3년) 이해에 신라·백제·물길·돌궐이 아울러 사신을 보내 조공하였다. (『北齊書』 8 帝紀 8 後主)
신라 백제	(무평 3년) 이해에 신라·백제·물길·돌궐이 아울러 사신을 보내 조공하였다. (『北史』 8 齊本紀 下 8 後主)
신라 백제	(북제(北齊) 후주(後主) 무평) 3년에 신라·백제·물길·돌궐이 아울러 사신을 보내 조공하였다. (『册府元龜』 969 外臣部 14 朝貢 2)
신라	또 동경(東京) 안일(安逸) 호장(戶長) 정효가(貞孝家)에 있는 고본 수이전(殊異傳)에 실린 원광법사 전에 말한다. "법사의 속성은 설씨(薛氏)로 왕경 인이다. 처음 중이 되어 불법을 배웠고 나이 30세에 조용히 머물면서 도를 닦을 것을 생각하여 홀로 삼기산(三岐山)에 살았다. 4년 후 한 비구가 와서 거처와 멀지 않은 곳에 별도로 난야를 만들고 2년을 거하였는데 사람됨이 강맹하고 주술을 잘 하였다. 법사가 밤에 홀로 앉아 경전을 독송하는데 홀연히 신비로운 소리가 그 이름을 부르며 말했다. "잘하는도다. 잘하는도다. 너의 수행은 무릇 수행하는 자는 비록 많으나 법대로 하는 자는 드물다. 지금 옆에 사는 비구를 보니 빠르게 주술을 닦지만 얻는 바가 없으니 시끄러운 소리는 남의 정념(靜念)을 괴롭히고 사는 곳은 내가 지나는 길로 매일 가고 오고 하는데 약간 미운 마음이 생긴다. 법사는 나를 위하여 말해서 옮겨가게 하라. 만약 오래 거하면 내가 문득 죄업을 만들까 두렵다." 다음날 법사가 가서 말하였다. "내가 어젯밤에 신의 말을 들었는데 비구는 다른 곳으로 옮겨야 한다. 그렇지 않으면 나머지 재앙이 있을 것이다." 비구가 대답하여 말하였다. "수행이 지극한 자가 어찌 마귀에 현혹되는 바가 되는가. 법사는 어찌 여우귀신의 말을 걱정하는가." 그날 밤에 신이 또 와서 말하였다. "내가 말한 일에 대해 비구가 어찌 대답하였는가." 법사는 신이 노할까 두려워 대답하였다. "아직 말하지 못하였습니다. 만약 굳이 말한다면 어찌 감히 듣지 않겠습니까." 신이 말하였다. "내가 이미 다 들었다. 법사는 어찌 말을 더하는가. 단지 잠자코 있어 내가 하는 바를 보아라." 드디어 작별하고 갔다. 밤중에 우뢰와 벼락 같은 소리가 나서, 다음날 그것을 보니 산이 무너져 비구가 있었던 난야를 메우고 있었다. 신이 또 와서 말하였다. "법사가 보니 어떠한가." 법사가 대답하여 말하였다. "보니 심히 놀랍고 두렵습니다." 신이 말하였다. "내 나이는 거의 삼천년에 가깝고 신통력이 가장 성하니 이 작은 일이 어찌 놀래기에 족하겠는가. 또한 장래의 일도 알지 못하는 바가 없고, 천하의 일은 도달하지 않는 바가 없다. 지금 생각건대 법사가 오직 이 곳에 거한다고 하더라도 비록 스스로 이로운 행동은 있을 것이나 다른 이를 이롭게 하는 공은 없을 것이다. 현재 고명(高名)을 드높이지 않으면 미래에 승과(勝果)를 얻지 못할 것이다. 어찌 중국에서 불법을 채득하여 동해 에서 몽매한 중생을 이끌지 않는가." 대답하여 말하였다. "중국에서 도(道)를 배우는 것은 본디 바라는 바이나 바다와 육지가 멀리 떨어져 있어 능히 스스로 통하지 못할 뿐입니다." 신이 중국으로 들어갈 때 하는 바의 계책을 자세히 알려주니 법사는 그 말에 따라 중국으로 갔다. 11년을 머물렀는데 삼장(三藏)을 널리 통달하였고 겸하여 유학(儒學)을 배웠다. (『三國遺事』 44 義解5 圓光西學)

신라	30세에 삼기산에 은거하였는데 그림자도 동구 밖으로 나오지 않았다. 비구승 하나가 근처에 와서 난야(蘭若)를 짓고 수도하였다. 법사가 밤에 불경을 외우고 있었는데, 어느 신이 부르며 말하였다. "잘 하는도다. 무릇 수행하는 자는 비록 많으나 법사보다 뛰어난 자는 없습니다. 지금 저 비구승은 주술을 빨리 닦지만 다만 남의 정념(靜念)을 괴롭히고 내가 지나는 길에 장애만 될 뿐이고 소득이 없습니다. 매번 지날 때 마다 몇 번이나 나쁜 마음을 내기도 했습니다. 청컨대 법사는 타일러 다른 곳으로 옮겨가게 해 주십시오. 만일 따르지 않고 머무르면 금심이 있을 뿐입니다. 다음날 법사가 그 중에게 가서 말하였다. "거처를 옮겨서 해를 피하시오, 그렇지 않으면 장차 이롭지 못함이 있을 것이오." 대답하기를 "지극한 고행은 마귀의 방해하는 바가 되는 것이거늘, 어찌하여 요귀의 말을 걱정하리오." 이날 저녁이 그 신이 다시 나타나서 비구승의 대답을 물었다. 법사는 그가 성낼까 두려워서 거짓으로 말하였다. "아직 말하지 못했으나 어찍 감히 듣지 않겠습니까." 신이 말하였다. "내가 이미 그 실정을 다 알고 있으니 가만히 있으면서 보도록 하시오." 밤이 되자 우레같은 소리가 진동하였다. 날이 밝아 가보니 산이 무너져 난야를 덮쳐누르고 있었다. 신이 와서 증명하여 말하였다. "내가 살아온 지 몇 천년에 위엄과 변화가 가장 웅장하였으니 어찌 족히 괴이쩍게 여기리오." 인하여 개유(開諭)하여 말하였다. "지금 스님께서는 비록 자신의 이로움은 있으나 남을 이롭게 함은 부족하니 어찌하여 중국에 들어가 불법을 얻어서 뒤의 무리들에게 파급시키지 않습니까?" 스님이 말하였다. "중화에 가서 도를 배우는 것은 진실로 바라는 바이지만, 바다와 육지가 험하게 막혀서 스스로는 능히 도달할 수가 없습니다." 이에 신은 서유(西遊)의 일을 상세히 가르쳐 주었다. (『海東高僧傳』 2 流通一之二 釋圓光)

573(癸巳/신라 진흥왕 34, 鴻濟 2/고구려 평원왕 15/백제 위덕왕 20/陳 大建 5/倭 敏達 2)

고구려	여름 5월 병인(丙寅) 초하루 무진일(3)에 고려 사인(使人)이 고시(越)의 해안에 정박했는데 배가 부서져 물에 빠져 죽은 사람이 많았다. 조정에서는 자주 길을 잃는 것을 의심하여 잔치를 베풀지 않고 되돌려 보냈다. 그리고 기비노아마노아타이나니와(吉備海部直難波)에게 칙을 내려 고려의 사신을 보내도록 하였다. (『日本書紀』 20 敏達紀)
고구려	가을 7월 을축(乙丑) 초하루에 고시의 해안에서 나니와(難波)와 고려의 사신들이 서로 의논하여 송사(送使) 나니와의 선인(船人) 오시마노오비토이와히(大嶋首磐日)와 사오카노오비토마세(狹丘首間狹)을 고려 사신의 배에 타게 하고, 고려인 두 사람은 송사의 배에 타게 했다. 이같이 서로 바꾸어 타서 간사한 마음에 대비하도록 했다. 함께 배를 출발하여 몇 리쯤 갔을 때 송사 나니와가 파도를 두려워하여 고려인 두 사람을 붙잡아 바다에 던져 넣었다. (『日本書紀』 20 敏達紀)
고구려	8월 갑오(甲午) 초하루 정미일(4)에 송사(送使) 나니와가 돌아와서 복명(復命)하기를 "바다에 큰 고래가 배와 노를 가로막고 부숫듯 하였으므로 나니와 등은 고래기 배를 삼킬까 두려워 바다에 들어갈 수 없었습니다"라 하였다. 천황이 듣고 속이는 말임을 알고는 관(官)에서 사역시키고 본국(本國: 吉備國)로 되돌려 보내지 않았다. (『日本書紀』 20 敏達紀)
고구려	사신을 보내 북제에 들어가 조공하였다. (『三國史記』 19 高句麗本紀 7)
고구려	고구려에서 사신을 보내 북제에 가서 조공하였다. (『三國史節要』 7)

고구려 말갈	(무평(武平) 4년) 이해에 고려·말갈이 아울러 사신을 보내 조공하였다. (『北齊書』 8 帝紀 8 後主)
고구려 말갈	(무평 4년) 이해에 고려·말갈이 아울러 사신을 보내 조공하였다. (『北史』 8 齊本紀 下 8 後主)
고구려 말갈	(북제(北齊) 후주(後主) 무평) 4년에 고려·말갈이 아울러 사신을 보내 조공하였다. (『冊府元龜』 969 外臣部 14 朝貢 2)

신라	(대건) 5년에 해동의 현광(玄光) 사문(沙門)이 남악선사(南岳禪師)에게서 법화안락행의(法華安樂行義)를 받아 귀국하여 교리를 널리 펼치니 해동 여러 나라의 전교(傳敎)의 시작이 되었다. (『佛祖統紀』 37 法運通塞志 17之4 陳宣帝)
신라	석(釋) 현광은 해동의 웅천(熊州) 사람이다. 어려서는 총명하고 세상의 번잡한 일을 싫어하여 결연히 명사(名師)를 구하여 오로지 범행(梵行)을 닦았다. 성장함에 미쳐 넓고 큰 바다를 건너 중국에서 선법(禪法)을 구하기를 원했다. 이에 진(陳)나라를 돌아다니다가 형산(衡山)에 가서 사대화상(思大和尙)을 보고 개물성화(開物成化)하였으며 신해삼참(神解相叄)하였다. 사사(思師)가 그 소유(所由)를 관찰하고 몰래 법화(法華)를 주어 안락행문(安樂行門)하게 하였다. 리약신추무견불범(光利若神錐無堅不犯) 신유겁패유염개선(新猶劫貝有染皆鮮) 품이봉행(稟而奉行) 근이망특(勤而罔忒) 아증법화삼매(俄證法華三昧) 청구인가(請求印可) 思爲證之(思爲證之) 여지소증(汝之所證) 진실불허(眞實不虛) 선호념지(善護念之) 영법증장(令法增長) 여환본토시설선권(汝還本土施設善權) 호부명령개성과라(好負螟蛉皆成蜾蠃). 현광이 예를 드리고 눈물을 드리우고 이로부터 돌아와 강남에 주석하다가 본국의 배에 부탁하여 몸을 실어 해안을 떠났다. 이 때 채운(綵雲)이 눈을 어지럽히고 아악(雅樂)이 공중에서 날고 강절(絳節)과 예정(霓旌)이 호출하고 이르렀고 공중에서 소리가 나며 말하였다. "천제께서 해동 현광선사를 부르시오." 현광이 합장하고 정중하게 사양하였다. 오직 푸른 옷을 입은 사람이 보여 앞에 서서 인도하니, 순간 궁성에 들어갔으며 또한 인간 세상의 관부(官府)가 아니고 우위(羽衛)의 설(設)로, 인개(鱗介)가 아닌 것이 없고 귀신이 뒤섞였다. 혹자가 말하였다. "오늘 천제가 용왕궁에 내려와 선사를 청해 친히 법문(法門)을 증명하라고 말했습니다. 오조(吾曹) 수부(水府)는 선사의 이익을 입겠습니다." 이미 보전(寶殿)에 오르고 다음에 고대(高臺)에 올라 묻고 말하기를 대체로 7일이 지난 연후에 왕이 몸소 송별하였다. 그 배가 물에 뜬 채 나아가지 않았는데 현광이 다시 배에 오르니 배 사람이 반일이 지났을 뿐이라고 하였다. 현광이 웅주로 돌아와 초가집에 석장을 세우니 이에 범찰(梵刹)을 이뤘다. 마음 맞는 사람이 한데 모여 법을 얻은 것이 닫힌 문이 이에 열렸고 악소회심(樂小迴心)한 모전자(慕羶者)는 개미가 연이어 갑자기 이르듯이 하였다. 그것은 승당수별자(升堂受莂者) 1명과 같았고 화광삼매(火光三昧)에 들어간 1명, 수광삼매(水光三昧)에 들어간 2명은 상호간에 그 2종 법문(法門)을 얻어 종발자(從發者)가 삼매(三昧)의 이름을 드러낼 뿐이었다. 그의 여러 문생(門生)은 비유하자면 중조(衆鳥) 같았고 수미산(須彌山)에 붙어 모두 같은 하나의 색이었다. 현광의 말년의 없어져 간 바를 알 수 없다. 남악조(南嶽祖)는 영당(影堂)을 만들었는데, 그 안에 28인의 도(圖)가 있는데 현광은 하나에 속한다. 천태(天台) 국청사(國淸寺) 조당(祖堂) 또한 그러하다. 계(系)에서 말하였다. 대저 대략 불멸(佛滅) 후에 입도(入道)하는 사람을 시험하고 교리(敎理)로써 행과(行果)하여 고 사법(四法)을 밝힌 즉 멀래 달아나 숨음이 없었다. 거성미근자(去聖彌近者) 수행성과위증야(修行成果位證也) 거성초요자(去聖稍遙者) 학교역견리친야(學敎易見理親也) 기경면막자(其更綿邈者) 학교불정견리비체(學敎不精見理非諦) 부일념불생(夫一念不生) 전후제단(前後際斷) 사돈심성불야(斯頓心成佛也) 리구불구족(理口佛具

足) 행포시행(行布施行) 증미상술행불(曾未嘗述行佛) 구체이미(具體而微) 동하자륙조이래(東夏自六祖已來) 다담선리(多談禪理) 소담선행언(少談禪行焉) 비남능불설행(非南能不說行) 차령견도여구두연(且令見道如救頭然) 지고남악(之故南岳) 사사절재겸수승계구급(思師切在兼修乘戒俱急) 시이학자(是以學者) 험제행과(驗諸行果) 기여입화광삼매자(其如入火光三昧者) 처태경중(處胎經中) 이선정섭의(以禪定攝意) 입화계삼매(入火界三昧) 찰토동연(刹土洞然) 우부위시조분(愚夫謂是遭焚) 약입수계삼매(若入水界三昧) 우부견위위수투물우중(愚夫見謂爲水投物于中) 보살심여허공불각촉요자(菩薩心如虛空不覺觸嬈者) 차비이승소능구진야(此非二乘所能究盡也) 사내급어행과언(斯乃急於行果焉) 무령구설(無令口說) 이신의불수(而身意不修) 하유조도야(何由助道耶) (『宋高僧傳』18 義解6之1 陳 新羅國 玄光)

신라　진(陳) 현광(玄光)은 신라국 웅주 사람이다. 어렸을 때 범행(梵行)에 정진하였고 성장함에 곧 출렁이는 바다를 건너 중토(中土)에서 선법(禪法)을 공부했다. 형산(衡山)의 혜사대화상(慧思大和尙)을 보고 법화삼매(法花三昧)를 증명하고 이미 기별(記莂)을 입어서 인하여 사양하고 향리로 돌아가 널리 교화하려고 하였다. 바야흐로 배에 붙여 해안을 떠나려 하니, 홀연히 신인(神人)이 나타나 강절(絳節)을 지니고 허공으로부터 내려 와 전달하며 말하였다. "천제(天帝)가 용궁에 가행(駕幸)하여 해동의 현광선사를 불러 친히 법문을 증명하고자 합니다." 잠시 후에 청의(靑衣)을 입은 사람이 길을 인도하니 인개(鱗介)가 호위 한 후에 전승(殿陞)의 자리에 올라 문담(問談)을 따라 7일이 흘렸는데 홀연히 깨었는데 몸은 배 안에 있었다. 대체로 배는 물 위에 둥둥 뜨고 나아가지 않고 겨우 반일이 지났을 뿐이다. 그 이류경귀(異類景晷)의 짧음이 이와 같았다. 오랫동안 그 나라의 옹산(翁山)에서 탁석(卓錫)하였다. 기운을 구하고 소리에 응하는 사(士)가 잇따르니 도(道)를 기르고 덕(德)을 다스렸다. 화광삼매(火光三昧)를 잘 하는 자 1명과 수광삼매(水光三昧)를 잘 하는 자 2명을 얻은 즉 그 나머지 문생(門生) 예(例)로 알만하다. (『新修科分六學僧傳』3 慧學 傳宗科 陳 玄光)

신라　석 현광은 해동 웅주 사람이다. 어려서 총명하였고 형산에 가 사대화상(思大和尙)을 본 후에 돌아와 강남에 주석하였다가 본국의 배에 부탁하여 덧붙여 실어 해안을 떠났다. 이 때 아롱진 구름이 눈을 어지럽히고 아악(雅樂)이 공중에서 어지러이 일어나며 絳節霓旌 공중에서 소리가 나 전하여 말하였다. "천제가 해동의 현광선사를 부르시오." 현광을 두 손을 맞잡고 사양하여 피하였다. 오직 청의(靑衣)를 입은 자가 길을 인도함을 보았고 잠깐사이 궁성(宮城)에 들어가니, 또한 인간의 관부(官府)가 아니고 우위(羽衛)의 설(設)이었다. 인개(鱗介)가 아인 것이 없었고 귀신이 섞여 있었다. 혹자가 말하였다. "금일 천제가 용왕궁(龍王宮)에 내려와 법사를 청해 들어 친 법문을 증(證)하고 오조(吾曹) 수부(水府)는 법사의 이익을 입고자 합니다." 이미 보전(寶殿)에 오르고 다음에 고대(高臺)에 올라 묻고 답하길 대략 7일이 지난 연후에 왕이 몸소 송별하였다. 그 배는 물에 둥둥 떠 있고 나아가지 않았다. 현광이 다시 배에 오르니, 배 사람이 반일이 지났다고 말할 뿐이었다. 현광이 웅주 옹산에 돌아와 초가집을 지어 탁석(卓錫)하고 곧 범찰(梵刹)은 이루었다. 그 후에 긴 바를 날 수 없다. (『神僧傳』5 玄光)

신라　선사 현광은 해동 신라인이다. 넓고 큰 바다를 넘어 중하(中夏)에서 법을 구하였는데 수조남악(首造南岳)이 법화안락행문(法華安樂行門)을 주어 타고난 성품을 힘써 행하여 얼마 있지 않아 법화삼매(法華三昧)를 깨달았다. 남악이 그에게 일러 말하였다. "너는 향국(鄕國)에 돌아가 마땅히 선권(善權)으로써 화도(化度)를 행하고 만약 명령(螟蛉)을 부(負)하면 과라(蜾蠃)를 이룰지어다[…]" 선사가 곧 남악에게 예사(禮辭)하고 돌아 와 강남에 주석하였다. 본국의 선박을 만나 마침내 얻어 몸을 실었다.

바야흐로 큰 바다에 미쳐 홀연히 채운(采雲)이 눈을 어지럽힘을 보고 아름다운 음악이 공중에 가득차고 강절(絳節)과 예정(霓旌)이 전호(傳呼)하여 이르렀다. 공중에서 소리가 말하였다. "천제가 해동 현광선사를 부르시오." 선사가 손을 맞잡고 공손히 피한 즉 청의(靑衣) 입은 사람을 보았고 공경이 길을 인도하여 잠깐 사이에 큰 궁궐에 들어갔다. 우위가 진열하고 인개(鱗介)가 번착(繁錯)하여 귀신이 어울린 것을 보았고, 모두 우러러 공경하며 말하였다. "천제가 우리 용궁에 내려와 법사를 청하여 이미 증명된 법문을 설(說)하여 오조(吾曹)는 이익을 받는 것이 적지 않을 것입니다." 이미 전(殿)에 올랐으며 고대(高臺)에 오르기를 청하고 천제가 고문(扣問)하니 선사가 연설함이 7일을 지나 마치자 천제가 몸소 송별하였다. 베를 타고 향한 바둥둥 뜨고 나아가지 않았다. 선사가 다시 배를 타니 배 사람이 비로소 반일 지났을 뿐이라고 하였다.[…] 선사가 이미 본국으로 돌아와 웅주 옹산에서 초가집을 지어 거처하고 무리가 모여 법을 설하였는데, 오래 지나 마침내 보방(寶坊)을 이뤘다. 도를 받은 무리가 모두 진리를 깨달았는데, 승당수별자(升堂受莂者) 1인, [文句 受記亦云受莂 受是得義 莂是別了] 화광삼매자(火光三昧者)에 들어간 1인, 수광삼매자(水光三昧者)에 들어간 2인이 있다. 남악영당(南岳影堂)은 도(圖) 28인과 같은데, 사(師)는 그 하나에 거(居)한다. (『佛祖統紀』9 諸祖旁出世家5之1 南岳旁出世家 新羅玄光禪師)

신라   신라 현광선사 남간(南澗) 혜민선사(慧旻禪師) 승당수별(升堂受莂) 1인 화광삼매(火光三昧) 1인, 수광삼매(水光三昧) 1인이다. (『佛祖統紀』24 佛祖世繫表 10 三祖南岳大禪師 下)

574(甲午/신라 진흥왕 35, 鴻濟 3/고구려 평원왕 16/백제 위덕왕 21/陳 大建 6/倭 敏達 3)

고구려   (봄 정월 갑신일(23) 고려국이 사신을 보내 토산물을 바쳤다. (『陳書』5 本紀 5 宣帝)

고구려   (봄 정월 갑신일(23)) 고려국이 사신을 보내 조공하였다. (『南史』10 陳本紀 下 10)

고구려   봄 정월에 사신을 보내 진(陳)에 들어가 조공하였다. (『三國史記』19 高句麗本紀 7)

고구려   봄 정월에 고구려에서 사신을 보내 진에 가서 조공하였다. (『三國史節要』7)

고구려   (진 선제(宣帝) 태건) 6년 정월에 고려국이 사신을 보내 토산물을 바쳤다. (『册府元龜』969 外臣部 14 朝貢 2)

신라   봄 3월에 황룡사(皇龍寺)의 장육상(丈六像)을 주조하였다. 구리의 무게는 3만5,007근이고, 도금한 금의 무게는 1만0,198푼이었다. (『三國史記』4 新羅本紀 4)

신라   3월에 신라에서 황룡사의 장육상을 주조하였다. 구리는 3만5,007근이고, 도금한 금의 무게는 102냥이었다. (『三國史節要』7)

신라   (…) 얼마 지나지 않아 바다 남쪽에 큰 배가 하곡현(河曲縣) 사포(絲浦)[지금 울주 곡포(谷浦)이다]에 정박하였다. 조사하여 보니 첩문이 있었는데 "서축(西竺)의 아육왕(阿育王)이 황철(黃鐵) 5만7,000근과 황금 3만푼[별전(別傳)에는 철 40만7,000근, 금 1,000냥이라고 하는데 잘못된 것인 듯하다. 혹은 3만7,000근이라고 한다]을 모아 장차 석가삼존상을 주조하려고 하였으나 아직 이루지 못해 배에 실어 바다에 띄웠고 축원하여 '원컨대 인연이 있는 나라에 이르러 장육존용(丈六尊容)을 이루어라'"라고 하였다. 아울러 일불이보살상(一佛二菩薩像)의 모형도 실려 있었다. 현의 관리가 장계를 갖추어 왕에게 아뢰니 사자를 시켜 그 현의 성 동쪽 시원하고 높은 곳을 골라 동축사(東竺寺)를 창건하고 그 삼존불을 맞아서 안치하였다. 그 금과 철은 서울로 옮겨와서 대건(大建) 6년 갑오 3월[사중기(寺中記)에는 계사(573) 10월 17일이라고 한다]에 장육존상을 주성하여 한 번에 이루었다. 무게는 3만5,007근으로 황금 1만0,198푼이 들어갔고, 두 보살에는 철 1만2,000근과 황금 1만,0136푼이 들어갔다. 황룡사에 안치하였다. 다음해(575)에 장육존상이 눈물을 흘렸는데 발꿈치까지 이르러 땅 1척을 적셨다. 대왕이 승하할 조짐이었다. 혹은 존상이 진평왕 대에 이루어졌다고 하기도 하는데 잘못이다. 별본(別本)에는 다음과 같이 실려 있다. 아육왕은 서축의 대향화국(大香華國)에서 부처가 돌아가신 뒤 100년 사이에 태어났다. 진신을 공양하지 못한 것을 한스러워 하여 금과 철 약간 근을 모아 세 번 주성하였으나 이루지 못하였다. 그때 왕의 태자가 홀로 그 일에 참여하지 않자 왕이 사자를 보내 그를 꾸짖었다. 태자가 주청하기를 "혼자 힘으로는 이루지 못합니다. 일찍이 이루지 못할 것을 알았습니다"라고 하였다. 왕이 그렇게 여겨 이에 배에 실어 바다에 띄웠다. 남염부제 (南閻浮堤) 16 대국(大國), 500 중국(中國), 1만 소국(小國), 8만 취락을 두루 돌지 않은 곳이 없었지만 모두 주조하지 못하였다. 마지막으로 신라국에 이르자 진흥왕이 그것을 문잉림(文仍林)에서 주조하여 불상을 완성하니 상호(相好)가 다 갖추어졌다. 아육은 이에 무우(無憂)라고 번역되었다. 후에 대덕 자장(慈藏)이 당으로 유학하여 오대산(五臺山)에 이르러 문수보살의 현신이 감응하여 비결을 주고 인하여 부탁하여 말하기를 "너희 나라의 황룡사는 곧 석가와 가섭불(迦葉佛)이 강연하던 땅으로 연좌석(宴坐石)이 아직 있다. 그러므로 천축의 무우왕(無憂王)이 황금 약간 근을 모아 바다에 띄워 1,300여 년을 지난 연후에 곧 너희 나라에 도착하여 이루어져 그 절에 안치되었다. 대개 위덕의 인연이 그렇게 만든 것이다"라고 하였다. 별기(別記)에 수록된 것과는 같지 않다. 불상이 조성된 후에 동축사의 삼존 또한 옮겨와 절 안에 안치하였다. 절의 기록에는 "진평왕 5년 갑진(584)에 금당이 조성되었고, 선덕왕대 절의 첫 주지는 진골인 환희사(歡喜師)였고, 제2주지는 자장 국통이고 그 다음은 국통 혜훈(惠訓), 그 다음은 상률사(廂律師)이다"라고 하였다. 지금 병화가 이미 있어서 큰 불상과 두 보살상은 모두 녹아서 사라졌고 작은 석가상은 아직 남아 있다. (『三國遺事』 3 塔像 4 皇龍寺丈六)

신라　　(진흥왕) 35년 황룡사장육상을 주조하였다. 혹 전하기를 아육왕이 띄운 배가 황금을 싣고 사포(絲浦:지금의 울주 곡포)로 들어오자 그것을 가져와서 주조하였다고 하는데, 이 말은 자장전에 있다. (『海東高僧傳』 1 流通一之一 釋法雲)

고구려　　여름 5월 경신(庚申) 초하루 갑자일(5)에 고려 사인(使人)이 고시(越)의 해안에 정박했다.(『日本書紀』 20 敏達紀)

고구려　　가을 7월 기미(己未) 초하루 무인일(20)에 고려 사인(使人)이 서울에 들어와 "신들은 지난 해에 송사(送使)를 따라서 귀국했습니다. 신들은 먼저 우리나라에 이르렀는데 우리나라는 사인의 예에 준하여 오시마노오비토이와히(大嶋首磐日) 등에게 향응을 베풀었으며 고려국왕은 따로 두터운 예로써 대접했습니다. 그런데 송사의 배는 아직까지 도착하지 않았으므로 다시 삼가 사인과 반일 등을 보내어 저희 사인들이 돌아오지 않는 까닭을 듣고자 하는 것입니다"라 아뢰었다. 천황이 듣고 나니와(難波)의 죄를 책하여 "조정을 속인 것이 하나요, 이웃니리의 시신을 물에 빠뜨려 죽인 것이 둘이니, 이같은 큰 죄는 놓아서 되돌려 보낼 수 없다"라 하고 그 죄를 처단했다. (『日本書紀』 20 敏達紀)

백제　　(겨울 10월) 무술일(3)에 후네노후비토(船史) 왕진이(王辰爾)의 아우 우시(牛)에게 조를 내려 츠노후비토(津史)라는 가바네(姓)를 내렸다. (『日本書紀』 20 敏達紀)

신라　　11월에 신라에서 사신을 보내 조(調)를 올렸다. (『日本書紀』 20 敏達紀)

고구려 　　　승려 담천(曇遷)의 속성은 왕씨(王氏)이며 박릉(博陵)의 요양(饒陽) 사람이다. 가까운
　　　　　　 조상이 태원(太原)에서 관직을 역임하다가 후에 자리를 잡았다. 어려서부터 준수하
　　　　　　 고 명랑해서 상륜(常倫)과 달랐다. (…) 때로는 동려(同侶)와 유식(唯識)의 뜻을 이야
　　　　　　 기하였다. 그 곳에는 사문(沙門) 혜효(慧曉)와 지관(智瓘) 등이 있었는데 모두 진나
　　　　　　 라의 도(道)의 주축이며 강남의 승망(僧望)을 지닌 사람들이었다. 혜효는 학문이 공
　　　　　　 석(孔釋)을 겸하였고 선문(善門)에도 뛰어났으며 지관은 선(禪)과 혜(慧) 양쪽에 깊었
　　　　　　 으며 제왕(帝王)의 사표(師表)였다. 또 고려 사문 지황(智晃)이 있었는데, 살바다부
　　　　　　 (薩婆多部)에 능하여 이름이 그 계통에 널리 알려졌으며 법성(法城)의 수호자였다.
　　　　　　 모두 담천과 한 번 만나자 곧 벗으로 우의를 다졌다. (『續高僧傳』 18 習禪3 隋 西
　　　　　　 京 禪定道場 釋曇遷1)

575(乙未/신라 진흥왕 36, 鴻濟 4/고구려 평원왕 17/백제 위덕왕 22/陳 大建 7/倭 敏達 4)
백제 신라 가야
　　　　　　 (2월) 을축일(11)에 백제가 사신을 보내어 조(調)를 바쳤는데 여느 해보다 더욱 많았
　　　　　　 다. 천황은 신라가 임나를 세우지 않은 것과 관련하여 황자(皇子)와 대신에게 "임나
　　　　　　 의 일을 게을리하지 말라"고 명령하였다. (『日本書紀』 20 敏達紀)

신라 가야 백제
　　　　　　 여름 4월 을유(乙酉) 초하루 경인일(6)에 기시카네(吉士金子)를 신라에 사신으로 보
　　　　　　 내고, 기시노이타비(吉士木蓮子)를 임나에 사신으로 보냈으며, 기시노오사히코(吉士
　　　　　　 譯語彦)를 백제에 사신으로 보냈다. (『日本書紀』 20 敏達紀)

신라 　　　　6월 신라가 사신을 보내어 조를 바쳤는데 보통 때보다 매우 많았고, 아울러 다다라
　　　　　　 (多多羅)·수내라(須奈羅)·화타(和陀)·발귀(發鬼) 4읍의 조를 바쳤다. (『日本書紀』 20
　　　　　　 敏達紀)

신라 　　　　봄과 여름에 가물었다. (『三國史記』 4 新羅本紀 4)
신라 　　　　봄과 여름에 신라가 가물었다. (『三國史節要』 7)

신라 　　　　(봄과 여름) 황룡사(皇龍寺)의 장육상(丈六像)이 눈물을 흘려서 발꿈치까지 이르렀
　　　　　　 다. (『三國史記』 4 新羅本紀 4)
신라 　　　　(봄과 여름) 신라 황룡사의 장육이 눈물을 흘려서 발꿈치까지 이르렀다. (『三國史節
　　　　　　 要』 7)
신라 　　　　(진흥왕) 36년에 장육(丈六)이 눈물을 흘려 발꿈치까지 이르렀다. (『海東高僧傳』 1
　　　　　　 流通一之一 釋法雲)
신라 　　　　(대건 6년) 다음해에 장육존상이 눈물을 흘렸는데 발꿈치까지 이르러 땅 1척을 적셨
　　　　　　 다. 대왕이 승하할 조짐이었다. 혹은 상이 진평왕대에 이루어졌다고 하기도 하는데
　　　　　　 잘못이다. (『三國遺事』 3 塔像 4 皇龍寺丈六)

백제 　　　　석 혜민(慧旻)의 자(字)는 현소(玄素)이며 하동(河東) 사람이다. 뜻이 반듯하고 곧았
　　　　　　 으며 몸가짐이 여느 사람들보다 뛰어 났고 인애(仁愛)가 넘쳐 흘렀는데 이는 타고난
　　　　　　 천성이다. 도(道)는 삼오(三吳)에 떨쳤고 명성은 칠택(七澤)에 흘렀으나, 마음으로 은
　　　　　　 둔하기를 좋아하여 석굴에 거처하는 일이 많았다. 9세에 출가하여 부지런히 정진하
　　　　　　 여 업을 깨끗하게 하고 법화경(法華經)을 외웠는데 한 달에 모두 마쳤다. 15살 때

회향사(回向寺)에서 신라의 광(光) 법사(法師)에서 성실론 법문을 듣고 솔선해서 문답을 주고 받았는데 玄賓(玄賓)보다 빼어났다. 그윽한 종지를 설할 것을 명하니 연로한 덕 있는 스님들이 함께 기뻐하였다. 나이 17세에 초청을 받아 고향으로 돌아와 해염(海鹽)의 광흥사(光興寺)에서 법화경을 강의하였다. (…) 정관(貞觀) 말년(649) 8월 11일 아침에 은거하던 암자에서 죽었다. 나이는 77세였다. (『續高僧傳』 22 唐 蘇州 通玄寺 釋慧旻)

| 백제 | [2세] 남악(南岳) 승조선사(僧照禪師) (…) 신라 현광(玄光) 선사 [3세] 남간(南澗) 혜민(慧旻) 선사 [이 아래4명은 현광선사를 이었다] 승당수별(升堂受莂) 1인, 화광삼매(火光三昧) 1인, 수광삼매(水光三昧) 1인 형양령(衡陽令) 진정업(陳正業) [선사전(善師傳)에 보인다] (『佛祖統紀』 9 諸祖旁出世家5之1 南岳旁出世家 目錄) |

| 백제 | 신라 광(光) 선사의 법을 이었다. [3세] 선사 혜민은 하동 사람이다. 9세에 출가하여 묘경(妙經)을 외웠는데, 1년이 지나가 빨리 지나가버렸다. 나이 15세이 광 선사에게 법을 청해 영준하고 빼어남이 숙사(宿士)로 그를 칭하였다. (『佛祖統紀』 9 諸祖旁出世家5之1 南岳旁出世家 新羅 玄光禪師法嗣) |

576(丙申/신라 진흥왕 37, 鴻濟 5, 진지왕 1/고구려 평원왕 18/백제 위덕왕 23/陳 大建 8/倭 敏達 5)

| 신라 | 봄에 처음으로 원화(源花)를 받들었다. 일찍이 임금과 신하들이 인물을 알아볼 방법이 없어서 걱정하다가 무리들이 함께 모여서 놀게 하고 그 행동을 살펴본 후에 발탁해서 쓰려고 하였다. 마침내 미녀 두 사람 즉 남모(南毛)와 준정(俊貞)을 뽑고 무리 3백여 명을 모았다. 두 여인이 아름다움을 다투어 서로 질투하였는데, 준정이 남모를 자기 집으로 유하여 억지로 술을 권하여 취하게 되자 끌고 가 강물에 던져서 죽였다. 준정이 사형에 처해지자 무리들은 화목을 잃고 흩어졌다. 그 후에 다시 미모의 남자를 택하여 곱게 꾸며 화랑(花郎)이라 이름하고 그를 받들었는데, 무리들이 구름처럼 몰려들었다. 혹은 도의(道義)로써 서로 연마하고 혹은 노래와 음악으로 서로 즐겼는데, 산과 물을 찾아 노닐고 즐기니 멀리 이르지 않은 곳이 없었다. 이로 인하여 사람의 사악함과 정직함을 알게 되어 착한 사람을 택하여 조정에 천거하였다. 그러므로 김대문(金大問)은 화랑세기(花郎世記)에서 말하기를, "어진 보필자와 충신은 이로부터 나왔고, 훌륭한 장수와 용감한 병졸은 이로부터 생겼다."라고 하였다. 최치원(崔致遠)은 난랑비(鸞郎碑)의 서문에서 말하기를 "나라에 현묘(玄妙)한 도(道)가 있는데, 이것을 풍류(風流)라고 한다. 가르침의 근원에 대해서는 선사(仙史)에 자세하게 갖추어져 있는데, 실로 이는 삼교(三敎)를 포함하고 뭇 백성들과 접(接)하여 교화한다. 이를테면 들어와서는 집안에서 효를 행하고 나가서는 나라에 충성함은 노(魯)나라 사구(司寇)의 가르침이고, 하였다고 자랑함이 없는 일을 하고, 말없는 가르침을 행하는 것은 주(周)나라 주사(柱史)의 뜻이며, 모든 악을 짓지 말고 모든 선을 받들어 행하라는 것은 축건태자(竺乾太子)의 교화이다"라고 하였다. 당(唐)나라의 영호징(令狐澄)은 신라국기(新羅國記)에서 말하기를, "귀족의 자제 중에서 아름다운 이를 택하여 분을 바르고 곱게 꾸며서 이름을 화랑이라고 하였는데, 나라 사람들이 모두 그를 높이 받들어 섬겼다."라고 하였다. (『三國史記』 4 新羅本紀 4) |

| 신라 | 봄에 신라에서 화랑을 두었다. 일찍이 임금과 신하들이 인물을 알아볼 방법이 없어서 걱정하다가 무리들이 함께 모여서 놀게 하고 그 행동을 살펴본 후에 발탁해서 쓰려고 하였다. 마침내 미녀 두 사람을 받들어 원화라 하였다. 한명은 남모(南毛)이고 또 다른 한명은 준정(俊貞)이었다. 무리 3백여 명을 모았다. 두 여인이 아름다움을 다투어 서로 질투하였는데, 준정이 집에서 술자리를 마련하고 억지로 남모에게 술을 권하여 취하게 되자 강물에 던져서 죽였다. 준정이 사형에 처해지자 마침내 원 |

화는 폐지되었다. 그 후에 다시 미모의 남자를 택하여 곱게 꾸며 화랑(花郎)이라 이름하니, 무리들이 구름처럼 몰려들었다. 혹은 도의(道義)로써 서로 연마하고 혹은 노래와 음악으로 서로 즐겼는데, 산과 물을 찾아 노닐고 즐기니 멀리 이르지 않은 곳이 없었다. 이로 인하여 사람의 사악함과 정직함을 알게 되어 택하여 등용하였다. (『三國史節要』7)

신라 제 24대 진흥왕 (…) 왕은 천성이 풍미(風味)하고 신선(神仙)을 매우 숭상하여 민가의 낭자 중에서 아름답고 예쁜 자를 택하여 받들어 원화(原花)로 삼았다. 이것은 무리를 모아서 인물을 뽑고 그들에게 효도와 우애, 그리고 충성과 신의를 가르치려함이었으니, 또한 나라를 다스리는 대요(大要)이기도 하였다. 이에 남모랑 (南毛娘)과 교정랑(峧貞娘)의 두 원화를 뽑았는데, 모여든 무리가 3,4백명이었다. 교정은 남모를 질투하였다. 그래서 술자리를 마련하여 남모에게 술을 많이 마시게 하고, 취하게 되자 몰래 북천(北川)으로 메고 가서 돌로 묻어서 죽였다. 그 무리들은 남모가 간 곳을 알지 못해서 슬프게 울다가 헤어졌다. 그러나 그 음모를 아는 사람이 있어서 노래를 지어 동네아이들을 꾀어 거리에서 부르게 하였다. 남모의 무리들이 노래를 듣고, 그 시체를 북천 중에서 찾아내고 곧 교정랑을 죽였다. 이에 대왕은 영을 내려 원화를 폐지시켰다. / 여러 해 뒤에 왕은 또 나라를 흥하게 하려면 반드시 풍월도(風月道)를 먼저 해야 한다고 생각하여, 다시 명령을 내려 좋은 가문 출신의 남자로서 덕행이 있는 자를 뽑아 명칭을 고쳐서 화랑(花郎)이라고 하였다. 처음 설원랑(薛原郎)을 받들어 국선(國仙)으로 삼았는데, 이것이 화랑 국선의 시초이다. 이 때문에 명주(溟洲)에 비를 세웠다. 이로부터 사람들로 하여금 악을 고쳐 선행을 하게하고, 윗사람을 공경하고 아랫사람에게 온순하게 하니, 5상(五常), 6예(六藝), 3사(三師), 6정(六正)이 왕의 시대에 널리 행해졌다[국사(國史)에는 진지왕(眞智王) 대건(大建) 8년 병신(丙申)에 비로소 화랑을 받들었다고 하였으나, 아마도 사전(史傳)의 잘못일 것이다]. (『三國遺事』3 塔像 4 弥勒仙花未尸郎眞慈師)

신라 (진흥왕) 37년에 처음으로 원화를 받들어 선랑(仙郎)으로 삼았다. 처음에 임금이나 신하들은 인재를 알아보지 못하여 근심하던 끝에 많은 사람들을 무리지어 놀게 하여 그들의 행실을 보아 천거하여 쓰고자 하였다. 드디어 미녀 두 사람을 가려 뽑아 남무(南無)와 준정(俊貞)이라 했으며 그들은 무리를 300명이나 모았다. 두 여자는 서로 미모를 다투다가 준정이 남무를 유인하여 억지로 술을 권하여 취하게 한 뒤 강물에 던져 죽여버렸다. 이로써 무리들은 화목을 잃고 흩어져 버렸다. 그 뒤에는 미모의 남자를 뽑아 곱게 단장시켜 화랑으로 삼으니 무리들이 구름처럼 모여들었다. 그들은 도의를 서로 부지런히 갈고 닦으며, 노래와 풍류를 서로 즐겼고, 산수를 찾아 아다니면서 유람했으니 먼 곳이라도 이르지 않는 곳이 없었다. 이로써 사람의 옳고 그름을 알게 되고 그 중에서 좋은 사람을 가려 뽑아 이를 조정에 추천했다. 그러므로 김대문의 화랑세기에 이르기를, "어진 재상과 충성스러운 신하가 이로부터 났고 훌륭한 장수와 용감한 병졸이 이로 말미암아 나왔다"고 하였다. 최치원의 난랑비서(鸞郎碑序)에 이르기를, "나라에 현묘한 도가 있으니 이를 풍류라 한다. 이것은 실로 3교를 포함한 것으로 모든 백성을 상대로 교화했다. 또한 그들은 들어오면 집에서 효도하고 나가면 나라에 충성했으니 노나라 사구(司寇)의 뜻이었고 무위(無爲)의 상태에 몸을 맡기고 무언의 가르침을 행했으니 주나라 주사(柱史)의 종지였으며 모든 악한 일은 하지 않고 모든 착한 일만 받들어 행했으니 천축 건태자(乾太子)의 교화였다."고 하였다. 또 당나라 영호징(슈狐澄)은 신라국기(新羅國記)에 이르기를, "귀인들의 자제 중 아름다운 자를 가려 뽑아 분을 바르고 곱게 단장하여 받들었으며, 이름을 화랑이라 하고 나라 사람들이 다 받들어 섬겼다."라고 하였다. 이는 대개 왕의 정치를 돕게 위한 방편이었다. 원랑(原郎)으로부터 신라 말에 이르기까지 무릇 200여명이 나왔는데 그 중에서 4명의 화랑이 가장 어질었으니, 화랑세기와 같다. (『海東高僧傳』 1 流通一之一 釋法雲)

| 신라 | (봄) 안홍법사(安弘法師)가 수(隋)에 들어가 불법을 구하고 호승(胡僧) 비마라(毗摩羅) 등 두 명의 승려와 돌아와 능가경(稜伽經)과 승만경(勝鬘經) 및 부처의 사리(舍利)를 올렸다. (『三國史記』 4 新羅本紀 4) |

| 신라 | (봄) 신라의 승려 안홍이 처음에 수에 들어가 불법을 구하고 이 때에 이르러 비마라 등 두 명의 호승과 돌아와 능가경과 승만경 및 부처의 사리(舍利)를 올렸다. (『三國史節要』 7) |

| 신라 | 신라고기(新羅古記)에서 이르기를 가야국(加耶國)의 가실왕(嘉實王)이 당(唐)의 악기를 보고 만들었다. 왕이 여러 나라의 방언이 각기 달라 성음을 어찌 일정하게 하는가 하며 이에 성열현(省熱縣) 사람 악사 우륵(于勒)에게 12곡을 만들게 하였다. 후에 우륵이 그 나라가 어지러워져 악기를 가지고 신라 진흥왕에게 귀부하였다. 왕이 받아들여서 국원(國原)에 편안히 두었다. 이에 대나마 주지(注知)·계고(階古)·대사 만덕(萬德)을 보내어 그 기예를 전수하게 했다. 세 명이 이미 12곡을 전해 받고 서로 일러 말하기를 이것은 번다하고 또 음란해서 우아하고 바르다고 할 수 없다. 마침내 5곡으로 요약하였다. 우륵이 처음 듣고 화를 냈지만 그 다섯 곡의 음을 듣고 눈물을 흘리면서 탄식하여 말하기를 즐거움이 넘치지 않고 애절하면서 슬프지 않으니 가히 바르다고 이른다. 네가 왕의 앞에서 그것을 연주하라. 왕이 듣고 크게 즐거워하였다. 간신(諫臣)이 의논하여 아뢰었다. 망한 가야(加耶)의 음은 취할 것이 안됩니다. 왕이 말하기를 가야왕(加耶王)이 음란하여 자멸하였으나 음악이 무슨 죄가 있는가. 대개 성인은 음악을 제정하는 것은 인정으로써 연유하여 조절하게 한 것이니 나라의 다스림과 어지러움은 음조(音調)로 유래한 것이 아니다. 마침내 행하여 대악(大樂)이 되었다. (『三國史記』 32 雜志 1 樂) |

| 신라 | 도령가(徒領歌)는 진흥왕 때 지은 것이다. (『三國史記』 32 雜志 1 樂) |

| 신라 | 도유나랑(都唯那娘) 1인, 아니대도유나(阿尼大都唯那) 1인은 진흥왕 때 처음으로 보량법사(寶良法師)로 그것을 삼았다. (『三國史記』 40 雜志 9 職官 下) |

| 신라 | 대서성(大書省) 1인은 진흥왕이 안장법사(安臧法師)로 그것을 삼았다. (『三國史記』 40 雜志 9 職官 下) |

| 신라 | (…) 진흥왕이 덕행을 이은 성군이었기에 왕위를 이어 임금의 자리에 처하여 위엄으로 백관을 통솔하니 호령이 다 갖추어졌으므로 대왕흥륜사(大王興輪寺)로 사액하였다. (…) (『三國遺事』 3 興法 3 原宗興法 猒髑滅身) |

| 신라 | 가을 8월에 왕이 돌아가셨다. 시호(諡號)를 진흥이라 하고, 애공사(哀公寺)의 북쪽 산봉우리에 장사지냈다. 왕은 어린 나이에 즉위하여 한 마음으로 불교를 받들었다. 말년에 이르러서는 머리를 깎고 승복을 입었으며, 스스로 법운이라 부르다가 죽었다. 왕비 또한 그것을 본받아 비구니가 되어 영흥사(永興寺)에 머물다가 돌아가시자, 국인(國人)이 예(禮)로써 장사지냈다. (『三國史記』 4 新羅本紀 4) |

| 신라 | 진지왕이 왕위에 올랐다. 이름은 사륜(舍輪)[또는 금륜이라고도 한다]이고, 진흥왕의 둘째 아들이다. 어머니는 사도부인(思道夫人)이고, 왕비는 지도부인(知道夫人)이다. |

	태자가 일찍 죽었기 때문에 진지가 왕위에 올랐다. (『三國史記』 4 新羅本紀 4)
신라	가을 8월에 신라왕 삼맥종(彡麥宗)이 돌아가셨다. 왕은 어린 나이에 즉위하여 오직 정성으로 불교를 받들었다. 말년에 이르러서는 머리를 깎고 승복을 입었으며, 스스로 법운이라 불렀다. 왕비 또한 비구니가 되어 영흥사에 머물렀다. 왕이 돌아가시자 국인들이 예로써 애공사의 북쪽 산봉우리에 장사지냈다. 시호를 진흥이라 하였고 왕자 금륜(金輪)이 즉위하였다. (『三國史節要』 7)
신라	왕은 어린 나이에 즉위하여 한 마음으로 불교를 받들었다. 말년에 이르러서는 머리를 깎고 승복을 입었으며, 스스로 법운이라 부르고 금계(禁戒)를 항상 새기고 삼업(三業:身·口·意)을 깨끗이 하고 마침내 죽었다. 그 죽음에 미쳐 국인(國人)이 예로서 애공사 북쪽 봉우리에 장사지냈다. 이 해에 안함법사(安含法師)가 수나라로부터 왔는데, 안함전(安含傳)에서 그것을 분별하였다. (『海東高僧傳』 1 流通一之一 釋法雲)
신라	제25대 사륜왕의 시호는 진지대왕이며 성은 김씨이고 왕비는 기오공(起烏公)의 딸인 지도부인(知刀夫人)이다. 대건(大建) 8년 병신에 왕위에 올라[고본(古本)에는 11년 기해(579)라고 하였으나 오류이다], 나라를 다스린 지 4년에 주색에 빠져 정치가 어지러워지자 국인(國人)이 폐위시켰다. (『三國遺事』 1 紀異 1 桃花女 鼻荊郞)
신라	종시(終時)에 머리를 깎고 승복을 입었으며 죽었다. (『三國遺事』 1 紀異 1 眞興王)
신라	이찬(伊湌) 거칠부(居柒夫)를 상대등(上大等)으로 삼아 나라 일을 맡겼다. (『三國史記』 4 新羅本紀 4)
신라	진지왕 원년 병신년에 거칠부를 상대등으로 삼아 군국(軍國)의 일을 맡겼다. 나이가 들어 집에서 죽었는데, 향년 78세였다. (『三國史記』 44 列傳 4 居柒夫)
신라	신라에서 이찬(伊湌) 거칠부(居柒夫)를 상대등(上大等)으로 삼아 군대와 나라 일을 맡겼다. (『三國史節要』 7)

577(丁酉/신라 진지왕 2/고구려 평원왕 19/백제 위덕왕 24/陳 大建 9/倭 敏達 6)

백제	정유년 2월 15일에 백제왕 창(昌)이 죽은 왕자를 위해 탑을 세웠다. 본래 사리가 2매였는데 묻을 때 신묘하게 3개가 되었다. (「王興寺址銘舍利盒」)
신라	봄 2월에 왕이 친히 신궁(神宮)에 제사지내고 크게 사면하였다. (『三國史記』 4 新羅本紀 4)
신라	봄 2월에 신라 왕이 친히 신궁에 제사지내고 크게 사면하였다. (『三國史節要』 7)
백제 삼한	여름 5월 계유(癸酉) 초하루 정축일(5)에 오와케노오키미(大別王)와 오구로노키시(小黑吉士)를 보내어 백제국의 미코토모치(宰)로 삼았다[왕의 신하로서 명을 받들어 삼한에 사신으로 갈 때 스스로 미코토모치라고 칭한다. 한(韓)의 미코토모치가 된다고 하는 말은 대개 옛날의 전범인 듯하다. 지금은 미츠카이(使)라고 하는데 나머지는 모두 이를 따른다. 오와케노오키미는 어디 출신인지 자세하지 않다]. (『日本書紀』 20 敏達紀)
백제	가을 7월 기묘일(8)에 백제국이 사신을 보내 조공하였다. (『南史』 10 陳本紀 下 10)
백제	(가을 7월) 기묘일(8)에 백제국이 사신을 보내 특산물을 바쳤다. (『陳書』 5 本紀 5)
백제	가을 7월에 사신을 보내 진(陳)에 들어가 조공하였다. (『三國史記』 27 百濟本紀 5)
백제	가을 7월에 백제에서 사신을 보내 진에 가서 조공하였다. (『三國史節要』 7)
백제	(진 선제(宣帝) 태건(太建)) 9년 7월에 백제국이 사신을 보내 토산물을 바쳤다. (『册府元龜』 969 外臣部 14 朝貢 2)

신라 백제	겨울 10월에 백제가 서쪽 변경의 주(州)와 군(郡)에 침입하자, 이찬(伊湌) 세종(世宗)에게 명해 군사를 내어 일선(一善)의 북쪽에서 쳐서 깨뜨리고 3천 7백여 명의 목을 베었다. (『三國史記』 4 新羅本紀 4)
백제 신라	겨울 10월에 신라 서쪽 변경의 주·군을 침입하자, 신라의 이찬 세종이 군사를 거느리고 쳐서 깨뜨렸다. (『三國史記』 27 百濟本紀 5)
신라 백제	겨울 10월에 백제가 신라의 서쪽 변경을 침입하자, 신라에서 이찬 세종에게 명해 일선의 북쪽에서 쳐서 깨뜨리고 3천 7백여 명의 목을 베었다. (『三國史節要』 7)

신라	(겨울 10월) 내리서성(內利西城)을 쌓았다. (『三國史記』 4 新羅本紀 4)
신라	(겨울 10월) 내리서성을 쌓았다. (『三國史節要』 7)

백제	(민달(敏達)) 6년 10월에 백제의 사신으로 파견된 오와케노오키미가 백제로부터 돌아왔다. 백제왕이 경론(經論)과 선사(禪師) 등 6인을 부공(附貢)하였는데, 나니와(難破)의 오와케노오키미노테라(大別王寺)에 머물게 하였다. (『元亨釋書』 20)

백제	(건덕(建德) 6년) 11월 경오일(1)에 백제에서 사신을 보내 토산물을 바쳤다. (『周書』 6 帝紀 6 武帝 下)
백제	11월에 사신을 보내 우문주(宇文周: 北周)에 들어가 조공하였다. (『三國史記』 27 百濟本紀 5)
백제	11월에 백제에서 사신을 보내 후주(後周:北周)에 가서 조공하였다. (『三國史節要』 7)
백제	(후주 무제 건덕) 6년 11월에 백제에서 아울러 사신을 보내 토산물을 바쳤다. (『册府元龜』 969 外臣部 14 朝貢 2)
백제	건덕 6년에 제(齊)가 멸망하자 창(昌)이 처음으로 사신을 보내 토산물을 바쳤다. (『周書』 49 列傳 41 異域 上 百濟)
백제	(건덕 6년) 이해에 토욕혼(吐谷渾)·백제가 아울러 사신을 보내 조공하였다. (『北史』 10 周本紀 下 高祖武皇帝)
백제	주 건덕 6년에 제가 멸망하자 여창(餘昌)이 처음으로 사신을 보내 주와 통교하였다. (『北史』 94 列傳 82 百濟)

백제	겨울 11월 경오(庚午) 초하루날에 백제국왕이 돌아오는 사신 오와케노오키미 등에게 딸려서 경론 약간 권과 율사(律師)·선사·비구니(比丘尼)·주금사(呪禁師)·조불공(造佛工)·조사공(造寺工) 6인을 바쳤으므로 나니와의 오와케노오키미노테라에 안치했다. (『日本書紀』 20 敏達紀)
백제	(민달) 6년 겨울 11월에 백제국이 부처님의 경론 및 선사·율사·비구니 및 주금사·불공(佛工)·사장(寺匠)을 바쳤다. (『元亨釋書』 20)

고구려	왕이 사신을 보내 주(周)에 들어가 조공하였다. 주 고조(高祖)가 왕을 임명하여 개부의동삼사(開府儀同三司)·대장군(大將軍)·요동군개국공(遼東郡開國公)·고구려왕으로 삼았다. (『三國史記』 19 高句麗本紀 7)
고구려	고구려에서 사신을 보내 후주에 가서 조공하였다. 주는 왕을 개부의동삼사·대장군·요동군개국공·고구려왕으로 삼았다. (『三國史節要』 7)
고구려	건덕 6년에 탕(湯)이 또 사신을 보내 와서 바쳤다. 고조가 탕을 임명하여 상개부의동(上開府儀同)·대장군·요동군개국공·요동왕으로 삼았다. (『周書』 49 列傳 41 異域

上 高麗)

고구려	건덕 6년에 탕이 사신을 보내 주에 이르렀다 무제가 탕을 상개부의동·대장군·요동군개국공·요동왕으로 삼았다. (『北史』 94 列傳 82 高句麗)
고구려	(후주) 무제 건덕 6년에 고려왕 고탕이 사신을 보내 와서 바쳤다[한편으로는 고양(高陽)이라고도 한다]. 탕을 임명하여 상개부의동·대장군·요동군개국공·요동왕으로 삼았다. (『册府元龜』 963 外臣部 8 封冊 1)
고구려	연(璉)의 6세손 탕(평원왕)이 주에 사신을 보내 조공하였다. 무제가 상개부·요동군공·요동왕으로 임명하였다. (『隋書』 81 列傳 46 東夷 高麗)

578(戊戌/신라 진지왕 3/고구려 평원왕 20/백제 위덕왕 25/陳 大建 10/倭 敏達 7)

신라	가을 7월 무술일(3)에 신라국이 사신을 보내 토산물을 바쳤다. (『陳書』 5 本紀 5 宣帝)
신라	가을 7월 무술일(3)에 신라국이 사신을 보내 조공하였다. (『南史』 10 陳本紀 下 10)
신라	가을 7월에 사신을 진(陳)에 보내 토산물을 바쳤다. 백제에게 알야산성(閼也山城)을 주었다. (『三國史記』 4 新羅本紀 4)
신라	가을 7월에 사신을 보내 진에 가서 조공하였다. (『三國史節要』 7)
신라	(진 선제(宣帝) 태건(太建)) 10년 7월에 신라국이 사신을 보내 토산물을 바쳤다. (『册府元龜』 969 外臣部 14 朝貢 2)

백제	(선정(宣政) 원년 겨울 10월) 무자일(25)에 백제에서 사신을 보내 토산물을 바쳤다. (『周書』 6 帝紀 6 武帝 下)
백제	(선정 원년 겨울 10월) 무자일(25)에 백제에서 사신을 보내 조공하였다. (『北史』 10 周本紀 下 10 宣皇帝)
백제	(후주 무제) 선정 원년 10월에 백제에서 아울러 사신을 보내 토산물을 바쳤다. (『册府元龜』 969 外臣部 14 朝貢 2)
백제	사신을 보내 우문씨의 주(周)에 들어가 조공하였다. (『三國史記』 27 百濟本紀 5)
백제	백제에서 사신을 보내 후주에 가서 조공하였다. (『三國史節要』 7)
백제	선정 원년에 또 사신을 보내 와서 바쳤다. (『周書』 49 列傳 41 異域 上 百濟)
백제	선정 원년에 또 사신을 보내 와서 바쳤다. (『北史』 94 列傳 82 百濟)

백제	(민달(敏達)) 7년에 백제에서 100권의 경론(經論)을 가지고 왔다. (『聖德太子傳曆』 上)

신라	무진년 11월 초하루 14일에 영동리촌(另冬里村)의 고△오(高△塢)를 만들고 기록한다. 이것을 만든 사람들은 도유나(都唯那)인 보장(寶藏) 아척간(阿尺干)과 도유나인 혜장(慧藏) 아척간 대공척(大工尺)인 구리지촌(仇利支村) 일리도혜(壹利刀兮) 귀간지(貴干支) △上△壹△利干 도척(道尺)인 辰△生之△△村 △△부작촌(△△夫作村) 모령(芼令) 일벌(一伐) 내생(奈生) 일벌 거모촌(居毛村) 대정(代丁) 일벌 령동리촌(另冬里村) 사목을(沙木乙) 일벌 진득소리촌(珎淂所利村) 야득득실리(也淂失利) 일벌 塢珎此只村△△△一尺 △△ 一尺 另所△ 일벌 이차목리(伊此木利) 일척(一尺) △助只 피일(彼日) 등이다. 이 저수지의 크기는 폭 20보, 높이 5보 4척, 길이 50보이다. 이것을 만드는데 동원된 수는 312인의 공부(功夫)이며 13일간에 일을 다 마쳤다. 이 문(文)을 작성한 사람은 일리혜(壹利兮) 일척(一尺)이다. (「大邱戊戌銘塢作碑」)

579(己亥/신라 진지왕 4, 진평왕 1/고구려 평원왕 21/백제 위덕왕 26/陳 大建 11/倭 敏達 8)

신라 백제	봄 2월에 백제가 웅현성(熊峴城)과 송술성(松述城)을 쌓아 산산성(菻山城)·마지현성(麻知峴城)·내리서성(內利西城)의 길을 막았다. (『三國史記』 4 新羅本紀 4)
신라 백제	봄 2월에 백제가 웅현성과 송술성을 쌓아 신라의 산산성·마지현성·내리서성의 길을 막았다. (『三國史節要』 7)
신라	(…) 진지왕 대에 흥륜사(興輪寺)에는 진자(眞慈)[혹은 정자(貞慈)라고도 한다]라는 승려가 있었다. 그는 항상 당주(堂主) 미륵상(彌勒像) 앞에 나아가 서원을 발하여 말하였다. "원컨대 우리 대성(大聖)께서는 화랑으로 화하시어 세상에 출현하셔서 제가 항상 거룩하신 모습을 가까이 뵙고 받들어 시중들 수 있도록 하시옵소서.". 그의 정성스럽고 간절하게 기도하는 마음은 날이 갈수록 더욱 독실해졌다. 어느 날 밤 꿈에 한 승려가 그에게 말하였다. "그대가 웅천 (熊川)[지금의 공주(公州)]의 수원사(水源寺)로 가면 미륵선화(彌勒仙花)를 볼 수 있을 것이다." 진자는 꿈에서 깨자 놀라고 기뻐하며, 그 절을 찾아 열흘 동안의 행정을 한 걸음마다 한 번씩을 절하며 갔다. 그 절에 이르자 문 밖에 복스럽고 섬세하게 생긴 한 도령이 있었다. 그는 고운 눈매와 입맵시로 맞이해서 작은 문으로 인도하여 객실로 영접하였다. 진자는 한편으로 올라가면서 한편으로는 절을 하면서 말하였다. "그대는 평소에 잘 모르면서 어찌하여 나를 대접함이 이렇게도 은근한가." 낭이 말하였다. "저도 또한 서울 사람입니다. 스님께서 먼 곳에서 오심을 보고 위로를 드릴 뿐입니다." 잠시 후 그는 문 밖으로 나갔는데, 간 곳을 알 수 없었다. 진자는 우연한 일이라고만 생각하고 그다지 이상하게 여기지 않았다. 다만 그 절의 승려들에게 지난밤의 꿈과 자신이 이곳에 온 뜻만을 이야기하고는 또 말하였다. "잠시 말석에서라도 몸을 붙여 미륵선화를 기다리고 싶은데, 어떻겠습니까." 절의 승려들은 그의 정상을 허황된 것으로 여기면서도 그의 은근하고 정성스러운 태도를 보고서 말하였다. "여기서 남쪽으로 가면 천산(千山)이 있는데, 예부터 현인과 철인이 살고 있어 명감(冥感)이 많다고 합니다. 어찌 그곳으로 가지 않겠습니까." 진자가 그 말을 좇아 산 아래에 이르니, 산신령이 노인으로 변하여 나와서 맞으면서 말하였다. "여기에는 무슨 일로 왔소." "미륵선화를 뵙고자 합니다." 노인이 말하였다. "지난번 수원사 문 밖에서 이미 미륵선화를 뵈었는데, 또 다시 와서 무엇을 구한다는 말인가." 진자는 그 말을 듣고 깜짝 놀라 곧장 달려서 본사로 돌아왔다. 한 달 정도 후에 진지왕이 그 소식을 듣고 진자를 불러 그 연유를 묻고 말하였다. "낭이 스스로 서울 사람이라고 했다면, 성인은 거짓말을 하지 않는데, 왜 성 안을 찾아보지 않았소." 진자는 왕의 뜻을 받들어 무리를 모아 두루 마을을 다니면서 찾았다. 한 소년이 있었는데, 화장을 곱게 하고 용모가 수려하였으며 영묘사(靈妙寺) 동북쪽 길가 나무 밑에서 이리 저리 돌아다니면서 놀고 있었다. 진자는 그를 보자 놀라면서 말하였다. "이분이 미륵선화다." 이에 다가가서 물었다. "낭의 집은 어디에 있으며, 성은 무엇인지 듣고 싶습니다." 낭이 대답하였다. "내 이름은 미시(未尸)입니다. 어릴 때 부모님이 다 돌아가셔서 성은 무엇인지 알지 못합니다." 이에 그를 가마에 태우고 들어가서 왕에게 뵈었더니, 왕은 그를 존경하고 사랑하여 받들어 국선으로 삼았다. 그의 자제들에 대한 화목과 예의와 풍교(風敎)는 보통과는 달랐다. 그의 풍류가 세상에 빛난 지 거의 7년이 되더니 문득 간 곳이 없었다. 진자는 슬퍼하고 그를 생각함이 매우 심하였다. 그러나 그의 자비로운 은택에 흠뻑 젖었고, 그의 맑은 교화를 친히 접했으므로 스스로 잘못을 뉘우치고 고쳐서 정성으로 도를 닦아 만년에는 그 또한 세상 마친 곳을 알 수 없다. 설명하는 이가 말하였다. "미(未)는 미(彌)와 음이 가깝고, 시(尸)는 력(力)과 글자모양이 서로 비슷하므로 그 근사함에 가탁하여 수수

께끼처럼 한 것이다. 대성(大聖)이 유독 진자의 정성에 감동된 것만이 아니라, 아마 이 땅에 인연이 있었으므로 때때로 나타나 보인 것이다."

지금도 나라 사람들이 신선을 가리켜 미륵선화라고 하고 남에게 중매하는 사람을 미시라고 하는 것은 모두 미륵의 유풍이다. 길 옆에 섰던 나무를 지금도 견랑(見郞)이라고 이름하고, 또 항간의 말로는 사여수(似如樹)[혹은 인여수(印如樹)라고도 한다]. 라고 한다.

찬하여 말한다. 향기로운 자취 찾아 걸음마다 그 모습 우르러, 간 곳마다 심은 것은 한결같은 공덕일세. 홀연히 봄은 가고 찾을 곳 없더니, 뉘라서 알았으랴, 잠깐 사이 상림(上林)이 붉을 줄을. (『三國遺事』 3 塔像 4 弥勒仙花未尸郎真慈師)

| 신라 | 가을 7월 17일에 왕이 돌아가셨다. 시호(諡號)를 진지라 하고, 영경사(永敬寺)의 북쪽에 장사지냈다. (『三國史記』 4 新羅本紀 4) |

신라　가을 7월 17일에 왕이 돌아가셨다. 시호(諡號)를 진지라 하고, 영경사(永敬寺)의 북쪽에 장사지냈다. (『三國史記』 4 新羅本紀 4)

신라　진평왕이 왕위에 올랐다. 이름은 백정(白淨)이고, 진흥왕의 태자인 동륜(銅輪)의 아들이다. 어머니는 김씨 만호(萬呼)[한편으로 만내(萬內)라고도 한다]부인으로 갈문왕(葛文王) 입종(立宗)의 딸이다. 왕비는 김씨 마야부인(摩耶夫人)으로 갈문왕 복승(福勝)의 딸이다. 왕은 태어날 때 기이한 용모였고, 신체가 장대하고 뜻이 깊고 굳세었으며 지혜가 밝아 사리에 통달하였다. (『三國史記』 4 新羅本紀 4)

신라　가을 7월에 신라왕 금륜(金輪)이 돌아가시자 영경사의 북쪽에 장사지냈고 시호를 진지라하였다. 태자 동륜의 아들인 백정이 왕위에 올랐다. 태어날 때 기이한 용모였고, 신체가 장대하고 뜻이 깊고 굳세었으며 지혜가 밝아 사리에 통달하였다. / 처음에 즉위하였을 때 신이 궁정에 내려와 천사옥대라고 말하였다. 왕위 무릎을 꿇고 그것을 받았고 무릇 교묘(郊廟)와 대사(大祀)에는 모두 이것을 찼다. (『三國史節要』 7)

신라　제25대 사륜왕의 시호는 진지대왕이다. (…) 나라를 다스린 지 4년 만에 주색에 빠져 음란하고 정사가 어지러우므로 나라 사람들이 그를 폐위시켰다.

이보다 앞서 사량부(沙梁部) 어느 민가 여인의 얼굴과 자태가 매우 아름다웠으므로 사람들이 도화랑(桃花娘)이라고 불렀다. 왕이 소문을 듣고 궁중에 불러들여 그녀를 범하려 하니 여인이 말하였다. "여자가 지켜야 하는 일은 두 남자를 섬기지 않는다는 것입니다. 남편이 있는데도 다른 사람에게 시집가는 것은 만승(萬乘)의 위엄으로도 마침내 얻지 못할 것입니다." 왕이 말하였다. "너를 죽인다면 어떻게 할 것이냐." 여인이 대답하였다. "차라리 거리에서 죽음을 당하더라도 어찌 다른 마음 가지기를 원하겠습니까." 왕이 희롱으로 말하였다. "남편이 없으면 되겠느냐." 여인이 말하였다. "되겠습니다." 왕은 그를 놓아 보내주었다. 이 해에 왕이 폐위되고 죽었는데 2년 후에 도화랑의 남편도 역시 죽었다. 십 여일이 지난 어느 날 밤중에 홀연히 왕이 평시와 같이 나타나 여인의 방에 들어와 말하였다. "네가 옛날에 허락한 것처럼, 지금 너의 남편이 없으니 되겠느냐." 여인이 쉽게 허락하지 못하고 부모에게 이 사실을 고하니 부모가 말하기를 "임금의 교시인데 어찌 피할 수 있겠느냐." 하고 딸을 방에 들어가게 하였다. 왕이 7일 동안 머물렀는데 늘 오색구름이 집을 덮고 향기가 방안에 가득하였다. 7일 후에 홀연히 종적이 사라졌다. 여인은 이로 인하여 임신하여 달이 차서 해산하려 할 때 천지가 진동하며, 한 사내아이를 낳으니 이름을 비형(鼻荊)이라 하였다. (…) (『三國遺事』 1 紀異 1 桃花女 鼻荊郎)

신라　8월에 이찬(伊湌) 노리부(弩里夫)를 상대등(上大等)으로 삼았다. 친동생인 백반(伯飯)을 진정갈문왕(眞正葛文王)으로, 국반(國飯)을 진안갈문왕(眞安葛文王)으로 봉하였다. (『三國史記』 4 新羅本紀 4)

신라　8월에 신라에서 이찬 노리부를 상대등으로 삼았다. 친동생인 백반을 진정갈문왕으

로, 국반을 진안갈문왕(眞安葛文王)으로 삼았다. (『三國史節要』 7)

신라   천사옥대(天賜玉帶)[청태(淸泰) 4년 정유년(937) 5월 정승(正丞) 김부(金傅)가 금을 새기고 옥을 두른 허리띠 한 벌을 바치니, 길이는 10뼘[圍]이고 과(銙)는 62개이다. 이것이 진평왕의 천사대(天賜帶)이다. 태조가 그것을 받아 내고(內庫)에 보관하였다] 제26대 백정왕(白淨王)의 시호는 진평대왕(眞平大王)으로 김씨이다. 대건(大建) 11년 기해(己亥) 8월에 왕위에 올랐는데 신장이 11척이나 되었다. 내제석궁(內帝釋宮)[또한 천주사(天柱寺)라고도 하는데 왕이 창건하였다]에 행차하였는데, 돌계단[石梯]을 밟으니 세 개가 한꺼번에 부러졌다. 왕이 좌우의 사람들에게 일러 말하였다. "이 돌들을 다른 곳으로 옮기지 말고 그대로 두어, 후세 사람들이 볼 수 있게 하도록 하라." 이것이 바로 성안에 있는 다섯 개의 부동석(不動石) 중의 하나이다.
왕이 즉위한 원년에 천사가 궁전의 정원에 내려와 말하였다. "상제께서 나에게 명하여 이 옥대를 전해 주라고 하셨습니다." 왕이 친히 꿇어앉아 그것을 받으니 천사가 하늘로 올라갔다. 무릇 교묘(郊廟)와 대사(大祀)에는 항상 이것을 허리에 찼다. 후에 고구려 왕이 신라 정벌을 도모하면서 말하였다. "신라에는 세 가지 보물이 있어 범할 수 없다고 하는데, 무엇을 말하는 것인가." 신하가 말하였다. "황룡사(皇龍寺)의 장육존상(丈六尊像)이 그 첫째요, 그 절의 구층탑이 둘째이며, 진평왕의 천사옥대가 그 셋째입니다." 이 말을 듣고 계획을 그치었다. 찬(讚)하여 말한다. 구름 밖의 하늘이 준 옥대를 두르니 임금의 곤룡포에 아름답게 어울리네. 우리 임금의 옥체 이제부터 더욱 위중해지니 다음에는 쇠로써 섬돌을 만들어야 마땅하네. (『三國遺事』 1 紀異 1 天賜玉帶)

백제   겨울 10월에 장성(長星)이 하늘에 뻗었다가 20일 만에 사라졌다. 지진이 일어났다. (『三國史記』 27 百濟本紀 5)

백제   겨울 10월에 백제에서 장성이 하늘에 뻗었다가 20일 만에 사라졌다. 지진이 일어났다. (『三國史節要』 7)

신라   겨울 10월에 신라가 지질정(枳叱政) 나말(奈末)을 보내어 조(調)를 바치고 아울러 불상(佛像)을 보냈다. (『日本書紀』 20 敏達紀)

신라   (민달(敏達)) 8년 겨울 10월에 신라국의 사신인 지질정이 석가불상을 바쳤다[8년 10월에 신라국에서 석가상을 바쳤다. 상궁왕자가 말하였다. "이 상은 심히 신령스러우니 이것을 숭배하면 재앙이 사라지고 복을 받을 것이다. 이것을 업신여기면 재앙을 부르고 목숨이 줄어들 것이다." 천황이 이것을 듣고 공경하고 받들었다. 지금 현재는 흥복사(興福寺) 동쪽 금당(金堂)에 있다]. (『元亨釋書』 20)

신라   (민달) 8년 겨울 10월에 신라국에서 불상을 보내 바쳤다. 태자가 황자(皇子)에게 아뢰어 말하였다. "서국(西國)의 성인 석가모니불유상(釋迦牟尼佛遺像)이 말세(末世)에 있으니 재앙이 사라지고 복을 입을 것이고 이것을 업신여기면 재앙을 부르고 목숨이 줄어들 것이다. 아이가 불경을 읽고 그 뜻이 미묘하니, 불상을 존숭하며 귀이기 바라보고 이 말과 같이 수행하라." 천황이 크게 기뻐하고 받들어 안치하였다. (『聖德太子傳曆』 上)

580(庚子/신라 진평왕 2/고구려 평원왕 22/백제 위덕왕 27/陳 大建 12/倭 敏達 9)
신라   봄 2월에 친히 신궁(神宮)에 제사지냈다. (『三國史記』 4 新羅本紀 4)
신라   봄 2월에 신라 왕이 친히 신궁에 제사지냈다. (『三國史節要』 7)

신라	(봄 2월) 이찬(伊湌) 후직(后稷)을 병부령(兵部令)으로 삼았다. (『三國史記』 4 新羅本紀 4)
신라	김후직은 지증왕의 증손(曾孫)이다. 진평대왕을 섬겨 이찬이 되었고 병부령의 임무를 맡았다. 대왕이 사냥을 매우 좋아해서 후직이 간(諫)하였다. "옛날에 임금된 자는 반드시 하루에도 만 가지 정사를 보살피는데, 깊고 멀리 생각하고, 좌우에 있는 바른 선비들의 직간(直諫)을 받아들여 부지런히 힘쓰고 부지런히 일하여, 감히 편안하게 즐기지를 않았습니다. 그러한 후에 덕스러운 정치가 깨끗하고 아름다워져 국가를 보전할 수가 있었습니다. 그런데 지금 전하께서는 날마다 미친 사냥꾼과 더불어 매와 개를 풀어 꿩과 토끼들을 쫓아 산과 들을 빨리 달리기를 스스로 그치시지 못합니다. 노자(老子)는 '말 달리며 사냥하는 것은 사람의 마음을 미치게 한다.'고 하였고, 서경(書經)에는 '안으로 여색을 일삼든지 밖으로 사냥을 일삼든지, 이 중에 하나가 있어도 혹 망하지 아니함이 없다.'고 하였습니다. 이로써 그것을 보면, 안으로 마음을 방탕히 하면 밖으로는 나라가 망하게 되니, 반성하지 않을 수 없습니다. 전하께서는 이를 생각하십시오." 왕이 따르지 않았다. 또 후직은 간절히 간하였으나, 왕은 듣지 않았다. 후에 후직이 병이 들어 죽으려 할 때, 그 세 아들에게 말하였다. "내가 남의 신하가 되어 임금의 나쁜 행동을 바로잡아 구하지 못하였다. 아마도 대왕이 놀이를 그치지 않으면 패망에 이를 것이니, 이것이 내가 근심하는 것이다. 비록 내가 죽더라도 반드시 임금을 깨우쳐 주려는 생각이 있으니, 반드시 내 뼈를 대왕이 사냥 다니는 길 옆에 묻으라.". 아들들이 모두 그것을 따랐다. 다른 날에 왕이 먼 길을 떠나 반쯤 갔을 때 멀리서 소리가 나는데, "가지 마시오." 하는 것 같았다. 왕이 돌아보며 물었다. "소리가 어디에서 나는가." 시종하던 사람이 아뢰었다. "저것은 이찬 후직의 무덤입니다."마침내 후직이 죽을 때 한 말을 말하였다. 대왕이 눈물을 줄줄 흘리며 말하였다. "그대의 충성스러운 간함은 죽어서도 잊지 않았으니, 그대가 나를 사랑함이 깊구나. 만일 내가 끝내 고치지 않는다면 살아서나 죽어서나 무슨 낯이 있겠는가." 마침내 종신토록 다시는 사냥을 하지 않았다. (『三國史記』 45 列傳 5 金后稷)
신라	(봄 2월) 신라의 이찬 김후직은 병부령이 되었다. 후직은 지증왕의 증손이다. 왕이 사냥을 매우 좋아해서 후직이 간(諫)하였다. "옛날에 임금된 자는 반드시 하루에도 만 가지 정사를 보살피는데, 깊고 멀리 생각하고, 좌우에 있는 바른 선비들의 직간(直諫)을 받아들여 부지런히 힘쓰고 부지런히 일하여, 감히 편안하게 즐기지를 않았습니다. 그러한 후에 덕스러운 정치가 깨끗하고 아름다워져 국가를 보전할 수가 있었습니다. 그런데 지금 전하께서는 날마다 미친 사냥꾼과 더불어 매와 개를 풀어 꿩과 토끼들을 쫓아 산과 들을 빨리 달리기를 스스로 그치시지 못합니다. 노자(老子)는 '말 달리며 사냥하는 것은 사람의 마음을 미치게 한다.'고 하였고, 서경(書經)에는 '안으로 여색을 일삼든지 밖으로 사냥을 일삼든지, 이 중에 하나가 있어도 혹 망하지 아니함이 없다.'고 하였습니다. 이로써 그것을 보면, 안으로 마음을 방탕히 하면 밖으로는 나라가 망하게 되니, 반성하지 않을 수 없습니다. 전하께서는 이를 생각하십시오." 왕이 따르지 않았다. 또 후직은 간절히 간하였으나, 왕은 듣지 않았다. 후에 후직이 병이 들어 죽으려 할 때, 그 세 아들에게 말하였다. "내가 남의 신하가 되어 임금의 나쁜 행동을 바로잡아 구하지 못하였다. 아마도 대왕이 놀이를 그치지 않으면 패망에 이를 것이니, 이것이 내가 근심하는 것이다. 비록 내가 죽더라도 반드시 임금을 깨우쳐 주려는 생각이 있으니, 반드시 내 뼈를 대왕이 사냥 다니는 길 옆에 묻으라." 아들들이 모두 그것을 따랐다. 다른 날에 왕이 먼 길을 떠나 반쯤 갔을 때 멀리서 소리가 나는데, "가지 마시오." 하는 것 같았다. 왕이 돌아보며 물었다. "소리가 어디에서 나는가." 시종하던 사람이 아뢰었다. "저것은 이찬 후직의 무

덤입니다.". 마침내 후직이 죽을 때 한 말을 말하였다. 대왕이 눈물을 줄줄 흘리며 말하였다. "그대의 충성스러운 간함은 죽어서도 잊지 않았으니, 그대가 나를 사랑함이 깊구나. 만일 내가 끝내 고치지 않는다면 살아서나 죽어서나 무슨 낯이 있겠는가." 마침내 종신토록 다시는 사냥을 하지 않았다.

권근이 말하였다. "사어(史魚)가 주검으로써 간하였으니 전사(前史)에서 아름답게 여겼다. 지금 후직의 죽음은 유명(遺命)으로 왕이 사냥하는 길 곁에 장사지내게 하여 비단 왕으로 하여금 보고서 깨닫게 할 뿐만 아니라. 또 소리에 의탁하여 불러 경계한 듯 하였으니, 이는 그 임금을 사랑하는 마음이 지극한 정성에서 나온 것이다. 그러므로 백골은 비록 지하에서 흙으로 변하였으나 그 정신만은 흩어지지 않아 어두운 가운데에서 번민하고 있다가 사냥하려 가는 거마(車馬)가 나오는 것을 보고는 마음에 감촉(感觸)되어 소리로 나타낸 것이니 지사(志士)와 어진 사람이야 어찌 생사 간에 그 마음을 달리 하겠는가. 대저 사람의 정신은 천지 음양과 더불어 서로 유통하는 까닭에 옛날 지사는 죽어서도 그 영혼이 흩어지지 않고 결초보은과 같은 이상한 일이 나타나는 경우가 많은 것이다. 그러니 어찌 유독 이 일에 대해서만 의심할 것이 있겠는가."(『三國史節要』 7)

신라

여름 6월 신라가 안도(安刀) 나말(奈末)과 실소(失消) 나말을 보내어 조(調)를 바쳤는데 받아들이지 않고 되돌려 보냈다. (『日本書紀』 20 敏達紀)

고구려

석 법상(法上)의 성은 유씨(劉氏)이고 조가(朝歌) 사람이다. (…) 고구려의 대승상(大丞相) 왕고덕(王高德)이 있는데, 그는 깊이 정법(正法)을 생각하고 대승(大乘)을 숭상·존중하여 불법을 전파시켜 바다 끝까지 가피를 입게 하고자 하였다. 그러나 법과 가르침의 근원과 종지를 헤아릴 길이 없었고, 서쪽 땅에서 동쪽 땅으로 법이 건너간 때와 시대와 황제가 누구인지를 몰라서 짐짓 일의 조목을 모두 기록하여 스님을 업성(鄴城)으로 파견하여 아직 듣지 못한 일들을 조정에 아뢰게 하였다. 대략을 서술하면 다음과 같다. "석가모니 부처님께서 열반에 드신 이래 지금까지 몇 해가 되었는가. 또 천축에서 불교가 몇 해 만에 비로소 한나라 땅에 이르렀는가. 처음 불교가 중국에 들어왔을 때에는 어떤 황제의 시대며 당시의 연호는 무엇이었는가. 또 제(齊)나라와 진(陳)나라 중에 어느 나라가 먼저 불법을 전해 알렸는가. 그 후 지금까지 몇 해가 지났으며 그 당시의 황제는 어느 황제인가. 구체적으로 주석해 주기 바란다." 아울러 십지론(十地論)과 지도론(智度論) 등을 쓴 사람과 법문이 전하는 내용도 물어왔다. 이에 대하여 법상스님이 화답한 내용을 간략히 소개하면 다음과 같다. "부처님께서는 희(姬)씨의 주(周)나라 소왕(昭王) 24년에 태어나셔서 19세에 출가하여 30세에 성도하셨는데, 목왕 24년 계미에 목왕은 서방에 화인(化人)이 세상에 나왔다는 말을 듣고 곧 서역으로 들어갔는데 끝내 돌아오지 않았다고 하니 이것이 증거가 된다. 부처님께서는 49년 동안 세상에 계셨으며 멸도하신 이래로 제나라 연년대로 따져서 무평(武平) 7년 병신까지 무릇 1465년이 지났다. 후한의 명제(明帝) 영평(永平) 10년에 경(經)과 법(法)이 처음으로 중국에 왔다. 그 후 위(魏) 진(晉)에서 서로 전해 오면서 지금에 이르기까지 유포되고 있다." 법상은 상세히 불교의 인연과 유서를 화답하였는데 글은 극히 자세하여 고증하여 쓴 것이나 여기서는 그 대강의 줄거리만을 들어서 그가 전한 말을 표시하였다. (『續高僧傳』 8, 義解4, 北齊 大統 合水寺 釋法上6)

요동

요동(遼東)의 봉화(烽火)는 감천(甘泉)을 비추고 계북(薊北)의 초소(哨所)는 연연산[64]과 연접되었네. 물이 얼어 창포(菖蒲) 마디가 나오지 않으니 관산(關山)이 차가워 유

협[65]은 동전이 되지 못하네.[66] (『文苑英華』 199 樂府8 周趙王 從軍行)

581(辛丑/신라 진평왕 3/고구려 평원왕 23/백제 위덕왕 28/陳 大建 13/倭 敏達 10)

신라	봄 정월에 처음으로 위화부(位和府)를 설치했다. 지금(고려)의 이부(吏部)와 같다. (『三國史記』 4 新羅本紀 4)
신라	봄 정월에 신라에서 처음으로 위화부를 설치했다. (『三國史節要』 7)
신라	위화부는 진평왕 3년에 처음으로 설치하였다. 경덕왕이 사위부(司位府)로 고쳤으나 혜공왕은 옛 이름대로 하였다. 금하신(衿荷臣)은 2명으로, 신문왕 2년(682)에 처음으로 설치하였고 5년에 1명을 더하였다. 애장왕 6년(805)에 영으로 고쳤다. 관등은 伊湌에서 大角干까지로 삼았다. 상당(上堂)은 2명으로, 신문왕이 설치하였고 성덕왕 2년(703)에 1명을 더하였으며 애장왕이 경(卿)으로 고쳤다. 관등은 급찬에서 아찬까지로 삼았다. 대사(大舍)는 2명으로, 경덕왕이 주부(主簿)로 고쳤고 후에 대사로 불렀다. 관등은 조부(調府)의 대사와 같다. 사(史)는 8명이다. (『三國史記』 38 雜志 7 職官 上)
고구려	봄 2월 그믐에 별이 비와 같이 쏟아졌다. (『三國史記』 19 高句麗本紀 7)
고구려	2월 그믐에 고구려에서 별이 비와 같이 쏟아졌다. (『三國史節要』 7)
고구려	가을 7월에 서리와 우박이 곡식을 해쳤다. (『三國史記』 19 高句麗本紀 7)
고구려	가을 7월에 고구려에서 서리와 우박이 곡식을 해쳤다. (『三國史節要』 7)
백제	(개황 원년) 겨울 10월 을유일(18)에 백제왕 부여창(扶餘昌)이 사신을 보내 와서 축하하였다. 창을 상개부의동삼사(上開府儀同三司)·대방군공(帶方郡公)에 임명하였다. (『隋書』 1 帝紀 1 高祖 上)
백제	(개황 원년) 겨울 10월 을유일(18)에 백제왕 부여창(扶餘昌)이 사신을 보내 와서 축하하였다. 창을 상개부의동삼사·대방군공에 임명하였다. (『北史』 11 隋本紀 上 高祖文皇帝)
백제	(수 고조 개황 원년) 10월 백제왕 부여창이 사신을 보내 와서 축하하였다. 창을 상개부의동삼사·대방군공에 임명하였다. (『冊府元龜』 963 外臣部 8 封冊 1)
백제	왕이 사신을 보내 수에 들어가 조공하였다. 수의 고조가 조서로 왕을 임명하여 상개부의동삼사·대방군공으로 삼았다. (『三國史記』 27 百濟本紀 5)
백제	백제가 사신을 보내 수에 가서 조공하였다. 수가 책봉하여 왕을 상개부의동삼사·대방군공으로 삼았다. (『三國史節要』 7)
백제	개황 초에 그 왕 여창이 사신을 보내 토산물을 바쳤다. 창을 임명하여 상개부·대방군공·백제왕으로 삼았다. (『隋書』 81 列傳 46 東夷 百濟)
백제	개황 초에 여창이 사신을 보내 토산물을 바쳤다. 창을 임명하여 상개부·대방군공·백제왕으로 삼았다. (『北史』 94 列傳 82 百濟)

---

64) 연연산(燕然山) : 오늘날 몽고의 항애산(杭愛山)이다. 후한 화제(後漢和帝) 때 거기 장군(車騎將軍) 두헌(竇憲)과 집금오(執金吾) 경병(耿秉)이 기병 3만 명을 거느리고 북선우(北單于)를 공격하여 회계산(會稽山)에서 크게 격파하고 연연산에 공적비를 세우고 돌아왔다.

65) 유협(楡莢) : 한(漢) 나라 때의 돈. 유엽(楡葉)은 느릅나무 잎으로, 북쪽 변방 지방에 느릅나무가 많아 변방 지방을 뜻한다. 또 진(秦)나라의 몽염(蒙恬)이 느릅나무를 심어 요새를 만든 곳이 산해관(山海關)인데, 그래서 산해관을 유관(楡關) 또는 유관(渝關)이라고 한다. 《외이고(外夷考)》에, "유주(幽州) 북쪽 700리에 유관(渝關)이 있고 그 아래에 유수(渝水)가 있는데 바다로 흘러 들어간다." 하였는데, 유수가 바로 유하(楡河)이다.

66) 동전이 되지 못하네. : 날씨가 차가워서 느릅나무 잎이 동전과 같이 되지 못함을 뜻한다.

백제	수 문제 개황 초에 그 왕 부여창이 사신을 보내 특산물을 바치자 대방군공·백제왕으로 임명하였다. (『通典』 185 邊防 1 東夷上 百濟)
고구려	겨울 10월에 백성이 굶주리자, 왕이 돌아다니며 어루만지고 구휼하였다. (『三國史記』 19 高句麗本紀 7)
고구려	겨울 10월에 고구려에서 백성이 굶주리자, 왕이 돌아다니며 어루만지고 구휼하였다. (『三國史節要』 7)
고구려	(개황 원년 12월) 임인일(27)에 고려왕 고양(高陽)이 사신을 보내 조공하였다. 양을 대장군(大將軍)·요동군공(遼東郡公)으로 임명하였다. (『隋書』 1 帝紀 1 高祖 上)
고구려	(개황 원년 12월) 임인일(27)에 고려왕 고양이 사신을 보내 조공하였다. 양을 대장군·요동군공으로 임명하였다. (『北史』 11 隋本紀 上 高祖文皇帝)
고구려	12월에 사신을 보내 수에 들어가 조공하였다. 고조가 왕을 대장군·요동군공으로 임명하였다. (『三國史記』 19 高句麗本紀 7)
고구려	12월에 고구려에서 사신을 보내 수에 가서 조공하였다. 수가 왕을 대장군·요동군공으로 책봉하였다. (『三國史節要』 7)
고구려	(수 고조 개황 원년) 12월에 고려왕 고탕(高湯)이 사신을 보내 조공하였다. 탕을 대장군·요동군공으로 임명하였다. (『册府元龜』 963 外臣部 8 封冊 1)
고구려	고조(高祖)가 북주(北周)로부터 선양을 받자, 탕이 다시 사신을 보내어 궁궐에 이르렀다. 이에 대장군으로 진수(進授)하고 고려왕으로 고쳐 봉하였다. 해마다 사신과 조공이 끊이지 않았다. (『隋書』 81 列傳 46 東夷 高麗)
고구려	수 문제가 북주로부터 선양을 받자, 탕이 사신을 보내어 궁궐에 이르렀다. 이에 대장군으로 진수하고 고려왕으로 고쳐 책봉하였다. 이로부터 해마다 사신과 조공이 끊이지 않았다. (『北史』 94 列傳 82 高句麗)
신라	승려 연광(緣光)은 신라 사람이다. 그 선조는 삼한(三韓)의 후예로, 양원직도(梁員職圖)를 살펴보면 "그 신라국은 위나라 때 사로(斯盧)라 하였고 송나라 때는 신라라 하였으니, 본래 동이 진한의 나라였다."고 하였다. 연강은 세가명족(世家名族)으로 숙돈청신(宿敦淸信)하여 일찍이 좋은 인연을 만나 환상으로 승려로 돌아가 정밀하게 수행하고 생각하는 지혜가 있어 식견과 도량이 뛰어 났다. 한번 훑어 보면 반드시 기록하고 마음을 깨달으니 다만 사는 곳이 변두리 땅이었다. 정교(正敎)가 융(融)하지 않아 수나라 인수(仁壽) 연간(601~604)에 와서 오나라에 이르러 정달지자(正達智者)를 만나 넓게 묘전(妙典)을 펼쳤다. 先伏膺朝夕 行解雙密. 수년 중에 빨리 크게 깨달아 지자(智者)는 곧 묘법법화경(妙法華經)을 강의하게 하였는데, 준랑(俊郎)의 무리가 신복(神伏)하지 않음이 없었다. 후에 천대별원(天台別院)에서 묘관(妙觀)을 증수(增修)하였는데, 홀연이 수인(數人)을 보고 천제가 강의를 청하였다고 말하였으니, 연광이 묵묵히 그것을 허락하였다. 이에 갑자기 숨이 끊어져 10여일이 지났는데, 안색이 평상시와 같았다. 브직으로 들이기 이미 기입(器業)을 심취하고 상자 구국(舊國)을 돌아가려 하였다. 수 십인과 함께 큰 배에 함께 탔는데 바다 가운데에 이르러 배가 갑자기 나가지 않았다. 한 사람이 말을 타고 거센 파도를 가르는 것을 보고 배 머리에 이르러 말하였다. "해신(海神)이 선사를 청해 잠시 궁중에 이르러 강설하기를 청합니다." 연광이 말하였다. "빈도차신(貧道此身) 서당이물(誓當利物) 선급여반(船及餘伴) 미위여하(未委如何)" 그가 말하였다. "사람들이 모두 함께 가니 배 또한 걱정 없습니다." 이에 무리를 들어 함께 내려가니 수보(數步)를 갔다. 다만 통구평직(通衢平直)을 보고 향기로운 꽃이 길에 두루 미쳤고 해신이 뭇 시종을 거느

리고 궁중으로 맞아 들였다. 진주와 옥이 찬란하여 마음과 눈을 빼앗았다. 인하여 법화경을 힌 빈 읽으니 진보(珍寶)를 크게 시주하였고 환송(還送)하여 배에 올랐다. 연광이 본향(本鄕)에 이르러 매번 이 전(典)을 넓히니 법문(法門)이 크게 열리고 큰 공이 있었다. 더하여 자소(自少)로써 송지(誦持)하여 하루에 한 번 보았다. 보진(報盡)에 미쳐 이 업(業)이 이지러지지 않고 나이 거의 80에 마침에 머문바가 되어 화장하여 이미 마쳤다. 누설(體舌)이 단지 남았는데 일국(一國)이 보고 듣고 모두 찬미했다. 연광은 두 명의 여동생을 두었는데, 일찍이 청신(淸信)을 품어 그것을 거두어 공양했다. 자주 체설(體舌)이 스스로 법화를 외운다는 것을 듣고 여동생이 매유불식 법화자처(妹有不識法花字處) 문지개도(問之皆道). 신라 승 연의(連義)가 있었는데, 나이가 바야흐로 80이었고 는 낡고 헤어진 옷을 입고 하루 한 끼만 먹었다. 精苦超倫 與余同止. 인하야 이 일로 말하여 그것을 기록할 뿐이다. (『弘贊法華傳』3 講解 3 唐 新羅國 釋緣光)

신라	승려 연광은 지자(智者:智顗)의 문인으로, 법화경을 외워 업으로 삼았다. 천제(天帝)가 감동하고 아래로는 용궁에서 맞아들여 강의를 청하였다. 입적 후 혀의 색깔이 홍연화(紅蓮華)와 같았다. (『法華傳記』3 諷誦勝利8之1 隋 新羅 緣光1)

고구려	승려 혜지(慧持)의 성은 주(周)씨이며 여남(汝南) 사람이다. 개황(開皇) 초년에 부친이 예장태수(豫章太守)로 임명되었는데, 이어 그가 태어났다(581). (…) 나이 20살이 되어 구족계를 받을 위치에 오르게 되었다. (…) 이내 동안사(東安寺) 장법사(莊法師)의 강론을 듣고 또 고려의 실법사(實法師)의 삼론(三論)을 듣고 낚시 바늘을 드리워 극히 그윽하게 숨은 진리를 탐구하니 문도 학인들이 높이 여기는 대상이 되었다. (…) (『續高僧傳』14 義解 10 唐 越州 弘道寺 釋慧持 13)

고구려	승려 영예(靈睿)의 성은 진(陳)씨이다. (…) 개황의 처음에 고려사(高麗寺)의 인(印)법사가 촉(蜀)으로 들어와 삼론(三論)을 강의하자 또 인 법사의 제자가 되어 항상 대승(大乘)을 수업하였다. (…) (『續高僧傳』15 義解 11 唐 綿州 隆寂寺 釋靈睿 4)

582(壬寅/신라 진평왕 4/고구려 평원왕 24/백제 위덕왕 29/陳 大建 14/倭 敏達 11)

고구려	봄 정월에 사신을 보내 수에 들어가 조공하였다. (『三國史記』19 高句麗本紀 7)
고구려	봄 정월에 고구려에서 사신을 보내 수에 가서 조공하였다. (『三國史節要』7)

백제	봄 정월에 사신을 보내 수에 들어가 조공하였다. (『三國史記』27 百濟本紀 5)
백제	(봄 정월) 백제에서 사신을 보내 수에 가서 조공하였다. (『三國史節要』7)

고구려 백제	(개황 2년 봄 정월) 신미일(27)에 고려와 백제가 아울러 사신을 보내 토산물을 바쳤다. (『隋書』1 帝紀 1 高祖 上)
고구려 백제	(개황 2년) 이해에 고려와 백제가 아울러 사신을 보내 조공하였다. (『北史』11 隋本紀 上 高祖文皇帝)
고구려 백제	(수 고조 개황) 2년에 고려와 백제가 아울러 사신을 보내 토산물을 바쳤다. (『册府元龜』970 外臣部 15 朝貢 3)

신라	겨울 10월 신라가 안도(安刀) 나말(奈末)과 실소(失消) 나말을 보내어 조(調)를 바쳤는데 받아들이지 않고 되돌려 보냈다. (『日本書紀』20 敏達紀)

고구려	(개황 2년) 11월 병오일(6)에 고려에서 사신을 보내 토산물을 바쳤다. (『隋書』1 帝

고구려	겨울 11월에 사신을 보내 수에 들어가 조공하였다. (『三國史記』19 高句麗本紀 7)
고구려	겨울 11월에 고구려에서 사신을 보내 수에 가서 조공하였다. (『三國史節要』7)
고구려	(수 고조 개황) 2년 11월에 고려가 또 사신을 보내 토산물을 바쳤다. (『册府元龜』970 外臣部 15 朝貢 3)

고구려	대건(大建) 연간(569~582)에 남악(南岳)의 사선사(思禪師)가 해동의 현광(玄光) 법사가 되어 화안락행(華安樂行)을 설법하고 나라로 돌아가 교리를 널리 펼쳐 고구려 동국(東國)에 교(敎)를 전하는 시작이 되었다. (『佛祖統紀』23 歷代傳敎表 9 陳宣帝)

583(癸卯/신라 진평왕 5/고구려 평원왕 25/백제 위덕왕 30/陳 至德 1/倭 敏達 12)

고구려	(개황 3년 봄 정월) 계해일(24)에 고려가 사신을 보내 와서 조회하였다. (『隋書』1 帝紀 1 高祖 上)
고구려	봄 정월에 사신을 보내 수에 들어가 조공하였다. (『三國史記』19 高句麗本紀 7)
고구려	(봄 정월) 고구려에서 사신을 보내 수에 가서 조공하였다. (『三國史節要』7)
고구려	(수 고조 개황) 3년 정월에 고려가 (…) 아울러 토산물을 바쳤다. (『册府元龜』970 外臣部 15 朝貢 3)

신라	봄 정월에 처음으로 선부서(船府署)를 설치하고 대감(大監)과 제감(弟監) 각 1인을 두었다. (『三國史記』4 新羅本紀 4)
신라	봄 정월에 신라에서 처음으로 선부서를 설치하고 대감과 제감 각 1인을 두었다. (『三國史節要』7)

고구려	2월에 명령을 내려 급하지 않은 일을 줄이고, 사신을 군(郡)·읍(邑)으로 보내 농사와 누에치기를 권장하였다. (『三國史記』19 高句麗本紀 7)
고구려	2월에 고구려왕이 영(令)을 내려 급하지 않은 일을 줄이고, 사신을 군·읍으로 보내 농사와 누에치기를 권장하였다. (『三國史節要』7)

고구려	(개황 3년 여름 4월) 신미일(4) 고려에서 사신이 와서 조회하였다. (『隋書』1 帝紀 1 高祖 上)
고구려	여름 4월에 사신을 보내 수에 들어가 조공하였다. (『三國史記』19 高句麗本紀 7)
고구려	여름 4월에 고구려에서 사신을 보내 수에 가서 조공하였다. (『三國史節要』7)

고구려	(개황 3년 5월) 갑진일(7) 고려에서 사신을 보내 와서 조회하였다. (『隋書』1 帝紀 1 高祖 上)
고구려	(수 고조 개황) 3년 5월에 고려와 말갈이 아울러 토산물을 바쳤다. (『册府元龜』970 外臣部 15 朝貢 3)

백제 신라 가야

가을 7월 정유(丁酉) 초하루 날에 조를 내려 말하였다. "나의 아버지 천황 때에 신라가 내관가(內官家)의 나라를 멸망시켰다[아메쿠니오시하라키히로니와(天國排開廣庭: 欽明) 천황(天皇) 23년에 임나(任那)가 신라에게 멸망당하였으므로 신라가 우리 관가(官家)를 멸망시켰다고 하였다]. 아버지 천황이 임나를 복구하고자 하였으나 실행하지 못하고 돌아가 그 뜻을 이루지 못하였다. 그리하여 짐은 신(神)의 모책(謀策)

을 도와 임나를 부흥시키고자 한다. 지금 백제에 있는 히노아시키타노쿠니노미야츠코(火葦北國造) 아리시토(阿利斯登)의 아들 달솔(達率) 일라(日羅)가 어질고 용맹스럽다고 하므로 짐은 그 사람과 함께 계획하고자 한다.” 이에 기노쿠니노미야츠코오시카츠(紀國造押勝)와 기비노아마노아타이하시마(吉備海部直羽嶋)를 보내어 백제에서 불렀다. (『日本書紀』 20 敏達紀)

백제   민달(敏達) 12년 가을 7월 백제의 현자 아시키타(葦北)의 달솔 일라가 우리의 조소사(朝召使) 기비노아마노하시마(吉備海部羽嶋)를 따라 내조하였다. 이 사람은 용감하고 계책이 있으며 몸에 광명(光明)이 있어 화염(火焰)과 같았다. 천황이 조서로 아베노오미노메(阿倍臣目)·모노노베노니에코노오무라지(物部贄子大連)·오토모노누카테코노무라지(大伴糟手子連) 등을 보내 일라에게 국정을 물었다. 태자는 일라의 기괴한 용모를 듣고 천황에게 아뢰어 말하였다. “저는 사신 등을 따라 나니와노무로츠미(難波館)에 가서 저 사람됨을 보기를 원합니다.” 천황이 허락하지 않자 태자가 몰래 황자(皇子)로 꾀하여 미복(微服)을 입고 여러 동자(童子)를 따라 관(館)에 들어가 보았다. 일라가 상(床)에서 사방을 바라보다가 태자를 가리켜 말하였다. “저 동자는 신인(神人)이다.” 이 때 태자는 녹포의(麁布衣)를 입고 때가 묻은 얼굴에 승(繩)을 대(戴)하고 말을 사육하는 아이와 어깨를 나란히 하고 있었다. 일라가 사람을 보내어 인도하니, 태자가 놀라서 갔다. 일라가 멀리서 절하니 신을 벗고 도망가니 여러 대부 등이 문을 열고 보니 바로 태자임을 알았다. 태자가 편안히 앉아 옷을 바꿔입고 나가니 일라가 맞이하야 양단(兩段)에서 두 번 절하니 대부도 놀라 사죄하고 두 번 절하였다. 의식을 갖추어 들게 하였으나 태자가 사양하고 바로 일라의 방에 들어갔다. 일라가 땅에 무릎 꿇고 합장하야 아뢰어 말하였다. “경례구세관세음(敬禮救世觀世音) 전등동방속산왕운운(傳燈東方粟散王云云)” 사람이 들어서 알 수 없어서 태자는 단장하고 타경(打磬)하고 사례하니 일라가 신광(身光)을 크게 내쏘니 마치 불길이 왕성한 것 같았다. 태자의 미간에서 빛이 비치니 마치 일휘(日輝)가 잠깐 사이에 그치는 것 같았다. 태자라 일라에게 일러 말하였다. “그대의 명이 다해 애석하게도 해를 당했으니 성인도 오히려 또한 면할 수 없더. 나 또한 어떻게 할 것인가.” 고견으로 하룻밤을 보내니 사람들이 흩어지지 않았다. 다음 날 태자가 환궁하였다. (『聖德太子傳曆』 上)

백제   겨울 10월에 기노쿠니노미야츠코오시카츠 등이 백제로부터 돌아왔다. 조정에 복명(復命)하여 말하였다. “백제국주(百濟國主)가 일라를 소중히 여겨 바치려고 하지 않습니다.” (『日本書紀』 20 敏達紀)

고구려   겨울에 사신을 보내 수에 들어가 조공하였다. (『三國史記』 19 高句麗本紀 7)
고구려   겨울에 고구려에서 사신을 보내 수에 가서 조공하였다. (『三國史節要』 7)

백제   민달 12년 겨울 백제의 일라가 설게(說偈)하고 총왕자(聰王子)를 배례하였다. (『元亨釋書』 20)

백제 신라   이 해 다시 기비노아마노아타이하시마를 보내어 일라를 백제에서 불렀다. 하시마(羽嶋)가 백제에 가서 먼저 사사로이 일라를 보려고 혼자 집 문 근처에 갔다. 얼마 후 집안에서 한부(韓婦)가 나와서 한어(韓語)로 “너의 몸을 나의 몸 안으로 들여보내라”고 하고 집안으로 들어가 버렸다. 하시마가 곧 그 뜻을 깨닫고 뒤따라 들어갔다. 이에 일라가 나와서 손을 잡고 자리에 앉게 하고 비밀스럽게 말하였다. “내가 몰래 들으니 백제국주는, 천조(天朝)가 신(臣)을 보낸 뒤에 억류하여 되돌려 보내지 않을까 의심한 까닭에 저를 소중히 여기고 바치지 않으려고 합니다. 칙을 선포할 때 마땅히 엄하게 하여 매우 급하게 부르십시오."하시마가 그 계책에 따라 일라를 불렀더니 백제국주는 천조를 두려워하여 감히 칙을 거스리지 못하고, 일라와 은솔(恩率) 덕이(德爾)·여노(餘怒)·기노지(奇奴知)·참관(參官)·타사(柁師) 덕솔(德率) 차간덕(次干德), 수수(水手) 등 몇 사람을 보냈다. 일라 등이 기비(吉備)의 고지마노미야케(兒嶋屯倉)에 이르자 조정에서는 오토모노누카테코노무라지(大伴糠手子連)을 보내어 위로하고, 다시 마에츠키미(大夫) 등을 나니와노무로츠미(難波館)에 보내어 일라를 찾아보게 했다. 이 때 일라는 갑옷을 입고 말을 타고 문 앞에 이르러서 곧 정청(政廳)으로 나아갔다. 나아가고 물러나면서 무릎을 꿇고 절하며 한탄하여 말하였다. "히노쿠마노미야니아메노시타시라시메스(檜隈宮御宇: 宣化) 천황 때에 우리 기미(君)인 오토모노카나무라노오무라지(大伴金村大連)와 국가를 위하여 바다 밖에 사신으로 갔던 히노아시키타노쿠니노미야츠코 오사카베노유케히(刑部靫部) 아리시토의 아들 신 달솔 일라는 천황의 부름을 받고 두려워하며 내조(來朝)했습니다."이에 갑옷을 벗어 천황에게 바쳤다. 아토노쿠와노이치(阿斗桑市)에 관사(館舍)를 지어 일라를 머물게 하고 바라는 대로 공급해 주었다. 또 아베노메노오미(阿倍目臣)·모노노베노니에코노무라지(物部贄子連)·오토모노누카테코노무라지를 보내어 일라에게 국정을 물었다. 일라가 대답하였다. "천황이 천하를 다스리는 바의 정치는 반드시 백성들을 보호하고 기르는 데 있습니다. 어찌 갑자기 군사를 일으켜 도리어 멸망에 이르려 하십니까. 그러므로 지금 논의하는 자들로서 조정에 있는 오미(臣)·무라지(連)의 두 미야츠코(造)로부터[두 미야츠코란 쿠니노미야츠코(國造)와 도모노미야츠코(伴造)이다] 아래로 백성에 이르기까지 모두 부유하게 하고 부족함이 없게 하십시오. 이렇게 3년을 하면 양식과 병사가 풍족하고 백성들로 하여금 즐겁게 하여 물불을 꺼리지 않고 국난을 함께 구할 것입니다. 그런 다음에 선박을 많이 만들어 진(津)마다 줄지어 두고 객인(客人)들이 보게 하여 두려운 마음을 일으키게 하십시오. 그리고 유능한 사신을 백제에 보내어 그 국왕을 부르되 만일 오지 않으면 태좌평(太佐平)·왕자(王子) 등을 부르십시오. 그러면 저절로 복종할 마음이 우러나올 것이니, 그런 뒤에 죄를 물으십시오."또 아뢰었다. "백제인이 꾀하여 '배 3백 척으로 츠쿠시(筑紫)에 가 살고자 합니다'라 하였는데 만약 그것이 진실로 청하는 것이라면 겉으로는 츠쿠시를 내려주십시오. 그러면 백제는 새로 나라를 세우려고 반드시 먼저 여자들과 아이들을 배에 싣고 올 것입니다. 국가에서는 이 때를 대비하여 잇키(壹伎)·쓰시마(對馬)에 복병을 많이 두었다가 이르는 것을 기다려 죽이십시오. 오히려 속임을 당하지 말고 중요한 곳마다 튼튼한 요새를 쌓으십시오."이에 은솔·참관이 나라로 되돌아 갈 때에[옛 책에는 은솔을 한 사람, 참관을 한 사람이라 하였다] 몰래 덕이 등에게 말하였다. "내가 츠쿠시를 지나갈 때쯤을 헤아려 너희들이 몰래 일라를 죽인다면 내가 왕에게 모두 아뢰어 높은 벼슬을 내리도록 하고 자신과 처자식들에게도 후에 영예를 내리도록 하겠다."덕이·여노가 모두 허락했다. 참관 등은 드디어 치카(血鹿)에서 출발하였다. 이 때 일라는 구와노이치노무라(桑市村)로부터 나니와노무로츠미로 옮겼다. 덕이 등은 밤낮으로 서로 모의하여 숙이고자 하였는데 이 때에 일라의 봄에서 빛이 나 불꽃같았으므로 덕이 등은 두려워서 죽이지 못하였다. 드디어 12월 그믐에 빛을 잃기를 기다려 죽였다. 일라가 다시 살아나서 "이는 내가 부리던 노(奴) 등의 짓이지 신라가 아니다"라는 말을 마치고 죽었다[마침 이 때에 신라 사신이 있었기 때문에 그렇게 말한 것이다]. 천황이 니에코노오무라지(贄子大連)와 누카테코노무라지(糠手子連)에게 명하여 오고오리(小郡)의 서쪽 부근 언덕 앞에 거두어서 장사지내게 하고, 그 처자식과 수수 등은 이시카와(石川)에 살게 했다. 이에 오토모노누카테코노무라지가 논의하여 "한 곳에 모여서 살면 변고가 생길까 두렵다"라 하였으므로 처자식들은 이시카와의 구다라노무라(百濟村)에 살게 하고 수수 등은 이시카와의 오토모노무라(大伴村)에 살게 했다. 덕이 능을 붙삽아 시모츠쿠다라(下百濟)의 가와타노무라(河田村)에 두고 몇몇 마에츠키미를 보내어 그 일을 따져 물었다. 덕이 등이 죄를 자백하여 "진실로 이는 은솔·참관이 시켜서 한 짓입니다. 우리들은 그 밑에 있기 때문에 감히 거스릴 수 없었습니다"라 하였다. 이 때문에 옥에 가두고 조정에 복명했다. 아시키타(葦北)에 사신을 보내어 일라의 권속을 다 불러 덕이 등을 주어서 뜻대로 죄를 판결하게 했다. 이 때 아시키타노키미(葦北君) 등이 덕이 등을 받아서 모두 죽여 미메시마(彌賣嶋)에 던져버리고[미메시마는 아마 히메시마(姬嶋)일 것이다] 일라를 아시키타에 이장(移葬)시켰다. 그 후 바닷가에 있는 사람들이 "은솔의 배는 바람을 만나 바다에 빠졌고, 참관의 배는 쓰시마(津嶋)에서 떠돌아 다니다가 비로소 돌아갈 수 있었다"라 하였다. (『日本書紀』20 敏達紀)

| 신라 | 민달 12년 12월 그믐 저녁에 신라인으로 죽은 일라가 다시 소생하여 말하였다. "이것은 우리 구사노(驅使奴) 등이 한 것으로 신라가 아니다." 말을 마치고 죽었다. 태자가 잠시 듣고 좌우에 말하였다. "일라는 성인이다. 내가 옛날 한(漢)에 있을 때 그의 제자가 되어 항상 일천(日天)을 예배하였다. 때문에 광명을 내쏘아 원수를 떠나지 않고 목숨을 끊어 우열을 겨루어 생을 버린 후에 반드시 상천(上天)에 태어난 자이다." (『聖德太子傳曆』上卷 敏達段) |

| 신라 | 구서당(九誓幢)의 첫 번째는 녹금서당(綠衿誓幢)이다. 진평왕 5년에 처음으로 두었는데, 단지 서당이라고만 하였다가 35년에 녹금서당으로 고치고 금(衿)의 색깔은 녹자(綠紫)였다. (…) (『三國史記』40 雜志 9 職官 下) |

| 고구려 | (개황 3년) 이해에 고려·돌궐·말갈이 아울러 사신을 보내 조공하였다. (『北史』11 隋本紀 上 高祖文皇帝) |

584(甲辰/신라 진평왕 6 建福 1/고구려 평원왕 26/백제 위덕왕 31/陳 至德 2/倭 敏達 13)

| 신라 가야 | 봄 2월 계사(癸巳) 초하루 경자일(8)에 나니와노키시이타비(難波吉士木蓮子)를 신라에 사신으로 보냈다. 마침내 임나(任那)에 갔다. (『日本書紀』20 敏達紀) |

| 신라 | 봄 2월에 연호를 건복(建福)으로 고쳤다. (『三國史記』4 新羅本紀 4) |
| 신라 | 봄 2월에 신라에서 연호를 건복으로 고쳤다. (『三國史節要』7) |

신라	3월에 조부(調府)에 영(令) 1인을 두어 조세를 관장하게 하였고, 승부령(乘府令) 1인에게는 수레에 관한 일을 관장하게 하였다. (『三國史記』4 新羅本紀 4)
신라	3월에 신라에서 조부에 영 1인을 두어 조세를 관장하게 하였고, 승부령 1인에게는 수레에 관한 일을 관장하게 하였다. 대아찬으로부터 각간까지로 그것을 삼았다. (『三國史節要』7)
신라	조부를 진평왕 6년에 두었다. 경덕왕이 대부(大府)로 고치고 혜공왕이 복고(復故)하였다. 영인 2명으로 진덕왕 5년에 두었다. 관등은 금하신(衿荷)로부터 태대각간까지로 그것을 삼았다. (…) (『三國史記』38 雜志 7 職官 上)
신라	승부는 경덕왕대 사어부(司馭府)로 고쳤고 혜공왕이 복고하였다. 영은 2명으로 진평왕 6년에 두었으며 관등은 대아찬에서 각간까지로 그것을 삼았다. (…) (『三國史記』38 雜志 7 職官 上)

고구려	봄에 사신을 보내 수에 들어가 조공하였다. (『三國史記』 19 高句麗本紀 7)
고구려	(봄) 고구려에서 사신을 보내 수에 가서 조공하였다. (『三國史節要』 7)
고구려	(봄) 수 임금이 대흥전에서 사신에게 잔치를 베풀었다. (『三國史節要』 7)
고구려	(개황 4년 여름 4월) 정미일(26)에 대흥전(大興殿)에서 돌궐·고려·토욕혼 사신에게 잔치를 베풀었다. (『隋書』 1 帝紀 1 高祖 上)
고구려	(문제기(文帝紀)) (…) (개황) 4년 4월 정미일(26)에 대흥전에서 돌궐·고려·토욕혼 사신에게 잔치를 베풀었다. (『玉海』 173 宮室 城朝 上 獻象 隋大興城 新都)
고구려	여름 4월에 수 문제(文帝)가 대흥전에서 우리 사신에게 잔치를 베풀었다. (『三國史記』 19 高句麗本紀 7)
백제	가을 9월 백제에서 온 가후카노오미(鹿深臣)[이름이 빠졌다]가 미륵석상(彌勒石像) 1 구를 가지고 있었고 사에키노무라지(佐伯連)[이름이 빠졌다]가 불상 1구를 가지고 있었다. (『日本書紀』 20 敏達紀)
백제	젠신노아마(善信尼)는 시메다치토(司馬達等)의 딸이다. 민달(敏達) 13년 에벤(慧便)을 따라 출가(出家)하였다. 두 여자가 동반하여 치발(薙髮)을 받들었다. 첫째는 젠죠(禪 藏)로 양인야보(梁人夜菩)의 딸이고 둘째는 에젠(慧善)으로 니시코리노츠부(錦織壺) 의 딸이다. 대신 소노우마코(蘇馬子)가 정사(精舍)를 지어 3명의 비구니를 맞이하여 공양하였다. (『元亨釋書』 18)
백제	이 해 소가노우마코노스쿠네(蘇我馬子宿禰)가 그 불상 2구를 청하고 구라츠쿠리노수 구리시메다치토(鞍部村主司馬達等)와 이케베노아타이히타(池邊直氷田)를 보내어 사 방에서 수행자를 찾게 했다. 이에 오직 하리마노쿠니(播磨國)에서 승려로서 환속한 자를 찾았는데 이름이 고마노에벤(高麗惠便)이었다. 대신(大臣)이 스승으로 삼았다. 시메다치토의 딸 시마(嶋)를 득도(得度)시켰는데 젠신노아마라 한다[나이 11세였다]. 또 젠신노아마의 제자 2인을 득도시키니, 한 사람은 아야히토야보(漢人夜菩)의 딸 도요메(豊女)로 젠죠노아마(禪藏尼)이고, 또 한 사람은 니시코리노츠부의 딸 이시메 (石女)로 에젠노아마(惠善尼)이다[호(壺)는 츠부(都符)라 한다]. 우마코(馬子)는 홀로 불법에 의지하여 세 비구니를 공경했는데 세 비구니를 히타노아타이(氷田直)과 다치 토(達等)에게 맡겨서 의식을 공급하게 했다. 집 동쪽에 불전(佛殿)을 경영하여 미륵 석상을 안치하고 세 비구니를 청하여 재회(齋會)를 크게 열었다. 이 때 다치토가 재 식(齋食)할 때에 불사리를 얻어서 사리를 우마코노스쿠네(馬子宿禰)에게 바쳤다. 우 마코노스쿠네는 시험삼아 사리를 모루에 놓고 쇠망치로 후려 쳤더니 모루와 쇠망치 는 부서졌지만 사리는 훼손할 수 없었다. 또 사리를 물에 던졌더니 사리는 마음으로 원하는 바에 따라 뜨기도 하고 가라앉기도 했다. 이런 까닭으로 우마코노스쿠네와 이케베노히타(池邊氷田)·시메다치토는 불법을 깊이 믿고 수행을 게을리하지 않았다. 우마코노스쿠네가 또 이시카와의 집에 불전을 지었는데 불법은 이로부터 일어났다. (『日本書紀』 20 敏達紀)
백제	(11월) 무인일(20)에 백제국이 사신을 보내 토산물을 바쳤다. (『陳書』 6 本紀 6 後 主)
백제	겨울 11월에 사신을 보내 진(陳)에 들어가 조공하였다. (『三國史記』 27 百濟本紀 5)
백제	겨울 11월에 백제가 사신을 보내 진에 가서 조공하였다. (『三國史節要』 7)
백제	(겨울 11월) 이 달에 반반(盤盤)과 백제국이 아울러 사신을 보내 조공하였다. (『南

	史』 10 陳本紀 下 10)
백제	(진 후주(後主) 지덕) 2년 11월에 반반국과 백제국이 아울러 사신을 보내 토산물을 바쳤다. (『册府元龜』 969 外臣部 14 朝貢 2)
신라	사기(寺記)에서 말하였다. 진평왕 5년 갑진년에 금당(金堂)을 조성하였다. (『三國遺事』 3 塔像 4 皇龍寺丈六)

585(乙巳/신라 진평왕 7 建福 2/고구려 평원왕 27/백제 위덕왕 32/陳 至德 3/倭 敏達 14)

가야	(3월) 병술일(30)에 모노노베노유게노모리야노오무라지(物部弓削守屋大連)이 스스로 절에 나아가 호상(胡床)에 걸터앉았다. 그 탑을 무너뜨리고 불을 놓아 태워 버렸으며 또 불상과 불전을 불태웠다. 태우고 남은 불상을 모아서 나니와(難波)의 호리에(堀江)에 버리게 했다. 이 날 구름도 없었는데 바람이 불고 비가 내렸다. 오무라지(大連)는 비옷을 입고 우마코노스쿠네(馬子宿禰)와 그를 따라 수행하는 승려들을 꾸짖고, 또 욕보이려는 마음이 생겼다. 이에 사에키노미야츠코미무로(佐伯造御室)[다른 이름은 오로게(於閭礙)이다]을 보내어 우마코노스쿠네가 공양하는 젠신(善信) 등의 비구니를 불렀다. 이 때문에 우마코노스쿠네는 명령을 어길 수 없어 슬피 울며 비구니 등을 불러내어 미무로(御室)에게 맡겼다. 유사(有司)가 곧 비구니 등의 법복을 벗기고 가두어 츠바키치노우마야타치(海石榴市亭)에서 채찍으로 쳤다. 천황이 임나를 세우려고 생각하여 사카타노미미코노오키미(坂田耳子王)을 뽑아 사신으로 삼았다. 이 때 마침 천황과 오무라지가 갑자기 종기를 앓게 되어 보낼 수 없었다. 다치바나노토요히(橘豊日) 황자(用明天皇)에게 명령하여 "아버지 천황의 조를 거스릴 수 없다. 임나의 정치를 힘써 닦아야 한다"고 하였다. 또한 종기가 생겨 죽은 사람들이 나라에 가득찼는데 종기를 앓는 자들이 "몸이 불타고 매맞고 부러지는 듯하다"고 하면서 울부짖으며 죽었다. 늙은이나 젊은이들이 몰래 서로 "이는 불상을 불태운 죄이다"라고 말하였다. (『日本書紀』 20 敏達紀)
신라	봄 3월에 가물자, 왕이 정전(正殿)을 피하고 평상시의 반찬 가짓수를 줄였으며 남당(南堂)에 나아가 친히 죄수의 정상을 살폈다. (『三國史記』 4 新羅本紀 4)
신라	봄 3월에 신라에서 가물자, 왕이 정전을 피하고 반찬 가짓수를 줄였으며 남당에 나아가 친히 죄수의 정상을 살폈다. (『三國史節要』 7)
신라	7월에 고승(高僧) 지명(智明)이 불법을 얻고자 하여 진(陳)에 들어갔다. (『三國史記』 4 新羅本紀 4)
신라	법사는 한 시대를 바로잡아 구해 낼 만한 큰 인재로 진평왕 7년 가을 7월에 나룻터를 묻는 빠른 길을 찾고자 진나라에 들어가 법을 구했다. 구름처럼 바다와 육지를 유람하고 동서를 굳세게 다니면서 진실로 도가 있고 명성이 있는 분이라면 다 찾아다니면서 물었고 깊은 경지에 이르게 되었는데, 나무가 먹줄을 따라 바르게 켤 수 있는 것 같았고 금속이 그릇을 이루는 것과 같았다. 훌쩍 한 번 떠난 것이 어느새 10년, 학문은 이미 진수를 얻었고 마음은 세상의 어둠을 밝히는 등불을 전하려는데 간절했다. (『海東高僧傳』 2 流通一之二 釋智明)
고구려	(12월) 계묘일(21)에 고려국이 사신을 보내 토산물을 바쳤다. (『陳書』 6 本紀 6 後主)
고구려	12월 계묘일(21)에 고려국이 사신을 보내 조공하였다. (『南史』 10 陳本紀 下 10)
고구려	겨울 12월에 사신을 보내 진(陳)에 들어가 조공하였다. (『三國史記』 19 高句麗本紀

7)

| 고구려 | 겨울 12월에 고구려에서 사신을 보내 진에 가서 조공하였다. (『三國史節要』 7) |
| 고구려 | (진 후주(後主) 지덕) 3년 12월에 고려국이 아울러 사신을 보내 토산물을 바쳤다. (『册府元龜』 969 外臣部 14 朝貢 2) |

신라　　　내성(內省)은 경덕왕 18년(759)에 전중성(殿中省)으로 고쳤다가 후에 다시 옛 이름대로 하였다. 사신(私臣)은 1명으로 진평왕 7년에 3궁에 각각 사신을 두었다. 대궁(大宮)에는 대아찬 화문(和文)이었고 양궁(梁宮)에는 아찬 수힐부(首肹夫)였고 사량궁(沙梁宮)에는 이찬 노지(弩知)였다. 진평왕 44년(622)에 이르러 한 사람으로 겸하며 3궁을 관장하게 하였다. 관등은 금하(衿荷)에서 태대각간까지였다. 오직 적임자이면 그 자리를 주었고 또한 임기 제한이 없었다. 경덕왕이 또 전중령(殿中令)으로 고쳤다가 후에 다시 사신으로 칭하였다. 경은 2명으로, 관등은 내마에서 아찬까지였다. 감(監) 2명으로 관등은 내마에서 사찬까지였다. 대사(大舍)는 1명, 사지(舍知)는 1명이었다. (『三國史記』 38 雜志 7 職官 上)

신라　　　신라에서 3궁 사신을 두었다. 대아찬 화문을 대궁으로 삼고 아찬 수힐부를 양궁으로 삼고 이찬 노지를 사량궁으로 삼았다. (『三國史節要』 7)

586(丙午/신라 진평왕 8 建福 3/고구려 평원왕 28/백제 위덕왕 33/陳 至德 4/倭 用明 1)

| 신라 | 봄 정월에 예부(禮部)에 영(令) 2인을 두었다. (『三國史記』 4 新羅本紀 4) |
| 신라 | 봄 정월에 신라에서 예부에 영 2인을 두었다. 관등은 병부령과 같다. (『三國史節要』 7) |

신라　　　예부의 령은 2명이다. 진평왕 8년에 두었고 관등은 병부령과 같다. 경은 2명으로 진덕왕 2년[또는 5년이라고도 한다]에 두었고 문무왕 15년에 1명을 더하였다. 관등은 조부(調府)의 경과 같다. 대사(大舍)는 2명으로 진덕왕 5년에 두었고 경덕왕이 주부(主簿)로 고쳤다가 후에 다시 대사로 칭하였다. 관등은 조부의 대사와 같다. 사지는 1명으로 경덕왕이 사례(司禮)로 고쳤다가 후에 다시 사지로 칭하였다. 관등은 조부의 사지와 같다. 사(史)는 8명으로 진덕왕 5년에 3인을 더하였다. 관등은 조부의 사와 같다. (『三國史記』 38 雜志 7 職官 上)

| 신라 | 여름 5월에 천둥과 벼락이 치고 별이 비가 오듯이 쏟아졌다. (『三國史記』 4 新羅本紀 4) |
| 신라 | 여름 5월에 신라에서 천둥과 벼락이 치고 별이 비가 오듯이 쏟아졌다. (『三國史節要』 7) |

백제	(가을 9월) 정미일(30)에 백제국이 사신을 보내 토산물을 바쳤다. (『陳書』 6 本紀 6 後主)
백제	(가을 9월) 정미일(30)에 백제국이 사신을 보내 조공하였다. (『南史』 10 陳本紀 下 10)
백제	(진(陳) 후주(後主) 지덕) 4년 9월에 백제국이 사신을 보내 토산물을 바쳤다. (『册府元龜』 969 外臣部 14 朝貢 2)
백제	사신을 보내 진에 들어가 조공하였다. (『三國史記』 27 百濟本紀 5)
백제	백제가 사신을 보내 진에 가서 조공하였다. (『三國史節要』 7)

| 고구려 | 도읍을 장안성(長安城)으로 옮겼다. (『三國史記』 19 高句麗本紀 7) |
| 고구려 | 고구려에서 도읍을 장안성으로 옮겼다.(『三國史節要』 7) |

고구려	(…) 국내(國內)에 도읍하여 425년을 지내고 장수왕 15년(427) 서울을 평양으로 옮겨 156년을 지냈다. 평원왕 28년에 서울을 장안성으로 옮겨 83년을 지내고 보장왕 27년(668)에 멸망하였다. (…) (『三國史記』 37 雜志 6 地理 4)
고구려	괘루개절(卦婁盖切) 소형(小兄) 가군(加群) 여기부터 동쪽으로 돌아 위쪽으로 △리 4척을 축조한다. (「平壤城石刻」 제5석)
고구려	(수 고조 개황 6년) 이해에 거란의 별부(別部) 출복(出伏) 등이 고구려를 배반하고 무리를 거느리고 내부(內附)하자 그들을 받아들이고 갈해학힐(渴奚郝頡)의 북쪽에 안치하였다. (『册府元龜』 977 外臣部 22 降附)
고구려	수 개황 4년(584) 막하불(莫賀弗)이 거느리고 와서 조알하였다. 5년(585)에 그 무리가 모두 항복하여 문제가 그것을 받아들이고 그 옛 땅에 거할 것을 청하자 그것을 책양(責讓)하였다. 그 나라에서 사신을 보내 궐에 이르러 돈상(頓顙)하여 사죄하였다. 그 후에 거란의 별부(別部) 출복(出伏) 등이 고구려를 배반하고 무리를 거느리고 내부(內附)하자 문제가 온 것을 보고 그것을 불쌍하게 여겨 갈해학힐(渴奚郝頡)의 북쪽에 안치하였다. (『北史』 94 列傳 82 契丹)
고구려	수 개황 6년에 고창(高昌)이 성명악곡(聖明樂曲)을 바쳤다. 당이 고창을 평정하고 그 음악을 거두었고 또 연악(讌樂)을 만드니 거례(去禮) 필곡(畢曲) 저령(著令) 10부(部)이다[구자(龜玆)·소륵(疎勒)·안국(安國)·강국(康國)·고려·서량(西涼)·고창·연악(讌樂)·청악(淸樂)·천축(天竺)] (『玉海』 105 音樂·樂3 唐九部樂·十部樂·十四國樂·二部樂)

587(丁未/신라 진평왕 9, 建福 4/고구려 평원왕 29/백제 위덕왕 34/隋 開皇 7/倭 用明 2)

백제	(6월) 갑자일(21)에 젠신노아마(善信阿尼) 등이 대신(大臣)에게 말하였다. "출가의 길은 계(戒)를 근본으로 하는 것이니, 백제에 가서 수계법(受戒法)을 배우고자 합니다." (『日本書紀』 21 崇峻紀)
백제	용명(用明) 2년에 신(信)이 우마코(馬子)에게 아뢰었다. "출가한 사람은 계로써 바탕을 삼는다. 원컨대 백제에 가서 계를 받고 공부하게 하소서." (『元亨釋書』 18)
백제	(6월) 이 달에 백제의 조사(調使)가 와서 조알하였다. 대신이 사신에게 말하였다. "이 비구니들을 데리고 너희 나라에 가서 계법(戒法)을 배우게 하여 다 마치면 보내라." 사신이 대답하였다. "신 등이 우리나라에 돌아가 먼저 국왕에게 아뢴 뒤에 보내도 늦지 않을 것입니다." (『日本書紀』 21 崇峻紀)
신라	가을 7월에 대세(大世)와 구칠(仇柒) 두 사람이 바다로 떠났다. 대세는 나물왕(奈勿王)의 7세손 인 이찬(伊湌) 동대(冬臺)의 아들인데, 자질이 뛰어났고 어려서부터 세속을 떠날 뜻이 있었다. 승려인 담수(淡水)와 사귀며 놀면서 말하였다. "이 신라의 산골에 살다가 일생을 마친다면, 못 속의 물고기와 새상의 새가 푸른 바다의 넓음과 산림의 너그럽고 한가함을 알지 못하는 것과 무엇이 다르겠는가. 나는 장차 뗏목을 타고 바다를 건너 오월(吳越)에 이르러 차차로 스승을 찾아 명산에서 도(道)를 물으려고 한다. 만약에 평범한 인간에서 벗어나 신선(神仙)을 배울 수 있다면 이것이야말로 천하의 기이한 놀이이고, 볼 만한 광경일 것이다. 그대도 나를 따를 수 있겠는가." 그러나 담수는 이를 기꺼워하지 않았다. 대세는 물러나와 다시 친구를 구하였다. 마침 구칠(仇柒)이라는 사람을 만났는데, 그는 기개가 있고 절조가 뛰어났다. 드디어 그와 함께 남산(南山)의 절에 놀러 갔는데, 갑자기 바람이 불고 비가 와서 나뭇잎이 떨어져 뜰에 고인 물에 떠 있었다. 대세가 구칠에게 말하였다. "나는 그대와

함께 서쪽으로 유람할 마음이 있는데, 지금 각자 나뭇잎 하나씩을 집어 그것을 배로 삼아 누구의 것이 먼저 가고 뒤에 가는 지를 보자."조금 후에 대세의 나뭇잎이 앞서자 대세가 웃으면서 말하였다. "내가 먼저 갈까 보다." 구칠이 화를 내면서 말하였다. "나 또한 남자인데 어찌 나만 못 가겠는가". 대세는 그와 함께 할 수 있음을 알고 자신의 뜻을 은밀하게 말하였다. 구칠이 말하였다. "이는 내가 바라던 바였다."드디어 서로 벗을 삼아 남해(南海)에서 배를 타고 갔는데, 후에 그들이 간 곳을 알 수 없었다. (『三國史記』 4 新羅本紀 4)

신라 가을 7월에 신라에 대세라는 자가 있었는데 내물왕의 후손이다. 어려서부터 세속을 떠날 뜻이 있었다. 승려인 담수에게 말하였다. "이 신라의 산골에 살다가 일생을 마친다면, 못 속의 물고기와 새장의 새가 푸른 바다의 넓음과 산림의 너그럽고 한가함을 알지 못하는 것과 무엇이 다르겠는가. 나는 장차 뗏목을 타고 바다를 건너 오월에 이르러 차차로 스승을 찾아 명산에서 도를 물으려고 한다. 만약에 평범한 인간에서 벗어나 신선을 배울 수 있다면 이것이야말로 천하의 기이한 놀이이고, 볼 만한 광경일 것이다. 그대도 나를 따를 수 있겠는가."그러나 담수는 이를 기꺼워하지 않았다. 구칠이라는 사람이 있었는데, 그는 기개가 있고 절조가 뛰어났다. 대세가 그와 함께 남산의 절에 놀러 갔는데, 갑자기 바람이 불고 비가 와서 나뭇잎이 떨어져 뜰에 고인 물에 떠 있었다. 대세가 구칠에게 말하였다. "나는 그대와 함께 서쪽으로 유람할 마음이 있는데, 지금 각자 나뭇잎 하나씩을 집어 그것을 배로 삼아 누구의 것이 먼저 가고 뒤에 가는 지를 보자." 조금 후에 대세의 나뭇잎이 앞서자 대세가 웃으면서 말하였다. "내가 먼저 갈까 보다."구칠이 화를 내면서 말하였다. "나 또한 남자이다." 드디어 서로 벗을 삼아 남해에서 배를 타고 갔는데, 후에 그들이 간 곳을 알 수 없었다. (『三國史節要』 7)

588(戊申/신라 진평왕 10, 建福 5/고구려 평원왕 30/백제 위덕왕 35/隋 開皇 8/倭 崇峻 1)

백제 숭준(崇峻) 원년 봄 3월에 백제국의 사신인 은솔(恩率) 수신(首信)이 불사리(佛舍利) 및 사문(沙門) 혜총(慧聰)을 바쳤다. (『元亨釋書』 20)

백제 이 해 백제국에서 사신과 승려 혜총(惠總)·영근(令斤)·혜식(惠寔) 등을 보내어 불사리를 바쳤다. 백제국이 은솔(恩率) 수신(首信)·덕솔(德率) 개문(蓋文)·나솔(那率) 복부미신(福富味身) 등을 보내어 조(調)를 진상하고 아울러 불사리, 승려 영조(聆照), 율사 영위(令威)·혜중(惠衆)·혜숙(惠宿)·도엄(道嚴)·영개(令開) 등과 사공(寺工) 태량미태(太良未太)·문가고자(文賈古子), 노반박사(鑪盤博士)·장덕(將德) 백매순(白昧淳), 와박사(瓦博士) 마내문노(麻奈文奴)·양귀문(陽貴文)·능귀문(㥄貴文)·석마제미(昔麻帝彌), 화공(畵工) 백가(白加)를 바쳤다.

백제 숭준 원년 여름 4월에 비구니 젠신(善信)이 불법을 구하기 위해 백제에 갔다. (『元亨釋書』 20)

백제 (이 해) 소가노우마코노스쿠네(蘇我馬子宿禰)가 백제 승려들을 초청하여 수계(受戒)의 법을 묻고, 젠신노아마(善信尼) 등을 백제국 사신 은솔 수신 등에게 부탁하여 내어 학문을 배우도록 하였다. 아스카노키누누히노미야츠코(飛鳥衣縫造)의 선조 고노하(樹葉)의 집을 허물어 비로소 호코지(法興寺)를 지었다. 이 땅은 아스카노마카미노하라(飛鳥眞神原)라 이름하기도 하고, 또한 아스카노토마타(飛鳥苫田)라고도 일컫는다. (『日本書紀』 21 崇峻紀)

백제 숭준 원년에 우마코(馬子)는 신(信)을 백제사(百濟使)에게 붙여서 법을 구하기 위해 내보냈다. (『元亨釋書』 18)

신라	겨울 12월에 상대등(上大等) 노리부(弩里夫)가 죽자 이찬(伊飡) 수을부(首乙夫)를 상대등으로 삼았다. (『三國史記』 4 新羅本紀 4)
신라	겨울 12월에 신라에서 상대등 노리부가 죽자 이찬 수을부가 그를 대신하였다. (『三國史節要』 7)

589(己酉/신라 진평왕 11 建福 6/고구려 평원왕 31/백제 위덕왕 36/隋 開皇 9/倭 崇峻 2)

고구려	기유년 3월 21일에 여기서부터 동쪽으로 향하여 12리 구간은 물하(物苟) 소형(小兄) 배회백두(俳湏百頭)가 맡는다. (「平壤城石刻」 제2석)
신라	봄 3월에 원광법사(圓光法師)가 불법을 얻고자 하여 진(陳)에 들어갔다. (『三國史記』 4 新羅本紀 4)
신라	진평왕 11년 봄 3월에 마침내 진에 들어가 불법을 강의하는 곳을 두루 찾아다니면서 하찮은 말까지도 받아 적었다. 성실론, 열반경과 삼장(三藏)의 여러 가지 논(論)을 전해 받았다. 다시 옛날 오나라 땅의 호구산(虎丘山)에 들어가 생각을 푸른 하늘에 두고 속세를 아주 떠나려고 했다. 그러나 신자들의 요청에 의해 마침내 성실론을 강의하게 되었고 무언가 이루어지지를 바라는 마음으로 이익을 청하는 사람들이 마치 물고기 비늘처럼 서로 잇달았다. (『海東高僧傳』 2 流通一之二 釋圓光)
신라	[살펴보니 원광이 진나라 말에 중국에 들어갔다. (…)] (『三國遺事』 4 義解 5 寶攘梨木)
신라	처음에 법사가 진에 들어간 후 5년에 원광법사가 진에 들어갔다. 8년(592) 담육(曇育)에 수나라에 들어갔다. 7년(591)에는 입조사(入朝使)를 따라 혜문(惠文)이 함께 돌아왔다. 법사와 지명(智明)은 모두 높은 덕을 가지고 있어 당대에 이름이 드러났고 그 재주가 아름다움이 진실로 상하에서 상대할 자가 없었다. (『海東高僧傳』 2 流通一之二 釋智明)
신라	당(唐) 속고승전(續高僧傳) (…) 때마침 수(隋)나라가 천하를 통치하니, 그 위엄이 남쪽 나라에까지 미쳤다. 진나라의 운수가 다하여 수나라 군사가 양도(揚都)에까지 들어오니 드디어 난병(亂兵)에게 사로잡혀 장차 죽음을 당하게 되었다. 수의 대장(大將)이 절과 탑이 불타는 것을 바라보고 달려가 그를 구하려 하니 불타는 모습은 전혀 없고 다만 원광이 탑 앞에 있는데 결박되어 있어서 장차 죽음을 당하려 하는 것만 보았다. 그 기이함을 이상하게 여겨 곧 풀어서 놓아주었다. 그 위태로움에 임하여 감응이 이른 것이 이와 같았다. 원광은 학문이 오(吳)·월(越)을 통달해서 곧 주(周)와 진(秦)의 문화를 보고자 개황(開皇) 9년에 수나라의 수도에 유학하였다. 마침 불법의 초회(初會)를 당해 섭론(攝論)이 비로소 일어나니 문언(文言)을 받들어 지니고 미서(微緖)를 떨쳐 이었다. 또한 혜해(慧解)를 달려 이름을 수나라 수도에까지 펼쳤다. 학문이 이미 이루어지자 동쪽으로 가서 계속해야겠다고 생각했다. 신라가 멀리에서 이를 듣고 황제에게 돌아오게 해달라고 자주 청하니, 칙서를 내려 후하게 위로를 더해 고국으로 돌아가게 하였다. 원광이 여러해 만에 돌아오니 노소(老幼)가 서로 기뻐하고 신라왕 김씨는 그를 만나보고는 공경하면서 성인처럼 우러렀다. (…) (『三國遺事』 4 義解 5 圓光西學)
신라	때마침 수나라가 천하를 통치하니, 그 위엄이 남쪽 나라에까지 미쳤다. 진나라의 운수가 다하여 수나라 군사가 양도에까지 들어오니 드디어 난병에게 사로잡혀 장차 죽음을 당하게 되었다. 수의 대장이 절과 탑이 불타는 것을 바라보고 달려가 그를 구하려 하니 불타는 모습은 전혀 없고 다만 원광이 탑 앞에 있는데 결박되어 있어서 장차 죽음을 당하려 하는 것만 보았다. 그 기이함을 이상하게 여겨 곧 풀어서 놓

아주었다. 그 위태로움에 임하여 감응이 이른 것이 이와 같았다. 원광은 학문이 오·월을 통달해서 곧 주와 진의 문화를 보고자 개황 9년에 수나라의 수도에 유학하였다. 마침 불법의 초회를 당해 섭론이 비로소 일어나니 문언을 받들어 지니고 미서를 떨쳐 이었다. 또한 혜해를 달려 이름을 수나라 수도에까지 펼쳤다. 학문이 이미 이루어지자 동쪽으로 가서 계속해야겠다고 생각했다. 신라가 멀리에서 이를 듣고 황제에게 돌아오게 해달라고 자주 청하니, 칙서를 내려 후하게 위로를 더해 고국으로 돌아가게 하였다. 원광이 여러해 만에 돌아오니 노소가 서로 기뻐하고 신라왕 김씨는 그를 만나보고는 공경하면서 성인처럼 우러렀다. (…) (『續高僧傳』13 義解篇 9 唐 新羅國 皇隆寺 釋圓光傳 5(圓安)).

신라 마침 수나라 군사가 양도(楊都)에 처들어왔다. 수나라 군대장이 탑이 불타는 것을 보고 그것을 구하려고 갔는데 스님이 묶인 채 탑 앞에 있을 뿐이었다. 고장(告狀)이 없이 이상하게 여겨 풀어주었다. 개황연간에 섭론종이 처음 일어나니 오묘한 글과 말을 받들어 간직하여 이름을 수나라 서울에까지 드날렸다. 커다란 업적이 이미 정묘하게 되자 그 도를 해동에 계승하여야겠다고 생각했다. 본국에서 중국으로 글을 보냈고 황제의 칙령으로 돌아가게 했다. (…) (『海東高僧傳』2 流通一之二 釋圓光)

신라 당 원광의 속성은 박씨이고 진한 신라인이다. (…) 수나라가 천하를 통일하고 군사가 양도에 들어왔다. 원광이 사로잡혀 장차 죽음을 당하게 되었다. 주장(主將)이 절과 탑이 불타는 것을 바라보고 달려가 보니 원광이 탑 아래에 묶여 있었는데, 이전에 불이 없음을 이상히 여겨 그 결박을 풀어주었다. 개황 9년에 서울에 와서 인하여 섭론을 거창(擧唱)하니 무리가 좌석에 가득하였다. 얼마있지 않아 그 나라 왕 김씨가 자주 표를 올려 본국으로 돌려보낼 것을 원하였다. 조서로 위로하고 그를 보냈다. 이미 이르니 노유(老幼)가 부처님이 하생한 것처럼 기뻐하였다. (…) (『新修科分六學僧傳』25 精進學 感通科 唐 圓光)

신라 승 원광 (…) 마침 수나라가 천하를 통치하니, 위엄이 남쪽 나라에까지 더해져 마침내 난병에게 사로잡혀 장차 죽음을 당하게 되었다. 수의 대장이 절과 탑이 불타는 것을 바라보고 달려가 그를 구하려 하니 불타는 모습은 전혀 없고 다만 원광이 탑 앞에 있는데 결박되어 있어서 장차 죽음을 당하려 하는 것만 보았다. 그 기이함을 이상하게 여겨 곧 풀어서 놓아주었다. 원광은 학문은 오·월을 통달해서 주와 진의 문화를 보고자 하여 개황 9년에 수나라의 수도에 유학하였다. 마침 불법의 초회를 당해 섭론이 비로소 일어나니 대언(大言)을 받들어 지니고 미서를 떨쳐 이었다. 본국에서 멀리 이를 듣고 황제에게 돌아오게 해달라고 자주 청하니, 칙서를 내려 후하게 위로를 더해 고국으로 돌아가게 하였다. 원광이 여러 해 만에 돌아오니 노소가 서로 기뻐하고 신라왕 김씨는 그를 만나보고는 공경하면서 성인처럼 우러러 보았다. (…) (『高僧摘要』3 圓光)

신라 가을 7월에 나라 서쪽에 홍수가 나서 3만0,360호가 떠내려가거나 물에 잠겼고, 죽은 사람이 200여 명이었다. 왕이 사자(使者)를 보내 진휼하였다. (『三國史記』4 新羅本紀 4)

신라 가을 7월에 신라의 나라 서쪽에 홍수가 나서 3만0,360호가 떠내려가거나 물에 잠겼고, 죽은 사람이 200여 명이었다. 왕이 사자를 보내 진휼하였다. (『三國史節要』7)

신라 신라에서 대사(大舍) 2명과 제감(弟監) 2명을 두었다. (『三國史節要』7)

신라 집사성(執事省) (…) 대사 2명은 진평왕 11년에 두었다. 경덕왕 18년에 낭중(郎中)으로 고쳤다[또는 진덕왕 5년에 고쳤다고도 한다]. 관등은 사지(舍知)에서 나마(奈麻)까지로 하였다. (…) (『三國史記』38 雜志 7 職官 上)

신라	병부(兵部) (…) 제감 2명은 진평왕 11년에 두었다. 태종왕 5년에 대사로 고쳤고 경덕왕이 낭중으로 고쳤다. 혜공왕이 다시 대사로 칭하였다. 관등은 사지에서 나마까지였다. (…) (『三國史記』 38 雜志 7 職官 上)
백제 탐라	수나라가 진나라를 평정하였다. 수나라의 전함 한 척이 탐모라국으로 표류하여 왔다. 그 배가 돌아가게 되어 국경을 통과할 때, 왕이 물자를 풍성하게 주어 귀국케 하고, 사신을 보내 진 나라를 평정한 것을 축하하는 표문을 올렸다. 수나라 고조(高祖)가 이를 훌륭히 여겨 조서를 내려 말했다. "백제 왕이 진나라를 평정하였다는 말을 듣자 멀리서 사신을 보내 표문을 바쳤다. 왕래가 지극히 어려운 지역이니, 만약 풍랑이라도 만나면 사람이 상하고 재물을 잃게 될 것이다. 백제 왕의 마음이 순박하고 지극한 것은 내가 이미 깊이 알고 있다. 거리는 비록 멀리 떨어져 있지만 얼굴을 대하고 말하는 것과 같으니 하필 자주 사신을 보내어 서로 대면할 필요가 있겠는가. 이후로는 해마다 조공하지 말 것이며 나도 사신을 보내지 않을 것이니 왕은 그리 알 것이다." (『三國史記』 27 百濟本紀 5)
백제 탐라	수나라가 진나라를 평정하였다. 수나라의 전함 한 척이 탐모라국으로 표류하여 왔다. 그 배가 돌아가게 되어 국경을 통과할 때, 왕이 물자를 풍성하게 주어 귀국케 하고, 사신을 보내 진 나라를 평정한 것을 축하하는 표문을 올렸다. 수나라 고조가 이를 훌륭히 여겨 조서를 내려 말했다. "백제왕이 진나라를 평정하였다는 말을 듣자 멀리서 사신을 보내 표문을 바쳤다. 왕래가 지극히 어려운 지역이니, 만약 풍랑이라도 만나면 사람이 상하고 재물을 잃게 될 것이다. 백제왕의 마음이 순박하고 지극한 것은 내가 이미 깊이 알고 있다. 거리는 비록 멀리 떨어져 있지만 얼굴을 대하고 말하는 것과 같으니 하필 자주 사신을 보내어 서로 대면할 필요가 있겠는가. 이후로는 해마다 조공하지 말 것이며 나도 사신을 보내지 않을 것이니 왕은 그리 알 것이다." (『三國史節要』 7)
백제 탐라	진을 평정한 해에 어떤 전선(戰船) 한척이 표류하여 바다 동쪽의 탐모라국에 닿았다. 그 배가 [본국으로] 돌아올 적에 백제를 경유하니, 여창이 필수품을 매우 후하게 주어 보냈다. 아울러 사신을 보내어 표문을 올려 진을 평정한 것을 축하하였다. 고조는 이를 갸륵하게 여겨 조서를 내려, "백제왕이 진을 평정한 소식을 듣고 멀리서 표문을 올려 축하하였으나 왕래하기가 지극히 어려워서 만약 풍랑을 만난다면 인명이 손상될 것이오. 백제왕의 진실한 심정은 짐이 벌써 잘 알고 있소. 서로 거리는 멀다 하여도 밀접한 관계는 얼굴을 마주 대하고 이야기 하는 거나 마찬가지이니, 어찌 반드시 사신을 자주 보내와 서로 다 알아야 되겠소. 이제부터는 해마다 따로 조공을 바칠 것이 없소. 짐도 사신을 보내지 않으니 왕은 알아서 하시오."라고 하였다. (『隋書』 81 列傳 46 東夷 百濟)
백제 탐라	진을 평정한 해에 어떤 전선 한척이 표류하여 바다 동쪽의 모라국에 닿았다. 그 배가 본국으로 돌아올 적에 백제를 경유하니, 여창이 필수품을 매우 후하게 주어 보냈다. 아울러 사신을 보내어 표문을 올려 진을 평정한 것을 축하하였다. 고조는 이를 갸륵하게 여겨 조서를 내렸다. "저 나라는 멀리 떨어져 있어 왕래하기가 지극히 어려워서 지금 이후부터는 해마다 따로 조공을 바칠 것이 없소." 사신이 춤을 추면서 갔다. (『北史』 94 列傳 82 百濟)

고구려 백제 신라

(개황 9년) 우홍(牛弘)이 아뢰어 말하였다. " (…) 비로소 개황 초에 처음으로 령(令)을 정하여 칠악(七部樂)을 두었는데, 첫째는 국기(國伎)라 하고 둘째는 청상기(淸商伎)라 하며 셋째는 고려기(高麗伎)라 하고 넷째는 천축기(天竺伎)라 하고 다섯째는

안국기(安國伎)라 하며 여섯째는 구자기(龜茲伎)라 하고 일곱째는 문강기(文康伎)라 하였다. 또 섞인 소륵(疏勒)·부남(扶南)·강국(康國)·백제·돌궐·신라·왜국 등의 기(伎)는 그 후에 우홍이 청하여 비(鞞)·탁(鐸)·건(巾)·불(拂) 등 4무(舞)로 남게 하였다. (…) " (『隋書』 15 志 10 音樂 下)

590(庚戌/신라 진평왕 12 建福 7/고구려 평원왕 32, 영양왕 1/백제 위덕왕 37/隋 開皇 10/倭 崇峻 3)

백제　　봄 3월에 학문을 배우러 간 비구니 젠신(善信) 등이 백제로부터 돌아와, 사쿠라이데라(櫻井寺)에 머물렀다. (『日本書紀』 21 崇峻紀)

고구려　　(가을 7월) 신해일(26)에 고려의 요동군공(遼東郡公) 고양(高陽)이 죽었다. (『隋書』 2 帝紀 2 高祖 下)

고구려　　(가을 7월) 신해일(26)에 고려의 요동군공 고양이 죽었다. (『北史』 11 隋本紀 上 高祖文皇帝)

고구려　　(수 고조 개황) 10년 7월에 고려의 요동군공 고탕(高湯)이 죽었다. 그 아들 원(元)을 임명하여 상개부의동삼사(上開府儀同三司)로 삼고 요동군공(遼東郡公)의 작위를 이어 받게 하고 옷 한 벌을 내렸다. 고원을 표를 올려 은혜에 감사하고 아울러 상서(祥瑞)를 축하하였다. 인하여 왕으로 봉해줄 것을 청하였는데 고조가 우조(優詔)로 고원을 책명하여 왕으로 삼았다. (『册府元龜』 963 外臣部 8 封册 1)

고구려　　왕이 진(陳)이 망하였다는 소식을 듣고 크게 두려워하여 병기를 수선하고 곡식을 축적하는 것으로 막고 지켜낼 방책을 삼았다. 수 고조(高祖)가 왕에게 새서(璽書)를 주어 질책하였다. "비록 번부(藩附)라고는 하나 정성과 예절을 다하지 않는다." 또 말하였다. "그대의 지방이 비록 땅이 좁고 사람이 적다고 할지라도 지금 만약 왕을 쫓아낸다면 비워둘 수 없으므로 마침내 관청의 아전과 하인을 다시 선발하여 그곳에 가서 다스리게 해야 할 것이다. 왕이 만약 마음을 새롭게 하고 행실을 고쳐 법을 따른다면 곧 짐의 좋은 신하이니, 어찌 수고롭게 별도로 재주있는 사람을 보내겠는가. 왕이 요수(遼水)의 넓이를 말하나 어찌 장강(長江)만 하겠으며 고구려 인구의 많고 적음이 진(陳)만 하겠는가. 짐이 만일 포용하고 기르려함이 없고 이전의 잘못을 질책하려 한다면 한 장군에게 명할 것이지 어찌 많은 힘을 필요하겠는가하여 은근히 타이르고 왕이 스스로 새로워지도록 할 뿐이다." 왕이 글을 받고 황공해서 표(表)를 올려 사과하려고 하였으나 이루지 못하였다. (『三國史記』 19 高句麗本紀 7)

고구려　　고구려 왕이 진이 망하였다는 소식을 듣고 크게 두려워하여 병기를 수선하고 곡식을 축적하는 것으로 막고 지켜낼 방책을 삼았다. 수나라 황제가 왕에게 새서를 주어 질책하였다. "짐이 천명을 받아 온 천하의 백성을 애육하고 있으며 동쪽 해변을 왕에게 위임하여 조정의 교화를 선양하게 하였다. 그런데 왕이 해마다 사신을 보내어 조공하여 비록 번부라고는 하나 정성과 예절을 다하지 않는다. 왕의 지방이 비록 땅이 좁고 사람이 적다고 할지라도 지금 만약 왕을 쫓아낸다면 비워둘 수 없으므로 마침내 관청의 아전과 하인을 다시 선발하여 그곳에 가서 다스리게 해야 할 것이다. 왕이 만약 마음을 새롭게 하고 행실을 고쳐 법을 따른다면 곧 짐의 좋은 신하이니, 어찌 수고롭게 별도로 재주 있는 사람을 보내겠는가. 왕이 요수의 넓이를 말하나 어찌 장강만 하겠으며 고구려 인구의 많고 적음이 진만 하겠는가. 짐이 만일 포용하고 기르려함이 없고 이전의 잘못을 질책하려 한다면 한 장군에게 명할 것이지 어찌 많은 힘을 필요하겠는가하여 은근히 타이르고 왕이 스스로 새로워지도록 할 뿐이다." 왕이 글을 받고 황공해서 표를 올려 사과하려고 하였으나 이루지 못하였다. (『三國

고구려　진을 평정한 뒤로는 탕(湯)이 크게 두려워하여 군사를 훈련시키고 곡식을 저축하여 방어할 계획을 세웠다. (『隋書』81 列傳 46 東夷 高麗)

고구려　수나라가 진나라를 평정한 뒤에는 탕이 크게 두려워하여 군사를 배치하고 곡식을 저축하여 항거할 계책을 세웠다. (『北史』94 列傳 82 高句麗)

고구려 신라　온달(溫達)은 고구려 평강왕(平岡王:평원왕) 때 사람이다. 용모가 못 생겨서 우스울 정도였지만, 마음속은 환하고 똑똑했다. 집이 매우 가난하여 항상 음식을 구걸해서 어머니를 봉양하였다. 너덜너덜한 옷을 입고, 해진 신발을 신은 채로 사람들이 모여 사는 곳을 왔다 갔다 하였으니, 당시 사람들이 그를 보고 '바보 온달(愚溫達)'이라고 하였다. 평강왕의 어린 딸은 잘 울었다. 왕이 놀리며, "너는 항상 울어서 내 귀를 시끄럽게 하는구나. 어른이 되면 사대부(士大夫)의 아내가 되기는 어렵겠다. 마땅히 '바보 온달'에게 시집가야겠구나."라고 하였다. 왕은 늘 이처럼 말하였다. [왕의] 딸이 16세가 되자, [왕은 그녀를] 상부(上部) 고씨(高氏)에게 시집보내려고 하였다. 공주(公主)가 대답하였다. "대왕(大王)께서는 항상 말씀하시기를 '너는 반드시 온달의 아내가 되어야 한다.'고 하셨습니다. 지금 어찌 그 말씀을 고치려 하십니까. 평범한 사내도 말을 반복하지 않는데, 하물며 임금께서는 어떻겠습니까. 그러므로 '임금은 실없는 말이 없다.'고 하였습니다. 지금 대왕의 명령은 잘못되었습니다. 저는 감히 명령을 받들 수 없습니다." 왕이 화를 내며, "네가 나의 명령을 따르지 않는다고 한다면, 진실로 나의 딸일 수 없다. 어찌 같이 살 수 있겠는가. 마땅히 네 갈 곳으로 가거라."고 하였다. 이에 공주는 값비싼 팔찌 수십 개를 팔꿈치에 걸고서 궁을 나와 홀로 갔다. 길에서 한 사람을 만나 온달의 집을 물었다. 이에 온달의 집에 도착할 수 있었다. 온달의 장님인 늙은 어머니를 보고, 가까이 다가가 절을 하고, 그 아들이 있는 곳을 물었다. 노모가 대답하였다. "내 아들은 가난하고 또한 누추합니다. 귀한 분께서 가까이 할 사람이 되지 못합니다. 지금 당신의 냄새를 맡으니 향기로운 것이 범상하지가 않고, 그대의 손을 만져보니 부드러운 것이 마치 솜과 같습니다. 반드시 천하(天下)의 귀한 분이실 겁니다. 누구의 속임수에 빠져서 여기까지 오셨습니까. 아마도 내 자식은 굶주림을 참지 못하고, 산 속으로 느릅나무 껍질을 가지러 간 듯한데, 오래도록 돌아오지 않고 있습니다." 공주는 집에서 나와서 산 아래로 갔다. 느릅나무 껍질을 메고 오고 있는 온달을 보고, 공주는 그에게 자신이 품은 생각을 이야기하였다. 온달은 얼굴빛을 바꾸며, "이는 어린 여자가 마땅히 할 행동이 아니니, 분명히 사람이 아니고 여우귀신일 것이다. 나에게 다가오지 말라"고 말하고, 뒤도 돌아보지 않고 갔다. 공주는 홀로 돌아와 사립문 아래에서 묵었다. 아침이 밝자, 다시 집안으로 들어가 온달과 그 어머니에게 자세히 말하였다. 온달이 우물쭈물 결정을 내리지 못하자 그 어머니가 말하였다. "제 자식은 매우 누추해서 귀하신 분의 배우자가 되기에 부족하고, 저희 집은 지극히 가난하여 진실로 귀하신 분이 계실 곳이 되지 못합니다." 공주가 대답하였다. "옛 사람들의 말에 '한 말의 곡식이라도 찧을 수 있고, 한 척의 베라도 꿰맬 수 있다.'고 하였습니다. 진실로 마음을 같이 할 수 있다면, 어찌 반드시 부귀해진 다음에야 함께 할 수 있겠습니까." 이에 값비싼 팔찌를 팔고 농지와 집, 노비 및 소와 말 그리고 그릇붙이를 구입하여 살림살이에 필요한 물품을 모두 갖추었다. 처음 말을 살 적에 공주가 온달에게 "시장 사람들의 말을 사지 말고, 반드시 국마(國馬) 중에서 병들고 쇠약해 내놓은 말을 골라서 사오세요."라고 하였다. 온달은 그 말대로 하였다. 공주가 매우 열심히 기르니 말은 날마다 살찌고 건장해졌다. 고구려에서는 매년 봄 3월 3일 마다 낙랑(樂浪)의 언덕에 모여 사냥하였는데, 잡은 돼지와 사슴으로 하늘과 산천(山川)에 제사를 지냈다.

그날이 되자, 왕이 사냥을 나갔고, 여러 신료와 5부(五部)의 병사가 모두 왕을 따랐다. 이때 온달도 그동안 기른 말을 가지고 따라갔다. 온달은 말을 타고 달리는 데 항상 앞에 있었고, 사냥으로 잡은 동물 또한 많아서 참석자 중 비견할 만한 사람이 없었다. 왕이 불러와 성명(姓名)을 묻고는 놀랐고, 또한 이상하게 생각하였다. 이때 후주(後周) 무제(武帝)가 군사를 내어 고구려(遼東)를 정벌하고자 하였다. 왕은 군사를 거느리고 이산(肄山)의 벌판에서 맞아 싸웠다. 온달은 선봉(先鋒)이 되었는데 힘을 다해 싸워서 참수(斬首)한 것이 수십 급(級)이었다. 여러 군사들이 이긴 틈을 타서 맹렬히 공격해서 크게 이겼다. 전공을 평가하게 되자, 온달을 첫 번째로 삼지 않는 이가 없었다. 왕이 기뻐하며 "이 사람이 내 사위다."고 말하고, 예의를 갖추어 온달을 맞이하였으며, 관작(官爵)을 주어 대형(大兄)으로 삼았다. 이로부터 온달은 왕의 총애를 받아 부귀영화가 날로 더해갔고, 위엄과 권세가 매일처럼 높아졌다. 양강왕(陽岡王:영양왕)이 즉위하자, 온달이 왕께 아뢰었다. "생각컨대 신라가 우리 한북(漢北)의 지역을 빼앗아 군현(郡縣)으로 삼으니, 백성은 몹시 가슴아파하며, 지금껏 부모의 나라를 잊지 않고 있습니다. 대왕께서는 저를 어리석다고 생각하지 않고 군대를 주신다면, 한 번 가서 반드시 우리의 땅을 되찾아 오겠습니다." 왕이 허락하였다. 온달은 출정하기에 앞서 맹세하여 말하였다. "계립현(鷄立峴)·죽령(竹嶺)의 서쪽 지역을 되찾아오지 못한다면 돌아오지 않겠다." 드디어 가서 아단성(阿旦城) 아래에서 신라군과 싸웠는데, 온달은 흐르는 화살에 맞아 쓰러져 죽었다. 온달을 장사 지내고자 하였지만, 관(柩)이 움직이지 않았다. 공주가 와서 관(棺)을 어루만지며 "죽음과 삶이 결정되었습니다. 돌아가시지요."라고 하자, 드디어 관을 들어 묻을 수 있었다. 대왕이 이를 듣고 비통해 하였다. (『三國史記』 45 列傳 5 溫達)

고구려 신라 고구려가 신라를 쳤으나 이기지 못하고 그 장수 온달이 죽었다. 처음에 온달은 용모가 여위고 집이 매우 가난하여 항상 구걸하여 어머니를 봉양하였는데 낡은 옷과 떨어진 신을 신고 시정(市井) 사이를 왕래하여 당시 사람들이 지목하여 바보 온달이라고 하였다. 평강왕의 어린 딸은 잘 울었다. 왕이 놀리며, "너는 항상 울어서 내 귀를 시끄럽게 하는구나. 어른이 되면 사대부(士大夫)의 아내가 되기는 어렵겠다. 마땅히 '바보 온달'에게 시집가야겠구나."라고 하였다. 왕은 늘 이처럼 말하였다. 왕의 딸이 16세가 되자, 왕은 그녀를 상부(上部) 고씨(高氏)에게 시집보내려고 하였다. 공주(公主)가 대답하였다. "대왕(大王)께서는 항상 말씀하시기를 '너는 반드시 온달의 아내가 되어야 한다.'고 하셨습니다. 지금 어찌 그 말씀을 고치려 하십니까. 평범한 사내도 말을 반복하지 않는데, 하물며 임금께서는 어떻겠습니까. 그러므로 '임금은 실없는 말이 없다.'고 하였습니다. 지금 대왕의 명령은 잘못되었습니다. 저는 감히 명령을 받들 수 없습니다." 왕이 화를 내며, "네가 나의 명령을 따르지 않는다고 한다면, 진실로 나의 딸일 수 없다. 어찌 같이 살 수 있겠는가. 마땅히 네 갈 곳으로 가거라."고 하였다. 이에 공주는 값비싼 팔찌 수십 개를 팔꿈치에 걸고서 궁을 나와 홀로 갔다. 길에서 한 사람을 만나 온달의 집을 물었다. 이에 온달의 집에 도착할 수 있었다. 온달의 장님인 늙은 어머니를 보고, 가까이 다가가 절을 하고, 그 아들이 있는 곳을 물었다. 노모가 대답하였다, "내 아들은 가난하고 또한 누추합니다. 귀한 분께서 가까이 할 사람이 되지 못합니다. 지금 당신의 냄새를 맡으니 향기로운 것이 범상하지가 않고, 그대의 손을 만져보니 부드러운 것이 마치 솜과 같습니다. 반드시 천하(天下)의 귀한 분이실 겁니다. 누구의 속임수에 빠져서 여기까지 오셨습니까. 아마도 내 자식은 굶주림을 참지 못하고, 산 속으로 느릅나무 껍질을 가지러 간 듯한데, 오래도록 돌아오지 않고 있습니다." 공주는 집에서 나와서 산 아래로 갔다. 느릅나무 껍질을 메고 오고 있는 온달을 보고, 공주는 그에게 자신이 품은 생각을 이야기하였다. 온달은 얼굴빛을 바꾸며, "이는 어린 여자가 마땅히 할 행동이 아니니, 분명히 사람이 아니고 여우귀신일 것이다. 나에게 다가오지 마라."고 말하고, 뒤도 돌아부지 않고 갔다. 공주는 홀로 돌아와 사립문 아래에서 묵었다. 아침이 밝자, 다시 집안으로 들어가 온달과 그 어머니에게 자세히 말하였다. 온달이 우물쭈물 결정을 내리지 못하자 그 어머니가 말하였다. "제 자식은 매우 누추해서 귀하신 분의 배우자가 되기에 부족하고, 저희 집은 지극히 가난하여 진실로 귀하신 분이 계실 곳이 되지 못합니다." 공주가 대답하였다. "옛 사람들의 말에 '한 말의 곡식이라도 찧을 수 있고, 한 척의 베라도 꿰맬 수 있다.'고 하였습니다. 진실로 마음을 같이 할수 있다면, 어찌 반드시 부귀해진 다음에야 함께 할 수 있겠습니까." 이에 값비싼 팔찌를 팔고 농지와 집, 노비 및 소와 말 그리고 그릇붙이를 구입하여 살림살이에 필요한 물품을 모두 갖추었다. 처음 말을 살 적에 공주가 온달에게 "시장 사람들의 말을 사지 말고, 반드시 국마(國馬) 중에서 병들고 쇠약해 내놓은 말을 골라서 사오세요."라고 하였다. 온달은 그 말대로 하였다. 공주가 매우 열심히 기르니 말은 날마다 살찌고 건장해졌다. 고구려에서는 매년 봄 3월 3일 마다 낙랑(樂浪)의 언덕에 모여 사냥하였는데, 잡은 돼지와 사슴으로 하늘과 산천(山川)에 제사를 지냈다. 그날이 되자, 왕이 사냥을 나갔고, 여러 신료와 5부(五部)의 병사가 모두 왕을 따랐다. 이때 온달도 그동안 기른 말을 가지고 따라갔다. 온달은 말을 타고 달리는 데 항상 앞에 있었고, 사냥으로 잡은 동물 또한 많아서 참석자 중 비견할 만한 사람이 없었다. 왕이 불러와 성명(姓名)을 묻고는 놀랐고, 또한 이상하게 생각하였다. 이때 후주(後周) 무제(武帝)가 군사를 내어 고구려(遼東)를 정벌하고자 하였다. 왕은 군사를 거느리고 이산(肄山)의 벌판에서 맞아 싸웠다. 온달은 선봉(先鋒)이 되었는데 힘을 다해 싸워서 참수(斬首)한 것이 수십 급(級)이었다. 여러 군사들이 이긴 틈을 타서 맹렬히 공격해서 크게 이겼다. 전공을 평가하게 되자, 온달을 첫 번째로 삼지 않는 이가 없었다. 왕이 기뻐하며 "이 사람이 내 사위다!"고 말하고, 예의를 갖추어 온달을 맞이하였으며, 관작(官爵)을 주어 대형(大兄)으로 삼았다. 이로부터 온달은 왕의 총애를 받아 부귀영화가 날로 더해갔고, 위엄과 권세가 매일처럼 높아졌다. 양강왕(陽岡王:영양왕)이 즉위하자, 온달이 왕께 아뢰었다. "생각컨대 신라가 우리 한북(漢北)의 지역을 빼앗아 군현(郡縣)으로 삼으니, 백성은 몹시 가슴아파하며, 지금껏 부모의 나라를 잊지 않고 있습니다. 대왕께서는 저를 어리석다고 생각하지 않고 군대를 주신다면, 한 번 가서 반드시 우리의 땅을 되찾아 오겠습니다." 왕이 허락하였다. 온달은 출정하기에 앞서 맹세하기를, "계립현(鷄立峴)·죽령(竹嶺)의 서쪽 지역을 되찾아오지 못한다면 돌아오지 않겠다"고 하였다. 드디어 가서 아단성(阿旦城) 아래에서 신라군과 싸웠는데, 온달은 흐르는 화살에 맞아 쓰러져 죽었다. 온달을 장사 지내고자 하였지만, 관(柩)이 움직이지 않았다. 공주가 와서 관(棺)을 어루만지며 "죽음과 삶이 결정되었습니다. 돌아가시지요."라고 하자, 드디어 관을 들어 묻을 수 있었다. 왕이 이를 듣고 비통해 하였다. (『三國史節要』 7)

고구려	겨울 10월에 돌아가시자 시호를 평원왕이라 하였다[이 때가 개황 10년이다. 수서(隋書)와 통감에는 "고조가 개황 17년에 새서(璽書)를 주었다"고 하였으나, 잘못이다] (『三國史記』 19 高句麗本紀 7)
고구려	영양왕(嬰陽王)[평양(平陽)이라고도 한다]은 이름이 원(元)[대원(大元)이라고도 한다] 이고 평원왕의 장자이다. 풍채와 정신이 뛰어나고 호쾌하여 세상을 다스리고 백성을 편안하게 하는 것을 자신의 임무로 여겼다. 평원왕 재위 7년에 책립하여 태자를 삼았고, 32년에 왕이 돌아가시자 태자가 왕위에 올랐다. 수 문제가 사신을 보내 왕을 임명하여 상개부의동삼사로 삼고 요동군공의 작위를 이어받게 하고 옷 한 벌을 내렸다. (『三國史記』 20 高句麗本紀 8)

고구려	겨울 10월에 고구려 왕 양성(陽成)이 돌아가셨다. 시호를 평원이라 하였고 태자 원이 왕위에 올랐다. (『三國史節要』 7)
신라 백제	이 해에 출가한 비구니는 오토모노사데히코노무라지(大伴狹手彦連)의 딸 젠토쿠(善德), 오토모노코마(大伴狛)의 부인, 시라기노히메젠묘(新羅媛善妙), 구다라노히메묘코(百濟媛妙光), 또 아야히토(漢人) 잰소(善聰)·젠츠우(善通)·묘토쿠(妙德)·호죠쇼(法定照)·젠치소(善智聰)·젠치에(善智惠)·젠코(善光) 등이다. 구라츠쿠리노시메다치토(鞍部司馬達等)의 아들 다스나(多須奈)도 같은 때에 출가하였는데, 이름을 도쿠사이(德齊) 법사(法師)라 한다. (『日本書紀』 21 崇峻紀)
신라	대덕(大德) 자장(慈藏)은 김씨이고, 본래 진한(辰韓)의 진골 소판(蘇判)[3급의 관작(官爵)명이다.] 무림(茂林)의 아들이다. 그 아버지는 청요직(淸要職)을 지냈으나 후사를 이을 아들이 없어서, 삼보(三寶)에 귀심하여 천부관음(千部觀音)을 조성하고 자식을 하나 낳게 해 달라고 빌었다. 축원하여 말하기를, "만약 아들을 낳으면 내놓아서 법해진량(法海津梁)으로 만들겠습니다."라고 하였다. 어머니가 문득 별이 떨어져서 품 속으로 들어오는 꿈을 꾸니, 인하여 임신하게 되었다. 태어나자 석가세존과 같은 날이어서 선종랑(善宗郎)이라고 이름을 붙였다. (『三國遺事』 4 義解 5 慈藏定律)
신라	석자장(釋慈藏)의 속성은 김씨이고 신라국 사람이며 그 선조는 삼한의 후예이다. 중고시대에는 진한(辰韓)·마한(馬韓)·변한(卞韓)이 그 부족을 거느리고 있었고 각각 추장이 있었다. 『양공직도(梁貢職圖)』를 참고하면, 그 신라국은 조위(曹魏)에서는 사로(斯盧)라고 하였다가 유송(劉宋)에서는 신라라고 하였는데 본래는 동이 진한의 나라였다. 장의 아버지는 이름이 무림(武林)인데, 관이 소판이(蘇判異)에 이르렀다[본래 왕족으로 당의 1품에 비견된다]. 그가 높은 지위에 있게 되자 나라의 계획과 논의가 그에게 귀속되었다. 그러나 그에게는 후사가 없었으므로 늘 깊은 근심에 잠겨 있었다. 그는 평소 불교의 진리를 우러러 보았기에 마침내 부처님의 가호를 구하여 널리 승려들을 초청하고 크게 재물을 희사하면서 마음으로부터 불법에 기원을 드리고 아울러 1,000부 관음상을 만들어 자식 하나 낳기만을 바랬다. 훗날 그 아이가 성장하면 서원을 세워 도심을 일으키고 모든 중생들을 제도하게 하도록 빌었다. 눈에 보이지 않는 상서가 뚜렷하게 감응하여 별이 떨어져 품 속에 들어오는 꿈을 꾸고 나서 곧 임신하게 되었다. 4월 8일에 탄생하였으니 이는 좋은 날이라 도속들이 경하하는 마음을 머금게 되었고, 드문 서상(瑞相)이라 하였다. (『續高僧傳』 24 護法 下 唐新羅國大僧統 釋慈藏 5(圓勝))
신라	당 자장은 신라국왕의 제공자(諸公子)이다. 김씨이며 아버지는 무림(武林)으로 관(官)은 소판이(蘇判異)로 귀하기가 중국의 1품(品)과 같았다. 그러나 평소에 부처님의 이치를 잘 알았으나 사식(嗣息)이 있지 않았다. 이에 관음경(觀音經) 1천부를 만들어 인하여 기도의 뜻을 이루려 하였다. 또 말하였다. "원컨대 소출(所出)이 있으면 장차 혜명(慧命)을 잇게 하고 생류(生類)를 헤아리게 할 것이며 감히 가문의 조종(祖宗)을 밝히는데 오르지 않게 할 것입니다." 이윽고 그 어머니가 품에 별이 늘어오는 꿈을 꾸고 나서 임신하였고 그 해산은 부처님과 같은 달 같은 일과 같음에 미쳤다. 식자(識者)들이 상서럽게 여겼다. (『新修科分六學僧傳』 4 慧學 傳宗科 唐慈藏)
신라	석자장은 성은 김씨이고 신라 사람이다. 그 선조는 삼한의 후예로 동쪽의 진한국(辰韓國)이었다. 자장의 아버지 이름은 무림으로 관(官) 소판이(蘇判異)[北[比]唐一品]에 이르러 놓은 지위를 누렸으나 후사가 없었다. 늘 깊은 근심에 잠겨 있었는데, 평소 불교의 진리를 우러러 보았기에 마침내 부처님의 가호를 구하여 널리 승려들을 초청하고 크게 재물을 희사하면서 마음으로부터 불법에 기원을 드리고 아울러 1,000

부 관음상을 만들어 자식 하나 낳기만을 바랐다. 훗날 그 아이가 성장하면 서원을 세워 도심을 일으키고 모든 중생들을 제도하게 하도록 빌었다. 눈에 보이지 않는 상서가 뚜렷하게 감응하여 별이 떨어져 품 속에 들어오는 꿈을 꾸고 나서 곧 임신하게 되었다. 4월 8일에 탄생하였다. (『高僧摘要』 3 慈藏)

591(辛亥/신라 진평왕 13 建福 8/고구려 영양왕 2/백제 위덕왕 38/隋 開皇 11/倭 崇峻 4)

고구려	(봄 정월) 신축일(18)에 고려가 사신을 보내 조공하였다. (『隋書』 2 帝紀 2 高祖 下)
고구려	봄 정월에 사신을 보내 수에 들어가 은혜에 감사하는 표(表)를 올리고 왕으로 책봉해주기를 청하니, 황제가 이것을 허락하였다. (『三國史記』 20 高句麗本紀 8)
고구려	봄 정월에 수에 사신을 보내 고구려 왕을 상개부의동삼사(上開府儀同三司)로 삼아 책봉하고 요동군공(遼東郡公)을 습작(襲爵)하고 의복 1습(襲)을 내려주니 고구려왕이 표를 올려 감사하고 인하여 왕을 책봉해줄 것을 청하였다. (『三國史節要』 7)
고구려	(수 고조 개황) 11년 정월에 고려가 (…) 아울러 사신을 보내어 특산물을 바쳤다. (『册府元龜』 970 外臣部 15 朝貢 3)
신라	신해년 2월 26일에 남산신성(南山新城)을 만들 때 법에 따라 만든지 3년 이내에 무너져 파괴되면 죄로 다스릴 것이라는 사실을 널리 알려 서약케 하였다. 아량라두(阿良邏頭) 사탁(沙喙) 음내고(音乃古) 대사(大舍) 노?도사(奴?道使) 사탁 합친(合親) 대사 영고도사(營沽道使) 사탁 △△?지△(△?知) 대사 군상촌주(郡上村主) 아량촌(阿良村) 금지(今知) 찬간(撰干) 칠토△△지이리(柒吐△△知亦利) 상간(上干) 장척(匠尺) 아량촌(阿良村) 말정차간(末丁次干) 노?촌(奴?村) 차△△?간次(△△?干) 문척(文尺) △문지(△文知) 아척(阿尺) 성사상(城使上) 아량(阿良) 몰내생(沒柰生) 상△△척(上△△尺) 아??차간(阿??次干) 문척(文尺) 죽생차(竹生次) 일벌(一伐) 면착상(面捉上) 진?△(珎?△) 문착상(門捉上) 지?차(知?次) ?착상(?捉上) 수이차(首尒次) 소석착상(小石捉上) 욕?차(辱?次) △△11보 3척 8촌을 받았다. (「慶州南山新城碑」 第一碑)
신라	아대혜촌(阿大兮村) 신?년 2월 26일에 남산신성을 만들 때 법에 따라 만든지 3년 이내에 무너져 파괴되면 죄로 다스릴 것을 널리 알려 서약하게 하였다. 아차혜촌(阿且兮村) 도사(道使) 사탁(沙喙) 물생차(勿生次) 소사(小舍) 구리성도사(仇利城道使) 사탁 급지(級知) 소사(小舍) ?대지촌(?大支村) 도사 ?(?) 탁 소질공지?(所叱孔知?) 군중상인(郡中上人) 사도성(沙刀城) ?서리지(?西利之) 귀간(貴干) 구리성(久利城) 수?리지(首?利之) 찬간(撰干) 장척(匠尺) 사호성(沙戶城) 가사리지(可沙里知) 상간(上干) 문척(文尺) 미질△지(美叱△之) 일벌 아대혜촌 작상인(作上人) 소?지(所?之) 상간(上干) ?척(?尺) 가시△지(可尸△之) 일벌 문척 ?모?지(?毛?之) 일척 면착상인(面石捉人) 인이지(仁尒之) 일벌 회석착인(回石捉人) 수질혜지(首叱兮之) 일척(一尺) ?석착인(?石捉人) 을안이지(乙安尒之) 피?(彼?) 소석착인(小石捉人) 정리지(丁利之) 피일(彼日)이 7보 4척을 받아 만들었다. (「慶州南山新城碑」 第二碑)
신라	신해년 2월 26일에 南山新城을 만들 때 범에 따라 만든지 3년 이내에 무너져 파괴되면 죄로 다스릴 것이라는 사실을 널리 알려 서약케 하였다. 탁부 주도리(主刀里)는 21보 1촌을 받아 지었다. 部監△△△次 대사 구생차(仇生次) 대사 문척(文尺) 구△△(仇△△) 소사 리작상인(里作上人) 지동(只冬) 대사 △문지(△文知) 소사 문척 구장?(久匠?) 면착상인(面捉上人)△△△△△△△△ 대오(大鳥) △석착인(△石捉人) △하차(△下次) 대조 소석착상인(小石捉上人) △△ 소조(小鳥) (「慶州南山新城碑」第三碑))
신라	(상결) 때 법에 따라 만들어 (하결) (상결) 알려 서약하게 한다.(하결) (상결) 라두(邏頭) 사탁(沙喙) (하결) (상결) 貝太舍 一善支 (하결) (상결) 古生村 珎 (하결)

	(상결) 利上 干 匠尺 (하결) (상결) 古 一伐 古生城 上 (하결) (상결) 只 一尺 書 尺 夫 (하결) (상결) ?次?? 石捉上人 (하결) (상결) △次小石捉上人 (하결) (「慶州南山新城碑」第四碑)
신라	(상결) 신해년에 (하결) (하결) 붕괴되고 무너지면 다스릴 것을 알려△ (상결) 도사△ △ 탁부△文△ (하결) (상결) 문촌(問村) △△상간(上干) 과 同△ (하결) (상결) △성 작상인(△城作上人)△ (하결) (상결) △△一利△ (하결) (상결) 另△ (하결) (「慶州南山新城碑」第五碑)
신라	△尺同△△ 尺豆△ (「慶州南山新城碑」第六碑)
신라	나일(奈日) (「慶州南山新城碑」第八碑)
신라	신해년 2월 26일에 남산신성(南山新城)을 만들 때, 법에 따라 만든 지 3년 이내에 무너져 파괴되면 죄(罪)로 다스릴 것이라는 사실을 널리 알려 서약케 하였다. 급벌군(及伐郡) 중 이동성(伊同城)의 무리가 6보를 받았다. 군상인(郡上人)은 예안지(曳安知) 찬간, 생벌성(生伐城) 문상(文上) 간(干)이며 장척(匠尺)은 동촌(同村)의 내정(內丁) 상간(上干), 근곡촌(斤谷村)의 영리지(另利支)이고 문척(文尺)은 생벌지차장(生伐只次丈)이고 성착상인(城促上人)은 이동촌(伊同村)의 △시정(△尸丁) 상간(上干)이며 공척(工尺)은 지대요촌(指大夕村)의 입부△(入夫△)이고 문척(文尺)은 이동촌(伊同村)의 △차혜(△次兮) 아척(阿尺)이고 면착(面促)은 백간지촌(伯干支村)의 지도(支刀)이며 면착은 동촌(同村)의 서서(西西) 아척이다. 착인(捉人)은 이동촌(伊同村)의 △백간지촌(△伯干支村) 무칠(戊七)이다. (「慶州南山新城碑」第九碑)
신라	봄 2월에 영객부(領客府)에 영(令) 2인을 두었다. (『三國史記』4 新羅本紀 4)
신라	봄 2월에 신라에서 영객부에 영 2인을 두었다. (『三國史節要』7)
고구려	3월에 고구려왕으로 책봉하고 이어서 수레와 의복을 주었다. (『三國史記』20 高句麗本紀 8)
고구려	3월에 수에서 고구려왕을 책봉하고 이어서 수레와 의복을 주었다. (『三國史節要』7)
고구려	(개황 11년) 5월 갑자일에 고려에서 사신을 보내 토산물을 바쳤다. (『隋書』2 帝紀 2 高祖 下)
고구려	여름 5월에 사신을 보내 은혜에 감사하였다. (『三國史記』20 高句麗本紀 8)
고구려	여름 5월에 고구려에서 사신을 보내 수에 가서 은혜에 감사하였다. (『三國史節要』7)
고구려	(수 고조 개황) 11년 5월 고려에서 (…) 아울러 사신을 보내 특산물을 바쳤다. (『册府元龜』970 外臣部 15 朝貢 3)
신라	가을 7월에 남산성(南山城)을 쌓았는데, 둘레가 2,854보였다. (『三國史記』4 新羅本紀 4)
신라	가을 7월에 신라에서 남산성을 쌓았는데, 둘레가 2,854보였다. (『三國史節要』7)
신라	별본(別本)에 전하기를, "건복(建福) 8년 신해(辛亥)에 남산성을 쌓았는데, 둘레가 2,850보였다."고 하니, 곧 진평왕(眞平王) 때에 처음 쌓은 것이다. (『三國遺事』2 紀異 2 文虎王法敏)
가야	가을 8월 경술(庚戌) 초하루날에 천황이 군신에게 조를 내려 말하였다. "짐이 임나(任那)를 세우고자 생각하는데, 경들은 어떠한가." 군신들이 아뢰었다. "임나관가(任那官家)를 세워야 한다는 것은 모두 폐하께서 조를 내리신 바와 같습니다." (『日本

書紀』21 崇峻紀)

신라 가야　겨울 11월 기묘(己卯) 초하루 임오일(4)에 기노오마로노스쿠네(紀男麻呂宿禰)·고세노사루노오미(巨勢猿臣)·오토모노쿠이노무라지(大伴囓連)·가즈라키노오나라노오미(葛城烏奈良臣)를 대장군으로 삼았다. 각 씨(氏)의 오미(臣)·무라지(連)로 비장(裨將)과 부대(部隊)를 삼아 2만여 군사를 이끌고 나아가 츠쿠시(筑紫)에 머물게 했다. 기시노카네(吉士金)를 신라에 보내고, 기시노이타비(吉士木蓮子)를 임나(任那)에 보내어 임나의 일을 물었다. (『日本書紀』21 崇峻紀)

신라　사천당(四千幢)은 진평왕 13년에 두었는데 금(衿)의 색깔은 황흑(黃黑)이다. (『三國史記』40 雜志 9 職官 下)

신라　신라에서 사천당을 두었는데 금의 색깔은 황흑이다. 경오종당(京五種幢)은 금의 색깔이 첫째는 청록(靑綠)이며 둘째는 적자(赤紫)이며 셋째는 황백(黃白)이며 넷째는 백흑(白黑)이고 다섯째는 흑청(黑靑)이다. 이절말당(二節末幢)의 금의 색깔은 첫째는 녹자(綠紫)이며 둘째는 자록(紫綠)이다. 만보당(萬步幢)은 9주에 각각 둘이 있는데, 금의 색깔이 사벌주((沙代州)는 청황(靑黃)과 청자(靑紫)이며 삽량주(歃良州)는 적청(赤靑)과 적백(赤白)이고 청주(菁州)는 적황(赤黃)과 적록(赤綠)이고 한산주(漢山州)는 황흑(黃黑)과 황록(黃綠)이며 우수주(牛首州)는 흑록(黑綠)과 흑백(黑白)이며 웅천주(熊川州)는 황자(黃紫)와 황청(黃靑)이며 하서주(河西州)는 청흑(靑黑)과 청적(靑赤)이고 무진주(武珍州)는 백적(白赤)과 백황(白黃)이며 대장척당(大匠尺幢)은 금이 없다. (『三國史節要』7)

신라　(…) 진평대왕이 그 이상한 소문을 듣고 비형을 궁중으로 데려다 길렀다. 나이가 15세가 되자 집사(執事)라는 직책을 주었다. 비형은 매일 밤 멀리 나가서 놀자 왕이 용사 50명을 시켜 지키게 하였으나 매번 월성(月城)을 날아 넘어 서쪽 황천(荒川) 언덕 위에[경성(京城)의 서쪽에 있다] 가서 귀신의 무리를 거느리고 놀았다. 용사들이 숲속에 매복하여 엿보니 귀신들은 여러 절에서 울리는 새벽 종소리에 각각 흩어지고 비형랑도 역시 돌아가는 것이었다. 용사들은 돌아와서 이 사실을 보고하였다. 왕이 비형을 불러 물었다. "네가 귀신을 거느리고 논다는 말이 사실이냐." 비형랑이 대답하였다. "그렇습니다." 왕이 "그러하면 너는 귀신의 무리를 이끌고 신원사(神元寺)의 북쪽 도랑에[신중사(神衆寺)라고도 하나 잘못이다. 어떤 이는 황천(荒川) 동쪽의 깊은 도랑이라고도 한다] 다리를 놓아 보도록 하여라." 하였다. 비형은 칙명을 받들고 그 무리들로 하여금 돌을 다듬어 하룻밤사이에 큰 다리를 놓았다. 그런 까닭에 귀교(鬼橋)라 한다.
　왕이 또 물었다. "귀신의 무리 가운데에서 인간의 모습으로 나타나 조정(朝廷)을 도울만한 자가 있느냐." 비형이 말하였다. "길달(吉達)이란 자가 있사온데 가히 국정을 도울만합니다." 왕이 말하기를 "데리고 오도록 하여라." 이튿날 비형이 길달과 함께 왕을 알현하니 길달에게 집사라는 관직을 내렸는데, 과연 충직한 것이 비길 자가 없었다. 이 때 각간 임종(角干 林宗)이 자식이 없었으므로 왕이 명령하여 아들로 삼게 하였다. 임종은 길달에게 명하여 흥륜사(興輪寺)남쪽에 누문(樓門)을 세우게 하였더니, 길달은 밤마다 그 문루 위에 가서 잤으므로 그 문을 길달문(吉達門)이라 하였다. 하루는 길달이 여우로 변하여 도망을 갔으므로 비형이 귀신들로 하여금 그를 잡아죽였다. 그러므로 그 귀신의 무리들은 비형의 이름만 듣고도 두려워하며 달아났다. 당시 사람들이 노래를 지어 부르기를 "성스런 임금의 혼이 아들을 낳았으니 여기가 비형랑의 집이다. 날고뛰는 잡귀의 무리들은 이곳에 머물지 말라." 나라의 풍속에는

이 글을 붙여서 귀신을 물리친다. (『三國遺事』 1 紀異 1 桃花女 鼻荊郎)

고구려 (개황 11년) 이해에 고려와 말갈이 아울러 사신을 보내 조공하였다. (『北史』 11 隋 本紀 上 高祖文皇帝)

신라 처음에 법사가 진(陳)에 들어간 후 5년(589)에 원광 법사가 집에 들어갔다. 8년(592)에 담육(曇育)이 수나라에 들어갔으며 7년에는 입조사(入朝使)를 따라 혜문(惠文)이 함께 돌아왔다. 법사와 지명(智明)은 모두 높은 덕을 가지고 있어 이름이 당대에 드러났으며 재주의 아름다움이 진실로 상하에서 상대할 자가 없었다. (『海東高僧傳』 2 流通一之二 釋智明)

592(壬子/신라 진평왕 14 建福 9/고구려 영양왕 3/백제 위덕왕 39/隋 開皇 12/倭 崇峻 5)

고구려 봄 정월에 사신을 보내 수(隋)에 들어가 조공하였다. (『三國史記』 20 高句麗本紀 8)
고구려 봄 정월에 고구려에서 사신을 보내 수에 가서 조공하였다. (『三國史節要』 7)
고구려 (수 고조 개황 12년) 봄 정월에 황제가 인수궁(仁壽宮)에 있었다. 돌궐·고려·거란이 모두 사신을 보내 방물을 바쳤다. (『冊府元龜』 970 外臣部 15 朝貢 3)

백제 가을 7월 임신(壬申) 그믐날에 일식이 있었다. (『三國史記』 27 百濟本紀 5)
백제 가을 7월 임신(壬申) 그믐날에 백제에 일식이 있었다. (『三國史節要』 7)

신라 처음에 법사가 진(陳)에 들어간 후 5년(589)에 원광 법사가 집에 들어갔다. 8년에 담육(曇育)에 수나라에 들어갔으며 7년(591)에는 입조사(入朝使)를 따라 혜문(惠文)이 함께 돌아왔다. 법사와 지명(智明)은 모두 높은 덕을 가지고 있어 이름이 당대에 드러났으며 재주의 아름다움이 진실로 상하에서 상대할 자가 없었다. (『海東高僧傳』 2 流通一之二 釋智明)

593(癸丑/신라 진평왕 15 建福 10/고구려 영양왕 4/백제 위덕왕 40/隋 開皇 13/倭 推古 1)

백제 원년 정월 소가노오오미우마코노스쿠네(蘇我大臣馬子宿禰)는 모노노베(物部)씨와의 싸움 때 한 기원(祈願)에 의거하여 아스카(飛鳥)의 땅에 호코지(法興寺)를 세웠다. 찰주(刹柱)를 세우는 날에 시마노오오미(嶋大臣) 및 100여 명이 모두 백제복(百濟服)을 착용하였는데 보는 사람들이 모두 기뻐하였다. 불사리(佛舍利)를 찰주의 심초 안에 두었다. (『扶桑略記』 3 推古天皇段)

고구려 여름 4월 경오(庚午) 초하루 기묘일(10)에 우마야토노토요토미미(廐戶豊聰耳: 聖德太子) 황자를 황태자로 삼아 섭정하도록 하고, 정치를 모두 위임하였다. 그는 다치바나노토요히(橘豊日:用明) 천황(天皇)의 둘째 아들이다. 어머니 황후는 아나호베노하시히토((穴穗部間人) 황녀이다. 황후가 임신하여 해산일에 궁 안을 순행하며 여러 관사를 감찰하고 있었다. 마관(馬官)에 이르러 마굿간 문에 당도하였는데 임들이시 않고 홀연히 아이를 낳았다. 태어나면서 말을 잘하고 성스러운 지혜가 있었다. 장성하여서는 한꺼번에 열 사람의 송사를 들어도 능히 판별하지 않음이 없었고, 아울러 앞날의 일도 미리 알았다. 또 고려의 승려 혜자(慧慈)에게서 내교(內敎)를 익혔고, 박사(博士) 각가(覺哿)에게서 외전(外典)을 배워, 아울러 모두 통달하였다. 아버지 천황이 사랑하여 궁의 남쪽에 있는 상전(上殿)에 거처하도록 하였으므로, 그 이름을 일컬어 가미츠미야노우마야토노토요토미미(上宮廐戶豊聰耳) 태자라고 하였다. (『日本書紀』 22 推古紀)

신라	가을 7월에 명활성(明活城)을 고쳐서 쌓았는데, 둘레가 3,000보였다. (『三國史記』 4 新羅本紀 4)
신라	가을 7월에 신라에서 명활성을 고쳐서 쌓았는데, 둘레가 3,000보였다. (『三國史節要』 7)
신라	(가을 7월) 서형산성(西兄山城)은 둘레가 2,000보였다. (『三國史記』 4 新羅本紀 4)
신라	(가을 7월) 또 서형산성을 쌓았는데, 둘레가 2,000보였다. (『三國史節要』 7)
신라	당승전(唐僧傳)을 살펴보면 이러하다. "개황(開皇) 13년 광주(廣州)에 어떤 승려가 참법(懺法)을 행하여서 가죽으로 첩자(帖子) 2매를 만들고 선악(善惡) 두 글자를 써서 사람들에게 던지게 하여 선이라는 글자가 나오면 길하다고 했다. 또 스스로 박참법(撲懺法)을 행해서 죄를 없앤다고 하였다. 그래서 남녀가 모두 함부로 받아들여 몰래 행하니 청주(靑州)에도 퍼져서 함께 행하였다. 관사(官司)가 단속하여 살펴보고 이를 요망하다고 하니 그들이 말하기를 '이 탑참법(搭懺法)은 점찰경에 따랐고 박참법은 여러 경전에 따른 것이다'라고 하고 큰 산이 무너지는 것 같이 오체를 땅에 던졌다. 이때 주청하여 아뢰니 이에 내사시랑(內史侍郎) 이원찬(李元撰)에게 칙서를 내려 대흥사(大興寺)로 가서 여러 대덕(大德)에게 묻게 하였다. 대사문(大沙門) 법경(法經), 언종(彦琮) 등이 대답하였다. '점찰경 2권이 있는데 첫머리에 보리등(菩提登)은 외국에서 번역하였다고 쓰여 있어 근대에 나온 것 같다. 또한 필사하여 전하고 있는 것은 여러 기록을 조사하여도 역시 바른 이름, 역자, 때, 곳이 없고 탑참은 여러 경전과는 또 다르므로 시행할 수 없다.' 인하여 칙서로 금하였다." 지금 그것을 시론한다. 청주 거사 등의 탑참 등 사건은 대유(大儒)가 시서발총(詩書發塚)하는 것과 같으니 범을 그리다가 이루지 못하고 개와 비슷하게 된 것이라 할 수 있을 것이다. 부처가 미리 막은 것은 바로 이를 위한 것이었다. 만약 점찰경에 역자와 때, 곳이 없어서 의심할 수 있다고 하면 이 또한 삼을 등에 매고 금을 버리는 것이다. 왜 그러하냐면 즉 그 경문을 자세히 보고 이에 실단(悉壇)이 깊고 세밀하며 더러운 잘못을 깨끗하게 하고 게으른 사람을 격앙하는 것은 이 경전만한 것이 없다. 그러므로 또한 대승참(大乘懺)이라 이름한 것이고, 또한 말하기를 육근(六根)이 모인 가운데 나왔다고 하는 것이다. 개원(開元), 정원(貞元) 연간의 두 석교록(釋敎錄) 가운데 정장(正藏)으로 편입되었다. 비록 법성종(法性宗) 외이지만 그 법상종의 대승은 거의 또한 넉넉하다. 어찌 탑참·박참 두 참법과 함께 말할 수 있겠는가. 사리불문경(舍利佛問經)에 부처가 장자(長者)의 아들 반야다라(邠若多羅)에게 일러 말하였다. "너는 일곱 낮 일곱 밤 너의 앞선 죄를 참회하여 모두 깨끗하게 하여라." 반야다라가 가르침을 받들어 낮밤으로 정성을 다하니 5일 밤에 이르러 그 방 안에서 여러 물건이 내렸는데 수건, 복두(幞頭), 불추(拂箒), 칼·송곳·도끼 등과 같은 것이 그 눈 앞에 떨어졌다. 반야다라는 기뻐서 부처에게 물으니, 부처가 말하였다. "이는 진(塵)을 벗어나는 상이다. 쪼개고 털어내는 물건들이다." 이에 의거하면 곧 점찰경의 윤(輪)을 던져 상(相)을 얻는 일과 어찌 다르겠는가. 이에 진표의 참회를 일으켜 간자를 얻고 법을 물어 부처를 본 것이 무망이 아니라 말할 수 있다. 하물며 이 경전이 거짓이라면 곧 미륵은 어찌 몸소 진표법사에게 주었겠는가. 또한 이 경전이 가히 금할 것이라면 사리불문경도 금할 것인가. 언종(彦琮)의 무리는 금을 움켜잡느라 사람을 보지 못한 것이라고 할 수 있다. 독자가 상세히 보아야 한다. 찬하여 말한다. 몸을 나타내어 말세의 게으르고 무지한 중생을 깨우치고 영악(靈岳)과 선계(仙溪)에서 감응하여 통하였다. 탑참을 정성껏 전하였다 하지 말라. 동해에 다리를 만들어 어룡(魚龍)을 교

화하였다.(『三國遺事』 4 義解 5 眞表傳簡)

594(甲寅/신라 진평왕 16 建福 11/고구려 영양왕 5/백제 위덕왕 41/隋 開皇 14/倭 推古 2)

| 백제 | 갑인년 3월 26일에 제자 왕연손(王延孫)이 현세의 부모를 위하여 금동석가상 1구를 공경히 만드니, 바라건대 무모가 이 공덕으로 현신(現身)이 편안하고 태어나는 세상마다에서 삼도(三途)를 거치지 않고 8난(八難)을 멀리 떠나 빨리 정토에 나서 부처님을 보고 법을 듣게 하소서. (「甲寅銘 釋迦像 光背」)

백제   겨울 11월 계미일(23)에 성패(星孛)가 각(角)과 항(亢)에 나타났다. (『三國史記』 27 百濟本紀 5)

백제   겨울 11월 계미일(23)에 백제에서 성패가 각과 항에 나타났다. (『三國史節要』 7)

신라   수 황제가 조서로 왕을 임명하여 왕을 상개부(上開府)·낙랑군공(樂浪郡公)·신라왕으로 삼았다. (『三國史記』 4 新羅本紀 4)

신라   수에서 신라왕을 책봉하여 상개부·낙랑군공·신라왕으로 삼았다. (『三國史節要』 7)

신라   왕위가 김진평에 이른 개황 14년에 사신을 보내어 방물을 바쳤다. 고조는 진평을 상개부·낙랑군공·신라왕으로 삼았다. (『隋書』 81 列傳 46 東夷 新羅)

신라   왕위가 대대로 전하여져 30세인 진평에 이르렀는데. 수나라 개황 14년에 사신을 보내어 방물을 바쳤다. 문제는 진평을 상개부·낙랑군공·신라왕에 임명하였다. (『北史』 94 列傳 82 新羅)

신라   (수 고조 개황) 14년에 신라의 국왕 진평이 사신을 보내 토산물을 바쳤다. 진평을 임명하여 상개부·낙랑군공·신라왕으로 삼았다. (『册府元龜』 963 外臣部 8 封冊 1)

신라   수 고조 개황14년에 신라왕 眞王이 사신을 보내 방물을 바쳤다. 신라의 언어와 물건 이름은 중국 사람과 비슷하다. 국(國)을 방(邦)이라 하고 궁(弓) 호(弧)라 하며 적(賊)을 구(寇)라 하고 행주(行酒)를 행상(行觴)이라 하고 상호(相呼)를 모두 도(徒)라 하였다. 마한과는 같지 않다. (『册府元龜』 996 外臣部 41 鞮譯)

신라   (북사(北史)) 또 이르길 "신라왕 진평이 수 개황 14년에 사신을 보내 방물을 바쳤다. 문제가 진평을 임명하여 상개부·낙랑군공·신라왕으로 삼았다. (『太平御覽』 781 四夷部 2 東夷 2 新羅)

신라   (전(傳)) 왕위가 대대로 전하여져 30세인 진평에 이르렀는데 수 개황 14년에 방물을 바쳤다. (『玉海』 153 朝貢·外夷來朝·內附 唐新羅織錦頌·觀釋奠·賜晉書)

신라   그 왕 김진평을 수 문제 때 임명하여 상개부·낙랑군공·신라왕으로 삼았다. (『舊唐書』 199上 列傳 149上 東夷 新羅)

신라   수서에서 말한다. "신라에서 일찍이 사신을 보내 조공하였다. 이자웅(李子雄)이 조당(朝堂)에 이르러 더불어 말하면서 인하여 그 관제(冠制)의 이유를 물었다. 그 사신이 말하였다. '피변(皮弁)은 유상(遺象)인데, 대국의 군자이면서 피변을 알지 못합니까.' 자웅이 인하여 말하였다. '중국은 예가 없어서 사이(四夷)에서 구합니다.' 사신이 말하였다. '이래로부터 이 말 외에는 무례한 것은 보지 않았습니다.' 헌시(憲司)가 사웅이 사(詞)를 잃었다 하여 그 일을 상주하여 탄핵하니 마침내 연좌되어 파면되었다. (『太平御覽』 686 服章部 3 弁)

595(乙卯/신라 진평왕 17 建福 12/고구려 영양왕 6/백제 위덕왕 42/隋 開皇 15/倭 推古 3)

고구려   5월 무자(戊午) 초하루 정묘일(10)에 고려의 승려 혜자(慧慈)가 귀화한 즉 황태자의 스승으로 삼다. (『日本書紀』 22 推古紀)

고구려   추고(推古) 3년 5월에 고려 승려 혜자(慧慈)와 백제 승려 혜총(惠聰) 등이 귀화하였다. 이 두 승려는 홍척(弘陟)의 내외로 더욱 석의(釋義)가 깊은 즉 태자가 도를 물으니, 히나를 들으면 10을 알고 10을 들으면 백을 알았다. 두 승려가 서로 말하기를, "이는 실로 진인(眞人)이다. 혹은 불사이달출논외(不思而達出論外)"라고 하였다. 3년에 학문이 완성되었다. (『聖德太子傳曆』上卷)

신라　　일찍이 서현이 길에서 입종(立宗) 갈문왕(葛文王)의 아들인 숙흘종(肅訖宗)의 딸 만명(萬明)을 보고 마음속으로 기뻐하면서 눈짓으로 그녀를 유인하여 중매를 기다리지도 않고 정을 통하였다. 서현이 만노군(萬弩郡) 태수(太守)가 되어 장차 함께 떠나려 하자, 숙흘종이 비로소 딸이 서현과 야합한 것을 알고서 이를 미워하여 별제(別第)에 가두고 사람들로 하여금 지키게 하였다. 그런데 느닷없이 벼락이 옥문(屋門)을 쳤고 지키던 자가 놀라 우왕좌왕하자 만명은 뚫린 구멍을 따라 빠져나와 마침내 서현과 함께 만노군에 다다랐다. 서현은 경진일 밤에 형혹성(熒惑星)과 진성(鎭星) 두 별이 자기에게 떨어지는 꿈을 꾸었다. 만명 또한 신축일 밤 꿈에 동자가 금으로 만든 갑옷[金甲]을 입고 구름을 타고 집 안으로 들어오는 것을 보았다. 이윽고 태기가 있어 20개월만에 유신을 낳았다. 이때가 진평왕 건복(建福) 12년으로 수나라 문제(文帝) 개황(開皇) 15년 을묘였다. 태어난 아이의 이름을 정하고자 함에 김서현이 만명부인에게 이야기하였다. "내가 경진일 밤 길몽을 꾸어 이 아이를 얻었으니 마땅히 이로써 이름을 지어야 하오. 그렇지만 예기(禮記)에 따르면 날짜로써 이름을 짓지는 않는다고 하니, 곧 '경(庚)'자는 '유(庾)'자와 서로 비슷하며 '진(辰)'과 '신(信)'은 소리가 서로 가깝고 하물며 옛 현인(賢人) 중에도 유신(庾信)이라는 이름이 있으니 어찌 그렇게 이름 짓지 않겠소." 마침내 유신(庾信)이라 이름 지었다[만노군은 지금의 진주(鎭州)이다. 본래 김유신의 태는 높은 산에 묻었으므로 지금[고려]까지도 이 산을 일컬어 태령산(胎靈山)이라고 한다]. (『三國史記』41 列傳 1 金庾信 上)

신라　　호력(虎力) 이간(伊干)의 아들 서현(舒玄) 각간(角干) 김씨의 큰 아들로 이름은 유신이며 아우는 흠순(欽純)이다. 맏누이는 보희(寶姬)이며 어릴 때의 이름은 아해(阿海)이다. 그 아래 누이의 이름은 문희(文姬)이며 어릴 때의 이름은 아지 (阿之)이다. 유신공은 진평왕 17년 을묘(乙卯)에 태어났는데, 칠요(七曜)의 정기를 품고 태어났기 때문에 등에 칠성문(七星文)이 있었고 또한 신기하며 기이한 일이 많았다. (『三國遺事』1 紀異 1 金庾信)

백제　　이 해 백제의 승려 혜총(慧聰)이 왔다. 혜자와 혜총 이 두 승려는 불교를 널리 펴서 모두 삼보(三寶)의 동량(棟梁)이 되었다. (『日本書紀』22 推古紀)

신라　　을묘년(乙卯年) 어숙지(於宿知) 술간(述干) (「於宿知述干墓 墨書銘」)

596(丙辰/신라 진평왕 18 建福 13/고구려 영양왕 7/백제 위덕왕 43/隋 開皇 16/倭 推古 4)

신라　　봄 3월에 고승(高僧) 담육(曇育)이 불법을 얻고자 하여 수(隋)에 들어갔다. 사신을 보내 수에 가서 토산물을 바쳤다. (『三國史記』4 新羅本紀 4)

신라　　신라에서 사신을 보내 수에 가서 조공하였다. (『三國史節要』7)

신라　　겨울 10월에 영흥사(永興寺)에 불이 났다. 불길이 번져서 350가(家)를 태우자, 왕이 친히 나아가 진휼하였다. (『三國史記』4 新羅本紀 4)

신라　　겨울 10월에 신라의 영흥사에 불이 났다. 불길이 번져서 350가를 태우자, 왕이 친히 나아가 진휼하였다. (『三國史節要』7)

고구려 백제	겨울 11월 호코지(法興寺)를 짓는 것을 마쳤다. 이에 대신(大臣: 蘇我馬子)의 아들 젠토코오미(善德臣)를 사사(寺司)로 삼았다. 이 날 혜자(慧慈)·혜총(慧聰) 두 승려가 처음으로 호코지에 주석하였다. (『日本書紀』22 推古紀)
고구려	승려 지월(智越)의 성은 정씨이고 남양 사람이다. (…) 당시 천태산(天台山)에는 또 사문(沙門) 파야(波若)가 있었는데 속성은 고구려 사람이다. 진(陳)나라 때 중국에 귀화하여 금릉(金陵)에서 청강(聽講)을 듣고 그 의미를 깊이 이해하였다. 개황(開皇) 연간에 수나라가 진(陳)을 병합하자 유행길에 나서서 업을 매우다가 16년에 천태산에 들어가 지자(智者) 대사의 제자가 되면서 선법(禪法)을 전수해 줄 것을 구하였다. 그는 사람됨 근기가 영리하고 상지(上智)에 속하는 사람이라서 증득(證得)하는 바가 있었다. 그래서 이렇게 말하였다. "너는 이 곳과 인연이 있으니 모름지기 한적하고 고요한 곳에서 두루 묘행(妙行)을 성취하는 것이 좋다. 지금 천태산의 최고봉은 화정(華頂)인데, 절과의 거리가 거의 6~70리에 이른다. 이 곳은 내가 예전에 두타행을 수행한 곳이다. 그 산은 오직 대승(大乘)의 근성이 있어야만 살 수 있는데 너는 그 곳에 갈 수 있다. 그 곳에서 도를 배우고 수행해 나간다면 반드시 깊은 이익이 있을 것이다. 의식문제를 근심하고 염려할 필요는 없다." 이에 그는 즉시 스승의 뜻에 따르기로 하였다. (『續高僧傳』17 習禪 2 隋 天台山 國淸寺 釋智越11)
고구려	수나라 사문 파야는 고구려 사람이다. 진씨(陳氏)가 나라를 차지하고 있을 때 금릉에 유학하였고 수나라에 미쳐 경련(京輦)에 왔다. 개황 16년에 천태산에 들어가 지자에게 머물렀다. 그러나 그의 사람됨의 여러 뿌리가 총명하고 증득하여 들어갈 것으로 보고 지자가 일찍이 그에게 일러 말하였다. "너는 이 땅에 인연이 있다. 화정은 내가 옛날에 두타(頭陀)를 행한 곳이니, 스스로 대승근기(大乘根器)가 아니어서 갈 수 없다. 너는 마땅히 묘행을 이루어 갖추도록 하라. 무릇 모름지기 의식은 족히 근심하지 않아도 된다." (…) (『新修科分六學僧傳』3 慧學 傳宗科 隋沙門波若)
고구려	선사 파야는 고려 사람이다. 개황 16년에 불롱(佛隴)에 와서 선법을 구하였는데, 오래지 않아 큰 도를 깨달았다. 지자가 그에게 일러 말하였다. "너는 이곳에 인연이 있으니 모름지기 조용한 곳에 은거하여 묘행을 갖추도록 하라. 화정봉(華頂峯)은 거리가 여기에서 6~7리인데, 이것은 내가 옛날에 두타를 행한 곳이니, 가서 저 동에 나아가면 반드시 깊은 이익이 있을 것이다. 사(師)는 곧 밝은 가르침을 받들어 지켜 조용하게 앉아서 참선하지 16년 동안 언제나 산을 내려가지 않았다. (『佛祖統紀』9 諸祖旁出世家 第五之一 智者旁出世家 華頂般若禪師)
고구려	장안(章安) 관정선사(灌頂禪師) (…) 화정 반야선사(般若禪師) (『佛祖統紀』24 佛祖世繫表10 四祖天台智者大禪師下)
고구려	건흥(建興) 5년 병진에 불제자 청신녀(淸信女) 상부(上部) 아암(兒奄)이 석가문상(釋迦文像)을 만드니, 바라건대 나고 나는 세상 마다에서 부처님을 만나 법을 듣게 되고 일체중생이 이 소원을 같이하게 하소서. (「建興五年丙辰銘 金銅光背」)

597(丁巳/신라 진평왕 19 建福 14/고구려 영양왕 8/백제 위덕왕 44/隋 開皇 17/倭 推古 5)

백제	여름 4월 정축 초하루 백제왕이 왕자 아좌(阿佐)를 보내어 조공하였다. (『日本書紀』 22 推古紀)
고구려	5월 기사일(23)에 고려가 사신을 보내 토산물을 바쳤다. (『隋書』2 帝紀 2 高祖 下)
고구려	여름 5월에 사신을 보내 수에 들어가 조공하였다. (『三國史記』20 高句麗本紀 8)
고구려	여름 5월에 고구려에서 사신을 보내 수에 가서 조공하였다. (『三國史節要』7)

고구려	이해에 고려와 돌궐이 아울러 사신을 보내 조공하였다. (『北史』 11 隋本紀 上 高祖 文皇帝)
고구려	(수 고조 개황) 17년 6월 고려가 (…) 아울러 사신을 보내 토산물을 바쳤다. (『册府元龜』 970 外臣部 15 朝貢 3)
신라	겨울 11월 계유(癸酉) 초하루 갑오일(22)에 기시이와카네(吉士磐金)를 신라에 보냈다. (『日本書紀』 22 推古紀)
신라	삼랑사(三郞寺)가 완성되었다. (『三國史記』 4 新羅本紀 4)
고구려	이경(李景)의 자(字)는 도흥(道興)이며 천수(天水) 휴관(休官) 사람이다. (…) (개황) 17년 요동 정벌 때 마군총관(馬軍總管)이 되었고 돌아왔다. 한왕(漢王)을 배사(配事)하였다. (…) (『隋書』 65 列傳 30 李景)
고구려	이경의 자는 도흥이며 천수 휴관 사람이다. (…) (개황) 17년 요동 정벌 때 마군총관이 되었고 돌아왔다. 한왕을 배사하였다. (…) (『北史』 76 列傳 64 李景)
고구려	(개황) 17년에 문제(文帝)가 탕(湯)에게 새서(璽書)를 내려 말하였다. "짐이 천명을 받아 온 세상을 사랑으로 다스리매, 왕에게 바다 한구석을 맡겨서 조정의 교화를 선양하여 모든 인간으로 하여금 저마다의 뜻을 이루게 하고자 하였소. 왕은 해마다 사신을 보내어 매년 조공을 바치며 번부(藩附)라고 일컫기는 하지만, 성절(誠節)을 다하지 않고 있소. 왕이 남의 신하가 되었으면 모름지기 짐과 덕을 같이 베풀어야 할 터 인데, 오히려 말갈을 못견디게 괴롭히고 거란을 금고(禁錮)시켰소. 여러 번국이 머리를 조아려 나에게 신첩 노릇을 하는게 무엇이 나쁘다고 그처럼 착한 사람이 의리를 사모하는 것을 분개하여 끝까지 방해하려 하오. 태부(太府)의 공인(工人)은 그 수가 적지 않으니, 왕이 반드시 써야 한다면 나에게 주문(奏聞)하는 것이 당연한 데도, 여러해 전에는 몰래 재물은 뿌려 소인을 움직여 사사로이 노수(弩手)를 그대 나라로 빼어 갔소. 이 어찌 병기를 수리하는 목적이 나쁜 생각에서 나온 까닭에 남이 알까 봐 두려워서 사람을 훔쳐 간 것이 아니겠소. 그때 사자를 보내어 그대 번국을 위무한 것은 본래 그대들의 인정을 살펴보고, 정치하는 법을 가르쳐 주고자 함이었소. 그런데 왕은 사자를 빈 객관에 앉혀 놓고 삼엄한 경계를 펴며, 눈과 귀를 막아 영영 듣고 보지도 못하게 하였소. 무슨 음흉한 계획이 있기에 남에게 알리고 싶지 않아서 관원을 금제(禁制)하면서까지 방찰(訪察)을 두려워하오. 또 종종 기마병을 보내어 변경 사람을 살해하고, 여러 차례 간계를 부려 사설(邪說)을 지어 내었으니, 신하로서의 마음가짐이 아니었소. 짐은 창생(蒼生)을 모두 적자(赤子)와 같이 여겨 왕에게 땅을 내리고 벼슬을 주어 깊은 사랑과 남다른 혜택을 원근(遠近)에 드러내려 하였지만, 왕은 오로지 불신감에 젖어 언제나 시의(猜疑)하여 사인(使人)을 보낼 때마다 소식을 밀탐하여 가니, 순수한 신하의 도리가 어찌 이와 같을 수 있소. 이는 모두 짐의 훈도(訓導)가 밝지 못한 연유이므로, 왕의 잘못을 모두 너그러이 용서하겠으니, 오늘 이후로는 반드시 고치기 바라오. 번신(藩臣)의 예절을 지키고 조정의 정전(正典)을 받들어, 스스로 그대 나라를 교화시키고 남의 나라를 거스리지 않는다면, 길이 부귀를 누릴 것이며 진실로 짐의 마음에 드는 일이오. 그곳은 비록 땅이 협소하고 사람은 적지만, 넓은 하늘 밑은 다 짐의 신하가 되는 것이니, 이제 만약 왕을 내쫓는다면 왕의 자리를 비워둘 수는 없으므로, 결국은 조정 관원을 다시 가려 보내 그곳을 안무(安撫)하게 될 것이오. 왕이 만약 마음을 씻고 행동을 바꾸어 헌장

(憲章)을 그대로 따른다면 왕은 곧 짐의 양신(良臣)이 되는 것이니, 무엇 때문에 수고롭게 따로 훌륭한 관원을 보내겠소. 예전에 제왕(帝王)은 법을 마련할 적에 인(仁)과 신(信)을 우선으로 하여, 선(善)이 있으면 반드시 상을 내리고 악이 있으면 반드시 벌을 주니, 사해의 안이 함께 짐의 뜻을 따랐소. 만약 왕이 죄가 없는 데도 짐이 갑자기 병력을 가한다면, 나머지의 번국들이 나를 어떻게 말하겠소. 왕은 반드시 허심탄회하게 짐의 이 뜻을 받아 들여 의혹을 갖지 말고 다시 생각을 돌리기 바라오. 지난 날 진숙보(陳叔寶)는 여러 대에 걸쳐 강남에 있으면서 인민을 잔해(殘害)하고 우리의 봉후(烽候)를 놀라게 하며 우리의 변경을 약탈하였소. 짐이 타이르고 훈계하기를 10년이나 하였으나, 그는 장강(長江)의 바깥이라는 것만 믿고 한 구석의 무리를 모아 미친 듯이 거들먹거리며 짐의 말을 좇지 않았소. 때문에 장수에게 명하여 군사를 출동시켜 흉역(凶逆)을 제거토록 하였는데, 오가는 날짜는 한 달이 못되었고 군사도 수천명에 지나지 않았소. 역대의 포구(逋寇)를 하루 아침에 말끔히 소탕하니, 원근이 안녕을 누리고 사람과 귀신이 모두 기뻐하였소. 그런데 왕만이 이를 한탄하고 마음 아파한다는 말이 들리고 있소. 관리를 물리치거나 박탈하고 지우거나 드러내는 것은 짐의 직권이니만치, 왕에게 죄를 준다 하여도 진이 멸망되어서가 아니고, 왕에게 상을 내린다 하여도 진이 존재하여서가 아닌데, 어찌하여 그처럼 화를 즐기고 란을 좋아하고 있소. 왕은 요수(遼水)의 폭이 장강과 어떠하며, 고구려의 인중(人衆)이 진나라와 어떠하다고 보고 있소. 짐이 만약 포용하여 길러 주려는 생각을 버리고 王의 지난날의 허물을 문책하고자 하면 한명의 장수로도 족하지 무슨 많은 힘이 필요하겠소. 간설히 깨우쳐 주어 개과천선할 기회를 허락하노니, 마땅히 짐의 뜻을 알아서 스스로 많은 복을 구하기 바라오." 탕은 이 글을 받고 황공하여 표문을 올려 사죄하려고 하였으나, 마침 병으로 죽었다. 아들 원이 왕위를 이었다. 고조가 사신으로 하여금 원을 임명하여 상개부의동삼사로 삼고 요동군공의 작위를 이어받게 하고 옷 1벌을 내렸다. (『隋書』81 列傳 46 東夷 高麗)

고구려 개황 17년에 문제가 새서를 내려 힐책하였다. "고구려는 매년 사신을 보내어 해마다 조공하면서 번부라고 자칭하고 있지만, 진정한 예절은 다하지 않고 있소. 말갈을 못견디게 괴롭히고 契거란도 금고(禁固)시켰소. 여러해 전에는 비밀리 재물을 뿌려 우리나라의 소인(小人)들을 선동하여 사사로이 노수(弩手)들을 데리고 그대 나라로 도망해 가도록 하였소. 이 어찌 나쁜 짓을 하기 위하여 노수들을 훔쳐간 것이 아니겠는가. 수의 사신을 빈 객관에 앉혀 놓고 삼엄하게 지켰으며, 또 자주 기마병을 보내어 변방 사람들을 살해하기도 하였고, 항상 의심하여 수나라의 사정을 비밀리 염탐하곤 하였소. 간절히 타일러서 개과천선할 기회를 주겠소."라고 하였다. 탕은 이 글을 받고 황공하여 표를 올려 사죄하려 하였지만, 마침 병으로 죽었다. 아들 원이 왕위를 이었다. 문제가 사신에게 원을 임명하여 상개부의동삼사로 삼고 요동군공의 작위를 이어받게 하고 옷 1벌을 내렸다. (『北史』94 列傳 82 高麗)

고구려 고려왕 고탕은 진(陳)이 망하였다는 소식을 듣고 크게 놀라서 군사를 정비하고 곡식을 쌓아서 막고 지킬 방책을 만들었다. 이 해에 황상은 고탕에게 새서를 내려서 책망하였다. "비록 번부라고 하고는 있지만 충성과 절개를 다하지 않는다." 또 말하였다. "저들이 있는 한 구역은 비록 땅이 좁고 사람이 적으나 지금 만약 왕을 내친다면 비워 둘 수는 없으니, 끝내 다시 관속을 뽑아서 그 곳에서 가서 안무하여야만 할 것이다. 왕이 만약 마음을 닦고 행동을 바꾸고 법과 제도를 따른다면 이는 곧 짐의 훌륭한 신하이니 어찌 수고롭게 따라 재능이 뛰어난 사람을 파견하겠는가. 왕은 료수가 넓다고 생각하나 어찌 장강만 하겠는가. 고려의 사람들은 진나라 보다 많은가 적은가. 짐이 만약 품고 기르는 데 있지 않고 왕의 지난날의 잘못을 나무라는 것이라면 한 장군에게 명령한다 하여도 어찌 많은 힘을 쓰도록 기다릴 것인가. 은근히 깨우쳐 보여서 왕이 스스로 새롭게 되기를 허용할 분이다.” 고탕은 편지를 받고 두려워하고 곧 표문을 바쳐서 사죄하려 하였다. 마침 병으로 죽었다. 아들 고원이 뒤를 이어 세워지자 황상은 사신으로 하여금 고원에게 벼슬을 내려 상개부의동삼사(上開府儀同三司)로 하고 요동공(遼東公)의 작위를 계승하도록 하였다. 고원이 표문을 올려 은혜에 감사하고 이어서 왕으로 책봉되기를 청하니, 황상이 그것을 허락하였다. (『資治通鑑』178 隋紀 2 高祖文皇帝)

고구려 (수 고조 개황) 17년) 고려왕 탕에게 새서를 내려 말하였다. “짐이 천명을 받아 온 세상을 사랑으로 다스리매, 왕에게 바다 한구석을 맡겨서 조정의 교화를 선양하여 모든 인간으로 하여금 저마다의 뜻을 이루게 하고자 하였소. 왕은 해마다 사신을 보내어 매년 조공을 바치며 번부(藩附)라고 일컫기는 하지만, 성절(誠節)을 다하지 않고 있소. 왕이 남의 신하가 되었으면 모름지기 짐과 덕을 같이 베풀어야 할터 인데, 오히려 말갈을 못견디게 괴롭히고 거란을 금고(禁錮)시켰소. 여러 번국이 머리를 조아려 나에게 신첩 노릇을 하는게 무엇이 나쁘다고 그처럼 착한 사람이 의리를 사모하는 것을 분개하여 끝까지 방해하려 하오. 태부(太府)의 공인(工人)은 그 수가 적지 않으니, 王이 반드시 써야 한다면 [나에게] 주문(奏聞)하는 것이 당연한 데도, 여러 해 전에는 몰래 재물을 뿌려 소인을 움직여 사사로이 노수(弩手)를 그대 나라로 빼어 갔소. 이 어찌 병기를 수리하는 목적이 나쁜 생각에서 나온 까닭에 남이 알까 봐 두려워서 사람을 훔쳐 간 것이 아니겠소. 그때 사자를 보내어 그대 번국을 위무한 것은 본래 그들의 인정을 살펴보고, 정치하는 법을 가르쳐 주고자 함이었소. 그런데 왕은 사자를 빈 객관에 앉혀 놓고 삼엄한 경계를 펴며, 눈과 귀를 막아 영영 듣고 보지도 못하게 하였소. 무슨 음흉한 계획이 있기에 남에게 알리고 싶지 않아서 관원을 금제(禁制)하면서까지 방찰(訪察)을 두려워하오. 또 종종 기마병을 보내어 변경 사람을 살해하고, 여러 차례 간계를 부려 사설(邪說)을 지어 내었으니, 신하로서의 마음가짐이 아니었소. 짐은 창생(蒼生)을 모두 적자(赤子)와 같이 여겨 왕에게 땅을 내리고 벼슬을 주어 깊은 사랑과 남다른 혜택을 원근(遠近)에 드러내려 하였지만, 왕은 오로지 불신감에 젖어 언제나 시의(猜疑)하여 사인(使人)을 보낼 때마다 소식을 밀탐하여 가니, 순수한 신하의 도리가 어찌 이와 같을 수 있소. 이는 모두 짐의 훈도(訓導)가 밝지 못한 연유이므로, 왕의 잘못을 모두 너그러이 용서하겠으니, 오늘 이후로는 반드시 고치기 바라오. 번신(藩臣)의 예절을 지키고 조정의 정전(正典)을 받들어, 스스로 그대 나라를 교화시키고 남의 나라를 거스리지 않는다면, 길이 부귀를 누릴 것이며 진실로 짐의 마음에 드는 일이오. 그곳은 비록 땅이 협소하고 사람은 적지만, 넓은 하늘 밑은 다 짐의 신하가 되는 것이니, 이제 만약 왕을 내쫓는다면 왕의 자리를 비워둘 수는 없으므로, 결국은 조정 관원을 다시 가려 보내 그곳을 안무(安撫)하게 될 것이오. 왕이 만약 마음을 씻고 행동을 바꾸어 헌장(憲章)을 그대로 따른다면 왕은 곧 짐의 양신(良臣)이 되는 것이니, 무엇 때문에 수고롭게 따로 훌륭한 관원을 보내겠소. 예전에 제왕(帝王)은 법을 마련할 적에 인(仁)과 신(信)을 우선으로 하여, 선(善)이 있으면 반드시 상을 내리고 악이 있으면 반드시 벌을 주니, 사해의 안이 함께 짐의 뜻을 따랐소. 만약 왕이 죄가 없는 데도 짐이 갑자기 병력을 가한다면, 나머지의 번국들이 나를 어떻게 말하겠소. 왕은 반드시 허심탄회하게 짐의 이 뜻을 받아 들여 의혹을 갖지 말고 다시 생각을 돌리기 바라오. 지난날 진숙보(陳叔寶)는 여러 대에 걸쳐 강남에 있으면서 인민을 잔해(殘害)하고 우리의 봉후(烽候)를 놀라게 하며 우리의 변경을 약탈하였었소. 짐이 타이르고 훈계하기를 10년이나 하였으나, 그는 장강(長江)의 바깥이라는 것만 믿고 한 구석의 무리를 모아 미친 듯이 거들먹거리며 짐의 말을 좇지 않았소. 때문에 장수에게 명하여 군사를 출동시켜 흉역(凶逆)을 제거토록 하였는데, 오가는 날짜는 한 달이 못되었고 군사도 수천 명에 지나지 않았었소. 역대의 포구(逋寇)를 하루 아침에 말끔히 소탕하니, 원근이 안녕을 누리고 사람과 귀신이 모두 기뻐하였소. 그런데 왕만이 이를 한탄하고 마음 아파한다는 말이 들리고 있소. 관리를 물리치거나 박탈하고 지우거나 드러내는 것은 짐의 직권이니만치, 왕에게 죄를 준다 하여도 진이 멸망되어서가 아니고, 왕에게 상을 내린다 하여도 진이 존재하여서가 아닌데, 어찌하여 그처럼 화를 즐기고 란을 좋아하고 있소. 왕은 요수(遼水)의 폭이 장강과 어떠하며, 고구려의 인중(人衆)이 진나라와 어떠하다고 보고 있소. 짐이 만약 포용하여 길러 주려는 생각을 버리고 王의 지난날의 허물을 문책하고자 하면 한명의 장수로도 족하지 무슨 많은 힘이 필요하겠소. 간절히 깨우쳐 주어 개과천선할 기회를 허락하노니, 마땅히 짐의 뜻을 알아서 스스로 많은 복을 구하기 바라오." 탕은 이 글을 받고 황공하여 표문을 올려 사죄하려고 하였으나, 마침 병으로 죽었다. (『册府元龜』996 外臣部 41 責讓)

598(戊午/신라 진평왕 20 建福 15/고구려 영양왕 9/백제 위덕왕 45, 혜왕 1/隋 開皇 18/倭 推古 6)

고구려 말갈	(2월 갑진일(3)) 고려왕 고원이 말갈의 무리 만여명을 인솔하고 요서를 노략질하니, 영주총관(營州總管) 위충(韋沖)이 이들을 쳐서 도망하게 하였다. 황상이 소식을 듣고 크게 화를 내었다. (『資治通鑑』178 隋紀 2 高祖文皇帝)
고구려 말갈	왕이 말갈의 무리 만여 명을 거느리고 요서를 침입하니 영주총관(營州摠管) 위충이 이를 격퇴하였다. 수 문제가 듣고 크게 화를 내었다. (『三國史記』20 高句麗本紀 8)
고구려 말갈	고구려 왕이 말갈의 무리 만여 명을 거느리고 요서를 침입하니 영주 총관 위충이 이를 격퇴하였다. 수 임금이 듣고 크게 화를 내었다. (『三國史節要』7)
고구려 말갈	고련(高璉)의 7세손 고원(高元) 때에 이르러 수문제 때 말갈 무리 만여 기를 거느리고 요서를 침입하였다. (『通典』186 邊防 2 東夷 下 高句麗)
고구려	하남(河南)과 부풍(扶風) 2군에서 모두 뿔이 난 말이 생겨났다. 뿔의 길이는 몇 촌(寸) 정도였다. 천보(天保: 550~559) 초와 점이 같았다. 이 때 황제가 오랫동안 고구려를 친정(親征)할 생각을 하였다. (『隋書』23 志 18 五行 馬禍)
고구려	(2월) 을사일(4)에 한왕(漢王) 량(諒)이 행군원수(行軍元帥)가 되어 수륙(水陸) 30만으로 고려를 쳤다. (『隋書』2 帝紀 2 高祖 下)
고구려	(2월) 을사일(4)에 한왕 량이 행군원수가 되어 수륙 30만으로 고려를 쳤다 (『北史』11 隋本紀 上 高祖文皇帝)
고구려	(2월) 을사일(4)에 한왕 양량(楊諒)과 왕세적(王世積)을 나란히 행군원수로 삼고 수륙 30만을 거느리고 고려를 정벌하도록 하였는데, 상서좌복야(尙書左僕射) 고경(高熲)을 한왕의 장사(長史)로 삼고 주라후(周羅睺)를 수군총관(水軍總管)으로 삼았다. (『資治通鑑』178 隋紀 2 高祖文皇帝)
고구려	(수 고조 개황) 18년 2월에 한왕 량이 행군원수가 되어 수륙 30만으로 고구려를 쳤다. (『册府元龜』984 外臣部 29 征討 3)
고구려	한왕 량과 왕세적에게 명하여 나란히 원수(元帥)로 삼아 수군과 육군 30만을 거느리고 와서 쳤다. (『三國史記』20 高句麗本紀 8)
고구려	한왕 양과 왕세적에게 명하여 나란히 원수로 삼아 수군과 육군 30만을 거느리고 와서 쳤다. (『三國史節要』7)
고구려	이듬해(개황 18년)에 원이 말갈의 기병 만여명을 거느리고 요서에 침입하였는데 영주총관 위충이 물리쳤다. 고조가 이 소식은 듣고 크게 노하여 한왕 량을 원수로 삼

고 수군과 육군을 총동원하여 고구려를 치게 하였다. (『隋書』 81 列傳 46 東夷 高麗)

고구려   이듬해(개황 18년)에 그 이듬해에 원이 말갈의 기병 1만여명을 거느리고 요서 지방을 침략하니, 영주총관 위세충(韋世沖)이 이를 격퇴시켰다. 문제는 크게 노하여 한왕 량을 원수로 임명하고, 수군과 육군을 총동원하여 토벌하게 하였다. (『北史』 94 列傳 82 高句麗)

신라   여름 4월 나니와노키시이와카네(難波吉士磐金)이 신라로부터 돌아와, 까치 두 마리를 바쳤다. 이에 나니와노모리(難波杜)에서 기르도록 하였더니, 나무 가지에 집을 짓고 새끼를 쳤다. (『日本書紀』 22 推古紀)

고구려   6월 병인일(27)에 조서를 내려 고려왕 고원(高元)의 관작을 빼앗았다. (『隋書』 2 帝紀 2 高祖 下)

고구려   6월 병인일(27)에 조서로 고려왕 고원의 관작을 빼앗았다. (『北史』 11 隋本紀 上 高祖文皇帝)

고구려   6월 병인일(27)에 조서를 내려서 고려왕 고원의 관직과 작위를 없애도록 하였다. 한왕(漢王) 양량(楊諒)의 군대는 임유관(臨渝關)을 나갔는데, 물이 불어나서 군량 운반이 이어지지 않아 군대 내에는 먹을 것이 모자라게 되고 다시 유행병을 만났다. 주라후(周羅睺)는 동래(東萊)로부터 바다를 떠서 평양성으로 향하였으나 역시 바람을 만나 배들은 대부분 표류하고 물속에 빠졌다. (『資治通鑑』 178 隋紀 2 高祖文皇帝)

고구려   여름 6월에 황제가 조서를 내려 왕의 관작을 삭탈하였다. 한왕 양의 군대가 임유관을 나왔는데 장마를 만나 군량의 운반이 계속되지 않아 군대 안에 식량이 떨어지고 또 전염병에 걸렸다. 주라후는 동래에서 배를 타고 평양성으로 향하다가 역시 바람을 만나 배가 많이 표류하고 가라앉았다. (『三國史記』 20 高句麗本紀 8)

고구려   여름 6월에 황제가 조서를 내려 왕의 관작을 삭탈하였다. 한왕 양의 군대가 임유관을 나왔는데 장마를 만나 군량의 운반이 계속되지 않아 군대 안에 식량이 떨어지고 또 전염병에 걸렸다. 주라후는 동래에서 배를 타고 평양성으로 향하다가 역시 바람을 만나 배가 많이 표류하고 가라앉았다. (『三國史節要』 7)

고구려   (이듬해(개황 18년)) 조서를 내려 그의 작위를 삭탈하였다. 이때 군량 수송이 중단되어 육군(六軍)의 먹을 것이 떨어지고, 또 군사가 임유관(臨渝關)을 나와서는 전염병마저 번져 왕사(王師)의 군대는 기세를 떨치지 못하였다. (『隋書』 81 列傳 46 東夷 高麗)

고구려   (이듬해(개황 18년)) 조서를 내려 그의 작위를 삭탈하였다. 그 때 군량 수송이 중단되어 6군의 군량이 결핍되었으며, 군사가 임유관을 나와서는 전염병마저 번져 수나라 군대의 기세를 떨치지 못하였다. (『北史』 94 列傳 82 高句麗)

고구려   주라후(周羅睺)는 요동지역(遼東之役)을 당하여 징발되어 본군총관(本軍總管)이 되었다. 동래(東萊)로부터 바다를 떠서 평양성으로 향하였으나 바람을 만나 배들은 대부분 표류하고 공이 없이 돌아왔다. (『册府元龜』 438 將帥部 99 無功)

신라   가을 8월 기해(己亥) 초하루 날에 신라가 공작 한 마리를 바쳤다. (『日本書紀』 22 推古紀)

신라   6년 이 가을에 신라왕이 공작 한 마리를 바쳤는데, 천황이 그 아름다움을 기이하게 보았다. 태자가 아뢰어 말하였다. "이것은 괴이할 만한 것이 아닙니다. 봉(鳳)이라 칭하는 것이 남해의 단혈(丹穴)의 산에 있는데, 성인의 덕이 아니면 이루어질 수 없습니다." 천황이 바로 태자에게 말하였다. "짐의 꿈에서 보는 것이 족할 만하다." 그 밤에 천황은 꿈에서 봉황을 보고 그 모습을 새벽에 말했는데 태자가 크게 기뻐하였다. 이것이 하수(遐壽)의 표(表)이다. (『聖德太子傳曆』上)

고구려	9월 기축일(21)에 한왕 량의 군사가 전염병을 만나 돌아왔는데, 죽은 자가 열에 여덟, 아홉명이었다. (『隋書』 2 帝紀 2 高祖 下)
고구려	9월 기축일(21)에 한왕 량의 군사가 전염병을 만나 돌아왔는데, 죽은 자가 열에 여덟, 아홉명이었다. (『北史』 11 隋本紀 上 高祖文皇帝)
고구려 백제	가을 9월 기축일(21) 군대가 돌아왔는데, 죽은 사람이 열에 여덟아홉 명이었다. 고려왕 고원 역시 두려워하고 사신을 파견하여 사죄하고 표문을 올려서 '요동의 분토(糞土)에 있는 신(臣) 원(元)'이라 칭하니, 황상은 이에 군사를 철수하고 그를 대우함을 처음과 같이 하였다. 백제왕 부여 창(昌)이 사신을 보내어 표문을 바치고 군대의 안내자가 되기를 청하니, 황제가 조서를 내려서 타일렀다. "고려는 죄를 알아 복종하였고 짐은 이미 그를 사면하였으니 정벌할 수는 없다." 그 사신을 후대하면서 보냈다. 고려가 자못 그 사실을 잘 알고 군사를 가지고서 백제이 영토를 침략하고 노략질하였다. (『資治通鑑』 178 隋紀 2 高祖文皇帝)
고구려 백제	가을 9월에 수의 군대가 돌아갔는데 죽은 자가 10명 중 8~9명이었다. 왕 역시 두려워하여 사신을 보내 사죄하고 표를 올려 '요동 더러운 땅의 신하 모(某)'라고 칭하였다. 황제가 이에 병력을 파하고 처음과 같이 대하였다. 백제왕 창(昌)이 사신을 보내 표를 올리고 수나라 군대의 향도가 되겠다고 청하였다. 황제가 조서를 내려 "고구려가 죄에 대한 형벌에 복종하여 짐이 이미 용서하였으므로 정벌할 수 없다." 고 하고, 그 사신을 후하게 대접하여 보냈다. 왕이 그 사실을 알고 백제의 변경을 침략하였다. (『三國史記』 20 高句麗本紀 8)
고구려	가을 9월에 군대가 돌아갔는데 죽은 자가 10명 중 8~9명이었다. 고구려 왕 역시 두려워하여 사신을 보내 사죄하고 표를 올려 '요동 더러운 땅의 신하 원(元)'이라고 칭하였다. 이에 황제가 병력을 파하고 처음과 같이 대하였다. (『三國史節要』 7)
고구려	(개황 18년) 9월에 전염병을 만나 돌아왔다. (『册府元龜』 984 外臣部 29 征討 3)
고구려	(이듬해(개황 18년)) 수나라 군사가 요수(遼水)에 진주하자, 원도 두려워하여 사신을 보내어 사죄하고 표문을 올리는데, '요동(遼東) 분토(糞土)의 신(臣) 원(元) 운운(云云)'하였다./ 고조는 이에 군사를 거두어들이고, 과거와 같이 대우하였다. 원도 해마다 사신을 파견하여 조공하였다(삭제) (『隋書』 81 列傳 46 東夷 高麗)
고구려	(이듬해(개황 18년)) 수나라 군대가 요수에 주둔하게 되자, 원 역시 두려워하여 사신을 보내어 사죄하고, 표를 올려 '요동 분토의 신 원 운운'하였다. 문제는 이에 군사를 철수시키고, 고구려를 예전과 같이 대우하였다. 원도 해마다 사신을 보내어 조공하였다. (『北史』 94 列傳 82 高句麗)
고구려	서인(庶人) 량(諒)의 자는 덕장(德章)이고 걸(傑)이라고도 한다. 개황 원년에 한왕(漢王)이 되었다. (…) 18년에 요동지역(遼東之役)이 일어나자 양은 행군원수(行軍元帥)가 되어 무리를 거느리고 요수에 이르렀는데 전염병을 만나 분리하여 돌아왔다. (…) (『隋書』 45 列傳 10 文四子 楊諒)
고구려	서인 량(諒)의 자는 덕장(德章)이고 걸(傑)이라고도 한다. 소자(小字)는 익천(益錢)이다. 개황 원년에 한왕(漢王)이 되었다. (…) 18년에 요동지역(遼東之役)이 일어나자 양은 행군원수(行軍元帥)가 되어 요수에 이르렀는데, 군대가 전염병 만나 불리하여 돌아왔다. (…) (『北史』 71 列傳 59 隋宗室諸王 文帝四王楊諒)
고구려	수나라가 한왕 량(諒)을 보내 군사를 거느리고 (고구려를) 토벌하게 하였다. 요수를 건너려는데 큰 역병을 만났고, 또 식량까지 모자랐다. 고원이 다시 두려워하여 사신

을 보내 죄를 청하니 이에 군대를 돌렸다. (『通典』186 邊防 2 東夷 下 高句麗)

고구려	승려 수(壽)의 자는 현경(玄慶)이다 (…) (개황 17년) 다음해 요동지역(遼東之役) 때 영행군총관(領行軍總管)이었고 돌아와서 검교영주총관사(檢校靈州總管事)가 되었다. (…) (『隋書』52 列傳 17 韓擒虎 弟 僧壽)
고구려	두언은 운중(雲中) 사람이다. (…) (개황) 18년 요동지역 때 행군총관(行軍總管)으로 한왕을 따라 영주에 이르렀다. 황제는 두언이 군대에 익숙한 것을 알고 총 50영(營)의 일을 총괄하게 하였다. 돌아오자 삭주총관(朔州總管)에 임명하였다. (…) (『隋書』55 列傳 20 杜彦)
고구려	두언은 운중(雲中) 사람이다. (…) (개황) 18년 요동지역 때 행군총관(行軍總管)으로 한왕을 따라 영주에 이르렀다. 황제는 두언이 군대에 익숙한 것을 알고 총 50영의 일을 총괄하게 하였다. 돌아오자 삭주총관(朔州總管)에 임명하였다. (…) (『北史』73 列傳 61 杜彦)
고구려	우문필의 자는 공보(公輔)이며 하남 낙양사람이다. (…) (개황) 18년 요동지역 때 원수 한왕의 부사마(府司馬)를 받았고 곧 얼마있지 않아 영행군총관(領行軍總管)이 되었다. (…) (『隋書』56 列傳 21 宇文㢸)
고구려	우문필의 자는 공보(公輔)이며 하남 낙양사람이다. (…) (개황) 18년 요동지역 때 원수 한왕의 부사마(府司馬)를 받았고 곧 얼마있지 않아 영행군총관(領行軍總管)이 되었다. (…) (『北史』75 列傳 63 宇文㢸)
고구려	장연의 자는 문의(文懿)이다. 스스로 청하(淸河)사람이라고 하였다. (…) 개황 18년에 행군총관이 되어 한왕 양을 따라서 요동을 정벌하였다. 여러 군사가 많이 죽었지만 장연이 홀로 살아남아 고조가 좋게 여겨 물건 250단을 내렸다. (…) 『隋書』64 列傳 29 張奫)
고구려	장연의 자는 문의(文懿)이며 청하(淸河) 동무성(東武城)사람이다. (…) 개황 18년에 행군총관이 되어 한왕 양을 따라서 요동을 정벌하였다. 양의 군사가 대부분 죽었지만 장연이 홀로 살아남아 고조가 좋게 여겼다. (…) (『北史』78 列傳 66 張奫)
고구려	왕세적(王世積)은 천희(闡熙) 신국(新圀) 사람이다. (…) 요동의 정벌이 일어남에 미쳐 세적과 한왕(漢王)은 모두 행군원수(行軍元帥)가 되어 유성(柳城)에 이르렀는데, 전염병을 만나 돌아갔다. (『隋書』40 列傳 5 王世積)
고구려	고경(高熲)의 자는 소현(昭玄)이고 또는 민(敏)이라고 한다. 스스로 발해 수(蓨) 사람이라고 한다. (…) 요동을 정벌하려고 의논할 때 경은 진실로 불가하다고 간언했는데, 황제가 따르지 않았다. 경은 원수장사(元帥長史)가 되어 한왕을 따라 요동을 정벌하였다. 장마와 전염병을 만나 불리하여 돌아왔다. (…) (『隋書』41 列傳 6 高熲)
고구려	고경의 자는 소현이고 진 또는 민이라고도 한다. 스스로 발해 수(蓨) 사람이라고 한다. (…) 증조(曾祖) 고(暠)는 태화(太和) 연간에 요동으로부토 위나라로 돌아가 관직에 위위경(衛尉卿)에 이르렀다. (…) 요동을 정벌하려고 의논할 때 경은 진실로 불가하다고 간언했는데, 황제가 따르지 않았다. 경은 원수장사(元帥長史)가 되어 한왕을 따라 요동을 정벌하였다. 장마와 전염병을 만나 불리하여 돌아왔다. (…) (『北史』72 列傳 60 高熲)
고구려	논하여 말한다. (…) 개황의 말에 미쳐 바야흐로 요동을 정벌하려 하였는데, 천시(天時)가 불리하여 군대가 마침내 공이 없었다. (『北史』94 列傳 82 史論)
고구려	사신(史臣)은 말한다. (…) 개황의 말에 미쳐 바야흐로 요동을 정벌하려 하였는데, 천시(天時)가 불리하여 군대가 마침내 공이 없었다. (『隋書』81 列傳 48 史論)
고구려	포(襃)의 자(字) 효정(孝整)이고 궁마(弓馬)를 익혔고 어렸을 때 성인(成人)의 헤아림이 있었다. (…) (개황) 14년에 행군총관(行軍總管)으로 군사를 주둔시켜 변방을 지

켰고 요동 정벌 때 다시 행군총관으로 한왕(漢王)을 좇아 유성(柳城)에 이르고 돌아왔다. (『隋書』 50 列傳 15 元褒)

| 고구려 | 충(沖)의 자(字)는 세충(世沖)이고 젊어서는 명망 있는 집안의 자제로 주석갈위공부(周釋褐衛公府) 예조참군(禮曹叄軍)에 있었다. (…) 충의 용모는 우아하였고 관후(寬厚)하여 무리의 마음을 얻었고 말갈·거란을 위무할 마음을 품어 모두 죽을 힘을 다하였다. 해(奚)·습(霫)이 두려워하여 조공을 이었다. 고려가 일찍이 침입하여 충이 군대를 거느리고 그것을 쳤다. (『隋書』 47 列傳 12 韋沖) |

| 고구려 | 위충(韋沖)은 개황연간에 영주총관(營州總管)이 되었다. 용모는 우아하였고 관후(寬厚)하여 무리의 마음을 얻었고 말갈·거란이 모두 그 죽음에 이르렀다. 해(奚)·습(霫)이 두려워하여 조공을 이었다. 고려가 일찍이 침입하여 충이 군대를 거느리고 그것을 쳤다. (『册府元龜』 429 將帥部 90 守邊) |

| 고구려 | 봉덕이(封德彝)가 젊었을 때이다. 복야(僕射) 양소(楊素)를 보고 그를 기이하여 여겼다. 마침내 질녀(姪女)를 아내로 삼았고 항상 자리를 어루만지며 말하였다. "봉랑(封郞)은 반드시 이 자리에 앉을 것이다." 후에 요동(遼東)을 칠 때 봉공(封公)의 배가 침몰되어 무리가 모두 죽었다고 말하였다. 양소가 말하였다. "봉랑은 마땅히 복야를 얻을 것이니, 반드시 죽지 않았을 것이고 다름 사람이 그를 구할 것이다." 공이 판자 하나를 잡고 큰 바다에 빠졌는데 힘이 다해 그것을 놓으려고 하였는데, 갑자기 양공(楊公)의 말이 생각해 다시 힘을 다해 그것을 잡았다. 가슴 앞으로 판자를 마격(摩擊)하니 살이 찢어져 뼈에 이르렀다. 무리가 구조되었고 후에 과연 관직이 복야에 이르렀다[정명록(定命錄)에 나온다]. (『太平廣記』 169 知人 1 楊素) |

| 고구려 | 공의 휘(諱)는 직(直)이고 자(字)는 자정(子政)이며 경조(京兆) 장안 사람이다. (…) (개황) 18년 칙서로 요동행군총관(遼東行軍總管) 사마(司馬)를 제수받았다. (「唐直墓誌銘」) |

| 고구려 | 장초현(張楚賢)의 부친 연(淵)은 수(隋)의 상개부의동삼사(上開府儀同三司), 무(撫)·현(顯)·제(濟) 3주자사(州刺史), 요동도행군총관(遼東道行軍總管), 담(潭)·연(連)·침(郴)·영(永)·형(衡) 5주제군사(州諸軍事), 담주총관(潭州總管), 상대장군(上大將軍), 문안현공(文安縣公)이었고, 시호는 장(莊)이라고 하였는데 수사(隋史)에 열전이 있다. (「張楚賢 墓誌銘」; 『唐代墓誌滙篇續集』; 『全唐文補遺』 1; 『全唐文新編』 993; 『唐代墓誌滙篇附考』 5) |

| 고구려 | 장교(張璬)의 증조 연(淵)은 수의 개부의동삼사(開府儀同三司), 강남도(江南道)·요동(遼東道) 행군총관(行軍總管), 위위경(衛尉卿)·상대장군(上大將軍)·문안현개국공(文安縣開國公)·식읍(食邑) 1,000호(戶)였고, 시호는 장(莊)이라고 하였다. (「張璬 墓誌銘」; 『全唐文新編』 358) |

| 백제 고구려 | 가을 9월에 왕이 장사(長史) 왕변나(王辯那)를 수나라에 사신으로 보내 조공하였다. 왕이 수나라가 요동 전쟁을 일으킨다는 소문을 듣고 사신을 파견하여 표문을 바치고, 군도(軍道)가 되기를 요청하였다. 황제가 조서를 내려 "왕년에 고구려가 조공을 바치지 않고 신하로서의 예절을 갖추지 않았기에 장군들로 하여금 그들을 토벌케 하였는데, 고원(高元)의 신하들이 겁을 내며 잘못을 시인하기에 내가 이미 용서하였으니 그들을 칠 수는 없다"고 말하고, 우리 사신을 후대하여 돌려보냈다. 고구려가 그 일을 모두 알고 군사를 보내 우리 국경을 침략하였다. (『三國史記』 27 百濟本紀 5) |

| 백제 고구려 | (가을 9월) 백제 왕이 수가 요동 전쟁을 일으킨다는 소문을 듣고 장사 왕변나를 보내 표문을 올리고 군도(軍道)가 되기를 요청하였다. 수가 조서를 내려 "왕년에 고구려가 조공을 바치지 않고 신하로서의 예절을 갖추지 않았기에 장군들로 하여금 그 |

		들을 토벌케 하였는데, 지금 고원(高元)의 신하들이 겁을 내며 잘못을 시인하기에 내가 이미 용서하였으니 그들을 칠 수는 없다"고 말하고, 그 사신을 후대하여 돌려보냈다. 고구려 왕이 한스럽게 여겨 자주 군사로 백제를 침략하였다. (『三國史節要』 7)
백제	고구려	개황 18년에 창(昌)이 그의 장사(長史) 왕변나(王辯那)를 보내와 방물을 바쳤다. 마침 요동정벌을 일으키자, 사신을 보내어 표문을 올려 [수나라 군사의] 선도(先導)가 될 것을 청하였다. 문제는 詔書를 내려, "지난 해에 고구려가 직공(職貢)을 닦지 않고 인신(人臣)의 예의를 지키지 않았기 때문에 장수들에게 명하여 토벌하라고 하였소. 고원의 군신이 두려워하여 죄를 스스로 인정하고 복종하므로, 짐은 벌써 죄를 용서하여 주어 토벌할 수가 없소."라고 하고, 그 사신을 후대하여 보냈다. 고구려가 대략 이 사실을 알고, 병사를 내어 백제의 국경을 침략하였다. (『隋書』 81 列傳 46 東夷 百濟)
백제	고구려	(개황) 18년 여창이 그의 장사(長史) 왕변나(王辯那)를 보내와 방물을 바쳤다. 마침 요동정벌을 일으키자, 사신을 보내어 표문을 올려 수나라 군사의 선도(先導)가 될 것을 청하였다. 문제는 조서를 내리고 그 사신을 후대하여 보냈다. 고구려가 대략 이 사실을 알고, 병사를 내어 백제의 국경을 침략하였다. (『北史』 94 列傳 82 百濟)
백제	고구려	수나라 문제 개황 18년에 백제왕 여창이 장사 변나를 보내어 방물을 바쳤다. 뒤이어 마침 요동을 정벌하는 일이 있었는데, 백제왕이 사신을 보내어 표문을 올리면서 군사를 앞장서서 인도하겠다고 청하였다. 그러나 수나라 임금이 조서를 내려 허락하지 않았다. "지난해에 고구려가 조공을 바치지 않고 신하로서의 예를 갖추지 아니하므로 명령을 내려 장차 토벌하려고 하였다. 그러자 고구려왕 高元과 그의 신하들이 두려워하여 자신들이 잘못했다고 하면서 복종하기에 짐은 이미 그들을 용성하였다. 그러니 그들을 공격해서는 안된다." 사신을 후하게 대접한 다음 돌려 보냈다. (『册府元龜』 980 外臣部 25 通好)
백제	고구려	(개황) 18년에 창(昌)이 다시 사신인 장사(長史) 왕변나(王辯郍)를 보내 와서 방물을 바쳤다. 마침 고구려를 정벌을 일으키려고 했으므로 표를 올려 군도(軍導)가 되기를 청하였다. 고가 자못 그 사실을 알고 군사로 그 변경을 침입했다. (『太平御覽』 781 四夷部 2 東夷 2 百濟)-
백제		겨울 12월에 왕이 돌아가셨다. 군신이 의논하여 시호를 위덕이라 하였다. (『三國史記』 27 百濟本紀 5)
백제		혜왕의 이름은 계(季)이니 명왕(明王)의 둘째 아들이다. 창왕(昌王)이 돌아가시자 즉위하였다. (『三國史記』 27 百濟本紀 5)
백제		겨울 12월에 백제왕 창이 돌아가셨다. 시호를 위덕이라 하였다. 둘째 아들 계명(季明)이 왕위에 올랐다. (『三國史節要』 7)
백제		창이 죽자 아들 여선(餘宣)이 왕위에 올랐고 그가 죽자 아들 여장(餘璋)이 왕위에 올랐다. (『隋書』 81 列傳 46 東夷 百濟)
백제		여창(餘昌)이 죽고 아들인 여장이 왕위에 올랐다. (『北史』 94 列傳 82 百濟)
백제		8족(八族)은 특별한 혈통이고 5부(部)는 담당하는 일을 나누었다[『괄지지(括地志)』에 말하였다. 수 개황 연간(581~600)에 그 왕의 이름은 창이다. 창이 죽자 아들 여선이 왕위에 즉위하였고 아들이 죽자 여장(餘憧)이 왕위에 올랐다. (…)] (『翰苑』 蕃夷部 百濟)
신라		이궁(二弓)[혹은 외궁(外弓)이라고도 한다]은 첫 번째는 한산주궁척(漢山州弓尺)으로 진덕왕 6년에 두었고 두 번째는 하서주궁척(河西州弓尺)인데 진평왕 20년에 두었다.

	금(衿)이 없다. (『三國史記』 40 雜志 9 職官 下)
신라	신라에 하서주궁척을 두었는데 금이 없다. (『三國史節要』 7)
고구려	승려 지월(智越)의 성은 정씨이고 남양 사람이다. (…) 당시 천태산(天台山)에는 또 사문(沙門) 파야(波若)가 있었는데 속성은 고구려 사람이다. (…) 이에 그는 즉시 스승의 뜻에 따르기로 하였다. 개황 18년(598)에 그 산으로 가서 새벽부터 밤까지 도를 수행하면서 감히 졸거나 눕지 아니하였다. 그의 그림자가 산 밖을 나가지 않은 것이 16년에 달하였다. (『續高僧傳』 17 習禪 2 隋 天台山 國淸寺 釋智越11)
고구려	수나라의 사문 파야는 고구려 사람이다. (…) 개황 18년에 비로소 석장을 짚고 홀로 돌아다니며 가르친 바를 실천하였다. (『新修科分六學僧傳』 3 慧學 傳宗科 隋 沙門 波若)
고구려	또 고구려의 석파야(釋波若)가 중국 천태산에 들어갔다. (『三國遺事』 5 避隱 8 惠現 求靜)

599(己未/신라 진평왕 21 建福 16/고구려 영양왕 10/백제 혜왕 2, 법왕 1/隋 開皇 19/倭 推古 7)

백제	가을 9월 계해(癸亥) 초하루에 백제가 낙타 한 필, 나귀 한 필, 양 두 마리, 흰 꿩 한 마리를 바쳤다. (『日本書紀』 22 推古紀)
백제	왕이 돌아가셨다. 시호를 혜(惠)라고 하였다. (『三國史記』 27 百濟本紀 5)
백제	법왕의 이름은 선(宣)[혹은 효순(孝順)이라고도 한다]이며 혜왕의 맏아들이다. 혜왕이 돌아가시자 아들 선이 왕위를 이었다[『수서(隋書)』에는 선을 창왕의 아들이라고 하였다]. (『三國史記』 27 百濟本紀 5)
백제	백제왕 계명(季明)이 돌아가셨다. 시호를 혜라 하고 맏아들인 선(宣)이 왕위에 올랐다. (『三國史節要』 7)
백제	백제 제29대 법왕의 이름은 선인데, 혹은 효순 (孝順)이라고도 한다. (『三國遺事』 3 興法 3 法王禁殺)
백제	창이 죽자 아들 여선(餘宣)이 왕위 올랐고 그가 죽자 아들 여장(餘璋)이 왕위에 올랐다. (『隋書』 81 列傳 46 東夷 百濟
백제	여창(餘昌)이 죽고 아들인 여장(餘璋)이 왕위에 올랐다. (『北史』 94 列傳 82 百濟)
백제	겨울 12월에 명을 내려 살생을 금하고, 민가에서 기르는 매와 새매를 놓아 주고, 고기 잡고 사냥하는 도구들을 태워버리라고 하였다. (『三國史記』 27 百濟本紀 5)
백제	겨울 12월에 백제에서 명을 내려 살생을 금하고, 민가에서 기르는 매와 새매를 놓아 주고, 또 고기 잡고 사냥하는 도구들을 태워버리라고 하였다. (『三國史節要』 7)
백제	(개황 19년 기미(己未)) 이 해 겨울에 조서를 내려 살생을 금하고 민가에서 기르던 매 따위를 놓아주게 하고 고기잡이나 사냥하는 도구를 불사르게 하여 일체 살생을 금지시켰다. (『三國遺事』 3 興法 3 法王禁殺)
고구려	공의 이름은 덕(德)이고 자는 화의(和義)이며 감천(監川) 오원(五原) 사람이다. (…) (개황) 19년 이적(夷狄:고구려)이 배반하고 강역(疆場)을 어지럽히자, 상주국(上柱國) 월공(越公)에 임명하고 군사를 모두 통솔하게 하였다. (공이) 거리낌없이 다니면서 토벌하여 (그 공으로) 관작을 받았다. 이에 묵돌(선우)의 군진(軍陣)을 꺽고 우는 화살(鳴鏑)과 같은 적의 예봉을 꺽었다. 6군(六軍)이 개선하고 수나라의 세 변경이 크게 평정되었다. 의동삼사(儀同三司)에 제수되었다. (「隋金紫光祿大夫梁郡太守劉府君

墓誌銘并序」)

| 고구려 | 연가(延嘉) 7년인 기미년에 고려국 낙랑동사(樂良東寺)의 주지 경(敬)과 제자인 승(僧) 연(演), 사도(師徒) 40인이 현겁(賢劫)의 천불(千佛)을 만들어 유포하였는데, 제29번째의 인현의불(因現義佛)은 비구(比丘) ?경(?頴)이 공양한 것이다. (「延嘉七年銘金銅光背」) |

600(庚申/신라 진평왕 22 建福 17/고구려 영양왕 11/백제 법왕 2, 무왕 1/隋 開皇 20/倭 推古 8)

고구려	봄 정월 신유일 초하루 황제가 인수궁(仁壽宮)에 있었다. 돌궐 고려 거란이 더불어 사신을 보내어 방물을 바쳤다. (『隋書』 2 帝紀 2 高祖 下)
고구려	봄 정월 신유일 초하루 돌궐(突厥) 고려(高麗) 거란(契丹)이 더불어 사신을 보내어 조공하였다. (『北史』 11 隋本紀 上 高祖文皇帝)
고구려	봄 정월 사신을 수(隋)나라에 보내어 조공하였다. (『三國史記』 20 高句麗本紀 8)
고구려	봄 정월 고구려가 사신을 보내어 조공하였다. (『三國史節要』 7)
고구려	(봄 정월) 태학박사(太學博士) 이문진(李文眞)에게 명령하여 옛 역사를 축약하여 신집(新集) 5권을 만들게 하였다. 국초에 처음 문자를 사용할 때 어떤 사람이 사실을 100권으로 기록하여 이름을 유기(留記)라고 하였는데 이 때 이르러 깎고 고친 것이다. (『三國史記』 20 高句麗本紀 8)
고구려	(봄 정월) 고구려가 태학박사 이문진에게 명하여 국사를 고치게 하였다. 처음에는 사실을 기록한 것이 백권이 있었는데 유기라고 한다. 이 때에 이르러 이를 고쳐 축약하여 신집 5권으로 만들었다. (『三國史節要』 7)
백제	봄 정월 왕흥사(王興寺)를 창건하고 중 30명에게 도첩을 주었다. (『三國史記』 27 百濟本紀 5)
백제	봄 정월 백제가 왕흥사를 창건하고 중 30명에게 도첩을 주었다. (『三國史節要』 7)
백제	이듬해 경신(庚申)에는 승려 30명을 득도(得度)케 하고, 당시의 서울인 사비성(泗沘城)[지금의 부여(扶餘)]에 왕흥사를 세우게 하여 겨우 기초를 세우다가 승하하였다. 무왕(武王)이 왕위를 계승하여 아버지가 닦은 터에 아들은 집을 지어 수십 년을 지나서 완성했는데, 그 절은 또한 미륵사(彌勒寺)라고도 한다. 산을 등지고 물에 임했으며 꽃나무가 수려하여 사시의 아름다움을 구비하였다. 왕은 항상 배를 타고 물을 따라 절에 가서 그 경치의 장려함을 구경하였다[고기(古記)의 기록과는 조금 다르다. 무왕은 가난한 어머니가 못의 용과 관계하여 낳았는데, 어릴 때의 이름은 서여(薯蕷)이고, 즉위한 후 시호를 무왕이라고 하였다. 처음에 왕비와 함께 창건하였다]. (『三國遺事』 3 興法 3 法王禁殺)
백제	봄 정월 크게 가뭄이 들어 왕이 칠악사(漆岳寺)에 가서 기우제를 지냈다. (『三國史記』 27 百濟本紀 5)
백제	봄 정월 백제에 크게 가뭄이 들어 왕이 칠악사에 가서 기우제를 지냈다. (『三國史節要』 7)
신라 가야	봄 2월 신라가 임나와 더불어 서로 공격하자, 천황이 임나를 구원하고자 하였다. (『日本書紀』 22 推古紀)

백제	여름 5월 왕이 사망하였다. 시호를 법(法)이라 하였다. (『三國史記』 27 百濟本紀 5)
백제	무왕의 이름은 장(璋)이며 법왕(法王) 아들이다. 풍채가 훌륭하고, 뜻이 호방하고 기상이 걸출하였다. 법왕이 왕위에 오른 이듬해에 사망하자 그의 아들이 왕위를 이었다. (『三國史記』 27 百濟本紀 5)
백제	여름 5월 왕이 사망하였다. 시호를 법이라 하였다. 아들 장(璋)이 왕위에 올랐는데, 풍채가 훌륭하고 뜻이 호방하며 기상이 걸출하였다. (『三國史節要』 7)

권근(權近)이 다음과 같이 말했다. 불교는 인연(因緣)에 따라 죄와 복을 받는다는 설로써 어리석은 백성을 유혹하기를 불법을 믿게 되면 응보(應報)가 어긋나지 않으며, 살아서는 복과 목숨을 더 보태고 죽어서도 유익하다고 하였다. 이것이 오랫동안 세상을 미혹하게 한 까닭이다. 백제왕 선(宣)은 아버지 계(季)가 일찍 죽자 진실로 불교를 높이고 믿으면 장수할 수 있다고 하여 즉위 초에 영을 내려 백성들에게 매를 기르지 못하게 하고, 또 민가의 그물과 고기잡고 사냥하는 도구를 거두어 불사르고, 병이 들면 절에 가서 불법의 강연을 들었고, 또한 나라에서 많은 사람들을 승려로 만들었다. 이렇게 하여 수명을 더 얻고 복을 얻으려 한 것이다. 그러나 마침내 어떠한 효력도 없어 겨우 재위 1년 만에 죽었으니, 이른바 그 보응(報應)이란 정말 어디에 있는가.

옛날 삼대(三代)의 성왕(聖王)이 오래 산 것은 덕을 닦았기 때문이지, 요행으로 복을 바랐기 때문은 아니었다. 때문에 당 나라 한유(韓愈)는 "불교가 중국에 들어오기 전에는 임금의 수명이 길고 천하가 태평하게 다스려졌으나, 한(漢)나라와 위(魏)나라 이후로 불교를 섬기는 일이 더욱 공손할수록 수명은 더욱 짧아졌으니 불교가 믿을 것이 못 됨이 분명하다."고 하였다. 이는 실로 틀림없는 말이다.

이제 선이 부지런히 불교를 섬겨 죽은 뒤에 시호를 법왕(法王)이라 하였다. 그러나 생전에 능히 수명을 더하지 못했다면 죽은 후에도 역시 유익함이 없음은 틀림없다. 후세에 불교에 미혹되는 자가 이를 본다면 그 허망함을 또한 알 것이다. (『三國史節要』 7)

백제	제30대 무왕[혹 이르기를 무강(武康)이라고 한다. (献丙戌; 의미불명) 어려서 이름은 일기사덕(一耆篩德) 이라고 한다. 경신년에 왕위에 올라 41년을 다스렸다.] (『三國遺事』 1 王曆)
백제 신라	무왕(武王)[고본(古本)에는 무강(武康)이라고 했으나 잘못이다. 백제에는 무강이 없다.] 제30대 무왕의 이름은 장(璋)이다. 어머니가 과부가 되어 서울 남쪽 못 가에 집을 짓고 살고 있었는데 못의 용과 관계하여 장을 낳고 어릴 때 이름을 서동(薯童)이라고 하였다. 재기와 도량이 커서 헤아리기 어려웠다. 항상 마를 캐어 팔아서 생업으로 삼았으므로 나라 사람들이 그 때문에 서동이라고 이름하였다.

신라 진평왕(眞平王)의 셋째 공주 선화(善花)[선화(善化)라고도 쓴다]가 아름답기 짝이 없다는 말을 듣고 머리를 깎고 서울로 갔다. 마를 동네 아이들에게 먹이며 아이들과 친해져 그를 따르게 하였다. 이에 노래를 지어 여러 아이들을 꾀어서 부르게 하니 다음과 같다. 선화공주 님은 남몰래 사귀어 두고 서동 방을 밤에 몰래 안고 간다.

동요가 서울에 가득 퍼져서 대궐 안에까지 들리자 백관(百官)들이 임금에게 극력 간하여 공주를 먼 곳으로 귀양보내게 했다. 떠나려 할 때 왕후(王后)가 순금 한 말을 주어 노자로 쓰게 했다. 공주가 귀양지에 도착하려는데 서동이 도중에 나와 절하면서 모시고 가겠다고 했다. 공주는 비록 그가 어디서 왔는 지는 알지 못했지만 우연히 믿고 좋아했다. 이로 말미암아 서동을 따라가면서 몰래 정을 통하였다. 그런 뒤에야 서동의 이름을 알았고, 동요의 영험을 믿었다.

함께 백제에 이르러 모후(母后)가 준 금을 내어 장차 살아 나갈 계획을 의논하니 서

동이 크게 웃고 말했다. "이것이 도대체 무엇이오?" 공주가 말하기를, "이것은 황금이니 백년의 부를 누릴 것입니다."라고 하였다. 서동이 말하기를, "나는 어릴 때부터 마를 캐던 곳에 황금을 흙처럼 많이 쌓아 두었소"라고 하였다. 공주는 이 말을 듣고 크게 놀라면서 말했다. "이것은 천하의 지극한 보물입니다. 그대가 지금 그 금이 있는 곳을 아시면 부모님이 계신 궁전으로 보내는 것이 어떻겠습니까?" 서동은 좋다고 말하였다.

이에 금을 모아 언덕과 같이 쌓아 놓고, 용화산(龍華山) 사자사(師子寺)의 지명법사(知命法師)에게 가서 금을 실어 보낼 방법을 물으니 법사 가 말하기를 "내가 신통한 힘으로 보낼 터이니 금을 이리로 가져 오시오"라고 하였다. 공주가 편지를 써서 금과 함께 사자사 앞에 가져다 놓았다. 법사는 신통한 힘으로 하룻밤 사이에 신라 궁중으로 보내어 두었다. 진평왕은 그 신비스러운 변화를 이상히 여겨 더욱 서동 을 존경해서 항상 편지를 보내어 안부를 물었다. 서동은 이로부터 인심을 얻어서 왕위에 올랐다.

어느 날 무왕이 부인과 함께 사자사에 가려고 용화산 밑의 큰 못가에 이르니 미륵삼존(彌勒三尊)이 못 가운데서 나타나므로 수레를 멈추고 절을 올렸다. 부인 이 왕에게 말하기를 "모름지기 이곳에 큰 절을 지어 주십시오. 그것이 제 소원입니다"라고 하였다. 왕은 그것을 허락했다. 지명법사에게 가서 못을 메울 일을 물으니 신비스러운 힘으로 하룻밤 사이에 산을 무너뜨려 못을 메우고 평지를 만들었다. 이에 미륵(彌勒) 삼회(三會)를 법상(法像)으로 하여 전(殿)과 탑(塔)과 낭무(廊廡)를 각각 세 곳에 세우고, 절 이름을 미륵사(彌勒寺)[국사에 이르기를 왕흥사(王興寺)라고 한다.] 진평왕이 여러 공인(工人)들을 보내서 이를 도왔는데 그 절이 지금도 남아 있다.[『삼국사(三國史)』는 이를 법왕(法王)의 아들이라고 하였고, 여기에서는 과부의 아들이라고 했으니 자세히 알 수 없다.] (『三國遺事』 2 紀異 2 武王)

| 신라 | 고승(高僧) 원광(圓光)이 조빙사(朝聘使)인 나마(奈麻) 제문(諸文)과 대사(大舍) 횡천(橫川)을 따라서 돌아왔다. (『三國史記』 4 新羅本紀 4) |

신라   학문이 이미 이루어지자 동쪽으로 가서 계속해야겠다고 생각했다. 신라가 멀리에서 이를 듣고 황제에게 돌아오게 해달라고 자주 청하니, 황제가 칙서를 내려 후하게 위로를 더해 고국으로 돌아가게 하였다. 원광이 갔다가 돌아온 것이 수년이 되니 늙은이도 아이도 서로 기쁜 마음으로 받들었다. 신라왕 김씨는 대면하고 공경하여 성인과 같이 받들었다.

원광은 성품이 허한(虛閑)하고 심정은 널리 사랑하는 것이 많았으며 말을 할 때는 항상 미소를 머금고 있었고 결코 노한 빛을 띠지 않았다. 그리고 상표문, 계서(啓書) 오고가는 국서는 그의 심중에서 나왔으며 하나라도 극진히 받들어 모두 다스리는 방향을 맡겼으며 도화(道化)하는 것을 물었다. 사정은 금의환향한 것과 달랐으나 실정은 중국의 국정을 돌아보고 온 것과 같았다. 기회를 타서 훈계를 하여 지금에도 모범을 드리웠다. 나이가 이미 많아지자 수레를 타고 궁궐에 들어갔다. 의복과 약·음식을 왕이 손수 마련하고 옆에서 돕지 못하게 하여 오로지 복을 혼자 받으려고 하였으니 그 감복하고 공경하는 것이 이와 같았다. 장차 생을 마치기 전에 왕이 친히 손을 잡고 위문하며 누차 법을 남기고 겸하여 백성을 구제할 것을 부탁하니, 원광이 상서로움을 말하여 그 공덕이 바다 구비에까지 미치었다. 제자 원안(圓安)이 있었는데 정신이 지혜롭고 기지가 빼어났다. 성품이 유람하는 것을 좋아하여 도를 구하는 것을 바랐다. 드디어 북쪽으로 환도(丸都)로 가고 동쪽으로 불내(不耐)를 보고 또 서쪽으로 연(燕)과 위(魏)를 지난 후에 황제가 있는 수도에까지 갔다. 각 지방의 풍속을 꿰뚫고 여러 경론(經論)을 찾아 대강(大綱)을 섭렵하고 섬세한 뜻까지 통달하였다. 늦어서야 심학(心學 : 불교)에 귀의했는데 세속 사람보다 자취가 높았다. 처음 수도의 절에 있었는데 순박한 덕행으로 유명해져서 특진(特進) 소우(蕭瑀)가 주청하여 남전(藍田)에 조영된 진량사(津梁寺)에 머물게 하였으며 수행 중에 필요한 4가지 물건을 공급함에 육시(六時)에 끊김이 없었다. 원안이 일찍이 원광에 대해 서술하여 말하였다. "본국왕이 병환이 나서 의원이 치료하여도 낫지 않아 원광이 입궁할 것을 청하여 별성(別省)에 안치하고 밤에 2시간씩 심법(深法)을 설하여 계(戒)를 받고 참회하게 하니 왕이 크게 신봉하였다. 어느날 초저녁에 왕이 원광 의 머리를 보니 금빛이 빛나고 일륜(日輪) 모양이 몸을 따라서 이르렀다. 왕후와 궁녀가 함께 그것을 보았다. 이로 말미암아 거듭 승심(勝心)을 발하여 굳이 병실에 머물게 하였더니 오래지 않아 드디어 차도가 있었다. 원광은 진한 (辰韓)·마한 (馬韓) 안에서 정법(正法)을 두루 폈는데, 해마다 두 번 강론을 하여 후학을 양성하였다. 보시로 받은 재화는 절을 짓는 데 충당하여 남은 것은 오직 의복과 바리뿐이었다[『달함(達函)』에 수록되어 있다]." 또 동경(東京) 안일호장(安逸戶長) 정효(貞孝) 집안에 있는 고본 수이전(殊異傳)에 실린 원광법사전에서는 다음과 같이 말한다. (…) 진평왕 22년 경신(庚申)[삼국사에는 다음 해 신유(辛酉)에 왔다고 한다.]에 법사가 장차 지팡이에 의지하여 동쪽으로 돌아오려 하여 이에 중국 조빙사를 따라 귀국하였다. 법사가 신에게 감사하고자 하여 전에 살던 삼기산의 절에 이르니 밤중에 신이 또 와서 그 이름을 부르며 말하였다. "바다와 육지의 길 사이를 갔다 돌아오니 어떠한가?" 대답하여 말하였다. "신의 큰 은혜를 입어 평안히 돌아오기를 마쳤습니다." 신이 말하였다. "내가 또한 법사에게 계(戒)를 주겠다." 인하여 윤회의 세계를 서로 구제하는 약속을 맺었다. 또한 부탁하여 말하기를 "신의 진용(眞容)을 볼 수 있겠습니까?"라고 하였다. 신이 말하였다. "법사가 만약 나의 모습을 보고자 한다면 내일 아침에 동쪽하늘 끝을 보라." 법사가 다음날 그곳을 바라보니 큰 팔이 구름을 뚫고 하늘 끝에 닿아 있었다. 그날 밤 신이 또 와서 말하였다. "법사는 내 팔을 보았는가." 대답하여 말하였다. "이미 보았는데 매우 기이하였습니다." 인하여 이 골짜기를 비장산(臂長山)이라고 불렀다. 신이 말하였다. "비록 이 몸이 있으나 무상(無常)의 해(害)는 면하지 못하였다. 그러므로 나는 오래되지 않아 그 고개에 몸을 버릴 것이다. 법사는 와서 멀리 떠나는 혼을 전송하라." 약속한 날짜를 기다려가서 보니 한 검은 늙은 여우가 있었는데 검기가 칠흑 같았다. 단지 헐떡거리다가 숨을 쉬지 않고 조금 뒤에 죽었다.

법사가 처음 중국에서 돌아오니 신라의 왕과 신하가 법사를 공경하며 스승으로 삼았다. 항상 대승경전을 강론하였다. 이때 고구려와 백제가 항상 변경을 침입하니 왕이 그것을 매우 근심하여 수(隋)[당(唐)이라고 써야 마땅하다.]나라에 병사를 청하고자 법사에게 걸사표를 지을 것을 부탁하였다. 황제가 이를 보고 30만 병사로 고구려를 친히 정벌하였다. 이로부터 법사가 유학(儒學)에도 두루 통달함을 알게 되었다. 향년 84세에 입적하였고 명활성(明活城) 서쪽에 장사지냈다." 또한 삼국사(三國史) 열전에 다음과 같이 기록되어 있다. "어진 선비 귀산 (貴山)이라는 자는 사량부(沙梁部) 사람이다. 같은 마을 추항(箒項)과 벗이 되었는데 두 사람이 서로 일러 말하기를 "우리들은 사군자(士君子)와 더불어 교유하고자 기약하였으나 먼저 마음을 바로 하고 몸을 지키지 않으면 곧 모욕당함을 면치 못할 것이다. 현자(賢者)의 곁에서 도를 묻지 않겠는가?"하였다. 이때 원광법사가 수나라에 갔다 돌아와 가슬갑(嘉瑟岬)에 머문다는 것을 들었다.[혹은 가서(加西) 또는 가서(嘉栖)라고도 하는데 모두 방언이다. 갑(岬)은 세상에서 말하기를 고시(古尸)라고 하므로 혹은 고시사(古尸寺)라고도 하는데 갑사(岬寺)와 같은 말이다. 지금 운문사(雲門寺) 동쪽 9천 보 가량에 가서현(加西峴)이 있는데 혹은 가슬현(嘉瑟峴)이라고도 한다. 현의 북쪽 골짜기에 그 절터가 있으니 바로 이것이다.] 두 사람은 문에 나아가 고하여 말하였다. "속사(俗士)는 몽매하여 아는 바가 없습니다. 원컨대 한 말씀 내리셔서 평생 동안의 교훈으로 삼게 해주십시오." 원광이 말하였다. "불교에는 보살계(菩薩戒)가 있으니 그것은 10가지로 구별되어 있다. 너희들은 다른 이들의 신하와 자식된 자이니 능히 감당할 수 없을 것이다. 지금 세속의 5개의 계율이 있으니 첫번째는 충성으로 임금을 섬긴다, 두 번째는 효로 부모를 섬긴다, 세 번째는 친구와 사귐에 믿음이 있게 한다, 네 번째는 전투에 임하여 물러섬이 없다, 다섯 번째는 살생을 함에 가림이 있게 한다이다. 너희들은 그것을 행함에 소홀함이 없게 하라." 귀산 등이 말하였다. "다른 것은 곧 이미 명을 받아들였습니다. 이른바 살생을 함에 가림이 있게 하라는 것은 특히 알아듣지 못하겠습니다." 원광이 말하였다. "육재일(六齋日)과 봄과 여름에는 살생을 하지 않으니 이것이 때를 가리는 것이다. 가축을 죽이지 않는다는 것은 말, 소, 개를 말하는 것이다. 세물(細物)을 죽이지 않는다는 것은 고기가 한점도 족하지 않다는 것이니 이것이 생물을 가린다는 것이다. 이 또한 오직 그 쓰이는 바만 하고 많이 죽이는 것을 추구하지 않는다. 이는 세속의 좋은 경계이다." 귀산 등이 말하였다. "지금 이후로 받들어 잘 펼치고 감히 어기지 않겠습니다." 후에 두 사람이 군사(軍事)를 따랐는데 모두 국가에 큰 공이 있었다. (『三國遺事』4 義解 5 圓光西學)

신라 　이때 원광법사(圓光法師)가 수(隋)나라에 들어가 유학하고 돌아와서 가실사(加悉寺)에 있었는데, 당시 사람들이 높이 예우하였다. 귀산 등이 그 문하에 이르러 옷자락을 걷어 잡고 나아가 말하기를, "저희들 속세의 선비는 미련하여 아는 것이 없습니다. 원컨대 한 말씀을 주셔서 종신토록 지킬 교훈으로 삼도록 하여 주십시오." 라고 하였다. 법사가, "불계(佛戒)에는 보살계(菩薩戒)가 있는데, 그 종목이 열 가지이다. 너희들이 남의 신하로서는 아마도 이를 감당하지 못할 것이다. 지금 세속오계(世俗五戒)가 있으니 첫째는 임금 섬기기를 충(忠)으로써 하고, 둘째는 어버이 섬기기를 효(孝)로써 하며, 셋째는 친구 사귀기를 신(信)으로써 하고, 넷째는 전쟁에 나가서는 물러서지 말며, 다섯째는 생명있는 것을 죽이되 가려서 할 것이다. 너희들은 이것을 실행함에 소홀히 하지 말라!"고 말하였다. 귀산 등이, "다른 것은 이미 명을 받은 대로 하겠습니다. 하지만 이른바 살생유택(殺生有擇)만은 잘 알지 못하겠습니다." 라고 하였다. 법사 "육재일(六齋日)과 봄철과 여름철에는 살생하지 아니한다는 것이다. 이것은 때를 가리는 것이다. 부리는 가축을 죽여서는 아니 되니, 말·소·닭·개를 말한다. 작은 동물은 죽이지 않는 것이니, 고기가 한 점도 되지 못하는 것을 말함이다. 이것은 물건을 가리는 것이다. 이와 같이 하면 오직 그 쓰이는 바, 많이 죽이는 것을 구하지 않을 것이다. 이것은 세속(世俗)의 좋은 계율이라고 할 수 있다."고 말하였다. 귀산 등이, "지금부터 이후로 받들어 좇아 감히 명을 떨어뜨리지 않겠습니다!"라고 하였다. (『三國史記』45 列傳 5 貴山)

신라 　신라승 원광이 일찍이 진(陳)나라에 들어가 불법을 구하고자 하였다. 이 때에 이르러 나마 제문과 대사 횡천을 따라 수나라로부터 돌아왔다. 당시 사람들이 중히 여겼던 사량부 사람 귀산이 추항이 벗이 되었는데, 서로 이르기를, "우리들은 사군자(士君子)와 더불어 놀기로 기약했으니, 먼저 마음을 바르게 하고 몸을 닦지 않으면 아마도 치욕을 면하지 못할 것이다. 어찌 어진 이에게 도를 듣지 않을 수 있겠는가" 하였다. 이에 원광을 찾아가 말하기를, "저희 속세의 선비는 미련하여 아는 것이 없습니다. 원컨대 한 말씀 해주시면 종신토록 교훈으로 삼겠습니다." 하였다. 원광이 말하기를, "불교에는 보살계라는 것이 있는데 그 종목이 열 가지이다. 만약 너희들이 임금의 신하로서 아마도 감당하지는 못할 것이다. 지금 세속오계가 있는데 하나는 임금 섬기기를 충(忠)으로써 하고 둘째는 어버이 섬기기를 효(孝)로써 하며, 셋째는 친구 사귀기를 신(信)으로써 하고, 넷째는 전쟁에 나가서는 물러서지 말며, 다섯째는 생명있는 것을 죽이되 가려서 할 것이다. 너희들은 이것을 실행함에 소홀히 하지 말라!"고 하였다. 귀산 등이 감히 하지 못하겠습니까 하였다. (『三國史節要』 7)

신라   사량부의 귀산과 추항은 스님의 문하에 나아가 공손한 태도로 말하기를 "세속의 선비가 어리석어 아는 바가 없사오니 원하옵건데 한 말씀 가르쳐 주시면 일생의 교훈으로 삼겠습니다"라고 하였다. 스님은 말하기를 "보살계가 있으니 그 종류는 열 가지가 있다. 그대들은 임금의 신하로서 아마도 능히 행하지 못할 것이다. 지금 세속오계가 있으니, 첫째는 임금을 섬기되 충(忠)으로써 함이요, 둘째는 보모를 섬기되 효(孝)로써 함이요, 셋째는 벗을 사귀되 신(信)으로써 함이요, 넷째는 전장에 나가서는 물러나지 않음이요, 다섯째는 생물을 죽이되 가려서 함이다. 그대들은 이것을 실행함에 있어서 소홀히 하지 말 것이다"라고 하였다. 귀산 은 "다른 것은 다 가르쳐 주신 대로 하겠습니다만, 생물을 죽이되 가려서 하라는 뜻은 잘 모르겠습니다"라고 하였다. 스님은 이르기를 "봄과 여름철 및 육재일(六齋日)에는 산 것을 죽이지 않는 것이니 이것이 때를 가리는 것이요, 부리는 짐승을 죽이지 않는다는 것은 소·말·닭·개 등을 말하는 것이고, 세물(細物)을 죽이지 않는다는 것은 그 고기가 한 입도 안 되는 것을 말하는 것이니, 이것이 생물을 가리는 것이다. 이외에는 비록 쓸데가 있다고 하더라도 다만 많이 죽여서는 안되는 것이니, 이것은 가히 세속의 좋은 계율이라고 할 만하다"하였다. 귀산 등은 그것을 지켜 깨뜨리지 않았다. (『海東高僧傳』 2 流通 1-2(一之二))

고구려   유현(劉炫)의 자(字)는 광백으로 하간(河間) 경성(景城) 사람이다. (…) 개황(開皇: 581~600) 말년에 나라가 번성하여 조야에서 모두 요동을 정벌할 뜻을 두었다. 현은 요동을 정벌할 수 없다고 하여 무이론(撫夷論)을 지어 이를 풍자하였으나 깨닫는 이가 없었다. 대업(大業; 605~616) 말년에 이르러 세 번 정벌하였으나 이기지 못하였으니 유현의 말이 증명되었다. (『隋書』 75 列傳 40 儒林 劉炫)

고구려   이 때 나라가 번성하여 모두 요동을 정벌할 뜻을 갖고 있었다. 유현은 요동을 정벌할 수 없다고 하여 무이론을 지어 이를 풍자하였으나 깨닫는 이가 없었다. 대업 말년에 이르러 세 번 정벌하였으나 이기지 못하였으니 유현의 말이 증명되었다. (『北史』 82 列傳 70 儒林 下 劉炫)

고구려   『수서(隋書)』에서 말하였다. 개황 말년에 나라가 번성하여 조야에서 모두 요동을 정벌할 뜻을 두었다. 현은 요동을 정벌할 수 없다고 하여 무이론을 지어 이를 풍자하였으나 깨닫는 이가 없었다. 대업 연간에 세 번 정벌하여 이기지 못하였으니 유현의 말이 증명되었다. (『太平御覽』 595 文部 11 論)

가야 신라   이 해 사카이베노오미(境部臣)를 대장군으로 삼고 호즈미노오미(穗積臣)를 부장군으로 삼아[모두 이름은 빠졌다.] 만여 명의 군사를 거느리고 임나를 위하여 신라를 치도록 명하였다. 이에 곧바로 신라를 향하여 바다를 건너갔다. 신라에 이르러 5성을 공격하여 빼앗았다. 이에 신라왕이 두려워하여 흰 기를 들고 장군의 깃발 아래에 이르러 서서 다다라(多多羅)·소내라(素奈羅)·불지귀(弗知鬼)·위타(委陀)·남가라(南迦羅)·아라라(阿羅羅) 6성을 떼어 주며 항복을 청하였다. 그 때 장군이 함께 의논하여, "신라가 죄를 알고 항복하니 억지로 공격하는 것은 옳지 않다"라 하고, 곧 아뢰었다. 천황이 다시 나니와노키시미와(難波吉師神)를 신라에 보내고, 또 나니와노키시이타비(難波吉士木蓮子)를 임나에 보내어 일의 상황을 살피도록 하였다. 이에 신라·임나 두 나라가 사신을 보내어 조(調)를 바치고, 표(表)를 올려 "하늘에는 신(神)이 있고 땅에는 천황이 있으니, 이 두 신을 제외하고 또 무엇을 두려워하겠습니까. 앞으로는 이후로 서로 공격하지 않겠으며, 또 배와 노를 마르지 않도록 해마다 반드시 조공하겠습니다"라고 하였다. (천황이) 곧 사신을 보내어 장군을 불러 들였다. 장군들이 신라로부터 이르자, 신라가 또 임나를 침략하였다. (『日本書紀』 22 推古紀)

601(辛酉/신라 진평왕 23 建福 18/고구려 영양왕 12/백제 무왕 2/隋 仁壽 1/倭 推古 9)

고구려 백제 가야 3월 갑신(甲申) 초하루 무자일(5)에 오토모노무라지쿠이(大伴連囓)를 고려에 보내고, 사카모토노오미아라테(坂本臣糠手)를 백제에 보내어 "급히 임나를 구원하라"고 조를 내렸다. (『日本書紀』 22 推古紀)

신라 가을 9월 신사(辛巳) 초하루 무자일(8)에 신라의 간첩 가마다(迦摩多)가 쓰시마(對馬)에 이르렀다. 이에 붙잡아 바쳤다. 가미츠케노노쿠니(上野)에 유배하였다. (『日本書紀』 22 推古紀)

신라 겨울 11월 경신(庚辰) 초하루 갑신일(5)에 신라를 칠 것을 의논하였다. (『日本書紀』 22 推古紀)

백제 (개황 20년) 이듬해 황제가 문림랑(文林郎) 배청(裴淸)을 왜국(倭國)에 사신으로 보냈는데, 백제를 거쳐 동쪽으로 일지국(至一支國)에 다다랐다. (『通典』 185 邊防 1 東夷 上 倭)

602(壬戌/신라 진평왕 24 建福 19/고구려 영양왕 13/백제 무왕 3/隋 仁壽 2/倭 推古 10)

신라 봄 2월 기유(己酉) 초하루날(1)에 구메(來目) 황자를 신라를 치는 장군으로 삼고, 여러 가무토모노오(神部)와 구니노미야츠코(國造)·도모노미야츠코(伴造) 등과 군사 2만 5,000명을 주었다. (『日本書紀』 22 推古紀)

신라 여름 4월 무신 초하루날(1)에 장군 구메 황자가 츠쿠시(筑紫)에 도착하였다. 이에 시마노코오리(嶋郡)에 나아가 주둔하여, 선박을 모으고 군량을 날랐다. (『日本書紀』 22 推古紀)

백제 신라 6월 정미(丁未) 초하루 기유일(3)에 오토모노무라지쿠이(大伴連囓)·사카모토노오미아라테(坂本臣糠手)가 함께 백제로부터 도착하였다. 이 때 구메 황자는 병들어 누워 결국 신라를 토벌하지 못하였다. (『日本書紀』 22 推古紀)

신라 사신 대나마(大奈麻) 상군(上軍)을 수나라에 보내어 방물을 바쳤다. (『三國史記』 4 新羅本紀 4)

신라 신라가 사신 대나마 상군을 수나라에 보내어 조공하였다. (『三國史節要』 7)

신라 백제 가을 8월 백제가 아막성(阿莫城)을 공격해오자 왕이 장수와 사졸로 하여금 맞서 싸우게 하여 크게 쳐부수었으나 귀산(貴山)과 추항(箒項)이 전사하였다. (『三國史記』 4 新羅本紀 4)

백제 신라 3년 가을 8월에 왕이 군사를 출동시켜 신라의 아막산성(阿莫山城)[모산성(母山城)이라고도 한다.] 을 포위하였다. 신라 왕 진평이 정예 기병 수천 명을 보내 항전하자 우리 군사가 불리하여 돌아왔다. 신라가 소타(小陀), 외석(畏石), 천산(泉山), 옹잠(甕岑) 등 4성을 쌓고, 우리 변경에 침범하였다. 왕이 노하여 좌평 해수(解讐)에게 명령하여 보병과 기병 4만 명을 거느리고, 4성을 공격케 하였다. 신라 장군 건품(乾品),

무은(武殷)이 군사를 거느리고 마주 싸웠다. 해수가 불리해지자 군사를 이끌고 천산(泉山) 서쪽의 소택지로 퇴각하여 복병을 숨겨 놓고 기다렸다. 무은이 승세를 타고 갑병 1천 명을 거느리고 소택지까지 추격하여 왔을 때, 복병이 달려들어 갑자기 공격하였다. 무은은 말에서 떨어지고 군사들은 놀라고 당황하여 어찌할 줄을 몰랐다. 무은의 아들 귀산이 큰 소리로 말했다. "내 일찍이 스승에게 들으니 군사는 적을 만나서는 물러서지 말라고 하였는데 어찌 감히 도망하여 스승의 가르침을 저버리겠느냐" 하였다. 그는 말을 아버지에게 주고 즉시 소장(小將) 추항과 함께 창을 휘두르며 힘껏 싸우다가 사망하였다. 나머지 군사들이 이를 보고 더욱 분발하여 우리 군사가 패배하고, 해수는 겨우 위기를 모면하여 단신으로 돌아왔다. (『三國史記』27 百濟本紀 5)

| 신라 백제 | 가을 8월 백제왕이 신라 아막산성을 포위하자 신라가 정예 기병 수천을 보내어 막았다. 백제왕이 불리하여 돌아왔다. 신라가 소타, 외석, 천산, 옹잠 등 4성을 쌓고 백제를 침범하니 백제왕이 노하여 좌평 해수로 하여금 보병과 기병 4만으로 네 성을 공격하였다. (『三國史節要』7) |

신라 백제 진평왕 건복 19년 임술년 가을 8월 백제가 크게 군사를 일으켜 아막성(阿莫['莫'자는 '暮'로도 쓴다.]城)을 포위하였다. 진평왕이 장군 파진간(波珍干) 건품과 무리굴(武梨屈) 및 이리벌(伊梨伐), 급간(級干) 무은 및 비리야(比梨耶) 등으로 하여금 군사를 거느리고 막게 하였다. 귀산과 추항은 소감(少監)으로 함께 나갔다. 백제가 패하여 천산 못가로 물러가 군대를 숨기고 신라군을 기다리고 있었다. 우리 군사가 진격하다가 힘이 다하여 이끌고 돌아왔다. 그때 무은이 후군이 되어 군대의 맨 뒤에 섰는데, 복병이 갑자기 나와 갈고리로 무은을 떨어뜨렸다. 귀산이 큰소리로 말하기를, "내가 일찍이 들었는데, 스승이 '선비는 군대를 맞아 물러서지 않는다.'고 하였다. 어찌 감히 패배하여 달아나겠는가"라고 하였다. 적 수십 인을 쳐 죽이고 자기 말로 아버지를 보내고 추항과 함께 창을 휘두르며 힘껏 싸웠다. 모든 군사가 그것을 보고 분발하여 적을 쳤다. 넘어진 시체가 들판에 가득하였고 한 필의 말, 한 채의 수레도 돌아간 것이 없었다. 귀산 등도 온 몸에 칼을 맞고 돌아오는 중에 죽었다. 왕이 여러 신하들과 함께 아나(阿那)의 들판에서 맞이하여 시체 앞에 이르러 통곡하고 예(禮)로써 장례를 치르게 하였다. 귀산에게는 나마(奈麻) 관등을, 추항에게는 대사(大舍) 관등을 추증하였다. (『三國史記』45 列傳 5 貴山)

신라 백제 신라왕이 장군 파진간 건품과 무리굴 및 이리벌, 급간 무은 및 비리야 등으로 하여금 군사를 거느리고 막게 하였다. 귀산과 추항은 소감으로 함께 나갔다. 해수가 불리하여 군대를 이끌고 물러나 천산 서쪽의 큰 소택지에서 기다렸다. 무은이 정예기병 1,000을 거느리고 승세를 타 오래도록 추격하여 소택지에 이르자, 복병이나 기습하니 무은이 말에서 떨어졌다. 병사들이 놀라고 어지러워하며 어찌할 바를 모르자, 귀산이 큰 소리로 말하기를, "내 일찍이 스승에게 가르침을 받기를 싸움에 임하여 물러서지 말라하셨다. 어찌 감히 도망가여 스승의 가르침을 어길 것인가"하고는 아버지 무은을 말에 태워 보내고 자신은 수항과 함께 힘껏 싸워 적 수십 명을 해치니 모든 군사가 분발하여 적을 쳤다. 백제군이 패배하여 시체가 들판을 메우고 해수는 겨우 목숨만 건져 달아났다. 귀산 등은 온 몸에 창칼을 맞아 죽었다. 왕이 여러 신하들과 아나의 들판에서 맞이하여 시신 앞에서 통곡하고 예로써 장례를 치르게 하였다. 귀산은 나마를, 추항은 대사의 관등의 추증하였다. (『三國史節要』7)

신라 9월 고승(高僧) 지명(智明)이 입조사(入朝使) 상군을 따라 돌아왔다. 왕이 스님의 계행(戒行)을 존경하여 대덕(大德)으로 삼았다. (『三國史記』4 新羅本紀 4)

신라 9월 신라의 승려 지명이 진(陳)나라로 불법을 구하러 갔다가 이 때 이르러 상군을

따라 수나라에서 돌아왔다. 왕이 지명을 대덕으로 삼았다. (『三國史節要』 7)

백제   겨울 10월에 백제 승려 관륵(觀勒)이 왔다. 이에 역본(曆本)과 천문·지리서 및 둔갑·방술서를 바쳤다. 이 때 서생(書生) 3, 4명을 선발하여 관륵에게 배우도록 하였다. 야고노후비토(陽胡史)의 선조인 다마후루(玉陳)는 역법을 익혔고, 오토모노수구리코소(大友村主高聰)은 천문·둔갑을 배웠으며, 야마시로노오미히타테(山背臣日立)는 방술을 배워 모두 학업을 이루었다. (『日本書紀』 22 推古紀)

고구려   윤10월 을해 초하루 기축일(15)에 고려 승려 승륭(僧隆)·운총(雲聰)이 함께 와서 귀화하였다. (『日本書紀』 22 推古紀)

603(癸亥/신라 진평왕 25 建福 20/고구려 영양왕 14/백제 무왕 4/隋 仁壽 3/倭 推古 11)

신라   봄 2월 계유(癸酉) 초하루 병자일(4)에 구메(來目) 황자가 츠쿠시(筑紫)에서 죽었다. 이에 역사(驛使)를 보내어 아뢰니, 천황이 듣고 크게 놀라 황태자와 소가노오오미(蘇我大臣)을 불러, "신라를 정벌하는 대장군 구메 황자가 죽었다. 그가 큰 일에 임하고도 완수하지 못하였으니, 매우 슬프도다."라고 말하였다. 그리고 스와노쿠니(周芳)의 사바(娑婆)에 빈소를 차리고, 하지노무라지이테(土師連猪手)를 보내어 장례를 관장하도록 하였다. 그러므로 이테노무라지(猪手連)의 후손을 사바노무라지(娑婆連)라고 말하는 것은 이러한 연유 때문이다. 뒤에 가와치(河內) 하니우노야마(埴生山)의 산등성이 위에 장사지냈다. (『日本書紀』 22 推古紀)

신라   여름 4월 임신(壬申) 초하루날(1)에 다시 구메 황자의 형 다기마(當摩) 황자로 신라를 정벌하는 장군을 삼았다. (『日本書紀』 22 推古紀)

신라   가을 7월 신축(辛丑) 초하루 계묘일(3)에 다기마 황자가 나니와(難波)로부터 배를 출발하였다. (『日本書紀』22 推古紀)

신라   (7월) 병오일(6)에 다기마 황자가 하리마(播磨)에 도착하였다. 그 때 같이 간 아내 도네리노히메오키미(舍人姬王)가 아카시(赤石)에서 죽었다. 이에 아카시의 히카사노오카(檜笠岡) 위에 장사지내고 다기마 황자가 돌아왔다. 마침내 신라를 정벌하지 못하였다. (『日本書紀』22 推古紀)

신라 고구려   가을 8월에 고구려가 북한산성(北漢山城)에 침입하였으므로 왕이 몸소 군사 1만 명을 이끌고 막았다. (『三國史記』 4 新羅本紀 4)

신라 고구려   가을 8월 고구려왕이 장군 고승(高勝)을 보내어 신라의 북한산성을 공격하니 신라왕이 직접 병사 1만을 이끌고 한수(漢水)를 건너오니 성안에서는 북을 치고 떠들썩하게 서로 호응하였다. 고승이 저들은 수가 많고 우리는 적어 이기지 못할 것을 두려워하여 퇴각하였다. (『三國史節要』 7)

고구려 신라   왕이 장군 고승을 보내 신라 북한산성을 공격하였다. 신라 왕이 병력을 이끌고 한수를 건너오니, 성안에서는 북을 치고 떠들썩하게 서로 호응하였다. 고승이 저들은 수가 많고 우리는 적어 이기지 못할 것을 두려워하여 퇴각하였다. (『三國史記』 20 高句麗本紀 8)

604(甲子/신라 진평왕 26 建福 21/고구려 영양왕 15/백제 무왕 5/隋 仁壽 4/倭 推古 12)

신라   가을 7월 사신 대나마(大奈麻) 만세(萬世)와 혜문(惠文) 등을 수(隋)나라에 보내 조

	공을 하였다. (『三國史記』 4 新羅本紀 4)
신라	가을 7월 신라가 사신 대나마 만세와 혜문 등을 수나라에 보내 조공을 하였다. (『三國史節要』 7)
신라	(가을 7월) 남천주(南川州)를 폐지하고 다시 북한산주(北漢山州)를 두었다. (『三國史記』 4 新羅本紀 4)
신라	진평왕 26년 남천정(南川停)을 폐지하고 한산정(漢山停)을 두었다. 금장은 황청색(黃青色)이다. (『三國史記』 40 雜志 9 職官 下 武官)
신라	신라가 남천주를 폐지하고 다시 북한산주를 두었다. (…) 신라가 남천정을 폐지하고 북한산정을 두었다. 금장은 황청색이다. (『三國史節要』 7)
신라	군사당(軍師幢)은 진평왕(眞平王) 26년 처음 두었다. 금장은 흰색이다. (『三國史記』 40 雜志 9 職官 下 武官)
신라	군사당을 두었는데, 금장은 흰색이다. (『三國史節要』 7)

605(乙丑/신라 진평왕 27 建福 22/고구려 영양왕 16/백제 무왕 6/隋 大業 1/倭 推古 13)

백제	봄 2월 각산성(角山城)을 쌓았다. (『三國史記』 27 百濟本紀 5)
백제	봄 2월 백제가 각산성을 쌓았다. (『三國史節要』 7)
신라	봄 3월 고승 담육(曇育)이 입조사 혜문(惠文)을 따라 귀국하였다. (『三國史記』 4 新羅本紀 4)
고구려	여름 4월 신유(辛酉) 초하루날(1)에 천황이 황태자(皇太子)·오오미(大臣) 및 여러 왕과 신하에게 조를 내려, 함께 서원(誓願)하여 동(銅)·수장육불상(繡丈六佛像) 각 1구씩을 처음으로 만들게 하였다. 이에 구라츠쿠리노토리(鞍作鳥)에게 명하여 불상을 조성하는 공인(工人)으로 삼았다. 이 때 고려국 대흥왕(大興王: 嬰陽王)은 일본국 천황이 불상을 조성한다는 말을 듣고 황금 300냥을 바쳤다. (『日本書紀』 22 推古紀)
고구려	(8월 임인일(15)) 거란이 영주(營州)를 노략질하였다. (…) 위운기(韋雲起)가 이미 그들(거란)의 경계로 들어가 돌궐로 하여금 거짓으로 유성(柳城)으로 가서 고려와 더불어 교역한다고 말하고 감히 사실을 누설하는 사람은 목을 베게 하였다. (『資治通鑑』 180 隋紀 4 煬皇帝 上之上)
고구려	위운기는 옹주(雍州) 만년(萬年) 사람이다. (…) 거란이 영주를 노략질하였다. (…) 위운기가 이미 그들(거란)의 경계로 들어가 돌궐로 하여금 거짓으로 유성군(柳城郡)으로 가서 고려와 더불어 교역한다고 말하고, 군영에 있는 수나라 사신에게 감히 사실을 누설하는 사람은 목을 베게 하였다고 하였다. (『舊唐書』 75 列傳 25 韋雲起)
고구려	위운기는 옹주 만년 사람이다. (…) 거란이 영주를 노략질하였다. (…) 위운기가 이미 그들(거란)의 경계로 들어가 돌궐로 하여금 거짓으로 유성으로 가서 고려와 더불어 교역한다고 말하고 감히 수나라 산신이 있다는 것을 말하는 자는 목을 베게 하였다. (『新唐書』 103 列傳 28 韋雲起)
신라 백제	가을 8월 군대를 내어 백제를 공격하였다. (『三國史記』 4 新羅本紀 4)
백제 신라	가을 8월 신라가 동쪽 변경을 공격하였다. (『三國史記』 27 百濟本紀 5)
신라 백제	가을 8월 신라가 백제 동쪽 변경을 공격하였다. (『三國史節要』 7)

신라	급당(急幢)은 진평왕 27년(605)에 두었다. 금장은 황록(黃綠)색이다. (『三國史記』 40 雜志 9 職官 下 武官)
신라	신라가 급당을 두었는데 금장은 황록색이다. (『三國史節要』 7)
고구려	안문(雁門)의 백성들이 키우는 많은 개들이 주인을 버리고 들판에 모여 들었다. 갑자기 변하여 이리가 되더니 지나가는 사람들을 물었는데, 수년이 지나서야 그쳤다. 오행전(五行傳)에 이르기를, "개는 적을 막고 지키는 동물인데 지금 그 주인을 버림은 신하가 군주를 따르지 않는 형상이다. 형태가 변하여 이리가 되었는데 이리는 흰색이니 군대를 주관하는 징조이다." 하였다. 그 후 황제가 군대를 동원하여 전쟁을 계속하고 노역이 그치지 않았으니 하늘이 경계하여 노역을 그치지 않으면 황제를 지키는 신하들이 반란을 일으켜 해를 끼칠 것임을 말한 것이다. 황제가 이를 깨닫지 못하고 드디어 장성을 쌓는 노역을 일으키고 연이어 서역과 요동 정벌을 일으키니 천하 사람들이 원망하고 반역하여 강도의 일(江都之變; 수양제가 살해된 일)은 숙위한 신하들에 의한 것이었다. (『隋書』 22 志 17 五行 上 犬禍)

606(丙寅/신라 진평왕 28 建福 23/고구려 영양왕 17/백제 무왕 7/隋 大業 2/倭 推古 14)

백제	봄 3월 서울에 흙비가 내리고 낮에 어두웠다. (『三國史記』 27 百濟本紀 5)
백제	봄 3월 백제 서울에 흙비가 내리고 낮에 어두웠다. (『三國史節要』 7)
백제	여름 4월 크게 가물어 기근이 들었다. (『三國史記』 27 百濟本紀 5)
백제	여름 4월 백제에 크게 가뭄이 나서 기근이 들었다. (『三國史節要』 7)
고구려	(12월) 처음 제(齊)나라 온공(溫公)의 치세 때 어룡(魚龍)과 산거(山車) 등의 잡희(遊戲)가 있었으니 이를 일러 산악(散樂)이라고 하였다. 북주(北周) 선제(宣帝) 때에 정역(鄭譯)이 거두어 둘 것을 상주하였다. 고조(高祖)가 선양을 받자 우홍(牛弘)에게 악부를 정하도록 하였는데, 정성(正聲; 음률에 맞는 소리)과 청상(淸聲; 5音 중의 하나) 그리고 9부(部)와 4무(舞)가 아닌 것은 모두 버렸다. (『資治通鑑』 180 隋紀 4 煬皇帝 上之上)
고구려	대업 연간 이에 양제가 청악(淸樂)·서량(西涼)·구자(龜茲)·천축(天竺)·강국(康國)·소륵(疎勒)·안국(安國)·고려(高麗)·예필(禮畢)로 9부(部)를 정하고 악기와 공의(工衣)를 처음 만들어 이룬 것이 여기에서 비롯되었다. (…) 소륵·안국·고려는 후위(後魏)가 풍(馮)씨를 평정하여 서역에 이르게 되면서 그 기인(伎人)을 얻을 수 있었다. 후에 점차 그 음악을 많이 모으면서 태악(太樂)과 구별하였다. (…) 고려의 가곡(歌曲)에 지서(芝栖)가 있고 무곡(舞曲)에는 가지서(歌芝栖)가 있다. 악기로는 탄쟁(彈箏), 와공후(臥箜篌), 수공후(豎箜篌), 비파(琵琶), 오현(五絃), 적(笛), 생(笙), 소(簫), 소필률(小篳篥), 도피필률(桃皮篳篥), 요고(腰鼓), 제고(齊鼓), 담고(擔鼓), 패(貝) 등 14종이 있어 이것이 1부(部)가 되며, 공인(工人)은 8명이다. (『隋書』 15 志 10 音樂 下)
고구려	연악(燕樂). 고조가 즉위할 때 수나라가 9부악을 제정하여 설치하였다. (…) 고려기(高麗伎)에는 탄쟁·추쟁(搊箏)·봉수공후(鳳首箜篌)·와공후·수공후·비파가 있다. 비파는 뱀가죽으로 통을 만든다. 두께는 1촌 정도이고 비늘이 있으며, 가래나무로 표면을 만들고 상아로 채를 만드는데, 국왕의 모습을 그렸다. 또 5현(五絃)과 의자적(義觜笛), 생(笙), 호로생(箛蘆笙), 소(簫), 소필률(小觱篥), 도피필률(桃皮觱篥), 요고(腰鼓), 제고(齊鼓), 담고(檐鼓), 귀두고(龜頭鼓), 철판(鐵版鼓), 패(貝), 대필률(大觱篥)이 있다. 호선무(胡旋舞)는 춤추는 사람이 양탄자 위에 서서 바람처럼 돌아서 춘다. (『新唐書』 21 志 11 禮樂 10)

고구려	당오현(唐五絃) 지(志)에 이르기를, 서량기(西涼伎)에 5현(絃)이 있는데, 천축·고려·구자·안국·소륵(疏勒伎)에도 모두 있다. 5현은 비파와 같은 데 작은 것으로 북국(北國)에서 난다. 옛날에는 나무로 현을 탔는데, 악공 배신부(裵神符; 당 태종 때 인물)가 처음으로 손으로 탔다. 태종이 매우 기뻐하니 그 뒤로 사람들이 연습하여 비파를 손으로 탔다. (『玉海』 110 音樂 樂器)
고구려	당동고(唐銅鼓) 지(志)에 이르기를 (…) 고려기(高麗伎)에는 요고·제고·담고·귀두고가 있다. (『玉海』 110 音樂 樂器)
고구려	사막 이남의 오랑캐 아직 텅 비지 않아/한나라 장수가 다시 전쟁에 임하네/비호(飛狐)에서 변방 북쪽으로 나가/갈석에서 요동을 가리키네/ 관군(冠軍)은 한해(瀚海)에 임하고/장평(長平)에 큰 바람을 날개짓하네/날뛰는 호랑이는 진의 기개를 떨어뜨리고/용을 안은 듯 무지개가 성을 둘러싸네/만 리 밖에서 마음껏 다니니/오랑캐의 운세가 오랫동안 궁하리/병졸들 잠드니 별빛이 떨어지고/전쟁이 풀리니 둥근 달이 비었네/삼엄한 초두(鐎斗)는 밤에 쉬고/붉은 각궁(角弓)의 울림이 끝나네/북풍 속에 변방의 말이 우는데/호 땅의 서리는 변방 기러기를 간절하게 하네/아름답고 밝아 대도가 이르고/그윽하고 거침은 일상이 같구나/이제 장안 저택에 나갔다가/와서 건장궁(建章宮)을 배알하네 (『文苑英華』 197 詩 47 樂府 6 楊素 出塞 二首 1)

607(丁卯/신라 진평왕 29 建福 24/고구려 영양왕 18/백제 무왕 8/隋 大業 3/倭 推古 15)

고구려	대업 3년 3월 신해일(2) 장성(長星)이 서방에 나타나 하늘 끝까지 닿았다. 규루(奎婁)와 각항(角亢)을 지나 사라졌다. 9월 신미일(25) 남방에 나타났는데 역시 하늘 끝까지 닿았다. 또 각항을 지나 태미(太微)의 제좌(帝座)를 자주 지나쳐 여러 별자리를 범하였다. 오직 참(叄)과 정(井)에만 미치지 않았다가 1년이 지나 사라졌다. 점치는 이가 말하기를, "더러운 것을 버리고 새로운 것을 펴는 것은 하늘이 세상의 무도함을 제거하여 덕있는 자를 세우기 때문이다. 지금 별이 오래 보인 것은 재난이 깊음을, 별이 큰 것은 큰 것을 섬기라는 것이며, 별이 느리게 가는 것은 그 기간이 멀다는 것이다. 군대가 크게 일어나 나라에 대란이 일어나 망할 것이요, 나머지 재앙은 홍수와 한발과 기근과 토공과 역병일 것이다."고 하였다. 그 후에 장성을 쌓고 토욕혼(吐谷渾)과 고구려를 토벌하여 군대가 매년 움직여 편안하고 쉼이 없게 되었고 홍수와 가뭄과 기근과 역병 토공이 연이어졌다. 이에 여러 도적떼가 일어나 읍락은 비게 되었다. (『隋書』 21 志 16 天文 下 五代災變應)
백제 고구려	봄 3월 한솔(扞率) 연문진(燕文進)을 수나라에 보내 조공하게 하였다. 또한 좌평(佐平) 왕효린(王孝隣)을 보내 공물을 바치면서 고구려를 치자고 요청하였다. 양제(煬帝)가 이를 허락하고 고구려의 동정을 살피라고 하였다. (『三國史記』 27 百濟本紀 5)
백제 고구려	봄 3월 백제가 한솔 연문진을 수나라에 보내 조공하게 하였다. 또한 좌평 왕효린을 보내 공물을 바치면서 고구려를 치자고 요청하였다. 양제가 이를 허락하고 고구려의 동정을 살피라고 하였다. (『三國史節要』 7)
백제 고구려	대업 3년 장(璋)이 사자(使者) 연문진(燕文進)을 보내어 조공하였다. 또 그해 사자 왕효린(王孝鄰)인을 보내어 공물을 바치며 고구려를 토벌해 줄 것을 요청하였다. 양제가 이를 허락하고 고구려의 동정을 엿보게 하였다. 그러나 장(璋)은 안으로는 고구려와 화친을 통하면서 간사한 마음을 가지고 중국을 엿본 것이었다. (『隋書』 81 列傳 46 東夷 百濟)

고구려	처음에 양제가 계민(啓民)의 장막을 방문했을 때 우리 사신이 계민의 처소에 있었다. 계민이 감히 숨기지 못하여 그와 더불어 황제를 만나 보았다. 황문시랑(黃門侍郎) 배구(裵矩)가 양제에게 말하기를, "고구려는 본래 기자(箕子)가 봉지를 받은 곳으로 한(漢)·진(晉) 시대에 모두 중국 군현(郡縣)으로 있던 것인데, 지금 복속하지 않고 따로 이역(異域)이 되었으니 선제(先帝: 수문제)가 이를 치려고 한 지 오래입니다. 그러나 양량(楊諒)] 이 못나고 어리석어 군대가 출동했으나 공이 없었습니다. 폐하의 시대가 되어 어찌 멸망시키지 않음으로써 예의 바른 지역을 오랑캐의 고을로 만들겠습니까? 지금 그 사신은 계민(啓民)이 온 나라를 들어 모시고 따르는 것을 직접 보았습니다. 그가 두려워하는 것을 이용하여 사신을 위협해 입조하게 하십시오." 라 하였다. 황제가 그 말을 따라 우홍(牛弘)을 시켜 고구려 사신에게 명을 전하기를, "나는 계민이 성심으로 나라를 받든 까닭에 친히 그 장막에 왔소. 내년에는 마땅히 탁군(涿郡)으로 갈 것이오. 그대는 돌아가는 날에 그대의 왕에게 마땅히 빠른 시일 내에 들어와 조회하고 스스로 의심하거나 두려워하지 말라고 아뢰시오. 보존과 양육하는 예절은 마땅히 계민(啓民)과 같이 할 것이오. 만약 조회하지 않으면 장차 계민을 거느리고 가서 그대들의 땅을 돌아볼 것이오." 하였다. 왕이 번방(藩邦)의 예절을 갖추지 않았으므로 황제가 토벌해올까 두려워하였다. 계민은 돌궐의 가한(可汗)이다. (『三國史記』20 高句麗本紀 8)
고구려	처음 황제가 돌궐의 가한 계민의 장막에 갔을 대 고구려 사신이 계민의 처소에 있었다. 계민이 감히 숨기지 못하고 함께 황제를 만났다. 황문시랑 배구가 황제에게 말하기를, "고구려는 본래 기자(箕子)가 봉지를 받은 곳으로 한(漢)·진(晉) 시대에 모두 중국 군현(郡縣)으로 있던 것인데, 지금 복속하지 않고 따로 이역(異域)이 되었으니 선제(先帝: 수문제)가 이를 치려고 한 지 오래입니다. 그러나 양량(楊諒)] 이 못나고 어리석어 군대가 출동했으나 공이 없었습니다. 폐하의 시대가 되어 어찌 멸망시키지 않음으로써 예의 바른 지역을 오랑캐의 고을로 만들겠습니까? 지금 그 사신은 계민(啓民)이 온 나라를 들어 모시고 따르는 것을 직접 보았습니다. 그가 두려워하는 것을 이용하여 사신을 위협해 입조하게 하십시오."라 하였다. 황제가 그 말을 따라 우홍(牛弘)을 시켜 고구려 사신에게 명을 전하기를, "나는 계민이 성심으로 나라를 받든 까닭에 친히 그 장막에 왔소. 내년에는 마땅히 탁군(涿郡)으로 갈 것이오. 그대는 돌아가는 날에 그대의 왕에게 마땅히 빠른 시일 내에 들어와 조회하고 스스로 의심하거나 두려워하지 말라고 아뢰시오. 보존과 양육하는 예절은 마땅히 계민(啓民)과 같이 할 것이오. 만약 조회하지 않으면 장차 계민을 거느리고 가서 그대들의 땅을 돌아볼 것이오." 하였다. 왕은 두려워하여 따르지 않았다. (『三國史節要』7)
고구려 백제	여름 5월 군대를 보내 백제 송산성(松山城)을 공격하였으나 함락시키지 못하고 다시 석두성(石頭城)을 습격하여 남녀 3천을 사로잡아 돌아왔다. (『三國史記』20 高句麗本紀 8)
백제 고구려	여름 5월 고구려가 군대를 보내 송산성을 공격하였으나 함락시키지 못하고 다시 석두성을 습격하여 남녀 3천을 사로잡아 돌아왔다. (『三國史記』27 百濟本紀 5)
고구려 백제	여름 5월 고구려가 군대를 보내 백제 송산성을 공격하였으나 함락시키지 못하고 다시 석두성을 습격하여 남녀 3천을 사로잡아 돌아왔다. (『三國史節要』7)
고구려	(8월) 을유일(9)에 계민이 여막을 꾸미고 길을 닦으며 황제의 수레를 기다렸다. 황제가 계민의 장막에 가니 계민이 술잔을 올리고 장수하기를 기원하였고 연회를 베푸는 것이 매우 두터웠다. 황제가 고려 사신에게 말하기를 "너는 돌아가 너의 왕에게

마땅히 빨리 와서 조회하라 이르도록 하라. 그렇지 않으면 내가 계민과 함께 너희 땅을 돌아볼 것이다." 하였다. (『北史』12 隋本紀 下 煬皇帝)

고구려　(8월) 을유일(9)에 계민이 여막을 꾸미고 길을 닦으며 황제의 수레를 기다렸다. 황제가 계민의 장막에 가니 계민이 술잔을 올리고 장수하기를 기원하였고 연회를 베푸는 것이 매우 두터웠다. 황제가 고려 사신에게 말하기를 "너는 돌아가 너의 왕에게 마땅히 빨리 와서 조회하라 이르도록 하라. 그렇지 않으면 내가 계민과 함께 너희 땅을 돌아볼 것이다." 하였다. (『隋書』3 帝紀 3 煬帝 上)

고구려　(8월) 을유일(9)에 계민이 여막을 꾸미고 길을 닦으며 황제의 수레를 기다렸다. 황제가 계민의 장막에 가니 계민이 술잔을 올리고 장수하기를 기원하였고 연회를 베푸는 것이 매우 두터웠다. 황제가 고려 사신에게 말하기를 "너는 돌아가 너의 왕에게 마땅히 빨리 와서 조회하라 이르도록 하라. 그렇지 않으면 내가 계민과 함께 너희 땅을 돌아볼 것이다." 하였다. (『太平御覽』106 皇王部 31 隋 煬皇帝)

고구려　(대업 6년) 황제가 계민의 장막에 행차하였는데,[67] 고려의 사자가 계민가한의 처소에 있었다. 계민은 감히 숨기지 못하고 그와 더불어 황제를 만났다. 황문시랑(黃門侍郎) 배구(裴矩)가 황제에게 말하기를, "고려는 본래 기자가 책봉받은 곳으로 한(漢)·진(晉) 시대에 모두 중국 군현(郡縣)으로 있던 것인데, 지금 복속하지 않고 따로 이역(異域)이 되었으니 선제(先帝; 수문제)가 이를 치려고 한 지 오래입니다. 그러나 양량(楊諒)] 이 못나고 어리석어 군대가 출동했으나 공이 없었습니다. 폐하의 시대가 되어 어찌 멸망시키지 않음으로써 예의 바른 지역을 오랑캐의 고을로 만들겠습니까. 지금 그 사신은 계민(啓民)이 온 나라를 들어 모시고 따르는 것을 직접 보았습니다. 그가 두려워하는 것을 이용하여 사신을 위협해 입조하게 하십시오."라 하였다. 황제가 그 말을 따라 우홍(牛弘)을 시켜 고려 사신에게 명을 전하기를, "나는 계민이 성심으로 나라를 받든 까닭에 친히 그 장막에 왔소. 내년에는 마땅히 탁군(涿郡)으로 갈 것이오. 그대는 돌아가는 날에 그대의 왕에게 마땅히 빠른 시일 내에 들어와 조회하고 스스로 의심하거나 두려워하지 말라고 아뢰시오. 보존과 양육하는 예절은 마땅히 계민(啓民)과 같이 할 것이오. 만약 조회하지 않으면 장차 계민을 거느리고 가서 그대들의 땅을 돌아볼 것이오." 하였다. 고려왕 고원이 두려워 하고 번국으로서 예가 자못 빠지니 황제가 토벌하려 하였는데, 천하의 부자들에게 군마를 사들이도록 부과하니 가격이 한 필당 10만 전에 이르렀고, 병장기를 가려 검열하고 날카롭고 새롭게 하는 데 힘쓰게 하였으며 혹시라도 함부로 조악하게 만들면 즉시 목이 베어졌다. (『資治通鑑』181 隋紀 5 煬皇帝 上之下)

고구려　(수 양제 대업 3년) 8월 황제가 요새 북쪽으로 순행하여 계민의 장막에 갔다. 이 때 고려의 사신이 먼저 돌궐과 통하고 있었는데, 계민이 감히 숨기지 못하고 이끌고 황제를 뵙게 하였다. 내사시랑(內使侍郎) 배구가 주청하여 말하기를, "고려의 땅은 본래 고죽국(孤竹國)으로 주나라 때 기자에게 분봉한 곳입니다. 한나라 때 3군(郡)으로 나누었고, 진(晉)나라 역시 요동을 통괄하였습니다. 지금은 신하가 되지 않고 따로 이역이 되었습니다. 되었으니 선제(先帝; 수문제)의 아픔이 되어 정벌하려고 한 지 오래입니다. 그러나 양량(楊諒)] 이 못나고 어리석어 군대가 출동했으나 공이 없었습니다. 폐하의 시대가 되어 어찌 멸망시키지 않음으로써 예의 바른 지역을 오랑캐의 고을로 만들겠습니까? 지금 그 사신은 계민(啓民)이 온 나라를 들어 모시고 따르는 것을 직접 보았습니다. 그가 두려워하는 것을 이용하여 사신을 위협해 입조하게 하십시오."라 하였다. 황제가 어떻게 하면 좋은가 하자 배구가 말하기를 "고려의 사신을 보고자 하여 불러서 본국으로 보내어 그 왕에게 전하기를 '빨리 입조하라. 그렇

---

67) 상권의 3년 부분(8월 9일 乙酉)을 보라.

지 않으면 마땅히 돌궐을 거느니로 즉시 주살할 것이다'고 하십시오." 황제가 받아들여 그 왕 고원(高元)이 명을 받들지 않으니 비로서 요동을 정벌한 계획을 세웠다. (『冊府元龜』 990 外臣部 35 備禦 3)

고구려 　　(대업 3년) 배구가 요새 북쪽으로 황제의 순행을 따라갔다. 계민의 장막에 가니 마침 고구려 사신이 먼저 돌궐과 통하고 있었는데, 계민이 감히 숨기지 못하고 이끌고 황제를 뵙게 하였다. 내사시랑 배구가 주청하여 말하기를, "고려의 땅은 본래 고죽국(孤竹國)으로 주나라 때 기자에게 분봉한 곳입니다. 한나라 때 3군(郡)으로 나누었고, 진(晉)나라 역시 요동을 통괄하였습니다. 지금은 신하가 되지 않고 따로 이역이 되었습니다. 되었으니 선제(先帝; 수문제)의 아픔이 되어 정벌하려고 한 지 오래입니다. 그러나 양량(楊諒) 이 못나고 어리석어 군대가 출동했으나 공이 없었습니다. 폐하의 시대가 되어 어찌 멸망시키지 않음으로써 예의 바른 지역을 오랑캐의 고을로 만들겠습니까? 지금 그 사신은 계민이 온 나라를 들어 모시고 따르는 것을 직접 보았습니다. 그가 두려워하는 것을 이용하여 사신을 위협해 입조하게 하십시오."라 하였다. 황제가 어떻게 하면 좋은가 하자 배구가 말하기를, "고려의 사신을 보고자 하여 불러서 본국으로 보내어 그 왕에게 전하기를 '빨리 입조하라. 그렇지 않으면 마땅히 돌궐을 거느니로 즉시 주살할 것이다'고 하십시오." 황제가 받아들여 그 왕 고원(高元)이 명을 받들지 않으니 비로서 요동을 정벌한 계획을 세웠다. (『隋書』 67 列傳 32 裵矩)

고구려 　　양제가 황제의 자리를 이으니 천하가 모두 번성하였다. 고창왕(高昌王)·돌궐계민가한 이 모두 궁궐을 찾아 와 공물을 바쳤다. 이 때 고려왕 고원을 입조하도록 불렀으나, 고원이 두려워하면서 번국의 예가 자주 빠졌다. (『隋書』 81 列傳 46 東夷 高麗)

고구려 　　이보다 앞서 고구려가 몰래 계민의 처소에 사신을 보냈는데, 계민이 성심을 다해 수나라를 받들어서 감히 다른 나라와의 교통을 숨기지 않았다. 이 날 고구려 사신을 만나려 할 때 황제가 우홍에게 명령해 조서로 다음과 같이 말했다. "짐은 계민이 진심으로 나라를 받들기 때문에 그 처소로 직접 찾아 왔다. 내년에는 분명히 탁군(涿郡)까지 갈 것이다. 네가 돌아가는 날 고구려왕에게 말해라. 마땅히 짐에게 일찍 조공하러 오는데, 스스로 의심해 두려워하지 말라고 이르라. 고구려를 보살펴 기르는 예를 마땅히 계민과 같이 해줄 것이다. 혹 조정에 오지 않는다면 반드시 계민을 데리고 너의 땅까지 순행할 것이다." 고구려의 사신이 매우 두려워 하였다. (『隋書』 84 列傳 49 北狄 突厥)

고구려 　　(배구가) 요새 북쪽으로 황제의 순행을 따라갔다. 계민의 장막에 가니 마침 고려 사신이 먼저 돌궐과 통하고 있었는데, 계민이 감히 숨기지 못하고 이끌고 황제를 뵙게 하였다. 내사시랑(內使侍郎) 배구가 주청하여 말하기를, "고려의 땅은 본래 고죽국(孤竹國)으로 주나라 때 기자에게 분봉한 곳입니다. 한나라 때 3군(郡)으로 나누었고, 진(晉)나라 역시 요동을 통괄하였습니다. 지금은 신하가 되지 않고 따로 이역이 되었습니다. 되었으니 선제(先帝; 수문제)의 아픔이 되어 정벌하려고 한 지 오래입니다. 그러나 양량(楊諒) 이 못나고 어리석어 군대가 출동했으나 공이 없었습니다. 폐하의 시대가 되어 어찌 멸망시키지 않음으로써 예의 바른 지역을 오랑캐의 고을로 만들겠습니까. 지금 그 사신은 계민(啓民)이 온 나라를 들어 모시고 따르는 것을 직접 보았습니다. 그가 두려워하는 것을 이용하여 사신을 위협해 입조하게 하십시오." 라 하였다. 황제가 어떻게 하면 좋은가 하자 배구가 말하기를, "고려의 사신을 보고자 하여 불러서 본국으로 보내어 그 왕에게 전하기를 '빨리 입조하라. 그렇지 않으면 마땅히 돌궐을 거느니로 즉시 주살할 것이다'고 하십시오." 황제가 받아들여 그 왕 고원(高元)이 명을 받들지 않으니 비로서 요동을 정벌한 계획을 세웠다. (『北史』 38 列傳 26 裵佗)

고구려	요새 북쪽으로 황제의 순행을 따라갔다. 계민의 장막에 가니 마침 고구려 사신이 먼저 돌궐과 통하고 있었는데, 계민이 감히 숨기지 못하고 이끌고 황제를 뵙게 하였다. 내사시랑 배구가 주청하여 말하기를, "고려의 땅은 본래 고죽국(孤竹國)으로 주나라 때 기자에게 분봉한 곳입니다. 한나라 때 3군(郡)으로 나누었고, 진(晉)나라 역시 요동을 통괄하였습니다. 지금은 신하가 되지 않고 따로 이역이 되었습니다. 되었으니 선제(先帝; 수문제)의 아픔이 되어 정벌하려고 한 지 오래입니다. 그러나 양량(楊諒)이 못나고 어리석어 군대가 출동했으나 공이 없었습니다. 폐하의 시대가 되어 어찌 멸망시키지 않음으로써 예의 바른 지역을 오랑캐의 고을로 만들겠습니까. 지금 그 사신은 계민이 온 나라를 들어 모시고 따르는 것을 직접 보았습니다. 그가 두려워하는 것을 이용하여 사신을 위협해 입조하게 하십시오."라 하였다. 황제가 어떻게 하면 좋은가 하자 배구가 말하기를 "고려의 사신을 보고자 하여 불러서 본국으로 보내어 그 왕에게 전하기를 '빨리 입조하라. 그렇지 않으면 마땅히 돌궐을 거느니로 즉시 주살할 것이다'고 하십시오." 황제가 받아들여 그 왕 고원(高元)이 명을 받들지 않으니 비로서 요동을 정벌한 계획을 세웠다. (『舊唐書』 63 列傳 13 裴矩)
고구려	(배구가) 황제의 요새 북쪽 순행에 따라가 계민의 장막에 갔다. 이 때 고려의 사신이 먼저 돌궐에 와 있었다. 계민이 그를 이끌고 황제를 뵙게 하였다. 배구가 주청하여 말하기를 "고려는 본래 고죽국입니다. 주나라가 기자를 봉하였고, 한나라가 3군으로 나누었습니다. 지금은 신하가 되지 않고 따로 이역이 되었으니 선제께서 이를 아프게 여겨 토벌하려 한 것이 오래입니다. 이제 폐하의 시대에 어찌 선제의 뜻을 섬기지 않으시겠습니까. 지금 그 사신이 돌궐에 와서 계민이 나라를 들어 신복한 것을 보았으니 위협하여 입조하게 함이 옳을 것입니다. 청하여 그 사신을 불러 돌아가 왕에게 군사를 막으면 돌궐을 거느리고 가서 죽일 것이라고 이르게 하십시오." 하니 황제가 받아들였다. 고려가 명을 듣지 않자 이 때부터 요동을 정벌하려 하였다. (『新唐書』 100 列傳 25 裴矩)
고구려	양제 때에 이르러 원(元; 영양왕)을 입조하에 하였으나 오지 않았다. (『通典』 186 邊防 2 東夷 下 高句麗)
고구려	양제(煬帝)가 황제의 자리를 이어받아 천하가 안정되니 고창왕(高昌王)·돌궐계민(突厥啓民) 가한이 더불어 궁궐을 직접 찾아와 공물을 바쳤다. 이에 고려왕 고원을 불러 입조하게 하였으나, 고원이 두려워 하고 번국의 예가 자못 빠졌다. (『太平御覽』 783 四夷部 4 東夷 4 高句驪)
고구려	고려풍속(高麗風俗) 1권[배구가 찬하였다.] (『舊唐書』 49 志 26 經籍 上)
고구려	배구 고려풍속 1권 (『新唐書』 58 志 48 藝文 2 乙部史錄 地理類)
고구려	수(隋) 서역도기(西域圖記) 당지(唐志)에 배구의 고려풍속 1권 (『玉海』 16 地理 異域圖書)
신라	수양제 때에 처음으로 의관을 내려 주었는데, 수놓은 비단으로 관을 장식하게 하였다 치마는 가장자리는 모두 금과 옥으로 장식하였다. 의복의 제도는 자못 신라와 같다. (『通典』 185 便房 1 東夷 上 倭)
신라	수양제 때에 처음으로 의관을 내려 주었는데, 수놓은 비단으로 관을 장식하게 하였다. 치마 가장자리는 모두 금과 옥으로 장식하였다. 의복의 제도는 자못 신라와 같다. (『太平寰宇記』 174 四夷 3 東夷 3 倭國)

608(戊辰/신라 진평왕 30 建福 25/고구려 영양왕 19/백제 무왕 9/隋 大業 4/倭 推古 16)

신라 고구려　왕이 고구려가 자주 강역을 침략하는 것을 걱정하여 수(隋)나라에 군사를 청하여 고

		구려를 치려고 원광(圓光)에게 명하여 걸사표(乞師表)를 짓게 하였다. 원광이 말하기를 "자기가 살고자 하여 남을 멸하는 것은 승려로서의 행동이 아니나 저는 대왕의 땅에서 살고 대왕의 물과 풀을 먹고 있으니 감히 명을 따르지 않겠습니까?"라 하고 이에 글을 지어서 아뢰었다. (『三國史記』 4 新羅本紀 4)
신라 고구려	신라왕이 고구려가 자주 강역을 침략하는 것을 걱정하여 수(隋)나라에 군사를 청하여 고구려를 치려고 원광(圓光)에게 명하여 걸사표(乞師表)를 짓게 하였다. 원광이 말하기를 "자기가 살고자 하여 남을 멸하는 것은 승려로서의 행동이 아니나 저는 대왕의 땅에서 살고 대왕의 물과 풀을 먹고 있으니 감히 명을 따르지 않겠습니까?"라 하고 이에 글을 지어서 아뢰었다. (『三國史節要』 7)	

신라 고구려	2월 고구려가 북쪽 변경을 침략하여 8천명을 포로로 잡아갔다. (『三國史記』 4 新羅本紀 4)
고구려 신라	봄 2월 장수에게 명하여 신라 북쪽 변경을 습격하게 하니 포로 8천명을 잡았다. (『三國史記』 20 高句麗本紀 8)
신라 고구려	봄 2월 고구려가 장수에게 명하여 신라 북쪽 변경을 습격하게 하니 포로 8천명을 잡았다. (『三國史節要』 7)

백제	(3월) 임술일(18) 백제·왜·적토(赤土)·가라함국(迦羅舍國)이 같이 사신을 보내어 방물을 바쳤다. (『隋書』 3 帝紀 3 煬帝 上)
백제	(3월) 임술일(18) 백제·왜·적토·가라함국이 같이 사신을 보내어 방물을 바쳤다. (『北史』 12 隋本紀 下 煬皇帝)
백제	봄 3월에 사신을 수나라에 보내 조공하였다. 수나라 문림랑(文林郎) 배청(裴淸)이 왜국에 사신으로 가면서 우리 나라 남쪽 길을 통과하였다. (『三國史記』 27 百濟本紀 5)
백제	3월에 백제가 사신을 수나라에 보내 조공하였다. 수나라 문림랑 배청이 왜국에 사신으로 가면서 백제 남쪽 길을 통과하니, 백제왕이 보호하여 보냈다. (『三國史節要』 7)
백제	(양제 대업) 4년 3월에 백제·왜·적토·가라함국이 같이 사신을 보내어 방물을 바쳤다. (『冊府元龜』 970 外臣部 15 朝貢 3)
백제 탐라	(대업 3년) 다음해 황제가 문림랑 배청을 왜국에 사신으로 보냈다. 백제로 건너가 죽도(竹島)에 이르러 남쪽으로 탐라국(舺羅國)을 바라보며 도사마국(都斯麻國)을 거쳐 큰 바다로 나갔다. (『隋書』 81 列傳 46 東夷 倭國)

신라 고구려	4월 고구려가 우명산성(牛鳴山城)을 함락시켰다. (『三國史記』 4 新羅本紀 4)
고구려 신라	여름 4월 신라 우명산성을 함락시켰다. (『三國史記』 20 高句麗本紀 8)
고구려 신라	여름 4월 고구려가 신라 우명산성을 함락시켰다. (『三國史節要』 7)

고구려	여름 4월에 오노노오미이모코(小野臣妹子)가 대당(大唐)에서 돌아왔다. 당나라는 이모코노오미(妹子臣)를 소인고(蘇因高)라고 불렀다. 당나라의 사인 배세청(裴世淸)과 하객(下客) 12명이 이모코노오미를 따라 츠쿠시(筑紫)에 도착했다. 나니와노키시오나리(難波吉士雄成)를 보내어 대당객(大唐客) 배세청 등을 불렀다. 당객을 위해 새삼 신관을 나니와(難波)의 고마노무로츠미(高麗館) 위에 지었다. (『日本書紀』 22 推古紀)

백제	6월 임인(壬寅) 초하루 병진일(15)에 사신들이 나니와노츠(難波津)에 정박하였다. 이 날 식선(飾船) 30척으로 사신들을 강 입구에서 맞이하여 신관에 안치하였다. 이에

나카토미노미야도코로노무라지오마로(中臣宮地連烏摩呂)·오시카우치노아타이아라테(大河內直糠手)·후네노후비토와우페이(船史王平)을 장객(掌客)으로 삼았다. 그러자 이모코노오미가, "(신이) 돌아올 때에 당나라 황제가 서찰을 신에게 주었습니다. 그러나 백제를 지나올 때에 백제인이 조사하여 빼앗았으므로 올릴 수 없게 되었습니다"라고 아뢰었다. 이에 군신들이 의논하여, "무릇 사신이란 비록 죽을지라도 소임을 잃지 않아야 하는 법인데, 이 사신은 어찌 그렇게 태만하여 대국의 서찰을 잃어버렸는가"라 하고, 유배형에 처하였다. 그 때 천황이 칙을 내려, "이모코(妹子)는 비록 서찰을 잃어버린 죄가 있으나, 경솔하게 이를 처벌할 수는 없다"라고 하였다. 그 대국의 사신들도 이를 듣고 또한 좋지 않다고 하므로, 죄를 용서하여 처벌하지 않았다. (『日本書紀』 22 推古紀)

고구려   대업 4년 태원(太原)의 마굿간의 말이 반 이상이 죽었다. 황제가 노하여 사신을 보내 살펴 물어보게 하였다. 담당하는 사람이 말하기를, "매일 밤 마굿간의 말들이 이유없이 놀라 이 때문에 죽었습니다." 하였다. 황제가 무당을 시켜 살펴보게 하니 무당은 황제가 장차 요동정벌을 할 것임을 알고 거짓으로 일러 말하기를, "선제께서 양소(楊素)·사만세(史萬歲)에게 그것을 취하게 한 것으로 장차 귀병(鬼兵)으로써 요동을 정벌하려 하는 것입니다." 하였다. 황제가 매우 기뻐하여 담당자를 풀어주었다. 홍범(洪範) 오행전(五行傳)에 이르기를, "천기(天氣)를 거스리면 이 때문에 말이 많이 죽는다 하였다". 이 때 황제가 매년 순행하여 북으로 장성을 쌓고 서쪽으로 차말(且末)과 통하니, 나라 안은 비어 버렸다. 하늘이 경계하여 말하기를, "마굿간의 말이 없어지면 순행할 일이 없을 것이다"고 하였다. 황제가 깨닫지 못하여 결국 천하가 어지러워졌다. (『隋書』 23 志 18 五行 下 馬禍)

신라   이 해에 신라인이 많이 귀화하여 왔다. (『日本書紀』 22 推古紀)

609(己巳/신라 진평왕 31 建福 26/고구려 영양왕 20/백제 무왕 10/隋 大業 5/倭 推古 17)

신라   봄 정월에 모지악(毛只嶽) 아래의 땅이 불에 탔다. 그 넓이가 4보(步)이고 길이가 8보였으며, 깊이가 5자였는데, 10월 15일에 이르러 꺼졌다.(『三國史記』 4 新羅本紀 4)

신라   봄 정월에 신라 모지악 아래의 땅이 불에 탔다. 그 넓이가 4보이고 길이가 8보였으며, 깊이가 5자였는데, 10월 15일에 이르러 꺼졌다. (『三國史節要』 7)

백제   여름 4월 정유(丁酉) 초하루 경자일(4)에 츠쿠시노오미코토모치노츠카사(筑紫大宰)가 아뢰기를, "백제의 승려 도흔(道欣), 혜미(惠彌)를 비롯한 열 사람과 속인(俗人) 75명이 히노미치노시리노쿠니(肥後國)의 아시키타노츠(葦北津)에 머물고 있습니다"라 하였다. 이 때 나니와노키시토코마로(難波吉士德摩呂), 후나노후비토타츠(船史龍)를 보내어 "어떻게 해서 오게 되었는가"라고 물으니, "백제왕의 명으로 오(吳)나라에 가게 되었는데, 그 나라에 난리가 나는 바람에 들어갈 수가 없었습니다. 다시 본국으로 돌아오는데 갑자기 폭풍을 만나 바다 가운데에서 떠돌아 다니다가 다행히 성제(聖帝)의 변경에 도착하게 되어 기뻐하고 있습니다."라고 대답하였다. (『日本書紀』 22 推古紀)

고구려   (여름 4월) 임인일(6)에 고구려와 토욕혼, 이오(伊吾)가 함께 사신을 보내어 조공하였다. (『北史』 12 隋本紀 下 煬皇帝)

고구려   (수 양제 대업 5년) 이 해에 고려·토욕혼·이오가 더불어 사신을 보내어 조공하였다.

백제   5월 정묘(丁卯) 초하루 임오일(16)에 도코마로(德摩呂) 등이 돌아와 보고하였다. 곧 도코마로와 다츠(龍) 두 사람을 다시 보내어 백제인들을 돌보아 본국으로 보내는데, 쓰시마(對馬)에 이르러 도인(道人) 등 11사람이 모두 머물기를 청하자, 표(表)를 올려 머물게 하였다. 이에 간코지(元興寺)에 있게 하였다. (『日本書紀』22 推古紀)

고구려   (6월) 병진일(21) 황제가 관풍전(觀風殿)에 나가 문물을 대대적으로 갖추어 놓고 고창왕(高昌王) 국백아(麴伯雅)와 이오국의 토둔설(吐屯設)을 이끌어 관풍전에 올라오게 하여 연회를 베풀어 술을 마셨고, 그 나머지 만이(蠻夷)의 사자들 가운데 계단이 있는 뜰에서 배석한 것이 20여 국이었다. 9부악(九部樂)을 연주하고 어룡희(魚龍戱)를 즐겼는데 상급을 차등있게 하사하였다. (『資治通鑑』181 隋紀 5 煬皇帝 上之下)

고구려   대업 4년 이듬해 백아(伯雅)가 와서 조공하니 이로 인해 고구려를 공격하였다. (『隋書』83 列傳 48 西域 高昌)

고구려   대업 4년 이듬해 백아가 와서 조공하니 이로 인해 고구려를 공격하였다. (『北史』97 列傳 85 西域 高昌)

고구려   (북사에서 또 이르기를) 대업 4년 이듬해 백아가 와서 조공하니 이로 인해 고구려를 공격하였다. (『太平御覽』794 四夷部 15 西戎 3 高昌)

고구려   부군(府君)의 이름은 효서(孝緖)이며 자(字) △이다. (…) 수 대업 5년 황제의 어가를 따라 요좌(遼佐)에 가서 대장군(大將軍)의 직을 받았다. (「張孝緖 墓誌銘」: 藩代墓誌滙篇濟 滏唐文補遺濟6; 滏唐文新編濟992)

신라   공의 나이 15세에 화랑이 되었다. 이때 사람들이 아주 잘 따랐으며 용화향도(龍華香徒)라고 불렀다. (『三國史記』41 列傳 1 金庾信 上)

610(庚午/신라 진평왕 32 建福 27/고구려 영양왕 21/백제 무왕 11/隋 大業 6/倭 推古 18)

고구려   봄 3월에 고려왕이 승려 담징(曇徵)과 법정(法定)을 바쳤다. 담징은 5경을 알고 또한 채색 및 종이와 먹을 만들 수 있었으며, 아울러 연자방아를 만들었다. 대개 연자방아를 만드는 일은 이 때에 시작된 듯하다. (『日本書紀』22 推古紀)

신라 가야   가을 7월에 신라의 사신 사탁부(沙喙部) 나말(奈末) 죽세사(竹世士)가 임나의 사신 탁부(喙部) 대사(大舍) 수지매(首智買)와 함께 츠쿠시(筑紫)에 이르렀다. (『日本書紀』22 推古紀)

신라 가야   9월에 사신을 보내어 신라와 임나의 사신을 불렀다. (『日本書紀』22 推古紀)

신라 가야   겨울 10월 기축(己丑) 초하루 병신일(8)에 신라와 임나의 사신이 서울에 도착하였다. 이 날에 누카타베노무라지히라부(額田部連比羅夫)에게 명령하여 신라의 사신을 맞이하는 장마(莊馬)의 장(長)으로 삼고, 가시와데노오미(膳臣)·오토모(大伴)를 임나의 사신을 맞이하는 장마의 장으로 삼았다. 그리고 아토노카와(阿斗河) 근처의 숙소에 머물게 하였다. (『日本書紀』22 推古紀)

신라 가야   (10월) 정유일(9)에 사신들이 조정에 배례하였다. 이에 하다노미야츠코카와카츠(秦造河勝)과 하지노무라지우사기(土部連菟)를 명하여 신라 사신을 인도하는 사람으로 삼고, 하시히토노무라지시오후타(間人連鹽蓋)와 아헤노오미오코(阿閉臣大籠)을 임나 사신을 인도하는 사람으로 하였다. 모두 인도하여 남문(南門)으로 들어와서 뜰 한가운데 섰다. 이 때 오토모노쿠이노무라지(大伴咋連), 소가노토유라노에미시노오미(蘇我豊浦蝦夷臣), 사카모토노아라테노오미(坂本糠手臣), 아베노토리코노오미(阿倍鳥子臣)들은 모두 자리에서 일어나 나와 뜰에 엎드렸다. 그러자 양국의 사신들은 각각 두 번씩 절하고 사행의 뜻을 아뢰었다. 이에 4명의 마에츠키미(大夫)가 일어나 대신에게 나아가 아뢰니, 대신은 자리에서 일어나 정청(政廳)앞에 서서 들었다. 다 마치고 사신들에게 녹(祿)을 주었는데, 각각 차등이 있었다. (『日本書紀』 22 推古紀)

신라 가야   (10월) 을사일(17)에 사신들에게 조정에서 향응을 베풀었다. 가우치노아야노아타이니에(河內漢直贄)를 신라 사신과 함께 먹는 사람으로 삼고, 니시코리노오비토쿠소(錦織首久僧)를 임나 사신과 함께 먹는 사람으로 하였다. (『日本書紀』 22 推古紀)

신라 가야   (10월) 신해일(23)에 사신들이 의례를 마치고 돌아갔다. (『日本書紀』 22 推古紀)

신라   건복(建福) 27년 경오년 진평대왕이 찬덕(讚德)을 뽑아 가잠성(椵岑城) 현령(縣令)으로 삼았다. (『三國史記』 47 列傳 7 奚論)

신라   신라가 찬덕을 가잠성 현령으로 삼았다. 찬덕은 모량리 사람으로 뜻과 절개가 있고 용감하고 지략을 갖추어 왕이 매우 중용하였다. (『三國史節要』 7)

고구려   (대업) 6년 장차 고려를 정벌하고자 하니 유사(有司)는 병마가 이미 많이 소모되었다고 상주하였다. 조서를 내려 또 천하의 부자들로 하여금 그 자산을 헤아려 돈을 내어 병마를 사서 본래의 수를 메꾸도록 하여 일정한 조건에 맞춰 충분히 얻을 수 있게 하였고, 다시 병장구를 점검하여 모두 새롭게 정련하도록 하였는데, 잘못되면 책임자를 참하였다. 이에 마필이 십만에 이르렀다. (『隋書』 24 志 19 食貨)

고구려   황제가 계민의 장막에 행차하였는데,[68] 고려의 사자가 계민가한의 처소에 있었다. 계민은 감히 숨기지 못하고 그와 더불어 황제를 만났다. 황문시랑 배구가 황제에게 말하기를, "고려는 본래 기자가 책봉받은 곳으로 한(漢)·진(晉) 시대에 모두 중국 군현(郡縣)으로 있던 것인데, 지금 복속하지 않고 따로 이역(異域)이 되었으니 선제(先帝; 수문제)가 이를 치려고 한 지 오래입니다. 그러나 양량(楊諒]이 못나고 어리석어 군대가 출동했으나 공이 없었습니다. 폐하의 시대가 되어 어찌 멸망시키지 않음으로써 예의 바른 지역을 오랑캐의 고을로 만들겠습니까. 지금 그 사신은 계민(啓民)이 온 나라를 들어 모시고 따르는 것을 직접 보았습니다. 그가 두려워하는 것을 이용하여 사신을 위협해 입조하게 하십시오."라 하였다. 황제가 그 말을 따라 우홍(牛弘)을 시켜 고구려 사신에게 명을 전하기를, "나는 계민이 성심으로 나라를 받든 까닭에 친히 그 장막에 왔소. 내년에는 마땅히 탁군(涿郡)으로 갈 것이오. 그대는 돌아가는 날에 그대의 왕에게 마땅히 빠른 시일 내에 들어와 조회하고 스스로 의심하거나 두려워하지 말라고 아뢰시오. 부존과 양육하는 예절은 마땅히 계민(啓民)과 같이 할 것이오. 만약 조회하지 않으면 장차 계민을 거느리고 가서 그대들의 땅을 돌아볼 것이오." 하였다. 고려왕 고원이 두려워 하고 번국으로서 예가 자못 빠지니 황제가 토벌하려 하였는데, 천하의 부자들에게 군마를 사들이도록 부과하니 가격이 한 필당 10만 전에 이르렀고, 병장기를 가려 검열하고 날카롭고 새롭게 하는 데 힘쓰게 하였으며 혹시라도 함부로 조악하게 만들면 즉시 목이 베어졌다. (『資治通鑑』

---

68) 상권의 3년 부분을 보라.

181 隋紀 5 煬皇帝 上之下)

611(辛未/신라 진평왕 33 建福 28/고구려 영양왕 22/백제 무왕 12/隋 大業 7/倭 推古 19)

신라 고구려	왕이 사신을 수나라에 보내 표를 올리고 군대를 요청하니, 수양제가 이를 허락하였다. 군대를 움직이는 일은 고구려기에 실려 있다. (『三國史記』 4 新羅本紀 4)
백제	(2월) 경신일(4) 백제가 사신을 보내어 조공하였다. (『隋書』 3 帝紀 3 煬帝 上)
백제	(2월) 경신일(4) 백제가 사신을 보내어 조공하였다. (『北史』 12 隋本紀 下 煬皇帝)
백제	(수서에서 이르기를) (대업 7년 2월) 경신일(4) 백제가 사신을 보내어 조공하였다. (『太平御覽』 106 皇王部 31 隋 煬皇帝)
백제 고구려	봄 2월 사신을 보내어 수나라에 가서 조공하였다. 수 양제가 장차 고구려를 정벌하고자 하니 왕이 국지모(國智牟)로 하여금 수나라에 가서 군기(軍期)를 청하게 했다. 황제가 기뻐하며 후하게 상을 내리고 상서기부랑(尙書起部郎) 석률(席律)을 보내 왕과 상의하게 했다. (『三國史記』 27 百濟本紀 5)
백제	(수 양제 대업) 7년 2월 백제가 사신을 보내어 조공했다. (『冊府元龜』 970 外臣部 15 朝貢 3)
백제 고구려	(대업) 7년 황제가 고려를 친정하였다. 장(璋)이 그 사신 국지모를 보내 행군일정을 청하니 황제가 기뻐하며 후하게 상을 내리고 상서기부랑 석률을 보내 왕과 상의하게 하였다. (『隋書』 81 列傳 46 東夷 百濟)
백제 고구려	대업 7년 황제가 고려를 친히 정벌하고자 했는데, 그 왕 여장(餘璋)이 사신 국지모를 보내 행군일정을 물으니 황제가 상서기거랑 석률을 보내어 그를 방문해 상의하게 하였다. (『太平御覽』 781 四夷部 2 東夷 2 百濟)
고구려	(2월) 임오일(26)에 조서를 내려 다음과 같이 말했다. 무(武)에는 7덕(七德)이 있으니 백성을 편안히 하는 것을 먼저하고, 정치에는 6본(六本)이 있는데 의로움으로 정치를 일으키는 것이다. 고려의 왕 고원은 번국으로서 예를 어그러뜨리고 잃어버려 장차 그 죄를 요좌(遼左)에서 물어 이기는 방책을 널리 필 것이다. (『隋書』 3 帝紀 3 煬帝 上)
고구려	(2월) 임오일(26)에 조서를 내려 다음과 같이 말했다. 무에는 7덕이 있으니 백성을 편안히 하는 것을 먼저하고, 정치에는 6본이 있는데 의로움으로 정치를 일으키는 것이다. 고려의 왕 고원은 번국으로서 예를 어그러뜨리고 잃어버려 장차 그 죄를 요좌에서 물어 이기는 방책을 널리 필 것이다. (『北史』 12 隋本紀 下 煬皇帝)
고구려	(2월) 임오일(26) 조서를 내려 고려를 토벌하게 하였다. 유주총관(幽州總管) 원홍사(元弘嗣)에게 칙서를 내려 동래(東萊) 바다 입구로 가서 배 300척을 건조하게 하고 관리들은 그 일을 감독하게 하였다. 밤낮으로 물속에 서 있었지만 대략 감히 쉬지 못했기에 허리 아래로 모두 구더기가 생겨 죽은 자가 열에 서너 명이었다. (『資治通鑑』 181 隋紀 5 煬皇帝 上之下)
고구려	(2월) 임오일(26)에 조서를 내려 다음과 같이 말했다. 무에는 7덕이 있으니 백성을 편안히 하는 것을 먼저하고, 정치에는 6본이 있는데 의로움으로 정치를 일으키는 것이다. 고구려의 고원은 번국으로서 예를 어그러뜨리고 잃어버려 장차 그 죄를 요좌에서 물어 이기는 방책을 널리 필 것이다. (『冊府元龜』 117 帝王部 117 親征 2)
고구려	(수 양제 대업) 7년 2월 조서를 내려 고려의 고원(高元)에게 번국의 예를 어그러뜨리고 잃어버려 장차 죄를 요좌에서 물을 것이리고 했다. (『冊府元龜』 984 外臣部 29 征討 3)
고구려	봄 2월 양제가 조서를 내려 고구려를 토벌하게 하였다. (『三國史記』 20 高句麗本紀

8)

고구려 신라 　봄 2월 수나라가 조서를 내려 고구려를 토벌하게 하였다. 이보다 앞서 신라왕이 사신을 수나라에 보내 표를 올리고 군대를 요청하니 황제가 이를 허락하였다. (『三國史節要』7)

고구려 　여름 4월 경오일(15)에 황제의 거가가 탁군(涿郡)에 있는 임삭궁(臨朔宮)에 도착하여 따라온 9품 이상의 문무 관리들에게 거주할 곳을 마련해 주고 안치했다. 이보다 앞서 조서를 내려 천하의 군사들을 모두 불러 모아 멀거나 가까움에 관계없이 모두 탁군에 모이게 했다. 또 장강(長江)과 회수(淮水) 이남에 있는 수수(水手) 1만 명, 노수(弩手) 3만명, 영남(嶺南)의 배찬수(排鑽手) 3만 명을 징발하니 이에 사방 먼 곳에서 분주하게 달려오는 모습이 마치 강물이 흐르는 것과 같았다. (『資治通鑑』181 隋紀 5 煬皇帝 上之下)

고구려 요동 　4월 경오일(15) 탁군의 임삭궁에 이르렀다. 이 때 요동의 군인들과 운반하는 이들이 도로에 가득 메워져 밤낮으로 끊이지 않았다. 노역에 괴로운 이들이 처음으로 도둑떼가 되었다. (『冊府元龜』117 帝王部 117 親征 2)

고구려 　여름 4월 황제의 수레가 탁군의 임삭궁에 이르렀는데, 사방의 군대가 모두 탁군에 모였다. (『三國史記』20 高句麗本紀 8)

고구려 　여름 4월 황제가 고구려를 정벌하고자 탁군의 임삭궁에 이르렀는데, 사방의 군대가 모두 탁군에 모였다. (『三國史節要』7)

고구려 　군의 이름은 창(瑒)이고 자(字) 동문(同文)으로 난릉(蘭陵) 사람이다. (…) (대업) 7년 유주(幽州)와 연주(燕州)에 가서 요동과 갈석(碣石)에서 고구려와 전쟁을 할 때 조서를 내려 검교좌효위장군(檢校左驍衛將軍)에 제수하고 나머지는 전과 같게 했다. 그 해 12월 17일 병이 들어 탁군 계현(薊縣)의 연하향(燕夏鄕) 귀선리(歸善里)에서 돌아갔으니 나이 39세였다. (「蕭瑒 墓誌銘」: 蘅蕭唐五代墓誌滙篇 洛陽』1)

고구려 　공의 이름은 덕(德)이오 자(字)는 화의(和義)다. 염천(鹽川) 오원(五原) 사람이다. (…) (대업) 7년 탁군에 이르러 바야흐로 조서를 요해(遼海)에서 받았는데 변방의 오랑캐를 편안하게 유인하였으나, 하늘이 공을 남겨두는 것을 기뻐하지 않고 산도 나무로 된 당을 무너뜨렸다. (「劉德 墓誌銘」: 蘅蕭唐五代墓誌滙篇 洛陽』1)

백제 　가을 8월 적암성(赤嵒城)을 쌓았다. (『三國史記』27 百濟本紀 5)
백제 　가을 8월 백제가 적암성(赤嵒城)을 쌓았다. (『三國史節要』7)

신라 가야 　가을 8월에 신라가 사탁부(沙喙部) 나말(奈末) 북질지(北叱智)를 보내고, 임나가 습부(習部) 대사(大舍) 친지주지(親智周智)를 보내어 함께 조공하였다. (『日本書紀』22 推古紀)

요동(고구려) 　지주산(砥柱山)이 무너져 황하가 막혀 수십리를 역류하였다. 유향(劉向)의 홍범오행전(洪範五行傳)에서 이르기를, "산이라는 것은 군자의 상이요, 물은 음(陰)을 나타내는 것이니 사람과 같은 것이다. 하늘이 경계하는 것은 임금은 위중함을 안고 장차 무너지려 한다면 백성들은 살 곳을 얻지 못한다는 것이다."고 하였다. 이 때에 황제가 요동을 정벌하는 군대를 일으켜 백성들이 그 부역을 견디지 못해 사해(四海)가 원망하고 이반했는데, 황제가 깨닫지 못하고 마침내 멸망하였다. (『隋書』23 志 18 五行 下 木金水火沴土)

백제 신라 　겨울 10월 신라 가잠성(椵岑城)을 포위하고 그 성주 찬덕(讚德)을 죽이고 성을 무너

뜨렸다. (『三國史記』 27 百濟本紀 5)

신라 백제　겨울 10월 백제가 와서 가잠성을 백일 동안 포위하였다. 현령 찬덕이 굳게 지켰으나 힘이 다해 죽었고 성도 무너졌다. (『三國史記』 4 新羅本紀 4)

신라 백제　다음 해 신미년(611) 겨울 10월에 백제가 군사를 크게 일으켜 와서 가잠성을 공격하였다. 1백여 일이 지나자 진평왕은 장수에게 명령하여 상주(上州), 하주(下州), 신주(新州)의 군사로 하여금 가잠성을 구하게 하였다. 드디어 도착하여 백제인과 싸웠으나, 이기지 못하고 군사를 이끌고 되돌아갔다. 찬덕이 그것을 분개하고 한탄하면서 병졸에게 말하기를, "3주의 군대와 장수가 적이 강함을 보고 진격하지 않고 성이 위태로운 데도 구하지 않으니, 이것은 의리가 없는 것이다. 그들과 더불어 의리없이 사는 것은 의리 있게 죽는 것만 같지 못하다."고 하였다. 이에 격앙되어 분발하여 싸우기도 하고 지키기도 하였는데, 양식과 물이 다함에 이르자 시신을 먹고 오줌을 마시기까지 하며 힘써 싸우기를 게을리 하지 않았다. (『三國史記』 47 列傳 7 奚論)

백제 신라　겨울 10월 백제가 신라 가잠성을 포위하였는데 백일동안 찬덕이 굳게 지켰다. 왕이 상주와 하주 신주의 군대에 명하여 이를 구원하도록 했으나 이기지 못하고 돌아왔다. 찬덕이 분하여 사졸들에게 명하기를 "3주의 군대와 장수가 적이 강함을 보고 진격하지 않고 성이 위태로운 데도 구하지 않으니, 이것은 의리가 없는 것이다. 그들과 더불어 의리없이 사는 것은 의리있게 죽는 것만 같지 못하다."고 하였다. 이에 격앙되어 분발하여 싸우기도 하고 지키기도 하였는데, 양식과 물이 다함에 이르렀어도 힘써 싸우는 데 게을리 하지 않았다. 성이 함락되려 하자 찬덕이 하늘을 우러러 크게 소리치기를, 우리 임금이 나에게 성 하나를 맡겼으나 능히 오전하게 지키지 못하고 적에게 패하게 되니 죽어서 귀신이 되어 백제인을 다 물어죽이고 이 성을 되찾겠다고 하였다. 드디어 팔을 걷어 부치고 눈을 부릅뜨고 느티나무에 부딪혀 죽었다. 성이 드디어 함락되고 군사들이 모두 항복하였다. 신라가 그 아들 해론(奚論)을 대나마(大奈麻)에 임명하였다. (『三國史節要』 7)

고구려　대업(大業) 7년 겨울 탁군에 크게 모였다. 강회(江淮)의 남쪽 군대를 나누어 효위대장군(驍衛大將軍) 내호아(來護兒)에게 배속시켰다. 따로 주사(舟師)는 창해(滄海)를 건너게 하니 고물과 이물이 수백리에 이어졌다. 더불어 군량미를 싣고 평양(平壤)에서 대군과 만나도록 했다. 이해에 산동(山東)과 하남(河南)에 홍수가 져서 40여 군(郡)이 물에 잠겼는데, 더욱이 요동에서 대패하여 죽은 자가 수십만에 이르렀고, 이로 인해 전염병이 이어졌다. 피해는 산동이 더 심했는데, 장비와 군대에 소용되는 재물을 징수했기 때문이다. 백성들은 비록 곤란을 겪어도 구휼을 받지 못하고 매번 긴급한 요역이나 부세를 져 징수할 것이 있으면 장리(長吏)들이 반드시 먼저 낮은 가격으로 샀다가 뒤에 조서가 내려오면 사람들에게 비싸게 파니 하루아침에 가격이 몇 배나 올랐다. 거두어들일 것을 기록했다가 한 번에 마련하여 갖추니 강한 이들은 모여서 도둑이 되고, 약한 이들은 스스로 노비로 팔렸다. (『隋書』 24 志 19 食貨)

고구려　대업 7년 겨울 탁군에 크게 모였다. 강회의 남쪽 군대를 나누어 효위대장군 내호아에게 배속시켰다. 따로 주사는 창해를 건너게 하니 고물과 이물이 수백리에 이어졌다. 더불어 군량미를 싣고 평양에서 대군과 만나도록 했다. (『通典』 10 食貨 10 漕運)

고구려　(수 양제 대업) 7년 겨울 탁군에 크게 모였다. 강회의 남쪽 군대를 나누어 효위대장군 내호아에게 배속시켰다. 따로 주사는 창해를 건너게 하니 고물과 이물이 수백리에 이어졌다. 더불어 군량미를 싣고 평양에서 대군과 만나도록 했다. (『冊府元龜』 498 邦計部 16 漕運)

신라 고구려 백제

진평왕 건복 28년 신미 공의 나이 17세에 고구려·백제·말갈이 국경을 침범하는 것을 보고 분개하여 쳐들어온 적을 평정하겠다는 뜻을 가지고 홀로 중악(中嶽) 석굴로 들어가 몸을 깨끗이 하고는 하늘에 고하여 맹세하였다. "적국이 도가 없어 승냥이와 호랑이처럼 우리 영역을 침략하여 어지럽힘으로써 편안한 해가 없었습니다. 저는 한낱 미미한 신하로 재주와 힘은 헤아릴 수 없이 적지만 재앙과 난리를 없애고자 마음먹었으니 오직 하늘은 굽어 살피시어 저를 도와주소서." 머문 지 4일째 되던 날 홀연히 한 노인이 거친 베옷을 입고 나타나 말하기를, "이곳은 독충과 맹수가 많아 가히 두려울 만한 곳인데, 귀한 소년이 여기에 와서 홀로 머물고 있음은 무엇 때문인가?"라고 말하였다. [김유신은] "어르신께서는 어디서 오셨는지, 존함이라도 들을 수 있겠습니까?"라고 대답하였다. 노인은 "나는 머무는 곳이 없고 인연에 따라 가고 멈추며 이름은 곧 난승(難勝)이다."라고 말하였다. 공이 이를 듣고 보통 사람이 아님을 알아차리고 [그에게] 두 번 절하고 나아가 말하였다. "저는 신라인입니다. 나라의 원수를 보니 마음이 아프고 근심이 되었습니다. 그런 까닭에 여기에 와서 만나는 것이 있기를 바랄 따름이었습니다. 엎드려 빌건대 어르신께서는 제 정성을 불쌍히 여기시어 방술(方術)을 가르쳐 주십시오. 노인은 묵묵히 말이 없었다. 공이 눈물을 흘리며 간청하기를 게을리 하지 않으니, 6~7번에 이르렀다. 노인이 이에 "자네는 어리지만 삼국을 병합할 마음을 가지고 있으니 또한 장하지 아니한가?"라고 하며, 곧 비법(秘法)을 가르쳐 주면서 "삼가 함부로 전하지 말게. 만약 의롭지 못한 데 쓴다면 도리어 그 재앙을 받을 것이네."라고 말하였다. 말을 끝마치고 작별하였는데 2리 정도 갔을 때 쫓아가 그를 바라보았으나, 보이지 않고 오직 산 위에 빛이 있어 오색과 같이 찬란하였다. (『三國史記』41 列傳 1 金庾信 上)

고구려   대업 7년 요동을 친히 정벌하였다. 양륜(楊綸)이 황제에게 표를 올리고자 하여 종군을 청하여 스스로 노력하려 했으나 군사(郡司)에게 막혔다. 얼마 뒤에 다시 주애(朱崖)로 옮겼는데, 천하에 대란이 일어나 도적 임사홍(林仕弘)에게 핍박받아 처자를 이끌고 담이(儋耳)에 숨었다. 후에 대당(大唐)에 귀부하여 회화현공(懷化縣公)이 되었다. (『隋書』44 列傳 9 滕穆王瓚)

고구려   양제가 즉위하여 제주자사(齊州刺史)에 임명하고 다시 제군태수(齊郡太守)가 되어 관리와 백성들을 편안하게 했다. 요동정벌이 일어나 군(郡)의 관리들이 감독할 일들이 앞뒤로 연이어졌다. 서조연(西曹掾)이 마땅히 해야 할 일이 있음에도 거짓으로 아프다고 하자 원포(元褒)가 그를 힐난했다. 서조연의 사리가 바르지 않자 포가 그에게 장형(杖刑)을 내렸다. 서조연이 크게 말하기를, "내가 장차 행재소(行在所)를 찾아가 고할 것이다."하니 포가 크게 화를 내며 장 100여대를 때렸다. 몇일이 지나 죽자 이에 연좌되어 관직을 잃었다. 집에서 죽으니 이 때 나이 73세였다. (『隋書』50 列傳 15 元褒)

고구려   원수(元壽)의 자(字)는 장수(長壽)로 하남(河南) 낙양(洛陽) 사람이다. (대업) 7년 겸좌익위장군(兼左翊衛將軍)이 되어 요동정벌에 따라갔다. 탁군에 이르러 병을 얻어 죽으니 이 때 나이 63세였다. (『隋書』63 列傳 28 元壽)

고구려   경순(耿詢)의 자(字)는 돈신(敦信)으로 단양(丹陽) 사람이다. (…) (대업) 7년 황제가 동정(東征)하자 순이 상서하여 "요동은 토벌할 수 없으니 군대는 반드시 공을 세우지 못할 것입니다." 하였다. 황제가 크게 노하여 좌우에 명하여 목을 베도록 했다. 하조(何稠)가 간곡히 간언하여 형을 면했다. 평양에서 패전하자 황제가 순의 말이 맞았다고 하여 순을 수태사승(守太史丞)에 임명했다. (『隋書』78 列傳 43 藝術 耿詢)

고구려	이경(李景)은 자(字)가 도흥(道興)으로 천수(天水) 휴관(休官) 사람이다. (…) 대업 5년에서 1년 지나고 이듬해 고구려 무려성(武厲城)을 공격하여 깨뜨리니 원구후(苑丘侯)의 작호와 물건 1,000단(段)을 내렸다. (『隋書』 65 列傳 30 李景)
고구려	대업 7년에 양제가 고원(高元)의 죄를 물어 토벌하기 위하여 친히 요수(遼水)를 건너 요동성(遼東城)에 군영을 설치한 뒤, 길을 나누어 군사를 출동시켜 각기 그 성 아래로 집결하도록 하였다. 고려는 군사를 거느리고 나와 저항하였으나 대부분의 싸움에서 불리하자, 모두 성을 닫고 굳게 수비하였다. 황제가 전군에 명하여 성을 공격케 하였다. 또 여러 장수들에게 조칙을 내려 "고려가 만약 항복을 하면 바로 받아들이고, 함부로 군사를 풀어 공격하지 말라."고 하였다. 성이 막 함락될 즈음 고려가 곧 항복하겠다고 청하였으나, 여러 장수들이 황제의 명령에 따라 함부로 그 기회를 이용하여 공격하지 못하고, 먼저 달려가서 아뢰었다. 답보가 도착할 무렵이면 적들의 수비 역시 정비되어 나와서 저항하였다. 이와 같이 하기를 세 번을 되풀이하였으나 황제는 깨닫지 못하였다. 이로 말미암아 군량은 다하고 군사는 지친 데다, 군량 수송마저 중단되어 전군이 패전하니, 결국 군대를 돌리고 말았다. 이 출전에서는 단지 요수 서쪽에 있는 적의 무려라(武厲邏)만을 함락시켜 요동군(遼東郡) 및 통정진(通定鎭)을 설치하고 돌아왔을 뿐이다. (『隋書』 81 列傳 46 東夷 高麗)
고구려	이경은 자가 도흥으로 천수 휴관 사람이다. (…) 대업 5년에서 1년 지나고 이듬해 고구려 무열성(武列城)을 공격하여 이를 깨뜨리니 원구후의 작호를 받았다. (『北史』 76 列傳 64 李景)
고구려	대업 7년 황제가 친히 고원을 정벌하고자 하여 군대가 요수를 건넜다. 요동성에서 길을 나누어 군대를 출정시키고 성 아래에 모이게 했다. 고려가 굳게 성을 지키니 황제가 전군에 공격하도록 명하였다. 또 여러 장수들에게 칙서를 내리기를, 고려가 만약 항복하면 마땅히 위로하고 받아들이고 함부로 군사를 내어 좇지 말도록 했다. 성이 장차 함락되려 할 때 적이 거짓으로 항복을 청하니 장수들이 감히 그 기회를 타서 공격하지 못하고 먼저 말을 달려 황제에게 고했다. 답보가 도착하자 적은 수비를 갖추어 나와서 저항하였다. 이러기를 두 어 차례 하였으나 황제는 깨닫지 못하였다. 식군량은 다하고 군사는 지친 데다, 군량 수송마저 중단되어 전군이 패전하니, 결국 군대를 돌리고 말았다. 이 출전에서 단지 요수 서쪽에 있는 적의 무려라(武列邏)만을 함락시키고 돌아왔을 뿐이다. (『通典』 186 邊防 2 東夷 下 高句麗)
고구려	대업 7년 황제가 친히 고원을 정벌하였다. (『太平寰宇記』 173 四夷 2 東夷 2 高勾驪國)
고구려	황제가 지난 해부터 고구려를 토벌할 것을 꾀하고 산동(山東)에 조서를 내려 관부를 설치하고 군마를 길러 군역(軍役)에 공급하게 했다. 또한 민부(民夫)를 징발하여 미곡을 운송하여 노하(瀘河)와 회원(懷遠) 두 진(鎭)에 쌓아두게 했는데, 수레와 소들이 모두 돌아오지 못했고, 사졸들 가운데 죽은 사람이 반을 넘었으며, 밭을 갈고 씨 뿌리는 시기를 잃어 논밭이 대부분 황폐화되었다. (…) 백성들은 곤궁하고 재력은 모두 고갈되어 평안하게 살려고 하면 추위와 굶주림을 이기지 못하여 죽을 날이 급히 닥치고, 노략질을 하게 되면 오히려 생명을 연장할 수 있었으니, 이에 비로소 서로 모여서 도적떼가 되었다. 추평(鄒平) 사람 백성 왕박(王薄)이 (…) 또한 무향요동랑사가(無向遼東浪死歌)를 지어 서로 감정을 권고하니 원정의 노역을 피하려는 사람은 대부분 그에게 가서 귀부하였다. (『資治通鑑』 181 隋紀 5 煬皇帝 上之下)
고구려	공의 이름은 안귀(安貴)이고 자(字)는 효승(孝昇)으로 삭방(朔方) 암록현(巖淥縣) 사

람이다 (…) (대업) 7년 황제가 몸소 무절(武節)를 잡고 요좌(遼左)를 공격함에 이르러 그를 원수(元師)로 삼으려 했으나 공이 재주가 없는 것을 이유로 사양했다. 황제가 공을 험독고(險瀆道)로 가는 길을 통솔할 사람으로 삼으니, 마음속으로 승리의 전략을 품었다. 공은 친히 황제의 명령을 받들어 정성을 다하여 힘이 다하도록 종사했으니 공적이 뚜렷이 드러났다. (「范安貴 墓誌銘」: 『隋唐五代墓誌滙篇 洛陽』1)

고구려　　　군의 이름은(匡伯)으로 경조(京兆) 두릉(杜陵) 사람이다. 고양(高陽)씨의 후손이다. (…) 대업 7년 요좌(遼左)와의 전쟁에 참여하여 조산대부(朝散大夫)에 제수되었다. 곧 상표봉어(尚衣奉御)로 옮겨가 어가를 시종했는데 천자가 옆에 두고 숨기는 것이 없었다. (「韋匡伯 墓誌銘」: 『隋唐五代墓誌滙篇 洛陽濟1; 全唐文補遺濟6; 全唐文新編濟992; 全隋文補遺濟 隋代墓誌銘彙編附考濟1)

612(壬申/신라 진평왕 34 建福 29/고구려 영양왕 23/백제 무왕 13/隋 大業 8/倭 推古 20)

고구려　　　정월 신사일(1)에 대군이 탁군에 모였다. 병부상서(兵部尚書) 단문진(段文振)을 좌후위대장군(左候衛大將軍)으로 삼았다. (『隋書』 4 帝紀 4 煬帝 下)

고구려　　　(수 양제 대업) 8년 정월 신사일(1)에 대군이 탁군에 모였다. 병부상서(兵部尚書) 단문진(段文振)을 좌후위대장군(左候衛大將軍)으로 삼았다. (『冊府元龜』 117 帝王部 117 親征 2)

고구려　　　(수서에서 다음과 같이 말했다) (대업) 8년 정월 신사일(1) 대군이 탁군에 모였다. (『太平御覽』 106 皇王部 31 隋 煬皇帝)

고구려　　　(봄 정월) 사방의 군사들이 탁군에 모였다. 황제가 합수(合水) 현령 유질(庾質)을 불러 말하기를, "고구려의 무리들이 우리 한 군(郡)을 감당할 수 없을 것인데, 지금 짐이 이 무리들로 그들을 정벌하려고 하니 경은 승리할 것이라고 생각하지 않는가." 하였다. 유질이 대답하기를, "그들을 정벌하면 이길 수 있습니다. 하지만 신의 어리석은 생각을 갖고 있는데 폐하께서 직접 가시지 않기 바랍니다."고 했다. 황제가 낯빛을 바꾸며 말하기를, "짐이 지금 군대를 모두 이끌고 이곳에 왔는데 어찌 아직 적을 보지 않고 먼저 스스로 물러나라는 것인가" 하였다. 대답하기를, "싸워서 이기지 못하면 위엄을 가진 명망에 손상을 입을까 두렵습니다. 만약 황제께서 이곳에 머물며 용맹한 장수들과 굳센 병사들에게 명령하시고 계책을 주셔서 두 배나 빠른 속도로 전진케 하여 그들이 생각지 못한 곳으로 나온다면 반드시 승리할 것입니다. 일의 기회는 신속함에 있는 것이니 늦으면 공로를 세울 수 없습니다."고 하였다. 황제가 기뻐하지 않으며 "너는 이미 가는 것을 꺼리고 있으니 스스로 이곳에 머물러 있어도 좋다"고 하였다. 우상방서감사(右尚方署監事) 경순(耿詢)이 편지를 올려 간절히 간언하였으나, 황제가 크게 화를 내고 좌우의 사람들에게 명령하여 목을 베도록 했으나, 하조(何稠)가 어렵게 구명하여 면할 수 있었다. (『資治通鑑』 181 隋紀 5 煬皇帝 上之下)

요동 고구려　　유질(庾質)의 자는 행수(行修)로 어려서부터 명민하였고 일찍부터 고상한 뜻이 있었다. (…) (대업) 8년 황제가 친히 요동을 정벌하자 그를 행재소로 불러 임유(臨渝)에서 황제를 뵈었다. 황제가 유질에게 일러 말하기를, "짐이 선제의 뜻을 이어 직접 고려를 정벌하려 한다. 그 토지와 인민을 헤아려 보면 겨우 우리의 1개 군(郡)에 해당되는데 경은 이길 수 있다고 여기는가." 하였다. 질이 대답했다. 신의 짧은 소견으로는 정벌해서 이길 수 있습니다만 아둔한 생각으로는 폐하께서 직접 가지 않으시길 바랍니다. 황제가 낯빛이 변하여 말하기를, "짐이 지금 군사를 이끌고 여기에 이르렀는데, 어찌 아직 적을 보지도 않고 스스로 물러나야 하는가." 하였다. 유질이 다시 말하기를, 폐하께서 만약 가신다면 군사의 위엄을 떨어질 까 생각됩니다. 신은 오히려 거가를 이곳에 두고 날랜 장수들과 병사를에게 책략을 주어 빠르게 함께 나가 그 뜻하지 않는 곳에 나오게 하시길 바랍니다. 일은 속도에 있으니 느리게 되면 반드시 성과가 없을 것입니다. 황제가 기뻐하지 않고 말하기를, "그대는 이미 갈 수 없다. 여기에 머물도록 하라." 하였다. 군대가 회군함에 미쳐 태사령(太史令)을 제수하였다. (『隋書』78 列傳 43 藝術 庾季才)

요동 고구려

유질이 태사령이 되었다. 대업 8년 양제가 친히 요동을 정벌하면서 불러서 행재소(行在所)로 오게 하였다. 임유에서 황제를 알현하니 황제가 유질에게 일러 말하기를, "짐이 선제의 뜻을 이어 고려를 친히 정벌하려 하는데, 그 토지와 인민을 헤아려 보니 겨우 우리의 한 군에 지나지 않는다. 경은 우리가 이길 것이라고 생각하지 않는가." 하였다. 유질이 대답하기를, "신의 좁은 소견으로는 정벌하면 이길 것 같습니다. 그러나 신이 어리석은 생각이 있는데, 폐하께서 직접 가시지 않기를 바랍니다." 하였다. 황제가 낯빛을 바꾸며 말하기를, "짐이 군사를 모두 이끌고 이곳에 이르렀는데 어찌 적을 보지 않고 스스로 물러나라 하는가" 하였다. 유질이 또 말하기를, "폐하께서 만약 군대의 위엄을 잃을까 생각하신다면 신은 오히려 이곳에 편안히 머무르셔서 날랜 장수와 용감한 병사들에게 명령하시고 계책을 주셔서 두 배나 빠른 속도로 전진케 하여 그들이 생각지 못한 곳으로 나오게 하소서. 일의 성사는 빠름에 달려 있으니, 느리다면 반드시 공로가 없을 것입니다." 하였다. 황제가 좋아하지 않고 말하기를, "너는 가는 것을 두려워하니 이곳에 머물러 있어도 좋다."고 하였다. 군대가 돌아옴에 미쳐 태사령에 제수되었다. (『冊府元龜』498 邦計部 16 漕運)

고구려 예 부여 요동 현도 조선 옥저 낙랑 임둔 대방

봄 정월 임오일(2)에 황제가 조서를 내려 말하기를 "고구려 작은 무리들이 사리에 어둡고 공손하지 못하여, 발해(渤海)와 갈석(碣石)사이에 모여 요동과 예의 경계를 거듭 잠식하였다. 비록 한(漢)과 위(魏)의 거듭된 토벌로 소굴이 잠시 기울었으나, 난리로 많이 막히자 종족이 또다시 모여들어 지난 시대에 냇물과 수풀을 이루고 씨를 뿌린 것이 번창하여 지금에 이르렀다. 저 중화의 땅을 돌아보니 모두 오랑캐의 땅이 되었고, 세월이 오래되어 악이 쌓인 것이 가득하다. 하늘의 도는 음란한 자에게 화를 내리니 망할 징조가 이미 나타났다. 도리를 어지럽히고 덕을 그르침이 헤아릴 수 없고, 간사함을 가리고 품는 것이 오히려 날로 부족하다. 조칙으로 내리는 엄명을 아직 직접 받은 적이 없으며, 조정에 알현하는 예절도 몸소 하기를 즐겨하지 않았다. 도망하고 배반한 자들을 유혹하고 거두어들임이 실마리의 끝을 알 수 없고, 변방을 채우고 개척하여 경비초소를 괴롭히니, 관문의 문빗장과 딱다기가 이로써 조용하지 못하고, 살아있는 사람이 이 때문에 폐업하게 되었다. 옛날에 정벌할 때 천자가 행하는 형벌에서 빠져 이미 앞에 사로잡힌 자는 죽음을 늦추어주고, 뒤에 항복한 자는 아직 죽음을 내리지 않았는데, 일찍이 은혜를 생각하지 않고 도리어 악을 길러, 거란의 무리를 합쳐서 바다를 지키는 군사들을 죽이고, 말갈의 일을 익혀 요서를 침범하였다. 또 청구(靑丘)의 거죽이 모두 직공(職貢)을 닦고, 벽해(碧海)의 물가가 같이 정삭을 받는데, 드디어 다시 보물을 도둑질하고 왕래를 막고, 학대가 죄 없는 사람들에게 이르고 성실한 자가 화를 당한다. 사명을 받던 수레가 해동에 갔을 때 정절(旌節)이 행차가 번방의 경계를 지나야 하는데, 도로를 막고 왕의 사신을 거절하여, 임금을 섬길 마음이 없으니, 어찌 신하의 예절이라고 하겠는가? 이를 참는다면 누구를 용납하지 않을 것인가? 또 법령이 가혹하고 부세가 번거롭고 무거우며, 힘센 신하와 호족이 모두 권력을 쥐고 나라를 다스리고, 붕당끼리 친하게 지내는 것으로 풍속을 이루고, 뇌물을 주는 것이 시장과 같고, 억울한 자는 말을 못한다. 게다가 여러 해 재난과 흉년으로 집집마다 기근이 닥치고, 전쟁이 그치지 않고 요역이 기한이 없고 힘은 운반하는 데 다 쓰이고 몸은 도랑과 구덩이에 굴러 백성들이 시름에 잠겨 고통스러우니 이에 누가 가서 따를 것인가? 경내(境內)가 슬프고 두려워 그 폐해를 이기지 못할 것이다. 머리를 돌려 내면을 보면 각기 생명을 보존할 생각을 품고, 노인과 어린이도 모두 혹독함에 탄식을 일으킨다. 풍속을 살피고 유주(幽州), 삭주(朔州)에 이르렀으니 무고한 사람들을 위로하고 죄를 묻기 위해 다시 올 필요는 없다. 이에 친히 6사(六師)를 지배하여 9벌(九伐)을 행하고, 저 위태함을 구제하며 하늘의 뜻에 따라 이 달아난 무리를 멸하여 능히 선대의 정책을 잇고자 한다. 지금 마땅히 규율을 시행하여 부대를 나누어서 길에 오르되 발해를 덮어 천둥같이 진동하고, 부여를 지나 번개같이 칠 것이다. 방패를 가지런히 하고 갑옷을 살피고, 군사들에게 경계하게 한 후에 행군하며, 거듭 훈시하여 필승을 기한 후에 싸움을 시작할 것이다. 좌(左) 12군(軍)은 누방(鏤方)·장잠(長岑)·명해(溟海)·개마·건안(建安)·남소·요동·현도·부여·조선·옥저·낙랑 등의 길로, 우(右) 12군은 점제(黏蟬)·함자(含資)·혼미(渾彌)·임둔(臨屯)·후성(候城)·제해(提奚)·답돈(踏頓)·숙신·갈석(碣石)·동이(東暆)·대방·양평(襄平) 등의 길로 연락을 끊지 않고 길을 이어 가서 평양에 모두 집결하라.”고 하였다. 모두 113만 3천 8백 명인데 2백만 명이라 하였으며, 군량을 수송하는 자는 그 배였다. 남쪽 상건수(桑乾水) 위에서 토지의 신에게 제사지내고, 임삭궁(臨朔宮) 남쪽에서 상제(上帝)에게 제사지내고, 계성(薊城) 북쪽에서 馬祖(마조)에게 제사지냈다. 황제가 친히 조절하여 군(軍)마다 상장(上將)과 아장(亞將) 각 1인, 기병 40대(隊), 대(隊)는 1백 인, 10대를 1단(團)으로 편성하였고, 보졸(步卒)은 80대를 4단으로 나누고 단마다 각각 편장(偏將) 1인을 두고, 그 갑옷과 투구, 영불(纓拂), 깃발은 단마다 다른 색으로 하였다. 매일 1군씩을 보내어 서로 거리가 40리가 되게 하고 진영이 연이어 점차 나아가니, 40일만에야 출발이 완료되었다. 머리와 꼬리가 서로 이어지고 북과 나팔소리가 서로 들리고 깃발이 960리에 걸쳤다. 어영(御營) 안에는 12위(衛)·3대(臺)·5성(省)·9시(寺)를 합하고, 내외 전후 좌우(內外前後左右) 6군을 나누어 예속시키고 다음에 출발하게 하니 또한 80리를 뻗쳤다. 근래에는 군대 출정의 성대함이 이와 같은 것이 없었다. (『三國史記』20 高句麗本紀 8)

고구려 예 부여 요동 현도 조선 옥저 낙랑 임둔 대방

봄 정월 임오일(2)에 황제가 조서를 내려 말하기를 “고구려 작은 무리들이 사리에 어둡고 공손하지 못하여, 발해(渤海)와 갈석(碣石)사이에 모여 요동과 예의 경계를 거듭 잠식하였다. 비록 한(漢)과 위(魏)의 거듭된 토벌로 소굴이 잠시 기울었으나, 난리로 많이 막히자 종족이 또다시 모여들어 지난 시대에 냇물과 수풀을 이루고 씨를 뿌린 것이 번창하여 지금에 이르렀다. 저 중화의 땅을 돌아보니 모두 오랑캐의 땅이 되었고, 세월이 오래되어 악이 쌓인 것이 가득하다. 하늘의 도는 음란한 자에게 화를 내리니 망할 징조가 이미 나타났다. 도리를 어지럽히고 덕을 그르침이 헤아릴 수 없고, 간사함을 가리고 품는 것이 오히려 날로 부족하다. 조직으로 내리는 엄명을 아직 직접 받은 적이 없으며, 조정에 알현하는 예절도 몸소 하기를 즐겨하지 않았다. 도망하고 배반한 자들을 유혹하고 거두어들임이 실마리의 끝을 알 수 없고, 변방을 채우고 개척하여 경비초소를 괴롭히니, 관문의 문빗장과 딱따기가 이로써 조용하지 못하고, 살아있는 사람이 이 때문에 폐업하게 되었다. 옛날에 정벌할 때 천자가 행하는 형벌에서 빠져 이미 앞에 사로잡힌 자는 죽음을 늦추어주고, 뒤에 항복한 자는 아직 죽음을 내리지 않았는데, 일찍이 은혜를 생각하지 않고 도리어 악을 길러, 거란의 무리를 합쳐서 바다를 지키는 군사들을 죽이고, 말갈의 일을 익혀 요서를 침범하였다. 또 청구(靑丘)의 거죽이 모두 직공(職貢)을 닦고, 벽해(碧海)의 물가가 같이 정삭을 받드는데, 드디어 다시 보물을 도둑질하고 왕래를 막고, 학대가 죄 없는 사람들에게 이르고 성실한 자가 화를 당한다. 사명을 받던 수레가 해동에 갔을 때 정절(旌節)이 행차가 번방의 경계를 지나야 하는데, 도로를 막고 왕의 사신을 거절하여, 임금을 섬길 마음이 없으니, 어찌 신하의 예절이라고 하겠는가? 이를 참는다면 누구를 용납하지 않을 것인가? 또 법령이 가혹하고 부세가 번거롭고 무거우며, 힘센 신하와 호족이 모두 권력을 쥐고 나라를 다스리고, 붕당끼리 친하게 지내는 것으로 풍속을 이루고, 뇌물을 주는 것이 시장과 같고, 억울한 자는 말을 못한다. 게다가 여러 해 재난과 흉년으로 집집마다 기근이 닥치고, 전쟁이 그치지 않고 요역이 기한이 없고 힘은 운반하는 데 다 쓰이고 몸은 도랑과 구덩이에 굴러 백성들이 시름에 잠겨 고통스러우니 이에 누가 가서 따를 것인가? 경내(境內)가 슬프고 두려워 그 폐해를 이기지 못할 것이다. 머리를 돌려 내면을 보면 각기 생명을 보존할 생각을 품고, 노인과 어린이도 모두 혹독함에 탄식을 일으킨다. 풍속을 살피고 유주(幽州), 삭주(朔州)에 이르렀으니 무고한 사람들을 위로하고 죄를 묻기 위해 다시 올 필요는 없다. 이에 친히 6사(六師)를 지배하여 9벌(九伐)을 행하고, 저 위태함을 구제하며 하늘의 뜻에 따라 이 달아난 무리를 멸하여 능히 선대의 정책을 잇고자 한다. 지금 마땅히 규율을 시행하여 부대를 나누어서 길에 오르되 발해를 덮어 천둥같이 진동하고, 부여를 지나 번개같이 칠 것이다. 방패를 가지런히 하고 갑옷을 살피고, 군사들에게 경계하게 한 후에 행군하며, 거듭 훈시하여 필승을 기한 후에 싸움을 시작할 것이다. 좌(左) 12군(軍)은 누방(鏤方)·장잠(長岑)·명해(溟海)·개마·건안(建安)·남소·요동·현도·부여·조선·옥저·낙랑 등의 길로, 우(右) 12군은 점제(黏蟬)·함자(含資)·혼미(渾彌)·임둔(臨屯)·후성(候城)·제해(提奚)·답돈(踏頓)·숙신·갈석(碣石)·동이(東㬇)·대방·양평(襄平) 등의 길로 연락을 끊지 않고 길을 이어 가서 평양에 모두 집결하라.”고 하였다. 모두 113만 3천 8백 명인데 2백만 명이라 하였으며, 군량을 수송하는 자는 그 배였다. 남쪽 상건수(桑乾水) 위에서 토지의 신에게 제사지내고, 임삭궁(臨朔宮) 남쪽에서 상제(上帝)에게 제사지내고, 계성(薊城) 북쪽에서 馬祖(마조)에게 제사지냈다. 황제가 친히 조절하여 군(軍)마다 상장(上將)과 아장(亞將) 각 1인, 기병 40대(隊), 대(隊)는 1백 인, 10대를 1단(團)으로 편성하였고, 보졸(步卒)은 80대를 4단으로 나누고 단마다 각각 편장(偏將) 1인을 두고, 그 갑옷과 투구, 영불(纓拂), 깃발은 단마다 다른 색으로 하였다. 매일 1군씩을 보내어 서로 거리가 40리가 되게 하고 진영이 연이어 점차 나아가니, 40일만에야 출발이 완료되었다. 머리와 꼬리가 서로 이어지고 북과 나팔소리가 서로 들리고 깃발이 960리에 걸쳤다. 어영(御營) 안에는 12위(衛)·3대(臺)·5성(省)·9시(寺)를 합하고, 내외 전후 좌우(內外前後左右) 6군을 나누어 예속시키고 다음에 출발하게 하니 또한 80리를 뻗쳤다. 근래에 군대 출정의 성대함이 이와 같은 것이 없었다. (『三國史節要』7)

고구려 예 부여 요동 현도 조선 옥저 낙랑 임둔 대방

(봄 정월) 임오일(2) 조서를 내려 다음과 같이 말했다. “천지의 큰 덕으로도 가을철에 무서리를 내리며, 성철(聖哲)의 지극한 어짊으로도 형전(刑典)에 갑병(甲兵)을 드러내었다. 그러므로 조화옹(造化翁)이 가을철에 초목을 말라죽게 하는 것에서 그 의리가 사사로움이 없다는 것을 알겠으며, 제왕이 창과 방패를 써서 정벌하는 것은 대개 부득이해서 쓰는 것임을 알 수가 있다. 판천(阪泉)과 단포(丹浦)의 정벌은 모두가 공손하게 천벌(天罰)을 행한 것이고, 어지러운 나라를 빼앗고 혼란한 자를 뒤엎은 것은 모두가 천지의 법도에 따라 움직인 것이다. 더구나 감야(甘野)에서 군사들에게 맹세하여 하(夏)나라가 대우(大禹)의 왕업을 열었고, 상교(商郊)에서 문죄하여 주(周)나라가 문왕(文王)의 뜻을 발현한 경우이겠는가. 영원한 감계(鑑戒)가 전 시대에 있어서 이제 짐의 몸에 바로 당하였다. 우리 수나라는 하늘의 명에 크게 응해서 삼재(三才)를 겸하여 법도를 세우고, 육합(六合)을 통일하여 한집안으로 만들었다. 이에 강역(疆域)이 미친 바는 세류(細柳)와 반도(盤桃)의 바깥이고, 성교(聲敎)가 미친 바는 자설(紫舌)과 황지(黃枝)의 지역이다. 먼 곳에서는 덕을 사모해 귀부(歸附)하고

가까운 곳에서는 생업에 편안하여 화합하지 않는 나라가 없어, 공이 이루어지고 다스림이 안정됨이 이에 있게 되었다. 그런데 저 고구려의 보잘것없는 무리들이 미욱스럽고 공손치 못하여 발해(渤海)와 갈석(碣石) 사이에 모이고, 요동과와 예의 경계를 거듭 잠식하였다. 비록 한(漢)나라와 위(魏)나라가 주륙(誅戮)하여 그들의 근거지가 잠시 위태로웠으나, 난리로 인해 끝까지 정벌하지 못하자 그 종족(種族)들이 다시 모여들었다. 이에 지난 시대에 소굴로 모두 모여들어서 점차 번성하여 지금에 이르렀다. 저 중국 땅을 돌아보건대, 잘려 나가 오랑캐의 부류가 된 지 세월이 이미 오래되어 악이 여물어 가득 찼다. 그러나 하늘의 도는 음란한 자에게 재앙을 내리는 법이라 망할 징조가 이미 나타났다. 떳떳한 도를 어지럽히고 덕을 무너뜨림이 이루 헤아릴 수가 없으며, 악을 숨기고 간사함을 품은 지가 날짜로는 헤아리지 못할 지경이다. 조서(詔書)를 보내 엄하게 알린 것도 일찍이 면대하여 받지 않았으며, 조정에 알현하는 예도 몸소 하려고 하지 않았다. 도망친 반도(叛徒)들을 꾀어 받아들임이 끝닿은 데를 모르고, 변방 지역에 가득 차서, 자주 봉후(烽候)를 번거롭게 올리게 하고, 문빗장과 딱다기가 이로써 조용하지 못하여, 백성이 그로 말미암아 생업을 폐하게 되었다. 옛날에 정벌할 적에는 하늘의 법망에서 빠뜨려, 바로 앞에서 도망치는데도 주륙하는 것을 늦추어 주었고, 뒤늦게 복종하는 데 따른 주벌도 즉시 시행하지 않았다. 그런데도 일찍이 그 은혜를 생각지 않은 채 도리어 악함을 길렀다. 거란(契丹)의 무리들과 연합하여 바닷가의 수자리 군사들을 죽이고, 말갈(靺鞨)의 습관을 익혀 요서(遼西) 지방을 침범하였다. 또 청구(靑丘)의 바깥에서까지 모두 직공(職貢)을 닦고 벽해(碧海)의 가에서조차도 함께 정삭(正朔)을 받드는데, 드디어는 그들이 가지고 오는 보물을 다시 빼앗고 그들이 왕래하는 길을 막았다. 이에 죄 없는 사람들에게 잔학함이 미치고, 정성을 바치는 자들이 화를 당하게 되었다. 수레를 탄 봉명(奉命)한 사신이 해동(海東)에 가고 정절(旌節)을 든 사신이 거기로 가려면 번국(藩國)의 경계를 지나가야 하는데 도로를 막고 왕의 사신을 거절하여 황제를 섬기는 마음이 없으니, 이것이 어찌 신하로서의 도리이겠는가. 이런데도 참는다면 무엇을 참고 용납하지 못하겠는가. 법령이 가혹하고 세금이 무거우며, 강포한 신하와 힘센 호족들이 모두 국정의 기틀을 틀어쥐고 있어 붕당끼리 결탁하는 것이 풍속을 이루었고, 뇌물을 주고받는 것이 마치 물건을 사고파는 것과 같아서 억울한 일을 당하여도 억울함을 풀 수가 없다. 그런 데다가 해마다 거듭된 재앙과 흉년으로 집집마다 기근이 닥치고, 전쟁이 그치지 않아 요역이 그칠 날이 없으며, 군량을 운반하느라 힘이 다하여 죽은 시체가 도랑과 구덩이를 메우고 있다. 백성들이 근심하고 고통스러우니 그 누가 따르겠는가. 온 나라 안이 슬프고 두려워하면서 그 폐해를 견디지 못하고 있다. 이에 머리를 돌려 중국을 바라보면서 제각기 목숨을 보전할 생각을 품고 있고, 노인과 어린아이들조차도 모두 혹독하다는 탄식을 일으키고 있다. 이제 풍속을 살펴보며 유주(幽州)와 삭주(朔州)에 다다렸으니, 백성들을 위로하고 죄를 묻는 일은, 다시 군사를 일으킴에 기다릴 필요가 없다. 이에 친히 육사(六師)를 거느리고 구벌(九伐)을 펴서, 위급한 상황을 구제하여 하늘의 뜻에 따르고, 달아났던 무리를 쳐죽여서 선대(先代)의 교훈을 이을 것이다. 지금 군율을 내려 춘반하고 지휘를 나누어 길을 나아가되, 발해(渤海)를 엄습하여 천둥같이 진동하고, 부여(扶餘)를 경유하여 번개처럼 쓸어버리라. 방패를 가지런히 하고 갑옷을 살피고서 군사들에게 경계한 뒤에 출발하고, 거듭거듭 알리고 타일러서 필승을 기한 뒤에 싸우라. 좌군(左軍) 제1군은 누방도(鏤方道)로 나아가고, 제2군은 장잠도(長岑道)로 나아가고, 제3군은 해명도(海溟道)로 나아가고, 제4군은 개마도(蓋馬道)로 나아가고, 제5군은 건안도(建安道)로 나아가고, 제6군은 남소도(南蘇道)로 나아가고, 제7군은 요동도(遼東道)로 나아가고, 제8군은 현도도(玄菟道)로 나아가고, 제9군은 부여도(扶餘道)로 나아가고,

제10군은 조선도(朝鮮道)로 나아가고, 제11군은 옥저도(沃沮道)로 나아가고, 제12군은 낙랑도(樂浪道)로 나아가라. 우군(右軍) 제1군은 점선도(黏蟬道)로 나아가고, 제2군은 함자도(含資道)로 나아가고, 제3군은 혼미도(渾彌道)로 나아가고, 제4군은 임둔도(臨屯道)로 나아가고, 제5군은 후성도(候城道)로 나아가고, 제6군은 제해도(提奚道)로 나아가고, 제7군은 답돈도(踏頓道)로 나아가고, 제8군은 숙신도(肅慎道)로 나아가고, 제9군은 갈석도(碣石道)로 나아가고, 제10군은 동이도(東暆道)로 나아가고, 제11군은 대방도(帶方道)로 나아가고, 제12군은 양평도(襄平道)로 나아가라. 이상의 뭇 군사들은 먼저 묘당(廟堂)의 계략을 받들어서 잇달아 길을 나아가 모두 평양(平壤)으로 집결하라. 모든 군사들이 사나운 맹수와 같은 용맹을 가지고 있으며, 백 번 싸워 백 번 이기는 웅략(雄略)을 가지고 있다. 이에 힐끗 돌아보면 산악이 기울어 무너지고 한번 소리치면 바람과 구름이 일어나니, 마음과 덕을 함께하는 바로, 용맹한 군사들이 여기에 있다. 짐이 몸소 말을 몰아 원융(元戎)이 되어 이들을 절제(節制)하면서 요수(遼水)를 건너서 동쪽으로 가, 바다의 오른쪽을 따라가서 먼 나라 사람들의 거꾸로 매달린 듯한 고통에서 벗어나게 해 주고, 살아남은 백성들을 위해 질고(疾苦)를 물을 것이다. 그 외의 군사들은 양식을 싸 짊어지고 수레를 보충하여 기미에 따라 메아리처럼 호응하고, 갑옷을 말아 쥐고 말에게 재갈을 물려서 빠르게 진격해 적들이 방심하고 있을 때 나아가 칠 것이다. 또 큰 바다를 건너는 군사들은 천리에 이어진 전선(戰船)을 몰아 빠른 바람을 타고 번개처럼 내달리고, 커다란 전함이 구름처럼 날아가 패강(浿江)을 가로질러서 곧장 평양으로 나아갈 것이니, 도서 지역의 조망이 이에 끊어질 것이며, 어렵고 험한 길이 이에 궁해질 것이다. 그 나머지 머리를 풀어 헤치고 왼쪽으로 옷깃을 여미는 오랑캐 족속들이 시위를 당긴 채 쏘라는 명을 기다릴 것이며, 미(微), 노(盧), 팽(彭), 복(濮)의 군사들이 서로 모의하지 않고도 모두 모여들 것이다. 하늘의 이치에 따라서 역적들을 치니 군사들은 용기가 백배는 충만할 것이고, 이 많은 군사를 거느리고 전쟁을 하니 형세가 썩은 나무를 부러뜨리는 것처럼 쉬울 것이다. 그러나 왕자(王者)의 군대는 그 의리가 살해하는 것을 종식시키는 데 있으며, 성인의 가르침은 반드시 잔학한 자를 막는 데 있는 법이다. 하늘은 죄가 있는 자에게 벌을 내리는데, 죄악의 근본은 원악(元惡)에게 있으며 사람들은 사특함이 많은 법이니, 위협에 못 이겨 악을 따라 행한 자는 죄를 다스리지 않을 것이다. 만약 고원(高元)이 원문(轅門)에 와서 머리에 진흙을 바르고 스스로 형관(刑官)에게 가서 죄를 받기를 청한다면, 의당 즉시 묶은 것을 풀어 주고 관(棺)을 불살라서 은혜를 크게 할 것이다. 그 나머지 신하들은 조정에 귀의하여 순종한다면, 모두 위로하면서 어루만져 주어 각자의 생업에 편안하게 하고, 재주에 따라 임용하여 화이(華夷) 간에 차별을 두지 않을 것이다. 영루(營壘)에 주둔함에 있어서는 정돈되고 엄숙하게 하기를 힘쓸 것이며 꼴 베고 나무하는 것을 금지하여 추호도 백성들을 침해하지 않을 것이다. 은혜와 용서로써 포고하고 화(禍)와 복(福)으로써 유시하되, 만약 서로 도와서 악한 짓을 하여 천자의 관군(官軍)에 대항하는 자가 있을 경우에는, 나라에 떳떳한 법이 있으니 한 사람도 남김없이 처단할 것이다. 이상을 분명하게 효시하는 바이니, 짐의 뜻에 맞게 하라." 모두 113만 3천 800명이었는데 200만이라 일컬었으며, 군량을 나르는 자는 그 배가 되었다. (『隋書』 4 帝紀 4 煬帝 下)

고구려 요동 현도 부여 조선 옥저 낙랑 임둔 대방

(정월) 임오일(2) 조서를 내렸는데 좌(左) 12군(軍)는 누방(鏤方)·장잠(長岑)·명해(溟海)·개마(蓋馬)·건안(建安)·남소(南蘇)·요동(遼東)·현도(玄菟)·부여(扶餘)·조선(朝鮮)·옥저(沃沮)·낙랑(樂浪) 등의 길로 출발하게 하고, 우(右) 12군은 점제(黏蟬)·함자(含資)·혼미(渾彌)·임둔(臨屯)·후성(候城)·제해(提奚)·답돈(踏頓)·숙신(肅慎)·갈석(碣石)·동이(東

晦)·대방(帶方)·양평(襄平) 등으로 가는 길로 출동하게 했다. 서로 끊임없이 길을 이어 평양에 모두 모이게 했는데 무릇 113만 3천 8백명으로 2백만이라고 불렀으며, 군량미를 수송하는 사람은 그 두배가 되었다. (…) 황제가 직접 지휘했는데, 매 군(軍)마다 대장(大將)과 아장(亞將)이 각각 1명이었고, 기병은 40(隊)로 하였는데 대는 백명으로 하여 10대를 단으로 하였다. 보병 80대로 네 개의 단(團)으로 나누었으며, 단에는 각기 편장(偏將) 1명씩 두었고, 그 개주(鎧冑)·영불(纓拂)·기번(旗旛)은 매 단마다 색깔을 달리하였다. 수항사자(受降使者)는 1명으로 조서를 받들어 위무하게 하고 대장의 통제를 받지 않게 하였다. 치중(輜重)과 산병(散兵) 또한 네 개의 단으로 하였는데, 보병이 그들을 끼고 행군하게 하였다. 전진하고 머무르며 군영을 세우는 일은 모두 순서와 규정이 있었다. (『資治通鑑』 181 隋紀 5 煬皇帝 上之下)

고구려 예 부여 요동 현도 조선 옥저 낙랑 임둔 대방

임오일(2) 조서를 내려 다음과 같이 말했다. "천지의 큰 덕으로도 가을철에 무서리를 내리며, 성철(聖哲)의 지극한 어짊으로도 형전(刑典)에 갑병(甲兵)을 드러내었다. 그러므로 조화옹(造化翁)이 가을철에 초목을 말라죽게 하는 것에서 그 의리가 사사로움이 없다는 것을 알겠으며, 제왕이 창과 방패를 써서 정벌하는 것은 대개 부득이해서 쓰는 것임을 알 수가 있다. 판천(阪泉)과 단포(丹浦)의 정벌은 모두가 공손하게 천벌(天罰)을 행한 것이고, 어지러운 나라를 빼앗고 혼란한 자를 뒤엎은 것은 모두가 천지의 법도에 따라 움직인 것이다. 더구나 감야(甘野)에서 군사들에게 맹세하여 하(夏)나라가 대우(大禹)의 왕업을 열었고, 상교(商郊)에서 문죄하여 주(周)나라가 문왕(文王)의 뜻을 발현한 경우이겠는가. 영원한 감계(鑑戒)가 전 시대에 있어서 이제 짐의 몸에 바로 당하였다. 우리 수나라는 하늘의 명에 크게 응해서 삼재(三才)를 겸하여 법도를 세우고, 육합(六合)을 통일하여 한집안으로 만들었다. 이에 강역(疆域)이 미친 바는 세류(細柳)와 반도(盤桃)의 바깥이고, 성교(聲敎)가 미친 바는 자설(紫舌)과 황지(黃枝)의 지역이다. 먼 곳에서는 덕을 사모해 귀부(歸附)하고 가까운 곳에서는 생업에 편안하여 화합하지 않는 나라가 없어, 공이 이루어지고 다스림이 안정됨이 이에 있게 되었다. 그런데 저 고구려의 보잘것없는 무리들이 미욱스럽고 공손치 못하여 발해(渤海)와 갈석(碣石) 사이에 모이고, 요동과와 예의 경계를 거듭 잠식하였다. 비록 한(漢)나라와 위(魏)나라가 주륙(誅戮)하여 그들의 근거지가 잠시 위태로웠으나, 난리로 인해 끝까지 정벌하지 못하자 그 종족(種族)들이 다시 모여들었다. 이에 지난 시대에 소굴로 모두 모여들어서 점차 번성하여 지금에 이르렀다. 저 중국 땅을 돌아보건대, 잘려 나가 오랑캐의 부류가 된 지 세월이 이미 오래되어 악이 여물어 가득 찼다. 그러나 하늘의 도는 음란한 자에게 재앙을 내리는 법이라 망할 징조가 이미 나타났다. 떳떳한 도를 어지럽히고 덕을 무너뜨림이 이루 헤아릴 수가 없으며, 악을 숨기고 간사함을 품은 지가 날짜로는 헤아리지 못할 지경이다. 조서(詔書)를 보내 엄하게 알린 것도 일찍이 면대하여 받지 않았으며, 조정에 알현하는 예도 몸소 하려고 하지 않았다. 도망친 반도(叛徒)들을 꾀어 받아들임이 끝닿은 데를 모르고, 변방 지역에 가득 차서, 자주 봉후(烽候)를 번거롭게 올리게 하고, 문빗장과 딱다기가 이로써 조용하지 못하여, 백성이 그로 말미암아 생업을 폐하게 되었다. 옛날에 정벌할 적에는 하늘의 법망에서 빠뜨려, 바로 앞에서 도망치는데도 주륙하는 것을 늦추어 주었고, 뒤늦게 복종하는 데 따른 주벌도 즉시 시행하지 않았다. 그런데도 일찍이 그 은혜를 생각지 않은 채 도리어 악함을 길렀다. 거란(契丹)의 무리들과 연합하여 바닷가의 수자리 군사들을 죽이고, 말갈(靺鞨)의 습관을 익혀 요서(遼西) 지방을 침범하였다. 또 청구(靑丘)의 바깥에서까지 모두 직공(職貢)을 닦고 벽해(碧海)의 가에서조차도 함께 정삭(正朔)을 받드는데, 드디어는 그들이 가지고 오는 보물을 다시 빼앗고 그들이 왕래하는 길을 막았다. 이에 죄 없는 사람들에게 잔학함이 미치고, 정성을 바치는 자들이 화를 당하게 되었다. 수레를 탄 봉명(奉命)한 사신이 해동(海東)에 가고 정절(旌節)을 둔 사신이 거기로 가려면 번국(藩國)의 경계를 지나가야 하는데 도로를 막고 왕의 사신을 거절하여 황제를 섬기는 마음이 없으니, 이것이 어찌 신하로서의 도리이겠는가. 이런데도 참는다면 무엇을 참고 용납하지 못하겠는가. 법령이 가혹하고 세금이 무거우며, 강포한 신하와 힘센 호족들이 모두 국정의 기틀을 틀어쥐고 있어 붕당끼리 결탁하는 것이 풍속을 이루었고, 뇌물을 주고 받는 것이 마치 물건을 사고파는 것과 같아서 억울한 일을 당하여도 억울함을 풀 수가 없다. 그런 데다가 해마다 거듭된 재앙과 흉년으로 집집마다 기근이 닥치고, 전쟁이 그치지 않아 요역이 그칠 날이 없으며, 군량을 운반하느라 힘이 다하여 죽은 시체가 도랑과 구덩이를 메우고 있다. 백성들이 근심하고 고통스러우니 그 누가 따르겠는가. 온 나라 안이 슬프고 두려워하면서 그 폐해를 견디지 못하고 있다. 이에 머리를 돌려 중국을 바라보면서 제각기 목숨을 보전할 생각을 품고 있고, 노인과 어린아이들조차도 모두 혹독하다는 탄식을 일으키고 있다. 이제 풍속을 살펴보며 유주(幽州)와 삭주(朔州)에 다다렀으니, 백성들을 위로하고 죄를 묻는 일은, 다시 군사를 일으킴에 기다릴 필요가 없다. 이에 친히 육사(六師)를 거느리고 구벌(九伐)을 펴서, 위급한 상황을 구제하여 하늘의 뜻에 따르고, 달아났던 무리를 쳐 죽여서 선대(先代)의 교훈을 이을 것이다. 지금 군율을 내려 출발하고 지휘를 나누어 길을 나아가되, 발해(渤海)를 엄습하여 천둥같이 진동하고, 부여(扶餘)를 경유하여 번개처럼 쓸어버리라. 방패를 가지런히 하고 갑옷을 살피고서 군사들에게 경계한 뒤에 출발하고, 거듭거듭 알리고 타일러서 필승을 기한 뒤에 싸우라. 좌군(左軍) 제1군은 누방도(鏤方道)로 나아가고, 제2군은 장잠도(長岑道)로 나아가고, 제3군은 해명도(海溟道)로 나아가고, 제4군은 개마도(蓋馬道)로 나아가고, 제5군은 건안도(建安道)로 나아가고, 제6군은 남소도(南蘇道)로 나아가고, 제7군은 요동도(遼東道)로 나아가고, 제8군은 현도도(玄菟道)로 나아가고, 제9군은 부여도(扶餘道)로 나아가고, 제10군은 조선도(朝鮮道)로 나아가고, 제11군은 옥저도(沃沮道)로 나아가고, 제12군은 낙랑도(樂浪道)로 나아가라. 우군(右軍) 제1군은 점선도(黏蟬道)로 나아가고, 제2군은 함자도(含資道)로 나아가고, 제3군은 혼미도(渾彌道)로 나아가고, 제4군은 임둔도(臨屯道)로 나아가고, 제5군은 후성도(候城道)로 나아가고, 제6군은 제해도(提奚道)로 나아가고, 제7군은 답돈도(踏頓道)로 나아가고, 제8군은 숙신도(肅愼道)로 나아가고, 제9군은 갈석도(碣石道)로 나아가고, 제10군은 동이도(東暆道)로 나아가고, 제11군은 대방도(帶方道)로 나아가고, 제12군은 양평도(襄平道)로 나아가라. 이상의 뭇 군사들은 먼저 묘당(廟堂)의 계략을 받들어서 잇달아 길을 나아가 모두 평양(平壤)으로 집결하라. 모든 군사들이 사나운 맹수와 같은 용맹을 가지고 있으며, 백 번 싸워 백 번 이기는 웅략(雄略)을 가지고 있다. 이에 힐끗 돌아보면 산악이 기울어 무너지고 한번 소리치면 바람과 구름이 일어나니, 마음과 덕을 함께하는 바로, 용맹한 군사들이 여기에 있다. 짐이 몸소 말을 몰아 원융(元戎)이 되어 이들을 절제(節制)하면서 요수(遼水)를 건너서 동쪽으로 가, 바다의 오른쪽을 따라가서 먼 나라 사람들의 거꾸로 매달린 듯한 고통에서 벗어나게 해 주고, 살아남은 백성들을 위해 질고(疾苦)를 물을 것이다. 그 외의 군사들은 양식을 싸 짊어지고 수레를 보충하여 기미에 따라 메아리처럼 호응하고, 갑옷을 말아 쥐고 말에게 재갈을 물려서 빠르게 진격해 적들이 방심하고 있을 때 나아가 칠 것이다. 또 큰 바다를 건너는 군사들은 천리에 이어진 전선(戰船)을 몰아 빠른 바람을 타고 번개처럼 내달리고, 커다란 전함이 구름처럼 날아가 패강(浿江)을 가로질러서 곧장 평양으로 나아갈 것이니, 도서 지역의 조망이 이에 끊어질 것이며, 어렵고 험한 길이 이에 궁해질 것이다. 그 나머지 머리를 풀어 헤치고 왼쪽으로 옷깃을 여미는 오랑캐 족속들이 시위를 당긴 채 쏘라는 명을 기다릴 것이며, 미(微), 노(盧), 팽(彭), 복(濮)의 군사들이 서로 모의하지 않고도 모두 모여들 것이다. 하늘의 이치에 따라서 역적들을 치니 군사들은 용기가 백배는 충만할 것이고, 이 많은 군사를 거느리고 전쟁을 하니 형세가 썩은 나무를 부러뜨리는 것처럼 쉬울 것이다. 그러나 왕자(王者)의 군대는 그 의리가 살해하는 것을 종식시키는 데 있으며, 성인의 가르침은 반드시 잔학한 자를 막는 데 있는 법이다. 하늘은 죄가 있는 자에게 벌을 내리는데, 죄악의 근본은 원악(元惡)에게 있으며 사람들은 사특함이 많은 법이니, 위협에 못 이겨 악을 따라 행한 자는 죄를 다스리지 않을 것이다. 만약 고원(高元)이 원문(轅門)에 와서 머리에 진흙을 바르고 스스로 형관(刑官)에게 가서 죄를 받기를 청한다면, 의당 즉시 묶은 것을 풀어 주고 관(棺)을 불살라서 은혜를 크게 할 것이다. 그 나머지 신하들은 조정에 귀의하여 순종한다면, 모두 위로하면서 어루만져 주어 각자의 생업에 편안하게 하고, 재주에 따라 임용하여 화이(華夷) 간에 차별을 두지 않을 것이다. 영루(營壘)에 주둔함에 있어서는 정돈되고 엄숙하게 하기를 힘쓸 것이며 꼴 베고 나무하는 것을 금지하여 추호도 백성들을 침해하지 않을 것이다. 은혜와 용서로써 포고하고 화(禍)와 복(福)으로써 유시하되, 만약 서로 도와서 악한 짓을 하여 천자의 관군(官軍)에 대항하는 자가 있을 경우에는, 나라에 떳떳한 법이 있으니 한 사람도 남김없이 처단할 것이다. 이상을 분명하게 효시하는 바이니, 짐의 뜻에 맞게 하라." 모두 113만 3천 800명이었는데 200만이라 일컬었으며, 군량을 나르는 자는 그 배가 되었다. (『冊府元龜』 117 帝王部 117 親征 2)

고구려 요동   (수서에서 이르기를) (대업 8년 정월) 임오일(2)에 조서를 내려 다음과 같이 말했다. 저 고구려의 보잘것없는 무리들이 미욱스럽고 공손치 못하여 발해(渤海)와 갈석(碣石) 사이에 모이고, 요동과와 예의 경계를 거듭 잠식하였다. 이에 친히 육사(六師)를 거느리고 구벌(九伐)을 펴서, 위급한 상황을 구제하여 하늘의 뜻에 따를 것이다. 만약 고원(高元)이 원문(轅門)에 와서 머리에 진흙을 바르고 스스로 형관(刑官)에게 가서 죄를 받기를 청한다면, 의당 즉시 묶은 것을 풀어 주고 관(棺)을 불살라서 은혜를 크게 할 것이다. 그 나머지 신하들은 조정에 귀의하여 순종한다면, 모두 위로하면서 어루만져 주어 각자의 생업에 편안하게 하고, 재주에 따라 임용하여 화이(華夷) 간에 차별을 두지 않을 것이다. 영루(營壘)에 주둔함에 있어서는 정돈되고 엄숙하게 하기를 힘쓸 것이며 꼴 베고 나무하는 것을 금지하여 추호도 백성들을 침해하지 않을 것이다. 은혜와 용서로써 포고하고 화(禍)와 복(福)으로써 유시하되, 만약 서로 도와서 악한 짓을 하여 천자의 관군(官軍)에 대항하는 자가 있을 경우에는, 나라에 떳떳한 법이 있으니 한 사람도 남김없이 처단할 것이다. 이상을 분명하게 효시하는 바이니, 짐의 뜻에 맞게 하라." 모두 113만 3천 800명이었는데 200만이라 일컬었으며, 군량을 나르는 자는 그 배가 되었다. (『太平御覽』 106 皇王部 31 隋 煬皇帝)

고구려 예 부여 요동 현도 조선 옥저 낙랑 임둔 대방

  (봄 정월) 조서를 내려 다음과 같이 말했다. "천지의 큰 덕으로도 가을철에 무서리를 내리며, 성철(聖哲)의 지극한 어짊으로두 형전(刑典)에 갑병(甲兵)을 드리네렸디. 그러므로 조화옹(造化翁)이 가을철에 초목을 말라죽게 하는 것에서 그 의리가 사사로움이 없다는 것을 알겠으며, 제왕이 창과 방패를 써서 정벌하는 것은 대개 부득이해서 쓰는 것임을 알 수가 있다. 판천(阪泉)과 단포(丹浦)의 정벌은 모두가 공손하게 천벌(天罰)을 행한 것이고, 어지러운 나라를 빼앗고 혼란한 자를 뒤엎은 것은 모두가 천지의 법도에 따라 움직인 것이다. 더구나 감야(甘野)에서 군사들에게 맹세하여 하(夏)나라가 대우(大禹)의 왕업을 열었고, 상교(商郊)에서 문죄하여 주(周)나라가 문왕(文王)의 뜻을 발현한 경우이겠는가. 영원한 감계(鑑戒)가 전 시대에 있어서 이제

짐의 몸에 바로 당하였다. 우리 수나라는 하늘의 명에 크게 응해서 삼재(三才)를 겸하여 법도를 세우고, 육합(六合)을 통일하여 한집안으로 만들었다. 이에 강역(疆域)이 미친 바는 세류(細柳)와 반도(盤桃)의 바깥이고, 성교(聲敎)가 미친 바는 자설(紫舌)과 황지(黃枝)의 지역이다. 먼 곳에서는 덕을 사모해 귀부(歸附)하고 가까운 곳에서는 생업에 편안하여 화합하지 않는 나라가 없어, 공이 이루어지고 다스림이 안정됨이 이에 있게 되었다. 그런데 저 고구려의 보잘것없는 무리들이 미욱스럽고 공손치 못하여 발해(渤海)와 갈석(碣石) 사이에 모이고, 요동과와 예의 경계를 거듭 잠식하였다. 비록 한(漢)나라와 위(魏)나라가 주륙(誅戮)하여 그들의 근거지가 잠시 위태로웠으나, 난리로 인해 끝까지 정벌하지 못하자 그 종족(種族)들이 다시 모여들었다. 이에 지난 시대에 소굴로 모두 모여들어서 점차 번성하여 지금에 이르렀다. 저 중국 땅을 돌아보건대, 잘려 나가 오랑캐의 부류가 된 지 세월이 이미 오래되어 악이 여물어 가득 찼다. 그러나 하늘의 도는 음란한 자에게 재앙을 내리는 법이라 망할 징조가 이미 나타났다. 떳떳한 도를 어지럽히고 덕을 무너뜨림이 이루 헤아릴 수가 없으며, 악을 숨기고 간사함을 품은 지가 날짜로는 헤아리지 못할 지경이다. 조서(詔書)를 보내 엄하게 알린 것도 일찍이 면대하여 받지 않았으며, 조정에 알현하는 예도 몸소 하려고 하지 않았다. 도망친 반도(叛徒)들을 꾀어 받아들임이 끝닿은 데를 모르고, 변방 지역에 가득 차서, 자주 봉후(烽候)를 번거롭게 올리게 하고, 문빗장과 딱다기가 이로써 조용하지 못하여, 백성이 그로 말미암아 생업을 폐하게 되었다. 옛날에 정벌할 적에는 하늘의 법망에서 빠뜨려, 바로 앞에서 도망치는데도 주륙하는 것을 늦추어 주었고, 뒤늦게 복종하는 데 따른 주벌도 즉시 시행하지 않았다. 그런데도 일찍이 그 은혜를 생각지 않은 채 도리어 악함을 길렀다. 거란(契丹)의 무리들과 연합하여 바닷가의 수자리 군사들을 죽이고, 말갈(靺鞨)의 습관을 익혀 요서(遼西) 지방을 침범하였다. 또 청구(靑丘)의 바깥에서까지 모두 직공(職貢)을 닦고 벽해(碧海)의 가에서조차도 함께 정삭(正朔)을 받드는데, 드디어는 그들이 가지고 오는 보물을 다시 빼앗고 그들이 왕래하는 길을 막았다. 이에 죄 없는 사람들에게 잔학함이 미치고, 정성을 바치는 자들이 화를 당하게 되었다. 수레를 탄 봉명(奉命)한 사신이 해동(海東)에 가고 정절(旌節)을 든 사신이 거기로 가려면 번국(藩國)의 경계를 지나가야 하는데 도로를 막고 왕의 사신을 거절하여 황제를 섬기는 마음이 없으니, 이것이 어찌 신하로서의 도리이겠는가. 이런데도 참는다면 무엇을 참고 용납하지 못하겠는가. 법령이 가혹하고 세금이 무거우며, 강포한 신하와 힘센 호족들이 모두 국정의 기틀을 틀어쥐고 있어 붕당끼리 결탁하는 것이 풍속을 이루었고, 뇌물을 주고받는 것이 마치 물건을 사고파는 것과 같아서 억울한 일을 당하여도 억울함을 풀 수가 없다. 그런 데다가 해마다 거듭된 재앙과 흉년으로 집집마다 기근이 닥치고, 전쟁이 그치지 않아 요역이 그칠 날이 없으며, 군량을 운반하느라 힘이 다하여 죽은 시체가 도랑과 구덩이를 메우고 있다. 백성들이 근심하고 고통스러우니 그 누가 따르겠는가. 온 나라 안이 슬프고 두려워하면서 그 폐해를 견디지 못하고 있다. 이에 머리를 돌려 중국을 바라보면서 제각기 목숨을 보전할 생각을 품고 있고, 노인과 어린아이들조차도 모두 혹독하다는 탄식을 일으키고 있다. 이제 풍속을 살펴보며 유주(幽州)와 삭주(朔州)에 다다랐으니, 백성들을 위로하고 죄를 묻는 일은, 다시 군사를 일으킴에 기다릴 필요가 없다. 이에 친히 육사(六師)를 거느리고 구벌(九伐)을 펴서, 위급한 상황을 구제하여 하늘의 뜻에 따르고, 달아났던 무리를 쳐 죽여서 선대(先代)의 교훈을 이을 것이다. 지금 군율을 내려 출발하고 지휘를 나누어 길을 나아가되, 발해(渤海)를 엄습하여 천둥같이 진동하고, 부여(扶餘)를 경유하여 번개처럼 쓸어버리라. 방패를 가지런히 하고 갑옷을 살피고서 군사들에게 경계한 뒤에 출발하고, 거듭거듭 알리고 타일러서 필승을 기한 뒤에 싸우라. 좌군(左軍) 제1군은 누방도(鏤方道)로 나아가고, 제2군은 장잠도(長岑道)로 나아가고, 제3군은 해명도(海溟道)로 나아가고, 제4군은 개마도(蓋馬道)로 나아가고, 제5군은 건안도(建安道)로 나아가고, 제6군은 남소도(南蘇道)로 나아가고, 제7군은 요동도(遼東道)로 나아가고, 제8군은 현도도(玄菟道)로 나아가고, 제9군은 부여도(扶餘道)로 나아가고, 제10군은 조선도(朝鮮道)로 나아가고, 제11군은 옥저도(沃沮道)로 나아가고, 제12군은 낙랑도(樂浪道)로 나아가라. 우군(右軍) 제1군은 점선도(黏蟬道)로 나아가고, 제2군은 함자도(含資道)로 나아가고, 제3군은 혼미도(渾彌道)로 나아가고, 제4군은 임둔도(臨屯道)로 나아가고, 제5군은 후성도(候城道)로 나아가고, 제6군은 제해도(提奚道)로 나아가고, 제7군은 답돈도(踏頓道)로 나아가고, 제8군은 숙신도(肅愼道)로 나아가고, 제9군은 갈석도(碣石道)로 나아가고, 제10군은 동이도(東暆道)로 나아가고, 제11군은 대방도(帶方道)로 나아가고, 제12군은 양평도(襄平道)로 나아가라. 이상의 뭇 군사들은 먼저 묘당(廟堂)의 계략을 받들어서 잇달아 길을 나아가 모두 평양(平壤)으로 집결하라. 모든 군사들이 사나운 맹수와 같은 용맹을 가지고 있으며, 백 번 싸워 백 번 이기는 웅략(雄略)을 가지고 있다. 이에 힐끗 돌아보면 산악이 기울어 무너지고 한번 소리치면 바람과 구름이 일어나니, 마음과 덕을 함께하는 바로, 용맹한 군사들이 여기에 있다. 짐이 몸소 말을 몰아 원융(元戎)이 되어 이들을 절제(節制)하면서 요수(遼水)를 건너서 동쪽으로 가, 바다의 오른쪽을 따라가서 먼 나라 사람들의 거꾸로 매달린 듯한 고통에서 벗어나게 해 주고, 살아남은 백성들을 위해 질고(疾苦)를 물을 것이다. 그 외의 군사들은 양식을 싸 짊어지고 수레를 보충하여 기미에 따라 메아리처럼 호응하고, 갑옷을 말아 쥐고 말에게 재갈을 물려서 빠르게 진격해 적들이 방심하고 있을 때 나아가 칠 것이다. 또 큰 바다를 건너는 군사들은 천리에 이어진 전선(戰船)을 몰아 빠른 바람을 타고 번개처럼 내달리고, 커다란 전함이 구름처럼 날아가 패강(浿江)을 가로질러서 곧장 평양으로 나아갈 것이니, 도서 지역의 조망이 이에 끊어질 것이며, 어렵고 험한 길이 이에 궁해질 것이다. 그 나머지 머리를 풀어 헤치고 왼쪽으로 옷깃을 여미는 오랑캐 족속들이 시위를 당긴 채 쏘라는 명을 기다릴 것이며, 미(微), 노(盧), 팽(彭), 복(濮)의 군사들이 서로 모의하지 않고도 모두 모여들 것이다. 하늘의 이치에 따라서 역적들을 치니 군사들은 용기가 백배는 충만할 것이고, 이 많은 군사를 거느리고 전쟁을 하니 형세가 썩은 나무를 부러뜨리는 것처럼 쉬울 것이다. 그러나 왕자(王者)의 군대는 그 의리가 살해하는 것을 종식시키는 데 있으며, 성인의 가르침은 반드시 잔학한 자를 막는 데 있는 법이다. 하늘은 죄가 있는 자에게 벌을 내리는데, 죄악의 근본은 원악(元惡)에게 있으며 사람들은 사특함이 많은 법이니, 위협에 못 이겨 악을 따라 행한 자는 죄를 다스리지 않을 것이다. 만약 고원(高元)이 원문(轅門)에 와서 머리에 진흙을 바르고 스스로 형관(刑官)에게 가서 죄를 받기를 청한다면, 의당 즉시 묶은 것을 풀어 주고 관(棺)을 불살라서 은혜를 크게 할 것이다. 그 나머지 신하들은 조정에 귀하여 순종한다면, 모두 위로하면서 어루만져 주어 각자의 생업에 편안하게 하고, 재주에 따라 임용하여 화이(華夷) 간에 차별을 두지 않을 것이다. 영루(營壘)에 주둔함에 있어서는 정돈되고 엄숙하게 하기를 힘쓸 것이며 꼴 베고 나무하는 것은 근지하여 추초도 백성들을 침해하지 않을 것이다. 은혜와 용서로써 포고하고 화(禍)와 복(福)으로써 유시하되, 만약 서로 도와서 악한 짓을 하여 천자의 관군(官軍)에 대항하는 자가 있을 경우에는, 나라에 떳떳한 법이 있으니 한 사람도 남김없이 처단할 것이다. 이상을 분명하게 효시하는 바이니, 짐의 뜻에 맞게 하라." 모두 113만 3천 800명이었는데 200만이라 일컬었으며, 군량을 나르는 자는 그 배가 되었다. (『北史』 12 隋本紀 下 煬皇帝)

고구려　　　(수 양제 대업) 8년 정월 고구려를 친정하였다. 대군이 탁군에 모였는데 총 110만

3,800으로 200만이라고 불렀다. 보급인원은 두 배가 넘었다. (『冊府元龜』 135 帝王部 135 好邊功)

고구려 부여	우문술(宇文述)의 자(字)는 백통(伯通)으로 대군(代郡) 무천(武川) 사람이다. (…) 고려를 정벌할 때 우문술은 부여도(扶餘道)의 군장이었다. 출발할 때 황제가 일러 말하기를, "예법에 나이가 70이면 부인이 따라와 역을 행한다 하였다. 공은 마땅히 가솔을 이끌고 스스로 따라와야 한다. 옛날에 이르기를 부인은 군에 들어올 수 없다고 했는데 하물며 전시에는 말할 나위 없다. 영루 사이에 상한 곳이 없으니 항우와 우희가 곧 그 고사이다."고 하였다. (『隋書』 61 列傳 26 宇文述)
고구려 부여	우문술의 자는 백통으로 대군 무천 사람이다. (…) 고려를 정벌할 때 우문술은 부여도의 군장이었다. 출발할 때 황제가 일러 말하기를, "예법에 나이가 70이면 부인이 따라와 역을 행한다 하였다. 공은 마땅히 가솔을 이끌고 스스로 따라와야 한다. 옛날에 이르기를 부인은 군에 들어올 수 없다고 했는데 하물며 전시에는 말할 나위 없다. 영루 사이에 상한 곳이 없으니 항우와 우희가 곧 그 고사이다."고 하였다. (『北史』 79 列傳 67 宇文述)
고구려 부여	수서에서 다음과 같이 말했다. 양제가 고려를 정벌했다. 우문술이 부여도장군이 되어 출정하려 했다. 황제가 우문술을 불러 이르기를, "예법에 나이가 70이면 부인이 따라와 역을 행한다 하였다. 공은 마땅히 가솔을 이끌고 스스로 따라와야 한다. 옛날에 이르기를 부인은 군에 들어올 수 없다고 했는데 하물며 전시에는 말할 나위 없다. 영루 사이에 상한 곳이 없으니 항우와 우희가 곧 그 고사이다. (『太平御覽』 306 兵部 37 軍行)

고구려	(봄 정월) 계미일(3) 제1군이 출발했는데 40일이 되어서야 출발하는 것이 모두 끝났다. 정기(旌旗)가 뻗은 것이 천리에 걸쳤으니 근래에 군대 출정의 성대함이 이와 같은 것이 없었다. (『隋書』 4 帝紀 4 煬皇帝 下)
고구려	(봄 정월) 계미일(3) 제1군이 출발했는데 40일이 되어서야 출발하는 것이 모두 끝났다. 근래에 군대 출정의 성대함이 이와 같은 것이 없었다. (『北史』 12 隋本紀 下 煬皇帝)
고구려	(봄 정월) 계미일(3) 제1군이 출발했는데 매일 1군씩 보내는데 간격이 40리였다. 군영을 연결하여 조금씩 전진하였고, 40일을 끝내자 출발하는 것이 마침내 다했다. 선두와 후미가 서로 이어져 북소리와 호각소리가 서로 들렸으며 정기(旌旗)가 960리에 걸쳤다. 어영(御營) 안에는 12위(十二衛)·3대(三臺)·5성(五省)·9시(寺)를 합쳤으며, 차례로 출발하니 이 또한 80리에 걸쳐 있었다. 근래에 군대 출정의 성대함이 이와 같은 것이 없었다. (『資治通鑑』 181 隋紀 5 煬皇帝 上之下)
고구려	(수 양제 대업 8년 봄 정월) 계미일(3) 제1군이 출발하여 30일이 되어서 출발하는 것이 끝났다. 정기가 천리에 걸쳤으니 근래에 군대 출정의 성대함이 이와 같은 것이 없었다. (『冊府元龜』 117 帝王部 117 親征 2)
고구려	(봄 정월) 계미일(3) 제1군이 출발하여 30일이 되어서 출발하는 것이 끝났다. 정기가 천리에 걸쳤으니 근래에 군대 출정의 성대함이 이와 같은 것이 없었다. (『太平御覽』 106 皇王部 31 隋 煬皇帝)

고구려	대업 8년 정월 9일 임자일 (劉德이) 병을 얻어 탁군에서 돌아가시니 그 때 나이 67세였다. (「劉德 墓誌銘」: 『藩唐五代墓誌滙篇 洛陽』 1)

신라 백제	(다음 해) 봄 정월에 이르자, 사람들은 이미 지쳤고 성은 무너지려 하여 형세를 다시 원래대로 할 수 없게 되었다. 이에 (해론이) 하늘을 우러러 크게 외치기를, "우리

임금이 나에게 하나의 성을 맡겼으나 온전하게 지키지 못하고 적에게 패하게 되니, 원컨대 죽어서 큰 귀신이 되어 백제인을 다 물어 죽이고 이 성을 되찾겠다."고 하였다. 드디어 팔을 걷어 부치고 눈을 부릅뜨고 달려 나가 느티나무에 부딪혀서 죽었다. 이에 성이 함락되었고 군사가 모두 항복하였다. (『三國史記』 47 列傳 7 奚論)

고구려   대업 8년 정월(2월의 잘못) 9일 임자일 탁군에서 병들어 죽으니, 이 때 나이 67이었다. (「劉德 墓誌銘」: 藹唐五代墓誌滙篇 洛陽』1)

고구려   (2월 임술일(12)) 고려를 정벌하게 되자 단문진(段文振)을 좌후위대장군(左候衛大將軍)으로 삼아 남소도(南蘇道)로 나가게 하였다. 도중에 병세가 위독해지자 표문을 올려 다음과 같이 말했다. "가만히 생각해 보건대 요동의 소추(小醜)가 아직 엄한 형벌로도 굴복하지 않아 먼 곳까지 6사가 내려 왔으며, 친히 만승(萬乘)의 천자를 수고롭게 했습니다. 다만 이적들은 속이는 일이 많으니 깊이 조심아야 막아야 하며, 입으로 항복하겠다는 정성을 말해도 바로 받아들이지 마십시오. 장맛비가 바야흐로 내리게 될 것이니 머물러 지연할 수 없습니다. 오직 바라건대 여러 군영을 엄중히 챙겨 별같이 달리고 신속히 출발하여 수륙으로 함께 전진하여 그들이 생각지도 않은 곳에서 나오면 평양은 홀로되어 기세로 보아 뽑아버릴 수 있습니다. 만약 그들의 근본이 기울어지면 나머지 성들은 자연히 이기게 되니, 만약 때에 맞추어 평정되지 않고 가을 서리를 만나고 깊이 들어가서 어려운 장애를 만나게 되니 무기와 양식은 이미 다 떨어지고 강한 적군은 앞에 있게 되며 말갈이 배후에서 출동할 것이어서 지연하고 의심하여 결정하지 아니하는 것은 좋은 계책이 아닙니다." (『資治通鑑』 181 隋紀 5 煬皇帝 上之下)

고구려   단문진은 북해(北海) 기원(期原) 사람이다. (…) 요동을 정벌할 때 좌후위대장군에 제수되어 남소도로 출정했는데, 병세가 위독하여 표문을 올려 말했다. (…) "요동의 소추가 아직 엄한 형벌로도 굴복하지 않고 있어 먼 곳까지 육사(六師)가 내려왔으며 친히 만승의 천자를 수고롭게 하였습니다. 다만 이적이 사뭇 속이는 일이 많으니 깊이 조심하여 막아야 하며, 말로는 항복하겠다고 하면서 속마음은 배반을 품고 있으며 잘 속이고 속마음을 잘 드러내지 않음이 많으니 급히 받아들이지 마소서. 장맛비가 곧 내리게 될 것이니 머물러 늦출 수 없습니다. 원컨대 제군을 엄하게 통제하여 별같이 달리고 신속히 출발하여 수륙으로 함께 전진하여 그들이 생각하지 못한 곳에 나오면 평양은 고립된 성이 되어 기세로 가히 함락시킬 수 있습니다. 만약 그들의 근본이 기울어지면 나머지 성들은 저절로 이기게 될 것이니 만약 적시에 평정하지 못하고 가을 서리를 만나 깊이 들어가서 장애를 만나고 무기와 양식이 또 다 떨어지면 강적이 앞에 있게 되고 말갈이 후위에 나타나게 될 것이니 지체하고 의심하여 결정하지 못하게 되는 것은 상책이 아닙니다." 마침내 군중에서 죽으니 황제가 표를 살피고 오랫동안 슬퍼하였다. 광록대부(光祿大夫)·상서우복야(尙書右僕射)·북평공(北平公)을 추증하고 시호를 양(襄)이라고 하였으며, 1천단의 물품, 조와 보리 2천석을 내리고 위의(威儀)와 고취(鼓吹)로 묘소까지 호송하게 하였다. 아들 10명이 있었다.
사신은 말한다. (…) 우중문은 널리 서기를 많이 읽어 스스로 뛰어난 계략을 펼칠 수 있따고 자부하였다. 울지형(尉遲逈)의 반란 때 공명을 세우니 이때부터 여러 번 관직에 추천되었다. 요동을 정벌할 때는 군대를 잃어버리니 이는 곧 큰 나무가 쓰러지려는 것이니 어찌 또한 싸우는 사람의 죄가 아니겠는가. 단문진은 어려서부터 담력과 지략이 있어 중히 여겨져 마침내 장부의 뜻을 품게 되었다. 때마다 바른 말을 개진하여 바르고 곧은 사람이라고 칭송받았으니 높은 직위와 많은 녹봉을 받은 것

은 까닭이 있다. (『隋書』 60 列傳 25 段文振)

고구려 　단문진은 북해 기원 사람이다. (…) 요동을 정벌할 때 좌후위대장군에 제수되어 남소도로 출정했는데, 병세가 위독하여 표문을 올려 말했다. "요동의 소추가 아직 엄한 형벌로도 굴복하지 않고 있습니다. 다만 이적이 사뭇 속이는 일이 많으니 깊이 조심하여 막아야 하며, 말로는 항복하겠다고 하여고 속마음은 배반을 품고 있으며 잘 속이고 속마음을 잘 드러내지 않음이 많으니 급히 받아들이지 마소서. 장맛비가 곧 내리게 될 것이니 머물러 늦출 수 없습니다. 원컨대 제군을 엄하게 통제하여 별같이 달리고 신속히 출발하면 평양은 고립된 성이 되어 기세로 가히 함락시킬 수 있습니다. 만약 그들의 근본이 기울어지면 나머지 성들은 저절로 이기게 될 것이니 만약 적시에 평정하지 못하고 가을 서리를 만나 깊이 들어가서 장애를 만나고 무기와 양식이 또 다 떨어지면 강적이 앞에 있게 되고 말갈이 후위에 나타나게 될 것이니 지체하고 의심하여 결정하지 못하게 되는 것은 상책이 아닙니다." 마침내 군중에서 죽으니 황제가 표를 살피고 오랫동안 슬퍼하였다. 광록대부·상서우복야·북평공을 추증하고 시호를 양이라고 하였다. (『北史』 76 列傳 64 段文振)

고구려 요동 　2월에 황제가 군사를 지휘하여 나아가 요수(遼水)에 이르니 여러 군대가 모두 모여 강을 향하여 큰 진영을 이루었으나, 우리 병력이 강을 막고 지켰으므로 수(隋)의 병력이 건너오지 못하였다. 황제가 공부상서(工部尚書) 우문개(宇文愷)에게 명하여 요수 서안(西岸)에서 부교(浮橋) 3개를 만들게 하여 다 완성되자 다리를 끌어다 동안(東岸)에 다다르게 하였으나 짧아서 어른 키 남짓하게 언덕에 미치지 못하였다. 우리 병력이 크게 들이닥치니 수(隋)의 병사 중에 날래고 용감한 자들이 다투어 물가로 나아와 붙어 싸웠다. 우리 병력이 높이 올라가 이를 공격하니, 수(隋)의 병력이 언덕으로 오를 수 없어 죽은 자가 매우 많았다. 맥철장(麥鐵杖)이 언덕으로 뛰어 올랐으나 전사웅(錢士雄)·맹차(孟叉) 등과 함께 모두 전사하였다. 이에 병력을 거두어 다리를 끌고 서안(西岸)으로 돌아갔다. 다시 소부감(少府監) 하조(何稠)에게 명하여 다리를 연결하게 하였는데 2일 만에 완성하였다. 여러 군대가 서로 이어서 나아가 동안(東岸)에서 크게 싸워 우리 병력이 크게 패하여 죽은 자가 만 명을 헤아렸다. 여러 군대가 승세를 타고 진격하여 요동성을 둘러싸니 성은 곧 한(漢)나라 양평성(襄平城)이었다. 황제의 행차가 요하에 도착하여 조서를 내려 천하에 사면을 베풀고, 형부상서(刑部尚書) 위문승(衛文昇) 등에게 명하여 요하 좌측 백성들을 위로하게 하고, 10년 간 조세를 면제해주고 군현을 만들어 설치하고 서로 통치하게 하였다. (『三國史記』 20 高句麗本紀 8)

고구려 요동 　2월에 황제가 군사를 지휘하여 나아가 요수(遼水)에 이르니 여러 군대가 모두 모여 강을 향하여 큰 진영을 이루었으나, 고구려군이 강을 막고 지켰으므로 수(隋)의 병력이 건너오지 못하였다. 황제가 공부상서(工部尚書) 우문개(宇文愷)에게 명하여 요수 서안(西岸)에서 부교(浮橋) 3개를 만들게 하여 다 완성되자 다리를 끌어다 동안(東岸)에 다다르게 하였으나 짧아서 어른 키 남짓하게 언덕에 미치지 못하였다. 고구려 군이 크게 들이닥치니 수(隋)의 병사 중에 날래고 용감한 자들이 다투어 물가로 나아와 붙어 싸웠다. 고구려 군이 높이 올라가 이를 공격하니, 수(隋)의 병력이 언덕으로 오를 수 없어 죽은 자가 매우 많았다. 맥철장(麥鐵杖)이 언덕으로 뛰어 올랐으나 전사웅(錢士雄)·맹차(孟叉) 등과 함께 모두 전사하였다. 이에 병력을 거두어 다리를 끌고 서안(西岸)으로 돌아갔다. 다시 소부감(少府監) 하조(何稠)에게 명하여 다리를 연결하게 하였는데 2일 만에 완성하였다. 여러 군대가 서로 이어서 나아가 동안(東岸)에서 크게 싸워 고구려 군이 크게 패하여 죽은 자가 만 명을 헤아렸다. 여러 군대가 승세를 타고 진격하여 요동성을 둘러싸니 성은 곧 한(漢)나라 양평성

(襄平城)이었다. 황제의 행차가 요하에 도착하여 조서를 내려 천하에 사면을 베풀고, 형부상서(刑部尚書) 위문승(衛文昇) 등에게 명하여 요하 좌측 백성들을 위로하게 하고, 10년 간 조세를 면제해주고 군현을 만들어 설치하고 서로 통치하게 하였다. (『三國史節要』7)

고구려　　(대업 8년) 3월 신사일(2)에 황제가 군대를 이끌었다. (『冊府元龜』117 帝王部 117 親征 2)

고구려　　(대업 8년 3월) 무자일(9)에 군대를 요수교에 배치했다. (『冊府元龜』117 帝王部 117 親征 2)

고구려　　(3월) 신묘일(12)에 대군이 적에게 막혀 강을 건너지 못했고, 우둔위대장군(右屯衞大將軍)·좌광록대부(左光祿大夫) 맥철장과 무분랑장(武賁郎將) 전사웅과 맹금의(孟金義) 등이 모두 죽었다. (『冊府元龜』117 帝王部 117 親征 2)

고구려　　(3월) 계사일(14)에 황제가 군대를 이끌었다. (『隋書』4 帝紀 4 煬帝 下)
고구려　　(3월) 계사일(14)에 황제가 군대를 이끌었다. (『北史』12 隋本紀 下 煬皇帝)
고구려　　(3월) 계사일(14) 황제가 군사를 지휘하여 나아가 요수(遼水)에 이르렀다. 여러 군대가 모두 모여, 물가에 다다라 큰 진을 이루었으나, 고구려 군사가 강을 막고 지켰으므로, 수나라 군사가 건너지 못하였다. 좌둔위대장군 맥철장이 사람들에게 일러 말하였다. "장부의 목숨은 스스로 있을 곳이 있는데, 어찌 쑥으로 콧대에 뜸을 뜨고, 참외 꼭지 코에 뿜으며 열병을 치료하여도 차도가 없다 하여 아녀자의 수중(手中)에서 누워 죽을 수 있는가." 이에 자청하여 선봉이 되어 그 세 아들에게 말하였다. "내가 나라의 은혜를 입었는데 지금이 죽는 날이다. 내가 아름답게 죽을수 있다면 너희들은 당연히 부귀를 누리게 될 것이다." 황제가 공부상서 우문개에게 명하여 요수 서쪽 언덕에서 세 개의 부교(浮橋)를 만들게 하였는데, 완성되자 끌어다 동쪽 언덕으로 갔으나 짧아서 한 길 남짓하게 언덕에 미치지 못하였다. 이때 고구려 군사들이 크게 닥치자 수나라 군사로서 날래고 용감한 자들은 다투어 물가로 나아가 접전하였다. 고구려 군사들이 높은 곳에 올라 공격하니, 수나라 군사들은 언덕에 오르지 못하고 죽은 자가 매우 많았다. 맥철장이 언덕으로 뛰어 올라갔으나 전사웅 ·맹차 등과 함께 모두 전사하니, 이에 군사를 거두어 다리를 끌고 서쪽 언덕으로 돌아갔다. 조서를 내려 맥철장을 숙공(宿公)으로 추증하고, 그의 아들 맹재(孟才)로 하여금 그의 작위를 계승하게 하고, 둘째 아들 중재(仲才)와 막내 계재(季才)도 나란히 정의대부(正議大夫)로 제수했다. 다시 소부감 하조에게 명하여 다리를 잇게 하여 이틀 만에 완성하였으므로, 여러 군대가 차례로 이어서 나아가 동쪽 언덕에서 크게 싸웠는데, 고려 군사들이 크게 패하여 죽은 자가 만 명을 헤아렸다. 여러 군대가 승세를 타고 나아가 요동성을 포위하니 곧 한나라의 양평성이었다. 황제가 요수를 건너 갈살나 가한과 고창왕 백아를 전쟁을 살펴보는 곳으로 이끌어다가 그들을 두렵고 떨게 하였으며 조서를 내려 천하에 사면을 베풀고, 형부상서 위문승 등에게 명하여 요하 동쪽의 백성들을 위무하게 하고, 10년 동안 조세를 면제해주고 군현을 두어 서로 통섭하게 하였다. (『資治通鑑』181 隋紀 5 煬皇帝 上之下)

고구려　　(수서에서 다음과 같이 말했다) (대업 8년) 3월 계사일(14)에 황제가 군대를 이끌었다. (『太平御覽』106 皇王部 31 隋 煬皇帝)
고구려　　(대업 8년) 3월 황제가 요수에서 군대를 이끌었다. (『冊府元龜』135 帝王部 135 好邊功)

고구려	(3월) 갑오일(15)에 군대를 요수교(遼水橋)에 배치했다. (『隋書』 4 帝紀 4 煬帝 下)
고구려	(3월) 갑오일(15)에 군대를 요수교에 배치했다. (『北史』 12 隋本紀 下 煬皇帝)
고구려	(수서에서 다음과 같이 말했다) (대업 8년 3월) 갑오일(15)에 군대를 요수교에 배치했다. (『太平御覽』 106 皇王部 31 隋 煬皇帝)
고구려	(3월) 갑오일(15) 황제의 군대가 요하를 건넜다. 동쪽 언덕에서 크게 싸워 적을 공격하여 깨뜨리고 전진하여 요동(성)을 포위하였다. 이때 여러 장수들이 황제의 교지를 받들어 감히 기회를 타 공격하지 못했다. 고구려가 성을 지키니 이를 공격하였으나 함락시키지 못했다. (『冊府元龜』 117 帝王部 117 親征 2)
고구려	(3월) 을미일(16) 대돈(大頓; 황제의 숙소가 있던 곳)에 큰 새 두 마리가 나타났다. 키가 한 길이 넘고 흰 몸에 붉은 다리를 하고 유유자적 날고 있었다. 황제가 이를 이상하게 여겨 공인에게 그림을 그리게 하고 아울러 칭송하는 글을 새겨 세웠다. (『北史』 12 隋本紀 下 煬皇帝)
고구려	수서에서 다음과 같이 말했다. 양제가 요동을 정벌할 때 황제의 숙소(舍臨頓)에 한 길 정도의 새가 나타났는데, 흰 몸에 붉은 다리를 하고 유유자적 날고 있었다. 황제가 이상하게 여겨 우작(虞綽)을 불러 이를 새겨 넣게 하였다. 황제가 이를 보고 좋다고 여겨 담당하는 이에게 바다 위에 세우도록 했다. (『太平御覽』 914 羽族部 1 鳥)
고구려	(3월) 무술일(19)에 대군이 적에게 막혀 강을 건너지 못했고, 우둔위대장군광록대부(右屯衛大將軍左光祿大夫) 맥철장과 무분랑장(武賁郎將) 전사웅과 맹금차(孟金叉) 등이 모두 죽었다. (『隋書』 4 帝紀 4 煬帝 下)
고구려	(3월) 무술일(19)에 대군이 적에게 막혀 강을 건너지 못했고, 우둔위대장군광록대부(右屯衛大將軍左光祿大夫) 맥철장과 무분랑장(武賁郎將) 전사웅과 맹금차(孟金叉) 등이 모두 죽었다. (『北史』 12 隋本紀 下 煬皇帝)
고구려	(수서에서 다음과 같이 말했다) (대업 8년 3월) 무술일(19)에 대군이 적에게 막혀 강을 건너지 못했고, 우둔위대장군광록대부(右屯衛大將軍左光祿大夫) 맥철장과 무분랑장(武賁郎將) 전사웅과 맹금차(孟金叉) 등이 모두 죽었다. (『太平御覽』 106 皇王部 31 隋 煬皇帝)
고구려	맥철장(麥鐵杖)은 시흥(始興) 사람이다. (…) 요동정벌 때 선봉에 서기를 청했다. 주위를 둘러보고 의자(醫者) 오경현(吳景賢)에게 일러 말하기를, "대장부의 목숨은 스스로 있을 곳이 있는데, 어찌 쑥으로 콧대에 뜸을 뜨고, 참외 꼭지 코에 뿜으며 열병을 치료하여도 차도가 없다 하여 아녀자의 손에서 누워 죽을 수 있겠는가." 하였다. 장차 요하를 건널 즈음에 세 아들을 불러 말하기를, "너희들은 마땅히 빛바랜 황색 적삼을 갖추어라. 내가 나라의 은혜를 입었는데, 지금이 죽는 날이다. 내가 죽거든 너희들은 부귀를 누릴 것이니 오직 효로써 정성을 다함에 힘쓰도록 하라." 하였다. 요수를 건널 때 다리가 미처 완성되지 못하여 동쪽 언덕에서 몇 길이나 떨어졌다. 적이 크게 이르자 철장이 언덕 위로 올라 적과 싸우다 죽었다. 무분낭장(武賁郎將) 전사웅(錢士雄)과 맹금차(孟金叉) 역시 죽었는데, 좌우의 누구도 다시 온 자가 없었다. 황제가 그를 위해 눈물을 흘리며 시신을 거두었다. 황제가 조서를 내려 다음과 같이 말했다. "맥철장은 그 뜻과 기개가 강하고 용맹하였고, 일찍부터 공적이 크게 빛났다. 정벌에 참여하여 오랑캐의 죄를 묻고자 선봉에 서서 적의 진을 함락시키니 절개가 높고 충의가 열렬하였다. 몸은 죽었으나 공적은 남으니 지극한 정성을

말로써 드러내고 애도의 마음을 돌이켜 생각하노라. 마땅히 특별한 영예를 내려 그 덕을 밝히고자 하니 가히 광록대부 숙국공에 추증하고 시호를 무열이라 할만하다." 그 아들 맹재가 잇도록 하여 광록대부로 제수하고 맹재의 두 아우 중재와 수재는 모두 정의대부에 제수하였다. 장례를 돕기 위해 수만 금을 주고 온양거(輼輬車)를 내려 주었으며, 장례 행렬의 앞뒤에 우보(羽葆)와 고취(鼓吹)를 지급했다. 평양도의 패장 우문술 등 백여 명이 영구차를 끄는 데 쓰는 동아줄을 잡게 하고 왕공(王公) 이하의 사람들을 교외로 보내어 맞이하게 했다. 전사웅에게는 좌광록대부(左光祿大夫) 우둔위장군(右屯衛將軍) 무강후(武强侯)로 추증하고 시호를 강(剛)이라 했으며, 그 아들 걸(傑)이 잇게 하였다. 맹금차에게는 우광록대부(右光祿大夫)에 추증하고 그 아들 선(善誼)가 관직을 잇게 하였다. (『隋書』 64 列傳 29 麥鐵杖)

고구려 　우문개(宇文愷)는 자가 안락(安樂)으로 기국공(杞國公) 흔(忻)의 아우이다. (…) 요동 정벌이 제대로 이루어지지 못할 때 요수를 건너는 공으로 금자광록대부로 승진하였 다가 그해 관직을 마쳤는데, 이 때 나이 58세였다. (『隋書』 68 列傳 33 宇文愷)

고구려 　하조(何稠)는 자가 계림(桂林)으로 국자좨주(國子祭酒) 타(妥)의 형이다. (…) 요동정 벌 때 우둔위장군(右屯衛將軍)으로 노수(弩手) 3만명을 지휘하였다. 이 때 공부상서 (工部尙書) 우문개가 요수교를 만들었으나 마치지 못하여 군대가 요수를 건널 수 없 었다. 우둔위대장군(右屯衛大將軍) 맥철장이 이 때문에 해를 당했다. 황제가 하조를 보내어 다리를 만들게 하여 이틀이 지나 완성되었다. 처음 하조가 행궁과 육합성을 만들 때 이르러 황제가 요동에서 적과 대적했는데, 하룻밤 만에 완성되었다. 그 성 주위는 8리였는데 성과 여장을 합해 그 높이가 10인(仞)이었다. 위에는 갑사(甲士) 들이 배치되었고, 의장과 기를 세웠으며, 네 귀퉁에는 문을 두었다. 각 면마다 한 개의 관(觀)을 설치했는데, 관 아래에 문이 세 개가 있었다. 날이 밝을 때 완성되었 다. 고려가 이를 바라보고 신이 만든 것 같다고 하였다. 이해에 금자광록대부가 더 해졌다. (『隋書』 68 列傳 33 何稠)

고구려 　맥철장(麥鐵杖)은 시흥(始興) 사람이다. (…) 요동정벌 때 선봉에 서기를 청했다. 주 위를 둘러보고 의자(醫者) 오경현(吳景賢)에게 일러 말하기를, "대장부의 목숨은 스 스로 있을 곳이 있는데, 어찌 쑥으로 콧대에 뜸을 뜨고, 참외 꼭지 코에 뿜으며 열 병을 치료하여도 차도가 없다 하여 아녀자의 손에서 누워 죽을 수 있겠는가." 하였 다. 장차 요하를 건널 즈음에 세 아들을 불러 말하기를, "너희들은 마땅히 빛바랜 황색 적삼을 갖추어라. 내가 나라의 은혜를 입었는데, 지금이 죽는 날이다. 내가 죽 거든 너희들은 부귀를 누릴 것이니 오직 효로써 정성을 다함에 힘쓰도록 하라." 하 였다. 요수를 건널 때 다리가 미처 완성되지 못하여 동쪽 언덕에서 몇 길이나 떨어 졌다. 적이 크게 이르자 철장이 언덕 위로 올라 적과 싸우다 죽었다. 무분낭장(武賁 郎將) 전사웅(錢士雄)과 맹금차(孟金叉) 역시 죽었는데, 좌우의 누구도 다시 온 자가 없었다. 황제가 그를 위하여 눈물을 흘리며 그 시신을 거두고, 광록대부(光祿大夫) 숙국공(宿國公)을 추증하고 시호를 무열(武烈)이라 하였다. 아들 맹재(孟才)가 그 뒤 를 이어 광록대부에 제수되었고, 맹재의 두 아우 중재(仲才)와 계재(季才)는 모두 정 의대부(正議大夫)에 제수되었다. 장례를 돕기 위해 수만 금을 주고 온양거(輼輬車)를 내려 주었으며, 장례 행렬의 앞뒤에 우보(羽葆)와 고취(鼓吹)를 지급했다. 평양도의 패장 우문술 등 백여 명이 영구차를 끄는 데 쓰는 동아줄을 잡게 하고 왕공(王公) 이하의 사람들을 교외로 보내어 맞이하게 했다. 전사웅에게는 좌광록대부(左光祿大 夫) 우둔위장군(右屯衛將軍) 무강후(武强侯)로 추증하고 시호를 강(剛)이라 했으며, 그 아들 걸(傑)이 잇게 하였다. 맹금차에게는 우광록대부(右光祿大夫)에 추증하고 그 아들 선의(善誼)가 관직을 잇게 하였다. (『北史』 78 列傳 66 麥鐵杖)

고구려 　(수서에서) 또 말하였다. 맥철장이 요동 전역에서 요하를 건널 때 세 아들에게 이르기를, "너희들은 빛바랜 황색 적삼을 갖추어라. 내가 나라의 은혜를 입었는데, 지금이 죽는 날이다. 내가 죽거든 너희들은 부귀를 누릴 것이니 오직 효로 정성을 다함에 힘써라" 이어 건너갔으나 다리가 미처 완성되지 못하여 동쪽 언덕에 몇 길이나 모자랐다. 적이 크게 이르니 철장이 언덕 위로 올라 적과 싸우다 죽었다. 무분낭장(武賁郎將) 전사웅(錢士雄)과 맹금차(孟金又) 또한 죽었는데, 좌우의 누구도 다시 온 자가 없었다. 황제가 그를 위하여 눈물을 흘리고 그 시신을 거두었다. (『太平御覽』 310 兵部 41 戰 下)

고구려	수서에서 다음과 같이 말했다. 요동정벌 때 우둔위장군으로 노수(弩手) 3만명을 지휘하였다. 이 때 공부상서(工部尙書) 우문개가 요수교를 만들었으나 마치지 못하여 군대가 요수를 건널 수 없었다. 우둔위대장군(右屯衛大將軍) 맥철장이 이 때문에 해를 당했다. 황제가 하조를 보내어 다리를 만들게 하여 이틀이 지나 완성되었다. 처음 하조가 행궁과 육합성을 만들 때 이르러 황제가 요동에서 적과 대적했는데, 하룻밤 만에 완성되었다. 그 성 주위는 8리였는데 성과 여장의 높이는 각각 10인(仞)이었다. 위에는 갑사(甲士)들이 배치되었고, 의장과 기를 세웠으며, 네 귀퉁에는 문을 두었다. 각 면마다 한 개의 관(觀)을 설치했는데, 관 아래에 문이 세 개가 있었다. 날이 밝을 때 완성되었다. 고려가 이를 바라보고 신이 만든 것 같다고 하였다. 이해에 금자광록대부가 더해졌다. (『太平御覽』 336 兵部 67 攻具 上)

고구려	(3월) 갑진일(25) 황제의 군대가 요하를 건넜다. 동쪽 언덕에서 크게 싸워 적을 공격하여 깨뜨리고 전진하여 요동(성)을 포위하였다. (『隋書』 4 帝紀 4 煬帝 下)
고구려	(3월) 갑진일(25) 황제의 군대가 요하를 건넜다. 동쪽 언덕에서 크게 싸워 적을 공격하여 깨뜨리고 전진하여 요동(성)을 포위하였다. (『北史』 12 隋本紀 下 煬皇帝)
고구려	(수서에서 다음과 같이 말했다) (대업 8년 3월) 갑진일(25) 황제의 군대가 요하를 건넜다. 동쪽 언덕에서 크게 싸워 적을 공격하여 깨뜨리고 전진하여 요동(성)을 포위하였다. 이때 여러 장수들이 황제의 교지를 받들어 감히 기회를 타 공격하지 못했다. 고구려가 성을 지켜니 이를 공격하였으나 함락시키지 못했다. (『太平御覽』 106 皇王部 31 隋 煬皇帝)
고구려	(대업) 8년 군대가 요수를 건너 요동 땅에 군영을 두었다. 길을 나누어 군대를 출동시켜 그 성 아래에 군대를 모이게 했다. 고구려가 성을 굳게 지켜니 황제가 전군에 공격명령을 내렸다. 또 여러 장수들에게 칙서를 내리기를, 고려가 만약 항복하면 마땅히 위로하고 받아들이고 함부로 군사를 내어 좇지 말도록 했다. 성이 장차 함락되려 할 때 적이 거짓으로 항복을 청하니 장수들이 감히 그 기회를 타서 공격하지 못하고 먼저 말을 달려 황제에게 고했다. 답보가 도착하자 적은 수비를 갖추어 나와서 저항하였다. 이러기를 두 어 차례 하였으나 황제는 깨닫지 못하였다. 식군량은 다하고 군사는 지친 데다, 군량 수송마저 중단되어 전군이 패전하니, 결국 군대를 돌리고 말았다. 이 출전에서 단지 요수 서쪽에 있는 적의 무속라(武屬邏)만을 함락시켜 요동군과 통정진만 두고 돌아왔을 뿐이다. (『太平寰宇記』 173 四夷 2 東夷 2 高勾驪國)

백제	수나라의 6군(軍)이 요하를 건너니 왕이 국경에서 경비를 엄하게 하였다. 말로는 수나라를 돕는다고 했으나 실지로는 다른 마음을 품은 것이다. (『三國史記』 27 百濟本紀 5)
백제 신라	대업 7년 이듬해 6군이 요하를 건넜다. 장이 국경에 군사를 엄중히 배치하고 수나라 군대를 돕는다고 공연히 말만 하면서 실제로는 양단책(兩端策)을 쓰고 있었다. 얼마 안 있어 신라와 틈이 생겨 자주 전쟁을 하였다. (『隋書』 81 列傳 46 東夷 百

濟)

백제 신라	대업 7년 이듬해 6군이 요하를 건넜다. 여장(餘璋)이 국경에 군사를 엄중히 배치하고 수나라 군대를 돕는다고 공연히 말만 하면서 실제로는 양단책을 쓰고 있었다. 얼마 안 있어 신라와 틈이 생겨 자주 전쟁을 하였다. (『北史』 94 列傳 82 百濟)
백제 신라	대업 7년 이듬해 6군이 요하를 건넜다. 여장이 또한 국경을 경비를 엄하게 하였다. 말로는 수나라 군대를 돕는다고 하였으나 실지로는 다른 마음을 품은 것이다. 신라와 더불어 자주 화살을 쏘아대며 매번 서로 전쟁하였다. (『太平御覽』 781 四夷部 2 東夷 2 百濟)
고구려 삼한	우작(虞綽)의 자(字)는 사유(士裕)이다. 회계(會稽) 여요(餘姚) 사람이다. (…) 요동정벌에 따라갔다는데, 황제가 숙소 임해돈(臨海頓)에서 큰 새를 보고 이를 이상히 여겨 우작을 불러 이를 바위에 새기게 하였다. 그 글은 다음과 같다. "대업 8년 임신년 여름 4월 병자일(27) 황제께서 요동과 갈석을 평정하시고, 군사를 돌렸다. 적국에 위세를 떨치고 군사를 거두어 돌려 오실 새 임금이 타는 수레의 끌채는 남쪽을 향하고, 천자의 깃발이 서쪽을 멀리 순행하면서 행궁이 유성현의 바다 가까운 물가에 머물렀다. (…) 황제께서 읽어보시고 잘했다고 하시며 담당자에게 일러 명하여 바위에 글을 새겨 바다 위에 세우게 하셨다. (『隋書』 76 列傳 41 文學 虞綽)
고구려 삼한	우작의 자는 사유이다. 회계 여요 사람이다. (…) 요동정벌에 따라갔다는데, 황제가 숙소 임해돈에서 큰 새를 보고 이를 이상히 여겨 우작을 불러 이를 바위에 새기게 하였다. 황제가 이를 보고 좋게 여겨 담당자에게 일러 바다 위에 세우게 했다. (『北史』 83 列傳 71 文苑)
고구려	4월 요동으로 진격했을 때 제장들이 각기 교지를 받들어 감히 승기를 타지 못하니 이미 고구려가 각기 성을 지켰기에 공격해도 함락시키지 못했다. (『冊府元龜』 135 帝王部 135 好邊功)
백제	여름 4월 궁 남쪽문에 벼락이 떨어졌다. (『三國史記』 27 百濟本紀 5)
백제	여름 4월 백제의 궁 남쪽문에 벼락이 떨어졌다. (『三國史節要』 7)
고구려	(5월 임오일(4)) 제장들이 각기 교지를 받들어 감히 승기를 타지 못하니 이미 고구려가 각성을 지켰기에 공격해도 함락시키지 못했다. (『隋書』 4 帝紀 4 煬帝 下)
고구려	(5월 임오일(4)) 제장들이 각기 교지를 받들어 감히 승기를 타지 못하니 이미 고구려가 각기 성을 지켰기에 공격해도 함락시키지 못했다. (『北史』 12 隋本紀 下 煬皇帝)
고구려	(5월 임오일(4)) 제장들이 동쪽으로 진격하는 데 황제가 친히 그들을 경계하여 말했다. "(…) 무릇 군대가 전진하고 머무르게 되면 모두 반드시 보고하는 상주문을 올리고 회보를 기다려야 할 것이지 멋대로 해서는 안된다." 요동성에서는 자주 나와서 싸웠으나 승리하지 못하자 마침내 성을 굳게 지켰고 황제는 여러 군영에 명령을 내려 공격하게 했다. 또 제장들에게 칙령을 내려 고구려가 만약 항복하면 즉시 위무하여 받아들일 것이며, 마음대로 군사를 풀어 놓을 수 없다고 하였다. 요동성이 곧 함락되려 하자 성 안에 있는 사람들은 번번이 항복을 받아줄 것을 요구했는데 제장들은 황제의 교지를 받들어 감히 기회에 따라 부응하지 못하고 먼저 달려와서 아뢰고 보고가 도착하도록 하니 회보가 도착할 때쯤에는 성 안에서 지키고 방어하는 것 또한 갖추었고 수시로 나와서 막으며 싸웠다. 이같이 하기를 두세번 했는데도 황제는 끝내 깨닫지 못했다. 이미 그렇게 하고 나니 성이 오랫동안 함락되지 않았다. (『資

고구려   여름 5월 처음에 여러 장수가 동쪽으로 올 때 황제가 훈계하여 말하기를 "일체 전쟁은 진격하고 정지함을 모두 반드시 아뢰어 회답을 기다릴 것이며 제멋대로 하지 말라."고 하였다. 요동성은 여러 번 나가 싸우다가 불리하면 성문을 닫고 굳게 지켰다. 황제가 여러 군대에 공격하라고 명을 내리고, 또 여러 장군에게 명하여 "고구려가 만약 항복하면 마땅히 위무하여 받아들이고 군사를 풀어놓지 말라."고 하였다. 요동성이 함락되려 하자 성 안의 사람들이 갑자기 항복을 청한다고 말하였다. 여러 장수가 황제의 뜻을 받들어 감히 제때 나아가지 못하고, 먼저 급히 아뢰게 하였다. 급기야 회답이 이르면 성 안의 방어도 또한 정비되어 적절히 나가서 대항하여 싸웠다. 이렇게 하기를 두세 번, 황제가 끝내 깨닫지 못하였고, 그 후 성은 오래도록 함락되지 않았다. (『三國史記』 20 高句麗本紀 8)

고구려   (5월) 처음에 여러 장수가 동쪽으로 올 때 황제가 훈계하여 말하기를 "일체 전쟁은 진격하고 정지함을 모두 반드시 아뢰어 회답을 기다릴 것이며 제멋대로 하지 말라."고 하였다. 요동성은 여러 번 나가 싸우다가 불리하면 성문을 닫고 굳게 지켰다. 황제가 여러 군대에 공격하라고 명을 내리고, 또 여러 장군에게 명하여 "고구려가 만약 항복하면 마땅히 위무하여 받아들이고 군사를 풀어놓지 말라."고 하였다. 요동성이 함락되려 하자 성 안의 사람들이 갑자기 항복을 청한다고 말하였다. 여러 장수가 황제의 뜻을 받들어 감히 제때 나아가지 못하고, 먼저 급히 아뢰게 하였다. 급기야 회답이 이르면 성 안의 방어도 또한 정비되어 적절히 나가서 대항하여 싸웠다. 이렇게 하기를 두세 번, 황제가 끝내 깨닫지 못하였고, 그 후 성은 오래도록 함락되지 않았다. (『三國史節要』 7)

백제   5월에 홍수가 나서 인가(人家)가 유실되었다. (『三國史記』 27 百濟本紀 5)

백제   5월에 백제에서 홍수가 나서 인가(人家)가 유실되었다. (『三國史節要』 7)

고구려   6월 기미일(11) 수 황제가 요동성 남쪽으로 행차하여 성과 못의 형세를 보고 여러 장수를 불러 잘못을 따져 꾸짖어 말하기를 "공(公)들은 자신이 관직의 높음을 가지고 또 집안의 지체를 믿고 어리석고 나약한 사람으로 나를 대우하려 하느냐? 서울에 있을 때 공들이 모두 내가 오는 것을 원치 않은 것은 병패(病敗)를 당할까 두려워하였기 때문이다. 내가 지금 여기에 온 것은 바로 공들이 하는 바를 보아 공들의 목을 베려함이다. 공들이 지금 죽음을 두려워하여 힘을 다 내지 않으니 내가 공들을 죽일 수 없을 것이라 여기느냐?" 하였다. 여러 장수들이 모두 벌벌 떨며 두려워하여 얼굴빛을 잃었다. 황제는 이에 요동성 서쪽 수 리 떨어진 곳에 머무르다가 육합성(六合城)에 거둥하였다. 우리의 여러 성들이 굳게 지키고 함락되지 않았다. (『三國史記』 20 高句麗本紀 8)

고구려   6월 기미일(11) 수 황제가 요동성 남쪽으로 행차하여 성과 못의 형세를 보고 여러 장수를 불러 잘못을 따져 꾸짖어 말하기를 "공(公)들은 자신이 관직의 높음을 가지고 또 집안의 지체를 믿고 어리석고 나약한 사람으로 나를 대우하려 하느냐? 서울에 있을 때 공들이 모두 내가 오는 것을 원치 않은 것은 병패(病敗)를 당할까 두려워하였기 때문이다. 내가 지금 여기에 온 것은 바로 공들이 하는 바를 보아 공들의 목을 베려함이다. 공들이 지금 죽음을 두려워하여 힘을 다 내지 않으니 내가 공들을 죽일 수 없을 것이라 여기느냐?" 하였다. 여러 장수들이 모두 벌벌 떨며 두려워하여 얼굴빛을 잃었다. 황제는 이에 요동성 서쪽 수 리 떨어진 곳에 머무르다가 육합성(六合城)에 거둥하였다. 우리의 여러 성들이 굳게 지키고 함락되지 않았다. (『三國史節要』 7)

고구려	6월 기미일(11) 요동으로 가서 제장들을 문책하고 화를 냈다. 이에 요동성 서쪽 수리 떨어진 곳에 머무르다가 육합성(六合城)에 거둥하였다. (『隋書』 4 帝紀 4 煬帝下)
고구려	6월 기미일(11) 요동으로 가서 제장들을 문책하고 화를 냈다. 이에 요동성 서쪽 수리 떨어진 곳에 머무르다가 육합성에 거둥하였다. (『北史』 12 隋本紀 下 煬皇帝)
고구려	6월 기미일(11) 수 황제가 요동성 남쪽으로 행차하여 성과 못의 형세를 보고 여러 장수를 불러 잘못을 따져 꾸짖어 말하기를 "공(公)들은 자신이 관직의 높음을 가지고 또 집안의 지체를 믿고 어리석고 나약한 사람으로 나를 대우하려 하느냐? 서울에 있을 때 공들이 모두 내가 오는 것을 원치 않은 것은 병패(病敗)를 당할까 두려워하였기 때문이다. 내가 지금 여기에 온 것은 바로 공들이 하는 바를 보아 공들의 목을 베려함이다. 공들이 지금 죽음을 두려워하여 힘을 다 내지 않으니 내가 공들을 죽일 수 없을 것이라 여기느냐?" 하였다. 여러 장수들이 모두 벌벌 떨며 두려워하여 얼굴빛을 잃었다. 황제는 이에 요동성 서쪽 수 리 떨어진 곳에 머무르다가 육합성에 거둥하였다. 우리의 여러 성들이 굳게 지키고 함락되지 않았다. (『資治通鑑』 181 隋紀 5 煬皇帝 上之下)
고구려	6월 기미일(11) 요동으로 가서 제장들을 문책하고 화를 냈다. 이에 요동성 서쪽 수리 떨어진 곳에 머무르다가 육합성에 거둥하였다. (『冊府元龜』 117 帝王部 117 親征 2)
고구려	6월 기미일(11) 요동으로 가서 제장들을 문책하고 화를 냈다. 이에 요동성 서쪽 수리 떨어진 곳에 머무르다가 육합성에 거둥하였다. (『冊府元龜』 135 帝王部 135 好邊功)
고구려	(수서에서 다음과 같이 말했다.) (대업 8년) 6월 기미일(11) 요동으로 가서 제장들을 문책하고 화를 냈다. 이에 요동성 서쪽 수 리 떨어진 곳에 머무르다가 육합성에 거둥하였다. (『太平御覽』 106 皇王部 31 隋 煬皇帝)
고구려	요동을 정벌할 때 본관의 영무분낭장(領武賁郎將)이 되어 숙위를 담당하였다. 이 때 군대가 요동성을 포위하였는데, 황제가 염비에게 성 아래에 가서 선유(宣諭)하도록 하였다. 적이 활과 노로 마구 쏘아대는 화살에 타고 있던 말이 맞았으나 염비는 얼굴색이 변하지 않고 말하는 데 기운과 어조가 있었다. 일을 마치고 돌아오니 바로 조청대부(朝請大夫)로 삼고 직을 전내소감(殿內少監)으로 삼고 또 영장작소감사(領將作少監事)로 삼았다. (『隋書』 68 列傳 33 閻毗)
고구려	요동을 정벌할 때 본관의 영무분낭장이 되어 숙위를 담당하였다. 이 때 군대가 요동성을 포위하였는데, 황제가 염비에게 성 아래에 가서 선유하도록 하였다. 적이 활과 노로 마구 쏘아대는 화살에 타고 있던 말이 맞았으나 염비는 얼굴색이 변하지 않고 말하는 데 기운과 어조가 있었다. 일을 마치고 돌아오니 전내소감으로 옮기고 또 장작소감(領將作少監)으로 임명했다. (『北史』 61 列傳 49 閻毗)
고구려	염비(閻毗)가 영무분랑장으로 숙위를 맡았는데, 양제의 군대가 요동성을 포위하고 비에게 성 아래로 가서 선유하게 하였다. 적이 활과 노로 마구 쏘아대는 화살에 타고 있던 말이 맞았으나 염비는 얼굴색이 변하지 않고 기운과 어조가 있게 말을 차고 일을 끝내고 돌아왔다. (『冊府元龜』 395 下 將帥部 56 勇敢 2 下)
고구려	(6월 기미일(11)) 좌익위대장군(左翊衛大將軍) 내호아(來護兒)가 강회(江淮)의 수군을 거느리고 배의 뒷부분과 앞부분이 수백 리(里)에 이르게 바다에 떠올라 앞으로 나아가 먼저 패수(浿水)로 들어와서, 평양에서 60리 떨어진 곳에서 아군과 서로 만났는데 나아가 공격하여 이를 대파하였다. 내호아가 승세를 타고 성으로 나아가려고 하였다. 부총관(副摠管) 주법상(周法尚)이 제지하며, 여러 군대가 오기를 기다려 함께

나아갈 것을 청하였다. 내호아가 듣지 않고 정예병력 수만 명을 골라 곧바로 성 아래로 나아갔다. 우리 장수는 나성 안의 빈 절에 병력을 숨겨두고, 다른 병력을 출동시켜 내호아와 싸우다가 거짓으로 패하였다. 내호아가 드디어 성으로 들어와서 병력을 풀어놓아 약탈을 하느라고 다시 대오를 갖추지 않았다. 숨은 병력이 나가니 내호아가 크게 패하여 겨우 붙잡히는 것을 면하였고 사졸로서 돌아간 자는 수천인 불과하였다. 아군이 추격하여 배 있는 곳에 이르렀으나, 주법상(周法尙)이 진영을 정비하고 기다리고 있어 아군이 후퇴하였다. 내호아가 병력을 이끌고 돌아가 바닷가 포구에 주둔하였으나, 감히 다시는 머무르면서 여러 군대를 맞아 싸우지 못하였다. (『三國史記』20 高句麗本紀 8)

고구려 (6월 기미일(11)) 좌익위대장군 내호아가 강회(江淮)의 수군을 거느리고 배의 뒷부분과 앞부분이 수백 리(里)에 이르게 바다에 떠올라 앞으로 나아가 먼저 패수(浿水)로 들어와서, 평양에서 60리 떨어진 곳에서 아군과 서로 만났는데 나아가 공격하여 이를 대파하였다. 내호아가 승세를 타고 성으로 나아가려고 하였다. 부총관(副摠管) 주법상(周法尙)이 제지하며, 여러 군대가 오기를 기다려 함께 나아갈 것을 청하였다. 내호아가 듣지 않고 정예병력 수만 명을 골라 곧바로 성 아래로 나아갔다. 우리 장수는 나성 안의 빈 절에 병력을 숨겨두고, 다른 병력을 출동시켜 내호아와 싸우다가 거짓으로 패하였다. 내호아가 드디어 성으로 들어와서 병력을 풀어놓아 약탈을 하느라고 다시 대오를 갖추지 않았다. 숨은 병력이 나가니 내호아가 크게 패하여 겨우 붙잡히는 것을 면하였고 사졸로서 돌아간 자는 수천인 불과하였다. 아군이 추격하여 배 있는 곳에 이르렀으나, 주법상(周法尙)이 진영을 정비하고 기다리고 있어 아군이 후퇴하였다. 내호아가 병력을 이끌고 돌아가 바닷가 포구에 주둔하였으나, 감히 다시는 머무르면서 여러 군대를 맞아 싸우지 못하였다. (『三國史節要』7)

고구려 (6월 기미일(11)) 좌익위대장군(左翊衛大將軍) 내호아(來護兒)가 강회(江淮)의 수군을 거느리고 배의 뒷부분과 앞부분이 수백 리(里)에 이르게 바다에 떠올라 앞으로 나아가 먼저 패수(浿水)로 들어와서, 평양에서 60리 떨어진 곳에서 아군과 서로 만났는데 나아가 공격하여 이를 대파하였다. 내호아가 승세를 타고 성으로 나아가려고 하였다. 부총관(副摠管) 주법상(周法尙)이 제지하며, 여러 군대가 오기를 기다려 함께 나아갈 것을 청하였다. 내호아가 듣지 않고 정예병력 수만 명을 골라 곧바로 성 아래로 나아갔다. 우리 장수는 나성 안의 빈 절에 병력을 숨겨두고, 다른 병력을 출동시켜 내호아와 싸우다가 거짓으로 패하였다. 내호아가 드디어 성으로 들어와서 병력을 풀어놓아 약탈을 하느라고 다시 대오를 갖추지 않았다. 숨은 병력이 나가니 내호아가 크게 패하여 겨우 붙잡히는 것을 면하였고 사졸로서 돌아간 자는 수천인 불과하였다. 아군이 추격하여 배 있는 곳에 이르렀으나, 주법상(周法尙)이 진영을 정비하고 기다리고 있어 아군이 후퇴하였다. 내호아가 병력을 이끌고 돌아가 바닷가 포구에 주둔하였으나, 감히 다시는 머무르면서 여러 군대를 맞아 싸우지 못하였다. (『資治通鑑』181 隋紀 5 煬皇帝 上之下)

고구려 내호아는 자가 숭선(崇善)으로 강도(江都) 사람이다. (…) 요동 정벌 때 내호아는 평양도행군총관 겸 검교동래군태수(檢校東萊郡太守)로 누선(樓船)을 이끌고 창해(滄海)로 나가 패수(浿水)로 부터 들어가니 평양에서 60리 떨어진 곳이었다. 고려군과 서로 조우하여 나아가 공격하여 크게 이겼다. 승기를 타서 곧장 성 아래까지 이르러 그 외성을 깨뜨렸다. 이에 군대를 풀어 성을 약탈했는데, 부대가 대오를 잃어버리자 고원의 아우 건무(建武)가 결사대 5백명을 모아 이를 공격하니 내호아가 퇴각하여 바닷가 포구에 군영을 두고 기회를 기다렸다. 후에 우문술 등이 패했다는 것을 알고 군대를 돌렸다. (『隋書』64 列傳 29 來護兒)

고구려 내호아는 자가 숭선으로 본래 남양(南陽) 신야(新野) 사람이다. (…) 요동 정벌 때 내호아는 평양도행군총관 겸 검교동래군태수로 누선을 이끌고 창해로 나가 패수로부터 들어가니 평양에서 60리 떨어진 곳이었다. 고려의 왕 고원은 경내를 비우고 군사로써 막으니 펼쳐진 진이 수십리에 이르렀다. 여러 장수들이 모두 두려워하자 내호아가 웃으며 부장 주법상(周法尙)과 장교들에게 일러 말하기를, "나는 본래 성을 굳게 지키고 들의 작물이나 가옥을 철거하여 천자의 군대를 기다릴 것으로 생각했는데 지금 와서 죽으려 하니 마땅히 이들을 죽여 아침밥으로 삼을 것이다." 하였다. 내호아가 무분낭장 비청노(費靑奴)와 여섯째 아들 좌천우(左千牛) 정(整)에게 명하여 달려가서 그 목을 베게 하였다. 이에 군대를 풀어 추격해 바로 성 아래에 이르렀는데 목을 벤 포로들의 수가 헤아릴 수 없었다. 그 외성을 깨뜨리고 성 밖에 주둔하여 제군을 기다리자, 고려는 낮에도 성문을 닫고 감히 나오지 못했다. (『北史』76 列傳 64 來護兒)

고구려 부여 낙랑 옥저 현도

(6월 기미일(11)) 좌익위대장군 우문술(宇文述)은 부여도(扶餘道)로 나오고, 우익위대장군 우중문(于仲文)은 낙랑도로 나오고, 좌효위(左驍衛)대장군 형원항(荊元恒)은 요동도로 나오고, 우익위대장군 설세웅(薛世雄)은 옥저도로 나오고, 우둔위(右屯衛)장군 신세웅(辛世雄)은 현도도로 나오고, 우어위(右禦衛)장군 장근(張瑾)은 양평도(襄平道)로 나오고, 우무후(右武侯)장군 조효재(趙孝才)는 갈석도(碣石道)로 나오고, 탁군(涿郡)태수 검교좌무위(檢校左武衛)장군 최홍승(崔弘昇)은 수성도(遂城道)로 나오고, 검교우어위호분랑장(檢校右禦衛虎賁郎將) 위문승(衛文昇)은 증지도(增地道)로 나와서 모두 압록수 서쪽에 모였다. 우문술 등의 군사는 노하(瀘河)·회원(懷遠) 두 진에서부터 사람과 말에게 모두 100일치 식량을 지급하고, 또 방패, 갑옷, 창과 옷감, 무기, 화막(火幕)을 지급하니, 사람마다 3섬 이상이 되어 무거워서 가지고 갈 수 없었다. 군중에 명령을 내려 "쌀과 조를 버리고 가는 자는 목을 베겠다."고 하니 사졸들이 모두 군막 아래에 구덩이를 파고 묻었다. 겨우 행군이 중간에 이르렀는데 식량이 다 떨어지려 하였다. 왕이 대신 을지문덕(乙支文德)을 보내 그 진영에 나아가 거짓 항복하게 하였는데, 실은 그 허실을 보려고 함이었다. 우중문이 앞서 밀지를 받았는데 "만일 왕이나 을지문덕이 오게 되면 반드시 그를 사로잡으라."고 하였다. 우중문이 그를 잡으려고 하니 상서우승(尙書右丞) 유사룡(劉士龍)이 위무사(慰撫使)로서 군이 그만두라고 하므로, 우중문이 마침내 그 말을 듣고 을지문덕을 돌아가게 하였다. 얼마 지나지 아니하여 이를 후회하고 사람을 보내 을지문덕에게 말하기를 "다시 할 말이 있으니 다시 오라."고 하였으나, 을지문덕은 돌아보지도 않고 압록수를 건너서 가버렸다.

우중문과 우문술 등이 을지문덕을 놓치고 내심 불안하였다. 우문술은 식량이 다하였으므로 돌아가려고 하였으나, 우중문이 정예 병력으로 문덕을 추격하면 공을 세울 수 있을 것이라고 주장하였다. 우문술이 이를 굳이 그만두자고 하니 우중문이 성내며 말하기를 "장군은 10만 병력을 가지고 작은 도적도 격파할 수 없다면 무슨 얼굴로 황제를 뵈올 것이요? 또한 중문은 이번 행구이 본래 공이 없는 것을 알고 있소. 왜냐하면 옛날 훌륭한 장수가 성공할 수 있었던 것은 군중의 일이 한 사람에 의해 결정되었기 때문인데, 지금은 사람들이 각기 다른 마음을 가지고 있으니 어찌 적을 이길 수 있겠소?" 하였다. 이때 황제가 우중문이 계획이 있을 것으로 여겨 여러 군대로 하여금 그의 지휘를 받게 하였으므로, 이 말을 한 것이다. 이로 말미암아 우문술 등이 부득이 그의 말을 쫓아 여러 장수와 함께 물을 건너 을지문덕을 추격하였다. 을지문덕이 우문술의 군사가 굶주린 기색이 있음을 보고 이들을 피곤하게 만들려고 매번 싸울 때마다 달아났다. 우문술이 하루에 일곱 번 싸워 모두 이기니, 이미 여러 번 승리한 것을 믿고 또 여러 사람의 의논에 쫓기어, 드디어 동쪽으로 나아가 살수(薩水)를 건너평양성에서 30리 떨어진 곳에서 산을 의지하여 진영을 베풀었다. 문덕이 다시 사신을 보내 거짓 항복하여 우문술에게 청하여 말하기를 "만약 군대를 돌리면 왕을 모시고 행재소로 가서 뵙겠습니다." 하였다. 우문술이 사졸들이 피로하여 다시 싸울 수 없음을 보고, 또 평양성이 험하고 견고하여 갑자기 함락시키기 어려운 것으로 헤아려, 드디어 그 속임수에 따라 돌아갔다. 우문술 등이 방형의 진을 치고 행군하였는데, 아군이 사방에서 수시로 공격하니 우문술 등이 잠깐 싸우고 잠깐 행군하고 하였다. (『三國史記』 20 高句麗本紀 8)

고구려 부여 낙랑 옥저 현도

(6월 기미일(11)) 좌익위대장군(左翊衛大將軍) 우문술(宇文述)은 부여도(扶餘道)로 나오고, 우익위대장군 우중문(于仲文)은 낙랑도로 나오고, 좌효위(左驍衛)대장군 형원항(荊元恒)은 요동도로 나오고, 우익위대장군 설세웅(薛世雄)은 옥저도로 나오고, 우둔위(右屯衛)장군 신세웅(辛世雄)은 현도도로 나오고, 우어위(右禦衛)장군 장근(張瑾)은 양평도(襄平道)로 나오고, 우무후(右武侯)장군 조효재(趙孝才)는 갈석도(碣石道)로 나오고, 탁군(涿郡)태수 검교좌무위(檢校左武衛)장군 최홍승(崔弘昇)은 수성도(遂城道)로 나오고, 검교우어위호분랑장(檢校右禦衛虎賁郎將) 위문승(衛文昇)은 증지도(增地道)로 나와서 모두 압록수 서쪽에 모였다. 우문술 등의 군사는 노하(瀘河)·회원(懷遠) 두 진에서부터 사람과 말에게 모두 100일치 식량을 지급하고, 또 방패, 갑옷, 창과 옷감, 무기, 화막(火幕)을 지급하니, 사람마다 3섬 이상이 되어 무거워서 가지고 갈 수가 없었다. 군중에 명령을 내려 "쌀과 조를 버리고 가는 자는 목을 베겠다."고 하니 사졸들이 모두 군막 아래에 구덩이를 파고 묻었다. 겨우 행군이 중간에 이르렀는데 식량이 다 떨어지려 하였다. 왕이 대신 을지문덕(乙支文德)을 보내 그 진영에 나아가 거짓 항복하게 하였는데, 실은 그 허실을 보려고 함이었다. 우중문이 앞서 밀지를 받았는데 "만일 왕이나 을지문덕이 오게 되면 반드시 그를 사로잡으라."고 하였다. 우중문이 그를 잡으려고 하니 상서우승(尚書右丞) 유사룡(劉士龍)이 위무사(慰撫使)로서 굳이 그만두라고 하므로, 우중문이 마침내 그 말을 듣고 을지문덕을 돌아가게 하였다. 얼마 지나지 아니하여 이를 후회하고 사람을 보내 을지문덕에게 말하기를 "다시 할 말이 있으니 다시 오라."고 하였으나, 을지문덕은 돌아보지도 않고 압록수를 건너서 가버렸다.

우중문과 우문술 등이 을지문덕을 놓치고 내심 불안하였다. 우문술은 식량이 다하였으므로 돌아가려고 하였으나, 우중문이 정예 병력으로 문덕을 추격하면 공을 세울 수 있을 것이라고 주장하였다. 우문술이 이를 굳이 그만두자고 하니 우중문이 성내며 말하기를 "장군은 10만 병력을 가지고 작은 도적도 격파할 수 없다면 무슨 얼굴로 황제를 뵈올 것이요? 또한 중문은 이번 행군이 본래 공이 없을 것을 알고 있소. 왜냐하면 옛날 훌륭한 장수가 성공할 수 있었던 것은 군중의 일이 한 사람에 의해 결정되었기 때문인데, 지금은 사람들이 각기 다른 마음을 가지고 있으니 어찌 적을 이길 수 있겠소?" 하였다. 이때 황제가 우중문이 계획이 있을 것으로 여겨 여러 군대로 하여금 그의 지휘를 받게 하였으므로, 이 말을 한 것이다. 이로 말미암아 우문술 등이 부득이 그의 말을 쫓아 여러 장수와 함께 물을 건너 을지문덕을 추격하였다. 을지문덕이 우문술의 군사가 굶주린 기색이 있음을 보고 이들을 피곤하게 만들려고 매번 싸울 때마다 달아났다. 우문술이 하루에 일곱 번 싸워 모두 이기니, 이미 여러 번 승리한 것을 믿고 또 여러 사람의 의논에 쫓기어, 드디어 동쪽으로 나아가 살수(薩水)를 건너평양성에서 30리 떨어진 곳에서 산을 의지하여 진영을 베풀었다. 문덕이 다시 사신을 보내 거짓 항복하여 우문술에게 청하여 말하기를 "만약 군대를 돌리면 왕을 모시고 행재소로 가서 뵙겠습니다." 하였다. 우문술이 사졸들이 피로하여 다시 싸울 수 없음을 보고, 또 평양성이 험하고 견고하여 갑자기 함락시키기 어려운 것으로 헤아려, 드디어 그 속임수에 따라 돌아갔다. 우문술 등이 방형의 진을 치고 행군하였는데, 아군이 사방에서 수시로 공격하니 우문술 등이 잠깐 싸우고 잠깐 행군하고 하였다. (『三國史節要』 7)

고구려 부여 낙랑 옥저 현도

(6월 기미일(11)) 좌익위대장군(左翊衛大將軍) 우문술(宇文述)은 부여도(扶餘道)로 나오고, 우익위대장군 우중문(于仲文)은 낙랑도로 나오고, 좌효위(左驍衛)대장군 형원항(荊元恒)은 요동도로 나오고, 우익위대장군 설세웅(薛世雄)은 옥저도로 나오고, 우둔위(右屯衛)장군 신세웅(辛世雄)은 현도도로 나오고, 우어위(右禦衛)장군 장근(張瑾)은 양평도(襄平道)로 나오고, 우무후(右武侯)장군 조효재(趙孝才)는 갈석도(碣石道)로 나오고, 탁군(涿郡)태수 검교좌무위(檢校左武衛)장군 최홍승(崔弘昇)은 수성도(遂城道)로 나오고, 검교우어위호분랑장(檢校右禦衛虎賁郎將) 위문승(衛文昇)은 증지도(增地道)로 나와서 모두 압록수 서쪽에 모였다. 우문술 등의 군사는 노하(瀘河)·회원(懷遠) 두 진에서부터 사람과 말에게 모두 100일치 식량을 지급하고, 또 방패, 갑옷, 창과 옷감, 무기, 화막(火幕)을 지급하니, 사람마다 3섬 이상이 되어 무거워서 가지고 갈 수가 없었다. 군중에 명령을 내려 "쌀과 조를 버리고 가는 자는 목을 베겠다."고 하니 사졸들이 모두 군막 아래에 구덩이를 파고 묻었다. 겨우 행군이 중간에 이르렀는데 식량이 다 떨어지려 하였다. 왕이 대신 을지문덕(乙支文德)을 보내 그 진영에 나아가 거짓 항복하게 하였는데, 실은 그 허실을 보려고 함이었다. 우중문이 앞서 밀지를 받았는데 "만일 왕이나 을지문덕이 오게 되면 반드시 그를 사로잡으라."고 하였다. 우중문이 그를 잡으려고 하니 상서우승(尙書右丞) 유사룡(劉士龍)이 위무사(慰撫使)로서 굳이 그만두라고 하므로, 우중문이 마침내 그 말을 듣고 을지문덕을 돌아가게 하였다. 얼마 지나지 아니하여 이를 후회하고 사람을 보내 을지문덕에게 말하기를 "다시 할 말이 있으니 다시 오라."고 하였으나, 을지문덕은 돌아보지도 않고 압록수를 건너서 가버렸다.

우중문과 우문술 등이 을지문덕을 놓치고 내심 불안하였다. 우문술은 식량이 다하였으므로 돌아가려고 하였으나, 우중문이 정예 병력으로 문덕을 추격하면 공을 세울 수 있을 것이라고 주장하였다. 우문술이 이를 굳이 그만두자고 하니 우중문이 성내며 말하기를 "장군은 10만 병력을 가지고 작은 도적도 격파할 수 없다면 무슨 얼굴로 황제를 뵈올 것이요? 또한 중문은 이번 행군이 본래 공이 없을 것을 알고 있소. 왜냐하면 옛날 훌륭한 장수가 성공할 수 있었던 것은 군중의 일이 한 사람에 의해 결정되었기 때문인데, 지금은 사람들이 각기 다른 마음을 가지고 있으니 어찌 적을 이길 수 있겠소?" 하였다. 이때 황제가 우중문이 계획이 있을 것으로 여겨 여러 군대로 하여금 그의 지휘를 받게 하였으므로, 이 말을 한 것이다. 이로 말미암아 우문술 등이 부득이 그의 말을 쫓아 여러 장수와 함께 물을 건너 을지문덕을 추격하였다. 을지문덕이 우문술의 군사가 굶주린 기색이 있음을 보고 이들을 피곤하게 만들려고 매번 싸울 때마다 달아났다. 우문술이 하루에 일곱 번 싸워 모두 이기니, 이미 여러 번 승리한 것을 믿고 또 여러 사람의 의논에 쫓기어 드디어 동쪽으로 나아가 살수(薩水)를 건너 평양성에서 30리 떨어진 곳에서 산을 의지하여 진영을 베풀었다. 문덕이 다시 사신을 보내 거짓 항복하여 우문술에게 청하여 말하기를 "만약 군대를 돌리면 왕을 모시고 행재소로 가서 뵙겠습니다." 하였다. 우문술이 사졸들이 피로하여 다시 싸울 수 없음을 보고, 또 평양성이 험하고 견고하여 갑자기 함락시키기 어려운 것으로 헤아려, 드디어 그 속임수에 따라 돌아갔다. 우문술 등이 방형의 진을 치고 행군하였는데, 아군이 사방에서 수시로 공격하니 우문술 등이 잠깐 싸우고 잠깐 행군하고 하였다. (『資治通鑑』 181 隋紀 5 煬皇帝 上之下)

고구려 부여 낙랑

　　을지문덕(乙支文德)은 그 가문의 계보가 분명하지 않다. 자질이 침착하고 굳세며 지략이 있었고, 아울러 문장을 짓고 해석할 수 있었다. 수(隋)나라 개황(開皇) 연간에 양제(煬帝)가 조서를 내려 고구려를 정벌하도록 하였다. 이에 좌익위대장군(左翊衛大將軍) 우문술(宇文述)은 부여도(扶餘道)로 나가고, 우익위대장군(右翊衛大將軍) 우중문(于仲文)은 낙랑도(樂浪道)로 나가 9군(九軍)과 함께 압록수(鴨淥水)에 이르게 하였다. 문덕은 왕명을 받고 수나라 군영(軍營)에 나가 거짓으로 항복하였는데, 사실은 그 허실(虛實)을 보기 위해서였다. 이보다 앞서 우문술과 우중문은 수나라 양제의 밀지(密旨)를 받았는데, 만약 고구려왕이나 을지문덕이 와서 만나거든 이들을 잡으라는 것이었다. 우중문 등은 을지문덕을 억류해 두고자 하였는데, 상서우승(尚書右丞) 유사룡(劉士龍)이 위무사(慰撫使)로 있으면서 굳이 제지하므로 마침내 그의 의견을 따랐다. 우중문 등은 을지문덕이 돌아가자 깊이 후회하였다. 사람을 보내 을지문덕을 속여서 "다시 의논할 것이 있으니 다시 오기를 바란다."고 전하였으나, 을지문덕은 돌아보지 않고 마침내 압록수를 건너서 돌아갔다.

　　우문술과 우중문은 이미 을지문덕을 놓쳤다고 여기고, 마음속으로 불안해하였다. 우문술은 군량이 다 떨어졌기 때문에 돌아가고자 하였지만, 우중문은 정예병으로 을지문덕을 추격하면 공을 세울 수 있다고 생각하였다. 우문술이 우중문을 제지하자, 우중문은 화를 내며 "장군은 10만 병력으로 작은 적조차 패배시키지 못하면서 무슨 낯으로 황제를 알현할 수 있겠는가"라고 하였다. 우문술은 어쩔 수 없이 우중문의 의견을 따랐다. 수나라 군대는 압록수를 건너 을지문덕을 추격하였다. 을지문덕은 수나라 군사가 굶주린 기색이 있음을보고, 그들을 지치게 만들고자 매번 싸울 때마다 쉽게 패배하였다. 우문술은 하루 동안에도 7번 싸워서 모두 이겼다. 우문술은 이미 잦은 승리를 거두었다는 것을 믿었고, 또한 여러 의견에 몰려서 마침내 진군하였다. 동쪽으로 살수(薩水)를 건너, 평양성(平壤城)으로부터 30리(里) 떨어진 곳에다가 산에 의지하여 군영(軍營)을 세웠다. 을지문덕이 우중문에게 시(詩)를 보냈다. 신묘한 계책은 천문(天文)을 꿰뚫었고, 지리(地理)를 다하였네. 싸워서 이긴 공이 이미 높았으니 만족할 줄 안다면 그치면 어떠할까. 우중문은 답서를 보내 을지문덕을 타일렀다. 을지문덕이 다시 사신을 보내 거짓으로 항복하고, 우문술에게 요청하기를, "만약 군사를 돌리신다면, 마땅히 왕을 모시고 행재소(行在所)로 가서 입조(入朝)하겠습니다."고 하였다. 우문술은 병사들이 지친 것을 보고, 다시 싸우기는 힘들다고 여겼고, 또한 평양성의 지형이 험하고 수비가 단단하여 갑자기 함락시키기 어렵다고 생각하였다. 마침내 그 거짓 항복을 이유로 삼아 회군하였다. 방진(方陣)을 갖추고 행군하였는데, 을지문덕은 군사를 내어 네 방향에서 이들을 습격하여 쳐부수었다. 우문술 등은 싸우고 행군하기를 반복하였다. (『三國史記』 44 列傳 4 乙支文德)

고구려 요동 낙랑

　　요동을 정벌할 때 우중문이 군대를 이끌고 낙랑도(樂浪道)를 따라가다가 군대가 오골성(烏骨城)에 이르렀다. 우중문이 날랜 말과 파리한 노새 수천필을 후위에 두었는데, 얼마 후 무리를 이끌고 동쪽으로 지나가려는데, 고려가 군대를 내어 치중(輜重)을 기습했다. 우중문이 반격하여 크게 깨뜨리고 압록수에 이르렀다. 고려의 장수 을지문덕이 거짓으로 항복하여 그 군영으로 왔다. 앞서 우중문은 만약 고원(高元)이나 을지문덕을 만나면 반드시 생포하라는 밀지를 받았었다. 이 때에 이르러 을지문덕이 오니 우중문이 그를 붙잡으려 했는데, 이 때 상서우승(尚書右丞) 유사룡(劉士龍)이 위무사(慰撫使)로 있었는데, 강하게 중지시켰다. 우중문이 결국 을지문덕을 놓아주었는데, 후회하여 사람을 보내 을지문덕을 속여 다시 할 말이 있으니 다시 오라고 하였다. 을지문덕이 따르지 않고 강을 건너갔다. 우중문이 강을 건너 추격하여 싸울 때마다 적을 깨뜨렸다. 을지문덕이 우중문에게 시를 보내 말하기를, "신묘한 책략은 천문(天文)을 꿰뚫었고 지리(地理)를 다하였네. 싸워서 이긴 공 이미 높으니 만족할 줄 안다면 그치면 어떠하리"라 하였다. 우중문이 답서를 보내 회유하였으나, 을지문덕은 목책을 불사르고 도망갔다. 이 때 우문술이 식량이 다하여 회군하려 했으나 우중문이 정예병으로 을지문덕을 추격하면 공을 세울 수 있다고 하였다. 우문술이 강하게 말렸으나, 우중문이 화를 내며 말하기를, "장군이 10만 병력을 거느리고도 작은 적을 깨뜨리지 못하면 무슨 얼굴로 황제를 뵐 수 있겠소. 또 나 우중문은 이번 출행에 진실로 공이 없습니다." 하니 우문술이 이로 인해 크게 소리를 치며 어찌 공이 없음을 알 수 있소라고 하였다. 우중문이 말하기를 "옛날 주아부(周亞夫)가 장수가 되어 천자를 뵙고 군대의 위용이 변치 않았음은 이는 결정권이 한 사람에게 있었기 때문에 공이 이루어진고 이름이 떨치게 된 것이오. 지금은 사람들이 각기 제 마음을 가지고 있으니 어찌 적을 이길 수 있겠소."라고 하였다. 처음 황제가 우중문이 계책을 가지고 있었기 때문에 전군의 보고와 지시, 지휘를 맡겼다. 이 때문에 이같은 말을 한 것이다. 이로 말미암아 우문술 등이 어쩔 수 없이 우중문을 따라 행군하여 동으로 살수에 이르렀다. 우문술이 병사들이 굶주려 퇴각하여 돌아오다가 군대가 결국 패배했다. (『隋書』 60 列傳 25 于仲文)

고구려　우문술이 구군(九軍)과 함께 압록수에 이르렀는데, 식량이 다 하였다. 이에 회군할 것을 의논했는데, 장수들의 의견이 달랐다. 우문술은 또 황제의 뜻을 헤아리지도 못했다. 을지문덕이 군영을 찾아왔을 때 우문술은 우중문과 함께 밀지를 받아 을지문덕을 붙잡으라고 했으나, 이미 놓아주어 을지문덕이 도망갔는데, 그 이야기는 우중문전에 있다.

우문술은 속으로 걱정하고 드디어 장수들과 강을 건너 추격하였다. 이 때 을지문덕은 우문술의 군대가 굶주린 기색이 많음을 보고 우문술의 군대를 피로하게 하고자 하여 싸울 때마다 져서 우문술은 하루 동안 7번 싸워 모두 대승을 거두어 승기를 탄 것을 믿었다. 또 안으로 여러 의견을 강요하여 진격하게 하여 동으로 살수를 건너니 평양성으로부터 30리 떨어진 곳에 산을 의지하여 군영을 세웠다. 을지문덕이 다시 사신을 보내어 거짓으로 항복하면 우문술에게 청하여 "만약 군대를 돌리면 반드시 국왕 고원을 모시고 행재소에 조회하겠다."고 말하였다. 우문술은 병사들이 피로하여 다시 싸울 수 없으며 또 평양성이 험하고 견고하여 힘을 다하기도 어렵다는 것을 알고 을지문덕의 거짓말을 핑계로 돌아왔다. (『隋書』 61 列傳 26 宇文述)

고구려 숙신　양의신(楊義臣)은 대군(代郡) 사람으로 본래의 성은 울지씨(尉遲氏)이다. (…) 다시 요동을 정벌할 때 종군했는데, 군장(軍將)으로써 숙신도(肅愼道)로 갔다. 압록수에 이르러 을지문덕과 싸워 매번 선봉에 서서 하루에 7번 크게 이겼다. (『隋書』 63 列傳 28 楊義臣)

고구려　위현(衛玄)의 자는 문승(文昇)으로 하남(河南) 낙양(洛陽) 사람이다. (…) 대업 8년 형부상서(刑部尙書)에 임명되어 요동정벌 때 검교우어위대장군(檢校右禦衛大將軍)으로 증지도(增地道)를 따라 군대를 이끌었다. (『隋書』 63 列傳 28 衛玄)

고구려　조재(趙才)는 자가 효재(孝才)로 장액(張掖) 주천(酒泉) 사람이다. (…) 요동정벌 때 다시 갈석도(碣石道)로 다시 나가 다시 좌후위장군에 제수되었다가 얼마 후 우후위대장군(右候衛大將軍)이 되었다. (『隋書』 65 列傳 30 趙才)

고구려 옥저　설세웅은 자가 세영(世英)으로 본래 하동(河東) 분음(汾陰) 사람이다. (…) 요동정벌 때 세웅은 옥저도 군장이 되었다. (『隋書』 65 列傳 30 薛世雄)

고구려　최홍승(崔弘昇)은 자(字)가 상객(上客)으로 요동정벌 때 검교좌무위대장군(檢校左武衛大將軍事)로 평양으로 갔다. (『隋書』 74 列傳 39 酷吏 崔弘度)

고구려 낙랑　요동을 정벌할 때 우중문이 군대를 이끌고 낙랑도(樂浪道)를 따라가다가 오골성(烏

骨城)에 이르렀다. 우중문이 날랜 말과 파리한 노새 수천필을 후위에 두었는데, 얼마 후 무리를 이끌고 동쪽으로 지나가려는데, 고려가 군대를 내어 치중(輜重)을 기습했다. 우중문이 반격하여 크게 깨뜨리고 압록수에 이르렀다. 고려의 장수 을지문덕이 거짓으로 항복하여 그 군영으로 왔다. 앞서 우중문은 만약 고원(高元)이나 을지문덕을 만나면 반드시 생포하라는 밀지를 받았었다. 이 때에 이르러 을지문덕이 오니 우중문이 그를 붙잡으려 했는데, 이 대 상서우승(尚書右丞) 유사룡(劉士龍)이 위무사(慰撫使)로 있었는데, 강하게 중지시켰다. 우중문이 결국 을지문덕을 놓아주었는데, 후회하여 사람을 보내 을지문덕을 속여 다시 할 말이 있으니 다시 오라고 하였다. 을지문덕이 따르지 않고 강을 건너갔다. 우중문이 강을 건너 추격하여 싸울 때마다 적을 깨뜨렸다. 을지문덕이 우중문에게 시를 보내 말하기를, "신묘한 책략은 천문(天文)을 꿰뚫었고 지리(地理)를 다하였네. 싸워서 이긴 공 이미 높으니 만족할 줄 안다면 그치면 어떠하리"라 하였다. 우중문이 답서를 보내 회유하였으나, 을지문덕은 목책을 불사르고 도망갔다. 이 때 우문술이 식량이 다하여 회군하려 했으나 우중문이 정예병으로 을지문덕을 추격하면 공을 세울 수 있다고 하였다. 우문술이 강하게 말렸으나, 우중문이 화를 내며 말하기를, "장군이 10만 병력을 거느리고도 작은 적을 깨뜨리지 못하면 무슨 얼굴로 황제를 빌 수 있겠소. 또 나 우중문은 이번 출행에 진실로 공이 없습니다." 하니 우문술이 이로 인해 크게 소리를 치며 어찌 공이 없음을 알 수 있소라고 하였다. 우중문이 말하기를 "옛날 주아부(周亞夫)가 장수가 되어 천자를 뵙고 군대의 위용이 변치 않았음은 이는 결정권이 한 사람에게 있었기 때문에 공이 이루어진고 이름이 떨치게 된 것이오. 지금은 사람들이 각기 제 마음을 가지고 있으니 어찌 적을 이길 수 있겠소."라고 하였다. 처음 황제가 우중문이 계책을 가지고 있었기 때문에 전군의 보고와 지시, 지휘를 맡겼다. 이 때문에 이 같은 말을 한 것이다. 이로 말미암아 우문술 등이 어쩔 수 없이 우중문을 따라 행군하여 동으로 살수에 이르렀다. 우문술이 병사들이 굶주려 퇴각하여 돌아오다가 군대가 결국 패배했다. (『北史』 23 列傳 11 于栗磾)

| 고구려 | 양의신은 대군 사람으로 본래의 성은 울지씨이다. (…) 다시 요동을 정벌할 때 종군했는데, 군장으로써 숙신도로 갔다. 압록수에 이르러 을지문덕과 싸워 매번 선봉에 서서 하루에 7번 크게 이겼다. (『北史』 73 列傳 61 楊義臣) |

| 고구려 | 위현의 자는 문승으로 하남 낙양 사람이다. (…) 요동정벌 때 검교우어위대장군으로 증지도를 따라 군대를 지휘했다. (『北史』 76 列傳 64 衛玄) |

| 고구려 | 우문술이 구군(九軍)과 함께 압록수에 이르렀는데, 식량이 다 하였다. 이에 회군할 것을 의논했는데, 장수들의 의견이 달랐다. 우문술은 또 황제의 뜻을 헤아리지도 못했다. 을지문덕이 군영을 찾아왔을 때 우문술은 우중문과 함께 밀지를 받아 을지문덕을 붙잡으라고 했으나, 이미 놓아주어 을지문덕이 도망갔다.
우문술은 속으로 걱정하고 드디어 장수들과 강을 건너 추격하였다. 이 때 을지문덕은 우문술의 군대가 굶주린 기색이 많음을 보고 우문술의 군대를 피로하게 하고자 하여 싸울 때마다 져서 우문술은 하루 동안 7번 싸워 모두 대승을 거두어 승기를 탄 것을 믿고 또 안으로 여러 의견을 강요하여 진격하게 하여 동으로 살수를 건너니 평양성으로부터 30리 떨어진 곳에 산을 의지하여 군영을 세웠다. 을지문덕이 다시 사신을 보내어 거짓으로 항복하면 우문술에게 청하여 "만약 군대를 돌리면 반드시 국왕 고원을 모시고 행재소에 조회하겠다."고 말하였다. 우문술은 병사들이 피로하여 다시 싸울 수 없으며 또 평양성이 험하고 견고하여 힘을 다하기도 어렵다는 것을 알고 을지문덕의 거짓말을 핑계로 돌아왔다. (『北史』 79 列傳 67 宇文述) |

| 고구려 | 수 양제가 고구려를 정벌했다. 9군(九軍)이 이미 압록수를 건넜으나 식량이 다하여 회군할 것을 의논했다. 제장들의 의견이 다 달랐고, 또 황제의 뜻을 헤아릴 수 없었 |

다. 고구려의 국상 을지문덕이 군영을 찾아온 때를 만났으나 도장(都將) 우문술이 잡지 못하였다. 문덕이 도망가버리자 우문술은 속으로 안절부절하여 드디어 제장들과 함께 추격하였다. 이 때 을지문덕은 수나라 군대가 굶주린 기색을 보고 우문술의 군대를 피로하게 하고자 매번 싸우되 지니 우문술이 하루에 7번 싸워 모두 승리했다. 이미 승리에 도취되어 안으로 여러 의견을 묵살하고 이에 평양성으로 진격하였다. 을지문덕이 거짓으로 항복하니 우문술이 공격할 수 없음을 알고 군대를 빼어 돌아갔다. (『通典』155 兵 8 敵飢以持久弊之)

고구려 낙랑   요동을 정벌할 때 우중문이 군대를 이끌고 낙랑도(樂浪道)를 따라가다가 군대가 오골성(烏骨城)에 이르렀다. 우중문이 날랜 말과 파리한 노새 수천필을 후위에 두었는데, 얼마 후 무리를 이끌고 동쪽으로 지나가려는데, 고려가 군대를 내어 치중(輜重)을 기습했다. 우중문이 반격하여 크게 깨뜨렸다. (『通典』156 兵 9 餌敵取勝)

고구려   수 양제가 고려를 정벌했다. 대장 우문술이 구군을 거느리고 압록수를 지나고 또 동으로 살수를 건너니 고려의 평양성 30리 거리였다. 산에 의지하여 군영을 세우니 고려의 국상 을지문덕이 사신을 보내어 거짓으로 항복하여 우문술에게 청해 군대를 돌리면 그 왕 고원을 모시고 행재소에서 조회하겠다고 하였다. 우문술은 병사들이 피로하여 다시 싸울 수 없고, 또 평양성이 험하고 견고하여 힘을 다하기도 어렵다는 것을 알고 을지문덕의 거짓말을 핑계로 돌아왔다. (『通典』162 兵 15 敵無固志可取之)

고구려   (수서에서) 또 다음과 같이 말했다. 우중문이 고려를 토벌하여 크게 깨뜨렸다. 압록수에 이르러 고려의 장수 을지문덕이 거짓으로 항복하여 그 군영으로 왔다. 앞서 우중문은 만약 고원(高元)이나 을지문덕을 만나면 반드시 생포하라는 밀지를 받았었다. 이 때에 이르러 을지문덕이 오니 우중문이 그를 붙잡으려 했는데, 이 때 상서우승(尚書右丞) 유사룡(劉士龍)이 위무사(慰撫使)로 있었는데, 강하게 중지시켰다. 우중문이 결국 을지문덕을 놓아주었는데, 후회하여 사람을 보내 을지문덕을 속여 다시 할 말이 있으니 다시 오라고 하였다. 을지문덕이 따르지 않고 강을 건너갔다. 우중문이 강을 건너 추격하여 싸울 때마다 적을 깨뜨렸다. 을지문덕이 우중문에게 시를 보내 말하기를, "신묘한 책략은 천문(天文)을 꿰뚫었고 지리(地理)를 다하였네. 싸워서 이긴 공 이미 높으니 만족할 줄 안다면 그치면 어떠하리"라 하였다. 우중문이 답서를 보내 회유하였으나, 을지문덕은 목책을 불사르고 도망갔다. (『太平御覽』277 兵部 8 儒將)

고구려 낙랑   (통전에서) 또 이르기를, 요동을 정벌할 때 우중문이 군대를 이끌고 낙랑도(樂浪道)를 따라가다가 오골성(烏骨城)에 이르렀다. 우중문이 날랜 말과 파리한 노새 수천필을 후위에 두었는데, 얼마 후 무리를 이끌고 동쪽으로 지나가려는데, 고려가 군대를 내어 치중(輜重)을 기습했다. 우중문이 반격하여 크게 깨뜨렸다. (『太平御覽』289 兵部 20 機略 8)

고구려   (『수서』에서) 또 다음과 같이 말했다. 수 양제가 고려를 정벌했다. 대장 우문술이 구군을 거느리고 압록수를 지나고 또 동으로 살수를 건너니 고려의 평양성 30리 거리였다. 산에 의지하여 군영을 세우니 고려의 국상 을지문덕이 사신을 보내어 거짓으로 항복하여 우문술에게 청해 군대를 돌리면 그 왕 고원을 모시고 행재소에서 조회하겠다고 하였다. 우문술은 병사들이 피로하여 다시 싸울 수 없고, 또 평양성이 험하고 견고하여 힘을 다하기도 어렵다는 것을 알고 을지문덕의 거짓말을 핑계로 돌아왔다. (『太平御覽』313 兵部 44 決戰 下)

고구려   (통전에서) 또 다음과 같이 말했다. 수 양제가 고구려를 정벌했다. 9군(九軍)이 이미 압록수를 건넜으나 식량이 다하여 회군할 것을 의논했다. 제장들의 의견이 다 달랐고, 또 황제의 뜻을 헤아릴 수 없었다. 고구려의 국상 을지문덕이 군영을 찾아온 때를 만났으나 도장(都將) 우문술이 잡지 못하였다. 문덕이 도망가버리자 우문술은 속으로 안절부절하여 드디어 제장들과 함께 추격하였다. 이 때 을지문덕은 수나라 군대가 굶주린 기색을 보고 우문술의 군대를 피로하게 하고자 매번 싸우되 지니 우문술이 하루에 7번 싸워 모두 승리했다. 이미 승리에 도취되어 안으로 여러 의견을 묵살하고 이에 평양성으로 진격하였다. 을지문덕이 거짓으로 항복하니 우문술이 공격할 수 없음을 알고 군대를 빼어 돌아갔다. (『太平御覽』 324 兵部 55 詐降)

고구려 부여 우문술이 부여도장군이 되었다. 양제가 고려를 정벌할 때 우문술이 9군과 함께 압록수에 이르러 식량이 다하자 회군할 것을 의논하니 제장들의 의견이 많이 달랐다. 우문술이 또 황제의 뜻을 헤아리지 못하여 을지문덕이 그 군영을 찾아왔을 때 우문술이 앞서 광록대부(光祿大夫) 우중문과 함께 을지문덕을 꾀어 붙잡아두라는 황제의 밀명을 받았음에도 지체하여 을지문덕이 도망갔다.

우문술이 속으로 불안하여 추격했다. 을지문덕은 우문술의 군대가 굶주린 기색이 많음을 알고 우문술의 무리들을 피로하게 할려고 매번 싸우면서도 일부러 졌다. 우문술이 하루에 7번 싸워 크게 이기니 이미 승리한 것을 믿어 또 여러 의논을 밀어붙였다. 이에 드디어 동으로 육수(陸水)를 건너니 평양에서 30리 떨어져 산을 둘러 군영을 설치했다. 을지문덕이 다시 사신을 보내어 거짓 항복하여 우문술을 만나 만약 회군한다면 마땅히 고원(高元)을 받들어 행재소로 가사 입조하겠다고 하였다. 우문술은 병사들이 피로한 것을 보고 다시 싸울 수 없고 평양이 험하고 굳건하여 힘을 다하기 어렵다는 것을 알고 그 거짓말을 빙자하여 돌아왔다. (…) 이보다 앞서 우중문이 무리를 이끌고 압록수에 이르렀는데, 우문술이 식량이 다하여 돌아가려 했다. 우중문이 의논하여 정예병으로 을지문덕을 추격하면 공을 세울 수 있다고 하니 우문술이 강하게 말렸다. 우중문이 노하여 말하기를 "장군이 10만 병력을 거느리고도 작은 적을 깨뜨리지 못하면 무슨 얼굴로 황제를 뵐 수 있겠소. 또 나 우중문은 이번 출행에 진실로 공이 없습니다." 하니 우문술이 이로 인해 크게 소리를 치며 어찌 공이 없음을 알 수 있소라고 하였다. 우중문이 말하기를 "옛날 주아부(周亞夫)가 장수가 되어 천자를 뵙고 군대의 위용이 변치 않았음은 이는 결정권이 한 사람에게 있었기 때문에 공이 이루어진고 이름이 떨치게 된 것이오. 지금은 사람들이 각기 제 마음을 가지고 있으니 어찌 적을 이길 수 있겠소."라고 하였다. 처음 황제가 우중문이 계책을 가지고 있었기 때문에 전군의 보고와 지시, 지휘를 맡겼다. 이 때문에 이 같은 말을 한 것이다. 이로 말미암아 우문술 등이 어쩔 수 없이 우중문을 따라 행군하여 동으로 살수에 이르렀다. 우문술이 병사들이 굶주려 퇴각하여 돌아오다가 군대가 결국 패배했다. (『冊府元龜』 442 將帥部 103 敗衄 2)

고구려 최홍승은 탁군(涿郡) 태수로 요동정벌 때 검교좌무위대장군사(檢校左武衛大將軍事)로 평양에 이르렀다. (『冊府元龜』 442 將帥部 103 敗衄 2)

고구려 수나라 우중문은 고조 대업 연간에 광록대부(光祿大夫)가 되었는데, 요동정벌 때 무리를 이끌고 압록수에 주둔하였다. 고려의 장수 을지문덕이 그 군영에 와서 거짓으로 항복하였다. 앞서 우중문은 만약 고원이나 을지문덕이라는 자를 만나면 반드시 잡아두라는 황제의 밀명을 받았었다. 이 때에 이르러 을지문덕이 오자 우중문이 그를 붙잡으려 하니 그 때 위무사로 있었던 상서우승 유사룡이 강하게 말렸다. 우중문이 을지문덕을 놓아주고는 후회가 들어 사람을 보내 을지문덕에게 거짓으로 다시 논의할 말이 있다고 다시 와달라고 했으나 을지문덕을 따르지 않고 강을 건너가버렸다. 우중문이 기병을 뽑아 강을 건너 추격했는데, 매번 싸울 때마다 적을 깨뜨렸다. 을지문덕이 우중문에게 시를 보내 말하기를, "신묘한 책략은 천문(天文)을 꿰뚫었고 지리(地理)를 다하였네. 싸워서 이긴 공 이미 높으니 만족할 줄 안다면 그치면 어떠하리"라 하였다. 우중문이 답서를 보내 회유하였으나, 을지문덕은 목책을 불사

르고 도망갔다. (『册府元龜』 445 將帥部 106 無謀)

고구려 7월 임오일(4) 우문술이 살수(薩水)에서 패했다. 우둔위장군(右屯衛將軍) 설세웅(薛世雄)이 죽었고, 9군(軍)이 모두 패배하여 도망쳐 돌아왔따. 살아돌아온 자는 1천 여 기병이었다. (『北史』 12 隋本紀 下 煬皇帝)

고구려 7월 임오일(4) 우문술이 살수에서 패했다. 우둔위장군 신세웅(辛世雄)이 죽었고, 9군이 모두 패배하여 군대가 도망쳐 돌아왔다. 살아돌아온 자는 1천 여 기병이었다. (『册府元龜』 117 帝王部 117 親征 2)

고구려 이 때 제군이 대부분 싸움에 졌는데, 위현만이 홀로 모든 병사들을 이끌고 돌아왔다. (『北史』 76 列傳 64 衛玄)

고구려 무리들 반 정도 건넜을 때 적이 후군을 공격하니 이에 크게 무너져 막을 수가 없어 구군이 패하였다. 하루 낮밤만에 압록수에 이르니 행군거리가 450리였다. 요동성에 돌아왔을 때 2,700명뿐이었다. (『北史』 79 列傳 67 宇文述)

고구려 7월 임인일(24) 우문술이 살수에서 패배했다. 우둔위장군 신세웅이 죽었고, 9군이 모두 패배하여 장수들이 도망쳐 돌아왔다. 살아돌아온 자는 2천 여 기병이었다. (『隋書』 4 帝紀 4 煬帝 下)

고구려 가을 7월 임인일(24) 살수에 이르렀다. 군사들이 절반 정도 건널 즈음 고구려가 뒤에서 그 후군을 쳐 우둔위장군 신세웅이 죽었다. 이에 여러 군영이 모두 궤멸되어 제지할 수 없었고, 장수들과 사졸들이 도망하여 돌아오는 데 하루 낮 하루 밤만에 압록수에 도착했다. 그 거리가 450리였다. 장군 천수(天水) 사람 왕인공(王仁恭)이 후방을 맡아서 고구려를 공격하여 물리쳤다. 내호아는 우문술 등이 패했다는 소식을 듣고 또한 군사를 이끌고 돌아왔다. 오직 위문승(衛文昇)의 군대만이 홀로 온전했다. 처음 9군이 요하를 건널 때 무릇 30만 5천명이었는데, 돌아와서 요동성까지 도착한 사람은 오직 2,700명 뿐이었다. 군용물자와 무기는 거만(巨萬)을 헤아렸는데, 잃어버리고 없애서 다 없어졌다. 황제가 크게 화가 나서 우문술 등을 쇠사슬로 묶었다. (『資治通鑑』 181 隋紀 5 煬皇帝 上之下)

고구려 7월 임인일(24) 우문술 등이 살수에서 패배했다. 우둔위장궁 신세웅이 죽었고, 9군이 모두 패배하여 하루 낮 하루 밤에 압록수에 도착했다. 그 거리가 450리였다. 처음 요하를 건널 때 9군 30만 5천명이었는데, 돌아와 요동성에 도착했을 때는 오직 2,700명 뿐이었다. 군대가 회군하여 패장 우문술과 우중문 등을 제명하고 백성으로 삼았으며, 상서우승(尙書右丞) 유사취(劉士就)는 목을 베어 천하에 사죄했다. (『册府元龜』 135 帝王部 135 好邊功)

고구려 (수서에서 말하기를) (대업 8년) 7월 임인일(24) 우문술 등이 살수에서 패배했다. 우둔위장군 신세웅이 죽었고, 9군이 모두 패배하여 장수들이 도망쳐왔다. 죽은 자가 2,000여 기였다. (『太平御覽』 106 皇王部 31 隋 煬皇帝)

고구려 가을 7월에 살수에 이르러 군사가 반쯤 강을 건넜을 때 아군이 뒤에서 후군을 공격하니 우듀위장구 시세웅이 전사하였다. 이에 여러 군대가 함께 무너져서 걷잡을 수 없게 되어 장수와 사졸들이 달아나 돌아가는데, 하루낮 하룻밤에 압록수에 도달하여 450리를 행군하였다. 장군 천수 사람 왕인공이 최후의 부대가 되어 아군을 공격하여 물리쳤다. 내호아는 우문술 등이 패함을 듣고 역시 병력을 이끌고 돌아갔으며 오직 위문승의 1군만이 홀로 온전하였다. 처음 9군이 요하에 이르렀을 때는 무릇 30만 5,000명이었는데, 요동성으로 돌아온 것은 겨우 2,700인이었고 수만을 헤아렸던 군수와 기계는 모두 잃어버려 없어졌다. 황제가 크게 화가 나서 우문술 등을 쇠사슬로 묶었다. (『三國史記』 20 高句麗本紀 8)

고구려	가을 7월에 살수에 이르러 군사가 반쯤 강을 건넜을 때 고구려군이 뒤에서 후군을 공격하니 우둔위장군 신세웅이 전사하였다. 이에 여러 군대가 함께 무너져서 걷잡을 수 없게 되어 장수와 사졸들이 달아나 돌아가는데, 하루낮 하룻밤에 압록수에 도달하여 450리를 행군하였다. 장군 왕인공이 최후의 부대가 되어 고구려군을 공격하여 물리쳤다. 내호아는 우문술 등이 패함을 듣고 역시 병력을 이끌고 돌아갔으며 오직 위문승의 1군만이 홀로 온전하였다. 처음 9군이 요하에 이르렀을 때는 무릇 30만 5,000명이었는데, 요동성으로 돌아온 것은 겨우 2,700인이었고 수만을 헤아렸던 군수와 기계는 모두 잃어버려 없어졌다. 황제가 크게 화가 나서 우문술 등을 쇠사슬로 묶었다. (『三國史節要』7)
고구려	살수(薩水)에 이르러 수나라군이 살수를 반쯤 건너자, 을지문덕이 군사를 내보내 그 후군(後軍)을 공격하였다. 우둔위장군(右屯衛將軍) 신세웅(辛世雄)을 죽이니, 이에 수나라의 여러 군사가 모두 무너져 막을 수 없었다. 수나라 9군(九軍)의 장수와 병졸이 도망쳐 돌아갔다. 하루 밤낮에 압록수(鴨淥水)에 이르니, 450리(里)를 이동한 것이었다. 처음 요수(遼水)를 건넜을 때 9군(軍) 35만 5천 명이었는데, 요동성(遼東城)에 돌아온 것은 단지 2천 7백 명이었다.

논하여 말한다. [수나라] 양제가 요동의 전쟁에서 동원한 군대의 규모는 유례를 찾아볼 수 없이 대단했다. 고구려는 한쪽 지역의 작은 나라였지만, 이를 막아냈다. 스스로 지켜냈을 뿐만 아니라 그 수나라 군대를 거의 섬멸하였으니, 이것은 [을지] 문덕 한 사람의 힘이었다. 경전에서는 "군자(君子)가 있지 않으면, 그 어찌 나라가 존재할 수 있겠는가!"라고 하였는데, 참으로 옳은 말이다. (『三國史記』44 列傳 4 乙支文德) |
고구려	무리들 반 정도 건넜을 때 적이 후군을 공격하니 이에 크게 무너져 막을 수가 없어 구군이 패하였다. 하루 낮밤만에 압록수에 이르니 행군거리가 450리였다. 요동성에 돌아왔을 때 2,700명뿐이었다. (『隋書』61 列傳 26 宇文述)
고구려	이 때 제군이 대부분 싸움에 졌는데, 위현만이 홀로 모든 병사들을 이끌고 돌아왔다. (『隋書』63 列傳 28 衛玄)
고구려	설세웅은 우문술과 함께 평양에서 패배하고 백석산(白石山)에 돌아와 머물렀다. 적에게 100여 겹으로 포위되어 사방에서 화살이 비처럼 쏟아졌다. 세웅이 허약한 군대로 방진을 만들고 날랜 기병 200으로 앞에서 공격하니 적이 점차 퇴각하였다. 이에 맹렬히 공격하여 격파하고 돌아왔으나, 병력을 많이 잃어 마침내 파면되었다. (『隋書』65 列傳 30 薛世雄)
고구려	왕인공(王仁恭)의 자는 원실(元實)로 천수(天水) 상규(上邽)인이다. (…) 요동정벌 때 왕인공은 군장이 되었다. 황제가 군대를 돌릴 때 인공은 후군으로 있었는데 적을 만나 이를 격퇴시켜 좌광록대부로 승진하였고, 비단 6,000단과 말 40필을 받았다. (『隋書』65 列傳 30 王仁恭)
고구려	최홍승은 우문술 등과 함께 모두 패배하여 도망쳐 돌아왔다. 병이 나서 죽으니 이 때 나이 60이였다. (『隋書』74 列傳 39 酷吏 崔弘度)
고구려	문덕이 우문술을 추격하여 대패시켰다. (『通典』155 兵 8 敵飢以持久弊之)
고구려	무리들 반 정도 건넜을 때 적이 후군을 공격하니 이에 크게 무너져 막을 수가 없어 구군이 패하였다. 하루 낮밤만에 압록수에 이르니 행군거리가 450리였다. 처음 요하를 건널 때 구군 30만명이 요동성에 돌아왔을 때는 2,700명뿐이었다. (『通典』162 兵 15 敵無固志可取之)
고구려	(『수서』에서 또 다음과 같이 말했다.) 무리들 반 정도 건넜을 때 적이 후군을 공격하니 이에 크게 무너져 막을 수가 없어 구군이 패하였다. 하루 낮밤만에 압록수에 이르니 행군거리가 450리였다. 처음 요하를 건널 때 구군 30만명이 요동성에 돌아

왔을 때는 2,700명뿐이었다. (『太平御覽』313 兵部 44 決戰 下)

고구려   수서에서 다음과 같이 말했다. 고려를 정벌했다. 양제가 우문술에게 군대를 이끌고
동으로 살수를 건너게 했다. 평양에서 30리 떨어져 있었다. 산에 군영을 두었는데,
을지문덕이 다시 사신을 보내어 거짓으로 항복하고 우문술에게 청하여 만약 군대를
돌리면 마땅히 고원(高元)을 받들어 행제소에서 황제를 알현할 것이라고 말했다. 우
문술이 사졸들이 피폐해 다시 싸울 수 없고, 평양이 험하고 견고함을 알고서 드디어
그 거짓말을 핑계로 돌아갔다. 군대의 절반 정도가 (살수를) 건넜을 때 적이 후군을
공격했다. 이에 크게 무너져 멈출 수 없다. 구군이 패배하여 하루 낮 하루 밤만에
압록수로 돌아왔다. 행군거리는 450리였다. 처음 요수를 건널 때 9군 30만 5,000
명이었는데, 요동성에 돌아왔을 때는 오직 2,700명 뿐이었다. (『太平御覽』323 兵
部 54 敗)

고구려   문덕이 우문술을 추격하여 대패시켰다. (『太平御覽』324 兵部 55 詐降)

고구려   무리들 반이 건널 때 적이 후군을 공격하니 이에 크게 무너져 멈출 수 없어 9군이
패배했다. 하루 낮 하루밤 만에 압록수로 돌아오니 행군 거리가 450리였다. 처음 요
하를 건널 때 9군은 30만 5,000명이었는데, 요동성으로 돌아올 때는 오직 2,700명
뿐이었다. (『冊府元龜』442 將帥部 103 敗衂 2)

고구려   최홍승은 우문술 등과 함께 같이 패하여 도망쳐 돌아왔다. 병이 나서 죽었다. (『冊
府元龜』442 將帥部 103 敗衂 2)

고구려 백제 (7월) 계묘일(25)에 돌아왔다. 처음에 백제왕 장(璋)이 사신을 보내 고구려를 토벌할
것을 청하니, 황제가 그들에게 우리의 동정을 엿보게 하였다. 장(璋)은 안으로는 우
리와 몰래 통하였다. 수의 군대가 장차 출병하려 하자, 장이 그 신하 국지모(國智牟)
를 시켜 수(隋)에 들여보내 출병할 시기를 알려줄 것을 청하였다. 황제가 크게 기뻐
하여 상을 후하게 주고, 상서기부랑(尙書起部郞) 석률(席律)을 백제에 보내 모일 시
기를 알려주었다. 수(隋)의 군대가 요하를 건너오자 백제도 역시 국경에 병력을 엄
히 배치하고 수(隋)를 돕는다고 말하였으나 실상은 딴 마음을 가진 것이다. 이 전쟁
에서 오직 요수 서쪽에서 우리의 무려라(武厲邏)를 함락시키고, 요동군과 통정진(通
定鎭)을 설치하였을 뿐이다. (『三國史記』20 高句麗本紀 8)

고구려 백제 (7월) 계묘일(25)에 군대를 이끌고 돌아갔다. 처음 백제왕이 사신을 파견하여 고구려
토벌을 요청하니 황제가 사신을 보내어 고구려의 동정을 살피게 했는데 백제왕은
안으로 몰래 고구려와 통하고 있었다. 수나라 군대가 출정하자 백제왕은 사신 국지
모를 보내 수나라에 들어가 정벌일정을 요청하니 황제가 매우 기뻐하여 상을 후하
게 주고 상서기랑 석률을 백제에 보내어 모일 시기를 알려주었다. 수(隋)의 군대가
요하를 건너오자 백제도 역시 국경에 병력을 엄히 배치하고 수(隋)를 돕는다고 말하
였으나 실상은 딴 마음을 가진 것이다. 이 전쟁에서 오직 요수 서쪽에서 고구려의
무려라(武厲邏)를 함락시키고, 요동군과 통정진(通定鎭)을 설치하였을 뿐이다. 을지
문덕은 자질이 침착하고 용맹하며 지략이 있으며 아울러 문장을 짓고 해석할 수 있
었다
김부식(金富軾)이 논하여 말했다. 양제가 요동의 전쟁에서 동원한 군대의 규모는 유
례를 찾아볼 수 없이 대단했다. 고구려는 한쪽 지역의 작은 나라였지만, 이를 막아
냈다. 스스로 지켜냈을 뿐만 아니라 그 수나라 군대를 거의 섬멸하였으니, 이것은
[을지] 문덕 한 사람의 힘이었다. 경전에서는 "군자(君子)가 있지 않으면, 그 어찌
나라가 존재할 수 있겠는가"라고 하였는데, 참으로 옳은 말이다.(『三國史節要』7)

고구려   (7월) 계묘일(25)에 군대를 돌렸다. (『隋書』4 帝紀 4 煬帝 下)

고구려   (7월) 계묘일(25)에 군대를 돌렸다. (『北史』12 隋本紀 下 煬皇帝)

고구려 백제	(7월) 계묘일(25)에 돌아왔다. 처음에 백제왕 장(璋)이 사신을 보내 고구려를 토벌할 것을 청하니, 황제가 그들에게 우리의 동정을 엿보게 하였다. 장(璋)은 안으로는 우리와 몰래 통하였다. 수의 군대가 장차 출병하려 하자, 장이 그 신하 국지모(國智牟)를 시켜 수(隋)에 들여보내 출병할 시기를 알려줄 것을 청하였다. 황제가 크게 기뻐하여 상을 후하게 주고, 상서기부랑(尙書起部郎) 석률(席律)을 백제에 보내 모일 시기를 알려주었다. 수(隋)의 군대가 요하를 건너오자 백제도 역시 국경에 병력을 엄히 배치하고 수(隋)를 돕는다고 말하였으나 실상은 딴 마음을 가진 것이다. 이 전쟁에서 오직 요수 서쪽에서 고구려의 무려라(武厲邏)를 함락시키고, 요동군과 통정진(通定鎭)을 설치하였을 뿐이다. (『資治通鑑』181 隋紀 5 煬皇帝 上之下)
고구려	(수서에서 다음과 같이 말했다.) (대업 8년 7월) 계묘일(25)에 군대를 돌렸다. (『太平御覽』106 皇王部 31 隋 煬皇帝)
고구려	토만서(吐萬緒)의 자는 장서(長緒)로 대군(代郡) 선비인이다. (…) 요동정벌 때 선봉에 설 것을 청하니 황제가 이를 가상히 여겨 좌둔위대장군(左屯衛大將軍)에 임명하였다. 기병과 보병 수만 명을 이끌고 개마도(蓋馬道)로 나갔다. 군대가 회군할 때 회원(懷遠)에서 진영을 갖추고 머물렀다. 좌광록대부로 승진했다. (『隋書』65 列傳 30 吐萬緒)
고구려	그러나 우문술 등의 군대가 모두 패배함에 군대를 이끌고 돌아왔다. 전공으로 물건 5천단을 받고 다섯째 아들 홍(弘)을 두성부(杜城府) 응양낭장(鷹揚郎將)으로 삼았다. 앞서 그 아들 정은 양양공(襄陽公)에게 봉하여 내려 주었다. (『北史』76 列傳 64 來護兒)
고구려	양둔(楊屯) 대업 연간에 고려를 공격할 때 모집에 응하여 요동에서 힘껏 싸워 용감하다는 칭송을 들었다. 우문술 등이 패배하여 양제가 밤에 무기를 불태우고 다음날 아침 도망쳤다. 고려에게 추격을 당할까 두려워 장사를 뽑아 후위를 맡겨 고려를 막도록 했다. 요수를 건너려 할 때 고려가 추격해 이르자 양둔이 가장 먼저 선봉에 서서 힘써 싸우니 그 공이 제일 컸다. (『冊府元龜』395下 將帥部 56 勇敢 2下)
고구려	군(君)의 이름은 실(實)이고 자(字)는 천유(天裕)이다. 본래 하남(河南) 낙양(洛陽) 사람인데 지금은 경조군(京兆郡) 정현(鄭縣) 위보향(威菩鄕) 적수리(赤水里)에 정착했다. (…) (대업 5년: 대업 8년의 잘못이다) 천자가 동이의 죄를 묻고자 북방에서 열병할 때 공을 좌제2군해명도부장(左第二軍海冥道副將)으로 삼아 금군(禁軍)을 맡겼다. 공은 악조건 속에서도 위험을 마다하지 않고 군사들에게 솔선수범하였다. 군의 우물을 마실 수 없게 되자 우물을 덮게 하고 널리 금하면서 위무하고 격려하니 사람들이 충성할 것을 생각했다. 이 때 6군이 공격하고 금군이 동시에 격분하여 오랑캐를 제거하니 뛰어난 공적은 예정된 것이었다. 이로써 공적을 평가하여 조서로 금자광록대부(金紫光祿大夫)를 내려주었다. 공이 전쟁에 종사한 지 이미 오래되어 병이 심해졌으나, 뜻이 보국(報國)에 있어서 사사로이 자신을 돌보지 않았다. 기력이 이미 쇠했음에도 근면이 관직에 종사하고 충성과 지조는 유감이 없었으며 은혜를 갚는 것에 속임이 없었다. 그 해 8월 4일 군막에서 죽으니 나이 60세였다. (「豆盧實墓誌銘」:『全隋文補遺』; 藩唐五代墓誌滙篇 洛陽』1)
고구려	(11월) 갑신일(8) 패장 우문술과 우중문 등을 제명시켜 백성으로 만들고, 상서우승(尙書右丞) 유사룡(劉士龍)의 목을 베어 천하 사람들에게 사죄했다. (『隋書』4 帝紀 4 煬帝 下)
고구려	(11월) 갑신일(8) 패장 우문술과 우중문 등을 제명시켜 백성으로 만들고, 상서우승 유사룡의 목을 베어 천하 사람들에게 사죄했다. (『北史』12 隋本紀 下 煬皇帝)

고구려	(11월) 갑신일(8) (우문술을) 우중문과 더불어 제명시켜 백성으로 만들고, 유사룡의 목을 베어 천하 사람들에게 사죄했다. 살수에서 패배하자 고구려가 추격하여 실세웅을 백석산(白石山)에서 포위하니 설세웅이 분발하여 공격해서 그들을 격파하였다. 이로 인해 홀로 관직만 면제될 수 있었다. 위문승(衛文昇)을 금자광록대부(金紫光祿大夫)로 삼고 제장들이 모두 우중문에게 죄를 씌우니 황제는 제장들을 석방했지만, 우중문만 가두었다. 우중문이 근심하며 화를 내다가 병이 발생하고 어려운 것이 심해지자 마침내 그를 내보냈는데 집에서 죽었다. (『資治通鑑』181 隋紀 5 煬皇帝 上之下)
고구려	황제가 우문술의 죄를 물으니, 여러 장수들이 우중문에게 죄를 씌웠다. 황제가 크게 노하여 제장들을 풀어주고 우중문만 가두었다. 우중문이 근심하고 성을 내다가 병을 얻었다. 더 심해지자 내보냈는데, 집에서 죽었다. 이 때 나이 68세였다. (『隋書』60 列傳 25 于仲文)
고구려	황제가 노하여 우문술 등의 죄를 묻고 동도(東都)에 이르러 제명하고 평민으로 만들었다. (『隋書』61 列傳 26 宇文述)
고구려	나중에 제군과 더불어 모두 패하여 면직되었다가 얼마 후 다시 복위되었다. (『隋書』63 列傳 28 楊義臣)
고구려	금자광록대부에 제수되었다. (『隋書』63 列傳 28 衛玄)
고구려	유원(游元)의 자는 초객(楚客)으로 광평(廣平) 임현(任縣) 사람이다. (…) 요동정벌 때 영좌효위장사(領左驍衛長史)로 개마도(蓋牟道) 감군(監軍)이 되었는데 조청대부(朝請大夫) 겸 치서시어사(兼治書侍御史)에 제수되었다. 우문술 등의 9군이 패하자 황제가 유원에게 그 옥사를 살피게 하였다. (『隋書』71 列傳 36 誠節 游元)
고구려	황제가 우문술의 죄를 물으니, 여러 장수들이 우중문에게 죄를 씌웠다. 황제가 크게 노하여 제장들을 풀어주고 우중문만 가두었다. 우중문이 근심하고 성을 내다가 병을 얻었다. 더 심해지자 내보냈는데, 집에서 죽었다. 이 때 나이 68세였다. 논하여 말한다. (…) 우중문은 널리 서기를 많이 읽어 스스로 뛰어난 계략을 펼칠 수 있다고 자부하였다. 울지형(尉遲逈)의 반란 때 공명을 세우니 이때부터 여러 번 관직에 추천되었다. 요동을 정벌할 때는 군대를 잃어버리니 이는 곧 큰 나무가 쓰러지려 할 때 밧줄 하나로 묶어서 붙들 수 없게 한 죄가 아니겠는가. (『北史』23 列傳 11 于栗磾)
고구려	나중에 제군과 더불어 모두 패하여 면직되었다가 얼마 후 다시 복위되었다. (『北史』73 列傳 61 楊義臣)
고구려	금자광록대부에 제수되었다. (『北史』76 列傳 64 衛玄)
고구려	황제가 노하여 우문술을 제명하였다. (『北史』79 列傳 67 宇文述)
고구려	황제가 노하여 우문술 등의 죄를 묻게 하고 동도에 이르러 제명하여 백성으로 하였다. (『太平御覽』323 兵部 54 敗)
고구려	황제가 크게 노하여 우문술 등의 죄를 물었다. 동도(東都)에 이르러 제명하고 백성으로 하였다. (…) 황제가 우문술의 죄를 물으니, 여러 장수들이 우중문에게 죄를 씌웠다. 황제가 크게 노하여 제장들을 풀어주고 우중문만 가두었다. 우중문이 근심하고 성을 내다가 병을 얻었다. 더 심해지자 내보냈는데, 집에서 죽었다. (『冊府元龜』442 將帥部 103 敗衄 2)
신라	건복 29년(진평왕 34년) 이웃한 적이 점차 다가오자 공은 마음에 품은 장하고 큰 뜻을 더욱 분발하여 홀로 보검(寶劍)을 가지고 열박산(咽薄山) 의 깊은 골짜기로 들어갔다. 향을 피우고 하늘에 고하여 빌기를 중악에 있을 때 맹세한 것과 같이 하였고, 거듭 "천관(天官)께서 빛을 드리워 보검(寶劍)에 영험함을 내려주소서."라며 기

도하였다. 3일째 되던 날 밤에 허성(虛星)과 각성(角星) 두 별의 빛이 환하게 내려와 드리우더니, 검이 동요하는 것 같았다 (『三國史記』41 列傳 1 金庾信 上)

신라 고구려 백제

나이가 18세가 되던 임신(壬申)년에 검술을 익혀 국선(國仙)이 되었다. 이 때 백석 (白石)이란 자가 있었는데 어느 곳으로부터 왔는지 알 수가 없었으나 낭도의 무리에 여러 해 동안 속해 있었다. 유신랑은 고구려와 백제를 치려는 일로써 밤낮으로 깊이 모의하고 있었다. 백석이 그 모의를 알고 공에게 일러 말하기를 "제가 공과 함께 은 밀히 저들의 나라에 들어가 먼저 정탐을 한 연후에 그 일을 도모함이 어떻겠습니 까?" 하고 청하였다. 유신랑이 기뻐하며 친히 백석을 데리고 밤에 길을 떠났다.

바야흐로 고개 위에서 쉬고 있는데 두 여자가 유신랑을 따라 왔다. 골화천(骨火川) 에 이르러 유숙하는데 또 한 여자가 홀연히 나타나 이르렀다. 유신랑이 세 여자와 즐겁게 이야기하고 있노라니 세 여자가 맛있는 과일을 낭에게 대접하였다. 유신랑이 그것을 받아먹으면서 마음을 서로 허락하고 즐겁게 담소하면서 자신의 상황을 이야 기하였다. 여인들이 말하기를 "공이 말씀하신 바는 이미 들어서 잘 알겠사오나, 원 컨대 공이 백석 을 떼어놓고 우리와 함께 수풀 속으로 들어가시면 그 때 사실을 다 시 말하겠습니다." 하였다. 이에 그들과 함께 들어가니 낭자들이 문득 신으로 변하 여 말하였다. "우리들은 나림(奈林)·혈례(穴禮)·골화 (骨火) 등 세 곳의 호국신인데, 지금 적국의 사람이 유신랑을 유인하여 데리고 가는 데도 공은 알지 못하고 따라가 고 있으므로 우리는 그것을 말리려 이곳에 온 것입니다." 신들은 말을 마치고 나서 사라졌다. 공이 이 말을 듣고 놀라 엎어져 두 번 절하고 나왔다.

골화관(骨火館)에 숙박하였을 때 백석에게 말하기를 "지금 다른 나라에 가면서 긴요 한 문서를 잊고 왔다. 청컨대 자네와 함께 집으로 돌아가서 가지고 오자." 하였다. 마침내 함께 돌아와 집에 이르자 백석 을 붙잡아 결박하고 사실을 물었다. 백석이 말하기를 "저는 본시 고구려 사람으로[고본(古本)에는 백제라 하였으나 잘못이다. 추 남은 바로 고구려 사람이다. 또한 음양을 거스르는 것도 역시 보장왕(寶藏王)의 일 이다.] 우리나라의 여러 신하들이 '신라의 유신은 바로 우리나라의 점쟁이 추남 (楸南)이다.'라고 말합니다.[고본에 춘남(春南)이라 쓰기도 하나 잘못이다.] 나라의 경계 에 거꾸로 흐르는 물이 있어서[혹은 숫컷과 암컷이 자주 바뀌는 일이라고도 한다.] 왕이 그에게 이에 대한 점을 치게 하였습니다. 추남이 말하기를 '대왕의 부인께서 음양의 도를 역행하였기 때문에 이러한 징조가 나타난 것입니다.' 하였습니다. 대왕 이 놀라고 괴이하게 여겼으며 왕비도 몹시 노하여 이것은 필시 요사한 여우의 말이 라고 하며 왕께 고하기를 '다른 일로써 그를 시험하여 말이 맞지 않으면 중형에 처 하라.'고 하였습니다. 이에 쥐 한 마리를 함에 담아 두고, '이것이 무슨 물건이냐?' 고 물었습니다. 추남 이 나와 말하기를 '이것은 반드시 쥐인데 그 수가 여덟 마리입 니다.'라고 말하였습니다. 이에 말이 틀린다 하여 죄를 씌워 죽이려 하니 추남이 맹 세하여 말하기를 '내가 죽은 후 대장이 되어 반드시 고구려 를 멸망시키리라.'하였 습니다. 추남의 목을 베고 쥐의 배를 갈라 그 안을 보니 새끼 일곱 마리가 있어 그 제야 그의 말이 적중했음을 알았습니다. 그날 밤 대왕께서 추남이 신라 서현공(舒玄 公)의 부인 품으로 들어가는 꿈을 꾸고, 여러 신하들에게 물어보니 모두 다 '추남이 맹세를 하고 죽더니 과연 그러합니다.'고 하였습니다. 그러므로 나를 보내어 여기에 와서 유신공을 도모케 하였을 뿐입니다." 하였다.

공이 곧 백석을 죽이고 온갖 음식을 갖추어 삼신에게 제사를 지내니 모두 다 몸을 나타내어 흠향하였다. 김씨 종가의 재매부인(財買夫人)이 죽자 청연(靑淵)의 상곡(上 谷)에 묻고 재매곡(財買谷)이라 하였다. 매년 봄철에는 그 종가의 남자와 여자들이 재매곡의 남쪽 시냇가에 모여 연회를 베풀었는데, 이때 백가지 꽃이 화려하게 피고 송화가 골짜기 안 숲속에 가득하였다. 골짜기 입구에 암자를 짓고 그런 까닭에 송화 방(松花房)이라 하였는데 후에 원찰로 삼았다. 제54대 경명왕 (景明王)대에 이르러 공을 추봉하여 흥호대왕(興虎大王)이라 하였다. 능은 서산(西山) 모지사(毛只寺) 북쪽, 동으로 향해 뻗은 봉우리에 있다. (『三國遺事』 1 紀異 1 金庾信)

고구려	(대업) 8년 천하가 가물어 백성들이 유망하는데 마침 사해의 군대를 일으켜 황제가 친히 고려를 정벌하였는데, 육군(六軍)이 추위에 떨고 굶주려 죽은 자가 열명에 8~9명이었다. (『隋書』 22 志 17 五行 上 言咎 旱)
고구려	(수서에서) 또 말하기를 (…) (대업) 8년 천하가 가물어 백성들이 유망하는데 마침 사해의 군대를 일으켜 황제가 친히 고려를 정벌하였는데, 육군이 추위에 떨고 굶주려 죽은 자가 열명에 8~9명이었다. (『太平御覽』 879 咎徵部 6 旱)
고구려	(수 양제 대업) 8년 돌궐의 처라(處羅)가 고구려를 정벌하는 데 따라 왔다. 갈살나가한(曷薩那可汗)이라 부르고 상을 내린 것이 매우 많았다. (『冊府元龜』 974 外臣部 19 褒異 1)
고구려	처라가 고구려 정벌에 따라왔다. 갈살나가한의 칭호를 내리고 상을 내린 것이 매우 많았다. (『隋書』 84 列傳 49 北狄 西突厥)
고구려	양제 초에 고려와 싸워 그 무리들을 자주 패배시켰다. 거수(渠帥) 돌지계(突地稽)가 그 부를 이끌고 항복하니 우광록대부(右光祿大夫)에 제수하고 유성(柳城)에 살도록 하였다. 변경 사람들과 왕래하면서 중국의 풍속을 좋아하여 관대(請被冠帶)를 쓰는 것을 청하니 황제가 기뻐하고 비단을 내려주고 총애하였다. 요동정벌 때 돌지계가 그 무리를 이끌고 따라와 싸울 때 마다 전공을 세워 상을 내려주는 것이 더욱 후하였다. (『北史』 94 列傳 82 勿吉)
고구려	처라가 고구려 정벌에 따라왔다. 갈살나가한(曷薩那可汗)의 칭호를 내리고 상을 내린 것이 매우 많았다. (『北史』 99 列傳 87 西突厥)
고구려	처라가한(處羅可汗)이 수양제 대업 연간에 그 아우 궐달설(闕達設) 및 특륵대나(特勤大奈)와 함께 입조하였다. 이어 양제가 고려를 정벌할 때 따라오니 갈살나가한이라는 호를 내렸다. (『舊唐書』 194 下 列傳 144 下 突厥 下)
백제	이 해에 백제에서 귀화하여 온 사람이 있었는데, 그 얼굴과 몸에 모두 흰 반점이 있어서 혹 백라병자(白癩病者) 같았다. 그가 다른 사람들과 다르게 생긴 것을 싫어하여 바다 가운데의 섬에 버리려고 하였다. 그러나 그 사람이, "만일 저의 얼룩진 피부가 보기 싫다면 얼룩소나 말을 나라 안에서 기를 수도 없을 것입니다. 또 저에게는 조그만 재주가 있는데 산악의 모형을 잘 만들 수 있습니다. 그러므로 저를 머물게 하고 써주시면 나라에 이로움도 있을 것입니다. 어찌 헛되이 바다의 섬에 버리려 하십니까"라고 말하였다. 이에 그 말을 듣고 버리지 않았다. 그리고 남쪽 뜰에 수미산의 모형과 오교(吳橋)를 만들 것을 명하였다. 당시 사람들은 그 사람을 미치코노나쿠니(路子工)라 불렀다. 다른 이름은 시키마로(芝耆摩呂)라 한다. 또 백제인 미마지(味摩之)가 귀화하였는데, "오나라에서 배워서 기악의 춤을 출 수 있다"고 말하였다. 곧 사쿠라이(櫻井)에 안치하고, 소년을 모아 기악의 춤을 배우게 하였다. 이 때 마노노오비토데시(眞野首弟子)·이마키노아야히토사이몬(新漢濟文) 두 사람이 그것을 배워 그 춤을 전하였는데, 이들이 지금의 오치노오비토(大市首)·사키타노오비토(辟田首) 등의 선조이다. (『日本書紀』 22 推古紀)
고구려	군의 이름은 숙명(叔明)이고 자는 △상(尙)인데 오흥(吳興) 장성(長城) 사람이다. (…)

(대업) 8년 조산대부(朝散大夫)에 제수되었고 그해 요동에 가서 훈적을 쌓았다. 예에 따라 통의대부(通議大夫)에 제수되고 얼마 있어 십판리부시랑사(攝判吏部侍郎事)가 되었다. (…) 대업 11년에 돌아가셨다. (「陳叔明 墓誌銘」: 『隋唐五代墓誌滙篇 洛陽』1)

고구려   군의 이름은 영귀(永貴)이고 자는 도생(道生)인데 서하군(西河郡) 사람이다. (…) (대업) 8년 천자가 친히 요수(遼燧)에 임하여 연교(燕郊)에서 고구려의 죄를 묻고 방숙장추(方叔長驅)에게 명하여 사방 그물을 엮어 한 계곡의 둘레에 설치하여 아죽 높게 만들게 하였다. 그 공으로 통의대부(通儀大夫)로 승진하여 제수되었고, 장사(長史)는 전과 같았다. 대업 10년(614) 어가를 따라 북쪽 지역을 순수하여 북녘 들판을 지나다가 불행하게도 병에 걸려 누번군(樓煩郡)에서 돌아갔으니 나이 54세였다. (…) 대업 12년 병자년 11월 계축이 초하루인 21일 계유일에 경조군(京兆郡) 장안현(長安縣) 용수향(龍首鄉)의 산에 돌아와 장사지냈다. (「宋永貴 墓誌銘」: 『隋文補遺濟 落隋唐五代墓誌滙篇 陝西濟1)

고구려   대업 8년에 장손왕(長孫汪)은 어가를 따라 대장기를 모시며 요동·갈석에서 죄를 물었다. 황제는 천하에 군림하고 세상을 포괄하니 해와 달이 나오고 바람과 비가 더하는 곳이면, 모두 산넘고 물건너 왕정에 오지 않음이 없었다. 그러나 작고 보잘 것 없는 고구려가 홀로 위엄과 교화를 가리니, 몸소 정벌을 행하여 직접 육군(六軍)을 거느렸다. 그러나 저 조이(鳥夷)는 오히려 소강(小羌)을 품고 흉악한 무리를 거느려 우리 왕의 군사에게 저항하였다. 이리하여 흰 깃털이 한번 휘날리고 깃발이 잠시 움직이니, 도적 무리가 무너져 흩어지고 일거에 소멸되었다. 장손왕은 핵심 측근을 맡아서 휘륜(麾輪)을 받들어 모시니, 황제의 마음을 특별히 찾아내어 은혜와 영광이 무리 중에서 빼어났다. 장손왕에게 통의대부(通議大夫)를 제수하고 우무시(右武侍)를 거느리게 하며 효절부(效節府) 응양낭장(鷹揚郎將)으로 삼았다. (「長孫汪 墓誌銘」: 『大唐西市博物館藏墓誌濟

고구려   장합(蔣合)은 식견의 규모가 원대하였다. 수 대업 8년에 뽑혀 정벌에 참여했다가 건절위(建節尉)에 제수되었다. (「蔣合 墓誌銘」: 『隋代墓誌滙篇續集濟 『洛陽出土歷代墓誌輯繩濟

고구려   군의 이름은 희(喜)이고 자는 현부(玄符)인데 낙양사람이다. (…) 수나라 대업 8년에 뽑혀 정벌에 참여했다가 연절위(延節尉)에 제수되었다. (「蔣喜 墓誌銘」: 『唐文新編濟992)

고구려   수 대업 8년에 위지무(尉支茂)는 군무에 종사하여 흉악한 무리들을 베어 제거하였다. 종묘에 공훈이 기록되어 강의위(康義尉)에 제수되었다. (「尉支茂 墓誌銘」: 『唐文新編濟992)

고구려   대업 8년에 진의(陳毅)는 요동에 가는 데에 따라가서 우위행군장사(右衛行軍長史)에 임명되었다. (「陳毅 墓誌銘」: 『唐文補遺濟千唐誌齋新藏專輯)

고구려   또 당서를 살펴보면 다음과 같다. 이보다 먼저 수나라 양제가 요동을 정벌할 때 양명 (羊皿)이라는 비장(裨將)이 있었다. 전세가 불리하여 죽게 되자 그가 맹세하기를 "반드시 총신(寵臣)이 되어서 저 나라를 멸망시킬 것이다"고 하였다. 개(蓋)씨가 조정을 전횡하게되자 개(蓋)를 성으로 하였으니, 곧 양명(羊皿)이 이에 부합된다. 또 고려고기(高麗古記)에는 다음과 같은 기록이 있다. 수 나라 양제가 대업 8년 임신(壬申)에 30만 명의 군사를 거느리고 바다를 건너서 쳐들어왔다 (『三國遺事』 3 興法 3 寶藏奉老 普德移庵)

고구려   소위(蘇威)의 자는 무외(無畏)로 경조(京兆) 무공(武功) 사람이다. (…) 요동정벌 때에

	본관의 영좌무위대장군(領左武衛大將軍)으로 광록대부로 지위가 올라 영릉후(寧陵侯)에 임명되었다. 소위가 나이가 들어 사직을 청했으나, 황제가 허락하지 않고 다시 본관의 선사(選事)를 맡게 하였다. (『隋書』 41 列傳 6 蘇威)
고구려	관덕왕(觀德王) 웅(雄)은 초명이 혜(惠)로 고조의 족자(族子)이다. (…) 요동정벌 때 검교좌익위대장군(檢校左翊衛大將軍)으로 요동도(遼東道)로 출정하여 노하진(瀘河鎭)에 이르렀는데, 병에 걸려 죽으니 나이 71세였다. (『隋書』 43 列傳 8 觀德王雄)
고구려	양웅(楊雄)의 아우 달(達)은 자가 사달(士達)인데 어려서 총명하고 명민하여 학행(學行)이 있었다. (…) 양제가 제위를 잇자 납업(納言)으로 직을 옮기고 이에 영영동도부감(領營東都副監)을 맡겼는데 황제가 매우 신임하고 중히 여겼다. 요동정벌 때 영우무위장군(領右武衛將軍)으로 좌광록대부(左光祿大夫)로 직위가 올랐다. 군중에서 죽으니 나이 62세였다. (『隋書』 43 列傳 8 觀德王雄)
고구려	하동(河東) 배인기(裴仁基)의 자(字)는 덕본(德本)이다. 할아버지 백봉(伯鳳)은 주(周)나라 분주자사(汾州刺史)였고, 아버지는 정(定)은 상의동(上儀同)이었다. 배인기는 어려서 날래고 용맹하였으며 활쏘기와 말타기를 잘했다. 개황 초년에 친위군이 되어 진(陳)나라를 평정할 때 참가하였는데 선봉에 서서 적진을 함락시켜 의동(儀同)에 제수되고 1,000단(段)의 물건을 하사받았다. (…) 고려를 정벌할 때 참전하여 지위가 광록대부(光祿大夫)에 이르렀다. (『隋書』 50 列傳 35 裴仁基)
고구려	번자개(樊子蓋)의 자는 화종(華宗)인데 여강(廬江) 사람이다. (…) 요동정벌 때 좌무위장군(左武衛將軍)에 임명되어 장잠도(長岑道)로 출정하게 되었으나, 후에 숙위가 되어 직접 원정에는 참가하지 않고, 전과 같이 좌광록대부(左光祿大夫) 상서(尙書)가 되었다. 그 해 황제가 동도로 돌아오자 자개를 탁군유수(涿郡留守)로 삼았다. (『隋書』 63 列傳 28 樊子蓋)
고구려	사상(史祥)의 자는 세휴(世休)로 삭방(朔方) 사람이다. (…) 요동을 정벌할 때 탑돈도(蹋頓道)로 출정했으나, 성과가 없이 돌아왔다. 이로 말미암아 제명되었다. (『隋書』 63 列傳 28 史祥)
고구려	왕변(王辯)은 자가 경략(警略)으로 풍익(馮翊) 포성(蒲城) 사람이다. (…) 요동 정벌 때 공을 세워 통의대부(通議大夫)를 더하고 이어 무분낭장이 되었다. (『隋書』 64 列傳 29 王辯)
고구려	육지명(陸知命)은 자가 중통(仲通)으로 오군(吳郡) 부춘(富春) 사람이다. (…) 요동정벌 때 동이도수항사자(東暆道受降使者)가 되었는데 군중에서 죽었다. 어사대부(御史大夫)가 추증되었다. (『隋書』 66 列傳 31 陸知命)
고구려	원충(袁充)은 자가 덕부(德符)로 본래 진군(陳郡) 양하(陽夏) 사람이다. (…) 요동정벌에 종군하여 조청대부(朝請大夫)·비서소감(秘書少監)에 임명되었다. (『隋書』 69 列傳 34 袁充)
고구려	양문겸(梁文謙) 사람됨이 고아하고 아버지의 유풍을 갖고 있어 상주국(上柱國)의 적자가 되었다. 예에 따라 의동(儀同)을 제수받았다. (…) 요동정벌 때 영무분랑장(領武賁郎將)이 되었고 본관의 겸검교태부(兼檢校太府)·위위(衛尉) 이소경(二少卿)에 임녕뇌있나. (『隋書』 73 列傳 30 循吏 梁彦光)
고구려	왕주(王胄)는 자(字)가 승기(承基)이며 낭야(琅邪) 임기(臨沂) 사람이다. (…) 요동정벌에 따라가 조산대부(朝散大夫)에 제수되었다. (『隋書』 76 列傳 41 文學 王胄)
고구려	색(賾)의 자는 조준(祖濬)으로 7살 때 문장을 읽어 글을 지을 수 있었다. 용모는 키가 작았으나 언변이 있었다. (…) 요동정벌 때 응양장사(鷹揚長史)에 제수되어 요동 군현의 이름을 지었는데 모두 색의 의견을 따른 것이다 조서를 받들어 동정기(東征記)를 지었다. (『隋書』 77 列傳 42 隱逸 崔廓)
고구려	배인기의 자는 덕본이며, 하동 사람이다. 할아버지 백봉은 주나라 분주자사였고, 아

	버지는 정은 상의동이었다. 배인기는 어려서 날래고 용맹하였으며 활쏘기와 말타기를 잘했다. 진ㄴ라를 평정할 때 친위군으로 참가하였는데 선봉에 서서 석신을 함락시켜 의동에 제수되고 1,000단의 물건을 하사받았다. (…) 고려를 정벌할 때 참전하여 지위가 광록대부에 이르렀다. (『北史』 38 列傳 26 裴仁基)
고구려	사상의 자는 세휴이다. (…) 요동을 정벌할 때 탑돈도로 출정했으나, 성과가 없어 이로 말미암아 제명되었다. (『北史』 61 列傳 49 史寧)
고구려	번자개의 자는 화종인데 여강 사람이다. (…) 요동정벌 때 좌무위장군에 임명되어 장잠도로 출정하게 되었으나, 후에 숙위가 되어 직접 원정에는 참가하지 않았고, 뒤에 좌광록대부에 임명되었다. 그 해 황제가 동도로 돌아와 번자개를 탁군유수로 삼았다. (『北史』 76 列傳 64 樊子蓋)
고구려	왕주는 자가 승기이며 낭야 임기 사람이다. (…) 요동정벌에 따라가 조산대부에 제수되었다. (『北史』 83 列傳 71 文苑 王冑)
고구려	풍앙(馮盎)의 자는 명달(明達)이니 고주(高州) 양덕(良德) 사람이다. 본래 북연(北燕)의 풍홍의 후예이다. (…) 양제가 요동을 정벌할 때 따라와 좌무위대장군(左武衛大將軍)이 되었다. (『新唐書』 110 列傳 35 馮盎)
고구려	양제 초년에 고려와 전쟁을 하여 그 무리들을 자주 물리치자 거수(渠帥) 돌지계(突地稽)가 그 부(部)를 거느리고 항복해오니 우광록대부(右光祿大夫)에 제수하여 유성(柳城)에 거주하도록 하였다. 변방사람들과 왕래하면서 중국의 풍속을 좋아하여 관(冠)과 대(帶)를 쓰겠다고 하니 황제가 이를 아름답게 여겨 금기(錦綺)를 상으로 주고 총애하였다. 요동을 정벌할 때 돌지계가 그 무리들을 거느리고 종군했는데, 전공을 세울 때마다 상을 매우 후하게 내려주었다.(『隋書』 81 列傳 46 東夷 靺鞨)
고구려	수나라 양제 초년에 고려와 전쟁을 하여 그 무리들을 자주 물리치자 거수(渠帥) 돌지계(突地稽)가 그 부(部)를 거느리고 항복해오니 우광록대부(右光祿大夫)에 제수하여 유성(柳城)에 거주하도록 하였다. 변방사람들과 왕래하면서 중국의 풍속을 좋아하여 관(冠)과 대(帶)를 쓰겠다고 하니 황제가 이를 아름답게 여겨 금기(錦綺)를 상으로 주고 총애하였다. 요동을 정벌할 때 돌지계가 그 무리들을 거느리고 종군했는데, 전공을 세울 때마다 상을 매우 후하게 내려주었다. (『北史』 94 列傳 82 勿吉)
고구려	수서(隋書)에서 말했다. (…) 양제 초년에 고려와 전쟁을 하여 그 무리들을 자주 물리치자 거수(渠帥) 돌지계(突地稽)가 그 부(部)를 거느리고 항복해오니 우광록대부(右光祿大夫)에 제수하여 유성(柳城)에 거주하도록 하였다. 변방사람들과 왕래하면서 중국의 풍속을 좋아하여 관(冠)과 대(帶)를 쓰겠다고 하니 황제가 이를 아름답게 여겨 금기(錦綺)를 상으로 주고 총애하였다. 요동을 정벌할 때 돌지계가 그 무리들을 거느리고 종군했는데, 전공을 세울 때마다 상을 매우 후하게 내려주었다. (『太平御覽』 784 四夷部 5 東夷 5 勿吉)
고구려 요동	공의 이름은 △이고, 자는 지현(志玄)인데 제주(齊州) 추평현(鄒平縣) 사람이다. (…) 수 대업 연간(605~617)에 요동을 정벌할 때 단지현(段志玄)이 부름을 받고 정벌에 따라가니 이 때 나이 14세였다. 무릇 전쟁은 흉하고 위험한 것이며, 요동과 갈석은 멀고 험한데 앳된 나이에도 전쟁을 따라가 △을 잊고 요동과 갈석을 지나 △△의 직분은 여기에서 비롯되었다. (「段志玄碑」: 洭唐文新編濟 991; 洭唐文補遺濟 7; 1993 洭昭陵碑石濟
고구려	대업 7년에 조안(趙安)은 채왕부참군(蔡王府叅軍)으로 벽소(辟召)되었다가, 얼마 후에 선정부교위(善政府校尉)에 제수되었다. 이 때에 고구려가 패수(浿水)에서 복종하지 않고 환산(丸山)이 작당하자, 오사(五師)가 정벌에 나서면서 조안도 참여하였다.

매번 앞장서서 행렬을 인도하니 그 위엄과 빛남은 비할 바가 없었다. (「趙安 墓誌銘」: 『全唐文新編』992; 『全唐文補遺』4; 『唐代墓誌滙篇附考』3)

고구려   군의 이름은 세침(世琛)이고 자는 윤덕(閏德)이다. 풍익군(馮翊郡) 풍익현(馮翊縣) 사람이다. (…) 왕세침(王世琛)은 천자를 가까이 모시는 공훈으로 관직에 나아갔고, 천자의 군대가 정벌을 떠나게 되자 거가를 요동까지 모셨다. 처음 미리 앞장서 내달려 한 발로 적중을 시켰으니 천자의 은혜를 입어 구무위(舊武尉)에 제수되었다. (…) (「王世琛 墓誌銘」: 『隋唐五代墓誌滙篇 洛陽篇』1; 『全隋文補遺』)

고구려   군의 이름은 통(通)이고 자(字)는 탄두발(坦豆拔)이다. 창려(昌黎) 도하(徒河) 사람이다. (…) (양제 대업) 7년 동이가 복종하지 않고 조공도 때에 게으르게 하자 천자가 깃발과 부월을 들고 바람과 우레같이 내달려 여섯 마리의 말이 끄는 천자의 가마를 타고 크게 토벌하였다. 일곱 조서를 내려 길게 달렸는데 공은 맹수같은 군사들을 잘 통솔하여 이에 군막을 잘 보좌했다. 적의 예봉을 꺾어 적을 격퇴하는 데 공의 힘이 매우 컸다. 우광록대부(右光祿大夫)로 옮겼고, 좌후위장군(左候衛將軍)에 제수되었다. (「屈突通 墓誌銘」: 『全唐文補遺』1)

고구려   공의 성은 양(楊)이고 이름은 온(溫)이다. 자는 공인(恭仁)이니 홍농(弘農) 화음(華陰) 사람이다. (…) 인수(仁壽) 11년 양온(楊溫)은 요동도행군총관(遼東道行軍總管)에 제수되어 고려군 3만명을 격파하고 은청광록대부(銀靑光祿大夫)에 제수되었다. 군대가 돌아와시는 하남도출척대사(河南道黜陟大使)에 제수되었다. (「楊溫 墓誌銘」: 『唐代墓誌滙篇續集』 『全唐文新編』992)

613(癸酉/신라 진평왕 35 建福 30/고구려 영양왕 24/백제 무왕 14/隋 大業 9/倭 推古 21)

고구려   봄 정월 정축일(3) 천하의 병력을 징집하였다. 백성을 모아 용맹하여 죽기를 불사하는 군사로 삼고 탁군에 집결시켰다. (『隋書』 4 帝紀 4 煬帝 下)

고구려   봄 정월 정축일(3) 천하의 병력을 징집하였다. 백성을 모아 용맹하여 죽기를 불사하는 군사로 삼고 탁군에 집결시켰다. (『北史』 12 隋本紀 下 煬皇帝)

고구려   봄 정월 정축일(3) 천하의 병력을 징집하였다. 백성을 모아 용맹하여 죽기를 불사하는 군사로 삼고 탁군에 집결시켰다. 요동의 옛성을 수리하여 군량미를 저장해 두었다. (『資治通鑑』 182 隋紀 6 煬皇帝 中)

고구려   (수서(隋書)에 전한다.) (대업) 9년 봄 정월 정축일(3) 천하의 병력을 징집하였다. 백성을 모으는 데 빠른 효과가 있어 탁군에 모였다. (『太平御覽』 106 皇王部 31 隋 煬皇帝)

고구려   봄 정월 황제가 천하의 병력을 징집하여 탁군에 모았다. 백성을 모아 용맹하여 죽기를 불사하는 군사로 삼고 요동의 옛성을 수리하여 군량미를 저장해 두었다. (『三國史記』 20 高句麗本紀 8)

고구려   봄 정월 황제가 다시 고구려를 정벌하고자 천하의 병력을 징발하여 탁군에 집결시키고 백성을 모아 용맹하여 죽기를 불사하는 군사로 삼고 요동의 옛 성을 수리하여 군량미를 저장하였다. (『三國史節要』 7)

고구려   (수 양제 대업) 9년 정월 천하의 병력을 징발하여 백성을 모아 용맹하여 죽기를 불사하는 군사로 삼고 탁군에 집결시켰다. 다시 우문술 등의 관작을 회복시키고 또 군대를 징집하여 고구려를 토벌했다. (『冊府元龜』 135 帝王部 135 好邊功)

고구려   (2월) 임오일(임자일?(8))에 우문술 등의 관작을 회복시키고 또 군사를 징집하여 고구려를 토벌하였다. (『隋書』 4 帝紀 4 煬帝 下)

고구려   (2월) 임오일(임자일?(8))에 우문술 등의 관작을 회복시키고 또 군사를 징집하여 고

구려를 토벌하였다. (『北史』 12 隋本紀 下 煬皇帝)

고구려 (2월) 임오일(임자일?(8))에 조서를 내렸다. "우문술은 무기와 양식이 계속 이어지지 않아서 드디어 왕사(王師)를 구렁텅이에 빠지게 했는데, 이는 군리(軍吏)들이 물자 지급 시기를 놓쳤던 것이지 우문술의 죄가 아니므로 그의 관직과 작위를 회복시키라." 얼마 지나서 또 개부의동삼사(開府儀同三司)를 더해 주었다. 황제가 시신(侍臣)들에게 말하였다. "고구려는 작은 오랑캐인데 상국(上國)을 능멸하였지만, 지금은 바다를 뽑아 산으로 옮기는 것이라도 오히려 능히 결단을 내릴 수 있는 것인데 하물며 오랑캐를 치는 것쯤이야." 마침내 다시 고구려를 토벌할 것을 논의하였다. 좌광록대부(左光祿大夫) 곽영(郭榮)이 간하여 말하기를, "융적이 예를 잃은 것은 신하들이 처리할 일이고, 천균(千鈞)의 노(弩)는 생쥐를 잡기 위해서 쓰는 것은 아닌데, 어찌하여 친히 만승의 몸을 욕되게 하여 작은 오랑캐에 대적하려 하십니까." 하였다. 그러나 황제는 듣지 않았다. (『資治通鑑』 182 隋紀 6 煬皇帝 中)

고구려 2월에 황제가 시신(侍臣)들에게 이르기를, "고구려는 작은 오랑캐인데 상국(上國)을 능멸하였지만, 지금은 바다를 뽑아 산으로 옮기는 것이라도 오히려 능히 결단을 내릴 수 있는 것인데 하물며 오랑캐를 치는 것쯤이야." 마침내 다시 고구려를 토벌할 것을 논의하였다. 좌광록대부(左光祿大夫) 곽영(郭榮)이 간하여 말하기를, "융적이 예를 잃은 것은 신하들이 처리할 일이고, 천균(千鈞)의 노(弩)는 생쥐를 잡기 위해서 쓰는 것은 아닌데, 어찌하여 친히 만승의 몸을 욕되게 하여 작은 오랑캐에 대적하려 하십니까." 하였다. 그러나 황제는 듣지 않았다. (『三國史記』 20 高句麗本紀 8)

고구려 2월에 황제가 시신(侍臣)들에게 이르기를, "고구려는 작은 오랑캐인데 상국(上國)을 능멸하였지만, 지금은 바다를 뽑아 산으로 옮기는 것이라도 오히려 능히 결단을 내릴 수 있는 것인데 하물며 오랑캐를 치는 것쯤이야." 마침내 다시 고구려를 토벌할 것을 논의하였다. 좌광록대부(左光祿大夫) 곽영(郭榮)이 간하여 말하기를, "융적이 예를 잃은 것은 신하들이 처리할 일이고, 천균(千鈞)의 노(弩)는 생쥐를 잡기 위해서 쓰는 것은 아닌데, 어찌하여 친히 만승의 몸을 욕되게 하여 작은 오랑캐에 대적하려 하십니까." 하였다. 그러나 황제는 듣지 않았다. (『三國史節要』 7)

고구려 요동정벌 때 공이 있어 직위가 좌광록대부(左光祿大夫)에 이르렀다. 이듬해 황제가 다시 요동을 정벌할 때 곽영(郭榮)은 중국이 피폐해지자 만승의 몸으로 자주 움직이는 것은 마땅치 않다고 하여 이에 황제에게 말하기를, "오랑캐가 예를 잃는 것은 신하의 일입니다. 천근의 노는 쥐를 잡기 위해서 쓰는 기계가 아니니 어찌 친히 천자의 지위를 욕되게 하려고 작은 도적을 대적하려 하십니까. 황제가 듣지 않으니 다시 군대를 따라 요동성을 공격하였다. 곽영이 직접 활과 돌을 무릅쓰고 밤낮으로 갑주를 벗지 않는 것이 백여 일이 되었다. 황제가 매번 사람을 시켜 여러 장수들이 하는 일을 엿보게 하였는데 곽영이 이와 같음을 알고 크게 기뻐하고 항상 격려하였다. (『隋書』 50 列傳 15 郭榮)

고구려 (대업 8년)이듬해 황제가 또 요동을 정벌할 때 다시 우문술의 관작을 회복시켜고 처음처럼 대우하였다. (『隋書』 61 列傳 26 宇文述)

고구려 (대업 8년)이듬해 황제가 또 요동을 정벌할 때 다시 우문술의 관작을 회복시켜고 처음처럼 대우하였다. (『北史』 79 列傳 67 宇文述)

고구려 수서에서 다음과 같이 말했다. 곽영(郭榮)이 요동 정벌 때 공이 있어 지위가 나아가 좌광록대부가 되었다. 이듬해 황제가 다시 요동을 정벌하려 하자, 곽영은 중국이 피폐하다는 이유로 만승의 지위에 있는 황제는 마땅히 자주 움직여서는 안된다고 생각했다. 이에 황제에게 이르기를, "융적이 예를 잃은 것은 신하들이 처리할 일입니다. 신이 듣건대 천균(千鈞)의 노(弩)는 생쥐를 잡기 위해서 쓰는 것은 아닌데, 어찌하여 친히 대가(大駕)를 욕되게 하여 작은 오랑캐를 대적하려 하십니까." 하였다. 황제가 듣지 않았다. 다시 종군하여 요동성을 공격할 때 곽영은 화살과 돌을 무릅쓰고 밤낮으로 갑주를 벗지 않았다. (『太平御覽』 328 兵部 59 從軍)

고구려	(3월) 무인일(4)에 요동으로 행차하였다. 월왕(越王) 동(侗)과 공부상서(工部尚書) 번자개(樊子蓋)가 동도를 지켰다. (『隋書』 4 帝紀 4 煬帝 下)
고구려	(3월) 무인일(4)에 요동으로 행차하였다. 월왕 동과 공부상서 번자개가 동도를 지켰다. (『北史』 12 隋本紀 下 煬皇帝)
고구려	(3월) 무인일(4)에 황제가 요동으로 행차하였다. 민부상서(民部尚書) 번자개 등에게 명하여 월왕 동을 도와 동도를 지키게 하였다. (『資治通鑑』 182 隋紀 6 煬皇帝 中)
고구려	(수서에서 말했다.) (대업 9년) 3월 무인일(4)에 요동에 행차하였다. 월왕 동과 민부상서 번자개(樊子盖)로 하여금 동도를 지키게 하였다. (『太平御覽』 106 皇王部 31 隋 煬皇帝)
고구려	(대업) 9년 거가(車駕)가 다시 요동으로 갔다. 번자개를 동도 유수(留守)로 삼도록 명하였다. 이어 양현감이 역모를 일으켜 왕성으로 와서 핍박하니 번자개가 하남(河南) 찬치(贊治) 배홍책(裴弘策)을 보내 격파하게 하였으나 도리어 패하였다. 이에 배홍책을 군령으로 참하고 국자좨주(國子祭酒) 양왕(楊汪)이 다소 공손하지 않아 번자개가 또 그를 참하려 하자 양왕이 공손히 사죄하고 머리를 조아리고 피를 흘리니 오래있다가 방면했다. 이때 삼군(三軍)이 전율하지 않음이 없어 장수와 장교들이 감히 우러러 보지 못하였다. (『隋書』 63 列傳 28 樊子蓋)
신라	봄에 한발이 들었고 여름 4월에는 서리가 내렸다. (『三國史記』 4 新羅本紀 4)
신라	신라에서 봄에 한발이 들었고 여름 4월에는 서리가 내렸다. (『三國史節要』 7)
고구려	여름 4월 경오일(27)에 거가(車駕)가 요하를 건넜다. (『隋書』 4 帝紀 4 煬帝 下)
고구려	여름 4월 경오일(27)에 거가가 요하를 건넜다. (『北史』 12 隋本紀 下 煬皇帝)
고구려	여름 4월 경오일(27)에 거가가 요하를 건넜다. (『資治通鑑』 182 隋紀 6 煬皇帝 中)
고구려	4월 경오일(27)에 거가가 요하를 건넜다. (『冊府元龜』 135 帝王部 135 好邊功)
고구려	(수서에서 말했다.) (대업 9년) 여름 4월 경오일(27)에 거가가 요하를 건넜다. (『太平御覽』 106 皇王部 31 隋 煬皇帝)
고구려	(4월) 임신일(29)에 우문술과 양의신을 보내어 평양성으로 향하게 하였다. (『北史』 12 隋本紀 下 煬皇帝)
고구려	(4월) 임신일(29)에 우문술과 양의신을 보내어 평양으로 향하게 하였다. (『隋書』 4 帝紀 4 煬帝 下)
고구려 부여	(여름 4월) 임신일(29)에 우문술을 상대장군(上大將軍) 양의신과 함께 평양으로 향하게 하였다. 좌광록대부(左光祿大夫) 왕인걸(王仁恭)이 부여도(扶餘道)로 출발하였다. 왕인공이 진군하여 신성(新城)에 이르렀는데, 고려군 수만명이 맞서 싸웠다. 왕인공이 굳센 기병 1천을 이끌고 공격하여 깨뜨리니 고려는 농성하며 굳게 지켰다. 황제가 제장들에게 명령하여 요동을 공격하게 하고 편의대로 일을 처리하도록 허락했다. 비루(飛樓) 당차(橦車) 운제(雲梯) 지도(地道)로 네 방면에서 함께 진격하고 밤낮을 쉬지 않았다. 그러나 고려의 군사들이 변화하는 상황에 대응하여 방어하기를 20여일이 되어도 뽑지 못하였으며 피아간에 죽은 사람이 매우 많았다. 충제(衝梯) 장대의 길이가 15장(丈)이었는데, 오흥(吳興) 사람 심광(沈光)이 그 끝에 올라가 성을 내려다보면서 고려군과 싸워 짧은 병기로 맞붙어 십수 명을 죽였다. 고구려군이 다투어 그를 공격

하여 떨어뜨리니 땅에 닿기 전에 마침 장대에 달린 줄이 있어 심광(沈光)이 매달려 다시 올라갔다. 황제가 그것을 보고 장하게 여겨 즉시 조산대부(朝散大夫)로 임명하고 항상 좌우에 두었다. (…) 당시 우효위대장군(右驍衛大將軍) 내호아(來護兒)는 수군을 거느리고 동래(東萊)에서 장차 바다로 들어가서 평양(平壤)으로 향하여 가려 했는데, 양현감(楊玄感)이 그 집의 노복을 보내어 거짓으로 사자(使者)로 동방에서 온 것으로 하고 내호아가 반란을 일으켰다고 말하게 하였다. (『資治通鑑』 182 隋紀 6 煬皇帝 中)

고구려　　임신일(29)에 우문술 양의를 보내어 평양으로 향하게 하였다. (『冊府元龜』 135 帝王部 135 好邊功)

고구려　　(수서에서 말했다.) (대업 9년 여름 4월) 임신일(29)에 우문술과 양의신을 평양으로 향하게 하였다. (『太平御覽』 106 皇王部 31 隋 煬皇帝)

고구려 부여　　여름 4월에 황제의 행차가 요하를 건너와서 우문술과 양의신(楊義臣)을 보내 평양으로 가게 하였다.

왕인공이 부여도로 나와 진군하여 신성(新城)에 이르자, 우리 병력 수만이 대항하여 싸웠다. 왕인공이 날쌘 기병 1천을 거느리고 이를 격파하였다. 아군이 성문을 닫고 굳게 지키니, 황제가 여러 장수에게 명하여 요동성을 공격하였는데 편의에 따라 일을 처리하도록 허락하였다. 비루(飛樓) 당차(橦車) 운제(雲梯) 지도(地道)로 네 방면에서 함께 진격하고 밤낮을 쉬지 않았다. 우리가 상황이 변하는 데 따라 막으니 20여 일에도 공략하지 못하고 아군과 적군에 죽은 자가 매우 많았다. 충제(衝梯) 장대의 길이가 15장(丈)이었는데, 효과(驍果) 심광(沈光)이 그 끝에 올라가 성을 내려다보면서 아군과 싸워 짧은 병기로 맞붙어 십수 명을 죽였다. 아군이 다투어 그를 공격하여 떨어뜨리니 땅에 닿기 전에 마침 장대에 달린 줄이 있어 심광(沈光)이 매달려 다시 올라갔다. 황제가 그것을 보고 장하게 여겨 즉시 조산대부(朝散大夫)의 벼슬을 주었다. 요동성이 오랫동안 함락되지 않자, 황제가 베 주머니 백여 만 개를 만들어 보내 흙을 가득 채워 그것을 쌓아올려 어량대도(魚梁大道)를 만드는데, 넓이는 30보, 높이는 성과 같게 하여 전사들이 올라가서 공격하게 하였다. 또 팔륜루거(八輪樓車)를 만들어 성보다 높게 하여 어량도를 끼고 성 안을 내려다보며 쏘게 하였다. 기일을 정해 장차 공격하려고 하므로, 성 안이 매우 위태롭고 긴박하였다.

마침 양현감이 반란을 일으켰다는 글이 도착했다. 황제가 크게 두려워하고, 또 고관의 자손들이 모두 양현감의 처소에 있음을 듣고 더욱 걱정하였다. 병부시랑(兵部侍郎) 곡사정(斛斯政)이 평소에 양현감과 친하였으므로 속으로 불안하여 도망쳐왔다. 황제가 밤에 비밀리에 여러 장수를 불러 군사를 이끌고 돌아갔다. 군수품·기계· 공격도구들이 산처럼 쌓였고, 군영의 보루와 장막은 평온하게 움직이지 않았으나, 무리의 마음은 두렵고 염려가 되어 다시 부대를 이루지 못하고 여러 길로 흩어졌다. 아군은 즉시 이를 알아차렸으나 감히 나가지 못하고 단지 성안에서 북을 치고 고함을 질렀다. 다음날 오시(午時)가 되어서야 바야흐로 점차 밖으로 나갔으나, 수(隋)의 군대가 속이는 것으로 의심하였다. 이틀이 경과해서야 비로소 수천 병력을 내어 쫓았으나, 수의 군대가 많은 것을 두려워하여 감히 가까이 가지 못하고, 늘 8,90리의 거리를 유지하였다. 요수(遼水)에 도달할 즈음에 황제의 진영이 다 건넌 것을 알고는 그제야 감히 후군에 가까이 갔다. 이때 후군도 수만 명이었는데 아군이 따라가 공격하여 수천 명을 죽였다. (『三國史記』 20 高句麗本紀 8)

고구려 부여　　(4월) 황제의 행차가 요하를 건너와서 우문술과 양의신(楊義臣)을 보내 평양으로 가게 하였다.

왕인공이 부여도로 나와 진군하여 신성(新城)에 이르자, 고구려의 병력 수만이 대항하여 싸웠다. 왕인공이 날쌘 기병 1천을 거느리고 이를 격파하였다. 고구려군이 성문을 닫고 굳게 지키니, 황제가 여러 장수에게 명하여 요동성을 공격하였는데 편의에 따라 일을 처리하도록 허락하였다. 비루(飛樓) 당차(橦車) 운제(雲梯) 지도(地道)로 네 방면에서 함께 진격하고 밤낮을 쉬지 않았다. 고구려가 상황이 변하는 데 따라 막으니 20여 일에도 공략하지 못하고 고구려군과 적군에 죽은 자가 매우 많았다. 충제(衝梯) 장대의 길이가 15장(丈)이었는데, 효과(驍果) 심광(沈光)이 그 끝에 올라가 성을 내려다보면서 고구려군과 싸워 짧은 병기로 맞붙어 십수 명을 죽였다. 고구려군이 다투어 그를 공격하여 떨어뜨리니 땅에 닿기 전에 마침 장대에 달린 줄이 있어 심광(沈光)이 매달려 다시 올라갔다. 황제가 그것을 보고 장하게 여겨 즉시 조산대부(朝散大夫)의 벼슬을 주었다. 요동성이 오랫동안 함락되지 않자, 황제가 베주머니 백여 만 개를 만들어 보내 흙을 가득 채워 그것을 쌓아올려 어량대도(魚梁大道)를 만드는데, 넓이는 30보, 높이는 성과 같게 하여 전사들이 올라가서 공격하게 하였다. 또 팔륜루거(八輪樓車)를 만들어 성보다 높게 하여 어량도를 끼고 성 안을 내려다보며 쏘게 하였다. 기일을 정해 장차 공격하려고 하므로, 성 안이 매우 위태롭고 긴박하였다.

마침 양현감이 반란을 일으켰다는 글이 도착했다. 황제가 크게 두려워하고, 또 고관의 자손들이 모두 양현감의 처소에 있음을 듣고 더욱 걱정하였다. 병부시랑(兵部侍郞) 곡사정(斛斯政)이 평소에 양현감과 친하였으므로 속으로 불안하여 도망쳐왔다. 황제가 밤에 비밀리에 여러 장수를 불러 군사를 이끌고 돌아갔다. 군수품·기계·공격도구들이 산처럼 쌓였고, 군영의 보루와 장막은 평온하게 움직이지 않았으나, 무리의 마음은 두렵고 염려가 되어 다시 부대를 이루지 못하고 여러 길로 흩어졌다. 고구려군은 즉시 이를 알아차렸으나 감히 나가지 못하고 단지 성안에서 북을 치고 고함을 질렀다. 다음날 오시(午時)가 되어서야 바야흐로 점차 밖으로 나갔으나, 수(隋)의 군대가 속이는 것으로 의심하였다. 이틀이 경과해서야 비로소 수천 병력을 내어 쫓았으나, 수의 군대가 많은 것을 두려워하여 감히 가까이 가지 못하고, 늘 8,90리의 거리를 유지하였다. 요수(遼水)에 도달할 즈음에 황제의 진영이 다 건넌 것을 알고는 그제야 감히 후군에 가까이 갔다. 이때 후군도 수만 명이었는데 고구려군이 따라가 공격하여 수천 명을 죽였다. (『三國史節要』 7)

고구려	(대업 8년 이듬해) 요동에 이르러 장군 양의신(楊義臣)과 더불어 군대를 이끌고 다시 압록수(鴨綠水)에 이르렀다. (『隋書』 61 列傳 26 宇文述)
고구려	(대업 8년)이듬해 군부(軍副)가 되어 대장군 우문술과 함께 평양으로 향하여 압록수에 이르렀다가 양현감의 반란을 일으키자 군대를 되돌렸다. (…) 얼마 후 황제가 다시 요동을 정벌할 때 따라갔는데, 진급하여 좌광록대부(左光祿大夫)가 되었다. (『隋書』 63 列傳 28 楊義臣)
고구려	이듬해 다시 창해도(滄海道)로 나와 군대가 동래(東萊)에 이르렀다. 양현감이 여양(黎陽)에서 난을 일으켜 나아가 혁(鞏) 땅과 낙양을 핍박하니 내호아가 병사들을 몰아 우문술 등과 함께 격파하고 영국공(榮國公)에 봉해지고 식읍 2천호를 받았다. (『隋書』 64 列傳 29 來護兒)
고구려	주법상(周法尙)은 자가 덕매(德邁)인데 여남(汝南) 안성(安成) 사람이다. (…) 요동정벌 때 수군으로 조선도(朝鮮道)로 진군하였다. 양현감의 반란이 일어나자 장군 우문술, 내호아 등과 함께 그를 깨뜨리고 그 공으로 우광록대부(右光祿大夫)로 진급하고 물건 9백단을 내려 받았다. (『隋書』 64 列傳 29 周法尙)
고구려	이듬해 왕인공(王仁恭)이 다시 군장(軍將)으로서 부여도(扶餘道)를 따라갔다. 황제가 그에게 일러 말하기를 "지난 번에 제군이 불림함이 많았는데 공이 홀로 일군(一軍)으로 적을 격파하였다. 옛 사람이 이르기를, '패전한 군대의 장수는 용감하다고 할 수 없다.'고 하였는데, 제장들이 그 임무를 맡을 수 있겠는가, 이제 공에게 전군(前

軍)을 맡길 터이니 바라는 바를 당부한다.”고 하고 좋은 말 10필과 황금 백냥을 내려주었다. 왕인공이 드디어 진군하여 신성(新城)에 이르렀는데 적 수만명이 성 뒤에 진을 설치하였다. 왕인공이 날랜 기병 1천을 이끌고 격파니 하니 적이 성을 굳게 지키고 막았다. 왕인공이 사면에서 공격하여 포위하였는데, 황제가 듣고 크게 기뻐하여 사인(舍人)을 보내어 차자아 진기한 물건을 내려 군대를 위문토록 하고 진급시켜 광록대부(光祿大夫)를 제수하고 비단 5천필을 내렸다. (『隋書』65 列傳 30 王仁恭)

고구려 부여   방언겸(房彦謙)은 자가 효충(孝沖)이니 본래 청하(清河) 사람이다. (…) 대업 9년 어가가 요하를 건널 때 부여도군(扶餘道軍)을 맡았다. 그 후 수나라의 정치가 점차 어지러워지자 조정이 무너지고 절개를 잃은 자가 없지 않았다. 언겸이 직도수상(直道守常)이 되어 그 사이에서 고립되었는데 자못 집정자들의 질투를 받았다. 나와 경양령(涇陽令)이 되었다가 얼마 후 관직을 마치니 그 때 나이 69세였다. (『隋書』66 列傳 31 房彦謙)

고구려   (대업) 9년 황제가 다시 친정하였다. 이에 제군에게 상황에 맞게 적절히 대응하라고 칙서를 내렸다. 여러 장수들이 길을 나누어 성을 공격하니, 적의 군세가 날로 위축되었다. (『隋書』81 列傳 46 東夷 高麗)

고구려 부여   (방언겸이) 대업 9년 거가를 따라 요수를 건너 부여도(扶餘道) 군의 일을 맡았다. (『北史』39 列傳 27 房法壽)

고구려   (대업 8년 이듬해) 요동에 이르러 장군 양의신과 더불어 군대를 이끌고 다시 압록수에 이르렀다. (『北史』79 列傳 67 宇文述)

고구려   심광(沈光)의 자는 총지(總持)인데 오흥(吳興) 사람이다. (…) 대업 연간에 양제가 천하의 용맹한 병사들을 징발하여 요동을 정벌했는데 심광은 미리 알고 같은 무리 수만명을 모아 모두 그 휘하에 두었다. 심광이 장차 행재소를 찾아 가려 할 때 빈객이 파상(灞上)에 이르러 백여명의 기병을 보냈다. 심광이 술을 채워 맹서하여 말하기를, “이번 종군에 만약 공명을 세우지 못하면 마땅히 고려에서 죽을 것이며 다시는 여러 분들과 서로 보지 못할 것이다.”고 하였다. 황제를 따라 요동을 공격할 때 충제(衝梯)로 성을 공격하는 데 장대의 길이가 15장이었다. 심광이 그 끝에 올라 성에 이르러 적과 짧은 병기로 접전하여 수십명을 죽였다. 적이 계속공격하여 떨어뜨리니 땅에 닿기 전에 마침 장대에 달린 줄이 있어 심광이 매달려 다시 올라갔다. 황제가 이를 보고 장하게 여겨 바로 불러서 더불어 말을 나누니 크게 기뻐하고 그날로 조청대부(朝請大夫)로 삼고 보검과 좋은 말을 상으로 주고 항상 좌우에 두니 황제가 점점 가깝게 여겼다. (『隋書』64 列傳 29 沈光)

고구려   유무주(劉武周)는 하간(河間) 경성(景城) 사람이다. (…) 무주가 이 때문에 집을 떠나 낙양으로 들어가 태복(太僕) 양의신의 막료가 되었다. 요동정벌에 응모하여 군공을 세워 건절교위(建節校尉)에 제수되었다. (『舊唐書』55 列傳 5 劉武周)

고구려   수서에서 말했다. 대업 연간에 양제가 천하의 용맹한 병사들을 징발하여 요동을 정벌했는데 심광은 미리 알고 같은 무리 수만명을 모아 모두 그 휘하에 두었다. 심광이 장차 행재소를 찾아 가려 할 때 빈객이 파상에 이르러 백여명의 기병을 보냈다. 심광이 술을 채워 맹서하여 말하기를, “이번 종군에 만약 공명을 세우지 못하면 마땅히 고려에서 죽을 것이며 다시는 여러 분들과 서로 보지 못할 것이다.”고 하였다. 황제를 따라 요동을 공격할 때 충제(衝梯)로 성을 공격하는 데 장대의 길이가 15장이었다. 심광이 그 끝에 올라 성에 이르러 적과 짧은 병기로 접전하여 수십명을 죽였다. 적이 계속 공격하여 떨어뜨리니 땅에 닿기 전에 마침 장대에 달린 줄이 있어 심광이 매달려 다시 올라갔다. 황제가 이를 보고 장하게 여겨 바로 불러서 더불어 말을 나누니 크게 기뻐하고 그날로 조청대부(朝請大夫)로 삼고 보검과 좋은 말을 상

으로 주고 항상 좌우에 두니 황제가 점점 가깝게 여겼다. (『太平御覽』 318 兵部 49 攻圍 下)

고구려   황제가 고려를 정벌하면서 양현감에게 명하여 여양(黎陽)에서 조운을 감독하게 했는데, 드디어 호분랑장(虎賁郎將) 왕중백(王仲伯)과 급군(汲郡)의 찬치(贊治)인 조회의(趙懷義) 등과 모의하고 고의로 조운을 지연시키고 제 때 출발하지 못하게 하여 요하를 건넌 여러 부대의 식량을 결핍하게 하기로 하였다. 황제가 사자를 보내어 이를 재촉하자 양현감은 겉으로는 수로에 도적이 많아 앞뒤로 출발시킬 수 없다고 하였다. 양현감의 아우 호분랑장 양현종(楊玄縱)과 응양랑장(鷹揚郎將) 양만석(楊萬石)은 함께 요동으로 따라 갔는데, 양현감이 몰래 사람을 보내어 부르니 모두 도망하여 왔다. 양만석은 고양(高陽)에 이르러 감사(監事) 허화(許華)에게 잡혀 탁군에서 목이 베였다. 당시 우효위대장군(右驍衛大將軍) 내호아(來護兒)는 수군을 이끌고 동래(東萊)에서 장차 바다로 들어가 평양(平壤)으로 가려 했는데, 양현감이 가노(家奴)를 보내어 거짓으로 사자(使者)로 동방에서 온 것으로 하고 내호아가 반란을 일으켰다고 하였다. (『資治通鑑』 182 隋紀 6 煬皇帝 中)

고구려   (대업) 9년 조서를 내려 관중(關中)의 부자들에게 그 자산에 따라 운반용 당나귀를 부과하여 이오(伊吾)·하원(河源)·차말(且末)에 가서 식량을 운반하게 했다. 많은 것은 수백 마리에 이르렀는데, 한 마리당 값은 1만이 넘었다. 또 여러 주의 장정을 뽑아 네 차례로 나누어 요서(遼西)의 유성(柳城) 군영으로 보냈는데, 가고 오는 것이 어렵고 고단하였고 생업이 다 없어졌다. 도적이 사방에서 일어나 도로가 남쪽으로 끊어지고 농우(隴右)에서 기르던 말들은 모두 도적들에게 약탈당했다. 양현감이 빈 틈을 타서 반란을 일으켰다. 이 때 황제는 요동에 있었는데 이를 듣고 급히 고양군(高陽郡)으로 돌아왔다. 양현감의 반란이 진압되자 황제가 곁을 지키는 신하들에게 일러 말하기를, "양현감이 한번 부르자 따르는 이가 저자거리의 사람들처럼 많았으니 천하 사람들이란 많게 하려고 할 것이 없고, 많게 되면 바로 사람들이 서로 모여 도적이 될 뿐이라는 것을 더욱 알겠다. 모조리 죽음을 내리지 않으면 후대 사람들을 징계할 수 없을 것이다."고 하였다. 이에 배온(裴蘊)에게 명하여 그 잔당들을 추궁하여 군현에 조서를 내려 갱에 묻어 죽이니 죽은 자를 셀 수 없었다. 도처마다 놀라 천하 사람 10명 중 9명이 일어나 도적이 되어 모두 무기와 말을 훔치고 처음으로 긴 창을 만들기 시작하였다. 성읍을 공격하여 함락시키니 황제는 또 군현에 명하여 독포(督捕)를 두고 도적을 토벌하게 하였다.
더하여 징병관을 보내어 요동을 정벌하게 하니 말이 적어 8마리를 채우지 못해 6마리로 허가하였으나 또 부족하여 반은 나귀로 채웠다. 길 가에 도망자가 서로 이어져 붙잡아 목을 베니 그치지 못할 지경이었으나, 황제는 기뻐하지 못했다. 고려가 반신(叛臣) 곡사정을 붙잡아 돌려 보내며 사신을 보내 항복을 구하니 조서를 내려 용서해주었다. 곡사정은 서울에 이르러 감옥에 갇혔다가 개원문(開遠門) 밖에서 책형을 가하고 활로 쏘아 죽였다. (『隋書』 24 志 19 食貨)

고구려   (대업 8년)이듬해 소위가 요동성빌에 따리기 영우서위대장군이 되었다. 양현감이 반란을 일으키자 황제가 소위(蘇威)를 장막 안으로 불렀는데 얼굴에 두려운 빛이 있었다. 황제가 일러 말하기를, "이 비열한 놈은 총명하니 근심이 되지 않겠는가" 하였다. 소위가 말하기를, "무릇 옳고 그름을 알고 성패를 아는 것을 이른 바 총명이라고 합니다. 양현감은 거칠고 서투르니 총명한 자는 아닙니다. 염려할 바는 없습니다. 다만 난이 점점 커지는 것이 두려울 따름입니다. 제가 보건대 노역이 그치지 않아 백성들이 반란을 생각하는 것입니다." 하였다. 이는 은근히 황제를 풍자한 것인데 황제가 깨닫지는 못했다. (『隋書』 41 列傳 6 蘇威)

고구려	(대업 8년 이듬해) 마침 양현감의 반란을 맞게 되었다. 황제가 우문술을 불러 빨리 달려가 현감을 토벌하게 했다. 이때 현감이 동도(東都)를 핍박하다가 우문술의 군대가 이르렀다는 것을 듣고 서쪽으로 도망가 장차 관중(關中)을 도모하려 하였다. 우문술이 형부상서(刑部尙書) 위현(衛玄)·우효위대장군(右驍衛大將軍) 내호아(來護兒), 무위장군(武衛將軍) 굴돌통(屈突通) 등과 함께 따라가 문향(閺鄕)의 황천원(皇天原)에 이르러 현감과 맞섰다. 우문술은 내호아와 진을 펼쳐 그 앞쪽을 부딪치고 굴돌통을 파견하여 기습으로 그 뒤를 공격하여 대파하니, 마침내 양현감을 베어 그 머리를 행재소에 전하자 물품 수천 단을 하사받았다. 다시 요동정벌에 나서 회원진(懷遠鎭)에 이르렀다가 돌아왔다. (『隋書』 61 列傳 26 宇文述)
고구려	(대업 8년) 이듬해 황제가 다시 고려를 정벌했다. 조원숙(趙元淑)으로 하여금 임유(臨渝)에 주둔하게 하였다. 양현감이 난을 일으켜 그 아우 현종(玄縱)이 황제가 있는 곳에서 도망가다가 임유를 지나게 되었다. 원숙이 나와 그 작은 아내 위씨를 보내어 현종을 보고 극진하게 향연을 베풀게 하고 더불어 통모(通謀)하니 현종이 주는 뇌물을 받았다. 양현감이 패배하자 사람들이 그 일을 일러 바치니 황제가 죄를 묻게 하였다. 원숙이 말하기를, 양현감과 더불어 혼인을 맺을 것을 말하고 얻은 금과 보물은 혼인 재물이지 실제 다른 까닭은 없다고 하였다. 위씨가 다시 말하기를 처음에는 금을 받지 않았다고 했는데 황제가 심문하자 다른 말이 없었다. 황제가 크게 노하여 시신(侍臣)에게 일러 말하기를, 이는 반란의 정황이니 어찌 수고롭게 다시 묻겠는가 하였다. 원숙과 위씨는 모두 탁군(涿郡)에서 목을 베고 그 가솔을 적몰하였다. (『隋書』 70 列傳 35 趙元淑)
고구려	원홍사(元弘嗣)는 하남 낙양사람이다. (…) (대업 8년) 이듬해 황제가 다시 요동을 정벌하자 노적(奴賊)들이 농우(隴右)를 노략질 하였다. 홍사에 조서를 내려 이를 격퇴하게 하였다. 현감이 난을 일으켜 동도(東都)를 핍박하자 홍사가 둔병(屯兵)으로 안정시켰다. 혹자가 이를 현감에게 응하려 한다고 고하여 대왕(代王) 유(侑)가 사신을 보내어 그를 잡아 행소에 보냈다. 반역의 증거가 없어 풀어 주어야 마땅했으나 황제가 의심하여 풀어주지 않고 제명하여 일남(日南)으로 귀양보냈는데 가는 길에 죽었다. 이 때 나이 49세였고 아들 인관(仁觀)을 남겼다. (『隋書』 74 列傳 39 酷吏 元弘嗣)
고구려	노태익(盧太翼)은 자가 협소(恊昭)이니 하간(河間) 사람이다. 본래의 성은 장구(章仇)씨이다. (…) 대업 9년 거가를 따라 요동에 이르렀다. 태익이 황제에게 말하기를, "여양에 군사의 기운이 있습니다." 하였다. 수일 후 현감이 반란을 일으켰다는 소식을 듣고 황제가 이상히 여겨 여러번 상을 더하여 내려주었다. 태익이 말한 천문(天文)의 일은 그 수를 헤아릴 수 없는데, 비밀에 관한 것으로 세상에서는 들어볼 수 없다. 수년이 지나 낙양에서 죽었다. (『隋書』 78 列傳 43 藝術 盧太翼)
고구려	(대업 9년) 이 무렵 양현감이 반란을 일으켰다는 서신이 도착하자, 황제는 크게 두려워하여 그날로 6군(軍)을 이끌고 돌아 왔다. (『隋書』 81 列傳 46 東夷 高麗)
고구려	(대업 8년) 이듬해 황제가 다시 고려를 정벌했다. 원숙(元淑)으로 하여금 임유(臨渝)에 주둔하게 하였다. 양현감이 난을 일으켜 그 아우 현종(玄縱)이 황제가 있는 곳에서 도망가다가 임유를 지나게 되었다. 원숙이 나와 그 작은 아내 위씨를 보내어 현종을 보고 극진하게 향연을 베풀게 하고 더불어 통모(通謀)하니 현종이 주는 뇌물을 받았다. 양현감이 패배하자 사람들이 그 일을 일러 바치니 황제가 죄를 묻게 하였다. 원숙이 말하기를, 양현감과 더불어 혼인을 맺을 것을 말하고 얻은 금과 보물은 혼인 재물이지 실제 다른 까닭은 없다고 하였다. 위씨가 다시 말하기를 처음에는 금을 받지 않았다고 했는데 황제가 심문하자 다른 말이 없었다. 황제가 크게 노하여

시신(侍臣)에게 일러 말하기를, 이는 반란의 정황이니 어찌 수고롭게 다시 묻겠는가 하였다. 원숙과 위씨는 모두 탁군(涿郡)에서 목을 베고 그 가솔을 적몰하였다. (『北史』 41 列傳 29 楊敷)

고구려	(대업 8년)이듬해 요동정벌에 따라가 영우어위대장군(領右禦衛大將軍)이 되었다. 양현감이 반란을 일으키자 황제가 소위(蘇威)를 장막 안으로 불렀는데 얼굴에 두려운 빛이 있었다. 황제가 일러 말하기를, "이 비열한 놈은 총명하니 근심이 되지 않겠는가" 하였다. 소위가 말하기를, "거칠고 서투르니 총명한 자는 아닙니다. 염려할 바는 없습니다. 단지 난이 점점 커지는 것이 두려울 따름입니다. 제가 보건대 노역이 그치지 않아 백성들이 반란을 생각하는 것입니다." 하였다. 이는 은근히 황제를 풍자한 것인데 황제가 깨닫지는 못했다. 결국 돌아와 탁군에 이르러 소위를 불러 관중(關中)을 위무하게 하였다. (…) 후에 다시 요동을 정벌할 일을 묻자 소위가 뭇 도적들을 사면하여 고려를 토벌하는 데 보내자고 하니 황제가 더욱 화를 내었다. (『北史』 63 列傳 51 蘇綽)
고구려	(대업 8년 이듬해) 마침 양현감의 반란을 맞게 되었다. 황제가 우문술을 불러 빨리 달려가 현감을 토벌하게 했다. 이때 현감이 동도를 핍박하다가 우문술의 군대가 이르렀다는 것을 듣고 서쪽으로 도망가 장차 관중을 도모하려 하였다. 우문술이 형부상서 위현·우효위대장군 내호아, 무위장군 굴돌통 등과 함께 따라가 문향의 황천원에 이르러 현감과 맞서 그 목을 베고 행재소에 전했다. 다시 요동정벌에 나서 회원진에 이르렀다가 돌아왔다. (『北史』 79 列傳 67 宇文述)
고구려	대업 9년 양제가 고려를 정벌할 때 양현감으로 하여금 여양에서 조운을 감독하게 하였다. 이 때 천하가 소란스러워지자 현감이 장차 거병할 것을 꾀하고 몰래 사람을 보내 입관하여 이밀(李密)을 만나 모주(謀主)로 삼았다. 이밀이 도착하여 현감에게 일러 말하기를, "지금 천자가 정벌에 나서 멀리 요동 밖에 있으니 지금 공이 군대를 확보하여 그 뜻하지 못한 곳에 나가 멀리 계주(薊州)로 가서 바로 그 요충지를 잡으면 앞에 고려가 있어 물러나 돌아올 길이 없게 되니 10일이 못되어 식량이 다하여 깃발을 한 번 휘둘러 부르면 그 무리들이 스스로 항복할 것이니 싸우지 않고도 사로잡을 수 있습니다. 이것이 계책 중의 으뜸입니다." 하였다. (『舊唐書』 53 列傳 3 李密)
고구려	대업 9년 양현감이 여양에서 거병하고 사람을 보내 입관하여 이밀을 맞았다. 이밀이 도착하여 꾀해 말하기를, "지금 천자가 멀리 요동에 있는데 유주를 지나 천리에 떨어져 있습니다. 남으로는 큰 바다에 한하고 북으로 강한 오랑캐에 막혀 있어 영을 내어 통하는 곳은 오직 유림(楡林) 한 길 뿐입니다. 만약 북을 울려 계주에 들어가 그 요충지를 잡으면 고려가 그 앞에서 저항하고 우리가 그 뒤를 탄다면 한달도 되지 않아 식량이 다할 것입니다. 이때 깃발을 휘두르고 그들을 부르면 무리들을 모두 취할 수 있습니다. 그런 연후에 격문을 돌려 남으로 간다면 천하가 안정될 것이니 이것이 상책입니다." 하였다. (『新唐書』 84 列傳 9 李密)
고구려	(당서에서 말했다.) 대업 9년 양제가 고려를 정벌했는데, 현감으로 하여금 여양(麗陽)에서 조운을 감녹하게 하였다. 이 때 천하가 소란스러워지자 현감이 장차 거병을 꾀하고자 몰래 사람을 보내 입관(入關)하여 이밀(李密)을 만나 모주(謀主)로 삼았다. 이밀이 도착하여 현감에게 일러 말하기를, "지금 천자가 정벌에 나서 멀리 요동 밖에 있으니 지금 공이 군대를 확보하여 그 뜻하지 못한 곳에 나가 멀리 계주(薊州)로 가서 바로 그 요충지를 잡으면 앞에 고려가 있어 물러나 돌아올 길이 없게 되니 10일이 못되어 식량이 다하여 깃발을 한 번 휘둘러 부르면 그 무리들이 스스로 항복할 것이니 싸우지 않고도 사로잡을 수 있습니다. 이것이 계책 중의 으뜸입니다." 하였다. (…) 이밀의 계획이 실행되지 못하고 현감이 패하자 이밀이 이에 사잇길로 입

관하려다가 붙잡혔다. 이때 양제는 고려에 있었는데, 이밀과 그 무리들이 모두 황제가 있는 곳으로 보내졌다. 관 밖으로 나갈 때 호송하는 것이 점차 느슨해졌다. (『太平御覽』 107 皇王部 32 隋 煬恭皇帝 附 李密)

고구려 또 황제가 소위(蘇威)에게 요동을 정벌할 계책을 묻자 소위는 황제가 다시 가는 것을 원하지 않았다. 또 황제로 하여금 천하에 많은 도적이 있음을 알게 하려고 이에 속여 답하기를, "지금의 정벌에 군대를 보내는 것을 원치 않습니다. 다만 여러 도적을 조서를 내려 사면하면 자연히 수십만 명을 얻을 수 있으니 관내(關內)의 노비와 도적 및 산동(山東)의 역산비(歷山飛) 장금칭(張金稱) 등의 우두머리를 별도로 한 군대로 삼아 요서도(遼西道)를 나오게 하고 하남의 도적 왕박(王薄)과 맹양(孟讓) 등 10여 명의 도적 우두머리로 배를 주어 창해도(滄海道)에 배를 띄우면 반드시 면죄된 것에 기뻐하여 다투어 공을 세우려 할 것이니 1년 사이에 고려를 멸망시킬 수 있습니다."고 하였다. 황제가 기뻐하지 않고 말하기를, "내가 지난 번에 갔을 때도 오히려 이기지 못했는데, 쥐새끼 같은 도적들이 어찌 성공할 수 있겠는가."라고 하였다. (『隋書』 67 列傳 32 裴蘊)

고구려 양현감(楊玄感)은 사도(司徒) 소(素)의 아들이다. (…) 황제가 요동을 정벌할 때 양현감에게 여양(黎陽)에서 조운을 감독하게 하였다. 이때 백성들이 고역으로 천하에 반란을 생각하였다. 양현감이 드디어 무분랑장(王仲伯)·급군(汲郡) 찬치(贊治) 조회의(趙懷義) 등과 모의하여 고의로 황제의 군대가 기아에 시달려 핍박하게 하려 때맞춰 출발하지 않게 하니 황제는 늦는다고 여겨 사자를 보내 재촉하였다. 양현감이 겉으로 수로에 많은 도적이 있어 앞뒤로 출발할 수 없다고 하였다. 그 아우 무분랑장(武賁郎將) 현종(玄縱)·응양랑장(鷹揚郎將) 만석(萬碩)이 함께 요동에 따라왔는데 현감이 몰래 사람을 보내어 불렀다. 이 때 장군 내호아(來護兒)가 수군으로 동래(東萊)에서 바다로 들어가 평양성(平壤城)으로 갈려고 하였는데 군대가 아직 출발하지 않고 있었다. 현감이 움직일 무리가 없다고 여겨 가노를 거짓으로 사자로 속여 동쪽에서 온 것처럼 하고 내호아가 기한을 맞추지 못해 반란을 일으켰다고 말하게 하였다. 양현감이 드디어 여양현에 들어가 성을 닫고 크게 남자들을 수색하였다. (『隋書』 70 列傳 35 楊玄感)

고구려 양현감이 여양(黎陽)에 있다가 역모를 일으켰다. 몰래 가동(家僮)을 모내 서울에 이르러 이밀(李密)을 불러 아우 현정(玄挺) 등과 함께 같이 여양으로 오게 하였다. 현감이 거병할 때 이밀이 도착했다. 현감이 매우 기뻐하여 모주(謀主)로 삼고 현감이 이밀에게 계책을 물었다. 이밀이 답하기를, "저에게 세가지 계책이 있습니다. 공이 택하십시오. 지금 천자가 출정하여 멀리 요동 밖에 있으니 땅은 유주(幽州)를 지나 천리에 떨어져 있습니다. 남으로는 큰 바다 끝이 있고 북으로 오랑캐의 걱정거리가 있습니다. 가운에 길 하나가 있는데 매우 어렵고 위험합니다. 지금 공이 군대를 지휘하여 그 뜻하지 않는 곳으로 나와 멀리 계주(薊州)로 가 바로 그 요충지를 막으면 앞에는 고려가 있어 물러나 돌아올 길이 없으니 한달이 지나지 않아 식량을 다 할 것입니다. 이 때 깃발을 흔들어 부르면 그 무리들이 스스로 항복할 것이니 이것이 상책입니다."고 하였다. (『隋書』 70 列傳 35 李密)

고구려 요동정벌 때 황제가 종군하여 스스로 힘을 다하도록 하였다. 이에 내호아를 따라 동평(東平)에서 창해로 나가려 하였는데 양현감이 여양에서 반란을 일으키자 황제가 그를 의심하여 불러 이자웅(李子雄)을 쇠사슬로 묶어 행재소로 불러들였다. 자웅이 사자를 죽이고 현감에게 도망갔다. 현감이 항상 이자웅에게 계책을 청했는데 말이 현감에게 전해져 있었다. 현감이 패배하여 복주(伏誅)되었고 그 가족은 적몰(籍沒)되었다. (『隋書』 70 列傳 35 李子雄)

고구려 황제가 고려를 정벌하면서 양현감에게 명하여 여양에서 조운을 감독하게 했는데, 드디어 무분랑장 왕중백과 급군의 찬치인 조회의 등과 모의하고 고의로 조운을 지연시키고 제 때 출발하지 못하게 하였다. 황제가 사자를 보내어 이를 재촉하자 양현감은 겉으로는 수로에 도적이 많아 앞뒤로 출발시킬 수 없다고 하였다. 양현감의 아우 무분랑장 양현종이 응양랑장 양만석을 따라 요동으로 갔는데, 양현감이 몰래 사람을 보내어 불러들였다. 당시 내호아는 수군을 이끌고 동래에서 장차 바다로 들어가 평양으로 가려 했는데, 군대는 아직 출발하지 않았다. 양현감이 움직일 무리가 없어 이에 가노를 보내어 거짓으로 사자로 동방에서 온 것으로 하고 내호아가 군기(軍期)를 놓쳐 반란을 일으켰다고 했다. 양현감이 드디어 여양현에 들어가 성을 닫고 남자들을 크게 모았다. 이에 질긴 천으로 투구와 갑옷을 만들고 관속들을 개황연간의 제도에 준하여 설치하였으며 이웃 군현에 서신을 보내어 내호아를 토벌한다는 명분으로 군사를 일으켜 창소(倉所)에 모이게 명령하였다. (『北史』 41 列傳 29 楊敷)

고구려   양현감이 역모를 꾸밀 대 이밀(李密)을 불러 아우 현정(玄挺)과 함께 여양(黎陽)으로 가 모의를 주관했다. 이밀이 세가지 계책을 내놓고 말하기를, "지금 천자가 멀리 요동 밖에 있으니 공은 먼길을 달려 계주(薊州)로 가서 바로 그 길목을 막으면 앞에는 고려가 있어 돌아올 길이 없게 되니 싸우지 않고도 사로잡을 수 있습니다. 이것이 상책입니다." 하였다. (『北史』 60 列傳 48 李弼)

고구려   또 황제가 소위에게 요동을 정벌할 계책을 묻자 소위는 황제가 다시 가는 것을 원하지 않았다. 또 황제로 하여금 천하에 많은 도적이 있음을 알게 하려고 이에 속여 답하기를, "지금의 정벌에 군대를 보내는 것을 원치 않습니다. 다만 여러 도적을 조서를 내려 사면하면 자연히 수십만명을 얻을 수 있으니 관내의 노비와 도적 및 산동의 역산비 장금칭 등의 우두머리를 별도로 한 군대로 삼아 요서도를 나오게 하고 하남의 도적 왕박과 맹양 등 10여 명의 도적 우두머리로 배를 주어 창해도에 배를 띄우면 반드시 면죄된 것에 기뻐하여 다투어 공을 세우려 할 것이니 1년 사이에 고려를 멸망시킬 수 있습니다."고 하였다. 황제가 기뻐하지 않고 말하기를, "내가 지난 번에 갔을 때도 오히려 이기지 못했는데, 쥐새끼같은 도적들이 어찌 성공할 수 있겠는가."라고 하였다. (『北史』 74 列傳 62 裵蘊)

고구려   이보다 앞서 양현감은 몰래 가동(家僮)을 보내어 장안에 도착하게 하여서 이밀(李密)과 아우 현정(玄挺)을 불러 여양(黎陽)에 이르게 하였다. (…) 이밀이 다음과 같이 말했다. "천자는 (…) 귀환하는 길이 이미 단절되었으니 고구려에서도 이를 듣고 반드시 그의 후방을 뒤쫓을 것인데 1달이 지나지 않아서 물자와 양식이 다 떨어져 그 무리는 항복하지 않으면 궤멸될 것이니 싸우지 않고도 사로잡을 수 있습니다. 이것이 상책입니다." (『資治通鑑』 182 隋紀 6 煬皇帝 中)

고구려   (6월) 무진일(26) 병부시랑(兵部侍郞) 곡사정(斛斯政)이 고려로 도망갔다. (『隋書』 4 帝紀 4 煬帝 下)

고구려   (6월) 무진일(26) 병부시랑 곡사정이 고려로 도망갔다. (『北史』 12 隋本紀 下 煬皇帝)

고구려   (6월) 요동성이 오랫동안 함락되지 않자, 황제가 베 주머니 백여 만 개를 만들어 보내 흙을 가득 채워 그것을 쌓아올려 어량대도(魚梁大道)를 만드는데, 넓이는 30보, 높이는 성과 같게 하여 전사들이 올라가서 공격하게 하였다. 또 팔륜루거(八輪樓車)를 만들어 성보다 높게 하여 어량도를 끼고 성 안을 내려다보며 쏘게 하였다. 기일을 정해 장차 공격하려고 하므로, 성 안이 매우 위태롭고 긴박하였다. 마침 양현감이 반란을 일으켰다는 글이 도착했다. 황제가 크게 두려워하였다. (…) 황제가 또 고관의 자손들이 모두 양현감의 처소에 있음을 듣고 더욱 걱정하였다. 병부시랑 곡사정은 평소 양현감과 잘 지냈는데, 양현감이 반란을 일으키자 곡사정이 그와 더불어 모의하고 양현종 형제가 도망쳐 오니 곡사정은 몰래 그들을 보냈다. 황제가 장차 양현종이 무리들을 몸소 다스리려 하자 곡사정은 속으로 불안해 했다. 무진일(26) 곡사정이 고려로 도망갔다. (『資治通鑑』 182 隋紀 6 煬皇帝 中)

고구려   (수서에서 말했다.) (대업 9년 6월) 무진일(26)에 병부시랑 곡사정이 고려로 망명했다. (『太平御覽』 106 皇王部 31 隋 煬皇帝)

고구려   (대업 9년) 6월 예부상서 양현감이 여양(黎陽)에서 반란을 일으켜 동도(東都)를 공격하였다. 병부시랑 곡사정은 고려로 도망가고 황제가 이에 군대를 돌렸다. (『冊府元龜』 135 帝王部 135 好邊功)

고구려   (대업 8년) 이듬해 다시 따라가 요동에 이르렀다. 병부시랑 곡사정이 고려로 망명하니 황제가 거렴에게 명하여 군대를 이끌게 하니 앞 뒤로 요수를 건너는데 공을 세워 우광록대부(右光祿大夫)로 지위가 올랐다. (『隋書』 67 列傳 32 裴矩)

고구려   (대업 9년) 병부시랑(兵部侍郎) 곡사정(斛斯政)이 고구려로 망명하여 들어가니, 정보를 낱낱이 알고서 정예병을 총동원하여 추격을 가하여 후속 부대는 대부분 패하였다. (『隋書』 81 列傳 46 東夷 高麗)

고구려   (대업 8년) 이듬해 다시 따라가 요동에 이르렀다. 병부시랑 곡사정이 고려로 망명하니 황제가 거렴에게 명하여 군대를 이끌게 하니 앞 뒤로 요수를 건너는데 공을 세워 우광록대부(右光祿大夫)로 지위가 올랐다. (『北史』 38 列傳 26 裴佗)

고구려   (대업 8년) 이듬해 다시 따라가 요동에 이르렀다. 병부시랑 곡사정이 고려로 망명하니 황제가 거렴에게 명하여 군대를 이끌게 하니 앞 뒤로 요수를 건너는데 공을 세워 우광록대부(右光祿大夫)로 지위가 올랐다. (『舊唐書』 63 列傳 13 裴矩)

고구려   (대업) 9년 황제가 다시 친정에 나섰다. 이에 제군에 칙서를 내어 편의에 따라 일을 처리하도록 하였다. 여러 장수들이 길을 나누어 성을 공격했는데 적의 세력이 날로 위축되었다. 양현감이 반란을 일으켰다는 서신이 이르자 황제가 군대를 돌렸다. 병부시랑 곡사정은 양현감의 무리로 고려로 망명했다. 고려가 일의 사정을 알고 정예병을 이끌고 와서 추격하니 후위의 군대가 크게 패했다. (『通典』 186 邊防 2 東夷 下 高句麗)

고구려   (대업) 9년 황제가 다시 친정을 했다. 이에 제군에 칙서를 내려 편의에 따라 일을 처리하도록 했다. 여러 장수들이 길을 나누어 성을 공격했는데, 적의 세력이 날로 위축되었다. 양현감이 반란을 일으켰다는 소식이 전해지자 황제가 군대를 돌렸다. 병부시랑 곡사정은 양현감의 무리로 고려로 도망갔다. 그 사실을 알게 되자 정예병을 이끌고 와서 추격하니 후위의 군대가 크게 패했다. (『太平寰宇記』 173 四夷 2 東夷 2 高勾驪國)

고구려   뒤에 다시 황제가 요동을 정벌했는데, 마침 양현감이 난을 일으키자 황제가 군대를 돌렸다. 병부시랑(兵部侍郎) 곡사정(斛斯政)이 요동으로 도망갔다. 황제가 염비(閻毗)로 하여금 날랜 기병 2천을 이끌고 추격하게 했는데 미치지 못하였다. 곡사정은 고려의 백애성(柏崖城)에 들어갔는데 염비가 이틀동안 공격하였다. 황제의 명령을 따라 돌아오다가 고양(高陽)에 이르러 갑자기 죽었다. 이때 나이 50이었다. 황제가 애석히 여기고 전내감(殿內監)을 추증했다. (『隋書』 68 列傳 33 閻毗)

고구려   양현감의 반란에 곡사정이 함께 모의했는데, 양현종(楊玄縱) 등이 도망하여 돌아온 것 역시 곡사정의 계략이었다. 황제가 요동에 있을 때 군대를 돌려 양현종 무리들을 진압하자 속으로 불안하게 여겨 결국 고려로 도망갔다. (『隋書』 70 列傳 35 斛斯政)

고구려   (곡사정이) 대업 연간에 상서병조랑(尙書兵曹郎)에 있었는데, 점차 신임을 받았다. 양현감의 형제가 모두 그와 교유하였다. 요동정벌 때 병부상서 단문진(段文振)이 죽자 시랑(侍郎) 아복(雅復)이 다시 죄에 연루되어 파직되었다. 황제가 오랫동안 곡사정에게 마음을 두고 있어 병부시랑으로 삼아 간리(幹理)라고 칭했다. 양현감의 반란 때 곡사정이 더불어 모의하였는데, 양현종 등이 도망하여 돌아온 것도 또한 곡사정의 계략이었다. 황제가 양현종의 무리들을 진압하자 곡사정은 고려로 도망갔다. (『北史』 50 列傳 38 斛斯椿)

고구려   후에 다시 황제를 따라 요동을 정벌했는데, 양현감이 역모를 일으키자 황제가 군대를 돌렸다. (염비가) 고양군(高陽郡)에 이르러 죽으니 황제가 매우 애통해 하며 전내감(殿內監)을 추증했다. (『北史』 61 列傳 49 閻毗)

고구려   고검(高儉)의 자는 사렴(士廉)으로 발해(渤海) 수현(蓚縣) 사람이다. (…) 수나라 군대가 요동을 정벌할 때 병사상서 곡사정이 고려로 망명했는데, 사렴이 그와 교유(交遊)한 것에 연루되어 주연(朱鳶)의 주부(主簿)로 좌천되었다. (『舊唐書』 65 列傳 15 高士廉)

고구려   고검은 자가 사렴인데 자로 더 잘 알려져 있다. (…) 곡사정이 고려로 도망갔는데, 친했다는 것으로 연좌되어 주연의 주부로 좌천되었다. 어머니가 늙어서 풍토병이 많은 곳에서 살 수 없어 처 선우가 봉양하도록 하고 귀양갔다. (『新唐書』 95 列傳 20 高儉)

고구려   수나라 염비(閻毗)는 전내소감(殿內少監)이 되어 양제의 요동정벌에 따라갔다. 황제가 군대를 돌리자 병부시랑 곡사정은 요동으로 도망갔는데, 황제가 염비에게 명하여 날랜 기병 2천을 거느리고 추격하게 했는데 미치지 못했다. 곡사정이 고려의 백애성(栢崖城)에 투항했는데 염비가 이를 2개월간 공격하였는데, 황제가 조서를 보내어 돌아오도록 했다. (『册府元龜』 438 將帥部 99 無功)

고구려   공은 태원(太原) 기현(祁縣) 사람이다. 이름은 언박(彦博)이며 자는 태림(太臨)이다. (…) 후에 곡사정이 고려로 달아났으며 얼마 후 수레를 타고 남쪽에서 반란을 일으켰다. 공에게 조서를 내려 번경(蕃境)에서 명령을 받들게 하였다. 신하의 절개를 거듭 밝히고 순(順)에 거역한다고 하면서 황제의 위엄을 떨쳤다. (「唐故特進尚書右僕射上柱國虞恭公溫公碑」 『全唐文』 10530~10533)

고구려   (6월) 경오일(28)에 황제가 군대를 되돌렸다. 고려가 후군을 공격하자 우무위대장군 이경(李景)에게 명하여 후위를 막도록 하고 좌익위대장군(左翊衛大將軍) 우문술(宇文述), 좌후위장군(左候衛將軍) 굴돌통(屈突通) 등을 보내어 군사를 일으키도록 전하여 양현감을 토벌하게 했다. (『隋書』 4 帝紀 4 煬帝 下)

고구려   (6월) 경오일(28)에 황제가 군대를 되돌렸다. 고려가 후군을 공격하자 우무위대장군 이경(李景)에게 명하여 후위를 막도록 하고 좌익위대장군(左翊衛大將軍) 우문술(宇文述), 좌후위장군(左候衛將軍) 굴돌통(屈突通) 등을 보내어 군사를 일으키도록 전하여 양현감을 토벌하게 했다. (『北史』 12 隋本紀 下 煬皇帝)

고구려   (6월) 경오일(28) 밤 2경에 황제가 비밀리에 제장을 소집하여 군사를 이끌고 돌아가게 하니 군사물자, 기계, 공격용 도구가 쌓인 것이 마치 언덕이나 산과 같았으며, 구영의 보루와 장막은 고정되어 있어서 움직이지 않았으므로 그것을 모두 버리고 물러갔다. 무리의 마음은 두렵고 염려가 되어 다시 부대를 이루지 못하고 여러 길로 흩어졌다. 고구려가 즉시 이를 알아차렸으나 감히 나가지 못하고 단지 성안에서 북을 치고 고함을 질렀다. 다음날 오시(午時)가 되어서야 바야흐로 점차 밖으로 나갔으나, 오히려 수(隋)의 군대가 속이는 것으로 의심하였다. 이틀이 경과해서야 비로소 수천 병력을 내어 쫓았으나, 수의 군대가 많은 것을 두려워하여 감히 가까이 가지 못하고, 항상 8,90리의 거리를 유지하였다. 요수(遼水)에 도달할 즈음에 황제의 진영이 다 건넌 것을 알고는 그제야 감히 후군에 가까이 갔다. 이때 후군도 수만 명이었는데 고구려군이 따라가 노략질하며 공격하자 맨 뒤에 있던 파리하고 약한 사람 수천 명을 죽이거나 약탈하였다. 처음 황제가 다시 고려를 정복하려 했는데, 다시 태사령(太史令) 유질(庾質)에게 물어 말하기를, "지금은 또 어떠한가" 하니 유질이 대답하여 말하기를, "신은 진실로 어리석고 사리에 어둡습니다. 오히려 예전의 견해를 가지고 있습니다. 폐하께서 만약 만승을 직접 움직이신다면 수고로움과 비용이 실로 많을 것입니다." 하였다. 황제가 화를 내며 말하기를, "내가 스스로 갔어도 능히 이기지 못했는데, 다른 사람을 보내면 어찌 성공할 수 있겠는가" 하였다. 황제가 돌아와 유질에게 일러 말하기를, "경이 전에 나보고 가지 말라고 하였는데, 마땅히 이 때문이었는가. 양현감은 성공할 수 있겠는가" 하였다. 유질이 말하기를, "양현감의 지위와 세력이 비록 높다고 하나 평소 인망이 없어 백성들의 수고로움으로 요행히 성공하기를 바라고 있습니다. 지금 천하가 한 집안이 되었으니 쉽게 움직이지 못할 것입니다." 하였다. (『資治通鑑』182 隋紀 6 煬皇帝 中)

고구려　(수서에서 말했다.) (대업 9년 6월) 경오일(28) 황제가 군대를 돌렸다. 고려가 후군을 공격했다. (『太平御覽』 106 皇王部 31 隋 煬皇帝)

고구려　(대업) 9년 다시 요동으로 갔다가 군대를 돌림에 미쳐 이경(李景)을 전(殿)으로 삼았다. 고려의 추격병이 크게 이르자 이경이 공격하여 달려갔다. 물건 3천단을 받았고, 진급하여 활국공(滑國公)의 봉작을 받았다. (『隋書』 65 列傳 30 李景)

고구려　(대업) 9년 다시 고려를 정복할 때 또 유질(庾質)에게 물었다. "지금은 또 어떠한가" 대답하여 말하기를, "신은 실로 아둔하고 미욱하여 오히려 지난 번과 같은 의견을 갖고 있습니다. 폐하께서 만약 친히 만승을 움직이신다면 비용이 실로 많을 것입니다." 하였다. 황제가 노하여 말하길, "내 스스로 갔을 때도 오히려 이기지 못했는데, 곧 사람을 보내 간다면 어찌 성공할 수 있겠는가." 황제가 드디어 원정에 나섰다. 이 때 이미 예부상서 양현감이 여양에서 반란을 일으켰고, 병부시랑 곡사정이 고려로 도망갔다. 황제가 크게 두려워 하여 드디어 서쪽으로 돌아왔다. 유질에게 일러 말하기를, "경이 전에 내가 가는 것을 허락하지 않았는데 이를 위해서인가. 지금 현감이 그 일을 이룰 수 있겠는가." 하였다. 유질이 답하기를, "현감의 지세가 비록 높다하나 덕망이 헛되어 백성들의 노고로 요행으로 성공하기를 바라고 있습니다. 천하가 한 집안이 되어 아직 가히 바꿀 수 없습니다." 하였다. (『隋書』 78 列傳 43 藝術 庾季才)

고구려　(북사에서) 또 말하기를, 수나라 대업 9년 양제가 다시 고려를 정벌하려 했다. 제군에 칙서를 보내어 편의에 따라 일을 처리하게 하였다. 여러 장수들이 길을 나누어 성을 공격하자 적의 세력이 날로 위축되었다. 양현감이 난을 일으키자 황제가 크게 놀라 바로 그날로 육군(六軍)이 모두 돌아왔다. (『太平御覽』 783 四夷部 4 東夷 4 高句驪)

고구려　(대업) 9년 다시 고려를 정벌했다. 다시 유질(庾質)에게 물어 말하기를, "지금은 또 어떠한가" 하니 유질이 대답하여 말하기를, "신은 진실로 어리석고 사리에 어둡습니다. 오히려 예전의 견해를 가지고 있습니다. 폐하께서 만약 만승을 직접 움직이신다면 수고로움과 비용이 실로 많을 것입니다." 하였다. 황제가 화를 내며 말하기를, "내가 스스로 갔어도 능히 이기지 못했는데, 다른 사람을 보내면 어찌 성공할 수 있겠는가" 하였다. 황제가 드디어 정벌에 나섰다. 그러나 예부상서 양현감이 여양에서 반란을 일으키고 병부시랑 곡사적이 도망가자 황제가 크게 놀라 서쪽으로 돌아왔다. 유질에게 일러 말하기를, "경이 전에 나보고 가지 말라고 하였는데, 마땅히 이 때문이었는가" 하였다. (『冊府元龜』 498 邦計部 16 漕運)

고구려　가을 7월 계미(11) 여항(餘杭)의 백성 유원진(劉元進)이 군사를 일으켜 양현감에게 호응하였다. 원진은 손 길이가 1장이 넘었고, 팔을 내리면 무릎을 지났다. 스스로 관상과 겉모습이 남다르다고 여겨 다른 마음을 품었다. 마침 황제가 다시 삼오(三吳)의 병사를 징발하여 고구려를 정벌하려 하자 삼오의 군사들이 모두 서로 말하였다. "지난 해 천하가 모두 번성했어도 우리들 부형들 중 고려로 정벌하러 간 사람들은 태반이 돌아오지 못했는데, 지금 이미 피곤하고 지쳐 있는데 다시 이 일을 벌리고 있으니 우리들은 종자도 남기지 못할 것이다." 이 일로 대부분이 망명하였다. (『資治通鑑』 182 隋紀 6 煬皇帝 中)

고구려   여항의 유원진은 어려서 의협을 행하기를 좋아하여 고향에서 으뜸이었다. 두 손의 길이가 한 장은 넘어 팔을 늘어뜨리면 무릎을 지났다. 양제가 요동정벌을 일으키자 백성들이 술렁거렸다. 원진은 스스로 겉모습이 남다르다 여겨 속으로 다른 뜻을 품고 무리들과 도망한 사람들을 모았다. 황제가 다시 요동을 정벌하려고 오군(吳郡)와 회군(會郡)의 군사들이 모두 서로 말하기를, "지난 해 우리들의 부형들이 황제를 따라 정벌하러 간 사람들이 천하가 번성할 때에도 태반이 죽어 해골도 돌아오지 못했는데, 지금 천하가 이미 피폐함에도 정벌을 하니 우리들은 종자도 남기지 못할 것이다." 하였다. 이에 대부분 도망가자 군현이 급히 이들을 체포하려 했다. 이미 양현감이 여양에서 반란을 일으키자 원진은 천하가 반란을 생각함을 알고 이에 병사를 일으켜 이에 호응했다. (『隋書』 70 列傳 35 劉元進)

신라   가을 7월에 수(隋)나라 사신 왕세의(王世儀)가 황룡사(皇龍寺)에 이르자 백고좌(百高座)를 열었는데, 원광(圓光) 등의 법사(法師)를 맞이하여 불경을 강설하였다. (『三國史記』 4 新羅本紀 4)

신라   가을 7월에 수나라의 사신 왕세의가 신라 황룡사에 이르자 백고좌를 열었는데, 승려 원광을 맞이하여 불경을 강설하였다. (『三國史節要』 7)

고구려   8월 임인일(1)에 좌익위대장군 우문술 등이 민향(閺鄕)에서 양현감의 목을 베고 남은 무리들을 모두 평정했다. (『隋書』 4 帝紀 4 煬帝 下)

고구려   8월 임인일(1)에 좌익위대장군 우문술 등이 민향(에서 양현감의 목을 베고 남은 무리들을 모두 평정했다. (『北史』 12 隋本紀 下 煬皇帝)

고구려   (수서에서 말했다.) (대업 9년) 8월 임인일(1)에 좌익위대장군 우문술 등이 민향에서 양현감의 목을 베고 남은 무리들을 모두 평정했다. (『太平御覽』 106 皇王部 31 隋煬皇帝)

고구려   대수(大隋) 대업(大業) 9년 9월 8일에 불제자인 풍천부(豐川府) △양낭장(△揚郎將) △영귀(△永貴)가 고구려를 정벌하여 평안하게 하고 요서군(遼西郡)에 있으면서 삼가 관세음상(觀世音像) 1구를 주조하여, 위로는 황제폐하의 성스러운 교화가 무궁하고 전쟁이 영원히 종식되기를 바랍니다. (「△永貴 發願文」: 滏隋文補遺濟 洨 物濟 1991-2)

신라   구서당(九誓幢)의 하나는 녹금서당(綠衿誓幢)으로 진평왕 5년(583) 처음 두었다. 다만 서당(誓幢)으로 이름하였다가, 35년 녹금서당으로 고쳐 삼았다. 금장은 녹자(綠紫)색이다. (『三國史記』 40 雜志 9 職官 下 武官)

요동(고구려)   음세사(陰世師)는 어려서부터 절개가 있었고 성품이 진실되고 두터웠으며, 무예가 있었다. (…) 요동정벌 때 양평도(襄平道)로 나갔다. 이듬해 황제가 다시 고려를 공격하자 본관으로 탁군(涿郡) 유수(留守)가 되었다. 도적들이 봉기할 때 세사가 추격하여 붙잡고 때때로 크게 이기니 황제가 돌아와서 크게 상을 내려 위로하고 누번태

	수(樓煩太守)에 임명하였다. (『隋書』 39 列傳 4 陰壽)
고구려	(대업) 9년 요동을 징벌할 때 우효인(虞孝仁)은 도수승(都水丞)에 제수되어 운하를 감독하는 사신으로 충당되었다. 자못 공이 있었으나 성품이 사치하여 낙타에 물을 가득담은 함을 실어 물고기를 기르고 스스로 급용(給用)하였다. (『隋書』 40 列傳 5 虞慶則)
고구려	어구라(魚俱羅)는 풍익(馮翊) 하규(下邽) 사람이다. (…) 대업 9년 다시 고려를 정벌할 때 어구라를 갈석도(碣石道) 군의 장군으로 삼았다. (『隋書』 64 列傳 29 魚俱羅)
고구려	설세웅(薛世雄)은 자가 세영(世英)이니 본래 하동(河東) 분음(汾陰) 사람이다. (…) (대업 8년) 이듬해 황제가 다시 요동을 정벌하자 우후위장군(右候衛將軍)에 임명되었다. 군사들이 답돈도(蹋頓道)를 따라 오골성(烏骨城)에 이르렀을 때 양현감이 난을 일으키자 회군하였다. 황제가 유성(柳城)에 이르러 세웅을 동북도대사(東北道大使) 행연군태수(行燕郡太守)로 삼았다. (『隋書』 65 列傳 30 薛世雄)
고구려	(대업 8년) 이듬해 하조(何稠)가 좌둔위장군(左屯衛將軍)에 임명되어 좇아 요동에 이르렀다. (『隋書』 68 列傳 33 何稠)
고구려	군의 이름은 △이고, 자는 △지(智)이다. 하남(河南) 낙양사람인데, 위나라 소성황제(昭成皇帝)의 후손이다. (…) 대업 9년 원△(元△)는 요동과 갈석까지 호종(扈從)했는데, △월 △일 병이 나서 죽게 되었다. 회원진(懷遠鎭)에서 돌아가시니 춘추 64세였다. (「元△ 墓誌銘」: 瀋隋文補遺濟
고구려	군의 이름은 △△이고 자는 보명(寶明)이니 남양(南陽) 신야(新野) 사람이다. (…) 대업 9년 등병(鄧昞)은 상의부(尙義府) 응양낭장(鷹揚郞將)으로 옮겨 죽은 사람들의 자제들과 용맹한 사람들을 구하는 일을 지휘하였다. 거가를 따라 요동을 공격했는데 곳곳에서 성과가 드러나니 조산대부(朝散大夫)에 제수되고 옮겨 조청대부(朝請大夫)·검교호분낭장(檢校虎賁郞將)이 되어 안문(鴈門)을 지켰다. (…) (「鄧昞 墓誌銘」: 瀋唐五代墓誌滙篇 洛陽濟1)
고구려	대업(大業) 9년에 장수(張壽)는 우익위대장군(右翊衛大將軍)으로 옮겨 제수되었다. 천자가 고구려에게 죄를 물어 병사들이 해외에 머물 때, 수가 군대를 정성으로 살피는 신하라고 여겨서 진무하는 일을 맡기니, 동도(東都)에게 옥을 나누고 부절을 가져서 유수(留守)하게 하였다. 양현감(楊玄感)이 악한 생각을 하고 화가 가득하여 그 미치고 교활한 사람들을 풀어놓았는데, 알려서 처음 이야기를 듣자 흉악한 무리들이 빠르게 모여들었다. 수는 소매를 떨치고 일어나 직접 사졸에 앞장서니 요망한 기운이 기세가 꺾였는데, 수의 공적이 컸다. 반역의 무리들이 이미 망하였으니 공적의 등급을 정하는 데에 최고였다. (「張壽 墓誌銘」: 瀋隋文補遺濟
고구려	군의 이름은 세침(世琛)이고 자는 윤덕(閏德)이다. 풍익군(馮翊郡) 풍익현(馮翊縣) 사람이다. (…) 대업 9년 왕세침(王世琛)은 다시 요동을 평정하는 데 종사하여 곧 조산대부(朝散大夫)에 제수되었다. 변경에서의 어지러운 전쟁이 조용해져 조서를 내려 병사를 쉬게 하자 천자를 모시고 개선의 즐거움을 함께 하였으며, 남은 용기를 쌓아두고 팔지 않았다. (…) (「王世琛 墓誌銘」: 瀋唐五代墓誌滙篇 洛陽濟1; 瀋隋文補遺濟 (…) 대업 11년 12월 25일 죽으니 나이 33세였다. 12년 병자년 7월 을묘일이 초하루인 30일 갑신일에 낙양 북망산(北邙山) 안천리(安川里)에 장사를 지내니 예에 알맞게 되었다. (…) (「王世琛 墓誌銘」: 瀋唐五代墓誌滙篇 洛陽濟1; 瀋隋文補遺濟
고구려 요동	대업 9년에 단사(段師)는 어가를 좇아 요동을 정벌함에 전군에서 홀로 승전을 거두었다. 조서를 내려 공로를 포상하여 등성부응양(鄧城府鷹揚)을 제수하였다. (「段師 墓誌銘」: 瀋代墓誌滙篇濟 瀋唐文補遺濟3; 瀋唐文新編濟992; 瀋代墓誌滙篇附考濟2)

고구려	그 후 14대손 전규(錢逵)는 (…) 일곱째 전공(瑱公)은 (…) 수(隋) 대업 9년에 창해도(滄海道)를 평정하러 갔다. (…) 여덟째 춘공(瑃公)은 (…) 대업 9년에 창해도를 평정하러 갔다. (「錢氏九州廟碑記」: 『全唐文新編』897)
고구려	나중에 곡사정(斛斯政)이 고구려로 달아나자, 얼마 후 황제가 어가를 타고 남쪽으로 돌아왔다. 온언박(溫彦博)에게 조서를 내려 번경(蕃境)에서 명령을 받게 하였다. 신하의 절개를 거듭 밝히고 순(順)에 거역한다고 하면서 황제의 위엄을 떨쳐서 화복을 깨우쳐 주었다. 마침내 새싹이 돋아나기에 이르러 모두 (…) 이적(夷狄)의 궁정이 불태워져 버리게 되었다. 어찌 곽공(郭公)이 예를 펼쳤어도 요해(遼海)에서 △선(△旋)한 것이나 한(漢)의 장건(張騫)이 사신으로 파견되었어도 월지(月氏)에서 공을 세우지 못한 것과 같겠는가? (「溫彦博碑」: 『全唐文新編』150)
고구려 요동	진령(陳領)의 조부 인(仁)은 (…) 수(隋)가 있던 때에 이에 요동 정벌을 명령받았다. 이 때에 산동(山東)의 여러 주(州)가 모두 복종하지 않자 덕주(德州)를 토벌하러 갔지만, 때마침 성이 함락되어 자손들이 상당(上黨)으로 달아나니 마침내 이곳에서 집안을 이루었다. (「陳領 墓誌銘」: 『全唐文新編』992; 『全唐文補遺』6; 『隋唐五代墓誌滙篇 山西』)
고구려 요동	칙서에 따라 6품 이하의 아들 20명으로 많이 알고 총명한 자를 불러 월왕(越王)을 섬기게 하였는데, 요동에 들어갔을 때 이에 전도(田濤)를 징발에 응하게 하였다. 얼마 후 화살통을 메고 군막에 들어가고 창을 잡고 종군하여, 고구려를 뛰어넘어 길게 달리고 창제(滄鯷)를 등지고 곧바로 나아갔다. 북을 높이고 기를 쓰러뜨리는 변고로 들고 나면서 묻고 모의하였고, 예봉을 밀어내고 진영을 함락시키는 기습으로 종횡으로 떨쳐 공격하였다. 돌아오게 되자, 이에 조왕부국위(趙王府國尉)에 제수되고, 또 향장(鄕長)이 되었다. (「田濤 墓誌銘」: 『大唐西市博物館藏墓誌』)
고구려	고려를 정벌할 때 따라가 신성도(新城道) 군을 지휘하고 광록대부가 더해졌다. (『北史』59 列傳 47 李賢)
고구려	또 고려의 승려 파약(波若)은 중국의 천태산(天台山)에 들어가 지자(智者)의 교관(敎觀)을 받아 신이(神異)로 산중에 알려졌다가 죽었다. 『당승전(唐僧傳)』에도 또한 실려 있는데 자못 영험한 가르침이 있었다. 찬하여 말한다. 불자들에게 강을 경함도 권태로워/지난해 독경소리 구름 속에 숨겼네/명성은 청사(靑史)에 오래 전하고/불 속의 연꽃인 양 향기로운 혀라네. (『三國遺事』5 避隱 8 惠現求靜)

요동 조선 부여 예맥

요동의 패수에서 천명받아 정벌하니/물건 줍듯 이기니 신령한 병사를 믿네/군사들 위세 떨치고 돌아옴을 알려거든/개선가 부르는 소리를 들어 보게나/십승(十乘) 원융(元戎)이 겨우 요동 땅 건너자/부여와 예맥은 발써 일음 녹듯히네/어찌 백만 군사가 강가에 다다라/고삐 잡고 공연히 재갈을 돌린 것과 비슷하리

하늘의 위엄이 번개 같이 가서 조선을 드니/이틀 밤을 묵고 곧바로 돌아왔네/도리어 우습구나. 위나라 사마의가/아득하게 일 년이나 걸린 것이/방울을 울리며 벽제(辟除)를 알리고 효수와 동수를 출발하니/작위(爵位) 내려 책봉함이 합당하네/하필 풍패(豊沛) 처럼 서로 아는 사람들 많으랴/즐비한 집들마다 요 임금의 봉작이 내리리라. (『文苑英華』201 詩 51 樂府 10 王冑 紀遼東)

삼한 조선　　백마에 황금 채찍으로/저벅저벅 유성 앞을 걸어가네/묻노니, 이는 어느 고을 나그네인가/장인의 나쁜 소년이라오/젊은 시절부터 전쟁에 종사하여/이름을 북쪽 변방에 떨쳤네/좋은 활인 번약(繁弱)을 당겼고/예리한 칼인 용연(龍淵)을 휘둘렀네/숲을 헤치고 호랑이를 잡았고/손을 우러러 나르는 솔개와 접했네/연전에는 사막을 깨트렸고/예전에는 기련(祁連)을 취했지/꺾고 찔러 우교를 억눌렀고/깃발을 빼앗아 좌현왕(左賢王)을 쓰러뜨렸네/호미(虎彌)가 도리어 힘을 사양했고/경기(慶忌)는 본래 날램을 추앙받았네/바다 밖에 멀리 험한 지역을 평정하고/뜰에서 부건(負褰)을 알았네/삼한은 잠깐 정벌을 수고롭게 하고/육사(六事)는 유연(幽燕)나라 가리키네/좋은 가문은 하우에서 선발하고/용맹한 장수는 서산에서 징발했네/뜬 구름이 날개 돋친 말을 멈추고/가린 해가 긴 깃발을 당기네/스스로 남은 용기 지녔음을 자랑했으니/응당 모병에 홀연히 먼저 다투었네/왕의 군대가 벌써 준걸을 얻었으니/오랑캐 머리는 참으로 온전함을 잃었네/북치는 행렬은 옥검(玉檢)69)을 도는데/승세를 타고 조선을 쓸었네/의지와 용맹은 공 세우기를 기약하니/어찌 미천한 몸 던짐을 꺼리랴/산하가 포상함을 부러워하지 않고/ 오직 죽소(竹素; 역사)에 전하길 바라네. (『文苑英華』209 詩 59 樂府 18 王胄 白馬)

614(甲戌/신라 진평왕 36 建福 31/고구려 영양왕 25/백제 무왕 15/隋 大業 10/倭 推古 22)

고구려　　(봄 2월) 신미일(4)에 뭇 신하들에게 고려를 정벌할 일을 의논하게 했으나, 여러 날 동안 감히 말하는 자가 없었다. (『三國史節要』7)

고구려　　2월 신미일(4)에 황제가 뭇 신하들에게 고려를 정벌할 일을 의논하게 했으나, 여러 날 동안 감히 말하는 자가 없었다. (『隋書』4 帝紀 4 煬帝 下)

고구려　　2월 신미일(4)에 황제가 뭇 신하들에게 고려를 정벌할 일을 의논하게 했으나, 여러 날 동안 감히 말하는 자가 없었다. (『北史』12 隋本紀 下 煬皇帝)

고구려　　2월 신미일(4)에 황제가 뭇 신하들에게 고려를 정벌할 일을 의논하게 했으나, 여러 날 동안 감히 말하는 자가 없었다. (『資治通鑑』182 隋紀 6 煬皇帝 中)

고구려　　(대업) 10년 2월 신미일(4)에 뭇 신하들에게 고려를 정벌할 일을 의논하게 했으나, 여러 날 동안 감히 말하는 자가 없었다. (『冊府元龜』117 帝王部 117 親征 2)

고구려　　봄 2월 황제가 뭇 신하들에게 고려를 정벌할 일을 의논하게 했으나, 여러 날 동안 감히 말하는 자가 없었다. 조서를 내려 다시 천하의 군사를 징발하여 여러 길로 함께 진군하게 하였다. (『三國史記』20 高句麗本紀 8)

고구려　　(수 양제 대업) 10년 2월 뭇 신하들에게 고려를 정벌할 일을 의논하게 했으나, 여러 날 동안 감히 말하는 자가 없었다. 드디어 친정하겠다는 조서를 내렸다. (『冊府元龜』135 帝王部 135 好邊功)

고구려　　(2월) 무자일(21)에 조서를 내려 다음과 같이 말했다. 힘을 다하여 조정의 요역을 다하고 몸을 다하여 군대의 일을 다함은 모두 의리를 따르는 것에 말미암는 것이다. 부지런히 정성을 다하지 않음이 없으며 초개와 같이 생명을 맡기고 들판에 해골을 버릴 것이니 말을 일으켜 이를 유념할지어다. 매번 근심하고 슬퍼하는 마음을 품어 지난 해에 거가를 보내어 죄를 물어 장차 요동의 바닷가에 이르러 나라를 다스리는 계책과 승리하는 방법이 함께 나아가고 그침이 있었으나 어둡고 흉함에 기대어 성패를 알지 못하였다. 고경(高熲)은 마음이 비뚤어 남을 잘 거스렸으니, 본래 지모가 없이 삼군(三軍)에 임하면서도 오히려 어린아이가 놀 듯이 무책임하여 사람의 목숨

---

69) 玉檢 : 왕험(王險)이라고도 하는데, 왕검(王儉)으로 표기하기도 한다. 왕험성의 위치에 대해서는 대동강 북쪽의 평양(平壤)이라는 설과 요하(遼河) 하구(河口)의 영구(營口)라는 설이 있다.

을 초개와 같이 여기고 규칙을 존중하지 않고 가만히 앉아서 어지러이 물러나게 하여 죽은 자가 많아 땅에 묻지 못하게 하였다. 마땅히 사인(使人)을 보내 길을 나누어 거두어 장사지내고 요서군(遼西郡)에서 제사를 지내고 도량을한 곳에 세워 은혜를 구천에 더해 죽은 이들의 원통함을 끝내어 은택이 백골에 미치게 하여 어진 이의 은혜를 넓힐 것이다. (『隋書』 4 帝紀 4 煬帝 下)

고구려   (2월) 무자일(21)에 조서를 내려 다음과 같이 말했다. 힘을 다하여 조정의 요역을 다하고 몸을 다하여 군대의 일을 다함은 모두 의리를 따르는 것에 말미암는 것이다. 부지런히 정성을 다하지 않음이 없으며 초개와 같이 생명을 맡기고 들판에 해골을 버릴 것이니 말을 일으켜 이를 유념할지어다. 매번 근심하고 슬퍼하는 마음을 품어 지난해에 죄를 물어 장차 요동의 바닷가에 이르러 나라를 다스리는 계책과 승리하는 방법이 함께 나아가고 그침이 있었으나 어둡고 흉함에 기대어 성패를 알지 못하였다. 고경(高熲)은 마음이 비뚤어 남을 잘 거슬렀으니, 본래 지모가 없이 삼군(三軍)에 임하면서도 오히려 어린아이가 놀듯이 무책임하여 사람의 목숨을 초개와 같이 여기고 규칙을 존중하지 않고 가만히 앉아서 어지러이 물러나게 하여 죽은 자가 많아 땅에 묻지 못하게 하였다. 마땅히 사인(使人)을 보내 길을 나누어 거두어 장사지내고 요서군(遼西郡)에서 제사를 지내고 도량을 한 곳에 세워 은혜를 구천에 더해 죽은 이들의 원통함을 끝내어 은택이 백골에 미치게 하여 어진 이의 은혜를 넓힐 것이다. (『北史』 12 隋本紀 下 煬皇帝)

고구려   (2월) 무자일(21)에 조서를 내려 천하의 군사를 징발하여 여러 길로 함께 진군하게 하였다. (『資治通鑑』 182 隋紀 6 煬皇帝 中)

고구려   (봄 2월) 신묘일(24) 조서를 내려 다음과 같이 말했다. "황제(黃帝)는 52차례 전쟁을 하였고, 성탕(成湯)은 27번 정벌을 한 뒤에야 덕이 제후들에게 베풀어지고 명령이 천하에 행해졌다. 노방(盧芳)과 같은 하찮은 도둑도 한조(漢祖: 후한 광무제를 말함)는 오히려 친정하였고, 외효(隗囂)의 잔당도 광무제(光武帝)는 오히려 직접 농서로 출전했다. 이것이 어찌 포악한 자를 제거하고 전쟁을 종식시키며, 먼저 수고를 하여 뒤에 편안하고자 해서가 아니겠는가. 짐이 황제의 자리를 이어받아 천하에 군림하고 있으니, 해와 달이 비치는 곳과 바람과 비가 젖는 곳에 그 누가 황제의 신하가 아니라서 홀로 성교(聲敎)에서 동떨어져 있겠는가. 그런데 저 하찮은 고려만은 멀리 치우쳐 있는 변방에 살고 있으면서 흉악한 기세를 돋우어 다른 나라를 침략하고, 오만하게 깔보면서 공순하게 굴지 않은 채 우리의 변경 지방을 노략질하고, 우리의 성진(城鎭)을 침략하였다. 이 때문에 지난해에 군사를 출정시켜 요갈(遼碣)에서 죄를 캐 물어, 현도(玄菟)에서 흉악한 자를 목 베고, 양평(襄平)에서 날뛰는 자를 쳐 죽였다. 부여(扶餘)의 뭇 군사들이 바람처럼 번개처럼 내달려 패배해 달아나는 적들을 추격하여 곧바로 패수(浿水)를 건넜고, 창해(滄海)의 군함들이 적도들의 한가운데로 쳐들어가 그들의 성곽을 불사르고 그들의 궁실을 더럽혔다. 그러자 고원(高元)이 도끼를 짊어지고 머리에 진흙을 바른 채 군문(軍門)에 나아와서 화친을 청하였으며, 얼마 있다가 들어와 조회하면서 형관(刑官)에게 쇠를 내려 주기를 청하였다. 짐은 그가 허물을 뉘우치는 것을 받아들이고는 조서를 내려 군사를 철수시켰다. 그런데도 악한 마음을 고치지 않고는 놀이에 빠져서 자신의 몸을 망치고 있다. 이런데도 차마 용서한다면 그 어느 것을 용납하지 못하겠는가. 이에 육사(六師)에게 명령을 내려서 모든 길로 일제히 진격하게 하는 바이다. 짐은 마땅히 직접 무절(武節)을 잡고서 여러 군사들의 앞에 임어(臨御)할 것이다. 환도(丸都)에서 군마들에게 꼴을 먹이고, 요수(遼水)에서 군사들을 사열한 다음 바다 밖에서 하늘의 주륙을 행하여 거꾸로 매달려 있는 듯한 고통을 받고 있는 백성들을 구해 줄 것이다. 정벌(征伐)로써 바르게 하고 명덕(明德)으로써 주벌을 행하되, 원악(元惡)을 제거하는 데에서 그치고 그 나머지 사람들에 대해서는 죄를 묻지 않을 것이다. 만약 존망(存亡)의 분수를 아는 자가 있고 안위(安危)의 기틀을 아는 자가 있어서 번연히 와서 항복한다면, 이는 스스로 많은 복을 구하는 것이 될 것이다. 그러나 서로 도와 악을 행하면서 천자의 군대에 대항하여 요원(燎原)의 불길이 일어나듯 악한 짓을 한다면, 용서치 않고 형벌을 내릴 것이다. 유사(有司)는 위의 내용을 편의에 따라서 선포하여 모든 사람들로 하여금 들어서 알게 하라."고 하였다. (『三國史節要』7)

고구려   (2월) 신묘일(24) 조서를 내려 다음과 같이 말했다. "황제(黃帝)는 52차례 전쟁을 하였고, 성탕(成湯)은 27번 정벌을 한 뒤에야 덕이 제후들에게 베풀어지고 명령이 천하에 행해졌다. 노방(盧芳)과 같은 하찮은 도둑도 한조(漢祖: 후한 광무제를 말함)는 오히려 친정하였고, 외효(隗囂)의 잔당도 광무제(光武帝)는 오히려 직접 농서로 출전했다. 이것이 어찌 포악한 자를 제거하고 전쟁을 종식시키며, 먼저 수고를 하여 뒤에 편안하고자 해서가 아니겠는가. 짐이 황제의 자리를 이어받아 천하에 군림하고 있으니, 해와 달이 비치는 곳과 바람과 비가 젖는 곳에 그 누가 황제의 신하가 아니라서 홀로 성교(聲敎)에서 동떨어져 있겠는가. 그런데 저 하찮은 고려만은 멀리 치우쳐 있는 변방에 살고 있으면서 흉악한 기세를 돋우어 다른 나라를 침략하고, 오만하게 깔보면서 공순하게 굴지 않은 채 우리의 변경 지방을 노략질하고, 우리의 성진(城鎭)을 침략하였다. 이 때문에 지난해에 군사를 출정시켜 요갈(遼碣)에서 죄를 캐물어, 현도(玄菟)에서 흉악한 자를 목 베고, 양평(襄平)에서 날뛰는 자를 쳐 죽였다. 부여(扶餘)의 뭇 군사들이 바람처럼 번개처럼 내달려 패배해 달아나는 적들을 추격하여 곧바로 패수(浿水)를 건넜고, 창해(滄海)의 군함들이 적도들의 한가운데로 쳐들어가 그들의 성곽을 불사르고 그들의 궁실을 더럽혔다. 그러자 고원(高元)이 도끼를 짊어지고 머리에 진흙을 바른 채 군문(軍門)에 나아와서 화친을 청하였으며, 얼마 있다가 들어와 조회하면서 형관(刑官)에게 죄를 내려 주기를 청하였다. 짐은 그가 허물을 뉘우치는 것을 받아들이고는 조서를 내려 군사를 철수시켰다. 그런데도 악한 마음을 고치지 않고는 놀이에 빠져서 자신의 몸을 망치고 있다. 이런데도 차마 용서한다면 그 어느 것을 용납하지 못하겠는가. 이에 육사(六師)에게 명령을 내려서 모든 길로 일제히 진격하게 하는 바이다. 짐은 마땅히 직접 무절(武節)을 잡고서 여러 군사들의 앞에 임어(臨御)할 것이다. 환도(丸都)에서 군마들에게 꼴을 먹이고, 요수(遼水)에서 군사들을 사열한 다음 바다 밖에서 하늘의 주륙을 행하여서 거꾸로 매달려 있는 듯한 고통을 받고 있는 백성들을 구해 줄 것이다. 정벌(征伐)로써 바르게 하고 명덕(明德)으로써 주벌을 행하되, 원악(元惡)을 제거하는 데에서 그치고 그 나머지 사람들에 대해서는 죄를 묻지 않을 것이다. 만약 존망(存亡)의 분수를 아는 자가 있고 안위(安危)의 기틀을 아는 자가 있어서 번연히 와서 항복한다면, 이는 스스로 많은 복을 구하는 것이 될 것이다. 그러나 서로 도와 악을 행하면서 천자의 군대에 대항하여 요원(燎原)의 불길이 일어나듯 악한 짓을 한다면, 용서치 않고 형벌을 내릴 것이다. 유사(有司)는 위의 내용을 편의에 따라서 선포하여 모든 사람들로 하여금 들어서 알게 하라."고 하였다. (『隋書』4 帝紀 4 煬帝 下)

고구려   (2월) 신묘일(24) 조서를 내려 다음과 같이 말했다. "황제(黃帝)는 52차례 전쟁을 하였고, 성탕(成湯)은 27번 정벌을 한 뒤에야 덕이 제후들에게 베풀어지고 명령이 천하에 행해졌다. 노방(盧芳)과 같은 하찮은 도둑도 한조(漢祖: 후한 광무제를 말함)는 오히려 친정하였고, 외효(隗囂)의 잔당도 광무제(光武帝)는 오히려 직접 농서로 출전했다. 이것이 어찌 포악한 자를 제거하고 전쟁을 종식시키며, 먼저 수고를 하여 뒤에 편안하고자 해서가 아니겠는가. 짐이 황제의 자리를 이어받아 천하에 군림하고 있으니, 해와 달이 비치는 곳과 바람과 비가 젖는 곳에 그 누가 황제의 신하가 아니라서 홀로 성교(聲教)에서 동떨어져 있겠는가. 그런데 저 하찮은 고려만은 멀리 치우쳐 있는 변방에 살고 있으면서 흉악한 기세를 돋우어 다른 나라를 침략하고, 오만하게 깔보면서 공순하게 굴지 않은 채 우리의 변경 지방을 노략질하고, 우리의 성진(城鎭)을 침략하였다. 이 때문에 지난해에 군사를 출정시켜 요갈(遼碣)에서 죄를 캐물어, 현도(玄菟)에서 흉악한 자를 목 베고, 양평(襄平)에서 날뛰는 자를 쳐 죽였다. 부여(扶餘)의 뭇 군사들이 바람처럼 번개처럼 내달려 패배해 달아나는 적들을 추격하여 곧바로 패수(浿水)를 건넜고, 창해(滄海)의 군함들이 적도들의 한가운데로 쳐들어가 그들의 성곽을 불사르고 그들의 궁실을 더럽혔다. 그러자 고원(高元)이 도끼를 짊어지고 머리에 진흙을 바른 채 군문(軍門)에 나아와서 화친을 청하였으며, 얼마 있다가 들어와 조회하면서 형관(刑官)에게 죄를 내려 주기를 청하였다. 짐은 그가 허물을 뉘우치는 것을 받아들이고는 조서를 내려 군사를 철수시켰다. 그런데도 악한 마음을 고치지 않고는 놀이에 빠져서 자신의 몸을 망치고 있다. 이런데도 차마 용서한다면 그 어느 것을 용납하지 못하겠는가. 이에 육사(六師)에게 명령을 내려서 모든 길로 일제히 진격하게 하는 바이다. 짐은 마땅히 직접 무절(武節)을 잡고서 여러 군사들의 앞에 임어(臨御)할 것이다. 환도(丸都)에서 군마들에게 꼴을 먹이고, 요수(遼水)에서 군사들을 사열한 다음 바다 밖에서 하늘의 주륙을 행하여서 거꾸로 매달려 있는 듯한 고통을 받고 있는 백성들을 구해 줄 것이다. 정벌(征伐)로써 바르게 하고 명덕(明德)으로써 주벌을 행하되, 원악(元惡)을 제거하는 데에서 그치고 그 나머지 사람들에 대해서는 죄를 묻지 않을 것이다. 만약 존망(存亡)의 분수를 아는 자가 있고 안위(安危)의 기틀을 아는 자가 있어서 번연히 와서 항복한다면, 이는 스스로 많은 복을 구하는 것이 될 것이다. 그러나 서로 도와 악을 행하면서 천자의 군대에 대항하여 요원(燎原)의 불길이 일어나듯 악한 짓을 한다면, 용서치 않고 형벌을 내릴 것이다. 유사(有司)는 위의 내용을 편의에 따라서 선포하여 모든 사람들로 하여금 들어서 알게 하라.”고 하였다. (『北史』 12 隋本紀 下 煬皇帝)

고구려 현도 부여

(수서에서 말했다.) (대업) 10년 2월 신묘일(24) 저 하찮은 고려만은 멀리 치우쳐 있는 변방에 살고 있으면서 흉악한 기세를 돋우어 다른 나라를 침략하고, 오만하게 깔보면서 공순하게 굴지 않은 채 우리의 변경 지방을 노략질하고, 우리의 성진(城鎭)을 침략하였다. 이 때문에 지난해에 군사를 출정시켜 요갈(遼碣)에서 죄를 캐물어, 현도(玄菟)에서 흉악한 자를 목 베고, 양평(襄平)에서 날뛰는 자를 쳐 죽였다. 부여(扶餘)의 뭇 군사들이 바람처럼 번개처럼 내달려 패배해 달아나는 적들을 추격하여 곧바로 패수(浿水)를 건넜고, 창해(滄海)의 군함들이 적도들의 한가운데로 쳐들어가 그들의 성곽을 불사르고 그들의 궁실을 더럽혔다. 그러자 고원(高元)이 도끼를 짊어지고 머리에 진흙을 바른 채 군문(軍門)에 나아와서 화친을 청하였으며, 얼마 있다가 들어와 조회하면서 형관(刑官)에게 죄를 내려 주기를 청하였다. 짐은 그가 허물을 뉘우치는 것을 받아들이고는 조서를 내려 군사를 철수시켰다. 그런데도 악한 마음을 고치지 않고는 놀이에 빠져서 자신의 몸을 망치고 있다. 이런데도 차마 용서한다면 그 어느 것을 용납하지 못하겠는가. 이에 육사(六師)에게 명령을 내려서 모든 길로 일제히 진격하게 하는 바이다. 짐은 마땅히 직접 무절(武節)을 잡고서 여러 군사들의 앞에 임어(臨御)할 것이다. 환도(丸都)에서 군마들에게 꼴을 먹이고, 요수(遼水)에서 군사들을 사열한 다음 바다 밖에서 하늘의 주륙을 행하여서 거꾸로 매달려 있는 듯한 고통을 받고 있는 백성들을 구해 줄 것이다. 정벌(征伐)로써 바르게 하고 명덕(明德)으로써 주벌을 행하되, 원악(元惡)을 제거하는 데에서 그치고 그 나머지 사람들에 대해서는 죄를 묻지 않을 것이다. 만약 존망(存亡)의 분수를 아는 자가 있고 안위(安危)의 기틀을 아는 자가 있어서 번연히 와서 항복한다면, 이는 스스로 많

은 복을 구하는 것이 될 것이다. 그러나 서로 도와 악을 행하면서 천자의 군대에 대항하여 요원(燎原)의 불길이 일어나듯 악한 짓을 한다면, 용서치 않고 형벌을 내릴 것이다. 유사(有司)는 위의 내용을 편의에 따라서 선포하여 모든 사람들로 하여금 들어서 알게 하라."고 하였다. (『太平御覽』106 皇王部 31 隋 煬皇帝)

고구려 　(대업 10년 2월) 신묘일(24) 조서를 내려 다음과 같이 말했다. "황제(黃帝)는 52차례 전쟁을 하였고, 성탕(成湯)은 27번 정벌을 한 뒤에야 덕이 제후들에게 베풀어지고 명령이 천하에 행해졌다. 노방(盧芳)과 같은 하찮은 도둑도 한조(漢祖: 후한 광무제를 말함)는 오히려 친정하였고, 외효(隗囂)의 잔당도 광무제(光武帝)는 오히려 직접 농서로 출전했다. 이것이 어찌 포악한 자를 제거하고 전쟁을 종식시키며, 먼저 수고를 하여 뒤에 편안하고자 해서가 아니겠는가. 짐이 황제의 자리를 이어받아 천하에 군림하고 있으니, 해와 달이 비치는 곳과 바람과 비가 젖는 곳에 그 누가 황제의 신하가 아니라서 홀로 성교(聲敎)에서 동떨어져 있겠는가. 그런데 저 하찮은 고려만은 멀리 치우쳐 있는 변방에 살고 있으면서 흉악한 기세를 돋우어 다른 나라를 침략하고, 오만하게 깔보면서 공순하게 굴지 않은 채 우리의 변경 지방을 노략질하고, 우리의 성진(城鎭)을 침략하였다. 이 때문에 지난해에 군사를 출정시켜 요갈(遼碣)에서 죄를 캐물어, 현도(玄菟)에서 흉악한 자를 목 베고, 양평(襄平)에서 날뛰는 자를 쳐 죽였다. 부여(扶餘)의 뭇 군사들이 바람처럼 번개처럼 내달려 패배해 달아나는 적들을 추격하여 곧바로 패수(浿水)를 건넜고, 창해(滄海)의 군함들이 적도들의 한가운데로 쳐들어가 그들의 성곽을 불사르고 그들의 궁실을 더럽혔다. 그러자 고원(高元)이 도끼를 짊어지고 머리에 진흙을 바른 채 군문(軍門)에 나아와서 화친을 청하였으며, 얼마 있다가 들어와 조회하면서 형관(刑官)에게 죄를 내려 주기를 청하였다. 짐은 그가 허물을 뉘우치는 것을 받아들이고는 조서를 내려 군사를 철수시켰다. 그런데도 악한 마음을 고치지 않고는 놀이에 빠져서 자신의 몸을 망치고 있다. 이런데도 차마 용서한다면 그 어느 것을 용납하지 못하겠는가. 이에 육사(六師)에게 명령을 내려서 모든 길로 일제히 진격하게 하는 바이다. 짐은 마땅히 직접 무절(武節)을 잡고서 여러 군사들의 앞에 임어(臨御)할 것이다. 환도(丸都)에서 군마들에게 꼴을 먹이고, 요수(遼水)에서 군사들을 사열한 다음 바다 밖에서 하늘의 주륙을 행하여서 거꾸로 매달려 있는 듯한 고통을 받고 있는 백성들을 구해 줄 것이다. 정벌(征伐)로써 바르게 하고 명덕(明德)으로써 주벌을 행하되, 원악(元惡)을 제거하는 데에서 그치고 그 나머지 사람들에 대해서는 죄를 묻지 않을 것이다. 만약 존망(存亡)의 분수를 아는 자가 있고 안위(安危)의 기틀을 아는 자가 있어서 번연히 와서 항복한다면, 이는 스스로 많은 복을 구하는 것이 될 것이다. 그러나 서로 도와 악을 행하면서 천자의 군대에 대항하여 요원(燎原)의 불길이 일어나듯 악한 짓을 한다면, 용서치 않고 형벌을 내릴 것이다. 유사(有司)는 위의 내용을 편의에 따라서 선포하여 모든 사람들로 하여금 들어서 알게 하라."고 하였다. (『冊府元龜』117 帝王部 117 親征 2)

신라 　봄 2월 사벌주(沙伐州)를 폐하고 일선주(一善州)를 두어 일길찬(一吉湌) 일부(日夫)를 군주(軍主)로 삼았다. (『三國史記』4 新羅本紀 4)

신라 　봄 2월 신라가 사벌주를 폐하고 일선주를 두었 일길찬 일부를 군주로 삼았다. (『三國史節要』7)

신라 　숭선군(嵩善郡)은 본래 일선군인데 진평왕 36년 일선주로 삼고 군주를 두었다. (『三國史記』34 雜志 3 地理 1)

신라 　개녕군(開寧郡)은 옛 감문소국(甘文小國)이다. 진흥왕 18년 진(陳)나라 영정(永定) 원년 군주를 두고 청주(靑州)로 삼았다가 진평왕 때에 주를 폐하였다. (『三國史記』34 雜志 3 地理 1)

신라	(봄 2월) 영흥사(永興寺)의 흙으로 만든 불상이 저절로 무너졌다. 얼마 후 진흥왕비인 비구니가 죽었다. (『三國史記』 4 新羅本紀 4)
신라	(봄 2월) 영흥사(永興寺)의 흙으로 만든 불상이 저절로 무너졌다. 얼마 후 진흥왕비인 비구니가 죽었다. (『三國史節要』 7)
신라	국사에서 이르기를, "건복(建福) 31년 영흥사의 흙으로 만든 불상이 저절로 무너졌다. 얼마 후 진흥왕비 비구니가 죽었다."고 하였다. 살펴보건대 진흥왕은 법흥왕의 조카이며, 그의 비는 사도부인(思刀夫人) 박씨이니 모량리(牟梁里) 영실(英失) 각간(角干)의 딸이다. 역시 출가하여 비구니가 되었으나, 영흥사의 창건주는 아니다. 아마도 '진(眞)'자를 '법(法)'자로 써야 할 것이다. 법흥왕의 비 파조주인(巴刁夫人)이 여승이 되었다가 죽은 것을 말하니, 곧 절을 짓고 불상을 세운 주인이기 때문이다. 법흥왕과 진흥왕 두 왕이 왕위를 버리고 출가한 것을 쓰지 않은 것은 세상을 다스리는 교훈이 아니겠는가. (『三國遺事』 3 興法 3 原宗興法 厭髑滅身)
고구려	3월 임자일(14)에 탁군으로 행차했다. (『三國史節要』 7)
고구려	3월 임자일(14)에 탁군으로 행차했다. (『隋書』 4 帝紀 4 煬帝 下)
고구려	3월 임자일(14)에 탁군으로 행차했다. (『北史』 12 隋本紀 下 煬皇帝)
고구려	(수서에서 말했다.) (대업 10년) 3월 임자일(14)에 탁군으로 행차했다. (『太平御覽』 106 皇王部 31 隋 煬皇帝)
고구려	(대업 10년) 3월 임자일(14)에 탁군으로 행차했다. (『冊府元龜』 117 帝王部 117 親征 2)
고구려	(대업 10년) 3월 임자일(14)에 탁군으로 행차했다. (『冊府元龜』 135 帝王部 135 好邊功)
고구려	(3월) 계해일(25)에 임유궁에 행차했다. 황제가 직접 군복을 입고 황제(黃帝)에게 마제(禡祭)를 지냈는데, 반란군의 목을 베어 나온 피를 북에 발라 제사했다. (『三國史節要』 7)
고구려	(3월) 계해일(25)에 임유궁에 행차했다. 황제가 직접 군복을 입고 황제(黃帝)에게 마제(禡祭)를 지냈는데, 반란군의 목을 베어 나온 피를 북에 발라 제시했다. (『隋書』 4 帝紀 4 煬帝 下)
고구려	(3월) 계해일(25)에 임유궁에 행차했다. 황제가 직접 군복을 입고 황제(黃帝)에게 마제(禡祭)를 지냈는데, 반란군의 목을 베어 나온 피를 북에 발라 제사했다. (『北史』 12 隋本紀 下 煬皇帝)
고구려	(수서에서 말했다) (대업 10년 3월) 계해일(25)에 임유궁에 행차했다. 황제가 직접 군복을 입고 황제(黃帝)에게 마제(禡祭)를 지냈는데, 반란군의 목을 베어 나온 피를 북에 발라 제사했다. (『太平御覽』 106 皇王部 31 隋 煬皇帝)
고구려	(대업 10년 3월) 계해일(25)에 임유궁에 행차했다. 황제가 직접 군복을 입고 황제(黃帝)에게 마제(禡祭)를 지냈는데, 반란군의 목을 베어 나온 피를 북에 발라 제사했다. (『冊府元龜』 117 帝王部 117 親征 2)
고구려	(4월) 갑오일(27)에 거가가 북평에 이르렀다. (『隋書』 4 帝紀 4 煬帝 下)
고구려	(대업 10년) 4월 갑오일(27)에 거가가 북평에 이르렀다. (『冊府元龜』 117 帝王部 117 親征 2)
고구려	(대업 10년) 4월 갑오일(27)에 북평에 이르렀다. (『冊府元龜』 135 帝王部 135 好邊功)

고구려　　　4월 거가가 북평(北平)에 이르렀다. (『三國史節要』 7)

고구려　　　7월 계축일(16) 거가가 회원진에 행차했다. 이 때 천하가 이미 소란스러워 징발된 병사들이 정한 날짜를 어기고 도착하지 않은 자가 많았고, 고구려 또한 어렵고 궁핍하여 있었다. 내호아가 비사성에 이르자 고구려군이 맞아 싸웠으나, 내호아가 이를 쳐서 이기고 평양으로 향하려고 하였다. 왕이 두려워하여 사신을 보내 항복을 청하고 그에 따라 곡사정을 돌려보내니, 황제가 크게 기뻐하고 사지절을 보내 내호아를 소환하게 하였다. (『三國史節要』 7)

고구려　　　가을 7월 계축일(16)에 거가가 회원진(懷遠鎭)에 이르렀다. (『北史』 12 隋本紀 下 煬皇帝)

고구려　　　가을 7월 계축일(16)에 거가가 회원진에 이르렀다. 당시 천하는 이미 혼란해졌다. 징발된 군사는 대부분 기약한 날을 지키지 못하거나 도착하지 않았으며 고려 또한 피곤하고 피폐해졌다. 내호아가 필사성(畢奢城)에 이르니 고려가 군사를 일으켜 맞서 싸웠다. 내호아가 쳐서 깨뜨리고 평양으로 가려 하였는데, 고려왕 고원이 두려워하였다. (『資治通鑑』 182 隋紀 6 煬皇帝 中)

고구려　　　(대업 10년) 7월 계축일(16)에 회원진에 이르렀다. (『冊府元龜』 117 帝王部 117 親征 2)

고구려　　　(7월) 갑자일(28)에 고려가 사신을 파견하여 곡사정을 가두어 보내니 황제가 크게 기뻐하였다. (『隋書』 4 帝紀 4 煬帝 下)

고구려　　　(7월) 갑자일(28)에 고려가 사신을 파견하여 곡사정을 가두어 보내니 황제가 크게 기뻐하였다. (『北史』 12 隋本紀 下 煬皇帝)

고구려　　　(7월) 갑자일(28)에 사신을 파견하여 항복을 청하고 곡사정을 가두어 보냈다. 황제가 크게 기뻐하며 사신을 파견하여 부절(符節)을 가지고 내호아를 불러 돌아오게 하였다. 내호아가 무리를 모아 놓고 말하였다. "대군이 세 번이나 출정했으나 아직 적을 평정할 수 없는데 이에 돌아간다면 다시는 오지 못할 것이고 수고하였으나 공로가 없으니 나는 이를 가만히 수치로 생각한다. 지금 고려가 실제로 곤핍하므로 이 무리를 가지고서 공격한다면 하루가 안 되어 승리할 수 있고, 내가 군사를 전진시켜 평양을 빠르게 포위하여 고원을 붙잡고 승리의 소식을 가지고 돌아가려고 하는게 또한 좋지 않겠는가." 회답하는 표문을 올려 가게 해달라고 요청하고 조서를 받들지 않았다. 장사(長史) 최군숙(崔君肅)이 굳게 간쟁했으나 내호아가 안된다고 하면서 말했다. "적의 기세는 꺾였고 홀로 임무가 맡겨졌는데 스스로 충분히 판별할 수 있다. 내가 곤외(閫外)에 있어 업무는 마땅히 혼자 결정할 수 있는데 차라리 고원을 사로잡고 돌아가서 처벌을 받을 것이지 이번의 성공을 버려두면 할 수 있는 것이 없다." 최군숙이 무리에게 고하길, "만약 원수를 따라 조서를 거슬리면 반드시 마땅히 상주하여 보고할 것이니 모두가 응당 죄를 얻게 될 것이오." 하였다. 제장들이 두려워하여 함께 돌아갈 것을 요청하니, 마침내 비로소 조서를 받들었다. (『資治通鑑』 182 隋紀 6 煬皇帝 中)

고구려　　　(수서에서 말했다) (대업 10년) 가을 7월 갑자일(28)에 고려가 사신을 파견하여 항복하고 곡사정을 가두어 보내니 황제가 크게 기뻐하였다. (『太平御覽』 106 皇王部 31 隋 煬皇帝)

고구려　　　(대업 10년 7월) 갑자일(28)에 고려가 사신을 보내어 곡사정을 가두어 보내니 황제가 크게 기뻐하였다. (『冊府元龜』 117 帝王部 117 親征 2)

고구려　　　(대업 10년) 7월 갑자일(28)에 고려가 사신을 보내어 항복하고 곡사정을 가두어 보내니 황제가 크게 기뻐하였다. 처음 황제가 천하가 평화로운 나날이 오래되었기에 행인을 불러 모아 나누어 절역(絶域)에 사신으로 보내니 여러 번에서 이르는 자들을 후하게 대접하고 예를 더하여 선물을 내렸는데, 명을 공손히 받지 않아 군대를 동원하여 격파하고 옥문(玉門)과 유성(柳城) 바깥에 둔전을 크게 일으켰다. 그리고 천하의 부자들에게 전마(戰馬)를 사게 한 필당 값이 십여만이나 되었고, 앉아서 얼고 굶주리는 자들이 열집에 아홉집이었다. (『冊府元龜』135 帝王部 135 好邊功)

고구려　가을 7월 거가가 회원진(懷遠鎭)에 행차했다. 이 때 천하가 이미 소란스러워 징발된 병사들이 정한 날짜를 어기고 도착하지 않은 자가 많았고, 우리 나라 또한 어렵고 궁핍하여 있었다. 내호아(來護兒)가 비사성(卑奢城)에 이르자 우리 병력이 맞아 싸웠으나, 내호아가 이를 쳐서 이기고 평양으로 향하려고 하였다. 왕이 두려워하여 사신을 보내 항복을 청하고 그에 따라 곡사정을 돌려보내니, 황제가 크게 기뻐하고 사지절을 보내 내호아를 소환하게 하였다. (『三國史記』20 高句麗本紀 8)

고구려　(대업) 10년 또 군대를 거느리고 바다를 건너 비사성에 이르렀다. 고려가 나라를 들어 와서 싸우니 내호아가 이를 크게 격파하고 천여 급의 목을 베었다. 장차 평양으로 가려하자 고원이 떨며 두려워하여 사신을 보내어 반역한 신하 곡사정을 잡아 요동성 아래로 찾아와 표를 올려 항복을 청하였다. 황제가 이를 허락하고 사람을 보내 부절로 내호아를 불러 회군하게 하였다. 내호아가 무리를 모아놓고 말했다. "세 번이나 출정했으나 아직 적을 평정할 수 없는데 이에 돌아간다면 다시는 오지 못할 것이다. 지금 고려가 곤핍하여 들에는 풀한포기도 없는 지경이다. 우리들이 싸운다면 하루가 안 되어 이길 수 있고, 내가 군사를 전진시켜 평양을 빠르게 포위하여 그 가짜 임금을 붙잡아 돌아갈 것이다."하였다. 회답하는 표문을 올려 가게 해달라고 요청하고 조서를 받들지 않았다. 장사(長史) 최군숙(崔君肅)이 굳게 간쟁하여 허락하지 않았다. 내호아가 말했다. "적의 기세는 꺾였고 홀로 임무가 맡겨졌는데 스스로 충분히 판별할 수 있다. 내가 곤외(閫外)에 있어 업무는 마땅히 혼자 결정할 수 있는데 어찌 천리 밖의 성규(成規)를 받아 들을 것인가. 잠깐 사이에 움직일 기회를 놓치면 수고하였으나 공적은 없게 된다고 생각하는 것은 마땅하다. 나는 차라리 정벌하여 고원을 잡아 돌아가 꾸짖음을 받을 것이다. 이번의 성공을 버려두면 할 수 있는 것이 없다." 최군숙이 무리들에게 고하길, "만약 원수를 따라 조서를 거슬리면 반드시 마땅히 상주하여 보고할 것이니 모두가 응당 죄를 얻게 될 것이오." 하였다. 제장들이 두려워하여 함께 돌아갈 것을 요청하니, 마침내 비로소 조서를 받들었다. (『隋書』64 列傳 29 來護兒)

고구려　(대업) 10년 또 다시 천하의 군사를 징벌하였으나, 때마침 도적이 벌떼처럼 일어나 인민이 유망하고, 곳곳마다 교통이 두절되어 군사가 대부분 기한을 맞추지 못하였다. 요수(遼水)에 이르자, 고려도 피폐되었기 때문에 사신을 보내어 항복을 청하는 동시에 곡사정(斛斯政)을 압송하여 속죄하였다. 황제가 이를 허락하고 회원진(懷遠鎭)에 주둔하면서 항복을 받았다. 아울러 포로와 노획한 군기(軍器)들을 이끌고 돌아왔다. 양제는 서울에 이르러 고려의 사자로 하여금 직접 태묘(太廟)에 고하도록 한 뒤 억류시켰다. 이어서 고원을 불러 들여 입조토록 하였으나, 끝내 오지 않았다. 황제가 제군을 엄중히 정비하여 다시 도별할 것을 꾀하였으나, 마침 천하가 크게 어지러워져 결국 시행하지 못하였다. (『隋書』81 列傳 46 東夷 高麗)

고구려　(대업 9년) 이듬해 황제가 다시 동정(東征)에 나서자 고려가 화해를 청하고 곡사정을 보냈다. 쇠사슬로 묶어서 서울에 이르러 종묘에 고하였다. 좌익위대장군(左翊衛大將軍) 우문술(宇文述)이 법을 바꾸어 형을 집행하기를 청하니 황제가 이를 허락하였다. 이에 금광문(金光門)으로 나와 기둥에 포박하고 공경(公卿)과 뭇 신료들이 다 같이 직접 활을 쏘아 죽였다. 그 시신을 저민 고기로 만들었더니 씹는 자들이 많았다. 그 후에 불에 삶아 그 뼛가루를 바람에 날려 버렸다. (『北史』50 列傳 38 斛斯

椿)

고구려　(대업 10년) 또 천하의 군시를 징발하였으나, 때마침 도적이 벌떼처럼 일어나 인민이 流亡하고, 곳곳마다 교통이 두절되어 군사가 대개 때맞춰 오지 못하여 적은 수의 병력만 요수(遼水)에 이르렀고 또 기근이 계속되었다. 육군(六軍)이 서로 약탈하였고, 또 질병이 돌아 중국 동쪽으로 해골이 이어졌다. 멈추어 머무른 곳에는 군인들이 모두 시신을 쌓아두고 비바람을 막았는데, 죽은 자가 열에 8~9명이었다. 고려 또한 방어하는 데 피폐하여 사신을 보내 항복을 청하여 곡사정을 가두어 보내 속죄하였다. 황제가 이를 허락하고 회원진(懷遠鎭)에서 주둔하여 그 항복하는 성의를 받고 군대를 돌렸다. 이어 고원을 불러들여 입조하게 하였으나 이르지 못하였다. 황제가 다시 군대를 일으키려 하였으나 천하에 대란이 일어나 끝내 다시는 시행하지 못했다. (『通典』186 邊防 2 東夷 下 高句麗)

고구려　(대업) 10년 또 천하의 군사를 징발하였으나, 때마침 도적이 벌떼처럼 일어나 인민이 流亡하고, 곳곳마다 교통이 두절되어 군사가 대개 때맞춰 오지 못하여 적은 수의 병력만 요수(遼水)에 이르렀고 또 기근이 계속되었다. 육군(六軍)이 서로 약탈하였고, 또 질병이 돌아 중국 동쪽으로 해골이 이어졌다. 멈추어 머무른 곳에는 군인들이 모두 시신을 쌓아두고 비바람을 막았는데, 죽은 자가 열에 8~9명이었다. 고려 또한 방어하는 데 피폐하여 사신을 보내 항복을 청하여 곡사정을 가두어 보내 속죄하였다. 황제가 이를 허락하고 회원진(懷遠鎭)에서 주둔하여 그 항복하는 성의를 받고 군대를 돌렸다. 이어 고원을 불러들여 입조하게 하였으나 이르지 못하였다. 황제가 다시 군대를 일으키려 하였으나 천하에 대란이 일어나 끝내 다시는 시행하지 못했다. (『太平寰宇記』173 四夷 2 東夷 2 高勾驪國)

고구려　(대업) 10년 천하에 군사를 징발하였으나, 도적들이 봉기하여 곳곳이 막히고 단절되어 기한을 맞추지 못하고 요수에 이르렀다. 고려 역시 피폐하여 사신을 보내 항복을 청하니 황제가 이를 허락하고 회원진에 주둔하여 그 항복을 받았다. 이어 포로와 죄수와 군대를 많이 갖고 돌아가 서울에 이르렀다.(『太平御覽』783 四夷部 4 東夷 4 高句驪)

고구려　공의 이름은 언박(彦博)이고 자는 대림(大臨)이니 태원(太原) 기현(祁縣) 사람이다. (…) 양제가 천하를 순행할 때 6번 따라가고 팔황(八荒)을 정벌하니, 응양(鷹揚)의 장수가 달리고 황제의 수레자국이 남겨졌다. 온언박(溫彦博)은 고개 숙여 수레 자루를 잡고 요동으로 가니 이적(夷狄)이 마음을 바꾸었다. 계북(薊北)으로 넓히자 간사한 도적이 과오를 고치니, 또한 한(漢)의 부개자(傅介子)가 누란(樓蘭)의 왕을 베고 포승지(暴勝之)가 발해(勃海)의 도적을 평정한 것과 같다. (「溫彦博 墓誌銘」: 『唐代墓誌滙篇濟』; 『全唐文拾遺濟14; 『全唐文新編濟146; 『新唐五代墓誌滙篇 北京濟1)

백제　(수 양제 대업 10년) 7월 조국(曹國)·백제국(百濟國)이 더불어 사신을 보내고 방물을 바쳤다. (『冊府元龜』970 外臣部 15 朝貢 3)

고구려　8월 기사일(4)에 황제가 회원진으로부터 군대를 돌려 고려 왕을 불러 입조하게 했으나 왕은 끝내 따르지 않았다. (『三國史節要』7)

고구려　8월 기사일(4)에 군대를 돌렸다. (『隋書』4 帝紀 4 煬帝 下)

고구려　8월 기사일(4)에 군대를 돌렸다. (『北史』12 隋本紀 下 煬皇帝)

고구려　8월 기사일(4)에 황제가 회원진으로부터 군대를 돌렸다. 한단(邯鄲)의 도적 우두머리 양공경(楊公卿)이 그 무리 8천명을 이끌고 거가의 뒤를 지키는 제팔대(第八隊)를 노략질하여 비황상구(飛黃上廐)에 있는 말 42필을 갖고 도망갔다.70) (『資治通鑑』182 隋紀 6 煬皇帝 中)

고구려	(수서에서 말했다.) (대업 10년) 8월 기사일(4)에 군대를 돌렸다. (『太平御覽』 106 皇王部 31 隋 煬皇帝)
고구려	(대업 10년) 8월 기사일(4)에 군대를 돌렸다. (『冊府元龜』 117 帝王部 117 親征 2)
고구려	8월에 황제가 회원진에서 군대를 돌렸다. (『三國史記』 20 高句麗本紀 8)
고구려	겨울 10월 정묘일(3)에 황제가 동도(東都)에 도착하였다. (『隋書』 4 帝紀 4 煬帝 下)
고구려	겨울 10월 정묘일(3)에 황제가 동도에 도착하였다. (『北史』 12 隋本紀 下 煬皇帝)
고구려	겨울 10월 정묘일(3)에 황제가 동도에 도착하였다. (『資治通鑑』 182 隋紀 6 煬皇帝 中)
고구려	(10월) 기축일(25)에 서울로 돌아왔다. (『隋書』 4 帝紀 4 煬帝 下)
고구려	(10월) 기축일(25)에 서울로 돌아왔다. (『北史』 12 隋本紀 下 煬皇帝)
고구려	(10월) 기축일(25)에 서경(西京)으로 돌아왔다. 고려의 사자와 곡사정에게 태묘(太廟)에 가서 제사지내게 하고 이어 고려 왕 고원을 불러들여 입조하게 하였으나, 고원은 끝내 오지 않았다. 장수들에게 칙령을 내려 엄하게 행장을 준비하게 하고 다시 고려를 정벌하려 하였으나 끝내 실행하지 못하였다. 처음 개황 말년에 국가가 번성하여 조야에서는 모두 고려를 도모할 생각을 가졌으나, 유현(劉炫)만이 홀로 불가하다고 생각하고 『무이론(撫夷論)』을 지어 비판했는데, 이때에 이르러 그 말이 입증되었다. (『資治通鑑』 182 隋紀 6 煬皇帝 中)
고구려	겨울 10월에 황제가 서경(西京)에 돌아와서 우리 사신과 곡사정을 대묘(大廟)에 알리고, 곧 왕을 불러 입조하게 하였으나 왕이 끝내 따르지 않았다. 장수들에게 명하여 장비를 엄하게 하고 다시 후에 군사를 일으킬 것을 도모하였으나 마침내 실현하지 못하였다. (『三國史記』 20 高句麗本紀 8)
고구려	(대업) 10년 갑술 10월에 고려왕[이때는 제36대 영양왕(嬰陽王) 즉위 25년이다.]이 글을 올려 항복을 청하였다. 그때 어떤 한 사람이 몰래 작은 활을 가슴 속에 감추고 표문을 가져가는 사신을 따라 양제가 탄 배 안에 이르렀다. 양제가 표문을 들고 읽을 때 활을 쏘아 양제의 가슴을 맞혔다. 양제가 군사를 돌이켜 세우려 하다가 좌우에게 말하기를, "내가 천하의 주인으로서 작은 나라를 친히 정벌하다가 이기지 못했으니 만대의 웃음거리가 되었구나!"라고 하였다. 이때 우상(右相) 양명이 아뢰기를, "신이 죽어 고구려 의 대신이 되어서 반드시 그 나라를 멸망시켜 황제의 원수를 갚겠습니다"고 하였다. 황제가 죽은 후 고구려에 태어나서 15세에 총명하고 신무(神武)하였다. 그때 무양왕(武陽王)이 그가 현명하다는 소문을 듣고[국사에는 영류왕의 이름이 건무(建武) 혹은 건성(建成)이라고 불렀는데, 여기에서는 무양(武陽)이라 하니 자세하지 않다] 불러들여 신하로 삼았다. 그는 스스로 성을 개(盖), 이름을 금(金)이라고 하였는데 그 지위가 소문(蘇文)에 이르렀으니, 곧 시중(侍中)의 직이다.[『당서(唐書)』에서 이르기를, "개소문이 스스로 막리지(莫離支)라 이르니 중서령(中書令)과 같다."고 하였다. 또 살펴보건대 『신시비사(神誌秘詞)』 서문에 이르기를, "소문 대영홍(大英弘)이 서문과 아울러 주석하였다."고 했으니, 소문이 곧 직명인 것은 문헌으로 증명된다. 그러나 전(傳)에서 문인 소영홍(蘇英弘)의 서문이라고 했으니 어느 것이 옳은 지 알 수 없다.] (『三國遺事』 3 興法 3 寶藏奉老 普德移庵)

---

70) 抄 楚交翻 帝置殿內省 統尙食·尙藥·尙衣·尙舍·尙乘·尙輦等六局 尙乘局置左·右六閑 一曰左·右飛黃閑 二左·右吉良閑 三左·右龍媒閑 四左·右駒驍閑 五左·右駃騠閑 六左·右天苑閑

고구려	11월 병신일(2)에 곡사정을 금광문(金光門) 밖에서 토막냈다. (『隋書』 4 帝紀 4 煬帝 下)
고구려	11월 병신일(2)에 곡사정을 금광문 밖에서 토막냈다. (『北史』 12 隋本紀 下 煬皇帝)
고구려	11월 병신일(2)에 곡사정을 금광문 밖에서 죽였는데, 양적선(楊積善)을 처리한 방법과 같았다. 그의 살점을 삶아서 백관으로 하여금 먹게 하자, 아첨하는 사람들 가운데 어떤 사람들은 그것을 먹어서 배가 부르기에 이르렀으며, 남은 뼈는 거두어 불태워서 날려버렸다. (『資治通鑑』 182 隋紀 6 煬皇帝 中)

백제	(대업) 10년 다시 사신을 보내어 조공하였다. 후에 천하에 대란이 일어나자 사자가 끊겼다. (『隋書』 81 列傳 46 東夷 百濟)
백제	(대업) 10년 다시 사신을 보내어 조공하였다. 후에 천하에 대란이 일어나자 사자가 끊겼다. (『太平御覽』 781 四夷部 2 東夷 2 百濟)

고구려	(대업) 10년 황제가 다시 요동을 정벌하려 이민(李敏)를 여양(黎陽)에 보내 조운을 감독하게 하였다. 이때 혹 이민은 일명 홍아(洪兒)라고 하였는데 황제는 그의 이름이 도참(圖讖)에 맞는다고 의심하여 항상 얼굴을 마주하고는 이를 알려 스스로 자결하게 하였다. 이로 말미암아 이민은 크게 두려워하여 금재(金才)와 선형(善衡) 등과 함께 사람을 물리치고 사사로이 대화하였다. 우문술(宇文述)이 이를 알고 황제에게 알리니 마침내 이혼(李渾)과 함께 주살되었다. 그 처 우문씨는 얼마 후 독살당하였다. (『北史』 59 列傳 47 李賢)

요동(고구려)	요동의 바다 북쪽에서 큰 고래를 자르니/만 리 바람과 구름이 맑아졌네/이제 칼을 녹이고 말과 소를 풀어 주어야 하리니/군사를 돌려 호경에서 잔치를 베푸네/앞에서 노래하고 뒤에서 춤추며 군대의 위엄을 떨치니/종묘에서 술 마시며 이러러 군복을 벗네/판이하구나. 괜히 만 리를 갔다가/부질없이 오원(五原)으로 돌아온 것과는 (『文苑英華』 201 詩 51 樂府 10 隋煬帝 紀遼東二首 1)
요동(고구려)	깃대 잡고 符節 들고 요동을 평정하니/포로를 베어 오랑케의 풍속을 떨쳤네/환도(丸都) 강에서 개선가를 맑게 부르고/낙양의 궁으로 돌아와 잔치를 벌였지/공신에 책봉하고 상벌을 시행하여 지체하지 않았으니/모든 군사들의 지모에 힙입은 것이라네/어찌 남궁(南宮) 복도 위에서/먼저 옹치(雍齒)에게 제후 봉한 것과 같으랴. (『文苑英華』 201 詩 51 樂府 10 隋煬帝 紀遼東二首 2)

한예(고구려)	수(隋)의 정치가 도를 어겨 중원이 무너지자, 별이 사라지고 해가 다투며 하늘이 병들고 땅이 뒤집어졌다. 말고삐는 썩으면 어가를 모는 기술도 소용 없으니, 봄에 얇은 얼음판을 밟고 지나가는 위태로움과 같다. 과도한 주식(酒食)에 인력을 다 동원하니, 큰 바둑판에서 제위(帝位)를 가볍게 여긴 것이다. 옥배(玉杯)는 보잘 것 없는 음식을 담는 그릇이 아니건만, 황금 기둥은 교만하고 방탕한 데에 사용되었다. 천자의 깃발이 천하를 돌아다니며 길을 달려 중원의 후예들을 괴롭히니, 갑자기 한예(韓濊)로 진군하여 병사를 요동(遼東)·갈석(碣石)에 주둔하게 하였다. 돌밭과 같은 땅을 탐내고 정도를 벗어난 것이다. (「昭仁寺碑」: 薈唐文新編濟135)

고구려 요동	공의 이름은 군한(君漢)이고 자는 경운(景雲)인데 동군(東郡) 조성(胙城) 사람이다. (…) 수양제가 중원에서 사람들을 몰아 멀리 요동과 패수로 정벌하니 시골의 명망있는 사람들이 모두 사람을 모아 보냈다. 공은 마지 못해 따랐으나, 힘써 일을 처리하였다. 비록 군대가 패배했으나 오히려 선봉에 서서 상을 받았고, 입신위(立信尉)에

제수되어 본주(本州)의 군부(軍府)에 소속되었다가 월기교위(補越騎校尉)에 선발되어 얼마 안 있어 본부(本府)의 사마(司馬)가 되었다.(「黃君漢碑」: 滛唐文新編濟143; 滛唐文拾遺濟14)[71]

고구려   군의 이름은 종(琮)이고 자는 문근(文瑾)인데 무위(武威) 고장(姑臧) 사람이다. (…) 장종(張琮)은 관직에 나아가게 되자 수(隋)의 분무위(奮武尉)가 되었다. 이 때에 동이가 아직 복속하지 않고 험한 요수를 견고히 하여 자주 황룡의 변경을 시끄럽게 하고 고구려의 성을 침략하였다. 수 양제가 친히 용맹한 군대를 거느리고 배은망덕한 오랑캐를 주살하려 하였다. 종은 돌을 멀리 던지고 기(旗)를 △△△하였다. 이에 상을 명령하여 공로를 보답하였는데, 그 중 최고였기에 특별히 조산대부(朝散大夫)에 제수되고 뒤이어 신정현령(新鄭縣令)에 임명되었다. (「張琮碑」: 滛唐文新編濟145)

고구려 요동   군의 이름은 소(騷)이고 자는 효질(孝質)인데 남양(南陽) 백수(白水) 사람이다. (…) 장소(張騷)는 요동 토벌에 따라가 건절위(建節尉)에 제수되었다. (「張騷 墓誌銘」: 滛全唐文新編濟992)

고구려 대방   군의 이름은 개원(開遠)이고 자는 행현(行夐)인데 하남 낙양 사람이다. (…) 고려가 창해(驪滄海) 큰 파도를 믿고 대방(帶方)의 멀고 험함에 기대어 포모(苞茅)의 예를 그치고 계속 조회하는 의식을 끊는 것을 좋아했다. 양제가 혁로(革路)를 몰아 군대를 거느리고 쇠북을 울려 죄를 물으니, 독고개원(獨孤開遠)이 거가를 따라 가 황제를 지키는 공을 세워 선혜위(宣惠尉)에 제수되었다. 좌천우(左千牛)로 옮겨서 조이(鳥夷)의 좌우에서 통제하였으나 그들의 늑대같은 마음을 바꾸지는 못하였다. 오히려 개구리 굴에 갇히게 되었는데 6룡이 이에 수레를 매달아 내달리고 천자의 시위군이 수레를 쫓아 달렸다. 개원은 뒤따라가면서 힘쓴 바가 있어서 건절위(建節尉)를 제수받았고, 천우(千牛)는 예전과 같았다. (「獨孤開遠 墓誌銘」: 滛唐文新編濟992; 滛全唐文補遺濟3)

고구려   수의 운세가 쇠해질 무렵 조이(鳥夷)가 조그마한 땅에 기대니, 천자의 깃발이 이에 움직여 삼한에 죄를 물었다. 조량(曹諒)은 이미 변방의 성을 함락시키고 승리를 바치니, 이에 정의대부(正議大夫)를 더하였다. (「曹諒 墓誌銘」: 滛唐文新編濟992; 滛全唐文補遺濟4)

고구려   양제가 직접 군기를 엄격히 하고 요동에 죄를 물었다. 주호(周護)는 창을 잡고 선두에 서서 해북(海北)을 마주하며 공격하여, 조산대부(朝散大夫)를 받고 좌어위응양낭장(左御衛鷹揚郎將)에 제수되었다. (「周護 碑銘」: 滛唐文補遺濟1)

고구려   수 양제가 위세를 해외에 떨치면서 요양(遼陽)을 정벌하니, 어가가 남쪽으로 향하다가 서쪽으로 되돌렸다. 위지융(尉遲融)은 당시에 1,000기를 거느리고 유주(幽州)에서 어가를 맞이하였다. (「尉遲融 墓誌銘」: 滛唐文新編濟992; 滛唐文補遺濟2; 滛代墓誌滙篇濟)

고구려   대업 연간(605~617)에 고구려에 죄를 물어 요동과 갈석에 병사를 포진시켰다. 색현(索玄)은 평소에 문무를 겸비하여 검교사병(檢校司兵)이 되었으니, 둔기(屯騎)에게는 우러러 모범이 되었고 사성(射聲)에게는 노움을 주이 더옥 정예가 되었다. 마침내 건절위(建節尉)에 제수되니, 은택이 미치는 정치에는 감사하다고 말하고 삼가 행동하고 잘 살펴서 적절한 때가 있었다. (「索玄 墓誌銘」: 滛代墓誌滙篇濟 滛唐文新編濟993)

고구려   대업 연간(605~617)에 왕군(王君)은 요동으로 가는 선봉이 되어 군중에 있었는데,

---

71) 이 기사에는 연대 표기가 없으나, 煬帝代(605~617)에 고구려 원정군이 최초로 파견된 것은 612년이고 마지막 고구려 원정군이 돌아온 것은 614년이다. 그에 따라 612~614년으로 기간편년하고 마지막해인 614년에 배치하였다.

겨울에는 가죽옷이 없었고 여름에는 부채가 없었다. 적을 대면하면 직접 병사들보다 앞서 나아갔고, 패전한 군사는 항상 뒤에서 감싸안았다. 마음이 용맹하였지만 날아온 화살이 오른쪽 허벅지에 맞았으니, 이 때부터 지금까지 관직이 끊어졌다. (「王君墓誌銘」: 藩代墓誌滙篇濟上; 落唐文補遺濟2; 藩代墓誌滙篇附考濟6)

고구려 · · · 양제가 들어가 제위를 받자 (…) 곡사정칙(斛斯政則)은 얼마 지나서 고구려 공격에 종사하여 원숭이가 바위를 뛰어오르듯 부지런히 어가를 따랐다. 곧 제학(鯷壑)으로 배를 띄우고 누선(樓船)을 신속하게 움직였는데, 이는 어가를 호위하고 겸하여 학진(鶴陣)을 막은 것이다. 비록 기마의 기세가 용맹하여 소리로 적들에게 들리게 하였으나, 그들이 진격하는 함성을 막을 수 없었다. 공훈으로 입신위(立信尉)에 제수되었다. (「斛斯政則 墓誌銘」: 落唐文新編濟993; 藩代墓誌滙篇續集濟

고구려 요동 · · · 군의 이름은 안(安)이고 자는 해녕(海寧)인데 하남(河南) 언사(偃師) 사람이다. (…) 양제(煬帝)가 직접 요동을 정벌하면서 왕안(王安)을 창해도(滄海道) 행군사마(行軍司馬)에 임명하였다. 군대가 돌아오면서 왕안은 태복시(太僕寺) 전목서승(典牧署丞)에 제수되었고, 다시 기주(冀州) 빈강현령(斌强縣令)에 제수되었다. (「王安 墓誌銘」: 落全唐文補遺濟1)

고구려 요동 · · · 군의 이름은 덕비(德備)이고 자는 인주(仁周)인데, 낭야(琅耶) 사람이다. (…) 대업 연간(605~617)에 타고난 재질로 좌무시(左武侍)가 되었다. 양제가 친히 육군(六軍)을 거두어 멀리 요동으로 나가니, 병덕비(邴德備)의 임무는 핵심 측근에 속하여 황제의 장막에 근시(近侍)하며 아침저녁으로 숙위하여 부지런함과 정성을 다하였으니, 힘과 기세를 키우고 용맹함을 지녔다. 적이 오면 싸우기 위함은 황제의 마음에 달려 있던 것이니, 특별이 포상을 더 하였다. 선봉에 서서 적진을 함락시켜 조청대부(朝請大夫)에 제수되었다. (「邴德備 墓誌銘」: 落唐文新編濟992; 藩代墓誌滙篇續集濟 落唐文補遺濟5)

고구려 · · · 황상이 고구려에게 죄를 물었는데 용맹스러운 군사가 100만이었고, 비록 조정의 전략을 받았다고 하더라도 또한 뛰어난 인재들에게 임무를 맡겼다. 또 전행달(田行達)을 행군총관(行軍總管)에 임명하였다가, 군대를 되돌리자 고쳐서 좌무위호분낭장(左武衛虎賁郎將)을 제수하였다. 북평(北平)에서 동이(東夷)로 넘어올 때 험한 곳에 머무르면서 등을 기대고 목구멍을 움켜쥐었으니 이보다 중한 일이 없었다. (「田行達墓誌銘」: 落新中國出土墓誌 陝西濟1下; 落隋文補遺濟 落新出土魏晉南北朝墓誌疏證濟

고구려 · · · 수 후주(後主)가 고구려를 정벌하자 왕궤(王軌)는 황제를 따라갔다. 어가가 개선하자 모시고 낙양(洛陽)으로 돌아왔다. (「王軌 碑銘」: 落唐文新編濟186)

고구려 · · · 수 양제가 직접 군사를 거느려 열수(洌水)로 사람을 불러 모았다. 후표(侯彪)가 계문(薊門)의 의용(義勇)이자 상곡(上谷)의 양가(良家)라고 여겨서 유격장군(游擊將軍)을 제수하니, 그가 덕행과 재능이 있는 사람이기 때문이었다. (「侯彪 墓誌銘」: 落唐文新編濟993)

고구려 · · · 장가(張伽)는 춘추시대 노(魯)의 안고(顏高)가 육균궁(六鈞弓)을 잡아당기고 춘추시대 초(楚)의 반당(潘黨)이 7겹 갑옷을 관통한 것처럼 활을 잘 쏘았다. 요동을 평정한 공훈으로 건절위(建節尉)에 제수되었다가 얼마 후 조산대부(朝散大夫)로 승진하였다. (「張伽 墓誌銘」: 落唐文新編濟992)

고구려 · · · 온작(溫綽)의 부친은 수의 병주별가(幷州別駕), 무분낭장(武賁郎將), 요동도전군총관(遼東道前軍總管)이었고, 무양공(武陽公)을 계승하여 봉해졌다. (「溫綽 墓誌銘」: 落唐文補遺濟千唐誌齋新藏專輯)

고구려 · · · 왕영덕(王令德)의 부친 창(暢)은 수의 상주국, △부원외랑(△部員外郎)이었고, 감군장사(監軍長史)를 겸하였다. (…) 이미 만리에 대장기가 휘날리자 삼한에서 칼을 뽑고 호의 병마가 일으키는 먼지를 돌아보고 △ 쉬지 않았다. 군영에서는 공적이 첫번째였으나, 전장에서 죽기를 생각하며 싸우더니 과연 저승으로 떠났다. (「王令德 墓誌銘」: 淹唐文補遺濟千唐誌齋新藏專輯)

고구려 | 조현응(趙玄應)의 조부 원제(元濟)는 북주(北周)의 성도군수(成都郡守), 수(隋)의 사지절(使持節)·융주제군사(隆州諸軍事)·융주자사(隆州刺史), 요동도대총관(遼東道大總管)·상주국(上柱國)·천수군개국남(天水郡開國男)이었다. (「趙玄應 墓誌銘」: 淹唐文補遺濟千唐誌齋新藏專輯)

고구려 | 온사간(溫思暕)의 조부 원(圓)은 수(隋)의 병주별가(幷州別駕), 무분낭장(武賁郎將), 요동행군총관(遼東行軍總管)이었고, 무양군공(武陽郡公)을 계승하여 봉해졌다. (「溫思暕 墓誌銘」: 淹唐文補遺濟千唐誌齋新藏專輯)

고구려 | 수(隋)의 국자학생(國子學生) 공녕(鞏寧)은 요동 정벌을 상소하고 관직에 나아가 우후호군낭장(虞侯護軍郎將)에 이르렀다. (…) 곧 공씨부인(鞏氏夫人)의 6대조이다. (「鞏氏夫人 墓誌銘」: 淹唐文新編濟802)

615(乙亥/신라 진평왕 37 建福 32/고구려 영양왕 26/백제 무왕 16/隋 大業 11/倭 推古 23)

신라 | 봄 정월 갑오일 초하루 신하들에게 연회를 크게 베풀었다. 돌궐(突厥)·신라(新羅)·말갈(靺鞨)·필대사(畢大辭)·가돌(訶咄)·부월(傅越)·오나갈(烏那曷)·파랍(波臘)·토화라(吐火羅)·구려건(俱慮建)·홀론(忽論)·말갈(靺鞨)·가다(訶多)·패한(沛汗)·구자(龜兹)·소륵(疏勒)·우전(于闐)·안국(安國)·조국(曹國)·하국(何國)·목국(穆國)·필(畢)·의밀(衣密)·실범연(失範延)·가절(伽折)·거란(契丹) 등의 나라들이 더불어 사신을 보내고 조공하였다. (『隋書』 4 帝紀 4 煬帝 下)

신라 | 봄 정월 갑오일 초하루 신하들에게 연회를 베풀었다. 돌궐·신라·말갈·필대사·가돌·부월·오나갈·파랍·토화라·구려건·홀론·말갈·가다·패한·구자·소륵·우전·안국·조국·하국·목국·필·의밀·실범연·가절·거란 등의 나라들이 더불어 사신을 보내고 조공하였다. (『北史』 12 隋本紀 下 煬皇帝)

신라 | (본 정월) 을묘일(22) 오랑캐들에게 큰 연회를 열어주고 어룡만연(魚龍曼延)의 음악을 베풀고 각기 차등있게 물건을 나누어 주었다. (『隋書』 4 帝紀 4 煬帝 下)

신라 | (봄 정월) 을묘일(22) 오랑캐들에게 큰 연회를 열어주고 어룡만연의 음악을 베풀고 각기 차등있게 물건을 나누어 주었다. (『北史』 12 隋本紀 下 煬皇帝)

신라 | 봄 2월 대연회를 3일간 열었다. (『三國史記』 4 新羅本紀 4)
신라 | 봄 2월 신라가 대연회를 3일간 열었다. (『三國史節要』 8)

고구려 | (8월 계유일(13)) 민부상서(民部尙書) 번자개(樊子蓋)가 말했다. "폐하께서 위험에 처했다고 하여 요행을 바라다가 하루아침에 낭패하면 이를 후회해도 어떻게 회복하겠습니까. 견고한 성을 점거하여 그들의 예리한 칼날을 꺾고 앉아서 사방의 군대를 징발하여 구원하러 들어오게 하는 것만 못합니다. 폐하께서 친히 사졸들을 두루 위무하시고 다시는 요동정벌을 하지 않을 것임을 선포하시며 훈격(勳格)을 후하게 한다면 반드시 사람마다 스스로 분할 것이온데 어찌 해결하지 못할 것을 염려하십니까." 내사시랑(內史侍郎) 소우(蕭瑀)가 말하였다. "돌궐의 풍속에는 가하돈(可賀敦)이 군사 모의에 참여하는데, 또 의성(義成) 공주도 황제의 딸로서 외방의 오랑캐에게 시집을 갔으니 반드시 대국의 지원을 믿을 것입니다. 만약 한 사람으로 하여금 이것을 알리게 하면 이익이 없다고 하더라도 어찌 손해볼 것이 있겠습니까. 또 장사(將士)들의 뜻은 아마도 폐하께서 돌궐의 우환을 면하고 나면 일을 고려로 돌릴까 두려워하고 있습니다. 만약 밝으신 조서를 반포하여 고려를 사면하고 오로지 돌궐만을 토벌할

것임을 선포하면 사람들의 마음이 모두 편안해져서 사람들이 스스로 싸울 것입니다." 소우는 황후의 아우이다. 우세기(虞世基) 또한 황제에게 상격(賞格)을 두텁게 할 것과 조서를 내려 요동정벌을 그치도록 권하니 황제가 이를 따랐다. (『資治通鑑』 182 隋紀 6 煬皇帝 中)

고구려   (대업 11년 8월) 양제가 안문(鴈門)에 이르러 돌궐에게 포위되었다. 소우가 나아가 꾀를 내어 말했다. " (…) 신이 몰래 수레를 만드는 사람들의 말을 들었는데, 곧 폐하께서 돌궐을 평정한 후에는 다시 요동의 일을 하시려는지 걱정하고 있었습니다. 사람들의 마음이 한결같지 않아 혹 패배에 이를 수도 있습니다. 청컨대 밝은 조서를 군중(軍中)에 내려 고려를 사면하고 돌궐만을 공격한다고 전하면 곧 백성들이 편안해 하며 사람들이 스스로 싸울 것입니다." 황제가 이를 따랐다. (『舊唐書』 63 列傳 13 蕭瑀)

고구려   (대업 11년 8월) 황제가 안문에 이르러 돌궐에게 포위되었다. 소우가 꾀를 내어 말했다. " (…) 또 무리들이 오히려 폐하께서 돌궐을 평정하면 곧 다시 요동을 정벌할 것이라고 여기고 있어 이 때문에 태만하고 싸움을 기꺼워하지 않습니다. 원컨대 고려를 사면하고 돌궐만 토벌한다는 조서를 내리시면 곧 사람들이 스스로 분투할 것입니다." 황제가 이를 따랐다. (『新唐書』 101 列傳 26 蕭瑀)

백제   가을 9월에 이누카미노키미미타스키(犬上君御田鍬)와 야타베노미야츠코(矢田部造)가 당나라에서 돌아왔다. 백제의 사신이 이누카미노키미(犬上君)를 따라 내조하였다. (『日本書紀』 22 推古紀)

고구려   겨울 10월 임술일(3)에 황제가 동도(東都)에 이르렀다. (…) 황제의 성품은 관직이나 상을 주는 일에 인색하였다. (…) 마침 이어서 고려정벌을 다시 논의하자 이일로 말미암아 장사들 가운데 분통해 하고 원망하지 않은 사람이 없었다. (『資治通鑑』 182 隋紀 6 煬皇帝 中)

신라   겨울 10월 지진이 일어났다. (『三國史記』 4 新羅本紀 4)
신라   겨울 10월 신라에 지진이 일어났다. (『三國史節要』 8)

백제   11월 기축일 초하루 경인일(2)에 백제 사신에게 향응을 베풀었다. (『日本書紀』 22 推古紀)

고구려   (11월) 계묘일(15)에 고려의 승려 혜자(慧慈)가 본국으로 돌아갔다. (『日本書紀』 22 推古紀)

고구려   공의 성은 양(楊)이고 이름은 온(溫)이다. 자는 공인(恭仁)이니 홍농(弘農) 화음(華陰) 사람이다. (…) (대업) 11년 요동도행군총관(遼東道行軍總管)에 제수되어 고려군 3만 명을 격파하고 은청광록대부(銀靑光祿大夫)에 제수되었다. 군대가 돌아와서는 하남도출척대사(河南道黜陟大使)에 제수되었다가 바로 양제를 따라 강도(江都)를 순행하였다. (「大唐故特進觀國公楊君墓誌」『新中國出土墓誌』陝西 壹下-25~ 26;『全唐文新編』 20-13784~13785」)

616(丙子/신라 진평왕 38 建福 33/고구려 영양왕 27/백제 무왕 17/隋 大業 12/倭 推古 24)
고구려   (5월) 얼마 후(…) 황제가 소위(蘇威)에게 고려를 정벌하는 일을 묻자, 소위는 천하에 도적이 많다는 것을 황제가 알기를 바라면서 대답하였다. "이번 전쟁에서는 바라건대 군사를 징발하지 않고 다만 여러 도적들을 사면하면 자연히 수십만명을 얻을 수 있으니, 그들을 보내어 동쪽을 정벌하십시오. 저들은 죄를 면제받은 것을 기뻐하며 다투어 공을 세우는 데 힘을 쓸 것이니, 고려를 멸망시킬 수 있을 것입니다." 황제가 기뻐하지 않았다. (『資治通鑑』 183 隋紀 7 煬皇帝 下)

고구려   이때 천하가 크게 혼란하였다. 소위는 황제가 바뀔 수 없다는 알고 이를 매우 근심하였다. (…) 후에 다시 요동정벌을 묻자 소위가 도둑들을 사면하고 그들을 고려로 보내 토벌할 것을 원하다고 대답하니 황제가 더욱 화를 내었다. (『隋書』 41 列傳 6 蘇威)

고구려   (왕세침이) 대업 11년 12월 25일 죽으니 나이 33세였다. 12년 병자년 7월 을묘일이 초하루인 30일 갑신일에 낙양 북망산(北邙山) 안천리(安川里)에 장사를 지내니 예에 알맞게 되었다. (「王世琛 墓誌銘」:『隋唐五代墓誌滙篇 洛陽』 1;『全隋文補遺』)

신라   가을 7월에 신라가 나말(奈末) 죽세사(竹世士)를 보내어 불상을 바쳤다. (『日本書紀』 22 推古紀)

신라 백제   겨울 10월 백제가 모산성(母山城)을 공격했다. (『三國史記』 4 新羅本紀 4)
백제 신라   겨울 10월 달솔(達率) 백기(苩奇)에게 병사 8천을 이끌고 신라의 모산성을 공격하도록 명령했다. (『三國史記』 27 百濟本紀 5)
백제 신라   겨울 10월 백제가 달솔 백기에게 8천을 거느리고 신라의 모산성을 공격하게 명령했다. (『三國史節要』 8)

백제   11월 왕도에 지진이 일어났다. (『三國史記』 27 百濟本紀 5)
백제   11월 백제 왕도에 지진이 일어났다. (『三國史節要』 8)

고구려   (12월) 처음 황제가 고려를 정벌하기를 꾀하면서 무기와 기계, 물자와 식량을 모두 탁군(涿郡)에 쌓아두었다. 탁군은 인물이 많고 둔병만 수만명이었다. (『資治通鑑』 183 隋紀 7 煬皇帝 下)

고구려 백제   정장(正藏)은 자가 위선(爲善)이다 더욱 학문을 좋아하고 글을 잘 지었다. (…) 대업 연간에 학업에 통달하여 수재를 천거하는 데 응하였다. 형제 3명이 모두 문장으로 한 번에 궁궐을 방문하니 논자들이 그들을 환영하였다. 비문과 송시(頌詩), 부(賦) 100여편을 지었고, 또 문장체식(文章體式)도 지었는데 후진들에게 큰 보물이 되었다. 당시 사람들이 문궤(文軌)라고 부르니 이에 해외의 고려와 백제에 이르기까지 모두 전하여 익히니 두가신서(杜家新書)라 일컬었다. (『隋書』 76 列傳 41 文學 杜正玄)

신라 백제   대업 이래 매년 조공을 보냈다. 신라 땅은 산이 많고 험하여 비록 백제와 더불어 사이가 좋지 않지만 백제 또한 신라를 도모하지 못한다. (『隋書』 81 列傳 46 東夷 新羅)
신라   대업 이래 매년 조공하였다. (『太平御覽』 781 四夷部 2 東夷 2 新羅)

617(丁丑/신라 진평왕 39 建福 34/고구려 영양왕 28/백제 무왕 18/隋 大業 13, 義寧 1/倭 推古 25)

고구려   (4월) 유문정(劉文靜)이 배적(裴寂)에게 다음과 같이 말했다. "먼저 시작하면 다른 사람을 통제하고, 뒤에 시작하면 다른 사람에게 통제를 받는데, 당공(唐公)에게 일찍이 군사를 일으키도록 권하지 않고 미루고 미적거리기를 그치지 않습니까. 또 공은 궁감(宮監)이 되어 궁인들이 빈객을 모시게 하였으니 공이 죽는 것은 당연한데, 어찌 당공을 잘못되게 만듭니까." 하였다. 배적이 매우 두려워하면서 여러번 이연(李淵)에게 군사를 일으킬 것을 재촉했다. 이연이 마침내 유문정으로 하여금 칙서를 거짓으로 만들어 태원(太原)·서하(西河)·안문(鴈門)·마읍(馬邑)의 백성 중 스무 살 이상, 쉰 살 이하의 사람들로 병사를 만들고 연말에 탁군에 모아서 고려를 칠 것을 기약하니 이로 말미암아 인심이 흉흉하고 반란을 생각하는 사람들이 더 많아졌다. (『資治通鑑』 183 隋紀 7 恭皇帝 上)

고구려 　유형(柳享)의 형의 아들은 석(奭)인데 석의 아버지는 곧 수나라 좌위기조(左衛騎曹)이다. 고려에 사자로 갔다가 죽었다. 석이 변경에 들어가 영구를 맞이하고 예법을 넘어서 슬프게 우니 오랑캐들이 매우 추모하였다. (『舊唐書』 77 列傳 27 柳享)

고구려 　석의 자는 자소(子邵)이다. 아버지가 수나라 대 고려에 사신으로 갔다가 죽으니 가서 영구를 맞이하여 슬픔을 다하여 말을 동동거리며 우니 오랑캐들이 추모하였다. (『新唐書』 112 列傳 37 柳奭)

고구려 　수 양제가 토욕혼(吐谷渾)을 좇아 서역(西域)으로 가는 길을 열었는데 돌궐을 불러들였고, 고려를 정벌하자 자신은 죽어 제사가 끊어졌으니 요즘 크게 귀감이 된다. (『通典』 171 州郡 1 州郡 序)

신라 　성사(聖師) 원효 (元曉)의 속성은 설(薛)씨이다. 할아버지는 잉피공(仍皮公)으로 또는 적대공(赤大公)이라고도 한다. 지금 적대연 (赤大淵) 옆에 잉피공의 사당이 있다. 아버지는 담내 (談㮈) 내말(乃末)이다. 처음에 압량군(押梁郡) 남쪽[지금의 장산군(章山郡)이다.] 불지촌 (佛地村) 북쪽의 율곡 (栗谷) 사라수(裟羅樹) 아래에서 태어났다. 마을 이름은 불지 (佛地)로 또는 발지촌 (發智村)이라고도 한다[속어로 불등을촌(弗等乙村)이라고 한다].
사라수에 관해서는 민간에 이런 이야기가 있다. 성사의 집은 본래 이 골짜기의 서남쪽에 있었는데, 어머니가 아이를 가져 만삭이 되어 마침 이 골짜기 밤나무 밑을 지나다가 갑자기 해산하고 창황하여 집으로 돌아가지 못하고, 우선 남편의 옷을 나무에 걸고 그 안에 누워 있었으므로 그 나무를 사라수라고 하였다. 그 나무의 열매도 보통 나무와는 달랐으므로 지금도 사라밤[裟羅栗]이라고 한다. 예부터 전하기를, 사라사의 주지가 절의 종 한 사람에게 하루 저녁의 끼니로 밤 두 개씩을 주었다. 종은 관가에 소송을 제기하였다. 이를 이상하게 생각한 관리가 밤을 가져다가 조사해보았더니 한 개가 바루 하나에 가득 찼다. 이에 도리어 한 개씩만 주라는 결정을 내렸다. 이 때문에 이름을 율곡 이라고 하였다.
성사는 출가하고 나서 그의 집을 희사하여 절을 삼아 이름을 초개(初開)라고 하고, 밤나무 옆에도 절을 지어 사라(裟羅)라고 하였다. 성사의 행장(行狀)에는 서울 사람이라고 했으나 [이것은] 할아버지를 따른 것이고, 당승전(唐僧傳)에서는 본래 하상주(下湘州)사람이라고 하였다. 살펴보면 다음과 같다. 인덕(麟德) 2년(665) 중에 문무왕(文武王)이 상주 (上州)와 하주(下州)의 땅을 나누어 삽량주(歃良州)를 두었는데, 하주는 곧 지금의 창녕군(昌寧郡)이고, 압량군은 본래 하주에 속한 현이다. 상주는 지금의 상주(尚州)로 혹은 상주(湘州)라고도 한다. 불지촌 은 지금의 자인현 (慈仁縣)에 속해 있으니, 곧 압량군에서 나뉜 곳이다.
성사가 나서 아명은 서당(誓幢)이고, 제명(第名)은 신당(新幢)[당(幢)이라는 것은 속어로 털이다.] 태어날 때부터 총명이 남달라 스승을 따라서 배우지 않았다. 그가 사방으로 다니며 수행한 시말(始末)과 널리 교화를 펼쳤던 크나큰 업적은 당전(唐傳)과 행장에 자세히 실려 있다. 여기서는 자세히 기록 할 수없고, 다만 향전(鄕傳)에 실린 한두 가지의 특이한 사적만을 쓴다. 성하는 일찍이 어느 날 상례에서 벗어나 거리에서 노래를 부르기를, "누가 자루빠진 도끼를 허락하려는가. 나는 하늘을 받칠 기둥을 다듬고자 한다."고 하였다. 사람들이 모두 그 뜻을 알지 못했는데, 이때 태종(太宗)이 그것을 듣고서 말하기를, "이 스님께서 아마도 귀부인을 얻어 훌륭한 아들을 낳고 싶어하는구나. 나라에 큰 현인이 있으면 그보다 더한 이로움이 없을 것이다"고 하였다.

그때 요석궁(瑤石宮)[지금의 학원(學院)이 그것이다.]에 홀로 사는 공주가 있었다. 궁중의 관리를 시켜 원효를 찾아서 맞아들이게 하였다. 궁중의 관리가 칙명을 받들어 그를 찾으려고 하는데, 벌써 남산(南山)에서 내려와 문천교(蚊川橋)[사천(沙川)이나 세간에서는 연천(年川) 또는 문천(蚊川)이라고 하고, 또 다리 이름을 유교(楡橋)라고 한다.]를 지나고 있어 만나게 되었다. 일부러 물에 떨어져 옷을 적시니 관리가 스님을 궁으로 인도하여 옷을 벗어 말리게 하였다. 이 때문에 [그곳에서] 묵게 되었다. 공주가 과연 태기가 있어 설총(薛聰)을 낳았다.

설총은 나면서부터 명민하여 경서와 역사서에 두루 통달하니 신라 10현(十賢) 중의 한 분이다. 우리말로써 중국과 외이의 각 지방 풍속과 물건이름에 통달하고 6경(六經) 문학을 훈해하였으니, 지금까지 우리나라에서 경학을 공부하는 이들이 전수하여 끊이지 않는다. 원효가 이미 실계(失戒)하여 설총을 낳은 이후로는 속인의 옷으로 바꾸어 입고 스스로 소성거사(小姓居士)라고 하였다.

우연히 광대들이 놀리는 큰 박을 얻었는데 그 모양이 괴이하였다. 그 모양대로 도구를 만들어 화엄경(華嚴經)의 일체무애인(無㝵人)은 한 길로 생사를 벗어난다는 문귀에서 따서 이름을 무애(無㝵)라고 하고 노래를 지어 세상에 퍼뜨렸다. 일찍이 이것을 가지고 천촌만락(千村萬落)에서 노래하고 춤추며 교화하고 음영하여 돌아오니 가난하고 무지몽매한 무리들까지도 모두 부처의 호를 알게 되었고, 모두 나무(南舞)를 칭하게 되었으니 원효 의 법화가 컸던 것이다. 그가 태어난 마을 이름을 불지 (佛地)라고 하고, 절 이름을 초개(初開)라고 하며, 스스로 원효라고 부른 것은 대개 부처를 처음으로 빛나게 하였다(初輝佛日)는 뜻이다. 원효도 방언이니 당시 사람들은 모두 향언(鄕言)으로 그를 첫새벽이라고 불렀다.

일찍이 분황사(芬皇寺)에 살면서 화엄소(華嚴疏)를 짓다가 제4십회향(十廻向)품에 이르자 마침내 붓을 놓았다. 또 일찍이 소송을 인해서 몸을 백 그루의 소나무로 나누었으므로 모두 위계(位階)를 초지(初地)라고 하였다. 또 해룡(海龍)의 권유에 따라 길에서 조서를 받아 삼매경소 (三昧經疏)를 지으면서 붓과 벼루를 소의 두 뿔 위에 놓아두었으므로 이를 각승(角乘)이라고 했는데, 또한 본각과 시각 두 각의 숨은 뜻을 나타낸 것이다. 대안(大安)법사가 배열하여 종이를 붙인 것임을 알고 화창한 것이다.

입적하자 설총이 유해를 부수어 진용(眞容)을 빚어 분황사에 봉안하고, 공경·사모하여 지극한 슬픔의 뜻을 표하였다. 설총이 그때 옆에서 예배를 하니 소상이 갑자기 돌아보았는데, 지금도 여전히 돌아본 채로 있다. 원효가 일찍이 살던 혈사(穴寺) 옆에 설총의 집터가 있다고 한다.

찬하여 말한다. 각승(角乘)은 비로소 삼매경을 열고 표주박 가지고 춤추며 온갖 거리 교화했네 달 밝은 요석궁에 봄잠 깊더니 문닫힌 분황사엔 돌아보는 모습만 허허롭구나 (『三國遺事』 4 義解 5 元曉不羈)

618(戊寅/신라 진평왕 40 建福 35/고구려 영양왕 29, 영류왕 1/백제 무왕 19/隋 義寧 2, 唐 武德 1/倭 推古 26)

고구려	(5월) 신미일(27) 돌궐(突厥) 시빌가한(始畢可汗)이 골돌록(骨咄祿) 특륵(特勒)을 보내오니 태극전(太極殿)에서 연회를 베풀었는데, 9부악(九部樂)을 연주하였다. (『資治通鑑』185 唐紀 1 高祖神堯大聖光孝皇帝 上之上)
고구려	연락(讌樂)은 무덕 초에 개작할 틈이 없을 때 매번 잔치 때마다 수나라의 옛 제도를 따라 9부악을 연주하였다. 하나는 연락(讌樂) 둘은 청상(淸商) 셋은 서량(西涼), 넷은 부남(扶南), 다섯은 고려 여섯은 구자(龜玆), 일곱은 안국(安國) 여덟은 소륵(疎勒) 아홉은 강국(康國)이다.(『通典』146 樂 6 坐立部伎)
고구려	무덕 초에 개작할 틈이 없을 때 매번 잔치 때마다 수나라의 옛 제도를 따라 9부악을 연주하였다. 하나는 연락(讌樂) 둘은 청상(淸商) 셋은 서량(西涼), 넷은 부남(扶南), 다섯은 고려 여섯은 구자(龜玆), 일곱은 안국(安國) 여덟은 소륵(疎勒) 아홉은 강국(康國)이다. (『唐會要』33 讌樂)
고구려	[통전(通典)에서 말했다.] 연락(讌樂)은 무덕 초에 수나라 옛 제도를 따라 9부악을 연주하였다. 하나는 연락(讌樂) 둘은 청상(淸商) 셋은 서량(西涼), 넷은 부남(扶南), 다섯은 고려 여섯은 구자(龜玆), 일곱은 안국(安國) 여덟은 소륵(疎勒) 아홉은 강국(康國)이다. (『玉海』105 淫樂 樂 3 唐九部樂 十部樂 十四國樂 二部樂)
고구려	가을 8월 계유(癸酉) 초하루날(1)에 고려가 사신을 보내어 방물을 바쳤다. 그리고 "수 양제가 30만의 군사를 일으켜 우리나라를 공격하다가 도리어 우리에게 격파되었습니다. 그러므로 포로인 정공(貞公)·보통(普通) 두 사람과 북·피리·쇠뇌·포석(抛石) 등 10종류의 물건과 토산물 및 낙타 1필을 바칩니다"라고 말하였다. (『日本書紀』22 推古紀)
고구려	가을 9월 왕이 돌아가셨다. 영양왕(嬰陽王)이라 이른다. (『三國史記』20 高句麗本紀 8)
고구려	영류왕(榮留王)은 이름이 건무[성(成)이라고도 부른다]이다. 영양왕의 배다른 아우이다. 영양왕이 재위 29년에 돌아가시자 즉위하였다. (『三國史記』20 高句麗本紀 8)
고구려	가을 9월 고구려왕 원(元)이 돌아가셨다. 영양왕이라 이른다. 배다른 아우 건무(建武)가 왕위에 올랐다. (『三國史節要』8)
고구려	제27 영류왕[이름은 성(成)이고 △△이다. 또 건세(建歲)라고도 한다. 무인년에 왕위에 올라 24년간 나라를 다스렸다.] (『三國遺事』1 王曆)
고구려	수나라 말 그 왕 고원이 죽었다. 배다른 동생 건무가 왕위를 이었다. 隋末 其王高元死 異母弟建武嗣 (『新唐書』220 列傳 145 東夷 高麗)
고구려	[고려전(高麗傳)에서 말했다.]본래 부여(扶餘)의 별종(別種)이다. 수나라 말에 그 왕 건무가 왕위를 이었다. (『玉海』194 兵捷 紀功 碑銘附)
신라 백제	북한산주(北漢山州) 군주(軍主) 변품(邊品)이 가잠성(椵岑城)을 되찾으려 군사를 일으켜 백제와 싸웠다. 해론(奚論)이 종군하여 적진에 나가 힘을 다하여 싸우다가 죽었는데, 해론은 찬덕(讚德)의 아들이다. (『三國史記』4 新羅本紀 4)
백제 신라	신라 장군 변품 등이 와서 가잠성을 공격하여 빼앗았는데 해론은 전사하였다. (『三國史記』27 百濟本紀 5)
신라 백제	건복(建福) 40년 무인에 왕이 해론을 금산(金山) 당주(幢主)에 임명하여 한산주(漢山州) 도독(都督) 변품(邊品)과 함께 군사를 일으켜 가잠성을 습격하여 그것을 빼앗았다. 백제에서 이를 듣고 군대를 일으켜 왔다. 해론 등이 백제군을 맞았고 군사들은

이미 서로 싸웠다. 해론이 여러 장수에게 말하기를, "전에 나의 아버지가 여기에서 숨을 거두셨다. 내가 지금 또한 여기에서 백제인과 더불어 싸우니, 오늘이 내가 죽을 날이다."라고 하였다. 드디어 짧은 칼을 가지고 적에게 나아가 몇 명을 죽이고 해론도 죽었다. 왕이 이 소식을 듣고 눈물을 흘리고 그의 가족을 돕기를 매우 후하게 하였다. 당시 사람들이 슬퍼하지 않는 자가 없었으며, 장가(長歌)를 지어 그를 조문했다. (『三國史記』47 列傳 7 奚論)

신라 백제   신라왕이 해론을 금산 당주로 임명하여 북한산주 도독 변품과 함께 군사를 일으켜 가잠성을 습격하여 빼앗았다. 백제가 이를 듣고 군대를 일으켜 왔다. 해론 등이 백제군을 맞았고 군사들은 이미 서로 싸웠다. 해론이 여러 장수에게 말하기를, "전에 나의 아버지가 여기에서 숨을 거두셨다. 내가 지금 또한 여기에서 백제인과 더불어 싸우니, 오늘이 내가 죽을 날이다."라고 하였다. 드디어 짧은 칼을 가지고 적에게 나아가 몇 명을 죽이고 해론도 죽었다. 왕이 이 소식을 듣고 눈물을 흘리고 그의 가족을 돕기를 매우 후하게 하였다. 당시 사람들이 슬퍼하지 않는 자가 없었으며, 장가(長歌)를 지어 그를 조문했다. (『三國史節要』8)

백제   수(隋) 말기에 내주자사(萊州刺史) 예선(祢善)이라는 사람이 있었는데, 대체로 후한(後漢) 평원처사(平原處士)의 후예이다. 하늘이 수의 국운을 싫어함을 알고 작은 뗏목을 타고 바다를 건너 도망가 마침내 백제국에 이르렀다. 왕이 그 말을 흡족히 여겨 옹립하여 승상(丞相)으로 삼으니, 나라 전체가 그의 말을 들었다. (「祢仁秀 墓誌銘」: 2012 礪史論叢濟14)

대방(고구려)   흰말에 황금 마구로 장식하고/요수 곁을 마음껏 다녔네/묻노라, 이가 누구 집안 아들인가/바로 숙위(宿衛) 우림랑(羽林郎)이라네/물소 뿔은 육속의 갑옷이고/보검은 칠성의 광채를 발하네/산이 비니 활소리 통하고/땅이 멀어 호각 소리 길게 들리네/완하(宛河)는 용맹과 기개를 미루고/농촉(隴蜀)은 위엄과 강함을 멋대로 부리네/윤대(輪臺)에서 오랑캐의 항복을 받았고/높은 대궐에서 이름난 왕의 목을 잘랐네/곰을 쏘아 나를 듯한 누관(樓觀)으로 들어가고/사냥하러 장양(長楊)으로 내려왔네/꽃다운 이름은 위청(衛靑)과 곽거병(霍去病)을 속이고/지모와 책략은 진평(陳平)과 장량(張良)을 업신여겼네/섬의 오랑캐가 때로 예를 잃어/풀옷으로 변방을 침범하니/병졸을 징집하여 계북(薊北)에 모으고/날랜 기병은 어양(漁陽)으로 나갔지/군사를 진격하여 햇무리 따랐고/전쟁을 도발하여 별빛을 쫓았네/진이 옮겨지니 용세(龍勢)가 움직이고/병영이 열리니 호익(虎翼)을 펼치네/머리카락이 관을 찌르며/팔뚝을 걷어붙이고 금성탕지를 넘었네/티끌 날리고 전장의 북소리 다급한데/바람이 교차되어 정벌의 깃발 펄럭이네/전환해 싸워 번화한 지역을 평정하고/미루어 달려 대방(帶方)을 쓸었네/본래 몸을 가지고 나라에 허여했는데/더구나 다시 무공이 빛남이랴/천년 뒤에 모인다면/명예를 전하여 기상(旂常)에 가득하리 (『文苑英華』209 詩 59 樂府 18 隋 煬帝 白馬)

619(己卯/신라 진평왕 41 建福 36/고구려 영류왕 2/백제 무왕 20/唐 武德 2/倭 推古 27)

고구려   봄 2월 사신을 당나라에 보내 조공했다. (『三國史記』20 高句麗本紀 8)
고구려   봄 2월 고구려왕이 사신을 당나라에 보내 조공했다. (『三國史節要』8)
고구려   무덕 2년 사신을 보내 조공했다. (『舊唐書』199上 列傳 149上 東夷 高麗)
고구려   (당서에서) 또 이르기를 무덕 2년 고려왕 건무가 사신을 보내어 입조하였다. (『太平御覽』783 四夷部 4 東夷 4 高句驪)
고구려   (당 고조 무덕 2년) 이해 고려왕 고건무가 사신을 보내 입조하였다. (『冊府元龜』

고구려	여름 4월 왕이 졸본(卒本)에 가서 시조묘(始祖廟)에 제사했다. (『三國史記』 20 高句麗本紀 8)
고구려	고기(古記)에 이르기를 (…) 신대왕 4년 가을 9월 졸본에 가서 시조묘에 제사했다. (…) 건무왕(建武王) 2년 여름 4월 위와 같이 행했다. (『三國史記』 32 雜志 1 祭祀)
고구려	여름 4월 고구려왕이 졸본에 가서 시조묘에 제사했다. (『三國史節要』 8)

| 고구려 | 5월 왕이 졸본에서 돌아왔다. (『三國史記』 20 高句麗本紀 8) |
| 고구려 | 5월 왕이 졸본에서 돌아왔다. (『三國史節要』 8) |

620(庚辰/신라 진평왕 42 建福 37/고구려 영류왕 3/백제 무왕 21/唐 武德 3/倭 推古 28)

요동(고구려) 화정(華亭)을 짝하던 학을 잃으니/승헌(乘軒)의 총애가 드디어 끝났네/삼산(三山)에 오르니 무덤에는 안개가 낀 것 같으니/천리에 슬픈 바람 부딪치네/마음은 백로 아래서 위태롭고/소리는 채색 현 가운데 끊어지네/이 물건이 바뀌는데 무슨 말을 하랴/번복됨이 요동과 비슷하네. (『文苑英華』 328 詩 178 禽獸 1 孔德紹 賦得華亭鶴 [見初學記])

621(辛巳/신라 진평왕 43 建福 38/고구려 영류왕 4/백제 무왕 22/唐 武德 4/倭 推古 29)

고구려 (봄 2월) 이 달에 가미츠미야(上宮) 태자(쇼토쿠(聖德) 태자)를 시나가(磯長)의 능에 장사지냈다. 이 때에 고려의 승려 혜자(慧慈)는 상궁태자가 죽었다는 말을 듣고 크게 슬퍼하며, 황태자를 위하여 승려들을 모아 재회(齋會)를 열었다. 그리고 몸소 경을 강하는 날에 서원하여, "일본국에 성인이 있어 가미츠미야노토요토미미(上宮豐聰耳) 황자라 하였다. 진실로 하늘이 낸 분으로, 성인의 덕을 지니고 일본이라는 나라에 태어나셨다. 하 우왕·은 탕왕·주 문왕의 덕(三統)을 두루 갖추고 옛 성인의 큰 계획을 이었으며, 불·법·승 삼보를 공경하고 백성의 재난을 구원하셨으니, 그는 진실로 대성인이셨다. 지금 태자께서는 이미 돌아가셨다. 나는 비록 나라는 다르지만 마음은 똑같아 쇠라도 끊을 수 있는 정도이다. 혼자 사는 것이 무슨 이득이 있겠는가. 나는 내년 2월 5일에 반드시 죽어서, 가미츠미야 태자를 정토에서 만나 함께 중생을 교화할 것이다"라고 말하였다. 그리고 혜자는 기약한 날이 되어 죽었다. 이로 말미암아 당시 양국의 사람들은, "가미츠미야 태자만 성인인 것이 아니라 혜자 또한 성인이었다"라고 말하였다. (『日本書紀』 22 推古紀)

고구려	(7월) 을축일(10)에 고구려왕 건무(建武)가 사신을 보내어 공물을 들여왔다. 건무는 고원(高元)의 아우이다. (『資治通鑑』 185 唐紀 1 高祖神堯大聖光孝皇帝 上之上)
고구려	[통감(通監)에서 말했다.] 무덕 초[4년 7월 을축일(10)]에 고구려왕 건무(建武)가 사신을 보내어 공물을 들여왔다. (『玉海』 153 朝貢 外夷來朝 內附)
고구려	([고려전(高麗傳)에서 말했다.]) 무덕 초에 다시 사신을 보내어 입조하였다. 고조가 조서를 내려 우호를 닦았다. (『玉海』 194 兵捷 紀功 碑銘附)
고구려	가을 7월 사신을 당나라에 보내 조공했다. (『三國史記』 20 高句麗本紀 8)
고구려	고구려왕이 사신을 당나라에 보내 조공했다. (『三國史節要』 8)
고구려	(무덕) 4년 또 사신을 보내 조공했다. 고조가 수나라 말에 전사들이 그 땅에 많이 묻혀 있는 것을 안타까워 했다. (『舊唐書』 199上 列傳 149上 東夷 高麗)
고구려 낙랑 조선 예맥 옥저	대당 무덕 4년 사신을 보내 조공하였다. 그 나라의 관등은 9개이다. 그 첫번째는 토

졸(吐捽)이라고 하는데, 옛날 이름은 대대로(大對盧)로 국사를 총괄한다. 그 다음은 태대형(太大兄)이고, 그 다음은 울절(鬱折)인데, 중국어로 주부(主簿)를 이른다. 다음은 태대부사자(太大夫使者)이며 다음은 조의두대형(皂衣頭大兄)이다. 동이들이 서로 전하기를 이른바 조의선인(皂衣先人)이라는 것이다. 이상 5개의 관등이 중요한 정무를 담당하고, 정사와 군사의 징발을 논의하며 관작(官爵)을 선발해 수여한다. 그 다음은 차례대로 대사자(大使者), 대형(大兄), 수위사자(收位使者), 상위사자(上位使者), 소형(小兄), 제형(諸兄), 과절(過節), 불과절(不過節), 선인(先人)이다. 또 상고추가(狀古雛加)가 있다. 빈객을 관장하는 것으로 홍려경(鴻臚卿)에 비견되는데 대사자로서 이를 삼는다. 또 국자박사(國子博士)·태학박사(太學博士)·사인(舍人)·통사(通事)·전서객(典書客)이 있는데 모두 소형으로 이를 담당하게 한다. 또한 여러 대성(大城)에는 녹살(傉薩)을 두는데 도독(都督)에 비견된다. 여러 성에는 처려근지(處閭近支)를 두는데 자사(刺史)에 비견되고 또한 도사(道使)라고도 한다. 무관(武官)은 대모달(大模達)이라고 하는데, 위장군(衛將軍)에 해당하며, 조의두대형 이상으로 삼는다. 다음은 말객(末客)인데 중랑장(中郞將)에 해당하며, 대형 이상으로 삼는다. 그 다음은 천명 이하를 거느리며 각기 차등이 있다. 그 나라에는 5부(五部)가 있는데, 모두 귀인의 족속이다. 하나는 내부(內部)라 하니 곧 후한 때의 계루부(桂婁部)이다. 둘은 북부(北部)로 곧 절노부(絶奴部)이며, 셋은 동부(東部)로 곧 순노부(順奴部)이며, 넷은 남부(南部)로 곧 관노부(灌奴部)이며, 다섯은 서부(西部)로 곧 소노부(消奴部)이다. 갈석산(碣石山)은 한나라 낙랑군 수성현(遂成縣)에 있는데, 장성이 이 산에서 시작된다. 지금 장성은 동으로 요수(遼水)에서 끊어져 고려로 들어가니 그 유지가 아직 남아 있다. 또 평양성 동북에 노양산(魯陽山)이 있는데 노성(魯城)이 그 위에 있다. 서남쪽 20리에 위산(葦山)이 있는데 남쪽으로 패수(浿水)에 닿아 있다. 그 나라의 대요수(大遼水)는 근원은 말갈국 서남산이고 남쪽으로 안시성에 이른다. 소요수(小遼水)는 근원이 요산(遼山)에서 나와, 서남쪽으로 흘러 대량수(大梁水)와 만난다. 대양수수는 나라 서쪽에 있는데 새외(塞外)를 나와 서쪽으로 흘러 소유수(小遼水)로 들어간다. 마자수(馬訾水)는 일명 압록수(鴨綠水)인데, 동북쪽 말갈의 백산에서 나온다. 물빛이 오리 머리와 비슷하여 세속에서 이를 따 이름 하였다. 요동 5백리를 지나 국내성 남쪽을 경유하여 또 서쪽으로 강 하나와 합해지니 곧 염난수(鹽難水)이다. 두 강이 합하여 서남쪽으로 흘러 안평성(安平城)에 이르러 바다로 들어간다. 고려에서는 이 강이 가장 큰데, 물결이 맑고 지나는 곳 나루마다 큰 배가 모여 있다. 고구려인들은 이 강을 빗대어 천참(天塹; 하늘의 해자)이라 하는데, 강 너비가 300보이며 평양성 서북쪽 450리에 있다. 요수는 동남쪽 4백리에 있다. 한나라 낙랑 현도군의 땅으로 후한 및 위나라 때부터 공손씨가 점거하였고, 공손연이 멸망하고 서진(西晉) 영가(永嘉) 이후 다시 고려에 점령되었다. 불내(不耐)·둔유(屯有)·대방(帶方)·안시(安市)·평곽(平郭)·안평(安平)·거취(居就)·문성(文城)은 모두 한나라 2군의 현(縣)이니, 곧 조선(朝鮮)·예맥(濊貊)·옥저(沃沮)의 땅이다. (『通典』 186 邊防 2 東夷 下 高句麗)

고구려	딩 무덕 4년 시신을 보내 조공이였다. (『太平寰宇記』 173 四夷 2 東夷 2 高句驪國)
고구려	(당서에서 또 말하기를) (무덕) 4년 또 사신을 보내어 조공했다. 고조가 수나라 말에 전사들이 그 땅에 많이 잡혀 있는 것을 안타까워 했다. (『太平御覽』 783 四夷部 4 東夷 4 高句驪)
고구려	[전(傳)에서 말했다.] 무덕 초에 그 왕 고건무가 다시 사신을 보내어 입조하였다. (『玉海』 153 朝貢 外夷來朝 內附)
신라	가을 7월 왕이 대당에 사신을 보내어 조공하고 방물을 바쳤다. 고조가 직접 사신을

	위로하고 통직산기상시(通直散騎常侍) 유문소(庾文素)를 보내어 예방하고, 조서와 그림 병풍 및 채색 비단 3백단을 주었다. (『三國史記』 4 新羅本紀 4)
신라	을 7월 신라왕이 대당에 사신을 보내어 조공하고 방물을 바쳤다. 고조가 직접 사신을 위로하고 통직산기상시(通直散騎常侍) 유문소(庾文素)를 보내어 예방하고, 조서와 그림 병풍 및 채색 비단 3백단을 주었다. (『三國史節要』 8)
신라	무덕 4년 왕 진평이 사신을 보내어 입조하였다. 고조가 통직산기시랑(通直散騎侍郞) 유문소(庾文素)에게 조서를 내려 부절(符節)을 갖고 가서 답을 전하게 하였다. (『新唐書』 220 列傳 145 東夷 新羅)
신라	당 무덕 4년 낙랑군왕(樂浪郡王)에 봉했다. (『五代會要』 13 新羅)
신라	『당서』에서 이르길, "신라왕이 거주하는 곳은 금성(金城)이라고 하는데 주위가 7~8리이며 위병(衛兵) 3,000명으로 사자대(師子隊)를 설치하였다. 문무관리들은 무릇 17관등이 있다. 무덕 4년 그 왕 김진평(金眞平)이 사신을 보내어 조공하였다. 고조가 사신을 보내어 새서(璽書)와 그림 병풍, 채색 비단을 내려주었다. 이로부터 조공이 끊이지 않았다. (…) " (『太平御覽』 781 四夷部 2 東夷 2 新羅)
신라	[전(傳)에서 말했다.] 처음 무덕 4년 왕 진평이 사신을 보내어 입조하였는데, 고조가 유문소에게 조서를 내려 부절을 갖고 가서 노고에 답하도록 하였다. (『玉海』 153 朝貢 外夷來朝 內附)
신라 변한	당나라 계림도행군대총관(唐鷄林道行軍大摠管)이 신라를 패배시키다. (…) [신라전(新羅傳)에서 말했다.] 신라는 변한(弁韓)의 후예이다. 무덕 4년 왕 진평이 사신을 보내어 조공하였다. (『玉海』 191 兵捷 兵捷 露布 3)
백제	겨울 10월 사신을 당나라에 보내 과하마(果下馬)를 바쳤다. (『三國史記』 27 百濟本紀 5)
백제	겨울 10월 사신을 당나라에 보내 과하마를 바쳤다. (『三國史節要』 8)
백제 신라 고구려	(당 고조 무덕 4년) 10월 백제가 사신을 보내 과하마를 바쳤다. 이달 신라국과 구려(句麗) 및 서역 22개국이 더불어 사신을 보내어 조공했다. (『冊府元龜』 970 外臣部 15 朝貢 3)
백제	무덕 4년 그 왕 부여장(扶餘璋)이 사신을 보내어 과하마를 바쳤다. (『舊唐書』 199上 列傳 149上 東夷 百濟)
백제	무덕 4년 왕 부여장이 비로서 사신을 보내어 과하마를 바쳤다. 이로부터 자주 조공했다. 고조가 대방군왕(帶方郡王)·백제왕(百濟王)으로 책봉했다. (『新唐書』 220 列傳 145 東夷 百濟)
백제 신라	당 무덕 4년 그 왕 부여장이 사신을 보내어 과하마를 바쳤다. 신라와 더불어 대대로 원수사이이다. (『太平寰宇記』 172 四夷 1 東夷 1 百濟國)
백제	(당서에서) 또 말하기를, 무덕 4년 백제왕 부여장이 사신을 보내어 과하마를 바쳤다고 한다. (『太平御覽』 781 四夷部 2 東夷 2 百濟)
백제	[백제전(百濟傳)에서 말했다.] 무덕 4년 과하마를 바쳤다. (『玉海』 151 兵制 劍戰 鎧甲)
백제	당나라 때 백제가 명광개를 바치다 [동이전(東夷傳)에서 말했다.] 백제는 부여의 별종이다.[동명(東明)의 후예가 대방의 옛 땅에 나라를 세웠다. 8성(八姓)이 있으며, 원가력(元嘉曆)을 쓴다. 세 개의 섬이 있는데, 황맥(黃麥)이 난다.] 무덕 4년 왕 부여장이 사신을 보내어 과하마를 바쳤다. 이때부터 자주 조공했다. 고조가 대방군왕·백제왕으로 책봉했다. (『玉海』 154 朝貢 獻方物)
백제	당나라 신구도행군대총관(神丘道行軍大摠管) 소정방(蘇定方)이 백제를 포로로 잡았

다. [동이전(東夷傳)에서 말했다.] 백제는 부여의 별종이다. 바다 남쪽에 있다. 서울에서 6천리 이상 떨어져 있다. 무덕 4년 그 왕 부여장이 사신을 보내어 과하마를 바쳤다. 이때부터 조공했다. 고조가 대방군왕으로 책봉했다. (『玉海』191 兵捷 兵捷 露布 3)

신라   영객부(領客府)는 본래 이름이 왜전(倭典)이다. 진평왕 43년 고쳐서 영객전(領客典)이라고 했다.[나중에 다시 왜전을 따로 두었다.] (『三國史記』38 雜志 7 職官 上)

신라   신라가 왜전을 영객전으로 고쳤다. (『三國史節要』8)

신라   설(薛[어느 책에는 살(薩)로 썼다.])계두(罽頭)도 신라 귀족 가문의 자제였다. 일찍이 벗 네 명과 함께 모여 술을 마시면서 각자 자기의 뜻을 말하였다. 설계두가 말하기를, "신라에서는 사람을 등용하는데 골품(骨品)을 따진다. 그래서 진실로 그 족속이 아니면, 비록 큰 재주와 뛰어난 공이 있더라도 넘을 수가 없다. 나는 원컨대, 서쪽 중국(中華國)으로 가서 세상에서 보기 드문 지략을 떨쳐서 특별한 공을 세워 스스로 영광스러운 관직에 올라 고관대작의 옷을 갖추어 입고 칼을 차고서 천자의 곁에 출입하면 만족하겠다."고 하였다. 무덕 사년 신사년에 몰래 바다 배들 따라 당나라로 들어갔다. (『三國史記』47 列傳 7 薛罽頭)

신라   신라 설계두가 일찍이 벗들과 함께 그 뜻을 말하였다. "나라에서는 사람을 등용하는데 골품을 따진다. 진실로 그 족속이 아니면 비롯 큰 재주와 뛰어난 공이 있어도 능히 스스로 떨치지 못한다. 나는 원컨대 서쪽으로 중화에 가서 세상에서 보기 드문 지략을 펼쳐 특별한 공을 세워 스스로 영광스러운 공을 세워 스스로 영광스러운 관직에 올라 고관대작의 옷을 갖추어 입고 칼을 차고서 천자의 곁에 출입하면 만족하겠다."고 하였다. 이 때에 이르러 바다 배를 타고 당나라에 들어갔다. (『三國史節要』8)

신라   이 해에 신라가 나말(奈末) 이미매(伊彌買)를 보내어 조공하고, 표(表)로써 사행(使行)의 뜻을 아뢰었다. 무릇 신라가 표를 올리는 것은 대개 이 때부터 시작된 일인 듯하다. (『日本書紀』22 推古紀)

622(壬午/신라 진평왕 44 建福 39/고구려 영류왕 5/백제 무왕 23/唐 武德 5/倭 推古 30)

신라   봄 정월 왕이 황룡사(皇龍寺)에 몸소 거둥하였다. (『三國史記』4 新羅本紀 4)

신라   봄 정월 신라왕이 황룡사에 몸소 거둥하였다. (『三國史節要』8)

신라   2월 이찬(伊湌) 용수(龍樹)를 내성사신(內省私臣)으로 삼았다. 처음 왕 7년에 대궁(大宮)·양궁(梁宮)·사량궁(沙梁宮) 세 곳에 각기 사신(私臣)을 두었는데, 이 때에 이르러 내성사신 한 명을 두어 세 궁의 일을 겸하여 관장하게 했다. (『三國史記』4 新羅本紀 4)

신라   2월 신라가 이찬 용수를 내성사신으로 임명했다 처음 왕이 즉위했을 때 대궁·양궁·사량궁 세 곳에 각기 사신을 두었는데 이 때에 이르러 내성사신 1명을 두고 삼궁의 일을 겸하여 관장하게 했다. 관등은 금하부터 태대각간까지로 하였다. 사람을 선발하여 임명했다. (『三國史節要』8)

신라   내성(內省) (…) 사신(私臣)은 1명이다. 진평왕 7년 3궁에 각기 사신을 두었는데, 대궁은 화문(和文) 대아찬(大阿湌), 양궁은 수힐부(首肹夫) 아찬(阿湌), 사량궁은 노지(弩知) 이찬(伊湌)이었다. 44년에 이르러 1 명으로 삼궁의 일을 겸하여 관장하게 했다. 관등은 금하(衿荷)부터 태대각간(太大角干)까지로 하였다. 마땅한 인물이 있으면

바로 임명하고 연한 또한 없었다. (『三國史記』 39 雜志 8 職官 中)

고구려   (12월 을축일(18)) 황제가 수나라 말 군인 중 대부분이 고려에 몰입되어 이 해에 고려왕 건무에게 편지를 내려주고 모두 보내 돌아오게 하였다. 또한 주현(州縣)으로 하여금 중국에 있는 고려 사람들을 찾아 그 나라로 돌려보내게 하였다. 건무가 조서를 받들어 중국백성들 가운데 앞뒤로 돌려 보낸 사람이 1만 명을 헤아렸다. (『資治通鑑』 190 唐紀 6 高祖神堯大聖光孝皇帝 中之下)

고구려   사신을 당(唐)에 보내 조공하였다. 당나라 고조가 수나라 말에 전사들이 우리 편에 많이 잡혀 있는 것을 알고 왕에게 조서를 내려 다음과 같이 말했다. "짐은 삼가 하늘의 명을 받들어 온 땅에 군림하고, 3령(靈)에 공경하고 순종하며, 만국(萬國)을 회유하고 넓은 하늘 아래에 정을 고르게 어루만지어 해와 달이 비치는 곳은 모두 평안하게 하였다. 왕이 요수(遼水)의 좌측을 다스리며 번복(藩服)으로 대대로 내려오며 살면서 정삭(正朔)을 받들고, 멀리서 공물을 바치려고 사신을 보내 산천을 넘어 정성을 나타냈으니 짐이 매우 아름답게 여긴다. 이제 천지 사방이 평안하고 사해(四海)가 맑고 평온하며, 옥백(玉帛)이 통하고 도로가 막힘이 없으니, 바야흐로 화목함을 펴서 오랫동안 찾아가 안부를 묻는 교분을 두텁게 하고 각기 강역을 지키면 어찌 성대하고 아름답지 않겠는가. 단지 수나라 말년에 전쟁이 연이어져 어려움이 얽히고 공격하고 싸운 장소에서 각기 그 백성을 잃어버려 마침내 골육이 떨어져 가정이 나뉘고 여러 해가 지나도록 홀어미와 홀아비의 억울함을 풀어주지 못하였다. 지금 두 나라가 화통하여 의(義)가 막히거나 다른 것이 없으므로 여기에 있는 모든 고구려 사람들을 모아서 곧 보내려고 한다. 그곳에 있는 모든 우리 나라 사람들을 왕이 본집으로 돌아가게 하여 편안히 기르는 방도를 힘써 다하고, 어질고 용서하는 도(道)를 함께 넓혀야 할 것이다." 이에 화인(華人)을 찾아 모아서 보냈는데 숫자가 만여 명에 이르렀다. 고조가 크게 기뻐하였다. (『三國史記』 20 高句麗本紀 8)

고구려   고구려가 사신을 당나라에 보내 조공했다. 황제가 수나라 말에 전사들이 우리 편에 많이 잡혀 있는 것을 알고 왕에게 조서를 내려 다음과 같이 말했다. "짐은 삼가 하늘의 명을 받들어 온 땅에 군림하고, 3령(靈)에 공경하고 순종하며, 만국(萬國)을 회유하고 넓은 하늘 아래에 정을 고르게 어루만지어 해와 달이 비치는 곳은 모두 평안하게 하였다. 왕이 요수(遼水)의 좌측을 다스리며 번복(藩服)으로 대대로 내려오며 살면서 정삭(正朔)을 받들고, 멀리서 공물을 바치려고 사신을 보내 산천을 넘어 정성을 나타냈으니 짐이 매우 아름답게 여긴다. 이제 천지 사방이 평안하고 사해(四海)가 맑고 평온하며, 옥백(玉帛)이 통하고 도로가 막힘이 없으니, 바야흐로 화목함을 펴서 오랫동안 찾아가 안부를 묻는 교분을 두텁게 하고 각기 강역을 지키면 어찌 성대하고 아름답지 않겠는가. 단지 수나라 말년에 전쟁이 연이어져 어려움이 얽히고 공격하고 싸운 장소에서 각기 그 백성을 잃어버려 마침내 골육이 떨어져 가정이 나뉘고 여러 해가 지나도록 홀어미와 홀아비의 억울함을 풀어주지 못하였다. 지금 두 나라가 화통하여 의(義)가 막히거나 다른 것이 없으므로 여기에 있는 모든 고구려 사람들을 모아서 곧 보내려고 한다. 그곳에 있는 모든 우리 나라 사람들을 왕이 본집으로 돌아가게 하여 편안히 기르는 방도를 힘써 다하고, 어질고 용서하는 도(道)를 함께 넓혀야 할 것이다." 이에 화인(華人)을 찾아 모아서 보냈는데 숫자가 만여 명에 이르렀다. 고조가 크게 기뻐하였다. (『三國史節要』 8)

고구려   (무덕) 5년 건무에게 조서를 내려 다음과 같이 말했다. "짐은 삼가 하늘의 명을 받들어 온 땅에 군림하고, 3령(靈)에 공경하고 순종하며, 만국(萬國)을 회유하고 넓은 하늘 아래에 정을 고르게 어루만지어 해와 달이 비치는 곳은 모두 평안하게 하였다. 왕이 요수(遼水)의 좌측을 다스리며 번복(藩服)으로 대대로 내려오며 살면서 정삭(正

朔)을 받들고, 멀리서 공물을 바치려고 사신을 보내 산천을 넘어 정성을 나타냈으니 짐이 매우 아름답게 여긴다. 이제 천지 사방이 평안하고 사해(四海)가 맑고 평온하며, 옥백(玉帛)이 통하고 도로가 막힘이 없으니, 바야흐로 화목함을 펴서 오랫동안 찾아가 안부를 묻는 교분을 두텁게 하고 각기 강역을 지키면 어찌 성대하고 아름답지 않겠는가. 단지 수나라 말년에 전쟁이 연이어져 어려움이 얽히고 공격하고 싸운 장소에서 각기 그 백성을 잃어버려 마침내 골육이 떨어져 가정이 나뉘고 여러 해가 지나도록 홀어미와 홀아비의 억울함을 풀어주지 못하였다. 지금 두 나라가 화통하여 의(義)가 막히거나 다른 것이 없으므로 여기에 있는 모든 고려 사람들을 모아서 곧 보내려고 한다. 그곳에 있는 모든 우리 나라 사람들을 왕이 본집으로 돌아가게 하여 편안히 기르는 방도를 힘써 다하고, 어질고 용서하는 도(道)를 함께 넓혀야 할 것이다." 이에 화인(華人)을 찾아 모아서 보냈는데 숫자가 만여 명에 이르렀다. 고조가 크게 기뻐하였다. (『舊唐書』 199上 列傳 149上 東夷 高麗)

고구려	(당서에) (또 이르기를) (무덕) 5년 건무에게 조서를 내려 이르기를, "여기에 있는 모든 고구려 사람들을 모아서 곧 보내려고 한다. 그곳에 있는 모든 우리 나라 사람들을 왕이 본집으로 돌아가게 하여 편안히 기르는 방도를 힘써 다하고, 어질고 용서하는 도(道)를 함께 넓혀야 할 것이다." 이에 화인(華人)을 찾아 모아서 보냈는데 숫자가 만여 명에 이르렀다. 고조가 매우 기뻐했다. (『太平御覽』 783 四夷部 4 東夷 4 高句驪)
고구려	(당 고조 무덕 5년) 이 해 돌궐(突厥) 힐리가한(頡利可汗)과 고려가 더불어 사신을 파견하고 조공했다. (『冊府元龜』 970 外臣部 15 朝貢 3)
고구려	무덕 초에 (고려가) 다시 사신을 보내어 조공했다. 고조가 조서를 내려 우호를 닦고 중국에 있는 고려인을 호송할 것을 약속했다. 이에 건무가 (중국인으로서) 망명한 이들을 모두 찾아 해당 관서에 돌려보냈는데 만여 명이었다. (『新唐書』 220 列傳 145 東夷 高麗)
고구려	[전에서 말했다.] 무덕 초에 건무가 다시 사신을 보내어 입조하였다. 고조가 조서를 내려 우호를 닦았다. (『玉海 188 兵捷 檄書 下)

623(癸未/신라 진평왕 45 建福 40/고구려 영류왕 6/백제 무왕 24/唐 武德 6/倭 推古 31)

신라	봄 정월 병부(兵部) 대감(大監) 2명을 두었다. (『三國史記』 4 新羅本紀 4)
신라	봄 정월 신라가 병부 대감 2명을 두었다. (『三國史節要』 8)
신라	병부 (…) 대감은 2명이다. 진평왕 45년 처음 두었다. (『三國史記』 38 雜志 7 職官 上)

신라 가야	가을 7월에 신라가 대사(大使) 나말(奈末) 지세이(智洗爾)를, 임나가 달솔(達率) 내말지(奈末智)를 보내어 함께 내조하였다. 불상 1구 및 금탑과 사리, 또한 큰 관정번(觀頂幡) 1구와 작은 번(幡) 12조를 바쳤다. 이에 불상은 가도노(葛野)의 우츠마사데라(秦寺)에 두고, 그 나머지 사리와 금탑, 관정번 등은 모두 시텐노지(四天王寺)에 들었다. 이 때 딩에서 학문을 닦던 승려인 에시이(惠齋) 에고(惠光) 및 의(醫) 에니치(惠日)·후쿠인(福因) 등이 모두 지세이 등을 따라 돌아왔는데, 에니치 등은, "당나라에 머물며 공부하고 있는 사람들은 모두 학업을 달성하였으므로 불러들여야 할 것입니다. 또 저 당나라는 법식이 두루 정비된 보기 드문 나라입니다. 모름지기 항상 왕래하여야 합니다."라고 함께 아뢰었다. (『日本書紀』 22 推古紀)

백제 신라	가을 군대를 보내어 신라 늑노현(勒弩縣)을 침공했다. (『三國史記』 27 百濟本紀 5)
백제 신라	가을 백제가 신라 늑노현을 침공했다. (『三國史節要』 8)

신라 백제	백제가 늑노현을 기습했다. (『三國史記』 4 新羅本紀 4)

신라	겨울 10월 사신을 대당에 보내어 조공했다. (『三國史記』 4 新羅本紀 4)
신라	겨울 10월 사신을 당나라에 보내어 조공했다. (『三國史節要』 8)
신라	(당 고조 무덕 6년) 10월 신라가 (…) 더불어 사신을 보내어 조공했다. (『冊府元龜』 970 外臣部 15 朝貢 3)

신라 가야　겨울 11월에 이와카네(磐金)·구라지(倉下) 등이 신라에서 귀국하였다. 이 때 대신이 그 상황을 물으니, "신라는 명령을 받들고는 놀라고 두려워하며 나란히 사자를 파견하여 두 나라의 조(調)를 바치려고 하였습니다. 그러나 군사를 실은 배가 다다른 것을 보고 조공사신은 다시 돌아가 버렸으므로 다만 조만을 올리게 되었습니다"라고 대답하였다. 이에 대신은 "후회스럽구나, 너무 빨리 군대를 파견한 것이"라고 말하였다. 그 때 사람들은 "이번에 군사를 일으킨 일은 사카이베노오미(境部臣)와 아즈미노무라지(阿曇連)가 일찍이 신라의 뇌물을 받았던 까닭에, 대신에게 권한 것이다. 이 때문에 사자의 뜻을 미처 기다리지도 않고 서둘러 정벌한 것이다"라고 말하였다. 처음에 이와카네 등이 신라로 건너가던 날 항구에 도착할 즈음에 장식한 배 한 척이 바닷가에서 맞이하였다. 이와카네가 "이 배는 어느 나라의 영접선인가"하고 물으니, "신라의 배이다"라고 대답하였다. 이와카네가 또 "어찌하여 임나의 영접선은 없는가"라고 물으니, 곧바로 임나를 위하여 배 한 척을 더하였다. 신라가 영접선을 2척으로 하는 것은 이 때부터 시작된 일인 듯하다. (『日本書紀』 22 推古紀)

고구려	겨울 12월 사신을 당나라에 보내 조공했다. (『三國史記』 20 高句麗本紀 8)
고구려	12월 고구려가 사신을 당나라에 보내 조공했다. (『三國史節要』 8)
고구려	(당 고조 무덕 6년) 12월 백간(白簡)·백구(白狗)·강(羌)·고려(高麗)·돌궐(突厥)·토욕혼(吐谷渾)이 더불어 사신을 보내 조공했다. (『冊府元龜』 970 外臣部 15 朝貢 3)

신라 가야 백제

이 해에 신라가 임나를 공격하여 임나가 신라에 복속되었다. 이에 천황은 장차 신라를 치고자 대신들에게 묻고 여러 경들과 의논하였다. 다나카노오미(田中臣)가 대답하기를, "서둘러 치는 것은 좋지 않습니다. 먼저 상황을 살펴서 신라의 반역을 알아본 뒤에 공격하여도 늦지 않을 것입니다. 청컨대 시험삼아 사자를 보내어 그 사정을 엿보게 하십시오"라고 하였다. 나카토미노무라지쿠니(中臣連國)가 말하기를, "임나는 원래 우리나라의 내관가(內官家)였는데 오늘날 신라인이 그것을 쳐서 소유하였습니다. 청컨대 군대를 정비하여 신라를 정벌하고 임나를 취하여 백제에 부속시키십시오. 신라에 소속되어 있는 것보다 이익이 아니겠습니까"라고 하였다. 다나카노오미가 말하기를, "그렇지 않습니다. 백제는 배반함이 많은 나라로 길가는 잠깐 사이에도 오히려 속임수를 씁니다. 무릇 그가 청한 바는 다 잘못된 것이므로 백제에 부속시켜서는 안됩니다"라고 하였다. 그래서 결국 정벌하지 않게 되었다. 그리고 키시노이와카네(吉士磐金)를 신라에 보내고 키시노쿠라지(吉士倉下)를 임나에 보내어 임나의 일을 묻게 하였다. 이 때 신라의 국왕이 8명의 마에츠키미(大夫)를 파견하여 신라국의 일을 이와카네(磐金)에게 아뢰고 또한 임나국의 사정을 창하게 아뢰었다. 그리고 "임나는 작은 나라이지만 천황의 부용국이다. 어찌 신라가 함부로 그것을 영유하겠는가. 평상시대로 내관가(內官家)로 정할 것이니 원컨대 걱정하지 말라"라고 약속하고, 나말 지세지(智洗遲)를 키시노이와카네에게 딸려 보내고, 또한 임나인 달솔 나말지(奈末遲)를 키시노쿠라지에게 딸려 보내어 두 나라의 조(調)를 바쳤다. 그러나 이와카네 등이 아직 돌아가지 않았는데, 그 해에 대덕(大德) 사카이베노오미오마로(境部臣雄摩侶)·소덕(小德) 나카토미노무라지쿠니(中臣連國)을 대장군으로 하고, 소덕(小德) 가와베노오미네즈(河邊臣禰受)·소덕 모노노베노요사미노무라지오토(物部依網連乙等)·소덕 하타노오미히로니와(波多臣廣庭)·소덕 아우미노아나무노오미이후타(近江脚身臣飯蓋)·소덕 헤구리노오미우시(平群臣宇志)·소덕 오토모노무라지(大伴連)[이름은 빠졌다.]·소덕 오야케노오미이쿠사(大宅臣軍)를 부장군으로 하여, 수만의 군대를 거느리고 신라를 정벌하게 하였다. 그 때 이와카네 등은 모두 항구에 모여서 배를 띄우려 바람과 파도를 살피고 있었는데, 바로 이 때에 군대를 실은 배가 바다를 가득 채우며 수없이 들어오고 있었다. 두 나라의 사인(使人)은 멀리서 그것을 바라보고 깜짝 놀라 돌아가 머무르며, 대신에 감지(堪遲) 대사(大舍)를 임나의 조공 사신으로 삼아 바치게 하였다. 이 때에 이와카네 등은, "이렇게 군대를 일으키는 것은 이전의 약속에 어긋나는 것이다. 이 때문에 임나의 일은 이번에도 성공할 수 없게 되었다"라 서로 말하고, 배를 내어 건너갔다. 장군들은 처음에 임나에 도착해 의논하여 신라를 습격하고자 하였다. 그러나 신라 국왕은 많은 군대가 이르렀다는 말을 듣고 미리 두려워하여 항복을 청하였다. 이에 장군들이 함께 의논하여 표를 올리니, 천황이 허락하였다. (『日本書紀』 22 推古紀)

624(甲申/신라 진평왕 46 建福 41/고구려 영류왕 7/백제 무왕 25/唐 武德 7/倭 推古 32)

고구려 백제 신라
(무덕) 7년 봄 정월 을유일(?: 14) 고려왕 고무(高武)를 요동군왕(遼東郡王)에, 백제왕 부여장(扶餘璋)을 대방군왕(帶方郡王)에 신라왕 김진평(金眞平)을 낙랑군왕(樂浪郡王)으로 봉했다. (『舊唐書』 1 本紀 1 高祖)

백제
봄 정월에 당나라에 대신을 보내 조공하였다. 고조(高祖)가 그의 정성을 가상히 여겨 사신을 보내 왕을 대방군왕·백제왕(百濟王)으로 책봉하였다. (『三國史記』 27 百濟本紀 5)

백제
(봄 정월) 백제가 대신을 당나라에 보내 조공하였다. 황제가 그 정성을 가상히 여겨 사신을 보내 왕을 대방군공(帶方郡公)·백제왕으로 책봉하였다. (『三國史節要』 8)

고구려 백제 신라
(당 고조 무덕) 7년 정월 고려왕 고무를 요동군왕에, 백제왕 부여장을 대방군왕에 신라왕 김진평을 낙랑군왕으로 봉했다. (『冊府元龜』 964 外臣部 9 冊封 2)

백제
(무덕) 7년 또 대신을 보내어 표문(表文)을 바치고 조공하였다. 고조가 그 정성을 가상히 여겨 사신을 보내어 대방군왕 백제왕으로 책봉하였다. 이로부터 매년 사신을 보내어 조공을 하니 고조가 수고로움을 위로하고 후하게 대접하였다. 이어 고려가 길을 막고 중국과의 통교를 허락하지 않는다고 하니 조서를 내려 주자사(朱子奢)를 보내어 화해시켰다. 또 신라와은 대대로 원수가 되어 서로 자주 침공하였다. (『舊唐書』 199上 列傳 149上 東夷 百濟)

고구려
(무덕 초) 2년 뒤 사자를 보내어 상주국(上柱國) 요동군왕 고려왕으로 봉하고 도사(道士)에게 명하여 상법(像法)을 가지고 가서 노자(老子)를 강독시켰다. 건무기 매우 기뻐하여 나라 사람들을 이끌고 함께 들었는데 날마다 1천명에 달하였다. (『新唐書』 220 列傳 145 東夷 高麗)

백제
(당서에서 또 이르기를) (무덕) 7년 또 대신을 보내어 표문(表文)을 바치고 조공하였다. 고조가 그 정성을 가상히 여겨 사신을 보내어 대방군왕 백제왕으로 책봉하였다. 이로부터 매년 사신을 보내어 조공을 하니 고조가 수고로움을 위로하고 후하게 대접하였다. 이어 고려가 길을 막고 중국과의 통교를 허락하지 않는다고 하니 조서를 내려 주자사(朱子奢)를 보내어 화해시켰다. 또 신라와은 대대로 원수가 되어 서로

자주 침공하였다. (『太平御覽』781 四夷部 2 東夷 2 百濟)

신라   봄 정월 시위부(侍衛府)에 대감(大監) 6명을 두고, 상사서(賞賜署)에 대정(大正) 1명,
               대도서(大道署)에 대정 1명을 두었다. (『三國史記』4 新羅本紀 4)

신라   봄 정월 신라가 시위부에 대감 6명을 두었는데, 관위는 나마(奈麻)에서 아찬(阿湌)에
               이르렀다. 또 상사서에 대장(大匠) 1명, 대도서에 대정 1명을 두었다. (『三國史節要』
               8)

신라   상사서 (…) 대정 1명을 진평왕 46년에 두었다. (『三國史記』38 雜志 7 職官 上)

신라   대도서 (…) 대정 1명을 진평왕 46년에 두었다. (『三國史記』38 雜志 7 職官 上)

고구려 백제 신라

               (2월) 정미일(7) 고려왕 건무가 사신을 보내어 달력을 청하였다. 사자를 보내어 건무
               를 요동군왕·고려왕에 책봉하고, 백제왕 부여장을 대방군왕에 신라왕 김진평을 낙랑
               군왕으로 삼았다. (『資治通鑑』185 唐紀 1 高祖神堯大聖光孝皇帝 中之下)

고구려   [통감에서 말했다] (…) 7년 2월 정미일(7)[7일] 고려왕 건무가 사신을 보내어 달력을
               청하였다. 사자를 보내어 건무를 요동군왕으로 책봉하였다. (『玉海』153 朝貢 外夷
               來朝 內附)

고구려   봄 2월에 왕이 사신을 당에 보내어 역서(曆書)를 나누어 줄 것을 청하였다. 형부상
               서(刑部尙書) 심숙안(沈叔安)을 보내 왕을 책립하여 상주국(上柱國)·요동군공(遼東郡
               公)·고구려국왕(高句麗國王)으로 삼고 도사(道士)에게 명하여 천존상(天尊像)과 도법
               (道法)을 가지고 와서 노자(老子)를 강의하게 하니 왕과 나라사람들이 이를 들었다.
               (『三國史記』20 高句麗本紀 8)

고구려   2월 고구려왕이 사신을 당에 보내어 역서(曆書)를 나누어 줄 것을 청하였다. 형부상
               서(刑部尙書) 심숙안(沈叔安)을 보내 왕을 책립하여 상주국·요동군공·고구려국왕으로
               삼고 도사(道士)에게 명하여 천존상(天尊像)과 도법(道法)을 가지고 와서 노자(老子)
               를 강의하게 하니 왕과 나라사람들이 이를 들었다. (『三國史節要』8)

고구려   또 사신을 보내어 도교를 청하니 심숙안에게 조서를 내려 천존상과 함께 도사를 고
               구려에 보내어 오천문(五千文;『노자』를 말함)을 강의하게 하게 하여 도교를 열개
               하였다. 이때부터 비로소 도교를 숭상하고 중히 여겨 나라에 행해지게 되어 불교를
               넘게 되었다. 그 후에 동부 대인 개소문이 그 왕 고무를 시해하고 그 조카 장을 임
               금으로 세우고 스스로 막리지가 되었다. 이 관직은 군사를 뽑는 것을 총괄하며 이부
               (吏部)·병부상서(兵部尙書)와 같다. 이에 원근에 호령하고 마침내 국명(國命)을 오로
               지 하였다. 소문의 수염 난 얼굴은 지극이 위엄이 있었고 용모가 걸출하였다. 의복
               과 관리(冠履)는 모두 금채(金綵)로 꾸미고 몸에는 다섯 자루의 칼을 차고 다녔다.
               항상 팔을 높이 저으며 걸으며 의기(意氣)가 호방하니 좌우에서 감히 우러러 바라볼
               수 없었다. 늘 무관 귀인으로 하여금 땅에 엎드리게 하고 등에 올라 말을 타고 내렸
               다. (무덕) 7년 2월 사신을 보내어 내부(內附)하고 정삭(正朔)을 받아 책력을 청하
               니 이를 허락하였다. (『通典』186 邊防 2 東夷 下 高句麗)

고구려   (무덕) 7년 2월 고구려가 사신을 보내어 내부하고 정삭을 받아 책력을 청하니 이를
               허락하였다. 심숙안에게 조서를 내려 천존상을 갖고 가서 도사와 함께 그 나라에 이
               르러 오천문을 강의하게 하여 원종(元宗)을 풀어서 설명하였다. 이로부터 도교를 중
               히 여기는 것이 시작되어 나라에 교화가 행해져 경전을 해석하는데 뛰어난 것이 있
               었다. (『太平寰宇記』173 四夷 2 東夷 2 高勾驪國)

고구려   (당 고조 무덕) 7년 2월 고구려가 사신을 보내어 내부하고 정삭을 받아 책력을 청하
               니 이를 허락하였다. (『冊府元龜』977 外臣部 22 降附)

고구려	[구기(舊紀)에서 말했다] (…) 무덕 7년 2월 고려가 역법을 청하였다. (『玉海』 10 律歷 歷法 下)
고구려	([전(傳)에서 말했다.] 무덕 초) 그 후 3년 뒤[7년 2월]에 상주국·요동군왕에 제수했다. (『玉海 188 兵捷 檄書 下)
고구려	고려본기(高麗本記)에 다음과 같은 기록이 있다. 고구려 말기 무덕(武德; 618~626)·정관(貞觀; 627~649) 연간에 나라 사람들이 오두미교(五斗米敎)를 다투어 신봉하였다. 당(唐)나라 고조(高祖)가 이 소문을 듣고 도사를 파견하여 천존상을 보내고 와서 『도덕경(道德經)』을 강의하니 왕이 나라 사람들과 함께 들었다. 곧 제27대 영류왕(榮留王) 즉위 7년, 무덕 7년 갑신(甲申)의 일이었다. (『三國遺事』 3 興法 3 寶藏奉老 普德移庵)
고구려 현도	(무덕) 7년 전형부상서(前刑部尙書) 심숙안(沈叔安)을 보내어 건무를 상주국(上柱國) 요동군왕(遼東郡王) 고려왕으로 책봉하고 거듭 천존상(天尊像) 및 도사를 데리고 가서 『노자를 강의하도록 하였다. 왕과 도사, 속인 등 보고 듣는 자가 수천명이나 되었다. 고조가 일찍이 시신(侍臣)에게 말하였다. "명분과 실제 사이에는 모름지기 이치가 서로 따라야 한다. 고려가 수나라에 신하를 칭하면서도 마침내는 양제에게 거역했으니, 이 또한 어찌 신하라 할 수 있겠는가. 짐이 만물 중에 공경받으나 교귀(驕貴)를 탐하려 하지 않는다. 다만 살고 있는 땅에서 모든 사람들이 편안히 살 수 있도록 힘쓸 뿐이지 하필 그 신하를 칭하게 하여 스스로 존대함을 자처하겠는가. 즉시 짐의 이같은 소회를 조서로 기술하도록 하라." 시중(侍中) 배구(裴矩)와 중서시랑(中書侍郞) 온언박이 말했다. "요동 땅은 주나라 때 기자(箕子)의 나라였으며, 한나라 때에는 현도군(玄菟郡)이었습니다. 위(魏)·진(晉) 이전에는 봉역 안에 가까이 있었으니 칭신하지 않음을 허락해서는 안됩니다. 만약 고려가 예를 다하지 않음을 허락한다면 곧 사이(四夷)들이 어찌 우러러 보겠습니까. 또 중국에 있어 오랑캐들은 마치 태양에 있어서 열성(列星)과 같으므로, 이치로 따진다면 존귀함을 내려 오랑캐와 같게 할 수 없습니다." 고조가 이에 그쳤다. (『舊唐書』 199上 列傳 149上 東夷 高麗)
고구려	(무덕 초 2년 뒤) 황제가 좌우에 일러 말하기를, "명분과 실제 사이에는 모름지기 이치가 서로 따라야 한다. 고려가 비록 수나라에 신하라 하였으나 끝내 양제에게 거역하였으니, 어찌 신하의 행동이라 하겠는가. 짐은 사람을 편안히 하는 데 힘쓸 뿐이고 어찌 반드시 그 신하됨을 받겠는가." 그 신하 배구와 온언박이 간언하기를, "요동은 본래 기자국이었고 위와 진나라 때에는 봉역 내에 있었기 때문에 불가불 신하라 하였습니다. 중국에 있어 오랑캐는 마치 태양에 있어 열성(列星)과 같아 내려올 수 없는 것입니다." 하였다. 이에 그쳤다. (『新唐書』 220 列傳 145 東夷 高麗)
고구려	(당서에서 또 이르기를 무덕) 7년 사신을 보내 가서 건무를 상주국·요동군왕·고려왕으로 책봉하고 천존상 및 도사를 보내 노자를 강독하게 하였다. 그 왕과 도인 그리고 속인 등 보고 듣는 자들이 수천명에 달하였다. (『太平御覽』 783 四夷部 4 東夷 4 高句驪)
신라 낙랑	3월 당 고조가 사신을 보내 왕을 주국(柱國)·낙랑군공(樂浪郡公)·신라왕(新羅王)으로 책봉하였다. (『三國史記』 4 新羅本紀 4)
신라 낙랑	3월 당 고조가 사신을 보내 신라왕을 주국·낙랑군공·신라왕으로 책봉하였다. (『三國史節要』 8)
신라	(무덕) 7년 사신을 보내어 김진평(金眞平)을 주국으로 삼아 낙랑군왕 신라왕에 책봉하였다. (『舊唐書』 199上 列傳 149上 東夷 新羅)
신라	(무덕 4년) 그 3년 뒤에 주국에 제수하고 낙랑군왕 신라왕으로 책봉하였다. (『新唐

신라	[전(傳)에서 말했다.] (…) 그 3년 뒤 주국에 제수하여 신라왕에 봉했다. (『玉海』 153 朝貢 外夷來朝 內附)
신라	([신라전(新羅傳)에서 말했다.] 무덕 5년) 2년 뒤 주국에 임명하고 낙랑군왕에 봉하였다. (『玉海』 191 兵捷 兵捷 露布 3)
백제	여름 4월 병오(丙午) 초하루 무신일(3)에 어떤 승려가 도끼를 가지고 조부(祖父)를 쳤다. 이 때 천황은 그 말을 듣고 대신을 불러 놓고 조(詔)를 내려, "대저 출가한 자는 머리숙여 삼보에 귀의하고 갖추어 계율을 지녀야 한다. 어찌 뉘우치고 꺼리는 바 없이 경솔하게 악역을 저지르겠는가. 이제 짐이 들으니 어떤 승려가 조부를 쳤다고 한다. 그러므로 모든 절의 승려들을 모두 모아서 심문하고 만약 사실이라면 중벌을 내리도록 하라"고 명하였다. 이에 모든 승려들을 모아 심문하고 악역을 행한 승려 및 여러 승려들을 모두 벌하려 하였다. 그 때 백제의 승려 관륵(觀勒)이 표를 올려, "대저 불법은 서국(인도)로부터 한(중국)에 이르러 3백 년이 지나 백제국에 전해져 이르게 되었습니다. 그리고 겨우 백 년이 되었을 때에, 우리 왕은 일본천황이 지혜가 깊고 사리에 밝다는 것을 듣고 불상과 경전을 바쳤는데 아직 백 년이 못되었습니다. 그러므로 이러한 때에 승려가 아직 법과 계율을 잘 익히지 못하여 문득 악역의 죄를 범하였습니다. 이 때문에 모든 승려들은 당황하고 두려워하며 어찌할 바를 모르고 있습니다. 바라건대 악역을 범한 자를 제외한 나머지 승려들은 다 용서하고 벌하지 말아 주십시오. 이것은 큰 공덕일 것입니다"라고 말하였다. 천황이 이에 그 말을 좇았다. (『日本書紀』 22 推古紀)
백제	(여름 4월) 임술일(17)에 승려 관륵을 승정(僧正)으로 삼고 안부덕적(鞍部德積)을 승도(僧都)로 삼았다. 이 날에 아즈미노무라지(阿曇連)[이름은 빠졌다.]를 법두(法頭)로 삼았다. (『日本書紀』 22 推古紀)
백제	(당 고조 무덕) 7년 5월 백제 (…) 7월 백제·강국(康國)·조국(曹國)이 더불어 사신을 보내어 조공하였다. (『冊府元龜』 970 外臣部 15 朝貢 3)
백제	가을 7월 사신을 당나라에 보내 조공하였다. (『三國史記』 27 百濟本紀 5)
백제	가을 7월 백제가 사신을 당나라에 보내 조공하였다. (『三國史節要』 8)
백제	(당 고조 무덕 7년) 9월 백제가 사신을 보내어 광명갑(光明甲)을 바쳤다. (『冊府元龜』 970 外臣部 15 朝貢 3)
신라 백제	겨울 10월 백제 군대가 와서 우리의 속함(速含)·앵잠(櫻岑)·기잠(歧岑)·봉잠(烽岑)·기현(旗懸)·혈책(穴柵) 등 6성을 포위하였다. 이에 세 성은 함락되거나 혹은 항복하였다. 급찬(級湌) 눌최(訥催)가 봉잠·앵잠·기현 세 성의 군사와 합하여 굳게 지켰으나, 이기지 못하고 전사하였다. (『三國史記』 4 新羅本紀 4)
백제 신라	겨울 10월 신라의 속함·앵잠·기잠·봉잠·기현·혈책 등 6성을 공격하여 이를 빼앗았다. (『三國史記』 27 百濟本紀 5)
신라 백제	눌최는 사량(沙梁) 사람으로 대나마(大奈麻) 도비(都非)의 아들이다. 진평왕(眞平王) 건복(建福) 41년 갑신 겨울 10월에 백제가 대거 침입해 왔다. 백제가 군사를 나누어 속함·앵잠·기잠·봉잠·기현·혈책 등 여섯 성을 포위하여 공격하였다. 진평왕이 상주(上州)·하주(下州) 귀당(貴幢)·법당(法幢)·서당(誓幢) 등 5군(軍)에게 가서 구하도록 하였다. 5군이 이미 도착하여 백제 군사의 진영이 당당함을 보고 예봉을 당해낼 수 없

을 것 같아, 머뭇거리며 나아가지 못하였다. 어떤 사람이 의견을 내기를, "대왕께서 5군을 여러 장군에게 맡겼으니, 국가의 존망이 이 한 싸움에 달렸다. 병가(兵家)의 말에, '승리가 보이면 나아가고, 어려울 것 같으면 물러나라.'고 하였다. 지금 강적이 앞에 있으니, 계략을 쓰지 않고 바로 나갔다가 만일 뜻대로 되지 않는다면 후회해도 소용이 없다."고 하였다. 장군과 보좌관들이 모두 그렇다고 여겼다. 그러나 이미 명령을 받아 군사를 출동하였으므로, 그냥 돌아갈 수도 없었다. 이보다 앞서, 국가에서 노진(奴珍) 등 여섯 성을 쌓으려고 하였으나 겨를이 없었다. 마침내 그 땅에 성을 쌓는 것을 마치고 돌아왔다. 이에 백제의 침공이 더욱 급박해져 속함·기잠·혈책의 세 성이 혹은 함락되거나 혹은 항복하였다. 눌최는 남은 세 성으로 굳게 지키다가, 5군이 구원하지 않고 돌아간다는 소식을 듣고 분개하여 눈물을 흘리면서 병졸에게 이르기를, "봄날의 따뜻한 기운에는 초목이 모두 꽃을 피우지만, 추위가 오면 오직소나무와 잣나무만이 늦게 낙엽진다. 지금 외로운 성에 구원이 없어, 날로 대단히 위험해지고 있다. 지금이 진실로 뜻있는 병사와 의로운 사람이 절조를 다 바쳐 이름을 날릴 수 있는 때이다. 너희들은 장차 어떻게 하겠는가?"라고 하였다. 병졸들이 눈물을 뿌리며, "감히 죽음을 아끼지 않고 오직 명을 따르겠습니다."라고 말하였다. 성이 장차 함락됨에 미치자 군사들이 죽어 몇 사람밖에 남지 않았다. 사람들은 모두 죽음을 결심하고 싸워 구차히 살아 보겠다는 마음이 없었다. 눌최에게 한 명의 종이 있었는데, 힘이 세고 활을 잘 쏘았다. 어떤 사람이 일찍이 말하기를, "소인(小人)에게 특이한 재주가 있으면 해롭지 않은 경우가 드무니, 이 종을 마땅히 멀리하라"고 하였으나, 눌최는 듣지 않았다. 이때에 성이 함락되어 적이 들어오자, 종은 활을 당기어 화살을 끼워 눌최 앞에서 쏘는데 빗나가는 것이 없었다. 적이 두려워하여 앞으로 나오지 못하다가, 한 명의 적군이 뒤에서 나와 도끼로 눌최를 쳐 쓰러뜨렸다. 왕이 이를 듣고 비통해 하여 눌최에게 급찬(級湌)의 관등을 추증하였다. (『三國史記』 47 列傳 7 訥催)

백제 신라	겨울 10월 백제군이 신라 속함 등 6성을 포위하였다. 왕이 상주·하주·귀당·법당·서당의 5군에게 명하여 가서 구하도록 하였다. 5군이 이미 도착하여 백제군이 강함을 보고 머뭇거리며 나아가지 못하였다. 여러 장수들이 의논하여 말하기를 "왕이 5군을 우리들에게 맡겼으니 나라의 존망이 이 싸움에 달렸다. 병법에 이르기를 승리가 보이면 나아가고, 어려우면 물러나라고 하였다. 지금 강적이 앞에 있으니 가벼이 진격했다가 만일 잇점을 잃어버리면 후회해도 소용없다."고 하였다. 드디어 진격하지 않고 다만 노진(奴珍) 등 6성을 쌓고 돌아갔다. 이에 백제군이 공격하니 속함·기잠·혈책 등 3성이 항복하였다. 사량부 사람 눌최가 홀로 봉잠·앵잠·기현의 3성으로 굳게 지키다가 5군이 구원하지 않고 돌아갔다는 것을 듣고 분개하여 병사들에게 말하기를, "봄날의 따뜻한 기운에는 초목이 모두 꽃을 피우지만, 추위가 오면 오직소나무와 잣나무만이 늦게 낙엽진다. 지금 외로운 성에 구원이 없어, 날로 대단히 위험해지고 있다. 지금이 진실로 뜻있는 병사와 의로운 사람이 절조를 다 바쳐 이름을 날릴 수 있는 때이다. 너희들은 장차 어떻게 하겠는가." 하였다. 병사들이 말하기를 "감히 죽음을 이끼겠습니까" 히었다. 시럼들이 모두 싸우다 죽있다. 눌최는 림낏 싸워 죽었다. 눌최에게는 노비 한명이 있었는데, 힘이 세고 활을 잘 쏘았다. 어떤 사람이 일찍이 말하기를, "소인(小人)에게 특이한 재주가 있으면 해롭지 않은 경우가 드무니, 이 종을 마땅히 멀리하라!"고 하였으나, 눌최는 듣지 않았다. 이 싸움에서 그 종이 항상 눌최의 좌우에 있다가 힘을 다하여 막다가 같이 죽었다. 왕이 눌최에게 급찬의 관등을 추증하였다. (『三國史節要』 8)

고구려	겨울 12월 사신을 당나라에 보내 조공하였다. (『三國史記』 20 高句麗本紀 8)

고구려	(당 고조 무덕 7년) 12월 고려국이 더불어 사신을 보내어 방물을 바쳤다. (『冊府元龜』 970 外臣部 15 朝貢 3)

백제	갑신년에 △△가 시주하여 석가상을 만드니, 제불(諸佛)을 바로 만나서 영원히 고리(苦利)와 헤어졌다. △ (「甲申銘 金銅釋迦像 光背」)

625(乙酉/신라 진평왕 47 建福 42/고구려 영류왕 8/백제 무왕 26/唐 武德 8/倭 推古 33)

고구려	봄 정월 임신(壬申) 초하루 무인일(7)에 고려왕이 승(僧) 혜관(惠灌)을 바쳤다. 이에 승정(僧正)에 임명하였다. (『日本書紀』 22 推古紀)

고구려 현도	(무덕) 8년 3월 11일 고조가 여러 신하들에게 일러 말하였다. "명분과 실제 사이에는 모름지기 이치가 서로 따라야 한다. 고려가 수나라에 신하를 칭하면서도 마침내는 양제에게 거역했으니, 이 또한 어찌 신하라 할 수 있겠는가. 짐이 만물 중에 공경받으나 교귀(驕貴)를 탐하려 하지 않는다. 다만 살고 있는 땅에서 모든 사람들이 편안히 살 수 있도록 힘쓸 뿐이지 하필 그 신하를 칭하게 하여 스스로 존대함을 자처하겠는가. 즉시 짐의 이같은 소회를 조서로 기술하도록 하라." 배구(裴矩)와 온언박이 나와 말했다. "요동 땅은 주나라 때 기자(箕子)의 나라였으며, 한나라 때에는 현도군(玄菟郡)이었습니다. 위(魏)·진(晉) 이전에는 봉역 안에 가까이 있었으니 칭신하지 않음을 허락해서는 안됩니다. 만약 고려가 예를 다하지 않음을 허락한다면 곧 사이(四夷)들이 어찌 우러러 보겠습니까. 또 중국에 있어 오랑캐들은 마치 태양에 있어서 열성(列星)과 같으므로, 이치로 따진다면 존귀함을 내려 오랑캐와 같게 할 수 없습니다." 이에 그쳤다. (『唐會要』 95 高句麗)
고구려 현도	[온언박전(溫彦博傳)에서 말했다.] 고려가 방물을 바쳤다. 고조가 사양하여 신하로 삼지 않고자 하였다. 온언박이 말하기를 "요동은 본래 기자의 나라였으며, 한나라 때에는 현도군이었습니다. 그들로 하여금 황제로 섬기게 하지 못하게 한다면 사이(四夷)가 어찌 우러러 보겠습니까." 하였다. 황제가 받아들이고 그쳤다. [회요(會要)에서 말했다.] 무덕·8년 3월 11일[운운한 것은 앞과 같다.] (『玉海』 154 朝貢 獻方物)
고구려 현도	8년 3월 고조가 여러 신하들에게 일러 말하였다. "명분과 실제 사이에는 모름지기 이치가 서로 따라야 한다. 고려가 수나라에 신하를 칭하면서도 마침내는 양제에게 거역했으니, 이 또한 어찌 신하라 할 수 있겠는가. 짐이 만물 중에 공경받으나 교귀(驕貴)를 탐하려 하지 않는다. 다만 살고 있는 땅에서 모든 사람들이 편안히 살 수 있도록 힘쓸 뿐이지 하필 그 신하를 칭하게 하여 스스로 존대함을 자처하겠는가. 즉시 짐의 이같은 소회를 조서로 기술하도록 하라." 배구(裴矩)와 온언박이 나와 말했다. "요동 땅은 주나라 때 기자(箕子)의 나라였으며, 한나라 때에는 현도군(玄菟郡)이었습니다. 위(魏)·진(晉) 이전에는 봉역 안에 가까이 있었으니 칭신하지 않음을 허락해서는 안됩니다. 만약 고려가 예를 다하지 않음을 허락한다면 곧 사이(四夷)들이 어찌 우러러 보겠습니까. 또 중국에 있어 오랑캐들은 마치 태양에 있어서 열성(列星)과 같으므로, 이치로 따진다면 존귀함을 내려 오랑캐와 같게 할 수 없습니다." 이에 그쳤다. (『通典』 186 邊防 2 東夷 下 高句麗)
고구려 현도	8년 3월 고조가 여러 신하들에게 일러 말하였다. "명분과 실제 사이에는 모름지기 이치가 서로 따라야 한다. 고려가 수나라에 신하를 칭하면서도 마침내는 양제에게 거역했으니, 이 또한 어찌 신하라 할 수 있겠는가. 짐이 만물 중에 공경받으나 교귀(驕貴)를 탐하려 하지 않는다. 다만 살고 있는 땅에서 모든 사람들이 편안히 살 수 있도록 힘쓸 뿐이지 하필 그 신하를 칭하게 하여 스스로 존대함을 자처하겠는가. 즉

시 짐의 이같은 소회를 조서로 기술하도록 하라."배구(裵矩)와 온언박이 나와 말했다. "요동 땅은 주나라 때 기자(箕子)의 나라였으며, 한나라 때에는 현도군(玄菟郡)이었습니다. 위(魏)·진(晉) 이전에는 봉역 안에 가까이 있었으니 칭신하지 않음을 허락해서는 안됩니다. 만약 고려가 예를 다하지 않음을 허락한다면 곧 사이(四夷)들이 어찌 우러러 보겠습니까. 또 중국에 있어 오랑캐들은 마치 태양에 있어서 열성(列星)과 같으므로, 이치로 따진다면 존귀함을 내려 오랑캐와 같게 할 수 없습니다." 이에 그쳤다. 그 후 동부대인(東部大人) 개소문(蓋蘇文)이 그 임금 고무(高武)를 죽이고 그 조카 장(藏)을 세워 왕으로 삼고 스스로 막리지(莫離支)가 되었다. 이에 원근을 호령하여 나라의 명운을 오로지 하였다. (『太平寰宇記』173 四夷 2 東夷 2 高勾驪國)

고구려 현도	이때 고려가 사신을 보내어 방물을 바쳤다. 고조가 여러 신하들에게 일러 말하였다. "명분과 실제 사이에는 모름지기 이치가 서로 따라야 한다. 고려가 수나라에 신하를 칭하면서도 마침내는 양제에게 거역했으니, 이 또한 어찌 하라 할 수 있겠는가. 짐이 만물 중에 공경받으나 교귀(驕貴)를 탐하려 하지 않는다. 다만 살고 있는 땅에서 모든 사람들이 편안히 살 수 있도록 힘쓸 뿐이지 하필 그 신하를 칭하게 하여 스스로 존대함을 자처하겠는가. 즉시 짐의 이같은 소회를 조서로 기술하도록 하라." 온언박이 나와 말하였다. "요동 땅은 주나라 때 기자(箕子)의 나라였으며, 한나라 때에는 현도군(玄菟郡)이었습니다. 위(魏)·진(晉) 이전에는 봉역 안에 가까이 있었으니 칭신하지 않음을 허락해서는 안됩니다. 만약 고려가 예를 다하지 않음을 허락한다면 곧 사이(四夷)들이 어찌 우러러 보겠습니까. 또 중국에 있어 오랑캐들은 마치 태양에 있어서 열성(列星)과 같으므로, 이치로 따진다면 존귀함을 내려 오랑캐와 같게 할 수 없습니다." 고조가 이에 그쳤다. (『舊唐書』61 列傳 11 溫大雅)
고구려 현도	고려가 방물을 바쳤다. 고조가 사양하고 신하로 삼지 않으려 하자 온언박이 불가함을 말하기를, "요동은 본래 주나라 때 기자국이며 한나라 때에는 현도군이었습니다. 그들로 하여금 황제를 섬기게 하지 않는다면 사이(四夷)가 어찌 우러러 보겠습니까." 하였다. 황제가 받아들이고 그만두었다. (『新唐書』91 列傳 16 溫大雅)
고구려 현도	(당 고조 무덕 8년) 5월 기유일(16)에 황제가 여러 신하들에게 일러 말하였다. "명분과 실제 사이에는 모름지기 이치가 서로 따라야 한다. 고려가 수나라에 신하를 칭하면서도 마침내는 양제에게 거역했으니, 이 또한 어찌 신하라 할 수 있겠는가. 짐이 만물 중에 공경받으나 교귀(驕貴)를 탐하려 하지 않는다. 다만 살고 있는 땅에서 모든 사람들이 편안히 살 수 있도록 힘쓸 뿐이지 하필 그 신하를 칭하게 하여 스스로 존대함을 자처하겠는가. 즉시 짐의 이같은 소회를 조서로 기술하도록 하라." 배구(裵矩)와 온언박이 나와 말했다. "요동 땅은 주나라 때 기자(箕子)의 나라였으며, 한나라 때에는 현도군(玄菟郡)이었습니다. 위(魏)·진(晉) 이전에는 봉역 안에 가까이 있었으니 칭신하지 않음을 허락해서는 안됩니다. 만약 고려가 예를 다하지 않음을 허락한다면 곧 사이(四夷)들이 어찌 우러러 보겠습니까. 또 중국에 있어 오랑캐들은 마치 대상에 있어서 열성(列星)과 같으므로, 이치로 따진다면 존귀함을 내려 오랑캐와 같게 할 수 없습니다." 이에 그쳤다. (『冊府元龜』990 外臣部 35 備禦 3)
신라 고구려	겨울 11월 사신을 대당(大唐)에 보내 조공하였다. 아울러 고구려가 길을 막고 조공을 하지 못하게 하고 또 자주 침입한다고 호소하였다. (『三國史記』4 新羅本紀 4)
백제	겨울 11월 사신을 당나라에 보내 조공하였다. (『三國史記』27 百濟本紀 5)
신라 고구려	겨울 11월 사신을 당나라에 보내 조공하였다. 아울러 고구려가 길을 막고 조공을 하지 못하게 하고 또 자주 침입한다고 호소하였다. (『三國史節要』8)

신라 백제	(당 고조 무덕) 8년 11월 신라와 백제가 더불어 사신을 보내어 조공하였다. (『冊府元龜』 970 外臣部 15 朝貢 3)	
백제	백제가 사신을 당나라에 보내 조공하였다. (『三國史節要』 8)	

고구려	왕이 사신을 당나라에 보내 불교와 도교의 교법을 배우기를 구하니 황제가 허락하였다. (『三國史記』 20 高句麗本紀 8)
고구려	왕이 사신을 당나라에 보내 불교와 도교의 교법을 배우기를 구하니 황제가 허락하였다. (『三國史節要』 8)
고구려	(무덕 7년 갑신)이듬해 사신을 당나라에 보내 불교와 도교의 교법을 배우기를 구하니 당나라 황제[고조를 이른다.]가 허락하였다. (『三國遺事』 3 興法 3 寶藏奉老 普德移庵)
고구려	(당 고조 무덕) 8년 고려가 사람을 보내 도교와 불법을 배우려 하니 이를 허락하였다. (『冊府元龜』 999 外臣部 44 請求)

신라	9서당(誓幢) (…) 2는 자금서당(紫衿誓幢)이다. 진평왕 47년 처음 낭당(郎幢)을 두었다. (『三國史記』 40 雜志 9 職官 下)

626(丙戌/신라 진평왕 48 建福 43/고구려 영류왕 9/백제 무왕 27/唐 武德 9/倭 推古 34)

신라 고구려	가을 7월 사신을 대당(大唐)에 보내어 조공하였다. 당 고조가 주자사(朱子奢)를 보내어 고구려와 연화(連和)하도록 달랬다. (『三國史記』 4 新羅本紀 4)
신라 고구려	가을 7월 신라가 사신을 당나라에 보내어 조공하였다. 황제가 산기상시(散騎常侍) 주자사를 보내어 고구려와 연화하도록 달랬다. (『三國史節要』 8)
신라	(당 고조 무덕 9년) 7월 신라가 더불어 사신을 보내어 조공하였다. (『冊府元龜』 970 外臣部 15 朝貢 3)

신라 백제	8월 백제가 주재성(主在城)을 공격하자 성주 동소(東所)가 막아 싸우다가 죽었다. (『三國史記』 4 新羅本紀 4)
백제 신라	가을 8월 군대를 보내어 신라의 주재성을 공격하여 성주 동소를 잡아 죽였다. (『三國史記』 27 百濟本紀 5)
백제 신라	가을 8월 백제가 신라 주재성을 공격하니 성주 동소가 막아 싸우다가 죽었다. (『三國史節要』 8)

신라	(8월) 고허성(高墟城)을 쌓았다. (『三國史記』 4 新羅本紀 4)
신라	(8월) 신라가 고허성을 쌓았다. (『三國史節要』 8)

백제	겨울 12월 사신을 당나라에 보내 조공하였다. (『三國史記』 27 百濟本紀 5)
백제	겨울 12월 백제가 사신을 당나라에 보내 조공하였다. (『三國史節要』 8)

고구려 신라 백제

신라와 백제가 사신을 당에 보내 황제에게 글을 올리기를 "고구려가 길을 막아 조공하지 못하게 하고 또 자주 침략합니다."하였다. 황제가 산기시랑(散騎侍郎) 주자사를 보내 지절(持節)로서 화친을 권하게 하였다. 왕은 표를 받들어 사죄하고 두 나라와 화평할 것을 청하였다 (『三國史記』 20 高句麗本紀 8)

백제 고구려

당나라에 사신을 보내 명광개(明光鎧)를 바치면서 고구려가 길을 가로막고 상국을 입조하지 못하게 한다는 사실을 호소하였다. 고조가 산기상시 주자사에게 조서를 보

내 우리와 고구려가 서로의 원한을 잊으라고 달랬다. (『三國史記』 27 百濟本紀 5)

백제 고구려 신라
　　　　백제가 당나라에 사신을 보내 명광개를 바치면서 고구려가 길을 막고 입조하지 못
　　　　하게 한다고 호소하였다. 고구려왕이 사신을 보내어 표문을 바치고 당나라에 사죄하
　　　　여 신라 백제 두 나라와 화평하기를 청하였다. (『三國史節要』 8)

신라 고구려 백제
　　　　이해 신라와 구자(龜茲)·돌궐(突厥)·고려·백제·당항(党項)이 함께 사신을 보내어 조공
　　　　하였다. (『舊唐書』 2 本紀 2 太宗 上)

고구려 신라 백제
　　　　(무덕) 9년 신라와 백제가 사신을 보내어 건무를 탓하기를, 그들이 길을 막아서 입
　　　　조할 수 없다고 하였다. 또한 서로 틈이 생겨 여러 차례 싸웠다고 하였다. 조서를
　　　　내려 원외산기시랑(員外散騎侍郎) 주자사를 보내어 화해시켰다. 건무가 표문을 올려
　　　　사죄하면서 신라의 사신과 대좌시켜 회맹(會盟)할 것을 청하였다. (『舊唐書』 199上
　　　　列傳 149上 東夷 高麗)

고구려 신라 백제
　　　　(무덕 초 그 2년 뒤에) 이듬해 신라와 백제가 서신을 올려 말하기를 건무(建武)가
　　　　길을 막고 조회하지 못하게 하고 또 자주 침입한다고 하였다. 이에 산기시랑(散騎侍
　　　　郎) 주자사(朱子奢)에게 조서를 내려 부절(符節)을 갖고 화평하도록 타이르게 하였
　　　　다. 건무가 사죄하니 이에 두 나라와 화평하기를 청하였다. (『新唐書』 220 列傳
　　　　145 東夷 高麗)

고구려 신라 백제
　　　　[전(傳)에서 말하였다.] (무덕 7년) 이듬해 신라와 백제가 서신을 올려 말하기를 건무
　　　　(建武)가 길을 막고 조회하지 못하게 하고 또 자주 침입한다고 하였다. 이에 산기시
　　　　랑(散騎侍郎) 주자사(朱子奢)에게 조서를 내려 부절(符節)을 갖고 화평하도록 타이르
　　　　게 하였다. 건무가 사죄하니 이에 두 나라와 화평하기를 청하였다. (『玉海』 188 兵
　　　　捷 檄書 下)

백제 고구려　　(무덕 4년) 5년 뒤에 명광개를 바치고 고려가 조공길을 막는다고 호소하였다. (『新
　　　　唐書』 220 列傳 145 東夷 百濟)

신라 백제 고구려
　　　　(이해에) 신라·백제·고려 세나라가 오랫동안 원수가 되어 서로 번갈아 공격했는데 황
　　　　제가 국자조교(國子助敎) 주자사를 보내 가서 타일러 지적하니 세 나라가 모두 표문
　　　　을 올려 사죄하였다. (『資治通鑑』 192 唐紀 8 高祖神堯大聖光孝皇帝 下之下)

고구려 백제　　(당 고조 무덕 9년) 고려·백제·당항(黨項)이 더불어 사신을 보내어 조공하였다. (『冊
　　　　府元龜』 970 外臣部 15 朝貢 3)

신라 백제 고구려
　　　　당 신라 백제 · 무덕 9년 사신을 보내어 하소연하기를, "고려왕 건무가 그 도로를
　　　　막아 입조할 수 없습니다."라고 하였다. 또한 서로 틈이 생겨 자주 서로 침략하니
　　　　원외산기시랑 주자사에게 조서를 내려 가서 그들을 화해시키라고 하였다. 건무가 표
　　　　문을 받들고 사죄하면서 신라와 더불어 대좌하여 회맹할 것을 청하였다." (『冊府元
　　　　龜』 1000 外臣部 45 讐怨)

백제　　　　[백제전(百濟傳)] (…) 5년 뒤 명광개를 바쳤다. (『玉海』 151 兵制 劍戰 鎧甲)

백제　　　　[동이전(東夷傳)] (…) 5년 뒤 명광개를 바쳤다. (『玉海』 154 朝貢 獻方物)

백제 고구려　　[동이전] (…) 그 5년 뒤 고려가 조공하는 길을 막는다고 호소하였다. (『玉海』 191

兵捷 兵捷 露布 3)

고구려 구양순(歐陽詢)의 자는 신본(信本)이니 담주(潭州) 임상(臨湘) 사람이다. (…) 구양순
 이 처음 왕희지(王羲之)의 글을 배우고 난 후 다시 점차 그 서체를 바꾸고 필력이
 매우 기운차고 뛰어 났다. 사람들이 그의 편지글을 얻어 모두 모범으로 삼았는데 고
 려가 매우 그 서체를 중히 여겨 일찍이 사신을 보내 얻어 갔다. 고조가 탄식하여 말
 하기를, "뜻하지 않게 구양순체의 명성이 멀리 오랑캐의 땅에 까지 퍼져 그 족적을
 살피니 진실로 그 모습이 장대하다고 하지 않겠는가." 하였다. (『舊唐書』189 上 列
 傳 139 上 儒學 上)

고구려 구양순의 자는 신본이니 담주 임상 사람이다. (…) 구양순이 처음 왕희지의 서체를
 모방하다가 뒤에 이를 뛰어넘어 필력이 매우 기운차고 뛰어나 그로인해 그 서체가
 스스로 명성이 났다. 전해지는 편지로 사람들이 모범을 삼았는데 고려가 일찍이 고
 려가 사신을 보내 이를 구하여 갔다. 황제가 탄식하며 그 서체를 바라보니 진실로
 그 모습이 장대하다고 하지 않겠는가 하였다. (『新唐書』198 列傳 123 儒學 上)

고구려 (당서에서) 또 말하였다. 구양순은 담주 임상 사람이다. 처음 왕희지의 글을 배우고
 난 후 다시 점차 그 서체를 바꾸고 필력이 매우 기운차고 뛰어 났다. 사람들이 그의
 편지글을 얻어 모두 모범으로 삼았는데 고려가 매우 그 서체를 중히 여겨 일찍이
 사신을 보내 얻어 갔다. 고조가 탄식하여 말하기를, "뜻하지 않게 구양순체의 명성
 이 멀리 오랑캐의 땅에 까지 퍼져 그 족적을 살피니 진실로 그 모습이 장대하다고
 하지 않겠는가." 하였다. (『太平御覽』747 工藝部 4 書 上)

고구려 구양순은 자가 신본이다. 고금을 널리 살펴 관등이 은청광록대부(銀青光祿大夫)·솔
 경령(率更令)에 이르렀다. 서체는 8가지의 서체를 다 할 수 있었고 필력은 매우 기
 운차고 뛰어나 고려가 그 서체를 아껴 사신을 청하였다. 신효(神堯:당 고조)가 탄식
 하여 뜻하지 않게 구양순 서체의 명성이 멀리 오랑캐의 땅까지 퍼졌다고 하였다.
 (『太平廣記』208 書 3 歐陽詢)

고구려 [전(傳)] 고려가 일찍이 사신을 보내어 구양순의 서체를 구하였다 (『玉海』154 朝貢
 獻方物)

627(丁亥/신라 진평왕 49 建福 44/고구려 영류왕 10/백제 무왕 28/唐 貞觀 1/倭 推古 35)

신라 봄 3월 큰 바람이 불고 흙이 비처럼 5일 넘게 내렸다. (『三國史記』4 新羅本紀 4)
신라 봄 3월 신라에 큰 바람이 불고 흙이 비처럼 5일동안 내렸다. (『三國史節要』8)

신라 여름 6월 사신을 대당(大唐)에 보내 조공하였다. (『三國史記』4 新羅本紀 4)
신라 여름 6월 신라가 사신을 당에 보내 조공하였다. (『三國史節要』8)
신라 (당 태종 정관 원년) 6월 신라 (…) 사신을 보내어 조공하였다. (『冊府元龜』970 外
 臣部 15 朝貢 3)

신라 백제 가을 7월 백제 장군 사걸(沙乞)이 서쪽 변경의 두 성을 함락시키고 남녀 3백여명을
 포로로 잡아갔다. (『三國史記』4 新羅本紀 4)
백제 신라 가을 7월 왕이 장군 사걸에게 명하여 신라 서쪽 변경의 두 성을 함락시키고 남녀 3
 백여명을 포로로 잡아갔다. 왕이 신라에 빼앗긴 땅을 회복하기 위하여 군사를 대대
 적으로 동원하여 웅진(熊津)에 주둔하였다. 신라왕 진평이 이를 듣고 당나라에 사신
 을 보내 위급한 사태를 말하였다. 왕이 이 사실을 알고 중지하였다. (『三國史記』27
 百濟本紀 5)
백제 신라 가을 7월 백제왕이 장군 사걸에게 명하여 신라 서쪽 변경의 두 성을 함락시키고 남

녀 3백여명을 포로로 잡아갔다. 왕이 신라에 **빼앗긴** 땅을 회복하기 위하여 군사를 대대적으로 동원하여 웅진(熊津)에 주둔하였다. 신라왕 진평이 이를 듣고 당나라에 사신을 보내 위급한 사태를 말하였다. 백제왕이 이 사실을 알고 중지하였다 (『三國史節要』 8)

신라	8월에 서리가 내려 곡식을 해쳤다. (『三國史記』 4 新羅本紀 4)
신라	8월 서리가 신라에 내려 곡식을 해쳤다. (『三國史節要』 8)
신라	건복(建福) 44년 정해(丁亥) 가을 8월에 서리가 내려 각종 곡식을 죽였다. (『三國史記』 48 列傳 8 劍君)

백제 신라 고구려

8월에 왕이 조카 복신(福信)을 당나라에 보내 조공하니, 태종이 백제와 신라가 대대로 원수를 맺어 서로 자주 침공한다고 하면서 왕에게 조서를 보내 말했다. "왕은 대대로 군주가 되어 동쪽 변방을 진무하고 있다. 먼 바다 한 끝에서 바람과 파도가 험한 것을 무릅쓰고 충성이 지극하여 조공이 계속되니, 왕의 아름다운 생각을 높이 평가하며 매우 기쁘게 여긴다. 내가 삼가 영광스러운 대명을 이어받아 천하를 통치하게 되었으니, 정도를 넓히고 백성들을 아껴 양육하며, 배와 수레가 통하는 곳과 바람과 비가 미치는 곳마다 모두 천성에 따르며 모두가 편안하게 살기를 원하고 있다. 신라 왕 김진평(金眞平)은 나의 번신(蕃臣)이며, 왕의 이웃이지만 매번 군사를 보내 토벌하는 것이 그치지 않는다고 들었다. 군대의 힘을 믿고 잔인한 행위를 마음대로 하는 것은 나의 기대에 매우 어긋난다. 내가 이미 왕의 조카 복신과 고구려, 신라 사신들에게 서로 화친하도록 타이르고 모두 화목하게 지내게 하였다. 왕은 반드시 전날의 원한을 잊고 나의 본 뜻을 헤아려서 모두 이웃의 정을 두터이 하여 즉시 전쟁을 중지하라." 왕이 곧 사신을 보내 표문을 바쳐 사죄하였다. 비록 겉으로는 명령에 순종하겠다고 하였으나 실제적으로는 이전처럼 서로 원수지간이었다. (『三國史記』 27 百濟本紀 5)

백제 신라 고구려

백제왕이 조카 복신(福信)을 당나라에 보내 조공하니, 황제가 신라와 백제가 대대로 원수를 맺어 서로 자주 침공한다고 하면서 백제왕에게 조서를 보내 말했다. "왕은 대대로 군주가 되어 동쪽 변방을 진무하고 있다. 먼 바다 한 끝에서 바람과 파도가 험한 것을 무릅쓰고 충성이 지극하여 조공이 계속되니, 왕의 아름다운 생각을 높이 평가하며 매우 기쁘게 여긴다. 내가 삼가 영광스러운 대명을 이어받아 천하를 통치하게 되었으니, 정도를 넓히고 백성들을 아껴 양육하며, 배와 수레가 통하는 곳과 바람과 비가 미치는 곳마다 모두 천성에 따르며 모두가 편안하게 살기를 원하고 있다. 신라 왕은 나의 번신(蕃臣)이며, 왕의 이웃이지만 매번 군사를 보내 토벌하는 것이 그치지 않는다고 들었다. 군대의 힘을 믿고 잔인한 행위를 마음대로 하는 것은 나의 기대에 매우 어긋난다. 내가 이미 왕의 조카 복신과 고구려, 신라 사신들에게 서로 화친하도록 타이르고 모두 화목하게 지내게 하였다. 왕은 반드시 전날의 원한을 잊고 나의 본 뜻을 헤아려서 모두 이웃의 정을 두터이 하여 즉시 전쟁을 중지하라." 백제왕이 곧 사신을 보내 표문을 바쳐 사죄하였다. 비록 겉으로는 명령에 순종하겠다고 하였으나 실제적으로는 이전처럼 서로 원수지간이었다. (『三國史節要』 8)

백제 신라 고구려

정관 원년 태종이 그 왕에게 조서를 보내 말했다. ""왕은 대대로 군주가 되어 동쪽 변방을 진무하고 있다. 먼 바다 한 끝에서 바람과 파도가 험한 것을 무릅쓰고 충성이 지극하여 조공이 계속되니, 왕의 아름다운 생각을 높이 평가하며 매우 기쁘게 여긴다. 내가 삼가 영광스러운 대명을 이어받아 천하를 통치하게 되었으니, 정도를 넓히고 백성들을 아껴 양육하며, 배와 수레가 통하는 곳과 바람과 비가 미치는 곳마다 모두 천성에 따르며 모두가 편안하게 살기를 원하고 있다. 신라 왕 김진평(金眞平)은 나의 번신(蕃臣)이며, 왕의 이웃이지만 매번 군사를 보내 토벌하는 것이 그치지 않는다고 들었다. 군대의 힘을 믿고 잔인한 행위를 마음대로 하는 것은 나의 기대에 매우 어긋난다. 내가 이미 왕의 조카 복신과 고려, 신라 사신들에게 서로 화친하도록 타이르고 모두 화목하게 지내게 하였다. 왕은 반드시 전날의 원한을 잊고 나의 본 뜻을 헤아려서 모두 이웃의 정을 두터이 하여 즉시 전쟁을 중지하라."장(璋)이 곧 사신을 보내 표문을 바쳐 사죄하였다. 비록 겉으로는 명령에 순종하겠다고 하였으나 실제적으로는 이전처럼 서로 원수지간이었다. (『舊唐書』199上 列傳 149上 東夷 百濟)

백제   (당서에서 또 말하였다.) 정관 원년 태종이 그 왕에게 조서를 내려 싸움을 그만두게 하였다. 장(璋)이 사신을 보내어 표를 바쳐 사죄하였다. 비록 겉으로는 명령에 순종하겠다고 하였으나 실제적으로는 이전처럼 서로 원수지간이었다. (『太平御覽』781 四夷部 2 東夷 2 百濟)

백제 신라 고구려
             태종 정관 초에 사신을 보내어 두 나라의 원한을 풀게 하였다. 또 신라와 대대로 원수가 되어 서로 침공하였다. 황제가 조서를 내려 말했다. "신라는 짐의 번신이며 왕의 이웃이다. 들으니 두 나라가 자주 침공한다 하니 짐이 이미 고려와 신라에 조서를 내려 서로 화목하게 지낼 것을 당부하였으니 왕의 마땅히 전의 원한을 잊고 짐의 뜻을 알아 주기 바란다." 장(璋)이 표문을 올려 사죄하였으나 싸움은 역시 그치지 않았다. 다시 사신을 보내 조공하고 철갑과 조부(雕斧)를 바쳤다. 황제가 그 수고로움을 위로 하고 비단 3천단을 내려 주었다. (『新唐書』220 列傳 145 東夷 百濟)

백제 신라   (동이전에서 말했다.) 태종 정관 초에 사신을 보내어 그 원한을 풀게 하였다. 또 신라와 대대로 원수가 되어 자주 서로 침공하였다. 황제가 조서를 내려 옛 원한을 잊도록 하였다. 장이 표를 올려 사죄하였으나 싸움은 역시 그치지 않았다. 다시 사신을 보내어 입조하니 황제가 그 수고로움을 위로 하였다. (『玉海』191 兵捷 兵捷 露布 3)

신라   겨울 11월 사신을 대당(大唐)에 보내 조공하였다. (『三國史記』4 新羅本紀 4)
신라   겨울 11월 신라가 사신을 당나라에 보내 조공하였다. (『三國史節要』8)
신라   (당 태종 정관 원년) 11월 신라가 사신을 보내어 더불어 조공하였다. (『冊府元龜』970 外臣部 15 朝貢 3)

백제   석(釋) 혜현(惠現)은 백제 사람이다. 어려서 출가하여 애써 뜻을 모아 『연경(蓮經; 법화경)』을 독송하는 것으로 업을 삼았으며, 기도하여 복을 빌면 영험한 감응이 실로 많았다. 겸하여 삼론(三論)을 전공하여 수도를 시작하니 신명에 통하였다. 처음에는 북부(北部) 수덕사(修德寺)에 살면서 대중이 있으면 경을 강하고, 없으면 지송(持誦)했으므로 사방의 먼 곳에서 그의 교화를 흠모하여 문 밖에는 항상 신발이 가득하였다. 차차 번잡한 것이 싫어 마침내 강남의 달라산(達拏山)으로 가서 살았다. 산이 매우 험준하여 내왕이 어렵고 드물었다. 혜현이 고요히 앉아서 번뇌를 잊고 산중에서 세상을 마쳤다. 같이 공부하던 이가 시체를 옮겨 석실(石室) 속에 안치했는데, 호랑이가 그 유해를 다 먹고 오직 해골과 혀만 남겨두었다. 추위와 더위가 세 번 돌아와도 혀는 오히려 붉고 연하였다. 그 후 변해서 자줏빛이 나고 돌처럼 단단하게 되었는데, 승려와 속인이 이를 공경하여 석탑에 간직하였다. 세속의 나이 58세였으니 곧 정관(貞觀) 초년이었다. 혜현은 서방에 유학하지 않고 조용히 물러나 일생을 마쳤으나, 그의 명성은 중국에까지 알려져 전기가 쓰여지고 당 (唐)나라에서도 명성이 드러났다. (…) 찬하여 말한다. 불자들과 강경함도 권태로워 지난해 독경소리 구름 속에 숨겼다. 명성은 역사에 오래도록 전하고, 불 속의 연꽃인양 향기로운 혀라네. (『三國遺事』 5 避隱 8 惠現求靜)

고구려 백제 신라
　　　주자사(朱子奢)는 소주(蘇州) 오(吳) 땅의 사람이다. (…) 정관 초에 고려와 백제가 신라를 같이 치는데 군대를 연결하여 여러 해 동안 그치지 않자 신라가 사신을 보내 위급을 알려 왔다. 이에 주자사를 임시로 원외산기시랑(員外散騎侍郞)으로 삼아 사신에 충당하고 삼국을 달래보라고 했다. 학식이 있고 점잖게 생겨 동이(東夷)들이 크게 받들어 공경하므로 세 나라의 왕이 모두 표문을 지어 올려 사죄하고 선물을 후하게 주었다. 처음 주자사가 사신으로 나갈 때 태종이 일러 말했다. "해이(海夷)가 자못 학문을 중시하나 경이 대국의 사신이 되었으니 반드시 그 선물에 의지하여 그들에게 강설(講說)하지 말도록 하라. 내 뜻에 맞도록 하고 사신에서 돌아온다면 마땅히 중서사인(中書舍人)으로 경을 대하리라." 그러나 주자사가 그 나라에 이르러 오랑캐의 마음을 기쁘게 하기 위해 『춘추좌씨전』을 제목으로 삼아 강의하고 미녀를 선물로 받았다. 사신에서 돌아오자 태종이 그 뜻을 어긴 것을 질책했으나 그 재주를 아껴서 심히 꾸짖지는 않았다. (『舊唐書』 189 上 列傳 139 儒學 上 朱子奢)

고구려 백제 신라
　　　주자사는 소주(蘇州) 오(吳) 땅의 사람이다. (…) 태종의 정관 초에 고려와 백제가 신라를 같이 치는데 군대를 연결하여 여러 해 동안 그치지 않자 신라가 사신을 보내 위급을 알려 왔다. 이에 주자사를 임시로 원외산기시랑(員外散騎侍郞)으로 삼아 삼국을 달래보라고 했다. 학식이 있고 점잖게 생겨 오랑캐들이 크게 받들어 공경하므로 두 나라 왕이 모두 표문을 지어 올려 사죄하고 선물을 후하게 주었다. 처음 주자사가 사신으로 나갈 때 태종이 훈계하여 말했다. "해이(海夷)가 자못 학문을 중시하나 경이 대국의 사신이 되었으니 반드시 강설할 것이나, 그 선물을 받지 말라. 돌아오면 마땅히 중서사인(中書舍人)에 임명할 것이다." 자사는 알겠다고 하였다. 그 나라에 이르러 오랑캐의 마음을 기쁘게 하기 위해 『춘추』를 제목으로 삼아 강의하고 미녀를 선물로 받았다. 황제가 뜻을 어긴 것을 질책했으나 오히려 그 재주를 아껴 산관직국자학(散官直國子學)과 여러 번 옮겨 간의대부(諫議大夫)·홍문관학사(弘文館學士)로 삼았다. (『新唐書』 198 列傳 123 朱子奢)

고구려 백제
　　　정관(627~649) 초에 주자사가 고려와 백제에 이르러 『춘추』를 제목으로 강의하였다. (『玉海』 153 朝貢 外夷來朝 內附)

고구려 백제 신라
　　　당나라 산기시랑이 고려를 설득하다. [주자사전(朱子奢傳)에서 말했다.]정관 초년에 고려와 백제가 함께 신라를 공격했는데 해를 이어 군사를 풀지 않았다. 신라가 급히 고하니 황제가 자사를 보내 부절을 갖고 설득하도록 하여 세 나라의 감정을 달래도록 하였다. (『玉海』 188 兵捷 檄書 下)

고구려
　　　공손(公孫)의 사당에서 어린아이들이 모여 즐거워할 때, 이타인(李他仁)은 이미 후한(後漢)의 도겸(陶謙)이 비단을 잇는 군사적 재능이 있었고, 교외의 들판에서도 사물을 널리 보았다. 아아, 조위(曹魏) 등애(鄧艾)의 군영(軍營)에서 재주가 탁월하구나! 긍지는 높고 멀었고, 말을 몰고 계책을 내는데 재능이 있었으니, 군사들이 덕에 인도되었다. (「李他仁 墓誌銘」: 蘽望集濟下; 2015 蘽高 句麗渤海研究濟52)

628(戊子/신라 진평왕 50 建福 45/고구려 영류왕 11/백제 무왕 29/唐 貞觀 2/倭 推古 36)

신라 백제 — 봄 2월 백제가 가잠성(椵岑城)을 포위하니 왕이 군대를 내어 이를 격파하였다. (『三國史記』 4 新羅本紀 4)

백제 신라 — 봄 2월 군대를 보내어 신라 가잠성을 공격했으나 이기지 못하고 돌아왔다. (『三國史記』 27 百濟本紀 5)

신라 백제 — 봄 2월 백제가 가잠성을 포위하자 신라가 군대를 보내어 이를 격파하였다. (『三國史節要』 8)

신라 — 여름에 크게 가물어 시장을 옮기고 용을 그려 기우제를 지냈다. (『三國史記』 4 新羅本紀 4)

신라 — 여름에 신라가 크게 가물었다. (『三國史節要』 8)

신라 — (건복 44년)다음 해 봄과 여름에 큰 기근이 들어 백성들이 자식을 팔아 끼니를 때우는 형편이었다. 이때에 궁중의 여러 사인(舍人)들이 함께 모의하여 창예창(唱翳倉)의 곡식을 훔쳐 나누었는데 검군만 홀로 받지 않았다. 여러 사인들은 “여러 사람들이 모두 받았는데 그대만이 홀로 그것을 물리치니 어떤 이유에서인가. 만약 양이 적어서 불만이라면 다시 더 주겠다.”라고 말하였다. 검군은 웃으면서 “저는 근랑(近郞)의 무리에 이름을 걸어 두고 풍월의 뜰에서 수행하고 있습니다. 그러므로 만약 그것이 의로운 것이 아니면 비록 천금의 이익이라도 마음을 움직이지 않습니다.”라고 말하였다. 당시 대일(大日) 이찬(伊湌)의 아들이 화랑이 되어 근랑이라고 불렀으므로 그렇게 말했던 것이다. 검군이 나와 근랑의 집에 이르렀다. 사인들은 비밀리에 이 사람을 죽이지 않으면 반드시 말이 누설될 것이라고 의논하고서는 드디어 그를 불렀다. 검군은 그들이 죽이려고 하는 것을 알았다. 근랑에게 작별하며 “오늘 이후에는 다시 만날 수 없겠습니다.”라고 말하였다. 근랑이 그에게 물었으나 검군은 말하지 않았다. 두세 번 물으니 이에 그 연유를 대략 말하였다. 근랑이 “어찌 담당 관리에게 알리지 않는가”라고 하니 검군은 “자기의 죽음을 두려워하여 여러 사람들로 하여금 벌을 받게 하는 것은 인정상 차마 하지 못하겠습니다.”라고 말하였다. 근랑이 “그렇다면 어찌 도망가지 않는가.”라고 하니 “저들이 그르고, 제가 옳은데 도리어 스스로 도망한다면 장부가 아닙니다.”라고 말하고는 드디어 갔다. 여러 사인들이 술자리를 차려 놓고 용서를 빌면서 몰래 약을 음식에 섞었다. 검군이 알고서도 억지로 먹고 죽었다. 여러 사인들이 술자리를 차려 놓고 용서를 빌면서 몰래 약을 음식에 섞었다. 검군이 알고서도 억지로 먹고 죽었다. 군자가 말하기를 “검군은 죽어야 할 데가 아닌데 죽었으니 태산(泰山)을 기러기 털보다 가볍게 여긴 것이라고 할 수 있다.” 고 하였다. (『三國史記』 48 列傳 8 劍君)

신라 — 신라에 기근이 날 때 검군은 사량궁 사인이었다. 궁 안의 여러 사인들이 도둑질하여 창고의 곡식을 나눠가졌다. 검군이 홀로 받지 않으니 여러 사인들은 “여러 사람들이 모두 받았는데 그대만이 홀로 그것을 물리치니 어떤 이유에서인가. 만약 양이 적어서 불만이라면 다시 더 주겠다.”라고 말하였다. 검군은 웃으면서 “저는 근랑(近郞)의 무리에 이름을 걸어 두고 있습니다. 그러므로 만약 그것이 의로운 것이 아니면 비록 천금의 이익이라도 마음을 움직이지 않습니다.”라고 말하였다. 근랑은 이찬 대일의 아들로 화랑이 된 자이다. 검군이 근랑을 찾아가자 사인들은 이 사람을 죽이지 않으면 반드시 말이 누설될 것이라고 하고서 드디어 검군을 불렀다. 검군은 근랑에게 작별하며 “오늘 이후에는 다시 만날 수 없겠습니다.”라고 말하였다. 근랑이 까닭을 물었으나 검군은 말하지 않았다. 강하게 묻자 이에 말하였다. 근랑이 “어찌 담당 관리에게 알리지 않는가”라고 하니 검군은 “자기의 죽음을 두려워하여 여러 사람들로

하여금 벌을 받게 하는 것은 인정상 차마 하지 못하겠습니다."라고 하였다. 근랑이 "그렇다면 어찌 도망가지 않는가."라고 하니 "저들이 그르고, 제가 옳은데 도리어 스스로 도망한다면 장부가 아닙니다."라고 말하고는 드디어 갔다. 여러 사인들이 술자리를 차려 놓고 용서를 빌면서 몰래 약을 음식에 섞었다. 검군이 알고서도 억지로 먹고 죽었다. 검군은 대사(大舍) 구문(仇文)의 아들이다. (『三國史節要』8)

고구려	가을 9월 사신을 당나라에 보내 태종이 돌궐(突厥)의 힐리가한(頡利可汗)을 사로잡은 것을 축하하고 더불어 봉역도(封域圖)를 바쳤다. (『三國史記』20 高句麗本紀 8)
고구려	가을 9월 고구려가 사신을 당나라에 보내 돌궐의 힐리가한을 사로잡은 것을 축하하고 더불어 봉역도를 바쳤다. (『三國史節要』8)
고구려	(당 태종 정관 2년) 9월 고려왕 건무(建武)가 사신을 보내 돌궐의 힐리가한을 격파한 것을 축하하고 더불어 봉역도를 바쳤다. (『冊府元龜』970 外臣部 15 朝貢 3)
고구려	정관 2년 돌궐의 힐리가한을 격파하자 건무가 사신을 보내어 축하하고 더불어 봉역도를 바쳤다. (『舊唐書』199上 列傳 149上 東夷 高麗)
고구려	(당서에서 또 말하기를) 정관 2년 돌궐의 힐리가한을 격파하자 건무가 사신을 보내어 축하하고 더불어 봉역도를 바쳤다. (『太平御覽』783 四夷部 4 東夷 4 高句驪)
고구려	태종이 마침내 돌궐의 힐리를 사로잡자, 건무가 사신을 보내어 축하하고 더불어 봉역도를 바쳤다. (『新唐書』220 列傳 145 東夷 高麗)
고구려	마침내 힐리를 사로 잡자 건무가 사신을 보내어 축하하고 더불어 봉역도를 바쳤다. (『玉海』153 朝貢 外夷來朝 內附)
고구려	([고려전(高麗傳)에서 말했다.]) 태종이 마침내 돌궐의 힐리를 사로잡자 건무가 사신을 보내어 축하하고 더불어 봉역도를 바쳤다. (『玉海』194 兵捷 紀功 碑銘附)
신라	가을과 겨울 백성들이 굶주려 자녀를 팔았다. (『三國史記』4 新羅本紀 4)

고구려 백제 신라

정관 2년 주공(周公)을 선성(先聖)으로 정하여 비로서 공자묘당(孔子廟堂)을 국학(國學)에 두고 선부(宣父)를 선성(先聖)으로 안자(顔子)를 선사(先師)로 하였다. 천하의 유사(儒士)들을 크게 모집하여 학관(學官)으로 삼았다. 자주 국학에 행차하여 좨주(祭酒)·박사(博士)로 하여금 강론하게 하고 마치면 비단 5필을 내려 주었다. 학생이 한권의 대경(大經) 이상에 능통하면 모두 서리(署吏)를 얻을 수 있었다. 또 국학에 학사(學舍) 1천 2백칸을 증축하였으며, 태학(太學)·사문박사(四門博士) 도한 생원(生員)을 더 두었다. 서학(書學)과 산학(算學)에도 박사와 학생을 두어 예문(藝文)을 갖추게 하니 무릇 3,260명이었다. 현무문(玄武門) 둔영의 날랜 기병에게도 박사를 주어 경업(經業)을 받게 하였으며 경서에 능통한 자가 있으면 추천하여 등용하였다. 이때 사방의 많은 유사들이 전적(典籍)을 품고 구름처럼 서울에 몰려들었다. 얼마 후에는 고려 및 백제·신라·고창(高昌)·토번(吐蕃) 등 여러 나라의 추장들이 또한 자제들을 국학 보내 입학을 청하였다. 북을 두드려 강연(講筵)에 오르는 자기 8천 여 명이었다. 많고도 성하며 넓고도 크도다. 유학의 번성함이 옛날에는 있지 않았던 일이다. (『舊唐書』189 上 列傳 139 儒學 上)

629(己丑/신라 진평왕 51 建福 46/고구려 영류왕 12/백제 무왕 30/唐 貞觀 3/倭 舒明 1)

신라 고구려 가을 8월 왕이 대장군 용춘(龍春)과 서현(舒玄), 부장군(副將軍) 유신(庾信)을 보내서 고구려의 낭비성(娘臂城)을 침공하였다. 고구려인이 성을 나와 진을 벌려서 치니 군세(軍勢)가 매우 성하여 우리 군사가 그것을 바라보고 두려워서 싸울 마음이 전혀 없었다. 유신이 말하기를, "내가 듣건대 '옷깃을 잡고 흔들면 가죽옷이 바로 펴지고 벼리를 끌어당기면 그물이 펼쳐진다.'고 했는데, 내가 벼리와 옷깃이 되어야겠다."라고 하였다. 이에 말을 타고 칼을 빼들고는 적진으로 향하여 곧바로 나아가 세 번 들어가고 세 번 나왔는데 매번 들어갈 때마다 장수의 목을 베고 혹은 깃발을 뽑았다. 여러 군사들이 승세를 타고 북을 치며 진격하여 5천여 명의 목을 베어 죽이니, 그 성이 항복하였다. (『三國史記』 4 新羅本紀 4)

고구려 신라   가을 8월 신라 장군 김유신이 와서 동쪽 변경을 침략하여 낭비성을 깨뜨렸다. (『三國史記』 20 高句麗本紀 8)

신라 고구려   건복 46년 기축 가을 8월 왕이 이찬 임말리(任末里) 파진찬 용춘(龍春)·백룡(白龍), 소판 대인(大因)·서현(舒玄) 등을 보내 군사를 거느리고 고구려 낭비성(娘臂城)을 공격케 하였다. 고구려인들이 군사를 내어 역공하니 우리 쪽이 불리해져 죽은 자가 매우 많았고 여러 사람들의 마음이 움츠러들어 다시 싸우고자 하는 마음이 없어졌다. 유신은 그때 중당당주(中幢幢主)였는데, 아버지 앞에 나아가 투구를 벗고 고하였다. "우리 군사들이 패하였습니다. 제가 평생 충효를 스스로 기약하였으니 전쟁에 임해서는 용맹스럽지 않을 수가 없습니다. 대개 듣건대, '옷깃을 바루면 갓옷이 바르게 되고 벼리를 당기면 그물이 펴진다.'고 하니 제가 그 벼리와 옷깃이 되겠습니다." 곧 말에 올라 검을 뽑아들고 참호를 뛰어넘어 적진을 드나들면서 장군을 베어 그 머리를 끌고 왔다. 우리 군사들이 이를 보고 승기를 타고 분발하여 공격해 5천여 명을 참살(斬殺)하고 1천 명을 사로잡으니, 성안에서는 두려워 감히 저항하지 못하고 모두 나와 항복하였다. (『三國史記』 41 列傳 1 金庾信 上)

신라 고구려   가야 백제
가을 8월 신라왕이 이찬 임말리 파진찬 용춘과 백룡, 소판 대인과 서현 등을 보내 병사를 거느리고 고구려 낭비성을 공격하였다. 고구려가 군사를 내어 역공하니 신라군이 불리해져 죽은 자가 매우 많았고, 여러 사람들의 마음이 움츠러들어 다시 싸우고자 하는 마음이 없어졌다. 그 때 서현의 아들 유신은 중당당주(中幢幢主)였는데, 서현에게 말하기를 "유신은 평생 충효를 스스로 기약하였으니 전쟁에 임해서는 용맹스럽지 않을 수가 없습니다. 말에 올라 적진으로 달려들어 그 장수를 목베고 머리를 갖고 왔다. 제군이 승세를 타서 분발하여 공격하니 목을 벤 것이 매우 많았다. 성이 드디어 함락되었다.
서현(舒玄)은 가락국왕(駕洛國王) 김수로(金首露)의 11세 손이다. 처음 서현이 신라 왕실의 성을 가진 숙흘종(肅訖宗)의 딸 만명(萬明)을 보고 기뻐하면서 중매없이 정을 통하였따. 서현이 만노군(萬弩郡) 태수(太守)가 되어 함께 가려고 하였다. 흘종이 이를 알고 만명을 별실에 가두고 사람을 시켜 지키게 하였는데, 갑자기 벼락이 옥문(屋門)을 쳐 지키는 자가 놀라 어지러워 하였다. 만명이 도망나와 마침내 서현과 함께 임지로 갔다. 서현은 일찍이 경진(庚辰) 날 밤에 형혹성(熒惑星)과 진성(鎮星) 두 별이 자기에게 떨어지는 꿈을 꾸었다. 만명 역시 신축(辛丑) 날 밤에 동자가 금으로 만든 갑옷을 입고 구름을 타고 집으로 들어왔다. 마침내 아이를 갖게 되어 20개월 뒤에 유신을 낳았다. 등에 7개 별의 무늬가 있었다. 서현이 만명에게 일러 말하기를 "경진일 밤에 꿈을 꾸어 이 아이를 얻었으니 마땅히 이로써 이름을 지어야 할 것입니다. 그러나 예기(禮記)에서는 일월로 이름을 짓지 않는다고 했으니 '경(庚)'자가 '유(庾)'와 서로 비슷하며 '진(辰)'은 '신(信)'과 소리가 서로 가깝고, 하물며 예산의 유명한 유신(庾信)이라는 이름이 있습니다." 하였다. 드디러 이를 이름으로 하였다. 유신이 고구려와 백제, 말갈이 번갈아 가며 나라의 영토를 침범하자 분개하여 평정하려는 뜻을 갖고 홀로 중악(中嶽)의 석굴에 들어가 하늘에 고하여 맹서하며 말했다. "적국이 무도하여 우리의 영토를 침범하여 어지럽히니 편안한 해가 없습니다.

일개 미욱한 신하로서 재와 힘은 헤아릴 수 없지만 재앙과 난리를 없애고자 하는 뜻이 있으니 오직 하늘이 굽어 살펴 저를 도와주시기 바랍니다."오래지 않아 한 노인이 와서 일러 말했다. "이 곳은 독충과 맹수가 많아 귀한 소년이 와서 머무는 것은 무엇 때문인가." 드디어 비결(秘訣)을 주며 말하기를 "삼가 함무로 전하지 말게. 만약 의롭지 않은 곳 쓰면 도리어 그 재앙을 받을 것이네."라고 하였다. 말을 마치자 보이지 않았다. 유신이 일찍이 보검을 지니고 인박산(咽薄山)에 들어가 하늘에 고하여 맹서하기를 중악에 있을 때처럼 같이 했다. 밤에 허성(虛星)과 각성(角星) 두 별이 환하게 아래로 내려와 드리우니 검이 요동치는 듯 했다.[삼국유사에서 말했다. 유신이 나이 18살에 검술을 수련하여 국선(國仙)이 되었다. 이때 백석(白石)이라는 자가 있었는데 또한 무리 중에 있었다. 유신이 고구려와 백제를 정벌할 것을 도모하였는데, 백석이 말하기를, "제가 공과 함께 몰래 고구려로 가서 엿본 후에 도모하기를 청합니다." 하였다. 유신이 백석과 함께 가다가 길에서 세 여인을 만났다. 유신에게 할 말이 있다고 하였다. 백석을 따돌리고 함께 숲속으로 들어가니 드디어 아뢰기를, "저희들은 나림(奈林)·혈례(穴禮)·골화(骨火) 세 곳의 호국신입니다. 지금 적국 사람이 당신을 유인하는 데 당신이 알지 못하고 따라가기에 와서 고하는 것입니다." 하였다. 유신이 놀라고 기뻐하며 백석에 말하기를, "마땅히 더불어 집으로 돌아가 가져올 비기가 있다."고 하였다. 드디어 돌아와 그를 심문하니 백석이 가로되, "저는 실은 고려인입니다. 국인들이 말하기를, 신라에 유신은 본래 우리나라 점치는 사람 추남(楸南)의 후신이라고 합니다. 나라 경계에 거꾸로 흐르는 강이 있는데 왕이 이를 점치게 하였습니다. 추남이 대답하였다. 왕이 부인과 음양의 도를 거슬러서 이 같은 징험이 나타난 것이라고 하였습니다. 왕과 왕비가 크게 노하여 다른 일로 다시 시험하여 맞추지 못하면 죽이자고 하였습니다. 그래서 다 큰 쥐를 함속에 넣고 이를 점치게 하였는데 추남이 이것은 쥐라고 하고 마리 수는 여덟이라고 하였습니다. 왕이 맞추지 못했다고 하여 죽이려 했는데 추남이 형을 집행할 때 맹서하여 말하기를 내가 반드시 대장이 되어 고구려를 멸망시킬 것이라고 하였습니다. 결국 목을 베었는데 쥐의 배를 갈라보니 과연 일곱 마리 새끼가 있었습니다. 그날 밤 왕의 꿈속에서 추남이 신라 서현부인의 품으로 들어가는 것을 보고 이 때문에 나라 사람들이 저를 보내어 도모하게 한 것입니다." 유신이 곧 백석을 죽이고 세 신에게 제사하였다.] (『三國史節要』8)

신라	9월 사신을 대당(大唐)에 보내어 조공하였다. (『三國史記』4 新羅本紀 4)
고구려	9월 사신을 당나라에 보내 조공하였다. (『三國史記』20 高句麗本紀 8)
백제	가을 9월 사신을 당나라에 보내 조공하였다. (『三國史記』27 百濟本紀 5)
신라	9월 신라가 사신을 당나라에 보내 조공하였다. (『三國史節要』8)
고구려	(9월) 고구려가 사신을 보내어 당나라에 조공하였다. (『三國史節要』8)
백제	(9월) 백제가 사신을 당나라에 보내 조공하였다. (『三國史節要』8)
고구려 백제 신라	
	(당 태종 정관 3년) 9일 고려 백제 신라가 더불이 사신을 보내어 조공하였다. (『冊府元龜』970 外臣部 15 朝貢 3)

630(庚寅/신라 진평왕 52 建福 47/고구려 영류왕 13/백제 무왕 31/唐 貞觀 4/倭 舒明 2)

백제	봄 2월 사비궁(泗沘宮)을 중수(重修)하였다. (『三國史記』27 百濟本紀 5)
백제	봄 2월 백제가 사비궁을 수리하였다. (『三國史節要』8)
백제	(봄 2월) 왕이 웅진성(熊津城)으로 순행하였다. (『三國史記』27 百濟本紀 5)

백제	(봄 2월) 백제왕이 웅진성으로 순행하였다. (『三國史節要』 8)

고구려 백제	3월 병인(丙寅) 초하루날(1)에 고구려의 대사(大使) 안자발(晏子拔), 소사(小使) 약덕(若德)과 백제의 대사·은솔(恩率) 소자(素子), 소사(小使)·덕솔(德率) 무덕(武德)이 함께 조공하였다. (『日本書紀』 23 舒明紀)

백제	여름에 한발이 들어 사비성 중수를 중지시켰다. (『三國史記』 27 百濟本紀 5)
백제	여름에 한발이 들어 백제가 사비성 중수를 중지시켰다. (『三國史節要』 8)

백제	가을 7월 왕이 웅진에서 돌아왔다. (『三國史記』 27 百濟本紀 5)
백제	가을 7월 백제왕이 웅진에서 돌아왔다. (『三國史節要』 8)

고구려 백제	(8월) 경자일(8)에 고려와 백제의 사신에게 조당(朝堂)에서 잔치를 베풀었다. (『日本書紀』 23 舒明紀)

고구려 백제	9월 계해(癸亥) 초하루 병인일(4)에 고려와 백제의 사신이 자기 나라로 돌아갔다. (『日本書紀』 23 舒明紀)

신라	대궁(大宮) 뜰의 땅이 갈라졌다. (『三國史記』 4 新羅本紀 4)
신라	신라 대궁 뜰의 땅이 갈라졌다. (『三國史節要』 8)

예맥	당나라가 국자학(國子學)을 행하다. [전(傳)] (…) 공영달(孔穎達)이 정관 4년 좨주(祭酒)가 되어 효경(孝經)을 강독하게 하니 영달이 송(頌)을 지었다. 여온(呂溫)이 칭송하여 말하기를, 벽옹(辟雍) 깊고 깊어 천자가 임하는 곳 혹 현을 타고 혹 노래부른다. 옛것을 강독하고 현재를 기술하니 그 무리 8천이로세 갓끈 쓴 이들로 무성하고 예맥(濊貊)·강오(羌髳)가 모두 덕음(德音)을 기리니 우림(羽林)의 고아들 또한 청금(靑衿)을 드리웠네 (『玉海』 113 學校 視學)

삼한	이 해 난파(難波)의 대군(大郡)과 삼한관(三韓館)을 고치고 수리하였다. (『日本書紀』 23 舒明紀)

631(辛卯/신라 진평왕 53 建福 48/고구려 영류왕 14/백제 무왕 32/唐 貞觀 5/倭 舒明 3)

고구려	당이 광주사마(廣州司馬) 장손사(長孫師)를 보내 수나라 전사의 해골을 묻은 곳에 와서 제사지내고, 당시에 세운 경관(京觀)을 허물었다. (『三國史記』 20 高句麗本紀 8)
고구려	(정관) 5년 광주도독부(廣州都督府) 사마(司馬) 장손사를 보내어 수나라 때 전사한 해골을 거두어 묻어주고 고려가 세운 경관을 헐어버리게 하였다. (『舊唐書』 199上 列傳 149上 東夷 高麗)
고구려	(당서에서 또 말하였다.) (정관) 5년 광주도독부 사마 장손사를 보내어 수나라 때 전사한 해골을 거두어 묻어주고 고려가 세운 경관을 헐어버리게 하였다. (『太平御覽』 783 四夷部 4 東夷 4 高句驪)
고구려	황제가 광주사마 장손사를 보내어 수나라 군사의 전사한 해골을 거두어 묻고 고려가 세워 놓은 경관을 헐어버리게 하였다. (『新唐書』 220 列傳 145 東夷 高麗)

신라	봄 2월 흰 개가 궁궐 담장 위에 올라갔다. (『三國史記』 4 新羅本紀 4)

고구려	봄 2월 왕이 무리를 동원하여 장성(長城)을 쌓았는데 동북으로 부여성(扶餘城)으로부터 동남으로 바다에 이르렀는데 1,000여 리였다. 16년 만에 완성하였다. (『三國史記』20 高句麗本紀 8)
고구려	(봄 2월) 고구려가 장성을 쌓았는데 동북으로 부여성으로부터 동남으로 바다에 이르렀는데 1,000여 리였다. 16년 만에 완성하였다. (『三國史節要』 8)
고구려	(정관 5년) 건무가 침범당할 것을 두려워하여 장성을 쌓았는데 동북으로 부여성으로부터 서남으로 바다에 이르기까지 1,000여 리에 이르렀다. (『舊唐書』199上 列傳 149上 東夷 高麗)
고구려	정관 5년 고려가 또 그 나라의 무리를 징발하여 장성을 쌓았는데 동북 부여성(夫餘城)으로부터 서남으로 바다에 이르렀는데 1,000여 리였다. (『冊府元龜』957 外臣部 2 國邑)
고구려	건무가 침범당할 것을 두려워하여 장성 1,000여 리를 쌓았는데 동북으로 부여성으로부터 서남으로 바다에 이르렀다. (『新唐書』220 列傳 145 東夷 高麗)
고구려	봄 2월 당나라가 광주사마 장손사를 보내어 고구려에 가서 수나라 군사들의 해골을 묻어주고 제사지내고 당시에 세운 경관을 헐어버렸다. (『三國史節要』 8)
백제	3월 경신(庚申) 초하루날(1)에 백제왕 의자가 왕자 풍장(豊章)을 보내어 질이 되게 하였다. (『日本書紀』23 舒明紀)
신라 백제	여름 5월 이찬(伊湌) 칠숙(柒宿)과 아찬(阿湌) 석품(石品)이 반란을 꾀하였다. 왕이 그것을 알아차리고 칠숙을 붙잡아 동시(東市)에서 목을 베고 아울러 구족(九族)을 멸하였다. 아찬 석품은 도망하여 백제의 국경에 이르렀는데, 처와 자식을 보고 싶은 생각에 낮에는 숨어있고 밤에는 걸어서 총산(叢山)에까지 돌아와 한 나무꾼을 만나서 옷을 벗고 해진 나무꾼의 옷으로 갈아입고 나무를 지고 몰래 집에 이르렀다가 잡혀서 처형되었다. (『三國史記』4 新羅本紀 4)
신라 백제	여름 5월 신라 이찬 칠숙과 이찬 석품이 모반하여 칠숙을 붙잡아 복을 베고 구족을 멸하였다. 석품은 도망하여 백제에 이르렀는데 뒤에 집으로 돌아와 붙잡혀 처형되었다. (『三國史節要』 8)
신라	가을 7월 사신을 대당(大唐)에 보내 미녀 두 사람을 바쳤다. 위징(魏徵)이 받는 것은 옳지 않다고 하자 황제가 기뻐하며 말하기를 "저 임읍(林邑)에서 바친 앵무새도 오히려 추위의 괴로움을 말하면서 그 나라로 돌아가기를 생각하는데, 하물며 두 여자는 친척과 이별함에 있어서랴"고 하고 사신에 딸려서 돌려보냈다. (『三國史記』4 新羅本紀 4)
신라	가을 7월 사신을 대당에 보내 미녀 두 사람을 바쳤다. 위징이 받는 것은 옳지 않다고 하자 황제가 기뻐하며 말하기를 "저 임읍에서 바친 앵무새도 오히려 추위의 괴로움을 말하면서 그 나라로 돌아가기를 생각하는데, 하물며 두 여자는 친척과 이별함에 있어서랴." 하고 사신에 딸려서 돌려보냈다. (『三國史節要』 8)
신라	정관 5년 사신을 보내어 여자 악공(樂工) 두 명을 바쳤는데 모두 머리카락이 새까만 미인들이었다. 태종이 시신(侍臣)에게 말하였다. "짐이 듣건대 음악과 미색을 즐기는 것은 덕(德)을 좋아함만 같지 못하다고 한다. 그리고 산천에 가로 막혀 고향을 그리워할 것도 알 수 있다. 얼마전 임읍에서 바친 흰 앵무새도 오히려 고향을 그리워 할 줄 알아 자기 나라로 보내 줄 것을 호소하였다. 새도 이와 같은데, 하물며 인정(人

情)에 있어서랴. 짐은 그들이 멀리 떠나 와서 반드시 친척을 그리워할 것을 불쌍히 여긴다. 마땅히 시지에 딸려 제 집으로 돌려보내도록 하라."(『舊唐書』199上 列傳 149上 東夷 新羅)

신라	정관 5년 여자 악공 두 명을 바쳤다. 태종이 말하기를, "근간에 임읍에서 바친 앵무새도 고향이 그립다는 말을 하며 돌려 보내 주기를 빌었는데, 하물며 사람에게 있어서랴."고 하여 사자에 딸려 돌려 보냈다. (『新唐書』220 列傳 145 東夷 新羅)
신라	(당서에서) 또 말했다. 정관 5년 신라에서 사신을 보내 여자 악공 2명을 바쳤는데 모두 머리카락이 새까만 미인들이었다. 태종이 시신(侍臣)에게 말하였다. "짐이 듣건 대 음악과 미색을 즐기는 것은 덕(德)을 좋아함만 같지 못하다고 한다. 그리고 산천에 가로 막혀 고향을 그리워할 것도 알 수 있다. 얼마전 임읍에서 바친 흰 앵무새도 오히려 고향을 그리워 할 줄 알아 자기 나라로 보내 줄 것을 호소하였다. 새도 이와 같은데, 하물며 인정(人情)에 있어서랴. 다만 멀리 떠나 와서 반드시 친척을 그리워할 것을 불쌍히 여긴다. 마땅히 사자에 딸려 제 집으로 돌려보내도록 하라." 하였다. (『太平御覽』781 四夷部 2 東夷 2 新羅)
신라	당나라. 신라가 여자 악공을 바치다. [신라전(新羅傳)] 정관 5년 여자 악공 2명을 바쳤다. 태종이 얼마전 임읍에서 바친 앵무새도 고향을 생각하여 돌아가기를 청하였는데 하물며 사람에게 있어서야. 라고 하였다. 사자에 딸려 돌아가게 하였다. (『玉海』108 音樂 四夷樂)
신라	[전(傳)] (…) 정관 5년 여자 악공 2명을 바쳤다. 태종이 사자에 딸려 돌아가게 하였다. 이 해에 진평이 죽었는데 아들이 없어 선덕을 세워 왕으로 삼았다. (『玉海』153 朝貢 外夷來朝 內附)
신라	정관 5년 아악(雅樂)을 바치고 다시 세세토록 왕으로 책봉하는 것을 세습토록 하였다. (『玉海』191 兵捷 兵捷 露布 3)

신라	(7월) 흰 무지개가 궁궐의 우물에 들어가고, 토성이 달을 범하였다. (『三國史記』4 新羅本紀 4)
신라	(7월) 신라에서 흰 무지개가 궁궐의 우물에 들어가고, 토성이 달을 범하였다. (『三國史節要』8)

고구려	가을 8월 갑진일(17) 사신을 보내어 고려가 세운 경관을 헐어버리고 수나라 사람들의 해골을 거두어 제사하고 장사지냈다. (『舊唐書』3 本紀 3 太宗 下)
고구려	8월 갑진일(17)에 사신을 고려에 보내 수나라 사람으로 전사자들을 제사하였다. (『新唐書』2 本紀 2 太宗)
고구려	가을 8월 갑진일(17) 사신을 파견하여 고려에 보냈는데, 수나라의 전몰자들 해골을 거두어 장사지내고 제사하였다. (『資治通鑑』193 唐紀 9 太宗文武大聖大廣孝皇帝 上之中)

백제	가을 9월 사신을 당나라에 보내 조공하였다. (『三國史記』27 百濟本紀 5)
백제	9월 백제가 사신을 당나라에 보내 조공하였다. (『三國史節要』8)
백제	(당 태종 정관) 5년 9월 백제 (…) 더불어 사신을 보내 조공하였다. (『冊府元龜』970 外臣部 15 朝貢 3)

| 신라 | (11월) 정묘일(12) 신라가 미녀 2명을 바쳤다. 위징이 받는 것은 마땅하지 않다고 하여 황제가 기뻐하며 말했다. "임읍의 앵무새도 오히려 스스로 고생스럽고 춥다고 말할 수 있어 그 나라로 돌아갈 것을 생각하는데, 하물며 두 여인은 멀리 친척들을 |

이별하였음에야." 앵무새도 아울러 각기 사자에 딸려 돌려 보냈다. (『資治通鑑』193 唐紀 9 太宗文武大聖大廣孝皇帝 上之中)

| 신라 | 날현인(捺絃引)은 진평왕 때 사람인 담수(淡水)가 지은 것이다. (『三國史記』32 雜志 1 樂) |

신라 실혜(實兮)는 대사(大舍) 순덕(純德)의 아들이다. 성품이 강직하여 도리에 맞지 않는 것으로는 굴복시킬 수 없었다. 진평왕 때 상사인(上舍人)이 되었다. 그때 하사인(下舍人) 진제(珍堤)는 그 사람됨이 아첨을 잘하여 왕으로부터 총애를 받았다. 비록 실혜와 동료였으나 일을 하면서 서로 옳고 그름을 따질 때면 실혜는 정도를 지켜 구차스럽지 않았다. 진제가 질투하고 원한을 품어 왕에게 여러 차례 참소하여 말하였다. "실혜는 지혜가 없고 담력만 세어서 기뻐하고 성냄이 급하여 비록 대왕의 말이라도 그 뜻에 맞지 않으면 분함을 참지 못합니다. 만약 징계하여 다스리지 않으면 그가 장차 난을 일으킬 것이니 어찌 그를 내치지 않습니까. 그가 굴복함을 기다렸다가 이후에 그를 등용하여도 늦지 않을 것입니다." 왕이 그렇게 여겨 영림(泠林)으로 좌천시켰다. 어떤 사람이 실혜에게 말하였다. "자네는 돌아가신 할아버지 때로부터 충성스럽고 높은 벼슬을 할 만한 인재라고 세상에 알려졌는데, 지금 아첨하는 신하가 거짓으로 헐뜯어 멀리 죽령 밖 후미진 시골에서 벼슬살이를 하게 되었으니 또한 원통하지 않은가. 어찌 바른대로 말하여 스스로 따지지 않는가." 실혜가 답하여 말하였다. "옛날 굴원(屈原)은 외롭고 곧았으나 초(楚)나라에서 배척되어 쫓겨 났으며, 이사(李斯)는 충성을 다하였으나 진(秦)나라에서 극형을 받았다. 그러므로 아첨하는 신하가 임금을 미혹하게 하고 충성스러운 선비가 배척을 받는 것은 옛날에도 역시 그러하였음을 아는데, 어찌 슬퍼하겠는가." 드디어 말을 하지 않고 갔는데, 장가(長歌)를 지어 뜻을 드러냈다. (『三國史記』48 列傳 8 實惠)

신라 신라 상사인 실혜는 강직하였다. 하사인 진제가 왕의 총애를 받아 일을 하면서 서로 옳고 그름을 따질 때면 실혜는 정도를 지켜 구차스럽지 않았다. 진제가 질투하고 원한을 품어 왕에게 여러 차례 참소하여 말하였다. "실혜는 지혜가 없고 담력만 세어서 기뻐하고 성냄이 급하여 비록 대왕의 말이라도 그 뜻에 맞지 않으면 분함을 참지 못합니다. 만약 징계하여 다스리지 않으면 그가 장차 난을 일으킬 것이니 어찌 그를 내치지 않습니까." 왕이 그렇게 여겨 영림(泠林)으로 좌천시켰다. 어떤 사람이 실혜에게 말하였다. "자네는 선대로부터 충성으로써 이름이 알려졌는데 지금 아첨하는 신하가 헐뜯어 멀고 궁벽한 곳으로 가게 되었는데 어찌 원통하지 않는가." 실혜가 말했다. "옛날 굴원(屈原)은 외롭고 곧았으나 배척되어 쫓겨 났으며, 이사(李斯)는 충성을 다하였으나 극형을 받았다. 아첨하는 신하가 임금을 미혹하게 하고 충성스러운 선비가 배척을 받는 것은 어찌 이상하겠는가." 드디어 말을 하지 않고 갔는데, 장가(長歌)를 지어 뜻을 드러냈다. (『三國史節要』8)

신라 설씨녀는 율리(栗里)의 백성 집 딸이나. 비록 시세가 낮은 가문에 세력이 없는 집안이었으나 얼굴빛이 단정하고, 뜻과 행실이 닦여지고 가지런하였다. 보는 사람들은 아름다움에 감탄하지 않음이 없었으나 감히 가까이 하지 못하였다. 진평왕(眞平王) 때에 그 아버지는 나이가 많았으나 정곡(正谷)에 외적을 막으러 갈 순서가 되었다. 딸은 아버지가 늙어 병들었으므로 차마 멀리 헤어질 수 없었고, 또 여자의 몸이라서 대신 갈 수도 없음을 안타까워하면서 다만 스스로 근심하고 괴로워할 뿐이었다. 사량부 소년 가실(嘉實)은 비록 매우 가난하였으나 자기의 뜻을 이루기 위해 노력하는 지조가 곧은 남자였다. 일찍부터 설씨를 좋아하였으나 감히 말을 하지 못하였는데,

설씨가 아버지가 늙은 나이에 전쟁터에 나가야 함을 걱정한다는 소식을 듣고 드디어 설씨에게 가서 말하였다. "저는 비록 나약한 사람이지만 일찍부터 뜻과 기개를 자부하여 왔습니다. 이 몸이 아버님의 군역을 대신하기를 원합니다." 설씨가 대단히 기뻐하여 들어가 아버지에게 아뢰었다. 아버지가 불러 보고 말하였다. "듣건대 그대가 이 늙은이가 가는 것을 대신하고자 한다고 하니 기쁘면서도 두려움을 금할 수 없네. 보답할 바를 생각하여 보니, 만약 그대가 우리 딸이 어리석고 못생겼다고 버리지 않는다면 어린 딸을 주어 수발을 받들도록 하겠네." 가실이 두 번 절을 하고 말하기를 "감히 바랄 수 없었는데 이는 저의 소원입니다."라고 하였다. 이에 가실이 물러가 설씨에게 혼인할 날을 물으니 그녀가 말하였다. "혼인은 인간의 중요한 도리이므로 갑작스럽게 할 수는 없습니다. 제가 이미 마음으로 허락하였으니 죽어도 변함이 없을 것입니다. 바라건대 당신께서 변방 지키는 일을 교대하고 돌아오시면 그런 후에 날을 잡아 혼례를 올려도 늦지 않을 것입니다." 이에 거울을 가져다 반을 나누어 각각 한 쪽씩 가졌는데, 그녀가 "이는 신표로 삼는 것이니 후일 그것을 합쳐 봅시다."라고 하였다. 가실이 말 한 필을 갖고 있었는데 설씨에게 말하였다. "이는 천하의 좋은 말이니 후에 반드시 쓰임이 있을 것입니다. 지금 제가 떠나니 기를 사람이 없습니다. 이를 두고 쓰십시오." 드디어 물러나 떠났다. 마침 나라에 변고가 있어 다른 사람으로 하여금 교대하도록 하지 못하여 6년을 머물고도 돌아오지 못하였다. 아버지가 딸에게 말하기를 "처음에 3년으로 기약을 하였는데 지금 이미 지났구나. 다른 집안에 시집을 가는 것이 좋겠다."라고 하였다. 설씨가 말하였다. "지난번에 아버지를 편안히 하여 드렸고, 그러므로 굳게 가실과 약속하였습니다. 가실은 이를 믿었고, 그러므로 전쟁터에 나가 몇 년이 되었습니다. 굶주림과 추위에 괴롭고 고생이 심할 것이고, 하물며 적지에 가까이 있어 손에서 무기를 놓지 못하고, 호랑이 입에 가까이 있는 것 같아 항상 물릴까 걱정할 것인데, 신의를 버리고 약속을 지키지 않는다면 어찌 사람의 마음이겠습니까. 아무래도 감히 아버지의 명을 좇을 수 없으니 다시는 말을 하지 마십시오." 그 아버지는 늙어서 정신이 없었고, 그 딸이 장성하였는데도 짝이 없었으므로 억지로 그녀를 시집을 보내려고 몰래 동네 사람과 혼인을 약속하였다. 정한 날이 되자 그 사람을 불러 들였으나 설씨는 굳게 거절하였다. 몰래 도망을 치려고 하였으나 뜻을 이루지 못하고, 마구간에 가서 가실이 남겨 두고 간 말을 보면서 크게 탄식하며 눈물을 흘렸다. 이 때 가실이 교대하여 왔다. 몸과 뼈가 야위어서 파리하였고 옷이 남루하여 가족들도 알아보지 못하고 다른 사람이라고 여겼다. 가실이 곧바로 앞에 와서 깨진 거울을 던지니 설씨가 그것을 주워 들고 큰 소리로 울었다. 아버지와 가족들은 좋아하고 기뻐하였다. 드디어 다른 날을 약속하여 서로 만나 그와 더불어 해로하였다. (『三國史記』 48 列傳 8 薛氏女)

신라   설씨녀는 율리(栗里)의 백성 집 딸이다. 자태가 단정하고, 뜻과 행실이 닦여지고 가지런하였다. 보는 사람들은 아름다움에 감탄하지 않음이 없었으나 감히 가까이 하지 못하였다. 설씨의 아버지가 수자리를 맡았는데, 나이가 많고 쇠약해 병들어 감히 멀리 갈 수가 없었다. 설씨는 여자의 몸이라서 대신 갈 수도 없음을 안타까워하면서 다만 스스로 근심하고 괴로워할 뿐이었다. 사량부 사람 가실(嘉實)은 가난하였으나 지조가 곧은 남자였다. 설씨에게 가서 말하였다. "원컨대 아버님의 군역을 대신하기를 원합니다." 설씨가 대단히 기뻐하여 아버지에게 아뢰었다. 아버지가 가실에게 감사하며 말하였다. "그대가 우리 딸이 어리석고 못생겼다고 버리지 않는다면 어린 딸을 주어 수발을 받들도록 하겠네." 가실이 물러가 설씨에게 혼인할 날을 물으니 그녀가 말하였다. "혼인은 인간의 중요한 도리이므로 갑작스럽게 할 수는 없습니다. 제가 이미 마음으로 허락하였으니 죽어도 변함이 없을 것입니다. 바라건대 당신께서 교대하고 돌아오시면 그런 후에 날을 잡아 혼례를 올려도 늦지 않을 것입니다." 이에 거울을 가져다 반을 나누어 후일의 징표로 삼았다. 가실이 말 한 필을 갖고 있었는데 설씨에게 말하였다. "이는 천하의 좋은 말이니 후에 반드시 쓰임이 있을 것입니다. 청컨대 잘 길러주시오." 드디어 떠나갔다. 마침 나라에 어려움이 많아 교대하지 못하여 어느덧 6년이 지났다. 아버지가 딸에게 말하기를 "처음에 3년으로 기약을 하였는데 지금 이미 지났구나. 다른 집안에 시집을 가는 것이 좋겠다."고 하였다. 설씨가 말하였다. "지난 번에 아버지를 편안히 하여 드렸고, 굳게 가실과 약속하였습니다. 가실은 이를 믿었고, 수자리를 변경의 성에서 대신하여 괴롭고 고생하면서 세월을 보내는데, 신의를 버리고 약속을 지키지 않음은 차마 하지 못하겠습니다. 다시는 말을 하지 마십시오." 그 아버지는 그녀가 장성하였는데도 짝이 없었으므로 억지로 그녀를 시집을 보내려고 혼인 날짜를 약속하였다. 도망을 치려고 하였는데, 가실이 남겨두고 간 말을 보면서 크게 탄식하며 눈물을 흘렸다. 이 때 가실이 마침 도착하였다. 몸과 얼굴이 야위고 의복이 남루하여 여자가 그를 보았는데도 가실인줄 알아보지 못했다. 깨진 거울로 증험하여 드디어 부부가 되었다. (『三國史節要』8)

신라	석혜숙(釋惠宿)이 호세랑(好世郎)의 무리에서 자취를 감추자 호세랑은 이미 황권(黃卷)에서 이름을 지웠고, 법사 또한 적선촌(赤善村)에 은거하였다.[지금 안강현(安康縣)에 적곡촌(赤谷村)이 있다.] 은거한 지 20여 년이 되었을 때 당시 국선(國仙)인 구참공(瞿旵公)이 일찍이 그 부근에 와서 사냥을 하는데 어느 날 혜숙이 길가에 나와 고삐를 잡고 청하여 말하기를 "비천한 승 또한 따르기를 원하는데 가합니까."라고 하니 공이 허락하였다. 이에 종횡으로 달리며 옷을 벗고 서로 앞서니 공 이 기뻐하였다. 쉬려고 앉자 누차 고기를 구워 서로 먹고 혜숙 또한 더불어 뜯어먹으며 거의 싫어하는 기색이 없었다. 이윽고 앞에 나아가 말하기를 "지금 여기에 맛있는 고기가 있으니 더 드리려 하는데 어떻습니까"라고 하니 공이 좋다고 하였다. 혜숙이 사람들을 가리어 막고 자기의 넓적다리를 잘라 쟁반에 담아서 바치니 옷에 피가 뚝뚝 떨어졌다. 공이 놀라서 말하길 "어찌 이러는가"라고 하자 혜숙이 "처음 제가 공은 인인(仁人)이라 능히 자기를 헤아려 만물에 통할 수 있으리라 생각하였습니다. 따라서 뒤를 따랐습니다. 지금 공 이 좋아하는 바를 살펴보니 오직 살육을 즐겨 그것을 죽여 스스로를 기를 뿐입니다. 어찌 인인과 군자의 하는 바이겠습니까. 나의 무리가 아닙니다"라고 하였다. 드디어 옷을 치켜 올리고 갔다. 공은 크게 부끄러워하고 그 먹은 것을 보니 쟁반 안의 고기가 없어지지 않았다. 공은 심히 이상하게 여겨 돌아가서 조정에 아뢰니 진평왕(眞平王)이 그것을 듣고 사신을 보내어 맞아들이게 하였는데 혜숙이 부인의 침상에 누워서 자고 있는 것이 보였다. 중사(中使)는 저급하게 생각하여 돌아서서 7~8리(里)를 가는데 혜숙을 길에서 만났다. 그가 어디서 오는지를 물으니 말하기를 "성(城) 안 단월가(檀越家)의 7일재에 갔다가 끝나고 왔다"라고 하였다. 중사가 그 말을 왕에게 아뢰고 또 사람을 보내 단월가를 조사하니 그 일 또한 사실이었다. 얼마 지나지 않아 혜숙이 갑자기 죽자 마을 사람들이 이현(耳峴)[형현(硎峴)이라고도 한다] 동쪽에 장사지내었다. 고개 서쪽에서 오는 그 마을 사람이 있었는데 도중에 혜숙을 만나 그에게 어디로 가느냐고 물으니 답하기를 "오래 이땅에 머물렀으니 다른 곳으로 유람하고자 한다"라고 하였다. 서로 읍(揖)하고 헤어졌는데 반 리쯤 가다가 구름을 타고 떠났다. 그 사람이 고개 동쪽에 이르러 장례를 치르는 사람들이 아직 흩어지지 않은 것을 보고 그 이유를 다 설명하고 무덤을 열어 그것을 들여다보니 오직 짚신 한 짝만 있을 뿐이었다. 지금 안강현의 북쪽에 혜숙이라는 절이 있는데 곧 그가 살던 곳이라고 하고, 또한 부도(浮圖)가 있다. (『三國遺事』4 義解 5 二惠同塵)

신라   신평왕대에 시혜(智惠)라는 비구니가 있었는데 어진 행실이 많았다. 인흥사(安興寺)에 살면서 새로 불전(佛殿)을 닦고자 하였으나 힘이 모자랐다. 꿈에 한 여선(女仙)이 외양이 아름답고 구슬로 쪽머리를 장식하였는데 와서 위로하여 말하였다. "나는 선도산(仙桃山) 신모(神母)이다. 네가 불전을 닦고자 하는 것이 가상하여 금 10근을 보시하여 돕고자 하니 마땅히 나의 자리 밑에서 금을 취하여 주존(主尊)과 삼상(三像)을 장식하고, 벽 위에 53부처와 육류성중(六類聖衆) 및 여러 천신(天神), 오악신군(五岳神君)[신라시대의 오악은 동쪽 토함산(吐含山), 남쪽 지리산(智異山), 서쪽 계룡산(雞龍山), 북쪽 태백산(太白山), 중앙 부악(父岳) 또는 공산(公山)이라고 한다]을 그리고 매해 봄과 가을 두 계절 10일 동안 선남선녀를 다 모아 널리 일체 중생을 위하여 점찰법회를 여는 것을 항규로 삼아라[본조의 굴불지(屈弗池) 용이 꿈에 가탁하여 황제에게 영취산에 약사도량(藥師道場)을 길게 열어서 바닷길을 편안하게 해달라고 청했는데 그 일과 또한 비슷하다]." 지혜가 곧 놀라 깨어 무리를 이끌고 신사(神祠)의 자리 밑에 가서 땅을 파서 황금 160량을 얻었고 잘 따라서 곧 완성하였으니 모두 신모가 이끈 대로 하였다. 그 사적은 오직 남아 있으나 불사는 폐지되었다. 신모는 본래 중국 황실의 딸이다. 이름은 사소(娑蘇)이고 일찍이 신선의 술법을 얻어 해동에 와서 오래 머물고 돌아가지 않았다. 아버지 황제가 솔개의 발에 묶어 서신을 보냈다. "솔개를 따라가서 멈춘 곳을 집으로 삼아라." 사소가 서신을 받고 솔개를 놓아주니 날아서 이 산에 이르러 멈췄다. 드디어 와서 살고 지선(地仙)이 되었다. 따라서 산 이름을 서연산(西鳶山)이라 이름하였다. 신모는 오래 이 산에 살면서 나라를 지켰는데 신령한 이적이 매우 많아서 국가가 생긴 이래로 항상 삼사(三祀)의 하나가 되었고 서열도 여러 망(望) 제사의 위에 있었다. 제54대 경명왕(景明王)이 매사냥을 좋아하여 일찍이 이 산에 올라 매를 놓았으나 잃어버렸다. 신모에게 기도하여 말하기를 "만약 매를 찾으면 마땅히 작호를 봉하겠습니다."라고 하니 잠시 뒤 매가 날아와서 책상 위에 멈추었다. 이로 인하여 대왕으로 책봉하였다. 그 처음 진한에 와서 성자(聖子)를 낳아 동국의 첫 임금이 되었으니 대개 혁거세와 알영 이성(二聖)이 나온 바이다. 그러므로 계룡(雞龍)·계림(雞林)·백마(白馬) 등으로 일컬으니 계(雞)는 서쪽에 속하였기 때문이다. 일찍이 여러 천선(天仙)으로 하여금 비단을 짜게 하여 비색(緋色)으로 물들여 조복(朝服)을 만들어 그 남편에게 주니 국인들이 이로 인하여 신이한 영험을 알았다. 또한 국사에서 사신(史臣)이 말하였다. 김부식이 정화(政和) 연간에 일찍이 사신으로 송(宋)나라에 들어갔는데 우신관(佑神館)에 가니 한 당(堂)에 여선상(女仙像)이 모셔져 있었다. 관반학사(館伴學士) 왕보(王黼)가 말하기를 "이것은 귀국(貴國)의 신인데 공은 아는가."라고 하였고 이어서 말하기를 "옛날에 중국 황실의 딸이 바다를 건너 진한(辰韓)에 닿아서 아들을 낳았는데 해동의 시조가 되었고, 딸은 지선(地仙)이 되어 오랫동안 선도산에 있었으니 이것이 그 상이다."라고 하였다. 또한 송나라 사신 왕양(王襄)이 우리나라에 와서 동신성모(東神聖母)를 제사지냈는데 제문에 "어진 이를 낳아 나라를 세웠다."라는 구절이 있었다. 지금 능히 금을 보시하여 부처를 받들고 중생을 위하여 향화(香火)를 열어 진량(津梁)을 만들었으니 어찌 장생법(長生法)만 많이 배워서 몽매함에 얽매어 있을 것인가. 찬하여 말한다. 서연산에 와서 몇십년이나 지났는가/천제의 여인 불러 예상을 짰다/장생술도 영이(靈異)함이 없지 않았지만/그래서 금선을 뵙고 옥황이 되었네. (『三國遺事』 5 感通 7 仙桃聖母隨喜佛事)

신라   제5 거열랑(居烈郎), 제6 실처랑(實處郎)[돌처랑(突處郎)이라고도 한다], 제7 보동랑(寶同郎) 등 세 화랑의 무리가 풍악(楓岳)을 유람하려 하였는데, 혜성이 심대성(心大

星)을 범하였다. 낭도들은 이에 괴이하게 여겨 유람하는 것을 그만두려 하였다. 이 때 융천스님이 노래를 지어서 그 노래를 부르니 별이 기이하게도 곧 사라졌고, 일본의 병사들이 그들의 나라로 돌아가 반대로 복된 경사가 되었다. 대왕은 매우 기뻐하며, 낭도들을 풍악에 유람하게 하였다.

혜성가노래는 다음과 같다. 옛날 동쪽 물가에서 건달바의 놀았던 성을 바라보고, 왜군이 왔다, 횃불을 사르라 변방의 무리여, 세 화랑이 산을 보려함을 듣고, 달도 밝게 불을 켜는 바에, 길을 밝히는 별에, 혜성에게 사뢴 사람 있다, 달아 떠 있어라, 이런데 무슨 혜성이 있겠느냐. (『三國遺事』 5 感通 7 融天師 彗星歌 - 眞平王代)

신라   이 해에 진평이 죽었는데 아들이 없어 그의 딸 선덕(善德)을 세워 왕으로 삼고, 종실(宗室)로서 대신인 을제(乙祭)가 국정을 총괄하여 맡았다. 조서를 내려 진평에게 좌광록대부(左光祿大夫)를 추증하고 부의(賻儀)로 물건 200단을 주었다. (『舊唐書』 199上 列傳 149上 東夷 新羅)

신라   이 해에 진평이 죽었는데 아들이 없어 딸 선덕을 왕으로 세우고 대신 을제가 권력을 잡았다. 조서를 내려 진평에게 좌광록대부를 추증하고 부의로 물건 200단을 주었다. (『新唐書』 220 列傳 145 東夷 新羅)

신라   (이 해에) 신라왕 진평이 죽었는데, 후사가 없어 국인들이 그 딸 선덕을 왕으로 세우다. (『資治通鑑』 193 唐紀 9 太宗文武大聖大廣孝皇帝 上之中)

신라   (당서에서) 또 이르길, 신라왕 김진평 죽었는데, 아들이 없어 그 딸 선덕을 세워 왕으로 삼았다고 하였다. (『太平御覽』 781 四夷部 2 東夷 2 신라)

신라   태종 정관 5년 사신을 보내 조회하였다. 황제가 그 먼 것을 불쌍히 여겨서 담당 관사에 조를 내려 세공(歲貢) 구애받지 않도록 하였다. 신주자사(新州刺史) 고인표(高仁表)를 보내어 가서 가르치도록 하였는데, 왕과 예를 다투어 화해하지 못하자 천자의 명을 알리기를 거부하고 돌아왔다. 오래 있다가 다시 신라 사자에 붙여서 글을 올렸다. (『新唐書』 220 列傳 145 東夷 日本)

고구려 백제 신라
     정관 5년 태종이 자주 국학에 오니 드디어 학사(學舍) 1,200칸을 증축하였다. 국학·태학·사문(四門) 역시 생원(生員)을 늘렸고, 서(書)와 산(算) 각기 박사를 두었는데 모두 3,260명이었다. 그 둔영비기(屯營飛騎)에도 또한 박사를 두어 경업(經業)을 가르쳤다. 고려·백제·신라·고창·토번 여러 나라의 추장할 것 없이 자제들을 보내어 국학에 들이기를 청하니 이에 국학 내 인원은 8천여 명이었다. 국학의 번성함이 근고 이래 이와 같았던 적은 있지 않았다. (『通典』 53 禮 13 沿革 13 吉禮 12 大學)

고구려 백제 신라
     정관 5년 이후 태종이 국학과 태학에 자주 오더니 드디어 학사 1,200칸을 증축하였다. 국학·태학·사문(四門) 역시 생원(生員)을 늘렸고, 서(書)와 산(算) 각기 박사를 두 있는데 모두 3,200명이있다. 그 둔영비기(屯營飛騎)에도 또한 박사를 두이 경업(經業)을 가르쳤다. 고려·백제·신라·고창·토번 여러 나라의 추장할 것 없이 자제들을 보내어 국학에 들이기를 청하니 이에 국학 내 인원은 8천여 명이었다. 국학의 번성함이 근고 이래 이와 같았던 적은 있지 않았다. (『唐會要』 35 學校)

632(壬辰/신라 진평왕 54, 선덕왕 1 建福 49/고구려 영류왕 15/백제 무왕 33/唐 貞觀 6/倭 舒明 4)
신라   봄 정월에 왕이 죽었다. 시호(諡號)를 진평(眞平)이라 하고 한지(漢只)에 장사를 지냈다. 당(唐)나라의 태종(太宗)이 조칙(詔勅)을 내려서 좌광록대부(左光祿大夫)를 추증하고, 부의로 2백 단(段)을 주었다[고기(古記)에 이르기를 "정관(貞觀) 6년 임진(壬辰) 정월에 죽었다."라고 하였다. 그러나 신당서(新唐書)와 자치통감(資治通鑑)에는 모두 "정관 5년 신묘(辛卯)에 신라 왕 진평이 죽었다."라고 하였으니, 어찌하여 그것이 잘못되었을까]. (『三國史記』 4 新羅本紀 4)

신라　선덕왕(善德王)이 왕위에 올랐다. 이름은 덕만(德曼)이고, 진평왕(眞平王)의 맏딸이다. 어머니는 김씨(金氏) 마야부인(摩耶夫人)이다. 덕만은 성품이 너그럽고 어질며, 총명하고 민첩하였다. 왕이 죽고 아들이 없자 나라 사람들이 덕만을 왕으로 세우고 성조황고(聖祖皇姑)의 칭호를 올렸다. 앞 임금 때 당(唐)나라에서 가져온 모란꽃의 그림과 꽃씨를 덕만에게 보였는데, 덕만이 말하기를 "이 꽃은 비록 아름답기는 하지만 틀림없이 향기가 없을 것입니다."라고 하였다. 왕이 웃으면서 말하기를 "네가 그것을 어떻게 아느냐."라고 하자 덕만이 대답하기를 "꽃을 그렸으나 나비가 없는 까닭에 그것을 알았습니다. 무릇 여자가 뛰어나게 아름다우면 (남자들이 따르고, 꽃에 향기가 있으면 벌과 나비가 따르기 마련입니다.) 이 꽃은 무척 아름다운데 그림에 벌과 나비가 없으니, 이는 향기가 없는 꽃임에 틀림이 없습니다."라고 하였다. 그것을 심으니 과연 말한 바와 같았는데, 미리 알아보는 식견이 이와 같았다. (『三國史記』 5 新羅本紀 5)

신라　제27 선덕여왕[이름은 덕만(德曼)이다. 아버지는 진평왕(眞平王)이고, 어머니는 마야미인(麻耶美人)이며, 김(金)씨이다. 성골남자가 다하여, 까닭에 여자가 왕이 되었다. 왕의 배필은 음(飮) 갈문왕(葛文王)이다. 인평(仁平) 갑오(甲午)년에 즉위하여, 14년간 다스렸다] (『三國遺事』 1 王曆)

신라　봄 정월 신라왕 백정(伯淨)이 죽었다. 시호는 진평(眞平)이다. 한지(漢只) 땅에 장사지냈다. 당나라가 조서로 좌광록대부를 추증하고 부의 물품 200단을 내려 주었다. 왕이 죽었는데 아들이 없어 국인들이 장녀 덕만을 너그럽고 어질며, 총명하고 민첩하다고 하여 임금으로 세웠다. 처음 당나라 황제가 모란꽃의 그림과 꽃씨를 덕만에게 보였는데, 덕만이 말하기를 "이 꽃은 비록 아름답기는 하지만 꽃을 그렸으나 나비가 없는 까닭에 반드시 향기가 없을 것입니다." 하였다. 그것을 심으니 과연 말한 바와 같았는데, 미리 알아보는 식견이 이와 같았다[수이전에 당 태종이 모란씨와 꽃 그림을 보냈는데, 왕이 꽃을 보고 웃으며 좌우에 말하기를, "이꽃은 아름답고 부귀하여 비록 화왕(花王)이라 하나 그림에 나비가 없으니 필시 향기가 없을 것이다. 황제가 이를 나에게 보냄은 아마 짐이 여자로 왕이 되었기 때문일 것이다. 역시 숨은 뜻이 있는 것이다."고 하였다. 씨를 뿌려 꽃이 피기를 기다렸는데 과연 향기가 없었다]. (『三國史節要』 8)

권근은 말한다. 옛날에 여와씨(女媧氏)가 있었으나, 이때는 개벽의 시대이니 검토할 만 것은 아니다. 한나라의 여태후나 당나라의 측천무후는 유약한 임금을 만나 조정에 임하여 임금을 대신한 것으로 그 흉하고 거슬림은 또한 심한 것이다. 신라에 왕이 아들이 없어 그 딸을 세워 임금으로 삼은 강상(綱常)을 어지럽힌 것으로 나라가 망하지 않은 것이 다행이다. 서경(書經)에 이르기를, 암탉은 새벽에 울지 말아야 한다. 암탉이 새벽에 울면 집안이 쓸쓸해진다고 하였으니 경계로 삼아야 하지 않겠는가. (『三國史節要』 8)

신라　제27대 덕만(德曼)[만(万)이라고도 한다]의 시호는 선덕여대왕(善德女大王)으로 성은 김씨이며 아버지는 진평왕(眞平王)이다. 정관(貞觀) 6년 임진(壬辰)에 즉위하여 나라 다스리기 16년 동안에 미리 안 일이 세 가지 있었다. 첫째는 당태종이 홍색·자색·백색의 세 가지 색으로 그린 모란꽃 그림과 그 씨 석 되를 보내왔다. 왕이 그림의 꽃을 보고 말하기를 "이 꽃은 향기가 없을 것이다." 하며 이에 씨를 정원에 심도록 명하였다. 꽃이 피었다가 떨어질 때까지 과연 [왕의] 말과 같았다. 둘째는 영묘사(靈廟寺) 옥문지(玉門池)에 겨울임에도 많은 개구리가 모여 3~4일 동안이나 울었다. 나라 사람들이 그것을 괴이하게 여겨 왕에게 물은 즉, 왕은 급히 각간(角干) 알천(閼川)·필탄(弼呑) 등에게 명하여 정병 2천을 뽑아 "속히 서쪽 교외로 나가 여근곡(女根谷)을 수색하면 필히 적병이 있을 것이니 엄습하여 그들을 죽이라." 하였다. 두 각간이 명을 받들어 각각 군사 1천 명씩을 거느리고 서쪽 교외에 가서 물으니 부산(富山) 아래에 과연 여근곡이 있었다. 백제의 군사 5백 명이 그곳에 와서 숨어 있으므로 이들을 모두 죽여 버렸다. 백제의 장군 우소(亐召)란 자가 남산(南山) 고개 바위 위에 숨어 있으므로 이를 포위하여 활로 쏘아 죽이고, 이후 [백제]병사 1천 2백인이 오자 역시 쳐서 모두 죽여 한 사람도 남기지 않았다. 그리고 셋째는 왕이 아무런 병도 없는데 여러 신하에게 말하기를 "짐은 모년 모 월일에 죽을 것인즉, 나를 도리천(忉利天)에 장사를 지내도록 하여라." 하였다. 군신들이 그 곳의 위치를 몰라 "어느 곳입니까?" 하니 왕이 말하기를 "낭산(狼山) 남쪽이다." 하였다. 모 월일에 이르러 과연 왕이 승하하시므로 신하들이 낭산의 양지바른 곳에 장사지냈다. 그 후 10여 년이 지난 뒤 문호대왕(文虎大王)이 사천왕사(四天王寺)를 왕의 무덤 아래에 창건했다. 불경에 이르기를 사천왕천(四天王天)의 위에 도리천이 있다고 하였으므로, 그제야 대왕의 신령하고 성스러움을 알 수 있었다. 당시에 여러 신하가 왕에게 어떻게 꽃과 개구리 두 가지 일이 그렇게 될 줄을 알았는가 물었다. 왕이 대답하기를 "꽃을 그렸는데 나비가 없으니 향기가 없는 것을 알 수 있었고, 이는 바로 당제(唐帝)가 나의 짝이 없음을 희롱한 것이다. 개구리가 노한 형상은 병사의 형상이며 옥문은 여자의 음부를 말한다. 여자는 음(陰)이고 그 빛이 백색이며, 백색은 서쪽을 뜻하므로 군사가 서쪽에 있는 것을 알았다. 남근은 여자의 음부에 들어가면 반드시 죽는다. 그러므로 그들을 쉽게 잡을 수 있었음을 알았다." 하였다. 이에 군신들이 왕의 성스럽고 슬기로움에 모두 감복하였다. 꽃을 삼색으로 보냄은 아마도 신라에 세 명의 여왕이 있을 것을 알았기 때문이니 선덕(善德)·진덕(眞德)·진성(眞聖)이 바로 이들이다. 당제도 헤아림의 밝음이 있었다. 선덕왕이 영묘사(靈廟寺)를 세운 일은 양지사전(良志師傳)에 자세히 기록되어 있다. 별기(別記)에 이르기를 이 왕대에 돌을 다듬어 첨성대(瞻星臺)를 쌓았다고 한다. (『三國遺事』1 紀異 1 善德王 知幾三事)

| 백제 | 봄 정월 원자(元子) 의자를 봉하여 태자로 삼았다. (『三國史記』27 百濟本紀 5) |
| 백제 | (봄 정월) 백제왕이 원자 의자를 봉하여 태자로 삼았다. (『三國史節要』8) |

| 신라 | 2월 대신 을제(乙祭)로 하여금 나라의 정치를 총괄하게 하였다. (『三國史記』5 新羅本紀 5) |
| 신라 | 2월 신라가 대신 을제가 국정을 총괄하게 하였다. (『三國史節要』8) |

| 백제 | 2월 마천성(馬川城)을 개축하였다. (『三國史記』27 百濟本紀 5) |
| 백제 | (2일) 백제기 미천성을 수리하였다. (『三國史節要』8) |

| 신라 | 여름 5월 가뭄이 들어 6월이 되서야 비가 내렸다. (『三國史記』5 新羅本紀 5) |
| 신라 | 여름 5월 신라에 가뭄이 들어 6월이 돼서야 비가 내렸다. (『三國史節要』8) |

| 백제 신라 | 가을 7월 군대를 일으켜 신라를 정벌했는데, 이기지 못하였다. (『三國史記』27 百濟本紀 5) |
| 백제 신라 | 가을 7월 백제왕이 신라를 정벌했으나 이기지 못하였다. (『三國史節要』8) |

백제	(7월) 왕이 생초원(生草原)에서 사냥하였다. (『三國史記』 27 百濟本紀 5)
백제	(7월) 이에 생초원에서 사냥하였다. (『三國史節要』 8)

신라 　가을 8월 당나라가 고표인(高表仁)을 파견하여 미타스키(三田耜)를 보내주었는데, 함께 쓰시마(對馬)에 다다랐다. 이 때 학문승(學問僧) 료운(靈雲)·소민(僧旻) 및 수구리 노토리카이(勝鳥養), 신라의 송사(送使) 등이 그를 따랐다. (『日本書紀』 23 舒明紀)

신라 　겨울 10월 사자를 보내어 국내의 홀아비와 홀어미, 고아, 늙어서 자식이 없는 사람, 혼자 힘으로 살아갈 능력이 없는 사람들을 위문하고 진휼하였다. (『三國史記』 5 新羅本紀 5)

신라 　겨울 10월 신라가 사자를 보내어 국내의 홀아비와 홀어미, 고아, 늙어서 자식이 없는 사람, 혼자 힘으로 살아갈 능력이 없는 사람들을 위문하고 진휼하였다. (『三國史節要』 8)

백제 신라 　(당 태종 정관) 6년 11월 설산(雪山)·당항(黨項)·백제·신라가 더불어 사신을 보내어 조공하였다. (『冊府元龜』 970 外臣部 15 朝貢 3)

신라 　12월 사신을 보내어 당나라에 조공하였다. (『三國史記』 5 新羅本紀 5)
신라 　12월 신라가 사신을 보내어 당나라에 조공하였다. (『三國史節要』 8)

백제 　겨울 12월 사신을 보내 당나라에 조공하였다. (『三國史記』 27 百濟本紀 5)
백제 　(12월) 백제가 사신을 보내어 당나라에 조공하였다. (『三國史節要』 8)

신라 　금광사본기(金光寺本記)를 살펴보면 다음과 같다. "법사는 신라에서 태어나 당에 들어가 도학(道學)을 배웠다. 장차 돌아오려 하는데 곧 해룡(海龍)의 청으로 인해 용궁에 들어가 비법을 전수받고 황금 1,000냥[혹은 1000근이라고도 한다]을 받아 몰래 땅 밑으로 가서 자기 집의 우물 바닥으로 솟아나왔다. 이에 집을 버려 절로 만들어서 용왕이 보시한 황금으로 탑과 불상을 꾸몄더니 광채가 특별하였고 인하여 금광이라 이름하였대[승전(僧傳)에는 금우사(金羽寺)라 되어 있으나 잘못이다]. 법사의 휘는 명랑(明朗)이고 자는 국육(國育)으로, 신라 사간(沙干) 재량(才良)의 아들이다. 어머니는 남간부인(南澗夫人)인데, 혹자는 법승랑(法乘娘)으로 소판(蘇判) 무림(茂林)의 딸 김씨(金氏)이며 곧 자장의 누이라고 한다. 세 자식이 있었는데 큰 아들은 국교대덕(國敎大德), 둘째 아들은 의안대덕(義安大德)이고 법사는 그 막내아들이다. 처음 어머니가 청색구슬을 삼키는 꿈을 꾸고 임신하였다. 선덕여왕 원년에 당에 들어갔다가 정관(貞觀) 9년 을미(635년)에 귀국하였다. (『三國遺事』 5 神呪 6 明朗神印)

신라 　신라의 국선(國仙) 구참(瞿旵)이 일찍이 교외에서 사냥을 하였다. 적선촌의 승려 혜숙이 은거하고 있었는데, 말고삐를 잡고 따라가도록 청하자 구참이 이를 허락하였다. 종횡으로 달리며 옷을 벗고 앞서니 공이 기뻐하였다. 고기를 굽고 삶아 서로 먹고 혜숙도 더불어 뜯어 먹는데 싫어하는 기색이 없었다. 이윽고 앞으로 나아가 말하기를, "제가 신선한 고기를 가지고 있는데 드려도 되겠습니까." 하였다. 구참이 좋다고 하자 혜숙이 자신의 넓적다리를 잘라 쟁반에 담아 바치니 옷에 피가 뚝뚝 떨어졌다. 구참이 놀라 어찌 이같이 하는가라고 하자, 혜숙이 말하기를, "처음 제가 공을 어진 사람이라고 하여 능히 자기를 헤아려 만물에 통할 수 있다고 생각하였습니다. 그런 까닭에 따르기를 청한 것입니다. 지금 공이 좋아하는 것을 보니 오직 살육하는 것만 탐할 뿐이니 어찌 어진 사람과 군자의 하는 바이겠습니까.”하였다. 드디어 옷을 치켜 입고 가버렸다. 공이 크게 부끄러워 하였다. (『三國史節要』 8)

신라 백제 고구려

정관 6년 조서를 내려 주공(周公)을 모신 사당을 혁파하고, 다시 공자를 선성(先聖)으로 안자(顏子)를 선사(先師)로 하여 천하에 모든 성실한 스승과 노덕(老德)한 이들을 불러 학관(學官)으로 삼고 자주 방문하여 석채(釋菜)를 보았다. 좨주(祭酒)·박사(博士)에 명하여 경전의 뜻을 강론하게 하고 속백(束帛)을 내렸다. 학생이 한 번에 통하면 서리(署吏)를 주었고, 학사(學舍)를 1,200구(區)로 늘렸다. 삼학에는 생원을 늘렸으며, 더불어 서(書)와 산(算) 각기 박사를 두었는데 대저 모든 생원들이 3,260명이었다. 현무(玄武)와 둔영비기(屯營飛騎)에도 또한 박사를 두어 경업(經業)을 가르쳤다. 한 경전에 능통한 자에게는 입공(入貢)의 제한을 들어주었다. 이에 사방에서 뛰어난 자들이 지팡이를 기고 명주를 지며 먼지를 피우며 서울에 모여들었다. 문치(文治)가 불빛처럼 일어나 이에 신라·고창·백제·토번·고려 등 뭇 추장들이 더불어 자제를 학교에 입학시켰고, 협사(篋笥)를 두드리고 학당에 다니는 사람들이 무릇 8,000여 명이나 되었다. 넓은 소매를 접고, 신발을 구겨 신어도 온화하고 엄정함이 비록 삼대의 전성기라고 듣지 못한 것이다. (『新唐書』 198 列傳 123 儒學 上)

신라 백제 고구려

[유학전(儒學傳) 서(序)] (…) 정관 6년 조서를 내려 주공을 모신 사당을 혁파하고, 다시 공자를 선성으로 안자를 선사로 하여 천하에 모든 성실한 스승과 노덕한 이들을 불러 학관으로 삼고 자주 방문하여 석채를 보았다. 좨주·박사에 명하여 경전의 뜻을 강론하게 하고 속백을 내렸다. 나면서 한 번에 통할 수 있는 자에는 서리를 주었고, 학사를 1,200구로 늘렸다. 삼학에는 생원을 늘렸으며, 더불어 서와 산 각기 박사를 두었는데 대저 모든 생원들이 3,260명이었다. 현무와 둔영비기에도 또한 박사를 두어 경업을 가르쳤다. 한 경전에 능통한 자에게는 입공의 제한을 들어주었다. 이에 사방에서 뛰어난 자들이 지팡이를 기고 명주를 지며 먼지를 피우며 서울에 모여들었다. 문치가 불빛처럼 일어나 이에 신라·고창·백제·토번·고려 등 뭇 추장들이 더불어 자제를 학교에 보냈고, 협사를 두드리고 학당에 다니는 사람들이 무릇 8,000여 명이나 되었다. 넓은 소매를 접고, 신발을 구겨 신어도 온화하며 나는 듯하는 것이 비록 삼대의 전성기라고 듣지 못한 것이다. (『玉海』 112 學校 學校)

고구려

[유학전(儒學傳)] 정관 연간에 학사를 1,200구로 넓히니 토번·고려 등 뭇 추장들이 더불어 자제들을 보내 학교에 보냈으니 학당에 다니는 사람들이 무릇 8,000명이 넘었다. (『玉海』 42 禮文 經解 唐五經正義 五經義訓 義贊)

633(癸巳/신라 선덕왕 2 建福 50/고구려 영류왕 16/백제 무왕 34/唐 貞觀 7/倭 舒明 5)

신라 봄 정월 왕이 직접 신궁(神宮)에 제사하고 크게 사면하였으며, 여러 주군의 1년간 조세를 면제하였다. (『三國史記』 5 新羅本紀 5)

신라 봄 정월 신라왕이 직접 신궁에 제사하고 크게 사면하였으며, 여러 주군의 1년간 조세를 면제하였다. (『三國史節要』 8)

신라 2월 서울에 지진이 일어났다. (『三國史記』 5 新羅本紀 5)

신라 2월 신라 서울에 지진이 일어났다. (『三國史節要』 8)

신라 가을 7월 사신을 당나라에 보내 조공하였다. (『三國史記』 5 新羅本紀 5)

| 신라 | 가을 7월 신라가 사신을 당나라에 보내 조공하였다. (『三國史節要』 8) |

신라 백제	8월 백제가 서쪽 변경을 침략하였다. (『三國史記』 5 新羅本紀 5)
백제 신라	가을 8월 장군을 보내 신라 서곡성(西谷城)을 공격하고 13일 만에 함락시켰다. (『三國史記』 27 百濟本紀 5)
백제 신라	가을 8월 백제가 장수를 보내어 신라 서곡성을 공격하여 13일 만에 함락시켰다. (『三國史節要』 8)

634(甲午/신라 선덕왕 3 仁平 1/고구려 영류왕 17/백제 무왕 35/唐 貞觀 8/倭 舒明 6)

| 신라 | 봄 정월 인평(仁平)으로 연호를 고쳤다. (『三國史記』 5 新羅本紀 5) |
| 신라 | 봄 정월 신라가 인평으로 연호를 고쳤다. (『三國史節要』 8) |

| 신라 | (봄 정월) 분황사(芬皇寺)가 완성되었다. (『三國史記』 5 新羅本紀 5) |
| 신라 | (봄 정월) 신라의 분황사가 완성되었다. (『三國史節要』 8) |

| 백제 | 봄 2월 왕흥사(王興寺)가 완성되었다. 그 절은 강가에 있었는데, 채색 장식이 웅장하고 화려하였다. 왕이 매번 배를 타고 절에 들어가서 향을 피웠다. (『三國史記』 27 百濟本紀 5) |
| 백제 | 2월 처음 백제가 법왕(法王) 때 세우기 시작했던 왕흥사가 지금에 이르러 완성되었음을 알렸다. 매우 웅장하고 화려하였는데, 매번 왕이 직접 찾아와 향을 피웠다. 대궐 남쪽에 못을 파서 20여 리 밖에서 물을 끌어 들이고, 물 가운데 방장선산(方丈仙山)을 모방하여 섬을 쌓았다 (『三國史節要』 8) |

| 신라 | 3월 우박이 내렸는데 크기가 밤 만하였다. (『三國史記』 5 新羅本紀 5) |
| 신라 | 3월 신라에 우박이 내렸는데 크기가 밤 만하였다. (『三國史節要』 8) |

| 백제 | 3월에 대궐 남쪽에 못을 파서 20여 리 밖에서 물을 끌어 들이고, 사면 언덕에 버들을 심고 물 가운데 방장선산(方丈仙山)을 모방하여 섬을 쌓았다. (『三國史記』 27 百濟本紀 5) |

| 백제 | 진법자(陳法子)는 높고 탁월한 견식이 어려서부터 뛰어났고, 충후한 도리가 일찍부터 뚜렷하였다. 부친을 계승하여 좋은 평판과 훌륭한 이름을 후세에 남겼다. (「陳法子 墓誌銘」: 落*唐西市博物館藏墓誌濟* |

635(乙未/신라 선덕왕 4 仁平 2/고구려 영류왕 18/백제 무왕 36/唐 貞觀 9/倭 舒明 7)

| 백제 | 여름 6월 을축 초하루 갑술일(10) 백제가 달솔(達率) 유(柔) 등을 보내어 조공하였다. (『日本書紀』 23 舒明紀) |

| 백제 | 가을 7월 을미(乙未) 초하루 신축일(7)에 백제 사신에게 조당(朝堂)에서 잔치를 베풀었다. (『日本書紀』 23 舒明紀) |

| 신라 | 당나라가 사신을 보내어 부절(符節)을 가지고 왕을 주국(柱國)·낙랑군공(樂浪郡公)·신라왕(新羅王)으로 책봉하여 아버지의 봉작을 잇게 하였다. (『三國史記』 5 新羅本紀 5) |
| 신라 | 당나라가 사신을 보내어 부절을 가지고 신라왕을 주국·낙랑군공·신라왕으로 책봉하 |

여 아버지의 봉작을 잇게 하였다. (『三國史節要』8)

권근은 말한다. 하늘의 도에 있어서는 양은 강하고 음은 부드럽고, 인간의 도에 있어서는 남자는 높고 여자는 낮다. 남자는 밖에서 그 자리를 바르게 하고 여자는 안에서 그 자리를 바르게 한다. 이것이 천지간의 상도(常道)이다. 임금이 후사가 없으면 마땅히 종실의 훌륭한 이를 구하여 세자의 자리를 바르게 정하여야 한다. 이것이 고금에 통하는 옳은 도리이다. 신라 진평왕(眞平王)이 자식이 없어 딸 덕만(德曼)을 유별나게 사랑하여 그녀를 왕위에 세우려고 하였다. 그가 즉위함에 이르러서도 여러 신하들이 또한 대의(大義)로써 종실의 훌륭한 이를 택하지 못하고, 그 임금의 옳지 않은 생각을 탐지하여 그 딸을 세웠으니, 옳은 도리를 그르친 정도가 심한 것이다. 진실로 훌륭한 천자가 위에 있어서 마땅히 그 명분을 바르게 하여 사신을 보내 좋은 임금을 선택하여 세우도록 견책하는 것이 옳은 것이다. 만약 먼 지방이라 중국과 같이 하기가 어려웠다면 도외시하는 것이 역시 옳은 일이다. 그럼에도 당(唐) 태종(太宗)의 영민과 총명으로도 명분을 바르게 하여 음양과 남녀의 분수를 판정하지 못하고, 사신을 보내어 여자를 낙랑군공·신라왕에 책봉한다는 분부를 내렸다. 저 공(公)이나 왕(王)이란 말은 모두 나라의 주인이 되고 백성의 임금이 된다는 칭호인데 이것을 함부로 여자에게 붙였으니, 이는 존비의 분별과 도리의 중대성을 태종 스스로 허물어버린 것이다. 얼마 안 되어 결국 무씨(武氏)가 참절(僭竊)하는 화를 초래하여 하늘의 바른 도리를 어지럽히게 되어 당 나라의 왕손들이 거의 다 죽었으니, 이는 음의 참혹한 해독이 실로 태종의 이 행동에서 길을 튼 것이다. (『三國史節要』8)

신라	(정관) 9년 사신을 보내 부절을 갖고 선덕(善德)을 주국에 책봉하고 낙랑군왕(樂浪郡王)·신라왕으로 봉하였다. (『舊唐書』199上 列傳 149上 東夷 新羅)
신라	(정관) 9년 사자를 보내 선덕을 책봉하여 아버지의 봉작을 잇도록 하였는데 나라 사람들이 성조황고(聖祖皇姑)라고 불렀다. (『新唐書』220 列傳 145 東夷 新羅)
신라	정관 9년 사신을 보내 선덕을 낙랑군왕·신라왕으로 삼았다. (『太平御覽』781 四夷部 2 東夷 2 신라)
신라	(당 태종 정관 9년) 이해 사신을 보내 부절을 갖고 신라 김선덕(金善德)을 주국에 책봉하고 낙랑군공·신라왕으로 봉하였다. (『冊府元龜』964 外臣部 9 冊封 2)
신라	영묘사(靈廟寺)를 완성하였다. (『三國史記』5 新羅本紀 5)
신라	신라가 영묘사가 완성되었다. (『三國史節要』8)
신라	겨울 10월에 이찬(伊湌) 영품(永品)과 용수(龍樹)[용춘(龍春)이라고도 부른다]를 보내어 주현(州縣)을 두루 돌며 위문하였다. (『三國史記』5 新羅本紀 5)
신라	겨울 10월 신라왕이 이찬 영품과 용수를 보내어 주현을 두루 돌며 위문하였다. (『三國史節要』8)
백제	(당 태종 정관 9년) 11월 백제 (…) 등이 더불어 사신을 보내 조회하고 방물을 바쳤다. (『冊府元龜』970 外臣部 15 朝貢 3)

636(丙申/신라 선덕왕 5 仁平 3/고구려 영류왕 19/백제 무왕 37/唐 貞觀 10/倭 舒明 8)

신라	봄 정월 이찬(伊湌) 수품(水品)을 상대등(上大等)으로 삼았다. (『三國史記』5 新羅本紀 5)
신라	봄 정월 신라가 이찬 수품을 상대등으로 삼았다. (『三國史節要』8)
백제	봄 2월 사신을 보내어 당나라에 조공하였다. (『三國史記』27 百濟本紀 5)

백제	2월 백제가 사신을 보내어 당나라에 조공하였다. (『三國史節要』8)
백제	(당 태종 정관 10년) 2월 백제·언기(焉耆)·우전(于闐)·소륵(疏勒) (…) 등이 더불어 사신을 보내어 조공하였다. (『冊府元龜』970 外臣部 15 朝貢 3)
신라	3월에 왕이 병이 들었는데 의술과 기도로 효과가 없었으므로, 황룡사(皇龍寺)에서 백고좌회(百高座會)를 열어 승려를 모아 『인왕경(仁王經)』을 강론하게 하고 1백명에게 승려가 되는 것을 허락하였다. (『三國史記』5 新羅本紀 5)
신라	3월 신라왕이 병이 들자 황룡사에서 백고좌회를 열어 인왕경을 강론하게 하고 1백명에게 승려가 되는 것을 허락하였다. (『三國史節要』8)
백제	3월에 왕이 측근 신하들을 데리고 사비하(沙沘河) 북쪽 포구에서 잔치를 베풀었다. 포구의 양쪽 언덕에 기암괴석이 서있고, 그 사이에 진기한 화초가 있어 마치 그림 같았다. 왕이 술을 마시고 몹시 즐거워하여, 거문고를 켜면서 노래를 부르자 수행한 자들도 여러 번 춤을 추었다. 당시 사람들이 그곳을 대왕포(大王浦)라고 불렀다. (『三國史記』27 百濟本紀 5)
백제	(3월) 백제왕이 매번 신하들을 이끌고 사비하 북쪽 포구에서 놀며 연회를 열어 마시고 노래부르게 하였다. 왕이 취하면 반드시 거문고를 켜면서 스스로 노래 부르면 시종하는 자들에게 춤을 추게 하였다. 당시 사람들이 그곳을 대왕포라고 불렀다. (『三國史節要』8)
백제	또 사비하의 양쪽 언덕은 마치 그림 병풍과 같아서 백제 왕이 매양 그곳에서 잔치를 열고 노래하고 춤추었으므로 지금도 대왕포라고 부른다. (『三國遺事』2 紀異 南夫餘前百濟北扶餘)
신라 백제	여름 5월에 두꺼비가 궁궐 서쪽의 옥문지(玉門池)에 많이 모였다. 왕이 이를 듣고 좌우에게 말하기를, "두꺼비는 성난 눈을 가지고 있으니 이는 병사의 모습이다. 내가 일찍이 들으니 서남쪽 변경에 이름이 옥문곡(玉門谷)이라는 땅이 있다고 하니 혹시 이웃 나라의 군사가 그 안에 숨어 들어온 것은 아닌가."라고 하였다. 이에 장군 알천(關川)과 필탄(弼呑)에게 명하여 군사를 이끌고 가서 찾아보게 하였다. 과연 백제의 장군 우소(于召)가 독산성(獨山城)을 습격하려고 갑병(甲兵) 500명을 이끌고 와서 그곳에 숨어 있었는데, 알천이 갑자기 쳐서 그들을 모두 죽였다. (『三國史記』5 新羅本紀 5)
백제 신라	여름 5월에 왕이 장군 우소에게 명령하여 갑병 500명을 거느리고 신라의 독산성을 공격하게 하였다. 우소가 옥문곡에 이르렀을 때 해가 저물기 시작하였다. 그는 안장을 풀고 군사를 쉬게 하였다. 그때 신라 장군 알천이 군사를 거느리고 몰래 기습하여 왔다. 우소가 큰 돌 위에 올라서서 활을 쏘면서 대항하여 싸우다가 화살이 모두 떨어지자 그들에게 사로잡혔다. (『三國史記』27 百濟本紀 5)
신라 백제	여름 5월에 두꺼비가 궁궐 서쪽의 옥문지에 많이 모였다. 왕이 좌우에게 말하기를, "두꺼비는 성난 눈을 가지고 있으니 이는 병사의 모습이다. 내가 일찍이 들으니 서남쪽 변경에 이름이 옥문곡이라는 땅이 있다고 하니 혹시 이웃 나라의 군사가 그 안에 숨어 들어온 것은 아닌가."라고 하였다. 이에 장군 알천에게 명하여 찾아보게 하였다. 과연 백제의 장군 우소가 갑병 500명을 이끌고 와서 독산성을 습격하려 옥문곡에 이르러 안장을 풀고 군사를 쉬게 하고 있었는데, 알천이 갑자기 쳐서 그들을 모두 죽였다. 왕이 기뻐하여 비단 200필을 내려 주었다. (『三國史節要』8)
신라 백제	두 번째는 영묘사 옥문지에 겨울임에도 많은 두꺼비들이 모여 3~4일 동안이나 울었다. 나라 사람들이 그것을 괴이하게 여겨 왕에게 물은 즉, 왕은 급히 각간(角干)

알천·필탄 등에게 명하여 정병 2,000을 뽑아 "속히 서쪽 교외로 나가 여근곡(女根谷)을 수색하면 필히 적병이 있을 것이니 엄습하여 그들을 죽이라." 하였다. 두 각간이 명을 받들어 각각 군사 1천 명씩을 거느리고 서쪽 교외에 가서 물으니 부산(富山) 아래에 과연 여근곡이 있었다. 백제 군사 5백 명이 그곳에 와서 숨어 있으므로 이들을 모두 죽여 버렸다. 백제 장군 울소(亏召)란 자가 남산(南山) 고개 바위 위에 숨어 있으므로 이를 포위하여 활로 쏘아 죽이고, 이후 백제군 1,200명이 오자 역시 쳐서 모두 죽여 한 사람도 남기지 않았다. (『三國遺事』 1 紀異 1 知機三事)

| 백제 | 6월 가뭄이 들었다. (『三國史記』 27 百濟本紀 5) |
| 백제 | 6월 백제에 가뭄이 들었다. (『三國史節要』 8) |

| 백제 | 가을 8월 망해루(望海樓)에서 여러 신하들에게 잔치를 베풀었다. (『三國史記』 27 百濟本紀 5) |
| 백제 | 가을 8월 백제가 망해루에서 여러 신하들에게 잔치를 베풀었다. (『三國史節要』 8) |

| 신라 | 자장법사(慈藏法師)가 불법(佛法)을 구하러 당나라에 들어갔다. (『三國史記』 5 新羅本紀 5) |

신라 고구려 백제

신라 제27대 선덕왕 즉위 5년, 정관(貞觀) 10년 병신에 자장법사 가 당나라에 유학하여 곧 오대 에서 문수보살이 불법을 주는 것을 감응하여 얻었다.[자세한 것은 본전(本傳)에 보인다.] 문수가 또 말하기를 "너희 국왕은 천축(天竺)의 찰리종(刹利種) 왕으로 미리 불기(佛記)를 받았기 때문에 특별히 인연이 있어 동이(東夷) 공공(共工)의 종족과는 같지 않다. 그러나 산천이 험하기 때문에 사람의 성질이 거칠고 사나워 사견(邪見)을 많이 믿어 때때로 천신이 재앙을 내리기도 한다. 그러나 다문비구(多聞比丘)가 나라 안에 있어서 군신이 평안하고 백성이 화평하다"라고 하였다. 말이 끝나자 사라졌다. 자장은 이것이 대성이 변화한 것을 알고 슬피 울면서 물러났다. 중국의 태화지(太和池) 근처를 지나칠 때 갑자기 신인(神人)이 나와서 물었다. "어찌 이에 이르게 되었는가." 자장이 답하여 말하기를 "보리(菩提)를 구하기 때문입니다." 라고 하였다. 신인이 예를 갖춰 절하고 또 묻기를 "너희 나라는 어떤 어려움에 빠져 있는가?"라고 하니 자장이 "우리나라는 북쪽으로 말갈 (靺鞨)을 연하고 남쪽으로 왜국을 접하고 있고 고구려와 백제 두 나라가 번갈아 변경을 침범하여 이웃나라의 침략이 종횡하니 이것이 백성의 걱정입니다"라고 하였다. 신인이 말하기를 "지금 너희 나라는 여자가 왕이 되어 덕은 있으나 위엄은 없다. 그러므로 이웃나라가 꾀하는 것이다. 마땅히 속히 본국으로 돌아가라"라고 하였다. 자장이 "본국으로 돌아가면 장차 무엇이 이익이 되겠는가."라고 물으니 신인이 "황룡사 호법룡은 나의 장자로 범왕(梵王)의 명을 받아 그 절에 가서 호위하고 있으니 본국으로 귀국하여 절 안에 9층탑을 조성하면 이웃나라가 항복하고 구한(九韓)이 와서 조공하여 왕업이 영원히 평안할 것이다. 탑을 건립한 후에 팔관회를 베풀고 죄인을 사면하면 곧 외적이 해를 가할 수 없을 것이다. 또 나를 위하여 경기(京畿) 남쪽 해안에 정려(精廬) 하나를 세워 함께 나의 복을 빌어주면 나 역시 덕을 갚을 것이다"라고 하였다. 말이 끝나자 드디어 옥을 받들어 바치고 홀연히 사라져 보이지 않았다[사중기(寺中記)에는 종남산(終南山) 원향선사(圓香禪師)의 거처에서 건탑의 이유를 받았다고 하였다]. (『三國遺事』 3 塔像 4 皇龍寺九層塔)

신라 산중의 고전을 살펴보면 이 산(오대산을 이름)을 참된 성인의 거주처라고 이름한 것은 자장법사(慈藏法師)로부터 시작되었다고 한다. 처음 법사가 중국 오대산(五臺山)의 문수보살의 진신(眞身)을 보고자 선덕왕 때인 정관 10년 병신(丙申)[『당승전』에는 12년이라 하였으나 여기에서는 삼국본사(三國本史)를 따른다.]에 당나라에 들어갔다. 처음에[법사가]중국 태화지(太和池) 가의 문수보살의 석상이 있는 곳에 이르러 7일 동안 정성스럽게 기도를 하였더니, 홀연히 꿈에 대성(大聖)이 4구의 게(偈)를 주었다. 꿈을 깨고 보니 기억은 하겠으나 모두 범어(梵語)이므로 해독하지 못하여 망연하였다. 다음날 아침 갑자기 한 스님이 붉은 깁에 금점이 있는 가사 한 벌과 부처의 바리때 하나와 부처의 머리뼈 한 조각을 가지고 법사 의 곁에 이르러서 묻기를, "어찌하여 그리 근심하시오"라고 하였다. 법사 가 대답하기를 "꿈에 사구의 게(偈)를 받았는데 그 게가 모두 범어(梵語)이므로 해석할 수 없는 글들이어서 그렇습니다."라고 하였다. 그 스님이 번역하여서 일러주기를, "가라파좌낭(呵囉婆佐曩)은 일체법(一切法)을 깨달았다는 말이요, 달예치구야(達嚇哆佉嘢)는 자성(自性)이 가진 바 없다는 말이요, 낭가사가랑(曩伽呬伽曩)은 법성(法性)을 이와 같이 해석한다는 말이요. 달예노사나라(達嚇盧舍那) 함은 즉 노사나(盧舍那)를 본다는 말이외다."라고 하고는 이어 그 스님이 가졌던 가사 등 물건을 주면서 부탁하기를, "이것은 본사(本師) 석가세존께서 쓰시던 도구이니, 그대가 잘 간직하시오."라고 하였다. 또 말하길, "그대의 본국 동북방 명주(溟州) 경계에 오대산(五臺山)이 있고, 1만 문수보살이 항상 머물러 있으니 그대는 가서 뵙도록 하시오"라고 하였다. 말을 마치자 곧 사라졌다. 법사가[영험있는 유적을 두루 찾아보고, 장차 고국(本國)으로 돌아오려고 하는데, 태화 연못가의 용이 나타나 재(齋) 지내주기를 청하므로 7일 동안 공양하였다. 이에 용은법사에게 고하기를, "옛날 게(偈)를 전수한 노승이 바로 참 문수보살입니다."고 하였다. 또 절을 창건하고 탑을 세울 것을 간절히 부탁하였는데, 별전(別傳)에 자세히 실려 있다. (『三國遺事』 3 塔像 4 臺山五萬眞身)

신라　자장은 스스로 변방에서 태어난 것을 한탄하여 서쪽에서 불교의 교화를 배우기를 바랐다. 인평(仁平) 3년 병신(丙申)[곧 정관(貞觀) 10년이다.]에 칙명을 받아 문하의 승려인 실(實) 등 10여 명과 함께 서쪽으로 당에 들어가 청량산(淸凉山)을 찾아갔다. 산에 만수대성(曼殊大聖)의 소상이 있는데 그 나라에 서로 전하여 말하기를 "제석천이 석공을 이끌고 와서 조각한 것이다"라고 한다. 자장이 소상의 앞에서 기도하며 명감(冥感)을 하고는, 소상이 정수리를 쓰다듬고 범게(梵偈)를 주는 꿈을 꾸었다. 깨어나도 뜻을 알지 못했다. 아침이 되자 이상한 중이 와서 풀이해 주고[이미 황룡사 탑편에 나왔다] 또 말하기를 "비록 만교(萬敎)를 배우더라도 아직 이를 뛰어넘는 것이 없다."라고 하였다. 또한 가사와 사리 등을 주고 사라졌다.[자장은 처음에 그것을 숨겼기 때문에 『당고승전』에는 수록되지 않았다.] 자장은 자신이 성인의 기별을 꿈꾼 것을 알고 이에 북대(北臺)를 내려가 태화지(太和池)로 갔다. 장안에 들어가니 태종이 칙사를 보내 위로하였고 승광별원(勝光別院)에 안치하고 총애하여 사여하는 것이 자못 후하였다. 자장은 그 번잡함을 싫어하여 표를 올리고 종남산(終南山) 운제사(雲際寺)의 동쪽 벼랑에 들어가 바위 사이에 집을 짓고 3년을 거하였다. 인신(人神)이 계를 받고 신령의 응함이 매양 많았는데 말이 번거로워 싣지 않는다. 이미 다시 장안으로 가니 또한 칙명으로 위로하고 견(絹) 200필을 주어 의복과 비용으로 쓰게 하였다. (『三國遺事』 4 義解 5 慈藏定律)

637(丁酉/신라 선덕왕 6 仁平 4/고구려 영류왕 20/백제 무왕 38/唐 貞觀 11/倭 舒明 9)

신라　봄 정월 이찬(伊湌) 사진(思眞)을 서불한(舒弗邯)으로 삼았다. (『三國史記』 5 新羅本紀 5)

신라　봄 정월 신라가 이찬 사진을 서불한으로 삼았다. (『三國史節要』 8)

백제	봄 2월 왕도에 지진이 일어났는데, 3월에 또 지진이 일어났다. (『三國史記』27 百濟本紀 5)
백제	봄 2월 백제의 왕도에 지진이 일어났는데, 3월에 또 지진이 일어났다. (『三國史節要』8)

신라	가을 7월 알천(關川)을 대장군(大將軍)으로 삼았다. (『三國史記』5 新羅本紀 5)
신라	가을 7월 신라가 알천을 대장군으로 삼았다. (『三國史節要』8)

백제	(정관 11년) 12월 신유일(11) 백제왕이 그 태자 융(隆)을 보내 조회하였다. (『舊唐書』3 本紀 3 太宗 下) (『舊唐書』3 本紀 3 太宗 下)
백제	겨울 12월 사신을 당나라에 보내어 철갑(鐵甲)과 조부(雕斧)를 바쳤다. 태종이 후하게 위로하고 비단 도포와 채색비단 3,000단을 주었다. (『三國史記』27 百濟本紀 5)
백제	겨울 12월 백제가 사신을 당나라에 보내어 철갑과 조부를 바쳤다. 태종이 후하게 위로하고 비단 도포와 채색비단 3,000단을 주었다. (『三國史節要』8)
백제	(당 태종 정관 11년) 12월 백제왕 부여장(扶餘璋)이 태자 융을 보내어 조회하고 철갑과 조부를 바치니 황제가 후하게 위로하였다. (『冊府元龜』970 外臣部 15 朝貢 3)
백제	(정관) 11년 사신을 보내어 조공하고 철갑과 조부를 바쳤다. 태종이 후하게 위로하고 채색비단 3,000단과 비단 도포를 내려 주었다. (『舊唐書』199上 列傳 149上 東夷 百濟)
백제	(당서에서 또 말하기를) (정관) 11년 사신을 보내어 철갑과 조부를 바쳤다. 태종이 후하게 위로하고 채색 비단과 비단 도포를 내려 주었다. (『太平御覽』781 四夷部 2 東夷 2 百濟)
백제	[백제전(百濟傳)] (…) 정관 연간(627~649)에 철갑과 조부를 바치니 황제가 그 수고를 위로 하고 폐백을 내려 주었다. (『玉海』151 兵制 劍戰 鎧甲)
백제	[동이전(東夷傳)] (…) 정관 연간에 다시 사신을 보내어 조공하여 철갑과 조부를 바치니 비단 3,000단을 내려 주었다. (『玉海』154 朝貢 獻方物)

신라	선덕왕 6년 정관 11년 (삭주(朔州)를) 우수주(牛首州)로 하고 군주(軍主)를 두었다[한편으로는 문무왕 13년, 당나라 함형(咸亨) 4년 수약주(首若州)를 두었다고 한다]. (『三國史記』35 雜志 4 地理 2 朔州)
신라	신라가 북쪽의 삭주를 우수주로 삼고 군주를 두었다. (『三國史節要』8)

신라	나이가 10살이 넘어서자 정신의 슬기로움이 투명하고 향기가 높아 보통 사람의 수준을 아득하게 넘어섰다. 그는 세상의 변천과 역사 서적도 거의 모두 읽었으나 그의 정의(情意)는 막막하기만 하고 마음이 그에 물들어 달려가지 않았다. 때마침 양친이 모두 세상을 떠나자 더욱 세상의 화려함이 싫어지고 덧없음을 깊이 체험하여 끝내 공적(空寂)으로 돌아간다는 것을 체득하였다. 이에 처자와 저택·전원 등을 버려 필요한 사람에 모두 나누어주고 비전(悲田)과 경전(敬田)의 보시업을 행한 뒤에 홀로 임학(林壑)에 의탁하여 거칠고 추한 옷과 짚신으로 남은 목숨을 마치고자 하였다. 마침내 가파른 낭떠러지에 올라 홀로 고요히 선을 수행하면서 호랑이와 들소를 피하지 않고 항상 보시하기 어려움을 생각하였다. 때로 마음이 고단하고 졸려 심행(心行)이 미약해지려 하면 작은 방에 자리잡고 주위를 가시로 둘러쳐 가로막아 살을 드러내고 꼿꼿하게 앉아서 만일 움직이면 가시가 살을 찌르게 하였고, 머리카락을 풀

어서 대들보에 매달아놓고 혼미하고 아득해지는 마음을 없애면서 백골관(白骨觀)을 닦이 더욱 밝고 날카로운 경지로 향하게 되었다. 그리하여 명행(冥行)이 뚜렷이 나타나는 가피를 입었다. 대중들이 모두 우러르게 되자 재상에 해당하는 지위에 자주 부름을 받았으나 나아가지 않았다. 왕이 크게 노하여 친사를 산으로 보내어 곧 손수 칼로 베어 죽이려 하였다. 자장이 말하기를, "나는 차라리 하루라도 계를 지키다가 죽을지언정 일생을 파계하면서 살기를 원하지 않는다."라고 하니, 사자가 그것을 보고 감히 그를 베지 못하고 이 사실을 위에 보고하였다. 이에 왕이 부끄러워하면서 감복하여 그를 놓아주고 출가하여 마음껏 도를 닦게 하였다. 그는 곧 다시 깊이 숨어 외부와 왕래를 끊었다. 양식은 물론 궁핍하였지만 죽음을 운명으로 생각하였더니, 문득 감응이 일어나서 기이한 새들이 여러 과일을 물고 와서 손에 앉아 과일을 주고 새들도 손바닥에 자리잡고 함께 먹었다. 때가 되면 반드시 그렇게 하여 조금도 시간을 어기는 일이 없었다. 이는 그의 행이 현징(玄徵)에 감응한 것으로 그와 짝할 사람은 거의 없을 것이다. 그러면서 그는 늘 슬픈 생각을 품고 중생들을 자애(慈哀) 하여 무슨 방편으로 그들을 생사의 윤회에서 벗어나게 하여 줄 것인가를 생각하였다. 어느 날 마침내 두 사람의 장부가 잠자리에 나타나 묻기를, "그대는 그윽이 숨어 있으면서 어떤 이익을 원하고 있는가?"라고 하였다. 이에 자장이 답하기를, "오직 중생들을 이익되게 하고자 한다."라고 하였다. 그들은 곧 자장에게 오계(五戒)를 내려주고 나서 말하기를, "이 오계로써 중생을 이익되게 할 수 있을 것이다."라고 하였다. 다시 자장에게 말하기를, "우리는 도리천에서 왔으며 일부러 그대에게 계를 내려주기 위해 왔다."라고 하였다. 이어서 공중으로 치솟아 사라졌다. 이에 그는 산에서 나와 한 달 동안 나라 안의 남녀노소들에게 모두 오계를 주었다. 그 후 그는 다시 '태어나서 변두리 땅에 있으니 이곳에 불법이 아직 홍법되지 않아서 눈으로 경험하지 않고서는 승봉(承奉)할 길이 없다'라고 깊이 생각한 뒤에 곧 본국의 왕에게 이 뜻을 아뢰고 서쪽으로 가서 큰 교화를 보고 오겠다고 하였다. (『續高僧傳』 24 護法 下 唐新羅國大僧統 釋慈藏 5(圓勝))

638(戊戌/신라 선덕왕 7 仁平 5/고구려 영류왕 21/백제 무왕 39/唐 貞觀 12/倭 舒明 10)

신라 　　봄 3월 칠중성(七重城) 남쪽의 큰 돌이 스스로 35보나 움직였다. (『三國史記』 5 新羅本紀 5)

신라 　　봄 3월 신라 칠중성 남쪽의 큰 돌이 스스로 35보나 움직였다. (『三國史節要』 8)

백제 　　봄 3월 왕이 비빈들과 함께 큰 못에 배를 띄우고 놀았다. (『三國史記』 27 百濟本紀 5)

백제 　　(봄 3월) 백제왕이 비빈들과 함께 큰 못에 배를 띄우고 놀았다. (『三國史節要』 8)

신라 　　가을 9월 노란 꽃비가 내렸다. (『三國史記』 5 新羅本紀 5)

신라 　　가을 9월 신라에서 노란 꽃비가 내렸다. (『三國史節要』 8)

백제 　　(정관 12년 겨울 10월) 기해일(25) 백제가 사신을 보내어 금갑과 조부(雕斧)를 바쳤다. (『舊唐書』 3 本紀 3 太宗 下)

백제 　　[구당서 본기(舊紀)] 정관 12년 10월 기해일(25) 백제가 금갑과 조부를 바쳤다. (『玉海』 151 兵制 劒戰 鎧甲)

신라 고구려 　　겨울 10월 고구려가 북쪽 변방의 칠중성을 공격하니 백성들이 놀라 산과 계곡으로 숨었다. 왕이 대장군 알천에게 명하여 그들을 안정시키게 하였다. (『三國史記』 5 新羅本紀 5)

고구려 신라   겨울 10월 신라 북쪽 변방의 칠중성을 공격하였다. 신라 장군 알천이 맞서 칠중성 밖에서 싸우니 우리 병사들이 패하였다. (『三國史記』20 高句麗本紀 8)

고구려 신라   겨울 10월 고구려가 신라 북쪽 변방의 칠중성을 공격하니 백성들이 놀라 산과 계곡으로 숨었다. 왕이 대장군 알천에게 명하여 그들을 안정시키게 하였다. 알천이 고구려 군대와 칠중성 밖에서 싸워 이겼는데 죽이거나 포로로 잡힌 자가 매우 많았다. (『三國史節要』8)

신라 고구려   11월 알천이 고구려 군대와 칠중성 밖에서 싸워 이겼다. 죽이거나 포로로 잡힌 자가 매우 많았다. (『三國史記』5 新羅本紀 5)

백제 신라 임나

    이 해에 백제·신라·임나가 나란히 조공하였다. (『日本書紀』23 舒明紀)

신라   정관12년에 문인인 승실(僧實) 등 19여 명을 거느리고 동쪽 나라를 떠나 수도에 이르렀다. 그곳에서 황제의 위무를 받고 승광사(勝光寺) 별원(別院)에 거처하면서 후한 예우와 남다른 공양을 받았다. 그곳에 인물이 많이 모여들고 재물이 쌓이게 되자 곧 밖에서 도둑이 들어왔다. 도둑이 물건을 가져갈려 할 때 마음이 떨리고 자기도 모르게 놀라 돌아와서 잘못을 시인하였다. 이에 그는 곧 그들에게 계를 내려주었다. 태어나면서부터 앞을 못 보던 사람이 있었는데, 자장을 찾아가 참회를 한 후 돌아가 눈을 뜰 수 있었다. 이러한 상서로운 감응으로 말미암아 그로부터 계를 받는 사람이 하루에도 1,000명을 헤아리게 되었다. 그는 성품이 고요한 곳에 깃드는 것을 즐겨 이 뜻을 황제에게 아뢰고, 입산하여 종남산(終南山) 운제사(雲際寺)의 동쪽 까마득한 절벽 위에 방을 마련하고 그곳에 거처하였다. 아침저녁으로 사람과 귀신이 계에 귀의하니 다시 모여들게 되었다. 당시 소진(少疹)에 전염된 사람이 있어 신에게 계를 받아서 아픈 곳을 어루만져 주니 금세 발진이 없어지고 병이 치유되었다. (『續高僧傳』24 護法 下 唐新羅國大僧統 釋慈藏 5(圓勝))

신라   시독(侍讀) 우군대감(右軍大監) 겸(兼) 성공(省公) 신(臣) 박거물(朴居勿)이 왕명을 받들어 지음. 살펴보건대 황룡사(皇龍寺) 9층탑은 선덕대왕대에 세운 것이다. 옛날에 선종랑(善宗郎)이라는 진골 귀인이 있었다. 그는 어려서 살생을 좋아하여 매를 놓아 꿩을 잡았는데, 그 꿩이 눈물을 흘리며 울자 이에 감동하여 마음을 일으켜 출가하여 도에 들어갈 것을 청하고 법호를 자장(慈藏)이라 하였다. 선덕대왕이 즉위한 지 7년째 되는 당나라 정관 12년 우리나라 인평(仁平) 5년 무술년에 우리나라 사신 신통(神通)을 따라 당나라에 들어갔다. (「皇龍寺刹柱本記」)

639(己亥/신라 선덕왕 8 仁平 6/고구려 영류왕 22/백제 무왕 40/唐 貞觀 13/倭 舒明 11)

백제   가만히 생각하건대 법왕(法王)께서 세상에 나오셔서 근기(根機)에 따라 감응하시고, 중생에 응하여 몸을 드러내신 것은 물속에 달이 비치는 것과 같다. 그리시 석가모니께서는 王宮에 태어나셔서 사라쌍수 아래에서 열반에 드시면서 8곡(斛)의 사리를 남겨 3천 대천세계를 이익되게 하셨다. 그러니 마침내 오색(五色)으로 빛나는 사리를 7번 돌게 하였으니 그 신통변화는 불가사의하였다. 우리 백제 왕후께서는 좌평(佐平) 사택적덕(沙宅積德)의 따님으로 지극히 오랜 세월에 선인(善因)을 심어 현생에 뛰어난 과보를 받아 만민을 어루만져 기르시고 삼보(三寶)의 동량(棟梁)이 되셨기에 능히 정재(淨財)를 희사하여 가람(伽藍)을 세우시고, 기해년 정월 29일에 사리를 받들어 맞이했다.

원하옵나니, 세세토록 공양하고 영원토록 다함이 없어서 이 선근(善根)으로 대왕폐히(大王陛下)의 수명은 산악과 나란히 견고하고 보력(寶曆)은 천지와 함께 영구하여, 위로는 정법(正法)을 넓히고 아래로는 창생(蒼生)을 교화하게 하소서.

또 원하옵나니, 왕후(王后)의 신심(身心)은 수경(水鏡)과 같아서 법계(法界)를 비추어 항상 밝히시며, 금강같은 몸은 허공과 나란히 불멸(不滅)하시어 七世를 영원토록 다 함께 복되고 이롭게 하시고, 모든 중생들이 다 함께 불도(佛道)를 이루게 하소서. (「彌勒寺址 出土 金製舍利奉安記」)

신라 　 봄 정월 신라가 하슬라주(何瑟羅州)를 북소경(北小京)으로 삼고 사신(仕臣)을 두었는데, 사찬(沙湌) 진주(眞珠)에게 명하여 지키게 하였다. (『三國史節要』 8)

신라 　 봄 2월 하슬라주를 북소경으로 삼고 사찬 진주로 하여금 지키게 하였다. (『三國史記』 5 新羅本紀 5)

신라 　 가을 7월 동해 바닷물이 붉게 변하고 또 뜨거워져서 물고기와 자라가 죽었다. (『三國史記』 5 新羅本紀 5)

신라 　 가을 7월 신라 동해 바닷물이 붉게 변하고 또 뜨거워져서 물고기와 자라가 죽었다. (『三國史節要』 8)

백제 　 가을 7월에 조를 내려 "금년에 큰 궁궐과 큰 절을 만들어라"라고 하였다. 그래서 구다라가와(百濟川) 옆을 궁궐터로 하여 서쪽의 백성은 궁궐을 짓고 동쪽의 백성은 절을 지었다. 또 서후미노아타이아가타(書直縣)를 대장(大匠)으로 삼았다. (『日本書紀』 23 舒明紀)

신라 　 가을 9월에 당의 학문승 에온(惠隱)·에운(惠雲)이 신라의 송사(送使)를 따라 서울에 들어왔다. (『日本書紀』23 舒明紀)

백제 　 겨울 10월 또 당나라에 사신을 보내 금갑과 조부(雕斧)를 바쳤다. (『三國史記』 27 百濟本紀 5)

백제 　 겨울 10월 백제가 당나라에 사신을 보내 금갑과 조부를 바쳤다. (『三國史節要』 8)

백제 　 (당 태종 정관 13년) 10월 백제가 사신을 보내어 금갑과 조부를 바쳤다. (『冊府元龜』 970 外臣部 15 朝貢 3)

신라 　 겨울 11월 경자(庚子) 초하루날에 신라 사신에게 조당(朝堂)에서 잔치를 베풀고 관위(冠位) 1급을 주었다. (『日本書紀』 23 舒明紀)

백제 　 백제 무광왕(武廣王)은 지모밀지(枳慕蜜地)로 서울을 옮기고 새로이 절집을 꾸렸다. 정관13년 기해년 겨울 11월 하늘에는 큰 벼락과 비가 내려 제석정사를 불 태웠다. 불당 일곱계단 부도 회랑과 방 모두 타 없어졌다. 탑 아래 주춧돌 가운데에 여러 가지 일곱 보물과 또한 부처님 사리가 든 수정 병과 구리로 만든 종이 금강반야경을 베껴 옻칠한 나무함에 넣어두었다. 주춧돌을 들추고 열어보니 모두 남김없이 타버렸다. 오직 부처님 사리가 든 병과 반야경 옻칠함과 수정병 안팎을 살펴보니 모두 움직이지 않고 사리는 모두 없어졌다. 어디서 왔는지 모를 (사리) 6개가 있었다. 이를 보고 대왕과 여러 궁 사람들은 갑절로 받들어 발원하고 공양을 올렸다. 다시 절을 짓고 담아 두었다. (『觀世音應驗記』 百濟武廣王)

고구려 신라 (당서에서 말하길) (정관 13년 12월) 고려·신라·서돌궐(西突厥)·토화라(吐火羅)·강국(康國)·안국(安國)·파사(波斯)·극륵(棘勒)·우전(于闐)·언기(焉耆)·고창(高昌)·임읍(林邑)·곤명(昆明) 및 먼 변방 오랑캐의 추장들이 서로 차례로 사신을 보내어 조공하였다. (『太平御覽』 109 皇王部 34 唐 太宗文皇帝)

고구려 신라 이해에 (…) 고려·신라·서돌궐·토화라·강국·안국·파사·소륵·우전·언기·고창·임읍·곤명 및 먼 변방 오랑캐의 추장들이 서로 차례로 사신을 보내어 조공하였다. (『舊唐書』 3 本紀 3 太宗 下)

백제 (12월) 이 달에 구다라가와 옆에 9층탑을 세웠다. (『日本書紀』 23 舒明紀)

고구려 백제 신라
(정관) 13년 동궁에 숭문관을 두어 천하에서 처음으로 정하였다. 학사를 증축하였는데, 1,200구에 이르렀다. 비록 7영 비기(飛騎)에도 또한 학생을 두었으나, 박사를 보내어 경전을 가르치도록 하였다. 고려·백제·신라·고창·토번 같은 사이(四夷)들이 서로 이어 자제들을 학교에 보내니 8천명이 넘기에 이르렀다. (『新唐書』 44 志 34 選擧志 上)

고구려 백제 신라
당나라가 학사 2관을 증축하였다. [선거지(選擧志)] 무릇 관이 둘이니 문하성(門下省) 홍문관은 학생이 30명이고 동궁(東宮) 숭문관(崇文館)에 학생이 20명이다. 태종이 즉위하여 더욱 유학을 숭상하여 이에 문하에 따로 홍문관을 두고 서(書)와 율학(律學)을 추가하였고, 독경사(讀經史) 1부(部)를 더하였다. 13년에 동궁에 숭문관을 두어 천하에서 처음으로 정하고 학사를 증축하니 1,200구(區)나 되었다. 비록 7영(營) 비기(飛騎)에도 학생을 두었으나, 박사를 보내 경전을 가르치게 하였다. 고려·백제·신라·고창·토번 같은 사방의 오랑캐들이 서로 잇달아 자제들을 보내어 학교에 보내니 학생수가 8천명을 넘기에 이르렀다. (『玉海』 112 學校 學校)

고구려 백제 신라
[당(唐) 선거지(選擧志)] 태종이 유학을 숭상하여 고려 백제, 신라, 고창, 토번과 같은 사이(四夷)들이 자제를 보내어 학교에 보냈다. (『玉海』 116 選擧 科擧 3)

640(庚子/신라 선덕왕 9 仁平 7/고구려 영류왕 23/백제 무왕 41/唐 貞觀 14/倭 舒明 12)

백제 봄 정월 서북쪽에 혜성이 나타났다. (『三國史記』 27 百濟本紀 5)
백제 봄 정월 백제 서북쪽에 혜성이 나타났다. (『三國史節要』 8)

고구려 백제 신라
2월 정축일(10) 황제가 국자감에 행차하여 석존제를 보았다. 좨주 공영달(孔穎達)에게 효경(孝經)을 강독하게 하고, 좨주 이하부터 모든 학생과 성적이 좋은 학생들에게 차등있게 비단을 내려주었다. 이때 상께서 천하의 명유(名儒)들을 불러 학관(學官)으로 삼고 자주 국자감에 행차하여 강론하게 하였다. 학생이 능히 대경(大經; 예기·춘추좌씨전을 말함) 하나 이상에 밝으면 모두 관리에 임명하였다. 학관을 증축하니 1,200간이었고, 학생을 늘리니 가득 찰 때는 2,260명이었다. 둔영비기(屯營飛騎0에도 박사를 들여 경을 가르치게 하였다. 경전에 통하는 자는 청하면 공거(貢擧)를 얻었다. 이에 사방에서 학자들이 서울에 운집하였고, 곧 고려·백제·신라·고창·토번의 여러 추장들이 또한 자제들을 보내 국학에 입학시키니 강연(講筵)에 오르는 자들이 8천여 명에 이르렀다. 황제가 사설(師說) 많아 장구(章句)가 번잡함으로 공영달과 여

	러 유학자들에게 오경(五經)의 소(疏)를 짓게 하니 이를 일러 정의(正義)라고 하고, 학자들로 히여금 이를 익히게 하였다. (『資治通鑑』195 唐紀 11 太宗文武大聖大廣孝皇帝 中之上)
고구려	(봄 2월) 왕이 자제들을 당에 보내 국학에 보내 줄 것을 요청하였다. (『三國史記』 20 高句麗本紀 8)
백제	2월 자제들을 당나라에 보내 국학에 보내 줄 것을 요청하였다. (『三國史記』 27 百濟本紀 5)
고구려	(2월) 고구려가 자제들을 당에 보내 국학에 보내 줄 것을 요청하였다. (『三國史節要』 8)
백제	(2월) 백제가 자제들을 당나라에 보내 국학에 보내 줄 것을 요청하였다. (『三國史節要』 8)

고구려	봄 2월 세자 환권(桓權)을 당에 들여보내 조공하니, 태종이 위로하고 비단을 특별히 후하게 주었다. (『三國史記』 20 高句麗本紀 8)
고구려	2월 고구려왕이 세자 환권을 당에 들여보내 조공하니, 태종이 위로하고 비단을 특별히 후하게 주었다. (『三國史節要』 8)

신라	여름 5월에 왕이 자제들을 당나라에 보내서 국학에 입학시켜 주기를 청하였다. 이때 태종은 천하의 이름난 유학자를 많이 불러 모아 학관으로 삼고, 자주 국자감에 들러서 그들로 하여금 강론케 하였다. 학생으로서 대경(大經) 가운데 하나 이상에 능통한 사람은 모두 관직을 맡을 수 있도록 하고, 학사를 1천 2백 칸으로 늘려서 지었으며, 학생을 늘려서 3,260 명에 이르게 하였다. 이에 사방에서 배우고자 하는 사람이 서울에 구름처럼 모여 들었다. 이때 고구려·백제·고창·토번 역시 자제들을 보내 입학시켰다. (『三國史記』 5 新羅本紀 5)
신라	여름 5월에 신라가 자제들을 당나라에 보내서 국학에 입학시켜 주기를 청하였다. 이때 태종은 천하의 이름난 유학자를 많이 불러 모아 학관으로 삼고, 자주 국자감에 들러서 그들로 하여금 강론케 하였다. 학생으로서 대경(大經) 가운데 하나 이상에 능통한 사람은 모두 관직을 맡을 수 있도록 하고, 학사를 1천 2백 칸으로 늘려서 지었으며, 학생을 늘려서 3,260 명에 이르게 하였다. 이에 사방에서 배우고자 하는 사람이 서울에 구름처럼 모여 들었다. 삼국 역시 자제들을 입학시켰다. (『三國史節要』 8)

고구려	가을 9월 햇빛이 없어졌다가 3일이 지나 다시 밝아졌다. (『三國史記』 20 高句麗本紀 8)
고구려	가을 9월 고구려에 햇빛이 3일간 없었다. (『三國史節要』 8)
	권근은 말한다. 해라는 것은 뭇 양(陽)의 으뜸이며, 임금을 상징한다. 그런데 3일간 빛이 없었다 함은 개소문이 왕을 시해하려는 징조가 이미 나타난 것이다. 고구려의 군신은 마땅히 경계하고 삼가 두려워하면서 일어나기 전에 환란을 막았어야 했는데 애석하다. 그렇지 못함이여. (『三國史節要』 8)

백제 신라	겨울 10월 을축(乙丑) 초하루 을해일(11)에 당의 학문승 세이안(淸安), 학생 다카무쿠노아야히토겐리(高向漢人玄理)가 신라를 거쳐 이르렀다. 백제·신라의 조공사신이 함께 따라 왔는데, 그들에게 각각 관작 1급을 주었다. (『日本書紀』 23 舒明紀)
백제	(10월) 이 달에 구다라노미야(百濟宮)로 거처를 옮겼다. (『日本書紀』 23 舒明紀)

고구려	12얼 정유일(5) 후군집(侯君集)이 관덕전(觀德殿)에서 포로를 바쳤다. 행음(行飮)이 지극히 예에 맞았으며, 큰 잔치를 3일간 하였다. 이어 지성(智盛)을 좌무위장군(左武衛將軍)·금성군공(金城郡公)으로 삼았다. 황제가 고창의 악공(樂工)을 얻어 이를 태상(太常)에 소속하게 하고 9부악(九部樂)을 더하여 십부(十部)로 하였다.[72] (『資治通鑑』 195 唐紀 11 太宗文武大聖大廣孝皇帝 中之上)
고구려	(12월) 을묘일(23) 고구려 세자 환권이 와서 조회하였다. (『舊唐書』 3 本紀 3 太宗下)
고구려	(당 태종 정관) 14년 12월 을묘일(23) 고구려의 장자 환권이 와서 조회하니 직방낭중 진대덕(陳大德)을 보내어 유성(柳城)에서 맞이 하였다. (『冊府元龜』 974 外臣部 19 褒異 1)
고구려	14년 그 태자 환권을 보내어 조회하고 방물을 바치니 태종이 극진히 위로하였다. (『舊唐書』 199上 列傳 149上 東夷 高麗)
고구려	(당 태종 정관 14년) 이해에 고구려 왕이 그 태자 환권을 보내 조회하고 방물을 바쳤다. (『冊府元龜』 970 外臣部 15 朝貢 3)
고구려	한참 뒤에 태자 환권을 보내와 조근(朝覲)하고 방물을 바치니, 태종이 후히 보답하였다. 조서를 내려 사자 진대덕에게 부절을 주어 보내어 노고에 답하는 한편, 동정을 살펴보게 하였다. 대덕이 그 나라에 들어가 방비하는 관리에게 후한 뇌물을 주어 실정을 샅샅이 파악하고, 중국 유민들을 만나 친척들의 존망(存亡)을 말해주니, 사람마다 눈물을 흘렸다. 그러므로 가는 곳마다 사녀(士女)들이 길 양옆에 나와 구경하였다. (『新唐書』 220 列傳 145 東夷 高麗)

641(辛丑/신라 선덕왕 10 仁平 8/고구려 영류왕 24/백제 무왕 42, 의자왕 1/唐 貞觀 15/倭 舒明 13)

백제	봄 3월 왕이 돌아가셨다. 시호를 무(武)라고 하였다. 사신이 당나라에 가서 소복을 입고 표문을 바쳐 "임금의 번신 부여장(扶餘璋)이 죽었습니다."라고 알렸다. 황제는 현무문(玄武門)에서 추도 의식을 거행하고 조서를 보내 이르기를 "먼 나라를 사랑하는 방도는 총명(寵命)보다 나은 것이 없고, 죽은 자를 표창하는 의리는 먼 곳이라 하여 막혀 있는 것이 아니다. 고(故) 주국(柱國)·대방군왕(帶方郡王)·백제왕(百濟王) 부여장은 산을 넘고 바다 건너 멀리까지 와서 정삭(正朔)을 받고, 공물을 바치고 표문을 올리기를 한결같이 하다가 갑자기 죽음을 당하였으니 그를 깊이 추도한다. 마땅히 상례 이상으로 영전을 표하여 광록대부(光祿大夫)로 추증하노라."라 하고, 부의(賻儀)를 매우 후하게 보냈다. (『三國史記』 27 百濟本紀 5)
백제	의자왕은 무왕(武王)의 맏아들로서 용감하고 대담하며 결단성이 있었다. 무왕 재위 33년에 태자가 되었다. 부모에게 효도하고, 형제간에 우애가 있어서 당시에 해동증자(海東曾子)라고 하였다. 무왕이 사망하자 태자가 왕위를 이었다. 당나라 태종이 사부낭중(祠部郎中) 정무표(鄭文表)를 보내 왕을 주국·대방군왕·백제왕으로 책봉하였다. (『三國史記』 28 百濟本紀 6)
백제	봄 3월에 백제왕 장(璋)이 돌아가셨다. 시호를 무라고 하였다. 태자 의자가 왕위에

---

72) 『당육전(唐六典)』에 전한다. "대체로 대연회에는 뜰에 10부기(十部之伎)를 설치하여 화이(華夷)를 가춘다. 첫째는 연악기(宴樂伎)라고 하는데, 경운악(景雲樂)의 무용, 경선악(慶善樂)의 무용, 파진악(破陳樂)의 무용, 승천악(承天樂)의 무용이 있다. 둘째는 청악기(淸樂伎), 셋째는 서량기(西涼伎), 넷째는 천축기(天竺伎), 다섯째는 고려기(高麗伎), 여섯째는 구자기(龜玆伎), 일곱째는 안국기(安國伎), 여덟째는 소륵기(疏勒伎), 아홉째는 고창기(高昌伎), 열째는 강국기(康國伎)라고 한다."

올랐는데, 의자는 어려서 효성스럽고 우애있는 행동을 하였다. 이 때 호를 해동증자라 하였다. 백제에서 사자를 보내 당에 들어가 고애(告哀)하니 황제가 현무문에서 추도 의식을 거행하고 마침내 조서를 내려 말하였다. "먼 나라를 사랑하는 방도는 총명보다 나은 것이 없고, 죽은 자를 표창하는 의리는 먼 곳이라 하여 막혀 있는 것이 아니다. 고 주국·대방군왕·백제왕 부여장은 산을 넘고 바다 건너 멀리까지 와서 정삭을 받고, 공물을 바치고 표문을 올리기를 한결같이 하다가 갑자기 죽음을 당하였으니 그를 깊이 추도한다. 마땅히 상례 이상으로 영전을 표하여 광록대부로 추증하노라"라 하고, 부의를 매우 후하게 보냈다. 사부낭중 정문표를 보내 의자를 주국·대방군공·백제왕으로 책명하였다. (『三國史節要』 8)

백제 제31 의자왕[무왕의 아들로 신축년에 왕위에 올랐고 20년간 다스렸다]. (『三國遺事』 1 王曆)

백제 당시 백제의 마지막 왕인 의자는 무왕의 장자였다. 영웅스럽고 용맹하여 담력이 있었으며 부모 섬기기를 효도로 하고 형제간에 우애가 있어 당시 해동증자라고 불렀다. 그는 정관(貞觀)15년 신축(辛丑)에 즉위하여 주색에 빠져서 정사가 어지럽고 나라가 위태로웠다. 좌평[백제의 관직명이다] 성충이 지극하게 간하였으나, 왕은 듣지 아니하고 성충을 옥 안에 가두었다. 성충이 몸이 여위어 죽게 되었을 때 글을 올려 이르기를 "충신은 죽어서도 임금을 잊지 아니하옵니다. 원컨대 한 말씀 드리고 죽고 싶습니다. 신이 일찍이 세상 돌아감을 살펴보니 반드시 병란이 있을 것 같습니다. 무릇 용병을 함에 있어서는 그 지세를 잘 살피고 택해야 하니 상류에 머물러 적을 맞이하면 보전할 수 있을 것입니다. 만약 다른 나라의 군사가 온다면 육로로는 탄현[침현(沈峴)이라고도 하며 백제의 요충지이다] 을 통과하지 못하게 하고, 수군은 기벌포(伎伐浦)[즉 장암(長嵒) 또는 손량(孫梁)인데, 지화포(只火浦) 또는 백강(白江)이라고도 한다] 에 들어오지 못하게 할 것이며, 험한 곳에 웅거해서 적을 막은 이후에야 (나라의 보존이) 가능할 것입니다."라 하였으나 왕은 이를 듣지 않았다. (『三國遺事』 1 紀異 1 太宗春秋公)

백제 (5월) 병자일(16)에 백제왕 부여장이 죽었다. 조를 내려 그 세자 부여의자를 세워 그 부의 자리를 잇게 하였다. 그리고 대방군왕으로 봉하였다. (『舊唐書』 3 本紀 3 太宗 下)

백제 (5월) 병자일(16)에 백제에서 와서 그 왕 부여장의 상을 알리자 사신을 보내 그 사자(嗣子) 의자를 책명하였다. (『資治通鑑』 196 唐紀 12 太宗文武大聖大廣孝皇帝 中之中)

백제 (당 태종 정관) 15년 5월에 조서를 내려 말하였다. "먼 나라를 사랑하는 방도는 총명보다 나은 것이 없고, 죽은 자를 표창하는 의리는 먼 곳이라 하여 막혀 있는 것이 아니다. 고 주국·대방군왕·백제왕 부여장은 산을 넘고 바다 건너 멀리까지 와서 정삭을 받고, 공물을 바치고 표문을 올리기를 한결같이 하다가 갑자기 죽음을 당하였으니 그를 깊이 추도한다. 마땅히 상례 이상으로 영전을 표하여 광록대부로 추증하노라." 그 적자 의자에게 왕위를 잇게 하고 주국을 주었고 대방군왕·백제왕에 봉하였다. 사부낭중 정문표로 하여금 지절로 예를 갖추어 책명하게 하였다. (『冊府元龜』 964 外臣部 9 冊封 2)

백제 (정관) 15년 장이 죽었다. 그 아들 의자가 사신을 보내 표를 올려 고애하니 태종이 소복을 입고 슬퍼하였다. 광록대부를 추증하고 부물(賻物) 200단(段)을 내리고 사신을 보내 의자를 책명하여 주국으로 삼고 대방군왕·백제왕으로 봉하였다. (『舊唐書』 199上 列傳 149上 東夷 百濟)

백제 (정관) 15년 장이 죽자 사신이 소복을 입고 표를 올려 말하였다. "군(君)의 외신(外

臣) 백제왕 부여 장이 죽었습니다." 황제가 현무문에서 추도 의식을 거행하고 광록대부를 추증하였으며 부물을 심히 후하게 내렸다. 사부낭중 정문표에게 명하여 그 아들 의자를 책명하여 주국으로 삼고 왕을 잇게 하였다. 의자를 부모를 효성으로 섬기고 형제와 우애가 있어 이 때 해동증자라고 불렸다. (『新唐書』220 列傳 145 東夷 百濟)

백제   당의 신구도행군대총관(神丘道行軍大摠管) 소정방(蘇定方)이 백제를 함락시켰다. (…) (동이전) (정관) 15년에 장이 죽자 태종이 그 아들 의자를 책명하여 주국으로 삼고 왕에게 그 나라를 잇게 하였다. (『玉海』191 兵捷 兵捷 露布 3)

고구려   (원년(642) 2월) 정미일(21)에 여러 마에츠키미(大夫)들을 나니와노코오리(難波郡)에 보내어 고려국에서 바치는 금은 등과 아울러 물건을 살피게 하였다. 사신이 물건을 바치고는 말하였다. "지난 해 6월 아우 왕자가 죽었습니다. (…) "(『日本書紀』24 皇極紀)

고구려   (7월 병자(17)) 황제가 직방낭중(職方郎中) 진대덕(陳大德)을 고려에 사신으로 보냈다. (『資治通鑑』196 唐紀 12 太宗文武大聖大廣孝皇帝 中之中)

고구려   8월 기해일(10)에 고구려에서 돌아왔다. 대덕이 처음에 고구려 국경에 들어와서 산천풍속을 알고자 하여 성읍에 이르는 곳마다 그 지키는 자에게 비단을 주고 말하였다. "내가 아름다운 산수를 좋아해서 이곳에 경치가 뛰어난 곳이 있으면 내가 그것을 보고 싶다." 지키는 자들은 기뻐하여 그를 인도하여 여러 곳으로 놀러 돌아다니며 가지 않는 곳이 없었다. 종종 중국인을 보았는데, 스스로 말하였다. "짐은 어느 군에 있었는데 수 말년에 군대에 나왔다가 고구려에 몰입되었으며, 고구려에서는 떠돌아다니는 여자를 처로 삼게 하였으며 고려 사람들과 섞여 사는데 거의 반이 될 것입니다." 이어서 친척이 살아 있는지 죽었는지를 물으면 진대덕은 그들을 속여서 말하였다. "모두 걱정할 것이 없소." 모두 눈물을 흘리면서 서로서로 알렸다. 며칠 후에는 수 시절의 사람들이 그를 바라보고 곡을 하는 사람이 교야(郊野)에 가득하였다. 진대덕이 황상에게 말하였다. "그 나라에서는 고창이 망하였다는 소식을 듣고 크게 두려워하고서 여관의 관리들이 부지런한 것이 보통 때보다 배나 되었습니다." 황제가 말하였다. "고려는 본래 4군의 땅일 뿐이다. 내가 병졸 수만명을 발동하여 요동을 공격하면 저들은 반드시 나라를 기울여서 이를 구원할 것이니 별도로 수군을 파견하는데, 동래에서 출발하게 하여 바닷길로 평양을 향하여 수륙으로 세력을 합치면 그들은 빼앗는 것은 어렵지 않다. 다만 산동에 있는 주현이 피로해진 것이 아직 회복되지 않아서 내가 그들을 수고롭게 하려 하지 않을 뿐이다."(『資治通鑑』196 唐紀 12 太宗文武大聖大廣孝皇帝 中之中)

고구려   당 태종 정관 15년 8월에 직방낭중 진대덕이 고구려에서 돌아왔다. 황제에게 말하여 아뢰었다. "그 나라는 고창이 멸망한 것을 듣고 매우 두려워하여, 제가 대대로를 만나 밥그릇을 덮고 있으면 세 번이나 관사에 와서 시중들고 다섯 번이나 접대의 예를 행하였는데, 평소보다 그 수가 더 많았습니다." 하였다. 태종이 말하였다. "고구려는 본래 사군(四郡)의 땅에 거하였다. 병졸 수만을 내어 요동 여러 성을 공격하면 그 나라는 정병(精兵)으로 반드시 와서 구원할 것이다. 또 수군을 보내 동래(東萊)에서 출발하여 바다를 가로질러 평양에 이르러 수군과 육군이 합세하면, 이를 진실로 빼앗는 것은 어렵지 않다. 다만 관동(關東)의 여러 주의 호구(戶口)가 회복되지 않았으므로 짐이 함육(含育)의 뜻이 있어 그들을 수고롭게 하지 않으려 할 뿐이다." (『冊府元龜』142 帝王部 142 弭兵)

고구려 | 황제는 우리 태자가 입조하였으므로 직방낭중 진대덕을 보내어 답례하였다. 진대덕이 국경에 들어와서 이르는 성읍마다 관리들에게 비단을 후하게 주고 말하기를 "내가 산수를 좋아해서 이곳에 경치가 뛰어난 곳이 있으면 보고 싶다."고 하였다. 관리들은 그를 인도하기를 좋아하여 여러 곳으로 놀러 돌아다니며 가지 않는 곳이 없었다. 이로 말미암아 그 지리의 세세한 곳을 다 알게 되었다. 화인(華人)으로 수(隋)말에 군에 갔다가 숨어서 남게 된 사람들을 보면, 친척들의 생사를 말해주니 사람들마다 눈물을 흘렸다. 그런 까닭에 이르는 곳마다 남녀가 길이 비좁게 그를 보았으며 왕은 경비병을 성대하게 하여 사신을 만나 보았다. 진대덕이 사명을 받들고 온 것을 기회로 나라의 허실을 엿보았으나 우리 나라 사람들은 알지 못하였다. 진대덕이 돌아가서 아뢰니 황제가 기뻐하였다. 진대덕이 황제에게 말하기를 "그 나라가 고창(高昌)이 망한 것을 듣고 매우 두려워하여, 객사에서 접대가 보통 이상으로 은근합니다."하였다. 황제가 말하기를 "고구려는 본래 사군의 땅이다. 내가 병졸 수만을 내어 요동을 공격하면 저들은 반드시 나라를 기울여 이를 구하려 할 것이다. 별도로 수군을 보내 동래에서 출발하여 바닷길로 평양으로 가서 수군과 육군이 합세하면, 이를 빼앗는 것은 어렵지 않다. 다만 산동의 주현(州縣)이 시들고 지쳐서 회복되지 않았으므로 내가 그들을 수고롭게 하지 않으려 할 뿐이다."라 하였다. (『三國史記』20 高句麗本紀 8)

고구려 | 황제는 고구려 태자 환권(桓權)의 입조(入朝)를 아름답게 여겼다. 직방낭중 진대덕을 보내 그것에 보답하였다. 대덕은 고구려에 들어와 성읍에 이르는 곳마다 관을 지키는 자에게 능기(綾綺)를 후하게 주고 말하였다. "대덕은 산수를 좋아하여 만일 경치 좋은 곳이 있으면 그것을 보고자 한다." 지키는 자가 대덕을 인도하는 것을 기쁘게 생각 하여 놀러 돌아다니며 가지 않는 곳이 없었다. 산천의 도리(道里)와 험이(險易)를 다 얻었다. 수나라 말에 중국인이 군대를 따라와 고구려에 함몰된 자를 보았으며 친척과 옛 친구의 존망을 말하였다. 사람들이 감읍하여 도읍에 이르렀다. 왕이 성대히 병사를 진열하고 그를 맞이하였다. 대덕이 돌아옴에 미쳐 실제로 고구려의 허실을 다 말하였다. 또 아뢰어 말하였다. "고구려는 고창이 망함을 듣고 크게 두려워하여 관사에서 시중들며 일하는 것이 평소보다 그 수가 많았습니다." 황제가 기뻐하며 말하였다. "고구려는 본래 4군의 땅이다. 나는 병 수만 명을 일으켜 요동을 공격하려고 하니 저는 반드시 나라가 기울어져 구할 것이다. 따라 주사(舟師)를 보내어 동래로 나오게 하여 해도(海道)로부터 평양에 이르니 수륙이 합세하여 그것을 취함이 어렵지 않았다. 다만 산동 주현의 아직 회복되지 않아 내가 수로롭게 하지 않으려고 할 뿐이다." (『三國史節要』 8)

고구려 | 당의 진대덕은 직방낭중이 되었다. 정관 15년에 대덕은 고구려에 사신으로 갔다. 처음 그 국경에 들어가 그 국속을 엿보고자 하여 이르는 성읍마다 번번히 그 관수(官守)에게 비단을 보내어 기뻐하지 않음이 없었다. 대덕이 인하여 그에게 일러 말하였다. "나는 산수를 좋아하여 잊을 수가 없다. 여기에서 어느 곳이 임천승지(林泉勝地)인가. 나는 이 때 가서 유천(遊踐)하고 싶다. 그 국인(國人)이 그를 믿고 산수의 좋은 곳을 만나게 하고 번번히 대덕을 끌고 그것을 보게 하였다. 마침내 길의 굴곡을 얻어서 갔다. 종종 중국인을 보았는데, 스스로 말하였다. "짐은 어느 군에 있었는데 수 대업 말년에 평양에서 패함으로 인해 마침내 여기에 몰입되었으며, 고구려에서는 떠돌아다니는 여자를 처로 삼게 하였으며 자손은 집에 넘쳐 고려 사람들과 섞여 사는데 거의 반이 될 것입니다." 이어서 친척이 살아 있는지 죽었는지를 물으면 진대덕은 그들을 속여서 말하였다. "너의 친속은 다 무탈하다." 눈물을 흘리면서 가서 서로 그 사실을 알렸다. 며칠 후에는 수 시절의 사람들이 그를 바라보고 곡을 하는 사람이 교야(郊野)에 가득하였다. 대덕이 아직 평양 50리에 이르지 못하였을 때 사

녀들이 길에 나와 담장치 듯 쳐다보았다. 그 도읍에 이르러 왕을 만나니 군사를 성대히 배치하였다. 대개 중국을 두려워하여 스스로 강해보이려 한 것이다. (『冊府元龜』 657 奉使部 6 機變)

고구려   [통감] (…) 정관 15년에 아들을 보내 입조하고 방물을 바쳤다. (『玉海』 153 朝貢 外夷來朝 內附)

고구려   조서를 내려 사자(使者) 진대덕에게 부절(符節)을 주어 보내어 노고에 답하는 한편, 동정을 살펴보게 하였다. 대덕이 그 나라에 들어가 방비하는 관리에게 후한 뇌물을 주어 실정을 샅샅이 파악하고, 중국 유민들을 만나 친척들의 존망을 말해주니, 사람마다 눈물을 흘렸다. 그러므로 가는 곳마다 사녀(士女)들이 길 양옆에 나와 구경하였다. 건무가 사자에게 열병(列兵)을 성대히 하여 보였다. 대덕이 귀국하여 이를 아뢰자, 태종이 기뻐하였다. 대덕이 또, "고창이 섬멸되었다는 말을 듣고 그의 대대로가 세 번이나 관사에 찾아와 축하하였습니다."라고 하니, 태종은, "고구려의 땅은 4군일 뿐이다. 우리가 군사 수만 명을 이끌고 요동을 공격하면 다른 여러 성이 반드시 구원하러 올 것이다. 이 때 우리가 주사를 동원하여 동래에서 바다를 건너 평양으로 들어간다면 아주 쉬울 것이다. 그러나 천하가 겨우 평정되었는데, 또 사람들을 수고롭게 하고 싶지는 않다."라고 하였다. (『新唐書』 220 列傳 145 東夷 高麗)

고구려   봉사고려기(奉使高麗記) 1권(卷) (『舊唐書』 46 志 26 經籍 上 乙部史錄 地理類)

고구려   봉사고려기 1권 (『新唐書』 58 志 48 藝文 2 乙部史錄 地理類)

고구려   『고려기(高麗記)』에서는 다음과 같이 전한다. 그 나라에서는 관직을 설치했는데, 관직은 9등급이 있었다. 그 첫 번째 관등은 토졸(吐捽)이라고 하는데, (당나라의) 1품에 비견되며, 옛 명칭은 대대로(大對盧)로 국사를 총괄한다. 3년마다 1번 교대하였는데, 만약 직책을 잘 수행한 자는 연한에 구애되지 않는다. 교체하는 날 만약 승복하지 않으면, 모두 군사를 이끌고 서로 공격해 이긴 자가 대대로가 된다. 그 왕은 단지 궁문을 닫고 스스로 지킬 뿐이며 (서로 공격하는 것을) 제어할 수 없었다. 그 다음은 태대형(太大兄)이라고 하는데, (당나라의) 2품에 비견되며, 일명 막하하리지(莫何何羅支)라고 한다. 다음은 울절(鬱折)이라고 하는데, (당나라의) 종2품에 비견되며, 중국어로 주부(主簿)라고 한다. 다음은 대부사자(大夫使者)라고 하는데, (당나라의) 정3품에 비견되며, 또한 알사(謁奢)라고 한다. 다음은 조의두대형(皂衣頭大兄)이라고 하는데, (당나라의) 종3품에 비견되며, 일명 중리조의두대형(中裏皂衣頭大兄)이라고 한다. 동이(東夷)에서 전해 오는 이른바 조의선인(皂衣先人)이다. 이상 5개의 관등이 중요한 정무를 관장하고 정사(政事)와 군사의 징발(徵發)을 논의하며, 관작(官爵)을 선발해 수여한다.

다음은 대사자(大使者)라고 하는데, (당나라의) 정4품에 비견되며, 일명 대사(大奢)라고 한다. 다음은 대형가(大兄加)라고 하는데, (당나라의) 정5품에 비견되며, 일명 힐지(纈支)라고 한다. 다음은 발위사자(拔位使者)라고 하는데, (당나라의) 종5품에 비견되며, 일명 유사(儒奢)라고 한다. 다음은 상위사자(上位使者)라고 하는데, (당나라의) 정6품에 비견되며 계달사자자(契達奢使者), 을기(乙耆)라고도 한다. 다음은 소형(小兄)이라고 하는데, (당나라의) 정7품에 비견되며, 일명 실지(失支)라고 한다. 다음은 제형(諸兄)이라고 하는데, (당나라의) 종7품에 비견되며, 예속(翳屬), 이소(伊紹), 하소환(河紹還)이라고 한다. 다음은 과절(過節)이라고 하는데, (당나라의) 정8품에 비견된다. 다음은 불절(不節)이라고 하는데, (당나라의) 종8품에 비견된다. 다음은 선인(先人)이라고 하는데, (당나라의) 정9품에 비견되며, 실원(失元), 서인(庶人)이라고도 한다.

또한 발고추대가(拔古鄒大加)가 있어서 빈객(賓客)을 관장하는데, (당나라의) 홍려경

(鴻臚卿)에 비견되며, 대부사(大夫使)로서 이를 삼는다. 또한 국자박사(國子博士)·대학사(大學士)·사인(舍人)·통사(通事)·전객(典容)이 있는데, 모두 소형(小兄) 이상으로 이를 삼는다. 또한 여러 대성(大城)에는 욕살(傉薩)을 두는데, (당나라의) 도독(都督)에 비견된다. 여러 성(城)에는 처려필자사(處閭匹刺史)를 두는데, 또한 이를 도사(道使)라고 하며, 도사의 치소(治所)는 비(備)라고 한다. 여러 소성(小城)에는 가라달(可邏達)을 두는데, (당나라의) 장사(長史)에 비견된다. 또한 성마다 누초(婁肖)를 두는데, (당나라의) 현령(縣令)에 비견된다.

고구려의 무관으로 대모달(大模達)이 있는데, (당나라의) 위장군(衛將軍)에 비견되며 일명 막하라수지(莫何邏繡支)라고 하고, 일명 대당주(大幢主)라고 하는데, 조의두대형 이상으로 이를 삼는다. 다음으로 말약(末若)이 있는데, (당나라의) 중랑장(中郞將)에 비견되며, 일명 군두(郡頭)라고 한다. 대형 이상으로 임명하며 1000명을 거느리도록 한다. 이하의 무관 역시 각기 등급이 있다. (『翰苑』 蕃夷部 高麗)

백제   가을 8월에 사신을 보내 당에 들어가 표를 올려 감사하고 겸하여 방물을 바쳤다. (『三國史記』 28 百濟本紀 6)

백제   가을 8월에 사신을 보내 당에 가서 표를 올려 감사하고 겸하여 방물을 바쳤다. (『三國史節要』 8)

고구려   (원년(642) 2월) 정미일(21)에 여러 마에츠키미들을 나니와노코오리에 보내어 고려국에서 바치는 금은 등과 아울러 물건을 살피게 하였다. 사신이 물건을 바치고는 "(…) (지난 해) 가을 9월에 대신 이리가수미(伊梨柯須彌)가 대왕과 이리거세사(伊梨渠世斯) 등 180여 명을 죽였습니다. 그래서 아우 왕자의 아들을 왕으로 삼고 자기와 같은 성씨인 도수류금류(都須流金流)를 대신으로 삼았습니다." (『日本書紀』 24 皇極紀)

백제   겨울 10월 을축(乙丑) 초하루 정유일(9)에 천황이 구다라노미야(百濟宮)에서 죽었다. (『日本書紀』23 舒明紀)

백제   (겨울 10월) 병오일(18)에 구다라노미야의 북쪽에 시신을 모셨다. 이것을 구다라노오모가리(百濟大殯)라 한다. (『日本書紀』23 舒明紀)

백제   원년(642) 2월 정해(丁亥) 초하루 무자일(2)에 (…) 백제 조문사의 종자(從者) 등이 말하였다. "지난 해 11월 대좌평(大佐平) 지적(智積)이 죽었습니다. 또 백제 사신이 곤륜(崑崙)의 사신을 바다에 던졌습니다. (…)" (『日本書紀』 24 皇極紀)

신라   (정관12년)그는 3년 동안 늘 이 산에 있다가 곧 동쪽 나라를 섬기려고 그곳을 떠나 운제사로 내려왔다. 그 때 큰 귀신이 나타났는데 그 숫자가 헤아릴 수 없이 많았다. 귀신들은 갑옷을 입고 무기를 들고 있었는데, 자장에게 말하기를, "이 금가마를 가지고 자장을 모시러 마중 나왔습니다."라고 하였다. 다시 다른 큰 신장이 나타나 그 귀신과 맞서 싸우면서 그들의 요청을 거부하고 마중 나오도록 허락하지 않았다. 자장은 골짜기를 자욱하게 메운 고약한 냄새를 맡고 곧 선상(禪牀)에 자리 잡고 결별을 통고하였는데, 그의 제자 1명도 또 귀신에게 맞아 다리가 부러져 죽었다가 되살아났다. 자장은 모든 옷과 재물을 희사하여 승단 대덕들에게 보시하였더니, 다시 두루 몸과 마음에 향기가 가득하게 풍겨 나왔다. 신장이 자장에게 말하기를, "지금 죽지 않았으니, 80여 세까지 살게 될 것이다."라고 하였다. 이윽고 수도로 들어가니 황제가 그 노고를 위로하면서 견(絹) 200필을 하사하여 의복을 만드는 데에 충당하라고 하였다. (『續高僧傳』24 護法 下 唐新羅國大僧統 釋慈藏 5(圓勝))

고구려   때마침 강과 바다의 후손이 요양(遼陽)에서 전란을 일으키니, 태양과 바람이 조정에 대항하여 고개를 견뎠다. 천자는 칼로 공격할 의사를 보이며 우격(羽檄)을 말달려 보내 병사를 징발하고, 장군들은 깃발을 들고 묘당(廟堂)에 올라 출정 명령을 받았다. 온사간(溫思暕)은 나이가 겨우 18세였지만 곧 군대에 참여하니, 젊음에 따라 먼저 알려지고 임관(林官)에 응하여 용기를 북돋았다. 얼마 후 공을 논하고 상을 행하니 바야흐로 조위(曹魏)의 채양(蔡陽)과 같은 공훈을 더하였고, 덕을 논하고 공로에 보답하니 곧 구향(仇香:主簿)의 지위에 취임하게 되었다. 그 해에 상주국(上柱國)·동주(同州) 한성현주부(韓城縣主簿)를 제수받았다. (「溫思暕 墓誌銘」: 落唐文補遺濟千唐誌齋新藏專輯)

백제   예식진(禰寔進)의 조부인 좌평(佐平) 예다(譽多), 부친인 좌평 사선(思善)은 모두 번관(蕃官)으로 정1품이었다. 용맹함과 굳건함이 자질이 되었고 성실함과 관대함이 성품을 이루었다. 창해(滄海)에 명성을 전하였고, 청구(靑丘)에 절의를 드러내었다. (「禰寔進 墓誌銘」: 落中國歷史地理論叢濟2006-2)

백제   예군(禰軍)의 증조 복(福), 조부 예(譽), 부친 선(善)은 모두 본번(本藩)의 1품으로 관은 좌평(佐平)이라고 불렀다. 모두 인간 세상의 원칙을 모아 몸을 빛냈고, 고상한 도덕을 지녀 나라에 근면하였다. 충성은 쇠와 돌에 비겼고 지조는 소나무와 대나무의 모습이니, 만물의 모범으로 도덕이 이루어졌고 사(士)의 표본으로 문무가 떨어지지 않았다. (「禰軍 墓誌銘」: 落社會科學戰線濟2011-7)

백제   예소사(禰素士)의 증조 진(眞)은 대방주자사(帶方州刺史)였고, 조부 선(善)은 수(隋)에서 내주자사(萊州刺史)를 맡았다. (「禰素士 墓誌銘」: 2012 落唐史論叢濟14)

백제   진법자(陳法子)의 증조 춘(春)은 본국의 태학정(太學正)·은솔(恩率)이었다. 조부 덕지(德止)는 마련대군장(麻連大郡將)·달솔(達率)이었다. 부친 미지(微之)는 마도군참사군(馬徒郡叅司軍)·덕솔(德率)이었다. 모두 자질이 현명하고 빼어나서 남보다 뛰어났고, 비범한 모략은 두루 통하였다. 일방(一方)을 지휘하고 관장함에 공적은 백성들을 정성들여 키움으로써 드러내었고, 5부(部)를 안무함에 업적은 백성들이 태평성대를 노래할 수 있도록 하는 데에 힘썼다. (「陳法子 墓誌銘」: 落大唐西市博物館藏墓誌濟)

백제   난원경(難元慶)의 고조 조(珇)는 백제에서 관인이 되어 달솔(達率)의 관(官)에 임명되었는데, 지금의 종정경(宗正卿)과 같다. (「難元慶 墓誌銘」: 2000 落洛陽出土墓誌研究文集濟)

642(壬寅/신라 선덕왕 11 仁平 9/고구려 영류왕 25, 보장왕 1/백제 의자왕 2/唐 貞觀 16/倭 皇極 1)

백제   (봄 정월) 을유일(29)에 백제에 사신으로 갔던 대인(大仁) 아즈미노무라지히라부(阿曇連比羅夫)가 츠쿠시노쿠니(筑紫國)로부터 역마(驛馬)를 타고 달려와 말하였다. "백제국이 천황이 죽었다는 말을 듣고 조문사를 받들어 보냈는데, 저는 조문사를 따라 함께 츠쿠시노쿠니에 도착하였습니다. 그러나 저는 장례식에 봉사(奉仕)하고자 하여 혼자서 먼저 왔습니다. 그런데 그 나라는 지금 매우 어지럽습니다." (『日本書紀』24 皇極紀)

신라	봄 정월 사신을 대당(大唐)에 보내어 방물을 바쳤다. (『三國史記』 5 新羅本紀 5)
고구려	**봄** 정월 사신을 당나라에 보내 조공하였다. (『三國史記』 20 高句麗本紀 8)
백제	봄 정월 사신을 당나라에 보내 조공하였다. (『三國史記』 28 百濟本紀 6)
신라	봄 정월 신라가 사신을 당에 보내 조공하였다. (『三國史節要』 8)
고구려	(봄 정월) 고구려가 사신을 보내어 당나라에 조공하였다. (『三國史節要』 8)
백제	(봄 정월) 백제가 사신을 당나라에 보내 조공하였다. (『三國史節要』 8)
백제 고구려 신라	
	(당 태종 정관) 16년 봄 정월에 토번(吐蕃)·우전(于闐)·백제·고려·신라·강국(康國)·구자(龜玆)·토욕혼(吐谷渾)·조국(曹國)·하국(賀國)·사국(史國)·파라국(婆羅國)·담릉(曇陵)·참반(叄半) (…)이 사신을 보내어 방물을 바쳤다. (『冊府元龜』 970 外臣部 15 朝貢 3)
고구려	(봄 정월) 왕이 서부대인(西部大人) 개소문(蓋蘇文)에게 명하여 장성(長城)을 쌓는 일을 감독하게 하였다. (『三國史記』 20 高句麗本紀 8)
고구려	(봄 정월) 고구려왕이 동부대인(東部大人) 개소문이 장성을 쌓았다.
	권근은 말한다. 예부터 왕을 시해하는 적은 반드시 무리들을 모으려고 한다. 개소문은 이미 동부대인으로서 축성을 핑계로 무리들을 불러 모아 주상(誅賞)을 행하였으니, 대개 그 따르는 무리들을 많이 모으려 한 것이다. 애석하도다. 고구려의 군신들이여. 능히 그 조짐을 살피지 못하여 난을 당하기 전에 제압하지 못하였다. (『三國史節要』 8)
백제	2월 정해(丁亥) 초하루 무자일(2)에 (…) 백제 조문사의 종자(從者) 등이 말하였다. "(…) 금년 정월에 국왕의 어머니가 죽었고, 또 아우 왕자의 아들 교기(翹岐)와 누이동생 4명, 내좌평(內佐平) 기미(岐味) 그리고 이름 높은 사람 40여 명이 섬으로 추방되었습니다."(『日本書紀』 24 皇極紀)
백제	2월 정해(丁亥) 초하루 무자일(2)에 아즈미노야마시로노무라지히라부(阿曇山背連比羅夫), 구사카베노키시이와카네(草壁吉士磐金), 야마토노아야노후미노아타이아가타(倭漢書直縣)를 백제 조문사의 처소에 보내어 그 쪽 소식을 물었다. 조문사가 대답하기를 "백제국왕이 저희들에게 '새상(塞上)은 항상 나쁜 짓을 하므로 돌아오는 사신에 딸려 보내주기를 청하더라도 천조는 허락하지 않을 것이다'라고 말씀하였습니다."라고 하였다. 백제 조문사의 종자 등이 말하였다. "지난 해 11월 대좌평(大佐平) 지적(智積)이 죽었습니다. 또 백제 사신이 곤륜(崐崘)의 사신을 바다에 던졌습니다. 금년 정월에 국왕의 어머니가 죽었고, 또 아우 왕자의 아들 교기와 누이동생 4명, 내좌평 기미 그리고 이름 높은 사람 40여 명이 섬으로 추방되었습니다."(『日本書紀』 24 皇極紀)
고구려	(2월) 임진일(6)에 고려의 사신이 나니와츠(難波津)에 다다랐다. (『日本書紀』 24 皇極紀)
고구려	(2월) 정미일(21)에 여러 마에츠키미(大夫)들을 나니와노코오리(難波郡)에 보내어 고려국에서 바치는 금은 등과 아울러 물건을 살피게 하였다. 사신이 물건을 바치고는 말하였다. "지난 해 6월 아우 왕자가 죽고 가을 9월에 대신 이리가수미(伊梨柯須彌)가 대왕과 이리거세사(伊梨渠世斯) 등 180여 명을 죽였습니다. 그래서 아우 왕자의 아들을 왕으로 삼고 자기와 같은 성씨인 도수류금류(都須流金流)를 대신으로 삼았습니다."(『日本書紀』 24 皇極紀)

고구려 백제 신라 가야

(2월) 무신일(22)에 고려·백제의 사신에게 나니와노코오리에서 잔치를 베풀었다. 대신에게 조를 내렸다. "츠모리노무라지오아마(津守連大海)는 고려에 보낼 사신으로 삼을 만하고 구니카츠노키시쿠히나(國勝吉士水鷄)는 백제에 보낼 사신으로 삼을 만하대[수계는 구히나(俱毗那)라 한다]. 구사카베노키시마토(草壁吉士眞跡)는 신라에 보낼 사신으로 삼을 만하며, 사카모토노키시나가에(坂本吉士長兄)은 임나에 보낼 사신으로 삼을 만하다." (『日本書紀』 24 皇極紀)

백제 (2월) 경술일(24)에 교기를 아즈미노야마시로노무라지(阿曇山背連)의 집에 안치하였다. (『日本書紀』 24 皇極紀)

고구려 백제 (2월) 신해일(25)에 고려·백제의 사신에게 잔치를 베풀었다. (『日本書紀』 24 皇極紀)

고구려 백제 (2월) 계축일(27)에 고려 사신과 백제 사신이 함께 돌아갔다. (『日本書紀』 24 皇極紀)

백제 2월에 왕이 주군(州郡)을 순무(巡撫)하여 죄수들을 살펴 죽을 죄가 아니면 모두 풀어주었다. (『三國史記』 28 百濟本紀 6)

백제 2월에 백제왕이 주군을 순무하여 죄수들을 살펴 죽을 죄가 아니면 모두 풀어주었다. (『三國史節要』 8)

신라 (3월) 신유일(6)에 신라가 등극을 축하하는 사신과 조문사를 보냈다. (『日本書紀』 24 皇極紀)

신라 (3월) 경오일(15)에 신라 사신이 돌아갔다. (『日本書紀』 24 皇極紀)

백제 여름 4월 병술(丙戌) 초하루 계사일(8)에 대사 교기가 그의 종자를 데리고 조정에 배알하였다. (『日本書紀』 24 皇極紀)

백제 (4월) 을미일(10)에 소가노오오미(蘇我大臣)가 우네비(畝傍)의 집에서 백제 교기 등을 불러 직접 이야기를 나누고 좋은 말 1필과 철정 20개를 주었다. 다만 새상은 부르지 않았다. (『日本書紀』 24 皇極紀)

백제 5월 을묘(乙卯) 초하루 기미일(5)에 가와치노쿠니(河內國) 요사미노미야케(依網屯倉) 앞에 교기 등을 불러 활로 사냥하는 것을 관람케 하였다. (『日本書紀』 24 皇極紀)

백제 (5월) 경오일(16)에 백제국 조시(調使)의 배와 기시(吉士)의 배가 함께 나니와에 다다랐다 [무릇 기시는 앞서 백제에 사신으로 간 사람이다]. (『日本書紀』 24 皇極紀)

백제 (5월) 임신일(18)에 백제 사신이 조(調)를 바치고 기시가 복명하였다. (『日本書紀』 24 皇極紀)

백제 (5월) 을해일(21)에 교기의 종자 한 사람이 죽었다. (『日本書紀』 24 皇極紀)

백제 신라	(5월) 병자일(22)에 교기의 아들이 죽었다. 이 때 교기와 그의 처는 이들이 죽은 것을 두려워하고 꺼려 상(喪)에 나아가지 않았다. 무릇 백제와 신라의 풍속에 죽은 사람이 있을 경우, 비록 부모·형제·부부·자매라 할지라도 절대로 스스로 보지 않는다. 이로 보건대 자애롭지 못한 것이 심한 정도가 어찌 금수와 다르겠는가. (『日本書紀』 24 皇極紀)
백제	(5월) 무인일(24)에 교기가 그의 처자를 데리고 구다라노오이(百濟大井)의 집으로 옮겨갔다. 이에 사람을 보내어 그의 아들을 이시카와(石川)에 장사지냈다. (『日本書紀』 24 皇極紀)
백제	(가을 7월) 을해일(22)에 백제 사신 대좌평 지적 등에게 조당(朝堂)에서 잔치를 베풀었다[어떤 기록에는 백제 사신 대좌평 지적과 그의 아들 달솔 모(某), 은솔 군선(軍善)이라 하였다]. 이에 건장한 장정에게 명하여 교기 앞에서 씨름을 하게 했다. 지적 등은 잔치가 끝난 후 물러나와 교기의 문전(門前)에 절하였다. (『日本書紀』 24 皇極紀)
신라 백제	가을 7월 백제왕 의자(義慈)가 크게 군사를 일으켜 나라 서쪽 40여 성을 공격하여 빼앗았다. (『三國史記』 5 新羅本紀 5)
백제 신라	가을 7월 왕이 직접 군대를 이끌고 신라를 침략하여 미후(獼猴) 등 40여 성을 함락시켰다. (『三國史記』 28 百濟本紀 6)
백제 신라	가을 7월 백제왕이 직접 군대를 이끌고 신라를 침략하여 미후 등 40여 성을 취하였다. (『三國史節要』 8)
백제 신라 고구려	(정관) 16년에 의자가 군사를 일으켜 신라 40여성을 정벌하고, 또 군사를 내어 그것을 지키게 하며 고구려와 화친하고 통호(通好)하였다. (『舊唐書』 199上 列傳 149上 東夷 百濟)
백제 신라 고구려	(정관15년) 다음해 고구려와 연합하여 신라를 치고 40여성을 취하였으며 군사를 내어 그것을 지켰다. (『新唐書』 220 列傳 145 東夷 百濟)
백제 신라 고구려	(당서) 또 말하였다. "정관 16년에 백제왕 의자가 군사를 일으켜 신라 40여성을 정벌하고 또 고구려와 화친하고 통호하였다. (…) " (『太平御覽』 781 四夷部 2 東夷 2 百濟)
백제 고구려 신라	당의 신구도행군대총관(神丘道行軍大摠管) 소정방(蘇定方)이 백제를 함락시켰다. (…) (동이전) (정관15년) 다음해 고구려와 연화(連和)하고 신라를 쳐서 40여성을 취하였다. (『玉海』 191 兵捷 兵捷 露布 3)
백제	(8월) 기축일(6)에 백제의 사신 참관(叅官) 등이 돌아감에 큰 배와 동선(同船)[동선을 모로키후네(母慮紀舟)라 한다.] 3척을 주었다. 이 날 한밤중에 서남쪽에서 천둥소리가 울렸으며 바람이 불고 비가 왔다. 참관 등이 탄 배가 해안에 부딪혀 부서졌다. (『日本書紀』 24 皇極紀)
백제	(8월) 병신일(13)에 백제의 볼모 달솔(達率) 장복(長福)에게 소덕(小德)의 관위를 주

고 중객(中客) 이하에게는 관위(官位) 1급씩을 주었다. 물건을 내려 주었는데 각기 차등이 있었다. (『日本書紀』 24 皇極紀)

백제   (8월) 무술일(15)에 백제 참관 등에게 배를 주어 떠나보냈다. (『日本書紀』 24 皇極紀)

고구려   (8월) 기해일(16)에 고려 사신이 돌아갔다. (『日本書紀』 24 皇極紀)

백제 신라   (8월) 기유일(26)에 백제·신라 사신이 돌아갔다. (『日本書紀』 24 皇極紀)

신라 고구려 8월에 또 고구려가 당항성(党項城)을 취하여 당으로 가는 길을 막고자 하니 왕이 사신을 보내어 태종에게 급히 알렸다. (『三國史記』 5 新羅本紀 5)

고구려 신라 8월에 또 고구려왕이 당항성을 취하여 당으로 가는 길을 막고자 하니 신라왕이 사신을 보내어 태종에게 급히 알렸다. (『三國史節要』 8)

백제 신라   (정관 16년에) 당항성을 취하고자 도모하고 신라의 입조(入朝)의 길을 끊음으로써 신라에서 사신을 보내 급히 구원해줄 것을 청하였다. (『舊唐書』 199上 列傳 149上 東夷 百濟)

백제 신라   (정관15년 다음해) 또 당항성을 취할 것을 꾀하여 공도(貢道)를 끊자 신라가 급하게 아뢰었다. (『新唐書』 220 列傳 145 東夷 百濟)

백제 고구려 신라

        정관 16년 고구려와 화통하고 신라의 입조의 길을 끊었다. (『唐會要』 95 百濟)

백제 신라   (당서에서 또 말하였다.) " (…) 당항성을 취하고자 하여 신라의 입조의 길을 끊으니 신라에서 사신을 보내 급하게 구원해 줄 것을 청하였다. (…) "(『太平御覽』 781 四夷部 2 東夷 2 百濟)

백제 고구려 신라

        정관 16년에 고구려와 통화하고 신라의 입조의 길을 끊었다. (『太平寰宇記』 172 四夷 1 東夷 1 百濟國)

백제 신라   당의 신구도행군대총관 소정방이 백제를 함락시켰다. (…) (동이전) (정관15년 다음해) 또 당항성을 취할 것을 꾀하여 공도를 끊자, 신라에서 급하게 아뢰었다. (『玉海』 191 兵捷 兵捷 露布 3)

신라 백제   (8월)이 달에 백제 장군 윤충(允忠)이 병사를 거느리고 와서 대야성을 공격하여 함락시켰다. 도독(都督)·이찬(伊飡) 품석(品釋)과 사지(舍知) 죽죽(竹竹)·용석(龍石) 등이 죽었다. (『三國史記』 5 新羅本紀 5)

백제 신라   8월 장군 윤충을 보내 군사 1만으로 신라의 대야성을 공격하였다. 성주 품석이 처자를 데리고 나와 항복하자 윤충이 그들을 모두 죽이고 그의 목을 베어 서울로 보냈고 남녀 1,000여 명을 사로잡아 서쪽 지방의 주현(州縣)에 나누어 살게 하고 군사를 남겨 성을 지키게 하였다. 왕이 윤충의 공로를 표창하여 말 20필과 곡식 1,000석을 주었다. (『三國史記』 28 百濟本紀 6)

신라 백제   죽죽은 대야주(大耶州) 사람이다. 아버지 학열(郝熱)은 찬간(撰干)이다. 선덕왕대에 사지가 되어 대야성의 도독 김품석(金品釋)의 당하(幢下)에서 보좌하였다. 왕 11년 임인년 가을 8월 백제 장군 윤충이 군사를 거느리고 와서 그 성을 공격하였다. 이보다 앞서 도독 품석이 막객(幕客)인 사지 검일(黔日)의 아내가 예뻐 그녀를 빼앗았다. 검일이 이를 한스러워 하였다. 이 때에 이르러 백제군을 몰래 도와 그 창고를 불태웠다. 때문에 성안 사람들이 두려워 하였고, 이로 인해 성을 굳게 지키지 못했다. 품석을 보좌하던 아찬(阿飡) 서천(西川)[방찬(汸飡)이라고도 이르는데 지지나(秪之那)라고도 한다.] 성에 올라 윤충에게 말하기를, "만약 장군이 우리를 죽이지 않는다면 성을 들어 항복하기를 원한다."고 하였다. 윤충이 "만약 그렇게 한다면, 그대와 더불어 우호를 함께 하겠다. 그렇지 않을 경우 저 밝은 해를 두고 맹서하겠다."고 하였다. 서천이 품석 및 여러 장수에게 권하여 성을 나가려고 하였다. 죽죽이 그들을 말리며, "백제는 자주 번복을 잘 하는 나라이니, 믿을 수 없습니다. 그리고 윤충의 말이 달콤한 것은 반드시 우리를 유인하려는 것입니다. 만약 성을 나가면 반드시 적의 포로가 될 것입니다. 쥐처럼 엎드려 삶을 구하는 것은 호랑이처럼 싸우다가 죽는 것만 못합니다."라고 말하였다. 품석이 듣지 않고 문을 열어 병졸을 먼저 내보내니, 백제의 숨어있던 군사가 나타나 그들을 다 죽였다. 품석이 나가려고 하다가 장수와 병졸이 죽었다는 말을 듣고 먼저 처자를 죽이고 스스로 목을 찔러 죽었다. 죽죽이 남은 병졸을 모아 성문을 닫고 몸소 대항하였다. 사지 용석이 죽죽에게 이르기를, "지금 군사의 세력이 이와 같으니, 반드시 온전할 수 없다. 항복하여 살아서 후일을 도모함만 같지 못하다."고 하였다. 대답하기를, "그대의 말은 합당하다. 그러나 나의 아버지가 나를 죽죽이라고 이름지어 준 것은 나로 하여금 추운 겨울에도 시들지 않으며 꺾일지라도 굽히지 말게 한 것이다. 어찌 죽음을 두려워하여 살아서 항복하겠는가."라고 하였다. 마침내 힘써 싸웠고 성이 함락되자 용석과 함께 죽었다. 왕이 이 소식을 듣고 슬퍼하였다. 죽죽에게는 급찬(級飡), 용석에게는 대나마(大奈麻)관등을 추증하였다. 처자에게는 상을 주고 서울로 옮겨 와서 살게 하였다. (『三國史記』47 列傳 7 竹竹)

백제 신라   (8월) 백제가 장군 윤충을 보내어 군사 1만을 거느리고 신라의 대야성을 공격하였다. 성주 품석이 이를 막았다. 처음 품석은 막객 검일의 처가 예뻐 이를 빼앗았는데, 검일이 이를 한스럽게 여겼다. 이때에 이르러 백제군을 몰래 도와 그 창고를 불태웠다. 때문에 성안 사람들이 두려워 하였고, 이로 인해 성을 굳게 지키지 못했다. 품석을 보좌하던 아찬(阿飡) 서천(西川)이 성에 올라 윤충에게 말하기를, "만약 장군이 우리를 죽이지 않는다면 성을 들어 항복하기를 원한다."고 하였다. 윤충이 "만약 그렇게 한다면, 그대와 더불어 우호를 함께 하겠다. 그렇지 않을 경우 저 밝은 해를 두고 맹서하겠다."고 하였다. 서천이 품석 및 여러 장수에게 권하여 성을 나가려고 하였다. 죽죽이 그들을 말리며, "백제는 자주 번복을 잘 하는 나라이니, 믿을 수 없습니다. 그리고 윤충의 말이 달콤한 것은 반드시 우리를 유인하려는 것입니다. 만약 성을 나가면 반드시 적의 포로가 될 것입니다. 쥐처럼 엎드려 삶을 구하는 것은 호랑이처럼 싸우다가 죽는 것만 못합니다." 라고 말하였다. 품석이 듣지 않고 문을 열어 병졸을 먼저 내보내니, 백제의 숨어있던 군사가 나타나 그들을 다 죽였다. 품석이 나가려고 하다가 장수와 병졸이 죽었다는 말을 듣고 먼저 처자를 죽이고 스스로 목을 찔러 죽었다. 죽죽이 남은 병졸을 모아 성문을 닫고 몸소 대항하였다. 사지(舍知) 용석(龍石)이 죽죽에게 이르기를, "지금 군사의 세력이 이와 같으니, 반드시 온전할 수 없다. 항복하여 살아서 후일을 도모함만 같지 못하다."고 하였다. 대답하기를, "그대의 말은 합당하다. 그러나 나의 아버지가 나를 죽죽이라고 이름지어 준 것은 나로 하여금 추운 겨울에도 시들지 않으며 꺾일지라도 굽히지 말게 한 것이다. 어찌 죽음을 두려워하여 살아서 항복하겠는가."라고 하였다. 마침내 힘써 싸웠고 성이 함락되자 용석과 함께 죽었다. 왕이 이 소식을 듣고 슬퍼하였다. 죽죽에게는 급찬(級飡), 용석에게는 대나마(大奈麻)관등을 추증하였다. 처자는 서울에 옮겨 와서 살게 하고 상을 후하게 내려주었다. 죽죽은 대야주 사람으로 찬간(撰干) 학세(郝勢)의 아들이다. (『三國史節要』8)

백제	9월 계축(癸丑) 초하루 을묘일(3)에 천황이 대신에게 조를 내려 "나는 큰 절을 짓고자 한다. 마땅히 아우미(近江)와 고시(越)의 장정을 징발하라"고 하였다[구다라노오데라(百濟大寺)이다]. 또 여러 구니(國)에 할당하여 배를 만들도록 하였다. (『日本書紀』 24 皇極紀)
신라	(겨울 10월) 정유일(15)에 소가노오오미(蘇我大臣)가 에미시(蝦夷)에게 집에서 잔치를 베풀고 몸소 위문하였다. 이 날 신라 조문사의 배와 등극을 축하하는 배가 잇키노시마(壹岐島)에 다다랐다. (『日本書紀』 24 皇極紀)
고구려	겨울 10월 개소문(蓋蘇文)이 왕을 시해하였다. (『三國史記』 20 高句麗本紀 8)
고구려	보장왕(寶臧王)은 이름이 장(臧)[혹 보장(寶臧)이라고도 한다.]이고, 나라를 잃은 까닭에 시호가 없다. 건무왕의 동생 대양왕(大陽王)의 아들이다. 건무왕 재위 25년에 개소문이 왕을 죽이고 장(臧)을 세워 왕위를 계승하게 하였다. (『三國史記』 21 高句麗本紀 9)
고구려	겨울 10월 고구려의 개소문이 그 임금 건무(建武)를 시해하고 조카 장(臧)을 왕으로 세웠다. 개소문은 일명 개금이라고도 하는데 성은 천씨이다. 스스로 물속에서 났다고 하여 사람들을 현혹하였다. 외모가 웅장하면서 기품이 있었고, 적극적이고 호방하였다. 그 아비는 동부(東部)[혹은 서부(西部)라고도 한다] 대인(大人) 대대로(大對盧)가 죽자 개소문은 마땅히 그 지위를 계승하고자 했으나 국인(國人)들이 그의 성격이 잔인하고 포악하다고 생각하여 그를 미워했으므로 그 지위에 오를 수 없었다. 소문은 머리를 조아리며 여러 사람들에게 사죄하였고, 관직에 나갈 수 있도록 부탁하였으며, 잘못된 점이 있으면 비록 쫓아내더라도 후회하지 않겠다고 하였다. 여러 사람들은 그를 애처롭게 여기고, 마침내 아버지의 지위를 계승할 수 있도록 허락하였다. 그러나 흉악하고 잔인하였으며 도리를 지키지 않았다. 여러 대인(大人)과 왕은 몰래 그를 죽이고자 논의하였는데, 일이 새어나갔다. 소문이 부병(部兵)을 모두 모아 놓고 마치 군대를 사열할 것처럼 꾸몄다. 이와 함께 성 남쪽에다가 술과 안주를 성대히 차려 두고, 여러 대신(大臣)들을 불러 함께 보자고 하였다. 손님이 이르자 모두 살해하니, 모두 1백여 명이었다. 말을 달려 궁궐로 들어가 왕을 시해하고, 그 시신을 잘라 여러 토막으로 내고 도랑에 버렸다. 왕의 동생의 아들 장(臧)을 세워 왕(王)으로 하고, 스스로 막리지(莫離支)가 되었다. 그 관직은 당(唐)나라 병부상서(兵部尚書) 겸 중서령(中書令)의 역할과 같다. 이에 전국을 호령하였고, 나라의 일을 마음대로 하였다. 매우 위엄이 있었는데, 몸에는 5도(刀)를 찼으며, 주위에서 함부로 올려볼 수 없었다. 매번 말을 타고 내릴 때마다 항상 귀인과 무장(武將)을 땅에 엎드리게 하고 그를 발판으로 하였다. 밖에 나가 다닐 적에는 반드시 군대의 행렬을 펼쳤는데, 앞서 인도하는 자가 길게 소리치면, 사람들은 모두 흩어져 달아났고 구덩이나 골짜기도 피하지 않았다. 나라 사람들이 이를 매우 고통스럽게 여겼다. (『三國史節要』 8)
고구려	제29 보장왕[임인(壬寅)에 즉위하였고 27년을 다스렸다.] (『三國遺事』 1 王曆)
고구려	개소문(蓋蘇文)[혹은 개금(蓋金)이라고도 한다.]의 성은 천(泉)이다. 스스로 물속에서 태어났다고 하여 사람들을 현혹하였다. 외모가 웅장하면서 기품이 있었고, 적극적이고 호방하였다. 그 아비는 동부(東部)[혹은 서부(西部)라고도 한다] 대인(大人) 대대로(大對盧)가 죽자 개소문은 마땅히 그 지위를 계승하고자 했으나 국인(國人)들이 그의 성격이 잔인하고 포악하다고 생각하여 그를 미워했으므로 그 지위에 오를 수 없었다. 소문은 머리를 조아리며 여러 사람들에게 사죄하였고, 관직에 나갈 수 있도록 부탁하였으며, 잘못된 점이 있으면 비록 쫓아내더라도 후회하지 않겠다고 하였

다. 여러 사람들은 그를 애처롭게 여기고, 마침내 아버지의 지위를 계승할 수 있도록 허락하였다. 그러나 흉악하고 잔인하였으며 도리를 지키지 않았다. 여러 대인(大人)과 왕은 몰래 그를 죽이고자 논의하였는데, 일이 새어나갔다. 소문이 부병(部兵)을 모두 모아 놓고 마치 군대를 사열할 것처럼 꾸몄다. 이와 함께 성 남쪽에다가 술과 안주를 성대히 차려 두고, 여러 대신(大臣)들을 불러 함께 보자고 하였다. 손님이 이르자 모두 살해하니, 모두 1백여 명이었다. 말을 달려 궁궐로 들어가 왕을 시해하고, 그 시신을 잘라 여러 토막으로 내고 도랑에 버렸다. 왕의 동생의 아들 장(臧)을 세워 왕(王)으로 하고, 스스로 막리지(莫離支)가 되었다. 그 관직은 당(唐)나라 병부상서(兵部尙書) 겸 중서령(中書令)의 역할과 같다. 이에 전국을 호령하였고, 나라의 일을 마음대로 하였다. 매우 위엄이 있었는데, 몸에는 5도(刀)를 찼으며, 주위에서 함부로 올려볼 수 없었다. 매번 말을 타고 내릴 때마다 항상 귀인과 무장(武將)을 땅에 엎드리게 하고 그를 발판으로 하였다. 밖에 나가 다닐 적에는 반드시 군대의 행렬을 펼쳤는데, 앞서 인도하는 자가 길게 소리치면, 사람들은 모두 흩어져 달아났고 구덩이나 골짜기도 피하지 않았다. 나라 사람들이 이를 매우 고통스럽게 여겼다. (『三國史記』49 列傳 9 蓋蘇文)

고구려　　(11월) 정사일(5)에 영주(營州) 도독 장검(張儉)이 주문을 올려서 고구려의 동부대인 천개소문이 그의 왕인 고무를 시해하였다고 하였다. 천개소문은 흉포하고 대부분 법을 지키지 아니하여 그 왕과 대신들이 그를 죽이려고 논의하였었다. 천개소문은 비밀리에 이를 알고서 부의 군사를 다 모앙 놓고 사영하는 것처럼 하고 아울러 성의 남쪽에 술과 안주를 성대하게 차려 놓고 여러 대신들을 불러서 함께 가서 보다가 군사를 챙겨서 그들을 모두 죽였는데, 죽은 사람이 100여명이었다. 이어서 말을 달려 궁궐로 들어가서 손수 그 왕을 시해하고 잘라서 몇 동강을 내어 시궁창에 버리고서 왕의 조카인 고장을 세워서 왕으로 삼고 스스로 막리지가 되니 그 관적은 중원에 있는 나라에서의 이부 상서가 병부상서를 겸직한 것과 같다. 이에 멀고 가까운 곳에 호령하고 국가의 일을 오로지 처리하였다. 천개소문의 생긴 모습이 크고 위엄이 있으며 의기는 호방하며 몸에 다섯 개의 칼을 차고 다녔으며 좌우에 있는 사람이 감히 우러러 보지 못하였다. 매번 말에 오르거나 내릴 때마다 항상 귀인과 무장으로 하여금 땅에 엎드리게 하고 그를 디뎠다. 나랄 때는 반드시 대오를 가지런히 하였고 앞에서 이끄는 사람에게 길게 소리치게 하니 사람들은 모두 달아났는데, 웅덩이나 골짜기를 피하지 아니하니 길에는 다니는 사람이 끊겨서 그 나라 사람들이 이를 심히 고통스럽게 여겼다. (『資治通鑑』196 唐紀 12 太宗文武大聖大廣孝皇帝中之中)

고구려　　11월에 태종이 왕이 죽었다는 것을 듣고 원중(苑中)에서 애도하고 명령을 내려 물건 3백단을 보내고 사지절(使持節)을 보내 조문하게 하였다. (『三國史記』20 高句麗本紀 8)

고구려　　11월 황제가 고구려왕이 죽었다는 소식을 듣고 원중에서 애도하고 명령을 내려 물건 3백단을 보내고 사지절을 보내 조문하게 하였다. (『三國史節要』8)

고구려　　이해에 고려 대신 개소문(蓋蘇文)이 그 임금 고무(高武)를 시해하고 무(武)의 형의 아들 장(藏)을 왕으로 삼았다. (『舊唐書』3 本紀 3 太宗 下)

고구려　　(정관) 16년 서부(西部) 대인(大人) 개소문(蓋蘇文)이 섭직(攝職)하여 왕을 범하려 하자 여러 대신들이 건무(建武)와 의논하여 그를 죽이고자 하였다. 일이 [사전에] 누설되자, 이에 소문은 부병(部兵)을 모두 불러 모아 군병을 사열한다고 말하고, 아울러 성의 남쪽에다 주찬(酒饌)을 성대히 베풀어 놓았다. 여러 대신들이 모두 와서 보게 되었는데, 소문이 군사를 정비하여 대신을 모조리 죽이니, 죽은 자가 백여명이나 되었다. 이어서 창고를 불사르고 왕궁으로 달려 들어가 건무를 죽인 다음, 건무의 아우인 대양(大陽)의 아들을 세워 왕으로 삼았다. 스스로 막리지(莫離支)가 되니, [이는] 중국의 병부상서(兵部尙書) 겸중서령(兼中書令)에 해당하는 직이다. 이로부터 국정을 마음대로 하였다. 소문의 성은 천씨이며, 수염과 얼굴이 매우 준수하고, 형체가 아주 걸출하였다. 몸에는 다섯자루의 칼을 차고 다니는데, 주위 사람들이 감히 쳐다볼 수 없었다. 언제나 그의 관속(官屬)을 땅에 엎드리게 하여 이를 밟고 말에 타며, 말에서 내릴 때에도 마찬가지이다. 외출할 적에는 반드시 의장대를 앞세우고, 선도자가 큰 소리로 행인을 배제하는데, 백성들은 두려워 피하여 모두 스스로 갱곡(坑谷)으로 뛰어 들었다. 태종은 건무의 죽음을 듣고 거애하였다. 사신에게 부절을 주어 보내어 조제하였다. (『舊唐書』 199上 列傳 149上 東夷 高麗)

고구려   (당서) 또 말하였다. 정관 16년 고구려 서부 대인 개소문이 죄를 지어 그 왕 건무가 의논하여 그를 죽이려고 하였다. 소문이 이에 부병(部兵)을 불러 모아 성 남쪽에서 말하였다. "장차 교열(校閱)이 있어 여러 대신이 모두 와서 시찰할 것이다." 소문이 군사를 윽박질러 그들을 다 죽이고 왕궁에 달려 들어가 건무를 죽이고 그 동생 대양(大陽)의 아들 장을 왕으로 삼고 스스로 세워 막리지라 하였다. 중국의 병부상서 겸 중서령의 직과 같은 것이다. 이로부터 국정을 오로지하고 소문을 성을 천씨라 하였다. 수염난 얼굴이 지극히 위엄이 있었고 용모가 걸출하였다. 몸에는 다섯 자루의 칼을 찼으며 좌우에서 감히 바라보지 못하였다. 항상 그 속관(屬官)에게 땅에 엎드릴 것을 명령하였고 그것을 밟고 말에 올랐으며 내릴 때도 이와 같았다 .외출할 적에는 반드시 의장대를 앞세우고, 선도자가 큰 소리로 행인을 배제하는데, 백성들은 두려워 피하여 모두 스스로 갱곡(坑谷)으로 뛰어 들었다. 태종은 그것을 듣고 마침에 군사를 내어 정벌하였다. (『太平御覽』 783 四夷部 4 東夷 4 高句驪)

고구려   개소문이라는 자가 있는데, 혹은 개금이라고도 한다. 성은 천씨이며, 자신이 물 속에서 태어났다고 하여 사람을 현혹시켰다. 성질이 잔인하고 난폭하다. 아버지는 동부 대인 대대로이다. 그가 죽자, 개소문이 자리를 이어 받아야 했지만, 나라 사람들이 미워하여서 이어 받을 수 없게 되었다. 이에 머리를 조아려 많은 사람들에게 사죄하고, 섭직을 청하면서 시켜보아 합당하지 않으면 그 때는 폐하여도 후회가 없다고 하였다. 뭇사람들이 불쌍히 여겨서 드디어 위를 잇게 하였다. 그러나 너무 난폭하고 나쁜 짓을 하므로, 여러 대신이 건무와 상의하여 죽이기로 하였다. 개소문이 [이를] 알아차리고 제부(諸部)의 군사를 불러 모아 거짓으로 크게 열병을 한다고 말하고, 잔치를 베풀어 대신들의 임석(臨席)을 청하였다. 손님이 이르자, 다 죽여 버리니 무려 백여 명이나 되었다. 또 왕궁으로 달려 들어가 건무를 죽여서 시체를 찢어 도랑에 던져 버렸다. 이어 건무 아우의 아들인 장을 세워 왕으로 삼고, 자신은 막리지가 되어 국정을 마음대로 하였다. [막리지란] 당의 병부상서 중서령에 해당하는 직위라고 한다. 용모가 걸출하고 준수하며, 수염이 아름다웠다. 관복은 모두 금으로 장식하였다. 다섯자루의 칼을 차고 다니는데, 주위 사람들이 감히 쳐다볼 수 없었다. 귀인을 시켜 땅에 엎드리게 한 다음에 밟고 말을 타며, 출입할 때는 군사를 벌려 놓고, 큰 소리로 [행인을] 엄격히 금하므로, 길가는 사람들이 두려워 노망하여 갱곡에 뛰어들기까지 한다. 태종은 건무가 부하에게 죽었다는 소식을 듣고, 슬퍼하며 사자에게 부절을 주어 보내어 조제하였다. 어떤 이가 태종에게 [고구려를] 토벌 하자고 권유하였으나, 태종은 상을 기회로 하여 남을 치고 싶지 않았다. 이에 장을 요동군왕(遼東郡王) 고려왕에 임명하였다. (『新唐書』 220 列傳 145 東夷 高麗)

고구려   이 관직은 군사를 뽑는 것을 총괄하며 이부(吏部)·병부상서(兵部尙書)와 같다. 이에 원근에 호령하고 마침내 국명(國命)을 오로지 하였다. 소문의 수염 난 얼굴은 지극이 위엄이 있었고 용모가 걸출하였다. 의복과 관리(冠履)는 모두 금채(金綵)로 꾸미고 몸에는 다섯 자루의 칼을 차고 다녔다. 항상 팔을 높이 저으며 걸으며 의기(意氣)가 호방하니 좌우에서 감히 우러러 비라볼 수 없었다. 늘 무관 귀인으로 하여금 땅에 엎드리게 하고 등에 올라 말을 타고 내렸다. (『通典』 186 邊防 2 東夷 下 高句麗)

고구려 | 정관 연간(627~649)에 개소문이 그 임금 고건무를 시해하고 그 동생의 아들인 장을 세워 왕으로 삼고 스스로 막리지가 되어 나라를 오로지 하였다. 황제가 듣고 그것을 스스로 구하였다. (『玉海』 191 兵捷 兵捷 露布 3)

고구려 | 당 요동도행대대총관(遼東道行臺大摠管) 이적(李勣)이 고구려를 멸망시키고 포로를 소릉(昭陵)에 바치고 고구려를 꾸짖고 함원전(含元殿)에서 포로를 꾸짖었다. (…) [고려전]고려는 부여의 별종이다. 그 땅은 본래 주(周) 기자(箕子)의 나라이다. 한나라 때는 낙랑·현도군이었다. 정관 연간(627~649)에 개소문이 그 이금 고건무를 시해하고 그 동생의 아들인 장을 세워 왕으로 삼고 스스로 막리지가 되어 나라를 오로지 하였다. 황제가 듣고 그것을 스스로 구하였다. (『玉海』 191 兵捷 兵捷 露布 3)

고구려 | ([고려전]) 개소문이라는 자가 있는데 잔흉(殘凶)하고 도가 없어 건무를 시해하고 바로 건무의 동생인 아들 장으로 세워 왕으로 삼았다. (『玉海』 194 兵捷 紀功 碑銘 附)

고구려 | (11월 임신일(20)) 박주자사(亳州刺史) 배행장(裴行莊)이 주문을 올려서 고구려를 정벌하게 해 달라고 청하니, 황제가 말하였다. "고려왕 고무는 공물을 보내는 일을 끊지 않다가 적신(賊臣)에게 시해되어 짐이 이를 애도하는 것이 아주 깊고 진실로 잊지 못한다. 다만 상사(喪事)를 이용하고 혼란한 것을 틈타서 그것을 빼앗는다는 것은 비록 이를 얻는다고 하여도 귀하지 않다. 또한 산동은 피폐하였으니 내가 아직 차마 병사를 사용하겠다고 말하지는 못하겠소." (『資治通鑑』 196 唐紀 12 太宗文武大聖大廣孝皇帝 中之中)

고구려 | (당 태종 정관) 16년 11월에 박주자사 배사장(裴思莊)이 주문을 올려서 고구려를 정벌하게 해 달라고 청하니, 황제가 말하였다. "고려 부용(附庸)의 주(主)는 조공을 끊지 않다가 임금을 죽이고 그 자리에 앉았음을 들었는데, 이를 애도하는 것이 아주 깊다. 다만 상사(喪事)로 토벌함에 이르는 것은 위기를 틈타서 난을 취하는 것이다. 비록 반드시 얻을지라도 군자는 귀하지 않다. 타서 그것을 빼앗는다는 것은 비록 이를 얻는다고 하여도 귀하지 않다. 또한 산동의 여러 주를 회복하여 시들어 말라 없어진 것이 회복되지 않았으니 내가 차마 병사를 사용하겠다고 말하지는 못하겠소." (『册府元龜』 142 帝王部 142 弭兵)

고구려 | (당 태종 정관 16년) 11월 갑신일에 황제가 고구려왕 고무를 위해 원중(苑中)에서 거애하고 조서로 증물(贈物) 300단(段)을 내렸다. 사신을 보내 지절을 가지고 가서 조제하게 하였다. (『冊府元龜』 974 外臣部 19 褒異 1)

고구려 신라 백제 |
(11월) 신라가 백제를 정벌하려고 김춘추(金春秋)를 보내 군사를 요청하였으나 따르지 않았다. (『三國史記』 21 高句麗本紀 9)

신라 백제 고구려 |
겨울에 왕이 장차 백제를 쳐서 대야(大耶)[성(城)]에서의 싸움을 보복하려고 이찬(伊飡) 김춘추(金春秋)를 고구려에 보내서 군사를 청하였다. 처음에 대야성이 패하였을 때 도독(都督)인 품석(品釋)의 아내도 죽었는데, 이는 춘추의 딸이었다. 춘추가 이를 듣고 기둥에 기대어 서서 하루종일 눈도 깜박이지 않았고, 사람이나 물건이 그 앞을 지나가도 알아보지 못하였다. 얼마가 지나서 "슬프다. 대장부가 되어 어찌 백제를 삼키지 못하겠는가."라 하고 곧 왕을 찾아 뵙고 말하기를, "신이 고구려에 사신으로 가서 군사를 청하여 백제에게 원수를 갚고자 합니다."라고 하자 왕이 허락하였다. 고구려의 왕인 고장(高臧)은 평소 춘추의 명성을 들었기 때문에 군사의 호위를 엄중히 한 다음에 그를 만나 보았다. 춘추가 나아가 말하기를, "지금 백제는 무도하여 긴 뱀과 큰 돼지가 되어 우리 강토를 침범하므로 저희 나라의 임금이 대국(大國)의 군사를 얻어서 그 치욕을 씻고자 합니다. 그래서 신하인 저로 하여금 대왕께 명을 전하도록 하였습니다."라고 하였다. 고구려의 왕이 말하기를 "죽령(竹嶺)은 본래 우리의 땅이니, 그대가 만약 죽령 서북의 땅을 돌려준다면 군사를 보낼 수 있다."라고 하였다. 춘추가 대답하기를, "신은 임금의 명령을 받들어 군대를 청하는데, 대왕께서는 어려운 처지를 구원하여 이웃과 친선을 하는 데에는 뜻이 없고 단지 사신을 위협하여 땅을 돌려 줄 것을 요구하십니다. 신은 죽을지언정 다른 것은 알지 못합니다."라고 하였다. 고장이 그 말의 불손함에 화가 나서 그를 별관(別館)에 가두었다. 춘추가 몰래 사람을 시켜서 본국의 왕에게 알렸는데, 왕이 대장군(大將軍) 김유신(金庾信)에게 명하여 결사대 1만 명을 거느리고 나아가게 하였다. 유신이 행군하여 한강(漢江)을 넘어 고구려의 남쪽 경계에 들어가자 고구려의 왕이 이를 듣고 춘추를 놓아 돌려보냈다. 유신(庾信)을 압량주(押梁州) 군주(軍主)로 삼았다. (『三國史記』 5 新羅本紀 5)

신라 백제 고구려

겨울에 신라왕이 백제를 정벌하여 대야(大耶)에서의 패배를 복수하고자 하여 이에 이찬(伊飡) 김춘추(金春秋)를 보내어 고구려에 군사를 청하였다. 처음 대야성에서 패했을 때 품석이 죽었는데, 그 처 김씨 역시 죽었다. 김씨는 곧 춘추의 딸이다. 춘추가 분하여 백제를 병탄할 마음을 가졌다. 이에 왕에게 청하여 스스로 가려 했다. 장차 떠나고자 함에 유신에게 "저와 공은 한 몸이고 나라의 중신이 되었으니 지금 제가 만약 저기에 들어가 해를 입는다면 공은 무심할 수 있겠습니까."라고 이야기하였다. 유신은 "공이 만약 가서 돌아오지 않는다면 저의 말발굽이 반드시 고구려와 백제 두 왕의 뜰을 짓밟을 것입니다. 진실로 이와 같지 않다면 장차 무슨 면목으로 나라사람들을 보겠습니까."라고 말하였다. 춘추는 감격하여 기뻐하였고 공과 함께 서로 손가락을 깨물어 피를 마시며 맹세하면서 "제가 날짜를 헤아려보니 60일이면 돌아올 것입니다. 만일 이 기간이 지나도 돌아오지 않는다면 다시 볼 기약이 없을 것입니다."라고 말하였다. 드디어 서로 헤어졌고, 뒤에 유신은 압량주(押梁州) 군주(軍主)가 되었다. 춘추가 훈신(訓信) 사간(沙干)과 함께 고구려를 방문하고자 행렬이 대매현(代買縣)에 이르니 그 고을 사람 두사지(豆斯支) 사간이 청포(靑布) 3백 보(步)를 주었다. 이윽고 저들의 경내에 들어서자 고구려 왕이 태대대로(太大對盧) 개금(蓋金)을 보내 객사에서 잔치를 베풀고 우대해 주었다. 혹자가 고구려 왕에게 "신라 사신은 보통 사람이 아닙니다. 지금 온 것은 아마 우리의 형세를 관찰하고자 함일 것입니다. 왕께서는 그 계책을 세우시어 후환이 없도록 하소서."라고 고하였다. 왕이 곤란한 질문으로 대답하기 어렵게 하여 그를 욕보이고자 "마목현(麻木峴)과 죽령(竹嶺)은 본래 우리 나라의 땅이다. 만약 우리에게 돌려주지 않는다면 돌아가지 못할 것이다."라고 하였다. 춘추가 "국가의 토지는 신하가 마음대로 할 수 있는 것이 아니니 신은 감히 명을 따를 수 없습니다."라고 대답하였다. 왕은 노하여 그를 가두고 죽이고자 하였으나 미처 실행하지는 못하였다. 춘추가 청포(靑布) 3백 보를 고구려 왕이 총애하는 신하 선도해(先道解)에게 몰래 주었다. 도해가 음식을 차려 와 함께 술을 마시다가 자리가 무르익자 농담하듯 말하였다. "그대는 또한 일찍이 거북이와 토끼의 이야기를 들어보았습니까. 옛날 동해 용왕의 딸이 심장에 병이 났는데 의

원이 '토끼의 간을 얻어 약을 지으면 치료할 수 있습니다.'라고 말하였소. 하지만 바다 속에는 토끼가 없으니 어찌하지 못하였소. 거북이 한마리가 있어 용왕에게 '제가 능히 그것을 얻을 수 있사옵니다.'라고 아뢰었소. 이윽고 육지에 올라 토끼를 보고는 '바다 속에 섬이 하나 있는데 샘은 맑으며 돌은 하얗고 수풀은 무성하고 과일은 맛이 좋으며 추위와 더위는 이르지 못하고 매와 송골매도 침입하지 못한다. 네가 만일 가기만 한다면 편안하게 살 수 있어서 걱정이 없을 것이다.'라고 말하였소. 이로 인해 토끼를 등에 업고 2~3리 정도 헤엄쳐 가다가 거북이가 돌아보며 토끼에게 '지금 용왕의 딸이 병이 들었는데, 모름지기 토끼의 간이 약이 되는 까닭에 수고를 꺼리지 않고 너를 업고 왔을 따름이다.'라고 하였소. 그러자 토끼가 말하였소. '아! 나는 신명(神明)의 후예라 능히 오장(五藏)을 꺼내 씻어 넣을 수 있다. 일전에 잠시 마음이 어지러워 마침내 간과 심장을 꺼내 씻어 잠깐 바위 아래에 두었는데 너의 달콤한 이야기를 듣고 곧바로 오느라 간은 여전히 거기에 있으니 어찌 간을 가지러 되돌아가지 않겠는가. 그렇게 하면 너는 구하는 것을 얻게 되고 나는 비록 간이 없어도 또한 살 수 있으니 어찌 양자가 서로 좋지 않겠는가.' 거북이는 그 말을 믿고 돌아가 겨우 해안에 이르렀는데 토끼가 도망치며 풀 속으로 들어가 거북이에게 '어리석구나. 그대여. 어찌 간 없이 살 수 있는 자가 있겠는가.'라고 하였소. 거북이는 근심하며 아무 말도 못하고 물러갔다." 춘추는 그 말을 듣고서 그 뜻을 깨달아 왕에게 글을 보내 "두 영(嶺)은 본래 대국(大國)의 땅이니, 신이 귀국하여 저희 왕께 그것을 돌려주라고 청하겠습니다. 저를 믿지 못한다고 하시면 밝은 해를 두고 맹세하겠습니다."라고 하자, 왕이 이에 기뻐하였다. 춘추가 고구려에 들어가 60일이 지나도록 돌아오지 않으니 유신은 국내의 날랜 병사 3천 명을 뽑아 그들에게 이야기하였다. "내가 들으니 위태로움을 보면 목숨을 바치며, 어려움이 닥치면 자기 자신을 잊는 것이 열사(烈士)의 뜻이라고 한다. 대체로 한 사람이 목숨을 다하면 100명을 당해낼 수 있고, 1백 명이 목숨을 다하면 1천 명을 당해낼 수 있고, 1천 명이 목숨을 다하면 1만 명을 당해 낼 수 있으니, 3천 명이면 곧 천하를 마음대로 할 수 있을 것이다. 지금 나라의 어진 재상이 다른 나라에 억류되어 있으니 두렵다 하여 어려움을 당해내지 않겠는가." 이에 여러 사람들이 "비록 만 번 죽고 한 번 사는 곳으로 나가더라도 감히 장군의 영(令)을 따르지 않겠습니까?"라고 말하였다. 드디어 왕에게 청해 출병할 기일을 정하였다. 그때 고구려 첩자인 승려 덕창(德昌)이 사람을 시켜 고구려 왕에게 고하였다. 왕은 앞서 춘추가 맹세하는 말을 들었고 또 첩자의 이야기를 듣고서 감히 다시 붙잡아 둘 수가 없어 후하게 예우하여 돌려보냈다. 춘추는 국경을 벗어나자 바래다 준 사람에게 "나는 백제에 대한 원한을 풀고자 군사를 청하러 왔으나 대왕께서는 이를 허락하지 않으시고 도리어 땅을 요구하셨으니 이는 신하가 마음대로 할 수 있는 것이 아니오. 지난 번 대왕께 글을 드린 것은 죽음을 면하기 위함이었을 뿐이오."라고 하였다. 신라왕이 기뻐하여 유신을 압량주(押梁州) 군주(軍主)로 삼았다. (『三國史節要』 8)

신라 백제 고구려

선덕대왕 11년 임인에 백제가 대량주(大梁州)를 함락시키자 춘추(春秋)공의 딸 고타소랑(古陁炤娘)이 남편 품석(品釋)을 따라 죽었다. 춘추가 이를 한스러워 하며 고구려의 군사를 청하여 백제에 대한 원한을 갚고자 하니, 왕이 이를 허락하였다. 장차 떠나고자 함에 유신에게 "저와 공은 한 몸이고 나라의 중신이 되었으니 지금 제가 만약 저기에 들어가 해를 입는다면 공은 무심할 수 있겠습니까?"라고 이야기하였다. 유신은 "공이 만약 가서 돌아오지 않는다면 저의 말발굽이 반드시 고구려와 백제 두 왕의 뜰을 짓밟을 것입니다. 진실로 이와 같지 않다면 장차 무슨 면목으로 나라 사람들을 보겠습니까."라고 말하였다. 춘추는 감격하여 기뻐하였고 공과 함께 서로 손가락을 깨물어 피를 마시며 맹세하면서 "제가 날짜를 헤아려보니 60일이면 돌아올 것입니다. 만일 이 기간이 지나도 돌아오지 않는다면 다시 볼 기약이 없을 것입니다."라고 말하였다. 행렬이 대매현(代買縣)에 이르니 그 고을 사람 두사지(豆斯支) 사간이 청포(靑布) 3백 보(步)를 주었다. 이윽고 저들의 경내에 들어서자 고구려 왕이 태대대로(太大對盧) 개금(盖金)의 객사로 보내 잔치를 베풀고 우대해 주었다. 혹자가 고구려 왕에게 "신라 사신은 보통 사람이 아닙니다. 지금 온 것은 아마 우리의 형세를 관찰하고자 함일 것입니다. 왕께서는 그 계책을 세우시어 후환이 없도록 하소서."라고 고하였다. 왕이 곤란한 질문으로 대답하기 어렵게 하여 그를 욕보이고자 "마목현(麻木峴)과 죽령(竹嶺)은 본래 우리 나라의 땅이다. 만약 우리에게 돌려주지 않는다면 돌아가지 못할 것이다."라고 하였다. 춘추가 "국가의 토지는 신하가 마음대로 할 수 있는 것이 아니니 신은 감히 명을 따를 수 없습니다."라고 대답하였다. 왕은 노하여 그를 가두고 죽이고자 하였으나 미처 실행하지는 못하였다. 춘추가 청포(靑布) 3백 보를 고구려 왕이 총애하는 신하 선도해(先道解)에게 몰래 주었다. 도해가 음식을 차려 와 함께 술을 마시다가 자리가 무르익자 농담하듯 말하였다. "그대는 또한 일찍이 거북이와 토끼의 이야기를 들어보았습니까. 옛날 동해 용왕의 딸이 심장에 병이 났는데 의원이 '토끼의 간을 얻어 약을 지으면 치료할 수 있습니다.'라고 말하였소. 하지만 바다 속에는 토끼가 없으니 어찌하지 못하였소. 거북이 한마리가 있어 용왕에게 '제가 능히 그것을 얻을 수 있사옵니다.'라고 아뢰었소. 이윽고 육지에 올라 토끼를 보고는 '바다 속에 섬이 하나 있는데 샘은 맑으며 돌은 하얗고 수풀은 무성하고 과일은 맛이 좋으며 추위와 더위는 이르지 못하고 매와 송골매도 침입하지 못한다. 네가 만일 가기만 한다면 편안하게 살 수 있어서 걱정이 없을 것이다.'라고 말하였소. 이로 인해 토끼를 등에 업고 2~3리 정도 헤엄쳐 가다가 거북이가 돌아보며 토끼에게 '지금 용왕의 딸이 병이 들었는데, 모름지기 토끼의 간이 약이 되는 까닭에 수고를 꺼리지 않고 너를 업고 왔을 따름이다.'라고 하였소. 그러자 토끼가 말하였소. '아! 나는 신명(神明)의 후예라 능히 오장(五藏)을 꺼내 씻어 넣을 수 있다. 일전에 잠시 마음이 어지러워 마침내 간과 심장을 꺼내 씻어 잠깐 바위 아래에 두었는데 너의 달콤한 이야기를 듣고 곧바로 오느라 간은 여전히 거기에 있으니 어찌 간을 가지러 되돌아가지 않겠는가. 그렇게 하면 너는 구하는 것을 얻게 되고 나는 비록 간이 없어도 또한 살 수 있으니 어찌 양자가 서로 좋지 않겠는가.' 거북이는 그 말을 믿고 돌아가 겨우 해안에 이르렀는데 토끼가 도망치며 풀 속으로 들어가 거북이에게 '어리석구나, 그대여. 어찌 간 없이 살 수 있는 자가 있겠는가.'라고 하였소. 거북이는 근심하며 아무 말도 못하고 물러갔소." 춘추는 그 말을 듣고서 그 뜻을 깨달아 왕에게 글을 보내 "두 영(嶺)은 본래 대국(大國)의 땅이니, 신이 귀국하여 저희 왕께 그것을 돌려주라고 청하겠습니다. 저를 믿지 못한다고 하시면 밝은 해를 두고 맹세하겠습니다."라고 하자, 왕이 이에 기뻐하였다. 춘추가 고구려에 들어가 60일이 지나도록 돌아오지 않으니 유신은 국내의 날랜 병사 3천 명을 뽑아 그들에게 이야기하였다. "내가 들으니 위태로움을 보면 목숨을 바치며, 어려움이 닥치면 자기 자신을 잊는 것이 열사(烈士)의 뜻이라고 한다. 대체로 한 사람이 목숨을 다하면 100명을 당해낼 수 있고, 1백 명이 목숨을 다하면 1천 명을 당해낼 수 있고, 1천 명이 목숨을 다하면 1만 명을 당해 낼 수 있으니, 3천 명이면 곧 천하를 마음대로 할 수 있을 것이다. 지금 나라의 어진 재상이 다른 나라에 억류되어 있으니 두렵다 하여 어려움을 당해내지 않겠는가." 이에 여러 사람들이 "비록 만 번 죽고 한 번 사는 곳으로 나가더라도 감히 장군의 영(令)을 따르지 않겠습니까."라고 말하였다. 드디어 왕에게 청해 출병할 기일을 정하였다. 그때 고구려 첩자인 승려 덕창(德昌)이 사람을 시켜 고구려 왕에게 고하였다. 왕은 앞서 춘추가 맹세하는 말을 들었고 또 첩자의 이야기를 듣고서 감히 다시 붙잡아 둘 수가 없어 후하게 예우하여 돌려보냈다. 춘추는 국경을 벗어나자 바래다 준 사람에게 "나는 백제에 대한 원한을 풀고자 군사를 청하러 왔으나 대왕께서는 이를 허락하지 않으시고 도리어 땅을 요구하셨으니 이는 신하가 마음대로 할 수 있는 것이 아니오. 지난 번 대왕께 글을 드린 것은 죽음을 면하기 위함이었을 뿐이오."라고 하였다[이는 본기 진평왕 12년에 적혀 있는 것과 같은 사건이지만 내용은 조금 다르다. 모두 고기(古記)에 전하는 것이므로 둘 다 남겨둔다]. (『三國史記』 41 列傳 1 金庾信 上)

고구려 백제	정관 16년 11월에 백관에게 잔치를 베풀고 10부(十部)를 연주하였다. 이보다 앞서 고창을 정벌하여 그 나라의 음악을 거두어 태상에 소속하게 하여 10부로 늘렸다. 처음 장중화(張重華) 시기에 천축(天竺)이 중역(重譯)으로 악기(樂伎)를 보내왔다. 송(宋) 나라가 고려와 백제의 기(伎)를 얻었는데 주(周)나라 군대가 제(齊)나라를 멸망시키자 두 나라가 음악을 바쳐 서량악(西涼樂)과 합하여 7부가 되었으니, 이를 일러 국기(國伎)라고 하였다. 수 문제가 진(陳)나라를 멸망시키고 청악(淸樂) 및 문강(文康)·예필(禮畢)을 얻어 백제의 것을 뺐다. 양제 때 이르러 청악(淸樂)·구자(龜玆)·서량(西涼)·천축(天竺)·강국(康國)·소륵(疎勒)·안국(安國)·고려·예필(禮畢)로 9악이 되었다. 임읍을 평정하고 부남(獲扶南)의 공인(工人)과 그 박(匏)과 슬금(瑟琴)을 얻었는데, 비루하여 쓰지는 못하였다. 다만 천축악(天竺樂)은 그 소리를 베껴 전하기만 하고 악부에는 두지 않았다. (『玉海』 105 音樂 樂 3 唐九部樂 十部樂 十四國樂 二部樂)

고구려 ㅣ 보장왕(寶藏王)이 즉위하여[정관 16년 임인년이다] 또한 3교(教)를 함께 흥하게 하려고 하였다. 그 때 총애받던 재상 개소문(蓋蘇文)이 왕에게 권고하기를 유교와 불교는 함께 성하나 도교는 성하지 못하니 특별히 당나라에 사신을 보내 도교를 구하자고 하였다. (『三國遺事』 3 興法 3 寶藏奉老 普德移庵)

고구려 ㅣ 개금이 왕에게 아뢰기를, "솥에는 세 발이 있고, 나라에는 3교가 있어야 합니다. 신이 보니 나라 안에 다만 유교와 불교가 있을 뿐 도교가 없으므로 나라가 위태롭습니다"고 하였다. 왕이 이를 옳게 여겨 당 나라에 요청하였더니 태종(太宗)이 서달(敍達) 등 도사 여덟 명을 보냈다.[『국사』에는 "무덕 8년 을유(乙酉)에 사신을 당나라에 보내 불교와 도교를 청하니 당나라 황제가 이를 허락하였다."고 하였다. 여기에 의하면, 양명이 갑술년(甲戌年)(614년)에 죽어서 이곳에 태어났다면, 나이가 겨우 10여 세일 것인데, 재상으로서 왕에게 권고하여 사신을 보내 청했다고 하였으니, 그 연월에 반드시 한 군데는 틀린 것이 있을 것이지만, 지금 두 기록을 다 남겨둔다.] 왕이 기뻐하여 절을 도관(道館)으로 삼고, 도사를 높여 유사(儒士) 위에 앉게 하였다. 도사들은 국내의 유명한 산천을 다니면서 진압하였다. 옛 평양성(平壤城)의 지세는 신월성(新月城)이었는데, 도사들은 주문으로 남하(南河)의 용에게 명하여 성을 더 쌓게 하여 만월성(滿月城)으로 만들었다. 이로 인하여 이름을 용언성(龍堰城)이라고 하고, 참서를 지어 용언도(龍堰堵)라고 하고, 또 천년보장도(千年寶藏堵)라고도 하였으며, 혹은 영석(靈石)을 파서 깨뜨리기도 하였다.[속설에 도제암(都帝嵓)이라고 하고, 또는 조천석(朝天石)이라고도 하는데, 대개 옛날에 성제(聖帝)가 이 돌을 타고상제(上帝)에게 조회하였기 때문이다.] 개금이 또 아뢰어 동북 서남에 장성을 쌓게 했는데, 이때 남자들은 부역에 나가고 여자들은 농사를 지었다. 공사는 16년만에야 끝났다. (『三國遺事』 3 興法 3 寶藏奉老 普德移庵)

고구려 ㅣ 고을덕(高乙德)의 조부 잠(岑)은 동부(東部)인데, 건무태왕(建武太王)에게 중리소형(中裏小兄)을 받고 경사(埛事)를 담당하였다. 교(教)로 책임을 지운 것으로 말미암아 경사를 추궁하니, 외관(外官)으로 강등되어 옮겨다니며 임명되어 여러 관직을 거치고 나서, 승진하여 요부도독(遼府都督)을 받았다. 곧 교를 받들어 대로관(對盧官)을 고쳐 받고 예전 그대로 경사를 담당하며 평대(評臺)의 직무를 맡았다. (「高乙德 墓誌銘」: 2015 『韓國古代史研究濟79)

고구려	고제석(高提昔)의 증조 복인(伏仁)은 대상(大相)·수경성도사(水境城道使)·요동성대수령(遼東城大首領)이었다. (「高提昔 墓誌銘」: 『歷史學報濟2013-3)
고구려	고현(高玄)의 증조 보(寶)는 요동주도독(遼東州都督)에, 조부 방(方)은 평양성자사(平壤城刺史)에 임명되었다. (「高玄 墓誌銘」: 1999 『博물관연보濟10(서울대))
고구려	이타인(李他仁)의 조부 복추(福鄒)는 본국의 대형(大兄)이었고, 부친 맹진(孟眞)은 본국의 대상(大相)이었다. 제학(鯷壑) 지역을 아우르고 신령스러운 변한(卞韓) 지역을 비추어 걸출하고 자랑스러운 나라의 기둥 같은 인재이니, 잇따른 복과 이어지는 영화는 공의 두가지 모습이다. 훌륭한 인재가 탄생하였으니 군자의 나라 십주(十洲)에 기린이 하늘에서 복을 내려주었다. (「李他仁 墓誌銘」: 『希望集濟下; 2015 『高句麗渤海研究濟52)

---

1) 1천 전 단위로 묶는 실
2) 한 고조가 흉노에게 포위당한 사건
3) 고대의 口稅이다. 漢代에는 口賦와 算賦로 나눠져 있었다. 口賦는 7세에서 14세까지 매년 사람마다 20전을 납부한 것이다. 武帝때에는 23전까지 올랐는데 전거, 기병, 말 등의 비용으로 충당했다. 算賦는 15세부터 56세까지 매년 사람마다 120전을 납부한 것이다.
4) '지켰다'는 것은 두 별이 겹쳐져 잠시 머물러 있었다는 뜻이다. 『老子』『論衡』 등에서는 형혹이 심성을 지키는 현상을 재앙이 도래하는 불길한 징조로 해석하였다. 다만 관련 연구에 따르면 이 기록은 『漢書』天文志의 잘못된 기록을 그대로 옮긴 것에 불과하여 실제로는 일어날 수 없는 현상이며, 실제로는 형혹이 각성(角星)을 지켰다고도 한다.
5) 패성은 내뿜는 빛줄기가 짧고 그 빛이 사방으로 분출되는 살별의 한 종류이다. 살별의 출현은 나쁜 기운이 생기는 것을 의미한다고 한다.
6) 王莽이 복고주의에 기초하여 改制를 할 때 두 자 이름을 제거하고 單字名을 사용토록 하여 서역에서도 漢式 이름을 따르게 되었다고 한다(『後漢書 外傳 譯註(上)』(동북아역사재단, 2009) 서역전 역주, 각주 8) 참조, 229~230쪽).
7) 혜성은 빛의 꼬리가 길게 늘어뜨려진 살별의 한 종류이다. 살별의 출현은 나쁜 기운이 생기는 것을 의미한다.
8) 객성(客星)은 일시적으로 보이는 별로 혜성, 신성(新星) 등을 말한다. 객성이 자미로 들어갔다는 것은 미천한 자가 천자의 거소를 침입함을 말하며, 왕위의 쇠약을 상징한다.
9) 패성은 내뿜는 빛줄기가 짧고 그 빛이 사방으로 분출되는 살별의 한 종류이다. 살별의 출현은 나쁜 기운이 생기는 것을 의미한다고 한다.
10) '지켰다'는 것은 두 별이 겹쳐져 잠시 머물러 있었다는 뜻이다. 『老子』『論衡』 등에서는 형혹이 심성을 지키는 현상을 재앙이 도래하는 불길한 징조로 해석하였다.
11) 패성은 내뿜는 빛줄기가 짧고 그 빛이 사방으로 분출되는 살별의 한 종류이다. 살별의 출현은 나쁜 기운이 생기는 것을 의미한다고 한다.
12) 치우기는 긴 꼬리가 두 개로 갈라져 보이는 살별의 한 종류이다. 각수와 항수는 모두 동쪽에 위치한다. 『史記』 27 天官書 5에는 치우기가 나타나면 왕자(王者)가 사방을 정벌하는 병란(兵亂)이 일어난다고 한다.
13) 패성은 내뿜는 빛줄기가 짧고 그 빛이 사방으로 분출되는 살별의 한 종류이다. 동정성은 정수(井宿)의 대표인 정성(井星)인데, 동쪽이 아니라 남쪽에 해당한다. 살별의 출현은 나쁜 기운이 생기는 것을 의미한다고 한다.
14) 패성은 내뿜는 빛줄기가 짧고 그 빛이 사방으로 분출되는 살별의 한 종류이다. 살별의 출현은 나쁜 기운이 생기는 것을 의미한다고 한다.